PATROLOGIÆ
CURSUS COMPLETUS

SIVE

BIBLIOTHECA UNIVERSALIS, INTEGRA, UNIFORMIS, COMMODA, OECONOMICA,

OMNIUM SS. PATRUM, DOCTORUM SCRIPTORUMQUE ECCLESIASTICORUM

QUI

AB ÆVO APOSTOLICO AD INNOCENTII III TEMPORA

FLORUERUNT;

RECUSIO CHRONOLOGICA

OMNIUM QUÆ EXSTITERE MONUMENTORUM CATHOLICÆ TRADITIONIS PER DUODECIM PRIORA
ECCLESIÆ SÆCULA,

JUXTA EDITIONES ACCURATISSIMAS, INTER SE CUMQUE NONNULLIS CODICIBUS MANUSCRIPTIS COLLATAS,
PERQUAM DILIGENTER CASTIGATA;
DISSERTATIONIBUS, COMMENTARIIS LECTIONIBUSQUE VARIANTIBUS CONTINENTER ILLUSTRATA;
OMNIBUS OPERIBUS POST AMPLISSIMAS EDITIONES QUÆ TRIBUS NOVISSIMIS SÆCULIS DEBENTUR ABSOLUTAS
DETECTIS, AUCTA;
INDICIBUS PARTICULARIBUS ANALYTICIS, SINGULOS SIVE TOMOS, SIVE AUCTORES ALICUJUS MOMENTI
SUBSEQUENTIBUS, DONATA;
CAPITULIS INTRA IPSUM TEXTUM RITE DISPOSITIS, NECNON ET TITULIS SINGULARUM PAGINARUM MARGINEM
SUPERIOREM DISTINGUENTIBUS SUBJECTAMQUE MATERIAM SIGNIFICANTIBUS, ADORNATA;
OPERIBUS CUM DUBIIS TUM APOCRYPHIS, ALIQUA VERO AUCTORITATE IN ORDINE AD TRADITIONEM
ECCLESIASTICAM POLLENTIBUS, AMPLIFICATA;
DUOBUS INDICIBUS GENERALIBUS LOCUPLETATA : ALTERO SCILICET RERUM, QUO CONSULTO, QUIDQUID
UNUSQUISQUE PATRUM IN QUODLIBET THEMA SCRIPSERIT UNO INTUITU CONSPICIATUR; ALTERO
SCRIPTURÆ SACRÆ, EX QUO LECTORI COMPERIRE SIT OBVIUM QUINAM PATRES
ET IN QUIBUS OPERUM SUORUM LOCIS SINGULOS SINGULORUM LIBRORUM
SCRIPTURÆ TEXTUS COMMENTATI SINT.
EDITIO ACCURATISSIMA, CÆTERISQUE OMNIBUS FACILE ANTEPONENDA, SI PERPENDANTUR : CHARACTERUM NITIDITAS
CHARTÆ QUALITAS, INTEGRITAS TEXTUS, PERFECTIO CORRECTIONIS, OPERUM RECUSORUM TUM VARIETAS
TUM NUMERUS, FORMA VOLUMINUM PERQUAM COMMODA SIBIQUE IN TOTO OPERIS DECURSU CONSTANTER
SIMILIS, PRETII EXIGUITAS, PRÆSERTIMQUE ISTA COLLECTIO, UNA, METHODICA ET CHRONOLOGICA,
SEXCENTORUM FRAGMENTORUM OPUSCULORUMQUE HACTENUS HIC ILLIC SPARSORUM,
PRIMUM AUTEM IN NOSTRA BIBLIOTHECA, EX OPERIBUS AD OMNES ÆTATES,
LOCOS, LINGUAS FORMASQUE PERTINENTIBUS, COADUNATORUM.

SERIES SECUNDA,

IN QUA PRODEUNT PATRES, DOCTORES SCRIPTORESQUE ECCLESIÆ LATINÆ
A GREGORIO MAGNO AD INNOCENTIUM III.

Accurante J.-P. Migne,

BIBLIOTHECÆ CLERI UNIVERSÆ,

SIVE

CURSUUM COMPLETORUM IN SINGULOS SCIENTIÆ ECCLESIASTICÆ RAMOS EDITORE.

PATROLOGIA BINA EDITIONE TYPIS MANDATA EST, ALIA NEMPE LATINA, ALIA GRÆCO-LATINA. —
VENEUNT MILLE FRANCIS DUCENTA VOLUMINA EDITIONIS LATINÆ; OCTINGENTIS ET
MILLE TRECENTA GRÆCO-LATINÆ. — MERE LATINA UNIVERSOS AUCTORES TUM OCCIDENTALES, TUM
ORIENTALES EQUIDEM AMPLECTITUR; HI AUTEM, IN EA, SOLA VERSIONE LATINA DONANTUR.

PATROLOGIÆ TOMUS CXLI.

ADEMARUS S. CIBARDI MONACHUS, BERNARDUS SCHOLASTICUS ANDEGAVENSIS, S. FULBERTUS CARNOTENSIS EPISCOPUS, GUIDO ARETINUS, LAMBERTUS ANNALISTA, DUDO DECANUS S. QUINTINI, GAUSLINUS BITURICENSIS ARCHIEPISCOPUS, ADALBERO LAUDUNENSIS EPISCOPUS, GUILLELMUS DUX AQUITANIÆ, S. GUILLELMUS ABBAS S. BENIGNI DIVIONENSIS, ROBERTUS REX FRANCORUM, MEGINFREDUS MAGDEBURGENSIS PRÆPOSITUS, ARNOLDUS EX COMITE VOHBURGENSI MONACHUS S. EMMERAMMI, ARIBO MOGUNTINUS ARCHIEPISCOPUS, EBALUS REMENSIS ARCHIEPISCOPUS, JOANNES XIX PAPA, S. GODEHARDUS EI ISCOPUS HILDESHEIMENSIS, CATWALLONUS ROTHONENSIS ABBAS, FROUMUNDUS COENOBITA TEGERNSEENSIS, EBERHARDUS, PERINGERUS, ELLINGERUS, UDALRICUS, ABBATES TEGERNSEENSES, GODESCHALKUS, LEDUINUS ABBAS S. VEDASTI, OTHELBOLDUS ABBAS S. BAVONIS, BENEDICTUS IX PAPA, HERIBERTUS EISCHTTETTENSIS EPISCOPUS, EMMA REGINA ANGLORUM, POPPO TREVIRENSIS ARCHIEPISCOPUS, ANGELRANNUS ABBAS S. RICHARII, PAPIAS GRAMMATICUS, ROTBERTUS LONDINENSIS, GARCIAS MON. CUXASENSIS, DOMINICUS GRADENSIS PATRIARCHA.

TOMUS UNICUS.

EXCUDEBATUR ET VENIT APUD J.-P. MIGNE EDITOREM,
IN VIA DICTA *D'AMBOISE*, PROPE PORTAM LUTETIÆ PARISIORUM VULGO *D'ENFER* NOMINATAM,
SEU PETIT-MONTROUGE.

1853

SÆCULUM XI.

S. FULBERTI
CARNOTENSIS EPISCOPI
OPERA OMNIA,

AD EDITIONES BOUQUETI, CHESNII, CAROLI DE VILLIERS RECOGNITA, ORDINATE DISPOSITA, AC MONUMENTIS NONNULLIS AUCTA ET ILLUSTRATA.

ACCEDUNT

GUIDONIS ARETINI
MUSICA;
ADEMARI S. CIBARDI MONACHI, DUDONIS DECANI S. QUINTINI VEROMANDENSIS, LAMBERTI ASCHAFNABURGENSIS,

SCRIPTA HISTORICA;
NECNON
JOANNIS XIX, BENEDICTI IX,
ROBERTI FRANCORUM REGIS, EMMÆ REGINÆ ANGLORUM, GUILLELMI DUCIS AQUITANIÆ,

EPISTOLÆ ET DIPLOMATA.
Intermiscentur

ARIBONIS MOGUNTINI, EBALI REMENSIS, POPPONIS TREVIRENSIS, ARCHIEPISCOPORUM; GODEHARDI HILDESHEIMENSIS, HERIBERTI EISCHTETTENSIS, ROTBERTI LONDINENSIS, GAUSLINI BITURICENSIS, ADALBERONIS LAUDUNENSIS, EPISCOPORUM; GUILLELMI I ABBATIS S. GERMANI A PRATIS, GUILLEMI ABBATIS S. BENIGNI DIVIONENSIS; EBERHARDI PERINGERI, ELLINGERI, UDALRICI, ABBATUM TEGERNSEENSIUM; CATHWALLONI ROTHONENSIS ABBATIS, ANGELRANNI ABBATIS CENTULENSIS, LEDWINI ABBATIS S. VEDASTI, OTHELBOLDI ABBATIS S. BAVONIS GANDENSIS, MEGINFREDI MAGDEBURGENSIS PRÆPOSITI, ARNOLDI EX COMITE MONACHI, FROUMUNDI COENOBITÆ TEGERNSEENSIS, PAPIÆ GRAMMATICI, GARCIÆ MONACHI CUXASENSIS, BERNARDI SCHOLASTICI ANDEGAVENSIS, GODESCHALKI,

SCRIPTA VEL SCRIPTORUM FRAGMENTA QUÆ EXSTANT.

ACCURANTE J.-P. MIGNE,

BIBLIOTHECÆ CLERI UNIVERSÆ,

SIVE

CURSUUM COMPLETORUM IN SINGULOS SCIENTIÆ ECCLESIASTICÆ RAMOS EDITORE.

---○---

TOMUS UNICUS.
---○---

VENIT FRANCIS GALLICIS.

EXCUDEBATUR ET VENIT APUD J.-P. MIGNE EDITOREM,
IN VIA DICTA D'AMBOISE, PROPE PORTAM LUTETIÆ PARISIORUM VULGO D'ENFER NOMINATAM,
SEU PETIT MONTROUGE.

1853

ELENCHUS

AUCTORUM ET OPERUM QUI IN HOC TOMO CXLI CONTINENTUR.

ADEMARUS S. CIBARDI MONACHUS. — Historiarum libri tres, *col.* 19. — Epistola de apostolatu S. Martialis, *col.* 87. — Fragmentum sermonis, *col.* 111. — Carmen acrostichon, *col.* 113. — Sermones tres (dubii), *col.* 115.
BERNARDUS SCHOLASTICUS ANDEGAVENSIS. — Liber de miraculis sanctæ Fidis, *col.* 127.
S. FULBERTUS CARNOTENSIS EPISCOPUS. — Epistolæ, *col.* 189. — Tractatus in cap. xii, vers. 1, Act. apost., *col.* 277. — Tractatus contra Judæos, *col.* 305. — Sermones, *col.* 317. — De peccatis capitalibus, *col.* 339. — Hymni et carmina ecclesiastica, *ibid.* — Versus de uncia et partibus ejus et de scrupulo, *col.* 355. — Proclamatio antequam dicant *Pax Domini*, *ibid.* — Diplomata, *ibid.* — Vita S. Autberti, *col.* 355. — Appendix. — Diplomata nonnulla ex chartulario abbatiæ S. Petri Carnotensis, tempore S. Fulberti data, *col.* 369. — Laus vitæ monasticæ, *col.* 373.
GUIDO ARETINUS ABBAS S. CRUCIS AVELLANÆ. — Micrologus. *col.* 379. — Versus de musicæ explanatione, *col.* 405. — Regulæ Rhythmicæ, *ibid.* — De ignoto cantu. *col.* 413. — Quomodo de arithmetica procedit musica, *col.* 435.
ANNALES HILDESHEIMENSES, QUEDLINBURSENSES, WEISSEMBURGENSES ET LAMBERTI ASCHAFNABURGENSIS., *col.* 443
DUDO DECANUS S. QUINTINI VEROMANDENSIS. — De moribus et actis primorum Northmanniæ ducum libri tres, *col.* 607.
GAUSLINUS BITURICENSIS EPISCOPUS. — Epistolæ, *col.* 755. — Sermo S. de Martiali, *col.* 767.
ADALBERO LAUDUNENSIS EPISCOPUS. — Carmen ad Robertum regem Francorum, *col.* 771.
GUILLELMUS V DUX AQUITANIÆ. — Epistolæ et diplomata, *col.* 827.
B. GUILLELMUS I ABBAS S. GERMANI A PRATIS. — Epistola seu charta ad fratres, *col.* 835.
S. GUILLELMUS ABBAS S. BENIGNI DIVION. — Epistola ad Odilonem Cluniacensem abbatem, *col.* 869. — Privilegium pro monasterio Fructuariensi, *col.* 871. — Appendix. — Annales S. Benigni Divionensis, *col.* 873.
ROBERTUS REX FRANCORUM. — Epistolæ, *col.* 935. — Hymni et responsoria, *col.* 959. — Diplomata, *col.* 945.
MEGINFREDUS MAGDEBURGENSIS MAGISTER ET PRÆPOSITUS. — De vita et virtutibus B. Emmerammi, *col.* 969.
ARNOLDUS EX COMITE MONACHUS EMMERAMMENSIS. — De miraculis et memoria B. Emmerammi, *col.* 989. — Homilia de octo beatitudinibus, *col.* 1089. — Appendix. — Descriptio censuum, proventuum ac fructuum ex prædiis monasterii S. Emmerammi, *col.* 1095. — Annales S. Emmerammi, *col.* 1103.
ARIBO MOGUNTINUS ARCHIEPISCOPUS. — Concilium Salegunstadiense, *col.* 1109.
EBALUS REMENSIS ARCHIEPISCOPUS, *ibid.* Charta pro cœnobio Mosomensi, *col.* 1111.
JOANNES XIX PAPA. — Epistolæ et diplomata, *col.* 1115.
S. GODEHARDUS EPISCOPUS HILDESHEIMENSIS. — Epistolæ, *col.* 1229. — Appendix. — Chronicon Hildesheimense, *col.* 1253.
CATHWALLONUS ROTHONENSIS EPISCOPUS. — Epistola ad Hildegardem Andegavorum ducem, Fulconis Nerræ conjugem, *col.* 1281.
FROUMUNDUS CŒNOBITA TEGERNSEENSIS. — Epistolæ, *col.* 1283. — Poematica, *col.* 1291.
EBERHARDUS ABBAS TEGERNSEENSIS. — Epistolæ, *col.* 1307.
PERINGERUS ABBAS TEGERNSEENSIS. — Epistolæ, *col.* 1313.
ELLINGERUS ABBAS TEGERNSEENSIS. — Epistolæ, *col.* 1317.
UDALRICUS ABBAS TEGERNSEENSIS. — Epistolæ, *col.* 1321.
GODESCHALKUS. — Sequentiæ, *col.* 1323.
LEDWINUS ABBAS S. VEDASTI ATREBATENSIS. — Constitutio de placito generali, *col.* 1333.
OTHELBOLDUS ABBAS S. BAVONIS GANDENSIS. — Epistola ad Otgivam Flandriæ comitissam, *col.* 1337.
BENEDICTUS IX PAPA. — Epistolæ et diplomata, *col.* 1343.
HERIBERTUS EISCHTETTENSIS EPISCOPUS. — Hymni, *col.* 1369.
EMMA REGINA ANGLORUM. — Emmæ encomium, *col.* 1373. — Emmæ epistola ad filios suos Edwardum et Alfridum, *col.* 1397.
POPPO TREVIRENSIS ARCHIEPISCOPUS. — Epistola ad Benedictum IX papam, *col.* 1401.
ANGELRANNUS ABBAS CENTULENSIS. — Vita sancti Richarii abbatis Centulensis primi, *col.* 1421.
PAPIAS GRAMMATICUS. — Notitia et prœmium, *col.* 1437.
ROTBERTUS LONDINENSIS EPISCOPUS. — Charta, *col.* 1441.
GARCIAS MONACHUS S. MICHAELIS CUXASENSIS. — De initiis monasterii sui, *col.* 1445.
DOMINICUS GRADENSIS PATRIARCHA. — Epistola ad Petrum patriarcham Antiochenum, *col.* 1455.

Ex typis MIGNE, au Petit Montrouge.

ANNO DOMINI MXXIX.

ADEMARUS

COENOBII S. CIBARDI ENGOLISMENSIS MONACHUS.

In Ademarum
NOTITIA HISTORICA ET BIBLIOGRAPHICA.

(Pertz, Monum. Germ. hist. SS. IV, 106.)

Ademarus ex nobili Aquitaniae familia ortus est, quae « in proprio jure haereditario » sedebat, Cabannense seu Campanense praedium incolens (1). Patrem habuit Raimundum, avum Fulcherium, qui ex Officia, nepti Turpionis episcopi Lemovicensis, tres filios genuit, Rotgerium, Adalbertum et quem dixi Raimundum, natu minorem (2). Hic Aldeardem sive Hildegardem (3) in matrimonium duxit, sororem virorum nobilium et potentum (4), Abbonis, Raimundi et Ainardi praepositi, quem profundissimi consilii hominem laudat Ademarus (5). Comitis titulo et officio patrem insignem fuisse (6), quod Ademarus minime dicit, vix putarim. Nam Jordano « principi » Cabannensi, post annum millesimum occiso, frater ejusdem nominis successisse videtur (7). Ademari parentes in his rebus agendis nullas habuerunt partes, et privatam potius vitam in proprio rure quam publica officia et bellicas res egisse videntur. — Ademarus anno circiter 988 natus (8), puer monasterio S. Eparchii (9) Engolismensi traditus, ibi maximam vitae partem exegit, Lemovicae vero apud Sanctum Martialem, ubi patruus ejus Adalbertus decani et praepositi dignitate fungebatur (10), ab altero patruo Rotgerio educatus est (11), ibi procul dubio litteris, quibus excellebat (12), instructus, et amore et veneratione sancti Martialis imbutus. Juvenis 22 annorum in hoc loco constitutus, nocte quadam Crucifixi imaginem in caelo pendentem con-

NOTAE.

(1) *In proprio jure hereditario quod vocatur Campanense juxta castellum Potentiam*, Ademarus De abb. Lemov. ap. Labbeum II, p. 272. Pro *Campanense* ap. Bouq. X, p. 151, n. b, *Cabanense* scribitur, quod idem esse et ipse putarim. Nam Raimundum patrem Ademarus Hist. III, 45, Cabannensem appellat. Urbs est *Chabannais*, ad Viennam.
(2) *Ex cujus* (Turpionis) *nepte, Officia nomine, nati sunt Adalbertus decanus et Rotgerius patre Fulcherio... Tertius quoque Raimundus junior natu germanus exstitit amborum cujus ego Ademarus filius*

Turpio episc. Lemov.
|
ejus neptis Fulche-
Officia rius
Adalber- Rotge- Rai- Aldear- N. Ainar-
tus de- rius mun- dis. Abbo. Rai- dus
canus. cantor. dus. | mun- prae-
dus. positus.
Ademarus.

(6) Ita Rivet, Hist. litt. VII, p. 320.
(7) Hist. III, 42.
(8) *A vobis quidem non sine grandi exultatione finito concilio Lemovicensi quarto die mensis Augusti abscessi, revertens ab Egolismam civitatem, ubi ab ipsa tenerrima aetate quadragenarius vitam in monasterio beati Eparchii transigo*. Epist. de S. Martiale ap. Mabill. Ann. IV, p. 717. Haec anno 1028 scripta sunt.
(9) S. Cibar.
(10) *Hic* (abbas Guigo qui praefuit a. c. 975-990,) *Adalbertum supradictum constituit sibi decanum in*

fui matre Hildegarde; De abb. Lem. l. l. Raimundus, Hist. III, 43, *abnepos* pro *pronepos* dicitur.
(3) Hist. III, 45. De abb. Lem. l. l. Idem nomen est; cf. quae monui III, 45.
(4) *Strenuissimos duces, corpore robustos, animo bellicosos*, Hist. III, 45. Duces vero qui copias majores habebant exercitumque ducebant appellasse videtur.
(5) Hist. l. l. De abb. Lem. l. l. Ademari stemma hoc est:

basilica sancti Martialis, De abb. Lem. l. l. *Adalberti decani inclyti et prepositi ex monasterio sancti Marcialis*, Hist. III, 45.
(11) *Ademarus qui tunc cum avunculo suo inclito Rotgerio Lemovicas degebat in monasterio sancti Marcialis*, Hist. III, 46. *Rogerius — meus magister et patruus*, De abb. Lem. p. 273; *cantor* dicitur III, 61, et in Ann. Lem. a. 1025.
(12) *Ademarus qui aliquid grammaticae artis videbatur scire*, adversarius, de ipso dicit in ep. ap. Mabill. l. l. p. 718.

PATROL. CXLI. 1

spexisse sibi visus est. *Ipse autem qui hæc vidit, attonitus nichil aliud potuit agere quam lacrimas ab oculis profundere. — Et quod vidit semper in corde celavit* (13). — Inde Engolismam reversus, presbyter est promotus (14), ibique in libris describendis (15) et componendis desudavit.

Brevem abbatum Lemovicensium Historiam usque ad a. 1025 perduxit (16), in qua præcipuas harum regionum res ecclesiasticas memoravit. Paulo post majus opus aggressus est. Historiam enim a Francorum origine ad sua usque tempora tribus libris conscripsit, iisque potissimum res Aquitanicas exposuit. In primo quidem libro Gesta Francorum sequitur, codice usus qualem in bibliotheca Parisiensi Suppl. Lat. n. 125 (olim baronis de Crassier) vidi, in quo Gestorum textum Fredegarii continuatio excipit, ipsique Annales Laurissenses majores adduntur. Hos fontes ad verbum fere exscripsit Ademarus, qui etiam librum secundum, quo Caroli magni res exposuit, primaque tertii capita ex Annalibus Laurissensibus hausit; quædam tamen de rebus Engolismensibus inseruit aliaque pauca memoriæ tradidit, quæ unde sumpserit compertum non habemus, veluti quæ de cantoribus a Carolo Magno Roma in Franciam ductis (17) et de doctorum ordine (18) leguntur. Leges Ludovici Pii, de quibus loquitur (19), ipse vidisse videtur. Etiam Gesta Pippini regis affert (20), sed fortasse annalium partem hoc nomine indicavit. Historiam de sancti Joannis capite conscriptam fabulosam rejecit (21). Sanctorum episcoporum Dionysii, Saturnini, Petragorii aliorumque acta vidit (22), sed in Historia sua nusquam iis usus est; neque Hieronymi et Bedæ Chronica, quæ habuit (23), ad rem suam faciebant. Postea uberioribus fontibus destitutus, minores adhibuit annales, quos procul dubio in cœnobio suo ad manus habuit, Aquitanicos dico, fortasse etiam Engolismenses breviores. Multa tamen his sequentibusque annis adjecit, quæ a parentibus et senioribus monachis accepisse videtur. Ideo in rebus Aquitanicis semper fere fidem meretur, et quæ suo tempore acta sunt bene habuit comperta, nonnisi levioribus commissis erroribus. Summa diligentia res in cœnobiis S. Eparchii et S. Martialis gestas exposuit, eorum diplomata quoque consuluit; præterea quæ duces Pictavenses, comites Engolismenses, Petragoricenses, Lemovicenses (24) domi militiæque egerunt, accurate, ordinate et fuse narravit. Francorum, Germa-

---

NOTÆ.

(13) Hist. III, 46.
(14) *Ademarus Egolismensis presbyterorum ultimus*, ep. p. 717.
(15) Codicem Gestorum Rom. Pontiff., quem descripsit aut describi curavit, ad Rohonem episcopum Engolismensem direxit, versibus additis, quos ed. Mabil. Anal. (ed. 2) p. 432. Cf. quæ ibidem de codice Amalarii monentur; librum consultationum Zachæi Christiani et Apollonii ipsius Ademari manu aut jussu scriptum habuit Dacherius; Spicil. XIII, II, p. 185.
(16) Ed. Labb. II, p. 271-273.
(17) II, 8.
(18) III, 5.
(19) III, 2, 3.
(20) III, 56.
(21) Ibidem.
(22) Epist. p. 722. Eadem et præterea acta S. Marcelli et Juliani Cenomannensis ab Engolismensi clerico in conc. Lemovicensi a. 1031 afferuntur. Concil. ed. Labb. IX, p. 879, 880.
(23) Ep. p. 721.
(24) Eorum stemmata subjicio, quo melius historia perspici possit:

	Bernardus (comes Pictav.?) † 844			N.					
Bernardus com. Arvern. † 886.	Ramnulfus dux Aquit. † 867.			Turpio com. Eng. † 863.	Emeno com. Eng. † 866.				
Willelmus com. Arv. dux Aquit. † 919.	Ramnulfus com. Pictav. dux Aquit. † 892.	Eblus abb. S. Germ.	Gozbertus comes.		Ademarus com. Pictav. † 930. ux. Santia.				
	Eblus com. Pict. dux Aquit. † 935. ux. Adela								
	Willelmus Caput-Stupæ com. Pict. dux Aquit. † 963.	Eblus episc. Lem.							
	Willelmus com. Pict. dux Aquit. † 995. ux. Emma.								
	Willelmus com. Pict. dux Aquit. † 1030. ux. Adelmode. Brisca.								
Vulgrinus com. Eng. † 885. Alduinus com. Eng. † 916.	Aldoinus (Hilduinus) abbas S. Dionysii Willelmus com. Petrag.			N.					
Willelmus Sector-ferri com. Engol. †	Bernardus com. Petrag.	Santia uxor Ademari † c. 1010.	Emma Boso com. Petrag. Hellas.	Boso vetulus Aldebertus	Adelmode	Geraldus vicecomes Lemov. Wido vicecom Lem.	Aldegarius ep. Lemov.	Alduinus ep. Lem.	

norum aliarumque gentium historiam brevius perstringit, non semper certum temporis ordinem secutus, nusquam tamen valde a vero remotus. Etiam res Hispanicas (25), Constantinopolitanas (26), Hierosolymitanas (27) respexit, quas a peregrinis qui inde redierant eum accepisse verisimile est. Mauros Narbonæ captos et Lemovicam transmissos vidit, qui, quanquam *more catulorum loquentes glatire videbantur*, retulerunt tamen quomodo victi captique essent (28). Eodem modo plura procul dubio aut ipse vidit aut ab iis accepit qui rebus interfuerant (29). — Hæc vero probabili stylo conscripsit, et quamvis sermoni culto et ornato minime studuisse videatur, lingua tamen Latina satis bene usus est (30), et in rebus disponendis quadam arte laboravit. Neque enim, iis potissimum temporibus, quibus alienis destitutus erat fontibus, annalium morem sequitur, sed plerumque res similitudine quadam connexas narratione quoque con'ungere studet. Ideo vero, quod valde dolendum, nusquam certos rerum annos notavit; id quod etiam in abbatum Lemovicensium catalogo neglexit. — Historiam usque ad a. 1028 medium (31) perduxit atque eodem anno finiisse videtur (32). Nam Augusto mense ejusdem anni (33) concilio interfuit Lemovicæ habito, ubi quam plurimos Aquitaniæ præsules, abbates et clericos (34), præterea parentes et propinquos suos invenit (35), et in ecclesiæ dedicatione (36) publice prædicavit (37). Inde reversus, epistolam ad omnes qui concilio interfuerant direxit, eamque etiam « Arnaldo Rothenensi episcopo, Theoderico grammatico Metensi episcopo, Conegundi Romanorum Augustæ, Cononi Cæsari Augusto imperatori, Willelmo grammatico orthodoxo et potentissimo Aquitanorum duci, Johanni Romano papæ » inscripsit (38), qua sanctum Martialem verum fuisse apostolum ostendere conatus est, et disputationem quam de hac re cum Langobardo quodam Benedicto Clusensi (39) habuerat

NOTÆ.

Arnaldus com. Engol. † c. 1000.

Willelmus com. Engol. † 1028. ux. Girberga Alduinus. Gosfridus.

Arnaldus (Borracio)

Willelmus Talerandus † 962.

Rannulfus Bomparius.

Bernardus

comitatum Engol. tenuerunt (III, 28).

(25) III, 38, 55, 40.
(26) III, 22, 32.
(27) III, 47.
(28) III, 52.
(29) Cf. epist. p. 721 : *Episcopus etiam Lemovicensis Geraldus ante hos 15 annos a Roma regressus attestatus est nobis, fortuitu legisse se ibi volumen*; ibid. p. 727: « *Cui Gauzbertus : « In itinere, inquit, Romæ vidi jam olim quemdam præcipuum comitem Almannum, cujus linguam intelligere non poteram, nisi in psalmis et lætaniis et lectionibus, cujus capellani ante eum quotidie circa horam tertiam lætanias sanctorum dicebant....* » — *Tum Salgionius : « Et ego, quando euntes in Hierosolymam intravimus mare, vidi quemdam Johannem monachum fortissimum grammaticum ex civitate Remis, qui in navi,*» etc. In Historia vero conc. Lemov., a. 1031 habiti, clericus Engolismensis narrat (*Concil. ed. Labb.* IX, p. 878) : *Ante hos plures annos quidam ex fratribus de monte Sinai in hanc partem advenerunt occiduam, Dei disponente nutu, moribus graves, doctrina catholicæ fidei profluentes, vita per omnia honesti, utriusque linguæ periti. Qui cum diu nobiscum Engolismæ fuissent expectantes principem civitatis, et litteris Græcis et Latinis eos videremus ad unguem imbutos, super hac re interrogare curavimus eos..... Qui alter Simeon, alter nomine Cosmas.* — Quos etiam Ademarum vidisse et de multis rebus interrogasse verisimile est.
(30) Cf. epist. p. 719 : *Ego Latialiter loquens, Latialiter ipsum compellebam loqui, et barbare quasdam dictiones proferentem dissimulans, patienter celabam circumstantibus;* cf. p. 726 : *Audieram enim eum Lemovicas, ut supradixi, barbarismis male corrumpere Latinitatem.*
(31) Non 1029, ut Rivet, Hist. litt. VII, p. 501, dicit.
(32) Petro abbate Scotoriensi vivo se scripsisse, ipse profitetur III, 45 ; sed quo anno ille obierit non constat; cf. Gallia Christ. II, p. 550.
(33) *Usque in præsentem annum quo loquimur, qui est 1028 ab incarnatione Domini nostri Jesu Christi per indictionem II*, epist. p. 720.
(34) Ep. p. 717.
(35) Ibid. p. 720 : *Spreto colloquio nobilium karissimorum parentum meorum, qui ad festivitatem de longinquo venerant, et pro mea utilitate ibi me exspectabant.*
(36) 3 Aug. Cl. Ann. Lemov. a. 1028. Hist. conc. Lemov. Concil. ed. Labb. IX, p. 888.
(37) Fragmentum sermonis ibidem habiti, Ademaro a Baluzio vindicati, edidit Mabill. Acta SS. VI. 1. p. 51. Fortasse idem exstat in cod. Par. 3785. *Dicta venerabilis Ademari in natali S. Martialis.* Cat. bibl. Par. III, p. 466.
(38) Ep. p. 717. Plurimos quos nominat episcopos ipse cognovisse videtur. Nam ibidem dicit : *Nolo vos mirari, eos, cum quibus nunquam locutus sum adhuc de sancto Martiale — tres tantum dico, papam videlicet ac Cæsarem atque Aquitaniæ ducem — inter nomina vestra me intermiscuisse*.
(39) Quæ hic de se ipso dicit (epist. p. 726) huc referre juvat : *Ego, inquit, sum nepos abbatis de Clusa ; ipse duxit me per multa loca in Longobardia et Francia propter grammaticam; ipsi jam constat sapientia mea duo millia solidis, quos dedit magistris meis. Novem annis jam steti ad grammaticam et adhuc sum scholasticus. Sumus novem scholastici, qui simul discimus grammaticam, et sum ego valde perfectus sapiens. Habeo duas magnas domos plenas libris, et adhuc non omnes eos legi, sed quotidie meditor in illis. Nullus liber est in tota terra, quem ego non habeam. Postquam exiero de schola, non erit subtus cœlum tam sapiens ut ego. Ego ero abbas de Clusa post mortem avunculi mei, jamque sum electus ab omnibus, et nisi tales conversi multi monachi fuissent, qui non curant nisi de hypocrisi et de rusticitate, qui mihi hoc abstulerunt, jam ex multo tempore essem consecratus abbas. Ego sum prior de Clusa, et scio bene facere sermonem de littera. Et infra ; In Aqui-*

narravit. Hujus rei in Historia nulla fit mentio; quod vix omisisset, nisi jam antea operi finem dedisset. Epistola vero illa Ademarum ostendit disertum, eloquentem (40), constantem (41) et ferventem (42) assertionis suae defensorem, quam ab ipso confictam esse adversarius contenderat (43). Sermone ubere, eleganti, rationibus non contemnendis opinionem suam, quamvis nimis a vero alienam, stabilire conatur. Huic quaestioni examinandae anno 1031 duplex convocatum est concilium, alterum Burdegalense, alterum Lemovicense. Quibus cum Ademarum interfuisse non legamus, ipsum jam antea mortuum fuisse Rivet (44) suspicatus est. Quod et ipse statuerim, nisi fortasse ipsa concilii Lemovicensis historia (45), in qua eamdem fere dicendi rationem, eamdem doctrinam, camdem quoque S. Martialis venerationem quam in epistola illa deprehendere mihi videor, Ademaro tribui possit (46). Certe de Adema i morte nihil constat; quam his circiter annis accidisse verisimile est, cum nihil postea de illo referatur.

Qui sequentibus temporibus in rebus Aquitanicis describendis occupati erant, ut auctor Gestorum episcoporum Engolismensium (47), Ademari historiam plerumque secuti sunt. Liber in multorum manus venit. Ex ipso etiam quae in codice Vatic. bibl. Christ. n. 692 s. XII exstat historia Francorum excerpta est (48), ex qua postea Chronici S. Maxentii sive Malleacensis (49) auctor quam plurima hausit. Fragmenta alii descripserunt, alii operi praestantissimo assueverunt quae ibi deesse videbantur. Exstat in bibliotheca regia Parisiensi codex infra memorandus, qui Ademari historiam partim quam plurimis additamentis auctam, partim valde mutatam continet. Sed tantum non omnia quae adduntur sunt falsissima (50); interpolator multa ex ingenio finxit, Ademari verba non semel male interpretatus est, ordinem chronologicum perturbavit (51), plura addidit, quae poeticam quamdam rerum narrationem redolent et ex carminibus manasse videntur (52). Cum plerique haec omnia Ademaro obtrusissent, factum est ut hominem credulum et fabulosum cum putarent, historiamque ejus nimis erroribus perturbatam dolerent. Haec vero jam in interpolatorem cadunt, qui fortasse centum annis aut amplius post Ademarum haec consarcinavit. Ex Vita Ludovici

NOTAE.

tania nulla sapientia est, omnes sunt rustici; et si aliquis de Aquitanis parum didicerit grammaticam, mox putat se esse Virgilium. In Francia est sapientia, sed parum. Nam in Longobardia, ubi ego plus didici, est fons sapientiae. Aliter de ipso sensit Ademarus; cf. supra n. 30.

(40) Nam in hac terra non reputatur sapiens, nisi multum fuerit eloquens, ep. p. 727.

(41) Nam ego pro veritate usque ad mortem libenter decertare festino, ep. p. 717; cf. ibid. p. 725 sqq., p. 727 : tamen obedire oportet Deo magis quam papae Romano.

(42) Iterum adhuc pronuntio ante conspectum Dei et omnium in coelo habitantium, si gloriae Dei vel ipsi Martiali, vel alicui sanctorum qui jam ex hac vita transierunt, molestum aliquo modo est eum praedicari apostolum, hac ipsa hora, quae est quasi sexta diei, hoc ipso articulo temporis quo hoc scribo, hoc momento, hoc athomo moriar corpore et ultra non vivam. Duae missae, quas hodie mane sexta sabbati continuas in honore vivificae crucis, unam sponte, alteram obediens necessario jubenti et roganti abbati Amalfredo, super corpus beati Eparchii celebravi : si, inquam, hoc Deo displicet, non sint mihi in adjutorium, sed statim, sicut solus intra ecclesiam scribo, hac ipsa hora animam reddam, ibid. p. 726.

(43) Ibid. p. 718 : Hanc haeresim primus, et plus causa adulationis, ut placeret abbati et monachis, corruptus quoque pecunia ab illis, sine ulla veterum auctoritate condiderat.

(44) Hist. litt. VII, p. 302. Idem, Ademarum Hierosolymam profectum esse sibi persuasit, cum in codice Vossiano, olim S. Martialis Lemovicensis, haec legantur (Cat. bibl. Lugd. Bat. 1716. fol. p. 386; cf. Arch. VII, 137.) : Hic est liber sanctissimi domini nostri Marcialis Lem. ex libris bonae memoriae Ademari grammatici. Nam postquam multos annos peregit in Domini servitio ac simul in monachico ordine in ejusdem patris coenobio, profecturus Hierusalem ad sepulchrum Domini nec inde reversurus, multos libros, in quibus sudaverat, eidem suo patrono ac nutritori reliquit, ex quibus hic est unus. Sed Ademarus historiographus non Lemovicensis sed Engolismensis fuit monachus.

(45) Ed. Labbeus Bibl. mss. II, p. 766. Concil. IX, p. 869.

(46) Rivet Hist. litt. VII, p. 347, Odolricum abbatem S. Martialis auctorem putavit. — In cod. Par. n. 2469 Ademari sermones de S. Martiale et haec concilii historia conjuncta exstant; cf. Cat. bibl. Par. III, p. 285. Sermones a. 994, quos edidit Baluze, Hist. Tutel. p. 385, non Ademari esse, recte monet Rivet, Hist. litt. p. 505; cf. eumdem p. 506 sqq. de aliis quae eruditi Ademaro tribuerunt operibus.

(47) Apud Labbeum, Bibl. mss. II, p. 249. Etiam qui miracula S. Genulfi conscripsit, Ademari opere usus est; cf. Mab. Acta IV, II praesertim n. 14, p. 230.

(48) Cf. Arch. VII, p. 437. Ex primo libro nihil, ex secundo et tertii initio pauca sumpsit, III, 16-38 vero magnam partem ad verbum exscripsit.

(49) Apud Labbeum II, p. 190.

(50) Ita, ut pauca tantum afferam, III, 19, dicit Lotharium quatuor post a. 855 annis monasterium intrasse, cum Ademarus recte » post paucos dies « scripsisset; III, 20, de Odone rege Francorum fabulas intolerabiles fingit; c. 22, Ademari verbis parum intellectis, Arduinum Italiae regem ante Ottonem I obiisse narrat; quae ibidem de Rotberto rege et Hugone comite refert, fabulam redolere jam alii adnotarunt; magis etiam a vero abhorrent quae c. 31 de S. Adelberto et Brunone memoriae tradit; de Heriberto archiepiscopo ab Heinrico II capto recte Ademarus c. 33 locutus est, quibus deletis interpolator alia eaque falsa substituit.

(51) Exempli gratia, c. 23 de Fredeberto episcopo, quem in s. X falso collocavit.

(52) Cf. quae jam attuli c. 22 de Hugone et Rotberto, c. 28 verba : ense quem Walander faber cuserat, et quae ibidem de Arnaldo narrantur, c. 34 de Aldeberto et rege Francorum, c. 55 verba : ita fabulam Tiestis veram adimplens.

quædam sumpsit (53), alia (54) ex Annalibus Aquitanicis, quos et ipse Ademarus habuerat; in aliis cum Gestis episcoporum Engolismensium convenit (55). Quorum auctor cum alibi purum Ademari textum sequatur (56), non ipsum codice interpolato usum, sed potius ex Gestis quædam Ademaro assuta esse putarim, præsertim cum etiam aliis locis ejusmodi res a Gestorum scriptore narrationi ex Ademaro haustæ additæ sint (57). Ideo non ante sed post a. 1159, quo Gesta illa scripta esse constat, interpolatorem opus suum compilasse recte statuere mihi videor. Qui cum res in cœnobio S. Martialis Lemovicensi gestas, jam ab Ademaro satis accurate expositas, singulari studio prosequatur (58), ibidem vixisse putandus est, ideoque in his etiam majorem fidem meretur.

In hac Ademari editione id maxime consilii egi, ut primo loco integrum et purum ipsius textum exhiberem, codice potissimum usus præstantissimo

1) regio Parisiensi n. 5927, mbr., fol., olim I. A. Thuani, qui sæculo XI medio cum magna diligentia et satis eleganter in membranis optimis non una manu exaratus, litteris quas dicunt initialibus pulcriris et variis coloribus pictis ornatus, 165 foliis constat, quorum modo plura, modo pauciora conjuncta sunt. Ademari historia 131 explet. Hunc librum partim descripsi, partim cum ediiis accuratissime contuli, quippe qui purum contineat textum, paucissimas tantum easque leviores mendas habeat, et in Aquitania, fortasse Engolismæ aut Lemovicæ, scriptus, proxime ad autographum accedere videatur. Historiam ibi nullo titulo inscriptam, et singulos libros nullis rubris distinctos legimus; primo tamen capitum index præmissus est, secundi vero et tertii initium capitulo primo ascripto indicatur. Idem volumen continet f. 132 diploma Caroli regis de castro Fronciaco ecclesiæ Engolismensi confirmato, f. 133 conventionem Willelmi et Hugonis ex ipso codice a Labbeo II, p. 155, editam, et f. 140 sqq. Eginhardi Vitam Caroli Magni mancam. Ex hoc codice descriptus est

1a) regius Parisiensis Suppl. Lat. n. 142, chart., s. XV, fol., qui eadem opera continet et iisdem Eginhardi verbis finit. Fortasse hic est quem in collegio Claromontano vidit Labbeus, qui certe huic similimus fuit.

Interpolata historia exstat in codice

2) regio Parisiensi n. 5926, mbr., sæc. XII exeuntis, fol. min., olim Ant. Faure, quem ex bibliotheca Hadr. Valesii recepit Labbeus. Volumen 17 et semis quaternionibus constat, qui in ultimo folio a-r signati sunt. In quaternione m tria desunt folia. Fol. 1-63 libros 2 priores Ademari continet, fol. 63-79 Eginhardi Vitam Karoli, fol. 79-114' Anonymi Vitam Ludovici Pii, fol. 114' sqq. Ademari Historiam inde a III, 16 prosequitur. Ipsius verba etiam prioribus libris sæpissime mutavit, et modo ipsum, modo quos exscripsit fontes, Gesta Francorum et Annales Laurissenses, secutus est (59), ita ut Labbeus, cum etiam integras Caroli et Ludovici Vitas insertas vidisset, nonnisi extremam partem Ademaro ascribendam esse putaret. Textus, magna negligentia descriptus, mendis fœdissimis scatet, quæ scriptorem rudem, neque in veteribus libris legendis neque in scribendo exercitatum arguunt. Litterarum forma, qualem in libris manuscriptis Lemovicensibus sæpius vidi, hujus urbis monachum indicare videtur, ubi etiam ipsum interpolatorem deguisse supra monui. Etiam in hoc codice, quem ex 1 derivatum quamvis non exscriptum esse non dubito (60), historia titulo caret.

3) Plurimi qui exstant Ademari codices ex eodem exemplari fine destituto fluxerunt, quippe qui III, 24, verbis: *vicaria Piliacense* (*et alias quam plurimas ecclesias*) historiam finiant. Textum nullis interpolationibus maculatum habent. Ipse tres vidi (61).

3a) Montispessulanum n. 94, mbr., s. XII, fol., olim collegii Trecensis, qui neque titulos habet neque tertium librum distinguit.

3b) Montispessulanum n. 277, mbr., fol., s. XII-XIII, 8vo, qui operi titulum *Hystoria Francorum* inscribit, et singulis libris capitum indicem præmittit.

3c) Montispessulanum n. 27, mbr., s. XIV, fol., qui cum 3b plerumque convenit, in capitum tamen tertii libri ordine ab ipso differt, 18 pro 22 exhibens.

Alii ejusmodi codices inveniuntur

3d) Romæ in bibl. Vat. n. 1795, mbr., fol. s. XIII. (Arch. V, p. 116).

3e) Romæ in bibl. Christ. n. 905, mbr., fol. (Arch. III, p. 422, 423, coll. v, p. 117), qui eundem capitum ordinem quem 3b habere videtur.

3f) Bernæ n. 208, mbr., s. XIII (Arch. V, p. 488).

NOTÆ.

(53) III, 16.
(54) III, 18, 19. Sed hæc satis infeliciter cum Ademari narratione conjunxit.
(55) Cf. III, 16, de moneta Engolism. cum Gest. c 15, III, 24, de reliquiis Hierosolyma reportatis; et 28 cum Gest. c. 19, III, 60; et 66 cum Gest. c. 25.
(56) Cf. Gest. c. 11 cum Ademar III, 20; Gest. c. 14, 16, cum Adem. III, 25, etc. Quæ Gest. c. 25 leguntur magnam partem in codice interpolato desunt.

(57) Cf. c. 9, 10, et præsertim c. 25, 26, ubi de Willelmo Engolismensi comite multa nova leguntur, quorum pars tantum in interpolato Ademari textu occurrit, quæ vero ab uno eodemque procul dubio scripta sunt.
(58) III, 19 [20] 22, 25, 35, 43, 49, 57, etc.
(59) Cf. quæ Archiv. Vol. VIII dicturus sum.
(60) Cf. quæ de Eginhardo dicit Pertz l. l. Palæologiæ tom. XCVI.
(61) Cf. Archiv. VII, pag. 433, sqq.

4) Paris. n. 6190 (62). Glabri Rodulphi codici quatuor folia sæc. xi-xii assuta sunt, quæ varia ex Ademaro excerpta continent, postea ex eodem fonte aucta. Quæ, nullo ordine scripta, modo ipsius verba retinent, modo mutato stylo valde diversam narrandi rationem ostendunt, et, quamvis ex codice non interpolato descripta, in quibusdam tamen cum 2 conveniunt (63), ita ut fortasse inter ipsius sint referenda fontes.

Ademari liber integer nunquam prodiit. Secundum librum Pithœus SS. XII coætanei ed. Par. 2, p. 6, Francf. p. 230) primus ex cod. 1 edidit, Ademari nomine suppresso; indeque transiit in Duchesnii SS. (II, p. 68) et SS. Kulpisianos (3, p. 45). Idem Pithœus Ademari excerpta s. t. « Aquitanicæ historiæ fragmentum » ex codice 4 publici juris fecit (SS. XII coæt. ed. Par. 2, p. 416, ed. Francf. p. 517, et SS. XII coætanei p. 79), quæ Duchesnii, ex ipsius Ademari ut videtur codice aucta, repetiverunt (SS. II, p. 632; IV, p. 80). Breve Ademari fragmentum A. Duchesnius etiam Hist. Norm. SS. collectioni (p. 19) inseruit. Majores locos eosque ex optimo codice, fortasse eodem quem 1. nominavi, descriptos (64), Beslius in probationibus historiæ comitum Pictavensium (65) exhibuit. Historiam ex Ademaro aliisque compilatam Petrus a S. Romualdo luci dedit (66). Labbeus paulo post editionem absolutam aggressus est, tribus codicibus supra indicatis (1, 1ª, 2.) usus; sed singulari errore librum interpolatum secutus, integram Ademari Historiam ne-

A glexit, singulis quibusdam locis tantum codicis Thuanei verba referens. Ex primo libro nonnisi excerpta quædam dedit, secundum tanquam jam antea editum prætermisit, tertii quoque initio plurima ex Ann. Laurissensibus hausta suppressit. Ex Labbei et Duchesnii editionibus major Ademari Historiæ pars in Bouqueti collectionem recepta est (II, p. 514; V, p. 184; VI, p. 223; VII, p. 225; VIII, p. 252; X, p. 144-164) notisque illustrata.

Etiam in hac quam institui nova editione non integrum opus luci dandum erat, sed hæc tantum exhibui quæ Ademarus fontibus illis majoribus adjecit aut proprio Marte conscripsit. In quem finem codicem 1 perlegi omniaque memoria digna ex primis libris exscripsi. In sequentibus eumdem co-
B dicem accurate exprimendum curavi, et quæ correxi in notis semper retuli (67). In codice sæpius a pro e scribitur, quod ex verborum pronuntiatione in Aquitaniæ regionibus usitata ortum esse videtur: e. gr., *Nannetansium*, *Rotomansis*, *biannium*, *emandatio*, *commandatum*, *opulantissimam*, *amplectabatur*, *assumans*, *revertans*, *decoram*, *Engolismensam* (68). Hæc an Ademaro tribuerem hæsitavi, recipere tamen nolui. Quæ in 2 adduntur, aut mutata leguntur, infra addidi, neque tamen omnes easque sæpe falsissimas lectiones enotavi. In margine certum ordinem chronologicum stabilire, in notis errores corrigere et res Aquitanicas aliasque memoria dignas quam brevissime explicare conatus sum.

G. WAITZ.

NOTÆ.

(62) Codex olim E. Vineti postea Thuani fuisse videtur; cf. Besly Hist. comitum Pictav., p. 199.
(63) III, 28, 34.
(64) v. p. 199.
(65) *Histoire des comtes de Poictou et des ducs de Guyenne* par I. Besly. Paris, 1647, fol., passim.
(66) *Historiæ Francorum seu Chronici Ademari Engolismensis epitome — cum notis nonnullisque interpolatis quibusdam etiam additis a domno Petro a* S. *Romualdo Fuliensi. Parisiis apud L. Chamhoudry* 1652, 12. Simile opus exstat in cod. Par. n. 6182, chart., s. xvii : *De origine Francorum ex chronico Ademari Engolismensis monachi sancti Martialis*.
(67) Hoc uno excepto, quod in genitivo semper æ scribendum esse duxi, cum codex sibi ipsi non constans modo æ modo e (potissimum in urbium nominibus *Engolisme*, *Lemovice*, etc.) exhibeat.
(68) Hæc interdum jam in codice correcta sunt : *classa* corr. *classe*, *Salasensam* corr. *Salasensem*.

LIBER PRIMUS.

1. Principium regni Francorum, etc., *ut Gesta Francorum*.

11. (*Gest. Francorum c.* 12) *hæc adduntur :* Eo tempore sanctus Eparchius natus est patre comite Petrogoricæ nomine Felice, qui postea plenus sanctitate patronus Egolismæ civitatis factus est.

16¹. (*An.* 508. *Gest. c.* 17) *add. :* In ipsa civitate(1) consecrare fecit in episcopatu venerabilem virum Aptonium capellanum suum, expulso primo episcopo Arriano Gothorum de eadem civitate.

C 24. (*An.* 581. *G. c.* 25) *add. :* Per idem tempus sanctus Eparchius præsul ² Sanctionis et pater Egolismensis migravit ad Christum die primo Julii.

29. (*G. c.* 30) *add. :* Eo tempore sanctus Gregorius archiepiscopus Turonensis magnis virtutibus fulgebat. Per idem tempus sanctus Germanus Parisiorum episcopus, missus a rege Chariberto Egolismam civitatem, consecravit basilicam sancti Eparchii, ubi ipse nuper sepultus fuerat; adfuit cum eo venerabilis Gregorius episcopus Turonensis, et in

VARIÆ LECTIONES.

¹ *c.* 16. *Gestorum* (c. 15.) *verba ita leguntur :* Deinceps omnes æcclesiæ Dei cum auctoritate apostolice (*sic*) Romani hoc exemplum agentes usque ad presens ipsas lætanias triduanas ubique cælebre recolunt ante ascensionem Domini. ² p. s. et *post erasa* 1.

NOTÆ

(1) Engolisma.

ipsa basilica multa pignora reliquiarum beati Martini episcopi collocantes, dedicaverunt [a] eam in ejusdem sancti Martini honore. Denique in altare ipsius ab eodem sancto Germano atque sancto Gregorio consecrato sanctæ crucis actenus apparent impressa signacula. Item in honore sancti Petri consecraverunt æcclesiam sedis episcopalis [b], quam Clodoveus rex supradictus a novo incoari jusserat, destructa priori sede, quam Gothi Arriana maculatione fœdaverant, in honore sancti Saturnini. Ordinaveruntque in ipsa civitate episcopum nomine Mererium (2), qui in Francia capellanus regis fuerat. Aptonius enim nuperrime obierat in Christo.

31. (*An. 575. Gest. c.* 52) *hæc leguntur:* Qui commoventes exercitum, adversus eum pergunt contra Egolismam, ubi residebat propter fortitudinem murorum. Ille quoque derelictus a suis cum paucis remansit, sed tamen ad bellum ire non dubitat. Venientesque ad pugnam octo milibus ab Egolisma juxta fluvium Carantam secus silvam Buxam, Theodebertus devictus prosternitur, mortuusque est ibi. Ab Aunulfo quoque duce collectus, Egolisinam civitatem portatus, ibidem sepultus est apud Sanctum Eparchium. Sigebertus vero et Chilpericus pugnabant inter se in Francia. Tunc Chilpericus...

33. (*Gest. c.* 34 *initio*) *add.:* Erat enim illa (3) ancilla nequissima, sed propter pulchritudinem vultus eam rex nimis amabat, et mala consilia semper audiebat ab illa, et eam credebat super omnes consiliarios Francorum.

41. (*G. c.* 42) *add.:* Tunc Eraclius imperator crucem Domini de fano Cosdroe, quod erat in Perside, victor detulit in Hierusalem, et exaltatio sanctæ crucis in suam [c] civitatem tunc facta est. Eo tempore piissimus imperator Eraclius Dagoberto munera misit, et rogavit ut baptizare compelleret omnes Judeos qui erant in omni regno ejus; quod et factum est.

49. (*An. 714. G. c.* 51) *hæc leguntur:* Eo tempore Pipinus Brevis supradictus, pater Drogonis et Grimaldi et Caroli Martelli [d], correptus febre valida, mortuus est..... discreto. Et postquam mortuus est supradictus Pipinus Vetulus vel Brevis, qui fuit proavus domni Karoli imperatoris magni, Franci in Francos invicem irruunt in Cosia silva... Tunc Plectrudis, uxor Pipini Vetuli, cœpit per ingenium Karolum Martellum, filium Pipini supradicti de alia uxore Calpiade, qui, dum sub custodia teneretur, auxiliante Deo, vix evasit.

51. (*G. c.* 33) *ita Gestorum narrationem cum continuatore Fredegarii conjunxit:* Eudo Chilpericum ei reddidit cum multis muneribus; et Karolus Martellus, Chilperico recepto, regem eum constituit, oblitus cunctorum quæ in eo fecerat malorum, sed cum Raenfredo amicitias [e] facere noluit. Rex Chilpericus, urbe Noviomo [f] veniens, morbo obiit, et regnavit annis sex. Franci vero Theodericum, filium Dagoberti junioris, in monasterio Cala enutritum, super se regem statuunt, consensu Karoli Martelli. Karolus vero princeps Raenfredum insecutus, Andegavis civitatem obsedit, et vastata regione eadem, cum plurimis spoliis reversus est, et major domus effectus est ipse Karolus Martellus in regno Francorum. Sequenti anno Andegavis civitatem fortissime debellans cœpit, et, Raenfredo interfecto, reversus est.

52. (*An. 732. Fredegar. c.* 108) *post:* victor Franciam rediit *add.:* et extunc omnes cœperunt eum cognominare Martellum, quia sicut martellus cunctum ferrum subigit, sic ipse Deo adjuvante cuncta prælia frangebat.

54. (*An. 736. Fred. c.* 109) *add.:* Tunc mortuus est Theodericus rex, filius Dagoberti minoris, et Karolus Martellus in ipsa infirmitate sui jussit elevare in regem Hildericum fratrem Theoderici. Qui vecors erat, sicut et frater ejus fuerat; sed meliorem illo non poterant Franci invenire de prole regali......

(*An.* 741. *Fred. c.* 110)... eo pacto, ut Romanos defenderet de Langobardis, qui multa mala in terra [g] sancti Petri faciebant. Ipse......

..... ordo sacratissimus paschalis turbatus est per multas regiones per errorem et ignorantiam calculatorum, qui bene nesciebant [h] terminum paschalem reperire, et per multas civitates celebratum est pascha vel in Marcio vel in Aprili vel in Maio.... Carolus... obiit in pace anno [i] septingentesimo quadragesimo primo ab incarnatione Domini. Et retro in alio anno dum turbatio fuit de pascha, debuit esse Dominicus dies resurrectionis Christi octavo Kalendas Maii, quod fuit in ultimo anno cicli decemnovenalis, fuitque terminus paschæ dominica [j] Osanna 15 Kal. Maii. Regnavit autem [k] Karolus [l] annis 25, sed non est vocatus rex, quia ipse non permittebat se regem vocari, nisi ducem Francorum, quia pueris regibus deferebat honorem nominis regalis, Theoderico videlicet et Childerico. quamvis ineptis, prudentia et sensu carentibus [m]. Obiit 11 Kal. Novemb., cunctis in gyro regnis adquisitis, sepultusque est in basilica sancti Dionisii martiris. Pipinus autem Vetulus [n] pater ejus regnavit 17 annis in puerorum regum fidelitate.

56. (*Ann. Laur. a.* 749.)... Tunc dolentes Franci, quia non habebant prudentem regem, sed jam per

VARIÆ LECTIONES.

[a] dedecaverunt *corr.* dedicaverunt 1. [b] *e corr.* 1. [c] sanctam? [d] *ita* Carolus *etiam c.* 50 (*Gesta c.* 52) appellatur. [e] amicias 1. [f] noviomo 1. [g] l. s. p. bis scriptum 1. [h] nuntius 2. [i] deest 2. [j] domina 2. [k] deest 2. [l] Carolus Martellus 2. [m] arentibus 2. [n] sepultus 2.

NOTÆ.

(2) Maracharius apud Greg. Tur., V, 37.

(3) Fredegundis

multos annos sustinuerant de regali prole insi- A
pientes viros, voluerunt elevare in regem Pipinum Pium. Qui nolit adquiescere, sed, adunatis cunctis primoribus Francorum, ex parte eorum misit
Romæ....

57. (*Ann. Laur.* 753.).. Carlomannus .. Franciam venit, ut reportaret in Cassinum corpus sancti
Benedicti .....

58. (*Ann. Laur. a.* 763).. et revertendo per Lemovicas contulit sancto Marciali [17] bannum aureum
quod cœperat in prœlio Waiferii, simulque donavit villam de sancto Valerico canonicis sancti Marcialis. Et canonicis sancti Stephani dedit villam que
dicitur Solanniacensis, et remeavit in Franciam.

59... planxeruntque eum (4) Franci planctu
magno, et regnavit Carolus Magnus filius ejus pro eo.

LIBER SECUNDUS

1. A primo rege Francorum dicemus prosapiam domni precelsi regis Magni Karoli, quem Deus amavit et exaltavit et magnum principem et amabilem a cuncto populo Christiano per universum mundum fecit. Igitur (5) in tempore Valentiniani [18] imperatoris, qui septimus Augustus fuit a Constantino Magno divo Augusto, quem sanctus papa Silvester baptizavit, sub quo tempore sanctus Hieronimus claruit, Franci adhuc pagani primum reges habere cœperunt de semet ipsis. Primus itaque rex Francorum fuit nomine Faramundus, filius Marcomiris ejusdem gentis inlustris viri. Post Faramundum regnavit Clodio filius ejus. Post Clodionem regnavit Meroveus filius ejus. Post Meroveum regnavit Childericus filius ejus. Quo tempore exortus est beatus Eparchius ex civitate Petrugorica, patre Felice Aurelio, comite ejusdem civitatis. Post Childericum regnavit Clodoveus filius ejus, qui primus de regibus Francorum credidit in Christum, et baptizatus est a sancto Remigio episcopo cum omni exercitu suo et C universo populo Francorum. Post Clodoveum regnavit Childebertus filius ejus cum tribus fratribus suis, Theoderico, Clodomire et Clotario. Quo tempore sanctus Eparchius in Egolisma virtutibus claruit, et, ipso Childeberto regnante, post septuagesimum annum ætatis suæ in pace ad Dominum migravit. Quo tempore Anastasius imperator Augustus imperii in-
fulas tenebat. Quo tempore regnabat cum Childeberto Theodebertus nepos ejus, filius Theoderici. Quo tempore claruerunt sanctus Gregorius papa primus, et Gregorius episcopus Turonensis, et sanctus Arc- B dius abbas, et Niccecius episcopus Lugdunensis. Post Childebertum regnavit Clotarius frater ejus, qui sanctam Radegundem in matrimonio habuit. Post Clotarium regnavit Chilpericus filius ejus cum tribus fratribus suis, Cariberto, Guntramno et Sigeberto, qui habuit Brunichildem in matrimonio. Post Chilpericum regnavit Clotarius filius ejus. Clotharius iste genuit Dagobertum et filiam unam nomine Blitildem (6); de qua Blitilde fuit generatio domni Caroli. Nam ista Blitildis, soror Dagoberti regis, habuit virum in conjugio nobilem inter Francos nomine Ansbertum, de quo genuit filium nomine Arnaldum. Arnaldus genuit Arnulfum, qui postea, derelicto seculo, factus est episcopus Metis civitatis. Arnulfus, antequam esset clericus, habuit uxorem nomine Begam, filiam Pipini majoris domus, et genuit ex ea Ansegisilum. Ansegisilus [19] genuit Pipinum Vetulum Brevem, qui fuit abavus domni Karoli regis. Pipinus Vetulus dux Francorum genuit Karolum Martellum. Karolus Martellus genuit Pipinum Pium, qui de illa linea generationis elevatus est primus a Francis in regem, evacuata omnino linea de genere Faramundi. Pipinus Pius genuit

In cod. 2 a. 755 hæc adduntur: Anno vero septingentesimo 55, sepe nominatus papa Stephanus, cum pio rege Pipino, post dedicationem Parisius in æcclesia beati Dionisii factam, iter in Aquitaniam faciens, usque ad locum qui Fiacus (7) nominatur [20] devenerunt. Ibi enim piissimus rex Pipinus, divino monitus nuncio, monasterium in honore mundi Salvatoris construxerat, ad cujus consecrationem ipsum papam secum adduxerat; sed divino preventus est miraculo. Nam, nocte consecrationis diem precedente, a nonnullis voces psallentium in æcclesia eadem audite sunt, et, die illucescente, subito nubes densissima, suavissimo fragante [21] hodore, totam ipsius templi superficiem ita cohoperuit, ut omnino ingredi volentibus aditum denegaret. Circa vero illius terciam diei horam nube discedente, domnus papa Stephanus cum coepiscopis ac clericis et rex serenissimus Pipinus æcclesiam ingredientes, parietes et altaria sacra unctione divinitus consecrata conspexerunt. Unde nimium admirati maximoque gaudio repleti, supradictus pontifex et rex clementissimus Pipinus innumeras Deo gratias reddentes [22], eidem æcclesie diversos honores, villas, possessiones, castella ac plurima loca contulerunt (8), videlicet monasterium de Junante (9), olim a potentissimo Francorum rege Clodoveo constructum, ac post multorum curricula annorum nimiis pluviarum ac fluviorum inundationibus funditus eversum, et monasterium sancti Quintini de Galliaco (10) et heremitarum Conchense cenobium (11) aliasque quamplures ecclesias, cum maximam partem circumadjacentium regionum esse sub jure ipsius æcclesiæ constituerunt, ac ab omni humano servitio liberam fieri nisi sola Romani pontificis tuitione propriis privilegiis, sanxerunt. His itaque solempniter peractis, Stephanus papa cum rege in Franciam reversi sunt.

VARIÆ LECTIONES.

[17] martiali 2. *ubi* bannum — waiferii *desunt*.   [18] valentiniani 1.   [19] ansegilus 1.   [20] nomiatur c.   [21] fraglante c.   [22] redentes c.

NOTÆ.

(4) Pippinum.
(5) Etiam quæ sequuntur magnam partem ex Gestis regum Francorum fluxerunt.
(6) Cf. Genealogiam S. Arnulfi Monum. SS. II, 308, 313.
(7) Figeae in diocesi Caturcensi

(8) Diploma Pippini falsum. V. Dachery Spicil. edit. 2, III, p. 319. Stephani Gallia Christ. I, 43.
(9) La vallée de Zunault.
(10) In pago et dioc. Caturcensi.
(11) Conques, in dioc. Ruthenensi.

domnum regem Augustum imperatorem Karolum. Domnus Karolus genuit domnum Ludoicum imperatorem. Ludoicus genuit Carolum Calvum ex Judit regina. Sed revertar ad ordinem regum. Post Clotarium regnavit Dagobertus filius ejus, quo tempore sanctus Elegius episcopus claruit. Cui Dagoberto fuit Pipinus major domus vir egregius, cujus Pipini filiam nomine [Begam [23]] accepit in uxorem Arnulfus vir nobilissimus, pater Ansegisili [24]. Post Dagobertum regnavit Clodoveus filius ejus, qui habuit sanctam Baltildem in matrimonio. Quo tempore sancti Benedicti corpus translatum est de Benevento in Franciam, in villa Floriaco. Post Clodoveum regnavit Clotarius filius ejus. Post Clotarium regnavit Theodericus frater ejus, cui Ebroinus fuit major domus; et Leodegarius sanctus episcopus claruit, quem interemit ipse Ebroinus. Quo tempore Pipinus Vetulus fuit major domus in Austrasiis cum regibus Childerico et Childeberto juniore. Qui Pipinus consensit nobilibus Francis interficere Ebroinum. Et ipse Pipinus Brevis, propter Childericum regem Austrasiorum a Francis occisum, prœlium fecit cum Theoderico rege Francorum, et devicit eum, et cum eo postea concordans, major domus extitit in Francia, et bella multa contra Suevos et alias gentes fortiter fecit. Et ipse Pipinus Brevis de uxore sua Calpiade genuit Carolum Martellum. Post Theodericum vero regem regnavit Clodoveus, filius ejus. Post Clodoveum regnavit Childebertus junior, frater ejus. Post Childebertum juniorem regnavit Dagobertus junior, filius ejus. Post Dagobertum defecit genus regale a prudentia, et regnavit post ipsum Dagobertum Danihel clericus insensatus frater ejus, quem Franci mutato nomine vocaverunt Chilpericum. Chilpericus iste ineptus movit exercitum contra Carolum Martellum, qui tunc juvenis erat in Austrasios major domus et dux cum Clotario rege; et victus est in bello Chlpericus, et victor extitit Carolus Martellus. Tunc Eudo dux Aquitaniorum in auxilium Chilperici insensati movit exercitum contra Carolum Martellum, et victus est ab eo in proelio, cœpitque Carolus Martellus inimicum suum Chilpericum regem insensatum; sed immemor maliciæ suæ reddidit ei regnum suum. Post Chilpericum regem insensatum regnavit solo nomine Theodericus insensatus consanguineus ejus. Post Theodericum regnavit solo nomine Childericus insensatus frater ejus, et defecit totum genus regale. Childerico insensato deposito de solio et facto clerico in monasterio, Franci cum consilio domni papæ Zachariæ et cum consilio nobilium Romanorum, Deo volente, uno consensu et una voluntate elevaverunt sibi in regem Pipinum Pium, filium Caroli Martelli. Hic Pipinus Pius fuit domni Caroli imperatoris Magni pater. Itaque post [25] Pipinum Pium regnavit domnus Carolus, filius ejus, quem postea Romani elegerunt sibi advocatum sancti Petri contra reges Langobardorum. Deinde ipsum domnum Carolum elegerunt sibi in patricium Romanorum. Deinde elevaverunt in imperatorem et Augustum. Tenuitque domnus Carolus, Deo largiente, in potestate sua omnem terram de monte Gargano usque in Cordubam civitatem Hispaniæ. Pipinus vero Pius, pater domni Caroli, postquam elevatus est in regem, regnavit septem annos, et obiit septingentesimo sexagesimo octavo anno ab incarnatione Domini. Et ipso anno omnes Franci magno gaudio exultantes elevaverunt sibi in regem domnum Carolum Magnum anno ab incarnatione Domini 768. Sic enim computantur anni ab origine mundi usque ad incarnationem Domini secundum septuaginta Interpretes. Ab Adam usque ad diluvium fiunt anni duo milia ducenti 42. A diluvio usque ad Abraham anni nongenti 42. De Abraham usque ad Moysen anni quingenti quinque. A Moyse usque ad Salomonem anni quadraginti [26] 89. A Salomone usque ad restaurationem templi sub Dario rege Persarum anni quingenti 42. A restauratione [27] templi usque ad adventum Domini secundum Septuaginta [28] anni quingenti 48. Et ab initio mundi usque ad incarnationem Domini secundum septuaginta Interpretes sunt anni quinque milia 200. Secundum veritatem Hebraicam ita conputantur: Ab Adam usque ad Noe fuit prima ætas, et habuit annos mille et sexeentos et 56. Secunda ætas a [29] Noe usque ad Abraham habuit annos ducentos 92. Tercia ætas de Abraham usque ad David habuit annos 942. Et simul juncti anni trium ætatum fiunt duo milia octingenti undecim. Quarta ætas a [30] David usque ad captivitatem in Babilone habuit annos quadringentos 63. Quinta ætas a [30] restructione templi usque ad adventum Domini habuit annos quingentos 80. Et fiunt simul ab Adam usque ad Christum dominum anni tria milia nongenti 52. A nativitate Domini usque ad transitum sancti Martini sunt anni quadringenti 45. A transitu sancti Martini usque ad transitum Clodovei regis Francorum, qui primus fuit Christianus de regibus Francorum, sunt anni 112. A transitu sancti Martini usque ad transitum sancti Eparchii Egolismensis patroni sunt anni centum viginti. Natus est enim sanctus Eparchius tempore Merovei Francorum regis pagani, qui fuit avus Clodovei regis Francorum primi Christiani, et in tempore Theodosii junioris divi Augusti imperatoris. Vixit per tempora Theodosii, Marciani, Leonis, Zenonis, Anastasii, et Justiniani imperatorum, et per tempora regum Francorum, Merovehi et Childerici et Clodovei, et tempore Chilbeberti regis Francorum. Obiit tempore Justiniani imperatoris et Childeberti regis Francorum, octogesimo anno ætatis suæ. A nativitate Christi usque ad primum regni annum Caroli sunt anni septingenti sexaginta octo.

VARIÆ LECTIONES.

[23] *al. manu add.* 1. *deest* 2. [24] ansegili 1. [25] *deest* 1. [26] *ita* 1. [27] Ad restaurationem 1. [28] la u. q. desunt 1. [29] ad corr. a 1. [30] ad 1.

2. Anno igitur ab incarnatione Domini 768, ipso anno quo rex Pipinus Pius obiit, duo filii ejus domnus Carolus et Carlomannus elevati sunt in regnum uno die simul, id est 7 Idus Octobris, etc., ut Ann. Lauriss. a. 768 sqq.

(Ann. Laur. a. 769.) . . Et inde (12) sumpsit... simulque Launum episcopum ejusdem civitatis, qui fuerat capellanus domni Pipini regis patris sui, quem ipse rex Pipinus episcopum fecerat de ipsa civitate...

. . . rediit ad Egolisman, ubi postulante Launo episcopo fecit in monasterio sancti Eparchii auctoritatem præcepti de terris quæ ibi sine contentione erant, id est super fluvium Tolveram Magnacum, Vivenacum, Vasnacum, Monterionem, Visacum, Roliacum, super fluvium Notram Baudidanem villam, Camilon, Cavannacum, Ulciacum, Roliacum minorem, Torciacum, Sertis, Tomolatum, super fluvium Dornoniam Montemvillam, Baciacum, Triacum, Marlevam [31]. Quod preceptum Bartolomeus cancellarius ejus scripsit, et ipse domnus rex manu sua firmavit et de annulo suo sigillavit. Erat eo tempore in ipso monasterio sancti Eparchii canonicalis habitus. Inde gloriosus rex Carolus reversus est in Franciam.....

8. (Ann. Laur. a. 787) .... Et reversus est piissimus rex Karolus, et cælebravit Romæ pascha cum domno apostolico. Ecce orta est contentio per dies festos paschæ inter cantores Romanorum et Gallorum (13). Dicebant se Galli melius cantare et pulcrius quam Romani. Dicebant se Romani doctissime cantilenas æcclesiasticas proferre, sicut docti fuerant a sancto Gregorio papa (14); Gallos corrupte cantare, et cantilenam destruendo dilacerare. Quæ contentio ante domnum regem Karolum pervenit. Galli vero propter securitatem domni regis Karoli valde exprobrabant cantoribus Romanis. Romani vero propter auctoritatem magnæ doctrinæ eos stultos et rusticos et indoctos velud bruta animalia adfirmabant, et doctrinam sancti Gregorii præferebant rusticitate eorum. Et cum altercatio de utraque [32] parte finiret, ait domnus piissimus rex Karolus ad suos cantores: *Dicite palam, quis purior est et quis melior, aut fons vivus aut rivuli ejus longe decurrentes?* Responderunt omnes una voce fontem velud capud et originem puriorem esse, rivulos autem ejus, quanto longius a fonte recesserint, tanto turbulentos et sordibus ac immundiciis corruptos. Et ait domnus rex Karolus: *Revertimini vos ad fontem sancti Gregorii, quia manifeste corrupistis cantilenam æcclesiasticam.* Mox petiit domnus rex Karolus ab Adriano papa cantores, qui Franciam corrigerent de cantu. At ille dedit ei Theodorum et Benedictum Romæ æcclesiæ doctissimos cantores, qui a sancto Gregorio eruditi fuerant, tribuitque antiphonarios sancti Gregorii, quos ipse notaverat nota Romana. Domnus vero rex Karolus, revertens in Franciam, misit unum cantorem in Metis civitate, alterum in Suessionis civitate; præcipiens, de omnibus civitatibus Franciæ magistros scolæ antiphonarios eis ad corrigendum tradere, et ab eis discere cantare. Correcti sunt ergo antiphonarii Francorum, quos unusquisque pro arbitrio suo viciaverat vel addens vel minuens; et omnes Franciæ cantores didicerunt notam Romanam, quam nunc vocant notam Franciscam, excepto quod tremulas vel vinnolas (15) sive collisibiles vel secabiles voces in cantu non poterant perfecte exprimere Franci, naturali voce barbarica frangentes in gutture voces pocius quam exprimentes. Majus autem magisterium cantandi in Metis civitate remansit; quantumque magisterium Romanum superat Metense in arte cantilenæ, tanto superat Metensis cantilena ceteras scolas Gallorum. Similiter erudierunt Romani cantores supradicti cantores Francorum in arte organandi. Et domnus rex Karolus iterum a Roma artis grammaticæ et computatoriæ magistros [33] secum adduxit in Franciam, et ubique studium litterarum expandere jussit. Ante ipsum enim domnum regem Karolum, in Gallia nullum studium fuit liberalium artium. Per ipsos dies paschæ venerunt Romam ad domnum piissimum regem Karolum missi Tassilonis ducis..... Franciam cum gloria reversus est, adducens secum cantores Romanorum et grammaticos peritissimos et calculatores...

9. (Ann. Laur. a. 788.) . . . Similiter filius ejus (16) Theudo judicatus est, et monachi ambo facti sunt in Olto (17) monasterio, ubi sanctus Bonefacius requiescit.....

VARIÆ LECTIONES.

[31] ita 2. et Pith.; in 1 aliis erasis recentiori manu scriptum est: M. et Baciaco cum suis attinentiis, *quod Duchesnius recepit.* [32] sic pro neutra 1. [33] maistros 1.

NOTÆ.

(12) Egolisma.
(13) Cf. Monachum Sangallensem I, 10, Mon. SS. II, 735, et Capitulare ad Theodonis villam a. 805, cap. 2, Legg. I. 131 (*Patrologiæ*, tom. CIV et XCVII).
(14) Cf. Joannis Vita Gregorii II, 6, qui II, 7, pergit: *Hujus modulationis dulcedinem inter alias Europæ gentes Germani seu Galli discere crebroque rediscere insigniter potuerunt, incorruptum vero tam levitate animi, quia nonnulla de proprio Gregorianis cantibus miscuerunt, quam feritate quoque naturali servare minime potuerunt. Alpina siquidem corpora, vocum suarum tonitruis altisone perstrepentia, susceptæ modulationis dulcedinem proprie non resultant, quia bibuli gutturis barbara feritas, dum inflexionibus et repercussionibus mitem nititur edere cantilenam, naturali quodam fragore, quasi plaustra per gradus confuse sonantia, rigidas voces jactat, sicque audientium animos, quos mulcere debuerat, exasperando magis ac obstrependo conturbat.*
(15) Vinnolata vox est lenis et mollis atque flexibilis, et vinnolata dicta a vinno, hoc est cincinno molliter flexo, Isidor. Orig. III, 19.
(16) Tassilonis.
(17) Id est Fulda.

.. (*Ann. Laur. a.* 808) . . . rex Nordanimbrorum, id est de Irlandia insula (18)...

. (*Ann. Laur. a.* 809.)...Aureolus comes de genere Felicis Aureoli Petragoricensis comitis exortus....

.. (*Ann. Laur. a.* 814.) . . . Karolus... sepultus Aquis in basilica Dei genitricis, quam ipse construxerat. Corpus ejus aromatizatum, et in sede aurea sedens positus [34] est in curvatura sepulchri, ense aureo accinctus, evangelium aureum tenens in manibus et genibus, reclinatis humeris in cathedra, et capite honeste erecto, ligato aurea cathena ad diadema. Et in diademate lignum crucis positum est. Et repleverunt sepulchrum ejus aromatibus, pigmentis, balsamo et musco [35] et thesauris 1'. Vestitum est corpus ejus indumentis imperialibus, et sudario sub diademate facies ejus operta est 2'. Sceptrum aureum et 3' scutum aureum, quod Leo papa consecraverat, ante eum posita 4', et 5' sigillatum est sepulchrum ejus [36]. Nemo referre potest quantus pro eo luctus fuerit per universam terram; nam et a paganis plangebatur quasi pater orbis 6'. Obiit vero in pace, unctus oleo sancto et viatico munitus, anno octingentesimo quarto decimo anno incarnationis Domini, et regnavit gloriosissimus Ludovicus filius ejus pro eo, regnante domino nostro Jesu Christo, cui est gloria in secula seculorum. Amen.

LIBER TERTIUS [37].

1. Igitur postquam Christianissimus gloriosus imperator Carolus mortuus est, nunciatum est Ludovico filio ejus in Aquitania, etc., *ut Ann. Laur.*

2. (*Ann. Laur. a.* 816.) . . . Ubi habito concilio, id est indictione decima, anno imperii sui tertio, ab incarnatione Domini 816, jussit fieri regulam canonicis excerptam de diversis Patrum scripturis, decrevitque eam observandam a canonicis, ut, sicut monachi respiciunt ad librum regulae sancti Benedicti, sic perlegant canonici inter se librum vitae clericorum. Quem librum Amalerius diaconus ab imperatore jussus collegit ex diversis doctorum sententiis. Dedit ei imperator copiam librorum de palatio suo, ut ex ipsis ea quae viderentur congrua excerperet, et ita cum decretis episcoporum qui ibi fuerunt vita clericorum roborata est. Scripsit eidem imperatori supradictus Amalerius librum de officiis divinis et de varietatibus eorum et de ordine psalmorum juxta clericorum usum antiquum . . . .

3. (*A. L. a.* 817.) . . . sinodum Aquis more solito habuit. Ubi (19) abbates regni sui convocavit, et ut regulam Benedicti observarent ammonuit et abbatias omnes in sua manu revocavit, ne nemo comitum vel episcoporum eas inquietare potuisset, et abbates, inter se quaedam capitula decernentes, descripta recitaverunt coram imperatore, quae ipse manu propria roboravit cum episcopis qui aderant . . . .

4 (*A. L. a.* 818.) . . . Paucis diebus post pascha judicati sunt conjuratores [38] cum rege Bernardo capitalem sententiam subire. Rex Bernardus cum impeteretur, ut oculis privaretur, ense stricto se defendens, quinque Francorum fortissimos occidit et ipse vulneribus confossus mortuus est. Alii autem exorbati fuerunt . . .

5. (*A. L. a.* 819.) . . . Imperatori ipsi porrexit librum valde mirabilem de theologia sanctae crucis Rabanus Magnentius, monachus doctissimus, magister Alcuini. Beda enim docuit Simplicium, et Simplicius Rabanum, qui a transmarinis oris a domno imperatore Karolo susceptus est, et pontifex in Francia factus, Alcuinum docuit, et Alcuinus Smaragdum imbuit, Smaragdus autem docuit Theodulfum Aurelianensem, Theodulfus vero Heliam Scotigenam Engolismensem [39] episcopum, Helias autem Heiricum, Heiricus Remigium et Ucbaldum Calvum monachos heredes philosophiae reliquit.

6 — 10.

11. (*A. L. a.* 826.) . . . Eroldus . . . . baptizatus est, fuitque filiolus imperatoris de fontibus . . . dedit ei imperator in filiolatu unum comitatum . . .

12 — 15.

16. [40] Anno (20) sequenti (830) Normanni 7' Herio insulam incendunt mense Junio, et destituta est a generali monachorum habitatione; ibi fecerat domnus imperator Karolus monasterium sancti Fili-

---

1' th, multis in auro 2. 2' Cilicium ad carnem ejus positum est, quod secreto semper induebatur, et super vestimentis imperialibus pera peregrinalis aurea positum est, quam Romam portare solitus erat *add.* 2. 3' et s. a. *desunt* 2. 4' p. sunt deponentia 2. 5' at clausum et s. 2. 6' Maximus vero planctus inter Christianos fuit, et praecipue per universum regnum ejus. Oleo sancto autem inunctus ab episcopis, et viatico sumpto, et omnibus suis dispositis, commendans Deo spiritum suum, obiit in pace anno 814, ab incarnatione Domini nostri Jesu Christi, qui vivit et regnat solus Deus in secula seculorum amen. 2. 7' Normanni anno sequenti, cum timerent Saxoniam intrare, reflexis navibus ad mare Aquitanicum app. et Herio 2.

VARIAE LECTIONES.

[34] positum *corr.* positus 1? [35] musgo 1. [36] eis 1. [37] deest rnora 1. Libri initium omisit 2. Distinctionem *recepi ex* 3. [38] conjurato 1. [39] engolismensam 1. [40] Capitum divisionem institui partim 3b. 3c. seculus.

NOTAE.

(18) Ita etiam a. 809 scribit : *Missi vero papae et imperatoris de Irlandis revertentes — a quodam regis Irlandi homine.*

(19) V. Mon. Legg. I. 201: Canonicorum regula et Amalarii libri omnibus nota sunt.

(20) Anno   habitatione ex Ann. Aquit. Mon. II. p. 252.

berti 1*. Tunc Odo (21) Aurelianorum comes 2* cum Lanberto Nannetensi comite 3* congressus, occisus 4* est. Et post annos quinque Rainoldus comes Arbatilicensis (24) mense Septembri cum Normannis in Herio insula dimicat et fugatus est (855). Anno sequenti (836) corpus sancti Filiberti de insula Herio effoditur 7. Id. Jun., et Burgundiam a monachis perfertur. Post alios duos annos (838) Pipinus rex Aquitaniæ, filius imperatoris, obiit, sepultus Pictavis apud sanctam Radegundem. Hic jussu patris fecerat monasterium sancti Johannis Baptistæ Angeriaco (25), monasterium sancti Cipriani Pictavis, monasterium Brantosmense (26), et transtulit cano- A nicalem habitum in monasticum in monasterium sancti Eparchii Engolismæ, quibus monasteriis præfecit abbatem Martinum. Tunc 5* eclipsis (27) solis fuit, et domnus Ludovicus imperator obiit 12 Kal. Jul., anno ab incarnatione Domini 840 ; sepultus Metis apud sanctum Arnulfum. Remanserunt tres filii ejus, Lotharius imperator 6*, Ludovicus rex Germaniæ, Carolus Calvus rex Franciæ et Burgundiæ. Qui, pro regno Aquitaniæ 7* inter se discordantes, bellum committunt in Fontaneto 8*, quod est in Burgundia. Lotharius ex una parte cum exercitu Italiæ, Karolus et Ludovicus ex altera cum 9* Francis et Aquitanis *10. Et primum Lotharius victor fuit,

1* Tunc Ludovicus conventum generale tenuit in palatio Jogentiaco (22) in Lemovicino, et cum gloria magnum dedicare jussit basilicam Salvatoris regalem mense Octobris, et levatum corpus sancti Marcialis, anno incarnationis Domini 830, eodem mense positum est post altare Salvatoris ad criptam 41 majoris vitreæ, præsente ipso imperatore. Tunc hiemps asperrima fuit, et reversus imperator Franciam, post modicum tempus captus est in traditione a tribus regibus, filiis suis, Lothario, Ludovico et Pipino, et a Lothario missus est in carcerem 42 apud sanctum Medardum, deinde apud Sanctum Dionisium, et expoliatus est ab imperialibus indumentis, et nigra veste indutus. Et dum parvo post tempore Lotharius Viennam diu demoraretur, adgregati Franci Ludovicum a custodia carceris juxta aulam sancti Dionisii ejecerunt, et invitum in regem iterum elevaverunt. Et ab eo die quo sancti Marcialis corpus positum est ubi supra in basilica Salvatoris, usque ad eum diem quo imperator restitutus est in regnum media quadragesima, post asperrimam hiemem incessanter diluvia aquarum et pluviæ nimie increverunt. Ab ipso die serenitas in 43 Francia reddita est (23); sed in Aquitaniæ pluviæ non defecerunt, quousque corpus sancti Martialis sepulcro pristino iterum reconditum est. add. 2. 2* qui favebat partibus Ludovici et frater ejus Willelmus add. 2. 3* qui Lothario favebat add. 2. 4* Occisi sunt cum multis principibus Neustrie. Et Lotharius a Vienna reversus, voluit apud castrum Blesense cum patre suo confligere; sed impar viribus, supplex venit ad eum, et indulgentiam meruit, et restitutus est honori pristine. Similiter Ludovicus et Pipinus indulgentiam a patre acceperunt, et restituti sunt dignitati 44 solite. 2. 5* Tunc luctuosa mors Ludovici figurata est in aere. Nam sicut 45 astra in initio regni ejus leticiam, ita imminente 46 morte ejus triste portentum nuntiant. Dum enim in Aquitania primo inciperet regnare, vivente 47 adhuc Carolo patre ejus, apparuit in luna plena signum crucis, in circuitu resplendens, feria quinta, prima aurora incipiente, pridie Nonas Jun. Eodem anno apparuit corona mirabilis in circuitu solis Dominica die, hora quarta, 5. Septembris. Hoc significabatur, propagandam Christianam religionem, et adornandum Christi cultum per ipsum imperatorem. Anno (28) vero ultimo imperii sui eclipsis solis insolitum fuit vigilia Ascensionis Domini (29), et stellæ visæ sunt sicut per noctem diu. Quod significavit 48, maximam lucernam Christianitatis, id est ipsum imperium, extingui, et morte ejus sibi traditum tenebris tribulationum involvi. Idem imperator, audita morte Pipini filii sui, decrevit filium ejus Pipinum parvum educari penes se in Francia (30). Emeno vero comes Pictavinus, contra voluntatem imperatoris, voluit elevare in regem Aquitaniæ filium Pipini. Hac de causa imperator motus ira Pictavis venit, et inde Emenonem expulit et fratrem ejus Bernardum. Et Ramnulfum, filium Girardi comitis Arvernis, nepotem Willelmi fratris Girardi, comitem Pictavis præfecit; Turpionem vero comitem constituit Egolisme, et Raterium comitem præposuit Lemovicæ. Emeno quoque ad Turpionem fratrem suum sese contulit; Bernardus vero ad Rainaldum comitem Arbatilicensem. Imperator quoque filium suum Carolum Calvum in Aquitania regnare 49 fecit, et Pipinum parvulum secum adduxit Franciam ad nutriendum. Idem imperator monetam Egolismensem et Santolicensem suo nomine sculpere jussit (31). Burdegate quoque comitem Siguinum, et Sanctonico Landricum præfecit. Eodemque anno quo eclipsis contigit supradictum solis, imperator apud Mogontiam civitatem egrotans obiit 12. Kal. Julii, et Lotario coronam imperialem et ensem aureum dimisit (32); sepultusque est Metis apud sanctum Arnulfum, anno ab incarnatione Domini 840. 2. 6* Italiæ add. 2. 7* et Franciæ add. 2. 8* in Fontanetico campo 2. 9* Germanis et add. 2. 10* Actum et hoc prælium anno secundo post mortem patris eorum, id est 841 anno ab incarn. Domini. Et, innumera strage peracta, victor extitit Lotharius. Sed 2.

VARIÆ LECTIONES.

scriptam c. 7 carcem c. 42 icō c. cē post deletis. 44 dignati c. 45 siō c. 48 e corr. c. 47 viventes corr. vivente c. 48 signuit c. 49 ignare c.

NOTÆ

(21) Odo — sanctam Radegundem ex Ann. Aquit. lib. 1.
(22) d'Herbauge.
(23) Saint-Jean d'Angely.
(24) Brantôme.
(25) eclipsis — 840. ex Ann. Aquitan.
(26) Joac.; cf. Vita Hludowici c. 47.
(27) V. Vita Hludowici c. 51. ad fin.
(28) Cf. Ann. Aquit. h. a.

(29) Cf. Vit. Lud., c. 62.
(30) Id est die 5 Mai, quo sol eclipsim passus est. In Vita Ludovici. l. l. dicitur tertia die Letaniæ majoris, unde apparet Vitæ scriptorem non diem S. Marci (25 Apr.) sed Rogationum dies, id est ferias 2, 3 et 4 (vigiliam) ante ascensionem Domini hoc nomine indicasse.
(31) Cf. Vita Ludovici, c. 61.
(32) Cf. Gesta epp. Engol. c. 13.

sed subito Warinus dux, cum Tolosanis et Provincianis superveniens 1*, bellum restauravit, et fugatus est Lotharius (33) [*an.* 841].

17. Anno secundo post mortem domni Ludovici et Carolus et Ludovicus regnum partiti sunt sibi. Et post duos annos (*an.* 843) venit imperatris[50] (34), mater Caroli Calvi, Turonis, obiit, sepulta apud Sanctum Martinum. Ipso anno Rainoldus Arbatilicensis comes, cum Lanberto Nannetis comite congressus, occisus est 2*. Et Nannetis eo anno a Wefaldingis capta est, et Carolus Calvus primo Britanniam ferro et igni vastavit. Sequenti anno (*an.* 844) Bernardus 3* comes Pictavinus et Arveus[51] filius Rainoldi, congressi cum Lanberto 4* comite, occisi sunt. Alio anno (*an.* 845) Siguinus comes Burdegalensis et Sanctonicensis a Normannis captus et occisus est, et Sanctonas a Normannis concremata est, thesauris ejus obtimis exportatis. Carolus iterum Brittanniam pergens, cum Nomentio[53] duce dimicat, et victor fuit, Nomentio fugato 5*. His temporibus Normanni diffusi sunt per Aquitaniam, quia duces ejus inter se bellis deciderant, nec erat qui eis resisteret; et concrematæ 6* sunt ab eis Herio insula et monasterium Deas, Burdegala, Sanctonas, Engolisma, Lemovicas, Parisius, Turonis, Belvacus, Noviomagum, Aurelianis, Pictavis, et innumera monasteria et castella destructa.

18. Post mortem Ludovici imperatoris anno octavo (*an.* 848) 7* Carolus Calvus Lemovicæ conventum generalem[53] habuit tempore quadragesimæ; ante cujus præsentiam Ainardus præfectus monasterii sancti Marcialis, deposito canonicali habitu, monachus efficitur; similiter et omnes canonici sancti Marcialis in monasticum habitum sponte sese transferunt, et deinceps idem locus a monachis ordinatur. Josfredus vero thesaurarius nolens relinquere seculum, tutus 8* a Stodilo episcopo, monasterium sancti Juniani (35) et ecclesiam Cairoensem[54] (36) deprædatione 9* a jure sancti Marcialis subripuit, et hac occasione desciscere fecit. Tunc sancti Martini monachi Turonenses, nemine cogente, ante corpus ejusdem abjecto monachi scemate, scema induunt canonicale 10*; sed mox in eis pestis[55] irruit, ut una nocte omnes morerentur, et de relico a canonicis ipse habitatur locus. Carolus (37) autem tercia vice Britanniam igni et ferro vastavit (*an.* 850). Et dum in Aquitaniam regressus esset, Nomenoius dux Redonas civitatem et Nannetis capiens, destruxit eas 11*, et Britanniam repedat. Anno sequenti (*an.* 851), jubente Deo, ab angelo percussus interiit. Et Carolus Calvus quarto Britanniam ingressus, cum Erispoio filio Nomenoi dimicavit 12*, et victor extitit, sed magnam partem exercitus sui cum Viviano duce amisit 13*. Et sequenti anno (*an.* 852) Lanbertus comes Nannetensium[56] a Gauzberto Cenomannensium comite in bello 14* occiditur. Et Carolus quinta vice Britanniam devastavit, et Pipinum nepotem suum 15* adquirens, Britanniam sibi subjugavit, occiso Erispoio (38). Rannulfus quoque comes Pictavensis et Raino comes Arbatilicensis, consanguineus ejus, cum Normannis in Briliaco villa dimicantes fugati sunt, et Gauzbertus comes Cenomannensis insidiis Nannetensium[57] circumventus occisus est.

1* super Lotharium irruit, et ingravatum est prælium, fugatusque est et victus Lotharius. Carolus et Ludovicus regnum æquo libramine partiti sunt sibi. Et in supradicto prælio occisis Raterio et Girardo, qui uterque erat genere Arvernis, extitit Willelmus comes, Lemovicæ vero Raimundus 2. 2* Britannia enim a filiis Ludovici se substraxerat; ideo Franci et Aquitani cum Britonibus confligere cœperunt *add.* 2. 3* B. frater Emenonis et 2. 4* Namnetensi *add.* 2. 5* Anno (39) subsequenti Normanni Herio insulam mense Jun. concremant *add.* 2. 6* concrematus (40) est ab eis mense Maio Lucionnus et mense Junio sancti Florentii monasterium, deinde concremate sunt ab eis Namnetis civitas, monasterium Deas 2. 7* et ab incarnatione anno 848. Ainardus princebs de basilica sancti Marcialis cum aliis omnibus canonicis, Deo inspirante, projiciunt arma secularia, et de canonicali habitu in monacorum habitum se ipsos mutant in eodem monasterio. Carolus enim Calvus conventum suum generalem habuit tunc Lemovice tempore quadragesime cum episcopis Aquitaniæ et primoribus ejus. Et residente Carolo Calvo in trono regali, Ainardus et omnes canonici sancti Marcialis prostraverunt se subito ad pedes ejus, postulantes dare sibi licentiam se fieri monachos in eodem loco. Rex vero, Deo gratias agens, cum magno gaudio peticionem eorum adimplevit, et omnes episcopos et primores eorum voluntati inclinavit. Sed Stodilus episcopus Lemovicensis cum hoc graviter ferret[58], et inflexibilis solus maneret, tandem, rege cogente, consensit, victus muneribus. Et canonici ex se ipsis abbatem noluerunt[59] ad præsens habere, sed præposuerunt sibi Odonem sancti Savini abbatem[60]. Josfredus vero 2. 8* conductus 2. 9* et malo ingenio a jure et dominio 2. 10* sacramentis hoc firmato super corpus beati Martini. Et carnibus refecti, mox peste corrupti, mane facto in lectis mortui sunt reperti omnes a majore ad minorem, et de 2. 11* muros et portas eorum 2. 12* XI. Kal. Septembr. *add.* 2. 13* Postquam vero reversus est 2. 14* Kal. Mai *add.* 2. *qui pergit*: Eodem anno mense Septembri Carolus 2. 15* quem insidiis Britanni cœperant *add.* 2.

VARIÆ LECTIONES.

[50] *i. e.* imperatrix. [1] arucus 1. *cod. Christ.* 692. [51] ita c. [53] generale 1. [54] cairoensam *corr.* cairoensem 1. [55] pes 1. [56] nannetansium 1. [57] nannetansium 1. [58] ferre c. [59] voluerunt c. [60] abbatis c.

NOTÆ.

(33) Vit. Ludovici, c. 63.
(34) Quæ sequuntur — *Deas, Burdegala* omnia fere ex Ann. Aquitan. l. l. hausta sunt.
(35) Saint-Julien sur la Vienne.
(36) de Queroir.
(37) *Carolus — Gauzbertus comes .. occisus est* ex Ann. Aquitan. ex quibus etiam 2 not. 10* et 12* 13* hausit.
(38) Hæc quoque ex Ann. Aquitan. a. 846, sumpta.
(39) Ex Ann. Aquitan. a. 833.
(40) Anno 857.

19. Carolus vero anno 15 post praelium Fontaneticum 1* in regem Lemovicae unctus est (41) in basilica Salvatoris, et inde ingressus est Franciam (an. 855). Post 2* paucos dies (42) Lotharius imperator 3* monachus factus est, quia patrem in carcerem conjecerat. Quo mortuo, de anima ejus altercatio visa est 4* inter angelos nequam et sanctos; demones autem frustrati sunt. Parvo post tempore Ludovicus rex frater ejus obiit, et Carolus Calvus in imperatorem elevatus est (an. 876). Quo tempore gravissime Normanni Aquitaniam affligebant [61], et Helias Scotigena Engolismensis episcopus defunctus est (43), monasterium quoque beati Eparchii ab infestantibus paganis 5* desolatum est, ita ut ibi nullus monachorum habitaret, et hac de re canonicalis habitus ibi reverteretur, qui nuper exierat. Turpio vero cum rege Carolo abiens Franciam, et inde regressus, non post multos dies cum (44) Normannis congressus, occidens eorum regem nomine Maurum, ab eo ipse occiditur; et Emeno frater ejus 6* Engolismae comes extitit, et ipse post biennium [62] cum Landrico Sanctonicensi comite confligens, interempto Landrico, in castro Runconia (45) reducitur saucius, et octava die moritur; sepultus juxta basilicam beati Eparchii; et reliquid filium parvulum Ademarum nomine. Et Carolus hoc audito, Vulgrinnum [63] propinquum suum, fratrem Aldoini abbatis, ex monasterio sancti Dionisii direxit 7*, et praefecit cum Engolismae et Petragoricae, et Olibam statuit in episcopatu [64] Engolismensi 8*. His temporibus Fredebertus episcopus Frantiae (46) veniens ad Sanctum Eparchium, construxit ibi ecclesiam in honore Salvatoris; sed corpus beati viri levare non potuit, quod volebat transferre in eadem ecclesia. Ipsoque consecrationis die post peractum sacrificium placida morte ante altare Salvatoris obdormivit in Domino, et ibidem ante altare humatus est ab episcopo Oliba.

20. Interea Carolo Calvo de seculo migrante (an. 877), regnavit pro eo in Francia filius ejus Ludovicus Balbus; nec ultra imperium accepit aliquis de regibus Frantiae. Tunc Bajoarii et Alamanni ex gente eorum creaverunt sibi regem Hotonem, Longobardi similiter ex gente sua regem Adalbertum, deinde Harduinum; et Romani de senatoribus suis elevaverunt in regno Albericum, cujus frater Octavianus papa ordinatus est. Defuncto rege Ludovico, regnavit pro eo filius ejus Carolus cognomento Insipiens vel Minor (47). Quo tempore defuncto Vulgrimno 3 Non. Mai. (885 vel 886), et sepulto juxta basilicam sancti Eparchii (48), quinto anno post eum Oliba episcopus diem clausit, et Anatolus in loco ejus pontifex ordinatus, tercio anno vitam finivit (49) (an. 892). Vulgrimnus autem multis praeliis laboraverat frequenter cum Normannis, et hac de causa aedificaverat castrum Martiliacum (50), et Mastacium, ut esset munimen contra paganos. Miseratque in Martiliaco Rotbertum legis doctum, et cum eo Rannulfum 9*, quem fecit vicecomitem. Qui Rannulfus habuit tres filios, Lanbertum et Arnaldum atque Odolricum. Idem vero Vulgrimnus filiis suis reliquid, Alduino

1* vivente Lothario imperatore fratre suo, L. u. est in regem super Franciam et Aquitaniam et Burgundiam in b. S., quae regalis appellatur juxta basilicam sancti Petri, ubi corpus sancti Marcialis tumulatum [65] est, et inde 2. 2* Post quatuor deinde annos 2. 3* i. egrotans factus est monacus in Promia monasterio, pro eo quod patrem de imperio ejecerat et carceratum tenuerat 2. 4* a fratribus inter angelos malignos et benignos. Sancti angeli dixerunt : *Nos non misit Deus ad imperatorem sed ad monachum; vos accipite imperatorem, nos nobiscum ducemus monarcbvm.* Angeli [66] sancti secum duxerunt animam, demones acceperunt corpus, et violenter a domo extrahere cunctis videntibus ceperunt, sed orationibus fratrum fugati evanuerunt. 2. 5* a Nortmannis 2. 6* e. dudum comes Pictavinus, tunc Egolisme 2. 7* d. in Aquitaniam 2. 8* Hic Vulgrimnus saepe a Carlomanno, et demum a Carolo Magno imperatore fratre ejus missus fuit in Aquitaniae urbes una cum rainmburgis propter justicias faciendas. Eratque jam senex quando eum Carolus Calvus fecit comitem supradictarum urbium. Venerunt cum eo a Francia duo filii, Alduinus [67] et Willelmus. Aginnum quoque urbem habebat, quam assumens vindicavit propter sororem Willelmi Tolosani, quam in matrimonium acceperat. Tenuit principatum in his tribus civitatibus per 17 annos. Hic multis praeliis — atque Odolricum. Quo tempore defuncto eodem Vulgrimno — vitam finivit. Reliquid vero Vulgrimnus filiis suis — et Aginnum. Interea Carolo Calvo — vel Minor. Tunc Franci conjurantes 2. 9* qui cum eo venerat add. 2.

VARIAE LECTIONES.

[61] affligebant 1.   [62] biannium 1.   [63] vulgrinum 1.   [64] episcopatum 1.   [65] mamulatum c.   [66] Angelis c.   [67] alduinum c.

NOTAE.

(41) Cf. Ann. Lem. Mon. SS. II, p. 251. Non Carolus Calvus, sed filius ejus erat; unde quae alter cod. addit, falsa esse apparet. cf. Ann. Prudentii a. 855.
(42) Ipso anno neque post quatuor annos, ut 2 tradit, hoc factum esse omnibus constat.
(43) Cf. Ann. Engel. Labb. I, p. 324.
(44) *cum Normannis — occiditur et ipse — moritur* ex Ann. Aquit. a. 863, 866.
(45) *Ranconia* in cod. Christ. 692. — *Rancogne* aut *Runcon*; cf. Besly, Hist. com. Pictav., p. 32, 69, et Valesius Not. Gall. p. 465.
(46) Fortasse Basiliensis, qui occurrit a. 859 Bouq. VII, p. 582. Ochs Hist. Basil. p. 154.

(47) Karolus Simplex. Haec omnia vero valde esse turbata neminem fugiet.
(48) Ann. Lemovic. codicis regii Par. n. 3784, qui Chronico Aquitanico notitias ex Ann. Lemovic. et S. Columbae petitas cum paucissimis aliis nullius momenti subjiciunt, a. 885 obitu Vulgrimni comitis Petragorici et Engolismensis indicato, haec addunt : *Obiit II* (III?) *Non. Mai.; sepultus apud Sancium Eparchium extra civitatem.*
(49) Cf. Ann. Engolism. a. 892, 895.
(50) Vulgo *Marcillac*, situm inter Carantonum et fluviolum qui in eum influit. — Mastacium nunc *Matas* non longe a Martiliaco abest. — Vide Hadr. Valesium in Notit. Gall. Bouquet.

quidem Engolismam, Willelmo vero Petrogoricam cipe Normannorum habuit. Et quia pugnator fortissimus erat, a rege Odone valde honorabatur (an. 892). Et dum regalem aulam assiduaretur, veneno necatus [69], in extremis sancto Geraldo (54) ibi tunc presenti parvulum filium suum Eblum commisit tutandum 6*. Ademarus autem, filius Emenonis, Santia 7* in conjugio copulata, Alduino [70] et Willelmo familiarissimus existens, honore eorum acsi frater potiri videbatur. Qui a rege Odone vocatus ad palatium 8*, provectus est Pictavis comes. Regressusque a palatio sanctus Geraldus, clam subductum filium Rannulfi a Pictavis Willelmo, duci Aquitaniæ comiti Arvernis, credidit nutriendum, cui propinquus erat. Eo tempore ipse Willelmus, cum non haberet prolem, Cluniacum monasterium in fundo proprio, quod est in Burgundia, noviter fecit (an. 910). Qui cum sororem suam in matrimonio desideraret conjungere sancto Geraldo, nullatenus quivit. Qui celibem vitam semper ducens, cum sepe ad copulam suaderetur amore filiorum, respondebat sanctus Geraldus : *Utile est,* inquit, *mori sine filiis, quam relinquere malos heredes.* Erat etiam Ademarus comes Pictavinus amator Ecclesiæ. Cumque prolem nec ipse haberet, una cum [71] uxore sua Santia de futuro seculo prospiciens sibi, concessit quædam ex jure proprio ecclesiis Christi predia, sancto Carrofo (55) quidem
et Aginnum, quam assumens [68] vindicaverat propter sororem Willelmi Tolosani, quam in matrimonium acceperat. Tunc Franci conjurantes contra Carolum Minorem 1*, eiciunt eum de regno, et Odonem ducem Aquitaniæ (51) in regno elevaverunt 2*. Quo tempore (888) Rodulfus rex Burgundiæ, cum hoste fortissimo Lemovicinum appulit 3*, et congregati sunt contra eum innumerabiles hostes Normannorum, et commisso prælio in loco qui dicitur Ad-Destricios, usque ad internitionem devastati sunt pagani, et exinde 4* fugientes, non ultra fiduciam præsumpserunt veniendi in Aquitaniam. Rodulfus autem gratias Deo, pro cujus amore animam suam posuerat, referens, cum magno triumpho regressus est 5*. Et Normanni regressi, terram vacuam repperientes, sedem sibi in Rotomago constituunt cum principe suo Roso (52). Qui factus Christianus, captivos plures ante se decollare fecit in honore quos coluerat deorum. Et item infinitum pondus auri per ecclesias distribuit Christianorum in honore veri Dei, in cujus nomine baptismum susceperat.

21. Rannulfus quoque comes Pictavensis (53) habuit filium Eblum nomine. Qui Rannulfus consanguineus erat Willelmi nobilissimi comitis Arvernis. Summamque amiciciam cum eo et cum Roso prin-

1* insipientem 2. 2* Hic Odo fuit filius Raimundi comitis Lemovicensis, et primo in Aquitania rex ordinatus est apud Lemovica, cujus civitatis monetam nomine suo sculpere jussit, quæ antea nomine Caroli scribebatur. Constituit in ea urbe vice Fulcherium, industrium fabrum in lignis, et Lemovicinum per vicecomites ordinavit. Similiter et Bituricam, et secundo anno in Francia rex elevatus est. add. 2. 3* rogatu [72] Odonis regis; nam ipse Franciam tutabat 2. 4* qui exinde potuerunt evadere f. 2. 5* 2. *pergit* : Et Nortmannorum aliæ cohortes Franciam superiorem devastantes, primum cum duce Bareto, deinde cum rege Astenco (56) oras maritimas desertantes, postquam desolaverunt terram vicinam Francie, prostrati sunt a vicinis ducibus Francie. Deinde cum alia multitudine Nortmannorum Rodomum urbs, et vicine sibi civitates inventæ vacuæ, vindicate sunt ad habitandum a ducibus eorum, qui elevaverunt super se ex eorum gente regem nomine Rosum, qui sedem sibi in Rodomo constituit. Et factus Christianus a sacerdotibus Francorum, imminente obitu in amentiam versus, Christianos captivos coluerat idolorum, et demum centum auri libras per ecclesias distribuit Christianorum in honore veri Dei, in cujus nomine baptismum susceperat. Ramnulfus quoque Pictavensis et Ademarus filius Emenonis inimici erant pro urbe Pictavis; quam Ademarus nitebatur sibi vindicare pro patre suo Emenone. Hic vero Ramnulfus, ex conjuge legitima cum non haberet prolem, suscepit ex concubina filium Eblum nomine. Summamque habuit amiciciam cum propinquo suo Wilelmo comite Arvernis, et cum Roso principe Rodomi pactum firmavit propter metum Ademari. Hac de causa a rege Odone potius timore quam amore honorabatur. Dumque regalem aulam assiduaretur. . . 6* add. *quæ partim supra leguntur :* Vulgrinus autem Aginnum vindicans propter sororem Willelmi Tolosani, ex qua supradictos duos susceperat filios, Egolismam et Petragoricas rexit perstrenue, Aginnum per 26 annos, Egolismam et Petragoricam per 15 annos, et 16 anno post mortem Lotharii defunctus est (57). 7* filiam Willelmi, filii Vulgrimni, Santiam in c. copulavit [74] sibi 2. 8* Odone magno honore in palatium habitus, post mortem Ramnulfi 2.

VARIÆ LECTIONES.

[68] assumans 1. [69] nectus 1. 2. [70] A. comiti Engolismensi et Guillelmo Petrogoricensi *cod. Christ.* 692 *et Chron. S. Maxent.* [71] *bis duabus lineis scriptum* 1. [72] rogati *c.* [73] decollocari *c.* [74] soppulavit *c.*

NOTÆ.

(51) Odonem nunquam Aquitaniam tenuisse constat; magis etiam a vero abhorrent quæ addit 2, n. 3*.
(52) Qui alias Rollo.
(53) *Dux maximæ partis Aquitaniæ.* Ann. Vedast. a. 889. — Filius erat Bernardi Gothiæ marchionis, qui anno 878 honoribus spoliatus est. BOUQUET.
(54) Gerardus filius erat Geraldi comitis Lemovicensis et Adeltrudis. Monasterium Aureliacense fundavit a. 894, obiit a. 909.
(55) Charoux in dioc. Pictav.
(56) Hastingus.
(57) Hæc valde confusa sunt. Vulgrimus obiit a. 885 aut 886 (Ann. Aquitan. et Ann. Engolism), a. 866 ad comitatum promotus. Lotharius a. 855 decessit, cujus mortem etiam Ann. Aquit. perperam in a. 870 collocant.

Voertam sancto Marciali Moltonnum, sancto Johanni (58) Neiriacum, sancto Hilario (59) Corcolmum, sancto Eparchio Godorvillam. Eo tempore Ebo Bituricus cepit ædificare cenobium Dolense (60) in honore Dei matris (an. 917), quod postea integravit Rodulfus filius ejus, ubi magnam cohortem monachorum congregavit regulariter degentem.

22. His diebus Hoto, rex Bajoariorum, Longobardorum regnum sibi subegit 1*. Similiter, defuncto Alberico 2*, consensu Octaviani papæ 3* Romanorum imperator promotus est (an. 962). Quo defuncto (an. 973), imperavit filius ejus item Hoto. Francorum vero rege Odone obeunte, regnavit pro eo filius ejus Arnulfus pauco tempore, et mortuus est. Iterum Carolus Minor regnum suscepit (an. 898), unxitque eum Arbertus episcopus (61). Contra quem iterato Francorum proceres conspirati, eum regno pellentes, Rotbertum ducem pro eo 4* constituunt regem 5* (an. 922). Tunc inter se divisi sunt Franci, sed major pars Rotberto favebat. Carolus denique A accito ab Hotone imperatore auxilio (62), cum multo exercitu partim de 6* Bajoaria partim de Frantia, regressus Frantiam, conserto prælio Rotbertum interfecit (63), regnumque recuperans (an. 923), Hugoni filio Rotberti ducatum permisit regendum. Carolo migrante, Ludovicus pro eo regnavit. Quo tempore (an. 929) Niceforus imperator Basilium et Constantinum parvulos educans Constantinopoli, Sarracenorum regnum invasit, et Antiochiam aliasque fortissimas civitates 7* expugnans, christianis Grecis restituit. Quem imperatris [75], mater Basilii, metuens, ne super filios suos tirannidem ageret, dolo evocatum dum Tripolim obsideret 8*, dum in basilica palacii Constantinopolis genibus curvatus sabbato sancto Paschæ (64) preces Deo funderet, gladio B eum necare 9* jussit. Quod factum diu latuit, donec suspecti satrapæ Grecorum monumentum ejus egerentes [76], confossum 10* gladiis corpus reppererunt (an. 969).

23. Tunc Ademarus (65) comes Pictavensis de-

1* defunctis regibus Adalberto et Arduino (66) add. 2. 2* rege Romanorum (66) add. 2. 3* Bonam adgressus est, et clausa [77] est ei civitas, præliumque ingens extitit inter Bajoarios et Romanos. Et Oto victor ingressus urbem, coronatus est ab Octaviano papa et add. 2. 4* invitum add. 2. 5* Nam (67) congregati in campo more solito ad tractandum de publica regni utilitate, unanimi consilio, pro eo quod ignave mentis erat idem rex, festucas manibus projicientes, rejecerunt eum, ne esset eis ultra senior, et solum eum in medio campo reliquerunt, separati ab eo. Cumque simul inter se coissent, supervenit comes Ugo, amicus regis, ignoras causam. Qua comperta, dixit Francis: *O fortissimi Franci, non bonum consilium egistis, quia seniorem vestrum inhoneste dereliquistis; cum eo pars magna Frantiæ, et necesse est, si ita eum dimittimus, venire malum super nos. Sed adgrediar ego eum, et confodiam ferro. Melius enim est ut occidatur, quam missus puniat nos.* Et citato equo, quasi occideret eum, mox ut ad eum pervenit; tale consilium dedit ei, dicens: *Ero nuntius tuus ad hos Francos ex parte tua, ut usque ad unum annum tantum sint [78] adhuc sub tua ditione, et si in hoc spatio non te viderint meliorari, discedant a te vituperatione tui.* Quod regressus confirmavit cum Francis, et iterum redierunt ad regem, et per illum annum amicos sibi rex assotiavit, cum quibus post annum fiducialius se agere potuit, permanentibus prioribus in sua sentencia. Elevato enim Rotberto in rege, Carolus cum valida amicorum manu Lemovicam pervenit, et pervigil nocte prope fenestras sancti Marcialis perstitit in orationibus, quotquot potuit de Aquitania secum fortissimorum bellatorum abduxit, et per Burgundiam ad Otonem imperatorem abiit, propter auxilium add. 2. 6* de Teodisca gente partim de Aquitania et Francia [79], regressus est Franciam, et commisit cum eo Rotbertus bellum. Caroli erat signifer Fulbertus comes; Rotbertus autem ipse vexillum sibi ferebat, dejecta barba canitie plena extra loricam, ut cognosceretur. Carolus rex Fulberto interminando ait: *Cave, o Fulberte.* Et inde [80] proverbium exiit: *Cave, Fulberte.* Fulbertus Rotbertum regem per medium cerebri dividendo confodit, et exercitus Rotberti victus est. Et finito bello, pervenit Ugo, filius Rotberti, cognomine Capetius, et cum mille equitibus, et Carolum cum exercitu lasso fugavit, et postmodum suppliciter ad eum veniens, voluntati regis [81] assensit (68). Nam Carolus regnum recuperavit, et ipsi Ugoni Capetio ducatum permisit, sicut solitus erat regere pater ejus Rotbertus. Et de spoliis, quæ ceperat Carolus, sancto Marciali, sicut voverat, direxit quedam, id est de capella Roberti regis evangelium ex auro et argento, dalmaticam preciosam ex veste crisea, faltestalium argentatum, vestimentum integrum sacerdotale preciosum, duos libros divinæ historiæ, librum preciosum de computo [82], vexillum ex veste auro texta unum. Ipso vero Carolo rege migrante, Ludovicus filius ejus pro eo strenue regnavit 2. 7* c. usque Tripolim expugnans ix cœpit et Christianis 2. 8* eumque evocatum ini per epistolam, barbaros Constantinopolim obsedisse, quod falsum penitus erat add. 2. 9* eum quatuor servis suis transverberare jussit. Et omnibus proceribus Grecorum simulavit eum subito morbo extinctum 2. 10*. diverberatum cadaver frameis reperiunt 2.

ARIÆ LECTIONES.

[75] imperatris *corr.* imperatrix 1. [76] gerentes 1. [77] causa *c.* [78] sic *c.* [79] in francia *c.* [80] idem. *c.* [81] regi. *c.* [82] compotu *c.*

NOTÆ.

(58) Angeriacensi; v. supra n. 25.
(59) Pictaviensi.
(60) Deols s. Bourgdieu in dioc. Bituricensi, dipl. fundationis v. Gall. christ. II, 43.
(61) Arbertus episcopus, quem hic nobis obtrudit Ademarus, commentitius est, et cæteris scriptoribus incognitus. Bouquet. Etiam quæ de Arnulfo dicit falsa sunt.
(62) Cf. Dudo supra p. 95 (*Patrologiæ* tom. CXL.), et quæ dixi Iahrbücher I, 1. p. 57.

(63) *Die ascensionis Domini apud urbem Suessionis in quodam prato eidem urbi contiguo* add. cod Christ. 692; quod falsum est.
(64) Mense Decembrio Nicephorum occisum esse constat; 2 sua ex ingenio addidisse videtur.
(65) *Ademarus — sepultus* ex Ann. Aquit. a. 930
(66) Nota errores interpolatoris!
(67) Hæc fabulam redolere jam Bouquet annotavit.
(68) Omnia hæc nimis a vero abhorrent.

functus est (an. 950), et Pictavis juxta basilicam sancti Hilarii 4. Non. Aprilis sepultus. Willelmus quoque dux Arvernis mortuus est (69), (an 919), et filius Rannulfi Eblus 1* Arvernis et Pictavis simul comes promotus est 2*. Acceptamque in conjugium Adelam (70), filiam Rosi Rotomagensis, genuit ex ea Willelmum Caput-stupæ. Post mortem siquidem Vulgrimni filius ejus Alduinus 30 annos vixit. Hic muros civitatis Engolismæ restaurare cepit. Quo tempore (an. 916) Gunbaldo 3* pontificatum agente, repetentes Normanni crebras irruptiones [83] per Pictavorum terminos 4* exercebant. Unde factum est, ut monachi sancti Carrofi 5* pretiosum lignum crucis ad custodiendum Engolismæ deferrent cum diversis ornamentis ecclesiæ. Et cessante infestatione Normannica, Alduinus in civitate sua retinere temptavit omnibus diebus supradictum sanctum lignum, nolens reddere commendatum. Hac de causa 6* jussit adornare ecclesiam Salvatoris foris muros in capite basilicæ sancti Eparchii, ubi sanctum lignum deputaret 7*. Per annos vero septem langore corporis multatus est ipse, et in populo ejus ita fames vehementissima grassata est, ut, quod actenus incompertum fuit, de vulgo unus alterum ad devorandum exquireret, et multi alios ferro perimentes, carnibus more luporum humanis vescerentur. Quibus actus Alduinus necessitatibus, uno ante mortem suam anno remisit Carrofo pretiosum lignum per manus filii sui Willelmi cognomento Sectoris-ferri, cum capsa aurea, quam ipse cum gemmis construi imperaverat, ubi contulit Lubeliaco villam; et mox cessavit plaga; et ipse post annum defunctus 6 [84] Kal. April. juxta patrem tumulatus est. Post cujus mortem secundo anno (918) occisi sunt a Bernardo in ultionem Santiæ sororis suæ, quam occidere conati sunt, Lanbertus (71) vicecomes Martiliacensis et Arnaldus frater ejus. Willelmus autem Sector-ferri honorem eorum restituit Ololrico fratri eorum, qui minor natu erat, fuitque sibi vicecomes, sicut Ramnulfus fuerat Vulgrimno. Hic denique Bernardus, mortuo patre suo Willelmo, qui fuit frater Alduini ex Vulgrimno, comes Petragoricensis effectus est. Willelmus vero Sector-ferri Engolismæ principatum obtinuit, et communem habuerunt totum honorem eorum ipse et Bernardus consanguineus ejus. Adhemarus tamen supradictus, qui sororem Bernardi Santiam uxorem habuit, decem (72) annos supervixit Alduino. Santia vero vitam terminans 2. Non. April., humata est juxta basilicam beati Eparchii.

24. Eo tempore (an. 940) Gunbaldus episcopus decedens, successorem habuit Fulcaldum. Tunc Willelmus Sector-Ferri et consanguineus ejus Bernardus, adgregato [85] conventu nobilium, iterum restituerunt monasticum habitum in basilica beati Eparchii, præficientes eidem monasterio Mainardum abbatem. Qui in fronte basilicæ beati Eparchii construxit elegans oratorium in nomine sanctæ Resurrectionis 8*. Tunc domnus Willelmus 9* per testamentum concessit ad eundem locum beati Eparchii donum, ecclesiam sancti Hilarii in Petragorico sitam in vicaria Piliacense [86], ecclesiam sanctæ Eugeniæ sitam in Santonico in vicaria Pedriacense, curtem Fradorevillam et villam Dairaco, villam Alviniaco, villam Romanorevilla cum ipsa ecclesia, mansum unum in Godorvilla. Quod testamentum confirmare jussit, et firmaverunt manibus propriis quorum nomina hæc sunt : Bernardus comes, Arnaldus filius Bernardi, Odolricus vicecomes, Adhemarus vicecomes, Arnaldus filius Willelmi, Adhemarus filius Willelmi 10*. Sancto Marciali dedit nichilominus Cantreciacensem ecclesiam in Engolismensi, pariterque Manauco ecclesiam in Lemovicino cum omnibus adjacentiis et massis 11*. Iterio fideli suo 12* de villa Boensi dedit cellam [87] Fruinensem 13*.

25. Interea defuncto Eblo duce 14* (an. 935), filiorum ejus alter comes, alter episcopus factus est. Eblus enim, annuente Ludovico rege, pontifex Le-

1* Eblus Manzer (73) 2.   2* a Carolo rege supradicto add. 2   3* Oliba pontificatum adhuc a. 2.   4* per Aquitaniam 2.   5* adhuc vivente Vulgrino comite add. 2   6* c. adhibitis a Francia architectis [88]jussit edificare ecclesiam in honore Salvatoris 2.   7* 2. add. quæ jam supra c. 19. edita sunt : simul et corpus sancti Eparchii ibidem transferret; et vocato a Francia Fredeberto episcopo consanguineo suo, fecit ipsam ecclesiam dedicare in honore Salvatoris. Corpus vero beati viri levare non valuit, quod volebat transferre in eadem ecclesia. Ipsoque consecrationis die post peractum sacrificium sollempne, missaque finita, placida morte ante altare Salvatoris obdormivit in Domino, et ibidem ante altare humatus est. Alduinus vero comes per annos multos langore corporis multatus est.   8* et multa reliquiarum pignera, quæ ab [89] Jherosolimis asportaverat, ibi recondidit add. 2. cf. Gesta epp. Engol. c. 19.   9* Sector-ferri add. 2.   10* ejusdem W. 2.   11* non enim habuit prolem ex legitima conjuge. Nam supradicti Arnaldus et Ademarus [90] ex concubinis ei nati sunt add. 2.   12* principi add. 2.   13* in Engolismensi cespite add. 2.   14* comite Pictavino 2.

VARIÆ LECTIONES.

[83] inruptiones corr. irruptiones 1.— [84] VII. 2.   [85] adgregatu 1.   [86] p. et alias quam plurimas ecclesias ita finiunt codd. 3. Explicit hystoria Francorum 3c.   [87] cellem 1.   [88] architestis c.   [89] ad c.   [90] æmarus c.

NOTÆ.

(69) V. Ann. Masciac. SS. III, p. 169.
(70) Will. Gem. III, 3, Gerloc appellat; sed cf. diplomata Lotharii regis apud Beslium, Hist. com Pictav. p. 252, 259.

(71) V, supra c. 20.
(72) Rectius 14; obiit enim a. 950.
(73) Id est spurius.

movicæ factus est. Willelmus vero cognomento Caput-stupæ 1* Arvernis, Vallatis (74), Lemovicæ et Pictavis comes provectus, dux Aquitaniæ extitit. Hic germano suo [91] abbatiam sancti Hilarii ac sancti Maxencii cum nonnullis aliis possessionibus in Pictavensi solo præbuit. Fuit idem Eblus bonus pastor ecclesiæ 2*, ædificavitque castellum Lemovicæ sedis, castellum sancti Hilarii, et canonicos ibi disposuit, quia infestatione Normannorum idem locus a monachorum prisca habitatione desciverat. Restauravit monasterium sancti Maxentii, et castellum in circuitu perfecit. Restauravit et monasterium sancti Michaelis ad Eremum (75) et multa alia laudabilia in opere Dei egit. Qui defunctus (76) sepultus est in basilica supradicti monasterii sancti Angeli. Fuerat 3* autem successor Turpionis episcopi, avunculi Rotberti [92] vicecomitis Albucensis. Fuitque idem Eblus a sancto Marciale tricesimus nonus episcopus, qui ad honus suum sufferendum ordinaverat sub se corepiscopum Benedictum. Qui postea captus a Helia Petragoricensi comite, oculis privatus est, et propterea Eblus nimio et intolerabili semper dolore afficiebatur [93] usque ad diem mortis suæ; ipsum enim post se voluerat relinquere successorem. Idem Helias 4*, cum Geraldo vicecomite 5* et filio ejus Widone commisso prælio, victor extitit, et postea cum fratre suo Aldeberto in deceptionem captus est a Widone, et in castro Montiniaco in custodia conjectus. Sed cum suasu Willelmi ducis oculis privandus esset propter supradictum corepiscopum, Deo propitio, de custodia evasit, et non multo post in via Romæ peregrinus in Dei opere obiit. Aldebertus vero frater ejus plurimo tempore in turre [94] civitatis Lemovicæ custoditus, tandem solutus est, accepta in conjugio sorore Widonis vicecomitis, ex qua filium genuit Bernardum.

26. Eo tempore, adhuc vivente Turpione episcopo, Odo et Teotolo 6*, canonici sancti Martini illustrissimi, adimplentes evangelicum præceptum, derelictis A omnibus, pauperes pauperem Christum secuti sunt, et Cluniaco sancto habitu ac vita induti sunt. Unde postea Dei nutu Odo abbas præfuit sanctissimus 7*, et post eum sanctus Majolus. Teotolo, jubente abbate suo, archiepiscopus invitus consecratus est Turonis. Hic sanctissimus Odo et litteris adprime liberalibus eruditus et Dei amore flagrantissimus, exemplo et doctrina apostolicæ regulæ, quæ est monachorum, extitit restaurator strenuus.

27. Tunc Roso defuncto 8* (an. 931), filius ejus Willelmus loco ejus præfuit, a puericia baptizatus, omnisque eorum Normannorum, qui juxta Frantiam inhabitaverant [95], multitudo fidem Christi suscepit, et gentilem linguam obmittens, Latino sermone assuefacta est. Willelmo ab Arnulfo Flandelensi comite B dolo interempto (an. 943), filius ejus Richardus succedens, christianissimus factus, ædificavit in ea Normannia, quæ antea vocabatur marcha Franciæ et Britanniæ, monasterium sancti Michaelis de Monte, ubi monachos ordinavit. Item monasterium Fiscannum (77) in honore summæ Trinitatis, ubi sepultus est ipse, ubi et monachos posuit. Francorum interea rege Ludovico vita exeunte (an. 954), regnavit pro eo Lotharius, filius ejus ex Girberga regina progenitus.

28. Quo tempore (an. 951) Fulcaldus episcopus Engolismensis, postquam præfuit 12 annis, defunctus est 9*, et successit in episcopatu Ebulus, qui et ipse 12 annis præfuit 10*. Willelmus denique Sectorferri, qui hoc cognomen indeptus est, quia commisso C prælio cum Normannis, et neutro cedenti, postera die pacti causa cum rege eorum Storin solito (78) conflictu deluctans, ense corto 11* durissimo per media pectoris secuit simul cum torace una; modo percussione claudens diem, sepultus est juxta basilicam sancti Eparchii. Et per 30 annos pro eo principati sunt Bernardus comes 12*, deinde filius ejus Arnaldus 13*, deinde Willelmus Talerandus [96], deinde Rannulfus Bomparius, tum Richardus Insipiens.

1* a rege supradicto add. 2. 2* et castellum sancti Stephani Lemovice sedis, quod Turpio episcopus antecessor ejus magna ex parte a solo construxerat, hic ad perfectum integravit. Construxit a novo castellum Hilarii 2. 3* Antecessor vero ejus Turpio, genere clarissimo, avunculus Rotberti vicecomitis Albucensis, in rebus Dei magnificus fuit, et Odonem abbatem Cluniacensis coenobii summo excoluit. Qui Odo reverentissimus, Turpione rogitante, Vitam sancti Geraldi edidit, et librum De contemptu mundi perutilem composuit. Idem episcopus in Vita sua multis claruit miraculis; et defunctus [97], Albutione (79) sepultus est in basilica sancti Valerici. Eblus autem 39 a beato Marciale episcopus fuit, et ad onus episcopale sufferendum ordinavit sub se corepiscopum Benedictum, quem ipse a puero nutrierat. Qui captus 2. 4* filius Bosonis Vetuli de Marca add. 2. 5* Lemovicensi add. 2. 6* Teotolo et Odo supradictus dum essent c. 2. 7* secundus a primo abbate ejusdem. Fuit enim primus Berno et secundus Oddo. Teotolo 2. 8* comite Rodomense add. 2. 9* et sepultus juxta basilicam sancti Eparcii add. 2. 10* et tumulatus secus sancti [98] Eparchii basilicam add. 2. 11* c. nomine d. quem Walander faber cuserat add. 2. cf. Gesta epp. Engol. c. 19. 12* Petragoricensis [99] add. 2. cf. Gesta epp. Engol. l. I. 13* cognomento Borracio add. 4. cognomento Boirratio, pro eo quia cum ipsa veste lupum diabolicum homines devorantem appetiit in campo loricatus et galeatus, et manibus gestans [100], militibus occidendum præbuit add. 2. cf. Gesta epp. Engol.

VARIÆ LECTIONES.

[91] suo Eblo cod. Christ. 692. Chr. S. Max. p. 202. [92] rorberti 1. [93] efficiebatur 1. [94] re 1. [95] inhabitaverat 1. [96] talelerandus 1. [97] defunctis c. [98] cum c. [99] petrugcoricam osis c. [100] gestant c.

NOTÆ.

(74) In cod. 4, Vellatis, alibi Vellaus, hodie le Velay.
(75) Saint-Michel en Erm.
(76) Quo anno non constat.
(77) Fécamp.
(78) Id est singulari [segulari 2].
(79) Aubusson.

Arnaldus quidem subtrahens sancto Eparchio villam Salasensem [101], et conferens Heliæ duci villa Boensi, ab angelo percussus interiit, et hac de re in fine mortis sancto Eparchio villam Ajarniacensem contulit pro emendatione [102], et sepultus est juxta basilicam sancti Eparchii. Mortuo fratre ejus Willelmo (*an.* 962), Rannulfus bello extinctus est ab Arnaldo 1* filio Willelmi Sectoris-ferri, qui pro patre suo in principatum Engolismæ successit et Richardum Insipientem expulit (*an.* 975). Captoque 2* in conflictu Gauzberto, fratre Eliæ comitis, suasus est a Willelmo duce, quo præberet inimicum sibi. Et Pictavis trusus Gauzbertus, in ultionem Benedicti corepiscopi oculis dampnatus est.

29. His temporibus (*circa an.* 973) Aymericus non monachus abbas sancti Marcialis, successor Gonsindi, moritur, et in fine monachus extitit, quia rex Ludovicus timens ejus tirannidem, honorem sancti Martialis ei commiserat, sacramento tamen jurare fecit, ut monacus esset futurus. Hic Geraldum vicecomitem in manibus suis habuit commendatum [103], et Bosonem Vetulum de Marca 3*. Hic juxta Campbonense (80) monasterium destruxit castellum vi expugnatum Cauboncasem, eo quod molestum erat hominibus monachorum.

30. Interea defuncto Willelmo Capite-stupæ (*an.* 963) et sepulto apud ecclesiam sancti Cipriani, ducem pro eo filium ejus Willelmum habuit Aquitania. Qui filiam Tetbaldi Campanensis vocabulo Emmam uxorem accepit, genuitque ex ea filium Willelmum. Rex autem Lotharius Lemovicam adiit, et tempus aliquantum in Aquitania exegit. Unde revertens [104], veneno a regina sua adultera extinctus est (*an.* 985). Filiumque reliquit Ludovicum, qui uno tantum anno supervivens, et ipse potu maleficii 4* necatus est (*an.* 987). Regnum pro eo accipere voluit patruus

A ejus Carolus, sed non potuit, quia Deus judicio suo meliorem elegit. Nam 5* Franci inito consilio eum abjiciunt, et Hugonem ducem, filium Hugonis, regem eligunt. Hac de causa episcopus montis Leudenensis Ascelinus (81) ebdomada majori ante pascha (*an.* 991), in qua est cena Domini, velud Judas Christum et ipse tradidit Carolum. Qui Aurelianis in carcere trusus ad usque mortem, ibi genuit filios [105] Karolum et Ludovicum, et mortuus est; et expulsi sunt filii ejus a Francis (82), profectique sunt ad imperatorem Romanorum et habitaverunt cum eo (83). Sane dux Aquitanorum Willelmus reprobans nequiciam Francorum, Hugoni subditus esse noluit. Unde factum est, ut Hugo, exercitu Francorum admoto, urbem Pictavis obsidione fatigaret. Dumque frustratus re-

B cessisset, cum Aquitanorum manu Willelmus insecutus est eum usque Ligerim. Ubi in gravi prælio (84) decertantes Francorum et Aquitanorum animositates, multo sanguine alterna cede fuso, superiores Franci extiterunt, et sic reversi sunt. Pacem postea Willelmus cum Hugone et filio ejus Rotberto fecit. Et rex Hugo cogitans erga se Dei gratiam, quasi vicem rependens, defensor clementissimus ecclesiæ Dei extitit. Nam ob hanc causam creditur progenies Caroli reprobata, quia jam diu neglegens Dei gratiam, ecclesiarum potius neglectrix quam erectrix videbatur. Beati ergo Dionisii cœnobium, quod jam pristinam monasticam corruperat normam, rex Hugo regulari honestate, sicut in Dei oculis rectum erat, honestius restauravit per manus venerabilis

C Odilonis abbatis, et alia sanctorum nonnulla monasteria in decorem [106] pristinæ disciplinæ revocavit 6*. Eodem tempore gravissimum bellum inter Willelmum ducem et Gosfridum Andegavensem comitem peractum est. Sed Gosfridus necessitatibus actus, Willelmo duci se subdidit, seque ei in mani-

1* Manzere *add.* 2.; *cf. Gesta epp. Engol. quæ add.*: «id est adulterino filio.» 2* Hic cœpit in conflictu Gauzbertum clericum, fratrem Eliæ comitis [107], quem reddidit Willelmo, filio Willelmi Capitis-stuppæ, seniori suo, et pro ultione Benedicti corepiscopi oculis privandum consensit. Defuncto enim Willelmo Capitestuppe, et — filium Willelmum *ut infra, ubi hæc desunt.* His temporibus 2. 3* Hic construxit castrum Roncomum (85) *add.* 2. 4* a sua conjuge Blanca nomine *add.* 2. 5* Nam episcopus Ascelinus montis Leudenensis urbis ebdomada ante pascha post convivium in lecto quiescentem eum dolo cœpit, et consensu plurimorum Ugo dux, filius Ugonis Capetii (86), in regem elevatus est. At vero Carolus in carcere usque ad mortem retentus est Aurelianis, ubi genuit 2. 6* Per illos enim dies sanctus Maiolus Cluniacensis abbas, successor sancti Odonis, migravit ad Dominum in monasterio Salvinicensi (87), quod est in Arvernis territorio, et ibidem sepultus, miraculis fulsit, et successit invitus pro eo, electus tam ab ipso Odone quam a cuncta congregatione, Odilo supradictus *add.* 2.

VARIÆ LECTIONES.

[101] salasensam *corr.* salasensem 1. [102] emandatione 1. [103] commandatum 1. [104] revertans 1. [105] filius *corr. ut videtur* filios 1. [106] decoram 1. [107] comitu *c.*

NOTÆ.

(80) Chambon.
(81) Cf. Richer. IV, 47.
(82) Hoc post a. 1008 factum esse ex charta conjicitur, in qua legitur: *Actum a. i. D.* 1008, *regnante Roberto et Ludovico et Carloino;* quod monet Bouquet.
(83) Ex ipsorum genere Thuringorum landgravios natos esse, multi sibi persuaserunt.
(84) Hoc prælium (post ejusdem urbis obsidionem), quod a. 955, teste Flodoardo, commissum est.

inter Hugonem Magnum, patrem Hugonis Capetii, et Willelmum Caput-stupæ, male forsan hic refertur ad regem Hugonem et Willelmum supradicti Willelmi filium. Bouq. Cont.
(85) Cf. supra c. 19, n. 45.
(86) Jam supra c. 22, n. 1*, interpolator Hugonem Magnum hoc nomine appellaverat.
(87) Silviniacensi; cf. Vitam Maioli a. Syro III, 19.

bus præbuit, et ab eo castrum Losdunum (88) cum nonnullis aliis in pago Pictavorum pro beneficio accepit.

31. Ea tempestate Hotone secundo mortuo, Hoto filius ejus, tercius actu et nomine, imperio potitus A est. Qui philosophiæ intentus, et lucra Christi cogitans, ut ante tribunal Judicis duplicatum redderet talentum, Dei voluntate populos 1* Hungriæ, una cum rege eorum ad fidem Christi convertere meruit.

1* populos in circuitum yodolis deditos ad Dei cultum convertere studuit. Etenim erant ei duo episcopi reverentissimi, sanctus videlicet Adalbertus archiepiscopus de civitate Pragra, quæ est in provincia Bevehem, sanctus etiam Brunus episcopus de civitate Osburg, quæ est in provintia Bajoarie, consanguineus ejusdem imperatoris (89). Nam sanctus Adalbertus parvus statura, sanctus Brunus procero corpore erant. Et quandocumque sanctus Adalbertus in aula imperatoris interesset, nocte intempesta solus ad silvam abiens, ligna propriis humeris pedibus nudis deferebat, nemine sciente, ad hospitium suum. Que ligna vendens, victum preparabat sibi. Quod cum post multos imperator comperiens dies, eum [108] pro sancto duceret, die quadam solito locutus cum eo, dixit jocando: *Talis episcopus, sicut vos estis, debuisset pergere ad prædicandum Sclavorum gentes.* Mox episcopus pedes imperatoris deosculans, ait, se hoc incipere; nec postea imperator eum avertere potuit ab hac intentione; et rogante ipso episcopo, ordinatus est pro eo in urbe Pragin archiepiscopus, quem elegerat ipse, et libenter imperator assensit. Et preparatis omnibus necessariis, pedibus nudis abiit in Pollianam provinciam, ubi nemo Christi nomen audierat, et prædicare cœpit evangelium. Quod exemplum ejus secutus Brunus episcopus, petiit imperatorem, ut pro eo juberet consecrare in sede sua episcopum, quem elegerat, nomine Odolriricum (90). Quo facto, et ipse humiliter abiit in provinciam Ungriam, quæ dicitur Alba Ungria ad differentiam [109] alteri Ungrie Nigre, pro eo quod populus est colore fusco velut Etiopes. Sanctus denique Adalbertus convertit ad fidem Christi quattuor istas provincias, quæ antiquo paganorum errore detinebantur, scilicet Pollianam, Sclavaniam, Waredonjam (91), Cracoviam. Quas postquam fundavit in fide, abiit in provinciam Pincenatorum ut eis prædicaret Dominum. Illa gens nimium idolis effera, post octo dies ad eos venerat et Christum eis adhunciare cœperat, nono die reperientes eum orationi incumbere, missilibus quam ferreis confodientes, Christi martirem fecerunt. Deinde secto capite, corpus ejus in lacum magnum demerserunt; capud autem bestiis in campum projecerunt. Angelus autem Domini accipiens capud, posuit juxta cadaver in ulteriorem ripam; ibi immobile et intactum [110] et incorruptum permansit, quousque negotiatores navigio per illum locum præterirent. Qui auferentes sanctum thesaurum, patefeceruntque Sclavaniam. Quo comperto rex Sclavanie nomine Boteslavus, quem ipse sanctus Adalbertus baptizaverat, datis magnis muneribus, capud et cadaver excepit cum honore, et monasterium in ejus nomine maximum construxit, et multa miracula fieri cœperunt per eundem Christi martirem. Passus est autem sanctus Adalbertus 24 die mensis Aprilis, id est nono Kalendas Mai. Sanctus antem Brunus convertit ad fidem Ungriam provinciam, aliam, que vocatur Russia. Regem Ungrie baptizavit, qui [111] vocabatur Gouz, et mutato nomine in baptismo Stephanum vocavit (92), quem Oto imperator in natali protomartiris Stephani a baptismate [112] excepit, et regnum ei liberrime habere permisit, dans ei licentiam ferre lanceam sacram ubique, sicut ipsi imperatori mos est, et reliquias ex clavis Domini et lancea sancti Mauricii (93) ei concessit in propria lancea. Rex quoque supradictus filium suum baptizare jussit sancto Bruno, imponens ei nomen sicut sibi Stephanum. Et ipsi filio ejus Stephano Oto imperator sororem Eenrici, postea imperatoris, in conjugio dedit. At vero sanctus Brunus cum ad Pincenates properavisset, et Christum prædicare cepisset illis, passus est ab eis, sicut passus fuerat sanctus Adalbertus. Nam Pincenati diabolico furore sevientes, viscera omnia ventris per exiguum foramen lateris ei extraxerunt, et fortissimum Dei [113] martirem perfecerunt (94). Corpus ejus Russorum gens magno precio redemit, et in Russia monasterium ejus nomini construxerunt, magnisque miraculis coruscare cepit. Post paucos dies quidam Grecus episcopus in Russiam venit, et medietatem ipsius provinciæ, quæ adhuc idolis dedita erat, convertit, et morem Grecum in barba crescenda et ceteris exemplis eos suscipere fecit. Odolricus autem, qui sancto Bruno successerat, ad Dominum migrans, magnis virtutibus clarere meruit. Ideoque monasterium foris civitatem Osburg ejus nomini construxit episcopus item Brunus, successor ejus, frater Eenrici imperatoris. Eadem vero urbs apud Romanos vocabatur Valentina ab imperatoris nomine, qui eam condidit primus. Quibus diebus Oto imperator per somnum monitus est, ut levaret corpus Caroli Magni imperatoris, quod Aquis humatus erat (95), sed vetustate obliterante, ignorabatur locus certus, ubi quiescebat. Et peracto triduano jejunio, inventus est eo loco, quem per visum cognoverat imperator, sedens in aurea cathedra, intra arcuatam speluncam infra Basilicam Marie, coronatus [114] corona ex auro et gemmis, tenens sceptrum et ensem ex auro purissimo, et ipsum corpus incorruptum inventum est. Quod levatum populis demonstratum est. Quidam vero canonicorum ejusdem loci Adalbertus, cum enormi et procero corpore esset, coronam Caroli quasi pro mensura capiti suo circumponens, inventus est strictiori vertice, coronam amplitudine sua vincen-

VARIÆ LECTIONES.

[108] cum *c*.   [109] differendam *c*.   [110] intactu *c*.   [111] quæ *c*.   [112] baptistmate *c*.   [113] deo *c*.   [114] coronatum *c*.

NOTÆ.

(88) Loudon).

(89) Brunonem, fratrem Heinrici II, an. 1007 ordinatum et de Ungarorum conversione bene meritum cum altero Brunone, ipsi gemi misso (cf. *Iarhbücher* I, 3, p. 166), eodem fortasse qui Prussorum apostolus a. 1009 obiit, confundit.

(90) De sancto Udalrico, jam a. 973 mortuo, cogitavit.

(91) Quid hoc nomen significet, nescio. Forlasse pro: *Wenedoniam*?

(92) Hæc quoque valde sunt conturbata. Geisa, rex Ungarorum, filium habuit Stephanum, a sancto Adalberto baptizatum; ipsum eodem nomine appellatum fuisse nemo tradit. Quæ de Brunone dicuntur falsa esse, multi probaverunt; cf. Acta SS. Jun. VI, p. 221. Sept. I, p. 482.

(93) Cf. Liudpr. IV, 24.

(94) Cf. Thietm. VI, 58.

(95) Huic quoque narrationi fabulas admissas esse facile est intellectu; cf. Thietm: IV, 29.

Girbertus (96) vero natione Aquitanus 1*, monacus 2* Aureliacensis sancti Geraldi ecclesiæ (97), causa sophiæ primo Franciam, deinde Cordobam (98) lustrans, cognitus 3* ab imperatore, archiepiscopatu Ravennæ donatus est. Procedenti tempore cum Gregorius papa, frater imperatoris (99), decessisset (*an.* 999), idem Girbertus ab imperatore papa Romanorum sublimatus est propter philosophiæ gratiam, mutatumque est nomen ejus pristinum, et vocatus est Silvester. Et præfectus Romæ Crescentius cum contra Hotonem imperium Romanum vellet arripere, tandem coactus in turre, quæ vocatur Inter-celis (100), diu evasit, sed expugnata ipsa turre, captus est insidiis suæ conjugis, et patibulo suspensus est 4*, et pro eo planctus magnus 5* factus est (*an.* 998). Iis 6* diebus (*an.* 994) sanctus abba Maiolus Cluniacensis migravit ad Dominum, fuitque ei successor supradictus Odilo, non dispar virtutibus. Et Hugo rex Francorum, amator sanctæ ecclesiæ et servantissimus æqui, mortuus est (*an.* 996), et regnavit pro eo Rotbertus filius ejus, vir claræ honestatis, et magnæ pietatis, ornamentum clericorum, nutritor monachorum, pater pauperum, assiduus vere Dei cultor 7*, rex non tantum populorum, sed etiam morum suorum.

32. Hisdem temporibus (*circa an.* 1000) rebellantes [115] Bulgari Gretiam valde exasperaverunt, et Basilius imperator super eos nimis irritatus, voto se obligavit Deo, monachum fieri, si Grecis eos subderet. Et per annos 15 cum hoste super eos laborans, a duobus magnis præliis victus est. Ad ultimum (*an.* 1014) regibus Bulgarorum Samuele et Aaron (101) non publico prælio, sed astucia Greca interfectis, omnem terram eorum obtinuit, et fortissimas civitates et castella confregit, Grecorumque præsidia contra eas ubique ordinavit, populumque Bulgarorum maxima ex parte captivavit. Et sicut voto promiserat, habitum monasticum Greca figura subter indutus in reliquum est omni vitæ suæ tempore, a voluptate et carnibus abstinens, et imperiali scemate extrinsecus circumdabatur. Deinde Hiberiam repugnantem per annos septem ita edomuit, ut omnia ad nutum ejus fierent (*an.* 1022).

33. Obiit quoque Richardus Rotomagensis (*an.* 996 ? 1002 ?), sepulturæ traditus apud Fescannum, et pro eo successit Richardus filius ejus. Hic prudentissimus et gloriosus in omnibus et dilector ecclesiarum extitit. Hotho vero imperator hausu veneni 8* periit sine filiis (*an.* 1002), et pro eo consanguineus ejus Heinricus imperium suscepit 9*. Siquidem Arbertus (102) Coloniæ archiepiscopus 10*, expirante Hotone in partes Capuæ, sceptrum et coronam cum lancea sacra secum afferens, ab Hainrico insidiis circumventus captus est, et imperatoris privatus ornamentis (103).

34. Quibus temporibus Aldebertus comes supradictus (104) Petragoricensis, filius Bosonis Vetuli ex sorore Bernardi supradicti nomine Emma, ad urbem Pictavis bellum intulit, et victor extitit 11*, pro eo maxime quia inconsulto antequam deberent cives ei

tem circulum capitis. Crus proprium etiam ad cruris mensuram regis dimetiens, inventus est brevior, et ipsum ejus crus protinus divina virtute confractum est. Qui supervivens annis 40, semper debilis permansit. Corpus vero Caroli conditum [116] in dextro membro basilicæ ipsius retro altare sancti Iohannis baptistæ, et cripta aurea super illud mirifica est fabricata, multisque signis et miraculis clarescere [117] cœpit. Non tamen sollempnitas de ipso agitur, nisi communi more anniversarium defunctorum. Solium ejus aureum imperator Oto direxit regi Botisclavo pro reliquiis [118] sancti Adalberti martiris. Rex autem Botisclavus, accepto dono, misit imperatori brachium de corpore ejusdem sancti, et imperator gaudens illut excepit, et in honore sancti Adalberti martiris basilicam Aquisgrani construxit mirificam, et ancillarum Dei congregationem ibi statuit. Aliud quoque monasterium Romæ construxit in honore ipsius martiris *add.* 2. 1* ex infimo genere procreatus *add.* 2. 2* a puericia *add.* 2. 3* cognitus a rege Ugone, Remis archiepiscopatu donatus est. Et iterum cognitus ab imperatore Otone archiepiscopus Ravennæ [119] factus est, derelicto Remorum archiepiscopatu. 2. 4* iubente imperatore *add.* 2. 5* Rome *add.* 2. 6* His—virtutibus desunt hoc loco 2; *cf. c.* 30. *n.* 1*. 7* in humilitate similis David regi *add.* 2. 8* in partes Beneventi *add.* 2. 9* Otonis [120] autem corpus delatum est Romam [121], et ibidem sepultus *add.* 2. 10* a. C. sceptrum et coronam cum lancea sancti Mauricii [122] secum ab imperatore defuncto in Bajoariam detulit, et consensu omnium episcoporum Eenrico tradidit. Stephanus etiam rex Ungrie bello appetens Ungriam Nigram, tam vi quam timore et amore ad fidem [123] veritatis totam illam terram convertere meruit. Quibus temporibus 2. 11* multa strage peracta *add.* 2.

VARIÆ LECTIONES.

[115] rebellantur *corr.* rebellantes 1. [116] condictum *c.* [117] claresceret *c.* [118] reliquis *c.* [119] favenne *c.* [120] otois *c.* [121] romē *c.* [122] maurī *c.* [123] fide *c.*

NOTÆ.

(96) cf. Richer III, 45.
(97) Hæc de ipso in Chron. Aureliacensi (Mab. Anal. II, p. 240, ed. 2, p. 150) leguntur: *Raimundus Caturcensis nobilis ex castro Saura nominato abbas eligitur, qui curat erudiendum Gerbertum* [Gerlentium *ed.* 1] *adolescentem obscuro loco natum; sed quia ingenio erat vafer, præclarus in litteris evasit. Hic impetrata licentia propter aviditatem sapientiæ multa circumivit regna, et ad notitiam imperatoris pervenit; qui eum Remis statuit episcopum, deinde Ravennæ, postea in summum pontificem evexit. Hic multa bona contulit cœnobio et misit munera Ruimundo sodali, videlicet libros grammaticorum et expositiones in Hieronymum et Ambrosium.*
(98) Hoc ex solo Ademari testimonio pendet.
(99) Minime, sed Ottonis ducis.
(100) Id est S. Angeli arce; *cf.* Liudpr. III, 44.
(101) Aaron a Samuele jam antea occisus erat.
(102) Heribertus.
(103) Cf. Thietm. IV, 31. Falsa 2 narravit.
(104) C. 25

bellum intuierunt. Urbem quoque Turonis obsidione affectam in deditionem accepit, et Fulchoni comiti Andegavensi donavit; sed ille ingenio doloso 1* civium amisit post paululum, et iterum Odo Campanensis eam recuperavit 2*. Dux vero Willelmus in monastico habitu seculum derelinquens, humatus est apud monasterium sancti Maxentii (an. 993), et principatum post eum strenuissime administravit Willelmus filius ejus. Et Aldebertus, Gentiaco capto castro et destructo, itemque a Willelmo 3* reedificatum dum id ipsum obsedisset, et secundo destrueretur, et securus 4* circumequitaret ut jam victor, ictu sagittæ mortuus et Sancto Carrofo conditus est; et surrexit pro eo Boso frater ejus. [Tunc Willelmus, accepta in matrimonio Adalmode conjuge suprascripti Aldeberti [125]] Rotbertum regem accersivit ad capiendum castrum Bellacum, quod tenebat Boso 5*. Omnis Francia bellatrix eo confluxit 6*, sed frustrata post multos dies cum suo rege recessit. Ipso tempore dum obsessum esset Widonis vicecomitis Procia (105) castrum a duce supradicto 7* cum valida manu, Wido 8* obsessores bello appetit, et de eis magnam [125] stragem dedit victor (circa an. 1000), obsidionemque disrumpit [126].

35. Arnaldus autem comes Engolismensis, pro Dei timore facto habitaculo monachorum in ecclesia Buxensi sancti Amancii (106), et ibi misso reverendo abbate nomine Francone, in aula sancti Eparchii factus monacus, sepultus est 4 Non. Mar. juxta patrem 9* suum. Et episcopus Aldegerius Lemovicæ 10* cum pretiosioribus indumentis sacerdotalibus ex aula sancti Marcialis abiit Franciam, et ibi vita privatus (circa an. 990), sepultus est apud Sanctum Dionisium, et pro sepultura sua contulit pretiosa quæ asportaverat a Sancto Marciale ornamenta.

Successit pontifex Alduinus, frater ejus, per manum Willelmi ducis, consecratusque est Engolismæ ab 11* episcopo Hugone. Arnaldus supradictus successorem sibi comitem reliquid Engolismæ Willelmum filium suum. Preterea Fulcaldus (107) episcopus per 12 annos vivens, Rannulfum successorem accepit (an. 964). Quo episcopo existente per novem annos et mortuo 12* (an. 973), supradictus Hugo episcopatum per 20 annos optinuit (an. 993), et 13* post eum Grimoardus, deinde 14* domnus Roho antistes gloriosus Engolismæ refulsit (108) (an 993-1017). His diebus pestilentia ignis super Lemovicinos exarsit. Corpora enim virorum et mulierum supra numerum invisibili igne depascebantur, et ubique planctus terram replebat (an. 994). Gosfridus ergo abbas sancti Marcialis, qui successerat Wigoni, et Alduinus episcopus, habito consilio cum duce Willelmo, triduanum jejunium Lemovicino indicunt. Tunc omnes Aquitaniæ episcopi in unum Lemovicæ congregati sunt, corpora quoque et reliquiæ sanctorum undecumque sollempniter advectæ sunt ibi, et corpus sancti Marcialis patroni [127] Galliæ de sepulchro levatum est, unde leticia inmensa omnes repleti sunt, et omnis infirmitas ubique cessavit, pactumque pacis et justicia a duce et principibus vicissim [128] fœderata est. Alduinus autem episcopus monasterium sancti Stephani Agentense (109), quod Hildegarius ornate disposuerat in magna caterva monachorum, per triennium antequam moreretur 15* destruxit, et canonicos ibi restituit. Hae de noxa Lemovicam intra urbem monachos in ecclesia sancti Martini regulæ subditos adgregare curavit. Sepe idem Alduinus pro nequicia populi 16* novam observantiam constituit, scilicet ecclesias et monasteria cessare a divino cultu et sancto sacrificio, et populum quasi

---

1* vicecomitis et add. 2. 2* Qui cum eam obsideret, nequaquam rex Francorum ausus est eum provocare ad certamen, sed hoc ei mandavit : Quis te comitem destituit ? Et Aldebertus remandavit ei : Quis te regem constituit? add. 2. et Pith. p. 82 ex 4. 3* Pictavino add. 2. 4* jam victor nudus armis circumequitaret 2. 5* Construxerat ipsum castrum Boso Vetulus in marca Lemovicina add. 2. 6* et Aquitania add. 2. 7* et aliis 4 comitibus add. 2. Procia in pago Byturica a quinque comitibus cum innumerabili exercitu, bello eos appetit, et victor existens obsidionem disrupit. Comites fuerunt Willelmus dux, Arnaldus, Elias, Adelbertus, Boso Pith. p. 82 ex 4. 8* Cum Lemovicinis add. 2. 9* matrem suam 2. 10* successor Ebli add. 2. 11* ab archiepiscopo Burdegalensi Gumbaldo, a Frontero Petrugoricensi, et Abone Sanctonicensi, et Ugone Egolismensi, qui eum Lemovice intronizavit, [primo in cathedra vectatoria apud ecclesiam sancti Gerardi, deinde in sede sancti Marcialis. At vero Arnaldus 2. 12* accepto juxta basilicam sancti Eparchii quemadmodum [122] Fulcaldo [sepulchro] add. 2. 13* ipso sepulto apud Sanctum Eparchium in monastico habitu add. 2. 14* Deinde Roo (corr. Roho) episcopus 2. 15* suadente diabolo add. 2. 16* oro rapina militum et devastatione pauperum 2.

VARIÆ LECTIONES.

[124] Hæc ex 2 suppleta; quædam enim in 1 deesse apparet, quamvis hæc, quæ minus recte dicta esse Benedictini annotarunt, Ademaro obtrudere nolim; accepta — Aldeberti desunt; etiam 4. [125] magnum 1. [126] disrumrumpit duabus lineis 1. [127] patronis 1. [128] vicisim 1. viciis simphoderata 2. [129] quem adm c.

NOTÆ.

(105) Brosse in pago Bituricensi; cf. Aimoini Mir. S. Benedicti II, 11 sqq.
(106) Saint-Amand de Boisse, cf. Gallia Christ. II, 1035.
(107) De Ebulo cogitasse videtur; cf. c. 28.
(108) Cf. hist. conc. Lem. a. 1031. (Concil. ed. Labb. IX, p. 879) : Nam et episcopus noster Engolismensis Hugo — qui ante hos 40 annos migravit, cujus successor ante hos quatuordecim est defunctus, etc.
(109) Antimonasterium, Emoutiers sive Eymoutier.

paganum a divinis laudibus cessare, et hanc observantiam excommunionem censebat. Idem antistes, dum populus in quadragesima Evauno sua diocesi fame periclitaretur, ne mortem pro fame incurreret, indixit esum carnium, et ab omnibus illius oppidi esca sumptæ sunt carnes; quibus penitentiam antistes ipse postmodum suasit. Frater vero ejus Wido vicecomes Lemovicensis, dum comes Boso Romam abiret, nata occasione castrum extruxit a novo contra Brantosmense monasterium. Nec mora, reverso Bosone commissoque prælio 1*, Boso victor castrum destruxit, multusque sanguis in eo bello effusus est, et Wido vulneratus fuga lapsus est.

36. His temporibus episcopus Grimoardus, datis muneribus, a Willelmo comite sancti Eparchii monasterium expeciit et sibi vindicavit, et per multos annos sine abbate manere fecit 2*. Omnes enim comites Engolismæ a temporibus Childeberti regis Francorum, quo ipse locus fundatus est, advocati ejus et defensores extitisse noscuntur et provisores, habentes pro offitio defensoris in beneficio villam Ranconiam. Tunc memoratus episcopus Aimerico germano suo duci Moxedanensi donavit in possessionem monasterium Tomolatense, quod actenus semper fuerat in dominio cœnobii Engolismensis. Situmque est in territorio Petragoricensi, habens ecclesiam in honore genitricis Dei, ubi velut in proprio jure paterno sepulti sunt Felix Aureolus Petragoricensis comes, pater sancti Eparchii, et 3* Principia mater ejusdem confessoris. Post non multos annos supradictus Aymericus ipsum locum dedit in beneficio ducibus suis, qui vocantur Infernales, et ita penitus ipsa possessio alienata est a jure antiquo sancti Eparchii. Processu temporis Wido vicecomes, capto Grimoardo episcopo, pro monasterio Brantosmense, quod ab eo in munere exposcebat, tenuit eum in carcere in turre Lemovicæ. Et dimissus juxta conditionem Widonis, Romam adiit, Girbertum papam interpellavit. Ibi Wido evocatus est ad judicium coram papa (*circa an.* 1003). Et cum ipso sacratissimo die Paschæ causa ventilata esset, et a senatu prolata sentencia judicatum esset, ut omnis qui episcopum capit ad colla indomitorum equorum ligatus [120] pedibus disrumpatur et demum a feris dilaceretur, traditus mox est episcopo Grimoardo ad custodiendum, post diem tercium tradendus ad penam. Sed hi duo inter se concordantes, amici facti sunt, et ante diem condictum clam Roma egressi, reversi sunt ad propria.

37. Hainricus vero imperator cum Langobardos sibi repperiret contrarios, misso (110) Rodulfo rege Burgundiæ 4*, Papiam obsedit et incendio tradidit, et palatium in ea sibi ædificavit, et rebellantes sibi servire coegit (*an.* 1004). Duces quoque Grecorum cum partes ejus invaderent, ordinata expeditione oras Appuliæ penetrans, tot dies expugnando civitates eorum ibi exegit, usquequo pestilentia exercitus ejus laboraret (111) sicque reverteretur (*an.* 1022). Hic in terra Teodisca a novo civitatem ædificavit vocabulo Baenburg, quam Benedictus papa in honore Dei genitricis consecravit, et parrœchias in circuitu ex paganorum vicis et oppidis, dum converterentur, attitulavit ad illam. Hic Cluniacensi cœnobio contulit dona, sceptrum aureum, speram auream, vestimentum imperiale aureum, coronam auream, crucifixum aureum, pensantia [131] simul libras 100, et alia multa; et cum Odilone abbate ejusdem loci crebrius colloquium familiare exercebat, et in aula palatii sui eum præ omnibus ducebat (112).

38. Per hæc tempora Ermengaudus comes Irgeldensis (113) post copiosos triumphos de Mauris et Sarracenis prælio inito ultimo, innumerabilem stragem Sarracenorum perficiens, dum victor regreditur [132], alium exercitum Maurorum offendit venientem. Quem cum paucis suorum Iassis persequens, multos eorum occidit, et ipse cecidit (*an.* 1008?). Caput ejus Sarraceni pro magno thesauro secum asportaverunt. Quod aromatizatum rex eorum auro cooperuit et secum in præliis semper ferebat causa victoriæ [133].

39. Interea summæ philosophiæ abbas sancti Benedicti Floriacensis super Ligerim loci, nomine Abbo, Wasconiam iter faciens, per Engolismam transiens, mense Novembri in monasterio beati Eparchii hospitatus est. Veniensque ad Sanctum Petrum Regulatensis (114) ecclesiæ, quæ est possessio sancti Benedicti Francorum cœnobii, ibi tumultu Wasconum occisus est; ibi sepultus, miraculis clarescere cœpit (*an.* 1004). Virga ejus pasto-

---

1* in campo Carracio *add.* 2.   2* et plures [134] possessiones ejusdem monasterii parentibus suis et aliis secularibus donavit et a loco alienavit *add.* 2.   3* et sancti Eparchii *des* 2.   4* nepote suo *add.* 2

VARIÆ LECTIONES.

[130] legatus *corr.* ligatus 1.   [131] pansentia 1.   [132] egreditur 1.   [133] v. Interea defuncta conjuge Guillelmi ducis, ex qua susceperat filium Guillelmum, idem dux sororem Sancii ducis Wasconum Briscam nomine in uxorem sibi copulavit, que ei Odonem genuit filium (*c.* 39 *fin.*) *explicit hist. Francorum in cod. Christ.* 692.   [134] pluras *c.*

NOTÆ.

(110) Hoc solus Ademarus.
(111) Cf. Ann. Quedlinb. a. 1022.
(112) Chron. S. Maxentii (Labb. I. p. 206) quod hæc exscripsit, add.: *Huic conjuncta fuit in matrimonium Alaidis nobilissima, quæ construxit monasterium Paherne* (Paterniacum, Payerne) *in honore Dei genitricis Mariæ semper virginis. Ex qua habuit filium, quem vocavit nomine suo Ainricum. Anno millesimo obiit Alaidis imperatrix;* quæ nimis a vero abhorrent.
(113) Urgel in Catalonia.
(114) La Réole.

ratis remissa est Franciam. Bernardus Wasconiæ dux necem tanti viri de interfectoribus ejus punivit, alios suspendio, alios flammis tradens, et omnem illam possessionem Regulatensem 1*, quæ ante in lite invadentium erat, sine lite dehinc monachis Francis sancti Benedicti paravit vindicandam. Rex autem Rotbertus pro defuncto ordinavit abbatem Gauzlenum, licet repugnarent monachi, nolentes sibi præesse filium scorti. Erat enim ipse nobilissimi Francorum principis (115) filius manzer, a puero in monasterio sancti Benedicti nutritus. Quem etiam rex supra scriptus archiepiscopum Bituricensibus fecit postea post mortem Dacberti archiepiscopi. Sed et ipsi quinquennio sedicionem agentes, noluerunt eum in civitatem recipere, dicentes una voce: *Non decet dominari Ecclesiæ filium scorti*. Postmodum tamen 2* regis voluntas prævaluit, et Dei nutu in sede susceptus est (an. 1009). At Bernardo insidiis muliebribus ¹³⁵, maleficis artibus corpore fatescente, vitæ privato, Santius, frater ejus, dux Wasconum extitit. Ex defuncta conjuge Willelmi ducis 3*, ex qua susceperat filium Willelmum, idem dux sororem Santii Briscam in uxorem copulavit sibi, quæ ei Odonem genuit filium.

40. Per idem tempus mortuo Gosfrido abbate sancti Marcialis (an. 998), et succedente pro eo Adalbaldo regularis meriti, et Widone et Alduino episcopo fratre ejus revertentibus propere ab Hierosolimis, sepulchrum sancti Eparchii clarere innumeris cœpit miraculis plus solito. Et visio manifesta patefacta est Fulcherio abbati sancti Carrofi et monachis, ut sanctum lignum crucis ad tumulum deferrent beati Eparchii. Quod conventu solempni peractum est, et abbate Raginoldo Engolismensi procurante, exceptum est sanctum lignum in basilica beati Eparchii in die ejus festivitatis, die primo mensis Julii; et adimpletis, quæ divina ordinaverat pietas, monachi sancti Carrofi valedicentes fratribus Engolismensibus, cum sancto ligno gloriose remeant 4*.

41. Comes denique Engolismæ Willelmus, copulata sibi in conjugio Girberga, sorore comitis 5* Fulconis, filios ex ea suscepit Hilduinum et Gosfridum, Dux vero Aquitanorum, comes Pictavinus, jam dictus Willelmus gloriosissimus et potentissimus, extitit cunctis amabilis, consilio magnus, prudencia conspicuus, in dando liberalissimus, defensor pauperum, pater monachorum, ædificator et amator ecclesiarum, et præcipue amator sanctæ Ecclesiæ Romanæ. Cui a juventute consuetudo fuit, ut semper omni anno ad limina apostolorum Romam properaret, et eo quo Romam non properabat anno, ad Sanctum Jacobum Galliciæ reconpensaret iter devotum. Et quocumque iter ageret, vel conventum publicum exerceret, potius rex quam esse dux putabatur, honestate et claritudine qua affluebat honoris. Non solum vero omnem Aquitaniam suo subjecit imperio, ut nemo contra eum levare manum auderet, verum etiam regem 6* Francorum sibi habuit complacitum. Immo Hispaniæ regem Adefonsum, regemque Navarræ Santium, nec non et regem Danamarchorum et Anglorum nomine Canotum, ita sibi summo favore devinxerat, ut singulis annis legationes eorum exciperet pretiosis cum muneribus (116), ipseque pretiosiora eis remitteret munera. Cum imperatore Hainrico ita amiciciis copulatus est, ut muneribus alterutrum se honorarent. Inter multiplicia denique munera dux Willelmus ingentem ex auro purissimo ensem direxit ei, in quo ense litteræ signabantur legentes: *Hainricus imperator cesar augustus*. Romani pontifices eum venientem Romam sic reverenter excipiebant, acsi esset eorum augustus, omnisque Romanus senatus patrem eum sibi adclamabat. Cumque comitem Andegavensem Fulchonem in manibus suis commendatum haberet, concesserat ei pro beneficio Losdunum (117) cum aliis nonnullis castris in Pictavorum solo, Santonas quoque cum quibusdam castellis. Idem dux si clericum sapientia ornatum videret, summo eum excolebat. Unde Rainaldum, cognomento Platonem, monachum pro sapientia ornatu præfecit abbatem ex cœnobio sancti Maxentii. Episcopum quoque Carnotensem Fulbertum, sapientia cumptum, a Frantia evocatum donavit thesauraria sancti Hylarii (118), et penes se reverendum exhibuit. Aliquando esse vix inveniebatur sine aliquo episcoporum. Monaste-

---

1* cum ecclesia sancti Petri *add.* 2. 2* sequestro Odilone abbate 2. 3* Pictavensis *add.* 2. 4* Denique hoc crucis lignum de cruce dominica extat, quod Iherosolimorum patriarcha regi Magno Carolo direxerat, et idem imperator in cadem basilica, quam condidit Rotgerius comes Lemovicensis in honore Salvatoris (119), reposuit. Locus autem antiquo sermone Gallorum Carrofus vocitabatur propter carrorum confinia, id est veiculorum publicorum, et deinceps pro reverencia crucis Sanctum Carrofum appellari placuit. *add.* 2. 5* Andegavensis *add.* 2. 6* F. r. amicissimum habens, præ cæteris ducibus in ejus palatio honorabatur 2.

VARIÆ LECTIONES.

¹³⁵ mulieribus 1.

NOTÆ.

(115) Hugonis Capeti.
(116) Cf. Hist. concil. Lemov. a. 1031. Labb. *Conc.* IX, p. 882): *Ante hos septem annos rex Anglorum duci Aquitaniæ regalia munera misit simulque codicem litteris aureis scriptum, in qua nomina sanctorum distincta cum imaginibus continebantur*, etc.
(117) Cf. c. 30.
(118) Cf. Fulb. epist. 128, etc.
(119) Cf. dipl. Rotgerii Mabillon., Ann. II, p. 711.

rio Lemovicensi beati Marcialis dedit ecclesiam in Alniensi (120), quam et pater ejus eidem monasterio ante dederat, scilicet Anesio, quæ est in honore sancti Petri. Cœnobio Cluniacensi, et cenobio sancti Michaelis [136] ad [137] Clusam (121) in Italia, et multis aliis per Burgundiam et Aquitaniam monasteriis Dei, juxta oram maritimam plura in reditibus dona terrarum ad copiam supplementi servorum Christi delegavit. Amplectebatur [138] maximo affectu honoris [139] regulares monachos et abbates, et eorum consiliis nitebatur in administratione regni. Unde et domnum Odilonem, Cluniaci abbatem, copiosis muneribus sibi attraxit, contemplatus in eo templum Spiritus sancti 1*, cœnobiaque suæ ditionis nonnulla ejusdem magisterio tradidit. Fecit idem dux a novo cœnobium nobile Malliacense (122) territorio Pictavensi (an. 1003). Itemque ingens cœnobium Burguliense (123) in cespite Andegavensi, in fundo proprio, una cum matre sua Emma [140], sorore Odonis Campanensis. In quibus cœnobiis regulares monachos adgregavit plures, qui die noctuque Deo laudes persolverent, eisque ordinavit ferventissimum in sancto proposito et disciplinæ celestis fortissimam culumpnam abbatem Theodelinum 2*. Sane multoties, qui ei rebellare conati sunt Aquitanici primores, omnes vel edomiti vel prostrati sunt. Unde cum obsideret Rocameltim (124) comes Boso vicinum Sancto Carrofo, cum multitudine fortium contra eum aciem struxit, et, commisso bello, dux 3* victor extitit; et, repetita obsidione 4*, vi castrum cepit. Habebat secum magni consilii virum, comitem Engolismæ Willelmum, cujus maxime consilio pendebat. Qui ita se invicem dilexerunt semper, ut esset eis 5* anima una. Blaviam (125) denique castrum cum expugnaret comes Engolismensis, ducem ipsum secum habuit, et magna fortitudine ipsum castrum accepit, et a duce ipso accepit in beneficio hæc 6*: vicecomitatum Mellensem et Œnacensem et Rocacardensem honoremque (126) Cabannensem et Confolentis, Rofiacum quoque, et multa alia 7*.

42. His temporibus Alduinus episcopus, adducto secum duce Willelmo, extruxit castrum Bellojocum secus monasterium sancti Juniani contra Jordanum principem Cabannensem. Reversoque duce, Jordanus præparatur cum electis vel ad castrum expugnandum, vel episcopum debellandum. Episcopus, adgregata armatorum immanitate, habito in auxilio fratre Widone, occurrit ei, et grave ortum est prælium tempore durioris hiemis. Plurimus sanguis effusus 8*; victor Jordanus cum pluribus principibus captis revertitur. Jamque securus, casu ab ignoto milite 9* impetitus a tergo, percussus interit; et qui a suis capti tenebantur, mox pro eo confossi telis, animas emiserunt. Pro quibus gravior luctus extitit, quam antea pro in bello prostratis fuerat. Jordanus quoque, manzer frater defuncti, post modicum captum fratrem episcopi Aymiricum tandiu vinculatum tenuit, quousque castellum destrueretur supra memoratum.

43. Per hos dies Gosfridus, abbas sancti Marcialis, successor Adalbaldi, accito Bosone comite, cum militari magna manu 10* corpus sancti Walerici ab ecclesia, quæ injuste sancto Marciali abstollebatur a quibusdam principibus 11*, secum detulit Lemovicam. Ubi tandiu reliquias ejusdem confessoris 12* tenuit, quoad cognoscerent et exhiberent principes malefactores rectitudinem sancti Marcialis. Sicque possessione 13* recuperata, restitutum est sanctum corpus supradicto loco, et in præsentia Willelmi ducis 14* monastica ibi est ordinata disciplina.

44. His diebus vicecomitissa Lemovicæ Emma circa festivitatem apostolorum et sancti Marcialis oratum abiit ad Sanctum Michaelem Heremum, et noctu ibi a Normannis captivata, per tres annos exul trans mare est retenta. Ex thesauro sancti Marcialis infinita auri et argenti pondera pro redemptione ejus data sunt, simulque imago aurea sancti archangeli, et alia copiosa ornamenta, quæ omnia Normanni auferentes, mentita fide mulierem non reddiderunt, donec post multos dies Richardus comes Rotomagensis eam ingeniose per legatos ultramarinos adquireret et viro suo Widoni liberam redderet.

45. Bosone interea comite veneficiis uxoris suæ necato, et Petragoricæ sepulto, et urbe ipsa a Wilelmo duce capta, tutor filiorum ejus et nepotis fuit

---

1* seque ei in manibus commendatum tradidit. *add.* 2. 2* Teclinum, qui ex Judæis conversus fuerat 2. 3* primum Boso, deinde Willelmus vicit, et *add.* 2. 4* ac Bosone fugato *add.* 2. 5* in duobus corporibus *add.* 2. 6* accepit illud in beneficium cum his rebus. Scilicet v. 2. 7* simulque in Alniensi plura *add.* 2. 8* fugati Lemovicini cum episcopo et vicecomitibus suis *add.* 2. 9* a milite, quem ipse prostraverat a tergo in cervice percussus 2. 10* noctu Montanam abiens *add.* 2. 11* quam incole principes sancto Marciali abstollebant 2. 12* In monte Gaudii *add.* 2. 13* non sine magna redemptione *add.* 2. 14* et Girardi episcopi Lemovicensis *add.* 2.

VARIÆ LECTIONES.

[136] Martialis *Besly* p. 566. [137] *deest* 1. 2. [138] amplectabatur 1. [139] honori 1. [140] Adala christianissima quæ extitit soror Richardi comitis Rotomagensis *Pith.* p. 80. (*ex cod.* 4.)

NOTÆ.

(120) Pagus Alniensis, *pays d'Auny.*
(121) In monte Cinisio.
(122) Maillezais.
(123) Bourgueil-en-Vallée.
(124) Rochemeau.
(125) Blaye.
(126) Honor idem fere quod comitatus, vicecomitatus aut ejusmodi potestas.

idem dux. Et filio Bosonis Heliæ concessa urbe Petragorica, Bernardo filio Hildeberti (127) reddidit marcham. Et donec viriles annos attingeret ætas Bernardi, injunxit eam regendam fortissimis principibus, duobus germanis, Petro abbati Scotoriensium canonicorum (128), et Umberto Druto. Quorum pater Abbo Drutus castrum Bellacum (129) contra regem Rotbertum fortissime defendit 1*. A quibus duobus fortissime marcha defensa est, quousque Unbertus obiret. Petrus abbas singularem principatum optinens, habebat sibi fidelissimum profundissimi consilii Ainardum præpositum 2*, habentem duos fratres Abbonem et Raimundum, strenuissimos duces, corpore robustos, animo bellicosos, quorum sororem Aldeardem accepit in matrimonium Raimundus Cabannensis, abnepos (130) Turpionis episcopi, frater Adalberti decani incliti et prepositi ex monasterio sancti Marcialis; genuitque ex ea filium Ademarum Engolismensem [141] monachum, qui hæc scripsit. Vivente enim supradicto Ainardo, abbas [142] Petrus rem publicam optime amministravit, et invidos suæ gloriæ conpressit. Nam eo Romæ mortuo, et Raimundo fratre ejus Hierosolimæ defuncto, et Abbone infirmitate gravato, inclitus Petrus, neminem fidelem consiliarium habens, dum ad suum temere facit arbitrium omnia, et inter suos terribilis ut leo videtur, castrum proprium Mortemarense concremat, contradicente consilio suorum, et hujus rei occasione propinquis ejus et principibus marchionibus cum Bernardo comite et Willelmo duce, quasi tirannidem præsumeret, in eum insurgentibus, paulatim ex potestate marchionum ejectus est. Qui a Hierosolima reversus, in basilica sancti Stephani Lemovicæ sedis pristinum honorem continens, et ecclesiarum et villarum multa possessione ex paterna fruens hereditate, et magnæ catervæ militum, qui ejus beneficia habent, imperans, a curis secularibus magna ex parte ereptus, et liberius Deo vacat, et majori quam ante securitate et gloria pollet (131).

46. His temporibus (an. 1010) signa in astris, siccitates noxiæ, nimiæ pluviæ, nimiæ pestes, et gravissimæ fames, defectiones multæ solis et lunæ apparuerunt, et Vinzenna fluvius (152) per tres noctes aruit Lemovicæ per duo milia. Et supradictus A monachus Ademarus, qui tunc cum avunculo suo inclito Rotgerio Lemovicas degebat in monasterio sancti Marcialis, experrectus in tempesta noctis, dum foris astra suspiceret, vidit in austrum in altitudine celi magnum crucifixum in ipso celo 3* et Domini pendentem figuram in cruce, multo flumine lacrimarum inlacrimantem 4*. Ipse autem qui hæc vidit attonitus nichil aliud potuit agere quam lacrimas ab oculis profundere. Vidit vero tam ipsam crucem quam figuram crucifixi colore igneo et nimis sanguineo totam per dimidiam noctis horam, quousque celo sese clauderet. Et quod vidit semper in corde celavit, quousque hic scripsit testisque est Dominus, quod hæc vidit.

47. Eo anno Hilduinus (133) episcopus Judeos Lemovicæ ad baptismum conpulit, lege prolata, ut aut christiani essent, aut de [143] civitate recederent, et per unum mensem doctores divinos jussit disputare cum Judæis, ut eos ad fidem cogerent 5*; et tres vel quatuor Judei Christiani facti sunt. Cetera autem multitudo per alias civitates diffugere cum uxoribus, liberis, festinavit 6*. Ipso anno sepulchrum Domini Hierosolimis confractum est a paganis 7* 5 Kalendas Octobris 1010, anno ab incarnatione ejus. Nam Judei occidentales 8* epistolas miserunt in Orientem (134), accusantes christianos, mandantes exercitus Occidentalium 9* super Sarracenos orientales commotos esse. Tunc Nabuchodonosor Babiloniæ (135), quem vocant Admiratum, concitatus suasu Sarracenorum 10* in iram, magnam afflictionem super christianos exercuit, data lege, ut quicumque christiani de sua potestate nollent fieri Sarraceni, aut confiscarentur aut interficerentur. Unde factum est, ut innumerabiles christianorum 11* facultates suas pro nichilo ducerent; sed morte nemo dignus pro Christo fuit nisi patriarcha Hierosolimorum, qui variis suppliciis occisus est, et duo adolescentes germani in Egypto, qui decollati sunt, et multis clarescunt miraculis. Nam ecclesiæ sanctorum subversæ sunt 12*, et peccatis nostris promerentibus, basilica sepulchri Domini usque ad solum diruta. Lapidem monumenti cum nullatenus possent comminuere, ignem copiosum superadjiciunt, sed quasi adamans immobilis mansit et solidus. Bethlee-

1* Hic Abo consensu Aldeberti comitis castrum Mortemarense (136) construxit in fundo proprio. add. 2 2* p. ex monasterio sancti Petri Scotoriensi. Qui Ainardus habuit duos 2. 3* quasi confixum in celi 2. 4* plorantem. Qui autem hec. 2. 5* eos ex suis libris vincerent 2. 6* Quidam etiam se ipsos ferro jugulaverunt, nolentes baptismum suscipere. add. 2. 7* Judeis et Sarraceni [144] 2. 8* et Sarraceni Hispanie add. 2. 9* Francorum 2. 10* paganorum 2. 11* c. converterentur ad legem Sarracenam, et nemo p. C. m. d. fuit 2, 12* Nam ecclesia [145] sancti Georgii, que actenus a nullo Sarracenorum potuit violari, tunc destructa est cum aliis multis ecclesiis sanctorum 2.

VARIÆ LECTIONES.

[141] engolismense 1. egolismense 2.   [142] ainardo abbatis. petrus 1.   [143] devitate 1.   [144] sarcenis c.   [145] ecclesie c.

NOTÆ.

(127) Idem qui supra c. 34 Aldebertus; ita etiam Alduinus et Hilduinus. Aldegarius et Hildegarius eadem sunt nomina.
(128) Le Dorat.
(129) Cf. c. 34.
(130) Pronepos; cf. præf. n. 2.
(131) De mortis tempore nihil constat.

(132) La Vienne.
(133) Alduinus.
(134) Cf. Glaber Rod. III, 10, qui hæc fusius narrat.
(135) Id est Cairo, ideo Ægypti.
(136) Mortemart.

miticam ecclesiam, ubi Christus natus est, cum nilerentur destruere, apparuit eis lux fulgurans subito, et omnis eorum multitudo corruens exspiravit, et ecclesia 1* intacta remansit. Ad monasterium quoque montis Sinai 2* decem milia Sarracenorum armatorum venientes destruendum, longe quatuor milibus conspiciunt totum montem ardere et flammas usque in celum ferri, et cuncta ibi posita cum hominibus manere illesa. Quod cum renunciassent regi Babilonio, penitencia ductus tam ipse quam populus Sarracenus, valde doluerunt de his quæ contra christianos egissent, et data præceptione, jussit reædificari basilicam sepulchri gloriosi. Tamen redincepta basilica, non fuit amplius similis priori nec pulchritudine nec magnitudine, quam Helena mater Constantini regali sumptu perfecerat. Mox e vestigio super omnem terram Sarracenorum fames incanduit per tres annos, et innumerabilis eorum multitudo fame mortua est, ita ut plateæ et deserta cadaveribus [146] replerentur, et fierent homines cibum et sepultura feris et avibus. Secuta est eos gladii vastitas. Nam gentes Arabiæ super terram eorum diffusæ sunt, et qui remanserant fame, gladiis interierunt. Captus est ab eis rex Babilonius, qui se contra Deum erexerat in superbiam, et vivus, ventre secto, visceribus extractis 5*, mortuus est. Venter ejus lapidibus opplétus, consutus est, et cadaver, ligato plumbo ad collum, in mare demersum est.

1* 48. Eo anno Rodulfus Petragoricensis episcopus ab Hierosolimis rediens 4*, obiit Petragoricæ, et successit pro eo Arnaldus. Qui apud Sanctum Benedictum Nantolio (137) consecratus est 5* a Siguino Burdegalæ archiepiscopo 6*. Tunc Gauzbertus, princeps castri Malamortensis, captus ab Eblo vicecomite Combornis, retrusus in castro fortissimo Melurensi, Deo volente a suis rusticis 7*, castro expugnato et mox capto, ereptus est, et castrum destructum 8* est. Et Hierosolimam pergens, defunctus est 9*, et miraculis post mortem clarescere cepit. Erat enim valde ecclesiasticus, et honeste se agebat.

49. Circa hoc tempus Alduinus episcopus, acceptis pretiosioribus sancti Marcialis ornamentis et vestimentis, et multa affluentia argenti, quia in manu sua abbatiam habebat emptam a Widone, properavit ante quadragesimam cum Willelmo duce Romam, et in tristicia monachos sancti Marcialis reliquid. Mox eo recedente, ad sepulchrum beati Marcialis plurima ceperunt choruscare miracula, quæ leticiam monachis et cunctæ Aquitaniæ plenam ingesserunt. Nam nobilissimi Aquitanorum et Francorum principum atque Italorum eo anno Lemovicæ pascha cum frequentia sancti Marcialis gloriose celebraverunt. Reversus episcopus basilicam sedis sancti Stephani, quam sanctus Marcialis dedicaverat, destruendam et amplificandam disposuit, et lineas ad fundamenta [147] jecit, ut post dies 15 insisteret operi. Abiensque inde ad ecclesiam Agento (138) supradictam 10*, ibi spiritum exalavit (an. 1012 vel 1013.) Delatum est corpus ejus Lemovicam, apud sedem vigiliis observatum, apud Sanctum Martinum sepultum. Successit pro eo reverentissimus Geraldus, nepos ejus. Consecratus et Pictavis apud Sanctum Hylarium 11* a Siguino archiepiscopo. Non enim potuit esse Gauzlenus Bituricensis archiepiscopus, quia necdum receptus erat in sede Biturica. Habuit tamen ibi missos suos ex sancti Benedicti monachis. Simul interfuerunt episcopi Gislebertus Pictavensis, Arnaldus Petragoricensis, Islo Santonicensis, Grimoardus Engolismensis. Post benedictionem 12* comitati sunt eum usque Lemovicam Arnaldus et Grimoardus episcopi. Primum ad Sanctum Marcialem venerunt simul 13*, et recepti sunt a monachis. Inde monachi eos duxerunt cum antiphonis usque ad ecclesiam Caïroensem (139). Ibi in cathedra sedit, et humeris populi vectus, canonicis antiphonas concinentibus, textum Evangelii a Grimoardo episcopo legendum sumpsit, et ita benedicens dextera assidue, ad hostium basilicæ sancti Stephani cum gloria deductus est. Grimoardus tradidit ei portas ecclesiæ, Arnaldus cordas signorum, et ambo in sede sancti Marcialis intronizaverunt eum, et clara voce, Te Deum laudamus, Arnaldus episcopus intonuit. Episcopum sedentem osculati sunt omnes; deinde missam celebraverunt de martirio sancti Theodori, cujus festivitas ipso die (140) agebatur.

1* et sic ecclesia Dei genitricis 2. 2* Sinai, ubi quingenti et eo amplius monachi sub imperio abbatis manebant, habentes ibidem proprium episcopum, venerunt Sarracenorum decem milia armatorum, ut monacos perimentes, habitacula eorum cum ecclesiis diruerent. Propinquantes autem, a quatuor fere milibus conspiciunt totum montem ardentem et fumantem, flammasque in celum ferri 2. 5* e. impiam animam ab oaratrum projecit 2. 4* retulit quæ viderat ibi infanda, et *add.* 2. 5* diebus quadragesime *add.* 2. 6* a Grimoardo et Islone episcopis (141) *add.* 2. 7* r. in frunalibus quodam mane subito expugnato et mox capto castro 2. 8* flammis datum 2. 9* in reverentido *add.* 2. 10* unde monachos extruserat *add.* 2. 11* Ylarium mense Novembri pro [148] omnibus gradibus ecclesiastícis a Gisleberto episcopo, et in gradu pontificali a Siguino monacho, archiepiscopo Burdegalensi. 12* quæ dominica die peracta est *add.* 2. 13* simul — duxerunt *des.* 2.

VARIÆ LECTIONES

[146] cadeveribus 1. [147] fondamenta 1. [148] n. c.

NOTÆ.

(137) Nanteuil.
(138) Ahun.
(139) De Queroir.

(140) Die 9 aut 12 Nov.
(141) Engolismensi et Sanctonensi.

Per dies septem indutus processit stola sanctificata 1* et cum indumentis 1* et cappa Romana, absque capsula 2*, et per eosdem continuos dies missam 3* celebravit 4*. Tunc abbas Gosfridus basilicam regalem majori opere coepit renovare (142) (*an.* 1017). Quadragesima vero media (*an.* 1018) cum nocturnis vigiliis multitudo maxima in eandem aulam ad tumulum beati Marcialis properantes intrarent, viri cum mulieribus plus 50 invicem conculcati intra ecclesiam expiraverunt, et die crastina sepulti sunt. Episcopus Geraldus Romam abierat; ideo per Arnaldum missum est episcopum, qui 5* cum aqua episcopali ecclesiam reconciliavit. Paulo post exorti sunt per Aquitaniam Manichei, seducentes plebem. Negabant baptismum et crucem et quicquid sanae doctrinae est. Abstinentes a cibis, quasi monachi apparebant, et castitatem simulabant, sed inter se ipsos omnem luxuriam exercebant, et nuncii antichristi erant, multosque a fide exorbitare fecerunt.

50. Per hoc tempus Willelmus, cognomine Buccanucta, comes Matisconensis 6*, castellum aedificavit contra Cluniacense [149] monasterium propter superandum Hugonem comitem. Pro qua re eum divina censura percussit, ut nullo modo deinceps ereptus gressum ageret. Et paucis interpositis diebus, Hugo comes subito ipsum castrum vi cepit atque solo coequavit. Defuncto Gosfrido abbate (*an.* 1019), Hugo ei successit; sed episcopus Geraldus adversus ei exstitit, prohibens ei dare consecrationem causa zeli, quia non poterat vindicare sibi abbatiam; ideo per biennium seditio non minima fuit civilis, donec ratione erubescens [150] episcopus domno Hugoni assensit. Et episcopus, quia thesaurarius Sancti Hilarii erat, dum ante festivitatem omnium sanctorum Pictavis iret, in Sancto Carrofo egrotans, intra 15 dies obiit (*an.* 1020), et ibi sepultus est. Ad caput ejus tabula plumbea posita est ita scripta: *Hic requiescit Geraldus episcopus Lemovicæ, obiit 3 Idus Novembris. Præfuit eidem sedi 8 annis.* Post mortem ejus successit Jordanus episcopus.

51. Per hos annos Odo, princeps Dolensis (143), vi et ingenio cepit castrum Argentomum (144), et ab eo vicecomitem Widonem expulsit. Idem Odo juxta Masciacum (145) monasterium castrum aedificavit, quod rex Rotbertus expugnans capere nequivit; et sic frustratus recessit. His temporibus basilica sancti Martini Turonica, ab Arveo thesaurario magno cultu inchoata, ad finem perducta, et corpore sancti Martini sublevato, cum gloria magna consecrata est in honore 12 apostolorum. His etiam temporibus ecclesia sancti Petri sedis Engolismensis dedicata est a tribus episcopis, a Siguino monacho Burdegalensi, a Grimoardo et Islone fratre 7* ejus. Quibus temporibus ecclesia sanctæ Resurectionis ante basilicam beati Eparchii terræ motu 8* subversa est, et ibidem clocarium inceptum est. Gisleberto quoque Pictavino episcopo reverentissimo diem claudente (*circa an.* 1020), et Malliacensi monasterio humato, succedit Isembertus episcopus.

52. His diebus, in parasceve, post crucem adoratam Roma terræ motu et nimio turbine periclitata est. Et confestim quidam Judeorum 9* intimavit domno papæ, quia ea hora deludebant sinagogæ Judeorum Crucifixi figuram. Quod Benedictus (146) papa sollicite inquirens et comperiens, mox auctores sceleris capitali sententia dampnavit. Quibus decollatis, furor ventorum cessavit. Quo tempore Hugo, capellanus Aimerici vicecomitis Rocacardensis, cum eodem seniore suo Tholosæ in pascha adfuit, et colaphum Judeo, sicut illic omni pascha semper moris est, inposuit, et cerebrum ilico et oculos ex capite perfido ad terram effudit; et statim mortuus, a sinagoga Judeorum de basilica sancti Stephani elatus, sepulturæ datus est. Quo tempore Cordubenses Mauri per mare Gallicum subito cum multa classi Narbonæ per noctem appulerunt, et summo diluculo cum armis in circuitu civitatis sese effuderunt; et sicut ipsi nobis retulerunt 10*, sortilogium eorum eis promiserat, prospere acturos et Narbonam capturos. At christiani quantotius corpus et sanguinem Dei a sacerdotibus accipientes communicaverunt, et præparantes se ad mortem, bello invaserunt Sarra-

---

1* cum quibus benedictus fuerat *add.* 2. 2* colobio tamen et casula 2. 3* per stationem urbis missas 2. 4* Non debemus prætermittere, quia per 15 dies altercatio fuit Pictavis pro eo, contradicentibus episcopis omnibus, non esse auctoritate Patrum, ordinationes graduum ab ostiario usque ad presbyterum fieri debere, nisi per jejunia quatuor temporum anni et tota quadragesima per dies albatorum usque in palmis; sed, [151] voluntas Willelmi ducis [152] prævalens, auctoritatem debitam oppilare non timuit. Per hos dies Iosfredus 2. 5* post terciam diem *add.* 2. 6* Matisconæ, quod est in Burgundia 2. 7* f. e. *des.* 2. 8* ruina subita 2. 9* de schola Grecia *add.* 2. 10* postea captivi *add.* 2

VARIÆ LECTIONES.

[149] cluniacensis 1. [150] erubescans 1. [151] sc *c*. [152] duci *c*

NOTÆ.

(142) Cf. Ann. Lemov. a. 1017, 1018, SS. II, p. 254. Sed Geraldum jam a. 1013 Romæ reversum esse dicit Ademarus in epistola ap. Mab. Ann. IV, p. 721, ibidemque refert (p. 723), basilicam vetustam Salvatoris, quæ nimia vetustate tunc ruinam minitabat, ante septem annos (i. e. 1021) dirutam esse usque ad solum.
(143) In Britannia.
(144) Argenton.
(145) Massai.
(146) Benedictus VIII.

cenos, et victoria potiti sunt, omnesque aut morte aut captivitate cum navibus et multis spoliis eorum retinuerunt, et captivos aut vendiderunt aut servire fecerunt, et Sancto Marciali Lemovicæ viginti Mauros corpore enormes transmiserunt dono muneris. Ex quibus abbas Gosfridus duos retinuit in servitute, ceteros divisit per principes peregrinos, qui de partibus diversis Lemovicam convenerant. Loquela eorum nequaquam erat Sarracenisca, sed more catulorum loquentes, glatire videbantur.

53. Eo tempore infinita multitudo Normannorum ex Danamarcha et Iresca regione cum classe [133] innumera appulerunt portum Aquitanicum. Et, sicut parentes egerant, conati sunt omnem Aquitaniam desertare et captivare. Itaque dux fortissimus Willelmus mandat ubique per episcopos, ut suaderent plebem Domini auxilium cum jejuniis et letaniis implorare. Ipse vero congregata manu valida electorum, mense Augusto, imminente jam nocte, circa litus maris secus eos castra disposuit. Pagani videntes tantam multitudinem, terrore conpulsi, tota nocte minutas scrobes per circuitum [134] foderunt et cespitibus operuerunt, ut ignorantes equites ibi ruerent. Itaque mane primo incautus exercitus, cum duce prima frontis acie præcurrente, equo super paganos frena laxans, mox per scrobes dilabitur. Et ruentibus equis cum sessoribus armorum pondere gravatis, pagani multos capiunt; et novissimi [135] exercitus, tarde caventes dolum, equis dissiliunt. Ipse dux, equo scrobem offendens, in præceps venit, et armis oneratus jamjam deciderat in manum adversariorum, nisi, Deo, qui eum semper custodit, robur et mentem ei ministrante, magno impetu saltum daret et velocissimo cursu sese redderet suis. Mox intermissum est bellum causa captorum, ne interimerentur; erant enim ex nobilioribus. Cum eo die ab utrisque nutaretur, sequenti nocte, plenitudine maris invitante, cum captis concite pagani navibus insiliunt, et auxilio pelagi liberantur, nec amplius fines illos inquietarunt [136]. Dux autem pro captis infinita pondera argenti misit, et unumquemque pensans argento redemit hominem.

54. Fuit dux iste a puericia doctus litteris, et satis noticiam scripturarum habuit. Librorum copiam in palatio suo servavit, et si forte a tumultu vacaret, lectioni per se ipsum operam dabat. Longioribus noctibus elucubrans in libris, donec somno vinceretur. Hoc Hludovicus imperator, hoc pater ejus Magnus Karolus assuescebant. Theodosius 1° quoque victor augustus in aula palatii non modo legendo, verum et scribendo creberrime exercitabatur (147). Nam Octavianus Cesar Augustus post lectionem propria manu prælia sua et gesta Romanorum et alia quæque non segnis scribebat (148).

55. His temporibus Normanni supradicti, quod patres eorum numquam ausi sunt facere, cum innumera classe Hiberniam insulam, quæ et Hirlanda dicitur, ingressi sunt una cum uxoribus et liberis et captivis christianis, quos fecerant sibi servos, ut, Hirlandis extinctis, ipsi pro eis inhabitarent opulentissimam [137] terram. Quæ 12 civitates cum amplissimis episcopatibus et unum regem habet et propriam linguam, sed Latinas litteras. Quam sanctus Patricius Romanus ad fidem convertit, et ibi primus præfuit episcopus; quæ undique mari circumcincta est. Ibi solsticialis brumalis dies vix duarum est horarum, et solsticialis estiva nox ejusdem parvitatis. Consertum est ergo prælium per triduum incessanter, et Normannorum nullus vivus evasit. Uxores eorum cum parvulis sese cunctæ in mare præcipites suffocarunt. Qui vivi capti sunt, feris ad laniandum [138] projecti sunt. Unum ex captivis dimisit rex vivere, quia christianum captivum fuisse cognovit, et cum muneribus donavit. Rex vero Carolus de Danamarcha paganus, mortuo Adalrado rege Anglorum (an. 1016), regnum ejus dolo cepit, et reginam Anglorum in conjugium accepit, quæ erat soror comitis Rotomensis [139] Richardi, et factus christianus, utraque regna tenuit, et quoscumque potuit ex paganis de Danamarcha ad fidem Christi pertraxit 2°. Richardo vero comite Rotomagi, filio Richardi, Normannos gubernante, multitudo eorum cum duce Rodulfo armati Romam, et inde conivente papa Benedicto Appuliam aggressi, cuncta devastant (an. 1017). Contra quos exercitum Basilius intendit, et congressione bis et ter facta [140], victores Normanni existunt. Quarto congressu cum gente Russorum (149) victi et prostrati sunt et ad nichilum redacti, et innumeri ducti Constantinopolim, usque ad exitum vitæ in carceribus tribulati sunt. Unde exivit proverbium: *Grecus cum carruca leporem capit.* Tunc per triennium interclusa est via Hierosolimæ; nam propter iram Normannorum, quicumque invenirentur peregrini, a Grecis ligati Constantinopolim ducebantur, et ibi carcerati affligebantur. Item Normanni, duce Rotgerio, ad occidendos paganos Hispaniam profecti (150), innumeros Sarracenorum deleverunt, et civitates vel ca-

---

1° Nam et Octaviannus Cesar Augustus in aula palatii non modo legendo verum et scribendo creberrime [161] gesta et alia queque non segnis scribebat. 2. 2° Pater ejus paganus, nomine Asquec (151), solum regnum de Danamarca tenuit. *add.* 2.

VARIÆ LECTIONES

[133] classa *corr.* classe 1. [134] circuitam 1. [135] novissi 1. [136] inequitarunt 1. [137] opulantissimam 1. [138] laniendum 1. [139] rotomansis 1. [140] facti *corr.* facta 1. [161] crebime c.

NOTÆ

(147) Cf. de Theodosio Juniore Hist. misc. XIV, ed. Murat. p. 96.
(148) Cf. Suetonii Vita Augusti, c. 85.
(149) Qui in Basilii exercitu fuisse videntur.
(150) Cf. Baluzius Marca Hisp., p. 429.
(151) Suen Tveskiaeg.

stella ab eis abstulere multa. Primo vero adventu suo Rotgerius, Sarracenis captis, unumquemque eorum per dies singulos, videntibus ceteris, quasi porcum per frusta [162] dividens, in caldariis coctum eis apponebat pro epulis, et in alia domo simulabat se comedere cum suis reliqua medietatis menbra. Postquam ita omnes percurrisset, novissimum de custodia quasi neglegens permittebat fugæ, qui hæc monstra Sarracenis nunciaret 1*. Qua de causa timore exanimati, vicinæ Hispaniæ Sarraceni cum rege suo Museto pacem a comitissa Barzelonensi Ermensende petunt, et annuum tributum persolvere spondent. Erat enim hæc vidua, et Rotgerio suam filiam in matrimonium sociaverat. Cum quibus pace facta, Rotgerius cum ulteriore Hispania decertare cepit, et quadam die una cum 2* 40 solummodo christianis quingentos Sarracenorum electos in insidiis latentes offendit, cum quibus confligens, fratrem suum manzerem amisit, et tertio campum lustrans, et 3* plus centum adversarios extinxit, et cum suis propria revisit, nec ausi sunt Sarraceni persequi fugientem.

56. Per hos dies (152) dignatus est Dominus clarificare tempora serenissimi ducis Willelmi. In diebus suis namque caput sancti Johannis in basilica Angeriacensi, in theca [163] saxea turrita instar piramidis [164], inventum est ab Alduino clarissimo abbate (an. 1010.?). Quod sanctum caput dicunt esse proprium baptistæ Johannis. Tunc Willelmus dux post paschales dies Roma regressus, hoc audito, repletus est gaudio, et sanctum caput populis ostendendum decrevit. Est reconditum ipsum caput in turibulo argenteo, ubi litteræ leguntur: *Hic requiescit caput præcursoris Domini.* A quo tamen vel quo tempore vel unde huc delatum, vel si præcursoris Domini sit, haudquaquam fideliter patet [165]. In gestis enim Pipini regis, cum de minoribus legatur rebus, ex hac, quæ ex maximis est, causa reticetur, et scriptura ex eo facta (153) nequaquam non futilis ab eruditis dijudicetur 4*. Non enim Pipinus in diebus Theophili nec tempore Wandalorum extitit, nec caput præcursoris Domini Alexandriæ habitum est 5*. Itaque dum inventum ostenderetur caput sancti Johannis, omnis Aquitania et Gallia, Italia et Hispania ad famam commota, ibi occurrere certatim festinat (Oct.). Rex quoque Rotbertus 6* ac regina, rex Navarræ, dux Wasconiæ Sancius, Odo Campanensis, comites et principes, cum episcopis et abbatibus, omnesque dignitates terrarum eo confluxere. Ubi omnes offerebant munera preciosa diversi generis; ubi supradictus rex Francorum, oblata conca 7* ex auro purissimo pensante libras 30 et vestibus preciosis 8* ad ornatum ecclesiæ, a Willelmo duce reverenter susceptus 9*, Franciam reversus est. Ultra omnem felicitatem et gloriam videbatur concursus psallentium cum reliquiis sanctorum canonicorum, monachorum, undecumque ad memoriam sancti præcursoris festinantium. Inter quæ reliquiæ principis summi, qui pater est Aquitanorum et primus Galliarum spermologus, videlicet beati apostoli Marcialis, simul cum reliquiis sancti Stephani Lemovicæ sedis, illuc deferebantur. Protractis [166] itaque sancti Marcialis in vectorio ex auro et gemmis pigneribus foris basilicam propriam, mox omnis Aquitania, quæ jam diu nimis pluviis laboraverat, adventu patris sui lætificatur serenitate reddita. Cum eisdem pigneribus abbas Josfredus atque episcopus Giraldus cum principibus numerosis et omni innumerabili populo divertemnt in basilicam sancti Salvatoris Carroff. Exieruntque eis obviam monachi cum omni plebe populari [167] miliario uno, et cum apparatu honorifico 10*, antiphonas excelsa voce intonantes, deduxerunt usque ad altare Salvatoris. Et missa celebrata, simili modo prosecuti sunt eos. Cumque in basilicam sancti precursoris intrassent, celebravit ibi 11* missam episcopus Giraldus de nativitate sancti baptistæ, cum esset mensis Octuber. Canonici sancti Stephani cum monachis sancti Marcialis alternatim tropos ac laudes cecinerunt 12*; et post missam episcopus cum capite sancti Johannis benedixit populum; et sic de miraculis sancti Marcialis, quæ per viam contigerant, valde lætantes,

---

1* ita fabulam Tiestis veram adimplens *add.* 2. 2* Petro episcopo Tolose (154) et *add.* 2. 3* Tercioque acies adversarias irrumpens 2. 4* In hac enim frivola refertur pagina, in diebus Pipini regis Aquitaniæ quemdam Felicem detulisse ab Alexandria per mare in Aquitaniam caput sancti Johannis Baptistæ. Et tunc temporis Alexandrie præfuisse Theophilum archiepiscopum, cujus Lucas in principio actuum apostolorum meminit dicens: *Primum quidem sermonem feci de omnibus, o Theophile;* et peractum esse prælium in Alniensi pago inter Pipinum regem et Walados; ipsumque caput super quosdam interfectos satellites suos impositum a rege, et eos mox resuscitatos esse. *add.* 2. 5* Legimus in Aquitanorum legimus [168], primo inventum [169] caput sancti precursoris a duobus monachis per revelationem in eo quo ventum est; deinceps autem a Theodosio imperatore delatum in civitatem regiam Constantinopolim, ibidemque venerari. Itaque ut ad propositum redeamus *add.* 2. 6* Francorum Rotbertus, rex Navarre Sancius, omnesque dignitates eorum confluxere 2. 7* gabata 2. 8* odoscericis et auro textis *add.* 2. 9* per Pictavis *add.* 2. 10* diem festum agentes *add.* 2. 11* ante caput sancti Johannis 2. 12* festive more *add.* 2.

VARIÆ LECTIONES.

[162] frustra 1. [163] techaxasea 1. [164] piramedis *corr.* piramidis 1. [165] pater 1. [166] Pertractis 1. [167] popularis 1. [168] *ita c. legendis ed.* [169] iuetu *c.*

NOTÆ.

(152) Anno 1010 vulgo statuitur, quod falsum puto.
(153) Cf. Acta SS. Jun. IV, p. 754 sqq., ubi historia fabulosa p. 757 edita est.
(154) Qui an hoc anno præfuerit, non constat.

quinto die ante festivitatem Omnium Sanctorum A reversi sunt. — Ea tempestate sanctus Leonardus confessor in Lemovicino, et sanctus Antoninus martyr in Cadurcino miraculis coruscabant, et undique populi eo confluebant. Et gloriosus dux recogitans Dei honorem, accito Odilone sanctissimo Cluniacensi [170] abbate, in sancti Johannis monasterio regularem renovavit districtionem, ubi Odilo abbatem Rainaldum disposuit, defuncto 1* Alduino abbate. Et Rainaldo 2* spiritum reddente, Aimiricum pro eo domnus Odilo patrem præposuit (circa an. 1020). Item dum reliquiæ sancti Eparchii procederent ad sanctum præcursorem, delatus est pariter baculus ejusdem confessoris. Est ipse baculus pastoralis in summitate curvatus, ad cujus similitudinem super reliquias ejusdem sancti oris nocturnis usque sole oriente resplenduit in cœlo igneus 3* baculus, quoad ventum est ad caput sancti Johannis, et miraculis a [171] sancto Eparchio super infirmos sanatos peractis, cum leticia regressum est. Canonicis etiam sancti Petri sedis Egolismensis procedentibus cum reliquiis, cum subvectores earum, induti sacris tunicis, per profundum fluvium pertransissent, non senserunt aquam, sed acsi [172] per aridam ambulassent, nullum signum aquæ super eos nec super vestimenta vel calciamenta eorum apparuit 4*. Contigit homines sancti Johannis et Willelmi ducis in [173] Angeriaco vico tumultuari, et vulneratus est præpositus ducis ad mortem, et aula ejus ibi diruta. Tunc a primatibus malivolis, et precipue a Fulcone comite, qui tunc in servitio ducis Pictavis erat, tempore quadragesimæ suadebatur ei destruere locum sancti Johannis, et inde monachos ejicere, canonicos 5* inmittere. Et licet serenissimus princeps furore gravi commotus esset pro injuria sua, tamen suam iram et impiorum consilia vicit, et regali more cum ratione prudenti causam pacificavit. Semperque fuit servorum Dei defensor, et Deus ei in omnibus adjutor 6*. Tunc casu civitas Pictavis combusta est, et dux sedem sancti Petri ceterasque ecclesias suumque palatium majori decore [174] ampliavit.

57. Post mortem denique supradicti episcopi Giraldi (an. 1020) decertabant principes Lemovicenses pro episcopatu, cum Simoniaca heresi pontificatum vindicare conati. Tunc populus urbis letanias cum monachis et canonicis propter hoc peregit, et dux prudentissimus cum consiliario suo Willelmo comite Egolismensi apud Sanctum Junianum placitum habuit ex hac causa (an. 1021, Jan.). Adfuit ibi Wido vicecomes et omnes principes Lemovicinorum. Ibi Dei nutu elegit in episcopatus honore Jordanum prepositum ecclesiæ sancti Leonardi, magnæ nobilitatis et simplicitatis virum. Surgens mane dux a monasterio sancti Juniani, cum duobus episcopis Islone et Isimberto et multitudine principum, devenit ad urbem circa horam sextam. Cui obviam B processit omnis civitas gaudens, et mox properat ad basilicam regalem (155), receptus a monachis 7* cum textu sanctorum evangeliorum et timiamatherio 8*, sicut semper ab eis dux solet excipi. Inde ad tumulum sancti Marcialis missam audivit; et juxta monasterium eo die regaliter hospitatus est. Crastino barbam electo benedici jubet et detondi, et sic ad sedem sancti Marcialis in aula sancti Stephani Jordanum deduxit, et cum baculo pastorali ibi eum gratis honore pontificali vestivit; eratque finis Januarii mensis, et reversus est Pictavis. Quadragesima superveniente dux Romam abiens, filio suo, prudentissimo adolescenti, Willelmo imperavit [171], ut revertens ordinatum reperiret episcopum. Quod ille adimplere curavit, et media quadragesima 9* C Angeriaco ante caput sancti Johannis 10* consecratus est episcopus ab Islone episcopo 11* et Roone (156) atque Arnaldo necnon et Isimberto episcopis, et a clarissimæ indolis Willelmo comite et Arnaldo Petragoricensi episcopo Lemovicam deductus, intronizatus est in sede sancti Marcialis (an. 1021). Archiepiscopus vero Bituricensis Gauzlenus, ad cujus diocesim Lemovica pertinet 12*, quia sine sua auctoritate consecratus est episcopus 13*, totum Lemovicinum excommunicavit, præter locum sancti Marcialis et quæ propriæ ad eum pertinebant, ipsumque prohibuit ab officio suo episcopum. Qui 14*

1* nuper add. 2. 2* post aliquot annos add. 2. 3* ignea virga, curvata nihilhominus in fastigio 2. 4* 2. hoc loco add.: Interea caput — retinetur quæ infra c. 58. leguntur. Tunc vero pergit: Piramis antem saxea supervestita est ex tabulis ligneis deargentatis undique, ex oblatione copiosi argenti [176], quod rex Navarræ Sancius obtulit beato præcursori. Quodam vero tempore postquam hæc acta sunt contigit. 5* monachorum senatum ejicere et canonicorum feritatem ibidem immittere 2. 6* 2. hoc loco add.: His temporibus cometes — devoravit quæ infra c. 58. occurrunt. 7* vestibus albis et cappis olosiricis amictis add. 2. 8* candelabris quoque et aqua benedicta add. 2. 9* sabbato medie quadragesime 2. 10* diaconus et presbyter ordinatus est, et crastina dominica add. 2. 11* archiepiscopo Burdegalensi 2. 12* quia pecuniam requirebat pro impositione manuum, contemptus est et add. 2. 13* facta sinodo in Francia coram rege Rotberto, ubi septem archiepiscopi adfuerunt. die pentecostes cum sufraganeis episcopis add. 2. 14* cum racionem reddere posset et sese purgare [177] a culpa, si vellet, coram papa Romano [178], scilicet contempsisse archiepiscopum proprium causa Simoniaca, tamen add. 2.

VARIÆ LECTIONES.

[170] cluniacensis 1. [171] ad 1. [172] axi 1. [173] in — mortem des. 2. [174] decorem 1. [175] imperavi 1. [176] argē c. [177] sesse pugnare c. [178] romana c.

NOTÆ.

(155) Sic sancti Martialis ecclesiam appellat; cf. Ann. Lem. a. 1017, Mon. SS. II, p. 252.

(156) Engolismensi.

satisfaciens, nudis pedibus, cum centum clericis et monachis, omnibus similiter pedibus nudis, Bituricam sedem adiit, ubi archiepiscopus cum clero eis processit obviam, et cum honore eos deducens, quod ligaverat absolvit (an. 1022).

58. Interea 1* caput sancti Johannis, postquam satis ostensum est populis, reservatum est jussu Willelmi ducis, et reconditum in piramide pristina, ubi interius timiamatherio argenteo quod pendet catenulis, inclusum retinetur. His temporibus cometes velut ensis latior et longior contra septentrionem apparuit, pluribus aestivis noctibus, et per Galliam et Italiam e vestigio civitates, castella et monasteria igne cremata sunt plura; inter, quae Carrofum casu flamma conbustum est cum basilica Salvatoris. Ecclesiam quoque sanctae Crucis sedis Aurelianis et monasterium sancti Benedicti Floriacum et alia multa flamma devoravit. Dux quoque Willelmus, semper cogitans Dei voluntatem, regularem disciplinam restauravit in Sancto Carrofo (an. 1014?), ejecto Petro abbate potentissimo 2*, qui per Simoniacam heresim praelationem optinuerat et saeculariter 3* locum administrabat, et subrogato Gunbaldo regulari et Dei servo, abbate sancti Savini 4*.

59. Eo tempore (an. 1022) 10 ex canonicis sanctae Crucis Aurelianis, qui videbantur esse religiosiores aliis, probati sunt esse Manichei (157). Quos rex Rotberlus, cum nollent 5* ad fidem reverti, primo a gradu sacerdotii deponi, deinde ab aecclesia eliminari, et demum igne cremari jussit. Nam ipsi decepti a quodam rustico 6*, qui se dicebat facere virtutes, et pulverem ex mortuis pueris secum ferebat, de quo si quem posset communicare, mox Manicheum faciebat, adorabant diabolum, qui primo eis in Aetyopis, deinde angeli lucis figuratione apparebat, et eis multum cotidie argentum deferebat. Cujus verbis obedientes, penitus Christum latenter respuerant, et abhominationes et crimina, quae dici etiam flagitium est, in occulto exercebant, et in aperto christianos veros se fallebant. Nihilominus apud Tolosam inventi sunt Manichei, et ipsi destru-

cti, et per diversas Occidentis partes nuntii antichristi exorti, per latibula sese occultare curabant, et quoscumque poterant viros et mulieres subvertebant. Quidam etiam Aurelianis 7* canonicus cantor, nomine Theobaldus, qui mortuus erat ante triennium in illa haeresi; ut perhibebant probati viri [179], religiosus visus fuerat 8*. Cujus corpus, postquam probatum est, ejectum est de cimiterio, jubente episcopo Odolrico, et projectum invium. Qui autem flammis judicati sunt supradicti decem cum Lisoio (158), quem rex valde dilexerat propter sanctitatem, quam eum habere credebat, securi nihil ignem timebant, et a flammis se inlesos exire promittebant, et ridentes in medio ignis ligati sunt, et sine mora penitus in cinerem redacti sunt, ut nec de ossibus residuum inveniretur eorum 9*.

60. Quo tempore (an. 1021) Aimiricus princeps Ronconiensis [180] contra seniorem suum Willelmum comitem Egolismae, dum ipse Willelmus Romae esset, castrum Fractabotum in Sanctonico extruxit per dies resurrectionis. Promiserat ei fidelitatem super reliquias sanctorum calciamentorum 10* sancti Eparchii. Et quia perjurus contra ipsum fuit, post paucos dies a Josfredo, filio comitis supradicti, obviante ferro confossus, animam sine mora reliquit. Comes vero Willelmus cum Alduino filio castrum diu obsedit, et fortiter expugnatum capiens destruxit, et post multum tempus iterum reedificavit, et filio suo Josfredo commendavit. Guillelmus vero vicecomes Martiliacensis (159) et frater ejus Odolricus gravi discordia decertabant cum Alduino fratre eorum propter castrum Rofiacum multo tempore. Unde factum est, ut a Willelmo comite inter se pacificarentur, et pacem ipsam pactumque conditionis super corpus sancti Eparchii eidem jurarent. Quod inter se mentiti et perjurio rei, alter excecatus est, alii duo honore omni privati sunt. Nam Willelmus et Odolricus dolo ad se evocatum Alduinum prima ebdomada paschae in traditione, postquam cum eis coenaverat et in eorum hospitio dormierat, antequam a lecto surgeret, capiunt, et linguam ei amputant, et occulos effodiunt, et ita Rofiacum recuperant.

1* Interea—devoravit hoc loco desunt 2.; cf. c. 69-70, n. 4*, 6*. 2* seculari add. 2. 3* et insipide add. 2. 4* recta fecit, que placebant in oculis Domini. Ejectus vero Petrus, ad Sanctum Angelum Lemovicino monasterio mansit percussus paralisi longissima usque ad mortem. add. 2. 5* alicatenus add. 2. 6* Petragoricensi [181] add. 2. 7* sancte Crucis Aurelianensis 2. 8* peribebant heretici ipsi 2. 9* his diebus quidam e principibus Egolismensium Gardrada, cum non filium haberet, aedificavit in Sanctonicho pago a novo in honore sancti Stephani protomartyris coenobium Baciacense (161), ubi regulares monachos adgregans, venerabilem Ainardum abbatem praefecit [182]. Dedicavit ipsum locum Grimoardus Egolismensis (an. 1014?), et frater ejus Islo Sanctonicensis episcopus. Quem locum Gardadre, facto testamento, attitulavit Romanae basilicae sancti Petri, ut omnibus semper annis tributum quinque solidorum argenti exsolvatur super corpus sancti Petri. add. 2. 10* sanctarum caligarum 2. G. epp. Eng.

VARIAE LECTIONES.

[179] vivi 1.   [180] roncomensis 1.   [181] petragoricumsi c.   [182] perfecit c.

NOTAE.

(157) Cf. Glaber Rod. III. 8
(158) Cf. Gesta synodi Aurel. Bouquet X, p. 537.

(159) Cf. c. 20, n...

Regressus itaque Roma Willelmus comes, tantam impietatem vindicare decrevit. Et accito duce Willelmo, Martiliacum obsedit; desolavit igne comburens, et traditoribus vitam et membra concessit, sed eos omni honore privavit, et Alduino caecitate multato Rofiacum concessit. Et post aliquot annos, jubente eodem comite, Alduinus filius ejus Martiliacum reedificavit, et ad suum opus retinuit. Idem quoque Alduinus, jubente patre, Montiniacum castrum a novo extruxit.

61. Quo tempore (an. 1025) duo monachi sancti Marcialis ex primoribus, valde religione conspicui, sanctitate praeclari, sapientia fulgidi 1*, qui se invicem prae omnibus diligebant, et omne monasterium duae columnae sustinebant, et velut duo candelabra irradiabant, et juxta se ad mensam sedebant, Rotgerius cantor et Aldebertus armarius 2*, in die sancto Paschae ambo per visum viderunt se vocari a Christo, et ipsa ebdomada laudabiliter finem vitae acceperunt 3*. Tercius monachus sanctitate probabilis 4*, et mox abbas Ugo, dilectione Dei fortissimus, eos ad coelestia subsecuti sunt, et succedit Odolricus abbas prudentissimus, quem consecravit Jordanus episcopus.

62. Quibus diebus (an. 1025), mense Januario (160), circa horam sextam eclipsis solis accidit per unam horam; luna quoque frequentius laborem passa est, nunc sanguinea, nunc cerulea, nunc deficiens; duae quoque stellae visae sunt in austro, in signo leonis, inter se pugnare per totum autumnum, major et clarior ab oriente, minor ab occidente. Currebat minor quasi irascens et timens usque ad majorem, quae ad se non sinebat eam proximare, sed crine radiorum longius percussam repellebat occidentem versus. Tempore subsequuti defunctus est Benedictus papa (an. 1024), cui succedit Johannes. Clausit diem Basilius imperator Graecorum (an. 1025), imperavit pro eo Constantinus frater ejus. Excessit hominem Arbertus episcopus Coloniae, miraculis post mortem clarescens. Eenricus quoque imperator mortuus est sine filiis (an. 1024), et sacra imperialia moriens reliquit consanguineo 5* suo juniori Conrado. Qui paulo post ad extrema perductus, Cononi fortissimo et prudentissimo principi sceptrum et coronam et lanceam sacram commendavit, eo tenore ut si viveret haec redderet, si moreretur haberet ipse imperium. Quod Dei voluntate actum est. Evasit enim languorem, sed privatus est imperio. Nam Conon, suadente papa Romano 6* et omnibus episcopis et proceribus regni, quia justitiae libram premonstrabat, imperium assumpsit. Junior 7* vero, qui ei occasionem imperandi prebuerat, civili discidio contra eum agere coepit, sed Conon 8* superior extitit. Haec videbantur indicio stellarum majoris et minoris significari. Langobardi vero fine imperatoris gavisi, destruunt palatium imperiale, quod erat Papiae. Et jugum imperatorium a se excutere volentes, venerunt multi nobiliores eorum Pictavam urbem ad Willelmum ducem Aquitanorum, et eum super se regem constituere cupiebant. Qui prudenter cavens, cum Willelmo comite Egolismae Langobardorum fines penetravit (161), et diu placitum tenens cum ducibus Italiae, nec in eis fidem [183] reperiens, laudem et honorem eorum pro nihilo duxit. In revertendo sane nunciatur [184] ei, Widonem vicecomitem obisse. Et intercedente Willelmo comite Egolismensi, praefecit Lemovicae vicecomitem Ademarum in loco defuncti patris sui.

1* sacerdocio sublimati add. 2.   2* cantor inclite generositatis, frater decani gloriosi Ada.,perti, armarius 2.   3* correpti brevi [185] et acri langore add. 2.   4* Fulcherius add. 2.   5* reliquit fratri suo Bruno episcopo urbis Osburc, et archiepiscopo Coloniae, necnon et archiepiscopo Mogontiae, ut ipsi eligerent...... antes [186] post se imperatorem. Qui episcopi, adunato regno, indixerunt letanias et [187] jejunia ad Dominum pro hac causa. Tunc populi elegerunt Cononem nepotem Eenrici imperatoris defuncti. Episcopi vero saniori consilio elegerunt alterum Cononem [188], qui neptem Eenrici in conjugium habebat, pro eo quod esset fortis animo et rectissimus in judicio. Quem ordinaverunt consecrationis oleo in regali gradu apud [189] Mogonciam civitatem, et tradiderunt ei septrum et coronam et lanceam sancti Maurici. Adveniente vero pascha Romam cum innumero exercitu tendit, et quia Romani cives noluerunt ei aperire, nec ad effectum pervenisset sine plurimo hominum sanguine fuso erat, noluit Conon imperator paschalem festivitatem cruore humano perfundi, et hac de re Ravenne sese continuit. Ibi (162) domnus papa attulit ei coronam imperii, et eum die sancto Pasche (an. 1027) in imperio Romanorum manibus suis coronavit. Alio vero anno in ipso sancto Paschae die Aquisgrani filium suum domnus Conon [190] imperator consecrare jussit in regem. Eratque idem consecratus rex aetate pauculus [191], nomine Enricus (an. 1028). Ibi interfuerunt tam de Italia quam de Gallia 77 episcopi. Et ita domnus Conon, suadente 2.   6* Johanne add. 2.   7* Junior autem Conon [192] qui judicio titubantis populi electus fuerat civili 2.   8* imperator valuit in tantum, ut eum vivum caperet et in custodia quantum sibi visum fuit retineret. Hec profecto 2.

VARIAE LECTIONES.

[183] *ita* 2 *finem corr.* fidem 1.   [184] *nuncietur* 1.   [185] *brevu c*.   [186] *vocabutum jam haua tegibile c*.... *creantes?*   [187] *et jejuni legi non possunt c*.   [188] *conone c*.   [189] *op c*.   [190] *conomi c*.   [191] *pauciuilus c*.   [192] *quo non c*.

NOTAE.

(160) Die 24 Jan. Eodem mense die 9 eclipsis lunae fuit.

(161) Cf. Fulberti epistolae 118-126.
(622) Interpolatorem plures errores commisisse patet.

63. Per hæc tempora (an. 1022) Arveus (163), sanctitate insignis, thesaurarius sancti Martini Turonis [193], obiit in Christo, sepultus in atrio basilicæ mediæ ad pedes crucifixi. Hic Turonis a novo construxit oratorium in honore genetricis Dei, ubi sanctimonialium congregationem sub regulæ magisterio Deo servire constituit.

64. Tunc temporis comes Andegavensis Folco, cum manifeste superare nequiret Arbertum Cenomannis comitem 1*, dolo acciit eum in capitolium Sanctonæ urbis, quasi in beneficio urbem ipsam ei concederet. Et incautum et nihil mali suspicantem, inclusum capitolio, nefanda eum cepit traditione, primæ ebdomadæ quadragesimæ secundo die. Uxor vero ejus uxorem Arberti dolo temptavit capere ipso die, antequam virum captum audiret 2*; sed ad eam quidam anticipavit prodere cautelam. Ideo Folco uxorem Arberti et principes timens, non est ausus eum interficere, sed biennio carceratum diligentissime custodivit, et a manibus ejus Dominus innocentem eripuit. Quo 3* tempore (an. 1026) gloriosissimus Ricardus Rotomagensis comes obiit, sepultus apud Fescanum cœnobium, in basilica sanctæ Trinitatis. Et succedit pro eo Ricardus filius ejus, et ipse non longo post tempore veneno extinctus est (an. 1028) succeditque pro eo Rotbertus frater ejus.

65. Eo tempore (an. 1026) Willelmus Egolismensis comes per Bajoariam iter egit ad sepulchrum Domini (164). Comitati sunt eum Odo Bituricus, princeps Dolensis, Ricardus abbas Verdunensis, Ricardus abbas sancti Eparchii Egolismensis, et princeps ejus et consiliarius ejus Giraldus Fanésinus, et Amalfredus postea abbas, et magna caterva nobilium. Stephanus rex Ungriæ cum omni honore eum suscepit et muneribus ditavit. Cœpit iter agere mensis Octobris primo die (an. 1026), et pervenit in sanctam civitatem prima ebdomada mensis Marcii (an. 1027), reversusque est tercia ebdomada mensis Junii ad propria. Divertit per Lemovicam revertens, ubi omnis multitudo monachorum sancti Martialis splendore festivo obviam exeuntes exceperunt eum. At ubi rumor adventus ejus Egolismam pervenit, omnes principes non solum Egolismensium sed etiam Petragoricensium et Sanctonum, omnisque ætas et sexus ad eum occurrit gaudio perfusa, eum cernere desiderans. Clerus vero monasticus sancti Eparchii in vestibus albis diversisque ornamentis cum magna multitudine populi et clericorum sive canonicorum gaudens processit obviam ei extra civitatem miliario uno cum laudibus et antiphonis. Et omnes in excelsum vociferantes : Te Deum laudamus, deduxerunt eum, ut moris est. Tunc Amalfredum monachum, qui cum eo fuerat, elegit abbatem ex basilica beati Eparchii. Nam abbas Ricardus Solombria (165) civitate Greciæ citra Constantinopolim in eundo obierat, et ibi sepultus est vigilia epifaniorum. Ordinavit supradictum abbatem Roo episcopus, ubi ipse omnes et abbas sancti Martialis Odolricus, stipatus dignitate monachorum, et abbates vicini et maxima nobilitas principum presentes adfuerunt.

66. Eodem vero anno correptus est languore corporis idem comes usque ad mortem. Quo anno Sanctonas urbs 4* ab impiis christianis concremata est cum ipsa basilica sancti Petri sedis episcopalis 5*, et diu permansit desertus ipse locus a divino cultu. Et hanc injuriam Dei comes supradictus vindicare volens, paulatim cœpit viribus corporis destitui, et in urbe Egolisma secus æcclesiam sancti Andreæ propter offitium divinum jubet sibi domum preparare, in qua ægrotans decumbere cœpit (an. 1028). Ubi incessanter e diversis partibus cuncti principes et nobiles eum visitabant. Cumque dicerent nonnulli, maleficis artibus eum ægrotare — solebat enim robusto et sano corpore vigere — tunc vero nec more senum nec more juvenum corpore fatesceret, detecta est quædam malefica mulier artes maleficas contra eum exercuïsse. Quæ cum non confiteretur, juditio Dei commissum est, ut quod verum latebat eventu victoriæ inter duos campiones probaretur. Factis ergo sacramentis, decertaverunt

1* filium Ugonis add. 2. 2* antequam audiretur inter ipsos traditio Arberti 2. 3* Quo tempore — principum presentes adfuerunt desunt 2. 4* quod dici dolor est add. 2. 5* Sequentibus omissis, pergit 2 : Permansit Stephanus vero, et exiliens corpore inlesus, eadem ora venit currens pedibus gratias Deo referre ad tumulum beati Eparchii, ubi nocte præterita pervigil excubaverat, et deinde equitans reversus est in civitatem, ut reficeret. Malefica vero, multis tormentis ignorante comite mox excruciata [194], nec sic confessa est, et a diabolo corde obturato, nullum verbum vel vocem ex ore proferebat, a tribus vero tantum mulieribus, que cum ea interfuerunt his maleficiis, convicta est testimoniis, quasdamque fantasticas ex limo [195] imagines desubtus terra eedem [196] mulieres extraxerunt coram omnibus, jam putrefactas [197] diuturnitate. Comes ergo pepercit [198] malefice mulieri, nec sivit eam tormentari ulterius, et vitam ei concessit. Narrat Hieronymus in exposicione Danielis quæ etiam in Gestis epp. Engol. c. 25 leguntur. Hæc in sequentibus quoaue cum 2 conveniunt sed multa plura continent additamenta.

VARIÆ LECTIONES.

[193] Turonis — hic desunt 2 ubi pro Turonis etiam furoris legitur. [194] eecruciata c. [195] lino Gesta epp. Eng. c. 25. [196] cedem c. [197] putrefacta c. [198] pepersit c.

NOTÆ.

(163) Cf. Glaber Rod. III, 4.
(164) Gesta epp. Engol. c. 25 add. : Nam ante eum per illas partes nullus præterierat, quippe quia novella adhuc Christianitas per Ungriam et Sclavoniam erat.
(165) Selembria.

inter se diu multumque missus comitis Stephanus et defensor maleficæ Willelmus. Stephanus victor sine dampno sui corporis fuit; alter capite quassato, sanguine coopertus, ab hora tercia usque nonam in pedibus stans, victus semivivus in manibus deportatus, longo [199] tempore lecto decubuit. Nec sic malefica confessa est, a tribus tamen mulieribus, quæ his maleficiis cum ea interfuerunt, testimoniis convicta est. Narrat Hieronymus, Anthiocum [200] Epifanen fantasiis maleficorum versum in amentiam, et quibusdam erroribus oppressum morbo interisse. Nec 1* mirum, si Deus permittit, christianum prestigiis maleficorum corpore ægrotare, cum beatum Job sciamus a diabolo percussum gravi ulcere, et Paulum ab angelo sathanæ colaphizatum, nec timenda sit corporis perituri ægrotatio, graviorque sit animarum quam corporum percussio. Comes ergo pepercit maleficæ mulieri nec sinit eam tormentari. Ab episcopis vero et abbatibus penitenciam accipiens idem Willelmus comes, omniaque sua disponens, et inter filios suos et conjugem suam nominatim, prout sibi visum est, honorem suum ordinans, reconciliatus et absolutus est, et toto quadragesimæ tempore missas et cultum [201] Dei frequentavit, quousque prima ebdomada majori ante pascha oleo sancto et viatico muniretur, et ligno [202] crucis adorato et deosculato, in manibus episcopi Roonis et sacerdotum spiritum laudabili fine et memoria Deo redderet [203] (an. 1028, Apr. 6). Per biduum observatum est corpus ejus a clericis et monachis in basilica sedis Petri apostoli. Planctu 2* tota civitas repleta est. Dominica sancta (Apr. 7) osanna cum ramis et floribus delatum est corpus ad basilicam beati Eparchii, et sepultum ibi ante altare sancti Dionisii. Sepelierunt cum duo episcopi, Roo Egolismensis et Arnaldus Petragoricensis. Ad caput ejus jussit filius ejus Alduinus poni tabulam plumbeam ita scriptam: *Hic jacet domnus et amabilis Willelmus comes Egolismæ, qui ipso anno, quo venit de Hierusalem, obiit in pace 8 Idus Aprilis, vigilia osanna, 1028 anno ab incarnatione, et tota sua progenies jacet in loco sancti Eparchii* 3*. Itaque post sepulturam ejus processerunt episcopi cum clero et populo ad sanctam processionem dominicam, et stationem 4* peregerunt. Successit pro Willelmo Illi duinus filius ejus in principatu Egolismæ, et præclarum læticiæ signum in initio principatus ejus ostensum est, cum de dolore sepulturæ transiit populus ad lætitiam, obviam Domino exclamans: *Osanna in excelsis; benedictum regnum patris nostri David*, preferens manibus victoriæ palmas, ramos securitatis et flores suavitatis. Optulit supradictus Willelmus pro sepultura sua sancto Eparchio diversa et preciosa munera 5*, auro et argento multo, et curpivit [204] Vasnacum Boscum, et laxavit (166) duo candelabra argentea pensantia trecentos solidos, et laxavit unam crucem auream cum gemmis processionalem.

67. Crastina vero [205] post sepulturam ejus die Blavia castrum dolo subtractum est comiti Alduino a Josfredo fratre ejus. Mox 6* comes Ilduinus cum virtute militari illuc tendit, et cito ipsum castrum capiens in deditionem accepit, et missa illic custodia militum, Egolismam regreditur ad celebrandum pascha. Quo regresso, frater ejus Josfredus per dies fortissimos parasceve et sepulturæ et paschæ contra Blaviam extruxit aliud novum castellum. Hoc comperto, Ilduinus nequaquam prætermisit opus Dei, sed cum magna gloria et læticia sanctum pascha celebravit (April. 14). Et post diem tercium festivitatis, commoto electo exercitu, ad bellum committendum exiit; audiverat enim fratrem suum velle cum eo confligi et exercitum adgregari. Itaque castrum noviter munitum obsedit 7*, et prelium præstolatur feroci corde. Sed nequaquam frater ejus præsumsit eum lacescere [206] ad pugnam, videns robustam eum habere manum; et 8* post dies octo, expugnato et capto castro, supplex venit ad eum, cui protinus comes Ilduinus ignovit et pacem consensit, et facti sunt amici. Et tunc in beneficio tres partes Blaviæ comes concessit fratri suo Josfredo, quartam sibi retinuit, et conditionibus congruis pacificati sunt amore præcipuo 9*.

1* Nec — tormentari desunt 2, ubi ultima tamen supra leguntur; cf. n. 2*. 2* Planctu l. c. r. est de sunt 2, leguntur in Gestis epp. Engol., ubi etiam additur: multitudo nobilium et turbarum undique flens advenit. 3* Interea jussu Alduini flammis exuste sunt malefice mulieres extra urbem. Postquam vero comes sepultus est, mox processerunt 2. G. epp. Eng. 4* sollemniter add. 2. 5* tam in terris quam in filiis [207], auro et argento multo aliisque rebus. Inter cetera [208] donaria obtulit crucem auream cum gemmis preciosis pensantem libras septem, candelabra argentea Sarrasenisca [209] fabrefacta pensantia [210] libras quindecim, 2. G. epp. Eng., quæ etiam add.: totam silvam de Veniaco, quæ antiquitus in dominio sancti Eparchii fuerat, sed demum propter abalienata illi erat ab antecessoribus comitibus. 6* Mox comes — exercitum adgregari desunt 2. 7* ilico add. 2. 8* et post — sunt amici desunt 2. 9* Tunc Josfredus filium [211] suum commendavit in manibus fratri suo Alduino comiti propter castra duo, quæ sunt in Sanctonico, scilicet Archiacum et Botamvillam, quæ semper adtinent ad comitem [212] Egolismensem [213] add. 2. G. epp. Eng.

VARIÆ LECTIONES.

[199] longuo 1. [200] anthiocum *eraso* h 1. [201] cultu 1. [202] lignum 1. [203] reddere 1. [204] *fort. legendum*: guerpivit. [205] u. die p. s. e. die 1. [206] lasescere 1. [207] silvis G. epp. Eng. [208] ca c. [209] sarravita G. epp. Eng. [210] pensancie c. [211] filiu c. [212] comitatum G. epp. Eng. [213] egimensem c.

NOTÆ.

(166) Id est dimisit, tradidit, a laxare, *laisser*.

68. Qua tempestate Odolricus, sancti Marcialis abbas vigilantissimæ honestatis, Egolismam venit ad Ilduinum comitem. Ipse vero tunc donavit sancto Marciali æcclesiam sanctæ Mariæ in territorio Burdegalensi cum insula magna Dornoniæ (167), in qua est sita; et est ipsa insula vel æcclesia uno plus miliario a castro Fronciaco, quod erat in dominio proprietatis supradicti comitis cum omnibus in circuitu terris et castellis. Quam possessionem retinebat ex jure hæreditario uxoris suæ nobilissimæ, comitissæ Alaiziæ. Pater vero ejus Willelmus reversus a Hierosolimis, multis principibus 1* bonum fuit exemplum. Confestim enim Isimbertus episcopus Pictavinus, et Jordanus episcopus Lemovicus, et comes Fulco, pluresque primatum 2* Hierosolimam tendunt.

69. His diebus concilium adgregavit episcoporum et abbatum dux Willelmus apud Sanctum Carrofum, propter extinguendas hæreses, quæ vulgo a Manicheis disseminabantur. Ibi adfuerunt omnes Aquitaniæ principes, quibus precepit pacem firmare et æcclesiam Dei catholicam venerari. Siguino vero Burdegalensi defuncto archiepiscopo (*circa an.* 1020), et Acio post eum ordinato, et non longe post vita privato, dux Aquitaniæ Willelmus et dux Wasconiæ Sancius, adgregato conventu apud Blaviam (*circa an.* 1027), constituerunt archiepiscopum Gotefridum, natione [214] Francum, moribus honestum. Qui ibidem 3* consecratus est a suffraganeis [215] episcopis 4*.

70. Rex quoque Navarræ Sancius, adhibitis secum Wasconibus, super Sarracenos exercitum duxit, et devastata Hispania, cum multis spoliis et magno triumpho remeavit (*an.* 1027). Ipso denique anno rex Gallitianus Adefonsus Sarracenos populatus est magna infestatione, et quadam Hispaniæ civitate per obsidionem pene 5* sese tradente ei, dum ipse, armis depositis, furentes extrinsecus christianos a certamine sedaret hostium, ab adversariis, quibus parcere deliberavit, ictu sagittæ foris muros vulneratus interiit, et sic exercitus ejus dolore non sine magno regreditur, lugens principem suum 6*.

1* nobilibus, mediocribus et pauperibus 2. *Gesta epp. Eng.* 2* et infinita multitudo mediocrium et pauperum ac divitum *add.* 2. *G. epp. Eng.* 3* apud Sanctum Romanum *add.* 2. 4* Nam Hislo episcopus [216] Sanctonicensis, qui archiepiscopatum ipsum susceperat vivente et rogante Atio paralisi damnato, sponte [217] dereliquid secundum canonum instituta *add.* 2. 5* deest 2. 6* fortissimum *add.* 2.

VARIÆ LECTIONES.

[214] natione 1. [215] suffraneis 1. [216] epis scesconioscis *c.* [217] spontie 1.

NOTÆ.

(167) Dordogne.

COMMEMORATIO
ABBATUM LEMOVICENSIUM

BASILICÆ S. MARTIALIS APOSTOLI,

Auctore Ademaro monacho S. Cibardi.

(Apud Labbeum, *Bibliotheca nova mss.* II, 271.)

Anno 848 ab incarnatione Domini, indictione XI pridie Kalendas Aprilis, temporibus regum Lotharii et Caroli Calvi, nono anno post mortem Ludovici imperatoris, filii Caroli Magni imperatoris et prælium Fontaneticum, mutatus est canonicalis habitus in monasticum in basilica Salvatoris mundi et Martialis ejus apostoli Lemovica civitate.

Hoc Ainardus abbas ipsius loci non invitus, sed voluntarius cum ipsis canonicis, Deo inspirante, egit, et tam ipse quam omnes canonici ejus semetipsos in eodem loco monachos fecerunt et noluerunt ex semitipsis abbatem constituere, sed regularem abbatem sancti Savini nomine Dodonem sibi abbatem elegerunt, et perfecte regulares exstiterunt.

Primus itaque abbas hujus loci ex monacho fuit idem Dodo, et præfuit tribus annis.

Secundus abbas Abbo præfuit annis XI, cujus anno quinto Carolus Calvus in regem Lemovicas unctus est a Radulfo Bituricensi archiepiscopo, et Stodilo Lemovicensi episcopo, et aliis Franciæ et Aquitaniæ et Italiæ et Burgundiæ multis archiepiscopis et episcopis. Hoc anno cœnobium Bello-locum a Rodulfo archiepiscopo fundatum et consecratum, et S. Geraldus Auriliacensis natus est. Obiit Abbo xiv Kalend. Junii.

Tertius abbas præfuit Benedictus annis xv. Hujus præsulatu Normanni cœperunt se primum (168) effundere in Franciam et Aquitaniam; obiit xiv Kalendas Februarii. Stodilo episcopo succedit Aldo episcopus et obiit Nonis Octobris, sepultus in basilica Salvatoris Lemovicæ. Post eum Geilo episcopus exstitit, qui obiit iv Idus Julii. Post eum Anselmus episcopatum tenuit.

Quartus abbas præfuit Gonsindus annis xviii. Hujus secundo anno Carolus Calvus imperator obiit et filius ejus Ludovicus Balbus regnum suscepit. Hic tribus annis postquam regnasset obiit et filius ejus Carolus regnum suscepit (169), cui Odo rex regnum abstulit et pro eo regnavit. Hunc abbatem non mitterem in catalogo, nisi fuisset monastico habitu indutus. Nam nimis corde sæcularis multas ecclesias et terras a basilica Martialis apostoli abstulit et sæcularibus potestatibus inutiliter concessit. Obiit vii Kal. Novembris.

Quintus abbas Fulbertus præfuit annis vi. Obiit ix Kalend. Februarii. Hujus anno quinto Odo rex obiit et Carlus Minor regnum recuperavit. Ipso anno Anselmus episcopus Lemovicensis obiit v Idus Februarii, sepultus in basilica Salvatoris juxta corpus supradicti Aldonis episcopi.

Sextus abbas Fulbertus præfuit annis xx. Hujus anno sexto sanctus Geraldus apud Auriliacum obiit tertio Idus Octobris, sepultus in monasterio Petri apostoli quod ipse ædificaverat. Hujus abbatis anno decimo nono obiit Guillelmus dux, comes Arvernis, qui Cluniacum cœnobium ædificavit (170). Idem abbas Fulbertus obiit Kalendis Februarii.

Septimus abbas Stephanus præfuit annis xvii, obiit xviii Kalend. Decembris. Hic composuit super altare Salvatoris ecclesiam ex auro et gemmis et argento quam vocant Muneram. Hic turres in castello S. Martialis duas fecit, unam contra Sentarios nomine Orgoletam, alteram contra Arenas nomine Fustiviam, præcipiente hoc, rege Carolo Minore ad repellendum Guillelmum ducem, Pictavinum comitem, et ex nomine suo ipsum castellum nominavit Stenopolim, quasi Stephani civitatem (171).

Octavus abbas Aimo præfuit annis sex. Obiit Nonis Maii. Hic amicitiam habuit cum S. Odone Cluniacensi abbate, cui jussit edere Vitam S. Geraldi. Hic Turpionem episcopum Lemovicensem, fratrem suum, summo amore excoluit et tertio post obitum ejus anno eidem S. Turpio episcopus obiit viii Kalendas Augusti. Ex cujus nepte Officia nomine, nati sunt Adalbertus decanus et Rotgerius patre Fulcherio in proprio jure hæreditario, quod vocatur Campanense juxta castellum Potentiam. Tertius quoque Raimundus junior natu germanus exstitit amborum, cujus ego Ademarus filius fui matre Hildegarde [sive Aldearde].

Post Aimonem abbatem vacavit abbatia xxxi annis sine pastore. Illum enim qui tot annis præfuit tantum non profuit, nolo in Catalogo abbatum ponere, cum injustum hoc sit. Nam habitu nequaquam monachali, sed canonicali, imo laicali per tot annos principatum loci tenuit solo nomine abbas. Qui vult ejus nomen scire, Aimericus vocatus est. Hujus anno x monasterium S. Martialis divino judicio igne crematum est. Hic omnem terram monasterii hujus et ecclesias tam parentibus suis quam cæteris sæcularibus potestatibus dare non timuit. Hic tertio die ante mortem suam habitum monachi induit, timens perjurium quod regi Hlothario in Francia firmaverat, quando a rege abbas constitutus est. Nam juravit regi se monachum fieri, sed derisor Dei usque ad mortem distulit, qui nisi scelus præsumptionis ejus deleret eum, nonus abbas scriberetur.

Nonus abbas Guigo præfuit annis xvii. Obiit Egolismæ tertio Kalendas Octobris, sepultus in basilica S. Eparchii ante altare sancti Sthaphani, quia et de ipso monasterio abbas erat. Hic Adalbertum supradictum constituit sibi decanum in basilica sancti Martialis. Hujus anno duodecimo rex Hlotharius Lemovicas venit, præcepitque abbati ut ædificaret muros castri; qui reversus in Franciam post paucos dies mortuus est, et progenies ejus deinceps regno privata est. Nam frater ejus Carolus in carcerem missus est ab Ugone duce, et ipse Ugo rex factus est, cujus filius Robertus, rex sapientissimus et piissimus, usque hodie vivit. Ipsius abbatis principatu crypta aurea Martialis apostoli media nocte igne est combusta, cadente candela una minus restincta inter multitudinem candelarum, et lapides pretiosissimi tunc ab igne corrupti sunt, et quidquid intra domum ipsam erat quod ardere poterat, flammis concrematum est, libri cremati, aurum et argentum liquefactum et intra quindecim dies cripta aurea cum gemmis a novo restaurata est a Josberto custode sepulcri monacho. Idem Josbertus iconem auream sancti Martialis apostoli fecit, sedentem super altare, et manu dextra populum benedicentem, sinistra librum tenentem Evangelii. Supradictum incendium in mense Junio accidit ante festivitatem sancti Martialis.

Decimus abbas Josfredus præfuit annis vii. Obiit v Idus Octobris. Hujus principatu plaga ignis super corpora Aquitanorum desæviit et mortui sunt plus quadraginta millia hominum ab eadem pestilentia. Ideo Josfredus abbas et episcopi Aquitaniæ adunati Lemovicas levaverunt corpus sancti Martialis apo-

---

(168) Imo potius secunda irruptione.
(169) Errat.
(170) Quod verissimum est quanquam reluctetur Beslius, scribatque auctorem hunc falsum fuisse, cum ipse et ex male intellecto Flodoardi loco erra-

verit, aliisque etiam eruditissimis viris causam errandi præbuerit.
(171) In Catalogo Gallico eorumdem sancti Martialis abbatum emendatius dicitur *Stephanopolis* et portæ dicuntur, non turres.

stoli et in montem Gaudii transtulerunt, et exinde pridie Nonas Decembris tumulo suo restituerunt, et cessavit pestilentia ignis. Hic de icona aurea loculum fecit aureum cum gemmis in quo vectum est corpus sancti Martialis. Hic duas cruces ex auro et gemmis fecit.

Undecimus abbas Adalbaldus præfuit annis ix. Hic regaliter basilicam S. Martialis recuperavit. Hujus principatu supradictus decanus Adalbertus, vir clarissimus, obiit xi Kalendas Maii. Juxta eum mortuus est Adalbaldus tertio mense, hoc est xi Kalendas Augusti.

Duodecimus abbas itidem Josfredus præfuit annis duodecim. Hic coronam auream cum gemmis pendentem ante corpus beati Martialis fecit. Hic a novo basilicam Salvatoris magnifico opere renovavit. Hujus tertio anno sepulcrum Domini Jesu Christi apud Hierosolymam confractum est a Saracenis et Judæis, et cæteræ ecclesiæ per ipsam provinciam : sola ecclesia Bethlehem, ubi natus est, confringi non potuit. Nam virtus Dei eam defendit, et Saracenos qui eam violare venerant, pessima morte omnes exstinxit : crepuerunt enim mox ventribus omnes, et ira Dei secuta est super Saracenos, et mortui sunt tam fame quam pestilentia per tres annos Saracenorum et Judæorum plus quam nongenties centum millia. Confractum est autem idem sepulcrum tertio Kalendas Octobris, et mox ab ipsis Saracenis cœpit reædificari; fuerunt enim timore perterriti. Hujus abbatis anno decimo, Dominicæ mediæ Quadragesimæ nocte, dum intrarent turbæ ad Matutinas in basilicam vetustam Salvatoris, impressione nimia in introitu portarum quinquaginta duo homines exstincti sunt. Obiit ipse Josfredus Nonis Decembris.

Decimus tertius abbas Hugo præfuit annis sex. Hic in Francia collationem fecit cum rege Roberto et archiepiscopo Bituricensi Gauzleno, et cum multis episcopis et sapientibus viris Franciæ, de apostolatu sancti Martialis, cur alii in apostolorum, alii in confessorum numero eum tenere videbantur. Qui in numero confessorum eum tenebant, ideo hoc agebant quia non putabant aliquos esse apostolos præter duodecim. Alii vero hoc agebant, quia nomen ejus in quatuor evangelistis non reperiebant. Qui vero saniori consilio intellecta sapiebant, affirmabant eum esse apostolum unum præcipuum post duodecim, quia cum duodecim conversatus est et eamdem gratiam apostolatus, quam et illi, a Domino accipere meruit. In quo concilio ab omnibus definitum est non eum numerari nisi in catalogo apostolorum, sicut et Joannes evangelista, qui in pace migravit, debere. Nam plurima testimonia reperta sunt antiquitus eum in Litaniis et in aliis scriptis apostolum fateri per Galliam et Britanniam, Italiam et Hispaniam, et illos esse Hebionitas hæreticos, qui non credunt præter duodecim apostolos. Nam gesta ejus canonica semper ab Ecclesia recepta satis declarant privilegium apostolatus ejus; et quia sine dubitatione unus est de septuaginta duobus apostolis quos Dominus misit velut agnos inter lupos, quos septuaginta duos non solum Græci, verum etiam Lucas evangelista et Paulus apostolus in Epistola ad Corinthios prima vocat apostolos. Nam et apud Græcos sapientiores Martialis apostolus notissimus est. Hic a Francia rediens mox sicut comperit veritatem in concilio, Martialem scripsit in Litaniis inter apostolos, non confidens disputationi propriæ, sed antiquis testimoniis, et exinde ex toto, non ex parte Martialis acclamatus est apostolus ab omnibus catholicis, et confusi sunt Hebionitæ. Hujus sexto anno obiit Rogerius frater Adalberti decani, vir clarissimus, et meus magister et patruus, sexto Kalendas Maii; post eum die tricesima secunda mortuus est idem abbas Ugo, sexto Kalendas Junii : quorum animas tibi commendo, Domine Jesu.

Quæ sequuntur non sunt Ademari, sed alterius cujuspiam monachi, Heliæ de Rofiaco nominati, etc.

Decimus quartus abbas Odolricus præfuit. Iste comparavit duo pallia leonina, et textum Evangelii minorem de auro, et fecit dedicare caput istius ecclesiæ cum magno honore, et redemit duas ecclesias, muros et castellum. Quinto Kalendas Octobris obiit.

Decimus quintus Petrus abbas præfuit, qui fecit portam a Mourmelier.

Decimus sextus post eum Mainardus abbas præfuit.

Decimus septimus loci istius abbas sanctæ ac venerabilis memoriæ dominus exstitit Ademarus. Hic igitur quantum locum hunc præ cæteris qui ante se fuerant, nobilitaverit, qualiterve cum in ordine et religione, simulque in rerum temporalium copia ampliaverit, ad plenum narrari non potest. Post hæc igitur et alia bona quamplurima cum per quinquaginta annos et novem menses locum istum religiose atque fideliter gubernasset, ipsumque, ut dictum est, bonis omnibus adornasset, anno ab incarnatione Domini 1114 in pace quievit, decimo Kalendas Septembris, et in capitulo quiescit.

Decimus octavus exstitit Bernardus abbas.

Decimus nonus domnus Amblardus, magnæ religionis et honestatis vir, in cujus tempore hoc monasterium cum adjacenti villa incendio concrematum est (173). Rexit monasterium istud per annos viginti octo. Obiit anno 1143. Qui præcepit consulibus ut facerent muros et fossata.

Vicesimus exstitit abbas Albertus, vir admodum religiosus et honestus, rexit per annos tredecim, obiit anno 1150, quinto Idus Augusti.

Vicesimus primus domnus Petrus, vir magnæ religionis et honestatis, præfuit per quatuor annos,

---

(173) Anno 1121, combustum castrum S. Martialis, et monasterium ipsius cum omnibus officinis.

et menses tres. Obiit duodecimo anno Kalendas Septembris.

Vicesimus secundus abbas Petrus, vir magnæ religionis et honestatis, pravorumque morum rigidus corrector. Rexit per tredecim annos et menses octo. Obiit quarto Idus Septembris, anno ab incarnatione Domini 1164. In quo anno sedata est tempestas inter Henricum probissimum regem Angliæ terræ et filios suos, quæ fere per duos annos duravit, etc. Helias de Rofiaco capellanus suus, earum rerum scriptor, quem de suo beneplacito hujus ecclesiæ monachum fecit.

Vicesimus tertius abbas domnus Isembertus, vir mitissimus et quietus, et ad potentes multum gratiosus. Exactionem quam episcopus Lemovicensis, vel canonici sub nomine confratriæ, a populo violenter expetebant, sedulis reclamationibus irritam fecit. Rexit per viginti quatuor annos. Per unum mensem antequam decederet, curæ pastorali in capitulo resignavit; et cum ad diem præfixum peragendæ electionis tam domnus abbas Cluniacensis quam priores et præpositi, et alii multi ex nostris pariter convenissent, in bona confessione inter eos qui simul convenerant, animam exhalavit, nocto videlicet præcedenti diem electionis, dum conventus Completorium celebrasset. In crastino libere electio celebrata est, feria secunda traditur honorifice sepulturæ, præsentibus episcopis Joanne Lemovicensi, G. Cadurcensi, et abbatibus Cluniacensi, noviter electo S. Martialis, S. Petri Solemniacensis, S. Augustini, S. Martini.

Vicesimus quartus domnus Hugo sexdecim annis.

Vicesimus quintus abbas Petrus de la Grissa dictus.

Vicesimus sextus, Petrus Davalacum.

. . . .

Reliqua non potuerunt legi in ms. codice, inquit Joannes Beslius, cujus apographum a V. cl. Jacobo Puteano nobis cum plerisque aliis ejusdem doctissimi scriptoris chirographis communicatum bona fide expressimus.

Subjicitur iste Catalogus eorumdem abbatum.

Ainardus abbas sæcularis resignavit anno	848
Dodo	an. 3
Abbo	11.
Benedictus	15.
Gossindus	18.
Fulbertus	6.
Fulbertus	20.
Stephanus	17.
Aymo	6.
Aimericus	31.
Guigo	17.
Josfredus	7.
Adalbaldus	9.
Josfredus	12.
Hugo	6.
Odolricus	......
Anterius	7.
Petrus	1.
Mainardus	......
Ademarus	an. 50 et m. 9.
Bernardus	2.
Amblardus	28.
Albertus	13.
Petrus prior Clun.	3, m. 3.
Petrus abbas S. Aug.	13, m. 8.
Isambertus Escoblart, prior de Rofiaco	24.
Hugo de Brossa prior 16, obiit 1218.	
Petrus la Griffa præpositus de Rossac	10, m. 3.
Petrus Davalcum	.....
Guillelmus	19, m. 2.
Raimundus Gaucelin	ob. 1215.
Guillelmus	.....
Guillelmus	.....
Jacobus	.....
Petrus	
Geraldus	
Guido	
Gualliardus	

(*Cæteros omnes repetesis ex Gallia Christiana Claudii Roberti. Nec omittenda ex ms. codice quæ sequuntur ibidem.*)

Tertio Kalendas Septembris, anno ab incarnatione Domini 1066, combustio Lemovicensis civitatis, in qua obierunt centum et viginti homines.

Item anno 1105 Kalendis Junii, combusta est civitas Lemovica ab hominibus de castro S. Martialis; in qua combustione concremata est mater ecclesia S. Stephani cum omnibus officinis suis, et monasterium Sanctæ Mariæ similiter, et ecclesia S. Joannis Baptistæ, et S. Mauricii, et S. Trinitatis, et S. Genesii, et S. Domnoleni.

ADEMARI
EPISTOLA
DE APOSTOLATU SANCTI MARTIALIS.

(Apud Mabill. *Annal.* tom. IV, Append., p. 717.)

ADMONITIO.

(Mabill. *Annal.*, lib. LVI, n. 49)

Habitum est hoc anno apud Lemovicas concilium, teste Ademaro Cabanensi in apologetica epistola de apostolatu sancti Martialis, quem contra Benedictum Clusensis monasterii priorem asperiore stylo propugnavit. Inscripta est hæc epistola Jordano Lemovicensi episcopo, Odolrico *doctissimo abbati monasteriorum beati Martialis*, Rainaldo levitæ et Alberico, cæterisque majoris beati Stephani ecclesiæ canonicis; Aimerico, Petro ac Geraldo decano atque Adelardo, aliisque sancti Martialis monachis; Engelrico, fratrique ejus Teotardo beatæ Mariæ Aniciensis canonicis; Wernoni grammatico beati Petri apostoli *Belliloacensis* ecclesiæ monacho; Geraldo sancti Augustini Lemovicensis monasterii abbati, Rotgerio sanctæ Valeriæ Cambonensis cœnobii præposito; item Geraldo doctissimo Sollemniacensi abbati, Arnaldo Rothenensi et Theoderico Mettensi episcopis, necnon Cunegundi augustæ, Cononi seu Conrado Cæsari Augusto, Willelmo Aquitanorum duci, denique Joanni Romano papæ. Ex his tres postremos aliis se intermiscere ait, ut, si forte hæc epistola ad eos pervenit, suæ sententiæ arrideant. Cæteros prædicto Lemovicensi concilio interfuisse puto, de quo hæc subdit Ademarus. « A vobis quidem non sine grandi exaltatione, finito concilio Lemovicensi, quarto die mensis Augusti abcessi, revertens ad Egolismam civitatem, ubi ab ipsa tenerrima pueritia hactenus, ætate quadragenarius, vitam in monasterio beati Eparchii transigo. » Porro annum quo hæc scribebat, in consequentibus diserte exprimit his verbis. « Nam adhuc usque in præsentem annum quo loquimur, qui est millesimus XXXIII ab incarnatione Domini nostri Jesu Christi, per indictionem XI, ab assumptione autem beati apostoli Martialis nongentesimus quinquagesimus quartus, non sunt nisi CLX anni, ex quo monasticus ordo in hoc loco, » nempe sancti Martialis, « transmutatus est de canonico. » Forte per id tempus Benedictus Clusensis apud Taurinates monasterii prior, Lemovicas advenerat, ubi contra Ademarum aliosque monachos de apostolatu sancti Martialis disceptaverat. Inde ad Buxeriense pagi Pictavensis monasterium profectus, ibique toto mense Septembri remoratus, frequentes de eodem argumento collationes habuerat, maxime *in conventiculo monachorum Egolismensium et Brantosmensium*, qui illuc ad festum nativitatis beatæ Mariæ convenerant, multosque in suam sententiam pertraxerat, gloriatus, Ademarum apud Lemovicas a se devictum et superatum fuisse. Id ubi rescivit per suos Ademarus, acrem illam et aculeatam adversus Benedictum scripsit epistolam, in qua ea quæ in disceptatione Lemovicensi dicta actaque fuerant, commemorat; multaque glorianter a Benedicto prolata, nempe se nepotem esse abbatis Clusensis, novem annis grammaticæ in Longobardia et Francia studuisse, et duo millia solidorum magistris suis dedisse; se duas magnas domos habere libris omnis generis refertas; et postquam e schola exierit, fore ut nemo sub cœlo ipso sapientior futurus sit. Ad hæc se priorem esse monasterii de Clusa, ibidemque post mortem avunculi sui futurum abbatem; et multa id genus, quæ ab Ademaro saltem exaggerata non dubito. Certe Ademarus ipse modestiæ fines in epistola excessit, in qua Benedictum omni conviciorum genere afficit, Hebionitam et hæreticum eum appellans, ob hanc scilicet causam quod sancti Martialis apostolatum refelleret. Hunc autem ita mordicus asserebat Ademarus, ut, etiamsi aliter papa statueret, se ei non obediturum dicat, ne Deo, qui Martialem apostolum creasset, non obedire videretur. Porro hanc quæstionem definiri non posse nisi in generali concilio omnium episcoporum Galliæ et Italiæ una cum papa Romano. Cum eodem Benedicto Lemovicas venisse dicitur Bernardus quidam, Ravennæ monachus, medicinæ artis peritus, qui idem cum Benedicto sentiebat. In eadem quoque sententia erat Salgionius, ex canonico factus monachus Angeriacensis, qui tamen aiebat se cum Hierosolymam pergeret, vidisse quemdam Joannem monachum, *fortissimum grammaticum ex civitate Remis*, qui in navi quotidie Martialem pronuntiabat in ordine apostolorum. Hæc satis ex illa epistola, cujus ipsum, ut quidem puto, autographum clarissimus Baluzius mecum liberalissime communicavit.

ADEMARI EPISTOLA DE APOSTOLATU MARTIALIS.

Dominis gloriosissimis atque præcellentissimis pastoribus sanctæ Ecclesiæ, JORDANO Lemovicensi episcopo, atque ODOLRICO grammatico doctissimo abbati monasteriorum beati Martialis apostoli, necnon et reverentissimis patribus philosophicis studiis liberaliter instructis RAINALDO, sedis Lemoviciæ levitæ, et ALBERICO et omnibus protomartyris beati Stephani ecclesiæ canonicis : AIMERICO et PETRO perito architecto, ac GERALDO decano atque ADALARDO, necnon cæteris omnibus supradicti apostoli monachis : ENGELRICO et fratri ejus TEOTARDO grammaticis, sedis Aniciensis beatæ Mariæ matris Domini ecclesiæ canonicis : WERNONI grammatico, beati Petri apostoli Belliloacensis ecclesiæ monacho : GERALDO sancti Augustini Lemovicensis monasterii abbati, sed et cunctæ congregationi ejus : ROTGERIO sanctæ Valeriæ Cambonensis cœnobii præposito : item GERALDO viro doctissimo Sollempniacensi abbati et omnibus monachis ejus : ARNALDO Rothenensi episcopo ; THEODERICO grammatico Metensi episcopo ; CONEGUNDI Romanorum Augustæ ; CONONI Cæsari Augusto imperatori : WILLELMO grammatico orthodoxo et potentissimo Aquitanorum duci ; JOANNI Romano papæ, ADEMARUS Egolismensis, presbyterorum ultimus, rectæ fidei regulæ per omnia observantiam, in fide, spe et charitate Domini nostri Jesu Christi unigeniti Filii Dei secundum sanam apostolorum doctrinam.

Nolo vos mirari eos cum quibus nunquam locutus sum, adhuc de apostolo Martiale, tres tantum dico, papam videlicet ac Cæsarem, atque Aquitaniæ ducem, inter nomina vestra me intermiscuisse, cum si forte hæc ad eos pervenerint, opto serenitatem eorum his veris assertionibus arridere. A vobis quidem non sine grandi exsultatione finito concilio Lemovicensi quarto die mensis Augusti abscessi, revertens ad Egolismam civitatem, ubi ab ipsa tenerrima pueritia hactenus, ætate quadragenarius, vitam in monasterio beati Eparchii transigo. Exsultabam enim vos incongruam inolitam erroris causa ab anterioribus clericis Aquitaniæ negligentiam, qua parvipendebatis sanctum apostolum Dei Martialem, non aliter quam unum de modernis confessoribus, aut junioribus modernis episcopis, modo per Dei gratiam respuisse, et de eo quod antiquus et naturalis apostolus ipse beatus Martialis, sicut attestatur antiqua traditio Patrum nostrorum, et assertio vera Græcorum, veritatem potius recuperasse quam inchoasse. Vobis enim quatuor solummodo nunc specialissime loquor, pontifex Jordane, Odelrice abba, Rainalde atque Aimirice. Itaque me cum abbate Amalfredo et cunctis fratribus, et cum episcopo Rohone in Domino de gloria veritatis beati Martialis apostoli gratulante, subito hostis antiquus per suos satellites amaritudine anxia obnubilavit præcordia mea, ut mallem mori quam vivere, et optarem pennas sicut columba habere, quibus mox volarem ad vos et requiescerem. Imitabamur vestrum imo antiquissimorum Patrum veterem, bonum et amabilem morem in litaniis et in omnibus diurnis agendis de eodem sancto apostolo : et ecce serpens veternosus omnia hæc, quæ ad laudem Dei et profectum sanctæ Ecclesiæ bene fuerant ab authenticis viris inchoata ac potius recuperata, perturbavit ; ac præter me solum et Gauzbertum vestrum, omnes a veritate aversi sunt. Nam ego pro veritate usque ad mortem libenter decertare festino, sciens utilius esse scandalum nasci quam veritatem deseri ; et neque mors, neque vita, neque instantia, neque futura, neque angeli, neque principatus, neque altitudo, neque profundum, neque creatura aliqua poterit me separare a charitate et veritate Dei, quæ est in Christo Jesu Domino nostro et in Martiale ejus apostolo.

Duo itaque ex nobis, veste tantum et nomine, non actibus neque moribus, monachi, quorum nomina intra cœpta inserere sacrilegum duxi, in hoc Septembri mense sine benedictione a monasterio suo ad Lemovicense territorium quod dicitur Buxeria devenientes, ibi a serpente antiquo infelicissime corrumpi se permiserunt draconis veneno, a quo lam scilicet Longobardo hæretico, monachico quidem schismate induto, verum non monacho, sed diabolo. Nec attenderunt a falso propheta, qui a Clusa Longobardensi venit ad Aquitaniam in vestimentis ovium, intrinsecus autem est lupus rapax. Ipsum Dei archangelus Michael et angeli ejus a facie Dei projiciant, ut non valeat cum suo rege dracone in Ecclesia catholica, neque locus ejus amplius inveniatur in cœlo ; ut magna vox sanctorum audiatur in cœlo, quod est Ecclesia præsens, dicentium : Nunc facta est salus, et virtus, et regnum Domini nostri et potestas Christi ejus, et gloria ac veritas apostolorum ejus. Ideo lætentur cœli et qui in eis habitant. In concilio sane Lemovicensi lingua sapientium, qui vos estis, ornavit scientiam ; ad Buxeriam vero os fatui vino, imo veneno madefacti serpentini ebullivit stultitiam. Vos enim in charitate radicati et fundati, per charitatem patientes, benigni, non æmulantes, non agentes perperam, non inflati, non ambitiosi, non quærentes quæ vestra sunt, non irritati, non cogitantes malum, non gaudentes super iniquitatem, congaudentes autem veritati, manifestare curastis populo veritatem, quia Martialis ipse est naturalis apostolus, non, sicut canes oblatrantes dicunt, novus, sed antiquissimus atque per omnia a Christo post XII apostolos priores electus ; et non solum apostolus, sed etiam Christi in carne discipulus, et beati Petri principis apostolorum condiscipulus. Majus est enim esse in carne discipulum Christi, quam apostolum post ascensionem Christi. Multos enim nemo peritus ignorat fuisse pseudoapostolos et veritatis apostolos post ascensionem Christi, qui nequaquam fuerunt tamen in carne discipuli Christi : et licet quatuor evangelistæ de eo taceant, quippe qui summatim facta Domini perstrinxerunt, tamen liber gestorum ejus conscriptus a discipulo ejus Aureliano, a catholica semper Ecclesia susceptus, sufficienter a principio memorat gratiam apostolatus ejus. Langobardus vero quidam, Hebionita potius quam cœnobita, ipso suo nomine indignus, qui congruentius censeri debuisset maledictus per veritatem quam benedictus per falsitatem, in Buxeria ecclesia hospitatus, blasphemias non solum in apostolum Dei Martialem, verum etiam in ipsum Filium Dei nefandas in conventiculo monachorum Egolismensium, et Brantosmensium, et presbyterorum Lemovicensium, qui propter nativitatem Dei genitricis ac perpetuæ virginis Mariæ festivi advenerant, evomere non timuit. Et veluti Arriomanitis et Fotinianis ac Manichiis et cæteris a Deo alienis hæreticis mos est, ut sint loquaces multum et volubili linguarum rotatu perfaciles (hoc enim solum proprium est hæreticorum), quatenus brutos auditores suos, quia simplici veritate nequeunt saltem mirabili et figurata garrulitate, dum in eis eloquentia non sapientia miratur, elidant in foveam erroris, dicaciter omnibus vestram auctoritatem male imputare cœpit, vituperans eos, quicunque vestro jussu in beato Martiale apostolicas orationes receperant, quicunque ejus nomen in litaniis in ordine apostolorum ante martyres recitabant : asserens omnes in vanum orare qui eum prædicabant apostolum, talesque orationes et litanias nihil nisi in peccatum valere detestabiliter oblatrabat; et huic rei consentientes anima et corpore jam damnatos esse more astuti serpentis insibilabat. Missas beati apostoli, quas pastor noster venerabilis Odolricus presbyteris largiri jusserat, pro luto esse et omnes igne debere comburi. « Beati, inquit, apostoli tui talis missa lutum est, in vanum est, et similiter est quasi super altare quis lutum terræ superponat; hæreticos esse qui eas recitant. Aquitaniam fœdatam tali et tanta hæresi : episcopos Aquitaniæ rusticos, qui jam antea quando hanc hæresim primitus audierunt surrexisse, non concilium mox congregaverant, totumque locum sancti Martialis non excommunicaverant et abominati non fuerant prohibentes in eo... sacrum ministerium et divinum officium : Odolricum abbatem parum intelligere litteras et parum doctum esse, sed coram rusticis fingentem se sapientem : monachos sancti apostoli idiotas, et nullam sapientiam litterarum in eodem monasterio; ipsum abbatem et ejus monachos falsum apostolatum erexisse causa pecuniæ qua abundant, et causa elationis ac superbiæ; ipsos esse vitiosos, superbos, æstimantes se solos admirabiles et omnibus congregationibus monachorum superiores quasi reges; cum aliis loqui dedignantes, inhospitales, omnes spernentes; non esse ausos pro hac re concilium erigere, nullam auctoritatem posse monstrare, sed in abscondito ac si falsam monetam falsum, et, ut verbo ejus utar, contrafactum apostolum facere Ego, inquit, sum valde peritus litteris, ego contradico eis,

ego affirmo. sanctum Martialem non esse apostolum ullo modo. Ego dico vitam ejus totam falsam, ipsum affirmo nunquam fuisse in carne discipulum Christi, nullo modo fuisse ad cœnam, nullum obsequium Domino præbuisse ad abluendos pedes; Dominum solum cum solis duodecim illam cœnam fecisse; verba quæ in cœna locutus est, solis undecim dixisse filio perditionis exeunte; nec Mariam matrem Domini, neque alium aliquem ibi interfuisse. Ipse, inquit, Jesus posuit vestimenta sua, ipse præcinxit se linteo, ipse misit aquam in pelvim, nullumque ministrum habuit. Ego, inquit, prælium faciam quod sanctus Martialis non est apostolus, si aliquis mihi contradixerit. Ego paulo ante fui Lemovicas, quando propter timorem episcopi, ne eos pro hac re excommunicaret et ut furtivo eorum apostolo assentiret, illi monachi deportaverunt ipsum contrafactum apostolum ad sedem. Ibi canonici sancti Stephani, quia sciebant me valde sapientem, secreto rogabant me ut destruerem hunc apostolatum, et in capitulo sancti Stephani tentaverunt mecum contendere illi stulti et illiterati monachi qui hoc furtim invenerunt; sed statim obmutuerunt verecundati et timore perterriti, et nullam auctoritatem potuerunt mihi pandere, nec in veteribus libris alicubi, vel in lætaniis veteribus eum apostolum prædicari. Et dum quidam Ademarus, qui aliquid grammaticæ artis videbatur scire, quique hanc hæresim primus, et plus causa adulationis, ut placeret abbati et monachis ; corruptus quoque pecunia ab illis, sine ulla veterum auctoritate condiderat, suadens, brutis et stultis recte eum prædicari apostolum; disceptare vellet mecum, mox ad primum eloquium meum nesciens quid responderet, confusus turpiter abscondit se, fugiens sapientiam meam, nec amplius eum videre potui, quia sapientem me intelligens reveritus est a facie mea. » Et cum multi dicerent ei : « Nos putabamus Ademarum sapienti nosse respondere, et ipse multas auctoritates solitus est nobis referre, qualiter beatus Martialis est naturaliter apostolus, et quia si prædicamus eum apostolum non obest nobis, sed prodest. Unde et ei obtemperantes propter exemplum et amoris societatem congregationis ipsius sancti Martialis, jam ante unum mensem in consuetudine accepimus eum commemorare apostolum. » Ille intulit : « Nunquam ille stultus Ademarus erit ausus de hac re contra me mutire, alioquin factis, non verbis luctabor cum eo, aut sicut in lite pugnatorem meum faciam decertare cum pugnatore ejus, et factis super altare sacramentis pugnator meus habebit victoriam. »

Piissimi pastores, audistis voces hæresiarchæ nefandas et fallacissimas, inutilissimas et iniquissimas ac refertas blasphemiis; audite veritatem meam. Vigilanter me aspicientem corpus egregii apostoli Dei Martialis, et stantem juxta cathedram pontificalem, imminente jam hora qua intraturus erat episcopus ad agenda divina, eoque vestimentis jam pontificalibus ornato, ecce subito non sine feritate tristitiæ, qua molesti erant pro illo hoste veritatis, Stephanus et Daniel monachi me clamant, et ad illum usque Antichristum (nam qui voluntati et facto Christi contrarius est, Antichristus est) perducunt. Cui ego prior : « Negas, inquio, Martialem esse apostolum. » Et ille qui cum fratribus adhuc ibidem litigabat voce clamosa, oculis sanguineis, vultu inflato, respondit : « Nos de sancto Martiale, nihil loquebamur, sed de quibusdam quæstionibus Evangeliorum. » Et Stephanus ait illi : « Tu modo negabas sanctum Martialem interfuisse cum Domino inter undecim apostolos. » Ego graviter ad verbum commotus, aio : « Audi. Vere est apostolus beatus Martialis. » Et ille spiritum suum totum proferens ait mihi : « Dic quomodo. » Et ego : « Si verum est ut ab ipsius Christi ore in carne potestatem ligandi et solvendi acceperit, non ab homine alio, ergo vere et totus et integer et plenus et perfectus et naturalis est procul dubio, et magnus et egregius et gloriosus apostolus. » At ille negare hoc nequaquam valens ait : « Certe hoc verum est. Sed dico quia illam potestatem nulli, nisi undecim apostolis Christus concessit. Martialis vero nunquam amplius prædicatus est apostolus, quousque hesterna die tu inventor hujus rei fuisti. » Cui ego : « Præter scriptorem vitæ ejus qui in tempore apostolorum fuit, qui luculentissime et luce clarius apostolatum ejus patefacit, post cum alii, etiam priores nostri, eum aperte prædicaverunt apostolum ubique, tam in responsoriis quam in hymnis et in quibusque dictatibus et in multis scripturis. » At ille ait : « Nec tu, nec iste, nec ego credamur, libri credantur. Veniant libri. » Et ego : « Episcopus, inquit, vult intrare ad missam, quam volo audire; insuper et nimia densitas multæ turbæ in hoc loco imminet nobis, et magnus tumultus populi infestus est disputantibus nobis. Attende nos usque in crastinum, et librorum tibi testimonia coram exhibebo, in quibus reperies cum antiquitus scriptum apostolum, tam in litaniis quam in aliis. Nam libri non possunt huc venire nisi fuerint delati, quod participium fateor. » Ille aut non intelligens, aut voluntarie mentiens, retulit ad Buxeriam dixisse me illi omnes libros deletos, cum aliud sit delatus, aliud deletus; adeo quidem est ille contentiosus malevolus, tametsi in grammatica arte esset acutissimus, non Latinitatem mecum disceptans in eodem loco ridiculis barbarismis corrumperet. Nam ego Latialiter loquens, Latialiter ipsum compellebam loqui, et barbare quasdam dictiones proferentem dissimulans, patienter celabam circumstantibus. Et dicente illo : « Martialis est apostolicus vir, non apostolus; » ac me ei obsistente : « Martialis non est apostolicus vir, sed apostolus, nam unus est ipse de septuaginta duobus apostolis; » illoque inferente : « Ubi est auctoritas de illis? nam nescio præter duodecim apostolos. » Petrus monachus illico apertum nobis protulit Evangelium in medio, ubi legebatur : *Designavit Dominus et alios septuaginta duos*, subauditur *apostolos*, et ille mox confusus siluit. Et mox surgens fugere cœpit in turba, velut canis reus; verum manu mea per vestimenta brachiorum comprehensus, legere compulsus est Marcum referentem : *Convocatis Jesus duodecim cœpit illos mittere binos*. Et occasionem nactus propter *duodecim*, ait : « Nihil aliud quæro, hæc est auctoritas mea, » et recessit. Quem secutus cœpi ei leviter quædam Hieronymi dicta super auctorabilem assertionem nostram referre inter turbam. Ille respondit : « Tu bene loqueris et rationabiliter, et tecum scio loqui, sed cum monachis illis nescio ratiocinari, quia irrationabiliter loquuntur; et dico tibi per Deum, antequam tu advenires, nihil locuti eramus de sancto Martiale; sed tui monachi dicebant Paulum non esse apostolum, et ideo scandalizabar cum eis. » Tum ego : « Quamvis Paulus non sit unus de duodecim, verumtamen qui eum negat esse apostolum hæreticus est. » Et ille : « Ita est. » Tali modo uterque discessimus, nec amplius valui eum videre, licet curiose investigarem, quousque sero facto obviavi eum dicta jam vespera. Talis fuit confusio mea. Qui per divinum splendorem gaudio perfusus die eodem, utpote contemptatus a basilica sedis corpus apostoli ad Salvatoris basilicam relatum gloriose, et omnia prospere gesta, forte ad officium vespertinum in sepulcro ipsius apostoli cum pluribus clericis præsens, post psalmos apostolicos excelsa voce primus protuli hæc verba modulaminis : *Cives apostolorum et domestici Dei advenerunt hodie portantes pacem et illuminantes patrias, dare pacem gentibus et liberare populum Domini*; ac subjunxi hæc verba : *Exsultet cœlum laudibus, resultet terra gaudiis, apostolorum gloriam sacra canant solemnia*, usque *ad finem*. Quas laudes omnes qui aderant clerici una mecum jocundis vocibus et altisonis præsonabant. Quibus expletis repente video memoratum cucullatum Antichristum de turba densa exire. Ego gavisus, utpote non credens lupum, sed agnum videre, apprehensa ejus dextera eduxi eum ad cancellos, ubi spreto colloquio nobilium charissimorum parentum meorum, qui ad festivitatem de longinquo venerant, ac pro mea utilitate ibi me exspectabant, resedi cum viro, ut putabam, angelico. Me delusum clamo, me imprudentem doleo, quod non prævidi in agno lupum, in pisce draconem, in anguilla anguem, in ove leænam, in ariete leonem, in Langobardo Troglodytam, in monacho Manichæum, in Christiano Antichristum, in homine diabolum; certe si præviderem, nec ave ei dicerem. Qui enim dicit ei, ave, sicut duo memorati nostri fratres ab eo subversi, communicat operibus ejus malignis.

Itaque nobis loquentibus Aimiricus monachus obtulit ei veterrimum volumen de Vita sancti Martialis apostoli, ubi refert Martialem non gentilem sed Hebræum fuisse, et ex clara tribu patriarchæ Benjamin; Martialem non ad prædicationem apostolorum, sed ipsius Domini conversum; Martialem, relictis patre et matre, discipulatui Domini jugiter adhæsisse; Martialem Christi non Petri discipulum fuisse (nam apostoli usque post

Pentecosten nullum habuerunt discipulum). Martialem eo quod contribulis ei erat, non alii apostolorum, sed Petro familiarius se sociasse; Martialem instinctu Petri obsecundantem Domino in omnibus; Martialem miraculo Lazari interfuisse; Martialem adolescentem in cœna sancta Domino ministrasse; Martialem januis clausis Domino intrante, quando ibi Thomas non erat, cum aliis apostolis adfuisse, ibique ligandi ac solvendi potestatem non a Petro, sed ab ipso Domino cum cæteris apostolis, et cum eodem Petro, ac Spiritum sanctum accepisse; Martialem cum undecim in Galilæam hortante Petro abiisse, ibique potestatem prædicandi Evangelium in omnes gentes non a Petro, sed ab ipso Domino cum reliquis apostolis et cum eodem Petro suscepisse; Martialem ascensioni Christi cum cæteris reliquis apostolis affuisse, ibique benedictionem episcopalem, non a Petro sed ab ipso Domino cum aliis discipulis et cum Petro suscepisse; Martialem cum cæteris apostolis intrasse et exisse usque in Pentecosten, tumque cum aliis apostolis Spiritum sanctum de cœlo suscepisse, et omnium linguarum scientiam percepisse, et cum aliis apostolis invincibilem resurrectionis Christi testem exstitisse; Martialem post perceptionem Spiritus sancti a Petro non dissociatum fuisse, sed una cum eo Antiochiam venisse; Martialem rogante Petro ut fratrem, non jubente ut discipulum incessanter tam absente quam præsente eodem Petro verbum Dei prædicasse in Græcia : quippe ut perfectum Christi discipulum et ab eo perfecte per se primum, deinde per infusionem Spiritus sancti eruditum et in linguarum sermocinatione ad quamcunque gentem pervenisse perfecte scitum; Martialem rogante Petro ut fratrem, non imperante ut discipulum, venisse cum eo Romam; Martialem non Petri arbitrio, sed Domini præcepto missum fuisse in Galliam, per affatum ejusdem beati apostolorum p incipis. Hæc dum perlegisset; nec valeret cum negare vere apostolum Dei, quippe qui tantorum gratia donorum cum undecim apostolis ab ipso Christo donatus sit, tandem erupit in hanc falsam vocem fronte rugata : « Solent dicere nonnulli Vitam ejus veteranam, quando hic locus arsit, perisse i cendo, in qua nihil horum legebatur, nisi duntaxat quod post ascensionem Domini ad Petri prædicationem sit conversus, sicut alii multi ex paganis, et ab eo eruditus, et post longum tempus ordinatus episcopus, et ad solam urbem Lemovicum missus, sicut Apollinaris ad Ravennam et Marcus in Alexandriam; quemdam vero monachum hujus loci hanc Vitam mendacio suo finxisse adulatorie, ideo eam non credo. Tamen hic liber, quia vetustus est, majoris est auctoritatis quam si esset novus : nam veteres auctoritates, etiamsi falsæ sint, plus creduntur a nobis quam novæ, licet veraces. » Tum ego : « Quod dicis hanc Vitam mendacio a monacho nescio quo esse confictam, et incredibile et impossibile est et omnino vanum. Nam adhuc, videlicet usque in præsentem annum quo loquimur, qui est

millesimus vicesimus octavus ab incarnatione Domini nostri Jesu Christi, per indictionem xi, ab assumptione autem beati apostoli Martialis nongentesimus quinquagesimus quartus, non sunt nisi centum sexaginta anni, ex quo monasticus ordo in hoc loco transmutatus est de canonico; et hæc Vita, eodem modo quo hic legitur, per omnes Galliarum et Hispaniarum atque Britanniæ, necnon et Italiæ est provincias : quæ sine dubio per plures ecclesias habebatur ante incendium hujus loci, quod longe post multum tempus accidit postquam monachi hic intraverunt. Nam inter tot ac tantos catholicos viros, quibus semper Gallia sana perstitit, et maxime Ecclesia Lemovicensis, semper intacta ab omni hæresi perduravit, quis diabolus esset ausus et valuisset aliquo modo tantum mendacium scribere ? Si mendacium, quod absit, scriptum esset, a nemine catholicorum receptum esset, et hodie super. terram nullatenus audiretur. Hæc ergo Vita veracissima est. Nam hanc Vitam ac Patres nostri catholici in veritate receperunt, et ego sicut sancta quatuor Evangelia ita eam credo firmiter, et omni dilectione amplector et approbo. Et qui eam negat, inimicum veritatis pronuntio, et ut publicum hæreticum respuo. Quod vero prosequeris, auctoritates veteres mendaces potius recipiendum quam novas veraces, grande præjudicium est, cum veritas semper veritas est, et nunquam veritas respui, nec falsitas debet recipi. Nec adverti oportet quis dicat, sed quid dicat. Nam puer unus dixit veritatem, et eruit de morte mulierem, quam seniores duo loquentes falsitatem ducebant ad necem. Tres pueri flammis dati locuti sunt veritatem novam, sed rex grandævus affirmavit falsitatem antiquam. Si veritatem dicimus, quare nobis non creditur? vere ab amatoribus veritatis nobis creditur. Et quid mirum si amatores veritatis, tametsi nonnulli non intelligant, tamen credunt Martialem esse apostolum veritatis? nam si non credideritis, non intelligetis; et omnis qui est ex veritate, audit veritatis vocem. Et licet fortior sit rex et fortius vinum, tamen fortiores sunt mulieres quæ dicuntur falsitates, et insuper hæc omnia vincit veritas. Veritas gloriosa est et humilis, non superba. Nos in hoc superbe non sapimus, sed Deo placita humilitate, proficere gliscimus et proterva despicientes, quibus cruda ostentatio eum... primum potius quam posteriorem apostolum in nonnullis locis habere voluerunt : nos omnia ex eo probantes, quod bonum est tenentes, et scientes non esse verum quod varium; jussu venerabilis Patris nostri Odolrici totius scientiæ totiusque virtutis viri, quod cunque in hac quæstione est maturum, salubre, sanum et ratum, libera cupimus exercere charitate. »

Hæc et hujuscemodi nobis loquentibus et ipso affirmante, « si hæc Vita vera est, Martialis absque omni dubietate vere apostolus est; Aimiricus item ad nos iterum intrat cum Breviario vetusto sepulcri et ostendit ei veterrima scriptura quoddam respon sorium in eodem posuum : *Gloriosus est Martialis apostolus Galliæ, qui ita plantavit Ecclesiam, ut cum ipse multa pertulerit, in pace tamen deficiens hanc in pace dimiserit.* Ad hæc ille : « Et hoc antiquum est non novum, et qui hunc dictatum composuit sapiens fuit. » Item ostendimus ei annosum rhythmum sequentialem in eodem volumine veteribus litteris factum : *Cives cœlicolæ ut collegam, omnis sexum uti apostolum Aquitania.* Et ille ait : « Hoc puto non est sine divina voluntate, quod a vobis apostolus prædicatur, quia pene omnis orbis terrarum jam hoc auditu famæ comperit. » Nescio aliud. Quid plus auctoritatis ei panderem post istas tres, cum in ore duorum aut trium testium stet omne verbum? Nox erat, et discessimus. Cœnavi tecum, o dilectissime abba, et quia crastino diluculo ad Egolismam urbem volebam redire, licenter a te dimissus sum. Facto mane caninum Langobardum ipsum vidi, nec propter iter meum cum eo sermocinationem habui. Et si scissem quis ille est, exspectarem eum Lemovicas uno anno, quousque contritum esset caput ejus serpentinum virga rationis meæ. Nam se ille squameo draconino collo resupinus postea jactitavit, se connisum præliari mecum pro beato apostolo Martiale et me ideo quantocius fugisse; episcopum Jordanum et ejus canonicos omne quod inchoaverant respuisse, nec unquam amplius huic apostolatui consensuros esse quia audierant ipsum esse contradictorem.

Cum ipso Hebionita venit quidam medicinæ artis egregius, nomine Bernardus, ad Buxeriam monachus Ravennæ, qui dum mecum apud Egolismam sermocinaretur et similiter contrariosa de sancto apostolo Martiale multa proferret, sicut audierat a Longobardo supradicto, et interrogaret dicens abbati meo Ravennati, « quod caput dicam quia Martialis est apostolus? » a me protinus audit . « Quia discipulus Domini fuit, sicut Petrus et ab ipso Domino in carne potestatem ligandi et solvendi accepit. Hæc est summa apostolatus ejus. » Ille autem respondit : « Benedictus prior de Clusa, grammaticus perfectus, abnegat eum discipulum fuisse Domini, sed Petrum dicit convertisse eum, et dedisse ei potestatem ligandi et solvendi, sicut episcopi dant aliis quos ordinant episcopos. Astruit quoque Vitam istam ejus, quæ in his partibus habetur, non esse veterem priorem, sed novam commentatam a quodam monacho ante hos centum annos ; et alio modo eam haberi in Longobardia, ubi dicit eum parem esse sancto Apollinari et sanctis Fronto, Saturnino, Dionysio, Austremonio, Hilario Pictavensi, Martino Turonensi. » Tum ego occasionem deridendi stultum nactus, risum proferens aio : « Si grammaticus esset perfectus, non ista proferret Longobardus. Si altera Vita est quæ istam veram obscuret, procul dubio reproba et falsa est, et nullatenus a catholica Ecclesia recipienda, et a nobis ut venenum exsecranda est. Verumtamen si Martialis discipulus Petri tantummodo esset, et ab eo potestatem ligandi

et solvendi accepisset, ut ipse Longobardus mentitur, sic quoque non incongrue posset prædicari apostolus. Nam et Hieronymus, maxima columna Ecclesiæ, et Beda Venerabilis presbyter Timotheum discipulum Pauli prædicant apostolum in suis Chronicis, quem Paulus ad fidem traxit et episcopum ordinavit, cui etiam duas epistolas scripsit. Onesimus quoque discipulus Pauli a pluribus Ecclesiis apostolus prædicatur, et ipse Paulus Epaphroditum, quem, Philippensibus misit, prædicat apostolum. Marcus etiam et Lucas evangelistæ discipuli apostolorum a pluribus Ecclesiis apostoli prædicantur. Nam Marcum Petrus Alexandriæ misit sine ordinatione episcopali. Qui cum provinciam Ægypti primus convertisset, a vicinis episcopis, licet sibi pollicem manus amputaverit ut sacerdotio reprobus esset, tamen invitus consecratus est episcopus, qui secundo anno post Domini ascensionem ex tribu Levi prædicantibus apostolis conversus fuerat. Sic et Martialis si discipulus Christi in carne non esset, quod dicere impium est, eo quod tamen primus Aquitaniam convertit, recte potest prædicari apostolus. Nam ab urbe Roma usque ad montes Pyrenæos nullus alter sanctorum est qui totam unam provinciam converterit, vel qui ab antiquis in litaniis in ordine apostolorum scriptus fuerit usque hodie, nisi solummodo Martialis. Episcopus etiam Lemovicensis Geraldus ante hos quindecim annos a Roma regressus, attestatus est nobis fortuitu legisse se ibi volumen, ubi scriptum erat qualiter Martialis primus Ravennæ prædicaverit Christum dum in Galliam veniret, et post eum Apollinarem post longum tempus ibi venisse apostolicum virum. Unde et in Vita ejus sic scriptum est : « Igitur Martialis cum discipulis suis permenso tam magno terrarum spatio, prædicans ubique seminarium verbi Dei, ingressus Lemovicinum venit ad Tullum castellum. » Inter apostolos vero et apostolicos viros Hieronymus hanc differentiam dicit quod apostoli sunt qui primi unamquamque provinciam prædicare cœperunt, unde et hodieque astruit apostolos posse fieri in Ecclesia, quorum signa et indicia apostolatus complentur; id est si hodieque vel usque in finem mundi aliqua provincia fuerit in qua nullus ante prædicator accesserit, qui primus ad eam aliquo modo accedens eam prædicare cœperit, et unam solummodo Ecclesiam in ea fundaverit, recte apostolus est; qui vero post eum venerint prædicatores et episcopi, illi sunt apostolici viri. Apostolicos viros enim dicit esse qui post apostolos ad dilatandam Christianitatem in regiones et provincias ab eis jam illuminatas, et in vita et post obitum eorum venerint, vel quos apostoli ordinabant, ut successores in loco eorum per civitates provinciæ illius quam prædicaverant, existerent. Hinc Titum dicit apostolicum virum, quia Paulus cum in provincia Cretæ, quam primus prædicaverat, reliquit vicarium sibi; ut constitueret per civitates presbyteros sive episcopos. Hinc idem Hieronymus in epistola ad Paulinum presbyterum : « Episcopi, inquit, et presbyteri habeant in exemplum apostolos et apostolicos viros, quorum honorem possidentes, habere nitantur et meritum. » Item in epistola ad Pammachium de optimo genere interpretandi ait : « Lucas vir apostolicus et evangelista scribit Stephanum primum Christi martyrem in Judaica concione narrantem, et cætera. » Item in eadem : « Marcus, inquit, discipulus Petri ita suum orditur Evangelium : *Principium Evangelii Jesu Christi*, » et cætera. Quos Ecclesiæ consuetudo in ordine apostolorum in litaniis refert, et de eis psalmos et cantilenam apostolicam promit, ut jam dictum est, licet hodieque a pluribus Ecclesiis per incuriam hoc non observetur. Qui error humanus est, intellectus vero et emendatio hujus erroris prudentium est; nam eorum et similium commemoratione, quorum nomina per litanias in ordine apostolorum pronuntiantur, psalmi, versus, hymni, responsoria et antiphonæ congruentius apostolorum quam confessorum vel martyrum proferuntur a prudentioribus ecclesiasticis viris. Sed et ipse papa Gregorius, qui longe post tempora apostolorum fuit, tametsi minime ipse ad Anglorum provinciam, ubi hactenus nullus accesserat prædicator, profectus sit, sed prædicatores miserit, tamen quia ejus labore et juvamine maximo fidem susceperunt, apud eosdem Anglos merito apostolus appellatur, quia quidquid post eum alii prædicatores laboraverunt, totum ei deputatur. Si ergo Gregorius post quingentos annos a tempore primorum apostolorum apostolus meruit esse et prædicari, quia signa apostolatus habet, cur Martialis non multo magis est apostolus, qui una cum Petro ab Hierusalem incipiens testis Christo fuit in Hierusalem et in omni Judæa et Samaria, et usque ad ultimum terræ, et Galliam primus illuminans omnem Aquitaniam provinciam acquisivit Christo? cujus signaculum apostolatus in Domino eadem Aquitania est usque in finem mundi; absque dubio enim ipse in ea fundavit Ecclesias, et primus in eis per civitates constituit episcopos. Non enim primus Arvernis præfuit episcopus Austremonius, nec Turonicis Martinus, neque Pictavis Hilarius. Idem et de aliis civitatibus. Nam Dionysius primum Pauli, deinde Clementis discipulus ab eo Galliam missus, primus Parisius præfuit episcopus, ubi nondum erat Ecclesia. Nam antiquas sedes, Turonicam in honore sancti Petri, Aurelianam in honore sancti Stephani, Martialis apostolus fundaverat; quæ postea mutatæ sunt, una in honore sancti Mauricii, altera in honore sanctæ Crucis. Qui, quoniam post eum venit, non prædicatur apostolus, sed vir apostolicus. Licet autem Saturninus summus episcoporum Tolosæ fuerit, quis prudentium dicit ipsum primum ibi fuisse episcopum; cum et in suis gestis jam ibi Ecclesia esse consecrata legatur, eumque temporibus Decii subiisse martyrium Beda referat? Petragorius quoque manifestum sit fuisse Christianitatem ante Frontum, cum ipsa ejus gesta doceant cum inde natum comam sibi totondisse, et

An Ægyptum ad eremitam Apollonium profectum fuisse? Nec derogamus eis, sed qui subtiliter veritatem perscrutatur, invenire potest Martialem totam Aquitaniam Christo subdidisse sicut apostolum, non solum Lemovicinum sicut unius diœceseos episcopum. Ideo sicut ex Deo coram Deo in Christo loquentes in veritate si dicamus eum Apostolum; qui vero post eum cæteros episcopi per Galliam fuerunt et usque in finem mundi futuri sunt, apostolicos viros, licet et omnes episcopi sancti et non sancti, vocentur et sint apostoli, sicut probabiliter possum ostendere. Nam præter hunc modum quo omnes episcopi sunt et vocari possunt apostoli, qua ratione Apollinaris est apostolus, cum jam Petrus Italiæ regioni, cujus civitas est Ravenna, jam prior prædicari cœpisset? »

Ad hæc medicus respondit : « Ecce Martialis est apostolus, sed quis est apostolatus ejus? » Tum ego : « Gallia proprie, quia ipse primus eam ingressus est. » Et ille : « Mentiris, inquit, nam Gallia de apostolatu Petri est. » Et ego : « Totus mundus, non sola Gallia, de apostolatu Petri est ; nam proprie ipsi claves regni cœlorum traditæ sunt et pascua ovium Christi. Verum proprie apostolatus ejus est Italia, quia eam prædicavit, et in ea occubuit et in ea jacet. Ita et proprie Gallia apostolatus est Martialis, quia eam primus illuminavit annuntians Dominum Jesum Christum, et in ea occubuit et in ea jacet. Ita proprie Hispania est apostolatus Jacobi, licet non eam ipse prædicaverit, sed quia corpus ejus per mare septem discipuli ejus Gallæciam advehentes, primi in Hispania Christi nomen annuntiaverunt, et ibi sepelierunt magistri corpus. Nam etsi Martialis proprium apostolatum non habeat, sicut procul dubio habet, eo quod tamen ab ipsius ore Christi in carne potestatem ligandi et solvendi accepit nequaquam profecto privaretur nomine apostoli. Responde etenim mihi, quis est apostolatus Pauli? Apostolatum Barnabæ et Lucæ et Onesimi et Silæ et Timothei ostende mihi, quia et istos Ecclesia prædicat apostolos. » Qui cum taceret, aio : « Etsi illi apostolatum proprium non habent, tamen apostoli recte prædicantur, quia officium apostolorum adimpleverunt, id est gentibus Evangelium evangelizaverunt. Nec enim omnes episcopi proprias sedes habuerunt, nec omnes presbyteri proprias ecclesias, nec omnes abbates propria monasteria. Plerique etiam episcopi dereliquerunt episcopatus suos proprios, nec tamen ob hoc episcopi nomen amiserunt. Sic et nonnulli ex apostolis sine apostolatu proprio fuerunt, et tamen apostoli sunt. Quia vero sine dubio Gallia proprie apostolatus est Martialis tam Dei quam ipsius, tantocius Aquitaniam quam etiam priscorum Patrum nostrorum catholicorum intemerabilia testimonia multa sunt; ita ex omni parte Martialis perfecte apostolus est, quia et a Christo accepit ligandi dissolvendique potestatem, et in Galliam non sua propria voluntate, non suo arbitrio, non sua præsumptione, sed præcipiente Domino et cogente Petro ingressus est evangelizare; insuper quod bene cœpit, melius perseveravit, et apostolatum proprium, id est gratiam et annuntiationem fidei in gentibus Galliarum pro nomine Christi habet. Unde qui eum contendit non esse apostolum, necesse est contendat nullum esse apostolum nisi tantummodo duodecim, et ut radat nomen Pauli de litaniis de ordine apostolorum, nomina Barnabæ, Cleophæ, Marci et Lucæ et Timothei, Onesimi et Silæ et Judæ, et universalem invocationem qua dicitur: *Omnes sancti apostoli et evangelistæ et discipuli Domini*, et sit hæreticus Hebionita. Cui nos catholici nequaquam patiemur acquiescere, sed vestigia priorum Patrum sequentes, nomen Martialis in ordine apostolorum invocabimus.» Ad hæc medicus ait: « Benedictus dicit non esse hanc invocationem aliorum qui non sunt nominati, sed collectionem qui jam sunt nominati apostolorum.» Et ego respondi: « Diabolus male interpretatur Scripturas, et iste hæreticus male exponit litanias. Sapientior est omnis Ecclesia catholica isto uno hæretico. Nam si collectio est præ nominatorum, superflua est. Si invocatio est tam præ nominatorum quam eorum omnium qui nominati non sunt, quod sine dubio verum est, necessaria est, sicut et invocatio universalis angelorum, patriarcharum et prophetarum, innocentium et martyrum, confessorum et virginum, et omnium sanctorum, qui nisi ita invocentur, nominatim per singulos invocari non possunt. Nam præter quatuor evangelistas, sunt alii evangelistæ, ut Lucas ipse in Actibus apostolorum commemorat Philippum evangelistam, qui unus fuit ex septem diaconis, qui eunuchum Candacis reginæ baptizavit, et qui a spiritu raptus inventus est in Azoto, et pertransiens evangelizabat civitates. Non enim est ipse Philippus apostolus, ut quidam falluntur. Ipse est quoque Philippus, non apostolus sed evangelista, qui descendens in civitatem Samariæ prædicabat illis Christum, per quem Simon Magus credidit, cui etiam primo adhærebat. Et Paulus apostolus de aliis apostolis et evangelistis quos post ascensionem suam Dominus elegit multos, ait: *Et ipse dedit quosdam quidem apostolos, alios autem evangelistas, alios vero prophetas et doctores*. Nam Silas et Judas apostoli ab aliis apostolis ordinati, prophetæ dicuntur, et a prophetis et doctoribus. Paulus ordinatus est apostolus. Porro de Vita Martialis apostoli, quam mentitur hæreticus non esse antiquam, audi qualiter Donadeus monachus ejusdem apostoli, licet illitteratus, arguerit mendacii quemdam ante hos decem annos grammaticum alienum similiter fallentem. Ingeniose duxit hominem in basilicam vetustam Salvatoris, quæ nimia vetustate tunc ruinam minitabat, et ante hos septem annos est diruta usque ad solum, et ait: *Dic mihi si est vetusta hæc basilica?* Grammaticus stultus respondit: *Etiam ante quingentos annos fuit vetusta.* Mox ibi ostendit ei picturas multa antiquitate vix parentes, et ait:

Unde sunt istæ picturæ? Ille videns Martialem ministrantem Domino ad mandatum, et cæteras picturas sicut legitur in ejus Vita, rubore confusus non sine omnium qui aderant Jerisu professus est mendacium suum.» Medicus vero ad hæc: « In uno solo vetere libro vel in litaniis si potueris eum mihi ostendere scriptum apostolum, credam.» Quod cum in pluribus ostendere possem, gavisus dixi: « Veni ad monasterium, et vide.» Ille noluit, quia longe hospitium habebat, et crastino inde ad alia loca abiit. Dixit etiam mihi: « Ego plus quam alii homines causa medicinæ circumeo multa loca, et audio hoc reprobari ab omnibus, et a nullo laudari, et maxime propter Benedictum priorem qui contradictor est, qui affirmat omnibus propter hoc nasciturum esse ab hoc usque ad quinque annos magnum scandalum in loco sancti Martialis, et venturam ibi magnam persecutionem, quia orationes de ipso sicut illi proferunt, non sunt Deo acceptabiles.» Cui ego: « O linguam præcidendam et a canibus devorandam!» Jannes et Mambres restiterunt Moysi, et iste Longobardus resistit veritati; non valet comprehendere veritatem, non suscipit ipse veritatem, et eos qui suscipiunt prohibet, et adducit sibi celerem perditionem. Sui auditores a veritate auditum avertunt, ad fabulas autem convertuntur. Simon Magus de Petro et Paulo apostolorum principibus Neroni dicebat: *Isti homines contra regnum tuum agunt.* Zaroes et Arfaxat de Simone et Taddeo apostolis dicebant: *Venient ad vos inimici deorum et leges vestras subvertent.* Aman Agapites regi Assuero dicebat: *Est gens Judæorum in regno tuo quæ proprias leges tenet, et inimica est tuis.* Athenienses de Paulo dicebant: *Novorum dæmoniorum annunciator est iste.* Pontifices et Pharisæi concilium contra Dominum tenuerunt, dicentes: *Quid facimus, quia hic homo multa signa facit? Si dimittimus eum sic, omnes credent in eum.* Judæi Pilato dicebant: *Seductor ille dixit adhuc vivens: Post tres dies resurgam.* Impedit nos Satanas, sed non erubescimus veritatem; reddat ei Dominus secundum opera ejus, quia valde resistit verbis nostris; habet speciem pietatis, sed virtutem ejus abnegat; habet zelum, sed non secundum scientiam. Ego vero, si fulminibus igneis consumerer in hac hora, nequaquam testimonia sanctorum Patrum nostrorum transgrederer, sed exclamarem: Apostole Christi Martialis, salvum me fac. Si totum monasterium ipsius apostoli et tota civitas Lemovicensis omni modo hodie igne cremaretur, nec sic qui eum diligunt dimitterent puram veritatem ipsius, sed tunc ardentius et fiducialius clamarent: Apostoli tui Martialis, Domine, precibus adjuvemur, ut et a nostris reatibus absoluti, ab imminentibus periculis liberemur, per Christum Dominum nostrum. Porro sermonibus sapientium, licet paucorum, potius credendum est quam indoctæ multitudinis vulgi opinionibus. Nam multitudo popularis nescit aliam auctoritatem præter istam, dicens: *Quid fecerunt* tot episcopi, tot abbates, tot sapientes transacti ante ducentos annos? Nunquam amplius audivimus Martialem esse apostolum. Cur hoc mutant isti sapientes? satis habet honorem. Et sic lingua venenata invidorum decidit in blasphemiam pungens talia. De illo gradu, ubi Deus eum posuit, tollunt eum, et faciunt eum ascendere ubi nunquam fuit; et ipsi Martiali hoc molestum est.

O aculei serpentis, o aspides surdæ, o lingua toxicata diaboli, quæ solita es sanctos Dei et ipsum Deum dilacerare; quæ non desinis pervertere vias Domini rectas; quæ in paradiso dixisti: *Nequaquam morte moriemini*, et protoplastos interemisti; quæ dixisti de Filio Dei: *Hic est homo vorax ac potator vini*, et *Hic est Joseph fabri filius*; quæ dixisti per Pharaonem: *Quis est Dominus, ut audiam vocem ejus? Nescio Dominum, et Israel non dimittam*; quæ dixisti Filio Dei: *Hæc omnia tibi dabo, si cadens adoraveris me*; quæ vis omnes cadere, nullum erigere; quæ Judam de apostolatu dejecisti; quæ aperis os tuum in blasphemias ad Deum, blasphemare nomen ejus et tabernaculum ejus, et eos qui in cœlo habitant; quæ corpora martyrum submergere fecisti, dicens: *Ne Christiani sibi martyres facerent*; quæ per Simonem Magum de Petro apostolorum principe, dicebas Neroni: *Hic est homo imperitus, piscator mendacissimus, nec in moribus, nec in genere, nec in aliqua præditus potestate*; quæ Spiritum sanctum minorem Filio, et Filium minorem Patre dudum prædicabas, nunc prædicas Martialem esse minorem apostolis; quin potius abnegas eum esse Christi apostolum. Sed, hæretice, canis invide, quicunque hoc dicis, recte in caput tuum mentiris: quia Christus Martialis magister fuit, Christus Martialem per se docuit, pro Christo Martialis multum laboravit, ut verus apostolus. Multitudo sapientium sanitas est orbis terrarum. Quod prædicamus Martialem esse apostolum, contrarium est diabolo, delectabile Christo. Astutia diaboli adhuc dicunt nonnulli rustici: Magis voluimus Martialem esse confessorem primum quam apostolum ultimum. Et hac de causa ab insulsis hæc prava consuetudo dudum immissa est, quæ modo ab eruditis penitus abscissa est. Docti enim credendi sunt potius quam vulgus, nec doctus assentiri debet opinionibus vulgi, sed vulgus assentiri oribus docti. Docti enim fulgebunt ut splendor firmamenti, et qui ad justitiam erudiunt multos quasi stellæ in perpetuas æternitates. Quapropter hanc justitiam non in vanum ducimus prædicare. Vestigia enim Christi secuti sunt priores apostoli; post apostolos, martyres; post martyres, confessores; post confessores, virgines; post virgines, viduæ; post viduas, continentes. Quot vero episcopi orthodoxi, quot Patres catholici, quot litterati lumina Ecclesiæ ante nos Vitam Martialis legebant et credebant, licet si intelligerent, desidia tacerent? Quot eruditi ante nos in conspectu Dei cecinerunt: *O quam gloriosus est miles fortissimus Martialis,*

qui apostolorum junctus collegio, potestate ligandi atque solvendi accepta a Domino, non dissimili cum apostolis est honoris usus privilegio; et multa alia, in quibus apostolus prædicatur; nunc vero per unum Langobardum rusticum, putantem se esse grammaticum, derelinquet conventus eruditorum catholicorum veritatem antiquam Patrum nostrorum? Facilius possunt cervi camporum pasci in æthere quam sancta mater Ecclesia hanc suam purissimam veritatem derelinquere. Hanc sanam consuetudinem, etsi insulsi olim respuerunt, non tamen amiserunt, sed inviti et ignorantes ex parte retinuerunt scintillam, et eruditi in litaniis reservaverunt: ex qua scintilla reluxit modo ut sol pulchra veritatis consuetudo, glorificante Deo tempora piissimi pastoris nostri Odolrici et episcopi Jordani. Quia ergo Martialem prædicamus in veritate apostolum, gaudet ipse, gaudet Deus, gaudent angeli et omnes sancti ejus. Tristatur diabolus, tristantur hæretici et invidi, et cum invidia sua moriuntur, nisi a diabolo disjungantur. Testificor coram Deo et Christo Jesu, qui venturus est judicare vivos ac mortuos, per adventum ipsius, et regnum ejus; testificor et coram Spiritu sancto, qui apostolorum pectora invisibiliter penetravit, si mihi visibilis modo appareret in facie mea Martialis ipse, et me interrogaret dicens: *Quem me dicunt homines esse?* ego sine aliqua hæsitatione, confidentissime ac promptissime protinus ei responderem dicens: Alii apostolicum virum, alii unum de episcopis, alii unum de ignotis sanctis, aut unum ex confessoribus. Et si dignaretur me interrogare dicens: « Odolricus vero abbas meus, et monachi mei, et episcopus meus Jordanus, *Quem me esse dicunt?* » ego protinus responderem, « Apostolum Dei. » Ego autem Ademarus indignus servus tuus veraciter credo, confiteor et dico quia tu es vere magnus et egregius, et nobilissimus apostolus Dei; et qui contradicit esse apostolum, ira Dei cadat super illum, et sit perditio in adventum Domini nostri Jesu Christi Filii Dei, qui te per se ipsum docuit. Sed dubii, quia non audiunt nomen tuum scriptum in Evangeliis, te hæsitant apostolum; verum ego credulus profiteor tacite prætermissum causa junioris ætatis tuæ; cum et in Veteri Instrumento non numerarentur Hæbræi, nisi a viginti annis et supra. Fides, spes et charitas meum comitantur in arduam gressum, dum credo quæcunque Petrus a Christo secrete et cum duodecim audiebat, te quoque per eumdem Petrum tunc simili modo audisse, et ideo gentibus te fiducialius Christum prædicasse, et per te gaudeo in Deum similiter credere, omnesque hæreses respuere, dum spero per te ad visionem summæ Trinitatis me perventurum, et ipsa perenniter fruiturum, dum per te charius et ardentius diligo Dominum Jesum Christum. Quicunque a me vult auferre ut te corde non credam, et ore confitear Christi apostolum, auferre vult a me fidem, spem et charitatem, sine quibus nemo salvus esse poterit in æternum. Non acquiesco Longobardo, qui te abnegat interfuisse in cœna Christi, qui mentitur ore suo venenato Dominum cum solis duodecim quasi latronem, non quasi regem liberalissimum cœnasse. Sed assentio sanctis Patribus nostris; et scriptori Vitæ tuæ; et affirmo Dominum cum duodecim apostolis discubuisse, ministrosque habuisse, qui ei et duodecim apostolis ministrarent, et pocula propinarent, et quæ necessaria erant deferrent. Non assentio vaniglorio Longobardo, qui te abnegat ab ipso Christo potestatem ligandi et solvendi accepisse; sed solide profiteor te tanto munere apostolico cum aliis apostolis a Christo sublimatum; ideo peto, apostole sancte, solve vincula omnium peccatorum meorum, et nunquam disrumpendis dulcissimi amoris tui vinculis mentem meam ad te tenacissime constringe. Nunquam communicabo hæretico Hebionitæ pseudomonacho, qui te abnegat in loco ubi Spiritus sanctus in igneis linguis super discipulos descendit, interfuisse: quin imo libera voce omnibus populis testificor non ibi solos duodecim, sed etiam multos alios discipulos ibi in Sion congregatos fuisse, et te inter eos repletum Spiritu sancto variis linguis magnalia Dei esse locutum, et cum aliis apostolis edoctum omnibus linguis invincibilem resurrectionis Christi testem exstitisse. Unde imploro per te ipsius Paracliti visitatione cor meum mundari ab omni errore, et sapientia, quæ a Patre luminum est, sine fine coruscare. Dispereat hæreticus velociter a facie terræ, qui omnibus prædicare non cessat Christi ascensionem nullum alium præter solos undecim apostolos vidisse, et ibi nequaquam te interfuisse. Ego enim vivens cum Christo, ego, qui nunquam moriar; ego, qui mortem non gustabo in æternum, utpote credens in Christum, super montem excelsum ascendens, et in fortitudine vocem meam exaltans, omni creaturæ cum omni fiducia adnuntio; sicut veritas est in Jesu; quia sicut testis est Aurelianus episcopus, quem resuscitasti a gemina morte, scriptor Vitæ tuæ cum undecim discipulis in Galilæam, in montem ubi constituerat eis Jesus hortante Petro abiisti; ibique ab ipso Christo potestatem prædicandi, docendi, baptizandi, una cum Petro et reliquis apostolis accepisti, et postea in monte Oliveti ascendenti ad Patrem Domino præsens fuisti, ubi benedictionem pontificalem ab ipso Domino cum reliquis discipulis meruisti. Unde te, sancte apostole, non sine magno gemitu deposco, fac me oblivisci terrenorum, et quo Christus præcessit, incessanter suspirare ad cœlos cœlorum. Quod si Hebionita Longobardus ab infidelitate non discedit, discedat a societate orthodoxorum; rumpatur ab unitate catholicorum, abscindatur a contubernio omnium sanctorum, segregetur a consortio angelorum beatorum; quoniam nullatenus est de collegio sanctorum apostolorum. Comminatus est nos propter tuam gloriam et veritatem accusandos a se ante papam Romanum; omnem Aquitaniam propter te excommunicandam; in laqueo suo humilietur invidus hæreticus, exsurgat Dominus, et non prævaleat Longobardus. Tripudiet in te Petrus, quia tu es dilectus sibi coapostolus; papa Romanus Aquitaniæ tuæ communicet, non excommunicet. Te Petrus veneratur vere coapostolum; te papa Romanus non abneget vere apostolum. Te Petrus clamat charissimum fratrem; te papa non deneget dilectissimum Petri consortem. Pro te Petrus oravit fixis genibus; propter te gratias papa referat expansis manibus. Gratuletur in te omnis Roma, quoniam Petro solvit tributum omnis Aquitania tua. Verum si forte humana a divinis discordaverint judicia, si forte creditum fuerit veritatis inimicis potius quam amicis, nunquid corruptibilis papa poterit transcendere Petrum, cujus instinctu Christi præceptis obedisti? Nunquid moriturus papa poterit te excommunicare, quem Christus ascendens ad Patrem propria manu dignatus est benedicere? Nunquid vermis efficiendus papa poterit excommunicare Dei Filium, qui tibi cum reliquis apostolis contulit ligandi solvendique pontificium? Nunquid humanus papa poterit excommunicare Spiritum sanctum, qui tibi cum reliquis discipulis contulit scientiam omnium linguarum? Nunquid fragilis papa poterit excommunicare Aquitaniam tuam, quam fecisti cohæredem Christo in vitam æternam? Nunquid pulvis et cinis papa poterit excommunicare Ecclesiam Dei, quam tu ab idolis emundasti, et ab omni hæresi semper illæsam servasti? Nunquid futurum cadaver papa poterit ne te prædicent apostolum prohibere episcopos tuos, quos tu una cum omni Gallia præsentabis Christo in die judicii, manipulos laborum tuorum, in horreo cœlesti salvandos? His et talibus, amen dico vobis, insatiabiliter Martialem apostolum Dei alloquerer, si eum contemplarer. Quod vero nonnulli bruti et pusillanimes aiunt, peccatum est, quia prædicamus eum apostolum, et Deo et illi est molestum; ego verus Christicola Ademarus ante præsentiam Salvatoris, qui venturus est judicare vivos et mortuos, et sæculum per ignem, et ejusdem Genitricis intemeratæ et perpetuæ virginis Mariæ, ac beati apostolorum principis Petri, testor et opto super me sit hoc peccatum hic et in futuro in æternum. Vere si hoc peccatum super me haberem, beatus omnino fierem; non enim est hoc peccatum, sed pietas maxima. Iterum adhuc pronuntio ante conspectum Dei, et omnium in cœlo habitantium, si gloriæ Dei vel ipsi Martiali, vel alicui sanctorum, qui jam ex hac vita transierunt, molestum aliquo modo est eum prædicari apostolum, hac ipsa hora, quæ est quasi sexta diei, hoc ipso articulo temporis, quo hoc scribo, hoc momento, hoc atomo moriar corpore, et ultra non vivam. Duæ missæ, quas hodie mane sexta Sabbati continuas in honore vivificæ crucis, unam sponte, alteram obediens necessario jubenti et roganti abbati Amalfredo, super corpus beati Eparchii celebravi; si, inquam, hoc Deo displicet, non sint mihi in adjutorium, sed statim, sicut solus intra ecclesiam scribo, hac ipsa hora animam reddam. Christus ubique est.

Christus me vivere vult, Christo gratum est Martialem prædicari a nobis apostolum. Est enim vere apostolus. O seniores Patrum, quibus hanc epistolam scribo, adhuc auribus accipite blasphemos Langobardi inter pocula sermones. Nam contrarius apostolo jubenti cum silentio panem manducandum, non in capitulo matutino, non in loco sobrietatis, sed jam escis distentus, piscibus refectus, vini meri poculis madidus, in refectorio fratrum jubebat lectorem silere multoties, et non de ipsa lectione, sed de apostolo Martiale, fratribus convivantibus, sæpissimos sermones faciebat ita derisorios, quod non sine immensa cordis mei amaritudine dico, ut omnium ætatum fratres ad lascivum risum et cachinnum dissolveret. Ita tota prandia et cœnas per dies ferme quadraginta Augusti et Septembris mensium alternatim manducabat et bibebat, sibi et Christo apostolum Martialem blasphemabat nobis. Epulæ suæ, blasphemiæ nostræ. Hæc erat sua crebra repetitio quotidiana : « Ego, inquit, sum nepos abbatis de Clusa; ipse duxit me per multa loca in Longobardia et Francia propter grammaticam; ipsi jam constat sapientia mea duo millia solidis, quos dedit magistris meis. Novem annis jam steti ad grammaticam, et adhuc sum scolasticus. Sumus novem scholastici, qui simul discimus grammaticam, et sum ego valde perfectus sapiens. Habeo duas magnas domos plenas libris, et adhuc non omnes eos legi, sed quotidie meditor in illis. Nullus liber est in tota terra quem ego non habeam. Postquam exiero de schola, non erit subtus cœlum tam sapiens ut ego. Ego ero abbas de Clusa post mortem avunculi mei, jamque sum electus ab omnibus; et nisi tales conversi mali monachi fuissent, qui non curant nisi de hypocrisi et de rusticitate, qui mihi hoc abstulerunt, jam ex multo tempore essem consecratus abbas. Ego sum prior de Clusa, et scio bene facere sermonem de littera. Dicunt isti Lemovicani stulti, quia in Francia prædicant apostolum esse sanctum Martialem, et quia mittunt eum in litaniis ante martyres, hoc falsum est; ego enim multis annis steti in Francia, et nunquam ibi audivi etiam nomen ejus in aliquibus agendis nec in totis litaniis. Francia nihil scit de ipso : nescit si est apostolus, aut martyr, aut confessor. Nulla ibi de eo fit commemoratio etiam in suo natalitio. Nunquam deberet esse hoc cogitatum. Quis fuit unquam tam ausus qui hoc diceret ? Quis ausus fuit Martialem prædicasse apostolum, nisi prius grande generale concilium omnium episcoporum Galliæ et Italiæ, una cum papa Romano congregaretur, et ibi esset probatum si est an non est apostolus. Ego totum unum concilium bene scio disponere, tam sapiens sum. Et si ego primus affirmarem, tum posset hac causa existere; in Aquitania nulla sapientia est, omnes sunt rustici. Et si aliquis de Aquitanis parum didicerit grammaticam, mox putat se esse Virgilium. In Francia est sapientia, sed parum; nam in Longobardia, ubi ego plus didici, est fons sapientiæ. Ego propter hanc causam, conducam omnem Aquitaniam ad tale placitum, in quo nullus clericorum sciet se adjuvare. Nam ego aut ibo ad papam Romanum propter hanc præsumptionem, aut mittam ei litteras meas sicut scio componere. Et iste papa est valde asper homo et ferus, et male iracundus et sævis moribus; et mox ex quo audiet novum apostolum esse erectum in Gallia, excommunicabit omnes episcopos et omnes ecclesias et monasteria totius Aquitaniæ, ut nullum sacrum ministerium ibi amplius celebretur, quousque hoc sit omnino destructum, et pœnitentia publica pro hoc sit ab omnibus facta. Et postea per testamenti præceptum excommunicabit, ut jam ultra in futurum hoc amplius nullatenus præsumatur. »

Itaque duo pseudomonachi nostri a Buxetia reversi, mox gementes cœperunt nobis dicere : « Heu ! male fuimus nati; omnes mortui sumus, nisi Deus misericordiam nobis fecerit. » Tum ista quæ supra retuli, et multo alia majora quæ audierunt ab illo muscipula diaboli Longobardo, cœperunt nobis enarrare. Ego vero, confisus hanc contrarietatem accidere propter majorem futuram firmitatem, et quia quo plus contradicitur, eo plus veritas affirmatur, simulque pro nihilo ducens ostentantem Longobardum (audieram enim eum Lemovicas, ut supra dixi, barbarismis male corrumpere Latinitatem, et stultos mores ei inesse; nam iram suam nequaquam celare poterat, et contentionem in nos sua defensione amabat, intellexeram), vel quia tot prudentes Ecclesiæ Lemovicensis viros judicabat erroneos, vel quia solus exoticus neque invitatus, videri magister volebat pluribus (culpa est enim superbiæ meliorem velle docere); simulque quia confestim appulit animus hanc vobis scribere epistolam ad refellendos vecordis errores, curiose minutius sciscitatus sum ab eis hæc omnia dicens : « Unde nostis si ipse est sapientior nobis? — Ultra, inquit, omnes homines est sapiens quos unquam vidimus. Nullum ita tota die loquentem audivimus. O quam loquax est ! nulla hora lassatur a locutione. In quocunque loco fuerit stans, sedens, ambulans, jacens, ita defluunt verba ab ore ejus veluti aqua a fluvio Tigride. Ipse mandat omnem locum Buxeriæ sicuti abbas, omnes monachi, et laici, et clerici nihil agunt sine nutu ejus; ipse est enim prior prælatus. Multitudo populi et militum, nobis præsentibus, ad eum quasi ad principem desiderantium eum audire loqui festinabant; quos ipse tota die ferens verba, omnes pertæsos reddebat, ipse vero non lassabatur. Qui vero recedebant, dicebant : Nunquam sic eloquentem grammaticum vidimus. » Quibus ego : « Non multitudo, inquit, eloquentium, sed multitudo sapientium sanitas est orbis terrarum. Sapiens verbis innotescit paucis. Et monachus pauca verba et rationabilia loquatur, et linguam ad loquendum prohibeat, et taciturnitatem habens usque ad interrogationem non loquatur. *Stultus, si tacuerit, sapiens reputabitur.* » Tum illi : « In hac terra non reputatur sapiens, nisi multum fuerit eloquens. Sed de sancto Martiale valde sumus tristes; nam valde placebat nobis eum prædicari apostolum; amodo vero revertendum nobis est ad solitum usum. Ipsi enim Lemovicenses monachi, qui ante corpus ejus astant, post non multos dies revertentur ad pristinum morem, et non vocabunt eum ultra apostolum, sed confessorem, sicut Benedictus affirmat, et erit hoc magna derisio coram omni sæculo. » Quibus ego. « Hæc est visio mea, quam hac nocte exhorrebam. Duo parvi, sed valde fetidi serpentes erant, colore tetro, ascendentes de vallo inaquoso, sed humido, inter se ludentes et luxuriantes, et corpore immoti in superficie valli. Quos quidam monachi admirantes et ridentes spectabant libenter; verum ego pro fetore maligno potius exsecrans quam fugiens, videbam eos in cavernulis suis reabscondi, quasi fugiendo velocius. Videbam item in summitate fossati ipsius tertium serpentem turpissime variatum, non plus uno cubito longum, inflatum nimio veneno, medium de foramine exire torpidum, et evomentem venenum, qui exhalabat exsecrandum fetorem; quem, qui circumstabant, dicebant esse matrem duorum serpentium. Quem a longe clausis naribus meis dum cœpissem spectare, ille velut visum meum erubescens, paulatim retrorsum repens, in foramine suo delituit. Intellexi duos serpentes duos esse vos pseudofratres, tertium vero doctorem vestrum Longobardum, quem ultra nequaquam vocabo Benedictum, sed nomine digno censebo Belitonium, hoc est, Belial sonum, quia per os ejus diabolus sonat. Est siquidem proprium Satanæ non per charitatem admonere, sed per superbiam derogare, per invidentiam aliorum claritatem obfuscare. Sed cum sciam difficile erigere, et facile esse diruere veritatem, nullatenus miror vos pro uno ignoto magistro in momento reliquisse bonum, quod me per multum tempus suadente, qui sum a puero non incognitus, testimoniis æque et auctoritatibus virorum probabilium fervescentibus vix inchoastis. Melius tamen fuerat vobis rectitudinem hujus veritatis licet cognitam non inchoasse quam inchoatam dereliquisse. »

De alio etiam monacho sæculari, licet inter regulares Angeriacensis cœnobii ad horam conversetur, ejusdem nominis, prænomine autem Salgionio, scitote, o viri clarissimi quibus hæc scribo, et ipse in quantum potest, adversarius est huic veritati, adeo ut in conventu nostro publico die quodam hospes, audiens nos in litaniis nomen Martialis in choro apostolorum canere, mox ibi coram omnibus maximum tumultum et murmur et scandalum moveret, et deinceps quartum in ordine confessorum elata voce proferret, qui quartum decimum in ordine apostolorum pronuntiatum fuerat. Quem cum palam coram abbate et fratribus arguerem, ait jurgans : « Quod nunquam antea dictum est, hoc modo dicemus? » Cui Gauzbertus : « In itinere, inquit, Romæ vidi jam olim quemdam præcipuum comitem Almannum, cujus linguam intelligere non poteram, nisi in psalmis et litaniis et lectionibus, cujus capellani ante eum quotidie circa horam tertiam litanias sanctorum dicebant, et quotidie illos audiebam Martialem pronuntiare in ordine apostolorum. » Tum Salgionius : « Et ego, quando euntes in Hierosolymam intravimus mare, vidi quemdam Joannem monachum, fortissimum grammaticum, ex civitate Remis, qui in navi similiter quotidie Martialem pronuntiabat in ordine apostolorum. » Et Gauzbertus ait : « Ego nisi per memetipsum ab extranea gente et barbara lingua audirem, non crederem eum esse apostolum; tu vero, qui, ut dicis, exemplum simili modo ab alienis audisti, cur adversarius es? Quia nunquam, inquit, hactenus talis consuetudo fuit inter nos, et omnes episcopi et abbates nostri sunt propter hoc tristes, et volunt mittere epistolas papæ Romano, ut hanc novam præsumptionem fieri prohibeat. » Et ego respondi : « Si papa, subripiente consilio invidorum, hoc prohibet, tamen obedire oportet Deo magis quam papæ Romano. Nulli etenim papæ data est potestas vel absolvendi vel excommunicandi sanctos apostolos Dei, vel prohibendi Ecclesiam Dei a bene faciendo et recte loquendo. » Et ille : « Cur hoc inchoasti sine licentia sua? » Tum ego . « Et tu, inquam, cur effectus es de canonico monachus sine licentia sua? Nunquid non ante Martialis fuit apostolus quam in urbe Roma esset aliquis papa constitutus? Nunquid non simul cum Petro Romam venit? Nonne in Hierusalem fuit a Christo apostolus constitutus, et in Sion per Spiritum sanctum scientia omnium linguarum edoctus est? Non enim de urbe Roma, sed de Sion exivit lex, et verbum Domini de Hierusalem. Si qui vero apostoli ordinati sunt Romæ, requirant apostolatum suum Romæ. Martialis enim in Hierusalem apostolus ordinatus est, ubi fons Christianitatis, ubi vinea fuit balsami, ubi mater est omnium Ecclesiarum Sion. Nam et quod legitur in quibusdam Annalibus : *Natalis Martialis, qui ab apostolis ordinatus est,* simili modo legitur de Jacobo apostolo : *Natalis,* inquit, *Jacobi fratris Domini, qui ab apostolis primus Hierosolymis ordinatus est episcopus.* Non enim apostoli eum consecrarunt, qui a Christo consecratus erat, sed compulerunt suscipere regimen Ecclesiæ. Pari modo Martialis tantæ dignitatis est apostolus, ut ab apostolis non consecratus, sed unanimi consensu primum deputatus sit regimen suscipere in provincia et in urbe adhuc ignota, sed a Domino postea Petro ostensa. Ideo Petrus ait : *Lemovicam tibi Christus commendat.* Christus, inquit, non ego. Clementi vero quem de gentili Romano Christianum fecerat, alio modo Romanam urbem injunxit Petrus, dicens : *Te episcopum Romæ ordina, et tibi meæ prædicationis et doctrinæ cathedram credo. Et tibi trado a Domino mihi traditam potestatem ligandi atque solvendi, ut de omnibus de quibuscunque in terris decreveris, hoc decretum sit in cœlis.* Tunc in medio coram omnibus manum ei imposuit benedicens, et in cathedra sua eum sedere compulit. Hoc ipsum antiphona demonstrat antiqua : *Sanctus Martialis ad prædicandum Galliis delegatus*, subauditur *a Domino*, quia Dominus ante deputaverat Galliam ad prædicandum, ad quam postmodum præcepit ire per jubentem, imo suadentem et hortantem Petrum. In qua regione primum Lemovicensibus sermone et signis salutem pandere suscepit. Si enim hanc antiphonam ad alios verteris apostolos, recte constabit hoc modo : S. Petrus ad prædicandum Italis delegatus, Romanis civibus jubentibus cæteris apostolis, semina fidei eroganda suscepit. Sanctus Andreas ad prædicandum Achaiæ delegatus apud urbem Patras, suadentibus aliis apostolis, prædicationem suscepit. Licet enim, ut liber Clementis ait, Barnabas primus Romanis exortus sit prædicare, tamen sine effectu et fructu reversus est Orientem. Et si calicem Aurelianensis ecclesiæ, quem, sancto Evurtio episcopo celebrante missam, fertur divina manus benedixisse, nemo postmodum mortalis præsumpsit benedicere, quomodo Martialem, quem Christus manibus suis benedixit episcopum cum cæteris apostolis, ultra aliquis mortalium benedicere pontificem præsumeret? Et si benedictio patriarcharum tantam vim habet, ut dum barbas et coronas clericorum benedixerint hoc tantummodo dicentes : Benedicta sit barba vel corona tua, aliorum episcoporum benedictione non opus sit ; multo magis benedictio ipsius Domini, qua elevatis manibus apostolis benedixit, tantam virtutem habuit ut altera consecratione ab aliquo mortalium ipsis alterius nullatenus opus esset. » Ille vero respondit : « Ipsi principes sæculares hoc vituperant. » Cui ego : « Non omnes, inquit, qui ipsum Christum aut apostolos ejus loquentes audierunt verbum Dei, receperunt. Et hoc tempore obsequium amicos, veritas odium parit. »

FRAGMENTUM SERMONIS ADEMARI

In concilio Lemovicensi habiti.

Apud Mabill., *Acta SS. ord. S. Bened*. tom. VIII. p. 34, n. 3.)

Perlongum est tot Patrum rata testimonia de ejus (*id est sancti Martialis*)... ad medium deducere. Unum tamen ex priscis auctoribus super hoc memorasse satis sit: illum certe nominatissimum Patrem (*S. Abbonem*), cui in pastorali regimine ille totius scientiæ vir gravisque auctoritatis successit archiepiscopus Bituricensis (*Gauzlinus*), orthodoxæ fidei defensorem, catholicæ pietatis cultorem, bene nostis, etsi non visu, sed auditu. Jam enim longe ante nos præcessit martyrio coronatus, sanguine fuso ab impiis passus; ad cujus sepulcrum jam clarere audivimus miracula, verorum testimonio comprobata; cujus martyrium etiam in pluribus Ecclesiis more sanctorum martyrum solemniter celebratur. In quo martyre tantum domicilium sapientia sibi collocaverat, ut sui temporis eruditi, quanquam innumeri florerent, præ omnibus tamen auctoritas ejus maxime duceretur, ita ut in tota Gallia et Germania atque Anglorum gente (nam illic quoque famosissimus habebatur) de quacunque ventilaretur quæstione, si quis audisse se diceret ab illo definitionem, nihil plus auctoritatis requireretur ; judicabatur ab omnibus ratum esse quod ab ore tanti viri auditum esset : qui auctoritate quasi alter Salomon præcellebat. Et si esset habitatu vel natu Francus, eloquio tamen Romano clarus, ac si alter judicabatur Tullius. In conciliis Patrum coram regibus et principibus solus proposita discernebat, solus omnium magister paucis verbis dubitationi finem dabat. Omnes, licet peritorum peritissimi, ex ore ejus pendebant, eo præsente digitum ori superponebant. Ita magnus sapientia, præterquam quod septem columnis liberalium artium fulcitus erat, plenus auctoritatis et gratiæ, omni ecclesiæ ornamentum erat. Conventus episcoporum decorabat, omnia sua dicta auctoritate divinarum Scripturarum approbabat ; et quidquid ex ore ejus procedebat, quasi quodammodo non humanum, sed divinum sonabat. Hic in suo quodam tractatu Martialis veritatem tacere non potuit, dicens : « Summus Pater iste Martialis in cœna omnino sat mystica Christo conviva fuit, cœlestis panis sumens reliquias ; cumque discipulorum collegia postea surgens tersit, lætus ipse præbuit linteamina. Neque unquam refugit sacra contubernia, absque Thoma piorum ex timida caterva unus. Quin imo cum Christus peteret cœlestia, benedici meruit inter astantium agmina. Nec choros laudantium sprevit, sed cum eisdem sancti Spiritus tunc suscepit charismata et linguas multifidas : quibus subnixus, tandem Petro comite pervenit Antiochiam, ac dehinc urbem Romæ. Qua derelicta, pertransivit ad Galliam, cujus clara et nobilis est provincia Aquitania pars magna, ubi perveniens, totius provinciæ fit apostolus per cuncta sæcula. »

ADEMARI MONACHI

ACROSTICHON

Ad Rohonem episcopum Ecolismensem.

(Apud Mabill. *Analect.* nov. edit. pag. 432.)

```
R ex dominans mihi fautor ades, ne codice fam  A
O pticeat titulis, hunc renitescat apu          D
H occe volumen Egolisma ROTHO præsul in urb     E
O mnibus eximius condidit egregia               M
E cce patrum renitet tomus præclara trophæ      A
P etri quis nituit ordine clarus hono           R
I uraque bellorum Christi inlustrissima corn    U
S anctum flamineo quæ tulit ore genu            S
C ertatimque venenosos stravere chelydro        S
O rnati stolis quomodo mirific                  E
P romptior ac micuit per eos primatibus ardo    R
U t fuerintque Deo subdita colla di             V
V ir pie clare bonis Præsul ROTHO comptior act  U
S emper amande mihi, accipito hos modulo        S
X enia ADEMARUS dederim tibi talia cur mo       X
E ite tuum scire est unde reposco detu          R
A nnua amoris adesto mihi præclara beat         I
S int furiæque procul, dum mihi pars pia si     S
T e sic EPARCIUSQUE Petrus munimine coman       T
E n superi nos qui castra vehantque pol         I
```

ADNOTATIO.

Hoc Acrostichon scripsit *Ademarus servus Xristi*, id est monachus, ex prænobili familia Cabannensi, Ecolismæ in sancti Eparchii cœnobio institutus, cujus Chronicon et Commemoratio abbatum basilicæ sancti Martialis exstant in tomo secundo Bibliothecæ Labbeanæ. Florebat hic auctor anno 1030, quo tempore Historiam pontificum Romanorum Damaso ascriptam Roho præsul Ecolismensis describi curavit opera ipsius Ademari, ut testantur superiores versus appositi in fronte codicis, qui modo in Uticensi monasterio asservatur, desinitque in Leone IV.

Non ab re erit hic subjicere titulum et clausulam, quam idem Ademarus apposuit membraneo codici ecclesiæ sancti Martialis apud Lemovicas, qui codex complectitur quatuor libros Amalarii de divinis Officiis, in quorum titulo hæc leguntur :

Incipit præfatio Symphosii Amalarii clerici, in libros De divinis officiis, ad Ludovicum imperatorem.

Et in fine codicis : *Explicit liber Symphosii Amalarii presbyteri venerabilis De divinis officiis, quem misit ad Ludovicum et Lotharium reges, filios Caroli Magni imperatoris : quem librum in hoc corpore transcribi curavit Ademarus indignus monachus in honorem Dei et sancti Benedicti.* Quæ idcirco huc refero quod SYMPHOSII prænomen nusquam legerim tributum Amalario, qui in eodem codice tantum *Presbyter et clericus* appellatur.

Dubia.

SERMONES TRES ADEMARI,

UT VIDETUR,

IN CONCILIO LEMOVICENSI CELEBRATO ANNO 994.

(Apud Baluz., *Hist. Tutel.*, Append. pag. 385-400, ex codice 1238 bibliothecæ Albertinæ.)

SERMO PRIMUS.

Quondam, ut novit fraternitas vestra, dilectissimi, gravior afflictio et, ut ita dicam, plaga plagarum per omnia Lemovicensium crassabatur loca et per alias in circuitu civitates, ideoque ad beatum Martialem suæ salutis medicamentum omnis confugiebat populus, quam plebem districtius in præsenti miseratio castigabat superna, ut cæteri timorem haberent, nec inobedientes jussis episcoporum essent in ecclesiasticis statutis, et ne illi qui puniebantur æterna postmodum plecterentur ultione. De talibus nimirum scriptum est : « Quem diligit Dominus corripit ; flagellat autem omnem filium quem recipit. » Et Paulus ait : « Quod si extra disciplinam estis, cujus filii estis? Ergo adulteri et non filii estis. » Item propheta : « Castigans castigavit me Dominus, et morti non tradidit me. » Quod flagellum populo Lemovicensi non ad consumptionem, sed ad correctionem provenisse constat, dum hac de causa cuncta gens Aquitanica pœnitentiam pro commissis egit, et sacerdotum monitis obtemperans, filia pacis est facta, quia pax episcoporum super eam requievit. Si, inquit Dominus Apostolis, ibi fuerit filius pacis, requiescet super illum pax vestra; sin autem, ad vos revertetur. Eo vero tempore quo hæc facta sunt, antequam ad locum Montem Gaudii corpus sacratissimum transveheretur Aquitanici patroni, contigit jam advenisse ad synodum Lemovicensem Burdigalensis urbis, hoc est secundæ Aquitaniæ metropolitanum, cujus fides tacenda non est. Cum enim sol occidisset et ipse metropolitanus ante beatum Martialem ab oratione surrexisset, cœpit divertere ad hospitium, sed ardentium ululatum graviter ferens et fetorem intolerabilem ignis qui de miserorum vaporabat corporibus, in gemitu et in lacrymis prorumpens, extensis manibus contra apostoli sepulcrum, clamavit voce magna, dicens : « O pastor et illuminator Aquitanorum, exsurge in adjutorium populi tui. Cur dormitas miseris! Tam tristem, rogo, aufer calamitatem, infernales has regnare pœnas non amplius juxta corpus tuum permittas. O Martialis, speculum virtutum, o princeps Patrum, ubi est quod legimus te in carne fuisse ejus discipulum qui in populo Judæorum sanabat

A omnem languorem et curabat omnem infirmitatem; qui dolores nostros abstulit, et infirmitates portavit, cujus livore sanati sumus? O claritas episcoporum, decus Ecclesiarum, ubi est quod legimus te in cœna ministrum Salvatoris fuisse, quando suis pedes lavit discipulis? O minister pietatis, ubi est quod legitur te a Domino cum aliis apostolis potestatem accepisse ligandi atque solvendi? Nobis certe ab antiquis traditum est Patribus nostris omne te donum gratiarum cum aliis accepisse apostolis. Quid illud dicam, o pauperum exspectatio, miserorum consolatio? Nonne verum tenemus fuisse a te nostræ sedis Burdegalam urbem Deo acquisitam, et tui per mulierem a te baptizatam impositione baculi principem civitatis continuo a morbo curatum pessimo? Nun-

B quid non in eadem urbe tuo sopitum est baculo incendium æstuans? Rogo, si ob plebis reatum ignis ab ore tuo exit qui devorat inimicos tuos, tamen te esse ostende ejus discipulum qui fons misericordiæ est. Coram omnibus astantibus in veritate fateor quia, nisi hanc, antequam ab hac recessero urbe in his qui præsentes nunc sunt, restinxeris flammam, nisi istam tribulantium multitudinem a te videro curatam, non credet ultra mens mea his quæ de te lego magnifica, nec ulterius tuum ad hanc civitatem ero expetiturus patrocinium. Frustra mihi appellaberis Domini discipulus, incassum mihi vocaberis Occiduæ genti a Deo directus apostolus, nisi in oculis meis comitetur misericordiæ effectus. Te omnes

C Aquitaniæ monarchum, te plebem cui præsideo Burdegalensem baptismo tinxisse mihi in vanum pronuntiabunt, nisi quod oro pro salute dolentis hujus multitudinis impetravero. Virga tua, quæ in urbe sedis meæ pro pretioso hactenus custodiebatur thesauro, mihi vilis æstimabitur, nisi cor meum exhilaratum de medela istorum reddideris. » His peroratis ad hospitium archiepiscopus recessit. Erat autem per totam urbem intus et foris virorum et mulierum præ dolore gementium clamor sine requie, et fetor intolerabilis, qui de incendio corporum exhalabat. Tum ecce ipsa media nocte apparuit signum super basilicam sancti Petri, in qua beati Martialis sepulcrum esse videtur. Nam cernentibus innumeris sed divo jacentibus inexcubiis lumen de cœlo coruscans super locum sepulcri descendit, in suo jubare totam civitatem quasi lux diei meridiana per unam fere horam illuminavit. Omnes autem qui in urbe erant languentes repente sani facti sunt, et, cessante dolore et gemitu, requies et silentium omnibus factum est. Fuerunt vero numero septem millia et eo amplius eorum qui eadem noctis hora sanitatem receperunt, virorum et mulierum, dantium gloriam Deo cœli et ad propria incolumes redierunt. Ipsa denique noctis hora memoratus episcopus in lecto quiescens vidit in sopore profundo talem visionem. Astabat ei splendidus in veste fulgenti vir quidam qui urceum plenum aqua porrigebat ei, dicens : « Mandat tibi Martialis discipulus Domini nostri Jesu Christi ut de hac lympha refrigeres populum æstuantem flammis, et bene habebunt. » Experrectus a somno pontifex, dum secum de tali miraretur visu, et omnia quieta sentiret, intellexit misericordiæ rorem divinitus in plebem stillari, sicut et inclucescente mane probavit. In illo tempore siquidem ex tum talis in ipsa patria paulatim cessare plaga cœpit ut aperte constaret Aquitanicis ipsum esse protectorem in cœlis qui eos olim veram fidem docuerat in terris. Verum ad illam beatam congregati pariter sunt translationem episcopi septem quasi angeli septem Ecclesiarum, ut ipso sacro septenario nobis doctoris translatio celebrior esset. Septem vero Ecclesiæ quarum pastores ad eamdem translationem simul tunc convenerunt, hæ sunt sedes Bituricensis atque Burdegalensis, Sanctonicensis etiam et Arverniensis, nec non et Aniciensis atque Petrocorensis, simulque Engolismensis. Hi septem Ecclesiarum principes una cum primate Lemovicensi, populorum optimatibus et Aquitaniæ ducibus summopere in eodem concilio Domini legem observari ab omnibus sanciebant, quemadmodum per prophetam Dominus testatur dicens : « Labia sacerdotis custodiunt scientiam, et legem requirunt ex ore ejus, quia angelus Domini exercituum est. » Ante omnia pacem et justitiam observari monebant, ut legis docti inter virum et virum querelas juste finirent, et, oppressionibus pauperum et violentiis rapacitatis procul exclusis, pax et amica quies in regno Aquitanico deinceps permaneret; qui vero pacem violarent, tanquam rei majestatis a liminibus explorarentur Ecclesiæ, et a corpore et sanguine Domini extorres et a fidelium consortio et colloquio remoti, infamia perpetua notarentur, donec per satisfactiones condignam ab episcopis iterum matri Ecclesiæ reconciliarentur. In eo concilio secundum legem Domini benedictionem proposuerunt et maledictionem ; benedictionem obedientibus, maledictionem inobedientibus. Cæteri autem urbium Aquitaniarum pontifices, illa soluta in pace synodo, e vestigio advenerunt, confirmantes quæ ab eis confirmata fuerant, et condemnantes quæ illi condemnaverant, ut unitas in pace Ecclesiæ permaneret. Cujus concilii decreta antistiti Romanæ sanctæ et apostolicæ sedis miserunt; quæ idem Romanus papa gratanter suscipiens, auctoritate apostolica roboravit, et de pace Ecclesiæ admodum in Domino gratulatus est, simulque de tam pretiosi patroni translatione; et, ut hæc per singulos deinceps in memoria haberentur annos, consono decreto sancitum est ad laudem et gloriam Domini nostri Jesu Christi, cui est honor, virtus et gloria in sæcula sempiterna. Amen.

SERMO II.

In translatione beati Martialis, quæ Lotharii temporibus facta est, ut bene nostis, dilectissimi, in Montem Gaudii propter illuc primum translata ejusdem membra patroni omnis populus Aquitanicus cum episcopis et majoribus natu ac principibus ascendebat ad orationem, ut non incongrue illis diebus lætitiæ illud congrueret prophetiæ vaticinium : « Venite, ascendamus ad montem Domini et ad domum Dei Jacob, et docebit nos vias suas, et ambulabimus in semitis ejus, quia de Sion exibit lex et verbum Domini de Hierusalem. » Qui locus nomini congruere videtur : erat enim ibi typicus, imo verus mons Domini, idem discipulus Christi, cujus sacra illuc membra ad tempus ob gaudium Christianorum erant translata ; idemque qui per tribum Benjamin ex Jacob patriarcha originem traxit, non inconvenienter dici videtur domus Dei Jacob. Domus quippe, hoc est habitaculum Dei Jacob permansit, qui cum aliis apostolis in carne secutus toto corde dilexit eum de quo legimus : « Ego sum Deus Abraham, Deus Isaac, Deus Jacob. » De talibus profecto Dei domibus ait ipse Dominus : « Si quis diligit me, sermonem meum servabit, et Pater meus diliget eum, et ad eum veniemus et mansionem apud eum faciemus. » Hæc domus Dei Israel vias Dei gentem docuerat Aquitaniam, gentes erroribus olim deditæ cœperant ambulare in semitis justitiæ. Tunc illis de Sion exivit lex et verbum Domini de Hierusalem cum Martialis, qui in Sion cum aliis prædicatoribus omnem scientiam per Spiritum sanctum in linguarum ignearum visione edoctus fuerat, legem novæ gratiæ occiduis evangelizabat, et verbum Domini quod in Hierusalem ab ipso magistro Salvatore Jesu Christo didicerat provinciis Galliarum primus omnium ostendebat. In eo autem conventu qui magnum concilium dicebatur, episcopi, qui ad eamdem patroni convenerant translationem, omnes docere summopere festinabant viam Domini, ut per viam pacis et veritatis incedere satagerent, nec a tramite justitiæ, sequentes cordis sui pravitatem, deviarent, potiusque Patrum institutis quam diaboli suggestionibus obedirent, et de illa patroni translatione ita gauderent ut morum et actuum emendationem sibi reportarent. Coruscabant sane multa miracula ad ipsius apostoli pretiosissimum corpus. De quibus, quoniam satis notum est vobis qui inpræsentiarum ipsi vidistis, per singula non necesse est narrare, ne dies antequam sermo claudatur. Libet tamen hoc solum meminisse quod, invento corpore sancto, quicunque dæmoniaci et aliis variis languoribus detenti adfuere ad ejus sepulcrum sanati sunt; sed et hi quos ignis devorabat, eadem hora sensere refrigerium. Aliis denique cum sanitate ad sua regressis, iterum multo plures alii de longe adducebantur, e quibus totam videres urbem intus et per circuitum foris plenam. His autem qui sani erant luctus et clamor atque fetor languentium nimis oneri erat. Cum autem psallentium chorus patroni membra de sepulcro in basilicam Salvatoris, quæ regalis dicitur, in arca aurea portaret, multitudo infinita illa ardentium mox curationem plenam meruit, et omnes clamabant dicentes: « Benedictum nomen Salvatoris Domini nostri Jesu Christi qui per beatum Martialem propitius fuit populo suo. Nec silere debemus quod aperto interiori vase quod sanctum retinebat corpus, odor suavissimus emanabat et omnium adstantium nares jucundo reficiebat odore. At vero eadem sancta membra cum sacerdotum manibus de sepulcro inferrentur in vas aureum ubi recondita sunt, ecce subito terræ motus factus est magnus, ita ut major ecclesia cum omnibus qui in ea erant concuti videretur, nec tamen occidit, sed et super populum tantus terror irruit ut nullatenus mortem se evadere posse crederet, eademque hora qui a dæmonibus vexabantur curati sunt, eratque hora diei tertia, et sic in ecclesiam majorem sacra pignora deinde imminente nocte latenter propter irruentem populum cum jejunio ministrorum in Montem Gaudii perlata sunt. Et sicut tota illa præterita nocte in aperiendo sepulcro sacerdotes Domini cum pontifice laboraverant, ita foris chori psallentium jejuni eamdem noctem in psalmis et laudibus duxere pervigilem. Hi autem qui intrinsecus tam tremendum arripuerant opus, confecti jejunio ab ipsa prima noctis hora instabant, et psalmorum consummata melodia, celebratis circa pullorum cantum mysteriis, confortati corpore et sanguine Redemptoris, ad extrahendos lapides manus miserunt. Merito itaque, divina eos Patres inspiravit dignatio, quatenus communi consensu hunc diem per singulos in reliquum annos in memoriam divinæ laudis decernerent, quia in ea et miracula superna et gaudia Christianorum, atque pax et requies Ecclesiarum claruerunt. Et postea, ut æterna hujus festivitatis esset commemoratio, in loco præfato ubi sacra patroni membra per aliquot dies requieverunt, ecclesiam in ejus nomine novam dedicaverunt. Nam de ipso monte Gaudii ad sanctum ejus sepulcrum, antequam absolveretur synodus, iterum relata sunt, Per omnia benedictus Jesus Christus Dominus noster nunc et in æternum. Amen.

Episcopi qui tunc ad eamdem convenerant translationem probabiliores hi sunt: Dacbertus archiepiscopus, Gondebadus archiepiscopus, Hilduinus primas episcopus, Abbo episcopus, Grimoardus episcopus, Stephanus episcopus, Frotarius episcopus, Gissabertus episcopus.

Hæc autem facta sunt per annum Dominicæ incarnationis nongentesimum atque nonagesimum quartum, complentibus magnis turbis populorum omnia loca per circuitum urbis ad duodecim amplius milliaria sub aperto divo sereni cœlo admodum jucundante.

SERMO III.

Quemadmodum, dilectissimi, dedicata ecclesia a laudibus die noctuque divinis cessare non debet nec a sacrorum ornatu vacua manere, ita mens Christiana a Dei nunquam laude torpere nunquamve a bonæ operationis decore sterilis debet persistere. Et ut sacrilegium constat esse ecclesiam violare, ita eum qui jam baptismo purificatus domus Dei meretur esse, periculosum est temere a quoquam infestari; quia, cum viri sancti a perversis affliguntur, Deus qui eorum habitator est, ad iracundiam provocatur. In sanctis quippe viris Deus infestatur, dicente ipso per prophetam: « Qui vos tangit, tangit pupillam oculi mei. » Qui autem Ecclesiam honorat, matrem profecto suam, et Dei sponsam honorat, imo ipsum Ecclesiæ caput Christum prorsus honorare videtur. Sic enim apostolis dictum est: « Qui vos audit me audit, et qui vos spernit me spernit. » Et item: « Amen dico vobis, quia tolerabilius erit terræ Sodomorum et Gomorrhæorum quam illi civitati quæ vos pacem prædicantes non receperit. » Hæc propter hodiernæ festivitatis lætitiam congruere videntur, quia, cum hujus templi dedicationem, quæ in Salvatoris pollet proprio nomine, annuatim replicamus, occasionem vobis utilia loquendi non incassum invenimus. Unde illud advertendum quod, si in oratorio dedicato homicidium vel aliud nefas quodlibet perpetratum, vel si ipsum templum a gentilibus sive hæreticis pollutum fuerit, nisi prius reconciliatione episcopali iterum per aquam sanctificatum fuerit, nullatenus ibi peragi potest opus Dei. Dicente enim Apostolo: « Quæ societas luci ad tenebras, qui autem consensus templo Dei cum idolis? » Non dissimili ratione quisquis post baptismum graviorem admiserit noxam, jam indignus Deo est, quia principali facinore contaminatus est donec iterum baptismo pœnitentiæ lavetur, et lotus sanctæ communioni sacerdotali reconciliari auctoritate. Omnes ergo qui in baptismatis fonte spoponderе, tanquam immaculata domus Dei finetenus custodiant, ut integer spiritus eorum et corpus in adventum Domini servetur. Verum si quem post lavacri sacramentum gravius corruisse contigerit, pœnitendo digne satagat et confitendo matri Ecclesiæ per sacerdotum examen reconciliari, ne videlicet, quod absit, diaboli templum videatur, neve cum Satanæ regno damnetur, sed potius templum Dei manens in regno Christi et Dei hæreditatem possideat. Illud omnibus etiam diligenter animadvertendum quam ponderosum et immane arguet exitium his qui juste ab episcopis excommunicati sunt. Certe dum aliquoties ob quorumdam graves offensas suæ diœcesis episcopi excommunicant ecclesias, non in eis ultra divinum peragi licitum est opus donec iterum sermonis clave eas ipsi pontifices aperiant. Nempe linguæ episcoporum claves sunt cœlorum, dicente apostolis Domino, quorum vicem in Ecclesia nunc episcopi tenent : « Amen dico vobis, inquit, quæcunque alligaveritis super terram erunt ligata et in cœlo, et quæcunque solveritis super terram erunt soluta et in cœlo. » O quantum judicium illis imminet qui episcoporum excommunicationem observare recusant, quorum tanta auctoritas est ut qui eos honoraverit Christum honoret, qui eos contristaverit Christum contristet. Et quod auctoritatem concilii possint duo solummodo episcopi perfecta adimplere virtute, quodque ad regendum in pace et justitia populum sibi commissum in conciliis sibi invicem altrinsecus auxilium debeant ferre, confirmat Dominus dicens : « Dico vobis, quia si duo ex vobis consentiunt super terram, de omni re quæcunque petierint, fiet illis a Patre meo qui in cœlis est; ubi enim sunt duo vel tres congregati in nomine meo, ibi sum in medio eorum. » Proinde quotiescunque solus episcopus, convocatis suæ diœcesis primoribus, leges populo de justitia et pace instituit, quia vice Christi legatione fungitur, ut qui eum audierit Christum audiat, qui eum spreverit Christum spernat, nemo ejus jussa absque animæ suæ ingenti periculo contemnit. Quoties vero præsul, præsulem sibi adjudicandi opem, ut jam sint duo, asciverit, jam duo episcopi unum sapientes, unum idipsum sentientes, in nomine Domini congregati, Dominum in medio sui habere creduntur quasi tertium judicem, eorumque sententiarum confirmatorem; quorum duorum qui auctoritatem contemnit, ipsum qui in medio eorum se asserit interesse contemnit. Verum si quando episcoporum trinitas astiterit, et sibi de quibuscunque consenserint rebus, tres quartum secum Dominum in medio habentes, eumdem nihilominus a Domino accipiunt auctoritatis privilegium, ut quisquis eorum contraire quæsierit dictis, reus existat supernæ majestatis; ideoque indubitanter peribit. Igitur si duorum vel trium episcoporum tantæ virtutis et auctoritatis est, Domino testante, ut quæcunque petierint a summo opifice fiat illis, quantæ putatis esse firmitatis conventum ubi plures in nomine Christi nunc congregati sunt episcopi? Ecce enim hodiernum præsens concilium episcoporum in hac sancta sede Lemovicensi numero concluditur septiformi, ac perinde sacrato, ut non dubium sit esse Dominum in medio eorum.

Si quidem de præsenti concilio septem episcoporum non incongrue dicere valemus, quia nunc deambulabat Dominus in medio septem candelabrorum aureorum, tenet quoque in dextera sua septem stellas, quoniam septem stellæ angeli, hoc est sacerdotes, sunt septem Ecclesiarum, et candelabra septem, septem Ecclesiæ sunt, videlicet hæc sancta sedes Lemovicensis atque Bituricensis, Albiensis, etiam necnon et Cadurcensis, Engolismensis quoque et Petragoricensis, simulque Pictavensis. Eodem septiformi numero libri signati intus et foris septem signacula sunt, et agni immaculati qui occisus est ab origine mundi septem cornua et septem oculi sunt, qui sunt septem dona Spiritus sancti. Quis vero ambigat hoc septem episcoporum perfectum esse concilium, cum duorum vel trium Dominus confirmatissimum esse testetur? « Ubi, inquit, duo vel tres congregati fuerint in nomine meo, in medio eorum sum. » Videat ergo quantum animæ suæ ingerat detrimentum qui huic sancto concilio de justitia et pace confirmanda et observanda inobediens existere quæsierit. Talis denique prorsus a præsenti concilio excommunicationi tradetur, et merito ut qui Dei jugo nolunt subdi, quod est suave, Satanæ duræ potestati tradantur. Plane sicut Ecclesia a propriis episcopis excommunicatæ interim usque ad absolutionem officio videmus privari divino, ita quicunque ab episcopo suo excommunicatur, divina privatur gratia usque ad reconciliationem per condignam satisfactionem. Talibus non est licitum Ecclesiam ingredi, nec cum fratribus participari neque in convivio, neque in colloquio. Nam etsi irreconciliati ab hac vita egrediantur, sic animæ eorum a societate animarum sanctarum extraneæ factæ in potestate tartari sunt, sicut hic corpora eorum a corporali remota sunt Ecclesiæ. Verum quoniam nonnulli ita contenebrati tumore superbiæ videntur ut ubi jam episcopali judicio fuerint excommunicati, tamen quasi licenter pro contemptu excommunicationis Ecclesiam intrent, et aliis in convivio, aliis in colloquio, præter episcopi jussionem semetipsos jungant, sciant se tales dupliciter interimi et pro culpa priore et pro contumacia vel negligentia sequente. Hi etiam qui excommunicatis scienter participantur præter consensum episcopi, nimirum judicio gravi digni sunt. Rex ille quondam apud Anglorum gentem justus erat, sed quia cum excommunicato comite suo participavit semel in convivio, episcopo prædicente, justum Dei judicium in hac vita passus est, quia in eadem domo gladiis confossus est. Illam gentem Gregorius papa tempore Mauricii et Phocæ per discipulos suos ad fidem convertit, et ab ipsa gente merito apostolus dicitur, quia eam per Evangelium primus in Christo genuit. Quanto magis ergo Martialis a Galliarum gentibus apostolus esse jure pronuntiatur, qui, Domino per beatum Petrum jubente, primus Galliam luce fidei illustravit temporibus Claudii et Neronis, qui ex genere Abrahæ, tribus autem Benjamin, oriundus unus ex septuaginta duobus discipulis Domini fuit, et apostolus pronuntiatur esse eodem modo quo et Paulus et Barnabas, qui de duodecim non fuerunt. Apud ipsam quoque Anglorum gentem cui Gregorius institutiones ecclesiasticas primus plantavit, probavit Martialem esse ab antiquitate scriptum in numero aliorum apostolorum. Nam et nuper illius gentis rex codicem litteris aureis scriptum Aquitaniæ duci cum aliis muneribus direxit qui in serie beati Petri et aliorum apostolorum Martialem continet scriptum. Hoc idem in aliis illius gentis vetustissimis volum.

bus ipsis oculis nostris probavimus. Constat itaque non solum nostris temporibus, verum etiam et antiquis, Martialis apostolatum claruisse, et fidenter nos profiteri quod fidenter Gregorium in suis posuisse institutionibus certum tenemus. Porro autem qui ab episcopis excommunicantur, hoc est, ligantur, et negligunt sive contemnunt, quoties se indignos Ecclesiæ ingerunt, toties se ipsos ligant et iram Dei contra se provocant, dicente Domino ad Moysen: « Si quis externorum accesserit ad sanctuarium moriatur. » Modo enim externi Ecclesiæ Dei esse videntur qui ligati, sive excommunicati et extranei a societate fidelium sunt culpis propriis exigentibus. Omnis autem qui juste se patitur excommunicari ne obediat sacerdoti, non fidelis sed infidelis judicatur. Qua itaque ratione mysteriis divinis interesse præsumit excommunicatis, cum nil aliud illi quam judicium sit quod fidelibus remedium est. Nam sicut qui Eucharistiam manducat et bibit, indigne judicium sibi manducat et bibit, non dijudicans corpus Domini, vel sicut qui manducat panem vel bibit calicem Domini indigne, reus est corporis et sanguinis Domini; ita qui indigne Ecclesiam ingreditur, judicium magis quam salutem sibi acquirit, quia reus est sanctæ Dei Ecclesiæ. Talium exemplo rex Osias percussus est lepra, quia pontificis sui interdictum contempsit indigne templum Domini ingressus, qui de genere David multis annis justitiam conservaverat, postmodum vero ad injustitiam declinans incidit crimen inobedientiæ, et sub specie religionis, ut Domino adoleret incensum, indigne ingressus est templum. Verum pontifex Azarias cum sacerdotibus Domini octoginta interdixit regi ne illicitum ageret et modo excommunicandi: « Egredere, inquit, rex, de sanctuario et ne contempseris, quia non reputabitur tibi in gloria hæc a Domino Deo. » Sed excommunicationem pontificis rex elatus contempsit et cœpit ei comminari. Idcirco mox terræ motus factus est in templo, et rex lepra percussus est usque ad diem mortis. Imperator Theodosius episcopi sui excommunicationem, ut debebat, pertimuit. In die enim Natalis Domini non est ausus ingredi ecclesiam, sed lugens in sacco et cinere, in cubiculo suo perstitit quoad pro reatu digne satisfaciens ab episcopo reconciliaretur. Qua de re, quia semper obediebat jussis episcoporum, semper in omni bello mirabilis Deus illi concedere dignabatur victoriam plenam. Porro ad eos qui episcoporum parvipendunt excommunicationes exempla prophetarum proferimus. De talibus nimirum justitiam pervertentibus ait propheta: « Væ qui sapientes estis in oculis vestris et coram vobismetipsis prudentes, qui justificatis impium pro muneribus, et justitiam justi aufertis ab eo. Propter hoc, sicut devorat stipulam lingua ignis, et calor flammæ exurit, sic radix eorum quasi favilla erit, et germen eorum ut pulvis ascendet. Abjecerunt enim legem Domini exercituum, et eloquium sancti Israel blasphemaverunt. Ideo iratus est furor Domini in populum suum, et extendit manum suam super eum, et percussit eum et conturbati sunt montes, et facta sunt morticina eorum quasi stercus in medio platearum. » Per *conturbatos montes* clerici, sive principes laici intelliguntur. Ast excommunicandi causa destructores pacis jubent episcopi prophetica auctoritate manere insepultos, ut, secundum prophetæ sententiam, sint cadavera eorum quasi stercus in medio platearum, ut sicut exigente reatu eorum animæ in illo sæculo a Dei regno extorres sunt, ita corpora a Christianitatis separentur sepultura. Pacem ergo omnes observent, si excommunicari nolunt, pacem et veritatem; hoc est justitiam diligant, ut cum omnibus pax Domini sit, ipso præstante qui vivit et regnat in sæcula sæculorum.

CIRCA ANNUM DOMINI MXXXIX.

BERNARDUS

SCHOLASTICUS ANDEGAVENSIS.

NOTITIA HISTORICA ET LITTERARIA.

(*Histoire littér. de la France*, VII. 308.)

Bernard, dont on ne connaît point autrement la famille, avait un frère beaucoup plus jeune que lui, comme il paraît, nommé Robert et surnommé l'Angevin, qui fut abbé de Cormeri, en Touraine (MAB. *An.* l. LX, n. 58). On conjecture de là, avec fondement, que Bernard était du pays d'Anjou. Il quitta sa patrie pour aller se rendre disciple de Fulbert, à Chartres (MAB. *ib.* t. IV, app., p. 703). Pendant qu'il y étudiait, il conçut une dévotion particulière pour sainte Foi, dont il y avait hors des murs de la ville une petite chapelle, qu'il visitait souvent, tant pour prier que pour écrire plus en repos. Les miracles que Dieu opérait au tombeau de cette sainte firent alors beaucoup de bruit. On en débitait à Chartres de si extraordinaires, que Bernard ne pouvait les croire. Pour s'assurer de la vérité, il résolut de recourir à la source et de faire un voyage à l'abbaye de Conques en Rouergue, où se conservait le corps de la sainte. Il paraît même qu'il s'y engagea par une espèce de vœu. Mais il ne le put sitôt accomplir. L'évêque d'Angers, qui était alors Hubert de Vendôme, l'appela près de lui pour lui confier la direction de l'école épiscopale. Bernard en prit soin pendant trois ans, et y eut beaucoup à souffrir de se voir d'une part empêché par un enchaînement d'affaires d'accomplir son vœu, et de l'autre engagé avec des étudiants si peu avancés, qu'il ne pouvait profiter des leçons qu'il fallait leur donner. Enfin il quitta brusquement Angers, et fit son voyage projeté (LAB. *Bib. nov.* t. II, p. 544). Il le fit même à deux différentes fois. Etant à Conques (MAB., *ib.* 2), il recueillit tous les miracles de la sainte dont il put avoir des preuves certaines, et les envoya à Fulbert, son maître.

On suppose que Bernard retourna à Angers, où il continua d'exercer l'emploi de maître d'école, et qu'il peut être le même que le chapelain de Geofroi Martel, comte d'Anjou, qui se nommait Bernard. Mais c'est de quoi l'on n'a aucune preuve. On en a encore moins pour lui prolonger les jours jusqu'en 1054, qui est l'année de la mort de l'abbé Robert, son frère(MAB., *ib.* l. LX, n. 58). Peut-être l'aura-t-on prise par erreur pour le terme de la vie de Bernard. Ce qu'il y a de certain, c'est que notre scholastique florissait dès l'épiscopat de Fulbert (l. LIII, n. 42), et même dès le commencement, vers 1010. Il y a bien loin de cette époque à celle de 1054.

Le principal écrit de Bernard est son recueil des miracles de sainte Foi, imprimé par les soins du P. Labbe (*Bibl. nov.* p. 531), mais sans nom d'auteur, parce que l'épître dédicatoire, où il se fait connaître, manquait à son manuscrit. Dom Mabillon, l'ayant déterré dans un autre manuscrit de l'abbaye de Saint-Père, à Chartres, où l'ouvrage est plus entier que dans l'imprimé, en a fait présent au public (MAB., *ib.* t. IV, app., p. 703). Albéric de Trois-Fontaines nous avait déjà appris que ce recueil appartient à Bernard, scholastique d'Angers (ALB. chr. par. 2, p. 34). On ne convient pas de l'année précise à laquelle l'auteur y mit la main. Les uns croient que ce fut en 1010, les autres en 1012 (MAB. ib. l. LIII, n. 42; *Gall. chr. nov.* t. II, p. 896). Il est au moins hors de doute qu'il le finit avant 1026, puisqu'il y parle comme vivant encore du temps de Richard II, duc de Normandie, qui mourut la même année (MAB., *ib.*, p. 544).

Le recueil est compris en vingt-deux chapitres ; mais il se trouve plus ample dans quelques manuscrits. On en a déjà nommé un de cette nature. Les auteurs du nouveau *Gallia Christiana* (*ubi supra*) copient un endroit de l'ouvrage qui ne se lit pas dans l'imprimé. Aussi ils avertissent qu'ils l'ont tiré des manuscrits, ce qui prouve ce que nous avançons ici. L'auteur, au reste, a fait ce recueil sans choix. Il paraît que tous les miracles lui étaient bons, pourvu néanmoins qu'ils fussent bien prouvés. Il s'est particulièrement attaché à cette certitude : ce qui l'autorisait à inviter ceux qui en douteraient à se transporter sur les lieux, afin de s'en convaincre par eux-mêmes (MAB., *An.* t. IV. app., p. 705). M. de Tillemont lui rend cette justice, que ses narrations sont fort circonstanciées, et d'ordinaire appuyées par des témoins oculaires (TILL., *H. E.* t. IV, p. 545). Mais il observe avec raison qu'il y en a de fort étranges, et que la pénultième surtout n'est propre qu'à rendre les autres suspectes de fiction ou d'illusion. Bernard atteste néanmoins qu'il l'avait apprise d'un vénérable abbé, qui la savait de la personne même à qui la chose était arrivée.

Quoique l'ouvrage de notre scolastique ne contienne que des miracles, dont quelques-uns sont fort extraordinaires, on ne laisse pas d'y trouver plusieurs faits qui servent à illustrer l'histoire civile de ce temps-là. C'est en conséquence que les historiens de Languedoc rapportent parmi leurs preuves un long fragment de l'écrit de Bernard (*Hist. de Lang.*, t. II, app., p. 6, 7). Si Catel en avait eu connaissance, il n'aurait pas donné à la femme de Guillaume, comte de Toulouse, à la fin du Xe siècle et au commencement du suivant, le nom d'Alfonse, ou Delfonse (CATEL, *Com. de Toul.* p. 104) ; il y aurait vu qu'elle se nommait Arsinde.

Il est vrai qu'il a été trompé par la copie défectueuse d'une traduction en vieux vers gascons du chapitre cinquième de l'écrit en question, dans laquelle cette comtesse est mal nommée Delfonse. On y lit effectivement : A *Artous Delfonse comtesse*, au lieu qu'il faut lire, comme le remarquent les historiens de Languedoc (tom. II, app., p. 545) : A *Arsens de Tolose comtesse*. Cette traduction en anciens vers vulgaires, que Catel copie en entier (*Ib.*, p. 104-107), est une nouvelle preuve de notre sentiment au sujet de l'ancien usage de la langue romancière. Nous sommes persuadé qu'elle suivit de près la publication de l'écrit de Bernard. On n'aperçoit, en effet, qu'un motif qui ait pu porter le poëte à traduire ce chapitre plutôt qu'un autre : ce motif était de faire plaisir à la comtesse ou aux deux fils, Raimond et Henri, dont elle devint mère par le pouvoir de sainte Foi auprès de Dieu. Tout le narré de ce chapitre tend à annoncer cet événement. Arsinde ou ses fils vivaient donc encore lorsque le poëte entreprit sa traduction. C'était donc avant la fin de ce XIe siècle. Aussi la rudesse et la grossièreté de l'idiome qu'il emploie dans ses vers montrent-elles notre langue romancière encore dans les langes.

Bernard a laissé un autre écrit de sa façon. C'es la relation d'un pèlerinage qu'il fit vers 1020, en la compagnie de quelques autres Angevins, à Notre-Dame du Puy en Velay. Ménard, dans ses *Ecrivains d'Anjou*, en rapporte un fragment, qu'il a tiré du P. Gissey.

DE SANCTA FIDE VIRGINE.

(*Gall. Christ.* tom. II, Append., p. 894.)

Aginnum anno 303 adveniens Dacianus, spirans minarum et cædis in Christianos, inquisivit, ac immanem persecutionem adorsus est. Turbatus pusillus fidelium grex, clam ab urbe secessit, ac per abrupta eremi, et fragosas convallium cautes divagatus in speluncis delituit. Gregem secutus pastor (S. Caprasius), omnia circumquaque scopulorum diversoria peragravit. Hos divinis colloquiis recreabat, illos emendicatis subsidiis fovebat, omnes erigebat exemplo, ac pœnis et præmiis æternis propositis ad martyrium præparabat. Demum pridie Nonas Octobris, cum, ut fert traditio, excelso e monte, cui hodie a Sancto Vincentio nomen, pateret aspectus in urbem, et ipse in ejus platea perspiceret oculis illustre spectaculum, nempe Fidem virginem eo nomine, pro cujus defensione viriliter decertabat, dignissimam, cum suppliciis tortoribusque committi, et post longa craticulæ ardentis supplicia excarnificatam ac tostam ab angelo columbæ specie donari corona, ipsamque interim sponso Christo vitæ suæ reliquias, holocausto jam fere peracto, consecrare, sensit in se charitatem accendi eo igne qui virginem absumebat, atque præivisse puellam attendens, erubuit non saltem sequi. Aginnum revertens, prius Deum precatus, ut omnia in melius converteris sibi in illo articulo quid rei faciendum esset, non obscuro significaret indicio, et si quidem in arenam descendendum esse statuisset, ex proximo pumice emicare faceret protinus aquam : nec mora, eodem loci temporisque vestigio fons vivus emanat mirabiliter eductus, aquam jugem abunde suppeditans. Ad aquæ aspectum cor designati martyris magis magisque exarsit, et ad certamen quo dein gloriose perfunctus est, se protulit. Illico enim ductus ante præsidis tribunal, Christianam fidem profitetur, judicis ac tortorum minas contemnit, tandem invictus in confessione Christi abscisso capite martyr occubuit, ut prolixius recitant gesta ejusdem sancti, apud Surium et Martyrologium Romanum. Festum ejus celebratur 20 Octobris.

DE MIRACULIS SANCTÆ FIDIS

LIBER

Auctore Bernardo scholastico.

MONITUM MABILLONII.

(*Annal. Bened.* tom. IV, lib. LIII, num. 42, pag. 114.)

Sub id tempus (*an.* 1010) Bernardus scholasticus, scholis Andecavensibus præpositus, librum De miraculis sanctæ Fidis Conchensis seu Conchacensis composuit, eumque Fulberto Carnutensium episcopo, magistro quondam suo, nuncupavit. Editus est magna ex parte hic liber in tomo secundo novæ Bibliothecæ Labbeanæ, sed absque nomine auctoris. Bernardum vocat Albericus in Chronico ad annum 994. « Ad sanctum Fulbertum episcopum Carnotensem, inquit, Bernardus, scholasticus Andecavensis, edidit libellum Miraculorum sanctæ Fidis de Conchis, quæ passa est Aginno sub impio Daciano cum beato Caprasio. » Exstat in codice Carnutensi hic liber, editis auctior, sub hoc titulo : *Incipit liber miraculorum sanctæ ac beatissimæ Fidis virginis et martyris, editus a Bernardo scholastico, Andecavinæ scholæ magistro.* Hunc vero librum dicat *sanctissimo atque hominum doctissimo Fulberto Carnoteno episcopo Bernardus scholasticorum minimus.* Itaque hic liber scriptus est post annum millesimum septimum, quo Fulbertus ad sedem Carnutensem assumptus fuit. Hujus scriptionis occasionem inde natam refert hic auctor, quod, cum Carnoti in Fulberti schola versaretur, suburbanam sanctæ Fidis ecclesiam, *vel scribendi causa vel orandi*, sæpius adiret, et multa de miraculis in cœnobio Conchacensi patrari solitis audiret, quæ nonnulli fabulis anilibus deputabant; subierit animum cogitatio, ut locum adiret, et rei veritatem coram exploraret. Verum ad scholæ Andecavinæ magisterium ab episcopo invitatus, et per triennium illic docendo immoratus, postposito tandem hoc munere, Conchas se contulit non semel : ubi de sanctæ Fidis vulgatis miraculis sollicite indagare cœpit, quæ quidem vera esse certissime deprehendit. In his testatur se vidisse hominem, cui oculi *violenta ustione* avulsi fuerant, sed meritis sanctæ Fidis omnino restituti *universa attestante provincia*. Quod miraculum, veluti fundamentum cæterorum, ait se posuisse initio libri, in quo potius rerum inter sese similitudinem, quam ordinem temporum servasit, referendo tantum eâ quæ ipsius tempore facta sunt et a viris fide dignis comprobata. Hæc fusius auctor in libri sui prologo, quem integrum referre visum est. In his miraculis non semel fit mentio de peregrinantibus ad loca sancta, quos *Romeos* vocat : qualis fuit ille Witbertus Romeus, cui evulsi oculi cœlitus restituti fuere. In capite 5 laudatur *Arsendis, uxor Willelmi Tolosani comitis, fratris illius Poncii, qui ab Arialdo post hæc privigno suo dolo interfectus fuit*. In cap. 8 memoratur *Bertillis comitissa :* ubi sancti Marii confessoris *aurea majestas,* sancti Amantii æque confessoris et episcopi *aurea majestas;* denique sanctæ Fidis *aurea majestas,* id est statua, vocatur. In cap. 14 laudatur *domnus Oebalius,* dominus castelli *quod dicitur Torenna,* in pago Lemovicensi, ejusque conjux *domna Beatrix, per divortium ab eodem deserta,* quæ Richardi secundi Nortmannorum ducis soror erat, ut probat auctor in fine ejusdem capitis his verbis : « Anno fere et dimidio post secundam a Conchis reversionem, accidit mihi certo negotio, domni Willelmi Pictavorum comitis adire curiam, in qua cum domnam Beatricem viderim, a Ricardo fratre suo Rotomagensium comite illuc missam, ardenter ejus colloquium aggressus, illico recogitare cœpi super hoc miraculo, » nempe de peregrino e mariti vinculis divinitus liberato : « cujus verba, per omnia monachorum Conchacensium verbis concordantia, esse poterat probabile argumentum, si quis dubitaret in aliis etiam mihi ab eisdem narratis. » In cap. 21 ad probandum miraculum de milite, intestinorum inordinatis motibus exempto, testem adducit *Rodbertum Cantoiolensis monasterii abbatem, virum reverenda canitie satis honestum.* Hæc ex editis.

Longe plura sunt in codice Carnutensi. In his ait auctor tot carceratos meritis sanctæ Fidis absolutos, « ut ferreorum compedum, quos pagensi lingua hodias vocant, immensitas occupationem in monasterio faceret. Quocirca tantam ferri massam extundi, atque in januas redigi studio fabrorum seniores decreverunt. » Unde nullus fere in ecclesiam, quæ triformis est, aditus patet, qui de prædictis compedibus seu catenis januas confectas non haberet. De triformi hac ecclesia sic idem auctor : « Est deforis tectorum dimensione basilica triformis, quæ interius, propter mutuam transeundi amplitudinem, in unum corpus coit ecclesiæ . . . Dextrum latus sancti Petri apostoli, læva sanctæ Mariæ ; medietas autem sancti Salvatoris titulo dedicata est. Verum quia eadem medietas psallendi assiduitate frequentata habetur, illuc ex proprio loco sanctæ martyris pretiosa translata sunt pignora. » In consequentibus agitur de multis miraculis sanctæ Fidis, in Arvernica processione factis, cum scilicet *imago sanctæ Fidis et capsa aurea, quam fertur donavisse Carolus Magnus,* portata fuit per Arverniam in quoddam sanctæ Fidis prædium, *quod Molendinum Pisinum indigenæ nuncupant,* præunte cruce cum textu Evangeliorum, aqua benedicta, et corneis tubis, quæ a nobilibus peregrinis ornamenti causa in monasterio oblatæ fuerant. Huic prædio adjacet castrum Aurosa, cui princeps quidam, *Robertus* vocabulo, præerat, qui ob monachum illius prædii custodem male ab ipso habitum cœlitus multatus est. Sed de his satis, superque satis. Ermengaudus Urgellensis comes testamento suo (*Marca Hisp. p.* 973), quod anno duodecimo Rotberti regis confecit, sanctæ Fidis cœnobio legat *gradales duas de argento.*

BERNARDI SCHOLASTICI

ANDECAVINÆ SCHOLÆ MAGISTRI

EPISTOLA AD DOMINUM FULBERTUM

AD LIBRUM DE MIRACULIS SANCTÆ FIDIS

(Apud Mabill. *Annal. Bened.* tom. IV, Append., pag. 705, ex ms. cod. Carnutensi.)

Sanctissimo atque hominum doctissimo Fulberto, Carnoteno episcopo, Bernardus, scholasticorum minimus, sanctissimæ beatitudinis donum.

Cum dudum Carnoti vestra sincera conversatione fruerer, accidebat crebrius ut vel scribendi causa vel orandi, sanctæ Fidis martyris, quæ extra muros ejusdem urbis sita est, ecclesiolam adirem. Qua de re memini nos aliquando inter confabulationis colloquia incidisse in mentionem sanctæ Fidis, miraculorumque ejus, quæ in loco Concathensis cœnobii, ubi sacrosanctum corpus illius veneranter excolitur, omnipotentia Christi fiunt assidue. Quæ, quia partim vulgarium fama celebrari videbantur, partim quia inaudita habebantur, haud aliter quam inanis fabulæ commenta a fide rejiciebantur. Et tum cum quod verum erat per voluntatem Dei silere non poterat, verique opinio pene per universam Europam jam discurreret, paulatim subiit mihi in corde tacita et oblivionis impatiens cogitatio, uti ipsum sanctæ martyris habitaculum eodem discendi studio adirem. Postremo adeo res rediit huc, ut voti inde facti tempus diemque, ne daretur oblivioni, in manuali codicello notaverim. Interea causa exstitit qua ad urbem Andegavensem, ab ipsius urbis episcopo exoratus, transmigrarem, ubi fere per triennium per inanes nugas, ut verum confitear, tempus studii conterens, excessi tamen voti quippe bonam opportunitatem exspectabam, qua succedentibus multiplicis curæ occupationibus, adeo me falsa exspectatione reddidit delusum, ut velut piscis intra linea claustra captus, quo magis expediri conabar, eo gravioribus malis implicarer. Tandem vero ne sub spem adversitatis desidiæ meæ viderer consulere, cum etiam occultos et pene inextricabiles diabolica fraude mihi præsentirem parari laqueos, prorsusque arte inimica a cœptis cogitantem de bonis absterreri, postpositis repente rebus, ad desideratum gloriosæ martyris mausoleum Domino ducente perveni. Hic ergo de virtutibus sanctæ Fidis, postquam sollicite cœpi inquirere, tanta a diversis relatoribus miraculorum affluentia abundavit, ut nisi audiendi ardens esset animus, nimio tædio afficerent cerebrum. Verum quia ipsum hominem, cujus oculi violenta ultione radicitus abstracti fuerant, et postmodum salva naturæ integritate reformati, ipse videre merui, et nunc etiam ibi hic homine dictante video, eodemque prodente, universa attestante provincia, novi; primum id tanquam miraculorum fundamentum cæterorumque lectioni inserendum puto, non solum sensum e sensu, sed etiam verbum e verbo, ut ab ejus ore audio, brevitatis alienus longam satis lineam narrationis exordiens. Post hæc vero pro redeundi festinatione perpauca adjicere miracula, reliquorum vero pulchriora summa brevitate cursimque notata, ea quidem quæ ætate nostra non sunt antiquiora, quorumque testes in promptu, non fabulosam, sed evidentissimam veritatem liquerint, mecum in patriam Deo duce deferendum delibero; quo videlicet diligentiori datus otio, abundantiorem lecturis faciam lectionem. Hæc ergo, mortalium doctissime, cum acceperis, artis tantum positionem corrige : nam quidquid mihi narratum fuerit, quamvis indoctus et recte dictandi imperitus, non tamen simplex ad audiendum nec facilis ero ad credendum; aut potius, si fœdum tibi videtur stylum imparem materiæ materiam polluisse, tu te tibi salva benevolentia mea, quem constat unice in altiorem sapientiæ gradum evasisse, tam nobile tamque gloriosum thema nobili gloriosoque stylo decoratus sume, ne veritas malo stylo corrosa legentibus horreat, ac per hoc res optima vilescat : nam tantam talemque historiam tanquam abjectis sapientibus occupasse præsumptoris potius est improbitas, nisi quia causa in medio prolata me ab hac audaciæ nota facit immunem, quam, ut manifestius edicam, melius est cœlestia miracula, necdum sicut nova et indubia, a scholastico quamlibet indocto salva veritate utcunque tradi litteris, quam ab ignotis mundi partibus oscitantem spe dubia oratorem exspectari. Ergo non adeo culpandus mihi videor, si divinæ gratiæ munera pro viribus propalare contendo, cum ipsa scriptorum inopia ut id agam vehementer expostulat. De cætero qui hoc lecturi estis, moneo ne in hujus scripturæ concordia scandalizemini, consequentiam temporum quærentes; non enim permittit me instans redeundi necessitas ad purum investigare, nisi ea quæ sine detrimento fructus misericordiæ minime sunt prætermittenda. Unde non hic in hac scriptura libri, quem De virtutibus sanctæ Fidis Deo cooperante exordior componere, annorum ordo, sed miraculorum concordabit similitudo, quorum inviolabili veritate diligentissime a me exquisita, quia nihil verius, precor ut fidem relatui pleno corde accommodetis, ne vobis sanctæ martyri postmodum minus derogasse sit satius : aut potius, si rei prodigiosæ inusitata novitas vos perturbat, id super omnia a vestra fraternitate procumbens terratenus peto, uti nostro tempore non tam orationis quam causa experientiæ, et vos quoque me regresso huc veniatis, ne intempestive falsum judicetis inexperti, cujus veritatem ultro propalabitis experti.

DE MIRACULIS SANCTÆ FIDIS
LIBER.

(Apud Labbeum, *Bibliotheca nova mss.*, tom. II, pag. 531, ex veteri ms. codice Byzantinæ Chiffletiorum bibliothecæ et a R. P. Petro Francisco Chiffletio theologo societatis Jesu, communicato.)

CAPUT PRIMUM.

De Witberto, cujus oculos radicitus evulsos sancta Fides redintegravit

Adhuc in pago Rutenico, ubi et beatissima requiescit Fides in vicinia vici Conchacensis, presbyter quidam, Geraldus nomine, superstes habitat, qui habuit consanguineum, ac in pontificali confirmatione filium, nomine Witbertum, suæ domus vernaculum, rerumque suarum procuratorem strenuum. Hic aliquando Witbertus festivitatis gratia ad Concham perrexerat. Completaque de more solemni lucubratione vigiliæ, in crastino, id est in ipso solemnitatis die, recidivo redibat tramite, cum offendit sinistra fortuna præfatum dominum suum occulto zeli odio adversus se commotum. Hunc presbyter, cum in peregrino habitu cominus cerneret, verbis pacificis in primo aggressu ita affatus est : « Ecce, Witbertus, Romeus, ut video, effectus es; » sic enim in eadem patria sanctorum peregrini appellantur. « Est respondit; etiam, domine, a festivitate sanctæ Fidis revertens. » Tum vero de cæteris quasi amicabiliter exquisito, dat licentiam abeundi. At cum paululum sese præterirent, respiciens post tergum Judaicæ proditionis sacerdotes (si tamen sacerdotem, qui sacrilegio sacerdotium contaminat, vocari fas est) jubet homini ut paulisper operiatur se. Quem consecutus, mox a suis utrobique vallatum teneri præcipit. Quod cum ille vidisset, nimio metu intremiscens, summa cujus criminis argnatur, percontari cœpit. Cui vir perfidus hujuscemodi minaciter dedit responsum : « Malum mihi fecisti, et pejus factum ire paras; et ideo non aliter quam ipsis tuis oculis satisfaciens, mihi supplicium dabis; » nec tamen apertius, quasi præ pudore, designavit modum culpæ. Namque est sacerdotibus inhonestum de zelotypio suo agere judicium. Siquidem hujus mali causa de suspicione constuprandæ mulieris fuerat exorta. Ille vero, ut erat rei ignarus, omnigenæ culpæ purgationem satis confidenter profert : « Ecce, inquiens, domine, omne nefas, quo tibi suspectus habeor, si est ut palam detegas, legaliter refellere paratus, non æstimo inveniri posse quo pacto iram tuam tuorumque fidelium incurrere debeam. » Ad quem ille : « Cessent, inquit, cessent superfluæ excusationis ambages; jam enim dudum conclamatum est, data sententia, ut oculis careas. » At ille gladiatorio sibi animo insistere, irreparabilemque suæ destructionis horam imminere, nec ullum pretii locum fore ulterius cernens, adhuc tamen, quamvis de præsenti diffidens salute, hujusmodi clamorem addit : « Domine, indulge, quæso, veniam, et si non propter innocentiam meam, saltem pro amore Dei et sanctæ Fidis, cujus amore impræsentiarum gesto sacrum peregrini habitum. » Ad hæc torva bellua nec Deum, nec sanctam ejus magni pendens, effero furoris rugitu frendens, diu conceptum blasphemiæ venenum ita verbis evomit sacrilegis : « Nec Deus, nec sancta Fides hodie, inquit, te liberabit, neque eos invocando proficies, ut a manibus meis impunitus abeas : neque eo confugies, ut ob peregrini habitus reverentiam, cum sis mihi iniquissime injurius, te incontemptibilem inviolabilemque habeam personam. » His dictis, jubet hominem dari præcipitem, oculosque innocentis violenter eripi. Sed cum nullum suorum (qui tres erant tantum, quorum nomina propter barbarismi prætermittimus horrorem) ad tantum facinus impellere potuisset, illum ab eisdem saltem gravari impetrans, repente idem elapsus ab equo, digitis quibus sanctum Christi corpus contractare consueverat, sui filioli oculos violenter abstraxit, humique negligenter projecit. Non sine virtutis superna præsentia, quæ non sinit homines divinæ curæ exsortes, et semper adest prope invocantibus se in veritate, facitque judicium injuriam patientibus. Nam qui tum ibidem adfuere, cernere continuo niveam meruere columbam; aut certe, ut ipse adhuc patrator sceleris solet asserere, pica exstitit. Quæ pica, vel columba, ocellos miseri recenti cruore illitos in ipsa hora suscepit ab humo, supraque montuosæ telluris altitudinem elevata, ad Conchas deferre visa est. Quod tamen idem cum vidisset sacrilegus, pœnitudine ductus lacrymari cœpit profusius. Cui ab uno sociorum ejus idem facere incassum, tardeque dictum est. Indeque abiens, sacram missæ celebrationem postea aut propter perpetratum scelus non præsumpsit, aut, quod verius videtur, propter rem sæcularem omnino neglexit. At vero mater hujus Geraldi, læsæ innocentiæ vehementi affectu compassa, prædictum Witbertum domi receptavit, cunctaque sibi necessaria, donec sanus factus est, benignissime suppeditavit. Cum qua etiam eadem tempestate obversatus fuerat, non tam ex præcepto sui senjoris, quam declinando atrocitatem ipsius, quæ in illum idem senior, sævior solito, exercuisset, ex quo falsi zeli vulnus in corde percepisset. Is denique sanus effectus, eodem anno arte joculari publicum quæritavit victum, indeque quæstum accepit, adeo ut (sicut modo assolet referre) oculos ultra habere non curaret; tanta cum et lucri cupiditas, et commodi jucunditas delectabat. Evoluto itaque anno, impendente solemnitatis die, cum pridie ante vigiliam membra sopori dedisset, astitisse sibi inenarrabilis elegantiæ visa est puellula, aspectu angelico atque serenissimo, facie candida, roseoque rubore guttatim respersa; quæ inæstimabili vultus vigore omnem humanum superexcellebat decorem. Quantitas vero non alia erat quam ea quæ passionis tempore fuisse legitur, id est statura puellaris; nec dum provectæ ætatis. Vestes erant amplissimæ, auroque per totum intextæ mundissimo, ac subtili picturæ varietate circumdatæ. Manicarum vero quantitas ad vestigia usque dependens, in minutissimas rugas præ sui magnitudine subtiliter contracta. Sed et ligatura capitis in orbem complicata bis binis perspicui candoris emicabat margaritis. Verum pusilli corporis habitudo nihil aliud mihi significare videtur, quam quod passionis tempore, sicut diximus, juvenis legitur fuisse. Mox vero ut ad incœpta redeam, eadem beatissima, fulcro cubilis innixa, supra dexteram dormientis malam, leniter suaviterque manu admota, sic infit : « Dormisne, Witberte? » Cui ille ait : « Quis es qui me vocas? » At illa respondit : « Ego sum sancta Fides. » Ad quam ille : « Quid causa accidit, hera, ut ad me venires? » At illa respondit : « Nihil aliud nisi ut te visam. » Witberto vero gratias agente, ipsum rursus sancta Fides interrogat : « Cognoscisne me? » At ille eam, ac si jam dudum visam, recognoscens, sic visus est respondere : « Etiam bene te video, hera, et optime cognosco. — Dic etiam mihi quomodo te habeas, inquit, quamque prospere tua res agatur. » Ille respondit : « Optime, hera, rebus meis succedit fortuna, cunctaque Dei gratia sunt erga me prospera. » Cui illa : « Et quomodo, ait prospera, quia lumen cœli non vides? » Ille enim, ut fit in somnis, aliter quam res erat, videre putaverat. Qui mox ad hunc finem interrogationum, oculorum reminiscitur amissorum : « Et quomodo, inquiens, videre possim, qui anno præterito a tua festivitate remeans, injusti domini violentia oculos misen perdiderim? » Et illa : « Nimium, inquit, Deum offendit graviterque summi artificis iram irritavit; qui te immeritum corporis detrimento damnavit. Verum, si crastina luce, quæ erit martyrii mei vigilia, Conchas perrexeris, emptasque duas candelas, unam quidem ante aram sancti Salvatoris, alteram quoque ante aram ubi gleba corporis mei condita est, apposueris, oculorum de integro reformatorum decore mereberis gaudere; siquidem pro illata tibi injuria cœlestis judicis pietatem ingenti clamore ad misericordiam permovi, Deumque pro salute tua sedulæ precis instantia tandiu fatigavi, quandiu ipse impetratæ optionis effectus, facilem exorabilemque redderet. » Hæc ubi dicta dedit, cœpit iterum atque iterum abituro instare, et ut celerrime pergeret, obnixius monere, imo de pretio emendæ ceræ hæsitanti, ita consulere : « Mille homines, quos nunquam vidisti, inquit, tibi sunt daturi. Præter hæc tamen, ut præsens negotium facilius peragas, perge festinus præsenti diluculo ad ecclesiam hujus parochiæ (sane hæc erat apud quam ipse oculos amiserat, quæ ab antiquo Spariacus vocabatur); ibique missam audiens, sex denariorum reperies datorem. » At ipso pro consolationis beneficio condignas grates rependente, virtus cœlestis rediit. Continuo ergo experrectus præfatam expetiit ecclesiam; ubi cum universis omnem hanc visionem exposuisset per ordinem, omnes pro deliramento reputaverunt. Nec tamen cœptis desistens cum singulos sigillatim supplicando, circumfusam rogitaret multitudinem, quærens duodecim oppignerare denarios, e cæteris tandem quidam Hugo se præferens, huic aperta crumena gratis sex nummos cum obolo porrexit ; qui tantum, quem in visione acceperat, excessit numerum. Tunc non immemor visionis divinæ sit certior de futura promissione. Quid verbis opus est ? Adit locum, visionem prodit senioribus, emit cereos, apponit altaribus; excubat coram aurea sacratissimæ virginis imagine. Circa autem medium noctis videtur videre in oculorum sibi excisorum locellos geminas fulgoris quasi baccas, aut plus quam lauri arboris magnas, desursum emitti, penitusque infigi. Qua statim reverberatione confusus cerebrum, versusque in stuporem obdormivit. Cum autem matutinæ laudes agerentur, propter concentum, et vociferationem psallentium experrectus, videtur sibi fulgentium luminarium hominumque sese morantium quasi umbram conspicari. Verum pro interno cerebelli dolore, sui pene oblitus quod rei veritas erat minime credulus, somniare potius arbitrabatur. Tandem cum paulatim, quem inter tempora conceperat, stupor deficeret, cœpit jam apertius rerum formas discernere, atque in se vix reversus recolit visionem, manibusque appositis contrectat redivivæ lucis fenestras carneis integerrime pupillis in fronte reformatas. At continuo adhibitis testibus, immensam Christi magnificentiam immensis prædicavit laudibus. Fuit igitur ineffabile gaudium, inaudita lætitia, incredibilis stupor, dubium pene discrimen, utrum somni imaginatione an rei veritate tam inauditum miraculum cernerent, præcipue his qui prius eum noverant. Inter hæc res ridicula plausuque dignissima accidit; nam, ut erat homo purissimæ simplicitatis, irrepsit ei in corde superflua timoris trepidatio. Forte illum Geraldum qui sibi dudum oculos evulserat, ad publicam, ut fit, solemnitatem adventasse, sibique denuo, si casu obvium haberet, fretum majore manu, renovatum oculorum decus excisum ire : idcirco ergo inter confusum promiscuum turbæ strepitum quo potuit occultus elabitur. Nondum tamen ad plenum de recuperati luminis dono erat certus, tantus eum rei stupor invaserat, cum forte inter angustias turbarum ad ecclesiam concurrentium, jam claro die asinum offendit appositum. Quem cum fuisset intuitus, virili severitate increpitans, sic infit : « Heus tu, homo, quisquis es, inepte, abige asinum tuum, ne fiat viatoribus offendiculum. » Hic primum de veritate facti factus certissimus secessit præpete fuga ad quemdam notum sibi militum, cujus municipium in eminenti rupe situm ita natura rerum undique munierat, ut omnimodis machinis inaccessibile videretur, non a Conchis longius quam sexdecim millibus. Ad id ergo propter inexpugnabilis vallis tuitionem confugiens, vix aliquando a monachis multa prece exoratus, multaque securitate donatus rediit. Quod cum plerique omnes, tam ex longinquis quam proximis regionibus confluentes, pro inaudito miraculo eum certatim videre festinant; nonnulla ei beneficia indulsisse abeuntes gratulantur. Quæ res ut ex omni parte dubietate careret, non statim ubi sæpe dictus Witbertus oculis privatus exstitit, illum miseratio sanavit ; verum, ut supradictum est, toto anno a salute suspendit, arteque etiam scurrilitatis compluribus suis provincialibus oculis captum notavit, notatumque cunctis ad ultimum sanavit. In quo nihil eo inferius gestum est miraculum, quod in Evangelio de cæco nato legitur ; et etiam multo mirabilius; siquidem ipsa Veritas sequaces suos majora utique quam se facturos esse promiserit, inquiens : « Qui credit in nie, opera quæ ego facio, et ipse faciet, et majora horum faciet, quia ego ad Patrem vado. »

CAPUT II.
De mulo resuscitato.

Veniens quidam miles de pago Tolosano, Bonusfilius nomine, cujus filius adhuc superstes eodem censetur vocabulo, ad sanctum virginis locum, cum jam non longius a vico Conchacensi quam duobus ferme abesset millibus, jumentum cui insidebat, nescio quo morbo percussum, repente fit exanime. Conductis ergo rusticis, ut cadaver corio detegerent præcepit. Ipse vero, pro cujus amore iter egisset, ad sanctam processit virginem; soloque decumbens, fundit preces, expromit vota. Postremo ante auream sacratissimæ martyris imaginem de amissione muli conquestus est. Nam quia idem mulus præstantissimus peneque incomparabilis fuisset, propterea nimis graviter triste tulerat amissum, præsertim cum in bono opere desudanti inimicus prævalens damnum sibi intulisset. Cujus fidei soliditas non parva laude videtur extollenda; nam ubi ab oratione desiit, mulus, pedibus quibus jam tenebatur excoriandus, utrumque rusticum calcitrando longius arcens, (mirum dictu!) redivivo prosiliit saltu, atque per media montium cacumina, sociorum animalium inhians vestigiis, prorumpit ad vicum. Cernere animal, ut hi qui præsentes adfuerunt persæpe nobis testantur, juxta modulum bruti sensus recuperatæ vitæ gaudio fluitare, coramque ecclesia cursitando per plateam, quodammodo factoris bonitatem sentire, ac proinde crebro hinnitu grates Deo referre, qui dat jumentis escam ipsorum, et pullis corvorum invocantibus eum. Quem præcipites rustici insecuti, cruentatos adhuc gestantes cultros, visum prodigium super mulo adhuc dubitantibus enarrant. Et ut certa opinio non modo videntium ore esset contenta, sed etiam quadam expressa scriptura omnem ambiguitatis evacuaret errorem, hic in utroque posteriore crure recentium plagarum sulcos (instar vetustissimarum cicatricum, pilis etiam canescentibus) eadem hora solida junctura reformatos, donec superfuit mulus, resurrectionis indicium [gessit]. Miles vero Deo sanctæque ejus pro gratiarum actione unum aureum offerens, retro, unde venerat, revertitur ad patriam: ipsoque animali sanctæ Fidei remisso, plurimis post inde annis plurima ei donaria delegavit.

CAPUT III.
Item simile miraculum.

Miles quidam Geraldus, haud obscura persona, morabatur in pago Ruthenico, in villa videlicet quæ Villaris nuncupatur, distans a Conchis fere sex passuum millibus. Hic cum Roma aliquando rediret, accidit ut mulus, quem a fratre suo Barnado clerico acceperat mutuo, nescio quo vitio fractus deficere cœpisset. At ipse sanctæ Fidis, quam vici vicinam habebat, miraculorum recordatus, vovit eidem pro salute animalis candelam, longitudinem [ejus caudæ] habituram. Nec tamen convalescens mulus, verum multo magis gravatus occidit. Quod videns homo, hospiti suo venundat corium. Cui cum nequissimus hospes quam minimum pretium porrigeret, ratus quia, etsi nihil daret, itidem tamen haberet, ille Geraldus, valde indignatus, per varias cæsuras in longo et in transverso sulcat cadaveris latus, ne videlicet, se inde abeunte, infidelis hospes integro tergore gauderet. Denique, arrepto suæ peregrinationis bacillo, exstincti jumenti oculum cuspide perfodiens, caudamque percutiens, ita furibundus infit: « Quid nunc detrimenti sancta Fides pateretur, si inter alia sanitatum dona, huic etiam mulo sanitatem reddens, tam longam candelam sibi sortiretur? Modo miser duplici discrimine ferior, inter vias pedestris remanendo, et in patriam decies denos solidos fratri persolvendo (tanti enim ambo invicem germani de mulo illo convenerant, si forte mortis periculum incurrisset). » Et vix ille hæc paucissima verba compleverat, cum revivens mulus saltu citissimo consurgit quadrupes. Et ne quis nisi a vera morte illum æstimaret exsilire, in ipso puncto temporis quo id actum est, vernabant in modum picturæ universa detruncatæ cutis stigmata, non jam perfusione cruoris recentia, sed, ut de alio dixi, quodam nitore lanuginis ceu veternosa. Quo facto memoratus Geraldus maxime gavisus, rediit domum, Deoque ac sanctæ ejus gratias egit ingentes, factique miraculi novitatem passim disseminavit. Nota nobilitas viri pariter et fides omnibus erat; qui ne temere vel garrule quidquam videretur referre, mulum vulneribus notatum habuit impræsentiarum. Hoc ipsi monachi, sed et alii complures, qui ipsum Geraldum postea plus millies viderunt, mihi narraverunt. Sed ut ad finem verborum properemus, quis insanus ultra hominum resurrectionem fore dubitet in futuro, quando jam in præsenti resurgunt etiam animalia?

CAPUT IV.
De annulo negato et postea sanctæ Fidi reddito.

Quædam nobilis matrona, audita fama de virtutibus sanctæ Fidis, illuc abire paravit. Quæ cum iter inceptaret, recordatur, jam aliquantulum a limine progressa, quod peregrinantium annulos sancta Fides in somnis quæritaret. Mox ergo retro facit pedem, propriumque annulum, de digito detractum, arcessitæ cubiculariæ custodiendum committit. « Cape hunc, inquit, atque servato dum redeo, ne forte sancta Fides quæsitum, si detulero ad Conchas, mihi auferat. » Nempe hæc astute: tanquam alicujus cautela declinare possit illius providentiam, qui antequam fiant prævidet omnia. Quid plura? It mulier, solvit orationum debita, atque redit cum pace. Nocte consecuta, virginea species somnianti apparet. Quæ cum, rogata, sanctæ Fidis vocabulo suam notitiam innotesceret, protinus ut sibi detur imperiosa auctoritate annulus monet. Mox mulieri se annulum habere dissimulanti suggerit hera ipsum esse quem abiens ad Conchas, ne sibi daret, cubiculariæ commisisset. Mane facto experrecta mulier, divinam visionem velut phantasticum vel inane somnium reputat. Sed finem rei quare diutius immorer? Illico mulier tam efficaci febris igne per universum corporis spatium æstuare incipit, ut vix una hora consistere posset. Ita tamen triduo passa, rediit in se, reminiscitur culpæ, confitetur negligentiam. Mox ergo ut præcepit equum sterni, ut videlicet recidivo tramite ad Sanctam Fidem remearet, nimius ardoris remittitur æstus; sicque sana it et gavisa redit, non modicum lucrum reputans permutare annulum pro salute.

CAPUT V.
De manicis aureis

Jam vero quanta per sanctam Fidem hujusmodi miracula Dominus operari dignatus est, nemo potuit omnia retinere, neque ea quæ retenta sunt ulli vacat scribere. Pauca tamen de his quæ audivi præfatis volo subnectere, ita quidem ut nec nimio silentio taciturnus, nec nimia verbositate odiosus videar. Scio ante nos dictum : Omne rarum pretiosum. Et ideo ad comparationem reliquæ universitatis scribo rara, ut sint pretiosa. Indulgebit ergo Christus veniam, quod sciens prætereo plurima. Arsendis uxor Willelmi Tolosani comitis (fratris illius Poncii qui ab Artaldo post hæc privigno suo, dolo interfectus fuit) habebat armillas aureas, vel potius (quod usque ad cubitum continuabantur) manicas, mirifico opere gemmisque pretiosis insignitas. Hæc cum in suo nobili stratu aliquando sola accubuisset, videt per somnium ante se ac si speciosissimæ puellæ formam pertransire. Quam cum præ nimia miratur elegantia , tali rogitatione aggreditur : « Dic, inquiens, hera, quænam esse videris. » Sancta Fides humili respondit voce roganti :« Sancta Fides ego sum, noli dubitare, virago. » At illa contra admodum supplicans, ait : « O sancta hera, utquid ad peccatricem accedere es dignata ? » Tunc in eadem hora negotium adventus sui sancta Fides intimat percontanti : « Da mihi, inquit, manicas aureas quas habes, pergensque ad Conchas, aræ sancti Salvatoris superponito eas. Hæc enim est causa quamobrem tuam expetierim præsentiam. » Ad hæc prudens matrona, non tantum munus absque fenore passa abire, sic ait : « O sancta hera, si per te Deus me mascula prole fecundari dederit, id libenti animo quod jubes exsequar. » Ad quam sancta Fides : « Hoc omnipotens Creator, ait, pro famula sua facillime faciet, si quod postulo non negaveris. » In crastinum mulier hoc responso sollicitata , perquirit studiosissime quo in pago vicus qui Conchas vocitatur situs sit, nondum enim Conchacensium virtutum novitas, nisi raro, fines suos excesserat. Quo ab his qui compererant comperto, ipsamet peregrini functa officio, aureos eo brachiolos cum summa devotione detulit, Deoque ac sanctæ ejus obtulit. Ibique venerabilis matrona aliquot Dominicæ Resurrectionis dies honorabiliter agens, suaque præsentia solemnitatem honorans, deinde ad propria rediit. Quæ juxta divinæ visionis promissionem concepit, et peperit masculum. Rursusque gravida facta, enixa est alterum; quorum nomina, primogeniti Raymundus, secundi Henricus. Hæ postea manicæ in opus tabulæ fuerunt consumptæ.

CAPUT VI.
De muliere quæ usurpavit annulum quem altera moriens sanctæ Fidi reliquerat.

Est quoddam oppidum, vico Conchacensi contiguum, cui sub ditione monachorum quidam Austrinus præsidebat; dudum cujus nos successorem vidimus, nec tamen miraculum quod dicere inchoamus nostra ætate fuit antiquius. Hic Austrinus annulo, quem uxor nomine.... moriens sanctæ Fidi promiserat, alteram nomine Avigernam sponsavit; prorsus prioris conjugis dicta tanquam delirantis reputans. Verum postmodum protervæ negligentiæ digitum, qui alieni juris auro depictus ostentabatur, intolerabili tumore doloris cœlestis damnavit justitia. Usque adeo ut totum pene annulum turgens pustula super accrescente carne contingeret, ita videlicet ut annulus adacto ferro non posset secari sine digiti detrimento. Cumque ad hanc vim mali compescendam accercitorum medicorum remedia desperarent, nec ullo modo passionis efficacitas jam tolerari posset, ad divini juvaminis recurritur auxilium : fit palam injuriosæ culpæ confessio. Deducitur debilis mulier ad sacrum sanctæ martyris mausoleum. Ibi cum geminas noctes assiduis excubiis continuat, tertia (quæ fuit Dominica) adjicitur ; in qua vis doloris ita sævior dolentem vexavit, ut vociferatæ feminæ miserrima vox per totum noctis spatium non cessaret. Ad postremum cum jam matutinarum laudum intonarent præconia, ab altithrona summæ majestatis sede benigne compassionis visitatio descendit, non passa diutius in humana carne tam graves pœnarum desævire cruces, nec lacrymas pœnitentis usque ad desperationem pervenire. Nam cum forte luctuosa matrona nares emunxisset, annulus, quem supra diximus , inviolata digitorum salute tanquam validissimus arcitus * balista crepitum longe in pavimento dedit. Et ideo cum ingenti gaudio tripudio dies illa Dominica ab omni illius vici populo celebrata fuit. Quippe qui patrioticam ac vicinam suam sanctæ Fidis auxilio ereptam a funesto tormento cernerent, et certe multa et innumera hujusmodi etiam per diversa terrarum spatia de sancta Fide referuntur, quæ non solum scribere, sed etiam dicere nemo sufficiet; est enim impossibile universa sanctæ Fidis magnalia vel explicare verbis vel designare litteris.

CAPUT VII.
De improbo mercatore.

Mercator, Arvernensis pagi incola, ad sanctam Fidem orationis causa venit. Hic cum vidisset facillimum ceræ commercium (nam propter peregrinorum frequentiam, offerentium cereos multo vilior habetur), illico notam suæ artis peritiam revocat ad memoriam , sic intra se cogitans : « Quam facili quæstu, si hoc stultus rescivissem, divitem me potuissem facere ac meam rem constabilire ! sed quod hactenus ignorantia distulerit, hoc amodo pervigil recursus, frequensque repetiti itineris reditus, brevi temporis spatio perficiet. Accingar ergo viriliter, reique exordium aggrediar. » Hoc itaque disposito, auditoque venditore plurima ceræ pondera diligentissime taxat; decemque dinumeratis solidis, comparat massam ingentem, atque in sacculis recondidit. Et jam gaudens minimo sese vel quadruplum lucraturum, sic apud se cogitabat : « At at : bene se habet principium : quid tum, si plures vices redeo ? » Sed jam exitus rei non debet nos remorari. Igitur superfuit pulcher cereus, qui non potuit inter reliquum capere acervum. Hunc vir cupiditatis in sinum applicuit, eo videlicet modo ut quantitas quidem habitior subter cingulum cohiberetur, gracilior vero per fenestram vestis usque ad barbam promineret. Verum superni speculatoris vindex omnipotentia, non tulit alterius raptoris latere audaciam. Nam cereus quem dixi, ignis divini repentino successus fervore, claustra ipsa quibus inclusus tenebatur cœpit vehementer adurere, vaporesque flammivomos una cum fumiganti turbine foras emittere, adeo ut micantium scintillarum globo vibrante, illa ingens barba reluceret, superiusque capucium crepitanti combureretur sonitu. Nec linea in telam ventris protexit tergora, cum etiam posteriores gyrantibus flammis arderent. Stuperes insanientis horribiles mugitus, calcitrantis strepitum, dentium stridorem, oculorum vertiginem, totiusque immoderatam corporis distortionem, cum miser, intolerabiliter passus, hac illacque præceps ferebatur, ac si de improviso percussus coluber, qui sinuato globo nunc se in sphæram colligit, nunc pernici tractu fulminat, ac tortile collum porrigit, captans fugam. Sed debilitatus, non valens, rursus percussori infestus, intorquet sanguineos oculos et sibilat ore. Haud secus iste miser, huc illucque cursitans, se impellit et repellit, modo pronus, modo resupinus, nec ullo modo respirare poterat, quem vis major exagitabat. Sed tamen humani sensus residua vix miserum redegit ad pœnitentiam. Qui statim ad sepulcrum piissimæ martyris cum ingenti clamore currens, universam inibi ceram non celerius refudit quam pœnale incendium evanuit, neque homo queritur de damno pecuniæ, dummodo a tormento potuit evadere. His itaque gestis, nequaquam offendere putaverim, si bonitatem sanctæ Fidis laudabilem mirabilemque in hoc quoque prædico, quod ne commercii vilitas deficeret peregrinis, improbitatem avaritiæ castigavit.

CAPUT VIII.
De puero in quo quadruplum gestum est miraculum.

Nec illud prætereundum arbitror quod inter multa sanctorum miracula quæ secundum morem illius provinciæ feruntur ad concilia, sancta Fides, quasi principatum tenens, miraculorum effulget gloria : quorum, cum sint multa, duo tantum (ne nimis otiosum volumen contexere videamur) adnotare satis esse putamus. Reverentissimus igitur Arnaldus Rothenensium episcopus, suis tantum parochianis conflaverat synodum : quo de diversis monachorum aut canonicorum congregationibus, in capsis, vel imaginibus aureis, sanctorum corpora sunt evecta. Erat distributa sanctorum acies in tentoriis et papilionibus, in prato sancti Felicis, quod disparatur ab urbe quasi uno tantum milliario. Hunc locum præcipue sancti Marii confessoris aurea majestas, et sancti Amantii æque confessoris et episcopi aurea majestas, et sancti Saturnini martyris aurea capsa, et sanctæ Mariæ aurea imago, et sanctæ Crucis aurea crux, et sanctæ Fidis aurea majestas decorabant. Erant præter hæc sanctorum multa pignora, quorum numerus non commendabitur in præsenti pagina. Ibi inter cætera, quodam insigni mirabilique omnipotentis dignata est famulam suam glorificare bonitas. Puer a nativitate cæcus et claudus, surdus et mutus, a parentibus bajulatus, subterque imaginem quæ in sublimi honorabiliter habebatur, positus, quasi horæ unius intervallo ibidem demoratus, divinam meruit medicinam; atque, integerrimæ sospitatis donatus gratia, exsurrexit loquens, audiens, videns, et etiam inoffenso pede feliciter deambulans. Cumque strepitus vulgi super tali resonaret prodigio, seniores concilii, qui considebant paulo remotiores, cœperunt inter se conquirere, dicentes : « Quid sibi vult ista popularis conclamatio ? » Quibus Bertillis comitissa respondens : « Quid, inquit, aliud hoc esset, nisi quia sancta Fides jocatur, ut solet ? » Tunc omnes, re exquisita, tam stupore quam gaudio repleti, totam concionem ad divinas laudes concitaverunt, illud frequenter præ nimia lætitia recolentes, quod jocari sanctam Fidem venerabilis matrona dixisset.

CAPUT IX.
Item de cæco et clauso.

Rursus quidam cæcus et claudus, ut sanitatem reciperet, ante imaginem sancti Marii confessoris pernoctabat, cujus virtutes, mirifice lateque dispersæ, a multis populis habentur famosissimæ. Cumque jam dilucesceret, repentinus ei sopor irruit, visusque est sibi vocem audire dicentis : « Vade ad sanctam Fidem; non enim datum est ut a tua infirmitate nisi per merita illius salvari possis. » Hoc responso excitatus æger, illuc qua poterat virtute repere cœpit. Cum pervenisset ad locum, exemplo sanctæ martyris dilationis aliena adfuere suffragia; nam ubi homo in ipsum aditum papilionis sese ingessit, illico virescentibus venis ac vegetatis nervis meruit de curvo fieri erectus : nam et velamento pupillarum disrupto, præcedentem sanguinis eruptionem subsequitur lux serenissima; nec ei quiddam sanitatis defuit, cujus membra cœlestis medici dextera pertrectavit.

CAPUT X.
De eo qui a suspendio furcarum sanctæ Fidis auxilio liberatus est.

Inter cætera quæ mihi de sancta Fide adhuc pergenti, a diversis relatoribus sicut summo desiderindaganti dicebantur, istud quod nunc aggredior, more totius populi, festivo atque celeberrimo resonabat præconio. Quod postea, certius ab his qui rei gestæ interfuerant exquisitum, altæ memoriæ tradimus. Nobilissimus quidam, nomine Adimarus de Avalena cognominatus (est enim regio Lemovicensis pagi montuosa, ita nuncupata), inter numerosam familiam clientem habuerat qui equorum sibi aliquos furatus effugerat. Hunc denique alia tempestate cum casu inopinato offendisset, statim ei prunulis oculorum revulsis, liberum deinceps abire permisit. Alterum vero jure sodalitatis huic adhærentem, nec tamen præfati latrocinii cooperatorem, ac si reum paris facinoris, nodis miserabilibus nectit. Cui renitenti atque inficianti conscientiam furti, nihil profuit : imo per sanctam Fidem reclamanti, tale responsum vir crudelis edidit : « Quid ultra aliud scelerati faciant, nisi si, cum fuerint deprehensi, statim sanctam Fidem sibi advocent patronam? Sed procul dubio clamor iste supplicio puniendus erit. » Junctum ergo cursui caballino agit domum, inque subterraneo ac tenebroso profundi penoris ergastulo custodiæ mancipat, futurum sane ut in crastinum furcis appendendum tradat. Quid igitur faceret miser? Tota nocte in illo horrore tenebrarum timidus suspectusque a somno mansit alienus, verbis quibus sapiebat Deum sanctamque ejus interpellare non cessans. Circa medium noctis aspicit de parte ostii ineffabilis speciei venire sibi puellam. Ratus denique esse cubicularriam, nisi quia quæ erat circumdata non candela, non aliquod lucernæ instrumentum lucem præferebat. Hæc accedens cœpit illum, veluti ignara, qua de causa carceratus tenebatur rogitare. Cui omnia exponenti ac posmodum vocitamen percontanti, sanctam Fidem se esse ipsa respondit. « Et noli, inquit, cœptis desistere, nec diffidentiam ullam habere; sed semper et nomen et clamorem sanctæ Fidis habeto in ore. Verumtamen quod tibi interminati sunt, cras subibis patibulum. Sed vivit Omnipotens, qui te ab ipsis faucibus hiantis mortis revocabit. » Hæc et hujusmodi prosecuta, virtus cœlestis rediit. Ille vero reliquum noctis ob insolitam numinis visionem in grandi tremore transegit. Sed quem bona pars visitaverat, mens illi turbari non potuit. Facto mane eductus inde, sistitur ante tribunal. Sed quanto crebrius homo sanctam Fidem nominabat, tanto festinantius mens malitiosa patibulum accelerabat. Itur ergo ad locum supplicii. Nec satis fuit seniori servis suis imperare solis, nisi et ipsemet magno comitante equitatu abisset. Nec unquam qui nexus ducebatur, nomen sanctæ Fidis, ut erat præmonitus, deseruit, donec via vocis, ligneis coarctata laqueis, suffocato gutture intercluderetur, mox deinde pendentem deserunt. Et cum jam paululum in revertendo elongarentur, respiciunt, furcas vacuas cernunt. Tunc cum magno strepitu regressi, hominem durius ligatum relevant sursum. Rursus quoque cum revertentes retrospicerent, humi secundum furcifc-

rum elapsum hauriunt. Et jam aliqui virtutem sanctæ Fidis esse dicebant, cum crudelis bellua eos minaciter cum exprobratione increpitans, reticere coegerit. Tum multo durius atque immanius hominis guttur, ut fertur, renovatis angens retortis, tandiu pendentem observavit, quandiu strangulatum incunctanter putaverit. Et tamen cum per clivum montis jam revertentes, descendere cœpisset, non potuit pati male sollicitus quin torva lumina retorqueret, visoque miraculo recurrit, reperiensque hominem solutum et incolumem, hæsitabat quid faceret. Cæteri vero tam manifeste sanctæ Fidis virtutem unanimes prædicantes, scelestissimi facti dominum suum reum esse conclamant, nec se ultra tam indignum facinus passuros. Videns ergo senior miraculum quod esset dignum, ductus pœnitudine, cœpit illum obsecrare ut sibi ignosceret. Ille nequaquam acquiescens, ad sanctam Fidem potius itum ire, ut injuriam hanc exponens, ait. Tum præfatus Adimarus, cernens viri obstinationem, et ipse quoque cum quindecim suæ domus ephebis, nudis pedibus et inermis ad sanctam virginem festinavit. Cerneres ambos Adimaros (nam utrique id nomen erat) ante sacram imaginem, tanquam ante tribunal concertare : hunc accusantem, illum suum peccatum confitentem, et emendationem proferentem. At vero seniores loci intercedentes, dictata pro letho hominis legali emendatione, inter eos concordiam fecerunt. Hoc miraculum plebeio relatu, ut dixi, jam passim relatum, concordi monachorum sententia postea relatum est. Utque dictis fidem facerent, ampliorem quemdam juvenem, memorati Adimari consobrinum, in testimonium arcessunt, qui cum illo ad Conchas post ereptionem a suspendio venerat : sed et ipsum Adimarum, si mihi fuisset spatium, vel per legatos vocatum expectare, vel iter ad ipsum extendere, potuissem videre, nec tempus plus quinquennio dicebant ex quo id evenerat defluxisse, ipsumque superstitem esse.

CAPUT XI.
De eo cui ad conterendum ferreos compedes sancta Fides martellum attulit.

Rursus de alio homine rem mihi opinatissimam unanimes retulere : qui cum diutina carceris custodia affligeretur, atque incessanter ad sanctam Fidem exclamaret, mox ei sancta Fides vigilanti apparuit. Quæ cum sancta Fides vocabulo se nominaret, protinus marculum vetustissimum, scabraque rubigine obductum præbens, jubet illum compedes ferire ; dein, ferri fragminibus onustum, ad Conchas celeriter proficisci. Cujus monita ille perficiens, pervio carceris obstaculo, absque humano impedimento, divino fretus munimine, ad sanctam Fidem recto tetendit tramite, et pro magno beneficio magnas gratias Deo sanctæque ejus non ingratus reddidit. Fuit ibidem marculus circiter tres annos appensus, ut insigne tanti miraculi peregrinantibus non deesset. Id nimis succensui, quod in memoratum opus, marculum etiam destruxerant. Mirum dictu! unde, putas, sancta Fides corporeum marculum habuerit?

Sed non debemus ratione humana divinum opus æstimare, sed factum fideliter credere.

CAPUT XII.

De eo qui, præmonitus a sancta Fide, per fenestram turris saltu evasit. Et de mirabili asino.

Rem mirabilem cunctisque sæculis memorabilem, et etiam fastidiosis lectoribus succinctam narraturus, Deum fontem sapientiæ vivum fideliter deprecor ut divinæ sapientiæ affluentiam intra pectoris mei arcana infundere, sanctique Spiritus rore sensus mei ariditatem dignetur irrigare ; quatenus ea quæ vera sunt, ad utilitatem congruo rectoque sermone valeam expromere, nec sententia mea a recto tramite exorbitando, per inanes res, secus quam veritas habet, deviare inceptet. Miles quidam, qui erat in captione in pago Rothenico, castro Perso, sub dominio Amblardi cujusdam nobilissimi viri, datis pro se obsidibus, ad sanctam Fidem, quasi aliud negotium acturus, quo potuit occultus venit. Deinde statuto placito, sese in captionem recepit. Unde qualiter post aliquantulum temporis divina visitatione evaserit, dicendum erit. Sed primum terræ illius situs et qualitas paucis verbis repetenda. Est patria per omnia montuosa, et etiam per loca horridis scopulis adeo edita, ut visus altitudinis vastitate vix queat exsaturari. Sed inter hæc ibi forte planities occurrit, frugum proventibus adeo fecunda, ut pinguis Cereris Bacchique optimi nulla terra feracior ubi fuisse videretur. Hanc illi ingenuitatem ex eo accidisse opinor quod sit his nostris regionibus editior, et ideo hiberni frigoris immanitate rigidior, sitque soli vicinior, utpote ad australem plagam sita, et ideo æstivo fervore calidior. In æstate videlicet, propter vicinitatem solis, torrenti calore nimis exæstuat. In hieme vero propter altitudinem terræ nimiis frigoribus riget, sicut ubi Auster liberioribus habenis regnat. Igitur repugnantiis diversæ naturæ quanto magis tellus illa urgetur, tanto magis excoquitur vitium atque exsudat inutilis humor. Ac per hoc facta est lætioris dulciorisque germinis terra genitrix. Sed quia, ut diximus, montium scopulorumque dissimilitudine a nostro solo discrepat, ideo contigit ut prænominati oppidi structura, super excellentissimæ rupis soliditate fundata, per spatiosum aeris inane longe eminentior exsurgat. Porro oppidanorum mansio de parte illa habetur quæ planior habitabiliorque videtur.

Habens arcem erectam mediocri loco, ad illam videlicet plagam quæ altiore ruitur præcipitio. De qua etiam parte in summo turris solario herilis camera erat, ubi ipse heros cum familiaribus sopitus, placidum carpebat pectore somnum. Extra quam cameram in eodem solario de parte reliqui municipii, captivus, quem dixi, ponderosa mole ferri cruribus innexus, trium vernaculorum custodia servabatur. Huic sancta Fides jamdudum ad se querelosis vocibus exclamanti, jamque pene desperanti, sopitis custodibus, corporali specie conspicabilis apparuit. Quæ cum rogata ab illo quænam esset, sanctam Fidem se esse responderet, protinus instantia precum illius se esse fatigatam adjecit, imo etiam diutino clamore coactam; a Deo tamen missam ut eum absolvat venisse. Quare igitur, inquit, longas moras innectis? Perrumpe per medium cameræ, ac per summas turris fenestras elabere. Cumque ad vocem monentis reptare cœpisset, evigilans senior male sollicitus, ferri tinnientis advertit motum. Dein excitatæ cubiculariæ, ut tardos cogat custodes, minaci auctoritate jubet. Quod cum illa perfecisset, clauso ostiolo, in conclave se recepit. Post aliquot horarum excursum, ecce de integro sancta Fides apparens hortatur hominem ut rem aggrediatur. Quod cum ille statim faciens, reperto ostio clauso, in lectum vacuo conatu regreditur. Rursus quoque senior, ferrea collisione experrectus, pedisequam ut prius remisit. Illa peracto herili præcepto regressa, ostium cubilis per voluntatem Dei apertum dimisit. Post hæc, omnibus multo graviori sopore oppressis, ecce sancta Fides tertio manifestata, durius severiusque hominis arguit ignaviam. Cumque impedimentum ostii objiceret, seseque jam bis delusum quam graviter ferret : « Noli, inquit illa, dubitare, quia habebis pervium iter, et Deus adjuvabit te. » Ille vero confidens in Domino, gressu quo poterat cœpit motare se. Et sic tandem cum magna difficultate penetrato cubili, ad ipsas fenestras substitit, casus altitudinem vehementer expavescens. Tunc sancta Fides adhuc labantis animi hominem comitata, et quasi viam affectando præcedens, illum viriliter exhortari cœpit : « Age, inquiens, fiducialiter; non alio modo jam evadere poteris. Similiter olim Israeliticus populus, in ultionem sceleris urbis Gabaa, tribum Benjamin debellans, antequam triumphum obtinuisset, divino monente oraculo, usque ad trinum conatum laborasse legitur. » Ad extremum, ille in miserabili positus discrimine, assumpta audacia, ac posito corde in periculo, pedes primum per fenestras emittens foras, se totum vasto credit præcipitio : sed nunquam mollius suaviusque suapensilis pluma Sardanapalum fovit, quam hunc durissima rupes excepit. Adeo divina subportante virtute, ut, cui natura negaverat alas, hic plane volare, non cadere videretur. Quo miraculo factus securior, etiam multo profundioris præcipitii saltum audere non dubitavit. Nam de summis scopulis super quos arx innitebatur super inferiores ruens, ad certissimum terræ solum tertio saltu perlabitur. Mirum dictu et terribile auditu, quo ausu mens humana tantum periculi invadere unquam potuerit! nam et ipse talia narrando, fateor, nimio horrore totus contremisco. Sed qui sanctam suam voluit glorificare tali miraculo, dedit huic non terreri tanto præcipitio, in quo, licet nihil læsionis receperit, crepitus tamen contusarum bodiarum in primo quidem saltu usque ad aures dormientis pervenit. De qua re miles expergefactus, nimio furore succensus, servis suis rem prænuntiat, reos culpat, furciferos judicat, postremo minaciter imperat ut quamprimum fugientem insequantur. Illi, senioris monita ridiculo habentes, attriti cadaveris frusta se in crastinum lecturos satis in tempore promittunt. Illis tamen nequaquam acquiescens, faces lampadesque accendi, atque per aliam partem, qua facilior erat descensus, cursores velociter praecedere hominemque comprehendere praecepit. Ille vero, taedarum hauriens fulgorem, unaque sese persequentium vociferationem jam in proximo audiens, incertus quid ageret, utpote gravatus utraque vestigia maximo pondere ferri, ad effugium tamen parvae silvae, quam per providentiam Dei oppidi vicinam natura produxerat, vi qua poterat reptans, sese totis annisus viribus contrahere contendit; nec ab aliquo cogi opus erat, cui ipsa necessitas imperabat; nec reprehendenda tarditas, qua, ut sibi videbatur, segnior incedebat testudine. Cumque in hujus anxietatis laboraret discrimine, et jam inter condensa arbuscularum aliquantulum [se] colligeret, mirum in modum offendit asinum, in cujus faucibus nodata zona pro capistro, asinino tergo more insedit femineo, versis ex uno latere cruribus, propriique commodi potius rationem ducens, posthabuit honestatem virilem. Actum erat procul dubio, si unius puncti spatio fugientem hic asinus fuisset remoratus. Nunquam expeditiore blandioreque tolutatura capitor equus ac regalis incessit, quam per mediam regionem asinus in eam partem qua fugitivus minus quaerendus putaretur, transabiit. Interea sessor non adeo securitate fretus, subinde aurem arrigit, animamque reprimit, subinde respectat, et retorquet aciem, si forte aliquem vel audire vel videre posset, donec jam octo pene peractis millibus se satis in tuto videret. Et jam diescebat, et jam mortales aegros aurora promicans ad laboris exercitium cogebat. Tunc ille, alligato ad quoddam virgultum asino, ubi silices duriores vidit, paululum a semita se detorsit. Quorum ictum ferreus rigor excipiens, in modum glaciei facilem sui resolutionem dederit. Inter agendum vero coelestis asinus evanuit. Nam respiciens ille neque animal ipsum vidit, neque etiam animalis vestigium, quantalibet investigatione insistens, in aliquo penitus invenire potuit. Cingulum vero ad argumentum miraculi, ubi nexuerat, recepit. Ergo ad sanctam Fidem pedestri itinere recta intendit. Nullum pulchrius basilicam sancti Salvatoris aut speciosius spectaculum intravit ante hunc diem, neque aliquid libentius populus Conchacensis aliquando aspexit, quam quod nobilis viri clarissimi ac procera pulcherrimi corporis statura, ponderosam ferri massam gestans humeris, per circumfusas solemnizantium turmas ad sepulcrum prorupit; tanquam leo qui, fracto carcere, grandi mole catenarum oneratus colla, nativum silvae repetit refugium. Tunc homo coram omni populo, ibidem deposito onere, hostilem sarcinam, quam captivam collo advexerat, libertate donat, ac felici postliminio redux, seniores cum omni populo tanti miraculi novitate laetificat. Dein amicorum animos, diu in moerore suspensos, explet inopinae reversionis gaudio nec aliquid tristitiae captivitas illa post haec intulit, cui nec damnum pecuniae successit, nec detrimentum corporis. Sed quid putas de illo asino conjiciendum esse, nisi benignae virtutis angelum fuisse, in figuram humilioris jumenti manifestatum? Super quod etiam ipse Salvator residens, ut saecularis pompae contumaciatem humiliaret, viliori gestamine vehi potius voluit, cum tamen esset ille excelsus super omnes gentes Dominus et super excelsos gloria ejus. O magnum meritum unius puellae! o admirabile donum uni feminae concessum! o admirabilis et ineffabilis gratia uni virgini praestita! cujus virtutes nec calamo notari, nec etiam lingua humana jam expediri poterunt. Non enim ibi sancta Fides tantummodo, ubi corpore requiescit, miraculis pollet; sed etiam (sicut ab his qui quotidianis ejus ixtersunt virtutibus, didici) in terra, in pelago, in carcere, in infirmitatibus, in periculis multis, et (ut ipse jam ex parte probavi) in necessitatibus variis, si quis eam recto corde interpellaverit, praesentem sentiet. Et ubicunque sancta Fides habet nomen, ibi quoque habet virtutem; ad laudem et gloriam Christi omnipotentis, qui omnipotentiae suae habenis cum Patre et Spiritu sancto coaeterna unitate regnat per saecula aeternaliter manentia. Amen.

CAPUT XIII.

De quodam Raimundo, qualiter naufragatus fuerit et sanctae Fidis auxilio liberatus sit.

Dicere etiam opportunum videtur de aliquo Raimundo, Tolosani pagi oriundo, genere divitiisque clarissimo, qui municipium quod Boschitum rustici vocant in eodem pago possidet. Hic aliquando Hierosolymitanum iter aggressus, jam maxima Italiae parte emensa, apud urbem Lunae vocabulo ab antiquis celebratam, Mediterraneo pelago sese classe apparata credidit, ut per marinum cursum citius rectiusque Hierosolymae partes accedere posset. At vero cum jam aequoris pergrandi parte trajecta sulcarent caerula, orta subito tempestate, navis illa scopulis illisa incidit in naufragium, disjectaque in partes ipsum gubernatorem cum reliquis vorticibus absorptos reliquit, vix duobus reservatis, Raimundo videlicet servoque uno quem fidum adduxerat secum; quorum servus ille, perparvae navigii particulae haerens, ad Italica littora projectus est; ratusque dominum suum procul dubio marinis fluctibus esse necatum, repetit hospitem cui idem dominus suus (ut mos est peregrinis) partem pecuniae crediderat. Quam receptam cui quam herili conjugi dignius referret? Cui casus suos exponens, etiam fatalem domini sui sortem intimat. Illa vero, simulato aliquandiu dolore, non in graves lacrymas aut longa suspiria (ut mos est bonarum feminarum) rem vertit, sed illico elegans virorum spectatrix effecta, infidum variumque amorem effrena libertate per varias formarum injectat species. Et sic quem prae caeteris egregie reperit, nanciscitur virum, quod potuit, suæ libidini opportunum : cui et castellum dedit, et reliquum honorem sic fecisset, et etiam filias, quas Raimundo pepererat, ab paterno beneficio, cæca cupidine perdita, alienasset, nisi quidam cognomine Excafridus Hugo, antiquus præfati Raimundi amicus, pro puellis sese maternis injuriis objectasset, atque, ne ipsæ indotatæ ad ignominiam redigerentur, auctoritate sui industriaque totius honoris medium, præter castrum subsidiis auctum recuperaret ac retineret : nec de maritandis virginibus longa erat ambiguitas, cum utramque germanam suis liberis nubere consensit. Raimundus vero (ut ad superiora redeam) unam disjectarum trabium similiter amplexus, non ad Italiæ, sed Africæ partes pulsus est, sanctæ Fidis auxilium incessanter invocans, nec unquam nomen ejus ab ore rejiciens. Et jam tertia lux fluxerat ex quo nec hominem nec monstrum vidisset, ita marinis debacchationibus attonitus stupefactusque, ut præter naturalem tutandæ vitæ intentionem, brutis etiam animalibus insitam, nihil prorsus jam saperet; cum ecce de improviso obvias habuit piratarum phalanges, de Turlanda regione venientes, sagenarum bellicarum classe, telis, spiculis, clypeis et armis multipliciter instructas; et, jam dudum prædam sitientes, ipso die jactata sorte invenerant sese statim prædam inventuros. Itaque repertum hominem captumque barbarico fremitu circumstrepunt : genus conditionemque interrogant. De fortuna autem non quisquam movebatur, quippe cum illum plane naufragum cernerent. At ille insolentia fluctuum, ut dixi, sui oblitus, penitusque rigore membra correptus, vix se hominem esse recordabatur, nedum ad inquisita daret responsum; cum præsertim nec linguam eorum, nec mores eorum aliquando didicerat; postea vero peracto cursu in patriam reversi sunt. Quibus iterum interrogantibus, jam cibo otioque paululum recreatus, Christianum se respondit : decus vero generis, professionemque officii prorsus abnegans, agricolam se fuisse mentitus est. Unde, sibi dato in manibus fossorio, fodere ei imposuerunt. Quod cum præ nimia liberalium manuum teneritudine ignotique laboris impatientia minus pleniter perfecisset, ipsum jam impie tractare flagrisque inhumane cædere adorsi sunt. Ita demum invitus coactusque seipsum aperit, nihilque præter militiæ artes se olim exercuisse professus est. De qua re facto illico examine, armorum peritissimum experiuntur; qui, præter cæteram hujus artis industriam, ita se sub arma colligere clypeoque protegere perhibetur ingeniose, ut abs quolibet difficile possit feriri. Jam ergo illum in ordinem militarem constituentes, sæpius in expeditionibus ducunt. In quo cum egregiam laudis gloriam brevi obtinuisset, jam in proveciorem honoris gradum promovent. Interea vero inter hos atque Barbarinos acto prælio, Barbarini superiores Raimundum, cæteris interfectis sparsisque, dupliciter captivum abigunt. Dein inquisitum et ipsi quoque honorabiliter eum habere cœperunt, sæpiusque in pericula ducere. Ad postremum, a Saracenis Cordubæ victi, ipsum rursus amiserunt. At ubi et isti acerrimum strenuumque militem diversis periculis experti sunt, ingenti lætitia gaudioque tanto milite congratulantur, nimirum quibus omnia ex voto nec unquam incassum hoc socio contingebant. Verum subiti gaudii indiscreta elatio, subiti infortunii interruptione interdum castigatur ; nam prælio commisso inter se et Alabitas, victores tanto milite remanserunt orbati. Postremo bellum fuit his cum Sanccione comite de Castellis, viro potentissimo militiæque peritissimo; a quo Christi auxilio superati, non modo Raimundum, sed etiam enormem Christianorum captivitatem amiserunt. Sed hæc barbara gentium vocabula non sic ab antiquis usitata fuisse videntur : quorum industria per negligentiam ignaviæ posteritatis pereunte, etiam gentium plerarumque nomina aut penitus oblivione deleta, aut barbarie ingruente transmutata habentur. Igitur Sanccio comes cum accepisset hunc non solum Christianum esse, sed etiam nobilitate generis pollere, miratus fortunas illius, quibuslibet donis remuneratum, libertate etiam cum reliquis Christianis donavit. Sed antequam discederet ab eo, sancta Fides ei dormienti apparuit : « Ego sum, inquiens, sancta Fides, cujus nomen naufragus tam constanter invocasti. Vade securus, quia amissum honorem recuperabis. » Surrexit ergo atque in patriam rediit, castroque suo jam propinquans, audito quod conjux alii nupserit marito, illic manifeste apparere metuit, atque ob id intra domesticum pauperis tegetem aliquandiu latuit, exspectans quid per providentiam Dei de se futurum erat, partim peregrini habitu, partim ætate deformatus. Nam tria annorum lustra abierant ex quo a patria exsularat, propter quod etiam ipsum ultra rediturum esse omnis spes interierat. Tamen cum una dierum quædam muliercula, ejus olim concubina, in superfusione balnei ei casu obsequeretur, ad notas nudi corporis ipsa ipsum recognoscens : « Tune es, ait, ille Raimundus, qui dudum, Hierosolymam tendens, æquore mersus credebaris ? » Quo negante, illa adjecit : « Hoc, inquiens, verum est, nec me tuam præsentiam celare poteris, cum qua olim consuevisti. » Denique clanculum, et quo potuit occultius festinavit ad dominam castri, nuntians invisum rumorem. Ita primum per vile scortum adventus illius emersit. Illa reducis viri postliminio consternata, cœpit maturare quantocius qua via sibi mortem occultam ac sine infamia inveniret. At vero dum causa lethi excogitando differtur, nec ad id sceleris opportunitas satis efficax reperitur, voluntate scilicet et fortuna discordantibus, admonitus in somnis, cessit periculo vitæque tutamentum quæsivit. Quod paulo ipse ante fecisset, nisi sancta Fides ad suum castrum eum nominatim venire jussisset. Sed credo divino nutu ita esse factum, ut perfidiam conjugis ad liquidum deprehenderet. Ut ergo comperit filias suas claro matrimonio nupsisse, generorum petiit genitorem, casus narrat, uxoris noxam detegit. Porro, Hugo Excafridus fidelium amicorumque auxilio, liberorum, socerorum antiquumque amicum (pulso mox rivali) in honorem restituit. Præterea decretum est uti conjugem recipiat; sic enim posse fieri juxta majorum instituta, nec prorsus ullum esse dedecus: nam ille qui hanc habebat, simul ac vidisset commune sibi judicium incumbere, cesserat justo rectoque, alienum jus deserere paratus. Alter tamen pro nota homicidæ voluntatis, ipsam ab animo respuit, prorsus cui prava conscientia majus vulnus intulisset quam corporeæ castitatis violatio. Ut autem in superioribus paucis suppleam, addunt etiam illum a primis piratis potionem herbæ potentem assumpsisse, et ita magicis præcantationibus tactam, ut semel ex ea bibentes adeo lethea oblivione hebetentur, ut nec genus ultra nec domum meminisse possint. Dein superna sibi miseratione sanctam Fidem apparuisse, et a stupore illius oblivii excitasse, atque in mentem revocasse, et tamen post illa memoriam habuisse tardiorem : disponente Deo scilicet, ut, antiquæ correptionis vestigiis adhuc testificantibus, perpendant alii quantis de malis eum Dominus absolverit.

CAPUT XIV.
De peregrino capto et vinculato, subitoque sanctæ Fidis auxilio liberato.

Peregrini quidam, Lemovicensis pagi indigenæ, abeuntes ad Sanctam Fidem, transierant propter castellum Oebali, quod dicitur Torenna : quibus forte fuit obvius quidam ejusdem oppidi municeps, eorum inimicus, nomine Gosbertus; clericus quidem solo cognomine, sed actu terrenus miles; qui statim inventa causa, redegit omnes in captionem. Domnus Oebalius forte abierat, cujus conjux tunc (sed mox per divortium ab eodem deserta) domna Beatrix, hoc audito mandat militi ut, si se unquam velit habere benevolam, Romeos statim abire sinat, nec prorsus unius horæ spatio intra septa municipii detineat coactos. At ille non audens ex toto dominæ mandatis contraire : « Hos, inquit, pro imperio dominæ dimittam, retento hoc solo qui mihi injuriosior exstitit, quem impunitum abire difficile est. Quod si ita sibi non sufficit, noverit non impetraturam quod etiam pro sancta Fide certus sum nunquam me facturum. » Et ita, dimissis cæteris, illum unum jubet compedibus constringi, quos rustica lingua bodias vocat; quorum clavi, martello duriter obtusi ut inextricabilis illa fieret connexio, ultro franguntur, ipsis etiam frustatim compedibus conquassatis. Denique alteris compedibus mutuo petitis itidem actum est. De tertiis quoque eadem jactura accidit, et ait : « Ut video, sancta Fides (nisi astu caveo) meum mihi inimicum vi auferet : verum annitar ego uti res secus quam autumat possit evenire. » Tunc vero arctis chordarum voluminibus lacertis in crucem ante pectus constrictis, post hæc utramque palmam circa collum utrobique circum-actam, inter humeros violentissime revincire fecit. Sicque subter ascellas regyrantibus ligaminibus, ventrem crudis nodis coarctari, adeo ut ipsius inauditæ connexionis modo sic miser constrictus suffocaretur, ut anhelitus gracili spiraculo vix sibi sufficeret vita. Cui ita in solitario conclavi clauso duodecim lanceatos viros, quos æque vesanæ mentis expertus erat, instanter astare jubet. Qui si viderent illum divina solvi virtute, illico, ne vivus evasisse gloriaretur, omnes uno ictu pariter transverberatum obtruncarent. At post modicum intervallum ille miserabili addictus angustia, sitiens, difficile verbis id exprimere potuit, tanta vinculorum duritia organales fibras obstruxerat. Tunc unus, quos dixi, satellitum petita aqua cum deprimeret illaqueatos sub gutture cubitos, ut laxato mento haustum ori ejus aptare posset, illa nodorum difficultas sese absolvit ultro, ipsis tantum resticulis hærentibus brachiis, ipsis quibus fuerant appositæ. Ipse vero, sentiens se divinitus solutum, cœpit illinc præstrenuus effugere. At illi statim ex præcepto senioris ipsum mucronibus adorsi confodere, tanta continuo divinæ virtutis vi obstricti in loco hæsere, ut nec movere quidem quisquam eorum posset, nec penitus verba ad alterutrum dare. Sicque repente angelus Domini coarctavit eos, ut ac si lapidea simulcra immobiles permanerent. Unus tantummodo, inter suffocationis angustias obscenæ interjectionis dans mugitum, cum grandi difficultate in hanc vocem erupit : « Vah! jam pergit. » Cætera, fixus immotusque tandiu perstitit quoad ille alter ad domnam Beatricem transfugit, [ut] sese in fuga reciperet. Cui illa in crastinum duces delegavit, quandiu fines castelli longe excederet, tutumque iter carperet; cui erat Petrus vocabulum. Denique cum sociis ad Conchas attingens, et pro absolutione sua grates inibi Domino persolvens, post inde lætus est ad propria reversus, ligaminibus relictis in testimonium virtutis, quæ remansisse dixi laxis nodis pendentia brachiis. Anno fere et medio post secundam a Conchis reversionem, accidit mihi certo negotio domni Willelmi Pictavorum comitis adire curiam, in qua cum domnam Beatricem viderim, a Ricaredo fratre suo Rothomagensium comite illic missam, ardenter ejus colloquium aggressus, illico recogitare cœpi super hoc miraculo : cujus verba, per omnia monachorum Conchacensium [verbis] concordantia, esse poterant probabile argumentum, si quis dubitaret in aliis etiam mihi ab eisdem narratis.

CAPUT XV.
De adolescentulo resuscitato.

His ergo ita hactenus veluti ad alia festinando succincte prælibatis, aliud pene incredibile occurrit, quod, ne silentio pereat, vivacibus commendare studuimus schedulis. Ultraclusanam vulgo dicuntur partes, ubi duo conjugali fœdere sociati, absque sobolum fecunditate diutius manserunt steriles ; qui inito consilio ad sanctæ virginis propitiatorium accedentes, mox ut peractis votis redux peregerunt iter, divina pietate multebris fecundatur venter; sicque in partum resolutus, masculam in lucem effudit prolem. Qui filius tria fere, ut putabatur, lustra gerens, invida morte anticipatur, atque ad extremum vitæ mœrentibus parentibus sortitur; qui ut defuncti nati exitum viderunt, sanctam Fidem variis atque innumeris querelis lacessunt, eamque sibi amissum pignus reddere deposcunt : « Quid, inquam, illius dono, o sancta et gloriosa Domina, nos exhilarare voluisti, quos de ejus immatura sorte præscieras mœstiores fieri! Tuum fuit quod eum jam desperati habuimus, pro ejus impetratione, tua sancta limina expetivimus, ante tua sancta monumenta corporibus humi prostrati, in ejus petitione exaudiri meruimus, optatumque diutius votum per te, o beata mater, adepti sumus. Quid profuit, o beata et gloriosa mater, nobis quæsita nancisci, si detrimentum amissionis nunc cogimur perpeti? Adesto nunc solita pietate, o Christi virgo benedicta, sobolemque nobis restitue redivivam, quam quidem per te suscepimus, tua gratia nostra fecundante viscera. Nihilominus quidem nobis ablatam potes reddere, quam omnino [non] natam, negante dudum [Domino], prævaluisti concedere. In utroque fies omnipotentissima, in utroque agnosceris martyr efficacissima. » His et talibus quampluribus utrosque parentes ad defuncti filii feretrum irremediabilis torrebat [dolor], exanimeque corpus amplexos gravibus suspiriorum singultibus fatigabat. Cumque jam bajuli sandapilam arriperent, ut ad ecclesiam humandi causa deferrent, parentes lamentabilibus modis sanctam Fidem proclamant, et ut eis amissum donum rursus restituat miris ululatibus obsecrant. Quibus ita ad æthera usque funereos clamores ferentibus, ecce quasi de gravi somno rediens adolescens ille, caput a feretro erexit, faciemque sudario jam adopertam concutiens, astantium strepitum mirari cœpit. Quem mater, irremota feretro incumbens, mox ut vitalibus auris fruentem persensit, propere vultum manusque resolvit; versisque modis, præ nimio gaudio fletibus ora rigavit. Quo viso omnis astans cœtus dirigit, calorque omnium ossa relinquens, ineffabili stupore cernentes perterruit. Denique eum a mortis torpore resolutum genitores ejus percontari studuerunt si forte corporeis membris exutus aliud ad regnum duceretur; an, in exstasi mentis positus, adhuc vitali calore membris collapsus fungeretur. Qui mox se ab hoc præsenti sæculo prorsus egressum, et ad tenebrosa loca deductum; unde sancta Fides eum vi exemit, et ad resumenda hujus solis spiramina refudit. Et, ut credibiliores in tanti miraculi relatione utrique parentes fierent, eum Virbium ad sanctæ Fidis oraculum adduxerunt, testeque tota vicinia, nobis mirantibus ac præ gaudio fletibus ora madentibus, eumdem relatorem esse fecerunt.

CAPUT XVI.

De eo qui filios suos, virtute sanctæ Fidis fretus, per ignem transire faciebat.

Hujus rei cujus narrationem aggredimur multi nostrum relatores persæpe exstiterunt, quorum relationibus ut divinis oraculis credimus. In Petragoricis partibus castrum Montagrerium perhibebant, ubi eques quidam, nomine Helias, nobilitate pollens degebat, qui sine sobolum gratia connubia irrita atque ingrata ducebat. Qui tandem ad sanctæ martyris properans limina, optata conjugalis uteri meruit recipere semina. Et hanc [prolem] bino munere contigit accidisse. Quos pueros tanto amoris privilegio diligebat, ut etiam non suos sed sanctæ Fidis filios appellabat. Et ut inde experimentum daret, coram astantibus et instanter prohibentibus, media in ejus phala accenso rogo, nudis cruribus ac pedibus per medios flammarum globos transire faciebat : quod et (mirabile visu!) pueri sine aliqua incendii læsione citato saltu implere festinabant. Interea vero mente sedit ut eosdem pueros deberet adducere sanctæ martyri, veluti eorum spirituali genitrici. Sed quia horrida hiems flumina cuncta a littoribus expulerat, immensisque tempestatibus passim desæviebat, mulier, et cæteri ejus familiares aliud in tempus reservandum persuasum ibant. Quorum omnium hortamentis penitus resistens, propositum iter se celebraturum asserebat, nulloque metu ingruentis tempestatis se desiturum dicebat. Quin etiam præsentibus pueris sanctæ martyris nulla se naufragia timere perhibebat, sed eorum comitatu fretum parva lintre procellosas gurgitum elationes sulcaturum se spondebat. Quod et ad effectum usque perducens, sanctæ virginis adiit limina, puerosque votis obligans, multa de eis sanctæ congregationis nostræ fratribus recensuit valde admiranda; peractisque orationum solemnitatibus, lætus et incolumis rediit ad propria.

CAPUT XVII.

De oculo equi per virtutem sanctæ Fidis restituto.

Arvernico in pago Murmontis castrum vulgo nuncupatur, in quo miles quidam, equum magni pretii habens, de more sanguine minuit, quem post phlebotomationem ad palum quemdam capistro religavit. Quo in palo ad res suspendendas sudes *acutissimæ* prominebant, quas ipsi ramusculi præcisæ arboris olim concesserant. Ad cujus stipitem prædictus equus adnexus, dum instabili motu circumvagaretur, ejecto altius capite sudem offendit, quæ gravi ictu confestim ei oculum radicitus evellit. Quod factum prædictus miles ægre ferens, oculum ad mandibulas usque pendulum in proprio foramine restituit, ac, multorum ibidem adstantium cohortationibus, sanctæ martyri Fidi luminare ad ejusdem equi [cau!æ] longitudinem vovit, lumenque effossum institis alligans, ad proprium stabulum mœstus reduxit. Erat namque equus ille et velocitate incomparabilis et in omni caballina strenuitate probabilis. Sicque factum est ut sanctæ Fidis medicantibus meritis piis, postera die equus ille ita incolumis *invenitur,* ac si nunquam ullo morbo gravari videretur. Cujus virtutibus præclarum miraculum isdem miles ante sanctæ martyris retulit, cunctis astantibus, oratorium.

CAPUT XVII.
De mortuo resuscitato.

Contigit quemdam, nomine Himaldum, Tolosanis in partibus sanctæ martyris admirandum promeruisse beneficium, visuque et opere inopinam experiri ejus magnificentiam virtutum. Habebat enim filium, quem de more misit ad armentum in pascuis servandum. At ille, pastorali cura suscepta, die quadam, surgente hespero armenta domum reducens, per negligentem incuriam bovem unum inter fruteta dimisit, reliquos vero bostaris præsepibus inseruit. Cernens igitur vacuo loco unum abesse animal, pascua per furvas noctis tenebras solivagus repetiit. Sed magna parte noctis illius jam elapsa, casso labore quæritandi, sine bove tristis ac mœrens rediit. Quid ageret, quo se verteret, nulla ei ratione patet : improbissima enim patris severitate perterritus, eo sciente tectum non audet subire, neque quid ei acciderit ullatenus intimare. Tandem vero sopitis omnibus, lectulo se contulit clanculus. Ubi cum membra amissi bovis indagine admodum defessa jactaret, illico tanto dolore corripitur, ut pene omni ossium compage resolutus crederetur. Quo dolore nimium invalescente, et motu artuum fraudatur, et rationis officio privatur. Mane autem facto, ut eum pater tanto conspexit correptum languore, deposito furore mox super imminentem nati interitum flebilibus cœpit gemitibus dolere, ac, dum vastis singultorum quateretur ictibus, sanctæ Fidis salutiferam opem magnis implorat clamoribus, ut pristinæ incolumitati ejus restituatur filius. At ille toto corpore manens immobilis, summo duntaxat in pectore videbatur ei calor vitalis, atque tali in stupore membrorum dies peregit novem, exstinctis lucernis oculorum. Decimo autem die, quæ Dominica habebatur, ut viderunt pupulas luminum in morte contabescentes, gelidoque sudore frontem ac genas rorantes, apposita lævo lateri manu nihil vivum salire sentiunt, sed omnia æterno sopori dedita evidentissimis signis agnoscunt. Quid plura? Funus parant, exanimeque cadaver sandapilæ impositum ululantibus lamentis celebrant. Sed cum luce crastina ad defossum sepulturæ ejus locum veheretur, pater impatientis amoris affectu, exstincti gelidum nati corpus amplexatur, oculosque ac vultum omnem irriguis lacrymis humectans, locum omnem amaris implet clamoribus. Inter quos insolabiles gemitus, crebris vocibus sanctam Dei martyrem Fidem clamat, ac lacrymosis obsecrationibus ut sibi filium reddat ter et quater ingeminat dicens ;

« Virgo Fides, dilecta Deo, lux inclyta mundi,
   Auxilium miseris quæ cita ferre soles,
Supplicis exaudi martyr sanctissima vocem,
   Quamque potes, posco, defer opem misero.
Munere nemo tuo, petiit si forte coactus,
   Discessit vacuus, te retinente, manus.
Credo quidem, neque vana fides, te posse quod opto
   Cœlitus a Domino promeruisse tuo.
Unicus ecce mihi natus, mea sola voluptas,
   Occidit, una mei spes et amor generis;
Quo pereunte modo, mihi cætera vita superstes
   Protrahet ingratas fine carendo moras.
Sed si, virgo Dei, miserorum questibus ullis
   Flecteris, et lacrymis vinceris irriguis;
Munere sopitos nati quos cernimus artus,
   Ad priscam vitam, te rogo, nunc revoca. »

Cumque his et hujusmodi quamplurimis querelis super defuncti corpus incumbens pater cum magno ejulatu quereretur, omnes qui ad ultimum exsequiarum obsequium aderant, deflentis pietate moti, fletibus ora rigabant, ac gloriosissimam virginem Fidem mixtis lacrymis precibus, ut ad invocationem sui sancti nominis propitio vultu respicere dignetur, unanimes exorant.

Sic quoque continuo, sed et (o mirabile dictu!)
   Mors tetra visa retro prædam fugitiva reliquit,
Evomuitque vorax avida de fauce rapinam.
Protinus atque caput lento nutamine functus,
   In partes versat, gelidas recalente medullas
Fomite vivifico : subitoque per algida membra
Spiritus infusus totum dat vivere corpus,
Erigiturque jacens, trepidantia lumina vixdum
Attollens. At mox totos simul erigit artus,
Et stetit in propriis membrorum machina plantis.
Inde domum repetit divino tramite patris.

Quo viso cuncti, in gratiarum actionem versi, præ gaudio tanti miraculi lacrymas fundunt, sanctæque virginis ac martyris Fidis virtutem glorificantes, votis et muneribus sese ac suos ei supplices devovent. Sicque ab ecclesia Sancti Georgii, ubi humandi juvenis gratia venerant, regressi ad propria, pater posthumi filii ac reliqui contubernales diligenti persecutione die quadam ab eo sciscitari studuerunt, quid sibi visum fuerat illis novem diebus quibus in excessu animæ positus quasi mortuus jacuerat, ac quomodo vel cujus auxilio, ad sepeliendum postmodum delatus, ad vitales auras redierat. At ille adhuc trepidantia pectora gerens, ab imo spiritu longa suspiria ducens, sic percontantibus actutum respondere exorsus est : « Ut cætera nunc ad præsens silentio prætereantur quæ mihi fine sub extremo contigerint, certissimo et sine ullius falsitatis ambiguo brevi expedire non differam. Corporeis vinculis spiritus meus resolutus, teterrimis quibusdam ministris traditur, quorum crudelissimo ducatu ad hiatum usque vastissimi præcipitii protrahitur. In cujus horridam voraginem dum jactari inenarrabili metu formidarem (eloquar an sileam?), ecce vir splendidissimi decoris advenit, quem (ut postea didici) paradisi præpositum fuisse Michaelem archangelum liquido patuit. Cujus placidi itineris gloriosissima virgo Fides comes astitit; quæ super solis jubar emicabat splendore mirabili. Hic vero cœlorum præpositus, ut more carnificum eos quibus ad torquendum deputatus eram conspexit in verbera mea irremediabiliter furere ; « Quid, inquam, malorum artifices, in hujus tironis tormenta tanta « desævitis crudelitate? Quid animam a summo

« Deo creatam perditum iris absque ulla misera-
« tione? Sinite jam nunc ab ejus gravi laceratione,
« quia, Deo permittente, per sanctissimam virginem
« hanc Fidem proprio refundetur in corpore, a ve-
« stra erepta potestate. » Ad hanc vocem tartarei
ministri intolerabili formidine correpti, manus semper in malum pronas continuerunt, cœlestibusque
nuntiis insolito timore tremebundi paruerunt. Nec
mora, felicissima virgo Fides concito impetu medios
tortorum cuneos irruit, animamque meam ab eorum
manibus violenter abstraxit; atque ita corpori humo tradendo, sicut nostis, mirabiliter refudit. Postquam vero hujus non tantum visionis quam etiam
rei gestæ veritatis textum ille ordine est prosecutus,
pater et vicini iter instituunt ad sanctam Fidem
gratias reddituri. »

CAPUT XIX.
*De Raimundo, qui a compedibus et catena solutus
est.*

Pene huic simile adhuc et aliud calami deposcit
officium; quod quia prodigialiter invenitur actum,
æterna memoria censuimus celebrandum. Raimundum pro impie gestis multi vestrum noverunt, et
genealogia satis spectandum et terreni honoris fastu
subnixum. Hic ex castro quod Mons Pensatus dicitur
originem ducens, patrem habuit Bernardum, prædicti castri primum et maximum. Et quia Caturcensi
urbi contiguus erat, ejusdem civitatis litteris im-
buendus traditur canonicis, eorum societatem sorti-
turus succedentibus annis. Qua in disciplina, vix sa-
nabili epileptici morbi ægritudine per interlunia
misere laborans, tædio cœpit [eo] magis parentibus
haberi, quod in [eo] nulla spes [erat] genialis indolis.
Tandem nimirum opinatissimo virtutum favore coactus, sanctæ virginis propitiatorium aggreditur; cujus propitiante benignitate optatæ salutis remedium
a secutus, sanctæ medicæ Fidis basilicam quotannis
revisere studebat, gratias pro impenso munere relaturus. Quem pro zelo patrimonii parentes atque
affines exsecrabili odio insectantes voti compotes
ceperunt. Tantum denique viro illustrissimo, nomine Gosberto, tradiderunt, qui pro irrogatis contumeliis gravissime cum habebat infensum. Aderant
namque sanctissimi dies Quadragesimæ, qui, cum
frugalis parcimoniæ observatione mente custoditi
sincera, omnem elidunt vitæ perperam. Quos iste
inter compedum multiplicia volumina omni eremi-
tica austeritate aridius ducens, potius habebat oneri
quam promerendæ saluti. Cibus enim illius vespertinus panis erat mucididate viriditatis squalidus;
qui, remoto alius edulii adminiculo, vix, etiam aqua
viam patefaciente, valebat pertransire meatus,
et quia pro efferis viribus illis intolerabilis erat, ita
compedibus et triplicibus catenis veluti Gætulus leo
implicatus jacebat, neque pedem neque manum ullo
adnisu qualibet in parte vertere prævalebat. En
etiam ipsa catena fortibus hamis intexta, quæ nu-
meroso sinu circum crura ac torosos lacertos dure
vinciebatur, a tergo ejus per foramen saxeæ turris

ad exteriora penetrans, ferreis repagulis ita a foris
constringebatur, ut nulla vi, nisi mordacium serra-
rum educi limatura, reserari fas erat. Has inter pressuras tamen sancta Fides ejus ab ore non recedebat, neque unius momenti victum non invocato
præterierat. Quinque igitur hebdomadarum breviori
lustro in hac tam lugubri acerbitate finito, dies ille
enituit qui, ob Dominici triumphi memoriale, cum
palmarum seu diversi generis florum * corda omnium totum per orbem ineffabili tripudio exhilarat.
Cujus diei tam commune gaudium diffusa per orbis
climata, nullam huic præbebat remedii lætitiam.
Cernens ergo cunctipotens Deus immitem sævissimi
tortoris prædicti Gosberti pervicaciam, subsequenti
nocte per sanctæ virginis intercessionem tactus misericordia, ut semper totus * est vita desperatis facilis pietas, juvenem splendore admirabili coruscum
illi misero, sopore dolores leniente, cœlitus direxit;
qui eum talibus affatur verbis : « Vigilasne an sopore deprimeris, Raimunde? » At ille, intra somnii
dulcedinem, ita videbatur sibi respondisse : « Quis,
inquam, es, domine? » Cui ille : « Ego ille sum Stephanus, qui, dudum a Judæis lapidatus, civium supernorum promerui asciri cœtibus; qui ideo sum ad te
missus, ut ad sanctam Fidem te ducam velocius. »
Quem cum interrogasset ubinam magnifica virgo esset : « Surge, inquit martyr præcipuus, quia non
ludificaris a somno, sed, incunctanter me sequens,
videbis eam de qua ad te loquor. » At ille, ut sibi
ostensa suadebat visio, videbatur sibi sanctum martyrem sequi prævium; qui supra pontem Conchacensis Dordonis eum statuens, ita mellifluis prosequitur
alloquiis : « Dirige, inquam, o fili, oculorum aciem
super hujus nubiferi montis cacumen, et divinam
intuere claritatem, cujus immensi splendoris media
sanctissima virgo Fides ac martyr insignis, angelorum inter manus emicans, quis suis meritis debeatur honor, evidentissime indicat.

Quibus ille auditis lætus de sacræ virginis laude
præcelsa, oculos in visione vigiles in sublime tol-
lens, vidit igneum globum ingenti fulgore micantem,
cujus in medio speciosa virgo coruscans astantibus
sibi angelis dicebat : « Locum illum quem cernitis
ossibus decoratur meis, de quo vos rogo ut vestris
sanctificetur dextris. » Cives vero angelici, monitis
animo libenti acquiescentes virginis, elevatis præful-
gidis dextris signum dant adorandæ crucis, cujus
signaculi virtute sacratus omnis sanctitatis gratia
repletur. Dum hæc igitur agerentur, ecce subito
nimbosa caligo, ab ipsius amnis imo nimbesus tur-
bo ascendens, illum super pontem stantem nebula
texit, quæ deciduo rore ejus indumenta largissime
humectavit. Qua visione attonitus lumina a somno
vix abrupit, ac mox vestes manibus contrectans, sicut in visu senserat defluo imbre reperit humidas.
Inde circa se palpando manus ducens, omnia vinculorum volumina dissoluta a se sensit, ostiolum
etiam, nocte seris ac vectibus satis munitum, pa-
tens invenit. At ille verum sibi orama fuisse osten-

sum liquido agnoscens, continuo (multa enim animo ei cura exiendi necne recursabat) obfirmatus audacia, cum præcipiti evolutu, custodum munimina transilit, gradusque scalarum rapido impetu superans; per medios custodes ibidem jacentes ad exedras usque devenit. Ubi dum astans multa corde dubio agitaret, tandem ei menti succurrit quia, præ nimio pondere, vinculorum machinamenta ad sanctæ virginis basilicam vehere nequibat, saltem tabulam scacchorum ibi pendentem in testimonium suæ evasionis ferre debeat. Qua assumpta, murum, qua altius insurgebat, præceps elusit, expersque læsionis, fugam nudus pedes properavit. Cui inter scrupulosum callem pedibus labenti mox quædam mulieris forma obvia fuit, quæ, expositis a dextrali calceamentis, ita eum prior compellavit : « Tune es, inquam, Raimundus ille, quem modo sancta Fides a carceralibus vinculis solvit? » Cui dum illum se esse confiteretur, confestim calciamentorum viæ solamen ei detulit, dicens : « Tolle hæc, et quantocius ab his elabere partibus, dum tibi evadendi patet locus. » Cujus beneficii munus et solaminis monitus ille attentius perpendens, nihil aliud eam fuisse intelligit quam præsentiam sanctæ virginis. Sed dum hæc mente pertractaret, subito nusquam evanescens comparuit. Tantæ ergo patronæ exhortationibus roboratus, cœptam peragit fugam, neque ab insequentibus attingi potest, quia eum sancta Fides tuebatur. Sicque per medios invisus ruens hostes, Caturcetim adiit urbem, ubi protomartyri Stephano, quasi viæ suæ prævio, meritas rependere studuit grates. Et quia longæ inediæ ac fugæ conficiebatur tædio, sanctæ Fidi, ob præstitæ sibi salutis gratiam, quam potuit misit candelam. Denique nocte illa in qua Dominica proditione et nostra salus et Judæorum processit interitus, dum imposítam lectionem inane legendam in vestiario sancti martyris provideret, somno demitur, atque ibidem quiete pascitur: cujus somni nubilo sancta Fides, tanquam matutinæ nebulæ interpollens sol, permista, ita eum subiratis, ut putabatur, visa est arguere eloquiis : « Itane desidia torqueris, ut solitas mihi gratiarum solemnitates his sanctæ Paschæ diebus ante sacrarium artuum meorum persolvere desinas? Quid moraris? Disice morarum nodos, et cum scacchorum tabulato, tuæ videlicet liberationis credibili monimento, Conchacensem calle pedestri velocius expete locum, Paschalisque gaudii ibi celebra sacramentum. » Hujus visionis gratia ille permotus, somnii tædia rupit, ac Geraldo Petragoricensis Ecclesiæ sub primis tirocinii auspiciis episcopo, qui Tolosanæ urbis mœnia forte aggrediebatur, simulque ejusdem Caturcinæ urbis præsuli Bernardo, quæ sibi somnitus imperata fuerant territus intimavit. Qui ut sanctæ Fidis monita audierunt, jubent jussa factis implere, nec qualibet interveniente dilatione differre. Quid igitur? Uno tantum contentus famulo iter arripuit, ac imperiosæ virginis mandata facessit. Cœpti vero itineris victor, ubi scacchea tabula onustus ad sæpe dictum locum pervenit, orationi incubuit ac supplici murmure quæque excogitata protulit. Qua expleta, post sanctæ crucis fronti locoque cordis impressionem, quæ sibi inter catenarum pressuras per sanctam virginem mirabiliter acta fuerant, cunctis qui aderant ora in silentio tenentibus, filo expedit. Neque hæc parva audivit utriusque sexus caterva, sed ejusdem memorati Gosberti filius, qui tunc forte inter commilitones causa orationis ibidem aderat, incredibili stupore totus visu in medio diriguit, admirans qualiter a tot vinculorum connexione solvi potuit, neque minori admiratione Goffredus sub hoc aspectu corripitur, cujus jocosa scacchorum tabula fuerat, quam ille ereptam propriis illic humeris in testimonium sanctæ virgini obtulerat. Tandem agnita virtute divina, in laudum præconia convertuntur, sanctæ martyris Fidis glorificantes potentiam, a Domino sibi sacris exigentibus meritis in omni miraculorum facultate collatam.

CAPUT XX.
De mulo resuscitato.

Nunc vero quid in itinere sancti Petri apostolorum principis moderno tempore per gloriosissimam Christi famulam mirabiliter gestum sit, paucis absolvere curabimus vestræ attentioni. Italiæ in partibus quæ Longobardia nuncupantur, miles quidam Ruthenici pagi, Garbertus nomine, præcedentem Pictavensem genere ac militari strenuitate satis illustrem assequitur, ac post salutationem mutuam gratiam iter institutum celebrat, ejus familiaritati sociatus. Qui de multis simul sermonem ad invicem conferentes, tandem ad sanctæ Fidis magnalia conserta sermocinatione pervenit, ubi non parva laus a Ruthenico suis attribuitur miraculis. Ille vero Pictavensis ingenti cum admiratione narrationem illius applaudens excipit. Ubi ad hospitium in vico Sancti Domnini perventum est, Pictavensis mulus, qui ei charior habebatur, gravissimo morbo correptus, vix ad crastinum diem vitam pertraxit moribundus. Garbertus vero, quanta in talibus quondam animalibus sancta Fides operata est magnalia non immemor, interrogat socium utrum aliquam medelam fecerit ad muli hujus supplementum. Cui « Nequaquam » respondenti, mox adjecit : « Nunquid audisti quæ tibi de sancta Fide heri per me exposita sunt? Mitte ei devotus aureum, et statim tuum animal recipies sanum. » At ille, nihil cunctatus, bisantem de marsupio protulit, quem ei ad deferendum sancti virgini concessit. Sancta vero Fides ad majorem virtutis suæ gloriam manum reservans, viventi mulo nihil profuit, nec quidquam valitudinis impertivit. Quid plura? Surgit aurora, monetque cunctos ut cœptam properarent viam. Exponitur mulus vitæ termino functus a stabulo, et datur tantummodo pretium pro corio. Iter corripiunt mœsti, et qui aureum vitæ arrhaboni recepit, et qui amisso animale, damnum cogebatur pati. Ruthenicus ergo de jactatione virtutum sanctæ Fidis nimio rubore anxius, aureum quod acceperat, volebat verecunde reddere.

Quod cu-   isset datori, ecce repente post tergum audi   um subsequentium, et quasi fugientis
animalis   tantis equitis strepitum. Sicque vultum in   retorquens, prospicit eminus hospitem
mulum   ltem cursu fatigantem, et, ut eum com-
prehen   , multo conamine enitentem. Qui, [hoc]
viso, s   m Fidem attonitis exclamat vocibus, au-
reumque retinet quod volebat reddere verecundus.
Recepto denique mulo, interrogant hospitem qualiter
actum fuerit in reparatione animalis. At ille admirando exclamans, ait : « O vos felices quibus tantam virginem contingit habere patronam, cujus
omnipotentibus meritis non solum vobis salus tribuitur animarum, verum etiam magna procurantur
medicamina corporum! Hæc sancta virgo in opere et
virtute non sinit vestris adminiculari incommodis,
etiam in animalium resurrectione. Hoc quod videtis
animal, in platea projectum, dentibusque retectis
omni anima relictum, inter decoriantium manus animavit, concitoque saltu a solo exturbavit, ac ita a
manibus nostris elapsum, vestris usibus præparatum
reformavit. » Quo audito omnis peregrinorum caterva in laudum præconia erupit, totumque aerem
æmulis vocibus sanctam Fidem reboare compellit.
Deinde reddito hospiti tergoris pretio (scilicet argen-
teos octo) sancta limina apostolorum læti expetunt,
regressique ad propria votivum aureum cum ingenti
gratiarum actione persolvunt.

CAPUT XXI.
De milite qui ab intestinorum inordinatis motibus fatigabatur.

Arvernico in pago miles erat strenuus, cui, insidiante infortunio, interiora, statum suum per interlunia deserentia, cum magno intestinorum murmure
in verenda usque erumpebant; unde nimio moerore
attritus, mortem sæpe orabat, ne hæc pateretur
diutius. Post multum vero tempus, de milite pedes
factus, consciam morbi uxorem alloquitur; [a] cujus
consilio tectus, sanctæ Fidis deliberat expetendum
super hoc beneficium. Muliere reluctante et multa
objiciente, ille conceptam peragit voluntatem, ac
ita sanctam adiit virginem. Cujus ante sacratissimum corpus devotus procumbens, pro quo venerat,
cum lacrymis sæpius ingeminat, ac pro salute obtinenda propensius fundit precamina. Sequenti vero
nocte ante sanctum mausoleum virginis, post orationum studia depressus, videt sibi sanctam martyrem assistere, et quasi subverecundo (ut mos est
virginibus) eum alloqui sermone : « Dormisne ? inquam. » Qui cum se dormire respondisset, beata
virgo ita eum fando prosequitur : « Scias me, inquam, hactenus minime fuisse interpellatam pro
hujuscemodi re, ut ista est pro qua nostra sollicitas
suffragia, cum ex diversis morbis valida contulerim
agridia. Sed ne omnino hinc inconsultus abeas, quæ
tibi fient salubriora paucis advertere expediam. Nosti
illum qui tuam incolit viciniam, fabrum ferrariam ?
Qui cum sibi nomine et facie bene notum esse sub-
intulisset, rursus eadem virgo : « Illum, inquam,

nihil cunctatus aggredere, et ut cum maximo malleo,
ex quo candens massa a fornace facta contunditur,
adnixis viribus roga super illam passionem in incude
positam, tibi validissimum ictum injiciat, quod celeriter salutem tibi conferet optatam. » His ille verbis,
cachinno simillimis, stupore simul et admiratione
præmonitus, somno abrumpitur, et quid sibi talis
visio velit alto corde versat diutius. Tandem vero
domum regressus, obfirmato in mortem pectore,
fabrum prædictum, nemine conscio, aggreditur, et
quæ sibi per sanctam Fidem imperata fuerant intimat secretius. Quibus ille auditis, toto corde colla-
bitur, neque se hanc phantasticam ludificationem jam
acturum jurejurando attestatur. « Crede, inquam,
mihi, domine, quia non medentis, sed potius ludifi-
cantis verba hæc sunt, quorum monita si credulus
prosequi volueris, mortis tuæ reus argui poteris.
Ego tamen nequaquam hujus criminis ero auctor tam
pessimi; novi enim procul ambiguo præsentem te
incurrere mortem ex hoc. » Cui, ut excusatus abiret,
multa conjectanti, et multa metu parentum, si verbere suo vitam cum dolore finiret, in faciem obji-
cienti, mox eques illi fidem facit nihil horum sibi
eveniendum. Quid plura? Sternuntur super incudem
genitalium turgida palearia, atque ad extremum
ictum præparantur morbida verenda. Sed mox ut
adductis lacertis sublatum in aera cernit immensum
mallei pondus, incredibili pavore concussus, retro
resupinus labitur, ac velut exanimis solo cum gravi
fragore membrorum resupinatur. Qua in præcipiti
ruina, mirabile dictu! confestim omnis illa intestinorum ebullitio ita interius resorbetur, ut nunquam
ulterius in vita sua foris erumpere videretur. Sic
ille nec cauterio adustus, nec ullius antidoti amystide
curatus, incolumis evasit, sanctæ Fidis, ut ita dicam,
ludus, omni posteritati cum alacritate satis admirandum spectaculum facturus. Sic illa ponderosa alle-
vatur sarcina, sic dura reprimitur ignominia. Sic
pro terribilis mortis horrore, ad laudem et gloriam
sanctæ martyris, ineffabilis gaudii curatus perfunditur immensitate. Quæ res ne cuiquam ridiculo similis facta videatur, ac per hoc nobis conficta respua-
tur, non absurdum ducimus, Rodbertum Cantojo-
lensis monasterii abbatem, virum reverenda canitie
satis honestum, in publicum advocare; cujus testimonio hoc nobis manifestatum est quod referimus,
quia ille qui passus est longe positus, nostris postmodum non apparuit obtutibus. Illius ergo ab ore
didicimus, qui non inepta adulatione, non ficta scur-
rilitate aures populi palpat, sed veritate quidquid ore
profert commendat. Denique si de tali relatore dubitatur, de beneficiis Dei diffiditur.

CAPUT XXII.
De quadam matrona quæ contra sanctam Fidem impie agens, mirabiliter interiit.

Caturcensium in partibus res mira contigit, quam
quia cunctipotens Deus pro amore virginis suæ
monstruose operari voluit, huic dignum ducimus interponendum lectioni. In prædicto vero territorio

matrona quædam erat nobilis, quæ aut quia mulierum genus semper avarum legitur, aut certe diabolico instinctu, terram sanctæ martyris agris suis viciuam immoderate concupivit, arantesque monachorum bubulcos plurimis affectos contumeliis a jugeribus expulit. Sequenti vero die proprio vomere ea jugera secare fecit, suæque ditioni ea subjugare præsumpsit. Atque ita cœlesti virtute actum est ut, dum illa a suis terminis agrum illum denormare juberet, acriterque insisteret, actutum toto corpore emarcuit, ac horrificis stridoribus ns infelicem spiritum orco dimisit. Cujus ili exitu aratores valde exterriti, relicto arat, erunt, ac in summo habitu vix palpantes do uo rem actam retulerunt. At ille mœrens de is intehritu, pro cadavere misit, allatumque te ndidit. Qua tali modo exstincta, terra sancl artyris tuta ab omnibus remansit, et in monachorum postea ditione jacuit.

ANNO DOMINI MXXIX.

SANCTUS FULBERTUS

CARNOTENSIS EPISCOPUS.

NOTITIA HISTORICA ET LITTERARIA.

(Oudin., *Script. Eccles.* II, 519.)

S. Fulbertus Carnotensis episcopus, vitæ sanctimonia et eruditione sua ætate clarissimus, Guillelmi Aquitanici ducis favore, primum Pictaviensis Ecclesiæ S. Hilarii thesaurarius factus, ut fragmentum Historiæ Aquitanicæ refert. Idemque leges apud Ademarum Cabanensem in Chronico. Insignis vita et eruditione, lucernaque ardens a Domino Ecclesiæ Gallicanæ candelabro accensus, Roberti regis Christianissimi, cui gratissimus erat, auctoritate, Carnotensis episcopus post Rodolfum creatus est, a Lietherico archiepiscopo et metropolitano consecratus, quemadmodum ipse Fulbertus affirmat epistola 23, ad eumdem : « Multum amoris atque fidelitatis, tibi, Pater, me debere censeo, per cujus manum benedictionem et sacram unctionem accepi. » Is autem, episcopalem gradum assecutus, libertates ecclesiasticas egregie tutatus est, ut passim variis epistolis significat, quas ad pontifices maximos, reges et episcopos scripsit, quarum nonnullæ exstant ad Franconem Parisiensem præsulem, *De exstirpandis e manu laica beneficiis*. Et apud Joannem pontificem Maximum graviter conqueritur de Rodulfo comite, jurium Ecclesiæ suæ pervasore sacrilego, auxilium apostolicum implorans : *Magnæ*, inquit, *Fulber.us et præclaræ Ecclesiæ pusillus episcopus*. Episcopatum, ut diximus, favore Roberti regis, cujus partes contra Constantiam reginam gnaviter sectatus est, adeptum fuisse apparet ex epistola ad eumdem, qua de Godefridi vicecomitis violentia adversus Carnotensem Ecclesiam sic conquestus est : « Pietatem vestram cum tum fletu cordis et mentis genua flexi precamur, succurrite sanctæ Dei Genitricis Ecclesiæ, cui nos fideles vestros quantum possumus, licet indignos, præesse voluistis; quorum a vobis solummodo post Deum, in his quæ ingeruntur molestiis, consolatio et respiratio funditus pendet. » Suam vero humilitatem astruit his verbis, epistola 68 ad Odilonem abbatem Cluniacensem : « Decet, pater, ut tu quoque vicissim me tuum servulum de te pendentem, teque non sine magna fiducia respectantem, sacris intercessionibus adjuves. Sum enim valde miserabilis homo, qui cum ad propriam non sufficerem, ad publicam curam nescio qua seu ratione seu temeritate perductus sum. » Quanta vero amicitia inter ipsum et Odilonem prædictum fuerit, docet monachus Sylviniaci hæc scribens in *Vita Odilonis* : « Hoc nomine (*Archangeli monachorum*) censebat eum appellandum in suis sermonibus et epistolis. Fulbertus ille sibi præcordialis amicus, Carnotensis episcopus, in sanctitate laudabilis, in sapientia mirabilis, in cujus morte studium philosophiæ in Francia periit, et gloria sacerdotum pene decidit. » Quod autem nonnulli eum Roberti regis fuisse cancellarium scribunt, probationis id documento destituitur, cum revera potius cancellarius tantum Carnotensis Ecclesiæ fuerit. Porro cum anno 1020 urbs et basilica conflagrassent, fundamenta ecclesiæ Dei Genitricis Fulbertus jecit, eamdemque miro lapideo fornice et tabulatu perfecit; quo quidem insigni opere præcipuam apud posteros nominis sui propagavit famam, pecunias suppeditante inprimis Anglorum rege. Hoc discimus ex Willelmo Malmesburiensi, lib. II *De gestis Anglorum*, his verbis : « Rex Cnuto ad transmarinas Ecclesias pecunias mittens, maxime Carnotum ditavit, ubi tunc florebat Fulbertus episcopus, in sanctitate et philosophia nominatissimus. Qui inter cætera industriæ suæ documenta, Ecclesiæ dominæ nostræ sanctæ Mariæ, cujus fundamenta jecerat, summam manum mirifico effectu imposuit, quam etiam pro posse honorificare studens, musicis modulationibus crebro extulit. Quanto enim amore in honorem Virginis anhelaverit, poterit conjicere qui audierit cantus cœlestia vota sonantes. » Exstat inter cætera opuscula ejus epistolarum volumen, in quarum una gratias agit Cnutoni magnificentissimo regi, quod largitatis suæ viscera in expensas Ecclesiæ Carnotensis effuderit. Sacratissimæ vero Dei genitricis Mariæ servus addictissimus fuit, cujus laudes peculiari libro edidit, a qua remuneratum tradunt. Dum enim morbo correptus esset, eadem per visum apparens Virgo, sacra ubera ipsi sugenda aperuit, ut Albericus, longe tamen ab hoc tempore remotus, testis est in Chronico ad annum 1022: « Florebat Fulbertus episcopus, sanctitate et philosophia nominatissimus, qui fundamenta sanctæ ecclesiæ Dei Genitricis jecit, et eadem perfecit miro lapideo tabulatu, qui etiam ab eadem Dei Genitrice in infirmitate sua visitatus esse dicitur et de ejus lacte sanctissimo recreatus. Hic enim multo amore et felicissimo in honorem beatæ Mariæ virginis Dei Genitricis exarsit, quod ostendunt cantus quos de ea ille edidit, cœlestia vota sancientes. Inter cætera ejus opera exstat Epistolarum volumen. » Et Willelmus Malmesburiensis, lib. III De gestis Anglorum, idem testatur, locutus de Berengario Andegavensi archidiacono suo olim in schola Carnotensi discipulo: « Berengarius plane, quantumvis ipse sententiam correxerit, omnes quos ex totis terris depravaverat, convertere nequivit. Quod episcopum Carnotensem Fulbertum, quem Domini Mater olim ægrotum lacte mamillarum suarum visa fuit sanare, prædixisse aiunt. Nam cum in extremis positum multi visitarent, et ædium capacitas vix confluentibus sufficeret, ille inter oppositas catervas oculo rimatus Berengarium, nisu quo valuit expellendum censuit, protestatus immanem draconem prope eum consistere, multosque ad eum sequendum blandiente manu et illice anhelitu corrumpere. » Demum e vivis excessit anno 1029, die 10 Aprilis. In quibusdam mss. anno 1028, in æde sancti Petri in Valle, tumulatus dicitur: magna sanctitatis et doctrinæ opinione passim commendabilis, quam utique prædicant Glaber memoratus, Chronica et auctores plurimi. Fulberti epitaphium tale in mss. codice reperitur:

Anno ab incarnatione Domini 1028, IV idus Aprilis, obiit dilectus Deo et hominibus Pater noster venerandæ memoriæ Fulbertus, suæ tempestatis pontificum decus, lux præclara mundo a Deo data, pauperum sustentator, desolatorum consolator, prædonum et latronum refrenator, vir eloquentissimus, et sapientissimus tam in divinis quam in liberalium artium libris. Qui ad restaurationem sancti templi suæ diœcesis, quod ipse post incendium a fundamento reædificare cœperat, bonam partem auri sui et argenti reliquit. Et disciplinæ ac sapientiæ radiis locum illum illuminavit, et clericis suis multa bona fecit.

Item hæc carmina de eodem leguntur.

Quem tibi Carnotis concessit fons bonitatis,
Doctrinæ fluvium duplicis egregium,
Pontificum sidus, Fulbertus fulgidus actu,
Vestis pauperibus, victus et assiduus;
Inclusus jacet hic, factus de pulvere pulvis,
Et præstolatur surgere cum reliquis.
Virtutum cultor, vitiorum mortificator,
Auxiliante Deo, perstitit a puero.
Bis denos annos, atque unum dimidiumque,
Virgo Maria, tuæ præfuit ecclesiæ.
Ingressurus erat Phœbus post lumina septem
Taurum, cum mœstum deseruit populum.

Ejus Opera singulatim impressa Parisiis an. 1608, tum postea immissa in tomum XI *Bibliothecæ Veterum Patrum* editionis Coloniensis an. 1618, ubi leguntur *epistolæ CXXXIV, sermones quidam, canon de pœnitentia mulierum, hymni aliquot cum prosis, tractatus adversus Judæos negantes hanc Jacob morientis prophetiam*: Non auferetur sceptrum de Juda, etc., *in Christo Domino fuisse impletam*. De quibus Bellarminus et Labbeus, quorum in supplementum addimus exstare ejusdem Fulberti *epistolam de rebus Ecclesiæ religiose et caute distribuendis*, tomo II Spicilegii Lucæ Dacherii, pag. 827 editionis Parisiensis. Ejusdem quoque nomine apud Surium in *probatis sanctorum Vitis* ad diem 13 Decembris, p. mihi 989, *Vita sancti Auberti Cameracensis episcopi*, quam etsi mutilam Surius ediderit, integram tamen habent fratres ejus abbatiæ, quæ nomen ipsius in urbe Cameracensi præfert, ut scribunt Sammarthani fratres, tom. I Galliæ Christianæ in archiepiscopis Cameracensibus, p. 233. Item ad eumdem Fulbertum Carnotensem episcopum spectat *Sermo de Assumptione beatæ Mariæ Virginis*, qui exstat inter Opera divo Augustino supposita, in sermonibus suppositis, sermone 208, col. 343 novissimæ editionis, quam procuraverunt his temporibus Patres Benedictini Galli congregationis sancti Mauri. Denique ejusdem egregium invenimus tractatum in illud Actorum XII, vers. 1: *Misit Herodes rex manus*, etc. ms. in bibliotheca Longipontis, Cisterciensis ordinis, in episcopatu Suessionensi, quem anno 1692 Lugduni Batavorum edidimus in 8; apud Petrum Van der Meerche, sub hoc titulo, *Veterum aliquot Galliæ ac Belgii scriptorum Opuscula sacra*; idque ne lapsu temporum interiret. Agunt de sancto Fulberto, Baldericus Noviomensis episcopus, in Chronico Cameracensi, lib. 1, cap. 77; Henricus Gandavensis, qui ab eo auctore Catalogum suum incipit, *Fulbertum liberalium artium suo tempore peritissimum, virum religiosum, et erga beatam Virginem devotissimum* celebrans; Antonius Possevinus tomo I Apparatus sacri, verbo *Fulbertus*, etc.; Robertus Bellarminus et Philippus Labbeus, uterque in opere suo De scriptoribus ecclesiasticis; Aubertus Miræus in Notis ad librum Henrici Gandavensis De scriptoribus illustribus; Gerardus Joannes Vossius, lib. II De historicis Latinis, cap. 43, pag. mihi 341; Sammarthani fratres, tomo II Galliæ Christianæ, in episcopis Carnotensibus, pag. 485; quos hic, ordine tantum mutato, verbotenus expressimus.

IN SANCTUM FULBERTUM
NOTITIA ALTERA.

(Histoire littéraire de la France, tom. VII, pag. 261.)

§ 1. *Histoire de sa vie.*

Fulbert (1), la plus grande lumière de l'Eglise gallicane en son temps, est encore inconnu par rapport à sa famille et au lieu de sa naissance (Mab. *Act.* t. VIII, p. 686, n. 11). Il nous apprend lui-même qu'il n'était considérable ni par son extraction, ni par ses biens (Fulb. *Carm.* p. 51).

Sed recolens quod non opibus, nec sanguine fretus,
Conscendi cathedram, pauper de sorde levatus.

Quelques savants ont penché, sur un endroit de ses écrits, à le faire Romain (Fleu., *H. Eccl.*, l. LVIII, n. 57; Mab. *Act.* t. VII, pr. n. 43; Ann. l. LII, n. 72). Mais ce qu'ils en citent est très-équivoque, et ne le prouve en nulle manière. On serait mieux fondé à le croire de Poitou, ou, en général, d'Aquitaine. Ses liaisons étroites avec le duc Guillaume V, à qui ces provinces obéissaient, en font un grand préjugé; préjugé qui prend la force de preuve, lorsqu'on voit Fulbert se représenter comme sujet de ce prince (Fulb. *ep.* 15), qu'il qualifie son maître, *herus meus.* S'il avait nommé l'évêque (*ep.* 12) à qui il adresse sa douzième lettre, peut-être aurait-il levé toute difficulté sur ce point. Il est certain qu'il était né et avait reçu sa première éducation dans le diocèse ou même la ville épiscopale de ce prélat; mais il ne paraît pas moins certain qu'elle n'est écrite ni à un pape, ni à un évêque d'Italie.

Malgré la pauvreté de sa famille (*Carm. ib.* Hen. Gand. *Scri.*, c. 1), Fulbert trouva le moyen d'avoir de bons maîtres, sous lesquels il fit des progrès, merveilleux pour son temps, dans les lettres humaines et les sciences ecclésiastiques. On ne connaît de ses maîtres (Mab. *Act.* t. III, p. 371, n. 9), que le docte Gerbert; mais c'en est assez pour juger du mérite de ses premières études. Au sortir des écoles de Reims, il se retira à Chartres, à quoi il fut peut-être engagé par Herbert, un de ses condisciples, qui était de la ville, et qui, de juif s'étant fait chrétien, devint un des savants hommes de son siècle. Là Fulbert ouvrit une école, qui bientôt acquit une brillante réputation; il n'y en eut point alors de plus célèbre dans presque toute l'Europe (Ann. t. I, p. 420, 422; *An.* t. IV, *App.*, p. 698, 2. Bar. *Ann.* 1007, n. 1). On y accourait des pays les plus éloignés, d'Arles, de Liège, de Cologne, comme des lieux les plus voisins. Les moines et les clercs y allaient à l'envi écouter le vénérable Socrate qui la dirigeait (Adel. ad *B.*, p. 438, 1).

Aux fonctions d'écolâtre dans l'église de Chartres, Fulbert joignit encore celles de chancelier, titre qui est devenu équivoque à l'égard de plusieurs écrivains, qui en ont pris occasion de supposer faussement que Fulbert avait été chancelier de Robert, roi de France (Rob. *Alt. chr.*, p. 74, 1; Voss. *Hist. Lat.*, l. II, c. 43, p. 115, 2). Ses travaux littéraires ne furent pas cependant sans récompense, quoiqu'en un siècle où les lettres n'étaient pas généralement estimées. Guillaume, comte de Poitiers et duc d'Aquitaine (Adem. *Chr.* p. 173; Du Ches. t. IV, p. 82; Fulb. *ep.* 103, 128), dont on a déjà dit un mot, prince lettré et protecteur des gens de savoir et de vertu, appela Fulbert près de sa personne, et le combla d'honneurs. Entre autres bienfaits il lui donna la trésorerie de Saint-Hilaire de Poitiers, que Fulbert retint longtemps, même depuis son épiscopat, mais qu'il remit avant sa mort entre les mains de son bienfaiteur.

Baronius a cru que Fulbert avait été moine de Saint-Père en Vallée (Bar. *An.* 1007, n. 2; Mab. *Ann.* l. LII, n. 101). Mais la lettre vingt-unième, sur laquelle il établit son opinion, et qui semble, au premier coup d'œil la favoriser, la détruit réellement. On y lit les noms de tous les moines qui composaient alors cette communauté; et celui de Fulbert ne s'y trouve point. M. Cave, M. Baillet et le P. Le Long, lui ont dit apparemment d'après eux, sont encore moins recevables à faire Fulbert abbé de Ferrières avant l'année 1004 (Cave, p. 518, 519; Le Long, *Bib. sac.*, p. 736), puisque Rainard gouvernait ce monastère en la même qualité, au moins dès 997 (Mab. *ib.* l. LI, n. 43). Tout ce qu'il y a de vrai, c'est que Fulbert était lié d'une amitié très-étroite avec les plus grands abbés de son temps, S. Abbon de Fleuri, S. Odilon de Cluni, le B. Richard de Saint-Vanne (Fulb. *ep.* 21, 66, 67; Hug. Fl. *Chr.*, p. 175; Mab. *ib.*), et qu'il fut toujours fort affectionné à l'ordre monastique.

Après avoir enseigné longtemps à Chartres (Trit. fait Wilbert. Et comme ce dernier nom paraissait plus éloigné que les autres du véritable nom, l'on en a pris occasion de faire deux personnes différentes.

---

(1) La différente manière de prononcer ce nom est cause qu'il se trouve différemment écrit dans les imprimés et les manuscrits. Au lieu de Fulbert, on y lit Folbert, Fulpert, Ulbert, et même Umbert; quelquefois avec un W, Wulpert, Wilbert, dont on a

Chr. Hir. t...., p. 139; *Scri.* c. 313), et s'être acquis par sa doctrine l'estime des rois, des évêques et des peuples, le mérite de Fulbert le fit élire évêque de cette ville à la mort de Rodolphe. Il fut particulièrement redevable de son élévation au roi Robert, avec qui il avait étudié à l'école de Reims (Fulb. *ep.* 4; Mab. *Act.* t. III, p. 371, n. 9). Presque tous les historiens s'accordent à mettre le commencement de son épiscopat en 1007 (Bar. *ib.*; Voss. *ib.* · Cave. p. 518). Quelques-uns néanmoins le renvoient contre l'autorité de son épitaphe, neuf ou dix ans plus tard (Mab. *An. ib.* · Bail. 10 avr., p. 143; Fulb. *ep.* 23). Il fut sacré de la main de Léoteric ou Leutheric, archevêque de Sens son métropolitain. Le terme de son épiscopat fait juger que son ordination se fit sur la fin de septembre ou au commencement d'octobre. On suppose qu'il était encore jeune (2) alors; mais la suite de sa vie montre qu'il devait approcher de l'âge de cinquante ans au moins (Fleu. *ib.*).

Les fonctions de l'épiscopat, dont il se vit chargé, ne lui firent point interrompre les leçons publiques qu'il faisait à ses disciples (Mab. *Ana. ib.*, p. 420). Seulement il cessa de se mêler de médecine et de donner des remèdes, comme il en usait auparavant (Fulb. *ep.* 10, 47, 113). A ces deux sortes d'occupations s'en joignait une autre qui demandait un temps considérable. En devenant évêque il devint l'oracle de presque toute la France (Bar. *ib.*). Les princes, les évêques, les personnes privées avaient recours à ses conseils comme à une source de lumière. On en a la preuve dans le recueil de ses lettres. Au mois de mai 1008, peu de temps après son ordination il se trouva au concile que le roi Robert avait convoqué à son palais de Chelles (*Conc.* t. IX, p. 787, 788), et y reçut des marques publiques du respect et de la vénération qu'on lui portait. On voulut en effet, par honneur, qu'il y souscrivît immédiatement après les métropolitains, et avant onze autres évêques, dont plusieurs, tels qu'Adalberon de Laon, étaient fort anciens dans l'épiscopat. Il paraît par là que ses collègues le regardaient dès lors comme leur père et leur docteur.

Nous ne sommes point instruits en détail des actions de ce grand évêque. Une des plus mémorables fut la réédification de sa cathédrale, qui avait été réduite en cendres en 1020, dans l'embrasement de la ville (Fulb. *ep. pr.*, p. 2). Fulbert entreprit de la rebâtir avec une magnificence qui surpassait infiniment les facultés d'un évêque qui était sans patrimoine. Mais il trouva des ressources abondantes dans la libéralité de Canut, roi d'Angleterre et de Danemark, et celle de Guillaume, comte de Poitiers, son illustre bienfaiteur (*ep.* 97, 102, 104). La dévotion singulière qu'il avait envers la sainte Vierge,

— 2) Ce qui a fait croire que Fulbert était encore jeune lors de son ordination, est le vers suivant, où il dit en parlant de lui-même :

Et juvenem perduxit ad hoc, ut episcopus esses.

Mais il y veut dire seulement que la Providence l'a-

sous l'invocation de laquelle cette cathédrale est dédiée, le porta à y établir la fête de sa Nativité, dont l'institution était encore de nouvelle date ailleurs (Cave, p. 518, 2). Le même motif de piété lui fit faire plusieurs proses et hymnes à sa louange (Fulb. *Car.*, p. 50; *ep. pr.* 2, 3).

Au défaut d'histoire suivie des actions de notre prélat, nous avons dans ses lettres quantité de traits de sa conduite pastorale. On y voit qu'il avait su réunir en sa personne une fermeté vraiment épiscopale avec une noble douceur et une humilité sans bassesse. Attentif à user de l'une ou de l'autre avec une sage discrétion, lorsqu'il était obligé d'employer son zèle tout de feu, pour réprimer les désordres ou corriger les abus, c'était toujours sans blesser le respect qu'on doit aux puissances. Il aimait tendrement son prince, et avait pour lui un sincère attachement (*ep.* 96). Ayant encouru sa disgrâce en une occasion, il n'eut point de repos qu'il n'eût regagné son amitié. Joignons à ces traits généraux et à ceux que nous fournissent ses épitaphes, ce qu'il dit lui-même des devoirs d'un évêque, et nous aurons son portrait assez au naturel (Mart. *Anec.* t. I, p. 131, 135). Il n'a pu écrire autrement qu'il agissait : de sorte qu'en exposant ce que doivent être les bons évêques, il a réussi à se peindre lui-même.

Ce pieux et savant prélat mourut, plein de jours et de mérites, le dixième ou onzième d'avril ; car il y a d'anciens auteurs pour ce dernier jour, s'il n'y a faute dans leur texte. Mais le plus grand partage entre les anciens et les modernes est au sujet de l'année de cette mort. Les uns, comme Hugues de Flavigni et Clarius, la marquent dès 1027. D'autres la placent en 1028. Le plus grand nombre, surtout parmi les modernes, la mettent l'année suivante. Quelques-uns la renvoient jusqu'en 1031, et Raoul Glaber deux ans encore plus tard (Fulb. *ib.* pr. p. 3; Mallea. *Chr.* p. 202; Lab. *Bib. Nov.* t. I, p. 276, 287, 313; Huc. Fl. *Chr.* p. 175; Clar. *Chr.* p. 791; Glab. l. IV, c. 4; Voss. *ib.*). Comment découvrir la vérité au travers de tant de différentes opinions ? Sera-ce à la faveur du jour de cette mort ? En ce cas-là le sentiment de ceux qui la marquent en 1028, revient à celui qui la place en 1029, et n'en fait plus qu'un. La raison en est sans réplique; car le dixième d'avril en 1028 était avant Pâques, suivant la supputation de nos Français de ces temps-là, qui continuaient de compter 1028 jusqu'à Pâques; au lieu que, suivant notre manière de compter aujourd'hui, l'année 1029 était commencée avec le mois de janvier. Pour avoir quelque chose de plus décisif sur la véritable année de la mort de Fulbert il faut recourir à son épitaphe. C'est une pièce originale, qui vraisemblablement est de la façon de

vait conduit par degrés depuis sa jeunesse jusqu'à l'épiscopat. La preuve qu'il n'était pas alors jeune, est d'une part le long temps qu'il enseigna avant que d'être évêque, et de l'autre l'âge de vieillesse auquel il arriva (Fulb. *Car. ib.*; Mab. *Ana. ib.*, p. 420), quoique son épiscopat ne fût que de vingt un ans et demi.

Sigon (3), qui prit soin de ses funérailles. Il y est marqué, qu'il gouverna l'église de Chartres vingt-un ans et demi. De ces six mois prenons-en deux et vingt jours pour remplir l'année 1007, à laquelle fut ordonné le saint évêque, il restera vingt-un ans trois mois et dix jours, qui joints à 1007, nous conduiront au dixième d'avril 1029. C'est donc à cette année-là qu'il faut rapporter la mort de Fulbert. Nous soumettons volontiers cette discussion chronologique, qui nous a paru nécessaire, au jugement du dernier supplémenteur de Moréri, qui a tâché de la transporter à l'année précédente.

Fulbert fut enterré dans l'église de l'abbaye de Saint-Père, où plusieurs de ses prédécesseurs et autres prélats avaient été déjà inhumés (FULB. *ep. pr.* p. 2, 3; GALL. *Chr. Vet.* t. II, p. 486, 1.) On érigea en sa mémoire deux épitaphes : l'une en prose, qui est plutôt un éloge abrégé pour être inséré dans les nécrologes, et l'autre en vers.

ÉPITAPHE EN PROSE.

Anno ab incarnatione Domini MXXVIII, III Id. April., obiit dilectus Deo et hominibus Pater noster venerandæ memoriæ Fulbertus, sua tempestate pontificum decus, lux præclara mundo a Deo data pauperum substentator, desolatorum consolator, prædonum et latronum refrenator, vir eloquentissimus et sapientissimus tam in divinis quam in liberalium artium libris. Qui ad restaurationem sancti templi suæ diœcesis, quod ipse post incendium a fundamentis reædificare cœperat, bonam partem auri sui et argenti reliquit et disciplinæ ac sapientiæ radiis illum locum illuminavit et clericis suis multa bona fecit.

ÉPITAPHE EN VERS.

Quem tibi Carnotis concessit fons bonitatis,
Doctrinæ fluvium duplicis egregium.
Pontificum sidus, Fulbertus fulgidus actu
Vestis pauperibus, victus et assiduus.
Inclausus jacet hic, factus de pulvere pulvis,
Et præstolatur surgere cum reliquis.
Virtutum cultor, vitiorum mortificator,
Auxiliante Deo, præstitit a puero.
Bis denos annos, atque unum dimidiumque,
Virgo Maria, tuæ præfuit Ecclesiæ
Ingressurus erat Phœbus post lumina septem
Taurum, cum mœstum deseruit populum.

Jusqu'ici l'église de Chartres n'a décerné aucun culte public à ce pieux évêque, quoiqu'on dise que sa sainteté a été attestée après sa mort par plusieurs miracles (TRIT. *Chr. Hir. ib.* p. 159; BOLL. 1 apr., p. 856; MAB. *Act.* t. VIII, pr.; LAB. *ib,* t. II, p. 750). Bucelin dans son Ménologe le qualifie bienheureux. Grand nombre d'autres écrivains modernes lui donnent indifféremment le même titre, ou celui de saint. C'est en cette qualité que M. de la Rochepozay, évêque de Poitiers, l'a fait entrer dans les litanies des saints de son diocèse.

Les auteurs du siècle de Fulbert, et ceux des suivants, sont pleins d'éloges qu'ils donnent également à la sainteté de sa vie et à sa doctrine lumineuse, à son éminente vertu et à sa grande érudition. Il serait trop long, et peut-être ennuyeux de les rapporter ici. L'on en peut voir quelques-uns à la tête des éditions de ses ouvrages, où l'on n'en à copié qu'une partie. Ce qui contribua encore beaucoup à rendre célèbre le nom de Fulbert, fut le grand nombre de disciples qu'il forma aux lettres et à la piété. Il n'y eut guère d'église en France, qui n'eussent quelqu'un de ses élèves. Ils se répandirent même en Italie et en Allemagne, où ils portèrent la doctrine de leur maître. Nous avons fait ailleurs l'énumération des plus connus. Il y faut ajouter Gerard (MAB. *ib.,* t. III, p. 371, n. 9), depuis abbé de Saint-Vandrille, un des grands ornements de l'ordre monastique en son siècle, et Bernard, maître d'école d'Angers (*An.* t. IV, *app.* p. 763, 1), qui dédia à son maître son écrit sur les miracles de sainte Foi, avec ce titre glorieux à sa mémoire : *Sanctissimo atque hominum doctissimo Fulberto Carnoteno episcopo.* L'on ne peut mieux faire comprendre les grands services que Fulbert rendit à la France en particulier, tant par sa doctrine que par l'honneur qu'il fit au sacerdoce de Jésus-Christ, qu'en rapportant la pensée d'un auteur contemporain (*Act.* t. VIII, p. 686, n. IX), qui ne fait pas difficulté de dire qu'à la mort de cet homme admirable l'amour de la philosophie et la gloire de l'épiscopat semblèrent être ensevelis avec lui dans le tombeau.

§ II. — *Ses écrits.*

Quoique l'Eglise n'ait pas inséré dans ses fastes le nom de Fulbert, on n'a pas laissé de le mettre au rang de ses Pères et de ses docteurs. C'est un titre que lui ont mérité les productions de sa plume. Dès 1585, Papire le Masson en donna au public un recueil (*Bib. card.* de R.), qui fut imprimé à Paris chez Dupré, en un petit volume in-8°. Mais ce recueil ne contient qu'une partie des lettres de notre prélat. Au bout de vingt-trois ans, c'est-à-dire en 1608, Charles de Villiers, docteur de la Faculté de théologie de Paris, en publia en même volume un autre beaucoup plus ample, qui parut aussi à Paris chez Thomas Blaise. Cet éditeur y a fait entrer tout ce que les manuscrits du collège de Navarre et de MM. Petau et le Fèvre lui avaient fourni des ouvrages de Fulbert. De cette édition pleine de fautes, souvent assez grossières, on les a fait passer dans les diverses Bibliothèques des Pères, de Cologne, de Paris et de Lyon (*Bibl. PP.* t. XVIII, p. 155). Depuis ces dernières éditions, on a recouvré quelques autres écrits de notre auteur, desquels nous rendre

---

(3) Ce Sigon, successivement scolastique et chantre de l'église de Chartres, dont on a déjà eu occasion de parler plusieurs fois, en est encore qualifié doyen par l'historien de l'abbaye de Saint-Florent de Saumur, qui ajoute qu'il nota les répons de l'office de ce saint, composés par Rainauld, maître d'école d'Angers (MART. *Am. Coll.* t. S. p. 1121, n. 48).

drons compte, après que nous aurons fait l'énumération de ceux qui sont réunis ensemble.

1° A la tête de tous est placé le recueil de ses lettres, le plus intéressant de tous ses ouvrages (p. 3-59). On n'y en marque que cent trente-quatre, divisées en deux classes; mais il y en faut compter cent trente-huit, par la raison que les chiffres, ou nombres, de la 62, de la 96, de la 97 et de la 118, s'y trouvent répétés. Elles n'appartiennent pas toutes à Fulbert, comme on va s'en convaincre par le détail suivant. Les éditeurs les ont accompagnées de quelques notes, où il se trouve de bonnes choses, mais elles en demandaient de plus amples et de plus instructives.

(1) La première de ces lettres, qui est la plus prolixe, comme la plus importante, est une lettre dogmatique sur trois points essentiels de la foi chrétienne, suivant les propres expressions de l'auteur : le mystère de la Trinité, la nature du baptême et la vérité du mystère de l'eucharistie. Fulbert y explique avec autant de solidité que de lumière ce que l'on doit croire sur ces trois grandes vérités de la religion. Ce qu'il dit sur l'eucharistie en particulier montre évidemment que Bérenger, un de ses disciples, avait reçu sur ce point du dogme une doctrine tout opposée à celle qu'il enseigna dans la suite. On croit que Fulbert entreprit de traiter dans cette lettre ce qui concerne l'eucharistie (PAGI, an. 1004, n. 5), à l'occasion de l'erreur où était à ce sujet Leuthéric, son métropolitain erreur ou abus qu'on peut voir dans l'historien Helgaud, qui en parle en détail (HELG. Vit. Rob., p. 64). Rien de plus judicieux, rien de plus sage, rien de plus utile pour tous les temps que les principes généraux qu'établit ici Fulbert, au sujet de nos mystères (Bib. PP. ib., p. 3, 2). Cette lettre a paru si belle à M. du Boulay, qu'il l'a fait entrer presque entièrement dans son histoire de l'Université de Paris. (ÉGAS. BUL. t. 1, p. 357, 358). On la trouve aussi imprimée dans quelques éditions, à la suite du traité de Pascase Radbert sur l'eucharistie. Les auteurs de l'office du Saint-Sacrement en ont tiré aussi la cinquième leçon du trente-septième office. Plusieurs manuscrits la représentent seule, et quelquefois avec la seconde et les titres suivants : De la perfection chrétienne, ou : Des trois choses les plus nécessaires au salut.

La seconde roule sur la cérémonie de l'hostie consacrée, qu'on donnait autrefois aux prêtres nouvellement ordonnés (Bib. PP. ib., p. 6, 7). Fulbert, à l'occasion de la diversité de cette cérémonie suivant les divers lieux, dit de belles choses, pour ne pas s'embarrasser de la diversité qui règne dans la discipline, pourvu que la foi soit la même. Elle est adressée à Einard, mal nommé Fidnard dans les imprimés.

Entre les autres, plusieurs sont écrites au roi Robert, une à Canut, roi d'Angleterre, quelques-

(4) Epistolas Fulberti secundum seriem temporum digessimus, servatis tamen et inter uncos re-

unes au comte d'Anjou, à Richard II, duc de Normandie, plusieurs à Guillaume V, comte de Poitiers, la plupart à des évêques, nommément à Leuthéric, archevêque de Sens. Dans celle-ci, comme dans quelques autres, Fulbert donne de justes décisions sur les cas qu'on lui proposait, et de sages avis à ceux qui le consultaient sur leurs doutes et leurs difficultés. En général ces lettres font voir que Fulbert était un des premiers hommes de son siècle. On y trouve quantité de faits propres à éclaircir l'histoire ecclésiastique et civile de ce temps-là. C'est pourquoi Du Chesne en a inséré jusqu'à soixante-cinq dans le recueil de ses historiens (DU CHES. t. IV, p. 172-197). Baronius, les éditeurs de la Bibliothèque de Cluny (Clun. Bib., p. 349-554) et dom Marlot en ont usé de même, en ayant fait imprimer plusieurs dans leurs ouvrages. Outre l'utilité qu'on en peut tirer pour l'histoire, on y a plusieurs traits lumineux sur le dogme, la morale la discipline, et particulièrement au sujet des empêchements de mariage.

La huitième ne regarde point Avesgaud, mais Azelin, évêque de Paris, ce qui a trompé quelques savants, même du premier ordre. La vingt-unième, à Abbon de Fleury, est honorable à la mémoire de ce pieux et savant abbé (Bib. PP. ib., p. 11). Fulbert n'était point encore évêque non plus que lorsqu'il écrivit la quarante-septième, où il est parlé de remèdes : ce qui montre qu'on n'a point suivi l'ordre chronologique en imprimant ces lettres. La quatre-vingt-quinzième, qui devrait être la quatre-vingt-seizième, est du roi Robert à Gauslin, archevêque de Bourges, et la suivante est la réponse de ce prélat au roi. Celle qui pour la seconde fois se trouve marquée la quatre-vingt-seizième, et qui devrait être la quatre-vingt-dix-huitième, est du comte Eudes au roi Robert. La cent huitième, ou plutôt la cent onzième suivant notre manière de compter, est de S. Odilon à Fulbert. Les vingt-six suivantes n'appartiennent point à notre prélat, ayant été écrites après sa mort ou en son absence, soit par son chapitre, soit par des particuliers.

La cent seizième, selon l'imprimé, appartient à Hugues de Chateaudun, archevêque de Tours, depuis 1005 jusqu'en 1023, qui fut l'année de sa mort. Elle est écrite à un évêque d'Angers, qui était alors Hubert de Vendôme. Ce prélat refusait de garder l'interdit auquel son archevêque l'avait condamné, pour avoir porté les armes et ravagé les terres de l'église de Tours, et lui en avait écrit pour s'en plaindre. Hugues lui fit la réponse dont il est ici question, et lui montre par l'autorité de S. Grégoire en particulier, que le refus qu'il faisait de se soumettre, le rendait coupable et méritait la peine dont il se plaignait, quand même il ne l'aurait pas autrement mérité. La lettre est assez bien écrite, et prouve que son auteur n'ignorait pas les règles de l'Eglise.

Entre les autres lettres de la seconde classe, qui

positis, quæ hic indicantur, priorum editionum numeralibus notis. EDIT. PATROL.

n'appartiennent pas à Fulbert, il y en a deux, la 118e et la 122e d'Isembert I, évêque de Poitiers, depuis 1019, ou environ, jusque vers 1047. L'une est écrite à l'évêque d'Angers, dont on vient de parler, pour s'excuser de ne pouvoir assister à la dédicace de son église. L'autre est encore une lettre d'excuse ; mais le nom de la personne à qui elle est adressée se trouve tronqué. L'une et l'autre sont écrites avec une précision, une netteté et une certaine politesse qui n'étaient pas alors fort communes.

On en compte jusqu'à douze écrites par Hildegaire, disciple de Fulbert, tel qu'il se qualifie lui-même dans l'inscription de la 112e. Cet Hildegaire, au sentiment de dom Mabillon (*An.* l. L, n. 72), n'est autre que le célèbre Hildier, dont nous avons fait ailleurs (5) l'éloge d'après Adelmanne, qui l'avait connu personnellement. Fulbert, avec qui il avait beaucoup de ressemblance, tant pour les manières, que pour la doctrine et le fonds d'érudition (*Ana.* t. I, p. 421), l'avait envoyé à Poitiers pour gérer les affaires de sa trésorerie de Saint-Hilaire (FULB. *ep.* 18, 79-81). Emploi qui ne l'empêcha pas d'y ouvrir une école qu'il dirigea lui-même avec l'aide d'un sous maître. Hildegaire quitta enfin Poitiers, et retourna à Chartres où il eut un canonicat (*ep.* 129, 130), et se trouvait sous-doyen du chapitre en 1040 (*Conc.* t. IX, p. 959). Mais avant son départ il engagea Raginald, ou Rainald, doyen de Saint-Hilaire, à se charger du soin de la trésorerie en sa place.

Les lettres qui appartiennent à Hildegaire sont la cent onzième avec les quatre suivantes, écrites à des amis particuliers sur des sujets peu intéressants ; la 120, la 121, la 123, la 127, la 129 et la suivante avec la dernière, qui devrait être la 138 par les raisons qu'on a alléguées, au lieu qu'elle n'est marquée que la 134. Quatre de ces dernières lettres sont écrites de Poitiers à Fulbert, au sujet de sa trésorerie, et contiennent néanmoins divers traits qui concernent l'histoire publique. Deux autres ont été écrites de Chartres à Raginald, doyen de Saint-Hilaire. Il s'agit, dans la dernière, d'écrits et de conseils que Raginald avait demandés à l'auteur. Hildegaire, en répondant aux conseils, cite ce qu'il avait appris sur le sujet en question de la bouche de Fulbert son maître, qui n'était plus alors au monde. Il s'y montre un fidèle disciple de ce grand homme, non-seulement sur ce point, mais encore par ses sentiments sur l'eucharistie et sur la grâce de Jésus-Christ. Il nous y apprend, que Raginald avait un neveu nommé Hérébert qui était alors à Chartres.

Quant aux autres lettres étrangères, réunies à celles de Fulbert, il y en a six de Guillaume, duc d'Aquitaine ; une autre qui lui est écrite par Léon, évêque de Verceil, et cinq ou six du chapitre de Chartres à diverses personnes. Nous sommes entrés dans ce détail, en vue d'abréger le travail de ceux qui entreprendront de remettre sous la presse ce recueil de lettres. Elles auraient grand besoin d'être revues sur de bons manuscrits. Celui du Vatican (BAR. an, 1028, n. 5), où elles se trouvent avec celles de ciple à Chartres, comme il nous l'apprend lui-même ailleurs. (*Spic.* t. IV, p. 543 ; t. VI, p. 519). Angelramne, ou Enguerran, depuis abbé de Saint-Riquier, et le savant Olbert, qui le fut de Gembloux, prirent aussi des leçons de Fulbert. Il lui venait des disciples jusque du fond de la Provence. Domnus, moine de Mont-Majour, fut de ce nombre, et passa neuf ans entiers à son école (MAB. *An.* t. IV, p. 698). Entre ses autres disciples qui étaient de Chartres, ou qui s'y fixèrent, on nous fait connaître un Pierre, chancelier de la cathédrale, auteur de quelques écrits, et un Arnoul, chantre de la même église, qui composa quelques hymnes, ou répons à l'honneur de Saint-Evroul. L'agent que Fulbert envoya à Poitiers pour gérer les affaires de sa trésorerie de Saint-Hilaire (FULB. *ep.* 18, 79, 80, 120), et qui n'était autre qu'Hildegaire ou Hildier, y porta la doctrine de son maître par le soin qu'il prit de diriger l'école de Saint Hilaire. Fulbert eut un autre disciple, dont le nom n'est désigné que par un E, à qui il fit avoir un emploi d'écolâtre, on ne dit pas en quel endroit. Hugues, évêque de Langres, mort en 1051, et le premier des écrivains qui ont combattu les erreurs de Bérenger, doit être aussi compté entre les disciples de Fulbert ; puisqu'il avait été d'abord clerc de l'Eglise de Chartres. M. Du Boulay suppose qu'Hubert, qui enseignait à Orléans (il a voulu dire à Meung) après le milieu de ce siècle, avait aussi eu le même avantage (EGAS. BUL. t. I, p. 606) ; mais on n'en a point d'autre preuve. On fait le même honneur, avec plus de certitude, à Goisbert, qui passait pour avoir une grande connaissance de la médecine, et qui se rendit moine à Saint-Evroul (URD. VIT. l. v, p. 574, 584, 595).

---

(5) Adelmanne, qui fut depuis scolastique de Liége et évêque de Bresse, nous fait connaître plusieurs disciples de Fulbert. Il met au premier rang Hildier, Chartrain, homme de beaucoup d'esprit, qui avait pris une connaissance particulière de la médecine, de la philosophie et de la musique. Parfait imitateur de son maître, il en copiait jusqu'aux manières, au regard et au ton de la voix, et pouvait aller de pair avec lui. Sigon, qui excellait dans la musique, tenait le second rang. Après ceux-ci, Adelmanne compte Lambert et Engelbert, qui enseignèrent l'un à Paris, l'autre à Orléans, et qui amassèrent de grands biens dans cette profession ; un Rainauld de Tours (a), clerc de l'église de Saint-Martin, qui passait pour un savant grammairien, *valentem grammaticum*, et qui avait une facilité singulière pour parler et écrire, ce qui rendait son style diffus ; un Girard Gilbert, ou Girard Glaber, comme dom Mabillon voudrait qu'on lût, qui, après avoir fait un voyage à la terre sainte, revint en France et alla mourir sous les murs de Verdun ; un Vautier, Bourguignon, dont l'ardeur insatiable pour les sciences lui fit parcourir presque toutes les écoles de l'Europe, où il acquit de grandes connaissances, surtout en Espagne, et qui, de retour en son pays, aurait fait l'ornement de la langue latine sans une mort prématurée que lui causa l'impitoyable faction de ses envieux ; enfin un Ragimbald de Cologne, que la beauté de son génie et la réputation de son savoir avaient rendu fort célèbre. Adelmanne ne fait entrer dans cette énumération, que les principaux élèves de Fulbert, avec lesquels il avait étudié. On n'y voit point paraître le fameux Bérenger, depuis écolâtre de Tours ; et l'on n'en saurait dire la raison. Il est néanmoins certain qu'Adelmanne l'eut pour condis-

(a) Ce Rainauld est peut-être le même que Ragmald, qui fut depuis sous-maître de l'école de Saint-Martin, et ensuite trésorier de la même église.

saint Sidoine, serait d'un grand secours pour l'exécution de ce dessein. Il s'y est glissé des fautes presque sans nombre, soit par la négligence des copistes, ou celle des imprimeurs. Il y en a des plus grossières, même dans les inscriptions, ce qui est de plus grande conséquence et qui a jeté dans l'erreur plusieurs écrivains. Nous en avons donné déjà quelques exemples, auxquels nous ajouterons le suivant, pour rendre la chose plus sensible. L'inscription de la quinzième lettre est conçue en ces termes : *Domino suo regi Fulbert. Adegavorum comes.* Il faut lire : *Domino suo regi Fulco Andegavorum comes.* Celles que Du Chesne a réimprimées sont beaucoup plus correctes.

Depuis l'édition de Charles de Villiers, dom d'Acheri a publié une lettre de Fulbert (*Spic.* t. II, p. 827-832), que les derniers éditeurs de la Bibliothèque des Pères auraient pu réunir aux précédentes. Elle est adressée à Hildegaire, qui avait consulté notre savant prélat sur l'administration des biens ecclésiastiques, et l'usage qu'on peut faire des vases sacrés en certains cas. Sur le premier point Fulbert lui montre par l'autorité des Pères, surtout de saint Jérôme, qu'on ne saurait apporter trop de précaution et de piété dans la distribution des revenus de l'Eglise. C'est ce qu'il fortifie par cette belle sentence : Que les biens ecclésiastiques sont le patrimoine des pauvres, non de ceux qui en jouissent. A l'égard du second point, Fulbert expose les cas où il est permis de vendre les vases sacrés, suivant les canons et la doctrine de saint Ambroise.

Dom Martène et dom Durand ont encore publié une autre lettre de Fulbert sur un manuscrit de Saint-Remi de Reims (MART. *Anec.*, t. 1, p. 130-135). Elle fut écrite avant la précédente, puisqu'elle y est citée. C'est encore une réponse à Hildegaire, qui avait souvent pressé son maître de lui dire ce qu'il pensait des évêques qui allaient à la guerre. Fulbert lui prouve par plusieurs passages bien choisis de l'Ecriture et des Pères que cette profession est indigne de l'épiscopat, sous quelque prétexte que ce puisse être. Il y cite Origène avec les Pères latins, Haimon d'Halberstat, et un capitulaire de Charlemagne, qui défend aux évêques et clercs inférieurs le port des armes. En y citant le traité des douze abus du siècle, il l'attribue à saint Cyprien. Cette lettre est une des plus belles et des mieux écrites de toutes celles de Fulbert. Il y trace en peu de mots les principaux devoirs d'un évêque, en quoi il n'a fait que copier ce qu'il pratiquait lui-même.

Il peut sans difficulté se trouver encore d'autres lettres de Fulbert ensevelies dans l'obscurité des bibliothèques. Telle peut être, par exemple (SAND. *Bib. Belg. ms.* par. 1, p. 102), celle qu'on voyait autrefois dans un manuscrit de Saint-Martin de Tournai, adressée à Guillaume, abbé de Fécamp, dont voici les premières paroles : *De notione altaris, vel parietum ecclesiæ.* On peut joindre à ces lettres un diplôme du même évêque en faveur de l'abbaye de Marmoutier, publié par M. Baluze dans ses notes sur les conciles de Narbonne, pages 77 et 78.

2° (*Bib. PP.* ib., p. 37-47.) Après les lettres de Fulbert viennent ses sermons au nombre de dix. Les deux premiers sont très courts, et contiennent les premières instructions qu'on donne aux fidèles sur les mystères de la Trinité et de l'Incarnation, sur la fuite du péché et l'obligation d'en faire pénitence. Il est visible que le premier n'est qu'un simple fragment d'un plus long discours. Le troisième est une explication succincte de l'origine et de la manière qu'on doit célébrer la fête de la Purification de la sainte Vierge. Ces trois suivants roulent sur sa nativité, dont on a vu que Fulbert avait établi la fête dans l'église de Chartres. Dans le second des trois, l'auteur fait une espèce de généalogie et un abrégé de la Vie de cette bienheureuse mère de Dieu. C'est ce qui a fait que ces sermons portent quelquefois le titre de légendes dans les manuscrits, et même dans des imprimés (*Voss. Hist. lat.*, l. II). On y voit que l'usage était alors tout commun de donner aux parents de la sainte Vierge les noms de Joachim et d'Anne (c. 43, p. 115). Fulbert, dans le troisième sermon, parle en homme judicieux d'une prétendue relation, supposée à saint Jérôme, suivant laquelle l'évangéliste S. Matthieu aurait composé une généalogie de la sainte Vierge et une histoire de l'enfance de Jésus-Christ (*Bib. PP.* ib., p. 40). Dans la critique qu'il en fait, il se borne à dire que l'Eglise ne reconnaît point cet ouvrage prétendu, et qu'il s'y trouve des faits et des sentiments insoutenables. A la fin du sermon se lit une courte prière à la sainte Vierge en deux grands vers. Le premier de ces trois sermons est marqué avec éloge par Henri de Gand et l'abbé Trithème, entre les autres écrits de Fulbert (HEN. GAND. *Scri.* c. 1; TRIT. *Scrip.*, c. 370). Le P. Jean du Bois a imprimé dans la Bibliothèque de Fleury un fragment considérable, qu'il avait trouvé dans une ancienne feuille volante (*Flor. bib.*, par. 1, p. 516, 517.)

Les trois sermons qui suivent dans les éditions des œuvres de Fulbert sont intitulés : *Contre les Juifs* (*Bib. PP.* ib., p. 42-46). Mais c'est mal-à-propos qu'on les a séparés en trois, et qu'on leur fait porter le titre de sermons. Il ne s'y lit pas un mot qui marque qu'ils aient été prononcés de vive voix. Ce n'est autre chose que le traité contre les Juifs, que Henri de Gand et l'anonyme de Molk attribuent à notre savant évêque (HEN. GAND. *ib.*; MELL. *Scrip.*, c. 93). La notice qu'en donne le premier de ces deux bibliographes ne laisse aucun lieu d'en douter. L'auteur, dit-il, l'entreprit pour prouver contre le sentiment commun des Juifs, que cette célèbre prophétie de Jacob : *Le sceptre ne sera point ôté à Juda*, etc. (Gen. XLIX, 10), avait eu son accomplissement en la personne de Jésus-Christ. Henri de Gand ajoute, ce qui est vrai, que Fulbert y a fort bien exécuté son dessein, en y employant l'autorité des saintes Ecritures et la force du raisonnement (HEN. GAND. *ib.*).

Enfin le dixième et dernier sermon du recueil est

intitulé de la sorte : *Dieu est un en trois personnes* (*Bib. PP.* p. 46, 47), titre insuffisant pour annoncer ce que contient la pièce, puisqu'elle roule non-seulement sur la Trinité, mais aussi sur l'incarnation du Verbe, les autres mystères de Jésus-Christ et la nécessité de faire pénitence. Ce sermon n'est point entier. L'exorde et peut-être une autre partie considérable du commencement y manquent. La fin nous paraît aussi y manquer. Ce n'est au reste qu'un tissu de passages de l'Ecriture, mais bien choisis, auxquels l'auteur a joint deux petits endroits des Pères, l'un de S. Fulgence, l'autre de S. Isidore de Séville.

A la suite des sermons viennent deux listes des différents degrés des péchés capitaux, avec les pénitences canoniques qui y étaient attachées encore alors (*Bib. PP.* ib., p. 47). L'une de ces listes regarde les hommes, l'autre les femmes. Ce qui se lit ensuite est un fragment détaché de quelque sermon, soit de Fulbert, ou de quelque autre auteur, qu'un copiste aura mis dans son manuscrit, on ne saurait dire par quel motif, dans le même ordre qu'il se trouve dans l'imprimé. L'auteur, quel qu'il puisse être, y montre d'abord, en se servant principalement des paroles de S. Augustin, en quel sens ces deux versets du VIᵉ chapitre de l'Evangile de S. Jean : *Si vous ne mangez la chair du Fils de l'homme*, etc., *Celui qui mange ma chair*, etc., contiennent une figure. Après quoi il prouve par l'autorité du concile d'Ephèse et d'Haimon, que cette chair sacrée est réellement le corps de Jésus Christ.

Plusieurs manuscrits attribuent à Fulbert le sermon sur l'Assomption de la sainte Vierge, qui fait le 208ᵉ de l'appendice de ceux qu'on a supposés à S. Augustin (Aug. *Serm. app.*, p. 343). Mais nous avons montré ailleurs qu'il appartient au B. Ambroise Autpert, à qui d'autres manuscrits le donnent.

Locrius est beaucoup mieux fondé à lui faire honneur du second sermon sur l'Annonciation (Fer. Locr. p. 52), qui fait le 194ᵉ du même appendice, et dont on a tiré, en le tronquant, les leçons du second nocturne pour la fête de la Nativité et le second jour de l'octave, dans le Bréviaire romain de l'ancien bénédictin. Ce sermon commence par les mêmes mots que celui sur l'Assomption, et en a emprunté quelques autres traits. Il finit par la célèbre antienne que l'Eglise emploie pour la commémoration de la sainte Vierge : *Sancta Maria, succurre miseris*, etc.; ce qui a fait regarder Fulbert comme auteur de cette prière.

Personne ne nous apprend si les homélies qui se trouvent sous le nom de Fulbert, dans un manuscrit de la maison professe des Jésuites d'Anvers, avec le traité d'Arnauld de Boneval sur les paroles de Jésus-Christ à la croix, sont différentes des sermons dont nous venons de rendre compte (Sand. *ib.*, p. 334), ou si

A ce recueil en contient d'autres que ceux qui sont imprimés. L'anonyme de Molk, annonçant les sermons de notre auteur contre les Juifs, ajoute qu'il en avait fait aussi contre les mauvais chrétiens, expression qui suppose des sermons de morale. Il ne s'en trouve point de cette nature parmi ceux de Fulbert, qui sont ou des panégyriques, ou des instructions sur nos mystères, ou enfin des pièces de controverse, si l'on veut comprendre au rang de ses sermons son traité contre les Juifs.

3° La chronique de Maillezais, ou plutôt de Saint-Maixent, porte que Fulbert, outre ses écrits en prose, avait encore laissé de sa façon plusieurs pièces notées pour les offices divins (*Malleac. Chr.*, p. 205). A quoi Trithème (*Scrip.* c. 315; *Chr. Hir.*, t. I, p. 159) ajoute qu'il y avait de lui des hymnes, diverses prières, des chants à la gloire de Dieu et quelques autres pièces de piété. Le principal éditeur de Fulbert a recueilli tout ce qu'il a pu déterrer de ses écrits en ce genre, et les a mis à la suite de ses sermons (*Bib. PP.* ib., p. 48-53). Le recueil est divisé en deux parties. Il s'y trouve des hymnes, des proses, tant rimées qu'autres, des litanies et autres prières, des antiennes, des répons, tant sur quelques-uns de nos mystères, comme Noël, la Trinité, qu'à l'honneur de divers saints. On y lit une invitatoire, une prose et des répons pour l'office de saint Gilles. C'est, suivant toute apparence, ce qui aura fait avancer à l'anonyme de Molk et à quelques modernes que Fulbert avait composé une Vie de ce saint.

Parmi ces petits écrits de piété il y a deux courtes prières à Dieu (*Bib. PP.* ib., pag. 51), dans lesquelles l'auteur, en nous apprenant son extraction, a laissé de grands traits d'une profonde humilité (6). On y trouve aussi un poème sur l'année, les mois, les jours, les heures, la manière de trouver le bissexte, les épactes, etc., qui est comme un abrégé du comput. Ce poême est suivi d'un autre rimé, mais sous une seule rime, dans lequel Fulbert fait l'éloge du rossignol. La pénultième pièce du recueil est une hymne en vers saphiques sur le Saint-Esprit, où l'on découvre des beautés poétiques dignes d'un meilleur siècle. La dernière pièce, intitulée *Répons*, quoique ne soit une hymne pour Pâques, se trouve séparément à la page 847 du huitième tome de la Bibliothèque des Pères, édition de Paris, 1645, où elle est fort déplacée.

La pièce intitulée : *Hymne de la Trinité*, qui commence par ces mots : *Verbum Dei*, est plus entière dans un manuscrit de la bibliothèque du roi d'Angleterre (*Reg. Angl. ms.*, p. 68, n. 17). On juge par ce manuscrit qu'il manque dans l'imprimé une page entière.

4° Casimir Oudin, ayant déterré dans un manuscrit de Longpont, abbaye de Cîteaux, au diocèse de Soissons, un traité de Fulbert sur ces premières

---

(6) La première commence, dans le manuscrit du Vatican, par le vers suivant, qui manque dans l'imprimé (Bar. *ad an.* 1007, n. 5) :

Angele consilii magni, te consulo, Christe.

paroles du XIIe chapitre des Actes des apôtres : *Le roi Hérode employa sa puissance pour maltraiter quelques-uns de l'Eglise*, les fit imprimer avec d'autres opuscules d'anciens auteurs, tant de France que de la Belgique. Ce recueil a été imprimé en 1692, à Leyde, chez Pierre Vander Merche, en un volume in-8°.

5° Dom Bernard Pez, dans le cours de ses recherches littéraires, a découvert un catalogue, dressé vers le XIIe siècle, de livres qui étaient alors à l'abbaye de Saint-Pierre de Saltzbourg. Entre les titres de ces livres se lit le suivant : *Compotus Wicperti*. L'on a fait observer que le nom de Fulbert a été si diversement défiguré, qu'on en a fait ceux d'Ulbert et de Vilbert. Il est fort aisé qu'on en ait fait également celui de Wicpert. De sorte que nous regardons comme fort vraisemblable qu'il s'agit ici d'un traité du comput composé par notre prélat. Nous sommes confirmés dans notre opinion en voyant cité dans le nouveau Glossaire de Du Cange, au mot *Regulares*, un semblable traité sous le nom de Fulbert. Ce n'est point l'abrégé du comput imprimé entre ses écrits qui est ici cité, puisque ce mot ne s'y trouve pas, quoiqu'on y lise celui de *Normales*.

6° Le raisonnement qu'on vient de faire au sujet du traité précédent doit s'appliquer, par les mêmes principes, à un poème qui se trouve dans un manuscrit de l'abbaye de Weichenstephen en Bavière, ancien de quatre cents ans environ, sous ce titre : *Wulperti libellus metricus de vita claustrali*. Cette découverte est encore due aux recherches de dom Bernard Pez. Le poëme est en vers élégiaques, et commence ainsi :

  Qui cupis immundi vitare pericula mundi,
   Teque sitis divo tradere servitio,
  Cursu non pigro claustro sociabere nigro :
   Vel relinque tuum, fer monachale jugum.

Quoiqu'il n'y ait pas de preuves positives que Fulbert ait été moine, il était assez affectionné à l'ordre monastique pour avoir invité à y entrer par cette pièce de poésie. Les expressions du troisième vers qu'on vient de lire semblent confirmer le sentiment qui la rapporte aux premières années de ce siècle, lorsqu'on ne connaissait d'autres monastères que de moines noirs, ce qui convient au temps de Fulbert. On sait que peu de temps après vinrent les Camaldules, les Chartreux, les Cisterciens.

Nous prendrons de ce poème occasion d'en faire connaître un autre sur le même sujet, et peut-être du même siècle, mais d'un prix beaucoup au dessus du précédent. Il pourrait arriver qu'on n'aura pas d'autre occasion d'en parler. Ce poëme, qui contient soixante vers élégiaques, est intitulé : *Laus vitae monasticae* ; l'éloge de la vie monastique, et commence par les deux vers suivants qui donneront une idée de toute la pièce

  Felix grex hominum, qui Christi dogma sequentes
   Contemptis op'bus nil proprium retinent.

Le P. Sirmond, l'ayant découvert dans un manuscrit de Saint-Melaine à Rennes, lui a donné place dans ses notes sur les lettres de Geoffroi, abbé de Vendôme (GOFF. VIND. *ep.* 1, IV, not. p. 69-74). On n'en connaît point l'auteur, mais le poème n'en est pas moins estimable en lui même.

7° Démocharès, au chapitre 15 de la Célébration des saints mystères, et M. Bellotte, chanoine de Laon, d'après lui, supposent un évêque de Poitiers nommé Walbert, et lui attribuent cinq proses à l'honneur de divers saints. Jamais l'Eglise de Poitiers n'a eu, que l'on sache, d'évêque de ce nom : ce qui nous fait naître la pensée que ce Walbert n'est autre que l'évêque de Chartres dont il est ici question. Si de Fulbert on a fait Wicpert et Wilbert, on en aura pu également faire Walbert ; et si on l'a qualifié évêque de Poitiers plutôt que de Chartres, cela se sera fait vraisemblablement en conséquence d'une de ses proses, qui est en l'honneur de S. Hilaire, de l'église duquel Fulbert fut assez longtemps trésorier. Josse Clichtoüe, qui a fait un recueil de proses, n'y a point fait entrer celles qui portent le nom de Walbert.

8° Bellarmin attribue aussi à Fulbert un traité *De la variété des offices divins* (BELL. *Script.*, p. 277), et ajoute qu'il est imprimé au troisième tome de la Bibliothèque des Pères, seconde édition de Paris. Nous ne le trouvons ni dans la première, ni dans la pénultième édition de cet endroit, ni même dans l'édition de Lyon.

9° La plupart des bibliographes s'accordent à donner à notre prélat la Vie de S. Aubert, évêque d'Arras et de Cambrai, mort en 669. (SAND. *Bib. Belg.*, p. 252 ; VOSS. *ib.* ; OUD., *ib.*, p. 521 ; CAVE, p. 519). Ce qui paraît favoriser ce sentiment, est d'une part qu'elle a été écrite de son temps (SUR. 13, déc., p. 904), c'est-à-dire quelques années après que Gérard, évêque de Cambrai, eut transféré les reliques du saint au monastère qui porte son nom, ce qu'il fit en 1015. D'ailleurs la Chronique de Cambrai, ayant occasion de parler de cette Vie, dit qu'elle avait pour auteur le célèbre docteur Fulbert, auquel il ne donne point le titre d'évêque. Malgré les preuves spécieuses, nous avons de la peine à la regarder comme un ouvrage de l'évêque de Chartres. Outre que l'on ne connaît point d'occasion où il ait pu prêter sa plume à un écrit de cette nature, l'auteur s'y représente visiblement comme un clerc ou un moine du pays, qui faisait partie du troupeau dont S. Aubert avait été le pasteur et dont il était encore le protecteur par son pouvoir auprès de Dieu. Il pouvait se faire que cet auteur se nommât Fulbert, et qu'ayant de la littérature et du talent pour écrire, comme il paraît par l'histoire dont il s'agit, on lui eût donné le titre de célèbre docteur.

Surius a publié cette Vie sur un manuscrit qui ne portait le nom d'aucun auteur en particulier. Le Mire avertit qu'elle est tronquée dans l'imprimé (HEN. GAND. *ib.*, not.), et qu'elle se trouve plus entere dans les manuscrits, nommément celui de la collégiale de Saint-Aubert à Cambrai. Bollandus en a imprimé un fragment pour donner une plus ample connaissance de la translation des reliques de S. Vaast (Boll. 6 sept., p. 801). Ses doctes successeurs la publieront un jour en entier, et nous instruiront pleinement de tout ce qui la concerne. Sanderus (*Bib. Belg.* ms.) en avait vu un autre dans un manuscrit de la cathédrale d'Arras. Celle-ci commence par ces mots : *Sanctus vir Domini Aubertus*, ce qui fait juger qu'elle est différente de celle qui est imprimée.

Peut-être ne sera-t-il pas hors de propos d'avertir que Pitseus (*Angl. Script.*, an. 980), en parlant de Fuldebert ou Fudebert, abbé de Pershore au diocèse de Worchester en Angleterre, et voulant l'élever à la dignité d'écrivain, quoique vraisemblablement il n'ait jamais écrit pour la postérité, lui fait honneur d'ouvrages qui appartiennent incontestablement à Fulbert de Chartres.

A l'égard de sa manière d'écrire, les critiques conviennent qu'elle est au-dessus des autres écrivains de son temps (Dr Pin, xi* siècle, p. 18; Bail. 10 avr., p. 144). Le style de ses lettres, en particulier, est plus châtié. Il s'y trouve de l'esprit, un tour et une délicatesse dignes des bons siècles. M. Du Pin ne juge pas aussi avantageusement à beaucoup près des poésies de notre prélat. Il a raison s'il ne l'entend que du plus grand nombre. Mais il y en a quelques-unes qui méritent notre estime pour les beautés qu'elles renferment.

Barthius (*Adv.* l, xix, c. 13, p. 655, 656) admirait pour sa justesse et sa douceur l'hymne de S. Martin en vers iambiques, à laquelle on a fait porter mal à propos le titre de *Prose*. Celle en vers saphiques sur le Saint-Esprit n'est pas moins estimable. Dès le siècle de Fulbert on avait pris tant de goût pour les hymnes et les proses de ce prélat, qu'on les chantait publiquement dans les églises d'Angleterre (*Ang. Sacr.* t. II, p. 48).

NOTITIA EX FABRICIO.

Bibliotheca mediæ et infimæ Latinitatis, lib. vi, p. 215.

Fulbertus, Anonymo Mellicensi cap. 93 *Folbertus*, scholæ publicæ Carnotensi (7) præfectus, doctor multorum clarorum ingeniorum, atque in his Berengarii (8), inde cancellarius ac denique episcopus Carnotensis ab anno 1007, defunctus an. 1028. Ejus scripta a Carolo de Villiers, theologo, Parisiis 1608, 8°, edita atque in Bibliotheca Patrum Coloniensi 1618, tomo XI. et Lugdunensi tomo XVIII, cum ejus notis recusa hæc sunt :

Epistolæ CVIII, quibus aliæ aliorum subjectæ sunt *XXVI*. Ex istis Fulberti epistolis, de quibus consulendus Dupinius in Bibliotheca ecclesiastica sæculi XI, et quarum aliquas vulgaverat Baronius ad annum 1007 seq., e codice Vaticano, duæ primores etiam in primis Bibliothecæ Patrum Paris. editionibus prodierant.

Sermones IX, quorum tertius est de purificatione Mariæ; 4, 5 et 6, de ejus nativitate (9), et 7, 8, 9, contra Judæos, quod scriptum laudat Henricus Gandavensis cap. 1. Sermones plerosque Fulberti recensuit Combefisius in Bibliotheca concionatoria.

Pœnitentia laicorum, et mulierum pœnitentia per Fulbertum episcopum.

Prosarii hymni in S. Pantaleonem, in S. Piatum et de Nativitate Domini et de sancta Trinitate. In festo S. Ægidii, natione Græci (10). De divo Martino (11), De S. Lamberto, et Pro rege.

Versus et hymni de B. Virgine, de S. Cruce; De timore, spe et amore : De seipso (12) ; De signis, et mensibus, et diebus, et horis, compendium computi. De philomena. De S. Carauno Castitatis gradus. Preces ad Deum. Hymnus in natum Christum et alius Deo trinuni. Denique versibus descripta ex Vitis Patrum vet. narratio de homine quodam, qui imperitus vitam eremiticam vivere tentaverat, eamque non valens sustinere et ad fratrem reversus *cum angelus non potuit, vir bonus esse didicit*.

Præter hæc, a Carolo Villiers edita, sparsim feruntur :

Fulberti *hymnus in S. Paschate*, qui incipit : *Chorus novæ Hierusalem*. Exstat in Georgii Fabricii Poetis Christianis, pag. 799, in Georgii Cassandri hymnis ecclesiasticis, pag. 234 Operum, et in Bibliothecis Patrum Bigneanis Parisiens. an. 1589, 1624, 1644, 1654.

Epistola de rebus Ecclesiæ religiose et caute distribuendis, in Dacherii Spicilegio, tomo II, pag. 827 (editionis novæ tomo III, pag. 387), Alia *contra milites episcopos* in Edmundi Martene tom. I, Anecdotorum, pag. 130.

Sermo in festo assumptionis B. Mariæ, in appen-

---

(7) Launoius De scholis celebrioribus, cap. 40.
(8) Anonymus Mellicensis, cap. 93; Trithemius, cap. 315.
(9) Similia quædam in scripto De nativitate B. Mariæ inter S. Hieronymi Opera. Vide Caveum.
(10) *Vitam S. Ægidii* a Fulberto scriptam testatur Anonymus Mellicensis, cap. 93.

(11) Confer Barthium xix, 13, Adversar.
(12) Hic primo versu auctior apud Baronium ad annum 1007, num. 3,

Angele consilii magni, te consuio, Christe,
Mi factor, mea Vita.

dice ad sermones S. Augustini in editione Benedictorum tomo V, sermo 208.

Vita S. Autberti (13), Cameracensis et Atrebatensis episcopi, apud Surium 13 Decembr., sed mutila. Integram legi in mss. codicibus notarunt Sammarthani tomo I Galliæ Christianæ, pag. 233, et Miræus ad Henrici Gandavensis cap. 1.

Tractatus, sive *sermo* in Actor. xii, 1-11, editus a Casimiro Oudino in opusculis sacris veterum aliquot Galliæ et Belgii scriptorum, Lugduni Batavorum 1792, 8°, præmissa ejus icone ære descripta, et compendio Vitæ, ut tomo II *De scriptoribus ecclesiasticis*, pag. 519 seq., et quale exstat etiam in

(13) Baldericus in Chronico Cameracensi lib. 1, cap. 77. *Quod si quis latius (de Autberto) scire desiderat, librum quem Fulbertus, doctor clarissimus,*

Sammarthanorum *Gallia Christiana* tom. II, pag. 485 seqq.

Liber de sacramentis devotionis, quem Ivoni tribuunt alii. Combefisius, ex Petri Damiani auctoritate, refert ad Fulbertum.

Labbeus in Bibliotheca nova mss., pag. 58. mss. Vaticano commendat Fulberti *De virtutibus,* et *Sententias antiquorum de summo bono,* rhythmo trochaico, nec non *versus de pace.* Notat etiam Fulberto tribui versus *De libra et partibus ejus,* quos nescio an sint editi, versus autem *De uncia et partibus ejus,* et *De scrupulo et partibus ejus,* dedit Carolus de Villiers notis ad Fulberti epist. 113, tom. XVIII Bibliothecæ Patrum edit. Lugdunensis, pag. 55.

de Vita S. Autberti, jubente domino episcopo Gerhardo, inscripserit, legat. Gerhardus episcopus Cameracensis fuit ab anno 1012 ad 1049.

SANCTI FULBERTI
CARNOTENSIS ECCLESIÆ EPISCOPI
OPERA
QUÆ REPERIRI POTUERUNT OMNIA

Ex ms. cod. biblioth. reg. colleg. Navarræ, et clarissimorum virorum D. Petavii senat. reg. et N. Fabri; studio et industria Caroli de Villiers, doctor. theolog. Parisiensis, edita.

(Sub hoc titulo in Bibliotheca Patrum [tom. XVIII init.] prostant nonnisi *sermones* Fulberti, *epistolæ* et *carmina*; alia ex aliis addemus.)

EPISTOLA NUNCUPATORIA

R. R. in Christo Patri. D. D. Philippo Hurault, episcopo Carnotensi, Carolus de Villiers, doct. theolog. Parisiensis S. P. D.

En Fulbertus noster, reverendissime præsul, tandem e tumulo excitatus in solem prodit, quem nec bruma iners, nec vetustas rerum edax, absumere potuit. Non secus ergo ut Plinius C. Ælium Tuberonem functum præfectura, a rogo relatum domi fuisse narrat (lib. vii *Hist.*, c. 52), *sic e pulvere et situ extractum quidquid de eo auctore non exstabat ad pretum revocatur. Nacti siquidem manuscriptum ex bibliotheca collegii regalis Navarræ, in quo multa vetustate excæsa ferme videbantur, hæc describenda curavimus, nostroque labore assecuti sumus, ut tam præclarum virtutis lumen sub modio non delitescat. Hoc unum tamen silentio non involvam, me a doctissimo Petavio senatore regio æquissimo, et Nicolao Fabro viro clarissimo (quem totius antiquitatis promumcondum vere dixerim) quædam ex ipsorum bibliothecis desumpta huic auctori inseruisse, quæ in nostro ms. non exstabant. Hæc duobus viris præclarissimis tribuenda laus est, qui ut Fulbertus in lucem prodeat effecerunt. Nec verear ab illorum majorem commendationem hoc addere, quod de Phidia summo sculptore refertur. Hic ubi Pisæum simulacrum fabricasset ex ebore, oleum effundi jussit circa pedes, coram ipsa statua, ut illam immortalem redderet* (Epiphan. lib. ii, *contra hær.*, cap. 64). *Sic Deum optimum maximum, credo oleo gratiæ suæ duos illos clarissimos viros injungi voluisse, ut ipsum episcopum immortalitate donarent. Quod si me ad hanc societatem gloriæ admittere velis, reverendissime præsul, nullum præmium suspicio, vel in bonis numero, quod ad æs exeat majus. Et sane tanti facio antiquitatis Patres, ut nihil ex iis deperire velim. Unde quidquid ex antiquo illo Patre reperi, in unum congessi. Hunc igitur, venerendissime præsul, non quam eleganter quæso, sed quam pie loquatur cogita. Etenim si illum semel audieris tandiu latuisse dolebis Legisti, credo, quod cum Pio II summo pontifici nuntiatum fuisset Tarvisense summum præsulem agere animam, et jam inclusam præcordiis mortem tenere, exclamasse : Moritur ergo præsul perfectus, cui reliquos similes esse oportebat.* (A Picol., in *Hist.*) *Sic cum tandiu Fulbertum latuisse audies, exclamabis et tanta temporum serie illius memoriam obrutam fuisse ægre feres. Quis enim eo vel morum probitate clarior? Quis in religione catholica propaganda ardentior? Ita ut cultum pietatis cum lacte nutricis exsuxisse videatur* (Senec., *De beata vita*). *Verum scio magno impendio temporum, magna alienarum aurium molestia laudationem nunc constare, O hominem litteratum; sed noster Fulvertus hoc titulo rusticiore contentus erit, si o virum bonum dixeris. Effectum est modo ut diligentius sciant loqui homines, quam vivere. At tempore Fulberti vis scire quid liberalia studia conferebant? Ad externa nihil, ad virtutem multum. Hujus igitur scripta licet in multis obscura videantur, tamen nescio quid in his latentis pietatis deprehendere licebit. Et si cum Ivone Carnotensi hunc auctorem compares, scio cui palmam prætuleris. In illo siquidem eloquentia, in isto sola vietas viget. Ad extremum duos illos episcopos, dicam audacter, duas illas aquilas, ἀεροποροῦντας vere esse a Jove immissas, ut fabulantur poetæ (CLAUD. præfat. paneg. de Consulatu Manlii), in hanc urbem Carnotensem tanquam in umbilicum Galliæ. Nam in medio Galliæ auctore Cæsare sita est (Comm. Cæs. lib. VII, de bell. Gall.), ut veritatem, quæ in medio consistit, veræque religionis cultum indicarent. Gaudeat nunc et exsultet Carnotensis civitas tantis præsulibus illustrata, tot doctoribus aucta et exculta, obmutescat illa garrula meretrix quæ virus hæreseos tam late jaculatur. Jam enim exsurgit Fulbertus et sub tuo nomine apparet, reverendissime præsul, ut maledicorum ora obstruat. Hunc ergo gratiorem tibi fore judico, quod episcopus Carnotensis tibi eodem baculo pastorali donato, et cancellarius quondam Roberti regis Galliæ, tibi e nobilissimis majoribus et cancellariorum dignitate insignitis oriundo, dicatur. Hoc munere fruere, reverendissime præsul, æqui bonique consule, sic enim me tibi obsequentissimum, si placuerit, devincies. Vale.*

TESTIMONIA

Ex probatissimis auctoribus excerpta, quibus probatur quis fuerit Fulbertus episcopus

I.

Ex Henrico Gandavensi in Catalogo scriptorum ecclesiasticorum.

Fulbertus Carnotensis episcopus, liberalium artium suo tempore peritissimus, vir religiosus et erga beatam Virginem devotissimus, scripsit sermonem ad nativitatem beatæ Virginis pertinentem, limato dictamine, qui sic incipit : *Approbatæ consuetudinis.* Respondit etiam cavillationibus Judæorum dicentium hanc prophetiam : *Non auferetur sceptrum de Juda,* etc., in Christo non fuisse impletam, diligenter Scripturarum auctoritatibus et rationibus confutans Judæorum pervicaciam.

II

Ex Joanne Trithemio.

Fulbertus episcopus Carnotensis in Scripturis divinis eruditissimus, et in sæcularium litterarum disciplinis omnium suo tempore doctorum doctissimus, poeta clarus, et dialecticus subtilissimus, multis annis scholæ publicæ præsidens, plurimos doctissimos, auditores enutrivit, vita quoque sanctissimus, multis legitur miraculis coruscasse, qui inter cætera scripsisse dicitur.

Epistol. ad diversos lib. I.
In laudes sanctæ Mariæ lib. 1.
Hymnos et Orationes varias, et quædam devota

Claruit temporibus Henrici regis Primi anno 1000.

III.

Ex veteri Annali bibliothecæ regalis collegii Navarræ, in Vita Roberti regis

Fulbertus primo fuit cancellarius regis Francorum Roberti, et ex cancellario factus episcopus Carnotensis, vita honestissimus et in scientia clarissimus. Fundamenta sanctæ ecclesiæ Dei Genitricis Carnotensis jecit, et eamdem perfecit miro lapideo tabulatu. *Et Paulo post.* Circa annum millesimum trice-

A simum nonum obiit Fulbertus episcopus Carnotensis, qui fecit legendam de Nativitate beatæ Mariæ et historiam, eique successit Theodoricus.

V.

Ex bibliotheca Sixti Senensis

Umbertus seu Fulbertus Carnotensis episcopus scripsit in illud Geneseos XLIX : *Non auferetur sceptrum de Juda,* anno Domini 1000.

V

Ex Willel. Malmesb. lib. III De gestis Anglorum.

Berengarius plane quamvis ipse sententiam correxerit, omnes quos ex totis terris depravaverat convertere nequivit. Adeo pessimum est alios exemplo vel verbo a bono infirmare, quia fortassis peccatum te gravabit alienum, cum deletum fuerit tuum. Quod B episcopum Carnotensem Fulbertum (quem Domini Mater olim ægrotum lacte mamillarum suarum visa fuit sanare) prædixisse aiunt. Nam cum in extremis positum multi visitarent, et ædium capacitas vix confluentibus sufficeret, ille inter oppositas catervas oculo rimatus Berengarium, nisu quo valuit expellendum censuit, protestatus immanem draconem prope eum consistere, multosque ad eum sequendum blandiente manu et illice anhelitu corrumpere.

VI.

Ex veteri Annali abbatiæ Sancti Petri, quæ sita est in valle Carnotensi.

Fulbertus doctor sacræ theologiæ egregius hic fuit tempore Roberti regis filii Hugonis Capet, qui regnare C cœpit anno 987. Hic doctor et episcopus gloriosus speculum Ecclesiæ et fidei Christianæ, multa scripta fecit ad laudem Virginis gloriosæ, et inter cætera illam legendam quæ legitur in Nativitate ejusdem, quæ incipit : *Approbatæ consuetudinis.* Hujus tempore anno millesimo et vigesimo in nocte Nativitatis beatæ Mariæ, episcopatus sui anno quarto, fuit civitas Carnotensis et tota ecclesia beatæ Mariæ combusta. Quam idem episcopus gloriosus sua industria, labore et sumptu a fundamento reædificavit, ut in legenda sancti Aniani habetur, etc. Jacet in ecclesia sancti Petri in valle Carnotensi.

VII

Ex Willelmo Malmesber. lib. II, cap. 11, anno ab incarnat. 1032.

Ejusdem archipræsulis Ethelnothi tempore rex Cnuto ad transmarinas Ecclesias pecunias mittens, maxime Carnotum ditavit, ubi tunc florebat Fulbertus episcopus in sanctitate et philosophia nominatissimus. Qui inter cætera industriæ suæ documenta, Ecclesiæ dominæ nostræ sanctæ Mariæ, cujus fundamenta jecerat, summam manum mirifico effectu imposuit, quam etiam pro posse honorificare studens, musicis modulationibus crebro extulit. Quanto enim amore in honorem Virginis anhelaverit, poterit conjicere qui audierit cantus cœlestia vota sonantes. Exstat inter cætera opuscula ejus Epistolarum volumen, in quarum una gratias agit Cnutoni magnificentissimo regi, quod largitatis suæ viscera in expansas ecclesiæ Carnotensis effuderit

(*Vide et Baronium, tomo XI, Annalium anno 1028.*)

SANCTI FULBERTI
EPISTOLÆ
ORDINE CHRONOLOGICO DIGESTÆ.

(*Epistolas Fulverti exegimus ad editiones Duchesnii et D. Bouqueti, qui tamen plurimas prætermiserunt. Epistolis centum triginta octo quas exhibet Bibliotheca Patrum duas magni momenti addimus ex Martenio et Gallando.*)

EPISTOLA I [olim V.]
(Circa annum 1000.)

Sancto ac venerabili archiepiscopo suo BONIBERTO FULBERTUS *fidelitatis obsequium et summi pastoris benedictionem.*

Primum quidem benedicimus Dominum Patrem ingenitum, Filiumque suum unigenitum Jesum Christum Dominum nostrum, et Spiritum sanctum paracletum unum verum Dominum, qui cuncta creavit, qui te quoque, dilectissime Pater, multa sapientia illustravit, ad docendum populum suum, et decore sanctitatis ad præbendum bonæ vitæ exemplum decenter ornavit. Deinde magnas tibi referimus grates, quod nos licet immeritos atque ignotos, salutationis tuæ pariterque munere gratiæ dignatus es prævenire. Unde profecto nos in amorem tuum sic animasti, ut perennem tui memoriam in intimo cordis nostri vigere velimus, ut saltem per crebra orationum suffragia, si aliter facultas non suppetierit, tuæ benignitati vicem rependere satagemus. Significavit autem nobis filius noster tuusque fidelis Hilduinus (14) tuæ charitatis erga nos insignia, fideliter asserens unum de nostris Priscianis te velle, quem et per eumdem libenter mittimus, quidquid etiam de nostro petieris hilarissime tibi si possibile fuerit transmissuri, ipsam quoque præsentiam nostram, si tibi opus esset ac voluntas, nobisque potestas, obsequentissime præstaturi. Ad ultimum salvere te semper optamus, precantes ut illam novam ac gloriosam adoptionis prolem summi regis, regem videlicet Stephanum (15) intimans excellentiæ suæ [*alias*, *vestræ*] ex nostra parte salutes, et universarum congregationum quæ sunt in episcopatu nostro, canonicorum scilicet et monachorum orationum fidelia. Vale.

EPISTOLA II [olim XXI.]
(Anno 1003.)

Pleno virtutis et gratia circumfuso, charissimo Patri ABBONI FULBERTUS *suus.*

Quanam te resalutatione digner, o sacer abba, et o magne philosophe? quid rependam muneris sanctæ amicitiæ quam promiserunt signa gemmatæ facundiæ, vix æstimare sufficio. Nam cum illa quæ dicuntur esse, victor animo teneas, cum illa quæ non esse forsitan vilipendas, quid ego conferre possim, quod tu aut non habeas, aut non habere contemnas? Sed quoniam philosophicis essentiis magnum quiddam superest, atque ex his quæ non esse dicuntur quædam perpetua fiunt, ideoque sapientibus aliquando grata sunt, recipe quæso quod ab utroque tibi lectum offero. Denique ut participando super essentiam deitatis dominus fias, sic te resalutato, ad perennem fidelitatis habitum amicitiæ tuæ rependo hac scilicet differentia tuam benevolentiam meamque distinguens, ut illa pro majestate personæ gratia vocetur ut domini, ista fidelitas ut alumni. Præceptis itaque tuis modestissime deservire cupiens, Mediolano discipulo quod precatus es facio, quæque tibi scribenda petisti, en omnia fere juxta fidem exarata transmitto. Abbate sancti Petri graviter ægrotante, sed adhuc mentis et sermonis compote, Megenardus monachus ante mihi non mediocriter charus, noctu sese de claustro subripuit, et ad Theobaldum comitem, qui Blesis tunc morabatur, abbatiæ petendæ gratia properavit, comes illum postridie remisit ad nos cum legatis, qui denuntiarent recipiendum magnifice sicut abbatem monachis et canonicis. At vero nobis

---

(14) Hic fit mentio Hilduini. Habetur in veteri Chronico tempore Roberti regis: *Circa hoc tempus millesimo nono fundatum est cœnobium Bettense ab Hilduino de proprio suo. Hic autem Hilduinus nuper ex grandævo milite in clerum promotus fuerat, dictique cœnobii tunc pauperis fuit primus abbas.*

(15) Quis fuerit *Stephanus* rex vix colligi potest ex historia.

fere omnibus ea res æque nova et horribilis fuit. Respondimus itaque longe nobis aliter videri. Nec enim legitime fieri abbatem, nec debere recipi qui abbatiam alterius, ipso vivente, per ambitionem petit, qui a fratribus non eligitur, et super illos nititur dominari. Postremo qui noster neque monachus sit, neque clericus, et plures habeat testes curialiter agitandi quam monastice vivendi. Hæc ille non gratanter accipiens ad comitem redequitat, iramque juvenis adversum nos vehementer inflammat. Sed die quinto postquam suum ambitum publicavit, prædictus abbas ægritudinem suam morte limitat. Conveniunt ad capitulum monachi nostri, et quidam canonici, quos ratio postulabat admitti. Interrogamus an aliqui fratrum incœpto Megenardi faveant? Negant singuli, negant omnes. Decrevimus ergo quosdam eorum esse mittendos ad comitem, nobis videlicet designatum episcopum, ut Patris obitum nuntiarent, et alterius eligendi regularem precarentur licentiam. Quibus missis ecce alii duo, Vivianus scilicet et Durandus, alter illiteratus, alter litterarum malesanus interpres, ambo præpositi, simulantes causa communis commodi ad obedientias suas se velle exire, ac ne aliorsum pergerent sibi interdicente decano monasterii. Megenardum tamen secuti sunt, cui cœptam præsumptionem occulte persuaserant, et Blesis in præsentia domini Theobaldi ipsum Megenardum a fratribus peti ac eligi perfide mentiti sunt. Horum suffragio lætus comes statim cum baculo pastorali publice donat. Quo audito, fratres qui in claustro remanserant, contra hanc fraudulentiam zelo divinæ legis accincti, libellum reprobationis fecerunt, atque subscripserunt hujusmodi : Sciat omnis Ecclesia, quia Megenardum monachum nostrum, abbatem fieri non eligimus, non laudamus, non volumus, non consentimus : sed reprobamus, refutamus, et omnino contradicimus. Nos vero de cœnobio sancti Petri, quorum nomina scripta sunt, Durandus decanus, Gaudriens, Genesius, Robertus, Isembertus, Marcuinus, Alvens, Guarnerus, Richerus, Warinus, Herbertus, Evrardus, Benedictus, Arnulfus, Gualterus, Beringerus, Herbertus, Bernardus. Isti itaque omnes sua nomina aut subscripserunt, aut subscribi fecerunt me vidente. Die proxima comes Tetbaldus redit, se in monasterium recipi cum processione præmandat. Monachi respondent se libenter hoc agere, si præsumptorem illum non adduxerit secum. Ille denuo iratus, ipso die tamen sustinuit sed in sequenti cum strepitu comminantium in sancti Petri monasterium suum Megenardum obtrusit. Ad cujus violentum ingressum sancti fratres contaminari ipsius communicatione timentes, sanctuario Domini salutato, cum lacrymis exierunt, atque refugium aliud nescientes, ad limina principalis Ecclesiæ confugerunt. Ibi quoque non invento pastore utrinque desertæ oves mœstis sese vocibus consolantur. Sed recipit sancta Mater Domini solita pietate recipit Rodulphus tuus dulci benignitate. Inde transierunt ad cœnobium sancti Patris Herberti,

A cujus dives charitas de paupere censu quæque potest illis necessaria subministrat. Cæterum ille, cujus fratres importunitate depulsi sunt, ab Herviso quodam, ut aiunt, Britannicæ regionis episcopo, iv Non. Februar. abbas simulatus est in suburbio Carnotensi absente clero, indignante populo, legato archipræsulis palam contradicente ne id fieret, reclamantibus etiam quibusdam monachis, qui in loco remanserant vero vultu, viva voce atque regulari auctoritate. Sed quid inter furentes ratio? Sed et nunc ille primas in abbatiæ suggestu, sæculari potentia fretus, de peracta victoria gloriosus, factores ejus abbates, episcopus, atque ipsum papam ambiendo, ne quid gravius statuatur in illum modis omnibus elaborat. Jacet interim victa, confusaque

B fratrum expulsorum humilitas, nec est præsul in Galliis, cujus viscera tangat affectio pietatis, aut zelus sacræ legis inflammet, ut consurgat ad frangendos impetus errorum, ad relevandas spes dolore tabescentium. Defuncta etenim est Dionysii fortitudo, non comparet pietas Martini. Tu quoque dereliquisti nos, sancte Pater Hilari, qui olim unitatem Ecclesiæ Spiritus sancti gladio tuebaris. O derelicta, o mœsta, o desolata Galliarum Ecclesia ! quæ jam erit spes salutis ulterior ? Ubi amplius afflicta Christiani anima respirabit? Hoc nempe solum vel maxime nos confortare videbatur : quod si contingeret ruinas mœnium tuorum resarciri non posse, liceret saltem ad firmum adhuc Capitolium monasticæ vitæ confugere. Quod etiam si furibus irre-

C ptare aut impune quibuslibet ambitiosis invadere licet, proh dolor! funditus cecidisti ? Unde jam ad te revertens, venerande Pater, quem ego credo et video adjutorem a Domino nobis esse provisum cum domino meo tuoque fideli Rodulpho deprecor et obtestor per ea quæ tibi data sunt sapientiæ sanctæ charismata, per dulcedinem fraternæ charitatis, si quid potes, impugna hostes Domini, fratres allisos refove, nec perire sinas inopia solatii tui, pro quibus credis esse fusum sanguinem Christi. Vale.

EPISTOLA III [*olim* II].
(Anno 1006.)

Domino suo EINARDO *sibi semper venerando* FULBERTUS *exiguus*

D Novit, et vere novit serenitatis vestræ prudentia, quod in ecclesiasticis officiis plura sunt, in quibus Orientales Ecclesiæ et nostræ communi observatione sibi respondent. Sunt vero alia in quibus alias ab aliis cultu dispari, et varia observatione audivimus dissonare. Sed nec pauca aut rara sunt, quæ ab aliis necessario servanda, ab aliis non adeo curanda æstimantur. Nec tamen nos offendit observantiæ diversitas, ubi fidei non scinditur unitas. Porro in multis Græcia ab Hispania, ab illis Romana et Gallicana discrepat Ecclesia. Sed neque in hoc scandalizamur, si audimus diversam observationem, sed non diversam fidem in Christi semper Ecclesiis exstitisse. Stet enim regina Ecclesia a dextris regis sui in vestitu deaurato circumdata varietate. Nos vero trita et pervulgata Patrum via Incendentes, Patrum memoriam in rationali pectoris nostri, id est præcedentium Patrum exempla præ oculis habeamus, et quæ rationaliter eos egisse cognovimus, teneamus : ea vero quæ spirituali consilio ab his ordinata sunt etiamsi infirmitatis nostræ ignorantia ad plenum videre non possimus, temerariæ cavillationis dente non rodamus, dum tamen a fide hæc nequaquam exorbitare sentimus. Dicit Scriptura : *Audi, fili mi, disciplinam patris tui, et ne dimittas legem matris tuæ* (Prov. 1, 8). Ante hos paucos dies ut meminisse licet, mihi vespertinis horis supervenisti, et repentina inquisitione me permovisti, de hostia quam paulo ante promotus ad sacerdotium de manu episcopi suscepisti (16) : quæ ratio sit, videlicet usque ad quadragesimam diem usu quotidiano consumere, vel quos hujus rei auctores haberemus. Cui quidem nisi sacerdotalem in vobis reverentiam, et in omni genere doctrinæ probatam sapientiam offendere metuissem, respondissem verecunde quidem, non temerarie, humiliter, non procaciter ; respondissem, inquam, quod infelix capella quondam respondit ovi laniciniuin [*melius* lanicium] quærenti ; vel certe videri mihi poteram a planis arvis ligna in silvam vel aquas in mare comportare, aut Minervam, ut aiunt, velle docere, si huic homini facerem verba, in quo totius doctrinæ thesaurum reconditum profiteor. Sed, esto, res aliis usitata, illis familiarem consuetudinem, istis parit admirationem. Putabam et hoc certe omnibus Ecclesiis eatenus assuetum fore, ut nulli novum esse videretur aut vanum : hæsitare diutius cœpi, an mihi adhuc codicem illum unum haberem quem a natali patria inter cæteros devexeram, in quo ejusmodi exemplaria continebantur. Quem diu quæsitum, quoniam aut alicui præstitum, aut per tot locorum mutationem casu amissum non invenio, repetita memoria quæ de illo recolo pauca vobis intimare non gravabor, præmonstrata occasione, qua quondam observantiæ hujus causas et ego quoque requisieram. Nostri enim episcopi provinciales in hujusmodi ritum omnes consentiunt. Porro nostro tempore quidam inter cæteros ad sacerdotalem gradum admissus, hostiam quoque sicut et alii de manu episcopi suscepit, quam in pergameno, in hos usus parato involutam quotidiana celebratione solvebat, et portiunculam parvam, juxta instantium dierum numerum computatam sumebat. Accidit vero ut quadam die expletis mysteriis dum vestimenta cum sindone altaris incautius colligeret, immemor hostiæ sacræ diligentiam nequaquam adhibens thesaurum cœlestem infelix amitteret. Veniens ad diversorium, quæque necessaria curat, transigitur dies in crastinum, repetita celebratione frater ille instante hora communicandi hostiam sanctam non inveniens, turbatus nimium et consternatus, sursum deorsum

(16) Hic fit mentio de hostia quæ reservabatur, et iis qui ad sacerdotium promovebantur dabatur de manu episcopi, ut usque ad quadragesimam diem usu quotidiano consumerent. Hæc consuetudo obso-

cursitans, nec etiam signum aliquod invenire potuit. Audiens episcopus ex negligentia fratris ortum periculum, omnibus in commune fratribus unius reatum pœnitendum instituit. Ipsum vero fratrem arctioris pœnitentiæ disciplina corrigendum proposuit. Hac ergo occasione accepta quærendum ab episcopo æstimavi, si videretur sibi salva ordinis religione sanctificatum panem primo aut secundo sanctificationis die posse totum simul percipere, quem videbat non sine periculo posse tanto tractu temporis minutatim sumere : præsertim cum ipse nosset rarissimos hujus ordinis viros esse, qui in hac re pervigilem curam adhiberent. Hic ille increpitans tardioris sensus mei hebetudinem, respondit quidem ita esse quod quærebam, si discipulis quos ad prædicationis officium Dominus missurus in mundum fuerat, si illis inquiens, adhuc tardis et dubitantibus potuisset sufficere resuscitati corporis speciem semel vidisse, quam semel visam noluit ab eis repente subtrahere, sed per quadragenos dies complacitis horis glorificati corporis revelata specie eos tanquam panis cœlestis suavitate refecit. Nam et episcopus qui vices Christi tenet, sacerdotales viros in plebem subjectam missurus, sacri corporis eucharistiam per quadragenos dies sumendam distribuit, ut dum, verbi gratia, quotidie cœlestis panis alimonia reficiuntur, tempus illud in mentem habeant, quo per quadraginta dies Dominus discipulis apparens, et convescens desideratæ visionis satietate refecit. Ad hoc episcopi responsum, cum ego familiaritatis ausu studiosus perquirerem num idem mysterium supplere potuisset panis a presbytero quotidiana celebratione sacratus, uti in eo passionis Dominica et resuscitati corporis et manifestati discipulis species, satis fuisset nobis. Perpende, ait, sicut, fili mi, multæ Ecclesiæ sunt per universum orbem terrarum, propter diversa loca, et tamen una sancta est catholica Ecclesia, propter unam fidem : sic et multæ oblatæ propter vota offerentium, unus panis est propter unitatem corporis Christi. Nam panis ab episcopo consecratus, et panis a presbytero sanctificatus in unum et idem corpus Christi transfunditur, propter secretam unius operantis potentiæ virtutem. Sed quodammodo aliud esse dicitur, quod virginali utero sumpta carne crucis injuriam sustinuit, de sepulcro resurgens discipulis apparuit, cujus memoriam in pane presbyteris collato episcopus agere videtur : aliud quid per mysterium agitur, dum episcopi et omnes sacerdotes in mensa altaris, sub sacramento communicatæ carnis panem sanctum secreta oratione quotidie consecrare videntur, quod ad illud respicit, quod consecrantes nuper ordinati presbyteri cum pontificali oblatione percipiunt. Nam illud Dominicum corpus ex mortuis suscitatum, et in cœlis locatum, jam non moritur, istud sacramento-

levit, tamen hoc fidem nostram confirmat contra neotericorum falsam opinionem, qui hostiam sacram reservari non debere clamitant.

ruin, quotidie nobis moritur, quotidie nobis resurgit, apparet et comeditur. Sed nec in hoc mens fidelium scandalum dubitatis debet incurrere, quod Christum semel gustata morte jam non ultra moriturum audit, cum carnem assumpti hominis in paterna gloria sedentem, et hic sanctificatum panem verum Christi corpus audit nominari, dum et illud de Virgine assumptum, et istud de materiali et virginali creatura consecratum, unus idemque artifex Spiritus invisibili operatione in substantiam veræ carnis transfundit : carnis videlicet non cujuslibet, sed vere Christi de qua ipse ait : *Nisi manducaveritis carnem meam, non habebitis vitam in vobis (Joan.* vi, 54). Quod utique exponi alio tempore indiget, et fidei oculis intueri. Hoc tantum quod ad præsens negotium spectat solvamus, quod quidem nec subtilis nec novis adinventionibus constat expositum. Nosti populo Hebræorum sub Moyse et manna de cœlo per annos quadraginta subministratum : qui Moyses dux populi secundis adjutoribus, septuaginta viris videlicet de eodem populo sustentabatur, per quos forma presbyterorum exprimitur, qui nunc in Ecclesia novitia, pontificale onus in se suscipientes regendis populis invigilant. Porro sumens de spiritu Moysi, illis septuaginta senioribus dedit, per quos populum sibi commissum per quadraginta annos judicavit, quia dux noster Dominus Jesus Christus discipulis quos ad prædicationis officium missurus fuerat in mundum, spiritualium dona charismatum infudit. Illi post immolationem Agni paschalis manna cœlitus misso per quadraginta annos sustentati sunt. Quem cibum cœlestem, quam suavitatem angelicam non per typicas aut umbratiles figuras, sed indubitatam unionis veritatem repræsentat ille Dominicus cibus, quem per quadraginta dies sumendum tanquam salutis viaticum, pontifex novis Ecclesiæ cultoribus distribuit, quos suæ pastoralis curæ vicarios, adjutores ad erudiendam plebem sibi commissam constituit, ut dum ipsum præ oculis habentes degustant, illum mente pertractent, qui de cruce morte triumphata ad Patrem ascendit, dumque a semel ipsis consecratum corpus percipiunt, illum fidei gustu experiantur, per quem quotidie Christus nobis moritur et resurgit, per quem usque ad consummationem sæculi manere se nobiscum pollicetur. Hæc pauca de multis, quæ repetita memoria, et multo ex tempore dissuta licet recitasse, ad præsens sufficiant, dum ego codicem de ejusmodi exemplaribus a Romano scrinio prolatum perlegam. Vobis facile est de paucis multa cogitare, aut certe quod irrationabiliter factum videtur, sanioris consilii ratione colligere.

EPISTOLA IV [olim XLVIII]
(Anno 1006.)

Virtute magis prædito quam prædicato præsuli ADALBERONI FULBERTUS.

Vestræ sospitati amice gratulantes, valetudini A quoque vestri fidelis et amici vestri Ebali, si divina benignitas allubescat (17), quanta novimus ope subvenire paravimus, mittendo Galieni potiones in et totidem theriacæ diatessaron ; quæ quid valeant, et modus acceptionis vel servationis earum in vestris antidotariis facile reperitur. Vulgaginem etiam petitam vobis mittimus, quamvis ætatem vestram tali jam vomitu fatigari non suademus, sed eo potius si opus sit allevari, qui frequenter et sine periculo fieri possit oximelle et raphanis vel certe, quod seniori magis conducibile est, morantem alvum laxativis pillulis incitari. De quibus ultro vobis fere nonaginta oblatis, cætera bona nostra vestra putate. Valete.

EPISTOLA V [olim I].
(Ante annum 1007.)

De tribus quæ sunt necessaria ad profectum Christianæ religionis.

Venerabili Patri et domino sibi semper amando ADEODADO FULBERTUS *exiguus.*

Inter hesterna et secreta colloquia, pro ædificandis fratribus adhuc infirmis, atque novitiis, me ad scribendum tua imperiosa coarctaverat auctoritas. Ecce habes pauperis quidem ingenii opusculum, sed non ignobile fidei monumentum. In quo quæso non eloquentiæ ornatum, sed obedientiæ perpendas vota, nec eruditis auribus æstimes fatua verba revelanda, ne pro rustico stylo sacra vilescat materia ; alioquin de talibus præstat siluisse, quam aliquid inconditum edidisse. Incomprehensibilem enim divini consilii altitudinem, sapientia humana puro cognitionis intuitu comprehendere non potest ; quia dum mens nostra ultra se præcipitanter erigere usque ad inaccessibilem secretorum Dei visionem appetit, infirmitatis suæ obstaculo reverberata, et intra ignorantiæ suæ angustias coarctata nec quod ultra se est valet comprehendere, nec quod intra se est æstimare : unde scriptum est : *Altiora te ne quæsieris, et profunda consiliorum ejus, ne investigaveris (Eccli.* III, 22). *Posuit* (inquit Propheta) *tenebras latibulum suum (Psal.* XVII, 12) : has tenebras multi perscrutari incipientes, et alia ex aliis asserentes, in crassas et palpabiles errorum tenebras devoluti sunt. Porro mundi sapientia exterius eloquentia nitens, intus vacua a virtutis sapientia manet, semper enim quærit, et nunquam invenit, quia profunda mysteriorum Dei non humanæ disputationi, sed fidei oculis revelantur, sicut Dominus in Evangelio ait : *Pater, gratias tibi ago, quia abscondisti hæc sapientibus et prudentibus, et revelasti ea parvulis (Matth.* XI, 25). Ergo mens humana cum divinæ dispositionis causas argumentis per se discutere non valet, ad hoc quod comprehendere non valet, reverenter erroneæ disputationis oculos claudat, nec invisibilia ex visibilibus, nec incorru-

(17) A medica arte in qua, ut in divinis humanisque litteris, pro tempore Fulbertus excelluit, factus episcopus abstinuit.

ptibilia ex corruptibilibus metiri præsumat, ne dum cæca disputatione clausa pulsat, et operta non videt, propriis definitionibus captivata, et cæcum sensum sequens, in erroris præcipitium cadat. Tria si quidem nobis sunt ad profectum Christianæ religionis proposita, sed ad consummatam justitiam perinde necessaria, ut in his tota humanæ salutis summa consistat : sine his justitia nomen habet virtutis, præmium non habet virtutis. Horum primum est intelligere, et firmiter tenere mysterium Trinitatis, et unius veritatem Deitatis. Secundum salutaris baptismi rationem nosse vel causam. Tertium in quo duo (17*) vitæ sacramenta, id est, Dominici corporis et sanguinis continentur. In his tribus multi nimis carnaliter intuentes, dum plus carnalem sensum quam fidei arcana mysteria contemplantur, in abruptum perniciosi erroris præcipitium devoluti, nec rerum veritatem, nec sacramentorum virtutem percipiunt; et ideo ab unitate Ecclesiæ divisi, dum fieri nolunt discipuli, veritatis, magistri fiunt erroris. Prætermissa itaque luce veritatis, tenebrosas proponunt calumnias, et sacras Scripturas verbis sacrilegis nituntur adulterare, aut (18) furtivis erasionibus recidere, sicut hoc quod Dominus ait : *Ego et Pater unum sumus* (*Joan.* x, 30), Arius dictum de unitate substantiæ intelligere noluit. Sabellius ad personarum proprietatem *sumus* non retulit; et in hoc quodait, *Pater major me est* (*Joan.* xiv, 28), Arius non humanitati, sed divinitati ascripsit, et ideo indignam vitam digna morte finivit. Cujus auditores quoniam Spiritum sanctum Deum esse negabant, de Evangelio eraserunt illud quod Salvator ait : *Spiritus est Deus* (*Joan.* iv, 24), et de Epistola Joannis eraserunt : *Et omnis Spiritus qui solvit Jesum, ex Deo non est* (*I Joan.* iv, 3). Sicut Nestorius qui dicebat beatam Virginem non Dei sed hominis tantum genitricem, ut aliam personam hominis aliam faceret deitatis, neque unum Christum in Verbo Dei et carne et anima credens sed separatim alterum Filium Dei, alterum filium hominis prædicans, et illum Apostoli locum ubi dicit : *Quod apparuit in carne vivificatum est in spiritu* (*I Petr.* i 18). Quem locum Macedonius per immutationem Scripturæ apostolicum dictum sic voluit definire, id est, ut esset Deus apparuit in carne, et in eo quod ait idem Apostolus : *In similitudinem hominum factus, et habitu inventus ut homo* (*Philipp.* ii, 7). Marcion phantasiam corporis et non corpus confessus est in Christo fuisse. Sed Dominus noster Jesus Christus in unitate unius ejusdemque personæ ex duabus, et in duabus substantiis, divina scilicet et humana subsistens, et mira protulit ut Deus, et infirma sustinuit ut homo, ut cum verum Deum sublimia opera loquerentur, verum hominem flebilia demonstrarent. *Deus*, inquit Apostolus, *erat in Christo, mundum reconcilians sibi* (*II Cor.* v, 19), Deus in Christo, Filius Dei in filio hominis, divinitas operabatur in homine. Demus verba hominis : *Pater major me est* (*Joan.* xiv, 28). Demus Verba Dei : *Ego et Pater unum sumus* (*Joan.* x, 30). Loquatur in Christo nostra infirmitas et conditio. *Filius*, inquit, *hominis non habet ubi caput suum reclinet* (*Matth.* viii 20). Intonet vox divina : *Omnia quæ habet Pater mea sunt* (*Joan.* xvi, 15). Quasi homo esurit, quasi Deus quinque hominum millia pascit. Quasi homo dicit : *Tristis est anima mea usque ad mortem* (*Matth.* xxvi, 38), quasi Deus confidenter ait : *Nemo tollet a me animam meam* (*Joan.* x, 18). Quasi homo in cruce pendet, quasi dominator latronem alloquitur : *Hodie mecum eris in paradiso* (*Luc.* xxiii, 43). Si quis ergo mente captus unius Christi et Deum dicit esse substantiæ, compugnantibus inter se rebus, aut solum hominem cœlo lapsum, aut solum Deum dicet crucifixum. Sed non est ita. Nam neque solus Deus mortem sentire, neque solus homo mortem superare potuisset, quam evidentissima ratione, substantiarum distinctione, homo suscepit, et Deus vicit. Sed Ariani, utramque formam distinguere nescientes, quæ erant hominis ad Deum impie retulerunt. Nullam itaque tenentes inter cœlestia et terrestria rationem, dum dare proprietates suas partibus nesciunt, quantum in ipsis est Dei substantiam diviserunt, et dum ad sola hominis verba respiciunt, dum sine intellectus lumine perdiderunt, et cæcum sensum in præcipitia ducem sequentes, maluerunt dicere minorem Deum, quam hominem et Deum. Nobis vero hanc substantiarum diversitatem ex hoc perpendere promptum est quod alia est illa nativitas, vel natura, in qua, juxta Apostolum, *Factus est ex muliere*, *factus sub lege* (*Galat.* iv, 4); alia qua erat in principio apud Deum, (19) alia qua creatus ex virgine Maria, hu-

---

(17*) *Duo vitæ sacramenta, id est, Dominici corporis et sanguinis continentur.* Adverte, lector, hæc verba : Ne putes revera duo esse sacramenta corpus et sanguis Christi Domini. D. Thom. si quidem p. iii, art. 2, q. 75, quærens utrum sacramentum eucharistiæ sit unum vel plura, resp. quod materialiter sunt plura signa, sed formaliter et prefective unum sacramentum, in quantum ex eis perficitur una refectio.

(18) *Furtivis erasionibus recidere.* Sic solent hæretici. D. Hil. ad Const. Aug. sic ait : *At nunc qui Ariana et pestifera contagione inquinati sunt, non cessant ore impio et sacrilego animo Evangeliorum sinceritatem corrumpere.* Et Synesius epist. 5 appellat hæreticos, τραπεζίτας πονηροὺς, τοὺς κατόπερ νόμισμα δοχμὰ τὸ θεῖον παραχαράττοντας, id est, *trapezitas malos, qui velut monetam, ita divinum dogma pervertunt et adulterant.* Quam rectius tuba illa Romani sermonis Latinæque eloquentiæ Rhodanus, hoc est Hilarius ad Const. Aug. : *Catholicus sum*, inquit, *nolo esse hæreticus ; Christianus sum, non Arianus. Et mihi melius est in hoc sæculo mori quam, alicujus privati potentia dominante, castam veritatis dignitatem corrumpere.*

(19) *Alia qua creatus ex Virgine Maria.* Hic verbum *creatus* sumitur improprie, id est *formatus* aut *natus*. Recte siquidem Beda Ven. lib. iv in Lucam, Chris.us, inquit, *conceptus ex utero virginali carnem non de nihilo, non aliunde, sed maternā traxit ex carne.*

miliatus in terra, alia qua sine initio manens creavit cœlum et terram, alia qua dicitur in mœrore doluisse, in lassitudine dormisse, inedia esurisse flevisse, alia qua dicitur paralyticos curasse, per quam nesciens gressum jubetur incedere, solutus in muliere sanguis venarum sistitur, cæcus a nativitate illuminatur, imperio tumentes fluctus solidantur, mortui suscitantur. Quæ cum ita sint, Christum in duabus substantiis consistentem unum eumdemque Deum verum, eumdemque hominem verum esse fateatur necesse est, quisquis religionis Christianæ non vult inaniter, imo damnabiliter portare vocabulum. Ita utriusque naturæ veritate servata, verum Christum in virtutibus et passionibus nec confundat fides vera nec dividat, quia personalis unitas in eo divisionem non recipit, et utriusque naturæ veritas inconfusa persistit. Non enim alter Deus, alter homo, sed unus idemque Christus Deus homo. Profecto idem Deus Christus est, qui mortem sua divinitate destruxit. Idem quippe Dei Filius, qui divinitate mori non potuit, carne mortuus est, quam mortalem Deus immortalis accepit; et idem Christus Dei Filius carne mortuus resurrexit, quia immortalitatem suæ divinitatis carne mortuus non amisit.

Sed de hoc dictum satis pro modulo nostro æstimamus, non quibuslibet, sed quibus in Scripturis versatur studiosa devotio. Nobis plane ea singularis instat intentio, ut, quoniam comperimus aliquos nimis carnaliter intuentes quædam horum in quibus nostræ salutis mysterium constat, tanquam inania aut otiosa deputare, hos a tam perniciosæ opinionis vanitate revocatos permoneremus in rebus sacramentariis non tantum quæ videntur spectare, quantum invisibilem mysteriorum potentiam fideliter æstimare. Quid enim ad fidem venientes proficere arbitramur, si nihil ultra quam quod visibilibus motibus agitur, regenerantis gratiæ præstet effectus? Scimus et vere scimus, nos prima nativitate pollutos, secunda nativitate mundatos; prima nativitate captivos, secunda nativitate liberos; prima nativitate terrenos, secunda nativitate cœlestes; primæ nativitatis vitio carnales, secundæ nativitatis beneficio spirituales; per illam filios iræ, per istam filios gratiæ. Proinde quidquid pravum quisque concipit adversus sacri baptismi reverentiam, sciat refundi in Dei injuriam, qui ait : *Nisi quis renatus fuerit ex aqua et spiritu non potest introire in regnum Dei (Joan.* III, 5). Salutaris igitur disciplinæ gratia est, baptismi rationem nosse vel causam, sicut Apostolus ait : *Si enim mortui sumus cum Christo, credimus quia simul vivemus cum Christo. (Joan.* VI, 8). Commori enim cum Christo, et sepeliri ad hoc tendit, ut cum illo resurgere possimus, et cum illo vivere. Sed dicis mihi : Quomodo hoc quod ad defunctos pertinet, in viventibus possit impleri? Dominus noster Jesus Christus beneficia nobis sua pro nostra salute commendans, et sollicite

(20) *Catechumenos baptizatos.* Nonnulla videntur deesse, et revera sensus non cohæret. Habetur in eadem *nostrum baptisma.* Sic Patres olim in neutro

sensibus nostris, memoriam suæ mortis et sepulturæ atque etiam resurrectionis insculpens, ineffabilia contulit baptismi munera, per quæ superveniente primæ originis fine, ei commortui et intra sacrum gurgitem consepulti, demersi resurgeremus, vita emergente criminibus. Vide quid agit artifex misericordiæ. Tale tibi invenit tumuli genus, quo sciret peccata sepelire, et peccatorem nesciret obruere, ut descendente homine in fontem, tanquam in sepulcrum delictorum, reus exiret ad portum, et sola paterentur delicta naufragium. Proinde aqua et Spiritus sanctus sociantur causis, sed beneficiis separantur. Requiritur sane in baptismatis sacramentis aqua propter sepulturam, Spiritus sanctus propter vitam æternam. Remove Creatoris nomen, et non habet creatura quod præstet. Hæc similitudinem mortis imitatur, ille veritatem salutis operatur. Sed fortasse ad credendum propositis mens titubat, nisi testimoniorum sequatur auctoritas. Audi igitur Apostolum ad Romanos. *An ignoratis quia quicunque baptizati sumus in Christo, in morte ipsius baptizati sumus? Consepulti enim sumus cum illo per baptismum in mortem, ut quomodo Christus resurrexit a mortuis per gloriam Patris, ita et nos in novitate vitæ ambulemus (Rom.* VI, 3, 4), et cum dixisset, *consepulti* magnifice adjecit : *Si.* inquit, *complantati facti sumus similitudini mortis ejus, simul et resurrectionis erimus (Ibid.,* 5). Sicut ergo Dominus noster Jesus Christus tribus diebus, et tribus noctibus corporaliter sub terræ sepulcro conditus fuisse describitur, et homo ita sub cognato terræ elemento trina vice demersus operitur, ac sic vitali imitatione mysterii dum demergitur sepelitur, dum educitur suscitatur. Inter hæc quid ad hæc aqua, et quid Spiritus sanctus operetur adverte. Aqua velut morientem deducit in tumulum, Spiritus sanctus velut resurgentem perducit ad cœlum. Utrum vero homo baptizet, an Deus; ratio ipsa declarat. Nam cum peccatore baptizante peccata donentur, dum nonnunquam criminoso, baptismi mysterium celebrante, crimina remittuntur, hic homo qui videtur conferre quod non habet, utique tanti muneris non auctor, sed minister intelligitur, unde etiam Baptista ipse sactissimus ait : *Qui me misit baptizare ipse mihi dixit : Super quem videris Spiritum sanctum descendentem et manentem super eum, hic est qui baptizat in Spiritu sancto (Joan.* I, 33). Quod nimirum ipsa baptizantis verba ministri patenter insinuant, cum baptismi sacra munera non a se arroganter dari, sed ab ipso Deo auctore profitetur, sub verbis hujusmodi : *Deus qui te regeneravit ex aqua et spiritu, ipse te liniat chrismate salutis.* Non igitur audiendi sunt, qui dicunt ad fidem nostram venientes, specialiter ab homine baptizari, vel Christianos primum aut catechumenos baptizatos (20) : quod quidem hæretici de Baptista Joanne

usurpabant, sic sæpius in constitutionibus Caroli Magni reperitur.

intelligi volunt. Sed quis cum catechumenum dicere audeat? qui, adhuc in utero matris, Spiritu sancto est repletus, qui gratiam ante vitam, benedictionem meruit haurire antequam lucem? qui, ad baptismum præelectus a Domino, ipso baptismi officio est sanctificatus : quod quidem baptismum sub Trinitatis sacramento factum legitur ; dicente enim Domino : *Hic est Filius meus dilectus* (*Matth.* xvii, 5), Pater in voce, Spiritus sanctus in specie columbæ, Filius adfuisse probatur in corpore. Postremo de catechumeno Baptista non nos, sed ipsum baptismatis calumniantur auctorem. Nostrum vero baptismum conditor ac redemptor instituit dicens : *Ite, baptizate omnes gentes in nomine Patris, et Filii, et Spiritus sancti* (*Matth.* xxviii, 19). In quo sane mysterio, Spiritus sanctus Patri et Filio inseparabili societate connectitur, et propterea in Christo renati merito eum vitæ auctorem credunt, sine quo omnino celebrari vitæ sacramenta non possunt. Ipse enim cœlestium charismatum auctor, ipse spiritualium munerum dispensator, ipse criminum absolutor et peccatorum remissor. Quem enim vides naturæ debita laxare, auctorem cognosce naturæ. Sic enim Spiritus sanctus ita unius est cum Patre potentiæ, ut, in ejus comparatione, nihil amplius paternæ possit ascribi gloriæ vel naturæ.

Jam nunc ad illud Dominici corporis et sanguinis transeamus venerabile sacramentum, quod quidem tantum formidabile est ad loquendum : quantum non terrenum, sed cœleste est mysterium ; non humanæ æstimationi comparabile, sed admirabile ; non disputandum, sed metuendum. De quo silere potius æstimaveram quam temeraria disputatione indigne aliquid definire ; quia cœlestis altitudo mysterii plane non valet officio linguæ corruptibilis exponi. Est enim mysterium fide non specie æstimandum, non visu corporeo, sed spiritu intuendum. Cui quidem ad usum profuit, non superstitiosa mortalium cultura, sed cœlestis disciplinæ magistra auctoritas, non doctrina humana, sed institutio divina. Cujus potentis mysterii secretum quandoquidem ratio rerum mole victa comprehendere non valet, hoc tantum fides teneat, quia quidquid inter homines Deus egit aut pertulit, causa servandi humani generis vel reparandi gratia fuit : in quo beneficia sua, quæ ab initio dederat, sic semper dilexit, ut, nostris malis licet offensus, pronior semper ad indulgentiam foret quam ad vindictam. Inde est quod damnationis nostræ proscriptionem, quam primi parentis transgressio miserabiliter in posteros transfuderat, evacuare disponens, carnis nostræ morticinium suscepit, per quam immortalis moriendo captivitatis nostræ causam solvisset. Inde est quod, reparatam humanæ originis dignitatem sciens semper diabolum invidere, et nequitiæ suæ arte quærere qualiter hominem a sui voluntate Conditoris averteret, et antiquæ perditioni, si fas esset, obnoxium redderet : defectum nostræ fragilitatis miseratus, adversus quotidianas nostræ prolapsionis offensas, sacrificii placabilis nobis pro-

vidit expiamenta, ut, quia corpus suum, quod semel pro nobis offerebat in pretium, paulo post a nostris visibus sublaturus fuerat in cœlum, ne sublati corporis fraudaremur præsenti munimine, corporis nihilominus et sanguinis sui pignus salutare nobis reliquit, non inanis mysterii symbolum, sed compaginante Spiritu sancto corpus Christi verum, quod quotidiana veneratione, sub visibili creaturæ forma invisibiliter virtus secreta in sacris solemnibus operatur. De quo sub hora passionis suæ ipse familiaribus suis ait : *Hoc est corpus meum* (*Matth.* xxvi, 26) ; et paulo post : *Hic est sanguis meus Novi Testamenti, qui pro vobis fundetur* (*Ibid.*, 28) ; et alibi : *Qui manducat meam carnem, et bibit meum sanguinem, in me manet, et ego in eo* (*Joan.* vi, 55, 57). Qua veri magistri auctoritate animati, dum corpori et sanguini ejus communicamus, audenter fatemur nos in corpus illius transfundi, et ipsum in nobis manere. In nobis ipsum manere dico, non solum per concordiam voluntatis, sed etiam per naturæ unitæ veritatem. Si enim Verbum caro factum est, et nos vere Verbum carnem cibo Dominico sumimus, quomodo non naturaliter Christus in nobis manere existimandus est? qui et naturam carnis nostræ jam inseparabilem sibi homo natus assumpsit, et naturam carnis suæ ad naturam æternitatis sub sacramento nobis communicandæ carnis admiscuit? Ita ergo in Deo sumus, quia et in Christo Pater est et Christus in nobis est. Cum vero in re omni sint erga nos inæstimabiles divitiæ Dei, adeo ut majestate abscondita corruptibile pro nobis corpus induerit ; contumeliis et passionibus subdiderit, quo opem ferret assumpto homini ; quid indignum Deo judicari potest, qui uterum Virginis subiit, si virginibus creatis infunditur? quæ licet simplicis naturæ paulo ante præferant imaginem, postmodum cœlestis, ubi sanctificatione inspirata majestas vera diffunditur, et quæ substantia panis et vini apparebat exterius, jam corpus Christi et sanguis fit interius. Gusta igitur et vide quam suavis cibus, et pergusta quid sapit. Sapit, ni fallor, cibum illum angelicum habentem intra se mystici saporis delectamentum, non quod ore discernas, sed quod affectu interiori degustes. Exere palatum fidei, dilata fauces spei, viscera charitatis extende, et sume panem vitæ, interioris hominis alimentum, non arte pistoria fermentatum, sed incarnatæ deitatis vitale pulmentum. Sume nihilominus vinum non sordido cultore calcatum, sed de torculari crucis expressum. Gusta, inquam, cœlestis pabuli suavitatem, sed ne nausees terreni germinis saporem. De fide etenim interioris hominis procedit divini gustus saporis, dum certe per salutaris eucharistiæ infusionem influit Christus in viscera animæ sumentis, quem diva mens casits penetralibus in ea videlicet forma suscipit, qua sub ipsa recordatione mysterii Spiritu revelante sibi præsentem intuetur, infantem, aut ara crucis immolatum, aut sepulcro quiescentem, aut certe calcata morte resurgentem, sive supra cœlos evectum in gloria Patris sublimem. Juxta quas species Christus gratum communicantis intrans habitaculum, tot, ut ita dicam, suavitatis odoribus mentem reficit, quot formis intimæ revelationis oculus meditantis eum meruerit intueri.

Nec vanum tibi videatur quod juxta animæ desiderantis intuitum dicimus Christum formari intra præcordia communicantis, cum non nescias patres nostros veteris eremi solitudinem peragrantes pastibus refectos ; quibus imber fecundus cibum unicolorem, sed diversi saporis intulit, et juxta singulorum appetitum infundebat saporis varii oblectamenta : ut quidquid aviditas concupisceret, occulta largitoris dispensatio subinferret; quibus præbebat gustus, quod ignorabat aspectus, quia aliud erat quod videbatur, et aliud sumebatur. Desiste igitur mirari : quod legis manna sub umbra signabat, hoc Dominici corporis pandit veritas patefacta; in quo deifica majestas miseranter nostræ infirmitati condescendit, ut, quo alimenti genere corpora aluntur humana, idem in corpore sensualiter sapiat, sed Deus in pectore perficiat, sicut ipse ait : *Qui manducat me, ipse vivet propter me. Hic est panis qui de cœlo descendit. Non sicut manducaverunt patres vestri manna in deserto et mortui sunt. Qui manducat hunc panem, vivet in æternum. Et panis quem ego dabo, caro mea est pro mundi vita* (*Joan.* vi, 58). Jam jam procul removendus est totius lubricæ scrupulus dubietatis : cum is qui est auctor muneris, testis est veritatis. Dubitari etenim nefas est ad cujus nutum cuncta subito ex nihilo substiterunt, si, pari potentia, in spiritualibus sacramentis terrena materies, naturæ et generis sui meritum transcendens, in Christi substantiam commutetur, cum ipse dicat : *Hoc est corpus meum*; et paulo post : *Hic est sanguis meus*. Sed hanc Dei possibilitatem æstimatio humana non capit, nisi teipsum, quicunque es, discutias, qualiter de massa perditionis factus es in populum acquisitionis, et de vase iræ prodisti vas misericordiæ : ut qui paulo ante fueras alienus a vita, peregrinus a venia, subito initiatus Christi legibus, et salutaribus mysteriis innovatus, in corpus Ecclesiæ, non naturæ privilegio, sed fidei pretio transisti, nullo molis corporeæ additamento, te ipso major factus es : invisibilis quantitatis augmento, in exterioribus idem es, in interioribus longe alter es. Sicque de servo filius effectus, præterita vilitate deposita, novam subito induisti dignitatem, ut non solum hæres, sed corpus Christi factus, Deum in corpore tuo portares. Quæ res tantæ novitatis, tantæ dignitatis, tam subitæ mutationis pretium ? Vide in omnibus misericordiæ cœlestis artificium, vide regenerantis gratiæ mirabile sacramentum, et adverte in istis imperiosum Verbi operantis opificium, cujus nutu rerum elementa, de nihilo in hanc mundi formam mutabili ordine compaginata, inexplicabilem ejus potentiam ipsa suæ pulchritudinis specie testantur. Si ergo Deum omnia posse credis, et hoc consequitur ut credas; nec humanis disputationibus discernere curiosus insistes, si creaturas quas de nihilo potuit creare, has ipsas multo magis valeat in excellentioris naturæ dignitatem convertere, et in sui corporis substantiam transfundere. Multo magis dico, non quod infirmioris potentiæ in rebus creandis quam immutandis fuisset. Sed humanæ opinioni usuale, non divinæ rationi comparabile. Ideo fides præ omnibus bonis summum meritum est ; hæc te inducat ad credendum, te consecrantis potentia roboret ad sumendum. Promittit digne sumentibus beatæ spem immortalitatis ; judicium minatur indignis, ut est illud Apostoli : *Qui manducat et bibit indigne, judicium sibi manducat et bibit* (*I Cor.* xi, 29). Quo multi, scelerum suorum conscientiam perhorrentes attentius, se longe faciunt a sacramento vitæ, non attendentes quam terribiliter Dominus comminatur, dicens : *Nisi manducaveritis carnem filii hominis et biberitis ejus sanguinem, non habebitis vitam in vobis* (*Joan.* vi, 54). Quod alternantium causarum judicium intuentibus, summa vigilantia est adhibenda ut emendatis actibus nec indigne sumant, nec perniciose refugiant.

EPISTOLA VI [*olim* VI].
(Anno 1008.)

Noto notus R. FULBERTUS.

Hoc a vobis exigo : securitatem de mea vita et membris, et terra quam habes [habeo?], vel per vestrum consilium acquiram. De auxilio vestro contra omnes homines, salva fidelitate Roberti, de receptu Vindonici castri ad meum usum et meorum fidelium, qui vobis assecurabunt illud ; commendationem vestrorum militum, qui de nostro casamento (20*) beneficium tenent, salva fidelitate vestra ; justitiam de querimonia Sanctionis et Huberti, et de querimoniis canonicorum Ecclesiæ nostræ, et de legibus atriorum nostrorum. Si hæc facere vultis, paratus sum conventionem quam vobiscum inii observare ; si non vultis, nolite me itinere fatigare. Valete.

EPISTOLA VII [*olim* VII.]
(Anno 1008.)

Gloria et honore digno patri et archiepiscopo suo LEUTHERICO (21) FULBERTUS *humilis episcopus cum venerabili Cenomanensium episcopo Avisgaudo salutem.*

Scientes vos habere zelum divinæ legis, nec ni-

(20*) *Militum qui de nostro casamento beneficium tenent.* Casamentum oritur a nomine *casa,* unde *casates,* servi et domestici, *casamentum,* domus rustica. Gal. *ferme.* In const. Caroli Magni hæc verba reperiuntur.

(21) Hic ponitur in tabulis Democharis sexagesimus secundus. Obiit anno 1031, qui sedem suscepit anno 1000. De ipso sic legitur in veteri manuscrip. Chronic. : *Anno millesimo decimo quarto rex Rob.* misit exercitum suum cum *Leutherico* archiep. Senonensi et Raynaldo episcop. Parisiens. ad obsidendam urbem Senonensem et capiendum non Bernardum tyrannum, sed *Regnoldum filium From.* comitis. Et tandem capta est consilio *Raynal.* episc. Paris. Fit autem mentio Avisgaudi episcop. Cenomanensis qui id tabulis Democh. vocatur Avisgaudus et est vicesimus octavus.

nus opitulari velle quam debere fratribus vestris. A sed et plurimum posse; fiducialiter a vobis auxilium petimus in necessitatibus nostris, in præcursorem Antichristi Hebertum comitem Cenom., qui sedem episcopalem ejusdem civitatis evertere nititur. Episcopum enim prædictum videlicet Avisgaudum in ea cum pace manere non sinit : domos ejus et terras, et fruges et omnia victualia, insuper et præbendas canonicas Ecclesiæ pervasit. Hæc itaque vos ad vivum sentire volumus, nisuque indissimulato propellere : et ut facilem modum habeat petitio nostra, precamur vos illi commonitorium scribere, ut jam dicto episcopo sua reddat, et eum in pace vivere sinat. Alioquin pro certo noverit se a vobis et suffraganeis vestris excommunicatum iri, ex illo die quo eum excommunicaverit Avisgaudus episcopus. Commonitorium autem quod illi sacrilego vestra dignatio mittet, nobis transcribi volumus, et mitti. Vale in infinitum, angelus magni consilii te, consule Christo, servet.

EPISTOLA VIII [olim IX].
(Circa annum 1008.)

FULBERTUS, Dei gratia Carnotensis episcopus, domino H., Turonensium subdecano sibi dilectissimo, gratiam et benedictionem Dei.

Cum vestram charitatem noverim plurimis in obsequiis libenter mihi paruisse, adhuc etiam parere cupientem, vix [ob]satietatem cedere, mando vobis obnixe precans ut accingamini ad causam quam expono. Apud vos morabatur olim quidam bonorum extortor, legum contortor, Girardus nomine, qui susceptum unum caballum a famulo nostro Deodato debuit comparare triginta duobus solidis, pro arrhabone datis duodecim nummis, cumque reliquos speraret Deodatus ad præfixum terminum se recepturum, fefellit eum ille subdolus, a nobis Turonem profugiens, nec equum postea nec pretium remittens, quamvis eum Deodatus sæpe utrumlibet agere per legatos postulaverit. Hac de causa mitto ad vos unum ex nostris hominibus, qui ipsum Girardum notum vobis faciat, in audientiaque vestra vice Deodati hanc ipsi querelam intendat, qualibet lege censueritis revincturus eum, si forte, ut est impurus, dissimulaverit se rem istam scire, aut si ita esse, etiam negaverit. Deinceps talem in eum qualem jus poscit, date, quæso, sententiam, ut vel Deodato rem suam legaliter solvat, vel debitas pœnas luat. Vigeat semper alacritas vestra.

EPISTOLA IX [olim X]
(Circa annum 1008.)
Patri et consacerdoti suo FULBERTUS.

Crede, Pater, nullam me compositionem unguenti laborasse, postquam ad ordinem episcopalem accessi, quod tamen paxillum ex dono cujusdam medici superarat, mihi fraudans tibi largior, rogato sospitatis auctore Christo ut tibi illud faciat salutare. Vale.

EPISTOLA X [olim XIX].
(Anno 1008.)

FULBERTUS Dei gratia episcopus GUNTARTO HUBERTO vicecomiti, ROGERIO, BUCARDO, HUGONI filio Hugonis, OTREDO, HAMELINO, HUGONI filio Herbrandi, et uxori Guismandi, et omnibus illis qui tenent casamentum sanctæ Mariæ Carnotensis Ecclesiæ per donum Reginaldi episcopi.

Voco vos et admoneo ex parte Dei et sanctæ Mariæ et nostra, ut infra proximum Pascha veniatis ad nos, aut nostrum servitium facere, aut de vestris casamentis legitimam rationem reddere. Quod si non feceritis, excommunicabo vos propter contumeliam vestram, et interdicam ut non audiatis divinum officium, nec vivi recipiatis communionem, neque mortui sepulturam. Quin etiam castellum Vindocinium et territorium ejus anathematizabo, ut in eis divinum officium non celebretur, neque mortuus sepeliatur. Postea vero ipsa casamenta quæ tenetis aut uni aut pluribus dabo, ultra etiam vobiscum de illis non concordabo. Deus vos convertat, filii mei.

EPISTOLA XI [olim XXIII].
(Anno 1008.)

Dilectissimo patri et archiepiscopo suo LEUTHERICO, FULBERTUS Dei gratia Carnotensis episcopus orationis suffragium.

Multum amoris atque fidelitatis tibi, Pater, me debere censeo, per cujus manum a Deo benedictionem et sacram unctionem accepi. Unde animus meus ita pendet ex tuo, ut quidquid te justa ratione aut contristat aut hilarat, idem me si rescisca'm simili modo afficiat. Congratulor itaque tibi super inventis sacris ; et Deo, quia tempore tuo revelare maluit, pronus gratias ago. Deinde vero quod Arnulphum casatum Ecclesiæ nostræ tibi tuisque scripsisti injurium, ægre contra illum et accepi et fero. Unde mox ad villam Alogiam, ubi tunc esse dicebatur, misi legatum meum, sed in alias partes abierat. Uxor tamen ejus mihi remandavit quod ubi redierit, statim ad me veniet. Quod si veniens tibi satisfacere voluerit, per meas litteras scies. Alioquin ultra terminum qui a te præfixus est, in nostra communione non erit. Simoniacum vero presbyterum, de quo mihi mandasti, in diœcesim ordinatoris sui repelli suadeo; aut, si in tua manserit, ab officio suspendi, ne Ecclesiæ tuæ candor immundæ hæresis contagione sordescat. Vale, Pater optime, filii tui memor.

EPISTOLA XII [olim XXIV.]
(Anno 1008 vel 1009.)

Dilectissimo patri et archiepiscopo suo LEUTHERICO, FULBERTUS Dei gratia Carnotensium episcopus suffragium orationis et obsequium fidelitatis.

Arnulphum fidelem meum arguendo conveni de his injuriis unde mihi querimoniam scripsistis. Sed ille respondit se non diffugere judicium; sponte venire ad placitum. Unde per consilium et suasum ejus totam hanc causam in vestram dispositionem mittimus, ut constituatis diem, quo vos et nos, et alii quorum interest, convenire possimus, juxta castellum Ebræ, videlicet super ipsam terram sancti Benedicti, de qua contentio est. Arnulphus enim in expeditionem cum Odone comite proficisci constituit. Unde vos talem diem præscribere oportet, ut et ille de expeditione possit esse reversus, et ego meis negotiis exoccupatus possim vobis occurrere. Vale.

EPISTOLA XIII [olim XXV.]
(Anno 1008 aut 1009.)

Sancto et venerabili suo LEUTHERICO, FULBERTUS episcoporum humillimus fidelitatis affectum et obsequium.

De presbytero vestro ab alio episcopo per pecuniam ordinato, ex auctoritate sanctorum canonum tale vobis consilium dono. Primum degradetur; deinde, ab Ecclesia separatus, duobus annis severa pœnitentia multetur, ut honoris gradus, quos pretio taxaverat, lacrymis conquirere et reparare contendat. Postea, si digne pœnituerit, restauretur. Hæc vero quæ diximus, cum in aliis locis tum satis expresse invenietis in canone Toletano II, cap. 9. Cæterum rebaptizationes et reordinationes fieri, canones vetant. Propterea depositum non reordinabitis, sed reddetis ei suos gradus per instrumenta et per vestimenta quæ ad ipsos gradus pertinent, ita dicendo : Reddo tibi gradum ostiarii, et cætera. In nomine Patris, et Filii et Spiritus sancti. Novissime autem benedictione lætificabitis eum sic concludendo : Benedictio Dei Patris, et Filii, et Spiritus sancti super te descendat, ut sis confirmatus in ordine sacerdotali, et offeras placabiles hostias pro peccatis atque offensionibus populi omnipotenti Deo, cui est honor et gloria in sæcula sæculorum. Amen.

EPISTOLA XIV [olim XXVI.]
(Circa annum 1008.)

Plurima scientia et sanctitate pollenti patri et archiepiscopo LEUTHERICO, utinam Dei parvulus orationis suffragium.

Quod adversarium nostrum Gozonem excommunicastis, a Domino mercedem, et a nobis fideles gratias habeatis. Hoc enim faciendo, et Domino præbuistis obsequium, et vestro discipulo dilectionis indicium. Quapropter si me vestra dignatio de hac ac de alia causa rogaverit, benignam se vobis et obsequentem nostra humilitas exhibebit. Valete.

EPISTOLA XV [olim XXVII.]
(Circa annum 1008.)

Clarissimo patri et archiepisco suo LEUTHERICO FULBERTUS episcopus.

Proreta navis regiæ cautus et circumspectus esto. Terreni spiritus insolenter assibilant. Fluctus hujus sæculi intumescunt. Promontoria mundanæ potestatis pericula minantur, et more piratarum insidiantur hypocritæ. Inter hæc omnia tendendum ad portum cœlestis patriæ. Noli ergo tute ipse tibi bitalassum dubietatis ac duplicitatis in corde tuo miscere. Simplex est enim via Domini, et qui ambulat simpliciter, ambulat confidenter. Si de via legis divinæ qualibet occasione seductus aberraveris, in tartaream Caribdim naufragus demergeris. Regat te manus valida omnipotentis Domini. Vale.

EPISTOLA XVI [olim LXXIII].
(Circa annum 1008.)

FULBERTUS Dei gratia Carnotensium episcopus GAUSLINO abbati regulariter agere.

Præsul Aurelianorum, qui vos excommunicavit, coepiscopos suos idem facere poscit. At ego, correctionis vestræ non expers in Kalend. Octob. ei respectum dedi. Unde nunc, frater, commoneo ut, gradus humilitatis interim vel usque ad tertium relegendo episcopo vestro subjiciamini, sicut decet. Aut si vobis non ita faciendum esse videtur, cur fieri non debeat rationem nobis intimare non pigeat. Ego enim neque legem neque modum ratiocinationis invenire possum, qui vos a jugo subjectionis hujus absolvat. At si quis alius præter vos invenisse fateatur, novum illum rhetorem de cœlo magis cecidisse quam descendisse crediderim. Videte ne quis vos seducat inanibus verbis.

EPISTOLA XVII [olim XLI].
(Circa annum 1008.)

Fratri et coepiscopo suo FULCONI FULBERTUS.

Quod ad præsens vestrum discrimen, non adeo de malitia hujus temporis ortæ difficultates obsistunt, vobis exponendæ per otium ; sed quod præsens dicerem, per hos apices significare curavi. Defensores legum paucos, impugnatores vero plures esse videtis. Quin etiam dominus noster rex, cum summum justitiæ caput incumbit, perfidia malorum sic circumventus est, ut ad præsens neque se vindicare, neque nos ut oportet adjuvare prævaleat. Non hæc idcirco dixerim, ut fortitudinem animi vestri frangere velim, sed ut sana discretione causam vestram tractare memineritis. Igitur si abbas sancti Benedicti de vestro contemptu culpam suam recognoverit, et illam deinceps subjectionem promiserit quæ vobis canonice debetur, hortor et suadeo ut recipiatis ; sacramenta vero, et cætera quæ ad mundanam legem pertinent, propter amorem regis domini missa faciatis, ut religionem magis quam sæcularem ambitionem vos sectari cognoscat. At si abbas in tantam superbiam intumuerit, ut ipsam quoque subjectionem canonicam vobis derogare contendat, superbiæ, cui non parcit Deus, Dei servus quomodo parcat, nescio. Valete.

EPISTOLA XVIII [olim LXXIV].
(Post annum 1008.)

FULBERTUS Dei gratia Carnotensis episcopus G. suo clerico.

Quidquid boni de te sperare præsumpseram, totum vere in contrarium cedit : non solum enim nullum ex te consilium vel auxilium capio, verum insuper odium pro dilectione reddis, et injuriis me afficis immerentem. De quibus jam apud te per verba legati bis querimoniam feci, per scripta mea nunc tertio queror. Doleo namque quod temetipsum Ecclesiæ nostræ ministerio fraudas, profanæ vitæ et armatæ militiæ mancipatum ; quod decimas et oblationes nostras acrilego detines, quod monasteriorum nostrorum ecclesias invasisti, quod tui domestici canonicorum villas præda et incendio vastant : hæc deniq omnia, ut dictum est, indigne mihi abs te fieri queror, cui nihil unquam incommodi vel opera mea vel instinctu memini contigisse. Quod si quid esset unde me suspectum haberes, pro incerta causa certas offensiones non oporteret inferre. At si quid in te manifeste peccassem, et tu Scripturarum consiliis acquiescere velles, tuum tamen præsulem cum patientia sustineres. Sed dum discretionis oculum ira turbat, cupiditas cæcat, nec causam satis diligenter attendis, nec opem consilii salutaris admittis. Unde jam tibi satis exspectato præmuntio quod, si ante Natale Domini resipiscens ad correctionem non veneris, senties me divinas leges acriter insequentem, quem modo negligis suaviter admonentem. Vale interim.

EPISTOLA XIX [olim LXXV].
(Post annum 1008.)

Charo suo D. FULBERTUS *sacerdos,*

Ne turberis, fili mi, nec decidat cor tuum ab amore et fiducia nostri. Non enim dereliquit te anima mea : sed quia minus credere sibi et obediens esse videbaris, paululum dissimulato vultu ad exemplum Domini ire se longius finxit. At nunc ad hospitalitatem amici pectoris dulciter revocata, et oblato pane divinarum Scripturarum oblectata, in ipsius panis fractione omnem vultus ambiguitatem deponit, et antiqua specie tibi renitens hilarescit. Precor itaque, si copia vehiculorum suppetit, ut nos corporaliter visites ; si non, a nobis tibi mitti jure debitam mandes. Vale.

EPISTOLA XX [olim LXXVI].
(Post annum 1008.)

FULBERTUS *Dei gratia Carnotensium episcopus charo suo* HER.

Auctor signatæ schedulæ quam mihi mittere voluisti, seu fideliter sive impure id agas, consulit tamen justa leniterque blanditur. Justum est enim Ecclesiam te in qua sis ordinatus, quoad in ea tuto degere possis, non deserere, ovesque tibi commissas studiose curare. Blandum etiam est appellari filium, desiderium significare vivendi, corollarium gratiæ polliceri. Unde, si hæc fideliter oblata probaveris, fideliter autem dico sine circumventione animæ tuæ: per noxia juramenta non suadeo refutare. Nam quod in ordinatione ipsius erratum est, neque tu corrigere potes, nec amodo sic tua refert, ut ob aliorum culpam tuum debeas officium devitare. Tamen quidquid hujus egeris cum Rogerio episcopo te ante pertractare moneo, et cum domno Rudolpho, cui tecum una causa est, et par pœna exsilii. Vale non dubius amicitiæ meæ.

EPISTOLA XXI [olim LXXVII].
(Post annum 1008.)

FULBERTUS *Dei gratia Carnotensium episcopus siquidem fidelibus adhuc, ut aiunt, R. G. A.*

Nec porta justitiæ nec janua misericordiæ vobis clausa est apud nos. Neque vero de Brictio episcopo fecimus ostiarium, qui vos, ut significatis, a nostris penetralibus arceret, sed utrumque aditum servandum rationi commisimus. Si vultis intrare per portam justitiæ, defendite culpam. Si per januam misericordiæ, agite pœnitentiam, aliter enim vos ratio non admittet. Hæc breviter rescribentes, vobiscum sentire putamus, dum terminos sanctorum Patrum nec ipsi transgredimur, nec vobis transgredi suademus. Valete.

EPISTOLA XXII [olim LXXVIII].
(Post annum 1008.)

FULBERTUS *Dei gratia Carnotensium episcopus A. episcopo designato quidquid sibi..*

Sic estis per Dei gratiam in arbitrii vestri libertate positi, et finitimorum episcoporum copia fulti, ut in manus episcopi Silvanectensis incidere nulla vos necessitudo compellat. Sed ne civitati vel Ecclesiæ Catalaunorum suum derogetis honorem, meminisse vos decet quod in antiqua descriptione provinciæ Belgicæ secundæ ipsa civitas a Remensi tertium locum habeat. Sapienti pauca. Valete intrando per ostium in ovile ovium.

EPISTOLA XXIII [olim XLV].
(Post annum 1014.)

Venerando Normannorum principi RICHARDO FULBERTUS, *Dei gratia Carnotensium episcopus, salutem et orationum suffragia.*

Multa bona fecistis ecclesiæ Sanctæ Mariæ dominæ nostræ (22). Retribuat vobis Deus per intercessionem ipsius. Nos quoque pro illis animæ vestræ corporique vestro et fideles sumus, et semper esse valeamus. Sed nuper ad vos insperata venit legatio : quod ipsam terram quam nobis dedistis Baldricus minister revocaverit ; nostro ministro, quem ibi præfecimus, aliquid disponendi potestatem interdixerit ; suas etiam res invaserit ; nostris hominibus novam angariam induxerit, banniendo scilicet ut irent ad molendinum sancti Audoeni, quinque leucis, ut fertur, ab eorum hospitiis remotum. Si hæc, optime princeps, vestro jussu, quod minime credimus, facta sunt, plurimum vestri causa dolemus, et ut corrigantur suppliciter postulamus . Quin etiam jubeat prudentia vestra ministris vestris ne ulterius inquietent nostros homines, et deinceps terram prædictam ita nos possidere sinant, ut eam benignissima vestra manu suscepimus. Vigeat diutissime incolumitas et potentia vestra.

---

(22) Habetur in manuscrip. nostro Chronico: *Anno millesimo tertio decimo obiit Richardus dux Normaniæ Pius, tertius Norman. dux, monachorum auctor, provisor clericorum, et personarum ecclesiasticarum suffragator, orphanorum tutor, et viduarum defensor, in multis bellis victor exstitit.* Nota interim verbum *banniendo,* id est, obligando. In const. Car. Mag. : *Ut nullus ad placitum banniatur, id est ad jurisdictiones, vel judicia, vel conventus (sic enim placita sonant) obligetur.* Videtur autem deducto a nostro *ban* Gallico, et *arrière-ban.*

EPISTOLA XXIV [olim XVII].
(Anno 1015.)

FULBERTUS *Dei gratia Carnotensis episcopus comiti* GUALERANNO *et comiti* GUALTERIO *cæterisque filiis fidelibusque suis, salutem et benedictionem.*

Sciatis, fratres, quia rex Robertus benefacit cum Christianos adjuvat, et hæreticos damnat. Et ad hoc debent eum confortare et adjuvare mecum omnes sui fideles, quia hoc ministerium ejus est, per quod salvus esse debet. Sciatis iterum quod archiepiscopus Cenomanensis requisivit a me consilium, quid deberet facere de Raginardo hæretico, qui persequebatur Ecclesiam Dei. Et ego ei dedi tale consilium quale ad suum ordinem pertinebat. Et ecce mitto vobis utrumque scriptum, et complanctum suum, et consilium meum quod dedi ei secundum ordinem suum. Si quis autem falsarius dicat quod ego alterum ei consilium deinceps vel scripserim vel dixerim vel mandaverim, rogo ut me sicut Patrem vestrum spiritualem defendatis, quia fiducialiter hoc facere potestis. Valete.

EPISTOLA XXV [olim XII].
(Anno incerto.)

Domino servus, magno præsuli FULBERTO HILDEGARIUS *suorum minimus quod potis erit strenuum fidelitatis obsequium.*

Ex hoc, domine mi reverendissime, quod te, propter mores tuos matura sanctitate suavissime redolentes, erga tibi subditos eo animo esse intelligo ut bonos sinceri amoris gratia complectaris, malis pii cordis miserationem impendas, ullum vero odisse velut nocentissimam pestem horreas; magnæ revelationis solatium mihi comparatur, valde metuenti, eo quod nimis sum ad irascendum pronus, gratia tua etsi non funditus aliquatenus tamen caruisse. Cui enim, etiam gravioribus delictis obnoxio, apud tam bonæ moralitatis virum desperanda sit venia? consideratо quod delinquenti potius compateris quam odis, compatientem vero ad ignoscendum minime esse difficilem; ipsum quidem, dummodo correctionem exhibeat, majoris abs te usumfructum dilectionis habiturum. Tanta itaque vi bonitatis animatus supplico ut cum mihi pro meis offensis miserescas, tum etiam, eis renuntiatum ire conanti veniamque postulanti parcens, amoris sinum amplius relaxes. Unde absit ut te remoretur illa cogitatio, me scilicet iræ vitio perennem fecisse deditionem, quandoquidem multis astantibus, nec non etiam in præsentia tui, cui plus omnibus cultum reverentiæ debeo, aliquoties irasci non omittam! Certe quanto crebrius hujusmodi vitium manifestatur, et majore hominum frequentia redarguitur, tanto celerius hinc evasurum qui, vere captivus ejus, [liber] effici voluerit, auctore abbatis Serapionis collatione, crediderim. Quare, cum alios mihi succensere cupiam, te potissimum ut id sedulo agas oro. Te enim super cunctos mortales, quod simplicitas adulationis ignara fatetur, animæ meæ visceribus diligendum mandavi. Sum namque, divina procurante gratia, disciplinæ tuæ vernaculus a puero; nec ulli unquam tanta meæ conscientiæ secreta, nam et aliis quædam, tibi omnia detexi, profusus lacrymis faciem mentis, necessariam castigationem vel admonitionis eleemosynam mihi subtrahas. Jam si hoc, avertat autem divina pietas! egeris, nunquam tanta mole frangar incommodi, quam cum me videro sic a te neglectum iri. Rogatus opusculum meum corrigere, vale, summa spes consilii mei post Dominum. Amen.

EPISTOLA XXVI [olim LXII].
(Anno 1016.)

Fratri THEODORICO, FULBERTUS *sacerdos*.

Quod te pridem ordinare noluimus, mirantur tecum, ut aiunt, amici tui, insuper et dominus noster rex, et, cur omissum sit causam ignorantes, omnes fere id injuste ac contumeliose factum clamant. Nos vero, qui non injuste nec contumeliose factum esse scimus, non unam tantum, sed plures veras et authenticas inde reddimus rationes, quæ tibi et illis finem recti persuadeant, ac a prava suspicione removeant. Una igitur causarum hæc fuit, quia die illo quo sacrandus esse videbaris, comprovincialium episcoporum, qui aberant, nec litteras nec legatos habuimus. Quod solum tantum valet, ut, si nullo amplius adminiculo indigeres, tamen sine isto regulariter ordinari non posses. Talem enim ordinationem irritam esse testantur Niceni concilii capitulum quartum, et Antiocheni nonum decimum. Hæc tamen causa datis induciis corrigi potuisset. Altera fuit, quod sub ipso deliberatæ ordinationis articulo, propter crimen homicidii, quod audieras, missum a domino papa vidimus interdictum. Quod si ille non mitteret, esset tamen observanda sententia Apostoli dicentis, oportere non solum episcopum, sed presbyterum quoque et diaconum sine crimine esse. Nec spernendum illud quod apertissime scriptum est in Rhegiensi concilio, his verbis : *Qui deinceps non provehantur ad sacerdotium ex regulis canonum, necessario credimus inserendum, id est qui in aliquo crimine detecti sunt, et cætera, usque subjacebit.* At si quis objiciat aliquem ex Patribus post peractam pœnitentiam et longam anachoresim propter religionem suam raptum fuisse ad episcopatum, respondetur quod legi communi et universali singulares personæ vel causæ non præjudicant. Deinde certe quod nihil esset exemplorum inductio, ubi neque personarum neque negotiorum similitudo consequitur. Nunc cætera videamus. Tertiam nobis causam tua confessio dedit, quæ nos maxime a tua ordinatione deterruit; nam pro captu nostræ simplicitatis cæteras quidem graves, sed tertiam hanc magis periculosam esse rati sumus. Proprium capitulum hujus causæ noluimus ascribere, sed commune hoc est concilii Niceni capitulum nonum : *Si qui sine examinatione promoti presbyteri sunt, et postea examinati confessi sunt peccata sua, et cum confessi non fuissent, contra regulam venientes homines manus eis temere imposuerunt, hos ecclesiasticus ordo non recipit. In omnibus enim quod irre-*

...prehensibile ndit Ecclesia. Quarum vero promovit proscripti refragantium clericorum et extorta timore electio, verum non electio. Nam cum sit electio unius de pluribus maxime complaciti secundum liberam arbitrii voluntatem acceptio, quomodo electio recte dici possit, ubi sic a principe unus obtruditur, ut nec clero, nec populo, nec ipsis summis sacerdotibus ad aliuni deflectere concedatur. De violentia hujusmodi Constantinus Augustus talem contra se et contra alios principes sententiam dedit : *Quæcunque*, inquit, *contra leges fuerint a principibus obtenta, non valeant.* Et Rhegiense concilium : *Sed nec ille*, inquit, *deinceps episcopus erit, quem nec clerus nec populus propriæ civitatis elegerit.* Ecce tibi promissas rationes exsolvimus. Quæ si justæ sunt, displicere non debent. Adjecimus etiam pauca propter brevitatem capitula divinæ legis. Quam primo quidem condere magni consilii, postea violare summæ irreverentiæ, servare hactenus gloriæ tantæ fuit, ut quisquis secundum illam vixerit, procul dubio inter beatos computatus sit. Propter has itaque rationes non audentes tibi manus imponere, ut pote deinceps ordinandi potentia carituri, prævaricatores legis esse noluimus. O sacrilegam impietatem! in ipso sinu sanctæ matris Ecclesiæ a fautoribus tuis pene perempti sumus; et quidem ita carum fuit evasisse vivos, ut subsecutæ prædæ levis esse jactura videatur; sed quia hæc scandala propter te nobis fiunt, jam ut desistant te apud eos obtinere oportet, apud quos hanc persequendi sacerdotes gratiam invenisti. Nosti enim quid portendatur homini per quem scandalum venit. De cætero autem, frater, est quod te celare non debemus, videris enim nobis vehementer errare, qui sine respectu Dei præsulatum violentus invadis. Nam si sola damnatur ambitio, quid de violentiæ importunitate censebitur? Verum non solum hoc, sed in ipsa violata nec postea reconciliata Ecclesia missarum solemnia celebrare præsumis; utrum tamen imprudenter, an consulto facias hæc, habemus incertum. Sed si imprudenter, instruenda simplicitas; si vero consulto, præsumptio est punienda. Nam si te canones scire constat, et tamen imprudenter obsurdescere et contraire contendis, non modo præsulatum fugientem non assequeris, sed nec quod apprehendisse debueras presbyterium tenuisti. Vale.

EPISTOLA XXVII [olim XCIII].
(Anno 1016 aut 1017.)

Excellentissimo et charo domino suo ROBERTO FULBERTUS *Carnotensium episcopus cursum honesti continuum ad beatitudinis finem.*

Inter multas sollicitudines meas, cura tui, domine, me non mediocriter afficit. Cum enim te prudenter agere accipio, lætor; sin autem, tristor et timeo.

Audito igitur inter alia quod proxima solemnitate Natalis Domini consilium habiturus sis cum principibus regni de pace componenda, gaudeo. Sed audito quod Aureliana civitas sit incendio vastata, sacrilegiis profanata, et insuper excommunicatione damnata, nec post reconciliata, miror, et paveo. Quanto enim dolore putas afficiendos esse sacerdotes fideles tuos, qui ad honorificentiam Dei et tuam ipso die congregandi sunt, si in eo loco fuerint ubi nec ipsis sacrificare liceat, nec tibi sacrosanctam eucharistiam absolute percipere? Absit hoc a te, charissime domine, ut in tanta solemnitate aut divinis officiis careas, aut illicite vel indigne, te sciente, usurpari permittas! Quod ideo te præmonere curavi, ut vel illum locum facias reconciliari, aut ubi melius sit solemnitatem celebrare memineris. Velim autem suadere tibi, si possim, ne dimittas, propter iram, quæ justitiam Dei non operatur, quin episcopo tuo treugam des, polliceare justitiam, insuper et conductum præbeas, si velit, ad reconciliandas Ecclesias suas. Quod si detrectaverit, ipse in periculo, tu navigabis in portu. Cæterum, quia tuis obsequiis me tunc adfuturum esse mandasti, apud Sanctum Maximinum hospitari postulo, quod nec monachis quidem ipsius loci fore ingratum puto : ut ibi Natalitia nocte celebratis vigiliis, sequenti mane in tuum servitium possim esse paratus. Vale semper, et prosperare in Domino.

EPISTOLA XXVIII [olim XXVIII].
(Post annum 1017.)

Senonensium præsuli LEUTHERICO FULBERTUS *Carnotus sacerdos.*

Quod me, Pater, amicum appellas, gratanter annuerem si te quoque exhiberes amicum. Sed cum sine meo consilio episcopos ordinando (23) dignitatem suam Ecclesiæ Carnotensi derogas, cumque in eodem negotio legem canonicam multimode solvis, non solum me lædis, sed omnes pariter qui justitiam colunt, et ego quidem mecum adhuc multa patior. Sed lex ipsa divina suam injuriam bene ex parte vindicat, quæ, dum a te resolvitur, tua opera cassat. Hoc pridem in T. factum, in G. nuper iterasti, qui sic a te pastor est institutus, ut nec gregem sibi commissum noverit, nec grex ipsum recipere velit. Reprobatus itaque et a finibus episcopatus extorris, cum palam intrare per ostium non potest, ut legitimus pastor, nec aliunde furtivus ascendere, per violentiam regis irrumpere nititur ut tyrannus (24). Nec miror adeo si juvenis ille tali potuit ambitione tentari, cui vel ætas illa, vel quæ ejus ætatis pedisequa solet esse, locum forsitan obtineat excusandi. Sed tu, Pater, non solum mirandus sed insuper exhorrendus, quem nec imprudentia fallit, nec casus turbat, nec urget ulla necessitas : sed scienter et quasi cum delibera-

---

(23) Nota id juris tunc fuisse suffraganeis ut interessent et faverent ordinationibus suorum comprovincialium episcoporum.

(24) Hinc patet a regibus nostris, etsi tunc temporis liberas permitterent electiones, designatos et renuntiatos fuisse episcopos sine concursu cleri et populi.

tione quadam ultro te atque alios perdas. Nec illud sane tibi tacere debeo, quod ad tuas ordinationes dominum F. Trecassensem episcopum periculose tibi socium addis, quem certam ob causam esse non dubitas imparatum. In qua re dupliciter te delinquere constat, cum eum, ad tantam præsumptionem animando, de pœnitentia prioris culpæ facis esse securum. De his ergo et hujusmodi te resipiscere jam et pœnitere oportet, si cum Apostolo horrendum credis incidere in manus Domini viventis. Sed ego fortassis aspere loqui videar, apud te tamen, ut credo, non male mereri, si sis de quo dicitur : *Argue sapientem, et diliget te* (*Prov.* IX, 8). Cæterum in fine hujus schedulæ exoratum te volo, ne amodo (sicut soles) scripta mea publicando mihi inimicos acquiras. Unde, si morem tuum immutare nolis, ego tamen idcirco vera vel dicere vel scribere non desistam. Vale.

EPISTOLA XXIX [olim XL].
(Circa annum 1018.)

Vitæ pariter et doctrinæ meritis venerando abbati et archiepiscopo G. FULBERTUS humilis episcopus utriusque officii præmia gloriosa.

Si de mea dilectione confidis, Pater, sicut litteræ tuæ significant, securus esto, quia rem tenes, non te fallit opinio. Proinde quidquid a me competenter exposcis, facile impetras, et nunc quidem specialiter de audientia domni T. venerabilis sacerdotis, ne queratur diutius defraudari opportunitate judicii. Quod ego sibi hactenus, Deum testor, non insidiando distuli, sed providendo dissuasi, sciens quia causa ejus infimæ turpitudinis est; et sentinæ modo, quo amplius agitatur, eo dirius fetet. Nec vero turpis tantum, sed et periculosa est, adeo ut, si venerit ad judicium, aut ipse aut accusator ejus cum magna sit contumelia degradandus. Hoc itaque providens, et illud evangelicum mente revolvens : *Nolite judicare, nolite condemnare*, et cætera, hærebam timorate suspensus, et exspectans ut Dominus tantum dedecus Ecclesiæ suæ, [e]publica discussione, vel insultatione [oriturum], piaret. Nunc autem impatientia domni T. non permittit hoc fieri, sed pertinaciter instat, ac pie dissimulantes ad judicium vehementius urget. Tantum ergo quamvis invictus et coactus cedo, diemque et locum, ut rogasti, constituo, jam non audens relinquere indiscussum quod Deum puto nolle præterire inultum. In perpetuum vale.

EPISTOLA XXX [olim III].
(Post annum 1019.)

Domino suo regi serenissimo ROBERTO FULBERTUS, humilis Carnotensium episcopus, in gratia Regis regum semper manere.

Gratias referimus benignitati vestræ quod nuper misistis legatum vestrum ad nos, qui et vestram nobis sospitatem nuntians nos lætificaret, et fortunæ nos'ræ modum sciscitatus a nobis, vestræ majestati renuntiaret. Ac tunc quidem s vobis de malis quæ irrogat Ecclesiæ nos, æ Gaufridus vicecomes (25), qui nec Dominum nec excellentiam vestram se revereri satis superque indicat, cum et castellum de Galardone, a vobis olim dirutum, restituit, de quo dicere possumus : *Ecce ab oriente panditur malum* (*Jer.* I, 14) Ecclesiæ nostræ. Et rursus alterum ædificare præsumpsit apud Isleras intra villas Sanctæ Mariæ, de quo et revera dici potest : *En ab occidente malum* (*Ibid.*) Nunc quoque de iisdem malis necessario scribentes conqueriniur apud misericordiam vestram, consilium et auxilium petentes ab ea, quoniam a filio vestro Hugone super hæc mala nihil opis vel consolationis accepimus. Pro quibus, tacti dolore cordis intrinsecus, jam in tantum mœrorem nostrum prodidimus, ut signa nostra jucunditatem et lætitiæ significare solita, ab intonando desinere, et tristitiam nostram attestari quodammodo jusserimus, officiumque divinum, hactenus in Ecclesia nostra per Dei gratiam cum magna cordis et oris jubilatione celebrari solitum (26), depressis modo miserabiliter vocibus et pene silentio proximis fieri. Unde pietatem vestram, cum fletu cordis et mentis, genua flexi precamur, succurrite sanctæ Dei Genitricis Ecclesiæ, cui nos fideles vestros, quantum possumus, licet indignos, præesse voluistis; quorum a vobis solummodo post Dominum in his quæ ingeruntur molestiis consolatio et respiratio funditus pendet. Cogitate ergo qualiter ab his liberemur, et ut mœrorem nostrum convertatis in gaudium, obsecrando comitem Odonem (27), et ei vestra regali auctoritate vivaciter imperando ut prædictas diabolici instinctus machinas vero animo destrui jubeat, vel ipse destruat, propter Dominum, et fidelitatem vestram, et sanctæ Mariæ honorem, et nostri adhuc sui fidelis amorem. Quod si nec per vos nec per illum irrita fuerit hæc quasi perpetua nostri loci confusio, quid restat aliud, nisi ut penitus interdicatis agi divinum officium in toto episcopatu nostro? ipsi inde, heu ! inviti, et maxima necessitate coacti, aliquo exsulantes, nec oculis nostris videre diutius sanctæ Dei Ecclesiæ conculcationem ferentes. Quod ne facere cogamur, vestram misericordiam iterum iterumque flebiliter oramus ne et illud, quod absit! apud extraneum regem vel imperatorem fateri compellamur a vobis exsules, noluisse vos vel non valuisse sponsam Christi sanctam Ecclesiam, vobis [nobis?] regere commissam, tueri.

EPISTOLA XXXI [olim IV].
(Post annum 1019.)

Domino suo ROBERTO, regi benignissimo, FULBERTUS, Dei et sui gratia Carnotensis episcopus, statum plenæ felicitatis.

Postquam transmisimus vobis litteras per Ragenbere legi *Carnotensem*.

(25) De quodam Gaufrido duce habetur mentio in veteri manuscripto bibliothec. reg. Navarræ collegii hoc modo : *Hoc tempore*, nimirum regis Rob., *Gaudefridus dux comitatum Montensem depopulatus est*. Puto, quantum conjectura possum assequi, de-

(26) Usum temporis nota hic et infra.
(27) Hoc tempore Odo filius Odonis Campaniæ comes Blesensis et Carnotensis, duxit Mathildem, filiam Richardi, primi ducis Normanniæ.

fridum clericum, querimoniæ nostræ, de oppressione quam Ecclesia nostra patitur, locuti sumus cum domino rege Hugone, filio vestro, sciscitantes ab eo cur nobis in tanta necessitate non succurrerit. Qui se contra nos humiliter purgans respondit quia procul a nobis erat, ideo facultatem sibi veniendi in auxilium nostrum non fuisse, imo copiam virorum qui se comitarentur non habuisse. Cujus nos purgationis causam minime discredentes, pro illo vestram clementiam oramus, ne fiat aliena a vestro genito paternitatis vestræ gratia, si sanctæ Ecclesiæ non præstitit opem, quæ impossibilis erat ei præstari. Ad vos tandem, dilectissime domine, nostri adjutorii summa redit, cujus gratuita bonitate præsulis honore fungimur, et tutela cujus posse eripi a malorum injuriis omnino confidimus. Sed ab iis quæ modo nobis incumbunt sine multo labore vestro speramus erui, dummodo prece et obsecratione cum Odone comite obnixe agatis quatenus idem nos ab illis expediat. Cæterum serenissimam pietatem vestram appellamus pro eodem rege filio vestro, qui satis superque desolatus incedit. Neque enim in domo vestra cum securitate vel charitate licet ei manere, neque foris est ei unde vivat cum honore regi competente. Unde vos oportet aliquid boni consilii reperire, et illi impendere, ne dum ille quasi peregrinus et profugus agit, paterni animi fama vobis depereat.

EPISTOLA XXXII [olim LXX].
(Post annum 1019.)

FULBERTUS *indignus episcopus ineffabiliter charo Patri et domino suo* ODILONI *cum cherubin et seraphin odas loqui.*

Quantas animo concipere possum tibi gratias habeo, sancte Pater, qui meo arbitratu tædiosam et vix tolerabilem importunitatem meam quasi pro deliciis habes: servoque (28) et sua tibi debenti omnia versa vice dominus paras obsequia. Vere vivit hic et fulgurat illa fortis et speciosa charitas, quæ secundum Apostolum patiens est, benigna est, et cujus vigor nunquam excidit. Hac denique præsentialiter fruendi desiderio maceror, sed gravi ad præsens difficultate detineor. Malefactor enim ille Gaufridus, quem pro multis facinoribus excommunicaveram, incerto utrum desperatus an versus in amentiam, collecta multitudine militum quo ducendi essent ignorantium, villas nostras improviso incendio concremavit, nobisque quantas potest machinatur insidias. Super his itaque, ne tantæ causæ indiscussæ vel inultæ remaneant, necessario mihi conveniendus est primitus Odo comes. Quod si dissimulaverit, restabit regis et Richardi rogare patrocinia. Quod si isti quoque opitulari neglexerint, quid melius mihi restet non video, quam hæc missa facere, et Christo secretius deservire. Valete.

EPISTOLA XXXIII [olim LXXI].
(Circa ann. eumd.)

Quod jugiter in sinu memoriæ fovet domino abbati G. FULBERTUS *Carnotensium sacerdos abundantiam charitatis.*

Peregrinus quidam frater nomine Hermengaud nos consolationem petiturus adiit, vultu, sermone et habitu pœnitentis. Sentus enim et squalidus, pallentique macie deformatus, sua culpa de vestri cœnobii paradiso se conquerebatur expulsum; in corpore fesso morientem animam circumferre. Quod verbum interitus admittentes compassione carere, vosque pro illo non rogare nequimus. Precamur itaque, si vis, si fas est, in nomine ejus Domini qui juxta est his qui tribulato sunt corde, ut paterna pietate recipiatis hunc filium jam tandem sero postliminio revertentem: quo de converso peccatore non tantum angeli Dei, verum etiam ipsi fratres, quorum propius interest, gratulentur. Valete memores vestri, nostri non immemores.

EPISTOLA XXXIV [olim CV.]
(Post annum 1019.)

Dilectissimo domino suo ROBERTO *regi ac reginæ* CONSTANTIÆ *utinam in Domino constantissimæ*, FULBERTUS *humilis Carnotensium episcopus fidelitatis obsequium et orationis suffragia, quantum scit ac potest.*

Cognita per nuntium vestrum alacritate vestra, gaudio magno repleti sumus, Deo gratias agentes. Vobis enim incolumibus, nos bene valituros per Dei gratiam et vestram speramus. Quoniam autem placuit bonitati vestræ consulere nos super habitu nostro, scribimus vobis multis nos ad præsens incommodis urgeri, quæ nobis infert Gaufridus vicecomes de Castro dunensi. Refecit enim ante Natale Domini castellum de Galardone, quod olim destruxistis, et ecce tertia die post Epiphaniam Domini cœpit facere alterum castellum apud Isleras intra villas S. Mariæ. Unde legatos nostros misimus ad filium vestrum regem Henricum [*leg.* Hugonem] et Odonem comitem, incerti utrum illorum assensu tanta mala præsumpserit; aliter enim hæc illum aggredi vix opinabile est. Sed si illi nos in tantis adversitatibus non adjuverint, ad vos post Dominum respicimus, ut per vos ab hujusmodi oppressione liberemur. Dolemus autem vos ita nunc in aliis partibus occupatos, ut vestro succursu de præsenti respirare nequeamus. Quod si cito nobis a filio vestro subventum non fuerit, communi nostrorum consilio, divinum officium desiturum in toto episcopatu nostro noveritis. Si comes Odo apud vos est, monete illum ut subveniat nobis propter Dominum et fidelitatem vestram.

EPISTOLA XXXV [olim VIII.]
(Circa annum 1020.)

Venerabili fratri et coepiscopo FRANCONI FULBERTUS *salutem.*

Superfluum duxi longam fabulam nostri senis transcribere, et mittere tibi, cum totam rationem ejus, si qua est, ex mea brevi responsione facile

---

(28) Fulbertum sub Odilone monachum fuisse hæc videntur innuere.

percipere possis; fuitque hujusmodi : « Fratri in Domino ei consacerdoti suo Avisgaudo Fulbertus. Absit, frater, ut credatur verum esse, quod scripsisti, meum archipræsulem et me tuam confessionem publicasse ! non est enim verum. Tuque dum talia scribis, bene meritis de te ingratus es, et injuste contumeliam facis. Si qua enim honesta tua novimus aut speravimus, fideliter ea publicavimus, ad testimonium tuæ probitatis, contra illos maxime qui discessionem tuam ab episcopatu avaritiæ, vel ignaviæ, vel turpitudini ascribere nitebantur. Si quæ vero occulta, quæ pœnitenda forent, nostræ fidei credidisti, caute celata sunt. At si talia confessus es quæ et prius et postmodum ore vulgi ventilata sint, ea nos occultare nequimus. Comperi autem ex litteris tuis tibi molestum esse quod te monasticæ vitæ diximus amatorem, quod, quia nocere non intelligo, molestum esse demiror. Amor namque religionis episcopali gradu, quem reperis, dignum te potius quam indignum efficeret, si nihil aliud impediret. Utrum autem sit, vel quid sit quod impediat, sagacitatem tuam non arbitror ignorare. Si quædam gravis causa quam dissimulas non obstaret, ea est hujusmodi. Si de repetendo episcopio querimoniam incipere velis, non satis apparet cui eam jure intendere possis. Nullus enim te expulit, nullus cathedram tuam, te renitente, pervasit; sed tutemet ultro causa ægritudinis, ut aiebas, curam episcopalem simul et cathedram reliquisti, ut perhibent : et sive Franconem tunc decanum Parisiensis Ecclesiæ, sive quemlibet alium subrogari tibi verbis et scriptis a rege petisti. Quod si ita est, et sic tibi consequenter substitutus est Franco, eligente clero, suffragante populo, dono regis, approbatione Roman. pontifice. per manum metropolitan. Senonensis , fulcitur utique substitutio et consecratio ejus favore quoque et auctoritate beati Gregor. papæ, qui scriptis suis, sicut nulli pontificum non petenti pro qualibet ægritudine succedendum fore docuit, ita voluntarie renuntianti sedi suæ successorem nullomodo denegavit. Sed quid aliud est quare te episcopatu carere oporteat, tu te noveris. Sin autem, hoc tanti nobis esse videtur, ni [*leg.* ut] te facere valeat recuperationis exsortem. Quapropter desine curiosos instigatores audire, desine reges et præsules inefficacis querimoniæ tædiosis scriptitationibus fatigare, et Ecclesiæ Parisiensi te importune obtrudere velle. Quæ, ut fatetur, nec patronum te habuisse gavisa est, nec doluit amisisse; quippe cum neque ex præsentia tua doctrinæ profectum, neque ex absentia senserit detrimentum. Vale memor nostri.

EPISTOLA XXXVI [olim XXXIX].
(Circa annum 1020.)
Venerabili Bituricensium præsuli G. FULBERTUS *Carnotensium humilis episcopus incrementa virtutum.*

Legatum vestrum diu detinui, quia Salomon abbas cum quibusdam monachis aberat, sine quorum consultu vobis responderi non oportebat. Quos, ubi redierunt, commonui ut sese ad audientiam præsentarent contra domnum Tetfridum. Ipsi vero responderunt se messivo tempore occupatos, lites ad præsens agitare non posse. Sed idibus Octobris in Aurelianensi concilio, quod futurum esse destinavimus, constituent vobis proximum audientiæ et diem et locum. Tantummodo fratrem suum Dodonem, qui est apud vos, reddatis eis infra prædictum terminum. Interea oblatæ sunt nobis quædam litteræ sub vestro nomine conscriptæ ad domnum Arnulphum abbatem Sancti Petri, significantes vos excommunicasse monachos nostros. Sed auctoritatem qua vobis id liceat, me non memini vidisse. At, si apud vos habetur, nobis eam debetis ostendere, ne forte, si non ostendatur, aut temere aut minime excommunicati esse dicantur. In litteris etiam quas mihi nuperrime direxistis, confictam inveni reprehensionem meam de ordinatione Salomonis abbatis hoc modo : miramur qua auctoritate fieri potuit ut sine audientia subditus prælato præpositus sit. Quod, ut puto, mirari non debetis, quia non est, sed illud potius attendere quod est. Non enim hoc sine audientia factum est. Neque subditus Salomon Tetfrido adhuc prælato præpositus est. Domnus namque Tetfridus a suis monachis criminatus, ut scitis, apud me de infamia sua querimoniam fecit, eorumque malitiam se ferre non posse dicens, sub audientia mea et eorum qui mecum erant, prælationi suæ perpetualiter renuntiavit : astruens abbatem monachorum Bonæ vallis ulterius se non esse futurum. Sicque, petita a nobis migrandi licentia, transivit ad vos. Monachi vero qui in Bona valle remanserant, hoc scientes, aliumque quemdam ex fratribus suis electum, eo quod irreprehensibilis esse videbatur, obtulerunt Odoni comiti abbatia illa donandum (29), ut mos erat, mihique deinde consecrandum. Is interim locum pastoris tenet. Si quis ergo est, qui me super hoc facto præsumptionis arguat, noverit me respondere paratum, et hoc tam ratione quam auctoritate approbaturum. Quod si quis abbatum, vel animi vel corporis ægritudine molestatus, prælationem suam in perpetuum renuntiando deserat, episcopus ipsius diœcesis in loco ejus alterum debeat ordinare. Valete

EPISTOLA XXXVII [olim XXIX.].
(Circa annum 1020.)
Venerando Senonensium præsuli LEUTHERICO FULBERTUS *Carnotensis humilis sacerdos.*

Litteras ex parte vestra suscepimus, suadentes recipere quod homicidæ Silvaneciensos offerunt ut mereantur absolvi. Nos autem, in quibus oportet, vobis semper obedire parati sumus, sed in hoc ad præsens ideo non oportet, quia neque justum neque commodum est. Et justum non esse leges scriptæ

---

(29) Jus ergo nominandi ad abbatias habebant comites carnotenses.

demonstrant. Commodum vero non est ut mors sanctorum, quæ in conspectu Domini pretiosa est, apud homines vili pretio constet. Quod si quis instituerit, omnium sanctorum qui eadem causa perituri sunt, reus sanguinis erit. Sanctitas vestra valeat semper et vigeat.

EPISTOLA XXXVIII [olim XLVI].
(Circa annum 1020.)

A. claro Laudunensium præsuli FULBERTUS *Carnotensium sacerdos.*

De grandi injuria nobis facta conquerimur apud te, magne Pater, quem ex debito charitatis et officii talia curare oportet. Causa vero hujusmodi est. Quodam Ecclesiæ nostræ subdecano defuncto, petiit a nobis R. Silvanectensis episcopus dari sibi aut fratri suo ministerium ejus. Nos autem respondimus non convenire sibi, eo quod episcopus esset, neque fratri ætate adhuc et moribus immaturo. Tunc elegimus de numero sacerdotum nostrorum ad illud officium Eberardum quemdam, scientem ac religiosum virum. Quod factum prædictus R. materque et frater ipsius adeo inviderunt, ut sancto viro, coram pluribus qui testes inde sunt, terribilia minarentur. Et dictum facto non caruit. Venerunt enim de civitate Silvanectis ad nostram quidam ex domesticis eorum, sic necessarii ut absentia illorum nec per unum diem ignorari potuerit, qui interdiu quidem latuerunt, sed, profunda nocte egressi, sanctum illum presbyterum more solito venientem ad Ecclesiam, quasi lupum rabidum, lanceis falcatis [*alias* fallastris] et gladijs in ipso atrio principalis Ecclesiæ trucidaverunt. Clerici autem ejus, qui expeditum Dominum tarde secuti sunt, invenerunt eum adhuc extrema verba protomartyris Stephani prædicantem. Porro carnifices præsidio noctis incogniti jam diffugerant, et cui crimen hoc intenderetur, erat incertum, cum quidam propter minas præteritas domum R. quæ erat apud nos, suspectam habentes, repererunt in ea vernaculum quemdam vestes suas et calceamenta lota sicoantem. Ex quo signo conjectura est incoepta ; cum ad causam hujus lavacri dicendam homo acrius urgeretur, se facto de quo agebatur adfuisse confessus est, sociosque prodidit, et ordinem rei gestæ exposuit. Nos denique, totum hoc altius perscrutantes, pro certo ita esse comperimus. Comperimus, inquam, invidiæ livorem, fraudem malitiæ, sacrilegii nefas crudele, cruentum et singulare facinus in occisione sanctissimi sacerdotis. Nunc ergo tanta causa, quia indicatio ejus obscura non est, solam, ut vides, ultionem expostulat. Sed cum juris sit ad utilitatem reipublicæ cunctos punire maleficos, illos tamen vehementius exturbare necesse est, qui in Deum et sanctos ejus tam impie tamque crudeliter audent. Quid enim mali ulterius, vel certe æque magnum excogitari queat ? Multo nimirum levius illi complices Core peccasse videntur, quos tamen judicio Dei terra vivos absorbuit. Nam si illi sanctos Dei contempserant, non utique trucidarant. Quod si tales socordia vel iniquitas judicum reliquerit impunitos, cum hoc facere conspirare sit in contumeliam Dei, et exponere servos ejus ad cædem : quid restat, nisi ut ipsius summi judicis ira desæviens, et hos et illos inaudita mortis atrocitate disperdat ? Proinde nobis, quibus idem Dominus Ecclesiæ suæ tribunalia commisit, apprime necessarium est regem nostrum nosque invicem modis omnibus excitare, ne repente feriamur in hujusmodi socordia oscitantes. Quod ego te facere deprecor, magne Pater, cui Deus bene suadendi copiam incomparabilem dedit, simulque ut ipse mecum prædictos maleficos citra legitimam satisfactionem excommunices, quos tamen usque in finem a communione privandos esse non nescis. Vale.

EPISTOLA XXXIX [olim XLIX]
(Circa annum 1020.)

Venerabili Silvanectensium episcopo R. (30) FULBERTUS *Dei gratia Carnotensium sacerdos.*

Quia judicio contendere magis quam veniam postulare statuistis, restat vobis convenire judices, qui, præfixis loco et tempore, nos in alterutram legali ratione justificent. Non enim usurpamus officium judicis in isto negotio, sicut vos velle dicitis, cum nullus esse possit suæ causæ et assertor et judex. Verumenimvero satis admirari nequimus quidnam mali est quod tam audacter ad judicium properatis, nisi forte, quod abhorrere humanum est, publice damnari eligitis quam secreta satisfactione purgari. Quid enim aliud in judicio meretur manifestæ culpæ odiosa defensio ? Et vestra quidem culpa sic manifesta est, ut nullo excusationis genere valeat obumbrari. Vox enim sanguinis fratris vestri et sacerdotis Evrardi, postquam ad aures supremi judicis ascendit, per totam Galliam vehementer infremuit. Qui, ut certo scimus, non est occisus ob aliam causam, quam ob vestræ cupiditatis injustam calumniam. Viderint judices utrum effectus referatur ad causam. Vale.

EPISTOLA XL [olim L].
(Circa eumd. an.)

Venerabili Silvanectensium episcopo R. FULBERTUS *Dei gratia Carnotensium sacerdos.*

Non oportet nostri ordinis viros in superfluis scriptitationibus occupari, multa enim et magna negotia nobis expedienda, si non dissimulamus, incumbunt. Sufficiant nobis super his unde agimus, litteræ nuper a nobis missæ, quarum erat extremitas : *Viderint judices utrum effectus referatur ad causam.* Quæ enim ibi scripta sunt, aut ea legitima assertione confirmabimus, aut vos infirmare et pernegare patiemur, si data fuerit consilii judiciique occasio : sin autem, contenti erimus ea præmonuisse quæ vos credimus emendare debuisse. Vale.

---

(30) Hic episcopus Sylvanectensis vocatur *Rolandus* a Demochare, et annumeratur tricesimus nonus.

EPISTOLA XLI [olim LI].
(Circa eumd. an.)

FULBERTUS *episcopus, venerabili consacerdoti suo* R. (31) *boni propositi finem optimum.*

Mulier illa de cujus causa nostram humilitatem consulere voluistis, impedita est vinculo juramenti, nec potest inire connubium sine crimine perjurii, nisi per consensum aut post obitum illius cui se tali juramento conditionaliter obligavit. Vale.

EPISTOLA XLII [olim LII].
(Circa eumd. an.)

Venerabili Rothomagensium archipræsuli ROBERTO FULBERTUS *humilis episcopus, si quod valet orationis suffragium.*

Procacitas G., cujus mihi mentionem fecistis, satis superque fatigavit me de novis connubiis expetendis; sed ego semper obstiti, dicens non licere ei sua uxore vivente alteram usurpare. Nunc ergo tandem rogavit me, seu callide sive simpliciter, ut sibi aut uxorem suam fugitivam redderem aut eam, si reniteretur, excommunicarem; alioquin diceret quod ego et illa faceremus eum mœchari. Conventa igitur de hac causa mulier, respondit mihi nunquam se rediturum ad illum; et, quia certo noverat mores suos cum moribus G. convenire non posse, velle se potius renuntiare sæculo et monacham devenire, tantum si Gualerannus sibi vel centum libras nummorum Carnotensium (32) ferendas ad monasterium daret. Ego autem inter hæc monacham illam nec fieri prohibeo, nec compello, sed nec ut ad virum odientem peritura redeat, coarctare præsumo. G. autem sæpe mittit ad me, licentiam ineundi connubii novi petens; illam se gurpisse, suamque pecuniam recepisse, licet non vere protestans. Ego vero interdico ei licentiam istam, donec uxor ejus aut monacha facta sit, aut defuncta. Quorum utrum prius futurum sit, nescio. Si ergo de hac causa meum consilium vultis, quod ego facio, idem vos facere suadeo, hoc adjiciens ut, si causam hanc acri censura pertractare velitis, ex mea parte non contradictionem, sed suffragium vos habere sciatis. Capitula canonum ad hanc causam pertinentia nobis subscribere non vacavit ad præsens, hostium persecutione turbatis. Scribemus autem et hæc et alia libenter in obsequium vestrum, si Deus concesserit nobis salutem et pacem. Valete.

EPISTOLA XLIII [olim LIII].
(Circa eumd. an.)

Charo suo R. FULBERTUS *episcopus.*

Occupatus erga plurima paucis tibi sic respondere compellor. Ecclesiæ nomen, extra quam veri sacrificii non est locus, interpretatione sua pluralitatem innuit. Sacerdotalis quoque salutatio qua *Dominus vobiscum* dicitur, non est unum solum, sed ad plures dirigitur. Sed et ille versiculus de quo mihi quæstionem fecisti, plane sibi circumstantes requirit. Pro his ergo atque aliis hujusmodi non ex auctoritate quidem canonum, quos mihi modo retractare non licuit, sed meo interim arbitratu tutius esse suadeo te a missarum celebratione suspendere, quam eas sine duarum saltem aut trium fidelium attestatione celebrare. Scrupulus autem ille de offerentibus ita solvi potest, quod dum sacrificamus illi pro quibus agitur, per manus nostras offertur Deo sacrificium laudis (32*). Hæc ad præsens me respondisse contentus aveto. Quod si nova legendo vel retractando verum de his quidpiam magis ratum invenero, tibi charitative rescribam. At si tu te prior aliquid tale repereris, eamdem nobis exhibe charitatem. Vale.

EPISTOLA XLIV [olim LIV].
(Circa eumd. an.)

Venerando Remorum archipræsuli EBALO FULBERTUS *Carnotensium humilis episcopus.*

Angustiæ tuæ compatiens Odonem comitem arguendo conveni: respondit tandem quod in te deliquerat emendare se velle, et, ad tollendam animi tui ægritudinem, adjuvare, quod maxime desideras, ut Remensis Ecclesia respiret ad pristinam dignitatem. Si hæc tibi facere voluerit, recipere suadeo, ut quamprimum expeditus redeas ad officium tuum. Deinde suggero, etsi non indiges, ut ad pacem pauperum componendam tota mente satagas, quos sui reges et principes vehementer affligunt. Præterea Beroldo episcopo referente audivi sic te mœrore afflictum, ut curam gregis Domini relinquere velis. Quod ego acriter et amice redarguo, testans te, si hoc egeris, non fuisse pastorem. Vale memor mei peccatoris in orationibus tuis.

EPISTOLA XLV [olim LV].
(Circa an. eumd.)

Diligendo semper atque venerando Remorum archiepiscopo EBALO FULBERTUS *Carnotensis humilis episcopus, communicare fontem intimæ charitatis.*

De vestra bonitate, non de nostro merito confidentes, deprecamur, optime Pater, ut notum habere dignemini hunc charum nostrum nomine Hubertum, qui de patria sua causa discenda honestatis egressus, et apud nos aliquandiu demoratus, talem se nobis exhibuit, ut non minus quam frater uterinus amari et honorari meruerit. Nunc vero eadem causa permotus, monasterium beati Remigii, quod vestrum est, visitare disposuit: ubi si in aliquo fuerit indigus vestræ opis, sentiat quæsumus viscera pietatis. Vale.

EPISTOLA XLVI [olim LVI].
(Circa an. eumd.)

Venerabili archiepiscopo Rothomagensium ROB. FULBERTUS *humilis episc. fideles orationes.*

Compatior tibi, sancte Pater insuper adversis

---

(31) Archipræsul ille Rothomagensis a Demochare vocatur *Robertus Richardi,* Normannorum ducis primi, filius.

(32) Nota nummos Carnotenses fuisse.
(32*) Ad sensum hic aliquid deesse videtur.

quæ indigne passus es, præsertim ab eo qui et se et sua tuæ fidelitati debuerat. Super illo quoque doleo vehementer, fratre et coepiscopo nostro dum staret, in tanta nunc flagitiorum atque facinorum præcipitia lapso. Sed tibi, Pater, hæc vel magna consolatio est, quia si [externa] abstulit, interiora non potuit. Habes enim ex Dei gratia charitatem qua ipsum errantem revoces ; frenum canonicæ districtionis, quo detrectantem coerceas; virgam, qua ferias: his utere competenter, donec absolutionem promeritus dicere tibi gaudeat: *Virga tua et baculus tuus ipsa me consolata sunt* (Psal. XXII, 4). Vale.

EPISTOLA XLVII [olim LVII].
(Circa an. eumd.)

Venerabili Leodicensium episc. ROGERIO (33) FULBERTUS *Carnotensis omnia charitatis obsequia.*

Cum dispersas oves sollicite ac longi itineris labore quæritis , læti perpendimus, Pater, quod pastoris nomen negligentia non cassatis : de illa tamen ove quæ in nostris pascuis observatur, fratrem A. subdiaconum loquor, securus esto, quia Dei gratia bene ruminat, et luporum insidias sagaciter cavet. Nec appelletis eum ultra militem fugitivum, quoniam accurate se præparat ad debellanda coram Deo et nobis agmina vitiorum. Veniet autem ad vos quantocius poterit ; sed si nostra humilitas invenire queat gratiam in oculis vestris, simpliciter exoramus ut nobis eum remittere ac vestris litteris commendare dignemini, ut præsentia ejus sit pignus vestræ charitatis erga nos, ac nostræ fidelitatis erga vos in perpetuum. Valete.

EPISTOLA XLVIII [olim LVIII].
(Circa an. eumd.)

Venerando Lexoviensium pontifici ROGERIO FULBERTUS *Carnotensis episcopus, salutem et fideles orationes.*

Presbyteri canonicorum nostrorum ex ecclesiis quas habent in episcopatu vestro venerunt ad nos, dicentes quod vos interdixistis eis ministerium suum, ideo quod de ipsis ecclesiis non ferunt vobis synodum (34). Et nos quidem eam vobis jure solvendam esse non ignoramus : sed Tedoldus præpositus noster, ac vester servus, non bene rem intellexit hactenus, eo deceptus quod nulla ecclesiarum quas nostri canonici possident in episcopatu nostro obligata est hujusmodi debito, remittente videlicet antecessorum meorum piissima liberalitate. Sed ea quantalibet charitate fulta, quantalibet laude digna, vestro tamen juri minime præjudicat. Nunc itaque serenitati vestræ supplicamus ut concedatis eis officium suum agendi licentiam, paratis amodo aut vestram synodum vobis reddere, aut in usus fratrum nostrorum necessarios retinere , si charitati vestræ placuerit sanctorum patrum meorum supra memoratum remissionis exemplum observare. Si non merui ut causa mei aliquid faciatis, restat, spero, aliquando meritum iri opitulante gratia Christi. Valete, charissime Pater, et mementote mei in orationibus vestris.

EPISTOLA XLIX [olim LIX].
(Circa an. eumd.)

Venerabili Parisiorum episcopo FRANCONI FULBERTUS *humilis sacerdos.*

Doleo super te, charissime, cum te a pristina virtute apostatare video. Olim apud me conquerebaris de tuo antecessore, qui sacrilega temeritate altaria laicis in beneficium dederat ; nunc mihi suades ut ego similiter faciam. O cœlum ! o terra ! quid clamem ! aut quo tuis meritis digno modo te objurgare possim? Sed compesco nunc ferventes animi mei fluctus , donec te præsentialiter exquisitis increpationum tormentis excruciem. Vale interim.

EPISTOLA L [olim LXI]
(Circa annum 1020.)

Sancto et venerab. archiepiscopo LEUTHERICO FULBERTUS *episcopus de virtute in virtutem progredi.*

De Guidone excommunicato nostro nos appellas, reverende Pater, dicens quod episcopali se velit examinari judicio, et ecclesiastica satisfactione purgari. At nos precem tuam seu verba minime parvipendentes, tibi respondemus nos ejus libenter misereri velle, sed examinationem ejus ultra non curare. Apud nos enim jam de ipso sicut de manifesto reo optime factum est episcopale, hoc est canonicum ac decretale judicium, dum illum secundum auctoritatem canonum ac decreta sanctorum Patrum excommunicavimus. Dicimus autem illum manifeste reum propter rationes subscriptas. Primoque quia causa cupiditatis ejus, fratris ac matris quoque ipsius, occisus est immerito noster subdecanus. Deinde quia scivit insidias illi prætendendas, nec mihi patefecit. Tertio quod insidiatores ejus, quos disturbare potuit, non disturbavit, sed et præsentia sua domum ex qua sanctæ Ecclesiæ nostræ servire debuerat, eis receptandis dolose vacuam fecit. Quarto quod malo ejus consensit. His itaque modis nobis aperte reus comprobatur : unde vocatus et per sex menses exspectatus, dum confessionis ac pœnitentiæ remedia a nobis quærere distulit, jure meritam excommunicationis sententiam pertulit. Cum ergo contradictis irrefragabilibus scilicet causis, plures enim earum vere testes existunt, parati quemlibet resistentem convincere; cum ille, inquam, propter has causas indubitabili crimine teneatur obnoxius, quis curet examinationem ejus? An quia manifesta culpa examinari egeat ? an forte crederetur examinatus, si culpam se non habere pejerando culpam accumularet ? sed ut scientes aliquem pejerare sinant, ab animo sacerdotum religio prohibet. Jam vero tam evidens peccatum quæ purgatio maneat, tenentur, pendi solebat. Hæc porro præstatio, ut patet, non omnibus æque episcopis probata , imo a plerisque improbata.

---

(33) Demochares istum episcopum appellat *Rogerium*, et ponitur in suis tabulis sextus.
(34) *Synodus* est census qui episcopo a clericis venientibus ad annuas Synodos, quibus interesse

nisi confessio et pœnitentia? Hanc si expeteret, audiens extra civitatem sibi infestam me esse, propter amorem Dei, cujus misericordiæ me commonefecisti, adhuc apud me locum ejus reperiret, atque hæc ei forsitan aliquando absolutionem pareret. Quod si hoc noluerit, quando tu consilium statueris de majoribus et utilioribus tractaturus, cum illis et hæc recensurus, adero tecum si mandaveris. Et si quid in illum actum est, bene stat, astipulatione tua nitatur; sin minus, corrigatur. Vale.

EPISTOLA LI [olim LXII bis].
(Anno 1020 aut 1021.)

Venerabili Aurelianorum episcopo THEODERICO FULBERTUS *Carnotensis sacerdos obsequium dilectionis sine fuco dissimulationis.*

Gratulor diligentiæ tuæ, licet inter multa adversantia sua strenue capessenti, me quoque de negotiis ad me pertinentibus amice commonenti. At ego commonitionem tuam benigne suscipio; in cæteris quidem quæ mihi scripsisti libenter tibi, prout docuerit et tempus erit, obtemperaturus. De processione vero Ecclesiæ nostræ ad vestram fieri solita clericos nostros conveniens, audivi ab eis quod optime noveram, et teipsum æquo animo concredere volo: videlicet quod damnatis (34*) incendio, et ad Ecclesiæ restaurationem inhiantibus, aliisque plurimis miseriis valida necessitate occupatis, processio non sit ad præsens facilis; successu vero prosperæ facultatis, cum magno gaudio ac debita devotione se illam facturos. Vale cum beatissimo clero et grege tibi commisso, cohortans eos orare Deum ut liberet nos ab adversis nostris.

EPISTOLA LII [olim LXIII].
(Circa an. eumd.)

Dilectissimo fratri et coepiscopo suo THEODERICO FULBERTUS.

Illatam vobis injuriam vere meam facio, compassionis affectu, in eos qui sacro ordini fecere contumeliam zelo fervens : sed nec vobis utile esse video nec mihi tutum, ut zelus noster ad vindictam excommunicationis erumpat. Exspectandum, et commonitoriis utendum esse reor, donec illos aut pœnitentia corrigat, aut summi judicis sententia multet. Vale.

EPISTOLA LIII [olim LXIV].
(Circa an. eumd.)

Venerabili coepiscopo suo ODOLRICO FULBERTUS.

De causa unde simplicitatem nostram consulere voluistis, in sexto libro Capitulorum nonagesimo primo ita scriptum invenimus. Si vir et mulier conjunxerint se in matrimonio, et postea dixerit mulier de viro non posse nubere cum eo; si poterit probare quod verum sit, accipiat alium, eo quod juxta Apostolum non potuit illi reddere vir suus debitum. De profectione autem nostra ad Sanctum Hilarium, præfixum adhuc terminum non habemus. Vivite feliciter in Christo Jesu Domino nostro. Vale.

(34*) Id est *vastatis, damnum passis.*

EPISTOLA LIV [olim LXXXV].
(Circa annum 1020).

In perpetuum diligendo domino suo regique ROBERTO FULBERTUS *sacerdos.*

Quæso, domine mi, ne indignanter accipias quod tibi proxima Dominica Parisiis non occurri. Scias enim pro certo quod nuntii fefellerunt me, dicentes te illuc ipso die non adfore, sed propter ordinationem cujusdam episcopi me vocari, quem omnino non noveram, nec sacratam tuam nec epistolam archipræsulis mei de ordinatione ipsius acceperam. Unde, si quid delicti penes me est, seductus sum aliena fallacia. Facilis tamen debet esse remissio apud regiam pietatem, cum etiam apud forenses judices status sit hujusmodi venialis. In toto corde meo diligo te; ne repellas me a mandatis tuis. Vale.

EPISTOLA LV [olim LXXXVII].
(Anno 1020 aut 1021.)

Dilectissimo domino suo regi Francorum ROBERTO FULBERTUS *humilis episcopus sanctæ virtutis augmentum.*

Si nobis omnes pervagandæ facultates simul cum voluntate suppeterent, interesset vestræ pietatis levitatem nostram arguere, et ad nostræ ecclesiæ quæ destructa est restaurationem assiduam revocare. Nunc vero cum omnes ejusmodi facultates desint, et nos ad assiduitatem necessitudo magna coerceat, quomodo sapientiæ vestræ dignum videri possit ut vel nos vel clerum nostrum de qualibet longa processione commoneat. Sustinete potius, sancte Pater, sustinete imbecillitatem nostram, supplete indigentiam nostram, ut Deus omni bono refocillet charam animam vestram. Valete regaliter(35).

EPISTOLA LVI [olim LXXXVIII].
(Circa annum 1020.)

Benignissimo domino suo regique ROBERTO FULBERTUS *humilis sacerdos si qua potest orationis suffragia.*

Ex parte celsitudinis vestræ dictum est nobis quod domnum Franconem Parisiensi Ecclesiæ dare vultis episcopum, et ad hoc peragendum nostræ humilitatis habere favorem. Nobis autem videtur quia, si episcopus de quo agitur aptus est clericus, est optime litteratus, et ad sermonem faciendum agilis : in qua re omnes episcopos decet esse, non minus quam in operatione potentes atque disertos. Unde, si hoc fieri posse canonice domni archiepiscopi Senonensis et coepiscoporum nostrorum probavit sagacitas, nostrum etiam, qui de hac discussione appellati non fuimus, habetis assensum. In nullo enim quod bonum sit, coram Domino vestræ voluntati nitimur contraire. Vigeat excellentia vestra.

EPISTOLA LVII [olim XC].
(Anno 1020.)

Dilectissimo domino suo ROBERTO FULBERTUS *episcoporum humillimus consilium et fortitudinem a Domino.*

Cum præsentia mea nequeo, saltem litteris te re-

(35) Gallice sic fere, *se porter comme un roi.*

viso, mi domine, sciscitans de fortunis tuis, et exponens aliqua eorum quæ geruntur in partibus nostris. Carnotenses adhuc plerosque detineo, ne in tuum nocumentum erumpant. Sed Hereb. et Gaufr. nullo interdicto refrenare potui. Faciunt tibi mala quæ possunt, minantur quæ non possunt. Virtus Altissimi conterat et disperdat superbiam illorum! Quidam autem vernaculi tui, qui ab eisdem malefactoribus injuriam passi sunt, Martinus scilicet de Villeri monte et filii ejus, iram suam retorquent in terram Sanctæ Dominæ nostræ, diripientes fruges et cætera bona nostra, quæ in vicinia sua sunt. Nos vero inulta hæc patimur propter te, exspectantes et deprecantes justitiam tuam. Sunt hæc et alia multa, mi domine, quæ me nimis angustiant; satis enim oneri esse videbatur adversa corporis valetudo. Sed tamen illud ægrius tolerabam, quod res Ecclesiæ in superfluorum domesticorum victualia sic expendere compellebar ex prava consuetudine prædecessorum meorum, ut officium hospitalitatis et eleemosynæ, sicut mea interest, administrare non possem. Nunc autem res ipsas, quantulæ erant, passim inimici diripiunt. Additur his malis incendium Ecclesiæ nostræ (36). Quoniam cum unde restauret, sicut decet, non habeo, mihi quoque necessarios sumptus indulgeri detrecto. His itaque et pluribus aliis difficultatibus circumventus, quas vel pudoris lex vel brevitatis enumerare vetat, multa mecum agito; non ut ærumnas in hac vita evadere coner, quod est impossibile, sed ut aliquo labore quamvis arduo valeam restaurandæ Ecclesiæ opem ferre. Hujus vero consultationis meæ finem tibi domino meo revelatum iri disposui, cum Deus dederit tui opportunitatem alloquii. Valete perenniter.

EPISTOLA LVIII [olim CI].
Anno 1020.

Glorioso duci Aquitanorum GUILLIELMO FULBERTUS *eviscopus orationis suffragium.*

De forma fidelitatis aliquid scribere monitus, hæc vobis quæ sequuntur breviter ex librorum auctoritate notavi. Qui domino suo fidelitatem jurat, ista sex in memoria semper habere debet: Incolume, tutum, honestum, utile, facile, possibile. Incolume, videlicet, ne sit domino in damnum de corpore suo. Tutum, ne sit ei in damnum de secreto suo, vel de munitionibus per quas tutus esse potest. Honestum, ne sit ei in damnum de sua justitia, vel de aliis causis quæ ad honestatem ejus pertinere videntur. Utile, ne sit ei in damnum de suis possessionibus. Facile vel possibile, ne id bonum, quod dominus suus leviter facere poterat, faciat ei difficile: neve id, quod possibile erat, reddat ei impossibile. Ut autem fidelis hæc nocumenta caveat, justum est, sed non ideo sacramentum meretur, non enim sufficit abstinere a malo, nisi fiat quod bonum est.

Restat ergo, ut in eisdem sex supradictis consiliis et auxilium domino suo fideliter præstet, si beneficio dignus videri vult, et salvus esse de fidelitate quam juravit. Dominus quoque fideli suo in his omnibus vicem reddere debet. Quod si non fecerit, merito censebitur malefidus: sicut ille, si in eorum prævaricatione vel faciendo vel consentiendo deprehensus fuerit, perfidus et perjurus. Scripsissem vobis latius, si occupatus non essem cum aliis multis, tum etiam restauratione civitatis et Ecclesiæ nostræ quæ tota nuper horrendo incendio conflagravit. Quo damno etsi aliquantisper non moveri non possumus, spe tamen divini atque vestri solatii respiramus.

EPISTOLA LIX [olim XVI].
(Circa annum 1021.)

Piissimo duci Aquitanorum GUILLELMO FULBERTUS *humilis episcopus.*

Non est mirum, serenissime princeps, si quid moveris animo contra me, de hoc quod sapientissimo ac sanctissimo Patri nostro Hilario tibique debita servitia non repondo. Magnam enim honorificentiam exhibuisti, largosque dedisti munificentiæ fructus, pro quibus nihil præsentis emolumenti recepisse videris. Sed est quod te reconfortare plurimum potest, hoc videlicet quod tuas gazas in ecclesiæ Beatæ Mariæ restaurationem expensas, non solum integras, verumetiam multiplicatas ab ipsa recipies. Ex parte vero mea, quamvis perexilis portio mercedis æstimari possit, tamen quidquid sum et possum tuum est. Si autem de malitia sæculi ortæ difficultates meum iter impediunt, ut frequentare non possim, et dilationes meas exspectare tædet, fac, benignissime atque dilectissime princeps, de illa dignitate quam mihi commiseras, quidquid animæ tuæ beneplacitum fuerit, certo sciens quod ea causa benevolentiam meam erga te nunquam senties imminutam. Cætera quædam, quæ scribere nolui, legato vestro, domino videlicet Raimone referente cognosces. Vale.

EPISTOLA LX [olim XVIII].
(Anno 1021, al. 1024.)

Claro suo HILDEGARIO FULBERTUS *humilis episcopus.*

Scio te, fili, meum desiderare adventum, sed retardant templi restauratio, mandata regis, prædonum instantia, messivæ feriæ, Lemovicensis episcopi causæ pacandæ difficultas, via scrupulosa. Ægre fero moras meas, satiusque mihi fuisset rem S. patris Hilarii non suscepisse curandam, quam tali modo tractare. Sed hac consolatione respiro, quia quod potes, vice mea facis. Precor ergo ut propositum urgeas strenue tam in spiritualibus quam in singularibus agens. Si Robertum præpositum indili-

---

(36) *Incendium ecclesiæ nostræ.* Ex veteri Annali abbat. S. Petri in valle Carnot., id est in legenda sancti Aniani: *Anno millesimo vicesimo, in nocte Nativitatis, episc. Fulb. anno 4 fuit civitas Carnotens. et tota ecclesia beatæ Mariæ combusta, quam idem episcopus gloriosus sua industria et labore et sumptu a fundamento reædificavit.*

genter villicari nosti, fer causam ad notitiam ducis nostri (Aquitaniæ), ut ejus arbitratu vel corrigatur vel muteiur. Saluta charos nostros R. Hu. Dur. et alios tam clericos quam laicos. Frater Thedoldus obiit, frater Ebrardus monachus evasit scholarum ferulam, et cancellarii tabulas tibi servo, bona parans, meliora devovens; tu quoque, pro nobis orans, feliciter vale.

EPISTOLA LXI [olim XXXVII].
(Circa annum 1021.)

Dilectissimo patri et coepiscopo suo Guidoni Fulb. *orationis suffragium.*

Rogamus charitatem vestram pro his servis Ecclesiæ nostræ qui sub vestra potestate degunt, ut eis patrocinari dignemini, et ut nobis constituatis terminum post octavas beati Martini, quando et ubi nostri legati possint occurrere vobis, ad definiendam causam eorum, quæ propter obitum antecessoris vestri [Rodulfi] indefinita remansit. Rogamus etiam ne nobis scripto significare gravemini, cur Sylvanectis non fuerit sacratio vestra. Vale.

EPISTOLA LXII [olim XXXVIII].
(Anno 1021.)

Egregie dilecto coepiscopo suo Guidoni, Fulbertus.

Amor justitiæ, qui tuam, pater, animam imbuit a nativitate, fecit eam inoffensam, et ab excessibus cautam. Cujus rei fidem cum ex aliorum dictis, tum ex litteris tuis evidenter accepi. Sed ab ordinatione Ebali Remensis archiepiscopi non valde tibi metuendum puto esse, si est, ut dicitur, ab infantia Christianus, sano sensu sacris litteris eruditus, sobrius, castus, amator pacis et dilectionis, nullo crimine, nulla infamiæ nota turbatus, tandemque a clero et populo suæ civitatis electus. Magni etenim viri, ut optime nosti, Ambrosius Mediolanensis et Germanus Antissiodorensis, aliique nonnulli, quia tales in laico habitu exstiterunt, subito nobis sancti præsules exierunt. Domnus vero papa, cujus animadversionem te revereri significasti, non est quod tibi merito debeat succensere, si te graviter collapsæ sanctæ Remensi Ecclesiæ aliquam spem resurrectionis audierit providisse. Vale in perpetuum memor mei vere fidelis tui. Illi quoque valeant, qui tuam memoriam mihi commendaverunt.

EPISTOLA LXIII [olim LXXIX].
(Circa annum 1021.)

Fulbertus *episcoporum humillimus* Hildegario *suo salutem.*

Absentia tua sæpe commemorat quam necessarius eras præsens. Sed hoc me consolor quod obsequia tibi delegaverim, qui sis dignus recipere, et utrumque remunerare paratus. Spero enim ut mihi quoque de tuis benemeritis, si qua Deo dante fuerint, aliqua tecum mercedis portiuncula cedat. Opitulabor itaque ad bene promerendum ex animo. Sed veniendi ad vos diem statuere dubito, quia et ibi victualia mihi puto deesse, et in mea diœcesi multis occupor. Fac tu interim quod te facere opto et credo: lectioni, orationi, et eruditioni fratrum operam tuam cum alacritate divide, animæ simul et corporis curam gerens; ne propter secundi lassitudinem primæ vigor evanescat. De re sancti patris Hilarii et nostra fideliter disponenda scio te non indigere monitis, dummodo fures caveas. Vestes et cætera ornamenta ecclesiæ, quæ lavari volunt, procura, ut festa paschalia suo candore venustent. Laurus nostra et totum pomarium gaudeant suo cultu. Vinitorem quoque et agricolam te esse memineris. De vario numero psalmorum qui adjiciuntur a quibusdam in tempore jejunii per singulas horas canonicas, in fine, post orationem Dominicam et capitula quæ sequuntur, regulam non invenio. Psalmi quidem meo arbitratu superflui essent, nisi eos tutaret psalmistarum devotio. Finitis autem capitulis, post orationem Dominicam, ubi dicitur: *Domine, exaudi orationem meam,* statim esset subdenda oratio, quæ ex libro *Sacramentario* recitatur. Patere tamen Ecclesiam retinere suum usum ad præsens. De significatione clericalis ornatus Amalaricus sic breviter: Desideramus recapitulare omnem armatum clericorum. Caput clerici in superiore parte discoopertum. Mens est, ubi est Dei imago. In inferiore parte circumdatum capillis, quasi aliquibus de præsenti necessitate. Amictus est castigatio vocis. Alba cæterorum inferiorum sensuum, præsidente magistra ratione, et interius per disciplinam continentiæ constringente, quasi quodam cingulo, voluptatem carnis. Calceamenta, prohibitio pedum ad malum festinare. Sandalia ornatus ad iter prædicatoris, qui cœlestia non debet abscondere neque terrenis inhiare. Secunda tunica, opera mentis sunt. Casula, opera corporis pia. Stola jugum Christi, quod est Evangelium. Dalmatica diaconi, id est ministri, cura proximorum est. Sudarium piæ et mundæ cogitationes, quibus detergimus molestias animi ex infirmitate corporis. Pallium archiepiscopale torques devotissimæ prædicationis, et in Veteri Testamento et in Novo. Hactenus Amalarius. Mitto tibi Cyprianum; Porphyrium, et Vitas Patrum cum psalterio, ut petisti. Moneo etiam ut cum Donatum construxeris, nihil admisceas ineptæ levitatis, ut sit causa joci, sed omnia seria. Spectaculum enim factus es, cave. Vide etiam ne tuæ asseciæ medialis nuditate laborent. Saluta mihi fratres nostros in Domino, et tute vale. Presbytero Benedicenti os non alligabis, nisi ex præcepto episcopi sui; quod oblitus fueram: prohibetur tamen Agathensi canone.

EPISTOLA LXIV [olim LXXX].
(Anno 1021, al. 1024.)

Fulbertus, *humilis episcopus, fratri* Hildegario.

Dic charissimo nobis principi Guilielmo perpetuam felicitatem cum orationibus, ex parte nostra, et totius cleri ac populi nostri, propter eleemosynam quam misit ad restaurationem ecclesiæ nostræ. Deinde vero nos prædicasse publice, sicut ipse mandavit, virtutem Dei per meritum sancti Joannis ostensam in districtione Gausberti, cum exsultatione et gaudio omnium qui audierunt. Monuisse quoque

Bituricensem archiepiscopum per quemdam monachum suum, ut sese pacare non negligat cum ipso domino Guillelmo et episcopis ejus, priusquam sibi exinde scandalum oriatur. Tibi etiam misisse sibi exponendas sententias Bacharii, Bedæ, et Rabani, de fine Salomonis, unde fecerat quæstionem. Sed et de præbenda quæ vacat, sicut et de omni bono, voluntati ejus me præbere consensum. Præterea scias me, propter te, magistro S. veniam indulsisse. Cæterum Tigrinus submonebat, ut mitterem vobis aliquem procuratorem ad colligendas fruges; sed ego totum hoc curæ tuæ committo, te exercitans illum probans. Adjutorem scholarum nolo tibi mittere, qui nondum assecutus sit maturitatem ætatis et gravitatem morum. Utere interim clientelæ tuæ qualicunque subsidio, donec causam communi consilio pertractemus. Vale.

EPISTOLA LXV [olim LXXXI].

(Circa an. eumd.)

Cum audio te facere quod debes, lætor, quamvis trepidem de futuris. Unde summam bonitatem deprecans, ut te dignetur regere, te quoque moneo ut habenis præceptorum ejus obtemperare memineris. Iterum dico vale. Bacharii insertam invenies sententiam. Bedæ et Rabani quorum tamen trium sententias hic quoque subnotare non piguit. Bacharius ait : « Salomon ille mirabilis, qui meruit astrui Domino, sapientiæ copulari, in alienigenarum mulierum incurrit amplexus, et in vinculo libidinis laqueatus etiam sacrilegii errore se polluit, quando simulacrum Chamos Moabitarum idoli fabricavit. Sed quia per prophetam culpam erroris agnovit, nunquid misericordiæ cœlestis est extorris? At forsitan dicas : Nusquam eum in canone lego pœnituisse, neque misericordiam consecutum. Non ambigo, frater, de pœnitentia ejus, quæ non inscribitur publicis legibus. Et fortasse ideo acceptabilior judicatur, quia non ad faciem populi, sed in secreto conscientiæ Domino teste pœnituit. Veniam autem ex hoc consecutum esse agnoscimus, quia cum solutus fuisset a corpore, sepultum illum inter regum Israelitarum corpora Scriptura commemorat: quod tamen alibi peccatoribus regibus abnegatum esse cognoscimus, qui usque in finem vitæ suæ in proposito perversitate manserunt; et ideo quia inter reges justos meruit sepeliri, non fuit alienus a venia. Veniam autem ipsam sine pœnitentia non potuit promereri. » Beda in opusculo super lib. Regum capitulo XXXIX, præmissis paucis, ait : « Ubi hoc quoque, ni fallor, palam ostenditur, quod utinam non ostenderetur! quia videlicet Salomon de commisso idololatriæ scelere nunquam perfecte pœnituit. Nam si fructus pœnitentiæ dignos faceret, satageret ante omnia, ut idola quæ ædificaverat de civitate sancta tollerentur, et non in scandalum stultorum quæ ipse cum fuisset sapiens erronee fecerat quasi sapienter ac recte facta relinqueret. » Rabanus sic sub persona Isidori in expositione ejusdem libri : « Jam porro de aliis operibus Salomonis quid dicam, quem vehementer arguit sancta Scriptura et oamnat, nihilque de pœnitentia ejus vel in eum indulgentiæ Domini omnino commemorat. Nec prorsus occurrit quod saltem in allegoria bene significet, hæc est flenda submersio. »

EPISTOLA LXVI [olim LXXXII].

(Circa an. eumd.)

FULBERTUS humilis episcopus H. suo salutem.

Diu sustinui sperans te esse venturum, ut dixeras. Unde jam nimia dilatione commotus arguo apud te solum. Cur enim te mendacem mihi et ingratum exhibuisti, cum tibi dulce esse debuisset paratos si qui forent de venatione tua cibos te patri inferre, ut aliquam benedictionem merereris accipere. Noli jam morari diutius, si gaudere vis de humili gratia nostra. Vale et veni, aut rescribe mihi quid pro certo sperare debeam de te.

EPISTOLA LXVII [olim LXXXIII].

(Circa an. eumd.

FULBERTUS Carnotensium humilis episcopus, R. sanctæ Ecclesiæ Aurelianensis œconomo.

Quod me scribere mones utilia clerico quodque de scientia magnipendis, facis amice, facis ut Christianæ philosophiæ cultor, invidiæ purus. Ego vero, etsi ignarus mei moduli, non præsumo grandia, tamen memor in quo parere possum, exhortationi sanctæ deesse non volo. Scripsi itaque sicut monuisti, quid mihi videatur agendum de presbytero illo qui missas celebrare et non communicasse compertus est, in hunc modum. Videtur namque diligenter inquirenda esse causa, qua sacrosanctam communionem subterfugerit, videlicet utrum hæretica infidelitas sit, an timor ex conscientia plane mortalis criminis, an timor ex conscientia ebriositatis aut libidinis. Quæ quidem miseri sacerdotes mortalia peccata esse aut nesciunt aut scire dissimulant, remordente tamen conscientia mala; an sit tædium ex multa celebratione missarum; an timor indiscretus quo pusillanimes afficiuntur interdum pro levibus culpis; an morbus rheumatizantis et nauseantis stomachi; an passio cerebri mentem lædens. Si ergo infidelitas in causa inventa fuerit, aut aliud plane mortale crimen, deponendus est auctoritate canonica usque ad legitimam satisfactionem. Si autem appetitus ebriositatis aut libidinis, quando quidem et ipsæ mortiferæ sunt, ab officio removendus est, et tandiu abstinentia judicandus est, quousque, relicto vitio et per Dei gratiam superato, revocari videatur idoneus. At si ex frequenti missarum celebratione tædium, ita corripiendus, et per annum integrum a communione pellendus, sicut scriptum est in concilio Toletano XIII, capitulo 5. Si vero indiscretus timor de levi culpa, castigandus esse videtur cum pietate, sicut legitur in Capitulario, lib. I, capitulo 6. At si prænotata passio stomachi, vel cerebri fuerit in causa, quiescere debet a ministerio, donec recuperet sospitatem. Si autem præter supradicta aliud aliquid in causa inventum fuerit, ex ipsorum comparatione per ratiocinationem facile tractabitur. His breviter assignatis salveto in Domino Jesu Christo, vir optime, qui me multosque alios jugiter et interrogas, et dum prudenter interrogas, bene doces. Vale.

EPISTOLA LXVIII [olim LXXXIV].

(Circa an. eumd.)

Benignissimo atque dilectissimo domino suo ROBERTO, FULBERTUS *Dei gratia Carnotensium sacerdos.*

Cognita benignâ voluntate vestra consilioque prudentiæ vestræ comperto, quia sanum est, ut solet, voluntati obsequor, consilio acquiesco, et iter institutum (37) ad præsens omittens, in tempus a vobis constitutum differo peragendum, si annuerit Deus. Si ergo de justitia, de pace, de statu regni, de honore Ecclesiæ vultis agere, ecce habetis me parvum satellitem pro viribus opitulari paratum. Vale.

EPISTOLA LXIX [olim XCVII].

(Anno 1021.)

Nobilissimo regi Danomarchiæ CNUTO, FULBERTUS *Dei gratia Carnotensium episcopus cum suis clericis et monachis orationis suffragium.*

Quando munus tuum nobis oblatum vidimus, sagacitatem tuam et religionem pariter admirati sumus : sagacitatem quidem, quod homo nostræ linguæ (38) ignarus longoque a nobis terræ marisque intervallo divisus, non solum ea quæ circa te sunt strenue capessas, sed etiam ea quæ circa nos diligenter inquiras; religionem vero, cum te, quem paganorum principem audieramus, non modo Christianum, verum etiam erga ecclesias atque Dei servos benignissimum largitorem agnoscimus. Unde gratias agentes Regi regum, ex cujus dispositione talia descendunt, rogamus ut ipse regnum tuum in vobis prosperari faciat, et animam tuam a peccatis absolvat per æternum et consubstantialem sibi unigenitum Christum Dominum nostrum in unitate Spiritus sancti. Amen. Vale, memor nostri, non immemor tui.

EPISTOLA LXX [olim XCVIII].

(Circa an. eumd.)

Nobili comiti S., FULBERT. *Dei gratia Carnotens. episcopus, fideles orationes.*

Si in eligendo vestræ civitatis episcopo regulariter ageretis, suffragium nostræ humilitatis non deforet juxta modum rationis. Nunc autem palatinus aut publicus rumor est, quod ille clericus quem eligere vultis, favorem vestrum sit aucupatus promissionum sibilis et pecuniæ visco. Dicunt etiam quod sine jussu regis, et consensu episcoporum comprovincialium, ædes et rem episcopalem invaserit. Quæ si sint vera, non sunt regularia : nec me vel vobis, vel aliis contra jus et fas opitulari oportet. Valete.

---

(37) Pictavium, ut nobis videtur, potius quam Romam.

(38) *Nostræ linguæ* nomine hic profecto intelligit Fulbertus Francorum idioma, quod Romanum dic-

EPISTOLA LXXI [olim CII].

(Anno 1021.)

Clarissimo duci Aquitanorum GUILLELMO, FULBERTUS *episcopus, utile et honestum.*

Gauderem, dilectissime princeps, ad dedicationem vestram devotus occurrere, nisi me Ecclesiæ nostræ nullo modo negligenda necessitas detineret. Gratia namque Dei, cum adjutorio vestro, cryptas nostras pervolvimus, easque priusquam hiemalis inclementia lædat, cooperire satagimus. Volo autem vos scire, quod litteræ, quas priores episcopo Azelino misistis, regi relatæ sunt : qui etiam valde contristatus est de sua vilitate, quam ibi scriptam invenit. Fecissetque Bituricensis episcopus juxta consilium nostrum, ut ait, de Lemovicensi episcopo, nisi eum regulariter iræ formido detineret. Sed quia rex proximo rugitu, ut dicitur, venire habet in silvam Legium (39), quæ vicina est, ut scitis, monasterio sancti Benedicti, ego quoque, Deo favente, illuc ire disposui, sciturus quales inveniam erga vos et regem et archiepiscopum, vel quales reddere possim. Et quod interim effecero, aut ipse vobis referam, aut litteris innotescam. Vale feliciter.

EPISTOLA LXXII [olim CIII].

(Anno 1021.)

Dilectissimo semperque diligendo domino et duci Aquitanorum GUILLELMO, FULBERTUS *Carnotensium humilis episcopus, in hac vita se et sua omnia, in altera gaudia sempiterna.*

Doleo, vir optime, quod nuper in conventu regis atque nostro loquendi tecum opportunitatem non habui, non de sæculari negotio, sed de loco sancti Patris Hilarii, cujus rectores non esse bonitas tua voluit, sed hujus temporis malitia non permittit. Mando itaque tibi, et precor, absens id quod tunc præsens intimare volebam, videlicet, ut secundum beneplacitum cordis tui constituas tibi alium thesaurarium et capitiarium de bonis clericis qui sunt in tua vicinia, quos via longa et periculosa non disturbet ab officio, sicut me et meos hactenus disturbavit. Nec me putes, obsecro, ita pravum, ut propter hoc tibi videar minus esse fidelis. Agnosco enim me perpetuum debitorem esse fidelitatis animæ tuæ et corpori, propter benignitatem quam mihi immerito exhibuisti. Unde certo scias, quia si tibi aut populo tuo mei ministerii necessitas immineret, et hoc mihi mandare dignum duceres, subvenirem tibi Deo duce, si non possem aliter, vel in habitu pauperis peregrini. Precor autem bonitatem tuam, ut Raimoni relevare digneris damnum quod pertulit in servitio nostro. Vale nunc et semper, piissime atque benignissime : ego vero nunquam obliviscar te.

---

tum est quia a Romana lingua puriore ortum habebat.

(39) Seu Aurelianensem.

EPISTOLA LXXIII [olim CIV].

(Circa annum 1022.)

Nobilissimo ac piissimo duci Aquitanorum Guillielmo, Fulbertus Dei gratia Carnotensium episcopus, salutem et orationum fidelia.

Vestram, optime princeps, erga me benevolentiam expertus sum, cunctis amicorum meorum benevolentiis affectu mihi dulciorem, effectu quoque utiliorem. Nam alii quidem amici mei vix parem aliquando meritis meis vicem rependunt. Vobis autem me licet immerentem gratuitis beneficiis accumulare mira charitatis abundantia placet. Jam fere tertio anno præterito quod sic agitis, erubescerem munera vestra gratis suscepisse. Incertus essem Dominum Jesum Christum et sanctam Mariam genitricem ejus, in cujus officio expensa sunt, mercedem vobis reddituros. Præterea non defuit mihi animus vos adeundi, et in vestra regione vobis obsequendi. Sed multæ causæ difficultatis obstiterunt. Ob quod gerendum pro certo noveritis cuncta me difficilia postpositurum, si quoquomodo fuerit possibile. Hæc dicens relevare cupio mirabilem affectus vestri erga me dulcedinem, in cujus litteris nuper legi quod gauderetis me superstitem esse in regionibus nostris, quasi sperantes unquam in vestris me videre. Unde Auctori totius boni supplico, ut et vos in hac vita longum tempus superesse faciat, me vobiscum superstitem adhuc beato Hilario vobisque deservire concedat. Fratrem Hildegarium, vestrum et nostrum fidelem, rogastis nos vobis remittere: sed deplorat, quasi jam diu nostri pectoris mamillas non suxerit. Quibus aliquandiu refici serenitatem vestram humiliter postulat, ut aspiratione dulciori vobis ac vestris postmodum complaceat. Valeatis feliciter cum omnibus vestris.

EPISTOLA LXXIV [olim XXX].

(Anno 1022.)

Sacro Senonensium archipræsuli Leutherico, Fulbertus Dei gratia Carnotensium episcopus, virtutem suæ dignitatis excellentiæ competentem.

Odalricum Aurelianensem ego quidem ad episcopatum non elegi, sicut vobis dictum est, sed a clero et populo suæ civitatis electum sacravi presbyterum. Quod cum Romam ire velle audistis, et ibi creari episcopum, dissuasi vestri honoris gratia. Sed et ipse gratanter dissuadenti paruit, suggerentibus fidelibus suis, Rodulpho scilicet et Herfrido. Multis occupatus, pauca rescribere cogor. Saluto vos quantum possum in Domino, paternitati vestræ devotus suffraganeus.

---

(40) De Odilone fit in pluribus locis mentio. In nostro vet. Chronic. : *Anno 1020 florebat religio per famosos abbates sanctitate præstantes, in Burgundia per Odilonem Cluniacensem, pietate insignem, et Guill. Divionensem.* De eo sic Petrus Damianus in ejus Vita : *Hic sanctus, Arverniæ ex equestri genere oriundus, dum adhuc infans esset, tanto repente om-*

EPISTOLA LXXV [olim XXXI].

(Circa an. eumd.)

Patri ac primati suo Leutherico, Fulbertus episcopus.

Gratias ago vigilantiæ tuæ, quæ meæ simplicitati præmonitorium facit. Vere enim indigeo præmoneri de multis propter meæ indiscretionis seu negligentiæ morbum. Verum in hac causa qua de nunc agis, id est, ne quibuslibet episcopandis cito manus imponam, opus non esse arbitror monitore. Nam et si tu in isto negotio, consilio meo, ut decuerat, hactenus uti voluisses, et ordo noster et tua res aliter processisset. Sed omitto præterita : de futuris plurimum bonæ spei capio ex eo quod nunc cum sanctis viris ac sapientibus agis, Patrem nostrum Odilonem (40) loquor et asseclas ejus. Consilio enim illorum spero te non solum animæ periculum evadere, sed etiam hujus vitæ gloriam et honorem posse recuperare. Vale memor mei tibi in omnibus bonis obedire et opitulari parati.

EPISTOLA LXXVI [olim XXXII].

(Circa an. eumd.)

Venerabili Senonensium archiepiscopo Leutherico, Fulbertus Dei gratia Carnotensium humilis episcopus, orationis suffragium.

Vides, Pater, et audis quanta bellorum incendia nostris in partibus exardescunt. Unde periculosum esse timeo, nos ad metas destinatæ synodi convenire. Quid autem super hoc tuæ providentiæ videatur, cito mihi remanda.

EPISTOLA LXXVII [olim XXXIII].

(Circa an. eumd.)

Venerabili Senonensium archiepiscopo Leutherico, Fulbertus Carnotensium humilis episcopus a summo Domino, Euge, bone serve.

Placuit excellentiæ vestræ sciscitari a nobis quid agendum sit de quodam viro, qui filium suum tenendo ad confirmationem factus est de patre patrinus, videlicet utrum ab uxore sua matre ejusdem pueri sit separandus, an non. Nos vero quod sancti Patres de tali causa statuerunt, id censemus esse tenendum. Invenitur ergo statutum in concilio Leptinensi, cap. 7, sub Zacharia papa sub principe Carolo Magno hoc modo : Si quis filiastrum aut filiastram suam ante episcopum ad confirmationem tenuerit, separetur ab uxore, et alteram non accipiat. Simili modo et mulier alterum non accipiat. Item in eodem : Nullus proprium filium vel filiam de fonte baptismatis suscipiat, nec filiolam nec commatrem ducat uxorem, nec illam cujus filium vel filiam ad confirmationem tenuerit. Ubi autem factum fuerit, separentur. Credo ista tibi sufficere, pauca sapienti. Vale.

---

nium membrorum torpore laborabat, ut vix incederet. Ad januam basilicæ Dei Genitricis solus relictus, pedibus vix repens, cornua altaris manibus apprehendens, divinæ virtutis auxilium sensit; et omni languore sanatus monachus factus post Maiolum abbas creatus est.

EPISTOLA LXXVIII [olim XCV].

(Circa annum 1022.)

Roberti regis Francorum ad Gauslinum Bituricensem archiepiscopum.

(Vide infra in ROBERTO rege.)

EPISTOLA LXXIX [olim XCVI].

(Circa annum 1022.)

Gauzlini Bituricensis archiepiscopi ad Robertum Francorum regem.

(Vide infra in ROBERTO rege.)

EPISTOLA LXXX [olim XCVII].

(Circa annum 1022.)

Pio regi ROBERTO, FULBERTUS *humilis episcopus, omnia fidelia.*

Sacra vestra monitus sum inquirere festinanter, et scribere vobis, si qua historia sanguinem pluisse referat, et si factum fuit, quid futurum portenderit. Livium, Valerium, Orosium, et plures alios hujus rei relatores inveni, de quibus ad præsens solum Gregorium Turonensem episcopum testem esse productum sufficiat, propter auctoritatem religionis suæ. Ait ergo Gregorius idem in sexto lib. Historiarum, cap. 14: « Anno septimo regni Childeberti regis, qui erat Chilperici et Guntrani 21, mense Januario, pluviæ, coruscationes, atque tonitrua gravia fuerunt : flores in arboribus ostensi sunt : stella, quam cometem superius nominavi, apparuit, ut in circuitu ejus magna nigredo esset, et illa tanquam si intra foramen aliquod posita, ita inter tenebras relucebat scintillans, spargensque comas. Prodibat autem ex ea radius miræ magnitudinis, qui tanquam fumus magnus incendii apparebat a longe. Visa est ad partem occidentis in hora noctis prima. In die autem sancto Paschæ apud Suessionis civitatem cœlum ardere visum est, ita ut duo apparerent incendia; et unum erat majus, aliud vero minus. Post duarum vero horarum spatium conjuncta sunt simul, factaque in pharum magnum evanuerunt. In Parisiaco vero termino verus sanguis ex nube defluxit, et super vestimenta multorum hominum cecidit, et ita tabe maculavit, ut ipsi propria indumenta horrentes abnuerent. Tribus enim locis in termino civitatis illius hoc prodigium apparuit. In Silvanectensi vero territorio hominis cujusdam domus, cum ille mane surgeret, sanguine respersa ab intus apparuit. Magna autem eo anno lues in populo fuit. Valetudines vero variæ, melinæ, cum pustulis et vesicis, multum populum affecerunt morte. Multi tamen adhibentes

---

(41) Habet vetus manuscrip. hæc verba : *Henricus et Rob. reges ad Charum fluvium colloquuntur anno 1023.* Et Gagninus in Vita Rob. sic habet : *Henricus imperator et Rob. rex Franc. super Charum fluvium apud Enosium convenerunt de statu Ecclesiæ, imperii et regni amicabiliter tractaturi anno 1023.*

(42) Quis sit iste arch. Tur. et quo nomine sit insignitus vix colligi potest ex tabulis Democh. Requisiverat pallium archipræs. a summo pontifice, et ei denegatum fuerat. Describitur autem pallium

---

a studium evaserunt. Andivimus autem eo anno in Narbonensem urbem inguinarium morbum graviter desævisse, ita ut nullum esset spatium vitæ, cum homo correptus fuisset ab eo. » Hactenus Gregorius Turonensis. Liquet igitur ex hac et ex supra memoratorum historiis, quod pluvia sanguinis publicam stragem futuram esse portendat. Quod autem nupe hujusmodi cruorem in quadam parte regni vestri pluisse audistis, et quod ille cruor ubi supra petram vel super carnem hominis ceciderat, ablui non poterat, ubi autem super lignum ceciderat, facile abluebatur, per hoc tria hominum genera significata esse videntur : per lapidem impii, per carnem fornicarii, per lignum vero quod neque durum est ut lapis, neque molle ut caro, illi qui neque impii sunt neque fornicarii. Cum ergo venerit super illam gentem, cui portenditur, gladius, sive pestilentia designata per sanguinem, si antea duri aut molles fuerint mutati in melius, non morientur perpetualiter in sanguine suo. Medii vero per angustiam mortis vel aliter poterunt liberari pro arbitrio secretissimi atque præstantissimi Judicis. Vale, piissime rex.

EPISTOLA LXXXI [olim XIII].

(Anno 1023.)

Domino suo ROBERTO *regi benignissimo,* FULBERTUS *humilis sacerdos in perpetuum vigere.*

Sacram majestatis vestræ nuperrime suscepi monentem me vi Kal. August. vestro et Henrici interesse colloquio (41), non solum vestri obsequii, sed et nostræ commoditatis causa. Unde suppliciter vobis pro tanta erga me pietatis affectione gratulans rescribo, me jam diu infirmatum, ægritudinem hoc tempore maxime revereri, longum iter aggredi non audere, successu vero temporis opportunioris, annuente Deo, libenter vos eo, sive alias comitaturum esse, quamquam ad præsens si valetudo non obsisteret, longe tamen ante præmoneri me tanti itineris oporteret. Valete feliciter.

EPISTOLA LXXXII [olim XLVIII].

(Circa annum 1023.)

Venerabili Turonensium archipræsuli ARNULFO, FULBERTUS (42) *humilis episcopus, semper agere prudenter ac simpliciter.*

Et nunc quidem gratia Dei sic agitis, cum licet non inconsulti fratrum tamen consilia captatis. Respondemus itaque vobis, quia si pallium requisistis a Romano pontifice, et ipse vobis illud sine causa legitima denegavit, propter hoc non est opus

---

a Lothario card., qui postea fuit Innoc. III, in lib. *De officio missæ,* hoc modo : *Pallium istud quo majores episcopi utuntur, est de candida lana contextum, desuper habens circulum humeros constringentem, et duas lineas ab utraque parte pendentes, quatuor cruces purpureas, ante, retro, a dextris, a sinistris, sed a sinistris duplex est, et simplex a dextris. Tres etiam acus aureæ infiguntur pallio, ante pectus, super humerum et post tergum, super dextrum humerum non infigitur, hæc quælibet acus pretiosum continet lapidem.* Quid autem hæc significent idem Lotharius

dimittere ministerium vestrum, ut si vestra tarditate nondum est requisitum, cautela est exspectare donec requiratur, ne vos ex improviso præsumptionis arguere possit. Continentur enim quædam reverenda nobis in privilegiis Romanæ Ecclesiæ, quæ propter negligentiam nostram non facile inveniuntur in armariis nostris. Valete.

EPISTOLA LXXXIII [olim XV].
(Anno 1024.)

Fulconis Andegavorum comitis ad Robertum regem.
(Vide infra in ROBERTO rege Francorum.)

EPISTOLA LXXXIV [olim XXII.]
(Anno 1024.)

Domino sancto et universali papæ JOANNI, FULBERTUS *Carnotensium humilis episcopus, orationum fidelia.*

Gratias omnipotenti Deo, qui more benignitatis suæ, tuam, Pater, humilitatem respexit, et summo ut decebat dignitatis apice sublimavit. Proinde totus mundus ad te convertit oculos, teque unum omnes beatissimum prædicant, contemplantur altitudinem tuam sancti viri, et gaudent quod eis similitudine omnium virtutum alludis. Respiciunt persecutores Ecclesiæ, districtionis tuæ baculum formidantes. Suspiciunt ii qui flagellantur ab impiis, et respirant : sperantes adhuc restare sibi consolationis remedium. De quorum numero sum ego magnæ et præclaræ Ecclesiæ pusillus episcopus, qui tibi, Pater, de angustiis meis querimoniam scribens, auxilium tuæ pietatis imploro. Est enim quidam comes malefactor nomine Rodulphus, nimium vicinus nobis, qui res Ecclesiæ nostræ per injustam occasionem invasit, unum de clericis nostris suis manibus interfecit, duos alios captos sacramentis illigavit. Et de his omnibus appellatus in curia regis, et coram plena ecclesia sæpe vocatus, non propter hominem nec propter Deum ad justitiam venire dignatus, a nobis tandem excommunicatus est. Nunc vero ad limina sancti Petri contendit, tanquam ibi possit accipere de peccatis absolutionem, unde venire non vult ad emendationem. Unde rogamus te, dilectissime Pater, cui totius Ecclesiæ cura commissa est, ut eum de sanguine atque injuria filiorum tuorum ita arguere et castigare memineris, sicut meritum esse tua providentia novit. Nec tua sanctitas injuste in communionem recipiat, quem divina auctoritas sicut ethnicum alienat. Vale, bone pastor, et vigila super nos, ne per incuriam tuam grex Domini detrimentum sustineat.

EPISTOLA LXXXV [olim XCIV].
(Anno 1024.)

Dilectissimo domino suo regi ROBERTO, FULBERTUS *humilis episcopus, omnia decentia regem.*

Dignum est scire te negotia regni tui. Noverit ergo prudentia tua, quod Guillelmus de Bellissimo (*Bellême*, castellum in Pertico), ultus perfidiam filii sui, conjecit eum in carcerem, unde non egredietur, ut ait, sine consilio nostro. Mandat autem se esse paratum ad faciendum quæ mandasti per Hildradum monachum. Cæterum ut a tuæ sanctitatis præsentia me rediisse cognovit comes Odo, qui tunc Turonis agebat, mandavit ut post duos dies Blesis sibi occurrerem, ad audiendum quid dicerent legati Romanorum. Sed quoniam id mea parum intererat, valetudine quoque prohibente, non parui. Mandat autem et obnixe precatur majestatem tuam ipse comes, ne te properanter ingeras in suum nocumentum, sed mittas ad eum Milonem de Caprosis (*Chevreuse*), qui tibi referat verba Romanorum, et Guillelmi ducis Aquitanorum, et sua. Vale.

EPISTOLA LXXXVI [olim XX].
(Circa annum 1025.)

Venerabili viro et consacerdoti suo FRANCONI FULBERTUS *ea quæ sunt veræ pacis.*

Tu, frater dilectissime, ex abundantia charitatis honore me nimio ac sapientiæ laude dignaris; ego vero meam personam humilem virtutisque inopem, sicut est, video et agnosco. Verum utcunque se habeat pusillitas mea, hoc tamen nefas inhumanitatis admittere nec velle nec posse me fateor, ut te de ærumnis sanctæ Ecclesiæ sine compassione zeloque justitiæ audiam querelantem. At quia compassio ubi corde concepta est, mox consolationem edere gliscit, et plagam ultionis infligere zelus, nosque tamen ad primum quam ad secundum proniores esse oportet, ego quoque priusquam zelum in tuos hostes exerceam, consolatoria te ratione convenio. Rogo

---

sic interpretatur : *Pallium istud significat disciplinam, qua seipsos et subditos regere debent; per hanc acquiritur torques aurea, quam legitime certantes accipient, de qua Salomon in Proverb.* : Audi, fili mi, disciplinam patris tui, et legem matris tuæ, ut addatur gratia capiti tuo, et torques collo tuo. *Pallium de lana contextum, habens circulum, etc. Hæc omnia moralibus sunt imbuta mysteriis, et dictis gravida sacramentis. In lana quippe notatur asperitas, in candore benignitas designatur. Nam ecclesiastica disciplina, contra rebelles obstinatos severitatem exercet, sed erga pœnitentes et humiles exhibet pietatem. Propterea de lana non cujuslibet animalis, sed ovis tantum efficitur; Circulus pallii, per quem humeri constringuntur, est timor Domini, per quem opera coercentur, ne vel ad illicita defluant vel ad superflua relaxentur. Quatuor cruces sunt virtutes cardinales, justitia, fortitudo, prudentia, temperantia, quæ nisi crucis Christi sanguine purpurentur, falsum sibi virtutis nomen usurpant. Pallium duplex in sinistra* sed simplex in dextra, quia vita præsens, quæ per sinistram significatur, multis est subjecta molestiis ; sed vita futura, quæ per dextram significatur, in una semper collocata est quiete. Tres acus quæ pallio infiguntur ante pectus, super humerum sinistrum, post tergum, designant compassionem officii, districtionem judicii, quarum prima pungit animum, secunda per laborem, tertia per terrorem. Super dextrum humerum non infigitur acus, quoniam in æterna quiete nullus est afflictionis aculeus. Acus est aurea, sed inferius acuta, et superius rotunda, lapidem continens pretiosum, quia nimirum bonus pastor propter curam animi in terris affligitur, sed in cœlis æternaliter coronabitur, ubi pretiosam illam margaritam habebit. Cum pallio isto confertur pontificalis officii plenitudo, nam antequam metropolitanus pallio decoretur, non debet clericos ordinare, pontifices consecrare, vel ecclesias dedicare.* Huc usque Lotharius cardinalis.

itaque, frater, ne vi molestiarum impulsus indiscretius irascaris. Ne forte ad impatientiam, inde ad arma prorumpas, et cum gladium alienum usurpaveris, tuum facias non timeri. Rogo iterum ne flas ob multam injuriam tristis, turbulentus et anxius, s d delectare semper in Domino, et dabit tibi petitiones cordis tui. Usumfructum vero altarium, quem tui antecessores laicis tradiderunt, te alendis debilibus publica voce destinare suadeo : tum ne quis illis inde fraudet aliquid, interminari; et si qui in hanc fraudem irruperint, sicut fures sacrorum et occisores pauperum anathemate condemnari. Ne verearis, quæso, homines innocenter offendere propter Dominum, ut sis eo dignus. Si Deus pro te, quis contra te ? Est enim pro te semper in sua causa Deus, est etiam tecum, ut ait : *Ecce ego vobiscum sum omnibus diebus usque ad consummationem sæculi* (*Matth.* xxviii, 20). Quid ergo times defendere Dei causam, cum ipse tecum sit ad cooperandum pro te, sit ad tutandum? Confortare itaque, frater, in Domino, et in potentia virtutis ejus : confortare, inquam, confide et gaude, exsulta et tripudia, et alacri animo ad certamen ejus prolude, cum propheta dicendo : *Congratulamini, populi, et vincimini, accingimini vos, inite consilium et dissipabitur : loquimini verbum et non fiet, quia vobis cum Dominus* (*Isa.* viii, 9). Et quia certo scio communem Dominum tibi in sua causa esse patrocinaturum, me quoque servulum ejus non defuturum esse polliceor, sive ad coercendum manus persequentium, sive ad ora contradicentium obstruenda. Ad summum autem securum te requiescere jubeo inter medios cleros, quandiu te audiero persecutoribus Ecclesiæ non cedentem. Gualerannum vero, ut petisti, conveniam ; et causa discussa, quid inde sentiam, vel quid te facere oporteat, aut verbis aut litteris innotescam. Vale.

EPISTOLA LXXXVII [*olim* XLII].

(Circa annum 1025.)

Patri et coepiscopo Franconi, Fulbertus *episcopus.*

Gualeranno misi litteras hujusmodi : *Fulbertus episcopus Gualeranno plus honoris quam sit meritus. Rogo, frater, et moneo, ut emendes culpas quas habes contra Dominum, et me, et Parisiorum episcopum, qui complanctum facit de te. Quod si non feceris ante mediam Quadragesimam, abinde faciemus de te sicut de homine qui graviter peccat, et non vult emendari.* Si ergo Gualerannus se non justificaverit vobis ante terminum præscriptum, tunc facite de illo ministerium vestrum. Vale quamplurimum.

EPISTOLA LXXXVIII [*olim* XLIII].

(Circa annum 1025.)

Fulbertus *Dei gratia Carnotensis episcopus, venerabilem Patrem et coepiscopum suum* F. *cum venerit Dominus invenerit vigilantem.*

Commonitus a legato vestro Gualerannus de justitia prosequenda in diem et locum destinatum a vobis respondit se esse præmonitum ab Odone comite sub nomine sacramenti de facienda expeditione contra Fulconem circa eumdem diem. Verum infra octo dies ex quo illa expeditio vel facta erit vel omissa, venturum se esse ad justitiam pollicetur. Sed quando ille promissionis suæ adimplendæ terminum fixum non statuit, et multæ causæ prolationis incidere possunt, vel certe quæ nobis conveniendi adimant facultatem, suademus, si honeste fieri possit, per vestros necessarios rem accelerare, et vestrum vobis casatum firmiter alligare. Nescitis enim quid fortuna parturiat. Valete.

EPISTOLA LXXXIX [*olim* XLIV].

(Circa an. eumd.)

Sancto et sapienti viro G. *abbati et archiepiscopo,* F. *humilis episcopus, veræ dilectionis affectum.*

Noverit prudentia vestra, sancte Pater, quod dominus T. abbas discedens tristitiam nobis reliquit et lacrymas ; non quod innocentiam ejus, si esset, nequiremus facere tutam, sed quia culpam nec purgare nec tegere poteramus. Unde si vestro ducatu quasi ad examinationem venire affectat, cum periculo sui gradus, et communi dedecore sacerdotum, conatus ejus inefficaces sagaci ratione compescere vos oportet, servantes illud apostolicum : *Si præoccupatus fuerit homo in aliquo delicto,* etc. (*Galat.* vi, 1). Vale.

EPISTOLA XC [*olim* XLV].

(Circa an. eumd.)

Domino Patri et coepiscopo suo A., Fulbertus, *omnium expetendorum summa.*

Gaudeo signis officii vestri curam habere monentibus, quod me alloqui vultis, quod querimoniæ nostræ finem facere, quod incesta connubia castigare. Sunt enim hæc studiosi, justi atque casti animi indicia. Et quia me his gerendis diem locumque statuere voluistis, sit dies in x Kalend. Martii, locus Masingiaci. Quod si occurritis, Haimonem adducere mementote : alioquin resignate mihi tempestive, ne frustra viam tanti laboris ingrediar. Valete.

EPISTOLA XCI [*olim* LXXII].

(Anno 1025.)

Fulbertus *Dei gratia Carnotensium episcopus,* Richardo *abbati, et omnibus sancti Medardi monachis orationis suffragium.*

Quandiu de vobis quæ de bonis et sapientibus viris audivimus, gaudentes Domino gratias agebamus. At nunc sinistro rumore læti [*f.* læsi *vel* tacti] vestrum periculum formidamus. Dicuntur enim vestri domestici atrium et ecclesiam beati Medardi cruenta cæde violasse. Dicitur de vobis quod in eadem violata ecclesia sine episcopali reconciliatione Deo sacrificare præsumitis. Quod si verum est, profecto præsumptio ista et nova est, et nimia, et bonis omnibus insectanda. Quid enim mali est quod in sancta Ecclesia machinari incipitis? Vultis dare partes laicorum presbyteris, presbyterorum laicis? Ubi vobis conceditur ecclesiam aut novam dedicare, aut profanatam reconciliare? Sed nec oratorii quidem domum vobis ædificare, nisi per episcopum licet. Positi namque estis omnino sub potestate ipsius, qui, ut ait Hieronymus, potestatem habet peccantem monachum tradere Satanæ in interitum carnis. Sed ne parva auctoritate fretus hæc dicere videar, testem mihi allego magnam synodum Chalcedonensem duodetriginta episcoporum sub papa Leone sub Martiano principe celebratam, in qua Eutyches abbas Constantinopolitanus condemnatus est. In qua etiam de supradictis causis sancitum est : Placuit neminem aut ædificare, aut constituere monasterii domum sine conscientia ipsius civitatis episcopi : eos vero qui per singulas civitates seu possessiones in monasteriis sunt, subjectos esse debere episcopo, et quieti operam dare, atque observare jejunia et orationes in locis in quibus semel Deo se devoverunt permanentes : et neque communicare, ecclesiasticas sæculares aliquas attrectare actiones, relinquentes propria monasteria, nisi forte jubeantur propter urgentes necessitates ab ipsius civitatis episcopo. Item in eadem : Jubemus monasteriis aut martyriis constitutis, ut in potestate sint ejus qui in ea est civitate episcopus secundum traditionem sanctorum Patrum, ne per præsumptionem recedant a suo episcopo. Eos vero qui ausi fuerint rescindere hujus modi institutionem, quocunque modo, vel si noluerint subjacere proprio episcopo : si quidem fuerint clerici personarum ordinatione subjaceant condemnationibus canonum ; si vero laici vel monachi fuerint, communione priventur. Poteram alia multa de legibus divinis huic rationi firmamenta subnectere, sed brevem me scribere memini. Et, ut ait Isidorus, sicut militi illa arma sufficiunt, quæ ferre ad tempus congruenter potest, sic nobis de multis sententiis paucæ, prout tempus exegerit. Nunc vobis charitative volo suadere ut sano consilio præbeatis assensum ; ad subjectionem episcopi vestri simpliciter redeatis. De præterita culpa requiratis veniam ; de futura assumatis cautelam, ut et vobis fiat quies de obedientia, et nobis de vestra quiete lætitia. Alioquin pro certo sciatis quia si, quod absit ! in contumacia contra illum manseritis, in proximo conventu episcoporum grave dispendium incurretis. Valete.

EPISTOLA XCII [olim. XCII].
(Anno 1025.)

Regi sacerdos, domino fidelis, ROBERTO FULBERTUS.

Ut vobis proximo Sabbato Turonis occurrerem, quia sero commonitorium accepi, non parui. Si quæ aliæ causæ sunt tacentur ad præsens, quia minus vos tacitæ quam expositæ lædunt. Vale nunc et semper

EPISTOLA XCIII [olim XCVI].
(Circa annum 1025.)

Odonis comitis ad Robertum Francorum regem.
(Vide infra in ROBERTO rege.)

EPISTOLA XCIV [olim XCIX].
(Circa annum 1025.)

FULBERTUS *Carnotensium humilis episcopus,* FULCONI *comiti salutem.*

Doleo super te, nobilis homo, cum te audio errare et periclitari. Errare dico, quod cum debeas Deum timere, sanctos honorare, Ecclesiam defendere, contemnis Deum, sanctos inhonoras, res Ecclesiæ invadis et aufers : periclitari, quoniam qui talia agunt, non habent partem in regno Dei. Propter hæc peccata monuit archiepiscopus Turonensis omnes episcopos nostros, et inter alios me pusillum, ut te excommunicaremus. Sed ego censui pium esse, ut te prius monerem : et deprecor, ut habeas misericordiam de anima tua, placans Deum. Jam enim prope est tuus finis. Festina igitur, quæso, reconciliari Christo Salvatori nostro ; quia non est salus homini nisi per ipsum. Tene in memoria verbum hoc : Qui confitendo et pœnitendo finem facit peccatis suis, antequam moriatur, finem habebit in altero sæculo pœna ipsius ; et qui peccatis mortalibus pœnitendo non facit finem, pœna ipsius erit sine fine. Evigila igitur propter temetipsum, sicut homo in proximo moriturus : et reconciliare Christo, ne moriaris apostolica auctoritate damnatus. Vale et remanda mihi velociter atque veraciter voluntatem tuam.

EPISTOLA XCV [olim C]
(Circa an. eumd.

FULBERTUS *Dei gratia Carnotensium episcopus comiti* FULCONI *commonitorium salutis.*

Tam horrendo facinore præsentiam domini regis ni dedecoravere satellites, ut mundani judices asserant capitale te quoque reum majestatis, qui eis postea patrocinium tuum et receptacula præbuisti. Proinde rogabatur a multis, ut die sacro Pentecostes, et te et illos excommunicaremus. Sed nos tuæ providentes saluti, trium hebdomadarum ab ipso die petivimus inducias, ut litteris te convenire possemus. Talem etiam a rege conditionem impetravimus, si veneris in judicium, ut non super vitas, aut super membra, sed super facultates ultio reflectatur. Unde te commonemus, ut ante præscriptum terminum auctores tanti sceleris aut in judicium adducas, aut propter honorem regis repudies : temetipsum deinde, sicut per abbatem sancti Albini promisisti, expurges, et humili satisfactione regis animum places. Quod si reos ipsos nec ad justitiam ducere, nec propter seniorem tuum repudiare volueris, Christianam communionem nobiscum ulterius non habebis. Vigila ergo sicut pro temetipso, et quid habeas animi cito mihi remanda. Optimam partem consilii det tibi Deus eligere.

EPISTOLA XCVI [olim XI].
(Circa annum 1026.)

Venerando Parisiorum antistiti FRANCONI, FULBERTUS *Dei gratia Carnotensis episcopus, totius prosperitatis munus.*

Laudunensem illam sacrilegam, res Ecclesiæ vestræ diripientem, propter has causas excommunicare distulimus : Primo, quia defuit qui ipsi ferre auderet nostram excommunicationem. Deinde quia parum vobis aut nihil fortassis prodesset, si illa nesciens excommunicaretur in Ecclesia nostra. Tertio, quia exspectavimus ut in conventu nostrorum comprovincialium episcoporum utilius hoc fieret. Quod etiam adhuc spectandum vobis videtur, si animi vestri serenitas acquiescat. De Lisiardo autem archidiacono vestro, quem scripsistis in vos superbum ac rebellem esse, non opus est nos consulere, cum optime noverit prudentia vestra quid de hujusmodi lex divina sentiat, neque nos oporteat quemquam absentem, et causa indiscussa, judicare. Volumus autem vos scire quod Adeoldus noster de Novigento, cui anathematis sententiam intentatis, propter querelam quam habent contra eum monachi sancti Dionysii, dicit se paratum esse ad justificandum in audientia vestra, atque nostra. Proinde si litem hanc cito justoque fine determinare vultis, constituite diem, quo vobis et monachis sancti Dionysii apud sanctum Arnulphum occurrere valeamus, qui locus vobis ad conveniendum opportunior esse videtur. Valete.

EPISTOLA XCVII [olim. XXXIV].

(Circa annum 1026)

LEUTHERICUS *Senonensium archiepiscopus et* FULBERTUS *Carnotensium episcopus clero sanctæ Parisiensis Ecclesiæ temperantiam in prosperis, fortitudinem in adversis, charitatem ubique.*

Audivimus, charissimi, famam injuriarum quas patitur episcopus vester, et corde compatimur : vos quoque illas ita sentire credimus, sicut fideles filios, et bono capiti bene cohærentia membra. Sed miramur quare in tanto mœrore constituti, nec ad nos petendæ consolationis causa venistis, nec saltem litteras direxistis. Nam neque plaga vestra tanta est, ut invenire nequeat consolationis remedium, neque verus medicus ille dereliquit Ecclesiam, qui se nobis omnibus diebus usque ad consummationem sæculi promisit adfuturum. Miramur iterum cur impios homines, qui divinis sanctionibus adversantur et in vestrum pastorem contumaces existunt, in communionem recipitis contra canonicam regulam, quam vobis ignorare nefas est et periculosum solvere. Quod si putatis eos tandiu vobis in communione habendos, quousque ab episcopo vestro palam excommunicentur, corrigit hanc æstimationem Petrus apostolus in sermone habito ad Romanos de ordinatione Clementis his verbis (43) : « Quædam, inquit, fratres, ex vobis ipsis intelligere debetis, si qua sunt quæ vester episcopus propter insidias malorum hominum non posset evidentius et manifestius proloqui ? verbi gratia, si inimicus est alicui pro actibus suis, vos nolite exspectare, ut ipse vobis dicat, sed prudenter observare debetis, et voluntati ejus absque commonitione obsecundare, et avertere vos ab eo cui ipsum sentitis adversum. » Hæc et plura hujusmodi beatus Petrus in prædicto sermone. Nos autem, fratres, dum talia vobis proponimus, nolite æstimare, absit enim! ut sinistrum aliquid de vobis suspicemur, sed officium nostrum facimus cum aut vos aut alios fratres nostros ad cautelæ vigilantiam excitamus. Non enim sine causa scriptum est propheticum illud de pennatis animalibus, quæ se invicem alarum

(43) Apocryphus est ibi memoratus S. Petri Sermo.

A commotione contingunt. Unde nos quoque invicem nobis rependi postulantes, agili penna exhortationis vos ad hoc excitare cupimus, ut sitis in lege Domini studiosi ad obedientiam et suffragium vestri pastoris pro amore devoti ; ad resistendum vero adversariis ejus sagaciter instructi, fideliter animati. Inter quos videlicet adversarios unus est nomine Lisiardus olim quidem archidiaconus : qui cum esse deberet oculus episcopi sui, dispensator pauperum, catechizator insipientium, apostatavit ab omnibus his, et factus est episcopo suo quasi clavus in oculum, prædo pauperibus, dux erroris insipientibus : quia superba et contumeliosa maledicta in episcopum suum jaculans, serenitatem speculationis ejus turbat, decimas et oblationes altarium, stipem videlicet pauperum, suo episcopo inconsulto, sæculari militiæ tradit. Et cum talia facit, dat insipientibus erroris et perditionis exemplum, quibus impendere debuerat veræ scientiæ catechismum. Quid dicemus de juramento fidelitatis, quod ita contaminat; ut episcopo suo non corde, nec verbo, nec opere fidelis existat ? Non autem temere de corde ipsius judicamus, cum veraciter in sacro poemate dictum est (44) ·

Ex operum specie clarescunt intima cordis

Is itaque pro contumacia sua qua pœna dignus sit, si ruina angeli non sufficit ad exemplum, contumacis Core manifestat interitus. Pro perfidia vero sua et contumeliosa maledictione, quid meruerit, suspendium Judæ, et sororis Aaron lepra testatur. O hominem infelicem nimium, cui tam horrenda tempestas divinæ ultionis incumbit! Condemnat illum Testamentum Vetus his verbis : *Qui maledixerit patri, morte moriatur* (*Exod.* XXI, 17). Condemnat illum lex Christianorum judicum hac sententia : Si quis episcopo aliquam injuriam, aut injustam dehonorationem fecerit, de vita componat, et omnia quæ habere visus fuerit, Ecclesiæ cui præesse dignoscitur, integerrime socientur. Excommunicat illum Gangrense concilium c. 7 et 8; degradat illum Carthaginense concilium cap. 57, sed et alia plura. Quapropter et nos a sanctorum Patrum sententia discrepare nolentes, consequenter illum a communione separamus, quantum nostræ potestati conceditur, donec resipiscat et episcopo suo digne humiliatus satisfaciat : et nisi cito resipiscens ad satisfactionem venerit, in plenaria synodo perpetuo anathemate feriatur. Mandamus autem vobis ut ipsi Lisiardo has litteras ostendatis, ut tam horrenda pericula, vel graviter admonitus exire meminerit. Patet enim adhuc evadendi locus, dicente Domino per Ezechielem : *Si impius egerit pœnitentiam ab omnibus peccatis suis quæ operatus est, et custodierit universa præcepta mea, et fecerit judicium et justitiam, vita vivet, et non morietur* (*Ezech.* XVIII, 21). Et per Joannem : *Filioli, hæc scribo vobis, ut non peccetis, et si quis peccaverit, advocatum habemus apud Patrem*.

(44) Forte Prudentii, S. Prosperi aut alterius cujuslibet poetæ ejusdem fere ætatis.

Jesum justum, ipse est exoratio pro peccatis nostris (I Joan. II, 1). Et ipse Dominus ait : Gaudium est angelis Dei super uno peccatore pœnitentiam agente, quam super nonaginta novem justis, qui non indigent pœnitentia (Luc. xv. 10). Certum enim habet catholica fides, ut verbis beati Fulgentii utar, quia quocunque tempore homo egerit pœnitentiam, quamlibet annosus, si toto corde renuntiaverit peccatis præteritis, et pro eis in conspectu Dei non solum corporis sed etiam cordis lacrymas fuderit, et malorum operum maculas bonis operibus diluere curaverit, omnium peccatorum indulgentiam mox habebit. Verum, ut ait Pater Augustinus, qui veniam pœnitenti promisit, dissimulanti diem crastinum non spopondit. Rogamus etiam, fratres, ut domnum F. venerabilem episcopum vice nostra salutare et confortare memineritis; certo scientes sua tristia nostra esse, nostra prospera sua. Valete cum ipso.

EPISTOLA XCVIII [olim XXXV].
(Circa an. eumd.)

Dilecto Patri et coepiscopo suo G., FULBERTUS vivere, et valere.

Vester clericus propinquus noster F. ad nos veniens eo se gratiosiorem exhibuit, quo de vobis bene per omnia nuntiavit. Unde nunc illum salutationis gerulum facientes, et claritati vestræ comparati munusculis exorare volumus, si non est importunum, ut eam gratiam sibi sentiat prodesse, quam apud vos jamdudum nos credimus habuisse. Vale.

EPISTOLA XCIX [olim XXXVI].
(Circa an. eumd.)

Charo Patri et coepiscopo suo GUIDONI, FULBERTUS.

Si diaconus qui se presbyterum simulavit, missamque celebrare præsumpsit, modum pœnitentiæ in divinis legibus proprie statutum non invenimus, per ratiocinationem similium sic æstimare possumus. Core, Dathan et Abiron judicio Dei condemnati, et horribili morte mulctati sunt, eo quod Aaron sacerdoti se comparare ejusque officium usurpare præsumpserunt. Hic autem levita more illorum illicite sibi sacerdotium usurpavit. Quis ergo in isto dubitet esse mortale commissum, qui in illis Deo judice videt morte punitum? At quia jam Salvator noster, qui venit salvare quod perierat, non vult mortem peccatoris, sed ut convertatur et vivat, clementer agitur ut degradentur hujusmodi, et inter laicos pœnitentiam agant. Sed ne nimis austeritatem veteris legis hæc ratiocinatio sapere videatur, proponamus et nova. Legitur in quodam capitulo : Statutum sæpissime et inhibitum est, ut missarum celebrationes in locis incongruentibus omnino non fiant. Et quibusdam interpositis sequitur : Quia sicut non est concessum, ut alii missam cantent et sacrificia consecrent, quam illi qui ad hoc ab episcopis sunt consecrati : ita non est licitum ut in aliis domibus, vel altaribus, aut locis missas celebrare præsumant, quam ab episcopis consecratis etc. In fine capituli : Si quis ergo post tot prohibitiones hæc decreta apostolica, et synodali auctoritate renovata temerare præsumpserit, gradus sui periculo subjacebit. Videmus ergo capitulum novæ legis vetustæ congruere, nec opus est amplius quid de illo diacono faciendum sit dubitare. Est enim procul dubio extra chorum deponendus, pœnitentia plectendus. Quod si de longitudine pœnitentiæ quæstio fiat, meminisse debemus illius sententiæ, quæ ad hanc quæstionem respondet hoc modo : Mensuram temporis in agenda pœnitentia idcirco non satis attente præfigunt canones pro unoquoque crimine, sed magis in arbitrio antistitis statuendum relinquunt, quia apud Dominum non tantum valet mensura temporis, quam doloris; nec abstinentia tantum ciborum, sed mortificatio potius vitiorum. In vestra ergo manu situm est, pœnitentiam ejus vel breviare, vel protelare, juxta quod eum in pœnitendo diligentem, seu negligentem videritis. Valeat sanctitas vestra.

EPISTOLA C [olim LXXXIX].
(Circa annum 1026.)

Dilectissimo domino regique ROBERTO, FULBERTUS humilis episcopus humilitatem in prosperis, fiduciam in adversis.

De Lisiardo clerico, qui Meldensis episcopii res odiosa importunitate pervasit, tale consilium damus: Præcipite archiepiscopo Senonensi, ut vel episcopium ipse visitet, vestræque et suæ ditioni revocet, ut dignum est; vel, si id facere prohibeatur, mandet prædicto L. per litteras ex sua et nostra, suorum videlicet suffraganeorum parte conscriptas, ut cedat loco et rebus stulte pervasis, et de præsumptione sua nobis satisfacere studeat ante proximam festivitatem sancti Petri apostolorum principis. Quod si facere neglexerit, ex tunc in antea a nobis omnibus excommunicatus sit. Valete.

EPISTOLA CI [olim XCI].
(Circa annum 1026.)

Serenissimo regi Francorum ROBERTO FULBERTUS humilis Carnotensium episcopus, quod decet et prodest.

Gratulor tibi, domine mi, quod fonte bonitatis, ut semper irrigans, negotium Dei mandasti mihi tractare ut expedit. Talia denique te regem præcipere decus est, subditosque tibi capescere tutum. Sed illud miror, quod Odonem comitem in mea deliberatione vel posuisse vel positurum esse dixisti, quid facere debeat de receptione Meldensis episcopi, cum abhinc anno fere dimidio nec ipsum viderim, nec de tali negotio legationem ejus acceperim. Attamen si aspirante Deo ad nos venire et consiliis meis acquiescere voluerit, desinet procul dubio prædictam Ecclesiam lacerando divinam ultionem in se provocare, tuisque sacris ordinationibus contraire. Vale.

EPISTOLA CII [*olim* LX].

(Anno 1027.)

Venerabili patri et coepiscopo suo G. FULBERTUS.

Ad benedictionem Henrici regiæ prolis (45) voto quidem rapior, sed adversa me corporis valetudo retardat. Tentarem tamen utcunque moderatis equitationibus eo pervenire, si non abstorreret sævitia matris ejus, cui satis creditur cum mala promittit, fidem facientibus gestis ejus. Qua difficultate prohibitus, rogo vestram charitatem, dilectissime, ut vice mea suadeatis domno archiepiscopo Remensi cæterisque primoribus, ne qua occasione differant benedictionem juvenis supradicti. Spero enim illum Deo, et bonis hominibus placiturum. Vale.

EPISTOLA CIII [*olim.* LXV].

(Anno 1027.)

Dilectissimo coepiscopo suo ODOLRICO FULBERTUS, *ex animo quidquid verus amicus*.

Primum gratias ago, charissime, quod nobis ad concilium et comitatum et obsequium pollicemini. Quod dum facilis, ingenita benignitate vestra multum nos hilaratis : et nobis quidem desiderium esset memorato concilio interesse, sicut etiam venerabili archiepiscopo nostro Leutherico in audientia vestra nos dixisse meminimus, sed difficultates ex malitia hujus temporis obortæ non sinunt. Quod etiam vos illi notum facere precamur, ne sit nostra exspectatione suspensus. Cæterum exoptabilis colloquii vestri opportunitatem in præsens non habemus, nisi forte vobis Novigentum placuerit propinquare. Vale.

EPISTOLA CIV [*olim* LXVI].

(Circa annum 1027.)

Dilecto suo O. FULBERTUS.

Quod vobis olim, charissime, per veredarium vestrum litteras non remisi, id causæ fuit quia vos quamprimum visere destinabam, idque etsi diu distuli, desiderare non destiti. Sed interim vos scire volo quod utique velle scio : me scilicet ad præsens Dei gratia bene valere vestris obsequiis spiritualiter instantem corporaliter apparatum, sicut nemo fidelius, excepto illo sancto monachorum archangelo Odilone, cui me in nullo comparare præsumo. Cujus etiam charitas si qualiter afficiat animam tuam aggrediar dicere, deficit, ne rem inenarrabilem videar velle narrare. Plura me scribere prohibuit tam multiplex negotiorum occupatio, quam etiam legatus morarum impatiens. Sed hoc unum tandem apud vestram benignitatem deprecor, ut cum nostrum archangelum vice nostra salutaveritis, cum simplicitate monastica hilaritatem angelicam quæ vobis præsto est induatis. Valete prospere in virtute Dei.

(45) Successit Roberto regi Henricus filius, quem ille moriens hæredem nuncuparat, ut nonnullis scribunt, minorem filium. Huic consilio Constantia regina obstabat et Robertum alterum filium regem salutabat. Odoque Campaniæ et Balduinus Flandriæ comites, ac non pauci præterea non contemnendæ nobilitatis in armis aderant. Tandem Robertus jure regis cedere coactus, ducatu Burgundiæ nobilissimo ac opulentissimo contentus. Paul. Æmil.

EPISTOLA CV [*olim* LXVII].

(Circa annum 1027.)

Venerabili Patri suo ODILONI, FULBERTUS *sacerdos non meriti confidentia, sed pietatis affectu, præsumptum orationis suffragium*.

Magnum mihi desiderium fuit, et adhuc quidem est ad vos veniendi, sed obortæ nuper in nostro episcopatu dissensionum causæ propositum iter omittere coegerunt. Quod vobis quamprimum his paucis apicibus significare curavi, ne sublimitas vestra sit ad præsens de meæ pusillitatis exspectatione suspensa. Veniam autem aliquando si licuerit ad vos, quos vere inhabitat Spiritus sanctus, consilium divini oraculi petiturus. Valete in Domino semper, iterum dico valete.

EPISTOLA CVI [*olim* LXVIII].

(Circa annum 1027.)

Prudenter et præclare magnifico Patri O. FULBERTUS *suus*.

Ut ab alio liberaliter acceptus, sic nunc quas opere nequeo, affectu saltem gratias recompenso. Tali enim apparatu in epistola tua dignatus sum, quali non festivior exspectetur in ferculo Salomonis inter organa vatum, et ardentes cincendelas virginum (46). Angelicum mihi manna posuisti non sine mystica dape columbarum ac turturum. Propinabas interea charitatis nectar. Quo inhianter hausto et ad cordis interiora transmisso, si non prophetice ut David verbum bonum, panegyrice tamen ut fit, et imprecatorie sicut filio refocillatus Israel, tibi Patri filius eructare gaudebam. Paterna deinde cura significasti te meæ valetudinis habitum sagaciter explorasse, atque ubi vitalis calor aliquod in me dabat sospitatis indicium gratulari, dolere morbi signum et formidare periculum. Nec vero tantum benignitas tua plagam meam relinquere passa est suæ curationis exsortem, quin arte divina mirabiliter usus liquorem quemdam instar vini. Samii prius infudisti, qui indigestum humorem excoqueret, dehinc alterum olivo persimilem, quo totus omnino tumor atque dolor mitigatus absconderet. Nunc ergo tua curatus industria, tuis epulis recreatus, dignum duco ut omnes meæ vires tuæ voluntatis semper adminiculentur effectui. Nec aliquatenus a tua sententia discrepatum fere statuo, quæ te cum Domino quantum homini datur, idem velle atque nolle confido. Decet itaque, Pater, ut tu quoque vicissim me tuum servulum de te pendentem, teque non sine magna fiducia respectantem, sacris intercessionibus adjuves. Sum enim valde miserabilis homo, qui cum ad propriam non sufficerem, ad publicam curam nescio qua seu ratione, seu temeritate perductus sum, id in Vita Henrici.

(46) *Inter organa vatum, et ardentes cincendelas virginum.* Sic habetur in nostro ms. et in ms D. Patavii viri cons. et doctissimi, in Catholico Januensi sic interpretatur : « *Cincendela a candeo, candes*, dicitur : *infula, genus scrabronum quod volans candeat; cicendulum ponitur pro candela, nam dicitur a candeo.* »

que certe est neque dissimules, quod te specialiter mihi facit consilii a' sue auxilii debitorem qui te suasore non desero hunc laborem. Vale.

EPISTOLA CVII [olim LXIX].

Sanctissimo atque dilectissimo Patri O., FULBERTUS humilis sacerdos, orationis suffragium.

Volebam vobis occurrere, Pater, ut mandavi per R. diaconem meum : sed domestici mei novo quodam rumore permoti, nec me iter ad præsens agere, nec se itineris mei fore comites acquiescunt, donec tutius id fieri posse perpendant.

EPISTOLA CVIII. [olim LXXXXVI].

(Anno 1027.)

Regi sacerdos ROBERTO, FULBERTUS, fidelis et pronus.

Accepta legatione vestra per R. sanctæ Crucis œconomum destinatum, peregrinationem iterum intermisi. Nunc quid me velit serenitas tua colloquio, magis, si fieri possit, quam legatis aut litteris cujusm edoceri. Venirem autem ipse protinus ad vos hujus rei gratia, si commode possem, sed venire in armis sacrum tempus abnuit ac religio nostri ordinis. Venire inermes, longa via interminatur, ac malitia sæcularis. Est enim mihi O. coluber in via (47), R. cerastes in semita. Cæterum ex arbitrio vestro pendeat, amodo quo pacto voluntatem vestram mihi placeat indicare, quoniam apud me definitum voluntati vestræ, quæ vobis non noceat, convenire. Valete regaliter (48).

EPISTOLA CIX [olim CVI].

(Circa annum 1027.)

Dilectissimo domino suo FULBERTO episcopo H., ejus fidelis juxta Domini præceptum, serpentinam prudentiam columbina simplicitate præditam

Quod tuo, beatissime Pater, aliorumque multorum relatu perceperam, id ipsum nuper, domino Berardo Suessionis episcopo referente, cognovi : scilicet incurrisse te gravissimum reginæ odium faventem potius marito suo, de constituendo rege majore filio, quem dicunt simulatorem esse, segnem, mollem, in negligendo jure patrissaturum, fratri suo juniori attribuentes his contraria. Te quoque plurimi episcoporum mordent clanculum vel ab eis ac cæteris quasi quintum malleum a quatuor Pythagoricis pro hac causa dissonantem. Unde quantum ex verbis supradicti præsulis adverti, sententiam coepiscoporum tuorum Francigenarum super hoc agendum negotium intimare tibi non me piguit; ut si forte sanior est, ei ne refrageris, et a periculo tibi caveas. Est autem hæc eorum ad componendam utrinque litem sententia : patre vivente nullum regem sibi creari; quod si acrius institerit in vita patris hoc fieri, quem meliorem senserit, ad regem debere sublimari. Videris, Pater prudentissime, ne sis plus æquo justus, nec a sanctis consacerdotibus tuis perperam dissideas.

(47) Per litteram O. OJonem (alii forsan Odolricum Aurelianensem episcopum) intelligimus; per litteram R. reginam Constantiam; uterque enim adversabatur Fulberto, quod hic partes susciperet Henrici, natu majoris filii Roberti regis adversus Robertum

Insani nomen sanus feret, æquus iniqui,
Ultra quam satis est, virtutem si petat ipsam.
Invidiam nimio cultu vitare memento,
Quæsi non lædit, tamen hanc sufferre molestum est.
Adsit tibi in omnibus magni consilii angelus.
Mihi quoque tribuat videre faciem tuam desideratissimam. Si quid forte insolenti susurro tecum ago, facilem, quæso, apud te veniæ locum obtineam, cum magis ex prompta fidelitate quam improba temeritate peccaverim.

EPISTOLA CX [olim CVIII].

(Circa annum 1027.)

Certum est omnibus qui fundamenta catholicæ puritatis noverunt, totius Ecclesiæ soliditatem in pace consistere, et signum Christi discipulatus in dilectione. Nam sicut in Evangelio Dominum dixisse legimus : *Pacem relinquo vobis, pacem meam do vobis* (Joan. XIV, 27); et iterum : *In hoc cognoscent omnes quia mei estis discipuli, si dilectionem habueritis ad invicem* (Joan. XIII, 35); liquet ergo neminem fore Christi discipulum, nisi signo dilectionis ac pacis fuerit insignitus. Hoc vero signaculum non adipiscitur, nisi ab iis in quibus fuerit unitas voluntatum. Unitas autem voluntatum inveniri non potest, nisi in his qui suum velle et nolle in unius præpositi judicio constituunt. Unde et auctor pacis nullum ordinem in Ecclesia sine prælati regimine relinquens, pro certo insinuat nulla alia ratione fragilitatem humanæ labilitatis ad unitatem spiritus posse redigi, sive in pace conservari. Quare nos pauci fratres in cœnobio, cui Cella Boboni nomen, et Deo pro posse famulantes, quia vinculum pacis et signaculum Christianæ disciplinæ dilectionem per unitatem cordis vel animæ possidere cupimus, post obitum domini Garini abbatis viri religiosi elegimus fratrem quemdam morum probitate ornatum Bernardum, quem nobis vice Patris præesse volumus ; et in definitione ejus sententiarum nostrarum uniri diversitatem, ne diversa sentientes, a Christi doctrina inveniamur extranei. Facta est autem electio ista consilio atque auctoritate domni abbatis Majoris Monasterii post excessum gloriosi principis Odonis, a quo hujus rei curam susceperat. Qui hoc in conventu monachorum ritu celebri peracto, obtulit etiam fratrem prædictum nobilissimæ H. comitissæ, sub cujus ditione locus ipse consistit, et Stephano comiti ejus filio, a quibus donum rerum temporalium ad idem pertinentium cœnobium suscepit. Dehinc vero statuit eum venerabili Mainardo, Trecassinorum præsuli, cujus ecclesiastica auctoritate electionem hujusmodi corroborari oportuit atque ab ipso animarum curam suscipi, nec non abbatis benedictionem secundum institutionem Patrum celebrari. Quod ipse benignissime annuit, et omnia, prout mos expostulat ecclesiasticus,

natu majorem quem mulier, muliebri propensione, posthabita ætatis prærogativa, cupiebat in regem coronari.

(48) Gallice sic fere : *se porter comme un roi.*

utpote vir prudentissimus atque eruditione clarus, complevit.

EPISTOLA CXI [*olim* CVIII.]
(Circa annum 1027.)

Odilonis Cluniacensis abbatis ad Fulbertum.

(Vide Patrologiæ tom. CXLII, inter epistolas S. Odilonis.)

EPISTOLA CXII.

FULBERTI CARNOTENSIS EPISCOPI AD HILDEGARIUM.
De episcopis ad bella procedentibus.

(MARTENE, *Thesaurus Anecdotorum*, tom. I, col. 150, ex. ms. S. Remigii Remensis.)

FULBERTUS, Carnotensium episcopus humilis, HILDEGARIO fratri salutem.

Decreveram quidem tibi, licet sæpius petenti, nequaquam scribere, non quod dilectioni tuæ quidquam vel cum meo pudore negare debuerim, imo nec debeam; sed quod consultius arbitrabar linguæ januam obserare, quam ea in lucem proferre quæ incurrant multorum offensam. Idcirco hactenus apud te mutus fui, quod obtrectatorum invidiam contra me provocare nolebam. Scio quippe non defuturos, qui hæc quæ dicturi sumus, quasi inclementius dicta in suam referant contumeliam. Verum quia obstinacius in pulsando persistis, et litteris crebris importunum te exhibere non desinis. aperiam tibi prout Spiritus sanctus annuerit quæ postulas; imo ea ipsa revolvam quæ sanctorum Patrum sanxit auctoritas, quorum dictis refragari, veritatem respuere est.

Quæris quid sentiam de episcopis qui, spreta ecclesiasticæ pacis tranquillitate, seditiones quærunt, bella sectantur? Sane nequaquam audeo illos episcopos nominare, ne religioso nomini injuriam faciam. Tyrannos potius appellabo, qui bellicis occupati negotiis, multo stipati latus milite, solidarios pretio conducunt, ut nullos sæculi reges aut principes noverim adeo instructos bellorum legibus, totam armorum disciplinam in procinctu militiæ servare, digerere turmas, ordines componere ad turbandam Ecclesiæ pacem, et Christianorum, licet hostium, sanguinem effundendum. Quibus si de his dudum ab orthodoxis Patribus prolata testimonia proferas, illos non armis, sed ecclesiasticæ paci debere esse intentos, non excidia viventium, sed regimen suscepisse animarum, statim prætendunt justitiæ causas, se invitos arma suscipere, hostium catervas de collo pendere, imminere cervicibus gladios, libertatem se quærere armis quam pace obtinere non possunt. Quare non magis secundum Apostolum injuriam sustinent? quare non magis fraudem patiuntur? *Arma enim militiæ nostræ non carnalia sunt; sed potentia Deo ad destructionem munitionum, cogitationes destruentes, et omnem altitudinem extollentem se adversus scientiam Dei* (II *Cor.* x, 4, 5). Orationibus siquidem instare deberent, et Pauli consilio acquiescere dicentis: *Non vosmetipsos defendentes, charissimi, sed date locum iræ* (*Rom.* XII, 19). Et Dominus ad discipulos loquitur: *Si vos persecuti fuerint in civitate ista, fugite in* aliam (*Matth.* x, 23). Et : *Qui te percusserit in dextram maxillam, præbe illi et alteram* (*Matth.* v, 39). Et : *Qui vult tecum judicio contendere, et tunicam tuam tollere, remitte ei et pallium* (*Ibid.*, 40). Et iterum : *In patientia vestra possidebitis animas vestras* (*Luc.* XXI, 19). Scimus enim qui dixit : *Mihi vindictam et ego retribuam* (*Rom.* XII, 19). In veteri instrumento oratione Moysi hostilem exercitum vincebat Israel, etc.; contrario, manus illo remittente, hostibus cedebat victoria (*Exod.* XVII, 11). Unde colligere possumus quod melius patientia et oratione præliamur, quam gladiis et seditionibus. Ipse quoque magister veritatis, cujus vestigia sequi debemus, sicut Joannes apostolus scribit : *Qui dicit se in Christo manere, debet sicut ille ambulavit et ipse ambulare* (I *Joan.* II. 6), cum justissimam haberet causam, nec minorem potestatem suos fulminandi adversarios, sicut ipse ante passionem suam protestatus est dicens, exhiberi sibi a Patre, si vellet, plusquam duodecim legiones angelorum (*Matth.* XXVI, 53); cum etiam ad imperium ejus totus orbis pugnaret pro eo contra insensatos, quippe qui contra eum insurrexerant, qui vere innocens erat, et in cujus ore non est inventus dolus (I *Petr.* II, 22), volens tamen nos, quorum infirmitati in omnibus consuluit, invitare ad patientiam, ductus ad victimam quasi mitissimus agnus nec aperuit os suum (*Isa.* LIII, 7). Nam cum fidelis discipulus pro Magistro dimicare pararet ac librans ensem e vagina jam in pugna ageretur, ut sciret non in gladio sed in Deo esse victoriam, audit a Magistro : *Converte gladium tuum in locum suum : omnes enim qui acceperint gladium, gladio peribunt* (*Matth.* XXVI, 32). Unde et B. Augustinus in libro Quæstionum Veteris ac Novi Testamenti : « Apostolo Petro usque ad hoc permissum est, quod dolorem faceret, non occideret. » Quia enim sancta Ecclesia non habet gladium nisi spiritualem, nec occidere debet, sed vivificare, testatur Nicolaus papa dicens : « Sancta Dei Ecclesia mundanis nunquam constringetur legibus; gladium non habet nisi spiritualem, non occidit, sed vivificat. » Et B. Hieronymus in epistola ad Ageruchiam : « Olim præcipiebatur reddi oculum pro oculo, dentem pro dente (*Matth.* v, 38); nunc verberanti maxillam præbemus et alteram (*Ibid.*, 39). Illo in tempore bellatoribus dicebatur : *Accingere gladio tuo super femur tuum, potentissime* (*Psal.* XLIV, 4) ; modo audit Petrus : Conde gladium tuum in vaginam : qui enim gladio percusserit, gladio peribit (*Matth.* XXVI, 32). » — « Debent quippe episcopi, sicut Isidorus ait in libro de Officiis, principatum in populo non sanguine defendere, sed vitæ meritis. » Et alibi : « Episcopi speciale officium est Scripturas legere, percurrere canones, exempla sanctorum imitari. vigiliis, jejuniis incumbere, cum fratribus habere pacem; nec quemquam ex membris suis discerpere, nullum damnare nisi probatum, nullum excommunicare nisi discussum. »

Qui itaque talibus officiis vacare debet, quam

illicite et contra gradum suum ad arma humanæ militiæ consurgat, omnis qui sanum sapit intelligit. Unde B. Ambrosius sacerdotibus dare volens exemplum patientiæ, in epistola contra Auxentium de tradendis basilicis civibus scribit : « Video vos præter solitum esse turbatos solito. Sed quid turbamini? Volens nunquam vos deseram, coactus repugnare non novi, dolere potero, flere potero, gemere potero, adversus milites Gothos arma quoque lacrymæ meæ sunt. Talia monumenta sunt sacerdotis; aliter non debeo, nec possum resistere. » Item de eadem re in eadem epistola : « Si patrimonium petitur, invadatur; si corpus, occurram. Vultis in vincula rapere, vultis in mortem? voluntati mihi est. Non ego me vallabo circumfusione populorum, nec altaria teneho vitam obsecrans, sed pro altaribus gratius immolabor. » Origenes quoque exponens illud de Evangelio : *Attendite a falsis prophetis, qui veniunt ad vos in vestimentis ovium, intus autem sunt lupi rapaces; a fructibus eorum cognoscetis eos* (*Matth.* IX, 15), sic dicit : « Apostoli et martyres sancti non persecutionem fecerunt, sed persecutionem pertulerunt; non maledixerunt, sed maledicta sustinuerunt; non blasphemaverunt, sed a blasphematoribus interfecti sunt. » Et B. Gregorius papa in quadam homilia informans nos ad conservandam innocentiam ita dicit : « Utinam si ad prædicationis virtutem non sufficimus, loci nostri officium in innocentia vitæ teneamus. In Evangelio quippe Dominus ait : *Ecce ego mitto vos sicut agnos inter lupos* (*Matth.* x, 16). Igitur sicut agni inter lupos mittimur, ut sensum servantes innocentiæ, morsum malitiæ non habeamus. Qui enim locum prædicationis suscipit, mala inferre non debet, sed tolerare, ut ex ipsa sua mansuetudine iram sævientium mitiget, et peccatorum vulnera in aliis afflictionibus ipse vulneratus sanet. » Idem etiam papa docet nullo modo, neque pro justa etiam causa, episcopum debere armis inservire : volens aliis suo satisfacere exemplo, scribit super hoc Sabiniano diacono dicens : « Unum est quod breviter suggeras serenissimis dominis nostris imperatoribus; quia si ego servus eorum in morte vel Langobardorum me miscere voluissem, hodie Langobardorum gens nec regem, nec duces, nec comites haberet, atque in summa confusione esset divisa. Sed quia Deum timeo, in morte cujuslibet hominis me miscere formido. »

Unde liquido colligere potes, quandoquidem ille tuas tam efficaciter ulcisci prævalens injurias, metu tamen divino elegit scutum patientiæ, ne hominum mortibus se misceret, quod isti timore Dei abjecto nefarie cædibus hominum se interserunt, et cruentas strages contaminatis obtutibus aspiciunt. Quod beatissimus Martinus magnopere fugiens, abdicatis armis, quibus sub terreno rege militabat, suæ fidei tirocinium mansuetudinis et innocentiæ proposito dedicavit, et nondum clericalis ordinis gradum aliquem sortitus, multis tamen merito præferendus episcopis, militiæ constanter renuntiavit, dicens : « Christi miles sum, pugnare mihi non licet. » Breviter docuit non solum episcopos aut sacri ordinis ministros a præliis cohiberi, verum etiam qui Christo semel militare cœperit, etiam ab ipsis bellorum occasionibus omnimodis abstinendum fore. Idem etiam in episcopatus culmine positus non solum aliquem non insectatus est inimicum, verum etiam mortem meritos inæstimabili charitatis affectu ab imminenti clade plerumque eripuit, memor illius præcepti : *Erue eos qui ducuntur ad mortem.* Nec hoc dico ut maleficos et vita ipsa indignos ab ultione prohibeam; sed regibus hoc licet ac sæculi potestatibus, et quibus a legibus permissum est. Aliæ quippe sunt leges Cæsaris, alii mores ecclesiasticæ dignitatis. Unde dicit B. Augustinus in libro Quæstionum Veteris ac Novi Testamenti : « Quare sententia data est? Ut quid qui accipit gladium gladio pereat, nisi quia nulli licet, excepto judice, gladio quemquam occidere? » Et beatus Hieronymus, super Ezechielem libro III : « Qui malos percutit, in eo quod mali sunt, et habet vasa interfectionis ut occidat pessimos, minister est Domini. » Et Haimo, super Epistolam ad Romanos : « Sunt quædam enormia flagitia quæ potius per mundi judices quam per antistites et rectores ecclesiarum judicantur, sicut est cum quis interficit apostolicum, episcopum, presbyterum, diaconum. Hujusmodi reos reges et principes mundi damnant. Ergo non sine causa portat gladium, qui talia scelera dijudicat. » Sicut ergo episcopis et sacri ordinis ministris omnino prohibitum est aliquem occidere, ita sæculi principibus hoc licet absque reatu facere, sicut Hieronymus testatur super Epistolam ad Galatas, libro XI : « Judex non est auctor sceleris, neque homines vinciendo, neque homines perimendo. » Liquet itaque solis mundi potestatibus attributam potestatem eradicandi impios de terra, sicut beatissimus martyr Cyprianus scribit in nono genere abusionis. « Rex, inquit, debet furta cohibere, adulteria punire, impios de terra perdere, patricidas et pejerantes non sinere vivere, filios suos non sinere impie agere. Episcopi vero in sua mansuetudine et ecclesiastica severitate et prædicatione verbi Dei stabiles permaneant, sicut in Actibus apostolorum scriptum est : *Non est æquum relinquere verbum Dei et ministrare mensis* (*Act.* VI, 2). » Qui sic etiam docere debent, sicut Hieronymus ait, ut vita eorum irreprehensibilis sit. Perdit enim auctoritatem docendi, cujus sermo opere destruitur. Proinde sciant sibi omnino inhibitum ad bella procedere, nisi quibusdam ex causis quæ in subsequenti Caroli regis edicto patebunt : « Carolus Dei gratia rex regnique Francorum rector, et devotus sanctæ defensor Ecclesiæ, atque adjutor in omnibus apostolicæ sedis. Hortatu omnium fidelium nostrorum, et maxime episcoporum ac reliquorum sacerdotum consultu, servis Dei per omnia omnibus armaturam portare vel pugnare, aut in exercitum et in hostem pergere, omnino prohibemus; nisi illis tantummodo qui propter divinum ministerium missarum scilicet solemnia adimplenda episcoporum jubet esse sine crimine, non percussorem. Quibus breviter dico, si tueri se [volunt] pravo alicujus exemplo, noverint quia singularis personæ vel causæ non præjudicant [, sed] communi legi et universali sententiæ. Illi itaque solliciti sint episcopi circa gregem suum, pascant pauperes ecclesiæ et domesticos fidei, et causa viduarum et pupillorum ingrediatur ad eos, vestiant nudos, egentium animas refocillent, et cætera paternitatis obsequia filiis suis impendant. Sed omnimodis hoc caveant, ne ea quæ ob indigentium necessitatem Ecclesia congregat et servat aliquando tollant et in alios usus nefarie effundant, Christi filiorum panem canes comedant, quod omnino non expedit animabus eorum. Invenies et alia innumera divinæ paginæ testimonia; sed ipse tibi ex parte mea hæc pauca destinavi, ut desiderio tuo satisfacerem. Tu vero, si sapiens fueris, in paucis multa cogitare poteris. Vale.

et SS. patrocinia portanda ad hoc electi sunt, id est unus vel duo episcopi cum capellanis presbyteris; et unusquisque princeps unum presbyterum secum habeat, qui peccata confitentibus indicare et indicere pœnitentiam possit.

Hæc omnia isti parvipendunt, imo etiam evangelica instituta contemnentes, plerumque, ut audivimus, adhuc illitis recens facta cæde manibus, non solum ecclesiam intrare sed ad ipsa Christi sacramenta nefario ausu præsumunt accedere, non dijucantes corpus et sanguinem Domini : nimirum non attendentes quod idem Christus non alieno cruore, sed proprio sanguine introivit semel in sancta, a Deo miserationum ubertate redundans, ut pro ipsis suis persecutoribus, licet misericordia indignis, ad Patrem diceret : *Pater, ignosce illis, quia nesciunt quid faciunt* (*Luc.* xxiii, 34). Meminisse quoque deberent quod David rex quondam potentissimus, de quo Dominus : *Inveni*, inquit, *virum secundum cor meum, qui faciat omnem voluntatem meam* (*Psal.* lxxxviii, 21); tamen propter mortem Uriæ et populum recensitum et frequentes expeditiones prohibitus est ædificare templum Domino, quod ipso mortuo Salomon, id est rex pacificus, ædificare meruit (*I Par.* xxviii). Ipsi itaque non timent quod Apostolus dicit : *Qui indigne manducat, judicium sibi manducat* (*I Cor.* xi, 29). Unde admonens nos Ambrosius dicit : « Vide quid agas, sacerdos : ne febricitanti manu Christi corpus attingas; prius curare, ut possis ministrare. » Et B. Hieronymus in Psalmo : « Electos Israel impedivit, impediuntur et nunc electi Ecclesiæ si non ipsi quoque sacerdotes innocenter sacrificia percipiant. » Quia igitur illicita præsumunt, merito suæ actionis ante oculos superni Judicis dignitatis suæ honore privantur, qui falso pastorum nomine ante homines gloriantur. Unde noverint se non habere illam apostolis atque apostolico exemplo viventibus episcopis collatam a Deo potestatem ligandi atque solvendi, juxta beatum Augustinum in canonica regula ita dicentem : « Illi soli ligandi atque solvendi, sicut sancti apostoli habent potestatem, qui illorum exempla cum doctrina tenent, et secundum regulam apostolicam omnia communia habent. » Beatus quoque papa Gregorius in Dialogo : « Petri vicem in ligando et solvendo obtinent, qui locum sancti regiminis fide et moribus tenent. » Et alibi : « Jure privilegium meretur amittere, qui auctoritate usurpat illicita. » Quod si ad excusandas excusationes in peccatis iniquitatem suam quorumlibet similium imitatione palliare voluerint, qui tanquam religiosi fuerint, et tamen ab expeditionibus non abstinuerint, etiamsi aliquem magnæ auctoritatis in assensum suum attraxerint, ego magis credo evangelicæ fidei, sanctorum Patrum veritati, quam alicui adversus tam vera testimonia oblatranti, et cum apostolo dicere consultius arbitror : *Si quis annuntiaverit vobis aliquid præter quam quod Evangelio datum est vobis, anathema sit* (*Gal.* i, 8). Qui etiam

EPISTOLA CXIII.

FULBERTI CARNOTENSIS EPISCOPI AD HILDEGARIUM.

[Apud Galland., *Bibliotheca Vet. Patr.*, tom. XIV, pag. 190.]

Fulbertus, Carnotensium episcopus, Hildegario salutem ab illo qui mandat salutes Jacob.

Epistolari brevitate coactus interrogationi tuæ compendiose respondeo. De ecclesiasticis rebus Hieronymus dicit ad Nepotianum (*epist.* 52) : « Amico quidpiam rapere furtum est, Ecclesiam fraudare sacrilegium est, accepisse pauperibus erogandum, et esurientibus plurimis vel cantum esse vel timidum, aut, quod apertissimi sceleris est, aliquid exinde subtrahere, omnium prædonum crudelitatem superat. » Item ad Pammachium (*epist.* 48) : « Ubi ditior est largitore cui largiendum est, pars sacrilegii est rem pauperum dare non pauperibus. » Unde Isidorus : « Magnum scelus est res pauperum præstare divitibus, et de sumptibus inopum acquirere favores potentium. » Considera itaque quia nullum Scriptura excipit, non episcopum, non abbatem, non aliquem domus Dei œconomum. Quisquis sibi commissæ Ecclesiæ bona subtrahit, intelligat se jam non pastorem sed invasorem esse omnique prædone crudeliorem, furemque domesticum, ac familiarem inimicum. Qui enim ea quæ solis omnino pauperibus eroganda suscepit, in alienos usus temere dilapidat, non vult in deserto hujus sæculi turbam pauperum esurientem reficere, sed cum sceleratissimo Juda loculos sibi constituit, et ea quæ in pauperum cibos aggregamus, fur improbus asportat.

Debent quippe nosse sacerdotes, Ecclesiarum substantiam pauperum esse, non suam, nec abutantur in tyrannicæ effusionis morem creditam sibi degentium dispensationem. Unde Hieronymus dicit ad Paulinum (*epist.* 13, sub med.) : « Jam nunc non sunt tua quæ possides, sed dispensatio tibi credita est. Memento Ananiæ et Sapphyræ : illi timide sua servaverunt. Tu considera ne Christi substantiam imprudenter effundas, id est, ne immoderato judicio rem pauperum tribuas non pauperibus, et secundum dictum prudentissimi viri, liberalitate liberalitas pereat. » Debemus quoque considerare quid cui tribuendum sit, sicut idem paulo superius ad eumdem scribit : « Præter victum et vestimentum et manifestas necessitates, nihil unquam alicui tribuas, ne filiorum panem canes comedant. » Sicut ergo pium est et justum bona Ecclesiæ servare solummodo ad opus pauperum et captivorum, ita sacrilegium est in propriam voluntatem, et in alienos usus distribuere, et a Christiana devotione semotum. Quod ipse quoque Hieronymus testatur in Matthæum : « Omnes qui stipendiis templi, et his quæ conferuntur ad usus Ecclesiæ abutuntur in aliis rebus, quibus suam expleant voluntatem, similes sunt Scribarum et sacerdotum, redimentium mendacium et sanguinem Salvatoris. » Scire debet itaque pia sollicitudo pastorum quia nihil omnino agere debent de rebus Ecclesiarum sine consilio et consensu subditorum, quoniam prudentiæ eorum commissum est ministrandi officium, non dispergendi arbitrium.

His prælibatis, ad vasa Ecclesiæ veniamus, de quibus potissimum interrogas. Cum enim dicatur sacrilegium incurrere qui aliquid de bonis Ecclesiæ in expletionem voluntatis suæ contraxit, perpendere potes quantum delinquit qui vasa sacris dicata mysteriis abstulerit.

Primum, si tanta pauperum et captivorum necessitas incumbit, tribuenda sunt cætera quæ in thesauris Ecclesiæ reposita sunt, deinde ipsa vasa frustatim comminuenda sunt, et in operibus misericordiæ eroganda. Unde dicit Ambrosius in libro de Officiis (lib. II, cap. 28 sub init.): « Aurum Ecclesia habet, non ut servet, sed ut eroget, et subveniat in necessitatibus. Quid opus est custodire quod nihil adjuvat? An ignoramus quantum auri et argenti de templo Domini Assyrii sustulerunt? Nonne melius conflat sacerdos propter alimoniam pauperum, si alia subsidia desint, quam sacrilegus contaminet, et asportet hostis? » Et post pauca : « Nunquid dictum est sancto Laurentio : « Non debuisti erogare the-
« sauros Ecclesiæ, vasa sacramentorum vendere? » Opus est ut quis fide sincera et perspicaci providentia munus hoc impleat. Sane si in suum aliquis derivet emolumentum, crimen est; sin vero pauperi eroget, captivum redimat, humandis fidelium reliquiis spatia amplificet, misericordia est. In tribus generibus vasa Ecclesiæ etiam initiata confringere, conflare, vendere licet. » Breviter mihi depinxisse videtur quid agendum sit de rebus Ecclesiæ. Sed neque licitum est de Ecclesiæ tutela vasa sacra abstrahere, et aliquorum manibus loco vadimonii tradere, sicut idem quoque testatur (Ibid.) : « Opus est ut de Ecclesia mystici populi forma non exeat, ne ad usus nefarios sacri calicis ministerium transferatur. Ideo intra Ecclesiam primum quæsita sunt vasa quæ initiata non essent; deinde comminuta, postremo conflata, per minutas erogationes dispensata egentibus, captivorum pretiis profecerunt. » Quod si desint nova, et quæ nondum initiata videantur, in hujusmodi, quos supradixi usus, omnia arbitror pie posse converti. Prius ergo usuale argentum in supradictis necessitatibus distribui debet, sicut beatus Gregorius dicit domino episcopo Messanæ (lib. VI, epist. 35) : « Fraternitas vestra multum debet esse sollicita, ut, si quidem in Ecclesia vestra usuale argentum est, prius illud erogetur in redemptione captivorum : alioquin de sacratis vos vasis præbere necesse. Nam, sicut omnino grave est frustra ecclesiastica venumdare ministeria, sic iterum culpa est, imminente hujusmodi necessitate, res etiam desolatæ Ecclesiæ captivis suis præponere, et in eorum redemptione cessare. » Item idem Fortunato episcopo Phanensi (Ibid., epist 13) : « Sicut reprehensibile et ultione dignum est sacrata quemquam vasa, præter in his quæ lex et sacri canones præcipiunt, venundare; ita nulla est objurgatione vel vindicta plectendum, si pietatis causa pro captivorum fuerint redemptione distracta. » Notandum quod beatus Gregorius dicit quia omnino grave est frustra ecclesiastica ministeria, id est candelabra, thuribula et cætera hujusmodi venumdare, nisi præter illa tantum quæ lex et sacri canones præcipiunt, scilicet pro redemptione captivorum, et eleemosynis nihil penitus habentium. Qui ergo in alia expendit, contra canones facit. Unde etiam sacerdotali dignitate quisquis ille est, noverit se indignum, juxta ejusdem papæ sententiam scribentis Joanni episcopo Larissæo (lib. II, epist. 7, ante fin.) : « Consona sanctis Patribus diffinitione sancimus, ut qui sanctis nescit obedire canonibus, nec sacris administrare, vel communionem capere, sit dignus altaribus. »

Ex superioribus itaque, quantum conjicio, perpendere potes quia, si omnino grave est vendi ea scilicet quæ minora sunt Ecclesiæ ministeria sine certa necessitate, sacrilegium est, et omnino gravissimum, absque maxima pauperum indigentia, excellentiora illa videlicet vasa sacrata et cruces venundare. Quapropter noverint omnes ministri Ecclesiæ quia gregi cui præsunt, ut puta his qui sunt pauperes Christi, scilicet monachis, et canonicis regularibus, vel religiosis quibusque communiter viventibus, prius omnia necessaria ministrare moderata distributione debent; id summopere præcaventes ne nimium prodiga superfluitate talis necessitas proveniat quæ thesauros Ecclesiæ expendi compellat. Si enim immoderate effundunt, peccant; quia inconsiderata effusio, totius domus ruina est. Enimvero cæteris in operibus misericordiæ distributis, si tanta necessitas obvenerit ut aliquod vas Ecclesiæ capiendum sit, ad hoc tantummodo alteri Ecclesiæ venundari potest ut in ipso idem officium quod antea celebretur, et ex ipsa pecuniæ distractione aliud in loco ejus restituatur, vel pauperibus erogetur. Ita ergo, ut prædiximus, vendi potest, aut secundum supradicta sanctorum Patrum testimonia in frusta comminui; sed incongruum est ut in vadimonium ponatur. Etenim sæculares personæ debitam reverentiam sacris mysteriis nesciunt impendere, quoniam hic usus non est eis commissus. Fortasse autem contingere potest ut prope arcam vel in ea domo in qua vasa abscondita sunt, committantur adulteria et fornicationes et ea crimina quæ iram Dei provocent. Nam cum in historia Regum legimus Ozam, eo quod calcitrantibus bobus arcam Domini tetigerit, illico interiisse; et in Levitico præceptum sit Aaron et filiis ejus ne permitterent filiis Caath vasa sanctuarii ferre vel tangere, ne forte perirent de medio Levitarum; quomodo audet quispiam extra Ecclesiam suam cuicunque personæ, sive clerico sive laico, aram Christi vel sepulcrum ejus in vadimonium dare? Quid enim crux est, nisi ara Christi? Et quid calix, nisi sepulcrum ejusdem Domini nostri? Qui ergo aram et sepulcrum in vadimonium ponit, cum Juda Christum vendit; et qui in vadimonium accipit, cum militibus, ne Christi resurrectionem et gloriam, quam ad sepulcrum Domini viderant, prædicarent, pecuniam a sceleratis Judæis suscipit. Legimus quoque in Daniele regem gentilem Balthasar, eo quod in vasis, quæ de templo Domini pater ejus sustulerat, concubinis suis potum ministraverit, subito manum scriptitantem vidisse, et de scripturæ interpretatione cognovisse mortem sibi instare et divisionem regni sui.

Ego ipse, ut de præsentibus interim loquar, unum tibi breviter exempli causa proferam quod nuper audivi, nescio an ad te quoque fama pervenerit. Accidit in Britannia minori quoddam miraculum. Nam quidam nummularius vasa Ecclesiæ sibi loco vadimonii in arca reposita servabat; casu pueri parvuli super eamdem arcam ascenderunt, qui illico in amentiam versi sunt; sed et canes forte ascenderant, et in rabiem efferati fuerunt. Sensit dominus ultionem divinam esse eo quod vasa sacrata, non his deputanda locis vel pactis, pro accommodata pecunia accepisset; nimiumque perterritus fugit ad ecclesiam, quid factum fuerat omnibus intimavit, et sacra vasa quantocius a se emisit, non minori formidine quam olim Philistii arcam fœderis Domini propter imminentem cladem a se expulerunt. Quæ res adeo terræ incolas exterruit, ut sceleratiorem quolibet idololatra prædicent qui sacra vasa deinceps in vadimonium posuerit vel acceperit. Perpende ergo quanta culpa sit vasa de sinu ecclesiæ rapere, et sæcularium manibus committere.

Caveant itaque prælati Ecclesiæ ne res sibi commissas et susceptam pauperum dispensationem negligenter tractantes, incurrant detrimentum animæ suæ. Audivi enim de quibusdam episcopis, sicut in quadam epistola me scripsisse tibi memini, quia sæcularia arma complectuntur, et militares copias pretio conducunt, et alia similia nequaquam eis convenientia sequuntur. De quibus non ego sed Propheta : *Principes*, inquit, *vestri socii furum*, qui sibi creditam Ecclesiarum substantiam in supradictos usus nefarie effundunt. Spreto quippe episcopali officio, ea appetunt quæ omnimodo fugere oporteret. Unde consilio meo prælati quique, in quantum prævalent, omnes a se occasiones abscidant, quibus innumera damna filiis suis et rebus ecclesiasticis provenire solent, ut bene ministrantes ab eo mercedem recipiant, cujus et locum tenent, et vestigia sequi deberent. Vale.

APPENDIX.

Epistolæ canonicorum Carnotensium, Hildegarii, Guillelmi ducis Aquitaniæ et aliorum plurimorum.

EPISTOLA CXIV [olim CIX.]

Clarissimo Turonensium archiepiscopo H. A. decanus et tota congregatio canonicorum Sanctæ Mariæ Carnotensium prona atque devota fidelitatis obsenium et orationis suffragium

Nuper antequam Romanum iter agere cœpisset beatissimus Pater noster Fulbertus (49) episcopus vester, ut scitis, dulci usus est colloquio. Unde reversus dum quadam die in conventu nostro reside ret, de ipso itinere nobiscum agens, conquerentibus nobis post abscessum ejus multa nos a pluribus adversa passuros, et nominatim a Fulcherio ejusque nepotulo, suorum quoque manipulis furum, ille constanter et confortatorie, ut solet, in talibus respondit; Malorum injurias boni æquanimiter ferre debent. Ut enim ipsi legitis in quadam homilia beati papæ Gregorii, *bonus non fuit, quisquis malos non toleravit*.

Adjicit præterea se vobis inde fuisse locutum,

(49) Fulbertum Romam cum Roberto rege petiisse peregrinationis causa suspicor. *Rex etenim Robertus*, inquit Paulus Æmil. in illius Vita, *cum Romæ esset, ad divi apostoli aram scriptum obtulit pridie festivitatis apostoli in quo antiphona Cornelius Centurio continebatur*. In veteri manuscripto Chron.: *Anno 1026 Rob. rex Francorum piissimus Romam causa devotionis et peregrinationis proficiscens pridie vigiliæ Ap. Pauli obtulit Antiph. Cornel. Centurio. Hic enim erat numinis reverentissimus, liberalibus studiis sacrisque disciplinis deditus, priscæ sancti tatis æmulus. Antiphonas sacraque responsa quædam edidit, judicio Ecclesiæ universæ probata receptaque; ejusmodi sunt* : Sancti Spiritus, O Constantia martyrum. *Quod responsorium composuisse ferunt cum Constantia, illius uxor, Robertum maritum rogasset ut in illius gratiam aliquod carmen conderet. Cum Avallonem obsideret, nullo oppugnante quassantere, sed eo in tabernaculo hymnos concinnante, sua sponte magnam murorum partem corruisse ferunt, velut divinitus ac superis veneratori suo gratiam præsentem referentibus*. Paul. Æmil. in ejus Vita.

vos etiam illi et nobis prodesse, de ipsis malefactoribus adjutorium promisisse. Quod si necessitas urgeret, præcepit statim vestræ paternitatis solatium nos adire. Quod nunc facimus, potentissime Pater, variis pulsi tribulationibus. Nam ut alias omittamus, illi anathematizati, quorum supra meminimus, postquam dilectissimus pater noster viam suam tenuit, terras nostras quæ sunt in ministerio, Heruci et Tetoldi, quasi lupi caulas ovium irrumpentes, nobis immerentibus prædati sunt. Neque etiam rabidis eorum morsibus ovium damna suffecerunt; imo vero ad devastandam quamdam pastoris ipsius potestatem quæ dicitur Ermenulphi villa, se converterunt. Proinde rogamus vos, justissime Pater, ut propter amorem sanctæ sanctarum Dominæ nostræ, cui servimus licet indigni, ipsius quoque dilectissimi vestri, qui in vobis plurimum confidit, et nos abiens vestro patrocinio commisit, prædam suam et nostram reddere faciatis, cum nepote vestro Gaudfrido magnopere satagendo, quatenus ipsi lupi res domini præsulis et nostras deinceps non diripiant, vel donec annuente Deo ipse redeat. Valete et vos supplices vestros, quidquid de iis egeritis, mandando rescire dignamini.

EPISTOLA CXV [olim CX].
(Anno 1022.)

Venerabili LEX. *pont.* HERB. *congreg. canon. sanctæ Mariæ Carnot. plurimum salvere et orationis suffragia.*

Jubes, inclyte præsul, nos dare tibi circadas (34) de ecclesiis nostris quæ sunt in episcopio tuo. At nos serenitati tuæ verum quiddam intimare volumus, scilicet quod episcopi Beatæ Mariæ, in quorum diœcesi possidemus ecclesias, hunc semper amoris et reverentiæ cultum exhibuerunt sanctæ sanctarum Dominæ nostræ, ut a nobis ejus licet indignis famulis nequaquam exigerent id obsequii quod requiris. Vide, quæso, ne importuni vocemur, dum rogamus te, benigne Pater, ut, honesta sanctorum Patrum sequens vestigia, nos hujus pensionis angaria nullatenus obliges, ne in hac parte nobis officiendi primus auctor ipse noteris. Optamus enim potius, non parvo tuæ ipsius utilitatis amore ducti, in albo felicis ordinis benefactorum nostrorum te recenseri, ut cum pro illis, tum etiam pro te juge Domino sacrificium offerentes, ac humanitatis tuæ beneficia coram illa recitantes, dignum te libro quoque vitæ cœlestis inseri prædicemus. Præterea non arbitramur notitiæ tuæ amplitudinem præterisse dominum nostrum Fulbertum episcopum, cui te valde charum esse scimus, Romam pergere. Quod ideo memoramus, ut, si liberalitati tuæ placuerit nostræ petitioni favere, nos id illi, cum redierit, innotescamus, tibi quidem pro hoc bene ac sapienter facto nimium gratulaturo. Quod si non oramus, saltem nos exspecta supplices tuos : illum reversum super hoc consultum ire debentes, a cujus nutu pendent nostra consilia, neque interim ullum interdictum facias ecclesiis nostris. Bene agendo valeas, de sacrario tui pectoris quid oraculi super hæc egrediatur nobis rescribere ne graveris, iterum iterumque ac semper valeas.

EPISTOLA CXVI [olim CXI.]
Amicus amico HILDEGARIUS SIGIFRIDO *totius boni sufficientiam precatur.*

Dum apud nos moraréris, inter primos amicorum meorum habitus, quid mihi tuis obsequiis plerumque dedito pollicitus sis, memorem te esse puto. Ipse tamen ejus rei te commonefaciens, rogo ut secundum promissionem tuam mittas equum ambulatorium, qualem te dare, nos quoque recipere deceat : cum illis equidem sentio qui amicitiam non propter se tantum, sed et propter utilitatem censent esse expetendam. Diu vivens et bene agens præmio æterno potiaris.

EPISTOLA CXVII [olim CXII.]
HILDEGARIUS, *domini Fulberti discipulus,* SIGEFRIDO *Ric. com. capell. adhuc salutem.*

Verbis tuis fidem minime servans diu me fefellisti. Unde, cum me deceptum esse doleam, tum pro mendacio tuo pudor mihi maximus ingeritur. Non enim deceret tantam personam probrosum falsitatis nomen subire. Horrendum etiam esset in sacrilegii crimen incidere, quia, sicut legitur, *Verba sacerdotis aut vera aut sacrilega.* Obsecro itaque per sanctam amicitiam quæ inter nos esse debet, ut honestæ veritatis famæ te reconcilies, mittendo mihi ad præsens per Gauterium monachum olim meum, merito mihi promissum abs te caballum. Quod hi feceris, noveris te funditus ab amore nostro decidisse, teste conscientia mea, dixerim, in hoc quod ego te rogo, non magis utilitatem meam quam tuam et simul honorem exopto.

EPISTOLA CXVIII [olim CXIII].
Quem puræ dilectionis affectu colit seniorem suum E. HILDEGARIUS *plurimum salutis.*

(51) Potionem iera, quam dominus præsul tibi mittit, sumes cum aqua calida ante crepusculum diei. Nocte qua debes eam accipere, non cœnabis; et ipsa nocte positam potionem in vasculo, in quo distemperanda est, asperges salis gemma, vel, si hæc non adest, delicato sale ad pensum unius scripuli. Accepta potione sedeas ante focum absque ullo tumultu, cavens tibi penitus a frigore; et, si paulum cubueris, non nocebit : nolo tamen ut dormias. Cum primum senties moveri tibi ventrem, deambula pedetentim, et sic ad secessum vade. Si propter

---

(50) Canonicos Carnotenses aliquando episcopo Lexoviensi de ecclesiis suis visitationis jus persolvisse apparet. Nomen autem *circada* oritur a *circumeo.* Utitur eo verbo sæpius Hincmarus archiepiscop. Rem. epist. 1, ad Lud. Balb. imp., quem hortatur cap. 8 ut eccles. *in isto regno per occasionabiles circadas et per indebitas consuetudinarias* *exactiones ante viginti annos impositas non affligantur.*

(51) Potionem *iera* vocat sacram medicinam. Quid sit autem potio *iera*, sciunt medici : multiplex est genus. Nomen autem scripuli interpretatur ipse Fulbertus in versibus de uncia et partibus (*Vide infra*).

solutionem tandem ceperit te sitis, nequaquam inhibes, nisi paululum acetu cum aqua calida misti, propter stomachum diluendum seu relevandum : quod etiam non urgente siti facere poteris, solutione propemodum vocante. Prandere differes quousque senties catarthicum nihil amplius operari velle. Cum sederis ad mensam, vide ne quid nimis, neque manduces aliquid stipticum vel plus æquo salsum. Plura de observationis modo notarem, nisi pauca sufficerent sapienti. Hoc tamen scribere me jubet nescia simulare charitas, ut talem potionis hujus sentias effectum, quatenus semper incolumis perseveres. Vale.

EPISTOLA CXIX [olim CXIV].

HILDEGARIUS G. *verba transformare in act.*

Tuæ, mi domine. charitativæ promissionis nuntium hactenus sustinens laboravi nimium. Sollicitus namque quid tuæ celsitudini meæ parvitati placuisset designare, percunctabar unde sese reciperent viatores quosque pendens, ab urbis vallo huc respiciente. Nemine vero dante responsum tui de parte, mœstus redibam domum jam facta nocte. Sed quia in humanis perfectum nil exstat ex toto, humano parcimus ingenio. Peto tamen ne proruas in verba talis excusationis, quin quod pollicitus es adimplere studeas sine fuco dilationis : igitur, ut certiorem reddas, mando et deprecor quatenus innuere digneris quid me agere jubeas. Nolo, mi domine, hæsites in calamo, bonum opus habens in animo, quoniam in perfectione erit ex Dei auxilio. Vale.

EPISTOLA CXX [olim CXV].

Guillelmi ducis Aquitaniæ ad Hildegarium.

(Vide infra in GUILLELMO ad an. 1030.)

EPISTOLA CXXI [olim CXVI].

HAND. *præsuli* H. *Turonensis archiepiscopus salutem.*

Quamvis tua nuper a me directa epistola sibi condigna mereatur rescripta, satius tamen existimavi responsis interim suæ contumaciæ debitis supersedere, quam tuæ saluti quantum ad nos non consulere, et inter consulendum quibusdam epistolæ locis discrete et humiliter non respondere. Medicorum enim est melancholicis sive maniacis, seu qualibet alia valetudine laborantibus, licet ingratis et conviciis artificem lacessentibus, nihilominus tamen suæ artis experimenta impendere, et ut curentur attentius insistere. Unde et me nec professum quidem medicum, quippe imperitissimum, si tamen ad hoc jure prælationis utcunque provectum, qui te si exorbites debeam corrigere, oportetque ex coemptis sanctorum Patrum medelis tibi, licet ingrato, medicari, et ut cureris, velis nolis, insistere. Sed priusquam ad hoc veniam, libet, ut dixi, quibusdam tuæ epistolæ locis obviare : nam cætera, quæ plurimam partem illius occupant, prætereunda censeo.

Quod ergo me inconsultæ conceptionis fuisse, et te nere ac sine culpa te non vocatum a divino officio separasse criminaris, certa et inexpugnabili contradictione destruo. Inconsulta namque conceptio non fuit quæ tibi conditionem quid potius velles eligen-

dum proposuit. Quod si bene advertisses, inconsultum non dixisses. Inconsultus igitur fecisti, qui te, ut post clarius liquebit, in pejorem partem flexisti. Non temere vero ac non sine culpa te et tuos fuisse interdictos, testantur reliquiæ vinearum in quibus vestra fixisti castra. Quod in exemplum datum cæteris quibus accerrime culparis fidem facit. Te quoque vocatum esse, qui tibi missas a me sciat litteras, quis vel insanus non asserat? Te igitur, frater, rationabiliter pro tua culpa et canonice vocatum et a divino officio separatum recognoscendo plange, et plangendo ad satisfactionem revertere. Quod si quadragenario vocationis spatio lege canonum te defendere niteris, scio quia singulares causæ vel personæ non præjudicant legi. Nam te in furorem versum, et ex præsule ducem tot armatorum factum, totam nostram patriam crudeliter vastare cernens, ferrum, ignes, diversasque nobis mortes minatum, imminentique plagæ quadragenariæ vocationis spatium ut desisteres nihil videns prodesse, venabulum mox tibi excommunicationis opposui, ut eo saltem viso territus, te et tuos vel ad momentum refrenares, et præsulem quem amiseras recognosceres. Sed tu maluisti illo excommunicationis venabulo configi, quam a cœpta tyrannide vel ad punctum refrenari. Nam quod dicis te regis hoc jussu fecisse, nec nego, nec affirmo, nec quid hoc levet intelligo. Cujuscunque enim hoc jussu feceris, eadem culpa ac si nullus jusserit urgeris. Nam ad exaggerationem tuæ culpæ ista satis transgressio sufficit, quod præter mea tui archiepiscopi consulta, contra canonicam auctoritatem tale aliquid incipere præsumpsisti : quodque etiam me jubente non debuisses facere, hoc te ipso consultore fecisti. Quod autem ais te in malum Odonis agere impulsum, nec etiam ei palmitem destruxisti, sed vineas canonicorum sancti Mauritii, præter cætera quæ in tuam matrem Ecclesiam jussu tui D. Fulconis intulisti opprobria, radice tenus comminuisti. His de causis excommunicatorias tibi litteras, quas contra jus et fas audaciæ notas dicis, misi. Nec te oportuit tuum magistrum et dominum tam temere reprehendere, ut a tuo incœpto resipisceres, transmisi, non ut te vellem flecti in eam partem qua corruisti. Quod discrete an indiscrete fecerim, tua juridicialis libra penset, qui consultorem quærere mones. At si indiscrete ac sine causa temerariam in te, quod absit ! excommunicationem intorsissem, sustinere tamen judicium tui pastoris, et a sacra celebratione cessare debuisti. Quod quia non fecisti, et consultrice superbia tui magistri interdicta parvipendisti, prudens in voraginem te excommunicationis præcipitasti. Accipe super hoc quid beatus Gregorius dicat : *Utrum, inquit, juste an injuste obliget pastor, pastoris tamen sententia gregi timenda est, ne is qui subjectus est, et cum injuste forsitan ligatur, ipsam obligationis suæ sententiam ex alia culpa mereatur. Pastor ergo vel absolvere indiscrete timeat, vel ligare. Is autem qui sub manu pastoris est ligari metuat vel injuste, nec pastoris sui judicium temere reprehendat, ne, etsi injuste ligatus est, ex ipsa tumidæ reprehensionis superbia culpa quæ non erat fiat.* Hactenus beatus Gregorius. Hac igitur, frater, argumentatione convictus cum sis, excommunicatum te recognoscendo iterum plange, et plangendo ad satisfactionem revertere.

Atque his tuæ epistolæ locis tantum nos respondisse sufficiat, cæteris aliquis otiosus respondeat. Nam ego illa quæ magis sunt necessaria et pollicitus sum H. fratri prosequar. Contemplor ex motibus tui corporis diversa genera passionum tuam germinare animam : quibus si aliquo medicamine, priusquam in vires prodeant, non occurritur, mirabilem tuæ animæ generabunt mortem. Sed congrua cuique passioni ignorabitur medicina, nisi origines, et, ut ita dicam, radices earum, intentissima discretione fuerint exploratæ. Omnium itaque passionum animæ unus fons atque principium est. Secundum qualitatem vero partis quæ in anima vitiata fuerit, unaquæque passio vocabulum sortitur. Quod et corporalium morborum docetur exemplo. Si enim vis noxii humoris obsederit caput, *cephalalgica* passio nuncupatur, si pedes, *podagrica*, si manus, *chiragrica* nominatur. Totque vocabula unius humoris sortitur incommoditas, quot membrorum obsederit portiones. De visibilibus ergo ad invisibilia transeuntes, uniuscujusque animæ partibus unumquodque vitium inesse credimus. Quam sapientissimi quique tripartitæ definierunt esse virtutis. Nam et rationabilis est, et irascibilis, et concupiscibilis. Secundum ergo qualitatem vitiatæ partis, infectio cujusque pestis nominatur : nam si rationabilem partem infecerit, cenodoxiæ, elationis, invidiæ, superbiæ, præsumptionis, hæreseos vitia procreabit. Si irascibilem vulneraverit, furorem, impatientiam, tristitiam, acediam, pusillanimitatem, crudelitatemque parturiet. Si concupiscibilem infecerit portionem, gastrimargiam, fornicationem, philargyriam, et desideria noxia terrenaque generabit. Animadverto igitur, frater, ex motibus tui, ut dixi, corporis, tuam animam suam generare mortem. Nam cum tu tantam in me, tuum præsertim magistrum, superbiam, contemptionem et præsumptionem demonstrares, apparet rationabilis tuæ animæ partem miserabiliter esse corruptam. Certis enim judiciis hæc tria in te notantur : superbia videlicet, quod tam superbe archiepiscopo respondes ; contemptio, quod sua interdicta parvipendis, quæ, licet injusta, quod absit ! essent, tamen, sicut superius probavi, timenda tibi esse debuissent ; præsumptio quoque, quod juste an injuste interdictus ad sacram celebrationem accedis. Quorum trium judicia rationabilem, ut dixi, animæ tuæ partem prædicant esse vitiatam. Reliqua autem si qua in te germinant tute ipse videris. Nam huic ego parti quam tam horribiliter corruptam cerno, quiddam ex sanctorum Patrum coemptis, sicut pollicitus sum, medelis quo revoceris ad salutem procurabo. Sed hæc procuratio nil tibi proderit, si prius vulneri quo ad mortem infixus es, satisfactionis medela non subvenerit. Quo, ut dico, per satisfactionem sanato, tumores illico superbiæ, contemptionis et præsumptionis quos in tuam animam induruisse suspicor, falce discretionis amputabis.

Deinde amputationis illius vulnera recentia, ne aliquam aliam passionem generent, pœnalis cauterio timoris ustulabis, quam usturam ne frigus impietatis tangat, charitatis ardore et oleo fovebis misericordiæ. Quod si ita feceris, et superbio illa, qua instigante responsa in me tam torva jaculatus es, et contemptio, qua meum interdictum parvipendis, et præsumptio, qua excommunicatus ad sacram celebrationem accedis, peribunt. Et rationalis pars tuæ animæ magna ex parte ad incorruptionem revertetur. Post hæc autem has virtutis species, humilitatem, patientiam et obedientiam in unum melle divinorum eloquiorum conficies, et in buxula tuæ mentis hoc antidotum diligenter recondes, unde quotidianam tua anima diætam sumens, non solum has pestes in perpetuum non germinabit, sed etiam a cæteris omnibus incorrupta fulgebit. His te, frater, monens, non fastu doctoris efferor, sed officium meæ prælationis trepidus exsequor, quibus si annueris, tuæ, ut arbitror, saluti providebis. Si autem, quod absit ! aliter pariter neglexeris, quod meis repugnent factis (sic), ab hoc te errore Dominica voce reprimo, qua ait : *Super cathedram Moysi sederunt Scribæ et Pharisæi ; quæcunque ergo dixerint vobis servate et facite, secundum vero opera illorum nolite facere : dicunt enim et non faciunt* (Matth. xxiii, 2). Scribis enim et Pharisæis, ut tu ipse melius nosti, commissa erat doctrina legis, ut eam exponerent auditoribus suis. Ideo Dominus dixit : *Super cathedram Moysi sederunt Scribæ et Pharisæi*, id est, super doctrinam legis ; quorum dictis, posthabitis factis, auditores obtemperare jussit, cum ait : *Quæcunque ergo dixerint vobis servate et facite, secundum vero opera illorum nolite facere.* Pharisæi enim quod docebant malis operibus destruebant, quod Dominus subsequenter adjunxit : *Dicunt enim, et non faciunt.* Tales sunt modo in Ecclesia episcopi, presbyteri et abbates, qui bene docent, et male vivunt ; de quorum numero et me esse confiteor. Sed tamen quia super cathedram doctrinæ et prælationis, licet indignus et imperitus, nec dicta factis compensans, sedeo, si quid boni a me in illa cathedra sedente præceptum tibi fuerit, Dominica, ut audis, admonitione observare debebis. Quod si neglexeris, Dominicis præceptis apertissime contraibis. Vale.

EPISTOLA CXXII [*olim* CXVIII].
(Anno 1014.)
Guillelmi, ducis Aquitaniæ, ad Aribertum abbatem.
(Vide infra in GUILLELMO.)

EPISTOLA CXXIII [*olim* CXVIII *bis*].
Sancto et venerabili Andegavensium episcopo N., ISEMBERTUS, humilis Pictavorum sacerdos, suffragium orationis et fidelitatis obsequium.

Cum mihi constans dilectionis vestræ sit habitus,

eo magis gauderem, præsul optime, quo vobis sæpius placitura facerem. Noverit ergo serenitas vestra quod libentissime venirem ad pretiosissimam dedicationis templi vestri solemnitatem, nisi detineret me causa hujusmodi : Dominus noster Guillelmus comes, habito consilio cum Italis, præcepit mihi, et dominis meis Isloni atque Rohos coepiscopis, sua quædam seria procurare, quæ nullatenus sunt nobis postponenda. Hac de causa, quia charitatem vestram invitatus adire nequeo, non parum animum meum occupavit ægritudinis affectus : sed hoc consolor, quia spero me per Dei gratiam alias officiis vestris alacriter adfuturum. Valete coram Deo in sanitate condigna.

EPISTOLA CXXIV [olim CXIX].

Guillelmi ducis Aquitani ad Leonem Vercellensem episcopum.

(Vide infra in GUILLELMO.)

EPISTOLA CXXV [olim CXX].

Domino suo charissimo FULBERTO præsuli H. omnium expetendorum summam.

Quod ante vindemias non reviso vos, Pater, dilectissimi fratris B. morbus me detinet, cum opportunum fuerit, annuente Deo, libentissime id acturum. Scripto vestro interim quæso mihi innotescere quomodo vos agatis, et qualiter condiscipuli mei se gerant in scholis, et an melius solito celebrent canonicas horas. Mitto vobis unum ex duobus libellis quos amicus noster comes G. rogavit transcribi. Immissum cuidam hunc librum in arca mea celabat oblivio, putante me illum vobis esse delatum. Si vos vel vestros in quærendo laborare feci, mea culpa. Salutate, precor, vice mea dominum meum Sigonem et Ilidninum : priorem, animum meum, et alterum animæ meæ dimidium. Cæteri vestri omnes salvi sint in Christo, summa omnium salute vos protegente. Amen.

EPISTOLA CXXVI [olim CXXI]

Fratri E. HILDEGARIUS omne bonum optat.

Volo scribas mihi, charissime, quam bene tibi procedat scholasticum officium a domino meo præsule, rogatu meo, nuper tibi commissum ; quantum ejus gratiam inieris, qui te demulceant, qui mordeant, quam incolumis tute consistis. Prosperitas tua salus mihi est, adversitas ægritudo. Valeas semper in Christo.

EPISTOLA CXXVII [olim CXXII].

Arch. I. humilis episcopus æternam salutem.

Magnas gratias referimus vestræ charitati, petitionem nostram explere sub rationabili conditione promittenti. Cui conditioni velle nos alacriter deservire, sed minime posse, magnitudini vestræ notum facimus. Doctores enim itineris ipsi multis occupati mittere vobis non possumus. Nec ab ipso comite Vu. quærere valemus, quoniam abest in expeditionem profectus, ut aiunt, non rediturus usque ad decimum septimum Kalendas Novemb., cum sequenti die simus dedicaturi ecclesiam nostram. Nolumus ergo excellentiam vestram fatigatum iri, ne forte, cum vo- lumus præsentia vestra gaudere, aliquo vestri incommodo obiter vobis illato turbemur : quod si accideret, lætitia vestræ solemnitatis in maximum verteretur mœrorem. Valete feliciter.

EPISTOLA CXXVIII [olim CXXIII].

(Anno 1024.)

Quem jugiter in præcordiis animæ suæ fovet D. et patri suo F. HER. perpetuo vigere.

Dux noster Guillelmus vobis amicissimus profecturus est in Italiam die Jovis proxime venturo, scilicitari de causa filii sui, si cum honore et incolumitate sua fieri queat. Itali enim elegerunt eum sibi ad regem, facientes ei sacramentum, et Italiæ regnum concedendi, et Romanum imperium acquirendi, per rectam fidem, quantum possunt. Hac de causa processurus est prudens pater filium, quem supra dixi, cum ipsis deliberaturus. Nunc ergo prudentiæ vestræ est decernere utrum ad nos illo absente veniatis juxta condictum. Si veneritis, victualia vobis Deo largiente non deerunt. Unde quodlibet vobis placuerit, litteris mihi rogo significari. Interea et semper cum omnibus vestris bene valeatis, sanctissime Pater, vitæ nobis dulcedo pariter et gloria. Si transieritis Bituricas, cum Odone de Dolis amice loquimini. Inveni illum in Romano itinere prudentem virum, et spero vobis obsequentissimum fore, si quid obsequii vultis ab eo ; est etiam comiti nostro Guillelmo satelles fidelissimus et familiarissimus. Fulco comes appellatus a comite Guillelmo ne vobis inter vias technam moliatur, respondit in vera fide, sicut vobis visum est, nullam se moliturum ; velle etiam sibi præmandari vestrum adventum, ut conducat vos per sua. Prosperum iter faciat vobis Deus salutarium nostrorum.

EPISTOLA CXXIX [olim CXXIV].

*Guillelmi ducis Aquitaniæ ad marchionem ***.*

(Vide infra in GUILLELMO.)

EPISTOLA CXXX [olim CXXV].

Leonis Vercellensis ad Guillelmum ducem Aquitaniæ.

(Vide infra in GUILLELMO.)

EPISTOLA CXXXI [olim CXXVI].

Guillelmi ducis Aquitaniæ ad Leonem Vercellensem episcopum.

(Vide infra in GUILLELMO.)

EPISTOLA CXXXII [olim CXXVII].

Domino suo FULBERTO HILDEGARIUS fidelis ejus ad votum omnia bene contingere.

Priorem tuæ pœnitentiæ causam, super honore beati Hilarii suscepto, justam esse novi, Pater. Obsequens igitur mandatis tuis, cum sim tuorum minimus, vixque necessarii nomine dignus, illud competenter dixerim quod tui præsentia carere multum mihi sit incommodum, ut pote rudi, quotidie tuis eruditionibus egenti, nec non ab obsequio almæ Dei Parentis jam diu vacanti : ferre tamen hoc, et tuas licet graves ad nos veniendi protelationes, quia sic jubes, utcunque satagerem, dum certus essem ecclesiam Sancti Hilarii, a te in proximo frequentandam, aliquatenus exaltari. Tanta esset mihi exinde proventura coram Deo et hominibus gratia ! cujus spe vehementer captus mirum in modum a clientela tua tandiu abesse et a supradictæ dominæ servitio quasi emancipari pertulerim : tanti esset mihi præterea quamdam famæ tuæ minorationem abigi ! quam ingruentem video, nisi quod tu ipse loco suscepto præfueris. Sed cum te plus biennio detinuerit hinc sollicitudo pastoralis, hinc principum discordia, nec scio quando nisi illis obeuntibus componenda, orturis forsitan aliis pluribus causis te itidem remoraturis, vix ausim sperare te vel semel Pictavorum fines revisere, et, prout geris animo, illi egregio confessori Christi deservire. Sperabo tamen etiam adhuc, sicut promittis, vice tua quod potero serviens interim, lætum rei exitum mihi tibique annuere Dominum assiduis vocibus et anhelis precibus orans. Dic, quæso, Pater, quis unquam tiro sine duce militavit? Quis alto mari sine remige credere se voluit? Guillelmus comes amicus tuus et canonici nostri te resalutant adhuc fideliter. Jordanus etiam Lemovicensis episcopus, cuj olim suffragium præstitisti apud archiepiscopum Bituricensem, plurima te salute impertiens rogat suppliciter ut mittas ei Vitam sancti Leonardi, in episcopatu suo quiescentis, ut aiunt (52); sicubi reperire poteris, pulchre dicas hoc feneratum esse. Ex mea quoque parte non vos pœniteat, te dico dominum meum, charissimum tuum quoque Sigonem, probis moribus et artibus magnum, centenas millenas excipere salutes. Ne te, quæso, scripti mei tædeat et ineptiarum. Quædam legatis dicere jussi quæ audire poteris cum volueris. Vale, charissime Pater

EPISTOLA CXXXIII [olim CXXVIII].
Guillelmi ducis Aquitaniæ ad Fulbertum
(Vide infra in GUILLELMO.)

EPISTOLA CXXXIV [olim CXXIX].
Domino suo FULBERTO *episcopo* HILDEGARIUS *servulus ejus gaudium perpetuæ salutis.*

In litteris amici tui G. comitis multam deprehendere potes erga te benignitatem, familiaritatem, amicitiam, sustinentiam quæ non opus est mihi exponere tibi optime scienti. Vita tua ac illius comite, non amittes susceptum honorem, si tenere volueris. Suadeo ergo ne facias vel scribas ei repudium, si intelligis fore tibi utile et ecclesiæ tuæ restaurationi, et si est tibi animus et facultas ad ipsum veniendi, ut rogat, et mihi vicarium subrogandi vel socium addendi. Nullatenus enim ferre possum, nisi jussione tua coactus, vel absentari penitus me, vel abesse diutius obsequiis almæ Dei Genitricis et tuis, desiderans ut cervus ad fontes aquarum tuis plenius instrui documentis, omni auro et argento, ipsa etiam vita mihi charioribus. Volo interim mandes mihi, bone Pater, quid mercedis erit labori meo, tantulo scilicet, utrum jubeas ad præsens non obturari os bovis triturantis : an, velut Isaac Jacob filium suum benedicens, caligantibus oculis prophetans, in præsentique filium non videns, multa mihi bona in posterum provideas. Feria secunda post octavas Pentecostes proficiscar ad te, si potero, resciturus utrum venias ad comitem in natali sancti Joannis. Vale.

EPISTOLA CXXXV [olim CXXXI].
Domino R. venerando atque amabili decano Sancti Hilarii H. æternam salutem.

Multæ vobis gratiæ referantur ex parte Dei et domini mei episcopi, et mea, quod, sicut dicitis, rem Sancti Hilarii bene custodistis. Hinc profecto vos ejus fidelem esse amicum et nostrum, quorum vicem exsequi studueritis, certissime probatis. Quia vero nobis in præsenti vos audire non licet, de quibus nos interrogastis, significare curavimus, ut triginta quinque libras, et alias quas vobis dimisi, in opus Sancti Hilarii per consilium boni ducis Guillelmi expendatis, nullam mihi partem reservantes. Non enim possum me intromittere amplius de officio Sancti Hilarii, cum etiam via sit mihi et domino meo episcopo difficilis propter sæculi malitiam quam nostis, et ita Sanctæ Mariæ servitio tenear astrictus, ut ab hoc sine damno vel culpa dimoveri nequeam. Sed et ipsius Dei Genitricis eminentiam apud Sanctum Hilarium, si qua ex me est, hujus rei deprecari posse reor offensam : nec enim illum honorem cuilibet inferiorum postposuerim, sed [si] clientelæ Matris Domini, quæ etiam archangelorum omnium dignitati prælata est, jure, ut puta ejus alumnus quantuluscunque, me reddiderim. Dicetis ergo illi prudentissimo duci ex parte domini mei episcopi, ut tali rectori committat locum Sancti Hilarii, quem nec difficultas itineris, nec imperitia ecclesiastici ordinis ab ejus obsequio detineat. Et hæ sunt rationes de quibus Reginaldus vice dominus ad seniorem meum episcopum locutus est, et unde talem vobis finem mandamus. Nunc vestram charitatem, quæ semper mihi fuit præsentissima, rogo, dilectissime, ut omnes clericos domini nostri dulcissimi ac beatissimi Patris Hilarii, a parvo usque ad majorem, ex meo nomine salutetis, et omnibus orationum fidelia dicatis. Ipsi etiam comiti centenas millenas salutes ex mea parte conferatis, quem præ omnibus laicis diligo, memoriam ejus in orationibus meis ad Dominum faciens, qualescunque ei, pro amore et beneficiis quæ mihi exhibuit, indesinenter gratias agens. Similiter autem dominum meum Isembertum episcopum salutate, obsecro, cujus in me benignitatis ac hilaritatis quanta fuerit gratia, nullatenus dicere me sinit probitatis ejus immensa magnitudo. Sed et filium comitis et dominam comitissam, nec non et alios, quorum benevolentia etsi immeritus gaudebam, eodem salutis munere cunctos impertiri ne pigeat. Ad summam vos ipsum bene valere optans, finem orationis facio.

---

(52) Erat igitur incerta traditio

EPISTOLA CXXXVI [olim CXXXI].
(Anno 1029.)

Sacro Senonensium archipræsuli LEOTHERICO canonici Sanctæ Mariæ Carnotensis in Christo salutem et adhuc fidelitatis obsequium

Multum miramur, venerande Pater, quod bonis initiis tam malos exitus habuisti : videlicet quod nobis pastore carentibus, in altero substituendo primum bene favisti, et postremo sententiam tuam depravasti, alium [quam] quem nos elegeramus ordinando. Ne autem dicas ignorasse te electionem nostram, mandavimus tibi per diaconos nostros, Odelerium et Frotmundum, elegisse nos A. decanum, cum litteris nostris idipsum continentibus ; qui talis nobis videbatur, qualem episcopum ordinari debere dicit concilium Carthaginense quartum. Quod si posthæc alium tibi obtulerunt vel rex vel aliqui ex nostris minus sapientibus, oportuisset te causam diligenter attendere, et inter nos ipsos dijudicare, quorum sanior haberetur electio, sicut in decretis Leonis papæ significari optime nosti his verbis : *Ille omnibus præponetur, quem cleri plebisque consensus concorditer postularint : ita ut, si in aliam forte personam partium se vota diviserint, metropolitani judicio is saltem alteri præponatur, qui majoribus et studiis juvatur et meritis.* Volumus autem scire te quod ipsam electionem nostram mandavimus domno regi per suos monachos, Hernaldum priorem et Restaldum præpositum sancti Dionysii. Quibus, objicientibus nobis de Theodorico ordinando regiam voluntatem, injunximus ut dicerent regi ne id temere fieri juberet. Vocaret autem nos antea, si sibi placeret, ad curiam suam, vel suæ voluntati consensuros, vel cur dissentiremus ostensuros. His vero dictis nostris ipse domnus rex contemptis, qualem sibi libuit personam absque nostra petitione ordinari violentus acceleravit. Immemor fortasse illius dicti Constantini Christ. imperatoris, de violentia principum contra se et contra alios principes ita se habentis : *Quæcunque*, inquit, *contra leges fuerint a principibus obtenta, non valeant.* Sed, ut ad præsens de ipso taceamus, qui sane viderit utrum omnia recte agat, nec post factum pœniteat? Ad te, Pater, querimoniæ nostræ flectimus articulum, quem Ecclesiæ nostræ curam neglexisse, imo auctoritati tuæ derogare vehementer dolemus, posthabito supradicto Leonis papæ decreto. Quod si observasses, rationabiliter utique egisses, et bene nobis, ut filiis pater, consuluisses. At ipso violato quam multa alia sanctorum Patrum violaveris, tute considera. Nos tamen pauca tibi de multis scribimus. Legitur in decretis Cœlestini papæ : *Nullus invitis detur episcopus : cleri, plebis et ordinis consensus et desiderium requiratur.* Et post pauca : *Sit facultas clericis renitendi, si se viderint prægravari, et quas sibi ingeri ex transverso noverint, non timeant refutare : qui, si non debitum primum, vel liberum, de eo qui eos recturus est, debent habere judicium.* Item ex concilio Carthaginensi tertio : *Et illud est statuendum ut, quando* ad eligendum episcopum convenerimus, si qua contradictio fuerit oborta, quia talia facta sunt apud nos, non præsumant, ad purgandum eum qui ordinandus est, tres, jam, sed postulentur ad numerum supradictorum du. vel tres ; et in eadem plebe, cui ordinandus est, discutiantur primo personæ contradicentium. Postremo illa etiam quæ objiciuntur pertractentur, et, cum purgatus fuerit, sub conspectu publico ita demum ordinetur. Ecce quomodo Patrum sententiæ violantur. Nobis enim invitis obtrudere vultis episcopum, nec conceditur nobis liberum, de eo qui nos recturus sit, habere judicium ; et, cum huic qui ordinandus erat contradiceretur, minime purgata sunt quæ objiciebantur, nec personæ vel rationes contradicentium discussæ. Quæ cum ita sint, cumque legem canonicam in hoc negotio multimode solveris, monemus te non increpando, neque dijudicando, sed affectu filiorum obsecrando, ipsi legi quam offenderis reconciliatum iri; confitendo culpam et pœnitendo. Nec pudeat te dicere necessariis tuis secreto Dominum timentibus, et in lege ipsius bene eruditis, jam tandem te animadvertisse ea quæ fiunt contra statuta canonum non debere stare, sed et facientes pœnitere oportere. Quod si forte rex auctoritate tua deinceps corroborari voluerit, quod sine solutione canonum stare non possit, videris, Pater, ne adjicias peccatum super peccatum : sed aut, quantum poteris, id corroborare dissimula, aut manifeste salva legum auctoritate id te exsequi non valere proclama. Postremo suppliciter oramus hæc scripta nostra minime publicari, quæ apud tui chari pectoris secretum promere audemus. Rescribe vero nobis si quid tibi videtur contra hæc rationabiliter opponendum. Augeat tibi Deus Spiritum consilii et fortitudinis, sapientiæ et intellectus.

EPISTOLA CXXXVII [olim CXXXII].
Sanctis præsulibus G. Belvacensi, O. Aurelianensi, A. Turonensi, clerici Sanctæ Mariæ Carnotensis, famuli eorum et fratres in Domino salutem.

Conquerimur apud vos, Patres, de archiepiscopo nostro, et rege, qui nobis invitis episcopum donare volunt quemdam idiotam, ut scitis, et ejusmodi officio indignum ; precantes auxilium vestrum ut vigiletis sicut boni Ecclesiæ pastores ad portas ejus, ne introeat in illam ille talis, qui non quæsiverit intrare per ostium, sed aliunde ascendere, sicut fur et latro (*Joan.* x, 1). Vobis tribus portas custodientibus, sciatis pro certo quartum custodem addi, Odonem comitem, et nunquam recepturum illum in civitatem suam, nisi prius vestro judicio examinatum, utrum recipi debeat an non. Vigilate igitur attentius, et diligenter inquirite causam cum vestris sapientibus clericis, et nobis famulis vestris, si dignemini, nec propter regis reverentiam hoc agere pigritemini, quasi hoc pertineat ad fidelitatem ejus. Vere etenim illi fideliores eritis, si quæ sunt corrigenda in regno ejus correxeritis, et animum ejus ad eamdem correctionem compuleritis. Volumus autem scire vos A. decanum quem elegaramus factum esse monachum, nihilominus tamen nos cum optare nobis fieri episcopum; cum reprobatus fuerit ille lupus, quem probare potestis indignum. Quod vos invicem caute et diligenter et secrete deliberare petimus, utrum fieri possit an non, et nobis servis vestris ac fratribus deliberationis vestræ finem innotescere, sive litteris, sive legato fideli. Hæc autem verba nostra videte interim ne publicentur. Valete.

EPISTOLA CXXXVIII [olim CXXXIII].

Quem super omnes abbates diligunt sanctissimo patri O. canonici Sanctæ Mariæ omnium virtutum gratia præfulgere.

Obsecramus vos in nomine sanctæ Trinitatis, ne faveatis contra jus et fas partibus Theodorici simulati episcopi, neque suadeatis Odoni comiti facere cum eo concordiam contra sanctorum canonum auctoritatem. Clarissimum speculum posuit vos Deus in mundo, videte ne qualibet nigredine obscuremini, qua offuscentur alii; sed semper vero lumine resplendeatis, quo et alii possint illustrari. Valete, beatissime Pater, et rescribite nobis quid melius de hac causa vobis videtur.

EPISTOLA CXXXIX [olim CXXXIV].

In Christo sibi dilecto semperque diligendo domino RAINALDO HILDEGARIUS *servus ejus fidelis, quæ retro sunt oblivisci, et jugiter in anteriora tendere.*

Causa charitatis pollicitus sum conversari me cum Hereberto nepote tuo, usquequo fruges novæ colligantur, amice illum habiturus, interim quasi præsentiæ tuæ vicarium. Scripta quæ tibi mitti poscis, partim mittimus, partim minime, quia non sunt missu facilia: quæ vero mittuntur, et difficilia sunt cognitu et pernecessaria, de sacramento videlicet corporis et sanguinis Domini; quæ si non digne ac fideliter percipimus, vivere non habemus. De cogitationibus autem quæ se nolentibus nobis ingerunt, ita sentiebat charissimus pater noster Fulbertus: nil eas nocere, si tandem menti minime placuerint; signo crucis abigendas esse ab animo, velut muscas ab oculis importunas; rationem ponendam esse mentis custodem, rerum utilium receptricem, quibus dum occupata fuerit, ab inutilibus impeti vel penetrari non possit: cui sententiæ multas alias in Vitis Patrum consentientes reperire potes, quæ tuum animum optime relevabunt, opitulante Christi gratia, sine qua nihil valemus vel sumus. Cætera vero quæ ad præsens non mittuntur, quia nec adeo scriptu facilia, nec satis idoneum gerulum habere modo videntur, Deo volente, spero me tibi missurum vel delaturum, cum opportunum tempus et latorem invenerim. Valeas, animo meo charissime, mortuus huic mundo Christum tibi vivere noris, virtuti vivas, sit tibi mors vitiorum, ora pro me famulo tuo, Pater.

SANCTI FULBERTI

TRACTATUS

IN ILLUD ACTORUM XII, 1: *Misit Herodes rex manus, ut affligeret quosdam de Ecclesia, etc.*,

Factus in Festo sancti Petri ad Vincula.

(GALLAND. *Biblioth. vet Patr.* tom. XIV, pag. 177.)

Scripturam sacram recte, cum legit, intelligit qui modos locutionum ejus non negligit. Hos autem considerare non sufficit, nisi qui eam meditatione continua frequentius. Nam sicut, homini cuilibet frequentius colloquendo, paulatim cujus sit qualitatis advertimus, ita et morem Scripturæ sacræ, sæpius eam retractando, cognoscimus. Ipsa enim, sicut Patrum magisterio edocemur, nonnunquam, per hoc quod vituperabiliter juxta historiam gestum narrat, virtutem laude dignam juxta mysticum intellectum significat. Hoc autem in eo vel maxime claret, quod de David et Uria sacra Historia gestum refert: ubi et Uriæ innocens devotio, Judæorum infidelitatem designavit; et peccatum Davidis, sacramentum magnum Christi et Ecclesiæ figuravit. Sciendum tamen quia in his quæ historialiter acta referuntur, agentium causæ propter significationem non mutantur: ita ut nec justo aliquid de justitia sua minuat, etiamsi per quod ab eo laudabiliter gestum est, malum aliquod designetur; nec injusto justitiæ meritum conferat, etiamsi per hoc quod improbabiliter gessit, aliquod bonum figuretur. Neque enim peccatum David ideo peccatum non fuit quia bonum illud maximum figuravit, aut Uriæ innocentia malum fuit quia infidelis populi duritiam designavit. Hæc idcirco præmisimus, ne meritis apostolicis derogasse ab aliquo judicemur, cum per ea quæ de illis in hodierna lectione narrantur, aliquid quod sanctitati eorum non congruat, significare dixerimus. Hodie namque nobis, de more Ecclesiæ, apostolorum Actuum lectio recitatur, in qua frater Joannis Jacobus gladio narratur occisus, apostolus quoque Petrus et comprehensus legitur et exceptus. Digna prorsus fide historia est, etiam juxta litteram venerabiliter amplectenda; verumtamen, quia in spirituali libro Ecclesiæ continetur, et ex illa quædam Patres spiritualiter intellexisse legimus; non videtur incongruum si, historiæ veritate servata, quomodo spiritualiter tota possit intelligi demonstremus. Sed jam audiamus exordium.

I. *Misit Herodes rex manus, ut affligeret quosdam de Ecclesia* (*Act.* xii, 1 *seqq.*). Quem sub Herodis vocabulo accipere debeamus significatum, et nominis ejus appellatione et operis crudelitate docemur. Herodes quippe *pelliceus* interpretatur, quo nomine recte antiquus humani generis adversarius designatur; cujus suasionibus dum primi homines crediderunt, stola immortalitatis perdita, pelliceas tunicas mortalitatis indices acceperunt. Nam, quia pelles mortuis animalibus solent detrahi, non incongrue per pelliceas tunicas dicitur mortalitas figurari. Quas quidem tunicas Deus fecisse et homines induisse legitur; non quod eos ipse mortales creaverit, de quo Scriptura verax veraciter protestatur : *Quia Deus mortem non fecit;* sed quia, quos ad vitam æternam, si mandatum servarent, condidit, post prævaricationem mortales factos ipsa vestis qualitate monstravit. Sed hujus indumenti ipse proprie hominibus auctor exstitit, qui eis culpam qua illud mererentur promissione seductoria persuasit. Jure igitur ipse pelliceus nominatur, cujus instinctu humana natura pelliceis tunicis mortem significantibus amicitur. Rex autem Herodes iste vocatur, quia ipsum esse *regem super omnes filios superbiæ* Scriptura testatur; qui et omnibus regimini suo subjectis ad mortem perpetuam principatur. Cujus Herodis manus sunt vel maligni spiritus qui illi ad deceptionem obsequuntur, vel certe perversi homines, in quibus, juxta Pauli vocem, *iniquitatis mysterium operatur.* Hostis quippe, humanæ perditionis insatiabiliter avidus, cum ei ad votum sua solum nequitia non plenarie satisfacit, ad exsatiandam famem suæ malitiæ socios sibi vel malignos spiritus vel homines perversos adjungit. Qui nimirum ad læsionem bonorum toties manus mittit, quoties cordi eorum vel per subjectos spiritus immunda desideria injicit, vel per humanam sævitiam contra eos in exteriori acerbitate crudescit. Quod enim contra caput nostrum semel egit, hoc etiam contra nos membra ejus indesinenter agere non omittit. Nam quia mentem ejus tentando penetrare non potuit, ad perimendam carnem ipsius, manus suas, videlicet Judæos et milites Romanos, armavit. Sic ergo etiam nunc, quoties a corde electorum repellitur, ut eos saltem in corpore perimat, invidia ardescente succenditur. Ad quid autem tantopere sæviat, aperitur, cum subditur: *Ut affligeret quosdam de Ecclesia.* Ea enim quamprimum intentio illum ad contemplandam electorum innocentiam concitat, ut vel eos in culpam perversa suadendo dejiciat, vel certe, dum ejus suasionibus resistunt, eos requiescere non permittat. Justorum vero mens, quæ in superna contemplatione requiescere appetit, hoc ipso vehementer affligitur quod occulto insidiatori continua congressione repugnare compellitur;

quibus etsi numerositas triumphorum coronam victoriæ repromittit, hoc ipsum tamen quod crebro dimicare coguntur, eos vehementer affligit. Scientes namque humanam fragilitatem ad casum esse præcipitem, valde suspecti sunt, ne hostis, qui eos ad certamen frequentius provocat, remissius decertantes quandoque devincat. Notandum interea quod non dicitur : *Ut affligeret Ecclesiam,* sed *quosdam de Ecclesia;* quia, etsi fideles omnes odio generali persequitur, acerbitatem tamen illius illi gravius sentiunt, qui levibus desideriis ejus matura gravitate resistunt. Quos videlicet tanto atrocius impugnat, quanto eos fortius repugnantes considerat. Vel certe missis manibus quosdam specialiter Herodes affligit, cum, tentamenta illius aliis evadentibus, alios ad vitiorum præcipitia trahit.

II. Sequitur : *Occidit autem Jacobum fratrem Joannis gladio.* Hanc quidem beati Jacobi passionem omni veneratione suscipimus, credentes et illum pro triumpho martyrii justitiæ corona donatum, et hostem ipsius pro sua crudelitate morte æterna mulctatum. Sed quod juxta historiam semel factum audivimus, non frustra quomodo quotidie fiat mystice, perscrutamur. Quia igitur Jacobus *luctator* et *supplantator* interpretatur, et Joannes, *gratia Dei,* possunt per hæc duo vocabula duo in Ecclesia ordines figurari : unus scilicet incipientium, qui adhuc in lucta fidei contra diabolum certat; alius autem eorum qui, per gratiam Dei superato adversario, nulla jam mentis instabilitate vacillat. Is autem qui luctatur, modo supra, modo infra inspicitur; ita et qui, necdum perfecte compressis carnis motibus, contra diabolum luctantur, sic illum interdum sibi subjicientes supplantant, ut ab illo etiam aliquoties, saltem delectatione noxia, supplantentur. Quæ videlicet noxia delectatio si non cito compescitur, protinus anima, vitalis flatu justitiæ perdito, consensus gladio trucidatur. Recte ergo consensus delectationi succedens, gladius appellatur, quia, intra sanctam Ecclesiam, illi quoque qui blandimentis diaboli enormiter succumbunt, cum illis qui per gratiam Dei in virtute perfecti sunt, uno verbi semine concepti, uno sanctæ matris Ecclesiæ utero sunt renati. Sicque illos meritorum diversitas separat, ut tamen sacramentorum communio quadam, ut ita dixerim, fidei consanguinitate conjungat. Nec novum sane si semen verbum dicitur, cum et Paulus, cum idem verbum super corda Atheniensium spargeret, ab eisdem *Seminiverbius* vocatus est. Si autem per hanc Apostoli necem non mors peccati, sed carnis, accipitur, sciendum est quia crudelis adversarius, læsionem bonorum semper esuriens, cum (ut supra dictum est) ad interiorem mortem se prævalere non posse considerat, eum qui sibi resistit, saltem corporaliter trucidare festinat. Sed quolibet modo electis noceat, ejus sævitia illis maxime placet quibus, pro sua innocentia, vita fidelium displicet.

III. Unde et sequitur : *Videns autem quia placeret*

Judæis, apposuit apprehendere et Petrum. Judæi namque, qui *confitentes* interpretantur, quos alios hoc in loco designant, nisi eos qui, juxta Apostolum, *Confitentur se nosse Deum, factis autem negant?* Possunt tamen Judæorum nomine etiam immundi spiritus accipi, qui et ipsi in Evangelio, dum de obsessis corporibus pellerentur, quanquam inviti Christum Dei vivi Filium fatebantur. Sed sive perversos homines, seu immundos spiritus Judæorum vocabulo designatos accipiamus, constat profecto quia de bonorum afflictione utrique voto non dispari gratulantur. Unde et idem caput iniquorum ad persequendos bonos tanto expeditius accingit se, quanto se per hoc votis suorum amplius satisfacere sentit. Sed justo morte carnis perempto, pars iniqua exsultat, quia videlicet ille e medio subtractus est qui sub umbra suæ protectionis multos ab æstu malitiæ defendebat. Justo vero in peccati mortem delapso, tanto amplius lætitia perversis augetur, quanto is qui lapsus est, per vitæ meritum stare altius videbatur. Sed sicut supra, beati Jacobi martyrium juxta historiam venerabiliter amplexantes, quomodo juxta internam intelligentiam accipi possit ostendimus, sic nunc quoque, servato textu historiæ, quomodo juxta eumdem sensum hæc beati Petri comprehensio intelligi valeat ostendamus.

Ad investigandum mysterium comprehensionis, viam nobis aperit ipsa ejus qui comprehensus est appellatio nominis. Sicut enim fere omnes novimus, a *petra* Petrus nomen accepit. Quinam ergo hoc nomine designantur, nisi qui per mentis constantiam fortiter stare in virtutum soliditate videntur? contra quos nimirum hostis tanto acrius pugnat, quanto per illos etiam alios in virtute roborari dolens pensat. Et, quia fortassis soliditatem mentis eorum primo impetu tentationis labefactare non sufficit, more aquæ crebro superveniens, duram eorum constantiam rumpit. Nam sicut quidam ait (Ovid. *De Ponto*, lib. iv) :

Gutta cavat lapidem, non vi, sed sæpe cadendo.

Quod etiam divina Scriptura testatur : *Lapides excavant aquæ, et alluvione paulatim terra consumitur* (*Job* xiv, 19). Cum itaque diabolus fortem virum in laqueum peccati inducit, quasi ad comprehendendum Petrum manus Herodes apponit. Ubi ipsa quoque verborum proprietas est nobis magnopere perpendenda. Nam qui supra, ut quosdam de Ecclesia affligeret, manus misit, nunc, ut Petrum comprehenderet, apposuit. Sciendum itaque quia tanto se unusquisque a diabolo minus elongat, quanto ad comprehendendum culmen perfectionis minus appropiat. Unde cum aliquem ex talibus ad culpam diabolus rapit, quasi juxta se manus mittit, quia ad se eum qui non longe discesserat, retrahit. Cum vero fortem quemque atque in virtute perfectum decipere nititur et non valet, quasi ad comprehendendum Petrum, manus (ut ita dicam) arctas habet. Unde manus ut Petrum comprehendat apponit, quia ut robustum quemque decipiat, multiplices deceptionum laqueos nectit. Nulla autem callidi tentatoris arte tam cito virtus pectoris infirmatur, quam cum, roboris sui vires sibi arrogans, privata apud se exsultatione lætatur. Nam mox, a superno protectore desertus, in virtutum culmine diu minime perseverat, quia eum exinde ventus elationum perturbat. Ab alto vero corruentem adversarius excipit, cum superno auxilio destitutum per quælibet vitiorum præcipitia trahit. Quasi ergo appositis manibus Petrum Herodes apprehendit, cum illum qui per virtutum iter gradiens procul a se discesserat, protensis fraudum laqueis iterum irretivit. Ad quod astruendum si exemplum quæritur, non est opus ut longius evagemur. Quia is ipse Petrus, cujus historiam figurata interpretatione discutimus, in semetipso partim est expertus quod dicimus. Nam cujus carnem Herodes historicus apprehendit, ipsius animam jampridem Herodes typicus trinæ negationis laqueo, quasi fune torto, tripliciter alligavit. Et certe de suæ firmitatis robore multa jam experimenta tenebat : jam Christum Dei vivi Filium confessus fuerat; jam beatum se ore Veritatis audiverat; jam a soliditate inviolabilis petræ Petri agnomen traxerat; jam claves regni cœlestis acceperat : et tamen, post tot et tanta divinæ largitatis munera, cum ad horam Dominicæ passionis ventum est, quia paulo amplius de sua firmitate præsumpsit, sibimet relictus, protinus quisnam esset invenit. Qui certe in æternum periret, nisi illum benignus Jesus intuitu benignitatis suæ respiceret, respiciens emolliret, emolliens ad amaras lacrymas commoveret, commovendo ad lacrymas, crimen quod commiserat indulgeret. Quo nimirum exemplo nos infirmi ad cautelæ vigilantiam evidenter instruimur, ut mens nostra, etiam summis virtutibus prædita, semper se in humilitate deprimat, semper non ex se esse quod est, trepidare cognoscat : ne forte, dum ultra se præsumptionis aura raptatur, quanto se altius extulit, tanto gravius elidatur.

IV. Sequitur : *Erant autem dies azymorum.* Juxta litteram patet sensus, quod scilicet apostolus infra Judaicæ paschæ septimanam sit ab Herode comprehensus : dies quippe azymorum illi septem proprie vocabantur qui quartum decimum primi mensis, quo agnus immolabatur ad vesperam, ex ordine sequebantur. Evangelistarum tamen auctoritas et pascha pro azymis, et azyma pro pascha ponere consuevit, sicut facile est ei agnoscere qui eorum volumina studuerit recensere. Sed nos hæc paucis juxta historiam dixerimus; nunc interiorem sensum hujusce sententiæ videamus. Ait ergo : *Erant autem dies azymorum.* Dies azymorum omne hoc tempus accipimus quod ab adventu nostri Salvatoris usque ad finem mundi evolvitur : in quo nimirum tempore verus ille « Agnus, qui tollit peccata mundi, » immolatur; per cujus sanguinem a peccati domino fidelis populus liberatur. Unde etiam Paulus dicit :

Pascha nostrum immolatus est Christus; itaque epulemur non in fermento veteri, neque in fermento malitiæ et nequitiæ, sed in azymis sinceritatis et veritatis. Non igitur otiose comprehensionem apostoli, per quam fortis viri casus designatur, in diebus azymorum contigisse, scriptum asserui; sed nimirum significans quia, cum ab ipso humanæ conditionis primordio adversus homines invidia diaboli exarsit, a tempore tamen incarnationis Dominicæ tanto acerbius sævit, quanto sævitiæ suæ finem jamjamque imminere præsentit. Unde scriptum est: *Væ terræ et mari, quia descendit diabolus ad vos, habens iram magnam, sciens quia modicum tempus habet (Apoc.* XII, 12). Terræ quippe et maris nomine carnales quique significantur, quia et terrenis solis intendunt, et, undarum more, vicissim se saltu superbiæ superponunt; ad quos diabolus habens iram magnam descendit, quia, electorum corda deserens, in reproborum cordibus requiescit. Qui, quia jam ad beatitudinem se non posse redire considerat, quasi in solatium suæ perditionis, socios sibi, cum quibus væ in æternum habeat, coacervat.

V. Sequitur: *Quem cum apprehendisset, misit in carcerem.* Comprehensum Petrum Herodes in carcerem mittit, cum antiquus hostis justum, lethali crimine captivatum, in latebris conscientiæ peccatricis abscondit. Recte autem peccatrix conscientia appellatur carcer, quia ibi homo interior et vinculis peccatorum astringitur, et, nocte interna cæcatus, videre Solem justitiæ prohibetur.

VI. Sequitur: *Tradens quatuor quaternionibus militum custodiendum.* Inter omnes hujus lectionis sententias, ista est ad penetrandum obstrusior, quæ et ideo fortassis tam gravis ad intelligendum videtur, quia per illam grave aliquid signatur. Gratiam itaque suam nobis Dominus subministrare dignetur, quatenus sic de illa loqui possimus, ut, si quis est inter nos qui adhuc vinculis inimici teneatur astrictus, de istis quaternionibus quantum expedit audiat, audiens intelligat, intelligens doleat, dolens ingemiscat, ingemiscens talibus se exsecutoribus traditum perhorrescat, perhorrescens autem det operam ut evadat. Quia utique unusquisque quaternio quatuor sub se milites habet, quatuor quaterniones cum sibi subjectis militibus, simul viginti milites sunt. Qui numerus quia ex quinario et denario conficitur (nam et quater quini, et bis deni, viginti sunt), potest per illum universa vitiorum multiplicitas designari, quæ contra decalogi præcepta per quinque corporis sensus perpetrantur. Sed fortasse exigitur a nobis ut eosdem quaterniones, et qui sub eis militant satellites, specialiter distinguamus. Est quidem hoc aliquantulum operosum, sed et hoc duplici ratione indagare conabimur. De quibus nimirum quaternionibus ut secundum internam intelligentiam loqui apertius valeamus, primum oportet eos seorsum construere, ac deinde singulis suos milites prout ratio dictaverit, assignare.

Ponamus itaque aliquem a diabolo ita omni prorsus lumine rationis privatum, ut possit velut insipiens dicere in corde suo: *Non est Deus;* de quo plane pronuntiare possumus quia per insipientiam suam in infidelitatis est carcere mancipatus. Qui nimirum, quia alterius bona vitæ vel mala esse aliqua omnino non credit, ad vitæ præsentis bona appetenda vel mala cavenda curam suam ex toto inflectit. Unde fit ut animæ illius, jam in infidelitatis carcere retrusæ, quatuor modos perturbationum diabolus supponat, qui eam sub sæva custodia clausam teneant, ne evadat. Quæ nimirum perturbationes, etiam in anima sapientis, vicissim sibi pro causarum varietate succedunt; sed in anima insipientis perturbationes sunt, quia per eas insipiens perturbatur. In anima sapientis non tam perturbationes quam affectiones vocantur, quia, ne perturbeni, ratione sapientiæ moderantur. Primus itaque perturbationum modus, cupere; secundus, metuere; tertius, dolere; quartus, gaudere. Nec moveat quod istos perturbationum modos non eo ordine posuimus quo illos sæcularis poeta locavit, quia Scripturæ nostræ auctoritatem judicamus potiorem, in qua legitur: *Radix omnium malorum cupiditas.* Sed nec ipsi qui inter sæculi sapientes habentur, eodem illos ordine in libris suis posuerunt, aut iisdem nominibus nuncupaverunt. Ecce etenim unus eorum, cum de animabus corpore exutis secundum suam opinionem ageret, ait:

Hinc metuunt, cupiuntque, dolent, gaudentque, etc.

Alius autem, qui in scholis sæcularibus legitur, ita posuit:

                gaudia pelle,
Pelle timorem; spemque fugato, nec dolor adsit.

Ecce quod ille ultimum, iste posuit primum; quod ille primum, iste secundum; quod ille secundum, iste, mutato loco et nomine, posuit tertium. Dolor autem qui hic quarto loco est positus, ibi in tertio ponitur. Jam autem verum constat quod his quatuor perturbationibus, quasi quatuor quaternionibus, insipiens in infidelitatis carcere custodiatur inclusus. Et poeta, in eodem loco, ipsius quoque carceris fecerat mentionem, ait enim:

Hinc metuunt, cupiuntque, dolent, gaudentque, necauras
Respiciunt, clausæ tenebris et carcere cæco.

Auctoritate itaque Scripturæ nostræ primum modum perturbationis, quasi primum quaternionem, ponimus cupiditatem; secundo loco, metum; tertio, dolorem; quarto, gaudium: quod cur inter turbationes animi numeretur, inferius ostendemus. Ecce isti sunt quatuor quaterniones, quibus captivum suum diabolus custodiendum committit, quem prius in infidelitatis carcerem per insipientiæ ostium introduxit. Qui, ut præfati sumus, quia præter hoc quod corporeis oculis videt, nihil aliud credit, bonis interioribus vacuus, totus in exteriora prolabitur. Et primo quidem vallat eum cupiditas, ut habeat; secundo metus, ne amittat: tertio dolor, si amiserit; quarto gaudium, si recuperaverit. Habent autem et isti quaterniones, ad servandum captivum diaboli, singuli sub se milites suos. Vitia etenim quæ de unaquaque perturbatione quasi originaliter nascuntur, ipsi sunt milites, qui unicuique quaternioni, quasi pro adjutorio, ad peccatoris custodiam deputantur. Sub primo itaque quaternione quem cupiditatem nominavimus, primus miles est tenacia, secundus multiplicatio, tertius inaffectio, quartus voluptas. Recto siquidem ordine cupiditatem tenacia sequitur, quia tanto quisque studet strictius quod acquisitum est retinere, quanto se meminit in acquirendo gravius laborasse. Tenaciæ vero multiplicatio subnectatur, quia, dum longa sibi vitæ spatia pollicetur, instat magnopere ut quæ jam parta sunt, quotidiano fœnore cumulentur. Quod cum ad votum multiplicari contigerit, res quidem exterior dilatatur, sed ipse interius angustatur. Unde et tertio loco inaffectio subinfertur, quia tanto crudelius contra indigentiam proximi induratur, quanto sibi soli credit vir posse sufficere quæ habentur. Sed inter hæc cogitat quia frustra in congregandis tantopere desudavit, si sic ab eorum communione indigentem proximum sublevat, ut ipse quoque ab eorum usu alienus existat. Unde, quia post hæc totum se in lasciviam voluptatis dejecit, in commilitonum agmine quarto gradu voluptas incedit; per quam scilicet ita illecebris carnis suæ resolvitur, ut ei illa voluptuosorum sententia merito coaptetur : *Manducemus et bibamus, cras enim moriemur;* et : *Coronemus nos rosis, antequam marcescant;* et : *Ubique quæramus signa lætitiæ; et nullum pratum sit quod non pertranseat luxuria nostra.* Sed dum infelix anima taliter in sua voluptate resolvitur, incipit vehementer metuere, ne scilicet id quod eam tantopere delectat, ab ea subito auferatur. Unde bene loco secundi quaternionis, metus cum suis satellitibus subrogatur, quorum I est sollicitudo, II inconstantia, III fictio, IV irrationabilitas. Quod videlicet frustra sic ordinavimus, si non rationem quoque cur taliter sint ordinati reddamus.

Sollicitudo namque metum primo gradu subsequitur, quia metuentis animus, dum aliquid quod vehementer amplectitur, amittere trepidat, immensa illum suspicionum varietas turbat; quæ menti trepidæ dum damna ventura proponit, omnia illi per cogitationem irrogat quæ posse irrogare confingit. Sollicitudinem autem inconstantia comitatur, qua, dum ea quæ pati metuit, intolerabilia fore præponderat, effeminatus per ignaviam, nulla se tolerantiæ virtute confortat. Cum vero se ad tanta discrimina prævidet virtutis robore non posse subsistere, tentat magnopere si ea saltem per fictionem valeat devitare. Ac proinde post inconstantiam fictio numeratur, quia metu concussus animus, de campo confidentiæ fugiens, in duplicitatis angulo occultatur. Post fictionem autem irrationabilitas subrogatur, quia idcirco animus tam densa perturbationum nebula circumfudit, eo quod, amisso humanitatis consilio, nulla se rationis moderatione componit. Huic jam dolor, quem tertium quaternionem diximus, cum suo agmine ad captivi custodiam subrogatur. Est autem satellitum ejus primus livor, secundus amaritudo, tertius clamor, quartus crudelitas. Dolorem quippe primus livor prosequitur; quia cum alter adipiscitur quod alter amiserit, amittens in adipiscentem livore invidiæ succenditur. Livori autem amaritudo succedit, quia invidentis animus tanto ad omnes amarescit exterius, quanto, exurente invidia radices ejus intimas, succus alicujus infundit. Post amaritudinem quoque clamor non incongrue numeratur, quia amaricatus animus, cum jam flammas suas apud se ipse tolerare non sufficit, exterius eas cum clamoris vociferatione profundit, tantoque eas altius jaculatur, quanto id quod amissum est charius amabatur. Quartus in hoc agmine satellitum, crudelitas nominatur, quia exasperatus per dolorem animus, qui dolorem suum sub livoris tegmine diutius enutrivit, cum hunc clamores efferendo plene non satiat, studet inhianter ut verbis crudelibus opera crudelitatis adjungat; quæ nimirum crudelitas eousque doloris immensitate se dilatat, ut in eumdem ipsum qui dolet doloris pœnas retorqueat. Plerisque etenim accidit ut, vel rerum vel pignorum amissione turbati, dum doloris sui vulnus lenire rationis medicamine neglexerunt, in eos perturbationum fluctus inciderint, ut vel sensum communem amitterent, vel in seipsos crudeliter manus injicerent. Ecce quousque per satellites suos dolor sævit, ut, quasi parum sit ei quietem animæ perturbare, studeat illam etiam de ipso habitaculo corporis effugare!

Restat quartus quaternio, quem veteres gaudium nominaverunt, post dolorem congrue collocatus, quia, sicut dolor de re generatur adempta, ita et gaudium de re generatur adepta. Sed videndum cur majorum auctoritas, inter eas perturbationes quæ statum mentis solent avertere, gaudium numeravit, cum hoc inter fructus justitiæ sanctus Paulus apostolus computaverit, dicens : *Fructus autem spiritus, est gaudium, pax,* etc. Unde noverimus gaudium, si quando in mala significatione ponitur, non proprie, sed abusive nominari. Unde et apud Isaiam (*Isai.* XLVIII, 22), ubi nostra translatio habet : *Non est pax impiis, dicit Dominus,* alia translatio habet : *Non est gaudere impiis, dicit Dominus.* Verumtamen Apostolus cum de charitate loqueretur, hoc verbum abusive posuit, dicens : *Non gaudet super iniquitate;* cum certe quicunque super iniquitate lætatur, non gaudere, sed potius gestire dicendus est. Gaudere etenim tantummodo hominum est, gestire autem non solum hominum, verum etiam irrationabilium animalium est : unde et catuli gestire dicuntur, cum internam alacritatem gestibus caudæ vel aliorum membrorum ostentare videntur. Hoc itaque loco cum gaudium inter perturbationes animi numeratur, non proprie gaudium, sed potius gestus quidam irrationabilis est accipiendus; qui et mentem per immoderatam lætitiam a gravitatis pondere levigat, et hanc eamdem levitatem per signa exteriora demonstrat. Unde, quia per dissolutionem exteriorem demonstratam levitas interna detegitur, non incongrue ipsa dissolutio huic quarto quaternioni pro primo milite deputatur. Cum enim mens conceptam intus lætitiam gravitatis freno retinere non curat, qualis apud se intrinsecus lateat motus exterior manifestat, qua scilicet manifestatione non minimum illi dispendium irrogatur; quia, cum motus exterior ab internæ superfluitatis fontibus hauriat quidquid in externis obtutibus foris maneat, tanto jam mens vilior ab omnibus æstimatur, quanto interno ejus gazophylacio pretium gravitatis non inesse deprehenditur. Secundus in hac extrema acie miles, jactantia nominatur; quia nimium cum membra per motus inconditos dissolvuntur, lingua quoque, ruptis habenis silentii, per verba jactantiæ diffrenatur. Pro tertio adhuc milite mendacium computatur, quia qui multa de se jactanter loquitur, fieri non potest ut non etiam quædam interserat unde mentiatur. Mendacio autem superbia subrogatur, quæ supradictis omnibus materiam subministret, et ultima superatur. Nam, sicut scriptum est: *Radix omnium malorum cupiditas*, ita etiam scriptum legitur: *Initium omnis peccati superbia*. Quæ utræque sententiæ valde ab invicem discreparent, nisi aliquo modo unum essent; sed, quia una semper aliam gradu individuo comitatur, recte et *radix omnium malorum cupiditas*, et *initium omnis peccati superbia* perhibentur. Quia nisi cupidus per superbiam intumesceret, nequaquam divitiarum copia excæcare cæteros festinaret; et nisi superbus cupiditatis stimulis urgeretur, non utique ad apicem singularis potentiæ tanto opere raperetur.

VII. Sed quia hoc, quod apostolus comprehensus et quaternionibus traditus dicitur, uno modo tractavimus, libet hoc ipsum sub alia significatione exponere, et ejus judicio qui hæc fortassis legere dignabitur, utramque expositionem relinquere. Nam qui jam per divinam gratiam illuminati sumus, non nobis utique jam congruit quod *Dixit insipiens in corde suo: Non est Deus*. Et quia sæculum omne contempsimus, jam fortassis non nos cupiditas habendi inflammat, non metus amittendi sollicitat, non dolor amissi addicit, non gaudium recuperati extollit: Sunt autem alia vitia quæ nos etiam fugientes de sæculo prosequuntur; quæque nobis tanto importunius insistunt, quanto in nobis ipsis materiam importunitatis inveniunt. Ex his itaque unum assumamus, et, secundum ejus significationem, de istis quaternionibus pertractemus.

Ponamus itaque aliquem qui per delectationis suæ mollitiem in cœnum luxuriæ ceciderit: hunc sine dubio diabolus apprehendit, quia eum, libertate castitatis ablata, in servitute libidinis captivavit. Sed comprehensus peccator carceri mancipatur, si, post perpetrationem criminis, in suæ conscientiæ latebris occultatur. Nec tamen sufficit crudeli adversario suo quod captivum suum tenebris carceralibus damnat; insuper etiam custodes illi adhibet, ne evadat. Nam peccator, quem per admissum facinus diabolus captivavit, nonnunquam de ejus captione per confessionis foramen exire disponit; sed custodes adhibiti volentem exire retentant, quia difficultatum obstacula, quæ supponit, illum ne possit exire retardant. Salva itaque veritate historiæ, quaterniones quibus Petrus clausus carcere custoditur, ipsa sunt difficultatum obstacula, quibus, peccata confiteri deliberans, a confessione præpeditur. Quos nimirum quaterniones ut evidentius ostendamus, necesse est eos nominatim exprimere, et eis singulos suos milites assignare. Sed ut de aliis, sicut ordo processit, vidimus, nunc restat primus quo censeatur nomine et quo stipetur agmine videamus. Sit itaque quaternio primus, affectus peccandi: et habeat sub se milites suos, quorum primus vocetur recordatio præteritæ voluptatis, secundus excusatio fragilitatis, tertius imitatio pravitatis, quartus ratiocinatio conditionis. Recto autem ordine in quaternionum numero primus omnium affectus peccandi locatur; quia nimirum is qui in carcere est luxuriæ retrusus, citius exinde progredi festinaret, nisi eum peccare iterum delectaret; sed, quia adhuc peccare affectat, non potest, confitendo peccatum, impugnare quod amat. Sub hoc autem primo quaternione, primus miles est, ut diximus, recordatio præteritæ voluptatis; quæ quaternioni suo fœdere copulatur, ut et cum illo ad peccatoris custodiam excubet, et eidem iterum peccandi materiam subministret. Quæ nimirum recordatio tanto peccatorem ut iterum peccet violentius cogit, quanto illi expressius repræsentat voluptates suas, quas expertus est dum peccavit. Sed si per recordationem præteritæ voluptatis peccator ad repetendum peccatum urgetur, cur non ipsa in hoc agmine affectui peccandi præponitur? Si enim ista illi materiam existendi, sicut præmisimus, subministrat, plus utique videtur esse quam ipse. Sed sciendum nobis est plus esse aliquid, peccandi habere affectum, quam peccati habere recordationem. Ille etenim sic est vitium ut virtus esse omnino non possit, hæc autem sic nunc inter vitia numeratur, ut nonnunquam etiam in virtutum numero computetur; nam quæ peccatorem peccare volentem admonet ut iterum peccet, ipsa peccatorem peccasse dolentem admonet ut amplius ploret. Vel certe ideo affectui peccandi postponitur recordatio præteritæ voluptatis, quia recordari eorum proprie dicimur quæ pridem aliquo modo experti sumus; affectare autem ea etiam possumus de quibus nullum adhuc experimentum tenemus. Unde recordatio eorum nobis nunc peccatorum delectationes repræsentat quæ fecimus, affectus autem peccandi ad illa etiam nos pertrahit quæ per sensum experientiæ ignoramus. Qui ergo plus valere cognoscitur, dignum fuit ut primus in hoc agmine poneretur. Sub quo nimirum, loco secundi militis, militat excusatio fragilitatis : quia nonnunquam, dum perpetrato scelere peccator ipse quoque suo addicitur, hæc, repente interveniens, quasi blando eum alloquio consolatur. Suggerit enim illi non esse mirum si peccato consentit, quippe quem ipsa carnis fragilitas ad peccatum impellit. Tertius miles imitatio pravitatis vocatur : quia perversa mens, quæ culpam suam tegere velamento fragilitatis propriæ nititur, hanc etiam aliquoties exemplo alienæ iniquitatis tueri conatur; et, damnanda agens, inde se quasi minus damnabilem credit, quia plures socios in iniquitate invenit. Quarto gradu miles IV ingreditur, qui ratiocinatio conditionis vocatur; per quam videlicet ratiocinationem mens reproba in eam plerumque perversitatem prosilit ut reatum suum ratiocinando defendat; affirmans scilicet quia, si Deus misceri utrumque sexum noluisset, membra ipsi huic operi apta in humano corpore non locasset. Quid igitur hoc quarto satellite perversius, per quem peccator sic in tenebris interioribus coarctatur, ut totius justitiæ auctorem suæ injustitiæ suspicetur?

Hunc primum quaternionem sequitur alius, qui pudor confessionis vocatur, ordine, non crudelitate secundus. Ut quid enim in latebris conscientiæ se peccator abscondit, nisi quia pudet eum confiteri quod fecit? Sub hoc secundo quaternione, I loco levigatio militat culpæ, II longiturnitas vitæ, III præsumptio veniæ, IV torpor negligentiæ. Primas enim excubias in hoc agmine levigatio culpæ observat; quæ, dum aut nihil aut parum esse quod perpetratum est persuadet, mentem, quæ jam salubriter contristari cœperat, manu noxiæ consolationis demulcet : sicque, dum apud ejus existimationem pondus peccati levigat, agit ut eam pondus judicii quandoque intolerabiliter premat. Loco autem secundi militis, longiturnitas vitæ computatur, quia nimirum, dum mens longa sibi vitæ spatia pollicetur, serius quam oportet de peccati sui carcere per ostium confessionis egreditur. Quam etiam ad confessionis dilationem ea nonnunquam cogitatio nutrit, quod, quandocunque converlatur, veniam sibi donari præsumit, sicut scriptum est : *In quacunque die peccator conversus fuerit, et ingemuerit, salvus erit.* Quia ergo per hoc quod, sibi de divina misericordia plus justo blandiens, veniam se mereri, quandocunque redeat, repromittit, non immerito ipsa præsumptio veniæ, per quam confessio differtur, loco tertii militis numeratur. Quartus quoque miles est torpor negligentiæ; quia, dum peccator, pudori suo carnaliter prospiciens, confiteri dissimulat; dum, sibi noxie blandiens, pondus sibi sui peccati levigat; dum, de divina longanimitate præsumens, converti detrectat: repente in torpore negligentiæ resolutum dies extrema supplantat. Sed ut quid se homo in culpa tam molliter palpat? Ut quid eam tot velaminibus operit? nisi quia, amore privato se diligens, æquitatis regulam ut se diligat non assumit.

Unde et amor ipse privatus, per quem homo ab intuitu rectitudinis avertitur, hoc in loco vice quaternionis tertii computatur. In hujus comitatu primus miles est appetitus famæ, II rubor abjectionis, III rigor pœnitentiæ, IV metus perseverantiæ. In istius itaque quaternionis acie primus militat appetitus famæ, qui nimirum sic suo primicerio ad adjutorium copulatur, ut ab illo etiam generetur. Nam quisquis privato amore se amat, ad hoc magnopere nititur ut per famam laudabilem nomen suæ opinionis extendat; quæ, videlicet opinionis extensio vultum confessionis præpedit, quia difficile, imo impossibile est ut culpas suas possit pure detegere confitendo quisquis adhuc apud aliorum æstimationem gloriosus appetit apparere. Unde de hoc quoque milite alius procreatur, qui pudor abjectionis vocatur; quia tanto se quisque in confessione tardius de commissis humiliat, quanto illum amplius aut loci aut ordinis altitudo delectat. Et dum abjectus videri exterius erubescit, in interni judicis obtutibus erubescendus haberi non metuit; magisque veretur ne inter consortes despectus appareat, quam ne eum æquus Arbiter extra consortium humilium mittat. Quocirca exemplo suo Psalmista nos instruit, dicens : *Elegi abjectus esse in domo Dei mei, magis quam habitare in tabernaculis peccatorum.* Sed inter hæc sciendum quia plerumque peccatorem nec appetitus famæ, nec rubor abjectionis a confessione retrahit, sed rigor pœnitentiæ et metus perseverantiæ. Unde et hæc duo pro duobus qui restant militibus computantur, quia et ipsa maxime præpediunt ne is qui captus est erratur; quorum unum nascitur ex amore carnis, aliud ex immissione adversarii. Rigor enim pœnitentiæ qui peccatorem a confessione deterret, ex carnis amore nascitur; quia, dum apud se tacitus perpendit quanta sibi, si confessus fuerit, pro satisfactione criminis injungentur, carnis suæ teneritudini parcens, a confessione retardatur. Metus autem perseverantiæ ex immissione adversarii generatur; qui idcirco peccatorem de perseverantia reddit suspectum, ut semper illum teneat in iniquitate reclusum : ut scilicet nunquam bonum audeat inchoare, dum metuit ne possit in eo quod cœpit perdurare.

Quartus quaternio, qui profundum malorum dicitur, ultimus omnium excubat, ut commissum sibi de profundo malitiæ in profundum pœnæ pertrahat. Habet enim et ipse IV satellites ad captivi custodiam deputatos : quorum I est contemptus, II obduratio cordis, III impœnitentia, IV cæcitas mentis. De profundo enim malorum ante illos I contemptus oritur, quia, sicut scriptum est : *Peccator cum venerit in profundum malorum, contemnit.* Obduratio quoque cordis pro II milite numeratur, quia cum, considerata malorum suorum enormitate, veniam se jam non posse mereri confingit, per campos totius malitiæ mente obdurata discurrit. Obdurationem quoque cordis III impœnitentia sequitur; per quam peccator, divitias divinæ longanimitatis contemnens, dum peccata peccatis accumulat, iram sibi in die iræ, juxta

Apostolium, thesaurizat. Loco autem IV militis cæcitas mentis accipitur : quia ad normam divinæ rectitudinis pertinet ut peccator, qui sæpe in culpam videndo et contemnendo præcipitatur, in eam quandoque etiam non videns impingatur; et qui per cor impœnitens antea perdidit bene vivere, postmodum per cor divinitus excæcatum perdat etiam bene scire. Ecce in quam sævam custodiam se retrudit qui, hostis persuasionibus consentiens, delectationi noxiæ molliter acquiescit ! Ecce quam non suæ potestatis se efficit qui Satanæ potestati peccando se tradit ! Ecce quantis et quam sævis custodibus delegatur quisquis, confiteri dissimulans, in suæ conscientiæ latebris occultatur ! Cavendum itaque summopere nobis est ne unquam delectatio prava in consensum transeat, et, usque ad affectum peccandi progrediens, Satanæ nos laqueis jam captivos astringat. Si autem per nostram mollitiem jam capti tenemur, caveamus omnimodis ne in carcere retrudamur; sed quantocius ardore pœnitentiæ succensi, eos qui nos astringunt Satanæ laqueos exuamus : ne forte, si tandiu differimus, tanto difficilior jam ad progrediendum aditus pateat, quanto nos multiplex custodia undique circumvallat. Sed Petro retruso in carcere, et quaternionibus deputato, videamus quid sequitur.

VIII. *Volens post pascha producere eum populo.* Ecce ad quid captivum suum diabolus tantopere servat; ecce cur eum carceri mancipat ! Ecce cur tot et tantis eum apparitoribus delegat ! ut scilicet eum populo ad spectaculum post pascha producat. Quia enim pascha *transitus* dicitur, non incongrue per hoc vocabulum transitus uniuscujusque de hac vita signatur. Omnes quippe moriendo transimus; sed interest utrum per mortem ad mortem, an per mortem transeamus ad vitam. Per mortem enim ad mortem transeunt, quibus, post mortem carnis, restat æternus interitus mortis. Ad vitam vero per mortem transeunt, quibus, post resolutionem corporis, gaudia æterna succedunt. Ad hoc itaque captivum suum tam diligenter diabolus servat, ut eum populo ad spectaculum post pascha producat, quia ad hoc peccatorem usque ad mortem in peccato retentat, ut illum de hac vita transeuntem de carcere in carcerem mittat : de carcere scilicet tenebrosæ conscientiæ in carcerem pœnalis gehennæ. Si autem captionem istam ad eum qui, post susceptum religionis habitum, in crimen lethale corruit, proprie referamus, hoc quod ait : *Producere eum populo*, non otiose additum advertemus. Certe enim ad illud extremum judicium non solum homines, sed et boni et mali angeli deducentur. Cum ergo illi extremo judicio et homines et angelos bonos et malos adfuturos noverimus, cur religiosus in perpetrato crimine usque ad finem perdurans, soli populo produci ad spectaculum perhibetur ? Videtur itaque ad ignominiam nostram, qui sæculo renuntiavimus, additum esse quod dicitur *Producere eum populo.* Nam quia a populando populus dicitur, populari autem vastare dicimus, nobis, qu. religiosi videmur, magna profecto ignominia erit, si, post transitum vitæ hujus, illis etiam ad spectaculum derisionis producimur, qui, per lata voluptatum itinera discurrentes, vitam suam quotidie populantur.

IX. Sequitur : *Et Petrus quidem servabatur in carcere, oratio autem fiebat sine intermissione ab Ecclesia ad Deum pro eo.* Cum is qui in captionem diaboli detinetur, per se exinde exire aut non velit aut non valet, ad pietatis sanctæ matris Ecclesiæ pertinet sinum ut ei a Domino egrediendi imploret effectum. Utrumque enim a Domino necessario postulatur, quia peccator, in carcere peccati reclusus, tanta aliquoties insensibilitate obdurescit, tantis tenebris obumbratur, ut nec squalorem sui carceris sentiat, nec vincula quibus alligatus est videat. Unde quanto minus calamitatem qua punitur sentit, tanto minus ab ea desiderat liberari. Nonnunquam vero et miseriam suam videt, et erui ab illa exoptat; sed exire non prævalet, quia illa eum multiplex quaternionum custodia circumvallat. Sed, sive volens sive nolens teneatur in carcere, dignum est ut mater Ecclesia filium quem genuit recognoscat, et ei maternæ pietatis viscera, pro eo orando, intendat. Quod qua instantia sit agendum, sententia interposita manifestat. Nam eum diceretur, *Oratio autem fiebat,* interpositum est, *sine intermissione;* quia nimirum tunc quod petimus impetramus, cum nulla impetrandi difficultate ab oratione lassamur. Unde, etiam juxta litteram, quantum orationes beato Petro profuerint, aperitur, cum subditur :

X. *Cumque producturus esset eum Herodes, in ipsa nocte erat Petrus dormiens inter duos milites, vinctus catenis duabus.* Si juxta litteram ipsum ordinem apostolicæ liberationis paulo diligentius intuemur, juxta interiorem sensum, quantum peccator divinæ misericordiæ debeat, evidenter instruimur. Quid enim innuit quod apostolus tunc refertur erutus de carcere, cum jam esset populo ad spectaculum producendus, nisi quod divina pietas plerumque tunc etiam peccatorem de sua captivitate liberat, cum jam proximum est ut eum diabolus eductum de corpore ad æternam irrisionem perducat? *In ipsa nocte,* inquit, *erat Petrus dormiens.* Comprehensus Petrus in nocte dormit, quando vir fortis, in peccatum prolapsus, a cognitione sui mentis oculos claudit. Nox enim in qua dormit, ignorantia est : nisi enim seipsum et quæ circa eum aguntur, ignoraret, in sui utique considerationem oculos aperiret; aperiens, periculum suum videret, videns sentiret, sentiens doleret, dolens ingemisceret, ingemiscens autem evadere festinaret. Sed comprehensus Petrus dormit, quia quid sibi immineat non attendit. Dormit inter duos milites, vinctus catenis duabus. Iterum cogimur investigare quinam sunt isti duo milites qui dormientis Petri latus utrumque ambiunt, vel quæ sint catenæ quæ manus illas astringunt. Supra audivimus quod apostolus missus in carcerem quatuor quaternionibus sit ad custodiam delegatus; quod nos quoque quomodo specialiter intelligi possit, ostendimus. Sed cum dicitur quod inter duos milites dormiebat, intelligitur quod ei a dextro et a sinistro latere milites cohærebant; usu autem quotidianæ locutionis, pro dextro nos habere quidquid adjuvat, pro sinistro quidquid adversatur. Sit itaque miles qui dextro lateri assistit, præsumptio veniæ quam pro III milite sub secundo quaternione supra posuimus; quæ nimirum dum peccatori, quandocunque redeat, veniam repromittit, securum illum juxta se dormire facit. Miles ergo iste dextrum latus dormientis observat, quia illud scilicet pollicetur quod peccatorem, somno negligentiæ resolutum, ad veniæ præsumptionem adjuvare videtur. Sit etiam miles sinistro lateri assistens rubor abjectionis pro II milite superius quaternioni tertio deputatus; per quem videlicet ruborem abjectionis, dum peccator adversi aliquid se perpeti opinatur, eligit potius intus apud se qualicunque quiete quiescere, quam, foras excundo, abjectionis verecundiam sustinere. Duæ autem catenæ quibus dormiens vincitur, sunt consuetudo et desperatio, quibus ne bonum aliquid faciat præpeditur. Catena enim malæ consuetudinis, peccatoris manus obligantur; quia plerumque, dum ad bonum opus se conatur extendere, ab eisdem peccatis quæ consuevit facere retinetur. Catena quoque desperationis manus ejus astringit; quia tanto pigrior ad omne opus bonum efficitur, quanto jam sibi non posse prodesse quidquid boni fecerit suspicatur.

XI. Sequitur : *Et custodes ante ostium custodiebant carcerem.* Si ostium carceris aditum confessionis accipimus, custodes qui ante ostium excubant, sunt illa difficultatum obstacula quæ jam supra nominatim in descriptione secundi quaternionis expressimus. Sed licet hic parum persistere, et captivi hujus miserias exprimere. Ecce etenim quia hosti blandienti consentit, ab eodem est atrociter apprehensus. Ecce quia confiteri distulit, in carcerem est retrusus! Ecce illi jam retruso multiplex quaternionum custodia exterius adhibetur. Ecce intra ipsum quoque carcerem catenis astrictus a militibus observatur! Quando ergo evadit, quem intus et extra tam multiplex custodia circumvallat? Sed ubi humana major miseria, ibi plerumque major claret divina misericordia; nam sequitur :

XII. *Et ecce angelus Domini astitit, et lumen refulsit in habitaculo.* Notandum magnopere video quod dicitur, *Et ecce. Ecce* etenim dicere solemus, cum aliquid præter spem subito contigisse monstramus. Unde per hoc quod dicitur, *Et ecce,* repentina et inspirata subventio innuitur, quæ plerumque tunc etiam captivum de sua captivitate liberat, quando ipse quoque jam se posse liberari desperat. Sed jam videamus quisnam sit iste angelus per quem de carcere suo peccator educitur. Ipse est utique de quo per Prophetam dicitur : *Labia sacerdotis custo-*diunt scientiam, et legem requirunt ex ore ejus, quia angelus Domini exercituum est (*Malach.* II, 7). Nam quia Græce angelus, Latine dicitur nuntius, recte is qui legem annuntiat, angelus appellatur. *Sacerdotis* ergo *labia scientiam custodiunt,* quia nimirum ille sacrum ducatum populis legendo ostendit, qui, quod novit sciendo, etiam vivendo custodit. *Ex cujus ore legem requirunt,* quia prælatum suum subditus tanto reverentius audit, quanto eum intelligit non de præsumptionis, sed de scientiæ certitudine proferre quod dicit. Qui bene *angelus Domini* dicitur, quia per hoc quod legem Domini nuntiat, ad ejusdem Domini lucra, non ad suos favores, anhelat. Nam non jam proprie Domini, sed suus angelus esset, si ideo loqueretur, ut per vocem ejus exercitus Domini non cresceret, sed ut ipse, quam esset doctus et sapiens, appareret. Quia vero, per omne quod dicit, ad hoc principaliter intendit ut sui Domini exercitus augeatur, angelus Domini exercituum nominatur. De quo nimirum angelo magnopere notandum est quia non proprie stetisse, sed astitisse refertur : astare etenim proprie quasi juxta stare dicimus. Prædicator autem legem Domini nuntians, auditori suo stat quidem, sed nequaquam astat, quando ipse quidem recte juxta regulam fidei exhortatur, sed auditor id quod audit nullo amoris brachio complexatur. Valde itaque prædicator ab eo cui prædicat remotus est, quando ad cor ipsius prædicando appropinquare non valet. Unde et habitaculum talis carceris angelus non illustrat, quia, dum peccator non curat obedienter audire quod audit, lumen sanctæ prædicationis tenebras illius conscientiæ non expellit. Cum vero angelus astat, habitaculum carceris illustratur; quia cum prædicatio sancta a corde obedienti excipitur, tanto magis illud reddit perspicuum, quanto amplius per obedientiam sibi sentit propinquum. Tunc angelus non solum stat, sed etiam astat; quia vox prædicationis non solum exterius perstrepit, sed etiam interius juxta cor compunctum assistit.

Potest tamen in hoc quod angelus in carcere astitisse dicitur, adhuc aliud figurari. Nam, quia stare laborantis est vel pugnantis, quid per stantem angelum, nisi labor pœnitentiæ signatur? Angelus itaque Petrum de carcere educturus, juxta eum astat : quia nimirum prædicator peccatorem ad magnum certamen provocat, cum eum ad congressum diaboli per pœnitentiæ laborem invitat. In quo nimirum congressu, etiam contra semetipsum pugnare compellitur, cum contra delectationes peccatorum quæ se gessisse meminit reluctatur. Si enim nullus in statu pœnitentiæ labor esset, Psalmista utique non dixisset : *Laboravi in gemitu meo* (*Psal.* VI, 7). In gemitu enim suo peccator laborat, quando de malis quæ perpetravit pœnitentiæ se dolore castigat. Sed ad hujus laboris congressum tunc fortius laboratur, quando ei per prædicationis vocem passio Redemptoris ad memoriam reducitur; unde bene de angelo typum prædicatoris tenente subjungitur :

XIII. *Percussoque latere Petri, excitavit eum, a-* **A** *cens: Surge velociter. Et ceciderunt catenæ de manibus ejus.* Sicut jam et ante nos dictum est, percussio lateris commemorationem designat Dominicæ passionis. Nam quia aperto latere Redemptoris, sanguis et aqua manavit, quorum unum ad pretium, aliud vero ad lavacrum, recte hæc utraque peccatori converso ad memoriam revocantur, ut et, dignitatem sui pretii perpendens, peccare ulterius dedignetur, et, inquinatus post lavacrum, pœnitentiæ fontibus iterum baptizetur. Vel certe ideo necesse est ut pœnitens quisque angustias Dominicæ passionis ante oculos mentis suæ depingat, quatenus, exemplo illius, suum quoque animum ad tolerantiam passionum accingat. Unde quoque ipse beatus Petrus nos admonet, dicens: *Christo igitur* **B** *passo in carne, et vos eadem cogitatione armamini.* Ac si aperte dicat : Qui peccatores estis, tanto necesse est ut vestrum animum ad tolerantiam informetis, quanto eum qui peccatum non fecit, talia passum agnoscitis. Ergo quæ et quanta in carne vestra pro vobis sit perpessus Redemptor, attendite; et ita demum vos ipsos ad eamdem patientiam per cogitationem armate. Sed Petrus percussus in latere expergiscitur, quia peccator per recordationem Dominicæ passionis a somno suæ inertiæ excitatur; excitatus autem surgere velociter imperatur : ut, qui eatenus prostratus in cubili iniquitatis jacebat, nunc humiliatus per gratiam, mala quæ perpetravit relinquat. Ubi notandum quod non solum surgere, sed etiam velociter surgere jubetur; **C** quia sunt nonnulli qui, etiam post illuminationem gratiæ, bonum quod per intellectum vident, pigre exsequuntur. Sed velociter exsurgenti catenæ de manibus cadunt ; quia qui bonum quod agnovit cum fervore spiritus arripit, quidquid eum præpedire poterat citius evanescit. Catenas enim superius esse diximus, pravam consuetudinem et desperationem, quæ utræque velociter exsurgenti de manibus cadunt ; quia, cum audita prædicatione de torporis sui lecto sine mora peccator exsurgit, nec peccandi consuetudo valet illum ad peccatum retrahere, nec desperatio a speranda indulgentia deterrere.

XIV. Sequitur : *Dixit autem angelus ad eum : Præcingere, et calcea te caligas tuas. Et fecit sic.* **D** Hic etiam, juxta litteram, de virtute discretionis instruimur. Petrus enim, ut frigus noctis sibi aliquantulum temperaret, vestimentum quo induebatur, soluto cingulo, circa pedes dimisit. Exemplum nobis infirmis præbens, cum vel humana sævitia afficimur, vel corporis infirmitate gravamur, licere nobis aliquid de propositi rigore laxare : ut, dum fragilitati corporis in minimis condescendimus, vires illinc majores ad exercendum certamen fidei reparemus. Juxta internam vero intelligentiam prædicator peccatorem præcingi imperat, cum illum hortatur ut luxuriæ fluxa cingulo castitatis restringat. Hoc cingulo discipulos suos castitatis magister præcingebat, cum diceret : *Sint lumbi vestri præ-* *cincti. De hoc quoque cingulo ipse Petrus nos admonet, dicens : Succincti lumbos mentis vestræ.* Sed, quia prædicator tunc congruentius prædicat cum auditorem suum de antiquorum dictis et exemplis informat, recte Petrum angelus non solum præcingi sed etiam caligas calceare præcepit. Quid enim per caligas quibus crura muniuntur, nisi Patrum dicta et exempla signantur? quæ nimirum nos et a vulnere peccati custodiunt, et ad amorem Dei nos calefacientes accendunt. Caligas itaque nostras calceamus, cum, ex dictis et exemplis sanctorum, gressus nostrorum operum contra vulnus peccati defendimus, et ad supernam patriam, eorum imitatione calefacti, ardenti desiderio anhelamus. Nec moveat quod Ecclesiæ caligæ, nostræ dicuntur : dicta enim et exempla Patrum, et sua sunt, quia per eos exhibita; et nostra, quæ nobis ad imitandum relicta. Sciendum enim est quia hoc in loco Græcus codex non habet *caligas,* sed *sandalia,* quæ Latine dicuntur *soleæ.* Est autem genus calceamentorum quæ partem pedis inferiorem ex toto contegunt, superiorem autem intectam ostendunt. Quo nimirum genere calceamenti et apostoli usi sunt, sicut in præsenti monstratur ; et episcopi hodie, non sine certi causa mysterii, utuntur. Pars ergo hujus calceamenti quæ per terram trahitur, providentiam significat temporalium, per quam subditis a prælatis terrena subsidia ministrantur. Pars autem superior, quæ pedem intectum ex parte ostentat, est contemplatio supernorum, per quam et prælatus ipse divinis revelationibus pascitur, et his qui sibi commissi sunt spiritualem alimoniam impartitur. Hæc sandalia Petrum angelus calceare præcepit, quia et dignum valde est ut is ad quem liberandum Dominus angelum suum mittit, ad eam quandoque perfectionem attingat ut proximis ad necessitatem utramque sufficiat. Si autem quod dicitur : *Præcingere et calcea te caligas tuas,* ad doctores ecclesiasticos specialiter referimus, quibus et dicitur : *Sint lumbi vestri præcincti*; et : *Calceati pedes in præparatione Evangelii pacis,* notandum summopere est quod prius *præcingi* et postmodum *calceari* præcipitur, quia nimirum rectum ordinem in sua actione non servat qui prius pedes suos ad evangelizandum calceat, quam renes suos balteo castitatis restringat. Sed prius præcingatur, et postmodum calceetur : ut prius in se luxuriæ fluxum pudicitiæ rigore restringat, et postea, in seipso jam pacatus, in præparatione Evangelii pacis calceatis pedibus incedat. Calceatos autem pedes habere prædicatores jubentur, ut ad prædicandum parati semper esse debere monstrentur. Nam quasi discalceatus prædicator est qui non semper est ad prædicandum paratus ; quem cum subditus de aliqua necessaria quæstione interrogat, hinc primum incipit quærere, cum debeat respondere. Hoc prædicationis calceamento magistros Ecclesiæ Petrus calceabat, cum diceret : *Parati semper ad satisfactionem omni poscenti vos rationem fidei; de ea quæ in vobis est spe.* Sed ad hanc perfectionem ille quandoque pertingit qui, cum ad bonum instruitur, institutoris sui monitis reverenter obaudit. Unde post præceptum angeli obedientia Petri subinfertur, cum dicitur: *Et fecit sic.* Ad vocem enim præcipientis angeli Petrus sic facit, cum auditor prædicatori suo tanta devotione obtemperat, ut ad peragendum quod ei injungitur moras nullas innectat. Cum vero auditorem suum prædicator, ea quæ jam didicit, studiose implere considerat, magis magisque provocatur ut omnia illi quæ ad perfectionem ducunt innotescant. Unde et sequitur:

XV. *Dixit autem angelus ad eum: Circumda tibi vestimentum tuum, et sequere me.* Quod vestimentum ad corpus, hoc est justitia ad animam. Vestimentum enim tegit et calefacit, justitia quoque ab anima et frigus malitiæ expellit, et quæ in ea per peccatum sunt verenda, divino judicio abscondit. Si enim malitia frigus non esset, propheta utique sub Judææ specie de mente reproba non dixisset: *Frigidam facit cisterna aquam, sic frigidam fecit malitiam suam.* Et rursum si justitia vestimentum non esset, Psalmista utique non dixisset: *Sacerdotes tui induantur justitiam.* Nos quippe sacerdotes Domini sumus, quia membra summi sacerdotis exsistimus, et per mortificationem carnis nos ipsos hostiam vivam Domino immolamus. Qui nimirum tunc veracius justitia induimur, cum nulla quæ sunt facienda prætermittimus. Unde hic quoque notandum est quod angelus Petro nequaquam ait: *Vesti vestimentum tuum,* sed *Circumda vestimentum tuum.* Fieri enim potest in aliquo genere vestimenti si ex una parte tegamur, ut ex parte alia intecti videamur. Quando autem sic vestimur, ut nulla ex parte nudi remaneamus, hinc non tantum vestimento vestiti, sed etiam circumdati sumus. Qui igitur sic quædam bona agit ut alia negligat, et ex parte vestitus est et ex parte nudus; quia profecto eam partem sui intectam relinquit, quam velamento justitiæ operire neglexit. Petro itaque de carcere educendo præcipitur ut vestimentum suum sibi circumdet; quia nimirum necesse est ut qui perfecte a carcere peccatorum exire desiderat, sic se undique vestimento justitiæ circumtegat ut nulla quæ ad eum pertinent prætermittat. Sed ecce carcerem jam quo tenebatur, adstans angelus illustravit, quia lux sanctæ prædicationis in conscientia peccatoris emicuit. Ecce jam surrexit, quia stratum peccati in quo jacebat reliquit; ecce jam lumbos præcinxit, quia luxuriæ fluxa restrinxit; ecce jam se calciat, quia exemplis Patrum gressus sacrorum operum communivit; ecce jam vestimentum suum sibi circumdedit, quia nulla quæ didicit prætermisit. Quis jam imperfectus esse censendus est, qui tantum profecit? Sed huic angelo adhuc nec ista sufficiunt: adhuc instat, adhuc quæ novit superesse, inculcat; ut eum quem liberandum suscepit, aut obedientem perfecte excipiat, aut si obedire neglexerit, ab illius damnatione sic immunem reddat. Unde cum dixisset: *Circumda tibi vestimentum tuum,* protinus intulit dicens: *Et sequere me.*

Circumdato autem Petro vestimento suo, Petrus post angelum vadit, cum conversus peccator sic vestigiis sanctæ prædicationis inhæret, et ab itinere justitiæ nullo diverticulo transitoriæ intentionis abstinet. Post circumdationem etenim vestimenti sui angelum minime sequitur quisquis, post adimpletionem boni operis, in se et non in Domino gloriatur. Longe quippe a consectatu sui angeli deviat qui, per bonum quod agit, aliud intendit quam est illud quod singulariter appetendum ex ore sui prædicatoris audivit. Opportune igitur angelus Petrum ut sequeretur admonuit, quia sermo divinus, postquam de omnibus quæ pertinent ad nostram salutem instruit, etiam qualiter appetitum inanis gloriæ præterire debeamus ostendit. Sed cum ea quæ Petrum facere angelus monuit ad tantam perfectionem pertineant, quærit fortasse aliquis quomodo peccatori adhuc retruso in carcere hæc tantæ perfectionis instituta conveniant? Quod recte forsitan quæreretur, si nos modo ageremus de peccatore adhuc in peccati sui carcere dormiente, et non de illo potius cujus jam carcerem angelus illustravit, quem jam Dominus per compunctionis spiritum excitavit. Cui certe omne quod de perfectione dicitur, tanto verius congruit, quanto ipse se devotius per oppositum confessionis accingit. Petrus itaque, adhuc in captione positus, præcepta libertatis accipit, quia peccator tunc etiam per os prædicatoris quæque sibi agenda cognoscit, cum adhuc per aliquam mentis debilitatem in suæ conscientiæ latebris delitescit. Sed jam tandem omnem nodum debilitatis abrumpat, jam angelum præcedentem sequatur, jam præcepta perfectionis non se frustra audisse testetur. Quid adhuc in carcere facit, ad quem liberandum jam angelum suum Dominus misit?

XVI. Sequitur: *Et exiens sequebatur eum, et nesciebat quia verum est quod fiebat per angelum; existimabat autem se visum videre.* Tanta fuerat custodia circumseptus, ut visum se videre æstimaret, etiam cum eum in veritate angelus liberaret. Solet enim in animo humano, ex consideratione præteritæ tribulationis, ista liberationis hæsitatio generari; quia cum immensitatem periculorum per quam transivit reminiscitur, quomodo potuerit evadere, apud se ipse quasi dubitando miratur. Unde est illa vox beatorum martyrum per Psalmistam dicentium: *Torrentem pertransivit anima nostra, forsitan pertransisset anima nostra aquam intolerabilem.* Non enim idcirco dicitur *forsitan* quasi vere de sua liberatione dubitent; sed, verbo hæsitationis illius per quam transierunt, insinuant, quod bene etiam mysterio significationis cooptatur. Nam quia in die clare videmus, in nocte vero sub visu dubio caligamus, quid per visionem divinam nisi manifesta veritas, quid per nocturnam, nisi dubia designatur? In die itaque non immerito jam esse dicuntur qui, remota omnis corruptionis caligine, claritatem veritatis incommutabiliter contuentur. Nos, qui adhuc in hujus exsilii cæcitate detinemur, sicut scilicet *ex parte sci-*

mus, et ex parte prophetamus, sic etiam ex parte videmus. Quia etsi jam videmus per fidem, nondum tamen per speciem. Per quam videlicet fidei visionem sic jam in spe de nostra liberatione gaudemus, ut tamen, de occulta super nos interni judicis dispositione solliciti, liberationem nostram clare conspicere non possimus. Nam, ut scriptum est : *Omnia in futurum servantur incerta, et nescit homo utrum amore an odio dignus sit.* Petrus itaque, et cum angelum sequitur, visum se videre arbitratur ; quia peccator conversus etsi jam carcerem exivit, quia culpas suas detexit, etsi jam angelum sequitur, quia bona quæ per prædicatorem didicit operatur : oportet tamen ut omnes profectuum suorum gradus quasi visionem nocturnam existimet ; quia, etsi ipse jam utique videt quod agat, utrum in his tamen perseveraturus sit, vel ab interno qualiter æstimetur, ignorat.

XVII. Sequitur : *Transeuntes autem primam et secundam custodiam, venerunt ad portam ferream, quæ ducit ad civitatem, quæ ultro aperta est eis.* Supra legimus quod comprehensus Petrus traditus fuerit quatuor quaternionibus, id est, simul viginti militibus. Unde datur intelligi quod iidem ipsi qui custodiendum susceperant, ut eum cautius observarent, in binas se diviserunt custodias. Præter istos enim, alios illi custodes deputatos non legimus. Quia ergo iidem ipsi in primam et secundam custodiam distinguuntur, nos quoque juxta sensum interiorem easdem custodias dividamus. Sed ab hac divisione illos duos milites sequestremus, inter quos eum dormire supra ostendimus. Illis ergo duobus exceptis, quomodo reliqui in primam et secundam custodiam dividi valeant videamus. Primum itaque quaternionem, quem affectum peccandi nominavimus, cum suo agmine pro prima custodia habeamus. Recte etenim ipse et milites sui pro prima custodia deputantur, quia scilicet, ut supra dictum est, idcirco peccator de carcere suo exire detrectat, quia eum peccare iterum delectat. Pro secunda quoque custodia, secundum quaternionem, qui pudor confessionis est, cum suis militibus deputemus. Congruenter autem et ipse pro secunda custodia collocatur, quia et prius nos in peccatum præcipitat affectus peccandi, et subsequenter pudor confessionis in peccato retentat. Sed quia angelum sequitur, a neutra harum custodia detinetur ; quia qui prædicatorem veritatis obedienter auscultat, nec per peccandi affectum peccatum iterat, nec per pudorem confessionis ea quæ commisit occultat. Cum ergo post angelum vadit, utramque custodiam sine læsione pertransit ; quia prædicator suus ex Scripturis sanctis ei assidue arma subministrat quibus se contra pericula circumjecta defendat. Ne enim illum peccandi affectus ad iterandum peccatum pertrahat, sententia eum de Scripturis per prædicatorem adhibita castigat : *Fili, peccasti ? ne adjicias iterum, sed et de præteritis deprecare, ut tibi dimittatur.* Et Apostolus : *Voluntarie peccantibus nobis post acceptam notitiam veritatis, jam non relinquitur pro peccatis hostia (Hebr, x, 26).* Quid enim est voluntarie peccare, nisi peccandi voluntatem habere ? Quæ videlicet peccandi voluntas per participium præsentis temporis notatur. Sed ei qui voluntarie peccans est, id est, cui peccandi voluntas semper in præsenti est, pro peccatis hostia non relinquitur ; quia per oblationem corporis Christi peccatis ejus medicina nulla confertur. Item ne per pudorem confessionis peccata sua peccator abscondat, sententias illi ex Scripturis prædicator opponat : *Fili, ne confundaris confiteri peccata tua, est enim confusio adducens peccatum, et est confusio adducens gloriam ;* Et iterum : *Qui abscondit scelera sua, non dirigetur ; qui autem confessus fuerit et reliquerit ea, misericordiam consequetur.* Et Psalmista : *Revela Domino viam tuam, et spera in eo.* Hinc Jacobus apostolus : *Confitemini alterutrum peccata vestra, et orate pro invicem, ut salvemini.* Cum ergo hæc et ejusmodi exhortamenta auditori suo prædicator adhibet, quid illum nisi et affectui peccandi et confusioni confitendi resistere admonet, id est, qualiter per primam et secundam custodiam transire debeat docet ?

Sed hic forte opponitur quomodo, cum eatenus de IV quaternionibus tractaverimus, nunc de duobus tantummodo tractare videamur ? Unde sciendum quia, si subtiliter inspicimus, in duobus istis de quibus hæc diximus, duo quoque alii continentur. Et quia Scripturam sacram ille congruenter exponit qui omnibus quæ lectorem possunt movere, providenter occurrit, ostendamus, si possumus, quomodo in hac prima et secunda custodia, quam de primo et secundo quaternione confecimus, duo quoque quaterniones alii comprehendantur ; ita ut duobus illis transitis, duo quoque alii transeantur. Ecce enim primum quaternionem peccandi affectum diximus, et eumdem cum suis militibus in prima custodia collocavimus. Est autem, ut præmisimus, militum ejus primus, recordatio præteritæ voluptatis ; II excusatio fragilitatis ; III imitatio pravitatis ; IV ratiocinatio conditionis. Quartum quoque quaternionem nominavimus profundum malorum, in quod cum venerit peccator, contemnit, obduratur, impœnitens efficitur, excæcatur. Videamus ergo quomodo duo isti quaterniones et eorum milites inter se vicissim contineantur, ita ut unus cum suis, alter quoque cum suis pariter superetur. Certe enim quia per affectum peccandi peccator peccatum repetit, in profundum malorum descendit ; quia per recordationem præteritæ voluptatis iniquitas illi in corde dulcescit ; de malorum suorum profundo redire contemnit ; quia culpis suis excusationem fragilitatis obtendit, paulatim adversus viscera divinæ misericordiæ obdurescit ; quia per imitationem pravitatis exempla alienæ iniquitatis attendit, non curat per pœnitentiæ correctionem emendare quod fecit ; quia reatum suum ratiocinando tueri conatur, justo judicio, rationis lumine quod ad malum intorquet privatur. Ecce primum et secundum quaternionem, utrorumque milites invicem contulimus, ut qualiter in hanc primam custodiam pariter conveniant, monstraremus. Nunc etiam per hanc primam custodiam qualiter, duce angelo, peccator transeat ostendamus. Itaque transito peccandi affectu, profundum malorum transitur; quia profecto peccata multiplicare iterando non potest qui peccandi voluntatem non habet. Transita recordatione præteritæ voluptatis, contemptus quoque pariter pertransitur; quia, dum per laudabilem oblivionem transactas delectationes a sua mente obliterat, ad eum qui se diu toleravit, citius redire postposito contemptu festinat. Transita excusatione fragilitatis, obduratio quoque cordis pariter pertransitur; quia cum, subducto excusationis velamine, semetipsum accusare incipit, confestim, per respectum divinæ gratiæ, cordis sui duritiam in lacrymis liquefacit. Transita imitatione pravitatis, impœnitentia quoque pertransitur; quia nequaquam ad malum alienæ nequitiæ exemplo informatur, dum diligenter quæ pœnitentes maneant intuetur: quin imo ad pœnitentiam tanto celerius currit, quanto ne in malis suis deprehendatur, formidolosus pertimescit. Transita ratiocinatione conditionis, cæcitas quoque mentis pariter pertransitur; quia dum lumen rationis ad culpæ defensionem nequaquam intorquet, illuminatus per gratiam, quid sequi, quid cavere debeat, lucidius videt. Ecce duo quaterniones, cum suis militibus in primam custodiam convenientes, qualiter transeantur ostendimus: nunc duo alii, qualiter in secundam conveniant, ostendamus. Secundum itaque quaternionem, qui pudor confessionis dicitur, et tertium, quem amorem privatum nominavimus, cum suis militibus pariter conferamus, et eos in secundam custodiam, prout ratio dictaverit, ordinemus. Sed, quia de istorum quaternionum agmine sunt illi duo milites inter quos per significationem captivus dormire superius dictus est, illis duobus prætermissis, de aliis videamus. De agmine itaque secundi quaternionis uno extra carcerem excubante, reliqui tres sunt levigatio culpæ, longiturnitas vitæ, torpor negligentiæ. Item de agmine tertii quaternionis, uno milite intra carcerem relicto, residui tres sunt appetitus famæ, rigor pœnitentiæ, metus perseverantiæ. Duo itaque isti quaterniones ita sibi conveniunt. Ideo namque culpas suas confiteri erubescit, quia privato amore se diligit; ideo peccatum suum excusationibus levigat, ne, apud æstimationem aliorum reprehensibilis convictus, nomen famæ, quod appetit, perdat; ideo rigorem pœnitentiæ subire refugit, quia longa sibi vitæ spatia repromittit; ideo eum torpor negligentiæ astringit, quia metus eum ad frigus perseverantiæ suspectum reddit. Et ideo ne contingat ab iniquitate redire, eligit potius semper in peccato torpere quam bonum aliquid, in quo perseverare nequeat, inchoare: cum deberet et de sua bona voluntate incipere, et de Deo perfectionem perseverantiæ sperare. Sed jam quia istos pariter contulimus, videamus nunc quomodo nihilominus transeantur. Transito itaque pudore confessionis, amor quoque privatus pariter pertransitur; quia nimirum sui ipsius adversarius efficitur, dum culpas suas detegens, salubri odio insectatur. Transita levigatione culpæ, appetitus quoque famæ pariter pertransitur; quia, dum reatum suum ipse sibi aggravat, Deo soli placere gestiens, de fama exteriori non curat. Transito rigore pœnitentiæ, longævitatis quoque promissio pariter pertransitur; quia, dum illum quem offendit placare citius concupiscit, seductoriæ dilationis inducias non admittit. Transito torpore negligentiæ, metus quoque perseverantiæ pariter pertransitur; quia, dum ferventi spiritu ipse bonum facere incipit, ex divino adjutorio hoc posse consummare se præsumit. Hoc itaque modo isti duo quaterniones cum suis satellitibus in secundam custodiam rediguntur; hoc etiam modo a peccatore converso, duce angelo, transeuntur. Sed quia jam de carcere exiit, quia primam et secundam custodiam transiit ductorem suum sequendo, videamus quo venerit.

XVIII. *Venerunt*, inquit, *ad portam ferream, quæ ducit ad civitatem*. Postquam de carcere tenebrosæ conscientiæ peccator exiit, postquam primam et secundam custodiam transiit, id est, obstacula vitiorum quæ se in peccato detinebant evadit, ad portam ferream venit; quia sola peccatorum confessio ad salutem non sufficit, si non etiam, pro his quæ commisit, per satisfactionis duritiam se affligit. Videamus David de carcere exeuntem, et ad portam ferream properantem, qui ait: *Iniquitatem meam annuntiabo, et cogitabo pro peccato meo*. Peccator etenim, cum iniquitatem suam confitendo annuntiat, de carcere exit; cum vero cogitat qualiter Deo pro unoquoque peccato satisfaciat, ad portam ferream tendit. Ipsa itaque satisfactio, qua Deo pro peccatis nostris satisfacimus, porta ferrea non inconvenienter accipitur; quia homini mollibus desideriis olim dedito valde durum est, dum conversus ad pœnitentiam cogitur, eadem desideria relinquere, carnem macerare, ingemiscere, flere, jejunare, sæculo funditus renuntiare, remotam vitam expetere, et deinceps ad alterius arbitrium vivere. Peccati ergo satisfactio recte porta ferrea nominatur, per quam homo, ut Deum sibi placatum reddat, quidquid in se carnaliter vixit, ferro duræ pœnitentiæ necat. Unde et Joannes Baptista peccatores ad se confluentes ad portam ferream invitabat, dicens: *Genimina viperarum, quis ostendit vobis fugere a ventura ira? Facite ergo fructus dignos pœnitentiæ*. Dignos enim fructus pœnitentiæ facere, hoc est ad portam ferream properare, hoc est ita plenariam Deo satisfactionem offerre ut a licitis etiam debeat abstinere qui se meminit illicita perpetrasse. Ad hanc itaque portam ferream Petrum eductum de carcere angelus ducit, quia sermo divinus, postquam nos de carcere peccati per officium confessionis extrahit, quam districta satisfactione Deum nobis placare debeamus ostendit: Quæ nimirum porrea ducit ad civitatem, quia satisfactionis angustia ad latitudinem nos supernæ civitatis intromittit. Ad cujus nimirum civitatis gaudia cum conversus peccator ferventi amore festinat, gressus desiderii ejus quælibet portæ ferreæ districtio non retardat. Unde bene porta ferrea dicitur,

XIX. *Quæ ultro aperta est eis.* Cum Petrus angelo præeunte ad portam venit, ante ipsum porta eadem se ultro aperit; quia cum conversus peccator vestigia sanctæ prædicationis cum alacritate prosequitur, cuncta illi fiunt facilia quæ prius difficilia videbantur. Et qui antea, peccatorum grossitudine dilatatus, nonnisi per ampla voluptatum incedere potuit, nunc, extenuatus lima pœnitentiæ, quaslibet augustias sine difficultate pertransit. Sed quærendum video cur sit dictum, *aperta est eis,* et non potius, *aperta est ei.* Certe angelus qui Petrum ducebat, spiritus erat, et proinde, etiam non aperta porta eadem, per subtilitatem spiritualis naturæ transire poterat. Nam carcer quoque de quo Petrum extraxit, clausus erat ; in quem tamen cum intrasset, non legitur aliqua janua patefacta. Sed hic forte opponitur quia scilicet non legitur aliquis aditus patefactus cum ad eum intravit, ita nec tunc quidem dum cum eodem exivit; ac proinde videri debere quod illum non reserato aditu eduxerit. Sed hæc opinio non mihi recipienda videtur, nisi aliquo canonicæ Scripturæ testimonio confirmetur; canonicam autem Scripturam nunc appello eam quæ in canone librorum Veteris et Novi Testamenti continetur. In qua plane nusquam me legisse recordor quod homo quispiam, mortali corpore vestitus, per aliquem aditum non apertum cum suo solido corpore transire potuerit, excepto Domino nostro Jesu Christo, qui, et cum nasceretur, non aperto ostio de ventre matris exivit, et cum resurgeret, cum eodem suo immortali sed tamen vero corpore, clausis januis, ad discipulos intravit. Nam si quis illud opponit, quod de quodam apostolo legitur, quod scilicet ad regem quemdam clausis januis intravit, exemplum hoc non me tenet, non me terret; quia ipsa quoque Scriptura in qua hoc legitur, Patrum auctoritate inter apocrypha numeratur. Potius itaque illud credendum, quod angelus qui ad Petrum in carcere non aperto aditu per subtilitatem angelicæ naturæ intravit, idem ipse, ut eum educeret, per virtutem Domini ostium carceris patefecit. Sed quolibet modo eum eduxerit, viderit ille qui fecit ; nos ad propositam redeamus quæstionem.

Quærebamus enim cur de porta pluraliter dictum sit, *aperta est eis,* et non potius singulariter, *aperta est ei;* cum utique non angelo, qui spiritus erat, sed tantum Petro, qui solido corpore vestiebatur, necessaria ista apertio videbatur. Sed ista litteræ difficultate ad internam intelligentiam mittimur, quam si paulo diligentius intuemur, videbimus statim quam congruenter ambobus aperta esse porta eadem memoretur. Sicut enim supra jam diximus, vir fortis prolapsus in peccatum per Petrum designatur, per angelum quilibet prædicator demonstratur veritatis. Jam nunc ergo investigemus quomodo prædicator cum converso peccatore ad portam ferream veniat, et quomodo portam istam cum eodem pertranseat. Videamus angelum cum Petro suo ad portam ferream properantem. Et quis verius dicendus est angelus, quam ille de quo scriptum est : *Ecce ego mitto angelum meum ante te, et præparabit viam tuam?* qui nimirum cum diceret, *Facite fructus dignos pœnitentiæ,* quid aliud agebat nisi Petrum suum, id est conversos peccatores, ad portam ferream properare monebat? Videamus nunc si et ipse per eamdem portam transierit. Et quis melius illo, imo quis adeo sicut ille qui, in indicium pœnitentiæ et afflictionis, pilis camelorum corpus suum limabat · qui in signum mortificandæ voluptatis zonam pelliceam circa lumbos habebat; qui, in documentum singularis abstinentiæ, pane contempto, locustas et mel silvestre edebat ; qui, in exemplum remotæ conversationis, in eremo consistebat? Videamus alium angelum cum Petro suo ad portam ferream properantem. Quis enim verior angelus illo qui dixit : *An experimentum ejus quæritis, qui in me loquitur Christus?* Ipse itaque Petro suo, gentibus scilicet, quas de carcere infidelitatis eduxerat, quid ait? *Sic currite ut comprehendatis*; *omnis enim qui in agone contendit, ab omnibus se abstinet.* Cum ergo eos sic currere ut comprehendant admonet, quid cum illis agit, nisi ad portam illam quæ ducit ad civitatem ubi bravium recepturi sunt tendere persuadet? Cum vero illos, exemplo sæcularis athletæ, ab omnibus quæ agonem impediunt præcipit abstinere, quid cum illis agit, nisi quomodo per portam ferream debeant intrare ostendit? Videamus nunc si et ipse hæc agat, ad quæ agendum suos sequaces informat. Ait : *Ego sic curro, non quasi in incertum ; sic pugno, non quasi aerem verberans : sed castigo corpus meum, et in servitutem redigo, ne forte, aliis prædicans, ipse reprobus efficiar.* Cum itaque et seipsum currere et pugnare insinuat, quid nisi se quoque ad portam ferream properare demonstrat? Bene ergo de hac porta dicitur, *quæ ultro aperta est eis;* quia sancti prædicatores nostri, qui nos de carcere peccatorum educunt, nobiscum portam ferream intrant, cum ipsi quoque, ut nobis exemplum pœnitentiæ præbeant, carnem suam cum vitiis et dura afflictione castigant.

XX. Sequitur : *Et exeuntes processerunt vicum unum, et continuo discessit angelus ab eo.* Quid per vicum unum, nisi mors carnis accipitur? Quæ videlicet mors carnis, bene non vicus quidem, sed vicus unus dicitur; quia per ipsam viam universitas carnis transire compellitur. Unde et in Scripturis mors eadem, via universæ carnis vocatur. Angelus itaque qui Petrum de carcere educit, quousque vicum unum procedat, eum non deserit; quia sermo divinus, qui nobis per ora prædicantium viam egrediendi de peccato ostendit, tandiu nobis individuo comitatu adhæret, quousque, morte carnis pertransita, cum nobis quem promiserat repræsentet. Nam eousque necesse est ut nobiscum pergat; quia etiam egressi de carcere citius erraremus, nisi per illum nobis iter quo deberemus ingredi monstraretur. Cum autem vicum unum procedimus, continuo angelus a nobis discedit; quia cum ipso [an ipsum], qui via, veritas, et vita est, vidimus, jam ductore ulterius non egemus.

XXI. Sequitur: *Et Petrus ad se reversus dixit : Nunc scio vere quia misit Dominus angelum suum, et eripuit me de manu Herodis, et de omni exspectatione plebis Judæorum.* Juxta litteram patet sensus quia Petrus ab illo mentis excessu in quem præ gaudio super se raptus fuerat, ad hoc redit quod intellectu communi et prius fuit. Sed si, quemadmodum cœpimus, hæc quoque verba ad internam intelligentiam referimus, magnam in eis futuræ nostræ ereptionis imaginem prævidemus, magnam et in præsenti futuræ nostræ exsultationis dulcedinem præguslamus. Nos etenim, quandiu in hujus exsilii religatione detinemur, nobiscum esse perfecte non possumus; quia imaginem illam et similitudinem quam a conditore accepimus, immunem a peccato servare, sicut condita est, non valemus. Nam quoties peccamus, et nos sumus, et nobiscum sumus; quia per peccatum subter nos lapsi, ab illius similitudine qui super nos est degeneramus. Sed cum, illis superius dictis periculis omnibus evitatis, ad eum qui nos fecit venerimus, tunc etiam ad nos ipsos perfecte revertimur, quia, peccatum nullum habentes, quales nos condidit, tales sumus. Tunc jam de nostra ereptione securi, in vocem exsultationis erumpemus, dicentes :

XXII. *Nunc scio vere quia misit Deus angelum suum, et eripuit me de manu Herodis, et de omni exspectatione plebis Judæorum.* De manu Herodis, id est, de potestate diaboli tunc in veritate eripimur, quando, de loco tentationis assumpti, ejus insidias non ulterius timemus. *De omni quoque exspectatione plebis Judæorum eripimur;* quia sive maligni spiritus, sive perversi homines, qui bonorum afflictionem inhianter exspectant, nostris casibus jam deinceps non insultant. Nec sane negligenter prætereundum videtur quod non ait *de exspectatione*, sed *de omni exspectatione*. Adversariis enim nostris toties ad spectaculum irridendi producimur, quoties eis risum de nobis, perpetrato quolibet crimine, exhibemus ; quia aliud est spectaculum iracundiæ, aliud avaritiæ, aliud gulæ, aliud luxuriæ, aliud vanæ gloriæ, aliud superbiæ. Hostes autem qui nostram irrisionem inhianter exspectant, quanto nos profundius lapsos aspiciunt, tanto, sibimet applaudentes, insultationis cachinnos altius attollunt. Quandiu vero in hac vita, quæ tota tentatio est, consistimus, etsi quædam irrisionis eorum spectacula devitamus, difficile tamen est ut non in aliquod incidamus, unde tamen, per Dei gratiam ad pœnitentiæ remedium recurrentes, quotidie liberamur. Cum vero ad illam securitatem venerimus, tunc *De omni exspectatione plebis Judæorum perfecte eripimur;* quia, morte in victoria resurrectionis absorpta, nec caro nostra ulli corruptioni exterius subjacebit, nec mentem nostram interius ulla concupiscentia titillabit. Tunc plane veraciter dicere poterimus : *Nunc scio vere quia misit Dominus angelum suum,* etc. Magnifice enim dictum est *Nunc scio vere,* ne quis videlicet vere se receptum præsumat, quousque ad illam libertatem gloriæ filiorum Dei perveniat ; quia, etsi jam per fidem nos liberatos scimus, adhuc tamen per speciem vere liberatos nos nescimus, donec ipsi libertatis nostræ auctori æterna societate jungamur. Ad quam veræ ereptionis scientiam nos perducere dignetur ille magni consilii Angelus, qui nos et prius per seipsum de tenebris et umbra mortis eripuit, et quotidie per suos angelos eripit, Jesus Christus Deus et Dominus noster, cui est cum Patre et Spiritu sancto honor et gloria in sæcula sæculorum. Amen.

SANCTI FULBERTI

CARNOTENSIS EPISCOPI

TRACTATUS CONTRA JUDÆOS.

Jacob patriarchæ prophetiam insignem : NON AUFERETUR SCEPTRUM DE JUDA, *etc., in Christo Jesu completam probandum suscipit.*

(Edidit Carolus de Villiers, theologus Parisiensis, *Bbliothecæ Patrum* tom. XVIII, pag. 42, sub titulo : SERMONES CONTRA JUDÆOS. — Vide Notitiam litterariam Operibus S. Fulberti præmissam, supra, col. 167.)

I. Filii Judæorum dicunt: Non est mirum si modo captivi sumus, si Jerusalem non tenentes regem proprium non habemus; fuimus enim similiter pro peccatis nostris in Babylone captivi, regem proprium non habentes, et postea reversi in patriam habuimus reges et principes. Hæc est ergo spes nostra, ut adhuc nobis similiter eveniat cum placuerit Deo. Alii dicunt: Forsitan in aliqua parte mundi nobis incognita potest esse congregata multitudo Judæorum, quæ habeat proprium regem, ideoque non ablatum adhuc est sceptrum de Juda. Alii dicunt esse in regionibus Judæos prudentes atque potentes, qui virga directionis optime gubernant domos et familias suas, ideoque non esse ablatum sceptrum de Juda. Quibus nos primo respondemus, quoniam si ita accipienda est prophetia illa, sicut illi dicunt, neque venit Messias neque venturus est, donec omnes Judæi patresfamilias vel mortui sint, vel ita impotentes, ut nullus eorum sit in mundo, qui sciat vel possit regere domum suam, quod quia futurum non est, usque ad illum diem qui est finis omnium mortalium, nec Messias ante veniet. Quod si ita est, ad quid putamus Messias ultimo die ut veniat, quam ut eos omnes sepeliat mortuos, quos sanaturus sperabatur infirmos? Hæccine erat exspectatio gentium! quod non debent sceptrum Juda tam commune facere, nec tot reges quot patresfamilias in sua gente numerare, nusquam ante factum, neque patriarcham suum ita delirum fingere, ut grandævus senex mox moriturus magnas nugas cum magno conatu prolaturus diceret: *Congregamini, filii,* et cætera. Item si prophetia illa sic intelligenda est, quid prophetavit ille patriarcha suis Hebræis, quod prophetare non posset quilibet gentilis cæteris paganis? neque enim defuturi erant eis patresfamilias usque ad finem. Item qui sic exponit, regni majestatem minuit, prophetiæ derogat, certum de adventu Christi signum non dat, nisi bonorum omnium interitum. Aliter nos primo respondemus, quia male interpretantur prophetiam hanc, singulariter enim enuntiatum sceptrum regni, pluraliter exponendo, in baculos privatorum dissipant. Sicque adultera sceptra sanctum et plenum Deo prophetam ut fatuum et delirum senem reputari compellunt. Quid enim Israel prophetasse videretur suis Hebræis, quod prophetare non posset quilibet Græcus, Latinus, aut barbarus genti suæ? Sequens profecto sicut primus plane satagit, ut salutem perpetualiter adventus Christi effugere possit. Si sciret uspiam esse regem ex Judæis, negabit venisse Christum quia non putabit ablatum esse sceptrum de Juda; si nescierit tantumdem valebit, quia licet nesciat, ubi tamen credet esse alicubi, ideo Christum non venisse credet. Nos vero ita respondere volumus ut demonstremus quod ei nil prosit, ad negandum adventum Christi, sive unum regem, sive plures ostendat de genere Judæorum qui non sunt reges Juda. Quod cum demonstratum fuerit, de his qui alicubi sunt si forte monstrentur, supervacaneum videbitur agere. Tria ergo sunt sine quibus regnum esse non potest, terra videlicet, in qua regnum sit; populus, qui terram ipsam inhabitet, et persona regis electi, qui terram vindicet, et populum regat. Terra autem regni de quo agimus est provincia Hierosolymitana, quæ dicitur terra Juda. Populus hujus terræ fuit tribus Juda. Reges ejus usque ad Christum omnes de tribu Juda. Sicut ergo domus constat partibus suis... (55) Id est terra Juda, et rege de tribu Juda, et sicut non est domus si desit fundamentum, aut parietes, aut tectum, ita non est regnum si desit terra, aut populus, aut rex. Ubi enim pars deest, totum esse non potest. Et ubi totum est, partes quoque omnes esse necesse est. Si ergo perdita una parte, totum non est, quanto magis omnibus perditis, quod ad nihilum redactum est. Regnum autem Juda terra sua caruit, ex quo ipsa terra in manus alienigenarum venit. Populo caruit, postquam tribus Juda in omnes nationes dispersa est. Rege vero diu ante caruerat. Sic regnum Juda omnibus partibus suis dimissis regnum esse desiit. Est igitur ex tunc ablatum plane sceptrum de Juda, et declaratum quia Christus venit. Si ergo constituas, vel mendose fingas, unum Judæum, verbi gratia, Mardocheum, in Babylonia regem vel certe in Samaria, ubi decem tribus Judæorum habitabant, habentes proprium regem, qui dicebatur rex Israel, non erit tamen rex Juda, sed rex Israel, vel Babyloniæ, ad quos nullum respectum habet prophætia, quæ dicit, *Non auferetur sceptrum de Juda.* Rursus regum Juda causa effectiva erant sacerdotes qui ungebant eos in reges. Populus autem Judæorum sacerdotes cum loco sacrificandi perdidit; regnum igitur ac sceptrum indubitanter amisit. Ubi enim effectiva causa non est, effectus qui ex ea nascatur esse nullatenus potest.

II. Contra errores infidelium aliqua necessaria dicere volentes, mox a Judæis incipimus. Ipsi ergo nobis catholicis in eo se consentire dicunt, quod unum Dominum colimus omnium creatorem. Dissentiunt autem in his, quod Trinitatem personarum in unitate Deitatis non agnoscunt, et quod Christum negant Deum esse, et quod eum nondum venisse dicunt. Nos autem ab hac ultima parte contradicere inchoantes gradatim veniamus ad summam. Christum venisse probant innumerabilia. De quibus unum est vaticinium patriarchæ Jacob et legislatoris Moysis, qui certum signum adventus ostenderunt in sceptro regni Juda, dicentes: *Non auferetur sceptrum de Juda et dux de femore ejus, donec veniat qui mittendus est, et ipse erit exspectatio gentium* (Gen. XLIX, 10). Hanc autem prophetiam idcirco duobus viris simul ascribimus, quia unus illorum protulit, et alter retulit ac scribendo corroboravit. At ille qui protulit eam, id est sanctus patriarcha Jacob, erat tunc advena et peregrinus in Ægypto cum filiis suis, nihilque regia dignitas pertinere videbatur ad eos, nisi promissio tantum perficienda posteris ipsorum ad nos. Prævidebat tamen ille vir spiritualis tale quoddam regnum esse futurum de genere suo, quale in Exodo legimus dicente Domino ad filios ipsius: *Si audieritis vocem meam, et custodieritis pactum meum, eritis mihi in peculium de cunctis populis. Mea est enim omnis terra, et vos mihi eritis in regnum sacerdotale* (Exod. XIX, 5). Sacerdotale igitur regnum prævidebat, in quo solo sacrificaretur Deo, et tale quod sine sacerdotio subsistere non posset. Cujus regni locum commendat Moyses in Deuteronomio dicens: *Cave ne offeras hostiam tuam in omni loco quem videris, sed*

(55) Locus mutilus.

in eo quem elegerit Dominus in una tribuum tuarum (*Deut.* xii, 13), et de jam facta electione tribus et loci canit rex Dei psaltes dicens : *Repulit tabernaculum Joseph et tribum Ephraim non elegit, sed elegit tribum Juda, montem Sion quem dilexit* (*Psal.* lxxvii, 67). De hoc itaque vaticinans patriarcha et pro fine ejus adventum Messiæ significans, breviter loquebatur dicens : *Non auferetur sceptrum de Juda et dux de femore ejus, donec veniat qui mittendus est, et ipse erit exspectatio gentium*, sed sensus istius prophetiæ sic accipiendus est, ac si paulo pluribus verbis explicaretur hoc modo : Domus Juda, quæ nunc modica est et peregrina, crescet olim in populum magnum, et habebit in terra promissionis Dominicæ patriam suam et reges sive duces ex genere suo : nec tolletur postea regimen sive ducamen ipsius populi, de manu sui generis, ita ut transmutetur in manum alieni rectoris, donec veniat Christus. Cum ergo videritis, o Judæi, sceptrum Juda in manu regis alienigenæ transmutatum, hoc certo signo Christum venisse cognoscite. Nec exspectetis ulterius temporale regnum, quod transiit, sed gaudete perpetualiter conregnare Christo qui venit. Hujus itaque prophetiæ veritatem effectus rerum evidenter est consecutus. Postquam enim Deus in terra promissionis elegit sibi locum regni sacerdotalis, sicut præscripserat Moyses, et sic David postea factum esse cecinit, non fuit in sorte tribus Juda rector nisi de genere legitimo usque ad tempus Herodis alienigenæ qui post Hircanum regnavit Hierosolymis sub Cæsare Augusto. Quo tempore natus est Dominus Jesus in Bethlehem Judæ. Sed ex illo tempore ablatum est sceptrum de Juda temporale, et dux de femore ejus. Ex tunc igitur prophetica veritate constat, venisse Christum qui regnaturus erat in æternum. Christum etiam demonstrat venisse cessatio veteris sacrificii facta in adventu ejus, sicut prophetaverat Malachias his verbis: *Non est mihi voluntas in vobis, dicit Dominus omnipotens, et sacrificium non accipiam de manibus vestris, quia ab oriente sole, usque ad occidentem, nomen meum clarum factum est in gentibus, in omni loco offertur nomini meo sacrificium mundum, quoniam magnum nomen meum in gentibus, dicit Dominus omnipotens* (*Malach.* i, 10).

Huic prophetiæ aliorum abunde præsagia consonabant. Sed cum Judæi nullatenus eis acquiescere vellent, sed semper inhiarent jugulare victimas, et comedere carnes, compescuit Dominus superstitionem ipsorum magna vi, extrudens eos de loco regni, in quo solo, et nunquam alibi sacrificare concesserat eis lex. Sicque tandem persenserunt inviti verum esse præsagium defuncti sacerdotii sui, cum neque extra haberent sacrificandi licentiam, nec intra sua quondam mœnia facultatem. Transacto itaque veteri sacerdotio, quod ad tempus fuerat institutum, successit novum atque sempiternum Christi sacerdotium, de quo Psalmista prædixerat : *Juravit Dominus et non pœnitebit eum, Tu es sacerdos in æternum, secundum ordinem Melchisedech* (*Psal.* cix, 4).

Mutatio quoque legis Christum venisse demonstrat, quæ facta est ipso veniente, sicut supra dixerat divinus Isaias his verbis : *Erit in novissimis diebus manifestus mons domus Domini præparatus in cacumine montium, et exaltabitur super colles, et venient ad eum universæ gentes et dicent : Venite, ascendamus ad montem Domini et ad domum Dei Jacob, et annuntiabit nobis viam salutis, et ingrediemur in ea. Ex Sion enim prodiet lex, et verbum Domini de Hierusalem* (*Isa.* ii, 2). Quis autem adeo rudis, ut non intelligat in his verbis montem elevatum super montes, Christum esse regem super principes? In hujus ergo regis adventu videbat propheta legem exituram esse, non de monte Sina, ad erudiendam unam gentem sicut prius, sed de monte Sion ad docendas gentes sicut nunc factum esse videmus. Vetus autem lex quinquagesimo die post immolationem paschalis agni data est Moysi, nova lex quinquagesimo die post occisionem et resurrectionem veri Agni, sanctis apostolis inspirata est, de qua lege dicit etiam sanctus Jeremias : *Ecce dies veniunt, dicit Dominus, et confirmabo super domum Jacob testamentum novum, non secundum testamentum quod constitui patribus, in die qua apprehendi manum eorum ut educerem eos de terra Ægypti*, etc. (*Jer.* vii, 32). Quoniam igitur in adventum Christi novam legem ab ipso ferendam esse prophetæ prædixerant, et ipsa jamdudum prolata est, legislatorem quoque Christum prius venisse manifestum est. Sanctissimus quoque Daniel non solum venisse Christum, verum etiam tempus unctionis et passionis ejus, et finem sacerdotii perpetuamque desolationem Judæorum computando, demonstrat in persona Gabrielis archangeli, ad se loquentis his verbis : *Septuaginta hebdomadæ abbreviatæ sunt super populum meum et super urbem sanctam tuam, ut consumatur prævaricatio, et finem accipiat peccatum, et deleatur iniquitas, et adducatur justitia sempiterna, et impleatur visio et prophetia, et ungatur sanctus sanctorum* (*Dan.* ix, 24). Et paulo post : *Occidetur*, inquit, *Christus, et non erit ejus populus qui eum negaturus est* (*Ibid.*, 26); item paulo post : *Et in dimidio hebdomadis deficiet hostia et sacrificium, et in templo erit abominatio desolationis, et usque ad consummationem et finem perseverabit desolatio* (*Ibid.*, 27). Hujus ergo prophetiæ compendium est, quantum ad præsentem rationem pertinet, quod in hebdomada septuagesima ungendus et occidendus esset Christus, et vetus sacerdotium defecturum. Hæc autem hebdomada evolvebatur perpetuaque desolatio secutura erat, imperante Tiberio successore Aug., quando baptizatus et fuerit crucifixus Jesus Dominus. Ex tunc igitur prophetica veritate non solum venisse Christum, sed etiam unctum esse constat, et passum, vetusque sacrificium defecisse desolationem secuta. Item Christum venisse, et quis esset Christus indicavit olim forma humilitatis ejus ac passionis a multis vatibus particulatim descripta, et in solo Jesu Domino nostro tota simul inventa. Nos autem verbi gratia partem descriptionis illius subjicimus, sicut est quod in Bethlehem nasci dignatus est, juxta prophetiam Micheæ : quod super asinum sedens venit Hierosolymam, et in tempore passionis veste rubea indutus est. *Et sicut ovis ad occisionem ductus est, et cum iniquis reputatus est* (*Isa.* LIII, 7), sicut deploraverat Isaias. Quod triginta argenteis venundatus est (*Matth.* XXVI, 15) ac spinis coronatus (*Matth.* XXVII, 29) et lapide occlusus est (*Thren.* III, 53), ut lamentatus fuerat Jeremias; quod transfixis palmis ac pedibus, felle et aceto potatus est, et divisa sunt vestimenta ejus, et super tunicam ejus missa est sors (*Matth.* XXVII, 23, 24), et ipse collocatus in obscuris, sicut mortui sæculi (*Psal.* CXLII, 3), deflente David; quod cæsus est (*Matth.* XXVI, 67) et consputatus (*Marc.* XV, 19), et lancea vulneratus (*Joan.* XIX, 34), dolente Job.

Talis itaque descriptio prophetarum de humilitate et passione Christi, quoniam in solo Jesu Christo Domino nostro tota inventa est, non solum venisse Christum, sed ipsum solum vere esse Christum ostendit. Item Christum venisse, et quis esset Christus olim præsens indicatio contemporalium sibi vatum ostendit, velut Zachariæ et Elisabeth, Simeonis et Annæ, quorum gesta seu vaticinia nota sunt, et Joannis Baptistæ dicentis : *Ecce Agnus Dei, ecce qui tollit peccata mundi* (*Joan.* I, 29). Quando enim isti Dominum Jesum personaliter indicarunt, non modo venisse Christum, sed qui esset Christus, sine dubio ostenderunt. Item signa vel miracula, quæ in nativitate et baptismo et passione Domini nostri Jesu quasi extrinsecus, sed tamen divinitus facta sunt, non modo venisse Christum, sed ipsum vere esse declaraverunt, sicut visiones angelorum lætantium in Nativitate ejus, sicut stella nova rutilans ad indicium ejus, sicut magi cum muneribus venientes ad cunabula ejus, quæ miracula sic turbaverunt regem abusivum, ut in æmulationem Christi nati coævorum ejus infantium crudelissimam stragem ederet. Præterea sicut tonitruum paternæ vocis, et Spiritus sancti columbina species in baptismo ejus, et sicut quando sol obscuratus est, et terra tremuit, et velum templi scissum est in occisione ejus. Super hæc omnia Christum venisse demonstrant opera et sermones ejus, de quibus ipse confutabat olim incredulitatem Judæorum dicens : *Si opera non fecissem in eis, quæ nemo alius fecit, peccatum non haberent* (*Joan.* XV, 22). Et de quibus corroborabat inter alios fidem discipulorum Joannis Baptistæ dicens : *Hæc dicite Joanni quæ audistis et vidistis : Cæci vident, claudi ambulant, leprosi mundantur, surdi audiunt, mortui resurgunt, pauperes evangelizantur. Et beatus est qui non fuerit scandalizatus in me* (*Matth.* XI, 5). Hæc enim et alia multa facturum esse Christum prophetæ prædixerant. Quæ omnia quoniam a Domino nostro Jesu Christo fieri videbantur, ipsum vere Christum esse probabant. Cætera vero Christi adventus argumenta sicut est, quod in omnem terram exivit sonus apostolorum (*Psal.* XVIII, 5), et quod in ipso benedici videntur omnes tribus terræ (*Psal.* LXXI, 17), et alia innumerabilia sponte præterimus, quia satis copiose quod propositum fuerat demonstravimus, id est, Christum tempore suo venisse.

Nec habet Judæus quid hiscere contra. Nam si dixerit sceptrum de Juda non esse ablatum, perspicue falsus est, quia circiter annos mille dispersa est tribus Juda in omnes ventos, et locum regni sacerdotalis alieni possident. Quod si dixerit sacerdotium ejus non esse defunctum, mentitur plane, quia nec extra Hierusalem habet sacrificandi licentiam, nec intra facultatem. At si dixerit testamentum non esse finitum, et hoc præcipue falsum est, quia sine sanguine sacrificii non stat jus Veteris Testamenti. Si dixerit numerum sancti Danielis in tempore supradicto non fuisse completum, hoc quoque falsum esse rationes chronicarum facile probant. Si dixerit illum non esse Christum, cui superius relata descriptio convenit, cum testimonio prophetarum, tum etiam eo falsus esse probatur, quod nullus est alius cui convenire possit. Si novis et judicibus prophetis obgannire tentaverit, refellunt eum veteres et circumfulgentia signorum miracula. Si autem miracula Nativitatis, et cætera facta fuisse non credit, arguit eum innocentium cædes, et historiæ multæ. Magnifica vero Christi opera obumbrare non valet, quia litterarum, ædificiorum et aliis signis impressa vel expressa sunt, ut sine ruina mundi disparere non possint. Tanta igitur ratione convictus, tantisque sanctorum testimoniis confutatus Judæus, si legali et propheticæ auctoritati non acquiescit, extra synagogam ejiciendus est. Hactenus expedito quia venit Christus, et quando, et quis sit, ab hinc quia verus Deus est ingrediamur ostendere.

Hoc ergo primum ponimus, Christum super omnes homines alios excellere: sua quædam gloriosa propria manifestant, a prophetis exposita, velut hoc quia est homo de virgine natus, Isaia teste : *Et Christus est homo sine adjutorio inter mortuos liber*, teste David. Nec enim alium hominem virgo mater peperit, nec alius virtute sua liber a mortuis resurrexit. Deinde vero sunt alia Christi propria, quibus omnem supereminet creaturam, sicut illud ab Isaia cum admiratione prolatum : *Domine, quis credidit auditui nostro et brachium Domini cui revelatum est?* (*Isa.* LIII, 1.) Et illud Davidicum : *Dominus dixit ad me : Filius meus es tu, ego hodie genui te* (*Psal.* II, 7). Neque enim angelus, neque alia creatura Dei brachium est, aut in æterno die naturalis Dei filius est. De qua filiatione vel generatione divina satis exstat copiosa theologorum auctoritas ; unde rex mire sapiens subtilissimam quæstionem proponebat dicens : *Quis ascendit in cœlum atque descendit? quis continuit spiritum in manibus suis? quis colligavit aquas quasi in vestimento? quis suscitavit omnes terminos terræ? quod nomen filii ejus, si nosti?* (*Prov.* XXX, 4.) Ex his ergo propriis supradictis quæ Christum a creatura separant, sit pro ratione demonstratio divinitatis ejus hoc modo. Quidquid est aut Creator, aut creatura : proinde quod est, si creatura non est, Creator est. Cum ergo Christus sit Dei brachium, quod creatura non est, sine dubio Creator est. Item filius naturalis, et si numero differt a Patre suo, quoniam alter est, naturali tamen definitione Patri suo unum idemque est. At Christus Dei Filius naturalis es¹, Christus igitur idem quod Pater, id est Deus est. Liquet igitur Christum quia Dei brachium est Dominum esse, et quia Dei Filius est esse Deum. Præter hæc denique sunt vaticinia quædam de Christi divinitate sic aperta, ut in eorum tractatu non sit opus ulli ratiocinatione. Quoniam evidenter illum ipso nomine Dominum clamant cum laudibus Deo dignis, quamvis non sine commemoratione humanitatis ejus, qua fit ut Deus verus, et homo simul esse credatur. De quibus illud Davidicum : *Sedes tua, Deus, in sæculum sæculi,* et cætera (*Psal.* XLIV, 7). Et illud Isaiæ : *Parvulus natus est nobis, filius datus est nobis, et vocabitur nomen ejus Admirabilis , Consiliarius, Deus fortis, Pater futuri sæculi, Princeps pacis: multiplicabitur ejus imperium et pacis non erit finis* (*Isa.* IX, 6). Ubi in his verbis Isaiæ cavenda est falsa Judæorum interpretatio, qua vaticinium istud ad Ezechiæ nomen inflectere laborant, quando cum Christianis simplicibus altercantur : falsa certe, quia non habetur scriptum in Hebraico, et vocabitur nomen ejus Ezechias, quod interpretatur *fortis Domini,* sed vocabitur nomen ejus Elgiber, quod interpretatur *Deus fortis,* quod nomen, id est *El*, soli Deo convenit, et non Ezechiæ, cui nec cætera quæ sequuntur convenire possunt. Cæterum in vaticinio David, simul cum divinitate Christi, diligenter attendenda est distinctio Patris, Filii et Spriritus sancti. Cum enim dicitur : *Sedes tua, Deus, in sæculum sæculi : virga directionis virga regni tui. Dilexisti justitiam et odisti iniquitatem* (*Psal.* XLIV, 7, 8), ad Filium Domini loquitur. Cum dicit : *Propterea unxit te Deus, Deus tuus* (*Ibid.*, 8), de Deo Patre loquitur. Cum vero subjungit, *oleo lætitiæ* (*Ibid.*), Spiritum sanctum significat, nihilominus Deum, ut loco suo demonstrabitur.

III. Magna dissensio est inter filios hominum cum de multis aliis, tum etiam de confessione fidei. Quod videns Apostolus dicebat : *Nos prædicamus Christum crucifixum, Judæis quidem scandalum, gentibus autem stultitiam, ipsis autem vocatis Judæis atque Græcis Dei virtutem et Dei sapientiam* (*I Cor.* I, 23, 24). Non solum autem Gentiles et Judæi, sed et ipsi quidem qui se Christianos appellari volunt, nimiam habent inter se differentiam. Cum alii eorum catholici sint, alii hæretici multis modis. Ego vero Fulbertus, qui pono talia, licet peccator et indignus episcopus, tamen, quia vel fide catholicum me esse desidero atque profiteor, gratia Dei volo aliis, quibus potero, de mea fide et suo errore aliquam portiunculam reddere rationis ejus quæ in me satis est et copiose. Et primum quidem Judæis. Hi ergo nobis consentire dicunt in hoc : unum Deum confitemur omnium Creatorem ; dissentiunt autem de multis, sed periculosius fere de his quod Trinitatem personarum in unitate divinitatis non agnoscunt, et quod Christum Deum esse negant, vel quod nondum venisse dicunt. Qui tamen de hoc ultimo sive tertio eos rationabiliter convinceret, puto quod non habeat postea multum laborare de cæteris. Probato enim quia venit Christus, ipse poterit deinceps intimare quærenti Judæo, quid sentire de cæteris vel quid facere debeat. Jam ergo incipiamus.

Christum venisse probat impleta prophetia, quam scripserat Moyses in hæc verba : *Non auferetur sceptrum de Juda et dux de femore ejus, donec veniat qui mittendus est, et ipse erit exspectatio gentium.* Non est enim ablatum regimen tribus Juda de manu sui generis et transpositum in manus regum alienigenarum usque ad adventum Domini nostri Jesu Christi, quem nos catholici Christiani suscepimus; est autem ex tunc revera ablatum sceptrum de Juda, et transpositum in manus extraneas ejusdem Domini nostri Jesu Christi. Ex tunc igitur auctoritate prophetica patet venisse illum qui mittendus erat, id est Christum. Ecce propositionem nostram succincte conclusimus ; nunc ad approbationem ipsius historicam veritatem breviter attingamus. Demonstrantes quales Judæorum populus de genere suo rectores habuerit, quando amiserit, et quomodo sibi ablatio regiminis et adventus Messiæ concurrerint in diebus Herodis. Igitur post Moysen, qui prophetiam hanc protulit, et Jesum successorem ejus, rectores habuit populus Judaicus de genere suo, qui judices appellati sunt, usque ad tempus Samuelis prophetæ. Deinde qui reges appellati sunt, similiter de genere suo, Saulem, David et plures alios, usque ad transmigrationem Babylonis. In ipsa quoque transmigratione non defuerunt illi de genere suo rectores et consolatores Deo pleni, et ipsis regibus excellentiores, sicut Jeremias et Daniel prophetæ. Post reditum de Babylone fuerunt illi similiter de genere suo bene disciplinata regimina pontificum, usque ad Aristobuli tempus, qui pontifex Judaici populi similiter de genere suo et rex ultimus fuit. Hunc autem Aristobulum expugnata Hierosolyma vinctum cum liberis Romam misit Pompeius Romanorum dux, Hircano fratri ejus pontificatum relinquens. Omnem vero Judæorum gentem ultimus pontifex per legitimam successionem generis fuit. Herodes primus ex alieno genere rex Judæorum factus est per senatusconsultum, imperante Augusto. Quo tempore Christus secundum prophetiæ fidem in Bethlehem natus est. Hactenus ergo, id est, usque ad regnum Herodis et non postea, rectores habuit legitime populus Judaicus de genere suo : regno namque Judæorum disrupto atque mutato, sacerdotium quoque disruptum atque mutatum est. Herodes enim postquam regnum Judæorum a Romanis accepit, antiquo jure, hoc est, per legitimam successionem generis non constituebat pontifices, sed promiscue quibusque ignobilibus sacerdotia promittebat ad tempus. Sacra quoque veste summi pontificis sub signaculo clausa nusquam usum ejus pontificibus permittebat. Hunc ergo perversum morem tenuit post ipsum Archelaus successor ejus. Hunc deinceps tenuere Romani præpositi, donec tandem post passionem Christi destructa Hierosolyma et dispersa gente Judæorum, neque civitas illis, neque rex, neque pontifex, neque populus fuit. Et ista desolatio jugis facta est usque in hodiernum diem. Si ergo hæc ita sunt, imo quia ita sunt, quod ex prophetia concluseramus, per historiam consequenter approbavimus, id est, ex tempore quo regimen de Juda ablatum est et princeps de femore ejus, venisse Messiam. Nunc si habent Judæi quid contra murmurent, audiatur.

Hic solent autem trifariam verba dare contra rationem istam quidam ex eis Judæi. « Primum non credimus, inquiunt, venisse Christum, quia virgam regiminis Juda non putamus ablatam. Sunt enim in multis regionibus Judæi locupletes et ingeniosi qui regant strenue familias suas, et quia tales rectores adhuc esse videmus, dicimus nondum esse ablatum sceptrum de Juda, neque venisse Christum adhuc. » Potest eos quivis jocosa urbanitate deludere, simulque ratione confutare hoc modo : O Judæi, felices infortunio ! si est verum quod dicitis, nunquid non ille vos copiose mireve beavit, qui vos persuasedit atque dissipavit, si, cum in patria unum regem amiseritis, nunc in exsilio tam multa regum millia vel invenistis vel recuperastis? Sed nullus eorum chrismate legali vel spirituali unctus est, nullum populus sequitur, nec ipse populo præest, quapropter nullus eorum neque rex neque pontifex, propheta, neque dux tribus Judæ vel est vel certe appellari potest. Unde enim causæ effectivæ desunt, ibi effectus illarum esse minime possunt. O igitur dolor vel risus contra stultam atque infelicem sortem partis Judæorum, qui, cum insolenter et inconfesse regimen suum putant in turbam mittere, et applaudere sibi de multitudine regum, nullum rectorem penitus comprobantur habere! Sufficere possit ista ratio quam diximus, ad confutationem primæ partis. Sed quia bonæ causæ satis nobis rationes abundant, non pigeat illos iterato per impossibile oppugnare, hoc modo : Prophetia de qua nunc agimus, aut respicit ad tales reges, id est rusticos sive privatos, aut minime. At si respicit, et propter illorum præsentem existentiam in hac vita, constat inter vos nondum venisse Christum, propterea idem constabit nunquam esse venturum, donec omnes ita deleti sint ut nullus eorum sit in mundo qui regat familiam suam. Hoc autem quando erit? nisi in consummatione sæculi, cum, defunctis omnibus, nullus erit jam neque pœnitentiæ neque veniæ locus : et quid putabimus ut tunc veniat Messias, nisi mortuos sepelire ? Hæccine ergo erit exspectatio gentium? itane præmissa prophetia redigetur ad nihilum? Absit ! impossibile est enim mentiri Deum qui repromisit certo termino ante finem sæculi Christum suum ad salvandum genus humanum mittere. Falsi sunt igitur illi, qui dicunt prophetiam hanc ad finem talium rectorum respicere, quales certum est usque in finem sæculi perdurare.

His ita refutatis, de hac objectione refutati Judæi transeunt ad alteram, dicentes : « Non credimus venisse Christum, quia sceptrum de Juda non putamus ablatum. Quis scit enim utrum in aliqua parte mundi sit congregata multitudo Judæorum quæ regem unctum atque sacratum habeat super se de genere suo? » Ad hoc respondemus quod nullus utrinque nostrum scit nec audivit in diebus nostris Judæum regem in ulla regione mundi regnare, sed tamen si aliquis Judæus regnaret in Judæa, nunc nihilominus ablatum esset sceptrum de Juda. Per se enim regnum Juda divisum est ab aliis regnis, constans propria regione, quæ dicitur terra Juda et Benjamin, proprio rege, qui de tribu Juda. Et, sicut domus quælibet propriis partibus constat, id est fundamento, parietibus et tecto, quarum si una defuerit, domus esse non possit, ita regnum Juda partibus supradictis. Nam sive patria, sive populus, sive rex desit, regnum esse non possit. Ubi enim pars deest, totum esse non potest; et contra, ubi totum est, partes quoque esse necesse est. Quod si una parte pereunte nomen totius perit, quanto magis cunctis pereuntibus totum non subsistit? Regnum autem Juda terram suam perdidit, quando ipsa in manus extraneas venit; populo caruit, postquam in omnes nationes dispersus est populus; rege vero legitimo longe ante caruerat : sicque regnum Juda, omnibus partibus suis amissis, regnum esse desivit; manifestum est igitur, et ad extranea regna nihil pertinere sceptrum de Juda, et de suo jure esse ablatum. Quod si quis stultus putet esse vel dici regnum Juda ubicunque regnat Judæus super Judæos, refellitur et re et Scriptura. Nam cum regnarent duo reges super gentem Judæorum, unus in Hierusalem super duas tribus, et alter in Samaria super decem tribus, ille tantum vocabatur et erat rex Juda, qui regnabat in Hierusalem ; ille denique rex Israel, qui regnabat in Samaria. Si ergo sceptrum Juda non pertinet ad illum qui decem tribubus Judæorum præest in Samaria, multo minus pertinebit ad illum qui mendose fingitur rex esse aliquot Judæorum in India. Dicamus iterum : Rex Juda est vir oriundus de tribu Juda, electus, et a legitimo sacerdote sacro chrismate unctus ad regendum populum qui habitat in terra Juda. Omnis autem rex extraneus ab hac definitione alienus est. Nullus igitur ipsorum rex Juda est. Non enim possunt habere communem essentiam, quæ non habent communem definitionem. Porro conclusionem hanc altera consequitur, hoc modo : Nam si de tribu Juda legitime rex esse non poterat nisi quem sacerdos, ipse quoque unctus atque sacratus, legitima unctione sacrarat, sacerdotes autem in gente Judæorum non fuit, postquam chrisma perdiderunt et exsulaverunt de loco in quo solo eis sacrificare licebat; postquam sacerdotes qui reges unxerunt non exstiterunt, nec reges quidem existere potuerunt. Ubi enim causæ effectivæ desunt, effectus earum minime esse possunt. Concluditur itaque non solum de Juda sceptrum ablatum, sed ne regem quidem ibi postea fieri potuisse. Nunc veniamus ad tertium : « Non est nobis, inquiunt, tanti signi, quod exsules sumus nunc et sine rege, id est principe, ut propterea credamus venisse Messiam. Fuimus enim similiter in Babylone, non tamen ullo modo venit Messias, sed postea reversi Hierosolymam habuimus regnum et sacerdotium : hæc est ergo spes nostra ut, similiter nobis restitutis, cum placuerit Deo, rursus hæc adveniant. » Respondemus, quod nunc exsules et sine principe vos esse dixistis, et verum est; ibi enim collectus erat in unum populus Hierolosymis, id est, tribus Juda et Benjamin, habens secum regem et sacerdotes et prophetas suos, et promissionem datam a Domino, quod post peractam pœnitentiam septuaginta annorum redituri essent in terram suam, quam nondum tradiderat Dominus alienigenis ad habitandum, sed sicut nunc deserta remanserat. Nunc vero non est vobis collectus populus, sicut tunc, neque rex, neque sacerdotes, neque prophetæ, neque terra deserta vobis reservata, nec promissio data a Domino, quod post septuaginta annos illuc redeatis, sicut tunc, sed est potius sententia data a Domino, quod perpetua sit hæc desolatio vestra, quod in loco suo satis demonstratur, quæ vobis jam circiter annos mille persolvit, nil fraudatura vos de cæteris, usque in finem.

SANCTI FULBERTI

CARNOTENSIS EPISCOPI

SERMONES AD POPULUM.

(*Bibliotheca Patrum*, tom. XVIII, pag. 37.)

SERMO PRIMUS.

Patres venerabiles, chari fratres, filii Dei, aliquid vobis volumus memorare de iis quæ nunquam vos oblivisci oportet, videlicet quomodo credere debeatis et vivere, et si quis peccaverit, quomodo possit recuperare. Tria sunt hæc : fides catholica hæc est, ut unum Dominum in Trinitate, et Trinitatem in unitate veneremur. Multi sunt autem qui non possunt hoc intelligere, nisi per quasdam quasi similitudines inducantur. Quapropter dicamus et nos aliquid tale. In sole sunt tres naturaliter, sphæra, claritas, calor. Sphæra solis naturaliter est splendens et calens. Summus Pater naturaliter est sapiens, et amans; sphæra solis, et splendor, et calor, non sunt tres soles, sed unus sol; summus Pater et sapientia ejus, et amor ejus non sunt tres dii, sed unus est Deus; sapientia Filius Dei est, Spiritus sanctus amor est : Pater itaque et Filius, et Spiritus sanctus unus Deus est; hic Deus ante sæcula et nunc, et semper fecit omnia, visibilia et invisibilia.

Quæritur autem cur Deus Pater Filium suum, id est sapientiam, hominem fieri voluit? Respondeamus quam brevissime possumus, propter hominem utique redimendum, qui culpa sua perierat, et per se non poterat reparari. Nam antequam peccaret, homo, erat prudens et immortalis, et arbitrio liber, fuit tamen tanta calliditas diaboli, ut seduceret eum et redderet insipientem, mortalem et fragilem : quomodo ergo posset, stultus, et fragilis, et mortalis effectus, diabolum revincere, et recuperare per se quod perdiderat, qui quoque sibi adhuc validus non defendit? nullo modo erat tamen impossibile non impleri quod volebat Omnipotens.

SERMO II.

Fratres, credo quod omnes qui præsenti basilicæ continemur, per fidem Christiani sumus. Reddamus ergo in primis Deo gratias, qui nos ad fidem suam vocare dignatus est, et per baptismi gratiam a peccato mundare, et a diabolo liberare. Dicite Deo gratias, fratres : si permansissemus in illa munditia quæ nobis per baptismum data est, vere felices essemus. Sed non permansimus, cecidimus enim per nostram culpam, non solum in peccata, sed etiam in crimina propter quæ peccatores ab Ecclesia separantur, qualia sunt homicidia, adulteria, fornicationes, sacrilegia, rapinæ, furta, falsa testimonia, superbia, invidia, avaritia, diutina iracundia, ebrietas assidua. Sicut ergo Deo gratias egimus pro bonitate sua, sic nos culpabiles confiteamur pro malitia nostra, et dicamus singuli : peccatores sumus. Fratres, vere tales sumus coram Deo et sanctis ejus, sed misericordia ejus magna est, qui nobis adhuc donat locum sive tempus emendationis.

Emendemus ergo in melius, juxta Scripturam, quæ ignorando peccavimus; quod si nescitis qualiter emendare debeatis, dicendum est vobis. In primis peccare desistite : quandiu enim quis Dominum offendere non cessat, nec ejus pœnitentia fructuosa est, et qui in hac vita criminali peccato finem non imposuerit, veniam in altera non habebit. Quapropter, ut dixi, necessarium est in primis crimini finem dare, deinde vero commissa delere per pœnitentiam, per eleemosynam, per orationem. Modum pœnitentiæ vobis constituent sacerdotes. Modus eleemosynæ est, secundum facultatem et bonam voluntatem vestram. Modum orationis constituit nobis Christus diversa sub conditione, quam nostis, videlicet ut dimittat sicut et nos, etc. Hortamur itaque, fratres, ut crimina fugiatis, injunctam vobis pœnitentiam alacriter suscipiatis, strenue peragatis. *Non sunt enim condignæ passiones hujus temporis ad futuram gloriam quæ revelabitur in nobis* (*Rom.* VIII, 18). Eleemosynam quoque pro posse faciatis, quia sicut aqua exstinguit ignem, ita eleemosyna exstinguit peccatum. Oremus tam pro invicem quam pro nobis, dicente apostolo : *Confitemini alterutrum peccata vestra, et orate pro invicem ut salvemini* (*Jac.* V, 16). Novimus autem per pœnitentiam multos evasisse periculum mortis, alios per orationem. Enitamur etiam, fratres, inter tales inveniri, quia *regnum cœlorum vim patitur, et violenti diripiunt illud* (*Matth.* XI, 12). Præstet vires imbecillitati nostræ ille qui dixit : *Confidite, ego vici mundum* (*Joan.* XVI, 23), Dominus noster Jesus Christus qui cum Patre et Spiritu sancto vivit et regnat Deus per infinita sæculorum sæcula. Amen.

SERMO III.
DE PURIFICATIONE BEATÆ MARIÆ.

Volumus vobis breviter exponere, fratres, unde cœpit solemnitas Purificationis, quam hodie celebratis, et quid cerei significent quos offertis. Solemnitas ergo ista processit ex lege. Præcepit enim Deus in lege ut mulier quæ de viri sui conceptu primogenitum pareret, quadragesimo die nativitatis præsentaret eum Domino in templo, cum hostiis : et hic dies Purificationis vocatur. Quod præceptum Purificationis et oblationis impleverunt aliæ matres ex necessitate, quia pollutæ et peccatrices erant : quando vero Christus natus est de beatissima Virgine Maria, ipsa non indigebat legali purificatione, quia munda erat et sancta. Humilitatis tamen et obedientiæ causa legi se subdens, obedire legi quamvis non indigeret, obtulit in templo Dei filium suum cum hostiis quadragesimo die nativitatis, sicut est hodie. Sed præsentatio illa insignis et gloriosa fuit : movente enim Spiritu sancto, occurrerunt ei sanctus propheta Simeon et Anna sancta vidua et prophetissa, laudantes et benedicentes Dominum de adventu Christi, sicut legitur in Evangelio, miracula præbentes. Christus namque in carne veniens, fratres, ostendebat pariter et humilitatis exemplum, et divinæ pietatis indicia. Sicut in nativitate sua, cum jaceret humiliter in præsepio, nova stella, et laudibus angelicis celebrabatur in cœlo : sic et modo cum parvulus infantulus præsentaretur in templo, ad declarandam divinitatem suam in carne latitantem corda prophetarum illuminabat Spiritus sanctus. Nos ergo qui illum verum Dominum et hominem adoramus, in memoriam Præsentationis ejus in templo celebramus hunc diem cum oblatione cereorum : per lumen cerei, divinitatem, per ceram significantes carnem ipsius virginalem. Apis enim et mellis, et ceræ opifex sine coitu maris et feminæ procreatur. Patet ergo quia Præsentatio Christi in templo processit ex obedientia legis, et nostra significativa oblatio est, ex dulci et venerabili memoria suæ præsentationis. Nunc ergo scientes, quam ex bonis principiis solemnitas ista prodiit, et quam piam sanctamque significationem nostra oblatio gerit, solemnitatem divinis laudibus et operibus exornemus, et oblationem pio celebremus affectu, rogantes piissimam Dei Matrem ut ipsa nos, et munera nostra, Filio suo gratificare dignetur, et ad similitudinem oblationis nostræ, quæ munda, clara et fervida esse videtur, deposcat nobis ab ipso munditiam cordis et corporis, lumen scientiæ, fervorem fidei et charitatis, quatenus suæ gratiæ dono accensi, per Spiritum sanctum illuminati, purificatis mentibus in templo sancto gloriæ suæ valeamus apparere, per eumdem Dominum nostrum Jesum Christum.

SERMO IV.
DE NATIVITATE BEATISSIMÆ MARIÆ VIRGINIS.

Approbatæ consuetudinis est apud Christianos sanctorum Patrum dies natalitios observare diligenter, et præcipue virtutes eorum assignatas litteris in Ecclesia recitare ad laudem Dei, ex cujus munere sunt, et ad instrumenta minorum. Inter omnes sanctos, memoria beatissimæ Virginis eo frequentius agitur atque festivius, quo majorem gratiam apud Dominum creditur invenisse. Unde post alia quædam ipsius antiquiora solemnia, non fuit contenta devotio fidelium, quin nativitatis solemne superadderet hodiernum. Hac itaque die peculiariter in Ecclesia recitandus esse videtur ille liber, qui de ortu ejus et vita scriptus inveniebatur, si non judicassent eum Patres inter apocrypha numerandum. At quoniam magnis ac sapientibus viris ita visum est, nos alia quædam, sed non aliena legentes, ecclesiasticum morem debitis officiis exsequamur. Beata ergo Domini Mater et perpetua Virgo Maria, priusquam nasceretur oraculis enuntiata est, et designata miraculis, nata vero progenie divinitus ordinata, privilegio virtutum insignis enituit, Salvatorem edidit a quo glorificata in cœlo, nunquam terrigenis patrocinari desistit. Propositionem sequatur ordine sua narratio. Jamque referamus unum de prætaxatis oraculis, ac deinde paucis expediamus. Dixit Æternus ad veterem, Deus ad serpentem : *Inimicitias ponam inter te et mulierem, et semen tuum, et semen illius* (*Gen.* III, 15). Quid est, fratres, in hoc loco serpentis caput conterere, nisi principalem diaboli suggestionem, id est concupiscentiam, resistendo superare ? Si ergo quæratur quænam mulier hujusmodi victoriam operata sit ? profecto non reperitur in linea generationis humanæ, donec pervenitur ad illam de qua agimus sanctarum sanctam. At si interrogetur, in quo serpentis caput vel ipsa contriverit ? nimirum in eo quod virginitatem simul et humilitatem Deo sacrificavit. Virginitate namque servata probatur exstinxisse concupiscentiam carnis ; humilitate, quæ facit pauperem spiritu, concupiscentiam mentis. Sicque principali suggestione diaboli victa, vitiosum caput virtutis pede contrivit. Non tamen hoc solo, sed eo quam maxime triumphavit, quod de sua mundissima carne corporata sapientia dicit, Usquequaque malitiam attingens a fine usque ad finem fortiter, et disponens omnia suaviter (*Sap.* VIII, 1). Hæc est ergo mulier ad quam divinum illud intendebat oraculum, hanc quandoque nascituram innuebat, hanc singulariter intimabat. Expedito quam paucis oraculo, unum quodque de miraculis absolvatur.

Acceptæ sunt a sancto Moyse singulæ virgæ de singulis tribubus Israel, nominibus earum inscriptæ, jubente Domino, et positæ in tabernaculo ejus: inter quas una quæ fuerat Aaroni inventa est sequenti die germinasse, floruisse, frondiusse, et peperisse amygdala. Sciens ergo Dominus hoc opus suum magni esse mysterii, jussit servari virgam ad monimentum. Monebantur enim filii Israel præsentia virgæ, quærere sollicite quid significaret tam mirabile factum, quod longo post aperiens divinus Isaias: *Egredietur*, inquit, *virga de radice Jesse, et flos de radice ejus ascendet, et requiescet super eum Spiritus Domini* (*Isa.* XI, 1). Ad hæc verba tanquam auditores ejus dicerent: O pater Isaia, obscure loqueris, dic nobis, quæso, ipsam rem manifeste, adjecit claritatem et ait: *Ecce virgo concipiet et pariet filium, et vocabitur nomen ejus Emmanuel* (*Isa.* VII, 14). Filium quoque Virginis, id est Emmanuelem, præclare describens: *Puer*, inquit, *natus est nobis, filius datus est nobis, et vocabitur nomen ejus Admirabilis, Consiliarius, Deus fortis, Pater futuri sæculi, Princeps pacis: multiplicabitur ejus imperium et regni ejus non erit finis* (*Isa.* IX, 6). Quod ergo Deus designavit miraculo, hoc a secreto Isaias prodit vaticinio. Et quod vates cecinit, consequenter rei exitus approbavit. Nam sicut illa virga sine radice, sine quolibet naturæ vel artis adminiculo fructificavit: ita Virgo Maria sine conjugali opere filium procreavit, filium sane flore designatum et fructu; flore, propter speciem, fructu, propter utilitatem. Est enim *speciosus forma præ filiis hominum* (*Psal.* XLIV, 3), et vitalis refectio non solum hominum, sed etiam angelorum. Hinc breviter asserta propositionis particula prima, quod sequitur attingamus.

Nata est igitur beatissima Virgo, sicut legimus, patre Nazareno, matre Bethlehemita, quas urbes Christi nativitati vel conversationi destinatas esse prophetæ non tacuerant. Descendit autem ab radice illius fide præclari Abrahæ, cui superne promissa fuerat benedictio omnium gentium in semine suo, et ab stirpe David, quem Deus propter notam sibi probitatem egregia laude sublimavit, dicens: *Inveni virum secundum cor meum* (*Act.* XIII, 22). De regali nempe tribu simul et sacerdotali duxit originem, quæ summum Regem atque Pontificem erat paritura. Non tamen hæc idcirco dixerimus, quod Dominus qui peccatores vocare venit, dedignatus sit matrem suam peccatores habere cognatos, inter quos speciosa velut inter spinas lilium appareret. Hæc itaque electa et insignis inter filias, non fortuito quidem, aut solo placito parentum ut plerique, sed divina dispensatione nomen accepit, ita ut ipsa quoque vocabuli sui figura magnum quiddam innueret: interpretatur enim *maris stella*. Quid ergo mysticum hæc interpretatio gerat, per similitudinem ostendamus. Nautis quippe mare transeuntibus, notare opus est stellam hanc, longe a summo cœli cardine coruscantem, et ex respectu illius æstimare atque dirigere cursum suum, ut portum destinatum apprehendere possint. Simili modo, fratres, oportet universos Christicolas, inter fluctus hujus sæculi remigantes, attendere maris stellam hanc, id est Mariam, quæ supremo rerum cardini Deo proxima est, et respectu exempli ejus cursum vitæ dirigere. Quod qui fecerit non jactabitur vanæ gloriæ vento, nec frangetur scopulis adversorum, nec absorbebitur scyllæa voragine voluptatum, sed prospere veniet ad portum quietis æternæ. Hic si quis interroget dicens, quid ergo putas qualis olim in anima fuerit, vel nunc sit, hæc persona, quæ sic omnibus sanctis spectanda atque imitanda proponitur? veraciter respondemus, quia longe perfectior quam nostra oratione demonstrari possit. Tamen ne ibi nihil dicere arguamur, ubi major affluit copia dicendorum, reservantes multa atque magna facundis, saltem pauca dicamus super hoc, et quæ facile probentur audita. Hoc igitur in primis astruere fas est, quod anima ipsius et caro quam elegit, et habitaculum sibi fecit Sapientia Dei Patris, ab omni malitia et immunditia purissimæ fuerunt, affirmante Scriptura: *Quoniam in malevolam animam non introibit sapientia, nec habitabit in corpore subdito peccatis* (*Sap.* I, 4). Item econtra confidenter asserimus, quia nullo virtutum genere vacabat, cui plenitudinem gratiæ Dei nuntius asserebat inesse. Quod, attestante archangelo, quamvis nemo sana mente discredat, tamen si quis adhuc pio desiderio quærat argumenta virtutum ex verbis et factis ejus quæ Scriptura commemorat, tanto sibi facilius occurrent, quanto ipse in quærendo fidelior erit. Sunt autem ex eis quædam omni fere Christiano perspicua. Quis enim est qui cum jucunda admiratione non speculetur ipsius maturæ adolescentis fortitudinem, et prudentiam, et fidem in colloquio angelico, ubi tam constanter eloquitur, tam prudenter interrogat; tam facile credit? Quis enim non videat ac videndo miretur justitiam ejus, qua sic universa præcepta divinæ legis satagebat implere, ut nec ad se pertinentia inexpleta relinqueret? Verbi gratia: post partum enim purificatione legali quam agebat, non egebat, quia virum in concipiendo non noverat. De temperantia quoque ipsius superius dictum est, quæ Deo virginitatis lilium in humilitatis valle produxit. Cum ergo virtutibus supradictis facta ejus plena sunt atque dicta, manifestum est non solum attestatione angelica, sed etiam rerum argumento nullum virtutis beatissimæ Virgini defuisse. Depromebant itaque virtutes in cogitatione et affectu cordis ejus ineffabilem harmoniam, quam ipsa creatrix et inhabitatrix ejus Dei sapientia delectabatur audire; coruscabant foris in superficie sermonis et actus, unde merito possent homines glorificare Deum, et exempla salutis accipere. Tali ergo tantæque personæ, quid tandem ad honoris cumulum potuit accedere majus: eo quod Dei Filium Virgo concepit, Virgo mater edidit, hac nempe dignitate venerabilis facta est ipsis quoque sanctorum ordinibus angelorum. Quod opere manifesto declaravit ille magnus atque fortis archangelus Gabriel, qui eam antequam Dei mater fieret, quia futuram noverat, tanta veneratione salutando prævenit, hac eadem dignitate facta est etiam imperiosa, secundum charitatem erga superos, ac super inferos per discretionem. Unde plurima scripta sunt exemplorum argumenta, de quibus ad præsens quædam sufficiat memorare. Illa igitur olim in auxilium magni Patris Basilii misit sanctum angelum, et mortuum suscitavit, qui male viventem pessumdedit persecutorem ejus Julianum apostatam, et hæc historia notissima est. Illa etiam te, o peccator quondam Theophile, pœnitentem et suppliciter invocantem ab ipsis diaboli faucibus potenter eripuit. Sed quid gravemur hujus lapsi reparationem paucis effari, cum audire sit operæ pretium?

Is ergo Theophilus incedens olim in patria cujusdam episcopi ciliciorum, ut scriptura quædam testatur, propter infortunia sua in tristitiam cecidit, unde contulit sese ad quemdam Judæum maleficum, ejus consilium et auxilium petens. Hoc mediatore locutus cum diabolo Christianitatem abnegavit, diabolum adoravit, eique de sua mancipatione chirographum tradidit annulo suo signatum. Postea vero facti pœnitens, multumque se animo angens quid faceret, quo se verteret, tandem collectis fidei et spei viribus, confugit ad ecclesiam quamdam beatæ Mariæ matris Domini memoriæ dedicatam, ubi quadraginta dierum afflictione maceratus animo contrito nomen ejus invocabat jugiter, ac patrocinium implorabat. Quid multa? Respexit hunc propitia misericordiæ Mater, et per visionem illi apparens de impietate coarguit, ad Christi confessionem excitans. Consolata est dolentem pollicendo veniam, et ne dubitaret de promisso, supradictum chirographum diabolo potenter ereptum captivo reddidit in pignus libertatis. Quod cum evigilans supra pectus suum positum inveniret, quam lætus exstiterit, quam pio affectu voces exsultationis et confessionis ediderit, non est facile dictu. Noctem vero illam consecuta est Dominica dies, qua Theophilus, quasi cum Domino a mortuis resurgens, episcopo se coram populo præsentavit, et rem sicut erat exposuit. Videres populum modo ex audito tam horrendi sceleris expavere, modo considerata macie vultuque pœnitentis conlacrymari. Sed audito quantam et quam celerem misericordiam fuerat consecutus, omnes qui mala conscientia territi pene defecerant, ad spem veniæ cum gaudio respirabant. Jam vero ut rem brevi fine concludamus, episcopo jubente male cautum chirographum Theophilus igne cremavit. Deinde suffragante clero et populo ductus ad altare, cum sacrosanctam communionem de manu episcopi ore susciperet, facies refulsit ut sol. Peractoque deinceps triduo, cum laudibus in ecclesia piæ Matris Domini, per quam reconciliatus fuerat, a laboribus suis beata fine quievit.

Talibus ergo factis approbatur quia Domini Mater ubique imperiosa est, ubique magnifica, certe cui pronum est sanctos angelos in ministerium mittere, et ad beneplacitum suum inferorum pacta cassare; his quoque et aliis infiniti numeri beneficiis quæ vel scripta sunt, vel passim jugi sentiuntur effectu, quod et justis et peccatoribus fideliter invocantibus se præsto est, et nunquam eis opitulari desistit. Veniant igitur ad eam justi cum Basilio laudantes ac benedicentes, effectumque celerem suis sanctis desideriis postulantes sine dubio percepturi. Veniant peccatores cum Theophilo tundentes rea pectora cum interno fletu, ipsi quoque, si vere pœniteant, desideratam veniam adepturi, de quorum numero tibi assistentibus nobis ut subvenire jam et auxiliari digneris, imploramus, o prælecta! o sancta! venerabi is et imperiosa! o clemens et propitia Domina nostra, quo possimus recuperare et habere perpetuam gratiam filii tui Jesu Christi Domini nostri, qui cum Patre et Spiritu sancto vivit et regnat unus Deus in æternum. Amen.

SERMO V.
ITEM DE NATIVITATE MARIÆ VIRGINIS.

Fratres charissimi, in hac die celebramus natale gloriosæ Dominæ nostræ Mariæ videlicet Redemptoris nostri Matris. Volumus vobis aliquid referre breviter de natalibus ejus, et vita et fine, et adjutoriis quæ ipsa Christianis et justis et peccatoribus impendere solet. Hæc itaque nata est de stirpe Abrahæ atque David regis, quibus a Deo promissio facta est, quod in semine ipsorum, id est in Christo, benedicendæ forent omnes tribus terræ. Nata est autem juxta relationem et scripturas sanctorum Patrum in civitate Nazareth, patre nomine Joachim ex eadem urbe oriundo, matre vero Anna nomine oriunda ex civitate Bethlehem. Vita quorum simplex et recta ante Dominum, apud homines irreprehensibilis et pia erat. Nam omnem substantiam suam trifarie dividebant, unam partem templo et templi servitoribus impendebant, aliam peregrinis et pauperibus erogabant, tertiam sibi et suæ familiæ usibus reservabant. Ita justi Deo, et hominibus pauperes, annos circiter viginti, castum Domini conjugium, sine liberorum procreatione exercebant. Voverunt tamen, si forte Deus donaret eis sobolem, eam se Domini servitio mancipaturos. Evolutis ergo tot annorum curriculis, missus est angelus Domini prius ad Joachim, demum ad Annam, nuntians eis nascituram filiam nomine Mariam, cui similis sanctitate nec antea nata fuerit nec postea nasceretur. Factum est itaque juxta verbum angeli: nata est in civitate Nazareth sanctissima Virgo Maria, et mansit ibi tribus annis in paterna domo; postea vero, sicut parentes illam Deo voverant, ducta Hierosolymis in templo Domini conservata est usque ad quartum decimum annum, jejuniis et orationibus serviens die ac nocte, et virginitatem suam vovens, quod ante virgo ulla non fecerat, angelicis colloquiis frequenter utens. Deinde cum esset r versa ad domum parentum suorum in civitatem Nazareth, missus est ad eam angelus Gabriel a Deo nuntians ei conceptionem Filii Dei. Fuit ergo conceptus Dei Filius in Nazareth, natus in Bethlehem. Post nativitatem vero Christi mansit cum filio usque ad passionem crucis, ubi Christus Virginem matrem virgini discipulo Joanni apostolo commendavit. Hic ministravit ei post passionem et resurrectionem et ascensionem Domini in finem. Fuit autem sepulta sanctissima in valle Josaphat, ubi est ædificata ecclesia in honorem ejus, et sanctus Joannes sepultus est Epheso. Post vero cum religiosi Christiani reliquias matris ejus, videlicet Domini, respicere vellent, sepulcrum vacuum invenerunt; sed et in sepulcro beati Joannis respicientes, non invenerunt nisi manna. Credit itaque Christiana pietas quia Christus Deus Dei Filius Matrem suam gloriose ressuscitaverit et exaltaverit super cœlos, et quod beatus Joannes virgo et evangelista, qui ei ministravit in terra, gloriam ejus participare mereatur in cœlo. Est autem ineffabile quam gratiam et gloriam dederit Dominus Matri suæ; hoc tamen certo scimus, quia justi quidquid ab eo postulant, per intercessionem matris celerius impetrant, peccatores quoque sæpius misericordiam sunt consecuti; habemus plura exempla de utrisque, sed ad præsens hæc sufficiant.

SERMO VI.
IN ORTU ALMÆ VIRGINIS MARIÆ INVIOLATÆ.

Mutuæ dilectionis amore et seduke adhortationis nutu a quibusdam Deo sacratissimis et dilectis cogimur de sanctissima, et ultra quam dici possit dilecta Virgine, sponsa scilicet et matre Domini Maria, aliquam allocutionem facere, de ortu videlicet ejus, non historialiter texere, sed mysticis exornare laudibus, et beneficiis congratulari, ad cujus tanti mysterii materiam nec omnis potest sufficere mundus, si in unum etiam coeat ordinem. Erit autem eis inceptum, et exsecutio meritum, quorum obtentu pervenerit ad portum sine naufragio remigium. Igitur nimis amabilem ac salutiferam omnibus sæculis et terricolis veri æternique Regis ac Domini nostri nativitatem cernua humilitate recensentes, et annua orbita recolentes solemnia, primo ratum duximus utrorumque sexuum collegia etiam ad divinam et gloriosam festivitatem quibusdam adhortationibus invitare, ut dum utrarumque partium devotio his sacris festis nefas duxerit non interesse, una omnium vota capacius ejusdem sacræ Virginis circa se persentiant adesse juvamina.

Est enim ista suspecta festivitas, non modicis nec paucis præfulgens mysteriis, aut reliquorum sanctorum festivitatibus coæquanda, sed tantum est excellentior, quantum constat eam omnibus hominibus præferendam, cujus hodie prælucida recitantur nativitatis initia. Ad cujus ergo magnificentiam collaudandam, et gloriam perferendam, tanta valeant exuberare præconia, quantum illi congruit, quæ cunctas superexcellit in præeminendo creaturas, et angelicam dignitatem? Et ubi usquam inveniri poterat locus, qui infra se concluderet majestatem coæqualem Patri, auctorem omnium rerum, nisi uterus Mariæ ante sæcula præscitus? in hunc siquidem tota divinitas cum humanitate versata est. Et qui in coæqualitate cuncta disponebat cœlestia, et terrestria, in virginea perangusta septa venturam et promissam præparabat carnis suæ redemptionem.

Felix talis partus et ortus, de cujus substantia assumpta est talis virgo, quæ tolleret veterum parentum offensas, et relevaret concussum orbem qui sub sævo duri erat hostis dominio. Cujus itaque partus, ut censemus, ad nihil exstitit, nisi ut fieret ejus sancta pudicitia domus et susceptio Filii Altissimi. Ad quid enim aliud? ergone hujus castitas aut ante partum, vel post dignum pignus genitum, fœdata est aliquo contagio? Hanc enim nulla gravitas aut effeta successio filiorum fregit, ut solet eis contingere quæ humanam sobolem maternis egerunt visceribus. Felix enim culpa, sed sancta conjugalis societas, quæ tale ac tantum specialeque vel singulare decus profudit in orbe, de concesso nuptiali contubernio.

Denique in hujus conceptione necessaria haud dubium est quin utrumque parentem vivificus et ardens Spiritus singulari munere repleverit, quodque ab eis sanctorum angelorum custodia seu visitatio nunquam abfuerit. Merito si quidem hujus sanctæ Virginis multum adeo laudandi sunt et extollendi sanctissimi procreatores, qui in cunctis institutionibus tantos ac tales se præstiterunt, ut non immerito de eorum stirpe prodiret talis successio, quæ fieret et priscis ætatibus et subsequentibus exemplum totius bonitatis. Felix, et præ cæteris patribus felicior, qui tantæ prolis meruit vocitari patrator. Felix etiam qui non plures, sed unam promeruit suscipere natam, quæ unicum conciperet et proferret Dei Filium. Nec enim decebat ut hujus singularis Virginis sanctissimi progenitores fœdarentur plurimorum propagatione filiorum, qui erant futuri unicæ matris Domini provisores et educatores egregii. Vere beata et omni veneratione habenda, et quodam privilegio sacro prædicanda, mater hujus sanctæ, quæ omnium antecessit matres in concipiendo et generando eam quæ suum et omnium generaret creatorem. Gaude et lætare, o felix pro tali filia, quoniam tali dote donata es, qua nulla ante te postea meruit antecelli. Quanta putamus provisio fuerit sanctorum angelorum, circa tam Deo gratissimos parentes, ab initio suæ procreationis, et excubatio super tam ingentem sobolem? Nunquid abfuisse credendus est Spiritus sanctus ab ista eximia puella, quam sua obumbrare disponebat virtute? Nulli enim fidelium dubium est quod circa eam omni frequentia coelestium agminum invigilabat, utpote quam supra se exaltandam minime ambigebant. O nimis superque beata Virgo, quæ nulli comparanda est merito, nec coæquanda castitatis titulo? Vere etenim beata illa sæcula, quæ ex sacrato utero te meruerint excipere suo in tempore. Sane si qui sollicita mente et studiosa investigatione perquirant cur sanctorum præcedentium memoriam hujus præfatæ Virginis temporanea initia suis fidelibus sequacibus enucleatim non exornaverunt, ut ad omnium notitiam vulgarent, noverint non ignaros eos exstitisse hæreseos, quæ pro insigni et admirando hujus sacræ puellæ præconio exortura erat, et ob id, si quid ex ejus ortu protulerunt, sagaci industria celandum æmulis et infidelibus decreverunt, ne inveniret cæca garrulitas perfidorum unde maternum sinum Ecclesiæ verberaret sua multiplici fallacia. Nam et hoc quod levi et subtili relatione, aut forsitan conscriptione de matris Domini nativitate et infantia ejusdem Domini perceperunt, ita versuta et argumentosa fallacia deturparunt, ut nec vera deinceps a quibusdam ecclesiasticis doctoribus recitentur, quamvis minime repudiantur.

Exstat vero quædam non usitata relatio, quæ clarissimi interpretis Hieronymi prænotatur nomine, referens beatum Matthæum, post editum Evangelium ortum præfatæ Virginis atque initiamenta puerilia Jesu Christi, ita obscuris manu propria obsignasse litteris Hebraicis ut nullis infidelium illud vellet patere superfluis et mordacibus rictibus, quæ tunc a prælibato interprete feruntur transportata quibusdam obnixe petentibus ad Latinæ linguæ notitiam. Et quia hæc relatio inter sacræ Scripturæ canones non habetur inserta, ideo unanimis Ecclesiæ conventus in recitando aperte nec omnino eligit, nec in non recipiendo rejicit, cum nonnulla reperiantur dicta vel facta quæ in præfata serie impossibilia videantur, quæ tamen volentibus et amantibus legere, non denegat fidelium industria. Nobis autem et omnibus Ecclesiæ filiis, satis superque sit fides et devota credulitas, qua vere eam confitemur Virginem et in ortu et in omni sua operatione. Hujus namque pater et mater carnales fuisse feruntur, Joachim et Anna, quæ bene sibi de nominis interpretatione competunt: Joachim, quippe, *præparatio Domini* dicitur, Anna vero *gratia Dei* interpretatur. In horum duorum nominum interpretatione quid innuitur, nisi gratia quam simul adepti sunt? ubi namque poterit esse gratia, nisi ubi famulatur præparatio conscientiæ? et ubi locum habebit præparatio operationis, nisi ubi ante præcesserit Dei largita gratia? Sic ergo in unum duæ compactæ gratiæ, disponente Dei nutu, proferunt ex se gratiam non parvam, profuturam valde cunctis hominibus.

Hæc paucis dicta de sanctorum parentum digna commemoratione satis sint. Nunc ad evolvenda ea quæ Christus dederit veniamus. Propterea honorificentissime summi Auctoris et Creatoris Genitricem cum mentis jubilatione recipientes, omni conatu elaborate, ut tanta hodierni diei jucunditas, dum mundanis excolitur et honoratur obsequiis, hanc interior et pura conscientia justis et consequentibus prosequatur servitiis. Namque qui piorum venerantur sacra merita, quique omnimodis interesse peroptant supernorum agminum festis, sic in præsentibus exerceantur sanctorum natalitiis, ut non contingat illic eis abesse deinceps de quorum hic congratulantur triumphis. Quapropter præsenti celebratione, omnium prudentium virginum reginam sedulis exposcite precibus, quæ principatum obtinet inter choros sanctarum virginum, suo interventu efficiat possibile quo sanctæ Ecclesiæ concentus, cum eam humili qua valet operatione, percolit in terris, demum in lætitia perenni, de ejus utraque congaudeat sublimatione et gloria. Ista est enim præcipua festivitas, in qua omnis angelorum militia exsultat, in qua prophetarum panduntur vaticinia, in qua etiam gentilium reserantur prænuntia scripta, in qua oritur sponsa sine exemplo Deo conjuncta, de cujus casta corporis materia oritur lumen in tenebris ad exurbandas veterum piaculorum nebulas. Hæc est, inquam, dies in qua prælucida stella, imo lumen inseparabile maris, hoc est hujus mundi, velut Eous, cum decoris amœnitate ex mortali genitura cunctis qui salvandi sunt illuxit. Hæc est honoranda dies lætitiæ, in qua juxta mundi qualitates præparatur vas virgineum, divinis charismatibus ut margaritis ineffabiliter ornatum, in quo qualitas Dei mista homini compagineretur corporaliter, non secundum propagationem, sed secundum Spiritus sancti operationem. Quis, quæso, unquam aut ante hanc Virginem, aut post hanc, in omni terrarum spatio audire valuit, ut factor omnium rerum, possessor cœli et terræ, Rex regum et Dominus dominorum, Sol justitiæ, lumen insuperabile, intra Virginis se arcta concluderet septa! O magna et admirabilis ipsius Dei distributio, imo miseratio! ut enim protoplastum parentem et successionem filiorum ejus innovaret, quem constat ob hoc editum, ut superbientium angelorum suppleret numerum et ordinem, non indigne pertulit intra Virginis alvum cœlitus se corporari, ut consocialem formam non secundum divinæ substantiæ quantitatem vel qualitatem, sed juxta carnalem incrementum absque macula peccati sibi compactum eo erigeret unde et suasor et ille succubuit, perfida fraudatione præcepti uterque ejectus est. Ecce itaque cuncti qui ad sacram convenitis Virginis nativitatem, omnes corporeos vobiscum affertis sensus, fortassis et jam non desunt vobis interiores cordis intellectus. Haud dubium enim, cum dispertitor suarum virtutum unumquemque vestrum suo donaverit dono, qui scit in singulis ita dispertire sua dona et munera prout quisque laborat, ut efficiatur ejus habitaculum. Operatur autem hoc, ut ait Apostolus, unus atque idem Spiritus, qui in cunctis secundum gratiarum rationem spargitur, et in singulis unice invenitur. Erigite ergo mentes vestras ad præsentis matris festivitatem, ut nullum mentis vel corporis domicilium seu jubilatio inveniatur, quæ non tota concrepet in tam præclara procreatione. Congaudeat in hac celebritate uterque sexus et conditio dominorum seu subjectorum, quia per hanc Virginem utrorumque venit redemptio, scilicet immaculatus Dominus carnaliter prodiens de illius utero. Gaudeant senes Deo placentes, quoniam ab aula cœli descendit ille in ejus puellæ viscera, qui novit non modo animas tantum, verumetiam corpora, ad meliorem juventutem referre a veteri ruina, juxta sententiam Davidicam, *Renovabitur ut aquilæ juventus tua* (*Psal.* cii, 5): Imitentur etiam fidem antiquorum Patrum, ex qua constat illos placuisse Deo, nec a memoria illorum refugiat, quoniam per hujus Virginis partum etiam in extrema eorum sorte conceditur illis repetitio veræ salutis. Lætentur juvenes fortes in hac die, quoniam hodie prodiit in hanc lucem Virgo, ex cujus secretis natus est juvenis, speciosus præ natis hominum, de cujus labiis diffusa est omnis gratia perlata per quadripartita mundi climata. Virtutem quoque corporis in animi vigorem transmutent, et per hujus sacræ Virginis obtentum suam Christo commendent juventutem. Congratulentur etiam pueri et infantes in hujus maxime puellæ initio, sua Christo et Mariæ dicantes crescentia membra, quoniam habent puerum castitatis, et puritatis ministrum, et Mariam singularis pudicitiæ, ex cujus utero sancto Christi infantia est suscepta. Psallant spirituali lætitia in hac die et illi qui forte exercuerunt dominatum super sæculi negotia, quoniam per Virginem venit Dominus omnium potestatum et virtutum et dominationum. Gaudeant subditi, et si quos premit alienum jugum, quoniam quandoque exsolvet Filius Virginis, imo Dei, si ei placuerint, iniqua juga a cervicibus illorum depellere, ac superiores efficiet eos Dominus suis et per suæ Matris suffragium.

Cum ergo ad omnium virorum ætates nostra collocutio atque exhortatio pervenerit, rectum videtur ut ad illum sexum nostra denuo dirigatur oratio, ex quo scimus Dominum carnalia initia sumpsisse. Ille enim maledictionis notam primæ virginis in benedictionem secundæ transmutavit Virginis, qui ante rerum formam præsciverat ex eodem sexu suum in fine temporum procreandum fore Filium, qui universis omne afferret gaudium. Vere beata collaudanda Dei beneficia, quæ per illum sexum decreverunt provenire nostra in tempora, a quo primo terrigenæ propinatum est iniquæ suasionis medicamentum. O Eva tunc infelix ! non solum pro inobedientiæ piaculo, verumetiam pro maledictionis titulo, nunc vero felix pro immutationis largifluo dono. Lætare tu, mater omnium, non solum quia evasisti proscriptionis excidium, sed etiam quia de tua consimili prole profudisti eum in sæculum, qui te tuamque progeniem mortis de

compede misericorditer eruit. Insultas denique ei modo qui te dudum suo venefico suasu infecerat, quia habes tuum plasten sive parentem propitium, qui suo triumpho nobili procacem exturbavit tui hostis dominatum. Exi nunc, o fallax et inventor antiqui criminis, a secundo noxio sexu, quia ipse qui sine carnali onere ab eodem pullulavit ordine, suam hodie genitricem istam fecit prodire in lucem. Terreat te procul secundæ Virginis de cœlo collapsa benedictio, qui lætatus es in primæ virginis opprobrio. Namque qui gaudebas in articulo conditionis humanæ primos a suo felici incolatu exturbasse colonos, nunc a secundo homine filio Virginis æterna exsultatione nexus es.

Quocirca, habentes ob oculos sacratissimæ Virginis sanctissimam diei venerationem, non in mundanis lætitiis exercete corda vestra, sed totum mentis ingenium figite in præclaræ Virginis superna illa festa, in quibus diutina laude ab angelis festivis honoratur servitiis. Procurate Principem vestram festivis ut valetis laudibus et benignis operibus prosequi, ut possitis cum ea absque coruscantium defectione lampadarum Agnum sequi quocunque ierit (*Apoc.* xiv, 4). Hodie primiceria et ductrix Virginum a sanctis prophetis vaticinata oritur, congratulemur ei cunctæ virgines, quia nascitur pudica puella, quæ amatorem peperit integræ castitatis. Felices illæ, quæ sine cognitionis ludibrio tam mirificam Dei Genitricem quantum in ipsis est, prosecutæ fuerint puritatis commercio. Ergo quia gaudenter suscipitis ejus ortum, ad cujus vos non hæsitatis pertinere colloquium, satagite vos ita exercere in cœlestibus negotiis, ut post exsuperatos caducæ pestis labores, dum ventum fuerit ad præoptatum divinæ portæ spectaculum, pulsantes non repudiemini, ceu de ineptis virginibus dicitur, quæ a sponso reprobatæ sunt propter suam inertiam, dum in vasis suis habere oleum, hoc est bona opera, neglexere; sed potius cum ipso ad cœlestia palatia simul, et cum beata Genitrice ejus progredi valeatis. Cum igitur ista solemnitas omnibus fidelibus congrua ab omnium conventiculis catholicorum debito honore prosequatur, præcipue tunc a sacris virginibus valde prosequenda est, et percolenda, quia hodie decus prudentum virginum, flos campi, idem sanctæ Ecclesiæ, quæ pretiosissimis impletur margaritis, ex lilio convallium, idem humilium hominum processit ad ortum. Gaudete per omnem modum, omnes virgines, quæ vos tam sancto et præcluido dono Dei dilatas fore cognoscitis; sperate in ea, quæ hujus doni compos effecta est, et ante partum et post parturitionem. Magnificate eam indefessa morum exhibitione, quoniam pro perseverantia virginis, cum tympanis exsultationis et lætitiæ, coram præsentia Matris Domini, quia in sidereis cubilibus habebitis cum ea gratulari, si cœptam animi corporisque integritatem sincera probitate servaveritis. Hilares estote et vos, puellæ ævo teneræ, quia habetis et vos puellam angelorum

Dominam quasi primis auspiciis nunc pubescentem. Advocate angelos ad custodiam puritatis vestræ, quia ipsa in tenera sorte mundialiter posita, cum regina ipsorum etiam futura secum eorum suffragia sedula oratione contrahebat. Lætamini etiam vos jam maturæ virgines, et quæ forte jam ad aniles metas pervenistis, quia pro longæva perseverantia vestra, non solum pollicita præmia, verum laudem egregiam cum præsenti captabitis apud cœlestem auctorem. Ne subtrahatis vos a præfatæ matris jubilatione, conjugatæ, et conjugali jugo subnexæ, quoniam qui suæ Matri, et omnibus ipsis virginibus contribuit integritatis palmam, ipse vos naturali fœdere mutua copulatione junxit, quo decentem et genuinum servantes modum castitatis filios procreetis. Nec enim multum longe a castitatis munere aberitis, si filios non pro appetitione libidinis, sed pro amore successionis educatis. Ne desperetis, o viri vel feminæ quocunque modo carnaliter corrupti, quoniam illa cœlestis mansio, non de virgineo tantum ordine, sed et de quibusdam non solum justis, sed et publicanis, et ante peccatoribus impletur. Quantoque vos conspicitis apud majestatem Domini noxios existere, eo amplius respirate ad Genitricem Domini plenam misericordiæ: habetis apud Patrem advocatum ipsum Filium Virginis, et ipse propitiabitur peccatis vestris tantum, ut veniam de ipso ac matre ejus speretis, qui cum Patre et Spiritu sancto vivit et regnat Deus. Per omnia sæcula sæculorum. Amen.

In natale tuo nobis, pia Mater, adesto,
Virtutes augens, culparum pondera delens.

SERMO VII.
QUOD DEUS UNUS EST IN TRINITATE.

Moyses ait: « In principio fecit Deus cœlum et terram (*Gen.* I, 1). » Dixitque Deus: « Spiritus Domini ferebatur super aquas (*Ibid.*, 3). » David inquit: « Verbo Domini cœli firmati sunt, et spiritu oris ejus omnis virtus eorum (*Psal.* XXXII, 6). » Isaias ait: « Ego primus et ego novissimus. Manus quoque mea fundavit terram, et dextera mea mensa est cœlos (*Isa.* XLVIII, 12, 13). » Et paulo post: « Et nunc Dominus Deus misit me, et Spiritus ejus (*Ibid.*, 16). » Aggæus: « Spiritus meus erit in medio vestri (*Agg.* II, 6). » Postea: « Ecce ego commovebo cœlum et terram, et veniet desideratus cunctis gentibus (*Ibid.*, 7). » Isidorus: « Christus ex Patre ita emicuit, velut splendor a lumine, velut verbum ab ore, velut sapientia ex corde. »

Quod Christus a Deo sit genitus David inquit: « Dominus dixit ad me: Filius meus es tu, ego hodie genui te (*Psal.* II, 7). » Salomon in Proverbiis: « Quis ascendit in cœlum, atque descendit? Quis continuit spiritum in manibus suis? Quis colligavit aquas quasi vestimento? Quis suscitavit omnes terminos terræ? Quod nomen est ei, et quod nomen filii ejus, si nosti? (*Prov.* XXX, 4). » Isaias: « Nunquid qui alios parere facio, ipse non pariam, dicit Dominus? Et qui generationem aliis tribuo, sterilis ero? ait Dominus (*Isa.* LXVI, 9). » Quod ante sæcula genitus est ineffabiliter, Micheas ait: « Egressus ejus a principio a diebus æternitatis (*Mich.* V, 2). » David: « Ante solem permanet nomen ejus (*Psal.* LXX, 17). » Salomon in Proverbiis: « Nondum erant abyssi, et ego concepta eram. Nec dum fontes aquarum eruperant, et ego parturiebar. Quando præparabat cœlos, aderam, cum eo componens omnia (*Prov.* VIII, 24, 25, 27, 30). » Isaias: « In humilitate judicium ejus ablatum est. Generationem ejus quis enarrabit? (*Isa.* LIII, 8.) » Job: « Sapientia Dei Patris unde venit? Latet enim ab oculis hominum, et a volucribus cœli abscondita est (*Job* XXVIII, 20, 21). »

Quod cum Patre et Dominus est, David inquit: « Sedes tua, Deus, in sæculum sæculi: virga directionis virga regni tui (*Psal.* XLIV, 7). » Moyses: « Creavit Deus hominem ad imaginem suam, ad imaginem Dei creavit illum (*Gen.* I, 27). » Zacharias: « Post gloriam misit me ad gentes (*Zach.* II, 8), » etc. Item: « Lauda et lætare, Sion, quia ecce venio, et habitabo in medio tui, et scies quia Dominus exercituum misit me (*Zach.* II, 10).

Quod in humilitate venturus esset, Isaias dixit: « Dicite filiæ Sion: Ecce rex tuus venit tibi mansuetus, sedens super asinum (*Isa.* LXII, 11; *Matth.* XXI, 5). » Jeremias: « Tibi peccavimus, exspectatio Israel, salvator ejus. Quare sicut colonus futurus es in terra, et quasi viator declinans ad manendum? Quare futurus es quasi vir vagus, et qui non potest salvare (*Jerem.* XIV, 7, 8, 9). »

Quod occidendus esset, Isaias inquit: « Sicut ovis ad occisionem ductus est, et quasi agnus coram tondente se sine voce, sic non aperuit os suum (*Isa.* LIII, 7; *Act.* VIII, 32). » Daniel: « Vir Gabriel: Post hebdomadas septuaginta occidetur Christus (*Dan.* IX, 26). »

Quod resurrecturus esset, David ait: « Caro mea requiescet in spe (*Psal.* XV, 9), » etc. Item: « Resurrexi, et adhuc sum tecum (*Psal.* CXXXVIII, 18). » Oseas: « Vivificabit nos post duos dies, et in die tertia suscitabit nos, et vivemus in conspectu ejus (*Ose.* VI, 3). »

De termino adventus ejus Moyses vel Israel: « Non auferetur sceptrum de Juda, et dux de femore ejus, donec veniat qui mittendus est, et ipse erit exspectatio gentium (*Gen.* XLIX, 10). » Daniel: « Adhuc me loquente in oratione, ecce vir Gabriel, quem videram in visione a principio, cito volans tetigit me in tempore sacrificii vespertini, et docuit me, et locutus est mihi, dixitque: Daniel, nunc egressus sum ut docerem te et intelligeres. Ab exordio precum tuarum egressus est sermo: ego autem veni ut indicarem tibi, quia vir desideriorum es. Tu ergo animadverte sermonem, et intellige visionem: Septuaginta hebdomades abbreviatæ sunt super populum tuum, et super urbem sanctam, ut consummetur prævaricatio, et finem accipiat peccatum, et deleatur iniquitas, et adducatur justitia sempiterna, et impleatur visio et prophetia, et ungatur Sanctus sanctorum. Scito ergo et animadverte : Ab exitu sermonis, ut iterum ædificetur Jerusalem, usque ad Christum ducem hebdomades septem, et hebdomades sexaginta duæ erunt : et rursum ædificabitur platea, et muri in angustia temporum. Et post hebdomades sexaginta duas occidetur Christus : et non erit ejus populus, qui eum negaturus est. Et civitatem et sanctuarium dissipabit populus cum duce venturo, et finis ejus vastitas, et post finem belli statuta desolatio. Confirmabit autem pactum multis hebdomada una. Et in dimidio hebdomadis deficiet hostia et sacrificium, et in templo erit abominatio desolationis, et usque ad consummationem et finem perseverabit desolatio (*Dan.* ix, 21-27). »

« Domine, quis credidit auditui nostro? et brachium Domini, cui revelatum est? Et ascendet sicut virgultum coram eo, et sicut radix de terra sitienti : non est species ei neque decor : et vidimus eum, et non erat aspectus, et desideravimus eum : despectum et novissimum virorum, virum dolorum et scientem infirmitatem; et quasi absconditus vultus ejus et despectus, unde nec reputavimus eum. Vere languores nostros ipse tulit, et dolores nostros ipse portavit, et nos putavimus eum quasi leprosum, et percussum a Deo, et humiliatum. Ipse autem vulneratus est propter iniquitates nostras, attritus est propter scelera nostra. Disciplina pacis nostræ super eum, et livore ejus sanati sumus. Omnes nos quasi oves erravimus. Unusquisque in viam suam declinavit : et Dominus posuit in eo iniquitates omnium nostrum. Oblatus est quia ipse voluit, et non aperuit os suum. Sicut ovis ad occisionem ducetur quasi agnus coram tondente se obmutescet, et non aperiet os suum. De angustia et de judicio sublatus est. Generationem ejus quis enarrabit? Quia abscissus est de terra viventium. Propter scelus populi mei percussi eum. Et dabit impios pro sepultura, et divitem pro morte sua : eo quod iniquitatem non fecerit, nec dolus fuerit in ore ejus. Et Dominus voluit conterere eum in infirmitate. Si posuerit pro peccato animam suam, videbit semen longævum et voluntas Domini in manu ejus dirigetur. Pro eo quod laboravit anima ejus, videbit et saturabitur : in scientia sua justificabit ipse justus servus meus multos, et iniquitates eorum ipse portabit. Ideo dispertiam ei plurimos, et fortium dividet spolia, pro eo quod tradidit in mortem animam suam, et cum sceleratis reputatus est. Et ipse peccata multorum tulit, et pro transgressoribus oravit (*Isa.* liii), » ut non perirent, dicit Dominus omnipotens.

Christus ait : « Gaudium est angelis super uno peccatore pœnitentiam agente, quam super nonaginta novem justis, qui non indigent pœnitentia (*Luc.* xv, 7). » Joan. Apost. sic ait, inter cætera ad jam baptizatos : « Filioli, hæc scribo vobis ut non peccetis (*I Joan.* ii, 1). » Et : « Si quis peccaverit, advocatum habemus apud Patrem Jesum justum : ipse est exoratio pro peccatis nostris (*Ibid.*, 2). » Jacobus ait : « Confitemini alterutrum peccata vestra, et orate pro invicem, ut salvemini (*Jacob.*, v, 16) » Fulgentius : « Quocunque tempore homo egerit pœnitentiam, quamlibet annosus, si toto corde renuntiaverit peccatis præteritis, et pro eis in conspectu Domini non solum corporis, sed etiam cordis lacrymas fuderit, et malorum operum maculas bonis operibus diluere curaverit, omnium peccatorum indulgentiam habebit. » Ezechiel : « Si impius egerit pœnitentiam ab omnibus peccatis suis, quæ operatus est, et custodierit præcepta mea universa, et fecerit justitiam, vita vivet, et non morietur : omnium iniquitatum ejus, quas operatus est, non recordabor : in justitia sua, quam operatus est, vivet. Nunquid voluntatis meæ est mors impii? dicit Dominus Deus, et non ut convertatur a viis suis et vivat? Si autem averterit se justus a justitia sua, et fecerit iniquitatem secundum omnes abominationes quas operari solet impius, nunquid vivet? Omnes justitiæ ejus, quas fecerit, non recordabuntur : in prævaricatione qua prævaricatus est, et in peccato suo quod peccavit, in ipsis morietur. Unumquemque juxta vias suas judicabo domus Israel, ait Dominus. Convertimini et agite pœnitentiam ab omnibus iniquitatibus vestris, et non erit vobis in ruinam iniquitas. Projicite a vobis omnes prævaricationes vestras, in quibus prævaricati estis, et facite vobis cor novum et spiritum novum : et : quare moriemini, domus Israel? quia nolo mortem morientis, dicit Dominus Deus, revertimini et vivite (*Ezech.* 21-24, 30-32). »

SERMO VIII.
(*Fragmentum.*)

Hoc vero tempore postea quam resurrectio Domini nostri Jesu Christi, manifestissimum judicium nostræ libertatis, illuxit, nec eorum signorum quæ jam intelligimus operatione gravi onerati sumus, sed quædam pauca pro multis, eademque factu facillima et observatione castissima, ipse Dominus et apostolica tradidit disciplina. Sicuti et baptismi sacramentum et celebratio corporis et sanguinis Domini, quæ unusquisque, cum percipit, quo referantur imbutus agnoscit, ut ea non carnali servitute, sed spirituali potius libertate veneremur.

Nisi manducaveritis, inquit, *carnem filii hominis et sanguinem biberitis, non habebitis vitam in vobis.* Facinus vel flagitium videtur jubere. Figura ergo est (54), dicet hæreticus, præcipiens Passioni Domini esse communicandum tantum, et suaviter atque utiliter recondendum in memoria, quod pro nobis caro ejus crucifixa et vulnerata sit.

Qui manducat meam carnem et bibit meum sanguinem, habet vitam æternam. Hic quandoque per cibum et potum societatem vult intelligi corporis et membrorum suorum, quod est sancta Ecclesia, in prædestinatis et vocatis et justificatis et glorificatis sanctis et fidelibus ejus. Quorum primum jam factum est id est prædestinatio : secundum et ter-

---

(54) Interpretatio est mystica, et nota hæc duo verba, *dicet hæreticus*, non haberi in ms. D. Petavii.

tium factum est, et fit et flet, id est vocatio et justificatio : quartum vero nunc in spe, in re autem futurum est, id est glorificatio. Hujus rei sacramentum, id est, unitatis corporis et sanguinis Christi, alicubi quotidie certis intervallis dierum in Dominica mensa præparatur, et de mensa Dominica sumitur : quibusdam ad vitam, quibusdam ad exitium. Res vero ipsa cujus sacramentum est, omni homini ad vitam, nulli ad exitium, quicunque ejus particeps fuerit. Ipse Dominus paulo post exponit quid sit manducare corpus ejus et sanguinem bibere. *Qui manducat carnem meam et bibit meum sanguinem, in me manet, et ego in illo.* Hoc est ergo manducare illam escam, et illum potum bibere, in Christo manere, et illum manentem in se habere. Ac per hoc qui non manet in Christo, et in quo non manet Christus, procul dubio non manducat ejus carnem, nec bibit ejus sanguinem, etiam si tantæ rei sacramentum ad judicium sibi manducet et bibat. Item paulo post Augustinus tract. 26 : « Signum quia manducavit et bibit, hoc est: si manet et manetur, si habitat ac inhabitatur, si hæret et non deseratur. »

Haymo, super Epistolam ad Corinthios.

Caro quam Verbum Dei Patris assumpsit in utero Virginali in unitate suæ personæ, et panis qui consecratur in Ecclesia, unum corpus Christi : ita iste panis transit in corpus Christi, nec sunt duo corpora, sed unum corpus. Divinitatis enim plenitudo, quæ fuit in illo, replet istum panem; et ipsa divinitas Verbi, quæ implet cœlum et terram et omnia quæ in eis sunt, ipsa replet corpus Christi quod a multis sacerdotibus per universum orbem sanctificatur, et facit unum corpus Christi esse. Et sicut ille panis et sanguis in corpus Christi transeunt, ita omnis qui in Ecclesia digne comedit illud, unum corpus Christi est, sicut ipse dixit : *Qui manducat carnem meam et bibit meum sanguinem, in me manet, et ego in illo* (Joan. VI, 57). Tamen illa caro quam assumpsit, et iste panis, omnisque Ecclesia, non faciunt tria corpora Christi, sed unum corpus. Et sicut qui corpori et sanguini Christi communicant, unum corpus cum eo efficiuntur, sic et qui communicant scienter de idolothytis, unum cum diabolo corpus existunt.

In Symbolo Ephesini concilii.

Necessario et hoc addiscimus : annuntiantes enim secundum carnem mortem unigeniti Filii Dei, id est Jesu Christi, et resurrectionem ejus, et in cœlis ascensionem pariter confitentes, incruentam celebramus in ecclesiis sacrificii servitutem. Sic etiam ad mysticas benedictiones accedimus, et sanctificamur, participes sancti corporis et pretiosi sanguinis Christi, omnium nostrum Redemptoris effecti : non ut communem carnem percipientes (quod absit!), nec ut viri sanctificati et Verbo conjuncti secundum dignitatis unitatem, aut sic divinam possidentes habitationem, sed vere vivificatricem et ipsius Verbi propriam factam. Vita enim naturaliter ut Deus existens, quia propriæ carni unitus est, vivificatricem eam esse professus est. Et ideo quamvis dicat ad nos : *Amen, Amen dico vobis, nisi manducaveritis carnem filii hominis, et biberitis ejus sanguinem,* etc., non tamen eam ut hominis unius ex nobis æstimare debemus (quomodo enim juxta naturam suam vivificatrix esse caro hominis poterit?) sed ut vere propriam ejus factam, qui propter nos Filius hominis et factus est et vocatus. Sylvester papa : « Primus Adam suasu serpentis mortem incurrit, et, ejectus de paradiso deliciarum Dei, in labore et sudore edit panem. Terra autem de qua factus est, virgo erat. Oportuit ergo secundum Adam de virgine nasci qui serpentem tentantem se vinceret, et hominem de captivitate ejus qui primum vicerat liberaret. Quoniam qui Adæ victor in paradiso exstiterat, ipse tentator Domini factus est in deserto : ut qui vicerat manducantem, vinceretur a jejunante. Et sicut mortem non inveniunt nisi qui nati sunt ex carne Adæ, ita vitam non inveniunt nisi qui renati fuerunt ex aqua et Spiritu sancto, et carnem Christi et sanguinem suæ carni et sanguini sociaverunt, qui vicit diabolum, paradisum reddidit, et vitæ æternæ januam patefecit. »

SERMO IX.
DE ANNUNTIATIONE DOMINICA.
(Opp. S. Aug. tom. V, Append., serm. 194.)

1. *Evæ damna, et Mariæ beneficia.* Adest nobis, dilectissimi, optatus dies beatæ ac venerabilis semper Virginis Mariæ : ideo cum summa exsultatione gaudeat terra nostra, tantæ Virginis illustrata die solemni. Hæc est enim flos campi, de qua ortum est pretiosum lilium convallium, per cujus partum mutatur natura, protoplastorumque deletur et culpa. Præcisum est in ea illud Evæ infelicitatis elogium quo dicitur, *In tristitia paries filios* (Gen. III, 16) : quia ista in lætitia Dominum parturivit. Eva enim luxit, ista exsultavit; Eva lacrymas, Maria gaudium in ventre portavit : quia illa peccatorem, ista edidit innocentem. Virgo quippe genuit, quia virgo concepit; inviolata peperit, quia in conceptu libido non fuit. Utrobique miraculum, et sine corruptione gravida, et in partu virgo puerpera. Descendit angelus de cœlo missus a Patre Deo in nostræ redemptionis exordium, ad beatam salutandam Mariam : *Ave,* inquit angelus ad eam, *gratia plena, Dominus tecum.* Impleta est ergo Maria gratia, et Eva vacuata est a culpa. Maledictio Evæ in benedictionem mutatur Mariæ : *Ave, gratia plena, Dominus tecum.* Tecum Dominus in corde, tecum in ventre, tecum in utero, tecum in auxilio.

2. *Maria omnem superat laudem.* Gratulare, beata Virgo : Christus rex e cœlo suo venit in uterum tuum, ex sinu Patris in uterum dignatur descendere matris. *Benedicta,* inquit, *tu, in mulieribus,* quæ vitam et viris et mulieribus peperisti. Mater generis nostri pœnam intulit mundo; Genitrix Domini nostri salutem attulit mundo. Auctrix peccati Eva; auctrix meriti Maria; Eva occidendo obfuit, Maria vivificando profuit. Illa percussit; ista sanavit. Pro ino-

bedientia enim obedientia commutatur, fides pro perfidia compensatur. Læta igitur Maria gestat infantem, exsultans amplexatur filium, portat a quo portabatur. Nec fortuitu, ut fingunt Sabelliani, reperit parvulum; sed decursis novem mensibus peperit Christum. Plaudat nunc organis Maria, et inter veloces articulos tympana puerperæ concrepent. Concinant lætantes chori, et alternantibus modulis dulcisona carmina misceantur. Audite igitur quemadmodum tympanistria nostra cantaverit ; ait enim : *Magnificat anima mea Dominum ; et exsultavit spiritus meus in Deo salutari meo : quia respexit humilitatem ancillæ suæ ; ecce enim ex hoc beatam me dicent omnes generationes. Quia fecit mihi magna qui potens est.* Causa igitur tantæ invalescentis lætitiæ erat miraculum novum. Novus Mariæ partus partum Evæ evicit, et Evæ planctum Mariæ cantus exclusit.

3. *Mundi salus ex Mariæ assensu pendet. Maria Mater et Virgo. Nupsit ipsi Deo. Jeremiæ de Maria prophetia.* Denique post illius benedictionis præsagium, dum tacita secum Virgo mentis altercatione configeret, qualis esset ista salutatio, nuntius interim cœlestis exsequitur (*Luc.* i) : *Netimeas, Maria ; invenisti gratiam apud Dominum. Ecce concipies in utero et paries filium, et vocabis nomen ejus Jesum.* At illa : *Quomodo*, inquit, *fiet istud, quoniam virum non cognosco?* Et angelus ad eam : *Spiritus*, ait, *sanctus superveniet in te, et virtus Altissimi obumbrabit tibi ; ideoque quod nascetur ex te Sanctum, vocabitur Filius Dei.* Jam audisti *quomodo fiet hoc*, responde nunc verbum ; ut quid turbaris modo ? Audisti *quomodo fiet hoc*, quia *Spiritus sanctus superveniet in te*, ut prolem gignas, et virginitatem non perdas ; filium proferas, et post partum incorrupta permaneas. O beata Maria, sæculum omne captivum tuum deprecatur assensum : te, Domina, mundus suæ fidei obsidem fecit. Noli morari, Virgo : nuntio festinanter responde verbum, et suscipe filium ; da fidem, et senti virtutem. *Ecce*, inquit, *ancilla Domini : fiat mihi secundum verbum tuum.* Nec mora, revertitur nuntius, et virginalem thalamum ingreditur Christus. Efficitur subito prægnans beata Dei genitrix, et cuncta per sæcula prædicatur hinc felix. Concepit mox ad credulitatem verbi, virilis ignara consortii : impletur uterus nullo humano pollutus amplexu. Exstat itaque virgo cum concipit, virgo gravida, virgo cum parit, et virgo post partum. Præclara ergo illa virginitas, et gloriosa fecunditas. Exsultat Maria, et matrem se læta miratur, et de Spiritu sancto se peperisse gaudet : nec quia peperit innupta, terretur ; sed quia genuerit, cum exsultatione miratur. Gaudeamus ergo et nos, *fratres*, in die tantæ Virginis, quæ dum desponsaretur fabro, cœli nupsit architecto. Promittitur enim ei filius per visitationem sancti Spiritus. Hæc illa audiens gaudet, cupitque effici mater. Quid igitur mirum, si sine corruptione nascitur, qui de sanctificatione concipitur : non enim decebat ut ille qui nobis afferebat salutem, matri præriperet integritatis dignitatem. Nam qui terra, mari cœloque non capitur, intra unius corpusculi membra suscipitur. Hæc est illa novitas Jeremiæ prophetæ vaticinio prænuntiata : *Faciet*, inquit, *Dominus novum super terram ; femina circumdabit virum* (*Jerem.* xxxi, 22). O femina super feminas benedicta, quæ virum omnino non novit, et virum suo utero circumdedit ! Circumdat virum Maria angelo fidem dando ; quia Eva perdidit virum serpenti consentiendo.

4. *Angeli ad Mariam verba. Mariæ obedientia commendatur.* Salutat angelus puellam viri salutationis ignaram ; terretur Virgo novitate verborum. Ad quam angelus, ut superius protulimus, dixit : *Ne timeas, Maria ; invenisti enim gratiam apud Dominum.* Ne, inquit, a conspectu meo, Mater Domini mei, terrearis : ego conceptionis tuæ minister adveni, non ut virginitatem amitteres interveni ; ipse me misit ad te, qui est nasciturus ex te. *Concipies enim et paries filium ;* non cujuslibet meriti hominem, sed totius sæculi Salvatorem. Recole, Maria, in libro Isaiæ prophetæ, virginem quam parituram legisti (*Isa.* vii, 14) ; et gaude atque exsulta, quia tu esse meruisti. Tu ibi præfigurata es Virgo, tu ecce concipies in utero, non de viro, sed de Spiritu sancto : et gravida eris, et incorrupta permanebis. Paries quidem filium, et virginitatis non patieris detrimentum. Efficieris gravida, et eris mater semper intacta. Senties pondera ventris, et pudorem non perdes castitatis. Intumescent ubera tua, et intacta manent genitalia tua. At illa dixit : *Ecce ancilla Domini : fiat mihi secundum verbum tuum.* O felix obedientia, o insignis gratia, quæ dum fidem humiliter dedit, cœli in se opificem corporavit ! Implevit in ea Dominus, quod dudum prædixerat : *Obedientiam malo quam sacrificium, et scientiam Dei plus quam holocausta* (*Osee* vi, 6). Hæc fuit vera obedientia omni sacrificio gratior, hæc voluntas cunctis hostiis acceptior ; hinc promeruit gloriam, quam ipsa postmodum plausit : *Ecce*, ait, *ex hoc beatam me dicent omnes generationes.*

5. *Ad beatam Virginem precatio.* O beata Maria, quis tibi digne valeat jura gratiarum ac laudum præconia impendere, quæ singulari tuo assensu mundo succurristi perdito ? Quas tibi laudes fragilitas humani generis persolvat, quæ solo tuo commercio recuperandi aditum invenit ? Accipe itaque quascunque exiles, quascunque meritis tuis impares gratiarum actiones : et cum susceperis vota, culpas nostras orando excusa. Admitte nostras preces intra sacrarium exauditionis, reporta nobis antidotum reconciliationis. Sit per te excusabile quod per te ingerimus : fiat impetrabile quod fida mente poscimus. Accipe quod offerimus, redona quod rogamus ; excusa quod timemus. (Quia tu es spes unica peccatorum, per te speramus veniam delictorum ; et in te, beatissima, nostrorum est exspectatio præmiorum.) Sancta Maria, succurre miseris, juva pusillanimes, refove flebiles, ora pro populo, interveni pro clero intercede pro devoto femineo sexu. Sentiant

omnes tuum juvamen, quicunque celebrant tuam commemorationem. Assiste parata votis poscentium, et repende omnibus optatum effectum. Sit tibi studium assidue orare pro populo Dei, quæ meruisti benedicta pretium ferre mundi qui vivit et regnat in sæcula sæculorum.

DE PECCATIS CAPITALIBUS.

I.
De pœnitentia laicorum

Si quis hominem occiderit sponte, septem annis pœniteat. Si immeritum, decem annis pœniteat. Si diaconum, quatuordecim annis pœniteat. Si presbyterum, viginti et uno anno pœniteat. Si quis hominem non sponte occiderit, tribus annis pœniteat. Si publico bello, uno anno pœniteat. Si quis hominem debilitaverit, tribus quadragenis pœniteat. Si quis membrum principale alicui tulerit, tribus annis et dimidio pœniteat. Si quis sodomiticus vel cum pecude semel, septem annis pœniteat. Si consueverit, quatuordecim annis pœniteat. Si quis fornicatur inter femora semel, quatuor quadragenis pœniteat. Si consueverit, tribus annis; si parvulus oppressus hoc patitur, una quadragena pœniteat. Si per se ipsum, duabus quadragenis pœniteat. Si consueverit, uno anno pœniteat. Si quis adulterat simpliciter, quinque annis pœniteat. Si dupliciter, decem annis pœniteat. Si quis raptum fecerit, tribus annis, uno de his foris ecclesia pœniteat. Si quis nonnam corruperit, septem annis pœniteat. Si quis consanguineam, quinque annis pœniteat. Si quis divinos consulit, tribus annis pœniteat. Si quis sacrilegus vel perjurus exstiterit, septem annis pœniteat. Si quis jurat contra pacem, uno anno pœniteat cum eleemosynis, et redeat. Si quis pertinaciter odit, excommunicetur.

II.
De pœnitentia mulierum.

Si qua mulier duobus fratribus nupserit, quinque annis pœniteat. Si qua partum necat, aut excitat sponte: si jam vivit, duodecim annis; si non vivit adhuc, sex annis post pœniteat; et semper sexta feria jejunet. Si mater dormiens filium vel filiam oppresserit, tribus annis pœniteat. Si infans alicubi ceciderit, et obierit, parens uno anno pœniteat. Si infans mortuus fuerit per negligentiam sine baptismo, tribus annis pœniteat; uno ex his foris, et semper sexta feria jejunet. Fidelis bene vivens securus hinc exit. Baptizatus ad horam agens pœnitentiam dum sanus est et reconciliatus, et postea bene vivit securus. Qui, positus in ultima necessitate, pœnitentiam accipit et exit, fateor, non illi negamus quod petit, sed non præsumo dicere quia bene exit. Do ergo consilium: dimitte incertum, et tene certum, ut dum sanus es agas pœnitentiam, ut mortuus habeas securitatem.

SANCTI FULBERTI
CARNOTENSIS EPISCOPI

HYMNI ET CARMINA ECCLESIASTICA.

(*Biblioth. Patr.* XVIII, 48.)

I.
HYMNUS SEU PROSA DE SANCTO PANTALEONE.

Quantas cædes Christiani gregis inhorruerit, sub Maximiani quondam impia tyrannide, revolutæ manifestant scripturarum paginæ.

Tunc Eustorchius senator quidam Nicomediæ habitabat, quidam et natus nomine Pantaleon, et decore corporali clarus et ingenio.

Unde pater, more patrum, lætus ac sollicitus fecit eum liberales artes apprehendere, ut non esset speciosa lampas sine lumine.

Tum discendæ salutaris disciplinæ gratia, medico Maximiani tradidit Euphrosino, quo ductore cœpit esse frequens in palatio.

Imperator autem, ejus honestate cognita, asserit, ac consequenter attestantur alii, digna quod persona talis sit astare Cæsari.

Inter hæc, quidam sacerdos in eodem oppido, nuncupatus Hermolaus, metu sævi principis, latebra se recondebat obsoletæ tegetis.

Qua Pantaleonem sæpe transcuntem conspicans, vas electionis esse comperit per Spiritum, et modeste provocavit intus ad colloquium.

Quærit ergo nomen, genus studiumque pueri, quærit sectam. Ille notans quæsitorum ordinem, diligenter contrapensat responsorum seriem.

Solvit primum ac secundum; tunc exponens cætera: « Scrutor, inquit, documenta Hippocratis medici, atque magni præcessoris ejus Æsculapii.

« Hos putamus esse deos, qui vivaci numine, quæ descripta reliquerunt, prosequentes approbant, dum langore fatigatis sanitatem reparant. »

Ad hæc senex Hermolaus, os maturum reserans,

non contendo replicare omnia quæ protulit, sed quæ breviter dixisse non absurde potuit.

« Chare fili, verba mea vigilanter accipe, fortiterque cerebrosa retine memoria : nam magistros credo tuos non docere talia.

« Duas esse medicinas Christiani novimus, unam quidem de terrenis, de supernis alteram; quarum ut diversos ortus, sic et efficaciam.

« Medici terreni longam per experientiam, surculorum didicerunt vires, et similium quæ permutant qualitates humanorum corporum.

« Nullus tamen in hac arte sic probatus exstitit, cui non essent ad curandum aliæ difficiles, aliæque passionum prorsus incurabiles.

« Hoc testatur ille vir Hippocrates, qui fuit hoc de cœlo sublimatus vir Æsculapius, quibus nemo ventilatur major esse medicus.

« At supernæ medicinæ Christus auctor emicat, qui curare sola potest jussione morbidos, et ad vitam de sepulcro revocare mortuos.

« Qui dederat cæco nato, post creata lumina, ac de tumba jam fetente suscitatus Lazarus, cæteraque mira gesta, quorum non est numerus.

« Sed de Christo quid dicatur, cum nos ejus servuli mira quæque faciamus in ipsius nomine, tibi quoque non negando fore sane crederetur.

« Tu te ergo, chare fili, sapienter collige, argumenta manifestis sumens ab operibus, quis eorum sit habendus Deus atque Dominus. »

Cœpit autem ratione tali puer allici, postquam singulis diebus sacerdotem visere, ac de Christo sciscitari multa, plura dicere.

Quadam ergo die solus a magistro rediens, dum de via declinaret, interemptum puerum, atque juxta vidit ejus peremptorem colubrum.

Quo spectaculo parumper tremefactus abstitit, sed quam primum resipiscens vivide referbuit, sicque precem Deo vero primitivam obtulit :

« O Jesu, quem posse cuncta Christiani perhibent, si collegio tuorum me dignaris jungere, præsta, quæso, quod fidenter jam præsumo poscere.

« Precor ergo, per virtutem tui magni nominis, ut revivat iste puer, crepet iste coluber; quod proberis esse vitæ atque mortis arbiter. »

Ad hanc vocem, o fides! o mira Dei bonitas! mortuus resurgit infans, et chelydrus finditur, laus præclara de gentili ore Deo funditur.

« Te nunc, inquit, benedico, Jesu potentissime, non te semel benedicam, Deus atque Domine; tu sis omni benedictus sæculorum tempore. »

Currit ergo lætabundus tiro Christi nobilis, et ad pedes Hermolai procedit presbyteri, instans sibi non tardari sacri fontem lavacri.

II.
DE SANCTO PIATO HYMNUS.

In tellure Beneventi claris ortus patribus, insignis mundo Piatus, sacris fultus moribus,

Mox puer Christum sequendo admirandis nisibus, post adultus vilipendit vanam mundi gloriam, de suis nihil reservans, præter vestem simplicem.

Sed quæcumque possidebat dans fomentis pauperum, nescius Romam pergit, jam vir exstans, illic et conjungitur Dionysio, suisque sanctis consodalibus.

Sic in cœtum tantorum virorum lumen viget additus Dionysio, his perfectis prædicare Christum genti Gallicæ.

Tornacum versus Piatus se direxit inclytus, cum Parisios iret beatus Dionysius.

Tornaco ergo diffundendo late sancti verbi semina, Christo convertit virorum ter dena millia.

Præter parvos, et secundi sexus turbam maximam Christicolum, genuinis inter hæc coruscans virtutum miraculis.

Edomabat parcitate duras vires corporis, ut, frangendo roboratus, hosti non succumbêret, et illum fortiter debellaret.

At Cæsar Maximianus, ut Piati hausit famam virulentis auribus, comprehendi jussit eum, ad necandum protinus.

Utque fama est, ille militare promptus, atque vinci nescius, nexus vicit, flagra vicit et omnes impetus.

Decollatur namque tandem læto cœtu martyrum, palmam gessit laureatus ad cœli palatium.

Dumque gleba conderetur gloriosi corpus martyris, fusus odor est superni coram circa nectaris.

Ne quid mundus hæsitaret de salute spiritus, cujus caro tunc probabat hunc regnare cœlitus.

III.
PROSA DE NATIVITATE DOMINI.

Sonent regi nato nova cantica, cujus Pater fecit omnia, mater est Virgo sacratissima.

Generans nescit hic feminam, illa est sine viro gravida.

Verbum corde Patris genitum ante sæcula.

Alvo matris prodit corporatum post tempora.

O mira genitura! o stupenda nativitas! o proles gloriosa!

Humanata divinitas, sic te nasciturum Filium Dei, vates tuo docti Spiritu prædixerant.

Sic te oriente ex Virgine sacra, pacem terris angeli nuntiant.

Elementa vultus exhilarant, omnes sancti clamantes jubilant.

Salve clamando, nosque salva, Deitas, in personis trina simplex exousia.

IV.
HYMNUS DE TRINITATE.

Verbum Dei Spiritumque legifer in Genesi, rex David secundo psalmo post tricenum cecinit, sic uterque Trinitatem unitatis prodidit.

Sapiens, cum genitore sancto suo, Salomon, plane verbo declaravit, esse Deo Filium, Verbum scilicet æternum, corde ejus genitum.

Moysi et Isaiæ testis est Psalmographus, quia

Filius cum Patre Deus est et Dominus, nil enim Patre Deo gignitur nisi Deus.

Deum hominem futurum esse, sicut exstitit, post Psalmistam Isaias liquido perdocuit ; dispensatio salutem illa nobis edidit.

Quodque Deus nasciturus esset matre Virgine, idem ante Gabrielem jussus est prædicere; talis porro decet ortus auctorem munditiæ.

Legislator Danielque notaverunt terminum, quando Rex venturus esset exspectatus gentium : is neglectus perdidit male populum Judaicum.

Summum regem adfuturum pauperem et humilem ostendit propheta quasi jam visibilem, corruit superbus hostis ante cujus faciem.

V.

IN FESTO SANCTI ÆGIDII ABBATIS, AD MATUTINUM INVITATORIUM.

Adoramus regem totius bonitatis auctorem, qui sanctum Ægidium exornat et gratiæ donis, et justitiæ præmiis.

VI.

IN MATUTINIS LAUDIBUS RESPONSORIA.

Dominum semper et ubique regnantem, in sancto suo Ægidio mirificum prædicemus. Jubilemus Deo gratulantibus animis, qui patronum nostrum Ægidium decoravit gratia sanctitatis. Deus, ut tandem nos vigilantes invenias, chari tui Ægidii nobis merita suffragentur. Benedictus sit universalis Dominus, quem beatus nobiscum benedicit Ægidius. Laus jucunda resonet Deo vivo et vero in sancti sui Ægidii miraculis gloriosi. Sancte confessor et patrone noster Ægidi, per cujus merita Dominum glorificamus, apud illum pro nobis te intercedere sentiamus. Benedicimus te, clementissime Deus, qui diem festum beati Ægidii in laudem tuam nobis expendere tribuisti, teque suppliciter exoramus ut sanctis tuis, quibus honorificentiam exhibemus, virtute ac præmio sociari mereamur.

VII.

PROSA ET ALIA RESPONSORIA.

Sanctus Ægidius natione Græcus præclaris parentibus originem duxit, corpore valens et acer ingenio. Feliciter adultus est ac liberaliter eruditus. In rerum quoque possessione non tenuis, sed ingentem copiam provida largitas erogavit. Hinc inter prospera voluptate non est resolutus, nec inter aspera a diabolo est superatus. Inediam, sitim, algores et vigilias, pro Christi amore delicias computabat. Affectus injuriis, et graviter sauciatus, affligentibus se deprecabatur veniam. Credebat, quod didicerat a vero magistro, in patientia tandem animas possideri. Virtute itaque vectus ad sublimia, sacerdotali meruit infula decorari. Obtinuit enim illud sapientis, quod in tempore iræ factus est reconciliatio.

Fidelis Christi confessor Ægidius, genere clarus, sed scientia, virtute et opere longe clarior exstitit. Legitur quidem regia stirpe fuisse progenitus. Sed hic ævo tener, ad liberalia rudimenta dispositus, doctores summos brevi æquiparavit. Dum potentis ingenii motum nec levitas præcipitem ageret, nec desidia tardum, docto docili quoque puero gratia Dei non defuit, vitam ejus omni morum honestate commendans. Jam jamque foris scintillabat indiciis, succensa velut lampas charitatis. Vestem ægro cuidam mendicanti, qua non superflua tegebatur, quamvis adhuc pædagogi sententiam sibi æstimaret formidabilem, dedit. Prodiit extemplo quoddam memorabile signum, quo Deum Ægidio cooperari compertum est. Nam, ut æger attigit oblatam sibi vestem, simul recepit pristinam sanitatem. Parentibus autem in pace defunctis, patrimonii sui Christum fecit hæredem, mirabili modo pauperando ditescens, dum temporalium impendiis æterna lucratur. At ubi sancti viri virtus præ magnitudine sua latere non potuit, confluebant plurimi, corporis animæque beneficia postulantes. Nec vero, ubi dator hilaris et quod daretur abunde non aderat, suo munere frustrabantur. Cumque mira gesta laudum præconia sequerentur, mari transito natalem Græciam sua præsentia viduavit, incautum esse judicans levis famæ pretio thesaurum bonæ conscientiæ venditare, in natali permanens. Mirabile quidem est quanto in eo succreverit parcimoniæ virtus, cum multo tempore ab ipsius quoque panis abstineret edulio. Unde facile patet eum nec pulmentaria nec quælibet gulæ irritamenta quærentem ad superna evolasse regna.

VIII.

PROSA DE DIVO MARTINO.

Inter Patres monachalis vel clericalis ordinis, virtutis excellentia Martinus notabilis. Non quilibet de pluribus, sed ille solitarius. Primo deinde Turonicæ præsul paterque patriæ. Diserta quem prudentia, fortisque temperantia, quin universa sanctitas ornavit, hoc est, charitas. Is pauperi quam dividit, se veste Christus induit, dans signa tantæ gratiæ necdum renato cernere. Mox fonte cœli roscido sancto repletus Spiritu, divoque fretus numine, et ut potens Apostolus, confutat ortas hæreses; jussu repellit dæmones, medetur lepræ osculo, et mortuis precario. Quid igne rapto cœlitus, cremasse fana funditus, gravesque moles per fidem, hunc transtulisse prædicem ? Dedisse cæcis sidera, sentire surdis organa, mutisque præcinentibus, aptasse claudos saltibus ? Quot gesserit hujusmodi miraculorum millia, fugit ligari calculo, velut saburra pontica.

IX.

DE SANCTO LAMBERTO.

Magna vox laude sonora te decet per omnia, quo poli chorea aucta tali compare, terra plaudit et resultat digna tanto præsule. O sacer Lamberte martyr, vota nostra suscipe.

X.

PRO REGE.

Regum princeps atque virtus, cujus nutu mundi cœlum gyrat, terra perstat, disponuntur sæcula : regi Roberto nato stirpe nobilissima, sic domare des su-

perbos et subjectis parcere, ut hic regnans gloriosus quondam vivat in æthere.

XI.
DE BEATA VIRGINE.

Solem justitiæ Regem paritura supremum,
Stella Maria maris hodie processit ad ortum :
Cernere divinum lumen gaudete fideles.

Resp.

Stirps Jesse virgam produxit, virgaque florem
Et super hunc florem requiescit Spiritus almus;
Virgo Dei genitrix virga est, flos filius ejus.

Resp.

Ad nutum Domini nostrum ditantis honorem,
Sicut spina rosam, genuit Judæa Mariam,
Ut vitium virtus operiret, gratia culpam.

XII.
DE SANCTA CRUCE.

Vexillum regis venerabile cuncta regentis,
O crux sancta, micans super omnia sidera cœli,
Mortifero lapsis gustu, quæ sola reportas
Antidotum vitæ, fructum suspensa perennem,
Te colo, te fateor venerans, te pronus adoro.
Christus, principium, finis, surrectio, vita,
Merces, lux, requies, sanctorum doxa, corona,
Pro servis Dominus redimendis hostia factus,
In te suspendens [*pro suspensus*], per lignum toxica
[ligni
Purgavit, clausæ reserando limina vitæ.
Tantæ pars ego sum libertatis, bone Pastor;
Sed, mala semper agens, nunquam tibi digna rependi.
Heu! mihi jam bibulæ numerum transcendit arenæ
Sarcina multorum, mihi quæ crevere, malorum.
Sed quia peccantis potius bona quam mala quæris,
Plusque tibi peccat spem qui peccando relinquit,
Ad te confugio, tibi supplico confiteorque;
Parce, precor, miserere mei, miserere meorum,
Defuncti qui sunt, et in hac qui luce, parentum :
Qui bona fecerunt, his per te centupla redde,
Qui, mala convertens peccamina, cuncta remittis,
Omnes hoc signo qui te venerantur et orant
Dirige, sustenta, custodi, protege, salva,
Da procul a nobis, elatio sistat ut omnis,
Quo tibi submissi placeamus pectore puro.
Protege nos jugiter, ventosæ laudis ab aura,
Et nobis dignas confer tibi solvere grates.
Invidiæ maculam de mentibus abluc nostris,
Infundens nobis ignem cœlestis amoris;
Iræ compescens stimulos, fac nos patientes,
Tristitiamque fugans, in damnis spem retinentes;
Crimen avaritiæ nobis dona fugiamus,
Ut pietatis opus placitæ tibi ferre queamus;
Ingluviem ventris nos vincere sobrietate,
Luxuriæque luem casto concede pudore,
Ut per te mundi, per te quoque viribus aucti,
Constanter vitam studeamus adire supernam.

XIII.
DE TIMORE, SPE ET AMORE.

Primus ab illicitis hominum se continet ordo,
Aut pœnæ metuens, aut providus emolumenti,
Aut bene complacitæ captus virtutis amore.
Qui spectare licet finem videantur ad unum,
Ut vitium vitent, velut exitiale venenum;
In paritate tamen meriti discretius absunt ;
Unde nec unitæ veniunt ad præmia palmæ.
Primus enim coleret, genium si posset inulte;
Sed vehementer ait : Zelantis abhorreo vultum
Judicis, et diræ flammis ardere gehennæ.
Anne secundus idem faciat, si præmia desint?
Sed vigili ratione sagax dum gaudia pensat
Vera, voluptatem caute postponit inertem,
Tertius ingenue bonus egregieque decorus
Te contemplatur, te diligit, aurea virtus :
Malit nempe mori, quam vivens te viduari.
Sunt igitur species ex affectu venientes
De quibus effugiant, ut ab ordine discrepet ordo.
Nam quis sollicito dubitet præferre timori
Securam spei requiem? sed ipse decenter
Ut præcellenti venerans assurgit amori.
Interea Pater optimus hæc, speculatus ab alto
Cujus judicii nihil est quod fallat acumen :
Ille inquit, meus est, vernaculus iste satelles.
Hæc mea conformis, mea dilectissima proles.
Tunc variis meritis distantia præmia librans,
Magna quidem primo tribuit, majora secundo,
In solo totum confert probitatis amico.

XIV.
DE EADEM RE BREVIUS.

Tres causæ faciunt homines peccata cavere :
Horror supplicii, spes mercis, amor probitatis.
Quæ quamvis finem videantur tendere ad unum,
Scilicet ut vitio careant, distant tamen hoc, quod
Servulus et miles seu regis filius ; atqui
Principium timidus, cupidus habet incrementum,
Virtutis totam summam sincerus amator.
At si proficiat timor in spem, spes in amorem,
De sermo miles venit et de milite proles.
Probra cavet, vel flagra pavens, vel præmia captans,
Vel virtutis amans; distant, ut calo, satelles,
Rex; duo proficiunt, status est tibi, tertie, summus.

XV.
FULBERTUS DE SEIPSO.

Mi factor, mea vita, salus, fiducia sola,
Da mihi consilium et votum viresque sequendi,
Ambiguus quid agam, quo tandem fine quiescam :
Nam vereor temere suscepto pontificatu
Servandis ovibus, mage quam prodesse, nocere ;
Atque ideo puto cedendum melioribus esse.
Sed recolens quod non opibus, neque sanguine fre-
[tus,
Conscendi cathedram, pauper de sorde levatus,
Arbitror hoc a te factum sicut tuus est mos,
Nec mutare locum, nisi significaveris, ausim.
Quamvis illæsæ moneat mens conviæ vitæ,
Tu scis, sancte Pater, quid sit tibi gratius horum,
Utiliusque mihi : precor inde tuam pietatem,
Ut mihi digneris hoc inspirare labenti,
Consilium, præsensque juves ad perficiendum.

XVI.

IDEM DE SEIPSO.

Te de pauperibus natum suscepit alendum
Christus, et immeritum sic enutrivit et auxit,
Ut collata tibi miretur munera mundus,
Nam puero faciles providit adesse magistros,
Et juvenem perduxit ad hoc, ut episcopus esses.
Reges, pontifices, populi, te magnificabant,
Servum censentes prudentem satque fidelem
Esse pii Domini, sed, proh pudor ! ipse, nefande,
Prudens nec fidus fueras, ut res manifestat ;
Nam contra memorare pudet quam nequiter ipsum
Læseris, et sanctos ejus tua prava tuentes ;
Quæ vix ulla satis possunt tormenta piare.
Præstolatur adhuc Dominus tamen ille benignus
Et te vivere perpetitur, si forte resciscens,
Segnitiem zelo perimas, meritoque reatum.
Virtus est, Domino parendi firma voluntas,
Virtus est, medium retinendi accepta voluntas.

XVII.

DE SIGNIS, ET MENSIBUS, ET DIEBUS, ET HORIS, COMPENDIUM COMPUTI.

Annum sol duodena means per signa rotundat,
Cunctaque ter denis percurrit signa diebus,
Atque decem horis, et dimidium faciuntque
Partes hæ duodenario si multiplicentur,
Tercentum sexagenos, et quinque dies, et
Sex horas, quas quadrantem liquet esse diei.
Hoc igitur numero proprium sol perficit annum.
Sed quia planius est toto quam parte diei,
Annum metiri voluit chorus astrologorum,
Tercentum sexagenis et quinque diebus :
Claudi tres annos, quarto superaddier unum,
Qui de quatuor annorum quadrantibus exit.
Hunc bissextilem dixerunt propter hoc annum,
Ilis quando sexto Martis notat ante Kalendas,
Annos præteritos supplens, redimensque futuros,
Per menses anni soles ita distribuerunt :
Janus et Augustus jaculoque December acutus,
Fert quarto nonas, nono decimoque Kalendas :
Post Idus soles triginta scilicet unum,
Mars, Maius, Julius, libripens, October et æquus :
Sexto nonas septeno decimoque Kalendas :
Post Idus soles triginta, rursus et unum,
Junius, Aprilem, post Septembremque November,
Quarto nonas octavo decimoque Kalendas,
Post Idus soles triginta, Februus autem,
Fert quarto nonas, sexto decimoque Kalendas,
Post Idus soles viginti pauper et octo
Sed per bissextum gaudet sibi crescere nonum.
Annumerat proprias mensis sibi quisque Kalendas,
Nullus et octavo mensis non computet Idus.
Mensis habet numerum normalem quisque notatum.
Annus habet concurrentes qui convenientes
Donant scire dies, qui menses rite Kalendant ;

A Hi sunt normales numeri qui mensibus hærent,
Quinque placent Marti, nec displicet unus. Aprili,
Maius habet ternos, duplicat sibi Junius ipsos,
Unus item Julio, tibi sunt, Auguste, quaterni ;
September septem binis October agit rem,
Quinque November abhinc, repetens septemque December,
Nec cupiunt Jano tres nec sex tollere Febro (55).
Huic alter numerus concurrit ad inveniendum,
Qua sibi quisque die mensis velit esse Kalendas
Septem lineolis ipsum tibi cerne notatum (56),
Harum septem lineolarum quælibet una
Spectatur numeri summas gestare quaternas,
Et sic viginti summæ numeruntur et octo
Divisæ totidem certa ratione per annos,
B Hæ quoque summæ solares vocitantur epactæ,
Hi concurrentes numeri versantur in annis
Unus bissexto, duo non, neque tres, neque quadri,
Sex sunt bissexto, non vos septem une gemelli
Quadri ad bissextum, quini sex, septem aliorsum,
Seni ad bissextum, tres quadri, quinque seorsum,
Septem bissextant, quatuor, duo tresque recusant,
Quini bissextant, sex septem unusque rejectant,
Tres bissexte quadris quinis nec jungito senis.

XVIII.

DE PHILOMELA.

Aurea personet lyra clara modulamina,
Simplex chorda sit extensa voce quindenaria,
Primum sonum nunc reddat lege Hypodorica,
C Philomelæ demus laudes in voce organica,
Dulce melos decantantes sicut docet musica,
Sine cujus arte vera nulla valent cantica.
Cum telluris vere novo producuntur germina,
Nemorosa circum circa frondescunt et brachia,
Flagrat odor cum suavis florida per gramina
Hilarescit philomela dulcis sonus musica,
Et extendens modulando gutturis spiramina,
Reddit veris et æstivi temporis præconia :
Instat nocti et diei voce sub dulcisona,
Soporatis dans quietem cantus per discrimina,
Necnon pulchra viatori laboris solatia,
Vocis ejus pulchritudo clarior quam cythara.
Vincitur omnis cantitando volucrum catervula,
Implet silvas atque cuncta modulis arbustula,
D Gloriosa valde facta veris præ lætitia,
Volitando scandit alta arborum cacumina,
Ac festiva satis gliscit sibilare carmina.
Cedit anceps ad frondosa resonans umbracula,
Cedit olor, et suavis ipsius melodia,
Cedit tibi timpanistra et sonora tibia :
Quamvis enim videaris corpore permodica,
Tamen cuncti capiuntur tua melodia.
Nemo dedit voci tuæ hæc dulcia carmina,
Nisi solus Rex cœlestis qui gubernat omnia.

---

(55) Mars v. — April. i. — Mai. iii. — Jun. vi. — Jul. i. — Aug. iv. — Sept. vii. — Oct. ii — Nov. v. — Dec. vii. — Jan. iii. — Feb. vi.

(56) B. i, ii, iii, iv. — B. vi, vii, i, ii. — B. iv, v, vi, vii. — B. ii, iii, iii, v. — B. vii, i, ii, iii. — B. v, vi, vii, i. — B. iii, iv, v, vi.

XIX.
DE SANCTO CARAUNO.

Carus abunde Caraune nites
Idque vocamine significas,
Lyricos ideo tibi versiculos canimus hilares,
Et amore pio tu, pie martyr,
Posce nobis veniam.
Roma, superba suis titulis, hunc genitoribus
Eximium tulit ingenii validi puerum,
Animo facilem, specie nitidum,
Tu quoque, martyr, posce nobis veniam.
Prandia lauta modum turbant plerumque diætæ;
Indulges stomacho, mentem male crapula vexat :
Si parcas epulis, sequitur detractio vel laus.
Ut medium teneas labor est, et valde cavendum,
Ne tibi tristitiam pariat, sicut suus est mos.
Si possis igitur, prorsus hæc prandia vita,
At si non liceat, hilaris cautusque recumbe,
Et liba cuncta parum, tua quæ tibi regula dictat ;
Nec summam nimiam conjectent multa minuta.

XX.
HYMNUS.

Sanctum simpliciter Patrem cole,
   Pauperum caterva,
Quantumque nosti laudibus honora ;
Ad normam redigit qui subdita
   Sæcla pravitati,
Potens novandi, sicut et creandi,
Et gratiæ damnati, longi tibi
   Subvenit laboris,
Opem ferendo pacis et quietis.
Jam proceres legum rationibus
   Ante desueti
Quæ recte discunt, strenue capessunt,
Prædo manum cohibet, furcæ memor,
   Et latrone coram,
Inermis alte præcinit viator,
Dente saturnali restringitur
   Evagata vitis,
Cultuque tellus senta Mansuescit.
Gaudet lancea falx, gaudet spatha
   Devenire vomer ;
Pax ditat imos, pauperat superbos,
Salve, summe Pater, fer et omnibus
   Integram salutem,
Quicunque pacis diligunt quietem,
Et qui bella volunt, hos contere
   Dextera potenti,
Trudens gehennæ filios maligni.

XXI.
CASTITATIS GRADUS.

Sex gradibus consummatur perfectio casta :
Primum dum vigilas fluxum nescire petulcum ;
Quem sequitur, lasciva diu non volvere corde ;
Tum ne vel leviter speciem cernendo cupiscas ;
Quartus erit nec simpliciter genitale moveri,
Quintus ob auditum veneris nil mente vagari ;
Ultimus, in somnis nullo phantasmate ludi :
Hoc sibi nemo rapit, sed Christi gratia præstat,
Est servanda tamen diuturna medela diætæ,
Libra cibi solidi, simplex hemina falerni ;
Præterea labor, excubiæ, rogatio crebra,
Ne caro languentem necet incrassata pudorem.
Castus agit, quem nulla libido movet vigilantem,
Nec violare potest sopitum illusio fœda.

XXII.
PRECATIO AD DEUM.

Tu qui de nihilo mundum finxisse probaris
  (Nam tibi materies nulla coæva fuit),
Et nutu facili, noto tibi tempore, solves ;
  Tam diuturne dehinc, quam prius exstiteras.
Quantulus hic noster modus est, quo sæcula volvi
  Cum vitiisque jubes, strenua bella geri.
Regem militibus propriis te semper adesse,
  Ad bene certandum, nos vegetando proba.

XXIII.
PRECES ALIÆ.

Kyrie, Rex genitor ingenite, vera essentia, eleison.
Kyrie, luminis fons et rerum conditor, eleison.
Kyrie, qui nos tuæ imaginis signasti specie, eleison.
Kyrie, qui perfecta es sapientia, eleison.
Kyrie, lux oriens, per quem sunt omnia, eleison.
Kyrie, Dei forma humanæ particeps, eleison.
Kyrie, Spiritus, vivificæ vitæ vis, eleison.
Kyrie, utriusque vita, in quo cuncta sunt, eleison.
Kyrie, expurgator scelerum, largitor gratiæ; propter nostras offensas noli nos relinquere, o consolator dolentis animæ, eleison.

XXIV.
HYMNUS.

Nuntium vobis fero de supernis,
Natus est Christus, dominator orbis,
In Bethleem Judæ, sic enim propheta
   Dixerat ante.
Hunc canit lætus chorus angelorum,
Stella declarat, veniunt Eoi
Principes, dignum celebrare cultum.
   Mystica dona,
Thus Deo, myrrham tribuunt sepulchro,
Auream regi speciem decenti ;
Dum colunt unum, meminere trino
   Tres dare terna.
Gloriam trinæ monadi canamus,
Cum Deo divæ Genitore Proli,
Flamini nec non ab utroque fuso
   Corde fideli.

XXV.
LEGENDA.

In Vitis Patrum veterum quiddam legi jucundum,
Exemplo tamen habile, quod vobis dico rhythmice :

Joannes abbas, parvulus statura, non virtutibus,
Ita majori socio, qui cum erat in eremo,
« Volo, dicebat, vivere sicut angelus securé,
Nec veste nec cibo frui qui laboretur manibus. »
Respondit frater : « Moneo, ne sis incœpti properus,
Quod tibi postmodum sit non cepisse satius. »
At ille : « Qui non dimicat, non cadit neque supe-
[rat, »
Et nudus eremum interiorem penetrat.
Septem dies gramineo vix ibi durat pabulo,
Octava fames imperat ut ad sodalem redeat,
Qui sero clausa janua, tutus sedet in cellula.
Cum minor voce debili appellat : « Frater, aperi,
Joannes, opis indigus, notis assistit foribus;
Ne spernat tua pietas, quem redigit necessitas. »
Respondet ille deintus : « Joannes factus est angelus.
Miratur cœli cardines, ultra non curat homines. »
Foris Joannes excubat, malamque noctem tolerat,
Et præter voluntariam hanc agit pœnitentiam.
Facto mane recipitur satisque verbis uritur,
Sic intentus ad crustela fert patienter omnia.
Refocillatus Domino grates agit ac socio ;
Dehinc rastellum brachiis tentat movere languidis,
Castigatus angustia de levitate nimia,
Cum angelus non potuit, vir bonus esse didicit.

XXVI.
HYMNUS.

Organum mentis tibi, quæso, nostræ,
Temperans plectro moderare linguæ,
Cujus ad laudem cupide movemur,
    Spiritus alme.

Tu Dei Patris Genitique pura
Charitas, qua se pariter benigne
Confovent, et quæ bona audit auctor,
    Esse creata.

Tu fidem spiras, sacra jura dictas.
Gratiæ largus, venia reperta,
Victor errorum, probæ veritatis

Testificator.
Cum venis, culpam lacrymæ sequaces
Diluunt; vitæ recalescit ignis,
Atque compuncti cremat ara cordis
    Thus pietatis.

Gloriam trinæ monadi canamus,
Cum Deo divæ Genitore Proli ;
Flamini, nec non ab utroque fuso
    Corde fideli.

XXVII.
HYMNUS PASCHALIS (57).

(DANIEL, *Thesaurus hymnologicus*, I, 221.)

Chorus novæ Hierusalem
Novam meli dulcedinem
Promat, colens cum sobriis
Paschale festum gaudiis.

Quo Christus, invictus leo
Dracone surgens obruto,
Dum voce viva personat
A morte functos excitat.

Quam devoraverat improbus
Prædam refudit tartarus,
Captivitate libera
Jesum sequuntur agmina

Triumphat ille splendide
Et dignus amplitudine,
Soli polique patriam
Unam facit rempublicam.

Ipsum canendo supplices
Regem precemur milites,
Ut in suo clarissimo
Nos ordinet palatio.

Per sæcla metæ nescia
Patri supremo gloria,
Honorque sit cum Filio
Et Spiritu paraclito.

---

(57) Rarus in breviariis vetustis tempore paschali. — 2. Cass. *nova meli dulcedine*. Beh. *mellis*.
Hil. : *melum* (μέλος) *dicitur a mel*, *quia sicut mel fit
ex diversis generibus rerum, ita melum fit ex diversis
notulis novum*, *unde Psalmista : Cantate Domino
canticum novum*. — 5. Cf. Apoc. v, Hil. : *Fisiologus
narrat leonem rugitu suo resuscitare catulum post
triduum; ita Pater Filium*. — 7. Joan. v, 28. Hil.
Wimpf. *personet*. — 8-12. Corn. : *Fingitur tartarus
hominem tanquam prædam absorptam revomere* (Apoc.
xx, 13) *et fingitur Ch. incedere triumphator et magnam turbam ex servitute liberatorum secum trahere*.
Dicit poeta patres in limbo. Hil. *legendo sequamur
ad omnes pertinere facit Christianos*. 14. Lud. *præcelsus amp*. — 16. Cass. Hil. e. a. *fecit*. — 17-20.
Desunt apud Ludecum 21-24, apud Fabricium.
20. — *ordinare*, vox militaris. — 21. Sb. Hil. *mente
nescia* quæ (ita Hil. *humana possibilitate sunt incom-
prehensibilia*.

SANCTI FULBERTI

VERSUS

DE UNCIA ET PARTIBUS EJUS ET DE SCRUPULO.

(Edidit Carolus de Villiers, theologus Parisiensis, in notis ad epist. 113 Fulberti, Biblioth. PP. tom. XVIII, pag. 55.)

De uncia et partibus.

Uncia viginti scirpulos et quattuor ambit :
Dimidium stater ac semiuncia dicitur ejus;
Terna duæ seclæ pars est eademque duella;
Quarta siclus vel sicilicus vel denique sicel :
Sextula sexta modo solet et modo secla vocari ;
Octavam appellant dragmam....

De scirpulo et partibus ejus.

Unus item scirpus calcis componitur octo,
Dimidium scirpuli est obul, pars quarta cerates;
Hinc sextam fingi placuit sextamque vocari :
Ultimus est calcus, ciceris duo granula pensans.

PROCLAMATIO

ANTEQUAM DICANT *PAX DOMINI*

Composita a domino FULBERTO *pro adversariis Ecclesiæ.*

(Dunod, *Histoire de Besançon* I, *Preuves*, p. VIII.)

In spiritu humilitatis et in animo contrito ante sanctum altare tuum et sacratissimum corpus et sanguinem tuum, Domine Jesu, Redemptor mundi, accedimus, et de peccatis nostris, pro quibus juste affligimur, culpabiles coram te nos reddimus. Ad te, Domine Jesu, venimus, ad te prostrati clamamus, quia iniqui et superbi, suisque viribus confisi, undique super nos insurgunt. Terras Sancti Joannis et Sancti Stephani invadunt, deprædantur et vastant. Pauperes tuos cultores earum in dolore et fame atque nuditate vivere faciunt. Tormentis etiam et gladiis occidunt : nostras etiam res unde vivere debemus in tuo sancto servitio, et quas beatæ animæ huic loco pro salute sua reliquerunt, diripiunt, nobis etiam violenter auferunt. Ecclesia tua hæc, Domine, quam priscis temporibus fundasti, et in honore sanctorum Joannis apostoli et Stephani protomartyris tui sublimasti, sedet in tristitia, nec est qui consoletur eam et liberet, nisi tu, Deus noster. Exsurge, Domine Jesu, in adjutorium nostrum, conforta nos et auxiliare nobis. Expugna impugnantes nos. Frange etiam superbiam illorum qui hunc locum et nos affligunt, et affligere cupiunt. Tu scis, Domine, qui sunt illi, et nomina eorum ; corpora et corda, antequam nascerentur, tibi sunt cognita. Quapropter eos, Domine, sicut scis, justifica in virtute tua ; fac eos recognoscere, prout tibi placet, sua malefacta, et libera nos in misericordia tua. Ne despicias nos, Domine, clamantes ad te, sed propter gloriam nominis tui et misericordiam visita nos in pace, et erue nos a præsenti angustia.

SANCTI FULBERTI

DIPLOMATA.

I.

PRO MONACHIS MAJORIS MONASTERII TURONENSIS.
(BALUZ. *Conc. Gal. Narbon.* Append. p. 77.)

In nomine sanctæ et individuæ Trinitatis, FULBERTUS, non quidem meis meritis, sed gratia præveniente Redemptoris, Carnotensis episcopus.

«Notum fieri volumus omnibus confratribus nostris presbyteris, diaconibus, seu cunctis utriusque ordinis, clericorum scilicet et monachorum, tam præsentium quam futuris per ventura tempora succedentibus, qualiter monachi Sancti Martini Majoris Monasterii nostram adierunt præsentiam, humiliter deprecantes ut ob amorem Dei omnipotentis et sanctæ Mariæ Dei genitricis simulque jam dicti confessoris Martini, quamdam ecclesiam Navoïl nomine ad altare sanctæ ac beatissimæ Virginis Mariæ pertinentem, eis emere emptamque possidere in perpetuum concederemus. Quod ita facimus, Hilgodio milite, cui de nostro beneficio pertinere videtur, assensum præbente. Coemunt ergo eam et minimo pretio in posterum sibi vindicant ab Roberto quodam vassallo, et a duobus filiis ejus Arnulfo et Notberto, et matre eorum ; qui eamdem ecclesiam de Walverio filio Gaucelini tenent, sub cujus jussu et assensu Sancti Martini monachis venali conditione de reliquo habendam concedunt. Habent itaque........ et tenent, et absque ulla inquietudine alicujus episcopi seu alicujus hominis ab hodierna die et deinceps monachi Deo et sancto Martino inibi famulantes præfatam ecclesiam et quidquid ad eam pertinere videtur, secure teneant atque possideant. Consistit autem hæc ecclesia in pago Vindocinensi haud longe ab ipso castro seposita. Nomina vero testium qui ad hoc audiendum producti fuerunt inferius adnotata continentur : Theodericus capicerius, Sigo præcentor, Hildegarius Pupilla, Giroinus, Rainaldus vicedominus, Girardus Bodellus, Gauslinus. »

II.
De Jeranivillare per precariam dato Gradulfo militi, et de Palisiaco in recompensatione ab eo dato.

Ante annum 1024.

[GUERARD, *Documents inédits sur l'hist. de France*, tom. I, pag. 99, du Cartulaire de l'abbaye de Saint-Père de Chartres.]

« In nomine sanctæ et individuæ Trinitatis, Patris videlicet, et Filii, et Spiritus sancti, FULBERTUS, Gratia Dei, Carnotensium episcopus, et abbas Sancti Petri monasterii MAGENARDUS, et congregatio fratrum.

« Notum esse volumus sanctæ Dei Ecclesiæ fidelibus universis, præsentibus atque futuris, qualiter ante nostram præsentiam veniens miles quidam, nomine Gradulfus, humiliter expetivit ut de quadam terra nostri prædicti monasterii precariam sibi faceremus, et ipse, pro recompensatione, quemdam alodum suum delegaret nostris usibus, ea videlicet ratione ut quandiu viverent ipse et uxor ejus, nomine Oda, in cujus dote est prædictus alodus, utrumque tenerent ; post decessum vero eorum, utrumque fratribus remaneret. Cujus petitionibus libenter acquievimus, per assensum Odonis comitis, in cujus comitatu sunt utræque terræ de quibus est sermo. Nostra siquidem terra, quam per precariam poscit habere, in Carnotensi comitatu posita, vocatur Jeranivillare, et ille alodus quem recompensat, in Droca sensu (B., Dorcasini) comitatu super flumen Blesis, positus nominatur Palisiacus. Nostram itaque terram Jeranivillare eo tenore Gradulfo supra nominato per precariam concedimus, ut quandiu ipse advixerit, et prædicta ejus Oda uxor, utrumque teneant ; post decessum vero eorum, et terra quam damus, et alodus jam nominatus, quieta et solida ad usus fratrum perveniant. Placuit iterum ut hæc nostra conventio in duabus chartis scriberetur, quarum unam prædictus miles haberet, altera vero nobiscum remaneret. Et ut hæc notitia permaneat firma, nostra nomina assignavimus et comitis Odonis, eorumque qui huic negotio maxime interfuerunt nomina subnotavimus :

S. Fulberti episcopi.
S. Odonis comitis.
S. Magenardi abbatis
S. Durandi decani.
S. Arnulfi.
S. Marcuini.
S. Richerii.
S. Beringerii.
S. Wadrici.
S. Letaldi.
S. Christophori.
S. Gauzberti.
S. Guinefredi.
S. Otberti.
S. Huberti.
S. Huberti.
S. Rodberti, et cæterorum. »

Post mortem quidem Gradulfi et uxoris ejus Odæ, de supradictis terris multa mala perpessi sunt monachi a parentibus prædictorum, dicentibus jure sibi competere quod parentes eorum ante se visi sunt tenere. Unde monachi, infinitam pecuniam dantes, tandem, Deo opitulante, in suis usibus retorserunt.

VITA SANCTI AUTBERTI
CAMERACENSIS EPISCOPI,
AUCTORE, UT VIDETUR, SANCTO FULBERTO.

(Apud Surium, 13 Dec.)

PROLOGUS.

Multos sæcularium gloriæ temporalis spes vana sæpe delusit, quos immoderatus laudis appetitus ad subeundos labores et toleranda pericula accendit, arbitrantes se vivere post mortem, si sui nominis memoriam in posteros usque dilatarent, dum per triumphales corruptibilis pompæ titulos fabula eos inanis recitaret. Qua rerum specie quidam philosoplurum inaniter excitati, popularis auræ gratiam captantes, dum se infirmos tolerandis laboribus sentirent, non simili labore, sed consorti errore, ad scribenda gesta sæcularium virorum se studio accinxere; qui, dum vitam aliam nesciebant, hoc sibi ad quemdam quasi fructum beatitudinis proficere æstimabant, si scribendi occasione, ingenia suæ solertiæ in memoriam posteris reliquissent. Sed lectorem meum super his obsecro quid alter alteri, quid sibi uterque præstitit talibus studiis? Quid enim Dardanus ductor aut Rutulus ferox suo Maroni, aut iste contulit illi, cum corpora vermibus, animas dedere sævis ignibus? Digno plane, sed flenda, errorum suorum remuneratio! Nihil ad veram beatitudinem hæc eorum intentio aspirabat quos constat suorum fructum laborum quæsisse in rebus, quibus nulla sibi oriretur causa salutis, nec profuturi essent ad memoriam posteritatis. Sed quia scriptum est: In memoria æterna erunt justi (*Psal.* cxi), licet eis nostra fragilis memoria non sufficiat ad propriam gloriam quorum nomina in libro vitæ sunt scripta, tamen dignum valde est et summe utile eorum ad laudem Domini imitanda gesta recolere quorum vita sanctitatis profutura est ad ædificationem legentibus, et ad æmulationem virtutum audientibus. Igitur non fretus solertis ope ingenii, sed Spiritus sancti gratia fidens me posse juvari, pauca quidem e multis scribere proposui quæ per beatum Autbertum superna gratia ad laudem sui et ostensionem fidelis sui confessoris dignata est operari. Quæ etiam probatissimorum virorum relatione didici, aut sparsim in sacris chartulis scripta reperi, ut habeat sanctum ejus collegium ad laudem Conditoris quo die solemni in divinis cultibus exerceat, et ad æmulationem sancti operis quo proficiat. Qua in re lectorem meum obsecro ut, si forlasse incultus sermo peritas aures perculerit, discat imperitiæ veniam dare, cum sciam in humanis partibus nihil perfectum esse; nec tantum periclitetur apud eum audacia scribentis quantum valeat dignitas imperantis. Id vero lector a nobis curiosus requirere non debet ut beati viri gesta continenti ordine scribantur, videlicet quibus oriundus natalibus, quibus initiis sancta infantia, quibus adolescentia miraculis claruit, dum intelligat miraculorum ejus summam et magnam partem a nostra notitia latere. Quod certe dubium est utrum id scriptorum ignaviæ debeat imputari an justo Dei judicio ascribi, qui *stellas claudit quasi sub signaculo* (*Job* ix), dum, videlicet exigentibus peccatis malorum, vita absconditur bonorum.

I. Igitur humanæ perditionis sortem miseratus Deus et Dominus noster Jesus Christus, peractis paternæ dispositionis sacramentis, et ad cœlum rediturus novamque victricis carnis gloriam paternis vultibus præsentaturus, novos nascentis Ecclesiæ cultores, quibus gregis novelli cura mandaretur, elegit. Qui, lumine fidei irradiati, Spiritus sancti munere ditati, mundum ignorantiæ tenebris caligantem veritatis lumine illustrarent, et virulenta antiqui seductoris semina de agro Ecclesiæ constanter resecarent. Hujus Dominicæ institutionis exsecutores primi discipuli, deinde successores eorum, sancti videlicet doctores exstiterunt quos in fine senescentis mundi ad excolendas mentes fidelium providentia divina præordinavit. Qui spiritualium talenta donorum a summo Patrefamilias accipientes et, prædicandi negotio, ad usuram animarum expendentes, tanto impensius amplificare studuerunt quanto certiores erant de remuneratione Largitoris, et evangelica sententia conterriti de damnatione torpentis servi. De quorum numero sanctus vir, dominus Autbertus et sacerdos Christi probatissimus, refulsit, temporibus Dagoberti regis Francorum inclyti. Qui, ab ipsis sacræ pueritiæ annis, superna gratia aspiratus annosos viros sancti s. præibat moribus. Litteralibus denique studiis traditus et ecclesiasticis sanctionibus decenter informatus, per gradus singulos proficiens, succedentibus virtutum incrementis, provectus est ad culmen sacerdotalis honoris. Ex gente itaque sorte mortalis naturæ contigit Albertum Cameracensis sedis episcopum, deposito carnis onere, de hoc mundo transiisse. Divina igitur operatione cuncta salubriter disponente, Autbertus vir conspicuus et successor emeritus, proficiens de virtute in virtutem, ejusdem sedis pontificalem sortitus est dignitatem. Porro humanæ salutis Auctor, præscius antiquum hostem tanto ardentius gregem Dominicum insecuturum quanto vicinius, instante fine sæculi, sciret nihil superesse quod ad tentandum artibus suis ulterius potuisset, adversus tyrannidis ejus imperium validum defensionis nobis paravit obstaculum, dans nobis Autbertum, videlicet gregis sui pastorem vigilantissimum et custodem animarum fidissimum.

II. Constitutus autem in sede pontificali, qualis quantusque in ea vixerit, non est nostræ possibilitatis evolvere. Altius enim eminet quam ullo sermone includi valeat. Animalis enim homo percipere non potest quantus hic fuerit in oculis summi Creatoris, cui nihil erat commune cum amatoribus mundi, præter quod curæ pastorali necessitudine videbatur arctari; quam si inoffense declinare potuisset, vera fides est quia eremum potius quam monasterium delegisset. Frequentabatur igitur a populis, ex vicinis et procul remotis urbibus catervatim ad eum confluentibus. Qui, eximiæ conversationis fama excitati, videre eum anxie sitiebant. Jam vero, nisi sexus alternus impediat, eum personæ dignitati faveant, videas reginam Austri requirere sapientiam Salomonis, regem videlicet festinantem ad consulta pontificis. Nam Dagobertus, qui tunc temporis inter Francigenas regni monarchiam regebat, celeberrimæ opinionis nuntiis semel excitatus, deposito fastu regalis excellentiæ, crebro ad eum veniebat et, licet terreni regni imperio sublimatus, cupiebat tamen de cœlesti acquisitione a viro Dei ædificari. Qui cum eo de temporalis regni sollicitudine, de futuri sæculi beatitudine, de judicii metu, de spe æternitatis familiari colloquio præmoneret, ille eum libenter audiebat et audito eo multa faciebat; non, ut incestus Herodes videbatur audiisse Joannem arguentem, sed Ezechias fidelis Isaiam consolantem. Verum æstimari non potest quanto regis animus resultabat gaudio quod tanti viri hospitio recipi, benedictione foveri, collocutione meruisset ædificari. Igitur ne ingratus tantis beneficiis videretur, æstuabat animo quonam modo uberius sancti viri gratiam sibi conciliaret. Tandem a quodam familiari ejus audivit hoc nullo alio pacto facilius se posse promereri quam si res ecclesiæ Beatæ Mariæ, cui ipse Pater venerabilis, Deo auctore, deserviebat, de suo jure augendas curaret: nihil enim in rebus transitoriis episcopo placere præter quod expenderetur in usus ecclesiæ. Tunc rex, ut erat hilaris dator, fratribus qui in oratorio Beatæ Mariæ famulabantur unum regalis munificentiæ fiscum donavit ad subsidia temporalia fratrum, cui Oveng antiquitas nomen imposuerat.

III. Sed nos dum regis mansuetudinem extollendo prædicamus, in viro Dei quanta fuerit humilitatis constantia non tam æstimare quilibet potest quam admirari; qui, inter tanta regiæ sedulitatis, nullo vanitatis tentamine supplantari potuit. Quod vitium in multis nimium experti sumus, quos ad unius homunculi salutationem aut simulatricem adulationem videas facile jactantiæ spiritu inflari. Qui si aliqua figura vel falsa hominum æstimatione egisse dicerentur, procul dubio se prophetas æstimarent, cum dona non accepissent. Sed nullo impulsu jactantiæ ab arce humilitatis vir justus dejici poterat, cui etiam ipsa pontificalis honoris sublimitas, quæ plerisque pompæ fomenta ministrare solet, plus abjectionis materiam præstabat. Quin etiam cum aliquando, ex occasione cujusdam miraculi, clamor populi excitaretur, ille altiori consilio vulgi admiratione compescere nitebatur, opus illud dicens non suæ fuisse fidei, sed divinæ virtutis, pie secum reputans meliorem esse infirmitatis conscientiam virtutum vanitate, ut cum Apostolo videbatur dicere: *Libenter gloriabor in infirmitatibus meis, ut inhabitet in me virtus Christi* (I Cor. xii).

IV. Unde nisi hodierna Patris nostri solemnitas in laudibus Regis superni nos attentius astringi commoneret, eos, nimirum quos adversus sanctum virum requirentes signa scandalizari audivimus, oportuerat evangelicæ severitatis verbere contundi, quæ dicit: *Generatio mala et adultera signum quærit* (Matth. xii), ut, Pharisaicei livoris vitio ad purum excocto, fidei evangelicæ verba pensarent; quæ, ipse auctor signorum, dixit: *Qui in me credit, opera quæ ego facio et ipse faciet, et majora horum faciet* (Joan. xiv). Ut, videlicet cessantibus exterioribus miraculis quibus olim carnales oculi et infirmi auditores indigebant, jam tandem discerent vitam, et non signa pensare; quæ longe melius proficit ad æmulationem virtutum quam ostensio corporalium miraculorum. Visibilibus enim audientium corda olim ad invisibilium finem pertrahebant, dum, per hoc quod mirum foris agebatur, hoc quod intus operabatur sentiretur. Nunc autem vita, et non signa quærenda sunt, quia operante Deo numerositas fidelium excrevit. Sed ne forte quilibet hoc beatum Autbertum indigere arbitretur ut, ad excusandam signorum inopiam, nos de vita potius quam de miraculis loquamur, certe præter illa quæ, ut jactantiam vitaret, occultavit, neque in hominum notitiam passus est pervenire. Multa quidem sunt quæ hominibus innotuere, neque enim celari potuerunt; ex quibus æstimari potest quanta illa fuerint quæ, teste nullo, solus exercuit. Verum enim vero cum Scriptura dicat: *Gloria patris est filius sapiens* (Prov. x), ea fidelibus auditoribus sufficere poterant de viro Dei ad insigne virtutis, quæ per imitatores suos egisse videtur, quia hoc ab ipso sibi acceperunt quod signis et miraculis enituerunt, quod mundi gloriam calcantes, et carnis illecebras declinantes, spretis rerum possessionibus, soli Conditori toto corde adhæserunt.

V. Sed quia signum de cœlo quærentes a Domino, signum Jonæ audierunt; qui tamen signum Jonæ a mortuis resurgentis non crediderunt per revocatum hominem quasi de ventre ceti infernalis, pensanda sunt merita beati pontificis. Erat namque in ecclesia Beatæ Mariæ, quæ intra muros Cameracæ sedis est constructa, puer quidam, nobilis prosapiæ, in villa ortus quæ ab incolis Vallis nomen accepit, vocabulo Landelinus, quem parentes, fonte baptismalis innovandum et ob suarum salutem animarum disciplinis sacris imbuendum, beato Autberto tradiderunt. Qui, licet adhuc teneræ ætatis infirmitate detentus, prætendebat moribus quædam signa futuræ sanctitatis. Quamobrem antiquus humani generis inimicus, qui ab initio bonis actibus resistere contendit, invidiæ facibus accensus contra hunc in tentatione se rexit, quatenus et beato viro laboris sui fructum adimeret et puerum mortis vulnere sauciaret. Futurum enim metuebat ne per conversationis ejus exempla multi olim excitarentur ad normam justi operis exsequendam. Sed unde hostis impurus adversum beatum Autbertum suæ malitiæ ausum excitavit, inde ei victoriæ occasionem invitus ministravit. Nam quia sub districta providi magistri censura puer adhuc modicus agebatur, ex quo nulla sibi insolentiæ patebat occasio; frustratam sibi malignus spiritus erubescebat victoriam. Ut autem in virilis animi robur adolescens evasit, quæ ætas liberior ad quæque audendum semper videtur, continuo hostis improbus se totis viribus ad rebellionis artes præparavit. Cœpit subdola tentatione juvenis animum pulsare, cogitationesque varias et illicitas ingerere, nunc quidem immittens ei memoriam terreni patrimonii, generis nobilitatem, familiæ numerosam dignitatem, rerum gloriam, et reliqua vitæ lascivioris blandimenta. Verum quidam cognati contubernales illius, qui cum puriore gratia dilectionis amare videbautur, dum se juveni consulere putabant, perniciosius malæ persuasionis ictibus impugnabant. Qui et ipsi, eodem spiritu agitati, referebant egregiam juventutis formam indignum esse ecclesiasticis cultibus occupari; debere potius virtutem veterum imitari parentum qui militiæ sæcularis artibus magnam rerum gloriam acquisierunt; illam autem monasterii regulam, intolerabilem, planam ad suscipiendum, arduam ad exsequendum, nemini expetendam, nisi quem animus formidolosus, aut ætas debilior, aut ad nullum decus fortitudinis apta, vincere inglorium cogit et ignotum. Verum, sicut solet fieri ut omnis sermo malus facile mentem audientis inficiat, cum assidua colloquia et diuturnus usus pestem animis infundere soleant, etiamsi morum tranquillitas sit, tamen, sicut stagnum mite, ventis exagitantibus, in æstum assurgit, ita bona natura improbis monitoribus fluctuat. Patet certe fallaciæ ætas juvenilis, et facile decipitur, cum fraudulentorum insidiis circumvenitur. Vix etiam restitit dolis ætas senilis, nam et semine prudentiæ plerumque versutis circumventa insidiis irritetur. Ergo si maturior usus sæpe labefactus, neque sibi prospicere potest, quid mirum si ætas immaturior sibi adesse non potuit, quæ tantis perurgebatur insidiis? Provida itaque Dei dispensatione permissum est ad tempus prævalere improbi seductoris malitiam, non tamen ad fructum [effectum finalis] socialis ruinæ, sed ut manifestarentur opera Dei et merita beati Autberti in illo. Sicque factum est ut hostis impurus non se ab incœpto ante compesceret quam incautum juvenem sensim ad sententiam suam inflecteret.

VI. Qui malesuadæ dilectionis blandimentis mollior factus, concito ceu equus infrenus rectore contempto monasterium deseruit, et sæcularis militiæ armis intentus, postmodum se colligit totum ad studia rapinæ; et quos hujusmodi negotii voluntarios audivit, his tota familiaritate se inferiorem dedit, tanto pronior ad scelera quanto ei de impunitate securitas, et potentis generis aspirabat auctoritas. Timens vero, ne de sollicitis parentibus requiri debuisset, neve indicio nominis inveniri potuisset, mutato nomine quo appellari consueverat, Maurosum se appellari jubet; sane non incongruum talibus studiis agnomen, qui candido ecclesiasticæ munditiæ habitu exspoliatus, furtivam Mauritaniæ infidelitatis mentem latrocinandi studio induerat, et perditionis se latebris occultaverat. Qua rerum fama excitatus vir Dei altius quam dici possit ruina fratris ingemuit. Sed et de præsumptione adversarii pro indignationis motu infremuit. Quid tamen ageret? Itaque unum, quod illi semper familiare erat subsidium, adiit orationis remedium, multisque pro errantis juvenis salute precibus Dominum rogat, quatenus respectu gratuitæ pietatis animam captivam de laqueo inimici erueret, ne hostis immundus Domini gregis damno insultaret. Non autem inanis esse potuit sancti viri petitio, quia *oculi Domini super justos, et aures ejus in preces eorum* (Psal. xxxiii). Porro humanæ salutis amator competentem famuli sui causam prævidit, qua et piæ petitionis compleret effectum et sanctæ matri Ecclesiæ erroneum restitueret filium.

VII. Contigit quidem ut cujusdam divitis domum diripere cum suis complicibus solito more pararet. Cumque jam incumbentibus tenebris nox tetra inhorresceret, qua illi nefarium opus perficere festinabant, pia Dei dispositione contigit unum ex supradictis furunculis morte deprehensum spiritum exhalasse, cujus animam corporeo carcere resolutam, peccatis exigentibus, diabolus secum ad infernalia claustra traxerat. Ad cujus exsequias dum inani religionis studio socii excubarent, et Maurosus, defuncti dolore vehementer afflictus, se ex lassitudine et tristitia paululum daret quieti, divina voluntate, et suffragantibus meritis beati Autberti, datum est adolescenti videre quantis pœnis illa miserrima anima in inferno cruciabatur, quantis ultricis flammæ incendiis urebatur, ac si erranti juveni ex divina voluntate hoc daretur ad exemplum formidinis, ut videlicet ex hac consideratione colligeret quanta ei reatus sui pœna instaret quem ex consortio criminis similis culpa accusaret.

VIII. Consternatus vero tanto errore visionis juvenis, animo æstuabat quemadmodum tam districtæ animadversionis judicium subterfugere valeret; sed ex consideratione criminis oriebatur quasi diffidentia recuperationis. Tum vero in terram corruens, lacrymabilis querimoniæ se vocibus incusabat. Cui assistens angelus Domini: « Quidnam est, inquit, miserande juvenis? quid invocas, auras infructuosis fletibus fatigas? Quid illum importunis precibus inclamas quem offendere non timuisti? Hæccine est stola quam ab ipso regenerationis fonte indueras? Hæccine professionis fides quam, abrenuntiato Satana cum suis operibus, te servaturum promiseras? Quid vultus supernos refugis quos habiturus eras concives, si Autbertum audisses? Ecce quomodo Filius Dei factus est mancipium diaboli. Nunquid Maurosus signatus, Maurosus unctus, Maurosus renatus? Landelinum in libro nobiscum vitæ Autbertus obtinuerat ascribi; Maurosum diabolus secum inserit chirographo perditionis. Scias vero quia non leviter apud districtum judicem actum est quod ad injuriam suam insolentias tuas tam æquanimiter hucusque portavit, quod fugitivus ejus aut manus hominum impune fugerit, aut mortis laqueum declinare potuerit. Diu enim est, quod tanti pœnam incendii cruciandus subiturus eras, nisi intercessio beati Autberti advocati tui, iram ultricem judicis mitigasset. Tibi paratus ignis cruciatoris accenditur, sed Autberti lacrymis flammæ ejus exstinguuntur? Vel nunc expertus intellige quid potius eligas: cum tormento duci in barathrum Gehennæ, vel cum Autberto frui cœlesti mansione. Sed sera ista deliberatio fuisset, nisi Autbertus prævenisset. Relinque igitur exsecranda consortia latronum, et Christi militiam assumens, ducem tuum imitare Autbertum. Audi beatissimum præsulem, et recognosce tuum spiritualem Patrem, tuum protectorem, tuum ab æterno interitu redemptorem. Suscipe vero ab eo monita coelestis doctrinæ, quibus emendatior factus merearis stolam quam perdideras recipere, ipso intercessore. His dictis, angelus continuo disparuit. Nos vero quale quantumque æstimare possumus quod Autbertus, testibus angelis, virtutum gratia nitet. et apud homines debitæ venerationis officio caret ? Porro sunt plena jucunditatis quod, adhuc in terra homo positus, inter angelicos cives meritis fulget ; sed non sine dolore et formidine recolitur quod, supernis coelibus conjunctus, inter homines negligentius digno cultu venerationis celebratur.

IX. Jam vero Landelinus angelicis affatibus paulisper recreatus, sed timens sibi subvenire tardius, relicto nefandæ societatis collegio, quantocius civitatem petiit, et si ibi sanctus vir esset, a custodibus diligenter requisivit. Qui de præsentia beati viri certior factus, nihilque dissimulandum arbitratus, poenitentia ductus, ad pedes sancti provolutus, culpam fatetur, errori veniam poscit. Tum vero videres ex longinqua regione prodigum filium redeuntem, et patrem in oscula ruentem. Itaque vir sanctus, paterna pietate præstrictus, juvenem excepit, veniam promittens si mala præterita melioris vitæ conversione purgaret, nihil igitur diffidendum putaret se pro illo rationem rediturum; quidquid fuerat offensionis innocentiæ vice computandum, si tamen scelerata consortia penitus vitanda æstimasset. Paratum se juvenis ad omne satisfactionis genus fatetur, utpote quem recentis adhuc visionis horror terruerat. At pius pater, votis ejus congaudens, suscepit eum poenitentem, quem diu fleverat a se recedentem, sinumque ei divinæ aperiens misericordiæ, reddidit eum sanctæ matri Ecclesiæ. Qui in tantum sub disciplina venerabilis Patris vigiliis se et jejuniis præteritorum agens poenitentiam constrinxit, ut inferni eum vidisse et pertimuisse tormenta, etiamsi lingua taceret, conversatio loqueretur. Itaque sub sæculari habitu in monasterio aliquantulum conversantem vir sanctus ad purum hortatur relinquere sæculi negotia, ut liberius meditaretur coelestia. Paratumque videns ad omnia, abscidit ejus comam capitis, a quo depulerat maculas cordis. Adeptum denique hanc dignitatis gratiam, dum animadverteret in eo sanctitatis vigere virtutem, per singulos gradus promovit ad diaconatus officium ! Ad quod sic apparuit aptus, ut liquido claresceret omnibus quod Dei gratia ad id electus esset. Paucis vero interpositis diebus cum magis ac magis semetipsum erigeret in Dei famulatum, beatus pontifex agens gratias Deo ad presbyteratus culmen eum evexit.

X. Sublimatus autem in hujus apicem honoris, enarrari non potest quanto virtutum culmine excrevit. Jam vero magistri moribus informatus et exercitatæ conversationis usu roboratus, conventicula urbana fastidiens se ad remotiora loca contulit in locis desertis secus fluenta Sambræ. Quo in loco solitudinis cum signis et miraculis et piæ conversationis studiis pollere videretur, multi illic ab eo ad servitium summi Conditoris sunt congregati. Ad evacuandam igitur prioris vitæ maculam, in locis quæ sibi ad refugium et receptaculum latronum paraverat, monasteria construxit, statuens ministros in executione ecclesiasticæ institutionis ; et quos ante socios habuerat criminum, postmodum fecit cooperatores divinorum mysteriorum. Quæ, si quis vitæ ejus seriem textumque conversationis diligentius inspexerit, facile inveniet, præsertim cum monasteriales habitationes quas ipse construxit, præsentibus potius appareant quam nostro sermone explicentur. Nam, ut de reliquis sileam quæ fortasse non benevolis auditoribus fastidio sint, apud Laubias exstruxit monasterium in honore B. Petri apostoli. Quod cernentibus quidem ad judicium egregii laboris sufficere potest ; quod etiam regiis ditavit muneribus, ac villarum [et] familiæ æque replevit copia. Cui quidquid priorum regum munificentia passim per Francorum acquisivit regna delegavit, ne fratrum congregatio ibidem serviens egeret his quæ monachis feruntur esse congrua. Quo in loco regendæ ecclesiæ beatum Ursmarum præfecit, virum moribus ornatum, signis et miraculis coruscum; cujus dotem meritorum vitæ ipsius libellus editus insinuat. In præsentis autem exempli negotio, quis non similem Joanni arbitraretur Autbertum, dum ille ex latrone tutum Ecclesiæ provisorem, iste ex æque latrone, et ex impio raptore, verum fecit Domini sacerdotem ? Sed nobis ista interim replicantibus pensanda occurrit immensa pietas Conditoris, qui post lapsum peccatores ad innocentiam venire donavit. Item ex illius sententia maxillam Leviathan, armilla divinitatis suæ perforatam, et credimus et gaudemus, dum viro huic semel in fauces ejus lapso et evadendi aditum aperuit, et, ne ulterius relaberetur, custodivit.

XI. Athenis vero urbe Græcorum nobilissima, adolescens quidam inclytis ortus natalibus, studiisque litterarum exercitatus, sed et fidei moribus adornatus, ex inspiratione superni amoris, patriam parentesque deserere cursumque longæ peregrinationis, meditabatur assumere, quatenus impensis temporalis exsilii mercaretur æternæ portionem hæreditatis. Igitur Romam veniens, oratoria apostolorum orationis gratia lustrando aliquantulum temporis explevit. Qui, nocte quadam, lassescentibus ex itinere artubus, in somnum resolutus, divinæ jussionis voce monetur occiduos Galliarum fines expetere, pagumque Hagnon penetrans, congruum suæ habitationis locum quærere, ubi, oratorio constructo, vocationis suæ tempus exspectaret. Sciens ergo divinam providentiam sibi semper affuturam, laboriosi cursus non paveret injuriam donec ad locum perveniret, ubi inveniret qui sibi peregrinationis portum indulgeret, et rerum adjumenta præstaret.

Qua voce divina beatum portendi Authertum sequentia indicant. Sed jussionem Domini explere desiderans vir Dei Gislenus (sic enim nomen erat illius), regionibus diversis, insulis et urbibus peragratis, prospero cursu tandem pervenit ad locum qui tunc temporis ab incolis Ursdungus dicebatur, ex consuetudine videlicet ursae parturientis; nunc vero Cella vocatur. Qui locus distat tricenis fere millibus ab urbe Cameracensi; in qua ipse ex divino oraculo sanctum pontificem super gregem Christi cura pervigili audierat insudare. At ille noxiis avulsis arboribus, basilicam in honore apostolorum cœpit ædificare, et studiis bonorum se operum exercitare. Disseminante vero diabolo zelum invidiæ per corda malorum, auditum est aliquos, ut est mos adulantium, sancto episcopo suasisse ne sineret illum pseudodoctorem in finibus suis ad injuriam sui honoris manere, ut qui ad seducendas mentes simplicium, urbana sapientium conventicula vitans, in has solitudines convenisset. Sed vir Domini advertens suggestionem invidia potius quam ratione compositam : « Non est, inquit, nostrum, hominem indiscussum judicare, neque omni spiritui credere, donec probetur si ex Deo sit. »

XII. Mittitur itaque nuntius qui hominem ad conspectum pontificis accersire debeat, hoc interim proposito ne vir Dei ex conventu quovis injuriæ motu contristaretur. Evocatus autem beatus Gislenus cœpit Deo gratias agere quod se per suum pontificem superna gratia visitasset. Perveniens itaque ad urbem, sancto præsentatur episcopo; quem ille, ut flagrabat charitatis dulcedine, sic affatus : « Dic, inquit, nobis, frater charissime, cujas es, cujusve dignitatis ? » Cui ille respondens : « Græcus, inquit, natione, Christianus vero dignitate, Athenis vero ortus, Christi baptismate renatus. Ita Romam adiens, per Dei præceptum hanc perveni in patriam, super flumen Hagnam, in loco qui dicitur Ursdungus; operor manibus, ædificare gestiens Deo oratorium. Desiderabam equidem tuam expetere sanctitatem, petiturus licentiam agendi quæ sunt cœpta, sed prævenit gratia tua, quæ nos accersivit. » Intuitus autem almus episcopus viri sermones, nihilque reprehensionis deprehendens, dilexit eum; sicque per aliquot dies gratia hospitalitatis retentum, et corporalis alimoniæ subsidio, et sacro spiritualis vitæ colloquio satiavit. Dehinc benedictionis suæ munere donatum, acceptaque regrediendi licentia, eum venerabilis Pater hortatur perficere studiose quæ cœperat, seque, peractis quæ congruerent, oratorium suæ auctoritatis benedictione consecraturum promisit. Qua episcopi promissione lætus, operi ardentius instabat, animadvertens jam ex rerum eventu se illum invenisse quem ad ministerium socialis laboris divinitus audierat sibi promissum. Expletis vero pro modulo suo quæ monasticis usibus congruebant, vir Dei venerandum talibus verbis interpellat episcopum : « Tempus adest, Pater, quo servo suo dominus pontifex promissæ benedictionis munus exsolvere debeat. » Gaudens igitur venerabilis Pater bonis viri studiis, accersito secum beato ac venerabili Dei cultore Amando, cum magna circumfusæ plebis exsultatione monasterium ad laudem Domini et honorem apostolorum Petri et Pauli consecravit.

XIII. Sed et illud prætereundum non æstimo quod, cum superni spiritus, in rebus humana sollicitudine administrandis, paucis, et illis purioris vitæ munditia præditos, non nisi per visiones aut obscura mysticæ visionis ænigmata se videri permittant, beatum Autbertum angelos corporalibus oculis sæpe vidisse multi audierunt. Quod mirum prudentibus videri non debet, cum internus mentis intuitus corporei aspectus lumen ad spiritualia cernenda accenderet quem ab infimis rebus virtus continentiæ clauserat. Rerum quidem necessitas exigebat, ut venerabilis Pater canonicos suos, qui Atrebati in Beatæ Mariæ monasterio famulabantur, visitaturus adire deberet. Qui locus olim et ambitu murorum et frequentia civium celeberrimus fuerat, sed, gentium infestatione a prisco statu deformatus, crebris ruinis huc usque consistit. Ubi cum de rebus Ecclesiæ satis ad tempus tractasset, quadam nocte, ut illi erat semper moris, fratribus adhuc quiescentibus, surgens ad nocturnæ orationis tempus, usque in lucis crepusculum continuavit. Necdum vero cursum orationis expleverat, cum se foras, quasi pro refocillandis aliquo relevamine artubus, suspensa interim oratione contulit, et stans in mœnibus cœpit piæ meditationis motibus pulsari quamobrem Vedastus, tantorum spatio annorum vilis sepulcri cespite clausus, debito honore careret, quem jam superiorum civium consortio exsultantem cœlestis Hierusalem, ceu gemmam virtutum fulgorem micantem, adscivisset. Etenim, a die depositionis ejus usque ad tempus beati Autberti, sex fuere episcopi quibus ipse septimus ad pontificii culmen successit, cum tot labentibus annis gemma Dei pretiosa subterraneo adhuc specu claudebatur, cujus sepulcrum haud longe a dextro cornu altaris Beatæ Mariæ distabat; cum vero tot egregios Christi confessores illis fuisse temporibus audiamus, meritis sublimes, virtutibus illustres, minimis in rebus sollicitiores, procul dubio manifestum est non eorum ignavia negligentius jacere tantum thesaurum, sed divino judicio et voluntate beati Vedasti hoc exsequendi muneris ministerium beato Autberto reservatum. Cœpit igitur anima æstuare quonam transferri sanctus confessor debuisset, reputans secum incongruum fore duo luminaria magna angusta unius domus sede cohiberi : videlicet ne, ubi præclara Dei Genitricis memoria primatum nominis tenebat, tanti Patris gloria obscurior videretur; cum repente, aurora rubente, orientem versus intendens, videt eminus trans fluviolum qui Trientio vocatur, virum splendidum, virgam in manu tenentem, basilicæ locum metiri; ceu quondam Ezechiel, secus fluenta Babylonis corpore positus, in spiritu venit ad terram Israel, ubi in visionibus Dei templum Domini manu hominis vidit metiri. Quod ille cernens, revelante spiritu, visionem cognovit angelicam. Intellexit igitur vir Dei beatum Vedastum illuc, annuente Christo, transferendum.

XIV. Beatus igitur pontifex, tali revelatione certior factus, beatum Audomarum, qui ea tempestate Tarvanensis urbis gregem cura pervigili regebat, ad tam solemne translationis officium invitandum æstimavit. Qui, licet senio pressus et amissione luminum debilior factus, imbecillioris tamen corporis tantum non formidabat laborem, quantum beati Autberti mandato satisfacere gaudebat. Difficultatem igitur corporis superabat charitas mentis, Christoque gressus regente, devotus ad venerandum pervenit episcopum. At ille cum quid animo gereret, et quid sibi divinitus esset ostensum referret, congratulabatur visioni, et se fraternæ sedulitatis studio obedienter accinxit. Jam vero æstimari non potest quanta confluentis populi turba eo die ad eum locum convenerit, clerus videlicet et utriusque sexus non ignobile vulgus. Parato igitur feretro et omnibus quæ necessaria videbantur, detecto sepulcro, et imposita antiphona, cum magna reverentia sanctum thesaurum sustulerunt, paratisque crucibus, et cereis et omnigenis solemniis pompæ ornatibus, cum magna plebis exsultatione sanctum corpus ad locum destinatum transferre cœperunt. Transeuntes autem prædictum fluviolum, cum jam sub urbanos fines contingerent, et beatus Audomarus sancti Autberti vestigia pedetentim prosequeretur, statim supernæ operationis in se agnovit virtutem, ut ei aperte daretur intelligi quanti essent meriti, et is qui portabatur, et is qui portando sequebatur. Nam, depulsa longæ cæcitatis nocte, statim oculorum lumen recipit, in loco videlicet ubi in memoriam beati Autberti ecclesia constructa a præsentibus adhuc cernitur in testimonium præsentis miraculi. Sed quia venerandus vir Audomarus parvi pendebat lumen carnalium oculorum, qui lumen certe civium desiderabat supernorum, illico precibus eamdem quam ultroneus ferebat rursus impetravit cæcitatem. Qua exhibitione miraculi non latet virtus operantis, sed superest quærere meritum optatæ virtutis. Verum subtilius speculantibus dubium esse non potest quia, prætereuntibus meritis sancti Vedasti, fides ut efficeretur obtinuit beati Autberti. Stupentibus autem qui aderant vario eventu miraculi, beatum corpus ad locum ab angelo designatum honorifice transtulerunt. Quo in loco venerabilis episcopus monasterium construxit, et ex rebus sui episcopii in usum famulantium pro rerum opportunitate donavit, ubi, juxta congruam rerum facultatem, fratres in obsequia divini cultus deputavit. De obitu vero, quo tempore sancta B. Autberti anima, carne soluta, supernam Hierusalem petiit, certum quid ad nostram notitiam non pervenit, nonnullis obsistentibus causis quæ etiam maximan virtutum ejus partem a nostra memoria sustulerunt. Fuit autem sanctum corpus ejus tumulatum in ecclesia Beati Petri, quæ extra muros civitatis tunc erat, nunc vero intra mœnia ejus est. In qua requievit usque ad tempus Dodilonis episcopi, qui ei decimus quartus in episcopatu successit. Hic, cum Nortmanni Galliam depopulati essent, cum magna diligentia sanctum corpus in ecclesiam Beatæ Mariæ transtulit, ubi honorifice collocatum multo tempore quievit.

XV. Porro Otho imperator, Henrici regis filius, a Fulberto Cameracensi episcopo dari sibi petiit corpora sanctorum præsulum Autberti et Gaugerici. Ille vero, quibusdam in consilio adhibitis, Theoderici Cameracensis episcopi et alterius sacerdotis corpora ei dedit, quibusdam adjunctis e corpore sancti Autberti articulis; prudenter id quidem, ne civitas Cameracensis suis patronis orbaretur. Lætus igitur imperator præclaras reliquias in monasterio quod ipse Magdeburgi construxit reponendas curavit. Porro autem fama Germaniam omnem occuparat sanctos Autbertum et Gaugericum e Galliis in Saxoniam translatos. Sed secus ipsa res habet; nostris enim temporibus Herluinus præsul Cameracensis, diligenter perscrutatus, beati Gaugerici corpus ex ima ex parte reperit. Ejus autem successor Gerardus monasterium in quo sanctus Autbertus quiescit, ab Herluino amplificatum, in memoriam sancti Pauli solemniter consecravit, sacrumque beati Autberti corpus suis sedibus restituit, anno Christi decimo supra millesimum. Qui locus haud procul abest ab ecclesia sanctissimæ matris Dei, et perpetuæ virginis Mariæ; in eoque recta fide petentibus, beato Autberto intercedente, beneficia divina præstantur.

APPENDIX AD OPERA S. FULBERTI.

DIPLOMATA NONNULLA

Ex chartulario abbatiæ S. Petri Carnotensis excerpta.

(GUÉRARD, *Documents inédits sur l'histoire de France*, Cartulaire de Saint-Père de Chartres, tom. 1, pag. 116.)

I

De Viviano Willelmi pro cujusdam servi sui interfectione servituti addicto.

Notum esse volumus tam præsentibus quam futuris, ego Arnulfus abbas, et omnis Sancti Petri Carnotensis cœnobii mihi a Deo commissa congregatio, quod Vivianum nostrum collibertum, cum uxore sua, omnemque pecuniam ejus subjungamus servituti Willelmi militis, pro interfectione furtiva cujusdam sui servi, quem ipse et uxor sua latenter interfecerunt, et eo tenore eos dimittimus ne occidantur pro hoc scelere. Filios vero quos nunc habent, ad nostros retinemus usus; quos autem genuerint posthac, ejus servituti, pro hoc nefario pertitulato, dimittimus.

Signum Arnulfi abbatis †.

II.

De alodo Calidi Montis.
(Circa an. 1020.)

In nomine sanctæ et individuæ Trinitatis, Patris, et Filii, et Spiritus sancti.

Catholicæ vereque matris Ecclesiæ populis in Christicolis laus semper viget vigeatque perenne. Hoc autem dignissimum justum quoque exstat, quoniam est mater nostra, Christi vero Domini nostri sponsa, quam acquisivit suo cruore pretioso; in ea enim renascimur per baptismatis lavacrum, ac in ea resurgimus a morte animæ per pœnitentiæ luctum, et post vitæ terminum nostra tumulantur cadavera in ejus atrium. Hanc Christus supra fidem quam confessus est fidelissimus Petrus fundavit, dum Domino dixit : *Tu es Christus, Filius Dei vivi* (*Matth.* XVI, 16). *Fundamentum enim aliud nemo potest ponere, præter id quod positum est, quod est Christus Jesus* (*I Cor.* III, 11). Sunt vero beati qui catholice vivendo habitant ibi, ut David cecinit : *Beati qui habitant in domo tua, Domine; in sæcula sæculorum laudabunt te* (*Psal.* LXXXIII, 5). His aliisque quampluribus sanctorum dictis ac sacræ Scripturæ mysteriis edocta et admonita, ego Hildegardis, vicecomitissa Castridunis, do Sanctissimo Petro Carnotensis cœnobii alodium meum de Bellomonte, cum terris cultis et incultis, et silvis, piscatoriisque ibidem pertinentibus, assentiente et annuente filio meo Hugone, archiepiscopo Turonum,

A videlicet eo tempore quo post exitum meum sepeliar in claustrum monachorum, ut semper transeuntes super meum tumulum orent pro me jugiter. Hoc viderunt et annuerunt Castridunenses proceres, qui sunt scripti subter. Si quis vero ex progenie mea aut alius invasor, stimulis vel sagittis exagitatus diabolicis, vim fecerit monachis, et eleemosynam quam Sancto Petro dedi quocunque modo abstulerit, damnatione damnatus perpetua pereat cum Dathan, et Abiron, et Anna et Caipha ; auctoritateque filii mei archipræsulis Hugonis anathematizatus permaneat.

Hugo, archipræsul; Gautfridi, nepotis ejus; Huberti; Godeschalci, filii ejus; Huberti, thesaurarii Cenomanensis; Radulphi, legis docti; Fulcaldi; Gathonis; Odonis Brunelli; Huberti Brunelli; Helgaudi, filii archiepiscopi; Helgaudi nigri; Gradulfi; Firmati canonici; Frederici; Hugonis vicarii; Bernardi de Buslo; Junanigni, jussu archiepiscopi, has litteras fecit.

III.

De ecclesia de Rescolio datæ Sancto Petro a comite Richardo.
(Ante an. 1024.)

Universorum conditor Deus mirabilis est in suis operibus, dum ex aliis alia, ex minoribus scilicet portat (56) majora. Cujus rei sinceram considerationem intus faciendo, et in hoc ipsi grates debemus non minimas, et in illo, corde, voce, opere, quam maximas, quod non solum, ut prælibavimus, ex temporalibus fovet perpetua, verum etiam ea rationabiliter dispensando misericorditer provehit ad æterna. Ad hujus itaque perfecti et tam optabilis gaudii fidem formandam, inter cætera quæ mortalibus spem sanctæ æternitatis ingerunt, ipsa ait Veritas per semetipsam : *Facite vobis amicos de mammona iniquitatis, ut, cum defeceritis, recipiant vos in æterna tabernacula* (*Luc.* XVI, 9). Quod dono sentiens ejus, ejusdem nutu, Nortmannorum comes ego Richardus, inter cætera quæ, eo inspirante, ei ex suo reddidi, quamdam ecclesiam in ipsius nomine monachis Sancti Petri Carnotensis cœnobii dedi, quæ in Ebroicensi comitatu est sita, in villa quæ est ex nomine Rescolium dicta; hoc autem hujus rei gratia credidi istis apicibus, ut dapsilibus in exemplum, et testimonium sit rapacibus. Quod si quis contradi-

(56) Verba *vel perpetrat* superscripta sunt in codice.

ctionem dationi fecerit suprascriptæ, quandiu in hac permanserit intentione, humana et divina mulcetur maledictione.

S. Richardi comitis. S. Rodberti archipræsulis. S. Richardi comitis frater archipræsul Rothomagensis. S. Gunnoridis comitissæ. S. Richardi, filii comitis. S. Rodberti, filii comitis. S. Unfridi.

Supradictus viculus, a rebus colligendis, Rescolius olim quidem dicebatur; ibi enim res fisci colligebantur vel congregabantur. In quo, non longe ab Ava flumine, propter quemdam fontem, quædam ecclesiola lignea sita erat in honore sancti Remigii. Defluente vero tempore, et viculus cum ecclesia bellis assiduis ad nihilum pene deducitur, et tunc, annuente comite Richardo, parochia ipsa unita est Sancti Georgii parochiæ, cujus ecclesia non longe aberat, et altare Sancti Remigii in ala istius ecclesiæ a monachis translatum est, ubi permansit donec moderno tempore a monacho nomine Huberto cæmento et lapide est ædificata [al., donec a modernis monachis major cæmento et lapide est ædificata].

IV.

De ecclesia Wadoniscurtis data Sancto Petro a Rajenario.

(Ante an. 1024.)

In nomine sanctæ et individuæ Trinitatis. Ego Richardus, Nortmannorum dux, notum volo esse tam præsentibus quam futuris, quia adiit præsentiam meam fidelis meus, nomine Rajenarius, cum consensu suæ conjugis, Wandelburgis vocabulo, humiliter petens ut, pro remedio animæ meæ, ecclesiam in comitatu Ebroico, cui nomen est Wadoniscurtis, seu pro filii sui anima, cujus vocabulum fuit Rodbertus, vel pro abolendis suis peccatis, monachis Sancti Petri cœnobii Carnotensis concederem. Qui, justam petitionem tanti viri considerans assensum præbui, insuper sanciens ut, ab hodie in subsequenti generatione, nullus suorum, vel quorumlibet aliorum, jus dominationis seu violentiam cujuslibet irruptionis, [contra] hujus firmitudinis nostræ compactionem, temeraria procacitate, irrogare conetur. Ut autem hæc cartula in Dei nomine firmiori innitatur vigore, manu propria subscripsi, fidelibus quoque meis ad corroborandum tradidi.

S. Richardi comitis. S. Rodberti archiepiscopi. S. Herberti episcopi. S. Theoderici abbatis. S. Rodberti clerici. S. Rajenarii, qui hanc donationem fecit. S. Hunfredi de Wetulabus.

Utrum illius temporis monachi possederint vel habuerint præfatam ecclesiam penitus ignoro; nam neque eam habuisse ab antiquis monachis audivi, neque a modernis mentionem aliquam fieri nunquam (*sic, cum duplici negatione*) audivi.

V.

De alodo Selusellarum dato a Gausfrido et Joscelino filio.

(Ante an. 1024.)

Quoniam permanet scriptum atque sancitum in decretis veterum, si quis nobilium laicorum aliquam ecclesiam, vel aliquod monasterium de propriis hæreditatibus honoraverit, vel donationem fecerit, nullatenus nec a filio, nec ab aliquo successore repetere, idcirco ego Joscelinus, Gausfridi filius, notum esse cupio omnibus tam præsentibus quam futuris, qualiter et qua ratione pro his quæ a patre meo dimissa sunt atque tradita Sancto Petro Carnotensis cœnobii, post mortem ipsius, adierim domnum abbatem Majenardum et omnem ipsius loci congregationem. Pater siquidem meus Gausfridus, ob remedium suorum peccaminum, alodum, nomine Exclusellas, in comitatu Dorcasino, Sancto Petro delegavit, super fluvium Anduræ, me puero et matre vivente. Ego autem ipsum alodum expetii, non ideo ut velim retrahere ab ipso venerabili loco cui est traditus, nec ut aliqua fraude possideam; sed eo tenore et tali conventione ut, quandiu vixero, xii solidos in censum persolvam, statuto termino, debitumque servitium persolvam; nec unquam mihi liceat nec vendere, nec tradere alicui, nec filio, nec alicui meorum propinquorum; sed semper, dum flatum emisero, in mea manu meoque dominio habeatur. Post finem vero meæ vitæ, ut major memoria sit patris, et partem valeam habere in ipsius benefacto, non modo illud quod pater donavit, quod nunc teneo, dono domni abbatis Majenardi et aliorum seniorum; sed omnia cum his quæ in ipso sunt, scilicet molendinis, terris cultis et incultis, pratis, silvis, ad eumdem locum a quo accepi, deveniant in usus servorum Christi. Ut autem absque calumnia ulla vel contradictione hoc fiat, litteris mandare studui; ob hoc maxime ne aliquis, mihi fuerit (*sic*), sibi vindicet. Seniori quoque meo Odoni, comiti inclyto, proceribusque suis trado corroborandum, ut sequens in ævum firmum et inconvulsum permaneat quod insertum est. S. Odonis comitis. S. Bertæ, matris suæ. S. Agnetis, filiæ ipsius. S. Walterii comitis. S. Gausfredi militis. S. Hervei vicecomitis. S. Rodulfi. S. Gausberti. S. Alberti. S. Wasulini. S. Sulii. S. Joscelini, qui hanc chartulam firmari instituit. S. Gausfridi, militis sui.

VI.

De Guerpo Ursivillaris ecclesiæ.

(Circa an. 1024.)

Sub æterno regimine summoque sacerdotio Christi, meo tempore, ego Odolricus, Aurelianorum episcopus, notum fieri volo contemporalibus atque successoribus meis modum et finem causæ quæ in hac chartula scripta est. Monachi Sancti Petri Carnotensis cœnobii possidebant, ex longo tempore, quamdam ecclesiam in pago Dunensi in loco qui dicitur Ursivillaris. Quidam vero casatus noster, nomine Hilduinus, cum suis propinquis intendebat eis calumniam de ipsa ecclesia, dicens eam ad casamentum nostrum et ad suum beneficium pertinere. Addebat etiam temporibus antecessorum meorum se satis agitasse calumniam istam, sed justitiam minime consequi potuisse. Convenimus ergo domnum Fulbertum, episcopum Carnotensem, et Arnulfum,

Sancti Petri abbatem, ut de ista causa darent nobis audientiæ locum; quod et fecerunt semel in eadem villa quæ dicitur Ursivillaris, et iterum in villa quæ dicitur Castanetas. Discussa itaque ex utraque parte controversia, invenimus partem monachorum ita scriptura et testibus et longa vestitura suffultam, ut nulla Christianorum lege posset supradicta ecclesia ab eorum possessione auferri. Unde, contra jus atque nefas contendere nolentes, ego videlicet Odolricus episcopus, et frater meus Isembardus, et prædictus Hilduinus cum filiis et cæteris propinquis suis, ex toto gurpivimus incœptam calumniam monachis Sancti Petri, annuentes ut solide et quiete possideant ecclesiam suam Ursivillaris in perpetuum, sicut justum esse comperimus. Interdixi etiam episcopali auctoritate mihi a Deo tradita ne quis successorum nostrorum prædictos monachos Sancti Petri per hujusmodi sacrilegam calumniam ulterius inquietet. Quod si pertinaciter odiosæ calumniæ inhærere maluerit, illo quo Deus iratus incorrigibiles damnat anathemate feriatur. Fiat, fiat. Nos vero, qui calumniam supradictam gurpivimus, nomina nostra nostrorumque fidelium qui præsentes aderant, in præsenti chartula, memoriæ causa, fecimus adnotari.

S. Odolrici, Aurelianensis episcopi. S. Fulberti Carnotensis episcopi. S. Alberti abbatis. S. Isenbardi laici. S. Erfredi clerici. S. Salonis clerici. S. Bovonis, decani Sancti Martini Turonensis. S. Tescelini clerici. S. Tedoini clerici. S. Alberici. S. Hilduini laici, S. Hilduini filii ejus. S. Odolrici filii ejus. S. Pontelini nepotis ejus. S. Godefridi laici. S. Adroldi vicecomitis. S. Friderici fr. laici. S. Hugonis Radordi. S. Gualoi laici.

LAUS VITÆ MONASTICÆ.

(Apud R. P. Sirmund., *Opp. Godofr. Vindocin.*, not. ad lib. ii.)

Felix grex hominum, qui, Christi dogma sequentes,
    Contemptis opibus, nil proprium retinent ;
Unius arbitrio quos regula sancta coercet,
    Quorum quisque suo nil agit ex libito.
Cor quibus est unum, quibus indiscreta voluntas,
    Par cunctis habitus et cibus est similis.
Sic tamen ut capiat quo quisque videtur egere,
    Ætas ut fragilis debilitasve jubet.
Luxus abest omnis, peccandi rara facultas,
    Cuncti cunctorum cum timeant oculos.
Lex communis habet visas mox prodere culpas,
    Ut nascens vitium pœna sequens resecet.
Desidiam fugiunt, labor utilis occupat omnes.
    Noxia torpentes ne subeant animos.
Confusum nihil est, ubi fiunt ordine cuncta,
    Curatur totum, negligiturque nihil.
Nec solum vita, sed constat et ordo loquendi :
    Dispensant æque maxima cum minimis,
Non nisi præscripto quisquam loquiturve siletve,
    Stat, sedet, incedit ordine quisque suo.
Ecclesiæ limen noctesque diesque frequentant,
    Et sanctis precibus seque suosque juvant.
Quid moror, et verbis evolvere singula tento ?
    Quidquid agunt, opus est corporis aut animæ.
Quid quod sic habitant, ut sit sacer ipse domorum
    Et situs et numerus, sufficiensque sibi ?
Quadratam speciem structura domestica præfert.
    Atria bis binis inclyta porticibus.
Quæ, tribus inclusæ domibus, quas corporis usus
    Postulat, et quarta, quæ domus est Domini,
Discursum monachis, vitam dant, et stationem ;
    Qua velut in caulis contineantur oves.
Quarum prima domus servat potumque cibumque,
    Ex quibus hos reficit juncta secunda domus.
Tertia membra fovet vexata labore diurno,
    Quarta Dei laudes assidue resonat.
Plurima prætereo simili condigna relatu,
    Sed breviter dicam, nil superest, vel abest.
Hos igitur proceres, hunc dignum laude senatum,
    Exiguum specie, moribus eximium,
Comparo formicis, quarum studiosa laborum
    Turmula convectat corpore majus onus.
Quæ ne non possint communem ducere vitam,
    Isdem sub laribus horrea parva locant.
Comparo divinis apibus, quæ corpore parvo
    Ingentes animas egregiasque gerunt :
Hexagonis cellis quæ mella liquentia condunt,
    Utile mirificum quæ fabricantur opus.
Quæ disciplinam, quæ jura domestica servant,
    Quasque simul reficit ingeniosa domus.
Comparo sideribus, quibus aula superna refulget,
    Aera quæ furvum noctibus irradiant.
Quæ semel impositam servant per sæcula legem,
    Quæ solitos cursus et numeros peragunt.
Comparo gyranti solemniter omnia cœlo :
    Insuper angelicis comparo spiritibus,
Qui semper Sanctus triplicata voce resultant,
    In terris monachi quod modulantur idem.
Sic Cherubin cœlo, monachi tellure manentes,
    Unum dant uni servitium Domino.

INTRA ANNUM MXXIX MXXXIV.

GUIDO ARETINUS

ABBAS S. CRUCIS AVELLANÆ

NOTITIA HISTORICA

(Apud Fabricium *Bibliotheca mediæ infimæ Latinitatis*, tom. IV, pag. 127.)

Guido Aretinus, monachus ord. S. Benedicti ac deinde abbas S. Crucis Avellanæ in diœcesi Calliensi prope Aretium, a Benedicto VIII pontifice qui an. 1024, obiit accersitus Romam (1), ipsi atque successori ejus Joanni XIX (2) probavit præclarum in musica studium suum : *In hoc*, Sigeberto judice (3), *prioribus præferendus, quod ignotos cantus etiam pueri et puellæ faciliùs discant vel doceantur per ejus regulam, quam per vocem magistri aut per usum alicujus instrumenti, dummodo sex litteris vel syllabis* (4) *modulatim appositis ad sex voces* (5) *quas solas regulariter musica recipit; hisque vocibus per flexuras digitorum lævæ manus distinctis, per integrum diapason se oculis et auribus ingerunt intentæ et remissæ elevationes vel depositiones earumdem vocum.* Hic ad Theobaldum sive Theodaldum potius, episcopum, ab anno 1014 ad 1037, Aretinum (6) scripsit *Micrologum* sive *libros duos de musica*, quorum prior prosa constat, alter carmine partim hexametro partim trochaico-rhythmico (7). *Epistolam dedicatoriam* ad Theodaldum edidit Baronius ad annum 1022, n. XXIII. Meminit et Domnizo lib. 1 De Vita Mathildis ducatricis cap. 5, apud Leibnitium tom. I scriptor. Brunsvic., pag. 641. Libri ipsi Guidonis, quanquam in pluribus bibliothecis msti, necdum lucem viderunt quod sciam. Semel citatur ejus Micrologus a M. Meibomio ad Gaudentium pag. 57. Vir clarissimus Bernardus Pez. tom. III Anecdotor., parte III, pag. 618, in bibliotheca Burensi exstare testatur breve Guidonis scriptum *De mensura monochordi*, quod incipit : *Cum primum a G ad finem, novem passibus monochordum partiris, primus passus terminabitur in A*, etc. Guido ipse in *Epistola ad Michaelem monachum*, quam laudatus Baronius ad annum 1022, n. XXI, vulgavit, memorat *Antiphonarium suum præfixis regulis* recensitum, quod velut quoddam prodigium revolvit Benedictus VIII. Cæterum, exceptis notis musicis, nihil Guidonem præter veterum auctoritatem immutavisse, vel musicam eorum instructiorem reddidisse disputat Marcus Meibomius ad Aristidem Quintilianum p. 240, et ad Euclidem pag. 51. Contra illorum etiam sententiam, qui eo argumento cantum Guidonianum instructiorem esse antiquo contendunt, quod, cum veterum systemata, Aristoxeni tredecim, aliorum post eum quindecim tantum continuerint sonos, Guido senariam majorem addiderit, ita ut viginti nunc sonos habeamus. Isaacus Vossius, *De viribus rhythmi*, pag. 91, notat Guidonem in concinnanda sua scala secutum esse harparum et organorum sui temporis exemplum : illa enim viginti, inquit, ut plurimum instructa tibiis habuisse systemata, docet scriptor aliquot sæculis Guidone vetustior : *Porro numerositas nervorum vel fistularum, ut puta viginti unius aut plurium, non idcirco apponitur quod soni* Weitzius in Heortologio p. 263, seq. et Menagius in Originibus linguæ Gallicæ, voce *Bemol*, ubi affert et hoc distichon nescio cujus auctoris:

Corde Deum Et Fidibus Gemituque Alto Benedicam
UT RE MI FAciat SOLvere LAbra SIbi.

Exstat et hoc Abrahami Bucholzeri distichon in ejus chronologia ad A. C. 1044.

Cur adhibes tristi numeros cantumque labori?
UT RElevet MIserum FAtum SOLitosque LAbores.

(5) Vide recentiorum systema musicum Guidonianum sive scalam magnam cum veterum systemate comparatam, in tabella apud M. Meibomium, notis ad Euclidis introductionem harmonicam pag. 51, et Sebastiani Brossardi Lexicon musicum Gallicè editum in vocabulo *Systême*, p. 165 seq.
(6) Ughell. tom. I Italiæ sacræ, p. 415.
(7) Vossius *De scientiis Math.* cap. 22, § 7, p. 95; Cangius in voce *Micrologus*.

(1) Guido ipse in *Epistola* ad Michaelem monachum S. Mariæ Pomposiani cœnobii, edita a Baronio ad num. 1022, n. XXI, XXII ubi pro *abii igitur Romanum*, male excusum legitur : *Alii igitur Romanum*.
(2) Baronius in codice suo reperit hæc verba : *Joanne vicesimo, Romanam gubernante Ecclesiam, Micrologum suum edidit Guido anno 1014 ad trigesimo quarto ætatis. Cæterum*, ut notatum Pagio, Joannes qui Benedicto VIII successit, Joannem XIX se vocat ipse in rescriptis suis.
(3) In Chronico ad annum 1028, et in libro De scriptoribus eccles. c. 144.
(4) *Ut, re, mi, fa, sol, la*, ex noto hymno Pauli Diaconi in S. Joannem Baptistam :

UT queant laxis REsonare fibris
MIra gestorum FAmuli tuorum
SOLve pollutis LAbiis reatum
Sancte Joannes.

Vide si placet quæ ad illum Pauli hymnum Joannes

ultra quinдecim aut forte sexdecim protendantur, sed ipsi iidem qui sunt inferius repetuntur, et hoc pro varietate modorum. Ac sane 28 φθόγγους sive tonos musicis frequentatos jam describit Nicomachus, lib. II Manualis harmonici, pag. 39. Sicut autem Guido per syllabas *ut, re, mi*, etc., ita veteres Ægyptii per septem vocales exprimere totidem sonos consueverunt, ut ex Demetrii libro Περὶ ἑρμηνείας § 17, edit. Oxon. Isaacus Vossius docet, atque eumdem in modum Gregorius Magnus primis ad hoc usus est septem litteris alphabeti, quibus decursis sive ascendens cantus sive descendens redit ad octavam et et iisdem *obloquitur numeris septem discrimina vocum.*

Huic Guidoni Trithemius, cap. 318, tribuit librum *De corpore et sanguine Domini* adversus Berengarium, eumdemque respiciens fortasse anonymus Mellicensis, cap. 80, Guidonem, *fide ac scientia incomparabilem*

appellat. Gerh. Joan. Vossius etiam, pag. 95 *De scientiis mathematicis*, ait musicum Guidonem esse qui ex monacho cœnobii Hectonis sive S. Leufredi sive Lodifredi apud Ebroicenses Nortmannos, factus sit archiepiscopus Aversanus, atque Ecclesiæ Romanæ cardinalis. Sed illum Guidonem sive Guimundum, qui contra Berengarium scripsit, recte a Guidone Aretino distinguit, praeter anonymum Mellicensem c. 102, idem Trithemius, cap. 122, et II, 80 *De illustr. Benedictinis*; neque tempus patitur cum Guidone Aretino eumdem fuisse archiepiscopum Aversanum, superstitem adhuc an. 1090.

Similiter cavendus lapsus Possevini, qui *Micrologum* Guidonis musicum confundit cum Micrologo de ecclesiasticis observationibus seu de missa rite celebranda, ut a Pagio ad annum 1022, num. 9, et ab Oudino recte jam notatum.

NOTITIA LITTERARIA.

(D. Martinus Gerbertus, *Scriptores ecclesiastici de musica*, II, præf.)

1. Dignus omnino est a quo novam epocham scriptorum de re musica auspicemur, Guido Aretinus, qui, sublata veterum notarum indigesta serie ac confusione, per lineas et claves, quas vocamus in scala musica, discendi exsequendique musicam disciplinam mirum in modum eamdem facilitavit. Testatur id ipse in *Micrologi* sui prologo, *tandem adfuisse sibi divinam gratiam, cum musicam pueris traderet*, et Quidam, inquit, *earum imitatione chordæ nostrarum notarum usu exercitati, ante unius mensis spatium invisos et inauditos cantus ita primo intuitu indubitanter cantabant, ut maximum spectaculum plurimis præberetur.* Per chordam intelligit lineam illam, quam colore croceo vel rubro distinguere solebat eo loco quo nos nunc clavem C aut F initio lineæ ponimus inter cæteras a se etiam primum inventas lineas, de quibus ipse haud immerito dicebat : *Musica sine lineis est sicut puteus sine fune*. In ipsa etiam musica harmonica seu polyphonia aliquatenus duritiam diaphoniæ, ut vocabant, quam in Hucbaldo notavimus, emollivit Guido, ut in ipso opere musico l. III, c. 1, n. 7, prodidimus.

Mirum adeo haud est quod Guido ad docendam musicam evocaretur. Congruit quoque ejus ætati quod ad an. 1023, quo Hermannus Bremensis archiepiscopus fuit renuntiatus, legitur apud Leibnizium Scrip. rer. Brunsv., p. 745, in Chronico Slavorum, et iisdem fere verbis in Chronico Alberti Stadensis ita narratur : *Herimannus ergo, parvi pendens omnia quæ in episcopatu invenit, primo quidem musicum Guidonem Bremam adduxit, cujus industria melodiam et claustralem disciplinam correxit. Quod solum ex ejus prospere successit operibus.* Ipse

Guido in epistola ad Michaelem monachum Pomposianum, p. 43, *prolixis finibus exsulatum se dicit ;* ac mox, persuasum se ut in eo monasterio maneret, a Guidone hujus cœnobii abbate, viro nempe illo sanctissimo, cujus corpus, ut post Hermannum Contractum, scriptorem cœvum, alii passim chronistæ perhibent, an. 1047, *ante non integrum annum defuncti, plurimis glorificatum miraculis Henricus III imp. de Parmensi, ubi sepultus fuit, civitate ad urbem Spiram* (ubi hodieque insignis in ejus honorem ecclesia collegiumque canonicorum exstat) *transferendum magno secum honore rediens devexit*.

Inde vero quod S. Guido, Pomposianus abbas, Guidoni Aretino persuaserit manere in suo monasterio, auctores Annal. Camaldul. t. II, p. 43, conjiciunt. Guidonem Aretinum in suo juventutis flore Pomposiani monasterii disciplinæ non fuisse addictum : nec abhorrent ab ea opinione iidem scriptores, Guidonem nostrum illum ipsum fuisse monasterii Avellani abbatem, qui S. Petrum Damiani ad disciplinam monasticam susceperit, atque forte etiam aliquando, utpote, Domnizonis in Vita Mathildis testimonio, *monachus nec non eremita beandus*, in Camaldulensi eremo recens in patrio solo Aretino fundata latuerit. Ibi an. 1033. *Guido frater Petri venerabilis eremitæ jussione dictavit, petiit et impetravit a Theobaldo episcopo Aretino, cui Guido Micrologum dedicavit, donationem quæ legitur apud Mabillonium t. IV Annal. O. S. B. p. 589*; sed cum, testibus illismet annalistis Camaldulensibus, mihi dum viverent amicissimis, etiam in monasterio Avellano rigida illa disciplina fuerit servata, de Camaldulensi nil statui potest. Addunt in ejusdem

Avellani cœnobii refectorio cerni hodieque Guidonis imaginem cum hac epigraphe: *Beatus Guido Aretinus inventor musicæ :* quod elogium non uno titulo eidem posse ascribi, scripta ejus quæ edimus ostendunt.

2. Brevi omnino Guidonis nomen in Germania inclaruisse, Bernonis Augiensis abbatis scripta de musica manifestant, *in quibus*, teste Sigeberto Gemblacensi, *de script. eccles.* c. 156, eminet hoc quod *in arte musica præpollens de regulis symphoniarum et tonorum scripsit, et quod in mensurando monochordo ultra regulam Boetii, sed assensu minoris. Boetio Guidonis, supposuit unum tonum tetrachordo hypaton, et contra usum majorum in ipso tetrachordo inseruit utiliter synemmenon.* Conspicua hæc redduntur ex prologo Bernonis in tonarium ad Piligrinum, Coloniensem archiepiscopum ab an. 1020, juxta Trithemium in Annal. Hirs. ad h. a., usque ad an. 1034, ad quem Hermannus Contractus ejus mortem ponit, Trithemius vero ad an. 1036, alii denique ad an. 1035 reponunt. Unde rem a Guidone ipso haurire potuit Berno, qui nunquam sua hæc inventa esse dicit, imo de Gamma Græco monochordo addito mentionem faciens, illud a modernis additum esse perhibet, non semel eo ipso in prologo seu libro *de regulis symphoniarum et tonorum*, ut Sigebertus appellat, Mellicensis autem anonymus simpliciter *de musica opus præstantissimum*, et Trithemius ad annum 1018 Chron. Hirs., insigne *volumen*; additque ejus *librum unum de instrumentis musicis*, quem videre haud licuit. Nisi forte huc pertineant quæ in codice bibl. Cæsar. Vindob., qui nuper ex bibliotheca civica eo fuit translatus, post prologum seu librum primum *regularum venerabilis Bern. abbatis in artem musicam*, ante tonale interseruntur de *mensura fistularum, organistri, ponderatione cymbali*, etc.

GUIDONIS ARETINI
OPUSCULA DE MUSICA.

(D. GERBERTUS, *Scriptores ecclesiastici de musica*, II, 1.)

MONITUM.

Celebratissimus est *Guidonis Micrologus de disciplina artis musicæ*, quem nos ex ms. bibl. San-Blasianæ collatum cum duobus San-Emerammensibus, Admontensi, mancis Ottoburano et Casinensi edimus. Sequuntur ejusdem rhythmi et carmen *de musicæ explanatione* ex eodem codice San-Blasiano cum iisdem mss. excepto Casinensi collata. Item *aliæ Guidonis regulæ de ignoto cantu identidem in antiphonarii sui prologum prolatæ*. Deinde ex solo codice San-Blasiano *Epilogus de modorum formulis et cantuum qualitatibus* in sex divisus capita. Demum *Epistola Guidonis Michaeli monacho de ignoto cantu directa*. Tandem sequitur ex codice Tegernseensi collato cum Mellicensi *Tractatus Guidonis correctorius multorum errorum, qui fiunt in cantu Gregoriano in multis locis, pseudonymus aut certe interpolatus.*

MICROLOGUS GUIDONIS
DE DISCIPLINA ARTIS MUSICÆ.

Gymnasio musas placuit revocare solutas,
Ut pateant parvis habitæ vix hactenus altis,
Invidiæ telum perimat dilectio cæcum.
Dira quidem pestis tulit omnia commoda terris,
Ordine me scripsi primo qui carmina finxi.

EPISTOLA GUIDONIS MONACHI AC MUSICI

AD TEUDALDUM EPISCOPUM SUUM (8), DE DISCIPLINA ARTIS MUSICÆ.

Divini timoris, totiusque prudentiæ fulgore clarissimo ac dulcissimo Patri et reverendissimo domino THEODALDO sacerdotum ac præsulum dignissimo, GUIDO, suorum monachorum utinam minimus, quidquid servus et filius.

Dum solitariæ vitæ saltem modicam exsequi cupio quantitatem, vestræ benignitatis dignatio ad sacri verbi studium meam sibi sociari voluit parvitatem; non quod desint vestræ excellentiæ multi maximi spiritales viri, et virtutum effectibus abundantissime roborati, et sapientiæ studiis plenissime adornati, qui et commissam plebem una vobiscum competenter erudiant, et Divinæ contemplationi assidue et frequenter inhæreant : sed ut meæ parvitatis et mentis et corporis imbecillitas miserata vobis vestræ pietatis et paternitatis fulciatur munita præsidio : ut si quid mihi divinitus utilitatis accesserit, vestro Deus imputet merito. Qua de re cum de ecclesiasticis utilitatibus ageretur, exercitium musicæ artis, pro quo favente Deo non incassum desudasse me memini, vestra jussit auctoritas proferre in publicum : ut sicut Ecclesiam beatissimi Donati episcopi et

(8) Aretinæ civitatis.

martyris, cui Deo auctore jure vicario præsidetis, mirabili nimium schemate peregistis, ita ejusdem ministros ecclesiæ honestissimo decentissimoque quodam privilegio cunctis pene per orbem clericis spectabiles redderetis. Et revera satis habet miraculi et optionis, cum vestræ Ecclesiæ etiam pueri in modulandi studio perfectos aliorum usquequaque locorum superent senes, vestrique honoris ac meriti perplurimum cumulabitur celsitudo, cum post priores Patres tanta ac talis Ecclesiæ per vos studiorum provenerit claritudo. Itaque quia vestro tam commodo præcepto nec volui contraire, nec valui, offero solertissimæ paternitati vestræ Musicæ artis regulas, quanto lucidius et brevius potui, a philosophis explicatas; nec tamen eadem via ad plenum, neque eisdem insistendo vestigiis: id solum procurans quod ecclesiasticæ prosit utilitati, nostrisque subveniat parvulis. Ideo enim hoc studium hactenus latuit occultatum, quia, cum revera esset arduum, non est a quolibet humiliter explanatum. Quod qua occasione olim aggressus sim, quave utilitate et intentione, perpaucis absolvam.

Explicit epistola.

INCIPIT PROLOGUS EJUSDEM IN MUSICAM.

Cum me et naturalis conditio et bonorum imitatio communis utilitatis diligentem faceret, cœpi inter alia studia musicam tradere pueris. Tandem adfuit mihi divina gratia, et quidam eorum imitatione chordæ, nostrarum notarum usu exercitati, ante unius mensis spatium invisos et inauditos cantus ita primo intuitu indubitanter cantabant, ut maximum spectaculum plurimis præberetur; quod tamen qui non potest facere, nescio qua fronte se musicum vel cantorem audeat dicere. Maxime itaque dolui de nostris cantoribus, qui, etsi centum annis in canendi studio perseverent, nunquam tamen vel minimam antiphonam per se valent efferre, semper discentes, ut ait Apostolus, et nunquam ad perfectam hujus artis scientiam pervenientes. Cupiens itaque tam utile nostrum studium in communem utilitatem expendere, de multis musicis argumentis, quæ adjutore Deo per varia tempora conquisivi, quædam, quæ cantoribus proficere credidi, quanta potui brevitate perstrinxi; quæ enim de musica ad canendum minus prosunt, aut si quæ ex his quæ dicuntur non valent intelligi, nec memoratu digna judicavi; non curans de his si quorumdam animus livescat invidia, dum quorumdam proficiat disciplina.

Explicit prologus.

INCIPIUNT CAPITULA (9).

CAPITULUM I. Quid faciat qui se ad disciplinam musicæ parat?
CAP. II. Quæ vel quales sint notæ, vel quot?
CAP. III. De dispositione earum in monochordo.
CAP. IV. Quibus sex modis sibi invicem voces jungantur?
CAP. V. De diapason, et cur tantum septem sint notæ?

(9) Hoc capitulare in cæteris mss. est omissum.

CAP. VI. Item de divisionibus, et interpretatione earum.
CAP. VII. De affinitate vocum per quatuor modos.
CAP. VIII. De aliis affinitatibus, et b et ♮.
CAP. IX. Item de similitudine vocum, quorum diapason sola perfecta est.
CAP. X. Item de modis et falsi meli agnitione et correctione.
CAP. XI. Quæ vox, et cur in cantu obtineat principatum?
CAP. XII. De divisione quatuor modorum in octo.
CAP. XIII. De octo modorum agnitione, acumine et gravitate.
CAP. XIV. Item de tropis et virtute musicæ.
CAP. XV. De commoda vel componenda modulatione.
CAP. XVI. De multiplici varietate sonorum et neumarum.
CAP. XVII. Quod ad cantum redigitur omne quod dicitur.
CAP. XVIII. De diaphonia, id est, organi præcepto.
CAP. XIX. Dictæ diaphoniæ per exempla probatio.
CAP. XX. Quomodo musica ex malleorum sonitu sit inventa.

CAPUT PRIMUM.
Quid faciat qui se ad disciplinam musicæ artis parat?

Igitur qui nostram disciplinam petit, aliquantos cantus nostris notis descriptos addiscat, in monochordi usu manum exerceat, hasque regulas sæpe meditetur, donec, vi et natura vocum cognita, ignotos ut notos cantus suaviter canat. Sed quia voces, quæ hujus artis prima sunt fundamenta, in monochordo melius intuemur, quomodo eas ibidem ars naturam imitata discrevit, primitus videamus.

CAPUT II.
Quæ vel quales sint notæ, vel quot (10)?

Notæ autem in monochordo hæ sunt. In primis ponatur Γ. græcum a modernis adjunctum. Sequuntur septem alphabeti litteræ graves, ideoque majoribus litteris insignitæ hoc modo. A B C D E F G. Post has hæ eædem septem litteræ acutæ repetuntur, sed minoribus litteris describuntur, in quibus tamen inter a. et ♮ aliam b. ponimus, quam rotundam facimus; alteram vero quadravimus. Ita a. b. ♮. c. d. e. f. g. Addimus his eisdem litteris, sed variis figuris tetrachordum superacutarum, in quo b. similiter duplicamus, ita a b ♮ c d. Hæ litteræ a multis dicuntur superfluæ; nos autem maluimus abundare, quam deficere. Fiunt itaque simul omnes

          a b ♮ c d
XXI. hoc modo Γ A B C D E F G. a b ♮ c d e f g a b ♮ c d
Quarum dispositio cum a doctoribus aut fuisset tacita, aut nimia obscuritate perplexa, adest nunc etiam pueris breviter ac plenissime explicata.

CAPUT III.
De dispositione earum in monochordo.

Γ. itaque in primis affixa ab ea usque ad finem

(10) Admont., *De numero et dimensione notarum.*

subjectum chordæ spatium per novem partire, et in A termino primæ nonæ partis A litteram pone, a qua omnes antiqui fecere principium. Item ab A. ad finem nona collecta parte, eodem modo B. litteram junge, Post hæc ad г. revertens ad finem usque metire per IIII. et in primæ partis termino invenies C. Eademque divisione per IIII. sicut cum г. inventum est C. simili modo per ordinem cum A. invenies D; cum B. invenies E; et cum C. invenies F; et cum D. invenies G; et cum E. invenies A acutum, et cum F. invenies b. rotundam. Quæ vero sequuntur, similium et earumdem omnes per ordinem medietates facile colliguntur, ut puta ab B. usque ad finem in medio spatio pone aliam ♮. Similiterque C. signabit aliam c. et D. aliam d. et E. aliam e. et F. aliam f.
      a   b
et G. aliam g. et a. aliam a. et b. aliam b. et ♮ aliam
♮   c   d
♮. et c. aliam c. et d. aliam d. Eodem modo posses in infinitum ita progredi sursum vel deorsum, nisi artis præceptum sua te auctoritate compesceret.

De multiplicibus diversisque divisionibus monochordi unam apposui, ut cum a multis ad unam intenderetur, sine scrupulo caperetur. Præsertim cum sit tantæ utilitatis, ut et facile intelligatur, et ut intellecta vix obliviscatur. Alius dividendi modus sequitur, qui etsi minus memoriæ adjungitur, eo tamen monochordum velociore celeritate componitur, hoc modo: cum primum a г. ad finem passus novem, id est, particulas facies, primus passus terminabitur in A. secundus vacat: tertius in D. quartus vacat: quintus in a. sextus in d. septimus in a. reliqui vacant. Item cum ab A. usque ad finem novenis passibus partiris, primus passus terminabitur in B. secundus vacat: tertius in E. quartus vacat: quintus in ♮ sextus in e. septimus in ♮ reliqui vacant. Item cum a г ad finem quaternis dividis, primus passus terminabitur in C. secundus in G. tertius in g. quartus finit. Ab C. vero ad finem similiter quatuor passuum, primus terminabitur in E.
    c
secundus in c. tertius in c. quartus finit. Ab F. vero quaternorum passuum primus terminabitur in b. rotundum, secundus in f. tertius in c (11). A b. vero rotunda quatuor passuum in secundo invenies ♮ reliqui vacant. Ab a. vero superacuta quatuor pas-
    d
suum, in primo invenies d. reliqui vacant. Et de dispositionibus hi duo regularum modi sufficiant, quorum superior quidem modus ad memorandum facillimus. Hic vero exstat ad faciendum celerrimus. In sequentibus vero omnes divisionum modi in brevi patebunt.

(11) Ott. et Adm., A. b. *item rotunda ad finem*
    b
duorum passuum prior terminabit b. *secundus finit.*
A. d. *vero ad finem duorum similiter passuum, prior*

CAPUT IV.
Quibus sex modis sibi invicem voces jungantur.

Dispositis itaque vocibus inter vocem et vocem alias majus spatium cernitur, ut inter г. et A. et inter A. et B. alias minus, ut inter B. et C. et reliq. Et majus quidem spatium tonus dicitur: minus vero semitonium, semis videlicet, id est, non plenus tonus. Item inter aliquam vocem et tertiam a se tum ditonus est, id est, duo toni, ut a C. ad E. tum semiditonus, qui habet tantum tonum et semitonium, ut a D. in F. et reliq. Diatessaron autem est, cum inter duas voces quocunque modo duo sunt toni, et unum semitonium, ut ab A. ad D. et a B. in E. et reliq. Diapente vero uno tono major est, cum inter quaslibet voces tres sunt toni, et unum semitonium, ut ab A. in E. et a C. in G. et reliq. Habes itaque sex vocum consonantias, id est, tonum, semitonium, ditonum, semiditonum, diatessaron, et diapente. [(12) Quibus adhuc consonantiis duæ aliæ modorum species a nonnullis cantoribus superadduntur, hoc est, diapente cum semitonio: ut ab E. ad c. Itemque diapente cum tono: ut a C. ad a. Adjungitur etiam et diapason. Quæ quia raro inveniuntur, a nobis minus inter VI. annumerantur. Sed origo quidem diapason quæ et qualis sit, qui studiosus perscrutatur, in sequentibus reperiet.] In nullo enim cantu aliis modis vox voci rite conjungitur, vel intendendo, vel remittendo. Ilis adjunguntur septem, (i. e.) diapason; quæ quia raro inveniuntur, minus inter alias annumerantur. Cumque tam paucis clausulis, teste Boetio, tota harmonia formetur, utillimum est, altæ eas memoriæ commendare; et donec plene in canendo sentiantur et cognoscantur, ab exercitio nunquam cessare, ut his clausulis veluti quibusdam clavibus canendi possis peritiam sagaciter faciliusque possidere.

CAPUT V.
De diapason et cur tantum septem sint notæ.

Diapason autem est, in qua diatessaron et diapente junguntur; cum enim ab A. in D. sit diatessaron, et ab eadem D. in a. acutum sit diapente, ab A. in alteram a. diapason existit: cujus vis est eamdem litteram in utroque habere latere, ut a B. in ♮. a, C. in c, a D. in d. et reliq. Sicut enim utraque vox eadem littera notatur, ita per omnia ejusdem qualitatis, perfectissimæque similitudinis utraque habetur et creditur. Nam sicut finitis septem diebus eosdem repetimus, ut semper primum et octavum eumdem diem dicamus, ita primas et octavas semper voces eodem charactere figuramus et dicimus, quia eas naturali concordia consonare sentimus, ut D. et d. Utraque enim tono et semitonio, et duobus tonis remittitur, et item tono et semitonio et duobus tonis, intenditur. Unde et in canendo duo aut tres, aut plures cantores, prout possibile fuerit, si per hanc speciem differentibus vocibus eamdem
    d
terminabit in d. *secundus finit.*

(12) Uncinis inclusa habentur in *Msc.* Admont. et Ottobur.

quamlibet symphoniam incipient et decantent, miraberis, te easdem voces diversis locis, sed minime diversas habere, eumdemque cantum gravem et acutum et superacutum tamen univoce resonare hoc modo.

Superacutæ.	g a a	a a	g a a	a a	♮ ♮	c c	♮ ♮	a a	g	a a	a a
Acutæ.	G a.	a.	G a.	a.	♮	c	♮	a	G	a	a
Graves.	Γ A.	A.	Γ A.	A.	B.	C	B.	A	Γ	A	A
Sum	mi	re	gis	ar	chan	ge	le	Mi	cha	el.

Item si eamdem antiphonam partim gravibus partim acutis sonis cantaveris, aut quantumlibet per hanc speciem variaveris, eadem vocum unitas apparebit. Unde poeta verissime dixit: *septem discrimina vocum*: quia etsi plures sint vel fiant, non est aliarum adjectio, sed renovatio earumdem et repetitio. Hac nos de causa omnes sonos secundum Boetium et antiquos musicos septem litteris figuravimus, cum moderni quidam nimis incaute quatuor tantum signa posuerunt, quintum videlicet sonum eodem ubique charactere figurantes; cum indubitanter verum sit, quod quidam soni a suis quintis, ut B. et F. omnino discordent, nullusque sonus cum suo quinto perfecte concordet. Nulla enim vox cum altera præter octavam perfecte concordat.

CAPUT VI.
De divisionibus vocum, et interpretationibus earum.

Ut autem de divisione monochordi in paucis multa perstringam, semper Diapason duobus ad finem æquis currit passibus, Diapente tribus, Diatessaron quatuor, tonus vero novem, qui quanto sunt passibus numerosiores, tanto sunt spatio breviores. Alias vero divisiones præter has quatuor invenire non poteris. Diapason autem interpretatur *de omnibus*, sive quod omnes habeat voces sub se, sive quia antiquitus citharæ octo per eam fiebant chordis. In hac quidem specie prima et gravior vox duo habet spatia, acuta vox unum, ut ab A. ad a. Diapente dicitur *de quinque*; sunt enim in ejus spatio voces quinque, ut a D. in a. Sed gravis ejus vox tria habet spatia, acuta duo. Diatessaron sonat *de quatuor*; nam et habet quatuor voces, et gravior ejus vox quatuor habet spatia, acuta vero tria, ut a D. in G. Has tres species symphonias, id est, suaves vocum copulationes memineris esse vocatas, quia in diapason diversæ voces unum sonant. Diapente vero et Diatessaron diaphoniæ, id est, organi jura possident, et voces utcumque similes reddunt. Tonus autem ab intonando, id est, a sonando nomen accepit, qui majori voci novem, minori vero octo passus constituit: semitonium autem et ditonus, etsi voces in canendo conjungunt, divisionem tamen nullam in monochordo recipiunt.

CAPUT VII.
De modis quatuor et affinitatibus vocum.

Cum autem septem sint voces, quia, ut diximus, aliæ, id est, octavæ voces sunt eædem, septenas sufficit explicare, quæ diversorum modorum, et diversarum sunt qualitatum. Primus modus vocum est, cum vox tono deponitur, et tono et semitonio, et duobus tonis intenditur, ut A. et D. Secundus modus est, cum vox duobus tonis remissa, semitonio et duobus tonis intenditur, ut B. et E. Tertius est modus, qui semitonio et duobus tonis descendit, duobus vero tonis et semitonio ascendit, ut C. et F. Quartus vero tono deponitur, surgit autem per duos tonos et semitonium, ut (13) G. Et nota, quod se per ordinem sequuntur, ut primus in A. secundus in B. tertius in C. Item primus in D. secundus in E. tertius in F. quartus in G. Itemque nota has vocum affinitates per diatessaron et diapente constructas: A. enim ad D, et B. ad E, et C. ad F, et D. ad G, a gravibus diatessaron, ab acutis vero diapente conjungitur hoc modo:

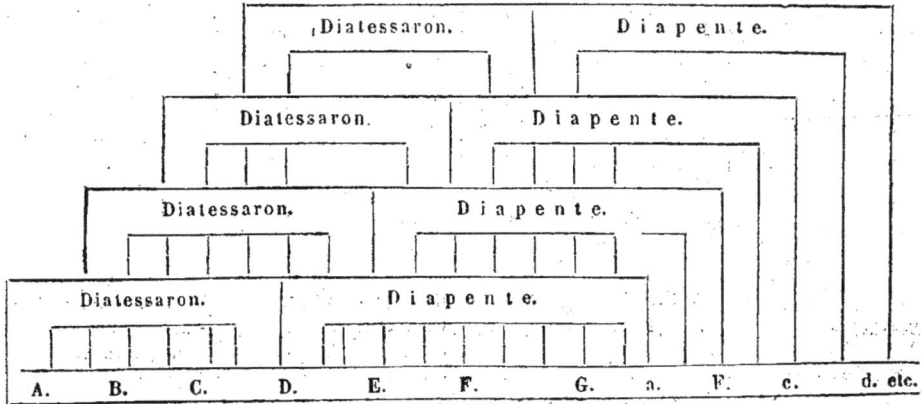

(13) Lege: ut D. et G. ex seqq.

CAPUT VIII.

De aliis affinitatibus vocum, et b. et ♮.

Si quæ aliæ sunt affinitates, eas quoque similiter diatessaron et diapente fecerunt. Nam cum diapason in se diatessaron et diapente habeat, et easdem litteras in utroque latere contineat, semper in medio ejus spatio aliqua est littera, quæ ad utrumque diapason latus ita convenit, ut cui litteræ a gravibus diatessaron reddit, eidem in acutis per diapente conveniat, ut in superiori figura notatur, et cui a gravibus diapente contulit, eidem a superioribus diatessaron dabit, ut A. E. a. A. enim et E. in depositione concordant, quæ utraque duobus tonis semitonioque conficitur. Itemque G. cum ad C. et D. per easdem species resonet, unius depositionem alteriusque elevationem sumpsit. Nam et C. et G. duobus tonis pariter et semitonio surgunt, et D. et G. tono et semitonio pariter inflectuntur. b. vero rotundum, quia minus est regulare, quod adjunctum vel molle dicunt, cum F. habet concordiam, et ideo additum est, quia F. cum quarta a se ♮. tritono differente nequibat habere concordiam: utramque autem b. ♮. in eadem neuma non jungas. In eodem cantu maxime b. molli utimur, in quo F. f. amplius continuatur gravis vel acuta, ubi et quamdam confusionem et transformationem videtur facere, ut G. sonet protum, a. deuterum, cum ipsa b. mollis sonet tritum; unde ejus a multis nec mentio facta est. Alterum vero ♮. in commune placuit habere. Quod si ipsam b. mollem vis omnino non habere, neumas, in quibus ipsa est, ita tempera, ut pro F. G. a. et ipsa b. habeas G. a. ♮. c. aut si talis est neuma, quæ post D. E. F. in elevatione vult duos tonos et semitonium, quod ipsa b. mollis facit, aut quæ post D. E. F. in depositione vult duos tonos; pro D. E. F. assume a. ♮. c. quæ ejusdem sunt modi, et prædictas elevationes et depositiones regulariter habent. Hujusmodi enim elevationes et depositiones inter D. E. F. et a. ♮. c. clare discernens confusionem maxime contrariam tollit.

De similitudine vocum pauca perstrinximus, quia quantum similitudo in diversis rebus conquiritur, tantum ipsa diversitas, per quam mens confusa diutius potuit laborare, minuitur; semper enim adunata divisis facilius capiuntur. Omnes itaque modi distinctionesque modorum his tribus aptantur vocibus C. D. E. Distinctiones autem dico eas quæ a plerisque differentiæ vocantur, hoc est, *sæculorum amen.* Differentia autem idcirco dicitur, eo quod discernat seu separet plagas ab autentis; cæterum abusive dicitur. Ergo omnes voces aliæ cum his aliquam habent concordiam, seu in depositione seu in elevatione; nullæ vero in utroque se exhibent similes cum aliis, nisi in diapason. Sed horum similitudinem omnium in hac figura, quam subjecimus, quisquis requisierit, reperire poterit

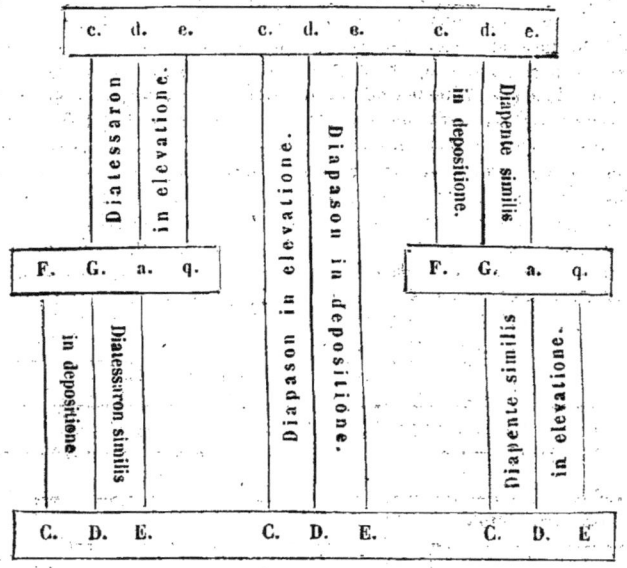

CAPUT IX.

De similitudine vocum in cantu, quarum diapason sola perfecta est.

Supradictæ voces, prout similes sunt, utpote aliæ in elevatione, ut C. et G. D. et a. aliæ in depositione, ut a. et E. G. et D. aliæ in utroque, ut C. et G. E. et ♮ ita similes faciunt neumas, adeo ut unius cognitio pandat tibi alteram, in quibus vero nulla similitudo monstrata est, vel quæ diversorum modorum sunt, altera alterius neumam cantumque non recipit : quod si compellas recipere, transformabis; ut puta si quis vellet antiphonam, cujus principium est in D. in E. vel in F. quæ sunt alterius modi voces, incipere, mox auditu perciperet quanta diversitatis transformatio fieret. In D. vero et a. quæ unius sunt modi, sæpissime possumus eumdem cantum incipere vel finire : sæpissime autem dixi, et non semper, quia similitudo, nisi in diapason, perfecta non est. Ubi enim diversa est tonorum semitoniorumque positio, fiat necesse est et neumarum. In prædictis namque vocibus, et quæ unius modi dicuntur, dissimilitudines inveniuntur; D. enim deponitur tono, a. vero ditono; sic et in reliquis.

CAPUT X.
De Modis et falsi meli agnitione et correctione.

Hi sunt quatuor modi vel tropi, quos abusive to- nos nominant, qui sic sunt naturali ab invicem diversitate disjuncti, ut alter alteri in sua sede locum non tribuat, alterque alterius neumam aut transformet aut recipiat nunquam; dissonantia quoque per falsitatem ita in canendo subrepit, cum aut de bene dimensis vocibus parum quid gravantes demunt, vel adjiciunt intendentes; quod pravæ voces hominum faciunt, cum aut prædictam rationem plus justo intendentes vel remittentes, neumam cujuslibet modi aut in alium modum pervertunt, aut in loco, qui vocem non recipit, inchoant, vel quasdam faciunt subductiones in trito, quæ dieses appellantur, cum non oporteat eas in usum admittere, nisi supervenientibus certis locis. Quod ut facile pateat, proponimus exemplum :

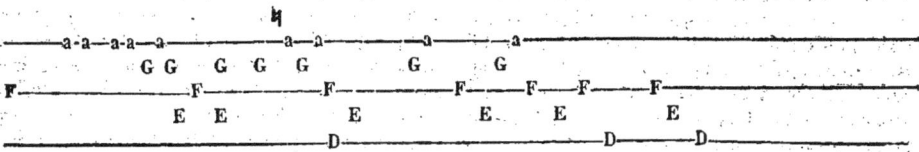

Desiderium

In nullo enim sono valet fieri, excepto tertio et sexto; nam etsi reperiatur in alio, penitus emendanda est; non solum autem ipsa, sed et radix, ex qua inutiliter processit, eradicanda est.

Notandum, quod, quia *a* a quibusdam semitonii loco admittitur, ideo harmoniam in modum plaustri vergentis per petrosam semitam conficiunt. Ideo autem plus quam omnium artium musicæ sunt regulæ dissolutæ, quia, dum nusquam aliqui potuerunt se ad semitam admittere, imo dum pleni fluminis (f. instar) cui dum non sufficit proprius alveus, per compita diffunditur; ita ipsi omni loco, quo semitonia accreverunt, aliam semitam elegerunt, scilicet metuentes arctum ingredi specum, ne magnitudo, qua præcellunt, corporis arctetur, aut minori latitudine aut breviori altitudine tegminis. Ubi autem non quærunt (f. queunt) penitus effugere, diesi usi sunt, imitantes nimirum illos qui, dum metuunt vim algoris, vim faciunt impingentes semel ante os camini.

Igitur hæc diesis, quæ, sicut supra diximus, locum semitonii sumit, nusquam sumenda est, nisi isto modo, cum tritus canitur, et tetrardus producendus est in proto, iterumque deponendus est in semetipso, vel in eodem trito, vel etiam magis infimo. Tunc tritus, qui præest tetrardo, protove, subducendus est modicum; quæ subductio appellatur diesis, et medietas sequentis semitonii, sicut semitonium est medietas sequentis toni. Metitur autem hoc modo. Cum a G. ad finem feceris novem passus, reperisque a. tunc ab a. ad finem partire per septem, et in termino primæ partis reperies primam diesim, inter ♮ et c. Mox secundus et tertius passus erunt vacui, quartus vero tertii diesis obtinebit locum, qui similiter erit inter ♮ et c. Modo simili a d. passus fiant totidem ad finem, moxque secundæ patebit locus, supradicto ordine, quæ erit inter e. et f. Tunc revertens ad primam diesin, divide ad finem per quatuor, et primus item passus terminabit inter e. et f. secundus inter ♮ et c. reliqui vacant. Admonemus vero lectorem ne existimet nos desipere, eo quod primo omisimus ista scribere. Nos enim paratos habebit, post finem operis ex istis respondere sibi; nunc ad cœpta revertamur.

Sunt etiam nonnulli, qui, ubi debuerant semiditonum admittere, apponunt tonum. Quod ut exemplo pateat, in Communione, *diffusa est gratia*, multi propterea, quod erat incipiendum in F. uno tono deponunt, cum ante F. tonus non sit : sicque fit, ut ubicunque occurrit semitonium, ponant illum sub F, quod nullo modo fieri potest, et ideo finis Communionis ejusdem ibidem veniat, ubi nulla vox est. Cantoris itaque peritiæ esse debet, quo loco vel modo quamlibet neumam incipiat, ut eam vel suo modo restituat, vel, si motione opus est, ad affines voces inquirat. Hos autem modos, vel tropos græce nominamus protum, deuterum, tritum, tetrartum.

CAPUT XI.
Quæ vox, et quare in cantu obtineat principatum.

Cum autem quilibet cantus omnibus vocibus et modis fiat, vox tamen quæ cantum terminat, obtinet principatum; ea enim et diutius et morosius sonat. Et præmissæ voces, quæ tantum exercitatis patent, ita ad eam adaptantur, ut mirum in modum quamdam ab ea coloris faciem ducere videantur. Per supradictas nempe sex consonantias, voci quæ neumam terminat, reliquæ voces concordare debent. Voci vero quæ cantum terminat, principatum ejus, cunctarumque distinctionum fines vel etiam principia, opus est adhærere. Excipitur *Tribus miraculis*; quia, cum cantus in E. terminat sæpe in c. qui ab ea diapente et semitonium distat, principium facit in hac antiphona:

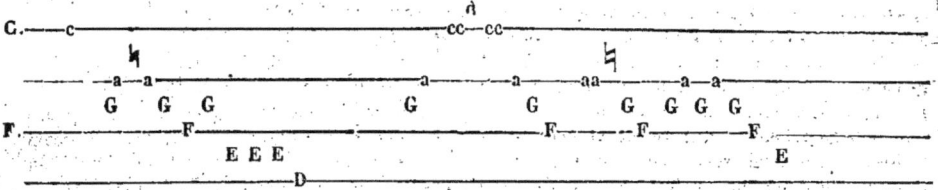

Tertia dies est, quod hæc facta sunt.

Præterea cum aliquem cantare audimus, primam ejus vocem, cujusmodi sit, ignoramus; quia utrum toni vel semitonia reliquæve species sequantur, nescimus. Finito vero cantu ultimæ vocis modum ex præteritis aperte agnoscimus. Incepto enim cantu, quid sequatur, ignoras, finito autem, quid præcesserit, vides. Itaque finalis vox est, quam melius intuemur. Deinde si eidem cantui versum aut psalmum, aut aliquid velis subjungere, ad finalem vocem permaxime opus est coaptare, non ad primæ vel aliarum adeo inspectionem redire.

Additur quoque et illud, quod accurati cantus in finalem vocem maxime distinctiones mittant. Nec mirum est regulas musicam sumere a finali voce, cum et in Grammaticæ partibus artis pene ubique vim sensus in ultimis litteris vel syllabis per casus, numeros, personas, temporaque discernimus. Igitur quia et omnis laus in fine canitur, jure dicimus quod omnis cantus ei sit modo subjectus, et ab eo modo regulam sumat, qui ultimus sonat. A finali itaque voce ad quintam in quolibet cantu justa est depositio, et usque ad octavas elevatio, licet contra hanc regulam sæpe fiat, cum ad nonam, decimamve vel undecimam progrediamur. Unde et finales voces statuerunt D. E. F. G. quia his primum prædictam elevationem vel depositionem monochordi positio commodaverit; habent enim hæc deorsum unum tetrachordum gravium, sursum vero duo acutarum.

CAPUT XII.
De divisione quatuor modorum in octo.

Interea cum cantus unius modi, utpote proti, ad

Dac a   a G FE   G FE   DD
Primum quæ ri te   re gnum Dei

Mox enim ut cum fine alicujus antiphonæ hanc neumam bene viderimus convenire, quod autenti proti sit, non est opus dubitare; sic et de reliquis.

Ad noc etiam cognoscendum plurimum valent et versus nocturnalium responsoriorum, et psalmi officiorum, et omnia quæ in modorum formulis præscribuntur, quas qui non novit, mirum est si quam comparationem finis tum sint graves et plani, tum acuti et alti, versus et psalmi, et si quid, ut diximus, fini aptandum erat, uno eodemque modo prolatum, diversis aptari non poterat. Quod enim subjungebatur, si erat grave, cum acutis non conveniebat, si erat acutum, a gravibus discordabat. Consilium itaque fuit, ut quisque modus partiretur in duos, id est, acutum et gravem, distributisque regulis acuta cum acutis, et gravia convenirent gravibus, et acutus quisque modus diceretur autenticus, id est, auctoralis et princeps; gravis autem plaga vocaretur, id est, lateralis et minor. Qui enim dicitur stare ad latus meum, minor me est, cæterum si esset major, ego aptius dicerer stare ad latus ejus. Cum ergo dicatur autentus protus et plagis proti, similiter de reliquis; qui naturaliter in vocibus erant quator divisi, in cantibus facti sunt octo. Abusio autem tradidit latinis dicere: pro autento proto et plagis proti, primus et secundus; pro autento deutero et plagis deuteri, tertius et quartus; pro autento trito et plagis triti, quintus et sextus; pro autento tetrardo et plagis tetrardi, septimus et octavus.

CAPUT XIII.
De octo modorum agnitione, acumine et gravitate.

Igitur octo sunt modi, ut octo partes orationis, et octo formæ beatitudinis, per quos omnis cantilena discurrens octo dissimilibus vocibus et qualitatibus variatur. Ad quos in cantibus discernendos etiam quædam neumæ inventæ sunt, ex quarum aptitudine ita modum cantionis agnoscimus, sicut sæpe ex aptitudine corporis, quæ cujus sit tunica, reperimus, ut:

CFGaGaGFEFGaGFEFD.

partem horum quæ dicuntur intelligit. Ibi enim in formis prævidetur, quibus in vocibus singulorum modorum cantus rarius sæpiusve incipiatur, et in quibus minime id fiat: ut in plagis quidem minime licet vel principia vel fines distinctionum ad quintas intendere, cum et ad quartas perraro soleat evenire (14). In autentis vero, præter deuterum, eadem principia et fines distinctionum minime licet

---

(14) Videntur legendum, *soleant pervenire.*

ad sextas intendere, plagæ vero proti vel triti ad tertias intendunt; et plagæ deuteri et tetrardi ad quartas intendunt.

Memineris præterea, quod sicut usualium cantuum attestatione perhibetur, autenti vix a suo fine plus una voce descendunt. Ex quibus autentus tritus rarissime id facere propter subjectam semitonii imperfectionem videtur. Ascendunt autem autenti usque ad octavam et nonam, vel etiam decimam. Plagæ vero ad quintas remittuntur et intenduntur. Sed intensioni sexta vel septima auctoritate tribuitur, sicut in autentis nona et decima. Plagæ vero proti, deuteri, et triti aliquando in a. ♭. c. acutas necessario finiuntur.

Supradictæ autem regulæ permaxime caventur in antiphonis et responsoriis, quorum cantus ut psalmis et versibus coaptentur, oportet, communibus regulis fulciantur. Alioquin plures cantus invenies, in quibus adeo confunditur gravitas et acumen, ut non possit adverti, cui magis, id est, autento an plagæ conferantur. Præterea et in ignotorum cantuum inquisitione, prædictarum neumatum et subjunctionum appositione plurimum adjuvamur, cum talium aptitudine soni cujusque proprietatem per vim tropicam intuemur. Est autem tropus species cantionis, qui et modus dictus est, et adhuc dicendum est de eo.

CAPUT XIV.
De tropis, et virtute musicæ.

Horum quidam troporum exercitati usu ita proprietates et discretas facies, ut ita dicam, extemplo ut audierint, recognoscunt, sicut peritæ gentium coram positis multis habitus eorum intueri potest et dicere : hic Græcus est, ille Hispanus, hic Latinus et ille Teutonicus, iste vero Gallus : atque ita diversitas troporum diversitati mentium coaptatur, ut unus autenti deuteri fractis saltibus delectetur; alius plagæ triti eligat voluptatem; uni garrulitas tetrardi autenti magis placet; alter ejusdem plagæ suavitatem probat; sic et de reliquis.

Nec mirum, si varietate sonorum delectatur auditus, cum varietate colorum gratuletur visus, varietate odorum foveatur olfactus, mutatisque saporibus lingua congaudeat. Sic enim per fenestram corporis delectabilium rerum suavitas intrat mirabiliter penetralia cordis. Inde est, quod sicut quibusdam saporibus, coloribus et odoribus, vel etiam colorum intuitu salus tam cordis quam coporis vel minuitur vel augetur. Ita quondam, ut legitur, quidam phreneticus, canente Asclepiade medico, ab insania revocatus. Et item alius quidam citharæ suavitate in tantam libidinem incitatus, ut cubiculum puellæ quæreret effringere dementatus : moxque citharœdo mutante modum voluptatis pœnitentia ductum recessisse confusum. Item et David Saul dæmonium cithara mitigabat, et dæmonicam feritatem hujus artis potenti vi ac suavitate frangebat. Quæ tamen vis solum divinæ sapientiæ ad plenum patet. Nos vero quæ in ænigmate ab inde percepimus, in divinis laudibus utamur. Sed quia de hujus artis virtute vix pauca libavimus, quibus ad bene modulandum rebus opus sit, videamus.

CAPUT XV.
De commoda componenda modulatione.

Igitur quemadmodum in metris sunt litteræ et syllabæ, partes et pedes, ac versus : ita et in harmonia sunt phthongi, id est, soni, quorum unus, duo, vel tres aptantur in syllabas, ipsæque solæ vel duplicatæ neumam, id est, partem constituunt cantilenæ; sed pars una vel plures distinctionem faciunt, id est, congruum respirationis locum. De quibus illud est notandum, quod tota pars compresse et notanda et exprimenda est, syllaba vero compressius, tenor vero, id est, mora ultimæ vocis, qui in syllaba quantuluscumque est amplior in parte, diutissimus vero in distinctione, signum in his divisionibus existit, sicque opus est, ut quasi metricis pedibus cantilena plaudatur, et aliæ voces ab aliis moruлам duplo longiorem, vel duplo breviorem, aut tremulam habeant, id est, varium tenorem, quem longum aliquotiens litteræ virgula plana apposita significat : ac summopere caveatur talis neumarum distributio, ut cum neumæ tum ejusdem soni repercussione, tum duorum aut plurium connexione fiant, semper tamen aut in numero vocum aut in ratione tonorum neumæ alterutrum conferantur, atque respondeant, nunc æquæ æquis, nunc duplæ vel triplæ simplicibus, atque alias collatione sesquialtera vel sesquitertia.

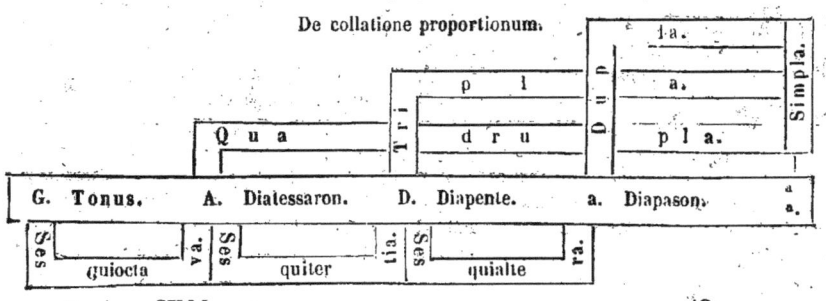

De collatione proportionum.

De construendo cantu.

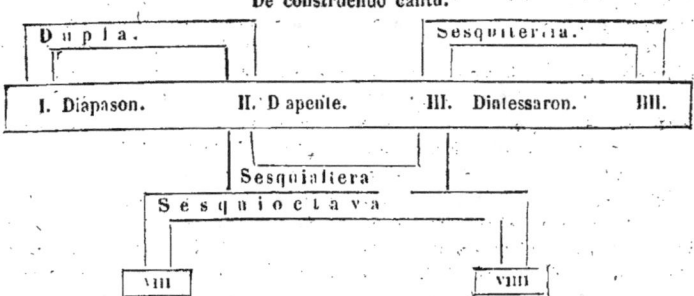

Proponatque sibi Musicus, quibus ex his divisionibus incedentem faciat cantum, sicut Metricus, quibus pedibus faciat versum; nisi quod Musicus non se tanta legis necessitate constringit, quia in omnibus se hæc ars in vocum dispositione rationabili varietate permutat (14). Quam rationabilitatem etsi sæpe non comprehendamus, rationale tamen crediturid,quo mens, in qua est ratio, delectatur. Sed hæc et hujusmodi melius colloquendo quam conscribendo monstrantur.

Oportet ergo ut more versuum distinctiones æquales sint, et aliquotiens eædem repetitæ, aut aliqua vel parva mutatione variatæ, et cum (15) plures fuerint duplicatæ, habentes partes non nimis diversas, et quæ aliquotiens eædem transformentur per modos, aut similes intensæ et remissæ inveniantur. Item ut reciprocata neuma eadem via, qua venerat, redeat, ac per eadem vestigia recurrat. Item ut qualem ambitum vel lineam una facit saliendo ab acutis, talem inclinatam altera e regione opponat respondendo a gravibus, sicut fit, cum in puteo nos cum imagine nostra contra speculamur. Item aliquando una syllaba unam vel plures habeat neumas, aliquando una neuma plures dividatur in syllabas. Variabuntur hæ vel omnes neumæ, cum alias ab eadem voce incipiant, alias de dissimilibus secundum laxationis et acuminis varias qualitates. Item ut ad principalem vocem, id est finalem, vel si quam affinem ejus pro ipsa elegerint, pene omnes distinctiones currant, et eadem aliquando vox, quæ terminat neumas omnes, vel plures distinctiones finiat, aliquando et incipiat; sicut apud Ambrosium curiosus invenire poterit. Sunt vero quasi prosaici cantus, qui hæc minus observant, in quibus non est curæ, si aliæ majores, aliæ minores partes et distinctiones per loca sine discretione inveniantur more prosarum.

Metricos autem cantus dico, quia sæpe ita canimus, ut quasi versus pedibus scandere videamur, sicut fit, cum ipsa metra canimus, in quibus cavendum est, ne superfluæ continuentur neumæ dissyllabæ sine admixtione trisyllabarum ac tetrasyllabarum. Sicut enim Lirici poetæ nunc hos nunc alios adjunxere pedes, ita et qui cantum faciunt, rationabiliter discretas ac diversas componunt neumas; rationabilis vero discretio est, si ita fit neumarum et distinctionum moderata varietas, ut tamen neumæ neumis et distinctiones distinctionibus quadam semper similitudine sibi consonanter respondeant, id est, ut sit similitudo dissimilis, more perdulcis Ambrosii. Non autem parva similitudo est metris et cantibus, cum et neumæ loco sint pedum, et distinctiones loco versuum : utpote ista neuma dactylico, illa vero spondaico, illa iambico metro decurreret; et distinctionem nunc tetrametram nunc pentametram, alias quasi hexametram cernes, et multa alia, ut elevatio et positio tum ipsa sibi, tum altera alteri similis vel dissimilis præponatur, supponatur, apponatur, interponatur, alias conjunctim, alias divise, alias commixtim ad hunc modum. Item ut in unum terminentur partes et distinctiones neumarum atque verborum, nec tenor longus in quibusdam brevibus syllabis, aut brevis in longis sit, quia (16) obcœnitatem parit, quod tamen raro opus erit curare. Item ut rerum eventus sic cantionis imitetur effectus, ut in tristibus rebus graves sint neumæ, in tranquillis rebus jucundæ, in prosperis exsultantes, et reliquæ. Item sæpe vocibus gravem et acutum accentum superponimus, quia sæpe ut majori impulsu quasdam, ita etiam minori efferimus : adeo ut ejusdem sæpe vocis repetitio elevatio vel depositio esse videatur. Item ut in modum currentis equi semper in fine distinctionum rarius voces ad locum respirationis accedant, ut quasi gravi more ad repausandum lassæ perveniant. Spissim autem et rare, prout oportet, notæ compositæ hujus sæpe rei poterunt indicium dare. Liquescunt vero in multis voces more litterarum, ut inceptus modus unius ad alteram limpide transiens nec finiri videatur. Porro liquescenti voci punctum quasi maculando superponimus hoc modo :

    G DE Ga a G.
    Ad te le va vi.

Si autem eam vis plenius proferre non liquefaciens, nihil nocet, sæpe autem magis placet. Et omnia, quæ diximus, nec nimis raro, nec nimis continue facias, sed cum discretione.

CAPUT XVI.

De multiplici varietate sonorum et neumarum.

Illud vero non debet mirum videri, cur tanta copia

---

(14) Ott., *misceri permittit.*
(15) Al., *perpulchre fuerint*.
(16) F. *absonitatem.*

tam diversorum cantuum tam paucis formata sit vocibus, quæ voces non nisi sex modis, ut diximus, sibi jungantur tam per elevationem quam per depositionem; cum et de paucis litteris, etsi non per plures, conficiantur syllabæ, poterit enim colligi numerus syllabarum; infinita tamen partium pluralitas concrevit ex syllabis, et in metris de paucis pedibus quam plura fiunt genera metrorum, et unius generis metrum plurimis varietatibus invenitur diversum, ut hexametrum; quod quomodo fiat, videant grammatici, quoniam illud dicere alterius est negotii. Nos, si possumus, videamus, quibus modis distantes ab invicem neumas constituere valeamus.

Igitur motus vocum, qui sex modis consonanter fieri dictus est, fit arsi et thesi, id est, elevatione et depositione : quorum gemino motu, id est, arsis et thesis, omnis neuma formatur, præter repercussas aut simplices. Deinde arsis et thesis tum sibimet junguntur, ut arsis arsi, thesis thesi, tum altera alteri, ut arsis thesi, et thesis arsi conjungitur, ipsaque conjunctio tum fit ex similibus, tum ex dissimilibus. Dissimilitudo autem erit, si ex prædictis motibus, id est, tonis, semitoniis, ditonis et cæteris alius alio plures paucioresve habeat voces, aut magis conjunctas vel disjunctas dissimiliter; deinde vel similiter facta conjunctione motus motui tum erit præpositus, id est in superioribus positus, tum suppositus, tum appositus, id est, cum in eadem voce unius motus finis erit, alteriusque principium; tum interpositus, id est, quando unus motus infra alium positus et minus est gravis et minus acutus; tum id commixtus, est, partim interpositus partimque suppositus, aut præpositus, aut appositus, rursusque hæ positiones dirimi possunt secundum laxationis et acuminis, augmenti et detrimenti, modorum quoque varias qualitates. Neumæ quoque per eosdem modos arsis et thesis poterunt variari, et distinctiones aliquando. Qua de re et descriptionem subjecimus, quo facilior per oculos via sit.

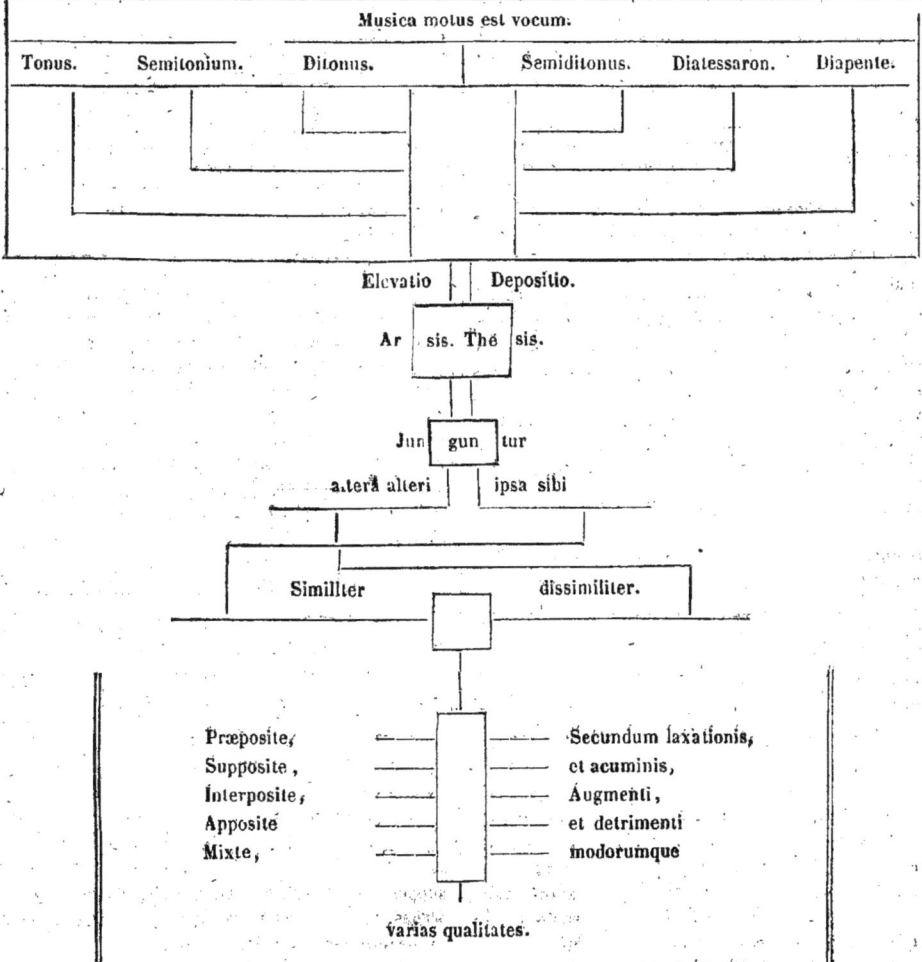

CAPUT XVII.
Quod ad cantum redigitur omne, quod scribitur.

His breviter intimatis aliud tibi planissimum dabimus hic argumentum, utillimum usui, licet hactenus inauditum. Quo cum omnium omnino melorum causa claruerit, poteris tuo usui adhibere, quæ probaveris commoda, et nihilominus respuere, quæ videbuntur obscœna (17). Perpende igitur, quia, sicut omne, quod dicitur, scribitur, ita ad cantum redigitur omne, quod scribitur. Canitur ergo omne, quod dicitur, scriptura autem litteris figuratur. Sed ne in longum regula nostra producatur, sex his de (18) litteris quinque tantum vocales sumamus, sine quibus nulla alia littera, sed nec syllaba sonare probatur, earumque permaxime causa conficitur, quotienscumque suavis concordia in diversis partibus invenitur, sicut persæpe videmus consonos et sibimet alterutrum respondentes versus in metris, ut quamdam quasi symphoniam grammaticæ admireris. Cui A si musica responsione simili jungatur, duplici modulatione delecteris.

Has itaque quinque vocales sumamus, forsitan cum tantum concordiæ tribuunt verbis, non minus cantilenæ præstabunt et neumis. Supponantur itaque per ordinem litteris monochordi, et quia quinque tantum sunt, tamdiu repetantur, donec unicuique sono sua subscribatur vocalis, hoc modo:

```
                                    a b ♮ c d.
Γ A B C D E F G.   a b♮c d e f g.   a b♮c d.
a e i o u. a e i    o u. a e i o u.  a e i o
```

In qua descriptione id modo perpende, quia cum his quinque litteris omnis locutio moveatur, moveri quoque et quinque voces ad se invicem, ut diximus, non negetur. Quod cum ita sit, sumamus modo aliquam locutionem, ejusque syllabas illis sonis adhibitis decantemus, quas earumdem syllabarum vocales subscriptæ monstraverint, hoc modo:

```
                    G    G   G
G. u ————————————rum—tu—rum————————————————
       F          F     F    F          F
F. o ——Jo————to————————o——co————————o————
            E              E          E
E. i ——————ri————————————pi————————dig———
       D      D          D   D      D  D D
D. e ——te——nes-ne————————neque——ne——nere—
       c                    c           c
C. a ——Sanc——han——————————as————————ca——

C D  F C D  D E F G  G F G  F E C D D F  E  C D D
```

Sancte Joannes meritorum tuorum copias neque digne canere.

Quod itaque de hac oratione factum est, et de omnibus posse fieri nulli dubium est. Sed ne gravis tibi imponatur necessitas, quia ad hunc modum vix cuilibet symphoniæ quinque accidunt voces, et ipsas quinque transgredi sæpe ad votum non suppetat, ut tibi paulo liberius liceat evagari, alium item versum subjungo vocalium, sed ita sit diversus, ut a tertio loco prioris incipiat hoc modo:

```
                              a b ♮ c d.
C Γ A B C D E F G.  a b♮c d e f g.  a b♮c d.
  a e i o u. a e i   o u. a e i o u. a e i o
  o u. a e i o u. a   e i o u. a e i  o u. a e
```

Ubi cum duobus ubique subsonis, in quibus quinque habeantur vocales, cum videlicet cuique sono et una subsit, et altera satis tibi liberior facultas accedit, et productiori et contractiori pro libitu motu variare et incedere. Unde et hoc nunc videamus, qualem symphoniam huic rhythmo suæ vocales attulerint.

```
e.  i a —————————————————————————vi—————————
d.  e u ——————————————————net,—sum—ven——————
c.  a o ——————————————ror—so———— fo—do-con—va-ta—
♮.  u i ——————————————li——in—————————ni——————
a.  o e ————fre——temperet, ne———hor————te—ne—tes——
G.  i a ——Linguam——nans————tis—————————gat,————riat,—
F.  e u ——re——————————————————————————————hau——
```

G G F a G a a a a♮G ♮ c ♮c d
Linguam refrenans temperet, ne litis horror insonet,
e d c d c c a G a c♮c a F G G
visum fovendo contegat, ne vanitates hauriat:

In sola enim ultima parte hoc argumentum reliquimus, ut melum suo tetrardo conveniens redderemus. Cum itaque suis tantum vocalibus quidam D cantus quamdam aptam sibi vendicet adeo cantilenam, non est dubium, quin fiat aptissima, si in multis exercitatus de pluribus potiora tantum, sibique aptius respondentia eligas, hiantia suppleas, compressa resolvas, producta nimium contrahas, ac nimis contracta distendas, ut unum quod accuratum opus efficias.

(17) F. *absona.*

(18) Melius, *ex iisdem litteris.*

Illud præterea scire te volo, quod in morem puri argenti omnis cantus quo magis usitatur, eo magis coloratur, et quodmodo displicet, per usum quasi lima politum postea collaudatur, ac pro diversitate gentium ac mentium, quod huic displicet, ab alio amplectitur, et hunc oblectat consona, ille magis probat diversa; iste continuationem et mollitiem secundum suæ mentis lasciviam quærit; ille, utpote gravis, sobriis cantibus demulcetur. Alius vero ut amens in compositis et in anfractis vexationibus pascitur, et unusquisque eum cantum sonorius multo pronuntiat, quem secundum suæ mentis insitam qualitatem probat. Quæ omnia si dictis argumentis assiduo exercitio inhæseris, ignorare non poteris. Immo et argumentis utendum est, donec ex parte cognoscimus, ut ad plenitudinem scientiæ perveniamus. Sed quia hæc in longum prosequi proposita brevitas non exposcit, præsertim cum ex his perplura valeant colligi, de canendo ista sufficiant. Jam nunc diaphoniæ præcepta exequamur breviter.

CAPUT XVI.
De diaphonia, id est, organi præcepto.

Diaphonia vocum disjunctio sonat, quam nos organum vocamus, cum disjunctæ ab invicem voces et concorditer dissonant, et dissonantes concordant. Qua quidem ita utuntur, ut canenti semper chorda quarta succedat, ut A. ad D. ubi si organum per acutum a duplices, ut sit D. a resonabit A. ad D. diatessaron, ad a diapason, D. vero ad utramque A. a diatessaron et diapente, a. acutum ad graviores diapente et diapason. Et quia hæ tres species ad tantam organi societatem se permiscent ac suavitate, ut ad similitudinem vocum fecisse superius sunt monstratæ symphoniæ, ideo apte vocum copulationes dicuntur, cum symphonia de cantu omni dicatur. Dictæ autem diaphoniæ hoc est exemplum:

Diapason c d e c d e d c c c g a g c d e d dc.
Diapente FGa FGa GFFF EDCFG aGGF.
Miserere mei, Deus.
Diatessaron c D E C D E D C C C B A 1C DEDDC.

Hæc autem figura aperte emendata continet præcedentes voces hujus antiphonæ *Miserere mei, Deus*, subsequentes organizando per diatessaron, quod vulgariter dicitur organum (19) supra voce, id est, sub his, præcedentes acutas voces retinet organizantes per diapente, quod organum dicitur supra vocem. Hæc autem antiphona de trito tono, id est sexto est, et deponitur in ea organum usque ad C. gravem, ad quam organum nonnumquam descendit. Sicut enim graves descendunt voces, sic ascendunt acutæ. Potes et cantum cum organo et organum cum cantu, quantum libuerit, duplicare per diapason; ubicumque enim ejus concordia fuerit, dicta symphoniarum aptatio non cessabit.

Cum itaque jam satis vocum patefacta sit duplicatio, gravem a canente succentum, more, quo nos

(19) Melius, *sub*.

utimur, explicemus. Superior nempe diaphoniæ modus durus est, noster vero mollis, ad quem semitonium et diapente non admittimus; tonum vero et ditonum et semiditonum cum diatessaron recipimus, sed semiditonum in his infimatum, diatessaron vero obtinet principatum.

His itaque quatuor concordiis diaphoniæ cantum: (20) subsequitur; troporum vero alii apti, alii aptiores, alii aptissimi existunt. Apti sunt, qui per solam diatessaron quartis a se vocibus organum reddunt, ut deuterus in B. et E : aptiores sunt, qui non solum quartis, sed tertiis et secundis per tonum et semiditonum, licet raro, respondent, ut protus in A. et D : aptissimi vero, qui sæpissime suaviusque id faciunt, ut tetrardus et tritus in C. F. G. Hæ enim tono et ditono et diatessaron obsequuntur; quorum a trito, in quem vel finis distinctionum advenerit, vel qui proximus ipsi finalitati suberit, subsecutor tamen numquam debet descendere, nisi illo inferiores voces cantor admiserit. A trito enim infimo aut infimis proxime substituto deponi organum nunquam licet. Cum vero cantor inferiores voces admiserit congruo loco, et per diatessaron organum deponatur, moxque ut illa distinctionum gravitas ita deseritur, ut repeti non speretur, quem prius habuerat locum subsecutor repetat, ut finali voci, si in se devenerit, commaneat, et si super se est, vicino decenter occurrat, qui occursus tono melius fit, ditono non adeo, semiditonoque numquam. Ad diatessaron vero vix fit occursus, cum gravis magis placet illo loco succentus. Quod tamen ne in ultima distinctione symphoniæ eveniat, est cavendum. Sæpe autem cum inferiores trito voces cantor admiserit, organum suspensum tenemus in trito; tunc vero opus est ut in inferioribus distinctionem cantor non faciat, sed discurrentibus cum celeritate vocibus præstolanti trito redeundo subveniat, et suum et illius facta in superioribus distinctione repellat. Item cum occursus fit tono, diutinus fit tenor finis, ut ei partim subsequatur, et partim concinatur. Cum vero ditonus diuturnior, ut sæpe per intermissam vocem, quia vel parva sit obsecutio, etiam toni non desit obsecusio. Quod quia fit, tunc harmonia finitur deutero: etsi cantus non speratur ultra ad tritum descendere, utile tunc erit proto vim organi occupare, subsequentibus subsequi, finique per tonum decenter occurrere. Item cum plus diatessaron sejungi non liceat, opus est, cum plus se cantor intenderit, subsecutor ascendat, ut videlicet C. sequatur F : et D. sequatur G : et E sequatur a. et reliqua. Denique præter b quadratam singulis vocibus diatessaron subest, unde in quibus distinctionibus illa fuerit, G. vim organi possidebit. Quod tum fit, si aut cantus ad F. descendat, aut subsequitur, aut in G. distinctionem faciat, ad G. et a. congruis locis. F. subsequitur, si in G. vero cantus non terminet, F. cum cantu vim organi admittit. Cum vero. b. mollis versatur in cantu, F. organalis

(20) Lege *cantus*.

erit. Cum ergo tritus adeo diaphoniæ obtineat principatum, ut aptissimum supra cæteros obtineat locum, videmus a Gregorio non immerito plus cæteris vocibus adamatum. Etenim multa melorum principia, et plurimas repercussiones dedit, ut sæpe, si de ejus cantu triti E. et c. subtrahatur, prope medietatem tulisse videaris. Diaphoniæ præcepta data sunt, quæ si exemplis probes, perfecte cognosces.

CAPUT XIX.
Dictæ Diaphoniæ per exempla probatio.

Igitur a trito non deponimus organum, sive in eo, sive in sequentibus finiatur, hoc modo :

Ecce finis distinctionis in trito C, a quo non deponimus organum, quia non habet sub se tonum vel ditonum, quibus fit occursus, sed habet semiditonum, per quem non fit occursus.

    F G Ga GGF
    ser vo fi   d e m
    C D DEDDC

Ecce alia distinctio in trito F. in quo et quartis a se vocibus per diatessaron subsequimur, et diatessaron succentus plusquam occursus placet :

    F F ED F GF
    Ipsi me to ta
    C C CC C DC

Ecce alia ejusdem modi triti in F.

    F F F FEG FE DDD
    De vo ti o ne com mit to.
    C C C CCD CC CC D

Ecce alia distinctio in proto D, in qua et toni occursus ad finem patet.

    C D C F F F F D E
Item : Homo erat in Iherusalem, aut ita:
    C C C C C C G D E
    F FE D E
    Hierusalem.
    D DD D E

Ecce distinctio in deutero E. in qua ditoni occursus vel simplex vel intermissus placet.

    C F F D F CD D CDF F C ED
    Veni ad docendum vos viam prudentiæ.
    C C C C C CC A CCC C C CD

Distinctio in proto A. In hac distinctione in inferiore trito G, qui fini proxime subest D, voces admissæ sunt, et locus prior finita gravitate repetitus est, ubi diximus *viam prudentiæ*. Et in hac similiter :

    F Ga aFGF FG a G F D F EDCFGGGF
Sexta hora sedit super puteum.
    C DE EC DC CD E D C C C FFFFFFFF

Ecce ut ascendit organum; ne in ultima distinctione succineret cavens.

(21) Lege *et E. teneat VIII.*

    A F F FG GFF DD CF G a G F G FFEDC
Sexta hora se dit super puteum.
    F FFF FFFF FF FF F F F F F FFFFF

Ecce quomodo, admittente cantore graviores voces, organum suspensum tenemus in trito.

    cc d d c a c b c a G F GG
Victor ascendit cœlos unde descendet.
    G G a a G G GG GF F F FG

Ecce ut ad G. et a in fine subsequitur F. Idem in plagali trito invenies usurpatum, ut ad C et d ita subsequatur, sicut ad G et ad a sequitur F. hoc modo :

    e c d de ded d e
    Ve ni te Ad ore mus.
    c c c cc ccb a c

CAPUT XX.
Quomodo musica ex malleorum sonitu sit inventa.

De origine autem musicæ artis, quia rudem lectorem vidimus, in primis tacuimus, quam jam exercitato, magisque scienti tribuimus. Erant antiquitus instrumenta incerta, et canentium multitudo, sed cæca : nullus enim hominum vocum differentias et symphoniæ discretionem poterat aliqua argumentatione colligere; neque posset unquam certum aliquid de hac arte cognoscere, nisi tandem bonitas divina, quod sequitur, suo nutu disponeret.

Cum Pythagoras quidam magnus philosophus forte iter ageret, ventum est ad fabricam, in qua super unam incudem quinque mallei feriebant : quorum suavem concordiam miratus philosophus accessit, primumque in manuum varietate sperans vim soni ac modulationis existere, mutavit malleos; quo facto sua vis quemque secuta est. Subtracto itaque, qui dissonus erat a cæteris, alios ponderavit, mirumque in modum divino nutu primus XII, secundus IX, tertius VIII. quartus VI. nescio quibus ponderibus appendebat. Cognovit itaque in numerorum proportione et collatione musicæ versari scientiam. Erat enim ea constitutio in quatuor malleis, quæ est modo in quatuor litteris A D E a. Denique si A. gravis habet XII. et a. acuta VI. tenet se acuta a. cum A. gravi proportione, quæ est in Arithmetica dupla, in musica autem diapason consonantia. D. vero gravis, quæ est VIIII. cum E. gravi, quod est VIII. tenet se proportione, quæ est in arithmetica sesquioctava, id est, epogdous, in musica autem tonus consonantia. Item a. acuta cum E gravi, sicut D. gravis cum A. gravi, tenet se proportione, quæ est in arithmetica sesquitertia, in musica vero diatessaron consonantia. Item a. acuta cum D. gravi, sicut E. gravis cum A. gravi tenet se proportione, quæ est in arithmetica sesquialtera, in musica vero diapente consonantia. Et si A. habet XII. et D. IX. ternarii propassus, habebit A. in XII. ternarios quatuor, et D. in VIIII ternarios tres. Rursus cum habeat A. XII. et D. teneat VIIII. (21) quaternarios passus tres habebit A. E. vero duos, et diapente patet. Sint iterum XII. in A. et VI. in altera a. senarius medietas est duodenarii, sicut a. acuta alterius A. medietate colligitur. Adest ergo diapason. Ita ipsa A. ad D. diatessaron, ad E. diapente, alteri vero a. diapason reddit. D. quoque ad E. tonum, ad utrumque A. a. diatessaron aut diapente sonat. Et E. etiam ad D. tonum, utrique A. a. diapente vel diatessaron mandat; a. vero acuta cum A. diapason, cum D. diapente, cum E. diatessaron sonat. Quæ cuncta in supradictis numeris curiosus perscrutator inveniet. Hinc enim incipiens Boetius panditor hujus artis, multam miramque et difficillimam hujus artis concordiam cum numerorum proportione demonstravit. Quid plura? Per supradictas species monochordum primus ille Pythagoras composuit, in qua quia non est lasciva, sed diligenter aperta artis notitia, sapientibus in commune placuit, atque usque in hunc diem ars paulatim crescendo invaluit, ipso doctore semper humanas tenebras illustrante, cujus summa sapientia per cuncta viget sæcula. Amen

Explicit Micrologus,
id est, brevis sermo in musica editus a D.
Guidone musico peritissimo, et
venerabili monacho.

INCIPIUNT
GUIDONIS VERSUS DE MUSICÆ EXPLANATIONE
SUIQUE NOMINIS ORDINE,

Gliscunt corda meis hominum mollita Camenis,
Una mihi virtus numeratos contulit ictus,
In cœlis summo gratissima carmina fundo,
Dans aulæ Christi munus cum voce magistri,
Ordine me scripsi, primo qui carmina finxi.

INCIPIUNT ITEM MUSICÆ GUIDONIS REGULÆ RHYTHMICÆ

In antiphonarii sui prologum prolatæ.

Musicorum et cantorum magna est distantia,
Isti dicunt, illi sciunt, quæ componit Musica.
Nam qui facit quod non sapit, diffinitur bestia.
Cæterum tonantis vocis si laudent acumina,
Superabit philomelam vel vocalis asina.
Quare eis esse suum tollit dialectica.
Hac de causa rusticorum multitudo plurima,
Donec frustra vivit, mira laborat insania,
Dum sine magistro nulla discitur antiphona,
Notis ergo illis spretis, quibus vulgus utitur,
Quod sine ductore nusquam, ut cæcus, progreditur,
Septem istas disce notas septem characteribus,
ut. re. mi. fa. ut. sol re. la mi. fa. sol. ut.
Γ. A. B. C. D. E. F. G.
                                     a
a. b. c. d. e. f. g. a.
la. re. mi. fa ut. sol. re. mi la. fa. sol la.
Namque aliæ septenæ, quæ sequuntur postea,
Non sunt aliæ, sed una replicantur regula.
Quia vocum, ut dierum, æque fit hebdomada.
Quas si, sicut audiuntur, vis videre oculis,
Ore interim silente, manualis operis
Argumentum fiat certis diffinitum numeris (22).
Γ Gamma græcum quidam ponunt ante primam
[litteram,

B A quo passibus partitur novem tota linea.
Ubi primus passus finit, prima erit littera.
Modo simili a prima passus fiant totidem,
Et secundæ locus patet supradicto ordine :
Quam concordiam sonorum tonum dicunt musici.
Rursus totam Gammæ chordam divide per qua
[tuor,
Tertia confestim canet secundæ viciniori,
Tantillum duobus tonis plus est diatessaron
Semitonium vocatur ipsum breve spatium,
Tonus vero est, quem facit norma novem partium.
De quaternis habet diatessaron vocabulum.
Ipsi tonus si addatur, diapente oritur,
Quod de quinque nomen Græcum in Latinum ver-
[titur.
C Nam si passus ternos facit, quinque constat vocibus.
Inde prima dabit quartæ, quaternis indicium,
Et secunda servit quintæ per eumdem numerum.
Tertia conducit sextam, neque mutat calculum,
Causa septimæ a Gamma (23) fac totius medium,
Tunc a prima sic octava locum sumit proprium.
Imo prima fit a prima, neque mutat numerum.
Sic secunda dat secundam, tertiaque tertiam,
Quarta quartam, quinta quintam, quæque suam sit
[teram.

---

(22) V. Vi (*f.* cujus) clare parvis pateant puerulis quæ vocamus sic primarum litterarum spatium (*f.* spatia)
(23) A., *facit ejus*

Gravium acutam signat per eamdem litteram,
Vocis primæ ad octavam vel eamdem litteram.
Hanc concordiam sonorum diapason nominant,
Cujus nomen est de cunctis translatum ad litteram,
Omnes quia habet voces, vel quia totam lineam
Per duos partitur passus in eamdem litteram
Ea bisque geminata monochordum terminat.
Quinque habet ipsa tonos, duo semitonia.
Habet in se diapente, atque diatessaron.
Maxima symphoniarum et vocum est unitas.
Miror, quatuor quosdam fecisse signa vocibus,
Quasi quintæ sint eædem, quarum quædam disso-
[nant.
Quædam, quamvis sint affines, non perfecte conso-
[nant.

Item de divisionibus.

Item Gamma de novenis passibus, quos diximus,
Sicut primam passus primus, sic dat quartam tertius,
Primam quintus, quartam sextus, primam rursus
[septimus.
Primæ quoque passus primus ut secundam statuit,
Sic et tertius in quinta finem suum terminat.
Quintus idem dat secundam, sextus quintam re-
[novat.
Primus quoque de quaternis Gammæ dictis passibus
Sicut tertiam demonstrat, sic secundus septimam.
Tertius eamdem signat triplicatam septimam.
Tertiam quoque quadrando, ut sextam efficimus.
Sic mox altero in passu tertiam rescribimus,
Quam quadrando rursus sextam alteram perficimus.
Sunt, qui addunt in acutis juxta primam litteram :
Sed Gregorio non placet Patri hæc lascivia.
At moderni sapientes hanc neque commemorant.
Quamvis ergo apud quosdam ipsa fiat vocula,
Apud multos tamen jure dicitur superflua.
Altera vero secunda semper est authentica.
Nota caute, omnes toni novem fiunt passibus,
Diatessaron quaternis, sicut supra diximus,
Diapente semper tribus, Diapason duobus.
Isto modo monochordum facile est fieri.
At si cymbala formantur musicorum opere,
Hæ mensuræ sunt cavendæ maxime in pondere.
His mensuris comparantur et canora organa,
Et quæcumque rite fiunt musicorum vascula.
His mensuris Deo canit tota nunc Ecclesia.

Omnis vox secundæ sibi jungitur et tertiæ,
Quartæ vero atque quintæ non junguntur aliter
Nisi diatessaron sit ibi vel diapente.
Tono semitoniove vox secundæ jungitur,
Ditonus vero et semiditonus vocabitur.
Si qua vero vox ultra secundam tertiam adgreditur,
Diatessaron habetur; cum ad quartam graditur;
Diapente nominatur, quintæ cum conjungitur.
Nisi motibus his senis nulla vox movebitur.
Omnis ergo cantilena quia his efficitur,
Moneo te, prudens cantor, hos perfecte discere :
Nam qui hos plene cognoscit, nil in cantu dubitat.

(24) B. *durum.*

A. *Quæ voces elevari vel gravari possint.*

Ergo quater elevari vel gravari poterunt
Prima, tertia et quarta, quinta atque septima;
Sextæ vero et secundæ non est hæc licentia.
Nam secunda ad subquartam minime gravabitur,
Atque usque super quintam nunquam elevabitur.
Superquartæ et subquintæ sexta non conjungitur.

De vocum discriminibus.

Semitonia et toni, quia dissimiliter
Septem sonis coaptantur, septem sunt discrimina,
Ut nullius vocis sonus idem sit in altera.
Vocibus tamen in septem quædam est concordia.
Sæpe enim, si non semper, eadem antiphona
Diversis cantatur sonis, nec mutat harmoniam.

De quatuor modis vocum.

B Nempe quatuor sunt modi in septenis voculis,
Magna cura cognoscendi : quos Græcorum regula
Protum, deuterum, tritum, ac tetrardum nominat :
Protus primus, et secundus nominatur deuterus,
Tritus tertius vocatur, quartus vero tetrardus.
Ordinatim disponuntur taliter in vocibus.

De Vicinitate vocum per quatuor modos.

Namque prima vox et quarta primum modum exhi-
[bent;
At secundam dat secunda, atque quinta pariter,
Tertia collata sextæ sæpe cantat eadem.
Quartum modum his adjungit singularis septima,
Quæ tamen in elevando sonat sicut tertia,
Descendendo sibi quartam perhibet sororculam.

De similitudine vocis primæ et quintæ.

C Est præterea cum prima valde quinta similis,
Sed in deponendo tantum; namque si notaveris
Semitonia et tonos, hoc, ut audis, videris.
Reliquæ jam vero voces sibi valde dissident,
Suam quæque facit neumam alteri dissimilem,
Neque suæ sedis locum dat neumæ extraneæ.

Item de quatuor tropis in octo dispertitis.

Aure tamen curiosa, valde erit utile,
Si advertas et cognoscas, harmonia qualiter
Quatuor canatur modis transformata facie :
Quatuor ex quibus modis octo dehinc facimus,
Quia gravia et alta cantica discernimus,
Cum authentos atque plagas more Græco diximus.

Item de authentis et plagis.

Alti cantus sunt authenti, graves plagas nominant,
D Dumque quatuor in tonis hoc utrumque supputant,
Octo formulas tonorum vel modorum indicant.
Protus est authentus primus, plagis proti secundus,
Deutherus authentus exstat, tertium quem dicimus.
Quartus erit plagis ejus, ordine qui sequitur.
Quintus est authentus tritus, sextus est plagis ipsius.
Hinc authentus est tetrardus, quem vocamus septi-
[mum.
Plagis tetrardi octavus, septimum qui sequitur.
Quorum duo unam vocem tenent, ut prædiximus,
Quia vocum in natura quatuor sunt verius,
Quos si sapis, hac in arte nihil est utilius.

VII. I. III. V. I. III. V. VII. I. III. V. I. III. V. VII. I.
Γ. A. B. C. D. E. F. G. a b(24) c. d e f g a b c d
                                                        a b c d
VIII. II. IIII. VI. II. IIII. VI. VIII. II. IIII. VI. II. IIII. VI. VIII. II.

De Finalibus.

Quamvis omnes voces cantus atque modos habeat,
Ejus tamen erit modi, quem finalis resonat.
Nam ab ipso sumit normam, qualiter se habeat.
Vocem quartam atque quintam, sextam atque septi-
[mam
Finales habemus. Multi sine differentia
Ubicumque ponunt fines sicut et principia.
Quique cantus ad octavas fallit regulariter,
Et ad quintas a finali poterit descendere,
Quando plage et authentis non sunt differentiæ.
Quod si plagas ab authentis convenit discernere,
Plagæ saliunt ad quintas, nec vadunt ulterius,
Et ad quintas declinando sibi satisfaciunt.
At authenti ad octavas competenter saliunt
A finali uno tono, neque cadunt amplius.
Trito tonus cum non subsit, finis est gravissimus.
Fini quoque debet esse consonum principium.
Unde quintum a finali non excedat calculum.
Plagæ vero super quartas non tendant principium.
Inter alias secunda vox jacet ignobilis,
Contra tertia et sexta frequentatur sæpius;
Cujus rei mihi testis sanctus est Gregorius;
Principalem quoque esse, quia ipsam (25) noluit.
Deuterus authentus sumpsit loco ejus tertiam,
Cujus finis, quamvis sexta, sæpe ipsam inchoat.
Multa autem usurpantur, nec tenentur regula,
Quia tempore a multo jam desuevit musica,
Dum invidia et torpor cuncta tollunt studia.
Illud vero late patet, quid fiat de vocibus,
Velut syllabæ et partes, cola atque commata.
Concinuntque sæpe versus arte sicut metrica,
Solis litteris notare optimum probavimus,
Quibus ad discendum cantum nihil est facilius,
Si assidue utantur saltem tribus mensibus.

  d ♮c d c d c c ♮c a ♮ a a GGG.
  Sit nomen Domini benedictum in secula.
  F G a G F G F F F c F F F D c D D.
  Adjutorium nostrum in nomine Domini.

Causa vero breviandi neumæ solent fieri,
Quæ si curiosæ fiant, habentur pro litteris,
Hoc si modo disponantur litteræ cum lineis (26).
Dehinc studio crescente inter duas lineas,
Vox interponatur una, nempe quærit ratio,
Variis ut sit in rebus varia positio.
(27) [Quidam ponunt duas voces duas inter lineas,
Quidam ternas, quidam vero nullas habent lineas,

A Quibus labor cum sit gravis, error est gravissimus.
Argumentum vero simplex quia cito capitur,
Tonus tertius et sextus describuntur sæpius,
Quos frequenter repercussos mox cognoscit animus
Litterarum et neumarum usus sit assiduus.
Quisque sonus quo sit loco facile colligitur,
Etiamsi una (tantum) littera præfigitur.]
Ut proprietas sonorum discernatur clarius,
Quasdam lineas signamus variis coloribus :
Ut quo loco quis sit tonus, mox discernat oculus.
Ordine tertiæ vocis splendens crocus radiat,
Sexta ejus sed affinis flavo rubet minio :
Est affinitas colorum reliquis indicio.
At si littera vel color neumis non intererit,
Tale erit, quasi funem dum non habet puteus :
B Cujus aquæ, quamvis multæ, nil prosunt videntibus.
Illud quoque, quod prædixi, valde erit utile,
Similis figuræ neumas si cures inspicere,
Locis variis et modis quam diverse resonant.
Aptitudinem neumarum facile intelligis,
Quo in loco quis sit sonus in diversis lineis,
Usus tibi sit si frequens in modorum formulis.
Cujusmodi symphoniis symphonia concinit,
Ejusmodi symphoniam ipsam esse noveris.
Quare octomela cunctis subdimus antiphonis,
(28) Plures voces brevi fiant meta fit in spatio.
Signum est sequentis neumæ, quo loco ponenda sit,
Suo loco ne ponatur, cum necesse fuerit.
Quamvis autem quisque cantum personet memo-
[riter,
C Si non cunctos ejus motus vel sonos memoriter,
Qui et quales sint, persentit, nil se dicat sapere.
Hactenus latentes musas in lucem produximus,
Et benevolis præstantes invidos offendimus,
Ad honorem summi Dei, per quem sumus, vivimus,
Constitutionum formas breviter aperiam.
Aliquorum sic sonorum nominatur copula,
Cum intensio est sola, vel contra remissio,
De duobus erit sonis prima constitutio,
Et secunda fit de tribus, tertia de quatuor.
Quarta vero fit de quinta vocibus quibuslibet,
Quarum prima exstat simplex, duplicatur altera.
Tertia varietates quatuor inclamitat.
Quarta octo sonat modis diapente consonis.
D Uni constitutioni modulis in omnibus ,
Vox si una adjungatur, modi fiunt totidem.
Tollas sonos si secundos, rursus fient totidem.
Constitutio sic omnis nascitur ex altera.

(25) A. *voluit*.
(26) Hic in codice ponuntur lineæ vacuæ, cum litteris initialibus tantum.

(27) Uncinis inclusa ex cod. *Vindob.* descripta sunt.
(28) V. In capite linearum prænotatis litteris.

Nam et prima dat secundam, et secunda tertiam,
Tertiaque facit quartam ; hæc ut monstrat pagina (29).

Constitutiones et moduli vocis primæ.															
Prima constitutio simplex est.	Secunda constitutio habet duas formulas.		Tertia constitutio habet formulas quatuor.				Quarta constitutio habet modulos octo, et continet omnes superiores constitutiones.								
									E	E	E	E	E	E	E
			D	D	D	D	D	D	D	D	D	D	D	D	D
	C	C	C	C	C	C	C	C	C	C	C	C	C	C	C
	B	B	B	B	B	B	B	B	B	B	B	B	B	B	B
	A	A	A	A	A	A	A	A	A	A	A	A	A	A	A
I.	II.		IIII.				Prima	Secuuda		Tertia		Quarta.			

Prima	Secunda	Tertia		Prima	Secunda	Tertia		Quarta			
B	B	B	B	C	C	C	C	C	C	C	C
C		C	C	D	D	D	D	D	D	D	D
D		D	D	E	E	E	E	E	E	E	E
E		E	E	F	F	F	F	F	F	F	F
				G	G	G	G	G	G	G	G
Constitutiones et moduli vocis secundæ.				Constitutiones et moduli vocis tertiæ.							

Sonus est in quibuscumque regulæ concordia,
Constitutionum formas quaslibet associant,
Donec spatia formarum diapason reprimat.
Spatiosis namque formis maximeque vacuis
Raro utimur in cantu : breviores spatio
Atque minus interruptas frequens usus approbat.
Cumque formæ sint majores factæ de minoribus,
Non est dubium, quod si quis minimas cognoverit,
De majoribus nequaquam dubitare poterit.
Rursus qualibet in forma magna sit varietas,
Si vox quælibet in cantu modo simplex resonat,
Modo semel repercussa duplicat vel triplicat,
Voces deinde affines quas demonstrat regula,
Harum constitutionum non spernit concordia,
Quin sit idem semper melum in una et altera.

A Feci regulas apertas, et antiphonarium
Regulariter perfectum contuli cantoribus,
Quale numquam habuerunt reliquis temporibus.
   Precor vos, beati fratres, pro tantis laboribus
Pro me misero Guidone, meisque adjutoribus
Pium Deum exorate, nobis sit propitius.
Operis quoque scriptorem adjuvate precibus.
Pro magistro exorate, cujus adjutorio
Auctor indiget et scriptor. Gloria sit Domino. Amen.
Omnibus ecce modis descripta relatio vocis.
Est tonus in numeris superantur ut octo novenis,
Semitonus, cujus de nomine nomen ademit.
Ditonus atque semis diatessaron omne tenebit,
Idque facit notum quadro discrimine totum,
Cui superadde tonum, videas diapente sonorum,
B

```
            c c d c a c♮ c a G F
(29) Admont. Victor ascendens celos unde descen-
derat. Ecce ut F. ad G. et a. in fine subsequitur.
Idem in plagali trito invenies usurpatum, videlicet,
ut ad c, et d. ita b. subsequatur sicut ad G. et a.
```

subsequitur E. hoc modo :
  e d e d e d d d
  c   c c   c
  Venite ad   oremus.
  cc cc cc   c   cc b ♮ e

Atque tribus fiss·im tonum signabit idipsum,
In medio summæ diapason nectit utrumque.
Namque sonum duplicem simplo sed reddit eumdem.
Adde duplex senos videas notus diatriton,
Ditonus et semis, quia ditonus alter habetur.
Motibus his cursum faciet sine musica nullum,
Est aliquid factum numero modulante relatum,
Idque latet fixum patet intendendo remissum,
Est modus ad reliquos phthongi collatio phthongos,
Dant collata modum sibimet discrimina vocum.
Quam tonus et semis sequitur vox protus habetur,
Deuterus et tritus quid sit, sapit ordo vicinus.
Hisque tono tantum placuit differre tetrardum,
Ditonus et semis cujus mox jura sequuntur.
Musica vox horum nulla est sine lege modorum,
Quos tantum vulgus sentit de fine petulcus.

A Quatuor authenti plagas geminantur adepti,
Ni quartus simplex septem discrimina firmet ;
Unde poeta canit : septem discrimina vocum.
Septimus octavo similis quapropter adhæsit.
Ex quibus authenti grave sunt discrimen adepti,
Cum plagæ voces tenues cupiantque minores.
In quibus ad modicum tamen et collatio distat.
Quos si forte duos uni vis scribere voci,
Quatuor in reliquis primatum delta tenebunt.
Enthymema sonos claudit signatque remotos.
Concordant flexu diatessaron addita nexum,
Comparat intentos diapente relatio gressus.
Jus tenet ambarum spatium diapason et harum
Refert alterius cum suscipit altera vices,
Quas tunc alterius cum suscipit altera vices,
B Unde duo signum variant loca cujus idipsum.

ITEM ALIÆ GUIDONIS REGULÆ

DE IGNOTO CANTU

Identidem in Antiphonarii sui prologum prolatæ.

Temporibus nostris super omnes homines fatui sunt cantores ; in omni enim arte valde plura sunt, quæ nostro sensu cognoscimus, quam ea, quæ a magistro didicimus. Perlecto enim solo psalterio omnium librorum lectiones cognoscunt pueruli, et agriculturæ scientiam subito intelligunt rustici. Qui enim unam vineam putare, unam arbusculam inserere, unum asinum onerare cognoverit, sicut in uno facit, in omnibus similiter, aut etiam melius facere non dubitabit. Mirabiles autem cantores et cantorum discipuli etiamsi per centum annos quotidie cantent, nunquam per se sine magistro unam vel saltem parvulam antiphonam cantabunt, tantum tempus in cantando perdentes, in quanto et divinam et secularem scripturam potuissent plene cognoscere.

Et quod super omnia mala magis est periculosum, multi religiosi ordinis clerici et monachi psalmos et sacras lectiones et nocturnas cum puritate vigilias, et reliqua pietatis opera, per quæ ad sempiternam gloriam provocamur et ducimur, negligunt ; dum cantandi scientiam, quam consequi nunquam possunt, labore assiduo et stultissimo persequuntur.

Illud quoque quis non defleat, quod tam gravis error est in sancta Ecclesia, tamque periculosa discordia, ut quando divinum officium celebramus, sæpe non Deum laudare, sed inter nos certare videamur. Vix denique unus concordat alteri, non magistro discipulus, nec discipulus condiscipulis : unde factum est, ut non jam unum aut saltem pauca, sed tam multa sint antiphonaria, quam multi D sunt per singulas ecclesias magistri, vulgoque jam dicitur antiphonarium non Gregorii, sed Leonis aut Alberti, aut cujuscumque alterius ; cumque unum discere sit valde difficile, de multis non est dubium, quin sit impossibile.

Qua in re cum pro sua ipsi voluntate multa commutent, aut parum aut nihil mihi indignari debent, si a communi usu vix in paucis abscedo, ut ad communem artis regulam uniformiter omnis cantilena recurrat. Quoniam vero hæc omnia mala et multa alia eorum culpa eveniunt, qui antiphonaria faciunt, valde moneo et contestor, ne aliquis amplius præsumat antiphonarium neumare, nisi qui secundum subjectas regulas bene potest et sapit ipsam artem perficere ; alioquin certissime erit magister erroris, quicumque non prius fuerit discipulus veritatis.

C Taliter etenim Deo auxiliante hoc antiphonarium notare disposui, ut per eum posthac leviter aliquis sensatus et studiosus cantum discat ; et postquam partem ejus per magistrum bene cognoverit, reliqua per se sine magistro indubitanter agnoscit. De quo si quis me mentiri putat, veniat, experiatur et videat, quod tale hoc apud nos pueruli faciunt, qui pro psalmorum et vulgarium litterarum ignorantia sæva adhuc suscipiunt flagella, qui sæpe et ipsius antiphonæ, quam per se sine magistro recte possunt cantare, verba et syllabas nesciunt pronuntiare ; quod cum Dei adjutorio leviter sensatus et studiosus aliquis poterit facere, si, cum quanto studio neumæ disponantur, curet agnoscere.

Ita igitur disponuntur voces, ut unusquisque sonus, quantumlibet in cantu repetatur, in uno semper et suo ordine inveniatur. Quos ordines, ut melius possis discernere, spissæ ducuntur lineæ, et quidam ordines vocum in ipsis fiunt lineis, quidam vero inter lineas in medio intervallo et spatio linearum.

Quanticumque ergo soni in una linea vel in uno spatio sunt, omnes similiter sonant. Ut autem et illud intelligas, quantæ lineæ vel spatia unum habent sonum, quibuslibet lineis vel spatiis quædam litteræ de monochordo præfigurantur, atque etiam colores superducuntur : unde datur intelligi, quia in toto antiphonario et in omni cantu quantæcumque lineæ vel spatia unam eamdemque habent litteram vel eumdem colorem, ita per omnia similiter sonant, tamquam si omnes in una linea fuissent, quia sicut linea unitatem sonorum, ita per omnia littera vel color unitatem significat linearum, ac per hoc etiam sonorum.

Quodsi secundum ordinem sonorum ab ipsa littera vel colorata linea ubique inspicias, et illud aperte cognosces, quia in omnibus secundis ordinibus eadem vocum et neumarum est unitas. Similiter de tertio vel quarto ordine et reliquis intellige, sive superiores sive inferiores ordines cernas.

Igitur certissime constat, quia omnes neumæ vel soni in ejusdem litteræ vel coloris lineis similiter positi, vel dissimiliter litterata vel colorata linea pariter elongati, per omnia similiter sonant : in diversis autem lineis vel spatiis etiam similiter factæ neumæ nequaquam similiter sonant. Ideoque quamvis perfecta sit positura neumarum, cæca omnino est, et nihil valet sine adjunctione litterarum vel colorum.

Duos enim colores ponimus, crocum scilicet et rubeum, per quos colores valde utilem tibi regulam trado, per quam aptissime cognosces de omni neuma et unaquaque voce, de quali tono sit, et de quali littera monochordi : si tamen, ut valde est opportunum, monochordum et tonorum formulas in frequenti habeas usu.

Septem vero sunt litteræ monochordi, sicut plenius postea monstrabo. Ubicumque ergo videris crocum, ipsa est littera tertia C. et ubicumque videris minium, ipsa est littera sexta F. sive in lineis, sive inter lineas ipsi ducantur colores. Igitur tertio ordine sub croco prima est littera A. in qua tonus primus (et) vel secundus : super hanc juxta crocum secunda littera B. in qua est tonus tertius vel quartus. Deinde in ipso croco est vox (id est) vel littera tertia C. in qua est tonus quintus et sextus. Vicina super crocum et tertia sub minio, est littera quarta D. in qua est tonus primus vel secundus. Proxima est minio quinta E. in qua tonus tertius vel quartus. In ipso est minio littera sexta F. in qua tonus quintus vel sextus. Juxta super minium septima est G. in qua tonus septimus vel octavus. Deinde prima repetitur a. tertio ordine super minium et tertio subter crocum, in qua tonus primus (et) vel secundus, ut dictum est. Post quam omnes aliæ reiterantur prioribus in nullo dissimiles. Quæ omnia plenius hæc te figura docebit.

I.	d	II.
V.	d	VI.
III.	c	IV.
I.	♭	II.
	a	
VII.	g	VIII.
V.	f	VI.
III.	e	IIII.
I.	d.	II.
V.	c.	VI.
III.	♭	IIII.
I.	a	II.
VII.	G	VIII.
V.	F	VI.
III.	E	IIII.
I.	D	II.
V.	C	VI.
III.	B	IIII.
I.	A	II.
VII.	г	VIII.

Quamvis autem duo semper toni in una sint littera vel voce, tamen multo melius et frequentius conveniunt singulis neumis ac sonis formulæ secundi toni, quarti, sexti et octavi. Nam formulæ primi, tertii, quinti et septimi non conveniunt, nisi cum cantus ab alto descendens in gravem devenerit finem.

Illud tandem cognosce, quod si vis in his notis proficere, necesse est ut aliquantos cantus ita memoriter discas, ut per singulas neumas modos vel sonos omnes, qui, vel quales sint, memoriter sentias. Quod quidem longe aliud est memoriter sapere, quam memoriter canere, cum illud soli habeant sapientes, hoc vel sæpe faciant imprudentes. Et simplicibus quidem ad cognoscendas simpliciter neumas ista sufficiant. Quomodo autem liquescant voces, et an adhærenter vel discrete sonent. Quæve sint morosæ et tremulæ, et subitaneæ, vel quomodo cantilena distinctionibus dividatur, et an vox sequens ad præcedentem gravior, vel acutior, vel æquisona sit, facili colloquio in ipsa neumarum figura monstratur, si, ut debent, ex industria componantur.

EPILOGUS.

De modorum formulis et cantuum qualitatibus.

Vocum modus, veterum editus voto, disgregatus a vero et recto cantionis genere, et in chromaticam mollitiem deductus ob rationis penuriam num ad priorem statum labore haud facili reductus est. Etenim quia (qui) ab auctoribus est editus, moderaminis jamjamque gravitate carebat. Nec mirum; cum enim existerent quidam, qui illum aurium arbitrio commiserint, quidam vero potiori agentes consilio rationibus adsignarint, utrique, prout voluntas tulit, diversi diversa scripserunt. Itaque prout possumus, rationis speculatores sequentes, breviter et strictim prosequamur.

CAPITULA.

1. De motione et vocis acumine, seu gravitate.
2. De integritate et diminutione.

3. De consonantia, seu minus convenientia vocum earumdem.
4. De affinitatibus diversarum vocum. De proprio vel adjectivo accidenti unicuique.
De modorum quatuor generibus, eorumque partitione cum differentibus distinctionibus.
De formulis differentiarum, et earum proprietatibus.

I. Vox est aer ictus auditu sensibilis, quantum in ipso est. Omnis autem vox aut est continua, aut divisa. Continua est, ubi sic se vocum sequitur ordo, ut unius finis, alteriusque principium discerni facile non possit; sicut fit cum in coelesti arcu colorum habitudines speciamus. Sic enim rubens cernitur, ut tamen ejus initium vel finis comprehendi non valeat. Sic est in reliquis. Divisa vero, quae singillatim profertur. Nulla vero vox fit, nisi motus praecedat. Praecedente autem motu, si fuerit velox, spissiores et acutiores reddit voces, si autem rarus, graves et grossiores.

Musica vox fit motione, motio autem habet in se tenorem. Quod quantitatem motionis exsequitur; ita ut si motus fuerit brevis, perparvus existat et tenor : si major, ampliorem habebit tenorem. Musicus autem motus fit sex solummodo modis, id est, tono, semitonio, semiditono, vel trihemitonio, ditono, diatessaron et diapente. Intueri ergo libet, ut secundum quod creverit motus, crescat et tenor; verbi gratia : Ditonus duplum tonum, propterea et duplum habebit tenorem. Tenor autem est mora uninscujusque vocis, quem ut tempus grammatici in syllabis brevibus et longioribus superscribunt.

II. Ex supradictis autem motibus alii existunt integri, id est, qui monochordum regulariter partiuntur, ut tonus, et reliqui : alii autem ab integritate deficiunt, qui monochordum aequis ponderibus dividi nequeunt, ut semiditonus. Tonus ergo integra dimensio est, quia per sesquioctavam proportionem regularis monochordi partionem assequitur; diatessaron vero per sesquitertiam; diapente autem per sesquialteram. Quapropter tonus omnis fit novenis passibus, diatessaron quaternis, diapente vero ternis. Diapason autem ubique fit duobus passibus, cum et vicissim sibi in consonantiarum partibus succedunt.

III. Omnis autem cantilena septem dissimilibus vocibus perficitur, ex quibus aliae sunt consonae, aliae vero dissonae. Prima itaque et quarta vox ternas in depositione, ac binas in elevatione simillimas habent formulas. At secunda et quinta quatuor in depositione, et unam in elevatione. Porro tertia et sexta quatuor ab inferioribus similes habent formulas, a superioribus nec unam. Post has quarta a septima dissociatur amplius, nec ullam retinent proportionum consonantiam ad se invicem. Itemque prima et quinta a superioribus similes habent formulas, a depositione autem neminem. Secunda vero ac sexta quaternis formulis similibus elevantur, ac una deponuntur : unde et utraque proto adscribuntur. Tertia vero et septima ternas elevationes ac binas depositiones habent, similesque deuteri modi exstant. Nam ergo quarta cum octava minus in una elevatione conveniunt. Notandumque, quia unius hae esse dicantur modi, quae elevatione magis conveniunt. Quae quamvis unius esse dicantur modi, habentes similes elevationes et depositiones, nullatenus tamen aliqua ex his cum aliqua sibi depositione concordanti elevatione concordat, aut convenienti in elevatione depositioni concordat.

IV. Unaquaeque vero vocum habet aliquid proprium, dum earum affinitas non ex toto acumine vel gravitate concordant, et aliqua semper similitudine cum extraneis admiscentur, id est, cum eis, qui alterius modi sunt, utpote D. et A. quae affines sunt; id est, unius modi non sunt proto tum similes, sed singillatim proprias retinent qualitates, dum D. deponitur tono, semitonio, et iterum elevatur tono, semitonio, tritono, et semiditono usque ad aliud d. acutum. Itemque A. ditono deponitur et semiditono, elevatur autem per tonum, semitonium et ditonum usque ad aliud a. acutum. Sed satis nunc ostensam esse dissimilitudinem inter affines voces arbitror.

Nunc et similium vocum edisseram similitudinem : dum enim D. sit protus, et G. tetrardus, utraque tamen semitonio et ditono deponuntur, et ea symphonia, quae D. continetur, si sit depositiva, tum modo et G. cani potest; quod exemplo patet in antiphona hac.

c
Spiritus alme illustrator omnium.

V. Sunt autem modi vocum quatuor, id est, protus, deuterus, tritus, tetrardus, qui et totidem subjugales habent; et principales quidem authentos dicimus, subjugales autem plagis nominamus. Eorum differentia talis est. Cum quilibet cantus octo vocibus ascendat, descendat vero quinque, atque inter omnes sint XII. una ex his bis annumerata graves omnes cum aliqua parte acutarum plagis attribuunt. Porro authentis cunctae acutae cum aliquantis gravium conveniunt. Notatoque, quod sint tres ordines vocum, id est, graves, mediae et acutae. Ex quibus mediae semper annectuntur utrisque, acutae autem conveniunt authentis, et graves plagibus. Et sic semper tres ex ambabus partibus utrorum sunt propriae.

VI. Differentiarum autem horum modorum formulae secundum principia cantuum dispositae sunt. Et quemadmodum finalis vox aliquem proprium modum metitur, sic et rationabiliter principia eorumdem cantuum aptiores sibi formulas coaptent, quatenus sit pulchra connexio quae secundum proprios in unaquaque dirigatur motus.

Quos motus nempe diximus fore sex, qui cum tribus applicantur adherectionibus (50), in unoquo-

---

(50) F. *adcrectionibus*.

que modo diversas et ampliores, et in quibusdam districtiores formulas efficiunt, secundum quod unicuique motiones cum adherectionibus adjungere possunt. Nec aliquis modorum ampliores permittitur habere formulas, nisi quæ ex ipso regulariter generari poterunt; ut sit cautela permaxima in vocum modulis, dum qualitatibus et quantitatibus excreverint.

Quocirca musicus motus continet qualitatem et quantitatem. Quod si desierit qualitatem quantitatemque motus habere, jam non musicus motus erit. Qualitas autem motus est, utrum sit protus vel deuterus, aut quilibet alius modus. Quantitas autem, utrumnam sit duplus, sesquialter aut sesquitertius. Qualitas in modorum speciebus, quantitas in magnitudine præscribitur motuum. Præterea et modorum diversæ species non minima præpollent quantitate seu qualitate, dum unus in modum historiæ recto et tranquillo feratur cursu; alter vero anfractis saltibus concinatur; alius videatur garrulus, et sævus in sublime extollens audientium animos. Item vero placidus lætitiamque indicans morum; quod cuique prudenti satis patebit, curare si studuerit.

Diversas autem habent formulas singuli modorum, quas regulariter sic de unoquoque producimus modo. Primo omnium constituatur musicus motus, in quo sit qualitas et quantitas, ex quo regularis vox oritur. Ex qualitate autem modi et ex quantitate singuli procreantur motus. Vox autem fit præpositiva, appositiva et subpositiva. Quæ dum simul permixtæ fuerint, regulares et probatissimas in unoquoque modo confert formulas. Quod ut facilius pateat, figuram subjecimus, quo facilior per oculos via sit.

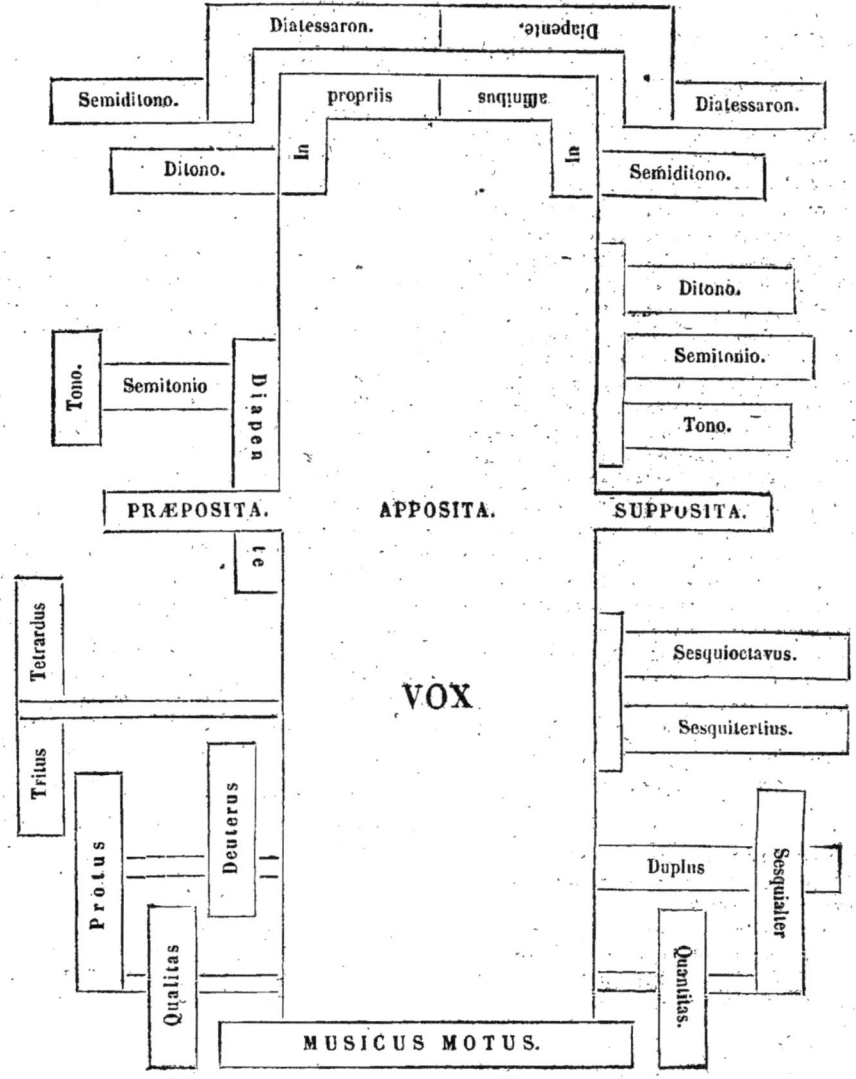

REGULÆ DE IGNOTO CANTU.

Igitur protus decem habet regulares formulas, id est sex præpositivas, et tres appositivas, unamque subpositivam. Et hæ quidem, quæ præpositivæ sunt, fiunt tono, ditono, semiditonio vel trihemitonio, et diapente. Appositivæ sunt, quæ in eadem voce, qua formula finitur, antiphonæ principium ponitur. Et hæ quidem duobus modis fiunt, id est aliquando in prima voce, id est, ea quæ finem terminat: interdum in affinibus, in his videlicet quæ finali voce per sex supradictas consonantias conveniunt. Subpositivæ, autem fiunt semiditono. Et dicuntur subpositivæ eo quod fines formularum sub principia ducantur antiphonarum.

Quoniam vero protus duas diversas in una terminatione habere videtur formulas, libet intueri uberius, quibus distinctionibus utraque discerni valeant, cum una ex his sit authentica, altera plagalis. Et secundum quod in proto diffinitum fuerit, teneatur et in reliquis. Formulas igitur authenti proti quinto loco a finali voce disponimus; quod et in reliquis authentis similiter facimus. Formulas autem ejusdem plagæ tertia a finali voce constituimus. Hinc itaque custodiendum, ut in plagis distinctionum fines vel principia nullo modo super formulas sibi attributas ponantur. Quod si evenerit, mox in authenti transit potestatem, quia solis authentis licet intendere fines, principiave distinctionum ad quintas. Et quemadmodum illicitum est plagis super proprias formulas distinctionum summam intendere: ita et authentis non est opportunum, summam earumdem plagarum intendere, nisi transferantur. Sicque singuli propriam amittunt vim, dum alterius nituntur adsumere gradum.

  Protus adest denis, formarum nexus habenis,
  Quæ modum authenticum nectunt undique totum.
  Hæ tibi sint cordi, jugiter habeantur in ore.
  Has, quæso, ne minuas, poteris si addere curas.

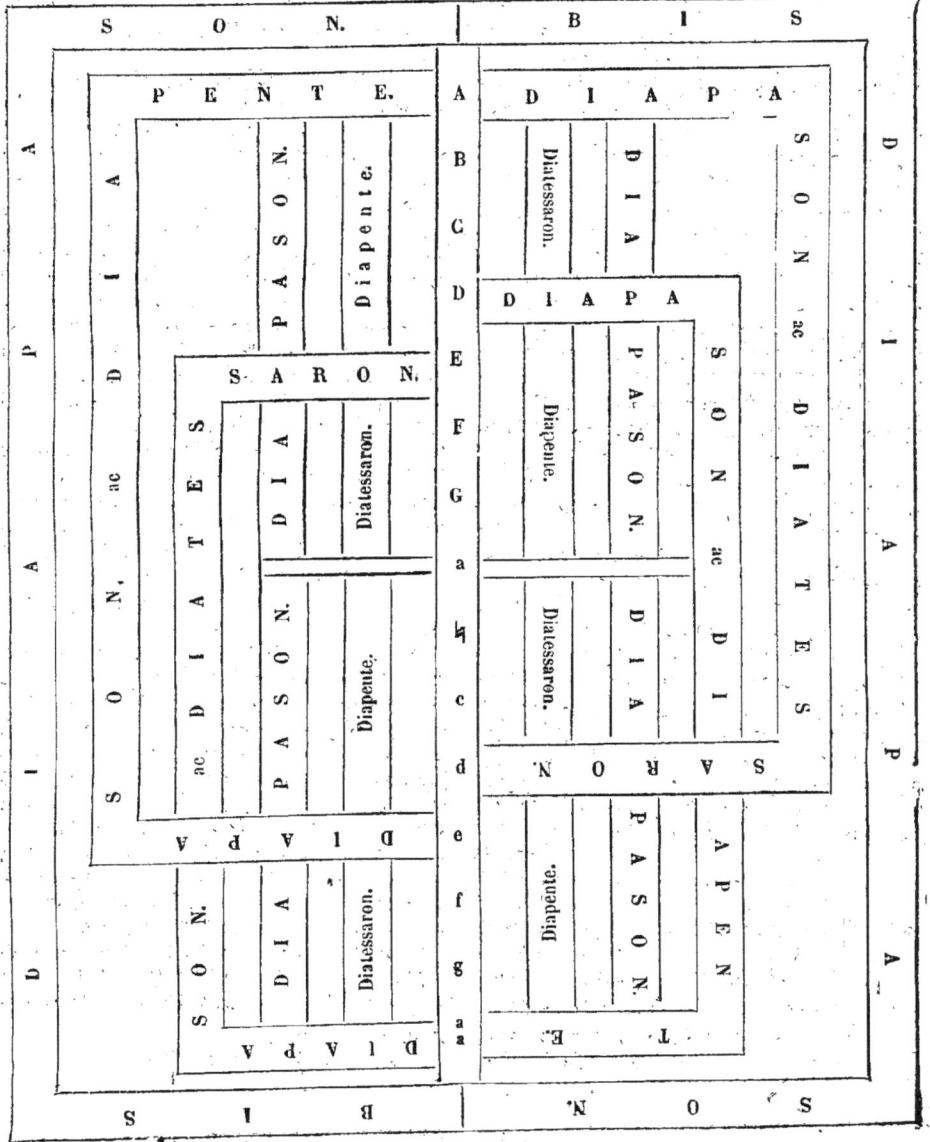

EPISTOLA GUIDONIS [31]
MICHAELI MONACHO
DE IGNOTO CANTU.

Beatissimo atque dulcissimo fratri Michaeli Guido, per anfractus multos dejectus et auctus. Aut dura sunt tempora, aut divinæ dispositionis obscura discrimina, dum et veritatem fallacia, et charitatem sæpe conculcet invidia, quæ nostri ordinis vix deserit societatem, quo Philistinorum concio Israeliticum puniat pravitatem, ne si mox fiat quidquid, ut volumus, adeo in se confidens periturus decidat animus. Tunc enim est vere bonum id quod facimus, cum nostro factori adscribimus omne quod possumus.

Inde est, quod me vides prolixis finibus exulatum, ac teipsum, ne vel respirare quidem possis, invidorum laqueis suffocatum. Qua in re simillimos nos cuidam dico artifici, qui cum Augusto Cæsari incomparabilem et cunctis inauditum sæculis thesaurum, flexibile videlicet vitrum, offerret, quia aliquid super omnes homines potuit, ideoque aliquid super omnes promereri se credidit, pessima sorte jussus est occidi; ne si, ut est mirabile vitrum, posset esse durabile, regius omni thesaurus, qui de diversis erat metallis, fieret extemplo vitabilis [32]. Sicque ex illo tempore maledicta semper invidia, sicut quondam paradisum, et hoc quoque mortalibus abstulit commodum. Nam quia invidia artificis nullum voluit edocere, potuit regis invidia artificem cum arte perimere.

Unde ego inspirante Deo charitatem, non solum tibi, sed et aliis, quibuscumque potui, summa cum festinatione ac sollicitudine a Deo mihi indignissimo datam contuli gratiam : ut quos ego et omnes ante me summa cum difficultate ecclesiasticos cantus didicimus, ipsos posteri cum summa facilitate discentes, mihi et tibi ac reliquis adjutoribus meis æternam optent salutem, fiatque per misericordiam Dei peccatorum nostrorum remissio, vel modica tantorum ex charitate oratio. Nam si illi pro suis apud Deum devotissime intercedunt magistris, qui hactenus ab eis vix decennio cantandi imperfectam scientiam consequi potuerunt, quid putas pro nobis nostrisque adjutoribus fiet, qui annali spatio, aut si multum, biennio perfectum cantorem efficimus? Aut si hominum consueta miseria beneficiis tantis ingrata exstiterit, numquid justus Deus laborem nostrum non remunerabit? An quia Deus totum hoc facit, et nos sine illo nihil possumus, nihil habebimus? absit. Nam et Apostolus, cum gratia Dei sit id, quod sit, cantat tamen : *Bonum certamen certavi, cursum consummavi, fidem servavi; in reliquo reposita est mihi corona justitiæ.*

Securi ergo de spe retributionis insistamus operi tantæ utilitatis; et quia post multas tempestates rediit diu optata serenitas, navigandum est feliciter.

Sed quia diffidit tua de libertate captivitas, rei ordinem pandam. Summæ sedis apostolicæ Johannes, qui modo Romanam gubernat Ecclesiam, audiens famam nostræ scholæ, et quomodo per nostra antiphonaria inauditos pueri cognoscerent cantus, valde miratus, tribus nuntiis me ad se invitavit. Adii igitur Romam cum domno Grunvaldo, reverentissimo abbate, et domno Petro Aretinæ ecclesiæ canonicorum præposito, viro pro nostri temporis qualitate scientissimo. Multum itaque pontifex meo gratulatus est adventu, multa colloquens et diversa perquirens : nostrumque velut quoddam prodigium sæpe revolvens antiphonarium, præfixasque ruminans regulas, non prius destitit, aut de loco, in quo sedebat, abscessit, donec unum versiculum inauditum sui voti compos edisceret, ut quod vix credebat in aliis, tam subito in se recognosceret. Quid plura? Infirmitate cogente Romæ morari non poteram vel modicum, æstivo fervore in locis maritimis ac palustribus nobis minante excidium. Tandem condiximus, mox hyeme redeunte me illuc debere reverti, quatenus hoc opus prælibato pontifici suoque clero debeam propalare.

Post paucos dehinc dies Patrem vestrum atque meum D. Guidonem Pomposiæ abbatem, virum Deo et hominibus merito virtutis et sapientiæ charissimum et animæ meæ partem videre cupiens visitavi, qui et ipse vir perspicacis ingenii nostrum antiphonarium ut vidit, extemplo probavit et credidit, nostrisque æmulis se quondam consensisse pœnituit, et ut Pomposiam veniam, postulavit; suadens mihi monacho esse præferenda monasteria episcopatibus, maxime Pomposiam, propter studium, quod modo est per Dei gratiam et reverentissimi Guidonis industriam nunc primum in Italia repertum.

Tanti itaque Patris orationibus flexus, et præceptis obediens, prius auxiliante Deo volo hoc opere tantum et tale monasterium illustrare, meque modonis ad monachum.

(31) Apud Pez. t. VI Anecdot., p. 223. Ms. Vien. *Epistolaris reg*... *ulatio totius operis ejusdem Gui*-

(32) F. *vitiabilis.* Adm. *mutabilis.*

nachum monachis præstare; cum præsertim Simoniaca hæresi modo prope cunctis damnatis episcopis, timeam in aliquo communicari.

Sed quia ad præsens venire non possum, interim tibi de inveniendo ignoto cantu optimum dirigo argumentum, nuper nobis a Deo datum, et utillimum comprobatum. De reliquo D. Martinum priorem sacræ congregationis, nostrumque maximum adjutorem plurimum saluto, ejusque orationi me miserum plurima prece commendo, fratrem quoque Petrum memorem memoris esse commoneo, qui nostro lacte nutritus non sine labore maximo agrestivescitur hordeo, et post aurea pocula vini confusum bibit acetum.

Ad inveniendum igitur ignotum cantum, beatissime frater, prima et vulgaris regula hæc est: si litteras, quas quælibet neuma habuerit, in monochordo sonaveris, atque ab ipso audiens tanquam ab homine magistro discere poteris. Sed puerulis ista est regula, et bona quidem incipientibus, pessima autem perseverantibus. Vidi enim multos acutissimos philosophos, qui pro studio hujus artis non solum Italos, sed etiam Gallos atque Germanos, ipsosque etiam Græcos quæsivere magistros; sed quia in hac sola regula confisi sunt, non dico musici, sed neque cantores unquam fieri, vel nostros psalmistas puerulos imitari potuerunt. Non ergo debemus semper pro ignoto cantu vocem hominis vel alicujus instrumenti quærere, ut quasi cæci videamur nunquam sine ductore procedere; sed singulorum sonorum, omniumque depositionum et elevationum diversitates proprietatesque altæ memoriæ commendare. Habebis ergo argumentum ad inveniendum inauditum cantum facillimum et probatissimum, si sit, qui non modo scripto, sed potius familiari collocutione secundum morem nostrum noverit aliquem edocere. Namque postquam hoc argumentum cepi pueris tradere, ante triduum quidam eorum potuerunt ignotos cantus leviter canere, quod aliis argumentis nec multis hebdomadibus poterat evenire.

Si quam ergo vocem vel neumam vis ita memoriæ commendare, ut ubicunque velis, in quocunque cantu, quem scias vel nescias, tibi mox possit occurrere, quatenus mox illum indubitanter possis enuntiare, debes ipsam vocem vel neumam in capite alicujus notissimæ symphoniæ notare, et pro unaquaque voce memoriæ retinenda hujusmodi symphoniam in promptu habere, quæ ab eadem voce incipiat: utpote sit hæc symphonia, qua ego docendis pueris in primis atque etiam in ultimis utor:

C   D F   DED D D C D   E E   EFGE D E C D

Ut queant laxis resonare fibris mira gestorum
F G a GFED D GaGFE F G D aG a   F G aa   GF ED
famuli tuorum,   solve polluti labii reatum, sancte
C E D.
Joannes.

Vides itaque, ut hæc symphonia senis particulis suis a sex diversis incipiat vocibus? Si quis itaque uniuscujusque particulæ caput ita exercitatus noverit, ut confestim quamcunque particulam voluerit, indubitanter incipiat, easdem sex voces ubicunque viderit, secundum suas proprietates facile pronuntiare poterit. Audiens quoque aliquam neumam sine descriptione, perpende, quæ harum particularum ejus fini melius aptetur, ita ut finalis vox neumæ et principalis particulæ æquisonæ sint. Certusque esto, quia in eam vocem neuma finita est, in qua conveniens sibi particula incipit. Si vero descriptam aliquam symphoniam incognitam cantare cœperis, multum cavendum est, ut ita proprie unamquamque finias neumam, ut eodem modo finis neumæ bene jungatur cum principio ejus particulæ, quæ ab eadem incipit voce, in qua neuma finita est. Ergo ut inauditos cantus, mox ut descriptos videris, competenter enunties, aut indescriptos audiens cito describendos bene possis discernere, optime te juvabit hæc regula.

Deinde per singulos sonos brevissimas subposui symphonias, quarum particulas cum diligenter inspexeris, uniuscujusque vocis omnes depositiones et elevationes per ordinem in principiis ipsarum particularum gaudebis te invenire. Si autem hoc attentare potueris, ut unius et alterius symphoniæ quaslibet volueris particulas moduleris, omnium neumarum difficiles valde atque multiplices varietates brevissima et facili regula didicisti. Quæ omnia cum vix litteris utcunque significemus, facili tantum colloquio denudamus.

Sicut in omni scriptura xx et iv litteris, ita in omni cantu septem tantum habemus voces. Nam sicut septem dies in hebdomada, ita septem sunt voces in musica. Aliæ vero, quæ super septem adjunguntur, eædem sunt, et per omnia similiter canunt in nullo dissimiles, nisi quod altius dupliciter sonant. Ideoque septem dicimus graves, septem vero vocamus acutas. Septem autem litteræ non dupliciter, sed dissimiliter designantur hoc modo:

г. A B C D E F G a ♮ c d e f g a b c d / a b c d.

Qui vero monochordum desiderat facere, et qualitates et quantitates, similitudines et dissimilitudines sonorum tonorumve discernere, paucissimas, quas subjecimus, regulas summopere studeat intelligere. In monochordo autem istis litteris vel mensuris disponuntur (33). г græcum, hoc est G Latinum pone in capite. Et inde incipiens totam lineam, quæ sonanti chordæ subjacet, per novem partes studiosissime divide, et ubi prima pars fecerit finem juxta Gamma primam litteram pone A. Ab ipsa prima similiter usque ad finem partire per novem, et ubi prima pars finem fecerit, secundam B litteram junge. Post hæc ad г revertens, ab ipsa usque ad finem divide per quatuor partes, et in primæ partis finem tertiam C pone: similiter a prima A divide per

---

(33) Delineatum est hoc monochordum in musica Odonis abbatis (*Patrolog.* CXXXIII)

quatuor, et similiter signabis quartam D. Eodem modo sicut cum prima inventa est quarta, ita cum secunda invenies E quintam, et cum tertia F sextam, et cum quarta G. septimam. Deinde rediens ad primam A ab ipsa usque ad finem in medio spatio invenies alteram primam a, et similiter cum secunda inveniens alteram secundam b, et cum tertia tertiam c, sic et de reliquis ad eumdem modum per diapason. Et ut de divisione monochordi in paucis multa constringam, omnes toni novem ad finem passibus currunt. Diatessaron vero semper quatuor passus facit, diapente tres, et diapason duos, quia his tantum quatuor dividimus modis. Deinde nota, quod inter secundam et tertiam vel inter quintam et sextam parvissima spatia fiant, quæ semitonia vocantur; inter alias vero voces majora intervalla fiunt, et dicuntur toni A t. B s. C t. D t. E s. F. t. G t.

Junguntur ad se invicem voces sex modis, tono, semitonio, ditono, semiditono, diatessaron, diapente. De tono autem et semitonio supra diximus. Ditonus autem est, dum inter duas voces duo sunt toni, ut inter tertiam et quintam, et reliquas.

Semiditonus autem dicitur, quia minor est ditono, cum inter duas aliquas voces est unus tonus et unum semitonium, D t. E s. F. Diatessaron autem dicitur *de quatuor*, cum inter aliquam vocem et quartam a se duo sunt toni, et unum semitonium D t. E s. F t. G. Diapente dicitur *de quinque*, cum inter aliquam vocem et quintam a se tres sunt toni, et unum semitonium. D t. E s. F t. G t. a. Non aliter, quam his sex modis, voces junctæ concordant vel moventur; atque hi dicuntur sex motus vocum, quibus ad se invicem voces concordant vel moventur. Ea vero concordia, quæ est inter gravem aliquam litteram et eamdem acutam, sicut a prima in primam, vel a secunda in secundam, diapason dicitur, id est *de omnibus*: habet enim omnes voces, et tonos quinque cum duobus semitoniis, hoc est, diatessaron et diapente. Hæc diapason in tantum concordes facit voces, ut non eas dicamus similes, sed easdem. Omnes autem voces in tantum sunt similes, et faciunt similes sonos et concordes neumas, in quantum similiter elevantur vel deponuntur secundum depositionem tonorum et semitoniorum: utputa prima vox A et quarta D similes et unius modi dicuntur, quia utraque in depositione tonum, in elevatione vero habent tonum et semitonium et duos tonos. Atque hæc est prima similitudo in vocibus, hoc est, primus modus.

Secundus modus est in secunda B et in quinta E. Habent enim utraque in depositione duos tonos, in elevatione semitonium et duos tonos. Tertius modus est in tertia C et in sexta F; ambæ enim semitonio et duobus tonis descendunt, duobus vero tonis ascendunt. Sola vero septima G quartum modum facit, quæ in depositione unum tonum et semitonium et duos tonos, in elevatione vero duos habet tonos et semitonium.

Et qui plene exercitati sunt in hac arte, possunt unamquamlibet symphoniam secundum hos quatuor variare modos, utputa, si quis unam symphoniam primum in voce prima A, et postea eamdem incipiat in voce secunda, dehinc in tertia. Et secundum quod ipsæ voces diversam habent tonorum et semitoniorum positionem, sic variis modis secundum uniuscujusque proprietatem eam pronuntiet. Quod quidem facere valde est utile, et valde facile, hoc modo:

D F G G   G G G a F E D.
Tu Patris sempiternus es Filius.
E G a a a a a ♮ G F E
Tu Patris sempiternus es Filius.
F a ♮ ♮ ♮ ♮ ♮ c a G F
Tu Patris sempiternus es Filius.
G ♮ c c c c c d b a G
Tu Patris sempiternus es Filius.

Igitur curiose est intendendum de omni melo, secundum cujusmodi proprietatem sonet, sive in principio sive in fine, quamvis de solo fine dicere soleamus. Quædam autem neumæ repertæ sunt, quarum aptitudine hoc solemus advertere, utpote:

c
a   a a F   aa
D   GE G FE DD C F G F E G a G
Primum quærite regnum Dei   C   E   F
                                 E E
                                     D.

     F
D a C E D   D F   D C F F F   E E E F   F F   F
Secundum autem simile est huic   E D C D D E D C D D.

Cum enim finito aliquo cantu hanc neumam ejus in fine bene videris convenire, statim cognosces, quia cantus ille finitus sit in primo modo, et primo vel quarto sono; quia in his duobus sonis primus est modus.

Sola autem hac neuma solemus primum tonum discernere, quamvis cum alia qualicunque symphonia, quæ in eodem sono incipit, hæc possit similiter, et aliquando melius fieri. Cujus enim modi symphoniis quælibet symphonia aptatur, ejus modi esse cognoscitur; sicque intelligis, an bene aliquam neumam pronunties, cum eam ejusmodi symphoniis, in quo modo notata fuerit, competenter aptari conspexeris. Nota autem, quomodo modos dicimus eos, qui in formulis tonorum non proprie sed abusive nominantur toni, cum modi vel tropi proprie dicantur.

Illud quoque debes agnoscere, quomodo in omnibus modis, cum grave fuerit melum, gravibus aptatur modulis vel melis. Cum vero alta fuerint mela, altis melius conveniunt melis vel modulis. Ideoque habes in formulis modorum duas formulas in unoquoque modo. Prima namque et secunda formula primi est modi, tertia et quarta secundi, quinta et sexta tertii, septima et octava quarti. Ideo enim octo toni dicuntur, quia octo habent formulas. Prima autem et tertia, quinta et septima formula quatuor modorum altos continent cantus; secunda vero et quarta, et sexta et octava eorumdem modorum gravia vel minus alta continent cantica. Unde Græci multo melius pro primo et secundo tono dicunt authentum protum et plagis proti; pro tertio et quarto authentum deuterum et plagis deuteri; pro quinto et sexto authentum tritum et plagis triti; pro septimo et octavo authentum tetrardum et plagis tetrardi. Quod enim illi dicunt protum, deuterum, tritum, tetrardum, nos dicimus primum, secundum, tertium, quartum. Et quod illi dicunt authentum, nos majorem et altum vel acutum nominamus. Plagin vero Latine subjugalem vel minorem vel gravem possumus appellare.

Has itaque modorum octo formulas præcipue debet scire, quisquis canendi peritiam vult habere, ut qualiter in singulis modorum cantibus quælibet neuma vel vox resonet, possit advertere. Præterea quamvis primam et secundam et tertiam vocem cum quarta, quinta et sexta concordare dixerim, in eo tamen differunt, neque omnes neumas similiter faciunt, quomodo a ♮ c habent post se in depositione tres tonos, ante se in elevatione duos tonos: at vero D E F unum tantum in depositione habent, tres vero tonos in elevatione. Ideoque multi cantus ejusdem sunt modi, sed non ejusdem soni. Quidam autem minus plene pervidentes istam differentiam, adjungunt unam vocem in acutis inter primam et secundam, ut sint duæ secundæ, et veniant duo toni et unum semitonium post D E F sicut post a ♮ c in elevatione; et rursus d e f acutæ possunt deponi duobus tonis, sicut a b c quatenus nulla sit differentia inter D E F et inter a ♮ c, cum id, quod cantatur in a ♮ c et in D E F possit cantari.

Ut autem singulis vocibus sua proprietas permaneat, melius est, ut cantuum inspiciatur natura; et cum cantus hos tres tonos videatur admittere, fiat hoc in F G a ♮. Cum vero post duos tonos non nisi semitonium sumit, fiat hoc in c d e f præsertim cum pro hujus vocis additamento maxima confusio nascatur simplicibus. Nam si duæ sunt secundæ post primam, cum ad alteram semitonio, ad alteram vero tono prima ipsa jungatur, facile est videre, quod ipsa prima, ac per hoc et aliæ contiguæ voces duos habeant tonos; utpote prima, si eam semito-

nium sequitur, de proto transit in deuterum; si autem duorum vel plurimorum modorum unam vocem esse liceat, videbitur hæc ars nullo fine concludi, nullis certis terminis coarctari. Quod quam sit absurdum, nullus ignorat, cum semper sapientia confusa quæque et infinita sponte repudiet. Quod si quis dicat, hanc vocem ideo esse addendam, ut gravis F sexta usque ad super quartam supra lineam ad a, per diapente possit ascendere, aut eadem sexta ad sub quintam descendere, illud quoque debebit recipere, ut inter sextam F et septimam G alia vox addatur, ut naturalis secunda gravis B eleveteur ad quintam, et eadem acuta deponatur ad quartam. Quod quia a nemine est factum, hoc quoque a nemine est faciendum.

Igitur, sicut ex ipsa monstratur natura, et per beatum Gregorium divina protestatur auctoritas, septem sunt voces, sicut et septem dies; unde et prudentissimus poetarum *septem* cecinit *discrimina vocum*; quam sententiam et ipsi philosophi pari concordia firmaverunt. Interea curandum est, ut sciatur de qualibet neuma, in quantis et qualibus sonis esse possit, vel non possit.

Potest enim fieri in tertio, et in sexto, et in septimo sono, quia hi tres soni duobus pariter tonis ascendunt, et ipsa symphonia duobus tantum fit modis.

Præterea septima vox cum tertia in elevatione concordat; utraque enim duobus tonis et semitonio, et item duobus tonis elevantur. Eadem quoque septima cum quarta concordat uno tono in elevatione, et in depositione tono et semitonio, et duobus tonis in utroque cantatur similiter.

Prima quoque cum quinta omnes depositivas neumas communiter facit; deponitur enim duobus tonis et semitonio. Itaque hæ voces similes faciunt neumas, prima cum quarta; secunda cum quinta; tertia cum sexta; septima cum prima vel cum tertia. Nulla autem vox ultra quatuor elevationes vel depositiones habet, quia non potest gravari vel acui, nisi ad secundam vel tertiam, vel quartam vel quintam secundum sex species, quas supra dixi; id est, tono, semitonio, ditono, semiditono, diatessaron et diapente. Nam cum vox aliqua ad secundam movetur, aut fit tono, aut semitonio; cum vero ad tertiam, ditono vel semiditono. Ad quartam vel quintam non fit nisi per diatessaron et diapente. Intellige præterea, quod in authentis ad octavas cantus a sua finali voce ascendit; descendit autem nonnisi uno tono sub finali, excepto trito, qui a suo fine non deponitur, quia non habet sub se tonum, sed semitonium. In plagis autem a finali voce ad quintam descendimus et ascendimus, nisi sit, prolixior cantus, qui plagalem depositionem et authenticam elevationem habeat, quod tamen rarissime fit.

Principia quoque cantuum in omnibus illis vocibus esse possunt, quæ secundam prædictas sex consonantias cum finali voce conveniunt. Si qua aliter inveneris, ex ipsa raritate cognosces, quod sint auctoritate praesumpta; non autem sunt regulae firmitate distincta. Illud autem quis non intelligat, quod de vocibus quasi syllabae et partes et distinctiones vel versus fiunt? quae omnia inter se invicem mira suavitate concordant, tantum saepe concordiores, quantum similiores.

Haec pauca quasi in prologum Antiphonarii de modorum et neumarum formula rhythmice et prosaice dicta musicae artis ostium breviter, forsitan et sufficienter aperiunt. Qui autem curiosus fuerit, libellum nostrum, cui nomen Micrologus est, quaerat; librum quoque Enchiridion, quem reverentissimus Oddo abbas luculentissime composuit, perlegat, cujus exemplum in solis figuris sonorum dimisi, quia parvulis condescendi, Boetium in hoc non sequens, cujus liber non cantoribus, sed solis philosophis utilis est.

Explicit epistola.

TRACTATUS GUIDONIS (34)

CORRECTORIUS MULTORUM ERRORUM, QUI FIUNT IN CANTU GREGORIANO IN MULTIS LOCIS.

Ex cod. Tegernseen. saec. XIV vel XV.

Multorum considerans errorem coactus sum Gregorii cantum, quem multis in locis plures enormiter depravarunt, Dei juvamine veris suis, finalibus scilicet, tropis adducere. Cogitavi dolens de diversorum in choro cavillatione, credentes se veram habere cantus semitam, alter alterum injuste maleque canere reprehendit, jactationem vero veritatis seu falsitatis, atque troporum finales, quos cerno nimium depravatos, alter alteri minime secundum musicae practicam assignans.

Multotiens etiam novi, quod per quorumdam ignorantiam saepius cantus depravatur, quemadmodum tam plures habemus depravatos, quos revera non ita, ut nunc in ecclesiis canunt, modulantis auctoritas protulit, sed pravae hominum voces motum animi sui sequentium recte composita pervertere, perversaque in usum incorrigibilem deduxerunt adeo, ut jam pessimus usus servetur pro auctoritate et conservetur.

Sunt etiam plerique clerici vel monachi, qui artem musicae jucundissimae neque sciunt, neque scire volunt, et quod gravius est, scientes refutant et abhorrent, et quod si aliquis musicus eos de cantu, quem vel non rite vel incomposite proferunt, compellat, impudenter irati obstrepunt, nec veritati adquiescere volunt, suumque errorem suo conamine defendunt. Talium igitur bestialitati meo pro posse succurrere proposui, volens quemlibet cantum per eos depravatum terminis musicalibus suum ad tropum, non vocabulis graecis velut speculatione, sed positiva recitatione reducere. Plures etenim tropos vel modos vocant tonos, quos Gregorius in suo libello musicae redarguit dicens: abusivum esse tropos tonos vocare, ostendens etiam tropum dici a Graeco tropos, quod interpretatur conversus vel conversio, eo quod quisque tropus convertit se a caeteris tropis ad suas regulas, et ad proprias figuras vel modos. Et tonum affirmat dici a tonando aut sonando. Ea igitur proportione, qua quis major numerus minorem superat, vel minor superatur a majore in gravitate ejusdem, et ejus vocis prior sonus superat posteriorem, vel posterior superatur a priore. Hic tonus contingit ex (sesqui) octava proportione, ubi major numerus, ut jam dictum est, minorem totum in se continet, et ejus octavam partem, ut octonarium novenarius.

Talibus speculationibus praesenter omissis, etiam nominibus appellatis, scilicet proslambanomenos, hypate hypaton, item positiva declaratione, prout necessitas requirit, tantumque missarum solemnitatibus communiter insistimus, quem Gradale sancta mater appellat Ecclesia, non advertens multum aliquarum notarum subtractionem vel additionem, sed quosdam cantus, quod ad suos veros finales seu tropos perducere teneor, titulabo. Cantores vero et lectores hujusmodi, ut non arrogantem, rogito, me putent, sed ne tanti auctoris positio per depravatores totaliter obfuscetur, hanc correctionem et productionem aliqualiter aggressurum.

Omnium quidem cantuum libri Gradalis prolixum esset errorem eradere, nam quidam in cantus inceptione, alii in medio, alii in fine, alii in troporum seu modorum elevatione depressioneque contra regulas musicorum peccaverunt, ut in hoc introitu: *Populus Sion*, quem plerique a finali inceptione in diapente elevant, quidam in e acuto sumunt principium, quidam in his dictionibus, scilicet: *et auditam faciet*, diversis modulantur modis, per quem errorem in magnum pervenit dictus introitus tropi septimi falsitatem. Juxta regulas musicorum in practica laborantium, Theogeri, caeterorumque idem Introitus incipiendus est in G gravi, transiliens in diatessaron, scil. c acutum, et sic in heptachordo acuto modulando rite et rationabiliter in (35) F gravi sedem suam perducit ad finalem.

---

(34) Quod si, ut ms praeseferunt, est Guidonis, interpolatum tamen produnt, quae col. 433 ex Theogero sunt inserta.

(35) M in G gravi.

Graduale *Qui sedes*. Hic cantus a multis dignoscitur depravatus, scilicet in principio et in hac dictione *super*, quæ tetrardo authentico naturaliter deputatur. In F gravi et in c acutum elevatus sine dubio est incipiendus, et hæc syllaba *su* c acuto deputabitur, g acutum gradatim visitans, ut hæc syllaba *per* ab c acuto a acutum suum diapente immediate visitat, et artificiali cursu G grave, ut authentum decet, requirit et recipit pro finali.

Graduale *Tollite portas*. Hujus cantus modulatio ab idiotis magnifice depravatus cognoscitur. Nam cum iste cantus sit proti plagalis, hujus inceptionem sumunt in G gravi, ut præsens graduale *Tollite*, vel in E gravi, ut hoc graduale : *In sole posuit*, cum potius in A gravi vel in D gravi sumere deberent : et sic eumdem cantum finiunt in a acuto, ponentes sedem proti plagalis ad ipsorum beneplacitum. Nondum enim legerunt Theogeri verba super hac modulatione dicentis : « Hoc modo synemmenon in gravibus minus necessarium quibusdam videtur, et contenditur ut videtur. Sed in nostro cantu, quem Gregorianum nos jactamus, vitari nullo modo potest, ut in hoc cantu : *In sole posuit*, et in aliis, qui ejusmodi canuntur symphonia, et in cæteris quamplurimis; alioquin cantus ex magna parte mutabitur, aut non rite finietur. Et quia voces in speciebus diapason eædem esse dicuntur, ideo nimirum non (56) videmus, si tetrachordum synemmenon in acutis inter f. et d locum habeat, quando etiam in gravibus inter ⎍ et D habere possit et debeat. » Hæc sunt ad litteram verba Theogeri. Reducatur igitur secundum ejus doctrinam hujusmodi modulatio ad veram formam : dum enim sic, ut dictum est, proti plagalis incipiendus est in D gravi, ut *Tollite* in A gravi, ut *A summo cœlo*, et in E. gravi ejus sede rationabiliter finiendus : sequitur, quod secundum hujusmodi eorum inceptiones prosequendo ambo in eorum propria sede finali, quæ est D grave, finem habebunt. In quibus, sicut in omnibus cæteris gradualibus, quæ hujusmodi melodia cantantur. B grave a sono proprio liquescit descendendo in tonum, sicut hoc idem etiam in aliis locis nonnunquam contingit.

Graduale *Ostende nobis*. Error hujus cantus est in hoc loco : *misericordiam tuam*, ut secundum artem dicatur, si hæc dictio *tuam* vocem finalem hujus dictionis *misericordiam* repetierit ascendendo, irregulariter terminatur, quia in C gravi primus semitonium terminaret, quod non est sedes proti plagalis, cum tamen hic cantus sit secundi modi. Ut autem artificialiter reducatur ad sedem, incipiendus est in G gravi, et finalis vox hujus dictionis *misericordiam* erit D grave, et sequens dictio, scilicet, *tuam*, incipienda erit in D gravi, et ita prosequendo plagaliter in E gravi finietur, finalis vero vox harum dictionum : *tuam et avertisti* fungitur ratione prælibata cantus *Tollite*, et cæterorum hujusmodi symphonia.

Grad. *Salvum fac servum*. Quidam hoc gradale in F gravi incipiunt, et enormiter, cum proti sit authenti, in a acuto finiunt. Qui quidem finalis est contra omnes musicos; et absque formidine dico musicos; nam infiniti sunt, qui se dicunt musicos, tantum scientes, vel ita putantes se scire vocum discrimina, ut illi, qui vocibus imponunt signa vel nomina, dicentes ut, re, mi, fa, sol, la. Tales in musicæ falsitatibus laborant, et gloriantur, quia omnibus istis signis interemptis adhuc vocum naturam mactant. Noto etenim illos esse musicos, ut Boetius affirmat musicum his verbis : « Is vero est musicus, qui ratione perpensa canendi scientiam non servitio, sed imperio speculationis, assumpsit. » Redeundo ad propositum, contra tales musicos, est illa finalis vox pro sede proti. Illi autem sunt et dicuntur vituperatores, ut contradictores scilicet, erga ea non sunt digni. Conveniunt enim omnes musici, in hoc enim omnis cantus est in his quatuor vocibus finiendus, scilicet D E F G gravibus. Sed iste cantus secundum depravatores in neutra harum finietur. Cur autem tantum in his quatuor finiatur, brevitatis causa omittitur. Incipiendum est hoc gradale in C gravi, et modulandum per tonum et semitonum et semitonum et semitonum et tonum et tonum et semiditonum et semiditonum et tonum et tonum et tonum, scilicet ista duo verba : *salvum fac* et sic artificialiter producitur ad finalem.

Introitus *Deus in adjutorium*. Raro hic introitus rite canitur, et hoc propter diversam inchoationem; nam quidam in G gravi inchoant, et statim in his dictionibus, scilicet *Domine* cum sequentibus enormiter errant, et finaliter perveniunt in D grave, quod non est sedes tetrardi authenti, cujus tropi est dictus introitus. Etiam quidam inchoant in c acuto, et sic prosequuntur, et tunc finiunt in G gravi, sed perverse incipiunt. Utens auctoritate Joannis Anglici dicentis : « Tota vis cantus ad finales respicit, et quocunque modo variatur, semper ei modus adjudicandus est, in cujus finali cessaverit : » unde idem, quomodocunque cantus sit falsificatus vel qualitercunque variatus, ad suum tropum convenienter reducatur; dico dictum introitum taliter reduci : Incipiatur in G. gravi, et hæc dictio *Domine* incipiatur in C gravi, et cantetur intensive per tonum et tonum, et semitonum et semitonum, et hæc dictio *ad* inchoetur in d acuto, et hæc dictio *adjuvandum* inchoetur in d acuto, et moduletur per tonum et tonum, et tonum et semitonum, et semiditonum et tonum; et hæc dictio *me* finiat c acutum visitando G acutum, et sic prosequendo convenienter reducitur ad suum tropum, scilicet tetrardum authentum.

Communio *Passer invenit*. Rarissime hæc com-

---

(36) Non *deest in Mel*.

munio juste canitur. Errant in hoc, quod eam incipiunt in G gravi, et perducunt in c acutum vel in d acutum, et in medio hujus cantus proprietatem proti pervertunt in proprietatem triti; et ex quo tanti sit erroris ad proprietatem proti authenti taliter reducatur. Incipiatur jam dicta communio in D gravi; et perducatur prima syllaba in G grave, et finita hac dictione *domum* in G gravi, sequens dictio et recipiat G grave, et sequens dictio, scil. *turtur* cantetur per F et G graves. Similiter et sequens dictio scil. *nidum* cum sequentibus dictionibus modulentur in unisono, et secundam syllabam hujus dictionis scil. *reponat*, visitet ♭ rotundum acutum, et hæc dictio *pullos* per G et F graves cantetur. Hæc dictio *suos* cantetur per F G D graves, et hæc dictio *altaria* inchoetur in F gravi, et cantetur ascendendo per tonum et semiditonum, et sic prosequatur ad finem, et procul dubio in D gravi (37) raro permanebit.

Aufer a me. Communionem hanc multi incipiunt in c acuto, et in a acuto finiunt, quorum neutrum tamen est alicujus modi, quod evidentissime omnibus liquet musicis. Igitur falsificaverunt usuales jam dictum tonum, et alios infinitos, ignorantia ipsa hæc causante. Hic cantus, cum sit modi tetrardi, incipiendus est in G gravi, et idem cantus in principio immediate d acutum suum diapente visitans transit usque ad finalem dictionem, scilicet *est*, quæ modulatur per a acutum et G grave tantum, et sic modi tetrardi permanebit.

Graduale *Domine præcenisti.* Etiam hoc graduale absque depravatione nequivit permanere. Similiter et aliud graduale, scilicet *Benedicta et venerabilis*, ejusdem melodiæ, licet frequentius in ecclesiis decantetur. Depravatio hujusmodi patet in hac dictione *pretioso*, quæ finiri debet in G gravi, quia talis melodia est proti modi, sed infiniti finiunt in C gravi. Statim versus gradalis hoc esse falsum demonstrat, quia finitur in D gravi. Etiam omnes proprietates proti concurrunt in eadem symphonia, per quas aperte cognoscitur dictæ melodiæ depravatio. Canta igitur, ut ad protum possis pervenire, prædictam dictionem, scilicet *pretioso*, per G D F E

A F D E D D graves, et ab a acuto G E G F E D E F D D. et sic regulariter finietur.

Sequentia *Eia recolamus.* Hujus sequentiæ sedes est G grave, et finito hoc versu, scil. *Deus qui creavit* in d. acuto, sequens versus, scil. *mirabilis*, non incipiatur in g acuto, velut usuales depravaverunt, sed in d acuto, et hæc dictio *mirabilis* per d c ♮ e et prosequenda est, secundum quod hæc sequentia in hoc libro (38) demoratur et finitur in G. gravi (39) et ejus tetrardus.

Sequentia *Sancti Baptistæ.* Hæc sequentia dignoscitur depravata in hoc versu: *placatus*, et etiam in hoc versu: *et agni*; nam quidam hunc versum *placatus* diversimode inchoant, et contendunt quomodo inchoetur, sicut et de hoc versu: *et agni*. Sed quia præsens sequentia est proti authenti, merito hic versus, scil. *placatus*, inchoatur in a acuto, et tunc ultima dictio ejusdem versus vel ejus consortis manet in d acuto, et sic regulariter perducitur ad suum finale, scilicet D grave.

Sequentia *Laus tibi Christe.* Peccaverunt usuales in hac sequentia, et specialiter in hoc versu: *Aphorisco*; quem incipiunt in c acuto, et sic prosequendo finiunt etiam in c acuto. Attamen eam in F gravi terminare debuissent, ex quo triti sit authenti. Dimitte usualem ululatum in hoc versu, et eum incipe in F gravi, et ita prosequendo sequentiam in F gravi rationabiliter terminabis. Idem judicium erit de hac sequentia: *Psallite regi*, quia ejusdem est C symphoniæ.

Laus tibi Christe Patris. Etiam hæc sequentia est depravata in hoc versu: *Ut liceat*, nam quidam prædictum versum inchoant in a acuto, cum tamen ipsa in D gravi finiri deberet, eo quod sit ipsa proti authenti. Ut igitur dicta sequentia reducatur ad suum finalem, finito versu *nobis terrena*, in a acuto, sequens versus, scilicet *ut liceat*, incipiatur in D gravi, et moduletur sic: D G F c G a F G F E E E F G G F E d E D D F E E D D, quo versu et ejus consorte finitis ultimus versus ita moduletur: D E F G F F E E G a G F E D F E C E F D D, et sic ad suum regulariter perducitur finalem.

(37) Mel., *sua propria sede regulariter requiescet.*
(38) Forte, *denotatur.*

D (39) Legerem, *et est tetrardus*

QUOMODO DE ARITHMETICA PROCEDIT MUSICA.

Sequens opusculum in cod. ms. S. Emmerami habetur post Micrologum Guidonis. An ejusdem, an alterius auctoris sit ignoro.

Quinque sunt in Arithmetica inæqualitatis genera. Ex quibus tria postrema respuens musica primum tantum et secundum admittit, id est multiplex et superparticulare. Est vero multiplex, ubi major numerus minorem numerum habet in se totum vel bis vel ter vel quater ac deinceps, nihilque deest et nihil exuberat. Ex hujus generis radice oritur prima et perfectissima symphonia, quæ dicitur diapason, et est in dupla proportione, et bis diapason quæ quadrupla proportione colligitur. Superparticulare vero est, quando major numerus minorem habet in se totum, et unam ejus aliquam partem, eamque vel dimidiam, ut tria ad duo et vocatur sesquialtera, vel sescupla, vel emiolia proportio. Vel tertiam, ut quatuor ad tria et vocatur sesquitertia vel epitrita proportio et deinceps. Ex hujus generis radice oriuntur duæ symphoniæ diapente et diatessaron. Et diapente sesquialtera, diatessaron vero sesquitertia vocatur. Tonus quoque ex eodem genere procedens sesquioctava proportione colligitur. Reliqua autem inæqualitatis genera rejiciuntur, quia dum major numerus minorem non parte sed partibus superat, evenit ut voces etiam his mensuratæ confusæ et absonæ fiant. Versatur igitur in multiplici genere dupla, tripla, quadruplaque proportio. Et dupla facit diapason, ut sunt IV ad VIII. Tripla vero (40), ut sunt II ad VI. Quadrupla etiam, ut IV ad XVI bis diapason constituit.

Versatur vero in superparticulari genere sesquialtera vel sesquitertia et sesquioctava proportio. Et sesquialtera, ut sunt VI ad IX vel VIII ad XII diapente. Sesquitertia autem ut VI ad VIII vel IX ad XII diatessaron. Mista vero sesquialtera et sesquitertia faciunt diapason,

ut
| .dia - - pa - - son. |
| VI. diapente VIII. diatessaron XII. |

Sesquioctava vero, ut sunt VIII ad IX tonum efficit. Multiplex ergo inæqualitatis genus diapason per duplum, ut I ad II diapason et diapente per triplam, ut I ad III bis diapason per quadruplam ut I ad IV generat proportionem. Superparticulare autem inæqualitatis genus diapente per sesquialteram diatessaron per sesquitertiam, tonum per sesquioctavam creat proportionem.

De Vocibus VII.

Septem sunt diversæ voces, quæ iterum sicut septimanæ dies repetitæ duo diapason complent. Ultra hæc duo diapason monochordum non debet extendi, quia omnis chorda gravioris diapason alteram in acuto diapason sibi concinentem habet. Ideo etiam infra sesquitertium idem diatessaron non potest coaptari, quia cum diapason V tonorum et duorum semitoniorum, diapente trium tonorum et unius semitonii diatessaron duorum tonorum et unius semitonii capax est, in duobus diapason quatuor troporum quaterna positio invenitur. Sic hæc partim speciales sunt, ut graves subjugalibus, excellentes authenticis; partim communes tam subjugalibus quam authenticis, ut finales et superiores, in quibus subjugales cum magistris (41), id est diapente, ad hoc etiam *Sæculorum amen* quamvis non eisdem chordis, in eisdem tamen tetrachordis fines quoque quos et magistri sortiuntur.

De Tropis sive tonis.

Tropi quos abusive tonos nominamus quatuor sunt natura secundum gentium vocabula. Sunt autem dicti dorius, phrygius, lidius, mixolidius. Secundum

(40) Diapason et diapente.

monochordi vero positionem sic sunt vocati: Protus, deuterus, tritus, tetrardus, secundum litterarum autem ordinem sic:

A B C D E F G a ♮ c d e f g♮. Protus hac ratione constat ab A in d. Deuterus a B in E. Tritus a c in f. Tetrardus a D in G. Sed cum acumen gravitatem, gravitas acumen confunderet, consilium fuit, ut quisque tropus partiretur in duos, ut gravia gravibus, acuta convenirent acutis. Et acuti authentici: graves vero Græce plagæ, Latine subjugales vel laterales vocarentur. Horum primus hypodorius cantatur ab A in a. Secundus hypophrygius a B in ♮ tertius hypolidius a C in c. Quartus hypomixolidius a D in d. Dorius item authenticus a D in d. Phrygius ab E in e. Lidius ab F in f. Mixolidius a G in g. Quatuor hi modi ita naturaliter sunt disjuncti, ut alter alteri in sua sede locum non tribuat, alter alterius neumam aut nunquam recipiat, aut transformet. Ut sunt hæc in offertoriis. *Jubilate.* *Ipse est Deus*, etc. *Deo nostro*. *Filiæ regum*. *Varietate*. *Justitiæ Domini*. *Factus est*, etc. *In ea sanctific.*, etc. *Filiorum*, etc.

Omnis ergo diatessaron vel diapente vel diapason species a quovis tropo, cujus est, incipit, et in eumdem desinit. Quapropter illæ species, quæ ab uno incipiunt et in alium desinunt, licet quidem regularem tonorum et semitonii positionem habeant, tamen non sunt omnino naturales, ut D et G E et a. Aliæ quoque quæ, in quo incipiunt, non finiuntur tropo, nec consuetam diatessaron habent positionem, id est, duos tonos et semitonium ut est f et ♮ omnino abjiciendæ sunt. Similiter et diapente B et f quæ non habent III tonorum et semitonii positionem, non sunt recipiendæ. Unde omnes regulares diatessaron species a gravibus, diapente vero a finalibus oriuntur.

Tetrachorda in monochordo bifariam fiunt, scilicet secundum mensuram et secundum troporum institutionem. Quæ autem secundum mensuram construuntur, habent s in ultimo. Nam ita numerantur t t s. habent quoque conjunctionem tetrachorda, quod Græce dicitur synaphe in E. Disjunctos vero tonos, quod græce dicitur diezeusis, inter A et B. Quæ vero secundum troporum institutionem construuntur, habent s. in medio. Nam ita numerantur. t s t Habent quoque synaphe in D et a diezeusin vero in A et G et inter a et g. In hac tetrachordorum institutione cujusque tetrachordi prima littera proti est, secunda deuteri, tertia triti, quarta communis proto et tetrardo, ut D et d vel specialis tetrardi, ut G et g. Protus habet diatesseron A D a d deuterus vero B E ♮ e tritus quoque C F c f tetrardo servit D G et d g.

Dorius est authenticus, hypodorius subjugalis; phrygius authenticus, hypophrygius subjugalis, lidius authenticus, hypolidius subjugalis, mixolidius dicitur authenticus, hypomixolidius subjugalis.

(41) Lege: *idem habent*.

Quod itaque tropi vocantur protus, deuterus, tritus, tetrardus, id est primus, secundus, tertius, quartus, hoc fit positione monochordi, non pro dignitate. Quisque enim illorum per se authenticus est, id est auctoralis sive magister.

Ab A usque D omnes diatessaron species construuntur naturaliter, quia in quarto spatio totius monochordi diatessaron reperitur. Prima autem diatesseron species est proti, ab A in D constans t s t. Secunda est deuteri a B in E constans s t t. Tertia est triti a C in F constans t t s. Quarta est communis proto et tetrardo constans eadem forma qua prima, ut a D in G. Si ea protus utitur ascendendo ut est: *Fac mecum*. Tetrardus vero descendendo, ut est: *Dabo in Sion Judæa et Jerusalem*. Si quam aliam diatessaron speciem inveneris, quia in hac regulari institutione locum non habet, repudianda est, ut est ab F in ♮ constans t t t.

Qualiter diapason species construuntur.

Omnes diapason species ita construuntur, ut a priori diapason incipiant, et in posteriori desinant; quia in secundo totius monochordi spatio diapason reperitur. Sciendum est, quod omnis cantilenæ legalis ascensus et descensus per diapason construitur. Prima autem diapason species est subjugalis proti ab A in a media D secunda est subjugalis deuteri a B in ♮, media E. Tertia est subjugalis triti a C in c media F. Quarta est communis proti et tetrardi subjugalis a D in d media G. Hic est legitimus subjugalium ascensus et descensus.

Item ad ascensum et descensum authenticorum quatuor diapason species numerantur. Si de prima dictum est, quod quarta sit, quantum ad subjugalem tetrardi, prima quantum ad protum authenticum hæc est a D in d media a. Secunda est deuteri authentici ab E in e media ♮. Tertia est triti authentici, a F in f media c. Quarta est tetrardi authentici a G in g media d. Hic est legitimus authenticorum ascensus et descensus. Reliquarum in utramvis partem vocum adjectiones licentia vel auctoritate fiunt.

Duo sunt diapason. In utroque horum omnis tropus duas habet litteras. Protus in priori habet A D in secundo a d. Deuterus in priori habet B E in secundo ♮, e. Tritus in priori habet C F in secundo c f tetrardus in priori habet D et G in secundo d et g.

Subjugales in gravibus principantur, ab excellentibus excluduntur, in finalibus et superioribus communicant. Graves et superiores subjugalium finales et excellentes limites sunt authenticorum. Tetrachordum gravium est gravissimus cantilenæ descensus. Tetrachordum finalium est melodiæ exitus. Tetrachordum superiorum dat initia differentiarum, id est sæculorum amen, excipitur sæculorum amen secundi toni. Tetrachordum excellentium est altissimus cantilenæ ascensus.

Authentici in finalibus terminantur, in superioribus mediantur, et per *sæculorum amen* initiantur, in excellentibus exaltantur, subjugales in gravibus deponuntur, in finalibus mediantur, et terminantur, in superioribus exaltantur.

Protus in authentica ratione constans a D in d habet mediam a. Deuterus in authentica ratione constans ab E in e habet mediam ♮. Tritus in authentica ratione constans ab F in f habet mediam C. Tetrardus in authentica ratione constans a G in g habet mediam d. In subjugalibus medietates et fines unum sunt.

In authenticis medietates et *sæculorum amen* idem sunt. Protus indifferenter constans ab A in d habet duas medias d et a. Deuterus indifferenter constans a B in e habet duas medias E et ♮. Tritus indifferenter constans a C in F habet duas medias F et c. Tetrardus indifferenter constans a D in g habet duas medias G et d. Subjugales a gravibus per finales in superiores ascendunt. Authentici a finalibus per superiores in excellentes scandunt. Subjugales diatessaron infra, diapente supra, authentici autem diapente infra, diatessaron habent supra.

De agnitione quatuor modorum.

Primus modus vocum fit, ubicunque vox tono poterit remitti, et prima specie diapente intendi, ut in A et D, a et d principalibus chordis proti valet agnosci, ut hæc probat antiphona *Prophetæ prædicaverunt*. Secundum modum vox ditono remissa, et secunda specie diatessaron intensa pandit, qui fit in B et E, ♮ et e principalibus chordis deuteri, hunc plagaliter hæc pandit antiphona *Gloria hæc est*. Tertius modus tertia specie diatessaron remittitur, et ditono intenditur, sicut triti speciales chordæ C F c et f declaclarant, Hujus modi indicium est in hac plagali antiphona: *Modicum et non videbitis*. Quartum modum vocum tono intensum, et quarta specie diapente remissum tetrardo aptamus; quia ipsius principales chordæ D et G et g et g illum conficiunt, qui modus et authentice et plagaliter dignoscitur in Antiphona: *Si vere fratres. Multi veniunt*. Notandum est, quod cum quisque troporum in propria chorda *sæculorum amen* habeat, utpote protus in a tritus in c tetrardus in d solus deuterus *sæculorum amen* propter imperfectionem semitonii a ♮ transfert in c. Nullus autem subjugalis cum suo magistro in eadem littera *sæculorum amen* collocat, sed semper inferius, utpote protus in a sola ejus plaga in f deuterus in c plaga ejus in a tritus in c plaga ejus in a tetrardus solus d plaga ejus in c.

Quæritur de specie diapason, quæ est a D in d cum sit tam proto, quam tetrardo communis, quare non unum, sed duos modos efficiat. Quod ita solvitur, protus habet finem in D mediam distinctionem in a tetrardi subjugales habet tam finem quam mediam distinctionem in G protus vero versans in subdistinctionibus, mediisque distinctionibus, et fine circa a vel D propriam quoque diatessaron et diapente speciem frequentat; subjugales autem tetrardi suis quoque speciebus intentus per cola, et commata maxime circa G versans, diversos omnino modos efficiunt, protus sæpius intendendo, tetrardus vero sæpius remittendo.

Sola littera D in monochordo bis principalis est, est enim proti eadem principalis. Ipsius enim diatessaron a et d circumscribitur. Est etiam eadem D ejusdem proti cantilenæ finalis. Littera ipsa d principalis est tetrardi. Per ipsam enim et per specialem suam g ejus diatesseron circumscribitur. Unde eadem quarta diatessaron species proti est tantum in forma, propria autem tetrardi, quia ejus principalibus chordis d et g clauditur. Est communis eadem D, quia est ultima gravium et prima finalium. Est et finis proti, et gravissimus tetrardi D per diatessaron descensus. Littera superius d altissimus est proti ascensus ac tetrardi *sæculorum amen*, et ultima est superiorum, et prima excellentium.

Omnis vox ad sibi vicinam et jusum vel susum semitonium est aut tonus, omnis vox ad tertiam a se semiditonus est, aut ditonus. Omnis vox ad quartam a se, diatessaron est, exceptis F et ♮ quadrato. Omnis vox ad quintam a se diapente est, exceptis B et F ♭ et f.

Omnis cantus una vel duabus vocibus infra finalem descendens et super diapente aliquam vel omnes suas voces si attigerit, authentici erit. Omnis cantus, qui IV. sive v vocibus infra finalem descenderit, et nihil super diapente tetigerit, subjugalis erit. Omnis cantus, qui plene plagalem depositionem habuerit, si super diapente unam vel duas voces tetigerit, subjugalis erit. Omnis cantus infra finalem unam vocem habens, et supra diapente non vadens, subjugalis erit. Omnis cantus in v vocibus tantum se continens potest esse communis, sed ei B tribuatur, cujus frequentior habetur. Omnis cantus ad v voces non pertingens pro sui imperfectione subjugalis erit.

De inventione synemenon.

Vult ita synemenon vocum gravitas ut acumen,
Illud ab hac duplici poterit ratione probari.
Respicit octavum quia quævis vocula nervum
Vult quoque synemenon resonare suum diapason
Et propria specie stat quisque tropus diapente
Authentus supra, lateralis habet suus infra.
Vult protus ex prima, deutrus constare secunda,
Tertius ex trita specie, quartus quoque quarta.
Ecce proti deutri lateralis item quoque triti.
More suo jam non fieret nisi per synemenon.
Id cantus multi solidabunt Gregoriani.
Imperitat chordis primis protus in tetrachordis
Scilicet A D G quæ designantur et a d.
Stans prima specie diatessaron et diapente.
Sic tetrachordorum voces habet ordo troporum
Stat deutris deutrus, quia vocibus ut speciebus
Sicut cuique datur series sua, sic variatur.

De speciebus diatessaron.

Se diapente quater variat, diatessaron ut ter,
Stat natura tribus diatessaron in speciebus.
Limmate prima tono constat utrinque dato
Limma secunda tonis, postponit formula binis.
Tertia limma tonos collocat ante duos.

A D ⎫
B E ⎬ diatessaron.
Γ C ⎭

De speciebus diapente.

Sunt ita distinctæ species quas fert diapente
Prima fit ex ditono, limmate, deque tono - ut a Γ ad D.
Ex tritono deutra cum limmate † tertia contra.   † ut ab F ad c, ♮ mediante.
Constat quarta tono, limmate cum ditono. **   ut ab E ad ♮.
                                                  ** ut ab A ad E grave.

De proprietatibus troporum.

Nobilitas primi juvat anfractusque secundi
Quarti garrulitas placet, et tua trite voluptas

Ubi tetrachordum et diezeuxis.

Ex his D G d tetrachorda notantur utrinque
Inter G simul A diezeusis bis patet una.

De VI symphoniis.

Symphoniæ simplæ sunt tres, totidem quoque junctæ

Diapason simplæ, diatessaron, et diapente
Dicuntur junctæ, diapason cum diapente
Cum diapente tonus, diatessaron ad diapason.
De cognatione proti et tetrardi.
Hinc aut inde tonum, si junxeris ad tetrachordum
Vel prima specie, quartave datur diapente
Inde prioratus primi patet atque tetrardi.

CIRCA ANNUM EUMDEM.

ANNALES HILDESHEIMENSES
QUEDLINBURGENSES, WEISSEMBURGENSES
ET
LAMBERTI.
PARS PRIOR.

(Apud D. Pertz, *Monumenta Germaniæ historica*, Script. tom. III, pag. 18.)

ADMONITIO PRÆVIA.

Monasterium Herolfesfeldense, primis Caroli Magni annis a Lullo archiepiscopo fundatum opibusque plurimis ditatum, Ludovico I imperante Annalibus originem dedit, qui prima sui parte usque ad a. 829 chronicis Isidori (1) et Bedæ (2), Annalibus Murbacensibus quales hodieque in Laureshamensibus (3) et Nazarianis (4) supersunt, Annalibus Laurissensibus minoribus (5) atque Annalibus Laurissensibus (6) et Einhardi (7) superstructi, inde ab anno 830 usque ad a. 973 et 984 ab auctoribus per sæcula nonum et decimum sibi succedentibus sunt producti. Priori parti notitias aliquas ex Bedæ Historia ecclesiastica desumptas (8) inseri jam Lappenbergius in Annalibus nostris (9) monuit; paucæ tantum offenduntur ex notis Fuldensibus desumptæ, nec nisi una ad Hersfeldense monasterium pertineas, eaque haud ex fonte antiquo sed ex loco male intellecto in Vita Sturmi abbatis Fuldensis delibata (10). Itaque prioris partis auctoritatem ex fontibus ejus totam pendere facile intelligitur; altera genuina per majorem sæculi noni declinique partem decurrit (11). Priorem in Annalibus Fuldensibus in bibliotheca Batavorum Lugdunensi a me evolutis, tum in Lobiensibus, Monasteriensibus Alsatiæ qui ex Weissemburgensibus fluxerunt, et in Mariano Scoto repetitam vel potius excerptam, monuit Waitzius (12); totum vero opus, certe partem ejus quæ maximi facienda est, exscripserunt annalista Halberstadensis et Weissemburgensis. Et hujus quidem opus, antea nonnisi excerptis a Wurdtweinio propositis (13) notum, integrum in codice olim Weissemburgensi, a. 1560 ab Joan. Ægolfo a Knörringen bibliothecæ Ingolstadiensi illato, et una cum ea jam in bibliotheca universitatis regiæ Monacensis condito, inveni atque in usus nostros retuli. Excipit ibi libros Eusebii et Prosperi, atque margini cyclorum decennovena-

---

(1) Origg. lib. v, 39.
(2) In fine librorum De temporibus et de t. rat.
(3) Cf. e. g. annos 717, 748, 781, 786 usque 791 et 795.
(4) Cf. e. g. annos 709, 710, 725, 752.
(5) Cf. a. 738, 746, 750, 753, 754, 755, 758, 765, 768, 772, 773, 774, 787, 795, 801, 802, 806, 807, 810, 815.
(6) Cf. e. g. 774, 776, 778, 782, 799; et in Ann. Quedlinburgensibus a. 775—780, 782—784, 788, 789, 793, 794, 798—800, 805.
(7) Cf. a. 792, 805, 813, 818 sqq. usque 829, et ann. Quedl. a. 790, 795, et alios.
(8) A. 708, ex Bedæ lib. v, c. 19, a. 727, 729,

752. 735, ex ub. v, c. 74., 24 et app.
(9) T. VI. p. 638.
(10) A. 756 ex Vita S. Sturmi cap. 5, 6.
(11) Quæ in aliam sententiam viri docti disputarunt, ea mihi non arrident; nam nec Reginonis continuatorem nec annales Corbeienses inter fontes Hersfeldensium agnosco, et ut rationes productas verbo attingam, dedicatio ecclesiæ Trevirensis per totam certe Germaniam celebris, et adventus Ungarorum usque ad Fuldam Hersfeldensibus maximi momenti atque haud dubie notissimus erat.
(12) Cf. Annales nostros, t. VI.
(13) Subsidia dipl. XII, 134 sqq.

lium Dionysii ab a. 532 incipientium sæculo xi, exeunte, anno circiter 1075, adjectum est; altera tamen manu circa a. 1087 inserta sunt nonnulla, quæ littera obliqua describenda curavimus, omissis scilicet nominibus imperatorum Orientis usque ad Basilium et Constantinum cum avo Constantino et patre Romano anno 976 coronatos, necnon imperatoribus Romanis ex catalogo quodam desumptis atque passim pro libitu ascriptis. Ultima quatuor codicis folia Annales Laurissenses (14) minores recensionis Remensis (15), excisa pagina a. 716, voce *Reginfridus* incipientes exhibent. Annales usque ad a. 984 ex codice Hersfeldensi fluxisse, reliqua vero in monasterio Weissemburgensi addita, ex a lnotationibus ipsis constat; nomina episcoporum Spirensium sæculo xi exeunte addita sunt.

Alter qui annales Hersfeldenses exscripsit, annalista scilicet *Halberstadensis*, ut opinor, ipse quidem hucusque latet, sed in parte antiquiori annalium Hildesheimensium et Quedlinburgensium usque ad a. 993, in Thietmaro, in Annalista et Chronographo Saxonibus (16), apud monachum Sassawensem (17) et in Chronico Halberstadensi (18) atque Staindelii (19) recognoscitur. Quos inter Annales Hildesheimenses in codice autographo, jam regio Parisiensi numero 6114, olim 1051, 1125 et 5993 signato, membranaceo, in-4°, sæculi x exeuntis xi et xii superstites, post Rufi Festi breviarium librum exhibent de ordine temporum, ex Isidori Hispalensis Chronico, Annalibus Laurissensibus minoribus et Annalibus Hersfeldensibus usque ad a. 993 conflatum, atque manu sæculi decimi conscriptum, quem diversæ inde continuationes, manibus diversis et se invicem excipientibus exaratæ, usque ad Lotharii III imperatoris obitum subsequuntur. Librum a Chesnio primum in SS. Francicis, t. III, 540, publici juris factum indeque a Leibnitio SS. Brunsv. I, 711, repetitum, anno 1827 Parisiis iterum evolvi, mendisque purgatum jam sistimus. Prior ejus pars usque ad a. 993 a scriptore Hildesheimensi composita (20), ipso tempore exarata, et compluribus locis ab altero sæculi decimi scriptore additionibus aucta, nonnisi inde ab a. 814 exprimenda erat, cum nec Isidorum nec Annales Laurissenses minores hic iterum excudi operis nostri ratio posceret; de auctore ejus minime constat. Nec magis continuationum usque ad a. 1109 auctores novimus, Hildesheimenses certe, sed quorum nomina obscuritate indebita premuntur. Unum tamen fortasse Thangmarum excipias, ecclesiæ Hildesheimensis bibliothecarium et notarium, Bernwardi episcopi præceptorem, amicum, et legatum ad Ottonem III et Sylvestrum II papam, qui cum Bernwardo vivente gesta ejus colligere aggressus sit, et in Vita episcopi, plurima iisdem plane verbis quibus in Annalibus nostris leguntur efferat, eum Annalium quoque inde ab anno 1000 usque ad a. 1022 parentem agnoscere liceret, nisi Annalium hac parte auctor monasterio S. Michaelis se ascriptum diceret, cum tamen Thangmarus se monachum S. Michaelis minime professus sit. Annales Vitæ Bernwardi anteriores liber autographus demonstrat. Eodem etiam modo continuatio Annalium usque ad annum 1038 a Wolfhero, Vitæ S. Godehardi episcopi auctore, exscripta est; totum vero opus usque ad a. 1040 Lamberto Aschafnaburgensi præ manibus fuisse, in opere ejus inde decerpta produnt. Anni 1041-1101, a viro Heinrici IV partibus favente, ut Udonis episcopi clericum decebat, conscripti, cum Annalibus Wirzeburgensibus, (21), in plurimis ad litteram conveniunt, atque operi magnam partem ex Hermanni Contracti Chronico ejusque continuationibus decerpto innituntur (22). Ultima operis pars, annales scilicet annorum 1109-1137, a viro Heinrici IV inimico, atque prout anni 1133 historia testatur Paderbrunnensi, conscripta est, qui et anterioribus annis notas Heinrico IV inimicas adjecit.

Annales Quedlinburgenses in codice tabularii regii Dresdensis chartaceo manu 1) Petri Albini exarato sed cum codex unicus Dresdensis non solum integram annorum seriem, sed a. 961 diversa ab illis quæ apud Chronographum leguntur exhibeat, Annalistam, Chronographum et Sassawensem ex fonte Annalium Quedlinburgensium hausisse patet; et descriptio dedicationis ecclesiæ Halberstadensis a. 992 : Annalibus Quedlinburgensibus ex fonte Halberstadensi illata est, et genuina atque uberior in chronico Halberstadensi legitur.

(14) A. 807 hæc addunt : *post quem alius Grimoaldus successit in regnum, atque studuit invadere alia regna sine jussione regis;* anno 814 æque ac Remensis recte habet *constituit filios suos duces Pippinum in Aquitania, Hlutharium in Bajoria,* ubi t. I, pag. 122, errore typographi *duos* expressum est. Anno 817 hunc regum Francorum catalogum subjicit. NOMINA REGUM FRANCORUM *Hlutharius regnavit ann. 43. Dagobertus regnavit annos 17. Sigobertus annos 23. Hildibertus adoptivus annum 1. Grimoaldus annos 6. Hildricus annos 14. Thiodricus annos 17. Pippinus filius Ansgisi major domus* (ann. 27). *Chlodoveus annos* 4, *obiit in quinta. Hildibertus annos 17. Dagobertus annos 4, obiit in quinto. Carlus major domus filius Pippini* (annis 7). *Hilpericus annos 5. Thiodricus annos 17. Carlomannus et Pippinus annos 7. Hildricus annos 9. Pippinus annos* 27 $\frac{1}{4}$. *Carlus annos 46. Hludowicus annos 26. Hlutharius annos* 16.

(15) Annis tamen 744, 764 et 786 Fuldensem codicem sequitur: a. 792 deest vox *Prumia*, a. 776 *Lauresheim*, a. 785 *semetipsum* legit.

(16) Loci plurimi in utroque et in monacho Sassawensi exstant, quos Annalibus Quedlinburgensibus ascribendos judicarunt Cll. Lappenberg et Waitz;

(17) Mencken SS. III, p. 1775 sqq.
(18) Leibnitii SS. II.
(19) Œfele SS. I.
(20) V. e. g. notitiam de fundatione civitatis Hildenesheim, quæ tota in codice littera majuscula est conscripta, annos 872, 875, etc.
(21) Unde Ekkehardi Uraugiensis Chronicon derivatum esse jam authographo ejus ante oculos posito et lectione operis vera stabilita, haud amplius dubitare licet.
(22) Hildesheimenses ea parte minime ex Wirzeburgensibus fluxisse, inde patet, quod anni quidem 1041-1100 una manu, annus vero 1101 alia, quæ et annorum 1102-1109 historiam subjecit, scriptus sit.

atque 2) a diversis sæculorum xvi et xvii scribis correcto et notulis aucto superstites, a Leibnitio primum in SS. Brunsw., t. II, 272 sqq., sub titulo Chronici Saxonum Quedlinburgensis editi, tum a Menckenio in SS. Saxon., t. III, 170 sqq., cum Chronographo Saxone collati, jam vero in usus nostros a V. Cl. Mauritio Haupt diligentissime evoluti sunt. Prior operis pars usque a. 993 et fortasse a. 1000 (23) ex annalibus Halberstadensibus, Beda De sex ætatibus, Gestis regum Francorum, aliisque fontibus incognitis manavit, adhibitis passim Einhardi Vita Caroli, Poeta Saxone (24), et Annalibus Alamannicis (25) et Augiensibus (26), insertis quoque notitiis genuinis familiam præcipue Ottonum concernentibus, quas auctorem a Mathilda et Adelheide abbatissis Quedlinburgensibus accepisse, jam Lappenbergius innuit (27). Quæ quidem una cum reliquis usque ad a. 1025, inter præcipuos historiæ ejus temporis fontes censenda sunt, auctore coævo, præsente, et scribendi callido. Opus ultra a. 1025 productum fuisse, ea quæ ibi de adventu Beatricis et de profectibus ejus per singula ætatum incrementa memorantur, probant; et opus media in sententia desinit; sed nec continuationis ejus nec prioris partis vestigia in Chronicis Quedlinburgensibus Halæ Saxonum et in bibliotheca Regia asservatis reperiri datum est. Editio codici Dresdensi innixa, ope auctorum qui et annales Halberstadenses et nostros exscripserunt, Thietmari, Analistæ et Chronographi Saxonis, emendata est.

Pertinet hic etiam prior pars Annalium Lamberti Aschafnaburgensis, ex Annalibus Hersfeldensibus, Hildesheimensibus (28) aliisque in Bajoaria, fortasse Patavii vel Frisingæ scriptis (29), quæ et in Staindelii Chronico et apud Aventinum occurrunt, conflata. Proponimus eam post editiones anteriores — scilicet a) principem ex codice PP. Augustinensium Tubingæ a Casparo Churrer Tubingæ a. 1525 in-8° vulgatam, atque Philippi Melanchthonis præfatione ornatam; b) Tubingensem anni 1533, in-8°, a Ludovico Schradino, ut ipse profitetur, eodem ex codice emendatam; c) Simonis Schardii a. 1566 fol. inter Germanicarum rerum quatuor chronographos et a. 1574, t. 1, historici operis; d) Joh. Pistorii in SS. Germ. a. 1583, fol. « ex libro vetustissimo multis locis emendatam; » e) Argentoratensem anni 1609 fol., et f) Burcardi Gotth. Struvii a. 1726, fol., in SS. Germ. Pistorii t. II, — his subsidiis adjuti:

1) C. in tabulario regio Dresdensi primum a me evoluto tum vero a V. cl. Ludovico Hesse, tabulario serenissimi principis Schwarzburgensis, in usus nostros exscripto, chartaceo sæculi xv exeuntis vel xvi ineuntis, qui cum editione principe quam plurimum convenit.

2) Editione principe a cl. Hesse exscripta.

3) Codice bibliothecæ ducalis Gothanæ, membr. in-fol. sæc. xii, circa annum 1137 exarato, qui Ekkehardi Urangiensis chronicon ex Lamberti annalibus adauctum exhibet. Scriptus est in monasterio S. Petri Erfurtensis, atque una cum reliquis codicibus ex eodem monasterio prognatis additamenta quædam exhibet a genuino Lamberti textu aliena, sed quæ commemorare eo magis necesse erat, quod liber haud ultra quinquaginta annos a Lamberti ævo recedit. Evolvendum codicem flagitanti mihi præbuit liberalitate et humanitate qua claret V. ill. Fridericus Jacobs. Ad quem prope accedunt.

4) C. bibl. universitatis Gottingensis, olim Andr. Erasmi a Seidell, postea Salomonis Semleri, de historia patria meritissimi, chartaceus in-fol. sæc. xv exeuntis. V. cl. Beneke, bibliothecæ amplissimæ præfecti, liberalitate mihi oblatus.

5) C. bibl. universitatis Wirzburgensis, chartaceus in-fol. sæc. xv exeuntis vel xvi cum editis collatus a cl. Hesse, qui et

6) Editionis Pistorianæ anni 1583 lectiones enotavit.

Altera Lamberti pars inter scriptores sæculi xi sistenda erit.

ANNALES HILDESHEIMENSES.

Incipit liber de ordine temporum. Brevem temporum per generationes et regna primus ex nostris Julius Africanus, etc..... ac latere lineam annorum. Cujus indicio summa prætentorum temporum cognoscatur.

Sex diebus rerum omnium creaturum Deus formavit; primo die, etc.

Antoninus Caracalla... Neapolis fundatur.

Theodosius cum Archadio et Honorio filiis..... Augustinus claruit.

Anastasius..... Boecius consularis claruit.

Tiberius annos 6. Langobardi pulsis Romanis Italiam adeunt. Gothi in Spania bifarie divisi, mutua cede vastantur. BENNOPOLIM FUNDATUR, HILDENESHEIM CIVITAS.

Mauricius..... Gregorius moritur.

Eraclonus cum matre sua Martina..... Cenobium Floriacense fundatur.

Constantinus filius Eraclii regnavit menses 6.

Constantinus Constantini filius regnavit ann. 27.

---

(23) Ibi annales Halberstadenses a monacho Sassawensi excerpti desinunt; et hanc annalium Quedlinburgensium partem haud ante annum 1002 scriptam fuisse, Cl. Lappenberg ex verbis *rex futurus* a. 993 de Heinrico II usitatis probavit.

(24) A. 802, 803.

(25) Cf. a. 829, 860, 917.

(26) E. g. a. 829, 860, 872, 910. Cf. Annales nostros VI, p. 642.

(27) V. Annales nostros, t. VI, p. 643, 644.

(28) Quos et ubi Hersfeldenses a. 973 et 984 relinquit, constanter usque ad a. 1059 exscribit.

(29) An. 974-983.

Eugenius papa flore coepit anno Constantini 6, et ipse sedit ann. 2. m. 9, d. 24. Vitalianus, etc. — Sergius sedit ann. 15, m. 8 d. 14. Hucusque Romanorum principum gesta et pontificum Romanae aecclesiae enarravimus. Pippinus dux, filius Anschisi, etc.

ANNALES QUEDLINBURGENSES.

(30) Prima aetas ab Adam usque ad Noe, continens generationes 10, annos vero 1656. Quae tota periit diluvio, sicut infantiam mergere solet oblivio.
Secunda a Noe usque ad Abraham, similiter complexa generationes 10, annos autem 292. In qua aetate lingua est Hebraea inventa. A puericia namque homo incipit loqui nosse post infantiam, quae inde nomen accepit, quia fari, id est loqui, non potest.
Tertia aetas ab Abraham usque ad David, generationes 14, annos vero 942 continens. Et quia ab adolescentia incipit homo posse generare, Matheus ab Abraham generationum sumpsit exordium. Qui (31) etiam pater multarum gentium constitutus est, quoniam mutatum nomen accepit.
Quarta (32) aetas a David usque ad transmigrationem Babilonis, generationibus aeque juxta Mattheum 14, annis autem 484 porrecta, a qua regum tempora ceperunt. Aetas enim juvenilis regno est habilis.
Quinta deinde usque ad adventum Salvatoris in carne, et ipsa generationibus 14 porrecta, annis autem 586 extenta, in qua, ut senectute gravi fessa, malis crebrioribus plebs Hebraea quassatur.
Sexta, quae nunc agitur, nulla generationum vel temporum serie certa, sed ut aetas decrepita ipsa totius seculi morte finienda. Secula (33), quod se sequantur. Abeuntibus enim aliis alia succedunt, quorum decursus per generationes et regna ita inscribitur.
Prima aetas in exordio sui continet creationem mundi. Primo enim die Deus in lucis nomine condidit angelos. Secundo in firmamenti appellatione creavit coelos. Tertio in discretionis vocabulo speciem aquarum et terrae. Quarto luminaria coeli. Quinto animantia ex aquis. Sexto animantia ex terra et hominem, quem appellavit Adam.
Adam (34) anno 130 genuit Seth, qui post Abel natus est, a quo filii Dei. Seth anno 105 genuit Enos, qui coepit invocare nomen Domini. Enos anno 90 genuit Cainan. Cainan anno 70 genuit Malalehel, qui interpretatur plantatio Domini. Malalehel anno 62 genuit Jareth. Jareth anno 162 genuit Enoch. Hunc (35) Enoch nonnulla divina scripsisse Juda apostolo attestante, comperimus. Enoch anno 65 genuit Matusalem; post cujus ortum translatus est a Domino. Matusalem anno 187 genuit Lamech. Gigantes nati sunt, et concupiscunt filii Dei filias hominum. Lamech anno

LAMBERTI ANNALES.

(30) Prima aetas ab Adam usque ad Noe, continens generationes 10, annos vero 1656. Quae tota periit diluvio, sicut infantiam mergere solet oblivio.
Secunda a Noe usque ad Abraham, generationes similiter complexa 10, annos autem 292. In qua linguarum facta est divisio. A pueritia namque homo incipit loqui posse post infantiam, quae et inde nomen accepit, quia fari, id est loqui (36), non potest.
Tertia ab Abraham usque ad David, generationes 14, annos quoque 942 continens. Et quia ab adolescentia incipit homo posse generare, Matheus ab Abraham generationum (37) sumpsit exordium.

(32) Quarta a David usque ad transmigrationem Babylonis, generationibus aeque juxta Matheum 14, annis autem 485 porrecta. De (38) qua regum tempora coeperunt, quia dignitas juvenilis regno est habilis.
Quinta deinde usque ad adventum Salvatoris in carne, generationibus et ipsa 14, porro annis 588 extenta. In qua, ut gravi senectute fessa, malis crebrioribus plebs Hebraea quassatur.
Sexta, quae nunc agitur, nulla generationum vel temporum serie certa, sed ut aetas decrepita ipsa totius seculi morte finienda. Secula (33) generationibus constant. Inde dicuntur secula, quod se sequantur. Abeuntibus enim aliis alia succedunt, quorum d cursus per generationes et regna ita scribitur.
Prima aetas continet creationem mundi. Primo enim die Deus in lucis nomine condidit angelos. Secundo in firmamenti appellatione creavit coelos. Tertio in discretionis vocabulo speciem aquarum et terrae. Quarto luminaria caeli. Quinto animantia ex aqua. Sexto animantia ex terra, et primum hominem Adam.
Adam 130 anno genuit Seth, a quo filii Dei. Seth anno 105 genuit Enos, qui coepit invocare nomen Domini. Enos anno 90 genuit Cainan. Cainan anno 70 genuit Malalehel, qui interpretatur plantatio Domini. Malalehel anno 72 genuit Jareth. Jareth anno 162 genuit Enoch. Hunc (35) nonnulla divina scripsisse Juda apostolo testante comperimus. Enoch anno 65 genuit Matusalam; post cujus ortum translatus est a Deo. Matusalam anno 187 genuit Lamech. Gigantes nati sunt. Et concupierunt filii Dei id est Seth, filias hominum, id est Cain. Lamech anno 182

---

(30) *Prima — exordium* ex Beda de temporibus c. 14.
(31) *Qui — accepit* ex Beda de temporum ratione c. 64 (de VI aet. mundi).
(32) *Quarta — finienda* ex Beda de temp.
(33) *Secula — appellavit Adam* ex Isidoro orr. V. 38, 59.

(34) *Quae — sequuntur* ex Beda de tempor. et Isidoro hausta sunt.
(35) *Hunc — comperimus* ex Beda de VI aetat., quem etiam in sequentibus consuluit.
(36) *Additur a manu recentiori* 1. 4.
(37) *G. Christi recentiori manu add.* 4.
(38) *In qua regum tempestate dign.* 1.

ANNALES QUEDLINBURGENSES

182 genuit Noe qui arcam ædificavit. Noe anno 600 venit diluvium. Sunt autem ab Adam usque ad cataclismum anni 1650.

Secunda ætas continet annos 2...

Spatium paginæ unius et dimidiæ vacuum.

... primum (39) Phœnices invenerunt. Deinde Cadmus Agenoris filius Græcas litteras 10 et 7 a Phœnicia in Græciam primus attulit. Latinas literas Carmentis nympha primum Italis tradidit. Carmentis autem dicta, eo quod carminibus futura canebat, cæterum proprie vocata est Nicostrata.

Jephte annis 6. Hercules se flammis injecit. Abessa annis 7. Bellum Trojæ decennale surrexit. Achialon annis 10. Hic in LXX interpretibus non habetur. Jabdo annis 8. Capta Troja, Æneas venit in Italiam. Samson annis 20. Ascanius Albam civitatem condidit. Heli sacerdos annis 40. Archa testamenti capitur. Regnum Siciniorum finitur. Samuel et Saul annis 32. Lacedæmoniorum regnum exoritur, et Homerus fuisse probatur.

Quarta ætas continet annos 483. David annis 40. Carthago a Didone conditur. Gath, Nathan et Asaph prophetaverunt. Salomon annis 40. Templum ædificatur Jerosolimis, annis 480 egressionis Judæorum ex Ægypto impletis. Ex quo apparet, Samuel et Saul 32 annos, et non 40 præfuisse. Roboam annis 17. Regnum Israel et Juda dividitur. Abia annis 3. Pontifex Abymelech insignis habetur. Asa annis 40. Aggeus, Amos, Johel, Jehu prophetaverunt, et Azarias. Josaphat annis 25. Elias, Elizeus, Abdias, Micheasque prophetant. Joram annis 8. Edom recessit a Juda, et constituit sibi regem. Ochozias anno 1. Helias rapitur. Athalia annis 7. Jonadab, filius Rechab, sacerdos claruit. Joas annis 40. Zacharias, Joiadæ filius, lapidatur. Amazias annis 28. Amos propheta in Israel. Ozias annis 52. Regnum Assyriorum transfertur in Medos, quod a Beli principio steterat annis 1305. Et Olimpias a Græcis instituitur. Joatham annis 16. Oseas, Johel Esaiasque prophetant, et Romulus nascitur. Achas annis 16. Roma conditur, et Israel in Medos transfertur. Ezechias annis 29. Romulus centum sena-

(39) Hæc usque *Nicostrata* ex Isidoro origg. 1, 5, 4 a Q. sumpta esse videntur.
(40) 4 *add.*: cainan. Cainan CXXX, anno genuit.
(41) CXXX, 4 *et ita Isidorus, Beda vero* 30.

LAMBERTI ANNALES.

genuit Noe, qui arcam ædificavit. Noe anno 600 venit diluvium. Fuerunt autem ab Adam usque ad cataclismum, id est diluvium anni 1656.

Secunda ætas continet annos 292. Sem anno 2 post diluvium genuit Arphaxat, a quo Chaldei. Arfaxat anno 35 genuit (40). Sela, a quo Samaritæ et Indi. Selæ anno 30 (41) genuit Heber, a quo Hebræi. Heber anno 34 genuit Falech. Turris ædificabatur. Falech anno 30 genuit Reu. Dii primum adorantur. Reu (42) anno 32 genuit Saruch. Regnum Scytharum inchoat. Saruch anno 30 genuit Nachor. Regnum Ægyptiorum nascitur. Nachor anno 39 genuit Tare. Regnum Assiriorum et Sicioniorum oritur. Tare anno 70 genuit Abraham. Semiramis condidit Babiloniam et Zoroastres magicam reperit. Fuerunt autem anni ab Adam usque ad Abraham 1947.

Tertia ætas continet annos 942. Abraham anno 75 propter imperium Dei venit in terram Chanaan. Abraham anno 86 genuit Ismael, a quo Ismaelitæ. Abraham anno 100 genuit Isaac. Isaac anno 60 genuit Jacob. Jacob anno 90 genuit Joseph. Memphis in Ægypto conditur. Joseph annis 110 vixit. Græcia segetes habere cœpit. Hebræorum servitus in Ægypto annis 147, et Cecrops Athenas condidit. Moyses annis 40 rexit Israel, sub quo Hebræi litteras habere cœperunt. Josue annis 26 rexit Israel. Ericthonius in Græcia primus junxit quadrigam. Judices a Moyse usque ad Samuel præfuerunt annis 305. Othoniel annis 40 præfuit. Cathmus Thebanorum rex Græcas litteras invenit. Aoth annis 80 præfuit. Amphion musicus claruit. Debbora annis 40. Primus Latinis regnavit Picus. Et Apollo medicinæ autem invenit. Gedeon annis 40. Orpheus Binusque musici claruerunt. Abimelech annis 3. Iste 70 fratres suos occidit, Thola annis 30. Priamus regnavit in Troja. Jair annis 22. Carmentis latinas litteras reperit. Jepte annis 6. Hercules flammis se injecit. Abessa annis 7. Bellum decennale Trojæ surrexit. Ajalon annis 10. Hic in LXX interpretibus non habetur. Labdo annis 8. Capta Troja, Æneas venit in Italiam (43). Samson annis 20. Ascanius Albam condidit. Heli sacerdos annis 40. Archa testamenti capitur, et regnum Siciniorum finitur. Samuel et Saul annis 32. Regnum Lacedæmoniorum exoritur, et Homerus fuisse probatur.

Quarta ætas continet annos 473. David annis 40 regnavit. Cartago a Didone conditur. Gath, Nathan et Asaph prophetaverunt. Salomon annis 40. Templum Hierosolimis ædificatur, annis 480 egressionis ex Ægypto expletis. Ex quo apparet, Samuelem et Saulem 32 annos, et non 40 præfuisse. Roboam 17 annis regnavit. Regnum Israel et Juda dividitur. Abia annis 3. Pontifex Abimelech insignis habetur. Asa annis 41. Aggeus, Amos, Johel et Jehu prophetaverunt, et Azarias. Josaphat annis 25. Helias, Helizeus, Abdias et Micheas prophetaverunt. Joram annis 8. Edom recessit a Juda et constituit sibi regem. Ochozias anno 1. Helias rapitur. Athalia annis 7. Jonadab, filius Rechab, sacerdos claruit. Joas annis 40. Zacharias, filius Joiadæ, lapidatur. Amazias annis 28. Amos propheta claruit in Israel. Ozias annis 52. Olimpias prima a Græcis constitui-

(42) Reu alias Ragau 4.
(43) 4 *addit.*: hie fulmine periit. Ex parte grecorum occisa est DCCCLXXVII, ex parte troyanorum DCLXXXVI.

ANNALES QUEDLINBURGENSES.

tores instituit. Temporibus (44) Romuli acciderat solis defectio, quam certa sui cursus ratione effectam imperita nesciens multitudo, meritis Romuli tribuebat, quasi vero, si luctus ille solis fuisset, non magis ideo credi deberet occisus, ipsumque scelus aversione etiam diurni luminis indicatum, sicut re vera factum est, cum Dominus crucifixus est crudelitate atque impietate Judæorum, quam solis obscurationem non ex canonico siderum cursu accidisse, satis ostendit quod tunc esset pascha Judæorum. Nam plena luna solenniter agitur, regularis autem solis defectio non nisi lunæ contingit exordio. Patet profecto, ut alii scriptores addunt, per subitam tempestatem atque solis obscurationem cædis et facinoris ejus secretum justum commeruisse interitum. In Christi vero morte ipsius solis defectum claruit elementi esse luctum, quo suo creatori merito habuit, condolere.

Manasses annis 55. Numa duos menses adjecit, et Sybylla claruit. Amon annis 2. Tullius in re publica censum exegit. Josias annis 31 (45). Thales physicus claruit. Joachim annis 11. Hujus anno 3. Nabuchdonosor, qui (46) 7 annis inter feras amens habitavit, cepit Judæam. Sedechias annis 11. Templum Jerosolymis incensum est.

Sunt autem ab origine mundi usque ad terminum regni Judaeci anni 3363.

Quinta ætas continet annos 589. Hebræorum captivitas annis 70. Judith historia conscribitur sub (47) secundo Nabuchdonosor, qui alio nomine Cambises vocatur. Non enim fuit ille magnus Nabuchdonosor, qui Jerosolymam cepit, quia post eversam Jerusalem non amplius quam 25 annos vixit. Darius filius Histaspis annis 36. Hujus secundo anno templum Hierosolymis construitur, finitis 70 annis Judaicæ captivitatis. Secundo (48) anno Darii apud Romanos septimus a Romulo Tarquinius superbus regnabat 27 annos, ac deinde rempublicam per annos 464 usque ad Julium Cæsarem consules administraverunt. Xerxes annis 21. Herodotus historiographus agnoscitur. Artaxerxes annis 40. Esras legem incensam renovavit, et Nehemias Jerusalem restauravit. Darius, qui et Nothus, annis 19. Hæc ætas habuit Platonem. Artaxerxes, qui et Ochus, annis 26. Demosthenes et Aristoteles prædicantur. Xerxes, Ochi filius, annis 4. Xenocrates claruit. Darius annis 6. Alexander Jerosolymam cepit. Huc usque regnum Persarum, dehinc Græcorum.

Alexander Philippi Macedo annis 12. Asiam obtinuit. Ptolomeus, Lagi filius, annis 40. Machabeorum liber primus inchoat. Philadelphus annis 38. LXX interpretes claruerunt (49). . . . . Evergetes annis 29. Brutus Hispaniam subegit. Soter annis 17. Thraces Romanis subjiciuntur. Varro et Cicero nascuntur. Alexander annis 10. Siria per Gabinium subjicitur Romanis. Ptolomeus, Cleopatræ filius, annis S. Salustius historiographus nascitur. Dionisius annis 30. Pompeius Judæam cepit. Cleopatra annis 2. Ægyptus Romanis subditur. Hucusque regnum Græcorum, nunc Romanorum.

(44) *Temporibus — habuit condolere* Q. ex alio fonte hausta inseruit.
(45) *Add.:* Hic fulmine interiit.
(46) *Qui — habitavit* Q. addidit.
(47) *Sub — 25 annos vixit* Q. addidit ex Beda de VI

LAMBERTI ANNALES.

tur. Joatham annis 16. Ezaias, Osee et Johel prophetaverunt, et Romulus nascitur. Achaz annis 16. Roma conditur, et Israel in Medos transfertur. Ezechias annis 29. Romulus 100 senatores constituit.

Manasses annis 55. Numa duos menses adjecit, et Sibilla Samia claruit. Ammon annis 2. Tullus in re publica censum exegit. Josias annis 31. Thales phisicus claruit. Joachim annis 11. Hujus tertio anno Nabuchodonosor Judæam cepit. Sedechias annis 11. Templum Hierosolimis incensum est. Fuerunt autem ab origine mundi usque ad terminum Judaici regni anni 3363.

Quinta ætas continet annos 588. Hebræorum captivitas annis 70. Judith historia conscribitur. Darius annis 36. Hujus secundo anno templum Hierosolimis construitur, finitis 70 annis Judaicæ captivitatis. Xerses annis 21. Herodotus historiographus agnoscitur. Artaxerses annis 40. Ezdras legem incensam renovavit. Et Neemias Hierusalem restauravit. Darius, qui et Nothus, annis 19. Hæc ætas habuit Platonem. Artarxerses, qui et Ochus, annis 26. Demostenes et Aristotiles prædicantur. Xerses, Ochi filius, annis 4. Xenocrates claruit. Darius annis 6.

Alexander Macedo annis 12, qui Hierosolimam cepit. Huc usque regnum Persarum, dehinc Græcorum. Alexander anno 5° Asiam obtinuit. Ptolomeus, Lagi filius, annis 40. Machabeorum liber primus inchoavit. Philadelphus annis 38. LXX interpretes claruerunt. Evergetes annis 26. Jesus sapientiæ librum composuit. Philopater annis 17. Machabæorum liber secundus inchoavit. Epiphanes annis 24. Romani Græcos obtinuerunt. Philometor annis 35. Hunc Antiochus superans, Judæos oppressit. Et Scipio Africam vicit. Evergetes annis 29. Brutus Hispaniam subegit. Sother annis 17. Traces Romanis subjiciuntur. Varro et Cicero nascuntur. Alexander annis 10. Siria per Gabinium Romanis subjicitur. Ptolomeus, Cleopatræ filius, annis 8. Salustius historiographus nascitur. Dionisius annis 30. Pompeius Judæam cepit. Cleopatra annis 2. Ægyptus

æt., ut videtur, hausta.
(48) *Secundo — administraverunt* Q. ex Beda de VI æt. sumpsisse videtur.
(49) *Hic plura excidisse ex Lamberto patet.*

ANNALES QUEDLINBURGENSES.

Julius Caesar annis 5. Hic primus monarchiam tenuit, et ab hoc caesares appellati sunt. Ab orbe condito usque ad urbem conditam, id est Romam sunt anni 4484. Ab urbe autem condita usque ad quinque milia 199.

Octavianus Augustus annis 56. Hujus anno 42° Dominus nascitur, completis ab Adam annis 4952 et juxta alios 5199.

Tiberius annis 23. Hujus anno 17° Dominus crucifigitur.

Caius annis 4. Matheus evangelium scripsit.

Claudius annis 14. Petrus et Paulus Romam, Marcus Alexandriam petit.

Nero annis 14 paene. Petrus et Paulus cruci gladioque traduntur.

Vespasianus annis 10. Hujus anno secundo Titus Jerosolymam subvertit, templum solo prostravit, post annos primae aedificationis 1089, Dominicae autem incarnationis 71°. Colossus (50) Romae erigitur, habens altitudinis pedes 107.

Titus annis 2. Hic facundus et pius fuit, et vir omnium virtutum genere mirabilis, adeo ut amor et deliciae humani generis diceretur.

Domicianus, frater Titi, annis 16. Hic Johannem evangelistam in fervens oleum misit, quem postea in Pathmos insulam exilio relegavit, ubi apocalipsin Deo revelante cognovit. Idem Domicianus templum postea in honore sanctae Mariae semper virginis.

Nerva annum 1, menses 4, dies 8. Hic primo edicto suo cunctos exules revocavit, et quicquid Domicianus Nero, qui ante eum regnaverat, per crudelitatem et petulantiam, qua nimium exarsit, statuerat, totius populi rogatu et consilio disrupit. Unde et Johannes apostolus hac generali indulgentia liberatus, Ephesum rediit, et quia concussam se absente per haereticos vidit ecclesiae fidem, confestim hac descriptam in evangelio suo verbi Dei aeternitate stabilivit.

Trajanus annis 19. Johannes apostolus 68 annos post passionem Domini, aetatis autem suae 98, Ephesi placida morte quievit. Simon Cleophae filius Hierosolymorum episcopus 126 aetatis suae anno crucifigitur.

Adrianus annis 20. Hic Judaeos ultima caede perdomuit, et Jerosolymam funditus eversam aratris complanavit, ut impleretur quod scriptum est: Sion quasi ager arabitur; qui postea in loco Calvariae, ubi Christus crucifixus est, civitatem construxit, quam ablato Jerosolymae nomine Heliam de suo nomine vocari jussit, quia Aelius Adrianus vocabatur; sed antiquus usus praevaluit.

Antoninus Pius cum filiis suis Aurelio et Lucio annis 22. Hic benignus erga christianos fuit. Valentinus et Marcion agnoscuntur.

M. Antoninus Verus cum fratre Lucio Aurelio Commodo annis 16. Hi primum jure aequo imperium administraverunt, cum usque ad hoc tempus singuli augusti fuerint.

Commodus junior annis 13. Hic colossi capite sub-

(50) In sequentibus Q. plura ex Beda de VI aet. aliisque fontibus addit; Lambertus vero Annales Hersfeldenses repetere videtur.

LAMBERTI ANNALES.

A Romanis subditur. Huc usque regnum Graecorum, nunc Romanorum.

Julius Caesar annis 5. Hic primus monarchiam tenuit, et ab hoc caesares appellati sunt.

nativitatem Christi sunt anni 715, quorum summa.

Octavianus annis 56. Hujus anno 42. Dominus noster Jesus Christus nascitur, completis ab Adam juxta Hieronimum annis 5199.

Tiberius Augustus annis 23. Hujus anno 18, Dominus noster Jesus Christus crucifixus est.

Gaius annis 4. Matheus evangelium scripsit.

Claudius annis 14. Petrus Romam, et Marcus Alexandriam petierunt.

Nero annis 14°. Petrus et Paulus cruci gladioque traditi sunt (51).

Vespasianus annis 10. Hujus anno secundo Titus Hierosolimam subvertit, templum solo stravit, post annos primae aedificationis 1189, Dominicae autem incarnationis 71.

Titus annis 2. Hic facundus et pius fuit.

Domicianus annis 16. Joannes apostolus in Pathmos relegatur.

Pantheon Romae aedificat, quod Bonifacius papa omniumque matrum Christi consecravit.

Nerva anno uno. Joannes Ephesum rediit et evangelium scripsit.

Trajanus annis 19. Simeon Hierosolimorum episcopus crucifigitur, et Joannes apostolus requiescit.

Adrianus annis 21. Aquila interpres oritur.

Antoninus Pius annis 24. Valentinianus et Marcion heretici agnoscuntur.

Antoninus minor annis 19. Montanus Catafrigarum auctor oritur.

Commodus annis 13. Theodotion interpres apparuit.

(51) Addit: Lucanus et Josephus claruerunt. Galba et Piso 7 menses. Hos occidit Otho tres menses; hic se ipsum occidit. Vitellius 8 menses; hunc occidit Vespasianus.

ANNALES QUEDLINBURGENSES.

lato, suæ imaginis caput ei jussit imponi. Theodocion interpres habetur.

Ælius . . . .
. . . . Pertinax annis 18. Symmachus interpres habetur.

Antoninus Caracalla annis 7. Quinta editio Jerusalem invenitur.

Macrinus anno uno. M. Aurelius Antoninus annis 4. Sexta editio Nicopoli reperitur, et Sabellius infelix exoritur.

Aurelius Alexander annis 13. Origenes Alexandriæ imo toto orbe clarus habetur.

Maximinus annis 3. Hic persequitur christianos.

Gordianus annis 6. Fabianus episcopus Romæ claruit.

Philippus cum Philippo filio annis 8. Hic primus christianus imperator fuit, et filius ejus similiter.

Decius annis 3. Hic cum ambos Philippos, seniorem Romæ, juniorem Veronæ occidisset, ob odium eorum persecutionem in christianos movet. Antonius monachus in Ægypto claruit.

Gallus et Volusianus annis 2. Novatiana hæresis oritur.

Valerianus cum Gallieno annis 15. Hic Valerianus, in christianos persecutione commota, statim a Sapore Persarum rege capitur: ibique luminibus orbatus, servitute miserabili consenescit, quem etiam secum quocunque pergebat ducens, ad injuriam Romanorum solo tenus inclinatum pedibus calcans, ascendit in equum. Unde Gallienus tam claro Dei judicio territus, pacem Christianis reddit.

Claudius annos 2. Iste Gothos jam per annos 15 Illiricum Macedoniamque vastantes superat et expellit.

Aurelianus annos 5. Hic etiam persequitur christianos.

Tacitus menses 6. Quo apud Pontum occiso, obtinuit Florianus imperium diebus 88, et sic apud Tharsum interficitur.

Probus annis 6. Manichæorum hæresis exorta est.

Carus cum filiis Carino et Numeriano annos 2. Iste de Persis triumphavit.

Diocletianus cum Herculeo Maximiano, quem olim sibi commilitonem consortem imperii fecerat, annos 20. Isti divinis libris exustis, vastari ecclesias, affligi et interfici christianos jusserunt; 20 autem regni sui anno Diocletianus Nicomediæ, Maximianus Mediolani purpuram deposuerunt, et privatam vitam elegerunt. Attamen cœpta semel persecutio usque ad septimum Constantini annum fervere non cessat.

Constantius, Constantini pater, 17 imperii anno, summæ mansuetudinis et civilitatis vir, in Britannia obiit Eboraci. Hic cum multos haberet in suo palatio christianos, volens probare si essent deo suo vere fideles, promisit iis, si a fide exciderent, multa se dona largiturum, sin autem, pœnas se illaturum. Qui cum videret quosdam a Christo defecisse,

LAMBERTI ANNALES

Ælius Pertinax annum 1. Nihil historiæ habet.

Severus Pertinax annis 18. Simachus interpres agnoscitur.

Antonius Caracalla annis 7. Quinta editio Hierusalem invenitur.

Macrinus anno uno vel Marcus Aurelius Antonius annis 4. Sexta editio Nicapoli reperitur, et Sabellius infelix oritur.

Alexander annis 13. Origenes Alexandriæ claruit.

Maximianus vel Maximus annis 3. Hic persecutus est cristianos.

Gordianus annis 7. Fabianus episcopus Romæ claruit.

Philippus annis 7. Hic primus imperator cristianus fuit.

Decius anno 1. Antonius monachus oritur.

Gallienus et filius ejus Volusianus annis 2. Novatiana heresis oritur.

Valerianus cum Gallieno annis 5. Ciprianus et Cornelius martirio coronantur.

Claudius annis 2. Iste Gothos ab Illirico expulit.

Aurelianus annis 5. Hic etiam persecutus est cristianos.

Tacitus annum 1.

Probus annis 6. Manicheorum heresis oritur.

Carus annis 2. Iste de Persis triumphavit.

Diocletianus et Maximianus annis 20. Isti divinis libris exustis, vastari ecclesias, affligi et interfici cristianos jusserunt.

Maximinus, filius Maximiani, Severus, et Galerius annum 1.

Constantinus annis 31. Cujus 16 anno Nicena sinodus congregatur, dominicæ incarnationis anno 318.

Constantius et Constans annis 27. Reliquiæ sancti Andreæ sanctique Lucæ evangelistæ Constantinopolim transferuntur, et anthropomorphitarum heresis oritur. Per idem tempus Athanasius et Maximinus, Treverorum archiepiscopus, atque Hilarius doctrina et fide clari habebantur.

Julianus annis 2. Hic ex monacho paganus factus, cristianos persecutus est.

Jovianus anno 1. Iste cum omni exercitu cristianus efficitur.

Valentinianus annis 11, qui a Juliano ob fidem Christi militia fuerat privatus. Et Gothi heretici facti sunt.

Gratianus cum fratre Valentiniano annis 6. Ambrosius et Martinus episcopi claruerunt.

Valentinianus cum Theodosio annis 9. Hieronimus in Bethleem toto mundo claruit.

Theodosius annis 11. Sanctus Joannes anachorita claruit.

ANNALES QUEDLINBURGENSES.

quosdam immobiles permansisse, permanentes muneribus donavit sibique amicos et consiliarios fecit: deficientes vero contumeliose de palatio expulit, dicens se illis nunquam crediturum qui deo suo infideles essent. In hac tempestate Galerius Maximianus cum Constantio imperator est factus. Mortuo vero Constantio, Maximinus et Severus a Galerio anno 1 cæsares creantur. Ab anno persecutionis 4 Maxentius, Herculei Maximiani filius, Romæ augustus appellatur. Licinius, Constantiæ sororis Constantini vir, Carnuti imperator creatur.

Constantinus vero, Constantii ex concubina Helena filius, in Britannia factus imperator, regnavit annis 30 et mensibus 10. Qui occiso Maxentio et fugato Licinio, solus monarchiam tenuit. Hic de persecutore christianus beato Silvestro baptisante effectus, fabricavit in suo palatio Jesu Christo sanctoque baptistæ Johanni basilicam, quam appellant ex suo nomine Constantinianam. Alteram beato Petro et Paulo in templo Apollinis, utrorumque corpora circumfundens aere cypro quinque pedes grosso. Multas quoque alias Romæ construens ecclesias et baptisterium miro opere factum, tradidit ipsam sancto Petro civitatem cum innumeris possessionibus aliis, jubens per omnem mundum cunctos episcopos ita pro capite habere Romanum pontificem, sicut reges cæteræque potestates imperatorem. Tunc in orientem transiens, sui nominis urbem in Thratia regione construxit, eam Romani sedem imperii totiusque Orientis caput esse constituit, cujus etiam industria sinodus Nicena decimo Calend. Jul. die collectione 318 patrum celebratur, anno dominicæ incarnationis 318.

Mortuo Constantino, tres filii sui, Constantinus, Constans et Constantius, imperatores creantur; defunctis vero duobus, solus Constantius monarchiam obtinuit, impie Arrianus effectus. Maximus Trevirensis episcopus clarus habetur. Anthonius monachus 105. ætatis suæ anno in heremo moritur.

Julianus annis 2 et mensibus 8. Hic ex christiano paganus effectus, persequitur crudeliter christianos.

Jovinianus anno fere uno regnavit. Iste cum omni exercitu christianus efficitur, sed ejus pia lætaque principia mors immatura corrupit.

LAMBERTI ANNALES.

Archadius cum fratre Honorio annis 13 (52). Johannes Crisostomus et Augustinus episcopi claruerunt.

Honorius cum Theodosio minore annis 15. Cyrillus Alexandriæ episcopus claruit.

Theodosius minor, Archadii filius, annis 26. Ephesina sinodus Nestorium cum suis fautoribus Pelagianis damnat, sub Celestino papa.

Marcianus annis 7. Calcedonense concilium sub Leone papa 630 patrum agitur.

Leo major cum Leone minore annis 17. Ægiptus ab errore Dioscori liberatur.

Zenon annis 17. Corpus Barnabæ apostoli reperitur, et azephalorum heresis oritur.

Anastasius 26 annis. Fulgentius episcopus claruit.

Justinus major annis 9. Azephalorum heresis abdicatur.

Justinianus annis 39. Hujus sexto anno primus cyclus Dionisii inchoavit, dominicæ incarnationis anno 552.

Justinus minor annis II. Armenii fidem Christi susceperunt.

Tiberius annis 6. Erminigildus rex Gothorum martirio coronatur.

Mauricius annis 21. Gregorius papa Augustinum archiepiscopum cum monachis Britanniam misit, ut genti Angiorum verbum Dei evangelizarent, dominicæ incarnationis anno 596.

Focas annis 8. Angli-Saxones fidem Christi susceperunt.

Eraclius annis 36. Judæi in Hispania cristiani facti sunt.

Eraclonas cum matre sua Martina annis 2. Pirrus regiæ urbis episcopus a Theodoro papa damnatur.

Constantinus, Eraclii filius, menses 6. Paulus, Pirri successor, ob eandem vesanam doctrinam damnatus est.

Constantinus, Constantini filius annis 17. Hic sextam sinodum congregavit. Cujus rogatu Agatho papa misit in regiam urbem legatos suos, in quibus fuit Johannes, Romanæ ecclesiæ tunc diaconus, non longe post episcopus, pro adunatione facienda sanctæ ecclesiæ. Hæc sexta sinodus Constantinopolim acta est. Ubi affuerunt episcopi 150, præsidente Georgio patriarcha urbis regiæ, et Machario urbis Antiochiæ, et convicti sunt, qui unam voluntatem et operationem astruebant in Christo, falsasse patrum catholicorum dicta perplurima.

Tagobertus rex Francorum monasterium in Wizenburck construxit anno Domini 623. regni sui 23. Huc usque Beda.

(*Continuationem v. col.* 466.)

---

(52) *Addit :* Hic sacra ossa Samuelis prophetæ de Judæa transtulit in Traciam.

ANNALES QUEDLINBURGENSES.

Valentinianus cum fratre Valente annos 11. Valentiniano ergo in fide catholica fideliter permanente, frater suus Valens ab Eudoxio Arriano episcopo rebaptisatus, christianos persequitur, in tantum ut suæ potestatis decreto monachos militare, nolentesque fustibus juberet interfici. Hoc tempore gens Hunorum, diu inaccessis seclusa montibus, repentina rabie percita exarsit in Gothos, eosque sparsim conturbatos, ab antiquis sedibus ultra Danubium expulit. Qui a Valente imperatore sine armorum depositione suscepti, mox fame per avaritiam illius ad rebellandum coacti sunt, victoque imperatoris exercitu, per Thraciam discurrentes, omnia cædibus, incendiis, rapinisque vastarunt. Ambrosius et Martinus episcopi claruerunt, et Gothi hæretici facti sunt. Eo (53) tempore gens Alamannorum prava ac pessima rebellaverunt contra Valentinianum imperatorem. Qui victi ab eo, super Danubium fluvium fugerunt, et intraverunt Meotidas paludes. Dixit autem imperator: *Quicunque potuerit introire in paludes istas, et gentem istam pravam ejecerit, concedam eis tributa donaria annis* 10. Quod audientes Trojani, qui reliquiæ erant exercitus Antenoris fugientis de Troja, et eum sequi non valentes, 12 milia ingressi Meotidas paludes, juxta terminos Pannoniæ ædificaverunt civitatem nomine Sicambriam, habitaveruntque illic multis annis, donec creverunt in gentem magnam. Ingressi propter remissionem decennium tributorum post Alamannos, interfecerunt eos. Tunc appellavit illos Trojanos Valentinianus imperator Attica lingua Francos, hoc est feros, a duritia vel audacia cordis eorum. Postea egressi a Sicambria, venerunt in Germaniam juxta Rhenum fluvium, habentes super se duos principes, Priamum et Antenorem. Qui rebellantes contra Romanos, victi sunt ab Aristarcho principe militiæ et tributo subjecti, occisis utrisque prædictis principibus. Mortuo autem Sunnone (54) filio Antenoris, et Marchomire filio Priami, qui super Francos defunctis patribus regnaverunt, elegerunt Faramundum Marcomiris filium, et elevaverunt cum super se regem crinitum. Exhinc Franci crinitos reges habere cœperunt usque ad Hildericum regem, cujus Pippinus, magni Caroli, qui major domus vocabatur, pater, regnum simul cum nomine rapuit. Mortuo Faramundo, regnavit Chlodio. Post Clodionem Meroingus (55), a quo Franci Meroingi vocati sunt. Post Meroingum filius suus Heldericus, pater Chlodovei regis incliti, regnavit. Hic Chlodoveus a beato Remigio primus Francorum regum cum omni exercitu baptisatus, expulit Egidium consulem Romanum, filiumque ejus Siagrium occidit, tulitque Martiano imperatori quidquid Romani intra Rhenum et Ligerem fluvios possidebant. Post mortem Chlodovei quatuor filii ejus regnum ejus inter se diviserunt æqualiter, id est Chlodomirus, Hildibertus, Lotharius, et Hugo Theodoricus, de concubina genitus, qui, data terra Thuringorum maxima ex parte Saxonibus, qui remanserant Thuringos regiis territoriis fecit tributarios in porcis. Mortuo Theodorico, regnavit Theobertus. Post illum Theobaldus. Mortuo Theobaldo, regnavit Lotharius. Post hunc Helpericus. Post hunc Lotharius pater Dagoberti regis. Hic Lotharius, occiso Bertholdo duce Saxonum, et pervagata omni terra eorum, nullum hominem longiorem in ea viventem reliquit, quam gladius suus fuerat, quem spatam vocant. Mortuo Dagoberto, regnavit post eum filius ejus Sigobertus et Clodoveus. Post Clodoveum Lotharius. Post eum fratres ejus Theodoricus et Hildericus. Erat enim ipse Hildericus levis nimis, sub cujus tempore Pippinus, filius Ansgisi, major domus erat. Post hunc administrationem aulæ Carolus, filius ejus, procurabat. Quo mortuo, ultimo Meroingorum Hilderico regno sublato, Pippinus, Caroli filius, decreto Zachariæ papæ ex palatino comite in regem ungitur; qui genuit Carolum Magnum.

Post Valentinianum Gratianus imperator annis 6 regnavit, cum Valentiniano fratre.

Valentinianus cum Theodosio annis 9.

Theodosius cum Arcadio filio annis 11. Hieronymus presbiter apud Bethlehem super omnes historiographos enituit.

Arcadius, filius Theodosii, cum fratre Honorio annis 13. Honorius cum Theodosio minore, fratris sui Arcadii filio, annis 12. Alaricus rex Gothorum Romam invasit; et septimo Honorii regnantis anno revelavit Deus Luciano presbitero venerabili corpora sanctorum, sancti Stephani protomartyris, et Gamalielis qui doctor apostoli Pauli erat, et filii ejus Abihon, et Nicodemi, qui venit ad Jesum nocte primum; quæ Johannes Hierosolymitanus episcopus in sanctam cum maximo honore transtulit ecclesiam Sion. Hieronimus presbiter 12° Honorii anno apud Bethlehem obiit, anno ætatis suæ 91.

Theodosius minor, Arcadii filius, annis 26. Augustinus, Hypponensis episcopus et sanctæ ecclesiæ doctor eximius, obiit. Hujus Theodosii tempore Bleda et Attila fratres in Hunis regnaverunt et Illiricum Thraciamque depopulati sunt.

Martianus cum Valentiniano, Placidiæ filio, annos 7. Angli terram quam nunc Dani possident relinquentes, cum rege suo Anglingo, invitante et conducente eos rege Vertigerno, contra Scotos et Pictos Britanniam petunt. Calcedonense concilium sub Leone papa collocutione 630 patrum agitur. Mortuo Bleda,

---

(53) Quæ sequuntur, ex Gestis regum Francorum fluxerunt.
(54) *ita correxi.* Surmone *c.*
(55) *ita correxi hic et in sequentibus.* Merongus *c.*

ANNALES QUEDLINBURGENSES

Attila ejus frater omnem pene Galliam devastavit, quo usque, Deo annuente, per Egidium (56) patritium et Thurismodum, Remensis (57) civitatis principem Gothicum, fugatus est. Eo tempore Ermanricus super omnes Gothos regnavit, astutior in dolo, largior in dono, qui post mortem Friderici unici filii sui, sua perpetrata (58) voluntate, patrueles suos Embricam et Fritlam (59) patibulo suspendit. Theodoricum similiter, patruelem suum, instimulante Odoacro patruele suo, de Verona pulsum apud Attilam exulare coegit. Aetius patricius, magna occidentalis rei publicæ salus et regi Attilæ etiam terror, a Valentiniano juniore occiditur. Cum quo Hesperium cecidit regnum, neque hactenus valuit relevari (60).

Leo major annis 17. Egyptius errore Dioscori latrat.

Leo minor annum 1.

Zenon annos 17. Odoacar, rex Gothorum, Romam obtinuit.

Anastasius annos 27. Fulgentius episcopus prædicatur. Ermanrici regis Gothorum, a fratribus Hemido et Serila et Adaccaro, quorum patrem interfecerat, amputatis manibus et pedibus turpiter, uti dignus erat, occisio (61), Amulung Theoderic dicitur; proavus suus Amul vocabatur, qui Gothorum potissimus censebatur. Et iste fuit Thideric de Berne, de quo cantabant rustici olim. Theodoricus Attilæ regis auxilio in regnum Gothorum reductus, suum patruelem Odoacrum in Ravenna civitate expugnatum, interveniente Attila, ne occideretur, exilio deputatum, paucis villis juxta confluentiam Albiæ et Salæ fluminum donavit. Anastasius autem imperator, hæreticis favens, fulmine interiit.

Justinus annis 9. Theodoricus Roma potitus, sanctum Johannem Romanum pontificem in Ravenna carcere tentum, ad mortem usque perducens, præclaros quoque consules Symmachum et Boetium occidit. Ipse vero Theodoricus, 98. die postquam Johannes papa defunctus est, subitanea morte interiit; cujus regnum nepos suus Athalaricus suscepit. Eodem tempore sanctus Benedictus in monte Cassino velut sol emicuit.

Justinianus imperator annis 39. Hujus 6 anno quinta synodus celebratur. Primus Dionysii circulus inchoat anno dominicæ incarnationis 532, et codex Justinianeus de legibus Romano orbi promulgatus est. Eodem anno Hugo Theodoricus rex, Chlodovei regis filius ex concubina natus, cum patri successisset in regnum, ad electionem suam Irminfridum regem Thuringorum honorifice invitavit. Hugo Theodoricus iste dicitur, id est Francus, quia olim omnes Franci Hugones vocabantur a suo quodam duce Hugone. Qui quamvis nothus esset, a patre Chlodoveo propter sapientiam et fortitudinem sibi divinitus collatam cæteris filiis suis plus dilectus, suo jussu totiusque populi consensu inter fratres suos nobiles, id est Clodomirum, Hildebertum, et Lotharium, æqualem regni partem suscepit. Cujus parti cum Thuringia cessisset, Irminfridus, gener ejus, hortatu uxoris suæ Amelburgæ invitationem regis respuit, dicens, Theodoricum uxoris suæ, quæ soror erat Theodorici, potius esse debere servum, quam sibi vel aliis regem vel dominum. *Veniat primum*, dixit ad nuncium, *ferens secum multiformis pecuniæ cumulum, ut emat ab uxore mea, ab utroque parente nobili, me jubente, libertatis testamentum*. Quo responso, unanimi Francorum furore, commotus Theodoricus, remandavit ei dicens: *Veniam, ut jussisti. Et si aurum mihi non suffecerit, pro libertate mea Thuringorum Francorumque capita tibi (62) dabo numero inexplicabilia*. Statimque collecto exercitu, venit in regionem Mærstem (63) vocatam, et Irminfridum illic sibi bello occurrentem multa cæde suorum vicit et fugavit. Quem insecutus usque ad Ovaceram fluvium, juxta villam Arben (64) vocatam maximo prælio fudit; illoque fugato, propter suorum casum et viventium vulnera amplius eum persequi destitit, seque ob curationem dolentium statutis munierat castris. Audiens autem Theodoricus, Saxones, quorum jam fortitudo per totum pene divulgabatur mundum, in loco Hadalaon dicto applicuisse, in suum eos convocavit auxilium, promittens eis cum suo suorumque 12 nobilissimorum juramento, si Thuringos sibi adversantes vincerent, omnem illis eorum terram daturum, usque ad confluentiam Salæ et Unstradæ fluviorum. Qui nihil morantes, venerunt ad eum, et persequentes Irminfridum, pugnaverunt contra eum super Unstradan fluvium, tantamque Thuringorum stragem illic dederunt, ut ipse fluvius eorum cadaveribus repletus, pontem illis præberet. Irminfridus autem cum uxore et filiis, uno milite Iringo nomine, capta a Saxonibus noctu civitate Schidinga qua se concluserat, vix evasit. Tunc Theodoricus, accepto consilio, victoribus tradidit Saxonibus omnem terram Thuringorum, excepta quam Louvia (65) et Hærtz

---

(56) *Lege* Egeticum, *i. e.* Aetium.
(57) *Legendum videtur* Tolosensis *vel* Narbonensis.
(58) *Ita c.* perpetratam *LEIBN.*
(59) Herlungos; hic et in seqq., cf. Wilhelmi Grimm nostri librum *die deutsche Heldensage* p. 19, seqq.
(60) Hæc ex libro ante a. 801 scripto desumpta esse videntur.
(61) Cf. Jordanem c. 24.
(62) Et *corr.* tibi *manu secunda c.*
(63) Pagus in quo Hannovera civitas.
(64) Annalium *Orheim, Horheim; cf. a.* 780.
(65) Montes Thuringorum meridionales esse videntur.

ANNALES QUEDLINBURGENSES.

sylvæ concludunt, absque tributo perpetuo possidendam. Thuringos vero qui cædi superfuerant, cum porcis tributum regis stipendiis solvere jussit. Post hæc Theodoricus data fide Irminfrido, in Zulpiaco civitate illum dolo perimi jussit. Attila, rex Hunorum et totius Europæ terror, a puella quadam, quam a patre occiso vi rapuit, cultello perfossus, interiit.

Justinus minor imperator annis 11 regnavit. Armenii Christi fidem suscipiunt.

Tiberius annis 6. Longobardi Italiam vastant.

Mauricius annis 11. Gregorius Magnus Romæ floruit. Iste universæ probitatis ornamento præclarus, Augustinum episcopum cum monachis in Britanniam misit, ut genti Anglorum verbum Dei evangelizarent, anno incarnationis dominicæ 596.

Phocas annis 8. Angli Saxones in Britannia fidem percipiunt.

Heraclius annis 36. Judæi in Hispania christiani efficiuntur.

Heraclonas cum matre sua Martina annis 2. Pyrrus, regiæ urbis episcopus, a Theodoro papa in basilica beati Petri apostoli damnatur.

Constantinus, Constantini filius, annis 17. Hic sextam synodum composuit cujus rogatu Agatho papa misit in regiam urbem legatos suos, in quibus erat Johannes Romanæ ecclesiæ tunc diaconus, non longe post episcopus, pro adunatione facienda sanctarum Dei ecclesiarum; qui benignissime suscepti a reverendissimo fidei catholicæ defensore Constantino, jussi sunt, remissis disputationibus philosophicis, pacifico colloquio de fide vera perquirere, datis eis de bibliotheca Constantinopolitana cunctis antiquorum patrum, quosquos petebant, libellis. Affuerunt autem et episcopi 150, præsidente Georgio patriarcha urbis regiæ, et Antiochiæ Machario, et convicti sunt, qui unam voluntatem et operationem astruebant (66) in Christo, falsasse patrum catholicorum dicta perplurima. Finito autem conflictu, Georgius correctus est; Macharius vero cum suis sequacibus simul et præcessoribus, Cyro, Sergio, Honorio, Pyrrho, et Paulo, et Petro, anathematizatus, et in locum ejus Theophanius, abba de Sicilia, Antiochiæ episcopus factus; tantaque gratia legatos catholicæ pacis comitata est, ut Johannes Portuensis episcopus, qui erat ex ipsis unus, dominica octavarum pascæ missas publice in ecclesia sanctæ Sophiæ, coram principe et patriarcha, latine celebraret. Hæc est sexta synodus Constantinopoli celebrata.

PARS PRIOR. ANNI 702 — 829.

ANNALES QUEDLINBURGENSES.	ANNALES WEISSEMBURGENSES.	LAMBERTI ANNALES.
DOMINICÆ INCARNATIONIS ANNO	ANNO INCARNATIONIS DOMINICÆ	ANNO D. INC.
702. 703. 704. 705.	702. 703. 704. 705.	702. 703. 704.
		705. [Aldfridus rex Nordanembrorum (68), filius Oswi fratris sancti Oswaldi regis, obiit. 3—6]
706.	706.	706. [Inicium monasterii sancti Petri in Erphesfurdt, quod construxit Tagebertus rex Francorum in monte qui antea Merwigisburgk vocabatur, sed ab ipso Tagaberto mons sancti Petri nuncupatus est (69) 4—6]
707.	707 (67).	707.
708. Conradus rex de Britannia Romam perrexit, ibique attonsus ac monachus factus, in jejuniis et	708. Cuonrat rex de Brittannia Romam perrexit, ibique attonsus ac monachus factus, in jejuniis et	708. Cunrat rex de Brittannia Romam perrexit (70), ibique attonsus ac monachus factus, in jejuniis

---

(66) *In margine manu secunda.*
(67) *W. Pippinus filius Ansgisi major domus ann. 27. manu posteriori, quæ seriem regum inseruit.*
(68) *L. nordanimbrorum 5. 6.*
(69) *Est, et omnia, quæ habuit in Thuringia, ad eum locum dedit, monitu Trutmani solitarii 6. Codex 3 vero hæc habet: 706. Tagobertus rex Francorum christianissimus construxit monasterium in Erphesfurt, in monte qui antiquitus vocabatur Merwigisburc, a Merwigo pagano rege Francorum, qui fuit filius Merwigi principis de Thuringia et tritavus ejusdem Tagoberti regis; deletoque paganico nomine ejusdem urbis vel montis, sancti Petri montem nuncupavit, ibidemque monachicam vitam sicuti jam pari modo fecerat in Selsenburg instituit, rogatu Adeodati inclusi, qui tempore ejusdem regis secus ecclesiam sancti Blasii, quæ sita fuit supra predictam urbem, a Rigiberto Mogontiacensi episcopo fuerat inclusus; et omnia quæ habuit in Thuringia, sancto Petro fratribusque ibidem Deo servientibus tradidit.*
(70) *Reliqua desunt in 3—6.*

ANN. QUEDLINB.

orationibus usque ad diem permansit ultimum. Eodem anno mortuus est Druogo.

709. Durus, et deficiens fructus.

710. Pippinus rex perrexit in Alamanniam.

711. Aquæ inundaverunt valde.

712. Mors Heriberti, regis Longobardorum.

713.

714. Mors Pippini regis, qui fuit filius Ansgisi; post quem Carolus ejus filius regnavit.

715. Pugna Francorum; et mors Dagoberti regis.

716. Pugnavit Carolus contra Ratbodum regem.

717. Pugnavit Carolus contra Francos in dominica die ante pasca.

718. Vastavit Carolus Saxoniam plaga.

719. Occisio Francorum ad Suessionis civitatem, et mors Ratbodi regis.

720. Pugnavit Carolus contra Saxones.

721.

722 (721). Magna fertilitas facta est.

723.

724.

725 (724). Sarraceni primitus Italiam (71) ingrediuntur.

726.

727. Sanctus Egbertus migravit ad Christum.

728.

729. Cometæ apparuerunt.

730.

731. Carolus vastavit ultra Ligerim; et Raginfridus mortuus est.

732. Carolus pugnavit contra Saracenos die sabatho.

733. Eclipsis solis facta est.

734. Carolus perrexit in Fresiam.

(71) Minime; sed Burgundiam.
(72) Tiberius qui et Absimarus annis 7, manu eadem posteriori.
(73) Bippinus 2. Bibbinus 4. 5. ita et infra nomen varie scribitur.

ANN. WEISSEMBURG.

precibus ad diem pervenit ultimum. Eodem anno mortuus est Druogo.

709. Durus et deficiens fructus fuit.

710. Bibbinus rex perrexit in Alamannia.

711 (72). Aque inundaverunt valde.

712. Mortuus est Heribertus, rex Langobardorum.

713.

714. Mortuus est Pippinus rex; post quem regnavit Karolus filius ejus annis 27.

715. Dagobertus rex moritur; fuitque pugna Francorum.

716. Pugnavit rex Karolus contra regem Ratbodum.

717. Pugnavit Karolus contra Francos in dominica ante pascha.

718. Vastavit Karolus Saxoniam plaga magna.

719. Occisio Francorum ad Suessionis civitatem.

720. Pugnavit Karolus contra Saxones.

721.

722. Magna fertilitas facta est.

723. Duo filii Drugonis ligati et Karolus infirmatur.

724.

725. Karolus perrexit Andegavis.

726.

727. Sanctus Egbertus migravit ad Christum.

728.

729. Cometæ stelle apparuerunt.

730.

731. Karolus vastavit ultra Ligoram.

732. Karolus pugnavit contra Sarecenos.

733. Eclipsis solis facta est.

734. Karolus perrexit in Fresiam.

LAMBERTI ANNALES.

et precibus ad diem pervenit ultimum.

709.

710. Pibbinus major domus regni Francorum perrexit in Alemanniam.

711.

712. Mortuus est Heribertus, rex Langobardorum.

713.

714. Mortuus est Pippinus (73) major domus, cui successit Karolus (74) filius ejus.

715. Mortuus est Dagobertus rex; fuitque pugna Francorum.

716. Pugnavit Karolus contra regem Ratbodum.

717. Pugnavit Karolus contra Francos in dominica die ante pascha.

718. Vastavit Karolus Saxoniam plaga magna. Sanctus (75) Bonifacius ordinatur episcopus 2. Kal. Decembris.

719. Occisio Francorum ad Suessionis civitatem.

720. Pugnavit Karolus contra Saxones.

721.

722. Magna fertilitas facta est.

723. Karolus infirmatur (76).

724.

725. Karolus perrexit Andegavis.

726.

727. Sanctus Egbertus migravit ad Christum.

728.

729. Cometæ stellæ apparuerunt.

730.

731. Karolus vastavit ultra Liguram.

732 (77). Karolus pugnavit contra Sarracenos.

733. Eclipsis facta est solis (78).

734. Karolus perrexit in Fresiam.

(74) K. martellus. 4. vox lineæ superscripta 5.
(75) L. reliqua desunt 2
(76) Hæc desunt 2.
(77) Hæc desunt 2.
(78) Hæc desunt 2.

ANN. QUEDLINB.	ANN. WEISSEMBURG.	LAMBERTI ANNALES.
735. Carolus Wascones vastavit. Beda nobilis presbiter et præclarus doctor obiit.	735. Karolus vastavit Wascones. (736). Beda nobilis et præclarus doctor obiit.	735. Karolus vastavit Wascones. (736). Beda nobilis et præclarus doctor obiit.
736. Initium Herolfesfeldensis monasterii. Audoinus episcopus obiit.	736 (737). Initium Herveldensis monasterii.	736. Initium Herveldensis monasterii.
737. Carolus pugnavit contra Saracenos in Gothia.	737 (738) Karolus pugnavit contra Saracenos in Gothia.	737 (738). Karolus pugnavit contra Sarracenos in Gothia.
738. Carolus Saxoniam iterum introivit, et fecit eos tributarios.	738 (739). Karolus Saxoniam iterum intravit, et fecit eos tributarios.	738 (739). Karolus Saxoniam iterum intravit, et fecit eos tributarios.
739. Carolus Provinciam intravit usque in Massiliam.	739 (740). Karolus Provinciam intravit usque in Massaliam.	739 (740). Karolus Provinciam intravit usque in Massiliam.
740. Pax sine ulla hostilitate.	740.	740.
741. Carolus moritur, filius Pippini; post quem Carolomannus et Pippinus filii ejus regnaverunt.	741. Karolus moritur 24° regni sui anno, post quem Karlmannus et Pippinus filii ejus annis 6 regnaverunt.	741. Karolus obiit, major domus regni Francorum, cui successerunt Karlmannus et Pippinus filii ejus. Initium Altahensis monasterii.
742.	742.	742. Karolus magnus natus est (79). Sanctus Bonifacius cum Karlomanno magnam sinodum habuit (80).
743.	743.	743.
744. Initium Fuldensis monasterii.	744. Inicium Fuldensis monasterii.	744. Initium Fuldensis monasterii.
745.	745.	745.
746. Carolomannus Alamanniam ingreditur. Sanctus Burcardus ordinatus est primus episcopus in Wirzburck. Eodem anno sanctus Wigbertus migravit ad Christum.	746. Sanctus Burgehardus ordinatur episcopus in Wirzeburg.	746. Sanctus Burchardus ordinatus est episcopus primus in Wirziburg.
747. Carolomannus Romam pergens tonsoratur, fratri regnum relinquens.	747. Sanctus Wibertus migravit a seculo, quem sanctus Bonifacius de Brittannia advocavit sibi in solatium prædicationis, et quia eo major natu fuit, summa veneratione illum habuit.	747. Sanctus Wigbertus migravit a seculo. Karlmannus Romæ monachus factus est.
748. Gripho fugit in Saxoniam.	748. Grifo fugit in Saxoniam.	748.
749. Gripho reversus est de Saxonia.	749. Idem reversus de Saxonia.	749.
750. Pippinus decreto Zachariæ papæ per unctionem sancti Bonifacii archiepiscopi rex appellatur, et Hildericus, falso rex vocatus, tonsoratus in monasterium remittitur.	750. Pippinus ex decreto Zachariæ pape per unctionem sancti Bonifacii archiepiscopi rex appellatur; et Hildiricus, falso vocatus rex, tonsoratus in monasterium mittitur.	750. Pippinus decreto Zachariæ papæ per unctionem sancti Bonifacii archiepiscopi rex appellatus est, qui antea major domus vocatus est; et Hildericus rex tonsoratus in monasterium mittitur.
751. Landfridus obiit.	751. Lantfridus mortuus est.	751. Zacharias papa obiit. Stephanus electus est atque occisus; et alter Stephanus electus atque consecratus est.
752. Gripho moritur.	752. Grifo obiit.	752.

(79) L. reliqua desunt 2.
(80) Codex 3 hæc habet : 742. *Karolus magnus natus est. Synodalis conventus habetur Karlomanni et Pippini precepto, sanctique Bonifacii consilio, ubi multi qui capitalis criminis macula diffamati fuerant deponebantur; inter quos episcopus nomine Gewiliob, Mogontinæ civitati prelatus, ob homicidium palam commissum deponebatur. Quo deposito, sanctus Bonifacius a supradictis principibus ecclesiæ Mogontiacensi preficitur. Et ut ejus dignitas eminentior foret, decreverunt idem principes ecclesiam Mogontiacensem, quæ prius Wormatiensi subjecta erat, metropolim omnium in Germania ecclesiarum efficere; moxque legatione facta illud a presule apostolico impetravere. Hi autem sunt pontifices Mogontinæ sedis, antequam archiepiscopatus inibi esset : Crescens, Marinus, Suffronius, Podardus, Rutharius, Aureus martyr, Maximus, Sidonius, Sigemundus, Leodegarius, Becelinus, Lanualdus, Laboaldus, Rigibertus, Geroldus, Gewiliob. Huic sanctus Bonifacius archiepiscopus successit.*

ANN. QUEDLINB.

753. Stephanus papa ad Pippinum in Franciam veniens, defensionem petit contra Haistulfum regem.
754. Stephanus papa duos filios Pippini, Carolum et Carolomannum, unxit in reges.
755. Bonifacius archiepiscopus pro Christi nomine martyrio coronatur, cui Lull successit.
756.
757. Organa venerunt in Franciam.
758. Pippinus Saxonibus superatis tributum imposuit, ut 300 equos singulis solverent annis.
759.
760. Pippinus in Wasconiam venit.
761. 762. 763.
764. Hiems grandis.

765
766.
767.
768. Pippinus rex acquisivit omnem partem Aquitaniæ, et Wifarius est interfectus. Eodem anno Pippinus rex revertens ab Aquitania ad sanctum Dionysium 8 Kal. Octob. obiit, filiis suis Carolomanno et Carolo, qui cognominatur Magnus, regnum relinquens.
769.
770. Hoc anno Berthrad, mater Caroli, filiam Desiderii regis de Italia adduxit in Franciam.
771. Carolomannus frater Caroli obiit, regnum relinquens fratri suo Carolo Magno.
772. Carolus in Saxonia Heresburg expugnat, et fanum eorum, quod vocatur Irminsul, subvertit.
773. Carolus invitatus ab Hadriano papa, Italiam ingrediens Desiderium regem in Papia obsedit.
774. Carolus Papiam cepit, et Desiderium regem in Franciam duxit. Eodem anno Saxones ecclesiam in Fridislare, quam sanctus Bonifacius ædificavit et dedicavit, lignis et igne implentes incendere volebant; sed minime valebant.
775. Carolus Siburck cepit, et juxta Brunesberch Saxones bello

ANN. WEISSEMBURG.

753. Stephanus papa ad Pippinum veniens, defensionem petit contra Haistolfum regem.
754. Stephanus papa duos filios Pippini, Karolum et Karlmannum, unxit in reges.
755. Sanctus Bonifacius martyrio coronatur.
756.
757. Organum venit in Frantiam.
758. Pippinus Saxonibus superatis tributum imposuit, ut 300 equos singulis annis persolvant.
759.
760.
761. 762. 763.
764. Pippinus rex magnum conventum habuit in Carisiago; fuitque hibernus durus.
765. Ruotgangus episcopus corpora sanctorum Gordiani, Naboris et Nazarii de Roma adduxit.
766. Victi sunt Sclavi a Francis.
767.
768. Pippinus rex adquisivit Aquitaniam totam. Eodem anno Pippinus rex ab Aquitania revertens ad sanctum Dionisium, 8 Kal. Oct. obiit, Karlo et Karlmanno regnum relinquens.
769.
770. Berhta regina venit de Italia, et Desiderii regis filiam adduxit in Franciam.
771. Karlomannus rex defunctus est (81). Karlmannus obiit, fratri Karlo regnum relinquens.
772. Karolus in Saxonia Eresburg expugnavit, et fanum eorum, quod vocabatur Irminsul, destruxit.
773. Karolus ab Adriano papa Romam vocatus, Italiam ingrediens regem Desiderium in Papia obsedit.
774. Karolus Papiam cepit, et Desiderium regem in Franciam duxit. Eodem anno Saxones ecclesiam in Frideslare lignis et igne implentes incendere volebant; sed minime valebant.
775.

LAMBERTI ANNALES.

753. Stephanus papa ad Pippinum veniens, defensionem petiit contra Haistulfum regem.
754. Stephanus papa duos filios Pippini Karolum et Karlmannum unxit in reges.
755. Sanctus Bonifacius martyrio coronatur anno peregrinationis suæ 40°.
756.
757 (756). Organa primum missa sunt Pippino de Græcia.
758. Pippinus Saxonibus superatis tributum imposuit, ut 300 equos singulis annis persolverent.
759.
760.
761. 762. 763.
764. Pippinus magnum conventum habuit in Carisiago; fuitque hyems durissima.
765. Ruotgangus episcopus corpora sanctorum Gorgonii, Naboris et Nazarii de Roma advexit.
766. Victi sunt Sclavi in Weidahaburc (82) a Francis.
767.
768. Pippinus rex acquisivit Equitaniam totam, et inde revertens ad sanctum Dionysium, 8. Kal. Octobris obiit, Karolo magno et Karlmanno regnum relinquens.
769.
770. Berhta regina venit de Italia, et Desiderii regis filiam adduxit in Franciam.
771. Karlmannus obiit, fratri Karolo regnum relinquens.
772. Karolus in Saxonia Eresburg expugnavit, et fanum, quod vocabatur Irminsul, destruxit.
773. Karolus ab Adriano papa invitatus, Desiderium regem in Papia obsedit.
774. Karolus Papiam cepit, et Desiderium regem in Franciam duxit. Eodem anno Saxones ecclesiam in Friteslare lignis et igne implentes incendere volebant; sed minime valebant.
775.

---

(81) W. cf. Ann. Weissemb. SS. T. I, p. 111.
(82) An castrum quod urbs Widonis postea vocatur, prope confluentem Salæ et Unstruotæ?

ANN. QUEDLINB.	ANN. WEISSEMBURG.	LAMBERTI ANNALES.
vicit; qui postea Francos in castris juxta Lidbiki nimia cæde prosternunt. Regi vero juxta Ovaceram, Hessi cum suis supplex occurrit.		
776. Saxones, Christiani effecti, Francorum ditioni subduntur. Sed prius Heresburg ceperunt, militibus regis, qui intus erant, interfectis.	776. Saxones, Christiani effecti, sunt Francis subditi.	776. Saxones Christiani effecti sunt.
777. Carolus publicum habuit conventum Padarburnon.	777.	777. (86) Dedicatio ecclesiæ in Ordorf a beato Lullo in honore sancti Petri.
778. Carolo pugnante contra Saracenos, Saxones Longana vastantes, inde Ducciam et Confluentiam, in ecclesiis Dei et sanctimonialibus multa crimina commiserunt.	778. Karolus pugnavit contra Saracenos. Saxones Logonahi vastant.	778. Karolus pugnavit contra Sarracenos, et Saxones Loganichi (87) vastant.
779. Carolus contra Saxones juxta Bocholt pugnavit et vicit.	779.	779. Sturm, abbas Fuldensis cenobii, obiit.
780. Carolus inter Aræ (81-83) et Albiæ confluentiam Saxones baptisari præcepit.	780.	780.
781. Carolus Romam perrexit, et ibi baptisatus est filius ejus Carolomannus, quem Hadrianus papa mutato nomine vocavit Pippinum; et ibi desponsata est filia ejus Ruodrud Constantino imperatori. Eodem anno (84) Carolus de Roma reversus in Franciam, terram Saxonum inter episcopos divisit, et terminos episcopis constituit; et	781. Karolus Romam perrexit, ibique baptizatus est Karlmannus filius ejus, quem Adrianus papa mutato nomine Pippinum vocavit. Ibi quoque desponsata est Ruotdrudis, filia ejus, Constantino.	781. Karolus Romam perrexit, ibique baptizatus est Karlomannus filius ejus, quem Adrianus papa mutato nomine vocavit Pippinum. Ibi quoque desponsata est Ruodrut, filia ejus, Constantino imperatori. Karolus divisit terram inter episcopos in Saxonia (88).

sancto Stephano protomartyri in loco qui dicitur Seliganstedi monasterium construxit, quod postea in locum translatum est qui dicitur Halverstede, ubi nunc est sedes episcopalis. Idque ad corrigendum et propagandum Cathalaunensi episcopo Hildegrimo, qui frater erat beati Liudgeri confessoris, commendavit; hujusque episcopii terminos constituit fluvios Albiam, Salam, Uunstradam, fossam juxta Gronighe, altitudinem sylvæ quæ vocatur Hærtz, Ovaceram, Schuntram, Dasanek, Drichterbiki, Aeleram, Isunnam paludem, quæ dividit Bardangaos et Huutangaos (85), Aram, Millam, Bimam, et Prececkinam, et iterum Albiam.

782. Widekind cum Saxonibus quatuor præfectos Caroli, totumque ejus, paucis evadentibus, exercitum in loco qui dicitur Suntal interfecit.	782. Karoli comites occisi sunt a Saxonibus in loco qui dicitur Sundal.	782. Karoli comites occisi sunt a Saxonibus in loco qui dicitur Suntal.
783. Obiit Hildegard regina, pro qua rex Vastradam duxit. Mater regis Bertrad obiit. (784.) Carolus pugnavit contra Saxones in Thiatmelli et iterum juxta Hasa fluvium.	783. Hildigart regina obiit, cui Fastrad successit.	783. Hildigart regina obiit, cui Fastrat successit.
784 (785). Carolus per Thuringiam intravit Saxoniam, rebelles sibi devastans usque ad villam quæ dicitur Schenighe; et filius ejus Carolus interim pugnavit contra Westfalos in pago qui dicitur Dreini.	784.	784.
785. Postea rex totum illum annum in Saxonia cum exercitu se-	785.	785.

dens, omnia exercitui necessaria Saxones sibi ministrare præcepit. Inde rex Attiniacum reversus, Widikindum sibi huc usque rebellem, et Abbonem, cum sociis eorum, datis sibi obsidibus, in eadem regia villa baptizari præcepit. Quibus baptizatis, tota Saxonia domno Carolo subjugata est. Conjuratio Hardradi comitis et orientalium Francorum sapienter oppressa est.

(81-83) I. e. Oræ.
(84) A. 780. Ann. Laureshamenses p. 31.
(85) In quo Wittingen.
(86) Hæc desunt 2.
(87) Loganabhi 2. langobardorum regnum vastavit ed. 2
(88) L. i. e. in S. anno 779. adjicit 5.

ANN. QUEDLINB.

786. Carolus perrexit in Italiam, et inde Romam. Eclipsis solis facta est 15 Calend. Octobris ab hora diei prima usque ad horam quintam. Multa etiam referuntur signa eodem tempore apparuisse. Signum enim crucis in vestimentis hominum apparuit. Lull archiepiscopus obiit, cui Richolfus successit.

787. Carolus omnem pene Calabriam atque Apuliam in ditionem suscepit.

788. Carolus per Alamanniam pervenit ad fines Bajovariæ, et Tassilo dux Bajoariorum ob infidelitatem de principatu ejicitur et tonsoratur, et Thiado filius ejus similiter, uterque monachi facti.

789. Carolus gentem Vulzorum subegit, qui Lutici vocantur, duobus super Albiæ flumen pontibus factis.

790. Palatium Wormatiæ ignis consumpsit.

791. Carolus Avarorum, id est Hunorum, gentem subegit. Carolus habuit quatuor filios: primum Carolum, Pippinum regem Italiæ, Luothowicum regem Aquitaniæ, Drogonem Metensis ecclesiæ episcopum. Iste vero Pippinus qui in eum conjuraverat, filius illius erat de obscuri generis matre, non ille Pippinus rex.

792. Conjuratio Pippini contra patrem suum Carolum per Fardulfum publicata est; unde ipse Pippinus attonsus in monasterium recluditur, cæterique omnes, alii decollati, alii patibulo suspensi sunt. Et Fardolfo commendavit monasterium sancti Dionysii pro remuneratione.

793. Saxones iterum rebellaverunt, deficientes a fide.

794. Hæresis Feliciana synodo apud Franconfort habita damnata est. Vastrad regina obiit; pro qua rex Liudgardam in conjugium duxit. Et æquivocus ejus pugnavit contra Saxones in Sinadevelde.

795. Carolus in Bardenwick cum exercitu venit.

796. Hadrianus papa Romanus obiit, cui Leo successit. Et Carolus Saxoniam vastat.

797. Carolus iterum cum exercitu Saxoniam invadit, totamque hiemem in Herestelli ducit.

798. Carolus Nordelingos (89), legatorum suorum interfectores, multa cæde prostravit.

799. Leo papa lingua truncata et cæcatus a Romanis et de pontificatu ejectus, videns et loquens venit ad Carolum in Saxoniam,

(89) *Lege* Nordlindos.
(90) C. R. s. *desunt* 2.
(91) L. *hæc desunt* 2.

ANN. WEISSEMBURG.

786. Sanctus Lullus archiepiscopus obiit, et Karolus ad Italiam venit; multa quoque visa sunt prodigia. Signum enim crucis in vestimentis hominum apparuit, et sanguis de cœlo terraque profluxit.

787. Karolus Romam veniens, Beneventum profectus est, monasterium sancti Benedicti adiit; et eclipsis solis facta est.

788.

789. Karolus subegit gentem Wilzorum.

790.

791 (790). Karolus perrexit in Pannoniam. (791.) Karolus subegit gentem Avarorum.

792. Conjuratio Pippini contra patrem suum, quæ per Faldolfum publicata est; unde et Pippinus attonsus in monasterium mittitur, ceterique omnes perditi, alii decollati, alii suspensi miserabiliter sunt mortui, et ipsi Fardalfo datum est cenobium sancti Dionisii.

793.

794.

795. Adrianus papa obiit in nativitate Domini.

796.

797.

798.

799. Leo papa lingua truncata et cecatus et de pontificatu ejectus, videns et loquens in Saxoniam venit ad Karolum, in locum qui dicitur Heristelli.

LAMBERTI ANNALES.

786. Sanctus Lullus archiepiscopus obiit, cui (90) Richolfus successit, et Karolus ad Italiam venit. Multa quoque visa sunt prodigia. Signum enim crucis in vestimentis hominum apparuit, et sanguis e cœlo terraque profluxit.

787. Karolus Romam veniens, Beneventum profectus est, et monasterium sancti Benedicti adiit. Et (91) eclipsis facta est solis.

788.

789. Karolus subegit gentem Wilzorum.

790.

791 (790). Karolus perrexit in Pannoniam. (791). Karolus subegit gentem Avarorum. Et fundata est ecclesia sancti Bonifacii in Fulda.

792. Conjuratio Pippini contra patrem suum, quæ per Fardolfum publicata est. Unde Pippinus attonsus in monasterium mittitur, ceterique omnes perditi, alii decollati, alii suspensi, miserabiliter sunt mortui. Et ipsi Fardolfo datum est cœnobium sancti Dionysii.

793.

794. Hæresis Feliciana dampnata est in synodo Frankenefurt; et Vastrath regina obiit.

795. Adrianus papa obiit in nativitate Domini.

796 (92).

797.

798. Balthart abbas Herveldensis obiit.

799. Leo papa, lingua truncata, excæcatus et de pontificatu ejectus, videns et loquens in Franciam venit ad Karolum, in locum qui dicitur Heristelle.

(92) L. Monasterium sancti Albani Moguntie fundatur a Richolfo archiepiscopo 5. *alia manu.*

ANN. QUEDLINB.	ANN. WEISSEMBURG.	LAMBERTI ANNALES
ad locum qui vocatur Padarburnon; quem rex honorifice susceptum Romam reduci, et omnia sua sibi restitui jubet. Eodem anno Gherald Bajoariæ marchio clarus, et Ericus dux Forojulensis, ab Hunis interfecti sunt.		
800. Carolus dum Thuronicam venisset ad urbem, Liutgard uxor sua præclara illic mortua est. Inde reversus in Franciam, perrexit Romam ad vindicandum Leonem papam.	800.	800.
801. In die natalis Domini ad missam Carolus, imposita sibi a Leone papa corona, imperator et Augustus a Romanis appellatus est, patricii nomine dempto.	801 (800). Karolus a Romanis Augustus appellatus est.	801 (800). Karolus a Romanis Augustus est appellatus.
802. Aaron rex Persarum Jerosolymam subjecit Carolo (93), et misit ei elephantum unum.	802 (801). Amarmurmultus rex Persarum elefantem unum misit cum aliis muneribus Karlo, qui primus Francorum Augusti nomen promeruit.	802 (801). Amarmurmulus rex Persarum elephantum unum cum aliis muneribus Karolo misit.
803. Carolus conventu habito in palatio Saltz, Saxones antiqua libertate donavit, eosque pro conservanda fide catholica ab omni solvit tributo, excepto quod illos omnes, divites ac pauperes, totius suæ culturæ ac nutrituræ decimas Christo et sacerdotibus ejus fideliter reddere jussit.	803.	803. Leo papa iterum venit in Franciam, et Saxones Transalbiani translati sunt in Franciam.
804. Leo papa iterum venit in Franciam. Carolus Saxones Transalbinos, et qui in Wimadi habitabant, transtulit in Franciam, earumque pagos Abodritis dedit.	804 (803). Leo papa iterum venit in Frantiam, et Saxones Transalbani translati sunt in Frantiam.	804 (96).
805. Carolus, filius Caroli, Bohemos cum Francis et Saxonibus devastavit, regemque eorum, Lechonem nomine, occidens, victor ad patrem revertitur.	805. Karlus, Karoli filius, Beheimos vastavit.	805. Karolus, Karoli filius, Becheimos vastavit.
806. Carolus regnum divisit tribus filiis, Pippino, Luthowico, Carolo.	806. Karolus divisit regnum cum testamento inter filios, Ludovicum, Pippinum et Karlum.	806.
807. Mortalitas maxima facta est in Fulda.	807. Mortalitas maxima facta est in Fulda.	807. Mortalitas maxima facta est in Fulda.
808. Carolus junior Linos et Schmeldingos expugnans, victor revertitur ad patrem.	808.	808.
809. Depositio sancti Liudgeri episcopi et confessoris (94).	809.	809.
810. Hoc anno castellum Haboki Albiæ flumini impositum est, et Pippinus filius Caroli imperatoris, rex Italiæ, 8 Id. Jul. obiit, filio suo Bernhardo regnum relinquens. Et filia Caroli Ruotrudis obiit.	810. Maxima mortalitas bovum (95).	810. Hohenburg castellum impositum est Albiæ flumini ab imperatore Karolo contra Danos.
811. Carolus, filius Caroli imperatoris, inter alios sui filios et natu major et patri acceptior, 2 Non. Decemb. obiit.	811.	811. Depositio Liutgeri episcopi.
812. Eclipsis solis post meridiem fuit.	812.	812.
813. Pons apud Mogontiam mense Maio repentino flagravit incendio. Richolfus archiepiscopus obiit, cui Hastulfus successit. Et	813. Pons apud Mogontiam incendio periit.	813. Richolfus archiepiscopus Moguntinensis obiit, cui Haistolfus (97) successit; et pons apud Magontiam incendio periit.

(93) Ex Einhardi Vita Caroli et poeta Saxone.
(94) Q. ita L. confessio 1.
(95) W. bonum c. bovum etiam Ann. Laurissenses minores, nostrorum hoc loco fontes, legunt.
(96) L. Gangolfus abbas Fuldensis obiit; Ratgarius successit 5. alia manu.
(97) Haistulfus 1. c. h. s. desunt. 2.

ANN. QUEDLINB.

imperator filium suum Ludovicum, imposita sibi corona, totius consortem sibi imperii fecit.

814. Carolus imperator magnus et Saxonum apostolus (98) 5 Calend. Februarii obiit, aetatis suae anno 71, regni autem 47, imperii vero 14; cui filius suus Ludovicus, qui cognominatur Pius, successit in regnum.

ANNALES HILDESHEIMENSES.

815. Anno 3 Hludowici factum est concilium magnum in Aquisgrani in mense Augusto, et praeceptum est ut monachi omnes cursum sancti Benedicti cantarent ordine regulari. Et duo codices scripti sunt, unus de vita clericorum, et alter de vita nonnarum. Eo anno Leo papa obiit, et ordinatus est Stephanus pro eo in episcopatum Romane Ecclesie; qui in mense Octimbre venit ad Hludowicum (99) imperatorem civitatem Remis, et reversus est in pace. Biego de amicis regis, qui et filiam imperatoris nomine Elpheid duxit uxorem, eo tempore defunctus est.

816. Anno 4, conventum suum habuit Hludowicus imperator cum Francis, in Aquisgrani palacii mense Junio, et jejunio indicto ordinatus est filius Hlotharius in imperatorem, ut consors regni fieret cum patre. Eo anno Stephanus papa decessit, cui successit Paschalis in pontificatu.

817. Bernardus quoque, rex Italie, sedicionem levavit contra imperatorem; et Hludowicus Augustus Italiam cum exercitu perrexit.

818. Anno 6 Hludowici imperatoris, hoc est anno Dominicae Incarnationis 818 in Brittannia Mormannum regem vicit.

819. Imperator anno 7 regni sui Judith, filiam Welphi, duxit in uxorem; et basilica Fuldensis coenobii dedicata est. Post hec annis quattuor requievit, et nihil historiae factum est.

820.

821.
822.
823.

824. Anno vero 12 regni imperatoris, hoc est anno 824 Dominicae Incarnationis, secunda expedicio facta est contra Wiomarcum regem, et Brittanniam vastat.

825. Wiomarcus anno 13 imperatoris in domo propria occisus est ab hominibus Landberti; et Heistolfus archiepiscopus obiit.

(98) *Poeta Saxo.*
(99) Hluchicum *superaddito* do *c.*
(100) Ex Einh. Ann., a. 825.

ANN. WEISSEMBURG.

814. Karolus imperator obiit; cui Ludowicus successit.

ANNALES QUEDLINBURGENSES.

815. Consilio episcoporum Ludewicus praecepit ut omnes monachi cursum sancti Benedicti cantarent.

816. Ludovicus imperator Aquisgrani magnam habuit synodum. Ibique constituit regulam canonicorum.

817. Conjuratio Bernhardi, fratruelis sui, contra regem Ludovicum.

818. Ludowicus imperator Bernhardum regem, fratris sui Pippini filium, excaecari jussit; deinde compunctus, publicam egit poenitentiam. Irmingard quoque uxor sua 5 Non. Octobr. obiit. Ecclipsis solis 8 Id. Jul. facta est. Vuldensis basilica dedicatur.

819. Imperator Ludovicus Judith, filiam Welphi, duxit in uxorem.

820. Isto anno aeris intemperies hominibus et jumentis pestem infudit, omnesque pene fructus consumpsit.

821.
822.
823. Ludovicus imperator fratrem suum Drugonem Metensis ecclesiae episcopum supposuit. Inchoatio Corbeiae novae monasterii.

824. In territorio Tullense puella quaedam annorum 12 post eucharistiam, quam in pascha perceperat, primo pane, deinde omni cibo potuque pleno triennio (100) abstinuit; et in Saxonia in pago Virsedi 26 villas fulgur consumpsit. In territorio Augustodunense ingens fragmentum ex glacie simul cum grandine decidit, cujus longitudo 15, latitudo 7, crassitudo duos pedes habuisse dicitur.

825. Haistolfus archiepiscopus obiit, cui Othgerus successit.

LAMBERTI ANNALES.

814 Karolus magnus imperator obiit; cui Ludowicus successit, qui episcopatum in Hiltinesheim construxit.

ANNALES WEISSEMBURGENSES.

815. Decretum est, ut omnes monachi cursum sancti Benedicti cantarent.

816.

817.

818. Ludowicus imperator in Brittannia Mormannum regem vicit.

819. Ludowicus caesar Judit, filiam Welphi, uxorem accepit.

820.

821.
822.
823.

824. Ludowicus Augustus contra Wiomarcum regem pugnavit, et Brittanniam vastavit.

825. Wiomarcus occidebatur in domo propria.

LAMBERTI ANNALES.

815. Baugolfus abbas Fuldensis obiit. Et praeceptum est ut omnes monachi cantarent cursum sancti Benedicti.

816.

817. Ludowicus imperator Aquisgrani habuit synodum, ibique ordinavit vitam monachorum.

818. Ludowicus imperator in Britannia Normannum regem vicit.

819. Ludowicus Judith, filiam Welfi, in uxorem accepit; et in Fulda dedicata est ecclesia.

820.

821 (101).
822. Inchoatio monasterii novae Corbeiae.
823.

824. Lodowicus contra Wivomarcum regem pugnavit, et Britanniam vastavit.

825. Wivomarcus occisus est in domo propria; et Haistolfus Moguntiae archiepiscopus obiit, cui Otgarius (102) successit.

(101) Ratgarius abbas Fuldensis obiit. Egil successit annis quinque 5. *alia manu.*
(102) Rabanus fit abbas 5. *alia manu.*

ANNALES HILDESHEIMENSES.	ANNALES QUEDLINBURGENSES.
826. Anno 14 Hludowici Hiltwinus abbas ossa sancti Sebastiani in Galliam transtulit.	826.
827. Imperatoris anno 15, et Incarnationis Dominicæ 827, Sarraceni fines Barcinonensium et Gerundensium vastant.	827. Hildegrimus episcopus (106) senior obiit. Cui Thiatgrimus successit.
828.	828.
829.	829. Pretiosa corpora sancti Valentis et Senesii in Augeam insulam venerunt 5 Id. Aprilis.
	PARS ALTERA
830.	830. Ludovicus imperator depositus est de solio a filiis suis, Lothario, Ludovico, Carolo.
831 Incarnationis Dominicæ, et 19 regni Ludowici, Bun abba Herfeldensis, et Rabanus abba Fuldensis, fundamentum ecclesiæ sancti Wigberti fodere ceperunt in 6 Id. Jul. in 2 feria.	831.
832. Ludowicus filius imperatoris anno regni ejus 20 conjurationem fecit contra patrem suum apud Longobardonheim (103).	832. Conjuratio Ludovici contra patrem suum.
833. Regnum Francorum ad Lotharium imperatorem conversum est.	833. Regnum Francorum ad Lotharium imperatorem conversum est.
834. Anno 22 regni Ludowici, Pippinus et Ludowicus frater ejus restituerunt patrem suum in regnum ejus.	834. Pippinus et Ludovicus, frater ejus, in regnum ejus restituerunt patrem suum.
835.	835.
836.	836.
837.	837.
838, regni vero Ludowici 26, iterum conjuratio apud Franconofort Ludowici junioris; et conversum est regnum ad patrem ejus.	838. Item conjuratio apud Frankenfort Ludovici, et conversum est regnum ad patrem ejus.
839, imperatoris anno 27, ventus ingens innumera ædificia subvertit, et multa dampna effecta sunt in 6 Non. Novembris.	839. Ventus ingens innumera subvertit ædificia, et multa damna effecta sunt in 4 Novembris.
840. Ludowicus imperator insequendo filium venit ad Herolfesfeldi monasterium in 6 Idus Aprilis, statimque eodem anno in 12 Kal. Julii obiit, regni videlicet ipsius 28. Cui Ludowicus filius ejus successit.	840. Ludovicus imperator insequendo filium venit Herolfesfeld monasterium in 6 Id. Aprilis. Statim eodem anno in 12 Calend. Jul. obiit, cui Ludovicus filius ejus successit. Thiatgrimus episcopus (106) obiit, cui Heinmo successit.
841, regni vero Ludowici junioris 2, Adalbertus comes occisus est : et infelix bellum Lotharii contra fratres suos Ludowicum et Karolum.	841. Adelbertus comes est occisus ; et infelix bellum Lotarii contra fratres suos Ludovicum et Carolum factum est.
842. Rabanus, abba Fuldensis cœnobii, expulsus de monasterio, et Lotharius de regno, anno Ludowici (104)...	842. Rabonus, Fuldensis cœnobii abbas, expulsus est de monasterio, et Lotharius de regno.
843. Hoc anno facta est pax inter Lotharium, et Ludowicum et Karolum, fratres suos.	843. Hoc anno facta est pax inter Lotharium, et Ludovicum et Carolum, fratres suos.
844. Lotharius rex cum orientalibus Francis venit in Sclaviam, et eorum regem Gestimulum occidit ceterosque sibi subegit.	844. Lotharius rex cum orientalibus Francis venit in Sclaviam, et regem eorum Gestimulum occidit, cæterosque sibi subegit. Dedicatio ecclesiæ novæ Corbeiæ.
845. Hoc anno monachi de Herolfesfelde cum Otgario episcopo reconciliati sunt, et eodem anno Ludowicus (105) imperator ad idem monasterium venit in 2 Kal. Novembris, et privilegia et munitates monachis donavit et sigillo munivit.	845. Hoc anno monachi de Herolfesfelde cum Otkario episcopo reconciliati sunt. Hoc etiam anno Ludovicus rex ad idem monasterium venit 2 Cal. Novembris, et privilegia et immunitates monachis donavit, et suo sigillo munivit.

(103) Lampertheim. SS. T. I. 425.
(104) H. numerus deest.
(105) Legendum Hludowicus. Hic locus ita vi-

tiatus Annalibus Corbeiensibus sæculo XII illatus est.
(106) Halberstadensis.

ANNALES WEISSEMBURGENSES.	LAMBERTI ANNALES.
826. Hildewinus ossa sancti Sebastiani in Galliam transtulit.	826. Hiltwinus ossa sancti Sebastiani in Galliam transtulit.
827.	827.
828.	828.
829.	829. Ludowicus imperator depositus est a filiis suis Lothario, Ludowico et Karolo.

GENUINA A. 830-973

830.	830.
831.	831 (107). Bun et Raban abbates fundamentum ecclesiae sancti Wigberti foderunt 6 Idus (108) Julii, secunda feria.
832. Conjuratio Ludowici contra patrem suum.	832. [Corpus sancti Aurelii in Germaniam delatum est, et Hirsaugia fundata.] Conjuratio Ludowici contra patrem suum.
833. Regnum Francorum ad Lotharium est conversum.	833. Regnum Francorum ad Lotharium est conversum.
834. Pippinus et Ludowicus patrem suum constituerunt in regnum.	834. Pippinus et Ludowicus patrem suum restituerunt in regnum.
835.	835.
836.	836. [Otgarius (109) archiep. ossa S. Severi episcopi sibi delata transtulit in Erphesfurt, Thuringiae civitatem, et in alto monasterio reposuit 11 Kal. Nov. 5.]
837.	837.
838. Conjuratio Ludowici iterum ad Franconofurt, et conversum est regnum ad patrem ejus.	838. Conjuratio Ludowici iterum ad Franconefurt, et conversum est regnum ad patrem ejus.
839.	839.
840. Ludowicus imperator insequendo filium venit ad Herolfesfelt.	840. Ludowicus insequendo filium venit ad Herolfesfelt monasterium 6 Idus Aprilis. Ludowicus imperator obiit; cui filius ejus Ludowicus successit.
841. Lutharius bellavit contra fratres suos Ludovicum et Karlum, et Adelbertus comes occisus est.	841. Lutharius bellavit contra fratres suos Ludowicum et Karolum; in quo proelio pene ad internecionem deleti sunt Franci, et Lutharius victus est; ubi et Adelbertus comes occisus est.
842. Lutheri expulsus est a regno.	842. Lutheri expulsus est a regno, et Raban abbas de monasterio.
843. Lutharius, Ludowicus et Karlus pacem fecerunt.	843. Lutheri, Ludowicus, et Karolus pacem fecerunt.
844. Lutharius rex regem Sclavorum Gestimulum occidit, caeterosque sibi subegit.	844. Lutharius rex regem Sclavorum Gestimulum occidit.
845. Ludovicus imperator venit ad Herolfesfelt, et privilegia monachis dedit, suoque sigillo munivit.	845. Ludowicus venit ad Herolfesfelt 2 Kalendas Novembris, et privilegia monachis dedit suoque sigillo munivit. Monachi quoque ejusdem Herveldensis monasterii reconciliati sunt cum Otgario archiepiscopo de decimis frugum et porcorum ex terra Thuringorum per fideles legatos domni Ludowici Augusti, episcopos (110) videlicet et praesides.

(107) Haec desunt 3.
(108) VII. die julii 5.
(109) Otgarius archiepiscopus transtulit sanctum Severum ad Franckfurt 6.
(110) Episcopos monasteriorum et pr. 1.

ANNALES HILDESHEIMENSES.

846. Ludowicus, filius Ludowici, Pannoniam subegit, et Behemos domum rediens vastavit.

847. Otger archiepiscopus obiit, cui Rabanus abbas Fuldensis successit.

848. Ludowicus apud Mogontiam habito concilio sinodali, ibique Godescalcus hereticus convictus et damnatus est.

849.

850. Hoc anno 5 Kal. Novembris ecclesia sancti Wigberti (111) dedicata est a Rabano, Mogontiacensis ecclesiae archiepiscopo.

851

852

853.

854.

855. Ludowicus rex cum magno exercitu perrexit contra Ratzidum regem Marahensium; et eodem anno ecclesia sancti Kiliani in Wirzeburg fulminibus exusta est. Lutharius rex tonsuram et monachicum habitum suscepit moriturus.

856. Rabanus archiepiscopus obiit; cui Karolus successit.

857. Karolus apud Mogontiam magnam sinodum congregavit.

858. Ludowicus filium suum Ludowicum cum magno exercitu misit ad Abotritos.

859. Ludowicus, Karolus, et Lutharius cum juramento invicem pacem firmaverunt.

860.

861. Udo, Ernust, Bernger, comites, et Waldo abba (112), honoribus depositi.

862. Fames magna et morbus in Germania et in aliis partibus Europae.

863. Karolus archiepiscopus obiit; cui Lultbertus successit.

864. Ludowicus rex Francorum Ratzidum regem Marahensium sibi subegit.

865. Subitaneum diluvium et vehemens grando fruges assumpsit.

866.

867. Ventus ingens cum turbine multa edificia stravit.

868. Fames valida et vehemens tam Germaniam quam ceteras Europae provincias nimium afflixit.

869. Lutheri rex a Benevento reversus, qui ob fratris sui discordiam Ludowici perrexit, Romam venit, ibique ab Adriano papa dampnatus, domum rediens cum suis pene omnibus periit. Et eodem anno Thiodo, abba Fuldensis monasterii, depositus, et vir venerabilis et religiosus Sigihart electus est.

(111) Herolfesfeldensis.
(112) Swarzahensis ad Rhenum v. SS. I. 374.

ANNALES QUEDLINBURGENSES.

846. Ludovicus rex, filius Ludovici, Pannoniam subegit, et Bohemos domum rediens vastavit.

847. Otker archiepiscopus obiit; cui Rabanus, abbas Fuldensis monasterii, successit.

848. Ludovicus rex apud Moguntiam habet concilium synodale, ibique Ghodeschalck haereticus convictus est et damnatus.

849.

850 (849). Basilica sancti Wicberti confessoris dedicata est.

851.

852. Inchoatio Gandesheimensis monasterii in antiquiori loco, et adventus sanctorum confessorum Anastasii atque Innocentii.

853. Haymo episcopus obiit; cui Hildegrimus junior successit.

854.

855. Ecclesia sancti Kiliani in Wirtzeburg fulminibus exusta est. Lotharius rex tonsuram et monachicum habitum suscepit moriturus.

856. Leo papa obiit, et Rabonus archiepiscopus, cui Carolus successit.

857. Carolus archiepiscopus apud Moguntiam magnam synodum congregavit.

858. Ludovicus filium suum Ludovicum cum magno exercitu misit ad Abodritos.

859. Ludovicus et Carolus et Lotharius, filii Lotharii fratris ejus (113), cum juramento invicem pacem affirmaverunt.

860. Maginradus heremita martirizatus est.

861.

862. Fames magna et morbus in Germania et in aliis partibus Europae.

863. Carolus archiepiscopus obiit. Cui Lutbertus successit.

864.

865. Subitaneum diluvium et vehemens grando fruges absumpsit; Anscarius episcopus obiit.

866. Nicolaus papa obiit.

867. Ventus ingens cum turbine multa aedificia stravit.

868. Fames valida et vehemens tam Germaniam quam caeteras Europae provincias nimium afflixit.

869. Lutheri rex a Benevento reversus, quo ob fratris sui discordiam Ludovici perrexit, Romam venit, ibique ab Hadriano papa damnatus, domum rediens cum suis pene omnibus periit.

(113) I. e. Hludowici Germaniae regis.

ANNALES WEISSEMBURGENSES.

846. Ludowicus, filius Ludowici, Pannoniam subegit, et Beheimos domum rediens vastavit.

847. Otgarius archiepiscopus obiit; cui Rabanus successit.

848. Ludowico ad Mogontiam habito sinodali concilio, Godescalcus hereticus est dampnatus.

849.
850

851. Irmingardis regina obiit.
852.

853.
854.
855. Ludowicus rex cum exercitu magno perrexit contra Ratzidum regem Marahensum. Lutharius etiam rex tonsuram et monachicum habitum suscepit, mortuus (114).
856. Rabanus archiepiscopus obiit; cui Karlus successit.
857. Karlus archiepiscopus in Mogontia sinodum magnam habuit.
858. Ludowicus rex Ludowicum, filium suum, cum exercitu magno misit ad Habitritos.

859. Ludowicus et Karolus atque Lutharius, filius Lutharii fratris eorum, cum juramento pacem fecerunt.
860. Hiemps magna et mortalitas animalium.
861. Udo, B renger atque Ernost depositi honoribus.
862.
863. Karlus episcopus obiit, et Liutberthus successit.
864. Ludowicus rex Radzidum, regem Marahensium, sibi subegit.
865.

866.
867.

868.

869. Lutheri rex a Benevento reversus Romam venit, ibique ab Adriano dampnatus, domum rediens pene cum suis omnibus periit. Eodem anno Thiodo, abbas Fuldensis, depositus, et Sigihardus electus est (114*) valde religiosus.

(114) *Lege* moriturus.
(114*) *Vox vir deest.*
(115) *Haec desunt* 5.

PATROL. CXLI.

LAMBERTI ANNALES.

846. Ludowicus, filius Ludowici, Pannoniam subegit, et Beheimos domum rediens vastavit. Bun abbas Herveldensis obiit, cui Brunwart successit.
847. Otgarius archiepiscopus Moguntie obiit, cui abbas Fuldensis Rabanus successit. Abbatiam Waldo suscepit.
848. Ad Mogontiam habito sinodali concilio, Gotescalc haereticus dampnatus est.

849.
850 (115). Dedicata est ecclesia sancti Wigberti 5. Kalendas Novembris a Rabano Mogontiacensi archiepiscopo.
851.
852. Translatio sancti Lulli in coena Domini.

853.
854.
855. Ludowicus rex cum magno exercitu perrexit contra Ratzidum regem Maruhensium. Lutharius etiam rex tonsuram et monachicum habitum suscepit moriturus in Promia.
856. Rabanus archiepiscopus Mogontiacensis (115*) obiit; cui Karolus successit.
857. Karolus archiepiscopus, in Mogontia magnam synodum habuit.
858. Ludowicus rex Ludowicum filium suum misit cum exercitu magno ad Abitritos. [Karolus archiepiscopus quandam partem de reliquiis sanctae Innocentiae transtulit ad (116) Erphesphurt. 1 3.]
859. Ludowicus et Karolus atque Lutharius, filius Lutharii fratris eorum, cum juramento pacem fecerunt.
860.
861. Udo, Ernost, Berngerus, comites, et Waldo, abbas Fuldensis, honoribus depositi sunt; Thiodo abbas successit.
862.
863. Karolus archiepiscopus [Mogontiacensis 3 4. 5.] obiit; cui Liutbertus successit.
864. Ludowicus rex Ratzidum, regem Marahensium, sibi subegit.
865.

866.
867.

868.

869. Lutheri rex a Benevento reversus Romam venit, ibique ab Adriano dampnatus est. Qui domum rediens, pene cum suis omnibus periit. Eodem anno Thiodo, abbas Fuldensis, depositus, et S gehardus electus est, vir religiosus.

(115*) *Deest* 1. 2. 6.
(116) *Deest* 5.

ANNALES HILDESHEIMENSES.

870.

871. Thiodo abba supradictus obiit.

872. Æstatis fervor inmanis et siccitas nimia totos pene perdidit fructus, plurimæque domus cum hominibus et animalibus fulminibus incensæ et exustæ sunt. *Obiit Adrianus papa, Johannes successit* (116*). Et eodem anno in ictione 5. in Kalendas Novembris dedicata est æcclesia sanctæ Mariæ in Hildenesheim a venerabilibus episcopis, Alfrido ejusdem æcclesiæ episcopo, et Rimberto (117), atque Theodrico (118), sed et Liuthardo (119), cum interventione religiosi abbatis Adalgarii (120) monachorumque et canonicorum.

873. Fames magna invaluit in Germania, et incredibilis multitudo locustarum venit.

874.

875. Ludowicus rex obiit anno regni sui 35. Alfridus episcopus obiit. *Post* (121) *Alfridum Ludolfus monachus Chorbeiensis eligitur, sed subitanea morte aufertur. Post hunc Marcwardus successit, qui, a Sclavis interfectus, quarto anno decessit.*

876. Bellum juxta Andarnacha inter Karolum et Ludowicum, fratris sui Ludowici filium, successorem regni.

877.

878. Hoc anno eclipsis solis fiebat.

879. Ludowicus, filius Ludowici obiit anno quinto regni sui, cui successit Karolus. Et eodem anno Karlomannus paralisis morbo periit.

880. (122) *Wicbertus episcopus* (123) *eligitur.*

881. 882. 883. 884.

885. Hoc anno Vulferi episcopus (124) cum aliis multis occisus est a Sclavis.

886.

887. Karolus veniens in Triburias; et cum placitum haberet post festivitatem sancti Martini, conspiratione facta adversus eum, orientales Franci reliquerunt eum, et elegerunt Arnulfum in regem, et Karolus subjicit se (125) Arnulfo.

888. Karolus obiit, et Arnulfus rex electus.

889.

890. Liutbertus archiepiscopus obiit, cui Sunderolt successit.

891. Sunderolt archiepiscopus occisus est, cui Hatto successit.

892. Arn episcopus (126) occisus est.

893. Factum est bellum magnum inter Bawarios et Ungarios.

894. 895.

896. Arnulfus rex Romam veniens, imperator factus est.

897. 898.

899. Arnulfus imperator obiit, cui Ludowicus, filius ejus, succesit.

900.

901. Hardarat abba obiit, cui Thiothart successit.

902. Sclavi vastaverunt Saxoniam.

903. Eberhart et Adalhart atque Heinric occisi sunt.

904.

(116*) O. A. p. l. s. *manu alia adjecta.*
(117) Bremensi.
(118) Mindensi.
(119) Paderbornensi.
(120) Corbeiensi.
(121) *Reliqua hujus anni manu secunda sed sæculi X.*

ANNALES QUEDLINBURGENSES.

870.

871.

872 (127). Ictu fulminis Wormatia comburitur. Æstatis fervor immanis et siccitas nimia totos pene perdidit fructus, plurimæque domus cum hominibus et animalibus, fulminibus incensæ, exustæ sunt. Dedicatio ecclesiæ sanctæ Mariæ in Hildesheim per Altfridum episcopum.

873. Fames magna invaluit in Germania, et incredibilis multitudo locustarum venit (128).

874.

875.

876.

877.

878.

879.

880.

881. 882. 883. 884.

885.

886.

887.

888.

889

890.

891.

892.

893.

894. 895.

896.

897. 898.

899.

900.

901.

902.

903.

904.

(122) *Manu secunda.*
(123) Hildesheimensis.
(124) Mindensis.
(125) E *abcisum.*
(126) Wizburgensis.
(127) A. 873 Ann. Augienses.
(128) 1. v. *desunt quorum loco, etc., habet c.*

ANNALES WEISSEMBURGENSES.	LAMBERTI ANNALES.
870.	870.
871.	871.
872.	872.
873.	873.
874.	874.
875. Ludowicus rex, filius Lotharii, obiit.	875. Ludowicus rex obiit; cui filius ejus Ludowicus successit. Brunwart Herveldensis abbas obiit; cui Druogo successit.
876. Bellum juxta Andarnacha factum est inter Karlum et Lodowicum, Ludowici filium, successorem regni.	876. Pugna juxta Andarnaha facta est inter Karolum et Ludowicum, Ludowici regis filium.
877.	877.
878.	878.
879. Ludowicus, filius Karli, obiit.	879. Ludowicus rex, filius Ludowici regis, obiit; cui frater ejus Karolus successit.
880.	880.
881. 882. 883. 884.	881. 882. 883. 884.
885.	885.
886.	886.
887. Karlus est de regno ejectus, atque Arnoldus electus.	887. Karolus de regno est ejectus, et Arnoldus electus.
888. Karlus obiit.	888. Karolus obiit.
889.	889.
890. Liutpertus archiepiscopus obiit, et Sunderoldus successit.	890. Liutbertus archiepiscopus [Mogontiacensis 3. 4. 5.] obiit; cui Sunderolt successit.
891. Sunderoldus, archiepiscopus occisus est, et Fridericus (129) successit.	891. Sunderolt, archiepiscopus Mogontiae, occisus est; cui Hatto successit.
892. Arn episcopus est occisus, et Haltrat (130) abbas obiit.	892. Arn episcopus [Herbipolensis 3. 4. 6.] occisus est. Et Druogo abbas Herveldensis obiit; cui Harderat successit.
893.	893. Praelium magnum factum est inter Bajoarios et Ungarios.
894. 895.	894. 895.
896. Arnoldus imperator est appellatus.	896. Arnoldus Romae imperator factus est.
897. 898.	897. 898.
899. Arnoldus rex obiit, cui Ludowicus, filius ejus, successit.	899. Arnoldus imperator obiit; cui Ludowicus, filius ejus, successit.
900.	900.
901.	901. Harderat, abbas Herveldensis, obiit; cui Diethart successit.
902.	902. Sclavi vastaverunt Saxoniam.
903.	903. Adelbrath, et Eberhart, et Heinrich occisi sunt.
904.	904.

(129) W. *Lege* Hatto.

(130) *Legendum videtur* Druogo.

ANNALES HILDESHEIMENSES.

905. Cnonradus comes occisus est cum aliis multis.
906. Ungarii vastaverunt Saxoniam.
907. Adalbertus decollatus est a Ludowico rege.

908. Liudboldus dux cum aliis multis interfectus est ab Ungariis.
909. Burghart, dux Thuringorum, occisus est ab Ungariis.
910. Ludowicus rex pugnavit contra Ungarios.

911 Ungarii vastaverunt Franciam et Thuringiam.
912. (131) *Loudewicus rex obiit; cui Chounradus, dux Francorum, in regnum successit.*
913.

914. Otto comes Saxonicus obiit (132).
915. Ungarii vastantes omnia, venerunt usque ad (133) Fuldam.
916.
917.
918.
919. Kuonradus rex obiit, et Heinricus Saxonicus successit in regnum.

920.

921. 922.
923. Haicho abba (134) obiit, et Hildibrat electus est.
924 (135). *Herigerus archiepiscopus cessit; Hildibertus successit.*

925.
926 (136). *Turris Gandesheim dedicata est a Sehardo episcopo.*
927. Thiothart junior abba electus est cum consensu senioris; *et* (137) *Rothsuit* (138) *Gandesheim abbatissa obiit; cui Wildigrat mediante Sehardo episcopo successit.*
928. Idem Thiathart junior episcopus ordinatus est (139) *post Sehardum*, et Burghart abba electus.
929.

(131) H. *Hæc alia manu sæculi XI. scripta sunt.*
(132) *Obitus Theodorici margravii manu sæculi* XV. adscripta.
(133) *Adjecta vox manu coæva.*
(134) Fuldensis.
(135) H. *anni 924 et 926 alia manu sæculi X. in*

ANNALES QUEDLINBURGENSES.

905.
906.
907.

908.
909.

910. Franci ab Ungaris occisi et fugati sunt (139).

911. Ludovicus rex obiit; cui Conradus successit.

912. Ungari vastaverunt Franciam et Thuringiam. Et cometæ apparuerunt. Hatto archiepiscopus obiit.
913. Otto ducum præcipuus, de quo, velut fertilissimo quodam stemmate, imperatoria illa Ottonum propago, totius Europæ terminis non modicum profutura, processit, eous limosæ molis abjecit. Domina Oda, mater scilicet ipsius, obiit anno 107. vitæ suæ. Otto rex et imperator futurus natus est.
914.
915.
916. Ungari, Saxonia vastata et cunctis circumquaque direptis, venerunt usque ad Fuldam.
917. Erchancharius, Berthardus, et Lutfridus capite plectuntur.
918. Einhardus episcopus (140) occiditur.
919. Conradus rex moriens, quem non propinquitatis suæ jura, sed invictæ fidei eximiæque virtutis munia præ cæteris admodum commendaverant, sceptris ac regno Heinricum feliciter potiturum, sibi succedere deliberavit, hisque rite per omnia dispositis, viam totius carnis ingreditur.
920. Post excessum Conradi regis præfatus Saxoniæ ducis filius ac Franciæ dominus Heinricus, communi senatus ac plebis assensu electus et unctus in regem, quanta terra marique victoria deinde nituerit, quanta domi militiæque subjectos industria rexerit, dictis ac scriptis inexplicabile constat.
921. 922.
923. Sigismundus Halverstadensis episcopus obiit. Cui Bernhardus in episcopatu successit, ejusque successor Hildewardus nascitur.
924. Hermannus Coloniæ archiepiscopus obiit.

925.
926.
227.

928.
929. Otto rex Editham, filiam regis Anglorum, matrimonio sibi jungendam Saxoniæ advexit.

serta.
(136) Et — successit *manu qua anni 924 et 926.*
(137) *Ita ant* Ruthsuit *legitur.*
(138) E. p. S. *manu sæc. X ut* 924.
(139) Q. *Hæc manu 2. anno 911 adscripta sunt.*
(140) Spirensis?

ANNALES WEISSEMBURGENSES.

905. Cuonrat comes occisus est ab Adelberto.

906. Ungarii vastaverunt Saxoniam.
907. Adelbertus comes decollatus est, jubente Ludowico rege.
908. Liutboldus dux occisus est ab Ungariis.

909. Burghardus, dux Thuringorum, occisus est ab Ungariis.
910. Ludowicus rex pugnavit cum Ungariis.

911. Ungarii vastaverunt Franciam.

912. Ludowicus rex obiit; cui Conradus successit.

913.

914. Otto Saxonicus dux obiit.
915. Ungarii vastando venerunt usque Fuldam.

916.
917.
918.
919. Cuonradus rex obiit, cui Heinricus successit.

920.

921. 922.
923.

924.

925.
926.

927.

928.

929.

(141) L. deest 1.

LAMBERTI ANNALES.

905 Cuonrat comes occisus est ab Adelberto.

906. Ungarii vastaverunt Saxoniam.
907. Adelbertus comes occisus est, jubente Ludowico rege.
908. Liutboldus dux occisus est ab Ungariis.

909. Burchardus, dux Thuringorum, occisus est ab Ungariis.
910. Ludowicus rex pugnavit cum Ungariis, et victus est.

911. Ungarii vastaverunt Franciam.

912. Ludowicus rex obiit; cui Cuonradus successit. Hatto archiepiscopus Mogontiacensis obiit; cui Hereger successit.
913.

914. Otto Saxonicus comes obiit.
915. Ungarii vastando venerunt usque in Fuldam.

916.
917.
918. Cuonradus rex fuit in Herolfesfelde.
919. Cuonradus rex obiit; cui Heinricus Saxo successit.

920.

921. 922.
923.

924. Hereger archiepiscopus Mogontiacensis (141) obiit; cui Hildibertus [abbas Fuldensis I. 4. 5.] successit. [Abbatiam suscepit Hadamarus I. 4. 5.]
925.
926.

927. Diethardus junior abbas Herveldensis factus est, cum senioris Diothardi consilio (142).

928. Diethardus abbas junior [Herveldensis 4. 5.] episcopus [Hildesemensis 4. 5.] ordinatus, et Burchardus abbas electus est.
929.

(142) Consensu 2. 6

ANNALES HILDESHEIMENSES.

930. Thiothart senior abba obiit.

sissime vicerunt, prostratis Sclavorum 120 milibus,
bus comitibus Lulhariis cum quibusdam aliis amissis

931. Heinricus rex Abotritos subegit.

932. Heinricus rex fuit in Lonsicin (143). Et
Thiodo obiit, cui Burchart successit.

933. Meingoz abba eligebatur.

934. Heinricus rex in Wocronin (144) cum exercitu fuit.

935.

936 (935) (145). Magna sinodus fuit in Erpesfort.
Et in eodem anno Heinricus rex obiit; cui Otto,
filius ejus, successit in regnum (146).

regina, obeunte conjuge suo, praefato scilicet rege
ipse prius decreverat, sancta devotione construere
viribus fovet. Ibi, quia bene nata raro ac difficillime
ingenuitatis, tirunculas canonicae religioni rite deservituras
istius caducae, materno more, spiritualium nec non

957 (936). Otto rex fuit in Herolfesfelde; et aecclesia sancti Bonifacii exusta est.

revelante regi, illa iniqua conspiratio sapienter oppressa est. Nam Tancmer miserabiliter occisus, alii
autem truncati, suspensi sunt. Everhardus privatus honore, degradatus est; Wigman vero supplicando
pedibus regis, reconciliatus est. In eadem tempestate venientes Ungari, vastaverunt Thuringiam;
deinde in Saxoniam, ibique in paludibus caeterisque difficultatibus perierunt. Alia autem pars nefandi
exercitus fugiendo in terram suam reversi sunt. Eodem anno Hildebertus archiepiscopus Moguntinus
obiit, eique Fridericus successit.

938 (937). Eberhart comes Heinricum, filium
Heinrici regis, captum projecit in vincula.

939 (938). Eberhart et Gisilbrat interfecti sunt.

Eburhardus dux Francorum, atque Gisilbrachtus comes Luthariorum, congregato nefando exercitu
transeuntes Rhenum, maximam partem regni depopulati sunt. Cum autem reversi sunt gratulabundi,
nunciatum est Udoni amico regis; qui cum suis repetente irruens in eos, Eburhardum in ipsa ripa
fluminis hostiliter, uti dignus erat, occiderunt; Gisilbrecht autem in brevi fluminis voragine dimersus,
et qui cum illo erant, simul interierunt. Heinricus autem, frater ejus, assumptis adjutoribus supplicando regi, gratiam suam recepit.

940.
941.

942. Treveri dedicata est basilica sancti Maximini
a Ruotberto archiepiscopo.

943. Sinodus ad Bunnam congregata est.

944.

(143) terra Liutitiorum.
(144) terra Uckermark.
(145) Annorum 935-938 adnotationes annis 936-939 assignandas esse patet; an et expeditio in Wucronin anno 935?
(146) Et — regnum deleta sunt, quorum loco ma-

ANNALES QUEDLINBURGENSES.

930. Facta est pugna valida adversum Sclavos
juxta Albiam prope Lunkini, in qua Saxones gloriose
in captivitatem vero 800 ductis; suorum autem duobus
non multis, plurimis autem vulneratis.

931. Rex Heinricus cum exercitu suo profectus
est (147) in Abodritos (148), subiciens eos sibi.

932.

933. Ungarorum exercitus a rege Heinrico devictus est.

934. Rex Heinricus in Wucronin profectus est
(149) subjiciens eos sibi.

935.

936 (935). Magna sinodus fuit in Erphesfurt.
(937). Heinricus rex obiit 6. Non. Julii; cujus filius
Otto pacificus, Saxoniae decus, jure hereditario paternis
eligitur succedere regnis. Mechtild inclita
Heinrico, coenobium in monte Quedelingensi, ut
coepit. Hoc regnum gentibus esse voluit, hoc totis
degenerare noverat, non vilis personae, sed summae
collegit, easque usque ad extrema vitae
carnalium copiis commodorum enutrire non destitit.

937. Everhardus dux Francorum, et Wigmannus
Saxonicus, atque improbus Thancmer, inani consensu
conspiravere in regem: sed Dei gratia cito

938. Eburhardus comes Heinricum, filium Heinrici
regis, captum projecit in vincula.

939. Hoc anno cum esset rex in superioribus
partibus Rheni fluminis, Heinricus frater regis,

940. Dedicatio Gandeshemensis ecclesiae.

941. Otto rex de insidiis conjuratorum contra se
liberatus, statim pascha in Quedelingensi civitate
quosdam quorum nomina sunt Erik, Benward,
Varin, Ascheric, Bacco, Hermon, occidi, quosdam
vero exilio relegari jussit.

942.

943.

944. Graecorum rex Ottoni regi (150) xenia misit.

nus saeculi XI scripsit: Heinricus primus rex obiit,
cui Otto primus successit.
(147) p. e. sec. manu.
(148) Abodritum prima manu.
(149) p. e. manu sec.
(150) Manu 2.

ANNALES WEISSEMBURGENSES | LAMBERTI ANNALES

930.
— Diothardus senior obiit.

931. Heinricus rex Abatritos subegit. | Heinricus rex Abotritos subegit.

932. Heinricus rex fuit in Losicin. | Diedo episcopus [Wirezeburgensis 3. 4. 5. 6.] obiit; cui Burchardus abbas Herveldensis successit.

933. | Megingoz abbas Herveldensis electus est.

934. Heinricus rex in Wocronin cum exercitu fuit. | Heinricus rex Wucronin cum exercitu fuit.

935.

936 (935). Magna sinodus fuit in Erpesfurt. Eodem anno Heinricus rex obiit; cui filius ejus Otto successit. | (151) Magna synodus fuit in Erphesfurt (152). Eodem anno Heinrici rex obiit; cui filius ejus Otto successit.

937 (936). Otto rex fuit in Horolfesfelt; et ecclesia sancti Bonifacii exusta est. | Otto rex fuit in Herolfesfelde. Eodem anno ecclesia sancti Bonifacii exusta est.

938 (937). Eberhardus comes Heinricum, filium Heinrici regis, captum projecit in vincula. | Eberhardus comes Heinricum, filium Heinrici regis, captum projecit in vincula.

939 (938). Eberhart et Sigibertus occisi sunt. | Eberhardus et Gisilbertus occisi sunt. Hildibertus archiepiscopus Mogontiacensis obiit, cui Fridericus successit.

940.

941.

942. | Dedicata est ecclesia sancti Maximini in Treveris.

943. Sinodus ad Bunnam congregata est. | Synodus ad Bunnam congregata est.

944.

---

(151) DCCCCXXXVI. 3. *reliqui* 935 *indicant*.
(152) In qua Otto rex electus est. Cf. Vitam S. Mathildis.

ANNALES HILDESHEIMENSES

945. Legati Grecorum venerunt ad regem Ottonem cum muneribus.

946. (947). Etheid regina obiit 7. Kal. Febr.

947.

948. Sinodus ad Engilenheim congregata est, cui Marinus legatus apostolicus presedit.

949. Cuonradus dux sibi conduxit filiam regis Ottonis in habitatricem : et nuncii Grecorum venerunt secundo ad regem Ottonem cum muneribus.

950. Bellum magnum factum est inter Bawarios et Ungarios.

951. Otto rex in Italiam perrexit, et cum eo Liudulfus filius ejus, et Cuonradus dux, atque Frithuricus archiepiscopus Mogonciacensis æcclesiæ. Ibique Otto rex adquisivit sibi ad societatem Adalheidam reginam, et Berengerum regem de Langobardis sibi subegit.

952.

953. Satis acerba et nimium crudelis dissensio exorta est inter Liudulfum, filium regis, et patruum ejus Heinricum, ipso rege partes fratris sui adjuvante; mansitque per duos annos in incendiis, cædibus et depopulationibus, multique non solum de populo, sed etiam de optimatibus occubuerunt. Hoc etiam anno Mogontia obsessa est, et castellum quod Rossadal (153) nominatur; factumque est magnum bellum in illo loco.

954. Frithuricus archiepiscopus Mogontiacensis ecclesiæ obiit, vir summæ abstinentiæ, in religione sancta et doctrina probatus; et Willihelmus, filius regis, successit in locum suum. Thiothardus piæ memoriæ episcopus obiit; cui Otwinus successit.

955. Otto rex Ungarios cum magno periculo sui suorumque magna et cruenta cede prostravit; in quo tamen bello Cuonradus dux, gener regis, cum aliis multis occisus est. Et Heinricus dux Bajowariorum, frater regis Ottonis, obiit. Et eodem anno rex Otto periculosissime con (154) Abotritos conflixit, quos filius matertere ejus Egberht contra illum congregavit.

956. Ruodbertus Trevericus archiepiscopus, et Hadamarus abba Fuldensis coenobii obierunt. Quibus Heinricus episcopus et Hatto abba successerunt. In eodem anno Lindulfus, filius regis, perrexit in Italiam, eamque subegit.

(153) Rossthal, in præfectura Cadolzburg circuli Radantiensis in Bajoaria. V. Cl. Wedekind Noten I, 28.
(154) H *ita codex i. e.* cum abotritis.
(155) *Manu* 2. *hic Liudolfi et Liutgardæ conjugia,*

ANNALES QUEDLINBURGENSES

945.

946. Edith regina, contectalis magni Ottonis regis, amarum mortis poculum degustavit, relictis post se duobus liberis Liudolfo et Liutgarde.

947. Privilegium a papa Agapito Quedlinburgensi congregationique sancti Servatii defertur (155).

948. Synodus ad Eggilenheim congregata est, cui Marinus (156) legatus apostolicus præsedit.

949. Conradus dux Liutgardam, filiam Ottonis regis et Edittæ, sibi in uxorem duxit. Eodem anno venerunt secundo nuncii Græcorum ad regem Ottonem cum muneribus.

950. Bellum magnum factum est inter Bavaros et Ungaros.

951. Otto rex perrexit in Italiam, et cum eo ejus filius Liudolfus pius et Conradus audacissimus, gener ipsius regis, atque Fridericus archiepiscopus Moguntiacensis ecclesiæ cæterorumque innumerabilis multitudo ex omni regno suo. Ibique ipse rex invictissimus Otto Adelheidam reginam, vultu decoram, consilio providam, et universa morum honestate valde præclaram, et regali avorum atavorumque prosapia ortam, conjuge illustrissimo, Lothario scilicet rege, jam tunc viduatam, connubiali sibi vinculo sociandam adquisivit; cujus etiam consilio regnum Longobardiæ, quod illi hæreditario jure cesserat, cum Beringero tiranno ditioni suæ subjugatur. Eodem anno Heinricus, filius Heinrici ducis, natus est.

952.

953. Satis acerba et nimis crudelis dissensio exorta est inter Liudolfum, filium regis, et patruum ejus Heinricum, ipso rege partes fratris sui juvante; mansitque per duos annos in incendiis, cædibus et depopulationibus, multique non solum de populo, sed etiam de optimatibus occubuerunt. Hoc etiam anno Moguntia obsessa est, et castellum quod. Rosodal nominatur; factumque est magnum bellum in illo loco.

954. Fridericus archiepiscopus Moguntiacensis ecclesiæ obiit, vir summæ abstinentiæ, in religione sancta et doctrina probatus; et Wilhelmus, filius regis, successit in locum suum. Obiit Liutgard, regia proles.

955. Otto rex Ungaros cum magno periculo sui suorumque magna et cruenta cede prostravit; in quo tamen bello Conradus dux cum aliis multis occisus est. Et Heinricus dux Bajowariorum, frater regis Ottonis, obiit. Cono dux fortis, mortem gustavit ab Ungariis. Sed et rex Otto periculosissime contra Abodritos conflixit, quos filius materteræ ejus Egbertus contra illum congregavit. Mechtild, gemma prælucida (157) e medio coronæ imperialis, decori suis et gaudio cunctis nascendo enituit. Otwinus episcopus ordinatur.

956. Liudolfus, filius regis, perrexit (158) Italiam, eamque subegit imperio suo.

anno 949. Mathildæ nativitas ex Cont. Reginonis adscripta sunt.
(156) *Ita correxi* Maximus 1.
(157) Q. *ita* 2. perlucida 1.
(158) *Ita emendavi;* respexit 1.

ANNALES WEISSEMBURGENSES.

945.

946 (947). Etheid regina obiit, cui Adelheid successit.

947.

948. Sinodus ad Ingileheim congregata, cui Marinus legatus apostolicus praesedit.

949. Iterum nuntii Grecorum ad regem Ottonem cum praeciosissimis muneribus venerunt in memoria omnium sanctorum; et Otto rex dedit filiam suam Conrado duci.

950. *Reginbold episcopus* (159) *obiit. Godefrid. successit.*

951. Otto rex perrexit in Italiam, et adquisivit Adelheidam reginam; et Berengerum regem subdidit sibi.

952.

953. Satis acerba et nimis crudelis dissensio exorta est inter Liutolfum, regis filium, et Heinricum patruum suum. Eodem anno obsessa est Mogontia et Rossad.

954. Fridericus archiepiscopus obiit et Willihelmus successit.

955. Otto rex Ungarios cum magno periculo sui suorumque magna cede prostravit juxta fluvium Lech in nativitate sancti Laurentii; in quo etiam bello dux Cuonradus cum aliis occisus est.

956. Liutolfus in Italiam perrexit, eamque sibi subegit.

LAMBERTI ANNALES.

945. Nuntii Graecorum ad regem Ottonem venerunt cum magnis muneribus in vigilia omnium sanctorum.

946 (947). Etheit regina obiit; cui Adelheit successit.

947.

948. Synodus ad Ingelenheim congregata est, cui Marinus legatus apostolicus praesedit.

949. Iterum nuncii Graecorum ad regem Ottonem cum preciosissimis muneribus venerunt (160) in memoria omnium sanctorum; et Otto rex dedit filiam Cuonrado duci.

950. Factum est magnum proelium inter Bajoarios et Ungarios.

951. Otto rex perrexit in Italiam, et adquisivit Adelheidam reginam; et Berngerum regem subdidit sibi.

952.

953. Nimis crudelis dissensio exorta est inter Liudolfum, regis filium, et Heinricum patruum suum. Eodem anno obsessa Mogontia et Rossadal castellum, factaque est in illo loco magna pugna.

954. Fridericus acchiepiscopus Mogontiacensis obiit, cui Wilhelmus, filius regis, successit.

955. Otto rex Ungarios cum magno periculo sui suorumque magna caede prostravit in Lechfelt in natali sancti Laurentii; in quo etiam bello dux Cuonradus cum aliis multis occisus est. Heinricus quoque, dux Bajoariorum, obiit.

956. Ruodbertus archiepiscopus Treverensis obiit, cui Heinricus successit; et Hadamarus Fuldensis abbas obiit, cui Hatto successit. Eodem anno Liudolfus in Italiam perrexit, eamque sibi subegit. Et (161) Megingoz Herveldensis abbas obiit, cui Hagano successit.

---

(159) Spirensis.
(160) *deest 4.5.*

(161) Et successit *desunt 4.*

ANNALES HILDESHEIMENSES.

957. Lindulfus in Italia mortuus est, et inde ad Moguntiam transportatus, et ad sanctum Albanum est sepultus.

958. Signum crucis in vestimentis hominum apparuit, illis qui derisui illud habebant, mortem inferens; illis autem qui pie et religiose illud venerabant, nihil mali intulit.

959. Hagono abba reliquit dominium sui honoris.

960. Venerunt legati Rusciæ gentis ad regem Ottonem, et deprecati sunt eum ut aliquem suorum episcoporum transmitteret, qui eis ostenderet viam veritatis; et professi sunt se velle recedere a paganico ritu, et accipere religionem christianitatis. Et ille consensit deprecationi eorum, et transmisit Adalbertum episcopum fide catholicum; illique per omnia mentiti sunt, sicut postea eventus rei probavit.

961. Isto anno venerunt nuncii ad regem Ottonem, et vocaverunt eum Romam in adjutorium Johannis papæ, ut mitigaret severitatem Adalberti regis, quam exercuit super monarchiam.

962 (961). Illeque apostolicus gratanter eum suscepit, et honorifice collocavit super cathedram augustalis principatus, auxitque super eum augustalem benedictionem, ut imperator augustus vocaretur et esset. (962.) Guntheri abba obiit; cui successit Egillolfus.

963. Hoc anno magnum sinodale concilium factum est Roma in ecclesia sancti Petri; ibique præsidebat Otto imperator augustus, cum magna multitudine episcoporum, abbatum, monachorum, ac (162) clericorum. Illicque Benedictus papa ab apostolica sede dejectus est, eo quod injuste vindicavit sublimitatem Romani imperii, et Adaldago archiepiscopo commissus, in Saxoniamque deductus, illicque vitam finivit. Et in ipso anno seva mortalitas invasit exercitum imperatoris, et in ea Heinricus, archiepiscopus Tревеricæ civitatis, et dux Godefridus vitam perdiderunt, ceterique non pauci.

964. Isto anno Berengarius rex Langobardorum obsessus in monte sancti Leonis, ibique captus et cum vi deductus una cum regina ejus cohabitatrice Willa in Bajoariam ad castellum Bavenberg, ibique novissimum diem præsentis vitæ dimisit (163).

965. Otto imperator de Langobardia venit ad Franconofort, et illum annum integrum in regno Saxonum mansebat, interimque omnes suos adunavit ad pacem et ad concordiam. Et Brun archiepiscopus Agrippinæ civitatis, frater imperatoris, vitam cum pace finivit.

966. Iterum tercia vice abiit Otto imperator ad Italiam, et inde adiens limina sancti Petri, ibique Deo et sancto Petro supplicando, gratiarum actiones referens, eo quod cuncta erga eum prospero cursu agebantur.

967. Hoc anno transmisit imperator legatos suos ad Willihelmum archiepiscopum, et ad alios principes ejus, ut Ottonem, filium suum æquivocumque ejus, cum omni regali dignitate proveherent ad

(162) H. m. præpositorum, cl. *Sazaw.*

ANNALES QUEDLINBURGENSES.

957. LiudoNus, filius Ottonis regis, in Italia mortuus est, et inde ad Moguntiam transportatus, ad sanctum Albanum sepultus est.

958. Signum crucis in vestimentis hominum apparuit, illis qui derisui illud habebant, mortem inferens; illis qui pie et religiose illud venerabantur, nihil mali intulit.

959.

960. Venerunt legati Rusciæ gentis ad regem Ottonem, et deprecati sunt eum ut aliquem suorum episcoporum transmitteret, qui eis ostenderet viam veritatis; et professi sunt se velle recedere a paganismo, et accipere nomen et religionem christianitatis. Et ille consensit deprecationi eorum, et transmisit Adalbertum episcopum fide catholicum. Illique per omnia mentiti sunt, sicut postea rei probavit eventus; quia nec ille prædictus episcopus evasit lethale periculum ab insidiis eorum.

961. Venerunt nuncii Johannis papæ, vocantes illum Romam.

962.

963.

964.

965.

966.

967.

163) Anno 966.

ANNALES WEISSEMBURGENSES.

957. Lintolfus in Italia est mortuus, et inde ad Mogontiam portatus, et ad sanctum Albanum sepultus.

958. Signum crucis in vestimentis apparuit.

959. Patriarcha de Aquileia venit in Herisfelt.

960.

961. Venerunt legati domni apostolici ad regem Ottonem, et rogaverunt eum Romam pergere in adjutorium Johannis pape.

962.

963.

964. Berengerus rex obsessus est in monte sancti Leonis, ibique captus et in Babenberg deductus.

965. Otto imperator de Italia revertendo venit ad Franconofurt.

966. Otto imperator tertia vice ad Italiam pergendo Romam pervenit.

967.

(164) primum 4.
(165) deest. 4. 5

LAMBERTI ANNALES.

957. Lindolfus in Italia est mortuus, et inde ad Mogontiam portatus, et ad sanctum Albanum sepultus.

958. Signum crucis in vestimentis apparuit.

959. Hagano, abbas Herveldensis, potestatem suam reliquit ob infirmitatem corporis sui; eoque vivente, Guntherus electus est in locum ejus.

960. Venerunt legati Rusciae gentis ad regem Ottonem (164), deprecantes, ut aliquem suorum episcoporum transmitteret, qui ostenderet eis viam veritatis. Qui consensit deprecationi corum, mittens Adelbertum episcopum fide catholicum, qui etiam vix evasit manus eorum.

961. Venerunt legati domni apostolici ad regem Ottonem, vocantes eum Romam in adjutorium Johannis papae. Filius ejus Otto secundus in regem ungitur Aquisgrani.

962. Otto rex perrexit Romam, cumque Johannes papa (165) gratanter suscipiens, honorifice sup cathedram augustalem posuit, et benedictione atque consecratione sua imperatorem fecit. Guntherus Herveldensis (166) abbas obiit; cui Egilolf successit.

963. Magna synodus facta est Romae, cui Otto imperator praesidebat, cum multitudine magna episcoporum, abbatum, sacerdotum, clericorum ac monachorum; ibique dejectus est Benedictus a sede apostolica.

964. Berngerus rex obsessus est in monte sancti Leonis, ibique captus atque in Babenberg ductus est cum Willa uxore sua.

965. Otto imperator de Italia venit. Brun archiepiscopus [Coloniensis 4. 5. 6. et m. rec. 3.] obiit, cui Folcmarus successit.

966. Otto imperator tertia vice Romam venit.

967. Otto imperator (167) misit legatos suos ad Willihelmum archiepiscopum et alios principes, ut Ottonem filium suum cum omni dignitate regali ad

(166) deest. 1.
(167) L. deest. 1. 4. 5.

ANNALES HILDESHEIMENSES.

Italiam. Illicque ipse Otto senior suscepit eum, et secum deduxit Romam : commendavitque illum apostolico Johanni posteriore, ut ab eo augustalem benedictionem recepisset, ut imperator augustus foret appellatus a cunctis, qui eum agnovissent, veluti pater ejus.

968. Willihelmus archiepiscopus migravit a seculo. Egillulfus Herveldensis abba transmissus est ex parte imperatoris de Italia, ut fratres Fuldenses Wirinharium eligerent ad abbatem. Indeque adiit Mogontiam, ut ille clerus simulque totus populus Hattonem virum venerabilem sibi constituerent in dominum pontificalis honoris. Et eodem anno Adalbertus archiepiscopus constitutus est in Magadaburg.

969. Hatto archiepiscopus obiit ; cui Ruodbertus successit.

970. Egillulfus abba obiit ; cui Gozbertus successit.

971. Hoc anno exustum est palatium in Thornburg.

972. Ottoni imperatori juniori venit imperatrix Romam de Constantinopoli 18. Kal. Mai. octaba pascæ. Eodem anno idem Otto junior cum seniore venit de Italia.

973. Otto senior imperator cum juniore venit Quidelingaburg, ibique celebraverunt pascha 10. Kal. Aprilis, et illuc venerunt ad eos legati Grecorum, Beneventanorum, Ungariorum, Bulgariorum, Danorum, Sclavorum, cum regiis muneribus : ac non longe post Otto senior pius imperator Non. Mai. obiit; cui domnus Otto successit.

974. Heinricus dux Bajowariorum est captus, et ad Engilenheim missus.

975. Hibernus fuit longus, durus, et siccus, et Id. Mai. magna nix cecidit ; ac in eodem anno Ruodbertus archiepiscopus obiit, cui Willigisus successit.

976. Heinricus dux Bajowariorum, sua potestate depositus, et excommunicatus, degit cum Sclavis.

977. Idem Heinricus cum consilio minoris Heinrici Pataviam civitatem invasit, ibique ab imperatore obsessus, et coactus sese subdidit imperatori.

978. Heinricus quondam dux cum Heinrico minore

ANNALES QUEDLINBURGENSES.

968.

969.

970.

971.

972.

973.

Hucusque Annales Herolfes
974.

975.

976.

977.

978.

ANNALES WEISSEMBURGENSES.

LAMBERTI ANNALES.

Italiam mitterent. Quem ipse suscipiens, Romam perduxit, ut papa Johannes posterior imperatorem faceret; quod et libenter fecit.

968. Willihelmus archiepiscopus obiit, cui Hatto successit.

968. Willihelmus archiepiscopus [Mogontiacensis 4. 5. 6.] obiit, cui Hatto [abbas Fuldensis 2. 3. 6.] successit. Abbatiam vero suscepit Wernherus.

969. Hatto archiepiscopus obiit; cui Ruotbertus successit.
970. Otgerus episcopus (168) obiit. Baldericus episcopus ordinatur.
971. Exustum et famosum templum in Thornburg.
*972. Domno Ottoni juniori imperatori missa et filia imperatoris de Grecia.

973.

969. Hatto archiepiscopus Mogontiacensis (170) obiit; cui Rutbertus successit.
970. Egilolfus Herveldensis abbas obiit; cui Gozberdus successit.
971. Exustum est famosum templum in Dornburg.
972. Ottoni juniori imperatori missa (171) est (172) Theophanu ab imperatore de Græcia. Eodem anno Otto (173) senior imperator cum juniore Ottone de Italia perrexit in Franciam.
973. Otto imperator senior cum juniore venit Quidelinburg, ibique celebravit sanctum pascha 10. Kalendas Aprilis. Illucque venerunt legati plurimarum gentium, id est Romanorum, Græcorum, Beneventorum, Italorum, Ungariorum, Danorum, Selavorum, Bulgariorum, atque Ruscorum, cum magnis muneribus. Eodem anno Otto imperator senior obiit in Mimelieba Nonis Maii; cui filius ejus (174) secundus Otto successit. [Sanctus Oudalricus episcopus obiit 3. 5.]

feldenses vertinuisse videntur.

974. Domnus Otto junior imperator perrexit ad castellum quod dicitur Bossuth (169), et concremavit illud, atque custodes apprehendit secumque adduxit.

974. Heinricus, dux Bajoariorum, et Abraham episcopus cum Bolisclaione et Misichone inierunt contra imperatorem pravum consilium. At imperator tali nefando comperto consilio, congregavit omnes principes suos, et quid inde faceret, consilium petiit. Qui dederunt ei consilium ut mitteret ad ducem Heinricum et Bopponem episcopum (175) et Gebehardum comitem, eosque ad placitum invitaret per edictum. Qui sine dilatione, Deo donante, dedit se in potestatem imperatoris. Eodem quoque anno perrexit imperator contra Haraldum in Scleoswig.

975. Domnus Otto imperator habuit magnum conventum in Welmare. Eodem anno imperator Beheimos vastavit et concremavit, et revertendo venit in Herisfelt.
976.

975. Otto imperator habuit magnum conventum in Welmare (176). Eodem anno imperator Beheimos vastavit et concremavit (177).
976. Otto imperator perrexit ad Bajoariam, atque Heinricum ducem expulit, Ottonique duci Bajoariam commendavit.

977. Domnus Otto imperator cum magno exercitu perrexit ad Beheim, et maximam partem terræ illius concremavit.

977. Imperator cum magno exercitu perrexit ad Beheimos, et maximam partem terræ illius incendio concremavit. Ipse quoque Heinricus cum altero Heinrico invaserant Bazowam (178). Quod imperator ut audivit, festinato exercitum illo movit, urbemque obsedit; et Heinricum ducem ad suam graciam recepit, atque in Franciam perrexit.

978.

978. Ad imperatorem Ottonem venit in pascha

(168) Spirensis.
(169) Bossut, prope S. Ghislain, ab oriente Condati, haud procul a Caprimonte.
(170) deest. 1.
(171) deest. 4.
(172) deest. 4. 5.

(173) deest. 1. 5.
(174) deest. 2. 6.
(175) Wirzburgensem.
(176) Weimar.
(177) et c. desunt 4.
(178) Passau.

ANNALES HILDESHEIMENSES.

et Ekbertus comes jussu imperatoris comprehensi sunt et exilio deputati. Eodem anno imperator cum magno exercitu Galliam invasit ac devastavit.

979. Infidelitas Geronis comitis per Waldonem publicata est; unde et ipsi extra civitatem Magadaburg in campo juxta Albiam dimicantes, ab invicem interfecti sunt; et ad ultimum infidelitatis reus Gero comes decollatus est.

980. Lotharius rex cum magnis muneribus ad imperatorem veniens, sese cum filio suo subjicit voluntati imperatoris; et eodem anno firmata pace imperator Italiam penetravit.

981. Imperator pascha celebravit Rome.

982. Otto imperator pugnavit periculosissime contra Sarracenos in Calabrorum partibus, ibique non pauci de optimatibus occubuerunt. Et in ipso anno Otto, dux Bajowariorum, obiit.

983. Imperator Verone placitum habuit, ibique Heinricus minor de exilio ductus, dux Bajowariorum constitutus est. Et eodem anno Sclavi rebelles effecti sunt. Ac non longe post 8. Id. Decembris Otto benignissimus imperator obiit, filio et equivoco ejus regna relinquens.

984. Filiolus imperatoris, tercius videlicet Otto, per unctionem Johannis, Ravennatis archiepiscopi, Aquisgrani in die natalis Domini unctus est in regem. Sed postea, comperta nece imperatoris, Heinricus quondam dux de exilio regressus, cum sibi faventibus Agrippinam civitatem intravit, ac regem retinuit; regnumque ejus invadendo plurimos sibi de Saxonibus associavit, qui eum in proximo pascha Quidelingaburg ad regem elegerunt. Unde quidam de optimatibus huic electioni non consentientes, sed regis vicem magis dolentes, e contra haut modicum decertaverunt, et regem in regnum suum restituerunt, et Heinricum ducem Bajowariorem denuo effecerunt. Et eodem anno laudandæ memoriæ Otwinus (179) pius presul vitam finivit.

ANNALES QUEDLINBURGENSES

979.

980.

981.

982.

983.

984. Filiolus imperatoris, tertius videlicet Otto, per unctionem Johannis, Ravennatis archiepiscopi, Aquisgrani in die natalis Domini unctus est in regem. Sed postea, comperta morte imperatoris, Heinricus quondam dux de exilio regressus, cum sibi faventibus Agrippinam civitatem intravit; simulans se primo ob jus propinquitatis partibus regis infantis fidelissime patrocinaturum, regem tenuit; dein accrescentis avaritiæ stimulis agitatus, quorundam etiam persuasione male illectus, regnum tyrannice invasit, atque in id elationis usque prorupit, ut et rex dici et in regem benedici appeteret. Sed rex dici a paucis obtinuit; in regem vero benedici, prohibente Deo, prohibente fidelium sibi non consentientium, sed regi electo et uncto jure faventium decertatione non meruit (180). Missis interim probatis ad regis aviam in Longobardiam, scilicet ad imperatricem augustam Adelheidam, legatis, hi qui partes regis adjuturi jurisjurandi vinculo in hoc firmiter perduraturos sese constrinxerant, hanc perturbationem ordine intimantes, si quid de regno ac nepote curaret, adventus sui et consilii ope suis ut cito (181) succurreret, obnixius rogavere. Illa vero, conciliato primitus sibi divino subsidio, accelerato admodum itinere, cum nuru sua imperatrice Theophanu, matre regis, nec non illustri abbatissa Machtilde filia sua, amita ejusdem regis infantis, comitantibus fratre suo rege Burgundiæ Conrado, et duce Francorum ejus æquivoco, cum totius Italiæ, Galliæ, Sueviæ, Franciæ, Lotharingiæ primis; occursu quoque Saxonum, Thuringorum, Sclavorum, cum universis optimatibus; qui unitis animo-

---

(179) Hildemensis *glossa manu sacc.*
(180) M. *quamvis regem apud se teneret.* Chronog. Saxo.
(181) *Ita emendavi; cibo* 1.

ANNALES WEISSEMBURGENSES.

neribus ab imperatore (182) oneratus, rediit domum. prehensi in exilium missi sunt. Eodem anno Liutheri Aquisgrani palatium, seditque ibi tribus diebus. At Liutharium usque in Sigonem (183) fluvium et usque hendit, quia fugiendo evasit.

979.

980. Domnus Otto imperator perrexit ad Italiam.

981. Adelbertus archiepiscopus Magadaburgensis et abba Wicenburgensis obiit, cui Sandraldus successit.

982. Destructus est episcopatus in Mersiburg; et mire magnitudinis edificium cecidit in Magadeburg.

qno proelio occisus est Heinricus, Augustensis ecclesiae episcopus, cum aliis plurimis episcopis. In quo etiam proelio Idus Julii occisi sunt militis fortissimi, cum aliis multis, et Otto dux atque Wernher abbas evasit.

983. Branthoh abbas Fuldensis constituitur ; et piae memoriae Otto imperator secundus obiit (184).

984. Domnus Otto puer iterum rex constitutus est, qui domnum Bernharium abbatem fecit fratrum Hersfeldensium.

LAMBERTI ANNALES.

Bolislawo, qui honorifice susceptus magnisque muneribus ab imperatore (182) oneratus, rediit domum. Aderat et Heinricus cum altero Heinrico, qui comprehensi in exilium missi sunt. Eodem anno Liutheri rex cum electo numero militum repente invasit Otto imperator festinato cum exercitu insecutus est Liutharium usque in Sigonem (183) fluvium et usque ad sancti Dionisii coenobium; cumque non adprehendit, quia fugiendo evasit.

979. Gero comes a Waldone quodam accusatus, dum eum in singulari certamine occidisset, ipse tamen ab imperatore decollatus est.

980. Otto imperator perrexit in Italiam, et Gozbertus abbas ecclesiam construxit in Ordorf.

981. Adelbertus Magadaburgensis archiepiscopus obiit, cui Hisillarius successit. Imperator natalem Domini Romae celebravit.

982. Destructus est episcopatus in Mersiburg; miraeque magnitudinis aedificium cecidit in Magadaburg. Eodem anno Otto imperator valde periculosum habuit proelium cum Sarracenis in Calabria, in quo proelio occisus est Heinricus, Augustensis ecclesiae episcopus, cum aliis plurimis episcopis. In quo etiam proelio Idus Julii occisi sunt milites fortissimi, id est Udo, Gebehardus, Guntherus, Bertholdus, cum aliis multis, et Otto dux atque Wernher abbas Fuldensis. Ipse imperator vita comite (185) vix evasit.

983. Otto secundus imperator Romam post male gestas res regressus [6 Idus Decembris cod. 5] obiit, ibidemque sepultus est. Heinricus dux Bajoariae regnum invasit; sed a principibus est reprobatus.

984. Filius imperatoris, tertius Otto, Patri successit in regnum, unctus in regem Aquisgrani a Johanne Ravennati episcopo.

---

(182) A. i. desunt 1.
(183) Seine.

(184) W. Ita supplevi: O. i. s. e. desunt in e.
(185) V. c. desunt 1.

ANNALES QUEDLINBURGENSES.

rum nisibus aut pro rege fideliter morituri, aut, quod Dei gratia factum est, victuri (186), Roza (187) convenere. Habitoque inibi consilio maximo, mirandum memorandumque posteris signum, stella videlicet perlucida, in ipso partium conflictu, medio cœli axe, media ultra morem die, quasi divinum regi capto præbitura juvamen, cunctis qui aderant cernentibus stupentibusque radiavit. Qua visa, perterrita moxque cedente parte injusta, Heinricus præfatus, usurpato nomine et regno jure privatus, regem aviæ, matri et amitæ præsentare cogitur; interventuque regis Conradi soceri sui ac principum qualicunque gratia donatus, in patriam mœstus abcessit. Accepto itaque pignore unico, prædictæ imperiales dominæ Saxoniam adierunt: ac primo sæpe jam dictam Quedelingensis monticuli vertice eminentem usque civitatem una pervenientes, dulcisona laudum melodia, cleri scilicet ac populi Christoque inibi famulantium virginum (188) occursu gemino, gaudiorum affectu et pro optato (189) spiritalis matris adventu et pro triumphali regis eventu pie gratulantium, officiosissime susceptæ, quod reliquum erat viæ (190) summo cum honore transiere.

(Hucusque Annalium Herolfesfeldensium continuatio pertinuisse videtur.)

ANNALES HILDESHEIMENSES.	ANNALES QUEDLINBURGENSES.	LAMBERTI ANNALES.
985. Osdagus, vir summæ caritatis ac castitatis, in sancta religione probatus, cum magno consensu cleri ac plebis ad pontificalem honorem promotus est. Et eodem anno Saxones Sclaviam invaserunt, quibus ad supplementum Misaco cum magno exercitu venit; qui totam terram illam incendiis et cædibus multis devastaverunt.	985. Saxones Sclaviam invaserunt, quibus ad supplementum Misacho cum magno exercitu venit; qui totam terram illam incendiis et cædibus devastaverunt. Interim memoratus ille Heinricus, divino instinctu ad se reversus, quid egerit, in quantum se plus æquo et honesto extulerit, et ex quanto deciderit, anxie secum non semel pertractans, juxta evangeli-	985. Gozberdus [Hirsfeldensem 5. 6.] abbatiam reddidit, cui Bernharius successit.

cam veritatis vocem sua se exaltatione humiliatum conspiciens, dedecoris conscientia pungitur, culpæ penitentia cruciatur. Veniente in Frankanafurd rege infante tertio Othone, ibidem et ipse adveniens humiliavit se juste, quo pœnam evaderet elationis injustæ, regique puerulo, quem orbatum captivaverat, cujus regnum tyrannice invaserat, præsentibus dominis imperialibus, quas regni cura penes, avia, matre et amita regis ejusdem infantis, humilis habitu, humilis et actu, totius in aspectu populi, ambabus in unum complicatis manibus, militem se et vera ulterius fide militaturum tradere non erubuit, nil paciscendo nisi vitam, nil orando nisi gratiam. At dominæ, quarum, ut diximus, cura regnum regisque regebatur infantia, tanti viri summissa deditione admodum gratulabundæ, — quia piorum moris est non solum mala pro bonis (191) non reddere, sed etiam pro malis bona rependere, — digno eum honore susceptum, gratia fideli donatum, ductoria itidem dignitate sublimatum, deinde non tantum inter amicos, sed etiam inter amicissimos, uti jus propinquitatis exigebat, debito dilectionis venerantur affectu. Thidericus et Ricdach marchiones præclari obierunt.

986. Otto rex adhuc puerulus cum magno exercitu Saxonum venit in Sclaviam, ibique venit ad eum Misacho cum multitudine nimia, obtulitque ei unum camelum et alia xenia multa, et se ipsum etiam subdidit potestati illius. Qui simul pergentes, devastaverunt totam terram illam incendiis et depopulationibus multis.	986. Otto rex adhuc puerulus cum magno exercitu Saxonum perrrexit in Sclaviam, ibique ad eum venit Misacho cum multitudine nimia, obtulitque ei unum camelum et alia xenia multa, se ipsum etiam subdidit potestati illius. Qui simul progredientes, devastaverunt totam terram illam incendiis et populationibus multis.	986. Otto rex puer Bohemios vastavit, set Misichonem cum muneribus obviam suscepit.

(186) est fortiter victuri, sine mora convenere. Habito deinde c. *Chr. S.*
(187) Roza *Thietmar.*
(188) Vox excidit in codice.

(189) Gaudioque affectu et peroptato.
(190) *Ita correxi;* vitæ 1.
(191) Malis *Chr. Saxo.*

ANN. HILDESHEIMENSES.	ANN. QUEDLINBURG.	LAMBERTI ANNALES.

Eodem anno monasterium in monte occidentali Quedelingensi in honore sanctæ Dei genitricis Mariæ, ob monimentum unici et dilecti germani fratris sui, sub religione regulæ sancti Benedicti a Mechtilde, imperiali gemma et filia, studiosissime constructum est. Ida quoque regalis domina, contectalis Liudolfi, filii magni Ottonis imperatoris, obiit.

987. Iterum Saxones Sclaviam vastant, unde illi compulsi, regis ditioni se subdunt, et castella juxta Albiam restaurantur. Aque quoque exundabant; nihilominus et ventus plura edificia stravit.	987. Saxones Sclaviam iterum invaserunt, et ad ultimum ipsi Sclavi regis ditioni subduntur, et castella juxta Albiam flumen denuo restaurata sunt. Et in proxima hyeme aquæ nimium inundaverunt, et ventus ingens multa ædificia stravit.	987. Iterum rex Bohemiam intravit, et eam ad deditionem coegit.
988. Æstatis fervor nimius ac repentinus Id. Julii usque Id. Augusti immanissime exardescens, fruges absumpsit. Rex in Engilenheim Pascha celebravit.	988. Æstatis fervor immanis pene cunctos fructus consumpsit. Mox grandis mortalitas hominum subsecuta est	988. Æstatis fervor nimius. Rupertus (192-95) archiepiscopus Mogontiacensis obiit; cui Willigisus successit.
989. Theophanu imperatrix, mater regis, Romam perrexit, ibique natalem Domini celebravit, et omnem regionem regi subdidit. Et eodem anno Osdagus episcopus obiit.	989. Cometæ apparuerunt, quas pestilentia subsequuta est grandis hominum et jumentorum, et maxime boum. Osdag quoque episcopus moritur, cui Gerdagus successit.	989. Theophanu imperatrix Romam perrexit, omnemque illam regionem regi subdidit?
990. Gerdagus ordinatur episcopus 14 Kal. Februar. Hoc anno Saxones Abotritos bis grandi irruptione vastabant. Multi quoque	990. Eclipsis solis facta est 12 Kalend. Novemb. hora quinta diei.	990.

illorum et penitus nominatissimi interempti sunt, alii in flumine necati. Saxones Dei gratia cum pace et victoria redierunt. Misacho et Bolizlawo, duces Sclavorum, gravibus inimicitiis inter se conflixerant. Et eodem anno eclypsis solis fiebat, quo non modica subsequebatur mortalitas hominum atque jumentorum 12 Kalend. Novembris

991. Theophanu imperatrix obiit. Ignisque de Hreno ascendens villas prope positas combussit. Piratæ etiam Staverun (196) depredando vastaverunt, aliaque in litore loca perdiderunt. Otto rex cum magno exercitu Saxonum ac supplemento Misacon Brennanburg obsedit et vicit. Illo autem inde digrediente, Saxonicus quidam Kizo eandem urbem Liutizorum auxilio audacter satis contra regis imperium invasit, atque prædictorum Sclavorum pertinatia adversum jus fasque omne injuste ditioni suæ subegit; crebras latrociniarum irruptiones in Saxoniam juxta Albiam flumen molitus est, a quibus Dei gratia non victor, sed veluti fugitivus predo, latitando aufugit	991. Theophanu imperatrix cum filio suo imperatore tertio Ottone paschale festum imperiali gloria apud Quedelingensem peregit civitatem; ubi etiam marchio Tuscanorum Hugo et dux Sclavonicus Misico cum cæteris Europæ primis ibidem confluentibus affuere, ad obsequium imperatorii honoris, quæ quilibet pretiosissima possederat, pro xeniis deferendo; e quibus Misico aliique quam plurimi honorifice donati in patriam redierunt. Hugo vero cum eadem imperatrice filioque suo, quocunque regni vel imperando vel regendo proficiscuntur, famulando prosequitur, usque dum Niumagon perventum est. Ibi ergo, dum quadam quasi compede totum sua ditione colligasset imperium, Theophanu (197) imperatrix consummato in bonis vitæ suæ cursu, proh dolor! quod est miserabile dictu, immatura dissolvitur morte 17 Kal. Julii; indeque lugubri imperatoris, , filii scilicet sui, cæterorumque suorum fidelium comitatu evecta, ad urbem defertur Agrippinam, inque ecclesia sancti Pantaleonis martyris, ut ipsa decreverat, stipante episcoporum, monachorum virginumque coetu,	991. Theophanu imperatrix obiit. Ignis de Reno ascendit, et villas proximas absumpsit. Gotehardus monachus factus est.

(192-95) *Rupertus — successit* ex Ann. Hildesh., a 975.
(196) In Frisia.
(197) Th. *usque suæ cursu desunt* 1. *Leibnitius ea ex Chr. Sax. supplevit.*

ANN. HILDESHEIMENSES.

992. Otto rex cum valida suorum manu iterum Brennanburg adiit, venitque ad eum Heinricus dux Bajariorum, et Bolizlao Boemanorum princeps, cum ingenti multitudine in auxilium regi. Bolizlao vero, Misachonis filius, per seipsum ad dominum regem venire nequaquam valens — imminebat quippe illi grande contra Ruscianos bellum — suos sibi (200) satis fideliter milites in ministerium regis direxerat. Verum dominus rex, bonis Sclavorum promissionibus confidens, suisque principibus resistere nolens, pacem illis iterum concessit, et inde in patriam remeavit. Sed illi more solito mentiti sunt per omnia. Eodem anno Gerdagus episcopus Romę limina sancti Petri orationis causa adiit; indeque revertens Cumis obiit 7 Id. Decembris. Qui sedit in episcopatu annos duos, menses 2, dies 14: *Misaco* (201) *obiit, successitque ei filius illius Bolizlavo.*

993. Bernwardus, regius capellanus, sanctæ Hildineshemensi ecclesiæ ordinatur episcopus 18. Kal. Febr. Kizo, qui antea rebellis extiterat et refuga, fidem Sclavis jampridem promissam evacuans, seipsum cum suis et cum predicta urbe Brennanburg regis ditioni subdidit. Rex vero sanctum diem paschæ in Engilenheim celebravit

ANN. QUEDLINB.

astante etiam omni clero ac populo, ultimo flebiliter tumulatur honore. Eodem anno Ercanbaldus (198), Biligrimus episcopi, Frithuricus archiepiscopus Saltzburgensis obierunt, et Emnild filia Brunonis. Manogold quoque, non infimus Sueviæ matris filius, Saxoniæ obiit, ac propter fidele servitium imperatrici Adelheidæ per se (199) exhibitum, ipsa comitante Quedelingensem advehitur civitatem, ibique honorifice sepelitur.

992. Gloriosissima et famosissima dedicatio sanctæ Halverstadensis ecclesiæ facta est 17. Calend. Novemb. a venerabili suo provisore Hildewardo episcopo, anno suæ ordinationis 24, quam secum in typo apostolicæ dignitatis duodenario numero 11 episcopi consecraverunt, videlicet Willigisus archiepiscopus Moguntinus, Gisilharius Magdeburgensis archiepiscopus, Lievitzo Hamburgensis archiepiscopus, Liudolfus Augustanus episcopus, Hildeboldus Wormatiensis episcopus, Retharius Padarburnensis episcopus (202), Erp Fardunensis episcopus, Ursus Paduanus episcopus, Hug Citizensis episcopus, Raginbratus Mikilanburgensis episcopus. Ad hæc Agio Capuanus archiepiscopus, Reinvardus Tridentinus episcopus, Manso Cassinus abbas, Thiatmarus abbas Corbejus, Luzo (203) Lunaburgensis abbas, Othradus abbas Mersburgensis, Lantbrecht Longhelus (204) abbas, præsente rege sereno tertio Ottone, suaque avia Adelheide augusta præclara, et filia sua gemma regiæ stirpis prælucida (205) Machtilda (206), et nepte sua Hadwi veneranda abbatissa (207), duce quoque Bernhardo, et Leidulfo comite Capuano, et præfectis atque proceribus plurimis, et innumera atque inæquiparabili multitudine cleri ac populi in laudem Dei conclamantibus, dedicantes præfatam ecclesiam orando juverunt.

12. Calend. Novembris totum cœlum ter in nocte visum est rubrum fuisse. Hoc eodem anno Gerdagus Hildeshemensis episcopus orationis causa Romam perrexit, et inde, reversus, in Longobardia obivit, et presbyter suus Suideboldus, et diaconus suus Bodo, ejusque frater Hroprecht et camerarius suus. Successit autem sibi Berwardus episcopus.

993. In nocte natalis sancti Stephani protomartyris, id est 7. Calend. Januarii, inauditum seculis visum videlicet circa primum gallicinium tantam lucem subito ex aquilone effulsisse, ut plurimi dicerent diem oriri. Stetit autem unam plenam horam; postea, rubente aliquantulum cœlo, in solitum conversum est colorem. Dodo episcopus (211) obiit, cui Suigerus vir illustris, sanctæ Halverstadensis ecclesiæ cœnobita, successit. Egbertus Trevirensis archiepiscopus obiit.

LAMBERTI ANNALES.

992. Otto rex Brandeburg obsedit. Gerdah Hildesheimensis episcopus obiit (208); domnus Bernwardus regius cancellarius, in divinis et humanis rebus sollertissimus, successit, 18 (209) Kalend. Februar. ordinatus (210).

993.

(198) E. Strazburgensis *Annalista Saxo.*
(199) Persepe *Chr. Saxo.*
(200) H. *vox jam erasa; i. e.* Ottoni.
(201) M. o. s. ei. f. i. B. manu 2, *coæva.*
(202) Hildericus Havelburgensis episcopus, Erp *etc. Chr. Halberstadense; et certe nomen desideratur.*
(203) I. e. Liudericus.
(204) Longensis *Chr. Halb.*
(205) *Ita corrigo ex Chron. Halberstadensi;* perlucida c.
(206) Abbatissa Quedlinburgensi.
(207) Gernrodensi; ex Chron. Halberstadensi.
(208) O. cui bernuuart successit 2.
(209) *Ita correxi;* VIII 1, III 4, XV 5.
(210) Ordinatus sibi Heinrici com. Heinricus Uto Sigifridus contra piratos pugnat; quorum 1 occisus, 11 sunt capti *addunt* 5, 6. *Hæc desunt in iisdem codicibus a.* 994.
(211) Mimigardevurdensis.

ANNALES HILDESHEIMENSES.

celebravit. Et inde a nativitate sancti Johannis baptistae usque in 5. Id. Novembris pene per omnem aestatem et autumnum siccitas nimia et fervor inmanis fuit; ita ut innumerabiles fruges non pervenirent ad temporaneam maturitatem propter solis ardorem; quo non modicum subsequebatur frigus, et magna nix cecidit, magnaque pestis simul et mortalitas hominum atque jumentorum evenit. Et eo anno Saxones tribus vicibus expeditionem paraverunt in Sclavos, et nihil profecerunt; e contra Sclavi *crebris* (212) *latrociniis Saxoniam fatigabant.*

ANNALIUM WEISSEMBURGENSIUM CONTINUATIO. ANNI 985-1147

985. Otto dux, filius Cuonradi ducis, istud cenobium, id est Wicenburg, vi invasit, loca distribuit.

986. *Baldericus episcopus obiit* lRuoppertus *episcopus ordinatur.*

989. Gisilharius abbas obiit, cui Gerricus successit.

995. Synodus Aquis facta per Dominicum, Romanae ecclesiae episcopum (213).

1000. Adelgeid imperatrix obiit.

1001. Gerricus abbaciam reddidit, et Sigebodonem elegit.

1002. Otto tertius imperator obiit, cui Heinricus successit. Sigebodo abbas obiit, cui Luithardus successit.

1004. *Waltherus episcopus ordinatur.* Monasterium istud combustum est.

1007. Gerricus pius abbas obiit.

1009. Brun episcopus martyrio coronatur.

1014. Heinricus Romae appellatus est cesar.

1024. *Cuonradus secundus rex efficitur. 6 Idus Sept*

1025. Heinricus imperator obiit, cui Cuonradus successit.

1026. Domnus Brunicho presbyter et monachus obiit.

1033. Dedicatum est oratorium sancti Petri in Wizenburg a Reginboldo, Spirensi episcopo, et eclipsis facta est in nativitate apostolorum.

1038. Dissentio facta est de adventu Domini per Willihelmum, Argentinensium episcopum.

1039. Cuonradus imperator obiit, cui Heinricus filius successit.

1042. Ungarii regem suum expulerunt.

1043. Gisila imperatrix obiit. Folmarus abbas obiit, cui Arnoldus successit. Heinricus rex Agnetem duxit reginam.

1044. Rex Heinricus cum exercitu Ungarios invasit et praelium committens devicit, regemque eis restituit. In ipso bello fuit ipse, et Gebehardus Radixponensis episcopus, et Brun Wirzeburgensis episcopus, et caeteri multi.

1645. *Brun episcopus obiit* (214).

1047. Heinricus rex conventum magnum Romae habuit, ibique dejectus papa, et Swidegerus Babenbergensis episcopus in sede apostolica collocatur, a quo rex ipse augustus, Agnes quoque imperatrix sunt appellati.

1048. Swidegerus papa obiit; cui Puppo episcopus Brissanus successit.

1050. Domnus Brun Tullensis episcopus in sedem apostolicam elevatur.

1052. Magna sinodus congregata est in Mogontia, cui Leo papa et Heinricus imperator praesidebant.

1053. Domnus Brun, qui et Leo papa, cum magna manu Francorum atque Latinorum pugnavit contra Nortmannos; set heu pro dolor! pene sui omnes deciderunt pugnando, et ipse vix urbium monitione (214*) salvatus.

1054. Domnus Leo papa nonus obiit in Christo. Sigebodo Spirensis episcopus obiit.

1055. Conjuratio Welphi ducis Karendinorum contra imperatorem.

1056. Domnus papa Gebehardus, qui et Victor, Goslaria venit, ibique Heinricus Romanorum imperator augustus tertius obiit; cui Heinricus filius ejus successit.

1058. Heinricus comes Palatinus, mentis insania captus, tonsuram et monachicum habitum accepit, ac monasterium Gorziae sub specie religionis intravit; sed eum quem ingressum vitae posuit pedem retraxit, seseque in eum quem despexit mundum male sanus injecit, insuper et domnam Mathildam, Gozelini ducis filiam, que sibi in matrimonio juncta fuit, heu infelix parracida peremit. Eodem anno Liutboldus archiepiscopus obiit.

1059. Heinricus comes iterum penitentia ductus monasterium ingressus est.

1060. Cuonradus episcopus Spirensis obiit, cui Einhardus successit.

1061. Cuono dux Karendinorum obiit. Agnes velamen testimonii accepit.

1062. Anno Coloniensis episcopus regem Heinricum matri subripuit, seseque illi magistrum praefecit. Eodem quoque anno Romam directi sunt papae duo, Parmensis epicopus et Lucensis, inter quos usque ad sanguinis effusionem certatum est.

1065. Heinricus quartus in tertia feria paschae gladium cinxit Wormaciae, Heberhardo archiepiscopo Treverensi benedicente.

1066. Cometa aparuit. Adalbertus Bremensis episcopus, homo nequam, consiliarius Heinrici regis, inter mala quae operatus est plura, abbatias, praeposituras et omne quod de sanctorum domibus

---

(212) H. c. l. S. f. *manu secunda in loco raso. Numerus* DCCCCXCIIII. *manu prima;* [*quae jam sequuntur diversis manibus scripta sunt.*

(213) W. *Haec manu* 3.
(214) *Manu* 4, *coaeva.*
(214*) *Id est* munitione.

ANNALES WEISSEMBURGENSES. A. 967-1147.

abradere potuit, suæ nequitiæ fautoribus per manus regis tradi fecit, insuper duas abbacias Corbeiam et Laurissam sibi vendicavit. Milites autem Laurissamensis abbatis illud egre ferentes (215), ad resistendum edificabant munitiones, ponentes in illis custodias. Similiter episcopus Mogontiæ Sigifridus, ceterique episcopi, duces et principes, omnesque sectatores justiciæ conspirantes apud Triburiam, hortati sunt regem ut quecumque consilio episcopi acta fuissent irrita faceret, et ab eo cessaret; quod episcopum non latuit; nam nocte nemine persequente aufugit. Sic per gratiam Dei sacer ille locus sancti Nazarii cum ceteris locis equæ legis salvatus est. Eodem anno Heinricus rex Bertam reginam duxit, Ottonis marchionis filiam. Pie recordationis Eberhardus Treverensis archiepiscopus obiit; in cujus locum cum electus esset Cuono, Coloniæ præpositus, populi Treverorum indignantes noluerunt eum suscipere, sed magna manu armatorum collecta nocte eum aggressi, omnes sibi resistentes percusserunt, ipsum domnum et regis missum, Spirensem episcopum Euhardum, omnesque optimos et res eorum secum duxerunt, et non post longe Spirensem episcopum et suos libertati dantes, præfatum seniorem Cuononem miserabili tormento heu infelices percusserunt. Comes Willihelmus, qui et Basthart, Anglossaxones et regem illorum occidit, regnumque obtinuit.

1067. Ad sepulchrum Cuononis martyris plura Deus misericordiæ suæ sygna cepit operari. Heinhardus Spirensis episcopus obiit, cui Heinricus successit. Godefridus Loutariorum dux periclitantem Romam et hostium incursus timentem defendere mittitur.

1068. Aquæ inundaverunt. Magna et ante inaudita sterilitas vini et pomi facta est.

1069. Hyemps magna et aspera, et rex Heinricus barbaros trans Alpiam flumen constitutos cum exercitu invasit, populum multum occidit, civitates destruxit, fana cum simulachris succendit, captivitatem magnam cum victoria reportavit. Eodem anno Dedi, marchio Saxonicus, levavit manum contra regem, et nichil prævaluit. Adalheid conjux Ruodolfi ducis, quod castitatem non servaverit falso accusata, et marito et honore privata est.

1070. Godefridus Luothariorum dux, vir miræ audaciæ, in natali Domini obiit. Item dominus Deus dilecti sui Sebaldi merita per virtutum opera mundo revelavit.

1071. Ruodolfus Suevorum dux conjugem suam, quam per malam famam abjecit, coram Alexandro papa expurgatam iterum recepit. Monachi et familia Stabulensis cenobii patroni sui sancti Remacli auxilio de magnis periculis liberati sunt. Magna sinodus habita est in Mogontia, cui Heinricus rex et archiepiscopus, legati vero domni apostolici, et diversarum provinciarum episcopi et abbates præsidebant. Ibi Karlus episcopus Constantinensis ecclesiæ, nondum tamen ordinatus, quod non per ostium set per symoniacam heresim, id est pecuniam, in ovile intraverit, accusatus et convictus, ab episcopatu ejicitur. Otto Bajuvariorum dux, quasi conjurasset in regem Heinricum, hostis judicatus est, et honor ejus ad alios translatus.

1072. Sigifridus Mogontiæ archiepiscopus, ductus spiritu, Cluniense cenobium ingressus est; qui, reductus a civibus, in voto non permansit.

1073. Heinricus rex cum in multis offendisset principes regni ejus, oderant eum, quin immo tota Saxonia quasi vir unus recessit ab eo et rebellavit.

1074. Heinricus rex coangustatus nimis, oravit Dominum intente, promisitque penitentiam, et regnum ejus confirmatum est. Eodem anno dissipata sunt castella quæ rex fecit in offendiculum Saxoniæ. Ipse est rex Heinricus, qui excluso episcopo sedem sibi fecit Wormaciæ.

1075. Heinricus rex universam regni sui contraxit militiam, ingentem scilicet exercitum, et juxta Unstrot fluvium bellum iniit Saxonibus; ibi multis militibus utrimque interemptis, rex tandem victor effectus est. Herimannus Babenbergensis episcopus, vir mendax et avariciæ deditus, postquam sedit annos 10, sub Gregorio papa digna damnacione depositus est. Iterum rex Heinricus cum armato milite Saxoniam ingressus, Saxones quoque pacem petentes suscepit, set sevicia magis quam gratia insecutus est universos.

1076, 1077, 1078, 1079, 1080, 1081, 1082, 1083, 1084, 1085, 1086.

1087. *Bertha imperatrix obiit. Counradus factus est rex* 3. *Kal. Junii Aquisgrani.*

1088. 1089. — 1146.

Manu sæculi XII tandem subjecta est ultima nota:

1147. Rex Cunradus crucem suscepit ad expedicionem Iherosolimorum.

ANNALIUM QUEDLINBURGENSIUM CONTINUATIO. ANNI 994-1025.

994. Liuldolfus Treverensis ecclesiæ ordinatur episcopus. Erp Fardunensis episcopus obiit, cui Bernhardus successit. Hiems durissima 3. Non. Novembr. exorta, usque 3. Non. Maii stetit, rarissimis intermissa diebus. Deinde pestiferis et frigidis flantibus ventis, noctibus plurimis pro rore hibernum cecidit frigus. Ad ultimum Non. Julii grande est factum gelu, tantaque siccitas fluminum et penuria facta est pluviarum, ut in plerisque stagnis et pisces morerentur, et in terris arbores plurimæ penitus arescerent, et fruges perirent et linum. Subsequuta quoque et grandis pestilentia hominum, porcorum, boum et ovium; prata etiam in plerisque locis ita exaruerunt, veluti igne exusta fuissent. Sclavi insuper omnes, exceptis Sorabis, a Saxonibus defecerunt, Liutpold Bajoarici limitis marchio clarus,

(215) *Vocem suoplevi.*

in civitate Wirtzburg in hospitio suo per fenestram cum sagitta improvise vulneratus, 7 Non. Junii obiit. Egbertus comes, prudentibus sapientior et fortibus audacior, Non. Aprilis e medio excessit. Heinricus, Sifridus et Udo fratres cum suis navali praelio dimicantes contra Nordemannos, victi sunt et capti; ex quibus Udo cum plurimis bello occisus occubuit, caeteri cum septem milibus talentorum redemti sunt. Fames etiam hoc anno magna facta est pluribus in locis Saxoniae.

995. Saxonibus pejor annus priore exoritur. Nam tanta in eos qui vocantur Osterludi (216), pestilentia exarsit, ut eorum non solum domus, sed etiam villae plurimae mortuis habitatoribus vacuae remanerent. Fame insuper magna compressi, tam assiduis Sclavorum incursionibus fatigabantur, ut peccatis suis promerentibus juste de eis illud propheticum dictum videatur: *Mittam super eos tria judicia pessima, pestem, gladium et famem.* Rex quoque tertius Otto cum magno exercitu Apodritos et quasdam Wlotaborum (217) terras invadens, incendiis et depraedationibus plurimis vastavit, licet motum eorum nullo modo compresserit. Reversus denique ab illa expeditione, in Quedelingensi civitate a memorata et semper memoranda amita sua, Mechtilde abbatissa, regalis praeconio laudis digne suscipitur. Ibi Adelheid germana illius soror, aequivoca scilicet aviae suae imperatricis Adelheide, spretis pro Christi amore regibus procis et eorum nunciis, promissisque non solum thesauris, sed etiam ultra valentiam aureis montibus et urbibus, sub jugo regulari canonice degendum, astante germano fratre suo imperatore tertio Ottone, totius in aspectu senatus ac plebis, sanctorum Dionysii et Servatii obsequiis sese pro patria dicavit, eademque hora sacri velaminis arrabone Christo, sponso coelesti, ab antistite ejusdem ecclesiae Hildewardo, caeteris etiam archiepiscopis et episcopis coram astantibus, consignata est. Hoc etiam anno Bajoariae regionis dux Heinricus secundus immatura morte obivit. Hic enim, mortuo imperatore Ottone secundo, aliena potius quam propria voluntate ad invadendum regnum eotenus illectus est, ut, comprehenso imperatoris filio, ipse rex eligeretur; sed ante consecrationem poenitentia abductus, regnum respuit; et regi humiliter subjectus, Bajoarico honorifice donatus est regno. In quo pro componenda pace ita ultra priores effloruit, ut ab illius incolis regni Heinricus pacificus et pater patriae appellaretur. Quo mortuo, filius suus Heinricus, rex futurus, Bajoaricum ducatum, rege Ottone tertio donante, suscepit. Ghevehardus Constantiensis ecclesiae episcopus venerandus obiit, cui Landbertus successit. Hildewardus venerabilis episcopus in Stitterlingheburg (218) civitate cenobium construxit virginum 12. Calend. Augusti.

In Halberstadensis territorio ecclesiae, Hordorpio nomine, natus est infans, nihil corporis habens a posteribus deorsum, nec crura, nec membrum virile aut muliebre, sed tantummodo dimidius homo, habens posteriora quasi avis sine plumis, aurem dextram majorem sinistra, et oculum similiter sinistro majorem; dentibus vero crocei coloris horribilis, sinistro brachio absque quatuor digitis solo cum pollice integer, dextro penitus erat brachio privatus; qui ante baptismum attonitus videns oculis, post baptismum autem (219) oculos nunquam aperiens, quarto suae nativitatis die infandum moritur monstrum. Commune damnum in pestilentia porcorum et boum omnem Germaniam vexat. Theodoricus comes Palatinus, et frater ejus Sigibertus, Saxones praeclari (220) obierunt.

996. Lux clara sanctae Augustensis ecclesiae Liudolphus episcopus 8. Calend. Augusti huic mundo subtractus, coelesti adnumeratur familiae; cui Gevehardus (221), inter egregios abbates praecipuus, subordinatur episcopus. Dehinc praecurrente tempore, cum multos a sanctuario Domini divinum raperet judicium, gemma etiam sacerdotum et episcopalis aureum decus dignitatis, venerandae Halverstadensis ecclesiae Hildewardus episcopus 7. Calend. Decembris ab hujus vanitate seculi solutus, verae caritatis, quae Christus est, praesentatur obtutibus, illius humilitatis et dilectionis, super quam credi potest (222), pie imitator effectus. Cui successit Arnolfus, illustri valde prosapia exortus, sed moribus nobilior et sincera largitate praeclarus. Hujus etiam anni vernali tempore praefatus rex Otto, compacta inter Saxones et Sclavos pace, Italiam perrexit, et dominicam resurrectionem Papiae paschali (223) more celebravit. Dehinc omni regno potenter potitus Italico, Romam veniens beatae memoriae Johannem (224) papam defunctum invenit. Cui nepotem suum Brunonem, virum valde praeclarum, non solum cleri sed et omnium Romanorum Domini voto civium pontificem electum, sub Rogari pio consensit, quem Romani, dempto Brunonis nomine, Gregorium vocaverunt. Ilic ergo sede Mironizatus apostolica domnum Ottonem, huc usque vocatum regem, non solum Romano, sed et post totius Europae populo acclamante, 12 Calend. Junii, in ipsa ascensionis Christi festivitate veneranda, indictione 9, imperatorem consecravit augustum. Post haec Italico rite disposito regno, Franciam revertitur, et in Agrippina Colonia summi imperatoris condigna

(216) *I. e.* Ostfalahi.
(217) *I. e.* Welataborum, Wiltzorum.
(218) Stoterlingeburg inter Ovacram et Ilsinam.
(219) Ita *L.* ante *c.*
(220) Ita *L. et Ann. Saxo.* praedati *c.*
(221) Gebehardus Elewangensis abbatum egregius

s. e. *Ann. Saxo.*
(222) P. verus Israelita p. .. e. *Chron. Saxo. cf. Ann. Saxo.*
(223) Regali *Chr.*
(224) *Vocem ex Ann. et Chron. Sax. recepi, deest in c.*

ANNALES QUEDLINBURGENSES, A. 997-998

honore diem celebrat natalem. Adalbertus episcopus de Praga civitate a Prucis glorioso martyrio 9. Calend. Maii coronatur. Bernhardus (225), Wirtzburgensis episcopus ecclesiae, imperatoria legatione Constantinopolim missus, in Achaia provincia moritur. Cui Heinricus, clarissimi cancellarii Hiriberti frater, clarus et ipse, substituitur episcopus.

997. Sclavi innata sibi perfidia tacti, pacis fregerunt pactum, terminosque Saxonices latrociniis corroserunt furtivis. Quos contra commotus imperator Ztodoraniam, quam vulgo Heveldum (226) vocant, egregiam inter Sclavanicas terram, magno invasit exercitu, vicit, praedavit, victorque in Magadeburch, praecipuam Saxoniae urbem, gloriose subintravit. Interim autem dum imperator augustus, tertius videlicet Otto, Heveldum devastando percurrit, congregati Wlotabi Bardangao provinciam improvisi rapinis multis aggressi sunt et incendiis. Quod videntes Westfalai, quos praefatus imperator in expeditionem oergens ad custodiendam reliquerat provinciam, celeriter Liuticos fortiter excipiunt, ipsique cum pauci essent, innumeram paganorum multitudinem tanta caede prosternunt, tantamque ab iis praedam diripiunt, ut nec caedis illius nec praedae numerus ullo modo humano possit explicari sermone. Hoc anno instauratio sanctae Metropolitanensis ecclesiae. Quedelingnensi castello, jussu imperialis filiae Machtildis abbatissae, omni studio peragitur. Quam cum ab avo aviaque, regibus scilicet Heinrico et Machtilde constructam, arctiorem quam tantae celsitudinis jus exigebat, propter confluentis populi frequentiam cerneret, innata ac concreta sibi benevolentia, ad augmentum ejusdem in honore sancti Servatii archiepiscopi et confessoris, latioris et altioris structurae aedificium apponere curavit, quod etiam totius conventu cleri ac populi ab Arnulfo, Halberstadensi episcopo nuper ordinato, cum aliis archipraesulibus et episcopia, quos modo nominatim evolvere longum est, congruenti ad decorandam Dei domum 6. Idus Martii dedicari fecit. Et non longo post tempore constructam in brevi Walbicensem ecclesiam, in ipso augusti patris sui Ottonis die anniversario, ab eodem Arnulfo episcopo, eodem etiam anno cum maximo cleri plebisque tripudio, Nonis Mai honorifice dedicavit. Hoc etiam anno Crescentius quidam, diabolica fraude deceptus, Romam absente papa Gregorio invasit, Johannemque quendam Calabritanum, quem domnus imperator Otto ob Graeci imperatoris filiam sibi matrimonio adquirendam cum Bernwardo episcopo Constantinopolim miserat, inde cum Graecorum revertentem legatis, se indigno excepit honore, illumque non tam papam quam apostatam constituens, legatos imperatorios sub custodia Romae retinuit. Hic ergo Johannes natione Graecus, conditione servus, astu callidissimus, imperatorem augustum piae memoriae secundum Ottonem sub paupere adiens habitu, ob interventum dilectae suae contectalis Theophanu imperatricis augustae, regia primum est alitus stipe; dehinc procurrente tempore, vulpina, qua nimium callebat, versutia praefatum eotenus circumvenit augustum, ut pro loco et tempore satis clementi ab eo gratia habitus, pene inter primos usque ad defunctionem suam clarus haberetur. Post dormitionem vero secundi Ottonis augusti, regnante jam filio suo tertio videlicet Ottone, quem ab ipso matris utero, divina subsecuta miseratione, Romano sublimavit imperio, praefatus Johannes ingenita sibi eo securius valuit versutia, quo regis infantia et primatum illius permittebatur incuria. Ad haec defuncto Placentinae ecclesiae episcopo, vir bonae indolis illi subeligitur; quo indigne ejecto, praefatus Johannes, non pastor sed lupus, eandem non regendam sed devastandam suscepit ecclesiam. Quam cum aliquot annis teneret, avaritiae diabolico inebriatus veneno, in tantum se elevavit super se, ut ipsam Romae beati Petri apostoli sedem, ut praedictum est, antichristi membrum vere effectus, fornicando potius caccaret, quam venerando insideret.

998. His auditis, domnus imperator secundam profectionem paravit in Italiam. Cui venerabilis papa Gregorius Papiae obviam veniens, dum ei pessima Johannis et Crescentii gesta narrasset, divino commotus zelo, quantocius una cum apostolico properat Romam. Quod audientes praefati Satanae ministri, Johannes quidem fugam iniit, Crescentius vero praesidio, quod veterem Romam et Leonianum conjungit castellum, se cum suis inclusit. Tunc quidam non tantum imperatoris quantum Christi amici insequentes Johannem, comprehenderunt eum (227), et timentes ne, si eum ad augustum destinarent, impunitus abiret, linguam ei et nares pariter absciderunt oculosque illi penitus eruerunt. Hoc ita divinitus mulctato, domnus papa Gregorius sedem apostolicam honorifice recepit, eamque usque ad obitum sui libere insedit. Imperator igitur augustus Romam adveniens, sanctissimam illic Christi resurrectionem celebravit, statimque post albas scalis et machinis arcem (228) quam Crescentius insederat, hactenus omnibus inexpugnabilem, fortiter expugnat, illumque captum decollari, et e summo arcis praecipitatum in patibulo pedibus suspendi jussit. Mense Julio terrae motus factus est horribilis per totam Saxoniam, duoque lapides igniti ex tonitru ceciderunt, unus in ipsa civitate Magdeburgensi, alter ultra Albiam fluvium. Quorum inusitata delapsio dirum omni populo exitium minando portendit; quod in sequentibus evidentissime apparere conspeximus; tunc scilicet,

---

(225) *Lege* Brunwardus.
(226) Ad Habolam.
(227) *Vox deleta* 2.

(228) M. domum Theoderici, ubi ille perversus sedebat *Ann. Saxo.*

ANNALES QUEDLINBURGENSES. A. 999.

cum mundus iste insanabilis plagæ ictibus ter cerebro tenus percussus, ipsa ut ita dicam vitalia amisit.

999. Nam insignissima imperatoriæ prolis gemma Mechtild, magni Ottonis augusti filia, quæ, ut sæpe memoravimus, sceptrigeris edita parentibus, virescentis rudimenta infantiæ, bonæ indolis utpote ipsius coronæ filia (229), honesta decenter nutricum sub cura descendit (230); quæ florida dehinc vacillantis tempora juventutis, corpore sensibusque plus cæteris id ætatis maturescens, nilque sibi commissi extra regiminis disciplinam errabundum relinquens, amabilis, affabilis, pia, cunctis largior quam sibi degebat; undecimo ortus sui anno Metropolitæ sibi hæreditariæ, licet tantis impar oneribus, imperatorum tamen consulto patrum nec non communi electione, antistitum benedictione perpetua regendo præficitur. Cum vero ad Pytagoricæ bivium perventum est litteræ, sine mora, sine tædio, angustiori semita, spei quæ non confundit fiducia arrepta, tota animi diligentia se suaque ab non esse ad verum conata est esse transferre. Hæc fratruele suo, largo scilicet Ottone, Romam proficiscente, imperatoria vice commissa sibi regna non levitate feminea gubernans, barbarorum etiam induratos vertices regum artificioso aviti paternique ritu ingenii ita placabiles subjugabilesque reddiderat, ut hujuscemodi pacis fundamenta, qua nunc sancta Dei ecclesia pro parte fruitur, post tantarum devastationem provinciarum, post effrenem barbariæ motum, non gladio, non armis, non ullis bellicorum instrumentis apparatuum, licet et ad hæc præcipienda satis esset idonea, continua vigiliarum, orationum, inediæque instantia, soli Deo intenta, illius docente et confortante subsidio, prima posuerit, ponendo construxerit, eoque usque struere non destiterit, quo non laborando sed ejus laboribus subintrando, succedentes postmodum reges tanto facilius summa ejusdem pacis attingerent, quanto ipsa imis primitus construendis vigilantius insudasset. Novissimis namque temporibus suis, colloquio apud Parthenopolim habito, conventa episcoporum cum duce Bernhardo, comitum ac totius senatus plebisque concursu, confluentibus quoque ibidem omni ex natione legatis, undiquesecus (231) vallata, qualis fuerit, quam inreprehensibilem se exhibuerit, quam mira discretione cuique sua tribuerit, quanta veneratione præsulum personas præ cæteris cunctis tractaverit, quanta solertia optimates, judices, aliosque, quorum id curæ relinquitur, pro consolidanda re publica, pro privatis etiam usibus confirmandis monuerit, quanta lenitate pios permulserit, quanta districtione reos terruerit, quantaque industria patriam conservaverit adjuverit et

A. auxerit, nec notis intellectuum nec etiam vocum cuiquam edicibile reor. Hisque ibi dispositissime ordinatis, oviculas quibus singulari præerat cura, adventus sui expectatione suspensas, materna dilectione revisit, dignoque ab illis honore suscepta, pauculis posthæc superstes diebus, modica febre pulsata, inopinata cunctis sed sibimet ipsi longe ante provisa morte, quippe et diem illum et horam precibus (232) assidue prævenire cupierat, 7. Id. Februarii resoluto, quod ex hoc compactum necessario solubile erat, corpusculo, ei qui est, quod est, quod unum est suum, quo ejus participatione tam honorifice usa est, gratulabunda reddidit; atque in medio basilicæ sancti Petri et sancti Stephani juxta tumulos

B. regum, avi et aviæ suæ Heinrici et Mechtildis, ejulatu nimio planctuque suorum, diem futuræ resurrectionis feliciter expectatura, reconditur. Quis igitur, licet adamantino rigore præcordialiter induratus, huic miserando spectaculo siccis poterat interesse oculis, cum orba sanctorum Dionysii et Servatii præsulum catervula, nec non sanctæ Dei genitricis maxime ex monte occidentali, ac sancti Andreæ ex Walbicensi coenobio vernulæ, quarum ipsa ab initio, ut prædiximus, fundatrix extiterat, cum cæteris sanctæ Pusinnæ in Winathusen, sanctoque Wicberto in plano juxta curtem regiam famulantibus, quarum (233) licet primæva nequaquam constructrix fuerit, postquam hæreditati aviæ suæ Mechtildis jure propinquitatis successit, materno eas more ad id temporis omni

C. sollertia foverat — tunc dico, cum matrem, quam pridie valentem, viventem, ac populis imperantem noverant, inopine subtractam, suisque nusquam nisi in æterna visione obtutibus redituram, sarcophago (234) includi ac tumulo recondi deflerent, seque cum ea mori quam superesse malle, amenti quadam vociferatione clamarent? Quid plura? His tandem flebiliter peractis, præfatæ sanctimoniales feminæ cum episcopis (235) quos divina clementia illius exequiis improvisos adesse disposuerat, Arnulfo et Bernwardo, nec non duce Bernhardo convenientes, fratruelem ipsius domnæ Mechtildis Adelheidam, quam sibi adoptaverat, quam unice dilexerat, quam pro filia delicate nutrierat, hoc solum inflictis vulneribus remedium restare cernentes, in dominam ac matrem

D. sibi unanimiter eligunt; legatosque hæc primo Franciæ ad imperatricem Adelheidam, matrem illius Mechtildis, deinde ad imperatorem Romanum Ottonem, fratruelem videlicet ipsius, Romæ deportaturos omni sub celeritate transmittunt. Qui festinato pergentes, ad augustam in brevi veniunt, eamque, licet ante præsaga mente aliquid sibi intolerabile eventurum præscierit, nuncio illo infelici viscere tenus sauciant; assumptisque aliis ibi secum imperatricis

---

(229) *Ita L.* filio *c.*
(230) *Melius* transcendit *Ann. et Chr. Sax.*
(231) *Ita correxi;* unde quos secus *c.*
(232) *Ita L.* probis *c.*

(233) *Ita L.* Harum *c.*
(234) *Ita L.* sarco *c.*
(235) C. *e. desunt; Leibn. ex Ann. Sax. recepit.*

ANNALES QUEDLINBURGENSES. A. 1000.

ejusdem legatis, Romam perveniunt, imperatorem augustum recenti nepotis sui papæ Brunonis, qui Romana lingua Gregorius vocatur, obitu admodum mœstum reperiunt, ac priori posteriorem multo graviorem adjiciendo dolorem, ob excessum suæ illustrissimæ amitæ ex mœsto mœstissimum reddunt. Non solum itaque imperator augustus ejusque sequaces Mechthildis præclaræ corporalem interitum lugent, sed quocumque per vicos, per plateas, per compita, per avia, necis illius fama sonuit, pectora tundendo, crines lacerando, luctum præ gaudiis amando, ipsum æra lachrimosis vocibus pulsant. Resumptis ergo demum post tantam perturbationem animi viribus, imperator præfatus pro obsequiis venerandæ suæ amitæ exhibitis, et pro electione sororis, grates (236) sanctæ congregationi remandat innumeras, eamque honori et oneri matris spiritalis, non ut potuit imperando, sed ut pium decuit postulando, succedere deliberavit. Quod et divina ordinante clementia sine mora peragitur. In solenni namque Michaelis archangeli festo electione iterata, ab Arnulfo ejusdem ecclesiæ episcopo, astantibus aliis episcopis et domna regali Sophia, sorore sua majore, et nepte sua illustri abbatissa Hathwiga, cunctisque regni primatibus utriusque sexus, coram altari sancti Petri apostolorum principis et sancti Stephani protomartyris honore congruo benedicitur, throno domnæ matris sublimatur, regulæ commissione, in qua se sibique subjectarum vitam quasi in speculo spectare omniumque solertia regere discat, non modicum oneratur; quidque spatii miseratio deinde Omnipotentis concesserit, dignitate eximia et gaudio, non tamen sine cura pervigili, transactura. Modici igitur intervalli spatio Adelheida, præfatæ Mechtildis genitrix, inclita Romanorum imperatrix augusta, quæ statum imperii terra marique sibi subacti una cum suo consorte, augusto scilicet magno et pacifico Ottone, non minus meritis moribusque insignierat egregiis, quam ille viribus et triumphis consolidasset eximiis; post obitum itaque ejus et ipsa per totum seculo moriens, quasi non sibi nata sed inopum usibus tantum divinitus esset provisa, quidquid habere potuit, regni videlicet censum toto orbe tributario jure vel etiam donario quæsitum, inter cætera virtutum insignia manibus pauperum in cœlestes deportandum thesauros hilari mente et facie commendare non destitit. Vidimus namque eam creberrime, sed secretissime, more rusticarum ad id desiderabile sui opus succinctam, ne vel ipsa vestium prolixitas ullam sibi ingerere posset moralam, ambabus pro dextra manibus usam (237), tam diu pio huic institisse labori, quousque vacillante incessu non

A largitate sed corpore deficiens, necessario quietura vel modicum sese reclinaverit; id tamen in voto habens, ne vel sedendo, vel stando, vel quibuslicet occupationibus detenta, unquam a familiarissimo sibi misericordiarum opere cessaret. Hæc igitur postpositis quæ esse videntur, non quod sint (238), quia transeunt, sed quod nobis sensuum qualitate degentibus esse videantur, ut dixi nobili illa hominis prærogativa ad ea quæ vere sunt, quia nec ortum sui respiciunt nec finem, totam sese erigens nisu (239) ac meliori oculo superna semper intuens, tamdem emeritæ admodum ætatis, ad eum quem medulletenus sitiverat 16 (240). Cal. Januar. laborum suorum centuplicatam receptura mercedem, angelico stipata cœtu, gloriosa migravit, atque in basilica Salisensi (241), quam ipsa in honore sancti Petri principis apostolorum pio labore construxerat, honorifice tumulatur.

1000 (242). Cujus obitu post modicum comperto, imperator augustus ultra quam credi potest mœroris nimietate afficitur; sanctam Dei ecclesiam, quæ continuato trium lapsu columnarum, quibus mira firmitate subnixa hactenus inconcussa steterat domni scilicet apostolici, aviæque suæ præfatæ imperatricis augustæ, nec non amitæ suæ imperialis abbatissæ Mechtildis, discessibus vacillare, sibique jam soli inniti (243) conspiciens, curarum pondere gravatur. His tamen, quæ ibidem vel in ecclesiasticis vel etiam in puil cis rebus agenda erant, rite dispositis, patriam desolatam quasi consolaturus citato cursu adeundam deliberat; quod et acceleratissime facit, non paucis ex Romano senatu una secum pergentibus. Transscensa vero Alpium difficultate, ut primo hisce (244) partibus pedem inferre potuit, tota ei Gallia, Francia, Suevia, equestri et pedestri agmine turmatim obviam ruit. Dominæ etiam imperiales, germanæ suæ sorores, Sophia et Adelheida, cum Saxoniæ et Thuringiæ utriusque sexus primis occurrendo, velut unicum unice dilectum hac merito diligendum, ipso, ut ita dicam, corridente mundo, unanimi gratulatione suscipiunt, ac cum eo pariter, quamdiu destinati itineris acceleratio patiebatur, debita caritate morantur. Ille vero evangelici non immemor præcepti, quo dicitur: *Primum quærite regnum Dei*, juxta morem parentum suorum imperatorum, omnia sua divina regi ac meliorari exoptans clementia, humili devotione in Sclaviam sanctum Adalbertum nuper pro Christo laureatum adiit, ejusque interventum obnixius petiit. Ibi summo conamine a duce Sclavonico Bolizlavone susceptus, xeniis omnigeni census ubique terrarum studiosis-

---

(236) *M. 2. in margine post et scripta, sed ex Ann. Sax. et pro sententia hic statuenda erat.*
(237) *Ita L.* usa *c.*
(238) Q. vere sint *Chr. Sax.*
(239) *Ita corrigo;* visu *c.* toto se erigens annisu *Chron. Saxo.*

(240) *Ita correxi ex Ann. et Chron. Saxon. et Necrologis Stabulensi sec. XI. ineuntis et Murensi, codex habet XVII.*
(241) Seltz in Alsatia.
(242) *Hic codex pergit, numero anni omisso c.*
(243) *Ita L. ex Chron. Sax.* sibi i. s. anniti *c.*
(244) P. Galliæ p. *Chron. Saxo.*

sime quæsitis obsequialiter donatur; licet nihil tunc temporis ex his acceperit, quippe qui non rapiendi nec sumendi, sed dandi et orandi causa eo loci adventasset. In patriam revertitur, ac Quedelingnensi civitate sanctum pascha celebraturus, in ipso monte, ubi sanctimoniales feminæ ritu canonico regulariter Christo deserviunt, per amorem dilectæ suæ sororis Adelheidæ abbatissæ cœnam Domini, parasceven quoque et sabbatum sanctum, nec non dominicam noctem resurrectionis, — si tamen illa jure nox dici vel appellari queat, quam triumphali luce Redemptoris omnium per totum mundum miro atque ineffabili modo splendere constat, — debitæ venerationis obsequiis festive peregit. Unde in ipsis horis matutinalibus ad curtem suam totius senatus ac plebis expectationi satisfacturus redit, illamque septimanam regalibus impendens officiis, regendo, indulgendo, largiendo ac remunerando transegit; ac in octava pascæ inde profectus, sororem suam Moguntiæ, Coloniæ, Aquisgrani, quam etiam cunctis tunc post Romam urbibus præferre moliebatur, una secum summa veneratione fraternaque caritate comitante, remunerato Bolizlavone, perducens, aliquantulum temporis, quæ cœpto itineri congruere videbantur ibi parando, quievit. Sed dum nec cursum longius protrahere deliberatum, nec sororem quam intime diligebat, præfatam Adelheidam, præsentialiter amittere (245) posset, promisso tandem post se Romam veniendi firmiter inter se compacto, paululum lenito mœrore, ille, ut decreverat, in Italiam ultima, proh dolor! profectione acceleraturus, illa monasterium cui specialiter præerat revisura, utrique cassa spe ulterius sese in hac luce videndi, discedunt. At imperator augustus immensis iterato Alpibus, peragrata Italia, Papiæ aliquamdiu remoratur.

1001. Inde, Romam proficiscens, sacrosanctum dominicæ resurrectionis festum debita ibi veneratione celebrare instituit. Interim callidus nequitiæ auctor totiusque doli repertor mille ut est nocendi artibus instructus, reinduto quem, primos decepturus homines, quondam sibi aptaverat colubrino amictu, inter Romanorum præcordia serpit, venena inflat linguis trisulcis, ut manus improbas sui causa ipso cæsari inferre moliantur, persuadet. Sed dum opposito illi divinæ pietatis clypeo a læsione imperatoris sese repelli cœlitus conspicerent, quoscunque parti justæ faventes reperire poterant, cruenta cæde mulctabant; nec ab illa seditione nefanda aliquo modo sedari valebant, donec invito furioso tumultu imperator, collectus suorum viribus, ab urbe prius præ cæteris amata sed ulterius præ cunctis dete-

standa decederet. Mœstus, ut ferunt, in cujusdam castelli munimina transvolat, ibique (246) pro ulciscendæ assiduo tractatu injuriæ instantem penitus consummavit annum.

1002. Verum in ipso posterioris introitu, toto pene legendus orbi, et ultionum crimine destinatarum (247) et ærumnis vitæ hujus caducæ 9 Kalend. Februarii exemptus, in gremio Abrahæ patriarchæ magni, tempore futuræ resurrectionis in melius coronandus ac felicius regnaturus, angelicis transvectus manibus collocatur. Cujus infortunii (248) eventum, ne procacitati hostium citius intimaretur, hi qui aderant, occultando tegebant, quousque convocatis qui per castella dispersi vagabantur sociis (249), domini sui corpus efferentes, improvisi prorumpunt, pluribus tamen ibi ob penuriam equorum, heu sine spe vivendi! relictis. Cum vero res tanta diutius latere nequiret, hostes Romani his mature compertis, indebito ausu execranda omni ævo commovent bella. Armis instructi velut pro vita patriaque certaturi, defuncti corpus imperatoris, — qui dum supera vesceretur aura, ignorata etiamnum doli immanitate latentis, cunctis eos populis quasi privilegio quodam specialis præposuerat amoris — impudenter distrahere, mirisque injuriæ modis sine mora mortuum excruciare, cui vivo nocere nequiverant, tetra (250) belligerando invasione pertentant; quos divina pietas totiens repelli, totiens nece crudeli multari permisit, adeo ut vix pauci, latibulis fugæ sese dedentes, inglorii discederent. Nostri vero, felici ubique victoria usi, depositum pretiosi ponderis thesaurum fideli devotione trans Alpium nivosa cacumina, jam tandem securi, deferunt. Quo comperto, Heinricus dux, ad quem summa imperii pertinebat, maxima comitante caterva, funeri miserando omnibusque digne plangendo admodum tristis occurrit, et ad Aquasgrani, quo vivens sitiverat, gemitibus multis mortuum corpus tandem perducit. Nec mora, itur ad templum; magno, ut ita dicam, hujusmodi honore, mixto scilicet intolerabili dolore, terræ commendatur suum plurimum (251) solatium; sed et omnium, ut credimus, qui aderant unanimi oratione spiritus cœli recipitur palatio. Interea modo multi diversa sentientes, dum quique sibi pro sua parte jus imperii raptum ire molirentur, Eghardus marchio Lithi a Sigifrido et Udone pessime occisus est, plurimique suorum cum illo 2 Cal. Maii. Dehinc 5 Cal. Julii præfatus Heinricus, nepos regalis, a Francis in regnum eligitur, insciisque Saxonibus Moguntiæ a Willichiso unctus coronatur. Fama volat super his, dicens pariter in Mersburgiam illum quam citissime venturum; quod et factum est. Illo Bernhardus dux

(245) Relinquere *Chron. S*
(246) *Vocem ex Chron. S.* recepi.
(247) Ultionibus crimini destinatis?
(248) *Ita correxi*; infortunum *c.*
(249) S. facto agmine funerea processione d. *etc.*

Ann. et Chr. S.
(250) *Ita c. sed Ann. et Chron. S.* terna *legunt.*
(251) Plurimorum? *Chronogr. Saxo habet*: plurimis clauditur magnum solatium.

ANNALES QUEDLINBURGENSES. A. 1003-1008.

et Saxonum primates cum decore suorum convenientes, benigne ab eo suscepti sunt, moxque dominum sibi illum ac regem elegerunt. Sed et Bolizlavonem Poloniæ ducem occurrisse et regis gratiam sibi supplicasse, fœdere pacis promisso, reperiunt; quæ quia firma non fuit, postmodum patuit. Inde digressus, per urbes et loca provinciæ aliquamdiu commoratus, quæ agenda erant, prout tempus et res poscebant, prudenter disponebat. Dominæ quoque imperiales filiæ, Sophia et Adelheida, honorifice tanti nominis novitatem excipientes, quanta potuerunt caritate occurrerunt. Congaudent regi nepoti, quia non licuit fratri. Quas secum digno honore ducens, Cunigunda contectali sua una secum comitante, Patherbrunensem ventum est civitatem; quo periculosa inter Boiarios et Saxones orta est seditio, multorum morte subsequuta. In natali autem sancti martyris Laurentii imponitur corona benedictionis Cunigundæ reginæ; datur etiam Sophiæ, imperatoris (252) filiæ, abbatiæ benedictio Gandeshemensis. Quibus peractis, rege Rhenum transmeante, quisque in sua rediere. Herimannus dux cum Suevis regi restitit, et Francorum pars quædam refragari cœpit, multa inutilia perpetrantes, sancta loca exurentes, aliaque devastantes; quos tamen (253) Dominus citissime humiliavit.

1003. Heinricus rex Sclavos Milkianos (254) hyemali tempore invasit, et cruenta cæde devastans, sibi subjugavit. Thangmarus (255) cum aliis interfectus est. Quadragesimali autem tempore Parthenopolim venit, diem palmarum ibidem acturus. Inde quam celerrime Quidelingnensem Metropolim, more avorum atavorumque priorum regum, pergens, cum optimatibus suis et populi confluentia paschalia festa peregit. Paucis interpositis diebus, Adelheidæ dominæ ac matris ejusdem precibus exoratus, cum regina iterum veniens, sancti Servatii gaudet interesse festis; postea Halverstadensi civitate sanctum pentecosten celebraturus. Hermannus dux ad extrema pervenit, et discordia a Suevis quievit.

1004. Rex Heinricus de Francia in Italiam veniens, sanctum pascha ibi acturus. Sed adempto gaudio, rebellium multa milia jussit interimere gladio, omnibus simul ædificiis Papiæ exustis, quæ veterum instruxerat industria illustris. Fulgura et tonitrua eodem anno simul cum nimia et terribili turbine venerunt, perterritis ubique terrarum populis. Et rex de Italia regressus, parvo post tempore Bohemiam, quam Bolizlavus Polinensis injuste possederat, pugnaturus intravit. Sed tamen, Deo adjuvante, tota illa gens sese cum pace suaque omnia regi dedere, et ille tyrannus Bolizlavus contumeliose evasit; rex vero, Deo gratias, victor cum suis exivit. Herolfesfeldense monasterium a rege, antiquo patrum jure destitutum, magnum patitur damnum, spoliatur bonis, orbatur filiis suis; et quos congregarat atque educaverat regnante Carolo Pippini filio, 170 ac novenis annorum circulis, peccatis exigentibus, perdidit istis temporibus.

1005. Interim ipse rex, ira permanente contra Bolizlavonem, reparato agmine Poloniam accelerans, fugientem insequitur, suam injuriam quasi defensurus, sed, proh dolor! multos perditurus. Bernhard et Isi, Thiedbern et Bernhard (256), cum aliis occisi. Rex vero, quamvis dolens, assumpta non bona pace, cum lachrimabili revertitur exercitu, portans secum corpora mortuorum. Obiit Kiesut.

1006. Balduinus in Gallia elevatur contra regem, cum Landberto in Valentia (257), civitate non sua. Quod rex ægre ferens, eo in expeditiorem properat, plurimo sudore suorum longo tempore frustra ibi commoratus (158), sicque ficta (259) pace revertens.

1007. Ad civitatem Ratispona pervenit, dominicam resurrectionem ibidem concelebrans; simul etiam recenti suorum cæde corde tenus tactus, mittit legatos ad Bolizlavonem, bellum se sitire, bellum demandat contra se parare: sed fama iterum de Balduino non bona percrebuit, quæ, id ne fieri posset, prohibuit. Quo celeriter reversus, et sanctæ ecclesiæ precibus adjutus, quem reliquerat hostem, gaudet recepisse inbellem, adversariis in pace sibi reconciliatis. Bolizlayus interim dux, incursu Saxonum ex legatione regis concitus, audaci bello elatus prope Parthenopolim pergens, omnem Sclavoniæ eo loci provinciam vastat, incolas aut neci tradidit aut captivos colligari præcepit, donec ripam Albiæ fluminis attigit; ubi superba quædam jactans verba, obstante summi regis milite sancto Mauricio, suæ non compos voluntatis, revertitur in propria, ducens secum in vinculis fortes viros Saxonum, Liudolfum, Tadilan et Tadi. Rex talia audiens, animo dolet; hortatur suos, ne id inultum ferrent. Sed ejusmodi affectum, nescio quo obstaculo, nullus etiamnum sequitur effectus. Calend. Junii obiit Hermannus comes, frater Arnulfi episcopi.

1008. Bertlalis (260), humilis ancilla ancillarum sancti Servatii, induxit animum adire limina apostolorum Petri et Pauli, pro se et domnæ Mechtildæ animæ absolutione suorumque salute profecta. Itaque 8 Idus Januarii, postposita omni adversitate, per abrupta montium, per convalles terrarum, non modice laborabat in transmeatione fluminum, dom-

---

(252) Ita L. ex Chronogr. ipsius c.
(253) Ita L. et c.
(254) Budizin urbis expugnationem v. apud annalistam Saxonem.
(255) Ita correxi; Thonginarus c. Thammo apud Ann. Saxo.
(256) Milites Halverstadenses.
(257) Valenciennes.
(258) Deest c.
(259) Ita L. victa c. facta Chr
(260) [Bertradis] L.

ANNALES QUEDLINBURGENSES. A. 1009-1012.

modo, quod amabat, videre contigerit. Tandem Romam pervenit gaudens. Ergo accessit, amplectitur sancti Petri sepulchrum, deosculatur, et quorum causa advenerat, flebiliter ibi peroratis, nec non aliorum sanctorum patrociniis salutatis, Deo gratias referens, incolumis cum suis revisit patriam. Stella paschalis hebdomadæ feria secunda media die visa est 6 Idus Aprilis. Obiit Liudolfus Trevirensis archiepiscopus, cui successit Magingoz. Obiit Notgerus Laudovicensis (261) episcopus, cui successit Baldricus, moribus præclarus. Eodem anno Atalpero clericus, reginæ frater, regi adversarius abominationes multas concitavit, contra omne jus et fas Treverim cum suis sibi mancipavit, sicque discessit. Compertum cumque id regi foret, ilico suas copias colligens advenit; Lutharios sibi resistentes palatio obsedit, 16 hebdomadas ibi habens. Illi tandem fame coacti, falso dextras dedere, regem et suos remeare fecere, in sua perfidia nihilominus permanentes. Obiit Hildericus Havelbergensis episcopus, cui successit Ericus.

1009. Subita et nostris temporibus insolita aquarum refusio facta est 3 Id. Januarii, feria secunda, luna 10, multis damnum inferens, 7 diebus in sua rabie perstitit. Obiit Retharius Patherbrunensis episcopus, cui successit Meginwerck. Sanctus Bruno, qui cognominatur Bonifacius, archiepiscopus et monachus, 11 (262) suæ conversionis anno in confinio Rusciæ et Lituæ a paganis capite plexus, cum suis 18, 7 Id. Martii petiit cœlos. Obiit Wigbertus Merseburgensis episcopus, cui successit Thiatmarus. Sed et dominica die Palmarum guttæ sanguinis in quibusdam locis vestimentis hominum instillabant. Sol nebula horribili et colore stupendo mutatus, mirantibus intuentium oculis velut sanguineus ac minor se visus terrorem incussit 3 Kal. Maii, feria 6, luna 1; duobus diebus tales minas ostendens, tertio die vix proprio lumine vestitur. Pestilentia et mortalitas graviter secutæ sunt. Rex iterum magno dolore simul et ira commotus, in Franciam revertitur, et in pluribus locis multa damna perpetrata sunt: ibique peracta æstate rediit in Saxoniam (263) sine pace. Dedit comes iter agens a Werinzone (264) et Friderico patruele ejus de improviso cum dolo interfectus est. Incendia plurima facta sunt per loca, ita ut et homines in quodam vico exusti interirent. Fecit (265) Fricherum comes. Machtildis, regiæ sororis filia, obdormivit in Domino. Moguntiæ quoque basilica nova cum omnibus ædificiis cohærentibus miserabiliter consumitur igne, sola veteri ecclesia remanente, 4 Cal. Septembris, feria secunda, luna 6. Tonitrua et coruscationes hiemali tempore sæpe fiebant.

1010. Ansfridus episcopus, meritis præclarus, primum imperatori terreno armatam militiam fideliter administrando, deinde creatori humiliter obediendo, divinis se mancipavit præceptis. Ideo virtutibus enituit insignis; calcatis terrenis, intra angelicos jam lætus choros æternis fruitur bonis. Eodem anno rex in expeditionem suas contrahens copias, Poloniam Sclavoniæ quæsiturus, sed quo velle ducebat, minime perventurus, cum paucis media revertitur via, gravi ingruente ægritudine; cæteris, ut erant bello parati, plurima devastantibus loca multamque prædam secum reportantibus. Basilica in Vongerestorp (266) (267) fulmine terribiliter interiit. Sed etenim cometæ visi sunt.

1011. Bernhardus dux, a rege secundus, multigenis sapientiæ scientiæ pietatisque donis fecundus, invehitur cœlos, sanctæ ecclesiæ multa tempora lugendus. Quem lamentatione dignum, 18 die moriens secutus est Liudgerus comes, frater suus. Pestilentia et mortalitas, inaudita tempestate ubique gentium monasteria, castella et oppida devastantes, desæviunt. Hiems insolita pruinarum asperitate importune longa, ita ut solis calore insolubilem multum temporis glaciem retineret, ac multa corpora hominum languida redderet. Obiit Willigisus archiepiscopus, cujus loco subrogatur Erkenboldus Fuldensis abbas, merito gaudens, patris nomine retento, et pastoralis culminis honore suscepto. Obiit Asico (268) presbiter inclusus. Eodem anno 3 Calend. Augusti, feria secunda, luna 26, cecidit glacialis grando ingens et horrenda. Thietdivus abba et... monachus, Adhela (269) Romæ inclusa; cœli conscendunt secreta. Hoc etiam anno sæva mors de obitu Hildegardis ductricis miserabile lamentum intulit, dum reliquit, quod doluit. Abstulit et de regali stemmate gemmam Machtildam abbatissam, Liudolfi filiam, Suithgerus (270) episcopus migravit ad Christum, cujus loco subrogatur Thietricus. Ventus ingens plurima ædificia subito turbine subvertit, et multa alia damna commisit. Ipso anno rex Triburiam venit, et nova cæde suorum merito gemit; inter quos, quasi pacis gratia irruentibus adversariis regis, Heinrico et cæteris, capto Thiedrico duce patruele suo, alii gladio interiere, alii vero vix poterant evadere.

1012. Obiit Erluinus Camerinus (271) (272) episcopus, cujus loco ordinatur Gerhardus. Obiit Hermannus puer et dux, regis consobrinus. Eodem anno quadragesimali tempore monachò cuidam in

---

(261) Leodiensis.
(262) XII Chr. Ann. S.
(263) Ita correxi ex Ann. S. Hispaniam c.
(264) Werenhario marchione.
(265) Ita emendavi, annalista duce; exusti. Interfecit c.
(266) Ita emendavi Ungerestorp c.

(267) Wunstorf.
(268) Ita Ann. Saxo; Etsico c.
(269) Ita Ann. Saxo. Deddile c.
(270) Suthgerus c. Suicgerus Monasteriensis episcopus Ann.
(271) Cameracensis Ann. Saxo
(272) Cameracensis.

ANNALES QUEDLINBURGENSES. A. 1013.

extasi rapto ostensa est visio mirabilis, quæ quantum terribilis impiis, tantum prædicatur laudabilis piis. In Bavanbergensi castello Franciæ dedicatio ecclesiæ facta est, 10 anno regni Heinrici regis, 2 Non. Maii, 36 episcopis in id operis destinatis. Intererant etiam regio gaudio dominæ sorores abbatissæ, Sophia et Adelheida, quod erat insigne decus imperatoriæ aulæ. Aderat et incredibilis frequentia cleri ac populi, inter quos multis reis indulgentia a rege donata est, aliis venia repromissa. Obiit Tagino archiepiscopus Parthenopolensis, meritis præclarus, cui successit Walthardus, sapientiæ scientiæque luce fulgidus, pietate nulli secundus. Obiit Vunger episcopus (273). Obiit Thietmer presbyter et monachus. In quadam villa Saxonicæ Sueviæ, Coestede (274) nomine, nati sunt gemini fratres cum dentibus, os habentes quasi aves (275), alter vero dextrum brachium dimidium, ut ala avis (275). Tertia nativitatis die dicuntur inter se risisse. Quos civili contigit consensu mori, quia eos diu vivere erat omnibus timor. Eodem anno in Francia, viro non longe a Colonia, viro cuidam dira miseræ mortis inducitur ultio, quod muribus invisibiliter incredibili modo corrosus, multis suorum curationibus frustratus, ad extrema usque pervenit. Magna etiam a piratis devastationis clades facta est in partibus aquilonis in provincia una (276), ita ut multis interfectis, aliis miserabiliter captis, exustis insuper plurimorum ædificiis cum pertinentibus bonis, pauci vix veluti nudi evaderent. Terræ motus per loca flebant. Hoc etiam anno commotio aeris cum tonitru et fulgure et inundantia pluviarum tanta facta est 4 Id. Augusti, ut biduo perseverans, perplurima damna peragerct, domos multas cum suis utensilibus, nec non acervos frugum pessundaret; homines quoque periclitarentur. Waldhardus archiepiscopus extrema sortitus, cum Christo felicius victurus, vixit post obitum Taginonis antistitis ter terno hebdomadarum numero et nocte una. Sedit autem in episcopatu septem septimanas noctesque binas, trinum et unum Deum ore prædicando, unctus Spiritu sancto, pacem in invicem et in omnes ecclesias Dei in dilectione Dei et proximi præparando. Post ejus mortem Bolizlawo, multis milibus suorum contractis, Dalmantiæ terminos occupavit, urbem Coloci (277), noviter instauratam dolose expugnat, et utrinque magna strage peracta, cum captivis nostris domi reversus est. Conradus dux regiæ stirpis humanum debitum exolvit. Heinricus rex ad festa sancti Martini Confluentiæ veniens, magnam synodum habuit, Thiedoricum Metensem episcopum cæterosque sibi rebelles causa damnandi, si nollent converti, et alia perplura ibi acturus. Quod regis decretum illi quantulum timentes, legatos de pace miserunt veniam precando. Quorum voluntati rex, recenti vulnere saucius, non satisfecit, sed consilio tamen fidelium suorum Moguntiæ se videndi licentiam dedit. Quo quidam ex illis venire neglexerunt; alii regis imperio, ut decuit, paruerunt; inde non integræ pacis gaudia reportantes, sed firmandæ adhuc suspendia expectantes, reversi sunt in sua. Expulsio Judæorum facta est a rege in Moguntia; sed et quorundam hæreticorum refutata est insania.

1013. Duæ lucernæ ardentes, mundo subtractæ, reconduntur cœlo, Lievitzo Hammaburgensis archiepiscopus, et Wonleph presbyter et monachus solitarius. Episcopus autem vi febrium correptus, cum laboris sui præmium imminente jam morte a Deo speraret, ut erat nimiæ caritatis, providebat suis portum salutis. Erat ei quidam vicarius inter clericos specialius familiaris, quia nobiliter fidelis, Odda, quem divinæ humanæque legis scientia adprime eruditum, episcopatu dignissimum prædicans, ipse primus sancta oratione in id operis elegit; deinde cleri ac populi unanimiter acclamantis eadem vota persensit, ac sic lætus obdormivit in Christo (278). Sed regis animus immitis (279), et habendi misera sitis, renuit supplicantium preces, contemnendo flentium voces. Succedit huic honori Unwanus archiepiscopus; iste vero Dei gratia servatur melioribus vel locis vel temporibus (280). Heinricus rex a Bolizlavone multis obsecrationibus exoratus, Parthenopolim venit, ubi isdem Bolizlavo filium suum cum variis donis in occursum regis honorifice misit; et utrinque pace compacta, filium lætus recepit, jussus regem quantocius ipse videre. Inde rex Werla divertens, aliquandiu ibi commoratus, ut moris est, multa disposuit. Statuit et sesanctum pascha Aquisgrani acturum; quod ne fieret, repentina et gravis infirmitas distulit, quæ divinitus tantum ei timorem mortis incussit, ut alios dignitate exutos, alies suæ gratiæ dulcedine injuste privatos, remittendo priori redderet loco. Convalescens autem, necessitate cogente Patherbrunensi monasterio festa paschalia celebravit, quod eatenus regibus insolitum fuit. Tempestatis validæ horrida tenebrositas homines subito perterruit; quam fragor et ignis subsequuntur, et in locis quibusdam ecclesias subvertentes multa alia damna commoverunt, Idus Maii luna 1, feria 6. Heinricus in sancto Pentecosten, maxima confluente caterva, Meresburg se colligens, obvium habet Bolizlavonem cum magno apparatu diversorum munerum, pacis gratia sua omnia seque dedentem; quem benigne suscipiens, paucos dies secum mo-

(273) Wugerus Posnaviensis episcopus Ann. Sax.
(274) Kochstedt.
(275) Aneæ Ann. Chr.
(276) Unna Ann. Chr. S.
(277) Lobau, Libije, Lobije; annalista Libuzuam scribit, chronographus Eoloci.

(278) Chr. 2. Non. Febr. Ann. S.
(279) Ut hoc loco, ita sæpius Annalista versibus scripsit.
(280) Obiit a. 1018, hæc igitur Annalium pars antea scripta fuit.

rantem, ut par erat regiæ dignitati, claro honore adauctum, non tamen sine sui regni detrimento, permisit remeare. De Sclavonia et multi nuncii venerunt, quibus interfuit Othelricus de Bohemia cum donis etiam honorans faciem regis; cui, licet inter se et fratrem suum Geramirum et præfatum Bolizlavonem ira permanente, læta succedunt, dato honore patriæ, misso in exilium suo fratre. Obiit Eguardus presbyter et monachus in claustris. Rex sapiens Heinricus, stultorum forsitan depravatus consilio, Fuldensis monasterii bona miserabiliter diripuit, dum sibi fratrum vita displicuit. Data occasione corrigendi, invaluit potestas destruendi. Diffugiunt hac et illac vagantes, qui erant cœnobitæ, jugum Christi portantes. 270 annis a Carolo primo eo loci serviebant Deo; nunc nostris temporibus, proh dolor! spectaculum facti mundo, et sibimet dolori et aliis manent timori. Commotio quoque aeris valida et hoc anno fiebat, ut per plurima loca ædificia ruerent, et res quædam pretiosæ a fulmine tactæ interirent. In monte etiam Luniburgensi horribilis hiatus terræ patuit, ipsi templo minas ruendi præbens, et incolis timore perterritis spem confugii funditus ad tempus auferens. Rebus in Saxonia rite dispositis, rex Italiam secundo intravit. Eodem anno inundatio aquarum nimia facta est, multa damna ferens 18 Calend. Januarii, luna nona, feria 3; quod rex parvipendens, iter quod cœperat peregit, natalem Domini Papiæ honorifice celebravit. Hoc etiam anno 1013, contentio magna facta est in monasterio Geronis magni marchionis inter Arnulfum episcopum et Geronem comitem, ita ut ex parte episcopi quidam periculum pugnæ vix evaderent meritis sancti Cyriaci martyris, cujus festis intererant, præsente Hatewiga abbatissa.

1014. Item diluvium venit. Rex Ravenna properans, habita sinodo Arnoldum fratrem suum, episcopali dignitate prius donatum et quorundam vi redire coactum, auctoritate papæ ac cuncti senatus consilio revocat, archipræsulem digno honore stabilivit, aliisque ibidem rite ordinatis discedens, Romam pervenit. Ivit obviam tota civitas; licet dissono voto, tamen, ut par erat, suo domino dant laudum præconia, extollentes ad sidera. Quo sibi et contectali imperatorium nomen obtinuit. Paucos ibi habens dies, publica re, ut putabat, bene disposita, et immensa pecunia ubivis locorum congesta, accelerat iter ad patriam, non sine damno multorum. Multi autem obsides et alii Romanorum custodiæ traditi, imperatore redeunte callide fugam inierunt, violantes pacem et belli rursus consilia captantes. Hoc etiam anno sol et luna aliaque sidera dant metum tristium signorum, quæ mox pestilentia sæva et mors subitanea sequuntur. Sed et Misico, Bolizlavi filius, ab Othelrico Bohemico capitur, dolo cæsis

ejus comitibus; ac imperatori præsentatus, custodiæ traditur, sicque patris dolor renovatur. Bonæ memoriæ Hatwiga abbatissa (281) obiit. Obiit et Bernharius episcopus Fardensis, cui successit Wikkier præpositus Coloniensis. Hoc anno imperator Corbeie venit ad visitandos fratres, quorum vita sibi displicuit, et eam imperiali auctoritate corrigere voluit. Unde plures illorum instituta patrum defendentes, et plus justo contra jus imperii sævientes, heu misere desipiunt, cum percussi in maxillam, non præbent alteram, ut monachi, sed sine consilio rebelles male parant pugnam. Quid deinceps actum sit, nostris temporibus magis est stupendum quam stilo commendandum. 17 tamen ex illis capti custodiæ traduntur; cæteri vero imperatoris jussa sectantur. Eodem etiam anno imperatoris caritas domnæ Adelheidæ tradidit duas sorores (282) cum filiabus suis et pertinentibus bonis, Gheronis quondam marchionis monasterium (283) Cal. Novembr. feria secunda, quod ob monumentum suæ animæ suique filii construxerat, ac nurum suam, Hatuwigam videlicet, religiose conversantem congregationi sanctimonialium præposuit; et Frethunensium nobilem congregationem 4 Non. ejusdem, feria 3. Quibus acceptis, ut decuit tanto nomini, nobiliter enutrit, amplectitur, fovet; et egregiæ matris ac amitæ sapientia, qua se instruxerat, informata, ne vel merito vel exemplo cuiquam in id institutionis inferiores viderentur, omni pietatis studio diligenter edocet. Imperator quorundam precibus persuasus, Bolizlavoni remisit filium suum incolumen. In Bohemia, jubente Othelrico, multi innocenter occisi sunt. Res miseranda nimiumque stupenda contigit in partibus occidentalium regionum 3 Calend. Octobris feria quarta Walachri et Flanderi. Horrendæ nubes apparuerunt, quæ per tres noctes, miro modo immobiles, minas intuentibus dederunt; tertia vero die tonitrui inauditus fragor adveniens, turbavit maria, ut terribiliter intumescerent, et incredibiliter crescendo nubibus inhærerent. Cumque gementes incolæ repentinæ calamitatis miseriam in tantæ inundationis mole conspicerent, et sicut post mortem Juliani Apostatæ naves ad prærupta montium penderent vel in antiquum chaos omnia redirent, timore mortis percussi, terga vertere cœperant; sed peccatis præpedientibus multa milia hominum subito fluctibus interierunt, quia vultum Domini iratum effugere non potuerunt. Heinricus imperator Meresburgiæ paschale festum peregit. Ibi Bolizlavo omnia munera quæ illi miserat, simul cum gratia perdidit, dum illum legatione superba infestum reddidit.

1015. Etiam hic in Walbeki diem palmarum agens, nuncios de Italia sibi in sacramenta constrinxit; et inde digressus Ernestus dux (284) in venando periit a suis incaute. Commotio quoque

(281) Gernrodensis.
(282) *Id est* duo monasteria.
(283) Gernrode.
(284) Alamanniæ.

ANNALES QUEDLINBURGENSES. A. 1016–1018.

neris et ictus fulminis eodem anno damna periculosa intulerunt quibusdam partibus monasterii sanctæ Mariæ in monte occidentali. Imperator igitur iterum Corbeienses invisens, privilegia et consuetudines aliquas priorum, quas 239 annos, Ludovico pio dante, habuerant, potestative mutavit, et amoto monasterii patre, ignotum et bonum fortasse illis adduxit, qui quasi doctior errata corrigeret, et devios sanctæ regulæ tramitem cautius incedere doceret. Inde illi nimium mœrentes, vitam suam, quæ cunctis pene monachis exemplo claruerat, vilescere ingemiscunt, seseque mutuo hortantur, potius discedere quam injuriæ subjacere. Sicque factum est, ut pauci admodum superessent, cæteris seculo, miserabiliter vagando, occupatis. Sed multis iterum Dei gratia conversis, placuit se subdere regulæ quam vana diligere. Addidit etiam imperator hoc anno legationem mittere ad Bolizlavum pro restituendis regionibus, quas abstulerat. Ille, ut solebat, superbe respondit, se non solum propria retinere velle, quin potius non sua diripere malle. Ad hæc imperator merito indignatus, bella parat, fortiaque virorum milia vocat in arma, cum quibus haud mora Poloniæ attigit fines. Cum in primo aditu divina adsunt solatia; hostes terga vertere, alibi nongentos gladio succumbere, ipsum quoque Bolizlavum a facie ejus eminus evadere. Sicque gaudet animo, suo satellite etiam num salvo, excepto Hodone juvene egregio, qui viribus imbellis cum paucis, fortibus tamen, intrepida morte laudabiliter occubuit; cujus cadaver, ut ferunt, a Misicone filio Bolizlavi lachrimabiliter sublatum, omnibus necessariis diligenter appositis, suis redditur reportandum. Imperator vero dolet, sibi quemque periisse, cui prius contigerat triumphasse. Unde consilio suorum admonitus, collectis (285) copiis exercitum jubet redire. Illi ut erant ignari viarum, per silvam quandam tendunt ad locum, qui vix tantæ multitudinis capax, undique interfluente palude et frondium cingente corona, brevem præbet lassis quietem. Conveniunt primates cæteraque juventus, suis viribus victoriam jactantes, et pro iteranda strage absentibus inaniter minitantes. Nullus, ut decuit, Deum cœlorum et regem regum studet laudibus extollere, et pro collatis beneficiis dignas ei grates referre, vel de futuris preces effundere; ideo (286) contigit nobis deflere. Cingitur interim miles collectus subita formidine belli, assunt hostes de insidiarum latibulis, memores injuriæ civium. Illos recessus gladiis, illos spiculis jaculisque excludunt. Exoritur clamor, et si quod erat gaudium, mœrore confunditur, dum utrimque dure pugnatur; et pars inimica cessisset, si nostra peccata non revocassent. Sarcina cujusdam Friderici periclitabatur; et ipse, dum vult succurrere suis, coram cunctis prosternitur. Iterum redintegrato dolore Gero comes miserans casum morientis amici, medios fertur in hostes; nunc hos valida dextra ruinæ, nunc illos frementi proterit equo. Tandem nimia cæde lassatus, gloriosæ mortis pocula inter multos degustavit primus. Ceteri vero, ut se in arcto positos vident, Deum sibi poscunt placatum gementes quem cognoscunt iratum. Sed non poterat sententia avelli, quia constat illos pro Christo mori. Non erat locus evadendi vel ulla spes vitam sperandi, se mortalia sua indubitanter illi voverunt (287), qui et mortificare solusque potest vivificare. Certant deinde quam plurimi pro patria fratribusque, et maxime milites Mauriciani (288), sectatores Domini, procumbunt fortiter, illi obsequendo, ut conspiraverant constanti animo. Adelheid, Ira, Thietmer et Gero, Doda et Volemer, cum aliis multis felicius vivant in cœlis. Eido Miseniensis episcopus depositum fidele reddidit cœlo; cui successit Agilwardus. Megingoz Treverensis archiepiscopus obiit; cui Poppo successit.

1016. 3 Id. Februarii, luna 30, sabatho collisiones nubium horrisonæ, cum crebra coruscatione et imbrium nimietate, plurima subruunt ædificia. Imperator in Padarbrunnan, paschalia festa rite celebravit. Heinricus comes bonæ memoriæ obiit. Wigman comes occidentalis Saxoniæ, inter se et Baldricum comitem reconciliata pace, persuadente callida perfida et avara conjuge ejusdem, insidiis pessimorum in itinere dolose peremptus occubuit.

1017. Heinricus imperator hoc anno in Ingilaheim paschalibus gaudiis festivus interfuit. Eodem anno in cœnobio monacharum (289) 8 Cal. Martii dedicata est ecclesia sanctæ Mariæ semper virginis, et in Magadeburch exusta est ecclesia sancti Johannis Baptistæ cum monasterio et uno monacho. Imperator etiam hoc anno iterum castra movit contra Bolizlavum, sed nimia pestilentia et mortalitate populi obstante, sine belli effectu rediit in patriam. Cui illeo nunciatur, Gerhardum in Francia, plurimis civili gladio peremptis, multa mala concitare. Unde turbatus, illo ire paravit. Eclypsis lunæ facta est 7 Idus Novembris. Obiit Thaetdeg Pragensis episcopus, cui succeseit Eghardus Niamburgensis abbas.

1018. Imperator Heinricus natalis Domini festum agit in Franconofurt, et sanctum Pascha in Niumagun. Et hoc anno Bolitzlavo, per nuncios reconciliata pace, imperatoris gratiam recepit. Cometa etiam eodem anno diu visus est, qui luctum nimiæ devastationis per Thiadricum Galliæ partibus, pestilentiam insuper et mortalitatem misero mundo nunciavit. Qua clade obiit Baldricus Leodicensis episcopus; cui Fulmodo successit. Heinricus Wirtzeburgensis episcopus, Thiatmarus Mersburgensis episcopus, Arnol-

---

(285) *Ita L.* collocatis *c*
(286) E. at ideo *Chr.*
(287) *Ita correxi iam Cl. Hauutio monente;* noverunt *c*
(288) I. e. Magdeburgenses.
(289) Quidelingeburg.

dus archiepiscopus Ravennatus, Odda venerabilis Magadaburgensis presbyter, Athilger Halberstatensis præpositus, aliique perplurimi nobiles utriusque sexus de hac luce abstracti sunt. Thiatburg (290) Bernhardi marchionis filia seculi onere abjecto, pie conversa, cœlesti locatur in aura.

1019. Imperator natale Domini Pathelburgensi civitate celebrato, Gesleri quadragesimale tempus transegit. Inde Walbiki iter agens, comitante imperatrice et venerabili sua nepte Adelheida Quedelingensi abbatissa, una cum episcopis ac collecto utroque sexu familiæ Dei, laudes divinas studiosus alternante, diem palmarum lætus solenniter celebravit. Deinde Mersburg paschalia gaudia celebraturus pervenit, quo multorum nequitia manifestata, digna est pœna mulctata. Hoc ipso anno Fridericus, frater Cunigundæ imperatricis, defunctus est. Sed et præfatus Bolitzlavus Ruciam auxilio Saxonum sibi subegit. In ipso anno consobrini imperatoris, filii Hermanni comitis, cum Thiatmaro Bernhardi ducis filio rebellare cœperunt; qui tamen comprehensi custodiæ deputantur. Interim Thiatmarus (291) fuga elapsus patriam repetit; sed statim non post multos dies omnes pariter imperatoris gratia condonantur. Hæc igitur perturbatio ad tempus sedata.

1020° Anno Bernhardus junior dux, frater Thiatmari, congregato occidentali exercitu imperatori rebellaturus, Schalkesburg (292) intravit; quam idem imperator cum suis obsedit. Sed Bernhardus justitia cedens, interpellante imperatrice, gratiam imperatoris pariter cum beneficio patris obtinuit. Eodem anno hiems solito asperior atque diuturnior inhorruit, dura adeo, ut ipsa vi algoris plerique extincti occumberent; quam etiam prius inaudita clades mortalitasque subsecuta totum pene orbem subitaneo vastans occasu, in momento inque oculi ictu incolumes, ac sua quasi de sospitate certissimos, in ipsis nec non epulis lætissimos, inopinato subtraxit. Inter hæc ergo communia ac metuenda dispendia Metropolis nostra, judicio divino nunquam injusto, gravi viscere tenus percutitur ulcere, quatuor sororibus — Emerita una, in familitio Christi Sisu nominata, duabus cæteris, Othellulda marchionis Thiedrici filia et Thiedan, dignitatem generis morum probitate vincentibus, Hennikin quoque, quæ minima ætate licet esset et ordine, optimæ tamen indolis — una velut horula subtractis; ante quas, ipsa sanctæ parasceves illucente aurora, Lucia, devota pauperum ministra, emenso mundi istius pelago, portum ad usque beatæ quietis, Dei gratia duce, provehitur. Hoc igitur in tempore, quod nullis retro seculis compertum novimus, papa apostolicus cum Heinrico imperatore augusto cœnam dominicam festumque paschale in Pabenberg decenti fertur excoluisse

ministerio; ibique imperatoris ac principum debito obsequiorum ritu aliquandiu honorifice tractatus, multiplici opum copia donatus, dominam mundi, Romam scilicet, apostolica sibi sorte commissam, lætus, locuples revisit ac sospes. Deinde in 15 Calend. Augusti, feria 2, luna 23, incipiente hora diei 3 usque post 6, apparuit circulus magnus circa solem, colorem Iris habens, quem alii quatuor lucidiores circuli binis locis in modum crucis complexi sunt. Attamen tribus rarescentibus, duo, id est medius et aquilonaris, diutissime perstiterunt. Interim Otto quidam, nobilium satus prosapia Francorum, illicito sibimet matrimonio incaute ascito, dum ab Arkanbaldo, Moguntinæ sedis archiepiscopo, sæpius ecclesiastico more pro hoc eodem corriperetur incestu, cœco furibundus amore, dispositis circumquaque insidiis, nefandam eidem christo Domini parat inferre manum. Sed divina id sceleris prohibente clementia, elapso frustratus antistite, socios qui navali eundem sequebantur itinere invadit, capit, custodiæ tradit, multisque inhumane injuriis tractat; eo ferociorque, quo sibi, quem ultra jus et fas sitiverat (293) præsulis sanguinem ablatum dolet. Quod cum imperatori augusto celeri legatione innotuit, habita cum episcopis totiusque regni primatibus deliberatione, primo per nuncios, deinde per amicos perque semetipsum, ab hac inani tentat revocare vesania; quibus omnibus rebellem refragantemque communi assensu anathematis damno subigunt, ut vel sic jam timore pœnali tactus, civibus matris ecclesiæ, dignis pœnitentia lamentis, reddi studeret. Quæ ille omnimodis despectui habens, copias suas cum conjuge in quandam arcem Hammerstein vocatam contrahit, quam naturæ ope, non hominum arte, saxigenis undique molibus muratam Rhenique circumferentia adeo munitam ferunt, ut difficilem cuilibet vel obsidendi, vel quoquo modo oppugnandi pandat accessum. Hunc ergo locum imperator augustus, justitiæ fidens, omnigeno obsidionum genere circumligat, nec ullo rebellibus vel aditu vel exitu concesso, ipsum, dominici natalis diem ibidem agens, adeo minuit, ut qui semet non armis, non armatorum milibus cessuros meminerant, famis injuria tandem perempti, sola hujus vitæ suspiria pacis cedendo, instante celebri per orbem Stephani protomartyris festo, se suaque omnia imperatoriæ dedunt potestati. Dignum namque erat et justum, ut qui eodem die pro inimicis inter cruentos lapidantium ictus pie exoraverat, amicis, matris videlicet ecclesiæ filiis, pacem suo reconciliaret interventu. — Res mira cunctisque inaudita seculis, incolis septentrionalis plagæ accidisse dicitur. Nam Albis ac Wisara fluvii insolita inundationis mole non solum alveos suos egressi, sed ab ipso imotenus fundo qua

(290) *Hanc sententiam loco suo post præpositus movi.*
(291) I. c. *legendum* T.

(292) Hausberge ad Wisaram supra Mindam.
(293) *Ita L.* vitaverat *c.*

ANNALES QUEDLINBURGENSES. A. 1021.

nescio immani ventorum violentia evulsi, oppida, cuncta circumjacentium late confinia terrarum, ipsis quoque collibus ac montibus, quos natura quadam præ ceteris sublimitate munierat, altius insurgendo, mersisse, et quod his miserabilius ac omni incredibilius est auditui, villas integras, nequaquam soluta ædificiorum compage, cum inibi degentibus de alia in aliam transvehendo ripam, eadem qua prius positione constituisse. Inter hæc ecclesiam quandam, pia majorum diligentia olim constructam, opulentis fidelium ibidem confluentium votis rite dilatam, eodem quo et cætera impetu, pristino omnimodis statu evulsam, alibi translatam affirmant. Supra dicti quoque fluvii, Wisara et Albis, ternis dierum vicibus ac noctium, flammivomis contra naturam superficietenus visi sunt arsisse vaporibus. Quid de cadaveribus referam? quorum numerositas, omni humanæ æstimationi difficilis in plures quasi aggerum cumulos concreta, decrescente diluvio dum pia quorundam solertia debitum humandi præbere studeret affectum, tantis tamque tenacibus serpentium, colubrorum, cunctarumque id genus pestium involucris ita connexa reperiuntur, ut nec ferro nec cujuslibet artis instrumento ea dissolvendi ullam timida mortalitas viam invenire quivisset. Sed de his quid fuerit, sit, vel fiat, Christo, qui eandem gentium pressuram pro confusione sonitus maris ac fluctuum futuram prædixerat, discutiendum relinquimus.

1021. His peractis imperator augustus, concessæ sibi victoriæ prosperitatisque causa gratias divinæ pietati rependens, alacri tripudio Saxoniæ partes aggreditur. Interim procurrente tempore, cum Saxoniam properaret revisere, palmisque Walbekæ iterato rite peracturus, festaque paschalia Meresburgæ deinceps debita celebraturus veneratione; inter ipsa itinera venerabilem Heribertum archiepiscopum humanis excessisse rebus, imperatorias pervenit ad aures. Hic siquidem divæ memoriæ præsul quam assiduus in oratione, quam pernox in vigiliis, quamque in procuratione pauperum sollicitus, quamque in omni religione ecclesiastica studiosus extiterit; quia humana facundia proferre non sufficit, acta divinitus miracula ad tumulum ejus protestantur. Emensa itaque imperator quam cœperat via, cunctis, ut ita dicam, Europæ primis ibidem confluentibus, diversarumque gentium missaticis ad imperiale ejus obsequium undique properantibus sacrosanctum dominicæ resurrectionis gaudium, toto jam corridente mundo, prout decuit talem, eximia celebravit gloria. Hisque festis paschalibus magno tripudio peractis, Parthenopolim hinc proficiscendo perveniens, sacros dies Pentecostes apud famosissimum ejusdem civitatis archiepiscopum Geronem, non inferiori gaudiorum dignæque venerationis studio, verum ut gloriosissime valuit, peregit. Proinde curtem repetens regiam Alstedi dictam, habitoque inibi cum totius senatus plebisque concursu colloquio pios lenitate permulcendo prædulci, reos districtione terrendo severa, totaque industria patriam muniendo inter hujus provinciæ civitates (294) totum illum feliciter perduxit annum. Post hæc Halberstadensem ecclesiam aggrediens, sancta Thebæorum martyrum solennia, Arnulfo præsule administrante, honore celebravit dignissimo. Dehinc neptem suam, herilem dominam Adelheidam invisere, Quedelingnensis dedicationemque basilicæ, licet improvisa inopinataque brevi tamen deliberatione quam familiariter instituens, eandem Metropolim adeundo pervenit. Quis ille sit, cæsare augusto adventante, eorum nobilium tam comitum quam præsulum et abbatum comitatus, quæve illa prolis regiæ in susceptione imperatoria diligentia, quantaque cleri plebisque tripudiantis occursio, quamque misticis angelicisque ornatibus plebs sacerdotalis compta procederet, quæve Deo sacratarum confluentia virginum doli fellisque carentium simplicitateque columbina pleniter nitentium, qualis quamque laudabilis illarum sit sonus quamque parilis illarum sit conventus, quis habitus quisve ipse sit incessus, nec stili officio nec viva voce potis est explicare. Et quid de victoriosissimi imperatoris referam gratulatione? cui cuncta mundi climata colla subdendo inserviunt, quique eo magis super accumulata gloria merito gaudet, quo se, Deo donante, altiorem cæteris, præminentem lætatur universis. Sed ne audientium aures diutina verbositatis prolixitate protraham, qualiter hæc sacrosancta dedicatio, ipso jubente, fuerit effecta, paucis perstringam. Anno incarnationis Domini 1021, indictione 4, 8 Calend. Octobris, dominica die, luna 13, anno vero domni Heinrici secundi regnantis 20, imperantis 8, ipso præsente cum conjuge, imperatrice scilicet Cunigunda, totiusque regni episcoporum ac optimatum conventu ab Arnulfo, Halberstadensis ecclesiæ episcopo, dedicatum est hoc templum et altare supremum in honore sanctæ et individuæ Trinitatis, et sanctæ Mariæ matris Domini, sanctique Johannis Baptistæ, et sancti Petri principis apostolorum, sancti Stephani protomartyris, sancti Dionysii et sociorum ejus, ac sancti Servatii confessoris. In hoc vero continentur reliquiæ sancti confessoris Servatii, sancti Anastasii, sancti Vitalis, sancti Pantaleonis, sanctorum Aquilæ et Priscillæ, sancti Nicolai, digitus sancti Marci evangelistæ, sancti Pancratii, Mauricii et sociorum ejus, sancti Clementis, Cornelii et Cypriani, sancti Candidi, sancti Stephani papæ et martyris, sancti Viti martyris, sanctæ Justæ virginis, sancti Valentini, sancti Johannis martyris, sancti Alexandri papæ et martyris, et aliorum pluri-

(294) *Deest c.*

morum sanctorum. Altare in medio ecclesiæ dedicatum est a Gerone, archiepiscopo Magadeburgensi, in honore sanctæ et victoriosissimæ crucis, et sanctorum martyrum Laurentii et Pergentini fratrum, sancti Laurentii et Vincentii, sancti Blasii, sancti Christophori, sancti Erasmi martyris, sanctorum Cosmæ et Damiani, sancti Clementis, sancti Mauricii et sociorum ejus. Et in hoc altari continetur lignum sanctæ crucis spinea corona. Et in hoc ipso continentur reliquiæ sanctorum martyrum Laurentini et Pergentini, sancti Mauritii sociorumque ejus, sancti Vitalis, sancti Georgii, sancti Vincentii, sancti Blasii, sancti Fabiani et Sebastiani, sancti Christophori, sanctorum Cosmæ et Damiani, sancti Eustachii, sancti Quintini, sancti Libori confessoris. Altare australe dedicatum est a Meinwerco Pathelburnensi episcopo in honore sancti Libori, omnium sanctorum et electorum Dei, Victoris, Candidi, Exuperii, aliorum sociorum, sancti Mauricii, sancti Hippoliti, sancti Pantaleonis, sancti Cyriaci, sancti Adriani, et aliorum plurimorum sanctorum. Altare aquilonare dedicatum est ab Eilvardo Misnensi episcopo in honore sancti Bartholomæi apostoli et omnium apostolorum et evangelistarum et discipulorum Domini. Et in hoc ipso altari continentur reliquiæ sancti Petri principis apostolorum, sancti Pauli, sancti Andreæ, sancti Jacobi, sancti Thomæ, sancti Bartholomæi, sancti Philippi, sancti Matthæi, sanctorum Simonis et Judæ, sancti Barnabæ, sancti Viti, sancti Marci evangelistæ. In occidentali parte altare australe in honore sancti Remigii, sancti Cyriaci martyris et sociorum ejus, sancti Sisti papæ et martyris, sanctorum Joannis et Pauli, sanctorum 4 Coronatorum, sancti Bonifacii et sociorum ejus, sancti Kiliani sociorumque ejus, sancti Donati martyris, sancti Wenceslavi martyris, sancti Anastasii papæ, sancti Innocentii, sancti Magni martyris, sancti Lamberti martyris, sancti Magni confessoris, sancti Oldrici, sancti Sixti, sancti Arnulfi, sancti Meinulfi (295), sancti Gundulfi (296), sancti Ljutgeri, sancti Wigberti martyris, sancti Maximini, sancti Valerii, sancti Eucharii, sancti Ludovici, sancti Paulini Treverensis, sancti Paulini Nolanæ civitatis episcopi, qui pro filio viduæ se tradidit servituti, sancti Ethelberti, sancti Martini confessoris, sancti Metroni, sancti Zenonis. In hoc ipso altari continentur reliquiæ sancti Donati martyris, sancti Quintini martyris, sancti Materniani confessoris, sancti Adulfi confessoris, sancti Germani confessoris, sanctarum virginum de Colonia. In occidentali parte altare aquilonare in honore sanctarum virginum, sanctæ Stephanæ, Laurentiæ, Justæ, Pusinnæ, sanctæ Cæciliæ, sanctæ Petronellæ, sanctæ Gertrudis, sanctæ Walburgæ, sanctæ Agnetis, sanctæ Aghatæ, sanctæ Teclæ, sanctæ Barbaræ, sanctæ Afræ, sanctarum virginum Coloniensium, sanctæ Mariæ Magdalenæ, sanctæ Mariæ Zozimæ, sanctæ Felicitatis, septem filiorum ejus, sanctæ Odiliæ, sanctæ Luciæ, sanctæ Adeldridæ, sanctæ Margarethæ, omnium sanctarum virginum. Et in hoc ipso altari continentur reliquiæ sanctarum virginum, sanctæ Laurentiæ, sanctæ Justæ, sanctæ Agathæ, sanctæ Walburgæ, sanctæ Margaretæ, sanctæ Luciæ, sanctæ Julianæ, sanctæ Columbanæ, sanctæ Ceciliæ, sanctæ Sophiæ, sanctæ Felicitatis, sanctæ Afræ, sanctæ Praxedis, san tæ Gertrudis. Hac denique regali aula pretiosis reliquiis venerabiliter suffulta (297), imperator Romanorum eximius, contectali sua imperatrice Cunigunda pignoreque regali, herili videlicet domina Adelheida, quæ decus dignoscitur sanctimonialium, una cum sorore sua Sophia, cunctisque regni optimatibus, cum communi consensu cleri ac populi astantium, illud apostolicum inhianter desiderans promissum : *Qui seminat in benedictione, in benedictionibus et metet,* pluribus auri sericorumque donariis doteque hæreditaria quam maxime hanc laudabilem basilicam honorifice ditavit. Deinde sacro dedicationis hujusce die octavo Meresburgensis ecclesiæ dedicationem — pro corruptibilibus incorruptibilia, pro temporalibus æterna, quæ oculus non vidit nec auris audivit nec in corda ascenderant humana quæ Deus præparavit diligentibus se — viscere tenus sitiendo, non impari tripudiavit gloria. Perfectis itaque consummatisque, ut prædiximus, dedicationum gaudimoniis, imperator augustus locum quendam regni sæpius supra memoratum, Alstedi dictum, via aggrediens accelerata, conductisque Germaniæ primis, prout censura exigerat imperialis, magnum ibidem peregit consilium. Rebus namque regalibus, prout sagacis sui ingenii industria docuerat, sapienter compositis, se suaque omnia aureæ Saxonum, saxea corda gerentium, fidei commendans, in quibus patres, sceptrigeri imperatores videlicet, vincendo regnantes, regnando fructuose imperantes, firmissimam spei (298) infixerant ancheram; quosque regni columnam profitendo munimenque egregium congaudendo, paciferumque heroum germen inclitum, veste togata, sed nunquam vel sero scissura continuo indutum gratulando, nil illis excepto Deo cognatiusque, hi diademata, præferre studendo, paterno dilexerant affectu — quo facto, sic rei eventu exigente idque regni optimatibus inhianter poscentibus, Alpium devia transvolandum proficisci inchoat. Quarum difficultate enisa, cunctas regionis illius provincias vincendo, regnando, imperandoque transmeans, natale Domini more imperatorio horis Italicis gloriose potestativeque perduxit.

1022. Post hæc de loco in locum proficiscendo, urbis munitissimæ, Tejæ videlicet, mœnibus, cujus indigenas provincialium legatione ditioni regiæ recognoverat rebelles, bellicosam invexit aciem; quam etiam, licet obsidione longa suorum

(295) *Ita L.* Mumilfi *c.*
(296) *Deest c.*
(297) *Ita L.* suffultis *c*
(298) *Ita L.* spem *c.*

que sudore plurimo, more avorum atavorumque regum; namque victoriosissime devincens, incolasque hujuscemodi aut neci tradens aut captos colligari præcipiens, quos antea animo contumaci sibi ingemuerat renitentes, suo postmodum dominio (299), Deo cooperante, gaudebat subjugatos. Sed his prosperitatibus non elatus, verum sapientia scientiaque Dei præditus, hujuscemodi victoriam non sibi sed pietati divinæ apostolicisque imputans meritis, Romanæ apicem sedis gaudendo supplicans, glorificando adorans, accelerat. Ibique aliquantulum moratus, regni illius optimatibus pace gratiaque sui redimitus, nivosa Alpium cacumina citato transgreditur cursu; tanta videlicet mortalitate subsecuta, quæ vix aut nullatenus vocum nutibus, vel etiam officiis stili valeat enucleari. Quam imperator augustus cœlitus evadens adumbratus, sed raro milite comitatus, exceptis his quos sibi mater Europa occurrendo admiserat, Germanicas pervenit ad oras, magnumque mox synodale consilium, confluentibus undique diversarum regionum episcopis aliisque populis quam plurimis, in partibus peregit occidentalibus. Hisque, prout res tempusque poscebant, peractis, Groña vocabulo dictum quendam perventum est locum, quo regali in præsentia inter geminos præsules, Gerónem videlicet et Arnulfum, nefanda omnique pio execranda exoritur seditio; dico nefanda, quia periculosa, periculosa, quia non peritura (300), sed, ut vereor, illos perditura; amborumque necem perdurabat, proh dolor! expectatum. Dehinc Bernwardum (301) Hildeshemensem antistitem humanis divulgatur excessisse rebus (302). Erispa, beatæ memoriæ sanctimonialis fœmina, subtracta seculo, cœli connumeratur palatio. Liudulfus præpositus corpore resolutus, lætum Deo tradidit spiritum. Riedagi marchionis præclara filia, Gerburg nomine dicta, studiis liberalibus a primævo juventutis flore honestissima exercitatione irretita omnigenisque virtutum gemmata insigniis, 3 Calend. Novembris terræ quod suum, Deo quod proprium, præsentavit.

1023. Oda religiosissima domina, primogenita marchionis Theodorici, homine exuta redditur cœlo. Burgareda licet ætate tenella, magistrorum tamen diligentia optime sudata, tam morum probitate quam generis dignitate pollens, morte prævenitur immatura. Heinricus imperator augustus albas festaque paschalia, principibus turmatim undique confluentibus, Meresburgæ rite peragens, quod rarum vel penitus (303) videtur inauditum, terna unius ejusdem templi dedicatione gratificatur. Gerburg, dum sancta (304) religio optime viguit a prioribus canonice nutrita, sed jam emerita, rebus eximitur humanis, Arnulfus Halberstadensis episcopus, sapientia divina præditus, scientia humana facundus, cunctis perpetim seclis lugendus, cœli collocatur palatio, postque hujus dormitionem clerus totusque populus quendam Hermannum, natu nobilem sed morum artiumque probitate nobiliorem, seniorem suum, antistiti eligunt vicarium; maxime proceres, beato protomartyri Stephano habitu militari deservientes, centies centuplicata pecuniarum præbentes munera, quo velle suum, præfata videlicet electio, eo firmius staret, hæreditates proprias potestati regiæ subdere non differunt. Nam quo id ordine fieri nequiverit nescientes, utrum id nostra præpedierint crimina, quibus suæ cordi esset subesse parochiæ, an illum pietas divina virtutibus auctum perfectioremque ad id opus aliis servaverit temporibus, divino relinquimus arbitrio. Fridericus regalis camerarius, herili procerum stemmate natus..... imperiali nimium auctus affluentiæ nobilius conversatus, prior primatibus familiaribus...... eadem quam horis susceperat Italicis ægrimonia depressus, onus limosæ molis dormiendo obiit. Cujus morte imperator non modice sauciatus, pauperum sustentando inopiam...... regionis hujuscemodi cœnobia pro adipiscenda animæ ipsius salute maximis ditavit opulentiis. Ghero archiepiscopus, multis doloribus affectus, suos post se non sine..... (305) relinquendo, seculo moriens sed Christo vivens, obiit. Ailwardus episcopus, rebus..... (306) uti parcumque sciens modum servare fruendo, non modicis a suis, ut decuit talem, deploratus gemitibus, inopinata prævenitur morte. Eodem anno Bernhardus Mekilinburgensis episcopus, et Eilhardus, Pragonensis episcopus, aliique antistites quam plurimi obierunt. Ergo extinctis tot tantisque sanctæ Ecclesiæ doctoribus, Heinricus imperator augustus, tanto comperto casu, non mediocriter sed anxie tristeque dolens, aliquantum temporis his regionibus mœstus duxit. Interim dominicæ nativitatis festa digna celebraturus reverentia, regio comitatu, prout decuit, Bavanberg profectus, inibi turba desolata diversis episcopis, catervatim illum convenerat, unusquisque pastoris sui nece corde tenus sauciatus. Cujus providentiæ cura, imperiali potestate, committerentur regendi, omnes trepida curarum ambage suspensi manebant. Verum imperator inito destinationis decreto cum his quos summos habuit in consiliis, induxit animum, Hunfrithum Geronis archiepiscopi vicarium constare. Eadem die Brandagus, Vuldensi abbatia antea sublimatus, Arnulphi antistitis successor existens, sacri ordinis honore constat sublimatus. Huprecht, vir summæ industriæ, Ailwardi præsulis in loco jura episcopatus obtinuit. Hiza sacerdotali

---

(299) *Ita correxi; domino c.*
(300) N. p. *ex Chron. Saxone recepi.*
(301) *Ita corrigo; Bernhardum c.*
(302) *Vox deest, sed svatium uni vocabulo patet.*

(303) *Locus vacuus; vox penitus deest*
(304) *Ita lacunam L. explevit.*
(305) *Lacuna; dolore L.*
(306) *Lacuna; humanis?*

officio ordinatus, Eghardi Pragensis ecclesiæ episcopi vice successit, aliique quamplures ad eundem ordinati honorem, quibus sancta ecclesia mira firmitate manet subnixa; quos nominatim perstringere longum videtur.

1024. Post hæc imperator diversis doloribus cruciatus, eodem loco crebra infirmitate diutinas protraxit moras, resumptisque demum post tantæ gravedinis molem animi viribus, citato cursu, si id quod voto tenuit effectu perfici possit, Parthenopolim ire instituit. Tandem post longam deliberationem, laboriosi itineris difficultate emensa, diem palmarum in loco Alstede dicto festive peregit; die vero reconciliationis, exigente infirmitatis gravedine, remota a se quæ convenerat turba, paucis secum comitantibus, in Nuwanburg (307) cœnam Domini nec non parasceuen egregie celebravit. In sabbato ergo sancto, contracto senatus conventu, contectali sua Cunigunda una comitante, Parthenopolim adeundo pervenit. In susceptione imperatoria qua auctoritate cuncta sunt rite disposita, ordinatim exponere, longa est series. Verum redeamus ad rem. Siquidem dominicæ resurrectionis gaudio celebri honore peracto, imperator augustus, ab ejusdem loci antistite auri sericorumque varietate plurimum donatus, Halverstadensem metropolim ire contendit. Ergo athletæ (308) sancti Stephani regularis normæ religiositate choros ducentes, ac pari concentu quæque dulcisona canendo cæsari augusto, regiæ adventanti aulæ quali quantoque occurrerint tripudio, insuper etiam præclari proceres militari jure protomartyri Stephano servientes qua diligentia victoriosissimo imperatori Heinrico omnigenarum affluentia divitiarum assisterent ministrando; quantaque in donariis auri gemmarumque mira haberetur species, quæ imperatoriæ dignitate ibidem constat donata, in humanis mentibus (309) nec excogitari, nec litteris valet comprehendi. Quid plura? Remota morositate, Gosleri aggreditur, peractisque inibi decem diebus, quendam locum Grone dictum festive approperat, ibique diuturna ægrimonia per longa temporum fatigatur curricula. Tandemque amaræ mortis deebriatus poculo, quod summi Arcitenensis dono acceperat, homine deposito, cœli intulit palatio. Dehinc flebili quærimonia, incredibili frequentia comitante, juxta id quod ipse decreverat, Bavenbergensi castello defertur, et qui vivus sanctæ Ecclesiæ magnum extiterat solatium, perpetuo lugendus, ingenti honore, mixto etiam fletu ac mœrore, terræ deponitur. Facto autem in brevi totius senatus conventu, Conradus, inclyta regum prosapia ortus, in regnum eligitur, atque a Moguntinæ ecclesiæ archiepiscopo Aribone unctus, coronatur. Parvo dierum intervallo etiam Gisila, divinitus jam præelecta, jussu et advocatione regis, ipso ibidem persistente, Moguntiam convenit, præsenteque imperatrice Cunigunda omniaque ad hæc pertinentia honeste, ut decuit, administrante, a præfato episcopo sub multo cleri senatusque conventu honore regio benedicitur ac coronatur. Inde progressus rex, una comitante regina, Neomagum deveniunt, ibique aliquandiu demorati, postea occidentalia peragrantes loca, Frethennam præclaram subintrant; ubi imperiales filiæ ac sorores, Sophia videlicet et Adelheida, lætæ occurrunt, lætioresque, uti jus consanguineum exegerat, ambos suscipiunt. Inde Trutmoniam pervenientes, convenientibus ibidem occidentalibus episcopis ac primoribus, aliquantum temporis peragunt. Inde Mindensem urbem, festum dominici natalis celebraturi, conveniunt.

1025. Epiphaniam Domini apud Patharburnenses festive ducunt; multa disposuit. Postposita ergo omni dilatione progressus, insigne decus (310) sanctimonialium, Quedelingnensi metropoli, celeriter properat. Inde digressus, Parthenopolitanæ urbis mœnibus purificationem sanctæ Mariæ summa perficiens diligentia, Mersburgum lætus aggreditur. Inde per urbes et loca provinciarum profectus diversarum, regiones nationum suæ ditionis imperando subjugaverat. Res admiranda nostrisque temporibus vehementer stupenda 2 Non. Februarii contigit; siquidem sol aureis invectus quadrigis, dum mediam poli arcem mira sui splendoris claritate perfunderet, subito sub terna figura visus est fulsisse; quod mirabile prodigium rei eventu postea constat probatum. Rex dominicæ resurrectionis festa in civitate Augusta paschali gaudio solenniter erat celebraturus. Eodem anno fames prævaluit, et multa loca incendio perierunt. Bolizlawo dux Poloniæ, obitu Heinrici imperatoris augusti comperto, elatus animo viscere tenus superbiæ veneno perfunditur, adeo ut uncto etiam sibi imponi coronam temere sit usurpatus. Quam animi sui præsumptionis audaciam divina mox subsecuta est ultio. In brevi namque tristem mortis sententiam compulsus subit. Post hunc filius ejus Misuka, natu major, haut dissimili superbia tumens, virus arrogantiæ longe lateque diffundit. Rex vero, dispositis apud Saxoniam rei publicæ necessariis, Franciam ingressus, apud Augustam more regio pascha celebravit, atque non multo post pro adipiscendo honore imperiali ac Romanorum regno Italiam iturus, Triburiam devenit; ibique sub multo populi conventu, ordinatis sapientissime rebus, iter destinatum, una comitante regina, aggreditur; filiamque unicam unice dilectam, dilectæ ac adoptivæ sibimet sorori, Adelheidæ videlicet abbatissæ, nutriendam transmittunt. Mox quoque probato domnæ Beatricis adventu, præfata imperialis abbatissa Trobiki (311) cum suis occurrens, læta Quidelingaburgensem metropolim secum

---

(307) Nienburch Chr. S.
(308) Ita L. ad lætæ c.
(309) M. nec desunt, Leibnitio monente inserenda.

(310) Ita L. clerus c.
(311) Drubke, Drubeck citra Wernigerodam.

duxit. Quo vero honore, ut regiam decuit prolem, quove caritatis affectu, quave diligentia ab ipsa, ac sanctimonialibus in loco praememorato consistentibus, omnibusque sibi subditis, suscipiatur ac post- modum nutriatur, vel qua morum, verborum actuum, quo indole per singula ætatis incrementa profecerit, scire aut facundia in dicendo nulla suppetit. Qua namque laude proferam, quod inter prima.....

(Reliqua exciderunt.)

ANNALIUM HILDESHEIMENSIUM CONTINUATIO.
A. 994 — 1040.

994. Filii Henrici comitis, Henricus, Udo, Sigifridus contra pyratas jussu imperatoris dimicantes. Ex quibus [unus (312) occisus, duo sunt capti.] Ilseneburg (313) castrum fit habitacio monachorum (314).

995. Rex Abodritos vastavit, urbes et oppida disjecit; occurritque in auxilium Bolizlau filius Misaco cum magno exercitu, nec non Boemani cum filio alterius Bolizlau venerunt. Receptique se rex in Saxoniam cum exercitu incolumi. Baldricus Trajectensis episcopus obiit, successitque Ansfridus laicus et comes bonæ famæ vitæque honestæ, ut de eo, apud quos vixerat, testati sunt. Johannes quoque Placentinus et Bernwardus Wirciburgensis episcopi, Constantinopolim (315) ex latere regis, ut sponsam illi inde peterent, directi sunt. Legati etiam apostolicæ sedis cum unanimitate Romanorum atque Langobardorum regem Romam invitant. Heinricus potentissimus dux Bajoariorum, cum germanam suam dominam Gerbirgam diuturno langore probatam visitaret Gandesheim, 5 Kal. Septembris cum magno dolore omnium obiit. Sclavi frequenti irruptione Saxoniam vastant. Bernwardus quoque Wirciburgensis episcopus, morbo gravi affectus, inter maris pericula obiit.

996. Indict. 9. Johannes papa obiit. Unde imperator, in Italia jam positus, rumore incitatus, præmissis quibus (316) principibus publico consensu et electione fecit in apostolicam sedem ordinari suum nepotem dominum Brunonem, Ottonis filium qui marcham Veronensem servabat, imposito nomine Gregorii; a quo et ipse proximo sollemni pentecostes imperator et patricius consecratur. Habitoque cum Romanis placito, quendam Crescentium, quia priorem papam injuriis sepe laceravit, exilio statuit deportari. Sed ad preces novi apostolici imperator omnia remisit. Sed non multo post imperatore Urbe excedente, idem Crescentius dominum apostolicum, nudum omnium rerum, Urbe expulit. Imperator in Francia hiemavit. Sacellum sancte Crucis (317) dedicatur.

997. Papa Ticini, adunato complurium episcoporum concilio, prefatum Crescentium anathemate percellit. Interea Johannes Placentinus episcopus Constantinopoli remeans, Romam intromissus, apostolicam sedem factione Crescentii invaderat. Unde ab universis episcopis Italiæ, Germaniæ, Franciæ et Galliæ excommunicatur. Imperator quoque, ut Romanorum sentinam purgaret, Italiam perrexit, summa rerum dominæ Mathildæ amitæ suæ, Quidilingaburgensi abbatissæ, delegata; in qua ultra sexum mira prudentia emituit.

998. Predictus invasor Johannes ab imperatore, cæcatus et naribus truncatus, deponitur, et Crescentius decollatus cum 12 suis ante Urbem suspenditur. Eodem anno quædam mulier in Bajoaria (318) in uno partu quinque filios enixa est.

999. (319) *Mathilda abbatissa,* soror imperatoris

LAMBERTI ANNALIUM CONTINUATIO.
A. 994 — 1039.

994. Wolfgangus Ratisponensis episcopus (320) obiit, cui Gebehardus successit. Filii Henrici comitis, Henricus, Ucto, Sigifridus, contra piratas pugnant; quorum unus occisus, duo sunt capti

995. Majolus abbas obiit.

996. Otto rex contra Crescentium Romam venit, ubi et Brunonem in sede apostolica constituit, a quo et ipse imperator factus est. Gotehardus abbas factus est in Ahaha (321).

997. Johannes, Placentinus episcopus, sedem apostolicam invasit consilio Crescentii. Adalbertus episcopus martirizatur.

998. Crescentius ab imperatore decollatus, cum duodecim suis ante Urbem suspenditur. Joannes pseudopapa cæcatur.

999. Bruno papa, qui et Gregorius, obiit; cui plevi. Joannes Staindel in Chronico hæc habet: Quædam mulier de familia S. Mauritii in Altah enixa est quinque filios

(319) *Hoc anno littera obliqua expressa ex conjectura supplevi.*

(320) L. deest. 4. 5.

(321) L. f. e. j. A. desunt 5. 6.

---

(312) *H. hæc supplenda videntur, secundum Lambertum.*

(313) Ilsenburg ad orientem Goslariæ.

(314) *Hæc manu tertia, quæ usque ad finem anni 997 prosequitur.*

(315) Constantinolim ex late regis c.

(316) I. e. aliquibus.

(317) Hildesheim. Vita S. Bernwardi, cap. 10.

(318) *Hæc jam crasa, ove Annalistæ Saxonis sup-*

ANNALES HILDESHEIMENSES.

Ottonis secundi, obiit. Gregorius papa obiit; cui Gerbertus, idem et Silvester, successit. Ædelheid quoque imperatrix obivit (322).

Tertio Ottone imperante millesimus annus supercrescens statuit computationis numerum, secundum illud quod legitur scriptum: *Millesimus exsuperat et transcendit omnia annus*. Imperator Otto tertius causa orationis ad sanctum Adalberdum episcopum et martirem quadragesimae tempore Sclaviam intravit. Ibique coadunata sinodo episcopia septem disposuit, et Gaudentium, fratrem beati Adalberti, in principali urbe Sclavorum Praga ordinari fecit archiepiscopum, licentia Romani pontificis, causa petitionis Bolizlavonis Boemiorum ducis, ob amorem pocius et honorem sui venerandi fratris, digni pontificis et martyris. Inde reveniens, palmarum sollemnitatem Parthenopoli festive peregit. Paschalia vero tempora votive Quidilingaburh celebravit. Pentecostes autem celebritatem digna devocione Aquisgrani feriavit. Quo tunc ammirationis causa magni imperatoris Karoli ossa contra divine religionis ecclesiastica effodere praecepit, qua tunc in abdito sepulture mirificas rerum varietates invenit. Sed de hoc, ut postea claruit, ulcionem aeterni vindicis incurrit. Nam praedictus ei imperator post tantae commissionis facinus comparuit, et ei praedixit (323).

1001. Ind. 14. (324) Imperator natalem Christi Rome celebravit, et illo Bernwardus episcopus in epiphaniis super multis infestacionibus archiepiscopi Willigisi, et maxime de sinodo, quam in sua id est Gandeshemensi, ecclesia cum extraneis episcopis habuit, conquestus advenit : totamque ejusdem metropolitani illicitam usurpationem in praesentia Gerberti (325) pape et imperatoris tertii Ottonis sinodali auctoritate prorsus adnullavit. Gerberhga Gandesmensis abbatissa Idus Novembris obiit.

Ottone (326) III imperante, ind. 15. 1002. Imperator Otto natalem (327) Tudertine cum domno apostolico celebravit; inde Romam tendens, Salernum oppidum adiit; sed febre et Italico morbo graviter correptus, cum generali omnium contristatione 10 Kal. Februarii, proh dolor! ex hac vita morte immatura discessit. Cui Heinricus dux Noricorum, vir in omni ecclesiastica perfeccione praecipuus, Willigiso Mogontiacensi archiepiscopo (328) ordinante, successit. Eodem vero anno novus rex Heinricus sancti Laurentii natalem Parderbrunne (329) celebravit. Et ibi domna Gunigund regalem benediccionem et coronae imposicionem a predicto metropolitano suscepit. Sed et Sophia ad Gandeshemense regimen electa, optentu principum domni Bernwardi liceniciam a palligero (330) benedicendi ibidem optinuit.

Anno 2. regnante Henricho, ind. I. 1003. rex natalem Domini Frankanaworde, pascha autem Quidelingaburh celebravit. Herimannus Alemanorum dux regis eleccioni aliquandiu resistens, regie se potestati subdidit, et interventu reginae et principum in suo honore permansit. Heinricus Berhthaldi comitis filius, et Bruno frater regis, et ambo Bolizlavones, Polianicus videlicet ac Boemicus, a rege infideliter majestatis rei deficiunt. Sed Heinricus ad regem veniens et refugiens, in Givekahstin (331) custodiae mancipatur. Stephanus rex Ungaricus super avunculum suum regem Iulum cum exercitu venit; quem cum comprehendisset cum uxore et filiis duobus, regnum ejus vi ad christianitatem compulit. Sacellum sancti Martini (332) dedicatur.

Anno 3. ind. 2. 1004. rex nativitatem Domin. Palidi mansit; illo ad eum episcopus Veronensis ac alii quidam primores Italici regni venerunt cum regiis muneribus. Et Bruno frater regis, optentu domnae Giskae matris, ejus acquisivit gratiam. Incendium miserabile civitatis Papiae.

(322) *Hinc alia manus.*
(323) *Manu saeculi XV. adjectum*: obitum suum celerius affuturum.
(324) *Anni 1091—1022 med. alia manu.*
(325) *Jam voce rasa manu sae. XV.* Silvestri *legitur.*
(326) O. III. i. *in codice statim post* adnullavit, *legitur.*
(327) Scil. Domini.

LAMBERTI ANNALES.

Gerbertus, qui et Silvester, successit. Adelheit imperatrix obiit (333).

1000. Imperator ossa Karoli Magni Aquisgrani, a pluribus eo usque ignorata, invenit. Gaudentius, frater Adalberti martiris, in Praga archiepiscopus constituitur.

1001. Imperator natalem Domini Romae celebravit.

1002. Otto III. imperator obiit; cui Heinricus Bajoarius successit. Eggihardus marchio, regni usurpator, Poledi occisus est.

1003. Plerique principes a rege deficiunt; sed post modicum correcti, in gratiam recipiuntur.

1004. Miserandum Papiae incendium. Brun, frater regis, qui electioni ejus aliquamdiu restiterat, in gratiam ejus rediit.

(328) Et Bernwardo episcopo *addita manu saec. XV. ex Vitae S. Bernwardi cap.* 58 *male intellecto.*
(329) *Olim* Parderbrunnemo *scriptum fuisse videtur.*
(330) i. e. Willigiso archiepiscopo.
(331) Gibechenstein ad Salam.
(332) Hildesheim.
(333) A. i. o. *anno* 998 *adsignantur in o.*

ANNALES HILDESHEIMENSES.

Anno ejusdem 4. rege gloriosissimo, ind. 3. 1005. rex natalem Domini Thornburh feriavit, et in partibus Saxoniæ usque ad tempus quadragesimæ habitavit, quadragesima Thielæ, pascha vero Aquisgrani celebravit. Bernharius abbas Herveldensis obiit; cui Godehardus, monachicæ vitæ, vir in sancta conversatione probatissimus, successit.

Regni vero Henrici 5. ind. 4. 1006. rex natalem Domini Palithi egit : celebritatem namque pascalis sollemnitatis Nuvimago feliciter tripudiavit. Guntherus divina pietate instinctus, renuntians seculo et pompis ejus, monachus est factus. Fames valida pene in universa terra.

Henricho regnante 6. ind. 5. 1007. rex natalem item Palithi celebravit, Epiphaniam vero Gandesheim venit, et odibilem dissensionem inter Willigisum archiepiscopum et Bernwardum antistitem de eadem ecclesia prudenti ingenio sapienter diremit. Domnus vero Bernwardus in præsentia regis et archiepiscopi ceterorumque regni primorum eandem ecclesiam dedicavit, et omnem ibidem episcopalem provisionem sine cujusquam interdictione potestative celebravit.

Regni autem Heinrici 7. ind. 6. 1003. rex natalem Domini Palidi, pascha Merseburgh, pentecosten vero Agrippine feriavit. Liudolfus Treverensis metropolitanus obiit ; cui Meinzoz primiscrinius regis successit. Nohtgerus prepositus monasterii beati Galli, Leodicensis præsul, ad Christum migravit. Post quem Baldericus Radasponensis vicidomnus subintravit. Gunterus monachus sancta conversatione in monasterio probatus, heremita est effectus.

Et nondum imperante 8. ind. 7. 1009. rex nativitatem Christi Salzburgh, pascha vero Augustburg peregit. Retharius Paderbrunnensis episcopus 2. Non. Marcii obiit; cui Meinwercus regis capellanus successit. Monasterium quoque Mogonciacense prætitulatum divino honore et reliquiis beati Martini futura consecratione, constructum a Willigiso archiepiscopo maximo decoris studio, 3. Kal. Septembris miserabili periit incendio.

Anno regni ejus 9. ind. 8. 1010. natalem Domini rex Palidi, pascha Radisbone celebravit. Ansfridus Trajectensis ecclesiæ antistes obiit ; cujus loco Adelboldus successit.

Regnante eo 10. anno, ind. 9. 1011. rex natalem Domini Frankenavord celebravit, et in capite jejunii Corbeiam venit. Ibi Bernhardus pius dux 5. Id. Februarii obiit, et in Luniburg cenobio beati Michahelis magno exequiarum planctu sepultus, quod ipse a fundamento construxerat, et in qua monachorum congregacionem adunaverat. Post quem vero filius ejus Bernhardus (334) ducatum obtinuit. His etiam temporibus Willigisus Mongontinus metropolitanus ad Christum migravit; in cujus locum Erkanbaldus Fuldensium abbas subintravit, quem noster episcopus Bernwardus Kal. Aprilis consecravit.

Heinrici anno regni ejus 11. ind. 10. 1012. rex nativitatem Christi Thornburg, pasca autem Laodicie (335) celebravit. Inde vero cum summa regalis reverentia Babenberg progressus est. Ibi venerabile monasterium, ipsius domni regis nobile ac speciale studium, ab Eberhardo, primo ejusdem sedis episcopo, cum consensu et conventu omnium cisalpinorum præsulum 2 Non. Maii consecratum est ad laudem et honorem Domini nostri Jesu Christi, et preciosissimi martyris ejus Georii, et ad patrocinium omnium sanctorum Dei. Dagano Parthenopolitanæ urbis archipræsul obiit cui Walthardus ejusdem ecclesiæ præpositus successit. Sed et huic post 7 tantum epdomadas defuncto successit Gero, vir perfectus in omni æcclesiastico studio. Godehardus, relicta Herfeldensi abbacia, iterum remeavit ad Altaha.

(334) Bernhardus an æquivocus ? manu sæc. XV. Benno scribitur. v. infra.
(335) Leodii.

LAMBERTI ANNALES.

1005. Bernharius abbas Herveldensis obiit, cui Gotehardus successit.

1006. Guntherus, nobilis vir de Thuringia, monachus factus est Herveldiæ; sed postea ad Altaha transivit, consilio Gotehardi abbatis. Fames valida.

1007

1008. Nothger Leodiensis episcopus obiit; cui Baldaricus successit. Guntherus monachus heremum petivit.

1009. Ecclesia major Mogontiæ, quam Willigisus construxerat, incensa est ipso die consecrationis suæ.

1010. Ansfridus Trajectensis episcopus obiit; cui Adelboldus successit.

1011. Willigisus Mogontiæ archiepiscopus obiit; cui Erkenbaldus [Fuldensis abbas 4. 5. 6.] successit. Abbatiam Brantho suscepit.

1012. Ecclesia major in Babenberg ab Eberhardo, primo ejusdem sedis episcopo, consecrata est. Gotehardus abbatiam Herveldensem reliquit; cui Arnoldus successit.

ANNALES HILDESHEIMENSES.

LAMBERTI ANNALES.

Regnante Heinricho 12. anno, ind. 11. 1013. incarnacionem Domini rex Palidi feriavit. Postea 12 Kal. Febr. peccatis agentibus principale templum Hildineshemensis ecclesiæ diabolo insidiante per noctem igne succensum, sed solo divinæ miserationis subsidio velociter, Deo gratias! est exstinctum. Sed hoc, ah! ah! nobis restat lugendum, quia in eodem incendio cum preciosissimo missali ornamento inexplicabilis et inrecuperabilis copia periit librorum. Et rex purgationem sanctæ Mariæ Parthenopoli egit. Inde Werla veniens, gravi languore correptus epdomadarum 5 spatio decubuit. Christyanus Pataviensis episcopus obiit; cui Beringerus ejus loci decanus successit. Godescalcus presbiter, nostre congregacionis præpositus, obiit 17. Kalend. Augusti.

1013.

Heinricho regnante 13. anno, ind. 12. 1014. natalem Domini rex Papie celebravit. Inde commitatu regali Romam pergens, imperialis coronæ diadema a sancti Petri vicario Benedicto 6. Kal. Martias cum generali electione suscepit. Ejusque contectalis domna Cunigunda idem Deo annuente promeruit. Sic imperator Dei gratia factus Papiam rediit. Ibi sanctum pascha feriavit. Inde namque regrediens, pentecosten Babenberhg festive peregit. Quo tunc privilegia (336) ejusdem loci res continentia jussit inscribere, firmata vel sigillo (337) sue auctoritatis, et roborata apostolica jure Romani pontificis, ut essent illorum banno firmata, regnante Christo Regi regum in eternum et ultra.

1014. Heinricus rex cum Cunigunda regina imperiale nomen suscepit.

Anno regni ejus 14. et imperii ejus 2. ind. 13. 1015. imperator nativitatem Christi Palidi egit. Et duces Oudalricum Bœmiorum et Bolizlavum Polianorum in pascha Mersburg ad se venturos determinavit. Oudalricus vero die statuto se pro criminis accusati innocentia expurgandum præsentavit. Et hoc quia Bolizlavus neglexit, estatis illius tempore cum valida suorum manu Polianiam imperator intravit. Ernost dux ex improviso in venatione a suo milite Adalberhdo sagitta percussus, miserabili morte periit, Lantbertus præliator occubuit. Hoc anno, videlicet Incarnationis Domini nostri Jesu Christi 1015. Henrico 12 (338) annos regnante, 2. jam Dei gratia imperante, cripta nostri monasterii (339) indict. 13. 3. Kal. Octobr. dedicata est a Bernwardo ejusdem ecclesiæ venerabillimo presule, et Tidericho Minigardivurdensis ecclesiæ dignissimo antistite, et ab Ekkihardo Slieswicensis civitatis venerabili episcopo, in honore Salvatoris Domini nostri Jesu Christi, et ejus Genitricis perpetuæque Virginis, et ad singulare patrocinium beati archangeli Michahelis tociusque miliciæ cœlestis.

1015. Imperator ad Polenos (340) cum exercitu abiit.

Regnante eo 15. et imperante 3. anno, ind. 14. 1016. imperator Christi nativitatem Patherbrunne celebravit. Magnæ molis grando venit, et plurimi fulmine exusti perierunt. Wigmannus comes 2. Nonas Octobris est occisus.

1016. Grando magna fuit, et multi fulmine exusti sunt.

1017. ind. 15. imperator natalem Domini Palidi egit. Eodem anno rursum Polianiam cum exercitu intravit. Meingoz Treverensis episcopus obiit; cui Boppo successit. Æid Misnicensis præsul obdormivit; post quem Hildivardus subintravit. Liudolfus presbiter et decanus 9. Kal. Octobris obierunt.

1017. Megingoz Treverorum episcopus obiit; cui Boppo successit. Imperator contra Polenos (341) iterum exercitum duxit.

presbiter 4. Non. Aug., Godescalcus

Imperante 5. sui imperii anno ind. 1. 1018. imperator natalem Christi Patherbrunnem, pascha Babenberg egit. Heinrichus marchio Bajoariorum subitanea morte præventus obiit. Eo anno domnus Bernwardus episcopus tempore quadragesimæ Goslare, præsente imperatore cum episcopis ceterisque regni primoribus sinodo habita, Godescalcum, Eggihardi præsidis filium, et Gerdrudam, Egberhdi comitis filiam, separavit. Maccho presbiter 6. Kal. Maii obiit.

1018.

---

(336) H. privileia *corr.* privilegia *c. eadem manu.*
(337) Signaculo *add.* vel sigillo *eadem manu.*
(338) *Lege* XIV.
(339) S. Michaelis Hildeneshcimensis.
(340) L. polonos 1. 6. *ed.* II.
(341) Polonos 6. *ed.* II.

ANNALES. HILDESHEIMENSES.

Inperante Heinricho 6. sui inperii anno, ind. 2. 1019. imperator natalem Domini Werziburg celebravit; postea cum exercitu contra Bernhardum ducem ad castellum Scalcaburg perrexit, ibique, Deo gratias! omnia in pace constituit. Eo anno in pascha papam de Roma Bavenberg hospicio suscepit.

1020. ind. 3. imperator nativitatem Domini Hamerstein egit. Heriberhtus archiepiscopus Coloniæ mortalem vitam 17. Kal. Aprilis in angelicam mutavit; in cujus locum Biligrimus subintravit. Erkembaldus Mogontiæ metropolitanus 15. Kal. Septembris sanctæ ecclesiæ probatissimus, substituitur.

Anno imperii Heinrici 8. ind. 4. 1021. incarnacionem Domini imperator Regenesburg feriavit. Ingens terre motus in Bajoariæ partibus 4. Id. Maii, nem Domini contigit.

Imperii anno 9. ind. 5. 1022. natalem Domini imperator Thorneburh quievit. Thiedricus Minigardivordensis episcopus 10. Kal. Febr. obiit; cui Sigifridus Parthenopolitanus abbas successit. Thiedricus Mindensis præsul 11. Kal. Mart. discessit. Post quem Alberichus, ejusdem loci præpositus, est electus, sed morte præventus nec consecrationem accepit, nec in cathedram pervenit. Sigiberhdus vero in epischopatum intravit. Domnus Bernwardus Hildesheimensium venerabilis antistes 12. Kal. Decembris ad Christum migravit:

   Cui Deus eterni præstet consortia regni,
   Vivens arce poli sit socius Lazari. Amen.

In cujus loco domnum Godehardum, Herfeldensium et Altahensium prius abbatem, sancta ecclesia sibi suisque utiliter subrogavit.

Hoc (342) anno, videlicet incorporati verbi 1022. regni vero Heinrici imperatoris 21. ordinatione autem domni Bernwardi hujus ecclesiæ presulis venerandi 31. indiccione 5. 3. Kal. Octobris, hujus monasterii oratorium a præfato antistite cum summo decoris studio ad utilitatem monachicæ vitæ constructum foras muros Hildinesheimensis urbis situm, dedicatum est, insuper cum omni devocione ecclesiasticæ religionis consecratum, in honore Salvatoris Domini nostri Jesu Christi et ejus Genitricis semperque Virginis Mariæ, ac salutiferi ligni adorandæ et vivificæ crucis, et ad speciale patrocinium sancti Michahelis archangeli, totiusque miliciæ cœli, et ad laudem veneracionis omnium sanctorum Dei, a venerando ejusdem ecclesie provisore Bernvardo, ab honorabili Unewano archipræsule Hamaburgensis ecclesiæ, ab Ekkihardo quoque Sliesviccensi episcopo, ab Bernhardo (343) quidem Aldenburgensis ecclesiæ reverentissimo antistite, ad ecclesiasticæ pacis munimen et ad christianitatis salutem et defensionem. Et in tantum predia et res eodem loco pertinentia sunt banno auctoritatis eorum stabilita, ut si quis inde vi aut sponte aliqua diriperet, perpetua damnacione subjaceret, et perpetuo anathemate damnatus, et de terra vivencium deletus, qui huic loco esset in aliquo obnoxius et contrarius. Fiat, fiat, fiat.

   Hoc fiat verum Christo regnante per evum.

Sed mox ejusdem monasterii habitaculum commissum est ad regendum abbatis officio Goderamno, cenobii sancti Pantaleonis preposito.

   Quod pie nam rexit hoc mundo quamdiu vixit.

1023. ind. 6. Mersiburg imperator Christi incarnationem solemniter celebravit. Gero Parthenopo-

LAMBERTI ANNALES.

1019. Imperator papam Babenberg suscepit hospitio.

1020. Heribertus Coloniensis archiepiscopus obiit, cui Pilegrinus successit. Erkenbaldus Mogontiæ (344) archiepiscopus obiit; cui Aribo successit.

1021. Ingens terræ motus factus est in Bajoaria, hora 10. dici, feria 6. post ascensionem Domini contigit.

1022. (345) Domnus Bernwardus Hildenesheimensis episcopus obiit [12. Kal. Decembris 4. 5.]; cui (346) Gothehardus Altaha abbas successit [4. Non. Decembris ordinatus 4. 6.]

1023. Gero episcopus Madagaburgensis obiit; cui Hunfridus successit. Brantho abbas (347) Fuldensis,

---

(342) *Hinc alia manus.*
(343) Be::::::::: quidem · *sæc. XV.* Bennone quondam.
(344) *Deest* 1.
(345) *Hæc* 2 *ita habet*: Gotehardus episcopus factus est hildenesheim.
(346) Cui sanctus Gotehardus successit 3.
(347) A. f. desunt 5.

ANNALES HILDESHEIMENSES.

Etanus archipræsul obiit. Cui Hunfrithus, vir per omnia ad usum sanctæ ecclesiæ probatissimus, successit. Arnolfus Halberstatensis episcopus obiit; cui Eranthog Fuldensium olim abbas successit. Bernhardus (348) Haldenburgensis antistes abstollitur; post quem Reinoldus subinfertur. Domnus Godehardus prima post ordinacionem suam ætati pulcrum monasterium in australi (349) parte principalis nostræ ecclesiæ honorifice fundendo inchoavit. Wolframnus de eadem congregacione electus domno Godehardo successit. Liudolfus comes obiit.

LAMBERTI ANNALES.

episcopus factus est Halberstatensis; Richardus (353) factus est abbas Fuldensis.

1024. ind. 7. Heinrichus imperator nativitatem Christi Babenberg, pascha Parthenopoli, pentecosten vero Goslare honorifice celebravit. Qui postea Gruna venit, et ibi languore correptus decubuit: et cum tocius regni merore, ah! ah! 3. Idus Julii hominem deposuit. Sed 22 annis, epdomadis 5 et 1. diem regnavit. Anima ejus requiescat in pace.

Det (350) requiem anime, qui cuncta gubernat ubique!

Huic namque 6. Idus Septembris Cuonradus regnum subintravit. Senior noster Godehardus curtem suam ad orientalem partem nostre civitatis, in loco qui dicitur Sulza fabricavit.

1024. Heinricus secundus rex imperator obiit; cui successit Cuonradus.

1025. ind. 8. Cuonradus rex natalem Christi Mindo cum ingenti gloria et leticia peregit. Ibi etiam plurimos, qui prædicte ejus electioni non interserant, obvios habuit, omnesque sibi devotos in gratiam recepit. Pascha vero Regenesburh celebravit. Domnus Godehardus montem speciosum in occidentali parte civitatis nostre incolere cepit, quem postea titulo ac nomini sancti Mauricii summi sui patroni dedicavit.

1025.

1026 (351). ind. 9. Cuonradus rex natalem Christi Lindburg celebriter feriavit. Wolframmus Altahensis abbas obiit. Cujus in locum Ratmundus est electus, et Dei gratia consecratus. Pater Godehardus hoc anno prædictum novum nostrum monasterium in occidentali parte nostræ principalis ecclesiæ 17. Kal. Septembris in honore passionis, resurrectionis, ascensionis Christi sollemniter consecravit. Ekkihardus Sliesvicensis episcopus obiit. Cui Rodulfus, de Coloniensi clero electus, successit.

1026.

1027. ind. 10. Cuonradus rex in pascha Romæ imperator factus est. Et filius ejus Heinricus rex dux Bajariæ esse cepit. Sinodus generalis in Franconovurdi episcoporum 22. præsente Cuonrado imperatore, in qua domnus Godehardus diocesim suam super Gandeshemensse territorium canonice retinuit, testimonio 7 episcoporum, Brunonis Augustensis, Eberhardi Bavenbergensis, Meginwreci Paterbrunnensis, Meginhardi Wetziburgensis, Hildiwardi Citicensis, Sigiberthi Mindensis, Brunonis Mersiburgensis. In hac sinodo Gebehardus juvenis, frater imperatoris, armis conpulsus deposuit, et clericalem tonsuram accepit. Wiggerus presbiter nostræ congregationis obiit.

1027. Cuonradus rex imperator factus est in pascha. Gevehardus, frater imperatoris, coactus est ex laico clericus fieri

1028. ind. 11. Imperator incarnationem Domini Regenesburg celebravit. Mogontinus archiepiscopus Aribo in Geizlethe (352) sinodum generalem cum suis suffraganeis episcopis habuit, in qua inter cetera ecclesiastica quidam homo ingenuus de homicidio Sigefridi comitis incusatus, candenti se ferro expurgavit, qui ex decreto synodali post duas noctes probatus, illesus apparuit. Misako, qui jam per aliquot annos regnum Sclavorum tyrannice sibi contra imperialem usurpabat majestatem, orientales partes Saxoniæ cum valido suorum exercitu violenter invasit, et incendiis ac deprædationibus peractis, viros quosque trucidavit, mulieres plurimas captivavit, parvulorum innumerabilem prorsus multitudinem miserabili

1028. Heinricus, imperatoris filius, rex factus est Aquisgrani per Pilegrinum Coloniensem archiepiscopum.

---

(348) Bennone m. sec. XV.
(349) O::::::tali 1. orientali m. s. XV.
(350) Ded corr. Det c.
(351) Hinc alia manus.
(352) Geisleden in terra Eichsfeld.
(353) R. f. e. a. f. anno 1024 adscribuntur in 5. r. f. a. successit 2 6.

ANNALES HILDESHEIMENSES.

LAMBERTI ANNALES.

inauditaque mortificatione cruentavit, et per semetipsum suosque, immo diaboli satellites, nimiam crudelitatis sevitiam in Christianorum finibus Deo inspiciente exercuit.

1029. ind. 12. Imperator natalem Christi Inglenheim peregit. Brun Augustae civitatis, frater Heinrici imperatoris, obiit. Cui Eppo regius capellanus successit. Generalis sinodus in Palithi praesidente imperatore cum episcopis 11, in qua iterum Mogontinus archipraesul domnum Godehardum super Gandesheim inquietare cepit. Werinherus Argentinae praesul e mundo migravit; post quem Willehelmus reginae archicapellanus subintravit. Legati Liutiziorum Palithi ad imperatorem venientes, ejus juvamen contra Misakonem tirannum petierunt, seque ei fideliter servituros promiserunt. Et mentita est iniquitas sibi.

1029. Bruno Augustensis episcopus obiit, cui Eppo successit. Wernherus Argentinae episcopus obiit, cui Willihelmus successit.

1030. ind. 13. Cuonradus imperator cum exercitu fuit in Ungaria. Goderamnus primus Hildeneshemensium abbas 2. Kal. Julii obiit, cui Ædelberhdus Herocampiae (354) montis sancti Johannis Baptistae praepositus, juste conversationis monachus, successit; et in proximis 8. Kalend. Januarii consecratus est a domno Godehardo ad principale altare sanctae Hildinesheimensis ecclesiae. Hoc anno domnus Godehardus episcopus et Aribo metropolitanus Mogontiae inter se invicem super Gandeshem reconciliati sunt. Nam ipse metropolitanus patrem Godehardum secreto convenit, seque super eadem parrochia errasse confitendo nuntiavit, et omnem fraternam satisfactionem, sed et de praeterita lite perpetuam taciturnitatem sub vero Christi et ecclesiae testimonio promisit; sibi priora errata per Deum remitti suppliciter petiit. Istud ergo hic ideo veraciter inscribitur, quia ipso domino Godehardo sepius idem in suo sermone publice protestante verum esse comprobatur. Unewanus Hammaburgensis archiepiscopus obiit; cui suus praepositus Liebizo successit. Æcclesiam etiam pulchram in Holthunon (355) in honore sancti Benedicti abbatis, monachiae conversationi aptam, fundavit.

1030. Cuonradus imperator Ungariam cum exercitu intravit.

1031. ind. 14. Cuonradus imperator natalem Domini Patherbrunnen et pascha Nuvimago feriavit. Eodem anno imperatoris filius Heinrichus rex et ipse dux Bajoariae, et Stephanus rex Ungaricus, cum juramento invicem firmaverunt pacem. Et Heinricus, Stephani regis filius, dux Ruizorum, in venatione ab apro discissus, periit flebiliter mortuus. Imperator cum parvo Saxonum exercitu Sclavos autumnali tempore invasit, et Mysachonem diu sibi resistentem regionem Lusizi cum aliquot urbibus et praeda, quae prioribus annis in Saxonia facta est, restituere pacemque juramento firmare coegit. Qui Mysecho post mensis tantum spatium a fratre suo Bezbriemo subita invasione proturbatus, et ad Oudalricum in Beheim fugere est compulsus. Sed idem Bezbrimo imperatori coronam cum aliis regalibus, quae sibi frater ejus injuste usurpaverat, transmisit, ac semet humili mandamine per legatos suos imperatori subditurum promisit.

1031. Arnoldus abbatiam Herveldensem perdidit; cui Bardo successit. Sed is post dimidium annum Ariboni, Mogontino archiepiscopo, defuncto successit; Rudolfus vero abbatiam (357) iterum suscepit.

(356) Arnolfus pater monasterii Herveldensis, precipuus in divinis et humanis rebus, quorundam fratrum eo loci cujusdam criminis objectione accusatus, miserabiliter proprio honore est privatus. In cujus loci vicissitudinem subrogatur Bardo, procurator coenobii Wirdunensis, suggestione Gislae imperatricis. Eidem vero Bardoni successit Geroldus Fuldensis monachus. Wiggerus Vardensis episcopus obiit, post quem Thietmarus intravit. Eodem anno, piae et venerabilis memoriae Aribo Mogontiacensis archiepiscopus causa orationis Romam adiit; indeque digrediens, Cumis 8. Id. Aprilis, ah! ah! ex hac vita migravit; cujus honoris principatum optinuit Bardo, tunc nuper praelatus abbas Herfeldensi monasterio. Sed huic quoque mox successit ad abbatiae dignitatem Rondolfus Bopponis monachus, coenobii Stabulon praepositus, a quo imperatoris decreto inibi mutata est monachica consuetudo.

(354) Hersfeld.
(355) Osterholz.
(356) Hinc alia manus.

(357) L. heruela-suscepit 4. abbas herveldensis sus 1.

ANNALES HILDESHEIMENSES.

1032. ind. 15. Chuonradus imperator natale Domini Gosleri, pascha vero Seliganstad celebravit. Hoc anno Bezbriem ob inmanissimam tirannidis suæ sevitiam a suis, et etiam non sine fratrum suorum machinatione, interfectus est. Sed Miseko statim domum rediit; qui cognoscens sibi propter inmoderatam sui insolentiam, quam prioribus annis exercuit, omnia quæ perpessus est, merito evenisse, legatos suos ad imperatorem destinavit, tempusque semet præsentandi condigneque satisfaciendi postulavit. Et postmodum imperatore consentiente Mersburg venit, et semet Non. Julii in imperatoriam potestatem, coronæ scilicet ac tocius ræegalis ornamenti oblitus, humiliter dedit. Quem imperator clementius, quam ipse opinaretur, suscepit, eique et ejus patrueli cuidam Thiedrico regnum, quod ipse solus ante possederat, divisit; quod ipse tamen postea solus iterum sibi usurpavit. Oudalricus vero, eodem regali jussione invitatus, venire contempsit. Quem imperator postea Wirbeni (358), ubi contra Liutizios pacificandi regni gratia consedit, ad se venientem et etiam ratione convictum, de insidiis quoque, quas ipsi imperatori fecit, ante biennium confessum, in exilium transmissit. Sigifrithus Minigardevordensis ecclesiæ præsul 5. Kalend. Decembris obiit, cui Herimannus Coloniæ præpositus successit. Liebizo Hammaburgensis archiepiscopus 8. Kalend. Septembris obiit, cui Herimannus Halberstatensis cenobii præpositus successit. Arnolfus abbas Herocampiæ 5. Kalend Januarii obiit, et ad Gellingæ sepultus, qua tunc gratia manendi habitavit; sed inde post tres dies totidemque noctes deductus, et de terra effossus, ex præcepto Roudolfi sui successoris, Herfeldiæ in ecclesia sancti Michahelis est tumulatus. Wiggerus presbyter et præpositus 5. Kalend. Aprilis obiit (359).

1033. ind. I. Imperator natale Domini Patherbrune, pascha Neumago egit. Et æstivo tempore Burgundiam cum exercitu properans, Oudonem diu sibi resistentem, qui eandem regionem sibi contra imperatoris voluntatem tyrannice usurpaverat, obvium suscepit; acceptisque ab eo de pace juramentis et obsidibus, pacifice rediit. Eodem etiam anno ad castellum Wirbine Liudgerus comes, et Thiedof, et Wolveradus, cum aliis 40 occisi sunt. Piæ memoriæ Cunigund imperatrix 5. Non. Marcii obiit. Eclipsis solis 3. Kal. Julii, feria 6. natali sancti Petri apostoli, hora diei 6. accidit, imperatore tunc placitum cum primoribus regni tractante in Merseburg civitate. Dedicatio monasterii sancti Michahelis archangeli in Hildenesheim 3. Kal. Octobris per Godehardum, ejusdem loci episcopum, cum maxima frequentia populorum. Incendium Altahensis monasterii 6. Kal. Martii.

1034. ind. 2. Imperator nativitatem Christi Mindo, et pascha Reinesburg feriavit. In natale Domini ad eum legati diversarum gentium cum optimis multimodisque muneribus venerunt; ibique Hilderichо, qui Altmannum interfecit, intercessione imperatricis et episcopi Halberstatensis, incolomitas vitæ et repeticio patriæ conceditur. In pascali vero festivitate Oudalricus Boemiorum dux, optentu imperatricis et principum, in gratia de exilio domum redire promeruit, et ducatus sui medietatem, suo fratre Germiro medietatem retinente, suscepit. Udo juvenis, filius Ottonis comitis de Hamerstein, obiit. Imperator iterum hoc anno Burgundiam cum grandi exercitu intravit, et Oudonem item resistentem fugavit, eandemque regionem fidelibus suis, qui ei fidem juramento firmabant, commendavit. Meginhardus Werziburgensis præsul ad Christum migravit, post quem Bruno, patruelis imperatoris, subintravit, a Deo datus (360). Warmundus Constantiæ antistes obiit; cui frater ejus Eppo, regius capellanus, successit. Plura et insolita bella inter Lvitizios et nostrates ad oppidum Wirbini exorta sunt, in quibus de nostris quidam interfecti sunt, et plerique sauciati. Peccatis etiam nostris ah! ah! coram Deo promerentibus, laudandum et honorabile exercitium venerabilis viri Bernwardi episcopi, monasterium scilicet sancti Michahelis archangeli, Kal. Junii in vigilia pentecosten ad vesperam fulmine combustum, et miserabiliter est deterioratum. Misacho Polianorum dux inmatura morte

LAMBERTI ANNALES.

1032. Arnoldus, amissa abbatia Herveldensi, obiit in Gellingin (361).

1033. Cunigund imperatrix obiit. Imperator exercitum duxit in Burgundiam contra Uodonem.

1034. Albuwinus, præpositus Herveldensis, abbas factus in Niunburg (362).

---

(358) Werben ad Albiam.
(359) *Hinc alia manus.*
(360) *Litteris rubris* ADEODATUS.
(361) Gellingen, Gollingen, monasterium olim,

nunc vicus, ad Wipperam prope Franconusam, in principatu Schwarzburg Rudolstadt. HESSE.
(362) Ad Salam.

ANNALES HILDESHEIMENSES.

interiit, et cristianitas ibidem a suis prioribus bene inchoata et a se melius roborata, flebiliter proh dolor! disperiit. Praedictus quoque Oudalrichus Boemicus dux, post reversionem fratre caecato, filio fugato, item sacramenta refringens infidelitati institit, et tandem in cena residens, cibo potuque suffocatus extabuit. Quia ergo jus fasque contempsit, et post tam plura juramenta priscis iterum insidiis consensit, unde fidelibus Christi salubris providetur refectio, inde illi justa pro pravis suis meritis venit interfectio. Eodem anno Thietmarus Vardensis episcopus 7. Kal. Julii ad Christum migravit.

(363) Post quem Bruno, frater Friderici comitis, Nienburgensis et Maegetheburgensis abbas subintravit. Eidem vero Brunoni in Nienburg Albwinus in philosophica arte eruditissimus, Herfeldiae praepositus, qui fuit ibidem antea scolae magister famosissimus, successit. In Maegetheburg autem Sidaec de eadem ecclesia electus substituitur. Eodem anno Thiedricus comes Orientalium a militibus Aeggihardi marchionis in proprio cubiculo ficta salutatione circumventus, in dolo 13. Kal. Decembris occiditur. Cujus dignitatem honoris Daedi, filius ejus, obtinuit, qui postea Oudam, Willihelmi Turingorum praetoris viduam, in conjugium ascivit. Hezo Palatinus comes a sua concubina nomine Tiethburga veneni poculo, ut fertur, defraudatus, periit flebiliter mortuus, et ad Augustam transportatus et in ecclesia sancti Oudalrici est sepultus 16. Kal. Junii. Ekberthus comes 5. Kal. April. obiit.

1035. ind. 3. Chounradus imperator nativitatem Christi cum decentissima suorum frequentatione Goslare celebravit; quo ad eum diversarum gentium legati cum muneribus convenerunt; qui inde, ut imperatoriam majestatem oportebat remunerati, abierunt. Ubi etiam praedicto domno Albwino abbatiae dignitatem in ipsis Kal. Januarii commendavit. Et Chuonradum Alberici filium exilio reum majestatis deputavit. Tempore quadragesimali urbs Wirbini a Luitiziis capitur, et praesidium Daedi comitis captivum diducitur. Incendium Degarensis (364) monasterii 5. Kal. Marcii. Imperator pascha Paderbrunne feriavit; ascensionem Domini Seli ganstad, pentecosten vero B,venberg egit. Unde expeditionem suam in Liutizios serie mandavit. Ibi etiam Heinricho regi, filio imperatoris, filia Chnut regis Danorum juramentis desponsatur; et Otto de Suinvourdi ibidem Mathildem, filiam Bolezlavonis Polianorum ducis, sibi desponsavit. Imperator cum validissimo exercitu regionem Liutiziorum intravit; quam longe lateque incendiis et populationis devastavit. Eodem anno Herimannus Hammaburgensis metropolitanus ex hac vita migravit. In cujus locum Adelbrandus (365) regius capellanus intravit; qui cum summo suorum suique comprovintialium gaudio a suis suffraganeis episcopis sabbato ante nativitatem Christi, in vigilia sancti Thomae apostoli, prespiterii honorem, et in crastinum pontificalem promotionem accepit honorifice. Opperthus Elewangensium abbas obiit; cui Ribhardus Fuldensis monachus successit. Mariksuit Wongerestorpiensium abbatissa 2. Kal. Novemb. obiit; post quam Alberad, Molinbechiensis prius abbatissa, machinatione Sigiberhti Mindensis episcopi idem regimen suscepit, tota congregatione nimium renitente. Hemali tempore Chnuht, rex Danorum et Auglorum, inmatura morte praeventus obiit, et christiana religio ab ipso fideliter exculta periclitari caepit. Sed filius ejus junior, Haerdechunt nomine, regnum ipsius post eam consensu provincialium obtinuit. Outa sanctae commemorationis abbatissa de Confengon (366) obiit 14. Kal. Octob. Bruno comes obiit 14. Kal. Jun.

1036. ind. 4. Imperator cum summa suorum principum frequentia nativitatem Christi Argentine magnifice celebravit; purificationem vero sanctae Mariae Augustburg egit, ubi et publicum cum cunctis circumjacentium regionum primoribus conventum habuit, in quo patrueli suo Chuonrado ducatum Carentinorum commisit. Adelberonem majestatis reum priori anno dimovit. Hisdem diebus idem Adalbero Willehelmum comitem interfecit, et postea in castellum Eresburgh causa

LAMBERTI ANNALES.

1035. Rodulfus, abbas Herveldensis, ordinatur episcopus Podelbrunnon; cui Meginherus, vir venerabilis, successit.

1036. Piligrinus Coloniensis archiepiscopus obiit; cui Herimannus successit. [Eodem anno aedificatum est monasterium Scothorum in Erfordia per do*m*num Waltherum de Glisberg; ibidem sepultus. 4. 5.]

---

(363) *Hinc alia manus.*
(364) Tegernsee.

(365) BEZELINUS *in m. litteris BEZ abscisis.*
(366) Kaufungen in Hassia.

ANNALES HILDESHEIMENSES.   LAMBERTI ANNALES.

tatendi confugit. Imperator pascha Engilenheim feriavit. Deinde Tribariam tendens, generali ibidem sinodo praesedit, in qua germanitas episcoporum priora decreta redintegravit, et etiam quedam ad firmamentum sanctae ecclesiae necessaria conformavit. Ibidem etiam praedictus Otto cogente sinodo Mahthildem sibi desponsatam juramento a se abaligenavit. Ascensionem Domini imperator Paderbrunne peregit; pentecosten vero nativitatemque sancti Johannis Niumago, et ibi filio imperatoris Heinrico regi venit regina, Cunihild nomine, quae ibidem in natali apostolorum regalem coronam accepit, et mutato nomine in benedictione Cunigund dicta est. Aestivo etiam tempore imperator regionem Liutiziorum cum exercitu intravit. Sed Dei gratia omnibus pro suo velle dispositis, acceptis obsidibus et innumerabili pecunia, in pace remeavit. Meinwercus Patherbrunensis episcopus Non. Junii obiit. Cui Rinodolfus Herveldiae abbas successit. Sed domnus Meginherus ejasdem loci decanus, plurali utilitatis studio imbutus, sanctae quidem conversationis monachus, Herfeldiae primatum ejusdem dignitatis obtinuit. Bruno Mersburgensis praesul Id. Aug. sustolitur, post quem Hunoldus Halberstatensis praepositus subinfertur. Thiedricus de eodem ibi coenobio praeponitur. Sanctae Agrippinensis ecclesiae metropolitanus venerandae memoriae Biligrinus, ad omnia in divinis et humanis perstrenuus, 9. Kal. Septembris ad Christum migravit. In cujus locum nobilissimae indolis juvenis Herimannus, ejusdem ecclesiae archidiaconus, sed regius capellanus et Cisalpinus cancellarius, cum inenarrabili gaudio piorum omnium intravit. Branthohus Halberstatensis pontifex 6. Kal. Septembris discessit, cui Burghardus imperialis cancellarius honorifice successit. Sigeberhtus Mindensium praesul spiritum efflavit 6. Idus Octobris; post quem nobilis prosapiae tyro Bruno nomine, regalis capellanus, cum generali congratulatione quorumque Christi fidelium idem antisticium coelesti benedictione accepit. Gozmarus Asneburgensis episcopus 4. Id. Decembris obiit, cui Albericus regius postsequetaneus successit. Domnus Godehardus, Hildeseimensis episcopus, Brunonem Mindonensium praesulem, et Burghardum Halberstatensem pontificem, 15. Kal. Januar. sabato ante natalem Domini in Halberstat presbiteros ordinavit.

1037. ind. 5. Imperator natalem (367) Christi Verone honorifice celebravit. Et imperatrix cum filio rege et nuru eosdem dies Imbripoli feriavit. Tunc in natali sancti Stephani protomartyris Burghardus praesul Halberstatensis pontificalem benedictionem a Bardone Mogontiaco metropolitano suisque suffraganeis Heliganstedi honorifice percepit. Imperator post natalem Domini in Salerno opido generalem conventum de re publica cum Cisalpinis nostrisque primoribus habuit; in quo Mediolanensis archiepiscopus imperatori contrarius comprehenditur, et Popponi Aquilegensi patriarchae servandus committitur; a quo fuga lapsus, palam rebellare cepit. Quem imperator e vestigio cum exercitu insequutus, urbem per totum subsequentem annum cum tocius periculo exercitus obsedit. Bruno Mindensis praesul in sancto die pentecosten episcopalem unctionem ab Herimanno Agrippinensi metropolitano in campo juxta Mediolanum, astantibus imperatore et rege cum quampluribus regni primoribus, condigne suscepit. Eodem die inibi magna tonitrus fulgurisque exorta collisio hora diei sexta, de exercitu imperatoris non minus 60 viros, ut dicitur, cum inenumerabili equorum armentorumque multitudine peremit; sed et sequenti die hora eadem etiam aliquos ademit. Plurimos quidem varios et etiam insolitos difficilium rerum eventus per hanc aestatem exercitus noster in multis ibidem sustinuit.

Placentinus, Cremonensis, Vercellensis, alii etiam episcopi, quidam majestatis rei, quia cum praedicto archiepiscopo et Oudone tyranno saepe memorato contra imperatorem consenserant, captivi ad nos in diversa loca exiliati sunt. Prenominatus ergo Oudo, imperatore Italiae partes procurante, Luthuringiam juxta marcam Gazelonis ducis ejusque filii Godefridi tirannice invasit, et civitatem, quae Bera (368) dicitur, injusta praesumptione occupavit; juxta quam ab hisdem ducibus occupatus, consertoque praelio inter primos inglorius occubuit, justasque divinae ultioni post effracta juramenta penas exsolvit. Ab ipsis sane victoribus ignoratus, in crastinum inter vulgus inventus est nudus, vitam pariter et regno,

1037. Incensum est monasterium Herveldense. Gozelo dux Odonem comitem occidit, et cum eo ad sex milia (369) homines.

(367) Deest c.
(368) Bar.

(369) Deest 2. 6.

ANNALES HILDESHEIMENSES.

quod sibi usurpans affectabat, spoliatus. Nostræ æclesiæ dæcanus Tadilo 41 Kal. Februar. obiit, pater in Christo venerabilis et piis omnibus semper memorabilis. Hagano diaconus, regius capellanus, 10. Kal. Marc. moritur, et in Herveldia sepelitur. Sigifridus comes et Dangmarus comes obierunt.

1038. Imperator cum nobilissima sui familia nativitatem Christi Parmæ celebravit; qui urbani ex levi causa sancto die nativitatis Domini ad vesperam certamen inierunt, in quo de exercitu quamplures, sed præcipue tres ex clientibus regiis, Chonon, Magnum, Suicgerum, peremerunt. Pro qua ergo insolentiæ temeritate in crastinum diluculo ipsi simul cum civitate omnibusque suis, preda, igne, ferro perierunt. Pascha vero imperator sine quavis molestia in castello Spella (369*) pacifice feriavit. Predictus quoque Mediolanensium metropolitanus ab apostolico pontifice post justas crebras ammoniciones communi episcoporum decreto in paschis anathematizatus, et a cetu fidelium est segregatus. Qui nihilominus in sua obstinatione perduravit, et imperatori pro posse in omnibus per præsentem et etiam subsequentem annum incommodavit.

Eo tempore venerandæ memoriæ sanctus noster pontifex Godehardus 3. Non. Maii, videlicet feria 6. post ascensionem Domini ex hac vita subtractus, ad eternam cum Christo perenniter victurus migravit, nobisque miseris immensam mesticiam discessu suo contulit. Quem vere ad Deum precessisse non discredimus; hoc tamen, quod sancta ejus ammonitione fructiferaque virtutum præostentatione præsentialiter privamur, merito semper ingemimus. Qualis namque meriti esset, unusquisque in suo fine cognoscere potest; quia, sicut scriptum est, unusquisque in suo fine cognoscitur. Satis quoque est apertum, illum habere magn præconia meritorum, cum in ejus obitu tam mirifica signorum gesta patefecit Deus in miraculo. Illud vero quamquam sit cunctis Christi fidelibus notum, vera experientia relationum tamen ob ejus sanctitatis testimonium hic continetur inscriptum (370).

In cujus locum domnus Thietmarus regius capellanus successit, ad omnia in divinis et humanis feliciter perstrenuus, a Bardone metropolitano Mogontiæ 13. Kal. Septembris Laresheim est consecratus. Liudolfus comes, privignus imperatoris, 9. Kal. Maii inmatura morte obiit. Et ejus frater Herimannus, Alæmanniæ dux, subita infirmitate præventus, bonis flebilis omnibus 16. Kal. Julii denotavit. Nobilis etiam nostra regina Gunhild 15. Kal. Augusti ex hoc mundo migravit; cujus intempestativus obitus quam plurimos cujusque ordinis per christianum imperium contristavit. Sigifrithus prætor Palatinus (371), frater Brunonis episcopi Mindonensis, 7. Kal. Mai moritur, et in Wimilaburc (372) tumulatur.

1039. ind. 7. Imperator natalem Domini Goslare cum reverentissima principum sui congratulatione decentissime tripudiavit, ubi et legatos cunctarum adjacentium regionum cum debitis vectigalium professionibus in aucmentum suæ magnificentiæ suscepit, quosque, ut imperialem munificentiam decebat, tam sui quam optabant gratia, quam et rerum habundantia donatos pacifice remisit. Ibi etiam inter cetera institutionis suæ decreta Alberadæ abbatissæ de Molinbach abbatiam Wongeresthorph invito Brunoni episcopo resignari præcepit. Quam tamen idem episcopus post pascha vel spontaneam vel invitam ab eadem dignitate sub abrenuntiacione publica desistere fecit.

Purificationem sanctæ Mariæ imperator Alstedi egit, sicque compendioso itinere peragrata Origentali Saxonia, rebusque pacificatis, Nuvimagon tetendit; ibique tempus quadragesimæ et sanctum pascha et ascensionem Domini, podagra laborando, consedit. Inde ad celebrandum pentecosten Trajectum venit, et ibi quidem in summa læticia sanctum diem, scilicet in regalis diadematis decore procedendo, peregit. Sed sequenti die, feria 2. hora

LAMBERTI ANNALES

1038. Gotehardus Hildencsheimensis episcopus obiit; cui Diotmarus successit.

1039. Cuonradus imperator obiit Trajecti (373) feria secunda in pentecoste; cui Heinricus tertius, filius ejus, successit. Richardus abbas Fuldensis obiit, cui Sigewart successit. Regenbolt Spirensis episcopus obiit; cui Sibicho successit.

(369*) Spella, prope Foligno.
(370) H. *Quatuor lineæ vacuæ; tunc alia manus incipit.*
(371) *l. s.* comes palatinus.

(372) Vuldaburch *corr.* Vuimilaburh *c.* Videtur esse Wimmelburg, prope Eisleben, olim cœnobium a. 1525 dirutum).
(373) L. *deest* 4

diei 6. 2. Non. Jun. mense reficiendi gratia assidens, subita defeccione prærepus, vixdum confessionis sententia prolata, flebiliter exspiravit. O ergo occulta divinæ dispensationis judicia, admiranda pariter et metuenda, qui priori die maximo mundialis pompæ tripudio rex et imperator orbis coronatus processit, posteriori ah! ah! die viam universæ carnis ingressus, cinis vermisque futurus, discessit; nisi quod vere speramus, quia quicquid carnaliter contraxit neglegentiæ, pro hoc in defensionem animæ supplicatio intervenit ecclesiæ. Sed ut quidam ait:

    O nil gnara sui mortalia pectora fati!

Verum ut verius dicamus, o dura, et ut in pace loquar, prorsus insensibilia humani generis corda! quia in quo viro pene tocius orbis capud virtusque concidit, ad ejus obitum tam subitum tamque periculosum sane nullus ingemuit.

    Hunc rector regum Dominus soletur in evum,
    Cum pueris Habrahe vivat et in requie.

Sed filius ejus domnus Heinrichus, in omni quidem virtutum exhibitione perstrennuus, ante scilicet in specialem regni monarchiam generali cleri populique prælectione coronatus, nunc autem sine quavis contradictionis molestia, summa christianismi concordia, solio patris, Deo gratias! est intronizatus.

    Quem Deus in finem conservet rite senilem,
    Et placidus placito sit pius ipse suo.

Chonradus Carentinorum dux, patruelis Chonradi imperatoris, 13. Kal. Aug. immatura morte, regio morbo diu fatigatus, discessit. Eodem die venerandæ memoriæ Rihhardus abbas Fuldensis obiit; in cujus locum Sigewardus juvenis, ab ipso eo loci in divino servimine regulariter et etiam sapienter enutritus, insedit. Hisdem diebus Radulfus abbas de Diuzi (374) obivit. Pie in Christo venerabilis memoriæ domna Sophia 6 Kal. Februarii obiit. Sed huic in Gandeshein soror ejus Adalheiht Quidelingensis domna successit, et abbatiam Æsnidi (375) Theophanu neptis earum obtinuit. (376)

Senior noster Thietmarus episcopus post obitum prædictæ domnæ Sophiæ decimas super Gandeshem circumjacentesque villulas, quas ipsa a nostris senioribus in beneficium habuit, in suam vestituram recipi jussit. Cui Bezoca preposita cum suis fautoribus frivola machinatione restitit. Hasmet decimas ipse modo, abbatissa adveniente, pontificali auctoritate repetivit, easque per manum advocati Christiani comitis cum digna satisfactione in proprium sine quavis interdictione 5 Kal. Octob. recipit in choro aquilonali; quas poste eidem altari et abbatisse beneficii gratia, quandiu ipse vivat, repræstitit, pro eo scilicet censu, quem sancte memorie Bernwardus episcopus ibidem instituit. Testes Herimannus archiepiscopus Colonie cum suis quatuor clericis, Bodo noster decanus, Ællio, Wolfherus Volcawardus, Reinbertus, Wolferus, Liudierus, Merkhardus, Werinus, Rihdagus, Thietmarus, Imezi, Adeldagus, Liudierus, Warmund, Wolferus, cum aliis multis laicis, Thietmarus comes, Uodo comes, Tiedricus comes.]

1040. ind. 8. Novus rex noster incarnationem Domini Radisbone decenter egit, et purificationem sancte Marie Auguste degens, placitum habuit cum Cisalpinis primoribus de rei publice stabilitate. (377)

ANNALIUM HILDESHEIMENSIUM CONTINUATIO. A. 1041-1108.

1041. ind. 9. Heinricus rex ducem Boemiæ Fratislaum bello petit; sed multis proceribus et militibus in præstructione silvæ citra et ultra occisis vel captis, nil dignum efficere potuit. Petrus quoque, Ungariorum rex, eidem duci (378) contra Heinricum regem auxilia misit.

1042. ind. 10. Ungarii quendam Ovonem regem sibi eligentes, Petrum regem suum expellunt. Qui profugus et exul, Heinrici regis, cui priori anno rebellaverat, gratiam quærit et invenit. Heinricus rex Boemiam ingressus, igne prædaque cuncta devastat, et rebellem ducem obsides dare, et ipsum post se Radisponam ad deditionem humiliter venire, sibique jurejurando fidelitatem serviciumque confirmare coartat. Ovo rex Ungariorum, ob susceptum ab Heinrico rege Petrum a se expulsum, fines Ba-

---

(374) Deutz.
(375) Essen.
(376) *Hinc alia manus.*
(377) *Hinc alia manus in membrana palimpsesta*
usque a. 1100 *exitum; scriptor imperatoris, glossator pontificis partes amplectitur.*
(378) Ducem *codex.*

Joariæ prædis et incendiis depopulatur; set magna pars exercitus ejus ab Athelberone marchione deleta est.

1043. ind. 11. Heinricus rex Pannoniam ingressus, duas populosissimas civitates evertit, plures deditione subjecit. Set cum Petrum regem, quem secum ducebat, provinciales recipere nollent, alium quem petebant, ducem eis constituit; quem Ovo post discessum ejus in Boemiam reppulit. Gisla imperatrix, mater Heinrici regis, obiit 16 Kal. Martii, et apud Spiram sepelitur.

1044. ind. 12. Heinricus rex iterum Pannonias invadens, satisfactionem, obsides, munera, pacis per jusjurandum confirmationem accipiens, discessit. Inde reversus, Constanciensi synodo affuit, ubi cunctis debita dimisit, destructisque omnibus inimiciis, pacem hactenus inauditam, tam in tota Suevia quam in aliis sui regni provinciis, regia censura per edictum confirmavit. Deinde Agneten, Willehelmi Pictaviensis principis filiam, reginam apud Mogontiam ungui faciens, regalibus sibi nuptiis in Hingelenheim copulavit; unde infinitam histrionum et joculatorum multitudinem sine cibo et muneribus vacuam et merentem abire permisit. Liupoldus marchio, Adalberti filius, maxima Ungariorum clades, inmature obiit. Thietmarus episcopus obiit, Azelinus eligitur (579).

1045. ind. 13. Heinricus rex tercio Pannonias iratus ingrediens, Dei favente clementia, et beato Oudalrico episcopo impetrante, victor factus, Ovonem cum uxore et filiis cognatisque, quibus locus evadendi erat, effugabat, Petrum in regnum restituit; subditoque sibi Ungariorum regno, summo cum honore revertitur.

1046. ind. 14. Heinricus rex Italiam ingressus, pacifice a Romanis suscipitur. Papas tres non digne constitutos synodaliter deposuit, et Suidegerum Babenbergensem episcopum papam constituit, ipseque et conjux ejus Agnes regina eadem die imperiali benedictione sublimantur.

1047. ind. 15. Petrus rex Ungariorum a quodam tyranno Pannonico captus est cæcatus, ille qui eum expulerat regnare cœpit. Suidegerus papa obiit eodem quo constituitur anno, pro quo Boppo ordinatur. Ottho dux Suevorum obiit, pro quo Ottho de Siunvurdi surrexit.

1048. ind. 1. Boppo papa obiit, anno quo constituitur; pro quo Bruno, qui et Leo, Tullensium antistes, papa ordinatur. Heinricus imperator nascitur.

1049. ind. 2.

1050. ind. 3. Bartho archiepiscopus obiit; pro quo Liupoldus ordinatur.

1051. ind. 4.

1052. ind. 5.

1053. ind. 6. Leo papa exercitum ducens per Apuliam contra Nortmannos infinita utrobique cede peracta, absque victoria regreditur, et 2 Kal. Julii eodem anno obiit.

1054. ind. 7. Leoni pape Gebehardus, qui et Victor, successit. Athalbertus marchio obiit. Fames magna fuit. Welf dux Carinthiorum obiit. Counra us dex antea Noricus ab imperatore expulsus, in Pannonia exul male moritur. Hezil comes de Oberestenvelt obiit 6 Kal. Febr. Azelinus episcopus obiit, Hetzelo eligitur (580).

1055. ind. 8. Herimannus Coloniensis archiepiscopus obiit; pro quo domnus Anno ordinatur.

1056. ind. 9. Magna cedes a barbaris qui Liuttici dicuntur in Christianos facta est; quorum quidam gladio, quidam fugientes in aqua perierunt; inter quos Willehalm marchyo occiditur. Hisdem temporibus multi diversarum provinciarum principes perierunt. Fames multas provintias afflixit. Egestas et penuria undique prævaluit; multa mala tunc temporis facta sunt. Heinricus imperator his doloribus cordetenus compunctus, infirmari cœpit; et perducius usque ad mortem, sapienti tamen usus consilio, ab omnibus quibus potuit veniam petens, quibusdam prædia quæ abstulit restituens, cunctis qui contra eum culpas dampnabiles fecerunt relaxans, filium suum Heinricum Romani pontificis ceterorumque pontificum et principum electione regem constituit, His et aliis, prout possibilitas vitæ admisit, bene dispositis, 3 Non. Octobris hanc vitam presentem in Deo finivit.

Anno Domini 1057. ind. 9. Heinricus, filius Heinrici imperatoris, admodum puer cœpit regnare. Agnes imperatrix, mater ipsius Heinrici, ducatum suscepit Bajoariæ. Victor papa multis in Germania bene dispositis, Romam rediit, et eodem anno vitam finivit; pro quo Fridericus, qui et Stephanus, frater Godefridi ducis, jam monachus in monte Cassino factus, a Romanis pontifex constituitur. Hic et eam eodem anno obiit. Item obierunt Adelbero Babenbergensis episcopus et Ottho dux de Suinvurdi.

1058 ind. 10.

1059. ind. 11. Liuppoldus Mogontiacensis archiepiscopus obiit; pro quo Sifridus Fuldensis constituitur. Sanctus Conno Treviroum episcopus martyrizatur; in deserto loco a scopuloso monte ter præcipitatus est a Theodorico comite, eo quod absque electione constitutus est, et sepultus est Doleia; ibi per illum Dominus multa signa tunc temporis fecit; Ipse comes postmodum pœnitentiam agens, et Hierosolymam pergens, vitam finivit, et omnes consentanei ejus mala morte perierunt; pro quo Oudo constituitur.

---

(579) *Hæc initio anni ad marginem scripta, jam ita abscisa sunt, ut nonnisi . . . marus episcopus obiit . . . nus eligitur legatur.*

(580) *In margine jam nonnisi hæc habentur, . . . linus episcopus obiit . . . telo eligitur.*

ANNALES HILDESHEIMENSES. A. 1060-1090.

1060. ind. 12. 1061. ind. 13. 1062. ind. 14.
1063. ind. 15. 1064. ind. 1.

1065. ind. 2. Guntherus Babenbergensis episcopus obiit; pro quo Herimannus constituitur. Gozwinus comes, ob exercitatam in episcopio Wirceburgensi injuriam, a militibus Adalberonis episcopi occiditur.

1066. ind. 3. Cometa videtur, et Anglia a Nortmannis subicitur.

1067. ind. 4. 1068. ind. 5. 1069. ind. 6.

1070. ind. 7. Dedi marchio regi Heinrico rebellat.

1071. ind. 8. Otho, dux Bajoariæ, regi Heinrico rebellat.

1072. ind. 9. Conj rant principes regni contra Heinricum regem.

1073. ind. 10. Saxones Hartesburg destruunt; ubi regis filii sepulchrum violant, ossaque dispergunt.

1074. ind. 11. Alexandro papæ Hildibrandus successit.

1075. ind. 12. Bellum juxta Unstrhut committitur 5 Id. Junii contra regem Heinricum, ubi multi potentes ex utraque parte ceciderunt, et Saxones fugam inierunt.

1076. ind. 13. Concilium Wormaciæ congregatur, ubi Hildibrandus papa abdicatur.

1077. ind. 14. Domnus Anno Coloniensis archiepiscopus obiit 2 Non. Decembr. Qui ex fundamento 5 congregationes fecit, duas in Colonia, unam in honore sanctæ Mariæ, aliam in honore sancti Georgii martyris, et extra unam in loco qui vocatur Grascabf, et in alio loco qui vocatur Salevelt, et unam in monte qui vocatur Sigeberg, in quo feliciter requiescit; pro quo Hildolfus episcopus ordinatur. Agnes imperatrix obiit. Roudolfus rex constitutus est in loco qui dicitur Vorhheim, et in med a quadragesima apud Mogontiam unctus est in regem a Sifrido archiepiscopo. Discordia inter papam et regem Heinricum renovata pro regis inobedientia (581).

1078. ind. 15. Bellum juxta Strowi commissum est. 7 Id. August. Hildolfus episcopus Coloniensis obiit; pro quo Sigewinus ordinatur.

1079. ind. 1. Bellum juxta Flatecheim commissum est 5 Kal. Febr. Hettilo episcopus Hildinesheimensis obiit. Sedit in episcopatu annis 25 . . . dies . . . Cui successit Udo, nobilis ejus canonicus.

1080. ind. 2. Apud Brixinam Noricam 30 episcoporum magnæque partis optimatum regni conventus contra Hildibrandum habetur. Bellum juxta Elstret committitur Idibus Octobris; in quo Roudolfus rex, qui et dux, occiditur.

1081. ind. 3. Heinricus rex Romam obsedit. Bellum

inter Liupoldum marchionem, et Counradum fratrem ducis Boemiæ 4 Id. Maii. Item bellum inter Suevos et Bajoarios juxta Danubium, loco qui vocatur Hohstetin (582), 3 Idus Aug. Heinricus rex natus est, junior filius (583).

1082. ind. 4. Herimannus regnum invadit, et a Sigefrido Mogontino ordinatur.

1083. ind. 5. Roma capta est et Hildebrandus papa expu'sus ab Heinrico rege, et pestilentia magna facta est. Herimannus, qui regnum invaserat, orientalem Franciam hostiliter ingreditur.

1084. ind. 6. Heinricus imperator de Italia revertitur, et Augusta ab eo obsidetur et capitur. Herimannus Babenbergensis episcopus obiit, qui ab episcopio expulsus est. Sigefridus archiepiscopus obiit in Thuringia, et apud Hasungun sepelitur, pro quo Wezelinus constituitur.

1085. ind. 7. Synodus Mogontiæ apud sanctum Albanum habetur. Obierunt Gregorius papa, qui et Hildibrandus, Tietmarus Wormatiæ episcopus, Herimannus Palatinus comes. Heinricus rex Saxoniam vastat.

1086. ind. 8. Saxones cum Suevis Werceburch obsederunt, ad cujus liberationem imperator cum magna manu venit et bellum juxta Bleihfelt committitur 3 Id Aug. Set rege fuga o, Saxones urbem ceperunt. Herimannus nomen regium deponit, et ipse mox petit. Wirceburch a Saxonibus capta est, et mox ab imperatore acquisita.

1087. ind. 9. Bertha imperatrix obiit. Pestilentia facta est . . . . (384)

1088. ind. 10. Wezil Mogonciacensis archiepiscopus obiit. Bucco Harberstadensis episcopus Gozlariæ occiditur.

1089. ind. 11. Eggibertus marchio Hildenesheim obsedit, ubi Udonem episcopum diu obsessum cepit (385). Bellum juxta Glicho castellum in Thuringia juxta Erpesfort situm, inter imperatorem Heinricum et Eggibertum marchionem in vigilia Domini, die Dominica, in quo Burchardus Losanniæ episcopus occisus est. Obierunt episcopi, Sigewinus Coloniensis, Ottho Radisponensis. Constituuntur episcopi, Herimannus Coloniensis, Routhardus Mogontiacensis, Emehardus Wirceburgensis, 8 Kal. Augusti.

1090. ind. 12. Imperator Italiam petiit. Herimannus Mettensis episcopus, Liudolfus dux, et Bertolfus dux, filiis Roudolfi, obierunt. Eggibertus marchyo occisus est. Domnus Athelbero, vicesimus post beatum Burchardum sacrosanctæ Wirceburgensis ecclesiæ episcopus 3 Kal. Julii constitutus, vixit in episcopatu annos 45, menses 3, dies 7; obiit 2 Nonas Octobris.

(581) Manu seculi XII inserta littera obliqua expressimus.
(582) Hochstadt.
(583) Vox pene tota abscisa.
(584) Hæc manu correctoris scripta jam abscisa sunt . . . tus . . . u legi videntur. Restituendum censeo Heinricus marchio obiit ex Chronographo Saxone, aut Adventus sancti Nicolai Barin ex Annalista.
(585) Ita restituo ope Annalistæ Saxonis; in codice

ANNALES HILDESHEIMENSES A. 1091-1103.

1091. ind. 13. Mahthilt de Longobardia Heinrico regi rebellat. *Visi sunt per regiones multas vermiculi nimis ignoti* (386).

1092. ind. 14. Conradus comes a Fresonibus occisus est cum aliis multis 12 Kal. Aug. Et pestilentia (387) magna hominum et pecorum facta est.

1093. ind. 15. Magnus dux Saxonum Sclavos rebellantes, 14 urbibus captis, subegit. 5 Kal. Aug. *circa vesperam eclypsis solis facta est 3 hora diei, et draco visus est.* Fratislaus dux Boemiae in venatu de equo cadens, subitanea morte discessit . . . *per totum . . . aquilon . . . arc.*

1094. ind. 1. Pestilentia magna facta est.

1095. ind. 2. Ladizlaus rex Pannoniae, vir piae memoriae, item Liuppoldus marchyo et Heinricus Palatinus comes obierunt.

1096. ind. 3. Populus innumerabilis 12 (388) fere milia ex diversarum gentium partibus, *duce quodam monacho Petro nomine* armatus Hierosolimam tendens, Judaeos baptizari compulit, renuentes immensa cede profligavit. Apud Mogontiam Judei numero virorum ac mulierum et infantium mille et quatuordecim interfecti sunt, et maxima pars civitatis exusta est. Judei per diversas provincias Christiani facti sunt, et iterum a christianitate recesserunt.

1097. ind. 4. Imperator de Italia, *ubi jam septem annis mansemt*, rediit. Counradus patr' suo Heinrico rebellat; et ob hanc injuriam juniori filio suo regnum injungit. *Hoc anno . . . totius i . . . es cu . . . mul . . . ner . . . serunt . . .*

1098. ind. 5. Counradus comes de Hohenburch regi rebellat, et ideirco expulsus est. *Cum capta Nicea civitate exercitus Christianorum inde discederet, in quo plus quam 500,000 armatorum fuerunt, cum tanta plenitudine conduxit* (389) *vitae necessaria Deus, ut de ariete nummus et de bove vix duodecim acciperentur. Sicque ad obsidendam Antiochyam venerunt. Que per novem menses obsessa et capta est . . . aliisque commilitonibus suis. Qui etiam post aliquod tempus intra obsessi sunt a paganis; sed afflicti fame nimis et siti, in tantum ut multi ex ipsis cruciferis equos* (390) *et asinos comederent, et vix ab humanis dapibus se quidam continerent. Clamaverunt ad Dominum, ne traderet Christianos in manus gentilium* (391) . . . .

1099. ind. 6. Imperator Radisponae pascha celebravit; ubi iisdem diebus magna mortalitas facta est; in qua Rabbodo Palatinus comes cum aliis innumerabilibus moritur. Counradus Trajectensis episcopus 4. feria paschae a negotiatore Fresico crudeliter occiditur. Obierunt episcopi, Oadalricus Eichstadensis, Herimannus Coloniensis, pro quo Fridericus constituitur. Urbanus papa qui et Otto obiit; *Paschalis succedit.* Hierosolima a Christianis capitur. Godefrido duce exercitum regente et in (391*) . . . . milia Maurorum occiderunt, et thesauros regis Babiloniae occupaverunt. Filius imperatoris Heynricus *levatur in regem* (392) *Aquisgrani, Counrado rege cum inimicis patris sui in Ytalia consistente et consentiente.*

1100. ind. 7. Hiemps dura, et fames magna. Udo marchio et plures Saxonum, barbaros qui et Liutici vocantur invasit, et honorifice triumphavit. Athela marchya, Romam pergens, mortua est. Godefridus dux obiit apud Hierosolymam; *et non longe a sancto sepulchro conditus jacet,* cui exercitum Christianorum regebat; pro quo frater ejus Baldewinus constituitur (393).

1101. ind. 8. Imperator natalem Domini apud Mogontiam celebravit. Ubi multi principes convenerunt, et consilium imperatori dederunt, ut Romam mitteret nuntios propter unitatem aecclesiae, et papam constitueret secundum electionem Romanorum et omnium aecclesiarum. Comes Heinricus gratiam imperatoris acquisivit, et ipse imperator marchyani Fresonum sibi tradidit. Qui statim illuc pergens cum uxore sua, ipse interfectus est, et illa vix evasit (394).

1102. ind. 9. Imperator natalem Domini Mogontiae celebravit, ubi Henricus comes de Lintburch (395) dux effectus est.

1103. ind. 10. Imperator natalem Domini Mogontie celebravit, ubi principes convenerunt. Et in epyphania Domini Emehardus Wirceburgensis episcopus apud sanctum Martinum missam cantavit; et inter missarum sollempnia, quando episcopus populum monebat, imperator quasi corde compunctus Deo promittebat pro delictis suis Hierosolymam pergere, sicque optimates regni decipiebat. Cumque principes ad ejus curiam sepe conve-

haec tantum leguntur : . . . rehio . . . ubi Udo . . . u ob . . . t. — Manus saeculi XV codici inseruit quae apud Chespium et Leibnitium habentur: Marchio de Brandenburg Hildensheim obsedit, et episcopum Udonem in ea cepit.

(386) *Ita restituendum esse videtur, ut in Ekkerhardi chronico utroque, Annalista et Chronographo Saxone legitur. Vestigia in codice sunt : . . . st . . . o . . . mult : s . . . it.*

(387) *Pestilestia cod.*

(388) *XII vel potius XV? cod.*

(389) *C. v. n. D. ut ex conjectura restitui, quum scripturae reliquiae ad hanc Ekkehardi potius quam ad Chronographi Saxonis lectionem accederent.*

(390) *E. et a. c. ex Annalista Saxone accepi; in codice legi nequeunt.*

(391*) *Supplenda videntur: bellumque inire cum hostibus propomni et reliqua quae apud Annalistam Saxonem usque et benedicentes Deum leguntur.*

(391 bis). *Hic complures lineae legi nequeunt. Cf. Chronographum et Annal. Saxonem.*

(392) *In r. restitui, locus vacat.*

(393) *Hinc inde eadem quidem manus, sed paulo jam mutata.*

(394) . . . . chus abbas . . . . *in margine.*

(395) Limburg.

ANNALES HILDESHEIMENSES A. 1104—1105.

rirent, nihil de re publica agebant, praeter quod sua ibi consummarent; propterea secum ficta fide versabantur, et adversus eum conspirabant. Sicque omnes regni principes decipiebat, ut nihil rerum veritatis in re publica ageret, nisi quod suis temporibus cuncta vilescerent. Multae urbes et oppida ejus bello sunt destructae et aecclesiarum Dei erat raptor, scilicet causa reconciliandi principes, illarum praedia distribuendo. Quid multa? nemo umquam talia in antiquis voluminibus repperit scripta, qualia inaudita perpetrarat facinora; et nisi mira Dei clementia eum sufferret, et ad poenitentiam distulisset, terra eum vivum, sicut Dathan, obsorbuisset.

1104. ind. 9 (596). Erat in Radisbona in natali Domini imperatoris curia, ubi comes Sigehardus quoddam judicium super clientes injuste judicavit; ex qua causa ab eis est occisus. Unde orta est maxima persecutio imperatori a cognatis illius et a cunctis principibus regni; quia si vellet ei subvenire, nequaquam esset interfectus. Cum vero ob id factum non paucos habere sentiret adversarios, circumquaque ab insidiis eorum vallatus, aptum evadendi coepit inquirere locum. Tandem discessit, et ut sanctum pascha celebraret cum suis Mogontiacum venit. Sancto igitur pascha inibi solempniter peracto, Leodium venit. Quo venire debuerunt comes Herimannus et Magedeburgensis ecclesiae praepositus vocabulo Hartwigus, comitis Eggelberti filius, episcopus ibi constituendus. Cumque simul in via essent directi, ipsi suaque omnia a Teodorico comite de Saxonia sunt captivitate detenti, et ne ad curiam pervenirent impediti. Talia autem ab imperatore comperta, nimis indignatus, circa festum sancti Andreae congregato exercitu et filio suo comitante, venit usque Fridislare; nam abinde debuit in Saxoniam pergere. Ibi nocte quadam filius quosdam de patris sui familiaribus, Herimannum scilicet et alios assumens, quod est 2 Id. Decembr. clam abscessit, et Bajoariam ire contendit. Comperto igitur discidio filii a patre a Thiepaldo marchione, supra nominati comitis Sigehardi nepote, gaudens cum cunctis regionis illius primatibus obviam venit, et honorifice suscepit, optimumque duxit ut natalem Domini Radispone celebrarent. Post natalem vero Domini nuncios Romam direxit, querens consilium ab apostolico propter juramentum, quod patri juraverat, numquam se regnum sine ejus licentia et consensu invasurum. Apostolicus autem ut audivit inter patrem et filium discidium, sperans haec a Deo evenisse, mandavit ei apostolicam benedictionem per Gebehardum Constantiensem episcopum, de tali commisso sibi promittens absolutionem in judicio futuro, si vellet

justus rex, gubernator esse aecclesiae, quae per negligentiam patris sui deturbata est multo tempore. Mox ut apostolicae consolacionis verba percepit et banni solutionem (597) a praedicto episcopo, castellum, quod vocatur Nuorenbere, obsedit et suae ditioni subegit. At pater, mane comperto se privatum filio, nimio dolore constringitur, et Mogontiae natalem Domini celebraturus revertitur. Obiit Joannes Spirensis episcopus.

1105. Rex (398) Halverstad venit, et canonicos, quos Fridericus episcopus injuste expulerat, locis et rebus suis restituit; ceterique canonici banno solvuntur, eo quod regis Heinrici anathematizati episcopo consenserant. Inde rex adiit Hildenesheim. Cumque urbi appropinquaret, Udo episcopus cum paucis abiit. Canonici banno solvuntur; ordinati sicut et ordinator ab officio suspenduntur. Post vero episcopus canonicorum consilio revocatus rediit, et banno solutus gratiam regis optinuit. Eo . . . . . Northuson, juvene rege praesidente, Rothardus Mogontinus archiepiscopus, et Givehardus Constantiensis episcopus s. . . . . multis capitulis recitatis, symoniacos a sancta aecclesia eliminandos esse censuerunt. Jejunium quatuor temporum. . . . . Statim post epiphaniam legatos direxit (399) Bawariam, Coloniensem videlicet et Treverensem archiepiscopos, et ducem Fridericum, et Erlolfum cancellarium, si quo modo possent reconciliare eum. Filius vero respondens, fatetur, nulla ratione ei communicare posse, nisi prius purgaretur excommunicationis noxa, qua diu tenebatur sedis apostolicae censura. Nunciis vero reversis, iter suum multa comitante caterva direxit Turingiam, ad locum qui dicitur Erphesfurt, ubi decenter a Ruthardo Mogontinae sedis archiepiscopo suscipitur, et ibidem diem palmarum, et sanctum pascha in Quidelenburc caelebravit. Eo siquidem tempore advenit patriarcha de Aquileia, eos si fieri posset complacandi gratia, dicens, non audere sibi communicare, nisi se vellet Deo reum recognoscere, et omni regno humiliare, insuper et Romanae sedi in omnibus obedire. Timebat enim, ne et ipsum ejus astutis sermonibus deciperet, sicuti ceteros antea saepe delusit. Idem patriarcha sanctum pascha Mogontiae celebravit, et post pascha, muneribus ab eo susceptis, ad propria remeavit. Post pascha vero filius Goslare venit, et ibi generale colloquium cum Saxoniae principibus habuit, qualiter Dei adjutorio et eorum omnium consilio sua deberet ordinare, et aecclesiam modis omnibus violatam purgare et a scissione ad unionem redintegrare. Affuit etiam supradictus Constantiensis episcopus, domni papae cooperator fidelissimus, qui regem et omnes suos ab excommunicationis vinculo solverat, et quendam praesulem nomine Widelonem (400), qui omnium

---

(396) *In margine aliqua olim legebantur.*
(397) *Ita codex.*
(398) *Vox hodie haud legitur.*

(399) *Scilicet imperator.*
(400) *Mindensem. Annal. Saxo.*

ANNALES HILDESHEIMENSES A. 1105.

scelerum et inmundiciarum quae pater egerat spurcissimus auctor existerat, ex apostolica auctoritate deposuerat, et alium in locum ejus, quem rex et clerus ejusdem loci elegit, constituerat. Interim vero visum est eidem Gebehardo apostolicae sedis legato, et Ruothardo pontifici Mogontino, in ebdomada ante pentecosten habere concilium in Turingia, in loco qui dicitur Northusun, et aecclesiam quantum potuissent ad pristinum revocare statum, et antiquam patrum regulam ibi recitare; scilicet invasores episcopos, nec non et eos qui tunc temporis intraverant symoniace, vivos deponere, et sepultos effodere, et ab eis ordinatos manus inposicionem a catholicis recipere, et uxoratos clericos nullum divinum officium celebrare. His ita divina inspirante gratia rite dispositis, rex, assumptis Saxonibus et Ruothardo archipraesule Mogontino, qui diu a patre suo erat expulsus, post nativitatem sancti Johannis Baptistae, ad Rheni fluminis ripam usque perveniunt. E contra vero pater, qui tunc Mogontiae cum suis mansit, transitum negavit, et os omnes, maxime comitem Palatinum, qui filio transmeandi promiserat apparatum, mercede corrupit, classemque navium ad portum tanstulit Mogontinum; manuque militum et civium, ne transiret, prohibuit. At filius, videns se patris potencia praeventum et se non posse transmeare, Mogontinus antistes Turingiam revertitur; ipse vero Werzeburc adivit, et episcopum Erlolfum, quem pater suus ibidem constituit, deposuit, et Rupbertum, ejusdem monasterii praepositum, fecit episcopum. Cumque per dies aliquod inibi moraretur, ad Radisbonam iterum revertitur. Ad vincula vero sancti Petri pater ejus collecto exercitu insequitur eum; per Bawariam iter suum direxit, et os omnes, quos poterat, qui filio adhaerebant, vastando et igne cremando consumit, et sic ad Radisbonam ire contendit, ubi filium esse cognovit. Ut autem filius audivit patrem ex inproviso urbi appropinquare, vix abcessit, et fluvium, qui dicitur Regen cum suis transvadavit. Cum vero uterque eorum paulatim suos congregaret, et dux Boemiae patri in auxilium adveniret, nuncii inter eos diriguntur, si quo modo possent ad pacem reduci. Set cum nulla spes recuperande pacis, vel concordie foret, et pars suae multitudinis pugnare non auderet, et filio nullo modo posset resistere, nocte cum paucis fidelissimis elabitur, et per Boemiam Saxoniamque cum magna difficultate saltuum et fluminum transcurrens revertitur Mogontiam; si forte transvadandi portum, antea, prohibere valeret. Statim filius cum suis patrem insequitur, et Spirae venit ad Rhenum, praefectumque Spirensem mercede conduxit, et in vigilia omnium sanctorum navium apparatum sibi

(401) Hirsaueciensem, Hirsaugiensem.
(402) Ita m. 2 ; vox primae manus deleta est.
(403) In sinistra Rheni, inter Bingen et Bacherach, ubi Soneckerschloss.

accommodavit, et manu militum, ne quis obsistere posset donec portum transmearet, obtinuit. In die autem omnium sanctorum abbatem Hirsoweccensem (401) sublimavit in episcopum Spirensem. Ut autem compertum est patri filium Spire ad Renum venisse, continuo illuc de Moguntia properans, sibi transitum praepedire jam sperans, illum cum suis transvadasse nimium stupefactus audivit, et mox eadem die nimio perculsus timore rediens, jejunus et nimis fatigatus Mogontiam venit. Altera vero die abbatem de sancto Albano, nomine Theodericum, Spire dirigit ad eum, obtestans eum per Deum, ut recordaretur se patrem ejus esse, et ne tam pertinaciter eum a regno vellet repellere. Ille audire distulit, set hoc ille mandavit, ut ab urbe vellet citius digredi, ne occuparetur ab inimicis. At ille quantocius urbem egressus, ad castellum Hamersten venit, ibique aliquandiu commoratur. Filius vero Mogontiam venit, legatos Turingiam post episcopum mittit, et eum gloriosa sanctae aecclesiae; a qua depulsus fuerat a patre, restituit. Post haec pater videns multitudinem principum ex omni regno Mogontiam confluere, et apostolici nuncios debere (402) interesse, et pro certo sciens, quia filius generale colloquium ibi vellet habere, cogitans si forte posset aliqua racione eorum voluntatem interrumpere, praemisit Palatinum Sigefridum et comitem Willehelmum, qui adhuc conducti mercede secum remanserant, si forte potuissent condictum placitum filii impedire ; ipsumque post eos praedixit esse clam venturum. Cumque ad silvam, quae vocatur San (403), advenissent, et filium cum magno exercitu alia parte reperissent, eique minime resistere potuissent, media nocte fugam inierunt. Ipse autem eos insecutus, ad Confluentiam venit. Ibi patrem ex alia parte fluminis invenit. Cumque ambo inibi convenissent, pater nuncios misit ad filium, rogans ea quae pacis sunt. Filius vero trans flumen ad patrem veniens, se pedibus filii sui advolvit, et quia filius et sanguis ejus esset recordari vellet, premonuit (404). At contra filius patris genibus advolutus, rogabat, ut apostolico et omni regno vellet obedire; quod si nollet coelestem Deum patrem habere, et sibi terreno patri penitus ibi in praesentiarum vellet renunciare, promisit, set minime complevit. Cumque talia et his similia de statu aecclesiae et de salute animae ejus sermocinaretur per totum diem, vespertino tempore uterque eorum ad hospicium redierunt. Pater quidem incumbentibus noctis tenebris temptabat aufugere ; set vallatus undique ab inimicis, nequaquam poterat. Mane vero patre assumpto ad castellum Pinguiam venerunt; et ibi illa nocte pernoctaverunt, et altera die quasi invitum in Bekelenheim (405) deduxit castellum, et in

(404) Vellet ::::: monuit 1. voce erasa.
(405) Gau-Bockelheim, aut Bichelsheim ad Naham ?

vigilia natalis Domini Spirensi episcopo diligenter custodiendum commisit. Non balneatus, et intonsus, et ab omni Dei servitio privatus, ibi per omnes sacros dies permansit. Sicque filius natalem Domini celebraturus Mogontiam revertitur. Heinricus (406) *imperator Leodii moratus somnium relatu dignum vidit. Putabat se quasi in viridario proceris arboribus consito deambulare, quarum quae eminentior videbatur, ad terram corruens unam arborum oppressit et terrae secum prostravit. Deinde ceterae arbores paulatim lapsae sunt. Quod postea rei exitus comprobavit. Imperator enim non longe post octo diebus egrotans, nono moritur, et in ecclesia sancti Lamberti coram altari sanctae Mariae tumulatur. Quinto ab hinc die comes Theodericus de Embike Aquisgrani moritur. Dux Magnus Saxonum moritur, et ducatus Liutgero de Supelingeburg commendatur.*

Romanorum 96us Heinricus rex, patre expulso, cepit regnare anno 1106. ind. 13. Imperator vero nimis cepit lacrimare, et mestus esse, et de peccatis suis sibi talia evenisse, timens sibi multo pejora a principibus futura, rogat episcopum Spirensem se praesentari, seseque consilio ejus et magnatum regni cuncta facturum promittit: regalia et castella, quae optima et munitissima habebat, filio tradere, ut saltem sibi praedia ad usus necessaria impenderet. Episcopus vero in nativitate sancti Johannis evangelistae Mogontiam venit; ipse et Wirzeburgensis episcopus sacrae unctionis ordinem a Ruothardo archiepiscopo acceperunt, et post missarum sollempnia cuncta, quae a patre audierat, filio et cunctis principibus enarravit. Cumque regni principes hoc audissent, condixerant convenire ad Ingeleheim 2 Kalendarum Jan. Ibique imperator est praesentatus. Regnum filio tradidit, atque omnium pedibus provolutus, praecipue cardinali legato apostolicae sedis, veniam (407) et absolutionem banni precabatur, confitens se multo tempore anathematizatum esse a papa Hildibrando, et injuste super eum constituisse Wichertum papam, et suis temporibus rem publicam nimis esse turbatam; et cuncta, quae sibi objecerant, confessus est, excepto quod idola non adoraret. Cardinalis autem, qui inopinate ad haec facta convenerat, dicens se nullo modo tam magnam personam suscipere, propter quem tanta mala in toto regno sunt perpetrata, nisi ipsemet apostolicus adveniret. Deposito vero patre, filius Mogontiam cum regni principibus revertitur, et propter regalia Werinherum comitem Hamersten misit et nequissimum Volcmarum, qui fuit consiliarius patris et omnium scelerum conscius; et in vigilia epiphaniae ea attulit, et a Ruothardo archiepiscopo et omni clero et populo honorifice suscipiuntur; et ea coram principibus filio tradidit, ita dicens: Si non justus regni gubernator extitisset et aecclesiarum Dei defensator, ut ei sicut patri suo evenisset. Imperator autem, ut vidit sibi denegatam esse veniam, cogitans secum, quomodo excitaret vindictam erga rem publicam, Coloniam venit cum paucis qui secum remanserant; civibus illis omnia quae eis acciderant flebiliter enarravit. Deinde venit Leodio, ibique honorifice ab episcopo et civibus est susceptus et consolatus. Convocavit ad se ducem Heinricum et alios plures optimates; eorum pedibus se advolvit, petivitque ab eis auxilium, eventumque suum eis per omnia enarravit. Illi vero ut audierunt ejus querimoniam, misericordia moti super eum, fidele sibi adjutorium promiserunt, optimumque duxerunt, ut pascha Domini cum eis ibidem caelebraret (408). Filius autem ut hoc audivit, nunciavit regni principibus ibidem convenire et placitum cum patre habiturum; movit exercitum magnum, venit ad Aquasgrani, praemisitque quosdam de exercitu ad flumen qui vocatur Mesa, pontum sibi obtinere. Hoc vero audientes qui patri auxilium promiserunt, scilicet filius ducis, ex altera parte fluminis convenerunt. Instigante diabolo, in coena Domini magna caedes facta est inter eos; multi etiam per emersionem fluminis perierunt. Rex vero, ut comperit hoc factum, timuit ne inimici irruerent super eum. Declinavit inde, et ad castellum Bunna venit, ibique sanctum pascha, prout potuit, caelebravit. Deinde vero visum est ei apud Wangionem civitatem placitum habere pentecosten, ibique Heinricum ducem rebus publicis privavit. Pater autem cum gaudio magno Leodio pascha Domini cum suis celebravit, et post sanctum pascha iterum Coloniam revertitur; civesque illi cum juramento urbem sibi custodire promiserunt, ac deinde, sicut docti fuerant ab eo, intus et foris se optime munire ceperunt. Rex vero, ut vidit versutiam patris, et antiquam exercere maliciam adversus rem publicam (409), magnum congregavit exercitum de omni regno, et post festivitatem sanctorum Petri et Pauli ad partes Confluentiae venit; ibique collecto exercitu, Coloniam venit, eamque obsedit. Colonienses vero ut boni milites stabant imperterriti, fortiter ei resistentes, et strennuissime, qualiter numquam antea est visum, decertantes, et quidam genus hominum, qui vocantur Gelduni, quos dux Heinricus eis in auxilium miserat, viri bellatores et strennui et nimis docti ad praelia. Idcirco ceciderunt multi vulnerati, et regis exercitus minime eis poterat praevalere. Cumque per tres ebdomadas ibi resideret, et nulla spes sibi acquirendi esset, amovit exercitum ad Aquasgrani. Erat enim estas magna, et prae nimio fetore non poterat exercitus amplius sustinere laborem. Contigit autem interim imperatorem Leodio egrotasse; et perductus

---

(406) Heinricus *usque* eminentior. **supplevi ex Annalista Saxone**; *in codice jam deleta sunt.*
(407) *Ita codex distinquit.*

(408) *Ita manus prior; altera* celebrarent.
(409) *Ita codex distinguit.*

ANNALES HILDESHEIMENSES. A. 1107-1109.

terim imperatorem Leodio egrotasse ; et perductus usque ad mortem, Kalendis Augusti diem ultimum clausit. Gladium et diadema, quæ adhuc secum habebat, filio suo misit cum Erkenbaldo, fidelissimo camerario suo, et Burchardo episcopo de Monestere, quam tunc vinctum tenebat; mandavitque ei, ut omnibus veniam daret et indulgeret, qui secum in angustiis suis permanerent; et rogans eum etiam Spire juxta parentes suos sepelire. Rex vero statim convocavit ad se principes regni, et quærit ab eis consilium, quid de patris exequiis esset facturus. Erat enim humatus, sicut regem decebat, si aput Deum meruisset, aput sanctum Lantbertum Leodio, honorifice, ab episcopo qui semper sibi exitit fidelis in omnibus. Tunc principes regni sibi dederunt consilium, ut præciperet eum effodi, ne esset in eadem sentencia, qua pater, si ullas sibi faceret exequias ; et in ædem non consecratam illum poneret, et Romam nuncios mitteret, et ab apostolico banni solucionem, si fieri posset, sibi impetraret. Sicque factum est, ut prædiximus, et in quandam Mosæ insulam est positus, nullumque divinum officium ulterius super eum est factum, nisi Jerosolimitanus quidam monachus casu venit, et sibi die noctuque, usque dum ibi stabat, indesinenter psalmodiam cantabat. Proh dolor ! quod unquam talis persona ita meruit tractari a filio suo et a regni principibus, et nisi adesset ulcio divina, nequaquam in extremis suis ei sic evenire. Post hæc placuit regi, ut patrem suum Spiram deferret, et præcepit de aliquibus familiaribus suis maxime Erkenbaldo, qui semper in angustiis suis sibi adherebat, ut sibi illuc præberet famulatum. Cumque 3 Non. Sept. illuc allatus esset, solito more defunctorum exequiis honorifice a clero et populo suscipitur et in basilicam sanctæ Mariæ, quam summo studio construxerat, portabatur. Idcirco episcopus interdixit ullum divinum ibi celebrare officium, donec purgarentur ab hoc facto. Et sic extra monasterium fecit corpus statui in capella nondum consecrata. Unde factus est tumultus et planctus magnus in populo, quia dilexit locum et populum præ omnibus. Post hæc multo tempore inhumatum corpus ab incolis ibi frequentabatur. Leodicensis vero episcopus, cum aliis qui regi rebellaverant, cum viderent se esse destitutos morte imperatoris, Aquasgrani ad dedicionem venerunt ; excepto duce Heinrico, qui in rebellione permansit. His expletis, rex cum magna ira reversus est Coloniam, præcepitque per omnes civitates Regno adjacentes congregare exercitum, ut sibi in adjutorium navigio venirent, ut se vindicaret in eis. Colonienses hoc audientes, nimis inde stupefacti et perterriti, et undique ab inimicis vallati, et in nullo spem habentes, promiserunt se regi daturos sex milia thalentorum argenti. Rex vero, dolens quod multi cecidissent in obsidione, diu denegavit ; tandem Deo inspirante concessit ; et sic exercitus elabitur, et unusquisque cum gaudio ad propria revertitur.

1107, ind. 14. Papa ex synodi sententia apud Trecas Routhardum Mogontinensem episcopum ab officio suspendit, eo quod Udonem Hildenesheimensem sine ecclesiæ consensu restituit, et quia Reynhardum contra jura canonum Halverstadensi ecclesiæ ordinavit. Similis sententia de Givehardo Constantiensi datur (410), quia his consensit qui Godescalcum Mindensi ecclesiæ loco episcopi intruserunt, et quia Heynricum Magedeburgensem ordinavit. Omnibus ibi ecclesiis apostolicam libertatem, ut ex præcepto canonum prælatos sibi eligant, quos dignos viderint, restituit.

Rex Heinricus obviam papæ Radisponam venit, set papa non veniente, ibidem natalem Domini celebravit ; pascha vero Mogonciæ celebravit, indeque obviam papæ in confinio Lotharingiæ et Franciæ ; per triduumque legatis invicem missis, infecto, pro quo venerant, negocio, discesserunt ; et rex Mettis in pentecoste fuit. Inde Saxoniam veniens, invenit ibi ducem Boemiæ patria pulsum, quem reduci jussit in ducatum per comitem Wiebertum. His diebus, cum rex esset Goslariæ, tonitruum cum fragore super eum dormientem veniens, nocte excitatum perterruit, fulmenque secutum umbonem clipei ad caput ipsius positi, partemque gladii juxta latus ejus jacentis liquefecit, ipso illeso permanente. Deinde circa festivitatem omnium sanctorum cum exercitu Flandriam petiit, et pacto cum comite illius provintiæ Rouperto confirmato, Aquisgrani venit, ibique natalem Domini celebravit.

1108, ind. 15. Rex de Ungaria contra legem conspirare cepit. Quod cum audisset rex, collecto exercitu, circa festivitatem sancti Michahelis bello eum petit. Eodem anno rex Palatinum comitem Sifridum retrusit in custodiam.

1109, ind. 1. Eclypsis solis facta est 2 Kal. Jun. Plures fulmine perierunt. Heinricus rex natalem Domini Mogontiæ celebravit, et post pentecosten regem de Boulena (411) bello petit, eumque nimis coartat. Eodem anno desponsavit filiam regis de Anglica terra. Routhardus archiepiscopus obiit (412).

ANNALIUM HILDESHEIMENSIUM CONTINUATIO PADERBORNENSIS. A. 1109.

1109. Archiepiscopus Coloniæ Fridericus, Bruno Treverensis, cancellarius Adelbertus, comes Herimannus de Winceburch, aliique principes satis clari, Romam cum pompa non parva vadunt, inter domnum apostolicum et regem concordiam facturi. Domnus apostolicus omni paternitate, omni mansue-

(410) D jam abscisum est.
(411) Polonia.

(412) Hinc alia manus, eadem, quæ adnotationes littera obliqua expressas adjecerat.

tudine cum se excepturum spondet, si ipse se ut regem catholicum, ut ecclesiæ filium et defensorem, ut justiciæ amatorem, sanctæ Romanæ sedi exhiberet.

1110, ind. 2. Non. Martii synodus gloriosa in Lateranensi æcclesia, præsidente domno papa Paschali, celebratur. Prædicti legati Leodium ad regem veniunt, responsum papæ referentes. Ibi rex Anglici regis filiam sponsam suscepit, quam in pascha apud Trajectum regio more dotavit. Expeditio in Italiam ab universis occidentis principibus Trajecti collaudatur. Circa 5 Non. Jun., stella adulta jam nocte apparuit, radios admodum longos versus austrum de se effundens. Eclypsis lunæ facta est 2 Non. Mai (413). Slavi regionem Albianorum irrumpunt, multisque occisis et captis redeunt. Inde dux Liutgerus permotus terram Slavorum hostiliter invadit, regionem prædabundus perambulat, novem urbes munitiores et opulentiores capit, obsidibusque ab ipsis acceptis victor redit. Circa assumptionem sanctæ Mariæ rex regio apparatu Italiam ingreditur. Omnes civitates munitæ, omnia cast IIa regi subduntur.

1111, ind. 3. Rex natalem Domini apud Florentiam celebrat. Quo peracto, 2 Idus Februarii Romæ ab apostolico honorifice excipitur. Datis autem utrimque obsidibus, in æcclesia beati Petri consident, super negociis æcclesiasticis tractaturi. Dum hæc aguntur, factione quorundam tumultus in æcclesiæ gradibus oritur. Vulnerantur plures, quidam trucidantur. Quo audito, a rege concilium disturbatur; apostolicus cum cardinalibus regiæ custodiæ deputatur. Romani trans pontem ultra Tyberim diffugiunt. Eadem nocte tota civitas Lateranensis tumultu bellico concutitur. Orto mane, erectis signis, Lateranenses unanimiter regem ex improviso invadunt. Cubicularii vero regis arma corripiunt, multitudini viriliter resistunt. Rex vero et acies sua jam adaucta, quæ prius rara, venientes audacter invadit, occursantes multos obtruncat, ceteros fugat; plenaque victoria potitus, adducto secum apostolico cum cardinalibus, versus Albam civitatem tendit; castra in campis urbi adjacentibus figit, ubi per totam quadragesimam moratur. His ita gestis, regis optimates quidam, communicato consilio, papam, qui adhuc in custodia regia detinebatur, adeunt, monent, orant, ut super regis negocio mitius agat, injuriæ, si quam adversus regem habeat, obliviscatur, fedus cum rege ineat; regis sibi fidelitatem et obœdientiam proponunt; omnimodo sollicitant, ut quæ pacis et concordiæ sunt, cum primoribus regni disponere dignetur. Rex ipse pedibus ejus humiliter profusus, veniam postulat, obœdientiam spondet, dummodo ei in regia potestate jure antecessorum suorum catholicorum regum uti concedat. Sicque sepius domnum papam, ut animi rigorem aliquantisper temperaret, attemptavit. Tandem papa vincitur et cedit, et sic Romam honorifice redire permittitur. Igitur cum cardinalibus ceterisque personis ad tale negocium dignis de consecratione regis tractat. Statuta autem die, scilicet Idus Aprilis, in æcclesia beati Petri regem imperatorem co secrat. Cumque usque ad communicandum missæ sollempnitas esset celebrata, apostolicus dato silentio regem sic alloquitur: *Hoc corpus Domini nostri Jesu Christi, natum ex Maria virgine, passum pro salute generis humani, sit confirmatio veræ pacis et concordiæ inter me et te.* Et communicantes, invicem osculati sunt. Post hæc imperator apostolicum regiis immeribus donat, a quo tanquam filius a patre salutatus dimittitur. Pentecosten Verone celebrat. 7 Id. Augusti cum frequentissimo episcoporum aliorumque principum conventu patrem suum regio more Spiræ sepelit.

In assumptione sanctæ Mariæ apud Mogontiam Adelbertus, omnium cancellariorum qui ante eum fuerant in aula regis celeberrimus, præsente imperatore et consentiente, unanimi æcclesiæ electione Mogontinus archiepiscopus constituitur. Palatinus comes Sifridus solutus, honori suo restituitur.

1112. Imperator natalem Domini Goslariæ celebrat. Dissensio Liutgeri et marchionis Roudolfi cum imperatore. Unde principum sententia utrique dampnantur. Ducatus Ottoni de Ballenstad committitur, marchia Elperico. Imperator Saltwidele obsidet, ipsi non longe, cum imperatore pugnaturi, cum exercitu manent. Set bellica tandem rabie dissipata, prædicti principes gratia imperatoris tituntur. Adelbertus Mogonciensis electus regiæ custodiæ mancipatur.

1113. Reynhardus episcopus Halberstadensis, et Wicbertus, infidelitatis apud imperatorem secundo denotantur. Imperator absente episcopo Halverstad venit; Horneburch obsidet. Episcopus vero et Palatinus comes Sifridus, Wicbertus et comes Lothowicus, cum imperatore pugnaturi castris haud longe fixis manent; set deditione urbis facta, ipsique episcopo die statuta, ut se, si posset, de objectis excusaret, bellicus ille tumultus solutus est. Imperator vero versus Rhenum vadit. Dum hæc aguntur, Wicbertus ab amicis imperatoris capitur. Sifridus Palatinus comes occiditur. Quæ res imperatori non modicam læticiam contulit. Imperator Wormacie pascha celebrat. Eo adducitur episcopus Mogontinus; Triveles imperatori redditur; denuo custodiæ mancipatur. Post pascha imperator Goslariam regreditur; Reynhardus episcopus interventu principum gratiam imperatoris obtinet; Horneburch concrematur.

1114. Imperator natalem Domini Bavenberg celebrat. Altera die post epiphaniam collectis totius regni principibus, nuptias filiæ regis Anglici cum ingenti gloria consummat, quales ante eum nemo regum longo ex tempore disposuit. Ibi Lothowicus,

(413) Mai *reliqua abscisa.* Maii *Annalista Saxo.*

qui se putabat bene in gratia imperatoris esse, jussu ejus comprehenditur et custodiæ mancipatur. Quæ res multos principum contra regem exacuit. Udo Hildesheimensis episcopus obiit.

1115. Imperator natalem Domini Goslariæ celebrat. Duci Liutgero, episcopo Halverstadensi, Palatino comiti Fritherico, marchioni Rondolfo, ut curiæ huic intersint, edicit. Non veniunt; in præsidio interim Walbike commorantur. Imperator Bruneswich occupat, Halverstad devastat. Orlagemunden ab amicis ejus obsidione vallatur. Contra quos dux Liutgerus et principes prædicti, adjunctis sibi Fritherico comite Westfaliæ, Heynrico fratre suo, Heinricho de Lindburch, Herimanno de Cavelage, tendunt. Imperator vero eis in loco qui dicitur Welpesholt (414) occurrit. Ibique 3 Idus Februarii acriter cum eo congrediuntur, et victoria plena (415) potiuntur. In nativitate sanctæ Mariæ Theodericus, sanctæ Romanæ æcclesiæ cardinalis presbyter, cum frequenti Saxoniæ principum conventu Goslariam venit, et quædam de æcclesiasticis negociis utilia disseruit. Paucis diebus interjectis, idem ante festum omnium sanctorum Frideslar conveniunt, quæ ad honorem regni et utilitatem sunt, tractaturi. Sub eodem tempore imperator Mogontiam venit, cum subito ejusdem urbis familia; tam nobiles, tam ministeriales, ipsum adeunt, orant, ad omne servitium suum fidelissimos se amodo promittunt, dum episcopum, quem jam triennio captum tenuit, eis reddat. Tandem precibus eorum victus, tum etiam quasi vi pro temporis articulo coactus, episcopum eis reddidit.

1116. Theodericus cardinalis moritur, Coloniæ sepelitur, astantibus episcopis 14 cum Liutgero duce multisque aliis principibus. In nativitate sancti Stephani Mogontinus electus ab Ottone venerabili Bavenbergensi episcopo ordinatur. Magna aeris inæqualitas facta est. Circa natalem Domini luna clare fulgente, alia orta est ab occidente. Qua diu cum naturali luna congressa, modo assultus, modo fugam utrisque simulantibus, obscurissima tandem nube tectæ sunt; qua recedente, naturalis luna sola fulgebat. Similis quoque conflictus in stellis visus est.

1117. In octava sancti Joannis evangelistæ late per orbem terribili et inaudito hactenus terremotu terra concutitur; maxime vero in Ytalia minax hoc periculum per multos dies continue desevit, adeo ut montium collisione et subversione Ædissæ (416) fluminis meatus per aliquot dies obstrueretur. Verona civitas Italiæ nobilissima, ædificiis concussis, multis quoque mortalibus obrutis, corruit. Similiter in Parma et in Venetia aliisque urbibus, oppidis, et castellis, non pauca hominum milia interierunt. Unstrot fluvius, alvei sui profundo scisso, ex toto

(414) Prope Mansfeld.
(415) Plei *reliqua abscisa sunt*.

A absortus est terræ motu. Repleto autem ipso hyatu, licet post multa horarum spacia, solito fluebat lapsu. Abbas Corbeiensis Erkembaldus pluresque de Saxonia Iherosolymam vadunt. Paucis ante natalem Domini diebus cœlum post solis occasum igneo colore late resplenduit, nec longe post quasi radius solis late emicuit, luna quoque prodigiale intuentibus signum edidit.

1118. Domnus papa Paschalis feliciter ad Dominum migravit. Successor ei eligitur Joannes, ipsius antea cancellarius, qui et Gelasius dictus est. Imperator vero alium surrogat, Bacarensem (417) scilicet episcopum, quem Gregorium vocaverunt. Quo facto, Johannes electus apostolicus Beneventum secedit; imperatorem cum ydolo suo, — hoc enim B nomine, quem ipse substituit vocatus est, — omnesque huic parti consentientes excommunicavit. Mogontini archiepiscopi milites, comesque Heremannus præsidium ducis Friderici in Oppenheim diruunt, concremant, multique igni absumpti sunt. Baldewinus rex Iherosolimitanus post multos pro Christiana religione labores moritur, et juxta fratrem suum Godefridum sepelitur. Iherosolimitani alium Baldewinum, nepotem suum, in locum ejus substituunt.

1119. Domnus apostolicus Gelasius synodum in Francia celebraturus, apud Cluniacum moritur, ibique sepelitur. Cui archiepiscopus Viennæ, vir religiosus, succedit, Kalistus nomine. Imperator et C principes regni in festivitate sancti Johannis Baptistæ conveniunt, et in concordiam redeunt, ita tamen, ut omnis causa quæ hactenus æcclesiam disturbaverat et inter eos fomitem discordiæ ministraverat, in præsentiam domni apostolici Kalisti differretur. Multi mortalium a lupis devorantur. Calistus papa synodum Remis circa festum sancti Lucæ celebrat, cui Adelbertus Mogontinus archiepiscopus, pluresque episcopi Germaniæ interfuerunt. Imperator non longe cum suis consistit, auditurus super synodalibus decretis; sed nichil quod ad reconciliationem pertineret, actum est; immo imperator anathematizatus est.

1120. Dux Liutgerus, Fridericus Palatinus comes, Roudolfus, et plures alii imperatori reconciliantur Goslariæ. Fames valida : modius siliginis D duobus solidis venit.

1121. Dux Liutgerus, comes Herimannus de Winceburch, numerosa et forti manu Monasterium vadunt pro restituendo Theoderico episcopo. In qua restitutione incaute sancti Pauli templum nobiliter constructum incendio conflagrant cum omni fere urbis loco. Prædictus dux omnes fere urbis defensores, tam nobiles quam ministeriales, captos abducit. His actis, Dulmene urbem munitam in deditionem accepit. Circa festum sancti Michahelis in

(416) Etsch?
(417) I. e. Bracarensem.

sede episcopali Werciburch imperator et totius regni principes conveniunt, et in concordiam redeunt, judicio et consilio domni apostolici causam imperatoris determinandam reservantes.

1122. In festo natalis Domini vehementes turbines ventorum innumera edificia et arbores a radicibus subruerunt, et inundatio aquarum ex ymbrium distillatione, supra quam cuiquam mortalium credibile sit, evenit; multisque mortalibus summersis, his qui evaserant, diuturni doloris causa extitit. Circa festum sanctæ Mariæ Spire conventus principum fit. Ibi episcopus Ostiensis, vir religiosus, sanctæ Romanæ æcclesiæ legatus, consulente papa Calisto, imperatorem banno absolvit. Imperator vero, ut æcclesiasticæ justiciæ satisfaceret, investituras æcclesiasticarum dignitatum sancto Petro remisit; ita dumtaxat, ut libera electione præcedente, et canonum gravitate conservata, imperialis autoritas, quod sui juris est, in constituendis episcopis sive abbatibus vel abbatissis non amitteret; et si in constituendis his dignitatibus discordia, ut sæpe fit, oboriretur, imperialis potestas consilio sapientium contrairet.

1123. Adelbero Bremensis archiepiscopus canonice electus pro reposcenda pallii dignitate Romam vadit; ibi a domno apostolico Calisto honorifice suscipitur, in archiepiscopum ab eo consecratur, habitaque synodo canonico et judiciario ordine pallium obtinuit, negligentia duorum antecessorum suorum amissum et in Danos translatum.

1124. Eclypsis lunæ facta est Kal. Februarii. Magnæ molis grando cecidit 9 Kal. Augusti. Eclypsis solis facta est 3 Idus Augusti. Magna fames accidit. Calistus papa obiit, cui Honorius successit.

1125. Imperator Trajecti infra ebdomadam pentecosten obiit; corpus ejus Spiram defertur. In festo sancti Bartholomei omnes totius imperii principes Moguntiæ conveniunt, omnes unanimiter ducem Liutgerum in regem eligentes.

1126. Novus rex natalem Domini apud Argentinam celebrat, dehinc ad patriam redit. Rotgerus Parthenopolitanus episcopus obiit, cui Northbertus succedit. Rex, rapta acie admodum parva, in Boemiam pro restituendo Ottone, qui injuste privatum se honore prædictæ provinciæ querebatur, tendit, incaute quidem. Tria enim milia, non plus, secum assumpsit; hostium vero 20 milia aut amplius erant. Ducenti vero expeditiores regem præcedebant, ad præcidendas indagines silvæ, quæ Boemiam a Saxonia determinant, dispositi. Cumque hi per invia et abrupta silvæ quasi repentes laborarent, tum nivium magnitudine, tum indaginum incisione fatigati, hostium insidiis ex improviso circumveniuntur. Obtruncantur ibi plerique terræ meliores, viri fortes et nobiles, domi militiaque clari. Rex expeditionem movet super Fridericum ducem Sueviæ vel Alsaciæ; set eo in munitiora terræ se recipiente, rex infecto negocio redit. Treveris apud sanctum Eucharium reperitur (418) corpus sancti Matthiæ apostoli subtus altare Johannis baptistæ. Quo digne locato, deinceps ab omni populo Teutonico maxima devotione colitur.

1127. Rex Norinberch urbem munitissimam obsidione premit; set nil relatu dignum actum est ibi, set sine effectu cum dampno suorum inde rediit. Heynricus Patherbrunnensis episcopus obiit, cui Bernhardus succedit.

1128. Circa festum sancti Johannis Baptistæ rex expeditionem contra Counradum fratrem Friderici ducis movit, obseditque urbem Spire; acceptisque obsidibus, circa festum sancti Martini discessit.

1129. Post pentecosten rex urbem Spire iterum obsidione vallat, quia fidem, quam superiori anno dederant, infregerunt.

1130. Rex natalem Domini cum multa frequentia principum circa urbem Spire in tentoriis celebrat. Tandem Spirenses videntes constantiam regis, fame coacti, sese cum ipsa urbe regi tradiderunt in festo sanctorum Innocentum. Honorius papa obiit, cui Innocentius successit. Burkardus de Lucca (419) occiditur; unde rex contristatus et iratus, Winceburch, castrum Herimanni comitis, cui hujus cedis consilium et jussum imponebatur, obsidione circumdat.

1131. Rex natalem Domini Gandersum celebrat. Herimannus consilio principum cum prædicto castro regis se potestati tradit. Quem rex custodiæ deputat; castrum vero everti solo tenus imperat.

1132. Vehementissima vis ventorum innumera edificia subvertit. Eclipsis lunæ facta est 5 Non. Marcii (420). Translatio sancti Godehardi facta est. Circa assumptionem sanctæ Mariæ profectio regis in Italiam pro consecratione sua ab apostolico apud Romam in cesarem. In quo itinere cum ad urbem Augustanam venisset, eam pacifice ingressus est. Set quorundam civium factione seditio contra regis homines exorta est; et hac de causa repentino igne, ut in tali tumultu fieri solet, civitas fere tota conflagravit, et multi tam gladiis quam flammis perierunt.

1133. Rex natalem Domini in Longobardia apud villam, Medicinam (421) dictam, celebrat. Per Italiam pleraque loca munita sibi resistentia cepit. Tandem 2 Kal. Maii Romam cum summo favore ingreditur; ibique 2 Non. Junii, quo tunc dies Dominica extitit, Lateranis in basilica sancti Johannis Baptistæ a domno apostolico Innocentio in imperatorem consecratur. Bernhardus Patherbrunnen-

---

(418) Vox ex Ann. Saxone a Chesnio inserta; locus jam arrasus.
(419) Loccum.
(420) Ma ::: c.
(421) Monsa?

sis episcopus, qui tunc cum rege aderat, usum rationalis in celebrationibus missarum, constitutis temporibus, et dedicationibus æcclesiarum, seu ordinationibus æcclesiasticorum graduum, in proprio tantum episcopatu sibi suisque successoribus a prædicto papa Innocentio promeruit. Post hæc imperator cum suis (422) in reditu, cum ad locum quendam venisset, qui propter situs angustiam Clus (423), quasi præclusus vocatur — quippe ex una parte excelsissimo monte adjacente, ex altera parte profundissimo flumine currente, via in medio, quatuor seu quinque itinerantium simul spacio, patente — et cum ibidem transitus imperatori ab incolis negaretur, ipse miro eventu et perspicuo Dei auxilio eundem locum celeriter irrumpendo, fugatis hostibus cum suis pertransiit, et urbem in supercilio ipsius excelsissimi montis positam repentino assultu cepit, et principem ejusdem urbis captivum secum abduxit. Duo circuli, major et minor, circa solem apparuerunt 3 Kal. Julii circa horam terciam; minor circulus ambiens principale templum Patherbrunnensis sedis, et major circumdans civitatem, ibidem consistentibus videbatur. Ipsa die, hora 9, ipsum templum cum omni fere civitate, proh dolor! incendio conflagravit. Eclypsis solis facta est 4 Non. Augusti circa horam sextam, in tantum ut stellæ in cœlo apparerent. Magna inæqualitas aeris et pluviarum inundatio per totum tempus messis subsecuta est. Rex Danorum pluribus advenis Teutonicis terram suam incolentibus truncationes membrorum facit. Hac de causa imperator super eum expeditionem movere intendit.

1134. Imperator pascha Halverstad peragit. Ibi rex Danorum veniens, sese in potestatem imperatoris tradit, obsidesque dat, juramentum facit, se successoresque suos nonnisi permissu imperatoris successorumque suorum regnum adepturum; et pulchro spectaculo, nullis retro temporibus audito, ipso sancto die paschæ idem rex Danorum, regio more coronatus, coram coronato de more imperatore gladium ipsius portat. Et sic in gratia imperatoris repatriavit. Northbertus Magedeburgensis archiepiscopus obiit, cui Conradus successit.

1135. Dominica ante mediam quadragesimam, scilicet, 16 Kal. Aprilis, frequens principum fere totius regni conventus fit apud Bavenberg, imperatore præsente. Ibi Dei gratia aspirante, Fridericus dux Suevorum comitantibus principibus in concordiam cum imperatore sociatur. In festo pentecosten apud Magadeburgum primum principes regni coram imperatore firmissimam pacem domi forisque ad 10 annos juraverunt. In festo sancti Michaelis, in loco qui dicitur Mulenhusen, Conradus, frater Friderici ducis, imperatori reconciliatur.

1136. Irruptio Slavorum in partes Saxoniæ. Contra quos Adelbertus marchio exercitum movens, terram eorum non semel hostiliter invasit et depopulatus est. Circa assumptionem sanctæ Mariæ expeditio imperatoris in Ytaliam.

1137. Imperator natalem Domini, similiter et pascha, in Italia celebrat, pentecosten vero apud Barum cum generali Italicorum principum. Ibi Bruno Coloniensis archiepiscopus obiit; cui Hugo decanus sancti Petri successit, qui et ipse post paucos dies ibidem obiit. Ibi ambo conditi jacent. Princeps Apuliæ Rozir nomine, ob cujus insolentiam maxime imperator Italiam intraverat, statuit castrum satis munitum in ipso latere civitatis Baræ; in quod castrum multitudinem prædonum collocaverat, qui terra marique, quicquid attingere poterant, inauditis miseriis et calamitatibus regiones opprimebant. Simili modo per totam fere Italiam fecerat. Pentecoste celebrato imperator castrum cum exercitu circumdat; quod nimio sudore expugnans, igni tradit soloque coæquat. Prædones, comprehensi suspensi sunt circa turrim existam, numero quingenti vel eo amplius. Quo terrore omnis civitas, omnis munitio, regiæ se potestati tradit. Exin imperator in Calabriam transivit. Ibi legati Græcorum ad eum magnifice veniunt, quos ipse magnificentius suscepit ac dimisit. Adelbertus Mogontinus archiepiscopus obiit; post cujus obitum civitas una cum principali templo igne concremata est. Marchyo Adelbertus, collecta valida manu, hyemali tempore terram Slavorum prædabundus perambulat. Imperator, rebus in Italia compositis, in ipso reditu 2 Non. Decembris obiit; corpusque ejus delatum in patriam sepelitur regio more in hereditate paterna, in loco qui dicitur Lutheron.

(422) : : :: uis *codex*; cum suis *ex Annal. Saxone residui*.

(423) Clausen ad fluvium Eysaek, infra Brixinam Tyrolensem.

ANNO DOMINI MXXIX.

DUDO

DECANUS S. QUINTINI VIROMANDENSIS.

NOTITIA HISTORICA.

(PERTZ, *Monumenta Germaniae historica*, Script. tom. IV, pag. 93, prooem. ad Dudonis Historiam Normannorum, edente D. G. WAITZ.)

Dudo, canonicus et postea decanus S. Quintini Viromandensis, quomodo ad Normannorum historiam conscribendam sit adductus, ipse praefatione ad Adalberonem episcopum Laudunensem directa profitetur.

Historiae igitur scribendae initium Richardo I duce vivo susceptum, post ejus mortem, quae a Dudone in a. 1002, ab aliis (1) in a. 996 collocatur, est exsecutus; sed quo anno opus finierit, nusquam indicavit. Quod tamen post a. 1015 factum sit oportet, cum hoc anno Dudo nondum esset decanus (2). Opus, quod etiam Richardo duci, Rodulfo comiti, et Roberto archiepiscopo Rothomagensi inscripsit (3), tribus libris (4) digessit, primo Astingi, secundo Rollonis res breviter perstringens, tertio Willelmi et Richardi historia fusius exposita. Res quas narravit maxime a Rodulfo comite se accepisse testatur (5); fontes scriptos nullos indicat. Ideo fieri non potuit quin multos errores commiserit, tempora, personas commutaverit, aliisque mendis narrationem suam maculaverit. Cum praeterea orationes multas inseruerit, descriptiones rerum et personarum saepe invenisse et poetico more exornasse videatur, fuerunt, qui potius fabularum quam rerum scriptorem Dudonem judicarent ejusque librum nullius esse auctoritatis putarent (6). Quod tamen levissimum fuit judicium. Nam quamvis non sine causa haec ipsi objiciantur, quamvis populi amore ductus res ab eo gestas saepe nimis amplificare videatur, et praeterea sermone utatur tumido atque inflato, versibus inanibus, obscuris et interdum nimis puerilibus librum gravet atque deformet potius

quam exornet, nihilominus multa continet minime spernenda. Dudo litteras fuit bene doctus, qui etiam Graecae linguae cognitionem habebat pluresque antiquitatis poetas legerat (7); semper tamen, modestia fortasse affectata, se muneri imparem, nimis imperitum, debilem atque infacundum professus est. Res vero Normannicas uberrime exposuit, nusquam valde a vero aberravit, sed ut Lappenberg nuper docuit (8), cum aliis fontibus plerumque convenit; quae fabulas redolent, tum ex priscis Normannorum carminibus hausisse, tum ex ore comitis Rodulfi aliorumque virorum, qui rebus interfuerant, accepisse putandus est, et tam his quam aliis locis mores habitumque populi luculenter descripsit et quasi coloribus vegetis pinxit. Ideo ipsius librum non dubito quin inter pretiosiora hujus aevi monumenta reputem; et fere dignum putarim qui integer in Monumentis ederetur. Cum tamen, paucis tantum locis res Germanicas tetigerit, novae editionis e codicibus adornandae curam Franco-Gallicis relinquimus, fragmenta vero, quae res ab Ottone Magno gestas illustrant, hoc loco exhibemus (8*). Etiam haec, quamvis erroribus quibusdam aspersa, plura continent notatu digna, e. gr. quae de conventu regis Ottonis et ducis Willelmi, de Hermanno Saxoniae duce a Danis capto, de obsidione urbis Rothomagensis, aliisque referuntur.

Textum a Duchesnio (*Hist. Norm. SS. antiqui*, p. 51-159) ex duobus codicibus, Sirmundi, jam Middlehill asservati (9), et F. Ambrosii editum, ope codicis Rothomagensis (10), olim S. Petri de Gemmeticis, mbr. s. xii inc., fol., accurate et laxius

---

(1) Cf. Lappenberg Hist. Angl. II, p. 34.
(2) Mabillon. Ann. IV, 244.
(3) V. praefationes et carmina ap. Duchesnium H. Norm. SS. p. 51 seqq.
(4) Fortasse Richardi historia quartum librum efficere debet, quippe cui praefationes novae sint praemissae.
(5) P. 59. *Versus ad comitem Rodulfum hujus operis relatorem :*
Cujus, quae constant libro hoc conscripta, relatu
Digessi attonitus, tremulus, hebes, anxius, anceps.

(6) Vossius De Hist. Lat. p. 556. Rivet Hist. litt. VII, p. 237. Cf. Bouquet VIII, p. xxiv, qui singulari errore epitomen, quam fecit Guillelmus Gemmeticensis, auctori praeferendam esse judicavit.
(7) Virgilium et Ovidium ipse affert.
(8) Hist. Angl. II, p. 375 et antea passim.
(8*) Textum integrum damus ex Duchesnio. EDITOR PATROLOGIAE.
(9) Archiv. VII, p. 99.
(10) De aliis codicibus v. Archiv. VII, p. 419.

scripti (11), a V. Cl. L. Bethmann collati, emendavimus.

Dudonis narrationem quam Guillelmus Gemmeticensis in epitomen redegit (12), Ordericus Vitalis A secutus est (13), etiam Saxo Grammaticus respexit (14), ita ut auctoris fama Normanniæ Galliæque fines jam medio ævo sit transgressa.

G. WAITZ.

(11) Eodem volumine alio vero cod. s. XIII continetur: Guillelmus Gemm., Einhardi Vita Karoli, Abreviatio gestorum regum Franc. — 1157, Translatio clavi, etc., Visio Karoli, et alia manu fragm. Gu II. Gemm. de Richardo II.

(12) Præf.: « Principium namque narrationis usque ad Richardum II e Dudonis periti viri historia collegi, qui quod posteris propagandum chartæ commendavit a Rudolpho comite primi Richardi fratre diligenter exquisivit. »

(13) Præf. libri III: « Bellicos siquidem actus trium ducum Dudo Vermandensis decanus eloquenter enarravit, affluensque multiplicibus verbis et metris panegyricum super illis edidit. » Etiam scriptor Gallicus Benoît de Sainte-More Dudonem ante oculos habuisse videtur; cf. Lappenberg II, p. 374-394.

(14) Lib. I init.: « Quanquam Dudo rerum Aquitanicarum scriptor Danos a Danais ortos nuncupatosque recenseat; cf. Stephani adnot. p. 31, etc.

DUDONIS

SUPER CONGREGATIONEM S. QUINTINI DECANI

DE

MORIBUS ET ACTIS PRIMORUM NORMANNIÆ DUCUM LIBRI TRES.

(DUCHESNE, *Historiæ Normannorum Scriptores antiqui, res ab illis per Galliam, Angliam, Apuliam, Capuæ principatum, Siciliam et Orientem gestas explicantes, ab anno Christi 838 ad annum 1220.* — Lutetiæ Parisiorum, 1619, fol.)

ADMONITIO DUCHESNII.

Dudo, primum clericus, « pretiosi, ut ait, martyris Christi Quintini canonicus, » et hoc nomine ab Alberto Veromandensium comite ad Richardum Normannorum ducem missus, ut interventu suo regem Franciæ Hugonem, ipsi comiti infensum, pacificaret. Postea vero super totam Sancti Quintini congregationem decanus constitutus, ut idem prænotat. Initium scribendi facit ab Hastingo Danorum duce, qui Rollonem præcessit; finem in morte Richardi I, Normanniæ ducis, cujus avus Rollo. Declaratque (*epist. ad Adalb. Laudun. episc.*) se opus incœpisse non voluntate spontanea, sed ut duci illi redderet suæ servitutis officium, propter innumera beneficia quæ absque suo merito ei dignatus erat impertiri. Operis autem needum primas partes attigerat, cum lacrymabilis fama Richardum principem obiisse nuntiavit. Et tunc omnia in illius dolore postponere voluit, ut ipse testatur, propter nimium fletum intolerabilemque planctum. Sed per filium ejus ducem Richardum, et præcipuum comitem Rodolphum Ibreicensem, res eadem illi repræsentata fuit. Institerunt ambo precibus, ut quod Richardus pater præceperat exsequeretur, et ne propositum imperfectum relinque- ret contestati sunt. Acquievit ille præceptis precibusque eorum, exsecutus est, et absolutum opus Adalberoni episcopo Laudunensi, auctoritate sua confirmandum, dedicavit. Peritum virum appellat Guillelmus Gemmeticensis monachus in epistola sua ad Guillelmum I Anglorum regem. Et Ordericus, monachus Uticensis, sive Sancti Ebrulfi, de eodem sic paucis verbis loquitur in prologo libri III Historiæ suæ: « Bellicos actus trium ducum Dudo Veromandensis decanus eloquenter enarravit; affluensque multiplicibus verbis et metris panegyricum super illis edidit, et Richardo Gunnoridæ, gratiam ejus captans, transmisit. » Nec non libro VI sub finem: « De adventu, inquit, Normannorum, et crudeli barbarie illorum Dudo Veromandensis decanus studiose scripsit, et Ricardo II, Gunnoridis filio, duci Normannorum, destinavit. » In hujus editione duobus codicibus usus sum, uno viri illustr. D. Francisci Ambrosii, altero D. Jacobi Sirmundi, qui et solus carmina varia rustico magis quam poetico stylo intertexta exhibuit. Nec illa tamen prætermissa volui, ne fidem historiæ minuisse quibusdam forte viderer.

DE MORIBUS ET ACTIS PRIMORUM NORMANNIÆ DUCUM LIBRI TRES.

Ex veteri codice ms., nunc primum in lucem emisso.

EPISTOLA
PANEGYRICA ATQUE APOLOGETICA RATIONE TRANSCURSA.

Inclyto et pie venerando, quem genus ornat, sapientia decorat, Adalberoni episcopo sanctæ Dei Laudunensis ecclesiæ cathedra residenti, sibi commissarum ovium ducamen ante divinæ majestatis conspectum, Dudo, super congregationem Sancti Quintini decanus.

Gloriosissimi nominis tui divulgamen culmine superlativo Libaninis altius, luce clarius sublimatum, prolixa interpolatione prolixæ longitudinis, atque exspatiata intercapedine expansæ latitudinis terræ, ut palam eminet latius diffamatum; nemo, qui verba Domini Nichodemo dicentis : *Spiritus ubi vult spirat*, intelligit, nescit. Quia ut colore indicativo humanis visibus pacificatur, solamen effectus sufficiens omnibus, omnibusque omnia factus, omnium præsulum celsitudinem generis spermate, et meriti almitate transcendis. Idcirco tu apex pontificalis, inclytum specimen rectitudinis, incomparabilis forma perspicuæ vitæ, decus sacerdotale, inenarrabilis lux universæ Ecclesiæ, insigne culmen sanctitatis, totius bonitatis columna inflexibilis, digne pro meritis assertione veridica sauciris. Te etenim, quem talem tantamque personam facta egregia concinunt, talis tantæque proceritatis honore Altithroni dextera extollere disposuit; quia indempnis pectoris tui antra cordisque insontis intima possidet divina charitas, cum sua sobole multimoda. Quidquid multifariarum virtutum ejusdem charitatis filiorum, unuscujusque famuli Dei jugi ac vigilante studio, prout aspirator et inlustrator mentium, videlicet Flamen divinum, adipiscitur; quidquid sanctissima eorum servitute consequi potest, in te divinitus regnare videtur, atque omnem earumdem virtutum congeriem fons charitatis in pectoris tui sede locavit mirifice. Omnibus siquidem rationis capacibus, mi Pater atque domine, certum constat esse a puerilis ætatulæ vagitibus interna cordis contritione te totum æterno sacerdoti hostiam vivam mactasse, pectus tuum plenitudine virtutum Pneumati superno thronum consecrasse, cœlos mente habitasse; quia jucundi tui animi enorme propositum, et usque nunc temporis patet, hactenus ulla proluvie, nec aliqua vitiorum tortitudine inspicitur ab incepto deviare. Tactus itaque sancti Spiritus nectare, singulari mirabilitate et mirabili singularitate videris cœlitus; dum, velut mystica lampas, solari lumine exardescis inter episcopos sæculi. Quis vero tam saxeum pectus gereret, tantæque caliginis obductione cor obvolutum haberet, mirabilibus inspectis actibus tuis, a sua pravitate statim in cælibem non verteretur vitam? Quippe omnibus, qui ab anfracto itinere illius amarissimi callis, quo multi severiter ducuntur morti, sese nituntur privare, et ad quem fallentis mundi sapientia illorum viam dirigit, quorum corporeæ delectationis gaudia imitatur affectus unita intentio, fieri participes religionis tuæ : quia multis præteritis et futuris temporibus certe nec primum similem visus es, nec habere sequentem. Nec mirum, antistes reverendissime, si hoc tibi divinitus concessum est, ut toto orbi præmaximum exemplar boni effectus sis; quoniam ab ipsa cunabulari vita gradibus virtutum sidereæ patriæ templa visus es scandere, atque præmiorum magnitudine stelligeras sedes possidere. Sed etiam talibus factis quoddam mirum inducitur, o miræ admirationis pontifex, ne pravis iniquorum sophistarum susurrationibus posses criminari. Illius vitæ præcepta amplexatus, quæ semper at ardua molitur, talem tuis studiis curam adhibuisti, ut sicubi terrarum quid regnaret religionis, et ab indigenis alicujusve hominis relata aures tuas irrumperet, nunquam unius horæ spatium passus es transgredi, quousque citius dicto adimplere laborasti. Tu quidem gaudium Domini tui ingressurus per pauca, id est per quinque talentorum dona fideliter dispensata, et cibariam dispensationem prudenter distributam, super multa locaberis servus bonus et fidelis, cum Dominus venerit; quia supernarum virtutum junctus consortio, gaudia sine fine mansura possidebis. Una quippe tibi credita tuis sacris nundinis ad thesaurum summi Patris familias decem mnas reportabit, cum Dominus redierit : quia videlicet per Decalogi mandata temetipsum lucratus Deo, manipulos justitiæ in dextera ferens, centesimum fructum ad mensam invisibilis atque immortalis Sponsi dignus conviva reportabis, sicut mna centum ponderatur drachmis. Tu merito apostolici meriti gradum sortitus, sorteque divina in ejusdem gradus culmine, id est in duodenario numero sublimatus; quia si secreta ejusdem muneri pensentur, ubique celsitudini tuæ deputatur. Qui revera impariter par a mathematicis vocatur, ex pariter pari, et pariter impari confectus. Sicut namque iste numerus ipsam eamdem significationem illorum, et aliam, quam illi non habent, de quibus conficitur, possidet : ita tu omnium episcoporum, qui eidem numero deputantur, quam habent vim religionis, et aliam a Deo obtines. Et qualiter ex una impar, ex altera parte par dicitur : sic ipse tu aliis, qui altitudine ipsius numeri sublimantur, inæqualis, et æqualis inveneris : inæqualis sanctitate, æqualis vero nomine. Ipse recte superfluus suis asseritur partibus, quia videlicet si in unum redigantur ejus species, qualiter summam pristinæ quantitatis transgrediuntur ; sic transgressione meritorum, si tuæ sanctitatis symbola colliguntur, aliis in eodem numero Deo militantibus altior reperiris. Quid vero in eodem musicis calculo designatur modulis, nisi sublimitas tanti patroni? Quid aliud ipse duodenarius, nisi concentum symphoniæ diapason augmento duplicitatis perficit ad senarium, qui sui quadam demonstratione alicujus rei perfectionem, sicut ipse perfectus est, assuescit significare? Et quid per ascensum ordinis hujus numeri, nisi immensa perfectio duplicis incrementi in te cumulata augmentatione duplicitatis declaratur? Respiciente siquidem eodem numero ad octonarium sesquialtera, ad novenarium sesquitertia proportione diapente, et diatessaron retinet symphonias : quia tune temporis, quo ipsius ejusdem provectio te in pastorale regimen sustulit, octo beatitudines vitæ augmentavit, et nomen angelorum cœtibus sociavit. Qua vero ratione binarii multiplicatione ipse duodenarius in vicesimam quartam cumulationem transcendit : sic geminorum præceptorum, scilicet Dei et proximi amor, gemina observatio viginti quatuor superius senioribus te aggregavit, cum quibus immarcessibili corona redimitus canticum novum sedenti in throno cantabis. Inter quos, sicut isdem sua medietate superposita, id est senario, qui, ut dictum est, caret defectione et superfluitate, in octavum decimum numerum crescit : similiter dulcisonis consonantiis totius harmonicæ modulationis officium melliflue cantilenæ reddentibus, nihil defectivum, nihil superfluum audiens, secundum quinque tetracorda decem et octo disparibus innexa fidibus efficaciter delectaberis. Quorsum tendunt ista? Illud est in causa. Peragratis totius Galliæ partibus, circumspectis undique secus omnium Christianorum finibus, neminem comperio, cui pari decore totius honoris munera attribui debeant, sicut tibi. Quocirca, memorande Pater, postquam inclyta fama ex tuis miris actibus expressa aures meas irrupit, animis meis indesinenter stimulos ad te divertendi ministravit : quia velut ab ipsa divulgatione nominis tui didici, satisfacturus ubique desideriis meis, ut refrigerium fieres meæ necessitatis. Hanc vero necessitatem ab inchoatione usque nunc temporis patior, quod cui tantilli operis despectivam atque reprobabilem compositionem ad corrigendum repræsentarem, minime reperiebam : præter te cujus laus cœlos tangere videtur, et cui, ut supra dictum est, totus honor debetur. Talem, et hujuscemodi honorem corde revolvo, et mente delibero, decere tantum patronum : ut quæ in hoc codice suis tenebris obscura videntur, per te ad lucem referantur, quia non penuriosi et ingloriosi nomen compositoris, sed egregii correctoris laus acquiretur.

Quanquam sit in me pro stultitia reputandum, per istarum litterarum fiduciam audaciæ animositatem arripiens, majestatis tuæ conspectum adgredior, adgressusque cordis et corporis cervice submissa, non solum semel, nec bis, nec ter, quin etiam crebrius preces jungo precibus, ut omnis scrupulositas injustæ ambiguitatis tuis acutissimis bipennibus, ex purissimo calibe totius sapientiæ confectis, funditus atque radicitus amputetur. Pene dimidia pars hujus operis minime videtur respicere ad negotium utilitatis, nisi te messore sarriatur carduis superfluitatis ; quia, dum premor corporis infirmitate, dumque sæcularium rerum impedior necessitate, mentis meæ oculus, sua sponte cæcitatem potius quam lucem amplectendo, suffocatur, et corporalium desideriis gaudiorum orbatur, atque in immenso gurgite tenebrarum demergitur. Illum siquidem oculum, quem dico subsidiis recti luminis destitutum, a te, qui versaris in sacrorum præceptis eloquiorum, exopto illustrari. Certum te reddere volo, ut non rearis me huic operi hæsisse voluntarie, nec illud spontanea voluntate cœpisse. Ante biennium mortis ejus ut more frequentativo fui apud eximium ducem Ricardum, Willelmi marchionis filium, volens ei reddere meæ servitutis officium, propter innumera beneficia quæ absque meo merito mihi dignatus erat impartiri. Qui quadam die adgrediens cœpit brachiis piissimi amoris me amplecti, suisque dulcissimis sermonibus trahere, atque precibus jocundis mulcere, quin etiam detestari et jurare in charitate, ut, si qua possem ratione, animis suis diu desideratis mederer : scilicet ut mores actusque telluris Normannicæ, quin etiam proavi sui Rollonis quæ posuit in regno jura describerem. Stupui velut amens, et per dies aliquot his petitionibus me negavi abnuens. Tandem vero, tot precatibus motus tantisque precibus fatigatus, vix flexi animum ad tantæ sarcinæ pondus humeris meis imponendum. Et, quanquam super virium mearum possibilitatem hoc esse recensuissem quod indicebatur, jugum tanti oneris collo meo imposui ; illius mandati imitator effectus, quod præcipit nos stare, viriliter agere et confortari, insuper omnia nostra in charitate fieri (I Cor. XVI, 13). Stylus nostræ imperitiæ nedum primas partes operis attigerat, heu proh dolor! cum lacrymabilis fama Ricardum toto orbe principem obiisse nuntiavit. Omnia hæc in dolore hujus principis postposuissem propter nimium fletum intolerabilemque planctum, qui non solum cor meum, verum etiam totius corporis membra quassans torquebat, nisi per præcellentissimum filium ejus patriium Ricardum adhuc superstitem et præcipuum comitem Rodulfum res eadem repræsentaretur. Insistunt ambobo precibus, ut quod memorabilis vitæ dux Ricardus precando præceperat exsequerer; et ne propositum, quod illi spoponderam, in bilinguitatis vatium versum, videretur ullo mendacii inquinamento pollui, sed pollere totius medullis intellectus intimis, contestantur. Acquiescens præceptis precibusque eorum, exsecutus sum, licet dialecticis syllogismis, nec rhetoricis argumentis non glorietur.

Themate pertenui quoniam digestus haberis,
Rhetorica ratione carens dulcaminis omni,
Liber, interno cum te perscrutor ocello;
Ægre fert animus quod vulgo ducere gestis
Quæ digesta stylo nequidquam schemata nostro,
Et subsanneris tumido vafroque tumultu.
Si te conservent, studiisque sigilla pudicis
Pestiferum intentant secreti tardia nobis,
Auripluo quoniam Danaen vix texit ab imbri,
Ut promit mytho Fulgentius, ænea turris.
Aut pergas Northmannica nunc gymnasia præpes,
Aut scholis clausus Franciscis jam moruleris.
Ridiculam vereor nobis sat surgere sannam,
Si impatiens refutes clavem nunc obice dempto,
Et in ** proprias argutæ plebis in ora.
Invitum quatient Nortmanni verbere vatem.
In vulgus venies audax nunc præpete gressu.
Pro quanto tanti spernunt jactabere fluctu.
Hic fœdum spuet aggestis labris, labiisque,
Succinet infandum retracta nare asinusque,
Et plausum manibus nimium dabit hicce profanis:
Elatis terram pedibus ter succiet hic (15)
Verrucas alius disquirens ore notabit,
Cordibus explosis, si nulla tamen patet usquam,
Integra, doctus erit certe prævertere falsis.
Ast ex hoc fuerit quo perditiorque profanus,

O te magnanimum, pium, modestum!
O te præcipuum, timentem Deum!
O te magnificum, probum, benignum!
O te mirificum, bonumque, justum!
O te pacificum, Deique prolem!
O te munificum, sacrum, modestum
O te præruțilum, Ricarde clemens!
O te longanimem, Ricarde prudens

Turbinibus variis cui casibus innumerisque
Ast inoportunis rerum vicibus vel tantum,
Lapsibus atque volubilibus fati exagitantis
Anxia mens titubat, nimiis singultibus hærens,
Cor quoque prætrepidum libris marcescit adustis.
Torpens ast animus planctu suspirat acerbo,
Linguaque raucidulos cursus jam gutturis inter,
Desipiens horret, balbutit, blaterat, hæret,
Squalentique situ vix verba sonantia garrit,
Ingeniumque socors, intellectusque pusillus,
Difficilis sensus, heu! stultitiaque repletus,
Quali quibo modo compto sermone referre

(15) *Iste*, ut constet versus.

Tuæ majestati mittere disposui, ut falsa amputarentur, et si quid veritatis in illo haberetur, tua auctoritate confirmaretur, ut mirabilis mercedum retributor, qui eximium marchionem Ricardum in paradiso gloriæ suæ locavit, sicut te erexerat suæ sanctæ Ecclesiæ columnam, ita serto perenni ornatum constituat inter omnium sanctorum choros senatorem cœlestis aulæ.

ALLOCUTIO AD LIBRUM.

Acrius his furias amens baccetur in omnes,
Et nolensque volens sic᾽ ὄντα et ὄντα subibis,
Ludibrio tandem sannæ subtus et omni,
Croco ᾽ narcissus frustra tradere taberna,
Gingiber, aut nardi modicum, costumque piperque,
Ignavis si quidque feres cartis amicitur;
Obstiterit monitor longe, nec cura mederi
Tute consil is motus, nostrisque querare
Fraudatum, hoc tecum jugiter memorando referto.
Qua frontem titubans titulus præfixerit acrem,
Suspicio primo subeat Quintinus enormis,
Panderet ut cœlos itiner qui de nece fecit:
His dux, his meritisque suis primordia signet.
Hoc forsan poteris contemnere vulgus inerme,
Plebis virgantis seu jam discrimina mille:
Ne meritis fulgentis nominis obice tantis
Vix ausint tumidæ temet sprevisse phalanges.
Nitescet rabies, parcentque sputis duce tali,
Febreque subtracta undo incrudescere dente
Flamine septifluo felix liberi duce sacro
Protectus jugiter, munitusque auxiliatus,
Retondis ᾽ meritis Quintini martyris almi;
Nec te non monitum olim discessisse graveris,
Quod restat dubiis supplex comiteque ᾽ latis,
Meque utinam affectu optato meliora sequantur

VERSUS AD RICHARDUM MAGNI RICHARDI FILIUM.

O te percelebrem, Ricarde decens!
O te juridicum, Ricarde mitis!
O te promeritum, Ricarde dulcis!
Gentes omnigenæ ferunt decenter.
Quæ cernis memora libro modeste.
His depasce tuum cor, atque pectus,
Innecti ut valeas quibus recenses.

FUTURÆ MATERIEI TREPIDATIO ET DISSUASIO.

Quod mihi nutanti committitur accumulare
Numine divino gestum, nutuque superno?
Qui nec privatim casu, nec publice gesta
Eliceres humanis possum digesta labellis.
Ultra posse suum pondus quisquis grave sumit,
Ludibrium passus præmagnum, ridiculumque
Impendit semet ludicræ garrulitati.
Sæpe feræ sectatori incauto arte venandi,
Et sua pessumdat præsumptio et invia luci.
Sic tyro parmam gestat belli monimentum.
Usus lascivi facili conamine sudans,
Extorto sed non norit certare duello.

Ales nunquam vestra latus spatulum sibi cessum,
　Prævia cui mater dux non fuerit, resecabit.
Ingerit in pelagus parva qui lintre marinum
　Nautarum semel doctrinæ ignarus et artis,
Fluctuat aut illuc, aut huc, aut sæpe voratur.
Qui solitus faleris onagro sine sæpe sedere,
　Præcipitatur eques jam factus præpete cursu.
Non opus ire forum librato fœnore mercis,
Emere qui quod vult nescit caute, et licitare,
Totius artis inops, rationis, consiliique.
Sic in diversum præ lapsu scinditur omni,
Qui repetit quod diffinire nequit moderate
Doctorum nisi doctrinaque, favore juvetur.
Ergo meæ nunc inscitiæ squalore repungor,
Ignorans super hoc quid agam, faciamve, sinamve.
Quanquam sensus hebes genuinæ garrulitatis,
Thematis intepidum quidquam, infacetum, inhone-
　　　　　　　　　　　　　　　　　　　[stum,
Digerat, auctoris nullius robore fretus.
Aggrediar potero quidquid, faciamque meapte,
Fidens in Domino mundum ditione regente,
Quidquid vult faciens cœlo, terraque, marique.
Rudere consuetam plene edere verba coegit,
Sessorique suo alterius profarier orsis,
Postque sepulcralem Lazarum recreavit honorem,
Et voluit functum post funus currere vivum.
Post subiit vexilla crucis, mundumque redemit.
Suscipe gesta tui proavi, præsul recolende,
　Et locupletis avi suscipe gesta tui.
Quin etiam meritis patris super æthera noti,
　Participis Christo quin etiam meritis.
Illius atque bonis animum depasce benignis,
　Instrue te exercens illius atque bonis.
Mirificos recolens actus sermone retracta,
　Affatusque suos mirificos recolens.
Et memora, memora causas ejus memorandas,
　Digne quæ gessit nunc memora, memora.
Nisibus eximiis ejus reminiscere morum,
　Atque recordare nisibus eximiis.
Legitimum hujus opus relegens imitare libenter,
　Et rimare studens legitimum hujus opus.
Scis quia castra Dei semper recolendo adamavit,
　Dilexit venerans scis quia castra Dei.
Ariete non fragilis patriæ murus fuit ipse,
　Portaque difficilis ariete, non fragilis.
Orphanus, exul, inops, capiebat opem viduæque
　Solamen cunctis, orphanus, exul, inops.
Ecclesias statuit, paganos credere fecit,
　Delubra construxit, ecclesias statuit.
Corde Deum Dominum dilexit viribus, atque
　Ut se propinquum corde Deum Dominum.
Forte feros populos violento marte domabat,
　Et conculcabat forte feros populos.
Legibus et ducibus verbo induperabat (16) amico,
　Gratior in regno regibus et ducibus.
Muneribus variis missos ditabat honores,
　Ast humiles pariter muneribus variis.
Pallia distribuens, aurum, pelles, sonipesque,
　Munere largifluus pallia distribuens.
Indomitas Dacos verbis blandibat amicis,
　Austerisque premens indomitosque Dacos.
Ordinis atque gradus nostri decus omne per omne,
　Ac firmamentum ordinis atque gradus.
Alloquio celebris, virtutum agalmate pinguis,
　Mansuetus verbo, alloquio celebris.
Causidicum superant ejus me nunc bonitates,
　Atque facultates causidicum superant.
Permanet indicium illius verum probitatis,
　Signa et adhuc rutilant, permanet indicium.
Amplius eloquar, an sileam quæ gesta videntur,
　Tempore venturo eloquar, aut sileam?
Garriet ecce meus poterit quæcunque relatus,
　Tractatusque simul garriet ecce meus.
Voce boabo fremens, vehementi corde retractans,
　Quæ retulit vivens voce boabo fremens.
O venerande, pie, recolende, verende patrone,
　Præsul Rotberte, o recolende pie.
Immemores patris et memores scrutare triumphos,
　Actus perquire immemoresque patris.
Exhibeasque patris dictis tempet reverendis,
　Factis te speculans exhibeasque patri.
Subveniat jugiter præsens oratio patris,
　Votaque continua subveniant jugiter.
O utinam valeas, vigeas, per secla potenter,
　Cum Christo regnans, o utinam vigeas!
Elisio maneas campo patre cum reverendo,
　Empireæ patriæ Elisio maneas.

VERSUS AD COMITEM RODULFUM HUJUS OPERIS RELATOREM.

Virtus et nomen vulgata potentia passim
Flammigero regni substractis crevit in orbe,
Cedant convicti comitis probitate Rodulfi.
Illis consulibus Romanus calluit orbis,
Nunc Northmannus apex Ricardi culmen honoris,
Totius regni virtus, decus atque potestas,
Moribus et meritis mactus Rodulfe benignis,
Ritribuente viget, timet, atque superstite pollet,
Præpollens gravitate animi cordisque profundi.
Ore salem fundis tranquilli pectoris, alma,
Ut salis unda cibos, sic sensus tu quoque condis,
Radix consilii fecundi nectaris urna,
　Vivax ingenio, mitis rutilante loquela.
Sol velut hunc mundum, refoves sic firmate cunctos.
Nilus ut Ægyptum, recreas sic corda tuorum.
Te tellus rutilum meruit Northmannica lumen.
Splendor ubique micas, qui cordis lampade fulges.
Archipatres prisci pariter, proceresque moderni,
Scipio, Pompeiusque, Cato quis gloria Romæ,
Magnificum decus, imperium dominansque coruscum,
O Felix animus, patriæ qui consulis actus,
Auxilium regni, firmamentum, decus, atque
Cujus quæ constant libro hoc conscripta relatu,
Digessi attonitus, tremulus, hebes, anxius, anceps,
Sit tibi summus honor Christo regnante per ævum.
Vitaque sit præsens cum sanctis atque futura.

(16) Sic apud Enn.

ITEM AD ROBERTUM ARCHIEPISCOPUM.

Præsul præcipue, atque venerande,
Culmen magnificum ecclesiarum,
Summus noster honor, noster et altor,
Luxque, insigne decus, digna salusque
Nostri sancte gradus, ordinis auctor :
Quæ digesta meo, suscipe, sensu.
Sacra tange manu quæ fero supplex,
Intemptata sciis ' grammaticæ artis :
Ac rimare legens quæque peracta,
Quæ nos dulcis amor, curaque summa
Patris præcipui, et dulcis, almi,
Magni Patricii, et reverendi
Ricardi celebris orbi labanti
Æterna patria, jure potentis,
Quanquam sat breviter, scribere fecit.
Qui bonitate cluens et pietate,
Simplicitate valens et probitate,
Fulgens judicio justitiaque,
Regno splendidior floruit isto,
Magni Clotharii tempore regis
Hugonisque ducis, postea regis :
Cujus corde sagax, menteque prudens
Expensas memora, factaque, dicta.
Recte quo valeas æquiparari
Digne consimili jam bonitate
Tam digno comiti, tamque celebri,
Tam justoque, bono, tamque modesto,
Tam sancto, pio, tamque colendo,
Juste quo fruitur, atque potiri
In cœtum superum ireque dexter,
Agnus candidulo vellere pulcher,
Junctus cœlicolis pace perenni.
  Pontificalis apex et honor,
Culmine præcipuo renitens,

A Gloria pontificum merita,
Pastor opime gregis Domino,
Pacifica pietate calens,
Officiis generose piis,
Ecclesiæ ordinis, atque gradus
Palma, decusque, fidesque, salus,
Christicolæque caput populi,
Egregium auxilium patriæ,
Vir venerande, sacer meritis,
Belligeri egregii proavi,
Martyrio micantis avi,
Prædulcis eximiique patris,
Ingenio reserata meo
Thematis ordine prosaici
Stultilogo, stolidoque, hebete,
B Inscia, inepta videque, cape.
Materie fluitanda sua,
Dulcia, munifica, et stupida,
Famine, veridico alloquio,
Gesta legens, replicando diu,
Quæ bona repperies memora.
Fruge salutifera segetum
Pasce animumque tuum, his epulis
Talibus instrue corque tuum,
Actibus æquiparis valeas
Currere cum seniore viro,
Cum patre, cum genitore sacro,
Gloria, vita, salus, probitas,
Sospite corpore, quin animo
Longa per innumerum tibi sit.
Postque necis lugubre excidium
Elisia patria vigeas
Participans ΘΗΩΘΗΝ ΟΥΡΑΝΥΚΑΜ.

Præsul amande,
Et reverende
Et recolende,
Atque tremende ;
Onoma cujus
Hoc quoque metrum
Non capit usquam,
Nisi redempta
Littera desit
Mirificarum
Prosapiarum.
Gesta tuorum
Suscipe patrum.
Patris, avique,
Sat bonitatis
Luce micantis,
Nunc proavique,
Jam memorando
Quæ bona quisque
Fecit in orbe,
Vita superstes
Dum vegetavit
Fomite sacro,

Atque salubri
Somatis artus.
Namque verenda
Ecclesiarum
Mirificarum
Culmina fulgent :
Quas pater olim
Schemate pulchro
Ædificavit.
Quis valet ejus
Cuncta videre
Quæ bona fecit,
Corde sagaci,
Menteque pura ?
Martia quem nunc
Francia plorat,
Et gemit Elus,
Ejulat atque
Morte lugubri,
Atque merenda,
Heuque dolenda.
Munere cujus
Quæ locupleta,

Se exhilaranda
Lætificabat.
A nece cujus
Ordo sacrarum
Ecclesiarum,
Quæ refovebat,
Multimodarum
Congerierum
Munere sacro,
Fomite sancto,
Colloquioque.
Tristis habetur,
Quin viduarum
Turba vagantum,
Exul, inopsque,
Esuriensque,
Qui sitis, atque
Luce privati,
Consilioque,
Vesteque nudi
Frigore pressi,
Et lue pleni,
Dives in omni

Et locupletum
Turba bonorum
Atque malorum,
Pontificalis
Culmen honoris,
Rex, proceresque,
Græcus, et Indus,
Frisso, Britoque
Dacus, et Anglus,
Scotus, Hibernus,
Clerus herili
Sorte dicatus,
Ordo verendus,
Pulcher Eous,
Occiduusque,
Atque Sicamber
Belliger, acer,

Flevit amare.
Præsul opime,
Culmen, apexque,
Atque cacumen
Lux generisque,
Progenierum
Altus amorque
Pontificalis,
Nunc imitare :
Et prece prona,
Corde subacto,
Menteque pura,
Viribus almis,
Sedulus ora :
Quo requiescat,
Pace fruendo,
Axe superno,

Agnus eatque
Dexter, ovando,
Velleris albi,
Tu quoque cuncto
Tempore salva.
Longa per annos,
Innumerosque
Vita tibi sit.
Sospite sacro
Somate semper :
Postque lugubre,
Mortiferumque,
Flebile damnum ;
Pace fruaris
Sede perenni.

O trinum specimen, tria summa *, virgo Deus unus,
Præcellens numen æthereum columen.
Causarum decus, et series, concordia mundi,
Exsors principii et sine fine manens.
ΝΟΥΣque ΛΟΓΟΣ, mundi altor, et actor enormis
Orbis terrestris, idea stelligeri.
Vota precum aspirans humili prece posco mearum,
Quo faveas cœptis inscitia tremulis.
Actus et casus rerum, infortunia, strictim
Pandam si potero themate prosaico,

Quæ tulit Alstemo duce barbaries furiosa,
Et quæ Rollone denique Christicola.
Qualiter et soboles ejus Guillelmus in omni
Lege serenato profuit imperio
Quin et Ricardi merito super æthera noti,
Patricii summi, Christicolæque pii.
Terra ferax populi Nortmanni jure quievit
Annis fructiferis, tempore pacifico ;
Te præstante, Deus, qui cernens omnia salus
Regnas, et vivis, et sine fine manes.

LIBER PRIMUS.

HASTINGUS.

Totius namque molis orbe descripto, ambituque et superficie terræ sagaciter permenso, omnem terram perpetuo Oceani limbo undique secus circumseptam, æthereo quadripartiti cœli cardine intellectu cosmographi dimensi, in tres partes diviserunt, Asiam, Europam, Africamque reputantes. Quarum Europa quam plurimis fluminum alveis interrivata, variisque provinciis denominata, termino diremptionis limitatur patriis. Harum quædam spatiosissima multiplici innumerabilium hominum frequentia cæterarum copiosissima, nuncupatur Germania. In qua Ister fluvius de cacumine montis Hatnoen [Atnoe] ortus, in sexaginta omnibus augmentatus profusius, et a meridie ad orientem means procellosus, Germaniam et Scythiam usque eo, quo ponto recipitur, discriminatus, vocitatur Danubius. In copiosa igitur intercapedine a Danubio ad Scythici usque ponti confinium, diffusæ commorantur feræ gentes et barbaræ, quæ ex Canza [Scanzia] insula Oceano hinc inde circumsepta, velut examen apum ex canistro, seu gladius e vagina, diversitate multimoda dicuntur prosiluisse consuetudine barbarica. Est namque ibi tractus quam plurimus Alaniæ, situsque nimium copiosus Daciæ, atque meatus multum profusus Getiæ. Quarum Dacia exstat medioxima, in modum coronæ, instarque civitatis, præmagnis Alpibus emuni a. Quos portentæ anfractus amplitudinis furentes incolunt populi, præmonente Marte bellicosi, scilicet Getæ, qui et Gothi, Sarmatæ et Amaxobii, Tragoditæ et Alani ; quamplurimæque gentes Meotidibus paludibus excolendo commorantes. Hæ namque gentes petulanti nimium luxu exardescentes, feminasque quamplurimas singulari turpitudine stuprantes commiscendo, illinc sololes innumeras obscena illiciti connubii commistione patrando generant. Hi, postquam adoleverint, rerum pro possessionibus contra patres, avosque, aut sæpius inter se ferociter objurgati, fuerint exuberantes, atque terram quam incolunt habitare non sufficientes, collecta sorte multitudine pubescentium, veterrimo ritu in externa regna extruduntur nationum, ut acquirant sibi præliando regna, quibus vivere possint pace perpetua : quemadmodum fecerunt Getæ, qui et Gothi, totam pene Europam usque eo quomodo morantur, depopulati. Cæterum in expletione suarum expulsionum atque exituum, sacrificabant olim venerantes Thur Deum suum. Cui non aliquod pecudum, neque pecorum, nec Liberi Patris, nec Cereris itantes donum, sed sanguinem mactabant hominum, holocaustorum omnium putantes pretiotissimum; eo quod, sacerdote sortilego prædestinante, juga boum una vice diriter icebantur in capite, collisoque unicuique singulari ictu sorte electo cerebro, sternebatur in tellure, perquirebaturque levorsum fibra cordis, scilicet vena, cujus exhausto sanguine ex more suo, suorumque capita linientes, librabant celeriter navium carbasa ventis: illosque tali negotio putantes placare, velociter navium insurgebant remis. Sin vero majori sorte equites egressi essent, mavortia erigebant vexilla prælii. Sicque suis a finibus elabentes, tenebant intentionem in gentium mortiferam concussionem. Exsulant quippe a patribus, ut arietent viriliter cum regibus. Dimittuntur a suis inopes, ut mercentur ex extraneis dapes. Privantur suorum fundis, ut locentur quiete alienis. Pelluntur extorres, ut fenerentur præliantes. Truduntur a suis ut participent cum alienigenis. Segregantur sua natione, ut gratulentur exterorum possessione. Linquuntur a patribus, forsan non videndi a matribus. Erigitur asperitas juvenum, in demolitionem gentium. Liberatur patria suis incolis defæcata. Cæteræ condolent provinciæ, plurimo hoste nequiter toxicatæ. Sic depopulantur cuncta quæ sibi sunt obstantia. Navigant prope maris littora, ut vindicent sibi terrarum spolia. Uno regno quæ rapiunt, in aliud deducunt. Petunt sequestra pace portus, causa mutuandi raptum fenus.

Igitur Daci nuncupantur a suis Danai, vel Dani, glorianturque se ex Antenore progenitos; qui quæ Trojæ fuerunt depopulatis, mediis elapsus Achivis, Illyricos fines penetravit cum suis. Hi namque Daci relato ritu olim a suis expulsi, qua suos tractus Francia protense expargit, cum duce Anstinuo [al., Hastingo] ferociter appulsi.

Hic sacer atque ferox nimium crudelis et atrox.
Pestifer, infestus, torvus, trux, flagitiosus.
Pestifer inconstansque, procax, ventosus et exlex.
Lethifer, immitis, præcautus, ubique rebellis.
Proditor incentorque mali, duplex simulator.
Impius et tumidus, pellax, deceptor et audax.
Furcifer, incestus, infrenis, litigiosus.
Pestiferique mali augmentum, doli incrementum.
Non atramento, verum carbone notandus.
Et tanto scelere ante alios immanior omnes,
Quantus ad astrigerum tendit suspectus Olympum.

Huc illucque profugas contaminavit gentes, earumque sibi et suis vindicavit facultates. Galliæ potestatis invasit dominium, Franciscum usurpavit sibi regnum. Temeravit sacerdotium, conculcavit sanctuarium. Verbis factisque lacescivit Francorum regem, civitatibus cum suis triste commorantem. Fremit circa muros præsidiorum, ceu lupus circa caulas ovium. Floccipendit Francos, suis præsidiis metu receptos. Persequitur cunctos, ceu leo cervos. Trucidat inventos, quos reperit sepositos. Efficitur strages, jugulantur cuspide tristes. Mulctatur clerus, crudeli morte punitus. Casulas nefarii induunt, quas altaribus sacris diripiunt. Vestitur alba, officio missæ dedicata. Quisquis in illos arma sumit, interimitur crudeliter. Cætera gens armis frigida ducitur captiva. Uxores a pluribus stupratæ ducuntur flebiliter advenæ. Omnis puellarum sexus ab ipsis turpiter devirginatur. Cum juvenibus senes longe lateque trahuntur extorres. Quidquid est animalium rediguut in pretium. Crescit rabies furiosa, multis malis augmentata. Quintini testis meritis super æthera noti incenditur delubrum monasticis rebus præbalteatum. Cæteræque omnes ecclesiæ in finibus Vermandensium locatæ, agonothetæ Christi Dionysii monasterium, Vulcano superante, est favillatum. Enno [al., Emmo] Noviomacensis episcopus cum suis diaconibus, IV Kal. Maii, heu proh dolor! est peremptus. Omnisque gens desolata ad naves ducta est captiva. Confessorum Christi Medardi et Eligii basilicæ ab ipsis nefariis sunt perustæ. Sanctæ Genovefæ virginis sacræ ecclesia Parisiis locata ab ipsis nefandis est combusta. Cæteræque ecclesiæ extra munitionem locatæ, per totam Franciam diffusæ, comburuntur pene universæ. Grassante malo desolatur Francia, penitus evacuata. Luget Liberi Cererisque inops, quibus fuerat olim locupletissima. Mœret suis se incolis destitui, agricolisque privari. Ejulat vomere non exarata, cultroque inculta. Torpescit quiescendo terra, labore boum non exercita. Ignorantur pervia, vestigiis hominum non attrita. Silvarum fruticumque atque nemorum genere densantur campi volvente tempore. Conclamata est salus, vitæque fiducia recessit ab hominibus. Navigio ipsas Daci petebant aquas, indeque exsilientes populabantur finitimas terras. Nocte invadebant jacentium corpora, lethei soporis quiete sepulta. Omnibus vastatis quæ fuerunt sibi visa, et non reperientes prælii usquam certamina in tota Francia, remearunt prædando omnia ad navium præsidia.

Omnibus igitur accersitis super suo negotio quid agerent consulturis, omnium Alstignus unus pro omnibus inquit nequissimus: « Optatæ nobis crebrescunt auræ, facilesque nobis viam spirant venti secundi. Si vobis non displicet, Romam eamus, eamque sicuti Franciam nostro dominatui subjugemus. » Hoc consilium complacuit omnibus, velisque lectis a prædatoribus, torquent proras Francicis a littoribus. Altis namque longe lateque fluctibus tactis, terrisque cis citraque littora sibi vindicatis, Romam dominam gentium volentes clam adipisci Lunxe urbem [Lux-urbem], quæ Luna dicitur, navigio sunt congressi. Principes igitur civitatis formidoloso tantorum impetu exterriti munierunt urbem quampluribus armigeris. Decernens Adstignus [Alstignus] blasphemus, ab omnibus non posse civitatem capi armis, dolosum reperit consilium nefandissimæ fraudis. Misit itaque nuntium ad comitem civitatis et ad episcopum, subsequentia verba illis dicturum. Qui conspectui illorum assistens, talia eorum profudit dicens : Alstignus, dux Dacorum, vobis fidele servitium et omnes pariter sui, sorte Dacia cum ipso ejecti. Non vobis incognitum quod sorte Dacia expulsi, per fluctivagum pelagus circum omnia maria, turbine mirabilium maris elationum traducti, Francigenæ gentis regnum sumus advecti. Hoc quoque regnum nobis sorte deorum concessum invasimus, multumque præliis contra gentes Francigenas obnixe certavimus, totumque regionis locum illius nostri senioris imperio prostravimus. Verum omnibus nostris ditionibus subjugatis, reverti volentes ad terram nostræ nativitatis, prius aquilonibus adversis, postea Zephyro Nothoque nobis contrariis obtriti, finibus inviti vix adnatavimus vestris. Vestram urbem nec ferro depopulari, nec prædas venimus pagi vestri ad naves ducere. Non nobis ea vis tot periculis fatigatis. Sequestram nobis pacem, precamur, date, quæ necessaria sunt liceat emere. Noster senior infirmatus, multisque doloribus plenus, vult a vobis fonte salutifero redimi, Christianumque sese fieri : et si morte hac in infirmitate præoccupatus fuerit, vestra misericordia vestraque pietate hac civitate sepeliri. Hoc audientes præsul et comes responderunt internuntio dicentes : « Perpetui fœderis pactum vobiscum agimus, vestrumque seniorem Christianum facimus. Quæcunque vultis emere, mutua voluntate nostrorum vestrorumque concedimus. » Internuntius autem quæque fraudulenter illis dixit, et quæcunque ab eis dolosus audivit, nefandissimo omnium seniori suo renuntiavit. Data igitur sequestra pace, multisque competentiis, multis coemptionibus atque mutuis conventionibus coutuntur perfidi pagani vicissim et Christiani. Interim præparatur ab episcopo balneum, perfido non profuturum. Sanctificantur aquæ putei gurgite exhaustæ. Illuminantur cerei ad sacrum mysterium lavacri. Advehitur præstigiator Alstignus, dolosi consilii repertor malevolus. Intrat perfidus fontes, corpus tantum deluentes. Suscepit nefarius baptismum, ad animæ suæ interitum. Suscipitur de sacrosancto baptismate ab episcopo et comite. Deducitur quasi infirmus, sacro charismate oleoque delibutus. Non ægrotus, sed æger, negotio perfidiæ miser. Deportatus quasi infirmus ad navis contubernium, corpore dealbatus totum. Convocat igitur illico omnium nequissimos, super sua fraudulenta dolositate consulturos. Pandit illis secretum exsecrabile quod conceperat furioso corde : « Imminente nocte, me mortuum nuntiate præsuli « et comiti, et deposcite nimium flentes, ut faciant « me neophytum sua urbe sepeliri. Enses et armil« las, et quidquid est mei juris, dicite vos daturos « illis. » Illi autem, ut jussum fuerat, ante dominos civitatis venientes, dixerunt ejulantes : « Noster « senior vesterque filiolus, proh dolor ! est defun« ctus. Precamur miseri ut in vestro monasterio « sepeliri eum faciatis, et munera quæ vobis mo« riens jussit permaxima dari, recipiatis. » Illi namque tali sophismate decepti, dandis et accipiendis muneribus quasi excæcati spoponderunt corpus recipi et monasterio decenter humari. Internuntii autem regressi renuntiaverunt quæ fraudulenter impetraverant funesti. Tunc contumax pestifer gaudens super responsis eorum uniuscujusque tribus mandat accersiri præcipuum. Congregatis autem omnibus, nequissimorum nequior dixit Alstignus : « Mihi modo facite feretrum, et superponite me quasi mortuum, arma mecum in ipso collocate, et vos in gyrum circa ipsa flebiliter state; vos per plateas ululate, vestrosque me cogite plangere. Tumultuet vox vestra per cuncta nostra tentoria. Concrepet vox qui præsunt navibus cum cæteris cohortibus. Armillas et balteos ferri ante feretrum facite. Gemmis auroque politos secures ensesque exponite. » Fit dicto citius quod mandarat funestus. Auditur clamor ululatuum, tumultusque lugentium. Resonant montes pro vocibus dolose mœrentium tinnientes. Convocat præsul campanis gentem diffusam per totam civitatem. Venit clerus monasticis vestimentis indutus. Similiter principes illius urbis martyrio coronandi. Affluit femineus sexus in exsilium deducendus. Pergunt unanimes contra monstrum feretro impositum. Bajulant scolastici candelabra et cruces, majoribus præcedentes. Advehitur a paganis Alstignus, vivus super feretrum positus. Atque in exitu civitatis obviant Christiani paganis. Ab utroque populo comportatur ad monasterium, quo sepulcrum ejus erat paratum. Præparat se episcopus, missam pro suo filiolo celebraturus. Choro stat et clerus, officiosissime cantare suetus. Ignorant trucidandi Christiani dolum mortiferæ fraudis. Decantatur missa solemniter celebrata. Participant omnes Christiani mystico sacrificio Jesu Christi. His missarum solemniis decenter expletis, paulatimque paganis congregatis, jussit præsul corpus ad sepulturam deferri. Pagani cum magno clamore petebant feretrum, et dicebant alternatim non eum sepeliendum. Stabant igitur Christiani super responsis eorum stupefacti. Tunc Alstignus feretro desiluit, ensemque fulgentem vagina deripuit. Invasit funestus præsulem librum manu tenentem. Jugulat præsulem, prostrato et comite, stantemque clerum in ecclesia inermem. Obstruxerunt pagani ostia templi, ne posset ullus elabi. Tunc paganorum rabies trucidat Christianos inermes. Traduntur omnes neci, quos furor reperit hostis. Sæviunt infra delubri septa, ut lupi infra ovium caulas. Corde premunt gemitum mulieres, lacrymasque effundunt inanes. Juvenes cum virginibus loris concatenantur simul. Ultima vitæ dies accidit omnibus, breveque et irrecuperabile vitæ tempus. Prosternunt per mœnia urbis præliantes, quoscunque reperiunt robustiores alterruntur cives, sæviente Marte dolentes. Gens quæ præerat navibus adest, portis vi patentibus. Stat mucrone corusco acies ferri, strictim parata neci. Jungunt se præliantibus, hinc inde certantes altrinsecus. Crudeliter perimunt omnes quos reperiunt armis obstantes. Tandem finitur duellum, eheu ! peremp o cœtu Christianorum. Cætera namque manus flebilis ducitur navibus. Conquiescit furentis Alstigni rabies, prostratos propter urbis principes. Gloriabatur Alstignus cum suis, ratus cepisse Romam caput mundi. Gratulatur tenere se monarchiam totius imperii, per urbem quam putabat Romam, quæ est gentium dominatrix. Hanc non esse Romam postquam didicit, commotus ira sic inquit : « Prædamini omnem provinciam, et incendite urbem istam. Captivos et spolia conducite ad naves quam plurima. Sentiant coloni istius terræ nos in finibus illorum versasse. » Quod mandat teter, gaudet parare minister. Omnis provinciæ invaditur, hosteque nequissimo superatur. Strages quamplurima efficitur, captivi ad naves ducuntur. Gladio et incendio devastant omnia quæ fuerant illis in præsentia. Onerant naves, his expletis, captivis et spoliis. Jam vertunt proras ad Francigenæ gentis regnum ducendas, Permeant mare Mediterraneum, revertentes ad Franciæ regnum.

Francia tot gentes superans jam morte superbas,
Officiis intenta piis profuse, et honestis.
At crines in se populi dominata volentis
Spargere te, et vano conamine contaminare,
Imperio acquisita tuo bis ter trina regna
Fortis, dura, ferox, constans robustaque, cauta.
Legifera, insignis, mitis, lenis, luculenta,
Strenua, fida, comis, belli rebus studiosa,
In cunctis vincensque, potens solersque triumphis,
Pondere sed sceleris tanti nimium cumulato ,
Regeque posthabita cuncta purgamine plena,
Mandatis Domini spretis super astra tonantis.
Nunc prostrata jaces, super arma sedens verecunda,
Attonita et stupefacta nimis, hebes, anxia, tristis.
Conculcata, lacessita et spreta, increpata,
Infestisque reis, spurcis, torvis, sceleratis,
Pestiferis, tumidis, ventosis, flagitiosis.
Nam recidiva armis cito surge, velocius insta,
Consilium tibimetque, tuis nunc quære salubre.
Horrendi nefas multis erroribus acti
Pœniteat, pudeat te, tædeat, horreat atque.
Scribe Dei mandata tui, recitando per omne,
Altera progenies illa Dacia dimittitur,
Remigio tumidas valido lapsura per undas.
Bellabit pugnas in te per tempora multas,
Prælia robustis exercens martia telis.
Effera Francorum contundet millia bellans,
Fœdere complacito tandem jam pace quieta,
Imperiumque tuum, nomenque æquabit Olympo,
Gentes et tumidas tibi deservire negantes
Contundet gladio, mitescet, suppeditabit.
O felix, o terque quater et millies alma,
Salve tripudians, et aveto in sæcula regnans.

Ciclica torva tenens, et lubrica devia pergens,
Labilium anfractus nequicquam audiensque viarum,
Cœptum itiner nunc siste, Liber, deposco parumper,
Materiæ fluitantis opus jam desine fessus.
Si duci valeas ultra jam conspice solers.
Nunc via longanimis, scabrosa, petrosa per omne,

Interea dum quasi solitudo Francia deserta haberetur, dumque veluti tonitrualis mugitus rugientia arcana, pavidi Northmannorum adventus formidarentur, rexque Francorum unde audaciæ paganorum hostiliter resisteret non haberet, reperit consilium valde sibi suisque saluberrimum, ut cum Alstigno nequiore nequissimo fœderaretur, paxque totius regni, serenata ingruentium depopulationum tempestate, inter utrumque haberetur. Quapropter ducibus accersitis, cum episcopis comitibusque, cum satellitum turmis, quod corde disponendo adinvenit, eloquendo memoravit, atque pronuntiando sic retulit : « O seniores et domini, imminentis querimoniæ causa huc provocati, consilio vos rimando quæritate regni. » Tunc vero Franci, regia allocutione permoti, dixerunt unanimes contra illos debellando præliari. At rex dissuadens, talia exorsus est, dicens : « Mihi non videtur consilium contra illos initiari bellum. Si contra illos forte dimicaturi exieritis, aut vos moriemini, aut illi fuga lapsi repetent naves celerrimi. Ut requiescat terra temporibus nostris, quæratur pax diuturna ab impiis. » Hoc namque consilium ab ore regis prolatum omnibus est complacitum. Diriguntur legati ad atrocem Alstignum pacifici. Dehinc vectigali pensorum tributorum summa mitigatus, et a Francigenis exacti muneris pondere sensim placatus, pacem quæ postulabatur non abdicat diutius, verum dat ultroneus Inconvulsa igitur præsulum pace firmata, ducitur ad regem, pepigitque inextricabili fœdere olympiade cum eo munera pacis. Qui imperialibus competentiis mutuaque voluntate vicissim fœderati, concordes unanimiter sunt effecti. Quievitque Francia multimoda antehac depopulatione afflicta, cursuque illius temporis hostili peste privata, intumescentium paganorum vastatione est liberata. Ne quis lector ab horreat monemus, ad adversorum ignominiam casuum, qui non ad interitum, sed ad correptionem propter exaggerationem scelerum Francigenis acciderunt. Contrita est namque gens ultore Alstigno Francigena, quæ spurcaminum erat sorde nimium plena. Perfidi perjurique merito sunt damnati, increduli infidelesque juste puniti. Prolixum nobis universos illius temporis labores narratione persequi idcirco nostræ præsumptionis citius vertamus stylum ad intentionis propositum. Elucidet itaque breviter calamus, quamvis iners, quæ nutu Dei gesta sunt digeratque compendiose qualiter acciderunt. Exprimatque rei veritatem, spernens sophismatis errorem. Refutet erratus obscenorum casuum, deprimat venturæ salutis negotium.

EPILOGUS.

Herbida, sylvestris, nemorosa, et lubrica, et aspra.
Farreque equos depasce tuos jam tam macilentos,
Velle bonum retinent quoniam, sed posse pusillum.
Sæpius et tersi, lotique habeantur per omne
Illorum pedibus ferrum clavis sue subtus,
Firmis et faleris illorum dorsa perorna ;

Maias et frenis consutis stringeque habenis.
Sic poteris forsan peragrare viam luculentam,
Quin erresque, ruas, offendaris, pereasque,
Ni opitulante Deo, qui jure triumphat ab alto,
Testeque Quintino ni intercedente beato,
Atque ipso, cui nunc canimus quæ gessit ovante.

LIBER SECUNDUS.

ROLLO.

PRÆFATIO HEROICO METRO DECURSA

Cui subjectum Eleiacum.

Priscis insula creata, vocata . . . . . . extat,
   Pinguis, agrifelix, dives opumque, laum ;
Gurgitis immensi limbo præcincta perenni,
   Mercis munifica, fœnore multiplicis.
Plures sunt portus hinc inde altrinsecus, atque
   Muneris et varii navibus impliciti.
Quæ genuit Dedalum multas ad laude peritum,
   Supra quod satis est artibus atque scium.
Qui fugiens quondam Minoeia mœnia cera
   Nexuit actu alas mirifico sibime*
Præpetibus pennis vacuum aera posse meari
   Ipse ratus, tuto consimilis volucri.
Adscivit levitas comitem temeraria natum,
   Incautumque levis fœderis atque operis.
Inque latus subiit pennis Icarus patris actis
   Patrizare volens aliger intrepidus,
Dedalus ad gelidas pater impiger evolat Arctos,
   Telluremque suis attigit hic pedibus.
Calcidicis tandem super adstitit arcibus ipse,
   Dextris frigoribus gnarus habere modum.
Nobile delubrum Phœbo statuitque, dicavit,
   Exuit hic alas moxque salutiferas.
Dedalea soboles minus integer arce pericli
   Venturi incautus celsior atque means.
Climatis impuri subiit plus ardua justo,
   Cera mox liquida penna soluta manet.
Cognomen pelago dedit obvius Icarus ipse,
   Gurgite famosus obrutus undisono.
Hæc te monstra petunt, et fabula contigit ista
   Ludicris sannis ridiculisque tibi.
Præducis incœpto Rollonis grandia facta
   Dacorumque simul pubetenus juvenum.
Infima terrarum linquit, nimis ardua captans,
   Dedalo quoniam ocior, aut Icaro.
Dum cœlo stolidum temet protendere pennas
   Contigit immensum ardua materies.
Viribus incrementatis si posse fuisset,
   Cordis mente tui, ut tibi velle manet.
Multiplices species si scisses armonicales,
   Servant discrimen quæ tribus in gradibus
Dulcicano sonitu quivisses inter colores
   Psallere præcipue cantibus armonicis.
Octomedos quivis hærentes in tetracordis,

A Quos diatessaron et diapente favet,
   Commistisque tonis quos dissona limate formant
   Expensis artis disparibus numeris.
Sexqui octava tonum quoniam proportio claudit,
   Et diatessaron pax epitrita ligat.
Et diapente melodia rite emiolia sancit,
   Servata lege artis arithmeticæ.
Et diatessaron, diapente, simul diapason
   Sancito duplo perficiunt numero.
Triplicis et formæ diapason et diapente,
   Bisque diapason quadrupla consolidat.
Icor nunc nimiis rancoribus atque repungor,
   Et stimulor pavitans, concutiorque tremens.
Ha! ne te subigant temeraria ludicra vulgi,
   Ha! ne præcipitem fulmina concutiant.
B Erutus insidiis quo possis jure tueri,
   Ecce salubre tibi accipe consilium.
Propositum cordis Domino committe tonanti,
   Ludicra disperdat, fulgura discutiat.
Munitum sensim pontum te provehat ultra
   Flaminis almifluo alite septiflui.
Atque solo temet sistat pingui et cereali,
   Evulso nemore fruticis et silicis.
Rhetoricoque tuum fœcundet nectare sensum
   Armorico pariter debriet et modulo.
Acquisita aliis plectro cum fidibus ita
   Ymnizante melos psallere voce queas.
Patricio cæcis oculo, claudis, baculoque,
   Ecclesiæ decori, pauperibusque cibo.
C Orphani et exulis, ast inopis, viduæque vagantis
   Summo tutori ordinis atque sacri.
Huc pede arenoso quanquam devenimus usque,
   Cœno et gressu difficilique via.
Ulterius nostrum conamur tendere gressum,
   Sed nos dilaniat materiæ novitas.
Non opis ire quidem, nostroque insistere cœpto,
   Nempe fatigatis pondere prævideo.
Præmagnus est nobis * dimittere fascem,
   Garrulitas erit, et ridiculum nimium.
Formicare valens informia cuncta potenter,
   Donaque distribuens nectaris uranici.
Spiritus alme, veni, nasci qui verba dedisti,
   Sensus accende vivificans hebetes.

cor aspira, fusas spes atque refunde,
Antra mei sensim pectoris irradians.
Tangere quo possim tantæ ante cacumina molis,
Intemptata stylo surgere largiflue.
Prosaico referam breviter quæcunque relatu,
Te collatore, te duce, te artifice.

Cum superna Deificæ Trinitatis providentia, cujus nutu variata volventium temporum vicissitudine alternantur omnia, cerneret clementer Ecclesiam sancto sanguine redemptam, sacrique baptismatis latice profusius emendatam, oleique et chrismatis liquore insigniter delibutam, suprascriptis breviter casibus immaniter afflictam : continuis Christianorum precibus suppliciter pulsata, non desistit illi salutifera præbere suffragia, ex ferocitate sævæ gentilitatis Dacigena : ut unde fuerat flebiliter afflicta, inde esset viriliter vegetata; et quibus in præceps lapsa, his cœlo tenus exultata : quorumque actu floccipensa, horum munere refecta : quorum frequentia conculcata, horum auro gemmisque ornata : quorum prædatu pannosa, horum dono compte palliata. Concretis igitur humana connubii stuprique copula plurimis Dacigenarum pubium turmis, illisque bellorum incendia inter se, et in patres, et avunculos frequenter suggerentibus, omnes Dacigenæ majores natu et potestate ad regem convenientes, dixerunt unanimes : Respublica hostili invasione sæve opprimitur, filiorumque et nepotum nostrorum contritione concutitur. Constitutum namque nostræ antiquitatis ritum abdicavimus, ideo Daciscæ gentis populus quamplurima mala perpessus annullatur. Consule igitur, Rex, regno ritu veterrimo, quod regere pacifico debes imperio. Pestifera nequissimorum hostium lue expurgetur Dacia, ut residui vivere et requiescere possimus pace perpetua. Quorum consiliis rex attentius acquiescens, suæque præceptionis edictum per terram sui imperii velociter dirigens, ut describerentur nepotes et filii quos sors reperiret expulsionis, jussit satrapas illius terræ adesse sibi præscripti diei tempore. Hujuscemodi fama regalium legationum mox percutit mentes pubescentium. Trepidis anxia sententiis illorum corda nutant, incertisque futuris ignota fluctuant. Hæret illorum stupefactus animus, cernens incognita sensus. Quin illos indiga veri cura fatigat, spesque incerta dubios dilaniat. Incertum erat illis præscire quæ sententia volvebatur in regis corde.

Illis vero in diebus senex quidam erat in partibus Daciæ, omnium rerum affluentia locupletissimus, innumerabiliumque militum frequentia undique secus stipatus : qui nunquam colla suæ cervicis cuipiam regi subegit nec cujuslibet manibus gratia servitii manus suas commendando commisit. Qui Daciæ regnum pene universum possidens, affines Daciæ et Alaniæ terras sibi vindicavit, populosque sibi præliis quamplurimis vi et potestate subjugavit. Erat enim omnium Orientalium præstantiore virtute præpotentissimus, cunctorumque exaggerato omnium virtutum cumulo præcellentissimus. Defuncto vero illo, superstiterunt duo filii ejus, armis strenui, bellis edocti, corpore pulcherrimi, animositate robustissimi. Quorum vero major natu Rollo, alter vero junior Gurim nuncupatur. Quos regali jussione descripti juvenes ad exterminationem aggredientes, genuque flexo, vultuque submisso, atque humili voce obnixe poscentes, inquiunt unanimes :

« Ferte nobis auxilium, subvenite nobis in adjutorium : sub tutela vestræ protectionis morabimur, vestrumque servitium incessanter faciemus. Rex autem noster vult a Dacia nos exterminare, fundisque nostris atque beneficiis nos per omnia privare. Miseremini, precamur, miseremini nobis omni spe et salute destitutis. » Tunc duo illi fratres suppliciter precantibus responderunt, dicentes : « Auxiliabimur optime vobis, vosque regalium minarum securos morari in Dacia, atque res vestræ proprietatis faciemus quiete tenere. » Illi autem hæc audientes, Rollonis et Gurim osculo expetiverunt pedes, atque illico super dictis principum remearunt gratulantes. Interea veridica opinionis promulgatur fama, regis Daciæ aures pulsans, quod dux præpotentissimus, pater scilicet Rollonis et Gurim sorte frueretur suprema. Tunc rex ante malorum, quæ sibi ille dux intulit, reminiscens, cunctis sui imperii accersitis principibus, inquit : « Vos « non latet patrem Rollonis et Gurim esse defun« ctum. Aggrediar ergo fines illorum, et capiam « urbes et castra, atque munitissima loca, ut « ciscarque facta patris in filios, eosque conterendo « satiabor super malis illorum. Vos vestrosque præ« cor præparate ad talia negotia adimplenda. » Denominato igitur termino profectionis, undecunque venerant repedarunt cum suis. Mox effera Daciæ juventus, nimio curarum inhians æstui, quæ commoda sunt præparat nullo profectu. Hi leves clypeos, lucidaque spicula, fabrili adulti arte componunt. Hi tela, ensesque, atque secures cote exacuunt. Alii tuta capitum tegmina, scilicet galeas; alii ferro auroque trilices loricas, thoracas scilicet faciunt. Quin etiam patria tela recoquunt fornacibus, renovantque cudibus. Hujus rei inopinata fama Rollonis et Gurim aures perlabitur, et talis relationis sermone perturbantur. Qui convocata copiosa manu congruentique pubertate florentium, congregataque multitudine mediæ ætatis, senum atque ad exterminandum descriptorum, elatis dextris mandant silentium.

Tumultuantis populi murmure penitus sedato, sedisque decentis suggestu sublimiter Rollone suffecto, infit ore melliffluo : « Vos, quibus incalescit juvenilis ardor, quique flore præstantioris istis virtutis, alloquor. Solerti proposito reverendos patres, avosque et proavos imitaminor. Convalescite viriliter, et confortaminor, et ne ut equiperis vicibus illis valeatis congruenter convenire dedignaminor. Rex siquidem hujus regni molitur nos supergredi, nostræque monarchiam ditionis invadere, nosque et vos omnes perdere, et antequam hæreditariam nostræ dominationis terram mancipet, sui regiminis terram anticipando præoccupemus, hostiliterque resistendo adventui ejus. » Illico omnes his dictis hilares regiam terram conglobatis exercitibus invaserunt, totamque sæviente vulcano depopulurunt. Hæc autem rex audiens, contra Rollonem et fratrem ejus peregit ad prælium, diuque dimicando terga vertit fugiens ad præsidia urbium. Tunc Rollo sui exercitus mortuos sepelivit, regis autem inhumatos reliquit. Unius vero lustri spatio perseverante inter regem et Rollonem duellio, misit rex pacificis verbis ad eum hujusmodi in dolo : « Nihil mihi et tibi, nisi gratia propinquitatis. Ut requiescat respublica, precor permitte, ut quod mei juris est, meusque pater, tenuit, liceat patienter me possidere : tibi autem quod tui juris, quodque tuus. Sitque inter me et te pax et concordia inextricabili fœdere compacta. » Tunc Rollo et Gurim, illorumque milites atque descripti ad exterminandum, pacem collaudaverunt. Determinato igitur conjurandæ amicitiæ tempore, uterque venit ad placitum : mutuis muneribus ditati fœderati sunt, Denique perfidus rex dolositatem conceptæ fraudis infesto corde ruminans, convocato quodam exercitu suo, noctu pergens contra illos, invadensque fines illorum, abscondensque insidias prope mœnia civitatis, oppugnare cœpit. Tunc Rollo et Gurim, et qui cum eo erant, exsilientes de civitate, persequebantur regem terga vertentem, fugamque simulantem. Transgresso igitur locum insidiarum Rollone, pars quædam illarum de latibulis egressa, petit urbem. Quam armigeris vacuam invenient, incendit; omniumque supellectilium spolia sibi detulit. Quædam vero sequebatur Rollonem, regem hostili immanitate fugantem. Cernens autem rex incensam urbem, insidiasque prævalere, retrogressus præliabatur contra illum. Cæsis ergo ex parte Rollonis quampluribus, cecidit Gurim frater ejus in prælio. Videns autem Rollo se inter utrumque exercitum, unum fugam simulantem, alterum latebris egressum, fratremque mortuum; vix livoribus plurimis laceratus, cum paucis divertit ab eis. Tunc rex obsidens, et capiens urbes, populum contra se objurgantem sibi subjugavit. Rollo vero morari non valens in Dacia, propter regem diffidens sui, Scansam insulam cum sex navibus aggressus est. Tunc Dacia pio duce, patritioque atque robustissimo advocato privata, magno ejulatu concussa cœpit nimium flere.

APOSTROPHA.

Dacia, sorte tuos, quæ Gallis mittis alumnos,
Indiga promissi veri, dabitur quod ab astris,
Præsagii et meriti, mercis non gnara futuræ,
Exhilara temet, deprensans corde dolorum.
Casus non animæ est, fortuna pulsus at acris.
Hæc adversa vices converterit improba semper,
Suggeret omne bonum isti prospera divite censu,

Illum ditabit locupletans,
Francia deque tuis geniti ecunda be
Spermate nobilium concretis Christicolar
Dacigenis cum Francigenis tam pacificatis,
Gignet producens, expurget, proferet ingens
Reges, pontificesque, duces, comites, proceresque
Sub quibus orbis ovans pollebit principe Christo,
Et quibus ecclesiæ fecundabuntur ubique,
Atque novo quorum, gaudebunt, perpete Christo,
Ter, trinæque quibus baptismate purificatis,
Jam superum turmæ decimæ vice perditæ adactæ.

Cumque diu Scanza insula mœstus moraretur, sollicitaque contorquentis animositatis cogitatione æstuans moliretur ut vindicaret se de inimicis suis; plurimique, quos fugarat de Dacia regalis immanitas, ad eum reverterentur, fessos labore artus, sopore oppressos, vox divina illi sonuit, dicens : « Rollo, velociter surge, pontum festinanter navi« gio transmeans, ad Anglos perge : ubi audies quod « ad patriam sospes reverteris, perpetuaque pace « in ea sine detrimento frueris. » Hoc somnium cum cuidam sapienti viro et Christicolæ retulisset, hujusmodi sermone interpretatus est : « Tu vergente venturi temporis cursu sacrosancto baptismate purificaberis, prædignusque Christicola efficieris : et ab errore fluctuantis sæculi ad Anglos, scilicet Angelos, usque olim pervenies, pacemque perennis gloriæ cum illis habebis. » Illico vela navibus aptans, remisque eas exornans, atque frumento, vino, tergisque suum eas onerans, velivolum mare celeriter permeans, Anglos aggreditur, ibique morari quiete diu suspicatur. Audientes autem illius territorii pagenses, quod Rollo Dacus adveniret, aciem maximam contra illum construxerunt, eumque ab illis finibus fugare conati sunt. Qui more solito ad prælium indubitanter illis occurrit, plurimosque illorum prostravit, atque cæterorum fuga vertentium dorsa hasta fatigavit. Denique pagenses prioribus plures coacervantes, contra Rollonem iterum aciem robustissimam dirigunt, eumque occidere, aut fuga labi conantur. Ille vero studiis belli edoctus, certaminisque necessitate asperrimus, galea auro mirifice compta, trilicique lorica indutus, contra objurgantium et proficiscentium in se turmas armigeras, velociter atque indubitanter perrexit, milliaque illorum immaniter prostravit, victrice manu, celerique cursu profugos persequens, multosque principum capiens, locum prælii revertens, occisorum corpora terra condit, cæterosque plagis infectos deportavit, captosque navibus connexuit. Tunc trimodo errore æstuans, si Daciam repeteret, an Franciam pergeret, aut Anglicam terram præliis affligeret, et sibi vindicaret, cœpit anxiari, nimiumque tristari.

APOSTROPHA AD EUMDEM.

Rollo, quid horrescis titubans, metuisque vacillans?
Quid torques animum meditatus peste repletum?
Quid cor comburis curarum sorde refectum?

Quid hiscens animo, quid volvis nunc meditando?
Cur hæres pater obtutu defixus in uno?
Ambigua et creperum memorans quid mente re-
[tractas?
Quidque stupes casum præsenti sorte malignum?
Ordine fatali post multa pericula belli,
Ferventis pelagi post æquoreosque tumores,
Perpes Christicola Francisca celsior aula,
Patritius meritis florescens jure valebis,
Emeritum et capies condigna merce coronam,
In summoque bono deitate mereberis uti.

Cum autem hujusmodi perturbationibus sollicitus hæreret, hominesque regionis illius ditioni suæ fidelitatis gratia vinculoque sese subjugarent, quadam nocte soporifera lethei malis quiete per membra leniter serpente, videre videbatur præcellentissimis quondam præcelsiore Franciscæ habitationis monte sepositum : ejusque montis in cacumine fontem liquidum et odoriferum, seque in eo ablui, et ab eo expiari contagione lepræ et prurigine contaminatum. Denique illius montis cacumine adhuc superstes circa basim illius hinc inde, et altrinsecus, multa millia avium diversorum generum, varii coloris, sinistras alas quin etiam rubicundas habentium. Quarum diffusæ longe lateque multitudinis inexhaustam extremitatem perspicaci et angustato obtutu non poterat comprehendere. Cæterum congruenti incessu atque volatu eas sibi alternis vicibus invicem cedentes, fontem montis petere, easque se convenienti natatione sicuti solent tempore futuræ pluviæ abluere. Omnibusque mira infusione delibutis, congrua eas statione sine discretione generum et specierum, sine ullo contentionis jurgio, mutuo vicissim pastu quasi amicabiliter comedere ; easque deportatis ramusculis festinanti labore nidificare : quin etiam suæ visionis imperio voluntarie succumbere. Mox expergefactus, et visionis quam viderat reminiscens, accersitis majoribus principum, captisque prælio principibus simul ascitis, omnem hujus visionis seriem inconstanter disseruit, et quid hujus visionis mysticum sentirent ab eis inquirit. Tunc cunctis conticentibus, captorum unus Christianæ religionis fide imbutus, præsagioque divinæ inspirationis aspersus, mysticum illius visionis intellectum explanavit, dicens : « Mons Franciæ quo stare videbaris, Ecclesia illius designatur. Fons, qui in summitate montis erat, baptismus regenerationis interpretatur. Per lepram et pruriginem, qua infectus eras, commissionis tuæ scelera et peccata animadvertas. Te in eo ablui et ab eo lepræ pruriginisque morbo expurgari, te lavacro sacri baptismatis regenerari, et ab omnibus peccatis emundari. Per volucres diversorum generum lævas alas habentes puniceas, quarum infinitissimam extremitatem exhaurire visu non poteras, homines diversarum provinciarum scutulata blacchia habentes, tuique effecti fideles, quorum innumeram multitudinem coadunatam videbis, animo deprehendas. Per alites fonte infusas, et in eo alternatim ablutas, communique comestione edentes, populum antiquæ fraudis contagio pollutum, typico baptismate abluendum, sacrosancti corporis et sanguinis Christi alimonia saginandum. Per nidos, quos circum montes faciebant, vastatarum urbium moenia reædificanda intelligas. Tibi aves diversarum specierum obtemperabunt, tibi homines diversorum regnorum serviendo accubitati obedient. »

His igitur mirabilium interpretationem sermonibus Rollo exhilaratus, visionis suæ interpretem, cæterosque quos bello ceperat vinclis solvit, variisque muneribus et donis diversis ditatos, ad sua lætos remisit. Eo namque tempore rex Anglorum Christianissimus, nomine Alstemus, omnium bonorum titulis exornatus, sacrosanctæ Ecclesiæ prædignus advocatus, habenas regni Anglorum moderabat piissimus. Cui continuo Rollo legatos suos misit, et quid dicerent auribus illorum prius intimavit. Qui venientes ad eum pro vocis affectu, summissis vultibus dixerunt : « Animum præpotentissimus patricius, duxque Dacorum præcellentissimus, Rollo noster senior et advocatus tibi fidele servitium, tuisque amicitiæ munus inconvulsum. Magnum, domine Rex, Daciæ regno infortunium perpessos, et habeo, heu dolor ! fraudulenter exterminatos, Eurus obnoxius nobis penitus, intumescentiumque procellarum elationibus afflictos, vestris finibus appulit, omni spei et salutis præsidio privatos. Cum autem conaremur Daciam repetere, et nos de inimicis nostris vindicare, obstitit et interclusit nos glacialis hiems, geluque crustante terram, et affligente flebiles herbarum et arborum comas, densa glacialium mole refrenata crustarum struxerunt nobis murum flumina. Nec præbuit nobis prosperum iter unda. Audientes quidam milites in confinio nostri adventus commorantes, præmaximam aciem contra nos struxerunt, nosque lacescentes invaserunt. Nos vero nec sub glaciem, nec supra navigare valentes, illorum audaciæ restitimus, multosque illorum prælio exarmatos cepimus. Non autem regnum tuum depopulabimus, nec prædas usquam raptas ad naves vertemus. Vendendi atque emendi sequestram pacem petimus, quia imminentis veris tempore ad Franciam proficiscemur. » Rex autem hilarem vultum submissus, his auditis profatur : « Nulla tellus effert viros magis quam Dacia præcipuos, armisque strenue edoctos. Parentelam diffusæ generositatis vestri senioris, casusque et labores vestros, quin etiam fraudulentam perfidiam Daciæ regis nobis retulerunt plurimi. Nemo seniore vestro justior in factis, nemo major in armis. Hujus negotii curas seducite, armorum securi, præliorum impatientes, atque omnium malorum immunes estote. Liceat vobis ubicunque terrarum nostræ ditionis vendere et emere. Vestrum seniorem, precamur, cogite, ut nostræ fidei integritate dignetur ad nos venire, quia eum desidero intueri, superque malis suis solari. » Abeuntes autem missi, quæcunque audierant renuntiaverunt Rolloni. Extemplo Rollo audacier et incunctanter perrexit ad regem contra se venientem. Qui mutuo amplexati et oscula libati, cedentibus utriusque exercitus turmis sederunt sepositi.

Tunc rex Alstemus prior est allocutus :
Prosapia pollens, gestorum lumine fulgens.
Moribus et meritis præcelsior omnibus, atque
Fœdere complacito fidei nectamur in uno.
Sis peto pars animæ semperque meæ comes, atque
Finibus in nostris temet deposco morari.
Sicque salutifero baptismate sorde piari.
En quid gestis habe nostræ ditionis in orbe.
Sis memor ipse mei fuero ceu semper in omni,
Et si velle alias est nunc proficier horas.
Si gens torva, ferox jamjam feritaverit in me,
Improba, non servans fidei retinensque tenorem,
Ut potis es fer opem stabili conamine salvans.
Et tibi succurram simili ratione juvando,
Te teget atque meum mutuo certamine scutum.

Tunc Rollo super regis dictis lætus dixisse fertur : « Grates tibi, omnium regum præstantissime, super voluntariis beneficiis rependo, et quidquid inter me et te agenda retulisti, fac ut opto. Diutissime in regno tuo non morabor, sed celerius quam potero Franciam adibo. Ubicunque terrarum fuero, tuus amicus insolubili dilectionis conjunctus fœdere permanebo. » His dictis admodum inextricabiliter fœderati, alternarum rerum competentiis mirabiliter ditati, rediit quisque ad suam cum suis. Toto namque hyemantis anni tempore, naves sumptusque, qui necessarii erant itineri, præparare Rollo dux solertis curæ fecit, Anglosque florentis juventutis milites, qui erant sui effecti, et secum ituri ascivit. Cum autem primæ æstatis tempore, rutilantium molliter florum arrideret copia, purpureisque blattis lactea et odorifera alberent lilia, memor semper visionis monentis ad Franciam proficisci, classibus velis datis navem conscendit. Cum vero lenibus ventis congressus navigii factus esset, usque ad medium æquoris, nihilque viderent nisi cœlum complexum super faciem maris, invidi spiritus scientes illos baptismate Christi nomine abluendos, gloriamque quam perdiderant adepturos ingemiscentes, occurrerunt excitantes pericula illis venti, quin etiam a sedibus suis ruunt, et hi ante ponto a sedibus imis in præcipitium fluctus nimios et ad sidera tollunt. Cœlum crebrescentibus fulguribus intonuit, de; arumque tenebrarum nox atra illis incubuit. Remis confractis, ventorum rabiem vela ferre non possunt. Itaque viribus exhausti, omnia ventis permittunt. Huc illucque naves quasi per montes et valles fluctuant, mortemque repentinam omnibus intentant. Tunc Rollo protensis manibus prostratus incubuit navi, humilique voce talia profudit :

ORATIO ROLLONIS.

O Deus omnipotens, cœlestia lumine complens,
Qui cœlum terramque tenes per secula, cujus
Numen et æterno complectens omnia giro,
Infectum vitiis peccati et fæce repletum,
Qui me Christicolam fieri vis munere visi
Temporis exiguo cursu volvente futuri :
Suscipe vota libens, precibusque faveto benignus,
Fluctus sedatisque feros compesce ruinis,
Casibus eripiens istis nos atque labore,
Comprime demulcens, mitescens, atque serena
Undantem nimium violento turbine pontum.

Harum vero orationum precibus finitis, mox mare quiescit, serenatis procellis, immensosque æquoris tractus optato flamine breviter explicuerunt; navesque tempestate diruptas littoribus Uvalgorum vix applicuerunt. Audientes autem Uvalgrenses quod gens barbara tempestate maris ferociter quassata, suis littoribus esset advecta, congregata multitudine pagensium, Rollonem ducem tempestuoso mari vix ereptum insperate assalierunt. Qui solito more concitus contra illos debellando perrexit, atque plures illorum nece prostratos orco transmisit, residuosque illorum aut fugavit aut cepit. Cumque diutissime morulans (17), Uvalgras depopularet, reminiscens Alstemus rex Anglorum Christianissimus, omnium regum probitate præcellentissimus, amicitiæ qua se et Rollonem colligarat in fœdera sempiterna, duodecim naves frumento, vino atque lardo oneratas, quin etiam totidem armato milite repletas, duci præcelso transmisit in Uvalgras. His Rollo donis lætus, legatos muneribus præmaximis ditatos cum gratiarum actione ad regem remisit, seque per eos famulaturum regi mandavit. Æstimantes autem Uvalgrenses, propter deportati frumenti copiam omni tempore Rollonem Uvalgris moraturum, convocaverunt Raginerum Longi colli Hasbacensem et Hainaucensem ducem, et Radebodum Frisiæ regionis principem, et conglobato exercitu aliorum pagorum invaserunt Rollonem. Qui, sicut sæpius, ad bellum indubitanter perrexit, et multa millia illorum occidit, atque Raginerum Longi colli et Radebodum Frisonem ad sua castra fugavit. Deinde totam terram Uvalgrorum devastavit atque incendio concremavit. Post hinc hujus rei causa indignatus, Frisones celeriter expetivit, terramque illorum devastare cœpit. Tunc Frisones multorum congeriem populorum concite coacervantes, sibique multitudinem plebium in confinio Frisiæ commorantium accumulantes, fluvio Almeræ commorantem agminibus multis præparatis, accelerata incursione conantur invadere Rollonem. Rollo vero et qui cum eo erant genu flexo, armorumque ingruente horrore, scutorum tegmine cooperti, strictæque aciei mucronibus coruscis complicati, exspectabant initium certaminis. Frisones ergo parvissimam esse putantes multitudinem illorum, inierunt bellum sibi non profuturum. Daci vero exsilientes in illos intuentes usque ad internecionem prostraverunt,

---

(17) Id est, *parvas moras faciens*.

pluresque principes ceperunt innumerabilemque manum ad naves duxerunt. Frisones igitur residui, diffidentes sui, exhinc tributarii effecti sunt, Rollonis præceptis per omnia obedientes. Congesto et exaggerato, atque dato Frisiæ tributo, illico librat in altum carbasa navibus data, vertitque proras ad Raineri prolixi juguli terras, ulcisci se cupiens de ipso, qui affuit Uvalgris cum Fresonibus jam prostratis in prælio. Pererrato ponto, intrat Scaldi alveum cis citraque terram depopulans super Longi colli Rainerum, venit ad quamdam abhatiam dictam nomine Condatum. Rainerus vero multa prælia contra eum fecit, sed ex omnibus Rollo victor potens exstitit. Devastabatur terra utriusque exercitus mala perpessa. Prævalida fames exoritur, quia terra aratro non scinditur. Vulgus penuria affligitur, fame bellisque atteritur. Diffidunt vivere cuncti, salute victus privati. Quadam igitur die Rainero loco insidiarum clam commorante, super Dacos cupiente irruere, Dacicum hinc inde congressi vallaverunt, eumque nimium debellantem manciparunt, vinctumque ad Rollonem duxerunt. Ipsa namque die Ragineridæ, Dacorum ut caperent aliquos latebris commorantes, invaserunt duodecim milites præcipuos Rollonis, et constanti virtute ceperunt. Tunc uxor Raineri flens, et ejulans super eo, convocatis principibus suis, misit ad Rollonem, ut pro duodecim comitibus captis redderet sibi suum seniorem, Illico Rollo, suscepta legatione, remisit ad eam dicens: Non reddetur tibi Raginerus, sed decollabitur, nisi reddideris prius meos comites mihi, insuper dederis quidquid auri est et argenti sui ducaminis, cum juramento Christianæ religionis, quin etiam tributum istius regionis. Mox conjux Ragineri lugubri legatione afflicta comites captos Rolloni remisit, aurumque et argentum quod usquam invenire potuit. Quin etiam illud quod erat sacris altaribus concessum, pariterque vectigal illius ducaminis cum jurejurando, quod plus metalli non haberet, nec exigere posset, supplicibus verbis et deprecativis misit ad Rollonem, ut redderet sibi suum virum. Ipse autem motus pietate vocibusque suppliciter precantium, ad se fecit venire Longi colli Raginerum, verbisque pacificis affatur eum : « Raginere dux, milesque asperrime, regumque et ducum atque comitum superbo satus sanguine, quid tibi feceram olim injuriæ? Propter quid præliatus es cum Uvalgris et Frisonibus contra me? Si sævire modo vales, armorum spicula desunt et satellites. Si velis a nobis fuga labi, compedibus intricatus non potes evadere. Talionem sicut Frisonibus tibi reddidi pro malis, quæ mihi sine re intulisti. Uxor tua et principes tui quidquid auri et argenti recuperare potuerunt, pro et miserunt mihi. Dimidium exagerati muneris reddam tibi, teque tuæ remittam uxori. Hinc mansuescens requiesce, et nullatenus sit discordia, sed sempiterna inter me et te pax et amicitia. » His dictis Ragineri crura solvuntur compedibus. Statimque Rollo fœderatum muneribusque et donis præmaximis ditatum, quin etiam reddita medietate legatorum munerum, ad uxorem suam lætum remisit Raginerum. His taliter pace sedatis, Rollo memor visionis, semperque sperans affuturum sibi quod viderat in somnis, quid debeat agere solers inquirit.

APOSTROPHA.

Rollo, quid in terris morulans versaris in istis,
Cum supra satis ultus adès cunctos inimicos?
Desine, parce tibi, magis hæc sententia præstat,
Venturo quoniam proclivi temporis ævo
Prælia Franciscæ gentis dire patieris,
Atque fatigeris nimium bellis Aquitanis.
Hinc fontis liquidi, et sacri rorem subiturus,
Chrismate perfusus, oleique liquore novatus,
Præmia perpetuæ capies cum munere vitæ.

Anno igitur octingentesimo septuagesimo sexto ab incarnatione Domini, nobilis Rollo consultu fidelium suorum libravit vela ventis navigeris, fluminis Scaldi alveum deserens, atque permenso ponto qua Sequana cæruleo gurgite, perspicuisque cursibus fluens, odoriferasque excellentium riparum herbas lambens, fluctuque inflatiore maris sæpe reverberato secundum discrimina Lunæ, inundantis maris pelago se immittit, aggrediens navibus Gimeias venit, vidensque S. Petri monasterium monachilis habitationis domibus adornatum, sanctumque reputans esse locum, morari illic distulit; sed ultra flumen ad capellam S. Vedasti naves applicuit; corpusque cujusdam virginis nomine Hameltrudis, quod secum adportaverat, super altare S. Vedasti posuit, huicque capellæ ex nomine virginis nomen sempiternum inhæsit. Diciturque ille locus ad sanctum Hameltrudem ab incolis. Audientes igitur pauperes homines, inopesque mercatores Rotomo commorantes, illiusque regionis habitatores, copiosam multitudinem Normannorum adesse Gimegias, venerunt unanimes ad Franconem episcopum Rothomagensem, consulturi quid agerent. Franco vero statim misit ad Rollonem, ut daret sibi pagoque manentibus securitatem. Rollo vero comperiens quod in urbe nec in finibus ejus moraretur nisi inerme vulgus, dedit episcopo suæ fidei tenore securitatem. Hincque gressum profuturæ sibi navigationis agitans, Rotomo venit, portæque, qui innexa est ecclesia S. Martini, naves plurimo milite fecundas adhæsit. Classe autem descendens, celerique gressu lustrans urbem, vidit disjectas moles ejus, avulsaque templorum saxa, ecclesias fundamento emotas, murosque hinc inde disruptos, parvamque manum et inermem, cœpitque animo hærere, inque unione intuitu visum defigere, reminiscens visionis quam viderat ultra mare.

APOSTROPHA.

O dux Rollo, potens, et præstantissime princeps,
Hæc urbs principe te Christo donante vigebit,
Pace serenato regno ædificabitur, olim
Bello consumptis Francis, populoque domato,
En mox ecclesiæ, quo te gaudere videbas;

En lavacri quo te epra purgarier, hic fons,
Ædificanda tuis hæc patria fonte novatis.
Urbe dabis populis leges et fœdera in ista,
Juraque districtæ pariter formidine pœnæ.
Tempore mirificum venturo jamque nepotum,
Aspera sepositis nitescent sæcula bellis,
Et super arma sedens furor impius, impietatis
Viribus explicitis, non quemquam voce lacesset,
Quin lupus asper, ovis, simul pascentur in agro.

Inde ad naves reversus, convocatis principibus quærit sagaci mente consilio suorum quid sibi sit faciendum. Tunc sui quasi futurorum præscii, divinæque inspirationis præsagio imbuti, dixerunt viva voce Rolloni : « Hæc terra copia frugum omnium « fecunda, arboribus nemorosa, fluminibus pisce « repletis discriminata, venatu diversarum ferarum « sufficienter copiosa, sed armigeris militibus vacua. « Nos hanc potestati nostræ subjiciemus, hancque « sorti nostræ vindicabimus. Finitimarum gentium « oppida, vicos, et castra atque urbes præliis adqui- « remus, ut requiescere possint turmæ post terga « nostra sepositæ. Forsan interpretatio tuæ visionis « vertetur in finibus istis. » Rollo igitur super responsis suorum lætus, a Rotomo divulsis navibus subvehitur ad Archas usque, quæ Asdans dicitur. Illico fama quid rerum usquam agitur conscia, compita Franciæ aggressa, intimat adesse Normannos, Sequanæ alveo innumerabili multitudine coadunatos. Franci vero illorum adventu, veluti repentino tonitru sono stupefacti, convocato Alstigno pervasore olim Franciæ, congregato immensæ multitudinis exercitu, venerunt super Othuræ fluminis decursum. Tunc Ragnoldus princeps totius Franciæ dixit Alstigno incentori totius nequitiæ : « Tu ista gente procreatus da nobis consilium super his rebus : » Alstignus respondens Ragnoldo comiti mox hæc intulit : « Si ante triduum requisisses a me consilium, cogitatione deprehensum darem tibi. Tantum mitte legatos ad illos, quid dicant sciscitaturos. » Tunc Ragnoldus : « Perge celeriter precamur, cujus voluntatis sint inquisiturus. » Alstignus respondit : « Non ibo solus. » Miserunt autem duo milites cum eo, Daciscæ linguæ peritos. Qui venientes super ripam fluminis, steterunt dicentes : « Regiæ potestatis comites mandant vobis, ut dicatis qui estis, et unde estis, et quid quæritis. » Ipsi vero responderunt : « Dani sumus, Dacia advecti huc. Franciam expugnare venimus. » Illi autem : « Quo nomine vester senior fungitur ? » Responderunt : « Nullo, quia æqualis potestatis sumus. » Tunc Alstignus scire volens quid de se dicerent, dixit : « Cujus fama huc advecti advenistis ? Si unquam de quodam Alstigno vestræ patriæ nato, huc cum plurimo milite adnavigato aliquid audistis ? » Responderunt : « Audivimus. Ille enim bono omine auspicatus est, bonoque initio cœpit; sed malum finem exitumque sortitus est. » Iterum Alstignus : « Vultis Carolo Franciæ regi colla submittere, ejusque servitio incumbere, atque ab eo quam plurima beneficia capere ? » Responderunt : « Nunquam cuilibet subjugabimus, nec cujuspiam servituti unquam adhærebimus, neque beneficia a quoquam excipiemus. Illud beneficium optime complacuerit nobis, quod armis et labore præliorum vindicabimus nobis. » Tunc Francigenæ : « Quid acturi estis ? » Hinc Dacigenæ : « Quantocius abscedite et amplius nolite stare, quia vestris ambagibus non curamus, nec quid acturi sumus vobis indicabimus. » Illi vero abeuntes, quod audierunt expedite exercitui renuntiarunt. Ragnoldus vero vertens ad Alstignum dixit : « Quid vobis videtur : Bellumne initiabitur ? Vos ex illorum gente estis, vos artem præliandi more Dacorum non ignoratis. Dicite quid sumus facturi ? » Tunc Alstignus veneni fera, vulpina arte suffultus, exercitum affatur : « Hæc gens juvenilis ætatis flore robustissima, armis edocta, præliaque quam plurima experta si invadetur, magnum periculum nobis generabitur. » Tunc quidam Francisci agminis signifer nomine Rotlandus dixisse fertur : « Quid huic consulitis ? Nunquam lupo lupus nec vulpis vulpe capietur. » His verbis incitatus dixit Alstignus : « Amodo a me bellum non blasphemabitur. » Interim Rollo, et qui cum eo erant, fecerunt sibi munimen, et obstaculum in modum castri, munientes se per gyrum avulsæ terræ aggere, locoque portæ relinquentes spatium prolixæ amplitudinis, quod apparet ad tempus usque istius diei. Franci vero diluculo venerunt ad ecclesiam S. Germani ibique missam audientes participantur corpore et sanguine Christi. Abhinc equitantes, in ripa fluminis naves, Dacosque in munimine avulsæ terræ videntes, amplum portæ aditum solum invaserunt. Daci vero intrinsecus hinc et inde per planitiem castri accubitarunt, atque scutis se cooperuerunt. Rotlandus signifer Ragnoldi, cum acie quam præibat exercituum, violenter per aditum miræ prolixitatis amplum super eos irruit, et debellare eos cœpit. Daci vero exsurgentes Rotlandum in momento interemerunt, et ejus sequaces. Ragnoldus et Alstignus, cæterique comites illic cunctos mortuos considerantes, terga vertentes, fugam expetiverunt hilares. Extemplo Rollo, convocatis de hostili fugatione reversis, dixit : « Quid mali egimus contra Francos ? Cur nos adsallierunt ? Quamobrem nos occidere maluerunt ? Illorum est initium mali, culpa invadentis, non obstantis : præsumptio occidere volentis, non defendentis. Quidquid mali contra illos hinc egerimus, offensione factorum suorum perpetrabimus. Eia, occupemus castra, et oppida illorum. Reddamus talionem cumulatis nimium malis pro offensa illorum. » Hæc exhortante duce Rollone, dimisso munimine avulsæ terræ, celeri cursu navigantes, præoccupaverunt Mellendis habitatores. Quam, interfectis principibus, cito subvertunt, totamque provinciam devastarunt.

Ragnoldus vero comes, congregato majore exercitu priore, iterum conatur eos invadere. Normanni autem se conglobantes strictim accubitaverunt se, ut parvissima putaretur summa eorum. Illico Ragnoldus init bellum, suæ sorti non profuturum. Daci vero per aciem Ragnoldi inconvulse pergentes, prosternebant duris verberibus plures. Videns autem Ragnoldus suos deficere, cœpit celeri cursu fugere. Cui quidam piscator Sequanæ attributus Rolloni, obviavit ei, teloque transverberatum occidit. Ragnoldidæ suum seniorem videntes mortuum, fugam torquentes nimium, equos expetiverunt. Tunc Rollo persequens eos, multos occidit, pluresque captos ad naves deduxit. Convocatisque fidelibus suis dixit : Age, nunc navigemus Parisius, civesque qui prælia fugerunt requiramus. Igitur Nortmanni ripa Mellendis naves divellerunt, Parisiusque circumdantes obsederunt, et prædam illius provinciæ ad obsidionem verterunt. Morante diu Rollone in Parisius obsidione, deficiebat præda longinquis regionibus rapta. Illico Nortmanni Baiogacensem pagum expetunt, totamque prædam rapientes, civitatem oppugnare cœperunt. Cives autem ne morerentur hostiliter eis restiterunt, Bothonem præcipuum Northmannorum comitem ceperunt. Northmanni de Bothone dolentes, miserunt qui dicerent ad Baiocacenses : Si reddideritis nobis Bothonem, dabimus vobis unius anni securitatem. Baiocacenses consilio ducti dixerunt ad invicem : « Melius est nobis spatio unius anni requiescere, quam pro uno comite totum præliis ducere. » Data igitur securitate, reddiderunt Bothonem asperrimum militem. Transacto vero anno, circumstante Parisius obsidione, Rollo Baiocas petit, eamque violenter cepit, totum funditus subvertit, captivosque et prædam totius regionis sibi vindicavit. Quin etiam quamdam Poppam virginem, specie decoram, superbo sanguine concretam, prævalentis principis Berengarii filiam secum lætus adduxit, eamque sibi connubio ascivit, et ex ea filium nomine Guillelmum gennit. Denique residens circum Parisius misit Ebroicas exercitum, ut caperetur civitas et episcopus. Qui veniens civitatem invasit, populorumque plures et prædam cœpit. Sed episcopus, Sehur nomine, Deo annuente, evasit. Statimque illius pagi prædam capientes, totam terram devastaverunt, Parisiusque reverunt. Talibus itaque exterritæ plurimæ gentes Franciæ, tributa solvebant Rolloni, plurimæ vero resistebant ei.

Angli vero audientes quod Rollo Parisiacam urbem obsedisset, rebusque Franciscis impediretur, atque æstimantes quod amico suo regi Alstemo in adjutorium non subveniret, tenorem fidei respuentes, cœperunt arroganter insolescere, contraque regem importunis bellis feritantes dimicare. Terra Anglisca exercitu regis et obstantium sibi devastabatur, publica res malis afflicta annullabatur. Militesque regis, et obstantium varii interitus morte præoccupabantur. Igitur Alstemus rex Christianissimus, cum non haberet unde arrogantiæ Anglorum resisteret, misit quemdam comitem ad Rollonem circa muros Parisiacæ urbis debellantem. Qui ad eum veniens, submisso vultu intulit dicens : Rex Anglorum Alstemus carum inextricabilis amicitiæ tibi munus. Quondam, domine mi, tu et Alstemus rex Anglorum pacificus, pepigisti mutui adjutorii fœdus, ut qui vestrum indigeret adjutorio, alterius muniretur suffragio ; et quem vestrum adversa fortuna protereret, alter illi in adjutorium subveniret. Quapropter inopinato jugo perfidorum Anglorum pressus, excellentem super omnia potentiam tuam precatur, ut succurras ei velociter, quia Angli te præoccupatum scientes negotio Francisci belli, non putant te subventurum proprius meo seniori. Rollo vero legato regis quod necesse erat tribuit, eique triduum jussit exspectare. Principibusque advocatis, quid acturus sit super hoc negotio, cœpit inquirere. Statimque misit ad principes civitatis, ut aut eam illi redderent, aut obsides darent; aut se ad defensionem præpararent. Cives autem noluerunt urbem ei reddere, nec obsides dare; sed festinant se contra diei venturi prælia præparare. Diluculo vero Rollo continui conflicti tempore consurgens, certamen diurnum iniit, civesque tota die præliis afflixit. Videns autem quod urbem non caperet, crepusculo noctis naves velis ornavit, Parisiusque dereliquit, atque Anglorum terram citius quam potuit, cum legato regis Alstemi pervenit. Tunc rex Alstemus dictis legati lætior effectus, copiosæ multitudinis exercitum vocavit, atque contra Rollonem ducem festinanter perrexit. Qui simul congressi, nimiumque amplexati, atque amicabiliter sunt osculati. Illico Rollo gratuita voce compellere cœpit regem : « Grates, domine Rex, tibi condignas persolvo, quia duodecim naves honestis militibus plenas, totidemque frumento, vino atque lardo onustas misisti mihi in Uvalgras. » Tunc rex præsaga voce dixit : « Tibi præmaximas debeo gratias, quia tibi a Deo datum regnum propter me dimisisti, mihique in adjutorium festinanter subvenisti. Non ignoras cujus rei causa mihi succurrere tibi mandavi. Regnum cui præesse et prodesse debeo, devastatur, decusque regiminis mei adnihilatur, quia Angli insolentia temeritatis tumidi et perversi meis nolunt obedire præceptis. Recedentes a me, sibi invicem conspiraverunt, meque meumque servitium abdicantes floccipendunt, quin etiam ususfructus meorum oppidorum sibi diripiunt. Precor igitur ut adjuves me eos elidere, et dispergere, eorum contumacem virtutem conterere et conculcare ; quatenus ad servitium licet inviti redigantur, et quod merentur pœnis acriter luant. Medietatem ergo regni mei tibi dabo, dimidiamque facultatem supellectilium meorum tibi sponte concedam. Sicque indissolubili conjunctæ amicitiæ fœdere colligati, teneamus regnum simul, totiusque honoris ejus fungamur bonis. » Dedit itaque rex Alstemus Rolloni regni dimidium, atque medietatem bonorum suorum. Dux Rollo statim regi respondit : « Tibi, domine rex, est imperare, mihi obedire. Quos vis conteram; quos volueris disperdam. Subvertam urbes eorum, villasque et oppida incendam ipsorum : proteram eos et dispergam, subjiciam eos tibi et occidam. Uxores et semen eorum captivabo, et armenta eorum devorabo. » His ab invicem expletis, pergunt unanimes contra Anglos regi obstantes. Rollo vero contra Anglos multa prælia exercuit, urbesque eorum obsedit. Quarum multa igne cremata depopulavit. Videntes autem Angli quod non prævalerent contra regem, sed deficientes affligebantur, venerunt ad Rollonem, flexisque genibus dixerunt : « Dacorum potentissime, nos regi Alstemo pacifica et concordare, quia inconsulti contra regem prævaricati sumus, fidelitatis vincula rumpentes quam ei promisimus. Nos ei obsides conservandæ fidei dabimus, hincque ei sponte incumbentes fideliter serviemus. » Rollo vero his auditis ad regem Alstemum ivit, et quod Angli retulerunt regi intimavit. Tunc rex motus pietate quondam suorum dixit : « Ne flagelletur respublica diutius, si consulis, o amice, ad serviendum nobis eos obsidibus datis recipiam. » Tunc Rollo : « Tu, domine, obsides perseveraturæ tibi fidei recipe. Ego vero advena, non cognoscens mores Anglorum, permansuræ fidelitatis mihi obsides recipiam. » Illico Anglorum quisque offensus comes, onera offensionis et pœnitentiæ deportans, regi unum, et Rolloni alterum obsidem dederunt. Sicque flagellati dudum, et pacificati per Rollonem quieverunt. Rex autem æstimans Rollonem esse moraturum omni cursu temporis in Anglica terra, denominat ejus medietatem regni, scilicet urbes et castra, villas et oppida, aulas et palatia, et quæ bonorum suorum supellectilia ; quin etiam deprecatur ut sinat se sacro fonte redimi, seque a commissis piari. Rollo autem semper memor visionis, precibus regis non acquievit, verum quæ suæ sortis erant, obsidibus ante regem conductis, vultuque sereno dixit : « Talionem modo, domine rex, pro bonis quæ mihi Walgris impendisti, reddidi. Regnum quod mihi ultro dedisti, per hunc mucronem duodecim libras auri capulo habentem, reddo tibi. Quin etiam obsides, qui mei juris sunt, et qui astant, jube recipi ; præcavens ne patrum suorum et avorum perfidia te iterum respuendo decipiat. Ego Franciam celeriter repetam, meosque inimicos affligam et conteram, disperdam et convincam. Tantum te deprecor ut qui me sequi maluerint, non prohibeas eis. » Rex autem admirans, et gratias super his dictis agens, dixit : « Dux præpotentissime, pars animæ meæ, ego tecum ibo. Regem, duces, et comites tibi humiliabo. » Respondit Rollo : « Nequaquam, domine, regnum dimittas, cui præesse et prodesse jugi juvamine debes. » Exemplo Rollo, amicabiliter rege relicto, congregata inenarrabili multitudine juvenum, transfretato portu Franciscum advehitur regnum. Statim comites exercitus sui dividens, alios alveo Sequanæ, alios Ligeris fluento, alios amne Gerundæ interjacentes provincias prædaturos, celeri navigatione misit. Ipse autem Parisius iterum veniens, cœpit urbem oppugnare, et terram super inimicos suos devastare.

Carolus autem rex audiens quod Rollo inopportunis bellis attritum subjugasset regi et sibi transmaritimum regnum, consilio Francorum rogat ad se venire Franconem Rotomagensem episcopum Rolloni jam attributum. Cœtu igitur Francorum congregato super tantis importunitatibus paganorum consulturo, jamque ascito Francone episcopo, condolens de egestate regni sui, dixit : « Regnum, cui præesse debeo, desolatur. Terra aratro non scinditur. Respublica et captivatur et occiditur. Obesse Rolloni nequeo, quia quotidie meis privor. Quapropter paternitatem sanctitatis tuæ rogo, et deprecor, ut acquiras nobis apud Rollonem sequestram pacem trium mensium : et si forte his diebus Christianum fieri se voluerit, maxima beneficia ei dabimus, magnisque donis eum remunerabimus. » Franco vero, his auditis, Rotomo reversus, Rolloni duci humillimis precibus dixit : « Rex Francorum mandat ut des illis pacem trium mensium, forsitan dabitur salubre consilium inter te et illum. » Rollo autem, his auditis, consilio suorum dedit regi pactum trium mensium. Spatio vero hujus brevissimi temporis quievit terra a paganis. Audientes autem Burgundiones, Richardus scilicet, vel Ebalus Pictavensis comes, quod Franci imbelles, armisque frigidi, quasi effeminati petissent securitatem Rollonis, miserunt ad regem, et ad comites, dicentes : « Terram quam tenetis cur sinitis vastari a paganis? cur non auxiliamini quibus præesse et prodesse debetis, suisque finibus exterminatæ cur non resistitis genti? Nos vobis si volueritis auxiliabimur, et si forte ingruerit contra nos bellum voluntarie aderimus. » Franci vero his contumeliose sermonibus exasperati, finito termino securitatis cœperunt rebellare paganis. Illico Rollo putans se propter securitatem quam dedit, a Francis vilem æstimatum, ferociter et crudeliter devastando provincias, cœpit laniare, et affligere, atque delere populum. Sui autem in Burgundiam pergentes, perque Jonam in Sigonam navigantes, terrasque amnibus affines usque Clarum montem undique secus devastantes, Senonis provinciam invaserunt, atque cuncta depopulantes ad Sanctum-Benedictum contra Rollonem revenerunt. Videns autem Rollo monasterium Sancti-Benedicti, illud contaminare noluit, nec prædari illam provinciam propter sanctum Benedictum permisit. Stampas equidem adiens totam terram adjacentem perdidit, quamplurimos captivavit. Inde ad Villemez veniens finitimas terras prædavit, hincque Parisius remeare acceleravit. Rustici vero videntes Francos robustissimos bellatores et Burgundiones asperrimos pugnatores penitus adnihilatos, congregantes incomprehensibilem numero multitudinem, desueta arma nequicquam gerentem conantur invadere Rollonem. Rollo autem respiciens vidit aerem pulverulentum, creberrimoque concursu peditum densius obnubilatum ; convocatis principibus suis dixit : « Populus peditum nescio an equitum nos sequitur. Pedites nostri celeriter viam petant, equites nobiscum remaneant; ut videamus cujus fortitudinis sint qui nos perdere volunt. » Exspectante autem Rollone cum equitibus, appropinquaverunt rustici, equites cum peditibus. Illico Rollo irruit super villanos, crudelique nece illos usque ad internecionem prostravit, et contrivit eos, cædeque maxima peracta, repedavit ad suos. Postea vero Rollo nimio furoris æstu inhians, et flagrans super suos inimicos civitatem Carnotis hostiliter expetiit, atque Dunensem comitatum et Carnotensem vastans, cum magno exercitu obsedit. Quidam vero episcopus Guvaltelmus urbi præerat religiosissimus. Is mœrens et ejulans, continuisque orationibus instans, misit ad Burgundionum ducem Richardum, et ad Pctavensem comitem Ebalum, ut subvenirent urbi morte præoccupatæ pro amore Dei in auxilium.

DE CARNOTIS LIBERATIONE.

Misit autem et ad Francos hujus mœstiferæ legationis nuntios. Qui celeriter Richardo comiti adhærentes invaserunt Rollonem circa muros Carnotis præliantem. Rollo vero, more solito, constanter irruit super illos. Franci vero et Burgundiones vires resumentes, ausumque iterum capientes, invadunt Rollonem duriter illis obstantem. Cæsis ergo Christianorum ac paganorum pluribus stabat uterque in prælio exercitus, mutuans vitam alternis ictibus; cum subito Guvaltelmus episcopus quasi missam celebraturus, infulatus bajulansque crucem atque tunicam sacrosanctæ Mariæ virginis in manibus, prosequente clero cum civibus, ferratisque aciebus constipatus, exsiliens de civitate, paganorum terga telis verberat et mucronibus. Cernens autem se Rollo inter utrumque exercitum stare, seque non prævalere, suosque decrescere, transiens per medium illorum, cœpit ab eis declinare, ne præoccuparetur morte.

APOSTROPHA.

Rollo potensque valensque asperrimus armis,
Ne verecunderis si jam fugitivus haberis,
Non te Franco fugat, te nec Burgundio cædit,
Concio multimodæ gentisque utriusque phalangis :
Sed tunica alma Dei genitricis Virginis, atque
Reliquiæque simul, philateria, cruxque verenda.
Quam velut in manibus meritis præsul reverendus,
Velle tuum semper tibi posse, velut fuit olim :
Et modo velleque posse tuum legaliter ibunt,
Posseque velle tuum humanum jamjamque reno-
 [scent.
Velle tuum modo posse suum * spectabit amicum,
Posseque velle suum sic præstabitur ipsum.
Conjunctis pariter his disjunctisque duobus,
Aut facies, aut non, quæcunque negotia rei,
Quis sine perficies nullius summa negotii.
Sæpe adquirit uterque suum violenter amicum.
Sæpe resistit uterque suo rapido obice amico.
Natura servante modum, quam propter amicum
Conditio humani figmenti tristis habetur.

ITEM APOSTROPHA AD ROLLONEM.

Multimodas perpesse minas, nimiosque labores,
Unde fatigavit temet fortuna querelis.

Inde tibi meliora dabit jam fruge perenni.
Aspera tot tolerata diu modo læta sequentur.
Gaudia longa metes hinc hinc mœrore subacto.
Te labor artificem belli hucusque peregit :
Post hos mœrores sat dona quietis habebis.
Namque labore gravi concrescunt præmia multa.

Quædam acies paganorum evadens forte prælii periculum ad Leugas pervenit, et montis excelsa subiit. Finito igitur tali et tam magno certamine belli, Ebalus vespere advenit cum suis. Francosque et Burgundiones imprecatur nimis : « Me pro nihilo duxistis, quando prælium sine me inchoastis. Blasphemabor a cunctis gentibus, quæ audituræ sunt hos eventus. Proh dolor! mallem mori cum isto populo quam abesse prælio. » Tunc Franci et Burgundiones dixerunt ad Ebalum sine re querulum. « Adhuc exspectat te aliquid certaminis, quo potes te tuosque experiri. Considera Northmannos prælio fugatos, cacumen montis causa præsidii aggressos. Præcipita ergo eos a monte, eorumque superbiam elide. Vindica sanguinem Francorum et Burgundionum, hoc campo, heu dolor! jacentium. Sentiant te modo advenisse, qui gloriantur se periculum mortis evasisse. » His igitur dictis, Ebalus invadit Northmannos in monte nimium exterritos. Ebalus autem ascendebat montem cum suis, Daci vero resistebant ei jaculis. Ebalus jaciebat eo missilia, Daci vero violabant eos jaculis. Ebalidæ tentabant ascendere cacumen montis, Rollonidæ præcipitabant eos usque ad basim montis. Ebalidæ sæpes et parietes, quas Daci ad capiendam civitatem fecerunt, ad montem deportaverunt. Daci vero easdem parietes et sepes illis abstulerunt et se ex illis circumdando munierunt. Populus vero Francorum exspectabat finem jurgiorum. Ebalus igitur videns quod non proficeret ei initum certamen, venit ad Richardum ducem in campo prælii castra metantem. Tunc exercitus montem circumsepsit, ne posset ullus elabi. Videntes autem Daci se circumseptos plebe, dixerunt ad invicem : Si exspectetur forte dies futurus, omnes gladio interimemur. Frisonum quidam de gente natus, qui erat illis acceptus, dixit mortem timentibus : « Dabo consilium vobis profuturum. Intempestæ noctis silentio quidam nostrorum de cacumine montis clam descendant, et forinsecus circa tentoriæ buccina clangant. Illi namque audito clangore tubarum, autumantes adesse Rollonem nostrum ducem, formidolosi stupidique, atque pavidi fugitabunt, huc illucque divisi. Nos vero de monte descendentes irruamus super castra principum, duriterque debellando eos, transeamus per medium illorum, et festinemus aggredi seniorem nostrum, et sic evademus mortis periculum. » Responderunt : « Congruum nobis et salubre secundum quod accidit, das consilium. Melius est nobis ita agere, scilicet aut elabi, aut mori, quam hic morari, nosque vivos comprehendi, et pœnis diversis affligi. » Idcirco obscuræ noctis conticino descenderunt quidam de monte, et per tentoria clam transeuntes ultraque venientes, cœperunt forinsecus tubis clangere, terroremque repentinum eis incutere. Cæteri vero cum magno tumultu, magnoque scutorum fragore elabentes velociter de monte, invaserunt Richardum tentoriis soporatum. Sicque ferociter præliantes, et per medium exercitum transmeantes, viam quam Rollo tenuit citatis gressibus liberati pergunt; atque super Othuram venientes, loco alto palude circumdato gressum fatigati figunt. Exercitus vero nimium exterritus cœpit hac illacque fluctuare, putans Rollonem adesse. Ebalus vero hujus rei terrore domum cujusdam fullonis expetiit, atque diu in ea delituit. Exercitus autem, lucescente aurora, montem videns hostibus vacuum, eos prosequitur quousque morabantur. Nortmanni vero innumerabilia animalia, quæ secum adduxerant, statim occiderunt; atque tergora dimidia animalium diripientes et excoriantes, ex cadaveribus ipsis castrum circa se fecerunt; ponentesque unum super alium, coria sanguinolenta forinsecus avellerunt, ne equi stupidi equitesque mirantes appropinquarent. Franci vero et Burgundiones prosecuti eos cum adessent, castellumque ex corporibus equorum, boum, asinarum, caprarumque et bidentium conseptum, tergoraque forinsecus pendentia vidissent, dixerunt ad invicem : « Quis invadet istos? qui vult vitam perdere, accedat ad carneum castrum et mirabile. » His dictis, quique repedarunt sua, Daci vero navium contubernia. Rollo autem videns milites suos, gratulanter dixit ad illos : « O robustissimi, armisque asperrimi! Quomodo prælia evasistis? » Tunc illi cuncta quæ acciderant retulerunt Rolloni. Rollo vero ita exagitatus, furiis acerrimis bacchatus, cœpit totam terram vastare et delere, atque incendio concremare. Illico omnis salus conclamatur fiduciaque vivendi non reperitur, publica res adnihilatur, ecclesiæque desertæ habentur.

Franci vero non valentes paganis resistere, totamque Franciam videntes ad nihilum venire, unanimiter ad regem venerunt, atque dixerunt : « Cur non auxiliaris regno, cui præesse et prodesse debes sceptro? Cur non pax consilio acquiritur, quam nec bellis nec ullo defensionis obstaculo adipisci possumus? Honor et potestas regalis subjicitur, paganorum insolentia erigitur. Franciscæ regionis terra quasi solitudo habetur, quia ejus populus aut fame aut gladio moritur aut forte captivatur. Tuere regnum si non armis, vel consilio. » Tunc rex Carolus his dixit furibundus : « Date mihi consilium, quod regno et nobis sit salubre et congruum. » Tunc Franci : « Dabimus, si nobis credideris, consilium tibi et regno condignum et salutiferum; ut requiescat populus nimis penuria afflictus. Detur terra a fluvio Andellæ usque ad mare paganorum gentibus; filiam quoque tuam Rolloni conjugio junge. Et ex hoc potes multum contra gentes tibi obstantes prævalescere; quia Rollo superbo regum ducumque sanguine natus, corpore pulcherrimus, armis fervidus, consilio providus, aspectu decorus, contra suos mansuetus, cui promittit fidus amicus, cui adversatur atrox inimicus ; sagaci mente Vasallus, constans et lenis ut res expostulat in omnibus, sermone instructus, docilis in rebus, actibus benevolus, eloquio honestus, virtute virili repletus, humilis conversationibus, rebusque forensibus prudentissimus, in judicio justus, in secretis cautissimus, auro argentoque ditissimus, creberrima militum frequentia assidue constipatus, quin etiam omni bonitate est exaggeratus. » Confestim Carolus his consultus misit Franconem archiepiscopum Rothomagensem ad Rollonem paganorum ducem. Qui veniens ad eum blandis sermonibus cœpit alloqui : « Omnium ducum præstantissime, cunctorumque præcellentissime, litigabis vita comite semper contra Francos, præliaberis semper contra illos? Quid de te si morte præoccupatus fueris? Cujus figmenti es? Deum te esse æstimas? Limo plasmatus, nonne homo es? Nonne es esca vermium, cinisque et pulvis? Memento qualis es et eris, et cujus judicio damnaberis. Herebro, ut reor, frueris, nec quemquam lacesses ultra præliis. Si vis Christianus fieri, præsenti futuraque pace poteris frui, ditissimusque hac terra morari, Carolus rex patientissimus, consilio suorum ductus, hanc terram maritimam ab Anstigno et a te nimium devastatam vult tibi dare. Quin etiam ut pax et concordia, atque amicitia firma, et stabilis atque continua, omni tempore inter te et illum permaneat, filiam suam, Gislam nomine, uxorem in conjugio dabit tibi; qua copula prole lætaberis, regnumque in perpetuum tenebis. » Quo audito, convocat majores Dacorum, et quæ episcopus sibi retulit narrat in auribus eorum. Daci vero, reminiscentes somnii interpretationum, dixerunt Rolloni : Terra hæc penitus desolata militibus privata, aratro non exercita, arboribus bonis referta, fluviis genere diversorum piscium plenis divisa, venatu opulenta, vineis non ignara, glebis cultro elaboratis fecunda, mari affluentiam diversarum rerum daturo ex una parte circumdata, altera decursibus aquarum deportantium navigio cuncta bona, quasi Franciæ regno discriminata, si fuerit frequentia hominum visitata, valde erit fertilis et uberrima : nobisque ad habitandum sufficiens et congrua. Filia quam tibi spondet, utriusque progeniei semine regulariter exorta, staturæ proceritate congrua, forma, ut audivimus, elegantissima, virgo integerrima, consilio provida, forensium rerum negotio cauta, conversatione facillima, colloquio affabilissima, manuum labore peritissima, quin etiam virginibus cunctis præcellentissima, decet ut copuletur tibi connubiali amicitiæ. Et ex hoc videtur salubrius nobis consilium, in melius profuturum, et ab alicujus rixæ errore inconvulsum, quod filiam regis habebis in conjugio fœderum. Reminiscere somnii interpretationum, mysticorumque ejus intellectuum. Ut remur, in istis finibus vertetur nobis in prosperum. Satis præliati sumus, Francosque debellavimus; consequens videtur nobis ut requiescamus, fructibusque terrae patienter fruamur. Remitte regi episcopum, ut si dederit tibi quod spopondit, te dicat suo servitio esse promptum. Remanda ei securitatem pacis trium mensium, et ut sequestrae pacis spatio veniat, si vult, contra te ad placitum, faciatque verborum suorum et promissionum te per omnia securum. » Statim Rollo supra dicto episcopo intimavit, regique ut haec diceret ad eum remisit. Qui veniens ad regem, convocato episcoporum, comitum, atque abbatum coetu, dixit : « Rollo dux Northmannorum tibi amoris et amicitiae inextricabilis, quin etiam servitii pactum, si dederis filiam tuam, ut ei dixisti, conjugem, terramque maritimam in sempiternam per progenies progenierum possessionem, manus suas se subjugando tibi dabit fidelitatis gratia, tuumque servitium incessanter explebit. Poterisque per eum obstantium et jurgantium tumores contra te retundere, nimiumque confortatus convalescere. » His ab episcopo renuntiatis, congratulantur Franci, suggeruntque unanimes regi ut det filiam suam terramque Rolloni. Rex vero Francorum, prece coactus, dedit filiam suam vice Rollonis episcopo per pignus, in vinculo sacramenti et conjurationis. His rerum opportunitatibus factis, determinatis, et confirmatis tempore locoque determinato, atque sequestra pace data, redierunt quique ad sua. Franco Rothomagensis archiepiscopus Rollonem adiit, et cuncta quae fecit ordinatim illi narrando exposuit. Rollo igitur et sui, his renuntiatis, nimium exhilarati, typicum intellectum rememorant visionis.

Rotbertus autem dux cum audisset quod rex Carolus filiam suam daret Rolloni, et pacificarentur vicissim paxque fieret totius orbis, misit verbis pacificis ad Rollonem nuncium subsequentia verba dicturum. Cumque adesset, Rolloni verbis precativis dixit : « Rotbertus dux Francorum tibi fidele servitium. Audivit concordiam tui et regis, et inde laetatur nimis. Congruum esse tibi dicit, te tuosque requiescere, terramque datam reaedificare, urbes et moenia restaurare, teque perpetua pace vivere. Satis exercuisti praelia, satis demonstrati arma virilia. Satis cujus virtutis esses declarasti, satis plurimis periculis incubuisti, satis vas emeritus, satis toto orbe laudatus. Quin imo dux idem deprecans, flexis animi genibus mandat tibi, ut testificatum in Christi nomine et in fonte salutifero baptismate lotum suscipi ab eo te sinas. Hinc eritis, si tibi placuerit, inseparabiliter fidi amici, nullusque contra vos stare poterit, facietque incessanter vestrum servitium, regemque tibi omni tempore benevolum. » His dictis, consilio Franconis episcopi, suorumque comitum dixit : « Volo consentire regi Francisque, ut veniat ad denominatum placitum, meque redimat fonte immersum. Hic mihi sit paterno amore pro patre, ego filiorum dilectione ero illi pro filio. Succurrat mihi, si necesse fuerit, ut pater filio; ego illi, ut filius patri. Gaudeat mea prosperitate, tristetur mea adversitate. Quae meae potestatis sunt, sui juris sint, et quae mei juris, suae potestatis sint. » Internuntius igitur quae audivit, Rotberto duci renuntiavit. Statuto idcirco tempore venerunt ad determinatum locum, qui dicitur ad Sanctum Clerum. Rollonis autem cis Eptae fluvium sedit exercitus, regis vero et Rotberti aluinsecus. Exemplo Rollo misit ad regem Francorum archiepiscopum verba dicenda dicturum : « Rollo non potest tecum pacificari, quia terra quam illi vis dare inculta est vomere, pecudum et pecorum grege omnino privata, hominumque praesentia frustrata. Non habetur in ea unde possit vivere, nisi rapina et praedatione. Da illi aliquod regnum unde conducat sibi cibum, et vestitum, donec impleatur terra quam illi das opulentiarum congerie, reddatque temporinos fructus victuum, hominum, et animalium. Quin etiam non conciliabitur tibi, nisi terra, quam daturus es, in sacramento Christianae religionis juraveris, tu et archipraesules et episcopi, comites et abbates totius regni, ut teneat ipse et successores ejus ipsam terram ab Eptae fluviolo ad mare usque quasi fundum et alodum in sempiternum. » Tunc Rotbertus dux Francorum, et qui aderant comites et episcopi, cum abbatibus, dixerunt regi : « Non habebis ducem tanti honoris, nisi quod concupiscit feceris. Si non propter servitium quod reperit a te dederis, saltem da illi propter cultum Christianae religiositatis, ut acquiratur tantus populus Christo, qui interitus est errore diabolico. Et ne culmen totius regni tui, Ecclesiae, quae adnihiletur impetu infestantis exercitus, cujus advocationis patrocinio vice Christi fungens, debes esse rex et advocatus constantissimus. » Tunc Flandrensem terram, ut ex ea viveret, voluit rex ei dare; sed ille noluit prae paludium impeditione recipere. Itaque spondet rex ei Britanniam dare, quae erat in confinio promissae terrae. Illico Rotbertus et Franco episcopus renuntiaverunt omnia Rolloni; et adduxerunt illum integritate Christianae fidei, obsidibus datis, Carolo regi. Franci vero intuentes Rollonem totius Franciae invasorem, dixerunt ad invicem : « Magnae potentiae iste dux, magnaeque virtutis, atque magni consilii et prudentiae, quin etiam laboris, qui tanta praelia exercuit contra comites istius regni. » Statim Francorum coactus verbis, manus suas misit inter manus regis, quod nunquam pater ejus, et avus, atque proavus cuiquam fecit. Dedit itaque filiam suam Gislam nomine uxorem illi duci, terramque determinatam in alodo, et in fundo, a flumine Eptae usque ad mare, totamque Britanniam de qua posset vivere. Rolloni pedem regis nolenti osculari dixerunt episcopi : « Qui tale donum recipit, osculo debet exp. tere pedem regis. » Et ille : « Nunquam curvabo genua mea alicujus genibus, nec osculabor cujuspiam pedem. » Francorum igitur precibus compulsus, jussit cuidam militi pedem regis osculari. Qui statim pedem regis arripiens, deportavit ad os suum, standoque defixit osculum, regemque fecit resupinum. Itaque magnus excitatur risus, magnusque in plebe tumultus. Cæterum Carolus rex, duxque Rotbertus, comitesque et proceres, præsules et abbates, juraverunt sacramento catholicæ fidei patricio Rolloni vitam suam, et membra, et honorem totius regni, insuper terram denominatam, quatenus ipsam teneret et possideret, hæredibusque traderet, et per curricula cunctorum annorum successio nepotum in progenies progenierum haberet et excoleret. Ilis, ut dictum est, expletis, rex Carolus ad sua remeavit. Rotbertus et Franco cum Rollone remansit.

APOSTROPHA AD ROLLONEM.

Rollo, tui visus capies ex mystico sensu.
Ecclesiæ stabis præcelso vertice montis.
Fonte salutifero scelerum purgabere lepra.
Nunc homines, volucrumque loco scuta gerentes,
Ss Ecclesiæ montem scandentes fonte piabunt.
Extremum quorum capies nunquam quoque visu.
Immunes scelerum libabunt mystica sacra,
Nidorumque domos facient montis juga circa.
Ecclesiasque struent diverso munere fultas.
Dux bone, Dux pie, Patrici semperque verende,
Adsunt cuncta tibi, quæ somno animus tuus hausit.
Serva baptismo quod jam promiseris almo.
Linque opus infandum Satanæ, quin toxica sacra,
Quære Deum verum vote et prece supplice semper,
Observa mandatorum præcepta suorum,
Da leges populo, doctis sancitaque jura.
Pace fruens populus gaudebit tempore cuncto,
Subque tua ditione morans semper, habitansque.
Latronumque furum insidiis frustrabitur omnis.
Ecclesiæ summus tutor, inopumque juvator,
Pacificus regni protector, et auxiliator,
Defensorque gubernator, moderator, et auctor.
Perpetuo vigeas meritis vivacibus ævo.

Anno a Domini nostri Jesu Christi incarnatione nongentesimo duodecimo, Franco archiepiscopus catholica fide sacrosanctæ Trinitatis imbutum Rollonem baptizavit, duxque Francorum Rotbertus de fonte Salvatoris eum suscepit, nomenque suum ei imposuit, magnisque muneribus et donis honorifice ditavit. Rotbertus autem, qui et Rollo, comites suos et milites omnemque manum exercitus sui baptizari fecit, atque Christianæ religionis fidei per prædicationes instrui. Hinc convocato Francone episcopo, quæ ecclesiæ venerationes in sua terra haberentur sciscitatur, et quæ potentiores merito et patrocinio sanctorum dicerentur. Tunc Franco : « Rothomagensis, et Bajocacensis, atque Ebroicacensis ecclesia sacrosanctæ Mariæ matris Domini nostri Jesu Christi et Virginis in honore est dedicata. In periculo maris ecclesia monte posita, Archangeli Michaelis paradisi præpositi nomine prætitulata. In suburbio civitatis istius est monasterium sancti Petri apostolorum principis nomine consecratum; in quo recubabat istius urbis venerabilis archiepiscopus nomine Audenus, signis et virtutibus nimium coruscans, ob metum tui adventus ad Franciam est deportatus. Gimegias, quo prius accessisti, est templum sancti Petri, regnum cœlorum clavigeri meritis suffragatum. Plures sunt ecclesiæ in tua ditione positæ, sed hæ sunt præcipuæ. » Tunc Rotbertus : « In confinio nostræ potestatis quis sanctus potentior meritis habetur? » Franco : « Sanctus Dionysius natione Græcus, per sanctum Paulum ad fidem catholicam conversus, postea a beato Clemente Petri apostoli successore Franciæ ad prædicandum transmissus, multa flagella paganorum perpessus, diuque verberatus, ad ultimum pro amore Dei hebetatis securibus capite plexus. » Tunc Rotbertus : « Antequam dividatur terra meis principibus, Deo et sanctæ Mariæ, sanctisque denominatis, desidero partem istius terræ dare, ut dignentur mihi in auxilium subvenire. » Franco : « Consilio divinitus inspirato uteris, congruumque est tibi his septem diebus, quibus albatis chrismatis et olei vestibus es indutus, fieri. » Dedit itaque Rotbertus prima die baptisterii Deo et sanctæ Mariæ Rothomagensis ecclesiæ terram præmaximam canonicis in perpetuum possidendam. Secundo die, sanctæ Mariæ Bojocacensis ecclesiæ. Tertio die, sanctæ Mariæ Ebroicacensis ecclesiæ. Quarto, archangeli Michaelis ecclesiæ, vicibus inundatione procellarum maris circumseptæ, secundum cursum lunæ incrementati septenarii numeri dispositione. Quinto, sancti Petri sanctique Audoeni ecclesiæ. Sexto, sancto Petro sanctoque Aicardo Gemeticensis ecclesiæ. Septimo, Brenneval cum omnibus appenditiis sancto Dionysio dedit. Octavo die expiationis ejus, vestimentis chrismalibus vel baptismalibus indutus, cœpit metiri terram verbis suis comitibus, atque largiri fidelibus. Denique præparato magno nuptialium cultu, Gislam filiam regis uxorem sibi duxit, pro qua se Francis conciliando pacificavit. Securitatem omnibus gentibus in sua terra manere cupientibus fecit. Illam terram suis fidelibus funiculo divisit, universamque diu desertam reædificavit, atque de suis militibus adveniusque gentibus refertam restruxit. Jura et leges sempiternas voluntate principum sancitas et decretas plebi indixit, atque pacifica conversatione morari simul coegit. Ecclesias funditus fusas statuit, templa frequentia paganorum destructa restauravit, muros civitatum et propugnacula refecit et augmentavit. Britannos rebelles sibi subjugavit, atque de cibariis Britonum totum regnum sibi concessum sufficienter pavit. Denique in terra suæ ditionis bannum, id est interdictum, misit, quod est prohibitio, ut nullus fur vel latro esset, neque assensum malæ voluntatis ei præberet. Denique interdixit ut nullus ferramenta aratri domui deportaret, verum in campo cum aratro relinqueret, et nullus post equum, asinumque, atque bovem, ne perderet, custodem mitteret; hujus interdicti pavore quidam agricola manens in Longapetentis villa, aratri utensilia campo dimisit, atque appropinquante meridie causa edendi domum suam venit. Quem uxor duris verbis et obstinato corde coepit increpitare, cur dimisisset aratri necessaria, et adjacentia in suo labore. Diu molesta atque increpans virum, dedit ei manducare. Interim volens suum maritum facere hujus rei, ne dimitteret amplius, sollicitum, citius quam potuit clam expetivit campum, et sustulit sibi corrigias jugi pomeremque et cultrum; atque ne videret maritus subducendo ea, quasi aliunde veniens repetivit domum. Maritus ejus saturatus surgens, suique laboris campum pergens, necessaria aratri non invenit : inde tristis domum revertens, querulae conjugi indicavit. Quae coepit eum invective et invisorie increpans dicere : « Nullius utilitatis homo, vade nunc ad Rotbertum ducem, et ipse faciet cito te aratorem. » Ille citus ad Rotbertum cucurrit, atque commoda aratri sibi frustrata duci retulit. Illico Rotbertus convocans quemdam praepositum, dixit ad eum : « Da quinque solidos isti agricolae, quibus possit quae perdidit emere. Tu quantocius villam pete, atque auctorem furti ignifero judicio inquire. » Villicus vero habitatores villae cunctos igne examinavit, nullumque illorum furti reum reperiens, Rolloni duci renuntiavit. Qui convocans Franconem archiepiscopum dixit : « Deus christianorum, in cujus nomine baptizatus sum, si est conscius rerum, mihi mirum cur non innotuit suo nomine igne tentatum nobis furti reum. » Franco : « Adhuc ignis culpabilem non tetigit. » Et Rotbertus ad praepositum : « Vade iterum et ad habitatores affinium villarum, in nomine Jesu Christi examina per ignis supplicium. » Qui, jussa complens ducis, intimavit neminem se invenisse culpabilem. Qui aratorem statim vocavit, et ab eo inquirit, cui quod remansisset utensilia aratri in campo, dixisset. Agricola respondit : « Uxori. » Quae vocata venit, duxque ad eam dixit : « Quid de vomere cultroque mariti tui fecisti? » Illa se non habuisse negavit. Quae scopis diverberata fidem furti omnibus fecit. Tunc Rotbertus ad maritum : « Sciebas tuam uxorem esse furem? » Cui ille : « Sciebam. » Et Robertus : « Duobus decretis digne morieris, uno, quod caput mulieris es, et eam castigare debuisti. Altero, quod assensor furti fuisti, et indicare noluisti. » Statim utrumque laqueo fecit suspendi, crudelique morte finiri. Hoc judicium exterruit habitatores terrae. Nullusque ausus est postea furari, vel latrocinari. Atque sic quievit terra vacua furibus et latronibus, atque siluit privata cunctis seditionibus.

Continua igitur pace, diuturnaque requie laetabantur homines, sub Rotberti ditione securi morantes; locupletesque erant omnibus bonis, non timentes exercitum ullius hostilitatis. Carolus namque rex quodam tempore misit duos milites Gislae filiae suae, Rotberto duci connubio vinctae. Gisla autem cum vidisset milites patris sui, quadam domo, ne viderentur a Rotberto suo conjuge, seposuit; cunctaque bona illis largiens, nimis diu morari fecit. Rotbertidae comites admirantes quod milites Caroli regis Rothomo morarentur, et presentia Rotberti ducis non fruerentur, venerunt ad eum, et dixerunt : « Cur nobis quod Carolidae tibi dixerunt non innotuisti? » Rotbertus : « Ubi sunt soceri mei legati? » Responderunt : « Uxorius es, et effeminatus; quia tuam praesentiam vitantes, uxori tuae adsunt. » Dicebant igitur Rotbertum eam non cognovisse maritali lege, statimque dux ira commotus, tirones suae domus fecit absconsos comprehendi, et ad forum venalium rerum duci, ibique concurrente plebe jugulari. Audiens autem Rotbertus dux Francorum, quod pro nece duorum militum, colligatae pacis inter regem et Rotbertum Northmannorum ducem vincula soluta diruptaque essent, coepit contra Carolum stare, eumque adnihilare, et sua depopulari. Misitque legatum ad Rotbertum Rothomagensem dicens : « Tuo consilio, tuoque suffultus adjutorio volo istud regnum super Carolum accipere, eumque Francia fugare. » Tunc Rotberto Rothomagensis respondit legato Francorum ducis : « Modo tuus senior nimis vult equitare, ultraque legem agere. Quae regis sunt tantum disperdat, regimen nolo ut accipiat. » Erat autem conjux Gisla filia regis jam defuncta. Quid accidit inter Carolum et Rotbertum hic non memorabitur, quia alias legitur. Rotbertus Northmannorum patricius grandaeva aetate, nimioque labore praeliorum consultus, convocatis Dacorum Britonumque principibus, dedit omnem terram suae ditionis Guillelmo Popae filio, atque inter manus Guillelmi adolescentis manus suas mittentes principes, colligavit illi conjurationis sacramento. Postea uno lustro vivens, aetatis suae defectu, effetoque viribus corpore, equitare non valens, regnumque pacificatum solidum et quietum tenens, lugubris damni passus dispendium, inevitabilisque mortis casum plenus dierum migravit ad Christum, cui est honor et gloria in saecula saeculorum. Amen.

EPILOGUS

Nauta rudis pelago commissus vela profundo,
Classe vehor parva, rimisque foramine plena,
Puppeque quassata, prora tumido aequore fracta,
Confractisque gubernaculis, remisque peremptis,
Omnibus et velis violento turbine scissis,
Naufragus, attonitus, stupidus, hebes, anxius, an-
[ceps.
Syrtibus implicitus, pro nescio nunc quid agetur.
Ah! misero mihimet nullus patet exitus usquam
Fluctibus incluso nimiis, septoque procellis.
Ah! mihimet coelum undique, et undique pontus
[habetur
Aequor permensus medium huc vix usque natavi
Non intrasse salum mallem, quam hic periisse.

Puppe sub exigua per confraga murmurat æquor,
Fluctibus infestis pelagi spumante procella,
Æquora jam lambunt inimica pace carinam,
Pestifero amplexu horrendis flabris nocitura.
Viribus iratis tencor maris ursa rapina,
Undaque curvatos sublata sinus quatit acre.
Hæreo nunc tremulis temerarius arbiter undis
Sed tu, quem statum mobilem, motum stabilemque
Veridici perhibent, cum sit motus quoque status.

A Fluctivagæ æquoreos mentis compesce tumores,
Syrtes pestiferas cordis disrumpe vagantis,
Atque procellosi ingenii sustolle carinam;
Ut gubernaculis, remisque, velisque refectis,
Ingenii, sensus, intellectusque pusilli,
Jamque hujus operis pelago fervente meato,
Tranquillum possim conscendere navita portum
Sanguine martyrii fluidum, palmaque decorum,
Profusum et nitidum cunctorum flore honorum.

LIBER TERTIUS.

PRÆFATIO.

Olim discipulos omnipotens Deus,
Sacra Virgine matris editus et satus,
Vere nostra fides Sarcalogon quem ait,
Puppim scandere præcepit, abireque
Ultra velivolum et fluctivagum mare.
Plebes innumeras sedere mox jubet,
Et montis subiens alta cacumina,
Numen siderei postulat ad Patris.
Noctis cæruleæ mox crepere obvio,
Diræ ferbuerant æquora livida,
Lævo prætumido flamine gurgitis,
Conclamata salus, spesque fiducia,
Cunctis discipulis perstrepidis nimis
Aeris pestifera mortis imagine.
Quartæ nam stationis tumido situ
Chrisius se pelago fluctivago intulit
Sicco vestigio, seque per æquora
Fert fluctu liquido passibilis maris,
Offert discipulis seque trementibus.
Tunc artus tremulos occupat et pavor,
Hærent discipulum corda stupentia.
Ignorant quid agant fine sub ultimo.
Terror pectora sat verberat algidus,
Clamor sidera pulsat nimius poli.
Postquam se innotuit discipulis Deus,
Præsiccis pedibus stans fluido mari
Petrus mox Domino verba sonantia
Sumptis viribus et robore prætulit.
O tu Christe potens ætheris et maris
Si nos sancta adiit nunc pietas tua,
Estque tuta fides omnibus, et proba,
Tecum pergere me præcipe per mare.
Præcepti imperio nunc vegetabilis
Indulgens favet his, et retulit : Veni.
Fidens in Domino, qui potis est maris
Petrus moxque ratem deserit ocius,
Et dat vestigium fluctibus æquoris.
Mentem perculerat res tremulam nova,
Cum discrimina pontus movit effera,
Quamdiu non dubitavit. *
Petrum sustulerant æquora turgida,

B Diffidensque sui pœnituit nimis,
Mersus corpore Petrus medio salo
Clamat : Deripere fluctibus his, Deus.
Christi dextera mox quem rapuit sacra,
Dixit : Tu modicæ cur fidei modo
Nutando titubas et dubitas freto ?
Conscendunt pariter mox Deus et Petrus
Navim, discipulis turbine tristibus.
Cedunt continuo noxia flamina.
Dudum nos pelagus prætumidum nimis
Summi numine Christi penetravimus.
Cursus jam medios contigimus fere.
Obpansum undique cœlum undique cernitur
Illinc hinc, atque minax cæruleus liquor.
Haurit jamque pavor pectora tristius;
C Tollunt æquora molem inscitiæ meæ :
Cœpti pœnitet, et tædet, et hoc piget.
Summus Christe Deus, nunc faciem tuam
Felix poplitibus pandeamini peto.
Lapsas respice spes fomite numinis.
Sanctam porrige manum nunc trepido mihi,
Possim scandere quo gesta micantia,
Summo te duce, sic te duce prævio,
Et quot sunt mihimet torva pericula.
Mentem septifidi nectare Spiritus,
Et cor rethorici fomite gurgitis,
Et linguam trimodo proloquio struens,
Asperges salubris fonte scientiæ;
Narratus brevis ut sitque probabilis,
Atque hinc exstet apertus homini scio
D Hujus historiæ, quam reserabimus.
Partitus brevitas famine splendeat
In toto niteat quæque solutio :
Nectatur generi sic quoque paucitas
Personæ, exque datis, atque negotio
Sumatur ratio rhetoricabilis
Septem nunc elementis bene cognitis,
Decretisque simultatibus omnibus;
Te donante Deus Virgine qua satus,
Cum Patre ingenito, et Flamine cum sacro,
Regnans perpetuus cuncta videns Deus.

ORATIO.

Doxa superna,
Omnipotens columen,
Fomes sensificusque
Numen sidereum potens,
Lucis origo,
Æthereum specimen,
Rerum principiumque,
Causarum series cluens,
Prima propago,
Ingenitique Patris,
Lumen lumine sacro,
Et vere Deus ex Deo.
O pater almus,
Ingenitusque Deus,
O fili genitusque,
His Flamen Deus exiens,
O Deus unus,
O Deitasque vigor.
Non sunt namque dii tres,
Unum te ferimus Deum,
Postulo supplex,
Quo faveas precibus.
Incepto tremefactu,
Mœstis inscitia mea.
Martyris almi
Te duce te referam
Vitam nunc luculentam.
Exstet sensus hebes licet
Annuat ipse,
Cujus opus refero,
Possim quo enucleari,
Mundo qui bona gesserit:
Qualiter atque
Perfidia occiditur
Arnulfi ducis atri
Testis præcipuus Dei.
Gloria Patri,
Et Soboli pariter,
Sanctoque Spiritui,
Uno simpliciter Deo,
Amodo semper
Tempore perpetuo,
Junctis continuisque
Seclis secla per omnia.

DESCRIPTIO VITÆ GUILLELMI DUCIS.

Quoniam quidem gloriosissimorum martyrum digerendo luculenta præconia, eorumque præpollentissima propalando elucidare gesta, illius exstant munia, qui illius bravium in præsenti sæculo contulit victoriæ, cœlestisque in regno emolumentum præbuit immarcessibilis gloriæ : idcirco præpotentissimi ducis Guillelmi vitam, actusque, atque triumphum non fucis verborum, neque excellentis orationis ornamento sublimiter præbalteatum ; verum simpliciter tenuique naturalis prolationis sermone commentatum, breviter prælibando texemus : Quatenus historia gestorum ejus sæpissime recitata excitet animos omnium, quin etiam a linea progeniei ipsius descendentium, ad cœlestium præmia gaudiorum. Eaque nostræ fidei fundamentum fortiter solidetur, nostræ Religionis cultus solerter nutriatur, mundi labentis decipientisque contemptus nascatur, desiderium amorque supernorum fruge salutiferi operis profusius generetur, incentivum sanctitatis augmentetur, gradus provectionis erigatur, janua supernæ contemplationis salutifero itinere penetretur.

Igitur gloriosissimus dux præpotensque comes Guillelmus, et æterno regi athleta dilectissimus, ex prosapia insigni, patre Daco, scilicet Rollone, matre Francigena, videlicet Poppa, ut præcedenti libro peroratum est, genitus, Rothomagensi urbe exstitit oriundus. Quem genitor omnium suppellectilium ubertate locuples, rerumque omnium emblemate dives, Bothoni cuidam ditissimo comiti sacro baptismate perfusum ad educandum commendavit, eumque ad erudiendum ut decebat tradidit. Denique pulcherrimus puer penes orthodoxos vitæque honestissimæ viros familiariter degens, divæque memoriæ, bonæque indolis fore incipiens, suæ juventutis ætatem opimo quaternæ virtutis commercio propensius pollentem Jesu Christo consecravit, seque divinis totis nisibus subactum mancipavit. Enimvero divina profusius gratia replebatur, septifluique muneris sapientia locupletius ditabatur ; quotidieque meritorum affluentia gratius augebatur, divinis dogmatibus affluenter instruebatur, monasticis ubertim sanctionibus vigorabatur, ecclesiasticæ religionis dispensatione libenter insigniebatur, mellifluæque dulcedinis nectare abundanter infundebatur. Erat quippe effigie conspicuus, statura procerus, mente strenuus, morum probitate grandævus, vir fieri perfectus, totis nitens viribus. Hujus sæculi aspernabatur jactantiam, vitabatque mundi viriliter pompam. Lætissimus plane erat facie, serena pacificus mente, dulcissimus eloquio, mansuetissimus conversationis negotio. Cupiebat labile linquere sæculum, seque Gimegias fieri monachum. Sæpius animo id replicabat, crebrisque cogitationibus mente determinatis hærebat. Explorabat sedulus quid super hoc vellit Christus. Judicium quærebat hujus rei, si forte venerit cœlitus illi. Quapropter lacrymis sedulo incumbebat, corpusque ab escis duriter suspendebat. Pernox vigiliis insistebat, ciboque pauperes recreabat. Hujus animositatis æstu inflammatus, novit se fieri monachum mundum derelicturus.

APOSTROPHA AD GUILLELMUM.

O Guillelme sacer, juvenili macte salute,
Flore juventutis redolens primoque adolescens,
Quid celeras votum præsenti voce relatum?
Pergere cur celeri voto Christi vis asylum?
Cur servat teneros custodia pervigil annos?
Corporeos cur nunc innormat regula mores?
Aretus cur casti comites rubrica revincit?

Desine vota, necesse tibi nobisque frueris.
Semine namque tuo nascetur dux luculentus,
Ornandus donis cœlestibus insuper haustis.
Francia mirifico cujus sub pollice vultum
Ducet, agetque, movet, flectetque, citabit ovanter,
Fretus martyrio postquam migrabis Olympo.
Arbiter egregias regni moderabit habenas,
Æqua librabit trutinans et lance querelas :
Judicio tormenta reis impellet et æquo,
Largiflui doni justis et præmia dedet.
Virtutum quaternarum passim aggere actus,
Distinctum nitidis rutilans diadema berillis
Emerito capitis gestans in vertice sancti,
Scandet ad Elyseum dignus, Christo duce, campum.

Cum autem, præveniente gratia divinitatis, secundum vires ætatis polleret titulis istius bonitatis eniteretque affluenter studiis sanctitatis : Northmannorum Britannorumque comites, principesque unanimiter in unum convenerunt, quidque agerent decreturi ad invicem dixerunt : Dux noster, scilicet Rollo, qui et Rotbertus, nimio bellorum labore incessanter attritus, plurimisque æstuantis maris periculis fatigatus, ærumnaque crebræ navigationis afflictus, innumerisque pernoctationibus defectus, pluriumque plagarum livoribus infirmatus, viribus infirmitate evacuatis exhaustus, quin etiam grandævi situs diuturnitate consumptus; non valet regno alterius auxiliari et defendere, sibique et nobis confidenter præesse et prodesse. Sciscitemur quem in regno præliis adepto hæredem sibi elegerit, quemque nobis habilem præposuerit. Est namque ei filius nobilissima Francorum stirpe progenitus, qui et corpore vegetabili sospitate vigorato elegantissimus, sensuque plurimarum studiis rerum informato peritissimus. Favente patre, nobis ducem, eumque præferamus nobis patricium et comitem. Hujus igitur consilii dispensatione reperta, quin imo omnipotentis Dei dispensante clementia, venerunt unanimes ad Rotbertum, Rothomagensi sede annosæ ætatis, senio fessum; leniique sermone, submissoque vultu ad eum dixerunt : « Domine dux præpotentissime, senilis ætatis aggravaris inoportunitate, tibique et nobis non potes salubriter subvenire. Exteræ gentes idcirco jam nos affligunt, nostraque penitus sibi diripiunt. Inter nos divortium atque duellum agitar, consorsque ut sit regnum non stabilitur, ideoque publica res annullata dissipatur; elige igitur qui præsit et prosit nobis precamur, cuique diligenter subjiciamur; ut et ipse sit nobis, advocationis gradu dux et patricius, nosque obsequenter et personaliter ei militemus. » Tunc Rollo humillimus suorum verbis coactus, hujusmodi responsionibus est exorsus : « Quoniam omnem valetudinem longæva ætate auferri non ignoratis, meque non prævalere amplius, neque prodesse vobis cernitis, vestro consilio, vestroque judicio, constituatur dux vobis, qui præsit studiose et prosit, ut usquemodo ego vobis. Est namque mihi filius Francigeno nobilissima generositatis semine exortus, quem Botho princeps mili-

tiæ nostræ ut filium educavit, moribusque et s diis belli sufficienter instruxit. Illum, precor, eligite ducem vobis et protectorem, patricium et comitem. Subveniat vobis sagaciter in consiliis, prositque vobis constanter in præliis. Ab adversariis vo hostiliter protegat, pacemque inter vos continuam legaliter faciat. Monasticis rebus, ut dictum est mihi, vult se mancipari, theoricisque mutato habitu subnecti. » Tunc comites hujus responsionis affamine hilares, responderunt dicentes : « Ille nobis erit dux hæreditarius et opportunus, ejusque dignanter obtemperabimus præcepto, gentisque Franciscæ regnum faciemus ei acclivium. » Dux autem suorum militum verbis faventium suis voluntatibus hilaris, præcepit Bothoni militiæ principi, ut adduceret spem populi, scilicet Guillelmum adolescentem sibi. Botho vero ad patrem celeriter Guillelmum adduxit, accersitis principibus totius regni. Tunc charissimum pignus excepit amabiliter benignus pater, utque fas erat amplexus est dulciter, præsagitque spirituali mente annos pueritiæ illum non mediocriter transcendere.

Gaudebant ambo, Guillelmus honore paterno,
Et pater insignis Guillelmi ex actibus almis.
Cernuus hic senio probitatis prole gaudebat,
Et soboles luculenta ætatis patre vetustæ.
Hic cito scansurus cœlum de teste futuro.
Hic renaturus mundo genitore beato.
Amplexusque sacros amplexibus hi replicantes,
Oris melliflui libabant oscula semper.

Gratantes pariter genitor sobolesque resedit. Tunc Rollo, principibus convocatis secretius, dixit postulativis verbis omnibus : « Ecce quem requiritis, ecce hæres nostræ possessionis, ecce qui præerit vobis. Isti, vobis faventibus, trado regnum, labore certaminum, sudoreque præliorum adeptum. Iste vice mei dominabitur hujus gentis, hæresque erit prædignus nostræ dominationis. Istius virtutem imitamini, quantusque erit præsago spiritu intuemini. Legibus et statutis nostris constanter auxiliabitur, jusque et decretum nostrum, hoc superstite, non delebitur : vos quoque terra, quam sorte dedi vobis non frustrabit, insuper augendo ampliabit. Quapropter manus vestras gratia servandæ fidelitatis manibus hujus date, nostræque fidei sacramento fidem continui insolubilisque servitii, et militationis isti, precor, facite. » His dictis Berengerus comes, et Alannus pariter, cæterique Britones, nec non Northmannorum principes, subdiderunt se volentes Guillelmo unanimes, juramento sacræ fidei illi se colligaverunt, manusque suas manibus illius vice cordis dederunt. Voveruntque se militaturos, contraque finitimas gentes debellaturos. Ab hinc namque peracto unius lustri spatio, Rollone defuncto, et in cœlesti solio feliciter, ut credimus, coronato, Northmanni pariter et Britanni in unum convenerunt, tenoremque fidei Guillelmo præcellentissimo duci et patricio, firmamento suæ fidei iterum sanxerunt. Adeptus siquidem culmen tanti honoris, et dignitatatis, constipatus dignissime comitibus militibusque condignis, vovit Christo se regnum auxiliaturum, nullique unquam facturum præjudicium ullum. Erat namque ditatus honoribus sanctimoniæ et magnificentiæ, illustratus commerciis prudentiæ et cautelæ, sancti Spiritus clementia præeunte. Terrena hujus sæculi animo parvipendebat, sicuti in pueritia devoverat. Legibus paternis populum strenue regebat, hisque reos suppliciis damnabat. Vitæ innocentis regulam sedulus tenebat, ecclesiasticæ dispensationis gubernacula laicali ordine sagaciter administrabat. Animi corporisque virtute omnibus præcellebat, rerum forensium prudentia omnes exsuperabat. Bonæ voluntatis exemplo omnes informabat, doctrina patientiæ et religionis omnes cogebat. Constans defensor erat in adversis, conciliator sagacissimus in prosperis. Veritas et gloria in domo ejus, æquitas et justitia in operibus ejus. Sermone veritatis arguebat delinquentes, correptione severissima increpabat desides. Cum autem talibus supernæ dispensationis muneribus abundantius polleret, bonæque actionis suæ fama pene per universum orbem largissime propalata crebresceret, tenorem fidei quam promiserant penitus abdicantes, cœperunt contra Guillelmum ducem esse rebelles. Hujus namque inæstimatæ opinionis veritas cum ad notitiam ipsius præpotentissimi ducis pervenisset, misit legatis suos ad Britones, ut resipiscerent celeriter, et venirent famulari sibi Rothomo festinanter. Illi autem in infidelitatis suæ perseverantia stultitius commorantes, legatos remiserunt ad ducem Guillelmum, dicentes : « Non militabimus tibi ultra, nec famulabimus, quia sub imperio Franciscæ dominationis semper viximus. Rollo vero tuus genitor, conglobatis barbarorum advenarumque turmis Franciam olim invasit, et terram, quam modo possides, ut pacificus regno esset, tibi regis dono acquisivit. Terra vero, quam tenemus, non ei data fuit in hæredum suorum possessionem, sed attributa tandiu ut ex ea viveret, donec reædificaretur terra, quam dono regis receperat vastatam. Nihil nobis et tibi, nisi amicitia et concordia, paribus voluntatibus æqualique consilio deliberato. Regem usquemodo habuimus, duce et protectore non caruimus. Nullius terræ nisi Franciæ incubuit Britannia servitio, nec subjugavit se cujusquam imperio. » Audiens autem Guillelmus dux Dacorum hujus Britannicæ legationis mandatum, convocat principes Northmannorum istius rei causa ad consulendum. Quibus coadunatis, seriem istius mirandæ legationis in auribus eorum retulit. Tunc quidam Bernardus secretorum Guillelmi ducis conscius, Bothoque princeps domus, admirati super his legationibus, dixerunt omnibus : « Mirum, et inauditum, atque nobis stupendum hujus mandati responsum. Cum patre tuo olim Rollone Dacia exterminati, finesque Anglorum permenso maris pelago vix aggresi, ipsos in nos insurgere volentes resistendo hostiliter devicimus, eosque usque ad internecionem severiter prostravimus. His rege Alstemo pacifice sedatis, nobisque vi ventorum terram Walgrorum ingressis, ipsi conglobatoque exercitu voluerunt resistere nobis. Quos opportune invasimus, eosque nobis præliis subjugavimus. Denique Radebodum Frisonem, hincque Rainerum Hasbacensem penetravimus; illos nobis tributarios fecimus. His ita se habentibus, Franciam venimus, eamque bellis præoccupavimus, totamque præter munitiones urbium depopulavimus. Nobis vero morantibus in obsidione circa Parisios, propter amorem regis Alstemi Anglos iterum repedavimus, injurios infidelesque ejus vi et potestate subjecimus. Anglis vero nostræ ditionis arbitrio regi Alstemo subactis, cum majore priore exercitu Franciam repedavimus, bellisque eam plurimis contrivimus. Videns autem rex Carolus, quod non prævaleret adversum nos, pacem et concordiam a nobis requisivit, filiamque suam Rolloni tuo patri in conjugio dedit. Hancque terram pro pignore pacis in perpetuam hæredum nostrorum possessionem nobis voluntarie tradidit, Britonesque ad serviendum, terramque ipsorum ad vivendum subjugavit. Patre tuo tibi superstite, tibi sacramento veræ fidei et servitio se subdiderunt. Post lugubre damnum patris, fidem renovantes tibi usque modo servierunt. Nunc et nos quid facimus contra deservientes rebellesque Britannos, qui tanta et talia prælia peregimus? effeminatos viribusque exhaustos nos esse recognoscunt, ideo talia remandare ausi sunt. Alimonia hujus terræ, qua vegetamur corpore, putant nos inermes esse, viribusque penitus deficere. Sentiant robur nostrum hujus regni conversatione non tabidum, vigoremque nostrum experiantur robustissimum. Comprehendantur in consiliis, quibus cogitant, superque responsis suis, ad interitum et ad correptionem sui nequidquam resipiscant. Disperdamus arrogantiam illorum in virtute nostra, eorumque supercilium conteramus potentia nostra. »

APOSTROPHA.

O Jesu testis Christi Guillelme future,
Ecce valesce, vigesce, sacro conamine sudans.
Expergescitor et confortator violenter,
Et steriles ratione truces compesce Britones,
Atque supercilium feriter contunde nefandum.
Quorum concilium effatuans, hebetaque malignum,
Nam laceros bellis, contritos peste, fameque,
Indulgens, miserens, parcens, neglecta remittens.
Hos stabili sacramento conamine flectes,
Et resipiscentes famulabuntur reverenter.

Hujus exhortationis alloquio Guillelmus atrociter motus et instigatus, congregavit universi regni sui concite exercitus, ivitque super fluvium Coysnon, Britonum dominaturus. Hujus igitur adventu Britones exterriti, nolentesque Guillelmo famulari, latuerunt præsidiis urbium recepti. Tunc Guillelmus occupavit exercitu suo omnem terram Britannorum, et subvertit plurima loca munitionum. Guillelmo vero a Britannia regresso Rothomagensem urbem, Britones subsecuti et devastantes pagum invaserunt bajocacensem. Igitur Guillelmus, revocato cuncto exercitu, præoccupavit regressum illorum, pugnavitque fortiter contra illos, cæsisque plurimis principibus Britannorum, obtinuit de inimicis triumphum. Hincque devastavit terram illorum, affligens illos fame et penuria, et opprimens cæde præmaxima. Videntes autem Berengerus et Alannus, cæterique Britones, quod non sufficerent, nec prævalerent adversus Guillelmum, miserunt ad eum verbis deprecativis legatum : « Patri tuo obediente servivimus, tibique incumbentes famulari cupimus. Ne despicias nos quæsumus, neque abomineris servitium nostrum ullatenus, sed respice nos, ut servos offensos pius Dominus. Pravorum consiliis obcæcati, negleximus mandata imperii tui. Avertatur furor tuus a servis tuis, et concede nobis omnimodam felicitatem pacis. Inclina benignam aurem tuæ magnificæ pietatis ad nequam servos scandali et offensionis. Quod enim sacramento Christianæ religionis tibi promisimus, male operando hactenus contra te mentiti sumus. Pœnitet nos contra te errasse, tuumque servitium deseruisse. » Hujus namque neglectæ militationis et obedientiæ, denominatæque humilitatis legatione Guillelmus dux præpotens usus, consultis Dacorum principibus super his rebus, Berengerum ducem Britannorum offensionis, neglectique servitii, atque impetrandæ misericordiæ pondere onustum gratuita pietate recepit, cumque sacramento perseverandæ fidelitatis et servitii sibi connexuit. Alannum vero, qui hujus rixæ et jurgii auctor et incentor fuit, aspernatus est et abdicavit, eumque Britannica regione cum suis extrudit. Ipse vero in Britannia, nec in tota Francia usquam morari ob metum Guillelmi ducis nequivit; sed profugus expetivit auxilium Alstemi Anglorum regis. Tunc Guillelmus utriusque regni populum strenue rexit, potentiaque et virtute vigere affluenter cœpit. Populabatur namque fama bonitatis per climata mundi, promulgabatur profusius abstinentia castitatis, nec incumbebat illecebris gignendæ posteritatis. Cogentibus igitur comitibus suis, non urgente sexu humanæ fragilitatis, sed ne deficeret, neque abesset hæres tantæ progeniei, tantique honoris et ducaminis, connexuit se geniali jure conservandæ successionis, cuidam nobilissimæ virgini elegantissimæ formæ, consilio profusius providæ, forensium rerum negotiis affluentius cautissimæ, conversatione aptius congruentissimæ, colloquio prudenter facundissimæ, muliebri exercitio compte et artificialiter peritissimæ.

APOSTROPHA.

Innocuis flagrans rebus, martyr Clionee,
Præsagio vernans luculento mercis opimæ,
Divinæ fulgens augmento prosperitatis,
Doxæ resplendens compte probitate futuræ,
Diffusæque luens bonitatis luce perenne.
Quin meritis digne luculentior omnibus, atque
Ne paucas trepidans, formidans et verearis,
Jus liciti quo tu pepigisti fœdera lecti,
Namque voluptatis hujus cominixtio sacræ,
Nec intacta fides, labem non passa pudoris,
Neque libido sacri meritum cordis temeravit.
Semine namque tuo succedet dux luculentus
Munere virtutum mactus, meritisque coruscus.
More patris populum forti ditione subactum.
Qui reget imperitans, extollet rite gubernans,
Nisibus et faciens totis incumbere Christo,
Multifluam gentem justis moderabit habenis.
Subque manu cujus pax, pax, concordia, pax, pax.

His supra scriptis, et hujuscemodi talibus rutilans athleta Christi beatissimus propalabatur præeunte bonitatis fama, in cunctis terrarum finibus; locupletabatur sufficienter labilium rerum copia, ditabatur profusius divinæ augmentationis gratia. Amabilis quippe erat cunctis terrigenis, amabilior quinetiam Deo et cœlicolis. Hugonis igitur eo tempore ducis amicitiæ mutua voluntate et competentia connexuit se non permansuro fœdere. Dehinc atque Heriberto satrapæ conjunctus est pacto labilis amicitiæ. Videns autem quidam Riulfus perfidiæ nequitia atrociter repletus Guillelmum ducem, scilicet dominum suum amicorum præsidio confortari valde et convalescere, convocatis plurimis principum Northmannorum, fraudulenta retulit voce : « Noster senior Guillelmus nobilissimo Franciscæ stirpis semine genitus, Francigenas amicos acquirit sibi, nostro consilio privatus, nostræque afflictionis animositate investigatus. Nos vero conatur regno penitus extrudere, remanentiumque colla jugo servitutis duriter opprimere. Terram autem quam possidemus parentibus suis in hæreditum suorum possessionem dabit, eosque muneribus nostris affluenter ditabit. Contra igitur illius moliminis cogitatum, quæramus sagaciter salubre nobis consilium, faciamusque inter nos fœderis sempiterni pactum, et teneamus illud tenacis voluntatis anchora inconvulsum. Subveniat quisque nostrum, si quem ex nostris viderit oppressum, protegatque eum jugi juvamine ut semetipsum. Quin etiam si omnes nos una voluerit perdere, ejus hostiliter resistamus audaciæ. Quod molitur subdolus vafra calliditate incessanter nobis facere, faciamus ei citius quam poterimus insperate. Mittamus ad eum quemdam internuntium, ut si voluerit nos promptos habere sibi ad serviendum, largiatur nobis terram usque ad flumen Rislum. Nos frequentia militum, si dederit, ditabimur. Ille frustratus milite annullabitur, nec ultra viris indignationis suæ in nos extendere conabitur. Hincque potentiores eo erimus fortuna et virtute, ille tantum nobis nomine. » Hujus fraudis reperto consilio, miserunt ad Guillelmum, qui dicerent nefanda adinventionum. Adstante ante Guillelmum internuntio, expletoque legationis officio, ipse obstupuit super mirandæ præsumptionis verbo. Accersitis igitur principibus suis, consulturus super talibus mandatis, remisit ad Riulfum verbis pacificis legatum subsequentia dicturum :

« Terram quam a me requiris non possum largiri vobis, omnem tantum supellectilem quam possido concedam libenter vobis : videlicet armillas, et balteos, loricas, et galeas, atque cambitores, equos, secures, ensesque præcipuos auro mirabiliter ornatos. Gratia mea continua, militiæque palma in domo mea fruemini, si incumbentes meo servitio voluntarie fueritis. Consilium meæ ditionis mittam in ore vestro, et quidquid volueritis vestro jussu explebo. Quem opprimere volueritis, opprimam acriter; quemque abjicere, penitus abjiciam. Quæ præceperitis exaltare, potenter exaltabo; quemque humiliari, atrociter humiliabo. Vestro consilio hæc patria regetur et dominabitur; et ideo vestra potestas in omni excelletur. Meum vivere, meumque sapere, sit abhinc in vestra potestate. » Cumque nuntius hujus humilitatis pervenisset ad Riulfum totius præsumptionis, narrassetque ei legationem tantæ humilitatis et mansuetudinis; illectus arrogantia suæ temeritatis, parvipendensque mandata humillimæ deprecationis Guillelmi ducis, convocatis principibus sequacibus suæ præsumptivæ voluntatis, retulit quæ audierat perorante legato, ore fraudulentæ calliditatis. Tunc veneno perfidiæ suffusus, menteque contumaci turgidus, temerario ore garrit hæc in principum auribus : « Verbo tantæ humilitatis, quam audistis, præsagit nos acquiescere et soporari; sicque prolixitate tantæ dilatationis Francigenam parentelam suæ generositatis conjuratis principibus et ascitis, super nos nititur coadunari. Animadvertamus igitur, ne decipiamur, neve Franciscis gentibus conteramur. Non nos proterat calliditate suæ argumentationis diutius, verum occurramus ei conglobato ad Rothomagensem urbem exercitu citius, ut ipse et consiliarii ejus Rothomo tradantur. Hinceque majori spe fiduciaque tuebimur, securique seditionum sine respectu erimus. »

APOSTROPHA AD RIULFUM.

Viribus, ah ! nociuis, meditatibus atque nefandis
Perfidiæ invidiæque lues quem fœdat acerba ?
Crimine jam vitii crassante, Riulfe superbe,
Cur nunc baccharis frustra, cur perfide sævis ?
Infectus vitiis, mentis curru falerato,
Viribus exhaustum cur te jactas bonitatis ?
Cur tumido fastu nimium pompante superbis ?
Curque voluntati Domini super astra manentis
Sistere conaris vacuo conamine sudans ?
Dic sodes, inimice Dei, quorsum properabis ?
Quorsum castra feres, gressum quorsumque citabis ?
Agmen seductum, vafroque sophismate totum
Ire mones quorsum furiis bacchatus acerbis ?
Casus innumeros ast infortunia passus,
Judicioque Dei perculsus pestifer ingens,
Vereor exitii fluidi, præcepsque Carybdim
Incessu acceleras tumido gressus ruituros.
Nam proprium elatis sese prætollere valde,
Hinceque repentino casu nimium cruciari.
Ardua frons teriturque supercilio vacuato,
Ast humilis nitidam gestat redimita coronam.

Hujus pestiferæ exhortationis verbo exercitu conglobato, transmeantes clam Sequanæ alveum, juxta Rothomagensem urbem in quodam prato castra metati sunt. Tunc Guillelmus repentinum perversæ multitudinis metuens impetum, misit ad eos humillimis verbis legatum quæ modo audietis dicturum : « Noster senior Guillelmus, juvenalis ætatis flore nitidus, vult vobis esse per omnia pacificus et benevolus. Mandat vero vobis, ut honorem totius patriæ secum communicetis, suoque in consilio, primi, et præmaximi, cunctis præcellatis. Terram autem, quam dari vobis petitis, non solum usque ad Riflum, verum etiam usque ad Sequanam libenter concedet vobis. Confidit enim se tueri vestro adjutorio : vos autem non diffidatis foveri muniriquesuo patrocinio. Quidquid concupiscitis habeatis, quidquid rerum vultis incunctanter possideatis. Ut ad eum humiliter precatur pacifice veniatis, ejusque amicabiliter colloquio fruentes, secum habitetis. » Tunc Riulfus incentor hujus mali nequissimus, fraudisque diabolicæ furiis bacchatus, inquit legato præ omnibus : « Revertere celerius, dic Guillelmo et suis omnibus, ut exeat a mœnibus civitatis hujus, petatque Francos suos parentes citius. Non enim erit hæres ultra terræ hujus, nec nostri amplius dominabitur; quia nobis est incongruus et obnoxius. Terra vero, quam repromittit nobis, dono ejus non dabitur, quia dari non potest quod non habetur. Si vero civitatem non deserere maluerit, nos semper eam invademus, eaque capta, Guillelmum et suos gladio conteremus. »

Cumque internuntius quæ audisset Guillelmo duci festinanter retulisset, novitate rei stupens diriguit, convocatisque principibus, exercituque coadunato, urbe exiit, montisque procliva civitati imminentioris subiit : cupiens exercitum inimicorum suorum intueri, si forte dimicare posset cum illis. Videns autem exercitum inimicorum suorum majorem suo, et copiosiorem, dixit ad Bernardum Dacigenam militem : « Ibo ad Bernardum Silvanectensem meum avunculum, morabor que tamdiu apud illum, donec præstet nobis aliquod auxilium. Ejus consilio et adjutorio hanc revocabo terram, omnesque hos exercitus Francorum hostiliter conteram. Delebo hos, horumque cogitationem penitus a facie terræ, et non remanebit harum progenierum ullus in toto orbe. » Tunc Dacigena Bernardus respondisse fertur : « Tecum usque ad Eptæ fluviolum properabimus, verum Franciam non penetrabimus; quia quondam cum patre tuo eam sæpe bellis repetivimus, multosque incepto prælio prostravimus. Quin etiam superstitem adhuc avos et avunculos, patres et patruos, materteras et amitas, consobrinos et consanguineos, aut interemimus, aut captivavimus. Et quomodo quiverimus tantorum inimicorum faciem subsistere ? Aliena mavis quadra vilis, nulliusque utilitatis vivere, quam regnum regere et protegere ? Ego et consortes mei te non sequemur, neque quo vis proficiscemur. Navigio erga Daciam nostræ nativitatis terram repetemus, quia duce et advocato carebimus.

Non vales nobis ultra viribus effeminatus præesse, quia mortem metuis his hostibus imminere. » His asperrimis sermocinationibus Guillelmus instigatus, dixit Bernardo Dacigenæ coram, cæteris principibus : « Duris et obscœnis verbis me turpiter lacessisti, cum me effeminatum, armisque frigidum, quin etiam nihilum vocasti. Ecce præibo signifer festinanter ad prælium, et conteram constanter exercitum inimicorum. Devorabit gladius meus carnes perjurorum, disrumpamque et dissipabo castra eorum. Non diutius segnes et timidi moramini, verum me festinanter sequimini, et invadamus eos ut agnos lupi. » Cernens autem Bernardus animositatem, constantiamque virilem Guillelmi ducis, dixit ad eum verbis humillimis : « Domine dux præpotentissime, noli irasci nostra allocutione, quia consequens est et utile quod nobis jubes facere. Tantum experiamur quis tecum ibit ad prælium, quique subvenient tibi in auxilium. » Reperti sunt Bernardo inquirente trecenti viri, parati cum Guillelmo præliari et mori. Qui unanimes ante illum venerunt, judiciumque fœderis, fideique, et adjutorium more Dacorum facientes, tela mutuæ voluntatis pacto una concusserunt. Cætera vero gens armis frigida recessit ad præsidium urbis celeri fuga.

APOSTROPHA.

Moribus et meritis celebris, Guillelme patrici,
Jurgia, dicta, minas, lites, divortia, rixas,
Bella, supercilium, fraudesque, duellia, telum.
Hujus perfidiæ populi spurcamine pleni.
Ne timeas trepidans, formides ne verecundans,
Namque in te feritas diræ gentis hæc sine causa,
Torva, ferox, ventosa, procax, incauta, rebellis,
Inconstans, disparque sibi novitatis amore :
Prodiga verborum, verum non prodiga facti,
Prava, superba, maligna, nefaria, flagitiosa,
Letifera, et rea, pestifera, et scelerata, profana,
Toxica viperei diffundens plurima viri,
Tranquillæ pacis stabilem pertæsa tenorem.
Jeroboal Gedeum contrivit concutiendo,
Divino monitus jussu, nutuque superno,
Ter quater armigeris præclaris quinque viginti
Judicis ætherii jussu sumendo probatis.
Haud secus auxiliante Deo annullabitur istis,
Digne promeritis te tripudiante trecentis.

Tunc Guillelmus cum trecentis ferro indutis, irruit repente super inimica castra temerariæ multitudinis, conterens eos, et dilacerans mucronibus et lanceis. Disrupit tentoria principum, incenditque magalia militum suorum. Prosternit quos gladio reperit, obstantesque sibi Orco transmisit. Obtinente igitur Guillelmo de inimicis triumphum, Riulfus fugiendo evanuit. Quem sequens pars exercitus comprehendere nequivit, quia densitate silvæ occuluit. Plurimos autem illorum absorbuit Sequana, multosque laceratos contegit et silva. Tunc Guillelmus lustrans campum cadaverum, et non inveniens mortuum ullum suorum, glorificavit cum suis Deum, qui subvenit sperantibus in se in adjutorium. Locus autem, in quo bellum mirabile fuit, dicitur usque in præsentem diem ad Pratum-Belli. Revertenti igitur Guillelmo de prælio, occurrit ei miles quidam ex fiscanno, nuntians quod esset ei filius ex conjuge dilectissima natus. Lætior itaque peracto prælio, lætissimusque filio, misit Heiricum Bajocacensis ecclesiæ episcopum, omnium quippe præsulum sanctissimum, et Bothonem cunctorum militum præcellentissimum, sacri baptismatis rore, oleo, et chrismate renasci, et innovari filium.

APOSTROPHA.

Hæres ecce tibi dignus, Guillelme patrici,
Qui strenuus populum justis moderabit habenis,
Sanguinis ut dabitur merces tibi digna corona.
Occasus nomen digne laudabile cujus
Agnoscet, probitate promulgata, et Eous,
Et par sis pariter meritis septentrio, et auster.

Tunc Guillelmus tantorum cæde atque ruina sublimiter exaltatus obtinuit utrumque regnum Britannorum Nortmannorumque bellorum securus, nec ausus est contra eum litigare ullus. Franciscæ gentis principes, Burgundionumque comites famulabantur ei, Dacigenæ et Flandrenses, Anglique, et Hibernenses parebant ei. Cæteræque gentes in affinitate regni sui commorantes obediebant ejus imperio unanimes. Tempore namque prædignæ venationis, quo servi petulanti luxu urgente congrediuntur, cervis geniali jure fœtos concepturis; scenas spatiosæ amplitudinis in loco qui dicitur Leons mandavit sibi præparari. Heribertus hoc audito comes, Hugoque totius regni dux et princeps, necnon Guillelmus Pictavensis comes, venerunt illuc ad eum festinanter. Quos Guillelmus, adventui illorum congratulans, cum magno apparatu reverenter suscepit, secumque diuturno delectabilis venationis tempore morari, luxuque regali epulari splendide fecit. Quadam namque die, Guillelmus Pictavensis dixit Guillelmo Rothomagensi : « Domine dux, scisne quare huc venerimus ? » Respondit, « ignoro. » Et ille : « Nolentes mittere legatos tibi tam digno comiti, ipse legationis negotio fungi malui. Et ut des sororem tuam uxorem mihi, veni ; utque connectamur invicem fœdere insolubilis amicitiæ et dilectionis. » Tunc Rothomagensis Guillelmus respondisse ludendo fertur : « Pictavenses semper sunt timidi frigidique armis, et avari. Non decet talem puellam ab eis haberi. » Guillelmo Pictavensi verbo exasperationis, in uno obtutu hærenti, intulit Guillelmus Rothomagensis : « Crastina die, ne turberis, reddam tibi utriusque rei responsum, consultu meorum fidelium. » Sequenti namque die consilio Hugonis Magni, et Heriberti concitum, suorumque fidelium, dedit sororem suam Guillelmo duci Pictavensi. Quam vero nuptialium rerum copia honorifice redimitam, equisque femineis phaleris onustis, auro electroque artificialiter præbalteatis subvectam, cum nimia innumerabilium utriusque sexus manciporum frequentia, multisque scriniis, sericis vestibus auro intextis repletis et onustatis, constipatam deduxit reverenter ad Pictavensem aulam. Videns autem Heribertus Guillelmum Rothomagensem confortari et convalescere, animique virtute et corporis, operibusque præmaximis sufficienter in Christo enitere, consilio Hugonis Magni ducis dedit filiam suam illi. Quam Guillelmus cum mirabilibus fescenninis, apparatibus, inauditisque indicibilis honoris et dignitatis ornatibus comptius suffultus, inæstimabiliumque equitum multitudine undique secus constipatus, conduxit magnifice Rothomagensis urbis arcibus. Refulgebat in eo sanctitas et prudentia, prænitebat incessanter æquitas et justitia. Opprimebat superbos et malevolos severiter, exaltabat humiles et benevolos reverenter. Paganos et incredulos muneribus et verbis adducebat ad cultum veræ fidei, credentes urgebat ad laudem Christi. Non solum monarchiam quam tenebat regebat, verum etiam affinia regna strenuo consilio moderabat. Angli parebant ejus mandatis Franci, et Burgundiones ejus dictis. Ubicumque terrarum nomen ejus audiebatur, ab omnibus magnificabiliter laudabatur. Audiens autem Alstemus rex Anglorum pacificus quod præcellebat Guillelmus virtute et potentia Franciscæ nationis omnibus, misit ad eum legatos suos cum donis præmaximis et muneribus, deprecans ut Ludovicum nepotem suum, Caroli capti regis morte jam in captione præoccupati filium, revocaret ad Franciæ regnum, illudque statueret illi, cum consilio Francorum sublimando in perpetuum, atque misericordia motus pro amore sui; reciperet Alannum Britanniæ offensionis culpa ejectum, suique amoris gratia privatum. Illico consultu Guillelmi ducis Northmannorum, Hugo magnus dux præpotentissimus Francorum atque Heribertus satrapa principum ascitis episcopis cum consilio metropolitanorum revocaverunt festinanter Ludovicum, eumque unxerunt sibi regem populorum Franciæ Burgundiæque morantium. Alannum vero cum Ludovico regressum, Guillelmus pro amore regis Alstemi recepit, et quidquid Britannicæ regionis possidebat reddidit. Ipseque Alannus postea Guillelmi mandatis indesinenter inhæsit. Transacto vero post unctionem regis unius lustri spatio, cœperunt Franci contra eum litigare, multisque modis eum opprimere, quinetiam conati sunt a regno extrudere. Videns autem rex se destitui, et pro nihilo a Francigenis duci, misit legatos ad Henricum regem Transrhenanum, requirens ejus adjutorium, insuper et amicitiam colligare illum sibi in perpetuum. Quibus responsum est non se fœderari cum rege Francorum, nisi per Guillelmum ducem Northmannorum. His igitur renuntiatis, rex Ludovicus multarum tribulationum contumeliis attritus, plorimarumque inopportunitatum calamitatibus afflictus, venit ad Balonis montem contra Guillelmum ducem Northmannorum, deprecans ut se adjuvaret et defenderet contra Francos sibi rebellantes, amicitiamque Henrici regis Transrhenani et adjutorium sibi acquireret. Tunc Guillelmus, afflictione regis pietate motus, conduxit cum Rothomagensis urbis sedibus. illicque cum honorifice multoties detinuit cum suis omnibus. Morabatur autem rex in domo Guillelmi ducis ut domigena et vernula, ejusque præstolabatur supplex suffragia.

APOSTROPHA.

Marchio jure potens meritis digneque refulgens,
Ultro natio quæque tibi modo subdita cedit,
Diligit incumbens, servit, famulatur, inhæret.
Quin prece rex humili supplex pronusque requirit
Suffragia semet virtute tuaque tueri.
Pontificesque, duces, comites, proceres reverentur,
Et clerus, vulgusque simul secus utriusque,
Ut gerulam pacis, præcursoremque salutis,
Armis et prece te sibi poscunt auxiliari.

Confestim Guillelmus quemdam Tetgerum, tyronem domus suæ principem misit ad Henricum Transrhenanum regem, ut quod Ludovicus rex ab eo requirebat, per manum suam facere non differret. Erant enim Henricus rex, duxque Guillelmus, indissolubilis amicitiæ pacto conjuncti, competentiisque mutuæ voluntatis ad invicem olim fœderati. Henricus vero rex Tetgerum honorifice recepit, et diuturni temporis spatio secum morari fecit. Postea vero muneribus variis et donis diversis ditatum, remisit illum ad ducem Guillelmum et cum eo Cononem ducem, secretorum suorum conscium. Quem Guillelmus cum mirifico inæstimabilis reverentiæ cultu suscepit, cujusque rei causa tantæ dignitatis tantique honoris dux ad se veniret, interrogavit. Cui Cono : « Misisti enim ad Henricum nostrum regem, tuæ facultatis prosperitate hilarem, ut ipse et Ludovicus rex Franciæ vicissim per consilium prudentiæ tuæ fœderarentur, et quem horum necessitas urgueret, alterius solatio muniretur. Decernens autem rex hoc consilium sibi et suis salutiferum, et per manum tuam insuper stabile et firmum, misit me tibi, ut conducas regem ad placitum, præcepitque me morari pro obside quo mavis positum, donec revertaris reducasque regem ab omni adversitate securum. » Audiens autem Guillelmus mirandæ atque inæstimandæ legationis mandatum, misit ad regem Ludovicum, et reddidit talis legationis negotio jucundum. Statutæ profectionis die congregata innumerabilium multitudine legionum, dixit Guillelmus ad Cononem ducem Saxonum, volens experiri si quid corde ejus lateret obscurum : « Præpara te itineri, et instrue te celeriter ocreis, quia mittam te urbi Bajocacensi, donec ut dixisti revertamur illesi. Tunc Cono : Mitte me quo vis, etiam Dacis tuæ ditioni subditis. » Et Guillelmus : « Mecum ad placitum ibis, quia non sum diffidens tui. » Et Cono : « Si Bajocacensem civitatem perrexero, tuus fidelis incunctanter existo. Sin vero, quod non credo, tecum profectus fuero, tuus armiger fidus custosque vitæ tuæ constans contra hostium insidias permansero. »

His dictis, occurrunt unanimes cum exercitu magno Ludovico regi, Landunensi pago cum Hugone Magno duce et Heriberto comite eos expectanti. Videntes Hugo dux comesque Heribertus tam immensæ multitudinis legiones Britonum Northmannorumque militibus præcellentes, stupuerunt ad invicem dicentes: « Quid nostri exercitui et huic? Si forte inter nos et illos jurgium venerit, devorabunt nos ut agnos lupi. » Ab hinc Hugo, Magnus et Heribertus comes jusserunt seorsum equitare, atque interdixerunt exercitui Guillelmi nullum suorum commiscere. Erat vero cum innumerabilium frequentia exercituum rex Heinricus in loco super Mosam qui dicitur Vensegus (*Vouziers ad Axonam*). Appropinquante vero rege Luthdovico ad prædictum placiti locum, antecessit Guillelmus cum quingentis militibus, suo monitu præcedente Conone duce et prænuntiante regi his verbis adventum ejus: « Marchio duxque Northmannorum et Britonum Guillelmus fideles tibi in Christo famulatus. Nolens me retinere pro obside, sacrosanctæ fidei tuæ tenore venit ad te, cupitque quid agendum sit inter te et regem Ludovicum inquirere. » Tunc rex Heinricus: « Cujus potestatis cujusve dignitatis vel honoris atque bonitatis est iste Guillelmus, qui mihi gratia amicitiæ est connexus? » Respondit: « Magnæ patientiæ et justitiæ, magnæque potestatis et sufficientiæ, magnique et inauditi honoris et prudentiæ. Nullusque rex, nisi tu, nullusque dux comesve tam magnificus ut Guillelmus. Principum tyronumque frequentia sedula constipatus, aureis vasis poculisque splendide opulatur, vernarumque nobilium atque servorum multimoda exaggeratione circumseptus, exercet jura decretaque hortodoxorum Patrum sedulus. Nemo justior in factis, nemo sanctior in dictis, nemo potentior in armis. Nullus audet alii in regno suo præjudicium facere, nullus furtum et sacrilegium perpetrare. Vivunt incolæ terræ illius legibus afflicti concordes, decretisque sanctorum Patrum coerciti morantur unanimes. » Cumque alternis sermocinationibus vicissim loquerentur, advenit Guillelmus cum quingentis militibus. Cono dux ut audivit adventum ejus, citius exsiliit, ensemque ejus fideliter, recepit, et ad Heinricum regem reverenter conduxit. Heinricus autem rex citius surrexit, et contra Guillelmum ducem obvius perrexit, osculoque dato uterque resedit. Tunc Guillelmus: « Internæ dilectionis et amoris rex Luthdovicus tibi fideliter munus. Misisti Cononem ducem ad me, ut venirem ad te, quasi pro pignore et obside. Sed non tui diffidens, cum eo, ego ecce. Dixisti non te amicitiæ et adjutorii copula vinculoque Luthdovico regi conjungi, nisi interessem factor hujus negotii. Remanda regi quid hac re præscitum est tibi. » Tunc rex Heinricus: « Rex Luthdovicus te duce veniat crastina die, tuoque strenuo interventu perficientur omnia, quæcumque sunt præoptata, nostris et vestris fidelibus salubriter decreta. »

Interim Lotharienses et Saxones cœperunt invective et ironice alloqui Cononem, dicentes: « Quam miræ sufficientiæ et potestatis et dux Northmannicæ Britonicæque regionis, qui huc advenit auro comptus et ornatus cum militibus quingentis! » Guillelmus vero per Daciscam linguam, quæ dicebant subsannantes, intelligendo subaudit, parumperque commotus ira discedit, et quæcumque rege narrante audivit, regi exposuit. Crastina vero die regis Ludovici, pergentis ad placitum cum incredibili et innumerabili exercitu, Guillelmus præoccupavit adventum. Willelmidæ vero præcedentes hostia domus, qua rex Heinricus residebat, cœperunt frangere parietes, disrumpere et divellere, atque intus vi et potestate residere. Rex vero Heinricus illorum metuens impetum, divertit se profugus ad aliam domum, dixitque ad Cononem conscium secretorum suorum: « Hoc, ut reor, placitum non nobis efficax neque congruum, verum vertetur nobis ad corruptionem et ad interitum, quin etiam ad deducus inauditum. Vade, dic Willelmo omnium ditissimo duci, ut fide, quam inter nos tenemus, stomachato resistat exercitui, ne amplius disrumpant parietes conterantque hostia tecti nostri; ne forte nascatur jurgium inter dispares variosque linguis habituque et armis. » Mox Cono prosiliens, obviavit duci Guillelmo venienti ad placitum, retulitque ei quæ sui præcedentes fecerunt. Tunc Guillelmus duci Cononi: « Ite et, ut meo jussu discedant, eis dicite. » Illi autem advenientis Cononis ducis, et precantis ut discederent, præceptum non solum respuerunt, verum etiam foris qui astabant, cæteras domus cum magno impetu et murmure dissipantes invaserunt. Quapropter Cono statim rapido velocique cursu iterum expetiit ducem Guillelmum, cum reliquis legionibus adpropinquantem ad placitum, dixitque: « Guillelme dux præpotentissime, noluerunt tui meo jussu domos dimittere, verum festinant cæteras disrumpere. Precor humotenus flexus, ne sinas talia fieri, ne forte nascatur cædes inaudita in plebe. » Tunc Guillelmus ensem ex auri sex libris in capulo bratteolisque atque bullis artificialiter mirabiliterque sculptum, dedit Cononi, ut indicio exeundi deferret eum et ostenderet legioni domibus residenti domosque adhuc dissipanti. Cum autem Cono iterum festinans illis occurreret, ensemque Willelmi ducis auro gemmisque præfulgidum illis demonstraret, continuo non adquiescunt, verum summisso vultu proclivi contra ensem, domos dimiserunt, seseque nimium in exitu opprimentes, sine murmure ad suum ducem reverterunt.

Guillelmus autem veniens ad regem Heinricum, dixit adesse regem Ludovicum. Mox rex Heinricus, cogente Guillelmo, obviam ei incessit, datoque osculo, manibusque ad invicem complosis, domum ingressi, uterque resedit. Multisque competentiis variisque donis et muneribus vicissim ditati, inextricabili amicitiæ solatiique et adjutorii vinculo per consilium præcellentissimi omnium ducum ducis Guillelmi ad invicem conexi sunt et fœderati; præsente Hugone, sed non conjuratæ dilectionis factore, duce Francorum, et Heriberto nolente interesse principe satraparum. Regibus secretius colloquentibus, cœpit affari Dacisca lingua ducem Guillelmum Saxonum dux

Herimannus. Tunc dux Northmannorum duci Saxonum Guillelmus : « Quis tibi Daciscæ regionis linguam Saxonibus inexpertem docuit? » Respondit : « Bellicosum egregiumque genus tuæ armipotentis progeniei me nolentem Daciscam linguam docuit. » Guillelmus : « Quomodo nolentem? » Herimannus : « Quia invadens sæpissime plurima castra mei ducaminis, innumerabillia prælia in me exercuit, meque prælio captum ad sua detraxit; et ideo nolenter eam didici. » Interea dux Cono fatur Saxonibus subsannando : « Quid vobis videtur de duce Northmannorum Britannorumque Guillelmo? Nonne miræ potestatis et facultatis innumerabilisque dux multitudinis? Excepto rege nostro, quis potentior, quis ditior, quis melior illo? » Responderunt Saxones : « Ignorabamus rerum sufficientiam illius, ideoque illum pridem falsæ opinionis verbo indigne vituperavimus. » Narrante Conone duce facta mirabilia sufficientiasque locupletes Guillelmi ducis, cœperunt Saxones cæterique astantes eum magnificare pariter sermonibus iternis.

His ita rationabiliter diffinitis et expletis, Ludovico regi, cum Guillelmo duce cæterisque principibus ad Laudunum revertenti, occurrit legatio dignæ exultationis, denuntians esse ei filium ex conjuge dilectissima nomine Gerberga natum. Quo audito hilarior effectus, dixit Guillelmo duci coram memoratis principibus : « Me usque modo multis contumeliis infectum nequiter, affluenter juvasti, mihi plurimis inopportunitatibus aggravato, convenienter succurristi. Quin etiam largissimo facultatum tuarum dapibus educando et a conventu malignantium protegendo fovisti. Idcirco precor, ut filium meum hesterna die natum, nuncupando et testificando nomine Lhotarium, sacri baptismatis de fonte suscipias regeneratum, quatenus majoris copula dilectionis ampliorisque nexibus amoris colligati, quod meum est tuapte, quod tuum est meapte, mutuis competentiis fruamur unius mentis. » Dux vero Guillelmus regiæ sibi congruenti favens petitioni, respondisse fertur regi : « Nunc vero, et quamdiu superstes fuero, quæ jusseris diligenter explebo. Franciæ reg i, cæterorumque regnorum, quarum dominatus est pater tuus, avus et proavus, etiam attavus, me duce, me juvante, me in omnibus præeunte, dominaberis, et arrogantium colla subjiciemus in te rebellium, tibique servire abdicantium, me astante, exarmaveris. Quos sublimare præoptaveris, extollam ; quos detrudere, terratenus proteram. Quin etiam quidquid velle tibi fuerit, a me scito fieri. » His ita ab utroque peroratis, ira corde, non vultu, commoti, stupuerunt principes super hoc Franciscæ gentis. Abhinc namque subdolo corde fraudulentaque intentione atque sophistica sermocinatione cœperunt Guillelmum, omen pestiferum, nequiter tractare.

Guillelmus vero, rege exercituque suo Laudunensi pago relicto, Laudunum Clavatum, qui et Bibrax dicitur, petivit cito, antecedente episcoporum Franciscæ gentis choro. Quem omnis clerus Laudunensis sedis omnisque populus cum ingenti apparatu monastico, cum episcopis præpollentibus reverenter suscepit, puerumque nuncupatum nomine Lhotarium, sacrosancto rore oleoque et crismate innovatum et purificatum, de fonte extraxit. Hinceque illum muneribus præmaximis et donis præcellentissimis ditatum, Laudunocum matre Gerberga nomine reliquit. Ipse vero cum suis ad regem citius rediit, et quidquid honestatis eo. acciderat, regi retulit. Rex autem Guillelmum pro omnibus beneficiis honorare decenter voluit, sed ipse nihil horum recepit ; verum cum gratiarum actione regi omnia remisit.

APOSTROPHA.

Dux, genus egregium præcellens norma tuorum,
Fœdere complacito reges stabilique ligatus,
Tranquillamque satus pacem per compita mundi,
Quin et adoptivam prolem susceptus ab alma,
Extollensque salutiferi baptismatis unda,
Gressus verte tuos, celeres torqueque caballos,
Et glebæ remea citius natalis ad oras,
Qua sacra populus ditione tua moderatur,
Spectat præsidii jugiter solatia digni.
Omnis nam sine te rerum res forte vacillat.

His ita rite compositis, rege . . . . . pariter osculatis, nimiaque congratulatione ad invicem amplexatis, rege Laudunum petente, Guillelmus ad regionem suæ ditionis cœpit celerius proficisci.

APOSTROPHA.

O Rothome, tuus tibi dux venit en recolendus,
Regnaque Gallorum justis moderatus habenis.
Semina justitiæ Northmannis sparget abunde
Callem et judicii meritis vivacibus ibit,
Donec martyrii redimitus munere digni,
Scandet ad Elisium donatus stemmate campum,
In summoque bono deitate merebitur uti.
Armorum te nunc passim virtute tuetur.
Tunc precibus dignis meritisque tuebitur almis.

Cum autem fama celer habitantium in finibus Northmannicis mentes subito de optato Guillelmi ducis reditu percelleret, ducemque suum tam magnificum adesse præmoneret ; commota nimio gaudio tota Rothomagensium civitas subito processu contra illum exsiliit, diversaque diverticula, ut eum videre posset requirit. Femineoque sexu stante muri in propugnaculis, senilis ætatis vulgo in biviis, juvenilis mediæque ætatis plebe currente obviam ei : Clerus præstolatus illum in portam civitatis cum reverentia monasticæ institutionis ovantes suscepit. Statimque cœpit exercere leges et jura, paternaque decreta, quæ erant, illo absente, neglecta. Jurgia et querelas lege definiens determinabat, omnesque legibus aut concordia pacificabat. Tunc construxit Gimegias, mirabile dictu, mirique schematis templum monachilis religionis clero profusius suffultum. Erat autem quidam Martinus sanctissimus abbas illius monasterii custodiens monachos sub palæstra præstrictæ regulæ theoricæ contemplationis. Quadam namque die causa orationis profectus Gimequod gratia primi floris corde conceperat volvens in animo, Martino sanctissimo abbati dicens sermocinabatur : « Cur Christiana religio tripertito ordine ecclesiam frequentat? Eruntne unius mercedis uniusque bravii, qui dispares sunt officiis Christianæ religiositatis? » Respondit abbas : « Unusquisque suum mercedem accipiet secundum suum laborem. Sed tibi nutanti de talibus, reserabo hæc enucleatius. Christianæ religionis summa trimodo constat ordine distincta : munifico laicorum, canonicorumque, atque monachorum labore exercita, Trinitatem in personis, Deum unum in substantia, articulis fide exsecuta. Quorum servitus feliciter perfecta, ad cœlum tendit æquis incessibus. Et quanquam tres ordines sint, ad excollendum cultum veræ fidei bicallis via est ambivii itineris, certa spe veræ credulitatis. Quarum una πρακτικῆς nomine laxius vehit, et canonica dici meruit : sub cujus ditione laicalis ordo moratur et vivit. Altera vero nomine, θεορητιχῆς limitibus hinc inde coactis allata non vehit per plana, sed secessu confixa, secretoque perenni læta, molitur semper ad ardua. Hæc apostolica est denominata, quam nos peccatores exsequi, et cum ea assiduis internæ intentionis nisibus conamur colluctari. » Hæc autem Guillelmus audiens, retulit abbati inquiens : « Flore primævæ ætatis laxiorem viam et latiorem pacisci ; finibusque præstrictam et coangustatam volui summopere imitari : verum pater meus, principesque sui constituerunt me nolentem ducem sibi. Sed quia nunc mei juris meæque sum potestatis, palestram theorici collis hinc inde strictius limitati mundum relinquendo, mutatoque habitu volo adipisci. » Audiens autem Martinus abbas merito præcellentissimus hujus mirandæ intentionis propositum, suspirans subito dirigit, imoque vocem trahens a pectore, inquit : « Defensor hujus patriæ, cur talia rimatus es facere? Quis fovebit clerum et populum? Quis contra nos ingruentium paganorum exercitui obstabit? Quis paternis legibus reget strenue populum? Cui gregem committes et commendabis? Cui ducamen Britanniæ Northmannicæque regionis largieris? Sollicitudini tuæ divinæ voluntatis providentia non concordabitur, nec quæ moliris agere adimplebis, nec me favente ullatenus tractabitur. Sed si vi potestatis tuæ professor esse hujus monasterii et regulæ ΘΗΟΡΙΚΗΣ viæ, relinquens sæculum, incumbere malueris; si me quæsieris, nusquam regionis suæ invenire me poteris. » Contra istiusmodo, excusationis et contradictionis molimina, dux Guillelmus respondisse fertur talia : « Richardus filius meus dilectissimus, puerilis ætatis ignorantia adhuc involutus, principibus meis libenter faventibus, dux erit pro me potentissimus regionis hujus; et quod Deo vovi citius quam potero explebitur. » Exeunte autem Guillelmo de templi adito cum abbate Martino, ad pedes ejus proruit monachorum phalangula, deprecans ut acciperet in charitate Dei diaria, vitæ corporalis scilicet cibaria. Abbatis vero contradictionibus animo motus, renuit illorum petitionibus, nec acquievit charitati ad esum ullatenus, sed petivit Rothomagensem urbem celerius.

APOSTROPHA.

Omne bonum præscit Deus et prædestinat unus,
Omne malum præscit Deus, ac non destinat unus.
Felix velle tuum præscit, prædestinat at non,
Qui tria summa manet, trinum specimen, vigor unt
Felix velle tuum nam scire Dei anticipante,
Palmam martyrii merito crescente subibis.

Eadem quippe nocte exæstuante rufo felle cum cæteris humoribus, cœpit gravibus nimium torreri doloribus, reputans hoc malum ei accidisse propter neglectam charitatem cibi et potus, quam abnuerat monachis deprecantibus. Idcirco Northmannorum Britonumque principibus ascitis, adductoque puero nomine Richardo, specie elegantissimo, cum eis pandit secretius mirabile arcanum suæ mentis, quod dudum retulerat Martino abbati. Cumque nobilissimi principes Britonicæ Northmannicæque regionis experirentur inauditum, et quasi monstruosum propositum Guillelmi ducis, in stuporem et in exstasim conversi, dixerunt nimium ejulantes illi : « Cur talia mente cordis tui rimando proposuisti ? et si cogitando quod nunquam fiet statuisti, quare cui retulisti? Quis nos defensabit ab incursu pestiferæ ferocitatis imminentium paganorum, quisve ab insidiis Franciscæ gentis nos tuebitur? Amplius quod nunquam adimplebitur, non reputetur. » Tunc Guillelmus, refragationis et dissuasionis obice commotus, respondisse fertur : « Et reputabitur, et Deo favente adimplebitur. Verum, quoniam omnipotentis Dei voluntati non debetis resistere, et meum propositum refutare ; precor vos ut consiliis meis faveatis, et quomodo humanarum rerum sors se forte habeat, filium meum Richardum ducem vobis me superstite eligatis, et intentione custodiendæ fidelitatis et militationis, manus vestras manibus ejus detis. » Extemplo cum Northmannis Britones responderunt Guillelmo dicentes : « Huic consilio annuimus, et quod rogas fideliter faciemus. » Igitur continuo Northmanni et Britones commendaverunt se Richardo unanimes, sacramento veræ fidei illi se connectentes, Guillelmus vero serenatis humoribus, imbecillitatis robore confortatus, cœpit convalescere, et quid boni poterat quotidie solerti cura agere. Franciæ autem principes invidiæ pondus et odii ferebant adversus Guillelmum, sed non audebant ostendere malevolum suæ cogitationis propositum. Attamen hortator et incensor scelerum effudit virus suæ calliditatis per corda malorum hominum, gaudens in pejus abire genus hominum, ne possit repetere hortum deliciarum. Quocirca excitavit odia, commovens jurgiorum incendia, pacisque Ecclesiæ turbavit fœdera, firmamentum ejus quoties formidine impressa. Rabie siquidem cupiditatis, accendit plurimorum corda, ne recordarentur judiciorum Dei, neque mente cernerent ea. Disseminato itaque per membra diaboli graviter hoc veneno, hostilique rahic magis ac magis crudeliter grassante, atque iniquitate pravorum nequiter prævalescente, æquitas totius regni profanabatur, debitique honoris gradu plures ejecti ab re privabantur. Quapropter princeps quidam nomine Arnulphus, Flandrensis regionis marchio famosissimus, hujus veneni squalore profusius infectus, abstulit Herluino comiti castrum Mosterioli qui dicitur. Ille vero tanti honoris privatus castro, Hugonis Francorum ducis suffragium expetiit cursu celerrimo, ut subveniret ei in adjutorium, quia erat ejus comes atque miles promptus in omni servitio. Quem Hugo dux non reverenter, ut solitus erat, suscepit: sed in parilitate suorum tironum negligenter tenuit. Herluinus vero, magnæ necessitatis indigentia repletus, prosequebatur quotidie Hugonem Francorum ducem, ut succurreret sibi deprecans crebris orationibus. Diffidens autem illius solatii et cernens se destitutum ejus adjutorii patrocinio, aggressus est Guillelmum Northmannorum Britonumque ducem, causa præscripti negotii, et ut adjuvaret se ad pedes ejus procidit. Quem Guillelmus cum honorifico apparatu præcepit hospitari, et quæ necessaria erant, cum magno cultu dari. Sequenti die veniens Herluinus ante ducem Guillelmum, multimodis petitionibus requirebat suppliciter ejus adjutorium. Quem consolans dux Guillelmus respondisse fertur: « Cur Hugo dux Francorum senior tuus te ut se non consolatur? et quare calamitosæ perditionis tuæ non explet necessaria? Ad eum citius regredere, et si te unquam adjuvare voluerit multis deprecationibus experire; et si quispiam tibi succurrerit, si animo ferat ægre. » Confestim Herluinus ad Hugonem ducem reversus, inquirebat supplex si se juvaret, multis prosecutionibus. Cui obnixe petenti dux Hugo intulit: « Ego et Arnulphus conjuratæ amicitiæ intricati copula nolumus concordiæ et dilectionis, atque competentiæ nostræ propter te scindere vincula. » Hujus desperatæ responsionis verbo, mente mutatus, Hugonis ducis subintulit Herluinus: « Quoniam quidem necessitati meæ succurrere, ut decuisset, nullomodo æstuas, decet te, ut si quis mihi auxilietur non moleste feras. » Tum Hugo dux Francorum autumans eum omnis solaminis tutela esse privatum, inquit: « Quisquis tibi auxilium præbebit, non mihi injurius erit. » Expleto igitur hujus desolationis verbo, Herluinus ad Guillelmum ducem remeavit, et quidquid hujus rei audierat, Guillelmo diligenter, pruens pedibus ejus, intimavit. Illico Guillelmus omnem Britanniæ Normanniæque exercitum ascivit, et pro præjudicio Arnulphi Flandrensis ducis, ad adjuvandum Herluinum festinavit. Cumque prope castrum Monasterioli adesset, idque supervideret, vocavit ut venirent ad se Constantinenses, quibus ait: « Si primi gratia mea militiæque palma, majoreque honore, et præcellente, in domo mea frui vultis, palos de Vallo Monasterioli castri afferre mihi non differatis, obstantesque nobis, castrumque tenentes, captos mihi adducatis. » Mox hujus exhortationis verbo

Constantinenses invaserunt castrum, ut lupi agnos unanimes; diripiuntque et defecerunt castrum, ante Guillelmum palos muri deportantes, captosque simul adducentes. Castello vero Monasterioli capto, pestiferæque seditionis murmure sedato, prandium sibi infra jussit Guillelmus præparari; regalibusque gazis sibi Herluino illatore, honorifice administrari. Epulans dux Guillelmus in castro, dixit dapium illatori comiti Herluino: « Ecce tibi reddo castrum, quod tibi injuste abstulit dux Flandrensium. » Et Herluinus: « Domine, non recipiam hoc castrum, quia nequeo custodire, nec tueri illud contra ducem Arnulphum. » Tunc pietate motus, dixit Herluino dux Guillelmus: « Te auxiliando protegam, te adjuvando et custodiendo defendam. Istud iterum reficiendo construam, tibi castrum inexpugnabilium præsidio turrium præmunitum, vallique firmitudine nec capiendum, nec destruendum, frumenti vinique copia pleno cornu replens, istud farciam, totumque reædificando tibi muniam. Quoscumque tibi elegeris meorum principum, morabuntur tecum stipati frequentia suorum fidelium. Si Arnulphi ingruerit contra te bellum, ego succuram celerius tibi cum multitudine mearum exercituum. Si autem sequestræ pacis inducias petiverit, nostrorum consilio fidelium dabimus ei; sin vero interim judicio et justitia legeque usurus venire voluerit contra nos ad placitum, veniemus propter te contra eum judicaturi censura nostrorum. Si prædia tuæ hereditatis obstinato corde devastaverit, universa suæ ditionis conglobato exercitu cremabimus ei. Voluntarius tibi adjutor benevolus, contra adversarios tibi defensor, docilis tuarum quærimoniarum auditor, attentus calamitatis tuæ solator, quin etiam bonorum tibi congruentium verus largitor. » His auditis, mox Herluinus procidit cum suis fidelibus ad pedes ejus. Castro vero firmiter remunito frumenti, vinique, atque tergorum suorum affluentia cumulatius repleto, quin etiam militibus præmaximis sufficienter honestato, Guillelmus celeri equitatu cum suis reversus ad mænia urbis Rothomagensis. Erat autem idem dux in sermone verus, in judicio promptus et justus, in colloquio mansuetissimus, in conversatione humillimus. Refulgebat insuper titulis omnium bonorum, reusque adornabat strenue ecclesiarum. Cum autem eniteret augmentatis studiis universæ bonitatis, totamque per Franciam, perque cætera regna crebresceret propalata fama tanti hominis, legesque et decreta diligenter exerceret orthodoxorum auctorum et sui patris: Arnulphus dux Flandrensium supra memoratus, veneno vipereæ calliditatis nequiter repletus, æstuque diabolicæ fraudis exitialiter illectus, gentisque Franciscæ quorumdam principum subdolo consilio et malignitate atrociter exhortatus, cœpit meditari et tractare lugubrem mortem ejus Guillelmi. Hujus pestiferi veneni inflammatus livore, misit legatos expeditionis fraudulentissimæ duci Guillelmo, qui dicerent in dolo fraudis nefandissimæ, fidelis famulatus chæræque amicitiæ si recipere vellet manus. Cumque adessent ante Guillelmum, proclivo vultu, submissaque voce suppliciter compellare verbis pacificis cœperunt eum : « Noster senior Arnulphus, fideles tibi in Christo famulatus. Nolens contra te jurgium initiari, petit humillimis precibus spatium pacis sequestræ. Interimque te ad placitum contra se venire, et tuo amore Herluino, quæ offendit contra se vult dimittere, seque si placet colligari tibi insolubilis amicitiæ fœdere. Podagra cæteraque infirmitate nimirum afflictus, non ambit litigare contra quemquam amplius. Coerceri lege vel concordia suos desiderat, pacemque quamdiu superstes est, agere festinat monarchiæ tuæ ditionis et suæ; quoniam continuo et finitimo limite sunt annexæ, pacem et concordiam inter nos et vestros decet esse, ut talibus principibus gaudeant vestri incolæ, et ut nemo vestrum ulli nostrorum præjudicium faciat, nullusque nostri ulli vestrorum aliquod damnum vi et potestate impellat. Sint concordes et unanimes in lege, qui sunt vicini in telluris affinitate. Dux tantæ bonitatis, tantæque mansuetudinis, non debet abnuere necessariæ et opportunæ petitioni; verum favere viribus cunctis, ne ras publica annullata tanta prædatione et incendiis, labatur exitialiter pejoribus ruinis. Supra satis mala urgente lite, concreverunt amodo in pejus plurimæ et nequitia cogente prævalebunt. Judica quod melius est, aut bonum rimari et patrare, aut hoc quod creatura non est, verum absentia bonitatis, adhærere obscœne, et perficere nefandissimo opere. »

Exsecrabilium hujus legatorum dolositatis fraude deceptus dux præpotens Guillelmus dixit Herluino comiti secretius : « Quid tibi videtur sententia hujus propositionis et legationis? » Respondit Herluinus : « Horret animus ne decipiamur, neve humillimis precibus horum illidamur, quorum perfidia toties decepti sumus. » Et Guillelmus ascitis cæteris principibus : « Quoniam labanti activæ vitæ cursu me irretitum contemplativæ vitæ claustro velle coangustari non ignoratis, citius quam potestis usquam terrarum mecum pacem struatis, quia nullum holocaustum neque sacrificium tam acceptabile apud Deum, quam pacis incrementum. » Ad Herluinum autem dixit : « Noli timere, neque turberis, quia nunquam mei meorumque solaminis patrocinio privaberis. » Consultu ergo Guillelmus dux suorum fidelium, dedit Arnulpho comiti sequestram pacem trium mensium, seque ad denominatum venire mandavit placitum. Statuto imminentis placiti tempore Guillelmus dux præpotentissimus omnium, convocavit Northmannorum Britonumque exercitum, et profectus est ad Ambianensem usque pagum.

APOSTROPHA.

Nominis effusi a Christo, dux, tutor et auctor,
Auxilii indignus nullius, ni quoque Christi ;
Muneris ætherii prædignusque emolumento.
Amittes mortem lugubrem, pro qua properabis,
Pacis perpetuæ dignam vitam inveniendo,
Palma martyrii diadema ferente trophæi.

Arnulphus vero nefariæ dolositatis livore infectus, venit super Corbeiæ rivulum cum suis omnibus, misitque internuntium ad ducem Guillelmum, deprecans contra se venire illum, usque ad Pinchimacum, ut fluenta Somenæ essent obstacula inter utrumque exercitum, ne forte perpetrato quod decernebat infelix dolo agere, impediretur a Northmannico exercitu superveniente. Tunc vero dux Guillelmus, perversæ dolositatis legationi credens, precibusque favens fraudulentis, suarum legionum exercitum illic ire coegit. Ast Arnulphus super renuntiatis lætus et hilaris, super ripam Somenæ fluminis, hic martyrizandus citra ; ille dolosus et perfidus ultra uterque resedit. Est namque ibi insula puteulano exæstuantis Somenæ gurgite hinc inde et altrinsecus circumdata, quam petit navigio Arnulphus cum quatuor perfidis, simulans se cum Guillelmo duce sanctissimo concordari. Misitque ad ducem Guillelmum in dolo verbis pacificis, ut veniret illuc cum duodecim militibus suis. Transgredienti nave Guillelmo cum duodecim suis, venit Arnulphus obvius claudicans, et subnixus duobus suis ; cœpitque illi dicere simulando et decipere eum propositionibus humillimis : « Ad te venio supplex, ut meos tuosque concilies, sicque mihi adjutor adversus meos infideles, quia humilitate subactus nequeo dominari et opprimere hujus terræ rebelles. Totius etenim Galliæ monarchiæ salubri concilio dominaris, ideoque super me meosque dux et marchio desidero ut habearis. Esto mihi defensor et advocatus contra Ludovicum regem, Heribertumque principem atque Hugonem præpotentissimum ducem. Et quandiu superstes fuero, ero tibi tributarius, meique servient tibi, ut domino servus. Post meæ resolutionis excessum, possidebis meæ ditionis regnum. Herluino tuo comiti quæ contra me offendit voluntarie dimittam, eique pacificus et benevolus omni tempore existam. »

Dux vero Guillelmus putans quod corde benevolo et perfecto, fideque integra, non perfidia loqueretur, pacificavit Herluinum cum Arnulpho perfido et suis omnibus. Tota die pene ducta morosis ambagibus, pactaque pace ab utroque principe, Guillelmo scilicet fide, atque ab Arnulpho perfido corde cum a cæteris principibus, Guillelmus cum duodecim regreditur, dato osculo Arnulpho, intratque cum remige classem solus, duodecim comitibus altera antecedentibus. Tunc Eiricus, Balzoque, et Rotbertus, atque Ridulfus perfidi, cœperunt subdola reciprocaque voce dicentes Guillelmo duci, dolose fari : « Domine, Domine, melioris consilii obliti, torque parumper, precamur, navim, quia volumus te paucis. Noster senior nequit te amplius aggredi, quia podagræ infirmitate scis eum detineri, sed mandat mirabile, cujus oblitus est tibi. » Tunc Guillelmus fide integerrimus, perfidorum precatibus crebrius compulsus, torquet navim celerius, venitque ad ripam fluminis armorum securus sine suis, cum eis locuturus. At illi sub pellium tegmine jam abconsis quatuor mucronibus celeriter extractis, rabie immanissimi fu-

nequissimo celeri classe transvecti, suoque exercitui annexi, praepete equitatu potiuntur fuga lapsi. Northmanni vero et Britones morte Guillelmi sui senioris nimium lugubres, ulcisci praeoptantes, nusquam repererunt vada, hac et illac celeriter discurrentes. Sic pretiosus marchio Guillelmus testisque Christi gloriosissimus, felici martyrio consecratur. Taliterque regnum coelorum, quod diu concupivit, adeptus, vivens in Christo feliciter coronatur. Perfusum quippe sui cruoris rore beati viri corpus jacuit exanime. Verum anima in coelum ab angelis deducta, inter choros angelorum inaestimabiliter est collocata. Quaedam illico phalanx decepti et martyrisati Guillelmi cucurrit ad eum, et trans ripam fluminis Somenae altrinsecus cum magno ejulatu nave detulerunt. Inquirentes autem ingentibus cordium suspiriis magnoque oculorum fletu livores ejus, atque deflendo sanguinolenta revolventes vestimenta illius, repererunt parvissimam clavium argenteam dependentem in strophio lumborum ejus. Sciscitantibus illis a domigenis quampluribus, cujus rei gratia cinctorio clavis illa dependeretur (*sic*), respondit quidam camerarius, secretorum ejus conscius : « Noster senior Guillelmus vovit se hoc labile saeculum derelicturum, et se fieri post hoc flebile placitum Gimegias monachum. Et haec clavis custodit in quodam scrinio, et coarctat monachilem habitum, scilicet cucullam et laneum supparum. » Statim vero corpus sacrosanctum feretro velociter impositum et Rothomagensi urbi cum magno ejulatu delatum in ecclesiam B. Mariae genitricis Dei honorifice sepelierunt. Convenit etiam omnis pene provincia lugens ineffabili moestitia, et ad coelos usque alta emittens suspiria, quin etiam adducens secum filium ejus Richardum nomine luctuosa. Quem, antequam conderetur corpus tumulo, videntes Berengerus et Alanius, caeterique Britones, necnon Northmannorum principes dixerunt nimium ejulantes : « Seniorem, proh dolor ! perdidimus, seniorem unanimes faciamus. » Illico sanctae recordationis puerum nomine Richardum inthronizantes, illiusque voluntarie effecti fideles, fecerunt ex eo ducem sibi unanimes. Complevit itaque sacratissimus dux Guillelmus et martyr Christi gloriosissimus agonis sui cursum anno ab Incarnatione Domini 943, XIII Kalendas Januarii, rege Ludovico regnum Franciae tenente, Deo vivo et vero regnante in Trinitatis plenitudine et unitatis majestate.

APOSTROPHA.

Erutus aequorei crescente tumoris ab aestu,
Syrtibus et nocuis, pariter sorbente Charybde,
Multiplicis cumulo diffuso turbinis, atque
Ventis mixturaque simul volventis arenae.
Vasa ferens figulus fragilis, heu ! materiei,
Ad portum latus sum tempestate privatum !
Quae via, vita, salus, meritum culmen, fidei spes,
Quoque corona datur merces sudoris honesta,
Coeli muneribus quod digni munificantur,
Octavae sortis natalia quoque novantur.

Vilis sed quia sunt figmenti vasa lutosa,
Ut reor aut cuiquam dare, nec licitare valebo.
Verum littoribus ponti contrita jacebunt.
Est alias portus diverso (*sic*) merce repletus,
Quo vario digni mercantur fenore, sumptus.
Quo datur imperium certaminis emolumentum,
Exanimes artus Christo quo vivificantur,
Hunc pergam plena diverso merce carina.
Sit jam fortuita digesta diu, excipientur,
Ne patiar figulus sannam tam ridiculosum (*sic*),
Atque operis, nostrique laboris detrimentum.

EXHORTATIO AD MUSAS, UT CANANT RICHARDUM.

Florida clarisonae solitae sat carmina Musae,
Tinnitus modulo psallere multifidi.
Clio, Melpomene, Polyhymnia, Erato, Thalia.
Terpsichore, Euterpe, Calliope, Eurania (*sic*),
Praecipuum lyrico munus resonante beatu
Dulcisoni cantus, vocis et altivolae.
Patricio celebri, comitique ducique verendo,
Qui studuit summo rite placere Deo.
Quaeque canat vestrum singillatim peto dulce,
Alterni metri syrmate dissimili.

CLIO I.

Ni nostra en stolida sensa silentium
Torpescens promeret et taciturnitas,
Interpresque foret historiae sacrae
Plano digereret qui ordine mystica :
Richardus comes et marchio strenuus,
Dux et patricius emeritus probus,
Quae gessit canere collibitum foret
Mortales curas disserui quia.
Juris namque mei credibili ordine,
Rerum historias reddere posteris
Factum nunc typicum carmine dissono
Dedam doctiloquis quippe sororibus.

II.

Delector lyrico boare metro,
Is qualis fuerit comes verendus
Et quanta viguit beatitate.
Adsit concelebris phalanx sororum,
Mecum ejus meritum recenseatque.
Turmis angelicis fatebor atque
Jungi pro meritis beatitatis
Hunc Christi famulum, probum, benignum;
Censor cum famulos remunerabit,
Perdens suppliciis reos malignis.

III.

Istum jam mediatum conciliarier
Turmis, archipatrum pro meritis suis,
Pro mirabilibus, proque vigentibus
Factis mirificis, proque monasticis,
Digne quae rutilant, quaeque manent adhuc.
Archos mellifluus corpore sospite.
Nam decreta patrum quae retinent sacra,
Mundo dum viguit, cuncta operatus est.
Dilexit Dominum corde pio Deum,
Digno ast ut quoque se foedere proximam.

IV.

Si efficax rostra et caperet voluntas,

Qualiter vixit, viguitque, fecit,
Scriberem, sensus licet improbus sit,
Vatibus quod condecet, hunc notari
Marchionem, patriciumque justum,
Et ducem sanctum, comitem verendum.
Mysticis nam quod retulere verbis
Corde præsago typicoque vates,
Credidit solers, recitavit atque
Menteque audivit, meminitque sacra.

V.

Memorans vocer quanquam placet quæ dicere,
Sororibus dicam, licet jam stultior,
Perenniter fruges salutis nostræ, quibus
Adolevit orbe isto et fides, spes et gloria,
Apostolorum cœtibus splendentibus,
Magnum ducem, sanctum, pium, justum, probum,
Ausim Richardum marchionem jungere,
Numero licet si non, nec ullo compotu,
Merito tamen mirabili, sacer quia
Meritis Petrus non invidet æque piis.

VI.

Inveniens similem comiti
Lector amice, mihi resera ;
Ille quis est modo terrigena,
Ut populo bona qui tulerit,
Totque cruces, probra, tormina quot,
Numine pro fidei habili.
Rite coercuit indomitos,
Restitit acriter atque Dacis,
Martyribus socius meritis
Perpetua fruitur requie.

VII.

Instructus sapientia,
Delectans religionemque
Quanto pontificum sacras
Ornavit cathedras vide,
Hic dux, patricius, comes.
Quot sat namque vides adhuc.
Non fas dicere plurima,
Qui nullo inferior fuit,
Sed præstantior exstitit.
Confessoribus additus
Dux et marchio sanctus.
Quamvis jam pepigisset
Casti fœdera lecti,
Sinceri, licitique,
Causa posteritatis,
Serto virgineo, quis
Nunc subducere tentet ?
Non mens conscia recti,
Labem passa pudoris,
Verum casta remansit.

VIII.

Adducta, lector, nunc ratione,
Per cunctos animum ordine sanctos
Propenso sensu porrige solers :
Si nostro patri convenientem,
Factis, et meritis, et famulatu.
Divini obsequii orbe labenti,
Congruo cultu repereris jam,
Usquam et patricium conspice quemquam.
Nostro namque patri congrua cuncta
In cunctis constant actibus ista.
Cumque cogetur agmine magno
Censoris rutili mundus ad ora :
Cumque et apostolicus ille senatus
Sederit in sede judiciali ;
Richardus rutilo ipse sedili
Subnixus meritis, moribus, atque
De magno orbe feret juraque leges.
Cumque martyribus fortia sacris
Præmia, prudenter judice Christo
Portabit roseam ille coronam
Pro qua pertulerit calle secundo.
Cumque sacerdotes merce calenti,
Pro carne edomita, fenore lucri,
Ordine pro meriti jam penetrale
Intrarent regni jure superni,
Palma victrici ecce. . . . .
Optime, dicetur, excipe, serve,
Maxima pro parvis, euge, fidelis.

IX.

Terra ferax trimoda beat almum
Profuse ubertate colonum.
Sic verus docuit sator almi
Verbi mundo semina mittens.
Cum referent alii rutilantes
Jam nitidos super astra manipulos,
Præmia quisque sui repetendo
Certantes pro parte laboris,
Richardum cernes radiare
Ternis in sublime coronis.
Ipse in sexagena profectus
A ter denis numine divo
A læva vestigia duxit
In dextram hinc semper luculento
Virgineo diademate felix ;
Virginibus dabitur comes ille,
Agnum præpulchrumque sequatur,
Et perget gressum tulerit quo,
Psallet quod natale pudicis
Ætherea dulcedine carmen
In quinis resonum tetrachordis :
Tantus ut his fieret tua, Christe,
Exstant munia, qui super exstas
Et nil rectum quo fine constat,
Et cum quo sunt omnia recta.

PRÆFATIO AD PRÆSULEM ROTBERTUM.

Licet imperita fandi
Habearis, et priveris,
Exsors scientiæque
Maneas, moreris, exstes,
Rhetorico sapore,
Et hebes, secors, inersque ;
Phaleras, o camœna, parvo
Nostro para libello.
Elinguis, atque stulta

Rationis universæ.
Resera ducis sacri,
Patriciique justi,
Et marchionis almi
Luculenta gesta scripto.
Velut es potensque scitu,
Bona quæ peregit ipse,
Operatus est superstes,
Memora calente vero.
Quoniam decet per omne
Comiti sacro Richardo,
Justo, pio, modesto,
Jubilos referre summos.
Exstet, precemur omnes,
Illi per omne sæculum
Requies, salus, decusque
Et gloriæ incrementum.
Deitate Trinitatis
Moderantis omne quidquid
Exstat, valet, vigetque.

ITEM PRÆFATIO.

Ulla non canit camœna.
Cui loquendi copia
Blaterans stridet, vel desit
Pusioni, ut adsolet.
Inscius, socors, hebesque,
Omnibusque stultior,
Frivolusque quamvis exstem,
Impedite garriens:
Gesta digessi vides ut
Impolito famine
Inclyti, bonique justi
Marchionis strenui,
Parvus inter dicta vates.
Nunc feror dicendaque,
Hæc movent rudem poetam,
Illa cogunt scribere.
Hic tamen subsiste mecum,
Quo locorum ivero,
Impolitus licet exstes,
I, precor, salubriter.
Me stupor percellit ecce,
Atque plura territant,
Et novis surgunt figuris
Quæ taceri non fas est.
Mens fugit mirata multum;
Fasce pectus cogitur.
Christianorum peragrans
Circuivi exercitus,
Repperi nullumque talem,
Omnibus præcognitis,
Ut Richardo marchioni,
Cui tanta coaffluant.
Hunc feremus ter beatum,
Et quater hunc millies;
Hunc benignum, hunc modestum.
Concrepabit pagina.
Hunc pium, justumque sanctum,
Et probatum et maximum.

Almitatis hujus actus
Testis est Northmannia,
Largitatis atque hujus
Testis est et Francia :
Fortitudinemque ejus
Comprobat Burgundia.
Regna, facta, sancta dicta,
Quin stupent et cætera :
Cogitatu, facto, dicto
Nemo major splenduit.
In bono summo quies huic,
Sempiterna gloria.

ORATIO.

Dacorum olim themate vili
Ardua currenti mihi gesta,
Consurgit moles modo torva.
Pondere quippe suo, quia non est
Nostrum quoque tempore prisco
Exaudita, rudineque visa,
Propter hoc non cognita cunctis.
Credita nec, tentataque paucis
Spiritus alme, veni, peto supplex,
Nectare, septiflue radiando.
Ast id qua virtute dedisti
Jam fieri, da posse profari.

PRÆFATIO AD PRÆSULEM ROTBERTUM.

Fomitis ætherei regimen, terrestris Averni,
  Orbis totius ΝΟΥΣ, decus, imperium.
Sidereum columen, specimen, vigor atque super-
  [nus
  Uranicum numen perpete cuncta tenens.
Causarum series, motus per condita rerum,
  Compactor hominum gloria divicolum.
Quanquam cuncta tibi depromant munia laudis,
  Concentu vario, syrmate dissimili :
Hac oda te cunctorum regem cantavimus,
  Continuis votis, supplicibus precibus.
Tu fecunda Trias, simplexque Monas vocitaris,
  ΣΑΛΗΝΑΣ ΚΑΤΑ seu te quoque distribuant
ΥΠΟΣΤΑΣΕΙΣ, ΟΥΣΙΑΝ solam ΜΙΑΝ ΕΙΣ ΤΡΕΙΣ,
  Seu sic ut latius orbis in ore tenet.
Veram ΥΠΟΣΤΑΣΙΝ ΜΙΑΝ, ΤΡΙΑ nempe ΠΡΟΣΩΠΑ,
  Idem semper ades, idem is et ipse manes.
Tu Pater ingenitus, gignens tu crederis unus,
  Sic Natum genitum Sophia plaudit ovans.
Flamen utroque fluens vere vivax paraclite.
  In tribus his unam nos colimus ΘΕΟΤΗΝ (sic).
Quæ sic dicta placet, quod cernens currat in omne,
  Et nusquam extra se possit adesse aliquid.
Cum motus stabilis, status sit mobilis, atque
  Catholicum hoc fidei veridici perhibent.
ΟΝ substantificum, rerum ΤΥΠΟΣ, idea mundi
  Per seipsum bonitas permanet atque viget.
Hoc non est, nec hoc est, exstat verum ΘΕΟΣ omne,
  Non hic, non ibi, sed totus ad omne valet.
ΜΙΚΟΣ ΚΑΙ ΜΕΓΑΛΟΣ ΜΙΚΡΟΣ testatur ΑΝΑΡΧΟΣ,
  ΜΗΚΟΣ dum jugiter intima quaque regit,
ΜΙΚΡΟΣ dum minimis largitur opem atque salutem,

In magnis ΜΕΓΑΛΟΣ maxima dum vegetat.
Sic magnis, mediis, parvis præest quoque semper,
 Ipse individuus totus ubique manens.
ΩΝ ΑΡΧΕΙ ΜΕΣΟΝ ΩΝ ΤΕΛΟΣ ΩΝ..., quoque ΠΑΝΤΩΝ,
 Ex ipso quoniam omnia quæque vigent.
Ipsum ΠΡΩΤΟΤΥΠΟΝ nihilum proteantur* eumdem,
 Ut stupeas, lector, catholicum hoc memorans.
Imcomprensibilis natura quod viget omni,
 Exsuperans plane ΝΟΕΡΟΣ atque ΛΟΓΟΣ.
Qui dum non ullo capitur, nihil ipse vocatur.
 At quotiens paret, ecce... * ΘΕΟΦΑΝΗΣ.
Ex nihilo in quiddam semper succrescere fertur,
 Scribunt hoc nihilo cuncta creata simul.
Hinc est, quod tenebræ vocitatur, dicitur atque :
 ΨΑΛΜΙΣΤΗΣ etenim sic sacer intonuit.
Sicut sunt ejus tenebræ, sic lumen et ejus,
 Est reprobis tenebræ lumen et ipse probis.
Cum se sic habeant veri digesta fluenta,
 Ultro concipias ecce necesse subest.
Nullis nos aminis, nulloque lepore superbi,
 Præfinire Deo judice quid proprium,   [fas,
Nec promptum cuiquam, nec dignum pandere, nec
 Quis, qualis, quantus ΚΥΡΙΟΣ is maneat.
Dignius oratu, meliusque, propinquius atque
 Hunc nectes animo, purus et ipse manens.
Orari verbis devotis vult, placidisque,
 Largiri facilis, cedere promptus adest.
Ilis ergo modulis credendis veridicisque,
 Amplector votis, continuis precibus.
Ingenitum Patrem vere, Sobolem genitamque,
 Pneuma ab utroque fluens fomite sensifico.
Omnia cui quæ sunt digne profitentur ovanter,
 Et regit imperio omne quod est proprio.
Ter tria quem cœlis conlaudant agmina semper,
 Quem recolendo canunt, quem venerando colunt
Quem patriarcharum clangendo cœtus in unum,
 Exhilarans odas concinit haud modicas.
Veridici vates cui promunt syrmate laudes,
 Alloquiis sacris quæ cecinere vigent.
Quem duodena phalanx recolens... * veneratur,
 Omnia contemnit, atque sequendo colit.
Quem testium innumerosa cohors æternum concinit
                                          [hymnis.
 Ac jubilat gratans, verbera despiciens.
Virginitatis apex, ex quo sumendo decorem
 Conspicue modulat, mirifice reboat.
Quem cœlum supra, tellus quem laudat et infra,
 Quæque elementa serviunt, hunc venerando colunt.
Quod restat siquidem, quodque instat conditor almus,
 Respice propitius, quæso, favens precibus.
Præsentes operas miserans compone, precamur,
 Et sensus cumules, oraque fructifices.
Richardo titulum celsæ componere laudis,
 Urget materies, atque coarcat amor.
Qui tibi mirificus viguit per sæcula servus,
 Omne malum calcans, omne bonum relevans.
 Imitabilem enim vero meritis excellentium ducum
agoniam, benivolo sacrosanctæ intentionis proposito
multiplici actu pridem exercitatam, eorumque insi-

gnia bonis intentionibus sedulo insistentium opera præcipue omnifariam prædigna, cassum est silentiare, quin exarentur prout posse elucidata : quatenus succedentium memoriæ apicibus enucleata, informent et instruant ad melius animos fruge salutifera, et ex his solerti conamine metiantur vitam honestam, atque hujus speculationis exemplo beatitudo acquiratur feliciter æterna. Quocirca benignissimi ducis Richardi vitam aggrediamur, hebete licet stylo, qui in sacrosantæ Ecclesiæ prato floruit prædignis operibus, emicans ut sidus in cœlo. Donetur nobis etiam ejus meritis vitam illius reverenter propalare; qui summa reverentia, summumque decus Ecclesiæ exstitit. Ut cujus tutelæ et beneficii salubriter fruebamur patrocinio in terris, ejus precibus et meritis protegamur defensabiliter ab importunitatibus cunctis.

Igitur venerabilis vitæ Richardus dux insignis memoriæ præpotentissimus, sanctæque recordationis patricius nitidissimus, atque rememorandæ benignitatis marchio famosissimus, insignissimo luculentæ et nobilissimæ prosapiæ semine exortus, qua Belgicæ Franciæ extimos exporrigit tractus maris affines Calcensis pagus, Fiscanni castri mœnia, ruraque genitalia sacro nativitatis suæ exordio beavit oriundus. Cujus matrem pater dux Willelmus et martyr gloriosissimus felicissimo pignore gravidam, ac adoptivo illustratæ sobolis partu expertus fecundam, transvehi fecit decenti insignitæ equitatu ad Fiscannicæ sedis aulam : ut si forte Riulfus omnium belluarum crudelissimus Northmannicæ regionis monarchiam cum suis complicibus sibi vindicaret, ut æstimabatur, ne eam raperet, ad Anglos citius transfretaretur. Die namque quo inter Willelmum ducem emeritum, Riulfumque multifariam blasphemum et perjurum, ut recensitum est, exstitit prælium, matrona venerabilis enixa divæ memoriæ puerum, misit quemdam tironem nomine Fulcardum, ut proderet duci Willelmo præoptatum genitæ prolis negotium. Willelmo vero cum ecce potito victoria de inimicis, et per prælii pratum tepido cruore infectum equitanti, milliaque millium exanimum prostrata intuenti, atque regum Regi grates præmaximas gratanter referenti, legatus natæ sobolis gaudium denuntians adfuit.

APOSTROPHA.

O semper meritos tali de prole parentes,
Cujus in exortu superos ingentia cives,
Terrigenas pariter perflarunt gaudia plures.
Cœlicus ordo hilaris tanto concive futuro,
Humanus meritus gratatur judice sacro.
Orbis sub cujus semper moderamine lætus,
Tranquillæ pacis prædigna dote fruetur.
 Tunc dux merito famosissimus, peracto mirabili trophæo hilaris et lætus, lætiorque nato hærede et successore effectus, misit Henricum summæ reverentiæ Bajocacensem episcopum, et Bothonem domus suæ militiæ palma majorem et præcipuum, ut

salutiferæ pacis puerum sacrosancti olei chrismatisque liquore insigniter innovatum, typici lavacri regenerationisque fonte delutum susciperent, vocitando Richardum. Qui hujus expeditionis mandato hilaris, mœniaque Fiscanna præpete equitatu aggredientes, a clero populoque suscepti sunt, monasticis rebus præparatis reverenter. Sequenti namque die totius clero provinciæ, populoque sexus utriusque prænati pusionis baptismatis gratulatione undique secus adveniente, mysticæ ablutionis benedicto fonte ab Henrico reverentissimo Bajocacensi præsule, cum cæteris episcopis illius terræ, regeneratum salutifera trinæ immersionis inundatione, sacrique chrismatis insignitum nectare, deificæque Trinitatis nomine, veterrimi hominis dempto squalore, prædictus præsul cum Bothone comite suscepit puerum Richardum nomine, de sancti lavacri purificatione. His vero cum magna reverentia peractis, cleroque Deum collaudante super duce nato, regredientibus populorum turmis, præsul cum Bothone renuntiavit de puero quæ gesta sunt Willelmo duci.

APOSTROPHA.

Felix, o meritum fati
Insigni patre matreque,
Infantis celebre sacri,
Richardi quoque nomine.
Cujus purificatio,
Et cujus renovatio
In patris Domini Dei,
At hujus Sobolis Dei,
Sacri Flaminis et Dei;
Unius tamen et Dei,
Veri nomine perpeti.
Castro facta decentius
O Fiscanne tuo, maris
Prope littora quod viget.
Omnes undique clericos,
Plebes et populos sciat [ciat vel ciet],
Sacros ut jubilos ferat
Patri, et verbigenæ Deo
Partu virgineo edito,
. . . Flamine cum sacro.

Transacta denique duarum horarum intercapedine mirabilibusque incrementis augmentato profusius Richardo infante, cœpit dux Willelmus de regni commodo salubriter tractare, deque sui ducaminis successore cupiens adimplere quod volvebatur in ejus corde. Hujus itaque cogitationis diutissime et acriter sollicitudinibus exagitatus, omnique desiderio intueri diligenter gestiens cujus valetudinis, cujusve sospitatis, quin etiam crescente ætate cujus formæ vel qualis staturæ exoptatus filius fuerit suus Richardus, misit domigenas secreti sui conscios, ut ad villam quæ dicitur Chevillei clam deportaretur. Delato igitur infante ad prædictæ villæ locum, assumptisque tribus fidis secretariis suis, Bernardo, Bothone et Anslec, profectus est dux ad eum. Quem ipse diligentius intuens, et compage membrorum illius manibus attrectata, prout ætatis erat formosum

intelligens, ætatemque infantiæ incrementabiliter transcendere cum animadvertens, amplexatus eum amabiliter, et osculatus dulciter, tribus comitibus supra memoratis fari cœpit, quod corde diu rimatus est referens : « Vestro consilio, inquit, hoc regnum strenue usque modo rexi; Britones contra me rebelles hostiliter devici; paganos nostrorum finium pervasores redargui; Flandrenses, cæterasque gentes in affinitate nostræ potestatis commemorantes audacter subegi : quin etiam si quid boni operatus sum, vestra benignissima exhortatione coactus blande leniterque peregi. Nunc vero ex hoc quod molior agere, assensum præbete mihi; quia omne regnum hæreditario carens domino desolatur et dividitur, et seditiones quamplurimæ, rixæque inauditæ, implacabilis querimonia multipliciter generantur. Ideoque iste puerulus hæres mihi successorque in nostri ducaminis ditione vobis faventibus constituatur. Volo et obtestor ut, fide nostræ credulitatis sui fideles effecti, securitatem istius regni isti infanti facialis, quia ignoramus quid futurum pariet tempus erroris. » Tunc responderunt illi seniores tam affabiliter loquenti : « Jussis tuis continuo vitæ nostræ cursu paruimus, et quandiu superstites fuerimus, iste erit nobis congruus comes, duxque patricius hæreditarius, ejusque præcepto per omnia obtemperabimus. Hoc namque consilium complacebit omnibus sub tuæ protectionis tutela commorantibus. » Tunc illi adimplentes jussa marchionis nobilissimi, regni securitatem Richardo puero elegantissimo facientes, sacramento veræ fidei manibus voluntarie datis, commendaverunt se illi.

APOSTROPHA.

O Richarde potens, et probus, et pius,
Dux, martyrque future.
Pollens iste puer matre satus sacra,
Justæ progeniei
Hæres, non importunus erit Deo,
Clero nec populoque.
Verum congruus et conveniens pater,
Justus, patriciusque.
Sanctus marchio, constans comes et bonus,
Dux et christicolarum.
Fulgens atque propagator erit sacer
Veræ credulitatis
Ac legum. Populo distribuet pius
Justas rector habenas.
Et plebes soboles ut moderans pate-
Juste pacificabit.
Illi sit puero gloria, pax, decus,
Jesu et gratia Christi.

Hujus namque consilii peracto negotio, quinimo omnipotentis Dei disponente arbitrio, cœpit pater sagaci mente meditari quo loco quibusve posset enutriri salubriter et educari. His incumbens rimationibus, infit prænominatis tribus : « Quoniam quidem Rothomagensis civitas Romana potius quam Dacica utitur eloquentia, et Bajocacensis fruitur frequentius Dacica lingua quam Romana; volo tua custodia et enutriatur et educetur cum magna diligentia, fervens loquacitate Dacica, tamque discens tenaci memoria, ut queat sermocinari profusius olim contra Dacigenas. » Tunc Botho acquiescens senioris voluntariæ petitioni, et suscipiens præcipuum infantem ad curam educandi, urbi eum detulit concite Bajocacensi, eumque custodivit ut pupillam oculi sui. Dux vero Willelmus ob amorem dilectissimi filii sui, Pascha ipsius anni Bajocas celebravit, coadunatis optimatibus Britannicæ Northmannicæque regionis. Et illic moratus est donec essent transacti sacræ solemnitatis Pentecostes dies festivi. Cupiens autem infantem Richardum suorum fidelium sacramento et juramento in regno confirmari et sublimari, assumpsit septem optimates majoris potentiæ, et pandit illis cum tribus supra scriptis secretum voluntatis suæ: « Rerum fortuna casibus quia innumeris semper rotatur, raroque ulli certus causarum eventus; quocirca, vobis faventibus, volo ut me superstite filius meus Richardus hæres meæ ditionis a vobis constituatur, manusque vestras vice cordis ejus concedatis manibus, pactaque fidelitas veræ fidei vestræ juramine obnixe firmetur, atque vestro consilio utilissimo ipsa tota patria prudenter regatur. » His propositionibus hilares responderunt septem optimates : « Si præfirmari et præcogitare, quinimo prædicere quod proposuisti animo non æstuaris, congruum et consequens summopere nobis esset, ut nostro precatu, nostraque sollicita exhortatione admonitus hoc faceres, quia necessarium hoc negotium, et peculiarius nobis est. » His dictis Richardo infanti manibus suis datis, super sacrosanctas reliquias fidem obsequentis famulatus et militationis facientes, spoponderunt et voverunt illi se per omnia esse fideles.

APOSTROPHA.

Sacri et ordinis, et graduumque,
Puer inclyte, et indolis almæ
Patre de nitido sate, matris
Genere ex rutilo, ingenuoque.
Merito tibi subditur ista
Patria et regio, editus es qua.
Quia dux bonus, et comes almus
Eris indigenæ morulanti hic,
Eris et decus Ecclesiarum
Sacra gloria, spes recolenda.
Vagus, orphanus, exsul, inopsque,
Capiens opis auxilium a te,
Hilaris saturatus obibit.

His namque sagaci, prudentique et salubri consilio definitis, rebusque pluribus sacræ Ecclesiæ reique publicæ salubriter adornatis, rediit quisque ad sua lætus et hilaris. Interea infans bonæ indolis, primique gratia floris, Richardus scilicet celebris, formabatur capsim ab annis. Gratia autem Spiritus sancti adaugens illius antra pectoris, largifluo munere ardentis studii, sagacisque ingenii, duobus quod est sufficiens aggerabat propensius illi. Domum subnixam columnis sapientia fabricabat in statu illius pectoris. Ipse autem, secundum vires ætatis, quidquid boni po adimplebat gestis optimis. Ut autem adolebat vegetabiliter humanis incrementis, ita fecundabatur feliciter vitæ meritis. Quæque boni audiebat memoriter retractans retinebat; mala vero respuens floccipendebat. Quæcunque legis tegebantur obscura, reserata enucleatius solvebat omnia. Patre vero Willelmo, ut recensitum est licet hebete stylo, perfidiæ nævo martyrisato, et in stellifero regno feliciter coronato, antequam humaretur corpus ejus sepulcro, adduxerunt Richardum puerum qui residui fuerunt in regno, et qui non ierant ad luctuosum placitum cum eo. Tunc Northmanni et Britones tantæ pulchritudinis et dignitatis puerum videntes, lugubri flebilique voce singultientes, altaque diversorum ululatu suspiria emittentes, dixerunt unanimes : « Ecce cui servire, ecce cui militare, ecce cui patre superstite fidem fecimus. » Tunc Beringerus Britannicæ regionis comes præcipuus, infit flebilis et moestus prior pro omnibus : « O seniores et domni, Arnulfi perfidia dolose decepti, mœrentes et tristes plorabili nece piissimi marchionis, priusquam lamentabile corpus tumulo condatur, seniorem faciamus nobis. Iste puer, ut dux nobis sit et patricius, in sede patris est subrogandus. Ne exteræ gentes super nos irruentes, hocque negotio hujus traditionis inaudito principari super nos deliberantes, vindicent sibi Northmannicas Britannicasque fines, iste puer constituatur istius regni princeps. Scutumque perditum patris scuto reformantes, restaurantesque ejus soboli, obstemus repugnando volentibus dominari nobis. » His dictis unanimiter collaudantes hoc consilium, aggrediuntur comites cum magna frequentia principum commoto impetu et murmure ululantium ingentis reverentiæ Richardum puerum. Tumultuantium autem populorum murmure sedato, vix adepto silentio, Beringerus et Alannus, cæterique Nothmanniæ Britanniæque comites, datis manibus suis Richardo, subdiderunt se libenter illi, ut promiserant olim patri viventi. Pignoribusque pretiosorum sanctorum delatis, sanciunt illi tenorem integerrimæ fidelitatis et militationis, morte christianæ conjurationis. His flebiliter expletis, pluribusque ad sua reversis, Richardus puer exspectatæ nobilitatis, fortitudineque celebris, Rothomago remansit cum tironibus, patrisque domigenis.

APOSTROPHA.

Rothomage super missa vage littora Sequanæ,
Urbs fecunda bonis omnibus, et militibus feris
Semper feta laon, dives opum, plenaque munerum,
Venatu exhilaris, sufficiens, et locupletior
Multarum specierum, generum, pisceque ditior.
Aliis alitibusque, accipitraque ancipiti scio.
Omni quin melior, quin potior, urbe potentior,
Portus quam vegetat Belgicus, et Celticus, Anglicus,
Gaude tripudians, lætificans, exhilarans, quia
Perfectus senior, et dominus legifer est tibi,
Defuncto et patre dux, patricius, marchio habebitur,
Richardus celebris, justus et almus, pius, innocens,

Sanctus, religiosusque, benignus, sacer et probus, Solemnis, celebris pro meritis, dignus, amabilis, Dilectus, recolendus, reverendus, memorabilis, Sæcla jure valens, jure potens, jure per omnia. Qui te olim moderans proteget, et auxiliabitur Et cujus meritis continuis sæcla per omnia Præfulgens locupletaberis, et munificaberis. Et cujus bonitas, et pietas, et reverentia, Campos Elisios scandere te coget ad ultimum.

Audiens autem rex Franciæ Ludovicus quod, Arnulfi Flandrensis comitis versutia deceptus, pro stabilitate sacrosanctæ Ecclesiæ, sanctæque fidei et pacis, proque fidelitate sui martyrizatus esset dux Northmannorum Willelmus, multum condoluit, et optimates regni exceptis mortis ejus tractatoribus concite Rothomagum properavit cum suis comitibus, super his quæ nefario Arnulfi comitis astu acciderant consulturus. Rothomagenses vero adventu regis Ludovici hilares susceperunt eum volenter, putantes ut equitaret super Flandrenses, acerbamque et pestiferam ultionem pro inaudito piaculo quod fecerant, illis reddere vellet. Rex autem Ludovicus ad se venire fecit Richardum tantæ pulchritudinis puerum, lacrymansque affectu doloso et fraudulento suscepit et osculatus est eum, retinensque cœpit epulari et recubare secum. Sequenti namque die nutritori tanti honoris puerum volenti deducere ad alteram domum, ut balnearet et custodiret eum, prohibuit rex, et detinuit secum. Secundo et tertio die itidem altori æstuanti facere, non sinit rex, verùm prohibuit obstinato corde. Animadvertens nutritor captum esse tantæ dulcedinis puerum, ad nullum conatus est postea ducere locum. Hujus igitur rei fama tota civitas tumultuosa excitatur, murmurque captionis per totam urbem diffusum sparsim ventilatur. Tandem vero suburbani conglobati cum civibus, plebeioque more irruentes ad domum principum civitatis illius, cœperunt blasphemare eos, emittentes ingentes gemitus, et dicentes altis vocibus : « Nostra negligentia Willelmum ducem præcipuum nostrum advocatum amisimus : vestro tamen consilio perfido non hei exsul exterminabitur. Nos omnes perjuros et regem digne necabimus, et Richardum tantæ ditionis puerum ne exsulet liberabimus. » Plurimi autem principes asperrimis civium verbis exagitati, ferroque induti velociter et armis, miscent se armatæ plebi. Plurimi vero rusticorum animositatem metuentes domibus suis remanserunt, ostia obnixe obfirmantes. Illico vero plebs cum armatis militibus ferventi animo et citatis gressibus festinant regem invadere cum suis comitibus. Rex autem ut tumultuarii strepitus murmur audivit, cœpit inquirere causam illius rei. Dictumque est ei : « Urbis istius principes, quia Richardum tantæ spei puerum in captione tenes, gestiunt te invadere festinanter. Vix evades imminens periculum, vix liberaberis a turbis civium et armorum. » Tunc rex algido pavore præoccupatus, imminentisque ruinæ casu tremulus et concussus, tandem in semetipsum reversus, misit ad Bernardum principem Northmannici exercitus, ut succurreret ei pro amore Dei velocius. Qui concite remisit ad eum hæc verba dicturum : « Non me, nec illum liberabo ; sed hac seditione oborta, ut autumno, interibo. » Tunc iterum rex misit ad eum, ut quo liberari posset daret ei consilium. Bernardus autem timens ne occideretur ipse et rex, remandat ut accipiens in ulnis Richardum præcelsi auxilii puerum, veniret supplex ad misericordiam militum et civium. Rex autem sui diffidens, suorumque interitum et internecionem metuens, suscepit in brachiis suis Richardum tantæ liberationis puerum, et detulit ante conspectum armatorum, se et suos, supplici voce poscens misericordiam illorum, occidere volentium. « Ecce ego et vester senior, quidquid de me vultis facite cito, tantum ne me meosque occidatis suppliciter imploro : quia vester dominus non moratus est penes me ut captus teneretur, sed ut notitiis regalibus, palatinisque facundiis instrueretur. » At illi recipientes Richardum tantæ virtutis puerum, regem humillimæ deprecationis plenum, ad aulam suæ habitationis et ad suos redire permiserunt. Rex autem Ludovicus anxius super his importunitatibus, superque venturis nutans et incertus, salubri suorum episcoporum et comitum consultu, misit ut ad se festinarent optimates civitatis illius, scilicet Rodulfus et Anslec, atque Bernardus. Quibus accersitis, coramque adductis, rex principibus infit tristis : « Terrore mortis domini vestri acriter admonitus, vosque super quod occidit solaturus, huc accessi ; sed acrioris tristitiæ mœroris tristior obviavi, quia vestri suburbani cum civibus, et milites cum rusticorum cœtu, me meosque voluerunt conterere, et dilacerare repentino interitu. Sed pestifero tantæ seditionis hoste, tuo consilio, Bernarde, liberatus, dic quid sim facturus. » Et Bernardus : Nimis ægre tuus fert animus quod fecerunt in te rustici cum civibus. Oportet igitur salvum te reddi a propalatæ nequitiæ fraude. Denique quia noster senior dux Willelmus, felix per omnia exstitit tuus, decet quo terram hæreditario jure Richardo magnæ posteritatis puero possidendam, sacramento sacræ fidei, manibusque super sacrosancta phylacteria positis sanciens auctorizes, teque esse abhinc indemnem illi, et deinceps, atque adjutorem et defensorem te esse contra terrigenas omnes. Sic quiveris lætari nostro servitio et militatione, nos tua tutela et gubernatione. Si quis vero in te rixatus fuerit, conteremus eum, et si quispiam insurrexerit in nos, virtute tuæ potentiæ prosterne humo tenus eum. » Tunc rex in dolo respondit Bernardo : « Quodcunque retulisti faciam, meosque volenter aut nolenter facere ad præsens cogam. » Illico Richardo prædignæ innocentiæ puero largitus est terram hæreditario avi patrisque jure possidendam : delatisque sanctorum reliquiarum phylacteriis, manibus super ipsa impositis, Deo nominato in primis juravit se contra omnes illi auxiliari, suosque præsules et comites idem facere coegit. His taliter sedatis et expletis, rex fraudulenter principibus

Northmannicis infit : « Quoniam pollicitatione juramenti veracis fidem integerrimi tenoris vestro seniori vobisque peregi ; perseverantem fiduciam vestri adjutorii obnixe de me habeatis, et nullus vestrum ullatenus nutet auxilio solaminis. Verum seniorem sinite mecum morari, ut, facundæ ubertatis colloquio edoctus, discat definire, et detur minare verba scrupulosæ rei. Plurimarum vero rerum notitiam melius discet in palatio meo, quam commorans in sua domo. Quocunque proficiscar, mecum proficiscetur : quocunque morabor, morabitur. Efficaci patris ejus adminiculo regimen totius Franciæ et Burgundiæ teneo : ideo adjutor et solator isti, quandiu superstes fuero, ero. Quia pater istius pro me morte præoccupatus fuit, bellua crudelior ero, si non auxiliatus fuero isti. » His igitur fraudulentis regis simulantis alloquiis principes Northmannorum decepti, mancipaverunt Richardum, desideratæ spei puerum, Ludovico regi ad educandum. Rex vero hinc cum puero ad Ebroicaensis urbis profectus mœnia, disponebat reipublicæ jura. Simulabat ore et opere bonæ voluntatis adjutorium, verum in corde gerebat malæ intentionis propositum. Diu morulans Ebroicas, cogensque subdolo corde ad fidelitatem pueri civium turmas, repetit Rothomagensis urbis palatia. Postera die, principibus civitatis accersitis, fraudulenta et dolosa verba retulit : « Super damni et doloris nostri auctorem, properandi habeo intentionem. Revertar ad Laudunum, deducens mecum Richardum fiduciæ vestræ puerum ; hincque Burgundionibus ascitis, Francigenisque conglobatis, obsidebo Attrabatum donec capiam illum. Omnes vero subvertam munitiones Flandrensium, et dissipabo hostiliter bona illorum. Quocunque Arnulfum scivero, illuc mei exercitus gressum festinanter protelabo. Ultionem quam meretur ei reddam, si forte illum usquam inveniam. Vos autem estote præparati, ut vestrum seniorem mecum vindicetis. » Talium sophismatum simulationibus excæcati, siverunt futuræ opis puerum ab eo deduci.

Comes vero Arnulfus inaudita fraudulenti homicidii lue fœdatus, timensque futuros vindicaturi si bene egisset regis adventus, misit ad eum legatos, qui subsequentia dicerent, cum maximis muneribus : « Domine rex piissime, noster senior plurima subactus infirmitate, mandat tibi fideli servitium, si placet recipere. Falsa propalatæ famæ opinione audisti, indebitæ Richardi ducis morti nostrum seniorem Arnulfum favisse, qua se contra te vult expiare et emendare, judicio tuorum, igne. Milites vero, quibus Richardus plurima mala intulit, quique morti illum applicuerunt, ex tunc minabit, si talibus factis gratiam tuam poterit promereri. Quatenus annuendo petitionibus ejus benevolus faveas, mittit tibi libras auri purissimi bis quinas. Quin etiam universæ regionis suæ tributa annuatim dum vixerit tibi ultro solvet. Servitium tuum sui per omnia facient, et quocunque perrexeris hostiliter pergent. Ipse accedere ad te nequit, quia podagra scis eum irretiri. Foveant preces nostræ indulgentiam tuæ pietatis, tali afflictum infirmitatis vulnere, talique sine re culpatum crimine, miserantis. Miseratio condigna præoccupet furorem tuum, ut non deseras servum tuum, sine causa a te exosum. Tua est potentia, tuumque regnum : noli perdere quod tibi est commissum. Facilius potes omnes Flandrenses perdere quam vasa vitrea malleo conterere. » Tunc regis consiliarii muneribus excæcati dixerunt ei ; « Non oportet te ulli præjudicium facere, qui se tibi satagit justificare. Immunem se a doloso scelere mandat, suosque justificare aut exterminare deliberat. Pro non recuperando quo indiges, non debes perdere quem tenes, neque te ullatenus illo frustrari. Omnes qui occidentur non tibi est jus vindicare, residuos ob mortem rixantes pacificare. Reminiscere malorum et pudoris, quæ in te Northmanni Rothomago exercuerunt, et præcave ne pejora tibi impertientes, Northmannicum auferant tibi regnum. » Tunc Flandrenses : « Præter hæc mandat noster senior tibi præmaximum consilium hujus rei. Tene Richardum filium in sempiternum, et usus fructus regni in æternum. Opprime diro legis jugo et servitio terræ illius habitatores, et coge illos servire tibi obedienter. » Cujus pravi consilii exhortatione et muneribus rex deceptus et excæcatus detinuit Richardum tanti pretii puerum, et dimisit Arnulfo, quæ fraudulenter de Willelmo fuerat propter eum.

APOSTROPHA.

Rothomage tuus modo puer,
Marchio jure potens tibi datus,
Captus adest quia, plange tremulans
Regeque, Francigenisque Satrapis
Ducitur, heu dolor! advena velut
Dacigenis stolidis proceribus.

APOSTROPHA,

O Ludovice,
Si bene corde
Vota teneres,
Quæque sacrasti,
Rex recolende,
Cum bene regnans
Imperitasti ;
Auxiliante,
Præsidiumque
Dante salubre

Vindice tanto,
Patre Richardi
Religioso,
Innocuoque
Martyre Christi,
Simplicitate,
Et probitate
Munificato.
Belgica qua nunc,
Celtica necne,
Ast Aquitana
Gallia porgit,

Multiplicatos
Undique tractus
Cur abicis quod
Jam sacramento
Religionis
Christicolarum
Jure tulisti?
Cur resolutus
Lege ferina
Atque nefanda,
Muneribusque,
Proditus astu,

Linguis honestum,
Jamque revulsa
Pace tenorem
Credulitatis?
Cur sobolemque
Illius almi,
Lore ligatam
Impietatis,

Fomite pravo,
Heu! vegetandum
Atra cupido
Sorte cupita
Detinet exlex?
Desine pravum,
Sperne tenere
Quæque nefanda

Mitte Richardum,
Postulo, ephebum,
Quo sua jura
Impleat alma.
Quo capis illum,
Tu capieris,
Et vice digna
Regredieris.

Erat autem quidam tiro nomine Hosmundus, Richardi summæ celebritatis pueri educator, et altor sagacissimus. Qui quadam die absente rege immeritæ captionis puerum equitare fecit ad aucupium, ut disceret alites capere suo accipitre. Cum vero rex reverteretur, et reginæ verbis Gerbergæ sciret quod puerilis delectationis studio memoralis scientiæ puer Richardus extra Laudunum proficisceretur, rogavit ad se venire Hosmundum magistrum ejus. Illo coram astanti furiis bacchatus acerbis, demonstrans obtectum diu nefariæ captionis secretum infit : « Nequior omnibus, quorsum deduxisti seniorem tuum nudiustertius? Senioris tui poplitibus coctis, privabo te oculis, si forsan eum quoquam amplius duxeris. » Tunc aliis tironibus pariter cum eo commendavit puerum, ut custodirent diligenter, et ne posset fuga elabi prævidere eum. Hosmundus autem animadvertens captum esse Richardum tantæ dulcedinis puerum, misit ad Rothomagenses qui nuntiaret blasphemum tantæ deceptionis negotium. Rothomagenses vero mutatum malefici regis stupentes propositum, a Deo requirunt suppliciter tanti consilii auxilium. Mittunt ergo ad omnem Ecclesiam Northmannicæ Britonicæque regionis, ut missas concelebrent devote pro eo presbyteri, clerus psalmodiis tacet, populusque nudis pedibus, saccoque indutus jejunet. Northmannici vero Britonicique præsules hujus tristis legationis famam audientes, triduanum jejunium in uno quoque mense populo indicentes, deprecantur Dominum Deum fusis precibus, eleemosynisque datis pauperibus suppliciter, ut reddat eis Richardum tanti desiderii puerum. Monachorum canonicorumque clerus pro eo psalmos supplex concinit, populusque lustrans devotus ecclesias, deprecativos gemitus emittit. Interea Richardus tanti decoris puer, insignis prosapiæ, honestate celeber, instruebatur omnibus in captura notitiis sufficienter. Ducebat solidam illius ætatis partem robore cumulato, eratque commodus et utilis omnibus quasi maturus ævo. Arguebat secundum vires ætatis quidquid erat illicitum. Floccipendebat quidquid erat animæ incentivum. Vivaci lepore affluenter armabat linguam, facundæque ubertatis colloquio insignibat eam. Peragrabat studio, et retractabat quæ ignorabat, nec abdebantur ei quæ sunt obscura. Pueritiæ suæ ætatulam Jesu Christo consecrabat, seque totum divinis præceptis, teneræ adhuc licet ætatis esset, mancipabat. Divina namque permissione hoc factum est, ut puer conspicuæ formæ præ cæteris nitidus, nonnisi in palatio regis nutriretur. Multimodis illum sermonibus libenter insigniebant; et mellifluo palatinæ sermocinationis dulcamine erudiebant. Processu vero temporis, Northmannorum et Britonum precibus continuis, jejuniisque singulis mensibus devotissime exercitatis placatus regum Rex Dominus, eripuit Richardum inæstimabilis incrementationis puerum taliter de regis manibus. Prædictus namque tiro Hosmundus, provisor illius honestissimus, videns detineri suum seniorem diutius, et vallari vicissim die noctuque ne posset subtrahi tironibus, cœpit meditari quomodo eriperet eum de tantis custodibus. Quadam igitur die coegit hujus rei gratia simulata imbecillitate recumbere tantæ custodiæ puerum, et quasi dissimulata corporis sospitate, emisso frequentia planctu aggravari eum. Cujus falsæ opinionis rumore civitas impletur, et hæc simultas pro veritate fama nuntiante propalatur. Custodes vero tertia die æstimantes morte præoccupari tantæ diligentiæ puerum, huc illucque necessitate sua euntes discesserunt. Hosmundus igitur cœnante rege et civibus, nudisque plateis ab hominibus, byrro et tantæ liberationis puer indutus, citatis equis, Lauduno exivit citius, rapidoque cursu castrum appulit Codiciacum. Illic affluentis probitatis commisit castellanis puerum, et profectus est in ipsa nocte ad comitem Bernardum ejus avunculum, qui morabatur mœniis Silvanectensium.

APOSTROPHA.

Northmanniæ nunc præsules,
Belloque in omni principes
Regni triumphales simul,
Et clerus omnis ordinis,
Populus simul plorabilis:
Pueri, senes, et virgines,
Juvenesque, cunctæ feminæ,
Vulgusque in vicum concitus,
Fletus lugubres mittite
Mœstis modis et parcite.
Nam gaudium vobis datu
Vinclis solutus regiis,
Elapsus et custodibus
Richardus almus, innocens,
Prudens puer sanctissimus,
Pulchre decorus, splendidus,
Liber tenaci compede,
Vobis erit dux præpotens
Grates Deo nunc reddite
Pro liberato pignore.

Bernardus autem in obscuræ noctis silentio videns Hosmundum, admirans dixit ad eum : « Quid tibi, Hosmunde? nihil boni de meo nepote? » At ille :

«Domine, si crusm cum de manu regis atrocis, quid facies de eo?» Et Bernardus: «Te multis honoribus ditatum sublimabo, te beneficiis locupletatum nimis exaltabo. Nepotem vero meum in regno patris sui haereditario restituam, Northmannorum, Britonumque principes illi servire cogam.» Ad hæc Hosmundus: «Sero Landuno tuum nepotem clam subtraxi, et Codiciacensibus castellanis eum, ut custodirent, commendavi.» Mox Bernardus solito lætior citius surrexit, et ad Hugonem magnum ducem Parisius præpete equitatu festinanter properavit. Hugo magnus videns eum dixit: «Quid ad nos tam repentinus et matutinus accelerasti?» At ille: «Rex quia Ludovicus meum nepotem strictius et prævidentius custodit, venio ad te ut des super cum aliquod consilium mihi. Et si forte aliquis eum de manibus regis eruerit, quale adjutorium ei tua clementia impertietur?» Tunc Hugo magnus: «Mirum est omnibus quod agit rex Ludovicus. Pater pueri illius pro fidelitate regis deceptus est et interemptus, et ipse tenet captum filium ejus. Utinam de vinculis regis eum eruerit aliquis, et mihi adduxerit!» Et Bernardus: «Domine, quid facies si quod retulisti adimpletum fuerit?» Et Hugo magnus: «Ego quidem Northmannos et Britones subjugans ei, possidere faciam illum quæcunque pater tenuit. Contra regem illi auxiliabor, contraque Arnulfum, omnesque insidiatores viriliter juvabo.» Tunc comes Bernardus precibus accumulans preces, ad pedes suppliciter corruens dixit: «Domine dux præpotentissime, ne irascaris si repetam quod volo a te. Ut credulus tuarum promissionum confidenter existam, pollicitationis verborum tuorum fac mihi tua petitione fidem integerrimam. Habeo enim Codiciaco tanti amoris puerum captione regis perfidi ab Hosmundo liberatum.» Dux vero magnus gratulans de puero eruto, dixit comiti Bernardo: «Ut [de] propositionis meæ proposito fiducialiter securior sis, faciam tibi et illi quæ supplex requiris.» Allatis vero reliquiis, manibusque supra positis, sacramento veræ fidei spopondit se puero contra omnes auxiliari.

APOSTROPHA.

Mellifluæ bonitatis ope,
Hugo potensque, valensque, vigens,
Magnus, et inclytus, ac meritus,
Magnanimus, bonus, almificus
Mirificus, probus, egregius.
Auxilii ecce memento tui,
Et reminiscere quam peragis
Eximiæ probitatis opus.
Emeritumque juva puerum,
Protege, salvifica, refove;
Quod pater ut tenuit teneat,
Gaudeat et recidivus eo,
Possideat, habeat, faciens
Quod facere assidue ambierit.

His et hujuscemodi peractis, comes Bernardus rapido equitatu Codiciacum expetiit, et osculatus tantæ diligentiæ puerum, amplexibus fruens optatis, eum cum magno exercitu ad Silvanectensem urbem perduxit. Rex vero Ludovicus duplicis tristitiæ, scilicet eo quod ceperat puerum, et quod ipse elapsus erat, expertus errorem, misit legatum ad ducem magnum Hugonem, ut reddere puerum cogeret Bernardum comitem. Hugo quidem magnus remandat regi verba subsequentis orationis: «Silvanectensem, et Codiciacum, Torotense non auferam Bernardo, et Crethelteuse castrum, nequeo urgere ullis conaminibus illum, ut reddat Richardum dilectissimum nepotem suum.» Interea Bernardus comes Silvanectensis misit ad Bernardum Rothomagensem, cæterosque Northmannos, qui nuntiaret concite eventus optatos. Northmanni quidem et Britones desiderati pueri ereptione nimium hilares, persolvunt Deo omnipotenti pro eo vota et grates. Hujus rei gratia Silvanectensis comes Bernardus profectus est contra Bernardum Rothomagensem et Dacigenam, quid ageret de puero consulturus. Cumque mutuis alternatim sermonibus nimiumque secretis fruerentur, et de restitutione pueri in regno diu tractarent, Bernardo Dacigenæ dixit comes Bernardus: «Ne forte rex Ludovicus animadvertat nostræ intentionis propositum, non veniam abhinc contra te amplius ad placitum. Verum crede quod mandavero tibi signo inter me et te facto ostenso per legatum, et rimare ingenioso conamine regem Ludovicum fatuare, quia vult nos et vos omnes crudeliter perdere.» Illico pluribus rerum caute replicatis, quisque sua celerius revisit. Interea rex Ludovicus de dignæ ereptionis pueri absolutione anxius, et de remandato diffidentiæ ab Hugone nimium tristis et mœstus, misit ad Flandrensis gentis comitem Arnulfum, qui ejus rei negotio auxiliabitur nimium; quatenus venire contra se acceleraret ad placitum. Qui festinanter occurrentes sibi in pago Virmandensi, in villa quæ dicitur Restibulis, quid agerent cœperunt meditari. Arnulfus vero digni interitus sui formidans ultionem, vafro stomachatus astu, dixit ad Ludovicum regem: «Ingentis formidinis pavore exterreor, et usque ad intimum medullarum super venturis concutior, ne forte Northmanni et Britones Hugoni duci contra te rixanti vehementer nostræ confusionis interitu cohærentes, militari manu ascita insurgant in nos unanimes. Verum super hoc dabo tibi consilium, ne incurramus venturi damni periculum. Excæca igitur oculos Hugonis muneribus et beneficiis, ne possit quæ feceris jure refragari. Concede illi Northmanniam a Sequana usque ad mare, ut valeas quæ citra sunt quiete tenere. Northmanni vero taliter divisi desolabuntur, et non contra nos ad certamina ultra excitabuntur. Sic minues et exarmaveris potentiam illorum, non uno soli Domino militantium.

APOSTROPHA.

Inventor sceleris, consilii et mali,
Prorsus quod vetitum est, fraudis et impiæ,

Cur præscire Dei consilio tuo
Gestis conterere, et sistere perfido?
Heu! heu! occubuit perfidia tua,
Hujus jam sobolis præmeritus pater,
Pro visu Domini purior ut foret,
Fultus martyrio, testis et emicat.
Hanc non contaminans improbitas tua
Torquebit simili et dilanians modo,
Hic vere sederit dux luculentior,
Prudens, pacificus, promerius comes,
Sanctus, religiosus, bonus et pius
Summus patricius, marchio providus,
Defensor patriæ, at indigus opis,
Solator miseris, quin viduæ et orphani.
Cunctis omne bonum, lucraque prospera,
Effectus populum regimine congruo,
Conducet moderans, legeque corrigens,
Campi siderei ad pascua cœlica.

Rex vero Ludovicus pravo astutæ dolositatis in genio usus, misit ingentis reverentiæ præsules ad Hugonem velocius, ut ea fide qua concatenantur senior et miles venire festinaret ad se promptius. Hugo igitur magnus creberrimis episcoporum petitionibus suppliciter coactus, profectus est contra regem ad villam in vico juxta Compendium, quæ dicitur Crux, dixitque ad regem : « Cujus rei negotio huc me accelerare fide et legatis præcipuis compulisti? » Rex autem : « Ut reddas mihi Richardum, quem furatus est Hosmundus, et perduxit ad comitem Bernardum. » Respondit Magnus Hugo : « Nisi castra quibus præest Bernardus illi vi abstulero, nequeo favere ullatenus precibus tuis et voto. » Tunc rex : « Ut meæ necessitati non injurius, sed solator existas, concedam tibi Ebroicacensem et Bajocacensem comitatum, quin etiam a Sequana ad mare usque ut possideas. Ego vero quæ citra Sequanam sunt tenebo, et quæ meæ voluntatis sunt ex his explebo. Simus concordes in omni negotio et unanimes, ut decet regem et ducem perpetualiter. Ego cis Sequanam pergens, Rothomagum obsidebo, tu vero militari manu Bajocas vallans expugnato. Sic atteramus Northmannos advenas et superbos, nostræque ditioni subjiciamus illos. Taliter autem mitescent et subjugabuntur, aut exterminati Daciam celeres repedabunt. » Hugo vero dux magnus, fidei, quam fecerat Bernardo pro Richardi juvamine oblitus; quin etiam beneficiis ac civitatibus exorbatus, pepigit cum rege hujus conventionis fœdus. Quo, ut hæc facerent, determinato tempore, regreditur ad sua quisque. Bernardus igitur comes hujus conventionis gnarus adiit Hugonem ducem celerius, veniensque ante conspectum ejus, dixit corde vultuque turbatus ; « Dux magne et fidissime, præcellis usque nunc omnibus meritis, et fidei tenore, sed mirum mihi cur innocenti puero mentitus es, quod ultroneus Christianæ conjurationis fide promisisti. Oporteret te quam promisisti servare fidem illæsam, et nullorum donorum munere et beneficio exsecrari eam. Northmanni et Britones

A norunt quæ spopondisti puero, Franciæque principes lætificarunt se super hoc consilio. Quid turpius hac infamia? talique blasphemia quid obnoxius? Tantæ perfidiæ rumor, tantique malefici ducis nequitia promulgatur per tota penes Franciæ civitatum mœnia, omnes susurrant de tanto duce et advocato, quo modo deceptus est et mentitus muneribus et beneficio. » Contra istius invectionis molimina Hugo magnus respondit, ab imo cordis emittens suspiria : « Veris purisque sermonibus quæ exsecutus es retulisti, quia oblitus sacramenti, quo me defensorem et adjutorem pueri ultroneus promisi, terram a Sequana usque ad mare hæreditario jure ab eo possidendam, dono regis recepi, eique integerrimæ fidei stabilitatem feci, meque adjutorem illius ex ea terra, quæ citra Sequanam est, perjurans repromisi, si eam quam mihi dedit nunquam contradixerit. Verum quia mirabilis ingenii, ingentisque industriæ et calliditatis comes es, et astutus in omnibus negotiis, precor ut eruas me aliquo sophismate a blasphemia hujus rumoris. Decurso abhinc die sedecies, festinabimus adire Northmanniam ego et rex. Ipse autem Rothomagensem urbem, ego vero obsidebo ut juratum est Bajocensem. Affligemus igitur Northmannos taliter et Britones, et redigemus ut serviant humiles. Quisquis vero contra nos contumax fuerit et rebellis, exterminabitur; quisquis vero armis præsumpserit, occidetur. Si quid prudentiæ et ingenii habes, precor te ut ab hujus perjurii noxa solvens me liberes. » Cerneus autem Bernardus quod aperuisset Hugo magnus cor suum, dixit ad eum : « Idcirco quod tu senior benignissimus, vel quia ille nepos meus dilectissimus, melius quam potero argumentabor, si forte vestrum cogitasse turbare quivero. » Illico comes Bernardus consilia regis et senioris sui, denominatæque congressionis super Northmannos tempus expertus, recordatæque voluntatis sui senioris benevolentia lætior, Silvanectis regressus, misit ad Bernardum Rothomagensem et Dacigenam velocius, et quæ audivit ab Hugone duce magno, etiam voluntatem ejus mandavit secretius. Quin etiam ne regi obnoxius civitatem defenderet, verum choro canonicorum monachorumque præparato, eum quasi ejus adventui congratulans hilariter reciperet, et ut Hugoni magno duci terram, quam illi dedit, regem contradicere multarum argumentationum prosecutionibus cogeret. Bernardus vero Rothomagensis lætior legatione hujus consilii, quæ legato disserente secreta audivit, Northmannis principibus ascitis intimavit. Northmanni autem non quemquam illorum decipere scientes unquam Bernardum, quin etiam quod Hugonis magni ducis sciret secretum, ejus collaudaverunt pariter consilium. Statuto vero tempore conjuratæ progressionis ; ascita Francigena undecunque potuit manu militari, venit rex in pagum qui dicitur Calcis, cœpitque infestare gentes et prædia incendiis. Hugo autem dux magnus hujuscemodi conjuratione illectus, profectus est ad Bajocacensem comitatum cum magno exercitu. Bernardus igitur Rothomagensis non immemor Bernardi Silvanectensis comitis consilii, misit ad regem Ludovicum in dolo verbis pacificis, quatenus properaret ad civitatem Rothomagensem cum episcopis principibusque suis, et ne amplius devastaret quæ sua erant ferocitate tantæ gentis. Rex vero hujus legationis mandato lætus, regiminisque sui et honoris profectum congratulans adaugere, subacta urbe et principibus, venit Rothomagensem civitatem cum Francigenis optimatibus, prohibens reliquos exercitus ne depopularentur terram suæ ditionis amplius. Bernardus vero, cæterique principes, atque clerus totius urbis, occurrerunt contra portam Belvacensium, et receperunt animosæ calliditatis ingenio eum. Crastinæ vero diei diluculo venit Bernardus ante conspectum regis Ludovici, et cœpit in dolo compellare eum verbis humillimis : « Domine rex invictissime, ab olim usque nunc integer stabilisque exstitisti fide, et collaudabilis in omni tuo opere. Nos ducem et advocatum perfidia Arnulfi amisimus, sed gratia Dei te regem advocatum nobis recuperavimus. Non curamus de prole, quam tibi Hosmundus furatus est et abstulit : nec unquam ejus servitio incumbentes militabimus ei, quia melioris consilii est nos esse regales et palatinos, quam talis comitis satellites esse et servos. Verum, nobis mirum quid audivimus, et ultra credibile, supraque satis admirati sumus, quorum relatu didicimus quod Hugoni duci semper contra te rixanti contumacius concessisti spatiosam terram a Sequana maris fine tenus, et adhuc expugnat Bajocacensem tellurem, et præoccupat cum magno exercitu. Parvi pretii, rex dulcissime, parvæque militationis atque servitii, quod tibi reservasti. Viginti millibus armatorum augmentatus es inimicum tuum. Quis Constantinensibus et Bajocacensibus vidit fortiores in bello, prudentiores in consilio? Si militarem manum, ut Willelmus, tenuisses, omnium quippe gentium horum consilio et armis dominari quivisses. Nonne Willelmus hujus exercitus medietate fretus, comitante Hugone et Herberto seorsum conduxit se ad regem Henricum securus? Quis tuebitur et defensabit, proderit et præerit huic quam retinuisti civitati? Bajocacenses, Constantinensesque hanc custodiebant urbem Francico Anglicoque in portu eminentem. Omnium bonorum illius terræ affluentia aderat nobis, et eramus locupletes opibus illius telluris. Recipe ergo civitatem, quia non habemus sumptus quibus in ea vivere possimus; daque Hugoni eam quo queat rebellare contra te securius. Nos Daciam cum omni genere nostro præpete navigationis cursu repedabimus, et hanc majore collecta multitudine militari, ut Rollo quondam, devastabimus, nec tua, nec Hugonis erit posterius. » Rex vero deceptricibus querimoniis instigatus, precatus est Bernardum ut daret sibi consilium super his rebus. Tunc Bernardus : « Mitte legatum ad Hugonem ducem magnum, qui Bajocacensia rura illi contradicat, et non possidere plus quam tribus noctibus, et dicat non tenere se ea amplius, quia malo es consilio usus. » Rex vero illico misit ad Hugonem, qui diceret hujus rei sermonem. Cumque legatus coram Hugone duce astaret, hujusque rei verba illi intimaret, obstupuit, in unoque obtutu defixus inquit : « Calliditas duorum principum coegit regem mandare tale propositum. » Hujus igitur contradictionis verbo Parisius Hugo dux regrediens, misit ad regem Ludovicum dicens : « Cur quod mihi spontaneus dedisti, ablatum est? » Respondit rex : « Tellus Northmanniæ non nisi unius senioris unquam tuebitur advocatione. Nec debet esse divisum, quod decet esse continuum. Rollo enim Daciæ finibus exterminatus, hanc sibi integre vindicavit, et non dispertita ab ullo postea exstitit. » Gens Dacigena nescit famulari nisi uni soli seniori. Legatus autem quæ rege narrante audivit, Hugoni duci diligenter retulit. Interea Bernardus Silvanectensis autem audiens inopinatum citissimumque regressum Hugonis ducis sui senioris, venit ad eum citatis equis. Dixitque : « Dux perseverantis fiduciæ, quoniam noxialis sacramenti solutus es compede, memor sis sacramenti, quo te Richardi pueri adjutorem spopondisti. » Et Hugo : « Nequibo illi auxiliari, quia omnis Northmannica gens subdita est regi. » Contra Bernardus : « Præstolare attentius eventum rei, et quid futuri parient dies illi. »

APOSTROPHA.

O rex, cur memor haud tui
Istiusque patris, qui tibi profuit,
Cujus præsidio continuo regna tenes modo,
Et qui multa operatus est
Pro te, et qui occubuit hostia victima
Regis siderei, quæque latent sui.
Et quod jam genitor suus,
Pollens veridica perpete famine,
Armis exsuperans, et quod avus continuit sacris
Nunc præjudicium facis
Ex hoc innocuo adhuc probo puero
Richardo, celebri prosapia nobiliter sato.
Hujus flagitii lue
Casus innumeri præpedient, ob hoc
Olim te capient, te perimet fine sub ultimo.

Interim rex Ludovicus morulans Rothomagensis urbis mœnibus, disponensque Nortmannicarum rerum negotia ut dominus, fraudulenta falsæ opinionis intentione, putans se esse regem Northmannorum et advocatum, labile deducebat illic otio tempus. Quadam namque die quidam tiro Francicæ gentis, sufficientem omnium rerum opulentiam Dacigenæ Bernardi, quin etiam uxorem præpulchræ speciei ut concederet sibi, regem rogavit. Cæteri namque tirones hujus petitionis famam secretius audientes venerunt ad regem dicentes : « Domine rex, tibi incessanter semper servimus, et nullius rei sufficientia, nisi cibi potusque ditamur. Hos advenas Northmannos expelle abhinc et extermina, precamur, et largire nobis illorum beneficia concessis uxoribus. Nos vero hanc urbem regemus servitio tuæ fidelitatis, nec de cujuslibet nostrorum infidelitate nutare quiveris. Consilium hujus rei nefandum enucleatur Bernardo et Dacigenis; verumtamen vicissim consulti, commiserunt illud taciturnitati. « Rege vero Ludovico Laudunum regresso, novercalisque odii zelo a Northmannis nimium pertæso, turpis tironum petitionis ambitione admodum tristes, meditabantur interitum regis retractando unanimes. Ut autem regem decipere aliquo subdolo conamine quivissent, Northmannorum optimates miserunt ad Haigroldum regem Daciæ nobilioris et ditioris potentiæ milites, ut Richardo Willelmi magni ducis filio consanguineo succurrere festinaret; quia rex Franciæ gentis totius Northmanniæ monarchiam vindicabat sibi, auferens omnem honorem puero Richardo eruto ejus avunculis. Haigroldus vero rex Daciæ magnanimus ob amorem Richardi sui propinqui, legatos Northmannorum honorifice suscepit; constructisque navibus, hisque cibariis et militibus repletis, ad littora salinæ Corbonis, qua Diva rapido meatu procelloso mari se infundit, cum incredibili tironum multitudine, citius quam quivit venit. Constantinenses autem et Bajocacenses audientes adventum regis Haigroldi propter amorem Richardi pueri, venerunt servire illi. Fama illico per Franciæ climata celeriter penetravit, denuntians inæstimabilius multitudinis paganos adesse littoribus Northmannicis. Bernardus igitur, cæterique Rothomagenses, fidelitatem regis Ludovici verbis simulantes, miserunt ad eum in dolo, dicentes : « Quoniam innumerabilis copiosæque multitudinis pagani primævæ juventutis flore nitidi, nostris finibus sunt advecti; precamur quatenus ascita manu militari, subvenias velocius nobis, si Northmannicæ regionis principatu gaudere mavis. » Rex autem legato : « Fama nuntiante audivi verum esse quod dicis. » Quapropter rex Ludovicus hujus pestiferæ legationis relatu admonitus, concitato Francigenæ gentis exercitu, venit ad Rothomagum repentinus, adducens secum Herluinum comitem et Lambertum fratrem ejus. Rex autem Haigroldus regis Franciæ audiens adventum, fraudulento consilio Northmannorum mandavit venire illum contra se ad placitum. Rege autem Ludovico confidenti in multitudine exercituum et ire disponenti suæ damnationis ad placitum, dixit Bernardus Rothomagensis se fidelem simulans Francorum : « Gens contra quam proficisceris ad conciliandum, internæ dilectionis amore recolens, dilexit nostrum comitem Willelmum, et pro quo martyrizatus est intimo cordis affectu odit nimium. Lite enim Herluini comitis, Northmanni tali duce privati, congredientur intentione mortis in eum, si forte eum viderint. Quapropter eum noli ducere tecum, ne forte, eo cognito, nascatur utriusque exercitus jurgium. » Tunc quidam ex tironibus Bernardo respondisse fertur : « Num propter te cæterosque advenas talis comes, ut est Herluinus, ullis latebris repositus abscondetur? » Bernardus autem tacite quæ agebantur considerabat, illiusque invectionis dolorem in corde pressabat. Ludovicus autem rex Francigenum monens exercitum, Herluinum comitem conduxit secum, castraque metatus est citra Divæ decursum. Constantinenses atque Bajocacenses cum rege Haigroldo ultra Divæ fluenta fixere tentoria. Bernardus primo mane consurgens, venit ad regem Ludovicum dicens : « Domine rex, velocius surge, et quid agendum sit, secretius cum tuis rimare. Alterius moris est gens hæc quam Francigena, argumentosæ calliditatis nimis plena. » Tunc quidam recubans intrinsecus, respondit Bernardo, rege adnuente, stanti forinsecus : « Pete dormitum citius, quia non curamus de talibus. » Bernardus vero hujuscemodi verbis exasperatus, repetiit castra Rothomagensia velocius. Æstuante vero sole hora diei tertia, cœperunt Divæ alveum Constantinensium Bajocacensiumque transire agmina. Bernardus autem hoc intuens, regem iterum expetiit, dicens : « Supra satis rex dormitare adhuc stude, quia gens Dacigena transgressa Divæ flumen stat equestris in littore, nescio cujus animositatis intentione. » Rex vero minacibus verbis excitatus, surrexit ocius, comitumque et militum frequentia constipatus festinabat ire ad sui colloquium interitus. Convocansque Bernardum dixit ad eum : « Nescio quid meus mihi præsagit animus, placida non mihi est quiete contentus. Aut pugnam, aut aliquid novum exagitat mihi invadere sollicitus. » Ad hæc Bernardus : « Nonne prohibui multis prosecutionibus, ne comes Herluinus huc conduceretur? » His dictis, venit ad locum, quo placitum erat dispositum. Stabat autem illic cum Constantinensibus et Bajocacensibus rex Haigroldus, rege Ludovico propius stante cum Francigenis altrinsecus. Stabat autem et illic Dacorum delecta juventus, adnixa hastis, tenensque scuta in manibus, quærebant occasionem, qua possent Francos occidere et regem. Mutuæ igitur voluntatis colloquio, rege Ludovico, et Daciæ rege Haigroldo, contuentibus Francigenisque et Dacigenis, necnon Constantigenis et Bajocacenis undique secum armatis, circumstantibus; cuidam militi noto quondam sibi dixit comes Herluinus : « Cujus sospitatis, cujusque prosperitatis, vel cujus facultatis, tu et origo tui generis? » Respondit ille : « Salubris sum incolumitatis, locupletisque felicitatis, atque sufficientis ubertatis. » Constantinenses vero et Bajocacenses cœperunt ab interrogato inquirere quisnam esset, qui de commodis suæ prosperitatis tam familiariter sciscitaretur. Respondit ille inquirentibus : « Herluinus monasterioli castri comes præcipuus. » Constantinenses autem dixerunt Bajocacensibus: « Nonne hic, cujus jurgio vel pro quo deceptus est et martyrisatus noster senior Willelmus, Marchio duxque honestissimus? Erueturne hic infestus nostris manibus? » His dictis, commoto murmure incompescibili torqueunt arma omnes Dacigenæ, furiis stomachati; tantique domini morte felle æstuante bacchati, occasione capta, invadunt Herluinum comitem, et perimunt imperterriti; Francigenæ autem cupientes comitem Herluinum ulcisci seque armis tueri, insurgunt super eos intrepidi. Cujus occasionis dolo, prælii certamine atrociter inito, Franci telis lanceisque pugnando confractis, obluctabantur fortiter mucronibus extractis. Tandem multifluo pestiferoque Constantinensium et Bajocacensium, nec non paganorum cœtu hinc inde vallati, jugulabantur dilacerati sicut bidentes a lupis. Sic mortifero per prælium impulsu congressi, bis novem comites nobilissimi præoccupantur morte, sæviente Marte dilapsi, ex parte regis Ludovici, nec erat ulla spes vitæ, vel fugæ residuis. Rex vero Ludovicus præsidio Francorum cernens se desolatum, expertusque prælii periculum, fugæ tardantis expetebat auxilium. Rex quippe Haigroldus prospiciens abesse regem Ludovicum, voluci sonipede agmen secans medium, citato cursu persequebatur eum. Rex autem Ludovicus hac illacque fugitabat, quia freni a capite equi delapsi habenas manibus solummodo tenebat. Haigroldus autem rex Ludovicum taliter impeditum mox expetiit, et per captum fulgentem ensem tenens, vagina cava a latere diripit, militibusque suis ne elaberetur, neve occideretur, eum commendavit. Ipse vero capto rege congratulans, ad prælii campum concitus remeavit, et adhuc armis Francos se tuentes ad internecionem usque prostravit, atque Franciæ gentis laceros plagis Orco detrusit. Northmanni vero victoria, armisque et spoliis potiti, prælique campum lustrantes securi, ad humandum detulerunt exanimes suæ gentis.

APOSTROPHA.

Digne pro meritis ducis futuri,
Richardi celebris, bonique justi,
Fulgentis pueri, indolisque sacræ :
Vestra proque fidelitate, qua nunc.
Bellando patriam tenetis istam.
Northmanni o proceres satis potentes
In certamine prælii et triumpho,
Cauti et consilio probique cuncto,
Servantes stabili tenore pacem,
Et sacræ fidei petitionem.
Nunc salvete, valete, avete semper.
Et vos, et soboles, sacri et nepotes,
Omnis progenies sacratæ stirpis,
Septenæque locum quietis aptum.
Post artus lugubrem solutionem,
In summoque bono novi refecti
Sortis prospera, bis dualis, octavæ ac bis,
Cum sanctis capiatis aggregati,
Regnum qui patriæ tenetis hujus,
Vis virtute potentis et tenacis,
Richardi pueri in fidelitate.

Interea rex Ludovicus custodum spoliorum cupiditate deceptorum manibus evasit, et hac illacque fugitans alipedis equi cursu errabat inanis. Quem quidam Rothomagensis miles inermem huc illucque fluctuantem conspiciens aggreditur; et eum proprio nomine compellans asperis verbis affatur : «Quorsum, rex Ludovice, tendis? quovo tenes desolatus iter? Non nostris elaberis finibus, quos injuste invadens stulte irrepsisti. » His dictis torquens campitorem equum, et irruens super regem Ludovicum per habenas freni cepit eum, atque vi compellebat equitare secum. Rex autem omnibus armis privatus, nec erui potens a tenentis manibus, dixit ad illum mœstissimus : « Quis es, vel quo me iturum esse contorques?.» Respondit Rothomagensis. «Et illuc te ducam, nec tuæ potestatis ullatenus deinceps eris. » Rex autem diffidens sui, mœstusque necessitate imminentis periculi, dixit ad violentum captorem sui : « Miserere, precor, miserere mei, et erue me per tuam pietatem de manibus quærentium animam meam, et insidiatorum mihi. Restitue me monti Lauduno, ut queam gloriari et gaudere Francisco imperio. Nulla gloria quæretur sine te mihi; omnisque facultas et honor, qui meus fuerit, tibi erit. Regem te super me si volueris constituam; si non, dimidium regni concedam. Rerum verborumque fiat maxima fides inter me et te, sacramento colligationis Christianæ. » Hæc repetens rex crebrius, et exorans cum lacrymis, proruit de equo ad pedes se ducentis. Tunc miles percussus lugubri gemitu regis, coactusque petitionibus multimodis, lacrymis ita fatur obortis : « Promissionum tuarum fac mihi fidem, ego conducam te Lauduno salvum et incolumem. » Voluntarie vero pacta factaque fide, cœpit miles regem conducere, relicto recti itineris calle. Interea Rothomagensis Bernardus ereptione regis mœstissimus, misit concite legatos, ne transiret rex Ludovicus ad omnes Sequanæ portus. Ipse vero citius quam potuit, tardum regem antevolans præcessit, et Rothomagum præpetibus equis cum suis militibus acceleravit, et qui regem perquirerent fidissimos exploratores misit. Miles vero, qui regem liberare conabatur, domi ne forte inveniretur retinere illum noluit, sed noctu in Sequanæ insula reposuit, cupiens conducere eum ad Laudunum, exploratoribus fatigatis et reversis. Exploratores igitur scientes quod ab illo milite haberetur rex Ludovicus, venerunt ad domum ejus; et accipientes uxorem, filiosque et filias, equos et equas, oves et boves, omnemque supellectilem ejus duxerunt ad Rothomagum Bernardo citius. Miles autem sciens nullatenus posse abscondi amplius regem, venit quantocius ad Bernardum Rothomagensem, et provolutus ad pedes ejus, deprecabatur ut recipiens regem redderet suam sibi uxorem. Bernardus vero solito lætior, recipiens mœstum captumque regem, reddidit ei suam uxorem. Misit igitur ad Silvanectensem Bernardum, et mandavit ei optatum regis eventum. Bernardus vero comes hilaris et lætus, consurgens illico noctu, ad Hugonem venit ducem magnum Parisius, qui dixit ei : «Audisti, domine, ventilante fama alicujus rei novitatem? » Respondit: « Nullius. » Et ille : « Pro certo comperias Haigroldum regem Dacorum propter Richardum nepotem meum, subinque propinquum, he lasse contra regem Ludovicum, et in ipso certamine quater quaternos comites peremptos, et monasterioli castri comitem Herluinum, et fratrem ejus Lambertum , quin etiam potestatis cæde asperrima Francigenis, regem ipsorum fugatum, et captum, et adhuc Rothomagensi urbe sub custodia Dacigenæ Bernardi mancipatum. » Hugo autem dux magnus super quod dicebatur stupens, dixit : « Modo regi quod meretur accidit, e comiti Herluino quod digne decuit, cæteris consiliariis quod oportebat pati. Willelmus ique dux Northmannorum pro regis fidelitate, et ancorum, proque quod Herluino pridem ablatum eddidit monasterioli castrum, martyrisatus occubuit : et rex, quem decuisset exsecrabile scelus et inauditum ulcisci, consilio Herluini et Arnulfi perfidi filium ejus sub custodia tenuit, et terram hæreditariam illi sibi injuste vindicavit. Superni regis arbitrio condignam talionem patitur rex Ludovicus pro Willelmi ducis filio nepote tuo, quem captum tenuit, proque terra quam sibi usurpavit. Majoris namque consilii quam cæteræ gentes sunt Northmanni, qui regem Ludovicum subegerunt astu tam pervicaci. » Tunc Bernardus : « Domine, memento quæ mihi meoque nepoti spopondisti ; et ut decet te juva, et succurre illi. » Dux vero respondit : « Antequam liber a custodiæ impedimento reddatur, regnoque Francici imperii sublimetur rex Ludovicus, terra Northmannicæ regionis quieta et solida, et ab episcopis comitibusque et abbatibus sacramento veræ fidei Richardo tuo nepoti sancita, et inconvulse auctorizata tenebitur. »

Interim luctuosa fama ad aures Gerbergæ reginæ perlabitur, et quod captus esset rex, bisque novem comites interempti, cæterique fugati, enucleatur. Regina vero lugubres regis sui conjugis suorumque incessanter casus deflens, animumque suum tanti infortunii anxietate atrociter contorquens, nullumque salubre sibi consilium inde in tota Francia reperiens, misit ad patrem suum Transrhenanum regem Henricum et ad Ottonem fratrem suum, flore pubertatis nitidum, mandans plorabile sui detrimenti negotium, ut adscito militaris manus exercitu obsideret Rothomagum ; redempturus vi et potestate suum seniorem regem Ludovicum. Henricus autem rex Gerbergæ reginæ filiæ suæ non se venturum remandat ob obsidionem ad Rothomagum, quia merito et digne atque ultione Dei rex Ludovicus acquisitum præjudicio patiebatur hunc casum ; quia filium Willelmi ducis, qui pro fidelitate sua Arnulfi perfidia occubuit, captum in custodia tenuit ; totamque regionem Northmannicam, quam suus avus præliis acquisivit, sibi injuste vindicavit.

Interea rex Haigroldus Northmannos Pagensesque omnes ad fidelitatem Richardi pueri vicissim consolidabat ; jura, legesque, et statuta Rollonis ducis tenere per omnia cogebat. Urbes et castella munire firmiter satagebat, ne forte fortuna vices suas adversa verteret.

APOSTROPHA.

O pius, prudens, bonus, et modestus ;
Fortis, et constans, sapiensque, justus,
Dives, insignis, locuplesque, solers,
    Rex Haigrolde.
Quamvis et non sis chrismate delibutus,
Et sacro baptismate non renatus :
En vale, salveque, et aveto semper
    In deitate.
Qui Richardum percelebrem tuendo,
Rege capto, Francigenisque stratis,
Prælio certaminis et peracto
    Vindice dextra,
Regni habenas nunc moderas potenter,
Et ligas cunctos fidei tenore ;
Servientes tu famulentur omnes,
    Ecce Richardo
Innocenti, prope te pusioni,
Nobili prosapiaque creto,
Atque florenti meritis, et ævo
    Ubere, et almo.

Gerberga vero regina paterno fraternoque patrocinio penitus desolata, tantæque anxietatis detrimentum perpessa, nulliusque solaminis spe subnixa, quin etiam timens perdere regna, antistitum consilio petiit Hugonis magni ducis suffragia. Quam Hugo dux magnus, et episcopos cum illa comitatos reverenter suscepit, et quæ necessaria erant honorifice distribuens, secum diebus multis detinuit. Interim autem misit Silvanectensem comitem Bernardum ad Rothomagensem militem Bernardum, ut convocatis optimatibus Northmannici consilii properaret contra se ad sanctum clerum. Qui jussa citius dicto adimplentes, venerunt contra Hugonem magnum ducem, præeunte Bernardo, ad prædictum locum festinanter. Tunc dux magnus et episcopi dixerunt Northmannis : « Reddite nostrum nobis seniorem Ludovicum regem. » At illi : « Non reddetur, verum tenebitur. » Tunc magnus Hugo : « Vobis autem dabimus filium ejus et duos episcopos, tironesque domus suæ quos quotque volueritis pro eo, ut Francigenæ præsules comitesque, et principes atque abbates veniant contra vos ad præfiniti temporis placitum ; ut sacramento integræ veræque fidei terram Northmannicæ regionis auctorizent et corroborent atque sanciant omnes Richardo et posteris suis in perpetuum. » Hoc namque consilium Northmannorum principes collaudantes, et in Hugonis magni ducis fide spem totius fiduciæ habentes, reddiderunt regem, filium ejus, duosque episcopos Hildierum Belvacensem, et Guidonem Suessionensem, et quamplurimos milites pro eo recipientes. Hugo vero magnus deduxit regem ad sua, ut congratularetur cum suis et uxore sua. Statuto vero definiti termini tempore, ascita militari manu, cum præsulibus Franciæ, venit rex super fluvium Eptæ contra Northmannos, cum magno duce Hugone. Licetque filius suus, quem pro se dederat, esset Rothomagensi urbe mortuus, manibus supra phylacteria reliquiarum positis, propriis verbis fecit securitatem regni, quod suus avus Rollo vi ac potestate, armis et præliis sibi acquisivit. Ipse et omnes episcopi, comites et abbates reverendi, principesque Franciæ regni Richardo puero innocenti, ut teneat et possideat, et nullis nisi Deo servitium ipse et successio ejus reddat ; et si quis perversæ invasionis rixatione contra eum congredi, vel alicujus rixationis congressione invadere regnum maluerit; fidissimus adjutor in omni adversæ inopportunitatis necessitate per omnia exstiterit. His taliter legitimæ definitionis facundia determinatis, rege Ludovico astante, Hugoneque magno duce et suis, proceres Britonum et optimates Northmanni Richardo puero ineffabilis probitatis vice cordis manibus libentissime datis, sacramento fidissimæ Christianæ securitatis fecerunt iterum fidem militationis, auxiliique et servitii. Tunc Northmannici et Britones Richardum tanti honoris, tantæque dignitatis, tantæque speciei puerum adduxerunt nimium gaudentes Rothomagum. Cum autem utriusque sexus senes, juvenesque, pueri, et infantes, urbe territorioque ipsius pagi commorantes, compérissent quod Richardus desideratæ visionis puer acceleraret, frendente vulgo passim præ gaudio, irruenteque profusius super plebem plebe, pro recuperatæ salutis solatio, comprimente feriter, turbis innumerabilibus exaggeratis, populum populo, festinabant currere ; licet non valerent mutuæ coacervatæque oppressionis præpediti obstaculo, obviam ire almifluæ, mellifluæque innocentiæ puero. Clerus totius regionis, rebus monasticis præparatis, vix propter impetum tumultuosæ multitudinis extra suburbana Rothomagensis urbis exsiliit, collaudansque Deum recidivæ tripudio prolis, ferensque corpora sanctorum in feretris, deduxit eum ad altare usque sanctæ Dei genitricis.

APOSTROPHA.

Urbs luculenta, micans milite sacro,
Cunctorumque bonorum ubere plena,
Tranquilla residens effera portus,
O Rothomage, cape perpete læta
Divino reducem nectare plenum,
Patriciumque ducem jure potentem.
Mirificus quoniam hic almificusque,
Mellifluus pariter dux, comes, atque
Patricius tibi erit, marchio constans.
Et cujus famam olim redolentem
Augere propenso sat probitatum.
Quatuor agnoscent climata cosmi,
Sanctior exstiterit nemo quod ipso,
In facto, dicto, quin meditatu.
Exstat nam in tribus his summa negoti.
Illico satellitibus constipatus prudentissimis et

præclaris, cœpit prædignis bona operationis coruscare divinitus factis. Æmula virtutum proponebat largiflue præmia cunctis, monachosque et clericos, atque laicos cogebat incumbere famulatibus divinis. Moribus autem et meritis splendide fulgebat opimis, istisque clerum ac populum strenue moderabat habenis. Vindex autem erat severus scelerum, largifluusque dispensator bonorum. Sylvestres namque dapes ingens diversarum ferarum copia ministrabat illi, quia post legitimam judicii justitiæque discussionem, tradebat se venatui. Meritis mactus successibus crescebat adolescens, pullulantium virtutum exaggeratione vitia abolens. Tendebat soters seque perfectionis ad summum bonitatis, ut gratulari futuræ requiei tempore cum sanctis namque tempore erat quidam Rodulphus, cui agnomen Torta vocabatur, qui totius Northmanni honorem post mortem Willelmi altius cæteris comparibus sibi vindicabat, et res dominici juris indecenter sibi usurpabat. Distribuebat unoquoque die Richardo decenti puero cum suis tironibus diaria propensa denariis bis ter tribus. Affligebanturque ejus domigenæ penuria constricti nequiter et fame. Quapropter Richardus industriæ scientiæ ephebus, ascitis regionis Northmanniæ principibus, quid de inopia modicæ distributionis ageret, ab eis sciscitatur. Principes vero, quia illi sacramento veræ fidei colligati, et aliquanti beneficiis ejus munificati, nuntiaverunt Rodulfo agnomine Tortæ animositatem irascentis senioris. Ille autem committiones suos remisit ad Richardum sagacissimæ probitatis puerum, deprecans ut liceret venire se ante illum, et expiare se his quibus offenderat eum. Tunc memorialis puer, expensis illorum petitionibus, respondisse fertur : « Scitis meum avum hanc urbem præliis vindicasse sibi. » Responderunt : « Scimus. » Et ille : « Meusne pater sorte hæreditaria hanc urbem tenuit ? Nonne post avi patrisque necem possidere jure hæreditario debeo ? Videte si pater ejus, aut avus, aut proavus, hanc urbem ut tenet tenuit ; et rimamini cujus est præjudicium, meum an suum. » Illis autem super talibus dictis stupentibus, subintulisse caute dicitur : « Si nostram gratiam vult promereri ullatenus, exeat a civitate quantocius ipse et omnis familia ejus ; et moretur in villa uno milliario ab urbe segregatus, donec legatos suos mihi mittat, et quid illi remandavero audiat. Quod si floccipenderit nostræ præceptionis consilium, nos abdicamus omnimodis eum ; et mittemus ad Francigenas, ut super hoc negotio dent nobis salubre consilium. » Illi vero quæ audierant Rodulfo Tortæ renuntiaverunt. Ille vero egressione sua suorumque putans placari seniorem suum ; quin etiam formidans superventurum Francicæ gentis exercitum, digrediens cum omni familia a civitate, moratus est in pratis rusticorum. Interim Richardus tantæ industriæ puer confirmat sibi sacramento veræ fidei devios milites, sanciens vinculo fidelitatis etiam totius urbis concives. Insecuta namque die, Rodulfus Torta plures commilitonum ad tantæ misit modestiæ puerum, ut permitteret se ad judicandum et ad justificandum venire ante illum, recipiendo pignus offensionis debitum. Tunc puer præcautus argutæ mentis animositate commotus : « Scitis, inquit, quia inauditum præjudicium mihi olim fecit ? » Responderunt : « Scimus. » — « Nonne temeritate suæ audaciæ adhuc facit? Prata rusticorum meorum falcibus tondit, equis depascit, calcibus conterit, vaccas et arietes, tauros et porcos occidit et comedit. Si non discesserit a nostris finibus exterminatus, incurret debitum periculum velocius. Quod suasistis usque modo, illi et adhuc suadetis : sed nequaquam illi proderit. » Illi autem super talibus dictis admirantes, ceciderunt in faciem suam, dicentes : « Domine, precamur ne irascatur, neve desæviat in nos furor tuus; quia tui per omnia fideles sumus, nec illi unquam adhærebimus. » Illi autem discedentes, quæ audierunt Rodulfo Tortæ renuntiaverunt. Ille vero diffidens sui, prata celeriter deseruit, et cum omni familia concite Parisius venit. Videns autem filius ejus, qui erat Parisiacæ urbis episcopus, repentinum adventum ejus, diriguit; imoque trahens a pectore suspiria, dixit : « Cur, pater, cum omni utriusque sexus familia huc accelerasti? ». Ille vero detrimenti sui episcopo casum, atque calamitosum infortunii sui retulit periculum. Episcopus et pater ejus misit et remisit legatos ad tantæ fortitudinis puerum, sed non profuit illis in prosperum. Videntes autem seniores Northmanniæ quod tam prudenter exterminasset principem militiæ, timuerunt illum valde.

Cum autem insignibus tantisque refulgeret indiciis præsentis futuræque bonæ operationis, Galliaque commorantium mentes tantique sagacis percelleret fama adolescentis; atque rutilans copiosis quaternarum virtutum profusius incrementis, regnum Northmanniæ nulli subactus nisi Deo disponens ut rex, moderaret judicio justi regiminis; Hugo dux magnus cernens eum vigoratum et præcellentem in omnibus factis, mandavit ad se venire comitem Bernardum commorantem urbe Silvanectensi, ascito pariter Bernardo Rothomagensi. Quibus ait : « Plurimorum insidiatorum Richardi adolescentis comitis legatos habui, qui retractant et conantur terram Northmannicæ regionis invadere congressione hostili. Richardus nec regi nec duci militat, nec ulli nisi Deo obsequi præstat. Tenet sicuti rex monarchiam Northmannicæ regionis, et non habet amicos sibi connexos inextricabili fœdere adjutorii et societatis. Arnulfi comitis perfidia pater illius occubuit, videte ne perfido ejusdem calliditatis livore decipiatur. Rex autem non immemor ante malorum, animositatem sui detrimenti et captionis adhuc ruminat, et quærens interitum vestræ perditionis, illius rei dolo plurimos sibi associat. Quærite ergo salubre vobis consilium, ut securi insidiarum et deceptionum, ne timeatis fatalem mundanæ varietatis eventum. » Hoc autem dux Hugo magnus propinabat proposito cautæ intentionis, cupiens et desiderans filiam suam conjungere Richardo duci copula fœderis connubialis. Tunc uterque Bernardus : « Nescimus, domine, super hoc rimari consilium, sed tua pietate da prosperum hujus invectionis solatium. Hucusque tuo consilio prospero, recti itineris callem tenentes gradimur, abhinc obliqui itineris ambages penitus abdicantes; te duce advocato, quin etiam consiliario, salva fide quam Richardo comiti fecimus, gradiemur. » Hugo vero secreti sui benevolum cœpit pandere propositum. « Requisistis adhuc Richardo duci Northmannorum uxorem voluptuosæ humanitati et dignitati ejus congruam et habilem? » Responderunt : « Nequaquam. » Et ille : « Quorsum intentionem vestri consilii vertitis, vel cujuslibet filiam illi vindicando subjugabitis? » Bernardus vero Silvanectensis affectuosa talium propositionum inductione, animadvertens intentionem sui senioris, respondit proloquio argumentosæ mentis : « Domine, ignoramus cujus, nisi tuam. » Hugo vero Magnus intelligens animadvertisse utrumque affectum voluntatis suæ, aperta cordis sui intentione dicitur respondisse : « Non est quippe nos Franciæ ut quislibet princeps duxve constipatus abundantius tanto milite perseveret cunctis diebus taliter in dominio ditionis suæ, ut non aut famulatu voluntatis suæ, aut coactus vi et potestate, incumbat acclivius imperatori, vel regi, ducive : et si forte perseveraverit in temeritate audaciæ suæ, ut non famularetur alicui volenter præcopiosa ubertate sufficientiæ suæ; solent ei rixæ dissensionesque atque casus innumerabilis detrimenti sæpissime accidere. Quapropter si placuisset Richardo duci tuo nepoti seipsum flectere ut militaret mihi, vestro saluberrimo consilio sponte filiam meam connubio illi jungerem et terræ quam hæreditario jure possidet, continuus defensor et auditor contra omnes adessem. » Tunc comes Silvanectensis Bernardus dixisse fertur : « Quoniam quidem Richardum adolescentem ducem, meum nepotem, captum pridem tenuit, omnesque Northmannos per fidem rex Ludovicus perdere voluit; melius opto si filiam tuam dederis uxorem illi ut militet tibi, quam doloso regi. » Dedit itaque Hugo dux magnus Richardo nobilissimo adolescenti filiam suam firmamento sacramenti; non tamen statuta lege fescenninæ coemptionis, verum denominato juratoque termino connexionis connubialis. Cum autem hujus veridicæ relationis fama regis Ludovici aures cordis percelleret, comitemque Arnulfum futuræ ultionis interitum penitus formidantem perturbaret; quod Richardus Northmannorum dux filiæ Hugonis magni ducis maritali connubio, gratia posteritatis et successionis se copularet, servitioque ejus pro ea, proque universi solatii adjutorio incumbens, militansque conjunctæ amicitiæ competentia, fœderisque insolubilis nexu se illi colligaret : nimii tremoris timore perterriti, ne tantorum duorum ducum militum frequentia contererentur subacti Virmandensi pago, decursa renuntiataque utrorumque legatione, occurrentes invicem sibi, quid agerent super pestifero conjuratæ conspirationis duorum ducum consortio, cœperunt rimari. Dixit autem Ludovico regi comes Arnulfus, desiderans annihilare ac perdere primævæ floris adolescentem Richardum ducem totis viribus : « Hugonis magni ducis pater Robertus super patrem tuum Carolum, favente Rollone avo Richardi ducis, sceptra hujus regiminis injuste suscepit, et pene totam Franciam sibi prave subjugavit. Cum autem tale severæ altercationis divortium immensum succresceret, Franciaque pestifero duorum regum conflictu desolata exsecrabile casualis detrimenti jurgium flebilis perpessa esset, Carolus pater tuus Francini solatii spe omnino privatus, opisque auxiliatricis sui per omnia indigus, Henricum Transrhenanum regem expetiit velocius, et, ut contra Robertum regem super se exsecrabili Francorum temeritate constitutum feritaret, exercituque conglobato secum Franciam veniens contra eum audacter debellaret, Lothariense regnum se illi daturum spopondit ultroneus. Ut autem illius temporis cursu se habuit res illius certaminis, non inexpertum est nostrorum ulli. Robertus digne prælio interiit, Carolusque rex pater tuus habenas regni juste obtinuit. Hugo autem filius ejus ejusdem præsumptivæ temeritatis veneno infectus, sceptra istius regni conatur super te invadere, teque atque me tuum fidelem, utrumque penitus perdere, conciliato sibi Northmannorum duce. Rimari igitur condecet, rex præpotentissime, qualiter possis regnum Franciæ tueri et regere. Principes namque hujus terræ adhærent obedienter Hugoni, et famulantur libenter ei. » Adversus hujusmodi verba respondit rex Arnulfo comiti talia : « Da mihi consilium, quo Hugonis contumacis arrogantiæ queam resistere, meumque regnum tueri et protegere. » Arnulfus vero comes dolosus, cupiens Richardum ducem perdere et annihilare cum suis omnibus, ne quiret immeritam necem patris sui ulcisci venturis diebus, cœpit regem confortare verbis fraudulentibus : « Consilium dabo tibi salubre et prosperum, quo quibis conterere et prosternere Hugonem et Richardum. Da Othoni, uxoris tuæ fratri, quod pater tuus patri suo spopondit regi Transrhenano, Lothariense regnum, ut devastans terram Hugonis tibi resistentis Parisius usque, et obsideat et capiat tibi Rothomagum. Sufficientia igitur illius terræ profusius locupletatus, frequentiaque optimatum propensius constipatus, atque præsidiis tantarum urbium mirabiliter adultus, quiveris contra ducem Hugonem præliari securus. Est namque tellus Northmannica omnium rerum sufficientia præ cæteris abundantius plena, aprorum cervorumque, ursorum atque capreolorum venatu affluenter repleta, omniumque volucrum silvestrium et altilium multimodis pullis incrementata, pisciumque diversarum specierum genere fecunda, quinetiam omnium bonorum largitrix, quibus indiget illius incola. Talium ubertatum tellurem oportet te possidere, quia avi et proavi, cæterique antecessores eam propter ea tenuere. Memor sis malorum et injuriæ quæ tibi Northmanni fraudulenter intulere; facile poteris eorum multitudinem ab illa terra delere, quia sunt formidolosi et advenæ, solentque latrocinia in mari exercere. Majoris pretii valentiæque et affluentiæ exstat tellus Northmannica quam Lothariensis terra. » Rex igitur Ludovicus his et hujuscemodi persuasus, respondisse comiti Arnulfo fertur : « Tantæ nobilitatis comes tantæque astutiæ et prudentiæ princeps oportet ut expleat fideliter quod suo seniori suggerit consilians sagaciter. Igitur quoniam omnibus meis notior et credibilior valentiorque es, precor ut quod disposuisti relatu honesti consilii, gratia expeditionis Othoni regi subministres; ut strenuo interventu tuo, ascita universa bellicosa manu sua ditionis, veniat; depopulans quæ sunt Hugonis ad mœnia Parisiasæ urbis, resipiscere eum pestiferæ subversionis interitu cogat, multisque deprædationibus et incendiis eum dilanians penitus conterat, pro regno Lothariensi Northmannicum nobis acquirat, incolasque illius rebelles forinsecus detrudat; Saxonicum robur experiatur Northmannica tellus, et si forte quiverit contra colluctari, probet suis viribus; Rothomagum nobis obsideat et capiat, Richardumque tantæ superbiæ adolescentem capiens floccipendat. »

Arnulfus vero comes præoptans penitus perdere divæ memoriæ Richardum, ne vindicet patris sui sanguinem innocuum, festinat citius ad Othonem regem Transrhenanum. Veniensque ante illius conspectum, verbis humillimis dixit ad eum : « Rex Francorum Ludovicus charæ inextricabilisque amicitiæ tibi munus. Pestiferam insolentiæ et temeritatis Hugonis ducis et Richardi Northmannorum comitis non valens ferre contentionem, mittit me tibi, ut aliquod illi gratia tuæ pietatis præstes solamen. Hugo filiam suam Richardo adolescenti maritali fœdere connubioque jungit. Ille vero suus miles effectus, gratia illius amoris ut domino per omnia obedit. Illius animatus milliari exercitu, ambit Franciæ regnum invadere, ejusque habenas et sceptra, ut ejus pater pridem, accelerat possidere. Retunde illorum, precamur, præsumptivæ voluntatis arrogantiam in virtute sua, et destrue illorum perversæ elationis jactantiam potentia tua. Si nostræ deprecationis expleveris votum, sique obsidens Rothomagum, Northmannicum acquisiveris nobis regnum, dabimus tibi in perpetuum Lothariense regnum, quod patri tuo fuit repromissum propter prælium Suessonico campo mirabiliter peractum. »

Otho vero præoptatæ legationis sermone gavisus, ascitaque et coadunata orientalium profusius manu, conventione de regno facta, venit velociter, devastans omnia, Parisius occurrente illi Ludovico rege cum magno exercitu. Omnibus quæ erant Hugonis consumptis et devastatis, dixit comes Arnulfus Othoni regi : « Hæc urbs perenni Sequanæ limbo undique secus præcincta, viget inexpugnabilis ab omni gente superventura. Precamur itaque, verte tantarum legionum exercitum ad Rothomagensis urbis pagum, quia antequam Northmannici ruris fines attinges, deportabuntur tibi illius civitatis claves. »

APOSTROPHA AD ARNULFUM.

Posse sistere cur Dei,
Omnium quoque præscii,
Velle, cujus opus manet,
Et calor petit omnia,
Regibus cupis asperis,
Contumacibus, improbis,
Arrogantibus et malis?
Quamvis emeritum ducem
Heu! patrem tetigit, tuus,
Istius pueri sacri
Mucro, sanctior ut foret.
Testis almifluus Dei :
Vota non tua frivola
Velle prospicient tuum;
Ecce sed comes almior,
Marchio locupletior,
Duxque sanctior omnibus,
Nobilis, celebris, pius,
Justus, almificus, probus,
Sanctus, innocuus, bonus,
Omne jam statuet bonum,
Omne conteret et malum.

Multimodarum namque petitionum persuasionibus rex Otho compulsus, movit tantæ multitudinis exercitum, profectusque est cum rege Ludovico super Eptæ rivulum, qui termino diremptionis limitat Franciæ Northmanniæque regnum. Tunc vocat Otho Arnulfum, incentorem totius mali, et requirit claves Rothomagensis urbis, ut sibi promiserat deportari. Arnulfus vero intentione argutæ mentis cœpit regem Othonem affari : « Domine rex, nemo Rothomagensium audet te aggredi, quia abhinc Rothomagum usque exstat tellus silvestris, commoranturque latrocinia exercentes in ejus silvis et lucis. Est alius decursus aquarum in proximo, quæ vocatur Andella, pratis omnibusque rerum affluentiis propensius referta. Ibi cras, petimus, figes tentoria, venientque illuc optimates Rothomagensium, ferentes tibi claves urbis et pretiosi honoris munera. » Rex vero Otho deprecativis coactus verbis, abhinc secedens in Andellæ fluvioli resedit pratis.

Diluculo vero subdolæ calliditatis comes stetit ante Othonem regem, episcoporum cœtu ducumque et procerum frequentia constipatum et refulgentem. Cupiens autem Richardi præfulgidæ adolescentiæ multare pubem, regesque conducere ad Rothomagensem urbem, dixit ad Othonem : « Rubore futuræ subsannationis Rothomagensesque confusi, verecundantur claves mittere tibi, nisi oppressi fuerint immanitate hostili. Duorum igitur regum tantorumque ducum et procerum exercitu vallati, non different civitatem reddere tibi. Quapropter precatur te obnixe meus senior rex Lodovicus, ut proficiscaris ad urbem Rothomagensem matutinus. Mitte ante conspectum tuæ majestatis robustissimam legionem, quæ invadens hostiliter præoccupet civitatem; ut si quos forinsecus stantes certaminis gratia invenerit, ad civitatem ferociter retrudat, hineque tentoria tua illorum securus ad portam Belvacensem figat. Cum autem appropiaveris, tuus meique senioris exercitus eos sollicitos reddat, sicque in primo certaminis apparatu eoque prælii conflictu contemplari quiverimus cujus valentiæ et fortitudinis hæc urbs exstat. »

Tum quidam nepos regis Othonis dixit verbo elationis : « Domine rex, si licet tibi, antecedens ibo, castraque tua metabor. Si forte ingruerint contra me bella, ego conteram gladio eorum millia. Experiar cujus habitudinis cujusve valentiæ vel fortitudinis sunt in prælio, cujusve cautelæ provisionisque et prudentia in bello. Contra Dacos et Alanos Gothosque et Hungros sæpe dimicavi, verum contra Northmannos numquam certamen inii. Aciebus præparatis lacessens eos, expugnabo civitatem et dissipabo dispergens adveneæ gentis plebem. » Hoc autem referebat jactantia juvenali, ignorans varium casualemque eventum prælii. Exemplo rex Otho humillimis regalium petitionum monitis coactus, citato exercitu progreditur mittens ante se perversæ elationis nepotem adornatis legionibus.

APOSTROPHA.

Otho rex magnus recolendus atque,
Cur Richardum percelebrem sacrumque,
Nobilem, justumque, probum, modestum,
Marchionem patriciumque sanctum
Et ducem nunc, magnanimumque fortem,
Ambis infesto laniare cœtu
Et maligno contaminare nisu,
Et honorem tollere principatus,
Quin potenti sistere cogitatu
Nutui Regis superique summi?
Posse nullus nam Supero resistet,
Velle nec jam sidereum reflectet.
Hic comes, dux, patriciusque summus,
Marchio sanctus, celebris, modestus
Legibus plebem moderabit almis
Torquet astutus laceros reosque,
Atque justis præmia digna dedet.
Moribus sanctis meritisque fulgens,
Sic poli splendentia scandet astra.
Tu potens rex atque vigens valensque,
Contereris numine sempiterno,
Incubabis ridiculæque sannæ;
Sicque Northmannis reprobatus ibis
Ad tuæ sedis verecundus aulam.

Cum autem nepos regis Othonis appropinquaret portam civitatis, quæ nuncupatur Belvacensis, corusco equitatu ferventis elationis hostilique bellicosi certaminis congressione feritaret in Northmannos aciebus adornatis, ipsi vero Northmanni talium colluctationum gnari, simulantes fugam, quasi hostibus convicti, repetebant celerius præsidium urbis. Saxones vero fictæ fugæ simulate hilares, taliumque casuum eventu eos adamantes, persequebantur eos hostiliter. Tandem vero nepos regis congressus super pontem portæ Belvacensis, putabat expugnare mœnia urbis. Northmanni vero hinc inde armati congredientes, et super eos ut leones super pecudes exsilientes, cœperunt eos lacerare prosternentes, et occidere telis mucronibusque coruscis, atque discerpere securibus, ut-bidentes lupi. Multis vero Saxonibus interfectis, pluribusque attritis et vulneratis, defungitur super pontem mucronibus et lanceis nepos regis. Tandem Northmanni victoria potiti, capiunt multos principum in conflictu mortiferi certaminis. Reliqui vero Saxones nepotem regis mortuum super pontem jacere cernentes, eumque cum magno impetu duroque conflictu rapientes, ducentibus Northmannis plurimos illorum captos ad mœnia urbis, deportabant ad cæteras phalanges. Jurgio duri prolixique prælii taliter sejuncto, stabant hinc Saxones et Franci et altrinsecus Northmanni, nec ambiebat gens Transrhenana amplius se commiscere ipsis.

Interea mortiferæ relationis fama regem Othonem, crudelem nepotis mortem denuntians, perculit ; totumque exercitum rumor tanti detrimenti conturbavit. Illico communis ratione consilii hostiliter invaserunt civitatem, cupientes tantæ reverentiæ juvenis vindicare sanguinem. Saxones vero et Franci nihil circa urbem proficientes, sed proplurimis suorum exercituum occisis nimium ejulantes, revertebantur ad castra, defunctorum cadavera deportantes. Nepotis vero morte hisque inopportunitatibus rex Otho mœstus, vidensque venire pagenses illius terræ ad urbem altrinsecus, dixit suis principibus : « Potestne hæc urbs vallari nostro exercitu, ut qui transvehuntur navigio, non transgrediantur?» Responderunt : « Nequaquam, quia Sequana simplex et singularis procellis suis quatit muros civitatis, quin etiam incrementata et repugnata fluctibus maris, determinato cursu lunæ crescentis et deficientis, incremento septenarii numeri, æstuante fluctu, præoccupat portas et mœnia urbs. » Tunc rex Otho misit ad Richardum, ut liceret ei oratu petere sanctum Audoenum. Data vero orandi licentia, rex cum episcopis et ducibus, depositis armis, venit ad monasterium, quod est in suburbio civitatis, in honore cultuque sancti Petri sanctique Audoeni dedicatum. Multa vero donaria ibi largitus est ipse et sui, residensque in eo, accersitis optimatibus dixit : « Quid nobis agendum sit, animo decernite, et quid hujus negotii sibi videtur rectum, intimet quisque. Precatu regis Ludovici, comitisque Arnulfi subdolo sophismate decepti, huc venimus, quo non honorem recuperantes, sed damnum verecundiamque atque confusionem nostri honoris turpiter patimur. Nihil adversus Northmannos ullo hostili conamine prævalere quiverimus, quia per Sequanæ alveum cuncta prospera illis subministrantur. Intolerabili itaque crucior tristitia atque animositate pungor prænimia; incertum namque est mihi præscire quid agendum sit in tam pestifera tristium eventuum casuumque contritione. Vos, qui natu sensuque majores estis, quorumque consilio quæ exsequenda sunt delibero, cuncti sagaci internæ meditationis cogitatu rimamini, quid oporteat laudabiliter exsequi. Maleficum, si vobis placet, sophistam capiam Arnulfum, vinctumque catenis Richardo comiti mittam eum; ut vindicet de eo patrem suum, quia fraudalenter coegit nos huc properare et regem Ludovicum, cupiens occidere ducem Richardum, ut olim patrem suum. » Tunc præsules et optimates responderunt regi Othoni, dicentes : « Exsecrabile cunctis atque vituperabile omnibus erit si capietur, sique Richardo ad puniendum mittetur. Verecundia deducusque obscenæ confusionis et damni, quæ condignæ mercedis retributione pateris, non delebitur ; quia tuus exercitus Richardum et suos indigna obsidione opprimens, hic injuste moratur. Sed de nostræ regressionis profectione salubri consilio stude, et ne deterius turpiusque tibi contingat, cum omni intentione animadverte. Nepotem tuosque comites satellitesque et quamplurimos milites hujus obsidionis jurgio juste perdidisti, quia civitatem hanc injuste invadens obsedisti. Inconsultus etenim suggestione vafri Arnulfi huc accelerasti ; præcave ne inconsultus regrediaris. A mari ad Sequanam usque conglobantur omnes incolæ, postque biennium gestiunt te aciebus præparatis invadere. Non est nostræ valitudinis nostrique consilii et opis, diuturno temporis intervallo hic morari. Regem Ludovicum pœnitet nimium huc venisse, quia in hujus obsidionis dilatatione novit se nihil proficere. Arnulfus vero plurimis sophismatum ambagibus intricatus, promulgato sui mendacii ingenio, hic et hic latitando, non ambit sermocinari tecum amplius. Et illico internæ meditationis cogitatu retractans perpende quid nobis Transrhenanis agendum sit in ista obsidone. Urbs non capietur, obsides non dabuntur, verum ineluctabile nobis damnum accrescet velocius. Utinam tuæ jussionis præcepto esset quisque nostrum, quo terram petiit exordio nativitatis suæ ! Sed quia nobis adhuc minime sufficiunt vota, precamur, torque prosperæ regressionis vestigia, terram nostræ nativitatis repetitura. » Hujus igitur sermonis collocutionibus rex Otho submonitus, formidansque pestiferos futuri periculi casus, quasi infra statum suæ mentis receptus, diutius meditans, infit principibus : « Ne pejora prioribus infortunia fortuito patiamur, neve nostri inimici nostri detrimenti successibus exsultent amplius, iter nostræ regressionis, si vobis libet, cras repetamus. » Hoc namque consilium Transrhenani collaudantes per omnia, oratione fusa in sancti Petri sanctique Audoeni basilica, repetunt hilares tentoria. Arnulfus vero comes, relatu quorumdam, ut prævideret ne caperetur, edoctus, obscuræ noctis conticinio expergefacto suo exercitu, castris tentorisque complicatis secretius atque ex omni suppellectili one-

ratis equis et plaustris, noctu silenter cauteque
atque clanculum profectus, repetebat rura Flan-
drensia velocissimus.

APOSTROPHA.

Otho, surge velocius, et fuge nunc citus,
    Natalem pete glebam!
Vindex nam superus tua territat agmina.
    Surgens nunc cito cede!
Ductor subdolus evanuit tuus; en fuga
    Te nunc crue præpes!
Contra velle Dei quid adhuc recubas? Fuge
    Nunc i, nunc fuge, nunc, nunc.
Cum Northmannica præpedient tibi et agmina,
    Heu, heu! turpius ibis.
Gressum nunc pete, nunc fuge, nunc iter arripe
    Fidos cedere coge!
Rex nunc, ne pereas, fuge, cede, liquesceque,
    Septus labere cœtu!
Richardus juvenis probus et pius et bonus
    Agmen jam citat ingens,
Summus marchio, dux quoque, patricius, comes,
    Et te cedere gestit.
Hujus rector humi, locuples, bonus et sagax,
    Aut non, aut velis, exstat.
Legum et distribuet populo moderaminum
    Judex justus habenas.
Damni postque lugubria debita flebilis
    Digne scandet Olympum.

APOSTROPHA AD LUTHDOVICUM REGEM.

Quem regale decus, sceptrum passimque coruscum
    Jactitat eximium,
Stemmate regali quem exporgit sexu ab utroque
    Regia progenies,
Quem decet attolli summo conamine, quæ sunt
    Regia si peragis,
Et cujus proavi bis ter tria regna feruntur
    Conciliare sibi,
Cur vicibus tantis Richardum sternere gestis,
    Percelebrem juvenem?
Perfidiæ deditus casso conabere cuncta
    Namque supra satis hæc.
Nunc fugias potius, magis hæc sententia præstat,
    Præpete equo et volucri.
Contra Northmannos olim bellare cupisti,
    Quid memor attigit es.
Nam captus belli certamine, succubuisti
    Casibus innumeris.
Nunc fuge, cede, recede, itiner cape præpeti gressu,
    Vivere si cupias!
Jurgia nec repetas contra, quem dextera sanxit
    Judicis ætherei,
Quem censura Dei prædestinat omnipotentis
    Moribus et meritis,
Ecclesias altis extollens culminibus, quo
    Ædificet, statuat,
Protegat et populum, cœlestis pneumatis auctus
    Nectare septifido,
Muniat, exaltet, defendens adjuvet, atque
    Hostibus eripiat,
Ordinis atque gradusque monastica suppleat, ornet,
    Stringat et amplificet,
Legeque normali compellens vivere cogat
    Servitio Altithroni,
Sicque corollarii superi commercia lucrans,
    Vivet in arce poli.

APOSTROPHA AD RICHARDUM.

Richarde, bonus, recolendus,
Digne venerandus, amandus,
Et marchio, dux, comes almus —
Nam prætimidos faciendo,
Super hos timor irruit ecce
Regis domini omnipotentis —
Ne sollicitus timeas nunc,
Jaculoque Dei celeres jam
Perculsi animo fugiendo,
Plures manibus capientur,
Gladio plures morientur.
Sic vix patriam repedabunt.
Tu legibus et populorum
Judex animos redomabis.
Ast ecclesias statuendo,
Famulatu sollicitare
Practico theoricoque,
Triforme hoc ordinis agmen,
Deitate sacræ Trinitatis
Coges, urgebis et anges.

APOSTROPHA.

Insidiis remisque hiantibus
Cunctis malisque traditus,
Exosus nimium, ut putridum pecus
Clades perosa, odibilis,
Pestifer et nocuus, quin perfidus,
Injurius, cunctis lues,
Et dicto et facto, meditamine,
Obnoxius cunctis, reus,
Amplius haud renoves jam jurgia
Nullos citabis litibus,
Desine Richardum juvenem, probum
Prædestinatum jam Deo.
Marchio, patricius, dux et comes,
Electus, almus, præpotens,
Egregius, justus, pius et probus,
Sanctus modestusque, innocens,
Religionis apexque sacræ cluens,
Et forma normæ præcluis,
Ιδυα summa boni hujus lucidi
Plebem fovet Northmannicam.

Igitur plebeio hujus nocturnalis murmuris tumultu sonipedumque strepitu reges exterriti, nimiæque formidinis tremore perculsi, in caligine obscuræ noctis putabant gratia certaminis Richardum adesse cum suis. Repente conclamata est omnium salus vitæque fiducia spesque vivendi recessit ab omnibus. Ignorabant enim quid agerent, fluctuantes quo se fuga verterent. Mens siquidem illorum trepidis rebus nutabat, corque prætrepidum indiguumque veritatis huc illucque vacillabat. Alius enses amplexatus ut amens fugitabat, alius scuta revellens insano spiritu quasi per latebras errabat. Alii vero tentoria castraque terra tenus prosternebant, alii autem equos phaleris exornabant. Hic hac illacque quo nesciebat cursitabat, hic stupefactus et tremulus unoque obtutu defixus hærebat. Hic inter fluctivagam tremulamque plebem quæritabat suum seniorem, hic inter commistum gregem inermis palpabat, clamitans suum militem. Hic pede celeri gressu fugam petebat, hi equis calcaribus citatis inermes fugitabant. Hi trilices loricas galeasque auro comptas furtim abscondebant, hi ornamenta regalia cæteraque sibi vindicabant. Pavidorum exercituum murmur multus (sic) alte resonabat, voque inarticulatæ tumultus clamorque ululatuum confuse tinnibat. Quapropter tumultuario plebeioque hujus confusæ altivolæque vociferationis tinnitu Rothomagenses excitati, formidantes ne præoccuparentur repente futuræ crepusculo die [sic, f. diei], munierunt urbem custodibus armatis, ipsique pervigiles præstolabantur tristes eventus præoptati prælii. Cum autem aurora tenebrosæ noctis caliginem puniceo amictu emicans desiccaret, rebusque color notionisque imaginatio rediret, cœperunt Transrhenani magalia succendere iterque desideratæ regressionis repetere, viarumque ignari hac illacque pavidi fluctuare. Richardus vero dux magnanimus, florida congruæ pubertatis lanugine decorus, hujus rei eventu hilaris et lætus voluit illos aggredi cum suis omnibus præparatis aciebus. Rothomagenses vero præcupidæ congressionis propositum a duce tanto amovere conantes, dixerunt blande unanimes: « Domine dux præpotentissime, tenera viges adhuc ætate, esque spes nostræ salutis et fiduciæ. Formidamus, si, iveris, ne præoccuperis morte. Hac simultate decipi, ut remur, nos autumant; nobisque sic urbe prosilientibus, capere eam præjudicant. Non est nostri consilii te nobiscum ad hujus certaminis prælium congredi. Verum qualicumque modo hujus rei sors se habeat, viriliter cum pluribus urbem custodi. Nos vero eos caute prosequemur et armis eos lacessere conabimur. » Hujus blanditii syrmate vix evictus Richardus, juvenis præcluis nobilitatis, urbe cum pluribus remansit, cæterique satellitum et tironum agmina regalia prosequentes, prosternebant plurimos occidentes. Tandem quædam phalanx Rothomagensium commisit ad silvam, quæ dicitur Malliforaminis, cum eis prælium, atque opitulante Deo devictis hostibus obtinuit triumphum. Altera vero concio similiter Rothomagensium, præstolans ad exitus silvarum duorum regum exercitum, prosternit et occidit plurimos hostium, fugatque cæteros usque ad Ambianensem pagum. Rothomagenses autem potiti de inimicis victoriam, urbis remeantes ad præsidia, quæ acciderunt retulerunt Richardo omnia. Tunc Richardus recolendæ memoriæ marchio, duxque et patricius præcellentissimus, grates præmaximas regi sæculorum cum omni clero et populo reddidit mansuetissimus, multaque beneficia et do-

naria sacrosanctæ ecclesiæ distribuit lætissimus. Hiis ita divino nutu expletis, cœpit præcipuus in omni terra Northmannorum, Britonumque, Francorum et Burgundionum haberi. Nitebat enim pro generum nobilitate, florebat bonitatum agalmate, Moribus erat illustris, sublimiorque merito astris. Effigie rutilabat, nullique pietate secundus erat. Statum reipublicæ Archos mellifluus adornabat, omnisque probitatis fama super æthera notus erat. Monstrabat solers jugibus factis, studiis, exemplis et documentis, omnia commoda mitandæ bonitatis. Vultu clarus erat, omnique actu clarior cunctis exstiterat, dulcis emicabat eloquio, habitu et incessu omnibus suavior. Nitidus ore melliffluo, serenus semper corde jucundissimo. Fervebat namque fide, spe et charitate, duplicique Dei et proximi dilectione. Prudenti simplicitate renidebat, simplicique prudentia coruscabat, jurgia litesque et rixas strenue sedabat, populumque, ut pater filios, amicabiliter regebat. Exuberabat bonitatum commodis, informabat plurimos probitatum exemplis. In domo quippe ejus veritas et gloria, in operibus illius æquitas splendebat, et justitia: optimatum namque Francorum et Burgundionum gesta dirigebantur ejus providentia, reique publicæ tractabantur utilia illius prudentia. Ejus namque sanctitatis, dignitatis et affluentiæ, longe lateque diffundebatur experta opinio. Flandrenses et Orientales obtemperabant ejus imperio. Verum quoniam minime valet lucerna cœlitus candelabro imposita latitare sub modii umbra, cœpit præmaximus inter suos haberi, quem indiciis mirabilibus Christus Dominus disposuit manifestari. Magnificabilis clerus et populus, qui tanti ducis parebant jussionibus. Omnipotentis namque Dei auxiliante clementia, et sui ducis Richardi procurante solertia, illis in diebus pulchra Christi ecclesia, et nimium decora. Moribus quippe sacris ejus monitu componebatur, ac insignibus virtutum illustrabatur, non habens per crimen maculam nec per duplicitatem rugam. Radiabat namque in sublimitate prælatorum solari venustate, atque in humilitate subjectorum lunari claritudine. Ipse vero vitæ innocentis statum benignissima mente retinebat, gubernaculumque ecclesiasticæ dispensationis, corde serenissimo, licet laicali ordine adornabat : facto, dicto et cogitatu prospero omnibus excellebat meritorum lumine, moribusque coruscabat. Enimvero Spiritus sancti gratia locupletius ditabatur, septifidique charismatis sapientia propensius repletabatur. Quotidie meritorum, omniumque bonorum affluentia dignius augebatur, diligenti subtilique indagatione perscrutabatur omnia quæ laicali intellectu discere poterat. Erat namque ditatus honoribus sanctimoniæ, illustratus commerciis magnificentiæ, Spiritus sancti gratia præeunte. Cœlestibus inhiabat, vitia parvipendebat, incolasque Northmannicæ telluris lege augebat. Erat autem juvenis mansuetus, omni probitate repletus, morum bonitate grandævus, et a Christo in humilitatis gradibus fundatus. Monstrabat verbo et opere qua mentis intentione introductus erat ad salutem regiminis totius patriæ. Erat namque mellifiua dulcedo fortium, fortitudo debilium, defensor orphanorum, solator miserorum, baculus orborum, reparator ecclesiarum, lux sincera cæcorum, apex clericorum, salus agentium, culmen generum, decus præsulum, salus viduarum, cacumen sacerdotum, amator fœderum, cultor virtutum, maxima spes omnium : pietas mœstorum, memorabile pignus amicitiarum, palma desperantium, tutela presbyterorum, sedes legum, rector populorum, pastor pauperum, forma proborum, arma militum, judicium accusantium et accusatorum, libra quæstionum, mitigator rixarum, pater exsulum, receptor profugorum, distributor bonorum, dulcis amor vernularum, exemplum cunctorum; pœna furum, detrimentum latronum, emendator confessorum, opus pietatum, murus regionum, lumen cunctorum, specimen sanctitatum, dulce caput consulum, auxiliator regum, protector omnium populorum

APOSTROPHA AD RICHARDUM.
Censor ab occasu quem laus exporgit Eoo,
Fama recensitæ laudis, septemque trioni,
Patrici Richarde, comes, dux, marchio, princeps.
Relligione calens, probitatum agalmate florens,
Alloquio mitis, bonitatum merce celebris,
Callem judicii servans moderamine legis.
Grandia causidicum superant tua facta pusillum,
Compressum nimium rerum aggere multimodarum.
Nec valet exsequier quod gestit scribere semper,
Actus impetus eximii nam vicit inertem,
Quamlibet immeritus poterit quod scribere certet.
Heu ! atheta Dei vigeas in culmine divi.
Gaudia cum sanctis habeas per pascua pacis.

Cum autem Richardus marchio celebris videlicet columba Christi, sine felle amaritudinis, eniteret omnium bonorum titulis, quietumque et solidum ab inimicis teneret regnum Northmannicæ Britannicæque regionis, nullaque gens auderet feritare cum Richardidis. Hugo, dux magnus et mirabilis, coactus imbecillitate sui corporis, coadunatis pariter militibus suis, antequam defungeretur, in extremis positus, dixit : « Richardo Northmannorum duci præpotentissimo filiam meam, licet teneræ ætatis sit, futuris nuptiis connubio, sacramento vestro consilio tradidi ; quam, cum congrua habilisque viro fuerit, largiri illi nullatenus differatis. Ipse vero uxoris meæ filiique mei, dum in id ætatis erit, advocatus sit, vosque consiliis ejus saluberrimis et mandatis ultronei inhæreatis. » Defuncto vero Hugone Francorum duce, omnes unanimes ad Richardum, tantæ potestatis marchionem, convenere, seque commiserunt sub patrocinio consilii ejus et tutelæ. Incumbebant autem omnes voluntarie ejus servitio, et famulabantur libenter ut Domino ipsi. Ipse autem muneribus præmaximis mirabilibusque donis eos ditabat, beneficiisque largissimis eos augmentabat. Ipsi autem toto mentis affectu diligebant eum, summoque reverentiæ cultu recolebant eum. Parebant humiliter ejus jussionibus et dictis, et obtemperabant obedientes ejus præceptis. Ipse regebat eos blande, ut paterfamilias servos, et alebat eos dulciter fomite benignissimo, ut pater filios. Ejus consilio tractabantur commoda secretioris ordinis sub palæstra theoricæ vitæ desudantis, ejusque cultu adornabantur utilia ordinis ampliorem, vitam ducentis, scilicet sub practicæ vitæ agone colluctantis rempublicam strenue, blandeque et leniter prælatos regere cogebat, et ne alicui ullum præjudicium facerent, minabatur et postulabat. Richardo vero duce sagaci justoque legum moderamine terram pene totius Galliæ salubriter regente, exsultabant cœlorum cives, immensas præconiorum laudes individuæ Trinitati referentes. Gaudebat omnis terra, jubilans Domino in lætitia. Plaudebant omnes in excelsis et referebant grates Omnipotenti, qui illis patricium et ducem tantorum bonorum incrementis largitus est cluentem. Northmanni vero tanto censore tantoque advocato gratantes, illoque præsente non tantum frui volentes, verum etiam de posteritate cogitantes, ut gloria prolis viro non deesset, utque viri germine non destituantur per progenierum successiones, venerunt ad eum dicentes : « Res cujusque negotii, quæ sacramento veræ fidei determinantur ab orthodoxis, operæ pretium est quo expleantur indeterminato spatio præfiniti temporis. Quocirca filiam Hugonis, magni Francorum ducis, quam illo superstite sacramento connectendam tibi connubio sanxisti, antequam præfiniatur terminus statuti temporis, si congrua habilisque et nubilis fuerit, lege maritali prædignum est tibi copulari. Illa vero, ut audivimus, virgo elegantissimæ speciei et formæ, apta genialis connubii commistioni, congruentique delectabilis concubitus amplexioni, masculini seminis viribus minime differt succumbere. » Richardus vero virilis ubertatis potestate, dicitur suis respondisse : Quod sancitum est fide peractum iri, consequens est exsecutum iri. Illico præparantur nuptialis sumptus commoda, adornanturque mirificæ compositionis sponsalia. Northmanniæ igitur, Britonicæque regionis optimatum manu ascita, præparatisque omnibus fescenino cultui quæ erant necessaria, cum incomputabili principum congressione eam decenter et honorifice deduxit ad Rothomagensis urbis palatia.

APOSTROPHA.
Prolis optatæ prosperitatis,
O semper cupidi, indignique,
Northmanni proceres, belligerique,
Vivacis mentis igne calentes :
Non hac quæ vehitur, virgine proles
Nascetur, populumque reget hæres.
Verum divino numine nutus
Cœlestis virgo prodet olim
Stirpe Dacigena, nobilis, alma,
Pulchra, percelebris, et reverenda,
Digna, prælecta, et recolenda,
Cauta consilio, provida, prudens :
Quam dux Richardus, marchio justus,

Pluribus sibimet eliget unam,
Jungens connubio, foedere, pacto,
Quaque vergente tempore dignus
Nascetur hæres germinis almi.

Cum autem tantæ nobilitatis conjugis decenti gratularetur consortio, Britonicæque atque Northmannicæ patriæ populos serenaret jure salutifero, atque per totam pene Franciam Burgundiamque salubri consilio repentinas insurgentium malorum commotiones compesceret dignæ potestatis dominio; quidam satrapa nomine Tetboldus, dives opum, militumque sufficientissimus, novercalibus furiis, zeloque et odio succensus, cœpit insidiari ei multis subsannationibus, rixarique contra eum, et oppugnare incassum terram ejus. Decernens autem se nihil contra eum proficere, profectus est ad Gerbergam reg'nam, filiumque ejus Francorum regem Lotharium commorantes Laudunno monte. Qui multis prosecutionibus cœpit eos urgere, ut decipiendo deponerent eum tanto honore. Venenoque livoris infectus, dicebat regi et matri ejus : « Mirum mihi et omnibus cur tantæ arrogantiæ comes Richardus Nortmannicum Britonumque tenens regnum quietus, super Francos præsumptuosa temeritate elatus, principatur contumax, præ omnibus. Nec Deo, nec ulli militat, famulatur et servit; verum in suæ præsumptionis jactantia, inreverenti animo cordeque infrunito confidit. Nostrorum quemque parvipendit, Francorumque ut rex ditione superba dominatur et regit. Hujus consilio tractantur cuncta quæ Francigenis sunt incommoda. Non est tui nec nostri honoris ut talis comes dominetur nostri. Dedecus quippe est tui imperii quia Burgundionibus imperat, Aquitanos arguit et increpat, Britones et Northmannos regit et gubernat, Flandrenses minatur et devastat, Dacos et Lotharienses, quinetiam Saxones sibi connectit et conciliat. Angli quoque ei obedienter subduntur, Scoti et Hibernes ejus patrocinio reguntur. Omnium quippe regnorum omnes gentes ei famulantur et obediunt, nec est nisi tu qui queat resistere superbienti temeritati ejus militumque suorum. Magis ac magis, supraque satis ingruenter consortatur et prævalescit, nec multiflua militum congerie confidens resipiscit. Vide ne regnum tibi hæreditarium conetur super te invadere, teque ab illo exterminare et extrudere. Si quod injuste tenet teneres, omnia regna tibi vindicare quires.» Harum quippe fallacium ambagum alloquio audito, subintulit. Tetboldo regina tristis et commota : « Tu nostri secreti conscius, secretiorisque consilii fidus secretarius et consiliarius ; da nobis consilium super his rebus. Nullius juvamini virtute suffulti, nisi Dei, precamur ut motus pietate in hoc negotio, clementer succurras nobis. Aversamur undique secus, et comprimimur, et nusquam tuta fides reperitur.» Tetboldus vero comes cupiens perdere dolo penitus Richardum tantæ probitatis patricium, subintulit reginæ hoc consilium.

APOSTROPHA.

« Heu, quid adhuc furis ardescens, o Arnulphe,
[odio perfidiaque,
Invidiæ nimium afflictus tædis et laniatus?
Desine moliri contra superum velleque posse.
Pervacuus nimium labor est, quem nunc corde re-
[tractas,
Non capitur, quem dextra Dei sancit, protegit atque.
Nam justus, probus, innocuus, sanctus, percele-
[brisque
Marchio, patriciusque, comes, dux Richardus et
[almus,
Aggere quadrifidæ mactus virtutis rutilanti,
Plebem commissam sibimet pater ut corriget au-
[gens
Proteget, auxiliabitur, et salvabit, refovebit. »

« Si universæ Franciæ et Burgundiæ militari manu ascita, profectus fuerit rex Lotharius tuus filius ad ejus urbes munitissimas, ille si maluerit resistens dimicabit contra eum. Si non, componet se in firmissimis munitionibus tutissimarum civitatum. Denique conglobato christicolarum paganorumque exercitu, depopulans cuncta aggredietur urbes suas, et si forte ceperit eas, Francorum Burgundionumque tenebit securus regna. Prudentius, congruentiusque est eum dolo aliquatenus eum capere, quam monarchiam ejus devastare, urbesque obsidere ; quia nihil proficiemus in hac expeditione. Animadvertet enim propositum voluntatis nostræ sicque cautius tuebitur se. Verum, mitte legatum ad Brunonem Coloniensem archiepiscopum fratrem tuum, Lothariensem scilicet ducem præcipuum, ut veniat ad te propter hujus erroris negotium, decipiatque alicujus calliditatis sophismate Richardum tantæ elationis virum.» Illico regina mittit ad Brunonem, et omnem hujus deceptionis mandavit seriem. Bruno vero petiit Franciam illico, veniensque Virmandensem pagum, misit quemdam episcopum qui diceret Richardo in dolo : « Bruno Coloniensis archipræsul, licet indignus, tibi fidelium orationum munus. Quoniam quidem noster senior bene norit quod evangelicus sermo referendo dicit, *Beati pacifici, quoniam filii Dei vocabuntur.* Idcirco obnixe precatur ut venias contra eum Ambianensi pago velocius. Audivit enim errores insurgentium in te rixarum, vultque ardenti animo ob amorem tuum sedare tumores earum. Te et regem nepotem suum inextricabili conciliabit fœdere, te et Tetboldum, cæterosque malivolos pacificabit dempta pestifera voluntate. Omnia regna nepotis ditionis rectæ ambit lege coercere et serenare, omneque jurgium discerpere et conculcare Desiderat enim omnes connectere fidelitati sui nepotis, sicque sedatis rixarum turbinibus, pactaque ab omnibus pace, ad sua regredi.» Tunc Richardus marchio benignissimus his dolosis affatibus deceptus, cœpit ire contra Brunonem cum suis fidelibus. Cumque adesset pago Belvacensi, Brunoque Ambianensi, die qua denominatum erat eos simul colloqui, venerunt ad eum duo Tetboldidæ dicentes divino nutu inspirati : « Tibi, dux, secretius fari volumus. » Richardo secedente, intulerunt illi : « Majusne fore dux Northmannorum, quam extra regionem tuam pastor ovium et caprarum? » Richardo vero comite in uno obtutu defixo, et mirabiliter hærente, nulliusque responsionis verbum illis dante, illi admodum stupuere. Illata vero propositio quid significaret scrutatus, infraque semetipsum quasi receptus, dixit illis duobus: « Unde, vel cujus fideles estis? » Responderunt: « Quid tibi cujus? Nonne tui? » Richardus animadvertens eos suos fideles esse, eosque propalari cujus essent nolle, grates agens, et vale dicens, honoravit secretius illos præcipue. Uni vero ensem ex auro quatuor librarum in capulo fulgidum, alteri vero dedit armillam totidem libris purissimi auri fabricatam. Illis namque recedentibus, quæ retulerunt intimavit suis optimatibus. Tunc illi retractata et interpretata propositione tantæ invectionis et comparationis, coegerunt illum redire mœnia Rothomagensis urbis, legatumque mittere ad Brunonem, qui se non venturum ad placitum nuntiaret illi. Legato vero Brunoni archiepiscopo nuntiante Richardum ad placitum non venturum esse, stupuit, autumatque tantæ deceptionis consilium illum animadvertisse, dixitque legato : « Vade citius, dicque Richardo magno duci ut saltim veniat super Eptæ fluviolum, si requiem pacisque incrementum cupit habere suorum inimicorum, et ego pro ejus amore proficiscar illuc solaturus eum. » Tunc legatus: « Non propter me, nec propter quemquam tuorum ad præsens venerit contra te ad placitum. » Hujus igitur responsionis obstaculo, tantæque traditionis dolo penitus detecto, revertitur ad sua verecundus Bruno.

APOSTROPHA.

Moliuntur ecce plures,
O Richarde benigne,
Duxque patriciusque magnus,
Cunctis et comes almus.
Subjugare te potenter
Vafra calliditate,
Et retractat quisque dolo,
Quo te perdat inique.
Propter hoc stude valenter
Certa, speque, fideque
Enitere vi micante,
Meritis mercedeque justa,
Quo queas vigere semper
Solerti probitate,
Callis et justi tenere
Libram, rectum itinerque.
Frueris sorte tali,
Quo nunquam capieris :
Sed vigebis seculorum
Jam per sæcula cuncta.

Tunc per totam quippe Franciam, Burgundiamque et cætera regna, rumor tantæ traditionis, tantique doli propalatur et ab universis Bruno et Tetboldus, cæterique factores talis consilii et calliditatis vituperantur. Richardus vero dux sanctissimus, tantæ deceptionis et calliditatis insidiis erutus, referebat quotidie grates Regi regum devotius, qui eruit eum de periculo mortis et captivitatis propitius. Erat itaque Christo Domino semper in omnibus operibus subjectus, devotione et mansuetudine omnibus viribus armatus. Moribus et meritis præcipuus, sacrosanctæ Ecclesiæ Northmannicæ advocatione dignus, fide plenissimus, spe robustissimus, charitate largissimus. Obediens Dei præceptis, credulus in divinis promissis. Affluentia rerum bonitatumque locuples, divino cultu mundialique solers. Docilis in opere, longanimis in spe; sapiens in colloquio, prudens in consilio. In corrigendo constans et vehemens, in dilectione Dei et proximi ardens. Patiens in adversis, fortis in periculis. In divinis sæcularibusque disciplinis mansuetus in eleemosynis largissimus.

Assiduus in studiis bonæ operationis, sollicitus metu mortis. Eximius in timore Dei, magnificus ordine habituque laicali. In exsequiis cunctorum devotissimus, in misericordia et pietate gloriosus. Præcellenti ingenio præditus, in omni opere strenuus. Judicio justitiaque insignis, in reos severitate terribilis, in probos lenitate mitis. Ad gratiam meritorum promptus, ad ignoscendum offensoribus paratus. Humilitatis gradibus summus, in omni hospitalitatis famulatu præcipuus. Altor monachorum, canonicorumque, atque gregum piissimus advocatus suorum providus. Dispensator commissi talenti fidelis, moderator rixarum insignis. Delictum proprium canens, alterius severiter puniens, Plebem ut pater filios fovens, Christi præcepta fideliter adimplens. Propter vos interdum armis, interdum patientia vincens; paganos jugo Christi levi et suavissimo subdens. Defensor patriæ robustissimus, solatorque viduarum sanctissimus. Prudens, magnanimus, bonus et modestus, augebat populos statutis legibus. Præcellens pater exsulis et egentis, incomparabilisque solator orphani et pupilli, largum pauperibus cibum ministrabat, ecclesiarumque assiduus reparator renitebat. Sacros ordines graduum Ecclesiarum mirifice præ omnibus honorabat, atque monastica quæque adornabat. Attentus, benevolus et docilis in omni opere existebat, accusantiumque et accusatorum æquali lance querelas discutiens trutinabat. Non personas pauperum vel potentium in judicio ullo cultu reverentiæ respiciebat; verum expugnantium querimonias, dempta scrupulosæ rei ambiguitate, recensens, dijudicabat. Meritis et factis præcellebat in omni negotio cunctis, eratque omnibus mirabilis respectu bonitatis et honoris. Floccipendebat arrogantes et improbos, puniebat contumaces et reos, exaltabat humiles et benevolos, conculcabat raptores et injustos. Tirones suæ domus præmiis et muneribus ad serviendum incitabat, majores natu beneficiis affluenter ditabat. Vix nemo audebat in regno suo præjudicium facere, nul-

Iusque cu que quioquam subripere. Degebant omnes in ejus ditione securi malorum et laborabant festinanter accelerata exhibitione omnium operum.

APOSTROPHA.

Profusis precibus lector supplex tibi dico,
Artis septifluæ gnare, capaxque bene.
Deficit eloquium : non hunc sustollere possum
Quantum opporteret laudibus innumeris.
Nec stringi numeris, nec possunt cedere verbis
Quæ mala sedavit, quæ bona distribuit.
Custos defensorque suæ patriæ luculentus,
Dux, comes iste bonus, marchio, patricius,
Archidicus rector rerum si quislibet esset,
Posset veridica scribere quæ cuperet.
Ast ego stultus, hebes, cunctæque rationis et expers,
Scribere non valeo dicere quæ cupio.
Istius notæ scriptæque libro bonitates
Ejus stellifero qui sedet in solio.

Ilis et aliis quampluribus probitatibus huc illucque sparsim diffusis, copiosisque diversarum rerum affluentiis propensius diffamatis, Tetboldus comes incendebatur excruciatus invidia et furiis, livoris et perfidiæ suffusus veneno, suggerebat quotidie regi Lothario ut deciperet Richardum tantæ dignitatis virum dolo, teneretque Northmanniam sub suæ ditionis jugo. Tandem vero rex Lotharius ipsius comitis sophisticis suggestionibus excæcatus, misit ad Richardum qui diceret ei dolosis affatibus :
« Usquequo præstolabor pœnitentiæ recordationisque tuæ respectum, ut frivolum cujusque gentis me toties parvipendis? Nonne subnixus tuorum adminiculo inimicorum, possum obsidere et capere, exceptis amicis tuis, urbes munitionum tuarum? Non umquam cuiquam te subjugabis? Norisne me esse regem Francorum? Nonne tibi injurius esse potero, si quæ mei juris est, ascita manu, ad te obnixius properavero? Si tuis invidis credidero, tuque vero meis perjuris et infidelibus faveris mente et corde tuo, nunquam pacificabimur fœdere complacito. Desine talia rimari, et libeat tibi mecum gaudere et congratulari. Connectamur igitur adinvicem taliter competentis mutuæ voluntatis, ut nemo nostrorum suapte quidquam possideat facultatis. Si quispiam in te vel in me rixatus exercuerit jurgium, ego tuum, tu vero meum contere et dissipa adversarium. Simus unius cordis, uniusque mentis et voluntatis, et conteramus et dispergamus atque subjiciamus Tetboldum cum suis. Flandrenses vero cæterasque gentes in nos rebelles, diræ legis jugo alligamus, easque nobis servire et potestate urgeamus. Quapropter accelera venire contra me velocius ad placitum, ut colligati indissolubili competentia amicitiarum, gaudeamus unanimes securi hostium et adversariorum. »

APOSTROPHA.

Lothari, rex clemens, pius, justus, sanctus,
Probus, modestus, nobilis, lux alma orbis :
Cur decipi moliris, infectus spurco livore,
Richardum ducem sanctum, justum?
Jamjam pudebit cogitasse noc perversum
Ingloriusque hoc, heu ! velle.
Pravum tuum sed velle posse haud continget.

Igitur Richardus dux comesque præcellentissimus, falsidicis harum blanditionum minarumque legationibus deceptus, profectus est contra Lotharium regem ad placitum, ascita militari manu. Rex vero coadunatis ejus inimicis in dolo, Carnotensi scilicet Tetboldo, Andegavensi Goizfrido, atque Flandrensi comite Balduino; qui etiam exercitu plurimorum ejus inimicorum clam congiobato, morabatur super Helnæ fluviolum fraudulenti animo. Die vero indicti placiti, qua dolose statutum erat eos fœderari, misit dux magnus Richardus exploratores, ut quæ gerebantur apud regem renuntiarent sibi, inquirerentque qui essent cum rege, et si quid deceptionis latitaret in exsequendi negotiis placiti. Illi autem illuc profecti, Tetboldum cæterosque inimicos ducis Richardi ante regem repererunt. Hinc quoque super mandatis regis hærentes, nimium stupuerunt. Illis autem ante regem mora tibus paululum, ecce venerunt Tetboldi, Gozifroidi atque Balduini comitum loricati et galeati exercitus, insurgentes hinc inde celeri equitatu, cupientes ut jussum erat aggredi Richardum et suos hostili congressu. Videntes autem hoc illi, innuebat quisque sibi, ut renuntiarent celerius quæ viderant Richardo comiti. Tunc unus illorum præpetis equi dorso residens, veloci cursu repetiit Richardum prædignum comitem, omnia agmina transiliens, vociferansque cum nimio gemitu, et dicens : « Domine, domine dux præpotentissime, erue te, ne intereas hostili immanitate; quia omnes inimici tui congressi cum rege, gestiunt te tuosque aut capere, aut interimere. » His auditis Richardus dux imperterritus surrexit, suisque fidelibus ascitis dixit : « Prandium ecce paratum nobis, antequam devertamus, præibemus illud in nomine Domini. Sicque sacrosanctæ crucis vexillo præmuniti, præstolemur hostium cuneos intrepidi. Nequitia etenim illorum et perfidia atteret digne illos; probitas vero puræ fidei et spei eruet nos. Impetus perversæ multitudinis illorum non vos exterreat, verum prædecessorum vestrorum in omni adversitate robustorum monimentum fortes faciat. » Cum autem, ad prandium residens, hæc et alia quamplurima suadendo proferret, suique quamplurimi abessent fideles, venit alius nuntius referens adesse hostium acies. Richardo vero sanctissimo duci percunctanti quot millia hominum essent regis, sique ipse esset rex in congressione hostili, tertius affuit citatis calcaribus equis. Qui dixit ei :
« Domine dux, ecce rex et ejus exercitus festinat ferro indutus congredi tibi præparatis aciebus. » Hæc eo tremula voce narrante, apparuerunt acie hinc inde armati exsilientes. Tunc ineffabilis dux comesque Richardus intuens propius imminens periculum, surrexit ocius deserens prandium, divertitque ab eis et secessit trans Depæ alveum, suique adjutorii illuc præstolabatur exercitum. Sed regis exercitus

vada Depæ præoccupavit, ne veniret ad eum. Quidam autem inimicorum persequentes ducem Richardum, in medio vadi Depæ armis invaserunt. Illis vero simul præliando illic colluctantibus, recognoscens quemdam venatorem suum nomine Walterum, dux Richardus cucurrit cum domigenis illuc intrepidus, et eripuit illum cæteris fugatis et occisis hostibus; restituitque omni exercitui regis ad fluvioli Depæ exitus.

Confluente vero undique secus regis et inimicorum exercitu, dixerunt ducem ad Richardum majores natu defendentem severiter vadi aditus: « Domine dux magnanime, fraus hujus perfidiæ, dolusque deceptionis nefandæ detectus est Deo annuente. Ne igitur præoccuperis morte, aut capiaris, precamur, diverte; urbemque Rothomagensem celeri equitatu pete, ne forte inimici tui præoccupent nos velociori cursu, eamque vindicent sibi, reperientes vacuam militibus. » Dux autem Richardus illorum respuens consilia, cupiebat cum tironibus suis venientium invadere agmina. Tunc majores natu videntes eum in suæ mentis proposito perseverare, salubrisque consilii verbis non acquiescere, aggrediuntur eum et per freni habenas arripientes, precabantur eum secedere. Tandem vero majoris ætatis militum precatibus vix coactus secessit et petiit Rotomum festinanter ne caperetur. Illico propalante fama exsecrabile conjuratæ deceptionis placitum, omnis populus regionis illius confluit celeriter ad ducem magnum Richardum, crebris multimodisque monitis incessanter urgens eum, ut regi et Tetboldo comiti redderet retractatæ deceptionis talionem, invadens eorum regnum. Ipse vero grates referebat quotidie devote Regi regum, qui de interitu mortis aut captionis eripuit eum. Ecclesias palliis monasticisque rebus ideo plenius honorabat, pauperibusque cibum et potum largiflua manu abundantius ministrabat divinæque servitutis officio incumbens operam dabat. Judicia justi examinis libramine rectius trutinabat, rixas litesque atque discordias compescens, plebem moderatius regebat. Cuncta bona opera sagacius perficiebat, in omnibus operibus Deo subditus perfectior erat. Orphanos pupillosque et exsules, ut pater filios, lenius sustentabat viduasque et profugos suavius refovebat. Monachos canonicosque atque laicos famulari Deo strictius urgebat; paganos sceleratosque refutans, populum suæ advocationis fomento securitatis prudentius nutriebat.

APOSTROPHA AD URBEM.

O civitas fecundior quampluribus,
Fertilitate boni, militibusque sacris!
Tuus ecce dux prudens, pius, sanctus, bonus,
Tantorum procerum erutus insidiis,
Peragit Dei quæ sunt, tibique congrua
Recti per cuncta tramite judicii.
Sed quod colonus non fui quondam tuus,
Nescio digerere quæ studuit facere.
Utinam, poetas possideres garrulos,
Quis bona quæ studuit elucubrata forent.
Quod vatibus culpa est, cares rectoribus.
Lustrue nunc pueros artibus innumeros,
Successio quidquid peraget magni patris,
Carmine multicano elucubrare sciant.

Interea longe lateque per totam Europam profusius promulgata tanti patroni tantique ducis bonitate, Tetboldus venefico perfidiæ infectus livore, iterum petit regem Lotharium, dixitque illi doloso corde: « Paterisne convictus contumacis Richardi jurgio præjudicium suæ arrogantiæ in tuo regno persistere? Tenebitque regnum Northmannicum sine tuæ voluntatis largitione? Quomodo jure rex nuncupaberis, si regere regnum Francorum non quiveris? Cæterum fortassis ascita Dacigena gentilitate, ut avus suus Rollo olim super avum tuum Carolum, regnum ditionis tuæ supercilio jactantiæ suæ deliberat invadere. Contra istius præsumptivæ calliditatis molimina, dabo tibi prosperi saluberrimique adjutorii consilia. Invade et obside, atque cape mihi Ebroicam civitatem, ego vindicabo tibi totam Northmannicam regionem. » Rex vero his promissis hilaris et lætus, misit sub omnes suos fideles, quatenus venirent ad se hostili congressu. Conglobatis igitur totius Franciæ et Burgundiæ reperte principibus, occurrit, et obsedit atque cepit Ebroicas repentino conflictu, deditque eam Tetboldo gratia conventionis ultroneus.

APOSTROPHA

Celebris, digne nobilis, atque
Marchio summus, duxque verendus,
Tutor cleri, plebis et auctor,
Rector populi, justus et almus,
Orphani et exsulis irrevocandus,
Viduæ solatorque benignus,
Fortuitis nunc casibus istis
Velle modestum non minuetur.
Neve fastigeris dubitando,
Sibimet dum infortunia crescunt,
Jamque quem colit hunc lacerat acre,
Pyrrius, æternus, refovendo,
Pater ut sobolem recreans dulce.
Quæ peragis nunc perage semper,
Quæ operaris modo hæc operare.
Urbs ablata tibi quoque furtim,
Tibi reddetur, judice summo.

Richardus igitur dux præpotentissimus, subitaneo horum eventuum casu tristis et mœstus, convocavit robustissimas legiones Northmannici exercitus, ivitque super Tetboldum, fretus innumerabili militari manu, depopulans et incendens Carnotensem Dunensemque regionem remeavit imperterritus. Dispersis reversisque ad sua Richardi magni ducis exercitibus, Tetboldus comes conglobato suo clam exercitu, inrepsit Northmannicis finibus. Cum autem relatu quorumdam Richardus dux magnus didicisset quod Tetboldus Northmannicos fines aggrediens adveniret, misit quemdam Richardum qui cujus multitudinis exercitus esset, velociter renuntiaret. Ille vero ce eri equitatu, quo Tetboldus morabatur, aggressus, quosdam illorum ab exercitu sequestratos reperiens, interimit, Tetboldumque comitem adesse Richardo duci occisorum infectus cruore renuntiavit. Videns autem eum sanguinolentum, ejusque arma cruore perfusa, dux magnus Richardus dixit adstantibus : « Iste namque cum suis interfuit certamini, dixitque illi : « Quot ejus exercituum millia? quave parte Sequanæ aggreditur nostra confinia? » Respondit : « Tria, levaque parte Sequanæ, quæ est Ebroicaensis, occurrit hostiliter nobis. » Cui dux magnus : «Si prælium contra nos, aut obsidionem urbis Rotomi agere ambiret, altrinsecus, qua eminet urbs, feritare contra nos acceleraret. Verum, quia altum Sequanæ pelagus nobis et illis obstaculum exstat, navesque absunt illi, quibus transeat, nullatenus nos bello lacessere tentat, sed patriam nostræ ditionis depopulare atque cremare nostri ruboris confusione atrociter deliberat. Nos vero, quibus adsunt naves, ascitis principibus nostris ad illos transeamus, quodque Deo placuerit inter nos experiamur.» His dictis, sacrosanctæ Genitricis Dei petens aulam, superque altare ejus pretiosi muneris ponens pallium, ad profuturum efficacis orationis confugit auxilium. Sed Deus, qui superbis resistit, humilesque sublimat et erigit, humillimum devotæ ejus precis votum exaudivit. Tetboldus vero comes malivolæ intentionis proposito malignabatur feriter in tellure Northmannica : profectusque est constipatus ferrata acie usque ad casas Hermentrudis villæ, in portu fluminis Sequanæ altrinsecus contra Rotomum positæ. Richardus vero marchio robustissimus alterius portus navigium expetiit, totaque nocte Sequanæ transmeans alveum, super Tetboldum diluculo irruens, bellum contra eum cum paucis iniit. In primo quidem congressu certaminis, præliabantur decurtatis telis et lanceis; secundo vero mucronibus coruscis. Tunc robusta manus Northmannorum, conjunctis complicatisque ad invicem clypeis, acie corusca mucronum aggrediens, invadit armatos obstantesque Francorum, et ante dextra et læva lacerans, prosternensque atque disrumpens cuneos hostium secuit, equitans super cadavera occisorum, condensum agmen obstantium, reflectitque prælium in cuneos hinc inde remanentium. Hinc hinc Francigenarum strages efficitur, multigenaque manus multatur et interimitur. Northmannorum namque gens belligera et effera discurrens permeat prælii discrimina velut lupi per bidentium ovilia, occidens et prosternens hostium severiter agmina. Richardidis siquidem unanimiter vociferantibus, quod Richardi magni ducis erat prælii campus, fiducia præliandi recessit a Tetboldidis omnibus, vitæque conclamata est salus. Quisque se liberando quo divertat ignorat, quoque se latitans abscondat. Alii lucis concretione fruticum condensis, alii paludibus alnis populisque densius conradicatis reponunt se, ne occiderentur a Northmannis.

APOSTROPHA.

Fervere cæde nova silvas camposque patentes,
Corpora functorum pariter, lacerosque jacere,
Rustica gens quos induviis fera dispoliabat,
Atque rubere sacro spumantes sanguine rivos;
Fingere quemque sibi varii discrimina lethi,
Atque super gramen tepidum fumare cruorem,
Richardumque ducem gratari, strage peracta,
Militibus lætis, esses si forte, videres.

Tandem vero comes Tetboldus, fugatis prostratisque atque occisis fidelibus suis privatus, fugæ expetiit auxilium cum paucis velocius, nec divertit ad Ebroicam, quam sui tenebant, urbem, citatis equis calcaribus. Merito namque beati marchionis Richardi quadripartiti detrimento illo die infortunium persensit; videlicet fideles suos prælio prostratos conspexit : ipse fugatus et laceratus exstitit, quidam filius ejus morte præoccupatus occubuit : urbs Carnotensis et præsidium ejus igne cremata funditus ruit. Richardus vero marchio bonitate famosissimus, certamine prolixaque prosecutione hostium fatigatus, Rotomum repetiit vespertinus. Diluculo autem consurgens, campum prælii aggrediens, sexcentos quadraginta mortuos reperiens, funere tantorum pietate condoluit, sepeliri eos jussit, vivos adhuc feretro leniter ad Rotomum deportari et sanari fecit. Præterea lucos paludesque exquirere fecit, multosque mortuos et plagatos reperit, quibus eadem pietate obsequium præstitit.

APOSTROPHA

Gurgite cæruleo Sequanæ meat æstuantis amnis,
Et movet ingentes pelagos vaga cursitantis æstus,
Lambit odoriferas et gramine floridante ripas,
         [ample,
Molliter herbarumque, comas lavat unda præpes.
Ipsam cum refluum torquet mare detrimenti alumno,
Detrusam retrorsum fluctibus æquoris minantis,
Epfadus officio mutantia vel crementa passum.
Umbroso et vestiti palmite prænitente colles
Deliciosus ager vinetaque continens honesta.
Cursibus undarum irriguis satis emicantque prata,
Urbs qua percelebris nunc Rotome prænites decora,
Labentis jocundis usibus affluenter amnis,
Merce quibus varii componere fœnoris queat se.
Sed munita nimis rutilas magis inclyti patricii
Richardi meritis et moribus undecunque justis;
Qui virtutis inexpugnabilis almitate plenus,
Protegit, exaltat, tenet regit, et fovens tuetur.
Auro plus constans hostes fugat, obstat arguitque,
Marchio duxque, comes mirabilis et stupendus actis,
         [destus
Prædignusque, probus, sanctus, pius et bonus, mo-

His et hujusmodi triumphaliter peractis, dux magnus Richardus præcipuos suæ domus legatos ad Daciam celeriter misit, ut gens robustissima Dacorum accelerato juvamine succurreret illi. Daci vero his legationibus hilares, aptatis oneratisque navibus celeriter, aggrediuntur Rotomum festinanter. Dux vero constantissimus, tantæ multitudinis principes conspiciens, suæque indignationis animositatisque malivolentiam vindicare ambiens, petere Givoldi fossam jussit, et devastare quæ erant Tetboldi et regis. Daci vero hinc abeuntes, superque regem et Tetboldum congredientes, depopulabantur quæ reperiebant indifferenter. Villis rusticorum omnibus devastatis, suburbana incendebant, atque castella plurimahumo tenus prosternebant. Obstantes sibi crudeliter occidebant, cæteramque manum flebiliter ad naves vexabant. Desolator regis et Tetboldi comitis omnis terra talibus hostibus nequiter afflicta. Fames oboritur, quia terra aratro nusquam scinditur. Pervia, viæque et semitæ ignorantur, quia a nemine calcibus atteruntur. Salus spesque et fiducia a residuis conclamatur; quia universæ pestilentiæ ignominia affliguntur. Richardi vero magni ducis terra solida erat et quieta, nec ullius calamitatis peste afflicta, sed liberi arbitrii labore ab omnibus exercitata. Quisque colonus quod ambiebat, libere agebat, possibilitate suæ voluntatis percepta. Tantæ altercationis tantæque cladis Northmannicæ et rapinæ nocte dieque innumeris casibus uno lustro penè afflicta, nequibat amplius tanti infortunii ferre discrimina. Tota igitur fere Francia Tetboldi regimini subjecta ab incolis derelinquitur, ecclesiæ his casibus destitutæ a nullo Christicola frequentantur. Præsules igitur totius Franciæ Northmannorum paganorum sævitiam perpessi convocaverunt sanctam synodum, quid agerent scrutaturi, quia casibus innumeris quampluribusque incendiis, rapinisque et deprædationibus permaximis vexati, agitabantur Christicolæ subjecti periculis. Tetboldus vero dolo fraudulentæ intentionis, suggerebat falso pontificibus et palatinis quod pro statu reipublicæ et fidelitate regis agitans jurgia rixabatur cum Richardo et paganis. Episcopi autem, cognita et audita bonitate sanctissimi ducis Richardi, mirabantur super dictis Tetboldi comitis. Hujus igitur rei gratia consulti deprecantur Carnotensem præsulem, cujus voluntatis esset dux magnus Richardus sciscitari super pestiferæ penuriæ ignominia et calamitatis. Coactus autem monitis coepiscoporum, misit quemdam monachum ad ducem Richardum, qui dixit ei hujus legationis mandatum : « Carnotensis episcopus tibi fidele orationum munus. Ambit namque te aggredi, mutuisque affatibus tibi sermocinari; ideo postulat ducem et advocatum itineris sui, viatoremque sibi dari, ne forte devorent manducentque se tui diaboli et lupi. » His auditis Richardus dux serenissimus subridens, misit qui conduceret ad se episcopum salvum et incolumem. Adveniens namque ille, infit duci magno Richardo : « Metropolitani cum coepiscopis Franciæ gentis tibi indeficientis munera orationis. Miramur namque stupidi, cum cultor Dei Christicolaque præcipuus in toto orbe nomineris, cur paganos insanire in Christianos severiter permittis? Transeunte nie tutela tuæ advocationis formidolosam tyrannidem hostilitatis colonos hujus telluris securos hostium reperi; nec formidabant repentinum casum ullius adver-

sitatis; delubra ecclesiasque ab incolis venerantur perlustrari, mysteriumque divini officii solemniter conspexi celebrari; quidquid vero ad cultum veræ fidei attinet incessanter exsequi, christiani nominis fidem augmentari. Nos atterimur rapinis et incendiis, quin etiam repentinis nocturnalibusque casibus mortis; et ignoramus cujus intentionis proposito hoc scelus detestabile peragitur nobis. Quo circa precamur obnixe, flexis corporis animique poplitibus, ut cujus rei causa hoc exsecrabile detrimentum Franciæ gentis peragitur, nobis te ob hoc aggressis, sermone veritatis enucleetur. » Tunc dux Richardus verax et justus : « Memoresne reminiscimini ante malorum meorum peractorum et retractatorum ? Nonne fraudulenta Tetboldi comitis suggestione conatus est Bruno dux Lothariensis me decipere ? Numquid non dolosis falsidicisque ejusdem comitis ambagibus rex Lotharius deceptus molitus est me comprehendere aut occidere, quem Deus eruit sua larga miseratione ? Nonne idem comes Lothario regi spopondit Nortmannicam regionem, si illi daret Ebroicam, quam modo tenet, civitatem? Cæterum, nonne devastans et incendens lacessivit me ad portum Rotomi, conglobata immani hostilitate ? » Tunc præsul : « Non ei talionem debetis de blasphematione illius provocationis. Sed ille comes jactat se repugnare et reluctari contra te, ob statum sacrosanctæ Ecclesiæ, reique publicæ. Qualicumque modo rex scelesti negotii se habeat, precamur impetrare pacis incrementa, ut gloriari valeas cum episcopis et rege Lothario, ipsique et ipse de te tali duce et patrono christianissimo. » Richardus autem præpotentissimus recognoscens nullum tam Deo acceptabile holocaustum et sacrificium quam pacis incrementum, diligensque ut vivere, pacificare Francicum et Northmannicum regnum, verum nolens demonstrare propter Tetboldum mentis affectum, dixit præsuli internuntio coepiscoporum : « Si paganis, huc propter me aggressis, pacis felicitatem impetrare quivero ignoro, hujus rei causa nutans titubo. Quapropter assumptis tecum aliquibus coepiscoporum et palatinorum, aggredi me cum sol mediaverit mensem Maium, interimque conabor compescere blandiens contumaciam ferocem arrogantium paganorum. » Eo autem quid audivit a Richardo magno duce, regi et coepiscopis renuntiante, statim animadvertit comperitque sine suo consilio Tetboldus comes pacem requisitam esse. Extemplo misit quemdam monachum ad ducem magnum Richardum, subsequentia verba dicturum: « Comes Tetboldus tibi fideles famulatus. Quorumdam etenim Francorum pravo consilio deceptum, jurgatum esse contra te sine re et rixatum pœnitet se et fecisse quod fecit malum, et profitetur se quidquam mali amplius non facturum Ambit, si libet, tibi secretius ut servus Domino fari, redeatque tibi Ebroicas, quam rex tibi abstulit, ob gratiam amoris tui. Terra suæ ditionis subjecta tyrannicæ hostilitati, depopulatur rapinis et incendiis, neo valet resistere sævitiæ tantæ multitudinis, neque placare eam congesto pretio totius regni, nisi per te qui imperator es hujus rei. Precatur flexis genibus corporis et animi, ut indulgeas sacrosanctæ Ecclesiæ et desolatæ plebi, et habeas se fidelem famulum tibi, compescens pestiferos incursus Dacigenæ ferocitatis. » Richardus vero dux his auditis, tacito affectu mentis Deo grates egit, monacho quoque subintulit : « Si quæ loqueris veræne esse possunt? » Respondit : « Vera, et non gestit aliud beneficium promereri, reddens Ebroicacensem urbem tibi, nisi perseverans propositum tuæ internæ dilectionis; ut pax et concordia indissolubilis fœderis maneat vobiscum cunctis diebus quibus vixeritis. Venietque noctu cum secretariis suis, quando tibi placuerit, causa hujus negotii, ad mœnia Rothomagensis urbis, firmaturus sacramento veræ fidei quæ tibi suggessi. » Tunc Richardus : « Dei fide qua vivimus et vegetamur, tenacique nostri tenoris firmamento collaudamus ut veniat ad nos, si libitum fuerit, bis tribus transactis diebus, et connectamus fœdera nullo casu solubilia; sed perpetuis et inextricabilibus legibus conservanda. » Monachus namque quæ audivit Tetboldo comiti renuntiavit. Ipse autem lætus et hilaris super hujuscemodi renuntiatis, diebus ter duobus transactis, venit Rotomum noctu cum suis secretariis. Uterque horum ut alterum conspexit, obvius quisque cucurrit, amplexantesque se invicem oscula libarunt, sessumque petiverunt. Tunc prior Tetboldus : « Ad tuam ineffabilem pietatem supplex venio, quia tua miseratione et Dei propitiatione omnium indigeo. Ustulata sunt ubicumque terrarum quæ possideo, habeturque tellus mei juris veluti quædam solitudo. Idcirco quæ tibi suggessit monachus exsequi libenter sum paratus. Præjudicium omne mei consilii et facti tibi emendabo; hujusque rei gratia quasi pro beneficio tibi serviens militabo; Ebroicacense castrum tibi voluntarie reddo, veniamque et indulgentiam tuæ miserationis promereri supplex postulo, quod contra te illud tenui. » Hujus humilitatis devotione Richardus dux magnus misericorditer mente subactus, respondit Tetboldo comiti humillimus : « Sine obside et sacramento fidei meæ huc nihil titubans accessisti, quæcumque requiris impetrabis. Continuæ pacis felicitatem habebis, nemo meorum tibi et tuis ultra injurius et nocuus erit. Ego vero abhinc tuis, sicut tu meus, mutuoque communis auxilii interventu, fiducialiter vicissim solemur. Fiat pax opulenta, requies jocunda, serenitas tranquilla, concordia inter nos stabilis et perfecta, per decreta inextricabilia. » Allatis igitur sanctorum pignoribus fœderati sunt. Similiter utriusque comitis consiliarii hæc eadem veræ fidei sacramento auctorizarunt. Tunc Richardus marchio largissimus, muneribus et donis præmaximis eum affluenter honoravit. Ipse autem optato osculo et amplexu desiderato fruens discessit, eademque nocte secretius Carnotum repetiit. Ipse namque die Tetboldidæ ab urbe Ebroicacensi cum omni supellectili ut jussum erat egredientes, miserunt ad ducem Richardum ut eam reciperet. Ipse autem eam recipiens abundantius militibus præmunivit, omniumque bonorum affluentia honestans fecundavit.

APOSTROPHA.

[lus ornet
Rusticus insciæ [pro inscitiæ] quamquam nostræ sty-
Diversi variis generis metris opus istud,
[que,
Prævacuum nimis, indiguumque opis, artis inops-
Rhetoricique favi redolentis nectaris exsors,
Heroico potius metro pollere deceret;
Hoc lugubrata vigent quia fortia facta virorum.
Hic nam vir fortis, constans, robustus in armis.
Pacificus, bonus, atque probus, pius, ipse modestus.
Magnificus, meritus, præcelsus, nobilis, almus.
Inclytus, egregius, mirabilis, atque decorus.
Maximus, eximius, præcellens, magnanimusque.
Præcipuus, justus, sanctus, humilisque, venustus.
Propitius, lenis, mansuetus, mitis, acerbus.
Longanimis, celebris, solemnis, amabilis, atque
[que.
Clemens, indulgens, miserens, scelerum puniens-
Protector, censor, tutor, largitor honorum.
Prudens et sapiens, industris, gnarus, enormis.
Linguarum, diversarumque sciens regionum.
Attentus, docilis, cupidus, sitiensque bonorum.
Mirificus, stabilis, suavis, fidusque, fidelis.
Tranquillus, placidus, lætus, sine nube, serenus.
Jocundus, dulcis, blandusque, affabilis omni.
Facetus, felix, frugalis, juridicusque.
Formosus, dives, locuples, et munificator.
Dulce caput populi, spes et fiducia plebi.
Procerus, pulcherque, elegans, forma speciosus.
Pes claudo, et oculus cæco, baculusque labanti,
Omni sufficiens potus large sitienti.
Escæ prælargæ et variæ cibus esurienti.
Pauperis, exsulis, at inopis susceptor enormis.
Protector viduæ, conjux velut atque maritus.
Solator regumque, ducum, procerum, comitumque.
Dum mundo viguit, sic omnibus omnia factus,
Offecit nullis, certavit profore cunctis.

His ita secrete cauteque expletis, marchio duxque celebris scenam Richardus miræ amplitudinis atque longitudinis super ripam Givoldi fossæ jussit fieri, in adventu palatinorum pontificumque Franciæ gentis. Determinato igitur tempore iduati maii, inflammatis scilicet ab æstuante sole Geminis, venerunt gratia impetrandæ pacis ad Richardum ducem magnum illuc palatini cum episcopis, eosque decenter et veneranter recipi, scenisque juxta mirabilem scenam factis, jussit hospitari. Crastina namque die venientes ante ducem Richardum, intulerunt ei ex parte Francorum munia fidelium famulatuum et orationum, et dixerunt : « Dux inauditiæ potestatis, sufficientiæque et virtutis, optimates totius Franciæ regni precantur unanimiter flexis humo tenus genibus cordis, ut indulgeatis sacrosanctæ ecclesiæ et annulatæ genti. Rex autem, nosque, cæterique Francorum residui, omnisque clerus totius regni, omne bonum præsens et futurum optant tibi, si sævitiam paganorum compescueris, eorumque pestifera incursione Franciam erueris. Fraudulentæ suggestionis Tetboldi comitis hortamine, quæcumque rex contra te operatus est fecit; bonorumque quæ pater tuus patri suo intulit reminiscens tædet se facti. Quemadmodum igitur rex Ludovicus pater suus, opitulante patre tuo in regno subrogatus viguit, ita regna tenere, superborumque dominari, magno tuæ potestatis juvamine concupiscit. Sitis communibus mutuæ competentiæ precatibus concordes, alterque vestrum alterius juvamine confidentes perseveretis unanimes. Ipse autem rex, optimatesque totius Franciæ regnum Northmannicum tibi tuisque hæredibus jurando propriis manibus sancient in perpetuum; postea nemo illorum ullatenus tractabit tibi alicujus adversitatis damnum. » Hujus legationis præcepta persolventibus respondit marchio duxque præcellentissimus : « O præsules reverendi omnium virtutum affluentia prorsus opimi, nec non proceres cunctorum bonorum forensiumque rerum ubertate propensius fecundati, propositum meæ continuæ intentionis et voluntatis non differam fiducialiter confiteri vobis. Quapropter, confidenter experiamini, [me] velle summopere melius felicitate pacis stabilire et exsequi, quam ullius prosperitatis et honoris opus aggredi. Hoc mihi summum et peculiare semper exstitit. Verum, pro vestrorum importunitatibus et rixis tenere illud, ne confunderer, nequivi. Quia nihil est in aliquo suspectu aliquid gravius quod cruciet, quam quemquam aut non videre quod cupiat, aut videre quod perdat : cum in utroque animus pondere sollicitudinis præmaximo pressus titubat, ut et quod diuturne sollicitus spectat habeat, et ut [quod] habere cœperit ne amittat. Recogitate igitur et reminiscimini insidiarum et malorum quæ ab eo passus sum, et animadvertite et intuemini, cui nostrorum vestrorumque exstiterit præjudicium. Vos non ignoratis suggestione Tetboldi comitis, Brunonem archipræsulem Coloniensem, et ducem pariter Lothariensem me voluisse decipere. Vos non ignoratis ejusdem falsidica provocatum versutia Lotharium regem vestrum seniorem voluisse me capere aut occidere. Quid refertis de Ebroicacensi quam reddidit mihi urbe, Deus? His et talibus hujuscemodi, pluribusque importunitatibus quas tædet recenseri, motus, misi ad Dacos, quatenus mihi succurrerent velocius. Quibus me festinanter aggredientibus, imperavi in vos exercere tyrannidem cladis hujus; quia nisi res ponderaretur, minime resipisceret stultus. Si quod igitur retulisti mihi exstat verum, stabilite necessariæ pacis opportunitatem mecum. » Tunc Richardus marchio famosissimus, ascitis communiter Northmannis omnibus cœpit blandiri et serenare eos mansuetissimis allocutionibus : « O summæ reverentiæ patres, grandævo, mediocrique, atque juvenili situ mirifice redolentes, gratias debeo referre vobis incessanter, quin etiam munera largiri vobis sufficienter; quia, tellurem vestræ nativitatis, pro præjudicio mihi sine re illato, deserentes, jurgati rixatique estis ob amorem meum usque modo contra exteras gentes. Ipsarum autem gentium rex, duces et comites afflicti vestris depopulationibus incessanter et hostiliter, requirunt sequestræ pacis spatium dari sibi suppliciter. Si libet vobis, consequens est dari; si non, oportet abdicari. Decernite requisitæ rei negotium communi consilio, et super hoc respondere rimaminor. » Tunc Northmanni, qui et Daci, unanimes intulerunt Richardo duci, dicentes : « Nequaquam pax continua, neque intercapedine temporum discreta concedetur; verum omnis Francia, exterminatis aut occisis principibus, vi et potestate tibi acquiretur. Heu ! heu ! quid facient, vel quid dicent cæteri Dacigenæ et Northvegigenæ, qui, præparatis et oneratis navibus hujus rei juvamine, aggredientur nobiscum immani hostilitate ? Quid de Hirensibus, quid de Alanis, quid de cæteris quamplurimis gentibus? Propositum vestræ voluntatis, quam nobis aperuistis, non adimplebitur viventibus nobis. Cæterum, si libitum est, quam invasimus Franciam, vindicabimus tibi. Sin vero displicet, sortietur ea nobis. Quo circa elige e duobus quod mavis, aut tibi, aut nobis. » His auditis, dux præpotens Richardus urgebat eos multarum prosecutionum interpellationibus, et his duobus diebus octo obnixe eos deprecabatur ut pacta pace cum Francigenis fœderarentur. Præsules igitur et optimates Franciæ gentis stabant quotidie illic stupefacti, et intuebantur conflictum hujus pacificationis. Tandem vero dux magnus Richardus non valens serenare tantorum sævitiam ullorum precatuum conaminibus, dixit seorsum suis fidis principibus : « Hæc gens aspera et fortis, dum simul interpellata fuerit, non acquiescet precibus nostris. Convocentur majores natu et potentiores secretius, futuræ noctis conticinio, et excæcemus eos muneribus præmaximis, et copioso beneficio, si forte faverint precibus nostris et voto. » Hoc namque consilium principes Francigenarum referebant salubre et prosperum , et autumabant sibimetipsis profuturum. Insecutæ igitur noctis crepusculo, convocatis clam majoris potentiæ senibus ex genere Northmannico, pandit corde quod volvebatur ore mellifluo, et dixit : « O reverendi merito patres, pro temporalibus nimium beneficiis agonizantes, pro quibus carebitis vita æterna, Phlegetonte digno perfruentes; animadvertite mei sermonis proloquium obedienter. Quamquam genus hominum omnium a Domino exordio fineque carente sit procreatum, quo resarciretur ruina angelorum, vario et diverso itineris calle devius error illud abducit, ne revertatur ad Creatorem suum. Vos animas vestras putatis cum corporibus interire, ideo non abhorretis omne malum facere. Est quippe præter istam altera vita quam ignoratis, et quidquid in hac feceritis, in illa pro certo repræsentetur vobis. » Tunc illi : « Refer, precamur, nobis hujus propositionis arcanum, et enucleea quantocius nobis nostræ conditionis figmentum. » Tunc comes prudentissimus demulcens eos blandis afflatibus : « Ratiocinatio nostræ conditionis hæc vera dignoscitur esse ab orthodoxis. B is quino namque cœlicolarum ordine creato, decimoque lapso, contumaci arrogantiæ jactantiæque suæ jurgio cursuque totius mundanæ molis, ejusdemque mirifico ornatu perfecto, duo connectens elementa, vivum scilicet et moribundum, in unum effigiavit Deus hominem ita immortalem ex limo, ut gloria et honore eum coronaret, superque opera manuum suarum constitueret, et ad cœlestem angelorum gloriam, quam arrogans perdiderat, quandoque sine carnis morte transiret; sic vero immortalem, ut, si se ad Conditoris sui obedientiam vinculis charitatis coartaret, legibus mortis non incubuisset. Verum, heu dolor! perfido hostis antiqui astu fraudulenter intricatus, cupiditatumque illecebris illectus, præceptaque Plasmatoris negligenter spernens indeque neci obnixus, atque ab amœnitatibus paradisi pulsus, mundialibus ærumnis est deputatus. Nec tamen sententiam damnationis ipse solus excepit, sed totam secum humani generis propaginem in facinus exsecrabile et mortis acerbitatem invexit. Hinc hostis antiquus super omnes homines principatum fraudulenter tenuit, eosque sibi nequiter subdidit. Verum, quia plasmationis et casus protoplasti executus sum breviter seriem, cui corde et mente adhæremus, evangelizare vobis nostræ credulitatis gestio fidem. Deum namque unum in substantia colimus, Trinitatem in personis veneramur : et, licet sit Pater Deus, Filius Deus, Spiritus Sanctus Deus, unus tamen solummodo creditur Deus. Patrem genitorem vocamus, Filium genitum confitemur, Spiritum sanctum ex utroque manare credimus; et in tribus his personis, scilicet Genitoris, et Unigeniti, atque ex utroque Procedentis, divinitatem unam, æqualemque gloriam et majestatem profitemur. Hic namque Deus cœlum subtilitate suspendit, terram mole fundavit, maria calculis alligavit, et in his omnia quæcumque voluit, verbo fecit, et spiritu suo ea firmavit. Hic namque solus habet immortalitatem, et lucem habitat inaccessibilem. Apud quem non est transmutatio, nec vicissitudinis obumbratio. Cujus semper est esse, æternum et incommutabiliter. Qui sine mutatione sui habet mutabilia disponere, sine diversitate sui diversa agere, sine cogitationum vicissitudine dissimilia formare. Qui et ubique est, et absque loco totus, quia et omnium creaturarum ipse inferior, ipse interior, ipse exterior Deus, superior est regendo, inferior portando, interior replendo, exterior circumdando. Intra cujus judicii omnipotentiam cuncta coarctantur, ejusque potentia ab ulla creaturæ natura non transcenditur ; quia celsitudo ejus divinitatis nec cœpit esse nec desinit, et nec per initium nascitur nec termino coangustatur. Hic namque Deus Verbum quod erat in principio, apud eum, et quod sine tempore genuit, ob nostram redemptionem incarnari disposuit. Ex sacrosanctæ Virginis carne, angelo nuntiante processit in carnem, humiliatus usque ad humani exordii pudorem, et pannorum illuviem et præsepii vilitatem ; quam quidem nativitatem possumus mirari, sed eam minime valemus intueri. Quis etenim digne loqui potest quomodo de æterno natus est cœternus? et quomodo ante sæcula existens æqualem sibi genuit? et quomodo natus gignente posterior non est? quod est Pater hoc genuit : Deus Deum, lux lucem, immensus immensum, incomprehensibilis incomprehensibilem, omnipotens omnipotentem, unum secum, et cœternum, sibi cœqualem. Qui natus ex Patre sine tempore, ex matre nasci dignatus est in tempore, et ad electri similitudinem, unus in utraque et ex utraque natura ; et Deus permansit cum Patre, et ad redemptionem nostram factus est homo mortalis de matre, ut erueret humanum genus suæ similitudinis et imaginis figmentum sua larga miseratione ab hostili lapsorum angelorum immanitate. Temporumque labentium cursus humaniter exsequens, diversaque miracula mirabiliter peragens, scilicet gressum claudis, auditum surdis, visum cæcis, pristinam sanitatem paralyticis ; mundam gratamque et deliciosam cutem et carnem leprosis largiens ; marisque tumores sibi et Petro calcabiles præbens, ipsique mari et ventis præcipiens : mortuos, quin etiam Lazarum in monumento quatriduanum, suscitavit, et omnia quæcumque voluit in cœlo, et in terra, et in mari, et in omnibus abyssis fecit. Denique ad spontaneæ mortis spectaculum pervenit, quam et cruci affixus sustinens, dum suo de latere aquam cruoremque produxit, virginem immaculatamque ecclesiam sibi exhibuit, sanguine redemptam, latice emundatam ; ne aut maculam haberet per crimen, aut rugam per duplicitatem. Mortis namque celebrato mysterio, infernoque exspoliato, die surrexit tertio, suisque fidelibus se manifestum exhibens, cum eis conversando, quadragesimo suæ resurrectionis die carnem, quam de Virgine sumpsit, apostolis videntibus sustulit cœlo. Hanc namque mortem, quam hostis antiquus protoplasto generique ejus intulit, abolere famulus suis paravit, iterque inviolabile, quo ascenderent unde lapsi sunt, demonstravit, dum carnem nostram secum ad astra vexit. Quocirca copula duorum elementorum, scilicet homo, si dum vixerit Deo famulatus fuerit, ejusque præceptis totis viribus conaminibus obediverit, pars viva et potentior, quæ germen ab æthere traxit, hospita viscera sui corporis, recusatis contagiis hostis, ad æthera secum reportabit. Si forte terrestris voluntas luteum sapuerit, et grave nefarium captaverit, animæque virtutes, coacervatis nimium vitiis, abdicatisque promissionibus quas in baptismo spoponderit, pondere peccatorum oppresserit, animam secum trahens ad inferna torquebit. Propterea sepulcris impenditur a Christicolis maxima cura, illisque creduntur corpora non penitus mortua, sed summo [*leg.*, somno] data : quia venient olim sæcula in quibus socius animæ calor visitabit ossa, vivoque sanguine animata gestabit pristina habitacula, videlicet cadavera tumulis putrefacta, volucresque rapientur in auras priores quas habuerunt animas comitata, quia interitus hujus mortis reparatio est vitæ melioris. Nam si cariosa vetustas totum corpus dissolverit, ut in mensura minimi pugilli ejus civisculus sit, illumque cinerem vaga flamina et auræ per vacuum inane tulerint, hominem perisse non licebit : verum aut cum quo virtutes anima exercuerit, cum ipso remunerabitur; aut cum quo peccaverit, eum ipso punietur : et ita, judice Christo Dei filio, ibunt impii in ignem æternum, justi autem in vitam æternam. Hæc est fides catholica, quam nisi quisque fideliter firmiterque crediderit, salvus esse non poterit. Hoc firmamentum salutiferæ nostræ credulitatis, hoc symbolum profuturæ fidei et salutis.» Quæ audientes Daci obstupuerunt, imoque trahentes vocem ex pectore dixerunt : «Heu nobis omnium bonorum ignaris, scripturasque nescientibus, neque virtutem Dei, quia nihil differimus belluis, neque avibus cœli! Illæ quo ad præsens vivant quæritant, nihilque adquisitionis sibi conservant. Nos vero quo similiter vivamus, rapinando incessanter quærimus, sed in eo ab illis distamus, quia quod cibo potuique exuberat, in posterum thezaurizando reservamus. Da nobis salubre consilium, petimus quatenus ad præsens et in æternum vivere valeamus.» Tunc dux : «Si velle est vobis inhærere nostris consiliis, ego faciam vos primitus baptizari in nomine Patris et Filii et Spiritus sancti; ampliorique deinde integerrimæ fidei prædicatione ab episcopis profusius erudiri, postea muneribus largissimis, beneficiisque amplissimis ditari, quibus vivere quiveritis, et in æternum non peribitis. Sed vitæ præsentis solatio, futuræ remunerationis bravio sine fine fruemini, si integerrimæ pacis, quam requiro, felicitatem non abnueritis.» At illi : «Et securitatem pacis, et tenorem sacrosanctæ fidei spondemus tibi, et nunquam devius error tuo consilio deviare nos perurgebit.» Pacta quippe noctu fide, et jurata pacis quiete, dixit Richardus demulcens eos melliflua allocutione : « Revertimini, mearum virium animæque meæ partes, furtivo gressu ad vestras naves, ne videamini; neque sciat quisque huc vos venisse præcaventes. Diluculo vero revocabo vos, pariterque tumultuantem diræ cervicis plebem, et depostulabo multimodis precatibus vestram et illorum pietatem, pacis dari incrementa, et quietis affinitatem. Abdicate et resistite objurgando cum illis verbis meis, tandemque prolixa simultate vix finita votis adquiescite meis.» His ita clanculum peroratis, ad sua quisque vestigia torsit. Primo itaque mane dux magnus festinanter consurgit, innumerabilibusque Dacorum legionibus ascitis fiducialiter dixit : «Malivolas pravæ intentionis ambages usque modo præstolatus, iterum iterumque repetam vestri obstinati cordis excessum. Abnegatam multoties opportunitatem pacis date, precamur, nobis.» Tunc Northmanni, voluntate dispares, intulerunt Richardo una dicentes : «Frustra laborat, qui supra petram semina jactat. Verborum tuorum laborem inaniter fundis, otiosa dum su-

pervacue loqueris. Pax et concordia, cui nos acquiescere superflue satagis, inter nos et Francos nusquam et nunquam erit. Exterminabuntur autem, perimentur, et omnis natio illorum penitus delebitur. Si quis indignus fuerit inventus, nostræ ditioni [al., conditioni] subjacebit. Nonne avus tuus terram cui præes, depopulato Franciæ regno, vendicavit sibi armis?» Tunc a minimo usque ad maximum reciproca voce cuncti dixerunt : «Aut moriemur, aut vindicabitur.» Richardus vero dux magnus preces precibus jungebat, eosque dare pacem obnixe postulabat. Sed mens illorum precibus ejus minime acquiescebat. Tunc illi, qui noctu pacem spoponderant, cæteris intulerunt : « Pro cujus adjutorio et defensione huc accessimus, consequens est ut precibus ejus pareamus. Opportunum est fieri quod ambiens concupiscit, satisfactionemque concedere libenter ejus votis: cujus consilio adhærebimus, nisi istius ? et cujus precatibus acquiescemus, nisi cujus beneficio quotidie fruimur [haud] parcius?» His auditis, qui nocturnum ignorabant consilium, vehementer turbati, cœperunt vehementius obortis contradictionum vociferationibus rixari, et dixerunt : «Ut remur, fautores, quin adulatores hujus consilii estis, ideo talia nefaria nobis impenditis. Non erit secundum vestri propositi libitum, nec pax quæ requitur dabitur ab ullo nostrum. Consentaneam vestræ voluntati intentionem hiulce nobis aperuistis, quæ refragabitur audacter superstitibus nobis. Quod mandat precaturque dux, minime intercessoribus vobis parebimus, verum Francia usque ad internecionem armis ferocius depopulabitur.» Tunc nocturnalis consilii conventione jam lucrati, dixerunt acerrimis bacchati furiis : «Non intercessoribus nobis pax dabitur, sed eam volentibus nolentibusve vobis duci magno largiemur. Quid nobis vobisque ? Nonne vobis natu majores, prosapia nobiliores, armis robustiores? Non intercessores, sed largitores pacis nominari debuissemus.» Quo audito, dux Richardus, hinc secedens ait ascitis suis principibus : Sinite illos adinvicem feriter rixari, et videamus qui illorum potentiores et fortiores exstiterint. Ter tribus igitur diebus hujus conflicti litigatione ductis, admirantibusque Francigenis cum Richardidis, dixerunt refutatores pacis satrapis prudenti consilio noctu acquisitis : « Natu, prosapiaque atque armis potentiores estis, ideoque volenter nolenterque assentiemur vobis. Si Richardus dux, magnæ potestatis largissimusque nostri itineris sumptus nobis concesserit, nosque conducere quo vivere regnumque expugnare valeamus fecerit; Franciæ regnum parcemus ut petitis. Alioquin se agente, Franciam, quam invasimus, contritam bellis incendioque et rapinis applicabimus severius nobis.» Tunc optimates paganorum his responsis læti, quæ audierunt retulerunt Richardo duci. Expleta namque legatione, infit dux præpotens lætus futura pace : «Et victus amplissimos, et viatores quamplurimos et præcautos, insuper et honores conferam largissimos, atque conducere ad tellurem opimam faciam illos.» Renuntiato largissimæ promissionis negotio, sedenteque cum suis, Francigenis adstantibus, duce Richardo, venerunt unanimiter, pepigeruntque pacis fidem illi vultu submisso. Richardus vero legatos regis ditatos muneribus præmaximis, ad regem Lotharium remisit. Denominato itaque die et loco pacifici placiti, datisque optatæ pacis induciis, paganos ne Franci contra se recalcitrarent secum detinuit. Decurso igitur tempore desiderati placiti, venit rex Lotharius super Eptæ fluviolum cum Francigenis, pepigitque duci Richardo fidem inextricabilis pacis; juravitque ipse et optimates regni northmannicum regnum ipsi ejusque posteris, quatinus ipse et nemo, se hortante, damnum illius regiminis minime faceret illi. Finito namque impetratæ pacis placito, fœderatisque rege et duce Richardo, muneribusque alternis utroque largiflue dilato, regreditur ad sua quisque equitatu prospero. Reversus dux magnificæ pietatis ad urbem largifluæ ubertatis, Northmannos immanissimæ ferocitatis sibi adesse coegit. Quibus ait : « Ne pollicitationis meæ de confidentia titubetis, quod olim vobis spopondi ecce paratus sum exsequi. Vos beneficia largiens regenerari sacro fonte faciam, vos oneratis farre tergisque suum navibus, viatica navigationis concedam. Ex præparato igitur sacrosanctæ regenerationis fonte hos suscepit marchio magnus, delibutos oleo et chrismate; tribuens beneficia amplissima, quibus morarentur in pace. Illos vero, qui oberrare cupiebant paganis ritibus, conduci fecit ad Hispaniam, Constantinensibus viatoribus. In progressione namque illius profectionis bis novem civitates devicerunt, et quæ in eis repererunt sibi vindicarunt. Hac illæque rapinantes, Hispaniam hostiliter adgredientes, cœperunt incendio et rapinis affligere eam severiter. Tandem vero Hispani, rusticanis gentibus digladiatis, conglobato exercitu congrediuntur Northmannis. Sæviente namque Marte Hispani exteris terga vertere, facta præmagna internecione. Tertio namque die campum prælii Northmanni repetentes, mortuosque ut induviis eos privarent vertentes, repererunt partes corporum nigellorum Æthiopumque terræ finitimas atque incumbentes nive candidiores; reliquum vero corpus pristinum colorem servans intuiti sunt. Sed mirum mihi quid super hoc characterizabunt dialectici, qui cum accidens Æthiopique categorizant inseparabile esse, hic mutatum videnl. Quod amplius propalare non curamus, sed ad nostræ intentionis propositum nostræ præsumptionis stilum vertamus. Elucidabit enim libenter quæ quiverit, sed quæ relatui necessaria sunt, digerere non valebit. Illi namque sunt istius honorum opera cognita, qui qua peraguntur novit universa.

APOSTROPHA.

Hactenus æquorei per magna negotia fati,
Dispositum variosque vicissim turbine factum,
Fortunæque vices bifidas felicis et acris,
Undisona vectus fluctu, surgente procella,
Sub tuæ cecini nostræ stridente cicuta.

A Profectus portum stabilem, ventisque quietum,
Sulcavi profunda nimis parvo æquora remo.
Sunt octona sacræ passim felicia vitæ,
Summum corde bonum sincero emitur quibus in
                                        [quo.
Sed mea mens tenui meditans conatur avena,
Si poterit munus quoddam captare bonorum,
Exiguæ modico mercis de fenore sumptum.

A pestiferæ namque hostilitatis veneno Francia, ut recensitum est, defæcata, abdicatisque ingruentium malorum querimoniis et detrimentis, atque adornato et statuto reipublicæ ubicumque Franciæ commodo, præeunte triumpho desideratæ pacis, fama beatissimi ducis Richardi propalatis illustrata meritis, in immensum rutilans crescebat, divulgabaturque per cætera regna meritum profusius beatitudinis ejus. Illius vero temporis cursu, uxor ejus filia scilicet Hugonis magni ducis defungitur, et hujus desolationis mœstus detrimento, misit ad Hugonem fratrem defunctæ uxoris suæ, ut quosdam vernulas domus suæ mitteret sibi, qui, quæ possederat soror sua jure femineo, erogarent sacrosanctæ Ecclesiæ et pauperibus. Hugo vero dux remisit ad Richardum ducem et patricium, ut quidquid suppeditaret sibi voluntas faceret libere ex omnibus. Tunc Richardus affluentis largitatis dux præpotentissimus, tanti thesauri munera per universas totius Franciæ et Northianniæ ecclesias dispertivit : quinetiam plurima quæ sui juris erant, pro ejus anima erogavit affluenter pauperibus. Denique subscalpenti voluptuosæ humanitatis fragilitati subactus, genuit duos filios, totidem et filias, ex concubinis : quorum unus Godefredus, alter vero nuncupatur Willelmus. Denique luculentæ majestatis virgini ex famosissima nobilium Dacorum prosapia exortæ, omniumque speciosissimæ Northmannicarum virginum, permutantibusque civilium forensiumque rerum eventibus cautissimæ, feminæque artificii edoctæ ingenio, facundæque ubertatis eloquio modeste pollenti, capacisque memoriæ et recordationis thesauro prolusius locupletatæ, atque omnium bonorum præmunitæ affluentia se connexuit; eamque prohibitæ copulationis fœdere sortitus est sibi amicabiliter. Northmannorum vero optimates, nobilissimo diffamatæ stirpis eam noscentes exortam semine, et de successore, deque hærede atque de posteritate salutifera plebi nimium cogitantes, submissa voce, vultuque proclivi, Richardo duci præpotentissimo subintulerunt : « Cum sis, domine dux præpotentissime, omnium Francigenarum, Northmannorumque, et Burgundionum, omniumque regnorum sagacis meditationis scrutinio prudentissimus : miramur admodum quin comminisceris quis post flebilem debitumque excessum tuæ præsentiæ reget populum tuæ ditioni potentissimo modo subjectum. Fortuitam namque futuri detrimenti ruinam pertimescentes, formidamus ne post lugubre depositionis tuæ damnum exteræ gentes nos advocato et hærede carentes conculcent. » Tunc Richardus : « Reipublicæ vestro saluberrimo consilio usque modo præfui, et ut quivi profui. Nunc quid rei gratia corde statuistis mihi enucleate. » At illi : « Providentia summæ divinitatis, ut remur, hanc tibi Dacigenam quam modo refoves connexuit : ut patre matreque Dacigena hæres hujus terræ nascatur, qui defensor et advocatus robustissimus exstet hujus. Est namque superba stirpe progenita, specie decora, et formosa, consilio cauta et provida, mente devota, corde subacta, alloquio modesta, conversatione mansueta, in omni re industris et sagax. Hanc tibi inextricabili maritalis fœderis privilegio protinus connecte, ut salutifera sobole ejus tellus tui ducaminis, imminente extremæ sortis tuæ obitu, salubriter et constanter regatur. » Huic igitur consilio libenter dux sanctissimus Richardus favens, ascitis episcopis cum clero, satrapisque cum populo, eam lege maritali desponsavit, et ex ea processu temporis quinque masculinæ prolis pignora, femineæque genuit tria. Per vias igitur operum rectas gradiebatur, justisque legum habenis plebem strenue regebat. Northmannicæ regionis ecclesias sumptu reædificans proprio, monasticis rebus adornavit, plurimaque Francicæ telluris templa mirifice construxit proprii muneris thesauro. Rhotgomagensi namque urbe in honore Genitricis Dei ampliavit mirabile monasterium, longitudinis, latitudinisque, atque altitudinis honorifice exspatiami incremento. In monte namque maritimo, refluæ lunari dispositione inundationis gurgite undique secus circumdato, delubrum miræ amplitudinis, spatiosaque monachilis habitationis mœnia construxit : ibique monachos sub ærumnosa theoricæ vitæ palæstra, normalibus celebris itineris decretis astrictos, Christo coegit famulari. Cum autem innumerabilibus exuberantium bonitatum polleret incrementis, quadam die Fiscanninæ sedis aggressus mœnia, stansque in introitus domus suæ suggestu, atque ipsam domum altiorem capacioremque basilica in honore deificæ Trinitatis dedicata conspiciens; ascito petrarum fabro architectoria arte perito, inquit : « Domum Dei et orationis superlativo specialis pulchritudinis decoræque altitudinis culmine, supereminentiorem universis mœnibus civitatis decet et oportet esse, quia Plasmator Redemptorque generis humani gratuita hanc sibi delegit clementia, miræque regenerationis mater typicæ ablutionis lavacro exstat, atque in hac divinæ eruditionis audire verba, nostraque deflere debemus peccata. Hæc namque aula porta cœli nuncupatur et est, quam incolunt, cuique præsunt cœlicolæ. Hæc domus namque, Psalmographus ait, mons Dei, mons pinguis, mons in quo bene placitum est Deo habitare in eo : etenim Dominus habitabit in finem. Hic namque mons est in quo meus avus se stantem, seque ablui monte salutifero divinæ visionis oraculo conspicit, et a lepra vitiorum qua infectum se somnio cernebat expiari. Quapropter quia altiore amplioris culminis schemate, domum Dei domui nostræ habitationis præcellere condecet; experire si forte imminentium montium proclivis et collibus alicujus petræ materiem reperire quiveris, qua templum Dei nostræ conversationis domo altius fabricare valeas. » At ille accepto illico ligone montium prius proclivi adiit, eorumque crepidinem divellit sarculis, atque nullam petræ materiem usui materiæ reperiens congruam, petiit devexa montium inter duos fluviolos prope Fiscanum jacentia, ibique massam gypsi invenit, et unum lapidem gypseum in modum cudit, excidit et ante Richardum ducem detulit. Tunc dux magnus Richardus : « Satisne de talibus reperire poteris ? » Respondit : « Satis, Domine. » At ille : « Tuto hanc petram repone loco, et mitte quamplurimos operarios ad excidendos lapides, multasque calcis vivæ fornaces compone : quia, omnibus quæ necessaria sunt præparatis, istam in initio fundamenti in titulo erectionis domus Dei primam loçabo. » Denique marchio famosissimus, præparata calce, petrisque excisis et coacervatis, atque lateribus artificialiter compositis, dictu visuque mirabile, miri schematis forma construxit in honore sanctæ Trinitatis delubrum, turribus hinc inde et altrinsecus præbalteatum, dupliciterque arcuatum mirabiliter, et de concatenatis artificiose lateribus coopertum. Hinc forinsecus dealbavit illud, intrinsecus autem depinxit historialiter, auroque et gemmis magno munere acquisitis altaria decoravit, crucesque miræ magnitudinis ex auro mundissimo fabricavit, calicesque magni ponderis auri et pretii annexuit, aureaque candelabra humanam naturam superexcellentia ante sanctuarium statuit : thuribulaque inauditæ amplitudinis et pretii auro confecta delegavit, atque indumenta phrygio pectine polita, nec semel in Tyrios rubores decocta : quin etiam crassiore auro smaragdinisque superinsutas apposuit, byssosque niveas purpureasque auro intextas, plumeosque mirabilis artificii holoserica commisit; atque clerum numerosæ multitudinis propensa diaria quotidie recipientem, subque practicæ vitæ palæstra desudantem Christo deservire coegit. Illo namque templo monasticarum facultatum ubertatis affluentia repleto eoque benedictione episcopali officiosissime dedicato, Northmannica Francicaque tellure sitas, proprio sumptu reficiebat omnes disruptas ecclesias. Mirabilibus coruscabat factis, justis et bonis; famaque probitatis ejus longinquis regionibus profusius diffundebatur. Species ejus redimita decore admirandæ pulchritudinis, fundebat jubar ab ore, quasi solaris claritudinis. Erat ei summus honor, quo nomen ejus audiebatur, totaque Gallia admirabatur super largissima bonitate ejus. Amore pietatis cultor justitiæ strenuus renitebat, cunctorumque causas intra sua pectora sollicitus recondebat, atque pro populi requie pia jura tenebat. Specie pulcherrimus, canis præcandidis repletus, superciliis acieque oculorum coruscus, naribus malisque splendidus, barba canifera et prolixa honoratus, statura procerus, lingua eruditus, virtute animi et corporis plenus, bonitate diffusus, mente sagacissimus, gratia Dei munitus, omnibusque erat una salus. Amicos namque erigens, tumidos calcabat hostes, subjectosque fovens, conterebat feros et rebelles, tempestas iræ vel discordiæ nullo dissensionis tumultu penetrabat corda, ejus; quia in salutifera stabilitate justitiæ et judicii, charitatisque spei, et fidei anchora sagacissimæ mentis fixa aderat illi. Constantem ejus animum aura illius adversitatis tumultu non ventilabat, nec de multifluæ copiosæque prosperitatis ubertate animum subtollebat. Cum autem in regno suo variato murmure pullulabant aliquæ seditionis causæ, sedabat eas decretis legum et salutifera potestate. Illius namque fides tam valida veritatis radice tenebatur, ut antea mons deficeret aut migraret, quam sua verba caderent. Res ab eo promissæ nullo mulctandæ actu, veræ perseverabant; atque pollicitatæ semel, perpetuatæ manebant.

APOSTROPHA.

Hujus patricii cumulum bonitatis enormen
Præsul amande vides.
Symbola qui merito crescit bonitatis in octo
Præsul amande vides.
Viduo bis scribit quæ Evangelista beatis
Præsul amande vides.
Quæque tuus genitor factis implevit opimis
Præsul amande vides.
In dicto melior quoniam nemo extitit ipso
Præsul amande vides.
In facto certe nullusque potentior ipso
Præsul amande vides.
Ullus nec hominum extat sanctior in meditatu,
Præsul amande vides.
Huc hebeti et vili scripto devenimus usque
Præsul amande vides.
Pulchra nimis ratio verborum, materiesque,
Præsul amande vides.
Thematis editio extat frivola, rustica, vilis,
Præsul amande vides.
Ditatu vili nunc nunc cape dulcia facta,
Præsul amande vale.

Merito igitur, justeque atque probabiliter Richardum Northmannicæ regionis ducem beatum sanctumque, recensitis breviter operibus ejus, dicimus; cui omnia evangelicarum beatitudinum dona reperiuntur propensius attributa. Quarum prima : « Beati pauperes spiritu, quoniam ipsorum est regnum cœlorum. » Quæ in hoc confessore clarius luce apparet fuisse, qui Northmannicæ regionis monarchiam, non causa hujus prælabentis honoris, sed ne sacrosanctæ Ecclesiæ status paganis irruentibus periclitaretur, retinens, se ad imitabilem Christi paupertatem totis cordis nisibus, totoque mentis affectu conferebat. Quæ mundialis hominum conditio continet pretiosa, hic mente periculosa. Quæ magna, hic corde fugitiva. Quæ delectabilia, hic non perpetua. Hæc veraciter mente deserens, et integriter corde spernens, cœlorum regnum, quod diu concupivit, largiente Christo adeptus est. Quoniam ex pauperibus spiritu delegit esse regnum cœlorum, credimus ei attributum. Sequentia Evangelii depromit quod sequitur : « Beati mites, quoniam ipsi possidebunt terram. » Quam suavis, quam mitis, quam benivolus, quamque benignissimus fuerit qui compendiosam vitæ ejus seriem legerit, aliquid suavitatis ejus pernoscere quiverit. Hic Tettoldum comitem aliquando devotione, aliquando armis compescuit. Hic Lotharium regem humilitate devicit. Hic Dacos suavitate verborum et donis coercuit. Hic Francos cæterasque gentes humillimis verbis et muneribus sibi provocans ascivit. Hic incolas Northmannicæ regionis summa devotione protexit. Hic domigenas, ut pater familias devotus, fovit. Benivolus in omni negotio exstitit, suavia in omni re verba et opere sonuit. Terram namque viventium possidere meruit, qui corporis sui terram mansueta benignitate custodivit. Sequitur tertia beatitudo, qua dicitur : « Beati qui lugent, quoniam ipsi consolabuntur. » Quoniam quidem dives opum munerumque, et militum atque familiarium exstiterat ; ideo se implicatum et irretitum sæcularibus negotiis lugebat. Lugebat namque pravitates monachorum, quos devius error, relicto stricto calle, abducebat deceptricibus fallentis mundi rebus in exsecrabile præcipitium. Lugebat errores canonicorum a monasticis præceptionibus decidentium. Lugebat ignorantiam juventutis suæ, et delicta; atque fletu oculorum nimio terram prostratus humectabat. Sequitur: « Beati qui esuriunt et sitiunt justitiam, quoniam ipsi saturabuntur. » Hanc vero esuriem et sitim nemo habuisse Richardum ducem dubitat, qui pacificos actus ejus subtiliter pensat. Quia instantia justitiæ renitebat, callem judicii incessanter petebat. Opprimebat diro legis jugo negligentes justitiam, corrigebat verbo severitatis abdicantes eam. Eo namque superstite, misericordia et veritas in regno ejus, ut Psalmista refert, sibi obviaverunt ; justitia et pax osculatæ sunt. Esuriebat, sitiens se suosque lucrari Christo, ut posset participari in die judicii perenniter Deo. Hoc instantissimum jugeque desiderium ejus, hæc esuries perseveranda ejus, atque sitis indeficiens ejus erat, ut omnes lucri faceret. Sequitur : « Beati mundo corde, quoniam ipsi Deum videbunt. « Cor tanti ducis patriciique et confessoris, quis fuisse sanctuarium Domini, et aulam regis æterni dubitat? Munditia cordis illius longe lateque emicabat, puritatemque mentis serenissimus vultus ejus clarius indicabat. Præcepta divinæ legis corde mundo, ut laïcus, gerebat : divites, mediocresque, et pauperes benivola mente alebat. Cujus cordis mentisque et voluntatis fui, apparet in ecclesiis Northmannicæ regionis, rebus monasticis mirifice adornatis. Sequitur : « Beati pacifici, quoniam filii Dei vocabuntur. » Pacificorum autem merces est ut filii Dei vocentur, et sint. Sint quidem perfecta charitate, vocentur dignitate. Hujus beneficii munere iste dux viguit, quia omnes ut potuit pacificavit. Diebus namque Dominicis, Sanctorumque festivitatibus hoc plenius exercebat; rebelles vero et discordes blande leniterque conciliabat. Flandrensis comes Arnulfus nomine sprevit Lothario Regi eo tempore militare et servire. Lotharius igitur rex hujus rei animositate, ascita hostili Francigenarum Burgundionumqua manu Atrabatum obsedit et cœpit, cæterasque munitiones ad Leise usque fluvium sibi subjugavit. Hujus infortunii dolore mœstus, comes Arnulfus petiit Richardum ducem supplex et devotus, ut pacificaret se cum rege et Francigenis principibus. Richardus vero benivolo consuetæ pacificationis habitu pollens, hujusque damni negotio contra Regem ad placitum pergens, pacificavit cum rege comitem Arnulfum, coegitque reddi illi nimiæ precationis affectu Atrabatum. Nec illud prætereundum quod, Lothario rege defuncto, Hugo dux intronizatus in regno voluit super Albertum comitem equitare, hostili exercitu conglobato. Albertus igitur metuens venturum furibundi regis adventum, misit quemdam clericum pretiosi martyris Christi Quintini canonicum nomine Dudonem, dictum ad Richardum summæ patientiæ patricium; ut ne hostili immanitate devastaretur pagus Viromandensium, interventu suo strenuo intercederet pro se apud regem pestifera animositate plenum. Dux vero Richardus cum summo reverentiæ cultu suscepit clericum, et profectus est contra regem volentem equitare ascito hostili exercitu super Albertum, et multimodarum prosecutionibus petitionum compescens regem animosum, datis obsidibus pacificavit cum rege Albertum. Hujus igitur beatitudinis prærogativa iste dux profusius floruit, quia quos audiebat discordes, aut per se aut per legatos pacificabat. Pacificabat enim Francigenas et Lotharienses, Burgundiones et Flandrenses, Anglos et Hibernenses, Northmannos et Britones. Sciebat enim nullum sacrificium et holocaustum tam acceptabile Deo, quam pacis incrementum. Venerabiliter ergo iste dux inter eos numeratur qui fide et imitatione filii Dei vocantur, quia totis fidei nisibus implevit quod tantæ dignitati congruere præsensit, sciens non prohibere Deum quamplurimos fieri deos participatione deitatis. Videamus igitur Evangelii sequentiam, qua dicitur : « Beati qui persecutionem patiuntur propter justitiam, quoniam ipsorum est regnum cœlorum. » Si quæritur causa persecutionis hujus ducis, non alia procul dubio reperitur quam justitiæ, Christi videlicet, quem toto corde, tota anima, totis viribus amabat : quem integra fide, summa devotione colebat et adorabat : pro quo monachis et canonicis ecclesias construebat, et quæ necessaria erant distribuebat. Cultum religionis tenere cogebat, paganos in Christum credere urgebat, et illorum impetum ne Franciam devastarent tolerabat. More malefactorum persecutus a Lothario rege, Tetboldo comite, monasticis rebus inhians non cessavit a Christi laude. Multipliciter enim persecutus, cœlorum regnum, quod quæsivit, ut credimus intravit. Confortatus Salvatoris nostri sententia, qua dicitur : « Beati estis cum maledixerint vobis, et persecuti vos fuerint, et dixerint omne malum adversum vos, mentientes propter me. Gaudete et exsultate, quoniam merces vestra copiosa est in cœlis. » Quas et quantas iste dux passus est maledictiones et blasphemias pro regni cœlestis adeptione, nullus nostrorum valet enumerare. Sustinuit namque maledictiones pro fide catholica, pro regni tutela, pro paganorum attritione severissima, pro monachorum negligentium regulam contritione sanctissima, pro canonicorum inter se dissidentium concordia, pro laicorum pace intermissa. Erat enim istius ducis Christus in causa, ideo malefactorum adversus eum non prævaluit mina. Gaudebat namque cœlesti mercede promissa, et exsultabat, inimicorum invidorumque omnium prostrata nequitia.

APOSTROPHA.

Cum per mirificos magnificosque,
Cunctis Christicolis percelebresque
Richardi comitis patriciique,
Insignisque ducis, et recolendi,
Solvor thematibus vilibus actus :
Pars rerum melior tecta videtur,
Et torpet series nunc luculenta,
Quæ jam perniciem conferet acrem,
Stulto, ha! mihimet non reserata
Permagni nimium munere fructus.
Tu fraudatus eris, optime lector,
Quod summum haud tetigit Musa laborem.
Heu! heu! funereos perlugubresque,
Mens præsaga necis, atque doloris,
Diffinire modos expaves horrens,
Res mœstifera, digna taceri.
O res mœstifera, plena doloris!
Quanquam dicere sit triste minaxque
Cunctis et querulum, et prodigiosum
Quauquam flebile sit scribere, scribam.
Scribam quod doleo, quod fleo mœrens,
Ad vitam subiit qualiter iste
Dux, et patricius, et marchio summus.
Morti limina per debita carni,
Conjunctus Domino perpete Christo,
Et plus ut stupeas munificatus
Usus inque Deum estque ΘΕΩΣΙΣ.

Cum autem tantarum beatitudinum, ut compendiose hebete stylo elucubratum est, redolens flagraret lampade, jussit sibi excidi sarcophagum silicet, et infra ecclesiam Fiscano nomine deificæ Trinitati consecratam ante locum stationis suæ locare, et uno quoque die sextæ feriæ, quantum frumenti capax erat et quinque solidos pauperibus erogare. Denique multimodis innumerabili casuum adversitatibus, multiplicibusque æquanimiter laboribus pro Dei amore toleratis, administrationibus temporalis vitæ bene transactis, largifluæ multiplicisque misericordiæ operibus datis, ducibus imitabilibusque vitæ exemplis concessis, innumerabilium captivorum agminibus redemptis, monachorum canonicorumque cœnobiis refectis, immensa variæ supellectilis mole distributa profuse egenis, cœpit anxiari et ægrotare viribusque defi-cere, et a Bajocacensi pago ad Aulam Fiscanninæ sedis secedere; ne eo defuncto fastidium translationis esset in plebe. Cum autem Fiscanni palatio adesset, dicit comes Rodulfus, scilicet frater ejus, ad cum coram cæteris fidelibus humiliter: « Domine, dux piissime, mœremus dolenter te aggravari infirmitate; sed die, precamur, nobis, quis filiorum tuorum hæres erit in regno ditionis tuæ? » Tunc ille : « Qui fungitur meo nomine, vestri consilii auctoritate, dux et comes, hæresque erit hæreditatis meæ. » Tunc comes Rodulfus : « Quid de cæteris, domine? » Respondit : « Illis mei filii Richardi sacramento veræ fidei fidelibus effectis, manibus illorum ejus manibus vice cordis datis, largietur terram quam demonstravero tibi, qua vivere honorifice possint. » Illinc namque, morbo crudescente, cœperunt Northmannicæ urbes metu trepidare, incompescibilique luctu cœlum pulsare, diraque trepidatio per ancipites Northmannorum, si forte occumberet, mentes currere : petebantque nimio ululatu et ejulatu flentes aulam sedis Fiscanninæ. Dux vero magnus Richardus infirmitatis aggravatus importunitate, cilicio indutus, nudo pede, petiit delubrum Trinitatis deificæ, diversaque dona, variaque munera et pretiosa mittens super altare, perfusus faciem lacrymarum imbre, supplex et devotus flebilisque, excepit typicam salutiferi viatici stipem, adjumenta scilicet viæ. Tunc comes Rodulfus dixit ad eum secretius : « Domine, quo loco templi præparabitur sepulcrum tuæ requiei? » Respondit : « Cadaver tanti sceleris non requiescet infra aditum hujus templi, sed ad istud ostium in stillicidio Monasterii. » Sequente namque nocte carpuntur sanctissima ejus membra facili dolore, invaditque acrius tenues medullas penetrabilis mortiferaque flamma. Jamque pedes, jamque mollia crura torpent, et oculi moribundo corpore languent, labant cuncta membra ; sed mens Deum cernit, cupitque sæcula æterna. Genæ cunctorum et facies complebantur lacrymis, vocemque omnium occupabat singultus intolerabilis : hærentes linguæ quatiebantur, visceribus commotis, risque sermo interrumpebatur quatientibus gemitibus immensis. Ille vero supplicibus oculis ad cœlum cum manibus elevatis, tacitusque votis et precibus suppliciter fusis, vix in vocem proruympens, ait : « In manus tuas, Christe, commendo spiritum meum. » Illico inter hujuscemodi votum efflavit sanctissimum spiritum. Sancta namque ejus anima erepta carnis sarcina, terrenisque pressuris liberata, lætaque ad suum Auctorem migrata, luctus famulorum in cœlo resonabat. Illico tantus hujus lugubris damni rumor per urbes Northmannicæ regionis excrevit, omnisque ætas utriusque sexus ad hujus funeris obsequium ululans et deflens cucurrit. Ex more namque corpore composito, et ad ecclesiam quam fundaverat delato, omnis vulgus vicissim excubias peragit, clerus in psalmodiis, populus in lamentatis noctem pervigilem deducit. O quam immensus fletus, quantus

que luctus Northmannorum, quanta lamenta perstrepebant per plateas omnium! Chorus namque singultibus lacrymisque concussus Psalmos decantabat, agmenque plebeium lugubres in aere voces resonabat, Fiscanninæ sedis oppidum immensus populorum gemitus quatiebat, plangorque ululatuum culmen Olympi tangebat. Antiphonarum namque concentus commistus luctibus concrepabat in choro, planctusque Northmannorum resonabat in cœlo. Funereos cantus clerus fundebat per tramites, ululatusque intolerabilis erat per cunctas ædes, Northmannicæ regionis stabat in biviis ejulans populositas, vagasque flebilibus vocibus implebat auras. Tali namque constipatus caterva, talique vallatus pompa, corpus ferebatur ad sepulcrum, chorique præcedebant psallentium. Ejulatum continuabat agmen plebium, confusæ atque inarticulatæ resonabant voces populorum. Nemoque poterat discernere quid clerus, quidve vulgus concrepabat pro vocibus ululatuum. Quis vero tam ferreum stolidumque vel saxeum pectus haberet, qui non in fletu prorumperet; cum feretrum a populo tenebatur impulsu doloris, arcebatur desiderio ardoris, retrahebatur retrorsum affectu amoris ?. Comites flendo manibus plaudebant, præsides mœstiferos ejulando psalmos concinabant. Virgines, viduæque, et uxores, plorando crines disrumpebant. Domigenæ utriusque sexus mœrendo pectus pugnis tundebant. Milites militum plangendo seipsos dilaniabant. Clerus lamenta nimii fletus cum psalmis fundebant. Turba pagensium et rusticorum dentibus terram mordebat. Concio pauperum tanti solatii adjutorio viduata ægre ululabant : populusque populum dire opprimens diversos doloris modos emittebat. Diversus et varius tantorum vociferatus, quos cœlum urebat, vix tandem populo ab episcopis disrupto, scisso, et prærepto, feretroque super sepulchrum cum corpore posito, odore incensi cum aqua benedicta superfuso, nimiis gemitibus fusis manciparunt illud sarcophago, festinanterque operuerunt saxo, servantes illud honore sub magno. Insecuta die veniens comes Rodulfus cum episcopis ad tumulum, revellens sarcofagi coopertorium, exinde manavit odor suavior fragrantia terebenthinæ et balsami, afflans illorum olfactum. Denique super tumbam construxerunt miræ pulchritudinis capellam, basilicæ protensæ amplitudinis mirabiliter innexam. Illicque colitur, vallatus columnis mirifice, et tumba; cum Christo resurrecturus in gloria. Complens namque cursum hujus fragilis vitæ dux magnus Richardus obiit anno ab Incarnatione Domini nostri Jesu-Christi millesimo secundo.

O Fiscane sacris semper fecunde favillis,
Sanctorum cineres meritorum flore micantes
In gremio terræ conservans jamque sacratæ,
Trina resplendes profusa dote salutis.
Olim virgineo micuisti stemmate sacro,
Cum Leodegarium servasti luce privatum.
Elinguemque sacrum, multoque et verbere cæsum
A duce Ebroino scelerum livore repleto,

Hinc mactum Christo ubertate favente loquelæ,
　Sacratæ plebi jugiter Christo famulanti
Lust Gildeberta * sacræ cedente rubricæ,
　Stemmate virgineo vario discrimine dempto,
In te succrevit virilis practicus ordo
　Desudans Jesu longinquo tempore Christo,
Nunc rutilas merito præcelsa et nomine vita,
　Strictis limitibus, quæ arcta est, hinc inde coactis.
Nec per plana vehit, molitur ad ardua semper
　Hæc et Apostolica est eademque ΘΕΩΡΙΚΑ tantum,
Secessu gaudens secreto læta perenni.
His tribus ordinibus digne suffulta beatis,
　Σῶμα sacrosanctum Richardi præducis almi,
Cujus tu precibus lue purificaberis omni,
Et cujus meritis migrabis ad æthera dignis,
　Ecce decussa tenes; cujus nutu viguisti,
Et cujus patrocinio suffulta fuisti,
　Munere largifluo et cujus suffulta vigebis.

APOSTROPHA.

O qui finitimo disponis regmine cuncta,
　Jure elementa ligans fœdere complacito.
Quatinus algori crepitans calor associatus,
　Lege sub alterna cedit aquis et aer.
Grates et meritos tibi nunc sacramus honores,
　Patri, cum Genito, Spiritui pariter.
Qui propriis cedis polyformia munera servis,
　Fenore sub mercis quisque talenta ferat.
Iste talentorum retinens commercia quinque,
　Graviter exercet quæ data sunt sibimet.
Hic duo lucratus activis fenora causis
　Se geminum gaudet jam retulisse quidem.
Debitor unius censebitur ille talenti,
　Illud qui condit in luteis specubus.
Te quoque cunctorum discrimina discutiente,
　Hic referet macti præmia jam pretii.
Quem furti et fraudis defossa pecunia damnat,
　Hic luet, heu! Stygios trusus in ima rogos.
Deplorans meritis neglecta porismata pœnis,
　Aulæ detrusus a mœnibus placidæ.
Hoc metuens ne me condemnet pœna gehennæ,
　Anxius hærebam quid facerem titubans.
Urget consubito mœnia * Northmannica tellus
　Scribere, Christe, tui militis agoniam.
Talibus hærentem terrebant plurima contra,
　Materiæ gravitas, et species operis.
Cor stolidum, siccæ nimium jejunia linguæ,
　Vilis persona artis et opis iners.
Quodque Dei laus est labiis incompta scelestis,
　Et quod non possem edere quæ cuperem.

A Et quod carminibus hic inlaudatus abiret,
　Qui mihimet stolido contulit omne bonum.
Sed tua, Christe, mihi venit fiducia præsens.
　Quo posses facile os vegetare meum.
Inque opus hoc stolidum memet connixus adegi,
　Te collatore, te duce, te artifice.
Corde, voce igitur te, Rex, nunc supplico supplex,
　Viribus annexis, supplice mente simul.
Ut dare quod placuit placeat captare libenter,
　Illabens votis criminibus refluis.
Multimoda scelerum variorum mole repressum
　Affectum nævi sordibus astolidi (sic),
Invitam miseram me quina decennia versant,
　Et formido premit supplicii Stygii.
Me quoniam memini gessisse haud quid bonitatis,
B　Et tanti spatio temporis utile nil.
Hæc me non stimulant, et mentis ad ima remordent,
　Affligunt, cruciant, dilaniant, lacerant.
Sed tu, cunctipotens, nostræ spes vera salutis,
　Ordo cluens rerum quæque vigentque latent.
Me lapsum releva, vitii me sordeque purga,
　Præsenti macula et exue præterita.
Immunem culpæ, regum Rex, redde futuræ,
　Ut mundus valeam te resonare Deum.
Quem tua connexis jubilat plasmatio lumbis,
　Quæque vehit tellus, quæ polus atque tulit,
Quæ fovet æquoreus diversos gurges in usus,
　Ast aer volitans " [f. alite] plumigera.
Cumque tui fueris judex in numine Patris,
C　Supplicium reprobis, præmia dansque probis.
Et me olidis vinctum cum spexeris eminus ædis,
　Hic mihi nam spondent heu monimenta mei.
Candidulos memet quamprimum transfert in agnos
　Coagnus dexter eam velleris almiflui,
Quintini meritis merito super æthera noti,
　Cujus inutilis sum servulus et famulus.

. . . .
Vivas Fiscannis semper felicibus annis,
Fiscannis gaude quia tu dignissima laude.
Vos Fiscannenses virtutum cingitis enses,
Ecclesiæ postes nebulosos sternitis hostes.
Felix Fiscannis stella rutilante Joannis,
Qui vigili cura mereris regna futura.
Seminat in luctus, metet in sua gaudia fructus.
D Grex suus est tutus, Domini mandata secutus.
Nam sibi prodesse cupiens dat utrumque necesse,
Expedit ut duret, et ut ecclesiastica curet,
Sub quo Bernardus Christi dulcissima nardus
Hostis ad angorem qui sanctum spirat odorem.

ANNO DOMINI MXXVII.

GAUSLINUS

BITURICENSIS ECCLESIÆ ARCHIEPISCOPUS.

NOTITIA HISTORICA.

(*Gallia Christiana*, nov. edit. tom. II, pag. 39.)

Gauslinus, Hugonis Capeti, Galliarum regis, nothus, sub Abbone magistro in monasterio Floriacensi multum profecit in litteris, maxime vero in virtutum omnium studiis, Quapropter primum quidem abbas Floriaci ordinatus est, rege Roberto fratre cupiente; quam tamen dignitatem haud facile consecutus est, quod non esset legitimo conjugio natus. Postea quando ad cathedram Bituricensem fuit provectus, graviores ea occasione motus orti sunt. Audiendus ea de re coævus scriptor Ademarus Cabanensis in Chronico : « Rex Robertus pro defuncto (Abbone Floriacensi Abbate a Vasconibus occiso) ordinavit abbatem Gauzelinum, licet repugnarent monachi, nolentes sibi præesse filium scorti. Erat enim ipse nobilissimi Francorum principis (Hugonis Capeti) filius manzer, a puero in monasterio S. Benedicti nutritus, quem etiam rex supra scriptus archiepiscopum Bituricensibus fecit postea, defuncto Dagberto archiepiscopo. Sed et ipsi (*Bituricenses*) quinquennio seditionem agentes noluerunt eum intra urbem recipere, clamantes una voce : *Non decet dominari Ecclesiæ filium scorti*, Postmodum sequestro Odilone abbate regis voluntas prævaluit, et Dei nutu in sedem susceptus est. »

Infra loquens idem scriptor de ordinatione Geraldi in sede Lemovicensi, quem dicit in gradu pontificali fuisse ordinatum a Seguino monacho archiepiscopo Burdegalensi, subdit : « Non enim adesse potuit Gauslenus Bituricensius archiepiscopus, quia nedum receptus erat in sede Bituric. » Jam in sua urbe admissus confirmavit chartam fundationis ecclesiæ S. Austregesili Graciacensis hoc anno. Adfuit Gauzelinus synodo Airiacensi, pagi Antissidorensis, an. 1020.

Ex Chronico S. Petri Vivi tom. II Spicilegii conjicimus etiam ipsum sedisse in concilio Aurelianensi an. 1022, in quo damnati sunt quidam hæretici, postea flammis addicti, quia suscripsit cuidam præcepto Roberti regis tunc temporis dato pro Miciaco Aurelianis publice, anno Incarnationis Domini 1022, quando hæretici damnati sunt Aurelianis, anno 1025. Felicem monachum suum e Britannia reducem in abbatem benedixit, Hadegogis comitissæ Britonum hortatu, ut a se restaurata in pago Venetensi cœnobia San-Gildasianum atque Moriacense regeret, illuc regressus : uti legitur in Vita S. Gildæ sæculo I Benedictino.

Fuit autem gravis controversia inter Gauslinum et Jordanem episcopum Lemovicensem. Is consecratus fuerat a Seguino Burdegalensi archiepiscopo, ut jam ex Ademaro Cabanensi retulimus; qui tamen postea, retractans quæ prius dixerat, testatur eum consecratum fuisse ab Islone Santonensi episcopo, coadjutore archiepiscopi Burdegalensis. Cur ab alio quam ab archiepiscopo consecratus fuerit Jordanus, causam attulit supra, supra quod nondum Gauslinus esset in sede Biturica receptus. At paulo post aliam profert causam : quia, inquit, pecuniam requirebat pro impositione manuum, contemptus est. Notat vero Labbeus a codicibus Thuano et Claramontani collegii abesse verba hæc, sed sufficiens causa dissidii fuit, quod sine auctoritate sui metropolitani consecratus fuerat Jordanus; itaque facta synodo in Francia coram rege Rotberto, ubi septem archiepiscopi adfuerunt, die Pentecostes, cum suffraganeis episcopis, totum Lemovicinum excommunicavit præter locum S. Martialis..... ipsumque prohibuit ab officio suo episcopali. Purgare se poterat Jordanus coram papa, ut observat Ademarus, at maluit paci consulere et humilitatis exemplum præbere. Nam satisfaciens nudis pedibus cum centum cleris et monachis, omnibus similiter discalceatis pedibus, Bituricam sedem adiit; ubi archiepiscopus cum clero eis processit obviam, et honorifice eos deducens, quod ligaverat absolvit.

Helgandus Floriacensis monachus in epitome Vitæ Roberti, auctor est Gauslinum, cum aliis Galliarum episcopis, levasse corpus B. Aniani, et in novum templum ab ipso Roberto rege fundatum in urbe Aurelianensi, solemnique ritu benedictum transtulisse an. 1029, quo anno e vita excessisse dicitur, quanquam alii ad annum proxime sequentem ejus mortem differant. Ejus vero epitaphium, quod dedit V. C. Baluzius tom. IV Miscellan. diem ejus obitus assignat VIII Idus Martii. Porro istud epitaphium hic edere neglexímus, quod sit barbare scriptum, et pauca de Gausleno doceat, nimirum quod Floriacense monasterium, ubi jacet, prius flammis absumptum totum innovaverit.

Exstat hujus archiepiscopi epistola ad Robertum regem numero 96 apud Fulbertum Carnotensem, de causis pluviæ sanguinis, qua respondet quæstioni sibi a rege propositæ. Nimirum, ut narratur in veteri historiæ fragmento apud Pithœum, in regione Aquitaniæ secus maritima tribus diebus ante solemnitatem S. Joannis Baptistæ, pluit sanguis, qui cadens super carnem hominis, aut super vestimentum, aut super lapidem non poterat lavari, hoc est lotione auferri, at si cadebat super lignum, facile lavabatur. Hæc ad Robertum regem scripserat Willelmus comes, qui de hoc portento Gauslinum consuluit, utrum unquam accidisset quid simile quidve id portendat ac significet. Epistola regis est 39 inter Fulberti Carnotensis episcopi epistolas tomo IV Collectionis hist. Franc. Quercetani. Respondit Gauslinus sanguineam pluviam portendere bellum, maxime civile; adducitque testimonium Valerii Rufi libro Memorabilium, ubi docet similia prodigia, Caio Volumnio et Servilio Sulpicio consulibus, præcessisse belli civilis initia, quo Romana respublica tandiu laboravit. In Sicilia scuta sanguinem sudasse; Metensibus cruentas spicas in corbem cecidisse; oppido Cærite aquas sanguine mistas fluxisse. Postea multa recenset ex Eusebii Historia, et aliis, maxime signa quæ Justiniano imperatore præcurrerunt illam pestem inguinariam, qua homines in triduo exstinguebantur. Reliqua epistolæ hujus, quæ, pro tempore quo scripta est, satis eruditionis complectitur, prætermittimus. Eidem quæstioni respondit Fulbertus Carnotensis episcopus; et quidem, habita ratione illorum temporum, non indocte. Gauslino Aimoinus nuncupavit librum De miraculis S. Benedicti. In Chronico incerti auctoris quod refertur tom. IV Collectionis Quercetani legitur Gauslini elogium : « Floruit his temporibus in Floriacensi loco Gauslinus abbas egregius, qui propter suorum probitatem morum, et animi sui libertatem, a rege Rotberto cum abbatia Floriacensi Bituricensem obtinuit pontificatum. »

NOTITIA HISTORICA ET LITTERARIA.

Gauzlin, ou Gauslin, ou même Gauscelin, passait pour un des grands philosophes de son temps et un prélat de grande autorité, totius scientiæ vir gravisque (1) auctoritatis (MAB. Act. t. VIII, p. 31, n. 5). Il était fils naturel de Hugues Capet, depuis roi de France (ADEM. Chr. p. 172), qui le fit élever dès sa plus tendre jeunesse au monastère de Fleuri. Là Gauzlin trouva d'excellents maîtres pour le temps (HELG. Vit. Rob. p. 75); et, à l'aide d'un bel esprit, il acquit un grand fonds de littérature sacrée et profane. Il sut si bien profiter des instructions du savant Abbon en particulier, que, les ayant profondément gravées dans son cœur, elles passaient comme naturellement dans ses discours. Il ne fit pas moins de progrès dans la piété que dans les lettres, et réussit tellement à les allier ensemble, que ceux qui le connaissaient le mieux ne louaient point sa science qu'ils ne louassent aussi sa vertu (FULB. ep. 40, 44). Gauzlin se disposa par là à devenir un jour l'appui de la foi orthodoxe, et le soutien de la piété chrétienne, pour parler d'après un auteur contemporain.

Tant de belles qualités contribuèrent encore plus que la proximité du sang, à le rendre cher au roi Robert. Ce prince ayant connu son mérite, prit tant de confiance en ses conseils, qu'il ne faisait presque rien d'important sans son avis. A la mort d'Abbon, qui arriva le treizième de novembre 1004, Robert lui donna l'abbaye de Fleuri (ADEM. ib.). Les moines firent beaucoup de difficulté de le recevoir, à raison du défaut de sa naissance; mais la volonté du roi prévalut. A peine Gauzlin fut-il tranquille dans la possession de cette dignité, qu'il se vit aux prises avec Foulques, évêque d'Orléans, au sujet de la dépendance de son monastère; différend qui avait déjà divisé Abbon, son prédécesseur, et l'évêque Arnoul II. Cependant Fulbert de Chartres, ami de Gauzlin, lui conseilla de donner au prélat la satisfaction qu'il croyait lui être due. Et ce fut apparemment par cette voie que l'affaire s'assoupit. L'abbaye de Fleuri était célèbre depuis longtemps, mais elle acquit un nouveau relief sous le gouvernement de Gauzlin, par le concours de plusieurs personnes qualifiées, tant d'Espagne que de France, qui, renonçant à leurs richesses, aux honneurs du siècle, et même aux dignités ecclésiastiques, se retirèrent dans ce pieux asile pour y finir leurs jours (MAB. ib. t. VI, p. 423). Le moine Aimoin, qui en faisait un des plus grands ornements, voulut honorer les premières années du nouvel abbé, dont il avait été condisciple sous Abbon, par la dédicace d'un de ses ouvrages.

Il y avait huit à neuf ans que le roi Robert avait conféré cette abbaye à Gauzlin, lorsqu'en 1013

---

(1) Dom Pierre de S. Romuald, feuillant, dans son Trésor chronologique et historique, tome II, p. 639, fait Gauslin frère naturel de Hugues Capet, contre l'autorité des auteurs contemporains.

l'Église de Bourges étant venue à vaquer par la mort de Dacbert, il lui donna encore cet archevêché (Mab. An. l. lııı, n. 11, 91; Adem. ib.; du Ches. t. IV, p. 96). Les citoyens de Bourges, frappés, comme les moines de Fleuri, du défaut de la naissance de Gauzlin, se récrièrent contre sa promotion et refusèrent de le reconnaître pour leur pasteur; refus qui obligea Gauzlin à faire le voyage de Rome. Il y fut reçu avec honneur par le pape Benoît VIII, et y gagna l'estime de tous les Romains qui le connurent. Après y avoir fait admirer son éloquence par un discours qu'il eut occasion de faire en public, il en revint avec un rescrit du pape à Geofroi, comte de Bourges, au moyen duquel il fut intronisé dans son siége et en demeura paisible possesseur.

En 1020, il assista au grand concile d'Airy (Conc. t. IX, p. 842), convoqué pour rétablir la paix et la tranquillité en Bourgogne. Au bout de deux ans, le roi Robert en ayant assemblé un autre à Orléans, pour juger une espèce de rejeton des anciens manichéens qui troublaient l'Église de France, notre prélat s'y trouva aussi et y fit un grand personnage. Il y agit comme évêque et comme abbé, titre qu'il garda le reste de ses jours en retenant l'abbaye de Fleuri. En qualité d'abbé, il présenta au concile la profession de foi de ses frères, dans laquelle, rappelant la doctrine des six conciles généraux que l'Église recevait, ils protestaient qu'ils n'avaient point d'autres sentiments sur la religion. C'est apparemment en conséquence de ce que fit alors Gauzlin contre ces hérétiques, qui furent confondus, qu'Ademar de Chabanois le regardait comme un défenseur de la foi catholique et une colonne de la piété chrétienne (Mab. Act. t. VIII, p. 31, n. 3).

Un funeste embrasement ayant réduit en cendres le monastère de Fleuri, le trentième de juillet 1026, le généreux abbé entreprit de le rebâtir, et l'exécuta dans l'espace de deux ans (Bal. Misc. t. II, p. 307; du Ches. ib.). En 1029, il se trouva, avec deux autres métropolitains (Helg. ib., p. 73) et plusieurs évêques, à la célèbre dédicace de l'église de Saint-Aignan à Orléans, que le roi Robert fit faire, lui présent et toute sa cour. Gauzlin mourut la même année, le deuxième de septembre (Mab. An. l. lvi, n. 60; Bal. ib.), dans le cours des visites de son diocèse. Son corps fut porté à Fleuri et inhumé dans la principale église, comme il l'avait réglé de son vivant. André, un de ses moines, composa presqu'aussitôt sa Vie, qui est encore manuscrite. D'autres dressèrent des épitaphes à sa mémoire. Il nous en reste trois différentes, presque aussi barbares les unes que les autres. Nous choisissons la moins mauvaise, rapportée par dom Mabillon, qui en a sagement retranché quelques vers. M. Baluze en a publié une autre, (Bal. ib. t. IV, p. 555), et la troisième n'a jamais été imprimée.

ÉPITAPHE.

Dulce decus regni jacet hic sub marmore tristi,
Grandis honor patriæ jacet hic sub pulvere terræ.
Hic, Gauzline, tibi requies, finisque laboris.
Dum veniat Dominus dare digna piis, mala pravis.
Petre sacer, Benedicte pater, sacra virgo Maria,
Fenore multiplici servum dotate fidelem.

. . . .

Octavas (2) *Martis superabat Apollo fenestras,*
Cum fera mors famulis rapuit hæc gaudia mœstis.
Pro quo funde quisquis hæc scripta recurris.

Quelque savant que fût Gauzlin, il ne laissa point, que l'on sache, de productions considérables de son savoir. L'auteur de sa Vie fait à la vérité mention d'un discours public qu'il avait prononcé à Rome, et qui lui attira un applaudissement universel, mais il ne nous apprend point s'il méritait de passer à la postérité, soit par la matière qui en faisait l'objet, soit par la manière dont l'orateur l'avait traitée. Le même écrivain parle aussi d'une profession de foi que Gauzlin présenta en 1022 au concile d'Orléans, mais il ne dit point si l'écrit entrait dans un certain détail, ou était d'une certaine étendue, pour qu'on pût le regarder comme un traité dogmatique.

On sait encore que Gauzlin écrivit grand nombre de lettres au sujet de différentes affaires, qui le regardaient personnellement, ou dans lesquelles il fut obligé d'entrer. Tel fut entre autres son différend avec Foulques, évêque d'Orléans; telle fut la déposition de Tedfroi, abbé de Bonneval, qui, s'étant retiré près de notre prélat, l'avait engagé à prendre ses intérêts. Il y a de Fulbert de Chartres sur ces deux affaires quatre lettres à Gauzlin (Fulb. ep. 39, 40, 41, 73), lesquelles en supposent au moins autant de la part de celui-ci. Elles font même mention d'une cinquième qu'il écrivit à Arnoul, abbé de Saint-Père en Vallée. Il eut encore occasion d'en écrire au sujet de la résistance qu'on fit à sa promotion à l'archevêché de Bourges, et en réponse à Hadvise, duchesse de Bretagne, aux princes Alain et Eudes ses fils, et à l'évêque de Vannes, touchant Félix, moine de Fleuri, qu'ils demandaient pour abbé de Saint-Gildas de Ruys (Mab. An. l. lv, n. 53).

---

(2) Les termes d'*Octavas Martis* ont trompé grand nombre d'écrivains, tant du moyen âge que de ces derniers siècles (Mab. An. l. lvi, n. 60; Bal. ib. t. II, p.307), qui ont entendu par là la huitième de mars, auquel il place la mort de Gauzlin. Dans ce cas, il faudrait la renvoyer à l'année 1030. parce que selon eux ce huitième jour était en 1029 avant Pâques. Mais ces termes de l'épitaphe ne signifient que la huitième heure du mardi, qui était le second de septembre; auquel jour le Nécrologe de Fleuri marque cette mort; et la petite chronique du même lieu la mettant en l'année 1029, on doit s'en tenir à cette époque, qui est confirmée par l'historien de notre prélat, qu'il dit être mort en la xxve année depuis qu'il était abbé de Fleuri. S'il n'était mort qu'en 1030, c'aurait été la xxvie (Marca, Hisp., app., p. 1025, 1026).

Il ne nous reste plus maintenant aucune de ces lettres, qui nous donneraient de nouvelles lumières sur tous ces événements.

Nous en avons néanmoins deux autres de notre prélat sur deux autres sujets. L'une est adressée à Oliba, évêque de Vic en Catalogne. Gauzlin y parle plus en qualité d'abbé qu'en celle d'archevêque, quoiqu'il y prenne l'un et l'autre titre. C'est un compliment de condoléance sur la mort de Bernard, comte de Besalu, frère d'Oliba, en réponse à la lettre circulaire par laquelle celui-ci avait annoncé cette mort à ses amis.

L'autre lettre de Gauzlin qui nous a été conservée est plus intéressante. C'est une réponse au roi Robert (FULB. *ep.* 93), qui avait écrit à notre prélat et à quelques autres savants de son royaume touchant cette espèce de pluie de sang qui était tombée sur une des côtes maritimes d'Aquitaine. Ce prince les engageait à lui dire si l'antiquité fournissait quelque exemple d'un semblable phénomène, et quel fâcheux événement s'en était suivi. Gauzlin montre au roi par le recueil de Valère Maxime, la Chronique d'Eusèbe, l'Histoire des Lombards, et autres anciens monuments, qu'on avait effectivement vu autrefois des phénomènes approchant de celui dont il était question, et qu'ils avaient été suivis de calamités publiques, dont ils sont presque toujours des présages. Quant à la différente nature des taches qu'imprimait cette pluie de sang, il n'y répond que par des raisonnements mystiques et moraux. Fulbert, évêque de Chartres, qui avait été aussi consulté sur le même phénomène (*ep.* 97), y fait une réponse à peu près semblable. Tel était le génie du siècle.

On a inséré dans les actes du concile de Limoges (*conc.* t. IX, 872, 873), tenu en 1031, un assez long discours que Gauzlin avait autrefois tenu à la cour, en présence du roi Robert, contre ceux qui refusant de reconnaître saint Martial pour apôtre, lui donnaient rang entre les confesseurs. Entre les raisonnements qu'y emploie notre archevêque, on en aperçoit quelques-uns tirés des faux actes du saint. Ceux qui sont de son cru n'ont guère plus de force que les autres. Il semble qu'Odolric, abbé de Saint Martial, grand partisan de son apostolat, qui produisit ce discours dans l'assemblée du concile, en faisant un grand éloge de l'auteur, l'avait en écrit.

Gauzlin fit présent à son abbaye de Fleuri d'un morceau du suaire de Notre-Seigneur, enfermé dans un reliquaire d'or en forme de bras, sur lequel il fit graver ces quatre petits vers, apparemment de sa façon (*ou* CHES. t. IV, p. 96)

Gaudia læta
Fert manus ista,
Sindone Christi
Plena refulgens.

GAUSLINI EPISTOLÆ.

EPISTOLA PRIMA.
AD ROBERTUM REGEM
De causis pluviæ sanguinis.
(Vide infra in Roberto rege.)

EPISTOLA II.
AD OLIBAM AUSONENSEM EPISCOPUM
De morte Bernardi, comitis Bisuldunensis, Olibæ fratris.

[FLOREZ, *España sagrada* xxvIII, 274.]

Omnipotenti Dei clementia G., archiepiscopus et abbas ejusdem honoris gratia sublimato domno O. plurimum salutis munus.

Vestræ præconium sanctitatis spiritalium odore refertum aromatum, quotidie in majus majusque excrescere audientes, Deum lætabundis laudum vocibus efferimus, orantes ut vos diutius in hac vita suæ regat propitius virtutis dextera. Sed dum a vestræ societatis amore semper cupimus prospera et læta cordis aure audire, versa vice talia discimus quæ animi mentem inficiant et sinistro afficiant nuntio. Dolemus enim multum, dum fratrem vestra bonitatis B., lumen patriæ, levamen miserorum diem obiisse cognovimus; magisque dolemus, dum vos casu ejus nimio mœrore periclitari sentimus. Mandamus ergo in commune ut nostra legatis scripta et solatii portum quæratis, ut inveniatis. Nec vos fratris moestificet resolutio, cum sciatis mortalibus hanc esse positam irrevocabilem horam. Notum autem facimus vestræ paternitati pro ejus anima jam nos preces Deo obtulisse, veluti fratri nostro et amico vestro. Consolationem ex benedictione S. Benedicti vestræ mittimus beatitudini; quam ea charitate qua mittitur suscipite. Fratrem quoque ejus Wifridum, uxorem ejus cum filio et amicis, nostra blandiens consoletur fusa oratio.

GAUSLINI SERMO DE S. MARTIALI

(*Vide Acta concilii Lemovicensis II anno* 1031 *celebrati, Patrologiæ tom.* CXLII, *col.* 1356.)

ANNNO DOMINI XXX.

ADALBERO
LAUDUNENSIS EPISCOPUS.

NOTITIA HISTORICA.

(*Gallia christiana nova,* tom. IX, pag. 521.)

Adalbero, dictus etiam *Azelinus,* clericus ex regno Lotharii cujus erat notarius an. 974, favente ipso Lothario creatur episcopus admodum juvenis, et Dominica Palmarum, Cal. Apr. ab Adalberone archiepiscopo sacratur Durocortori an. 977, teste Flodoardi continuatore. Nomen ejus reperitur subsignatum instrumentis duobus, annorum 972 et 974; sed utramque hanc subscriptionem post tempus additam esse jam observavit Mabilio noster. Subscripsit an. 980 Chartæ Herberti comitis Trecensis pro monachis Dervensibus; et eodem circiter anno ecc'esiam Petræ-Pontis dedit monachis in abbatia Vincentiana restitutis. Anno 986 subscripsit donationi quarumdam ecclesiarum a Notranno episcopo Nivernensi capitulo majoris ecclesiæ Nivernensis collatarum. Eodem circiter anno insimulatus est adulterii cum Emma regina; qua de re legendus Pagius tom. IV, pag. 53. Anno 987 impetravit ab Hugone Capeto diploma pro confirmatione bonorum S. Vincentii Laudunensis; subscripsitque præcepto ejusdem regis pro monachis Corbeiensibus. Anno 989 subscripsit privilegio Arnulfi Remensis archiepiscopi de immunitate et donatione burgi S. Remigii. Anno 991, cum Carolus Lotharingiæ dux Laudunum invasisset, ibique cum Arnulfo Remensi moraretur, Adalbero urbem tradidit Hugoni regi : unde Silvester papa perfidiæ eum arguit; et Guibertus de eo sic loquitur, libr. III : « Ascelinus, qui etiam *Adalbero* vocatur, ex Lotharingiæ oriundus, dives opum, possessionum locuples, cum, distractis omnibus, pretia ingentia ad sedem cui præerat transtulisset, ecclesiam suam præcipuis quidem ornatibus insignivit; clero ac pontificio plura auxit; sed cuncta illa beneficia quadam præstantissima iniquitate fœdavit, dominum suum regem, innocentem puerum, cui sacramentum fidelitatis præbuerat, prodidit. » Eodem anno 994, xv Kal. Julii Adalbero adfuit conventui episcoporum apud S. Bazolum congregato contra eumdem Arnulfum. Anno circiter 994 adfuit alteri synodo provinciæ Remensis. Anno 998 subscripsit chartæ Roberti regis pro Dionysianis monachis; cui principi dicavit carmen, seu mavis, satyram, quam anno 1663 notis illustravit Adrianus Valesius. Anno 1008 alteri chartæ Roberti regis pro Dionysianis subscripsit in Calensi concilio. Anno 1015 adfuit concilio Remensi, et subscripsit sub nomine Azelini alteri diplomati ejusdem Roberti pro monasterio S. Benigni Divionensis. Cum magnæ esset auctoritatis in regno, eo agente Ebalus in Arnulfi archiepiscopi locum suffectus est anno 1021. Quas eodem circiter tempore excitaverit turbas in Ecclesia Suessionensi, dicimus in Harduino Noviomensi episcopo. Adfuit anno 1027 coronationi Henrici I regis, celebratæ apud Remos ipso die Pentecostes, et subscripsit privilegio Roberti regis pro monachis Dervensibus. Eodem anno subsripsit alteri ejusdem Roberti chartæ pro monasterio Gemeticensi, superstes ad ann. 1030.

Ante obitum suum de successore sibi sufficiendo Widone, nepote Beroldi episcopi Suessionensis, cogitaverat; quod Gerardus Cameracensis episcopus valde improbavit, litteris ad ipsum Adalberonem et ad Ebalum archiepiscopum scriptis, quibus execrandam illam novitatem suggillat, videlicet ut una Ecclesia duos habeat episcopos, fregit Adalberonis consilium Gerardi zelus, effecitque ut non Wido, sed Gebuinus ei succederet. Exstat Fulberti ad Adalberonem epistola; ipsi vero Dudo decanus S. Quintini Viromanduensis nuncupavit libros tres de rebus Normannorum, quos edidit Quercetanus cum aliis scriptoribus Normannicis. Exstinctus vi Kal. febr. ex necrologio Vincentiano, sepultus est cum aliis suæ sedis

præsulibus in basilica basilica monasterii S. Vincentii cui multa contulerat, ut docet ejus epitaphium a
Sammarthanis transcriptum in hunc modum :

Hic ævi plenus decessit Adalbero præsul,
Hujus multa loci qui vivens condidit olim.
Hic decus altaris struxit, decus hic Crucifixi,
Et loca sanctorum nitidavit; hic quoque templum
Prorsus honestavit, atque omne vetus reparavit.
Ad dextram, turrim necnon æraria sistit,
Ornamenta dedit, quæ præcellentia fecit.
Pontificalem habitum struxit mira arte peractum,
Tresque dedit cappas, dorsalia plura, tapetas,
Ad decus hoc templi, simul his et multa patravit,
Qui et pontificium donavit fratribus aurum ;
Sanctorum capsis altaria contulit ipsis :
Hoc scripto firmans, ne quis dissolveret unquam.
Hinc donetur ei memoria digna quotannis,
Cui Dominus requiem tribuat parcendo perennem.

NOTITIA LITTERARIA.

(Histoire litteraire de la France, VII, 293.)

On a d'Adalbéron un poëme satyrique en quatre cent trente vers hexamètres, dédié au roi Robert. C'est une espèce de dialogue entre ce prince, qui était encore jeune, et notre évêque déjà avancé en âge. L'auteur y touche d'une manière ironique et presque toujours allégorique, ce qui se passait dans le royaume et qui lui paraissait contre le bon ordre. Il en prit occasion de faire sentir sa mauvaise humeur à ceux qu'il n'aimait pas. Gerbert, qui lui avait reproché sa perfidie envers le prince Charles, fut du nombre (MAB. *Act.* t. VII, pr. n. 137). C'est lui qu'il désigne sous le nom de *Neptanabus*. On voit par toutes ces circonstances que le poëme fut composé avant la fin du xe siècle. Adalbéron y fait au roi une espèce de crime de son affection pour les moines, de laquelle il n'y avait pas, dit-il, à espérer qu'il se départit jamais. Ce qui montre que le poëte est sorti des bornes d'une juste critique, soit par rapport à ce qu'il dit contre les moines, soit à l'égard de ses autres censures, c'est de voir qu'il n'épargne pas même saint Odilon, abbé de Cluny, qui était en vénération aux papes, aux empereurs, aux rois, aux plus saints évêques et à toute l'Eglise.

Un autre poëte satirique, contemporain d'Adalbéron (*Analect.* t. III, p. 534), se crut en droit de critiquer à son tour celui qui en avait critiqué tant d'autres. Voici de quelle manière il en parle au sujet de Landry, seigneur de Dunois, qu'il représente sous le nom d'Architophel, et autres noms allégoriques.

Non percipit Adalbero, Architophel cur rideat :
Vulpes portat in pectore, qui suis nescit parcere.

Le style allégorique et ironique tout à la fois qu'Adalbéron a employé dans son poëme, joint à sa mauvaise versification, y a jeté une grande obscurité. On ne laisse pas néanmoins d'y saisir plusieurs traits historiques, nommément sur la naissance, la belle figure, les qualités de l'esprit, les faiblesses et les vertus du roi Robert; sur les forces, la grandeur, la prééminence du royaume de France ; enfin sur certains usages des Français, peu connus de tout le monde.

C'est ce qui a porté les nouveaux éditeurs des Historiens de France à préparer une édition de ce poëme, avec de savantes notes, qu'ils feront entrer dans leur belle collection. L'on est redevable de célèbre Adrien Valois de la première édition qui en a paru. Ayant déterré la pièce avec quelques autres anciens monuments, dans un manuscrit de Paul Petau (*biblioth. S. Germ. a Pratis*), il la publia à la suite du panégyrique aussi en vers de l'empereur Bérenger. Le volume est in-8°, et a été imprimé à Paris chez Cramoisy l'an 1663.

MONITUM IN OPUSCULUM SUBSEQUENS.

(Dom BOUQUET, *Recueil*, tom. X.)

Opusculum hoc e codice ms. Pauli Petavii eruit Adrianus Valesius, et notis illustratum edidit, anno 1663, ad calcem carminis De laudibus Berengarii Augusti. In eo cum Roberto rege colloquitur Adalbero, et quæ in regno Francorum male geri sibi videbantur, nunc allegorice, nunc ironice, exponit. De pretio hujus carminis, sicut de his quæ ad scriptorem spectant, accurate satis disserit in notis Valesius. Attamen enim ait Adalberonem, seu Azelinum, amatum esse a Guillelmo Aquitanorum duce, et comite Pictavorum, a quo non raro litteras accepit; hoc novo testimonio valde indigere observamus. Non meminit insuper doctissimus vir suspicionis adulterii in quam venit Adalbero cum Emma, Lotharii regis uxore. De quo sic scribit ad Adelaidem matrem, opera Gerberti : « Aggravatus est dolor meus, o mi domina, o dulce matris nomen : dum conjugem perdidi, spes in filio fuit (is hostis factus est, instigante Carolo duce qui eam accusabat cum quibusdam aliis apud Ludovicum). A me recesserunt dulcissimi quondam mei amici ad ignominiam meam, ac totius generis mei. Nefandissima in Laudunensem confixerunt episcopum. Persequuntur eum, proprioque spoliare contendunt honore, ut injuratur mihi ignominia sempiterna, quæ sit quasi justissima causa amittendi honoris mei, etc. (GERBERTI *epistola* 50) » Quod attinet ad tempus quo præcise Carmen suum composuerit Adalbero, sic juvat adnotare. Indubitatum quidem videtur scriptum fuisse post Hugonis mortem, cum hujus regis nullam mentionem faciat. Verosimile etiam est non fuisse exaratum durante ea tempestate quam a Roberto rege patiebatur, Sylvestro papa Ecclesiam gubernante. Porro sedit Sylvester ab anno 999 ad annum 1003. Hinc conjectare licet carmen Adalberonis revocandum esse ad annum circiter 1006, quo anno et Robertus *juvenis* et Adalbero *senex*, seu in *senio*, dici potuerunt. Adalbero enim tunc natus erat forte annos 60, utpote qui creatus fuerat episcopus anno 977. Cæterum adhuc vivebat isdem præsul anno 1027 ; tunc enim subscripsit in placito a Roberto rege pro Gemmeticensibus habito. Quod utcunque probat eum non potuisse dici in *senio* ante annum 1006. Sed hæc tanti non sunt ut iis diutius immoremur. Ipsum Adalberonem cum rege loquentem audiamus. Littera *P*, versui præfixa, ut monet Valesius præsulem indicat ; *R*, vero regem collocutorem. Profusas Valesii notas conservamus ; et si quid addimus, id notamus asterisco.

ADALBERONIS
CARMEN
AD ROTBERTUM REGEM FRANCORUM.

(Dom BOUQUET, *Recueil des historiens*, tom. X.)

PRÆSUL. Regi Rotberto sic præsul Adalbero scribo (1),
   Præsulis in senio. Fratrum Laudunicus ordo (2),
   Flos juvenum fructusque senum, te mente salutat.
   In tabulis describe tui per singula cordis
5. Quanta Deus tibi concessit, vel qualia misit.
   Dispice si merito quid verum sit trutinando.
   Patres namque tui longe, rex, induperator (3).
   Lac tibi sugenti dat nutrix induperatrix (4)
   Mundus adhuc puero dominum metatur et omnis (5)
10. Congaudet, plaudit manibus, lætatur et optat (6)
   In regem sibi, mox concordi voce coronat.
   Præstolatur in hoc veniant ut tempora pacis.
   Lubrica tunc adolescentis transivit et ætas :
   Flore juventutis tua jam resplendet imago (7)
15. Forma super cunctos nobis speciosa videtur (8)
   Debilis in nulla membrorum parte videris ;
   Quamvis mole gravis, tamen es cum robore levis.
   Lætatur vulgus, gaudent etiam sapientes.
   Plurima sub pedibus tibi fortia regna jugavit (9).
20. Quid quereris ? Quid fraudavit ? Quid dicere mussas ?
   Quod genus attribuit dirimit non ulla voluntas,
   Stemmata nobilium descendunt sanguine regum,
REX. Regibus et ducibus bona laus est, nobilis ortus.
   De forma satis est et de virtute locutum.
25. Est animæ virtus potior quam corporis ulla.
P. Dicendi spatium petimus, modo, nilque reponas.
   Pace tua, pie rex, quæ sunt dicenda precamur ;
   Ne spernas, in me quia viscera contremuerunt.
   Multas cor mœrens lacrymas, suspiria prodit
30. Os tremulum, facies suffert nec dicere crispa.

Corporis hic vultus, vocis moderatio nulla.
Versibus exiguis tantum tentabo dolorem.
Scripta patent celebres quæ mittunt Crotoniatæ (10).
Desuper est titulus, lex antiquissima, scriptus ;
35. Præcipiunt vi cogatur quod sponte negatur :
Ut placet imperio, sic se transformet et ordo.
Rusticus ille piger, deformis et undique turpis (11)
Pulchra cum gemmis ditetur mille corona.
Juris custodes cogunt portare cucullas (12).
40. Orent, inclinent, taceant, vultusque reponant.
Nudi pontifices aratrum sine fine sequantur (13)
Carmina cum stimulo primi cantando parentis.
Præsulis et si forte vacet locus intronizentur (14)
Pastores ovium, nautæ, quicunque sit ille.
45. Sit tamen hoc præsubtili ratione canendum.
Nullus episcopium divina lege peritus
Tentet, sed sacris Scripturis evacuatus,
Et studiis quem nec constrinxerit una dierum (15) ;
Alphabetum sapiat, digito tantum numerare (16).
50. Hi proceres ; præceptores hos mundus adoret (17).
Et juvet ut celebres nec reges excipiantur.
Præcipiunt coram, sed clam cum fraude susurrant.
Regula si stabilis divum permanserit ista (18),
Disciplina, vigor, virtus, mox et decor omnis
55. Ecclesiæ fulgor pauco sub tempore verget.
Publica res quæ sic, plane sic, ducitur, æque
Legibus exstinctis in pace sepulta quiescet (19).
Luxus et incestus, furtum tunc crimina stabunt.
Libertas delinquendi, tunc crimina stabunt
60. Excluduntur et hi quos sola scientia comit (20),
Christi conservos, et quos sapientia nutrit,
Et quibus apparent introductoria sanæ
Doctrinæ, quæ depromit post terga cicatrix :
Sacræ si magnus fidei surrexerit error,
65. Omni censura conventus sint alieni,
Consultu regis hi præcidantur ab omni (sic),
Omnibus egressis thalamum post ostia servent (21)
Hoc solum rutilo præceptum scribitur auro,
Ut procurator regis, mundana ministrans (22),
70. Sit piger, ignavus, modica virtute repletus.
Hic aliena petat, repetat sua nil tribuendo,
Et jugiter maneat divisus sorte jugali (23) :
Ni regis hæredipetæ non spes sibi constet (24).
Est antiqua patrum, tradunt cum sueta, voluntas,
75. Ut casti, sobrii sint custodes thalamorum :
Qui nescit molere, regi sit charior ille :
Cæsaris his majora jubet descriptio Magni (25,
Deviet ille sacer de sede monasticus ordo :
Uxores ducant pulchras, et prælia tentent.
80. Territus ædictis, meditans quo tendere possem
(Rectores rerum placet accersire mearum (26).)
Omnia, singultu guttur quatiente, revolvi,
Legibus e patriis credens omnino remota,
Priscis temporibus quia non audita fuerunt,
85. Usibus exceptis procuratoribus aptis
Mittere proponunt mox explorare magistrum ;
Gallia fert monachos quos Patrum regula nutrit.

Ad monachos monachus transmittatur.....
Hic sapiens, hic est solers, verboque fidelis;
90. Qui solitus semper leges servare paternas
Flectere scit prudens animosos ad pietatem.
Consilium cautum sequitur (non est mora) factum.
Vespere progreditur, tum mane revertitur ad nos,
Et festinus equi spumantia colla reliquit.
95. Quo, quo, quo, præsul, bona nutrix, heus! puer, uxor?
Est incompositus, posita jam veste priore.
Pileus excelsus de pelle Libystidis ursæ (27);
Et vestis crurum tenus est curtata talaris (28),
Finditur anterius, nec parcit posteriori.
100. Ilia baldringo cingit strictissima picto (29).
Multiplices et res multæ per cingula pendent :
Arcus cum pharetra, forceps, et malleus, ensis
Ignitusque silex, ferrum quatiens, simul ilex.
Ossa superficiem stringit diffusa deorsum (30).
105. Saltibus incedens (terram calcaria pungunt (31) :
Cœpit summa pedum cum tortis tendere rostris (32).)
Ingreditur, noti fratres quem nosse laborant (33).
Concurrunt cives, et larga palatia complent.
Pontificem sic deformis tunc sistitur ante.
110. Esne meus monachus, tu, quem misi?....
Pugnos declinat, cubitos extendit in altum :
Erexit cilium, torquens cum lumine collum.
Miles nunc, monachus diverso more manebo (34).
Non ego sum monachus, jussu sed milito regis.
115. Nam dominus meus est rex Oydelo Cluniacensis.
R. Tunc cata to siopomenon causam meditaris (35)?
In studiis memini formarum nosse figuras.
P. Non tua præpediat nos indignatio fervens (36).
Præceptum Domini liceat cum pace referre,
120. Sarra nimis gens, cenorum de more, petulca (37),
Regnum Francorum manibus ferroque subactum
Occupat et rodit quidquid sibi Gallia nutrit.
Undique terra rubet, roseo madefacta liquore.
Sanguine torrentes nimia de cæde redundant,
125. Ecclesiæ labor, interius decus omne dicatum;
Corpora sanctorum volitant conspersa per auras.
Sunt avium, sunt jam consortia facta luporum (38).
Vastat episcopium cum strage Turoniacense (39).
Martinus plorat, tutorem clamitat idem (40).
130. Oydelo compatitur, simili qui jure tenetur.
Hic Romam petiit monachis orare salutem (41),
Conscendunt voces, fremitum dant Cluniacenses (42) :
Clamant atque monent : Subito dispone, magister,
Arma subire tuis, et quæ præponere debent :
135. Quæ sint exterius, et quæ sint interiora,
Lunaris pendere prius debet tua pelta (43);
Insuper apponas tibi loricamque trilicem.
Lubrica sustineant galeam cinctoria lumbi (44) :
Corrigiis caput astrictum mucrone corones :
140. Spicula post tergum teneas, tunc dentibus ensem,
Et cogit juvenes lentos ascendere currus (45);
Atque senum præcepit equos conscendere turbam,
Ascendant asinum bini, denique camelum (46) :
Si non sufficiunt, bubalum conscendite terni.

145. Millia mille viri procedunt ante quirites (47).
   Res agitur ferro ternis prolata diebus (48).
   Signifer in medio properus non stertere cœpi (49) :
   Dissutis malis, flatum pugnando rejeci.
   Nescio, per superos, manibus quot millia stravi,
150. Jupiter ille duos numerat meliore lapillo.
   Tertius ille deo Marti non rite dicatur.
   Cuspide trusus equo, vexillum turpe reliqui.
   Cum reliquis fugiens, genitalia regna petivi,
   Hæc patrata scias in prima luce Decembris (50).
155. Hoc itidem Martis tentabitur ante Kalendas.
   Militiæ princeps ad te nos Oydelo mittit (51).
   Te dominum monachorum bellicus ordo salutat;
   Admonet invitans acies ut bella perornes
   Agmine conseptus; mandatum concitus imple (52).
160. Armis te decet ante mori quam rura colendo.
   Mittere perplures, quam frondes Asia spondet (53),
   Africa nigra, maris bibulas quam littus arenas,
   Pars Europa minus non jactat tertia mundi.
   Quid tibi vis, rabies, tetris dignissima claustris (54)?
165. Figite per corpus, fugiat ne lividus, ungues.
   R. Crede mihi, non me tua verba minantia terrent (55).
   Plurima me docuit Neptanabus ille magister (56)
   (Labitur aula tholis rutilat quæ splendida fulvis).
   P. Per partes scindunt vestem quam quisque tenebat (57).
170. Credere vera dehinc super his nec falsa notavi.
   Ordinis est igitur hæc transformatio regni (58).
   Unusquisque potest aliis conjungere rebus;
   Sese quod natura negat sapientia monstrat.
   Spes juvenum, ventura dies, qui discere nolunt (59).
175. Causa senum, sine spe pueriles plangere cursus.
   Omnibus in rebus, si solers omnia scirem,
   Heu! miser insipiens quod me nunc pœnitet urget.
   Non rastros novi, nec tristia prælia vidi,
   Res mala : quod scio defendunt; quod nescio cedunt (60).
180. Si sic contigerit, vacuus sufflabo favillas :
   Aut regis cineres, aut nostras flabo Campœnas (61).
   R. Si Musas celebres, clament *musarde sacerdos* (62).
   P. Persius indignans promet tum *lusca sacerdos* (63),
   Qui legit, sapit officium musæ sine Musis.
185. Velle bonum, sacris sed delectare loquelis
   Instanter cupiens, horum non immemor unquam
   Justis inveniar similis, hoc judico semper,
   Eligo nosse Deum; cunctis præferre quod opto.
   Prospera si tibi sunt, non tædeat hoc reminisci (64),
190. Rex regum temet quanto ditavit honore.
   Munera concessit prius omnibus his meliora,
   Partem namque sui, quæ pars sapientia vera (65) :
   Per quam scire potes quæ sunt cœlestia semper.
   Quid sit, Hierusalem, debes tu scire, superna,
195. Quid lapides, muri, portæ, structura quid illa,
   Et quibus illa manens sit civibus ædificata,
   Ordine distincto regitur, non milite pauco,
   Ast aliis alios præfert discreta potestas.
   Singula dissolvi, propter fastidia longum.
200. R. Scire meum nihil est, semper sed Numinis almi

Mens humana Deo semper vicina videtur.
Non se nosse valet, qui non vult scire supra se.
Illa potens est Hierusalem (puto) visio pacis,
Rex regum regit hanc, Dominus dominatur et illi.
205. Ejus cum partes sibi dividit, est in idipsum.
Porta nitens aliquo non clauditur ulla metallo.
Hic muri sunt absque petris, lapides sine mur'
Vivi sunt lapides : aurum vivit platearum.
Splendidius rutilans obryso creditur auro,
210. Civibus angelicis, hominum struitur quoque turmis (66).
Pars quædam regnat, quædam pars altera sperat,
Hoc tantum scio, sed super his majora requiro.

P. Assiduus lector sibi plurima nosse peroptat,
Torpens et tardus, solet immemor esse priorum.
215. Rex Augustini libros, dilecte, revolve (67) :
Urbs excelsa Dei quæ sit dixisse probatur.

R. Inco, precor, mihi dic, præsul, qui sint ibi latus (68) :
Princi pares, et si qui sunt et in ordine, patus.

P. Quære Dionysium, qui dicitur Areopagita (69) :
220. Ille duos super his desudat scribere libros
Præsul, et ille sacer loquitur Gregorius inde (70),
Job magnæ scrutans fidei Moralia regis.
Idem, sermonem complens, explanat aperte (71);
Hic et Ezechielis super his in fine patenter,
225. Hoc apices ipso quos Gallia dante recepit,
Visibus humanis non est prælatio talis.
Quæ sit dicemus, post hæc intentio nostra
Mystica; distinctus disponitur ordo supernus (72) :
Cujus ad exemplar terrenus fertur haberi.
230. Ecclesiæ veteris populi sub lege ministros (73)
(Nomine quæ perfunctorio Synagoga vocatur)
Per Moysen Deus instituit, quos ordine rexit
Historiæ narrant sacræ qui constituantur.
Ecclesiæ regnum cœlorum dicitur ordo (74) :
235. In qua disposuit mundos Deus ipse ministros.
Et nova lex inibi colitur sub principe Christo 75
Hoc et pontificum fixit censura fidelis (76)
Qualiter, a queis, et quales ibi constituantur.
Ecclesiæ status hinc fruitur si pace quieta,
240. Ipsum legibus est aptare necesse duabus (77),
Divinæ, quas, humanæ, discretio format.
Lex divina suis partes non dividit ullas (78).
Format eos omnes æquali conditione,
Quamvis dissimiles pariat natura vel ordo.
245. Non minor artificis quam regis proles herilis.
Hos pia lex omni mundana sorde sequestrat (79),
Non scindunt terram, non stant post terga juvencum.
Vitibus, arboribus, vix hortis infamulantur.
Non sunt carnifices, caupones, nec ne subulci (80),
250. Hircorum sectatores, non opiliones,
Nec cribrant Cererem; hos non coquit uncta lebeta.
Terga suum per dorsa boum non serpere cogunt (81).
Non sunt lautores, contemnunt fervere vestes (82).
Sed mentes purgare suas et corpora debent (83) :
255. Moribus ornati, custodes sunt aliorum.
Lex æterna Dei sic mundos præcipit esse,

        Judicat expertes servilis conditionis.
        Hos Deus adscivit servos sibi, judicat ipse :
        Castos et sobrios de cœlis clamitat esse.
260. Omne genus hominum præcepto subdidit illis (84)
        Princeps excipitur nullus, cum dicitur *omne*.
        Quos jubet ut doceant sectam servare fidelem
        Et mergi doctos sacri sic fonte lavacri (85).
        Constituit medicos, si vulnera computruerunt (86),
265. Per quos sermonum cauteria sunt adhibenda.
        Corporis ille sui sacramentum sanguinis atque (87)
        Jussit quo solus tractaret rite sacerdos.
        Maxima commisit quos se tractare rogavit (88),
        Voce Dei quod promissum non esse negatum (89)
270. Credimus et scimus, ni quos sua crimina pellunt;
        In cœlis primas debent conscendere sedes (90),
        Hos decet evigilare, cibis et parcere multis (91),
        Pro populi semperque suis orare ruinis.
        Pauca super clericis dixi, sed plura reliqui (92).
275. Æquales igitur sunt omnes conditione (93),
        Una domus Domini lege si clauditur una.
        Res fidei simplex, status est in ordine triplex.
        Lex humana duas indicit conditiones (94) :
        Nobilis et servus simili non lege tenentur.
280. Nam primi duo sunt, alter regit, imperat alter (95);
        Quorum præcepto respublica firma videtur.
        Sunt alii, quales constringit nulla potestas (96);
        Crimina si fugiunt, quæ regum sceptra coercent.
        Hi bellatores, tutores Ecclesiarum,
285. Defendunt vulgi majores atque minores,
        Cunctos et sese parili sic more tuentur.
        Altera servorum divisio conditionum (97).
R. Hoc genus afflictum, nil possidet absque labore.
        Quis signis abaci numerando retexere possit
290. Servorum studium, cursus, tantosque labores?
P. Thesaurus, vestis, cunctis sunt pascua servi.
        Nam valet ingenuus sine servis vivere nullus.
        Cum labor occurrit, sumptus et habere peroptant,
        Rex et pontifices servis servire videntur.
295. Pascitur a servo dominus, quem pascere sperat,
R. Servorum lacrymæ, gemitus non terminus ullus (98).
P. Triplex ergo Dei domus est, quæ creditur una (99).
        Nunc orant alii, pugnant, aliique laborant :
        Quæ tria sunt simul, et scissuram non patiuntur.
300. Unius officio sic stant ; operata duorum
        Alternis vicibus cunctis solamina præbent.
        Est igitur simplex talis connexio triplex :
        Sic lex prævaluit, sic mundus pace quievit.
        Tabescunt leges, et pax jam defluit omnis.
305. Mutantur mores hominum, mutatur et ordo,
        Rex, tunc jure tenes lancem, tunc protegis orbem,
        Proclivos noxis cum legum stringis habenis.
R. Jam caput ecce tuum candens imitatur olorem (100).
        Hæc natura senectutis dixisse probatur.
310. Credere non sanum talis natura coegit (101).
P. Altera me stimulat, senio non deficit illa (102).
R. Quot homini dantur naturæ? Dic! P. : puto binæ (103).
R. Sed tamen his, quas multiplices scis esse, duabus
        Ex his, quæ loquitur, cujus sint verba repone (104).
315. Grammaticus simplex, nedum dialecticus illex (105),

Valde recordaris studiorum pauca priorum
P. Qui parvum meminit, non obliviscitur omnis (106)
R. Ejus qui stimulat, senio nescis reminisci (107),
P. Dicere quæ nollem rex, infestando perurges.
320. Spiritus hic resonat; non me dementia torquet (108).
Si natura senum cogit, non culpor acute (109),
Naturæ finem non ponunt arte periti (110).
Artificem quidam dicunt ignem sapienter.
Est aliis natura, Dei præclara voluntas.
325. Nam natura Dei Deus est : hominum quoque non sic.
Si vere Deus est, est immutabilis idem.
Immutare suum quod et est, non desinit esse.
Natura summi Patris. Unum quodque creatum
Sumit naturam, cum primum suscipit ortum.
330. Corporibus quæ junguntur, sensum patiuntur
Quædam : sunt aliæ quædam, quæ non patiuntur.
Et si mutatur corpus, mutatur et illa :
Cum pereunte perit, quo permanet illa manente,
Junguntur hæc incorporeis, sed et altera rebus.
335. Non pereunt illæ quæ corpore non sociantur.
Res hominis natura duplex reddit duplicatas.
Corpore junguntur hominis, sed separe ductu
Altera jungitur hac, sed et altera jungitur illac.
Quidquid erit contra, non hæc, non illa probatur.
340. Territa, naturam vitans, effatur asella (111).
Passio nec, natura sapit nec corporis ulla.
Unam quæ circa versatur cognitionem
Corporis, a natura aliam non percipit unquam :
Sed quam non novit, cognosci fertur ab illa.
345. Intellectibili sensu sunt hæc capienda :
Sunt intellectus, per quem noscuntur utraque,
Dico necessarium, quod quælibet exigit harum,
Argumenta necessario dicuntur et ista.
R. Cuncta necessariis argumentantur ab istis?
350. P. Malleus alter adest, qui causa probabilis hic est,
Inveni quod disposui, non immemor horum.
Eloquor in præsens, et quod pronuntio, verum.
R. Quod non est verum, non est fas dicere verum,
Fabula non simulat verum, nec dicitur esse (112).
355. P. En dixi verum. Scis non excedere verum,
Nænia nulla meum nec fabula mulcet amorem (113).
Non sic gesta scias, sed cuncta geri potuisse :
Sistere cuncta velim; quamvis sub themate vero,
Hic tamen est extra quædam digressio causam.
360. Respicit ad causam, causam sed dicitur extra,
A proprio sensu non hæc aliena videtur.
Finis et officium sapit : est non fabula, sed res.
. . . . . præcessit, veniat persuasio juncta.
Nunc pro lege Dei certando per omnia Patri.
365. Jure salutifero sapientes et moderati (114),
Præmia vel pœnas quærant; ratione potente
Accipiant, æqui vel quid patiantur iniqui :
De dubiis certent, de certis non dubitantes :
Et mala defendant : veniunt extrinsecus illa (115).
370. Oratoris inest tibi, rex, concessa facultas (116).
Nunc demonstras, tum deliberat ordo potentum,
Discutiens affirmate cum religiosis
Judiciis, a quo possint res inficiari.

CARMEN AD ROBERTUM REGEM.

R. Judicium duplex sequitur correptio triplex.
375. Antea res quales nobis, translatio, finis (117),
Et conjecturæ quo discernantur oportet.
P. Causa nec est individuis, tamen est specialis.
Quatuor has non invenies, quas hicce requiris (118)
Sed stratus est unus legum, contraria sumens.
380. Et causam partemque suam puto desuper esse,
Rite pedes posui; surgit, dum figitur alter (119).
Æstimo quod tetigi, non a ratione recessi.
Pandere non moriens nos hæc natura coegit (120)
Immerito culpor, hæc vi quia dicere cogor
385. Quid tibi peccavi? Naturæ jura replevi,
Digne tristaris, qui rex servire juberis (121),
Francorum primus, tu servus in ordine, regum.
Hic male turbatur, qui non sua verba veretur.
Regnum Francorum reges sub tempore patrum (122)
390. Subjugat, et semper sublimi pollet honore,
Regum sceptra patrum nullius sceptra coercent (123)
Quisque regit, gaudens virtutibus, imperat æque (124).
Novimus imperium jam regibus esse fugatum (125)
R. Gratia nunc Summo, per quem regnare peropto (126).
395. Non meritis concedo meis; sed laude perenni
Gloria, laus, et honos, virtus sit cuncta regenti;
Poplitibus flexis supplex quem semper adoro,
Ut nobis liceat leges servare paternas (127).
P. Lex divina vetat quæ corrigit inter utrasque (128),
400. Altera permittit, jubet altera : suntque minores.
Judico majorem quam tradunt posteriorem :
Utile quæque necessarium conferre videtur (129).
Ad res pertineat plures quæ, semper honeste (130),
Fortior et quæcunque gravissima sit, teneamus.
405. R. Judicet Omnipotens; mecum divina sit illa,
P. Undique pax bona post certamina, postque labores (131):
Et status Ecclesiæ per se sua jura tenebit.
Descriptas, et non alias respublica leges (132)
Possideat : sua regna Basilius et Benedictus (133)
410. Observent : teneant, quidquid sua regna jubebunt.
Pontifices unquam celebrent non rura deinceps (134).
Sic sua jura tenent, si non ruralia curent.
Justitiæ regimen noster non audeat ordo (135)
Linquere, sed totis semper se nisibus aptet :
415. Constituat justos, et non pro lege capaces (136)
Rectores inopum, miserum necnon viduarum,
Nullus ad ecclesiam noctis nisi tempore pergat (137)
Ire semel; liceat cunctis orare diebus (138).
Judicet, et spectet præsentes atque futuros (139).
420. Pro meritis omnes assumant emolumentum (140).
(Excipiar solus vestra cum pace), fideles.
Septenas liceat laudes proferre per horas (141);
Hostia cum votis (142). R. Hæc sit permissio Patris (143),
Cum Ligeris Calabros tentabit lingere campos
425. Et torrens Tigris Hispanica ceperit arva.
Ætna rosas cum producet vel lilia stagnum.
Talia si veniunt : Tunc hæc ventura timeto
Gratia confirmet te præsul Adalbero Christi;
Nostra simul : merito regali munere dignus,
430. Non quia deliras, sed nobis allegorizas (144)

ADRIANI VALESII
IN CARMEN ADALBERONIS NOTÆ.

Ante aliquot annos nactus sum veterem codicem exiguum, Pauli Patavii V. C. nomine manuque notatum, quo Adalberonis episcopi Laudunensis Carmen ad Robertum regem Francorum, Chartarium Lirensis monasterii, Vita Sugerii abbatis, Epistola Stephani comitis ad Adelam conjugem, Judicium Varennense, vel, ut vulgo vocant, placitum Emengardis reginæ et principum Ludovici filii Bosonis, anno 898, indictione VIII, item percunctatio sive electio episcoporum ac clericorum necnon populorum ad regem consecrandum, una cum ordinatione reginæ præter cætera continebantur. Ex his Vita Sugerii monasterii Sancti Dionysii abbatis, a Francisco Chesnio dudum, ni fallor, est edita; Judicium reginæ Ermengardis Ludovici Junioris Augusti filiæ, regis Bosonis uxoris nuper quidem vulgavit; Epistolam Stephani comitis Carnutum et Blesensium ad conjugem Adelam et communes filios de obsidione Antiochiæ, per Lucam Acherium, in tomo Spicilegii IV, anno 1661, publicandam curavi. Inter reliqua quæ nondum in lucem exierunt, maxime eminet Carmen Adalberonis, in quo episcopus cum rege Rotberto colloquitur, et quæ in regno Francorum cum a cæteris cujusvis professionis hominibus, præsertim a monachis, tum a rege ipso male gerebantur, nunc allegorice, nunc ironice exponit. Hoc carmen et interlocutione regis ac episcopi, et incultis ac trivialibus versibus, hoc est scriptoris, vel potius temporum, vitio, et perpetua fere allegoria aut ironia haud parum quidem videtur obscurari; quædam tamen memoria dignissima cum de regis Rotberti genere, forma et virtutibus, tum de magnitudine et viribus atque autocephalia regni Francici, nonnullos etiam ritus moresque Francorum ætatis suæ haud cuivis notos continet, ut si non verborum, certe rerum pondere, et auctoris sui nomine, et sæculorum amplius sex vetustate censeri, ac pro thesauro haberi debeat. Quare hortanti me fratri ad editionem hujus dialogi facile assensi, nec diutius in schedis meis Adalberonis opus latere passus sum. Carmen igitur 650 annorum Carmini ante 740 annos composito, laudibus Berengarii Augusti, natione Franci, laudes Roberti Francorum regis adjunxi atque subtexui ; quas et brevibus notis illustrare conabor. Loquentem Adalberonem præsulem P littera, Rotbertum regem R littera designavi.

(1) *Regi Rotberto sic præsul Adalbero scribo*
Præsulis in senio.

Adalbero, hic quem et Ascelinum, vel Azolinum dictum esse Guibertus Noviginti abbas, in libro III de Vita sua, affirmat, natus in regno Lotharii, seu Francus Lothariensis fuit, et beneficio regis Francorum Lotharii, die Paschæ, anno 977 Roriconi in episcopatu Laudunensis Ecclesiæ juvenis successit, atque, ut erat homo pecuniosus ac bene nummatus, Ecclesiæ suæ et clero Laudunensi multa et magna contulit; sed liberalitatem, doctrinam cæterasque dotes suas insigni perfidia fœdavit. Quippe Carolum ducem Lothariensium, tricesimum septimum aut octavum agentem annum (*regem ac innocentem puerum* Guibertus vocat), cujus consiliarius erat, cujus in verba juraverat, die cœnæ Dominicæ, anno 990, Hugoni regi Francorum, portis Laudani nocte patefactis, tradidit, atque ea ratione Hugonem votorum suorum ac regni compotem fecit. Quare *vetulus traditor*, et *falsus episcopus Lauduni* a quibusdam historicis nuncupatur. Anno Christi 991 regni D. Hugonis Augusti, et excellentissimi regis Rotberti V, indictione IV, pseudosynodo in agro Remensi habitæ idem interfuit atque subscripsit; in qua Arnulfum, regis Lotharii filium naturalem, Remorum antistitem, quem ipse antea solus reconciliaverat, cum consacerdotibus suis damnavit, ac archiepiscopali honore privavit. Eidem Adalberoni Dudo, Sancti Quintini clericorum decanus, tres libros de Gestis Normannorum ad Richardi Majoris, Normanorum ducis, obitum, seu ad annum Christi 996 vel (si Dudoni creditur) 1002 deductos dicavit epistola; qua ejus genus, sapientiam atque virtutes, præcipue bonitatem sanctitatemque, laudat. Ex quo apparet Adalberonem, vel Ascelinum post annum 1002 (* adhuc vivebat anno 1027 ; subscribit enim placito Rotberti regis hoc anno habito BOUQ.) adhuc vixisse, episcopum Laudunensem exstitisse. Azelinum seu Adalberonem, Laudunensis Ecclesiæ antistitem Sylvester Junior, episcopus Romanus (qui anno 998 [999] sedere cœpit), per epistolam regis Rotberti (quod miror) et episcoporum, publicis criminibus insimulatum esse ait, et Romam ad dicendam causam evocavit. Ipse regia vi per quorumdam factionem sede se sua exclusum esse queritur, non tamen episcopali officio privatum. Sed has omnes, veluti tempestates, feliciter elusit, ac gratiam principis mature recuperavit; cui amicus atque etiam familiaris fuit, uti hoc carmen docet, quod doctus, pro captu temporum, episcopus, ad regis litterarum studiis eruditum, ac amantem studiosorum,

sicuti Glaber Rodulfus et Aimoinus docent, ad juvenem senex composuit: sic enim de se ipso refert:
Regi Roberto sic præsul Adalbero scribo,
Præsulis in senio.
Sic de Roberto rege Francorum,
Flore juventutis tua jam resplendet imago.
Item de ipso Rotbertus :
Jam caput hocce tuum candens imitatur olorem.

Cum autem regi Rotberto scribere se dicat Adalbero, regem Rotbertum ubique alloquatur, Hugonis vero nullam usquam mentionem faciat, apparet post annum Christi 998 seu post Hugonis regis Francorum Rotberti patris obitum carmen istud ab eo esse compositum, Odilone Cluniacum regente, cujus abbatis meminit, quem constat Maiolo, anno Domini 994, Ottonis III, imperii XI, v Idus Maias, mortuo successisse. Cæterum Azelinus amicum præter cæteros habuit Fulbertum Carnutum episcopum, qui ipsum, in epistola 45, *clarum Laudunensium præsulem* appellat, *et magnum Patrem*: rogatque eumdem, *cui Deus bene suadendi copiam incomparabilem dedit, ut regem excitet ad vindicandam subdecani sui cædem*. Amatus est et a Guillelmo, Aquitanorum duce et comite Pictavorum, a quo non raro litteras accepit.

(2) *Fratrum Laudunicus ordo,*
Flos juvenum fructusque senum te mente salutat.

Hoc est, Laudunensis Ecclesiæ clerici, cum majores tum minores, qui fratres in Christo mei sunt, te non lingua sed votis ex animo salutant. *Seniores,* seu *honoratiores clerici*, vocabantur presbyteri et diaconi; *juniores clerici*, subdiaconi et cæteri inferiorum graduum. Illos Gregorius, in capite 44 libri v Historiæ, *majores clericos, hos minores* appellat. Fortunatus in Carmine X libri II, ad clerum Parisiacum utrosque uti Adalbero, *senum* et *juvenum* appellatione designat.

In medio Germanus adest antistes honore,
Qui regit hinc juvenes, subrigit inde senes.

Nec absurde Adalbero juvenes floribus, senes fructibus comparat; ver enim juvenum est, autumnus seniorum:

(3) *Patres namque tui longe, rex, induperator.*

Haud falso dictum hoc ab Adalberone. Nam Rotbertus Hugonem patrem, Rotbertum proavum, et proavi fratrem Odonem rex Francorum habuit; majorem amitam, nomine Emmam, Francorum etiam reginam, R. Rodulfi uxorem. Idem per aviam Hadewidem vel Hawidem patrem ejus Henricum Saxonem, cognomine Aucupem, regem Transrhenanorum, seu Francorum Orientalium; fratrem ejus, et fratris filium ac nepotem imperatores Ottones propinqua cognatione contingebat, cum Hugo Rotberti pater, Francorum rex, imperatoris Ottonis II fratrem amitinus fuerit, imperator Cæsarem Otlonem I avunculum, avum maternum Henricum, regem Transrhenanum habuerit; imperator Otto III et Rotbertus noster amitinorum fratrum filii exstiterint. Præterea, quoniam Hadewidis soror erat Gerberga, ex Ludovico rege Francorum posteriore viro suo regis Francorum Lotharii mater, Ludovici avia, pater quidem Rotberti nostri Hugo, tam Lotharii regis Francorum quam Ottonis II Augusti consobrinus exstitit; ipse autem Rotbertus, et Ludovicus Lotharii filius, qui ultimus Carlovingorum apud Francos regnavit, consobrinis geniti vel consobrinorum filii fuere. Quare merito subjicit Adalbero:

Stemmata nobilium descendunt sanguine regum.

(4) *Lac tibi sugenti dat nutrix induperatrix.*

Adelaidis Hugonis regis Francorum uxor, Rotberti nostri mater, forsitan pro regina *imperatrix* vocatur, ab Adalberone improprie, ut Hugo vir ejus *domnus Hugo Augustus* dictus est pro rege in synodo, anno 991 habita in basilica Sancti Basoli. Cujus synodi Actorum hoc est initium: « Anno v regni ab incarnatione Domini nostri Jesu Christi Hugonis Augusti, et excellentissimi regis Rotberti, congregata est synodus in Remensi territorio. » Sic ab Helgaldo, in capite 13 Rotbertus noster, amborum filius, *Francorum imperator* appellatur, ejus *minæ imperiales*, *jussio imperatoria*. Sic a Gerberto Lotharius, Ludovici ex Gerberga filius, rex Francorum, *Cæsar* nuncupatur in versibus tumulo ejus inscriptis. Quæ autem fuerit Adelais Rotberti mater, scire difficile est, cum Helgaldus tantum dicat genus ejus inclytum ex Italia ortum esse, nec patrem matremque ejus nominet. Quidam recentissimi scriptores falso existimant Adelaidem, quæ Rotberti ex Hugone mater fuit; Lotharii regis Italiæ filiam, Emmæ Lotharii Francorum regis uxoris sororem fuisse. Adelais enim ex priore viro suo Ottone Lothario, rege Italiæ, filiam enixa est, nimirum Emmam, Lotharii Francorum regis conjugem, Ludovici matrem, ut Odilo in Vita Adelaidis Augustæ scribit: ex posteriore viro Ottone Aug. filiam sui nominis videlicet Adelaidem, ac tres mares genuit, quemadmodum Witichindus docet. Cum ergo Lotharius rex Longobardorum ex Adelaide, conjuge sua, unam tantum filiam, Emmam nomine, generaverit, haud dubie Adelais Rotberti nostri ex Hugone mater filia Lotharii R. L. haberi non potest. Notandum autem est morem tum illustribus feminis fuisse liberos suos suo lacte nutrire, et Adelaidem, quæ Hugonis nondum quidem regis, sed certe tamen ducis Francorum ac comitis Parisiorum conjux esset, Rotberto filio mammas præbuisse, nec ullas parvulo nutrices adhibere voluisse, ut filii sui tota et integra mater esset:

Lac tibi sugenti dat nutrix induperatrix.

(5) *Mundus adhuc puero dominum metatur et omnis,*
Congaudet, etc.

Mundus omnis dominum te metatur, et adhuc puero congaudet.

(6) *Plaudit manibus, lætatur, et optat*
In regem sibi, mox concordi voce coronat.

Qui regem eligebant, episcopi et comites Franci, Saxones, Longobardi, more omnes patrio, seu germanico, futurum principem plausu manuum honorabant, acclamationibusque prosequebantur; deinde comprobabant vel (ut vulgari erat verbo) collaudabant; tum fide a singulis ex ordine jurejurando promissa, regem benedicebant coronabantque; coronatum in regio solio collocabant; in regalem sedem elatum, debita gratulatione cultuque venerabantur. *Lætitia,* apud Adalberonem, ad acclamationes pertinet; *optio in regem,* ad collaudationem sive confirmationem. Plausus manuum Gregorius meminit, in libri Historiæ II, capite 42, apud quem Franci Colonienses *plaudentes tam palmis quam vocibus, Clodoveum clypeo evectum super se regem constituunt;* etsi in codicibus Julianis scriptum invenio *parmis.* In Vita Henrici Bajoarii, I eo nomine imperatoris, II regis, quæ Adelboldi Trajectensis episcopi scriptoris æqualis esse creditur, anno 1004 : « Henricus rex ibi (Papiæ) a nobilibus Longobardis, qui ad suscipiendum eum congregati erant, per dignos applausus recipitur, et cum exsultatione totius civitatis ad Sancti Michaelis ecclesiam ducitur. Ibi clerus, ibi nobilium cœtus, ibi plebs utriusque sexus, omnes unanimes uno ore Henricum regem acclamant, collaudant, et per manuum elationem designant. Collaudatus igitur coronatur ; coronatus ex debito ab omnibus honoratur; ad palatium deinde cum omni jucunditate ducitur. » Rotbertus autem, anno Christi 997 cum eum pater sibi regni collegam adjunxit, *adhuc puer* erat, ut ait Adalbero, nimirum annorum circiter sexdecim, quippe anno 1031 mortem obiit, et *sexagenarius* Helgaldo dicitur decessisse.

(7) *Flore juventutis tua jam resplendet imago.*

Juvenis Rotbertus, seu incipientis juventæ, erat, et adolescentiam emensus, anno 998, cum patrem amisit, et annum ætatis circiter vicesimum septimum agebat. Quare Glaber Rodulfus auctor æqualis, in libri II capite 4, ita de utroque scribit : « Rex Hugo, in pace regno disposito, feliciter obiit. Erat namque Rotbertus rex tunc juvenis, prudens atque eruditus, dulcisque eloquio, atque pietate insignis. » [* Ex notata hic Roberti juventute conjectant Adalberonem statim a morte Hugonis Capeti Carmen suum composuisse; sed ejus verba non videntur scrupulosius accipienda, ut ex iis patet quæ dicta sunt in Monito. Juvenis quidem Robertus anno 998 dici potuit; at verisimile non est Adalberonem, qui anno 1027 adhuc superstes erat, anno 998 in *senio* dictum fuisse. Bouq.]

(8) *Forma super cunctos nobis speciosa videtur.*

Fuisse Rotbertum, ait Helgaldus, *statura eminenti, plana cæsarie, seu rectis capillis, naribus porrectis et patulis, elatis humeris, forma, demum egregia ac vere regia.* Regis Rotberti clara facies et lætus aspectus a Gerberto in quodam epistola memorantur. Obesus nihilominus fuit, ac ventre forsitan paulo projectiore, ita tamen ut obesitas robori corporis agilitatique non officeret, si qua Adalberonis verbis fides :

Quamvis mole gravis, tamen es cum robore levis.

Certe et Willelmus Nangiacensis monachus Rotbertum *robustum juvenem* et *agilem* vocat.

(9) *Plurima sub pedibus tibi fortia regna jugavit.*

Hic versus ad quintum versum refertur :
Quanta Deus tibi concessit, vel qualia misit.

Tibi, Rotberte, Deus fortissima regna subjecit, Franciam, Burgundiam, Aquitaniam; nimirum, ut, regnantibus in Francia Merovingiis, tria regna Francorum fuerant, Neustria, Austria, atque Burgundia; ita post mortem Ludovici Pii Augusti, divisis inter plures Franciæ ditionis provinciis, reges nostri reges Francorum Occidentalium dici cœpti, et tria eis regna nihilominus attributa, Francia Occidua, seu Neustria, Burgundia quanquam valde imminuta, et Aquitania. Hinc Abbo, in libro II, scribit Odonem regem *Franciam* seu *Neustriam, Burgundiam* et *Aquitanos* sibi subjecisse, *ternumque* illud seu *triplex regnum* vocat : *Sic uno ternum congaudet ovamine regnum.*

Et in consecratione regis Ludovici Transmarini, Lauduni facta, quam scriptam habeo, hæc invenio : « Omnipotens sempiterne Deus, super hunc famulum tuum quem supplici devotione in regnum pariter elegimus; benedictionum tuarum dona multiplica, quatenus, *etc.,* ut *regale solium,* videlicet Francorum, Burgundiorum, Aquitanorum, sceptra non deserat, sed ad pristinæ fidei pacisque concordiam eorum animos, te opitulante, reformet. » Apud Flodoardum anno 969 : « Lotharius puer, Ludovici (hujus) filius, rex consecratur, favente Hugone principe cæterisque præsulibus ac proceribus Franciæ, Burgundiæ atque Aquitaniæ. » Rodulfus Glaber, in lib. II, capite 1 : *Congregatis in Aureliana urbe regia quibusque Franciæ et Burgundionum regni primoribus,* Rotbertum a patre superstite regem constitutum ait; Aquitanos omisit, quia tunc rebellabant. In veteri Chronico invenio anno 1059 Philippum, jussu Henrici patris regem consecratum esse, *astantibus Franciæ, Burgundiæ et Aquitaniæ archiepiscopis, et viginti duobus episcopis.*

(10) *Scripta patent celebres quæ mittunt Crotoniatæ.*

[* Hic hæret Valesius. Notum est Crotoniatas celebres admodum athletas fuisse, non item scriptores, de quibus hic forsan agitur. Bouq.]

(11) *Rusticus ille, piger, deformis et undique turpis Pulchra cum gemmis ditetur mille corona.*

Queritur, ni fallor, Adalbero homines obscuros et ignobiles, desides, deformes et corpore animoque vitiosos, abbates fieri, et mitra episcopali gemmata uti, quam per ironiam *coronam* appellat. Eo privilegio jam tum quidam abbates fruebantur; quod jus mitræ ferendæ postea Urbanus papa II Hugoni abbati Cluniacensi, anno 1088 contulit. Valesius intelligit mitram abbatialem, quam ab ignobilibus, hoc est ex infima plebe electis, abbatibus gestatam fuisse suspicatur. Sed fallitur vir doctissimus; nullus enim invenitur abbas cui concessus fuerit mitræ usus, ante Egelsinum, monasterii Sancti Augustini prope Cantuariam abbatem, cui Alexander II id privilegii impertivit, *ob ipsius scilicet Romanorum alumni et Anglorum apostoli* dignitatem. Hic usus tantum frequentari cœptus Urbano II pontifice, qui idem privilegium Oderisio Casinensi et Hugoni Cluniacensi abbatibus largitus est. Vide Mabillonium in præfat. in 1 partem sæculi vi, Benedict. § IV.

(12) *Juris custodes cogunt portare cucullas :*
Orent, inclinent, taceant vultusque reponant.

Cuculla, oratio, capitis in ea et corporis inclinatio, aut humi prostratio ad benedictionem accipiendam, *silentium*, oculorum totiusque oris demissio claustrorum sunt monachisque conveniunt. Indignatur ergo Adalbero optimates Francorum, atque ipsos adeo *custodes juris*, seu præfectos urbium, quos historici nostri promiscue a duplici munere militandi judicandique nunc comites, nunc judices appellant, ab abbatibus per ambitionem et avaritiam [* alii dicent, per studium in salutem animarum, et laudi vertent Bouq.] monachos fieri, et pios homines ac simplices ab eis ad mutationem vitæ vestisque compelli. Cujus mutationis, regnante Rotberto, insignia habemus exempla in Arnoldo comite Engolismensi, et in Burchardo comite Corboili atque Meloduni, qui ex comitibus monachi facti sunt. Sed et antea Willelmus, cognomine Caput stupæ, dux Aquitaniæ et Pictavorum comes, in Pictaviensi monasterio Sancti Cypriani monasticam vitam professus erat, deinde in monasterium Sancti Maxentii transierat, ubi circa annum 963 dicitur obiisse.

(13) *Nudi pontifices aratrum sine fine sequantur.*
Carmina cum stimulo primi cantando parentis.

Nudi pontifices sequantur aratrum et boves cum stimulo, cantantes carmina primi parentis, paradiso expulsi. His verbis invehitur Adalbero in abbates, qui omnia pene insignia et jura episcopalia sibi vindicarent, episcoposque nudos atque spoliatos, aliqua ex parte honore et felicitate sua dejecissent, et humiliores redegissent. [* An alicubi legitur episcopus ab abbatibus et bonis et honore spoliatos fuisse, ut hic supponit adnotator? Sed quos non amat, hos pessime videt. Bouq.]

(14) *Præsulis et si forte vacet locus, intronizentur*
Pastores ovium, nautæ, quicunque sit ille.

Ridet quidem Adalbero, sed ridendo dicere verum nil vetat; et indignatur vir nobilis homines plane ignobiles, pudendis ac vilissimis parentibus natos, divinæ legis ac sacrorum librorum ignaros, prorsus ἀγραμμάτους καὶ ἀναλφαβήτους a rege Rotberto ad episcopale extolli fastigium. Quod Glaber Rodulfus, Cluniacensis monachus, a Rotberto fieri consuevisse ita scribit ut regem ob id laude dignissimum judicet. Rodulfi in libri Historiarum III, capitulo 2, de Rotberto rege Francorum verba hæc sunt : « Hic itaque rex, ut sapientissimus Dei cultor, semper fuit humilium amator, superborumque, ut valuit, osor. Si qua enim pontificalis sedes in suo regno proprio viduaretur præsule, cura ei erat maxima ut utilis pastor, licet genere infimus (de suo addit Valesius, *divinæ legis sacrorumque librorum ignarus restitueretur Ecclesiæ*), potius quam nobilis eligeretur persona sæcularis pompæ. » Hac in re Christum Dominum imitatur, *qui infirma mundi elegit, ut confundat fortia.* (*1 Cor.* 1, 27). Qua de re causa etiam primates regni sensit plurimum contumaces, qui, despectis humilibus, sui similes eligebant superbos. Non solus ergo Adalbero, sed plerique regni Francici optimates hoc in Rotberto reprehendebant atque damnabant. Certe reges nostros ut probitatis morum ac prudentiæ, ita et *nobilitatis* in eligendis episcopis habuisse rationem docent veteres historici nostri, docent Vitæ sanctorum antistitum, docent priscæ Marculfi Formulæ. Nec ob aliud Theganus, Francus, vir nobilis, dolet et queritur sua ætate *ex vilissimis servis,* caprariorum filiis in libertatem assertis, *summos pontifices fieri. Omnes unum sunt in Christo Jesu. Non est servus neque liber (Gal.* III, 28). In rebus ergo sacris qui virtute præstat et doctrina, is est præferendus. Nobilitas anteferenda tantum est, cæteris paribus.

(15) *Et studiis quem nec constrinxerit una dierum.*

Qui ne uno quidem die studuerit.

(16) *Alphabetum sapiat digito tantum numerare.*

Sciat tantum *litteras computare per digitos* sanctus Adalbero, ut auctor Panegyrici de laudibus Berengarii Augusti, ac multi alii etiam vetustiores pro *scire* dixerunt ; et pro docto sapientem : ut hodieque scire vel vulgo nosse *savoir* a *sapere* dicimur; doctum *savant*, hoc est sapientem nuncupamus, et merito. Nam nisi in sapientem doctrina non cadit. [*Verumne sit hoc Valesii assertum judicent alii. Bouq.]

(17) *Hi proceres ; præceptores hos mundus adoret,*
Et juvet ut celebres nec reges excipiantur.

Tales episcopi, tam ignobiles, tam illitterati, sint proceres regni, inter optimates Francorum primi consideant debito episcopis loco. Hi ab omnibus pro præceptoribus habeantur, salutentur, ne celebribus quidem regibus exceptis, hoc est, a te etiam ipso, Rotberte, qui eos antistites elegisti, adorentur et honorentur.

(18) *Regula si stabilis divum permanserit ista,*
Disciplina, vigor, etc.

Regula divum : regula regum, regula Rotberti principis. Vult dicere Adalbero : si hanc perniciosam regulam, si hunc morem servare in eligendis indignis episcopis rex perseveraverit, et *ecclesiæ* et *reipublicæ*, seu regno, Francorum plurimum nociturum.

(19) *Legibus exstinctis, in pace sepulta quiescet.*

Sic perscriptum erat : *Ducetur ad ultima mortis pro in pace sepulta quiescet*, qualia multa, ipsius omnino Adalberonis chirographo superscripta, in hocce poematio reperiuntur; quæ singula suo quodque loco sum relaturus, si tamen sunt tanti.

(20) *Excluduntur et hi quos sola scientia comit,*
Christi conservos et quos sapientia nutrit, etc.

His octo versibus Adalbero indicat litteratos, bonos et sapientes viros, et catholicæ sanctæque doctrinæ, ab episcopatibus, a conventibus vel synodis ad hæreses impugnandas coactis, atque a consilio regis procul amoveri.

(21) *Omnibus egressis thalamum post ostia servent.*
Forte legendum est *ingressis.*

(22) *Ut procurator regis mundana ministrans,*
Sit piger, ignavus, etc.

Quem *procuratoris regis* nomine designet Adalbero divinare non possum, ut nec quæ supra sint *scripta Crooniatarum*, inscripta *lex antiquissima.* — *Mundana ministrans,* res administrans.

(23) *Et jugiter maneat divisus sorte jugali.*
Id est, procurator regis uxorem non ducat, sed semper in cœlibatu permaneat.

(24) *Ne regis hæredipetæ non spes sibi constet.*
Procuratori regis spes lucri non sit, nisi rege hæreditatem aliquam petente, seu bona aliqua fisco suo tanquam caduca vindicante. Qui si verborum Adalberonis verus est sensus, ut esse videtur, *procurator regis* hic erit procurator fisci, ut infra custodes thalamorum, cubicularii.

(25) *Cæsaris his majora jubet descriptio Magni*
Devicit ille sacer de sede monasticus ordo :
Uxores ducant pulchras, et prælia tentent.

Valens Aug. lege lata ut monachi militarent, nolentes per tribunos et milites *fustibus* jussit interfici, sicuti Hieronymus presbyter scribit in Chronico : quæ Valentis lex exstat in Codice Theodosiano. Paulo ante imperator Julianus milites ante peracta stipendia monachos fieri lege vetuerat. Et monachos quidem Valens militare jussit; Constantinus Copronymus, Leonis filius, eosdem et uxores ducere albatos præcepit aut coegit, quemadmodum Theophanus ab Anastasio translatus, cæterique memoriæ tradidere. Videtur autem Adalbero nomine esse deceptus, et quod a Constantino Copronymo factum est, Constantino Magno falso tribuisse, quem supra *Cæsarem Magnum,* et cujus legem, Cæsaris Magni descriptionem appellaverit. Quippe Constantino Copronymo, principi pessimo ac impiissimo Leonomacho *Cæsaris Magni* appellatio non convenit, ut nec imperatori Valenti Ariano. Sed cur hæc de monachis ætatis suæ dicit Adalbero, aut quid tunc apud monachos nostros simile gerebatur?

(26) *Rectores rerum placet accersire mearum.*
Hic versus, cum sensum turbet, aut vacat, aut non suo loco positus est.

(27) *Pileus excelsus de pelle Libystidis ursæ.*
Monachorum habitum damnat et irridet Adalbero, qui, obliti professionis suæ, pileis ex pelle ursina, vestibus crurum tenus decurtatis et anterius posterius apertis, pictis balteis, et gladiis, et arcubus ac calcaribus equitantes uterentur. Ordericus Vitalis anni 1089 res referens : « Nunc, inquit, prope universi populares caput velant vitta sive pileo. Vix aliquis militarium procedit in publicum capite discooperto legitimeque tonso, secundum Apostoli præceptum. » Antea, scilicet Galli et Franci, more Romano et Germanico, capitibus apertis atque intectis esse consueverant. Cæterum hoc hemistichium Virgilii est ex libro v Æneidos.

..... *Pelle Libystidis ursæ.*

(28) *Et vestis crurum tenus est curtata talaris :*
Finditur anterius, nec parcit posteriori.

Mutavit Adalbero posteriorem primi versus partem, ut emendaret errorem, et ita superscripsit pro *curtata talaris, talaris adempta.* Glaber Rodulfus, Rotberto regnante, vixit, et Willelmi abbatis Divionensis, seu monasterii Sancti Benigni Vitam enarravit; quem in capite 24 inducit sic concionantem in consecratione basilicæ Sancti Benigni c. 16 : « Non aspicitis quæ scissuræ et detruncationes vestium rabidissimæ? quæ attonsuræ per cervices virorum, etc. Ista enim universa, recentia et nuper grassata, ex diabolicæ superstitiositatis rabie emersere. » Idem in fine libri III Historiarum de eadem re loquitur, et *trunca veste viros* Francos irridet. Hæc recentia damnat, apud Glabrum, Willelmus monachorum abbas in laicis; sed eos tamen monachi equitantes iterque facientes imitabantur, et suas vestes talares atque demissas ita detruncabant decurtabantque, vix ut genua contingerent : easdem, cum undique clausæ esse deberent, ante et retro aperiebant, ut ad conscendendum equum essent expeditiores. In detruncationibus illis decurtationibusve, atque etiam in scissuris vestium hodieque insanimus.

(29) *Ilia baldringo cingit strictissima picto.*
Baldringum appellat Adalbero balteum nomine mihi alibi non lecto : quem nos vulgo *baudrier* a *baldringo* dicimus. Pictum autem baldringum nuncupat, qui acu pictus esset. Germanis *ring*, balteum sonat, ut in voce *rinca* docet Cangius; *bald.* vero, *audacem virum*; ita, juxta vocis etymon, *baldring* fuerit cingulum viri militaris et in armis strenui.

Notandum in sequentibus versibus *forcipem, malleum* et *ilicem* monacho equitanti tribui : *forcipem,* ad extrahendos clavos ex soleis ungulisque equi; *malleum*, ad calcandum equum, seu ad tundendos clavos ungulis equinis infixos; *ilicem* seu iligna folia ad excipiendum servandumque ignem e silice ferro excusum.

(30) *Ossa superficiem stringit diffusa deorsum.*
Osas Paulus Langobardus in libro IV, *hossas* monachus Sancti Gallensis, in libro II, cæterique appellant *fascias crurales, caligas* vel *ocreas :* Matthæus Parisiensis *calceamenta militaria quæ vulgo housses dicuntur.* Germani hodieque ejusmodi tibialia *hosen*, nos *housses* vocamus. Sed videndum annon hic Adalbero *ossæ deorsum diffusæ* ac *superficiem stringentis* nomine potius designet pænulam, quam supra omnia vestimenta et arma adversus imbres monachus equitaturus sumpsisset ac superjecisset. [* Fascias crurales *osarum* nomine constanter intelligunt medii ævi scriptores, ut videre potes apud Cangium in Glossario Bouq.]

(31) *Saltibus incedens* (terram calcaria pungunt)
Id est saltuatim incedit monachus, postquam equo descendit, et calcaribus suis, non jam latera

equi, sed humum pungit. Mutavit autem et hunc versum Adalbero parum sibi satisfaciens et ita superscripsit.
Saltibus impressam pungunt calcaria terram.
(32) ..... *terram calcaria pungunt.*
Cœpit summa pedum cum tortis tendere rostris.

Saltuatim incedit monachus, et terram calcaribus pungit, cum summos pedes protendere et rostra tordere cœpit; quoniam propter enormes calceos aliter progredi non potest. Ordericus Vitalis, in Rebus anni 1089, calceos hujusmodi describit his verbis: *Sutores in calceamentis, quasi caudas scorpionum, quas vulgo pigacias vocant, faciunt.* Item : *Viri curiales pedum articulis colubrinarum similitudinem caudarum imponunt,* hæ ergo veluti caudæ colubrarum et scorpionum terrestrium vulgo pigaciæ dictæ, *pedum articulis,* seu *summis pedibus* imponebantur, hoc est fronti vel anteriori parti calceorum assuebantur, Quare ait Adalbero:
Cœpit summa pedum cum tortis tendere rostris.
Rostra appellat has caudas colubrinas et pigacias calceorum a similitudine rostrorum avium aut navium : Quales Joannes Dubravius etiam *calceos rostratos* vocat. Hic enim in Hist. Boiemicæ, libro xx de Joanne, rege Boiemiæ, Francorum mores imitante, ita refert circa an. 1328 : « Inerat ei peregrinus habitus in nutriendis comis, in calceandis pedibus rostratis calceis, in vestiendo corpore palliolis vix dimidias nates tegentibus. » In Chronicis res gestas Caroli VI, Francorum regis, continentibus, quæ, a docto monacho composita, in Bibliotheca Thuanea servantur, hæc de Francis præsertim nobilioribus anno 1396 Nicopolim obsidentibus reperio : « Vestimenta fimbriata et manicata superflue, et semper calceamenta rostrata longitudinis duorum pedum et quandoque amplius deferebant, quæ reprel ensibilis dissolutio inter nobiles et specialiter Franciæ vigebat. » Tum adjecit auctor de Francis eisdem, cum Bajazete quem Basatum et Basitam vocat, pugnaturis : « Et ut levius pedestres possent incedere, rostra longa et superflua calceorum amputarunt; quæ proh pudor! reprehensibilis et vana curiositas inter nobiles hucusque viguerat, et tunc terminata fuit. »

(33) *Ingreditur, noti fratres quem nosse laborant.*
Concurrunt cives, et larga palatia complent.
Pontificem sic de formis tunc sistitur ante.

Accurrunt monachi, noti fratres et cives Adalberoni dicti, et monachum, deposita monastica, veste laica indutum, armatum atque ita deformatum ut ab ipsis vix possit agnosci, ante abbatem suum sistunt, quem invidioso nomine Adalbero *pontificem* appellat, hoc est episcopum, ut monasterii septa *palatia;* et infra Odilonem regem εἰρωνικῶς vocat.

(34) *Miles nunc, monachus diverso more manebo.*
Non ego sum monachus, jussu sed milito regis;
Nam dominus meus est Oydelo Cluniacensis

Abbati monachum militarem non agnoscenti, et interroganti an monachus suus sit, quem pridie miserit aliquo, ille respondet : « Modo miles sum, modo monachus; cum iter facio, miles; cum in monasterio moror, monachus. Quid me interrogas? Proprie monachus non sum, *sed jussu domini Odilonis Cluniacensis* abbatis, *qui rex meus est, milito.* » Quid facetius excogitari potest? Erat ergo hic monachus monasterii unius e multis quæ ab Odilone per Gallias tum regebantur, ut docet Jotsaldus monachus, qui de vita et virtutibus sancti Odilonis abbatis libros tres ad Stephanum episcopum ejus nepotem composuit. Hos libros in Codice Thuaneo, nimirum in Lectionario Ecclesiæ Lugdunensis nuper inveni, dignos ubique legi; quos Petrus Damianus in Epitomen coegisse se scribit sine appellatione eorum auctoris. [* Sancti Odilonis Vitam a Jotsaldo scriptam habes apud Mabillonium sæc. vi Benedic. parte i, pag. 679 et seqq. Bouq.]

(35) *Tune cata to siopomenon causam meditaris?*
In studiis memini formarum nosse figuras.

Rex Rothertus, qui *monachorum pater ac nutritor* Helgaldo dicitur, et qui Odilonem plurimum amabat, ut Jotsaldus, Glaber Rodulfus, aliique tradunt; Rothertus, inquam, audiens monachos tantopere sibi dilectos, et Odilonem quoque amicum suum ab Adalberone traduci ac derideri, temperare sibi non potest quin silentium rumpat : et *Tune,* inquit, episcope κατὰ τὸ σιωπωμενον *causam meditaris?* Tu ne me nil reponere, nihil tibi respondere voluisti, ut tibi monachos et singularem amicum meum Odilonem impugnanti ac irridenti tacendo viderer consentire, et silentio meo vel quasi ἀποσιωπήσει et reticentia, figura mihi olim puero in scholis notissima viros bonos destituerem, proderem, ac relinquerem indefensos? Iratum sibi Adalbero Rotbertum inducit, aut saltem commoto similem, quod de monachis male sentiret et scriberet. Unde subjicit :

(36) *Non tua præpediat nos indignatio fervens.*
Præceptum Domini liceat cum pace referre.

Tua, quæso, indignatio orationem meam non interrumpat, pie rex : tua mihi ira non obsit. Pace tua mihi liceat, præcepta Dominica referre.

(37) *Sarra nimis gens cenorum, de more, petulca,*
Regnum Francorum, manibus ferroque subactum,
Occupat, et rodit quidquid sibi Gallia nutrit, etc.

Sarraceni, inquit Adalbero, *gens valde petulans,* ex more regnum Francorum vi et armis subactum occupant ac diripiunt, Galliam sanguine inundant, earumque reliquias dispergunt, easque avibus *ac leonibus* (si qui tum tamen in Gallia leones erant) exponunt, episcopatum *in primis Turonicum* vastant. Qua beati Martini et tua quoque suorumque *Odilo* motus injuria *Romam petiit, pro salute monachorum precaturus.* Hæc Adalbero scribit mera ænigmata. Qui sunt enim *Sarraceni* illi qui tum regnum Francorum, et præcipue episcopatum Turonicum ita vastavere? Sarraceni quidem Fraxinetenses, antea culminibus Alpium occupatis, Maiolum Cluniacensis monasterii abbatem, cui Odilo successit, cum suis omnibus ceperant ex Italia et urbe Roma revertentem, vix mille libris argenti redimendum; sed paulo post a Willelmo comite Arelatensi ad unum omnes cæsi fuerant isti provinciæ et Italiæ p pulatores, uti Glaber Rodulfus et Odilo ipsemet in Libello de vita Maioli abbatis tradunt. Anno 994 vel 997 *incensum est castrum beati Martini et ipsius basilica cum viginti duobus ecclesiis*, viii Kalendas *Aug.*, ut Chronicon Thuaneum, in anno 1137 desinens, et Majoris Monasterii monachus docent. Sed fortuitum illud incendium fuit omnino, cum ejus auctor nemo nominetur; nec ulli genti Christianæ religioni infestæ tribuendum, nedum Sarracenis qui tum oram Galliæ Narbonensis latrociniis ac furtivis prædationibus infestare potuerunt; interiora regionis Celticæ circa Turones penetrare minime potuerunt. Circa annum 1000, Norwegi, vel Norvagi, et Suadia, [4] Richardo Juniore duce Nortmannorum, adversus Odonem, comitem Carnutensium et Blosensium, qui et urbem Turones obtinebat, accersiti, Britannis primum prælio victis, et castro eorum dolo expugnato ac incenso incolisque jugulatis, Rotomagum navibus petiere. Quos populos idololatras Sarracenorum nomine ab Adalberone designatos esse non puto; propterea quod, mox a Rotberto rege Francorum inter Richardum et Odonem pace facta, remissa sunt auxilia, et in sequenti anno ex Nortmannia domum, aut (ut aliis placet) in Angliam insulam sive Britanniam, unde venerant, reverterunt, ita ut vastandæ Galliæ et depopulandi agri Turonici spatium non habuerint. Fuere et inter Odonem hunc et Fulconem, Andegavorum comitem, multa bella, causa excidii interioris Galliæ agrique Turonici. Fulco Ambaciam et Luccas in pago Turonico tenebat; Odoni parebant Turones; cui urbi Fulco imminens, Montem Budelli castellum ei adversum q posuit, et anno 1016 apud Pontilevium Odonem prælio superavit. Sed hæc multo post Carmen istud a Adalberone compositum, et forsitan quoque post Adalberonis ipsius obitum, contigerunt, rege Rotberto non jam flore juventutis splendente; non jam incipientis juventæ, sed desinentis.

(38) *Sunt avium, sunt jam consortia facta luporum.*

Corpora sanctorum videlicet. Hunc versum mutavit Adalbero, sed infelicius :
Concives avium jam sunt sociique leonum,
nimirum sancti, seu eorum cineres et reliquiæ.

(39) *Vastat episcopium cum strage Turoniacense.*

Genus Sarracenorum scilicet.

(*) *Martinus plorat, tuiorem clamitat idem.*
Ogde'o compatitur, simili qui jure tenetur.

Annon gentis Sarracenorum appellatione designare voluit Adalbero principes Franciæ, nimirum comites, marchiones ac duces tunc regnum Francorum lacerantes, urbes et castella occupantes, inter se armis dimicantes, sacra et profana more Sarracenorum diripientes, in primis Fulconem Andegavorum comitem, *episcopatus Turonici et rerum beati Martini vastatorem?* Certe apud Glabrum Rodulfum in libr. Hist. II, caput 4, Hugo Turonum archiepiscopus dicit et queritur Fulconem *matri Ecclesiæ sedis sibi commissæ, prædia et mancipia eripuisse* non pauca. Fulbertus quoque in epistola 99 scribit Fulconem comitem res ecclesiæ invasisse et abstulisse, et archiepiscopum Turonicum coepiscopos ad eum excommunicandum hortatum esse. Et alibi legimus proceres aliquos, regnante Rotberto, bonis possessionibusque Cluniaci manus injecisse, et de his apud Benedictum papam VIII per suos questum esse Odilonem coram Rotberto rege Francorum et principibus optimatibusque ejus, qui ad limina apostolorum venerant; ita ut facile *Odilo compati Martino potuerit, cum simili ipse jure teneretur*, hoc est cum eamdem ipse ab aliis accepisset injuriam.

(41) *Hic Romam petiit monachis orare salutem.*

Nec Jotsaldus, nec Petrus Damianus qui ex Jotsaldi epitomen fecit, nos hic quidquam juvant. Hæc sunt de Odilone verba Jotsaldi : « Lætabatur etiam urbs Roma, mundi domina, tanti viri contubernio frequentata sæpius, sanctorum apostolorum amore et desiderio; et, » ut idem ait, « quo tempore rex Henricus ad arcem Romani imperii festinabat, ut ad imperium promoveretur, *eum comitatus est Odilo.* » Rei suæ causa, aut ad res monasteriorum suorum ecclesiarumque repetendas, Odilonem Romam unquam venisse noster dicit; quod tamen verum esse potest.

(42) *Conscenaunt voces, fremitum dant Cluniacenses:*
Clamant atque monent : subito dispone, magister,
Arma subire tuis, et quæ præponere debent, etc.

Describit jocosus senex comitatum Odilonis Romam petentis, quem hic Cluniacenses monachi *magistrum* appellant, sicut supra :

Mittere proponunt, mox explorare magistrum.

Ut ante in Odiloniani monac hiter facientis, sic nunc in comitatus Odilonis Romam proficiscentis descriptione lascivit. Plane, sicut episcopis et monachis convenire solet, apparet Adalberonem monachis, præsertim Cluniacensibus tum maxime florentibus, et Odiloni abbati clarissimo potentissimoque amicum non fuisse. Inducit Adalbero Cluniacenses Odilonem interrogantes quem habitum indui ipsos Romam una ituros, qua ratione instrui armarique velit, quid supra, quid subtus, quid foris ac palam, quid intus sumere oporteat :

Et quæ præponere debent,
Quæ sint exterius, et quæ sint interiora.

Dicet aliquis : An *voces et fremitus*, et *clamores* convenient monachis abbati suo loquentibus ? Non conveniunt plane, nisi abbatis sui patientia abutentibus; quod tunc fecisse Cluniacenses monachos verisimile est Valesio qui non meminit, ut videtur, quanta eorum fuerit erga sanctissimum abbatem reverentia. Quippe Odilo vir tam mitis erat, et non sequentibus disciplinam tam facile ignoscebat, ut nimiam ejus in delinquentes clementiam ac misericordiam haud pauci reprehenderent; quemadmodum Jotsaldus, Petrus Damianus ac Sigebertus scribunt. Qua abbatis sui lenitate ac frequenti etiam absentia, et magnis monasterii sui opibus facile Cluniacenses efferri potuerunt, ita ut *vociferarentur* et fremerent abbate præsente, ac, monachici silentii immemores, *clamorem* tollerent etiam laicis indecorum.

(43) *Lunaris pendere prius debet tua pelta.*
Insuper apponas tibi loricamque trilicem.

Præscribit monachis suis, peregrinationis Romanæ comitibus futuris, Odilo cultum et habitum cuique suum, ridicula omnia et quæ fieri nec debeant nec possint præcipiens. In primis super clypeum amento collo injecto dependentem, loricam induere singulos jubet. *Lunarem peltam* pro lunata vocat Adalbero parmam Amazonicam, sive scutum brevissimum, dimidiæ figura lunæ duo cornua emittens.

(44) *Lubrica sustineant galeam cinctoria lumbi:*
Corrigiis caput astrictum mucrone corones.

Pergit Odilo, et galeas non jam capitibus fratrum imponi, sed ad *cingula lumborum* appendi jubet, et (quod fasciis cruralibus conveniebat) capita eorum longissimis corrigiis astringi figura coronæ novaculis circum rasa, aut certe corrigiis sub mento nexis pilea in capite contineri; *spicula*, seu tela post tergum rejici, gladios nudis dentibus mordicus teneri præcipit : sicut Ranimirus II, Aragonensium rex, habenas equi sui tenuisse dicitur armatus.
Spicula post tergum teneas, tum dentibus ensem.

Cæterum *coronare* caput proprie dixit Adalbero. Monachi enim atque etiam clerici in coronam attondebantur. Tonsuram hanc hodieque ob id utrique, veteri nomine, *coronam* appellant.

(45) *Et cogit juvenes lentos ascendere currus,*
Atque senum præcepit equos conscendere turbam.

Ex monachis qui ipsum in Italiam secuturi sunt, juniores Odilo in currus, senes in equos imponit, cum contra juvenes equis, senes curribus, plaustris, rhedisve vehi oporteret. Hinc patet quæ fides habenda sit jocis Adalberonianis, ut omittam sequentia.

(46) *Ascendant asinum bini, denique camelum :*
Si non sufficiunt, bubalum conscendite terni.

Non sufficientibus equis, Odilo singulis asinis binos e comitibus suis cum famulis tum etiam monachis, singulis bubalis ternos, singulis camelis denos jubet insidere. Hæc quidem ridicula sunt et ficta ; ex his tamen intelligitur Odilonis Romam proficiscentis maximum fuisse comitatum. Nam cum *turba* senum eum secuta esse dicatur, quis non videt, non intelligit multo majorem ei juvenum multitudinem adfuisse? Unde subjicit Adalbero :
Millia mille viri procedunt ante quirites.

Sane quocunque degebat, quocunque procedebat (Odilo), tanta sequebatur eum frequentia fratrum, ut jam non ducem aut principem, sed revera putares eum esse archangelum monachorum, uti Jotsaldus in vita ejus memoriæ tradit [« in sanctum virum ut reverentiam probet, non apparatum describat. *Archangeli* nomine, ob eximiam sanctitatem eum inter alios salutat Fulbertus Carnutensis. Bovo.] *Dux* autem ille et *princeps* monachorum, vel potius *rex*, ut supra nuncupatur, non monachis solum, sed etiam abbatibus imperabat. Quatuordecim monasteria Odiloni

A subjecta memorat Jotsaldus per Burgundiam, Aquitaniam, et Provinciam; ac Nantuadense, monasterium, quod ipsi Gislebertus comes corrigendum tradiderat. Sed et Willelmus, dux Aquitanorum, Odilonem multis magnisque muneribus ad se traxit, et nonnulla cœnobia suæ ditionis ejus magisterio commendavit, in primis Ingeriacum, et monasterium Sancti Cypriani in suburbano Pictavorum positum. Idem Rotberti regis Francorum; Adelaidis Aug. matris, aviæ amborum Ottonum ; Heinrici imperatoris Romanorum, qui sceptrum et sphæram et imperatoriam coronam ex auro Cluniaco dedit ; Chonradi quoque et Henrici ejus filii Cæsarum amicitiis, officiis, et muneribus honoratus est ; a Stephano quoque rege Hungarorum et a Sancio rege Cantabrorum

B et Navarrorum idem litteras cum beneficiis et muneribus accipere consueverat. Monasteria nonnulla partim a fundamentis exstruxit, partim semiruta, vel ruinam minantia refecit, prædiis auxit et insignibus ornamentis, monachis implevit. Neque ab abbatibus modo, verum etiam ab episcopis officiosis obsequiis nonnunquam honoris causa excipiebatur. Inter abbates igitur Gallicanos, qui tum erant usque ad episcoporum invidiam felices, divites et validi, maxime eminebat ac veluti regnabat Odilo, Cluniaci opulentissimi monasterii, et tot ac tantorum cœnobiorum per totam Galliam et Longobardiam quoque diffusorum potens ; imperatorum et regum prope ex æquo amicus.

(47) *Millia mille viri procedunt ante Quirites.*

Odilo plurimis comitatus monachis Romam venit, et spectandam Romanis ingressus sui pompam exhibuit.

(48) *Res agitur ferro ternis prolata diebus.*

Legitur alias : *Res agitur ferroque tribus prolata diebus.* Quid hoc versu et novem sequentibus describat, aut quid sibi velit Adalbero, haud facile dictu est. Rem enim ferro per *triduum* actam, et pugnam commemorat Kalendis Decembribus pugnatam, et signiferum, qui, cuspide equo dejectus, vexillum reliquerit turpiter, et cum reliquis fuga domum repetiverit. Omnino designat rem aliquam risu dignam, quæ Romæ Odiloni comitibusque ejus acciderit, et malum peregrinationis eventum.

D (49) *Signifer in medio properas non stertere cœpi :*
Dissutis malis, flatum pugnando rejeci.

Signifer iste *in medio* agminis positus, quem Adalbero de se loquentem inducit, Odilo ipse est qui fatetur se flatum ventris pugnando emisisse, seu βδέσμα, ac cum suis fuga Gallias petiisse :

Cum reliquis fugiens, genitalia regna petiit.

Hæc, quo magis mirere, scripta sunt vivo Odilone, qui anno 1048, ætatis 87, multo post Adalberonem ipsum decessit.

(50) *Hæc patrata scias in prima luce Decembris;*
Hoc itidem Martis tentabitur ante Kalendas.

Hoc nescio quid Romæ contigisse indicat Adelbero Kalendis Decembribus Odiloni, et idem eum proximis Kalendis Martiis iterum ibidem tentaturum. Quibus verbis carpit frequentes istas abbatum, in primis Odilonis, peregrinationes Romanas, monasteriis onerosas, disciplinæ etiam inimicas. Nam et monachi qui abbatem peregrinantem comitantur, leges suas majore ex parte servare non possunt; et qui in monasterio remansere, absente abbate eas servare non curant.

(51) *Militiæ princeps ad te nos Oydelo mittit.*
Te dominum monachorum bellicus ordo salutat.
Admonet, invitans acies ut bella perornes.
Agmine conseptus, mandatum concitus imple, etc.

Hic ab Adalberone inducitur monachus, tanquam legatus ad Rotbertum, regem Francorum, missus ab Odilone, qui abbatis sui nomine regem salutat, eumque hortatus ad bellum sacrilegis proceribus rerum suarum occupatoribus ocius inferendum. Ubi notanda sunt verba monachi Cluniacensis legati, Odilonem abbatem suum *principem militiæ* appellantis, et monasticum ordinem *bellicum ordinem* nuncupantis, et magnopere instantis urgentisque ut rex celeriter convocet milites, cogat copias, apparet bellum, atque abbatis sui quamprimum exsequatur *mandata*. Fulbertus, Carnutinæ Ecclesiæ episcopus, in epistola 66 monachorum *archangelum Odilonem*, et *nostrum*, id est suum *archangelum* appellat. Jotsaldus quoque, eum secutus, *archangelum monachorum*. Hinc vulgo *archangelus* videtur esse nuncupatus. Constat autem Michaelem archangelum a Græcis sæpe dictum esse κατ' ἀντωνομασίαν, Ἀρχιστράτηγον, hoc est *principem militiæ* angelicæ, magnum militum cœlestium, ducem angelici exercitus. Si itaque potuit Odilo, more Michaelis, *archangelus* vocari, potuit et ejusdem nomine *princeps militiæ*, sed nempe monasticæ, appellari. *Monachorum bellicum ordinem* vocat legatus Odilonis, vel potius Adalbero, quia tunc monachi quotiescunque iter facerent, gladio cincti, pharetrati, veste trunci, seu sagati, et cum calcaribus more militum equitabant. Auctor est Glaber Rodulfus in libri Historiarum II capite 9, Rotberto apud Francos regnante, cum rex Cordubensium Almanzor Sarracenus Gallæciam, Navarram atque Castellam continuis incursionibus vastaret, urbes Christianas expugnaret, prælia etiam secunda faceret, monachos ejus regionis inopia militum arma capere, et bella gerere esse compulsos. Tunc etiam ob exercitus raritatem compulsi sunt regionis illius monachi sumere *arma bellica.* Erat ergo tunc monachorum saltem Hispaniensium ordo vere militaris. Apud eumdem in lib. III, cap. 4 invenio quosdam e Turonici monasterii beati Martini clericis sive canonicis tunc arma induisse atque militasse, et nonnullos eorum in prælio cecidisse.

(52) *Agmine conseptus, mandatum concitus imple.*
Armis te decet ante mori quam rura colendo.

Verba ea sunt legati Odilonis ad Rotbertum, regem Francorum : « Armare cum tuis, et mandatum Odilonis, *militiæ principis*; quamprimum exsequere, ac nostros hostes, nostri monasterii spoliatores aggredere. Te enim, *domine rex*, magis decet pugnantem gloriose occumbere, quam agros colentem, seu rusticantem et cessantem, lenta et ignava morte defungi. » His Adalbero et monachos arrogantiæ, qui regi imperarent, et regem ipsum, ad quem carmen composuit, inertiæ desidiæque argu't : qui certe fertur fuisse vir plus quam monachicæ simplicitatis.

(53) *Mittere perplures, quam frondes Asia spondet,*
Africa nigra, maris bibulas quam littus arenas,
Pars Europa minus non jactat tertia mundi.

Pergit mandata Odilonis exponere legatus, et quo minus dubitet bellum gerere. « Rex, scito, inquit, et persuasum habeto Europam, quæ non minus quam tertia pars terrarum orbis est, plures tibi in onachos commilitones *missuram* adjuncturamque auxilio, quam in Asia et Africa frondes sint, aut in littore maris arenæ. Hoc jactat Europa. » Quibus verbis Adalbero nimiam monachorum in Europa multitudinem sua ætate fuisse indicat, quid dicturus, si nunc viveret?

(54) *Quid tibi vis, rabies, tetris dignissima claustris?*
Figite per corpus, fugiat ne lividus, ungues.

Quid tibi vis, rabies, non jam monasteriorum, sed carcerum claustris coerceri digna? Hæc est exclamatio Adalberonis, episcopi Laudunensis, adversus monachos regem ad vindicandam armis ipsorum injuriam hortantes, compellentes et canentes quodam modo bellicum : quos *rabiosos* et tetro *carcere dignissimos* amarissime infestissimeque appellare non veretur fronte parum episcopali. Posterior versus potest convenire Rotberto, Adalberonis corpori *ungues infigi* jubenti, ne *lividus* et monachorum opibus gloriæque invidens *effugiat*.

(55) *Crede mihi, non me tua verba minantia terrent,*
Plurima me docuit Neptanabus ille magister.

Rex Rotbertus, cum monachos non irrideri solum, sed etiam *rabidos et carceribus dignos* ab Adalberone episcopo appellari videret, patientiam rupit, ac negavit se verbis ejus minacibus commoveri, aut se dictis ejus in monachos et jocis a monachorum amore deterreri ; se monacho magistro usum esse, ex quo *plurima*, et maxima utilissimaque didicerit ; cui quidquid scit acceptum, secundum Deum, referat ; cui plurimum et debeat et deferat, ut disciplinarum auctori. Constat enim Gerbertum præceptorem Roberti, obscuro genere natum in Aquitania, *monachum a puero* in monasterio *Aureliaco adolevisse* ; deinde scholam Remensem, seu Ecclesiæ Remensis, rexisse. Unde non raro se epistolarum *Gerbertum quondam Scholasticum*, et Gerbertum Scholarem abbatem, id est caput Scholæ, ipse se appellat. Discipulos habuit Rotbertum Hugonis filium, et Ottonem III, Ottonis II Augusti filium ; e quibus Rotbertus rex Francorum fuit ; Otto, patre mortuo, etiam imperator; Leothericum, post Senonicum archiepiscopum; Ingonem abbatem; et Fulbertum Carnutinum episcopum. « Rotbertus quidem a matre Scholæ Remensi traditus, domno Girberto ad erudiendum est datus, qui cum liberalibus instrueret disciplinis, » ut Helgaldus scribit. Auctor est Willelmus, Malmesburiæ monachus, in libro secundo Rerum Anglicarum ; Gerbertum *astrologiam*, abacum, cæterasque artes mathematicas a Saracenis Hispaniensibus didicisse, et in Gallia scholas publicas aperuisse: » quem Otto ipsius discipulus *philosophorum peritissimum et tribus philosophiæ partibus laureatum* in litteris appellat. Alii Borelio marchioni commendatum ab Aureliacensi abbate, et ab Haitone Hispaniæ episcopo mathesim edoctum esse verisimilius prodidere : et Borellum hunc nunc *ducem citerioris Hispaniæ*, nunc *comitem Barcinonensem* vocant.

(56) *Plurima me docuit Neptanabus ille magister,*
Labitur aula tholis rutilat quo splendida fulvis.

Rex fuit Ægypti Nectanabis, Agesilai regis Spartanorum æqualis, cujus Nectanabis vel Nectanabidis haud semel meminit in Agesilao Plutarchus Chæronensis, meminit et Diodorus Siculus, cui nunc Nectanebis, Νεκτανεβίς, nunc Nectanebos, Νεκτανεβὸς dicitur. Plinio in libri xxxvi capite 9, *Nectabis* rex corrupte pro Nectanabis. Nectanabis ergo ille vel Nectanebos, is est qui ab Adalberone corrupte Neptanabus vocatur. *Neptanabum* autem vel potius, Nectanabum nomine, veteris Ægypti regis per ironiam appellat magistrum suum Gerbertum Rotbertus Francorum rex, propterea quod more Ægyptiorum astrologia et mathematica enituit. Astrologiam enim Ægyptii diuturna observatione siderum invenisse et consecuti esse putantur, ut Cicero in libro I de Divinatione, Plinius in libri vii, capite 56, cæterique docent. Hæc est certissima felicissimaque versus Adalberonis expositio, ad quam sine adjuncta *magistri* appellatione minime pervenire potuissem. Rotbertus igitur plurima se a *magistro* suo didicisse ait :

(*Labitur aula tholis rutilat quæ splendida fulvis.*)

Ubi labitur aula quæ fulvis tholis splendida rutilat ; hoc est Remis in schola Remensi proxima Majori urbis Ecclesiæ, quæ tholo quidem inaurato nitet, vetustate tamen labitur, seu ruinam minatur. Tholus est testitudinis umbilicus ac veluti scutum media in ecclesia, quo trabes omnes conveniunt : vel in media templi aut ecclesiæ camera locus cui dona affixa pendent vel anathemata.

(57) *Per partes scindunt vestem quam quisque te-*
[*nebat.*

Hæc videntur scripta esse ab Adalberone de monachis Cluniacensibus, ab Odilone ad Rotbertum regem Francorum petendi consilii auxiliique causa missis qui, postquam princeps legationis finem loquendi fecit, ad testandum dolorem suum, et ad commovendum regem, vestem quisque suam disciderint.

(58) *Ordinis est igitur hæc transformatio regni.*

Hæc igitur apud Francos *ordinis* clericalis sacerdotalisve, ac præcipue monastici *transformatio*, regni ipsius transformatio *est*. Ita concludit Adalbero; hunc suo sermoni adversus monachos habito finem imponit. Idem initio dixerat hocce versu :

Ut placet imperio, sic se transformet et ordo,
Item :
Deviet ille sacer de sede monasticus ordo.

Certe monachos Gallicanos, vel Francicos, haud parum fuisse tum dyscolos, et a disciplina descivisse docent non modo tot Adalberonis versus, sed etiam multa monasteria in regno Francorum clarissima et opulentissima, in primis monasterium Parisiacum Sanctorum Vincentii atque Germani, monasterium Sancti Dionysii martyris tumulo illustre, monasterium Fossatense et plura alia a Glabro Rodulfo cæterisque memorata ; quorum monachi cum vitam pene sæcularem agerent, ad servandam sancti Benedicti regulam auctoritate regia et meliorum immissu atque opera compellendi fuerunt. Odo in Vita Burchardi comitis ait : Magonardum Fossatensem abbatem, virum nobilem, aucupio et canibus ac venatu delectatum esse, et, si quo iret, depositis vestibus monachicis, pretiosas pelles indui, et calamaucum vel camelaucium, pilei genus, pro capitio capiti imponere consuevisse ; tum addit : « Subjecti etiam quique pro posse et ipsi eadem sectabantur. Hic mos a cunctis monachis regni illius agebatur. » Willelmus qui abbas Divionensis monasterii Sancti Benigni anno 990 factus est a Brunone Lingonicæ Ecclesiæ episcopo, regularis vitæ disciplinam, quæ jam pene deciderat per veterum negligentiam, prout beatus Benedictus eam composuit in pristinum statum corrigendo restauravit, ac per diversas mundi partes per plura monasteria, a regulari tramite devia, tam per se quam per suos quos abbates ordinaverat, monastico ordini subdidit, ut in Chronico Benigniano scriptum reperitur. Addit auctor Chronici hujus monasteria Gemeticum, Besuense, Rothomagense Sancti Audoeni, Sancti Michaelis archangeli in monte, Sancti Germani Parisiis, Sancti Faronis Meldis, Sancti Arnulfi Mettis, Gorziam quoque, et Tullense Sancti Apri cœnobium, aliaque ei corrigenda et in ordinem cogenda esse commissa. Glaber Rodulfus de episcopis, abbatibus, clericis et monachis ejus ætatis sic scribit in libri II capite 6: « Quandocunque enim defecit religiositas pontificum, ac marcescit districtio regularis abbatum, simulque monasterialis disciplinæ vigor tepescit, ac per illorum exempla cætera plebs mandatorum Dei prævaricatrix exstitit. Quid aliud quam totum simul humanum genus rursum in antiquum præcipitii chaos illabitur ? » Idem in libro de vita Willelmi abbatis et presbyteri tradit monasterium Sancti Saturnini ad Rhodanum, cœnobia Vizziacense, Fiscannense, Remense, Melundense, et locum Sancti Michaelis archangeli, castro Ternodore propinquum, aliasque cellulas circiter quadraginta rexisse Willelmum, et in meliorem statum ac vitæ ordinem restituisse.

(59) *Spes juvenum, ventura dies, qui discere nolunt.*
Causa senum, sine spe pueriles plangere cursus.

Descendit nunc ad gnomas Adalbero parum cohærentes. Juvenes, inquit, pigri et desides, nec discendi cupidi, quia diu se victuros sperant, studia litterarum differunt in futurum. At senes, quibus juventus sine studiis exacta est, cum jam diuturnam vitam sperare non possint, adolescentiam male negligenterque transactam cum gemitu desiderant, et irritis votis revocant minime redituram.

(60) *Res Mala : quod scio defendunt; quod nescio,*
[*cedunt.*

Quod scio, vulgo prohibetur et vetatur; quod nescio, permittitur, pro permisso habetur, in usu est. Sic vulgo hodieque *defendere* dicimus pro vetare et inhibere *defendre*. Superscriptum erat in codice eodem sensu :

Res mala : quod scio despiciunt, quod nescio, quæ-
[*runt.*

(61) *Aut regis cineres aut nostras flabo Camenas.*

Libentissima emandarem *nostras flabo camenas,* nisi sequeretur : si Musas celebres.

(62) *Si Musas celebres, clament musarde sacerdos.*

Rex loquitur et ait Adalberonem episcopum, si Musas, seu litteras, colat, clamore indoctorum litteras contemnentium *musardum sacerdotem* contumeliæ causa appellatum iri. Hodieque otiosum et cessatorem *musardum* vocamus; *musard :* item *muser,* ut Germani *musen,* dicimus otiari.

(63) *Persius indignans promet tum lusca sacerdos.*

In Persii satyra 5, versus hic est :
Hinc grandes Galli, et cum sistro lusca sacerdos, etc.

Persium Adalbero diligenter legerat; nam et superior versus :
Jupiter ille duos numerat meliore lapillo;

Et nic alter :
Dissutis malis, flatum pugnando rejeci,

Dimidia ex parte sunt Persii, prior ex satyra 2 de bona mente ad Photium Macrinum :
Hunc, Macrine, diem numera meliore lapillo.

Posterior ex satyra 3, quæ increpatio desidiæ est.
Oscitat hesternum dissutis undique malis.

Item, infra, v. 200 : *Scire meum nihil est,* hemistichium Persianum est.

(64) *Prospera si tibi sunt, non tædeat hoc reminisci.*

Superscriptum erat, ab Adalberone, contumaci syllaba brevi frustra repugnante, *pigeat hoc reminisci?*

(65) *Partem namque sui, quæ pars sapientia vera.*

Superscripserat Adalbero :
Dans intellectum, quæ sit sapientia vera.

(66) *Civibus angelicis, hominum struitur quoque*
[*turmis.*
Pars quædam regnat; quædam pars altera sperat.

Hæc Hierusalem cœlestis a Deo exstructa est, ut ab angelis et ab hominibus quoque incoleretur;

A quorum pars jam ibi regnat, pars altera post mortem, aut post expiatas igne culpas sperat se ibidem regnaturam. Si *pars regnans* referretur ad angelos, *pars sperans* ad omnes mortales; dicendum esset Adalberonem credidisse hominibus christianis atque catholicis nisi post diem judicii cœli portam non patere : quod et multi alii credidere, sed falso.

(67) *Rex Augustini libros, dilecte, revolve.*
Urbs excelsa Dei quæ sit dixisse probatur.

Dilecte rex, libros Augustini de Civitate Dei perlege.

(68) *Inco, precor, mihi dic, præsul, qui sint ibi latus,*
Princi pares, et si qui sunt et in ordine patus.

Rex Adalberonem interrogat qui *incolatus,* et qui *principatus* pares in civitate Dei sui in cœlesti Hierusalem sint et vocentur. Gaudet autem tmesi per jocum Adalbero, ut supra :
Sarra nimis gens cenorum de more petulca.

(69) *Quære Dionysium qui dicitur Areopagita :*
Ille duos super his desudat scribere libros.

Dionysius qui Areopagita a plerisque sed falso dicitur, de cœlesti Hierarchia librum capitum quindecim, et alterum de Divinis Nominibus capitum tredecim composuit. Hi sunt duo libri, quos Adalbero designat, et a Dionysio scriptos esse tradit : quem cum addit *Areopagitam dici,* vulgarem opinionem jam ante annos centum et sexaginta invalescentem refert magis quam pro vera habet aut credit.

(70) *Præsul et ille sacer loquitur Gregorius inde,*
Job magnæ scrutans fidei moralia regis.

Gregorii papæ, quem vulgo Magnum cognominant, et qui primus eo nomine Romanæ Ecclesiæ præfuit, sunt *moralis Expositionis in B. Job libri* xxxv ad Leandrum Hispalensem episcopum. *Moralia* Adalberoni et multis aliis dici video hanc moralem expositionem. Sunt ejusdem in Ezechielem prophetam Homiliarum viginti duo libri ad Martinianum episcopum Ravennæ. Utrobique, ait Adalbero, Gregorium papam de Civitate Dei, seu de cœlesti Hierusalem, et de incolatibus principatibusque ejus scripsisse. *Loquitur Gregorius inde,* hoc est, Gregorius de ea re scripsit, *S. Grégoire en parle.* Ita hodieque vulgo loquimur.

(71) *Idem, sermonem complens, explanat aperte*
Hic et Ezechielis super his in fine patenter :
Hoc apices ipso quos Gallia dante recepit.

Hos in Ezechielem Homiliarum libros duos dicit Adalbero ab ipso Gregorio missos et datos esse Galliarum episcopis; quod alibi non legi.

(72) . . . . *Distinctus disponitur ordo supernus :*
Cujus ad exemplar terrenus fertur haberi.

Superscriptum erat :
Terrenus fertur discretus cujus ad instar.

Ubi observandum est sæpissime in hoc carmine ordinis fieri mentionem in secundo versu :
. . . . . *Fratrum Laudunicus ordo.*

Item.
Ut placet imperio, sic se transformet et ordo.
Devet ille sacer de sede monasticus ordo.
Te dominum monachorum bellicus ordo salutat.
Ordinis est igitur hæc transformatio regni.

Et de cœlesti vel suprema Hierusalem :
Ordine distincto regitur, non milite pauco.
Princi pares, et si qui sunt et in ordine patus.
. . . . Distinctus disponitur ordo supernus :
Cujus ad exemplar terrenus fertur haberi
Ecclesiæ veteris populi sub lege ministros,
Per Moysen Deus instituit, quos ordine rexit,
Ecclesiæ regnum cœlorum dicitur ordo.
Res fidei simplex : status est sed in ordine triplex.
Mutantur mores hominum, mutatur et ordo.
Nunc demonstras, tum deliberat ordo potentum
Discutiens, etc.
Justitiæ regimen noster non audeat ordo
Linquere.
Francorum primus, tu servus in ordine regum.

Itaque hoc carmen *De ordine* inscribi potest : propterea quod Adalbero in eo docet, uti cœlum seu suprema Hierusalem ordine regitur, et ordines habet alios ab aliis distinctos, ita hominum in terris diversos esse ordines, diversasque leges, quas servari oporteat.

(73) *Ecclesiæ veteris populis sub lege ministros*
Nomine quæ perfunctorio Synagoga vocatur.
Per Moysen Deus instituit quos ordine rexit.

In codice deletus erat e tribus his versibus secundus quo Ecclesiam veterem populi sub lege constituti, seu Judæorum, nomine perfunctorio Synagogam vocatam esse dicit Adalbero

(74) *Ecclesiæ regnum cœlorum dicitur ordo.*
Ordo Ecclesiæ dicitur regnum cœlorum.

(75) *Et nova lex inibi colitur, sub principe Christo.*
Emendavit et hunc versum Adalbero eum in modum :
Et nova lex ibi perfruitur, quæ gratia fertur.

(76) *Hoc et pontificum fixit censura fidelis,*
Qualiter, a queis, et quales ibi constituantur.

Ministri Ecclesiæ quales esse, a quibus et qua ratione constitui debeant, episcoporum in synodis congregatorum canones decrevere : canones, inquam, *censura pontificum* Adalberoni dicti.

(77) *Ipsum legibus est aptare necesse duabus*
Divinæ quas humanæ discretio format.

Statum Ecclesiæ necesse est aptare duabus legibus, divinæ et humanæ, quas format discretio; posteriorem versum mutavit Adalbero ita :
Virtutum quas distribuit discretio mater ;
Id est, *quas duas leges discretio, mater virtutum, distribuit.*

(78) *Lex divina suis partes non dividit ullus.*
Suis nimirum ministris, seu Ecclesiæ suæ ministris, quos, licet genere dispares, æquali omnes conditione esse voluit Deus.

(79) *Hos pia lex omni mundana sorde sequestrat.*

A Clericos seu ministros Ecclesiæ leges piorum principum sordidis ministeriis ac vilibus artibus vacare vetuerunt, et cum omni immunitate solis eos altaribus addixerunt.

(80) *Non sunt carnifices, caupones, necne subulci.*
Carnifices jam tunc vocabuntur quos antiquitas lanios appellavit. Ait igitur Adalbero ministros altaris vel clericos a sordidis ministeriis abhorrere, non agricolas, non bubulcos, non vinitores esse; vix arbores serere, aut hortos colere; eosdem nec lanios, seu carnarios, nec caupones, nec subulcos, vel suarios esse (*necne* pro *nec* dixit) non caprarios, non opiliones seu pastores ovium. Non cribro pollinem tritici floremve siliginis, seu farinam furfuribus secernere non lebetis ad ignem appositi in quo car-
B nes coquantur, curam ullam agere, id est coquos vel cocos non existere, utcunque exprimit Adalbero hoc versu :
Nec Cererem cribrant; hos non coquit uncta lebeta.
Ubi *lebeta* pro *lebes* dicitur. Hæc autem omnia dicit Adalbero, ut regem Robertum arguat, *pastores ovium et nautas,* uti supra ait, hoc est rusticos ac humillimas infimasque personas in episcopatu evehentem.

(81) *Terga suum per dorsa boum non serpere cogunt.*
Hoc est, clerici sues pedibus colligatos bobus non imponunt, venales in urbem advehendos.

(82) *Non sunt lautores, contemnunt fervere vestes.*
Lintea hi non lavant, sive linteamina, et vestes lineas lixivio fervefacere dedignantur. *Fervere* enim
C hic positum pro *fervefacere.* Vel certe hoc versu designantur ab Adalberone fullones qui vestes laneas abluere, desquamare et polire consueverunt.

(83) *Sed mentes purgare suas et corpora debent,* etc.
Affirmat Adalbero clericos, præsertim presbyteros et episcopos, non solum animis, sed etiam corporibus mundos, castos et sobrios, bonis moribus adornatos, ac servilis conditionis expertes esse oportere. Certe servi nisi prius libertate donati essent, ad clericatum pervenire non poterant : *Non enim debent Christi et altaris ministri obnoxii esse humanæ servituti,* ut in Vita Ludovici pii imperatoris legimus.

(84) *Omne genus hominum præcepto subdidit illis,*
Princeps excipitur nullus, eum dicitur omne.
D Omnes homines Deus cujuslibet professionis et dignitatis, etiam principes, reges ac imperatores presbyteris et episcopis in spiritualibus voluit esse subjectos; ab his fidem catholicam edoceri; ab his ita edoctos sacro fonti immergi.

(85) *Et mergi doctos sacri sic fonte lavacri.*
Ex quo intelligitur, etiam tum eos qui adulti baptizabantur in sacrum fontem mergi consuevisse, non autem capita eorum solummodo aqua perfundi.

(86) *Constituit medicos, si vulnera computruerunt,*
Per quos sermonum cauteria sunt adhibenda.

Presbyteros Deus nobis medicos dedit, qui animorum nostrorum *vulnera* ac *putria ulcera,* hoc est peccata graviora, sermonum suorum, vel salubrium præceptorum, hortationumque et consiliorum quibusdam quasi cauteriis curarent. Hoc de laicis peccata sua confitentibus, et a presbytero pœnitentiam accipientibus intelligendum est, ni fallor.

(87) *Corporis ille sui sacramentum sanguinis atque Jussit quo solus tractaret rite sacerdos*

Christus jussit quo [pro *ut*] *solus sacerdos*, seu presbyter, *corporis atque sanguinis sui sacramentum rite tractaret.*

(88) *Maxima commisit quos se tractare rogavit.*

Maxima commisit eis Christus *quos tractare* se jussit, seu presbyterorum fidei summa commisit mysteria, quorum manibus sacrosanctum corpus suum tangi contrectarique voluit, jussit. Rogare tum pro jubere molliori verbo dicebant. Jonas qui Chlodovei Junioris principatu, ante Adalberonem nostrum annis 350 floruit, in libro de Vita Columbani abbatis, de Brunichilde in nepotem suum regem Theodebertum captivum sæviente ita refert : *Theodebertum fieri clericum rogavit, ac non post multos dies impie nimis post clericatum perimi jussit*, id est clericum eum fieri jussit, ac paulo post interfici. Sic multi alii loquuntur, non inepte, quia preces potentiorum pro jussis habendæ, et qui cogere potest, si quando rogat, jubere, præcipere ac mandare censendus est. Et quoniam facta est Jonæ mentio, quem in libro XVII Rerum Francicarum docui non Scotum, ut vulgo creditur, nec abbatem, sed natione Italum, ac Bobiensem monachum fuisse ; quæ patria ejus fuerit, scire convenit. Reperi nuper in veteri codice vitam beati Attali abbatis Bobiensis, (ita enim ibi semper, et omnino melius appellatur, cum vulgo Attalas vel Attala dicatur) in qua Jonas ipse de se matrem suam post annos novem visente, et de duobus itineris sui comitibus sic scribit : Datis comitibus Blidulfo presbytero et Ermenoaldo diacono, mense Februario ad destinatum pervenimus locum. Erat enim Segusia urbs nobilis, quondam Taurinatium colonia a monasterio [Bobio] distans CXL milibus. Ibi ut pervenimus, gratuite [id est gratanter] a genitrice post tantorum intervalla annorum suscepti sumus. » Quibus ex verbis intelligitur Jonam Segusionensem patria fuisse, cum ibi et mater et frater ejus habitarent. Segusio autem, vel Segusium, oppidum a Plinio et Ammiano ; urbs a Gregorio aliisque, a quibusdam et civitas dicitur, abestque a monasterio Bobio millia passum CXL, aut potius CLX. Positum est hoc oppidum ad Alpium radices, et Galliæ finis ac initium Italiæ habetur. Certe ab eo loco incipit Italia, cui et ab omnibus attribuitur.

(89) *Voce Dei quod promissum non esse negatum Credimus et scimus ni quos sua crimina pellunt.*

Quod sacramentum corporis sui a Christo discipulis suis Ecclesiæque promissum et datum, nec nisi his qui propter peccata gravissima essent a communione remoti, negatum esse, credimus et certo scimus.

(90) *In cœlis primas debent conscendere sedes.*

Presbyteri et præsertim episcopi eniti, dum vivunt, et dare operam debent ut mortui primas in cœlo sedes consequi mereantur, quas certum est non dignitati deberi, sed meritis.

(91) *Hos decet evigilare, cibis et parcere multis, Pro populi semperque suis orare ruinis.*

Presbyteros et episcopos decet, plebis sibi commissæ curam gerere, et suorum quemque, velut pastores gregum, invigilare custodiæ; paucis cibis esse contentos, et pro populi delictis ac suis semper Deum orare ac deprecari. *Castos et sobrios eos esse oportere*, supra dixit Adalbero. Sic Ammianus Marcellinus in libro XXVII scribit, *Antistites provinciales tenuitate edendi potandique, vilitate etiam indumentorum commendari.* Idem et Gregorius Nazianzenus episcopus in Carminibus pagina 11 tradit.

(92) *Pauca super clericis dixi, sed plura reliqui.*

Pauca de clericis dixi, sed plura omisi quæ dicere potuissem. Adalbero hunc versum mutavit, eique alterum emendatiorem substituit, qui talis est :

Pauca super clero dixi, super ordine pauca.

(93) *Æquales igitur sunt omnes conditione Una domus Domini lege si clauditur una.*

Prior versus refertur ad id quod supra scriptum est ab Adalberone de ministris Ecclesiæ, vel clericis :

Format eos omnes æquali conditione;

Posterioris in versus locum suffecit hunc Adalbero

Una domus Domini sic lege revolvitur una.

(94) *Lex humana duas indicit conditiones : Nobilis et servus simili non lege tenentur.*

Adalbero omnes homines, saltem apud Francos, in duos ordines ait esse divisos ; alterum genus esse *nobilium* ; alterum *servorum*. Ubi *nobilium* nomine, honoratos, milites, et quoscunque etiam ingenuos de patrimonii sui reditu viventes designat ; *servorum* autem appellatione cæteros omnes, nimirum mercatores, artifices, agricolas, et alios quæstu se sustentantes, quos Latini *plebem* vocant, famulos demum atque mancipia ; nobiles Adalbero etiam ingenuos appellat, v. 295 :

Nam valet ingenuus sine servis vivere nullus

Servos vero nuncupat idem et vulgus, v. 285 :

Defendunt vulgi majores atque minores.

Sic Gregorius in libri x capite 4, legatos Childeberti, regis Francorum *bene ingenuos generatione*, et in capite 29, Aredii parentes *valde ingenuos pro nobilibus* vocat.

(95) *Nam primi duo sunt, alter regit, imperat alter.*

Ex genere nobilium sunt, et inter eos eminent ac principatum tenent duo, rex et imperator ; quorum consiliis et dispositionibus respublica stat et nititur. Ex his fiunt et comites, et marchiones et duces.

(96) *Sunt alii, quales constringit nulla potestas ; Crimina si fugiunt, quæ regum sceptra coercent. Hi bellatores, tutores Ecclesiarum*, etc.

Describuntur his quinque versibus *nobiles* vel *ingenui*, qui militant, et sese ac una Ecclesias et clerum, atque *majores* et *minores vulgi*, seu plebis, quos supra *servos* dixit Adalbero, armis ab injuria defundunt.

(97) *Altera servorum divisio conditionum.*
Hoc genus afflictum, nil possidet absque labore.

Nunc loquitur Adalbero de *servis*, hoc est non de famulis modo atque de mancipiis domesticis, sed etiam de his qui mercatura, aut artificio quolibet, aut opera se sua quæstuque sustentant. Hoc hominum genus admodum est laboriosum, ac velut in usum et ministerium cæterorum natum et factum. Unde Adalbero negat eis quidquam esse nisi labore quæsitum, et infra ait, v. 296 enarrari omnino non posse

Servorum studium, cursus tantosque labores.

Idem *laborantium* eos appellatione designat hoc versu.

Nunc orant alii, pugnant, aliique laborant.

Addit Adalbero a *servis* nobiles vel ingenuos *vestiri*; a *servis* vel ipsos dominos pasci; cunctos opes per eos quærere; *sine eis vivere*, aut ad vitam necessaria habere *neminem posse*: regem demum ipsummet et episcopos ac optimates, quotiescunque servorum opera egent, eis quodammodo videri servire.

(98) *Servorum lacrymæ, gemitus non terminus ullus.*

Singularis numerus pro plurali; id est, lacrymarum gemituumque servorum nullus est finis aut terminus.

(99) *Triplex ergo Dei domus est, quæ creditur una;*
Nunc orant alii, pugnant, aliique laborant:
Quæ tria sunt simul, et scissuram non patiuntur.

Domus Dei quæ una creditur, et quæ una ab Adalberone supradicta est, sive Ecclesia, tripertita est, ac in tria hominum genera divisa. Alii enim ex Christianis *orant*, alii *pugnant, laborant* alii, *orant* clerici, *pugnant* milites, *laborant* reliqui, nimirum plebs seu *vulgus*. Hic status triplex est, quem Adalbero dixit hoc versu:

Res fidei simplex; status est sed in ordine simplex.

Hic triplex status et triplex ordo et professio hominum; infra *connexio triplex*, ac nihilominus *simplex* nuncupatur ab Adalberone:

Est igitur simplex talis connexio triplex.

Propterea quod hi tres ordines, sive hæc tria hominum genera unius corporis, videlicet Ecclesiæ catholicæ, membra sunt atque artus, alteri alterorum indigentes, cohærentes alteri alteris, nec divisionis aut dissidii capaces atque patientes.

(100) *Jam caput ecce tuum candens imitatur olorem,*
Hæc natura senectutis dixisse probatur.

Dixerat Adalbero *jam leges tabescere* et *pacem defluere; mutari hominum mores, mutari et ordinem.* Itaque Rotbertus, Francorum rex episcopum, qui de conditione temporum suorum questus erat, ita irridet ut delirare cum dicat, et vitio senectutis talia effutivisse. *Caput* Adalberonis omni ex parte canum, (quod *canens* potius quam *candens* vocari

oportuit, *imitari olorem*, vel cycni simile esse ait rex, sicuti hodieque qui toto capite et barba canet, senem *instar cycni canum* esse vulgo dicimus : *Il est blanc comme un cygne.* Posteriorem versum mutavit Adalbero ad eum modum, sed minus feliciter.

Talia te natura senis dixisse probatur,

(101) *Credere non sanum talis natura coegit;*

Hoc est, senectus quæ natura delira est, credere me cogit te non sanæ esse mentis. Superscriptum erat in codice :
Te quoque non sanum talis natura coegit.
ut sit sensus: *Natura* senectutis *coegit te esse non sanum*, coegit te insanire et has mihi nugas loqui.

(102) *Altera me stimulat : senio non deficit illa.*

Alia me *natura*, quæ senectute non deficit, stimulavit et compulit [me] ad ea tibi dicenda : nimirum anima rationis compos et æterna, in quam senectus non cadit. Sic Adalbero loquitur regi, ut delirare se neget.

(103) *R. Quot homini dantur naturæ. Dic. P. Puto*
binæ.

Scilicet animus vel anima, et corpus.

(104) *Ex his quæ loquitur, cujus sint verba repone.*

Harum duarum hominis naturarum utra loquatur, utrius verba sint, utri vox et sermo conveniat, interroganti mihi responde:

(105) *Grammaticus simplex, nedum dialecticus illex*
Valde recordaris studiorum pauca priorum.

Tu, Adalbero, qui grammaticus tantum es, nec dialecticæ leges nosti, ex his quæ olim in scholis didicisti, valde pauca recordaris. Posterior versus ab Adalberone emendatus est ita:
Nunc scio quod recolas studiorum pauca priorum.

Grammaticus simplex, *un simple grammairien,* hodieque vulgo dicitur solius grammaticæ peritus, nihil præter grammaticam sciens. *Illex* dialecticus, hicidem quod exlex, ἄνομος, qui leges regulasve dialecticæ non novit.

(106) *Qui parvum meminit, non obliviscitur omnis.*

Verba sunt Adalberonis, asserentis se non omnium studiorum oblitum esse, qui teste ipsomet rege aliqua adhuc, etiamsi paucula meminisset. *Parvi* tum dicebantur qui olim *pauci*. Hinc in præfatione legis Salicæ Gens Francorum *parva numero* fuisse dicitur; nec aliter a Virgilio appellantur *exigui numero*, qui numero pauci erant. *Exiguum* enim et *parvum* ejusdem esse significationis nemo nescit. Ita et Græci recentiores μικροῖς pro ὀλίγοις dixere. Pyrrhus quippe qui nostris Antiochiam tradidit, cum paucos se Francos ad rem exsequendam habere quereretur, dixit : Μικροὺς Φράγκους εἴχομεν. Apud Gregorium, in libri vιιι cap. 30 : « Satius est enim ut parvi contumaces pereant, quam ira Dei super omnem regionem dependeat innoxiam. » Et in lib. ιν cap. 30 : *Magni ibi tunc viri ex Arvernis:* id est, pauci contumaces, multi viri; quemadmodum in edita Gregorii Historia legitur. Julianus Toletanorum archiepiscopus Argabadum Narbonensis Ecclesiæ antistitem inducit Wambæ, regi Gothorum, ita loquentem: *Parvissimi quidem evasimus gladium*; *sed parvis veniam deprecamur*.

(107) *Ejus qui stimulat, senio nescis reminisci.*

Senio nescis, episcope, reminisci ejus qui te stimulat, seu præ senectute verba mea, quibus tanquam bos stimulo punctus es, reminisci non potes, cum te non sanum, te simplicem grammaticum ac dialecticum illegem vocaverim, et de prioribus studiis paucissima recordari dixerim.

(108) *Spiritus hic resonat; non me dementia torquet.*

In corpore isto meo est et mecum habitat anima rationis compos, cujus beneficio et opera tibi, rex, loquor. Anima, inquam, quæ vel ipso nomine naturam suam indicat atque testatur. Anima enim spiritum ventumque significat. Neque vero senectus delirum me, aut parum sanæ mentis, dementemve reddidit, uti supra dixisti.

(109) *Si natura senum cogit, non culpor acute.*

Si quemadmodum dixisti, rex, ea est natura senectutis extremæ ut insanire aut saltem delirare nos cogat, male et sine causa objicis mihi vitium quod sit non personæ, sed ætatis; et quod senex ego, tametsi valde velim et cupiam, vitare non possim.

(110) *Naturæ finem non ponunt arte periti Artificem quidam dicunt ignem sapientes.*

Naturam quidam *artis periti* vel *sapientes*, hoc est philosophi, vel sophi, definiunt *ignem artificem*, alii *Dei voluntatem*. Quæ sequuntur divisiones philosophicæ de naturis; quæ item de argumentatione omni aut necessaria aut probabili, et quæ de vero aliisque, opera nostra et expositione non indigent.

(111) *Territa, naturam vitans, effatur asella.*

Asina, angeli gladium strictum intentantis conspectu territa, inaudito prodigio Balaam domino locuta est.

(112) *Fabula non similat verum, nec dicitur esse.*

Fabula veri non est similis, nec verum vocatur aut habetur. Sic apud Ardonem in Vita Benedicti Anianæ abbatis; sæpe similare equus equum solet. Apud Paulum : *Equæ quas similatis*. Ex *similare* fecimus *sembler* et *ressembler*.

(113) *Nænia nulla meum, nec fabula, mulcet amorem.*

Nænias sive ineptias, et fabulas odi.

(114) *Jure salutifero sapientes et moderati Præmia vel pœnas quærant ; ratione potentes Accipiant, æqui vel quid patiantur iniqui.*

Mutavit hos duos versus ex parte aliqua Adalbero eum in modum :

Legibus edocti, sapientes et moderati Præmia vel pœnas quærant; ratione fideli, etc.

(115) *Et mala defendant, veniunt extrinsecus illa.*

Et mala prohibeant et vetent, sic supra versu 179 :

quod scio defendunt; quod nescio, cedunt.

Mutavit et hunc versum Adalbero eo modo :
Quæ mala dissolvant, quæ sunt extrinsecus acta.

(116) *Oratoris inest tibi, rex, concessa facultas.*
Nunc demonstras; tum deliberat ordo potentum
Discutiens affirmative cum religiosis
Judiciis, a quo possint res inficiari.

Tria causarum genera designat Adalbero, demonstrativum, quo laus et vituperatio continetur; deliberativum, et judiciale; aitque Robertum Francorum regem, qui artem oratoriam norit, in conventibus gentis *demonstrare*, quæ probet et facienda *judicet* : tum de his proceres *deliberare*. Ordo potentum, sunt episcopi, abbates, et principes, optimatesve sæculares, nimirum duces, marchiones, comites. Post ultimum versum tres versus erasi in codice desiderantur.

(117) *Antea res quales nobis, translatio finis,*
Et conjecturæ quo discernantur oportet.

Antea oportet, ut discernantur a nobis rerum qualitas, translatio, finis et conjecturæ.

(118) *Quatuor has non invenies, quas hicce requiris.*

Qualitatem, translationem, finem et conjecturas.

(119) *Rite pedes posui; surgit dum figitur alter.*

Surgit alter pedum, dum alter figitur.

(120) *Pandere non, moriens, nos hæc natura coegit.*

Non hæc nos capularis senectus, [et] natura delira exponere coegit. Hic versus Adalberonis respondet huic regis de Adalberone versui :

Hæc natura senectutis dixisse probatur.

(121) *Digne tristaris, qui rex servire juberis.*

Hic Adalberonis versus refertur ad superiorem alterum ejusdem :

Rex et pontifices servis servire videntur.

(122) *Regnum Francorum, reges, sub tempore patrum Subjugat, et semper sublimi pollet honore.*

Clodoveus, rex Francorum, regnum Alamannorum in parte Germaniæ, regnumque Visigothorum in Aquitania evertit, ac suæ ditioni subjecit; ejus filii præ cæteris regna Burgundionum et Turingorum, interfectis regibus, occuparunt. Carolus magnus regnum Longobardorum in Italia, capto Desiderio rege, obtinuit, et regnum Hunnorum Avarum in Pannonia, Saxones gentem Germaniæ validissimam et maximam, Bajoarios rebelles, et Sclavinorum seu Venedorum nationes aliquot subegit.

(123) *Regum sceptra, patrum nullius sceptra coercens.*

Reges Francorum nulli unquam sceptro, nulli alteri regi aut imperatori subjecti sunt : quod verum et memoria dignissimum est, et observandum. Eam in rem notanda sunt apud Frodoardum, in lib. IV, cap. 5, Fulconis Remensis archiepiscopi ad Arnulfum, regem Transrhenanum verba, quæ talia sunt : « De eo quoque quod sine ipsius Arnulfi consilio præsumpserint agere (*Carolum regem facere*) morem Francorum gentis asserit secutos se fuisse, quorum mos semper fuerit ut, rege decedente, alium de regis stirpe vel successione, sine respectu vel interrogatione cujusquam majoris aut potentioris regis eligerent. »

(124) *Quique regit, gauaens virtutibus imperat æque.*

Et qui regnum illud Francorum regit, multis magnisque virtutibus præditus est, ac bene justeque imperat. Hæc de Roberto ipso rege Francorum ab Adalberone dicuntur.

(125) *Novimus imperium jam regibus esse fugatum.*

Scimus imperatores a regibus Francorum in fugam conjectos et finibus suis expulsos esse. Nimirum anno 978 Lotharius, Francorum rex, Metis receptis, cum magno exercitu de improviso superveniens, imperatorem Ottonem Juniorem ex palatio Aquisgrani una cum conjuge profugere coegit. Quem eodem anno cum sexaginta millibus militum Franciam ingressum, et Remorum, Laudunensium ac Suessionum agris vastatis, Lutetiæ suburbanum incendere ausum, rex, Hugone comite Parisiorum et Henrico duce Burgundionum, maximisque copiis fretus, fugere compulit, nec usque ad Axonam modo Suessionicum, ubi plurimi vi fluminis oppressi perierunt, sed etiam usque ad Mosam finesque regni Francici triduo et trinoctio imperatorem est insecutus, ut Hermannus, Sigebertus, Guillelmus Nangiacensis cæterique chronographi tradunt. Sed et anno 1006 Rotbertus ipse, Francorum rex, Richardo II Normannorum duce comitatus, Henricum imperatorem ab obsidione Valentianorum excussit, quod castrum, in confinio Francorum et Lotharensium situm, Balduinus Flandrensium comes invaserat.

(126) *Gratia nunc summo, per quem regnare peropto, Non meritis concedo meis*, etc.

Gratias ago Deo, qui me regem fecit, per quem vivo, per quem regno. Neque enim meritis meis, quæ nulla sunt aut exigua, tantum tribuo, ut regnum eis debere me putem. Hæc verba sunt piissimi regis ac demississime des e sentientis Rotberti, qui ab Helgaldo propterea *rex humilis*, interdum et *humillimus* appellatur. Unde Adalberonem de forma et virtute sua plura dicere prohibet supra :
De forma satis est et de virtute locutum.

Quod loquendi genus Gallo-Francis nostris hodieque in usu est. *C'est assez parlé de cela.* Item ait :
Scire meum nihil est : semper sed numinis almi.

(127) *Ut nobis liceat leges servare paternas.*

Flexis genibus supplex Deum semper oro, *leges ut patrias servare possim*, et ab omnibus meæ ditioni subditis servandas curem, nec ab eis unquam recedam, recedique patiar, inquit rex. Apud Gregorium, lib. ix, cap. 30 : « Chariberto regi populus Turonicus sacramentum dedit, similiter et ille cum juramento promisit ut leges consuetudinesque no-

vas populo non infligeret, neque ullam novam ordinationem quæ pertineret ad spolium. » Et Leodegarius Augustodunensis episcopus *Childericum* monarcham Francorum *arguit, quod leges et consuetudines patrias, quas conservare præceperat, tam subito immutasset*. Carolus quoque Calvus anno 869, Metis coronandus in ecclesia Sancti Stephani, cunctis Lothariensibus qui aderant denuntiavit se unicuique suorum fidelium in suo ordine, secundum sibi competentes leges, tam ecclesiasticas quam mundanas, legem et justitiam conservaturum, Ludovici ejus filii anno 877 in palatio Compendio coronandi, promissio ad episcopos talis est : « Promitto et perdono vobis quia unicuique de vobis, et Ecclesiis vobis commissis, canonicum privilegium, et debitam legem atque justitiam conservabo, et defensionem, quantum potuero, adjuvante Domino, exhibebo. » Eamdem in tribus codicibus veteribus regum nostrorum responsionem ad episcopos reperi. Eadem eisdemque verbis concepta est *Philippi* septennis, mox futuri *regis Francorum*, anno 1059, in majore Ecclesia Remorum professio; qui et addit populo sibi credito se dispensationem legum in suo jure consistentem sua auctoritate concessurum, hoc est, ut Boso rex designatus ait, *omnibus legem, justitiam et rectum mundiburdium, servaturum et impensurum.*

(128) *Lex divina vetat, quæ corrigit inter utrasque.*

Alias legitur superscriptum : *Lex est una vetans*; minus bene.

(129) *Utile quæque necessarium conferre videtur :*
Quæ utile atque necessarium videtur conferre.

(130) *Ad res pertineat plures quæ semper honeste, Fortior et quæcunque gravissima sit, teneamus:*

Eam legem quæ ad plura pertineat, et fortior ac gravior sit, honeste semper teneamus.

(131) *Undique pax bona post certamina postque labores :*
Et status Ecclesiæ per se sua jura tenebit.

Optat Adalbero pacem regno Francorum post bella civilia et prælia, ut Ecclesia ibi floreat, et sua sibi jura servare possit.

(132) *Descriptas, et non alias respublica leges Possideat...*

Habeant suas sibi leges descriptas Franci, easque, et nullas alias servent. *Descriptæ* vel *scriptæ leges* sunt Lex Romana (ita Codex Theodosianus vocabatur), Lex Salica cum Capitulis Caroli Magni, ejusque filii et nepotis Caroli, ac Lex Burgundionum in regno occidentalium Francorum, quod tum Aquitaniam et ex parte Burgundiam continebat. Ecclesia præ cæteris Lege Romana, seu Codice Theodosiano, regebatur; Galli quoque, Franci laici Lege Salica et Capitulis ei additis ab imperatoribus nostris utebantur; Burgundiones suis seu Gundobadi legibus. Leges autem aliæ, seu non scriptæ, vocantur ab Adalberone *consuetudines*, quas tum variis in Franciæ partibus, variis sub comitibus et ducibus, diversas invaluisse, et postea conscriptas litteris ac pro legibus habitas esse constat. Hoc jus *consuetudinarium* nunc appellatur, et juri *scripto* hodieque opponitur, id est juri Romano, non quod scriptum non sit, sed quod recentissime et multis sæculis post leges Romanas, et post Francicas etiam Burgundicasque descriptum fuerit.

(133) *.....sua regna Basilius et Benedictus Observent : teneant, quidquid sua regna jubebant.*

Suas regulas servent Basilii et Benedicti monachi, suas etiam possessiones teneant, et obtineant quidquid ipsorum regulæ jubent, quidquid permittunt. Regulas monachorum Basilianorum et Benedictinorum, εἰρωνικῶς regna vocat Adalbero; ut supra dominum Odilonem Cluniacensem abbatem monachus quidam *regem suum* appellat, suum esse regem profitetur :

Nam dominus meus est rex Oydelo Cluniacensis.

Jam dudum autem Basilii Cæsareæ Cappadociæ episcopi regula, inducta in Gallias, a nonnullis monachis observabatur. Aredius abbas Atanensis in Lemovicibus, qui anno 591 extremum spiritum fudit, *cœnobium fundavit, in quo non modo Cassiani, verum etiam Basilii et reliquorum abbatum qui monasterialem vitam instituerunt, celebrantur regulæ*, ut Gregoricus Turonicus episcopus in libri Hist. x capite 29 tradit. In Vitis sanctorum Eugenii Jurensis et Philiberti Gemeticensis abbatum, fit sancti Basilii regulæ mentio. E quibus Philibertus *Basilii sancti charismata, Macarii regulam, Benedicti decreta, Columbani instituta sanctissima lectione frequentabat assidua*. Benedictum abbatem Anianæ, qui Carolo et Ludovico imperatoribus floruit, *ad beati Basilii dicta, necnon ad sancti Pachomii regulam scandere nisum esse*, Ardo Anianensis monachus ipsius discipulus scripsit. Regulam Basilii esse statuta ejus, quæ Rufinus transtulit, et quæ in vetustissimo codice Parisiaci monasterii Sancti Germani reperiuntur, *in ducentas tres interrogationes* et *responsiones divisa*, affirmat Hugo monachus. Cæterum hæc dicit Adalbero, ut doceat quod supra jam satis ostendit, Basilii et Benedicti præsertim monachos tum in Gallia a suis legibus sæpe recessisse.

(134) *Pontifices unquam celebrent non rura deinceps, Sic sua jura tenent, si non ruralia curent.*

Episcopi nunquam deinceps ruri plerumque habitent, neu sæpe rure desideant, vel in agro et amœnis villis crebro oblentur tempusque terant, quod in suæ quisque civitatis seu in populi sibi commissi curam debent impendere. In sua quisque sede antistites sedeant, sua demum jura inviolata conservaturi, et venerationi omnibus futuri, si rus negligant, nec voluptatibus suis vacent, aut pro urbibus secessus celebrent, seu prædiorum suorum et suburbanorum redituum ipsi per se curam agant.

(135) *Justitiæ regimen noster non audeat ordo*

Linquere, sed totis semper se nisibus aptet :

Episcopalis ordo, seu episcopus quisque æqu. bonique servantissimus sit, nec a jure unquam recedere audeat : sed semper totis viribus justitiæ sese accommodet. *Justitiæ regimen* dicitur Adalberoni justitiæ vel juris regula. Tunc autem episcopi forum suum habebant, ut et olim habuerant : quod infra apertius docetur.

(136) *Constituat justos, et non pro lege capaces Rectores inopum, miserum necnon viduarum.*

Noster ordo, seu episcopalis, *rectores inopum et viduarum* ac pupillorum *justos constituat* et capaces, quales minime fieri consueverunt. *Non pro lege,* id est non pro more. Forsitan tamen legendum, *et non pro lege rapaces,* ut sit sensus : *Constituat justos rectores viduarum, et non rapaces pro lege,* hoc est non avaros ex more. *Rectores* autem illi *inopum* et *miserarum* viduarum ac pupillorum, sunt haud dubie diaconi, pecuniæ sacræ egentibus dispertiendæ custodes ac dispensatores.

(137) *Nullus ad ecclesiam noctis nisi tempore pergat Ire semel : liceat cunctis orare diebus.*

Nullus tempore noctis nisi semel ad ecclesiam ire pergat. Hæc de clericis accipienda sunt, quos singulis noctibus non plus semel ecclesiam adire seu Matutinis Laudes continuo nec interrupto cantu conjungere vult Adalbero; quibus Matutinis laicos semel quaque hebdomade, nimirum nocte Dominica, interesse consuevisse docet nos præ cæteris, in Vita beati Leodegarii, Ebroini majoris domus regiæ cædes. Vel certe vult aut cupit Adalbero vigilias missasque nocturnas, quæ non solum Natali Domini, in Pascha et in Pentecoste, sed etiam in nonnullorum martyrum et confessorum quoque honorem varie a variis observabantur celebrabantur, omnes præter unam aboleri quod in ecclesiis multa tum a laicis obscena, faventibus tenebris, fierent. Qua de re etiam veteres questi sunt Patres. Hinc natum proverbium illud ut dicantur vulgo juvenes, qui pervigiliis et nocturnis missis intersunt *Deum quærere palpando et contrectando.* Noctem autem Natalis Domini potius quam noctem Paschæ aut Pentecostes ab Adalberone excipi puto, quod ea hodieque, in toto orbe Christiano, cæteris fere omnibus vigiliis abolitis, pervigilio missaque celebratur.

(138) *... liceat cunctis orare diebus.*

Totis diebus laicis pateant ecclesiæ : totos dies Deum eis ibi orare liceat palam sine ulla suspicione dedecoris.

(139) *Judicet, et speciet præsentes atque juturos.*

Noster ordo, seu episcopalis ita judicent ut in judiciis suis non præsentium modo, sed etiam posterorum et suæ quisque famæ ac Domini eorum mandatorum habeant rationem. Nimirum episcopi, præsertim postquam Constantinus Maximus factus est Christianus, subin sibi et peculiare forum habuere, et de omnibus clericis et monachis Ecclesiæ suæ subjectis, ac de ecclesiasticis rebus quisque semper judicavere. Apud Gregorium in libri Historiæ Francicæ v capite 5, Petrus diaconus, ipsius frater, « facto placito in præsentia sancti Nicetii episcopi, avunculi matris suæ, Lugdunum dirigit, et ibi, Syagrio episcopo coram astante et aliis sacerdotibus, multis cum sæcularium principibus, se sacramento exuit nunquam se in mortem Sylvestri mistum fuisse. » Et in capite 39 libri VIII, Baudegisilus Cenomanorum episcopus quotidie cum judicibus causas discussisse dicitur. In capite 6, libri IX, de Ragnemodo pontifice Parisiaco, impostorem quemdam puniente, hæc refert : « Ablata ei cruce, jussit eum a termino Parisiacæ urbis excludi. Sed hic iterum facta altera cruce cœpit quæ gesserat exercere : captusque ab archidiacono, et catenis vinctus, jussus est custodiri. » In libri v capite 48, invenio Leudastem Turonicum comitem (quod et cæteros comites fecisse dubium non est), *in judicio cum senioribus , vel laicis vel clericis resedisse,* id est clericis et laicis. Gregorii de Nicetio Lugdunensi episcopo, majore avunculo suo, in libro de Vita ejus verba sunt hæc : « Quodam tempore misit Basilium presbyterum ad Armentarium comitem , qui Lugdunensem urbem his diebus potestate judiciaria gubernabat, dixitque ad eum : « Pontifex noster causæ huic, quæ denuo impetitur, dato judicio terminum fecit ; ideoque commonet ne eam iterare præsumas. Qui furens respondit presbytero : Vade, et dic ei quia multæ sunt causæ in conspectu meo positæ, quæ alterius judicio finiendæ erunt. » Ubi vides inter episcopum et comitem Lugdunensem de jurisdictione contentionem fuisse.

(140) *Pro meritis omnes assumant emolumentum (Excipiar solus vestra cum pace) fideles.*

Omnes qui tibi fideles sunt, pro suis quisque meritis a te, rex, beneficia accipiant, me uno cum tua pace excepto. Jocatur Adalbero, et Robertum arguit his verbis velut in omnes, præterquam in se, beneficum, cui, inquam, tot et tanta deberet. Nam Adalbero Laudunum Carolumque Hugoni Rotbertoque, regnum una ambobus contulisse videbatur. Quod Rotbertus agnoscens, mox gratia eum sua gaudere jubet, ac regiis muneribus ait esse dignissimum :

Gratia confirmet te, præsul, Adalbero, Christi Nostra simul : merito regali munere dignus.

(141) *Septenas liceat laudes proferre per horas ;*
Septenæ laudes per horas statutas proferendæ Deoque referendæ a clericis in Ecclesia, sunt Matutina, vel Matutinæ, Prima aut diluculum, Tertia, Sexta, Nona, Vesperæ seu lucernarium, initium noctis vel Completorium

(142). . . . *Hostia cum votis.*

Cum precibus cor immoletur Deo et velut victima offeratur. *Sacrificium enim Deo spiritus contribulatus et cor contritum* (*Psal.* L). Vel certe vult Adalbero laicos munera sua ad altare pro victimis offerenda et eleemosynas precibus suis adjungere : *Propterea quod bona est oratio cum jejunio et eleemosyna.*

(143). . . . *Hæc sit permissio patris, Cum Ligeris Calabros tentabit lingere campos :*

Fient hæc quæ fieri cupi jubetve pater seu episcopus Adalbero, inquit rex, cum Liger (*Ligeris* Adalberoni mendose dictus) relicta Aquitania per Calabriam fluere conabitur, et Tigris torrens, atque a celeritate sagittæ nomen habens, pro Mesopotamia perfundet Hispaniam, cum Ætna mons mirus incendiis rosas et lilia stagnum feret ; id est : hæc non magis, non citius et facilius quam illa ab Adalberone optata, contingent aut fient. Quare rex subjicit :

Talia si veniunt : tunc hæc ventura timeto,

Ex his intelligitur, tum in regno Francorum, nec ecclesiæ suæ jura ex toto servata, nec monachos legum S. Benedicti usquequaque servantes fuisse : et consuetudines malas ac scriptis legibus contrarias invaluisse in Francia, quas aboleri oporteret : episcopos quoque Francorum crebrius et diutius rure quam in sua quemque civitate habitavisse, vel otiantes molliter, vel more villicorum sordide rusticantes, et agrorum suorum magis quam populi sibi commissi curam gerentes : eosdem sæpe in judiciis a jure æquoque recessisse, et iniquis ac rapacibus diaconis curam inopum viduarumque delegavisse , ac demum septem horas canonicas tum ubique et ab omnibus clericis in occidentali Francia exacte non esse servatas ad laudandum Deum, et ad psalmos hymnosque concinendos. Cæterum *permissionem patris* vocat Rotbertus Adalberonis vota, quia bis Adalbero hæc permitti cunctis, hæc licere cupiverat : *Liceat cunctis orare diebus.* Item :

Septenas liceat laudes proferre per horas.

(144) *Non quia deliras, sed nobis allegorizas.*

Sensus est verborum : « Præsul Adalbero, gratia Christi et simul nostra te confirmet. Regali munere dignus es, quia non deliras, sed allegorizas nobis, » seu per allegorias facienda nos doces, fugienda nos mones. Ita se rex excusat, qui *antea* Adalberonem *non sanum* vocaverat.

ANNO DOMINI MXXX.

GUILLELMUS V

DUX AQUITANIÆ.

NOTITIA HISTORICA IN GUILLELMUM V.

(*Histoire littéraire de la France*, VII, 281.)

Guillaume eut pour père Guillaume IV, surnommé *Fier-à-bras*, comte de Poitiers et duc d'Aquitaine, à qui il succéda dès 990. Emme, sa mère, était fille de Thibauld, et sœur d'Odon, l'un et l'autre successivement comtes de Champagne (*Malleac. Chr.* p. 203, 204 ; ADEM. *Chr.*, p. 16, 173; MAB. *An.* l. L, n. 57). Etant né avec toutes les heureuses dispositions du cœur, de l'esprit et du corps, il sut y réunir un savoir peu commun en son temps, une piété singulière, et toutes les autres excellentes qualités qui font les grands princes (ADEM., *ib.*, p. 172, 173, 177 *et seq.*). Aussi a-t-il mérité de porter le surnom de Grand, comme un titre de distinction. Ce n'est pas un petit sujet d'éloge pour les écoles du xe siècle d'avoir formé un élève aussi accompli.

Ayant été instruit des lettres avec succès dès son enfance, il y prit tant de goût, qu'il en fit dans la suite une de ses occupations plus ordinaires (*ibid.*, p. 177). Il se rendit par là habile à manier la plume comme l'épée, et fit ainsi revivre en sa personne la conduite des anciens empereurs, qui savaient unir les travaux tumultueux de Mars avec les doux exercices de Minerve. Son goût pour les livres était si connu de ses amis, même les plus éloignés, qu'ils ne croyaient pas lui pouvoir faire de plus agréable présent. C'est dans cette vue que Canut, roi de Danemark et d'Angleterre, lui envoya un ancien manuscrit en lettres d'or, enrichi d'images qui représentaient séparément grand nombre de saints (*Conc.* t. IX, p. 882). L'amour qu'avait Guillaume pour les lettres s'étendait sur ceux qui les cultivaient (ADEM., *ib.*, p. 173). Il suffisait d'être savant pour être assuré d'avoir part à ses bonnes grâces et à ses bienfaits. Ce fut par ce motif qu'il fit venir de Chartres à Poitiers le docte Fulbert, qu'il combla d'honneurs, et à qui il donna la trésorerie de Saint-Hilaire. Par le même motif il conféra l'abbaye de Saint-Maixent à Rainald, surnommé *Platon*, qui passait pour un des savants personnages de son temps.

La piété du comte Guillaume était encore au-dessus de son savoir. Elle le rendait le défenseur des pauvres, le père des moines, le protecteur des églises, l'ami chéri des évêques, dont il avait presque toujours quelques-uns près de sa personne (p. 172-173). Il y voyait aussi avec plaisir les abbés et les moines réguliers, et se servait volontiers de leurs conseils dans le gouvernement de ses États. Notre dessein ne nous permet pas d'entrer dans le détail de tout ce qu'il fit en leur faveur. Nous dirons seulement qu'en 1010 il fonda de nouveau l'abbaye de Maillezais, qui a été depuis érigée en évêché, transféré ensuite à La Rochelle. Il fonda aussi l'abbaye de Bourgueil dans une terre de son propre, et réforma divers autres monastères, nommément ceux de Charroux et de Saint-Jean-d'Angély. Les abbayes de Cluni, de Saint-Martial de Limoges, de Saint-Michel en l'Erme, et tant d'autres, se ressentirent aussi des libéralités de ce religieux et magnifique prince. Sa piété se proposa des objets encore plus étendus. Voyant avec peine la dépravation des mœurs, l'avidité qu'on avait à piller les biens ecclésiastiques et ceux des pauvres, le mépris qu'on faisait des clercs ; craignant d'ailleurs les fâcheuses suites de la doctrine des nouveaux manichéens, qui commençaient à troubler l'Aquitaine, Guillaume convoqua divers conciles, tant à Charroux qu'à Poitiers, afin d'apporter quelque remède à tant de maux (ADEMAR., *ibid.*; *Conc. ibid.*, p. 733, 780-782).

Dès sa jeunesse il prit la coutume d'aller à Rome tous les ans visiter le tombeau des apôtres ; et s'il manquait une année à faire ce pèlerinage, il y suppléait par celui de Saint-Jacques en Galice (ADEM., *ib.*). Un malheur arrivé à la ville de Poitiers fut à notre généreux comte une occasion de signaler sa magnificence et sa piété tout ensemble (*ibid.*, p. 180). Cette ville ayant été réduite en cendres par un incendie inopiné, Guillaume entreprit d'en rétablir la cathédrale et les autres églises aux dépens de son palais, et rendit ces édifices beaucoup plus beaux qu'ils n'étaient auparavant. Il fournit avec la même générosité, au moins pendant trois ans, aux frais presque immenses pour la rééedification de la cathédrale de Chartres, à laquelle travaillait l'évêque Fulbert, son ami (FULB. *epp.* 16, 80, 104).

Tant de dépenses n'empêchaient pas qu'il ne soutînt sa dignité avec une pompe et une magnificence royales (ADEM., *ib.*, p. 172). Soit qu'il voyageât ou qu'il tînt sa cour, il paraissait un roi plutôt qu'un duc. Mais tout cet éclat de grandeur était exempt de faste et d'orgueil. Quelque élevé en gloire que parût notre comte, il n'en était ni moins affable ni moins officieux envers tout le monde. Un prince est toujours puissant lorsqu'il possède le cœur de ses sujets. Ce fut peut-être encore plus par cette voie que par toute autre que Guillaume devint absolu dans toute l'Aquitaine. L'empereur S. Henri, Robert, roi de France, Alphonse de Castille, Sanche de Navarre, Canut de Danemark et d'Angleterre, tous se faisaient un mérite d'être liés d'amitié avec un prince aussi accompli. Les papes et tout le peuple romain n'en faisaient pas moins de cas; et lorsqu'il allait à Rome, ils l'y recevaient avec les mêmes honneurs que s'il avait été leur souverain (ADEM. Chr., p. 173).

Il ne tint pas aux seigneurs de Lombardie qu'il ne le devînt effectivement (ibid., p. 182; FULB. epp. 119, 123-126). A la mort de l'empereur S. Henri, ils jetèrent les yeux sur notre comte pour le remplacer. Après en avoir délibéré entre eux, ils envoyèrent des députés à Poitiers lui offrir la couronne d'Italie, qui aurait été suivie du sceptre de l'empire. Un prince plus ambitieux et moins prudent aurait accepté avec une sorte d'avidité des offres aussi flatteuses. Mais Guillaume, qui ne faisait rien qu'avec poids et mesure, voulut au préalable connaître par lui-même si un projet de cette nature avait autant de solidité et d'avantages qu'il avait de brillant. Il fit un voyage en Italie, et, après avoir eu plusieurs conférences avec les seigneurs du pays, il comprit qu'il n'y avait aucune sûreté à se fier à des gens de leur caractère. Il méprisa donc leurs offres et fit avorter leur dessein. Il le condamna même avec exécration, lorsqu'il sut qu'on exigeait, entre autres conditions, qu'il déposerait les évêques et leur en substituerait d'autres (FULB. ep. 126). De sorte que cette occasion ne servit qu'à faire éclater davantage la religion et la sage politique de notre pieux et prudent comte. Les Italiens n'ayant pu obtenir le père pour leur roi, lui demandèrent son fils. Guillaume n'en parut pas éloigné, et fit même quelques démarches à cet effet. La chose ne réussit pas néanmoins, apparemment pour les mêmes raisons qui en avaient empêché le succès à l'égard du père (epp. 15, 118).

La piété qui animait toutes les autres actions de notre prince dirigeait aussi ses études. Elles n'étaient ni vaines, ni de pure curiosité. La science de la religion en faisait le principal objet. Il donna une application particulière à l'étude des saintes Écritures, dont il acquit une assez grande intelligence (ADEM., ib., p. 177). On voit effectivement qu'il les cite à propos dans ses lettres. Les liaisons qu'il avait avec les gens de lettres nous font encore connaître d'autres traits de son genre d'études. Voulant savoir quelle avait été la fin de Salomon, il engagea Hildegaire, agent de Fulbert à Poitiers, à demander au savant prélat ce qu'en avaient pensé les anciens (FULB. ep. 80). Fulbert le satisfit et lui expliqua encore à sa demande, dans une autre lettre, ce que renferme le serment de fidélité, et les devoirs réciproques du vassal et du seigneur (ep. 101).

Ce grand prince mourut à Maillezais, revêtu de l'habit monastique, le dernier jour de janvier 1030, après avoir gouverné ses États avec une sagesse admirable, strenuissime, l'espace de trente-neuf ans (Malleac. Chr., p. 207; ADEM., ib., p. 150). Il en avait alors soixante-onze. Guillaume avait contracté successivement trois mariages légitimes (ADEM., ib., p. 170-172; Malleac., ib., p. 206) : le premier avec Adalmode, veuve d'Aldebert, comte de Périgueux, de laquelle il eut un fils nommé Guillaume; le second avec Brisque, sœur de Sanche, duc de Gascogne, laquelle le rendit père de deux autres fils, Odon et Thibauld, qui mourut enfant. Enfin après la mort de Brisque, notre prince épousa Agnès, qui lui donna encore deux fils, Pierre Aigret, ou le Très-vif, et Geofroi, surnommé Gui, avec une fille de même nom que la mère. Les quatre frères, qui survécurent au père, succédèrent les uns après les autres à ses États, ce qui est rare. Les deux derniers laissèrent leurs noms, et prirent celui de Guillaume, leur père. Agnès, leur sœur, épousa l'empereur Henri le Noir, et fit par son savoir, sa piété et son habileté dans l'art de régner, l'ornement de son sexe. Agnès, sa mère, veuve de Guillaume, contracta de secondes noces avec Geofroi Martel, comte d'Anjou (LAB. Bib. nov. t. IV, p. 550).

Adémar (Chron. p. 177) nous apprend que le comte Guillaume, à l'imitation de quelques empereurs romains, savait manier la plume comme l'épée; mais il ne nous instruit point s'il laissa d'autres écrits que de simples lettres. De toutes celles qu'il eut occasion d'écrire, et qui formeraient un recueil considérable et précieux pour l'histoire, il n'en reste plus que six. On les a imprimées sans ordre entre celles de Fulbert de Chartres, et elles font partie de celles que du Chesne a choisies pour les joindre à ses autres monuments relatifs à l'histoire de France (DU CHES. t. IV, p. 191-194). On les trouve aussi entre les preuves de l'Histoire des comtes de Poitiers par Besly. Elles sont beaucoup plus correctes dans ces deux derniers recueils que dans le premier. M. du Boulay, qui met notre prince au rang de ses illustres académiciens, et qui en prend occasion de parler de ses lettres, dit qu'on y trouve quelque élégance, satis elegantes (EGAS. BUL. t. I, p. 597).

Il y en a trois fort intéressantes par rapport au dessein qu'avaient les Italiens de faire passer à Guillaume ou à son fils le royaume d'Italie avec le gouvernement de l'empire. Outre plusieurs circonstances qui concernent ce fameux événement, l'auteur y a laissé de grands traits de politique, non de cet art de jouer et de tromper les hommes, mais de cette prudence éclairée pour éviter d'en être trompé. Une de ces lettres est écrite à Maginfroi, marquis de Suze, et à la marquise Berthe, sa femme. Guillaume, en y louant la bonne foi de ce seigneur italien et celle de l'évêque Alric, son frère, avoue qu'il a été bien éloigné de trouver les mêmes dispositions dans le corps de la nation, et que c'est une des raisons pour lesquelles il a rejeté ses offres.

Les deux autres lettres sont adressées à Léon, évêque de Verceil, ami particulier de notre comte, qui avait le plus travaillé à faire réussir le dessein projeté dont on vient de parler. On voit par la première que Guillaume n'était pas éloigné d'accepter l'offre des Italiens en faveur de son fils. L'autre, qui est la plus prolixe de toutes, comme la mieux écrite, regarde divers objets. Il y a du plaisant et du sérieux. L'auteur, après y avoir plaisanté d'une manière agréable et polie sur une mule de Poitou que lui avait demandée l'évêque de Verceil, entre ensuite dans le sérieux, et a réussi à nous tracer de grandes marques de sa piété, de sa religion, de son équité envers ses amis, de son estime et de son respect pour les évêques. C'est dans cette lettre qu'il nous apprend que s'il avait voulu consentir à déposer ceux d'Italie, le royaume était à lui. L'on comprend sans peine que ce n'est là que la moindre partie des lettres qu'il écrivit sur cette grande affaire.

Il ne nous en reste qu'une non plus de toutes celles qu'il eut occasion d'écrire à Fulbert, évêque de Chartres, qui lui écrivait assez souvent de son côté, comme il paraît par le recueil de ses lettres. Celle de notre prince, qui en fait la 128ᵉ, est un témoignage non équivoque de son estime et de son attachement pour ce grand prélat. Guillaume y touche un mot du dessein qu'avait le roi Robert de faire couronner le prince son fils, apparemment Hugues, et dit librement ce qu'il en pensait.

Il en écrivit aussi plusieurs à Aribert, abbé de Saint-Savin en Poitou, afin d'obtenir de ses moines pour réformer l'abbaye de Charroux. Mais il n'en est venu qu'une seule jusqu'à nous, le malheur des temps nous ayant privés des autres. On voit dans celle qui nous reste des traits bien édifiants du zèle de son auteur pour le bon ordre, le cas qu'il faisait des moines réguliers et avec quel fruit il avait étudié l'Ecriture.

Entre les autres lettres du comte Guillaume qui sont perdues, on connaît nommément celle où il faisait au roi Robert la description de cette espèce de pluie de sang, dont il a été parlé, et des effets qui s'en étaient suivis, en le priant de consulter à ce sujet les philosophes de son royaume. On sait encore qu'il en avait écrit une autre à Azelin, évêque de Paris, dans laquelle il parlait du roi d'une manière qui déplut beaucoup à celui-ci lorsqu'il en eut communication.

Enfin la sixième lettre qui nous reste de notre prince est une réponse à une de celles d'Hildegaire, agent de Fulbert à Poitiers et scholastique de Saint-Hilaire. Si on s'arrêtait à l'inscription qu'elle porte dans le recueil des lettres de Fulbert, on la prendrait pour être d'Hildegaire plutôt que du comte Guillaume, tant sont grossières les fautes qui se sont glissées dans cette édition. On y lit *Hildegarius* pour *Hildegario*.

GUILLELMI DUCIS
EPISTOLÆ.

(Apud Duchesne, *Hist. Franc. Script.*, tom. IV, pag. 195.)

EPISTOLA PRIMA
GUILLELMI AD MAGINFREDUM MARCHIONEM ET EJUS UXOREM.

Maceinfredo marchioni clarissimo et uxori suæ B. prudentissimæ, Guillelmus Dei gratia dux Aquitanorum in perpetuum vigere.

Quod cœptum est de filio meo non videtur mihi ratum fore, nec utile, nec honestum. Gens enim vestra infida est, insidiæ graves contra nos orientur. Si eas vel cavere vel superare non possumus, regnum nobis minime proderit, fama nostra periclitabitur. In nostris etiam partibus diversi diversa jam incœptant, novis rebus animati, quibus nos ad præsens intentos vident, et in futuro arctius occupari putant. Quæ fieri, nec posse reprimi, nobis alias intentis, vos ipsi turpe et inutile decernitis. Quocirca per fidem et amicitiam quæ inter nos est obsecramus, vos operam dare qualiter absque nostro et vestro dedecore ab incœpto desistatur, caventes ne filius meus, vel quilibet alius, hoc resciscat, donec invicem secreto loquamur. Quod si Deo disponente non dimittitur quin fiat, curate ut consensu archiepiscopi Mediolanensis et episcopi Vercellensis, et aliorum quorum interest, effectum obtineat. Vale.

EPISTOLA II
GUILLELMI AD LEONEM VERCELLENSEM EPISCOPUM.

Guillelmus Dei gratia dux Aquitaniæ, domno Leoni Vercellensium episcopo salutem.

Itali suaserunt mihi et filio meo nos intromittere de regno Italiæ, facientes nobis sacramentum et ipsius regni et Romani imperii acquirendi, per rectam fidem, quantum potuerunt. Unde mando vobis, et precor vestram gratiam, ut adjuvetis nos de hac causa sicut melius scitis et potestis. Modo pareat, si verum est quod semper mihi dixistis, vos amicum meum esse, et rerum mearum curam habiturum, si opus esset. Hoc scitote quia si nostris partibus faveritis, nunquam vidistis tam longe dies quam illos quibus nos in illum honorem mittetis. Nam omnia nostra procul dubio vestra erunt. Remandate mihi quam bene possum confidere in amore vestro et adjutorio. Valete.

EPISTOLA III
LEONIS VERCELLENSIS EPISCOPI AD GUILLELMUM DUCEM.

Domino GUILLELMO duci, frater LEO servitium.

Ne tristeris, amice charissime, si Longobardi te deceperunt. Ego certe optimum tibi dabo consilium, si mihi credere volueris. Esto vir fortis, et de præteritis ne cures, de futuris caveas. Per tuum fidelissimum hominem mihi manda quid velis facere, et ego optimum tibi dabo consilium. Mitte mihi mulam mirabilem, et frenum pretiosum, et tapetum mirabile, pro quo te rogavi ante sex annos. Amen dico tibi, non perdes mercedem tuam, et quidquid volueris dabo tibi. Vale.

EPISTOLA IV
GUILLELMI AD LEONEM EPISCOPUM VERCELLENSEM.

Domino LEONI Vercellensium episcopo, GUILLELMUS Pictavensis, amicus ejus clarissimus, salutem et servitium.

Minime tristor, charissime, super Longobardorum deceptione. Non enim deceperunt me, qui nequaquam habuissem fidem promissis eorum. De præteritis eorum fallaciis ego non curo, de futuris per Dei gratiam mihi cavebo. Non parum autem minor de te qui et multam præteritorum habes memoriam, et non minus futurorum jactaris habere providentiam, quod illius Cunonis partibus consensisti, qui nec in sua terra aliquid tibi unquam donavit, neque posse donare fertur, nec aliquid auferre in regno Italiæ. Sed quamvis in hac causa non bene tibimet consuluisse videaris, et mihi amicos meos probanti suffragium nullum præbueris, exspectabo tamen illud optimum consilium quod mihi te daturum promittis, si tibi credere voluero. Manda ergo mihi per litteras quomodo vis ut tibi credam, et quæ beneficia mihi provenient per tuum consilium, ex dono illius Cunonis, si regnum Italiæ, quod mihi promittitur, et quod adipisci possem, Deo volente, si multum curarem, quærere desiero. Mulam quam rogasti non possum ad præsens tibi mittere, quia non habeo talem qualem ad opus tuum vellem, nec reperitur in nostris partibus mula cornuta, vel quæ tres caudas habeat, vel quinque pedes, vel alia hujusmodi, ut congrue possis dicere eam mirabilem. Mittam vero tibi, quam citius potero, unam optimam ex melioribus quas reperire possim in nostra patria, cum freno pretioso. Cæterum tapetum tibi possem mittere, nisi fuissem oblitus quantæ longitudinis et latitudinis tapetum jam dudum requisisti. Rememora ergo, precor, quam longum et latum esse velis, et mittetur tibi, si invenire potuero. Sin autem, jubebo tibi fieri quare volueris,

si consuetudo fuerit illud texi apud nostrates. Nec pro his quæro mercedem illam quam polliceris, ut domes mihi quæcunque voluero; quod fieri non potest. Peto autem ut etiamsi nihil dedero tibi, memor sis mei in orationibus tuis, et ores pro me ut inhabitem in domo Domini omnibus diebus vitæ meæ, ut videam voluntatem Domini, et protegar a templo sancto ejus. Et illud optimum consilium, quod mihi spondes, ne differas. Promissiones tuæ excitant me habere in te multam fiduciam, quia meum est amico credere, et de promissis ejus non diffidere; et meum est, aut nunquam promittere, aut promissa adimplere. Superius sermone nostro lusimus tecum, domne Leo, frater charissime; nunc seria verba dicemus. Longobardos non arguo deceptionis, quam in me exercere vellent quantum in ipsis fuit. Partum erat mihi regnum Italiæ, si unum facere voluissem quod nefas judicavi, scilicet ut ex voluntate eorum episcopos qui essent Italiæ deponerem, et alios rursum illorum arbitrio elevarem. Sed absit a me rem hujusmodi facere, ut pastores Ecclesiæ, quibus mei patres semper honorem exhibuerunt, et quos ipse quantum valui semper exaltavi, sine crimine inhonorem. Sub hac conditione vellent quidam primorum Italiæ me seu filium meum regem facere. Non laudavit mihi hanc vituperabilem conditionem prudens marchio Meginfridus, nec frater ejus Alricus bonus episcopus, quorum me sanissimo plerumque uti consilio nunquam pœnituit. Quos supra omnes Italos præstantioris ingenii, fidei, bonitatis esse censeo. Si quid rerum mearum tibi pro certo placuerit, quod mittere possim, aut debeam, non te frustrabitur spes tua. Æquam mihi quæso rependе vicem, ut et ipse votis meis imparem te non efficias. In proxima ventura festivitate sanctæ Dei Genitricis Mariæ litteras tuas opto videre, quibus animi tui secreta amico tuo fidissimo pandantur. In Christo vivas, valeas, vivendo, valendo.

EPISTOLA V
GUILLELMI AD FULBERTUM CARNOTENSEM EPISCOPUM.

Domino FULBERTO venerabili Carnotensium episcopo, GUILLELMUS Dei gratia dux Aquitaniæ salutem et charas amicitias.

Cum primum ad nos Pictavium, præsul optime, venire dignatus es, et nostræ petitioni ut curam loci Sancti Hilarii gereres acquiesceres, gaudium magnum fuit nobis. Sed huic gaudio multa intercedit ægritudo, quod ad nos redire dissimulas. Unde tuam precamur gratiam, noli dimittere quin venias, si fieri potest in octavis Pentecostén. Sin autem, vel octo diebus ante nativitatem sancti Joannis Baptistæ tutum iter paciscimur tibi ambulanti cum clericis et domesticis tuis. Apud nos satis militum habebis. Si non manseris nobiscum plus quam triduo, in ipsius temporis articulo plurimum nos recreabis. O si venisses in proxime præteritis Rogationibus, quantam nobis, et episcopis nostris, et optimatibus consolationem et lætitiam fecisses! tempestive si velles Carnotum ad diem festum Pentecosten reversurus, vel si te subducere velles, ne ires ad curiam domini regis, satis honestam causam habiturus. Quem in præsenti adire dimitto, minores inimicitias me suscepturum putans ob meam absentiam quam si essem cum domino rege vel regina, non consensurus in ordinando rege absque meo fratre Odone comite. Quem enim ipse regem fieri voluerit, ipsum et me velle pro certo noveritis. De ejus cum domino rege concordia quidquid audieris, et ubi sit, si nosti, peto rescribere, et si novi regis erit sacratio, an non, et cujus. Vale.

EPISTOLA VI
GUILLELMI AD ARIBERTUM ABBATEM.

Domino ARIBERTO sancto ac venerabili abbati, GUILLELMUS Dei gratia dux Aquitaniæ prospera cuncta.

Charitatem vestram jam secundo interpellavi ut mitteretis ad Carroficum monasterium quosdam ex monachis vestris qui essent ferventes in observanda regula sancti Benedicti, quorum sancta conversatio fratribus ipsius loci bonum præberet exemplum, et eorum abbatem fasce regiminis levaret. Quoniam vero petitioni meæ nondum acquievistis, nunc quoque tertio ad ostium vestræ charitatis pulso, instar illius evangelici petitoris amicum obnixe rogantis : ut si non propter amicitiam, saltem propter improbitatem meam accommodetis mihi quotquot habeo necessarios. Obsecro igitur vos in nomine sanctæ Trinitatis, quæ Deus unus est, ut vel decem fratres ex collegio vestri angelici ordinis mihi transmittatis, memores tandem illius apostolici dicti, *Alter alterius onera portate, et sic adimplebitis legem Christi.* Valete cum omnibus vestris.

EPISTOLA VII
GUILLELMI AD HILDEGARIUM.

HILDEGARIO GUILLELMUS bene optata consequi.

Tantam apud me tua prudens simplicitas invenit gratiam, ut quod a me petisti, non magis ipse [desideres] fieri quam ego velim. Sed quoniam in præsentiarum facultas non suppetit, animus meus vertur me tibi suspectum esse, quasi verba dare molientem : quod non esse meum credas, per fidem quæ inter nos est obsecro rogans te modicum tempus adhuc sustinere donec gravissimis quibus impedior officiis expeditus, operam tibi dare queam. Quod si forte morarum impatiens mox ad me adveneris, si votis tuis minus respondero, nequaquam id mihi, causam prædoctus jure succensebis. Vale nunc et semper. R. Turonensis

---

GUILLELMI DUCIS
DIPLOMA,

Quo villam S. Macharii, in qua iste sanctus requiescit, concedit ecclesiæ S. Crucis Burdigalensis.

(Anno 1026.)

'Gall. Christ., tom. II Instrum., pag. 268.)

Ego in Dei nomine, GUILLELMUS, Dei dono dux Aquitaniæ, et uxor mea AREMBERGA, considero gravitatem [gravitudinem] peccatorum meorum [et reminisco bonitatem Dei dicentem : *Date eleemosynam, et ecce omnia munda sunt vobis*], propterea concedo ad basilicam S. Crucis Burdegalæ salvitatem illius loci et allodium liberum de omnem malam exactionem et de omnem rapinam, et villam S. Macharii ubi ipse B. Macharius tumulatum ejus corpus requiescit, cum decima et cum omnes res, jus de terra et ex mare, et cum justitia sanguinis (et de omnes res), et cum pedagio et aliam salvitatem S. Mariæ de Macha [Machao] cum decima, et omne jus et consuetudines, et eam prope adjacentem insulam, et cum paduensa in terra et in mare, et alteram villam S. Hilarii de Ortellano [Ortillano] cum decima [et cum paduensa, de aquas et de ligna, et de terras], et alteram villam quæ vocatur Solaco cum oratorio S. Genitr. Mariæ, cum decimis et aquis dulcis, et erris de mare Salissa usque ad mare de Girauda et de Ubre de Syort usque ad Grava, cum marisco, et cum montaneis, cum pineta, cum piscatione, cum cuncta prata Salviciña capiente; cum servis et ancillis. Ecce vero omnes istas villas cum justiciis sanguinis, et de omnes res cum ecclesiis earum et cum omnes consuetudines et jura, cum consuetudine trium modiorum salis et cum la pojadas et la fromentada, et cum totas pertinentias in pratis, in consuetudinibus, in nemoribus, in vineis et in viis, et in semitis, ad sacratissimum, seu et ad ipsius congregationem Deo servientem, quod Burdegalæ situm est, dono, transfero atque transfundo in illorum ibi degentiun monachorum ad stipendia et congrua ipsorum trado, et do potestatem vel dominationem ad habendum et libere possidendum, et faciendum communiter quidquid voluerint, nemine contradicentem. Si vero aliquis assurexerit deinceps falso nomine comes, episcopus vel aliquis hujus sæculi tyrannus, qui istas res supra ad suum opus mittere non timuerit, et per violentiam aliquid abstulerit, imprimis iram Dei omnipotentis incurrit, et a consortio Christianorum extraneus fiat, et cum Dathan et Abiron terra vivos absorbeat, et nunquam ad sanctam resurrectionem cum justos appareat, sed in Cocheti laqueis pœna perpetua crucietur. Et si aliquis adversariorum assurrexerit, si salvitates violaverit, mille libras auri coactus fratribus componat.

(1) Hoc instrumentum a se visum, testatus est Henricus III, rex Angliæ, illudque refert in suis litteris, ex quibus multas varias lectiones collegimus. In fine litterarum addit rex :
« Nos ergo ut omnis suspicio falsæ Latinitatis qua prædicta charta vitiosa videtur, præsentibus et futuris radicitus amoveatur, ne aliquatenus possit ob hoc prædicto monasterio Sanctæ Crucis Burdigalensis et abbati et monachis ibidem Deo servientibus, quos sincera complectimur in Domino charitate, præjudicium aut gravamen aliquod generari, non obstante hujusmodi vitio, chartam ratificantes eamdem, prædictas concessiones et donationes ratas et gratas habentes, eas pro nobis et hæredibus nostris prædicto monasterio libere concedimus et confirmamus, sicut prædicta charta præfati ducis, in qua prædictæ concessiones et donationes plenius continentur, sicut et confirmationes Guillelmi quondam ducis Aquitaniæ et regis Richardi ayunculi nostri, tunc temporis comitis Pictaviensis, et reginæ Alienor matris ipsius, quondam reginæ Angliæ, rationabiliter testantur. His testibus venerabilibus Patribus Ay. archiepiscopo Ebredunensi, et P. Hersfordensi episcopo, Joanne filio Gofridi, Philippo Basset, Radulfo filio Nachat, Joanne de Lexenthon, Joanne Mannifest, Guidone de Rossilhon et multis aliis.

« Datum per manum nostram apud Burdegalam xxiii die mensis Augusti, anno regni nostri vicesimo septimo. »

Hæc donatio quippe facta est anno 1027 Incarnat. Dom., præsente Fulconi-Gaufridi, et Truncardo baronis, Combaudo Ostendi, et Guillelmo præposito, Eduardo et Guilberto milites et alius; assistente monasteriis imprimitus Sanctæ Crucis, et S. Mariæ de Solaco et S. Macharii, et ecclesiis aliis abbate Gombaudo, et Ecclesiæ Burdigalensi archiepiscopo Godefredo.(1).

ANNO DOMINI MXXXI.

BEATUS GUILLELMUS I

ABBAS S. GERMANI A PRATIS.

NOTITIA HISTORICA.

(*Gallia Christiana*, tom. VII, pag. 435.)

B. Guillelmus I, genere nobilis, sed longe nobilior religione, primum fuit Luciacensis seu Lucediensis in Italia monachus, tum Cluniacensis, deinde prior Sancti Saturnini de portu ad Rhodanum diœcesis Uceticensis, vulgo *le Pont-Saint-Esprit*, postea Divionensis abbas Sancti Benigni; inde ad renovandum pluribus in locis disciplinæ regularis vigorem frequenter evocatus, multa rexit monasteria. In his fuit Germanense a Pratis, quod jussu Roberti regis et Constantiæ reginæ suam in curam susceptum sanctioribus informavit institutis. Qua de re sic Aimoini continuator, lib. v, capite 47 :
« Dum monachi sæpefati cœnobii (*sub Ingone abbate*) sæculari modo vitam ducerent, piissimus Robertus rex una cum sua uxore videlicet Constantia regina, Ingone defuncto, accersens Guliermum abbatem Divionensis cœnobii, ei abbatiam dedit B. Germani, qui eam regulariter instituens anno Domini 1030 vita decessit. » Sed neque minus providus in temporalibus, pravas inde consuetudines, quas in Antoniaco villa et appendicibus quidam ejus vicarius seu advocatus cui nomen Pipinellus Garini exigebat, judicio Roberti regis obtinuit amoveri (*anno 1027*). Idem quoque defunctorum fratrum sollicitus vetus antecessorum statutum renovavit de omni die anniversaria nominibus eorum in capitulo pronuntiandis, et quotidie psalmis quinque ad capitulum finiendum decantandis; alterique statuto, ut scilicet quotidie una præbenda de pane et vino pro defunctis daretur; adjecit ut a diebus suis usque in finem sæculi pro fratribus morientibus tricenarius plenarius in ecclesia ageretur, et similiter diebus eorum anniversariis in refectorio fieret, et in capitulo pronuntiarentur. Id actum est (*anno 1028*) consilio et testimonio Baldrici Burguliensis abbatis. Paulo post Guillelmus Adraldo, annuente rege, abbatiam resignasse videtur. At, pro certo, regimine cessit ante obitum, qui contigit anno 1031 Kalendis Januarii in monasterio Fiscamnensi, ubi et sepultus est. Hac die legitur in Necrologio Pratensi : *Kalendis Januarii obiit domnus abbas Guillelmus nimia religiositate sollicitus.*

B. GUILLELMI

EPISTOLA SEU CHARTA AD FRATRES MONASTERII S. GERMANI A PRATIS.

(Anno 1028.)

(Dom Félibien, *Histoire de l'abbaye de Saint-Germain*, Preuves, pag. xxiv.)

Noverint Sancti Germani Parisiensis Ecclesiæ professi quod domnus Guillelmus (sc. primus) abbas assensu totius capituli statuit quod omni die anniversaria nomina defunctorum fratrum in capitulo pronuntientur, et quotidie v psalmi, *Verba mea* scilicet, ad capitulum finiendum canantur. Quæ quidem consuetudo pro quibusdam causis depravata erat. Constituerant enim abbates sui prædecessores quod ipse mutare noluit: ut scilicet quotidie una præbenda de pane et vino pro defunctis daretur. Ipse tamen adjecit quatenus a diebus suis usque in finem sæculi pro fratribus morientibus tricesimus plenarius in refectorio et in ecclesia agatur, et similiter diebus eorum anniversariis in refectorio fiat, et in capitulo pronuntientur. Qui hanc constitutionem depravaverit, in caput ejus redundet.

Id actum et consilio est testimonio Baldrici Burguliensis abbatis.

ANNO DOMINI MXXXI.

SANCTUS GUILLELMUS

ABBAS S. BENIGNI DIVIONENSIS.

NOTITIA HISTORICA IN S. GUILLELMUM.

(Apud Mabill. *Acta SS. ord. S. Bened.*, Sæculi VI parte 1, pag. 320.)

1. Guillelmi ortum ad annum 1031 revocandum esse evidenter colligitur ex Rodulphi Glabri libello de Vita Guillelmi, in quo obitum ejus anno 1031, ætatis septuagesimo, contigisse disertis verbis affirmatur. Totum vero pene vitæ suæ tempus in monasticæ vitæ exercitiis transegisse ex hoc probatur, quod vix septimum ætatis suæ annum egressus, in cœnobio Luciacensi vestem monasticam induerit; unde strictioris disciplinæ studio digressus, in monasterium Sancti Michaelis, mox Cluniacum in Galliam cum sancto Maiolo sese recepit. Est autem Luciacum, seu, ut alii dicunt, Lucedium aut Locedium, vulgo *di Locedia*, antiquum ordinis nostri cœnobium, quod primitus Sancti Michaelis, postea Sancti Januarii appellatum est, ob eo translatas ejus reliquias, a quo etiam circumpositum oppidum Sancti Januarii nomen tulit. Situm est haud procul a Vercellensi urbe ad cujus diœcesim olim pertinebat. Hodie vero Casalensi episcopatui subjectum est; in territorio Montisferrati. Ex ordine Benedictino ad Cistercienses primum transiit, ac tandem post varias fortunas ad clericos sæculares defecit; ut observat Franciscus Augustinus ab Ecclesia in sua Historia Pedemontana, cap. 33.

2. Vicesimo nono ætatis suæ anno, hoc est 990, indictione iii, Guillelmus ordinatus est abbas Sancti Benigni a domno Brunone episcopo Lingonensi, inquit chronographus Benignianus, cujus sententiæ præter privilegium Benedicti papæ, ut putant, septimi, eidem Guillelmo concessum, obstare videtur fragmentum quoddam Benigniani monasterii historiæ manuscriptæ, in quo ecclesia sancti Benigni a Guillelmo incœpta anno 982, et omnino restaurata anno 986, fuisse dicitur. Verum hæc tanti non sunt ut a scriptoris gravis et æqualis auctoritate facile recedamus, maxime cum Glaber Rodulfus simul et Chronicum a Labbeo editum cum chronographo Benigniano consentiant; ac Benedicti papæ privilegium, non Benedicto VII sed VIII assignandum esse constet, quippe quod anno Christi 1015 datum esse legitur apud Ughellum tomo II Italiæ sacræ, col. 996.

3. Erat prædictus Willermus, inquit Glaber in libro III Historiarum, cap. 5, *acer ingenio, et insignis prudentia, idcirco summum in palatiis regum ac cæterorum principum obtinebat locum.* Ejus elogium paucis verbis, sed quæ multis libris præstantiora sunt, complectitur beatus Odilo ejus sub sancto Maiolo condiscipulus, in libello scilicet de ejusdem sancti Maioli actis, ubi hæc habet: *Et ut pace spi-*

ritualium artificum in eadem fabrica laborantium dicam, unus præcipue refulsit, qui nuper rebus humanis excessit, et qui plus nobis omnibus laboravit, domnus videlicet abbas Willelmus, de cujus clarissimis actibus et vita laudabili et mirabili conversatione parvitas nostra non sufficit quod sentit ad plenum referre. Jotsaldus in Planctu de ejusdem beati Odilonis obitu Willelmum simul et ipsum Odilonem iisdem versibus celebrat, quos infra in Odilonis Elogio proferemus. Eumdem vetus auctor Chronici Fiscamnensis liberalibus artibus apprime eruditum, atque disciplinis ecclesiasticis, cunctisque spiritualibus officiis.... virtutum gratia imbutum et illuminatum fuisse scribit. Hinc nullum ferme fuit in Romano imperio monasterium, quod Guillelmi curæ non commissum fuerit, quorum nonnullis ipse præfuit, aut discipulos suos præfecit; cæterorum vero abbates, qui jam illis præerant, suis exemplis ac monitis ad accuratam regularis disciplinæ praxim adduxit. Beatæ memoriæ, inquit idem auctor, Willelmus abbas suæ religionis affluentia totius partes Romani imperii illustrabat, abbatumque multorum tepidos animos sui fervoris imagine reformabat et accendebat. Eum Sigebertus, ad annum 1027, recenset inter abbates nominabiles, quorum opera religio ecclesiastica sæculo XI floruit. In Francia quidem et Burgundia.... per Guillelmum Divionensem severitate reverendum. Denique, ut habet Glaber loco laudato, quodcunque monasterium proprio viduabatur pastore, statim compellebatur tam a regibus vel comitibus, quam a pontificibus, ut meliorandi gratia illud ad regendum susciperet. Hinc ipsum quadraginta fere monasteriis præfectum fuisse idem auctor asserit, quorum pleraque chronographus Benignianus recenset, videlicet præter Benignianum de quo agit, Verziacense, Besuense, Redmaense, Tornodorense, Melundense, Sancti Arnulfi Mettense, Sancti Apri Tullense, Gorziense, Fiscamnense, Gemeticense, sancti Audoeni Rotomagense, sancti Michaelis in monte Tumba, Sancti Faronis Meldense, Sancti Germani Parisiense, Fructuariense, Sancti Amatotoris prope Lingonas, Sanctæ Mariæ prope Saxonicum-fontem, quibus addit Glaber monasterium Sancti Saturnini ad Rhodanum fluvium, quod modo in prioratum redactum est, monasterio Ambroniacensi subjectum. De his omnibus seorsim agere non vacat, at de Fructuariensi, quod idem vir sanctus in fundo paterno condidit, ac de Fiscamnensi in quo defunctus est, nonnulla subjicimus ex eorumdem locorum monumentis. De Benigniano vero et Besuensi potissimum scripsere chronographi istorum monasteriorum, quorum excerpta inferius proferemus.

4. Porro etsi nullo publico cultu, quod quidem sciamus, apud veteres sanctus Guillelmus honoratus fuerit, illum tamen in fastis-sacris ad diem Januarii, qui ejus natalis est, inter sanctos inseruerunt Arnoldus Wion et Ugo Menardus in Menologio ac Martyrologio Benedictinis quos imitati recentiores omnes, sancti nomine donarunt: nec immerito, cum tanta præsto sint ad illius sanctitatem demonstrandam argumenta, vix ut ulla pro quovis hujus sæculi sancto certiora reperiantur, nempe mortis præcognitio, miraculorum patratio, ac præ cæteris integerrima vita, ac regulæ monasticæ observatio singularis. Hinc Glaber Vitæ ejus scriptor, vir gravis et magnæ auctoritatis, capite ultimo, sancti Guillelmi mortem ad sanctum deificum tamen transitum appellat, observatque, quod notatu dignissimum est, quæ in vivis adhuc agens operatus erat miracula, etiam et post mortem ad ejus sepulcrum perdurasse. Audiendus est in lib. IV Historiarum, c. 4. Unum restat, inquit, quod novi ibidem (in sancti Guillelmi Vita) minime contineri. Migravit enim præsanctus Pater a sæculo ad beatorum requiem in Neustriæ partibus, in Fiscamnense videlicet monasterio... sepultusque est, uti tantum condecebat virum, in loco optimo ejusdem ecclesiæ. Post aliquot fere dies contigit, ut puerulus ferme decennis valida confectus ægritudine ad sepulcrum illius gratia recuperandæ salutis duceretur, ibique a parentibus dimissus, decubabat solus. Qui subito respiciens, vidit super idem sepulcrum insidentem aviculam, formam columbæ præferentem, quam diu intuens obdormivit; dehinc leni expletus somno evigilans, ita se reperit incolumem, ac si nil ægritudinis persensisset. Suscipiunt itaque læti parentes suum, fit omnibus commune gaudium.

5. Sancti Guillelmi corpus in majori Fiscamnensi basilica tumulatum est, in conspectu euntium ac redeuntium fratrum, inquit Vitæ auctor, hoc est ante sancti Taurini Ebroicensis episcopi altare, quod hodie sancti P. Benedicti appellatur. Ex hoc autem loco postmodum in sacellum beatæ Mariæ Magdalenæ sacrum (quo tempore quave de causa ignoratur) ad latus Evangelii translatum est, ubi hodieque in sarcophago lapideo, tres pedes longo ac novem pollices lato, intra parietis cameram ad septentrionem inclusum asservatur, cum hac in plumbi lamina inscriptione, quæ anno 1638 detecta est.

Abbatem plenum lector cognosce dierum
Nomine Willelmum, hic recubare senem.
Iste loci primus pastor præfulserat hujus,
Quo statuit multos dante Deo monachos.
Jani prima dies animæ nova claruit ejus,
Cui nova Jerusalem obvia tota fuit.

DE MONASTERIO FRUCTUARIENSI
A BEATO WILLELMO CONDITO.

1. Cum vix aliquid de Fructuariensi monasterio habeatur tum in Vita Guillelmi a Glabro conscripta, tum apud chronographum Benignianum, visum est hic paulo fusius de eo agere, cum hanc habeat su-

per cætera monasteria, quæ Willelmus noster rexit, prærogativam, quod ab eo in suæ ipsius paternæ hæreditatis fundo conditum fuerit, indeque plurimum ejus initii notitia profutura sit ad illustranda ejusdem beati viri gesta. Situm est inter duo flumina Orcum et Amalonem in Gallia Subalpina, intra Eporediensis diœcesis fines. Conditum primo fuit et dotatum liberalitate fratrum beati Willelmi, aliorumque ipsius consanguineorum, tum variis aliorum donationibus auctum, ac demum principum et summorum pontificum diplomatibus et privilegiis firmatum et munitum, nulli fere totius Italiæ monasterio tum nobilitate, tum divitiarum affluentia, cessit. Ejus natalia paucis exprimit vetus auctor his versibus, quos Franciscus Augustinus ab ecclesia, ex antiquo monasterii Chronico descriptos, Historiæ suæ Pedemontanæ inseruit

Si quis Fructuariæ mavult prænoscere quando
  Cœnobii cœptum rite fuisset opus:
Millesimus sublimis erat tunc tertius annus
  Partus virginei Principis ætherei.
Martii septenæ, seu indictio prima Kalendæ,
  Tempus vel cursum ambo suum peragunt.
Rex Ardoinus sceptri moderamine fissus
  Regnat in Hesperia, tendit in Ausoniam.
Adjuvat ipse locum Dominus, quem munere dotat,
  Rebus consuluit fratribus assiduis.
Præsul Ottobianus quod jure dicando sacravit,
  Abbas Willelmus construit hoc Domino.

2. Sed nemo melius monasterii sui natalia exponit quam ipse Guillelmus, cujus ideo chartam a laudato auctore ex Fructuariensi archivio relatam describimus infra.

3. Quo anno instrumentum istud confectum fuerit incertum mihi est, cum id aut non expresserit ipse Willelmus, au certe datam omiserit qui ipsum ex autographo descripsit, qui etiam aut ob legendi imperitiam, aut nescio qua alia de causa, monumentum istud adeo pretiosum multis mendis videtur respersisse. Cæterum ex variis chartis quæ a Guichenope in Bibliotheca Sebusiana, et ab Ughello, tomo IV Italiæ Sacræ in episcopis Eporediensibus referuntur, patet nihil a Willelmo abbate omissum fuisse ut Fructuariensis monasterii libertatem, tum in temporalibus, tum in spiritualibus, adeo firmiter stabiliret ut posteris temporibus, facile non convelleretur. Primum ab Henrico imperatore confirmari sibi curavit quæcunque aut a suis propinquis aut ab aliis piis viris monasterio tradita fuerant. Exstat ea de re ejusdem Henrici diploma, datum anno 1014, ex quo non solum multa de variis possessionibus quas jam tunc possidebat cœnobium Fructuariense comperta fiunt, verum etiam exinde innotescunt, tum nobilissimum Willelmi nostri genus, tum alii nonnulli viri illustres, qui postpositis mundi illecebris tunc temporis eo in loco monasticam vitam ducebant; quin et *Gonthardi judicatus*, supra in Willelmi instrumento laudatus, ab Henrico confirmatur.

« Domnus, inquit, abbas Willelmus nostram clementiam adiit petens quoddam monasterium nostra auctoritate corroborari, situm in loco qui dicitur Fructuaria, ex propria hæreditate fratrum ejus Gotfredi, Nitardi atque Roberti, in honore sanctæ Dei genitricis Mariæ sanctique Benigni martyris constructum, velut in charta judicatus a Gonthardo diacono edita continetur. Cujus precibus susceptis prius regali præcepto confirmavimus, » etc. Inter alios monasterii benefactores recenset Otthonem Willelmum, nostri Willelmi consanguineum, ut supra diximus, cujus complures exstant chartæ in Benigniani sicut et in Fructuariensis monasterii favorem datæ. « Habeat et teneat quieto jure castellum Longobardorum cum omnibus suis pertinentiis, et omnia prædia illa et cortes, quas dedit Ottho, qui et Willelmus, comes, filius Adalberti, nepos Berengarii regis, ipso loco infra fines Longobardiæ ex hæreditate parentum et propinquorum suorum. Statuimus etiam per hanc nostri præcepti firmitatem in perpetuum habendas omnes terras illas, quas habere debet jam sæpe nominatum monasterium ex hæreditate Roberti, quondam viri nobilissimi, qui fuit genitor jam dicti abbatis Willelmi. Confirmamus omnem illam hæreditatem et possessiones, quæ ex paterno et materno jure debebantur Otberto, qui fuit filius Gerardi, et nepos Otberti comitis, qui fecit hæredem suam sanctam ecclesiam Fructuariensem, quando pater ejus et ipse reliquerunt mundum, dantes se et omnia sua Deo, factis monachis... » Sub finem enumerat cellas, seu prioratus, qui jam tunc a monasterio illo pendebant; scilicet cellam « Astensem, cellam Navigensem, cellam in Quaranta, cellam in Cavalliaca, cellam in Paderno, » etc.

4. Anno Christi 1023, aliud item privilegium ab eodem imperatore obtinuit Willelmus, quo monasterium Fructuariense, « prout in charta judicatus a Gunthardo diacono edita continetur, » sub speciali sua defensione suscipit, ac privilegium Benedicti VIII confirmat. « Dehinc, inquit, ut stabilius permaneat imperiali auctoritate corroboramus, sub nostra defensione ea ratione recipimus, ut nullus dux, marchio, etc. Statuimus quoque, et Dei nostraque auctoritate confirmamus, ut idem locus supra memoratam libertatem in cunctis obtineat, et quæcunque de ejus libertate et stabilitate, de abbatis electione et consecratione a domno apostolico Benedicto multisque episcopis in privilegiis et synodalibus decretis statuta sunt, rata omni tempore et inconcussa firmitate subnixa conserventur. » Observat Hugo abbas Flaviniacensis in Chronico Virdunensi Willelmum nostrum, quem « rectorem strenuum et religione præstantissimum » appellat, beato Henrico acceptissimum fuisse. Et paulo inferius eumdem Willelmum « supra regulam dictum fuisse ait a rigore ferventioris propositi. »

5. Post Henrici Augusti obitum Conradus ejus successor, a beato Willelmo rogatus, iisdem pene verbis ac Henricus monasterii Fructuariensis libertatem sua pariter auctoritate roboravit, ut ex ipsius

charta patet, quæ ab eodem Guichenone refertur, in qua Joannes ejusdem loci abbas memoratur, qui in Chronico Benigniano, supra, appellatur *Joannelinus* et Henricus, ejusque successores Augusti « in fratrum sodalitium » dicuntur adsciti. « Dignum duximus Fructuariense cœnobium litteralibus præceptis confirmare, exorante domno Willelmo Divionensi abbate, qui, prædictum monasterium ex prædiis, eleemosynisque propinquorum suorum ac cæterorum fidelium Christi a fundamentis construens, plurimos secundum regulam sancti Benedicti Deo servientes inibi congregavit. Nos nostrosque in perpetuum successores, prout divæ memoriæ prædecessorem nostrum Henricum suo ac fratrum contubernio sociaverit, omnium benefactorum suorum participium habere cupiens, primum ejusdem cœnobii abbatem, nomine Joannem, ejus in præsentia consecrari fecit, et tam ipsum quam totum eumdem locum suæ imperiali tutelæ commisit, ea maxime pro causa ut eamdem illi in omnibus libertatem conservet quam Cluniacense monasterium habere dignoscitur. Nos ergo saluti nostræ consulentes, » *etc.* Privilegia quoque et synodalia decreta Benedicti papæ cæterorumque episcoporum confirmat iisdem verbis ac in Henrici diplomate supra laudato; quod et ab aliis imperatoribus, imo et a pontificibus Romanis factum fuisse observat Franciscus Augustinus ab Ecclesia in Catalogo Fructuariensium abbatum, Historiæ chronologicæ Pedemontanæ cap. 27, ubi Joannem abbatem hic memoratum Guidonis comitis sancti Martini filium, Arduinique Italiæ regis nepotem fuisse dicit.

6. Non minori devotione Robertus Francorum rex erga monasterium Fructuariense tenebatur quam imperatores, quamvis esset extra sui ipsius ditionem situm. Unde cum de eo requisisset Guillelmus bonorum aliquot confirmationem, quæ in Francia monasterio suo concessa fuerant, ultro ei piissimus rex præbuit assensum, atque generali præcepto asseruit Fructuariensi monasterio quæcunque vel jam data ipsi essent, aut quæ postea forte traderentur, intra regni sui fines (*Vide supra in* ROBERTO *rege inter præcepta ejus ecclesiastica.*

7. Proferenda nunc Lamberti Lingonensis episcopi charta, qui Fructuariensis monasterii subjectionis a Divionensi immunitatem, quam a Brunone Guillelmus impetraverat, confirmavit. Cujus tamen nullum habebatur publicum instrumentum, quod Bruno morte præventus rem non absolvisset. Hæc autem charta est veluti cæterarum omnium quæ (*sic*) asserenda monasterii ejusdem libertate supra protulimus compendium. Habetur centuria II, num. 79, ex archivio regio Taurinensi descripta.

Ego Lambertus sanctæ Lingonensis Ecclesiæ episcopus, notum fieri decrevi tam præsentibus quam futuris, quod quidam dilectus ex dilectis, abbas videlicet Willelmus, adiit paternitatem nostram justis precibus, ut synodali decreto quoddam testamentum, quod ad votum præventu mortis beatæ memoriæ prædecessoris nostri Brunonis adimplere nequivit benignitas, nostræ benevolentiæ perficeretur auctoritate. Quod quidem non immerito tanto facilius debet impetrare quando Dei cognoscitur zelo id omnino postulare. Quidam enim suus carnali propagine germanus, nomine Godefredus, ad sanctam veniens conversionem totum quodcunque habuit secum Deo devote contulit, ea maxime intentione ut de proprio suo construeretur monasterium, quod ne alicujus episcopio vel cœnobio fieret aliqua subjectione obnoxium, solerti pertractatum est consilio ut in quodam loco, antiquitus Fructuaria dicto, ædificaretur, quod legalem per chartulam a Nitardo et Rotberto germanis ipsius Gotefredi cuidam Guntardo levitæ traditus est, ut ipse inde faceret judicatus testamentum sub liberrima omnino conditione. Quod et factum est, sed non sine multorum, maxime Arduini regis et Bertæ uxoris ejus adjutorio; quorum sagaci industria legali legaliter confirmata sunt testamenta, et sancto Divionensi cœnobio non parvi pretii, ut patet, collata sunt ornamenta, scilicet textum unum auro, gemmis et lapidibus mire ornatum, casula auro decorata, duæ stolæ deauratæ cum earum manipulis, et unum cingulum, atque quatuor amicti similiter deaurati. Quod et ideo facere studuerunt ut et locus, unde Fructuariensis videlicet monasterium sumpsit exordium, his honestaretur emolumentis, et hoc memores in posterum non habeant unde scandalum struere iniqua possent voluntate. Et nos igitur æquitatis jura appendentes et animarum lucris magis quam cupiditatibus perversorum consulentes, sed et sancti prædecessoris nostri promissa complentes, a privilegiis quoque apostolicis atque decretis episcopalibus, a præceptis denique imperialibus ac regalibus non discrepantes, Fructuariense cœnobium cum omnibus quas possidere videtur rebus, tam mobilibus quam immobilibus, in nulla subjectione, in nullo jure cuiquam nostri episcopii pertinentiæ obnoxium proclamantes, quinimo sub proprio pastore, ut per omnia absoluta libertate a Romana sede sibi concessa potiatur et a sublato hujusmodi subjectionis vinculo constet alienum, volumus et nos et statuimus, sub synodali decreto, ut nullus monachus, aut præscripti videlicet domni W. abbatis successor, contra præfatum locum aliquid querelæ vel calumniæ inferat, vel quidquam proprietatis seu subjectionis requirat. Ut sit igitur ipse locus, Fructuaria dictus, nostra quoque auctoritate inconvulsa stipulatione liber et absolutus, et ab omni querela immunis, et in fructificandis animabus semper Christo duce sacris aptus incrementis, testibus ex nostro clero admissis nostra subscriptione signamus. Signum Lamberti Lingonensis sedis episcopi. Signum Beraldi archidiaconi. Signum Beraldi abbatis sancti Stephani Divionensis etc. Actum apud Divionem publice III Idus Januarii anno ab incarnatione Domini 1017, indictione XV regnante Roberto Francorum rege. Ego Oddo cancellarius in synodo sanctæ Lingonensis Ecclesiæ hoc testamentum perfectum, et ab omni synodo laudatum et confirmatum recognovi et subscripsi.

8. Fructuariensis monasterii celebritate multi allecti, non solum sua ei, sed et se ipsos tradidere ; ex iis celebris fuit Arduinus, Italiæ rex, qui, rebus male adversus Henricum imperatorem gestis, sæculo valedicens in monasterium prædictum se recepit, ubi defunctus et sepultus a nonnullis Beati nomine donatus est. Hoc titulo insignitur in Benedictino Menologio Bucelini, ubi die 2 Martii, anno 1018 obiisse memoratur. Hæc sanctitatis opinio qua Fructuaria tunc temporis commendabatur, ad posteros etiam transmissa fuit, ut ex variis chartis facile colligi potest, quæ a Guichenone referuntur. Locum hunc præ cæteris coluit Agnes imperatrix, Henrici Augusti mater, cujus, et beati Annonis Coloniensis archiepiscopi interventu Alexander II summus pontifex privilegia ejusdem monasterii suo diplomate confirmavit anno 1070. Certe cum beatus Anno, ut refert Lambertus Schafnaburgensis, auctor æqualis, in Italia agens ad Fructuariense monasterium orationis causa divertisset, « ibi admiratus monachorum arctissimam et secundum regulæ instituta conversationem, nonnullos eorum in opere Dei probatissimos secum rediens abduxit » quos in monasterio Sigebergensi a se ipso condito constituit. Quæ, inquit auctor, occasio fuit ut in cæteris quoque monasteriis regularis observantia repararetur.

9. Sed et ipsa Agnes Augusta, sæculi vanitate abnegata, prius quam Romæ sedem fixisset, apud Fructuariam morabatur. Quantum vero ejusdem loci monachos veneraretur, ex ejus epistola, quam paulo ante quam apud eos secederet scripsit, conjici potest, sic autem se habet apud Guichenonem, Centuria II, num. 77, ex Chartario Fructuariensis descripta :

A. imperatrix et peccatrix A. [Andreæ] Patri bono et fratribus in Fructuaria congregatis, in nomine Domini. Servitutem ancillæ, cujus oculi in manibus dominæ suæ sunt, conscientia mea terret me pejus omni larva omnique imagine. Ideo fugio per sanctorum loca quærens latibulum a facie timoris hujus, nec minimum desiderium est mihi veniendi ad vos, de quibus comperi quia vestra intercessio certa salus est; sed nostræ profectiones in manu Dei sunt, et non in nostra voluntate. Interim vero mente adoro ad pedes vestros, rogans ut Gregoriana pietate in Trajanum petatis mihi veniam a Domino; quia namque ille unus homo ab inferni claustris exoravit paganum, multi vos facile salvabitis Christianam unam. Quod si decreveritis, peto ut in signum pietatis societatem et fraternitatem vestram mandetis, et mittatis mihi quam primum. Rogo etiam ut parvum quod mitto munusculum admonitionis signum suscipere dignemini, quateuus credam quia de me curare incœperitis. Valete, et tu, Pater bone, diligenter commenda me spiritalioribus fratribus de cœnobiis atque cellis, ut faciant me participem in orationibus et jejuniis atque omnibus benefactis suis.

10. Eadem Augusta interveniente Henricus imperator, filius ejus, monasterio Fructuariensi Rivum totum cum omnibus appendiciis suis in comitatu Aquensi dedit, ut ex ejus charta certum est, quæ centuria XI, num. 76, refertur. Initio sæculi sequentis patriarcha Jerosolymitanus cum Fructuariensis monasterii fratribus societatem iniit, cujus ea de re epistola habetur ibidem, num. 73. Totus est in Fructuariensis monasterii laudibus describendis Petrus Damiani opusculo 18, cap. 3, ad Adelaidem comitissam, ubi se ibi decem diebus hospitio susceptum fuisse perhibet. Perseverat etiam nunc celebre istud cœnobium spirituali simul et temporali jurisdictione amplissima gaudens, in quo Mauricius Sabaudiæ ducis filius, qui eidem loco initio sæculi currentis præerat, collegium canonicorum sæcularium instituit.

DE MONASTERIO FISCAMNENSI.

1. Etsi abbatis nomine quadraginta fere monasteriis, ut habet Glaber, beatus Guillelmus præfuerit, eumque, pro reparata disciplina regulari aliisque beneficiis, quam plurima Galliarum et Italiæ cœnobia certatim sibi vindicent, præ cæteris tamen haec habet prærogativam percelebre sanctissimæ Trinitatis Fiscamnense monasterium, quod, post annos ferme triginta regiminis, ipsius sepulcro insignitum fuerit. Certe eum anno 1001 Fiscamnensis monasterii regimen suscepisse, diserte habetur in duplici Chronico, apud Labbeum, tomo I Bibliothecæ novæ, quorum unum Rothomagense, alterum Fiscamnense ibi appellatur. His consentit auctor Chronici Benigniani; eum vero anno 1031 obiisse nullus in dubium revocare potest. Est autem Fiscamnum, vulgo Fescan, oppidum intra diœcesis Rothomagensis fines, quamvis omnino liberum, situm in Caletis ad prospectum maris, quo in loco Waningus, vir nobilis, sæculo septimo monasterium virginum construxerat; sed eo per Nortmannos destructo, aliud pro viris Nortmanniæ ducum liberalitate sæculi hujus initio consurrexit, illudque etiamnunc opibus et nobilitate cæteris provinciæ cœnobiis præeminet, sub nostra sancti Mauri congregatione. Waningi primi ejus fundatoris Vitam, seu potius mutila ipsius Vitæ fragmenta ex incertis auctoribus, sæculo secundo protulimus. Præter hanc Vitam habemus præ manibus ex codice ms. ejusdem monasterii librum cui titulus est : « De revelatione, ædificatione et auctoritate monasterii Fiscamnensis, » in quo ejusdem loci initia, casus, et clades a Nortmannis illatæ, ac demum ejus reparatio fusius

exponuntur. Ex hoc libro discimus sanctum Maiolum Cluniacensem abbatem a Richardo I Nortmannorum duce fuisse invitatum ut monachos Cluniacenses Fiscamnum transmitteret, canonicis qui tunc hanc ecclesiam occupabant substituendos. Quod cum vir sanctus facere renuisset, postea Richardi Junioris tempore, Guillelmus noster, jam abbas Benignianus, eidem loco præpositus est, ubi monasticam vitam restituit. Guillelmum præ cæteris viris piis, qui tunc temporis in Nortmannia florebant, a Richardo dilectum fuisse testatur Hugo Flaviniacensis in Chronico Virdunensi, ubi, præmissis Richardi laudibus, qui pulsis canonicis monachos sub Guillelmi moderamine Fiscamni instituit, sic concludit : « Hujus tempore viris religiosis floruit Normannia, qui ad eum confluebant velut apes ad alvearia, inter quos hunc virum beatum, Guillelmum abbatem, propensiori coluit reverentia, adeo ut speciali eum amore diligeret, et præceptis ejus obtemperare consiliisque acquiescere gauderet. » Hanc sibi auctoritatem comparaverat Guillelmus vitæ suæ ac suorum sanctimonia. Qua vero ratione eo in monasterio instituta fuerit sub ejus regimine monastica vita, jam ex Chronographo Benigniano didicimus, sed ex laudato libello plenius patebit, quem quidem librum integrum edere primum statueramus, quod multa complectatur de Fiscamnensi monasterio scitu digna, et Willelmo abbati Fiscamnensi, secundo an tertio, sit nuncupatus. Verum cum jam fere integer ab Arturo du Monstier in Neustria pia editus sit, sufficere visum est ea proferre quæ specialius ad nostrum spectant institutum. Sed prius dicendum paucis de viris illustribus qui in monasterio Fiscamnensi tunc temporis floruerunt.

2. Viri illustres qui sub Willelmo abbate in monasterio Fiscamnensi floruerunt, in Chronico Benigniano recensentur. Locum integrum supra dedimus. Fuerunt et nonnulli principes ex nobilissimo Nortmanniæ ducum sanguine exorti, qui iisdem temporibus ibidem cucullum induerunt, ex quibus Guillelmus Gemmeticensis Willelmum memorat libro v, cap. 13, Richardi II filium, apud Fiscamnum monachili vellere in adolescentia functum. Paulo post Nicolaus Richardi tertii filius ibidem etiam, compellente Roberto suo ipsius patruo, qui in ejus locum Nortmanniæ ducatum obtinuit, monasticam vitam sub Joanne abbate amplexus est. Is postea sancti Audoeni apud Rothomagum abbas factus multis virtutibus claruit, ut refert Ordericus Vitalis, libro viii, ubi fuse laudes ejus describit. His accensent nonnulli Malgerium, qui demum ad sedem Rothomagensem evectus fuit; sed hujus opera natalium suorum gloriam obscurarunt.

3. Paucis verbis tres priores Fiscamni post restaurationem abbates laudat Ordericus, libro iv, ex quibus colligere licet quanta tunc fuerit ea tempestate illius monasterii fama. « Fiscamnense, inquit, cœnobium in prospectu maris positum, etc.,

post Guillelmum Divionensem, virum sapientem et in religione ferventissimum, Joannes venerabilis abbas annis quinquaginta et uno rexit, post quem Guillelmus de Roz, Bajocensis clericus, sed Cadomensis monachus, fere xxvii annis tenuit. Hic ut mystica nardus, in domo Domini flagravit charitate, largitate multimodaque probitate. Opera quæ palam sedulo fecit, vel in occulto coram paucis arbitris omnipotenti Deo libavit, attestantur quis spiritus in illo habitavit, ipsumque totum possidens ad solium Domini sabaoth coronandum perduxit. » Plura de Guillelmo II habet idem auctor libro xi ubi inter cætera profert ejusdem epitaphium ab Hildeberto Cenomanensi editum. « Sed his omissis, utpote quæ jam edita sunt, proferemus ex ms. codice Fiscamnensi fragmentum « epistolæ Balderici episcopi ad Fiscamnenses, referente Adelino, qui ei custos et minister in hospitali fuerat deputatus. » Illud autem fragmentum tale est:

4. Guillelmus prædecessoribus suis suisque provincialibus tantum enituit quo pacto et quantum cæteris luminaribus sol rutilat eminentior. Iste siquidem magna litterarum peritia præditus, primo Bajocensis archidiaconus, postea Cadomensis monachus, demum Fiscamnensis abbas, reverenda et cana persona, quædam religionis majestas, domum istam morum suorum extulit censura, parietibus dilatavit, et, quod ei specialiter præcipuum fuit, fratrum conventum ditavit. Multi siquidem nobiles laici et clerici, religionis ejus odore provocati, ad conversionem exciti sunt, et ultronei monachum induerunt, et sanctis ipsius institutis informati sunt. Ego ipse, qui vobiscum loquor, in longinquo positus, bonam etiam nostri G. opinionem audivi; qua illectus, per licentiam abbatis nostri (abbatem siquidem alium habebam et habeo), gratia ei adhærendi Fiscamnum adii, gratanter susceptus sum, licet homuncio nullius momenti. Omnes nos quos vides pene ipse aggregavit; sed plures quam modo sumus, fuimus, quoniam ducem suum post ipsius transitum quidam nostrorum pedetentim secuti sunt. Ordinis ipse vigor præstitit, verbis et exemplis nos instruxit, paterno affectu sibi nos omnes invisceravit. Nam, ne veritatem tacuerim, propter Deum omnibus omnia fuit. Idcirco subsequuntur eum lacrymæ nostræ, proptereaque comitantur eum suspiria nostra. Eo die noster dux erat, in lacrymis nullus fuit uberior, in lectulo suo suspirando secum litigabat, in turba nobiscum quietus erat, in angulo ecclesiæ, vel in grabati sui solitudine totus turbatus erat. Disceptabat siquidem secum pro nostris excessibus, et crucifigebat immisericorditer seipsum. Si quid contigisset fratrum reatibus, cujus hunc excessum compatiendo non fecit suum? Toties seipsum mactavit, quoties aliquis, vel ego miser peccavi; in orationibus frequenter pernoctabat, Deumque quietissime gemebundus inquietabat, sine offensa cum eo litigabat, et per amicum litigium, ipsum sibi nobisque, velut alter Salomon, pacifica-

bat; redimebat nobis cum eleemosynis, quia quod ei committebat fideliter erogabat. Cujus enim pauperis necessitudo manum suam sensit sterilem? Quæ ecclesiæ suam non habent munificentiam? Circuibat angulos et compita leprosorum, et cum ipsis familiariter locuturus, manus etiam elephantiosas plerumque deosculaturus tuguriola subintrabat, ut omnium necessitatibus adesset, ut eum miselli cujuslibet angustia cognovisset. Non potest enucleari verbis sanctitas ejus bonæ conversationis. » Eumdem abbatem ob formæ elegantiam Puellam, vulgo *la Pucelle*, cognominatum fuisse tradunt. Complures ecclesias in oppido Fiscamnensi construxit; universalem eleemosynam pauperibus singulis diebus erogandam instituit; rexit monasterium annis viginti novem; sepultus est in capella Beatæ Mariæ veteris, ex opposito altaris. Obitus ejus in Necrologio laudato habetur his verbis: VII *Kalendas Aprilis, depositio domni Willelmi abbatis tertii Fiscamnensis*. Fiscamnensis monasterii laudes videsis apud Dudonem Sancti Quintini decanum, qui librum ultimum De moribus et actis Normannorum Fiscamnensis monasterii encomio claudit; paucos exinde versus decerpere sufficiat:

O Fiscanne, sacris semper fecunde favillis,
Sanctorum cineres meritorum flore micantes
In gremio terræ conservans jamque sacratæ,
Trino resplendens profuso dote salutis,
Olim virgineo micuisti stemmate sacro,
Cum Leodegarium servasti luce privatum..
Vivas, Fiscannis, semper felicibus annis,
Fiscannis, gaude, quia tu dignissima laude;
Vos Fiscannenses virtutum cingitis enses
Ecclesiæ postes, nebulosos sternitis hostes.

Sed jam tempus est libri fragmenta exhibere quæ supra polliciti sumus.

EXCERPTA EX LIBRO
DE REVELATIONE, ÆDIFICATIONE ET AUCTORITATE MONASTERII FISCAMNENSIS.

PROLOGUS.

Libellum de revelatione, ædificatione et auctoritate Fiscannensis monasterii, Pater inclyte Willelme, composui, et compositum tuæ dilectionis sincero judicio corrigendum et confirmandum destinavi, quatenus tuæ celsitudinis assensus et libellum edere præcipiat, et edito libello pondus et auctoritatem concedat. Ego quidem, Pater inclyte, ignorantiam meam maluissem cauto silentio tegere, quam alicujus scripturæ præsumenti indicio publicare; sed fratrum nostrorum jussione instanti et instantia jubenti compellitur noster animus possibilitatem excedere, suamque inscitiam multorum aspectibus hominum improvisus aperire. Compellitur, inquam, noster animus suam ignorare ignorantiam, et nostrorum fratrum roganti imperio exhibere obedientiam, cui exhibendæ et mentis judicium nullatenus acquiescit, et propositi nostri verecundia omnino contradicit. Verum, cum obedientia sancta nullum opus difficile vel impossibile excuset, aut excusare debeat, diu cunctans multarumque procrastinationum inducias fingens, urgente fraternæ dilectionis continua jussione, onus tandem imperatum suscepi, et Fiscannensis monasterii exordia subsequentis libelli agresti et ignobili stylo aperui et exposui. In quo libello nulla falsa fallaciter interposui, verum sacras historias antiquorum virorum fideli narratione cognitas, suorumque posterorum tenaci memoriæ sinu custoditas et nostris temporibus succedentium virorum diligenti relatione illatas scripsi, et scriptas ad auctoritatem Fiscannensis Ecclesiæ, et ad utilitatem legentium fratrum edidi, etc.

Ex cap. XV.

Interea contigit Fiscannenses canonicos aliorum canonicorum mores imitari, latas perditionis vias ingredi, et rerum temporalium luxus et desidias voluptuose sectari; quam canonicorum miseram vitam et imminentem miseriam dux prudentissimus Richardus audiens, et audiendo cognoscens, valde doluit, hominumque pravorum mores et conversationem exhorrens, legatos festinanter Cluniacum direxit, et sanctum Maiolum magnæ humilitatis precibus Fiscannum accersivit, atque secundum sancti Benedicti regulam et constitutionem disponi et ordinari novam ecclesiam exoravit. Cui sanctus Maiolus: Hujus, inquit, laboris magnitudinem talis rationis conditione, charissime fili Richarde, suscipiam, si per totum ducatum tuum consuetudinem, quæ vulgariter pasnagium (1) dicitur, Deo donaveris, nullumque tuæ potestatis principem aliquando amplius exigere decreveris. Ubi Richardus dux, non morbo avaritiæ, verum occulta Dei providentia disponente et sancto Willelmo abbati gloriam ordinandi sanctam ecclesiam transferente, suorum hominum consilio acquievit, et sancti Maioli interpellationem non exaudivit. Unde contigit ut sanctus Maiolus Cluniacum reverteretur, et canonicorum correctio vel expulsio per aliquot tempora protelaretur, etc.

---

(1) Pasnagium, aliis Pastionaticum seu Pastinaticum vulgo *panage*, census est seu tributum pro glandatione et jure pascendi porcos aliave animalia in silva domini.

Ex cap. XXI.

Interea diligenter investigabat et investigando inquirebat cui potissimum, juxta sancti Benedicti regulam et institutionem, disponendam et regendam Sanctæ et individuæ Trinitatis crederet et committeret Ecclesiam. Illo tempore beatæ memoriæ Willelmus abbas suæ religionis affluentia totius partes Romani imperii illustrabat, abbatumque multorum tepidos animos sui fervoris imagine informabat et accendebat. Apprime enim liberalibus artibus eruditum, atque disciplinis ecclesiasticis cunctisque spiritualibus officiis, nihilominus etiam fere virtutum omnium gratia imbutum et illuminatum Divionensium Ecclesiæ beatus Maiolus præposuerat et constituerat abbatem et magistrum. Tanto igitur ac tali viro dux inclytus Richardus suos legatos direxit, et sui propositi intentionem patefecit, atque ut Fiscannensem Ecclesiam juxta beati Benedicti regulam disponeret et erudiret, magnæ humilitatis precibus exoravit. Quibus beatæ memoriæ Willelmus abbas primum respondisse fertur: Charissimi filii, audivimus duces Nortmannos, homines barbaros et truculentos, subvertere et non ædificare sancta templa, delere et effugare, et non colligere aut nutrire spiritualium hominum congregationes sanctas. Quapropter ad ducem vestrum redite, et nos hujus rei omnino imparatos respondete, cum nobis et fratribus deducendis desunt equi, atque stipendiis deducendorum fratrum desunt clitellarii. Quod reversorum legatorum relatione dux inclytus comperiens, extimuit; multosque equos et clitellarios festinus præparavit, quos revertentibus legatis beatæ memoriæ abbati Willelmo humiliter remisit.

Ex cap. XXII.

Tunc beatus abbas ducis intuens importunitatem et perseverantiam, atque de importunitate et perseverantia compensans animi voluntatem et devotionem sanctam, collecta spiritualium fratrum multitudine maxima, iter arripuit, paucisque decursis diebus æstuantis ducis desiderio suam et multorum fratrum præsentiam exhibuit. Quem dux egregius totius animi sinceritate totiusve sinceritatis dilectione suscipiens, velut suscepto Christo, aliis amotis servientibus, ipse propriis manibus servivit, medioque brevis temporis intervallo Fiscannum deduxit, et Sanctæ Trinitatis ecclesiam donavit et tradidit, eamque donatam et traditam juxta sancti Benedicti regulam et institutionem disponi et ordinari exoravit. Donavit, inquam, et tradidit dux egregius Richardus beatæ memoriæ abbati Willelmo Sanctæ Trinitatis Fiscannensem ecclesiam, canonicorumque carnalium expulit enormem multitudinem; quorum possessiones ecclesiæ penitus retinens et reddens, expulsis et converti nolentibus canonicis, abbati congruam restituit recompensationem.

Ex cap. XXIII.

Nocte igitur cujus sequenti die Fiscannensis ecclesia spirituales suscepit monachos, carnalesque expulit canonicos, ipsis canonicis ecclesiæ culmen totum aquilis operiri videbatur, quibus aquilis, et ingredientium monachorum theoria, et spiritualis volatus, et deinceps protegentium angelorum descensus et conversatio congrue figuratur.

Ex cap. XXIV.

Igitur beatus et gloriosus abbas Willelmus susceptam Ecclesiam cœpit gubernare et administrare, et juxta sancti Benedicti institutionem disponere et corrigere, atque de diversis provinciis viros fideles convocare et in obsequiis cœlestibus unire et confirmare. Subita igitur conversione Fiscannensis Ecclesia cœlestium virorum studiis fervebat et flagrabat, et multæ opinationis gloria circumpositas Ecclesias præcellebat et obscurabat. Fastigium quippe tantæ celsitudinis sua momentanea translatione Fiscannensis ecclesia consequebatur, quatenus ita omnes Galliarum ecclesias transcenderet re et habitu summæ religionis, quemadmodum transcendebat verbo et speciali privilegio suæ nuncupationis. Parcimonia et pudicitia, et voluntariæ paupertatis abundantia Fiscannensis Ecclesia valde radiabat; virtutum, quarum evidentia latentem suæ formæ cæteram pulchritudinem designabat, atque contuentium mentibus suæ conversationis consilium inire et imitari, apertarum argumento virtutum accendebat et provocabat. Ignorabat illo tempore Fiscannensis Ecclesia totius proprietatis singularitatem, soliusque communitatis cognoscebat unientem dilectionem, quæ juxta diversitates indigentium partes diversas distribuens, sanctorum apostolorum renovabat et repræsentabat primitivam imaginem. Quorum igitur bonorum eminenti perseverantia, dux Richardus Fiscannensi ecclesiæ totus alligabatur, atque utilitatibus ejusdem ecclesiæ totius providentiæ diligentia transferebatur. Adeo enim Fiscannensis ecclesiæ illustrium virorum regularem vitam et religionem veram diligebat, et diligens frequentabat, ut totius sui ducatus collecta, vel, ut ita dicam, pinguedine cælesti congregationi deserviret, atque epulaturis fratribus servientium consuetudine frequenter ipse ministraret; tantæque humilitatis completo ministerio fratrum omnium ultimus resideret, et regularium epularum delectabili pabulo refici congauderet.

Ex cap. XXV.

Sensit interea dux inclytus quorumdam clericorum corrosiones et detractiones, præsagiique cujusdam futuras adversitates; quos ob ducis nimiam charitatem et sanctæ ecclesiæ maximam religionem invidiæ morbus magnus infecerat, infectosque crudeli intestini livoris molestia cruciabat. Quorum ergo detrahentium malevolentiam dux comperiens, clericorumque præsumptiones superbas et præsumentes superbias cognoscens, totius Nortmanniæ episcopos et viros nobiles festinus Fiscannum convocavit, et Fiscannensem Sanctæ Trinitatis ecclesiam ab omnium episcoporum jugo et consuetudine justa vel injusta eripuit et liberavit. Hanc autem libertatem Rodbertus Rothomagensis archiepiscopus fecit et fieri voluit, atque alias duodecim ecclesias ob patris sui memoriam et fratris præsentis jussionem et voluntatem ab omni episcopali consuetudine et exactione absolvit et liberavit, donatæ libertatis chartam archiepiscopus aliique episcopi signo et consensu corroboraverunt, atque corroborandam nobilium virorum astipulationibus tradiderunt. Cupiens ergo dux providus sanctam ecclesiam modis omnibus liberare, et libertatem factam modis omnibus confirmare et permanere, Robertum regem et multos Galliarum proceres Fiscannum accersivit, atque regali charta et auctoritate, suorumque æqualium consensu et astipulatione, ab omnium episcoporum jugo et consuetudine Fiscannensem ecclesiam eripuit et liberavit; et suam suorumque nobilium chartam et ordinationem firmavit et corroboravit. Ecclesiæ igitur Fiscannensis libertati constitutæ dux Richardus congratulans, futuramque perennem mentis vivacitatem discutiens, beatæ memoriæ Willelmum abbatem compulsavit, suæque legationis injuncto officio ad Romanæ sedis apostolicam auctoritatem multis onustum xeniis direxit. Confecto itaque itinere abbas Willelmus Romam pervenit, et piæ memoriæ papæ Benedicto adventus sui rationem et mittentis ducis voluntatem aperuit, et factæ chartæ confirmationem, et apostolici privilegii auctoritatem magnæ humilitatis oratione congrua postulavit. Papa igitur Benedictus ducis diligentiam admirans, et suscepti amici præsentia summa exsultatione congaudens, oblatas chartas suæ sigillo excellentiæ confirmavit, et privilegia postulata voluntarius tradidit, et Fiscannensem Sanctæ Trinitatis ecclesiam ab omnium episcoporum jugo, subjectione et consuetudine liberans et eripiens, sub solius Romanæ Ecclesiæ gubernatione et patricinio constituit et suscepit. Constituit, inquam, Fiscannensem Ecclesiam soli Romanæ Ecclesiæ subjacere, atque ab omnium aliarum Ecclesiarum potestate immunem, absolutam et omnino liberam forma Cluniacensis monasterii permanere. Acceptis igitur apostolicæ auctoritatis exquisitis privilegiis, beatæ memoriæ Willelmus abbas festino cursu Nortmanniam remeavit, et ducis Richardi desiderio suæ voluntatis effectum, injunctæque legationis officium feliciter consummatum enucleavit et ostendit. Unde dux ineffabiliter exhilaratus, trino et uni Deo gratias totius intentionis fervore reddidit, qui ecclesiam, quam pater Richardus fundaverat, atque ipse patris Richardi rogatu et jussione compleverat et ordinaverat, divinæ providentiæ arcano consilio tantarum personarum convenientia ab omnium hominum jugo et prælatione absolvebat et liberabat. Magnis deinde xeniis suum dilectissimum abbatem Willelmum honoravit honoratumque Sanctæ Trinitatis ecclesiæ Fiscannensi remisit, iterum atque iterum enixius exorans quatenus commissam Ecclesiam juxta cœpti ordinis religionem custodiret, et custodiendo perficeret et confirmaret. Cujus igitur sanctas preces sanctarumve precum nimias humilitates beatus abbas velut oracula divina suscipiens, Fiscannum intravit, et per multam annorum vertiginem usque ad ducatum Hierosolymitæ Rotberti Fiscannensem Ecclesiam rexit, subjectosque suos verbo et exemplo succendit et reformavit, ad imaginem et similitudinem, honorem et gloriam omnipotentis Dei, qui vivit et regnat per omnia sæcula sæculorum. Amen.

VITA SANCTI GUILLELMI

AUCTORE GLABRO RODULFO.

(*Vide Patrologiæ tom.* CXLII, *col.* 697.)

ALTERA VITA.

EX CHRONICO SANCTI BENIGNI DIVIONENSIS EXCERPTA.

(MABILL. *Acta SS. Bened.* VIII, 335.)

1. Anno ab Incarnatione Domini nongentesimo octogesimo, indictione octava, regni Lotharii regis vigesimo quinto (2) anno, dedit idem rex Brunoni (3) Remensis Ecclesiæ clerico, suo vero parenti propinquitate consanguinitatis existenti, Lingonicæ civitatis episcopatum. Ordinatus est autem idem Bruno episcopus per manus Burchardi Lugdunensis archiepiscopi in ecclesia Sancti Stephani, viginti quatuor

---

(2) *Lege* 27.
(3) Hujus Brunonis præclare gesta passim memorat hujus Chronici auctor. Ejus vero elogium ex Martyrologio veteri monasterii Benigniani habetur tomo I Bibliothecæ Labbeanæ, pag. 657. Erat Lotharii regis ex sorore nepos, natus nempe ex Aldrada Ludovici I filia, Reginaldi Roceiensis comitis uxore.

annos gerens ætatis; et eodem anno susceptus est a episcopo, anno nongentesimo nonagesimo, indictione tertia. Officio vero abbatis accepto, divinis seipsum cœpit exercere virtutibus. Erat enim corpore castus, mente devotus, affabilis alloquio, prudentia præditus, temperantia clarus, interna fortitudine firmus, censura justitiæ stabilis, longanimitate assiduus, patientia robustus, humilitate mansuetus, bonorum operum gratia plenus, charitatis equidem affluens visceribus. Pro pauperibus semper erat sollicitus, Christum vero diligens totis visceribus, dum, sicut Martha corporaliter non valebat, in egenis illum quotidie reficiebat. Omnibus hospitii perlargum præbuit usum; nemo est exceptus, perpessus nemo repulsam. Divinorum præceptorum delectabatur eloquiis, quia ex his et suos mores componere, et sibi commissos instruebatur docere et corrigere. Cunctis seipsum præbebat bene vivendi exemplum. Et sicut in ordine, ita primus studebat ut esset in opere, juxta illud evangelistæ: *Cœpit Jesus facere et docere (Act.* i, 1). Peccantes vero zelo pii amoris coram omnibus arguebat, ut cæteri timorem haberent. Sed et verba quæ sub increpatione proferebat, ut reprehendenda reprehenderet, quasi stimuli dura videbantur et aspera, ut pene timerentur plus quam verbera, juxta illud: *Verba sapientis quasi stimuli, et quasi clavi in altum defixi (Eccle.* xii, 11). Alios quidem blandimentis, alios admonitionibus, alios terroribus, et ita, juxta Apostolum, prædicans verbum instabat opportune, importune, arguens, obsecrans, increpans in omni patientia et doctrina *(II Tim.* iv, 2). Miserorum vero, haud secus ac si pateretur ipse, afficiebatur calamitatibus. Os ejus ita replebatur ex cordis abundantia, ut in eodem ore pene nihil aliud nisi lex resonaret divina; et quia Scriptura dicit: *Qui audit, dicat; Veni (Apoc.* xxii, 17), ideo quoscunque poterat, a sæculi nequitia suadendo subtrahebat. Et sicut cœleste per desiderium totis ipse viribus ad supernum regnum anhelabat, ita secum pergere omnes homines, si fieri posset, exoptabat. Sed nullatenus est fraudatus a desiderio quod in se conceperat vera dilectio. Ille enim qui charitas est, qui se timentium complet voluntatem, viri Dei ferventem affectum perduxit ad effectum. Ad ejus quippe monita multi quæ possederant relinquentes, regulari se disciplinæ subdiderunt, et beati Benedicti sequentes vestigia, semetipsos abnegantes, vero Regi totis viribus militaverunt. Partibus namque ex diversis ad ejus cœnobium multitudo confluxit innumerabilis. Sed nationibus licet diversi, mente tamen erant uniti, ut illud ad litteram in eis impletum videretur, quod de initio nascentis Ecclesiæ in apostolorum actibus legitur: *Erat illis cor unum et anima una (Act.* iv, 32).

5. Crescente autem interius religionis studio, exterioris substantiæ supplementum cœpit abundare non modice, prout Dominus promisit suis in Evangelio: *Quærite primum regnum Dei et justitiam ejus, et hæc omnia adjicientur vobis (Matth.* vi, 23). Dom-

clero Lingonicæ urbis, ab Incarnatione videlicet Christi nongentesimo octogesimo primo. Is, assecutus episcopatum, omni quo potuit nisu sequi studuit exemplum boni pastoris. Monasteria igitur ipsius ad diœcesim pertinentia in spiritualibus religione, in temporalibus necessaria pene adnullata gubernatione considerans, cœpit quærere quatenus Dei dispensante nutu suum in statum ea quivisset reparare. Amovens ergo Manassem abbatem hujus loci *(Sancti Benigni Divione)* a dominatione, qua non bene utebatur, instituit in locum ejus abbatem quemdam ex monasterio Dervensi, Azonem nomine. Erat is Aquitanicus genere, ornatus bonis moribus et religiosa conversatione. Hic duobus annis in regimine peractis repedavit ad suum monasterium, dimissa hujus loci gubernatione, atque iterum Manasses abbas suum recepit officium.

2. Videns igitur domnus episcopus Bruno statum loci in ambiguo positum, supplex adiit domnum Maiolum Cluniacensis monasterii abbatem, multaque prece poposcit quatenus ejus auxilio quivisset reparare in melius, interius religionem, et exterius possessiones. Cujus precibus flexus reverendus abbas Maiolus, dedit ei duodecim monachos ex omni congregatione electos, disciplinis sanctæ religionis instructos, divina et humana sapientia doctos, nobilitate carnali claros. Quibus advenientibus ita ordinavit domnus episcopus ut die translationis sancti Benigni, monachis cum sibi subjectis clericis ante sepulcrum sæpefati martyris in crypta nocturnali officium peragentibus, ipsi in superiori choro ante principale Sancti Mauricii altare matutinalem inciperent synaxim. Quod utique convenienter actum est, ut qui lumen religionis ostendere veniebant intrarent luce diei appropinquante. Proinde illis hac vel illac pergentibus, isti in loco degentes cœperunt sancta conversatione resplendere, et locus qui antea pravis actibus et ineffabili negligentia e cunctis videbatur confusus, nunc felici exercitatione virtutum omnium videretur esse floridus.

3. Verum quia prædicti Patris industria locis aliis intenta erat, et hic locus sine abbate esse non poterat, iterum domni Brunonis præsulis pulsatus precibus, quemdam fratrem, ferventissimum sui ordinis executorem, et totius nobilitatis lampade præfulgidum, atque in vera humilitate et fraternæ dilectionis charitate, necnon summæ discretionis, quæ virtutum omnium mater esse dignoscitur, honestate laudabiliter radicatum et fundatum, nomine Willelmum, hujus monasterii gregi præfecit, et patrem spiritalem sibi poscentibus filiis instituit. Hic Italia exstitit oriundus, alto satis germine et nobili prosapia editus. Quem supradictus domnus Maiolus Roma veniens invenit in monasterio Lauceio dicto, ubi a puero educatus fuerat. Assumensque eum ipso deprecante, secum adduxit Cluniacum, ætate juvenili florentem.

4. Ordinatus est igitur abbas a domno Brunone

nus namque episcopus Bruno, nimirum exhilaratus corde eorum bona conversatione, omni studio eorum usui necessaria curabat subministrare. Reddidit igitur Sancto Benigno et ejus monachis ecclesiam in Saciaco sitam, etc. Ubique ergo investigans ablata restituebat, et de suo jure quodcunque necessarium et utile eis foret, libenti animo tribuebat. Utrisque vero, domno scilicet praesule Brunone atque venerando abbate Willelmo, in restauratione hujus loci studiose decertantibus, coepit crescere et quasi denuo reflorere, etc.

6. Ipse Henricus dux (*Burgundiae Hugonis Francorum regis frater*) audita fama religionis exin ii Patris Willelmi commisit ei abbatiam Versiacensem (4), pene ad nihilum redactam, ut ab ipso restitueretur in pristinum statum ; quod et fecit auxiliante Deo. Domnus autem episcopus Bruno considerans Patrem Willelmum ita ferventem in religione ac monastica institutione, et loca ei commissa de die in diem in melius proficere, omnia in suo episcopio monasteria ipsius delegavit providentiae, abbatiam scilicet Besuensem (5), apostolorum Petri et Pauli honore dicatam, monasterium Sancti Joannis, quod Reomaus dicitur, locum Sancti Michaelis archangeli juxta castrum Tornodorum, abbatiam Molundensem, ubi sanctus Valerius (6) archidiaconus et martyr quiescit. Quas omnes ita strenue gubernavit, ut post eum singulae singulis abbatibus distributae, statui illius temporis quo ab eo regebantur, non quierint aequari.

7. Anno sexto suae ordinationis Willelmus abbas Romam perrexit ad apostolorum limina, eorum patrocinia exposcens prece devota, indeque ad Sanctum Angelum montem petivit Garganum. Sed Beneventum veniens gravissimae infirmitatis astrictus est compede. Cujus infirmitatis diuturno afflictus languore, cum jam a suis desperaretur posse evadere, quadam nocte raptus in spiritu tribunali metuendi Judicis sistitur ; ubi cum pro aliquibus increparetur excessibus, et maxime pro indiscreta severitate, pro his culpis metueret damnari aeternis gehennae suppliciis, ut sibi visum est, sanctus papa Gregorius in sua eum suscepit fide, diligentiori deinceps victurum sollicitudine, et priora errata pietatis et misericordiae operibus expianda correcturum fore. Post visionem in semet reversus, et ab infirmitate eadem coepit convalescere die, et priorem austeritatem permutavit in maximam pietatem. Sicque postea omni vitae suae tempore sanctum Gregorium speciali coluit dilectione. Coeperunt denique ex sua patria, hoc est Italia, multi ad eum conve-

(4) Alia lectio habet *Vezeliacensem*, cui monasterio Guillelmum nostrum etiam praefuisse volunt nonnulli, forte ex hoc loco. Abbatia fuit ordinis nostri, vulgo *Vezelay*, hodie in canonicorum collegium conversa. Vergiacum perseverat sub prioratus titulo, vulgo a Sancto Viventio, qui ibi quievit, dictus *S. Vivent*, prope oppidum S. Joannis de Latona.

(5) De hoc monasterio infra sigillatim agemus, hactenus perseverat sud nostra S. Mauri congregatione, vulgo *Beze*, sicut et tria sequentia. Reo-

nire; aliqui litteris bene eruditi, alii diversorum operum magisterio docti, alii agriculturae scientia praediti, quorum ars et ingenium huic loco profuit plurimum. Crescebat ergo quotidie multitudo monachorum sub ejus magisterio degentium, ut (exceptis his qui per alia erant monasteria) in hac congregatione quotidie fratres essent septuaginta aut octoginta.

8. Inter caetera quae domnus Bruno episcopus in hoc loco egit bona, longum est enim enumerare singula ejus gesta, sed hoc breviter possumus dicere : Cuncta ab antiquis huic loco collata, posteaque a malignis direpta, vel a pravis rectoribus dispertita, a Brunone episcopo sunt restituta ; et licet illi non amittant mercedem suae eleemosynae, hic tamen non inferiori dignus est gratiarum actione. De emortuis enim cineribus, in excellentiorem quamunquam ante fuerat statum per eum sublimatus est hic locus. A sancto igitur Gregorio Lingonensi episcopo fundata haec abbatia, a Guntranno rege stabilita et ditata, a Carolo imperatore, cognomento Calvo, et domno Isaac (7) episcopo restaurata, ab honorando praesule Brunone et Willelmo venerabili abbate, non solummodo in aliis rebus, verum etiam in nova ecclesiae fabrica est renovata. In cujus basilicae miro opere domnus praesul expensas tribuendo, ac columnas marmoreas ac lapideas undecunque adducendo, et reverendus abbas magistros conducendo, et ipsum opus dictando insudantes, dignum divino cultui templum construxerunt. Cujus artificiosi operis forma et subtilitas non inaniter quibusque minus edoctis ostenditur per litteras, quoniam in eo multa videntur mystico sensu facta, quae magis divinae inspirationi quam alicujus deputari debent peritiae magistri.

9. Fundatum est autem hoc templum anno Dominicae Incarnationis millesimo primo, indictione decima quarta, decimo sexto Kalendas Martii. Cujus longitudo ducentorum ferme cubitorum, latitudo autem quinquaginta trium exstitit; altitudo vero in sequentibus opportune dicetur. Inferior itaque domus orationis, in qua sacratissimum corpus sancti Benigni martyris veneratur, eumdem pene modum habens quantitatis, fulcitur centum quatuor columnis. Haec in figuram T litterae facta, quatuor ordines columnarum duodeno dispositarum numero, aequali extenditur in longitudine et latitudine ; decem vero cubitis erigitur in altitudine, secreta ex utraque parte habens vestibula. Quinque sane in ea continentur altaria : primum in honorem ipsius sancti

maus, vulgo *Moutiers-Saint-Jean*, Tornodorense, et Molundense, vulgo *Molome*, in prioratum Sancti Martini, qui sibi ipsi parebat, translatum.

(6) Is fuit archidiaconus Lingonensis, sub Vandalorum irruptione occisus.

(7) Caroli diploma ea de re, quod Isaac obtinuit in gratiam monasterii Benigniani, a Perardo editum est : sicut et alterum Rodulfi regis, rogatu Gautzelini Lingonum episcopi, in quo Isaac, loci restaurator, *mirae sanctitatis episcopus* dicitur.

Benigni est consecratum; secundum in memoriam sancti Nicolai et omnium confessorum; tertium in venerationem sanctæ Pascasiæ virginis, quæ ibidem quiescit, et omnium virginum; quartum, in sancti Irenæi et omnium martyrum; quintum sub nominibus sanctorum confessorum et abbatum sanctorum Joannis et Sequani, atque sancti Eustadii presbyteri ibidem quiescentis.

10. In hac ergo corpora sanctorum quiescentia sæpedicti testis Christi beata ambiunt membra, quorum in principio hujus libri (8) nomina sunt adnotata. Sanctorum vero confessorum et episcoporum Urbani et Gregorii corpora in ecclesia Sancti Joannis Baptistæ primitus fuerunt tumulata; post longa vero tempora, inde elevata. Sancti quidem Gregorii medietas corporis in ecclesia Sancti Benigni est recondita, tempore quo propter metum paganorum ejusdem sancti martyris effossum corpus delatum fuit ad civitatem Lingonas; et tunc alia medietas corporis præfati confessoris illic est retenta. Sancti denique Urbani corpus levatum, et in loculo positum, multis miraculorum signis per eum Dominus lætificavit corda famulorum suorum in hoc loco degentium. Venerabilis vero Isaac antistitis corpus, cum, exigente templi ædificio, transferretur alio a quibusdam sacerdotibus, maxima ex parte integrum simul cum capite clericalem adhuc præferente habitum fertur inventum. Similiter et domni Argrimi pontificis ac monachi sacerdotalia cum cuculo necnon interiore cilicio vestimenta, in testimonium ipsius sanctimoniæ, incorrupta sunt reperta. Ad hoc haud longe reperta est sancta Radegundis, habens ad caput titulum sui nominis in lamina plumbea; cujus ossa cerato involuta linteo sunt inventa in capsa lignea in terra recondita. Cæterorum præterea sanctorum, quorum corpora hic noscuntur tumulata, beatus Gregorius Turonorum episcopus mentionem facit, eorum describens quædam miracula (9), Benigni videlicet martyris, nostri specialis patroni, Tranquilli quoque confessoris, necnon Hilarii senatoris, et ejus conjugis sanctæ Floridæ sanctimonialis, atque Pascasiæ virginis et martyris. Hæc a sancto Benigno edocta et baptizata, post ejus martyrium, sævitia paganorum rapta est ad supplicium. Cumque immobilis in fide Christi persisteret, primo carceris afflicta squalore, postea pro confessione Deitatis sententia fuit multata capitali, ut quædam vitrea antiquitus facta et usque ad nostra perdurans eleganti præmonstrabat pictura. Tantorum ergo venerandis corporibus sanctorum honorabiliter hæc de qua modo agitur ecclesia non mediocriter est ditata, exceptis aliorum reliquiis sanctorum, quos enumerare superfluum videtur.

11. Huic paulo superius descriptæ inferiori cryptæ conjungitur oratorium ad solis ortum, rotundo schemate factum, scnarumque illustratum splendore fenestrarum, triginta septem cubitos habens in diametro, decem in alto. Hoc sane oratorium terno columnarum ordine in semet regyrato, quadraginta videlicet atque octo, geometricali dispositione ambitur; hujus desuper culmen celso erectum fastigio viginti quator columnarum, ac triginta duorum arcuum, tripertita comparis numeri machina, divisione, eleganti transvolutum est opere. Hoc sane oratorium sancti Joannis Baptistæ sacratum est honore, cujus altare illustratur trium fenestrarum lumine. Ab hac ecclesia sunt per cochleam dextra lævaque triginta septem gradus, crebris sufficienter illustrati fenestris, per quos inoffenso ascenditur tramite ad basilicam Sanctæ Dei genitricis Mariæ. Ipsa vero ecclesia sexaginta octo subnixa est columnis, eumdem fere habens modum et formam in diametro sive in altitudine, quem et inferior, undenisque irradiatur vitreis. Ad altare autem ejusdem perpetuæ Virginis marmoreum per quatuor tripertitos ascenditur gradus, juxta quos hinc et inde sunt altaria; ad dextram quidem Joannis Evangelistæ ac Jacobi fratris ejus, Sanctique Thomæ Apostoli; ad lævam vero sancti Matthæi, Jacobi et Philippi apostolorum.

12. Huic iterum concordantes et satis lucidi utrinque per cochleam ad ecclesiam Sanctæ et individuæ Trinitatis triginta gradus continuatim præstant ascensum. Hæc in modum coronæ constructa, triginta quoque et sex innixa columnis, fenestris undique, ac desuper patulo cœlo lumen infundentibus, micat eximia claritate, amplitudine inferiori domui consimilis, sed viginti cubitorum altitudinis. Altare Sanctæ Trinitatis ita est positum ut undecumque ingredientibus, ac ubicumque per ecclesiam consistentibus, sit perspicuum. Inde per quadrigeminas scalas altrinsecus factas ad suprema patet ascensus; quarum duæ æquali modo positæ per quindecim gradus usque ad Sancti Michaelis protenduntur oratorium, habens in longitudine cubitos triginta tres, in altitudine decem, vili facta (sic) schemate; fenestras habet septem. Aliæ vero duæ per quinquaginta gradus sursum dirigunt gressum. Ad ima autem harum scalarum, bina super murum deambulatoria sunt facta, quæ æquali spatio ab orientali parte usque ad occidentalem, et infra templum, per arcus deambulatorios, et supra tectum domus muro altitudinis trium ferme cubitorum circumquaque pergentium a ruina protegunt incessum. Hæc tamen ad dexteram sinistramve partem templi incipientes, interius et subtus alas ejus gressum per quosdam occultos aditus ad suprema tecti dirigentes, plano, ut dictum est, calle deducunt introrsus undique, donec superliminare occidentalium portarum attingentes, per pariles scalas viginti graduum in porticus Ec-

(8) De his sanctis fuse agit chronographus sui operis initio, quæ si vis require Spicilegii tomo I, pag. 353. Urbanus et Gregorius fuere episcopi Lingonenses monasterii hujus conditores, quod ad ni- hilum pene prolapsum Isaac Brunonis decessor restituit. De Argrimo actum est Sæculo superiori.

(9) In libro I. De gloria mart., cap. 50. et in libro De gloria confess., cap. 42 et seqq.

clesiæ majoris deponunt. Quæ ad instar crucis ædificata habet in longitudine cubitos centum viginti octo, in latitudine, sicut præscriptum est, quinquaginta tres, in altitudine quaquaversum permaximos triginta et unum cubitos, in medio autem quadraginta; illuminatur septuaginta vitreis, fulciturque centum viginti et una columnis, quarum nonnullæ juxta capita fortissimarum, quæ sunt quadraginta, pilarum quadrangulatim statutæ, una quasi simul coronari videntur corona, quamvis non unius sit magnitudinis omnium forma. Habet hinc et inde geminas porticus dupliciter transvolutas, in quibus bis bina continentur altaria. A parte quidem aquilonis unum in honorem sanctorum apostolorum Petri et Andreæ, alterum in honorem sancti Bartholomæi et Simonis atque Thaddæi apostolorum. Sancti vero Pauli altare est in superiori ecclesia, ante aram Sanctæ Trinitatis, eo quod ipse raptus ad tertium cœlum vidit secreta Dei. A meridie sunt altaria, unum in honorem sanctorum apostolorum Matthæi et Barnabæ, ac Lucæ evangelistæ; aliud in honorem sanctorum martyrum Stephani, Laurentii atque Vincentii. Est aliud altare ad occidentalem plagam ecclesiæ, in eodem latere meridiano in honorem sanctorum Mammetis, Desiderii, Leodegarii, Sebastiani, Gengulfi martyrum. Et ex parte altera sanctorum martyrum Polycarpi, Andochii, Thyrsi, Andeoli, Simphoriani, Georgii, Christophori, et sanctorum confessorum Urbani et Gregorii, quorum corporibus adornatur præsens domus. Principale altare est sacratum in honorem sanctorum Mauricii atque Benigni, simulque Omnium Sanctorum; altare ad dexteram ejus in honorem sancti Raphaelis archangeli et omnium beatorum spirituum; ad lævam vero in honorem sancti Marci evangelistæ; atque in medio ipsius ecclesiæ altare Sanctæ Crucis, Omniumque Sanctorum. Ante hoc altare triplex constat introitus cryptæ, in quindecim gradibus ascenditur ab ipsa et superiorem ecclesiam.

13. Sepulcrum vero sancti et gloriosi martyris ita est constructum : est tumba ex quadris ædificata lapidibus, quæ octo cubitos in longum, quinque autem tenet in latum. Cujus cacumen lapideum quatuor sustinetur suffragio columnarum; desuper autem quatuor columnæ marmoreæ locatæ erant antiquitus. Olim super lapideos arcus qui continebant, absidam ferebant ligneam sex cubitorum longitudinis, et trium latitudinis, septemque ac semis altitudinis, quæ undique auro et argento vestita historiam Dominicæ nativitatis et passionis præmonstrabat, anaglypho prominente opere, pictura satis optima. Verum hoc decentissimum, de quo loquimur, ornamentum, ob recreationem pauperum tempore famis fuit dissipatum a domno abbate Willelmo, et cum capsa aurea mirifice gemmis exornata, pariterque tribus tabulis ac duobus thuribulis argenteis, crucibusque, ac omne ornamentum in auro et argento venumdatum est. Ante hæc vero tempora, insignia ornamenta, videlicet gemmæ, pallia pretiosa, capsæ, tabulæ, coronæ, vasa quoque ecclesiastica, seu candelabra ex auri argentique metallo fabricata, cum imagine Salvatoris Domini nostri ex auro, fusili opere facta, latronum fraude, in ipsius sancti festivitate, occisis custodibus, furto fuerunt asportata. Hæc ornamenta a Guntramno et cæteris regibus huic loco, pro veneratione et honore Dei sanctique Benigni martyris antiquitus collata, sed priscis temporibus sacrilega pessimorum manu sublata, nullus postea exstitit principum qui tantum potuisset recuperare thesaurum. Hæc ad notificandam Divionensis loci antiquitatem et gloriam paucis dicta sunt. Illud in fine notificandum est, in templi istius ædificio esse columnas trecentas septuaginta et unam, exceptis illis quæ in turribus et altaribus sunt. Fenestræ clausæ vel claudendæ vitro centum viginti, turres octo, portæ tres, ostia viginti quatuor.

14. Nunc ad ea quæ omiseramus patris Willelmi explicanda gesta stylum vertamus. Augustorum seu regum palatia cum adiit, in iis non quæsivit quæ sua sunt, sed quæ Jesu Christi, ut ex eorum scilicet familiari collocutione subveniret oppressis sua interventione; aut certe ex sæculari vel clericali habitu Deo lucrificaret, ut, juxta Domini præceptum, propria relinquerent, et sæcularibus curis semotis, Deo in tranquillitate servire studerent. Conveniebant igitur ad eum plurimi, ut diximus, et licet diversi nationibus, mente tamen uniti. Lætabatur pastor in sui gregis augmento, magisque gaudebat quod omnes instabant operi proposito. Verum quia super gregem sibi commissum solerti vigilavit cura, divina promeruit gratia de fructu laborum suorum in hac gaudere vita. Nam regularis vitæ disciplinam, quæ jam pene deciderat per veterum negligentiam, prout beatus Benedictus eam composuit, in pristinum statum corrigendo restauravit, ac per diversas mundi partes, per plura monasteria a regulari tramite devia, tam per se quam per suos, quos abbates ordinaverat, monastico ordini subdidit. In hoc vero gaudens gratulabatur Deo, quod eorum quos sua sub cura educaverat, ad monasticum regendum ordinem fore multos idoneos videbat; ex quibus nos aliquos dignum judicavimus huic libro indere, ut sciant posteri quam strenui ex hac congregatione prodierint monachi, eorumque memoria permaneat in laude.

15. Cum primum abbatis suscepit officium venerabilis Willelmus, inter monachos in hoc loco degentes fuit quidam juvenculus, vocatus Hunaldus, quem prædictus Pater videns solertis ingenii, retinuit sibi cæteris abeuntibus. Hunc, præcipue omni studio doctrinæ imbutum, in domo Dei constituit vas electum. Ad omnia quippe quæ sibi erant necessaria prædicti fratris juvabatur solertia. Denique injunxit illi curam hujus sacri peribolí; quam tanta prosecutus est cura ut pene totum quidquid fuit ornamentorum in hac basilica, ejus studio sit aggre-

gatum. Ad ultimum post obitum prædicti Patris abbatiam Tornodorensem assecutus, ibidem quievit, annis viginti septem in regimine transactis. Alter quidam hujus castri Divionensis civis, nobili ortus genere Rodulfus, Albus vocatus cognomine, venit ad conversionem inter ipsa primordia ejus novæ ordinationis, cujus pecuniis relevata est paupertas prædicti Patris, et consilio atque adjutorio sublevata sollicitudo regiminis hujus loci, et Besuensis monasterii, (adhuc quippe erat ei paucitas monachorum) quem prædictus frater ita juvabat in exterioribus curis, ut solus supplere videretur solamen plurimum, sed præter ejus votum, hoc solatium tulit illi paucitas dierum. Alter quoque subjunctus est memorato Patri, Theodericus dictus, hujus patriæ civis, quem post diuturnam eruditionem Fiscanensi cœnobio constituit] priorem, ad ultimum Gemmeticensium præfecit abbatem. Alius ex castro Belno dicto, miles, Ledbaldus vocatus, et a studio Sapiens cognominatus, patri Willelmo est adjunctus; cujus imbutus doctrina spirituali per aliquod tempus archimandrita in Tornodorensi loco est substitutus.

16. Fama sacræ religionis eximii Patris Willelmi percitus quidam Metensis clericus, generosis ortus natalibus, nomine Benedictus, ejus discipulatui est aggregatus; brevique in tempore, studendo eum imitari, doctrina et conversatione perfectionem attigit monasticæ vitæ. Per ejus igitur relationem comperit domnus Adelbero Metensis pontifex patris Willelmi religiosam conversationem; a quo suppliciter evocatus, atque sancti Arnulfi abbatia donatus, eumdem Benedictum ibidem constituit Patrem; ubi per multos annos sacris intentus actibus, vita functus multis claruit virtutibus. Ne vero a tanto pontifice reverendus abbas Willelmus rediret vacuus a munere, stolam auro textam, duasque cappas purpureas aureo limbo decoratas, ab eodem percepit præsule. Sed et præfatus Benedictus abbas ordinatus casulam auro decenter ornatam, atque alia ornamenta obtulit ei pro benedictione, quæ præfatus Pater tam hoc in loco quam Fructuariensi a se noviter cœpto divisit, ut sibi placuit. Prædictam vero Sancti Arnulfi abbatiam post mortem ante dicti abbatis rexit annis multis.

17. Ex Tullensi quoque clero venit ad eum quidam, Arnulfus vocabulo, litteris apprime eruditus omnique mundana sapientia doctus. Hic in brevi assecutus perfectioris vitæ institutionem, commissa est ei cura a domno patre Willelmo non solum hujus, sed et omnium quæ sub ejus erant provisione locorum. Qui quanta in hoc loco egerit bona post referemus, etc. Domnus igitur Bertoldus Leucorum, qui Tullo dicitur, episcopus per querimoniam a se delapsi clerici confabulationem quæsivit sæpefati abbatis Willelmi; in cujus verbis considerans inconcussam inadulatamque constantiam mentis, cæteraque insignia virtutum in ejus actis et moribus resplendentia admiratus, monuit instanti prece ut abbatiam Sancti Apri suscipiens emendare curaret secundum Sancti Benigni institutionem. Cujus annuens precibus, idem cœnobium in paucis annis ad regularem commutavit statum. Invenit ibidem strenuos monachos, ex quibus unum, Widricum nomine, post non multos annos in eodem monasterio constituit Patrem monachorum. Qui egregii magistri docilis discipulus ita eum studuit imitari in omnibus, ut in suis omnibus vel verbis vel actibus repræsentari quodammodo videretur Pater Willelmus. Multos denique erudiens in sancta conversatione, aliquantos aliorum monasteriorum Patres monachorum ex sua protulit congregatione.

18. Plures igitur sacerdotum vel ſabbatum, sibi commissorum locorum vel ecclesiarum relinquentes curam, ad Patris Willelmi confluebant doctrinam. Quidam episcopus civitatis Albingatæ, quæ est juxta Genuam civitatem, super mare sitam in Italia, relicto episcopio, prædicti Patris se subdidit imperio. Alter quoque episcopus, Barnabas vocatus, genere Græcus, in hoc monasterio sub ejus magisterio plurimis annis est conversatus. Alius vero, Benignus dictus, episcopus, a Roma huc adveniens, per aliquot annos cum ipso commoratus fuit, subjectus et obediens (9*). Abbates etiam perplures ex diversis partibus venientes sponte se ipsi subjiciebant, obedire parati; inter quos fuerunt abbas Joannes, dictus Capuanus; alter quoque Joannes, abbas monasterii Sancti Apollinaris in urbe Ravenna; Benedictus quoque, abbas monasterii Sancti Severi urbis Classis, Anastasius etiam et Marcus, et alii abbates plures; quos longum est enumerare. Monachorum vero non est numerus, qui ab illis venerunt partibus. Archidiaconus etiam quidam Mediolanensis, nomine Gotefredus, ut nobilem decebat, nobiliter veniens cum multis thesauris, inter quos altare onychinum, auro et argento decenter ornatum, et quidquid ad capellam pertinebat, ornamentum scilicet ecclesiasticum, secum detulit. Pluribus annis in hoc monasterio monachus permansit, ac postea per consensum abbatis Willelmi patriam revocatus, abbas apud Mediolanum est constitutus.

19. Ipsi denique sancti viri patres et doctores eremitarum existentes, fama sanctitatis longe lateque notificati, Romaldus (10) scilicet, Willelmus ac Martinus, quos in magna veneratione habebat urbs Ravenna, cæterique quos intra se concludit Italia, patris Willelmi expetebant societatem, quia sanctorum conjunctio grata et jucunda, Ecclesiæque pernecessaria; et econtra societas malorum impedimen-

---

(9*) In Necrologio Benigniano alii item episcopi ejusdem loci monachi habentur, nempe *Joannes archiepiscopus Corinthi, Idibus Decembris*, et Pibo Tullensis episcopus, ix *Kalendas Decembris.*

(10) Romualdus Camaldulensium Pater; Villelmus ejus discipulus, qui laudatur a Petro Damiani in ejusdem Vita, num. 31, et forte Martinus, seu Marinus, sub cujus magisterio Romualdus prima didicit vitæ eremiticæ præcepta.

tum bonorum. Ipsi vero cultores eremi, relicta quiete solitudinis, gaudebant sub ejus magisterio associari coenobitis. Ex eorum ergo numero adjuncti fuerunt ei duo, Joannes et Paulus, litteris eruditi, quorum sapientia ad salutem multarum profecit animarum. Horum uterque monasticæ religionis ferventissimi, et in coenobiali conversatione cæteris erant imitandi, et in contemplativa vita lectioni et orationi assidue studentes, videntibus exemplo fuerunt pariter et admirationi. Reverendæ memoriæ Paulus (11) apud nos in pace quievit; Joannes (12) vero homo Dei sanctam ob conversationem vocatus a domno Patre Willelmo, Fructuariensi coenobio abbas est institutus. De quo loco, quia occasio se præbuit, intimandum paucis videtur qualiter fundatus fuerit.

20. Duo germani fratres fuerunt sæpe dicti abbatis Willelmi, unus vocatus est Nithardus, alter Gothefredus. Primus eorum comitatus honore enituit, alius militiæ stipendiis contentus fuit; quos prædictus Pater sæpe admonendo a mundi illecebris abduxit, et ad Christum convertit. Venientes ergo uterque ad hoc Divionense coenobium, exceptis aliis rebus, dederunt sancto protectori nostro Benigno quoddam juris sui prædium, Wipianum vocatum, quodam præsagio futurorum: In quo loco domnus Willelmus fundavit ecclesiam in honore sancti Benigni, ut notitia et honor ipsius sancti in illa patria accresceret, et ut in hæreditate parentum suorum aliquid acceptum Deo ædificaret; deinde ut oblatio eorum ad animarum proficeret lucrum, atque ut fructus bonorum operum quæ ibi geruntur, sibi et illis esset abolitio peccatorum, et æternæ vitæ digna recompensatio præmiorum. Unde et Fructuariensis ille locus est vocatus. In brevi ergo tempore factum est nobile coenobium, ubi de hoc loco et spiritualia et temporalia subsidia sunt delata; reliquiæ scilicet multæ cum corporibus sanctorum, volumina librorum, omniaque ecclesiastica ornamenta, et monachi plurimi pariter illuc abierunt. Sed et de aliis suæ ditioni subjectis locis, et undecunque oblatis supplementis, magnificatus est locus possessionibus et divitiis; ita ut in vita ejus congregatio illius loci centum numero constaret monachis, exceptis locis cellarum ei loco subditis, quæ fere triginta existunt. Convocatis ergo episcopis patriæ, rege quoque Arduino, qui ibi postmodum quievit, sua cum conjuge, et multis nobilibus ipsius regni, in honore sanctæ Dei genitricis Mariæ, sanctique Benigni et omnium sanctorum fecit locum illum sacrari. Constituit et alia monasteria in eadem patria, ubi deputatis monachis, et abbatibus ordinatis adhuc ordo viget monasticus. Sanctimonialium etiam instituit monasterium.

21. Audita Dei viri fama nobilissimus Normannorum comes Richardus misit ad eum, reverenter supplicans ut ad se veniret. Qui tandem libenter ut rogatus fuerat pergens, venit ad eum; a quo, sicuti decebat, honorifice susceptus est, multisque ejus precibus exoratus est ut ecclesiam Sanctæ et individuæ Trinitatis nomine et honore dicatam, in loco qui Fiscannus dicitur olim constructam, et a se in ampliorem statum decenter reformatam susciperet, atque monachorum collegio decoraret. Cujus precibus annuens, ita præfatum locum omnibus religiosis studiis, cæterisque bonorum copiis adornavit, ut præ cunctis illius provinciæ locis, felicibus semper floreat incrementis. In quo loco multi convenerunt nobiles viri, tam clerici quam laici, ejus doctrinis cupientes institui; inter quos Osmundus episcopus sanctæ et religiosæ vitæ exstitit monachus. Duo quoque clerici liberalibus artibus apprime eruditi, aula regis postposita, Willelmum Patrem expetierunt mente devota. Unus eorum vocabatur Jocelinus, alter Beringerius, e quibus prior postmodum abbas exstitit, sequens in eodem loco vitæ finem accepit. De transmarinis etiam partibus, hoc est Anglorum terra, vir quidam nobilis regali prosapia clarus, Clemens nomine, relictis sæculi pompis ad idem monasterium venit, Deo inibi cupiens militare; sed cum ab hominibus ex sua patria adventantibus crebro inviseretur, magis Deo diligens servire cum quiete, quam vanitates mundi frequenter audire, Divionense expetivit coenobium, ubi laudabilis vitæ complevit cursum. Fuit itaque, secundum etymologiam sui nominis, clemens animo, omnibus virtutibus adornatus, præcipue humilitate, qua in tantum se abjectum et vilem asseverabat, ut, cum sacerdotii gradu fungeretur, nunquam in omni vita sua, nisi semel, ad hoc ministerium accedere præsumpserit.

22. Postquam igitur per annos fere triginta Willelmus abbas Fiscannense rexit coenobium, cum jam senectute simul et ægritudine gravaretur, et elegisset sibi Fructuariensem locum ad inhabitandum, desiderans in patrio solo quiescere; considerans princeps regni Rotbertus, qui post patrem et fratrem defunctos primatum tenebat Normannorum, petiit per legatos eumdem Patrem, ut abbatem sibi substitueret, quia loci status aliter sine detrimento manere non posset. Ad cujus petitionem, quemdam sibi valde dilectum monachum, ejusdem loci priorem, nomine Joannem, constituit abbatem; licet eum alibi magis optasset præficere. Hic Italiæ partibus Ravennæ ortus, litteris eruditus, ac medicinali arte per ipsius Patris jussionem edoctus, religiosæ conversationis ejus, doctrinæ quoque ac omnium virtutum ipsius præ cunctis aliis exstitit imitator studiosus. Qui, ab exilitate corporis, Joannelinus diminutivo nomine est dictus; sed humilitatis, sa-

---

(11) An hic Paulus, qui in Necrologio sancti Germani sic designatur, *Paulus solitarius sancti Benigni* VI *Kal. Junii.* Ibi etiam reclusos fuisse colligitur ex ipso Necrologio Benigniano, ubi *Johannes reclusus Idibus Julii.*

(12) De Fructuariensi monasterio infra seorsim agemus, ubi charta, in qua Joannes primus loci istius abbas memoratur.

pientiæ, discretionis, ac cæterarum virtutum tanta in eo refulsit gratia ut (sicut sanctus refert Gregorius in libro Dialogorum de Constantio presbytero *(lib.* i, c. 5) in hoc mirum esset intuentibus in tam parvo corpore gratiæ Dei tanta dona exuberare. Sed quia adhuc domum habitat luteam, sufficit hoc tantum dixisse. Dicit enim Scriptura : « Ne laudes hominem in vita sua *(Eccli.* xi). »

23. Commisit et alia loca memoratus comes Richardus sæpefato abbati Willelmo, scilicet Gemmeticum, ut jam diximus, monasterium Sancti Audoeni, montem Sancti Michaelis archangeli, in quo loco post mortem Patris prædicti, supradictus Joannes abbas constituit Patrem quemdam monachum prænominati Patris Willelmi. Vocatus est autem isdem frater Subpo, Romanorum patria exortus, et jam dicti magistri institutione in omni sanctitate educatus. Qui postmodum quibusdam contrarietatibus exortis, relicto ipso loco, Fructuariensem (13) abbatiam pluribus annis rexit. Rotbertus etiam rex abbatiam Sancti Germani apud Parisius precatus est prædictum Patrem ut susciperet, et secundum regularem institutionem ordinaret. Quod et fecit. Necnon et Oddo comes pari devotione locum sancti Faronis in urbe Meldorum eidem commisit venerabili Patri. Sed et honorabilis præsul Mettensis Ecclesiæ Theodericus Gorziensem abbatiam eodem zelo Dei commendavit illi, defuncto illius loci abbate; qui dum præfatum regeret locum, ex clero Metensi quemdam clericum, Sigifredum vocatum, litteris bene doctum, ad monasticum attraxit ordinem. Qui post ejus decessum eamdem rexit congregationem.

24. Domnus vero Arnulfus istius loci prior, ut jam diximus, cum patris Willelmi et præfati præsulis admoneretur precibus ut jam dicti loci susciperet curam, atque abbatis officium, ipse humilitatis amator nullo modo assensit, magisque elegit subesse quam præesse, solummodo cujusdam parvi loci a prætaxato patre Willelmo sibi expetivit curam et dominium. Est autem locus ille situs in confinio Tullensis et Lingonensis parochiarum, in loco qui vocatur Brittiniaca curtis (14). Quomodo vero sancto Benigno istius loci patrono fuerit datus, nunc referemus. Jacob Tullensis urbis episcopus dum rediret Roma, incitatus fama miraculorum quæ in hoc loco Dei operabatur clementia per istius sancti merita, ad ipsius martyris Christi advenit tumulum, cupiens a Deo veniam adipisci delictorum per hujus gloriosi martyris interventum. Dumque per aliquot dies remorando ad tumbam ejus cœlorum penetraret intima, vocatus a Domino est ad

cœlestia regna, sanctique Benigni adjutus precibus, et in cœlis cum eo gloriam et in terra juxta ejus tumulum condignam accepit sepulturam. Cujus soror, nomine Liliosa, ad sancti Benigni veniens limina, prædictum prædium suum donavit Sancto Benigno martyri pro fratris sui sepultura; in quo loco ædificaverunt ecclesiam in honore sancti Benigni, etc. Hunc ergo locum supradictus domnus Arnulfus sibi eligens omni cura studuit eum augmentare ; ac primam basilicam ibi magnam construens, officinasque ac reliqua habitacula monachis utilia, nobile cœnobium constituit, possessionibusque ac terris augere procuravit.

Multa subjungit auctor de variis donationibus tunc temporis monasterio Benigniano factis, quæ huc referre operæ pretium visum non est, sed et complures recenset cellas, seu, ut vulgo appellantur, prioratus, quæ eodem tempore de novo exstructæ aut certe monasterio Sancti Benigni attributæ fuerunt. Tales sunt Wulnonisvilla in pago Tricassino, in pago Pertuensi Albiniacum, *cujus ecclesiam Arnulfus mox laudatus librorum ornamento decoravit, impensas tribuendo, et domnus Girbertus scribendo. Is porro Girbertus ibidem dicitur ex primis quos nutrivit domnus abbas* Willelmus, *et ab officio Scriptor sic appellatus. Anno autem* 1005 *restaurata est et novis prædiis dotata cella* Sancti Stephani prope Belnam, ac Willelmi providentiæ commissa. Anno 1023, *eidem donata fuit cella* Beatæ Mariæ de Salmacia, *ut monachi ibi mitterentur etc. De iis rebus complures chartæ habentur apud* Perardum *; ubi etiam Lethaldus miles dat anno* 1006 *ecclesiam Sancti Petri in loco Puteolis, ut ibi monachi instituantur, et* Haimo *consilio Lamberti episcopi Sancti Flaviani locum, anno 1030 Willelmo subjecit, ut ibi monasticum ordinem repararet.* Imbertus *tunc Lingonum archidiaconus, qui postea Parisiorum episcopus factus fuit, obtulit per donum et laudem Lamberti episcopi, sancto Benigno abbatiam* Sancti Amatoris prope Lingonas, *ut ibi monachi sisterentur, qui Deo hymnis et laudibus die noctuque deservirent. Eodem* Lamberto *laudante* Aymo *comes dedit Willelmo abbatiam in honorem sanctæ Dei genitricis Mariæ sacratam, et ante suum castrum, quod* Saxonis Fons *dicitur, positam, quatenus ordo monasticus, qui ibi quondam fuerat institutus, ipsius repararetur studio. Cæteras donationes omittimus. Sed prætermittere non licet egregii pontificis* Brunonis *encomium, quod his verbis prosequitur chronographus :*

25. Quia longum est enarrare cuncta quæ huic monasterio collata sunt (15), tempore domni Brunonis episcopi, et quibus per ipsum vel propter ip-

---

(13) Aliquot vasa sacra a Suppone Michaelinæ ecclesiæ data memorat Arturus in Neustria pia, qui eumdem Fructuarium recessisse anno 1048, ibique obiisse anno 1061 scribit.

(14) Huic loco duo altaria dedit Bertholdus episcopus Tullensis anno 1005, *ut monastica religione* a Willelmo insigniretur. Donationis chartam habet Perardus. Ejusdem loci ecclesiam dedicavit et dotavit Bruno, postea Leo IX papa factus.

(15) Privilegia, etc, monasterii Benigniani a pontifice Romano confirmari curavit Bruno, ad quem Benedictus papa ea de re binas epistolas dedit, quas et totidem ipsi Willelmo scriptas exhibet Perardus, cum aliis donationum chartis. Robertus rex postea

sum ab aliis augmentatum est bonis, ad ipsius vitæ finem, habitatoribus hujus domus Dei omni tempore dolendum et deflendum, veniamus. Sed ante paucis describere curabimus qui fuerit modus vitæ ejus. Fuit itaque in eleemosynis largus, in vigiliis sedulus, in oratione devotus, in charitate perfectus, in humanitate profusus in sermone paratus, in conversatione sanctissimus : erat irreverentibus terribilis aspectu, metuendus severitate, reverendus incessu, venerandus benignitate. Censuram auctoritatis temperabat mansuetudo humilitatis ; non personæ potentiam, sed morum elegantiam attendebat in singulis ; et tanto eminentius unumquemque honorabat quanto sanctius vivere didicisset. Clericorum ac monachorum, sanctimonialium quoque, necnon viduarum ac pupillorum pater erat, atque inter divites et pauperes ita medius, ut pauperes illum quasi patrem aspicerent, divites vero quasi superiorem sibi divitem timerent. Quandiu vixit, ita Burgundiam patrocinando protexit atque defendit, non clypeo et lancea, sed consilii prudentia, quo sibi principes patriæ omnes devinxerat, ut cum rex Francorum Rotbertus cum exercitu maximo hanc patriam sæpe intrans incendiis et rapinis plurima loca vastaverit, nihil in ea retinere potuit, quandiu Bruno episcopus vixit ; et, quia ei nocere non poterat, hujus mali violentiæ causa domno abbati Vuillelmo tulit abbatiam Sancti Joannis monasterii Reomensis, eo quod partibus favebat, ut justum erat, sui pontificis. Denique quodam tempore memoratus rex cum plurimo exercitu Divionem castrum advenit, circumpositam regionem devastans ac depopulans ; cujus iram timens præfatus abbas Vuillelmus, omnes monachos ab hoc loco per alia monasteria jussit secedere, aliquantos vero cum libris et omni ornatu ecclesiæ intra castrum Divionense, ac in ecclesia Sancti Vincentii, quam tunc quieto jure monachi istius loci possidebant, fecit residere, paucis solummodo fratribus ob custodiam loci et sancti Benigni servitium cum domno abbate Odilone in hoc loco dimissis : quem ad hoc accersiverat, ut si forte rex aliquid mali contra hunc locum moliretur, illius precibus exoratus dimitteret. Rex vero, ut erat mente benignus, cum cognovit propter se monachos dispersos, valde doluit. Paucis itaque transactis diebus Franciam repedavit nullo negotio peracto. Ipso denique anno, qui fuit ab Incarnatione Domini millesimus decimus sextus, domnus episcopus Bruno obiit secundo Kalendas Februarii, peractis in episcopatu annis triginta quinque, etc.

26. Quoniam ad finem libri tendimus, obitum Patris Villelmi intimare curamus. Postquam per annos quadraginta duos, vineæ Dominicæ sedulus cultor, eam excolendo jugiter propagare amplificareque curavit, cum jam senio infirmitatibusque multis prærogante Lamberto Brunonis successore monasterii Benigniani possessiones, et prædecessorum suorum privilegia confirmavit anno 1015.

(16) Halinardi, qui postea factus est Lugdunensis gravatus optaret dissolvi et cum Christo esse, bonam consummationem laborum suorum adimplere cupiens, per omnia monasteria quæ sub ejus fuerant magisterio, incipiens ab Italia, circuiendo et fratres exhortando, ut ea quæ ab ipso didicerant mente retinerent et opere adimplere sategerent. Si quidem ejus doctrina fuit ut, juxta quod præcipit sancti Benedicti regula, in verbo, in omni actione, in vestitus qualitate, humilitatem videntibus se semper ostenderent, et ut, honore se invicem prævenientes, dilectionem sine simulatione exhiberent. His et aliis virtutum operibus intentos, etiam distincte legendi atque psallendi magisterio erudivit. Hæc docendo cæteris monasteriis peragratis, pervenit ad cœnobium, nomine Fiscannum ; ubi plus solito infirmitate prægravatus, sentiens sibi imminere ultimum vocationis suæ diem, convocatis fratribus per octo dies exhortans eos, atque absolutione et oratione Deo commendans, octavo die Natalis Domini, sumpto Christi corporis et sanguinis sacramento, reddidit Deo spiritum. Cujus corpus, a medicis qui ibi aderant conditum aromatibus, honorificæ traditum est sepulturæ in ipso monasterio ante altare sancti Taurini confessoris. Post cujus obitum domnus Halinardus (16) suscepit curam regiminis animarum, quem præfatus Pater successorem sibi elegerat cum consilio et laude fratrum, baculumque pastoralem ei transmiserat. Obiit vero prædictus Pater noster Wuillelmus anno ab Incarnatione Domini millesimo trigesimo uno. *Duo hic adjicere visum est quæ ab Divionense monasterium speciatim attinent. Primum insigne Guillelmi erga pauperes charitatis exemplum quod in ipso sancti Benigni monasterio edidit, ex Chronico Virdunensi, tomo I Bibliothecæ Labbeanæ ; alterum Benedicti VIII papæ epistolam ad eumdem Guillelmum pro monasterio Benigniano, in qua mentio habetur Benigni episcopi, supra pag.* 340 *memorati, quam ex ejusdem loci historia ms. descriptam habemus. Sic itaque habet Hugo in* Chronico *sub finem partis* 1, *cap.* 27 :

27. Nec debet reticeri Vuillelmi Supraregulæ factum memorabile. Cum a Fructuariensi cœnobio, quod juris erat Divionensis ecclesiæ, rediisset, et Divioni, ut decebat, susceptus, in capitulo qualiter se fratres haberent, si necessaria non deessent, inquireret ; ut audivit omnia esse plena, nullumque locum indigentiæ, qui non posset levi obice obstrui, interrogat de eleemosyna : cognovitque quia, etsi consuetudinaria dabatur, non tamen pauperibus, prout poterant et habebant, suffragabantur ; zelo succensus eo qui carnes sanctorum exedit, increpata eorum duritia, a sede concitus cum bona indignatione animi stomachatione surrexit, et imposita antiphona de mandato : *Ubi est charitas ?* non ultra progrediens, sed hoc ejus initium semper repetens, ad cellarium vearchiepiscopus, Vitam ex hoc Chronici Benigniani auctore dabimus ad annum 1052 quo e vivis excessit.

nit, et missile quodlibet quod manibus Finees occurrit arripiens, cum in ore et animo ejus semper versaretur : *Ubi est charitas*, vasa in quibus frumentum, hordeum, et vinum servabatur, disrupit, et accitis pauperibus vascula eorum implevit, illud semper corde et ore depromens : *Ubi est charitas?* et operis exhibitione contestans. Cujus animi indignitatem vix aliquando ut quod agregatum erat expenderetur, mitigare potuerunt, cum *Ubi est charitas*, semper repeteretur, et ipsi incrassati, impinguati, dilatati exprobrarentur. Nec antea cessatum est donec omne illud repositum pauperibus donatum est : et ipse ad Italiam remeans, cum biennio suum a sæculo expectasset excessum, tandem redire compulsus, ante Divionem transiens loca sibi commissa circuibat; dehinc Fiscannum se contulit, ubi imminente anno Dominicæ 1021 [*leg.* 1031] Incarnationis. Indictione xiv obiit Kalendas Januarii; ad cujus sepulcrum puerulus decennis a maxima ægritudine sanatus est. *Scrupulum hic V. C. Danielis Papebrochii levare liceat, qui in notis ad hunc locum, in Vita sancti Richardi, die 14 Junii Bollandiani pag. 997, se perlibenter disciturum ait, quo in loco Ritualia habeant hanc antiphonam. Cui breviter respondemus hanc hodieque in monasteriis cantari feria v in Cœna Domini ad Mandatum, quo nomine, uti etiam Guillelmi tempore, intelligitur lotio pedum, quæ hac ipsa die non solum in monasteriis, sed etiam in plerisque canonicorum collegiis fieri solet. Habetur autem eadem antiphona in Processionali monastico, et in libellis officii hebdomadæ sanctæ, quibus vulgo non clerici modo, sed et quique fideles huc hebdomada utuntur. Jam preferenda est Benedicti papæ epistola.*

28. Benedictus episcopus servus servorum Dei, Willelmo venerabili abbati et in Christo filio dilecto, salutem sempiternam cum benedictione Apostolica. Audita vigilantia studii tui qua invigilas super filios commissos tibi, referimus gratias Deo omnipotenti. Denique comperimus te jamdiu laborare creberrimis tuorum hostium incursibus, et pene jam destitutam Ecclesiam tuam a diripientibus et infortuniis tuis, quæ forinsecus pateris condolemus; namque pro longanimitate patientiæ quam huc usque exhibuisti adversariis ecclesiæ tuæ decet nos gaudere, et bonitatem tuam laudare. Cæterum sufficiat hactenus hanc patientiam, ita exhibuisse ut impune ad nihilum redigantur res ecclesiæ penitus, et præ penuria inopiæ labefactetur ordo religionis monasticæ, quæ inibi sub te dignoscitur præpollere. Habes tecum filium nostrum Benignum episcopum gratias Deo effectum monachum, quem admonemus honeste et religiose conversari, professionem obedientiæ moribus et opere attendere; in qua vocatione vocatus est, in ipsa permanere; deinde illi jubemus cum omni imperio, ut inimicos sancti martyris Benigni insequatur omni justitiæ zelo ac cum divina auctoritate feriat eos anathemate, tibi etiam præcipimus ne absistas ei in hoc, sed sicut illi auctoritatem pervasores tuos feriendi concedimus, jubemus et imperamus; ita tibi per veram obedientiam mandamus ne impedias illum nec prohibeas quin ipsos malefactores Domini verbi gladio coerceat, ac sic bene roboretur nostra auctoritas; et quos namque ille ligaverit, apostolica et nostra auctoritate sint ligati, et quos absolverit sint nostra pariter absolutione absoluti. Damus etiam illi potestatem inordinandi, cumque juste postulatus fuerit in sancta Ecclesia ordinare, verumtamen te jubente.

SANCTI GUILLELMI

ABBATIS S. BENIGNI

EPISTOLÆ DUÆ AD JOANNEM PAPAM XIX.

(*Vide infra in* Joanne XIX.)

SANCTI GUILLELMI

ABBATIS S. BENIGNI

EPISTOLA AD ODILONEM CLUNIACENSEM ABBATEM.

De obitu Willelmi Burgundiæ comitis ; de morte Richardi Normannorum comitis, et de rebus maxime ad Vizeliacense cœnobium pertinentibus.

(Mabill. Annal. Bened., tom. IV, pag. 333.)

Melle favoque dulciori domno Patri O. frater W. cum cæteris fratribus, summæ felicitatis munus. Omnes quæ circa vos sunt flagranti desiderio certi esse cupientes, litterulas vobis misimus, horum quæ apud nos geruntur indices. Interius quidem, divina gratia, vestrisque meritis suffragantibus, bene valemus; exterius vero quibusdam infortuniis graviter fatigamur. Audistis jam, ut credimus, rebus humanis excessisse comitem Willelmum, et apud Divionem sepultum. De obitu comitis Richardi missum non habuimus, nec aliquid didicimus, nisi quantum a dicentibus audivimus. Praeter ea innotescimus paternitati vestrae quod monasterium Viziliacense, agente Landrico comite, monachis ejusdem loci cum abbate turpiter ejectis, domnus Oddo suscepit sine consultu episcopi Augustodunensis. Hac de causa in tanta ira contra vos et nos locumque nostrum concitatus est, ut non solum mala quae per se suosque poterit minatur nobis irrogare, monasterium videlicet Magabrense auferendo, et omnia altaria quae in suo episcopatu habemus, excommunicando; sed et omnes, quotquot potest, episcopos, clericos, laicos, cujuscunque ordinis aut dignitatis, in nostras inimicitias commovendo. Excommunicavit etiam nostrae congregationis fratres, ut nullus jam dicto loco inhabitet, ecclesiamque ingrediatur, vel aliquod divinum obsequium in ea celebrare praesumat. Ipsi vero, fidentes apostolicis privilegiis quibus libertas ejusdem loci ab antecessoribus provisa est, pro nihilo ejus sententiam computaverunt, et nihil de interdictis dimittere curaverunt; sed litteras hac de causa ab eo directas despectui habentes, in terram pedibus conculcandas projecerunt. Unde non solum ipse majori ira accensus est, sed et apud omnes longe lateque haec audientes grandis calumnia contra nos exorta est. Universi enim qui haec audiunt, non solum inimici, sed et qui ante videbantur amici, illius injustitiam contra nos auctorizant, nosque inauditae praesumptionis et etiam apud saeculares horrendae cupiditatis inculpant, dicentes non licere qualemcunque abbatem a proprio honore qualibet ex causa amovere sine canonica examinatione et judicio episcopi ad cujus dioecesim noscitur pertinere. Haec et ejusmodi quamplura non modo ab aemulis, verum et a consentaneis audientes, et ab episcopo vinculo anathematis quo fratres ligaverat, ut absolveret, nullo modo antequam relicto loco cum suis omnibus ad vos reverterentur, impetrare valentes, aliud consilium salubrius invenire nequivimus, praeter quod ex vestra parte eis mandavimus ut ad vos revertantur quantocius, ne aliquis periculo excommunicationis subjaceat subita morte praeventus. Haec vero an comes Landricus permittat, vel ipsi velint facere, nobis manet incertum. Quae cuncta vobis intimare curavimus, cupientes vestram voluntatem et jussionem de his omnibus littera vestra cognoscere quantocius. Valete.

SANCTI GUILLELMI

ABBATIS S. BENIGNI

PRIVILEGIUM PRO MONASTERIO FRUCTUARIENSI.

(MABILL. *Acta SS. Bened.* Saec. VI, pag. 347.)

In nomine sanctae et individuae Trinitatis. Notum fieri volumus fratribus nostris, tam praesentibus quam futuris, et omnibus sanctae Ecclesiae filiis, cujuscunque ordinis, honoris et dignitatis, quod monasterium noviter constructum in loco qui Fructuaria antiquo nuncupatur vocabulo, liberrimum atque absolutissimum consistat ab omni subjectione debita cuique dioecesi vel monasterio, cujus rei causas exponere et manifestare curamus, ne cuiquam subrepat malae et inconsideratae occasionis tumultus. Quidam frater noster carnali germanitate, Gottofredus nomine, cum esset sub habitu saeculari, et libere degeret in paterna haereditate, elegit funditus saeculum relinquere, et post Deum ire. Denique expetens sanctum Divionense coenobium, illuc, volente Deo, suscepit habitum monasticum. Verum omnes fratres ejusdem loci, qui praesentes fuerunt, et oculis hoc viderunt, hoc sciunt, et scire possunt, quomodo idem domnus Gottofredus in praedicto loco nullam fecit legalem donationem ex proprio, quod reliquerat, patrimonio, quia in eo successerat frater ejus Nitardus jure haereditario; qui non multo post secutus est fratrem suum in praetitulato Divionensi monasterio. Denique Robertus, qui solus ex fratribus suis remansit laicus, inter caetera suae possessionis dona, ipse, et praedictus frater ejus Nitardus, quae Domino contulerunt ad construendum monasterium specialiter locum, Fructuaria dictum, ita ut possidebant quietum et solidum Gontardo venerabili viro Taurinensi archidiacono tradiderunt, ut inde faceret legale testamentum, quod appellatur Judicatus [*al.* Indicatus]. Quod et factum est eo rationis tenore ut, postquam praefatorum fratrum possessio transiret in Domini possessionem, nullo modo primam et antiquam perderet libertatis dignitatem. Ergo quoniam de haereditate nostrorum carnalium antecessorum fiebat haeres Christus per praedictorum duorum nostrorum germanorum manus; tandem sicut inceptum est justo voto, ita decenter expletum est adjuvante Deo. Interea confirmatum est et stabilitum insolide et inconcusse ne subjaceat ulli episcopio, sive monasterio, seu saeculari dominio, et corroboratum imperialibus et regalibus, sive episcopalibus praeceptis atque privilegiis. Insuper autem subnixum scripto apostolico a summis pontificibus universalis Ecclesiæ, prius a domino papa Joanne, deinde ab ejus successore domino papa Benedicto, ubi in Lateranensi basilica sedebat undique circumfultus plena synodo, in qua, exceptis abbatibus, vel reliquis diversi ordinis, seu dignitatis fidelibus, quadraginta adfuere episcopi cum sancti Petri Cardinalibus qui omnes testamentum, quod dominus papa Benedictus ipsi loco fecit, post eum confirmaverunt, et signantes signaverunt, atque jaculo excommunicationis et maledictionis pariter omnes illud damnaverunt. Quicunque illam molestare tentaverit sanctionem tantæ auctoritatis, nemo movere debet ad occasionem quempiam ex nostris fratribus, sive aliquem loco insidiare volentem injustis conspirationibus, ut materiam hujus libertatis calumniandæ inde sumere conentur, quod in cœnobio, ubi superius nominati fratres sanctæ conversationis habitum susceperunt, abbas sum ordinatus, et in ædificando monasterio Fructuariensi apposuerim manus: quoniam et me defendit, sicut supra monstratum est, justa occasio, et locum tuetur ipsa restitutio, quia ab ingenuis possessionibus antiqua libertate liber est Deo donatus, et quia paupertacula eorumdem fratrum et germanorum nostrorum non sufficiebat ut stabiliretur, ab virorum multorum, præcipue Arduini regis et Bertæ uxoris ejus ministerio est fundatus. Præterea Nitardus inde per legale testamentum successor effectus, patrimonium quod reliquerat Gotofredus, postea Fructuariæ legitima traditione donavit funditus. Sed ne qualibet justa occasione malæ susceptioni detrahendis seminarium nasceretur, cum beneplacito domini Brunonis episcopi, de prædictis omnibus a voto nostro non discrepantis, et fratrum amicorumque utriusque partis sumpta insigniora ornamenta ab eodem monasterio, et in memoriam ipsius ad eum consolandum Divionem transmissa, scilicet textum unum auro, geminis et lapidibus mire ornatum, casulam auro decoratam, et duæ stolæ deauratæ cum earum manipulis, et unum cingulum, atque quatuor amicti deaurati Itaque causis redditis hujus descriptionis, superest confirmetur subsequentibus idoneis testibus cum certis testimoniis. Ad quam confirmationem, etc., ego frater Willelmus, dictus abbas veridica affectione, sicuti coram ipso loquens testor Dei pro amore in supradictis fideliter insudasse, et nunc propria subscriptione hoc testamentum confirmans, omnes subscribentes ad æqualem hujus retributionis mercedem votis omnibus pro posse admitto, et sic præsentes et absentes quamplures subscribere exoro testes. Leoterius miseratione Dei archipræsul Senonum subscribens suffraganeos nostros subscribere rogavi. Goslinus archipræsul Bituricensis et abbas Sancti Benedicti firmavi, Fulco Ambianensis firmavi. Fulbertus episcopus Carnotis firmavi, Odilis [*al.* Odo] abbas Cluniacensis firmavi, Everardus abbas Sancti Martini firmavi. Gosbertus abbas Turonis Sancti Juliani firmavi. Ego frater Arnulfus prior, etc. Teodertus [*f.* Theodebertus] abbas. Osmundus episcopus, Ecmonus, etc. Ego Rotbertus gratia Dei rex Franciæ meum et filii mei regis Ugonis nomen scribere rogavi. Ego Rotbertus rex firmavi manu propria. Ego Ugo rex Sfirmavi. Ego Erveus archiclavis Sancti Martini Turonensis firmavi. Ego Ugo archipræsul Turonensium firmavi. Ego Rotbertus Rotomagensis archiepiscopus omni auctoritate firmo. Ego Ugo Bajocacensis ecclesiæ episcopus firmavi. Ego Ugo Constantinensis episcopus firmavi. Ego Ugo Ebrojacensis episcopus firmavi. Ego Norgaudus Avrincacensis [Abrincensis] episcopus firmavi. Ego Rotgerius Lisuncensis [Lexoviensis] episcopus firmavi, Siefredus episcopus Saxicensis [Sagiensis] firmavi.

APPENDIX AD SANCTUM GUILLELMUM.

ANNALES S. BENIGNI DIVIONENSIS
EDENTE G. WAITZ PH. DR.

(Apud Pertz, *Monumenta Germaniæ historica*, Script. tom. V, pag. 37.)

Annales breves una eademque manu usque ad annum 957 scripti, ex codice Coloniensi, ubi postea a diversis addita est continuatio, editi sunt Mon. SS. I, p. 97. Eosdem descriptos, sed multis notis auctos, quarum magna pars (1-8) ad res spectat Tullenses, in Annalibus reperimus S. Benigni Divionensis. Quorum 1 codex etiamnum in bibliotheca universitatis Divionensis asservatus et Nr. 269 notatus, anno 1837 a me exscriptus est. Sæculo XII inc. exaratus esse videtur; continet vero præter alia (19) fol. 44-57, cyclorum tabulam usque ad annum 1064 deductam, eamdemque ultimis foliis usque ad annum 1215 continuatam. Quorum margini quidam sæc. XII usque ad annum millesimum notationes il-

NOTÆ.

(1-8) A. 895, 906, 921, 934, 962, 965, 994, 996, 1000.
(19) Cf. Archiv. VII, p. 445.

las adjecit, quas partim cum Annalibus Coloniensibus convenire, partim res Tullenses explicare dixi, ita ut exemplar Annalium illorum in hac urbe repetitum et auctum ante oculos habuisse videatur. Eadem vel ejusdem temporis manus anno 840 Annales Lugdunenses exscripsit. Successit manus, quae usque ad annum 1063, alia quae usque ad annum 1124 Annales prosecuta est; et hi et alii scriptores prioribus annis res Lingonenses (20) et Divonenses (21), alii adjecerunt Virdunenses (22), alii denique varias congesserunt adnotationes, quas tum e fontibus nobis incognitis, tum ex propria rerum cognitione hauserunt; omnes vero saec. XII inc. in hoc labore occupati fuisse videntur. Sed inde ab anno 1125 multi sibi succedunt auctores, qui plerumque rebus quas enarrant aequales fuerunt et satis accurata rerum cognitione imbuti. Verumetiam antecedentia saepe non minoris habenda sunt auctoritatis, quippe quorum maxima pars e codicibus antiquioribus sit descripta. Quod quo satius perspiciatur, quaecunque e codice Tullensi sumpta videntur, littera obliqua exprimenda curavi, eaque ita distinxi, ut quae ad Annales Colonienses prope accedunt typis artius, reliqua latius positis indicentur. Caetera littera exprimuntur vulgari; sed quae cuique manui debeantur, quam accuratissime potui annotavi. — Ex his Annalibus Besuenses (Mon. II, p. 248 editos) descriptos esse (23), nemo negabit qui videt notationes ibi a diversis scriptas hic uno calamo esse repetitas (24). Neque tamen ultra annum 1118 Besuenses illorum vestigia sequuntur (25), quo fere tempore priores desinere scriptores Divionenses supra dixi; et cum etiam ex antecedentibus quaedam, e. gr. notae Virdunenses omnes, sint praetermissae, haec postea demum codici Divionensi illata esse putarim. Annales Besuenses anno 1119-1174 in monasterio illo continuati sunt, Sancti Benigni Divionenses in hoc libro usque ad annum 1214 a diversis deducti. — Alter vero extat.

2. Codex Montispessulanus Nr. 48. fol., antea C. Bouhier B. 48 et olim in eodem Sancti Benigni coenobio asservatus; qui saec. XIII scriptus fol. 11, seqq. cyclos continet ab anno 1-1595 tribus columnis exaratos, in quorum margine Annales leguntur ad supradictos prope accedentes. Usque ad saec. XII paucae tantum exstant notae eaeque partim aliunde haustae; inde ab anno 1108 vero plures occurrunt, quas, quamvis non uni debeantur scriptori, saepe ex 1 esse desumptas facile est intellectu (26). Interdum fortasse idem utrique codici similem notationem intulit; alius hunc, alius illum praetulisse videtur. Post annum 1214 vero hic solus quae in monasterio memoriae tradebantur recepit iisque usque ad annum 1285 ornatus est. Quae omnia anno 1837 exscripsi.

Labbeus ex codice 1 magnam Annalium partem edidit (Bibl. mss. I, p. 293); ex quo Bouqueti continuatores fragmenta receperunt (XI p. 345; XII, p. 310; XVII, p. 741). Quae in codice 2 leguntur hucusque, quod sciam, inedita sunt.

G. WAITZ.

ANNALES S. BENIGNI DIVIONENSIS.

(564.) Hujus [1] (*Chilbeberti II*) tempore sanctus Agericus Virdunensis episcopus claruit in miraculis; quod etiam Fortunatus poeta non tacet (27).

753. [2] *Ibi* [3] *benedictus, est Pipinus rex a sancto Stephano papa Parisius et filii ejus Karolus et Karlomannus, et filia Gisila, inter sacra missarum sollempnia, precipiente sancto Petro et sancto Paulo et beato Dionisio.*

Ordinatio [4] *domni Madeluci Virdunensis episcopi.*

(760.) *Temporibus* [5] *Pippini regis viguit sanctus* Madelucus Virdunensis episcopus, cujus corpus in cripta sancti Vitoni sepultum, post 40 annos inventum est incorruptum.

768. *Pipinus* (28) *rex obiit 8. Kal. Octobr.*

769. *Initium regni Karoli regis.*

770. (*Aut 771.*) *Et Karlomannus obiit 2. Non. Decembr.*

772. *Adrianus papa efficitur.*

776. *Conversio Saxonum.*

778. *Karolus in Spanias intravit.*

VARIAE LECTIONES.

[1] *Hanc unam notationem manu β scriptam ex annis prioribus recepi. Caetera usque ad a. 752 omisi.* 2 [2] *752 corr. 753. cod.* [3] *prima manu. Haec exscripta sunt in Ann. Bes.* [4] *manu β,* [5] *manu γ.*

NOTAE.

(20) A. 858, 836, 880, 922, 981, etc.
(21) A. 871, 912, etc.
(22) A. 564, 753 (760), 868, 882, 913, 923, 925, 939, 940, 951, 973, 1005, 1046, 1060.
(23) Ann. S. Benigni minime ex Ann. Besuensibus fluxerunt. Neque S. Benigni monasterium a. 1002, sed jam saec. VI, conditum est.
(24) Besuensis scriptor annos saepe male turbavit, e. gr. quae ad a. 828 pertinent ad a. 855 retulit, res a. 888 et 899 in cod. Divionensi una manu scriptas in a. 891 et 892 posuit.
(25) A. 600, 652, 731, 850, 879, 885, 888, 933

D (1033), 1052 (1087), 1088, 1101, 1105, 1105-1107. 1117 quaedam addunt, quae plerumque ad monasterii historiam pertinent. Nota a. 888 cum iis ad verbum convenit quae ex hoc codice Arch. VII, p. 448 edidi, ubi pro a. 869 fortasse 888 legendus est.
(26) Vide quae notavi anno 1110, 1121.
(27) V. Bertarii Gesta epp. Vird., c. 6. Mon. SS. IV, p. 42.
(28) Etiam ann. 768-772 ad Ann. in Coloniensibus exscriptos pertinere putarim, quamvis hi a. demum 773 incipiant. Fontes vero horum Annalium Mon. SS. I, p. 96 indicati sunt.

779. *Karolus Saxoniam venit.*
780. *Saxonia capta est.*
781. *Karolus Romam vadit.*
786. *Signum crucis in vestibus. Item Karolus Romam perrexit, deinde ad Sanctum Benedictum et Capuam.*
788. *Karolus per Alemanniam venit ad fines Bawariæ.*
790. *assito dux venit in Franciam, et Bawaria capta est.*
791. *Karolus pergit in Sclavos, qui dicuntur Wilti.*
793. *Karolus rex Hungrorum regnum vastat.*
796. *Obiit Adrianus papa; successit Leo papa.*
800. *Domnus Karolus rex imperator factus est, et a Romanis appellatus est augustus.*
809. *Transitus sancti Liudgeri episcopi et confessoris, capellani ipsius Karoli.*
814. *Karolus imperator obiit. Initium regni Ludowici, filii ipsius Karoli Magni.*
816. Leo [6] papa obiit.
817. Successit Stephanus, et ipso anno obiit; successit Paschalis.
822. *Fames valida.*
823. *Visio Wetani.*
824 (29) Natus [7] est Karolus, filius Ludowici, in Franconofurt Idus Jun. In quo palatio novo illo anno imperator hiemavit; et a Paschali papa in die paschæ Romæ [Lotharius [8]] coronatus et imperator est appellatus. Drogo pridie Idus Jun. in Franconofurt presbiter est ordinatus [9] cui et episcopatus Mettensis est datus.—Paschalis papa obiit. Eugenius successit.
827. Valentinus successit papa, et ei successit Gregorius.
835. Annus 22 regni Ludowici.
838. Albericus [10] episcopus Lingonensis obiit 12 Kal. Jan.
840. *Hludowicus imperator obiit 12 Kal. Julii.—Eclipsis [11] solis 3 Non. Mai.*
Eclypsis [12] (30) solis accidit in diebus lætaniarum 3 Non. Mai 4 feria circa horam diei octavam et permansit fere hora dimidia adeo obscura, ut stellæ in cœlo clarissime apparerent. Hoc anno sancte memoriæ Agobardus Lugdunensis episcopus obiit 8 Idus Jun. Ludowicus quoque imperator defunctus est 12 Kal. Jul., et memorabile atque insigne opus [13] quod forum vetus vocabatur Lugduni corruit ipso [14] die intrantis autumni, quod steterat a tempore Trajani imperatoris per annos fere septingentos.

Amolo (31), præfati episcopi diaconus, ordinatus episcopus Lugduni 17 Kal. Febr., et lacrimabile bellum inter filios imperatoris Ludowici haud [15] procul ab urbe Autisiodorentium; in quo Christianus utrimque populus mutua se cæde prostravit 7 Kal. Jul. Cujus etiam anni principio nocturnis horis lux ingens a parte aquilonis emissa, et longe lateque diffusa ferali portento noctem pæne in diem vertisse visa est.
841. *Bellum inter tres fratres,* scilicet Ludowicum, Lotharium ac Karolum, filios Ludowici imperatoris.
843. Sergius papa successit.
846. Leo papa successit.
855. Benedictus papa successit. *Hlotharius rex obiit 4 Kal. Octobr., filius Ludowici.* Sic [16] introivimus.
856. Obiit [17] Teutbaldus episcopus (32) 16 Kal. Sept.
857. Nicholaus papa successit.
867. Adrianus papa successit.
868. *Fames valida.* — Hatto [18] Virdunensis episcopus obiit [19]; Berhardus successit [19].
869. *Item fames valida, et mortalitas hominum et pestis animalium.*—Lotharius [20] rex obiit.
871. *Ventus validus.* — Cepit [20] (33) Divionense monasterium.—Johannes papa successit.
873. Adventus [21] locustarum.
877. *Prid. Non. Octob. obiit Karolus imperator et Hilmentrudis regina. Iterum Karolus Italiam ingreditur, et eandem terram Karlomannus per aliam viam intravit. Inde Karolus territus fugit, et in eodem itinere mortuus est.*
878. *4 Kal. Novembris eclypsis [22] solis 4 feria circa oram diei octavam, et permansit fere hora dimidia adeo obscura, ut stellæ clarissime apparerent.*
879. *Ludowicus rex Saxonum, adhuc fratre suo Karlomanno vivente, Bawariam ingreditur.— Obitus Ludowici regis 4 [23] Id. April.*
880. Obiit [24] Isaac episcopus (34) 15 Kal. Aug.
881. *Indictio 14 die tertio Nonarum Augustarum mensis ipsius intrantibus die Marte et 6 concur. inierunt [25] bellum Franci contra paganos, Lodowico, filio Lodowici regis, primum exeunte ad pugnam, Deoque donante potiti sunt victoria, et pars innumerabilis eorum maxima cecidit.*
882. Obiit [26] Berhardus (35); Dado successit.
884. *Sedes [27] Nordmannorum in Diusburg. Obiit Karlomannus rex Non. Decemb.*
885. *Karolus imperator efficitur Francorum.*
887. Burgundia [28] a Nortmannis vastatur.

VARIÆ LECTIONES.

[6] *manu diversa.* [7] *alio atramento scripta, etiam in Ann. Bes. repetita.* [8] *deest cod et Ann. Bes.* [9] *effectus corr. ordinatus c.* [10] *manu δ; Ann. Bes. hæc habent a. 855.* [11] *alia manu.* [12] *manu a prima paulo diversa (α) fortasse idem scriptor hæc diversis temporibus codici intulit.* [13] *opis corr. opus c.* [14] *ipse c.* [15] hau c. [16] *eadem manu qua præcedentia; aut ad hunc aut ad a. 857 pertinent.* [17] *manu.* δ [18] *manu nescio qua (β aut γ).* [19] *jam vix legenda.* [20] *manu ε.* [21] *alia manu.* [22] *eclypsi solis c.* [23] *fortasse III. corr. IIII. c.* [24] *manu δ (?).* [25] *initium cod. incoaverunt Ann. Bes.* [26] *Hæc in loco raso (manu β aut γ?).* [27] *tres fere litteræ (est?) erasæ c.* [28] *alia manu. Ann. Bes. a. 891.*

NOTÆ.

(29) Rectius 823.
(30) Ex Ann. Lugd. I, p. 110.
(31) Hæc ad a. 841 pertinent; v. Ann. Lugd.
(32) Lingonensis.
(33) Restauratum est; v. Chron. S. Benigni Div. ap. Dachery Spicil., ed. 2, II, p. 376.
(34) Lingonensis.
(35) Episcopus Virdunensis.

888. *Karolus imperator obiit. Arnulfus rex efficitur.*
889. *Odo [29] rex Francorum.*
893. *Initium regni Karoli pueri. Hujus miles Hagano.*
(895). *Tullus [30] civitas succensa est 2 Non. April.*
895. *Arnulfus* (36) *Romæ cesar efficitur; audita miseria famis ac mortalitatis et Christiani hominis alterius carnem comedentis. Ungari* (37) *Italiam ingressi multa fecerunt; et Arnulfus imperator obiit ac Lodowicus in regem elevatur.*
899. *Richardus [31] comes Burgundiæ pugnavit cum Nortmannis in villa Argentolio et occidit eos 5 Kal. Jan.* — *Obiit [32] Odo rex.*
900. *Zundebaudus rex filium [33] Arnulfi occidit.*
901. *Zendebauldus [34] rex obiit.*
902. *Obiit Petronilla.*
904. *Bellum inter Conradum et Adalbertum [35] Francos, in quo Conradus cecidit.*
905. *Adalbertus capite plectitur.*
906. *3 Id. Septembris obiit Ludelmus [36] episcopus* (38).
909. *Ungari Saxoniam et Thuringiam vastant.*
911. *Ludowicus, filius Arnulfi, obiit. Burchardus dux occiditur. Conradus, filius Conradi, in regem elevatur.*
912. *Cometæ visæ sunt.* Tunc [37] fecit Warnerius episcopus (39) privilegium de ecclesia Sancti Vincentii (40).
915. *Æcclesia [38] principalis sanctæ Mariæ Virdunensis igne succenditur* (41).
916. *24 annus Karoli.*
920. *Conradus rex obiit, et Heinricus successit.*
921. *Ordinatio domni Gauzlini præsulis* (42) *16 Kal. Apr.* — *Obiit [39] Ricardus comes 2 Kal. Septembris.*
922. *17 Kal. Jul. Karolus pugnavit cum Rotberto, et Rotbertus occiditur.* — *Obiit [39] Warnerius episcopus 14 Kal. Aug.*
923. *Obiit [38] Dado Virdunensis episcopus.*
925. *Succedit [40] Bernuinus.*
929. *Johannes papa obiit; successit Johannes.*
934. *Conversio monachorum Sancti Apri.*
935. *Heinricus magnus rex obiit, et Otto successit.*

936. Johannes obiit. Leo papa successit, et ei successit Stephanus, Stephano Marinus.
939. *Bernuinus [41] obiit [42].*
940. *Berengarius [41] successit.*
946. Marinus papa obiit. Agapitus successit.
951. *Otto rex Italiam ingressus, eam sibi subjugavit.* — *De [41] monasterio Sancti Petri et Sancti Vitoni a Berengario episcopo et monacho pelluntur clerici, subrogantur monachi, quibus preficitur Humbertus abba primus.*
953. *Conjuratio Liudulfi et ducis Conradi adversus Ottonem regem.*
954. Agapitus papa obiit. Octavianus successit.
957. *Liudulfus, Ottonis regis filius, subjugata sibi Italia, ibidem obiit.* — *Cruces apparuerunt in vestibus.*
961. *Otto puerulus in regem elevatur in Aquisgrani palatii.* — *Eclipsis solis fit.*
962. *Obitus domni Gauzlini presulis 7 Idus Sept.*
963. *Ordinatio domni Girardi pontificis 4 Kal. Apr.*
965. Octavianus papa a Roma exiit. In cujus loco Joannes substituitur.
966. Octavianus obiit.
972. *Otto magnus imperator obiit.*
973. *Obitus domni Humberti abbatis 2 Non Decembris,* primi [43] abbatis monasterii Sancti Vitoni.
981. *Ordinatus [44] est Bruno episcopus* (43) *per manus Burchardi archiepiscopi Lugdunensis.*
983. *Otto junior imperator obiit.*
989. *In mense Aug. hora vespertina cometæ visæ sunt in occidente.* Rex [45] Robertus regnare incipit.
990. *Obitus pii patris domni abbatis* (44) *Rotberti in Non. Aug.* — *Ordinatio [46] domni et eximii patris Willelmi Divionensis [47] abbatis coenobii per manus memorandi [48] Brunonis Lingonenicæ urbis episcopi in officio archimandrite atque presbiteri.*
994. *Obitus domni Gerardi episcopi 9 Kal. Mai.*
996. *Bertoldus episcopus 8 Kal. Sept. ingressus in Tullum est 5 Id. Octob.*
997. Ordinatio ejusdem [48].
1000. *Obitus Stephani episcopi 4 Id. Mart.*
1002. *Obiit [50] Otho tercius.* — *Hoc [51] anno ince-*

VARIÆ LECTIONES.

[29] *alia manu* ζ. [30] *fortasse etiam hæc ad a. 893 pertinent.* [31] *eadem manu qua a. 887.*—Ann. Bes. a. 892. [32] *manu* ζ. [33] *lege ex Ann. Col.:* filius A. occiditur. [34] *Alia manu aut eadem manu postea addita.* [35] (dal)bcum *c.* [36] *hidelmus? cod.* [37] *alia manu* (δ?). [38] *manu* γ. [39] *manu* δ. [40] *alio atramento quam anni* 923. *notitia.* [41] *manu* γ (?) [42] *alia manu additur:* In decem et VIIII annis sunt lunationes CCXXXV. [43] *reliqua add. manus* γ. [44] *manu* δ. [45] *alia manu.* [46] *alia manu.* [47] *erasum est c.* Besuensis Ann. Bes. [48] m. m. *in loco raso c.* [49] *fortasse jungendum est:* 5. Idus Octob. ordinatio ejusdem, *quamvis ultima verba alia manu ad a. 997 scripta esse videantur.* [50] *manu* ε. *Hic prima manus desinit.* [51] *alia manu.*

VARIÆ LECTIONES.

(36) Hæc Ann. Colon. a. 896.
(37) Ann. Colon. a. 899.
(38) Tullensis.
(39) Lingonensis.
(40) Cf. Chron. S. Benigni l. l., p. 380.

(41) Cf. Mon. SS. IV, p. 56, 40.
(42) Tullensis.
(43) Lingonensis.
(44) « Quis sit iste Robertus ablas incertum, » Mabillon Ann. IV, p. 62.

pta sunt novi fundamenta monasterii Divionensis 16 Kal. Mart. feria 3.

1003. In mense Februario cometæ vise sunt mane in parte orientis.

1005. Obiit *² Fingenius abbas (45). Succedit Richardus piissimus; a quo et incepta sunt fundamenta monasterii Virdunensis.

1015. Obitus ⁵³ domni Warneri abbatis.

1016. Obiit hoc anno Bruno, Lingonensis ecclesiæ episcopus eximius, et pauperum Christi tutor ac defensor......

1017. Successit ⁵³ Lambertus.

1018. Hoc ⁵¹ anno fuit dedicata æcclesia sancte Marie in Divionensi monasterio cum toto atrio ejusdem loci per manus Lamberti episcopi feria 3 rogacionum (Mai. 13).

1024. Heinricus imperator obiit, qui pro strenue amministratis regni gubernaculis æternam sibi memoriam adquisivit; cui Cono in regnum successit.

1026. Hoc anno obiit Otto Burgundiæ comes.

Codex 1.

1052. Hoc anno obiit Rome abba et archiepiscopus Halinardus, successitque ei in archiepiscopatu Humbertus et in abbatia Johannes, abba Fiscanni, hujus loci monachus; demissaque 3° anno, fuimus sine abbate annis duobus.

1056. Ordinatus est Adalbero abba Divionensis ab Harduino episcopo Lingonensi 6 Idus Aprilis.

1057. Hoc anno ⁵⁴ dedicata est æcclesia sanctæ Mariæ Saxios m....s (49) a præfato Harduino episcopo, et confirmata carta est donationis, quæ facta est ab Aprimone comite et ejus filiis.

1060. Obiit ⁵⁵ Walerannus abba (50); succedit Grimoldus.

1027. Arnulfus prior obiit.

1030. Lambertus episcopus Lingonensis obiit; cui successit Ricardus, qui ejectus est ab episcopatu a Girardo archidiacono; pergens in Flandriam, obiit illic.; et successit Hugo in pontificatu.

1031. Obitus patris eximii Willelmi.

1033. Hoc (46) anno eclipsis facta est solis die restivitatis sanctorum apostolorum Petri et Pauli (Jun. 29), feria 6 meridianis horis, et stella clara visa est.

1046. Obiit ⁵⁶ Richardus abba (47) piissimus; succedit Walerannus, frater Hugonis Linguonensis episcopi; et obiit Richardus Virdunensis episcopus; cui successit Theodericus. — Ordinatus ⁵⁷ est abbas Halinardus Lugdunensis archiepiscopus in loco qui dicitur Erbrestino (48) coram Heinrico cesare, filio Cononis.

1049. Hoc anno venit sanctus Leo papa in Galliam, et in concilio Remensi depositus est Hugo Lingonensis episcopus; successit Harduinus.

Codex 2 ⁵⁸.

1052 ⁵⁹. Hoc anno obiit domnus Allinardus ⁶⁰ Lugdunensis ⁶¹ archiepiscopus et abbas istius ecclesie; cui successit Johannes, abbas Fiscannensis et monacus hujus loci; postea dimisit abaciam, et fuimus sine abbate per tres annos.

1056. Hoc anno ordinatus Adalbero abbas Divionensis ab Harduino Lingonensi episcopo |6 Idus Aprilis.

VARIÆ LECTIONES.

⁵² manu γ. ⁵³ *Hæc eadem manu qua a.* 1015 *scripta sunt.* ⁵⁴ manu γ. ⁵⁵ *alia manu, quæ etiam notas a.* 1049-1057. *scripsit.* ⁵⁶ *deest* 1. ⁵⁷ manu γ. ⁵⁸ *Quæ hunc annum antecedant partim cum* 1 *conveniunt* (a. 404. 407 512. 526. 575. 1020.) *partim aliunde sumpta sunt* (a. 486. 802. 814. 910. 939. 969. 1000.). *Hæc inde ab s. IX hic afferre juvat:*

802. Hic factus est Karolus, filius Pipini, imperator Romanorum; precibus Adriani pape vocatus, obsedit Longobardos in Papia, et cepit Desiderium regem ad uxorem ejus, et fecit privilegia bona domino pape.

814. Hoc anno migravit Karrolus magnus imperator a seculo.

910. Hoc anno Willermus pius dux Aquitanie et comes Avernie, cum non haberet heredem, Cluniacense monasterium in fundo proprio, qui est in Burgundia in pago Masticensi, construxit, eidemque loco Bernonem abbatem preficiens, magnos de suis redditus prefato loco jure dedit hereditario. Eodem anno cepit edificare Dolense cenobium.

939. I[n]cidit prima opscuritas.

969. Incidit II. obscuritas. (*Hæc manu posteriori*).

1000. [Obiit] Silvester papa, qui ante vocabatur Gilbertus; hujus temporis completus est millenus annus ab incarnatione Domini. (*Hæc manu s. XIV.XV.*)

1020. Hoc anno fuit dedicata ecclesia sancte Marie Divionensi monasterio, cum amoris affectu per manus Lamberti Lingonensis episcopi. (*cf. supra a.*1018.)

⁵⁹ 1050. *corr.* 1052. 2. ⁶⁰ *Allinardus corr.* Allinardus 2. ⁶¹ lu.... 2.

NOTÆ.

(45) S. Vitoni Vird.
(46) Hæc fusius in Ann. Besuensibus explicantur.
(47) Virdunensis.
(48) Cf. Chron. S. Benigni Div. ap. Dach., ed. 2, p. 393. Fortasse Herbrechtingen in ducatu Wirtemburgensis.
(49) Saxonum fontis in diœcesi. Lingonensi, ab Armone ecclesiæ S. Benigni tradita; v. chartam Lamberti episc. Gallia Christ. IV, p. 142.
(50) S. Vitoni Virdunensis.

1061. Obiit [62] rex Henricus. Philippus filius regnavit, coadjuvante fratre ejus Hugone Magno, qui in exercitu Iherosolimitano potens claruit.

1063. Alexander [63] papa secundus obiit.

1064. (51) Stella [64] cometes apparuit; et Haroaldus rex Anglorum occiditur, Willelmo Normanno in regno succedente.

1065. Obiit Harduinus Lingonensis; cui successit Raynardus cognomento Hugo.

1074. Gregorius [65] papa septimus.

1075. Obiit Robertus dux Burgundie; successit Hugo, Heinrici filii ejus filius.

1077. Obiit Adalbero abbas Divionensis, et eodem anno in concilio Augustidunensi domnus Jarento prior Casæ-Dei ordinatus est 15 Kal. Octob. — Obiit [66] Rainardus Lingonensis episcopus. Successit Robertus.

1077. Hoc anno Adalbero defunctus est. Successit ei Gerento prior Case-Dei, et bene ministravit ibi. Obiit Regnardus Lingonensis episcopus; cui successit Robertus episcopus

1078. Hoc anno tonitrua et fulgura magna facta sunt in Januar. et Febr., et luna nigra et sanguinea visa est 3 Kal. Febr. — Bellum [67] in Saxonia, in quo Rodulfus rex occiditur. Wicbertus invasit sedem apostolicam.

1085. Rodulfus [68] abbas de monasterio Sancti Witoni egressus, persequutionem passus pro Romana ecclesia, Divionem venit.

1085. Hoc [74] anno venerunt monachi Virduni in ecclesia nostra.

1087. Papa [69] Victor III[us]. — Cometa [70] apparuit, et Willelmus rex Anglie obiit.

1089. Urbanus [67] papa.

1095. Concilium Augustidunense 36 episcoporum, ubi primo jurata est via Jherosolimitana.

1096. Concilium apud Clarum montem a papa Urbano habitum. Hoc anno turris cecidit et oppressit quatuor monachos et quatuor famulos; et infinitus exercitus Jherusalem ivit, et [71] Antiochia capta est. Obiit Urbanus papa; successit Paschalis secundus [71].

1096. Hoc [75] anno capta fuit Antiochia a Francis.

1098. Cisterciensis [71] ordo incepit. Jherusalem a Francis obsessa et capta est.

1098. Hoc anno Cisterciensis ordo incepit. Jherusalem a Francis obsessa, capta est.

1100. Rodulfus Virdunensis abbas. Hoc anno Jherusalem capta est.

1100. Hoc anno turris de choro cecidit et obpressit quatuor monachos et quatuor famulos.

1104. Post [71] patrem suum Philippum Ludovicus rex coronatur.

1106. Cometes [73] aparuit. Obiit etiam Heinricus augustus. Successit Heinricus, filius ejus.

1107. Hoc anno venit papa Paschalis in Galliam, et ab ipso papa dedicata ecclesia Sancti Mauricii (52) 14 Kal. Marcii, et concilium ab ipso habitum est apud Trechas Idus Maii.

1107. Hoc [76] anno venit papa Paschalis in Gallia, et ab ipso papa dedicata fuit ecclesia ista, et concilium ab ipso habitum est apud Trecas Idus Maii. Hic papa captus est ab Henrico imperatore Teotu-

VARIÆ LECTIONES.

[62] *manu γ?* [63] *alia manu.* [64] *Cyclis in ultimis codicis foliis continuatis, magnam notarum partem usque ad a. 1125 una manus scripsit.* [65] *alia manu.* [66] *manu ε.* [67] *manu posteriori.* [68] *manu posteriori.* [69] *alia manu.* [70] *alia manu.* [71] *non plane constant.* [72] *alia manu.* [73] *fortasse alia manu usque ad a. 1118.* [74] *alia manu. Eadem fere verba :* Hoc anno venerunt monachi..... Virdun. in hac ecclesia a. 1135. *scripta erant, jam deleta.* [75] *alia manu.* [76] *Manus variæ et coævæ sibi succedunt; quæ tamen plura ex cod. 1. descripserunt.*

NOTÆ.

(51) Rectius 1066.

(52) Divionensis.

filiis omnique substantia, reseratis tamen civitatis portis, vultibus illorum nimia verecundia in terra demissis, homicidiis et opprobriis paulo antea invicem cum populo condonatis, urbem introierunt.

27. Ea [431] tempestate cum domnus [432] Heribertus omnes fere jam visitasset civitatum beati Ambrosii suffraganeos, quorum gratia Italiam circuiverat, illos in omnibus bonis adhortans, Taurinum bonorum agmine clericorum ac militum copia strenuissimorum vallatus devenit. Ubi cum per aliquot dies sedisset, cohortatus episcoporum (90) et clerum civitatis, populum totius urbis, propheticis et apostolicis ammonitionibus, ut tanto decebat viro, quamdam hæresim inauditam, quæ nuper in castello supra locum qui Monsfortis vocatur convenerat, audivit (91). Quod cum Heribertus audivisset, illico jussit ex ipso castro hominem illius hæresis, ut verius rem ipsam cognosceret, sibi repræsentari. Qui cum ante ejus vultum venisset, promptissimum gerens a passionem animum, lætus si vitam suppliciis gravissimis finiret, vultu alacri ad omnia respondere paratus astitit. At Heribertus cum ipsum tanta constantia paratum vidisset, seriatim ac studiose vitam et mores ac illorum fidem sciscitari cœpit. Igitur licentia data ac silentio imperato, dicens Girardus adorsus est : « Deo omnipotenti Patri et Filio et Spiritui sancto gratias refero immensas, quod tam studiose me inquirere satagitis. Et qui vos ab initio in lumbis Adæ cognovit, annuat ut sibi vivatis sibique moriamini, et cum ipso per sæculorum sæcula regnantes gloriemini. Vitam meam et meorum fratrum fidem, qualicunque animo ea sciscitetis [434], vobis edicam. Virginitatem præ ceteris laudamus; uxores habentes, qui virgo est virginitatem conservat, qui autem corruptus, data a nostro majori licentia castitatem perpetuam conservare liceat. Nemo nostrum uxore carnaliter utitur, sed quasi matrem aut sororem diligens tenet. Carnibus numquam vescimur; jejunia continua et orationes indesinenter fundimus; semper die ac nocte nostri majores vicissim orant, quatenus hora oratione vacua non prætereat. Omnem nostram possessionem cum omnibus hominibus communem habemus. Nemo nostrum sine tormentis vitam finit, ut æterna tormenta evadere possimus. Patrem et Filium et Spiritum sanctum credimus et confitemur. Ab illis vero, qui potestatem habent ligandi et solvendi, ligari ac solvi credimus. Vetus ac novum testamentum ac sanctos canones cottidie legentes tenemus. » Cumque hæc et multa alia Girardus ingenio acutissimo dixisset, quibusdam magna ac terribilia videbantur. Interea domnus [435] Heribertus ejus astutiam et ingenium agnoscens pravum, de singulis verbis quæ ipse prædixerat, qualiter aut quomodo sentiret ac socii ejus, evidenter aperire præcepit, et maxime qualiter de Patre et Filio et Spiritu sancto sentirent; et [436] præterea [437] de singulis præcepit aperire. Quo audito Girardus lætabundus infit : « Quod dixi Patrem, Deus est æternus, qui omnia ut ab initio, et in quo omnia consistunt. Quod dixi Filium, animus est hominis a Deo dilectus. Quod dixi Spiritum sanctum, divinarum scientiarum intellectus, a quo cuncta discrete reguntur. » Ad hæc Heribertus respondit : « Amice, de Christo Jesu domino nostro, qui natus est de Maria virgine, verbum Patris, quid dicis? » Respondit : « Jesum Christum quem dicis, est animus sensualiter natus ex Maria virgine, videlicet natus est ex sancta scriptura. Spiritus sanctus sanctarum scripturarum cum devotione intellectus. » Heribertus : « Conjuges quare accipitis nisi ad sobolem procreandam, unde humanum genus nasceretur? » Respondit : « Si universum genus humanum sese conjungeret, ut corruptionem non sentiret, sicut apes sine coitu genus gigneretur humanum. » Heribertus : « Peccatorum nostrorum absolutio In quo est? in apostolico, aut in episcopo, aut in sacerdote aliquo? » Respondit : « Pontificem habemus non illum Romanum, sed alium, qui cottidie per orbem terrarum fratres nostros visitat dispersos; et quando Deus illum nobis ministrat, tunc peccatorum nostrorum venia summa cum devotione donatur. » Heribertus : « Vita vestra quomodo in tormentis finit? » Respondit : « Si nos per tormenta a malis hominibus nobis ingesta deficimus, gaudemus; si autem aliquando nos ad mortem natura perducit, proximus noster, antequam animam damus, quoquomodo interficit nos. » Cum hæc omnia Heribertus auribus intentis audivisset, tacite mirans, ceteris autem sua capita nutantibus : si in fidem catholicam, quam Romana ecclesia tenet, et baptismum, et vere Filium Dei, qui natus est ex Maria virgine secundum carnem crederet, et illud esse verum corpus et verum sanguinem, quem sacerdos catholicus quamvis peccator per verbum Dei sanctificat, eum sciscitatus est. Respondit : « Præter nostrum pontificem non est alius pontifex, quamvis sine tonsura capitis sit, nec misterium. » Quo audito, ut fama illorum erat, rei veritas apparuit. Et mittens Heribertus quamplurimos milites ad illum Montemfortem, omnes quos invenire potuit, cepit; inter quos comitissam castri

VARIÆ LECTIONES.

[431] *Titulus* : De hereticis de Monteforti, calidis argumentis alios seducentes. A*. De Girardo heretico cum sotiis de Monteforti hereticis. *rell.* [433] *deest* B. [434] *scisitatis* B. [435] *deest* B. [436] *deest* B. [437] *postea* B.

NOTÆ.

(90) 1011 — 1039 Landulfus sedit, cui successit Wido.

(91) Cf. Rod. Glabr., IV, 2; Anselm. Leod., 62 — 64; Terraneo, II, c. 18, qui a. 1034 hæc accidisse existimat.

illius in hac hæresi sentientem cepit[438]. Quos cum Mediolanum duxisset, et per multos dies et per suos sacerdotes in fide catholica eos reintegrari desiderans laborasset, timens ne genus Italiæ hujus hæresi contaminaretur, perplurimum dolebat. At ipsi nefandissimi et a qua orbis parte in Italia fuissent eventi inscii, quasi boni sacerdotes cottidie tamen privatim rusticis, qui in hac urbe eos videndi causa convenerant, falsa rudimenta a scripturis divinis detorta seminabant. Quod cum civitatis hujus majores laici comperissent, rogo mirabili accenso, cruce Domini ab altera parte erecta, Heriberto nolente illis omnibus eductis lex talis est data ut, si vellent, omni perfidia abjecta crucem adorarent, et fidem quam universus orbis tenet confiterentur, salvi essent; sin autem, vivi flammarum globos arsuri intrarent. Et factum est ut aliqui, ad crucem Domini venientes et ipsam confitentes fidem catholicam, salvi facti sunt; et multi manibus ante vultus missis inter flammas exilierunt, et misere morientes in miseros cineres redacti sunt.

28. Tempore[439] quo hæc agebantur supradicta, miraculum memoria dignissimum, nostrisque quod terris apparuit adhuc Heriberto corpore vitaque degente, et maxime quocirca hanc urbem Dei virtute nactum est, ac ejus operante misericordia versatum est, calamo competenti edicam. Transactis enim annorum curriculis 25, in quibus famis pestilentia fere terram universam attenuando gentes notas et ignotas invaserat, et Heribertus archiepiscopus venerandus, prout supra dixi[440], in veritate comperiens, ab introitu sui honoris divina misericordia edoctus, elimosynas cottidie largiretur immensas, ut sui cursus finem Dei clementia approbaret, omnibus fidelibus et infidelibus diligenter ostendere curavit. Venientes autem aratores et bebulci cum[441] terrarum sulcos diligenti cura solito more superassent, et sulculi cultoribus suis sinum ad debitum recipiendum per semina aperuissent, ut[442] largius ac habundantius aratores semina sererent, quodammodo temporis amœnitate ipsos adhortante, magnis exercitiis magnisque laboribus in iis operam dederunt. Itaque seminatis seminibus fugatisque a cœlo nubibus, cultores de die in diem serta[443] rura manicantes circuibant. Interea[444] tantum a ventis siccata, nec cœlorum imbribus madida nec in iemalibus frigoribus desuper fusis pruinis astricta, sed pulverulenta quasi Ægyptiaca et infructuosa jacebat. Jam enim temps transierat, et agrorum cultores digitis semina fusoque pulvere discoperientes, ipsa sana et integra reperiebant, ac si semper in vasis tutissimis ea servassent. Quibus visis seminibus omninoque ebetati ineffabiliter mirabantur. Igitur clerus et populus universus, matronæ et pauperculæ mulieres de Dei misericordia confidentes, orationibus, vigiliis ac jejuniis necnon elimosynis Deum et sanctos ejus cottidie et indesinenter supplicantes humiliter exorabant. Quibus per plurimos dies fatigatis, Deus, qui non patitur suos temptari ultra quam possunt ferre, clementiæ suæ misericordia pietatis affectum[445], ut pater clementissimus, mitissime aperire ac pandere curavit. Cum enim quadragesimale jejunium termino concurrente suo finis[446], palmis ac olivis traditis fidelibus, accelerasset, et sacri baptismi fontes secundum beati Ambrosii ordinationem, quam ipse Spiritu sancto amministrante ordinaverat, sanctificati fuissent, Dei misericordia patenter reserata, imbrem copiosissimam nubes primo leniter stillas subtilissimas mittentes effuderunt. Quo viso quove facto, summo tripudio universi lætantes ac diem sacratissimum summa cum devotione celebrantes Deoque gratias immensas referentes lætati sunt, gaudioque gavisi tripudiati sunt demum clementia Dei ad[447] messem, quantam ullo in tempore summæ fertilitatis collecta minime est.

29. Cum[448] rex autem dominus noster cœlorum terrarumque creator Christus Jesus, qui omnia exaltat humilia omnesque superbos deprimit, diu ac tempora per multa Mediolanensium civitatem beati Ambrosii meritis super omnes Italiæ civitates clericis militibus strenuissimis multisque sapientibus atque[449] hædificiis imperialibus elevasset: in morte præclarissimi sacerdotis atque archiepiscopi Heriberti, cum quo omnes ecclesiæ Ambrosianæ ac clericorum ejusdem honores abierunt, malorum civium meritis exigentibus, ipsam compescere et comprimere disposuit. Quod cum[450] assidue congruentissimis successibus maximeque cultibus divinis religiosorum sacerdotum ac sapientissimorum ordinariorum copia in divinis perflorescente scripturis, ecclesiam præ cæteris Ambrosianam elevasset ac sublimasset ecclesiis, ipsos ordines, quos beatus Ambrosius ad Dei honorem ordinando instruxerat, meritis populi qui tunc aderat et futurus erat, in morte Heriberti quasi ad nichilum demolitus est. In tantum enim Dominus civitatem ipsam meritis tanti viri sublimaverat, ut, si dux aut marchio Italiæ totius injuste aliquid adversus alium sive de minoribus sive de majoribus ageret, et nimia eum superasset vi[451] virtute, virga pastoralis ab Heriberto missa atque in loco sive in manso fixa fuisset, unde

VARIÆ LECTIONES

[438] *ita* B. I. q. c. c. i. j. h. h. s. c. A*. *et* Bl. *post* duxisset *demum exhibent ita*: et præ ceteris com. c. i i. h. h. s. [439] *Titulus*: De famis periculo, quod per annos 25 Italiam moleste invasit, et d. Heriberti archepiscopi elimosinis. A*. De miraculo fertilitatis d. Heriberti archiepiscopi tempore famis, quæ per annos 25 duravit. *rell*. [440] a. v. p. s. d. *desunt* B. [441] *deest* B. Bl. [442] et ut Bl. [443] sata Bl. [444] et terra Bl. [445] m. et p. affectu A*. Bl. [446] *deest* A*. fini Bl. [447] Dedit Bl. [448] *Titulus in codicibus*: De reverentia, quam omnis Italia d. Heriberto sedule (ac devote *addit* A*.) impendebant. [449] *deest* B. [450] dum B. Qui d. Bl. [451] vi *deest* A*. s. vi vir virtute A*. B. vi aut viri Bl.

orta dissensio erat, ab injuriato humilibus [454] precibus requisita concordia, continuo non adquiesceret superbus, nec ullam vim alteri inferre, donec res ipsa legaliter discussa fuisset, minime audebat.

30. Cujus [453] in tempore lex [454] sancta atque mandatum novum et bonum e cœlo, ut sancti viri asseruerunt, omnibus christianis tam fidelibus quam infidelibus data est, dicens quatenus omnes homines secure ab hora prima Jovis usque ad primam horam diei Lunæ, cujuscunque culpæ forent, sua negotia agentes permanerent; et quicunque hanc legem offenderet, videlicet treguam Dei, quæ misericordia domini nostri Jesu Christi terris noviter apparuit, procul dubio in exilio dampnatus per aliqua tempora pœnam patiatur corpoream. At qui eandem servaverit, ab omnium peccatorum vinculis Dei misericordia absolvatur.

31. Cum [455] enim dominus ac noster redemptor atque salvator omnium Christus Jesus per multa jam tempora antecedentia beati Ambrosii omnes ecclesiasticas ordinationes, quas ipse cultui divino ad Dei honorem opere decentissimo, prout cuicunque rei competebat, ornaverat prædiis [456], atque miraculis suæ majestatis dextra exaltaverat, quasi hæc omnia oblivioni jam tradita fuissent, in baculis gloriosis summi antistitis Ambrosii per summum miraculum tamen tempore beati Heriberti archiepiscopi declarare curavit, necnon in quantæ reverentiæ quantæque diligentiæ universis fidelibus, qui modo sunt et qui futuri sunt, Ambrosianicos actus omnes forent, inaudito et inviso miraculo humiliter propalare curavit. Evenit itaque quod baculi sancti Ambrosii, cum quibus tamen juncta virga pastorali pœnitentiales et ipse in ecclesia Dei trahere, quamdiu in hac vita vixit, solebat, furtim per latrocinium casu sublati sunt. Quibus a sacrilegis fractis, argento et auro, e quibus baculi erant circumdati honore et reverentia beati Ambrosii decoratis, sacrilegi ligna eorum nudata in quodam turpissimo secessu, ut amplius minime invenirentur clanculo immiserunt, auri vero et argenti lamas cuidam aurificæ artis magistro, simulantes hæc a quibusdam Allobrogis emisse, ut semotim delinquarent, aurificis mercede apretiata, contulerunt. Igitur fornace jam accensa [457] et sacrilegis superastantibus, aurifex auri laminas [458] super candescentes carbones manu tenens misit. Quibus missis maleque aquisitis carbonibus superimpositis, continuo imperio Dei fornace urgente, ab igne prosilierunt. Quas magister ac sacrilegi colligens, in fornace easdem super carbones curialiter misit. Demum ignis, voluntate divina operante, ipsas gravius laminas [458] emisit. Tandem magister commotus, primo omnino ignorans qua de causa ista insolito advenirent, quod amplius non viderat, arrepto malleolo nimia ira commotus universas in unum constringens laminas [458] igneum misit in ipsum. At Deus cum jam beati Ambrosii meritis furtum per sacrilegos actum pandere curaret, et ultra illorum perfidiam non patiens, super magistrum et super sacrilegos laminæ sonum grande ferentes et terribiliter salientes apertissima Dei ira ipsos in vultibus misere combusserunt. Quæ visio omnes qui ad hæc videnda jam antea convenerant, aurificis domestici ac vicini ejusdem, ut erant laminæ venerandæ testificantes, sacrilegos ipsos dentibus stridentes voce grandi vocitabant. Itaque convocatis aliquantis hujus urbis nobilibus, carcere obscuro, ubi damnati solebant concludi, pœnis attriti diversis durisque vinculis colligati redacti sunt. Quin etiam induciis usque mane [459] illorum vitæ donatis, aut illis quomodo adinvenissent ratione apertissima confiterentur, aut lignis altissimis suspensi durissime punirentur. Enim hoc sacrilegium nec a custodibus secretarii factum esse erat compertum, nec civibus ullis reseratum. Quid multa? Sacrilegi, procul dubio cognoscentes sese morti subito incursuros, si quod Deus paulatim fidelibus beati meritis Ambrosii reserabat, ipsi omnino denegarent : paucis convocatis sacerdotibus, fide pro salute illorum accepta, universa qualiter ipsi egissent seriatim illis aperuerunt; quin etiam locum ipsum, in quo per semetipsos ligna [460] eorumdem baculorum immiserunt, verbis apertissimis narraverunt. Hoc audito sacerdotes nimia reverentia commoti fere angustiati sunt. Interea quidam animo cupienti clericus cursu velocissimo ad locum teterrimum et a sacrilegis prædictum, ut ligna videret, non ut inde ipsa traheret, cucurrit; qui intro aspiciens, ligna ipsa rupta ac pendentia vidit, ut nec a cœno sordidabantur nec ab ulla parte tangebantur. Cum autem hoc in veritate, quod clericus invenerat, sacerdotes invenissent, convocato populo universo continuo hæc omnia seriatim notificaverunt. Itaque populus omnesque clerici Deo et beato Ambrosio gratias referentes immensas, cognoscentes hæc ut erant facta per ordinem, lætati sunt. Et baculis usui pristino reintegratis, auro argentoque circumdatis, ruptura quam maligni fecerant non apparente, in Deum gavisi sunt.

32. (An. 1045.) Revolutis [461] annorum multis curriculis, in quibus domnus Heribertus cathedræ Ambrosianæ decentissime ac pro tempore in cunctis ecclesiasticis officiis strenuus ut operator floruerat, summa pars nobilium majorum militum, quæ usque ad illud tempus ecclesiæ ac clericorum tutamen

---

VARIÆ LECTIONES.

[452] humilis B. [453] *Titulus* : Incipit de tregua Dei excerptum, quod Jerosolimis apparuit. A*. De quodam, quod Hierosolymis apparuit. A**. *Bl.* De quodam. B. [454] l. quidem s. B. quædam l. s. *Bl.* [455] *Titulus in codicibus* : De miraculo (mirabili A*.) baculorum sancti Ambrosii. [456] prodigiis *Bl.* [457] i. a. desunt B. [458] lamas B. *const.* [459] *deest* B. [460] ligni B. [461] *Titulus* : De morte domini Heriberti archiepiscopi Mediolanensis (Med. *deest* B.) MXLV.

fuit, ad se vocari præcepit. Qui hæc beneficia ecclesiarum ac beati Ambrosii episcopatum commendans, pro quibus multotiens viriliter pugnaverant, quam magnifice eos adhortabatur et dicebat, si pro beneficiis ecclesiarum à perfidis liberandis morti opprimerentur, tantum illis valere, quantum mors sanctorum illis valuit. Demum cum jam sui corporis cursus temporaneæ fini accelerare vidisset, multis prædiis multisque castellis primicerio suisque omnibus sacerdotibus decumanis ceterisque ordinariis majoribus et minoribus dedisset, multisque monasteriis pro universorum christianorum animabus maximeque pro Ambrosianæ ecclesiæ defensoribus ac dilectoribus nec non et sua ordinatis, aliquamdiu tamen ægrotus quievit. Interea convocatis sacerdotibus ac diaconibus, summa cum devotione omnium peccatorum pœnitentia accepta atque confessione coram omnibus facta atque absolutione a sacerdotil us per impositionem manuum Spiritu sancto cooperante donata, sanctam eucharistiam humiliter ac devote suscepit. Hoc facto lætis sacerdotibus et levitis ceterisque qui aderant exitum beatæ animæ psalmis venerabilissimis expectantibus, ut Deo ejus animam et angelis commendarent, mortem temporaneam, non æternam, fretus Dei et beati Ambrosii subsidiis expectabat. Dum hæc agebantur, Ubertus qui et cancellarius ejusdem erat, oculis lacrimosis crebrisque suspiriis omnia quæ domnus Heribertus sibi fecerat bona reminiscens, graviter tristabatur. Quem cum Heribertus voce qua poterat, per omnia ob quæ ploraret inquireret, ille respondens : « O venerande pater, Italiæ honor, orphanorum pater, clericorum tutamen, sacerdotum ornamentum, viduarum, pauperum et mercatorum protector, usque modo ecclesiæ totius Ambrosianæ tam longe quam prope, tam in divinis quam in humanis virilis defensor, quo pergis? Cui, pater, qui tibi coæquari poterit, dimittis nos? » Ad hæc verba nisu quo poterat Heribertus respondens dixit : « Frater carissime, si me unquam dilexisti, noli contristari; ego enim ad pedes beati Ambrosii mei et vestri patris securus pergo. » Migravit autem ⁴⁶² beatus et domnus Heribertus ad Dominum 17. Kalendas Februarii 1045, et sepultus est ad Sanctum Dionyxium, cujus monasterium et ecclesiam ipse ad Dei honorem et beati Dionyxii exaltans magnificavit et multis prædiis multisque honoribus eam ditando et honorando sublimavit.

33. Post ⁴⁶³ cujus obitum cum solaris annus fere decem menses generi humano more solito amministrasset (*Sept.*), et domnus Heribertus cura diligenti humatus fuisset, et aureus solis Christi ⁴⁶⁴ axis æstate se jam vertente calore amisso suo cursu solito recessisset ⁴⁶⁵, servata lege temporis, in quo omnium hominum corpora anima amissa ultra modum putrescere humani generis fragilitate solent : monachi quos ipse inibi ordinando consecraverat, quadam ira commoti, maxime quia bona quæ domnus Heribertus ecclesiæ sancti Dionixii et illis donaverat, a perfidis sine jure et sine lege invadebantur, discooperientes ipsum archiepiscopum Heribertum, ut illi quasi sese lamentarentur, summo lapide quo claudebatur cruderato civium visibus ad spectandum dederunt. Erat enim beatus Heribertus tantis revolutis diebus post obitum ejusdem vultu candido, oculis paululum apertis, qui ante omnia membra solent mortuis marcesci hominibus; manus ejus ita virgam pastoralem, quam vivus ipse erexerat, tenebat, quasi anima ejus adhuc esset in corpore; stola vero et omnia episcopalia, e quibus ut tanto decebat viro indutus erat, ita sana et nitida fulgebant, quasi in capside tutissima permansissent. Igitur hujus rei fama per urbem volante, universi cives nimia ira commoti, quasi fulminibus multis atteri ac grandinibus multis devastari sese viderent, cursu velocissimo ad sancti Dionixii monasterium concurrentes, monachos omnes quos invenire potuerunt, sine ulla interrogatione, ut populus solet sine misericordia motus, verberibus multis ac manu dilaceratos fere usque ad mortem trucidarunt. In altero vero die miro honore cleri et populi, omnibus perditis restauratis ac invasoribus in populo universa refutantibus, quasi noviter migrasset ad Dominum, in eodem loco circa Kalendas Octobris conditus est, et ferro et plumbo a quatuor partibus ejus sarcofago colligato, usque ad diem Domini in pace Deo opitulante quiescet ⁴⁶⁶.

34. Cum ⁴⁶⁷ omnia ad suum vadunt interitum, ac dilapsa suum non iterant ⁴⁶⁸ cursum, sæculi fine cuncta ad occasum volvente, et summis diu stare negatum fuisset, summa et divina universa cœlestia et humana regente præscientia : clerus Ambrosianus fere ipsa cum ecclesia, quæ per multa tempora clericorum suorum conatibus, ymnis ac symphoniis curiose ante Deum cottidie consonantibus magnifice steterat, nec non militum et populi virtutibus inter

VARIÆ LECTIONES.

⁴⁶² enim B. *ubi alia manus s. XV. in margine hæc posuit :* Ante sepulcrum Heriberti in facie parietis in lapide tales sunt versus : « Hic—ipsa. » *Vide Arn. II*, 20. ⁴⁶³ *Titulus :* Qualiter monaci Heriberti sepulcrum reseraverunt, post X menses ipsum sic splendidum invenerunt, ut cum migrarent existeret B. ut eum viventem existimarent A**. *Bl.* De eo quod monachi sancti post multos dies reserati sunt corpus beati Heriberti. A*. ⁴⁶⁴ x codd. ⁴⁶⁵ recessisset B. ⁴⁶⁶ *in B. eadem illa manus s. XV. addit in margine :* Hoc sepulcrum Heriberti ictu fulminis eversum est die 23 Augusti anno 1403 et reseratum. Quod videntes monaci, ejus reliquias in altare majus ipsum transtulerunt. Sicque in illo sepulcro jacuit annis 388. Postea vero dominica prima Septembris anni 1403 domnus Matheus Canchanensis primicerius et ordinarius de mandato d. Petri archiepiscopi illius ossa iterato in illum tumulum transtulit. ⁴⁶⁷ *Titulus :* Incipit de ordinibus sanctæ Mediolanensis ecclesiæ, tam in Deo quam in studiis divinis quam humanis, tam in clericis nutriendis quam in parvulis et orphanis alendis, tam sacerdotum virgulis et anulis, quam laicorum omnium admonitionibus. A*. A**. *Bl.* De ordinibus Mediol. eccl. in studiis divinis et humanis, in nutriendis clericis, parvulis, orfanis alendis, ac sacerdotibus imbuendis. B. ⁴⁶⁸ *ita* B. intrant A*. *Bl.*

1212. Vadit exercitus Christianorum in Hispaniam contra Sarracenos.

1213. Hoc anno fuit donnus Ludovicus Remis coronatus a Wilelmo archiepiscopo, presente rege Jherusalem, et in festo sancti Systi; et sequenti anno cepit Jarochale et Thoar et Mior et Bordaul. Eodem anno receptus fuit Joannes rex Jherusalem in ista ecclesia in Exaltacione sancte crucis.

1214. Anno Domini 1214, 6 Kal. Aug. Luna 16, pugnavit rex Francie et dux Burgundie contra Otonem imperatorem apud Cambrais, et devicit eum, et imperator Odo in fugam conversus est, et maxima pars suorum sublimiorum baronum capta fuit et ducta ligata apud Parisius.

In sequenti paginæ hæc leguntur:
Anno 1243 dominica ultima oct [120] sancti Apollinaris vise sunt stelle cadere de celo.

1212. Anno ab incarnatione Domini 1212, 7 Idus Marcii, 6 feria, ante mediam noctem anno bisextili natus est Hugo, filius Oddonis ducis de domina de Vergerie [110], et fuit baptizatus ab Goslimo [110] Eduensi episcopo in estivo tempore die . . . . . [121] apostoli in ecclesia sancti Joannis baptistæ.

1213. Hoc anno cessit Adam. Cui successit Gelebertus prior Saxifontis (59).

1214. Hoc anno rex Francie Philippus ivit in Flandriam contra Otonem imperatorem anatematum, et debellavit eum rex, et cepit ducentos milites et 60, excepto comitem Flandriæ et comitem Boloniæ et plures alios de Teotonica terra. Non fuerunt ibi de principibus nominatis nisi dux Burgundie qui vocatur Odo. Hoc factum fuit 6 Kal. Augusti, scilicet 3 die post festum sancti Jacobi et Christofori, et fuit dominica dies.

1215. Hoc anno Innocentius papa tercius convocavit generale concilium in Lateranensi ecclesia, ubi pene corpus universalis ecclesiæ fuit.

1216. Hoc anno obiit donnus Innocentius papa tercius 10 Kal. Augusti apud Perusium, et sepultus est in ecclesia Sancti Herculani; cui successit Honorius papa tercius. Eodem anno Ludovicus, filius Philippi regis Francorum, intravit Angliam ad conquirendum eam, auxilio et consilio baronum Angliæ; et eodem anno rex Angliæ, qui vocabatur Joannes-sine-Terra, mortuus fuit. Eodem anno imperator Constantinopolis obiit Henricus Flandrensis. Cui successit Petrus comes Autissiodorensis. Eodem anno Thomas venerabilis episcopus Lesmorenensis (60) moram faciens in ecclesia Sancti Benigni, consecravit altare sancti Blasii 14 Kal. Octobr. — Hoc anno venit domnus Airardus de Bregne a transmarinis partibus, et adduxit secum filiam Henrici comitis Campaniæ, quam duxerat in uxorem. Eodem anno Oto, filius domini Saxifontis, qui erat prior ejusdem loci et monachus Sancti Benigni, electus fuit in abbatem Luxovii; et [122] fuit ibi per quinque menses; postea factus monachus Clarevallensis, ibi fuit per quatuor menses, et postea mortuus est.

1217. Hoc anno fuit magnus ventus per totum mundum. Mortalitas hominum, defectio fructuum.

1218. Hoc anno mortuus fuit Oddo dux Burgundie cruce signatus, qui fuit filius ducisse Lotoringie. Eodem anno mortuus fuit Symon comes Montisfortis, qui infestabat Albigenses. — Hoc anno obscessa fuit Damiata a Christianis intrante mense Julio, et fuerunt ante eam [123] per annum et quatuor menses et quinque dies, et capta est ab eis Domino operante.

1220. Hoc anno promotus fuit Willelmus episcopus Lingonensis in archiepiscopatu Remensi; cui successit [124] Hugo de Monte regali.

1223. Hoc anno venit in Gallia Johannes rex Jherosolimitanus, et receptus fuit a Philippo rege Francorum et ab omnibus principibus regni sui cum magno gaudio et honore. Postea eodem anno defunctus fuit supradictus Philippus gloriosus rex Francorum, et sepultus in basilica sancti Dyonisii septimo decimo Kal. Augusti cum magno luctu et tristicia tocius populi regni sui, præsente supradicto Johanne rege Jherosolimitano. Item eodem anno coronatus fuit Lodovicus, filius supradicti Philippi, in civitate Remensi a Willelmo tunc archiepiscopo ejusdem civitatis, præsente supradicto rege, cum gaudio magno et pace tocius populi Gallie 8 Idus Augusti.

1226. [125] Hoc anno obsedit Lodovicus rex Francorum cum innumerabili exercitu die Pentecostes Avinionem, et sedit ibi fere quatuor menses; ibi vero fuit occisus comes Sancti Pauli et multi alii nobiles et

VARIÆ LECTIONES.

[110] *gerie, limo et alia quædam hoc anno non plane legenda. Episcopus Eduensis fuit Galterius.* [121] *ad cod. 2. habere videtur. Sed dies Andreæ apostoli 30. Novembr. fuit.* [122] *reliqua alia manus add.* [123] *eum c.?* [124] *successi c.* [125] *in codice hæc ad a. 1227. relata esse videntur.*

NOTÆ.

(59) In diœcesi Lingonensi.

(60) In Irlandia.

innobiles; postea reddita fuit ei civitas, et subvertit omnes muros civitatis et omnem fortitudinem, et totam [126] aliam terram subjecit sibi usque [126] ad Tolosam. — Ipso autem redeunte ab [126] prædicta civitate, defunctus est apud civitatem [126] Pancier (61), et sepultus in monasterio sancti Dionisii post patrem [126] suum; filius autem ejus Ludovicus coronatus est Remis in vigilia . . . . . [127]

1231. Hoc anno obiit Hugo episcopus Lingonensis feria 3 ante Letare Jherusalem. Cui successit Robertus de Torcta.

1238. Hoc anno natus filius Hugonis ducis Burgundie.

1239. Hoc anno exierunt Tartari de terra sua et destruxerunt Rusciam, Poloniam et Ungariam.

1240. Hoc anno fuerunt barones Francie deviti [128] rex Navarre, dux Burgundie; comes Barri mortuus fuit et comes Montisfortis et comes Nivernensis et multi alii nobiles.

1241. Hoc anno obiit bone memorie donnus abbas Raymundus illius ecclesie, qui construxit grangiam . . . . infra hanc abaciam et hanc ecclesiam [129] nostris debitis aquisivit . . . . fecit. Cui successit domnus [Stephanus [130]] natus de Loio annis 12 et dimidio. — Hoc anno obiit Gregorius IX[us]. Tempore ipsius fuit discordia inter se et Fredericum inperatorem, qui duravit per annos... [131], et cessavit sedes per duos menses, et fuerunt capti [132] duo legati et multi prelati, archiepiscopi, episcopi et abbates, et archiepiscopus Bissuniensis periit in mare. Cui successit Celestinus, et duravit per 15 dies, et cessavit sedes per annum et anplius; cui suscessit Innocencius quartus, qui statim recessit a Roma et venit Ludunum [133], et celebravit concilium ibi anno secundo pontificatus sui.

1244. Hoc anno fuerunt rex et regina apud Divionem. — Hoc anno destruxerunt Babilonii terram promissionis et sepulcrum Domini usque ad Tirum et ad Cor [134] civitates.

1249. Hoc anno obiit domnus Hugo Lingonensis episcopus et quondam abbas Cluniacensis, cruce signatus ultra mare, et in sequenti anno successit ei Guido de Rochefort, canonicus ejusdem ecclesie. — Hoc anno Lugdovicus rex cum uxore sua et duobus fratribus suis Karolo et Roberto ivit ultra mare, contra paganos pugnaturus; qui in primo adventu suo cepit Damietam et possedit eam fere per dimidium annum, sed permissione Dei accidit ei quoddam infortunium. Nam tempore paschali exiens de Damieta cum multis milibus peditum et militum, pugnavit cum paganis; et detentus fuit in eodem bello et multi barones cum eo, et frater ejus Robertus occisus est; set redentus fuit et omnes qui cum eo eo erant 100 milibus marchis auri, tali conditione quod Damieta redderetur; qua reddita, destruxerunt [135] eam pagani funditus, dicentes quod propter eam semper infestabantur.

1252. Hoc anno exierunt pastores cum multis adjunctis eisdem, volentes transfretare, et dicentes quod Dominus in nativitate sua voluit manifestare se per angelum pastoribus, et ideo volebant adire locum ubi natus fuit et expugnare inimicos ejus; set illud propositum in frivolum redactum fuit.

1254. Hoc anno obiit dompnus [136] de Loio, abbas istius eclesie, vir prudentissimus atque fidelissimus, scilicet in capite jejunii, quod tunc fuit 5 Kal. Marcii, qui ante [137] 15 dies in periculo mortis positus, in manu episcopi Lingonensis resignavit, et bene ministravit ibi; die autem crastina deposicionis sue electus fuit dominus Petrus de Fosseto

1255. Hoc anno obiit Innocencius papa IIII; cui [138] successit domnus Alexander papa IIII, qui erat episcopus Hostiensis.

1259. Hoc anno fuit infirmitas et mortalitas hominum in toto mundo, ita ut pauce domus essent in quibus aliquis sanus inveniretur; cepitque inicium hec mortalitas in magna ebdomada ante Pascha, duravitque circiter unum mensem.

1260. Hoc anno fere in universo orbe Christiano ceperunt se homines laici cum multis clericis corrigiis verberare, induti vestibus albis, humeris discoopertis.

1261. Hoc anno obiit domnus Alexander papa IIII, scilicet 14 Kal. Junii.

1266. Hoc [139] anno Karolus princes strenuus, frater Ludovici gloriosissimi et Christianissimi regis Francie, adiit honorifice cum uxore sua et liberis suis Apuliam cum multis milibus Francorum, Menfredum apostatam expugnaturus, quem sine gravi dampno devicit et occidit. Nam arma sua mutaverat predictus Menfredus in exercitu suo et a casu ocisus, ignoratur quis eum ociderit. Quo ociso, et uxore sua et filiis ejus captis, et comitibus et baronibus plurimis captis, Karolus rex Sicilie et Apulie et Calabrie effectus est.

VARIÆ LECTIONES.

[126] et to, usque, ab, civita, ost pa *abscisa*. [127] *supple*: festivitatis sancti Andree. [128] *ita legere mihi visus sum. Principes in terram sanctam profecti ibique devicti sunt; cf.* Guillelm. Nang. *ap.* Bouquet XX. p. 528. [129] *non plane constat*. [130] *ita supplevi*. [131] *ita cod. spacio relicto*. [132] *caupti cod*. [133] *ludum cod*. [134] *vel* Adcor? *fortasse*: Accon. [135] *destuxerunt cod*. [136] Dps *c. fortasse* Stps *i. e.* Stephanus. [137] *an* c. [138] *bis duabus lineis scriptum*. [139] Hoc — cum multis *in loco raso alia manu quàm reliqua*.

NOTÆ.

(61) Montpensier.

1267. Hoc [140] anno Oddo, primogenitus ducis Burgundie, miles bonus prudens atque catholicus, obiit in partibus transmarinis; qui in morte sua maximum nobis omnibus ostendit humilitatis exemplum. Nam octo diebus antequam moreretur portari se fecit in hospitali pauperum extra muros Aucone [141] civitatis, ibique amotis vario et griso omnibusque ornamentis regiis, fecit se poni in paupereulo lecto et sine pluma, coopertus tantummodo de quadam vitta, precepitque militibus suis, jurejurando mediante, quod in morte sua nil sollempnitatis agerretur preterquam [142] divinum officium et sola candela arderet in morte et in inhumatione ipsius.

1271. Hoc anno cecidit turris de choro et neminem oppressit, ceteris autem muralibus templi evinc!... indutibus ex voluntate monachorum et artificis. . . . .

1285. Hoc anno surrexit Philippus rex Francie contra Petrum condam regem Aragonensium, condempnatum a domino papa Martino IIII, cum multis baronibus Francie et manu valida bellatorum; in quo etiam exitum [143] potitus [143] est ipse rex Philipus cum infinita multitudine suorum. Ille etiam apostata nutu divino eodem anno vitam finivit. Eodem autem Philipo rege Francie mortuo, successit ei in regno filius ejus Philipus nomine, faciem pulcerrimus, agens 22 annum; qui etiam fuit [144] rex Navarrie et comes Campanie, et multas alias [144] terras possedit. Hoc etiam anno mortuus fuit Martinus papa IIII, et successit Honorius.

VARIÆ LECTIONES.

[140] Hoc — exemplum *eadem manu qua anni 1266. initium in loco raso scriptum.* [141] *ita c.* [142] *præter quod? cod.* [143] *itum, titus non plane constant.* [144] *supplevi jam non legenda.*

ANNO DOMINI MXXXI.

ROBERTUS REX FRANCORUM.

NOTITIA HISTORICA.

(MAGNOALDUS ZIEGELBAUER in *Conspectu rei litterariæ Ord. S. Benedicti*, parte I, pag. 323.)

Quo tempore Gerbertus, ex monacho Auriliacensi abbas, tum pontifex Remensis, dein Ravennas, postremo Romanus, Remis sub Adalberone archiepiscopo scholas regebat, Robertum, Hugonis regis filium, ad omnem humanitatem ac doctrinæ elegantiam informavit. De quo regio discipulo hæc tradit Helgaudus Floriacensis monachus : *Robertus a patre scholæ Remensis traditus domino Gerberto ad erudiendum est datus, qui eum sufficienter liberalibus instruxit disciplinis.* Idem notat Chronicon incerti auctoris ab anno Christi 988 ad annum 1015 desinens. *In locum ejus* (Arnulphi) *consecrari fecit* (rex Galliæ) *domnum Gerbertum monachum philosophum, qui Gerbertus magister fuit Roberti regis, filii istius Hugonis, et domini Leoterici archiepiscopi* (Senonensis), *successoris Sevini*. Verum præstat audire fragmentum Historiæ Francicæ a Ludovico Pio ad Robertum usque regem, ubi et hujus regis institutio et ecclesiasticæ Gerberti dignitates describuntur : *Robertus fuit vir mansuetus, et non mediocriter literatus ac religiosus. Habuit enim præceptorem Gerbertum sapientem, qui postea ab eodem rege Remensium meruit pontificatum, indeque merito scientiæ et sapientiæ suæ ab Ottone Transrhenensi assumptus, Ravennatium sortitus est præsulatum. Ecce tibi! quem habuit principem e Gallis discipulum, et quos Ecclesiæ honores obtinuit.*

Quoniam vero ad Benedictinæ institutionis decus attinet hujus regis non minus præclara virtus quam insignis eruditio, hic de utraque in medium quædam allaturi sumus. Atque ut de virtutis studio primum loquamur, fuit Robertus *catholicæ fidei acerrimus vindex*, cujus integritatem cum Lisojus et Stephanus, novi Manichæi, depravassent, eos cum pravitatis hæreticæ consciis Aurelianis igne damnavit. *Christianæ mansuetudinis et charitatis eximia dedit exempla.* Duodecim viros conjurationis in sacram suam personam convictos triduo ante Pascha jussit ipsa die sacrosanctæ Dominicæ resurrectionis communione corporis et sanguinis Domini nostri Jesu Christi donari, et regalibus epulis recreari. Sequenti die quæstione habita, capite damnati sunt. At ipsos absolvit rex mansuetissimus, dicens : *Non debere damnari, qui fuerant præmuniti cibo potuque cœlesti*. Nusquam absque pauperibus erat Christianissimus Robertus. Duodecim pauperes domesticos habebat, qui ipsum, quocunque iret, asellis vecti præcedebant. Hoc sancti regis satellitium. Mille in regiis urbibus et castris, scilicet Parisiis, Sylvanectis, Aurelianis, Divione, Autisiodoro, Avalone, Meleduno, Stampis alebat

Quadragesimali tempestate ducentis quotidie panem, pisces ac vinum subministrari curabat. In Cœna Domini trecentis propria manu panem, legumina, pisces, ac denarios flexis genibus, hora tertia viritim distribuebat. Selectis centum pauperibus clericis uberiorem hora sexta erogabat eleemosynam. Cum a mensa surrexisset, positis regalibus vestimentis, cilicio indutus, pauperum pedes pietate et humilitate admirabili abluebat. Sacras ædes et monasteria ingenti numero a fundamentis erexit, de quibus legendus Helgaldus in ejus Vita. In Dei laudibus erat assiduus. Ex Constantia uxore quatuor filios suscepit Robertus, Hugonem, Henricum, Odonem et Robertum, nec non et filiam, nomine Adelaidem. Hugo, quem in regni consortium asciverat, quique spes tantas de se excitabat ut jam *Magnus* appellaretur, obiit anno 1025 et Compendii ad Sancti Cornelii sepultus est. Regem ac reginam gravissimo ob ejus mortem mœrore confectos consolavit est his verbis sanctus noster Wilhelmus abbas S. Benigni, referente Glabro Rodulpho in ejus Vita : *Non infelices vos putare debetis quod talem amisistis : Quin potius felices valde, quia talem habere meruistis. Ego ex ullo hominum gradu non tam paucissimos salvos futuros æstimo, sicut et regum*. Qui cum attoniti responderent : *Cur hoc aicis, Pater?* respondit : *Non audistis, sacer Canon quomodo refert, vix tres de triginta regibus bonos exstitisse? Idcirco cessate, quæso, hunc juvenem flere mortuum, sed potius congratulamini ei, sicuti requieti datum et a malis liberatum.*

Non minor Roberti regis doctrina atque eruditio quam pietas fuit, de qua Trithemius in Catalogo scriptorum ecclesiasticorum (1) audiendus est. « *Rupertus* (idem Germanis quod Gallis *Robertus*) rex « Franciæ nobilis, fortis, justus, doctus et religio- « sus, inter ecclesiasticos scriptores locum merito « recipit; quippe qui cantus et responsoria dulci et « regulari modulamine ad honorem Ecclesiæ catho- « licæ composuit. In litteris humanitatis, præsertim « in musica doctissimus fuit; tantæ autem religio- « nis, ut horas canonicas in ecclesia decantaret cum « clericis, foris apud se legeret cum suis; tantæ « pietatis et miserationis exstitit in pauperes, ut suis « se aliquando vestimentis spolians eorum nuditates « multis vicibus operiret : de ejus manibus liber « nunquam recedebat, adeo ut pro tribunali se- « dens inter judiciorum et causarum strepitus in « 'sinu apertum haberet Psalterium. Unde et post « mortem miraculis coruscasse legitur. Ejus est illa « vulgata sequentia quæ cantatur diebus Pentecostes « de sancto Spiritu : *Veni, sancte Spiritus;* respon- « sorium de sancto Petro, *Cornelius centurio;* de Na- « tivitate Domini, *Judæa et Jerusalem;* et illud Al- « leluia, *Eripe me de inimicis,* et alia multa quæ ne- « scio. Responsorium *Cornelius centurio*, Romæ « summo pontifice missam celebrante, sancto Petro « in altari, Offertorii tempore, cum magna devotione « obtulit; accurrentes autem ministri altaris arbitrati « sunt magni pondus auri obtulisse divitem regem; « sed schedulam reperientes scriptam et notatam « admirabantur, ingenium et devotionem principis « collaudantes. Hinc papa decrevit ob memoriam « sanctissimi regis, rogantibus clericis, ut hoc re- « sponsorium in honorem sancti Petri deinceps « cantaretur. » Hæc quanquam paulo longiora, reipsa tamen brevia sunt, si ad tanti principis gloriam transferantur.

Cæterum rex Robertus, quod nimis addictus esset litteris, a nonnullis *Musarum sacerdos*, seu *Musardus* dicebatur : *vox enim ista nostra*, inquit Bulæus (2), *Gallo-Romana* MUSER, *qua otium significamus, proculdubio a musis deducta est;* qui enim se musis applicant, otium et secessum quærunt, neque negotiis se implicant : itaque ille innuens difficile esse omnibus placere, respondet Adalberoni in carmine quod si quis musas amplectatur, statim ab ineptis et indoctis *Musardus* vocetur :

Si musas celebres, clamant MUSARDE SACERDOS.

Obiit sanctitate et miraculis clarus Robertus anno Christi millesimo trigesimo primo. In ejus funere a subditis acclamatum est : *Roberto imperante et regente securi viximus, neminem timuimus. Patri Pio, Patri senatus, Patri omnium bonorum, felix anima et salus, felix ad superna ascensus, felix cum Christo Rege regum per sæcula cohabitatio.* Hoc ipsum elogio exornat Helgaldus. *Ei indesinenter adhæsit ecclesiasticus, et sibi semper amabilis monasticus Ordo... Sermocinans quis cum eo non est lætificatus gaudio magno? Pacem quis desiderans, in ejus conspectu non abhorruit iram? Vultus sui præsentiam aspiciens, quis non est oblitus dolos? Orationibus ejus quis monachorum non habuit requiem, et non est amatus, dilectus, et veneratus? Ejus sanctissima admonitione quis clericorum non fuit amator castimoniæ? Ipsius amicabilia verba, quibus non fuerunt medicamina? Aspectus ejus, quibus non profuit insipientibus ut virga? Oculos ejus humiles quis aspiciens, non est meditatus cœlestia? Pauper et esuriens quis non satiatus ab ejus recessit mensa? Viduæ et pauperes ad exemplum bonæ Dorcadis non ab eo datas ostenderunt vestes? Omnis miserorum multitudo non eum patrem et nutritium inclamavit? Non fuit ei similis post sanctum David de cunctis regibus terræ in sanctis virtutibus, humilitate, misericordia, pietate, et chatate : quia semper adhæsit Domino, et non recessit a mandatis ejus corde perfecto.* Fulbertus Carnotensis episcopus epistola 87 Robertum regem *sanctum Patrem;* eumdem Willelmus, Aquitaniæ dux, in charta pro cœnobio Burguliensi *Theosophum* appellat.

---

(1) Vide etiam ejusdem Annales Hirs. an. 995.

(2) Hist. Univ. Paris., t. 1, p. 351.

NOTITIA LITTERARIA.

(*Histoire littéraire de la France*, tom. VII, pag. 329.)

Guillaume de Malmesburi (*De reg. Angl.*, p. 65) et beaucoup d'autres écrivains s'accordent à relever par de grands éloges le savoir du roi Robert. Il n'en fit cependant presque point d'autre usage qu'à composer des hymnes, des séquences, des répons et autres pièces de même nature, pour enrichir les Offices de l'Eglise. C'est ce qui lui a fait donner le titre de Théologien, *Theosopho*, dans une charte de Guillaume V, comte de Poitiers (Du Cang. *Gloss. nov.*, t. VI, p. 1126).

1° De toutes les hymnes que notre pieux monarque a composées on ne connaît nommément que celle qui commence par ces mots : *Chorus novæ Hierusalem* (Clich. *Eluc.* p. 37). Elle est en vers iambiques dimètres, et l'auteur y exhorte les fidèles à louer le Sauveur sur la gloire de la résurrection, par laquelle il a enlevé à l'enfer ses captifs et les a introduits dans le ciel. Guillaume Duranti, livre IX, c. 21, n. 23, la donne sans difficulté au roi Robert, quoique Josse Clichtoue, qui l'a publiée et paraphrasée, en transporte l'honneur à S. Ambroise. On prétend (Mez. *Hist. de Fr.*, t. I, p. 382) que la dévotion qu'avait notre prince pour la sainte Vierge lui fit composer d'autres hymnes à son honneur. Mais on n'en indique aucune en particulier.

2° Robert composa aussi quelques séquences, qui ont été autrefois chantées à la messe dans certaines églises. Telle est celle de l'Ascension du Sauveur, qui commence ainsi : *Rex omnipotens die hodierna*, et que l'on trouve dans le recueil de Clichtoue, avec l'explication qu'en donne cet éditeur (Mart. *ampl. Collect.*, t. V, p. 994; Alb. *Chr.* part. II, p. 35; Clich., ib., p. 206). Telle est encore celle de la Pentecôte, qui commence par ces mots : *Sancti Spiritus assit nobis gratia*. M. Baillet l'attribue à Notker le Bègue; mais Guillaume de Malmesburi (*ibid.*), Clichtoue (*ibid.*), qui l'a imprimée et commentée, et divers autres écrivains, la regardent comme une production du roi Robert. C'est peut-être pour l'avoir confondue avec l'autre célèbre séquence de la Pentecôte, *Veni, sancte Spiritus, et emitte*, que Duranti, Trithème (*Chr. Hir.*, t. I, p. 141), le cardinal Bona, Archon, et quelques autres auteurs ont voulu faire honneur de celle-ci au même prince. Mais on la croit communément du pape Innocent III.

3° Les répons et les antiennes dont le pieux roi enrichit les Offices de l'Eglise, sont en grand nombre. Un des plus célèbres est celui qu'on chante encore aujourd'hui dans plusieurs églises la veille de Noël : *Judæa et Hierusalem, nolite timere* (Malm. *ib.*; Mart. *Anec.*, t. III, p. 117).

Il y en a trois sur la nativité de la sainte Vierge, que Favyn a fait entrer dans son Histoire de Navarre, et Clichtoue dans son *Elucidatorium* (Fav. *Hist. de Nav.*, l. III, p. 141; Clich., *ib.* pp. 117, 118). Chacun de ces répons est compris en trois vers hexamètres. Le premier commence par ces paroles : *Solem justitiæ*; le second par ces autres : *Stirps Jesse*; et le troisième par celles-ci : *Ad nutum Domini*.

Robert avait une dévotion singulière pour la sainte Vierge, qu'il avait coutume de nommer l'Etoile de son royaume (Fav., *ib.*). Il l'invoquait très-souvent, ayant presque toujours à la bouche ces deux vers, qu'on croit être de sa façon :

Alma redemptoris genitrix, mundique salutis,
Stella maris fulgens, cunctis præclavior astris.

L'oratoire ou chapelle qu'il fit dédier dans son palais à Paris, sous l'invocation de Notre-Dame de l'Etoile, a fait croire à un de nos historiens (Fav.) que ce prince avait institué l'ordre de chevalerie qui porta le même nom. En conséquence il lui attribue la formule de prière que les chevaliers devaient réciter tous les jours. Mais cette institution est postérieure de plus de trois cents ans à Robert, et appartient au roi Jean.

Un autre répons fameux entre ceux que composa notre religieux prince est celui qui commence par ces mots : *Cornelius centurio*, pour la fête de saint Pierre. On dit que Robert, se trouvant à Rome, le présenta lui-même à l'autel du prince des apôtres, et qu'il y fut fort goûté et applaudi (Trit. *ib.*; Mart. *ib.*; Alb. *ib.*).

Il en fit plusieurs autres à l'honneur des saints martyrs, dont l'un commence ainsi : *Concede nobis, Domine, quæsumus* (Mart., *ib.*, p. 568, 569; Clich., *ib.*, p. 121; *Belg. Chr. mag.*, pp. 92, 93). Mais le plus célèbre de tous est celui-ci : *O constantia martyrum*, qu'on chante encore à Saint-Denis en France, et qui se trouve dans quelques Processionaux au commun des martyrs, quoique fait en particulier pour saint Denis et ses compagnons. Divers historiens prétendent que Robert le commença de la sorte pour faire cesser les importunités de la reine Constance, qui le pressait de faire quelque chant à sa louange.

Robert en fit un sur saint Martin : *O quam admirabilis*. On lui attribue encore les répons ou antiennes : *Eripe me de inimicis meis, Deus. Pro fidei meritis*, etc. : *Cunctipotens genitor* (Mart., *amp. Coll.*, *ib.*; Alb., *ib.*; *Belg. Chr.*, *ib.*). A toutes ces pièces particulières notre zélé prince en joignit, dit-on, plusieurs autres qui avaient leur mérite, *alia multa pulchra* (Malm., *ib.*; Mart. *Anec.*, *ib.*). Mais on ne nous les fait point connaître en détail; et quoiqu'on en relève la beauté, il y faut cependant moins chercher la délicatesse des pensées, le choix, la noblesse et l'arrangement des expressions, que les sentiments de piété. Peut-être que les airs sur lesquels l'auteur, qui était habile dans le chant ecclésiastique, les avait notées, leur donnaient des beautés qu'on ne trouve pas dans le texte.

M. Hubert, dans ses *Antiquités de l'Eglise Royale de Saint-Agnan d'Orléans*, pag. 59, dit que le roi Robert fit aussi un dixain à l'honneur des reliques de ce saint, qui commence par ces mots, *In virtutem tumuli*.

4° Quelles qu'aient été les autres productions de la plume du roi Robert, on ne nous en a conservé que deux courtes lettres. L'une fait la quatre-vingt-quinzième entre celles de Fulbert, évêque de Chartres, et roule sur cette espèce de pluie de sang dont on a parlé plus d'une fois. Quoiqu'elle soit adressée nommément à Gauzlin, archevêque de Bourges, il paraît qu'elle fut circulaire. Robert, à la prière de Guillaume le Grand, comte de Poitiers, y engage les savants de ses Etats à l'instruire s'il était jamais arrivé de prodiges semblables à cette pluie.

L'autre lettre de ce prince, qu'Helgaud a insérée presque entière dans sa Vie, et que Baronius rapporte d'après Helgaud, est écrite à Leutheric, archevêque de Sens, pour le reprendre de deux erreurs dans lesquelles il était tombé. Mézerai (*ib.*, p. 383) et quelques autres écrivains, qui prennent de cette lettre occasion de relever la doctrine et l'éloquence de Robert, supposent que Leutheric était dans la même erreur que fut depuis Bérenger de Tours au sujet de l'Eucharistie. Mais il ne s'agissait que de l'abus qu'en faisait quelquefois ce prélat pour éprouver les coupables (HELG., *ib.*). Son autre erreur consistait à attribuer à la nature divine les souffrances qui n'étaient tombées que sur l'humanité. La lettre de notre généreux prince, qui respire un zèle tout de feu pour la pureté de la religion, eut son effet, et corrigea l'archevêque. On y voit que la formule dont on se sert pour administrer l'Eucharistie était alors un peu différente de celle qui est aujourd'hui en usage.

HELGALDI SIVE HELGAUDI
FLORIACENSIS MONACHI
EPITOMA VITÆ ROBERTI REGIS,
EX ALTERIUS MONACHI SCRIPTIS (3).

(DUCHESNE, *Rerum Francicarum Scriptores*, tom. IV, pag. 59, ex editione Petri Pithœi, ad fidem veteris codicis ms. qui exstat in bibliotheca viri cl. Alexandri Petavii, Senat. Paris., emendata.

PROŒMIUM.

Vir Domini, sanctissimus Anianus, inter cætera quæ a Deo possedit in hoc sæculo, præcipuos et non segnes ad regendum suum sanctum Dei locum habuit Patres. Ex quibus unus benignissime effloruit, Leodebodus nomine, sanctitate, scientia, divitiis pollens et gloria. Hic autem fuit temporibus Clotharii Francorum regis, patris Dagoberti Senioris, et ejus in diebus monasterii Sancti Aniani Pater est electus. Sane mortuo Clothario et ejus filio Dagoberto, Clodoveus inclytus ei successit in regno, justitiæ et pietatis amictus ornamento. Ad quem accedens memoratus abbas facto et dicto impetravit vicum Floriacum monachorum usibus præparandum, dans pro eo agellum Attiniacum cum cunctis sibi adjacentibus super Axonam fluvium situm. Unde memor sui de his testamentum condidit, regia auctoritate munivit et eum in archivo monasterii sancti Petri, quod ipse postea ædificavit, custodiri fecit. In quo hæredes fecit Floriaci fisci fratres Floriacenses ex toto, sicut a rege eum emerat corde devoto. Ubi quæ et quanta regiæ potestati Jesu Christi, et domni Petri, et sancti Aniani et Francorum regis Clodovei submiserit, subjecta declarat epistola.

EXPLICIT PROŒMIUM.
INCIPIT
TESTAMENTUM LEODEBODI ABBATIS.

In nomine Patris, et Filii, et Spiritus sancti.
Anno secundo regnante domno nostro Clodoveo gloriosissimo rege, sub die v Kal. Junii, virtute et firmissimo robore acquiritur ut agresti et doctæ riæ, apud nos tomo proxime sequenti, col. 1206. EDIT.

(3) Vide quæ de hoc titulo et testamento Leodebodi Vitæ præfixo disserunt Auctores Galliæ litera-

menti testificatio suffragetur. Et quoniam ita est, Dei protegente dextera, ego Leodebodus ista conscribo, ac si indignus et peccator abba. Dum me divina pietas basilicæ domni Aniani, ubi ipse domnus in corpore requiescit, abbatiæ sublimatum honore ejusdem loci custodem esse instituit, congruum duxi et devotione plenissima mihi consensit voluntas, ut de re proprietatis meæ tam in ipsa basilica quam et basilicæ domnæ Mariæ, quam Joannes Floriacus a novo quondam construxit, ubi venerabilis vir Fulcaldus abba custos præesse dignoscitur, seu et in agro Floriaco, quem cum glorioso atque præcelso domno Clodoveo rege et gloriosa domna uxore ejus, Bathilde regina, visus sum de rebus meis propriis commutasse, ubi pro salute regia, vel cuncto populo exorandum, monasterium in honore sancti Petri ædificare delibero, ubi jam dictus vir Dei, sanctus videlicet præsul Anianus, condigne jacet tumulatus, in quo monachi juxta regulam sanctissimi Benedicti et domni Columbani consistere debeant, singulariter de facultate proprietatis meæ Christo præsule conferre delibero. Domno igitur ante dictæ basilicæ domni Aniani vel monachis ibidem deservientibus, ubi ad præsens divinitate propitia funguntur officio, et de jure meo in jus antedictæ basilicæ a die præsenti transfundo portiones terrulæ, infra agrum Nogrometensem sitas, in territorio Biturico, nuncupatas Litmaro et Mariniaco, quas de Aviana et Prosperiana feminis per instrumenta chartarum visus sum recepisse, cum domibus, ædificiis, mancipiis, qui a me liberati non fuerint, vineis, silvis, campis, pratis, pascuis, cum omni jure et beneficio suo, vel omnigeno pecude ibidem residente, sicut a me professum est; similiter portionem meam, quæ est infra agrum Littidum in Secalonia, quam de Agana femina dato pretio per venditionis titulum visus sum comparasse, cum domibus, ædificiis, mancipiis, præter quos ingenuos relaxavero, vineis, silvis, campis, pratis, pascuis omnique beneficio suo, sicut a me possessum est; itemque et portionem meam quæ est ad Vetulam casam, quam de Abbone et filio suo Fraterno dato pretio per venditionis titulum comparavi et quæ per epistolas donationis ad me pervenit, cum mansis, vineis, campis, pratis, silvis, pascuis omnique genere pecudum et beneficio suo, sicut a me possessum est; simili modo et portionem meam, quæ est in villa Frietoni in Secalonia, sicut a me possessa est, cum mansis, accolabus, silvis, pratis, campis, pascuis in integrum, cum termino, vel omnigeno pecude ibidem residente; simulque terras vel prata, quæ ab Albuna in pago Stampensi visus sum comparasse, sicut a me possessum est in integrum.

Pari modo vasa dono argentea anacleta pensantia libras vni et uncias duas; duo sandalia ad missas, et oralia ad mensam una cum cappis et omni apparatu; et duo vela acu picta. Ista omnia, ut in potestate et dominatione ipsius monasterii et monachorum ibidem Deo servientium perenniter maneant, integra devotione instituo. Simulque et quod in pago Biturico, cognominato Monte, qui est juxta Carbrias vico, portionem terrulæ, quam de Domolo et uxore sua Ingara, vel de pluribus hominibus visus sum comparasse, dono; vel quodcunque ibidem per donationis epistolam aut quolibet contractu ad me pervenit. Seu et quod in Bria, quæ est super fluvium Flironte, habeo, quæ de pluribus hominibus visus sum comparasse et ad ipsum montem subjungitur, cum domibus, ædificiis, mancipiis, qui a me liberati non fuerint, vineis, silvis, campis, pratis, pascuis, cum omni jure et termino earum omnique genere pecudum, sicut a me possessum est, dono. Idemque et villam Camberon, quæ est juxta terminum Clariacense vel Ucello vico, quam de hæredibus Mummoli dato pretio per venditionis titulum visus sum comparasse, cum domibus, ædificiis, mancipiis, qui a me liberati non fuerint, vineis, silvis, campis, pratis, pascuis omnique genere pecudum, cum omni jure et beneficio vel termino ad se pertinente, sicut a me possessum est, dono sancto Petro Floriacensi. Idemque et in Rausedone villa, quæ est in pago Magdunensi, quam de hæredibus Wagini dato pretio comparavi, suprascripta pars ante dictæ basilicæ domni Petri Floriacensis perpetuo jure atque proprietario, ut possideat integra voluntate, decerno. Idemque antedictæ basilicæ domnæ Mariæ portionem meam, quæ est juxta Columnæ vicum, quartam partem ex ipso agro Colomnensi, cum mansis, accolabus, campis cultis et incultis, cum omni genere pecudum in integrum, sicut a me possessum est, delego perpetualiter possidendum. Idemque in Simpliciacensi, quod est in Secalonia, quod de homine quodam, Aregisilo nomine, vel de aliis, dato pretio per venditionis titulum visus sum comparasse, portionem ipsam cum mansis, silvis, pratis, campis, pascuis, vel omni genere pecudum et beneficio suo sicut a me possessum est, basilicæ domnæ Mariæ tribuo, et ut in perpetuum possideat plenissima voluntate exopto.

Pari modo et ad memoratum monasterium, quod in honorem domni Petri, sicut prædictum est, in agro Floriaco ædificare delibero, ubi monachi regulariter consistere debeant, dono a præsenti fiscum Floriacum, cum domibus, ædificiis, mancipiis, præter quos jugo servitutis non relaxavero, silvis, campis, pratis, pascuis, vineis, aquis, aquarumve decursibus, cum adjunctis et adjacentibus suis omnique genere pecudum cum omni jure et termino suo, sicut acto tempore ad fiscum fuit possessum vel ad nos pervenit. Idemque in potestate Melliaco quod per venditionis titulum visus sum comparasse, cum domibus, ædificiis, mancipiis, qui a me liberati non fuerint, cum campis cultis et incultis, seu officina molendini, quod in Malva in ipso territorio esse videtur, in integrum cum termino suo et omi genere pecudum, sicut a me possessum est, concedo; seu et quod de hæredibus Pauloni negotiatoris quondam visus sum comparasse, areas scilicet in oppido civitatis Aurelianensium, cum domibus desuper positis, accolabus ibidem residentibus, vel vineas ad oppidum ipsius civitatis pertinentes, seu et locella villarum, cognominata Curun, Canavarias, Simpliciaco et Caliace ultra fluvium Ligeris, quod dato pretio anteacto tempore visus sum comparasse. Unde et in judicio ante virum apostolicum domnum Audoenum episcopum, et illustrem virum Chrannulfum optimatem, vel reliquos abbates convenit ut, ex omnibus tam in terris quam in mancipiis, seu et vineis, medietatem exinde pars basilicæ domnæ Mariæ retineret, et aliam medietatem in meo jure in integrum deberem recipere. Quam medietatem eorum judicio visus sum recepisse. Ipsam enim in integrum ad memoratum monasterium S. Petri Floriaco constructum delego perpetualiter possidendam. Simulque et Asinarias villam, quæ est in valle, quæ de ratione illustris viri Trodovei per commutationis epistolas, quantum textus earum declarat, ad me pervenit, dum ego e contra portionem illam, quæ est in Suncanto, vel Warentias, quod de Machilde femina quondam dato pretio per venditionis titulum comparavi; et hoc ad vicem memorati Trodovei dedisse visus fui in ipsa villa Asinarias, pars memorati monasterii domni Petri, quod est Floriaco constructum, in integrum absque cujuslibet impedimento, cum omni jure et termino, sicut a me possessum est, omneque genus pecudum ibidem residens recipiat possidendum. Areas vero infra muros Aurelianis, quas de Cronulfo clerico dato pretio per venditionis titulum visus sum comparasse, ubi Leobastus accola commanere videtur, ad prædictum monasterium domni Petri, vel monachis ibidem degentibus, integra voluntate dare decerno. Similiter et caballos xxx bonos, greges equinos x cum emissariis eorum, boum greges xx, vaccarum v, armentorum x.

Argentum, quod ad ipsum monasterium domni Petri, vel monachis ibidem deservientibus dono, per hujus texti vigorem inserendum putavi, hoc est bacchioaicha pura sigillata transmarina pensantia pondo libras x, quorum unus habet in medio crucem auream. Dono et scutellam, quæ habet in medio effigiem capitis hominis simili modo auream; idemque et duas scutellas minores massilienses deauratas, quæ habent in medio cruces niellatas. Quæ species argenti in jure et dominatione memorati monasterii domni Petri perenniter permaneant volo. De vestimentis vero, quæ in paupertate mea habere videor, præter id quod superius basilicæ domni Aniani delegavi, reliquum quod superfuerit, pars domni Petri Floriacensis recipiat ad possidendum. Spero autem non futurum, nec quolibet modo fieri posse credo ut aliquis de hæredibus meis, aut quælibet persona contra præsentem venire tentet epistolam. Quod si fecerit et factum meum irrumpere conatus fuerit, in primis iram cœlestis incurrat Trinitatis, et insuper partibus basilicæ domni Aniani, et basilicæ domnæ Mariæ, vel monasterio sancti Petri, quod est constructum Floriaco, duplum quod ad ipsas basilicas dedi, juxta quod res ipsæ melioratæ fuerint; ipsis abbatibus vel monachis ibidem deservientibus reformet, et fisci juribus auri libras m, argenti pondo xx teneatur obnoxius. Quam donationem, ut firmior habeatur, gestis municipalibus alligare decrevi, et duas epistolas uno tenore conscriptas feci de re superius nominata; una quæ in archivo domni resideat Aniani, aliam vero pars monasterii domni Petri per futura tempora reservandam recipiat, qualiter monachi ibidem Deo servientes, id quod eis per ipsam dedi defensare valeant. Et præsens nihilominus a me facta donatio, firma omni tempore et inviolata permaneat, stipulatione in omnibus comprehensa. Actum Aurelianis publice. Addi vero convenit quod superius intimare debueramus, ut quidquid præfato monasterio domni Petri Floriacensis, quod nos a novo construximus, delegavimus et a timoratis viris delegatum fuerit in posterum; quidquid abbas, qui ibidem præfuerit, exinde voluerit facere, pro usu aut utilitate monasterii ipsius, vel lucro animæ aut fratrum necessitate, liberam habeat potestatem absque detrimente et impedimento sæpe dicti monasterii.

Leodebodus peccator abbas, epistola a me facta.

Audoenus peccator episcopus, rogante venerabili viro, Leodebodo abbate, hanc epistolam relegi et subscripsi.

Leodegarius, ac si indignus episcopus, rogante Leodebodo abbate, hanc devotionis ejus epistolam firmavi in Christi nomine.

Beccelenus abba.
Ado abba.
Salomon abba.
Leotsindus abba.
Burgulfus presbyter.
Iligecius diaconus et vicedominus.
Martinus diaconus.
Boso diaconus.
Agneramnus. Dagobertus.
Mummolenus. Vapingus.
Sigirigus. Framesindus.
Autbertus. Salomon sive Boso.
Pappolus. Sisobaldus sive Saxo.
Amnegisilus testis.
Manasses. Authacarius.
Nonno. Hildulfus.
Grimoldus. Segonius.

Anno Incarnationis Dominicæ 623, data in mense Junio, anno ii domni Clodovei Francorum regis, filii Dagoberti Senioris, sanctorum Dionysii sociorumque ejus loci mirifici constructoris.

Hic autem præcipuus abba Leodebodus, quantum locum Floriacensem dilexerit, in quibusdam suis factis agnosci valet. Nam in Camberon et Rosdon villis a se S. Petro datis, hanc ipse consuetudinem tenuit et fratribus Floriacensibus tenendam reliquit, ut quilibet Ecclesias, in quarum parochiis ipsæ villæ sunt, possideret, media pars decimæ agrorum et vinearum in quibusdam locis ipsarum villarum, in aliquibus vero tota ad dominium perveniret fratrum. Qui videlicet usus hactenus servatur. Quodque magis eum divitem fuisse declarat, non est omittendum, emisse videlicet illum hæreditatem Thomæ, cujusdam Parisiaci civis, obrizi auri mille et sexcentis solidis. Testatur hoc charta memorati venditoris ad ipsum domnum Leodebodum facta, in nostris archivis recondita, licet vetustate consumpta. Cujus hæreditatis in territorio Aurelianorum sitæ media pars ab eo huic sacro collata est loco, alia medietate monasterio sanctæ Mariæ remanente, quod quidam Joannes, ut supra scriptum est, a fundamentis construxerat, cujusque idem Dei famulus Leodebobus abba exstitit, habens sub se Fulchaldum nobilem virum. Quartam quoque partem de Suncanto atque villam Warentiarias a Machilde femina ccc probatis at 1 solidis, Rosdon ab Auderanno cc ejusdem metalli emit solidis. Ipse vero usque ad octavum decimum annum memorati regis Clodovei perdurans, postmodum laudabilis vitæ cursum sancto fine conclusit. Reperiuntur autem ab Incarnatione Domini non plures quam 620 præteriisse anni, donec a domino Leodebodo fabrica hujus sacri cœpta est cœnobii, auxiliante Domino nostro Jesu Christo, qui vivit et regnat.

Explicit testamentum Leodebodi abbatis monasterii sancti Aniani, quod factum est sub Clodoveo rege, Francorum filio Dagoberti Senioris. Fiat. Fiat.

INCIPIT EPITOMA VITÆ REGIS ROTBERTI PII.

PRÆFATIO.

Cœlestis imperii dignitas, cui spiritus superbiæ æqualis voluit esse potestas, elegit in hoc sæculo principes, qui regerent hujus sæculi sceptra potentes. Et sicut sancta Ecclesia, quæ est mater nostra, obtinuit sibi ad regendum populum Dei pontifices, abbates et cæteros sacri ordinis ministros, ita et in hoc mundo elegit imperatores, reges et principes « ad vindictam malefactorum » et ad reprimendam proterviam iniquorum, ut laudaretur Deus in sæcula sæculorum. Et quia a patribus monasterii domni Aniani sermo sumpsit exordium, necessarium est et utile ut unus adhuc præcipuus pater sumatur pro omnibus, ut habeat de eo levamen omnis mundus, quia eum bonum elegit Christi Domini pietas et « constituit super familiam suam » divina majestas. Ad quid ista protulerimus, dicamus.

Omnipotentia igitur omnipotentis Dei volente et beato Aniano auxiliante, memoriam domni et venerandi Leodebodi abbatis monasterii sæpedicti sancti niani fecimus per testamentum, quod de suis rebus propriis sancto Petro Aurelianensi, domnæ Mariæ et sancto Petro Floriacensi contulit; nunc huic scripto addere curavimus quod, in omnes terras sonus exiens pietatis et bonitatis Rotberti, suavissimi et piissimi regis Francorum, filii Hugonis regis, hunc sanctum, in quantum potuit, exornavit, dilexit et excoluit. Quo concedente, vitam hujus excellentissimi regis adoriri cupimus præsentibus et futuris imitabilem. Nam hic languentes animæ perspicient quid charitatis, humilitatis et misericordiæ valeant opera, sine quibus nullus ad regna poterit pervenire cœlestia. In quibus ita enituit, ut post sanctissimum regem prophetamque David nullus ei æquaretur, præcipue in sancta humilitate, quæ semper Deo proxima amatores suos corpore simul Deo conjungit et spiritu. Initio autem descriptionis omnem vultus illius habitudinem corporisve elegantiam, prout ipsi perspeximus, propalamus, adjuvante Domino nostro Jesu Christo, qui, ubi vult, et quomodo, et cui vult, inclita bonitate aspirat.

EXPLICIT PRÆFATIO.

INCIPIT VITA.

In tempore, quo respexit Deus super filios hominum, ut videret, si esset intelligens aut requirens Deum, fuit rex Francorum Rotbertus, origine natus nobilissima, patre illustri Hugone, matre Adhelaide vocitata, quæ adeo bene laudata tanti filii digna exstitit prærogativa. Ejus inclyta progenies, sicuti ipse suis sanctis et humillimis asserebat verbis, ab Ausoniæ partibus descenderat. Probis hic actibus decoratus, crescebat quotidie meritorum lumine qui erat insignitus totius scientiæ perfectione. Hujus igitur statura corporis eminens, cæsaries admodum plana et bene ducta, oculi humiles, nares porrectæ et patulæ, os suave et dulce ad dandum sanctæ pacis osculum, barba satis honesta, humeri hujus in altum porrecti. Corona capiti imposita decernebat eum avis et atavis stirpe processisse regia. Sedens equo regio, mirabile dictu, pene jungebant pedum digiti calcaneo, et hoc erat videntibus in sæculo pro miraculo. Erat in eo jugis et frequens ad Deum oratio, genuum flexio innumerabilis erat pro certa, et, ut verbis Aurelii Victorini loquar, ad humanæ conversationis exemplum, per laboris genera universa, vir provectus ad summa. Sistens in consistorio clientem se esse libentissime fatebatur. Nunquam injuria accepta ad ulciscendum ductus. Amabat simplicitatem, communi se affatu et convivio et incessu præbebat. Eloquentiæ tantum incumbens, ut nullus laberetur dies quin legeret Psalterium, et exoraret cum sancto Davide Deum altissimum. Exstitit mitis, gratus, civilis animi et lepidi, magis beneficus quam blandus.

Fuit idem rex sapientissimus litterarum; cujus prudentissimo cordi erant insita a Deo data perfectæ scientiæ dona. Nam a piissima matre scholæ Remensi traditus, domino Girberto ad erudiendum est datus, qui eum sufficienter liberalibus instrueret disciplinis, ut in omnibus Deo omnipotenti complaceret virtutibus almis. Factumque est. Is quippe Girbertus, pro maximo suæ sapientiæ merito, qua toto radiabat in mundo, donativo regis Hugonis munere pontificium adeptus Remense, non multis annis illud adornavit splendide in his quæ forent necessaria Ecclesiæ sanctæ. Eo namque derelicto, Ravennatium factus est rector ab Ottone III. De quo ad apostolatum Petri apostoli sanctissimi festinus conscendens, multa in eo virtutum operatus est insignia et præcipue in eleemosyna sancta, quam fortiter tenuit, dum fideliter vixit. Inter cætera de se lætus et hilaris ita in R. littera lusit :

Scandit ab R. Girbertus in R. post papa viget R.

Hoc aperte demonstrans quod hi tres episcopatus honores, quos professione regularis vitæ patris Benedicti monachus factus suscepit, rexit et tenuit, hujus R. litteræ signo in capite sunt declarati. In addiscendis vero artibus hic vir Dei humillimus domnum Ingonem collegam habuit, quem abbatia S. Martini Masciacensis remuneratum, post abbatia S. Germani Parisiacensis inclytum sæculo reddidit, ut decebat tantum virum. Quantum autem in eo harum virtutum incrementa viguerint nos brevitati studentes paucis adnotare curavimus.

Quodam tempore palatio Compendii, hic vir misericordiæ, vir pietatis, positus, unum quoddam ibi in uno operatus est, quod omni sæculo patuit et cunctis pro ipsa pietate et misericordia imitabile reliquit. Sanctum Pascha illo in loco rex amabilis celebraturus in die cœnæ Domini, a duodecim iniquæ conspirationis ducibus mors in juramento promittitur, vita abstrahitur, honor regius tollitur. Capi eos et adduci ante se jubet rex mitissimus. Percontatus eos mandat servari domo Caroli Calvi, regalibus dapibus opulenter reficiet in die sanctæ Resurrectionis perceptione corporis et sanguinis Domini nostri Jesu Christi insigniter præmuniri. Secunda autem Sabbati proferuntur in medium, judicantur, damnantur, et super eos tot sententiæ quot homines. Audivit ista princeps Dei, pius et prudens, sciens et intelligens, et ipsos propter benignum Jesum absolvit, dicens non debere damnari qui fuerant præmuniti cibo potuque cœlesti. Sed ne amplius talia in aliquo gererent, suis sanctis imperat verbis, et sic eos illæsos ad sua regredi jussit. In latrociniis vero pauperum clericorum et laicorum sibi illatis, adplene erat consentiens, quæ pro certo erant in auro vel argento et pretiosissimis ornamentis, Volentibus ea investigare minas dabat virtute, jurans Domini fidem, ne perderent quæ asportaverant. Stampis castro regina Constantia palatium construxerat nobile, simul cum oratorio. Quo delectatus rex ad prandendum cum suis assedit, impleri domum sanctis pauperibus jussit. Inter quos ad pedes ejus unus se collocans, ab eo sub mensa satiatus est. Qui non obliviosus factus ornamentum, quod erat in sex unciis auri dependens a genibus, et quod nos lingua rustica labellos vocamus, ipso conspiciente, cultello diripit, quantocius discessurus. Liberata vacuatur domus a pauperum caterva, imperat longe a se expelli, qui jam satiati fuerant carnium esu simul et poculo. Cumque surgerent a mensa, aspicit regina Dominum suum fraudatum gloria. Et turbata contra sanctum Dei non constantia protulit verba : « Heu, senior bone! quis inimicorum Dei vos aureo vestitu deturpavit honesto ? Me, inquit, aliquis non deturpavit, sed illi qui abstulit necessarium magis quam nobis, volente Deo, proficiet. » Sedatis his vocibus, collocat se in oratorio rex, Dei dono lætificans se de suo perdito et de suæ conjugis dicto, astantibus ibi domno Guillelmo Divionensium abbate, simul et Odone comite et non minimis Francorum primoribus. Quædam adhuc de ejus non minima pietate narranda sunt. Præsuli cuidam [Leothorico Senonensi archiepiscopo] de Domino non bene sentienti et quærenti pro quibusdam causis probationem in corpore Domini nostri Jesu Christi, indigne tulit rex amator bonitatis et scripsit ei in his verbis : « Cum sit tibi nomen scientiæ et non luceat in te lumen sapientiæ, miror qua ratione quæsieris pro tuis iniquissimis imperiis et pro infestato odio quod erga Dei servos habes examinationem in corpore et sanguine Domini; et cum hoc sit quod a dante sacerdote dicitur : *Corpus Domini nostri Jesu Christi sit tibi salus animæ et corporis*, cur tu temerario ore et polluto dicas : *Si dignus es accipe*, cum sit nullus qui habeatur dignus? Cur divinitati attribuis ærumnas corporis et infirmum doloris humani divinæ connectis naturæ? Jurans Domini fidem, princeps Dei, privaberis, inquit, honore pontificis, nisi ab his resipueris, et damnaberis cum his qui dixerunt Domino : *Recede a nobis*, et non communicabis his quibus dicitur : *Appropinquante Deo, et appropinquabit vobis.* « His verbis præsul non bene doctus, a rege pio et bono sapienter instructus, quievit, obmutuit et siluit a dogmate perverso, quod erat contrarium omni bono et jam crescebat in sæculo.

In sinu matris Ecclesiæ collocatus iste Dei servus, factus est Dominici corporis et sanguinis vasorumque ejus custos fortissimus. Ad unguem ita perordinans cuncta, quasi videretur Deus suscipi non ut in alterius, sed in propria sanctæ majestatis gloria.

Hæc ejus devotio, hæc erat fortis provisio, ut corde mundo et vestitu candido Deus immolaretur pro totius mundi piaculo. Hoc servitutis obsequio delectabatur terris positus jam in cœlis. Jucundabatur in sanctorum pignoribus a se auro et argento bene ornatis vestibus albis, sacerdotalibus indumentis, crucibus pretiosis, calicibus auro bono fabricatis, thuribulis electum thymiama proferentibus, vasis argenteis ad emundationem manuum sacerdotis, qui stabat illa hora fundens preces ad Deum pro totius populi delictis. Et quid? Vas vinarium ex argento factum, quod canthara dicitur, a suo quodam clerico fuerat furatum; quod eum omnimodis tristem reddidit. Non sic autem ut turbaretur clericus qui postea fuit illi pretiosus. Examinationem furti minitans rex fieri, volens nolens clericus, mali patrator operis, quæsivit, redemit et suo illud loco restituit. In hoc rex Dei amicus alludens clerico dicebat : « Melius esse in domo propria apportare quam exportare, ne efficeretur similis Judæ, qui fur erat, et loculos habens ea quæ mittebantur exportabat (Joan. xii, 6). » Habuit enim postea hunc suæ utilitati proximum, et sui boni consilii dignum. Sciebat hic piissimus Dei virtute sua et aliena curare vulnera, secundum patris Benedicti mandata, non detegere et publicare. Hujus igitur peccata pro tali facto sua Deus deleat quæsumus clementia, ut, sanctis omnibus intercedentibus, possideat justorum gaudia repromissa.

Pergratum mihi est et hoc auribus intimare fidelium, quod est omnino narratu dignissimum. Provocabit nos Deum amantes in hoc liberalis istius serenissimi regis memoria, et ejus operatio digna, cum cordibus fidelium et infidelium tinnierit tuba, non illa quæ ex æramento, sed quæ procedit de cœlesti thesauro, et aperiens os suum dicit: *Conclude eleemosynam in sinu pauperis, et ipsa pro te exorabit.* (*Eccli.* xxix, 15). Hæc de tali viro cogitantes, occurrunt nobis plura cogitatione, auditu et sermone, quæ non possunt ascribi præ multitudine, quia illa solus Deus agnovit sua forti prudentia et scientia, ingenio et arte, quæ non possunt comprehendi miserabilis hominis virtute. Et quia a nobis diligitur mundus, delectamur in hujus excellentissimi regis operibus, in quibus, ut credimus, laudatur Deus, Rex gloriosus, cujus regni hæres erit perpetuus qui fuit mentis et corporis integra bonitate conspicuus. Quia ejus jucunda et delectabili vita adhuc frueretur mundus, credat orbis universus, si voluisset Dei Filius pro peccatoribus occisus.

Aliquando proficiscente eo ad ecclesiam et prostrato in oratione coram Deo, quiddam verecundiæ in ornamentis pellium a sancto collo dependentium sustinuit rex mitis et corde humilis. Fundente eo preces ad Deum, astat e proximo Rapaton latro, non ille fortissimus princeps latronum, qui tenet lectione principatum in libro Regum. Nam meditatem finalium chlamidis regis auferens hæc ab eo suscepit mansuetissima et omni melle dulciora mandata : « Recede abhinc, recede; sufficiat tibi quod abstulisti, quia et alteri necessarium erit quod reliquum est. » Confusus latro abscessit ad imperium sancti viri, qui periclitantibus et pauperrimis hoc consentiebat ex more pro Dei amore, ut haberet eos apud Deum intercessores quos sciebat jam esse factos Dei cives.

Sedes regalis, Pisciacus dicta, supra Sequanam posita, Francorum regibus satis est opportuna. In ea monasteria tria ab antiquis viris didicimus facta, unum in honorem sanctæ Mariæ, aliud sancti Joannis, tertium sancti Martini confessoris. E quibus unum in honore sanctæ Mariæ matris Domini rex bonus assumens et a novo ædificans, illud in ornamentis et clericis, auro et argento satis honorabile reddidit. Quo laudandi Deum nunquam finem habuit. Porro orationibus ibi adhærens Deo, cum ad locum repausationis sui humillimi corporis reverteretur, post assuetos in oratione lacrymarum imbres fusos, invenit ibi suam lanceam a conjuge gloriosa bene argento paratam. Hanc considerans aspicit a foris si quempiam reperiret argentum hoc cui necessarium foret. Inveniensque quemdam pauperrimum, interrogat caute si haberet aliquid ferramenti quo posset auferri argentum. Pauperi inscio ad quid ita requireret ait Dei famulus ut perquirat quantocius. Inter hæc orationi vacabat. Adveniens is qui missus fuerat ferramentum offert tali operi satis congruum. Obserantur ostia domus et rex cum paupere argentum a lancea auferens pauperculo dat, bene faciens, et suis ipse sanctis manibus ei in sacculo mittens dat in mandatis, sicut mos erat, ut sibi in redeundo prospiceret ne uxor ejus eum videre posset. Obaudivit præceptis regis necessitas pauperis. Peractis his, advenit regina mirans quod factum fuerit de lancea, quæ sic erat destructa, de qua sperabat dominum suum forti lætificari gloria. Ad hæc Domini fidem jurans rex joco hujus se non esse facti conscium, inter eos amicabilis est exorta contentio quibus eleemosynæ largitio profuit et proderit, faciente Deo, mortuis sæculo, viventibus Deo. Quædam adhuc de ejus non minima pietate narranda sunt.

Clericus quidam pauperculus de regno Lotharii exiens, ad hunc de quo loquimur servum Dei veniens, est receptus. Is nempe clericus Oggerius dicebatur. Qui eum nimia bonitate suscipiens, suo sanctorum collegio sociavit clericorum et eum sufficienter in his quæ debuit, adornavit, sperans secum habiturum non paucis diebus et annis. Verum in his quæ prævidere noluit inventus est. Nam super eum dicta David prophetæ merito dicta sunt : *Verba oris ejus iniquitas et dolus. Noluit intelligere, ut bene ageret. Iniquitatem meditatus est in cubili suo. Astitit omni viæ non bonæ, malitiam autem non audivit* (*Psal.* xxxv, 4, 5). Splendebat quippe in eo species Judæ traditoris Domini, qui loculos habens, ea quæ mittebantur exportabat. Nam quodam tempore advesperascente hora diei, cœna cum suis sumpta, incumbentibus jam noctis tenebris, dum ad complenda, et quæ sunt Deo reddenda cogitaret, ad domum Dei de more processit, præeuntibus ante se clericis cum ceroferariis non minimi ponderis. Quibus positis, significavit rex humilis ne accederent ad excelsa. Stat rex in angulo, et corde tacito Deo suo reddit vota jucundo. Meditans ergo in conspectu Domini, aspicit jam dictum Oggerium ad altare accedere, cereum ad terram deponere, candelabrum sinu contegere. Turbantur clerici, qui hujus latrocinii debuerant esse custodes. Inquirunt dominum regem de furto; quibus se respondit nescire ullo modo. Pervenit hoc ad aures Constantiæ reginæ ejus conjugis, de qua quidam ad nomen ejus lusit dicens :

Constans et fortis, quæ non Constantia ludit.

Hæc accensa furore jurat per animam Willelmi sui genitoris custodibus mala se irrogaturam fore, luminibus privari et malis aliis deturpari, ni reddant quod ablatum fuerat de thesauro sancti et justi. Hoc ubi audivit in quo erat requies pietatis, cum qui erat latrunculus advocans, ita ad eum locutus est : « Amice Oggeri, abi hinc jam, ne te consumat inconstans Constantia uxor mea. Sufficiunt enim quæ habes, donec intres in terram nativitatis tuæ. Sit Dominus tecum ubicunque perrexeris. » Ubi hoc audivit furti dominus, cadens ad pedes piissimi regis volutabatur clamans : « Succurre mihi, domine, succurre. » Ipse vero volens eum eripere, dicebat : « Transi, transi, noli hic permanere, » dans ei et alia cum his quæ absportaverat, ne deficeret in via. Post aliquot dies idem Dei famulus credens illum jam posse suum attigisse solum, conversus ad suos lepide et jucundissime dixit : « O bone Theudo (hic enim ei erat familiaris) ut quid tantum laboras in quærendo candelabro, cum Deus omnipotens illud suo attribuerit pauperculo? Scias etenim tu et tui quod illi plus quam nobis necessarium fuerat, cum Deus nobis peccatoribus omnia quæ sunt in terris attribuerit, ut subveniamus pauperibus, orphanis, viduis et omni populo Dei. »

Palatium insigne, quod est Parisius, suo construxerant jussu officiales ejus. Quod volens præsentia sui die sancto Paschæ nobilitari, more regali jussit mensam parari. Cumque aquam ad abluendas manus præsto haberet, adest cæcus quidam inter pauperum multitudinem coram eo assistentium, qui illius erant memoriale continuum, qui ut illi aquam jactaret in faciem humillimam effert precem. At ille continuo, velut pro joco ducens pauperis precem, dum primum in manibus accepit aquam, illius projecit in faciem. Qui mox, videntibus cunctis optimatibus qui astabant, cum respersione aquæ amissa oculorum cæcitate, congratulantibus cunctis in Domino, lætior inter convivas discubuit prandio. Fuitque discumbentibus tota die hujusce rei confabulatio ad omnipotentis laudem Dei; quorum verba forte fuissent vana et otiosa, nisi tanto lumine forent illustrati illo die. Nec immerito sane potest existimari quod palatium illud frequenti regio conventu sit honorandum, quod divina virtus tali decoravit miraculo et populi sacravit jubilo, dum vesci voluit ibi devotissimus rex die primo.

Vigore justitiæ vigens idem rex serenissimus studebat non continuari os suum mendacio, sed veritatem corde et ore proferre, Domini Dei fidem jurans assidue. Unde nimirum suos, a quibus sacramentum recipiebat, volens justificare quemadmodum seipsum, fecerat unum phylacterium olocristallinum, in gyro auro puro adornatum, absque alicujus sancti pignorum inclusione, super quod jurabant sui primates, hac pia fraude nescii. Aliud quoque jussit parari argenteo, in quo posuit ovum cujusdam avis quæ vocatur grippis, super quod minus potentes et rusticos jurare præcipiebat. O quam bene et congrue huic sancto viro concordant illius sancti dicta prophetæ dicentis : *Habitabit in tabernaculo Altissimi, qui loquitur veritatem in corde suo : qui non egit dolum in lingua, nec fecit proximo suo malum, et opprobrium non accepit adversum proximum suum* (Psal. xiv, 3). Cui utique bono illum adhæsisse tota cordis intentione certissimum est, ut mereretur esse in superna hæreditate beatorum cohæres.

Quanta vero humilitatis virtus in eo fuerit paucis edicendum est verbis. Colloquium cum episcopis sui regni habens rex humilis, inter colloquium unumquemque aspiciens, vidit quemdam eorum mole carnis gravatum, pedes suos dependere ab alto. Pietate ductus a longe quærens subpedaneum reperit unum. Quod manibus Deo et hominibus charus apprehendens, illud tanto pontifici offerre non recusavit et sub pedibus ejus ponere non est dedignatus. Erat autem hic episcopus Lingonensis, Lambertus nomine dictus, scientia, religione et bonitate pollens. In magna etenim ex hoc admiratione pro tali facto omnes episcopi et principes habuere sæpefatum Rotbertum humillimum et inclytum regem.

Is quippe rex Deo dilectus Rotbertus semper meminit sanctæ legis, quia memor fuit operis Dei in omnibus viis suis. Sciebat etenim scriptum : « Scientia, virtus; custos virtutis, humilitas sancta. » Et illud beati papæ Gregorii : « Qui sine humilitate virtutes congregat, quasi in ventum pulverem portat. » Legerat quid dixerit quidam ex Patribus : « Omnis labor sine humilitate vanus est; humilitatis signum dat regnum cœlorum. » Nos ergo oremus omnipotentem Deum, ut hic electus, qui deposito omni tumore superbiæ conjunctus est Christo Deo sanctæ humilitatis virtute, ita illi jungatur in sæculo venturo, ut in judicio a sinistra parte disjunctus, non inveniat in eo Jesus Christus quod damnet in pœna, sed quod pietate multiplici provehat ad coronam, quam promisit diligentibus se ad gloriam. Hic etenim vir Dei tantus ac talis quod amavit, quod cupiit, quod credidit, Deus est Rex regum, Dominus dominorum spes utique certa fidelium.

Jactantiam superbæ mentis a se rejiciens rex humilis et cum multiplici pietate nominandus Rotbertus studebat illi semper placere virtutibus bonis qui habitat in excelsis. Devitans sublimes suscipiebat quos poterat humiles, qui certis temporibus veras vero Deo redderent laudes. Suscepit in hoc et exemplum ab Ambrosio Mediolanensium civitatis venerabili episcopo, qui binos Ecclesiæ suæ, cui præsidebat, clericos pro incessu superbo gravibus tradidit lamentis, donec, calcato tumore superbiæ, addiscerent humilitate pergere, qui erant correcti virga sacerdotalis disciplinæ. Idem namque beatus pontifex, in tractatu De diluvio et arca Noe, habitus hoc modo arrogantium curavit edicere, scilicet quales describit Isaias Judææ filias, oculorum micantes nutibus et alta se cervice jactantes. Sunt enim hujusmodi erigentes supercilia, inflato corde, elato pectore, cervice resupina, qui solum quidem pedum præstringant vestigiis, toto autem se librant corpore et inani suspendunt examine. In priora gressu prodeunt, in posteriora verticem reclinantes, cœlum spectant : terram autem fastidiunt, tanquam cervicis dolore suffixi, ut eam inclinare non possint. Hos igitur delevit Deus de libro vitæ, dicens : *Omnis qui se exaltat, humiliabitur* (*Luc.* xiv, 11). Nec inter merita sanctorum commentis [*al.*, commeritis] facit adhærere cœlestibus. Hæc idcirco diximus, ut cognoscant omnes quis in tanto Francorum imperatore mundi fuerit despectus, qui humilitate sancta cœlorum possedit regna.

Hujus igitur inclyti regis avus Hugo, pro pietate, bonitate, fortitudine Magnus dictus, monasterium S. Maglorii confessoris Christi in civitate Parisius simul cum filio construens nobiliter, monachos sub regula patris Benedicti vivere paratos ibi collocat, et in auro vel argento locum ipsum dicat, et cæteris ornamentis, pro salute sua et filii ac futuræ posteritatis. Mater quoque ejus supradicta Adhelaidis, admiranda satis in sancta devotione regina, fecit monasterium sancti Frambaldi in civitate Silvanectensi, ubi duodecim ad serviendum Domino clericos misit et de quibus viverent abunde subministravit. Construxit et monasterium in territorio Parisiensi, villa quæ dicitur Argentoilus, ubi numerum ancillarum Dei non minimum sub norma sancti Benedicti vivere paratas adunavit; ad laudem et gloriam bonorum omnium. Inspiratoris et sub honore sanctæ Dei genitricis et perpetuæ virginis Mariæ omnipotenti Domino dedicari et consecrari voluit. Fecit nihilominus sancto pontifici Martino casulam auro operatam optimo, inter scapulas majestatem veri pontificis continentem, Cherubim quoque ac Seraphim colla Dominatori omnium submittentia. In pectore vero Agnum Dei, nostræ redemptionis hostiam ; quatuor e regione præfigens animalia Dominum gloriæ adorantia. Fecit et eidem beato confessori cappam unam intextam auro ; duas vero ex argento. Speciali autem suo post Dominum amicorum amico, beato videlicet Dionysio, casulam miro itidem opere factam contulit. Cui et aliud, ut tantam decebat feminam, ornamentum contexuit, quod vocatur orbis terrarum, illi Caroli Calvi dissimillimum. Sperabat enim se Deo fidelis regina partem habituram cum eo, cui promiserat Deus sermone non casso impetraturum pro quibuscunque petiisset. Etenim illius universa progenies famulam se tanti martyris in omni opere proclamabat, reddens Domino suo quæ sunt servi debitæ servitutis obsequio. Erant siquidem huic generationi speciales amici, sancta videlicet Maria, et pater et dux monachorum sanctus Benedictus, sanctus quoque Martinus, sanctus nec ne Anianus atque victoriosi martyres Christi Cornelius et Cyprianus ; optatissimus vero gloriosus martyr Dionysius ac inclyta virgo beata Genovefa. Fertur autem dixisse moriens bonus Pater :

« O optime fili, per sanctam et individuam Trinitatem te obtestor, ne quando animus subripiat acquiescere consiliis adulantium, vel muneribus donisque venenatis te ad vota sua maligna adducere cupientium ex his abbatiis quæ tibi post Deum perpetualiter delego ; neve animi levitate ductus quolibet modo distrahas, diripias aut ira excitante dissipes. Specialiter vero tibi inculco nullo pacto ducem omnium, Patrem dico Benedictum, a te patiaris divelli, illum apud communem Judicem salutis aditum, tranquillitatis portum postque carnis obitum securitatis asylum. »

Quæ autem hæc ancilla Dei, mater prudentissimi regis Rotberti, opera bona fecerit, paucis adnotare libet. Ipse juvenis laborabat forti infirmitate corporis, de qua erat patri et matri in timore periculum. Pro quo fecit in seniori ecclesia Aurelianensis civitatis, quam sanctus Evurtius per Dei dexteram fundavit et more ecclesiastico benedixit in sanctæ et vivificæ Crucis honore imaginem Domini et Salvatoris nostri Jesu Christi pendentis in cruce, ex auro puro, ut liberaretur a mortis periculo ; quem Deus omnipotens jam apud se decreverat regnaturum in mundo. Nam et ejus virtute liberatus est. Dederat autem et pater pro filio unico sanctæ Crucis loco urceum argenteum, pensantem lx libras, qui usque ad hæc nostra tempora permansit in domo Dei sancta. Crescens quippe ætate et vir factus virtute totam terram sanctæ Crucis, quam Fulco episcopus pro adjutorio sui Hugoni potentissimo Belvacensi dederat ; hic vir Dei, qui laude et verbo omnipotenti complacebat Deo, mœsto factus animo, per sæcula celebrando salutiferæ Crucis loco suo reddidit dono. Hunc denique locum, Aurelianensem scilicet sedem, specialius semper dilexit, quia in ea natus adolevit, et post regeneratus ex aqua et Spiritu sancto, ibi assumptionis suæ in Regem solemnem utique percepit benedictionem. Domnus etiam Theodericus ejusdem civitatis episcopus, cujus vox laudem Domini digne et laudabiliter eructabat, volens haberi memoriam sui nominis in monasterio sanctæ Crucis, jubet vas fieri ex centum solidis auri optimi, in quo consecraretur sanguis Domini nostri Jesu Christi. Junxerat se tanto pontifici rex mente humili, qui superno tactus amore fecit in ipso sancto calice patenam ad conficiendum in ea corpus Redemptoris mundi, ut esset ei crucis signaculum in auxilium et sancta passio vera animæ carnisque redemptio. Nihilominus et domnum Odolricum episcopum in sacerdotali vestimento sic honoravit, ut astans in sacrificio Domini circumtectus ex omni parte auro et purpura videretur. Urceolum ex onichino factum, quod comparaverat rex ditissimus pretio LX librarum, iterum ipsi sanctæ Crucis loco contulit simul cum alio argenteo et manipulo. Dedit etiam et pallia tria pretiosa in ornatu ecclesiæ, pro sua suorumque filiorum salute, et alia multa quæ non possunt littera notari nec numero comprehendi. Sanctorum enim corpora martyrum pretiosorum Saviniani et Potentiani, qui passi sunt acerrime in Senonensi urbe, auro, argento, gemmis ita vestivit ut in his delectaretur omnis mundus, quos in terris rex honorificaverat, laude dignis. Præterea Patri Benedicto et suis, cui semper totis adhæserat præcordiis, pro sua in tota mundi latitudine admirabili vita, piscatoriam Ligeritti fluminis benignissimus attribuit, scripto firmavit et ex his nil aliud quam intercessionis illius quæsivit suffragia. Sed et præceptum de immunitate Floriaci loci, seu de his quæ monasterii competant utilitatibus, auctoritate regia firmavit et sigillo suo ut bonus et sapiens insignivit. In ornamentis quippe ecclesiasticis Patrem Benedictum honorans, quo eo amore dilexerit manifestissime aperuit. Nam altare sanctæ Dei genitricis Mariæ pallio pretiosissimo post ignem, qui fuit immensa nostri sancti loci calamitas, cooperuit et thymiamaterio usquequaque satis mirabili, auro et gemmis bene elevato in sublimi, hunc sanctum devotissime nobilitavit. Erat enim et hoc adplene conveniens thymiamaterium thuribulo aureo a Gauzlino abbate mirabilium factore patrato, cujus opus splendescit præ omnibus quæ vidimus ipsi qui hæc scribimus, in Floriaco loco. Monasterium S. Cassiani confessoris summi in Hedua civitate, quæ et Augustodunus, nimia dirutum vetustate a novo ædificavit et in eo Dei ministros collocans abbatiam, sicut prius, construxit, præbens sumptus his qui ibidem Deo deservirent. Hoc ei studium, hæc ejus semper fuit in opere Dei voluntas.

Palatio Compendii damnum accidit regi in furto nobili. Instabat tunc dies Pentecostes, quo Spiritus sanctus replens animas mundat fidelium corda, ut placeant Patri et Filio, quibus æqualis Spiritus sancti portio. Volens illo die pater rex gloriosus filium suum statuere in regem, nomine Hugonem, strenuissimæ nobilitatis juvenem, pro immensa patris et filii bonitate, quæ erat divulgata toto terrarum orbe, ad faciendum eum festinabat omnis mundus, quia delectabatur in talibus. Fuit enim hic bonus juvenis excellentissimæ probitatis, omnes complectens, omnes diligens, nullum despiciens, dilectus a cunctis et semper amatus. Die autem primo perfecta benedictione mirabili, pater lætus factus de filio, exsultabat gaudio immenso. Admonitio patris eo die talis facta est in filio bono : «Vide, fili, semper sis memor Dei, qui te hodie participem sui fecit regni, ut æquitatis et justitiæ in semitis delecteris. Quod, quæso, attribuat mihi Deus ut videam, et tibi ut facias juxta ejus voluntatem, quæ omnibus desiderantibus eam semper adest. » Inter hæc festiva solemnia quidam clericorum, vesano corde meditatus perversa, accelerat perficere ea. Speciem cervi ex argento mero facti vir Dei habens in thesauris suis eo delectabatur solemnibus festis. Acceperat hoc munus a duce Normannorum Richardo ad usus humanos, quod benignus ore, benignus corde, benigno non distulit conferre Deo. Erat huic ornamento adjunctus scyphus corneus, quo deferebatur vinum ad celebrandum sacrificium. Hæc aspiciens quidam pestifer et nequam clericus, arripit, caligis recondit, huc illucque vadens non invenit cui ea venditione contribueret, vel quomodo illam speciem cervi destruere posset. Credendum est cunctis ea pii regis servata meritis, qui toto corde erat Deo fidelis. Nam tertia Sabbati in oratorio Turris Caroli colloquens cum quodam familiaritate perfecta sibi conjuncto, ecce fur veniens ante altare se collocat, preces inutiles spargit et longa protrahens suspiria, facistergio altaris prolixo operit, simul cum scypho, et sic verecundus abiit, nesciens miser quorum oculi super eum erant defixi. Cessans rex a colloquio vadit ad altare pede levi cum amico vero, et sua accipiens reddit lætus ministro, interminans socio ne, dum adviveret, nomen ejus sæculo innotesceret et tanto viro verecundiam faceret.

Verum quia opponit se nostræ narrationi quorumdam perversæ mentis intentio, qui omne bonum quod ipsi nequeunt assequi aliis invidere et malignitatis calcaneo, prout possunt, premere non erubescunt, quique, si quid excessus humanitus admissum est, eo cuncta boni operis succedentia germina canino dente oblatrant suffocari, hunc sanctissimum virum lacerare non pertimescentes : Non, inquiunt, hæc quæ prolata sunt bona de eo opera ad salutem illius provenient animæ, quoniam non exhorruit facinus copulationis illicitæ, dum commatrem et sibi consanguinitatis vinculo nexam duxit uxorem. Quorum irrationabilitatem placet evidenti sanctæ Scripturæ indicio convincere. Sed, ne forte loquendi proclamem aditum sibi intercludi, dent nobis aliquem sine prolapsione delicti. Quis vero castum se habere cor gloriabitur? cum nec unius diei infans mundus esse Scripturæ testimonio comprobetur? Siquidem ob inertiam desipientium comprimendam hæc dixerim, non ut viri ultro pœnitentis culpam occultem. Sicut enim sanctus David, lege prohibitus, Bethsabee contra fas concupivit et rapuit, ita et iste, contra sacræ fidei jura agens, præfatam mulierem nefarie sibi copulavit uxorem. Illi non solum satis fuit in mulierem peccasse, sed molita viri innoxii nece incurrit duplex peccatum. Huic profecto magis libuit Deum offendisse, quam a muliere duplici sibi lege prohibita torum servare immaculatum. Sed utriusque peccati vulnus verus humani generis benigna dispositione sanavit Medicus : illum per Nathan prophetam suum, dum pauperis viri unius oviculæ et divitis ovium abundantis multitudine paradigmate objecto, se reum agnoscens dixit peccasse; istum æque per dominum et venerabilem Abbonem, Floriacensium a Deo præelectum abbatem, nunc, Christi favente gratia, miraculis coruscum, spreta mortis formidine dure increpatum privatim et publice. Cujus sancti viri increpatio tam diu perstitit donec rex mitissimus reatum suum agnosceret, et quam male sibi copulaverat mulierem prorsus derelinqueret, et peccati maculam grata Deo satisfactione dilueret. Uterque igitur rex Deo acceptus, utpote ab illo coronatus. Quos nudos peperit natura mundo, sancta dispositione sui gloriosos habere voluit et inclytos sæculo. Et quia, ut ait Scriptura, permittit Deus fieri quod non vult, permisit benigna dispensatio sic eos occumbere peccato, ut se humanitate æquales subjectis recognoscerent, et reliquum vitæ tempus vigiliis et orationibus inhærendo transigerent, varias corporum passiones sustinerent, ut adimpleretur in eis sacræ Scripturæ testimonium, quæ ait : *Corripit Deus quem diligit, flagellat autem omnem filium quem recipit* (Hebr. xii, 6). Uterque peccavit, quod solent reges; sed a Deo visitati pœnituerunt, fleverunt, ingemuerunt, quod non solent reges. Siquidem exemplo beati David, domnus iste noster Rotbertus confessus est culpam, obsecravit indulgentiam, deploravit ærumnam, jejunavit, oravit et confessionis suæ testimonium in perpetua sæcula vulgato dolore transmisit. Quod non erubescunt facere privati rex non erubuit confiteri. Qui tenentur legibus audent suum negare peccatum, dedignantur rogare indulgentiam quam petebat qui nullis legibus tenebatur humanis. Quod peccavit conditionis est; quod supplicavit correctionis. Lapsus communis, sed confessio specialis. Culpam itaque incidisse naturæ est, diluisse virtutis. Ob hoc nimirum ista facere non despexit, quia sciebat Deum pusillis et magnis fore timendum et potentem quemque divina admoneri Scriptura : *Quanto magnus es, humilia te in omnibus et coram Deo invenies gratiam.* His igitur rex humilis, legibus absolutus, suæ tamen reus fuit conscientiæ. Quibus vinculis se edomare desiderans, divinum sibi precatur auxilium, ut ab omni criminis labe mundetur. Et revera, cum mitis et corde mansuetus egregia semper habuerit sanctus rex suæ mansuetudinis et pietatis insignia, ita ut adversariis suis frequenter ignoverit atque ab eorum nece abstinendum putaverit, non est mirum quod tam graviter doleat noxium sibi obrepsisse peccatum. Et ideo a peccatis mortalibus liberari se postulavit, laudavit Dominum Deum suum, justitiam Domini prædicavit, et exsultavit ejus lingua justitia de cœlo prospicientis, quæ processit de utero intactæ Virginis.

Unum vero quiddam memoria dignum a patre hujus inclyti regis et a Deo electi patratum, huic lectioni inserere dignum duxi. In eo namque sacerdotes veridici, abbates et monachi, sanctæ normæ non nescii, exemplar virtutum, quod non solum imitari, sed etiam admirari valeant, invenient. Ante omnia autem pietatis et misericordiæ, omni laude extollenda insignia. Quodam namque tempore sanctum diem Paschæ in civitate Parisius solemniter celebrans, secunda Sabbati ad domum suam apud Sanctum Dionysium lætus regressus est, ibique solemnes exegit dies. Tertia autem Sabbati adveniente hora, qua laudibus laudaretur per omnia sæcula Deus, surgit a lecto et ad ecclesiam ire disponit. Aspiciens ergo videt duos ex adverso jacentes in angulo, operi insistentes nefario. Horum fragilitati condolens, ornamentum pellium, quod erat pretiosissimum, tollit a collo et super peccatores projicit corde benigno. Quo facto, ecclesiam sanctorum omnipotentem Deum rogaturus intravit, ubi pro ipsis peccatoribus ne perirent oravit. Prolongata vero oratione et sperans jam abiisse mortuos peccatores, qui pœnitentia viverent Deo, evocat sui corporis custodem, et ut aliud sibi ejusdem generis deferat ornamentum humillimis verbis imperat, mandans hoc minis imperialibus, ut neque conjugi gloriosæ, neque alicui istud unquam manifestaretur. O, quam perfectus, qui sic suo peccatores protexit vestimento! quam sanctus sacerdos! quam pius abbas religiosusque monachus! quam rectissima virtutis et perfectionis norma, cui initi potest justitiæ concupiscens semitas! Tali quippe mandat monachorum pater et dux confiteri peccata, qui scixit sua et aliena curare vulnera, non autem detegere et publicare. O felix participatione Dei pietas et misericordia, quæ sic floruerunt in tanto et tali viro! quas et ipse Rotbertus noster quasi hæreditario jure a patre relictas possedit.

Ingo summæ ingenuitatis vir et bonitatis, abbas Sancti Germani Parisius civitate constituti monasterii, ad hunc Dei famulum pro sua et fratrum utilitate Aurelianis duos boni testimonii direxit fratres. Qui ab eo visi pacis honorati sunt osculo, ut ei mos erat, interrogatique sunt benignissime qua causa ad eum properassent. Vocabantur autem propriis nominibus Herbertus unus, alter vero Gauzfredus, haud infimi ordinis monastici viri. Quibus pio de more imperat ut post matutinos hymnos sua præsentia assisterent et de quibus vellent audientiam haberent. Quibus jussa observantibus contigit ut in ipsa ecclesia, in qua consederant, his cernentibus, candela exstingueretur. Qua exstincta, religiosum virum, Theudonem clericum proximum viro a lecto, evocat candelamque porrigens ad requirendum lumen quantocius dirigit. Interea, devotissimus rex psalmis et orationibus vacans, dum qui missus fuerat revertitur, videt virum Domini candelam ardentem tenere in manibus, qui tenebat charitatem in moribus. Quod admirans et Deum hymnisonis vocibus laudare cupiens, omnimodis illum prohibet, ut a jactantia superbæ mentis ex toto se liberans, Dei in omnibus collaudans virtutem diceret cum David : *Ego sum vermis et non homo, opprobrium hominum et abjectio plebis* (Psal. xxi, 7). Et iterum : *Humiliatus sum usquequaque, Domine; vivifica me secundum verbum tuum* (Psal. cxviii, 107).

Legimus in divinis Voluminibus quod *servire Deo regnare est*. Quod pro certo cognovit qui admonuit, dicens : *Servite Domino in timore* (Psal. ii, 11). Quod utique iste noster, de quo loquimur, vir beatus adimplevit pro posse et velle. Et sicut Moyses Dei famulus, precibus humillimis, manibus extensis prostravit Amalech; ita et hic verus Dei amicus, suis devictis hostibus virtute sancti Spiritus, semper Deum habuit adjutorem, qui est salus omnium. Resplendebat quippe in eo animi dulcedo, qua omnem sibi conciliabat hominem. Erat ei sapientia salutaris, qua delectabatur cum suis. Docebat quosdam in lectionibus, alios in hymnis et laudibus, et ad talia semper exhortans, omne secundum apostolum omnibus fiebat, ut cunctos lucrifaceret. (*I Cor.* ix, 22). Cæterum quod pontifices ipsi abbatesque facere pigritabant, quorum est errantes corrigere et bonos quosque exemplo suo ad meliora provocare, ipse verus Dei amicus audebat; de cujus cordis thesauro procedebat vox exsultationis et salutis, qua delectari gaudebat cum omnibus sanctis, secundum Apostolum carnem suam crucifigendo cum vitiis et concupiscentiis mundi hujus (*Gal.* v, 24), delectabile semper divinitati seipsum præparans templum. Ad divinum officium primus, ad laudandum Deum sedulus. Quocunque illi erat eundum præparabatur vehiculum, quod deportaret divini ministerii tentorium. Quo in terram fixo, deponebantur ibi sancta, ut quia secundum Psalmistam : *Domini est terra et plenitudo ejus, orbis terrarum et universi qui habitant in eo* (Psal. xxiii, 1), proderet se devotum famulum, quovis in loco Deo devotas persolvere laudes. Erant enim fixa et bene plantata in corde mansuetissimi et Deum bene amantis regis beatissimi Antonii verba : « Jesum Christum semper desiderate, quia in omni sede terrarum constituta sunt regna cœlorum. » Sanctas noctes, hoc est nativitatis Domini, sancti Paschæ et Pentecostes, sic totas ducebat insomnes usque ad summum mane ut nec sedens vel stans somnum caperet, donec quam exspectabat et desiderabat salutiferam corporis et sanguinis Domini nostri Jesu Christi perceptionem perciperet. Probata de eo res ista et in omni sæculo manifestata. Solemnitate vero nativitatis sancti Joannis Baptistæ, hanc quam in nativitate Domini tenebat consuetudinem ut post laudationem Domini, quæ est in hymno *Te Deum laudamus*, missa celebraretur devote, quæ sanctis est libris prænotata, in primo mane. Hoc sancta constituit auctoritas Gregorii Magni et aliorum in missa; Amalarii vero iterum doctrina, quam assumpsit ex dictis sanctorum Patrum.

Quis autem ei mos fuerit dandæ eleemosynæ in sui regni sedibus non prætermittimus. In Parisius civitate, Silvanectis, Aurelianis, Divione, Antissiodoro, Avalone, Meloduno, Stampis, in unaquaque harum sede, trecentis, vel, quod est verius, mille pauperibus dabatur panis et vini abundantia, et hoc specialius ipso quo ad Deum transiit anno, qui est Incarnationis Dominicæ millesimus tricesimus secundus. Præter hæc, quo ibat quotidie in sancta Quadragesima c aut cc jubebat pauperibus dari panem, piscium et vini cibaria. In die autem Cœnæ Domini, non videntibus incredibile, videntibus vero et servientibus in tali negotio satis admirabile, cum non minus quam trecenti ipsa die sua providentia congregati, de ejus sancta manu flexo poplite in terram, unusquisque legumen, piscem, panem, denarium unum sumebat in manibus. Et hoc hora diei tertia. Hora itidem sexta, Itidem centum clericis pauperibus præbendam panis, piscis, et vini concedebat; duodecim unumquemque eorum honorans denariis, corde et ore Davidicos semper decantans psalmos. Post mensam vero præparans se ad Dei servitium rex humilis ponebat vestimenta sua, indutus ad carnem cilicio, adjunctoque clericorum collegio centum sexaginta et eo amplius numero, ad exemplum Domini eorum pedes lavans capillis capitis sui tergebat, et ad mandatum Domini singulos eorum duobus solidis remunerans, clero præsente et diacono astante, qui lectionem legeret secundum Joannem in Cœna Domini dictam et factam. Talibus factis occupabat se rex meritis gloriosus, loca sanctorum perlustrando toto die sancto Parasceve et crucem Domini adorando usque in vigilia sanctæ Resurrectionis, in qua assumebat statim sacrificium laudis, quæ non defuit ab ejus ore in omnibus sæculis. His et hujuscemodi virtutum meritis honorumque operum exhibitionibus gloriosus et toto orbe prædicandus Rotbertus rex se mirabilem mundo præbuit, cunctis posteris imitabilem dereliquit.

Hic autem post Deum specialis gloria regum, pro sacrato sanctorum apostolorum numero, quos semper amabat corde benigno et quorum solemnes festivitates votivo præveniebat jejunio, ad horum exemplum duodecim pauperes secum ducebat, quos specialius diligebat. Quibus ipse erat vera requies post labores. Nam his sanctis pauperibus comparans fortissimos asinorum pullos, ante se, ubicunque pergebat, lætantes, Deum laudantes et animam suam benedicentes dirigebat. In his nempe et aliis innumerabilibus pauperibus recreandis nunquam habuit nolle, sed semper velle. Morituris his fortis erat provisio, ne quis minueretur de numero, eratque eis vivorum successio et apud Deum tanti regis oblatio. Hoc studium, hæc ejus semper fuit bona voluntas, cui semper adhæserat, participatione summi boni vera bonitas, in qua clarissimus versificator his versibus est delectatus :

Major cura boni est fratrum relevare labores,
Et fieri optatum tristibus auxilium.
Pascere jejunos, nudos vestire, ligatos
Solvere, discordes conciliare.sibi.
Et quæcunque homines miseri solatia quærunt,
Hæc, ut possibile est, promere corde pio.
Ut recte vere cupidus vereque benignus
Quæ mala sunt fugiat, quæ bona sunt faciat.

Hæc omnia in tanto viro fuisse omnis cognovit mundus, quia eum semper dilexit Deus.

Præterea construxit a novo in urbe Aureliana monasterium sancti Aniani singularis sui apud Deum advocati. Qui quam pium sanctæ devotionis amorem erga eumdem habuerit nullus edicere valet, quia illum suum semper post Deum adjutorem, protectorem et defensorem habere voluit, ad quoscunque potuisset pergere gressus. Nam uno die a quodam suo speciali amicorum amico interpellatus ut quid talem ac tantum pontificem et non alios sic sanctos suis sanctis laudibus extolleret, respondisse humillima et piissima voce fertur : Quis est Anianus? Anianus, Anianus pro certo est vera nostrorum consolatio, laborantium fortitudo, regum protectio, principum defensio, pontificum exsultatio, clericorum, monachorum, orphanorum et viduarum egregia et inenarrabilis sublevatio. Et illudens ad circumstantes pueros ait : Num et iste, de quo loquimur, Arianus, a pœnis virgarum vobis pueris non est frequens, vera et probata liberatio?

Ardens tanti pontificis honore hic redolens flos et decus Ecclesiæ sanctæ, et gratia Dei desiderio eum in altiori volens constituere loco, domum Domini super eum in melius construere cœpit et, Deo cooperante et sancto Aniano auxilia præbente, ad finem usque perduxit. Habet namque ipsa domus in longitudine tensas quadraginta duas, in latitudine duodecim, in alto decem, fenestras centum viginti tres. Fecit et altaria in ipso monasterio ad laudem sanctorum numero novemdecim, quorum memoriam hic adnotare curavimus ; principale, in honorem apostoli Petri, cui supradictus rex associavit coapostolum Paulum in benedictione, cum non antea ibi nisi solius sancti Petri esset veneratio ; ad caput S. Aniani, unum ; ad pedes, aliud ; aliud in honore S. Benedicti ; cætera sunt in honore eorum quorum nomina sunt ascripta, sancti videlicet Evurtii, sancti Laurentii, S. Georgii omniumque sanctorum, item S. Martini, S. Mauritii, S. Stephani, S. Antonii, S. Vincentii, sanctæ Mariæ, sancti Joannis, sancti Salvatoris, S. Mamerti, S. Nicolai et S. Michaelis. Caput autem ipsius monasterii fecit miro opere in similitudinem monasterii sanctæ Mariæ matris Domini et sanctorum Agricolæ et Vitalis in Claromonte constituti. Lecticam ipsius S. Aniani a fronte auro bono et optimo, et lapidibus pretiosis et argento mero præoccupavit. Tabulam ad altare S. Petri, in cujus honore exstat locus, auro bono totam cooperuit, de qua Constantia, nobilis regina, ejus conjux gloriosa, post mortem viri sui sanctis-

A simi Deo et sancto attribuit Aniano summam, scilicet librarum septem ipsius metalli in meliorandis a se monasterii facti tectis; quibus ab imis ad superiora apertis, cœlum melius cerneretur quam terra. Exstitit in ea quantitas auri quindecim librarum probati. Quod reliquum fuit in quibus debuit distribuit, quia erat ei sollicitudo Ecclesiarum Dei, juxta utile senioris sui velle. Post quæ omnia cupidus sanctæ benedictionis rex Rotbertus gloriosus, suæ ordinationis, benedictionis et assumptionis in regem anno tricesimo sexto, jussione imperatoria evocavit archipræsules Gauzlinum Bituricensem et abbatem Floriacensem , Leothericum Senonensem, necnon et Arnulphum Turonensem. Quorum præsentiam subsequuntur præsules Odolricus Aurelianensis, Theodoricus Carnotensis, Bernerius Meldensis, Guarinus Belvacensis, et Rodulfus Silvanectensis. Non defuit etiam præsentia domni et venerabilis Odilonis, Cluniacensium abbatis, et aliorum bonorum virorum non minimi meriti, cum quibus semper desiderabat colloqui. Ab his pro certo et aliis Dei ministris levatur illud nobile corpus amici Dei Aniani sanctissimi de sepulcro cum corporibus sanctorum Euspicii, Monitoris et Flosculi confessorum, Baudelii et Scubilii martyrum et Agiæ matris S. Lupi confessoris; et ab ipso glorioso rege et aliis, quos jam prænotavit littera, qui pro tali negotio advenerant, custoditur, laudatur , et decantatur in hymnis et laudibus in ecclesia S. Martini quoadusque præpararentur utilia et necessaria sanctæ benedictioni. Præparatis ergo omnibus, ab ipsis sanctis sacerdotibus locum ipsum benedici et consecrari solemniter fecit, anno Dominicæ incarnationis millesimo vicesimo nono, indictione duodecima. Sumitur itaque humeris inclyti regis gaudentium simul et lætantium populorum et transfertur cum laudibus in templum novum, quod ipse inclytus Rotbertus ædificaverat, laudantes Dominum et S. Anianum in tympano et choro, in chordis et organo, et eum in loco collocant sancto ad honorem, gloriam et laudem Jesu Christi Domini nostri et famuli sui Aniani, speciali gloria decorati.

Expleta benedictione solemni et omnibus quæ ad dedicationem sancti templi pertinebant, vadit jam cum reverentia nominandus pater patriæ Rotbertus ante altare sanctissimi Petri et dilecti domni Aniani, in conspectu omnium populorum, et exuens se vestimento purpureo, quod lingua rustica dicitur rocus, utroque genu fixo in terram, toto de corde ad Deum supplicem fudit precem in his verbis : « Gratias, inquit, ago tibi, bone Deus, qui ad effectum meam voluntatem hodie meritis S. Aniani perduxisti, lætificans animam meam de corporibus sanctorum cum eo hodierna die triumphantium. Da ergo, Domine, per hos sanctos tuos vivis delictorum indulgentiam, defunctis omnibus vitam et requiem sempiternam. Tempora nostra prospice, regnum tuum, quod tua pietate, misericordia, bonitate nobis datum est, rege, dispone, custodi ad laudem et gloriam nominis tui, S. Aniani virtute mirabili patris patriæ ab inimicis mirabiliter liberatæ.) Peracta oratione, ad sua quisque lætus regreditur et de suis donariis ipso die locus insigniter nobilitatur, in quatuor scilicet palliis pretiosissimis, et urceo argenteo et capella, quam post obitum suum Deo omnipotenti et sanctissimo confessori delegavit Aniano. Capella autem hujus piissimi, prudentissimi, potentissimi regis Rotberti, talis fuit : Cappæ octodecim bonæ, optimæ et bene paratæ. Libri Evangeliorum aurei duo, argentei duo, et alii duo parvi, cum missali uno transmarino, bene parato ebore et argento. Philacteria aurea duodecim. Altare unum auro et argento mirabiliter paratum, continens in medio petram laudabilem, quæ dicitur onichinus. Cruces aureæ tres. Major ex his continet in se libras auri puri septem. Signa quinque. Unum ex his satis mirabile, in quo duo millenaria metalli et sexcentæ libræ fuerunt, cui imprimi jussit signum baptismi de oleo et chrismate facti, sicut ordo deposcit ecclesiasticus, et ut vocaretur Rotbertus attribueret Spiritus sanctus. Dedit etiam et huic sancto ecclesias duas, Sentiliacum et Rutinagum, cum villis et omnibus quæ ad ipsas pertinent, quas præcepto regali firmavit et corroborari jussit. Promeruit autem et a domno Theodorico venerabili Aurelianorum episcopo altaria ipsarum ecclesiarum cum pontificali privilegio de ipsis a se facto, quod sancto contulit Aniano et regi inclyto, qui eum in voce exsultationis semper dilexerat de corde bono.

Castrum Crispiacus dictum a Waltero potenti nobiliter constructum Suessionico in territorio, Abbatiam sancti Arnulfi a se factam nobilis nobilem et per sæcula reddidit illustrem. Nostra enim ætate ibi abbatem quemdam, Lezcelinum nomine, constituit, boni testimonii virum, professione regularis vitæ monachum, quotannis venientem ad hunc Dei virum. Suscipiebatur ab eo ut Dei servus, et colloquium habentes de cœlestibus, post in redeundo honorabatur ab eo honorabilibus muneribus quam splendide, quæ erant juncta cœlestibus perfectæ charitatis virtute. Quodam autem tempore sanctæ Quadragesimæ Pisciaco ad regem de more properans, temporales simul et spirituales sumpserunt cibos. Avita se posthæc conjungentes bonitate, offert regi charitatem Dei abbas bonus, pro relevatione corporis ejus humillimi, ut haberet levamen ciborum, qui precibus pulsans ostia cœlorum fieret consors sanctorum. Hoc renuens vir pietatis et incumbens se terris omnimodis orabat ne vi cum opprimeret, quia talibus obediens nullam adhuc Deo jejunii votum obtulisset. Abba hoc audiens taciturnitatis vincula suscepit, et meditans corde quod esset perfectus virtute, pro jejunii ejus observatione, suscepit eum in multimodam et non numerosam missarum celebrationem, ut attribueret ei Deus in his firmam devotionem. His lætus rex donis a sancto viro perceptis, Deo gratias egit et sanctum celebravit continuo jejunium, exspectans Dei et Domini nostri Jesu Christi resurrectionem. Erat et hoc amatori bonorum in religione pro suarum emundatione culparum quod, a sancto Septuagesimo usque in pascha, nulla usus culcita frequenter cum suscipiebat ad jacendum fortissima terra, tendentem indesinenter ad æthera. Prostat tamen pro his et aliis animæ ejus subscripta et brevis oratio : Priorum actuum ejus maculas Deus tergat, oblivioni perpetuæ tradat, partem ei in resurrectione prima concedat qui est resurrectio mortuorum Jesus Christus vivens et regnans in sæcula sæculorum.

Cordi meo quid dulcius, quid jucundius potest jungi quam ut præceptorem, adjutorem meum, in omnibus Dei operibus collaudem? Redeo, redeo et, sicut solebam in diebus quibus nos simul respiciebamus, ejus mihi amabilem et desideratissimam recipio bonitatem. Delector etiam in illa et experior quid utilitatis mihi illa fuerit. In illa, ut meæ est recordationis, nil accipio, nil sentio quam ut bonus filius de patre bono, amicus de amico, dilectus de dilecto. Erubesco tamen valde in hujus admirabilis viri operum bonorum narratione, cum in eo semper floruerint quæ sunt fixa summis cœlorum, pro lucratione animarum et corporum. Quempiam videns desudare in Dei opere, hunc exhortabatur voce, clanculo allevans munere, cujus erat donum promissis pauperrimum, dato permaximum. In fundo monasterii Floriacensis loci paterna imitabilis abbatis mei Gauzlini jussione ecclesiam cœpi ædificare, modicam quidem, sed festivam ; ad quam occurrebat populus amore quorum erat sacranda condigna benedictione. Licet esset imperfecta, quamvis lignea, tamen promovit se rex vir cœlestium desideriorum a Vitriaco castro, desiderans eam videre aspectu sanctissimo. Fuerat jam jussu domni et amabilis Odolrici pontificis a venerabili Bituricensium archiepiscopo Gauzlino benedicta, dante eo in circuitu plenissime terram ipsi ecclesiæ perutilem. Intrans in ea rex et orans pallium quatuor librarum super altare posuit ; quod quia in honore sanctorum Dionysii, Rustici et Eleutherii, consecratum fuit, procul dubio ejus cordi ita insedit ut suis piis aspicientibus oculis, post ad eum Parisius me veniente, de reliquiis ipsorum martyrum, almi scilicet Dionysii, Rustici et Eleutherii, splendide exornaret, intercessionibus ditaret. Protectionis eorum dona hæc sunt : De casula sancti Dionysii, dalmatica sancti Rustici, casula sancti Eleutherii, de vestimentis eorum sanguine aspersis, de carnium eorum pulvere et funiculo triplici, quo fuit astrictus Dionysius martyr Domini pretiosus. His et aliis sanctorum pignoribus a rege amante Deum nobiliter insignitus est locus. Susceptæ sunt autem ipsæ sanctorum supra dictorum pretiosissimæ reliquiæ in Floriaco monasterio a domno Gauzlino abbate, in dando et accipiendo satis honorabili viro, die Kalendarum Octobrium, quo celebris agitur in omnibus sæculis sanctorum Germani, Remigii atque Vedasti solemnitas confessorum. Sane pœcatis existentibus, ipsa ecclesia post ignibus adusta, iterum a me misero, auxiliatrice manu Domini operante, sanctæ Mariæ matris Domini, Patris quoque Benedicti et eorumdem sanctorum adjuvantibus meritis, quæ erat lignea facta est lapidea, quam magnæ bonitatis gloriosus episcopus Odolricus sua, non alterius, ut prius, manu Domino Deo et suis sanctis dedicari et consecrari voluit. Fecit ut decebat talem virum. Quippe qui sic me protexit amore omni, quo advixit tempore, operante Dei virtute, ut in his quæcunque volui, nunquam ejus habuerim nolle, sed semper quod est honestum et utile. Hæreditatem sanctorum sacerdotum, quam semper hic sacerdos inclytus honore pontificatus consequi desiderabat, hanc quæsumus ei tribuere dignetur Pontifex summus, Deus et Dominus noster Jesus Christus. Hujus peccata destruat, collocet in coelestibus, jungat coelorum civibus Redemptor et Conditor, et sanctarum animarum mitissimus liberator. Intrantes hanc ecclesiam præ oculis habent subscriptos versiculos, memoriam sancti Dionysii et factoris loci retinentes, quos binis partibus divisos agnoscunt altaria, quorum sunt honore sacrata. Ad sinistram partem altaris sancti Dionysii hi sunt:

Ista Dionysius penetrantes limina sanctus,
Auxilio sancto consociet Domino.
Quem quicunque petis Dominum deposce tonantem,
Quatenus Helgaudum servet amore suum.
Cujus amor Christo sic sic venerabile templum
Construxit Domino atque Dionysio.

Item ad dexteram :
Est domus ista Deo sine fine dicata superno,
Helgaudi studio consilioque boni.
Hinc paradisiaci pulsatur janua regni :
Hinc pia plebs Domino conjubilat supero.
Intrantes pariter Christus conservet Jesus.
Dicite, cuncti, voce fideli omne per ævum:
Sic fiat : Amen, amen, amen.

Hujus certe temporibus, cujus adjuvante Deo facta describimus, fulsit in monasterio Floriacensi loco celebri splendidus mundo Gauzlinus abbas merito, sanctis Deo conjunctus operibus, pollens scientia spirituali simul et humana. Inerant ejus cordi Abonis magistri prolati sanctæ Scripturæ flores boni, de quibus honestissime imbutus ita cructabat omnibus, ut possent delectari in coelestibus. In sanctis eleemosynis ita largissimus, ut ipse positus in fortissimis frigoribus a se vestes pellium abjiciens, pauperes Christi indueret, ut a remuneratore bonorum præmium perciperet, de quo audiret: *Nudus fui, et vos operuistis me. Quod uni ex minimis meis fecistis, mihi fecistis: Venite, benedicti Patris mei, percipite regnum quod vobis paratum est ab origine mundi (Matth. xxv, 34-38).* Hunc perfectus rex ita suis affixit obtutibus, ut cum præ cæteris diligens suis eum specialiter deviceret consiliis, quæ ab eo probe probata, semper ea habuit honesta, nunquam tamen injusta. In honoribus sæculi eum honorans attribuit illi honores non minimos, abbatiam S. Benedicti, quæ est caput totius ordinis monastici et episcopatum Bituricensem sancti protomartyris Stephani, principatum tenentis totius Aquitaniæ, qui fuit et est honor et decus Franciæ. In quibus quæ peccavit vera charitas et eleemosyna, quæ in eum floruerunt, virtute magna, perpetuæ tradent oblivioni actione felicis boni, quod habuit participatione summi boni. In diebus quippe Septuagesimæ residens rex illustris Parisius civitate misit ad eum abbas humilis ex more pro sacratissimi loci utilitate. Qui missi erant his propriis appellabantur nominibus : Albericus unus sacerdotii gloria decoratus, largifluæ charitatis vir; cui adjunctus Dei dono et excellentissimi patris Gauzlini imperio, frater de nomine dictus Helgaudus, quem iste princeps Dei affectu diligebat paterno; tertium secum habentes in obsequio fraternitatis laborantem, Hisembertum nomine, conversione dignum factum monachum. Dies autem sanctæ Quadragesimæ Pisciaco celebraturus, jam acceleraverat nobiscum proficiscentibus ejus præceptis imperialibus, in quo erat rationem redditurus, de quibus eum adieramus. Cum ecce venientes ad portum Sequanæ, qui dicitur Carolivenna, hoc est piscatoria, quæ erat difficultate transmeabilis, jussione ejus sancta soli naviculam intravimus, ipso aspiciente et considerante quis finis non assumeret, quos ad se venire alacres et incolumes exspectabat. Affuit nobis miseris hujus intercessione regis, qui laudatur, benedicitur et adoratur ubique Deus. Navigantibus nobis et equos nostros juxta lintrem frenis trahentibus, contigit unum sonipedem, indomitum et nunquam talia id actum, in mediis fluctibus duos in navi anteriores posuisse pedes; cujus forti rabie navis periclitabatur, trahens nos jam in profundum. Inclamans rex post Deum altissimum cum suis et virtutes coelorum, dat voces immensas ad coelum nostro pro periculo. Pronuntiat grandi voce frena relinquere, et equos longe a navi arceri. Ad cujus amabilem vocem laxatis frenis, ut jusserat, et equi pedibus de navi ejectis, coepimus ad littus evehi. Ipse quoque sanctum Dionysium sanctumque Benedictum et omnes sanctos Dei in adjutorium nostrum provocabat, lacrymis perfusus oculis. Cujus precem audivit is qui est in sæcula benedictus Deus. Factum est ut voluit, et deducta navi ad terram, suscepit nos per Dei gratiam incolumes, qui eramus simul cum eo mirabilem Deum laudantes. Ex quo facto habuit nos Deus omnipotens omni tempore laudatores. Mansimus autem cum ipso Dei viro illo in loco triduo, delectati dulci ejus colloquio, sicut et aspectu jucundo. Cujus, quæsumus, sanctissimam animam suo collocet in regno, qui eam redemit sanguine pretioso!

Adhuc in majori quam ingressi sumus loco placet ponere pedem, ad ejus gloriosum festinantis transitum in describendo, quem laudibus veracissimis et non falsis, apertis et non fictis, Domino costro audebimus commendare, sancti Spiritus virtute ut mereatur evadere diem ultionis extremæ, insignitus signaculo Trinitatis sanctæ. Sed quia adhuc quædam de ejus mira operatione, quæ sunt veræ humilitati sociata, nos scripsimus et quæ multis prosunt et proderunt ad salutem, restat ut, his manifestatis, non teneat nos otiosos ejus sanctissimus obitus, qui dono Dei exstitit laudabilis et gloriosus. Habens desiderium mori sæculo et vivere Christo Deo, Rex strenuissimus eum, cui est omne quod est et cui attribuimus omne quod scribimus, desiderans videre, voluit terris habere socium, quem non potest capere cœlum. Proficiscente eo quadam Quadragesima ad sanctos, Dei servitio sibi conjunctos, adit, orat, honorat, aures eorum precibus humillimis et salutaribus pulsat ut cum ipsis et sanctis omnibus inveniri posset in Dei laudibus dignus. Laborabat in hoc carnis et spiritus fortitudine, ut evinceret Dei virtute. Intrans fines Bituricum suscipit eum sanctus protomartyr Stephanus cum sancto Maiolo meritis præcipuo, sancta Maria, cum celebri Juliano martyre summo, iterum ipsa piissima virginum virgo Maria, cum sancto Egidio confessore magno. Inclytus vero Saturninus cum forti Vincentio, dignus Antoninus cum Fidi martyre, sanctus Domini Giraldus ipsum jam revertentem ad propria sancto iterum reddit incolumem Stephano glorioso, cum quo terris lætum deducens diem Palmarum, properat Aurelianis, ibi in Pascha percepturus Auctorem nostræ salutis. Quo itinere, multa ab eo fuerunt dona sanctis data, a pauperibus vero ejus manus nunquam fuit vacua. Nam ipsa terra multos habens infirmos et præcipue leprosos, hos vir Dei non abhorruit, quia in Scripturis sanctis legit Dominum Christum multoties in speciem leprosorum hospitio susceptum. Ad hos avida mente properans et intrans, manu propria dabat denariorum summam et ore proprio figens eorum manibus oscula, in omnibus Deum collaudabat, memor verborum Domini dicentis : *Memento quia pulvis es et in pulverem reverteris* (Gen. XIII, 19). Cæteris autem mittebat devote pro Dei omnipotentis amore, qui operatur magna ubi est. Tantam quippe gratiam in medendis corporibus perfecto viro contulit divina virtus ut, sua piissima manu infirmis locum tangens vulneris et illis imprimens signum sanctæ crucis, omnem auferret ab eis dolorem infirmitatis. Charitatis integræ non immemor servus Dei considerabat pretiosa Martyrii monachi facta, qui proprio leprosum astringens vestimento illumque suo levans humero, dum ei servitutis officia dare voluit, repente ad æthera rediit et ei ascendens dixit Christus, qui in specie leprosi fuerat susceptus : «Martyri, tu me non erubuisti super terram, ego te non erubescam super cœlos.» Habeat hic, de quo loquimur, præstante Deo, partem cum sancto Martyrio, qui istis et aliis bonis operibus festinabat se sociari Christo Deo.

In ædificationibus vero ecclesiarum Dei hic temporali simul et spiritali oleo inunctus rex, sanctæ benedictionis dono suam potentiam et voluntatem adimplere desiderans et ad æternæ beatitudinis palmam consequendam anhelans, inter alia cogitare cœpit et post cogitata ad effectum perducere, sancti Dei, cujus sublimitatis, cujus meriti quave essent honorandi et extollendi laude, de quibus nulla ei cunctis temporibus loquendi laudandive fuit satietas. Enimvero apparebit in his quæ subter sunt adnexa, descripta et superioribus juncta, quia omnia semper fuerunt ei curæ, scilicet quæ sunt pudica, quæ sunt casta, quæ sunt sancta, et quæ habet virgo vere mater Ecclesia sancta. Attamen nunquam fuit illi Deus obliviosus. In ipsa autem civitate Aurelianis ædificavit monasterium in honore sancti Aniani, ut diximus; item, aliud in honore sanctæ Mariæ matris Domini nostri Jesu Christi et S. Hilarii confessoris summi. Sanctæ itidem Mariæ genitricis Dei, cognomento Fabricatæ. Fecit inibi et monasterium sancti Vincentii martyris Christi; monasterium S. Pauli apostoli, in Cantogilo villa; monasterium S. Medardi, in Vitriaco castro; monasterium S. Leodegarii, in silva Aquilina; monasterium sanctæ Mariæ in Miliduno castro cum alia ecclesia; monasterium S. Petri et S. Reguli, in civitate Silvanectensi; monasterium sanctæ Mariæ in Stampensi castro; item in ipso castro, ecclesiam unam, in palatio; in civitate Parisius, ecclesiam in honore S. Nicolai pontificis in palatio; monasterium S. Germani Antissiodorensis, S. Michaelis ecclesiam, in silva cognominata Bieria; item monasterium S. Germani Parisiacensis cum ecclesia S. Vincentii, in silva cognominata Ledia; in villa, quæ dicitur Gomedus, ecclesiam in honore S. Aniani; item in villa Faida, ecclesiam in honore S. Aniani; monasterium sanctæ Mariæ, in Pisciaco; monasterium S. Cassiani in Augustiduno. Pro his omnibus et aliis innumerabilibus quæ per Domini virtutem operatus est bonis, oremus singuli, oremus omnes et dicamus : « Deus, qui inter sanctissimos reges famulum tuum Robertum regali fecisti dignitate vigere, præsta, quæsumus, ut quorum vicem ad horam gerebat in terris, intercedente gloriosa Dei genitrice Maria cum omnibus sanctis eorum quoque perpetuo consortio lætetur in cœlis. Per eumdem Dominum nostrum. »

Ante suum sane sanctissimum obitum, qui tertio decimo Kalendas Augusti exstitit, die passionis apostolorum sanctorum Petri et Pauli, sol ad similitudinem quartæ lunæ subtractis radiis fuscatus apparuit in toto mundo, hora diei sexta pallescens super homines. Quorum visus ita obnubilavit ut nullus alium recognosceret, donec quoddam recognoscendi transiret spatium. Quid autem portenderit, in proximo patuit, cum nil nobis miserius aluit quam de sua morte dolorem intolerabilem reliquerit. A die enim S. Petri ad sui sanctissimi transitus diem viginti et unus dies supputantur. In quibus diebus sancta David canens meditabatur legem Domini die ac nocte, ut procul dubio ei concordari queat illud quod de sanctissimo Patre Benedicto specialiter dictum est:

Psalmicen assiduus nunquam dabat otia plectro,
Sacra canens obiit psalmicen asiduus.

Cognoverat autem hic miles beatus tunc Dei servis pacem esse liberam, quietem tranquillam, quando de hujus mundi turbinibus abstracti ad sedem et securitatem æterni portus intrarent et absorpta morte ad immortalitatem venirent. Festinabat enim supranominatis virtutibus de præsenti tristitia ad lætitiam venire perennem. Dicebat illi perfectum esse gaudium, qui elaboraret ut videre posset Christum Deum. Exire ipse de hoc sæculo paratus, Dominum Jesum suæ salutis atque utilitatis magistrum semper invocabat. Ad videndam regis æterni insuperabilem potentiam angelos, archangelos et omnes Dei sanctos in auxilium suum venire voce, signis, indesinenter orabat, muniens se semper in fronte et oculis, naribus et labiis, gutture et auribus per signum sanctæ crucis, memoria Dominicæ incarnationis, nativitatis, passionis, resurrectionis et ascensionis et gratiæ Spiritus sancti. Habuit hoc ex more in vita, cui nunquam defuit voluntate aqua benedicta. His vero aliisque refertus bonis virtutibus, sexagenarius, ut credimus, opperiebat mortem intrepidus. Et invalescente validæ febris languore, petiit viaticum salutare et salubre vivifici corporis et sanguinis Domini nostri Jesu Christi. Sumpto eo et, parvo intervallo facto, ad Regem regum et Dominum dominorum demigrans, felix feliciter felicia promeruit regna. Obdormivit autem, ut diximus, in Domino decimo tertio Kal. Augusti, lucescente aurora diei tertiæ Sabbati, Miliduno castro; et Parisius deportatus apud S. Dionysium juxta patrem suum sepelitur ante altare sanctæ Trinitatis. Fuerat ibi ingens luctus, intolerabilis dolor, dum monachorum ingemiscens turba pro absentia tanti Patris, clericorum innumerabilis multitudo ærumnas suas ab ipso sancto pie relevatas dolens, viduarum et orphanorum infinitus numerus, beneficia ab eo percepta deplorans, dabat voces ad cœlum immensas. Una pro certo omnium vox : « Rex magne, Deus bone, ut quid nos interficis, cum nobis Patrem bonum abstrahis, et tibi adjungis? » Pugnis enim pectora percutientes ibant et revertebantur ad sancti tumulum, repetentes jam dicti sermonis versiculum, adjicientes ut misereretur ei Deus in bonum precibus omnium sanctorum in sæculum sempiternum. In cujus morte, heu! proh dolor! ingeminatis vocibus acclamatum est : « Rotberto imperante et regente, securi viximus, neminem timuimus. Patri pio, patri senatus, patri omnium bonorum, felix anima et salus, felix ad superna ascensus, felix cum Christo rege regum per sæcula cohabitatio. »

Hujus igitur mirabilis regis portio in cœlesti regno fuit Dominus Deus. Etenim narranda est. Fastigio regni erectus in sublimi, hic humillimus vir Dei abjecit a se jactantiam inhonestæ mentis, quæ sunt honorum sublimia, mundi gloriam et in cœlis suum collocans thesaurum, propter hoc hujus portio factus est Deus. Magnus apud Deum ejus thesaurus, egregius sanctarum divitiarum cumulus, cubile requietionis sanctæ perpetuum, cujus est Deus propitiatio qui fuit totius mundi liberatio, Inter alia unum quiddam doloris nobis hoc affert quod talis ac tantus vir sine titulo ornati lapidis, sine nomine, sine litteris jacet, cujus in toto terrarum orbe gloria et memoria in benedictione est. Proinde omni sæculo profuit et proderit hujus serenissimi regis ratio, cui indesinenter adhæsit ecclesiasticus et sibi semper amabilis monasticus ordo. Hunc Christus Deus bonum omnibus dederat patrem. Attamen libet adnotare paucis in fine hujus Operis innumerosam hujus mirabilis bonitatem regis. Sermocinans quis cum eo non est lætificatus gaudio magno? Pacem quis desiderans in ejus conspectu non abhorruit iram? Vultus sui præsentiam aspiciens quis non est oblitus dolos? Orationibus ejus quis monachorum non habuit requiem et non est amatus, dilectus et veneratus? Ejus sanctissima admonitione quis clericorum non fuit amator castimoniæ? Ipsius amicabilia verba quibus non fuerunt medicamina? Aspectus ejus quibus non profuit insipientibus, ut virga? Oculos ejus humiles quis aspiciens non est meditatus cœlestia? Pauper et esuriens quis non satiatus ab ejus recessit mensa? Mortuus quis suo termino non ejus vestitus est vestimento? Hebes quis non est ab eo factus sapiens? Viduæ et pauperes, ad exemplum bonæ Dorcadis, non ab eo datas ostenderunt vestes? (*Act.* IX, 39.) Omnis miserorum multitudo, non eum patrem et nutricium inclamavit? Incidens quis in peccatum, non hujus sanctæ consolationis habuit auxilium? Dormitans quis præ tædio non est evigilatus a somno? Laudans quis Deum hunc non habuit in exemplum? Eleemosynam quis facere desiderans hunc non accipit imitatorem, quasi alium Joannem? Joannem dico Alexandrinum patriarcham qui pro ejus immensa, quæ fuit super miseros et pauperes misericordia, misericors dici et esse meruit sua in vita simul et in omni terra. Enimvero non fuit ei similis post sanctum David de cunctis regibus terræ in sanctis virtutibus, humilitate, misericordia, pietate et charitate, quæ super omnes est et sine qua nemo videbit Deum, quia semper adhæsit Domino et non recessit a mandatis ejus corde perfecto. Cætera, quæ sunt de sæculi militiis, hostibus devictis, honoribus virtute et ingenio acquisitis, historiographis scribenda relinquimus. Qui si fuerint et ea scriptitaverint, invenient in eis patrem et filios bellis inclytos et insigni gloria gloriosos. Jam nunc monachorum, clericorum, viduarum, orphanorum et omnium pauperum Christi ex parte habeas perpetuum vale, noster præcordialis amor Rotberte, et profer preces pro servo propitiabili Christo Deo, cui complacuisti laudabili vita et servitio et per sanctarum virtutum merita promeruisti cœlestia regna. Annuat hoc Deus omnipotens qui justificat impios, et vivificat mortuos, et sanctissimis regibus ornat cœlos, cujus regnum et imperium permanet in sæcula sæculorum.

EPITAPHIUM HUGONIS MAGNI

ROBERTI REGIS FILII,

Quod fecit Girardus Aurelianensis.

Ex antiquo Ms. cod. Viri Cl. Alexandri Petavii senatoris Paris.

Sublatum viduæ juvenem tibi, Francia, luge,
    Quæ caput extuleras damna tui lugeas.
Exue quidquid habes, festina scindere vestes,
    Dilacerans crines da capiti cineres.
Indomitos dociles qui redderet arduus hostes,
    Hugo, decus patrium flos cecidit juvenum.
Indolis extremæ miro dilectus amore,
    Nunc etiam luctus et dolor immodicus.
Celtiberi lacrymant, te regem Roma petebat,
    O miserande puer! sed tumulatus hic es.
Aspectu pulcher, victis pius, hostibus acer,
    Si fore vir posses, te Babylon tremeret.
Parthus et in pharetra propter te conderet arma,
    Apparensque minor cederet orbis honor.
Pax igitur tibi sit, quæ claudi limite nescit :
    Lector ad hoc pronus quod repetat petimus.

ROBERTI REGIS FRANCORUM
EPISTOLÆ.

EPISTOLA PRIMA.

ROBERTI AD LEOTHERICUM SENONENSEM ARCHIEPISCOPUM.

[Cum sit tibi nomen scientiæ, etc. *Exstat supra in vita Roberti, col.* 912.]

EPISTOLA II.

ROBERTI AD GAUZLINUM BITURICENSEM ARCHIEPISCOPUM.

(Circa annum 1022.)

ROBERTUS nutu Dei Francorum rex, GAUZLINO præsuli Bituricensium salutem. Volo vos scire animi mei motum qualiter se habet, ut forte accidere solet, cum mens humana movetur, si quid mirabile præter solitum insperate auditur. Dum ergo die Sabbati jam exhausto sederem ad cœnam, allata fuit mihi quædam epistola a Willelmo comite, de quodam portento mirabili audito, scilicet tribus diebus ante solemnitatem Joannis Baptistæ in quibusdam partibus regni mei, videlicet in partibus Aquitaniæ, juxta plagam maritimam, pluisse de cœlo talis naturæ sanguinem, ut cum fortuitu cadebat super carnem hominis, aut super vestimentum, aut super petram, non posset auferri lavando. Si vero cadebat super lignum, tum bene lavabatur. Si quidem per eamdem epistolam petiit a me idem Guillelmus comes, ut ego requirerem a mei regni sapientibus quid hoc portentum significaret. Ego vero volo et precor ut perquiratis in quibusdam historiis si unquam accidisset hujus simile, et quod factum sequeretur hujus rei portentum. Mihique hoc eodem legato rescribite quomodo acciderit, et in qua historia inveniri possit. Attamen deprecor ne differatis ad rescribendum mihi, quia tandiu legatum hujus portenti teneo, donec mihi respondeatis. Valete.

EPISTOLA III.

GAUZLINI BITURICENSIS ARCHIEPISCOPI AD ROBERTUM REGEM.

(Circa annum 1022.)

Domino regi Francorum excellentissimo ROTBERTO humilis GAUZLINUS æterni Regis consortium.

Quod placuit vobis interrogare de prodigio quod accidit, hoc nobis ex historiis aperte patet. Quod sanguis super gladium, aut civile bellum, aut gentem super gentem exsurgere portendit : Valerius Rufus in libro Memorabilium, capitulo quarto, De prodigiis, hæc refert : « Gaio Volumnio, Servilio Sulpicio consulibus, in urbe Roma initia motusque bellorum civilium hoc prodigium portendit. Carnis in modum nimbi dissipatæ partes ceciderunt. Quarum majorem numerum præpetes diripuerunt aves, reliquum humi per aliquot dies, neque odore tetro, neque deformi aspectu mutatum jacuit. In Sicilia scuta duo sanguinem sudasse; etiam metentibus cruentas spicas in corbem cecidisse. Oppido Ceritis aquas sanguine mixtas fluxisse. » Chronica Eusebii de prodigiis hoc refert : « Valentiniano imperante, post solis occasum ab aquilone cœlum quasi ignis aut sanguis effectum est. Gentis Hunorum, pace rupta, irruptio in Galliis secuta est. » Item anno Leonis imperatoris septimo, medio Tolosæ civitatis sanguis erupit de terra, et tota die fluxit, significans dominationem Gothorum sublatam. Item Historia Longobardorum libro III, cap. 6 : « Tempore Theodeberti regis Francorum signum sanguineum in cœlo apparuit, et quasi hastæ sanguineæ. Eo tempore ipse Theodebertus cum Lothario avunculo suo bellum gerens, ejus exercitum vehementer afflixit. » Item in eadem Historia : « Temporibus Justiniani in provincia præcipue Liguriæ maxima pestilentia exorta est. Subito enim apparebant quædam signacula per domos, ostia, vasa vel vestimenta. Quæ si quis voluisset abluere, magis magisque apparebant. Post annum vero expletum, cœperunt nasci in inguinibus hominum vel in aliis debilitatioribus locis glandulæ in modum nucis seu dactyli, quas mox sequebatur febrium intolerabilis æstus, ita ut in triduo homo exstingueretur. Sin vero aliquis triduum transegisset, habebat spem vivendi. Erat autem ubique pavor, ubique luctus, ubique lacrymæ. Nam ut vulgi rumor habebat fugientis cladem vitæ, relinquebantur domus desertæ habitatoribus, solis catulis domus servantibus. Peculia sola remanebant, in pascuis nullo astante pastore. Cerneres pridem villas seu castra repleta agminibus hominum, postera die universis fugientibus cuncta esse in summo silentio. Fugiebant filii, cadavera insepulta parentum relinquentes. Parentes, obliti pietatis in viscera, natos relinquebant æstuantes. Si quem forte antiqua pietas perstringebat, ut vellet sepelire proximum, restabat ipse insepultus; et dum obsequebatur, perimebatur. Dum funeri obsequium præbebat, ipsius funus sine obsequio manebat. Videres sæculum in antiquum redactum silentium : nulla vox in rure, nullus sibilus, nullæ insidiæ bestiarum in pecudibus, nulla damna in domesticis volucribus. Sata transgressa metendi tempus intacta exspectabant messorem. Vinea amissis foliis radiantibus uvis illæsa manebat, hieme propinquante. Nocturnis seu diurnis horis personabat turba bellantium, audiebatur a pluribus quasi murmur exercitus. Nulla erant vestigia commeantium, nullus cernebatur percussor ; et tamen visum oculorum superabant cadavera mortuorum. Pastoralia loca versa fuerant in sepulturam hominum, et habitacula humana facta fuerant confugia bestiarum. » Hæc de historiis pauca prænotavimus. Quod vero cecidit super petram, et ablui non poterat, videtur significare Ecclesiam sanctam; quæ super petram, id est Christum, fundata, tribulationem passura sit. Quod vero super carnem hominis et vestimentum ejus cecidit, ablui poterat. Non incongrue accipitur per carnem populus, per vestimentum substantia quæ ad adjutorium hujus vitæ nobis conceditur. Ligno etiam datur intelligi vitale lignum sanctæ crucis, et baptismum quo sumus regenerati ad vitam. Lignum ad humorem aquæ virescit. Et quando Judaicus populus in eremo sitivit, et præ amaritudine aquas bibere non potuit, jubente Domino misit Moyses lignum in aquam, et conversa est amaritudo in dulcedinem, et refocillatus est populus. Arca enim Noe de lignis fabricata quid significet non ignoratis. In quibus omnibus per lignum non nisi misericordiam suam Dominus operatus est. Quia igitur de ligno sanguis lavabatur, creditur quod per pœnitentiam et eleemosynam, et cæteros fructus misericordiæ, qui intra sinum matris Ecclesiæ exercentur, severitas et indignatio justi Judicis Dei, quæ merito peccatoribus debetur, et ad misericordiam possit reflecti. Misericors est enim Dominus adeo, sicut Psalmista loquitur, *ut non solum homines, sed etiam jumenta salvet.* Omnipotens Deus dilatet imperium vestrum, et dextera vos semper protegat, et ad pacem sanctæ Ecclesiæ vitam vobis longævam tribuat, et sua vos benedictione in omnibus exornet.

EPISTOLA IV.
FULCONIS ANDEGAVORUM COMITIS AD ROBERTUM REGEM.
(Circa annum 1022).

Domino suo regi ROBERTO FULCO Andegavorum comes salutem et fidele servitium.

Guillelmus Pictavorum comes, herus meus, locutus est mihi nuper, dicens quod, postquam Itali discesserunt a vobis, diffisi quod vos regem haberent, petierunt filium suum ad regem. Quibus ille invitus coactusque respondit tandem acquiescere se voluntati eorum, si consentirent illis cuncti marchiones Italiæ et episcopi, ac cæteri meliores. Illi promiserunt quod recta fide facerent illos consentire, si possent. Nunc ergo mandat vobis, postulans suppliciter gratiam vestram [ut detineatis homines de Lotharingia, et Fredericum ducem, atque alios quos poteritis, ne concordent cum rege Cono, inflectendo eos quantum quiveritis ad auxilium ejus. Dabit vobis pro hoc negotio mille libras denariorum, et centum pallia, et dominæ reginæ Constantiæ quingentas libras nummorum. Orat vos ut ipse eam salutetis, et filium vestrum regem ex parte sua ; et ego precor significari litteris aut nuntiis quid animi vobis sit super hoc quod ipse vos rogat, ut renuntiem illi. Vale.

EPISTOLA V.
ODONIS COMITIS AD ROBERTUM REGEM.
(Anno 1024).

Domino suo regi ROBERTO comes ODO.

Pauca tibi, domine, dicere volo, si audire digneris. Comes Richardus, tuus fidelis, monuit me venire ad justitiam, aut concordiam, de querelis quas habebat contra me. Ego vero misi causam hanc totam in manu ipsius. Tum ille ex consensu tuo constituit mihi placitum, quando et ubi hoc perfici posset. Sed instante termino cum ad hoc peragendum paratus essem, mandavit mihi ne me fatigarem ad condictum placitum veniendo, quia non erat tibi cordi aliam justificationem sive concordiam recipere nisi hoc tantum ut faceres mihi defendere quod non essem dignus ullum beneficium tenere de te; nec sibi competere dicebat, ut me ad tale judicium exhiberet sine conventu parium suorum. Hæc causa est cur tibi ad placitum non occurri. Sed de te, domine mi, valde miror, qui me tam præpropere causa indiscussa tuo beneficio judicabas indignum. Nam si respiciatur ad conditionem generis, daret Dei gratia quod hæreditabilis sim. Si ad qualitatem beneficii quod mihi dedisti, constat quia non est de tuo fisco, sed de his quæ mihi per tuam gratiam ex majoribus meis hæreditario jure contingunt. Si ad servitii meritum, ipse profecto nosti, donec tuam gratiam habui, quomodo tibi servierim domi, et militiæ, et peregre. At postquam tuam gratiam avertisti a me, et honorem quem dederas mihi tollere nisus es, si me et honorem meum defendendo aliqua tibi ingrata commisi, feci hoc lacessitus injuriis et necessitate coactus. Quomodo enim dimittere possum, et non defendam honorem meum? Deum et animam meam testor quod magis eligerem honoratus mori, quam vivere dishonoratus. At si me dishonorare velle desistas, nihil in mundo est quod magis quam gratiam tuam vel habere vel promereri desiderem. Discordia enim tua mihi quidem molestissima est, sed et tibi, mi domine, tollit officii tui radicem et fructum : justitiam loquor et pacem. Unde suppliciter exoro clementiam illam, quæ tibi naturaliter adest, si maligno consilio non tollatur, ut jam tandem a persecutione mea desistas, meque tibi sive per domesticos tuos, seu per manus principum reconciliari permittas. Vale.

HYMNI ET RESPONSORIA

ROBERTO REGI ASCRIPTA.

(Hymnum de Spiritu sancto edimus ex Daniele, *Thesaurus hymnologicus*, tom. II, pag. 55; reliquos suppeditavit Сисніточеиs, *Elucidatorium ecclesiasticum*, Paris 1521, fol., tom. II, pag. 37, 206, 207, 217, 230, 141, 121. Vide *Notitiam litterariam* supra.)

I.

Hymnus de Spiritu sancto (4).

1. Veni sancte Spiritus
Et emitte cœlitus
Lucis tuæ radium,

2. Veni pater pauperum,
Veni dator munerum,
Veni lumen cordium.

3. Consolator optime,
Dulcis hospes animæ,
Dulce refrigerium.

4. In labore requies,
In æstu temperies,
In fletu solatium.

5. O lux beatissima
Reple cordis intima
Tuorum fidelium.

6. Sine tuo numine
Nihil est in homine
Nihil est innoxium.

7. Lava quod est sordidum,
Riga quod est aridum,
Sana quod est saucium.

8. Flecte quod est rigidum,
Fove quod est frigidum,
Rege quod est devium.

9. Da tuis fidelibus
In te confidentibus
Sacrum septenarium.

10. Da virtutis meritum,
Da salutis exitum,
Da perenne gaudium.

II.

Hymnus in tempore paschali.

Chorus novæ Hierusalem
Nova meli dulcedine
Promat : colens cum sobriis
Paschale festum gaudiis.

Quo Christus invictus leo
Dracone surgens obruto,

(4) Omnes sacrorum carminum amatores, quales et quotquot fuere, regium poetam Davidis instar nomini Domini psallentem dignum censebant quem summis laudibus eveherent. Optime Clichtovæus : « Non satis hæc oratio, mea quidem sententia, commendari potest, nam omni commendatione superior est.— Crediderim facile auctorem (*quisquis is fuerit*) cum hanc contexuit orationem cœlesti quadam dulcedine perfusum esse interius, qua Spiritu sancto auctore tantam eructavit verbis a eo succinctis suavitatem. » — Inde haud miramur, Sequentiam supra positam in plurimis ecclesiis in usu fuisse, præsertim feria secunda Pentecostes. Nam in ipsa Dominica cantus : *Sancti Spiritus nobis adsit gratia*, qui majorem vetustatem redolebat, fere ubique sedem suam obtinuit. Ut nunc est, cum ex universa Sequentiarum clade, quæ sæculo decimo sexto facta est, solus Robertus cum tribus aliis poetis salvus evaserit, cantatur ipsa Pentecostes solemnitate, et dicitur quotidie usque ad sequens Sabbatum inclusive. » Neque in Lutheri Ecclesia carmen nostrum obticuit; dolendum tamen est non fuisse, qui Sequentiam eleganter ac suaviter fecerit Germanicam. Vetustiorem translationem quæras Altd. Bl. IV, p. 379.— 2 Matth. v, 3, *Beati pauperes spiritu*.— 4. Aug, et *fletu*.— 6. Pm. Torr. *in lumine*, Opinabantur editores omnes carminis versiculos desinere in ὁμοιοτέλευτα. Laudatur stropha sexta in Confessione Augustana.— 7. M. 12, *sana — riga*.— 8. Pr., *reduc quod*.—9. M. 12. 17. Fr. Es., *sacro septenario*. Hi libri faciunt stropham nonam arctissime cohærentem cum decima.—Noli tandem præ- termittere artificiosam totius carminis οἰκονομίαν. Id unum precatur poeta ut Spiritus sanctus veniat, ut det munera sua fidelibus. Incipit igitur : *Veni*, et iterum sanctum munus flagitat ter repetendo vocem : *Veni*. Simili ratione stropha nona a primo loco exhibet vocabulum : *Da*, quod, duobus versibus interpositis, ter profertur in stropha decima.

Dum voce viva personat ;
A morte functos excitat.
  Quam devorarat improbus
Prædam refundit tartarus :
Captivitate libera
Jesum sequuntur agmina.
  Triumphat ille splendide :
Et dignus amplitudine,
Soli, polique patriam,
Unam facit rempublicam.
  Ipsum canendo supplices
Regem precemur milites.
Ut in suo clarissimo
Nos ordinet palatio.
  Per sæcla metæ nescia
Patri supremo gloria ;
Honorque sit cum Filio
Et Spiritu paraclito.
  Amen.

III.

Item hymnus in tempore paschali.

  Te, lucis auctor, personent
Hujus catervæ carmina
Quam tu replesti gratia
Anastasis potentia.
  Nobis dies hic innuit
Diem supremum sistere :
Quo mortuos resurgere
Vitæque fas sit reddere.
  Octava prima redditur :
Dum mors ab unda tollitur.
Dum mente circumcidimur :
Novique demum nascimur.
  Dum mane nostrum cernimus
Redisse victis hostibus :
Mundique luxum temnimus,
Panem salutis sumimus.
  Hæc alma sit sollemnitas :
Sit clara hæc festivitas ;
Sit feriata gaudiis
Dies reducta ab inferis.
  Amen.

IV.

Prosa in Ascensione Domini.

Rex omnipotens, die hodierna,
Mundo triumphali redempto potentia,
Victor ascendit in cœlos unde descenderat.
Nam quadraginta postquam surrexerat
Diebus sacris confirmans pectora apostolorum,
pacis chara relinquens oscula.
Quibus et dedit potestatem laxandi crimina,
Et misit eos in mundum baptizare cunctas animas.
In Patris, et Filii, et Spiritus sancti clementia.
Et convescens præcepit eis ab Hierosolymis
Ne abirent, sed exspectarent promissa munera.
Non post multos enim dies mittam vobis Spiritum paraclitum in terris.
Et eritis mihi testes in Hierusalem, Judæa, sive Samaria.
Et cum hoc dixisset, videntibus illis elevatus est, et nubes clara
Suscepit eum ab eorum oculis, intuentibus illis in aera.
Ecce stetere amicti duo viri in veste alba
Juxta dicentes : Quid admiramini cœlorum alta ?
Jesus enim hic qui assumptus est a vobis ad Patris dexteram,
Ut ascendit ita veniet, quærens talenti commissi lucra.
O Deus mari, poli, arvi, hominem quem creasti ; quem fraude subdola
Hostis expulit paradiso ; et captivatum secum traxit ad tartara ;
Sanguine proprio quem redemisti, Deus ;
Illuc et revehis, unde prius corruit paradisi gloria.
Judex, cum veneris judicare sæcula ;
Da nobis, quæsumus, sempiterna gaudia in sanctorum patria.
In qua tibi cantemus omnes alleluia.
Amen.

V.

Prosa in die Pentecostes.

Sancti Spiritus adsit nobis gratia,
Quæ corda nostra sibi faciat habitaculum,
Expulsis inde cunctis vitiis spiritualibus,
Spiritus alme, illustrator hominum,
Horridas nostræ mentis purga tenebras...
Amator sancte sensatorum semper cogitatuum,
Infunde unctionem tuam, clemens, nostris sensibus.
Tu, purificator omnium flagitiorum, Spiritus,
Purifica nostri oculum interioris hominis,
Ut videri supremus Genitor possit a nobis,
Mundi cordis quem soli cernere possunt oculi.
Prophetas tu inspirasti, ut præconia Christi præcinuissent inclyta,
Apostolos confortasti, uti tropæum Christi per totum mundum veherent ;
Quando machinam per Verbum suum fecit Deus, cœli, terræ, marium,
Tu super aquas, foturus eas, numen tuum expandisti spiritus.
Tu animabus vivificandis aquas fecundas.
Tu aspirando das spirituales esse homines ;
Tu divisum per linguas mundum et ritus adunasti, Domine ;
Idolatras ad cultum Dei revocas, magistrorum optime.
Ergo nos supplicantes tibi exaudi propitius, sancte Spiritus,
Sine quo preces omnes cassæ creduntur, et indignæ Dei auribus.
Tu qui omnium sæculorum sanctos tui numinis docuisti instinctu amplectendo, Spiritus,

Ipse hodie apostolos Christi donans munere insolito et cunctis inaudito sæculis,
Hunc diem gloriosum fecisti. Amen.

VI.
Responsorium.

ıngrediente Domino in sanctam civitatem, Hæbræorum pueri resurrectionem vitæ pronuntiantes, cum ramis palmarum Hosanna clamabant in excelsis. — *Versus* cum audisset populus quia venit Jesus Hierosolymam, exierunt obviam ei cum ramis, etc. — *Antiphona* : Ave, rex noster, fili David, Redemptor mundi, quem prophetæ prædicaverunt Salvatorem domui Israel esse venturum. Te enim ad salutarem victimam Pater misit in mundum, quem exspectabant omnes sancti ab origine mundi, et nunc : Hosanna filio David.

VII.
In eodem festo, aliud responsorium.

Ad nutum Domini, nostrum ditantis honorem. Sicut spina rosam, genuit Judæa Mariam. — *Versus.* Ut vitium virtus operiret, gratia culpam. Sicut spina rosam, etc.

VIII.
In Septuagesima.

Peccata mea, Domine, sicut sagittæ infixa sunt in me. Sed antequam vulnera generent in me, sana me, Domine, medicamento pœnitentiæ, Deus. — *Versus.* Quoniam iniquitatem meam ego cognosco, et delictum meum coram me est semper; tibi soli peccavi. Sed antequam, etc.

IX.
In quadragesima.

Emendemus in melius quæ ignoranter peccavimus, ne subito præoccupati die mortis, quæramus spatium pœnitentiæ, et invenire non possimus. Attende, Domine, et miserere, quia peccavimus tibi. *Versus.* Peccavimus cum patribus nostris, injuste egimus, iniquitatem fecimus. — Attende, etc.

Dominica in Passione.

Circumdederunt me viri mendaces, sine causa flagellis ceciderunt me. Sed tu, Domine, defensor, vindica me. — *Versus.* Quoniam tribulatio proxima est, et non est qui adjuvet. Sed tu, Domine, etc.

X.
Tempore paschali.

Christus resurgens ex mortuis jam non moritur, mors illi ultra non dominabitur. Quod enim vivit, vivit Deo. Alleluia, alleluia. — *Versus.* Dicant nunc Judæi quomodo milites custodientes sepulcrum perdiderunt Regem ad lapidis positionem. Quare non servabant Petram justitiæ ? aut sepultum reddant, aut resurgentem adorent nobiscum, dicentes : Quod enim vivit, etc.

XI.
In die Ascensionis Domini.

Post passionem suam per dies quadraginta apparuit eis, loquens de regno Dei. Alleluia. Et videntibus illis elevatus est. Alleluia. Et nubes suscepit eum ab oculis eorum. Alleluia. — *Versus.* Et convescens præcepit eis ab Hierosolymis ne discederent, sed exspectarent promissionem Patris. Et videntibus, etc.

XII.
In die Pentecostes.

Cum complerentur dies Pentecostes, erant omnes pariter dicentes : Alleluia. Et subito factus est sonus de cœlo, alleluia. Tanquam spiritus, torrens replevit totam domum, alleluia, alleluia. — *Versus.* Repleti sunt omnes Spiritu sancto, et cœperunt loqui. Tanquam spiritus torrens, etc.

XIII.
In die festo sacramenti Eucharistiæ.

Homo quidam fecit cœnam magnam, et misit servum suum hora cœnæ dicere invitatis ut venirent, quia parata sunt omnia. — *Versus.* Venite, comedite panem meum, et bibite vinum quod miscui vobis. Quia parata, etc.

In eodem festo, aliud responsorium.

Respexit Elias ad caput suum subcinericium panem. Qui surgens comedit et bibit. Et ambulavit in fortitudine cibi illius usque ad montem Dei. — *Versus.* Si quis manducaverit ex hoc pane, vivet in æternum. Et ambulavit, etc.

In eodem festo, aliud responsorium.

Qui manducat meam carnem et bibit meum sanguinem, in me manet et ego in eo. — *Versus.* Non est alia natio tam grandis quæ habeat deos appropinquantes sibi, sicut Deus noster adest nobis. In me manet, etc.

XIV.
In Dedicatione templi.

Benedic, Domine, domum istam quam ædificavi nomini tuo; venientium in loco isto exaudi preces in excelso solio gloriæ tuæ. — *Versus.* Beati qui habitant in domo tua, Domine ; in sæcula sæculorum laudabunt te. Exaudi preces in excelso.

In eodem festo, aliud responsorium.

Terribilis est locus iste. Non est hic aliud nisi domus Dei et porta cœli. Vere etenim Dominus est in loco isto : et ego nesciebam. — *Versus.* Cumque evigilasset Jacob quasi de gravi somno, ait : Vere etenim, etc.

XV.
De pluribus martyribus.

O constantia martyrum laudabilis! O charitas inexstinguibilis! O patientia invincibilis!

Quæ, licet inter pressuras persequentium visa sit despicabilis, invenietur in laudem et gloriam et honorem, in tempore retributionis.

— *Versus.* Nobis ergo petimus piis subveniat meritis, honorificati a Patre qui est in cœlis. Invenietur in laudem, etc.

XVI.
Responsorium in adventu Domini.

Ecce dies veniunt, dicit Dominus, et suscitabo David germen justum, et regnabit rex et sapiens erit; et faciet judicium et justitiam in terra. Et hoc est nomen quod vocabunt eum : Dominus justus noster. — *Versus.* In diebus illis salvabitur Juda, et Israel habitabit confidenter. Et hoc est nomen.

XVII.

Responsorium in vigilia nativitatis Domini.

Judæa et Hierusalem nolite timere. Cras egrediemini; et Dominus erit vobiscum. — *Versus.* Constantes estote; videbitis auxilium Domini super vos. Cras egrediemini.

XVIII.

Responsorium in nativitate Domini. — De beata Virgine.

Sancta et immaculata virginitas, quibus te laudibus efferam nescio, quia quem cœli capere non poterant tuo gremio contulisti. — *Versus.* Benedicta tu in mulieribus, et benedictus fructus ventris tui, quia, etc.

In Purificatione beatæ Mariæ.

Gaude, Maria virgo, cunctas hæreses sola interemisti; quæ Gabrielis archangeli dictis credidisti.

Dum Virgo Deum et hominem genuisti.

Et post partum Virgo inviolata permansisti.

Versus : Gabrielem archangelum scimus divinitus te esse affatum.

Uterum tuum de Spiritu sancto credimus imprægnatum.

Erubescat Judæus infelix, qui dicit Christum ex Joseph semine esse natum.

Dum Virgo, etc.

XIX.

In commemoratione beatæ Virginis.

Felix namque es, sacra virgo Maria, et omni laude dignissima,

Quia ex te ortus est sol justitiæ, Christus Deus noster.

Versus. Ora pro populo, interveni pro clero, intercede pro devoto femineo sexu;

Sentiant omnes tuum juvamen, quicunque celebrant tuam commemorationem.

Quia ex te, etc.

XX.

In Nativitate beatæ Virginis.

Solem justitiæ, Regem paritura supremum,

Stella, Maria, maris, hodie processit ad ortum.

Versus :

Cernere divinum lumen gaudete fideles.

Stella maris, etc.

ROBERTI REGIS FRANCORUM DIPLOMATA.

I.

Hugonis atque Roberti regum diploma de electione abbatum et ecclesia Sancti Leodegarii de Campellis (5).

(Anno 994.)

[Mabill., *De re diplomatica*, lib. vi, pag. 598, ex chartulario Sancti Germani Antissiod.]

In nomine sanctæ atque individuæ Trinitatis, Hugo atque Robertus, gratia Dei reges inclyti.

Omni nostræ militiæ nostræ servituti devotæ regum benignitas atque excellentia, quæ bonorum virorum votis competunt non modo roborare, verum etiam magnifico debet auxilio supplere; benigno hortari favore, imo totis benevolentiæ viribus proficere. Magnæ siquidem æternæque retributionis participem se noverit, qui his quæ Dei sunt, quoquo modo se inseruerit. Verum virtutis auctor, suppletor, fautor, benignissimi Jesu magnificentiæ non expers erit, cum pro se quæ Dei voto sunt juverit. Omnium enim quæ omnipotentis Dei fiunt amore, idem retributor est maxima benignitate. Ergo regum benignitas, quorum auctoritate ea quæ casis Dei conferuntur, fixa atque permanere debent inconvulsa, clementissima Jesu confisa misericordia justæ præmia æternæ præstolatur vitæ.[Quapropter magni atque summi dignissimi honore Ducis Burgundiæ, Henrici nomine, sanctæ congratantes voluntati, ea quæ per venerabilem abbatem, cui nomen sit Hilderico, nobis intimavit (digna enim ejus sunt omnia ista precata) stipulatione præcipua auctoramus, corroboramus, atque in perpetuum inconcusse firmamus. Idem enim abbas, vir Deo plenus, ab ejus partæ ea quæ sunt sancti Benedicti subnixa religione, imo canonum inviolabili auctoritate petens rogat, ut suæ abbatiæ locus, honore sancti Germani Antissiodorensi territorio constitutus, perpetuam abbatum electionem habeat secundum sancti Benedicti præceptum. Ergo hujus ducis, nostri scilicet fratris, quoniam justa est, voluntati, atque abbatis, quia recta est, legationi annuentes, precando monemus, monendoque regali imperio præcipimus ut nullus inibi constituatur abbas, nisi quem fratrum omnium cum Dei timore concors elegerit caterva : cujus abbatiæ tutationem sub manu regum aut forte ducum

---

(5) Cœnobium de Campellis, de quo hic agitur, situm erat in diœcesi Lingonensi, haud procul a Besuensi, aliud omnino a Campellensi ecclesia collegiata diœcesis Parisiensis in Briegio tractu, cujus mentio in Vita sancti Mederici, relata in Benedictini Sæculi tertii parte 1. Vocatur item *beati martyris Leodegarii monasterium quod Campellis cognominatur*, apud Glabrum initio libri v, qui Glaber aliquandiu ibidem versatus est monachus.

ejus regni constituimus, ita ut nullus principum eam invadere nec etiam audeat rogare. Adversariarum denique consuetudinum sic avellimus, ut ab hoc tempore usque in sæculum nihil patiatur adversi, sed ab omni libera injuria libere Deo deserviat : quem locum quoniam dux diligit (patronum siquidem eum ipsum, scilicet sanctum Germanum, eligit specialiter habere in cœlis apud Deum), quadam suis abbatiola constructa patrimoniis in honore sancti Leodegarii martyris, nomine Campellis, ipsum eum locum ampliavit, pariterque ei villam Magniacum reddidit : scilicet ut in præfata abbatiola semper octo sint monachi, abbati scilicet præsidenti loco Sancti Germani subditi. Eis vero monachis a loco Sancti Germani nec liceat collum excutere, nec quemquam sibi nisi abbatem Sancti Germani, præferre : qui abbas ipsum loculum si sua forte industria, aut bonorum hominum munificentia, plus octo monachorum ampliaverit, pro hujusce beneficii merito gratiam Omnipotentis hic mereaturque in cœlo. Igitur ut hujus benefacti mercamur esse participes, hanc nostræ auctoritatis præceptionem sigillo roboravimus inviolabiliter, volumusque observari per cuncta sæcula legaliter.

Datum v Idus Octob., anno regum Hugonis atque Roberti VIII. Actum in Dei nomine [in monasterio] Sancti Dionysii feliciter.

II.

Roberti regis præceptum pro confirmatione rerum quas Burchardus comes et Rainaldus episcopus Fossatensi monasterio tradiderunt.

(Anno 998.)

[MABILL., *De re diplom.*, lib. VI, pag. 598, ex chartario Fossatensi.]

In nomine sanctæ et individuæ Trinitatis, ROBERTUS, divina providente clementia, Francorum rex.

Si erga loca divinis cultibus mancipata propter amorem Dei eorumque in eisdem locis famulantium beneficia opportuna largimur, præmium nobis apud Dominum æternæ remunerationis rependi non diffidimus. Idcirco noverit sagacitas seu industria omnium nostrorum fidelium, tam præsentium quam et futurorum, quia quidam venerabilis sanctæ Parisiacensis Ecclesiæ episcopus, nomine Renoldus, et pater ejus Deo amabilis comes Burchardus, adierunt serenitatem nostram, humiliter petentes quatenus res de beneficiis eorum quas monasterio Fossatensi, quod est dedicatum in honore beatissimæ Virginis Mariæ, et beatorum apostolorum Petri et Pauli, seu beati Mauri, Patris Benedicti discipuli, qui eodem loco requiescit, contulerunt, et abbati ejusdem loci nomine Teutoni, et fratribus ibidem Deo militantibus pro æternæ remuneratione vitæ, et pro animarum suarum absolutione, et animæ Elisabeth comitissæ tradiderunt, auctoritatis nostræ præcepto concedere ac confirmare dignaremur. Suggerentibus itaque ac intervenientibus dilectis nostris, videlicet dulcissima genitrice nostra Adelaide, atque conjuge nostra Berta, nos precibus eorum libentissime faventes, traditionem [prædicto abbati ED. P.] seu reliquis

monachis præfatæ ecclesiæ munificentiæ nostræ præcepto confirmamus, per quod præcipimus atque jubemus ut ab hodierna die hac deinceps prædictus abba, aliique monachi præfati monasterii illas res quæ sunt in pago Parisiacensi libere possideant, villam videlicet quæ vocatur Nobiliacus, cum advocatione et vicaria, cum ecclesia et altare absque synodo et circada, cum silvis, vineis, pratis, terris cultis et incultis, et cum omnibus suis appendiciis. Item in eodem pago ecclesiam, quæ sita est in vico qui Nosiacus dicitur, per deprecationem Goscelini [*an* Roscelini?] vicecomitis Milidunensis tradiderunt, qui eam de illorum tenebat beneficio. Item in eodem pago, in villa quæ vocatur Licias, mansum Algardis cum vineis, terris cultis et incultis, et omnibus ad illum pertinentibus : et in comitatu Milidunensi alodum unum qui vocatur Curciacus, cum advocatione et vicaria, cum pratis, terris cultis et incultis, et cum his quæ ad ipsum respiciunt. Et in Wastinensi pago alium alodum qui nuncupatur Seia, cum advocatione et ecclesia, et aqua cum piscaria, pratis, terris cultis et incultis, absque ulla vicariorum potestate congrue teneant atque possideant. Ob hoc præcipimus etiam ut nullus rex, nullus episcopus, nullus comes, aut ulla potestas illas res disponere, aut in sua potestate quidquam horum decernere vel delegare præsumat : sed perpetua soliditate in supradictorum fratrum potestate consistat disponendi seu faciendi ex his quidquid elegerint. Et ut hujus nostræ præceptionis edictum atque roborationis præceptum per cuncta ævi tempora inviolabilem obtineat firmitatis vigorem, manu propria subter confirmavimus, et annuli nostri impressione insigniri jussimus.

Data XIII Kal. Maii, indictione XI, anno x, regnante Roberto rege glorioso. Actum publice Parisiaca urbe anno incarnati Verbi 998.

III.

Rotberti regis præceptum, quo superiorum regum aliorumque concessiones cœnobio Sancti Germani Antissiodorensi factas confirmat:

(Circa annum 1002.)

[MABILL., *De re diplom.*, lib. VI, pag. 600, ex chartario Sancti Germani Antissiod.]

In nomine sanctæ et individuæ Trinitatis, ROTBERTUS, Divinitatis annuente clementia, rex.

Regiæ dignitatis est circa religionis cultum pietate et justitia se extendere, servorumque Dei petitionibus votivis animis acquiescere. Qua de re noverit omnium sanctæ Dei Ecclesiæ fidelium industria venerabilem abbatem Heldricum monasterii Sancti Germani Antissiodorensis, adhibita secum monachorum ejusdem loci congregatione, præceptum quoddam regiæ munificentiæ ab avo nostro Hugone Magno præfato cœnobio impetratum atque collatum, nostræ serenitati detulisse, nostra quoque auctoritate denuo renovandum, atque in posterum transmittendum humiliter expetisse : quatenus et apostolicorum privilegia, et prædecessorum nostrorum, regum scilicet, præcepta omnia eidem præcepto inserta, hoc nostro sanctionis testimonio donaremus.

scilicet ut secundum fidem et eorum proprietatis continentiam perpetuo et inconvulsa maneant, et inviolata perdurent. Quorum petitioni benevolo favore assentientes, maximeque ob gloriosi avunculi nostri domni Henrici ducis Burgundiæ memoriam et Ottonis fratris ejus, qui sese peculiariter inibi sub beati Germani patrocinio manciparunt, ut et sepulturæ mandati sint; nos quoque eumdem locum sanctæ potius reverentiæ, quam alicui subjectioni committimus, tradimus, sublimamus. Præcepta quoque omnia et auctoritates nostræ denuo astipulationis edicto confirmamus; ipsam quoque congregationem sub plenissima defensione nostra quietam ac liberam esse volumus, cum omnibus quæ ipsius monasterii sunt, vel quocunque modo pertinere videntur, inviolabiliter auctoritate nostra permanere decernimus, et sub nostræ tuitionis gubernatione suscipimus : ita ut sub nostra protectione liceat eis quiete vivere, et vivendo quiescere; nullusque episcopus, vel aliquis ex episcopalibus ministris ibidem aliquid præsumat exercere judicium; et nullus judex publicus, vel quilibet exactor judiciariæ potestatis, vel aliquis ex nostris fidelibus, vel aliqua magna parvaque persona in omnibus rebus eidem loco subditis ad causas audiendas, vel freda aut tributa exigenda, aut mansiones vel paratas faciendas, aut fidejussores tollendos, aut homines ipsius monasterii, tam servos quam ingenuos, super terram ejusdem cœnobii commanentes distringere, aut illicitas occasiones nostris vel futuris temporibus requirere audeat : sed liceat monachis præfati cœnobii res ad sua stipendia pertinentes sub una immunitatis præceptione quieto ordine possidere. Jubemus ergo ut neque ipsi monachi aut negotiatores eorum, neque homines qui per ipsam casam Dei sperare videntur, teloneum persolvere cogantur in civitatibus vel vicis, seu villis aut mercatis, vel in portubus aut portis, sicut in præcepto gloriosissimi Caroli imperatoris continetur. Præcipientes autem jubemus, et jubentes confirmamus, ut nulli abbatum ejusdem loci, aut cuilibet alteri potestate liceat ex præscriptis omnibus rebus aliquid in alios præterquam constituimus usus redigere aut retorquere, aut alicui habendum conferre, neque censum aut honorem aut dona quælibet, vel pastos canum in possessionibus suis, sive equorum, vel ab eisdem servis Dei receptus aliquos, nisi de more religionis pro hospitalitatis bono, quisquam ullatenus præsumat requirere : sed quidquid exinde fieri potest, juxta quod præscriptum est, regulari administratione usibus et utilitatibus eorum auctore Deo omnibus habeatur temporibus. Interea volumus et confirmamus, ut quidquid de sæculo in idem monasterium ad regularem conversationem agendam favente Deo venientes ex possessionibus suis obtulerint sive contulerint; vel alii quicunque hominum, sicuti eorum voluntas et collatio facta apparuerit, sine aliqua immutatione inviolabiliter semper perseveret atque permaneat. Concedimus etiam eidem congregationi eligendi Abbatem sibi licentiam secundum regularem institutionem alio decedente. Et ut nullo unquam tempore sub alicujus episcopi dominatione redigantur, et nullus episcopus ipsam abbatiam a regia celsitudine exquirere, et ipsos monachos sollicitare aut inquietare præsumat, hac nostræ auctoritatis præceptione omnimodo interdicimus. Si quis autem hujus nostræ auctoritatis temerarius violator aut contemptor esse temptaverit, non valeat impetrare quod expetit : sed insuper pro regiæ majestatis contemptu centum libras auri cocti cogatur exsolvere : medietatem cameræ nostræ, medietatem ipsis monachis ; de ceteris vero supradictis præceptionibus immunitatis a contemptoribus pœna exigatur. Ut autem hæc altitudinis nostræ confirmatio seu præceptio meliorem semper obtineat firmitatem, manu nostra eam subterfirmavimus, et annuli nostri impressionne sigillari jussimus.

Actum Antissiodori civitate publice.

IV.

Diploma Roberti regis Francorum pro monasterio sancti Maglorii Parisiensis.

(Circa ann. 1002.)

[Dom Martene, *Thesaur. Anecdot.*, tom. I, col. 107, ex autographo Majoris Monasterii.]

Consistentis in unitate Deitatis summæ et incomprehensibilis Trinitatis in nomine, Robertus Francorum rex augustus, disponente prælibatæ divinitatis clementia, intervenientibus reginis Adelaide venerabili sui genitrice, cum nobilissima uxore, Berta nomine, omnibus cujuslibet ordinis sub imperio nostro degentibus liquido pateat volumus.

Obnoxii Deo sanctisque ejus dum vivimus, movemur et sumus, expedit ita pro nostri nostrorumque erratus diluvione commoveri, atque meritis sanctorum imprecari, eosque incessanter exorare, quatenus per ipsorum intercessionem valeamus pacifice vivere atque post metam hujusce labentis ævi Deum deorum in Sion sanctam contemplari. Quapropter congrua via, quod nobis pro commissi talenti lucro attitulatur, reputantes quod Domino fidelibusque ejus tribuitur, inviolabile atque intemeratum persistere ; simul moti misericordia pauperum et efflagitatione supradictarum honorabilium reginarum, cum assensu primatum nostrorum, fecimus præceptum firmitatis de rebus quas pater noster beatæ memoriæ Hugo rex, nosque pie contulimus monachis famulantibus Christo sanctissimoque Maglorio in urbe Parisiaca quiescenti ; ubi etiam fundavimus monasterium prætaxato præcipuo confessori cæterisque sanctis inibi assignatis ob illorum corpora, quæ ut peregrina hospitabantur per aliorum rura. Est autem prius terra in qua ipsum situm est monasterium, et prædium quod dedimus ipso die translationis sanctorum et dicitur Villaris, cum omni integritate quæ ad ipsum pertinet, et capella inibi consecrata in honorem sanctæ Dei Genitricis Mariæ. Item aliæ res quæ prius datæ sunt, unde prior est ecclesiola in suburbio Parisiaco haud procul nibus, in honore S. Maglorii dicata cum terra sibi adjacenti, in qua ipsorum sepultura est monachorum. Clausus etiam vineæ juxta Saveias situs, quem dedit divæ memoriæ Hugo avus noster, æquivocique nostri Rotberti regis filius. Item pars terræ juxta Montem-martyrum quam comes Fulco dedit. Parvus etiam alodus quem tribuit Willelmus juxta eumdem situs suprascriptum montem. Nec non et alodus in comitatu Mellico, qui dicitur Grandis Campus, et prædium quod dicitur alodus in comitatu Parisiacensi secus Fontiniacum. Sed et ecclesiæ in Pinciacensi comitatu : prima in potestate Madriaca in honore S. Dionysii dicata, cum capella in Maroilo sita in S. Martini honore fundata. Alia in Vernoilio ecclesia S. Stephano dedicata, et in eadem villa capella S. Hilario consecrata. Denique et ecclesiola in villa quæ dicitur sancti Leodegarii, in cujus et nomine benedicta constat. Sunt etiam mansi III quos tenuit Riculfus in beneficio ex supradicta potestate Madreia in episcopio Parisiaco et comitatu. Ecclesia S. Mariæ nomini sanctificata et in eodem comitatu in potestate Isiaca, vinearum atque pratorum XIX, arpen. Etiam in Venua v. arpen. vineæ. In potestate quoque Cataronis mansus I arabilis terræ cum vinearum fecunditate ; in prædicto etiam comitatu in villa quæ dicitur Montium mansus I arabilis terræ cum vinearum ubertate. In eodem quoque territorio supra fluvium Vigenne dimidium maisnilum, quod dicitur Murcinctus cum pratorum copia. E proximo quoque maisnilum alterum, quod dicitur Sienis Villere, cum capella inibi in honore S. Genovefæ ædificata. In Aurelianensi quoque comitatu alodus qui dicitur Cilliniacus cum omnibus sibi adjacentibus. Molendinum quoque unum Parisius in fluvio Sequanæ. Item in comitatu Aurelianensi ecclesia in villa quæ dicitur Gimminiacus.

Hæc omnia supradicta, vel quæ deinceps a catholicis viris eidem collata fuerint ecclesiæ ob amorem Dei et reverentiam ipsorum sanctorum confirmamus auctoritate nostra, quatenus semper sub plenissima defensione et emunitatis tuitione corroborata permaneant, ita videlicet ut nullus ab hinc ad causas exigendas, aut freda vel tributa exigenda, aut mansiones vel paratas faciendas, vel fidejussores tollendos, aut homines ejusdem ecclesiæ, tam ingenuos quam servos, super terram ipsorum commanentes injuste distringendos, nec ullas redhibitiones aut illicitas occasiones requirendas, nostris et futuris temporibus ingredi audeat, vel ea quæ supra memorata sunt exigere præsumat. Sed liceat abbati suisque successoribus res prædicti monasterii sub emunitatis nostræ defensionem quieto ordine possidere ad stipendia monachorum ibidem Deo famulantium, perennibusque proficiat temporibus augmentis. Volumus etiam ut omnium episcoporum ac comitum nostrorum in hoc concordet assensus, ut idem locus semper abbatem habeat ex propria congregatione, qui ipsam casam Dei et monachos ibidem degentes cum normali honore custodiendo tractet, simulque ut nullus metropolitanus aut aliquis suus subjectus, etiam pontifex Parisiacus, causa alicujus ordinationis illuc ingredi præsumat, nisi vocatus venerit aut ad sanctam missam celebrandam, aut ad ecclesias consecrandas, aut ad benedictiones clericorum faciendas, et quod debitum excusare non debet, qui vocatus fuerit. Et quoniam peregrini atque alienigenæ esse noscuntur, benigne, misericorditer ac pie almis et catholicis viris semper tractari ac contueri debeant pro Christo, a quo et nos cuncti peregrinamur in mundo. Decrevimus etiam per nostri auctoritatem præcepti ut nemo super ipsos servos Dei potestatem exerceat, aut quempiam inter eos contra voluntatem ipsorum imponere tentet. Sed in eorum dispositione, ordinatione et electione intus et foris omnia consistant, quatenus servos Dei qui inibi Deo famulantur, pro nobis et stabilitate totius regni a Deo nobis concessi, proque remedio animarum eorum qui pro amore Dei et sanctorum inibi sua tradidere donaria, eorum quoque qui futuris temporibus daturi sunt præmia, liceat tute atque condigne Domino preces fundere, et hanc auctoritatem, ut firmior in Dei nomine habeatur, fidelibus quoque sanctæ Dei Ecclesiæ et nostris diligentius conservetur, manu propria subterfirmavimus, et annuli nostri impressione signari jussimus.

Locus monogrammatis.

Rotgerius cancellarius scripsit.

Locus sigilli.

V.

Roberti regis privilegium pro monasterio Fiscamnensi. — Restitutionem monachorum Fiscamni a Richardo comite factam et donationes eidem loco ab eo factas confirmat.

(Anno 1006.)

[MABILL., *Annal. Bened.* IV, 185.]

In nomine sanctæ et individuæ Trinitatis, ROTBERTUS divina favente clementia rex.

Quoniam inter numerum illorum computamur qui regali censentur nomine, si in omnibus hujus nominis officium devote nequimus adimplere, nimis impium est omnia inefficaciter præterire. Unde Fiscamnensis, quam orationis gratia visitavimus, justam ecclesiæ causam, qua interpellamur, et benigne suscipimus et gratanter adimplemus. Notum sit igitur præsentibus et futuris quod pia sumus petitione dilectissimi fidelis nostri Richardi comitis exorati, ut res quas huic loco, in honore individuæ sanctæ Trinitatis consubstantialis Patris, et Filii, et Spiritus sancti consecrato, tradidit, et per chartæ testamentum firmavit, nos quoque nostro præcepto corroboraremus. Cujus preces delectabiliter auditas sicut justum est, suscepimus tam libenter implendas. Pii enim prioris Richardi intentio ad hoc hunc locum construxit, ut monachorum ordo ibi sub regula sancti Benedicti viveret, et Dei laudibus inserviret. Quod desiderium quoniam morte interveniente adimplere non potuit, pius filius Richardus æquivocus implere procuravit; et divina providentia repertum domnum abbatem Guillelmum, hujus monasticæ religionis, quæ ibi cernitur, præfecit magistrum et rectorem. Sub quo crescente monachorum numero, hic comes Richardus junior temporale bonum augere studuit. In comitatu Calciensi, in ipsa villa Fiscamno, tertiam partem hospitum, quos colonos vocant... Silvæ unam partem, a publica strata usque ad mare terminatam : cui etiam dedit in Rothomagensi civitate ecclesiam Sancti Paterni cum uno manso, ubi sita est, etc. Hæc et omnia quæ data sunt ab ipso comite, vel a patre illius, vel nostra largitione collata sunt, vel a quocunque fideli huic loco deinceps fuerint conferenda, sancimus, corroboramus, etc. In abbatis autem electione, ordinatione, sive consecratione, illa apud istos consuetudo sequatur, quæ hactenus in Cluniaco cœnobiorum servata est illustrissimo, unde fons sanctæ monasticæ religionis per multa jam longe lateque derivatus loca, ad hunc usque Deo profluxit p opitio. Nihil quippe horum quibus inibi Dei possit impediri servitus, subreptori relinquimus amaro, dum quæque ad continendam quietis securitatem cuicunque monasterio nostris a prædecessoribus regali concessa sunt auctoritate, nos in honore sanctæ Trinitatis dedicato, his etiamsi pleniter non notantur scriptis, huic sacro libentissime annuimus loco : cujus ut sancta, quæ ibi Domini opitulante gratia digne modo religionis viget, observatio non deficiat, sed magis ac magis ad profectum tam nostræ quam omnium fidelium proficiat animarum ; sicut nulli ordini, dignitati, potestati, hæreditariæque successioni, nostræ quinimo majestati super idem jus relinquere decrevimus dominationis; ita nulli, si, quod absit ! habitatores ejus a tam bene jam cœpto rectitudinis aliquando deviaverint proposito, in pristinum illud reformandi potestatem denegamus, huic dignæ a Christo mercedem promereri qui voluerit recompensationis. Et ut nostræ auctoritas confirmationis inviolabilem atque inconvulsam obtineat firmitatem, annuli ac monogrammatis nostri signo illam decrevimus insigniri.

Actum Fiscamnum anno Dominicæ Incarnationis 1006, indictione IV, die tertio ante Kalendas Junias, V feria Dominicæ ascensionis gaudio celeberrima feliciter (6).

VI.

Rotberti regis diploma, quo confirmatur fundatio Bellimontis parthenonis prope Turonos.

(Anno 1007.)

[Mabill. *Annal. Bened.*, tom. IV, *Append.*, p. 696.]

In nomine sanctæ et individuæ Trinitatis Rotbertus Dei misericordia rex.

Si petitionibus servorum Dei pro quibuslibet ecclesiasticis necessitatibus aures nostras pulsantium assentiri videmur, et ad divinæ militiæ in locis Deo dicatis uberius famulandum, auxilium porrigimus, id nobis procul dubio, et ad instantem vitam temporaliter transigendam, et ad futuram feliciter obtinendam commodius provenire confidimus. Percognitum fore igitur omnimodis cupimus omnibus Christi nostrisque fidelibus, præsentibus scilicet atque futuris, quoniam adiit serenitatem culminis nostri Herveus levita et archiclavis beati Martini, humiliter flagitans, et flagitando summa prece deposcens, uti auctoritate nostræ præceptionis ediceremus præceptum sibi fieri de ecclesia Beatæ Mariæ Bellimontis, non longe sita a castro Patris Martini, cum omnibus rebus ad eam pertinentibus, videlicet vineis, pratis, pro quibus dederat fideli suo Ebloni terram in concamio, quæ non minoris pretii ad reddendum fructus existeret, quam ecclesia superius nominata; atque de quodam vivario, Malamorta nuncupato. Idemque postulans de curte Soriniaco, et ecclesia quæ constat Sancti Petri apostolorum principis fundata, cum omnibus ad eam pertinentibus, tam vineis, pratis, silvis, et aquis, farinariis, terris cultis et incultis; necnon de viginti arpennibus vinearum, quæ prope suburbium oppidi præfati confessoris Christi esse videntur, sitæ inter Ligeris Carique alveum. Cumque eum diligenter fuissemus percontati quid operis de supradictis rebus esset acturus, retulit se tristari admodum non esse in pago Turonico cœnobium ubi sanctimoniales feminæ Christo possent suæ devotionis impendere officium, sicut in plerisque habebatur partibus terræ ; et ob hoc, non propter aliud, effici postularet scriptum, eo tamen tenore quatenus annis singulis in festivitate autumnali prælibati Patris Martini redderent præmemoratæ sanctimoniales de cunctis supra recitatis rebus viginti solidos de censu in thesaurum ad thus sive oleum comparandum. Adhuc autem, non immemor sui, addidit ut prius pro me et successoribus meis, deinde pro se atque totius congregationis sui advocati Martini statu, preces Domino funderent quotidie ibidem famulaturæ virgines. Herveus ita ostensis (*sic*), excellentiam regiminis nostri humili aggressus precamine, expostulavit ut similiter assertione nostræ auctoritatis corroboraremus ea quæ vel ipse foret daturus in futuro, vel aliis fidelibus [*l.* alii fideles] Christi pro suarum animarum redemptione. Cujus saluberrimæ petitioni tam sibi quam militis præfecturæ [*f.* nobis profuturæ], pro animæ nostræ et parentum nostrorum remedio assensum nobis libuit præbere, et serie litterarum supra omnia memorata confirmare : hoc est ecclesiam Beatæ Mariæ Bellimontis, cum omnibus adjacentibus sibi, scilicet vineis, pratis, et vivarium Malamorta nuncupatum ad supradictarum Dei ancillarum edulium; ecclesiam Soriniacam, cum ecclesia et omnibus adjacentibus sibi, id est vineis, pratis, silvis, aquis, farinariis, terris cultis et incultis, atque cum omnibus illius curtis colonis :

---

(6) Chronicæ notæ apprime concordant.

viginti quoque arpennas vinearum inter Ligerim et Carum; curtem quoque Liuram cum ecclesiis et omnibus sibi pertinentibus per assensum Odonis comitis et fratris sui Landrici, ex cujus beneficio esse videbatur, distante quatuor milliariis a castro quod dicitur Insula; necnon Quiciacum villam cum omnibus ei pertinentibus, quam idem præfatus Herveus tenere videbatur.

Præcipientes ergo jubemus et jubendo præcipimus ut nullus judex publicus, aut quilibet superioris aut inferioris ordinis reipublicæ procurator in his præsignatis Sanctæ Mariæ omnibus rebus ad causas judiciario more audiendas in ecclesias aut villas, aut aliquas possessiones, quas moderno vel priscis temporibus in quibuscunque provinciis aut territoriis regni nostri juste basilica Sanctæ Mariæ tenet, vel deinceps in jure ipsius basilicæ divina pietas augeri voluerit, ingredi præsumat; nec freda aut tributa, aut mansiones, aut parata, aut teloneum ex ullis negotiis, sicut in præceptis, ut diximus, multorum regum, exigere, aut fidejussores tollere, aut homines tam ingenuos quam servos super terram ipsius basilicæ immanentes distringere, nec ullas publicas factiones aut redhibitiones vel illicitas occasiones requirere tam temerarius audeat. Si quis autem in tantam prorumpere ausus fuerit audaciam, ut hujus nostræ auctoritatis et altitudinis præceptum violare præsumpserit, quemadmodum in cæteris regum et imperatorum prædecessorum et parentum meorum præceptionibus continetur, non solum in offensam Christi et nostram lapsurum, verum etiam ducentorum solidorum auri ad purum excocti se noverit pœna multandum. Et ut hujus nostræ præceptionis auctoritas inviolabilem obtineat effectum, et ab omnibus sanctæ Dei Ecclesiæ fidelibus et successoribus regibus nostris verius a nobis facta esse credatur, et diligentia inviolabili conservetur, manu nostra propria consignavimus, et annuli nostri impressione signari jussimus. Signum domini Hugonis archiepiscopi. Signum Avesgaudi episcopi, quorum excommunicatione se ligatum novit, qui hoc præceptum infringere præsumpserit, nisi cito pœnituerit, et ad emendationem venerit. Odo comes, etc. Odolgerius decanus, Herveus archiclavis, Walterius præcentor, etc.

Actum Bolonia foreste quinto Kalend. Octobris, anno ab Incarnatione Domini nostri Jesu Christi 1007, indictione quinta. Theodoricus levita ad vicem Franconis summi cancellarii recognovit hoc præceptum. Ego Herveus et confratres mei Sancti Martini canonici in pleno capitulo confirmavimus.

VII.

Diploma Roberti regis Francorum pro Corbeiensi monasterio. — Reprimit iniquas Elfredi de Encra, advocati Corbeiensis, consuetudines et oppressiones.
(Anno 1016.)
[D. Martene, *ampl. Collect.*, tom. Ier, col. 379, ex autographo.]

In nomine sanctæ et individuæ Trinitatis, ego R. gratia Dei rex Francorum.

Compertum esse volo omnibus sanctæ Dei Ecclesiæ fidelibus, tam futuris quam præsentibus, quoniam prævalescente nostris temporibus malignitate perversorum hominum, cum quotidie videretur minorari status ac justitia sanctæ matris Ecclesiæ, maxime ab illis qui advocati sanctorum locorum esse deberent et defensores, illi e contrario prædatores fiant et raptores. Pro qua re sæpenumero dum interpellatus essem a venerabili abbate Herberto cœnobii Corbeiensis, qui hanc pernitiam mali sæpe experitur a nefando et maligno Efredo suo milite et advocato supradicti cœnobii, qui aliquando si ad expeditionem regiam commonitus exstiterit, sumptus itineris sui ab hominibus ipsius monasterii requirit sibi præparari : aut si rediens ex aliquo itinere, si nox eum occupaverit, hospitium in abbatia et servitium sibi demandat ab hominibus villæ a se hospitate ministrari; si vero qualiscunque offensa inter homines suæ advocationis acciderit, justitiam legis ex integro requirit habere. Quod si in castro suo Encrensi aliquid reformari necesse fuerit, homines memorati cœnobii ad illud opus ire compellit. Repertum est igitur judicio nostro et nostrorum principum, quia, cum suum beneficium ex abbatia ipsa propter advocationem habeat, supradictas consuetudines in ipsum monasterium habere non debeat, excepto si abbas ipsius loci in expeditionem regis ire deberet, et eum secum ire jusserit, aut per se illum cum suis militibus ire præceperit : tunc sibi sumptus ex advocatione, non tamen sine ratione requirere liceat; nec aliam legis justitiam in abbatia habeat, nisi aut major abbatis, aut præpositus ipsius, vel ipsemet abbas cum mutaverit super se exigere justitiam sibi non potuerit, et de ipsa lege tertiam partem habeat. Nec castrum ipsius advocati ab hominibus ipsius abbatis cogatur neque fieri neque refirmari, nec in villa aliqua ipsius abbatiæ non comedat, nisi forte abbas illum vocaverit, aut præpositus villæ pro sua utilitate ; nec hominem ipsius abbatiæ ad placitum suum compellat pro aliqua occasione ; nec causam despectus ab ipso requirat. Hanc igitur sanctionem nostram ac principum nostrorum, si ipse Efredus aut successores ipsius infringere præsumpserit, despectus nostri pœnam et tremendi judicii damnationem cum perpetua excommunicatione incurrant.

Acta est hæc constitutio in villa vocabulo Pons Sanctæ-Maxentiæ, regnante glorioso rege Rotberto anno vicesimo indictione xiv.

† S. Rotberti gloriosi regis.

VIII.

Præceptum Rotberti regis, quo capellam Sancti Joannis evangelistæ, in Ædua civitate sitam, Flaviniacensibus monachis confert ad preces Amadei abbatis.

(Anno 1018.)
[Mabill., *Annal. Bened.*, tom. IV, pag. 257.]

In nomine summæ Trinitatis et individuæ Unitatis, ego Rotbertus, gratia et benignitate redemptoris Jesu rex Francorum.

Notum fieri volumus industriæ omnium sanctæ matris Ecclesiæ, tam præsentis quam futuræ ætatis fidelium, quod quidam Amadeus abbas Flaviniacensis cœnobii, in honore beati Petri apostolorum principis, almique Præjecti martyris ac præsulis fundati, ad nostram præsentiam accesserit, petens quamdam capellam nostri juris, infra mœnia Æduorum civitatis sitam, et in honore beati Joannis evangelistæ dicatam, supradicto loco, scilicet Flaviniaco, dari, quæ fratribus prædicti loci ita erat necessaria, ut hospitandi causa eis esset expetenda. Cujus petitio nec visa est refragabilis, nec injusta. Si enim omnibus rationabilibus est favendum petitionibus, quanto magis illorum quorum remuneratio in die justitiæ constat copiosior? Unde quoniam huic simile multoties ab antecessoribus nostris frequentatum audivimus et factitatum, libenter petitionis illius præbuimus effectum, quatenus locus sæpenominatus, Flaviniacus videlicet, et monachi ibi degentes, atque inibi divinæ majestati famulantes, prætaxatam capellam in honore sancti Joannis evangelistæ, ut diximus, consecratam, cum omnibus quæ ad ipsam pertinere videntur, perpetualiter, nullo inquietante, deinceps possiderent. Et ut firmiorem amodo tenendi haberent astipulationem, hoc scriptum inde eis fieri jussimus, et sigilli nostri impressione insigniri præcepimus.

Actum Æduæ anno Dominicæ Incarnationis 1018, indictione prima, regni vero gloriosissimi regis Rotberti xxx, III Kalend. Martias. Ego in nomine Christi Galterus cathedræ Augustidunensis urbis episcopus assensi, et propria manu firmavi. Signum Hugonis episcopi (7). Ego in nomine ligni Crucis Balduinus sanctæ sedis Tarvanensis antistes astipulavi. Ego Theodericus Aurelianensis civitatis episcopus manu propria corroboravi. Ego Rotbertus dux Burgundionum (8) propria manu firmavi.

VIII (bis).

Præceptum Roberti regis Francorum de constructis castellis Monte-Basone atque Mirebello, et ne inde aliquod inferatur incommodum monachis Cormeriacensibus.

(Anno 1018.)

[Dom Martene. *Thes. Anecdot.* tom. I, col. 137, ex archivis monasterii Cormeriacensis.]

In nomine Domini Dei et Salvatoris nostri Jesu Christi, Rotbertus, divina ordinante providentia, Francorum rex.

Si servorum Dei, eorumque maxime qui, sua omnia relinquentes, Christum sequi noscuntur, curam gerimus, et ad divinæ potentiæ in locis Deo dicatis verius serviendum auxilium porrigimus, id nobis procul dubio ad mortalem vitam prospere deducendam, et ad æternam feliciter obtinendam, commodum provenire confidimus. Idcirco notum sit omnibus sanctæ Dei Ecclesiæ fidelibus, et præcipue totius regni primoribus, quia adiit regiam culminis nostri monarchiam Fulco comes, pro commodis et prospectibus nostra auctoritate stabiliendis et roborandis cujusdam cœnobii, nomine Cormarici, in honore Dei omnipotentis et S. Pauli apostoli constructi. Ipse namque Fulco comes construxit suo tempore in comitatu Turonico castellum quod vocatur Monsbasonis, in terra ipsius cœnobii : et alterum construxit castellum in comitatu Pictavino, quod vocatur Mirebellum, terræ ipsius cœnobii proximum. Verentes itaque monachi jam dicti cœnobii ne eadem castella in futurum sibi vel suis rebus nociva et infesta existant, adiit nobilis et religiosus abbas ipsius loci, nomine Teuthaldus, cum suis monachis, præfatum comitem Fulconem, ut vi sua atque potentia, quantum posset, providere et prohibere curaret ne eadem castella jam dicto cœnobio, nec ullis rebus suis unquam violenta forent. Deinde suggesserunt jam dictus abbas et sui monachi ipsi Fulconi nostram adire excellentiam regiam, ut quod ab eo precibus exigebant, ipse a nostra serenitate efflagitaret, scripto et præcepto nostræ auctoritatis ratum ac stabile in perpetuum confirmare. Idem vero Fulco comes tam dicto abbati et suis monachis, utpote maxime religiosis, maximo devinctus amore, quam potius pro remedio et salute animæ suæ istiusmodi eorum precibus obtemperando et consulendo promisit se semper præsto esse et paratum fore. Ideo adiit magnificentiam nostram, et hæc quæ hactenus depromimus, sollicite studuit nostris intimare auribus. Nos vero ipsius Fulconis suggestioni, utpote nobis fidelissimi, libenter et efficaciter assentientes, imo ut gratiam Dei omnipotentis ampliorem mereamur, et stabilitate et pace diutina nostri regni lætemur, interdicimus et prohibemus per hoc scriptum et præceptum nostræ auctoritatis ut nemo unquam sit, nec militaris quisquam, nec quispiam homo, nec quælibet persona de ipsis duobus castellis supranominatis, nec de cunctis aliis castellis quæ sunt juris ipsius comitis Fulconis existat, qui ullum contrarium usum, neque consuetudinem, neque violentiam, nec dominatum irrogare audeat nec præsumat jam dicto cœnobio S. Pauli apostoli, nec ullis rebus ipsius cœnobii, nisi sicut temporibus antecessorum nostrorum actum est, Lotharii videlicet Francorum regis, et genitoris nostri Hugonis itidem Francorum regis, et temporibus siquidem Fulconis comitis, et Gausfredi comitis, avi et patris sæpefati Fulconis comitis. Statuentes autem præcipimus, vehementerque interminamus, et monemus ne ullus unquam succedentium hominum, cujuscunque potestatis vel conditionis existat, qui hoc nostræ auctoritatis statutum in aliquo violare audeat, ne impietas ejus ac superba temeritas, pœnas ultrices, Christo judice, luat. Atque ut hæc nostri statuti et præcepti auctoritas firmum inviolabilemque obtineat vigorem, manu propria subter eam firmavimus, et annulo nostro assignari jussimus.

Signum Rotberti gloriosissimi regis.

(7) Antissiodorensis.

(8) Filius Roberti regis.

Gotfridus monachus scripsit, ad vicem Franconis cancellarii; et ipse Franco manu propria subscripsit.

IX.
Privilegium Roberti regis pro monasterio Cormeriacensi.

(Anno 1018.)

[Dom Martene, ibid. pag. 138.]

In nomine Domini Dei et Salvatoris nostri Jesu Christi, Rotbertus, divina ordinante providentia, Francorum rex.

Si servorum Dei, eorumque maxime qui, sua omnia relinquentes, Christum sequi noscuntur, curam gerimus, et ad divinae potentiae in locis Deo dicatis verius serviendum auxilium porrigimus, id nobis procul dubio ad mortalem vitam prospere deducendam, et ad aeternam feliciter obtinendam, commodum provenire confidimus. Idcirco notum sit omnibus sanctae Dei Ecclesiae fidelibus, et praecipue totius regni nostri primoribus, quia adiit regiam culminis nostri monarchiam Fulco comes pro commodis et profectibus nostra auctoritate stabiliendis et roborandis..... coenobii nomine Cormarici, in honore Dei omnipotentis et sancti Pauli apostoli constituti, a priscis et Deo obsequentibus fideliter abbatibus, scilicet sancti et peculiaris nostri patroni Martini..... summi et digne Deo colendi theologi Pauli honore constructum, et maxima copiarum et opum datione ditatum, et numerosa Christo famulantium monachorum stipatione locatum, et a praedecessoribus nostris bonae et dignae memoriae parentibus isdem praefatus locus cum digno honore est habitus, et privilegiali praeceptione imperialiter stabilitus, resque ibidem undique concessas sub attestatione regali praefato monasterio, cum omni deliberatione substituere omnimodis sauxerunt. Ego quoque justis ac piis consiliis pie aures accommodans, salutiferisque petitionibus libentissimo animo, praelibati comitis agnita pia et fideli petitione, annuere sategi. Idem namque locus in speciali regum dominatu priscorum antiquitus visus est. Sed prohibente plurium infestatione nefandorum civium, qui, ceu ratem in fluctivagos pelagi discursus, deificam semper insectantur Ecclesiam, coactus abbas ejusdem loci et monachi aggredi regiam cogitavit serenitatem, quatenus illius tutor pro nimia inquietudine, et defensor pro infestationibus sibi obsistentium ex provisione restitueretur regia. Quorum voto assensum regia praebens majestas, tutorem illius, seu advocatum ipsum Fulconem, videlicet proavum istius Fulconis, qui illis vicinior et potentior post regem tunc temporis videbatur. Posteri quoque illius deinceps illam abbatiam in suum redegere dominatum. Verens igitur supradictus comes exaltationem suae progeniei, vel pavens ne forte quilibet suorum, seu ipse, suadente Satana, victus philargyria, eam in posterum aut distrahat cuicunque exterae personae, seu in quolibet beneficium subdat. Hujus commodi causa, necne, instigatus obnixe a venerabili jam dicti loci domno Richardo abbate, et sibi subjectis monachis, quatenus a me exposceret quod privilegiali edicto hoc vetare et prohibere debeamus, quod et facimus. Praecipiens et mandans auctoritate regali, et obtestans per deificum nomen sanctae et individuae Trinitatis, ut nemo temerario ausu praesumat eamdem abbatiam in dominatione alicujus personae transfundere, sed sit in salva custodia et defensione Fulconis comitis et successorum ejus. Quod si quis conatus fuerit istiusmodi rem attentare, non omnino quod cupit vindicet, et ad nostrum tutamen et [dominium idem locus revertatur, sive successorum nostrorum, et deinceps nulli dominatui subsistat, nisi regio. Si quis autem, quod non credimus, hanc praecepti ascriptionem regiam populari audacter conaverit, ac timide deserere voluerit, cum Datan et Abiron, atque cum his qui dixerunt Domino Deo : *Recede a nobis, scientiam viarum tuarum nolumus;* et cum Herode parvulorum necatore, necnon cum Nerone apostolorum Petri et Pauli et multorum martyrum interfectore, seu cum Aureliano impiissimo lictore, et cum Juda traditore Domini portionem habeat, et anathema maranata, atque in poenis infernalibus perpetualiter concremandus existat. Et ut hoc nostrae auctoritatis emolumentum per succedentia annorum curricula ab omnibus verius credatur, et attentius observetur, annuli nostri impressione jussimus insigniri, et monogramma nostri nominis decenter mandavimus ascribi.

Signum Rotberti gloriosissimi regis.

X.
Rotberti Francorum regis diploma pro restitutione monasterii Latiniacensis.

(Anno 1018.)

[Mabill., *De re diplom.*, lib. vi, pag. 601, ex chartulario Latiniacensi.]

Robertus Dei ordinante clementia Francorum rex.

Si justis fidelium nostrorum petitionibus libenter assensum praebuerimus, et quae rationabiliter petierint, bonae voluntatis gratia sine quovis typo perficere curaverimus; et hos nobis fideliores fieri, et nostri regni statum sub divina custodia credimus confirmari : maxime tamen si de his quae ad honorem sanctae Dei Ecclesiae pertinent, id fieri contigerit. Noverit igitur communis Ecclesiae atque nostrorum industria fidelium, praesentium scilicet atque futurorum, quod quidam de nostri regni principibus, nomine Stephanus, nobilitate et potentia comes clarissimus, noster etiam nepos amantissimus, celsitudinis nostrae magnificentiam humiliter adiit, et auribus nostrae serenitatis devote intimavit qualiter quamdam abbatiam, cujus monasterium in Parisiensi comitatu fundatum, in loco situm habetur qui Latigniacus dicitur, quae olim amplis terrarum spatiis et largis possessionibus ditata claruerat, sed paganorum postea persecutione destructa et penitus destituta fuerat, pater suus comes Herbertus restauraverit, ac suis fidelibus concambiis redditis abbatiæ propriam terram pro parte maxima restituerit. Præfatus igitur comes Stephanus humiliter expetiit ut præcepto nostræ auctoritatis confirmaremus quatenus terram quam pater suus ibi reddidit sive donavit, vel ipse adhuc daturus est, seu alii quilibet Christiani et Ecclesiæ fideles ex donatione daturi sunt, hanc ipsa abbatia firmiter tenere et in perpetuum valeret possidere. Cujus precibus liberiori gratia præbentes assensum, consilio nostrorum principum nostrique regni primatuum, quod humiliter expetiit, efficaciter impetrare promeruit. Hoc igitur nostræ celsitudinis præceptum fieri jussimus, per quod præcipimus atque firmamus ut quidquid prædicta abbatia ad præsens tenere noscitur, vel quidquid et deinceps possidendum a Christi fidelibus donatum fuerit, jure firmissimo teneat atque possideat. Ut autem hæc nostræ auctoritatis præceptio firmiorem in Dei nomine obtineat vigorem, annuli nostri impressione subter eam jussimus sigillari.

Actum Senonis civitate, anno Dominicæ Incarnationis millesimo decimo-octavo (9), regnante serenissimo rege Roberto xxxii, vi Kal. Martii. Signum Roberti regis. Signum Hugonis regis. Signum Henrici. Signum Roberti. Signum Letrici, archiepiscopi, Balduinus subcancellarius vice Arnulphi archiepiscopi primi cancellarii recognovit atque firmavit.

XI.
Rotberti regis privilegium pro Miciacensi monasterio.
(Anno 1022.)

[MABILL., *Annal. Bened.*, tom. IV, Append., pag. 706, ex archivo Miciacensi.]

In nomine sanctæ et induviæ Trinitatis, ROTBERTUS Dei gratia Francorum rex.

Ex injuncto nobis regiæ dignitatis officio tenemur monasteriis in regno nostro constitutis eo modo providere, quo universa quæ ab aliis libere ipsis collata sunt, et quæ possidere dignoscuntur, ne in posterum super his valeant aliquatenus molestari, liberaliter confirmemus.

Noverint igitur universi quod constitutus in præsentia nostra venerabilis Odolricus episcopus, et Albertus abbas Sancti Maximini Miciacensis loci cum quibusdam fratribus humiliter petierunt serenitatem nostram innovari sibi privilegia quædam a prædecessoribus nostris regibus, Clodoveo scilicet primo Francorum rege Christianissimo et Carolo Augusto, regia munificentia monasterio Miciacensi indulta, quorum videlicet privilegiorum sigilla præ nimia vetustate nobis videntibus fracta penitus fuerant et consumpta. Quorum petitioni digne faventes, pro animæ salute propriæ, mei scilicet Roberti regis et uxoris meæ Constantiæ, et nostrorum filiorum Hugonis regis et Henrici, Roberti quoque et Odonis, ad tutelam prædicti monasterii Miciacensis hoc nostræ regiæ dignitatis præceptum edidimus, ut absque ullo incommodo fratribus ibidem Deo servientibus emolumentum proveniat salutare, nostrumque sive illos perpetuum teneatur memoriale. Prædictorum igitur privilegiorum tenore considerato, ad notitiam futurorum placuit nobis in hoc pragmatico confirmari et adnotari possessiones quæ in prædictis et in aliis regum privilegiis continebantur, quas præsentialiter ejusdem cœnobii fratres gratia Dei secure et quiete possident.

Prior est fundus Miciacensis cum appendiciis suis, et fluvius Legiris et Ligeriti, et in civitate Aurelianensi possident in alodo claustrum Sancti Maximini ab omni exactione liberum et consuetudine; et capellam in honore ejusdem confessoris sacratam, et præbendam Sanctæ Crucis perpetualem; et in burgo Dunensi furnulum unum in alodo, et juxta Sanctum Anianum abbatiam Sancti Maximini et burgum ejus; et in burgo Sancti Aniani dimidium furnilium in manu-firma, qui reddit censum denarios iv et obolum in missa Sanctæ Crucis mensis Maii, et juxta sanctum Donatianum alodium unum; extra civitatem contra claustrum Sancti Maximini partem alodi, quæ pertinet ad ipsum claustrum, et præbendam Sancti Aniani. Possident etiam ecclesiam Sancti Dionysii in alodo cum omnibus ibi pertinentibus terris cultis et incultis, pratis, pascuis, vineis, servis et ancillis, et villis, id est Bruerias, Caventonem, Alburias, Asinarias et aliam potestatem quæ dicitur Nemesus, Masnitium et Boschellum in manu-firma, et curtem Dreani in alodo quæ est in pago Gastmensi, et in pago Aurelianensi Ulmeri villam cum omnibus sibi pertinentibus, et potestatem Audoeniputei (*Empuis*), Bitriacum, montem Cuichet, Pyracium Sarcinum, Grangioli-villam, Viviniacum, Haia-corbi et Nocimentum. Has potestates Clotarius rex filius Clodovei senioris prædicto loco concessit.

Præter hæc autem possident capellam Sancti Maximini super Ligerim positam ab omni consuetudine et potestate ministerialium nostrorum liberam; et vallem et Cersiacum cum sibi pertinente terræ et silva, et omnia quæ ad eamdem villam pertinent et totas Spedas et Montiniacum, Vacheriam quoque et totum Ronedum [*al.*, Rollenum], sicut partitur terra Sancti Liphardi, et Alenam et Bonivillam, et casuarium unum in Sumone villa, et totam Silvestri villam. Has possessiones Childebertus rex prædicto loco contulit. Habet etiam in pago Carnotensi Fraxinulum, et Saumaricum, et Clessam villam cum omnibus sibi pertinentibus, et terram quamdam in villa quæ dicitur Vonas, et Maissiam et Lincomisum; has possessiones Dagobertus rex dicto loco

---

(9) Annus millesimus decimus octavus, hic notatus, primus erat Hugonis regis, Rotberti filii, anno superiore coronati, at nondum tricesimus secundus ipsius Roberti regis. Forte id referendum pro novo calculo ad annum insequentem 1019, qui annus xxxi Rotberti censeri poterat, ex quo cum patre regnare cœpit. Herbertus comes, cujus hic mentio, sepultus est in Latiniacensi monasterio, cujus ossa, me præsente, ex veteri basilica in novam translata sunt cum semeso ejus epitaphio, lapidi insculpto,

concessit. Et in pago Dunensi habent cellam in loco qui dicitur Mons-Letardi cum aqua Coneda, molendinis, silva, pratis, terris cultis et incultis, pascuis, vineis, mancipiis, servis : hanc cellam Theodericus rex ex hæreditate Lupi pessimi ducis Miciacensi loco contulit. Cambiacum quoque possident ex dono Clodovei senioris cum ecclesia et omnibus sibi pertinentibus ; Prunedum etiam et Berellam, Spinam, Toscham-rotundam, Brulium, et Boscum sancti Agili, et Brasias quasdam juxta silvam nostram, quæ dicitur *forest*, ubi metæ sunt positæ.

Habent insuper ex dono Pippini regis Fontañas et Malverias quæ sunt in alodo et in manu-firma, et Fauvanas et villam Marcelli; et Chandre cum omnibus sibi pertinentibus, terris cultis et incultis, servis et ancillis.

Et ex dono Ludovici imperatoris et Lotharii filii ejus habent discursionem trium navium per diversa imperii flumina, scilicet per Ligerim, Carum, Sequanam, Maternam, Vigenam, Sartam, Meduanam, Sidilum, pro quibuslibet monasterii necessitatibus, ut secure et libere ire et redire valeant, et non reddant teloneum vel ullam consuetudinem vel aliquam redhibitionem. Et ne quislibet exactor fisci de carris vel carretis vel sagmariis vel quocunque vehiculo sive per terram sive per aquam facto, vel de quocunque commercio pertinens ad prædictum locum exigat vel accipiat ullam omnino consuetudinem, nec de quibuslibet negotiis vel in villis vel in terris, sive in silvis aut in aquis prædicti monasterii factis undecunque judiciaria potestas aliquid exigere præsumat, aliquam legem vel consuetudinem accipere vel exigere, vel quamlibet molestiam inferre. Ipsis vero monachis consuetudines, quas volunt, sive in terris sive in aquis suis ponere liceat, id est, telonium salis et aliarum rerum, quæ vehantur sive per terram sive per aquam, et cæteras leges id est sanguinem, raptum, homicidium, incendium, et alias leges quæ solent exsolvi, in suis terris accipiant.

Possident etiam ex dono Caroli Calvi Gaudiacum cum ecclesia et omnibus sibi pertinentibus, terris cultis et incultis, pascuis, servis et ancillis et quibusdam villis ; scilicet Montem-Bellerii, Patiacum, Mauselanum et boscum qui dicitur Boscus regis, et boscum Gilfredi, boscum etiam Sancti Marcelli, et brasias quasdam inter montem Belleni et viam publicam, ubi metæ positæ sunt.

In Secalonia quoque habet curtem Vennensem cum ecclesia et omnibus sibi pertinentibus, et Macherias et Mesum et Brulium, et Cosdrenam silvam cum brasiis adjacentibus, et in Litiniaci parochia farinarium petrosum; has possessiones habent ex dono Lotharii filii Ludovici imperatoris.

Ex dono autem Clodomiri regis habent Fontanellas cum omnibus sibi pertinentibus, terris cultis et incultis, pascuis, silva, brasiis, servis et ancillis. Hanc etiam communitatem habent ex dono Alberici vicecomitis Aurelianensis, ut per totam silvam quæ adjacet Fontanellæ supradictæ potestati monachorum, ubi inter eorum propriam silvam et silvas baronum et militum nostrorum metæ positæ sunt, omni tempore glandis porcos ducentos absque ullo pasnatico vel aliquo servitio habere sibi liceat.

Habet præterea idem cœnobium multas possessiones, quas, quia in privilegiis regum præcedentium, et authenticis pontificum nominatim expressæ continentur, in præsenti pragmatico noluimus adnotari. Nos vero, ne inferiores videamur prædictis regibus, beneficio concedimus prædicti monasterii fratribus, duos farinarios censuales infra Ligeritum super Sanctum Hilarium, cum tota aqua illa quam dedit eis Hugo miles, solventes in censu solidos tres in missa Sanctæ Crucis mensis Maii : et contra dominum Martinum in Ligerito, molendinos duos ex proprio jure nostro, cum aqua sibi pertinente, eis in perpetuum concedimus et confirmamus. Concedimus etiam eis ut homines nostri liberi et servi, qui manserint vel domos habuerint in terris eorum, omnes penitus consuetudines et ex nomine taliam quemadmodum proprii homines eorum perpetuo reddant. Et sicut piæ memoriæ genitor noster Hugo rex eis concesserat singulis hebdomadis per unam diem et noctem, quam voluerint, libertatem perlustrandi totam aquam nostri juris Ligeriti fluvii, quolibet modo piscationis, eis in perpetuum concedimus et confirmamus. Et quia ministeriales nostri Aurelianenses et milites, et servientes Landrici militis Balgenciacensis, et quidam alii, sicut ad nostras aures sæpius pervenit, terras prædicti monasterii quotidianis vastant rapinis, et hominibus illic commorantibus multas injurias faciunt, per hoc nostræ regalis auctoritatis præceptum id omnimodis amodo fieri prohibemus, Landrico milite Balgenciacensi, et filiis ejus Landrico, Joanne et Herveo ad ipsum consentientibus, et coram nobis et fidelibus nostris palam confitentibus se huc usque nullum omnino jus aut ullam consuetudinem vel servitium in omnibus terris Sancti Maximini vel hominibus de jure habuisse vel habere debere. Prohibemus igitur, et auctoritate regia præcipimus districte ut in Miciaco villa, et in potestate Sancti Dionysii, et in capella Sancti Maximini trans Ligerim, et in Cambiaco, et in Gaudiaco, Monte-Bellerii, Malvariis, Canariis, Fontanis, Villa-Marcelli, Rosariis, Asneriis in Meso, et in omnibus appendiciis quæ ad has villas pertinere noscuntur, et in aliis villis, vel terris, vel hominibus eorum, ullus omnino ministerialium nostrorum, neque comes, neque missus, neque judex, aut villicus, aut quislibet publica potestate præditus, ullam omnino legem, vel consuetudinem, vel servitium aliquod exigat, vel ullam inquietudinem aut contrarietatem deinceps facere præsumat; aut quidquam subtrahere, aut aliquam infestationem inferre : sed liceat prædictis fratribus memoratas possessiones, et omnia quæ regum vel principum seu aliorum quorumlibet fidelium largitione in perpetuum adepti fuerint, sub nostra plenissima tuitione, nostris et futuris Deo disponente temporibus, quiete et libera possidere. Ut autem hæc nostra auctoritas certius credatur, et a fidelibus, Deo annuente, nostris et futuris temporibus melius conservetur, sigilli nostri charactere subter eam jussimus roborari.

Signum Rotberti regis. Sign. Hugonis regis filii Rotberti. Sign. Henrici filii Rotberti regis. Sign. Rotberti filii Rotberti regis.

Nomina testium : Sign. Tetduini clerici, filii Reginæ mulieris, cujus erat beneficium. Sign. Leutericus archiepiscopus Senonas. Sign. Gostinus archiepiscopus Bituricas. Sign. Odolricus episcopus Aurelianis. Sign. Guarinus episcopus Belvagus. Sign. Franco episcopus Parisius. Sign. comes Ivo de Bello-monte. Sign. Ebo miles. Sig. Guarinus miles Parisius. Sign. Amalricus miles de Monte-forte. Ego Balduinus cancellarius perlegendo subscripsi.

Actum Aurelianis publice, anno Incarnationis Domini millesimo vicesimo secundo, regni Rotberti regis xxvii, et indictione v, quando Stephanus hæresiarches et complices ejus damnati sunt et arsi sunt Aurelianis [*al.*, quando hæretici damnati sunt Aurelianis].

XII.
Roberti regis privilegium pro ecclesia S. Martini, petente S. Guillelmo, abbate S. Benigni Divionensis.

(Anno 1023.)

[MABILL., *Acta SS. Bened.*, sæc. VI, pag. 467]

In nomine sanctæ et individuæ Trinitatis. Ego ROBERTUS gratia Dei Francorum rex.

Noverit omnium sanctæ matris Ecclesiæ fidelium industria, ut præsens sed etiam futura, quod quidam noster comes, Guillelmus nomine, nostræ serenitatis adierit præsentiam, rogans et obnixe postulans ut quamdam ecclesiam in honore sancti Martini sacratam, in suburbio Belnensis castri sitam, olim abbatiam sed jam omnino destructam, quam etiam jure nostri beneficii possidebat, se mihi liceret credere, eo conventionis tenore ut eamdem ecclesiam cuidam congregationi in loco Fructuariæ juxta Alpes Deo regulariter servienti quominus traderemus perpetualiter habendam. Cujus rationabili et devotæ petitioni libenter condescendere volui, quoniam eidem cœnobio jam pridem quamdam abbatiam Sanctæ Mariæ in suburbio Cabilonensi sitam, cum Ecclesia Busciani et alodum Cassiniaci cum ecclesia ejusdem villæ per præcepti firmitatem concesseram. Quæ omnia dedi instinctu et petitione domini Guillelmi abbatis, ejusdem loci Fructuariensis devoti fundatoris, interveniente et subscribente Gosfrido Cabilonensi episcopo cum reliquis episcopis qui interfuerunt concilio nuper Ariaci habito. Innotesco igitur cunctis prædictam Belnensem ecclesiam Guillelmum comitem mihi reddidisse et me eam Fructuariensi cœnobio dedisse; erga quem locum taliter nostræ benevolentiæ inculcamus affectum, ut quicunque in omni nostræ dominationis regno pro redemptione peccatorum suorum aliquid inibi conferre voluerit, nostræ auctoritatis habeat assensum, et sicut nostri præcepti auctoritate firmavimus, ita etiam legaliter dandi in posterum habenda absque declamatione decernimus, et harum rerum conventionem annuli nostri impressione signamus.

Actum Avaloni, anno incarnati Verbi 1023, regnante Roberto xxxvii. Ego Baldoinus cancellarius relegendo subscripsi.

XIII.
Rotberti regis præceptum pro monasterio Bellimontis prope Turonos.

(Anno 1022.)

[MABILL., *Annal. Bened.*, tom. IV, Append. pag. 708, ex archivo S. Martini.]

In nomine sanctæ et individuæ Trinitatis, ROTBERTUS Dei misericordia rex.

Si petitionibus servorum Dei pro quibuslibet ecclesiasticis necessitatibus aures nostras pulsantium libenter assentimur, et ad divinæ militiæ cultum in locis Domino dicatis uberius famulantibus auxilium porrigimus, id nobis procul dubio et ad instantem vitam temporaliter transigendam, et ad futuram feliciter obtinendam profuturum confidimus. Notum igitur fore omnino cupimus cunctis Christi nostrisque fidelibus, præsentibus scilicet atque futuris, quoniam adiit serenitatem nostri culminis Sulpicius subdiaconus et archiclavis Beati Martini, humiliter flagitans, et flagitando summa prece deposcens, ut auctoritate nostræ præceptionis juberemus præceptum fieri de his unde jam præceptum altera vice fieri jusseramus per deprecationem bonæ memoriæ Hervei levitæ et archiclavis Beati Martini, prædecessoris ejusdem fidelis nostri Sulpicii, de ecclesia videlicet Beatæ Mariæ Bellimontis, in qua regulam sanctimonialium supradictus sanctus vir Herveus construxit, non longe sita a castro patris nostri Martini, cum omnibus rebus ad eam pertinentibus, vineis scilicet et pratis; atque de quodam vivario Malamorta nuncupato, necnon et de quotlibet arpennibus vinearum, quæ diversis in locis prope suburbium oppidi præfati confessoris Christi Martini, sitæ inter Ligeris videlicet Carique alveum, hoc est de vineis ex thesauro arpen. quatuor, non longe ab oppido beati Martini ex parte Cari fluminis; terminantur de duabus partibus ipsius potestatis; de tertia parte terræ Sancti Andreæ; de quarta via publica: reddent censum ad missam Sancti Martini hiemalem denar. sexdecim. Item, de vineis ex thesauro arpen. quatuor in suburbio castelli Beati Martini ex parte meridiei, ubi ultra Beram dicitur. Terminantur de una parte terra Sancti Venantii, de duabus terra communi fratrum, de quarta via publica. Reddent censum ad missam Sancti Martini hiemalem den. sexdecim. Item, de vineis ex thesauro arpen. 1 in suburbio castelli Beati Martini ex parte occidentis; terminantur de duabus partibus terra ipsius potestatis, de tertia terra Sancti Joannis et Sancti Pauli, de quarta via publica. Reddent censum ad missam Sancti Martini hiemalem den. quatuor. Item, de vineis ex thesauro arpen. 1 in suburbio castelli Beati Martini ex parte occidentis; terminantur de una parte via publica, de duabus terra ipsius potestatis, de quarta terra Sancti Pauli. Reddent censum ad missam Sancti Martini hiemalem den. quatuor. Item, de vineis ex thesauro arpen. III in suburbio castelli Beati Martini ad Curæcium maceriæ; terminantur de duabus partibus viis publicis, de reliquis partibus terra Sanctæ Crucis, et prato Sancti Venantii : reddent censum ad missam Sancti Martini... ex parte occidentis, terminantur de una parte terra sancti Martini de Portaria, de altera de ipsa Portaria et terra Sancti Sulpicii, de quarta via publica : reddent censum ad missam Sancti Martini hiemalem den. tres. Item, de vineis ex thesauro quartarios tres in suburbio castelli Beati Martini, ex parte orientis, terminantur de una fronte, via quæ ducit in urbem, et ex uno latere via cujus caput portam Sancti Juliani attingit, de altero latere terra Sancti Pauli, de altera autem fronte alodo Ademari : reddent censum ad missam Sancti Martini hiemalem den. septem. De vineis quoque de Portaria, non longe a castello Beati Martini ex parte meridiei arpen. quatuor, terminantur ex duabus partibus terra ipsius potestatis, de tertia terra Sancti Venantii, de quarta Sancti Dionysii ; reddent censum ad missam Sancti Martini hiemalem den. sexdecim. Item, de vineis de Portaria arpen. dimidium in suburbio castelli Beati Martini, ex parte occidentis; terminantur de una fronte terra Sanctæ Mariæ, ex uno latere terra Sanctæ Moneguudis, ex altero vero latere et ex capite viis publicis ; reddent censum ad missam Sancti Martini hiemalem den. duos. De iis quidem omnibus vineis, quas hic cum suis terminationibus recensuimus , jam firmaveramus quoddam scriptum, quod idem dominus Sulpicius de ipsis fieri jusserat, assensu Rogerii decani et cæterorum fratrum. Deprecatur quoque sæpe dictus fidelis noster dominus Sulpicius archiclavis, huic præcepto inseri quoddam altare, in honore sanctæ crucis et sancti Petri in medio ecclesiæ beatissimi Martini situm, ubi sanctæ memoriæ dominus Herveus archiclavis tumulatus requiescit, quod et jam ipse non immemor suæ animæ, eidem loco, Sanctæ videlicet Mariæ Belimontis; in perpetuum concessit habendum. Est enim de thesauro Beati Martini, ea videlicet lege eoque tenore ut sanctimoniales Domino servientes, amodo semper in posterum cappas et cætera ornamenta Beati Martini, prout potuerint, absque pretio restituant. Cujus nos petitionem satis rationabilem considerantes, votis ejus libenter assensum dedimus ; et tam de ipso altari quam de supra scriptis omnibus rebus, hoc præceptum fieri jussimus. Si quis autem hujus nostræ auctoritatis præceptum violare præsumpserit, non solum in offensam se Christi et nostram lapsum, verum etiam denariorum solidorum excocti auri se noverit pœna multandum. Ut autem hæc nostra auctoritas inviolabilem obtineat effectum, manu eam nostra propria firmavimus, et annuli nostri impressione signavimus.

Rotbertus. Ego Balduinus cancellarius relegi, et subscripsi.

XIV.

Roberti regis et Constantiæ reginæ charta de donatione prædii prope Vermeriam, facta abbatiæ Compendiensi.

(Anno 1029.)

[Mabill., Annal. Bened., tome IV, pag. 602, ex autographo.]

In nomine sanctæ et individuæ, Trinitatis, Patris et Filii, et Spiritus sancti, ego Rotbertus gratia Dei Francorum rex, et Constantia divino nutu regina.

Si primitivi fructus charitatis, quos exornat devota erogatio religiosæ liberalitatis, ad hoc efficaces sunt et idonei ut valeant firmare statum cujuscunque honoris, ac deinde repræsentare plenitudinem futuræ remunerationis, verissime decet regiam dignitatem illis redividare et affatim exuberare, per quos suæ dignitatis amplitudinem valeat sublimando erigere, et erigendo sublimare ; et demum felici commercio et incomparabili exspectet æterna, et certa spe possideat exspectata. Quod liberalitatis genus tunc ex parte pro debito exercemus, si locis sanctorum et congregationibus fidelium temporalia bona conferre non denegamus, ut tanto liberius cultores Christianæ religionis et ecclesiastici ordinis divinis inserviant mandatis, quanto amplius fuerint ab omni necessitatis impedimento absoluti. Innotescat ergo universitati sanctæ matris Ecclesiæ fidelium, tam præsentium quam etiam futurorum, me et conjugem meam Constantiam, jucunda conversatione mihi admodum dilectam, et in administratione rerum ad se pertinentium satis utilem et strenuam, prædium nostræ regali sedi Vermeriæ contiguum, quod de auro ex patris sui dono asportato prædicta conjux mea emerat, Sanctæ Mariæ Compendiensis ecclesiæ, cujus cultum singulariter præter cæteros sanctorum amplectebatur, et sanctis martyribus Cornelio et Cypriano in eadem ecclesia requiescentibus humiliter dedisse et devote jure prætorio et forensi tradidisse pro nostra incolumitate et salute animarum nostrarum, et filii nostri Hugonis, jam regni solio, antequam decoderet, sublimati, et, proh dolor ! nostris diebus inibi sepulti. Ea autem quæ respiciunt ad prædictum prædium sunt hæc : Duæ ecclesiæ cum quatuor molendinis, quinquaginta tres habitatores, hospites cum quadraginta quatuor arpennis vinearum, et cum quadraginta et dimidio arpennis pratorum. Denique inter hospites et cæteras legitimas exactiones persolvet unoquoque anno sub nomine census duas libras denariorum, et octo solidos. Inculcamus adhuc numerando ea quæ cum prædio contulimus, unam scilicet silvam quæ est supra ecclesiam Sancti Germani sita, et alteram ad Altum-Monticellum ; deinde tantum terræ culturæ ad alodium pertinentis, quanum vix sufficiunt duæ carrucæ omnibus tempori-us uniuscujusque anni excolere. Duos præterea, mansos eidem alodio adjacentes concedimus, unum in villa Mohericurz, alium in villa Veneta. Hæc omnia legaliter data, et jure forensi et prætorio Compendiensi ecclesiæ tradita, nostræ auctoritatis præcepto firmavimus, et in posterum firmata esse sta-tuimus, et sigillo nostro insigniri præcipimus, ut inferius scriptum est.

Actum publice Aurelianis, anno incarnati Verbi millesimo vicesimo nono, regnante rege Rotherto quadragesimo tertio.

Ego Balduinus cancellarius relegendo subscripsi, et subscribendo relegi (10).

(10) In hoc diplomate duo observanda, nempe quod Rotbertus rex utatur, initio contextus, pronomine *Ego*, de quo vide libri secundi caput tertium, num. 21, et quod Constantia simul cum eo diploma inchoat, præter morem, nimirum quia ipse donationem facit ex propriis cum rege.

ANTE ANNUM MXXXIII.

MEGINFREDUS
MAGDEBURGENSIS MAGISTER ET PRÆPOSITUS.

NOTITIA IN MEGINFREDUM.

(Apud CANIS. *Antiq. Lect.* edit. Basnag., tom. III, pag. 86.)

Meginfredus antiquiorem emendavit renovavitque biographum, qui jam Emmerammi Vitam scripto mandaverat. Seu depravata fuerant illius monumenta, sive potius imperite barbaroque stylo fuerant scripta, denuo huic Vitæ scribendæ manum admovere coactum se sensit Meginfredus. Prior ille scriptor appellabatur Cyrinus et Heres.

Meginfredo nomine tantum notus videtur. Credit Surius illum fuisse episcopum Ratisponensem, deceptus forsan subscriptionibus synodo Dingolvingensi anno 774 adjectis, ibi enim subsignavit *Heres*. Sed non fuit Ratisponensis antistes, cum eam sedem tunc temporis teneret Scritpertus. Deinde vero episcopus Ecclesiæ Frisingensis appellatur ab Arnolfo. Ætas qua vixerit incerta. Vossius nomen Cyrini fictitium credidit, quia nullus inter Frisingenses episcopos eo nomine indicatur, quin imo nec inter Ratisponenses. Sed vixit ille an. 760, et obiit an. 783. Fuit monachus Benedictinus, dein abbas, denique quartus episcopus Frisingensis. Meginfredus multo notior, fuit enim inter viros sui sæculi doctiores; monachus Fuldensis ineunte sæculo decimo; dein ad Parthenonis regimen evectus, sive Magdeburgensis præpositus factus est. Hoc ipsum conjecerat olim Canisius, cujus hæc sunt verba : An *Meginfredus hic est quem Trithemius in Chron. Hirsaugiensi an.* 1010 *monachum Fuldensem celebremque chronographum, ejusque laboribus se plurimum adjutum asserit* ? *Certe annus* 1010 *eumdem suadet, potuitque fieri ut Fulda Magdeburgum ad præposituram sit ascitus.* Scripserat Chronicorum libros viginti quatuor a Trithemio sæpius laudatos. Deinde ad Emmerammi Vitam emendandam se contulit. Brevis illa scriptio, quæ vix aliud contineat præter cruentam Emmerammi mortem, a Lantperto ob suspicionem de stupro sorori illato intentatam. Vixit Meginfredus temporibus Ottonis II et Ottonis III, deinde etiam sub regno Henrici secundi imperatoris.

Emmerammus fuit, ut aiunt, Pictaviensis apud Gallos episcopus, qui sedem episcopalem gregemque sibi commissum deserens, in Pannoniam tendere voluit, ut ibi idololatras ad Christum adduceret. Cætera legere possis apud Meginfredum. Observasse sufficiat ipsum anno 697 sub Theodone IV duce Bajoariam periisse; itaque ab eo longe temporibus et annis distabant qui Vitam ipsius hic nobis mandarunt.

MEGINFREDI
DE VITA ET VIRTUTIBUS BEATI EMMERAMM[I]
LIBER UNUS.

(CANIS. BASNAG. *Antiq. Lect.* tom. III, pag. 87.)

AD PROVISOREM SANCTI EMMERAMMI, QUID DEBEAT IPSI ET RATIONI,
P. A. [PURCHARDUM ABBATEM.]

Domino Purchardo ad optima quæque haud tardo, pro paterna quidem dignitate reverendo, ac plurigena probitate diligendo, Arnoldus (1) adprime sibi utpote abbati, exin cæteris merito suppositus,

(1) Arnolfus comes de Cham et Vochburg, monachus S. Emmerammi, præpositus et magister.

verumtamen rebus monasterii præpositus, quidquid A *Vide infra in* ARNOLDO *De miraculis S. Emmerammi,* fidelis domino servus, seu magistro discipulus. *init.*

INCIPIT EPISTOLA ET PROLOGUS MEGINFREDI

PARTHENOPOLITANI MAGISTRI ET PRÆPOSITI

AD

ARNOLDUM

S. EMMERAMMI MONACHUM EUMDEM ET PRÆPOSITUM ATQUE MAGISTRUM.

Charissimo suo A. M. [Arnoldo magistro] salutem in Christo.

Sanctorum dicta, quæ videntur simplicia, vivifico fecunda spiritu, pondere veritatis religiosa, non illice compositionis sunt astu pomposa. Quæ quando incommutabilium sunt signa virtutum, neque favor eis nutrit meritum, neque indignatio detrimentum; quibus velut ex sanctitate fluxit dignitas, ita ex rerum existentia venit integritas; quorum sicut compositio spiritualis, sic potentia mirabilis, dum per eadem locutionis membra et ad genituram imaginis Dei gremium fidei maritat, et per fidei sinum indurat. Unde conjicere possum, frater, quam vera debeatur sanctitati religio, quam sancta veritati confessio; ne videar vel in spiritum esse præsumptor, vel in simplicitatem impostor. Sed quia mihi dilectio tua pondus imposuit, quod beati martyris et pontificis Emmerammi desiderio libenter subivi, et ab ipsius sanctitate et sanctitatis ejus scriptore veniam quæro; quatenus illius me reverentia cultorem, istius sapientia dignetur imitatorem. Equidem si sanctorum gesta non possumus imitari, licebit saltem meditari, licebit mirari, quod volumus, ut quandoque liceat velle, quod miramur. Non enim est circumscripta divina misericordia, quæ juvat etiam ubi nulla sunt merita. Proinde flagito quatenus orationi meæ succurras, ne vel professio mea debilitata succumbat, et per occasionem imperitiæ, pia voluntas invidiæ dentes imbuat, unde et tecum latere desiderat, ne in publico erubescat.

Explicit epistola.

INCIPIT PROLOGUS.

Militiam Christi licet varius pugnandi modus exerceat, diversa triumphandi gloria coronet, par est tamen disciplina, similis affectus, eadem forma; quomodo sui regis impressi patientiæ sigillo, ad ipsum inrequietis anhelantes animis similitudinem suam, ad unam faciem primæ pietatis instaurant. Unde patriarchæ et prophetæ latores legum, victores regum, Ecclesiam Novi Testamenti per mediatorem Jesum Christum, in unum corpus aduniendam benedicendo, piæ prolis successionem sancti Spiritus oraculo et veræ professionis organo de longe salutant, ut variis aut verborum aut rerum ostentis exprimant, quos sibi videlicet moribus concordes futuros esse præviderant. Inter quos et sanctos martyres per exemplum præteritorum, aliqui ita describunt, ut sole luceat splendidius, quod in omnibus unus fuerit spiritus. Hi ergo per contemptum cognati doloris et amaræ necis, ad thronum æternæ charitatis familiarius aspirant; nam inter cruciatus libera spei contemplatio, pro difficili conditione processit ad altitudinem gloriæ. Quare si ab illis tantum venerationis habuerunt cum adhuc non essent, quid a nobis habituri sunt, qui doctrinis eorum et exemplis instituti quotidie patrociniis fovemur. Ex quibus beatus pontifex Emmerammus, auream in sæculo famam dereliquit, qui pro fratre suo pretiosum sanguinem fudit. Et ut duplex pietatis foret auctoritas, crimen alienum innocentiæ suæ imposuit, quatenus eum liberaret a morte corporis, quem antea sustulerat ab interitu mentis. De cujus moribus, certamine, triumpho et meritis, quod scriptis et recenti memoria nobis potuit pervenire, futuris temporibus providemus.

Explicit prologus.

INCIPIUNT CAPITULA.

CAP. I. *Quomodo beatus Emmerammus apud Pictavium nutritur, ac litteris eruditur, et universis factus est amabilis.*

CAP. II. *Quod post pueritiæ flores, et adolescentiæ bonos odores, pro morum maturitate sublimatur episcopatus dignitate.*

CAP. III. *Qualiter semetipsum paiœstro virtutum exercuit et subditis et cœteris harum exemplar demonstravit.*

CAP. IV. *Quia non contentus cura ovium commissarum alias duxit in ovile Dominicum, et insuper pro nomine Christi desideravit peregrinari.*

CAP. V. *Quod post nobilem animi disceptationem exul veniens in Bajoariam intravit Radasponam.*

CAP. VI. *Quod a principe Pannoniam petendi licentiam postulavit, et hanc non obtinens dispositioni divinæ animum supposuit.*

CAP. VII. *Qualiter Noricam adhuc in fide novitiam excoluit et post triennem in ea laborem, Romam ire disposuit.*

CAP. VIII. *Quod Dominicæ dilectionis exemplo alteritatis onera suscepit, et per Spiritum prophetiæ ecclesiasticis ventura prædixit, sicque iter suum Romam direxit.*

CAP. IX. *Quod ducis filia est sceleris publicata, et quia Lambertus virum Dei est persecutus, pro inobedientia multatus est gravi sententia.*

CAP. X. *Quod præsul almus celebrat hymnos, et sermone confortat discipulos.*

CAP. XI. *Quod tyrannus sanctum Dei mordaciter excipiens, tradidit suis puniendum, et de fuga comitum.*

CAP. XII. *Quod vir Dei membratim sectus est, et quod duo e carnificibus per pœnitens cor salvati sunt, et Vitalis presbyter.*

CAP. XIII. *De miraculo in membris viri Dei facto, et exitu sanctæ illius animæ, et quod apud Aschein sepultus est, et de natura orbis mutata.*

CAP. XIV. *Quod per revelationes ordine mirifico ad Hiatoscopolim, id est Ratisbonam, est translatus, ibique honorifice est humatus, et quia pax ætheris rediit.*

CAP. XV. *Quomodo hi tres interierunt carnifices, et eorum dominum qualis pœna ceperit, seu qua miseria posteritas ejus affecta sit.*

CAP. XVI. *De miraculis locorum sectionis et vocationis.*

INCIPIT LIBER
DE VITA ET VIRTUTIBUS B. EMMERAMMI.

CAPUT PRIMUM.

Emmerammi patria. — Est in Aquitaniæ partibus urbs virorum illustrium titulis celeberrima, nomine Pictavis, in qua B. Emmerammus sinu Christianorum parentum est nutritus, et ad discendas sacræ institutionis litteras scholis traditus : ubi quam docilis fuerit, finis disciplinæ, virtutis socia dignitas ostendit. Nam in ipsa simplicitate, sic puerilis collatio mentem ad alta Scripturarum suspendit, ut cunctorum æstimatio, quid esset futurus, præsagiret, cunctorum oculi notarent, omnium affectus diligeret. Hic tamen oblatus ex patria, favor sic ab eo prudenter accipitur, et acceptus augetur, ut nec humilitas minueret gloriam, nec gravitas excitaret invidiam.

CAPUT II.

Fit episcopus. — Successit igitur in tam perspicaci puero felix adolescentia, et incrementa temporum florent incremento virtutum; et prævenit virum maturitas morum, nam collactanea teneritudinis ejus prudentia facile suadebat juveni, rationis pondere, transitorium omne quam fuisset leve. Unde factum est ut nec ad spem et gaudia mundi inclinaret oculum, tristitiam quoque vel metum nullius haberet pensi. Quare fuit et in correctione amicorum liber animus, dulcis exhortatio, moderata locutio. Tum præterea pretium cordis commendat pulchritudo corporis, et suavissima dona sapientia præbuit ex honestissimo ferculo. His ornamentis conspicuus, per ecclesiasticos gradus ascendens vir Dei, post dilectionem meruit reverentiam, donec disponente Domino, confessu cunctorum, morum custos et exemplum vitæ ordinatur episcopus.

CAPUT III.

Ejus virtutes. — Disposita vero in sublimi lucerna, quibus radiis effulserit, qua serenitate patriam illustraverit, omni orationi materiam dabit. Igitur et quis erga se ipsum, deinde qualis ad subditos, et ad cæteros fuerit proloquamur. Duplicem custodiam corpori, duplicem menti disposuit. Nam ne lex corporis enervaret legem mentis, et plena voluptas exhauriret ubertatem cordis, continuo jejuniorum et vigiliarum præsulatu prævidit. Porro lectionis et orationis vicaria successione, et expatiantis animi discursus inhibuit, et suggestionis adversæ militiam exclusit; et inter agendum quid, solemnis ei semper ad utrumque fuit opus psalmodiæ dilecta materia. Sane singularis pauperum thesaurus, pupillorum pater, refocillatio senum, viduarum unicus, desperatorum spes, medicina languentium, miserorum confugium, sic hospitalis, ut neque manum a munere domus exhausta retraheret, neque frequentia frontem rugaret; dum venientibus et animæ deliciæ affatim, et naturæ debita præberet. Ad excubias commissi gregis pervigili sollicitudine porrectus, aditum tetræ rapacitatis ita pastoralibus armis obsedit, ut per vicos singulasque domos fidelium cœlestis discursus sideris tenebras reverberaret et erroris.

CAPUT IV.

Convertit ad fidem plurimos. — Nullus erat locus tam vilis, nulla persona tam humilis, quo eum non declinaret salus animarum, redimentem tempus ne ad horreum domini vacuus rediret. Sufficeret hoc quibusdam non immerito, si circumscriptum sibi terminum cultura sacerdotali tam diligenter ambiret, verum illi tanta sedulitas Dominicæ messis inarsit, ut adjacentes Gallorum aliarumque gentium provincias ad littus solidæ conversationis hamo Petri attraheret. Quapropter frequentabant sedem ejus religiosæ simul et indifferentes personæ complures, quas odor aromatum ejus a remotioribus locis adduxit, quibus fidelis dispensator ad mensuram cujusque depositum suum prudenter distribuit, ut non minus de illo quam de aliis apostolicis viris dici posset illud psalmi : « Illuxerunt coruscationes tuæ orbi terræ (*Psal.* LXXVI).» Nam candens amoris igne superni dum in colligendis animabus singulis paucitatem fructus ad magnitudinem voluntatis excrevisse non cerneret, et indignatio secum reputantis studio suo nullius momenti donaret pretium, inter angustias disceptantis conscientiæ perlatum est ad eum, Avares, quos aliis nominibus Hunos et Ungros appellamus, Pannoniæ incolatu idololatriæ squalere veterno, et in luce multarum id locorum gentium, hanc solam veritatis diem non habere. His auditis tanto compassus animarum dispendio, ægritudinem cordis spe recuperandæ gentis interdum lenivit, interdum difficultates itinerum, peregrini mores locorum, affectus eorum, quos relicturus erat, respectus infirmitatis humanæ, pedem aliquantulum retrahunt ab inceptis. Porro facultatem oblatam sibi, cum in sarrienda deceptæ gentilitatis humo fidei sarculo uteretur impigre, nec posse nec oportere negligi putavit, quando et ipse hoc sæpe optaverit, ut pro amore fraternitatis et Dei, periculum subiret.

CAPUT V.

Bajoariam petit. — Vicit ergo in optimo ingenio, et ardua via, et potior causa : nam constituto pro se examinatæ personæ viro, ipse ad nova tyrocinia strenuus miles succingitur; et ascito inter alios necessitatis suæ comites, quia linguam Teutonicam non noverat, Vitale quodam presbytero interprete, perrexit; in barbarie disciplinam, in exsilio patriam, inter immanes cognationem facturus. Quæ omnia licet prius bene tenuerit, melius tamen dereliquit; et quæ sine appetitu jucunde licerent, abdicata jocunditate cum licentia, ne ubi rerum præsens affluentia thesaurum beatæ remunerationis obæraret, pauperes divitias dives pauper exposuit. Inde viam, ne quo pigresceret otio inrequietus agricola, præsumit, et Galliam, qua tendebat iter, et *Rheni* fluminis contigua, plantis verbi Dei silvescere et insitivam novi hominis gemmam, protoplasti e mortuo stipite, frondescere ipse quidem studuit; sed incrementi datorem Christum operis summa comprobavit : quippe qui, ubi Dei scientia meritis accessit, sobolem regenerationis edidit. Hoc igitur modo fidelis in Bajoarios fines, qui meridiem versus, Alpibus; ad orientem Ungris; ad aquilonem vero Hircano nemori limitem Germaniæ pro-

tendunt, non hac conterritus meta, devenit. Ubi cum defluentis Histri fluminis imperium sequeretur, Ratisbonam (2) accessit urbem quæ olim totius Germaniæ, et nomine et dignitate principum, et adhuc ejusdem gentis metropolis, antiquæ prosapiæ caput, adventu beatissimi sacerdotis ornatioribus illustravit fastus et insignia victoriosæ gentis triumpho concepta, novo pacis præconio in melius commutata, fidei spoliis et ornatu sanctæ religionis ampliavit.

CAPUT VI.

Pannoniam petit. — *Fines inter Ungros et Bajorios deserti.* — Hujus monarchiam Theodo dux provinciæ, qui tunc possedit, comperto sancti pontificis introitu, adhibitoque conspectu, inter alia, quæ sit causa exsilii, percontatus est. Qui nomine et natione exposita, incolatum nativi liminis propterea deseruisse se perhibuit, ut Pannoniæ populos, qui gentili feritate adhuc effremuerant, conditori Christo reconciliaret, et in hoc proposito suam conjurasse sententiam, ut aut voti compos professionem vitæ cum fructuosa pace finiret, aut devoto certamine, sanguinem martyr effunderet. Ad hæc divino consilio præventus, dux infit, se tam pio studio nihil opponere, nihil tantæ virtuti resistere; nisi quod commeandi facultatem inpossibilitas quædam obstrueret, propter discordiam scilicet, et longam inter se et Avares bellorum controversiam, fines in utroque limite desertos, ita ut circa Anesim fluvium urbes et loca olim cultissima, tantis bestiarum immanitatibus horrerent, ne viantibus ullus transeundi aditus pateret: monere autem potius et supplicare, quatenus apud se suosque B. Pater morari dignaretur, quos tam rudes et imperfectos in fide præteriri fas non esset : maxime cum isti necessarium optarent, et illi forte quasi superfluum recusarent. Provideret autem ne indiscreta pietas præmium amitteret, si offerret invitis tædium, qui volentibus poterat afferre præsidium : neve sic diligeret impios, ut negligeret pios. Vir autem Dei, in sua sententia fixus, nullo nutu declinari potuit, ut aliud vellet, quam quod cœperat; nisi forte cœlestis obviaret censuræ contradictio. Quibus acceptis ducis prudentia populique frequentia cum exhortationes ejus adientium mentibus et pabulum sufficere docilitate, et dulcedine desiderium conspicerent, salutem suam, quam supplicatione non poterant, violenter obtinuerant, et ex verbis Salvatoris, vim passum est regnum cœlorum (*Matth.* XI). Nam egrediendi provinciam, ne beato viro occasio proveniret, obstiterant; et bene prævaluit humana præsumptio, quo ex fonte ejus salutis ascendit conditio. At Pater sanctus, quem prohibiti callis injuria conturbavit, æstimare cœpit, quidnam hæc justæ voluntati difficultas obvia portenderet,

---

(2) Hæc in ms. alia litera in margine adscripta fuerant : *Hæc est civitas quam olim Teutones a Germano sive Germanico Germanisheim vocabant. Hujus vocabulum modernis temporibus lingua no-* *stra Reganisbure teutonizat, quam antiquitas Romana, ut quidam scriptis testantur, Tiburniam vocabant.*

maxime cum e sinu veritatis strenuis votis placabilis promitteretur effectus, quem ipse quoque non infirma fide prosequeretur. Hæc agitantem subit exemplum apostolorum, quos aut responsis, aut difficultatibus superna moderatio nunc et ad quasdam gentes misit, nunc a quibusdam prohibuit. Gratulatus ergo, supernæ dispositioni supposuit animum, et gentis studio præbuit consensum, et in altari obedientiæ Deo consilium salutis oblaturus, mutua se charitate populo devinxit, cujus devotioni conflictum ministerii sui etiam vitæ periculo diffinivit.

CAPUT VII.

Romam vult ire. — Erant autem memoratæ civitatis et patriæ totius accolæ affluentia quidem mundanæ felicitatis illustres, sed noviter ad fidem adducti, delusæ vetustatis frutices nondum radicitus exstirpabant, et consuetudinem tenaciter hærentem ignorantia fovit. Ad quod opus omnia ferramenta Christianæ religionis robustus cultor succingitur, et excisis inutilibus paganismi surculis, erigitur sacramentum fidei, quod universo justitiæ flore distinxit, et quoniam magnam circa perficiendam Deo plebem solertiam habuit, lucidissimo conversationis exemplo formam vivendi præbuit, et suavissimo loquendi modo edocuit. Unde non sufficiebat tam ardenti lampadi normam prædicationis communiter exhibere, quin omnium mores notavit, omnium ingenia discussit. Deposita non auctoritate, sed rigiditate, ad intrandam cujusque privati domum reverentiam episcopalem humiliavit. In Ecclesia, quæ communia fuerunt, ordinavit, apud singulos de propriis admissis disceptavit, et cognoscere suos, et a suis cognosci, sicut pastor bonus maluit, ne taciturnitas vitiis permitteret assensum, perurgeret interitum. Itaque nemo subditorum ejus erat, qui vel de actibus vel a verbis magistri, lineam rectitudinis non traheret. Proinde celebris illi fuit contentio sobrietatis cum sobrio, extenuationis cum humili, liberalitatis cum omnibus. Verum in contumaces magnanimo conatu surrexit et superciliosæ procacitati virgam auctoritatis intendit, spem votis proponens, ut in hac area certaminis per diversum agonem, quandoque perveniret ad palmam. His et horum similibus per triennium fines Bajoariæ perlustrans, ad laudem cœlestis patriæ non ultima pars accessurus, per spiritum, qui loquitur ad cor Hierusalem, ad littus æternæ quietis tempora sua jam jam declinari præsensit; et ut judici pulsanti expeditius aperiret, pervigili custodia insidiosum tempus exspectabat, ne moram faciente sponso, fragilitas obdormiret humana. Et quia noverat fatigatione corporis excitatiorem animum reddi, et in negotiis honestæ sollicitudinis minus obrepere somnum pigredinis, tum præterea quatenus in via bonæ intentionis eum fraus inimica calcaneo calceatum et cautum offenderet, licentiam a duce pariter et populo quæsivit, quatenus Romam ad beatorum limina apostolorum ire permitteretur, cœlestis aulæ janitorem, ut pulsationem [*al.*, supplicationem] suam intromitteret supplicaturus.

CAPUT VIII.

Ejus prædictiones. — Sub idem tempus invida pars supremo congressu tanto periculosius conflictura, quanto gloriosius erat vincenda, subdola occasione nacta, tale pugnandi genus invenit, ubi aut viscera charitatis occludenda, aut infamia sacri ordinis, in Ecclesiæ scandalum, foret displodenda. Nam supra memorati principis filia, nomine Uta, a cujusdam judicis filio Sigibaldo compressa, consuetæ turpitudinis maculam utero ingravescente, detegendam non solum generositatis damno, verum etiam mensura mortis ponderabat. Quid facerent? quod consilium caperent? tempus urgebat partum, et culpa minabatur interitum. Supererant sola in beati Emmerammi et pietate fiducia, et in sanctitate consilia. Huc desperatio pallida provolvitur, pedes osculando demulcentur, crimen exponitur, venia rogatur. Postremo de vitæ remedio pia paternitas consulitur, tantoque exstitit querelantium modus flebilior, quanto de admissis pœnarum opinio præsentior. Horum beatus Pater acceptis gemitibus compati cœpit interius, et licet parturiret spiritum doloris, obfirmavit tamen delictis faciem arguentis; læsum quippe ingenuæ regenerationis pudorem referens magis erubescendum et æternam justi judicis animadversionem vehementius esse pertimescendam; maxime cum hujus temporis supplicia sicut quantitate, sic etiam ab æternis diversa sunt, qualitate. Proinde, sicut mos est, pœnitentibus viam reconciliationis ostendit, ipse alto dilectionis consilio alteritatis onera suscepturus, mandavit secretius, ut maculam hanc in se transferrent, quo facilius furorem ducis evaderent; quem noverat inexorabilem, cum ignominia cumularet dolorem. Sed ne pietati providentia deesset, et innocentia muta fidem et exemplum culpæ donaret, si alieno crimini sternens humeros, in offendiculum sui sileret, testificatæ veritatis et veræ æstimationis virum Wolflaicum quemdam presbyterum familiarius adscivit, cui secretum suum, quatenus divina revelatione noverat, cautius exposuit. Nam dixit articulum vitæ præsentis propter crimen alienum diverso se cruciatu egressurum, et pœnas pro quadam ficta culpa se laturum : rogatque ut post obitum suum cunctis Ecclesiæ gradibus denuntiet, ne quis ficto hujus infamiæ de eo contendat habere, et imitaturus exemplum impingat offendiculum, se autem vivo omnibus hoc esse celatum persuadet. Quod ille idem presbyter ita ut jusserat, testimonium innocentiæ ejus et fideliter tacuit, dum debuit; et aperte prædicavit, cum decuit. Post hæc Deo dignus, accepta licentia principis et populi optatam arripuit viam, et ut par fuit, cum justo deducitur affectu. Nam ex tota urbe utriusque sexus effusa multitudo precibus lachrymisque prosequitur euntem, et in omnibus mensuram doloris expendit pretium acceptæ charitatis, cum pariter et minoris fortunæ populares aut amovendæ paternitatis damno gemebant, aut pro reditu ei vota geminabant, et ab uno dilectionis fonte lachrymarum duplex inundat materies, mixtamque vim luctibus, et de reditu dubia spes, et de abscessu tristitia præsens administrat. Hos ille, sicut noverat pius pastor, amplo commendationis ordine demulcet, et salutatis omnibus, viam ingreditur.

CAPUT IX.

Ducis filia stuprata. — Quo longius procedente, supra dicti ducis filia commissi sceleris publicata, et ante patris tribunal constituta, de auctore tam solemnis injuriæ convenitur. Cumque diu, femineo metu, spiritus obtupesceret, et alternante timore pariter et amore lingua hæreret, arguentium impetu coartata, in innocentis episcopi personam dedecus suum conjecit. Quo pater audito, tanto vehementiori indignatione flammescit, quanto altioris dignitatis fastu intumuit; acceptoque mucrone ad extinguendam propriam sobolem ruit, perficeretque facinus, nisi manus assistentium puellam imminenti periculo subduceret. Prosequitur autem tantum sententia furorem sæva, nam exhæredatam in Ausoniæ longinqua relegat, perpetuo puniendam exilio, quam nunquam miseratio paterna revocavit: quia inconsolabilis est dolor, quem altus nutriverat pudor. Huic judicio Lampertus puellæ germanus interfuit, quem grandis, pro confusione sororis, invasit tristitia; et quod juventuti familiare est, pro falsa fide cepit eum temerarius furor, nam mixto dolore postquam bestialiter effremuit, iram subit amentia, fletuque deposito prosilit ad vindictam. Sumpto itaque comitatu non pauco, properat virum Dei persequi.

CAPUT X.

Hymnos canit Emmerammus. — Interea sanctæ memoriæ Pater trium dierum cursum explicuit, et in vicum quemdam Helphandorf nuncupatum, ubi fons perspicuis manabat aquis, morarum causas innectit sociis, inventa gerendi quidlibet occasione. Mens enim divino amore lustrata, ubi certaminis campum invenit, in adventum temporis, arma fidei et constantiæ, spei et orationis opera, subornavit, ita ut stupor discipulos invaderet, tantum quod pontificem gravaret. Igitur circiter horam diei tertiam celebrante illo canonicos hymnos, et debitum officium sub sanctarum testimonio reliquiarum solvente, juvenis præfatus superveniens præcipitium cordis vesano tumultu designavit, nam multitudinis arma collisa, minaciter inquirit nomen pontificis, comitatui ejus magnum pavorem incussit. Unde festina trepidatione, sicut fit, ad ostium domus occurrentes, postquam habitum furoris et turbam cognoverunt, illum hæc inimica intendere timidi prænuntiabant. Quorum ille pavori ex arcano solidæ spei retulit orsa, dicens, adventum eorum non afferre sibi timorem per quem et molestia pereat, et gaudia sine fine succedant: dolorem corporis, qui momento pertransit, esse brevem, et pœnam, quæ vitam perennem affert, esse levem. Discrimen est, inquit, parvum, mortis hujus hora, quam bonæ fidei pectus dum patienter excipit æternitatis desiderio transilit. Unde videndum est ne nos timor strangulet antequam timoris causa conveniat; cui si manus dantur, periculosius punit, quam interemptor. Hic etenim ex adversa militia tetricus pariter et turpissimus profligator; quem ille ceperit, antea moritur quam puniatur. Moritur, inquam, non solum turpiter, verum infeliciter, quia et sponte simul et sine spe tollitur. Qui enim diversa pati pro justitia diffidit, et sine fide moritur et sine fine punitur.

CAPUT XI.

Dux juvenis plecti jubet. — Hæc eo prosequente funestus irrupit juvenis, et ut in ea domo lapis jacuit, super eum baculo inclinis stans, adduci sibi beatum Emmerammum turbulenter proclamat. Quo adducto ardentibus et oculis et animis exceptum mordaciter irridens generum appellat. Quod Dei sacerdos justa detestatione cum denegaret, ille prosequitur, ira contumaciam dispumante et ignita jaculatur opprobria, tandemque intulit: « Ruinam nostræ domus sustulimus, calamitatem nostram proveximus, incendium gloriæ nostræ in sinu fovimus. Utquid ergo patri filiam, mihi sororem meam fœdasti? Plena libidinum tuarum virgo regia, dedecus generis et damnum pudoris exposuit. Risus hostium, mœror patris, luctus fratris, pignus nobile damnatur ut scortum. Hoccine est episcopum esse? Hoccine est amicum esse? Hoc est testimonium religionis? Hoc indicium pietatis tuæ? Hanc gratiam meritis nostris rependis? qui te advenam et egenum nostris bonis in reverentiam totius populi ædificavimus. Sub hæc miles Christi: Imo, inquit, fili, aliam et longe dissimilem gratiam et vestra merita et nostra voluntas exquirit. Proinde bonæ spei, bonam fidem habere debuisti; nam illa suspicio non probatur, quæ neque fidem trahit a præteritis, neque causam habet ex meritis. Cur enim bene merentibus obessem, qui vel male merentibus sæpe profueram? Proinde tu, quem neque propter minas timeo, neque propter timorem moneo, depone pertinaciam, differ animum suspicionis, et redi ad experimentum veritatis, ne propter temeritatem tuam incurras in exitium. Ad limina sanctorum apostolorum Romam ire decrevi, ubi cathedram Petrus habuit, quem in Ecclesia sua censorem veritatis Veritas ipsa disposuit. Hujus vicarius sicut ab eodem loco et ordine trahit honorem, sic ab eadem tenet auctoritatem et ejus judicium non fallitur, quod auctore Christo solidatur. Ibi ergo vel per te vel per nuntium canonicæ examinationis pondus de objectis experiri licebit, quatenus obligatus aut absolutus inveniar. Accepto autem mansuetudinis oraculo, vim animositatis cæca tyranni præsumptio furore lavabat, baculumque, quem manu gestabat, tanti patris in pectus impegit, et non reveritus templo Domini funestas injicere manus, socios nefandis instigat vocibus, quatenus vinculatum deformiter traherent. Factumque est sic, ut assentatio semper declivem tyrannis impetum facit, ut a militibus illico vallatus, et religionis vestibus exutus, in hospitio ipsorum super scalam funibus stringeretur. Hoc ausu tam scelerato perterriti comites sancti viri, diffugiunt, exempli majoris imagine, propheticum implentes præsagium, quo dicitur: « Percute pastorem, et dispergentur oves gregis (*Matth.* xxvi). » Pretiosus autem Christi martyr, olim devotam animam oblatum iri Deo perpendens, quanto arctiori discrimine confligendum sibi cognovit, tanto attentiori sollicitudine, ad victoriæ suæ ducem Christum se contulit, foris patientia, precibus intus armatus, foto videlicet spiritu illi inhærens, cujus amor animum deliniret, dum crudelis pœna corpus laniaret.

CAPUT XII.

Emmerammi corpus secatum. — Interea quinque carnificibus ad secandum membratim atque articulatim tanti sacerdotis corpusculum, ut bestialem tyranni animum multiplici vulnere pascerent, electis, divisa est sententia tortorum. Quippe duo ex ipsis, detestantes tam crudele officium, veniam postulabant, ne pro illo facinore puniret eos justitia, ad quod non voluntas, sed Domini sui cogeret sævitia; cæteri vero vana pro veris æstimantes, Manus, inquiunt, impudice mulieribus insertas, ad deterrenda incestorum facinora præcidi oportet. Itaque digitorum articulos vulneribus numerant, et simul nata dividunt, per tempora morti moras facientes, ut amarior per tormenta veniret. Sed cur moratur hic facundia, ubi locus est voci suspiriis interclusæ, non compositionis arte depictæ? Ergo pedibus et manibus abscissis, luminibus effossis, auribus amputatis, naribus truncatis, tandem pudicitia martyris est invasa, et secreta pudoris detestabili sunt acie recisa. Inter quæ omnia in laudem Creatoris, vox quamvis modica, Davidicum melos exercuit. Quo ipsi invidentes linguam radicitus evulsam resecaverunt, relictoque tam multipliciter cæso recesserunt. Ipse vero Dei bellator in eodem victoriæ campo cruore involvebatur, donec socii beati viri e latebris et angulis emersi, cum vicinis mulieribus causa humanitatis excitis, aderant. Quos adesse cognoscens, aquam ad refocillandum pectus requirit. Cui Vitalis supradictus presbyter : « Mirari satis nequeo, cunctis pene membris amissis, atque ipsum lucis limen egressurus, quidnam potum exoptes; quasi dilaniatæ morulis vitæ fruiturus, cum tot cruciatibus exhaustus, finem doloribus, potius quam spatium exoptare deberes. » Ad hæc athleta Dei tam magnus ad prosternenda in subditis vitia, quam invictus ad patienda tormenta, spiritum collegit, et animosam virtutem rationis, parvo quo potuit corporis nisu erexit, temptatum robur mentis gravius ferens, quam membrorum sectiones. » Impatientis est, inquit, cogente dolore, quempiam velle metas vitæ præsentis erumpere, et concessam pœnitentiæ salutaris hostiam fastidire, cum e contra magnæ sit obedientiæ sententiam judicis exspectare. At quomodo grave est pigritiæ tuæ, officium nobis humanitatis et exhausto tormentis pectori refrigerandi copiam præbere? dies tuos hæc exactio torqueat; ut quoties cujuslibet generis potum sumas, alienationem mentis incurras, nulli periculum laturus, sed exemplum inobedientiæ hoc typo futurus. » Cujus sententiæ vim idem Vitalis multis, quibus postea vixerat annis, expertus est. Nam quoties aliquem gustabat potum, illico mente captus per urbis plateas perque loca petrarum abrupta, et monumenta mortuorum discurrendo terribiliter perstrepebat, et tamen ita stupidus, nulli fuit periculosus. Sæpe quoque sic evagatus est, ut per cacumina turrium curreret, et præcipitium minime toleraret. Cæterum vir idem callem piæ conversationis recte gradiebatur, et missarum officia cæteraque Ecclesiastica strenue peragendo, charitatis munia cuncta, quantum valuit, adimplevit: hoc tantum solum usque ad finem vitæ, ut nobis æstimare conceditur, et pro exemplo et oro humilitatis custodia, pertulit.

CAPUT XIII.

Emmerammi sepultura. — Interea locorum incolæ pretiosa martyris membra humanitate compuncti in arborem, quæ Spina Alba vocatur, collecta, dum conderent, conditisque non diu recessissent, duo pulcherrimi viri antea non visi viam regiam equitantes de utroque arantes latere, pro membris beati pontificis, ubi posita fuissent, conveniebant. Quibus in arbore prædicta monstratis, videntibus cunctis, illuc pervenientes, subito non comparuerunt. Hac apparitione, qui præsto fuerant omnes stupefacti, ad arborem illico convolantes membra, paulo ante posita non invenerunt; factique sunt hujus rei testes et notitia et novitate pene omnes, qui ejusdem loci fuerant habitatores, consulente divina dispositione membris illis pretiosis, quæ non amittit in sanctis etiam capillum capitis (*Luc.* xxi). Dum hæc geruntur, qui circa sanctum Dei fuerant, tollentes eum de certaminis campo, in plaustro ponebant, perducturi eum in villam Ascheim, quæ distabat inde xii milliaribus, ubi et ecclesia fuit B. Petro apostolorum principi dedicata, ne in vilibus rusticorum casis, tanta talisque persona deficeret. Proinde mulieres ex vicinia collectæ, et viri circiter ducenti, venerabiles exequias prosecuti, viscera commiserationis votis indulsere fidelibus. Emensa jam magna itineris parte, in campum quemdam gramineum tribus millibus distantem a vico Ascheim perveniebant : et ecce transmigraturus ad cœlestia beatus pontifex voce qua valuit ejulare cœpit, innuens horam vocationis suæ advenisse. Quod quidam commeantium subtiliter discernens, ut de plaustro levatum Christi martyrem dimitterent telluri, cum præmonuisset socios, mox herbido in aprico loco tremebunda religione resolvi cœpit. In exitu vero sanctæ animæ illius de Ægypto hujus mundi, lucem quasi lampadis immensæ ex ore sancti viri processisse, cœlumque ipsum penetrasse, cuncti assistentes videbant, tantaque vis jubaris erat, ut intuentium oculos quasi fulminando reverberaret, pavorque membra eorum tremore concuteret, ut vix beati viri corpus in plaustrum auderent reponere. Itaque inde digna patre reverentia ad præfatum Ascheim perductum in ecclesia Beati Petri apostoli, confaventibus ejus loci populis, debito sepelierunt honore. Sed quoniam ejus resurrectionis diem beatissimus pontifex præstolari minime voluit, exigente justitia, ut quos fidei gremio nutrierat, eis quoque sacri corporis patrocinaretur reliquiis, cœpit orbis natura moveri, atque elementorum violentia tanti sacerdotis nutum prædicare; nam coorta subito ventorum procella, lucida regio poli nubibus obducitur, et contenebratur cœli facies, mugitu tonitrui, fulguribusque, mortalium corda terrentibus; dissoluto interim in pluvias et defluentes amnes aere continuis quadraginta diebus.

CAPUT XIV.

Ejus translatio. — Tunc sicut in angustia semper humanum genus de insuetis attendit, et de periculis requirit, consulta est divina potentia et pietas exorata, donec visu nocturnæ revelationis declaratum est, deberi felices reliquias festinato ad urbem Ratisbonam inde transferri. Unde primates loci illius adunati, sublatum a sepulcro venerandum corpus ad Isuram fluvium navi imposuerunt, accensis, juxta religionis modum, cæreis. Ibi cum defluum iter, amne in propria ruente, sequerentur, per ostia ipsius ad Danubium intraverunt. Inde contra ortum fluminis enitentibus, quod sine magno labore consuetudo naturæ non præstat, tanta celeritate res immobilis contra mobilem meritis martyris propellitur, ac si velum ventus post flumen intenderet. Auxit hunc stuporem in eo comitatu res admodum mirabilis, sed tamen sancti viri moribus comparabilis. Nam sicut ille in hoc mundo conversatus inter grassantis stultitiæ turbines, nec ignem superni amoris, nec veritatis lumen amisit, ita candelæ juxta sacrum illius corpus accensæ tempestatum flamina atque imbrium flumina jugi sereno despexerant, consalutantibus tam clarum signum, et conjubilantibus utrisque littoribus. Hac alacritate urbem prædictam ingressi, obviam habuerunt sacros cleri ordines, et prævia religionis vexilla, cum reliquo processionis ritu, principemque Theodum provinciæ cum optimatibus, effusa in adventum sui patroni tota regione; quorum hymnisonis vocibus tellus videbatur esse concussa. Itaque in Beati Gregorii [Georgii] martyris ecclesia, quam ipse quondam orationum familiaritate frequentabat, solemni celebritate composito truculentia furentis auræ quievit reditque pax ætheris et arbitrium luminis. Traditur autem firmaque assertione probatur, quod in illa via, qua levatus a navi ferebatur ad ecclesiam triginta signis divina eum pietas clarificaret.

CAPUT XV.

Carnificum pœna. — Quoniam de exercitio certaminis pontificis atque triumpho cognita et credita contexuit oratio, consequens esse videtur, quis rerum finis persecutores ejus præsentialiter ceperit, enarrare; quatenus et hæc cognitio et frænet improbos, et tueatur probos; dum non audent isti, quæ volunt; et non patiantur illi, quæ non debent. Sicut superius diximus, quinque sunt electi, qui eum torquerent, ex quibus duos facinus terruit, tres vero et ad audendum et ad perpetrandum scelus foris, imperium senioris incitat, atque insita medullitus iniquitas exacuit. Unde timidi duo illi, preces pro his fundente sancto martyre, venia donati, in pace deduxerunt tempora; reliqui vero intra septem dies spiritui cui servierunt in mundo traditi, atque horribiliter diuque vexati, tandem quodam intempestæ noctis silentio in desertum ruunt; ubi per loca confragosa et inaccessibilia lymphando perierunt: neque postea aliquo in loco vel vivi, vel defuncti comparuerunt; duplici contritione, sicut ait propheta (*Jerem.* XVII), contriti. Sed et Lambertus eorum dominus, consurgente contra eum nata ex sceleribus suis occasione, perpetuo damnatus exilio, procul a suis digno despectu evanuit; hac in posteros hæreditate pœnarum relicta, ut infra paucos annos immature mortis falce præcisi, pene omnis vita difficulter extorta, pro innocuo martyris sanguine disceperentur. Qui vero superesse poterant, vel adhuc supersunt, eadem infelicitatis forma miseram testantur prosapiam, et calamitosam brevitatem imbecillis vitæ suspiriis debent potius quam usibus. Et quid mirum? si consanguineos ejus sanguis innocens tetigit, cum et ædificia ipsius secundum illud propheticum: « Fiat habitatio ejus deserta, et in tabernaculo ejus non sit qui inhabitet (*Psal.* LXVIII), » damna impietatis ejus tulerint; ita ut virgultis et urticis ascendentibus ruinosa deformitate delapsa humana conversatione sint incongrua, damnabilemque ac detestandum hominem, et jam insensibilium neglecta figura declamet.

CAPUT XVI.

Miracula. — Diximus de insensati hominis sedibus et loci ipsius ædibus, quia desolatione visibili testentur invisibilem ejus interitum; deinceps dicturi sumus ex adverso quanta gloria polleant area certaminis beati viri et locus vocationis, ut, dum locorum illorum reverentia prædicatur, quo incolatu martyris anima tripudiet, conjiciatur. Ergo ubi incisus est felix sacerdos, locum illum hæc solemnitas colit atque hæc immunitas tegit, scilicet ut in altitudinem cubiti unius excretus eminentia sua, fidem ibi sperandæ veniæ petentibus promittat: tum præterea nescit jura sævientis auræ, neque nive candescit, nec autumno flaccessit; non hieme adstringitur, non æstu torretur; solum vernale decus, et semper virentia gramina, cespitem illum jucundum præbuerunt: unde etiam fidelium plebs vicina, ecclesiam ibi ob frequentes votivæ congregationis accessus, in honorem ibidem triumphantis martyris construxerunt. Proinde locus ubi spiritus ejus sideream plagam adiit, multo tempore neglectui traditus, et pene oblivione obsoletus, hoc modo dignitatem suam vindicavit. Hiemali tempestate, sicut natura est Germaniæ, cum totam terræ superficiem nivium operiret immensitas, sola corporis areola tali conditione libera, dum prætereuntibus hac et illac miraculi sui stuporem ingessit, causam pariter suæ viriditatis, et memoriam obitus beati martyris edocuit. Quapropter et ibi basilicam posuit fides, quatenus efficacius animaretur spes, quæ in utrisque locis ita votorum fructibus viguit, ut si numerari deberent, numerantis industriam premerent.

ANTE MEDIUM SÆCULUM.

ARNOLDUS

EX COMITE VOHBURGENSI EMMERAMMENSIS MONACHUS ET DECANUS.

NOTITIA IN ARNOLDUM.

ÆTAS, PATRIA, NATALES, RES GESTÆ, SCRIPTA.

(Apud Pertz, *Monum. Germ. hist.*, SS. IV, 543.)

Arnoldus, ex nobili genere ortus, quippe qui avum maternum Berhtoldum marchionem, paternum Arnoldum virum nobilem ipse dicat (1), in S. Emerammi monasterio Ratisbonensi educatus et monachum professus, primum Romanæ antiquitatis scriptoribus legendis operam navavit, postea vero eodem modo quo Othlonus a litteris sæcularibus transiit ad divinas. Quibus studiis imbutus et « venusto sermone delectatus, » Emmerammi patroni sui Vitam inculta et rustica esse scriptam oratione doluit, ejusque emendandæ consilium cepit. Sed fratres venerandam antiquitatem ab homine novarum rerum, ut iis videbatur, studioso tangi sacrilegium rati, ut Arnoldus in exsilium mitteretur, apud abbatem egerunt. Itaque in Saxoniam profectus, Magdeburgi Meginfredum (2) scholæ magistrum amicitia sibi conjunxit, quem ut Vitam illam de novo scriberet precibus suis permovit; id quod ultimis Heinrici II annis factum est (5). Post tres annos ad monasterium reversus (3), opus imperfectum reliquit; quod a. 1030 demum Burchardo abbate constituto recepit (4), neque tamen statim cum aliis communicasse videtur (5). Sancti enim miracula se scripturum esse jam dudum voverat (6), eaque partim in antiqua Vita narrata, partim postea Ratisbonæ acta Vitæ illi adjicienda duxit ; in quibus conscribendis eum a. 1035 vel 1036. occupatum videmus (7). Quo finito, utrumque librum Burchardo abbati inscripsit. — Sed mox novum (8) suscepit laborem, et devotionem erga sanctum ut ostenderet, cultores ejus celebrare sibi proposuit. Primum igitur acta Wolfgangi episcopi et Ramuoldi abbatis narravit, et res Ratisbonenses, quas compertas habuit, memoriæ tradidit. Postea cum dialogi formam huic libro imposuisset, latius vagatus est, et ab Ammonicio illo, quem secum loquentem finxit, admonitus, res diversas, historias varias et multiplices, ut Collectii nomini sibi imposito responderet (9), undecunque collegit ; nulloque certo ordine ductus (10), modo hæc, modo illa in schedas nequibat, cum id Heinrici II tempore, i. e. ante a. 1024 susceptum anno demum 1030 acceperit.

(1) I. 13. A. Berhtoldo genus comitum de Cham et Vochburg deducitur, quo factum est ut etiam Arnoldum ad hanc familiam multi referrent. — Ipse I, 13, neptim nominat, quæ Adalrammo nobili viro nupserat.
(2) Eumdem esse quem Trithemius magistrum Fuldensem fuisse et Chronicon Fuldense aliaque multa scripsisse dicit (*Chron. Hirsaug.* a. 986. I. p. 128), Canisius (II. Præf.), Vossius (*de H. L.* II, 42,) aliique putarunt ; sed C. Suyskenus (*Act. SS. Sept.* VI. p. 456) recte monet, hunc secundum Trithemii calculos (p. 153) jam a. 1010. obiisse. In Necrologio Fuldensi vero inter a. 1000-1050, nullus B Meginfredus occurrit. Nescio an Trithemius sua ex ingenio finxerit.
(3) Arnoldi epist. ad Burchardum.
(4) Ita epistolæ verba intelligenda esse puto. Nam tribus annis opus absolutum esse, Arnoldus dicere

(5) In adventu vestro—venit libellus : ad Burchardum scribit. Hic vero a. 1036, ex Augiensi monasterio ad Ratisbonensem abbas venit ; v. Ann. S. Emmerammi min. Mon. SS. I, p. 94, Hermann. Contract., a. 1030.
(6) II, 52.
(7) In secundi libri a. 1036 et 1037. scripti præfatione dicit : *quem præterito anno de miraculis conscripseram libellum.*
(8) Epist. ad Burchardum.
(9) C. 35 : *nunc restat ut secundum nomen tuum o Collectii, quæ posthinc colligenda sint diligenter subscribantur*; cf. c. 69.
(10) C. 50 : *opusculum .. quocunque per varietatem sententiarum vagatum fuerit.*

retulit. Qua in re aliquandiu occupatus fuisse videtur. Nam paulatim et tarde opus processisse, ipse indicat (11). Cum Burchardo abbate initium fecisset, sub Udalrico, qui illi a. 1037 successit (12), alteram scripsit partem (13), alia aestivo tempore (14), alia festivitate S. Emmerammi die 22 Sept., appropinquante (15) exaravit; re quadam jam relata, Engilmarus episcopus Parentinus, quem a. 1037 Germaniam visitasse constat, advenit scriptaque comprobavit (16). Multas igitur res notatu valde dignas collegit, quippe qui ex familia nobili oriundus et in itineribus, quae in Saxoniam et Pannoniam (17) suscepit, versatus, alia ipse vidisset (18), alia ab amicis et hominibus diversis accepisset (19). Primo libro praeter Aribonem etiam S. Bonifacii Vitam exscripsit (20) et varia monasterii diplomata (21), chronica (22) aliaque scripta (23) adhibuit, iisque ita usus est, ut inter gravissimos historiae Bajoaricae sit referendus fontes. Sed quod aegre ferimus, per ambages progressus et sermone nimium copioso usus (24), adeo librum auxit et pretiosas illas narrationes tantis et tam multis interlocutionibus et disquisitionibus, quae ad historiam illustrandam nihil conducunt, obtexit, ut integrum opus hic nemo legere vellet.

Quae praeter hoc Arnoldus scripsit non magni sunt momenti (25), Antiphonas et responsoria in S. Emmerammi honorem dum in Pannonia morabatur composuit (26). A. 1031, ipso, qui praepositus constitutus erat, ordinante, bonorum ad S. Emmerammum pertinentium facta est descriptio (27). Praeterea homilia De octo beatitudinibus et S. Emmerammo ipsi tribuitur (28), sed rectius ad alium ejus nominis scriptorem referri videtur (29).

Arnoldus jam ante medium saeculum XI obiit, quamvis, cum libros suos scriberet, juvenili floreret aetate (30). Nam Othlonus, qui jam antea monasterium intraverat et post annos aliquot Wolfgangi Vitam scripsit, Arnoldi superstitis nullam facit mentionem, imo mortuum aperte eum designat (31).

Arnoldi liber monasterii muros nunquam transgressus esse videtur; certe praeter Othlonum nullus medii aevi scriptor, quod sciam, eo usus est. Saeculo XVI vero Aventinus (32) et Laurentius Hochwart (33) plura inde hauserunt. Canisius a. 1602 opus ex codice, nisi valde fallor, autographo luci dedit (*Ant. lectt.* II. p. 1., repet. Basnage III, 1. p. 88), post quem fragmenta tantum a Mabillonio (*Act.* VI, 1, p. 5 et 476) et Suyskeno (*Act. SS.* Sept. VI, p. 486) edita sunt (34), et haec quidem ex codice S. Emmerammi, curante abbate Fröbenio emendata.

1. Codex ille inter Monacenses (Emmer. O 3) asservatus, a Cl. Foringer in usus nostros versus est. Librum membr. s. XI accurate exaratum Arnoldi esse autographon, emendationes eadem manu saepissime in textum inductae et additiones in margine factae aperte docent. Exhibet f. 9 Arnoldi officium S. Emmerammi, f. 16 breve Arnoldi carmen (35), cui epistola Burchardo directa subjicitur. Fol. 21 sequi-

(11) C. 7, II, 61.
(12) Ann. S. Emmerammi min. l. 1
(13) C. 48.
(14) C. 21.
(15) C. 49.
(16) C. 53.
(17) II praef. c. 22.
(18) I, 5, 12; II, 22, 46 (*Hoc signum ipsi nos vidimus et manibus nostris palpavimus*), 47, 52, 56, 57. Guntharium eremitam, de quo c. 61 sqq. agit, ipse noverat, c. 68.
(19) I, 7, 8, 13, 17; II, 12, 23, 28, 34, 45 (*Hujus rei testimonium perhibere solent fratres congregationis nostrae fideles, qui tunc forte aderant*). 53, 61, 68, 73.
(20) I, 1.
(21) I, 5, 7.
(22) II, 24. Fortasse Annales S. Emmerammi minores indicat.
(23) I, 4 : *pitacea, e quibus haec excerpsimus;* cf. c. 5.
(24) Juvenilem suam verbositatem ipse arguit II, 51. Sed : *Neque*, inquit (c. 17), *haec aliter describere proposui, nisi ut fidelium prosint aedificationi;* cf. c. 56, etc.
(25) Anon. Mellic. de SS. eccl. c. 62. nonnisi dialogum affert.
(26) Ep. ad Burchardum; praef. libr. II Edit. Act. SS. Sept. VI, p. 312.
(27) Ed. Pez I, 3, p. 67 : *Anno ab Incarnatione Domini nostri Jesu Christi 1031, indictione XIV, rerum coenobii sancti Emmerammi sub abbate Burchardo, ipso jubente, et nihilominus Arnoldo praeposito eas disquirente, fratrum coetu familiaque probante, praesens descriptio facta est. Hunc abbatem misit no-*

vis Augia, quem conservans gratia superna, adaugeat omnia sibi commissa.
(28) Pez IV, 2, p. 29. In fine hi versus leguntur :

Arnolt abba logon tractat, quem dixerat oon;
Mercedem gratis monadem dans octo beatis.

Sed Arnoldum non abbatem fuisse, jam Suyskenus monuit l. l. p. 457.
(29) Quod Aventinus laudat opus Arnoldi de SS. eccl. librum esse hic editum, jam Pez IV. praef. p. VI. putavit. Nam in epist. ad Burchardum dicit : *Tum — collegi qui fuerint scriptores ecclesiastici,* quos deinceps recenset. — Arnulfus monachus, cujus Sigibertus de SS. eccl. c. 157. mentionem facit (*Arnulphus monachus, excipiens de Proverbiis Salomonis convenientiores sententias, et litteram et allegoriam metrico lepore scripsit et digessit*) procul dubio alius fuit.
(30) Ep. ad Burchardum, II, 51.
(31) Praef. supra p. 525. Libro de translatione S. Dionysii epistola ad Leginwardum abbatem a. 1048. constitutum praemissa est (I. B. Kraus de transl. S. Dionysii p. 132.), in qua abbatem S. Remigii Remensem Ratisbonam venisse ibique de situ hujus urbis plura ex Arnoldi ore accepisse narratur; sed quo factum sit tempore non indicatur. Ceterum de narratione illa, quae inter genuinos historiae fontes nullo modo potest recenseri, alio loco sermo erit.
(32) Cf. n. 29.
(33) Oefele SS. R. Boic. I. p. 161 sqq. 176 etc.
(34) Alia Jun. III. p. 415, 420.
(35) Hoc Pez IV, 2. p. 37. edidit, I. B. Kraus (de transl. tab. XIII.) aeri incisum exhibuit.

tur Meginfredi Vita S. Emmerammi, f. 35 primus Arnoldi liber, cujus ultima verba recentiori manu (s. xv) in ima folii 58 parte adjecta sunt. Nam quod quaternionem complebat folium cum his lineis excisum est; id quod jam s. xv factum fuisse, paginarum numeri hoc tempore ascripti ostendunt (36). Secundus liber an hoc volumine unquam comprehensus sit, dubitarim; certe Canisius, qui etiam A hujus autographon habebat, alibi eum invenerit oportet. Jam medio saeculo xviii nullum ejus exemplar in S. Emmerammi fuit monasterio (37). Quae cum ita sint et cum etiam codices Admontenses mbr. s. xi primum tantum librum exhibeant (38), alterum ex Canisii editione exprimendum feci.

G. WAITZ.

Loca nonnulla libri primi, apud Pertz, ut minoris momenti, decurtata, ex Canisio [Antiq. Lect. Edit. Basn. III, 105] restituimus. EDIT. PATROLOG.

ARNOLDI
DE MIRACULIS ET MEMORIA BEATI EMMERAMMI
LIBRI DUO
EDENTE G. WAITZ PH. D

CARMEN ACROSTICHUM DE BEATO EMMERAMMO

H		E mmeramme tui	S	dignator adesse ministri	S			P
I		M entes cum cord	E	precibus his ablue sord	E			A
A		M orbus ac torti	S	confer medicamina forti	S			R
T		E mundi cari	S	Monachos pius eripe duri	S			T
O		R egum sic reg	I	potes et nos subdere leg	I			H
S		A ulica quam prisc	O	non tangunt tempera disc	O			E
P		M ultis hinc ome	N	Christi dat denique nome	N			N
O		M unere perfect	O	sua donans secla profect	O			O
L		V irtus alma cruci	S	quae signat lumine luci	S			P
I		S ub quo salvus eri	T	quisquis bona maxima queri	T			O
S	Θ	M agnis magne pate	R	minimis et humillime frater	R			L
V		A urea dans sacr	A	cunctis dimitte piacl	A	A		I
E		R ecto sub duct	V	fac nos fore non sine fruct	V			S
T		T estis Heimramm	I	memor ob nos presulis alm	I			N
E		I s famulos place	T	tibi, nobis commoda preste	T			O
R		R ite decem numer	A	sex addito, sic capis ist	A			V
A		A ntea conscript	E	res, ac verissime dict	E	Ω		A
M	Π (39)	L ibrum materian	T	istum simul atque perornan	T			R
I		M enfredus doct	E	quem Saxo dictitat et apt	E			E
S		V erbis ornato	R	sensu subtilis arato	R			M
I		S i quis per nome	N	me queritat, ergo (40) diocte	N			I
T								S
								I
								T

Arnoldum norit, relevamen cui siet Amen (41)

NOTAE.

(36) Fol. 58. enim signatum est 77, quod excipit B 78. nunc 60, in quo *Tractatus gente constantis venerandi sacerdotis de passione et gloria beati Emmerammi martyris* (Pez IV, 2. p. 23.) incipit, quem f. 66. Arnoldi homilia supra memorata sequitur: Folia 59. 64. 65. et reliqua s. XV. adjecta sunt; v. Archiv. VIII.

(37) V. Ratisbona monast. ed. 4. (1752) p. 112. Codd. S. Emm. O. 4. et O. 5., qui primum librum continent, s. XV. ex autographo exscripti sunt. Cod. S. Emm. Y. 4. s. XVII. chart. quaedam ex Canisii editione habet excerpta.

(38) Archiv. VI, 172, 174.

(39) Id est Θεὸς Πατήρ.
(40) διοικητής, praepositus.
(41) In quatuor hujus carminis angulis monogrammata picta sunt: *Emmeram martir*, *Arnolt*, *martirum palma*, et quartum quod Gebehardus legendum esse videtur. Iis praeter quasdam mysticas explicationes etiam hi versus adscripti sunt:

Laudibus Hei [mrammi libros h] os edidit almi
Arnolt peccator qui m.......... arator.
Abbas Burchardus episcopus et Gebehardus
Designent tempus, quibus est pulcherrimus usus.
Denique in ima parte ad dexteram haec leguntur:
rie re (?) conpinxit hic et monogrammata finxit.

AD PROVISOREM SANCTI EMMERAMMI QUID DEBEAT EI VEL RATIONI

Domno Burchardo ad optima quæque haud tardo, pro paterna quidem dignitate reverendo, ac plurigena probitate diligendo, Arnoldus, adprime sibi utpote abbati exin ceteris merito suppositus, veruntamen rebus monasterii prepositus, quicquid fidelis domino servus, seu magistro discipulus.

Inprimis cum beatissimi martiris Emmerammi patrociniis non ego solus, sed etiam mecum ejus generalis monachorum cœtus gratificatur Deo, antehac misericordiam suam multipliciter parvitati nostræ impertito, nunc vero solita clementia circa nos manifestius uso.— In hoc procul dubio, quod vos tali de loco destinavit ad nos, in quo hactenus ipso donante et sanctissima Virgine Maria adjuvante abundant patres ac fratres, sive apud Dominum sive apud seculum valde nobiles et laudabiles, qui cum ratione sua noverunt et aliena tractare — unde et ego ultimus veræ rationis alumnus, pro hac vestro sub regimine probanda, occasionem sumpsi ac fiduciam, presentem scribere epistolam; quæ quamvis inscitiæ meæ historiam partim videatur continere, tamen in vili scemate prenominati necnon sepe nominandi patroni nostri dulcissimæ tota famulatur memoriæ. Igitur libris in divinis legendis et intelligendis, peccatis meis facientibus, admodum fui segnis, ut verum fer, adhuc non sum indemnis. Cujus emendationem vicii ut ceterorum cum habere possem exemplis majorum, impedimento erat nolle, et abusivum illud quod dicunt neglegere. Quadam autem die quendam e fratribus, concretum et conscolasticum meum, presente me, aculeum mortis contigit obire. Is ergo in ipso mortis articulo quid viderit, etiam non loquens astantibus patefecit. Nam cum levatum e lecto humi deposuissemus, primum brachiis quasi contra aliquem renuctatus, demum ad sinistram acutissime flectens obtutus, adeo abhorrebat a facie inimici, ut oculorum versione capitisque aversione ac inpulsu, ut gestum exprimam, capitali, pene loco sibi astantes propelleret; et ut patesceret[1], quantum fides Christi valet ubi meritum habet, quantumve deest ubi mortua est, nisu quo potuit dextram manum extendit, signum salutis facere volens; sed exprimere minime valens, subita concussione contremuit, ac pallore obductus irriguit; sicque exalavit. Nos vero, singultibus psalmodiam intercipientibus, omnes pariter in luctum conversi sumus. Quis enim ibi non fleret, ubi quisque infirmitatis propriæ intra conscientiam commonitus, vix effari posset pre fletibus, cum et ego post annos aliquot, teste Christo, haud absque gemitu et fletu hec scripserim memoriæque tradiderim? Juvenis namque floridus, frater etiam coætaneus, in puerili lascivia consentaneus, super

A quo innitebar, baculus arundineus versus est mihi in colubrum, ita ut fugerem. Inde absterritus subduxi me, quibus eatenus ob gloriolam seculi adhesi, libris paganis, et saniore consilio inplicabar divinis. Tunc primum cœpi discernere, quæ distantia esset inter lucem et tenebras, inter Dominum et Belial. Tum quoque ad me aliquantulum reversus, ex parte collegi, qui fuerint scriptores ecclesiastici. In quorum varietate pulcherrima enotavi beatissimum Christi confessorem Hilarium, alti cordis virum; quam longe sit a lectione simpliciorum fratrum; Ambrosium, quam disertus et orthodoxus; Joannem Constantinopolitanum, quam jocundus et aureus; Gregorium Nazazenum, doctor quam[2] mirificus et anastasificus; Hieroninum, quam brevis et rectus; Augustinum, quam facundus et profundus; Gregorium papam Romanum, quam dulcis et clarus; Ysidorum Hispanum, quam succinctus et distinctus. Hi siquidem et horum precessores vel successores[3] valde venerabiles et utiles operatores[4] jam habundanter hauriebant e fontibus Salvatoris, quæ dulcissima caritate propinarent nobis. Quorum cum legissem opera, quæ peritissimis probabilia, mihi vero pro captu meo videbantur etiam[4] mirabilia, auctoritate simul et venusti sermonis dulcore delectabar. Sed contrario admodum amaricabar in gestis videlicet domesticis, clarissimi patroni nostri Emmerammi[5] martyris, dudum a quodam, cui se Cirinum, id[4] est[4] heredem[4], nominat, Frisingensis ecclesiæ episcopo, ut puto recte scriptis, ante nos autem majorum neglegentia depravatis. Quæ cum, abbate id penite fieri permittente, simplici animo emendare vellem, et in confusionem loci nostri diutius incorrecta stare nollem, consurgunt, adversum me quorundam animi fratrum dicentium, haud equum, a me dictis antiquitatis quid addi vel minui, maxime cum hæc peritiores omiserint. Quibus videtur probum meapte sic temperare responsum. Quare illi hoc fecerint, immo quod utile fuit hac[6] in[6] parte[6] non fecerint, a vilitate mei temerarium est discussum iri. Hoc tantum dixerim pace eorum et omnium bonorum, quia non solum novis vetera licet mutare, sed etiam, si sint inordinata, penitus abjicere, sin vero ordinaria sed minus utilia, cum veneratione sepelire; et quia dispensatione divina a precedentibus multa relinquuntur sequentibus, in quibus possint mereri alicujus aut admissionem aut remissionem peccati. Quod cavendum hujuscemodi simplicitate, seu, quo verius dicam, stoliditate, etiam rustici nos monent, qui peccare illos putant, qui arbores succidant, in quibus pagani auguriari solebant. Quid plura? Cedens emulis ad tempus, per abbatis imperium abripui me in Saxoniæ exi-

VARIÆ LECTIONES.

[1] patefaceret corr. patesceret 1. [2] superscr. 1. [3] sequaces superscr. precessores vel successores 1. [4] Hæc verba post add. 1. [5] E. 1. sæpius. [6] post add. 1.

lium, portans mecum in libello suo sanctum Emmerammum, qui suum me voluit esse servum. Ibi simulando me scire quod nescio, Meginfredum, Parthenopolitanum magistrum, pauculis beneficiis paravi mihi amicum. Hunc dum audirem frequenter disputare sapienter, mirabar ejus ingenium; ex quo et ipse agnovit meum studium. Inter familiares autem consermocinationes stilum ejus agnoscens, et propositum fixum animo tenens, postulavi ab eo, quo pro pignore amicitiæ novum patrono nostro librum minus pigritaret cudere. Quod cum ille rennueret, quasi suæ non esset possibilitatis, et ego opponerem debitum caritatis, ipse vero majori excusatione nostris id melius assereret convenire, et e contrario referrem, pene esse naturale cives civibus invidere; tandem victus, voluntati meæ, immo beato Emmerammo animum substravit. Ut autem acceleraret me rogante, responderit serena fronte, summa diligentia in laribus probandum, quod extra parietes multorum oculis foret presentandum. Hac, ut opinor, occasione tribus annis opus mihi carissimum remansit inperfectum, dum temporibus Heinrici augustissimi imperatoris esset cœptum. Regressus ergo ad monasterium e Saxonia, ferebam mecum beatissimi martiris ymnum, quem mihi pro arrabone libri saltim vel versiculum poscenti prefatus magister metro composuit Saphico. Demum Chouonrado imperante, et nihilominus Heinrico filio ejus regnante, Gebehardo autem secundo Ratisbonensem ecclesiam regente, in adventu vestro, sæpissime optatus atque diu expectatus venit libellus. Cujus universitas beato deputetur Emmerammo, materia Cirino, renovatio Meginfredo, exactio peccatori Arnoldo, usus oculum invidiæ[8] non habentibus, vitæ premium omnibus ejusdem Deo dilecti martiris memoriam excolentibus. Pro cujus cultu mea exhibitione modico[8], debito sui permagno, quid mihi acciderit vel qualis consolatio evenerit, paucis edicam. Erat quædam necessitas, pro qua in Pannoniam me direxerat meus abbas. Cumque periclitarer sepius in profundis Danubii decursibus, apud Pogicam (42) caribdin, ubi esse videtur mortis hospicium, maximum experiebar periculum. Ibi enim nautæ majores arripientes remos, quasi viribus suis navim evecturi[8] de abrupto fluminis, in tantam venere desperationem, ut mutuo se intuentes ac nec muttire valentes, pre timore mortis penitus irriguissent. Tunc osculatus cruciculam, quam habui ex cervicibus pendentem, reliquias martiris de cambota continentem, cogitationes hujusmodi intra me volvere cœpi: Putasne, late notus patronus hodie mihi erit per salutem hic experiendus? Mox navis ceu aliquo minitante tre-

mefacta et interitus puteo ejecta, renatabat, nemine ducente, immo Domino regente. Tum cursu prosperato tertia die advehebar Pannoniæ solo. Qua me Anastasius archiepiscopus (43) ceteris suscepit humanius et affatur familiarius. Is cum beati Emmerammi veterem illum et viciatum legeret librum, materiam probavit[7] cum sententiis; sed harum seriem cum veste reprehendit perdere rationis. Apud quem sex ebdomadas manen, memoriæ sanctissimi patroni antiphonas aliquantas cum responsoriis composui (44), non tam fretus ingenio, quam dedito laudibus martiris animo. Has prefatus episcopus monachos et clericos suos fecit discere, et in ecclesia die ipsius natali publice celebrare; secundum[8] quod[8] scriptum[8] est[8]: *Recedant[8] vetera*[8] *de*[8] *ore*[8] *vestro*[8], deponens veterem illius cantum, quem nostri potius cantant ex antiquitatis usu quam ullo auctoritatis ausu. His ita equidem gestis in Pannonia, et legatione, pro qua directus eram, peracta, Noricum repetii, et in ea revisens Ratis onam, satis karitative suscipiebar a fratribus, quibus et hoc dignetur reddere Dominus. Hic cum de sancto Emmeramno dulce clarumve quiddam aut audire aut videre summo desiderio quæritarent, per somnum visionem accepi talem. Beatus Emmerammus pallio viridi quasi velatus, meridiana parte ante fores ecclesiæ videbatur mihi jacere in lecto bene ac decenter ornato. Quem ut fratres ecclesiam intrare volentes viderunt, timore perterriti recesserunt. Ego autem solus relictus, adeo fui curiosus, ut ad gradus juxta tres arcus flexis genibus in eum intenderem, donec vultum detegeret, ac[8] Latino sermone diceret: *Tibi conceditur videre faciem meam, quia in laudibus meis sudasti*. Cujus cum viderem valde candidam et splendidam faciem, nullatenus dicere possum, quam magnum cordi meo fuerit[8] jubilum. Hoc tantum tacitus mecum reputabam: « Fortassis in die novissimo pro me dicturus est Christo: *Domine, da mihi hunc peccatorem*. » In quo tunc experrectus, et adhuc, ut verum fatear, nequam ac non rectus, ne jucundæ visionis gaudia prepediant peccata mea, apud eum, cujus melior est super vitas misericordia, optinere cupio prece vestra necnon patrum et fratrum oratione continua. De cetero quod instat, epistola conclusionem postulat; in qua vos ignorare nolo, quod antiquus[9] operis hujus scriptor librum suum finit in eo, quod volumini de miraculis beatissimi martiris, hoc[8] et[8] anterioribus tribus diligentia mea enucleatius positis, pro capitulo datum est quarto. Quæ vero secuntur, auctoritate vestra contra æmulos defendendus[10], humili asscripsi stilo, uno[8] tantum[8] ordine[8] prepostero[8] ob[8] similitudinem[8] rei[8] interposito[8],

VARIÆ LECTIONES.

p: c s. *et veste* r. *e corr. aliis erasis* 1. [8] *post add.* 1. [9] antiquus 1. [10] us *e corr.* 1.

NOTÆ.

(42) Apud Pogen.
(43) Strigoniensis qui et Austricus; v. Mabillon Act. VI, I, p. 72 sqq.
(44) V. Acta SS. Sept. VI, p. 512.

pro memoria mei et eorum qui mecum in monasterio memores esse potuerunt factorum ob Christi martirem signorum: Ad quæ et ad ceteras ejus laudes propagandas, vita vestra vigeat, dignitas polleat, paternitas valeat, Domino donante, Amen.

(45) *Explicit epistolaris apologia de ratione vel veterum immutatione.*

CAPITULA LIBRI PRIMI [1].

1. [2] *De episcopis vel ducibus Paguariæ, et de hereticis per sanctum Bonifacium ab ea expulsis, necnon miraculis ad sepulchrum beati Emmerammi frequentatis, atque de secunda illius translatione.*
2. *De muliere adultera, quæ martiris ecclesiam ingredi nullatenus potuit, antequam per confessionem ad pænitentiam se purgavit.*
3. *De homine a latronibus capto, et bis venundato, qui post exilium trienne patriam revisens, cum grandi miraculo se presentavit beato Emmerammo.*
4. *De puella, quæ integrum annum permansit jejuna, et ad memoriam martiris est communi vitæ restituta.*
5. *De beneficiis principum seu comitum judicumque donariis sancto Emmerammo collatis, et de triumpho mirabili, quem Arnolfus imperator evidentissimo ejusdem testis adjutorio obtinuit.*
6. *De Tutone episcopo spiritu prophetiæ ditato, et de rege Chuonrado apud Sanctum Emmerammum pro incauta jussione morbo gravato.*
7. *De homine, qui in convivio principis renuuens caritatem martiris, colapho percussus est terrifico.*
8. *De monacho sancti Emmerammi qui in periculis maris eum sibi adesse sensit per beneficia liberatoris.*
9. *De apostata monacho bis a demone correpto, ac toties precibus et meritis beati Emmerammi liberato.*
10. *De quodam demoniaco a legione miserabiliter possesso, cui gratia Salvatoris mirabiliter salutem reddidit ad memoriam martiris Christi.*
11. *De quodam stirpigena Lantperti tyranni, qui una hora bina cæcitate prohibitus est ingredi ecclesiam martiris Christi.*
12. *De miseriis queis usque in presens afficiuntur homines tyrannicæ posteritatis, et de quorundam ejusdem stirpis conversione humilique oblatione, ac Adalrammi duritia virtute martiris mirum in modum mollificata.*
13. *De duodecim viris, qui juraverant contra jus in altare martiris, multiplici pœna consumptis.*
14. *De hoc, quod contigit in quadam muliercula, pro furto calicis paralysi multata et apud Sanctum Emmerammum mirifice sanata.*
15. *De eo, quod et Judei minime diffitentur, miracula in ecclesia sancti Emmerammi sæpissime facta.*
16. *De paralytico apud Sanctum Emmerammum curato.*
17. *De obitu Michaelis episcopi, et de signo campani.*

PROOEMIUM LIBRI I DE MIRACULIS BEATI EMMERAMMI.

Vivunt merita sanctorum in ecclesiis, et potentius existunt ipsi, quamvis ab oculis nostris ablati, quam inter conversantes putarentur. Quod licet creditum firmo teneamus proposito deprehensum, miracula tamen asstipulantur nobis, et imperitiam brutæ infidelitatis arguunt; dum ad examines sanctorum reliquias impossibile languentium ad posse redit, et quod non fuit ad esse; fraudatis circa hunc rerum cardinem cunctis secularium potentatibus. Nam si eniterentur vel regalis potentia, quæ preminet, vel artificalis ulla sollertia quæ interdum hiantia supplet, quomodo repararent habitum cæco? Hæc cum constent, nullum prudentis fidei consequentia latent. Quapropter quia scribimus vobis, in quibus vivificator Spiritus carismatum suorum heredem vivam plantavit fidem, pauca de multis miraculis, quæ divina pietas testi suo Emmerammo donavit, dicemus, vel ab aliis dicta repetimus; quia vobis facit de invisibilibus vel etiam de nondum factis experimentum preteritarum substantia rerum et argumentum non apparentium (*Hebr.* xi, 1).

EXPLICIT PROLOGUS.

INCIPIT LIBER PRIMUS.

1. Igitur martiris Christi Emmerammi corpore sacro apud Ratisbonam honorifice humato, et ad sepulchrum ejus minime fraudatis fidei merito quærentibus presidia divinæ pietatis, tandem multo sub hujusmodi beneficiis tempore evoluto, ecclesiæ presulatum ejusdem vir venerandus regendum suscepit

VARIÆ LECTIONES.

[11] *Hæc inscriptio deest* 1. [12] *Numeri desunt* 1.

NOTÆ.

(45) Subjicimus epistolam Meginfredi : INCIPIT EPISTOLA VEL PROLOGUS MEGINFREDI PARTHENOPOLITANI MAGISTRI ET PREPOSITI AD ARNOLDUM SANCTI EMMERAMMI MONACHUM EUMDEM ET PREPOSITUM ATQUE MAGISTRUM. *Charissimo suo A. M. salutem in Christo. Sanctorum dicta,. . . Reliqua vide in* MEGENFREDO, *supra.*

Gaubaldus, ante quem non solum hæc eadem qua nunc nobis est sermo, sed et ceteræ in Bajoaria absque certis episcopis post ¹³ Romana ¹³ tempora ¹³ erant ecclesiæ. Quia enim nuper christianitatem acceperant Norici, immiserant se illis heretici, qui, ut in aliis regionibus facere consueverant, fas ibi nefasque confuderant. Horum (46) alii se dicentes episcopos esse, alii presbyteros, alii diversi ordinis clericos, adinventiones suas technis quibusdam subornabant, sicque populum cum principibus per plures annos seducebant. Quippe hic error bonis omnibus invisus, sed a perversis periculosissime annisus, maxime adolevit sub ducibus, quorum nomina partim ignoramus, partim scita cautelæ gratia supersedemus. Temporibus autem, quibus tantæ pesti remedia parabantur, hi duces principabantur : Dioto scilicet, vir illuster, cui filii in regnum non successerant. Item alius Theodo, vir strenuus et alacer, sub quo clarissimus ¹⁴ Christi ¹⁵ confessor ¹³ Routpertus ¹³ cum ¹³ aliis ¹³ Dei ¹³ servitoribus ¹³ Juvavium ¹³ devenit ¹³, ibique ¹³ cursum ¹³ presentis ¹³ vitæ ¹³ consummavit ¹³ (47). Sub ¹³ quo ¹³ sanctus ¹³ Corbinianus ¹³ Frisingiam ¹³ accessit ¹⁴ (48). Is ergo dux ¹³ filios habuit successores in regno, Diotpertum videlicet atque Grimaldum; post quos ducatum genti huic prebuit Hucbertus, qui beato Georgio et sancto Emmerammo sub quodam Rathario adventitio episcopo donaverat curtem, quæ in pitaciis, e quibus hæc excerpsimus, Pirchinwanch nuncupatur (49). Hujus (50) atqui ducis temporibus beatissimus presul Bonifacius ob curam, quam circa oves Dominicas habuit maximam, ingressus Bajoariam nonnullos hereticorum ex ea depulit; sed eos generaliter, uti voluit, eliminare non potuit. Quo Franciam reverso et prefato duce defuncto, sub principe Pipino gentis hujus ducatum adeptus est Udilo. Qui (51) missis in Italiam legatariis, sanctum Bonifacium rogavit e Roma revertentem (an. 739), quod denuo Noricas gentes sub sua potestate dignaretur visitare degentes. Cujus legationi et nihilominus petitioni libenter annuens Deo plenus antistes, in Bajoariam profectionem accelerat, sperans se correcturum quod ante non poterat. Hic Domino cooperante ac prefato duce asstipulante ¹⁵, ecclesiastica jura decernens, penitus exstirpavit hereticos, et universos fugavit scismaticos. Provinciam vero in parrochias divisit, et episcopos in his canonica ordinatione constituit. Inter quos predictum Gaubaldum Hiatospolitanæ (52) sedi prefecit. Qui dum sibi credita foveret necnon adaugeret ovilia, inter cetera, quæ bene disposuit et ordinavit, consilium iniit (55) cum clero, quo sepulchrum aperiret beato Emmerammo. Quod crebris miraculis fieri debere clamitantibus, communis omnium comprobavit assensus. Quid plura? Die statuto translationis et elevationis cunctorum vota concurrunt; ad laudes martiris, tanto tempore inter mortales sub neglegentia quiescentis, innumera sexus utriusque turma confluxerat. Ad ea, quæ sæpe audierant, martiris beneficia clarius videnda, festinant cuncti, novis interesse gaudiis properant universi. Demum electi sacerdotes cum diaconibus ac aliis ad aperiendum sepulchrum necessariis, populum extra ecclesiam ejecerant, et ostia intro seris munierunt. Cumque tremebunda religione a sepulchro humum resolvissent, necnon etiam lapidem superpositum a parte dextra in lævam submovissent mensura tantum quasi palmi et semis, timor super omnes irruit, ita ut pre pavore nimio laborantium manus a lapide laberentur. Ex quo terrore perculsi viribusque dissoluti, in terram ceciderunt. Unus autem ex illis, qui a dextris stabant, pectus lapidi supponens, tamdiu solus hunc, cum esset ingens, haud sua valitudine sustentabat, quousque ceteri posse resumerent et succurrendo manus ad incepta consererent. Tunc tanta celeritate et securitate amoverunt, ac si in se gravitatis pondus minime haberet. Quid vero hoc trifario miraculo insinuatur, nisi quod prophetico ore predicatur : *Mirabilis Deus in sanctis suis; Deus Israel ipse dabit virtutem et fortitudinem?* (*Psal.* LXVII, 36.) Ob reverentiam enim sui martiris virtus Altissimi hos terribiliter stravit, sed ad ejus laudes in pristinas vires mirabiliter restauravit. Tertio uni sacris cineribus famulanti impertivit fortitudinis munus ad gloriam nominis sui, qui est trinus et unus. Pro quo triplicato signo sacerdotes venerandi gratias agentes almæ Trinitati, cum magno cleri populique tripudio incomparabilem purpurati corporis thesaurum e tumulo, quo eatenus reconditus erat, auferentes, in monumentum novum venerabile transtulerunt; quod ad id satis accurate jam paraverunt. In quo principes auri laminas et argenti apparatu pulcherrimo fecerunt affigi, easque gemmarum ordine vario distingui. Quorum spiritibus et nobis simul peccatoribus per intercessiones clarissimi sui testis Emmerammi dignetur Dominus propitiari!

2. Quidam vir in Frisingensi episcopio, quoniam

VARIÆ LECTIONES.

¹³ *Quæ in codice ab Arnoldo post addita sunt semper littera* a *notavi. Attamen non plane constat, an verba* p. R. t. *ipsi Arnoldo debeantur*. ¹⁴ Christi — accessit *in loco raso et in margine scripta esse*, Foringer *monuit*. ¹⁵ stipulante *corr.* asstip. 1.

NOTÆ.

(46) Horum — seducebat *ex vita* S. Bonif., c. 9.
(47) Cf. Anon. De conversione Karantanorum init.
(48) V. S. Corbiniani Vitam, c. 10.
(49) Purckwang prope Wildenberg; v. Ried I, p. 54. De Hucberti donatione alibi nihil inveni.

(50) Ex Vita Bonif., c. 8.
(51) Ex Vita Bonif., c. 9.
(52) Hiatospolis quasi ἄδος πολίς Regensburg : b ὅω.
(53) Quæ sequuntur ex Aribonis Vita S. Emmerammi (*Acta SS.* Sept. VI, p. 481) hausta sunt.

fraudata est oculorum officio, conjugem suam dimisit, aliamque extra preceptum Dei duxit (54). Qua culpa adulterum illum cum superducta, episcopi, in cujus hoc erat diœcesi, animadversio convenit; convictumque ex regulari pœnitentia multavit. Sed persuasoris instinctu pertinax mulier ab illicitis amplexibus divelli non potuit, sed cum ad beati Emmerammi ecclesiam conventus fieri debuisset, et eadem mulier, commeantibus illuc sociata, properaret, in loco, qui Vivarius appellatur, unde ecclesiam intuita fuit, ducentis fere ab urbe passibus, ut nota commissi sceleris eam exagitaret. Cœpit autem tremore nimio concuti, et dissoluta humi devolvi; et cum erecta fuisset a sociis, si processum voluit, procedere non valuit; si redire studuit, redeundi facultatem non habuit. His in angustiis a superveniente sacerdote quodam deprehensa requisita est, quo crimine circumventa pateretur talia. Hoc relato sicut erat, ad episcopum suum regredi ab eodem est presbytero commonita. Quod dum fecisset et effusa in lacrymas vulnus aperiret et satisfactionem ex puro corde promitteret, suscepta Ecclesiasticæ formæ medicina, ad medicum suum beatum Emmerammum, expers animæ vulneris, et corporei secura doloris, processit. Qua in re facile colligitur, quam longe separantur incerti a regno Dei, qui sic differuntur ab ingressu domorum electorum suorum. Quod ne nobis contingat, fortissima Christi medicina prohibeat.

3. Cum virtutum odoribus aromatizans beatus Emmerammus populos ad se traheret undequesse-cus, contigit quendam virum fidelem, qui bona intentione, ut finis probabat, illuc solus iter carpebat, in loco, qui dicitur Verroniwaida, quod sermo Latinus exprimit Longinqua pascua, latrones incidisse, qui eum detentum et expoliatum Orientalibus Francis vendiderunt. Et factus est alias emptitius, qui ad memoriam martiris voluit esse adventitius. Quidam vero, qui hunc exinde venundatum accepit, sub venali commercio tradidit cuidam Turingo in finibus Parathanorum, ad id temporis crudelium paganorum (55). Cumque se homo Christianus vicinum cerneret gentilibus, idolorumve cultoribus, cœpit nisu quo potuit domino suo temporali tam præsenti quam absenti, ratum et promptum exhibere famulatum. Erat autem in lignis operandi peritia instructus; qua molendina facere solebat ad aquæ ductus, ob quæ, et venustam ædificiorum compositionem admodum charus fuit domino servus. Unde et aliquibus retinaculis cupiens hunc sibimet facere firmum et fidum, viduam juvenculam, secundum carnis hujus putredinem, speciosam, quam reliquit conservus ejus absque filiorum procreatione, in matrimonium illi temptabat sociare. Quam renuens, sorte, non mente, captivus respondit dicens: « Uxorem legitimam in patria reliqui, cum pro innumeris meis huc traderer peccatis. »

A Nunc ergo ea vivente quomodo aliam super ducam? Quibus verbis permotus dominus asperrimos sermones invexit dicens : « Hæc mihi faciat Dominus, et hæc addat, nisi hanc in matrimonium sumpseris, genti Saxonum te tradam, quæ tot dæmonibus per spurcam servit idololatriam. Novi etenim ac experimento didici quia si mulierem hic accipere non vis, fugere malis, quam mecum commorari in his locis, ut et de fuga confusus, et nihilominus post de pretio tuo maneam defraudatus. » Cumque assiduo sermonibus hujusmodi inter se disceptarent dominus per peccatum servus, et servus per justitiam dominus, ætate jam ac moribus senex, aliter se non posse advertens imperium domini sui declinare, quin in gentem traderetur Deum ignorantem, cujus vitam

B quasi mortem timuit, tandem se velle eam confitetur sibimet copulare. Tunc exhilaratus dominus adprehensam mulieris manum involvit pallio, et, ut moris est nuptiarum, seni sub testibus eam in matrimonium concessit; sicque discessit. Religiosus autem senex accepta muliere perrexit ad domum hæreditatis invisæ, in qua cubiculum intrantes, et alimenta juxta consuetudinem nuptiarum, percipientes, lectum, quem ipsa paraverat, haud parili animo ascenderunt. Cui senex : « Prævide, inquit, charissima filia, ne hac thalami commixtione summum offendamus artificem, quia temporalis vitæ gaudia paucis diebus deficiunt, sed æterna animarum detrimenta parturiunt. Fruere itaque artificio meo in

C deliciis, et hoc tantum indulge, ne me sub jugo copulationis hujus, conjuge vivente, præcipites in interitum. » Illa autem, carnali voluptate devicta, viri sui petitioni minime assentiebatur; imo quæ in aurem dixerat, domino suo palificaturam minabatur. Senex vero cum hujusmodi exhortatione se cerneret minus perficere, lasciviam sociæ ac exasperatos animos, verborum blanditiis ita lenivit dicens : « Videndum est nobis, charissima soror, ne gentilium ritu, cum simus Christiani, nuptiis conveniamus, sed potius per triduum nos contineamus, Dominum deprecantes, ut det nobis filiorum procreationem, quia mulier non pro libidine, sed pro sobolis est spe assumenda. » Hæc mulier cum audisset, despexit, et se convertens ad parietem, inerti

D se somno immersit. Religiosus autem senex cum lacrymis et intentione cordis supplicabat miserationibus omnipotentis, ut per merita et intercessiones dilecti sui martyris Emmerammi sibi dignaretur auxiliari. Cujus orationem, quia divina pietas exaudivit, eodem momento misericordissime patefecit. Nam cum et ipse præ tristitia obdormisset, vir quidam pulcherrimus ante lectum quiescentis astabat, qui baculo, quem manu gestabat, latus ejus percussit, dicens : « Surge et vade ad ecclesiam beatissimi martyris Emmerammi, quo te iterum devovisti. » Cui vir senex respondit: « Quomodo sine alimento tot terrarum ignota spatia perambulabo ? »

NOTÆ.

(54) Hæc ex Aribone hausta sunt.

(55) Hæc et sequentia hujus capitis ex Aribone.

Cui iterum qui astabat adjunxit: « Surge, ne hæsites, sed sume panem positum in cœnaculo superiori, et ipse sufficiet in alimentum tibi, ad perfectionem itineris tui. » Vir autem post tantam visionem expergefactus, et aliquamdiu spiritus occulta scrutatus, ignorabat utrum dormiens an vigilans hanc acceperit ammonitionem. Surrexit tamen secundum edictum vigilis, et panem in cœnaculo reperit, tam candidum et saporum, qualem antea nunquam viderat vel manducaverat. Quem etiam secum sumens, et cætera quæ in eadem domo suppellectilis erant, ibi relinquens, tantum tulit vestitum singularem, et quam manu solebat gestare bipennem. Regressurus autem ad solitudinem sub festinatione perrexit, lachrimatas preces Domino fundens, ut per merita clarissimi martyris Emmerammi iter suum dignaretur prosperari. Quod per invia et deserta, uti optavit, prosperis continuis diebus quatuordecim pene perficiens, demum die quinta decima, hora ejusdem quasi tertia pervenit in montem contra Ratisbonam inter Danubium et Imbris fluenta jacentem. E cujus specula vinearum plantationi contigua martyris intuitus ecclesiam, magnorum videlicet operum casam, immensas Deo referebat gratias. Tunc descendens de monte atque navi transmisso flumine cum cæteris turmatim ac nihilominus certatim ad memoriam martyris pergentibus, et ipse sub omni celeritate properaverat lætus. Cumque diu optatam ingressus esset ecclesiam, adhærens pavimento, lachrimis et precibus satisfecit trienni voto. Completa autem missarum solemnitate, uti competens erat, dominica die, senex religiosus extra aditum ecclesiæ egressus, panem, de quo tot diebus refectionem habuit, ostendit; historiam exilii et reversionis veraciter exposuit; duas portiones, quæ ex alimento superfuerant, in conspectu totius populi, pauperibus divisit, tanti patroni beneficia clamavit in æterna fore debere memoria. Quid super hoc dicendum vel ascribendum? nisi quod Psalmista dicit memoriale sempiternum : « Magna est gloria in salutari tuo, Domine (Psal. xx); » gloriam et magnum decorem imposuisti super eum. O Jesu benigne, hoc tantum ad te sub ejus patrocinio licet dicere, ut sicut illum dedisti multis validum patronum, ita interpellationibus ejus, hic et in æternum sis nobis propitius.

4. Erat quædam puella in Frisingensis ecclesiæ diœcesi constituta. Hæc (56), ut solita erat, primo diluculo progreditur ad exercitationem curæ pastoralis, quo scilicet ad pascua duceret pecora sui genitoris. Contigit autem eam occulto ibi Dei judicio subito talem spiritus accipere immutationem, ut nil alimenti in usum vitæ omnino sumere vellet. Quo parentes viso, nec non cognati rescito, sub stupore eam convenerunt; ac primum obsecrando, dein increpando, demum omnigeno conatu, ut alimentum sumeret, angariaverunt. Sed illa perinde modis omnibus universa, quæ mandi et bibi possunt, recusabat percipere, cibi potusque fassa delectationem se minime habere. Propinqui vero puellæ aquam lacte mixtam ori per vim infundentes temptabant, si forte vel tenuem glutire posset liquorem. Cujus gustum dum invita sorberet, erecto statim collo sanguine confectum revomebat. Tunc parentes, quod quirent facere ignorantes, consilium inierunt, ut eam Joseph Frisingensi episcopo præsentarent, sperantes ejus auctoritate filiam communi reddere vitæ. Quorum spebus dum ille satisfacere tentaret, puellam sub austeritate arguens, ut ederet, coegit. Illa autem quasi quisquilias esum potumve respuens, non solum illa die incœnata remansit, sed et jam annum integrum haud absque manuum opere jejuna complevit. Facies vero illius nimis erat pallida et sanguinis exhausta. Quod quidem nobis valde mirum, sed incredibile videtur animis hominum aut omnino brutorum, seu cœlestis oraculi speculum minus clare intuitorum. Non enim est impossibile apud Dominum omne verbum (Luc. 1). Et illud : Omnia quæcunque voluit Dominus fecit in cœlo et in terra (Psal. cxxxiv). Qui solus novit, quare homo cæcus natus fuerit, et cur tantam rem in muliercula fecerit, cujusque meritis salutem ejus concedere voluit, et quibus voluit, per nocturnas visiones revelavit : quia puella mortalibus diu portentui habita, ad memoriam martyris Emmerammi deberet deduci. Quod ut parentibus innotuit, propere ac alacriter filiam assumentes, dum ad urbem, quæ sacrum ejus corpus amplectitur, proficisci vellent, sed ob itineris prolixitatem ire diffiderent, secum eam ducunt ad locum, ubi testis fidelis purpuratum accepit martyrii triumphum. In quo ut solo tenus humiliata, pro posse et nosse oravit, erecta surgit, panem poscit, qui cum adest, stat sana et est. Christiani qui aderant, mirabilia Christi videntes, laudabant eum, etiam tunc fortassis vociferantes; nos vero ipsum collaudamus nunc, sub silentio hæc reminiscentes vel pronunciantis officio legentes. Tu autem, martyr alme, piorum votis Emmeramme colende, pro cujus veneratione panis vivus miraculum hoc fecit in pane, apud eum nobis obtine ut illud in regno super mensam illius cum justis edamus et bibamus.

5. Quanto honore et qua reverentia, quo affectu principes beatum Emmerammum coluerint, inter cetera sibi ab his collata prædia seu preciosa donaria testantur: ad orientem provinciæ hujus Lunælacus (57) optimo pisce vividus, unde regius cibus, ad occidentem vero vinifer cespes Spalticus (58), e

NOTÆ.

(56) Etiam hoc caput ex Aribone.
(57) Monsee; a Ludowico Germanico ejusque uxore Hemma a. 831 concessum : v. Ried cod. diplom. Ratisb. I, p. 29.
(58) Fortasse Spaltforum, oppidum, quod Ried 1, p. 526, 656, occurrit.

quo regius potus. Attestatur quoque territorium Ratisponense et praedium regale, quod a fastigio montis meridiani inter vias publicas usque ad muros ipsius monasterii a Carolo Magno traditum est beato Emmerammo et monachis ejus sub imperiali testamento (59). Hic inter caetera quae regis more ac imperiali potentia constituit et ordinavit, ducem Tassilonem regno privans, cum filio Diotone monachum esse compulit; nec non sedem Ratisbonensis episcopi a ducibus prioribus extra urbem translatam, ad martyris videlicet S. Emmerammi basilicam, infra urbis ejusdem muros constitutae, beati Petri apostoli sub Simperto episcopo restituit Ecclesiae. Locum autem martyris in patrocinium sui honestavit munificentia regali, subdens eum illi qui ibi inthronizatus fuerat sede pontificali. Duces vero, qui ante hunc principem sub regibus Francorum Bajoariae regebant ducatum, quae bona beato Emmerammo contulerint, pitacia eorum et testamenta penes nos satis indicant inventa. Hujus autem filius, piae memoriae imperator Hludovicus, et qui illi fuerant successores in regno, comites quoque ac optimates, nec non etiam judiciariae dignitatis perplures, quantis quibusve rebus predictum ditaverint locum, testatur pars non solum major, sed etiam melior episcopatus Reginae civitatis. Ex his autem omnibus, qui Christi martirem reverenter colebant seu cum reverentia diligebant, eo quod pre ceteris ejusdem cultui deditus esset, excipiendum mihi rectius puto persuavis memoriae Arnolfum, Carolomanni filium, primo Bajoariae ducem, dein Franciae regem, novissime autem [18] ob beati Petri [17] defensionem, post victorias mirificas (an. 887-899), Romae factum imperatorem; sub quo etiam veluti fundamentum quoddam martiris almi miraculis scribendis ponere volo; quia hinc exordium sumens, utpote ex noto et circa eumdem Dei martirem maxime devoto, pulchram ad ceteros principes his annotandos processionem facere potero. Is namque sperans Deum sibi sic fore propitium, elegit beatum Emmerammum vitae suae ac regno patronum, adeoque illi adhesit, ut in vicinitate monasterii regio cultui aptum construeret grande palatium. Cum ergo hujus patrocinium duris in negociis et in preliis multis satis haberet expertum, manifestius hoc sibi adesse sensit, quando Marahensi bello interfuit (60). Ibi enim, ut legisse me memini, primo congressu, crepitantibus hastis, qui erant tyrannicae partis viderunt acies imperatoris ab ignotis et pulcherrimis defensari viris, qui, uti dignis revelatum est, erant sancti, quorum patrociniis illo profecturus intente se commendavit. Horum quippe visu perterritis hostium cuneis, lentescebat pugna in parte adversa. Quod aegre ferens unus militum tyranni, clypeum arripuit, et primarium signum legionibus pretulit; superbe has conpellans et exhortans, quo sui exemplo animos resumerent ad pugnam. Cumque prepeti cursu in ipsum pene principem irrueret, obvium habuit senem canitie venerabilem, sed habitu terribilem, qui ei protestatus Emmerammum sibi resistere, umboni manum inseruit, ac tamdiu frustra [18] renitentem [18] vexavit, quousque hi, qui ejus instinctu facti sunt audaces, fierent omnes inde fugaces. Haec non ficta, sed esse veraciter facta et dicta, is qui vidit et pertulit, postea humiliatus confitetur et prodit. Hinc princeps gloriosus victoria tali oppido laetus, Ratisbonam revertitur, ubi consonis omnium in ea ecclesiarum campanis suscipitur, simulque triumphus cum miraculo predicatur et extollitur. Tunc sapienti usus consilio, et illud macte ruminans (61): *In die bonorum non immemor sis malorum*, et quia displicuerunt novem minime glorificantes eum cujus est benedictum aeternaliter nomen, per cuncta Norica monasteria misit gratifica munera. Speciali autem suo patrono Emmerammo pro gratiarum actione contulit totum palatii ornatum. In quo erat ciborium quadratum, cujus auro tectum tabulatum, fastigium serto gemmarum redimitum. Corpus vero ad geminae specimen dilectionis, similitudinem habens superioris et inferioris, sustentatur aureis octo columnellis, quae et ipsae tot virtutum seu beatitudinum instar exponunt (62). Erant etiam in eo evangeliorum libri plenarii, auro et gemmis tecti, scripti, picti, ac omnimodis ornati. E quibus unus est cubitalis, opere, precio, pondere siquidem talis, ut ei non facile inveniri possit aequalis (63). Cujus in dextra parte dispositio gemmarum centenarium etiam complet numerum, quarum quaedam adeo quantitate preminent, ut quatuor ex his calices operiant sedecim, in figuram sanctae crucis, per

VARIAE LECTIONES.

[16] *In codice quaedam erasa sunt, quorum loco* (ita Föringer; in bibl. Emmer.(v. Ried. I, p. 5) *ad spacium vacuum adscripta dicuntur*) *manus saec. XVII. haec fabulosa adjecit*: Hic inter cetera, quae regio more ac imperiali potentia constituit et ordinavit, ducem Tassilonem regno privans, cum filio Diotone monachum esse compulit; nec non sedem Ratisbonensis episcopi, a ducibus prioribus extra urbem translatam ad martyris videlicet sancti Emmerammi basilicam, infra urbis ejusdem muros constitutae beati Petri apostoli sub Simperto episcopo restituit ecclesiae. Locum autem martyris in patrocinium sui honestavit munificentia regali, subdens eum illi, qui ibi inthronizatus fuerat sede pontificali. [17] *post add.* 1. [18] *post add.* 1.

NOTAE.

(59) V. Caroli diploma ap. Ried. I, p. 8.
(60) A. 895?
(61) Eccli. xi, 27.
(62) V. Mabillonii Iter Germ. (Annal. ed., 2, p. 10) qui hoc tanquam altare parvum mobile describit.
(63) Cf. Eccard. Fr. Orient. II, p. 563. Mabillon. l. l, p. 9. Ratisbona monast., ed. 4, p. 106, et quam de hoc libro scripsit dissertationem Sanftl 1786, 4to.

singulos quaternis ordine medio dispertitis. Intimus autem ordo contractior calices habet triginta duos, singulat'm gemmis minoribus opertos, quibus venuste respondet extimo, amplioribus per castella dispositis nec non margaritis per propugnacula insertis deliciosissime compto. Hæc autem cum largifluæ principis devotioni tanto patrono minime sufficerent, pro dono addidit argenteam craticulam predicto ciborio subponendam. Adjecit et pallia coloratu paria et varia, inter quæ unum unius texturæ longitudinem habuit cubitorum triginta. Verum his quid diutius immorandum! Demum quippe apud Sanctum Emmerammum sibi jussit preparari mausoleum, quo mortem obiturus eum benignius in cœlis haberet patrocinantem, quem in terris utcumque vivens et valens sui suorumque optavit, immo fecit fore potentem. Hujus tui ministeriarchis animæ, et nihilominus adhuc tibi famulantium catervæ, potenti prece apud Omnipotentem succurre, beate Emmeramme!

6. Sub prefato itaque principe Tuto sancti Emmerammi monachus Ratisbonensi presulabatur ecclesiæ, qui a septimo anno imperii illius usque ad duodecimum regni Heinrici Saxonis hac in vita permansit (an. 894-930). Hujus ergo antecessor Chunradus rex, exigentibus publicæ rei utilitatibus, ad Reginam civitatem devenit (an. 918). In qua rebus, quarum gratia venerat, profligatis, ex antiqua regum consuetudine premonitus, accessit ad ecclesiam beati Emmerammi, quasi licentiam accepturus Franciam remeandi. Ubi principum sepulchra visitanti, Arnolfi scilicet imperatoris nec non [19] Hluoduwici, qui puer immatura morte e medio excessit, a capellanis male suggestum est, ut regio jure ac potestate, suorum utpote qui fuerit antecessorum, sibi vindicaret prescriptum magni precii librum. Quem cum prenominatus episcopus dare jussus, sed hoc facere martiris timore nullatenus esset ausus, minis tandem ad id ventum est, ut librum eumdem coram principe invitus in altari exponeret. Cui tamen imprecatus est, dicens : *Debitor beati Emmerammi sit in die judicii, qui hunc usibus ejus subtraxerit servitii.* Quod quantum valeret, cito experturus rex [20], precepit eum temere tolli et efferri. Cumque ascendisset equum, prope monasterium incurrit dysenteriæ morbum. Quo tremefactus, ac in se facti commertium sentiens per cruciatus, eodem momento restituit librum beato Emmerammo, inde secum ferens dolorem, quo in Francia ultimum clausit diem (*Dec.* 23). Tunc venerandus antistes Tuto Christo adherens in martire suo, coronis principum Caroli, Carolomanni, Arnoldi addens de suo quantum potuit, beato Emmerammo aureum altare paravit, venustissima forma decoravit, mille gemmis ornavit. Hic atqui cæcatus corpore, sed illuminatus mente, castigatæ infirmitatis necessitatem vertit in animi augustam virtutem; et nequaquam valde depensans privatum se luminis, quod sibi commune esset cum muscis, talem spiritus habuit consolationem, ut per eum ventura previderet, ac ea quibus minime intererat facta patenter ediceret. Constitutus ergo apud Lunælacum, triginta ferme rastis a Ratisbona distantem, grande in ea quadam die factum suis indicavit incendium (64). Hujus rei non solum probato sed etiam totius in eo pietatis testimonio, exemptus e medio, uti nobis dictat bona spes, migravit ad cælicas sedes; ibi, quem hic dilexit, patronum suum semper visurus Emmerammum. Cujus propitia intercessio famulis obtineat apud lumen verum illuminationem oculorum nostrorum, ne umquam mortis obdormiamus in portis!

7. Postquam monasterium beatissimi martiris Emmerammi, quod prius extra fuerat, cœpit esse intra muros Ratisbonensium civitatis, quos Arnolfus dux, inter optimates opere diviso, cito construxerat (65) sub rege Heinrico, filius ejus de gente Saxonum primus imperator Otto ad hanc eandem probum duxit venire civitatem (an. 954?). In qua factis et celebratis quæ erant imperatorii juris, beatum Emmerammum curte regio donaverat (66), quam Germana lingua Halfandorf vocitat, Romana vero Adjutorii-vicum latinizat; tunc Michahel Hiatospolitanus antistes in quodam monasterii palatio imperatori parabat convivium, quo principem cum primatibus fecit recumbere secum. Cumque ritu epulantium pene forent confirmati et vino lætati, imperator ore jucundo saxonizans dicit : *Siceram cujus quis bibat, hujus et carmen canat. Beati Emmerammi bona manducavimus ac bibimus, inde mihi videtur æquum, karitate ejus finiri convivium* (67). Mox aderant pincernæ, propinantes singulis ad nutum imperatoris karitatem martiris. Ob cujus venerationem inter se cunctis osculum dantibus et invicem ad potum karitatis se cohortantibus, unus hanc superbe respuens dixit : *Heilram* [f. *hæc karitas*] *in ventre meo non habet locum, quia cibus et potus jam intrantes preoccupaverant illum.* Adhuc lingua palpitans ex emissione verbi movebatur, et e pariete, cui amphipendulato dorso tenus innisus adhesit, colaphum tam valide conplosum accepit, ut a sessu projectus in medium palatii preceps rueret, nec non simul omnes timor et altus stupor caperet. Tum religioso monarcha cum episcopis et optimatibus ecclesiam

VARIÆ LECTIONES.

[19] n. h. q. p. i. m. e m. successit *corr.* excessit *in loco raso* 1. [20] *post add.* 1.

NOTÆ.

(64) A. 906. V. Ann. Ratisb., Mon. SS. 1, p. 94.
(65) Cf. Zirngibl. Neve hist. Abh. d. Bair., Acad. Vol. III, 1791, p. 321, sqq.
(66) V. diplomata a. 940 et 950, ap. Ried I, p. 96, 97; quæ tamen non Ratisbonæ data sunt, quo rex non ante a. 954 venisse videtur.
(37) Qui S. Emmerammum interfecit, de cujus posteris etiam, c. 12, sermo est.

festinanter ingresso, consonantibus campanis, Deo et martiri pro gratiarum actione laudes celebrantur ac letaniæ. Sed ne forte alicui istud videatur incredibile, sciat quisque fidelis, id me nullatenus fingere, sed a quodam viro fideli atque sene, Sigibaldo nomine, sicut scripsi accepisse, qui per fidem Christi testabatur, huic se convivio interfuisse et nihilominus vera dixisse. Tu autem, sancte Emmeramme, quem Omnipotens hoc in signo, ut in ceteris, voluit honorare, preces illi pro nobis peccatoribus funde, quo per veram karitatem angelum satanæ colafizantem nos possimus avertere!

8. Erat quidam sub prenominato angelici nominis episcopo beati Emmerammi monachus, nec non etiam ecclesiæ custos et ædituus, nomine Adalpertus. Is locorum sanctorum desiderio transmarinam aggressus est peregrinationem. Qua Hierosolimam petens et cetera cælestis thesauri perlustrans ea loci sacraria, millenis adversitatibus atteritur. terra et mari temptatur, ex ipsis quoque faucibus mortis patroni sui precibus frequenter ereptus probatur. Quod semel quam evidenti signo factum fuerit, relatio ipsius hic inserta patefacit. Quadam die iter in mare fecimus navale, pro qua nobis tristem densitas nubium, collisio fluctuum, spiritus procellarum pepererunt noctem. Cumque ventis et undis hinc inde quassati jactaremur atque pericula mortem minarentur, perventum est ad hoc, ut nautæ conclamitarent : « Domine non est. » Et nauclerus diceret tremulus : « Deficit. » Tum ego miser de profundis ruminans, vitæ absumptis omnium spebus præ tristitia sum soporatus. In dormiendo autem videbam quasi domini mei martyris Emmerammi præ oculis pendere pastoralem virgam, quam vulgo dicunt cambotam vel ferulam. Cujus unco ad faciem meam converso, sentiens adesse mihi beneficia patroni sæpe experti, manum tentabam illi inserere, ut de profundo pelagi post se sic me adhærentem dignaretur extrahere. Tunc certe in ipsa manus porrectione, quam veluti vigilans levabam, expergefactus vidi noctem die, lætis tristia, aeris turbida, serenitate mutata. Ad cujus spectacula exhilaratus mirabar cum mirantibus tam subitam et perniciem dextræ excelsi immutationem. Nautæ vero viribus resumptis gratias referebant Deo pariter et pro salute nec non miraculi quantitate. Ego autem gratificatus omnium bonorum fonti, quod meritis nostris nequaquam potuit fieri, deputabam patrociniis beatissimi martyris Emmerammi. Per quem somnia et insomnia, qui non dormit neque dormitat efficiat nobis innoxia, et concedat posse vigilare ad opera bona.

9. Superiore quidem capitulo perscripsi, quod cucullato et monacho erat consolationi, hoc vero innectere libet, quæ sint perversis timori ac nihilominus apostatis terrori. Fuit in Ratisbona homo quidam, nomine Sigibertus, lege humana seu conditione mundana liber, sed christianæ veræque libertatis indigus et æger. Hunc accepi fantasticis adeo infestatum præstigiis, ut nullatenus dormiens vel vigilans requiem habere posset, nisi se cucullatum apud sanctum Emmerammum fecisset. Quo perpetrato, dæmonum cessavit infestatio, et diversa maligni impedimenta, Martyris prece sunt sopita. Verum ille miser et infelix post aliquot dies, defensoris oblitus, suggestionibus occultis consensit illius, qui in se aperte dominium perdidit invitus. Questus ergo pro carnium olla in Ægypto relicta et pœnitens quorundam se perpeti penuriam in monasterio, quorum parvam abundantiam falso reliquit in sæculo, monasticum deposuit habitum cum illo ludibrio, quod vulgus jam habet in proverbio : Hinc hinc cucullum, non ultra gravabis collum ; ob paupertatem monachorum celeriter mihi revertendum ad lapidem coriorum. Hoc autem dixit, quia prius erat coriarius, seu calceamentorum sutor dolosus. Sed nequaquam diu gavisus est se monachis ita illusisse. Nam non multo post maligno spiritui est traditus. Quo urgente nimis furibundus, et jam catenatus ad sanctum Emmerammum trahitur, ac in choro ad columnam ligatur, quo cum fratres convenissent, et pro eo flebiliter orassent, interdum clamore adstantes perterrendo saltabat, interdum supinus jacebat. Novissime eum diabolus in aere suspensum tam diu tenuit, quousque fidelium votis et maxime B. Emmerammi patrociniis ei succurreret majestas divinæ pietatis. Tunc demum relapsus in pavimentum per dæmoniacam discerptionem erecto collo cœpit evomere cruorem cum sanie. Qua cum plastrum horribiliter esset pollutum, spurcorum princeps subito omnem spurcitiam inde auferens, secum ad vitream fenestram sustulit, quam ob exitus signum comminuit, et sic inter spiritales nequitias, evanuit. Ille autem homo multos fecit annos in gravi pœnitentia, exercens nudipedalia, in summa rerum miseria. Sancte Emmeramme a sancta Trinitate triplici miraculo honorate, pro nostris intercede negligentiis, apud eum, cujus clementiis nulla mortalium superant delicta.

10. Inter innumera casuum humanorum infortunia valde miserabile ac magis flebile videtur et est, quod in homines, quorum possessor esse debet Deus, ut propria domicilia intrat humani generis inimicus. Sed id revera occulto et justo fit Dei judicio. Traduntur enim interdum hujusmodi propter peccata carnis in interitum satanæ, ut salvi sint spiritus in die dominici adventus. E quorum unus Gestiliub vocitatus, hospitibus pessimis permissus, nobilis genere, sed ubique miser multiplici dæmone, intus diaboli, foris catena ligatus ferri, per plura Sanctorum loca mundandus deducitur. sed minime absolutus reducitur. Demum divina miseratione hoc, uti voluit, dictante, venitur ad S. Emmerammum, talium dono cœlesti liberatorem magnificum. Ubi geminis devinctus catenis, adeo extitit bestialis et immanis, ut a trium viris dextra lævaque pari numero divisis, vix ab interitu sui, nec non aliorum posset cohiberi. Cumque diu oratum esset pro eo,

et multis foret horrori et exemplo, ante confessionem beatissimi martyris hospes hispidus et horridus nomen confessus legionis, ejectus est ab hospite antea sibi charo, sed tunc martyris precibus admodum amaro. Tum videres, mirum in modum, si adesses, hominem paulo ante per alienas vires ossibus et nervis distentum, subito mediocri gestu corporis contentum, uno eodemque momento destitutum propriis viribus et restitutum. Is ergo Sanctorum, quos pro miseria relevanda petiverat, charitate, beato Emmerammo donatus, per eundem dulcissimum patronum gratificatur Deo, simulque omnis plebs *Hiatospolitana* conjubilat cum eo. Pro hoc, Domine dominorum, et aliis potentiæ tuæ miraculis, generatio præsens et futura laudabit opera tua. Magnificentiam gloriæ sanctitatis tuæ loquentur, et mirabilia tua narrabunt et virtutem terribilium tuorum dicent. Cum quibus et nos humiliter ac supplicative dicimus : « Emmerammo testi tuo fideli concede salutem omnium nostri. »

11. Merita beati Emmerammi martiris quantum valeant in presentia Omnipotentis, testatur jam plus quam per trecentos annos Lantperti misera generatio tyranni. Cujus e stirpe unus die quadam cum aliis patroni nostri petens ecclesiam, cum intrare tentarent, in ipsius atrii quod huic adhæret medietate, subita prohibitus est cæcitate, ibi dum deviando manibus palparet, ac pedibus offenderet, a transeuntibus quis esset, quid pateretur, interrogatus, et genus infœlix, cum casu professus, eorum consilio et ducatu atrium est egressus. Qui mox visum recipiens, nec non pro eo quod sibi acciderat, haud satis diligenter se discutiens, ut pote alicujus oneris expeditus, intrantium turbis est conjunctus : tunc miris mira succedentibus, in ipso portarum introitu denuo cæcitate percussus. Unde et a populo honorem dante Deo absque dilatione foras ejicitur, qui per evidentissimum signum a cunctis inimicus testis esse conjicitur. Hujus rei testimonium cum publico rubore homo portans secum, et valde miratus se bis cæcatum atque illuminatum, repedavit ad propria, hujusmodi sermone inter conrivales et consanguineos exeunte. Noverint omnes, nulli ex posteritate *Lamperti* accessum apud S. Emmerammum iri concessum, nisi cum magna humilitate et multum valente impetratum fuerit prece. Tu vero, magnifica lux mundi, per intercessiones martyris tui illumina tenebras cordis nostri, ne extorres simus cœlestis regni, sed intromittamur nuptiis agni.

12. Nobiles quidam viri, cognatione nobis et tempore noti, quorum nomina silemus, quia verecundatur quisque proximus ob timorem pariter et angorem calamitosæ pestis, quæ diu multumque sævit in hominibus tyrannicæ posteritatis, per diversas rerum suarum oblationes atque sacerdotum orationes ceterorumve supplicationes Deo famulantium miserunt ad beatum Emmerammum, quo liceret e'e absque publica confusione domicilium requietionis ejus intrare. Quod cum videretur impetratum, ut venirent bona sub spe, ad illos est perlatum. Qui venientes cum humilitate ac tremore sunt intromissi et non infructuose admissi. Nam capita cum manibus religiose altari imponentes, professi sunt se martiri perpetuos censuales. Aliqui tradiderunt servos et ancillas, ut in conspectu tanti patroni invenirent gratias. Alii vero contulerunt possessiones prediorum, ne ultra starent in parte reorum. Alius hic reliquit triennem languorem, alius deposuit bimam debilitatem, alius jugem superavit maligni spiritus infestationem. His tandem et hujusmodi beneficiis refecti, quia antea malis innumeris erant affecti, in propria sunt reversi. Unus autem ejusdem stirpis perduræ cervicis, nomine Adalrammus, fecit quod noluit beatus Emmerammus. Vendicaverat enim sibi injuste prædiorum partem, quæ nepos ejus martiri sub testibus dedit in hereditatem. Pro qua conventus a primoribus et interpellatus a defensoribus, ob cordis duritiam penitus rennuit facere justiciam. Ceterum beatus Emmerammus, suorum defensor optimus, super temeritate ac malitia adeo eum afflixit, ut per aliquot septimanas ægritudo ejus sibimet et esset pœnæ atque horrori, amicis vero inconsolabili mœrori. Unde contigit, ut frequenter mortem optaret, sed optata minime veniret. Tunc demum procul dubio ipsa rerum facie perdiscens, quia illum haberet offensum, cujus martirem inhonoraverat sanctissimum, seque dolens infelicissime vivere, et nihilominus hujusmodi vitam morte saltim haud posse finire, consilio sero, sed tamen bono, uxorem sub festinatione cum filiolo ad martirem misit, neptem scilicet meam cum nepote illuc ad restituenda predia currere fecit. Qui nocte vigiliarum ejus venientes, et mane ordinem rei mihi exponentes, a me accepto quod ad salutem pueri pertinuit consilio, hora diei natalis beatissimi martiris quasi secunda mater ad altare accessit, et primo filiorum sancto Emmerammo solvere faciens censum, deinde cum ejusdem manibus attractis more Bajoarico testibus retradidit predia, uti antea fuerant tradita, domumque est reversa. Inde mihi postea nuntius venit, qui juravit per beatum Emmerammum, prænominatum Adalrammum eadem hora tranquilla pausatione defunctum esse, qua hæc traditio facta est Ratisbonæ. Nos proinde, quotquot sumus tanti patroni cultores, Deo et illi gratificas concinamus laudes !

13. Magnalia Dei vehementer sunt consideranda, et sanctorum ira seu patientia nimis timenda. His etenim patrocinantibus, clemens nobis erit Altithronus, offensis vero et spretis, per longum aut breve non stabit inultum et leve. Quod apud sanctum Emmerammum sub Michaele episcopo satis probatum seniores retulerunt nobis, qui memorabantur illius temporis. Is ergo pro rebus martiris, defensoribus assumptis, cum Pertoldo marchione (68) conflictum habuit magnum. Cumque diu certatum esset utrim-

(68) De ipso v. Thietm. II, 14; III, 7.

que, tandem in id partium paria convenerunt, ut duodecim virorum nobilium juramento, quod exigebat præfectus, tolleret beato Emmerammo. Super cujus altare cambota (68*) ipsius posita, homines numeri præscripti accedentes juraverunt. Sed ultione divina percussi, grande secum recedentes malum portaverunt. Cujus talione saumatizatus ex patre avus meus Arnoldus, eodem momento dextro debilitatus brachio, post paucos annos in flumine Naba solus, comitatu salvo, subita morte vitam finivit. Ceteri vero, qui conjuraverant, quid perpessi sint, breviter tangam. Alius atqui cæcatus, alius stranguiatus, alius insensatus, alius paralysi solutus, alius evisceratus, alius fulmine ustulatus, alius incendio propriæ domus consumptus, alius mancus et monophtalmus, alius caueri morbo percussus, alius elefantiæ peste fœdatus, alius hydropica inflatione gravatus, miseram vitam misera morte finierunt. Unde meus ex matre avus, prenominatus scilicet comes Peratholdus, terrifica commonitione tactus, beato Emmerammo prædium suburbanum, quod dicitur Isininga, per [20] venerabilem [20] pii [20] abbatis [20] Ramuoldi [20] ordinationem . . . . [21] ejusdem [20] prædii [20], donavit (69), illius ascribens obsequium duodecies dandum karitativo usui monachorum nec non refectioni duodenariæ Christi elemosinariorum. Tu autem, sanctissime martir Emmeramme, duodenario miraculo clarificate, pro nobis peccatoribus, hactenus abusis duodecim inreligiositatibus, preces largas funde coram illo, qui hunc numerum apostolico dedicaverat choro!

14. Cum hoc certissimum habeat Christiana fides, quia hi qui in nomine Domini largi sunt in pauperes, in Deum dici debeant ac sint per omnia divites; et quia ipse dives est in omnes, universisque ad sufficientiam tribuere potest, tamen ne desint in mundo, in quibus fragilitas humana sua possit redimere peccata, suis membris in minimis quotidie sustinet onus paupertatis (Ephes. II). Quibus id levandi gratia, percursitantibus fidelium domus et hospitia, adeo quorundam parcitas obduratur et nequitia, ut præ famis ac frigoris angustia, incidere cogantur amare mortis gurgustia. Quæ, conditione sub hac, quo plures miserabiliter absumat, multitudo falsorum fratrum violenter sententiam dictat. Hi siquidem non spiritu humiles, sed rebus et vitiis pauperes, per clandestinas ac evidentes rapinas Christi præpediunt pauperibus, ne solatia accipiant aliquando etiam a bonis fidelibus, a quibus boni pauperes et mali haud facile queunt discerni. Hi ut filii diaboli cum perversis ac sceleratis fœderati partim exercent latrocinia in silvis et villis nimis crudelia, partim per loca sacraria, moliuntur quæ penitus nefaria. Quidam vero, qui inter eos videntur quasi sanctiores, Ecclesias per hypocrysim frequentantes, ac sacrilegis ibi lucellis inhiantes, velint, nolint, evolvunt in publicum, quam vacui sint divitiarum verarum. Quid plura? Locis in sanctis ipsi non sine miraculo sæpe vidimus deprehensos, quorum furta seu cætera flagitia hoc satis declarabant, quod non in spiritu et veritate veri advenerint adoratores, sed falsarii seu deceptorii adulatores (Joan. IV). Horum alii misericordia donati, et sic sunt in spiritu lenitatis salvati. Alios vero, qui videbantur corde duriores, publicæ emendabant castigationes, ne impunitas tales faceret deteriores. Pars autem abscondita patientiæ Sanctorum reservabatur, quia omnino a mortalibus, qui et quales fuerunt ignorabantur: exceptis his, qui sibi erant conscii hujusmodi facti. Quorum ex numero quædam muliercula Reginæ civitatis indigena, ad confessionem Christi martyris Emmerammi, cui vocabulum est de pedibus, ipsius die quadam quasi adoratura accessit. Ibi ergo calicis raptu furtivo quem super altare B. Joannis reperit, ut circumspectans se solam vidit, saluti suæ nimium invidit. Quo ut secum domi occultato, nec non ejus argento plumbo peccati commutato, proprios in usus abusa est, manifesto Dei judicio paralysis morbo soluta est. Cujus molestia per biennium gravata, tandem protractis et continuis doloribus, discit quem in loco martyris offenderit; ob cujus despectam confessionem jam evidenter in corpore suo pertulit confusionem. Unde et in se reversa, atque per pœnitens cor suis angoribus consulere amissa, pauperculo sumptu, quem amminiculis proximorum colligere potuit, calicem novum parare curavit. Tum sacerdotibus confessa delictum, quia destituta esset officio membrorum, in qualo deportatur ad S. Emmerammum. Cui dum propria manu, altius tamen suffulta, calicem restituisset, atque intimas preces cum lachrimis effudisset, subito reddita sanitati exilit de sportatio cubili, et gratias clamat Deo ac beato martyri. Et quia libenter quam attulerat, imo qua allata fuerat, chorbe cum doloribus carebat, eam læta secus basim altaris reliquerat. Quam exemplo fideles ante Ecclesiam pro monimento suspendere, ac summo gaudio legioni signorum ea loci pendentium hoc intermiscuere. Sed cœlitus ministrato tam grandi mira-

VARIÆ LECTIONES.

[20] *Post add. 1.* [21] *de hoc vocabulo non constat;* Föringer *fortasse* addicens legi *monuit.*

NOTÆ.

(68*) Fuit baculus cui innitebantur claudi. Sic enim Petrus Diaconus: « Ejusdem claudi cambuttas ante fores ecclesiæ suspenderunt. » Sed sumitur pro pedo pastorali: illam quippe gestabant tum episcopi tum abbates, mittebantur absentibus, hocque veluti signo regimen Ecclesiæ suscipiebant. Sic enim Ordericus Vitalis l. III: per cambutam Ivonis episcopi Sagiensis exteriorem abbatiæ potestatem tradidit. » Utebantur etiam cambuta ad fidem juramentumque præstandum et exemplum hic habetur. Denique suspendebatur sepulcro defunctorum; sic enim legas in Vita Desiderii Cadurcensis episcopi, c. 19: « Dum baculus B. viri, qui a Gallis *Cambucca* vocatur, ad caput sepulcri illius sedule penderet. » *Cambuca, Cambuta* et *Cambota* enim idem sunt. BASN.

(69) V. chartas ap. Pez, I, 3, p. 92, 99.

culo, est valde pensandum tanti martyris meritum, qui mulierem absque ministerio suorum pedum venire voluit ad aram suæ requietionis antipodam eo scilicet tenore, ut ubi antea tenebrata impietate, conticescens occultabat delictum, ibi postea sub luce piæ confessionis, ac recuperatione salutis ipsa cum cæteris disceret scriptum, quia Dominus servabit pedes sanctorum suorum. Et illud Isaiæ prophetæ: « Quam speciosi pedes evangelizantium pacem, evangelizantium bona (*Isai.* LII). » Quorum nos participes per charissimi sui martyris preces efficere dignetur, qui sedens super Cherubin abyssos intuetur (*Dan.* III). Amen.

15. Quia beneficia divina usque in finem sæculi multorum sint resurrectio et ruina, quotidie creatoris declaratur omnipotentia, quæ fidelium corda dirigens mandatorum suorum in semita, populum humilem salvat, et oculos superborum humiliat. Castigat ergo fidei sacræ filios misericorditer ut corrigat, incredulos autem et impios ob durum cor et impœnitens justa sententia damnat. Unde et plebs Christiana in Dei omnipotentis lætatur gratia, de manu filiorum alienarum segregata, quorum filii sicut plantationes novellæ, filiæ circumornatæ, promptuaria plena ex hoc in illud eructantia, fœtosæ oves, crassæ boves. Non est ruina maceriæ neque transitus neque clamor in plateis eorum (*Psal.* CXLIII). Hac igitur falsa felicitate deliniti, Christianis improperare solent Pagani et Judæi, quod cum hi multimoda terantur et graventur pressura, ipsi e contrario consolationem habeant et levamen in omnia sua. Nostros velut pauperes ac inanes afficiant pestilentiæ ac fames; illos vero reficiat, immo distendat superflua rerum congeries, in qua est omnium malorum materies. Pro quorum inani jactantia consolatur nos pleniter, si digni sumus, spiritali abundantia : e cujus copia David eructans et cor laboribus humiliatum consolans, dicit : « Multæ tribulationes justorum et de his omnibus liberavit eos Dominus (*Psal.* XXXIII). » Mors autem peccatorum pessima (*Psal.* LXXII), quos tenuit superbia; quia cum hominibus non flagellabuntur. Quibus cum dicimus : « Quare non creditis in Dominum, cujus juga fidei super se levasse, jam totus mundus gratulatur ? Respondent, in rerum prosperitate seu adversitate utrinque probandam fore executionem fidei rectæ, et quis in mundo videatur subjacere maledicto. Nobis autem e contra resultantibus, quia maledictio mundi mutabitur benedictione cœlesti, esuries saturitate, luctus exhilaratione; oportet nos adversa mundi patienter tolerare. « Vos, inquiunt, solito more incerta pro certis semper habetis; et ideo quadam facilitate ad hæc nos conducere tentatis. « Quos occasione aliqua in nomine Domini cupientes lucrari, docemus verbis hujusmodi :

« Christianos constat, factis majorum, et dictis valde certificatos in fide, cui adhuc etiam inter cætera veritatis indicia, multum adstipulantur miracula cœlitus ad Sanctorum memorias declarata : quæ pro sui magnitudine ac assiduitate, nec inimicos hujus nominis et religionis arbitramur posse latere. » Quibus nostra parte prolatis, obviare conantes Judæi duritia cordis lapidei, clamant et perstrepunt dicentes : « Optime novimus quo tendit vester epilogus. In ecclesia quidem martyris vestri Emmerammi, quia notum est omnibus Ratisbonæ habitantibus, claudos reparatos, atque cæteris molestiis affectos, a vero medico curatos, minime diffitemur. Sed per Messiam, quem nominatis Christum, et eum quem dicitis patronum vestrum, horum aliquid factum nunquam fatemur. Nam omnipotens in omni loco dominationis ejus quæcunque voluerit facit ut Deus. Potest etiam in plateis conferre sanitatem infirmis, et facere talia in synagogis sive nostris in scholis, qualia in vestris gloriamini facta ecclesiis. » Tum os eorum quasi ad cœli cameram suspensum, et linguam procaciter transeuntem in terram, oppilavimus sermone in hunc modum se continente : « Quia Domino nostro Jesu Christo corporaliter cum hominibus conversato, ac munera suæ pietatis intra et extra synagogam, patribus vestris magnifice impertito, non solum cum eis ingrati exstitistis, sed miserrima vosmetipsos interficientes dementia etiam hoc in malum vestrum accumulastis super iniquitatibus eorum, ut in eo capiti omnium bonorum, nec non illius membris electis detraheretis, unde salutem gratis oblatam attrahere debuistis; ecce convertimur ad gentes, quæ Dominum in Sanctis noveruut laudare fideles, et quia indignos vos Dei judicastis gratia, ac omne bonum usque hodie a salute vestra negativa dissessione repulistis, his fructuose proponimus margaritas, qui sciunt cum honore suscipere illas. Vobis autem erit æterna confusio, testante Christo in suo Evangelio : « Quia filii regni in tenebras exteriores erunt trudendi, et sine fine puniendi (*Matth.* VIII). » Cæterum ut revertamur ad humilitatis nostræ propositum, o lectores et auditores, qui veræ fidei estis confessores, quæ de Christi gratia sanctorumque gloria Judæis visum est dubium, dilectioni vestræ monemus non dubium, sed semper maneat certum, quia ostium Dei, quod aliis est clausum, aliis justo Dei judicio erit apertum. Ante quem et in quo cordetenus orandum, ne cum hoc mundo damnemur, sed Redemptoris gratia potenti salvemur. Cujus in charitate spes nostra ponenda cum fide, ne permittat de parte justorum perire, pro quibus dignatus est mortem crucis subire.

16. Erat quidam vir ingenuus, Burchardi marchicomitis (70) et prefecti Ratisbonensis vasallus. Hunc

NOTÆ.

(70) Orientalis marchæ; filius Bertholdi c. 13 memorati, quem Thietmarus V, 21, Bucconem dicit, fuisse videtur. Minus recte tamen supra p. 415, n. 66, Arnulphi ducis generum, Heinrici episcopi Augustani patrem, eumdem habui. Hic certe vir fuit majoris ætatis, neque cum eum Widukindus dicat (III, 56) mediocris substantiæ militem, ad hoc nobile comitum genus referri potest.

divina a Deo corripuerunt flagella, ut nervis contractis omnium pene destitueretur membrorum officiis. Cumque diu hujusmodi castigatione attereretur, demum ad opus Dei in illo manifestandum, sub spe non confundenda ad sanctum Emmerammum defertur in cuna, infantibus magis eatenus apta quam viris. Cujus vehiculo ut ad altare testis perventum, ibique aliquantisper est oratum, is qui cunulæ adhæsit ut pusio, repente robustus erigitur ac sistitur ut homo. Tum videntes qui aderant in novo martyris mirigerulo plenam staturam, resurrectionis ad instar generalis, proceram. In ecclesia ejusdem testis immolabant Deo hostiam vociferationis, secundum illud, quod David ait : « Vox exultationis et salutis in tabernaculis justorum (*Psal.* cxvii). » Cum quibus idem patronus noster dulcissimus, æterna pro exilio brevi patria donatus et pro pondere laborum inæstimabili præmium sortitus, pro morte pretiosa inusitato genere martyrii acquisita, in tuo, Christe, regno gloriatur corona, quam elucere facit specialis tui et proximi dilectionis gemma. Qua et nos, pro modulo nostro, insignitos vocationis hora humiliter petimus a te inveniri, cujus misericordia quæ bona sunt in cordibus vere fidelium non permittit sopiri, sed pleno perseverantiæ fructu eorum facit opera finiri.

17. Gloria sanctorum Christo conregnantium, patres et fratres, est valde reverenda, ira quoque omnimodis cavenda, patientia vero omni sexui seu ordini pertimescenda. Ad hos namque dicit Dominus : *Qui tangit vos, tangit pupillam oculi mei* (*Zach.* ii, 8) ; et in Evangelio : *Qui vos spernit, me spernit* (*Luc.* x, 16). Quæ tonitrua ab ipso cœlorum throno procedentia nec non terrifice mortalibus intonantia adeo contempnit, heu ! male surda secularium duritia, ut inhiantes ad ecclesiarum seu pauperum res, hæreditatem Domini diripiendo suam faciant, immo se ac sua diaboli partem efficiant. Contra quos invehitur maledictum per illud propheticum : *Væ qui jungitis agrum ad agrum inique* (*Isai.* v, 8). E quibus nonnulli qui honestiores et continentiores videntur in factione hujuscemodi, cum viderint aliquos ad ea, quæ parum tetigi, perpetranda proclives, callide eos instigant; atque ut his reculis tenacius adhæreant, sæpius inculcant; pervicaciter se pollicentes eis apud judices futuros adjutores, nec non etiam, si necessitas exigat, conjuratores. Tum in se quodammodo quasi revertentes, immo retrorsum ad malitiæ cryptas anfractuose divertentes, eos pro tempore deserunt, quibus consilium iniquitatis dederunt, et se subdole ad hos, quorum bona prædæ vel rapinæ fecerunt patere, conferunt, ut pro mendacii silentio seu veritatis venali testimonio apud incautos muneribus dextras adimpleant, talique strofa quod habere videntur a simplicioribus extorqueant. Cui tam grandi malo in plebeia turba modis millenis crassato, A prefecti et comites, qui mederi debuerant et poterant, non solum obviare ac resistere recusant, quin etiam ipsi hoc idem accumulant, nec non omnem justiciæ pulchritudinem, quantum in se, dedecorant, quo insatiabilem avaritiæ lacum non modo nequiter, sed etiam turpiter adinpleant. Pro quorum contumacia celeriter sternenda clamat propheta, immo cum eo injuste oppressorum ultionem postulat persona : *Exaltare, qui judicas terram, redde retributionem superbis* (*Psal.* xciii, 2). Hanc igitur causam non causam, sed pestem dicendam, id est ut diabolica commisceantur humanis; et nihilominus humana preferantur divinis, in tantum aliqui pro commodis affectant terrenis, quo adulationum liniamentis sive aliis pravi consilii incitamentis, quibus ipsi habundant, pastores etiam ecclesiæ temptent inficere, atque gregis dominici arietes conentur lupos efficere. Quorum sintichias (71) venenosas qui non observaverit, procul dubio vitæ periculum incurrit, quod in se satis est expertus Michahel, Reginæ civitatis episcopus (*an.* 972). Is atqui cum pro episcopatu cuidam nepoti suo ab imperatore postulando palatii stationem petere decrevisset, xeniaque, quibus hoc se inpetraturum sperabat, paravisset, persuasum est ei ab his, qui optabant apud principes ecclesiasticas venales fore dignitates, quatinus petitionem, quam facere vellet, thesauris Deo dilecti martiris Emmerammi subornaret. Quos ille, consiliariis consentiens reis et perversis, prope diem natalitium ejusdem (*Sept.*) testis domino suo subduxit, nec non ad episcopalem villam Berabartashusun (72) dictam secum transduxit, quo suus eadem die comitatus pestifer confluxit. Ibi quoque subitanea corporis percussus molestia, per extremam sortem urgeri cœpit in mortem. Quam cum sibi turbidam et amaram sensisset inminere, atque jam desperaret infra limitem hujus vitæ diutius consistere posse, vicedomno assumpto, nec non militibus accitis in testimonium, cum aliquibus ministris, quis circa eum plus erat amoris quam timoris, quorumque familiariti sedulo solebat inniti, affatus est verba hujusmodi : *Contigit me aliquando secus Licum flumen sub Ottone Saxonigena imperatore primo gravi interfuisse prelio* (73). *Ubi cum inter nostros atque paganos acerrime fuisset pugnatum, et Christo propitio a christianis esset triumphatum, Ungri meam abscidentes auriculam, gladiis ac spiculis inter ceteros me straverant ac adæquaverant glebis. Ibi insperato raptus, ad salutem sensi beneficiis adesse patronum clementem, quem nunc timeo ob temeritatem peccati mei irascentem. Eia, quæso, fideliter agite quæ injungo. Tollite hinc — utinam numquam ad malum, quod facere volui. — mea sub certo numero integra viginti pallia consignata, et offerte ea, quamvis ad magnitudinem peccatorum meorum parva, magno et beato ad subveniendum cui voluerit Christi martiri Emmerammo ; reddetisque illi reverenter suorum par-*

NOTÆ.

(71) I. e. pacta, conventiones.
(72) Beretzhausen ad Laber fluvium.

(73) A. 955.

tem thesaurorum, quos insipiens ac minus cautus in sugillationem mei subtraxi ejus honori servitii. Calicem autem aureum, quem opere ac forma satis, ut opinor, decenti eidem clarissimo testi passionum Christi patravi, cum his omnibus, quæ labiis distinxi, super et circa ipsius altare ponetis, sicque ex humilitatis meæ legatione dicetis : « Michahel ille peccator homo, quamvis in sancta ecclesia ordinis jure sacri particeps fuerit nominis angelici, immeritum tamen et longe inparem se perpendens tanti ministeriis officii, servus quoque tuus, beate Emmeramme, adoptivus sub ipsis pontificalibus infulis factus, in extremis etiam constitutus, erga reverentiam tui devotus, tibi hæc misit atque remisit, nec non ultimum spiritum trahens, animam cum corpore patrocinio tuo commisit. »

Hæc vero facta et dicta cum non paucos convenirent ac deterrerent pro abusive usitata sanctorum inter mortales neglegentia, campanum quoddam quantitate modicum, a legatis episcopi cum aliis rebus in basilica patroni nostri expositum, grande per os dicentium predicabat miraculum. Hujus ergo cum imperator Otto secundus aliquando apud Sanctum Emmerammum audiret tinnitum singularem et pre ceteris magis sonorum, fertur dixisse, aut hoc aut huic simile se velle habere. Qua occasione predictus pontifex inde sublatum idem campanulum in via jussit transportari secum, arbitratus satis se facturum principi oblatione cupiti. Quod postquam est de martiris ecclesia elatum, uti comperimus per cujusdam presbyteri relatum, ad Dei omnipotentis nutum immutatione soni factum est mutum, nec illius artificio aptari potuit euphoniæ officio usque in diem et horam, qua Deo dilecti martiris casæ restitutum, etsi insensibile, presentiam domini sui sensibus humanis se sentire indidit, ac dulciter tinnivit. Vere tua, Christe, hæc sunt opera, qui crederis et es æterni Patris sapientia; cui David corde jubilans clamat (74) : Quam magna multitudo dulcedinis tuæ, Domine, quam abscondisti timentibus te; et iterum (75) : Auditui meo dabis gaudium et lætitiam; et exultabunt ossa humiliata; cujus desiderio delectatus, nomini tuo credentes in fine psalmorum ad perfectionis laudes provocans, ait (76) : Laudate Dominum in cymbalis bene sonantibus; laudate eum in cymbalis jubilationis. Ecce humanæ salutis amator, generis nostri factor et reparator, qui etiam benignus es super ingratos et malos, per parva ac insensibilia operaris magna nec non mirabilia, ut homines cordatos benedictione tua efficias coaptatos. Hanc siquidem qui aure cordis perceperint, et in ejus obauditione usque in finem perseveraverint, minime pavebunt in die novissimo, nec aures eorum tinnient ab auditu malo, quando inimicus exultans super interitu impiorum, se jactaverit dicens (77) : Prevalui adversus eos. O Jesu bone, quid nos peccatores ibi dicturi sumus, ubi vix justi salvabuntur? Non est nobis spes altera, nisi quam definit ille tuus electus psalmista, qui fuit rex et propheta, totis modullis ad te clamitans cordis (78) : Spes mea es tu, portio mea in terra viventium; quam in tuo nomine, dum tempus est misericordiæ, a Patre postulandam didicimus per evangelicam doctrinam. Sic enim tuum, o veritas, habet evangelium (79) : Ambulate dum dies est, ne tenebræ vos comprehendant; et iterum : Dum lumen habetis, credite in lucem, ut filii lucis sitis. Et illud excusationis humanæ exclusorium diligentissime adtendendum, nec non intimis suspiriis annitendum (80) : Quodcumque petieritis Patrem in nomine meo, dabit vobis. Petimus ergo ad te conversi, Pater Domini nostri Jesu Christi, ut in nomine ejusdem unigeniti tui, cujus karitatis beatus Emmerammus martir tuus inter ²² plurales ²² testes ²² imitator ²² quodammodo ²² extitit singularis, ineffabili et solita circa peccatores usus clementia, confitentibus et confessis dimittas inpietatem cordis, ac infundas unctionem tuæ uberrimæ consolationis, nec non confirmes in nobis opera divinæ miserationis; ut quod in hoc seculo dulce ac delectabile videtur, timoris tui reverenda consideratione amarescat, et quod amarum, dilectionis tuæ suavissima speculatione dulcescat. Sicque dum ipse volvitur mundus, a lapsu et amore peccatorum, te resuscitante, surgamus, ne in fine seculorum, cum omnes homines resurrexerint cum corporibus, in æternum confundamur ac puniamur; sed emptitii servi nunc cum collibertis gratia tua digni effecti, tunc etiam tuis cum amicis semper mansuris deputati gaudiis, securi videamus Dominum Jesum Filium tuum liberatorem et episcopum animarum et corporum nostrorum, judicem justum vivorum et mortuorum, tecum viventem atque in unitate Spiritus sancti regnantem, per immortalia seculorum secula. Amen.

PROOEMIUM LIBRI DE MEMORIA B. EMMERAMMI ET EJUS AMATORUM.

Inter cætera mysteriorum coelestium sacramenta, Veteris Legis testantur scripta quod ad ædificationem tabernaculi principes tribuum et ditiores quique in populo Dei pretiosa divino jussu obtulerunt donaria (Exod. xxxv). Quorum piæ oblationi et pauperiores, eodem præcepto conducti, indices mentium devotarum, etiam pilos addiderunt caprarum (Ibid.). Quid autem Nova Lex super hac re contineat, seu qua

VARIÆ LECTIONES.

²² Reliqua in 1. manu sæc. XV. scripta sunt, folio sequenti cum hujus libri fine antiquo exciso.

NOTÆ.

(74) Psal. xxx, 20.
(75) Psal. l, 10.
(76) Psal. cl, 5.
(77) Psal. xii, 5.

(78) Psal. cxli, 6.
(79) Joan. xii, 55, 56.
(80) Joan. xv, 16.

convenientia Priscæ respondeat, Christus in Evangelio suo palificat, qui duo pauperis viduæ minuta prætulit his quæ divites jactabant, seu in gazophylacium mittebant (*Marc.* XII; *Luc.* XXI). Quod quidam vir officio apostolicus et merito, egregia prædicatione quasi de cœlo intonans, breviter perstringendo exposuit, dicens : « Regnum cœlorum valet, quantum habes. » Cui scilicet sententiæ concordat quod sacra Scriptura alias clamat : « Cui plus committitur, plus ab eo exigitur (*Luc.* XII). »

Unde is qui multum habet et illud Apostoli diligenter attendere debet : « Qui gloriatur, in Domino glorietur (*I Cor.* I). » Qui vero minus accepit, id ipsum minime ducat negligendum ; sed de eo pro posse et nosse conetur elaborare aliquid quod utile sit. In quo haud segniter exsequendo quicunque divino muneri reverentiam exhibuerit, debitum exactionis persolvit Scripturæ, quæ dicit : « Vovete et reddite Domino Deo vestro, omnes qui in circuitu ejus affertis munera (*Psal.* LXXV). » Ex ipsius quippe donis, qui Largitor est omnium bonorum, accepimus, si quid ei pie digneque afferimus, vel si in aliqua re votorum nostrorum redditionem exsolvere poterimus. Hinc et Jacobus apostolus, eorumdem processionem donorum commendans, ait : « Omne donum desursum est, descendens a Patre luminum (*Jac.* I). » Ad cujus illuminationem Psalmista nos appropinquare exhortatur dicens : « Accedite ad Dominum et illuminamini, et facies vestræ non confundentur (*Psal.* XXXIII). » Vere ad eum accesserunt qui dono illius illuminati, ecclesiastica factis et verbis tractando sacramenta, illam faciei meruerunt gloriam quam ipse Sol justitiæ visione sua paravit electis sempiternam. Horum quippe exemplis et doctrina, dum volvitur hujus mundi rota, Christus gratum in suis arboribus inveniet fructum. Quem, quia velut inutilis stirps, in mea arbore non habeo, timeo mihi valde ne Paterfamilias, sterilitate pravitatis meæ offensus, dicat : « Ut quid occupat terram ? Succidite eum et mittite in ignem (*Luc.* XIII). » Quem reprobis terribiliter paratum et a peccatis meis, proh dolor! sæpe comparatum, ut effugere possim, inter fluctus cogitationum æstuanti occurrit animo, hoc optimum fore remedium, ut non cessem quærere præsidia sanctorum, sedulo laudibus inhærendo eorum, ut et ipsi apud misericordissimum Dominum dignentur mihi veniam impetrare delictorum.

Sed fortassis dicit aliquis : Quid ad te? potuit euphoniæ officio usque in diem et horam qua Deo dilecti martyris casæ restitutum etsi insensibile præsentiam Domini sui sensibus humanis se sentire indidit, ac dulciter univit.

Vere tua, Christe, hæc sunt opera, qui crederis et es æterni Patris Sapientia. Cui David corde jubilans clamat : « Quam magna multitudo dulcedinis tuæ, Domine, quam abscondisti timentibus te! (*Psal.* XXX). » Et iterum : « Auditui meo dabis gaudium et lætitiam, et exsultabunt ossa humiliata (*Psalm.* L). » Cujus desiderio delectatus, nomini tuo credentes, in fine Psalmorum, ad perfectionis laudes provocans, ait : « Laudate Dominum in cymbalis bene sonantibus ; laudate eum in cymbalis jubilationis (*Psal.* CL). » Ecce humanæ salutis Amator, generis nostri Factor et Reparator, qui etiam benignus es super ingratos et malos, per parva ac insensibilia operaris magna, nec non mirabilia, ut homines cordatos benedictione tua efficias coaptatos. Hanc siquidem, qui aure cordis perceperint, et in ejus obauditione usque in finem perseveraverint, minime pavebunt in die novissimo, nec aures eorum tinnient ab auditu malo (*Psal.* III), quando inimicus, exsultans super interitu impiorum, se jactaverit, dicens : « Prævalui adversus eos (*Psal.* XII). » O Jesu bone, quid nos peccatores ibi dicturi sumus, ubi vix justi salvabuntur? Non est nobis spes altera, nisi quam definit ille tuus electus Psalmista, qui fuit rex et propheta, totis medullis ad te clamitans cordis : « Spes mea es tu ; portio mea in terra viventium (*Psal.* CXLI). » Quam in tuo nomine, dum tempus est misericordiæ, a Patre postulandam didicimus per evangelicam doctrinam. Sic enim tuum, o Veritas, habet Evangelium : « Ambulate, dum dies est, ne tenebræ vos comprehendant. Dum lumen habetis, credite in lucem, ut filii lucis sitis (*Joan.* XII). » Et illud excusationis humanæ exclusorium diligentissime attendendum, nec non intimis suspiriis adnitendum : « Quodcunque petieritis Patrem in nomine meo, dabit vobis (*Matth.* XXI ; *Joan.* XV). » Petimus ergo ad te conversi, Pater Domini nostri Jesu Christi, ut in nomine ejusdem Unigeniti tui, cujus charitatis beatus Emmerammus martyr tuus imitator exstitit singularis, ineffabili et solita circa peccatores usus clementia, confitentibus et confessis dimittas impietatem cordis, ac infundas unctionem tuæ uberrimæ consolationis, nec non confirmes in nobis opera divinæ miserationis, ut quod in hoc sæculo dulce ac delectabile videtur, timoris tui reverenda consideratione amarescat, et quod amarum dilectionis tuæ suavissima speculatione dulcescat. Sicque, dum ipse volvitur mundus, a lapsu et amore peccatorum, te resuscitante, surgamus, ne in fine sæculorum, cum omnes homines resurrexerint cum corporibus, in æternum confundamur ac puniamur. Sed emptitii servi nunc cum collibertis, gratia tua digni effecti, tunc etiam tuis cum amicis semper mansuris deputati gaudiis, securi videamus Dominum Jesum Filium tuum liberatorem et episcopum animarum et corporum nostrorum, judicem justum vivorum et mortuorum, tecum viventem atque in unitate Spiritus sancti regnantem, per immortalia sæcula sæculorum. Amen. [23]

VARIÆ LECTIONES.

[22] *Vid.* pag. seq.

INCIPIT LIBER II.

DE MEMORIA BEATI EMMERAMMI ET EJUS CULTORUM.

Humanis rebus exempto (*an.* 972), ut in calce libri prioris descripsimus, Michahele Reginopolitano episcopo, qualiter Dei omnipotentis misericordia super hujus ecclesiæ clerum et populum vigilaverit, quemve princeps pastorum suis ovibus preesse voluerit, quemque ad pastoralem curam in secreto suo, cui omne cor patet, elegerit, occasionibus hujusmodi patefecit. Erat quidam vir genere ingenuus, virtute strenuus, natione Alamannus, nomine quidem Wolfgangus, cujus ipse interpretationem vocabuli in quodam loco Lupambulus jussit inscribi. Is primum inter canonicos sive clericos laudabilem et castam duxerat vitam, dein artioribus regulis implicari desiderans, in Suevia apud cœnobitas, qui Solitarii vocantur (81-88), monachum professus est. Quem cum non solum fortiter vitiis resistere, sed etiam virtutibus assuefaceret libere insisteret, acrius intendens aciem mentis in speculum geminæ dilectionis, videbatur sibi cum simplo et abscondito talento quasi vacuus apparere in conspectu Domini, nisi eo exposito et duplicato aliorum quoque consuleret saluti. Cujus rei gratia monasterium et non [24] monachum deserens, immo secundum Apostolum (89) majora æmulari carismata cupiens, per Alamanniam devenit exul in Noricum. Ad cujus orientalem partem cum humili comitatu pertendens, predicandi gratia Pannoniæ petiit confinia. E qua per Piligrinum Pataviensem episcopum evocatus, piæ, ut decuit, humanitatis ab eo suscipitur et fovetur officio. Apud quem etiam rogatus et jussus mansit aliquot diebus; hoc inter cetera prudenti secum tractans mente, quare prohibitus sit ab adducenda ad Deum Pannoniorum gente.

Quo commorationis tempore idem episcopus optime usus, utpote qui erat adprime eruditus et genere nobilissimus, juxta hoc quod Apostolus dicit (90). *Probate spiritus si ex Deo sunt*, clandestina et manifesta divini servitii observatione ac assidua sacræ Scripturæ indagatione satis probavit, hunc quem susceperat peregrinum non esse gyrovagum, sed stabilem veræ fidei domesticum. Unde et quosdam de suis familiariter pro eo alloquitur, dicens: *O quam felix ecclesia, quæ Deo volente isto donabitur sacerdote. Ergo necessarium valde videtur mihi et utile, ut huic famulo Dei petam regimen Ratisbonensis episcopii; quia optime convenit, sicubi abundat bona voluntas, ut eam etiam ad bona opera procedere faciat bene collata facultas. Bonum quippe; quod hic vir seminare voluit in paratis* [25] *cordibus paganorum ad* [26] *salutis obsequium, quod repulit cæcitas illorum, quandoque fortassis hoc, eodem agrum dominicum excolente, dabit fructum suum in populis christianorum.* Ad hæc quidam respondentes dixerunt: *Qui fieri potest, ut iste pauper et ignotus ad honorem accedat tanti episcopatus, cum jam aliquæ alti sanguinis personæ hunc apud imperatorem prediis et pecunia compensatos sibi temptaverint acquirere?* Quibus ille refert verba ponderosa, sed non adeo morosa: *Divina et humana valde inter se probantur distare judicia. Hinc scrutator cordium et renum ab initio mundi elegit contemptibilia nec non ignobilia, ut confunderet fortia* (91); *et e contrario mundus quod suum est superbe ad horam extollit, ac in brevi cum confusione distollit. Unde operæ pretium censeo, quo mittam ad marckicomitem, cujus consilio multa solet facere imperator, ut suggerat ei, ne per ambitionem aut simoniacam heresim quemquam episcopalem sinat accipere dignitatem; sed ob æternam remunerationem, quem humilem et modestum ac eruditum invenerit nec non officiis ecclesiasticis aptum esse probaverit, hunc, cujuscumque sit conditionis vel parentelæ, promoveri faciat ad culmen ecclesiæ.* Quid plura? Per legationem episcopi ac suggestionem consiliarii cesar suæ et ecclesiasticæ utilitatis admonitus, immo, quod verius est, nutu Dei, cujus in manu cor regis, princeps bonus Otto secundus animo mutatus, omnes, qui pro eodem episcopatu adipiscendo laborabant, avertit, et se totum ad electionem venerandi viri Wolfgangi convertit, sicque legatos post eum celeriter mittit.

Qui ut jussi fuerant pergentes, invenerunt eum

VARIÆ LECTIONES.

[23] *Can. addit hoc loco:* QUATUOR HOS VERSUS ANTISTES DAT HERIBERTUS:
Diversis horis laudandi scripta laboris
Legi, perlegi, crebro perlecta relegi,
Et nihil inveni vitium quod possit haberi.
Hoc tantum dico, tua tuque placetis amico.
et postea: Anno Domini MCCCICV. reverendus in Christo pater dominus Ludovicus venerabilis abbas hujus ecclesiæ M.... pater pauperum, corona monachorum et venerabilis dominus..... abbas successit [24] *deest* 2.; *ex Othloni* Vita Wolfhangi *supplevi.* [25] duratis *Othl.* [26] et *Othl.*

NOTÆ.

(81-88) in monasterio Einsiedeln.
(89) I Cor. xii, 51.
(90) I Joan. iv, 1.
(91) I. Cor. i, 28.

adhuc cum prenominato episcopo commorantem, sed jam ad patriam repedare cogitantem. Ignarus enim erat legationis et ceterarum rerum pro se gestarum, et idcirco animum intendebat aliorsum. Cumque legati, quare venerint, ei indicarent, primum recurrit ad secretarium cordis, se suaque Deo commendans in intimis; dein episcopo, cujus karitate ibi detentus erat, causam suam exponens, id quo gravabatur temperamento levigabat simplicitatis columbinæ ac prudentiæ serpentinæ, atque in hunc modum proloquitur, dicens : *Hoc novum quod mihi per nuncios principis venit, karitas tua effecit, cui premium bonæ voluntatis absque dubio erit; sed meæ parvitati timorem incutit, quia nescio, si voluntas Dei sit, et quia mundus sub specie religionis multo ad vitia trahit.* Cui respondens episcopus dixit : *Quod dicis te timere hoc mentis est providæ. Sed hanc in bonam spem erigit psalmista, qui dicit* (92) : « *Initium sapientiæ timor Domini;* » *et iterum* : « *Timor Domini sanctus permanens in seculum seculi;* » *quem et Apostolus commendans ait* (93) : « *Noli altum sapere, sed time;* » *Idem alibi de episcopatus desiderio ait* (94) : « *Qui episcopatum desiderat, bonum opus desiderat.* » *Unde et tu, si cum tua salute aliis appetis prodesse bonumque opus in omni loco desideras adesse, sub timore et humilitate ad episcopalem ordinem vocatus, ne abnuas accedere; alioquin incidere videris in illud quod David dicit* : « *Qui noluit benenedictionem, elongabitur ab eo* (Psal. CVIII, 18). » *Quod cavens omnimodis, conare connumerari cum illis, de quibus scriptum est* : « *Qui autem docti fuerint, fulgebunt quasi splendor firmamenti; et qui ad justiciam erudiunt multos, quasi stellæ in perpetuas æternitates* (Dan. XII, 3). *Hujus atqui executione officii pervenies ad hoc, ut in retributione justorum, tibi dicat dominator omnium* : « *Euge, serve bone et fidelis, quia in pauca fuisti fidelis, super multa te constituam; intra in gaudium Domini tui* (Matth. xxv, 23). » Talia quoque pontifice proloquente, vir venerandus per mentis speculationem dispensationis divinæ intuens moderamen, subsequitur dicens : *Ecce servus Domini, fiat mihi secundum verbum tuum* (Luc. I, 38). Tunc arrepto itinere cum his qui missi erant a principe, tetendit in partes occidentales Bajoariæ. Cumque perventum esset ad Reginam civitatem, clerus et populus secundum morem ecclesiasticum unanimiter episcopali facta electione, ad imperatorem eum miserunt cum universali legatione. Qua clementer suscepta, et beato viro ab episcopis probato, ac sermone in presentia eorum ab ipso sapienter prolato, imperialis eum assumens potentia per pediam (95) pastoralis honorem ei dedit pontificalem; statimque, ut curam sui et gregem dominicum illi commisit, non cum parvo comitatu ad Ratisbonam eum remisit.

Ubi cum multorum fideli et favorabili susciperetur occursu, primum beato Emmerammo se humiliter presentavit, deinde per singula Ratisbonæ monasteria sanctorum petiit suffragia, novissime vero solemni facta preparatione seu processione, ad sancti Petri ecclesiam accessit. In quam cum canticis læticiæ et exsultationis voce introductus, atque more pontificum secus altare intronizatus, a clero et a populo summo pastori commendatur, nec non a Friderico archiepiscopo et illius suffraganeis post aliquot dies in sacerdotem apostolicum ibidem consecratur. Quam ille consecrationem nolens vacuo secum portare vocabulo, die noctuque pontificali studiosissime excoluit officio, ut gratiam sancti Spiritus habundantius sub hoc ordine posset habere in cordis hospitio. Cujus inspiratione suaviter tactus, et ad omnia cautus ac providus factus, ob episcopale fastigium nequaquam voluit mutare monasticum habitum, quasi erubesceret monachus esse, qui fuerat; sed quam intus habuit humilitatem mentis, foris ostendit bonis exemplis et mediocribus vestimentis. Memor etiam Salomonicæ admonitionis, quæ dicit : *Constituerunt te principem; noli extolli, esto in illis quasi unus ex illis* (Eccli. xxxii, 1), non dominari quærebat in clero, sed gregi dominico forma esse studuit mane et sero; prudenter advertens, immo prudentius a se avertens, illud eloquium, quod per Ezechielem prophetam invehitur contra malos pastores, Domino dicente : *Væ pastoribus, qui pascebant semetipsos, et non greges meos* (Ezech. xxxiv, 2).

Unde ipse totus in divina lege devotus inter cetera pastoralis curæ ministeria sermone, quem ad populum inter missarum solemnia fecit ex more, in tantum ecclesias plebem assuefecit frequentare, ut per dies solemnes vix domi remanere viderentur rei familiaris custodes. Ad predulcem enim tanti pontificis exhortationem certatim sexus utriusque turba confluxit, quam illuc fragrantia cœlestium aromatum, ipso ea qui dedit ventilante, adduxit; apium videlicet instar, quas post se trahere videtur mellis odor et nectar. Quibus pater pius summopere desiderans esse utilis et aptus, in disputando de regno Dei et calcandis vanitatibus hujus mundi, perplexis et sophisticis minime utebatur sententiis, sed sic mellitti oris dulcedinem per quandam, quam verbis explicare non potero, temperabat austeritatem, ut simplici et optimo genere locutionis tangere videretur intima cujusque cogitationis, talique arte nonnullorum ex oculis lacrimas eliceret indices cordis. Hanc siquidem tam validam a Spiritu sancto acceperat gratiam, quo hi, qui predicanti assisterent et eum intente audirent, raro aut numquam absciderent ab ejus prædicatione sine lacrimarum effusione, Quo pergrandi bono, a largitore omnium bonorum

NOTÆ.

(2) Psal. cx, 10; xviii, 10.
(93) Rom. xi, 20.

(94) I Tim. III, 1.
(95) I. e. pedum.

hominibus concesso, per malitiam suam sauciatus humanæ salutis inimicus, et ei obviam ire conatus, invidiam, quam semper habebat, quibus poterat viribus exercebat.

Nam die quadam, cum predictus beatæ memoriæ Wolfgangus episcopus solito more ad populum ex pulpito vel ambone concionaretur, diabolus aliud non inveniens, Domino prohibente quo adversaretur, subito concitavit turbinem, et cum turbine tumultuosam turbationem, ac nihilominus cum turbatione confusum murmur et clamorem, nec non super tectum ecclesiæ fragorem dedit ingentem, et intra ecclesiæ receptacula pulverem dispergens ac nebulam, aliquorum obtutibus caliginem obfudit tenebrosam. Quibus ex improviso visis et auditis, populus perterritus, immo, quod pejus erat, pene mente alienatus, cœpit concurrere et discurrere, incertus, confusis omnibus et turbatis, in quam partem se tutius ac rectius posset convertere. Interim audiebantur voces hinc dicentium : *In urbe grande sævit incendium;* inde clamitantium : *Ecce seditione facta multorum gladiis disciduntur jugula.* Cumque pro clamoribus hujuscemodi sedandis multum, sed incassum, laboratum esset a sensatis, tandem qui erant inimici machinationibus ludificati, tam vehementi excursu per turmas eruperunt de ecclesia, ut ex tanta multitudine vix pauci remansisse viderentur in illa. Tunc episcopus, quem tantæ commotio tempestatis juxta consuetudinem humanæ fragilitatis loco etiam propellere posset, si Christi servus non esset, quia domum in firma solidatam habuit petra, gradum non movit, sed stabilis et inmobilis permanens, magna fide clamavit et dixit : *Domine Jesu Christe, solitam fidelibus tuis accommodans gratiam, concede ut hodie videant gloriam nominis tui et confusionem diaboli.* Quæ verba secuta est serenitas aeris, et serenitatem recursus in ecclesiam plebis. Cui venerabilis antistes mox aromata et unguenta sacræ doctrinæ effundens adeo illa die, sibi de cœlis Deo dulcedinem sermonis instillante, profuit, ut manifeste inimicum vicerit vel fugaverit, qui perturbationis nimietate pene omnibus obfuit. Unde et postea fidelium devotio hanc consuetudinem cœpit pro lege habere, quo per stationes episcopum turmatim prevenirent et sequerentur, ac predicationis erogationem summa affectione, utpote apostoli bonum, amplecterentur odorem. Per quem idem venerandus pater ad pietatis exercitia oves dominicas de die in diem magis magisque adtrahere studebat, more scilicet animalis, quod panther dicitur, qui, ut physiologi perhibent, omnibus animalibus amicus, exceptis dracone et serpentibus, cuncta animantia, quæ in vicinitate sui sunt, emisso bono odore ad se solet adducere atque miro modo amorem suum illis ingerere.

INCIPIT DIALOGUS.

Dum hæc scribo et animum ad alia scribenda sollicitus præparo, adest mihi frater Ammonitius comes rerum mearum fidelissimus, qui me convenit officiose sic proloquens : « Ubi est dialogus quem devovisti te scripturum in nomine Domini de miraculis B. Emmerammi et de regimine illius monasterii? Es quippe debitor sponsionis, aut fortis excusationis. » Tum ego : « Minime diffiteor quin debitor sim. Sed propterea distuli, quia non certus eram sub cujus persona potissimum conficere possem dialogum, cum perplures de laudibus nostri patroni, et de aliis utilitatibus mecum sæpe disputaverint, et se parvitati meæ necessitudinis vinculo junxerint. » Respondit, qui supra : « Sit tibi, secundum Salomonem, consiliarius unus ex mille (96), » et de hac re securum te faciet. Nam si vis, personam Ammonicii convenienter poteris habere pro quolibet fratre te ad bonum commonente vel exhortante. Nec est quisquam amicorum qui se dicat contemptum, alterumque in hoc sibi indignetur esse prælatum. Proinde absque comperendinatione assume dialogum, et, sicut proposuisti, laudibus martyris intexe memoriam confessorum Christi, nec non huic admisce quidquid animus recte seu opportune tibi dictaverit, aut ratio ad scribendum. — Paratus sum, inquam, facere quod hortaris, sed hoc prius a lectore humiliter postulandum censeo, ne in opusculis meis quærat artificiosam verborum compositionem, sed simplicem attendat, si velit, humilis styli operationem, qua mihi meisque sudare malui confratribus, quam absque manuum opere inveniri otiosus. » Hac fiducia et hac intentione procedit opus inchoatum

Igitur beatæ memoriæ Wolfgangus Ratisbonensis, episcopus perspectis et intellectis rebus episcopii dispensatione divina sibi commissi, inter cætera quæ ei pastoralis curæ sollicitudo procuranda, sive corrigenda injunxerat, gravius tulit monachos beatissimi martyris Emmerammi eatenus abbate caruisse, et quasi oves errantes sine pastore fuisse. Hujus rei gratia misit ad Treverense monasterium, in quo beatus Maximinus corpore quiescit, et inde reverendum senem Ramvoldum evocavit, qui quondam sub Henrico archiepiscopo ejus capellanus fuit. « Quare, inquit Ammonicius, tanto tempore sine abbate fuerant, si monachi erant? si vero monachi, sub cujus regula degebant? Hæc quoque enucleari ipsa ratio poscit. — Hoc est, inquam, quod brevi revelatione cognoscere potes. Fuit quippe prisca consuetudo in Ratisbonensi Ecclesia ut qui antistites, iidem essent et abbates. Quorum nomina quidam ob temporalia commoda tenebant, non officia. Timebant enim ne si monasterio abbatem præesse facerent, quia a Patre monasterii omnia speranda sunt, sibi coactum minueretur obsequium,

---

(96) *Eccli.* vi.

Ob hoc atqui (97) licentiam dabant monachis aliunde acquirere pro victu et vestitu quæcunque possent, quia ipsi bonis, quæ ad annonam eorum pertinebant, ad suum abutebantur servitium. »

His dictis, frater cum quo dialogum cœpi conserere, usus nomine suo, admonuit me in aurem diceas : « Loquere caute, et scribito cautius. Nam si episcopi hæc audierint dicta vel viderint scripta, fortassis dicent velle te eos rapinarum et injustitiæ notare; sicque libertatem tuam superbiæ deputabunt, quasi tu temerè eos carpere tentaveris, pro quorum defensione Scriptura clamat, imo Dominus per Scripturam præcipit, dicens : « Nolite tangere christos meos (98). » Et iterum : « Qui vos tangit, tangit pupillam oculi mei (99). » Cui respondi lingua et stylo. « Si episcopi sunt quod dicuntur, non nobis obsunt, sed valde prosunt. Quod et efficere dignetur Princeps pastorum, in quo plenitudo est omnium bonorum. Tibi vero quia sic placet, imo quia justum est, habeamus pacem cum eis, et simus subditi illis. Illud autem scire te volo, quia non me pœnitet vera dixisse, quandoquidem boni non solum bonis, sed etiam malis utuntur ad bonum. Sed jam tempus exigit, et desiderium tuum, ut revertas ad narrationis meæ reliquias. Est quoque alia causa per quam non sunt constituti abbates in prænominato monasterio. Ex eo quippe tempore quo primum a beato Bonifacio apostolicæ sedis vicario, juxta decreta canonum, in Bajoaria ordinabantur episcopi, vicissim sibi succedebant in hujus episcopatu monachi atque canonici, ita ut si antecessor esset canonicus, fieret successor monachus, et iterum huic antecessori succederet canonicus. Hæc consuetudo usque ad nostra permansit tempora. Episcopalis vero sedes erat apud S. Emmerammum usque ad tempora Caroli principis, qui hanc restituit in civitatem ubi prius erat. Quod autem percontatus es, sub cujus regula degerent, paucis absolvam. In primis ergo promissionem faciebant, secundum regulam sancti Benedicti, coram episcopo abbatis vices agente. Dein licentiam dedit eis episcopus dandi et accipiendi propter inopiam loci. Lineis camisiis utebantur seniores, qui eas habere potuerunt; cæteri laneis induebantur, ob penuriam scilicet cilicinarum vestium. Præpositus et decanus monasterium regebant post episcopum. Qui majoris erant ætatis, habebant cellas seu caminatas, junioribus inter se divisis propter custodiam. Communiter pauperem annonam habebant, volatilia manducabant. Cætera faciebant secundum consuetudines, quæ in monasteriis regalibus ad id temporis fuerant.

« Quæ cum displicuissent prænominato viro, reverendo scilicet episcopo Wolfgango, uti prædiximus, Ramualdum annis et moribus maturum assumpsit in opus ministerii divini, et constituit eum primum præpositum, dein abbatem monasterii. Quod ægre ferentes aliqui ex consacerdotibus et consiliariis antistitis, dicebant : « Ut quid ibi et sacerdotibus tuis perdis bona, ad S. Emmerammum pertinentia? Laudant te multi, sed in hoc non laudant; imo vituperant. Utere ergo pontificis ac abbatis officio, sicut antecessores tui facere consueverant usque modo, ne carerent quarumdam rerum emolumento. Hujusmodi quoque insipientia, est sapientiæ sale condienda. » Quibus ille prudenter respondit, dicens : « Non erubesco insipiens et stultus dici propter Deum. Hoc autem scire vos volo quia nunquam mihi imponam onus quod portare non valeo, episcopi nomen et abbatis mihi vindicando. Nam ut beatus Gregorius testatur (100), valde incongruum est, si cum unum ex his pro sui magnitudine, sicut oportet, quis non possit explere, ad utrumque judicetur idoneus. Sufficit enim episcopo, ut summa vigilantia insistat pastorali officio. Et abbati satis laboriosum, quamvis multum fructuosum, providere fratrum saluti, et per omnia bene procurare res monasterii sui. Unde et ipse etiam distribuere debet inter fratres officia, in quibus non leviter leviget onera sua, rememorando scilicet viri prudentis, quem prænominavimus, dicta et scripta, in quibus continetur : Sicut indecorum est ut in corpore humano alterum membrum alterius fungatur officio, ita nimirum noxium simulque turpissimum, si singula rerum ministeria personis totidem non fuerint distributa. Cæterum, ut prosequar quæ proposuistis, B. Emmerammi bona, quæ me pessundare conquesti estis, perdere nolo, sed illi cui tradita sunt ac servorum Dei usibus et nostræ sedi omnimodis conservare volo. Sed longe aliter sese res habent hujuscemodi quam cogitatis. Vix etiam pœnas evadere poterimus, qui sanctorum bona famulatui nostro deputavimus, non solum quantitate majora, sed etiam qualitate meliora, et illis justitia coacti seu superati reliquimus minora, qui viciniores eo quo frequentiores die noctuque familiarius adhærerent Christo, laudantes eum in sanctis ejus electis. » Ad hæc respondebant qui quæstionem movebant : « Misericordiam et judicium Domino cantasti, humanis divina, ut justum est, prætulisti, vetera utiliter immutasti. Quid restat nostra parte, nisi ut pariter dicamus, Deo gratias, amen, feliciter ?

— Finem sententiæ hujus, inquit Ammonicus, ut mihi videtur, satis congrue conclusisti. Sed fortassis aliquibus hoc displicet quod tam morose et quasi dormitando scribis ac dictas. Ergo jube stylum velociter currere. » Aio ad eum : « Infirmitate interdum et occupationum varietate præpedior, ne cito quæ scribenda sunt proferam. Sed quia tibi hoc comate satisfactum esse non ignoro, dilectionem tui et cæterorum, quibus impatientia longum tempore facit, haud ordine, si quid aliquandiu proteletur, quod videre desiderant et audire, primum dictis beati Hieronymi commonefacere volo; dein subjun-

(97) *Atqui* pro *itaque* sæpe usurpat.
(98) *I Par.* xvi.

(99) *Zach.* ii.
(100) Greg. *Regist.* lib. iii, epist. 11.

gam qualem quibo invenire sententiolam. Hic enim vere spermologus nominandus, in quadam epistola quam ad B. Augustinum scribit, solida usus brevitate dicit : Saepe quod praeceps est, in casum vertitur (101). Cujus versiculi brevitatem convertens ad meam utilitatem, paulatim incedendo vel scribendo, cavere desidero laqueos haereseon; in quos multi cautela neglecta, et sensuum suorum confidentia praecipites inciderunt. Illud autem quod dixisti me quasi dormitando dictitare, commonefacit me ne sim dormitantius, sed ut studio liberali efficiar vigilantius. Quod utinam sequi velim et valeam, ut lucrifaciam animam meam. » Ad haec dialogi socius infert : « Admonitiunculam meam ne putes injuriam. Edissere potius egregia quae coepisti narrare confessorum Christi praeconia. — Quamvis, inquam, importunus exactor mihi insistas, adeo ut etiam gravare me videaris, tibi tamen, charitate jubente, prout potero, satisfacere tentabo.

« Venerabilis igitur antistes Wolfgangus, vir inter episcopos magnae auctoritatis, inter canonicos regularis, inter monachos pietate singularis, humilitate sublimis, charitate communis, secundum Apostolum, « omnibus omnia factus (102), » praecipue eleemosynarum largitione pollebat. Quarum laudabilium ministerio, seu caeterarum virtutum offertorio, quia placuit Deo, multis, dum adhuc esset in praesenti saeculo, patuit indiciis. Horum unum didici narrante quodam sene fideli, cujus narratio talis fuit : Militem sub me habui, qui quadam die cum aliis affuit (103) *in basilica Sancti Pauli* ubi beatus praesul Wolfgangus missas celebravit. Cumque eum humili veste primum, utpote monachum, aspiceret indutum atque dein sacerdotibus vestimentis videret infulatum, plebeia stoliditate despexit, et cordis ore murmurans dixit : « Valde insipiens fuit imperator illo tempore, quo pannosum istum ac despicabilem, in pontificali promotione praetulit potentibus personis, quae abundant in regionibus suae ditionis. » Quam murmurationem qui novit cogitationes hominum eodem momento et clementer increpavit, et evidenter ad emendationem hujus vitii manifestavit. Nam ut in Evangelio ad cogitata respondit, ita hujus hominis cogitatam murmurationem ad tempus abscondit, quo et ille impraesentiarum corrigeretur ac murmurationis malum ab aliis imfuturum devitaretur. Nimio quippe terrore subito correptus, astantium sustentatione vix residere potuit. Quem cum viderem tremebundum et pallidum, illico accurrens sciscitatus sum quid haberet, vel quid pateretur. Tum ille sacerdotibus adhibitis confessus est quia contra virum Dei male cogitaverit, et ob hoc periculoso timore perculsus sit. Quanta vero formido illum seu passio arripuerit, satis probavi, eumdem penes me domi retinens aliquot diebus. Cujus curam cum egissem, et multipliciter salutem ejus quaeritassem, consilio presbyterorum, qui pro eo laborabant, nec orationibus ei sanitatem restituere poterant, reduxi eum in civitatem Hiatospolitanam (*Regenspurg*), ubi contigit illi hoc malum bonum. Ibi quoque ad pedes episcopi me humilians, cum vellem hominis aerumnam et meam exponere, vir Dei, necdum sibi causam pro qua veni aliquo hominum annuntiante, anticipavit quod dicere volui, dicens : « Surge, tace, scio quid velis. » Et conversus ad vicedomnum ait : « Frater Tagini, tolle aquam sacratam juxta lectulum meum, ac sparge super hominem prae foribus cubiculi stantem. » Ipse autem contra ostium manu crucem pingens, nescio quid murmurabat; et sanatus est homo in illa hora.

— Vere, ait Ammonicius, malum conversum est in bonum. Nam non solum increpatione militis vindicata est injuria pontificis, sed insuper etiam ejusdem sanitate mirificata, nec non spiritus revelatione magnifica, declaratum est multis meritum tanti sacerdotis. Quem valde miror praenominatum vicedomnum adeo dilexisse, cum fuerit, ut audivi, iracundus ac supra modum severus, et ob id, pene omnibus qui in episcopio erant, exosus. Episcopus autem erat mansuetus et pius. — Certe, inquam, nec ipse erat sine severitate ; alioquin minus observaret quod Apostolus dicit : « Argue, obsecra, increpa (104). » Virum autem quem dicis, ob severitatem, pluribus exosum, accepi strenuum fuisse ac ingeniosum. Qui propterea venerando antistiti exstitit charus, quia valde necessarius, et quia illum, si in aliquo reprehensibilis erat, per immutationem dexterae Excelsi meliorandum, spiritu revelante, agnoverat. Is namque post obitum beati praesulis Wolfgangi, cui fideliter adhaesit, Henrico imperatori inter fidelissimos ministravit. Quo jubente apud Parthenopolim archiepiscopus factus, cum plurigena polleret probitate, magis claruit pia eleemosynarum dapsilitate, nec non humili corporis castitate et nihilominus laudabili vestitus mediocritate. Non enim verrebat terram, sicuti multi facere solent, tunicis et pelliciis, magno pretio acquisitis, sed, quod usu mundano rarum est, forti tenore mentis, contentus ovium vestimentis, quotidie missas celebrare curavit, atque integrum Psalmodiae sensum devotissime persolvere non cessavit. Cujus corpus anno videlicet septimo post resolutionem ipsius, integrum est inventum, gloria resurrectionis adeo in eo resplendente, ut astantes et intuentes valde mirarentur ejus nitorem atque incorruptionem, cum successoris illius vestimentis etiam consumptis ossa tantummodo nuda remansisse viderentur. Vere memor Dominus dictorum suorum, quibus fideles suos consolatur dicens : « Et capillus de capite vestro non peribit (105). » Ecce qui omnia benefecit, ad corroborandam fidem in se

---

(101) Hieron. *epist.* LXXXIX.
(102) *I Cor.* IX.
(103) Haec verba in ms. alia littera ascripta sunt.

(104) *II Tim.* IV.
(105) *Luc.* XII.

credentium in quibusdam servis suis nunc ex parte ostendit quod in generali resurrectione in omnibus pleniter perficiendum erit, tunc procul dubio, quando electus quilibet surrexerit, occurrens in virum perfectum in mensuram aetatis plenitudinis Christi (106).—Fateor, ait socius dialogi, qui mihi displicuit, placet; et quia, ubi Veritas talia ostendit, nemo qui sanum sapit per incredulitatem offendit. Sed jam tempus est ut revertaris, unde digressus es, et, ni fallor, narrationis ordo postulat ut plenius enarres in sequentibus vitam abbatis venerandi, quam in praecedentibus parum tetigisti. — Me ad obediendum, inquam, habes paratum, sed summopere implorandum est ejus auxilium qui in Evangelio dicit: « Sine me nihil potestis facere (107). » Illius ergo gratia nos praeveniente atque comitante, bene procedit nostra oratio pariter et operatio, quae me apte, quantulacunque est, in nomine Domini cupit prosperari.

« Igitur venerabilis Pater Ramuoldus commisso sibi regimine monasterii, quis ante hoc fuerit, satis in hujus administratione declaravit. Nam palaestra primum spiritali semetipsum exercens, ac deinde subditos virtutibus insudare assuefaciens, omnimodis conabatur facere et docere quae noverat esse justa, sancta, pia et honesta. Unde et multi etiam nobiles, piis ejus actibus provocati saeculum reliquerunt, atque illius magisterio humiliter se subdiderunt. Inter quos, et cum quibus quae gravitas illi, quae continentia, quae puritas, quae largitas in eleemosynis, quae custodia humilitatis, qui sumptus ingenii fuerint, non est meae possibilitatis per totum enarrare et uti dignum est praedicare. Censerem quippe eruditissimis et disertissimis viris relinquendam totam molem ac dignitatem materiae, nisi scirem pauperis devotionem Deo non esse despicabilem; qua spe animus erigitur, et, quamvis tenuis ac rusticus, confidenter tamen currit stylus meus et calamus, gesta sanctorum scriptitans, quia regnum Dei non est in sermone, nec in eloquentiae nitore, sed in opere et veritate (108). Praeclaras et magnificas virtutes idem vir Dei, dum coepi dicere, laudabiliter possedit, et viriliter excoluit. Tenorem atqui matris virtutum, id est discretionis, tam ingenue suis omnibus praefixit ut haec illi de supernis quasi de singulariter concessa videretur. Hac etenim virtute suffultus, principalibus quatuor sic usus est ut per prudentiam, ignavia hebetudinis abjecta, nequaquam ei e regione subreperet versutia. Justitiam quoque, juxta quod possibile est mortalibus, per omnia sic retinuit ut nec in plus justo modum excederet, neque in minus justo diu succumberet. Per temperantiam vero sic ligavit passibilitatem ut nullatenus desiperet per insensibilitatem. Fortitudinis autem armis ita fruebatur quo, per eam hoste superato et timi-

(106) *Ephes.* IV.
(107) *Joan.* XV.
(108) *I Cor.* IV.
(109) *Psal.* XXIV.

ditate fugata, nusquam prorumperet protervitatis audacia. His et talibus Pater venerandus in viam justitiae directus, et in semitam mandatorum Dei, quam ipse voluit, deductus, dona S. Spiritus vasis virtutum septempliciter infusa et distributa totis viribus venerabatur; nec non etiam sollicitus, tam pro se quam pro aliis, prudenter observat in omnibus, secundum Gregorianam sententiam, ne sapientia elevaret, ne intellectus, dum subtiliter curreret, aberraret, ne consilium, dum se multiplicaret, confunderet, ne fortitudo, dum fiduciam praeberet, praecipitaret, ne scientia, dum nosset ac non diligeret, instaret, ne pietas dum extra rectitudinem se inclinaret, intorqueret, ne timor, dum plus justo trepidaret, in desperationis foveam mergeret. Haec strictim, o Ammonici, veluti majora charismata proposui, quibus erat praeditus vir Dei. Nunc assumam alia, et paulo latius edisseram quaedam minora, minoribus ad imitandum satis magna, quorum ille provectu exercitatus, cum esset statura pusillus, sed scientia et pietate magnus, per ascensum arboris virtutum quotidie meruit videre Jesum. De quo cum Psalmista dicere potuit: « Oculi mei semper ad Dominum, quoniam ipse evellet de laqueo pedes meos (109). »

Ad haec infert Ammonicius: « Valde me delectant orsa quae de homine Dei lepide sunt prolata. Ecce audio Zachaeum et non publicanum, quamvis et Jesus cum publicanis et peccatoribus manducaverit (110); audio spiritalem patrem, audio virum magnorum operum, quae licet pauci sint, qui perfecte imitentur, tamen sunt perplures, qui Dominum ejus in sanctis venerentur. Ergo velox esto in dictando et scribendo, et imitare Psalmographum dicentem. « Lingua mea calamus scribae velociter scribentis (111). » Desidero enim gesta illius audire, quem in corpore positum non merui videre.

—Esto patiens, inquam, et discretus; desiderio quidem tuo satisfacere conabor. Vere ut ex parte praemisi, membrum Christi fuit venerabillimus abbas Ramuoldus, cujus membra inhabitator cordis illius, Spiritus scilicet almus, in ipsa decrepita aetate, adeo reddidit jocunda et decora, nec non quadam veneratione digna, ut pene contra naturam in agilitate et puritate septennis pueri gratiam praestare viderentur. Quod inusitatum si aliquando aliqua occasione contigerit in ullo mortalium, non est fidelibus nisi in sanctis et electis notandum. Transfigurat enim se Satanas in angelum lucis (112), quem perfecti vix devitare poterunt vel superare. Contra quem Dei vir militiam strenue agens christianam inter caetera bonae consuetudinis officia, post frequens et utile silentium, blandum habebat eloquium. Quo in divinis rebus erat ei sermo copiosus; in humanis quidem brevis non otiosus. Habitus quoque illius mediocris fuit, et absque simulatione monasticus

(110) *Matth.* IX.
(111) *Psal.* XLIV.
(112) *II Cor.* XXI.

Victus vero tantillus, ut non superabundaret, sed refectioni sufficere posset. In hoc sæpe exstitit sibimet ipsi parcus, cæteris autem dapsilis et largus. Post cibum sustentaculo corporis necessarium, quando verba solent abundare, pro mille passuum deambulatione, exercebatur in psalmodia seu lectione. Maximam autem curam habuit circa pauperes Christi. Unde et in refectione quotidiana, pauperum quinquaginta, exceptis duodecim et tribus, quibus fratres ministrabant, quinquagenariam excolens misericordiam, remissionem eodem numero consecratam promereri satagebat, apud ipsum misericordiæ fontem, qui dicit in Evangelio : Beati misericordes, quoniam ipsi misericordiam consequentur (113). Iste homo cupiens nimis opere implere quod scriptum est : « Date eleemosynam, et omnia munda sunt vobis (114). » Quæ sibi utpote seni et infirmo ad refocillandum corpusculum parum delicatius præpari jusserat, frequenter in usus pauperum converterat. Interdum et ipse aliquantulum ex eis ob humilitatem simul et necessitatem degustans, cætera divisit inter pauperes et infirmos, qui, debilitate et nimia ægrotatione præpediti, ad ecclesiam occurrere non poterant, ubi eleemosynam accipere debuerant. Hoc opus sibi percharum injunxerat cuidam familiari et fideli, cui speciale ob id præstitit beneficium ut per totam civitatem circumcursans diligenter investigaret eos in quibus Christus vestiretur et pasceretur. Mensa illius, secundum regulam Benedicti, semper erat cum hospitibus et peregrinis. O virum laudabilem, qui totus in misericordiæ viscera effusus, Christum in minimis suis colligere, pascere et vestire curavit! Nec ab his operibus unquam pertæsus cessavit. Vestimenta quoque et alimenta, manibus aliorum, quibus hanc operam commisit, aliquoties pauperibus dari permisit ; ipse vero marsupium secum portans, unde propriis manibus nummos et obulos egenis et peregrinis tempore opportuno erogaret, sacellarius eorum appellari et esse non erubuit, certus quod et Christus, secundum promissionem suam, eum non erubescat coram angelis Dei. Res ergo, quibus ad portam monasterii adventantibus debuerat ministrari, ante se minoratas atque subtractas, suis temporibus ita melioravit et ampliavit ut ad exhibenda humanitatis officia, usque in hodiernum diem, ibi satis sit compendiosum ex una parte xenodochium, ex altera parte miserorum venerabile nosocomium. Unde et ob frequentiam pauperum, consolationem ab eo quotidie accipientium, vocitatus est Pater peregrinorum, viduarum, orphanorum. Pro quorum benigna susceptione, nec non multiplici revelatione, quis est qui dubitet hunc senem venerandum cum ovibus a dextris collocandum? Quibus Rex sedens in sede majestatis suæ dicet : « Venite, benedicti Patris mei, percipite regnum, quod vobis paratum est ab origine mundi. Esurivi, et dedistis mihi manducare. Sitivi, et dedistis mihi bibere. Hospes fui, et collegistis me ; nudus, et operuistis me. Infirmus fui, et visitastis me. In carcere eram, et venistis ad me (115). » Horum particeps ut fieret, secundum Apostolum, qui sine intermissione orare jubet (116), cum Psalmographo iste vir Dei incessanter oravit, dicens : Participem me fac, Deus, omnium timentium te, et custodientium mandata tua (117). His a me dictis ac scriptis, Ammonicus movit quæstionem dicens : Testimonium de Apostolo sumptum, quo continetur sine intermissione orandum, etsi credibile, velut quod subnixum est apostolica auctoritate, multis tamen videtur impossibile, atque modum humanum excedere. Dicunt enim : Quis est mortalium qui, cæteris omissis quæ sunt agenda, sine intermissione possit orare? Quid mirum, inquam, si cæcitas ignorantiæ se illis offuderit, qui nolunt intendere lumen divini sermonis, nos adhortantis : « Scrutamini Scripturas (118), » et invenietis in eis. De quibus alibi dicitur : « Non omnes capiunt verbum, sed quibus datum est (119). » Porro in sacra Scriptura simpliciores quique, si quærerent, invenirent quæ sufficienter eos pascant ; prudentiores vero habent in ea quæ mirentur, et in quibus se exerceant. Quos Psalmographus designat, dicens : Ipsi viderunt opera Domini et mirabilia ejus in profundo (120). Unde et per quemdam sapientem (121), eadem Scriptura satis congrue comparatur fluvio, in quo agnus ambulat et elephas natat. De cujus fluvii quippe fluentis, hoc est sanæ doctrinæ imbutamentis, qui acceperit trinam cum unitate mensuram, id est, fidei sacræ mysteria et alia salutis donaria, primis, mediis et ultimis multipliciter ab uno didicerit fonte distributa, sentiet hoc quod infirmitati humanæ videtur impossibile ex divino adjutorio esse possibile ; alioquin, si neque est possibile, nec est credibile, et cogimur Apostolum arguere, utpote qui hoc fidelibus agendum præceperit quod ipse non faceret, nec ullo modo fieri posset. Hujus itaque erroris involutio sive deceptio longe sit a nobis et omnibus Christianis. Dicamus ergo quod fides recipit Christiana. Quia omni homini Deo famulanti quidquid recte fecerit pro oratione deputabimur ; verbi gratia, cum tu corporis curam necessario egeris, pro te orabit eleemosyna, seu cæterarum rerum administratio justa ; si vero non est unde tribuas, sufficiat bona voluntas. Quem ergo pro Paulo orasse credis, o Ammonici, quando regnum Dei prædicans tota die, sermonem protraxit pene usque in mediam noctem (122)? Ammonicius : « Justitiam ac misericordiam. » Et ego : « Recte judicasti. Sic enim opera

---

(113) *Matth.* v.
(114) *Luc.* xi.
(115) *Matth.* xxiii.
(116) *I Thess.* v.
(117) *Psal.* cxviii.

(118) *Joan.* v.
(119) *Matth.* xix.
(120) *Psal.* cvi.
(121) S. Greg. *epist. in Job cap.* iv.
(122) *Act.* xx.

justitiæ et misericordiæ probantur sine intermissione pro fidelibus orare, juxta hoc, quod idem Apostolus alibi testatur dicens : « Ipse spiritus pro nobis interpellat gemitibus inenarrabilibus (123). » Quod non dicam sic accipiendum quo spiritus gemat ; sed quia, quos orantes, pariter et gementes faciat. » « Fateor, inquit Ammonicius, mihi satisfactum esse in absolutione quæstionis propositæ. Sed desiderium audiendi præclara et utilia, morarum impatiens postulat ut quæ adhuc dilectio tua, de viro Dei dicere habet, celeriter proferas, et sic ad alia strenuus cum salute, me comite, tendas. » « Fiat, inquam, si possibile est, ut a me cursim scribatur, quod a te tantopere desideratur. Imo fiat voluntas Dei omnipotentis, ut fragilitas humana, abjectis his quæ vanescunt, velit et valeat quæ vere bona dicuntur et sunt.

« Horum siquidem affectionibus valde necessariis ardenter inhians, suis temporibus venerabillimus abbas Ramuoldus, cum ex dono S. Spiritus non solum in rebus interioribus Patrem se spiritalem exhiberet Christi cultoribus, verum etiam in exterioribus dispensator existeret prudentissimus, utpote qui per ornatum Ecclesiæ, nec non monasterii, necessariam supellectilem ac multiplicem variarum rerum administrationem, seniles annos quodammodo juvenescere fecerit; et de thesauro sapientiæ nova cum veteribus protulerit (124), juxta hoc quod tota præsens vita tentationibus est plena, sæpe tentatus, et per plura probatus ; demum tam gravem sub vitio pituitæ vel (125) scotomiæ incidit tentationem, quo cæteris membris officia sua sat vivide gerentibus, oculorum suorum penitus amiserit lumen. Cujus ad tempus tristem defectum ac afflictionis asperitate confectum, quam patienter vir Dei sustinuerit, quibusdam personis in sui præsentia super hac re quærentibus, etiam et lacrymantibus, verbis hujusmodi patefecit : Cesset homo deflere pro defectivi luminis amissione, quod semper manentis certitudinem habet in spe, ex veridica Salvatoris promissione. Cæci non sumus, qui oculos per fidem jam illuminatos habemus (126). Cæcus autem est, et in tenebris manet, qui fidem quæ illuminat minime habet. Unde et ambulantibus in fide valde indignum videtur usum præsentis luminis magni pendere ; quod eis cum muscis ac vilissimis animantibus, etiam serpentibus, existit commune : Ergo libet totis viribus intendere in eum qui dicit : « ego sum lux mundi : qui sequitur me, non ambulat in tenebris, sed habebit lumen vitæ (127). » Cui si placuerit, lumen corporis, quod dedit et abstulit, facile reddet ac præsentabit ; quod si facere noluerit, absque murmure benedicendus erit, et ut rex justitiæ semper timendus (128), atque ut Pater misericordiarum ac totius consolationis (129)

tota mente et tota virtute diligendus. His dictis et auditis, non illo quo paulo ante, sed alio genere cœperunt manare lacrymæ, tanto uberiores quanto utiliores. Recordabantur enim, tam ex Pauli sententia quam ex probabili viri Dei patientia, in infirmitate virtutem certissime perfici (130). Quod et postea in venerabili sene virtus divina clementer simul et potenter dignata est declarare. Nam cum ferme biennium in percussione cæcitatis cæcus videns explevisset, quadam nocte discurrens inter altaria, ut ante solebat, frequens venipeta [al., vænipeta], labori sacro vigilanter insistebat, nec ætati decrepitæ prius parcere volebat quam per spiritum gratiam Dei adesse cognoscebat. Tum ante sanctam crucem prostratus, nec non lacrymis et oratione satis humiliatus, corporis fatigatione quasi requiem poscente, imo Domino, qui non dormit neque dormitat (131), opus suum clarificare volente, soporatus est subito, corpore non mente. Et ecce imago crucifixi Domini nostri Jesu Christi visa est illi descendere de cruce et venire usque ad se ; quæ stans coram eo, utraque manu, sicut visum est ei, candelas ardentes de candelabro, super gradus cominus posito, tulit et in oculos senis violenter inflixit. Qui primum ob Dominicæ descensum iconiæ non parvum sustinens pondus agoniæ, dein per ignem advertens præclarum quiddam designari, atque per lumen sentiens tenebras fugari, surrexit lacrymis ac sudore perfusus, et e vestigio convertens oculos in pristinos usus, cœpit secum mirari, simul et altius cum interiori homine scrutari quid sibi vellet quod post tanti temporis luminum a multis desperatum receperat visum. Cumque in brevi super hujuscemodi re ratio satisfaceret homini, et homo rationi, tunc oris officio conjubilante cum cordis hospitio, magnifice gratias egit Deo, qui servum suum ita dignatus est visitare ut et in castigatione corporali sibi esset correctio, et oculorum ejus revelatione ad sancta vel honesta multorum provocaretur affectio. Cujus rei gratia quo tenacius bonorum haberetur in memoria, homo Dei jussit inter cætera miraculorum signa, sive indicia, oculares circulos suspendi in ecclesia, quæ beati Emmerammi martyris corpore sacro dotata et meritis, nec non aliorum patrociniis prædita sanctorum, cœlesti specula mortalibus demissa beneficia solet ministrare quam plurima. Ob quorum salutarem collationem ac frequentem de hac venientis famæ volitationem, hic locus gaudet adventantium se receptare multitudinem. E quibus alii, qui languorum varietate gravantur, per viscera misericordiæ Dei nostri revelati, alii pro aliis necessitatibus dum exaudiuntur eadem misericordia consolati, voce et corde, pro communi omnium commoditate gratias clamant salutis Auctori. Unde et nos qui hæc scribi-

---

(123) *Rom.* VIII.
(124) *Matth.* XIII.
(125) In ms. aliena littera.
(126) *Matth.* XIII · *Joan.* VIII, XII.
(127) *Joan.* VIII.

(128) *Dan.* III,
(129) *II Cor.* I.
(130) *II Cor.* XII.
(131) *Isa.* V.

mus et legimus, atque inter nos de talibus ratiocinando sermonem sæpe conferimus, non solum super his quæ hic præ oculis et manibus habentur, verum etiam super universis donis ac beneficiis illius pari voto laudem demus Deo. »

Ammonicius.

« Æquum esse novimus ut creatura Creatori deserviat, atque, juxta Apostolum, in omnibus gratias agat (132). Quod et libenter pro modulo nostro amplectimur, primum præceptis Dominicis ac apostolicis parendo, dein charitatis tuæ et aliorum sanis exhortationibus assentiendo. Sed hoc animos quorumdam perturbat fidelium; quia multi existunt mortalium, qui vix in prosperis Deum laudant, in contrariis vero atque adversis non tantum non laudant, imo, quod deterius est, vituperant sive blasphemant, dicentes quidquid acciderit contra votum opus esse diabolicum. »

Collectitius.

« Quia multi multa incaute ac mendaciter loquuntur, idcirco variis errorum decipulis periculosissime implicantur. Quorum involutiones qui cupiunt devitare, cum Paulo insipientes sapientex debent sufferre (133), donec multitudo reproborum nihil minuens gloriæ filiorum Dei, ad nihilum redigatur, id est, in infernum trudatur, et paucitas electorum in cœlis nominatim scripta collocetur, cum multitudine angelorum, æternaliter gavisura, | Christumque in regno suo semper visura, per eum, in eis completo numero angelici ordinis qui cecidit, quando archangelus per superbiam cum suis sequacibus apostatavit. »

Ammonicius.

« Me quorumdam perturbationem quærente super insipientium vesana temeritate, non solum qualiter sint tolerandi brevi versiculo exposuisti, sed etiam insuper terribilem extremæ examinationis invehendo sententiam, atque sanctorum gloriam commemorando magnificam, hunc eumdem versiculum effecisti magis auctoritate divini sermonis ponderosum quam prolixitate morosum. Nunc ergo competens est, quatenus, his remotis qui nobis ob induratam sui stoliditatem esse solent labori potius quam usui, stylum ad eos convertas qui tota virtute conabantur vias bonas ambulare, et Creatorem in omnibus operibus suis optime noverint laudare. Quorum gesta, quibus iter sæculi præsentis triverint, quia te dictante jam sunt ex parte commendata memoriæ, postulat charitas, nec non laboris tui utilitas, quo deinceps haud pigriteris, cudendo percurrere ubi, quando, vel quomodo de hac vita migraverint, et in quibus locis corpora illorum collocata sint, quæve indicia sanctitatis eorum post mortem claruerint. »

Collectitius.

« Quod de sanctis viris, nec non eorum virtutibus

miris hactenus scripsi et adhuc scripturus sum, non parvum parvitati meæ incutit timorem, quia ego cognosco me peccatorem, et quia valde indignum videtur ut peccator aut injustus, rem scribendo sancti et justi, materiam sibi vindicet operis ardui. Sub hac re consolationem porrigit timiditati meæ clementia illius qui pro peccatis nostris mortuus est, justus pro injustis. Cui quodammodo ministrat, qui ministrorum ejus memoriam ad laudem et gloriam nominis ipsius diffundit ac prædicat. Unde et ego animatus nec non contra otiositatis torporem armatus jubeo fiducialiter stylum arare propositiones charitatis tuæ. »

Ammonicius.

« Dilectionis operationem qui dat, ipse remunerat. Proinde tu spem ponens macte in adjutorio miserationis divinæ, perge viam alacris postulatæ narrationis. »

Collectitius.

« Pergam libens ipsum mihi adesse omnimodis cupiens.

« Igitur post multa pietatis et æquitatis opera, quibus Deo servire studebat, quibusque Ecclesiam sibi commissam regebat, sæpe nominatus sæpiusque nominandus venerabilis præsul Wolfgangus cum Ratisbonæ constitutus, rerum necessaria mutatione poscente, in orientalem hujus provinciæ regionem iter suum pararet, febricitare cœpit. Quam corporis molestiam vir Dei non solum vigiliis et orationibus animæ suæ fecit esse proficuam, sed etiam eleemosynis opus et decus adaugens bonæ voluntatis, totum quod habere potuit per manus pauperum in gazophylacium Christi transmisit; sicque partes Orientis perrecturus, illi qui nescit occasum, vitæ suæ sedulis precibus commendavit excursum. Cumque per Danubii decursum ventum esset in puppi ad locum qui dicitur Puppinga (134), ultra iter tendere non valebat, quia tempus resolutionis instabat; ibi enim, superna se visitante gratia, cognovit cito fore complenda quæ sibi per visionem longe antea fuerant revelata. »

Ammonicius.

« Cujus rei revelationem acceperit, et ubi, aut quando, sive per quem eam didicerit, admone, ne silentio supprimas, sed charitati fraternæ luculenter edisseras. »

Collectitius

« Dicam scribamve hoc breviter, etsi non leviter, quia cauma æstivale facit ex valetudine me dolere. Quodam atqui tempore cum in Alamannia positus vir Dei, peregre proficiscendi voluntatem haberet, beatissimum Christi confessorem, Otmarum, cui se suaque frequentissime commendabat, sibi in somnis astare videbat. Quem jussus intendere, ab eo hujusmodi accepit verba : Quia rogatus a te rogavi Dominum pro te; in quo sum exauditus, manifesto

(132) *I Thes.* v.
(133) *II Cor.* xii.

(134) Pupping, non longe ab Efferding in Austria. WAITZ.

nunc tibi futurorum prænuntius. Pauper et inops de hac provincia egredieris, sed in alia, in qua pro amore Domini exsularis, episcopatum caducis rebus satis locupletem prædestinatione divina suscepturus eris. Cujus in administratione, si fidelem te exhibueris bonaque impertæsus seminaveris, juxta id quod scriptum est: Quæcunque seminat homo, hæc et metet (135); expletis viginti duobus annis, vitam transitoriam eris exiturus, et æternam ingressurus. Et hoc procul dubio scire te volo, quod animam Conditori redditurus es in loco ubi sub nomine Christi a Christianis memoria mea veneratur et colitur. Quo me in hora exitus tui de Ægypto hujus mundi spero adventurum cum cæteris, quos de exercitu Domini bonis meritis ad adjutandum obitum tuum, contra potestates aerias et spiritales nequitias in cœlestibus (136), adsciveris et paraveris. His et talibus prolatis, in visione noctis, spiritus qui apparuit, evanescens, virum venerabilem Wolfgangum dimisit ex parte lætificatum, et ex parte mœstificatum; lætificatum autem dixerim, non ob gloriolam sæculi, quæ colorata est in episcopalis dignitate fastigii, sed ob jucundam regni promissionem æterni; mœstificatum vero virum Dei scripserim, non ob brevitatem annorum huic vitæ concessorum, sed ob prolongationem terreni incolatus lacrymabilem, juxta illum versum Psalmographi : « Heu mihi! quia incolatus meus prolongatus est (137). »

Ammonicius.

« Quæ sint potestates aeriæ, et quomodo spiritales nequitiæ possint esse in cœlestibus, cum cœlestia nulla unquam inhabitet nequitia, solet a nonnullis inquiri; unde et oportet exponi. »

Collectitius.

« Hæc de quibus quæstio non sunt mea, sed beati Pauli apostoli verba. Unde et eos qui nesciunt aeris spatia nuncupari cœlestia, et in eis ignorant apostatas angelos versari, et propterea de apostolicis dubitare solent dictis, mitto ad Epistolam beati Petri secundam, in qua de spatiis aeris, quæ cœli vocantur, diluvio primo perditis et secundo perdendis, fideles docet sic dicens: Latet illusores quod cœli erant prius, et terra de aqua et per aquam, consistentes Dei verbo; per quæ ille tunc mundus inundatus periit. Cœli autem qui nunc sunt, de terra eodem verbo repositi sunt, igni servati in diem judicii et perditionis impiorum hominum (138). Et post pauca: Cœli ardentes solventur et elementa ignis ardore tabescent. Novos vero cœlos et novam terram et promissa Domini exspectamus, in quibus justitia habitat (139). De angelis quoque projectis, qui vagantur in cœlis igne pereundis, quos Apostolus aerias potestates ac spiritales appellat nequitias; quorum tanta multitudo est in aere, id est in cœlis inferioribus, ut cuidam sancto homini revelatum est ut si haberent corpora corporalibus nostris æqualia, splendorem solis interciperent mortalibus. Judas apostolus in Epistola, quæ inter canonicas computatur, talem sententiam promit hujusmodi: Angelos vero, qui non conservaverunt suum principatum, sed dereliquerunt suum domicilium, in judicium Dei magni, vinculis æternis sub caligine judicio Dominus reservabit. Ergo de quæstione proposita et apostolicis testimoniis congrue absoluta, nescio si quis dubitet. Ego non dubito; sed in inferno et in aere diabolum ac satellites ejus damnatos esse novi et scio; inde magis certus, quia ante aliquos annos in Pannonia constitutus, die quadam a tertia hora usque ad sextam diabolum vel draconem in aere suspensum vidi. Erat autem magnitudo ejus incredibilis, longitudo tanta, ut quasi unius miliarii spatio videretur esse protensus. Cujus caput cristatum, et instar montis elevatum, nec non corpus, juxta hoc quod Dominus ad beatum Job de Leviathan loquitur (140), squammis horribilibus compactum, et ceu parmis, vel scutis ferro munitis, tectum, in lateribus et in tergo quædam fuliginosa fœdabat nigredo; ventris quoque inversione et pariter corporis in qua solotenus jacere solebat, pallor subvenetus decolorabat, ad similitudinem sulphurei laris. Tractus vero, ac incurvationes atque extensiones ejus immanes, postremo, totius corporis motus et particularis et totus, atque ut breviter in id temporis adversantia concludam, omnia draconis molimina erant mortalibus, in quantum Deus permisit, noxia tantoque noxiora quanto proximiora. Nam cum tempus esset æstivale, utpote sexta feria hebdomadæ post Pentecosten secundæ, ex gelu quod draconi præ cæteris animantibus magis est naturale, adeo immutatus est aer ut et febris multos invaderet ac jumentorum non minimam partem frigus consumeret. Alas et crura vel pedes, quos pictores fingere solent, penitus nec habuit nec habere visus est, quippe cui squammæ et costæ sufficiunt pro deambulatione. Grossitudo pectoris erat parilis grossitudini capitis. Post hoc paulatim diminuebatur usque ad extrema caudæ, cujus extremitas pene adæquabat abietes magnas. Hunc tam ingentem hostem, aut diabolum aut diaboli amicum, nolens Dominus diutius terrere populum fidelium, subito fecit ab aquilone moveri et densitati nubium cum grandi impetu intermisceri. Quem cursu velocissimo super nos, ut transeuntem vidimus, sibiloque ejus pariter cum fistularum stridore non sine metu audivimus, mox nubes quæ a mane usque in illam horam quasi stabant immobiles, in tantum commotæ et concitatæ sunt, ut tota illa die pariter et nocte non cessarent tonitrua seu coruscationes, imo perseverarent usque ad vesperam sequentis diei. »

Ammonicius.

« Nunquid in illo tempore recordatus es aliquid

(135) *Gal.* VI.
(136) *Ephes.* VI.
(137) *Psal.* CIX.

(138) *II Petr.* III.
(139) *Ibid.*
(140) *Job* XLI.

horum quæ beatus Joannes in Apocalypsi sua de dracone et bestia scribit? »

Collectitius.

« Vere in memoriam venerunt hæc, maxime autem urgebat me recordatio Scripturæ ejusdem Apocalypsis, in qua continetur : Væ vobis, quia Draco venit ad vos cum ira magna, sciens quod modicum tempus habeat (141). Quamvis enim scirem per bestiam et draconem Antichristum et diabolum designari, et diem universalis judicii minime tunc instare, tamen ob insolitam rerum ostentationem turbatus cogitavi multa, et suspiravi timidus pro morte mea sive aliorum, qui mecum videbant ista terribilia. Tunc per divinæ respectum clementiæ restitutus in spem vivendi, primo gratias egi Deo omnipotenti qui nos liberavit de potestate diaboli; deinde cœpi mecum volvere, seu mente tractare si unquam in legendo Scripturas scrutando talia invenerim, qualia me illo die contigit vidisse. Et inter cætera quæ animus percurrebat, redierunt in memoriam dicta et scripta beati Isidori episcopi (142), qui in libro Etymologiarum de natura draconis scribit in hunc modum : Draco major cunctorum serpentium, sive omnium animantium super terram ; hunc Græci draconta vocant. Unde et derivatum est in Latinum, ut draco diceretur qui sæpe a speluncis abstractus fertur in aerem, concitaturque propter eum aer. Est autem cristatus, ore parvo et arctis fistulis, per quas trahit spiritum et linguam exerit; vim autem non in dentibus, sed in cauda habet, et verbere potius quam ictu [*legend.* rictu] nocet. Innoxius est autem a venenis. Sed ideo huic ad mortem faciendam venena dicuntur non esse necessaria, quia si quem ligaverit, occidit. A quo nec elephas tutus est sui corporis magnitudine; nam circa semitas delitescens per quas elephantes solito gradiuntur, crura eorum nodis illigat ac suffocatos perimit. Gignitur autem magis in Æthiopia et India in ipso incendio jugis æstus. »

Ammonicius.

« Credo sufficere ista vel a te visa, vel ab aliis dicta de draconis natura, seu de bestia hosti antiquo amica. Nunc ergo oportet ut revertaris unde digressus est. »

Collectitius.

« Quia tempus hoc simul et ratio poscit, admonitionem tuam secutum iri meapte erit in voluntate, *et si Dominus magnus voluerit, non sine humilitate* (143). Igitur ut paulo ante dictando narrare cœpi, præsul venerandus, et multum a bonis vel fidelibus amandus, memor admonitionis quam olim acceperat per revelationem Christi confessoris, nec non pro certo sciens principem hujus mundi ad se venturum, et cum aeris potestatibus contra se pugnaturum, sed in misericordia Domini, in quo non habuit quidquam, per suffragia sanctorum sperans animam suam humani generis inimicum superaturam, jussit in agone novissimo ut a fidelibus in oratorium portaretur, et ante altare beati Otmari deponeretur. Quod cum factum esset, aliquantulum ex infirmitate convalescens, resedit; et Orarium accipiens per confessionem primum se expiavit. Dein qui aderant pro fide, spe et charitate satis utiliter et luculenter commonefaciens eos ac omnes sibi commissos, et nihilominus obitum suum cum intimis suspiriis Deo et sanctis ejus commendavit, sicque viatico sumpto humotenus se humiliavit. Tunc ædituo sive cubicularii ejicere tentabant universos de ecclesia, exceptis familiaribus ibi ex more commanentibus. Quos vir Dei prohibuit dicens : Reserate ostia, sinite omnes, qui hic manere velint, adesse resolutioni nostræ. Non enim nos, qui sumus mortales, erubescere debemus, nisi ex malis operibus, cum mortis debitum necessario exsolverimus, quandoquidem Christus, qui nihil morti debebat, ferme nudus mori non erubuit in cruce pro generis humani salute. Aspiciat quisque in morte nostra quod paveat et non caveat in sua. Deus misereri dignetur et mihi misero peccatori mortem nunc patienti, et cuique eam timide ac humiliter aspicienti. Hæc cum dixisset, reverenter expiravit. Mox advenit archiepiscopus (144) bonæ memoriæ, Hartwicus, et Arbo comes quidam ex numero fidelium fidelissimus, viroque Dei inter laicos charissimus. Hos quoque illo die venturos nocte præterita spiritu prædictus venerabilis præsul Wolfgangus innotuit quibusdam, post longa silentia, et corporis relaxata molestia, astantes terrens, ac sic subito inquiens : Mundate domum, purgate atria, hodie venient nobis boni hospites. Et, ut credatis mihi quia verum dico, hoc vobis erit signum ex ore meo : Navis, in qua ferebantur bona domini Hartwici archipontificis et Arboni optimi comitis, naufragium atque jacturam in Danubio perpessa est; sed per misericordiam Dei, homines salvi facti sunt, et ipsi domini mox post obitum meum vobis erunt adventuri. Quid multa? completis his, quæ dicta sunt, a beato Wolfgango, corpus ejus comitatum ab archiepiscopo et a populo fidelium copioso est religiose translatum, nec non die a transitu illius septimo in civitatem Ratisbonam allatum. Ubi cum præsul beatus apud Sanctum Petrum esset susceptus, ac vigiliarum missarumque celebrationibus Deo, cui famulabatur, foret commendatus, in basilica beati Stephani protomartyris, ut vivens præceperat, pontificalibus infulis, in quibus consecratus erat, induebatur, juxta hoc quod scriptum est : Induam te mutatoriis (145). Ibi ut audivi a quodam presbytero sene ac religioso, qui eum paramentis amiciebat, ad manifestandum tanti pontificis meritum, non tantum odor malus aberat, sed etiam bonus aderat; secundum quod Apostolus

---

(141) *Apoc.* xii.
(142) *L.* xii *Orig.*, cap. 4.
(143) Hæc in ms. erant alia minore littera ascripta.

(144) Salsburgensis. WAITZ.
(145) *Zach.* iii.

ait : Bonus odor Deo sumus in omni loco, aliis ad vitam, aliis ad mortem (146). Tunc cum magna reverentia sustollentes corpus beati viri, transportabant illud ad ecclesiam Christi martyris Emmerammi, cujus honorem, dum vixerat, intimo affectu summoque studio colebat. Qua missarum solemniis et exsequiarum officiis (147) rite peractis, octava luce a pridie Kalendarum Novembrium, in quibus ille excessit de medio, magnifice et honorifice, sepultus est parte australi basilicæ Sancti Emmerammi in ordine pontificum duodecimo, satis congrue numero sacro in tali viro definito, in quo Dominus miraculis et signis potenter post manifestavit, quia hunc cum principibus populi sui collocavit (148).

Ammonicius.

« Nunc ergo, quia virum Dei in numero episcoporum posuisti duodenario, ut mihi videtur, conveniens est ut qui ante eum hanc Ecclesiam rexerint, nominatim edisseras, et quos habuerit successores, huic operi ex compendio innectas. Delectantur quidem nonnulli lectione hujusmodi. »

Collectitius.

« Non habetur certum quis primus in illo loco plantator fuerit divinarum plantationum (149). Sed tamen, ut potero, dilectioni tuæ obtemperabo. Igitur sicut ecclesiasticarum testantur scripta donationum et traditionum, hæc sedes habuit episcopos, Primum (150), *temporibus* (151) *Romanorum venerabilem virum, cum cæteris non parvi numeri episcopis, quorum certa præsulatus regimina legimus, nomina vero invenire non potuimus, dein sub tempore regum Francorum, nec non ducum Noricorum quemdam religiosum Ecclesiæ ministrum nomine Lupum et successorem ejus nuncupatum* Ratharium, ante ordinationem illam, videlicet beati Bonifacii Moguntiæ archiepiscopi, quam ille in Norico, ex auctoritate apostolicæ sedis, juxta instituta canonum exercuit sive disposuit. Postea vero præfuerunt hi, quorum nomina subsequuntur. In primis præfuit dominus Gaubaldus, vir sanctus et religiosus, sub quo corpus B. Emmerammi vere martyris et episcopi translatum est de loco in quo positum fuerat quando ab Ascheim huc transportatum erat. Post hunc Sintpertus cathedram pontificalem cum regimine ecclesiastico suscepit, qui B. Emmerammo basilicam novam amplioribus spatiis, et propensiore sumptu construxit, atque ornavit. Quem per ordinem sequebantur,

(146) *II Cor.* II.
(147) Alia littera ad marginem.
(148) *Psal.* CXII.
(149) Quis primus episcopus fuerit Ratisbonæ ignoratur. BASN.
(150) Hæc omnia ad marginem minori littera notata sunt. BASN.
(151) De antiquitate ecclesiæ Ratisponensis pugnant auctores. Ad fabulas confugiunt qui sub Romanis plurimos episcopos in ea civitate recensent indictis eorum nominibus; nec magis certa produnt qui Paulinum primum hujus civitatis præsulem faciunt, cui successit, secundum Arnolfum, Lupus.

Adalvinus, Baturicus, Erchanfridus; his succedebat Embricho, homo venerabilis ætate ac merito, uti comperimus chronicorum scripto veridico. Tum episcopatus Ratisbonensis Asperto provenit, cui successit vir magnæ mansuetudinis et pietatis nomine Tuto, clarus ingenio; is habuit successores, Isangrimum, Guntharim, et Michaelem. Post hoc rexit hanc Ecclesiam B. Wolfgangus, quem subsecuti sunt ordine vicis suæ, Gebhardus, et item Gebhardus, quibus Orno successit, tertius Gebhardus frater imperatoris, valde præeminens et nobilitate generis et fastigio pontificalis honoris. Ab illo autem, qui, Lupus vocabulo, pastor officio pascebat oves Christicolas sub duce qui dictus est Dieto, usque ad istum, qui nunc Ecclesiam regit, fuerunt omnes episcopi hujus sedis decem et septem. Hos pius Princeps pastorum collocare dignetur in regno cœlorum, et nos peccatores in multitudine suarum miserationum, non dedignetur efficere participes æternarum salvationum. »

Ammonicius.

« Amen. Nunc tempus est ut stylum convertas ad miracula quæ ad sepulcrum beati Wolfgangi episcopi et confessoris dignata est gratia Omnipotentis operari, qui in sanctis ejus semper est gloriosus et mirabilis. Hæc quoque scribere te oportet, vel ob hoc maxime quia sunt nonnulli qui quosdam electos minime credunt esse in numero sanctorum, nisi ad eorum sepulcra prodigia viderint et signa. »

Collectitius.

« Novi et scio quia tibi obsequendo multorum moribus deservio; ideo dilectionem tuam præcedentem per admonitionem paratus sum subsequi per præsentem descriptionem. »

Quidam homo cæcitate multatus, ob id valde contristatus, ut ad sepulcrum B. Wolfgangi accessit, et ibi cum lacrymis preces fudit, recepto visu, exauditum se gratulatus, et inde oppido lætificatus Deo ac sancto pontifici gratias egit, sicque comite salute proprios lares revisit.

Alio quoque tempore muliercula quædam sub spe recuperandæ salutis deportata est a suis in ecclesiam B. Emmerammi martyris ac pontificis, in qua dum ante altaria repando petitione sedula sanctorum efflagitasset suffragia, tandem ex labore seu ægritudine fatigata, secus tumbam Christi confessoris Wolfgangi resedit humi. Cumque misella corpore

Alii Rudbertum, postea Emmerammum, Erhardum, hanc volunt Ecclesiam rexisse; cum tamen fixas apud eam sedes non habuerint, sed potius aliquoties ibi diversarentur ut populos ad fidem adducerent. Quamquam Rudbertus ibi fuisset episcopus, non inde ullum antiquitatis momentum accederet ecclesiæ Ratisponensi, cum sæculo octavo vixerit quemadmodum ad ejus Vitam sumus probaturi. Evidentius multo primum fuisse Ratisponensem episcopum Gaubaldum, qui a Bonifacio Moguntino suscepit ordines : post hunc numeratur Sentpertus, qui Bavariæ conventui apud Dingolfingam habito anno 772 subscripsit. BASN.

ac mente inclinis, venerandi pontificis adjuvari se optaret precibus et meritis, subito lateris contractio, et cæterorum nodosa membrorum alligatio est soluta, et nihilominus tam vehementer disrupta ut sanguinis effusio diflueret in pavimento. Tunc mulier, primum exterrita, præ timore cœpit clamare, dein exsiliens grates reddidit salvatrici sanctæ Trinitatis omnipotentiæ, atque sanctorum sanitatis impetratrici clementiæ. Itaque sibi restituta de salutiferis ecclesiæ domiciliis repedavit ad sua. Post hæc ad quos hujus rei cura pertinebat, scamnellum, quo illa paupercula totis viribus innixa repere potius quam deambulare solebat, ad gloriam nominis divini, et ob memoriam tanti signi, super fores ecclesiæ suspendebant.

Quadam die [*al.*, Dominico] homuncio pauperculus, et, ut veridica relatione didici, Ravennantis episcopi eleemosynarius, gratia orandi venit in ecclesiam B. Emmerammi. Is, dum frequenti oratione se liberari sanctorum meritis postularet ab inhærente sibi diu membrorum debilitate, demum decubuit in loco qui beati Wolfgangi dotatus simul atque ditatus est corpore sacro. Ibi feliciter soporatus, quemdam virum statura procerum, et canitie venerandum astare vidit, qui ad eum dixit : Ut quid tu hic aut cujus rei gratia huc advenisti? Cui ille respondit : Domine, propterea miser huc veni ut saner a languoribus quibus jam per plures annos laboravi detentus. At venerabilis heros, virga pastorali quam manu gestare videbatur tangens ægrotum, ac officiis membrorum destitutum miserabiliter, infit : Ecce sanaberis in nomine sanctæ Trinitatis. Tunc, qui jacebat quasi mortuus, per merita præsulis reverendi, a sumno ægritudinis excitatus, repente exsilivit et præ stupore sive tripudio clamans, in quantum potuit, Deum sanctosque illius et ipse laudavit, et alios ad laudandum provocavit.

« Hæc itaque tria capitula, ob memoriam venerandi episcopi in nomine sanctæ Trinitatis descripta, pro testimonio duorum vel trium testium sufficere credo his qui non superbo oculo et insatiabili corde contradicere tentant nomini trino pariter et divino. Insuper spero ejusdem sancti meritum viri, superna revelante, et nihilominus cooperante gratia, manifestius adhuc et abundantius declaratum iri, nec non in Domino plenius a nobis sive ab aliis laudatum iri. »

Ammonicius.

« Omnium fidelium spes non solum æquo, sed etiam necessario ponitur et figitur in omnipotente Domino qui in tantum misericordiæ suæ unguenta diffundit ut nec ab ingratis beneficia sua subtrahere velit. Cujus laus in sanctorum memoria, usque in finem sæculi confertissima debet recipere incrementa, secundum hoc quod Psalmista in centesimo quadragesimo quarto psalmo dicit : Confiteantur tibi, Domine, omnia opera tua, et sancti tui benedicent tibi. Gloriam regni tui dicent, et potentiam tuam loquentur. Proinde et tu viriliter assume dialogum inter duos conferendum, et scribito venerabilem virum Ramuoldum, quandoque scripseris beatum Wolfgangum, summa devotione commendans fideli memoriæ, qualiter laudabilis dualitas tanti antistitis et abbatis, dilectione Dei et proximi comitante, cum fide et charitate, illuc pervenerit, ubi sancta Trinitas perpetualiter imperat nec non indivisa divinitatis unitas cum sanctis et electis æternaliter regnat. »

Collectitius.

« Amen, fiat voluntas Domini in salute generis humani, et in paupercula descriptione hujus opusculi, sicque suum stylus agat officium, ut per id obedientiæ, Deo paretur acceptabile sacrificium.

« Post obitum atqui beati Wolfgangi pontificis, scilicet, servi Dei cunctipotentis, Ramuoldus egregiæ memoriæ abbas, in regimine monasterii seu procuratione cœnobii, per tentationes varias adversitates perpessus est multas. Quæ in tantum excreverunt ut, sub *primo* (152) Gebehardo sedis hujus episcopo famulus Dei apud tertium Ottonem imperatorem, quorumdam detractionibus simul et accusationibus infamaretur. Unde ad id ventum est quo iisdem princeps credendo quod non credere debuit, de religione viri Dei dubius factus est anceps, dum ad sanctum Emmerammum, more imperatorum, veniret, et exacerbatis animis, nec alloqui eum, nec oculos in illum convertere vellet. Cumque ab eo oratum esset in secretario altaris, coram eo qui fecit machinam cœli, terræ ac maris, accessit ad eum despoton quidam symmysta ejus nomine Heribertus, tunc forte capellanus, postea vero Coloniensis episcopus. Is ex consulto ad eum dixit : Domine, non oportet vos indignari contra virum Dei. Ad hæc imperator infit : Cum scriptum sit : Principem populi tui ne maledixeris (153), scio quia non convenit hominem Dei mihi detrahere sive maledicere; præsertim cum et ego illi nihil unquam fecerim quod sit dignum maledictione. Tunc dominus Heribertus bonus et fidelis consiliarius, respondit : Si principatus imperii gestit, sicut et debet in præsentia vestri, venerandum abbatem, coram sancta congregatione, super hac re interrogate, et ita, utrum vera an falsa sint quæ illi objiciuntur, probari. Credo in Deum, et spero quod tam venerabilem senem et senectutis maturitas, ac divinitus concessa sapientia et humilitas nunquam permiserint dixisse qualia ab inimicis dicta sunt de eo, vel ficta. Tum imperator remittens animum, ad divinæ dispensationis nutum, secum assumptis dilectoribus paucis [pacis] intravit claustrum humilis et mitis. Ibi videns venerabilem Patrem cum fratribus humotenus prostratum, expavit et dixit : Grande malum fecit mihi, qui ex legatione Gebehardi episcopi ea referendo indidit auribus meis, quibus me improvidum commoveret adversus abbatem istum et sibi commissum sancto-

(152) Alia littera ad marginem.

(153) *Exod.* XXII; *Act.* XXIII.

rum collegium. Scio quidem quod vitæ meæ parva nium peccatorum mordacissimum tenaculum, provide cavebit sive superabit quicunque implere studuerit quod Apostolus dicit: Humiliamini sub potente manu Dei, ut vos exaltet in tempore visitationis (158). » non est agenda pœnitentia pro ista falsitatis credulitate incauta. Nunc ergo, quia peccata mea nudaverunt vestigia vestra, obsecro, recalceate vos, et sic redite ad nos. Quo celeriter facto, cum fratribus venerabilis heros Ramuoldus egressus, fiducialiter locutus est ad principem dicens: Novimus quippe quia quod habetis imperium desuper est datum atque constitutum, et quia, cui Deus benedixerit, benedictus sit. Hujus quoque rei, quia per totum non fuimus insipidi, imo adhuc sumus ex parte scioli, unde parvitati meæ tanta temeritas, ut ego vilis homulus, mensuram meam penitus oblitus, auderem celsitudini vestræ maledicere, quam Rex regum et Dominus dominorum jam dignam fecit sua benedictione! Quocunque ergo judicio majestati vestræ placuerit, paratus sum me ex objecto purgare, nec non cunctis astipulatione veritatis pro hac re satisfacere. Imperator autem responsum deliberans, hujusmodi verba proponit: Sicut veritate delectamur, ita e contrario falsiloquiis exacerbamur, unde judicium Dei censemus superexaltandum judicio mortalium, qui facile fallunt et falluntur. Malo quidem credere bona de bonis quam mala de perversis. Nec enim quemquam decet temere quidquam credere a quoquam. Unde et verbotenus tuapte prolata objecti excusatio est mihi a tanto viro permagna satisfactio, qua modo æque ut alterius generis evidenti placatus judicio, senior o dilecte Deo, spiritali allocutione pariter et admonitione tui in aliquo *secreto* (154) loco, cupio *conveniri seu* (155) consolari, et onus regni, quod indignus accepi, desidero per eum relevari qui dicit in Isaia propheta: Computrescit jugum a facie olei (156). »

Ammonicius.

« Hoc est, quod per prophetam dicitur: Erubesce, Sidon, dixit mare (157). Ecce nos, qui jure præpositis per omnia debemus humiliari, sæpe ob verba fraternæ admonitionis, superbiæ stimulis, ad iracundiam provocati, contra patres et fratres indecenter et supra modum solemus commoveri; et econtrario sæcularis persona, non solum officiose in fascibus constituta, sed etiam principaliter imperiali fastigio sublimata, assumpto schemate humilitatis, confundit superbiam dejectricem archangeli et matrem diaboli. Quid hac humilitate bona voluntas operatur, nisi ut superbia nostra arguatur, et justitia quodammodo nos conveniat, et ad cor nostrum verba hujusmodi intromittat? Erubesce, Sidon, dixit mare, id est, confundere negligens monache, sive sanctimonialis, dicit fidelis etsi sæcularis, quia monachorum summam virtutem, hoc est, humilitatem abjecisti, et maximum vitium, id est, superbiam tibi pertinaciter usurpasti. Quod pessimum et om-

Collectitius.

« Huic testimonio sacræ lectionis optime competit quod Veritas in Evangelio dicit: Qui se exaltat humiliabitur, et qui se humiliat, exaltabitur (159), Quæ dicta veridica, utpote quidem sancta et Evangelica insinuant, aliis pro exaltatione tremendum, aliis pro humilitate gaudendum. Sed cum in multis offendamus omnes (160), superbi sunt tolerandi, et per fraternas admonitiones assidue visitandi, ut quod superbe delinquunt per humilitatis immutationem possit correctum iri. Est enim periculosum valde superbiam cordi hominis quasi proprio nido insidere. Proinde humiliter petendum est a fidelibus, ut tam pestiferam dominam a nobis et ab omnibus Christianis avertere dignetur misericordia Dei omnipotentis. »

Ammonicius.

« Fiat, fiat, secundum verbum tuum, ut per totum mundum cadat hoc pestiferum vitium. »

Collectitius.

« Nunc ergo eos, quos mordaciter admonitiuncula tua notavit negligentiarum et vitii vitiorum, liceat his quæ subsequuntur placare. Imperator igitur gloriosus prænominatus et sæpe nominandus, Otto III, in multis religiosus, cum abbate venerando intravit ecclesiam Sancti Benedicti ad famulitia divina multipliciter addicti. Qua oppido humiliatus, et per Confessionis medicinam consternatus, inter duo altaria sub specie geminæ dilectionis constituta, ac in honore ejusdem venerabilissimi Patris, et præclari maryris Christi Kiliani consecrata, jussus a spiritali patre, velut servulus vilissimus in humili tripedica coram eo sedit, humilitate comitatus optima matre. Ibi audivit multa quæ solent opera destruere stulta, nec non alia plura, quæ corda stolidorum accipere abnuunt cervice prædura. Demum per conversationem alter factus, et per admonitionem hominis Dei intime tactus, gratiam Dei sibi adesse sensit, quæ compunctionem largissimam illi contulit, qua exterior homo interiori homini *non solum* (161) subtilissime concordavit *sed etiam utilissime* (162). Cumque hac fragilitati humanæ in id temporis satisfaceret, foras egressus, ad suos dixit: Vere Spiritus sanctus locutus est per os viri istius. Hodie in sermone illius probavi verum esse illud Salomonis: Verba sapientum quasi clavi in altum defixi (163).

« Mandatum quippe divinum certissime *suis observatoribus* (164) reddit liberum animum. Cumque

(154) Alia littera in ms.
(155) Alia manu in ms.
(156) *Isa.* XXIII.
(157) *Isa.* XXIII.
(158) *I Petr.* V.
(159) *Matth.* XXIII.

(160) *Jac.* III.
(161) In ms. alia littera.
(162) In ms. alia littera.
(163) *Eccle.* XII.
(164) Alia littera.

Cæsarem diligenter intuerentur ejus familiares, admirati sunt super immutatione vultus ejus dicentes: Domine, quid tibi contigit, quod adeo perfusus et lacrymis et sudore? Quibus ille respondit : Nolite mirari quod sim udus ex sudore, sed quia vivo præ timore. Nunquam me contingat talem quæstionem incidere, nisi pro animæ meæ salute. In isto sancto seniore comperi manifeste quantus honor debeat exhiberi servis electis Dei. Post hæc jussit episcopum Ratisbonensem ad se accersiri. Et stans ante altare Sancti Emmerammi, sub interminatione ad eum dixit : Cave ne ultra, me vivente, quidquam mali facias abbati hujus cœnobii et fratribus, Deo sanctoque Emmerammo hic famulantibus. Sint tibi tua ad episcopatum jure pertinentia ; monachorum bona maneant illis vallata sub omnium bonorum tutela. Quacunque ergo die prævaricatus fueris in his quæ præsens hausisti auribus tuis, procul dubio scito, sive divinitus sive humanitus, pro malo tanti piaculi tecum duriter ac acerbiter actitatum iri. Dein conversus imperator ad abbatem et fratres, pietate solita valedicens illis, ait : Interius et exterius vos ita conservare dignetur miserator et misericors Dominus, ut in orationibus vestris non solum possitis memores esse nostri, sed et totius populi Christiani. Quo dicto, psalmis et canticis Domino commendatus piissimus Augustus, ex more præcedente sancta et crucifera imperiali lancea, exivit de civitate ista, petiturus Italiam, nec non aditurus potentissimam urbem Romanam, quam quidam vocitare solent mundi dominam vel rerum maximam. »

Ammonicius.

« Unde hoc ut hæc terrena civitas rerum nominetur maxima, cum amplissima civitas Dei, quam ipse per vivos et electos lapides (165) cœpit construere ab initio mundi, jure dicatur orbis domina vel rerum maxima? Pro rei etenim hujus veritate, quo non dubitet homo in sua fragilitate ex secretario suo per Salomonem Sapientia clamitans, et omnipotentiam suam propalans, dicit : In omni populo primatum tenui, superborum et sublimium colla propria virtute calcavi (166). Oportet ergo, ut mihi videtur, quo præsens dialogus, evidenti ratione, simplicitati fraternæ satisfaciat super hac quæstione. »

Collectitius.

« Putabam satisfactum esse omnibus, per illud famosissimum B. Augustini opus, quo abundantissime disputat De civitate Dei, cui contraria est civitas diaboli, quam per superbiam erectam ipse Rex regum quotidie dejicit et minuit ; et econtrario per humilitatis spiritum exaltat suam, a bonis inchoatam, et in bonis finiendam, secundum quod scriptum est : Ponet Dominus terminos ejus pacem (167), filiis quoque hominum dans potestatem filios Dei fieri, qui non ex sanguinibus neque ex voluntate carnis, sed ex Deo nati sunt (168). Sed quia charitatem tuam id avide video expetere, ut in hoc opusculo per parvitatem meam aliquid inde disseratur, faciam et ego pro modulo meo, et si non ut volo, tamen sicut potero. Igitur a constitutione mundi, civitas Dei controversiam habuit cum civitate diaboli, cujus pars non minima fuit Babylon illa quæ dicebatur gentium inclyta (169), in quam olim confusum est labium universæ terræ (170), ob superbiam scilicet, plusquam altitudine centum viginti cubitorum erectam. Hanc Christus in civitate sua, id est, in Hierusalem, cujus participatio ejus in idipsum (171), die Pentecostes evidentissime stravit atque suorum humilitatem potentissime exaltans declaravit. Illa enim de Spiritus sanctus repentino sonitu super discipulos veniens, et in linguis igneis visibiliter illis apparens, collegio centum viginti fratrum in uno cœnaculo sub amore benigni Jesu congregatorum, cum copia cœlestis benedictionis contulit adunationem linguarum (172), quibus per universum orbem prædicarent et testificarentur Dominicum triumphum, quo diabolus victus, et catenis malitiæ suæ constrictus, per totum mundum gemit et ululat apostatam civitatem, quondam per superbiam suam elevatam, modo per humilitatem Christi discipulorum dejectam, imo totam gentem Christianam clypeo divinæ munitionis disquæritur protectam. Hinc certissime probabitur quod civitas Dei semper crescit, et civitas diaboli in æternum decrescit. Hujus itaque civitatis, quæ ad diabolum pertinet, antiquis temporibus haud parva portio erat Roma, per idololatriam a diabolo possessa. Quæ priusquam Christum est confessa, et sub nomine ejus martyria multa perpessa (dictu mirabile, sed revera probabile) per eum transmutata qui de lapidibus potens est suscitare filios Abrahæ (173), sociata est cœlesti hierarchiæ; et quæ antea nimium dedita fuit idolorum culturæ, nunc tripudiat se dotatam esse Christi fide, ac multiplici veneratione sanctorum. Vere fideles in hac civitate considerant impletum esse quod Apostolus dicit : Quia ubi abundavit iniquitas, superabundabit gratia (174). Ecce illa Babylon antiqua, quæ, suadente superbia, quondam arbitrabatur se totius mundi principatum posse obtinere, jacet deserta, draconibus et malis bestiis referta. Hæc autem, id est Roma, eo quod et ipsa olim sequeretur diabolicum errorem et omnium malorum confusionem, ut beatus Petrus testatur, sortita Babylonis nomen (175), et ob potentiam imperii tunc vocata domina mundi ; sed postea per eumdem Apostolum et per successores illius humiliata, sub potentia Christi, ex civitate

(165) *I Petr.* ii.
(166) *Eccli.* xxiv.
(167) *Psal.* cxlvii.
(168) *Joan.* i.
(169) *Isa.* xiii ; *Jerem.* li.
(170) *Genes.* xi.

(171) *Psal.* cxxi.
(172) *Act.* ii.
(173) *Matth.* iii.
(174) *Rom.* v.
(175) *I Petr.* v.

diaboli facta est civitas Dei; quæ in tantum excrevit in divino cultu ut, pro ruinis murorum et veterum fanorum, surgant quotidie innumera ædificia ecclesiarum sive monasteriorum. E quorum incredibili numero, ut audivi a quodam sene, qui se dixit nutritum fuisse in eadem civitate, viginti possidentur a sanctimonialibus, quadraginta a monachis, sexaginta a canonicis, exceptis his quæ extra civitatem sunt, et aliis ecclesiis sive capellis quæ in Urbe abundant. Age jam, frater, qui stomacharis contra eos qui dicunt Romam rerum maximam. Attende, si potes, quæ dignitas illi acciderit, ex die qua Petrus, extra portam civitatis Romanæ, vidit sibi Christum occurrere, ubi et adoravit eum, dicens: Domine, quo vadis? Et dixit Dominus: Venio Romam iterum crucifigi. Locus ille quidem, ubi crucifixus est Christus in Petro, sive Petrus pro Christo, nec non ubi Paulus decollatus est pro Capite summo, dignus est omnigena veneratione, sub illius videlicet dilectione qui ad salutem fidelium tanta sanxit ineffabili sua miseratione. Quid mirum igitur si illa civitas rerum maxima dicatur, quam ipse rerum Conditor ita dignatus est visitare ut membra sua præcipua ibi clarificare vellet gloriosissima passione!

« Ecce nos, qui unum martyrem beatissimum scilicet Emmerammum, Deo donante, patronum habemus, pro memoria sanctorum jocundamus et gaudemus, quanto magis illi quos Deus, qui dives est in omnes (176), ditavit corporibus tot martyrum, et, ut ita dicam, pretiosissimis et clarissimis pignoribus cœlorum? Quid multa? Deo gratias, quia cecidit Babylon (177) in Roma. In qua sub confessione nominis Christi gente surgente novella, super immutatione sui oppido mirata, dicit cum Psalmista : Hæc est mutatio dexteræ Excelsi (178). Hanc siquidem urbem quasi intuentes undique collectæ plurimæ gentes, assumunt verba sacræ Scripturæ et dicunt : Omnipotens Roma, gloriosa dicta sunt de te, quia civitas Dei (179) es facta. Per Caput omnium bonorum, quod est Christus, qui regnat in ævum, sub apostolorum prædicatione ac martyrum testificatione in te confracta sunt capita Draconis, et est datus esca populis multis, juxta quod Psalmographus Dominum laudans in consilio sanctorum ait : Tu confregisti capita Draconis; dedisti eum escam populis Æthiopum (180). »

Ammonicius.

« Quia mihi sub persona concionatoris quæstionem moventi, luculente ratione satisfecisti, nunc restat ut secundum nomen tuum, o Collectiti, quæ post hinc colligenda sint, diligenter subscribantur. Utilitas enim legentium poscit exponi versiculum Psalmistæ quem proposuisti. Nam incredibile pene omnibus videtur quod homines possint et debeant Draconem comedere. »

(176) *Ephes.* II.
(177) *Isa.* XXI.
(178) *Psal.* LXXVI.
(179) *Psal.* LXXXVI.

Collectitius.

« Mos est sacræ Scripturæ ut per schemata et per species varias ordinet sententias. Harum una dicitur metaphora, id est, transformatio, per quam sermo divinus dicit Draconem edendum ab hominibus, sed hæc comestio nihil aliud intelligitur quam consummatio et annullatio. Sicut enim cibus et esca dentibus molitur et teritur, et ita in nihilum redigitur, sic quoque Draco, id est diabolicus, virtute Christi contritus, ab Ecclesiis ejus potenter calcatur, sive annullatur, ut ipse Salvator ad discipulos suos in Evangelio suo ait : Ecce dedi vobis potestatem calcandi super serpentes et scorpiones, et super omnem virtutem inimici (181). »

Ammonicius.

« Grates Deo, quia morigeratus es infirmati meæ, sive necessitati fraternæ, etiam in hujusce quæstionis absolutione. Enimvero jam tempus et ratio exigit ut, his in congruo loco dimissis, redeas ad historiam Ramuoldi, venerandi abbatis ac amantissimi Patris. »

Collectitius.

« Post quinquennium quoque imperialis exitus de civitate Hiatospolitana, cujus nos incolæ sumus, languore diuturno B. abbas Ramuoldus, viribus corporis cœpit destitui, spiritaliter gaudens interiorem hominem per hanc infirmitatem institui, secundum Apostolum videlicet dicentem : Quando infirmor, tunc fortior sum et potens (182). Hac quidem carnis infirmitate perductus est ad novissimam præsentis vitæ lucem. Qua die venerabilis heros, erigens se de lectulo quem jam per continuos quatuordecim dies præ valetudine non poterat deserere, tunica sancti propositi amictus, et per spiritalem medicinam, aliquantisper de febre relevatus, orario accepto et agmine fratrum collecto, resedit in medio, ac potenti sermone usus est in hunc modum : Deus Pater magna dilectione atque magno consilio misit Unigenitum suum ad salvificandum genus humanum. Unde et per Prophetam magni consilii Angelus (183) est prænominatus. Qui, cum per divinam potentiam nos posset eripere de potestate diaboli, noluit ea per nudum uti ad redemptionem generis humani, ob justitiam, scilicet sanctæ Trinitati maxime propriam; sed ineffabili sua misericordia hominem, quem cum anima suscepit incarnatus de Virgine, obtulit Patri, suspensus in cruce, Deo reconcilians mundum per sacrosanctum sanguinem suum, hunc etiam in forma humilitatis opponens hosti antiquo, quem ille se jactabat superasse, nequissimo superbiæ homicidio. Christus etenim in ligno crucis, usque ad mortem factus est obediens voluntati Patris; cujus ad mortem factus est primi hominis vulnifica inobedientia. Hanc virtutem, fratres, obedientiam, qua Christus patravit humanæ

(180) *Psal.* LXXIII.
(181) *Luc.* X.
(182) *II Cor.* XII.
(183) *Isa.* IX.

redemptionis elegantem continentiam summa devotione diligite, sectamini, amate. Sanctam Trinitatem, quæ nos condidit ad imaginem et similitudinem suam, intellectu, memoria et voluntate, diligentissima timoris et amoris veneratione laudate. Æmulamini igitur mente devota, secundum Apostolum, majora charismata (184), et illud Salomonicum cordetenus ruminate : Deum time, et mandata ejus observa ; hoc est omnis homo (185). En ego ætate decrepitus, in fide quoque catholicus, et ut verum fatear, in virtute quæ huic fidei suppeditare debet permodicus, die vocationis instante, viam ingredior universæ carnis, sperans me venturum ad gaudia patriæ cœlestis per eum qui est Liberator mirabilis in miserationibus suis multis. Vos autem in Christo viscera mea hunc Patrem diligite, cujus paternitas in numero filiorum Dei cum corporibus collocare potest animas vestras. Et hoc yobis futurorum signum quam prolatum per me indignum : quia in loco isto multa passuri estis adversa post discessum meum, quibus in tantum exacerbabimini ut etiam loco cedere compellamini. Verum tantæ tempestatis commotio cito sedabitur divino solatio. Unde consilium do ut unusquisque vestrum festinet huc reverti in professionis locum, ubi *desiduo audiat vel* (186) exerceat harmoniam spiritualium vocum. De cætero vero in hoc nunc conclusionem fraternæ admonitionis finem facio, quo ita calliditatem serpentis, quæ minor est inter virtutes, habere studeatis, ne auream humilitatem columbinæ simplicitatis, quæ major est, per incautelam amittatis. Sed omnimodis hoc assumatis quod Christus in Evangelio suo discipulis præcepit, dicens : Estote prudentes sicut serpentes et simplices sicut columbæ (187). Tum summa humilitate inter abbatem et fratres, alterna facta confessione nec non e cœlis petita seu imprecata pernecessaria peccatorum indulgentia, intimis quasi cœlum tangens suspiriis, venerabilis heros, primum summo Pastori commendat gregem sibi commissum, dein fratribus, jam præ lacrymis ac singultibus vix fari valentibus, valedicens, ait : Abite, fratres charissimi, et præparate vos ad celebrandum divinum officium, atque summa festinantia concurrite ad complendum ex more ordinem sacrum; et hoc ultimum senis memoriale pro benedictione habetote : In nomine Domini, salus omnium nostri. Cumque omnes communiter dicerent, Amen, atque exirent mœsti, a sancto *Spiritu vere* (188) paracleto quæsituri solamen, vir Dei per spiritum præsentiens animam de corpore celeriter dissolvi, jussit se ab his qui aderant in oratorium cellæ suæ proximum portari, et inter duo altaria deponi; conversus quidem caput ad aram sancti Patris Benedicti, pedes vero ad altare sancti Kiliani martyris Christi. In cujus nomine, utpote in omnium salutis omine,

spem suam ponens firmissime, præcepit ibi missas celebrari, et Dominicæ passionis memoriam intentissime agi. Qua peracta cum ventum esset ad communionem, ipse vir Dei ut accepit corporis et sanguinis Dominici eucharistiam, mox ad æternam patriam ex ergastulo carnis emisit animam, ita in agone novissimo manus extentas juxta caput tenens ut ante in oratione facere solebat. Tunc religiosi seniores, Gotahardus, scilicet abbas monasterii Altahensis, atque Adalpertus Pater cœnobii Sewensis, cum fratribus cæteris accurrentes, Deoque hymnos ac laudes devota mente solventes, spiritum pii Patris cum orationibus commendare satagebant Omnipotentis gratiæ miserationibus. Quibus rite officioseque finitis, hi quorum corda præ cæteris visitare dignata est inspiratio divina vocem cum fide attollentes dixerunt : Domine, uti speramus, iste tuus homo haud nequidquam in præsenti sæculo consumavit tot annos vitæ suæ concessos, quem hodie centenarium per vocationem tuam magis miramur quam dolemus de medio exemptum.

« Certe lex numerorum calculatoriæ artis monet peritum, quo per tricenarium numerum in sinistra manu proponat legitimæ licitum jugalitatis osculum. Dein suggerit ut eadem in læva per sexagenarium assumat claram viduitatis pressuram. Tertio exigit quatenus centenarii conclusionem sive perfectionem quærens, transeat in dexteram, et ibi pingat coronam, quæ significat inæstimabilem virginitatis gloriam ac lauream regni cœlestis æternam. Hujus quoque numeri nequaquam dignus est sublimitate, qui confoditur Salomonicæ invectionis diligenter examinanda subtilitate, quæ stultum sic denotat, dicens : Maledictus puer centum annorum (189). Quod omnimodis cavens hic tuus dilectus, cujus corpusculum jam defunctum circumstantes funeriis obsequiis procuramus, omnibus diebus vitæ suæ in illorum numero gestiebat inveniri quos consignat ille *insignis* (190) tui versus Psalmographi : Cum sancto sanctus eris, et cum electo electus eris (191). Unde sicuti credunt tui fideles, a te, qui dives es in omnes, pro centenaria perfectione jam donatus est apud te cœlesti benedictione. Libet ergo nosmet servulos tuos, oppetitione recenti hujus nostri senioris dilecti luctuose consternatos, in tui sancti nominis confessione pariter et consolatione ob infirmitatem, videlicet humanæ fragilitatis relevandam, aliquantulum requiescere, et nihilominus in fervore laudis almæ Trinitatis hominem exteriorem cum interiore hujusmodi verbis exercitamento placet concalescere. Gloria tibi, Trinitas, æqualis una Deitas, et ante omnia sæcula, et nunc et perpetuum. »

Ammonicius.

« Amen. Ecce constat manifeste virum Dei exem-

---

(184) *I Cor.* xii.
(185) *Eccle.* xii.
(186) Alia littera.
(187) *Matth.* x.

(188) Alia littera.
(189) *Isa.* lxv.
(190) Alia littera.
(191) *Psal.* xvii.

plo majorum vitam virtutibus refertam in hoc saeculo duxisse, quem tam veneranter contigit inter mortales coicum [χοϊκόν] exuisse. Hinc etiam conjiciendum aestimo quia is, quod gloriolam saeculi hic vivendo, in quantum potuit, declinare curavit, moriendo, seu hominem exuendo (192), illud semper manentis gloriae introivit gaudium ineffabile, quod secundum Apostolum : Nec auris audivit, nec in cor hominis ascendit, quae praeparavit Dominus his qui diligunt illum (193). Cui maximae consolationis evidenti testimonio concordat David fidelis dicens Domino : Quam magna multitudo dulcedinis tuae, Domine, quam abscondisti timentibus te (194). Et post pauca : Abscondes eos in abscondito faciei tuae a conturbatione hominum (195). Unde et tu, o Collectiti, protectus a contradictione linguarum in tabernaculo Domini, perge viam regiam, ut coepisti, perscripturus clarissimam vitam hominis Dei. »

Collectitius.

« Placet, fateor, o Ammonici, quia me post mortem hominis Dei vitam illius praescribere adhortaris. Hoc enim firmiter tenet Lex, pariter et spes fidei Christianae, quod sancti, scilicet electi, cum carnaliter mortui fuerint mundo, vere ac spiritualiter incipiant vivere Deo. Unde et ad eorum mortua ossa crebrescunt miracula, nec non innumera mortalibus per ipsorum pias intercessiones praestantur beneficia. Horum quoque commoda, quam luculenter ad tumbam istius confessoris, de quo nobis est sermo, e coelis ministrata sint, post pauca breviter edicam, quo minus protelem charitatem fraternam, ad haec ad alia percipienda non modice avidam. Enimvero fama evolitante virum Dei oppetiisse, ex industria credentium apud Deum illum vixisse, in id rata ministratio rerum processit ut sub festinatione, ad exsequias tanti Patris concurreretur a multis, cum summa devotione cordis. Inter quos erat Henricus hypatos tunc forte principatum tenens super populos Noricos et Karinthios (196), post paucos vero annos rex futurus non solum Germaniae sive Galliae, sed etiam imperator totius Italiae, atque Augustus Caesar civitatis Romanae. Is, assumpto secum Gebehardo episcopo, qui antea sancto viro ex parte contrarius fuit, sed tum teste lacrymarum fonte, immutatus mente advenit, servo Dei in sepultura humiliter obsequendo se servum praebuit summo humili dominorum Domino. Nam, in unum congregatis et ad funus pii abbatis officiose concinentibus pene omnibus Ratisbonae Deo servientibus, ipse princeps propriis humeris non erubuit feretrum portare, nec non accuratius sepulturam parare. Demum introivit fossam sepulcri, et ipse clausit arcam, quae jam suscepit corpus viri Dei, ac sibi claviculam ejusdem arcae pro pignore charissimo elegit, et nihilominus postea in fascibus constitutus regni, eamdem semper secum velut insigne triumphi reservavit sive retinuit. »

Ammonicius.

« Haud absque admiratione sciscitari potero utrum haec ex praecepto et voluntate viri Dei facta sint, an casu ita contigerunt. Nam raro factum audivi ut quis sepulturae traditus in arca clauderetur seris munita. »

Collectitius.

« Non est mirum si homo simplex super hujuscemodi reculis miretur, cum David rex et propheta, cui sapientiae occulta sunt divinitus manifestata, super virtute sacramentorum coelestium miraretur dicens : Mirabilis Deus in sanctis suis, Deus Israel, ipse dabit virtutem (197). Cujus pervalidae summo donante particeps factus beatus Pater Ramuoldus in firmitudine fidei catholicae, sciens Petram Christum, mundum salvasse per lignum, sarcophago lapideo jussit *arcellare vel sepulcrale* (198) scrinium immitti ligneum, ob memoriam quippe passionis Dominicae corio rubicundo vestitum ; quod post defuncti condendum susciperet corpusculum, ea videlicet spe ut quem ipse, dum *in praesenti* (199) vixerat, de eodem scrinio in pauperum grege quotidie solebat pascere atque vestire, non dedignaretur se in numero electorum omnipotenti sua misericordia resuscitare et in sinu aeternae beatitudinis collocare. His ergo pauculis verbis, o Ammonici, si minime satisfactum esse arbitraris tuae admirationi simul et sciscitationi, recurre, quaeso, ad id quod Scriptura dicit : Nihil in terris fit sine causa (200). Quod in sanctorum gestis potissimum debet notari, et verissime potest probari. Nam quod beatissimus abbas Ramuoldus ad tempus compulsus est Ratisbonense coenobium deserere, ac Treverense repetere, causa exstitit civile bellum, quod erat inter Henricum ducem et Perchtolfum marchicomitem, atque inter caeteros optimates principis *Ottonis tum civitatem Ratisbonensem obsidentis* (201). Quo sedato et quasi innuente beato Emmerammo, *per loci sui provisorem repedatum iri* (202), senior venerandus a Treverica civitate Hiatospolim est reversus; inde secum transferens multas sanctorum reliquias. Harum quoque salutaris allatio exstitit causa cryptae apud Sanctum Emmerammum aedificatae. Cujus aedificatio, per virum Dei satis artificiose ordinata, trifariam nec non quadrifariam speciem intuentibus exhibet. Et quia hujus operis auctor sanctam dilexerit Trinitatem, atque quatuor Evangeliorum firmiter tenuerit fidem, quasi quodam testimonio credibile perhibet. Columnae vero, quae eamdem crypticam ecclesiam sustentant, dualitate sua geminam dilectionem, Dei scilicet et

(192) *I Cor.* xv.
(193) *I Cor.* ii.
(194) *Psal.* xxx.
(195) *Ibid.*
(196) Alia littera.
(197) *Psal.* lxvii.
(198) Alia littera in ms.
(199) Alia littera in ms.
(200) *Job* v.
(201) Alia littera in ms.
(202) Alia littera.

proximi, pulcherrime compingunt. Quinque autem altaria, in quibus totidem pyxides collocatæ cum reliquiis quas prænominatus heros de Lotharingia transtulit, quinque librorum Moysis principalem observantiam in memoria monent teneri, et in quinque sensibus corporis hortantur quinariam prudentiam semper haberi. Sextum quidem altare, quod dicitur ad pedes, senarii perfectione denuntiat omnia concludi. In hac ergo tam typifera basilica, a beato Wolfgango in honore sanctæ et individuæ Trinitatis et omnium sanctorum dedicata, venerabillimus Pater Ramuoldus, in sepulcro quod sibi ante quindecim annos jam paraverat, in australi latere ejusdem cryptæ, secus altare B. Gregorii papæ est depositus, atque magnifice sepultus, astante pariter et psallente clericorum ordine, et nihilominus concinente monachorum grege, nec non virginum sive sanctimonialium trina concione, animam tanti Patris summo Patri commendante. Post hæc, o Ammonici, ad temperandum miraculum claustri vel claviculæ tanto a principe ob humilitatem arreptæ, seu ob religionem abreptæ, satisfactionalem unum sacræ Scripturæ versiculum, charitati tuæ, meapte placet subnectere. Sic enim dicit Dominus, ad quemdam electum suum : In illo die suscipiam te servum meum, et ponam te sicut signaculum in conspectu meo, quoniam elegi te (203). »

Ammonicius.

« Pigmenta cum teruntur, in meliorem visum convertuntur, ita et tu cum per quæstionem provocatus fueris, in dictando et in scribendo, tibi et proximo utilior eris. Ecce dum parvam conatus es absolvere quæstiunculam, non solum grandem promovisti sententiam, sed etiam agilitate divinitus concessa, adeo eam fecisti festivam ut lapides quodammodo cogeres esse loquaces. Proinde quod nunc restat, erit strenue agendum, pedibusque charitatis *hoc iter* (204) tuapte incedendum, id est, ut miraculum, quod perduxisti ad propheticum signaculum, sequantur miracula et signa, quibus *post mortem* (205) probetur hominis Dei vita. »

Collectitius.

« Paratus sum, Domino concedente, secundum petitionem tuam facere, quandoquidem et ipsum me scio tibi antea spopondisse.

« Quidam homo venit ad sanctum Emmerammum petiturus suffragia sanctorum. Is, quia erat dæmone possessus, coram omnibus nimium est fatigatus. Tunc fratres, qualem Patrem noviter sepelissent recordantes, fecerunt hominem duci, imo trahi in cryptam, viri Dei corpore dotatam. Ubi diu volutatus et a possessore *plusquam male discerptus* cœpit *stridere et cum fremitu* (206) clamare, nec non cum conviciis *maledicendo* (207) perstrepere dicens : Væ tibi, Rantolt, quia Domino meo multa mala fecisti

(203) *Agge* II.
(204) Alia littera.
(205) Alia littera.

et per te sui juris multum perdidit. Ob hoc etiam die noctuque laborasti ut illi injuriam faceres, et Deo tuo quoscunque posses colligeres. Ac super hæc omnia modo me incendis, et magnam vim ingeris. Cumque sub hujuscemodi angoribus dæmon caput miseri hominis pavimento tam valide imprimeret ut eum pene mortem obire compelleret, accurrentes qui aderant levaverunt eum, et traxerunt ad tumbam confessoris Christi. Ibi quoque, ut illum, viribus diaboli periculose renitentem, vix compulerunt caput inclinare ac super sepulcrum ponere, gratia Dei liberatus est. Quo signo lætificati, qui per compassionem prius erant mæstificati, gratias Redemptori retulerunt magnificas, non tantum per hoc, quia homo a potestate diaboli est ereptus, quantum pro eo quod per præsens magnale revelatum est cujus meriti sit Pater qui inibi nuper sepultus fuerit.

« More solito peregrinis et civibus ad festivitatem sancti Emmerammi undique confluentibus, inter cæteros qui accurrerant muliercula quædam, oculorum privata lumine, advenit, quæ tempore nocturno felicem cryptam intravit, et ad sepulcrum confessoris Christi Ramuoldi adoravit, ac preces cum lacrymis fudit. Tunc omnipotens Dominus, volens famulum suum clarificare inter mortales per ineffabile numen, illi quæ cæca fuerat reddidit lumen. Mulier autem surgens vocavit maritum suum in aurem illi dicens : Domine, Deo gratias, quia visum recepi. Quo non credente, et illa econtrario certa signa monstrante, infit : Silentio factum opprimere debes, quia clanculum tibi et agendum, ut ante lucem egrediamur de civitate ; clericus enim sum, et ideo erubesco in tanta multitudine tecum consistere. Cumque tenebrarum consilio consentiens femina recenter illuminata, cum clerico sine cautela repedaret ad propria, extemplo per incommodum sibi valde aliena est cæcitate percussa »

Ammonicius.

« Hæc res in memoriam perducit quod decem leprosis a Domino mundatis, nec non decimo ad gratificandum reverso, ipse in Evangelio dicit : Nonne decem mundati sunt, et novem ubi sunt ? Non est inventus qui rediret, et daret gloriam Deo, nisi hic alienigena? Cui mox Evangelista subjungit : Et is erat Samaritanus (208). Inde liquido patet quoniam qui animam suam custodit, ac iniquitates odit Samaritanici vocabuli, non erit expers et officii. Ergo tu, o Collectici, quia post tristitiam induxisti lætitiam, et huic denuo subjunxisti mæstitiam, competens est quo si Dominus tam gravi infortunio aliquod remedium in id temporis contulerit, charitas tua, jure dialogi, ocius explanet. »

Collectitius.

« Redemptoris nostri gratia remediorum nescit

(206) Alia littera.
(207) Alia littera.
(208) *Luc.* XVII.

carere copia. In cujus plenitudine confisa, mulier prædicta, sub spe luminis percipiendi iterum Ratisbonam devenit; et accedens ad locum sepulcri, ubi antea magna sensit beneficia, per confessionem primum se coram sacerdotibus expiavit, et quid illi acciderit manifeste retulit; dein solotenus prostrata, et nihilominus mente humiliata, nec non precibus Deo dilecti confessoris celeriter adjuta, per fontem omnium bonorum recipere meruit male perditum lumen oculorum. Tunc gratias ingentes Deo retulerunt, tam ipsa quam et cæteri qui hæc audierant et viderant; sicque proprios lares unusquisque cum gaudio revisit, portans secum triplex miraculum, quo sancta Trinitas dignata est declarare pium abbatem Ramuoldum suum fuisse fidelissimum famulum, utpote qui se verum dilexerit Dominum.

« Alio quoque tempore, fama miraculorum citatæ venerunt duæ feminæ ad sanctum Emmerammum, ambæ diabolica vexatione permiseræ, quarum emundationem seu liberationem divina pietate a sanctorum charitate venerando Patri Ramuoldo concessam fuisse in hoc claruit evidentissime quod eædem mulierculæ, *prius ad memorias aliorum sanctorum adductæ, nec redemptæ, post vero non uno eodemque sed* (209) *diverso tempore famosam cryptam ingressæ*, et ad sepulcrum beati viri exorcizatæ per unum eumdemque dominum a pessimo invasore sunt misericorditer liberatæ. Hujus rei testimonium perhibere solent fratres congregationis nostræ fideles, qui tunc forte aderant, et quod est mirabile dictu, viderant spiritum immundum de una femina exisse per nebulosam fœditatem de alia vero per scarabæi tetram deformitatem. Quid plura? nostrapte quippe ore dicendum, *imo corde firmissime tenendum* (210), Deo gratias. Quia his et talibus indiciis, per clara electorum merita, a suis benedicitur Dominus, et uti dignum est a non suis confunditur ac repellitur diabolus, attestante Scriptura et dicente : Novit Dominus, qui sunt illius (211).

«Tempore quoddam, cum a Christicolis hominibus, non solum de ipsa Ratisbonensium civitate, sed ex ejusdem surburbanis locis concurreretur ad ecclesiam Sancti Emmerammi martyris, in cæteris qui convenerant, mulier quædam accessit cum pignore miraculi recentis. Adhæsit enim illius manui fusus, filorum tortione confertus. Quem cum nullatenus e vola divellere, nec ullo modo tam grande malum a se quiret repellere, anxia demum venit ad sepulcrum venerabillimi Patris Ramuoldi. Ubi cum adoraret atque cum lacrymis preces funderet, sub spe salutis manum tremulam ut primum posuit super beati viri tumbam, mox per potentiam Dominicæ manus homo suam inde levavit sanus. Tunc qui fortuito huic facto intererant, nec non æditui qui accurrerant, gratias agentes Deo et beato viro, suspenderunt eumdem fusum posteris ad magnale ostendendum in coronula, quæ super idem sepulcrum pendebat, argentea. Hoc signum ipsi nos vidimus, et manibus nostris palpavimus, et scimus quia verum est nostrum hac in parte testimonium, ac non ignoramus quia per hoc recens miraculum, sicut et per cætera sanationum beneficia, cunctipotens Dominus mirificare voluit sanctum suum. »

Ammonicius.

« Placet, fateor, charitatis tuæ tela quam cum sententiarum stamine et nihilominus signorum subtemine de sanctorum vita non solum vere, sed etiam lepide contexuisti. Huic jam convenit quo per licia grammaticæ innectas res varias, undique rationabiliter collectas, ad utilitatem scilicet legentium aptas. Sic enim agilitas ingenii et exercitium studii, imo summa varietatis hujusce texturæ, ut mihi videtur, relevare sive minuere valet multiplices causas tuæ curæ. Ad hæc quoque fraternitatem tuam admoneo ut in augendo præsens opusculum, edisseras ordinem abbatum, illud videlicet enucleans qui et quot Patres præfuerint huic *sanctissimi patroni nostri* (212) cœnobio, in quo summo famulamen debetur Domino. »

Collectitius.

« Primum te scire volo, o Ammonici, quia sanitatis beneficia, quæ paulo ante prænotavi, ad sepulcrum beati Ramuoldi Christi confessoris expertus sum in absumptione propriæ infirmitatis. Nam cum puer essem et in loco requietionis beati viri perplures sanitati redditos audissem, febre nimium affectus et ob hujus relevationem in pavimento projectus, persuasus consilio cujusdam sacerdotis qui ejusdem pii Patris, dum vixerat, exstitit familiaris, tentavi me ibidem somno dare.

« Cumque aliquantisper soporatus fuissem, per somnum vidi Patrem reverendum, habitu monastico indutum, quasi sedere a dextris beati Emmerammi martyris. Cujus venerandam canitiem intuitus, mirabar super pulchritudine vultus ejus, nec non super candore cæterorum membrorum illius. Qua visione valde lætificatus, qui antea fui fatigatus, surrexi sanus, Deo gratias referens, quia sensi levamen salutiferæ manus. »

Ammonicius.

« Merito pueritia tua, o Collectiti, divinitus consolata, in memoria beneficium tenacius reservavit repositum, ob id quoque, ut juvenis haberes, unde tanto patri grates rependeres, ejus atqui gesta nunc devote scriptitando, qui te nunc adjuvit, et adhuc sedulo adjuvat orando. De cætero rerum exigit ordo, qua Patrum postulatam successionem, post hinc describere velis per ratam, ut oportet, verborum successionem. »

Collectitius.

« Per charitatem paratus sum proximi voluntatem

(209) Alia littera.
(210) Alia littera in ms.
(211) II *Tim.* II.
(212) Alia littera.

seu dilectionem sequi, quæ omni homini Christiano, si recto tramite incedit, æternam felicitatem paritura erit (213). Quod Apostolus confirmat dicens: Dilectio proximi malum non operatur, plenitudo ergo legis est dilectio (214). Igitur post reverendum Patrem Ramuoldum, magnæ scilicet memoriæ virum, regimen hujus monasterii suscepit abbas Wolframmus, et ipse in mansuetudine cæterisque virtutibus Dei servus. Hic habuit successorem ex collegio fratrum abbatem electum, nomine Rihboldum. Huic successit dominus Hartwicus magnæ virtutis amicus, qui, sponte deserens præsulatum cœnobii, reliquit abbatiam domino Burchardo regendam. Quo defuncto, divina, uti speramus, providentia necessitatibus nostris destinavit virum venerabilem pariter et amabilem dominum, videlicet Udalricum, prius in canonica vita plurigena probitate decoratum, nunc autem regulariter et monasticæ huic congregationi prælatum. Beatus ergo Ramuoldus, qui desiderium suum, quod habuit in Dominum, optime prodidit vocabulo arietis [al., arietem] volentis, id est, Christum desiderantis; primus provisor hujus loci secundum regulam existens. Hunc qui modo nobiscum regimen cœnobii ministrat a se numero sextum, merito demonstrat secundum. Sub quo nobis optamus ut liceat senarium sacramentum diu celebrare, nec non divina confessione, cætera studia pietatis opere et verbo exercere. »

Ammonicius.

« Dictatum tuum quem fecisti paulatim scribendo usque huc repere, post hinc necesse est ut facias currere, ea videlicet ratione quo aliquid tempestive colligas vel conscribas, quod in festivitate S. Emmerammi, quæ jam faciem præparans quodammodo suis arridet novum offeras, utpote tuo speciali patrono, imo communi omnium quærentium Dominum fautori. »

Collectitius.

« Novi me ad id valde indignum ut mihi peccatori vindicem tanti patroni specialitatem. Proinde humiliatus opto ut parvitati meæ saltem concedatur per preces illius, quatenus cum cæteris fidelibus amplecti valeam communionem beatam. Sub hujus ergo rei affectione aggrediar quæ sequuntur cudere. Per annualem atqui cursum, redeunte, ejusdem patroni nostri sæpe nominati sæpiusque nominandi natalitio die, ob solita beneficia, convenerat illuc turba non modica. Cumque ibi per divina officia Deo et sanctis oblata essent laudum sacrificia, ac non absque signis et miraculis rite peracta forent solemnia, unusquisque cum gaudio remeavit ad propria. Tum contigit quemdam pauperem, qui cum aliis ad tanta gaudia ire decrevit, nec pervenire potuit, vix tandem in die septima ad cupitum locum a suis perduci posse; erat enim paralyticus, *et, ut ita dicam, plus quam claudus* (215), ob hoc itaque in carruca eum, quamvis laboriose advectabant, utpote de loco longinquo. Is in prima hora octava diei, nutibus et signis quibus potuit, se ab amicis suis in ecclesiam S. Emmerammi deduci rogavit. Qui cum suorum manibus et brachiis sustentatus in occidentali parte consisteret felicis basilicæ, secus columnam scilicet quæ consecratam in petra solet habere aquam conversus ad orientem, paululum inclinato capite sine verbis oravit, quia loqui non potuit. Ecce vidit e regione beatissimi martyris aram quasi igneam et magno lumine circumdatam, et de ea veluti solis radios mitti conspexit in faciem suam. Tunc ob insolitam visionem perterritus atque tremefactus, nimioque sudore humefactus, demum convalescens, cœpit fari sic dicens : Deo gratias. Quam magnam rem video ! Vere Dominus est in loco isto, qui per preces sui dilecti testis optima hic confert medicamina sive solamina ægrotis et mœstis. His visis et auditis, de tota ecclesia concurritur, et a populo *miraculum idem* (216) spectante, ac simul admirante, *Kyrie eleison* cantatur. Cujus clamor cum vix auribus posset sufferri, primamque nos interim cantantes oppido deterreret, idem homo catervatim, ab his qui tunc forte ob novitatem rei confluxerant stipatus, chorum est introductus. Cumque ab eo ante altare S. Emmerammi aliquandiu oratum esset, indeque completa oratione, cœtui fratrum *accedentium* (217) assurrexisset, jussus est a priore in gradibus sedere causamque suam coram recitare. Qui, mox obediens et quid passus sit in infantia breviter expediens, indicavit se ab octo annis usque in illum diem paralysi esse solutum, officioque manuum destitutum, nec non pedum se questus est penitus caruisse incessu. Tunc petito pariter et præstito baculo, quia propter nutantem gressum opus erat alieno sustentaculo, crucifixi ob amorem et spem Redemptoris, pro quo effusus est martyrum sanguis, accepit crucem, per quam credimus et scimus humano generi datam fidei lucem, sicque prævius multitudinis dux perrexit ad Sanctum Petrum, se cum novella sanitate præsentans episcopali sedi, ut et plures contingeret interesse gaudio communi, et ipse implere videretur quod Dominus in Evangelio dicit : Ite, ostendite vos sacerdotibus (218). Ibi a Matricularibus consilio accepto ne cum novem ingratus existeret, sed regressus illuc ubi salutis dona suscepit, cum decimo, id est Samaritano, magnas gratias ageret, tota pene civitate comitatus ad S. Emmerammum est reversus. Illa nimirum die per plateas, imo per omnia Ratisponensium urbis loca, *Kyrie eleison* sonabat. *Christe eleison* resultabat. *Deo gratias*, grata vicissitudine, interdum ab his, interdum ab illis dicebatur, atque in hunc modum iter fidei ab omnibus terebatur. In ecclesia vero tanta exsultatio fuit Deum laudantium et octo annos cum

---

(213) *I Cor.* xiii.
(214) *Rom.* xiii.
(215) Alia littera.

(216) Alia littera.
(217) Alia littera.
(218) *Luc.* xvii.

totidem beatitudinibus octavæ diei comparantium, ut per confessionis et compunctionis valde necessarium *fidelibus bonum*, ea die diabolus *multipliciter confusus* ingemiscere sibi *male factum*, nec non ob *martyris conventum* (219) queri grande cogeretur detrimentum. Quid plura? Pro beneficiis solemnis visitationis, a clero, monachorumve choro, et nihilominus ab sexus utriusque populo, trifariis votis, almæ Trinitati persolutis, tandem cum benedictione licentia data est cunctis abeundi, nec non cum tripudio triplicis miraculi domum redeundi. »

Ammonicius.

« Hoc trifidum quod in uno homine declaratum scripsisti miraculum, in nomine sanctæ Trinitatis, tuapte quasi quædam salutatio est imminentis festivitatis, nam ipsa solemnitas beatissimi patroni nostri Emmerammi martyris videlicet Christi trifaria est. Præcedit enim eam beati Matthæi apostoli et evangelistæ passionarius dies natalis et *cum clarissimæ virginis memoria Teclæ* (220) subsecutura est percelebris dedicatio hujus ecclesiæ purpureis ossibus ejusdem testis feliciter dotatæ, illa mediastina festivitate nostratibus quoque præcipua, medietatem suam *inter præcedentem et subsequentem* (221), quasi quamdam regalitatem potenter tenente. Unde non est mirum quod tu opusculum tuum, quocunque per varietatem sententiarum vagatum fuerit ad laudem sanctæ Trinitatis reflectere conaris. Nunc ergo, quia uno eodemque trino signo miraculum proposuisti de S. Emmerammo, consequens est ut aliquid assumas quod numeralitate fecundatum exigat quiddam tertiandum quo more tuo perducas conclusionem ad sanctæ Trinitatis honorem. »

Collectitius.

« Quandoquidem homo habet Trinitatem in semetipso, necesse est ut creatura subdita sit Creatori, cujus nihil præponendum est amori. Cujus taxationem cum omnes homines simul in unum vota conferentes Amatori præcipuo haud sufficiant rependere, quanto minus ego misellus qui huc usque nil dignum egerim ordine meo. Quamobrem intime corde tenusve mecum perpendens quantum periculi gignat et ferat negligentia ejus quæ in me est trinitatis, id est intellectus, memoriæ, ac voluntatis, vix tandem gratia *malorum* (222) remedii pigritiæ meæ imperavi, ut quod olim puerulis curiositas de utilibus rebus collegerat, nunc juvenilis verbositas simpliciter promat. Sicque qui operibus nequeo, saltem et dictis videar deservire honori omnipotentis ac unicæ Trinitatis. Hac quoque intentione quod scripturus sum assumam, secundum admonitionem tuam.

« Cum inter cætera flagella quibus gratia Dei omnipotentis dignata est visitare homines hujus nostræ nativæ provinciæ, quodam tempore multum laborarent oculorum dolore, ab omnibus demum plaga tandem cessante, adeo me subito invasit ut, sinistrum oculum mediocriter dolens, per nimium tumorem dextri officio penitus carerem. Pestis enim gravissima cum ita occupavit, quo quasi pugnus illi videretur esse oppositus. Cujus rei gratia cum nocte ad ecclesiam venirem, et juxta confessionem beati Emmerammi secretius orarem, breviata oratione surrexi, et quia captus dolore oppido fui gravatus, sedebam inibi in angulo mœstus. Tunc cœpi intra me super hoc quod mihi accidit cogitationes varias volvere, unde et *humiliato corde* (223) compellebar dicere : Domine, si vis, potes me salvare (224), et per preces patroni mei, tui scilicet dilecti martyris, et hoc malum grande facile quis propellere. Sed novi me minus idoneum in quo ostendas miserabile opus miserationum tuarum, tu, summi Patris Sapientia nostri, quia jam per plures annos insidet animo meo quandoque mirabilia tua scribere, ac omnipotentiam tuam in his laudare, et nihilominus electorum dicta et facta per litteras memoriæ posteris tradere. Si benignitati tuæ in hac re placet quod volui, et adhuc volo, gratias ago; sin me mavis cæcitate castigare, sum paratus, utpote tibi debitor per omnia, quod judicium tuum ingerit patienter sustinere. His in occulto sic cogitatis atque dictis, facturus quod humilitati meæ fides Christi per intimam inspirationem agendum insinuavit, summitatem pollicis, parumper humectavi saliva, nec non ubi ampliorem sensi dolorem, ter signum salutis impressi; interim corde ruminans ac nihilominus ore pronuntians illud Evangelicum : Lutum fecit ex sputo Dominus, et linivit oculos meos : et abii et lavi, et vidi (225), et credidi Deo. Eodem momento in me tam subitanea facta est mutatio dextræ Excelsi quo sub incredibili celeritate fugatis doloribus de capite, imo de toto corpore ablata pernoxia peste, ipse mecum super hoc facto diligentissime tractans, satis mirari minime possem quis fuerim, quis essem. Tum quasi quadam curiositate mihimetipsi super repentino miraculo cupiens satisfacere, utraque manu palpavi locum periculi; in quo nec saltem vestigium doloris sive tumoris reperisse me gavisus sum. Proinde surgens, properabam illuc ubi antea orabam, ibique gratias egi Deo et sancto Emmerammo. Cum accedens ad candelam legere tentarem in libro pro vetustate pene obsoleto, probavi me puriorem visum recepisse quam prius habuerim.

« Nunc quidem, ne huic tantæ solemnitati, quæ lætitiæ nectar examinssim propinat fraternæ utilitati nostrapte quid videatur deesse, subsequentis relatione miraculi plenum sic instruendum convivium est, ut expletiva conclusio tertiatione fideliter ministret sua quod sancta Trinitas operata est in illa. Fuit quidam clericus nobili prosapia ortus, qui

---

(219) Alia littera.
(220) Alia littera.
(221) Alia littera.
(222) Alia littera.

(223) Alia littera.
(224) *Matth.* VIII.
(225) *Joan.* IX.

tempore quodam necessitate poscente, imo charitate jubente, hospitalitatis gratia receptus est in mansionem quamdam coenobio S. Emmerammi contiguam. Ubi cum coepisset infirmari, post paucos dies nimietate valetudinis ad id est perductus, quo penitus desperaretur vita illius. Tum noctis medio quasi de gravi evigilans somno dixit : O utinam aliquis mihi deferat aquam ad refocillandam animam meam de fonte S. Emmerammi, qui est in claustro fratrum Deo sibique servientum ! Quod unus astantium, sibique *in id temporis* (226) famulantium celeriter perficere volens, cucurrit ad ecclesiam, et, ut in talibus rebus fieri solet, improbiter pulsavit januam. Qui mox a custodibus intromissus, et, quia familiaris erat, ad fontem emissus, absque dilatione hausit aquam, ad eum a quo missus est certissime reportans illam. Cumque de ea parum gustasset aegrotus, mox per meliorationem sibi redditus totus, inquit : In nomine Domini, optimum vinum bibi pro aqua quam attulisti. Beatus Emmerammus bonus medicus ab optimo Medico accepit quod mihi modo praestitit. Ad haec respondit qui aquam attulit : Nescio si aqua conversa sit in vinum ; hoc solum certissime novi, quod per antliam laticem de puteo exantlavi. Cujus verba viri et mulieres qui aderant prosecuti sunt, dicentes : Late notum est vim hujuscemodi febris qua tu laboras non solum absumere vires corporis, sed etiam ne bene sapias immutare gustum palati et gutturis. Quibus ille porrigens poculum de quo bibebat, dixit : Bibite et vos, atque probate utrum fefellerim, an verum sit quod dixerim. Illi ergo ut biberunt ac vini saporem veraciter senserunt, vocem cum fide levantes dixerunt : *Deo gratias*, quia tam bonum vinum tamque nobile omni vita nostra transacta minime contigit nos bibisse. Hoc atqui grande miraculum non ab homine fictum, sed ob martyris meritum a summa veritate factum, testis est Engilmarus antistes, adhuc in hac vita manens. Hic quoque, dum, Ratisbonae constitutus, apud S. Emmerammum scripta meae parvitatis videret et legeret atque probaret, die quadam stans juxta puteum seu fontem per quem recordabatur sibi sanam olim redditam fuisse frontem, vocavit me, et, occasionem sumens ex eodem fonte, dixit quod scripsi, affirmans sub testificatione Christi verum hoc esse, ac non in alio, sed in semetipso idem magnale tam veraci quam efficaci experimento didicisse. »

Ammonicius.

« Fidelis sermo et omni acceptione dignus (227), quia vitis vera, quae Christus est (228), ad declaranda merita palmitum suorum, id est apostolorum et martyrum seu caeterorum electorum, quotidie his et talibus miraculis quasi novas nuptias facit. Ecce memoria beatissimi martyris Emmerammi juste vinum pro aqua cum sanitate propinavit. Ab hoc procul dubio illi comprobaretur facto eum quondam in Dominica optime sudasse vinea, multumque fructum tulisse in ea. O quanta laetitia, volante fama, ex hujusmodi rebus transfunditur in filios Ecclesiae, cum haec longe lateque audierunt solemniter celebrata de matre ! Cujus rei gratia tu, adaucturus opusculum tuum, quaecunque animo rationabiliter occurrerint, summa diligentia in horreum Dominicum comporta. Sic enim ea, quae in quadrifido climate mundi a sancta Trinitate sunt facta, utcunque locum habebunt etiam in descriptione tua. »

Collectitius.

« Quia strictim notasti quatuor plagas mundi, quibus per quater terna sive ter quaterna distinguitur insignia, ob dulcissimam patroni nostri memoriam, placet anterioribus tribus miraculis hic subnectere unum quod idem sit et quartum, ea scilicet ratione ut unitas ita cohaereat Trinitati, quatenus probabilis quaternitas laterum aequalitate solidata fidem quatuor Evangeliorum conservet per omnia. Erat quidam homo pauperculus, qui cum alio aeque indigente loca sancta quaesiturus, non baculo suffultus, sed scamnellis innisus, magis viam repsit quam ambulavit. Cumque circa horam prandii ventum esset ad quemdam fontem laticis perspicui, dixit scamnellarius ad itineris socium : O sodes, istic jentaculum in nomine Domini nobis erit sumendum, et cum refectum fuerit, cum gratiarum actione abeundum. Quo assentiente ac ad panis esum solo tenus in ora fontis consedente, scamnellarius homuncio, aquam hauriens ex abundantiae purissimo speculo, antequam apponeret ori potum, sic invocat Dominum ubique fidelibus notum : Domine Jesu Christe, qui desiderium pauperum soles exaudire, merita martyris tui Emmerammi clarifica in me hodie, qui charitate ipsius te benedicente nunc gestio sitim restinguere. Et ecce inter bibendum, nec dum ab ore manum qui biberat retrahente, per eum cujus gratia nescit tarda molimina, soluta sunt omnium membrorum ejus retinacula. Qui mox exsiliens atque huc illucque discurrens, gratias egit Deo sanctoque martyri Emmerammo. Tunc incolae acciti ejusdem novitate rei, ob memoriam tam excellentis miraculi, in honore martyris construxerunt ecclesiam ibi. Hoc in partibus Italiae factum, relatione cujusdam fratris ex laico conversi, adhuc puerilibus in annis talium rerum curiosissimus auditor comperi ; qui per confidentiam et consolationem hujus beneficii in id se provocatum esse confessus est ut latrocinium, quod jam per plures annos crudeliter exercuit, desereret ; nec non apud sanctum Emmerammum, lupinam rapacitatem deponeret, sicque ovis ex lupo cum ovibus Christi nasceretur in ovili Dominico. »

Ammonicius.

« Quia beneficia Christi, ob memoriam sanctorum illius per omnia propagandam, et a bonis universis unice amplectendam. hactenus dictando utcunque

---

(226) Alia littera.
(227) *I Tim.* I.
(228) *Joan.* XV.

digessisti, noviter facta bonorum sancti Emmerammi minoratio, simul et quorumdam super hoc habita querelosa mussitatio, ut mihi videtur, non sine ratione postulat quatenus dictatu vivaci aliquid huic opusculo inseratur, quo et invasores ecclesiasticarum rerum admoneantur, si velint sanum sequi consilium, ut resipiscant : Et si qui hujus rei tortitudine turbati sunt vel mœstificati, aliquam ex æterni Regis rectitudine simul et miseratione consolationem se accepturos fore minime diffidant. »

Collectitius.

« Cum omnes qui sapientia sanctorum abutuntur, procul dubio aut hic aut in futuro puniantur, compescendæ sunt immoderatæ mussitationes, partim clanculum querelas concinentium, partimve manifesto ac simplici sermone dicentium : Sanctus Emmerammus nunc dormit, qui bona sua quasi non sua sibi suisque subtrahi perfert. Quibus per sensatos et prudentes viros erit suggerendum atque dicendum : Ecce non dormitat qui custodit Israel (228 *). Insuper et hoc nostrapte adjiciendum, quia bona sancti Emmerammi, quæ vere bona sunt, nec sibi subtrahi nec suis consortibus ullo modo minui possunt. Ista vero quæ secundum sæculum dicuntur bona, quantulacunque sunt, quia non fuerint hucusque extra curam et custodiam summi Pastoris et Custodis, nec non ejus provisionem dilecti martyris, ex antiquis temporibus non solum mirabiliter, sed etiam fortiter innumeris virtutibus declaratum audivimus, legimus, vidimus. E quibus ad nunc temporis necessarium unum grande miraculum , pro magnitudine sui valde inter optimates atque plebeios homines divulgatum, utilitati legentium consulens, pariter et exactioni tuarum petitionum satisfaciens, istic innectere curabo.

« Temporibus itaque Henrici Pii Augusti et imperatoris eximii, multis rebus ex episcopio Ratisbonensi per incautelam perditis, et de abbatia S. Emmerammi, ob controversiam episcopi et abbatis, pluribus bonis pessumdatis atque dissipatis, contigit ut dominus Bruno, germanus frater ejusdem imperatoris, sub occasione juris hæreditarii tentaret sibi vindicare possessionem et curtem quæ vulgo dicitur *Enterhof*, id est, *veneni atrium et curtis, sed secundum eos qui altioris ingenii sunt et quæque ingeniosius quærunt, spes ætheris, id est cœli, non inconvenienter dici potest, juxta hoc quod Saxonicum idioma Teutonizare solet. Saxones enim spem, ut sperationem, hujus vocabuli nomine finitimo vocitare suescunt* (229). Qui dum publice contra edictum Cæsaris vim inferre non auderet rebus ecclesiasticis, tandem ex consulto in id ventum est ut, in loco qui dicitur Ætinga, super hujuscemodi re haberetur placitum sive judiciale colloquium. In quo, omnibus judicibus vel scabiniobinus qui in *eodem comitatu erant pecunia corruptis*, ac aliis (230) alicunde in id ipsum mercede conductis, ita omnium causidicorum astutia et calliditas cœlitus infatuata est, quo, communi consilio ex adversaria parte inductus aut subornatus quidam judex, nomine Otpolt, cujus loquacitati ad tunc temporis multa committebantur a multis, nec sciret nec posset judicare quidquam quod sancti Emmerammi vel nostram lædere quiret causam.

« Unde et, a defensore nostro publice mendacii et falsitatis notatus, præbuit multis admirationem cum additamento timoris. Verum ne prædictus Bruno episcopus tam probrosæ confusioni succumbere videretur cum suis astipulatoribus, rogatu illius palatinus conventus est Ratisbonæ habitus, quasi illic annularetur miraculum quod contigit. Sed longe aliter res eadem exitum habuit, quando totum concilium, quod ibi collectum fuit, nolens volens divinæ voluntati paruit. Nam in aula judiciali præsidente Henrico duce cum Chunigunda imperatrice, sua scilicet sorore, nec non subselliis a viris consularibus sive comitibus, uti mos aulicus poposcit, assessis, per totam curiam audiebatur vox contra sanctum Emmerammum partes episcopi foventium, simul et dicentium quod Brunoni, utpote tam amplæ et potenti personæ, nemo posset resistere quin illa die omnium judicio in ditionem ejus veniret præfatum prædium, quod avia ejus, nomine Judita, Norici regni videlicet ducissa, Sancto Emmerammo pro se suisque filiis Hulduwico atque Henrico velut regalem fiscum tradidit, eo scilicet tenore ut, si episcopus vel aliqua potens persona eamdem curtem usurparet vel usibus monachorum subtraheret, statim in jus hæredum suorum reverteretur. Hanc quoque sententiam præposuerunt judices atque optimates, affirmantes traditionis complacitationem hujusce a Gebehardo Imbripolitano antistite violatam esse. Tunc a domino Brunone, consensu principis, extra curiam evocatis primatibus summa eloquentia præditis, et aliis judicibus causidicis, juris peritis in sui causam excitis, omnigena calliditate vel astutia foris sunt instructi sive præparati qui partis illius defensionem intus forent, ut sibi videbatur, argumentose recitaturi, nihili pendentes quod scriptum est : Non est consilium contra Dominum, qui novit corda hominum (231). Cumque, introgressis omnibus, perventum esset ad locum et tempus in quo excusanda erat falsitas et malitia forensis judicii et quasi obtinenda triumphalis palatii dignitas; non solum qui falsitatis antea fuit notatus, convictus est reus esse ejusdem abdicatus, sed etiam omnium contrariæ parti faventium ora ita virtute cœlesti sunt clausa et mutata, ut nullus tot ingenio callentium aut posset dicere quod secum ipse cogitando deliberavit, aut fari quiret quod ab aliis in aurem susurrantibus dicendum accepit. Tum omni senatu, qui frequens convenerat, ob miraculum evidentissimum in laudem Christi provocato, per totam curiam Deo gratias clamor humilis et vere laudabilis personabat,

---

(228 *) *Psal.* cxx.
(229) In ms. alia littera.
(230) Alia littera.
(231) *Prov.* xxi.

nec non beatissimi martyris Emmerammi laudes altrinsecus exaltantium murmur amabile aures multitudinis reverberabat. Inter quos quidam comes vir famosus in Christiana religione, Eberhardus nomine, fertur dixisse : Ecce Rex regum manifeste destruit jura mundanarum legum. Bene omnia nunc et semper fecit et facit, qui superbis resistit, ac humilibus gratiam dabit. Tunc dominus Bruno ingenti timore correptus, imo per vim supernæ virtutis adeo est interne sibimet subreptus, quo non solum illa die coram principibus et populo humiliatus frigesceret, sudaret, pallesceret, sed etiam intra domestica mœnia sub grandi vitæ suæ periculo proximam noctem insomnem duceret. Altera autem die, cum jam sol illustrasset orbem, pœnitentia et lacrymis expellens tenebras quo deceptus erat erroris, cum oblatione se beato Emmerammo præsentavit, humiliter fratribus delictum suum confessus, atque inter memorias sanctorum nudipes incedendo, tam laboriosam interim exercitationem perpessus, ut nullum ex omnibus altaribus quæ apud nos abundant prætermitteret cui propria manu donum non imponeret. Demum ante aram clarissimi patroni nostri se ultra nec illi neque suis aliquid mali facturum, seu rebus ecclesiæ ullam vim illaturum cum juramento devovit, nec non sub testibus confirmavit. Vinum quoque, quod partium suarum fautoribus in convivio se daturum spopondit, nobis pro charitate dedit, atque vitam suam intentissime orationi fraternæ commendavit. »

Ammonicius.

« Mirari satis nequeo quæ tanta sit duritia cordis in aversione mortalium, ista et hujusmodi magnalia videntium et audientium, ut audeant tollere bona sanctorum. Par meæ parvitati videtur hæc modernorum pertinacia illi Judæorum inveteratæ stoliditati quæ in passione Christi non sivit eos in Filium Dei credere, cum viderunt saxa findi, velum scindi, cœlum obtenebrari ; imo totum mundum Lapidi quem reprobaverunt et Regi quem pertinaciter non solum abdicaverunt, sed etiam per iniquæ linguæ judicium turpissima morte condemnaverunt, multis modis conspicerent subdi et famulari. »

Collectitius.

« Non est, o Ammonici, quod multum debeas mirari super hac sustinentia dominationis aut ablationis terreni seu transitorii boni, quandoquidem ipse Auctor omnium bonorum, propter salutem nostram a diabolo tentatus, et ab eo in montem excelsum valde sublatus, nec non ab eodem super pinnaculum templi translatus, novissime quidem ab ejus membris sputa, colaphos, et flagella, et cætera quæ ad ignominiam crucis pertinent, patienter sustinuit. Memor etiam esse debes illius versus, quem Psalmista pro consolatione, sub eorum persona qui in pressura sunt, scriptis inseruit suis, dicens : Sustinuit anima mea in verbo Domini, speravit anima

(252) *Psal.* cxxix.
(253) *Luc.* xxi.

mea in ipso (252). Quam consolationem ipse Salvator in Evangelio confirmat, provide ad discipulos dicens : In patientia vestra possidebitis animas vestras (253). Putasne quod non curaret Dominus mortalium actus, quando pene per totum mundum proscripta sunt bona Christianorum ? Absit ! Crede mihi : neuter illorum, qui bona sanctis dat aut dedit, et abstulit et ablaturus erit, præmio carebit. Judas quoque præmium Dominicæ proditionis jam infeliciter possedit, et in æternum infelicius possessurus erit. Latro vero suæ confessionis vicissitudine gratissima remediabile præmium jam accepit, ac in perpetuum felicissime habiturus erit. »

Ammonicius.

« Ingentis miraculi descriptione pariter et querelosæ mussitationis absolutione mihi et illis satisfactum esse minime diffiteor, quin etiam plane ob id fateor quia certissime scio nullatenus posse mutari, corrumpi vel falli Regem regum : Mihi vindictam et ego retribuam (254). »

Collectitius.

« Adhuc aliquanto longius in hujusmodi sententia progrediendum est ; nam nostrapte, qui Christiani dicimur esse et debemus, non solum ore dicendum, sed etiam proximis tale beneficium corde tenus est impendendum ut qui nobis maledicat, sive quid mali faciat, quantum ad nos, maledictioni minime subjaceat , verum, benedictione ac oratione fraternæ charitatis adjutus, a morte peccatorum revivescat, virtute divina in callem salutis restitutus. Hujus rei gratia his qui non dedignantur parvitatis meæ legere scripta, placet istic unum exemplum innectere de Patrum vita, quo et patientiæ pernecessarium bonum probetur, et e contrario exsecrabile malum impatientiæ reprobetur. »

Ammonicius.

« Valde utile esse ut studeat piis exemplis ad bonum quis provocari aut converti, sive de malo averti, experimento didicimus etiam pueri. Propterea tale aliquid libenter modo audire seu curiositate haud infructuosa parati sumus legere. »

Collectitius.

« Quidam fratrum tempore vetusto, venit ad quemdam Patrum Abraham forte nuncupatum, qui jam inter servos Dei habebatur clarus ex perfectione virtutum. Huic inter cæteras tentationum anxietates isdem frater questus est dicens : Spiritus impatientiæ ac superbiæ adeo me impugnat ut tam perversæ pesti non possim ullo modo resistere ; quin si quis mihi injuriam fecerit aliquam, ore aut manu reddam ei talionem, ob malevolam siquidem et insulsam communionem. Cui respondit senex : Apostolus præcipit fidelibus, imo per Apostolum Christus : Si quis vos in faciem cædit, si quis vos devorat, si quis mundi substantiam tollit, patienter sufferte, propter eum qui dilexit nos (255). Et iterum : Patientes estote ad omnes, nam patientia parit probationem,

(254) *Rom.* xii.
(255) *II Cor.* xi.

probatio vero spem, spes autem non confundit (236). Tum fratre per induratum cor diffitente. Apostoli verba se nullatenus per patientiam sequi posse, dixit senex : Orandum est intentissime, ut Dominus dignetur hanc duritiam cordis auferre. Cumque orasset senex, eodem fratre audiente, ad Dominum dixit humillime : Domine, non es nobis necessarius. Ecce nos homines impatientiæ vitio resistere nolentes, in potestate nostra sine te statuimus omnia facere. Ad quem sermonem ille frater Deo donante ita subito mutatus et compunctus est, ut non modo coram sene per pœnitentiam satisfaceret, super insolita mentis obstinatione humiliatus, sed universa tentationum suarum perturbatione sedata, abscederet melioratus. »

Ammonicius.

« Deo gratias, quia patientia viri Dei per medicinam cœlestem medicata est impatientiæ fratris infirmi. Nunc ergo, quia tentationum antiqui temporis mentionem fecisti, ex secretario charitatis dulcissimo agilitatem tuam educere convenit, si quis temporibus istis ex numero fidelium Regi regum alicubi militantium tam validam et gravem tentationem incurrerit. »

Collectitius.

« Non est dubium quin adhuc diabolus easdem artes habeat quas antiquis temporibus habuerat, imo certo certius credendum est quod benignus Jesus in electorum suorum defensione antiqui hostis deceptionibus resistendo, solita usque in finem sæculi circa suos utatur clementia. Propter hoc etiam nulli fidelium erit ambigendum nunc servos Dei, sicuti primitus, multis modis a diabolo tentari, ac æque ut tunc ab generis humani reparatore inter varias tentationum tempestates eosdem semper et ubique defensari. Quod ut evidentius dignoscatur, o Ammonici, et aliis hujusmodi rem non despicientibus, narratione subsequenti veritas tradatur.

« Est quidam, ut æstimo, adhuc in hac vita senex religiosus, ex laico conversus, nomine Guntharius, qui apud sæculum aliquando ex rerum copia tumens, et nobilitate generis vanescens exstitit superbiæ filius, sed per misericordiam Dei post factus est tam humilis monachus, ut merito non possim aut debeam illi comparare ullum nostri temporis cucullarium, de vanitate sæculi conversum. Is primum sub Gothehardo Altahensium abbate, omni patientia et subjectione probatus, cœpit desiderare altioris vitæ callem incedere. Unde et licentia a Patre monasterii accepta, solitariam vitam aggressus est ; ad quam divino adjutorio peragendam ut se spiritali cautela probaret, animumque virtutum exercitiis præpararet, montem quemdam petiit, quem a præfato cœnobio una ferme rasta (237) distantem idioma Theutiscum Rancinga jam nominavit. In quo pene per tres annos consistens, modico victu ac humillimo habitu parvaque cella contentus erat. Cujus arduam vitam cum mirarentur nonnulli, adventantes cum xeniis, Christum, qui propter nos factus est humilis, in suo visitabant ac venerabantur servo. Tunc ille timens ne frequentia populi et gloriola sæculi sibi sub specie religionis quid de veris subriperet aut minueret bonis, fugiens inde secessit in eremum quæ vocatur Aquilonalis Silva, certamen singulare in ea contra diabolum viriliter pugnaturus. Qua ut primum constitutus Dei famulus eremiticam vitam ruchatica vel spiritali consecravit militia, tentationes varias et multas atque graves perpessus est. E quibus unam, quæ relatu veraci parvitati meæ in notitiam venit, ad utilitatem legentium nunc præscribere tentabo, post modicum tempus vita comite aliam graviorem subscripturus. Hiemali atqui tempore, quo ultra solitum Noricense solum est immensitate seu nivium densitate contectum, accidit prædicto Dei famulo quoddam quasi palæstrale tormentum, imo probabilis patientiæ verum ac venerabile condimentum. Nam cum præ nimietate nivali continuis novem diebus panes illi de monasterio secundum consuetudinem nequirent afferri, neque aliunde ab ullo hominum illuc possent transmitti, neque ipse, impediente proxima incolatus novitate, aliquid ibi laboratum haberet unde alimenta sumere valeret, trium dierum inedia affectus, quarta die, tentare Dominum nolens, ex glaciali profunditate nivis, quæ jam excrevit ultra staturam mediocris hominis, cœpit silvestres herbas eruere ac evellere, et in ollam coquendum mittere. Quibus illa die per ignem et aquam parumper mollificatis, distulit prandium usque in diem quintum. Quo, exspectans horam refectionis canonicam, pulmentum, quod hesterna die præparavit, denuo coctum refectionis gratia sibi apposuit, sed gustatum edere non potuit ; unde semetipsum increpans ait : O Gunthari, superbia tua te non sinit refici hoc edulio humili. Ubi nunc vaporifera vel mollissima simila ? Ubi nunc aprinæ spadulæ seu carnes ursinæ et suillæ, ad inventionem coquorum oppiperatæ ? Ubi nunc imputribiles post coctionem pavones, seu phasinæ aves, plurigenis condimentorum saporatæ irritamentis ? Ubi nunc vinum probatum et ad libitum de promptuario usque ad satietatem quotidie tibi prolatum ? Ergo pro abundantia delicatioris cibi et potus, quibus olim in sæculi divitiis deditus eras totus, contentus esto nunc jentaculo pauperculæ refectionis, in nomine Jesu Christi omnium Redemptoris, qui, cum dives

---

(236) *Rom.* v.
(237) Milliare Scrivericis in not. ms. ; observo tamen diversum fuisse hujus vocis usum, quippe temporibus Hieronymi fuit milliare ; nam sic ille commentatur in Joelem : Latini *mille passus* vocant, Galli *leucas*, Persæ *parasangas*, et *rastas* universa Germania, sed immutatus est dictionis usus vel mensura locorum, quippe Beda asserit duas lewas sive milliaria tria facere rastam, et alibi ; leucæ sex, sunt tres rastæ. BASN.

esset, propter te pauper factus est, ut tu particeps fieres divitiarum illius. Quid plura? Demum sexta die pleniter gratias agens Deo, qui de copia bonorum suorum etiam non dedignatur pascere pullos corvorum, ex prædicta silvestri herba jam tertio cocta, itaque vix mollificata, corpori quamvis necessariam, tamen valde contrariam, cum faginis foliis, quæ nive abrasa laboriose collegit, refectionem accepit: sicque non sine magno tumultu et controversia diversarum cogitationum, seu manifesta incursione diabolicarum tentationum, consolationem divinæ pietatis exspectavit.

« Tunc, ut in perturbationibus hujusmodi solet fieri, fluctibus cogitationum altrinsecus sibi succedentibus et impellentibus, dextrorsum quædam cogitatio leniter inrepens, et quasi ex parte Christi adveniens, viro Dei fideliter intimavit, dicens : Exspecta Dominum, viriliter age et confortetur cor tuum, et sustine Dominum (238). Cui e contrario, id est sinistrorsum, suasio diaboli, quia invidia in orbem terrarum mors intravit, prorumpens importune reclamavit, verba et dolos hujusmodi concinnans : Cum scriptum sit : Altiora ne quæsieris (239), quia fragilis homo eremum petiisti, non solum stulte egisti, sed etiam valde proterviter te huc invexisti, blasphemiam Christo tuo illaturus, utpote canis famelicus, absque sustentatione illius, hic pessime moriturus. Verum ab adverso bona cogitatio et cauta sollicitudo infert : Cum Christus, qui est Dominus omnium, tentatorem diabolum Evangelici verbi jaculo per semetipsum straverit, dicens : Non in solo pane vivit homo, sed in omni verbo Dei (240), non tibi subrepat diffidentia, o pauper sæculi, dives Christi, sed firmissime ponito spem in eo de quo Psalmista cecinit dicens : Dominus fortitudo plebis suæ, et protector salvationum Christi sui est (241). Iterum humanæ salutis inimico quædam scæva suggerente, et in tali miseria nec non labore carnis infirmitatem minime posse persistere fraudulenter inficiente, homo Dei respondit : Quod si Christus meus me non manducando vivere voluerit, facile hoc efficere poterit, juxta quod scriptum est : Non est impossibile apud Deum omne verbum (242). Et iterum : Omnia possibilia credenti (243). Si vero id facere noluerit, aut mihi clementer victum exhibebit, secundum quod ipse dicit in Evangelio : Primum quærite regnum Dei, et hæc omnia adjicientur vobis ; scit enim Pater vester quia his omnibus indigetis (244) ; aut sine murmuratione illius voluntatis sententia, quæ non potest esse injusta, cum intemerata fide erit subeunda. Hanc fidem et fidei exercitationem subsecuta est consolatio divinæ pietatis, quæ sufficienter illi panes transmisit per quosdam homines qui, illo cum semicirculis super montuosam congeriem nivis incedentes, vix reptando ad virum Dei decimo tandem die pervenire potuerunt. Tunc grates magnificas Deo reddens, qui non dereliquit sperantes in se, quanto sibi per patientiæ probationem factus est notior, tanto aliis in posterum exemplo humilitatis et perseverantiæ, largiente omnium bonorum Fonte, exstitit utilior. Unde factum est ut nonnulli ex clericis sive monachis nec non fidelibus laicis, ab eo et per eum provocati, imo divino instinctu attracti, sub communione orationum ejus atque laborum in eadem eremo, cujus ipse ob amorem Christi accola esse voluit, Regi regum militare cœpissent. Ubi pluribus intra vallem lacrymarum ascensionem cordis disponentibus, nec non de virtute in virtutem (245) quotidie proficientibus, contigit ut quidam presbyter de Saxonum gente oriundus, a domesticis quoque Tammo vocitatus, more adventantium accederet, sub specieque laudabilis incolatus, viri Dei commilitonumve illius conversationi se admiscere tentaret. Quem cum vir Dei partim præcurrente magistra experientia abbati Altahensium præsentasset, et ex more secundum regulam S. Benedicti obedientiam promisisset, statim ; sub tenore quam abbati promiserat obedientiæ, sicut et cæteri ad id temporis solebant facere, et adhuc solent agere qui manent eo loci eremitæ, redditus sive sub diligentia summa commendatus prædicto seni, cum illo repedavit ad secessum eremi.

« Qua cum cæteris fratribus Summo humillime famulantibus, et ipse juxta instituta Patrum in cella sibi deputata, aliquantum temporis humilitate perageret comitante, per subreptionem cenodoxiæ, adeo repente gravatus est massa superbiæ, ut non solum clandestinis mussitationibus venerando seni detrahendo in aures quorumdam commonentium susurraret, sed etiam manifeste in calumniam tanti viri prorumpere auderet dicens : Quid et quis est Guntharus ? Laicus atque et idiota, cujus jure contemnitur vita. Cui responderunt servi Dei qui forte tunc aderant et hæc audierant, dicentes : Ut nobis videtur, humilitas, quæ custos est virtutum, longe recessit a tua mente, et superbiæ monstrum te manifeste invasit, quod Babylonicam turrem procaciter filios pravæ confidentiæ olim ædificare persuasit (246), et de viro Dei tam nefanda tibi modo suggessit. Ipse procul dubio primum huic eremo invexit vexilla crucis Christi, qui in Evangelio dicit : Qui vult venire post me, abneget semetipsum, et tollat crucem suam, et sequatur me (247). Est quoque iste vir magnæ auctoritatis qui jam in senectam et senium venit, optime parendo divinis mandatis. Quibus ille arroganter respondit, inquiens : Aucto-

---

(238) *Jos.* II.
(239) *Eccli.* III.
(240) *Matth.* IV.
(241) *Psal.* XXVII.
(242) *Luc.* VII.
(243) *Marc.* IX.
(244) *Luc.* XII.
(245) *Psal.* LXXXIII.
(246) *Gen.* XI.
(247) *Luc.* IX.

ritas quoque illius mihi pro minimo est, quia nihil omnino valet. Seorsum quidem mihi manendum, et Christo, qui dedit nosse et posse, in speciali cella, haud sub Guntharii censura erit meapte libero animo serviendum. Quid plura? Sequestratus idem presbyter aliquot diebus ab illis quos despexit, a subversore ministratas quasdam vidit visiones, imo phantasias aspexit, quibus adeo elevatum est cor ejus, ut humili ac simplici voto minime expeteret. Unde accidit ut intempesta noctis (*sic*), qua sanctæ Agnetis festivitas celebratur a Christianis, orationi aliquantulum incumbens, primum delectabilem, post modicum vero lacrymabilem, auditu vocem hauriret oculisque visionem videret. Audivit ergo imprimis harmoniam, nec non quasi duos choros virorum et feminarum p:ocul concinentium, et alternatione vicaria, ut audiebatur, pulcherrime sibi invicem respondentium, donec paulatim cum incremento ejusdem cantilenæ atque corusci luminis augmentatione usque ad se venirent. Tunc humani generis inimicus, qui testante apostolo Paulo transfigurat se etiam in angelum lucis (248), cum tanto fulgore se illi præsentavit, ut nihil minus putaretur quam diabolus. Cumque cum presbyter intueretur diutius et miraretur super pulchritudine ejus, qui apparuit dixit ad eum : Videsne quod sim Christus? quare non adoras me? Noli dubitare, cum ad hoc venerim, quatenus tibi dicam quæ te oporteat facere. At ille, quem præstigia jam deceperant diabolica, dixit : Si filius es Mariæ, ecce te adoro. Et procidens adoravit eum, penitus oblitus illius responsi quod in Vita Patrum senem cautissimum super hujuscemodi tentatione legebat dedisse. Ibi enim est scriptum, ut nunc rememoro, quia quidam senex pari modo a diabolo sit tentatus; sed, divina clementia servum suum vallante, mox tentator quis fuerit paucis verbis sit deprehensus. Nam cum seni diu tacenti, et secum quis esset qui apparuit intime volventi, perversus perverse diceret : Ego sum Christus; quare tardas me adorare? Responsum accepit ab eo : Quem adoravi ab infantia mea usque in præsens, nisi Christum filium Dei vivi? Si tu Christus esses, nullatenus a me peteres hoc obsequium tibi modo impendi, quod semper, in quantum valui, vero Christo Domino meo humiliter exhibui. Tunc humani generis inimicus valida senis fide repercussus atque confusus evanuit, linquens ibi certa præsentiæ suæ indicia, id est fetorem. »

Ammonicus.

« O Collectici, horroris plena sunt quæ scripsisti, et est valde durus hic sermo quem dixisti : Quis ergo potest laqueos inimici evadere, si ista in hunc modum facta sunt vere? »

Collectitius.

« Interrogatiunculæ tuæ huic pravæ simu. et dubitationi nimium periculosæ, o Ammonici, satisfacere debet vox quæ ad Antonium pro extensis per orbem terrarum inimici laqueis queritantem, et nihilominus lacrymantem, de cœlo aliquando venit, dicens : Humilitas Christo adhærens transcendet omnes laqueos hos. De cætero crede mihi quia, si in prædicto fratre humilitas Christi regnaret, nunquam superbiam diaboli cadens adoraret. Quod in sequentibus evidentissime liquebit. Nam postquam pessime adoravit, antiquus hostis ei aliud vulnus inflixit pariter et dixit : Antichristus jam in Judæa regnat, nec non Elias et Enoch ibi prædicant. Cum his quoque ab Antichristo interficiendis, pro confessione mei nominis, in anno præsenti, martyrio coronandus eris. Sed antequam illuc tendas, oportet te omnia quæ in hujus provinciæ cœnobiis emendatione sunt digna corrigere, et multis verbum veritatis prædicare. At presbyter, novarum rerum cupidus, infit : Quod signum dabis mihi quo certus efficiar me quæ dixisti facturum? Cui seductor respondit : Non unum signum tibi dabitur pro certitudine, sed tria facturus es hodie, ante tertiam horam diei, scilicet unum in Guntharii sinistro oculo, quem pene ob ægritudinem perdidit, alterum in fratre, qui jam per multos dies infirmat, et est cæcus, cui nomen Remigius. Tertium in eo, qui dicitur Razo, quem inimici sui cæcaverunt, atque mancum fecerunt. Insuper pro signo certitudinis habeto sandalia, quæ in proximo reperies, posita quadam sub arbore cava ; quibus præcipio ut posthac utaris in celebrandis missarum solemniis. Quid multa? His ita homini superbo diabolica fraude persuasis, et inter arbusta pone domicilium in quo vagabundus mansit consita, quasi quodam ascensu pariter ac descensu demonstrato, cum aliis inextricabilibus phantasiæ portentis, in ipso crepusculo lucis, præfatus presbyter propriam et singularem deserens cellam, sub inani spe diabolicæ pollicitationis, domini Guntharii petit casam. Quem cum videret venerabilis heros, super repentino ejus adventu obtupescens et admirans, utpote qui superbia imperante ab eo sequestratus erat, sibique, veluti litteras nescienti, peritiæ suæ supplementum maligna voluntate subtraxerat, nihil dicere volens conticuit. Tunc qui vana gloria tumidus advenerat, sub specie religionis ad reverendum senem dicebat : Non ignoramus quia, juxta instituta Patrum, nisi vocati, de cella egredi et huc venire minime debueramus; sed humilitatis nostræ adventus ex præcepto Domini nostri Jesu Christi est vobis et aliis valde necessarius. Cui senex, Spiritus munimine protectus, dixit : Unde vobis hoc, aut quando Dominus Christus fraternitati vestræ nova dedit præcepta? At ille respondit : Hac nocte. Et dicit senex, Quæ? Respondit presbyter : Ut in monasteriis Norici regulares observationes corrigam et renovem, atque populis late verbum Dei prædicem, nec non infirmitate sanata duobus fratribus, Razoni scilicet et Remigio, visum restituam, oculoque tuo jam per plures annos doloribus *turbato*

(248) *II Cor.* XIII.

claritatem luminis reddam. Quæ verba cum senex audiret per os Tammonis prolata, occurrit jactantiæ ejus dicens : Crede mihi, Guntharius mallet ambobus oculis carere, quam per illius concessionem videre qui tibi hæc fallaciter promisit. Nihil verius quam te diabolica arte circumventum et omnimodis esse delusum. Cui sententiæ qui advenerat presbyter subnectit frivola, dicens : Si ante hanc proximam hujus diei tertiam horam non fecero quod dixi, nolite credere mihi. Et vir Dei ait : Veritas, in quam credimus, hodie patefactura est tibi et nobis omnibus quia pater mendacii tuam decepit arrogantiam. Tum presbyter, se subducens obtutibus senis et persistens in pertinacia obligatæ mentis, in ecclesiam duxit secum fratrem cæcum, quasi oraturus pro eo, ut visum reciperet a Domino. Sed cum diu esset oratum, et lumen quod petebatur non foret datum, protraxit frustra tentatam vanitatis gloriolam pene usque in sextam horam. Tunc undique horrore et terrore circumdatus, et non sine grandi confusione conturbatus, festinus dominum Guntharium adit, et in faciem procidens cum lacrymis ad eum dixit : Nisi me preces tuæ, o venerande Pater, magnifice adjuverint, et orationes aliorum Dei servorum de puteo interitus me eruerint, certo certius scio quia peccatis meis facientibus Christi servus desii esse, quod ille me sibi in servum proprium posthinc vindicabit et possidebit, quem totius nequitiæ ministrum, heu, heu me miserum ! adoravi pro Domino dominorum. Ad hæc Dominus Guntharius spiritalibus armis accinctus respondit : Petrus princeps apostolorum, ad quem ipsa Veritas dixit : Tu es Petrus, et super hanc petram ædificabo Ecclesiam meam (249), ter negavit Christum, optimum Magistrum, sed postquam Dominus in eum respexit, et amare flevit (250), remissionem accepit per eum qui solus compati novit infirmitatibus nostris, in miserationibus suis magnis et multis. Proinde casu tuo non debes gaudium plenum facere diabolo in hoc ut cadas in diffidentiam, sed magis quære humiliter omnipotentis Dei clementiam, quam nulla mortalium superant delicta. Cumque presbyter post admonitionem senis, novi lapsus maerore adhuc consternatus, proxime ad horam divini servitii veniens, collectæ fratrum se inibi constitutæ admiscere tentaret, atque psalmodiæ aliquantisper cum eis inserviret, antiquus hostis cœpit ei acriter instare, nec non manifeste illi molestus esse, dicens : Quæ legis et cantas, de me scripta *mea* (251) sunt, tu velis nolis, post hinc permanebis meus, quia totus es in ditionem libitus mei redactus. Noli falli neque per Guntharii vanam et falsam suggestionem decipi ; nemo te rapiet de manu mea.

Ammonicius.

En iterum in memoriam redit, imo nunc se tenacius animo ingerit quod egregius versificator, Dominicæ tentationis mentionem faciens, de hoc pessimo tentatore in hunc modum scribit : »

Cum Domino montana petit, cunctasque per orbem
Regnorum monstravit opes : Hæc omnia, dicens,
Me tribuente feres, si me prostratus adores.
Quantum perversus, tantum perversa locutus.

Collectitius.

« Oportet ut interim sileas, o Ammonici, dum ad quem finem tam gravis tentatio pervenerit veridica narratione audias, mecumque tunc Deo laudes referas. Nam ab illo die presbyter prænominatus, periculorum pondere gravatus, etsi se pœnitentiæ daret arctissimæ nullatenus novum et antiquum hostem avertere potuit quin ei omnibus horis nimie infestus fuerit. Unde factum est ut dominus Guntharius boni consilii virum, abbatem scilicet Altahensium, nomine Ratmundum, advocaret, ipseque secum assumpto Pataviensi pontifice, super hujuscemodi re quæstionem habiturus adveniret. Cumque episcopus, cum abbate et domino Gunthario clanculum sermonem faciens, lapsum sacerdotis audisset et eum diabolica illusione deceptum animadvertisset, unde hoc grande malum acciderit prudenter tractans, dixit : Ecce factum est in isto fratre quod præmissum legimus in evangelica veritate. Sic enim dicit Dominus in Evangelio suo : Qui se exaltat humiliabitur, et qui se humiliat exaltabitur (252). Proinde necesse est provisum iri ut exaltatio pestifera, quæ per suasionem diabolicam hominem miserabiliter dejecit, Christi humilitate medicinali mirabiliter sananda, in robur fidei erigatur, ac sic in viam salutis æternæ dirigatur. Tum episcopus, ex auctoritate sacrorum canonum, jussit lapsum fratrem ab officio sacerdotali cessare usque ad satisfactionem utilisque consulti taxationem. Quid plura ? Postea quoque diabolica infestatione monachum eumdem nimium confundente, atque diuturnis nocturnisve tumultibus seu acclamationibus etiam in servitio Dei deterrente, missum est circumquaque ad Patres et fratres, ut communi oratione, singulari et medelifera clandestina sacrificii salutaris oblatione, a misericordissimo Domino veniam peterent casui fratris infirmi. Cumque a nonnullis benigne fuisset oratum, et maxime a domino Gunthario ante conspectum divinæ majestatis pro eo esset laboratum, utpote qui omnibus horis titubanti atque nutanti manum consolationis porrexerat, nec non benignum Jesum certissime sibi miserturum promiscerat, tandem post mensium sex evolutionem, qui a pessimo profligatore impugnabatur, levamen sentiens remedium accepit. Cujus valde necessario fomento, per divinam clementiam interius et exterius idem frater refocillatus ac renovatus, jam octavum agit annum sub exercitamento summæ humilitatis, obedientiæ atque abstinentiæ. Illi a quo per superbiam desciverat et deviaverat, appropiare studens, qui et per prophetam dicit : Approquinquate mihi, et ego appropin-

(249) *Matth.* XVIII.
(250) *Luc.* XXII.
(251) Alia littera.
(252) *Matth.* XXIII.

quabo vobis. Et si peccata vestra fuerint rubra sicuti vermiculus, veluti nix dealbabuntur (253). »

Ammonicius.

« O quanta et quam magna dispensationis divinæ censura, quæ, propensioris cautelæ gratia, fratrem de quo retulisti præmissa adeo ab hoste nequissimo permisit affligi, ut penitus in desperationem caderet, nisi hunc senex humilis, uti speramus, omnipotentis Dei servus, dominus videlicet Guntharius, exhortatione assidua in spem recuperandæ salutis erigeret, et sanctorum exemplis multifariis divino e fonte prolatis corroboraret ! »

Collectitius.

« Quia sermonem humilitatis meæ interrupisti laudem Dei exclamando, gratum habeo. Sed quæ narrare cœpi, ad calcem producere me patere, quæso. Hoc enim nimirum super omnia talia mirum, quod ipse auribus meis ab ore senis accepi atque ab eo quadam sacræ lectionis familiari collocutione vix extorsi. Nam cum prædictus presbyter in angustia maximæ tentationis constitutus ad senem sæpius curreret atque recurreret, nec non querelosa voce clamitaret . Non possum subsistere , nequeo perdurare; ora pro me, homo Dei, dixit senex : confido in benigno Jesu quia liberabit te. Tantum tu patiens et constans esto, neque dubites de omnipotenti gratia illius apud quem non est impossibile omne verbum (254). Quod tu sustines modo, generaliter per omnia terrarum regna humanæ fragilitati horrendum et pavitandum, sed minime ob id de misericordia Domini, qua plena est terra, fidelibus est desperandum, quoniam qui potens est de lapidibus suscitare filios Abrahæ (255), potest et te de præsenti liberare tentatione, et nihilominus dignum efficere sua vocatione. Et subjunxit tentatus : Utinam mihi fiat secundum verbum tuum ! Sed valde timeo tentationis periculum, quod mihi misero ingruit ultra humanum modum. Nam in ipsa orationis hora , quando ad laudem Dei os aperio, adversarius mihi videtur quasi rapacitatem suam intro in ventrem mittere usque ad cor, vimque cordis tollere, ac sensus meos prorsus extrahere, et memetipsum mihimet alienum facere. Super hæc omnia jactat se scire meum totum nosse, velle et posse. Respondit senex : Ne hæsites in fide ex adjutorio divino de supernis tempestive mittendo, quod, quamvis ad tempus differtur, tamen non aufertur. Diabolus omnino potestatem non habet nocendi et fatigandi te, nisi permissus a Deo. Deus autem nunquam ista fieri permitteret, nisi te humiliare vellet. Interdum enim Amator hominum simulat se nescire quæ patimur, sed tamen frequenter præstabit nos mirari. Noli, frater, deficere, sed, secundum Apostolum, sta in fide, viriliter age (256), et

confortare (257) in illius nomine qui novit solus fragilitatem humanam sanare. Quod autem questus es diabolum se jactasse de scientia tuæ voluntatis et possibilitatis; ipse, quod bene nosti, contra hanc luctam sufficit tibi; hoc est quod diabolus (sic) internecionem detrudit. His dictis exemplo adfuit Satan in præsentia senis perturbans tentatum fratrem, et dicens : Guntharius non solum nunc mendacium locutus est, sed sæpius mentitur et te fallere nititur, insuper et gracile et subtile pelliciam operose quærit ac diligit. Cumque conviciis appeteret atque lacesseret senem , senex timens ne forte protervitas diaboli animum fratris mitteret in desperationem salutiferi boni, prorupit et dixit : O inimice Dei et hominum! superbia tua et mendacium tuum tecum in æterna perditione maneant. Nos autem qui non solum ovinis et caprinis pellibus utimur, verum etiam simplicitate et humilitate, quæ in eisdem significantur, perfruimur, per eum qui dilexit nos, te pessimum lupum facile superabimus , Christique virtute tuam virtutem calcamus. Crede peccatori Gunthario, quia frater, quem permissione Dei vivi, qui in hunc mundum venit Filius hominis quærere et salvum facere quod perierat (258). Post hæc et hujusmodi certamina, aliaque plurima nequitiæ suæ in tentatum fratrem nequidquam vibrata jacula, miseratione divina diabolus est ita fugatus, ut calamitosis clamoribus et querelosis lamentationibus discedens manifeste nolens innotesceret quantum doluit et adhuc dolebit se , victorem hominis , ab homine victum. »

Ammonicius.

« Deo gratias, cujus misericordiæ non est numerus, et qui jam omnia benefecit, pariter et istud mirabiliter effecit ut qui periculosissime cecidit, misericordissime in statum fidei reerigeretur, ad comprobandum scilicet illud Psalmographi testimonium, quod in centesimo quarto psalmo (259) ponit dicens : Allevat Dominus omnes qui corruunt, et erigit omnes egenos. Ergo, frater o charissime, ut mihi videtur, tibi satis congrue imposuisti Collectitii nomen, et ob velandam Teutonicæ loquelæ nuditatem, pariter et ob commendandam horum quæ dixisti et dicturus es collectariam utilitatem. Ob id quoque et ego æquum arbitror fore ut, vocabulo satisfaciens quod usurpasti, opus inchoatum adaugendo procedas, et quæque utilia colligendo succedas, dictaturus quidem et assumpturus ea in nomine illius qui dicit · Qui non colligit mecum, dispergit ; et qui non est mecum, contra me est (260). Ita quidem illi servies, qui est, et qui erat, et qui venturus est. »

Collectitius.

Amen. Utinam inveniar inter colligentes cum Christo, et non cum eis damner de quibus scriptum absolvatur pendula, ut ita dicam, periodus, deest aliquid, ut puta *omnimodis nunc vexas tentationibus, tuos mox laqueos effugiet.* EDIT. PATROL.
(259) Corrige in CXLIV psalmo.
(260) *Luc.* XI.

(253) *Isai.* I.
(254) *Luc.* I.
(255) *Matth.* III.
(256) *I Cor.* XVI.
(257) *II Tim.* II.
(258) *Matth.* X. — Hic, ut plenius sit sensus , et

est : Fiant sicut fenum tectorum, quod priusquam evellatur exaruit; de quo non adimplebit manum suam qui metet, et sinum suum qui manipulos colliget (261). Hoc quoque modo fiat, aggrediar iterum narrare quæ Dominus, aspiratione sua prævenierite et auxiliatione subsequente, dare sive largiri dignabitur.

« In eodem igitur episcopatu quo ea contigerant quæ prædiximus, accidit et aliud quoddam mirabile, quod cunctis fore debet notabile, simul etiam et evitabile. Erat quidam clericus Pataviensis ecclesiæ ædituus, cujus nomen dicebatur Wilibertus. Is quadam die, ex more sollicitudinis et officii commissi, percurrens ac perlustrans quæque loca ecclesiæ, offendit in abditis quemdam clericum, suum videlicet discipulum, in quodam opere pravo perniciter [*leg.* perniciliter. E. P.] lapsum. Qui, mox plus timens homines quam Deum et electos ejus, rogavit magistrum ne cui diceret malum quod viderat. At ille horrens scelus dixit: Testor Dominum sanctosque illius quia, præ timore salutis animæ meæ, non audeo quod fecisti celare primum seniorem meum, dein cæteros spirituales viros, qui mortifero vulneri tuo pœnitentiæ adhibeant medelam ac suggerant vitalis consilii suadelam. Et subnectens discipulus vaniloquium infit : quia rogationem meam austeritate tua repellis, nihil certius quam ut pœnis tradere velis. Et præceptor : Absit a me, inquit, ut te impie tractem, pœnisque traditum iri optem ! Post quæ verba magister et discipulus recesserunt ab invicem, valde diversam habentes voluntatem. Nam discipulus quod magister bene dixit adeo in malum et deceptionem suimet convertit ut, tenebrosior nocte, noctu non modo strangularet magistrum, sed etiam propriis ligaminibus et fasciolis ad trabes cubiculi, in quo solus, ut æstimast, ob castitatis custodiam dormire solebat, suspenderet. Quod pessime factum cryptis malitiæ abscondere gestiens, intus ostium clausum reliquit ; et ipse domate et tecto per fissuram sejuncto fur nequissimus exivit, ita reponens tegulas ut, excepto uno quâ suspensus erat, ullum hominem intrasse penitus lateret humanas visiones. Unde contigit ut per totam Ecclesiam gravissimum scandalum exiret, quod inter laicos maxime efferbuit, publicis detractionibus draconizantes atque dicentes : Ecce sanctitas clericorum ; ecce apparent merita illorum, qui indigne præsunt Ecclesiis ; ecce sacerdos qui, ipsa die in qua bis missas celebravit, Judam imitatus laqueo se suspendit. Qua de re Pataviensis episcopus valde turbatus, quia fas non erat suum proprium homicidam sepultum iri, nescio qua auctoritate jussit corpus igne cremari, nisi forte propterea id præcepit fieri ne animalia contaminarentur de tactu vel comestione cadaveris (262), ut dicam, secundum æstimationem hominum, inhumani ; aut quod verius puto, dispensatione divina noc factum sit, ut in sequentibus patebit. Nam cum totum corpus jam consumptum esset ignibus, in conspectu omnium qui aderant, cor, quasi ardere nolens, exiit de medio flammarum. Ob quod illi homines stupefacti, quoties ad comburendum idem cor in ignem projecerunt, toties incombustum exire viderunt. Novissime vero cum totis viribus ab his qui aderant idem cor per contos et fustes in igne detineretur, nec sic consumi videretur, recesserunt vespillones, grande miraculum secum portantes. »

Ammonicius.

« Mira res valde et non solum nobis, sed etiam omnibus legentibus eam ! Proinde et ego charitatem tuam admoneo, ut ex ea parte studiosius aliquid eliciatur quod ædificet audientes, pariter et hæcce legentes. »

Collectitius.

« Quamvis non sim dignus dicere et scribere ista seu hujusmodi varia rerum opilia quæ spectant magnorum virorum opera mirabilia, tamen me in hac parte minime subtrahere censeo obedientiæ sacramento, et, in quantum Deus concedere dignabitur, fraternæ dilectionis condimento. Neque enim hæc aliter describere proposui, nisi ut fidelium prosint ædificationi. Sunt qui putant propterea cor presbyteri non posse igne consumi, quia, dum viveret, conscientiam non haberet quæ rea foret gehennæ ignis, excepta communi fragilitate generis humani. Quidam autem dicunt peccatorem salvum factum esse secundum Apostolum, sic tamen quasi per ignem (263). Ego vero affirmem, si vera sunt quæ de illo accepi, et quæ in verbo beati Hieronymi olim studiosus legi, omnia peccata martyrio certissime deleri. »

Ammonicius.

« Quia martyrium nominasti, et quia sunt nonnulli qui æstimant eos martyres esse qui cujuscunque generis pœna plectuntur, et ad oppetitionem propelluntur ; aliique sunt qui e contrario autumant eos penitus perire quos more mortalium per strangulationem, sive per aquarum suffocationem, seu per incendium et alterius generis profligationem contigit repentinam mortem obire : quod sit martyrii verum genus et certum vellem te referente perdiscere. »

Collectitius.

« Puto huic inquisitioni satisfacere testimonia sacræ Scripturæ, quorum alterum est : Justus quacunque morte præventus fuerit, in refrigerio erit (264). Alterum quidem : Non facit martyrem pœna, sed causa (265). Inde enim et tu colligere potes quia verum et certum est genus martyrii hominem non a semetipso sed ab aliis propter justitiam occidi. Hoc enim evangelica veritas affirmat, quæ in aures fidelium clamat : Beati qui persecutionem patiuntur propter justitiam (266). »

---

(261) *Psal.* cxxviii.
(262) *Matth.* xxvii.
(263) *I Cor.* iii.
(264) *Sap.* iv.

(265) Sanctus Gregorius, *lib.* ii, *indict.* 10, *epist.* 37, ex Cypriano *De duplici martyrio ad Fortunatum.*
(266) *Matth.* v.

Ammonicius.

« Solutioni quæstionis quam præceps promovi, o Collectici, satis vehemens occurristi; verumtamen testimoniis prolatis bene ministrasti non ingratis. Nunc ergo convenit ut edicas qualiter prædicta res ad hoc pervenerit quo reus tantæ factionis coram emerserit. »

Collectitius.

« In modum ductilis ceræ habebis me temperatum, si bonum in fructum progredi poterit quod ab homine peccatore seminatum fuerit. Erat quædam causa culpabilis et criminosa, de cujus objectione clericus qui prædictum sacrilegium et homicidium perpetravit atque pessime abscondit, se sacramento expurgare debuit. Sed omnino id efficere non potuit. Nam clericis, qui cum eo super objecto crimine conjurare voluerant, neque per aquam neque per ignem fidem facere quiverat. Tunc miser totus volens in præcipitium ire, tandem in hanc vesaniam obstinatæ mentis prorupit ut perceptione corporis Dominici, sub periculosissima præsumptione, crimen suspectum a se gestiret avertere. Cui perniciosissimo periculo sapienter obvians episcopus, quia certiori fratrum relatione cognovit eumdem clericum talium non esse morum ut ad tantum permitti deberet accedere judicium, jussit eum sub arcta custodia interim constringi, dum sano consilio deliberaret quid de illo fieri oporteret. Tunc undique, secum angustiis septus, e latebra reæ conscientiæ producens, male absconditum facinus, confessus est se ob accusationis timorem præfatum presbyterum strangulasse, simul et suspendisse, ac propterea ex objecto malo purgari nequisse. Quod ut audivit episcopus, sequestravit eum de clero ac privavit ordine sacro, auctoritate pastorali præcipiens illi summo conamine pœnitentiam agere laqueisque diaboli se sic subtrahere. »

Ammonicius.

« Primum oportet ut Deo gratias et laudes dicamus in commune omnes, quia sacri ordinis infamiam, quæ, de morte prædicti sacerdotis importune prorumpens, nonnullorum sensibus haud parvas ignorantiæ sive horroris tenebras offudit, sub falsitatis fuco diu latitare minime permisit. Exin ob facinus tantum, dolore intima pungente, cogimur ejulando dicere : Heu ! quam grande malum operatur æquitatis odium, quod adeo, suadente diabolo, in præfata persona exarsit, ut discipulus perversus non solum nequiter insequeretur magistrum, sed etiam pessime necaret presbyterum ! imo, quod pejus et gravius est omnibus maligni versutiis, suspendio corporis exanimi strophose simulaverit ipsum, qui suspensus erat, ad exemplum Judæ homicidam fuisse sui ! Ecce in palam processit quod de absconditis peccatorum sacra Scriptura prodit : Abscondi tanquam aurum peccata mea, et celavi in sinu iniquitatem meam(267). Quæ ira odioque onerata

A non solum periculose aliquando crassescere, quin etiam perniciosissime solet indurescere, sacro eloquio testante ac dicente : Inveterata ira odium parit, odium vero interficit. Cujus venena si homines corporaliter inspicere valerent, a quo infundi solerent, procul dubio nimium inde abhorrerent. Quod si alicui evenerit, vellem a charitate tua hic insertum iri. »

Collectitius

« Sicut charitas cooperit multitudinem peccatorum (268), ita e contrario ira et invidia dilectionis obliviscens, naturaliaque bona maligne consumens, et per varias occasiones coacervans dissensiones et offensiones, pertrahit odium usque ad homicidium. Quod, gravissimum super omnia malum, semper occulte diabolicoque instinctu inter cætera suarum artium molimina suggeri nemo dubitet. Interdum vero sator nequissimus quia inter homines manifeste discordiam et cætera maleficia in tantum seminare soleat ut etiam per ea multi intereant, nisi quis, Deo donante, conversus resipiscat, ac de Satanæ aucupio per pœnitentiam evolans, vix ita illius pertinaci visco se subtrahere queat, etsi non omnes, tamen qui non ignorent existunt quam plures. Cæterum quo dilectioni tuæ meapte satisfiat, præsenti capitulo super hujuscemodi re conveniens exemplum proponam itaque sequentia humiliter colligendo supponam.

« Fuit quidam Papiæ miles, cujus nomen jam in cœlo scriptum pia sperat fides, qui, ut relatu cognovi domini Arderici Verecellensis episcopi, postquam manus (sic) adolescentiæ sæcularibus implicamentis ex more humano detentus est et astrictus, nec non per plures annos cum armis militaribus se satis strenue inter commilitones exercuit filiosque jam procreavit; tandem in se reversus atque a sæculi vanitate conversus, cingulum mundanæ militiæ apud Sanctum Petrum in eadem civitate deposuit, et sub monastico habitu, stigmata crucis bajulare desiderans, Christo regum Regi cœpit militare. Cujus filius miles et ipse strenuus, domi a patre familiaris rei hæres derelictus, tantis per quemdam Aginulfum, palatini scilicet comitis fratrem germanum, appetebatur inimicitiis atque insidiis, ut limen domus propriæ minime auderet excedere. Cujus rei gratia idem qui post militiam factus est monachus, pietate plenus, ex permissione abbatis sub cujus regimine degebat, misit legatum ad virum prænominatum, rogans ut ob reverentiam S. Petri ad se minus pigritaret venire. Qui quamvis aliquantulum veritus esset religionem viri Dei, tamen non humilis, sed tumidus advenit. Ante quem cum vir Dei in modum crucis esset prostratus, atque ab eo non sine admiratione fuisset levatus, humillime dixit ad eum : Quæ utilitas tibi, senior bone, illius filii mei sanguine, quem tantopere cupis interfectum iri a tuis ? Ego pauper

(267) *Job* xxxi.

(268) *I Petr.* iv; *Prov* x.

servus servorum Dei et tuus, rogo te ut per misericordiam Domini nostri Jesu animum tuum ab incœpto retrahere velis, et misero, qui dignitati tuæ resistere non potest, parcere digneris. At ille rancore superbiæ elatus, atque inimici stimulis exasperatus, juramento sacramenti affirmat vitam propriam non libentius velle tueri, quam hoc vel per se vel per suos efficere, ut ejus vita pro quo tam obnixe homo Dei supplicabat, possit extorqueri et exstingui. Tunc humilis monachus magis pro eo quam pro filio, lacrymis infusus, ait : Eia, eia, domine Aginulfe, quam libenter et quam necessario vellem, si peccatis meis Dominum rogare auderem, ut tu videres hunc cujus per suggestionem homicidii amaritudo adeo tibi dulcorata est, quo nec ob misericordiam Dei, neque ob reverentiam beati Petri a tanto malo velis inhiberi. Confido in Domino quia si illum videres, animum sine dilatione mutares. His et hujuscemodi dictis et auditis, abiit qui vocatus venerat, mentis obstinatæ secum onus portans. Verum proxima nocte sensit per principem tenebrarum mortisque ministrum quod faciendum proterviter decrevit quam foret sinistrum. Nam in prima vigilia noctis, ipso Aginulfo cum conjuge sua in lecto decubante, et pedissequis puellaribus in conclave jam strata foventibus, nec non præ foribus cubiculariis excubantibus, subito apparuit Æthiops ad fornaculum stans, qui lignis ad prunas jam partim emortuas appositis ignem afflando succendit, atque terrorem cum stupore horribiliter his qui aderant incussit, nec non pene omnium hæc intuentium vires enervans adeo excussit, ut, cum necessario loqui atque signaculo crucis vel fidei munimine signare se vellent, non solum hoc proficue facere nequirent, sed nec saltem mutire possent, excepto quod per totam noctem miserabiliter ululabant, dentibusque incessanter stridebant. Tunc dominus domus, ipse videlicet Aginulfus, videns diabolum cominus stantem, et quasi ad focum se calefacientem, timuit valde ne is qui ex improviso adveniebat, niger, hispidus, horridus hospes, potestate desuper data, se intra domesticos parietes e medio raperet, et infelicissime cum filiis gehennæ suum ex advena domesticum faceret. Quid ageret? quid consilii caperet? maximis implicatus angustiis, quod horrendum vidit effari minime quivit. Omnes personæ illius clientelæ trementes dolebant in commune, unam eamdemque pœnam patiebantur universi, sub mortis comminatione. Tandem interiore homine arcanum sacræ fidei rememorante, cœpit corde tenus psallere; jam enim didicit psalmos, non illa nocte per officium oris verba proferens, sed totam vim corporis et animæ cum silentio usque ad lucem in Deum convertens. Tum Psalterio non externa sed interna cantione a principio usque ad calcem perlecto, clementia illius qui tollit peccata mundi, vix cum suis ab infestatione diabolica meruit liberari, atque Christiani sensus magna potentique gratia revisitari. Qui, solis jubare terras relustrante, per verba conjugis audiens commanentibus grande periculum incubuisse nocturni timoris, dixit : Non ignoro propter peccata mea malum hoc accidisse, quod tot homines contigit per totam noctem graviter laborando insimul vidisse. Idcirco ad virum Dei, quem hesterna die superbe contempsi, hodie mihi humiliter repedandum novi. Et confestim pergens quo eundum decrevit, advocato viri Dei nato, solo tenus coram eo prostratus, pœnitentiam egit super eo quod priori die adeo inexorabilis exstitit, nec non pacem ultro ei obtulit, cum eam dare prius etiam rogatus recusavit. Cujus rei gratia homo Dei lætificatus, Omnipotenti magnificas grates retulit, et nihilominus omnis plebs, ut audivit, humanæ duritiæ mollificatori laudes dedit. »

Ammonicius.

« Placet mihi, fateor, sententia quam ob prodendam simul et cavendam suggestionis diabolicæ malitiam proximo descripsisti capitulo, quæ, ut videtur meæ parvitati, non inconvenienter visio viva potest dici, quia per eam inimicus homo a morte proximi est prohibitus, atque vivus cum vivo in gratiam communis humanitatis vivaciter est reductus. De cætero, quod insidet animo, dilectioni tuæ consilium do, ut præsentis dialogi claudas librum, ne forte unius voluminis probabilem excedat modum. »

Collectitius.

« Quamvis mihi non sit pro magno dijudicari ab homine vel ab humano die, tamen ita tuæ charitati meapte probum videtur consensum iri, ut narrationis gressibus in Galliam pergens, primum in ea factum tangam aliquod quod legentibus et audientibus utile sit, dein tendam ad voluminis finem, quatenus ibi fervor dictandi et scribendi ad tempus quiescat, sive decalescat, ubi sol, quotidie ad occasum vergens, mundo absentia sua noctis tenebras infundendo quodammodo ardere seu lucere mortalibus cessat.

« Erat quidam nobilis homo habitans in Galliarum regno, qui se assidue in venatione inter alia exercens, die quadam quem necessarium habuit ad domum reditum protraxit usque ad diei noctisve crepusculum. Tunc illius canibus vulpeculam solito insequentibus et ingressis cujusdam cavernulas montis, dominus et senior valde dolens super interitu eorumdem canum, quia non poterant videri neque audiri, misit de suis militibus atque comitibus qui sibi de proximis villis ignem cum lumine afferrent, pariterque funes cum longis ordinibus deferrent, quibus cavitatem montis descendentes intrare valerent. Cumque unus ex illis qui post ignem et funiculos missi erant per foramen intraret, et intus diu nimiumque erraret, tandem ad buccinam corniculum, quæ interim foris persultabat, vix reflectens iter ad dominum repedavit suum, et dixit ad eum : Domine, ista montana sunt omnia cava, ac horum interiora videntur quasi regio deserta, et, nisi mihi tuapte adjutores dentur qui funes cum ordinibus trahant, et per saxorum asperitates sustentare illos minus fastidiant, certisque spatiorum locis divisi vigilantissima me cum lumine præcedente præstolentur custodia, nec quem mittis ultra videbis; et tamen canibus in æternum carebis. Non enim spero me ex tot anfractibus posse redire, nisi, Deo concedente, contingat parvitatem meam cum funiculorum attrectatione continua salutem concambire. Quid multa? Eodem momento cum his quos in adjutorium petebat ingressus est vir denuo, et aliquandiu restium ducatu incedendo moras perpessus est exosas, quamvis, ut exitus rei probavit, non infructuosas. Nam cum luminis deportatione oppidoque necessaria in id tempus administratione, angulum quemdam horridum offenderet ac tenebrosum, aspexit duos homines cominus stantes et nihilominus lapides cum tribulis ferreis horribiliter flagellantes. Tunc investigator canum, ob insolitam visionem exterritus, moreque humanæ fragilitatis pene solo tenus collapsus, fugam inire paravit. Sed eum prohibuit unus ex tribulatoribus, dicens: Ne fugias neque paveas, quoniam per misericordiam Domini nostri Jesu Christi ad hoc huc missus es ut dicam tibi quis sim, et cur hic in tanta tribulatione tot annorum evolutione, steterim. A quo, qui paulo ante per imbecillitatem exstitit pavidus, audito Christi nomine, factus fortis et validus, sciscitabatur hujusmodi verbis proloquens: Quid tu hic? aut quare talis et tantus homo, quem in sæculo judicialem et curialem cognovi, nuperque in propriis laribus bene valentem vidi, deputatus es in pistrinum et gurgustium hujusce loci? Notus est enim mihi locus habitationis tuæ, quam habuisti in mundo, sæpiusque bonum convivium habui proprietatis tuæ in fundo, nec non hæreditatem natalium tuorum, et uxorem tuam cum filiis per notitiam satis commendavi meis animis; si tu es ille homo cujus personam bene me dignoscere puto. Cumque vocabulum quod in baptismo acceperat diceret, possessionumve nomina in quibus habitaverat adjiceret; qui erat interrogatus respondit, ut de hac vita sublatus: Ille ipse quondam ego fui, quem tu modo me fuisse dixisti; sed propter peccata mea pro purgatorio igne ante multos annos huc sum deputatus. Quod autem vides non est caro, sed spiritus. Miror vero valde si adhuc aliquis meorum vivat, aut in sæculo, in quo cuncta veterascunt et deficiunt, superstes esse valeat. Contra subjunctum est a respondente, sermonis complice: Ego quoque satis mirari nequeo cur annos dixeris, cum hodie obitus tui sit dies septima, et cras illucescat octava. Uxor tua vivit et filii tui in sanitate manent, quod non fallax profero, sed veridicus, quia eos vidi nudiustertius. At defunctus respondens infit: Non mihi videntur septem vel octo dies usque modo post mortis articulum, sed credo in me sævisse annorum octoginta pœnale periculum. Perinde rogo te in nomine Jesu Christi Salvatoris omnium, ne meam spernas miseriam: sed quantocius ex legatione mea meis dicas et annunties ut, si me velint redemptum iri, reddant justis hæredibus prædium quod olim perverso scabinionum judicio ab invalidioribus abstuli. Quod si non fecerint, pro certo scio me usque in diem judicii de pœnis haud exiturum fore. Sin vero satisfactum fuerit postulationi meæ, spero vincula mea non diu teneri, sed extemplo absolvi. Et hoc illis et tibi signum redemptionis meæ certissimum, si recurrens huc adveneris, et me hic non inveneris; sicque cum salute ad propria regredieris. Est et aliud signum præ manibus, quod tibi absque dilatione monstratur in canibus. Nam habebis eos penes te, qui in primis reversi essent, nisi ad nutum Domini in hoc loco subsisterent. Eadem hora cum canes adventassent, regressus est homo et præsentia canum placans dominum suum, cum festinatione ibat ad viduam et ad filios illius quem noviter allocutus est defuncti, ac indicabat illis quæ audierat et viderat in abditis montis. Qui mox, flentes pro malo quod factum est, pœnitentiam egerunt, nec non eleemosynis animam redimere festinarunt, reddentes prædium eis de quibus mandaverat qui erat in pœnis. Tunc rogatu omnium recurrens homo ad montem ubi promissum speratæ absolutionis accepit, per immensæ pietatis fontem, ne sibi solitudo et tenebræ terrori essent et horrori, assumptis comitibus cum lumine intravit, et alterum prædicto signo absolutum invenit, et alterum in castigatione derelictum non solum vidit sed etiam invidit. Exiens vero inde inter fideles divulgare studuit gratiarum actiones. ›

Ammonicius.

‹ Quid sibi vult hoc quod in purgatoria castigatione tribulæ ferreæ sunt visæ, ac exhibita lapidum flagella, nec non duorum parium alter est ibi relictus, alter quidem per absolutionem est inde sublatus? Quæstio siquidem et admiratio super hujusmodi rebus digna, certa exspectat absolutionis signa. ›

Collectitius.

‹ Si velles, o Ammonici, contentus esse tempore prisco scriptis, lectis et dictis in talia, quæ de talibus rebus inveniuntur edita, credo tibi posse absolutionem sufficere, quam beatus Gregorius in Dialogorum libro, sciscitationibus Petri satisfaciens, de talibus visionibus plano sermone olim scribendo exposuit. Nunc vero quia improbitatem tuam aliter avertere non possum, dicam breviter quid mihi de his videatur. Bene quoque et convenienter tribulæ visæ sunt, secundum id quod propheta testatur, dicens: Tribulabitur ibi fortis (269). Quod autem peccatores laborare visi sunt in saxorum flagellis, manifestissime increpat duritiam humanæ pravitatis. Cui Psalmista minatur dicens: Multa flagella peccatoris (270). Quod vero unus per gratiam est assumptus et alter per judicis justitiam in pœna es^t

---

(269) *Soph.* I.

(270) *Psal.* XXXI.

derelictus, optime convenit evangelicae sententiae, qua designatur trifarium genus hominum, Domino dicente: Erunt duo in lecto uno, unus assumetur et alter relinquetur. Erunt duae molentes in unum, una assumetur et altera relinquetur. Erunt duo in agro, unus assumetur et alter relinquetur (271). »
Ammonicius.

« Solutio triplicis quaestionis tam per brevitatem quam per utilitatem sui admodum placet sensibus meis. »

Collectitius.

« Et humilitati meae placet, in nomine sanctae Trinitatis claudere librum, quia sol cum fine brevis dieculae jam petit occasum. »
Ammonicius.

« Feliciter. Amen. »

ARNOLDI

EX COMITE VOHBURGENSI MONACHI ET DECANI EMMERAMMENSIS ORD. S. BENED.

HOMILIA
DE OCTO BEATITUDINIBUS
ET SANCTO EMMERAMMO.

(Apud P. R. Pez, *Thes. Anecd.*, tom. IV, p. ii, p. 29, ex ms. cod. bibliothecae Emmeramm.)

Lectio S. Evangelii secundum Matthaeum : *In illo tempore, cum montem*, et reliq.

HOMILIA LECTIONIS EJUSDEM.

Creator et Redemptor generis humani Jesus Christus Dominus noster omnes homines sine personarum acceptione ad suae donum benignitatis invitat generaliter, dicens : *Si quis sitit, veniat ad me et bibat.* Unde et apostolus Petrus : *In veritate*, inquit, *comperi quia non est personarum acceptor Deus; sed in omni gente, qui timet Deum et operatur justitiam, acceptus est illi.* Sitis haec non exterioris hominis est accipienda, sed interioris, qui exteriorem tanto praecellit decore gemmaque nobilitatis, ut merito, tam in nobis quam in aliis, ille magis quam exterior diligatur, quia ab interiore vita exteriori attribuitur. Sicut enim exterioris hominis sitis per diversas liquorum exstinguitur materias, ita sitis hominis interioris per divini verbi varias recreatur sententias. Si qui autem nostrum ariditate invisibili laborant, ad Salvatorem credendo veniant; ac ejus praeceptis obaudiendo bibant, et bibendo, id est bene vivendo, aeternaliter vivant.

Ad quam hujus potus gustus mercedem perveniat, ipse Dominus evangelica voce demonstrat : *Qui credit*, inquit, *in me, flumina de ventre ejus fluent aquae vivae.* Venter, de quo egreduntur aquae vivae, est intellectus sensibilis animae. De quo ventre flumen egreditur aquae vivae, cum donum, quod a Deo percipimus, spirituale proximis nostris humiliter satagimus administrare. Unde et per Salomonem unicuique fideli dicitur : *Bibe aquam de cisterna tua, et fluenta putei tui; deriventur fontes tui foras, et in plateis aquas tuas divide. Habeto eas solus, nec sint alieni participes tui.* Unusquisque fidelis aquam de cisterna sua et fluenta putei sui bibit, cum spiritalis donum intelligentiae sibimetipsi prius infundit, ea scilicet operibus adimplendo quae se habere intelligit munere divino. Deinde derivantur foras fontes ejus, cum divinorum gratiam donorum aliis subministrat exterius. In plateis vero dividuntur et aquae, cum, juxta qualitatem et capacitatem unius cujusque auditoris, viam veritatis late innotescit verbis et exemplis. Tunc enim habet eas solus, nec sunt alieni, id est daemones, participes ejus, cum nec per vitium elationis malignae, sed per spiritum humilitatis verae, spiritalis gratiae potum, prout potest, studet aliis exterius propinare.

Hunc salutis potum Dominus Jesus discipulis suis porrigebat, quatenus ipsi biberent, et de eorum pectore aquae vivae emanarent, cum octo beatitudinum gratiam ad eorum dignatus est proferre notitiam; quae vitae currentibus stadium, liberum regni coelestis pandunt introitum. Ait enim :

Beati pauperes spiritu. Paupertatis igitur afflictiores est media in hoc saeculo : quae pro sustinentium qualitate et arbitrio beata seu non beata judicabitur in futuro. Multi sunt enim quos paupertatis miseria stringit, sed coelestis praemii promissio non ditabit, quia molestiam inopiae freno patientiae nesciunt tenere; et quae nequeunt apprehendere possidendo, per avaritiae malum concupiscunt in animo. *Pauperes* sunt *spiritu*, qui per gratiam Spiritus sancti se submittunt spontaneae paupertati. Idcirco, juxta sententiam Salvatoris, illa paupertas est laudabilis quae aut habere non cupit, aut si habet, pro-

---

(271) *Luc.* xvii.

pier Deum erogando relinquit.—*Quoniam ipsorum est regnum coelorum.* Licet contemptores hujus sæculi adhuc graventur mole carnali, tamen jam fidei et spei gratia regni coelestis possidebunt gaudia.

Beati mites. Mites sunt mansueti, qui Dominum mansuetudinis student imitari, qui dicit : *Discite a me quia mitis sum et humilis corde.* Sicut ille omnibus omnino hominibus suæ gratuitæ donum tribuit pietatis, ita, prout possunt, et mites unicuique satagunt prodesse absque felle amaritudinis.—*Quoniam ipsi possidebunt terram.* Non quæ visibilibus nostris obtutibus apparet terra, et diversam arborum herbarumque gignit materiam, sed illam quam spiritualiter intuebatur Psalmista invisibilem, dicens : *Credo videre bona Domini in terra viventium.* Ideo dicitur terra beatorum requies æterna, quia sicut terra soliditate cuncta præcellit elementa, ita beatitudo coelestis permanebit solida et perpetua. Et revera tunc mites terram possident, quando in die judicii corporaliter resurgent, ut sicut divina corpore et anima observaverunt mandata, ita æternaliter coronentur corporis et animæ stola bina.

Beati qui lugent. Non communi sæcularis tristitiæ ductu, sed poenitentiæ instinctu, suorum aliorumque detrimenta operum bonorum. Sunt namque lacrymæ quatuor his speciebus distinctæ. Sunt humidæ, salsæ et amaræ, calidæ, puræ. Sunt humidæ, quo sordes peccatorum possint abluere, et sacri lapsum baptismatis in gradum restituere dignæ reconciliationis. Unde Isaias : *Lavamini,* inquit, *et mundi estote.* Sicut enim materia aquarum visibili, carnis immunditia, ita lacrymarum ubertate lavatur spiritualiter et anima. Sunt salsæ et amaræ, quia per spem veniæ et terrorem ignis gehennæ uniuscujusque animum fidelis restringunt a culpa luxuriæ carnalis, sicut Dominus ait : *Sint lumbi vestri præcincti;* et Apostolus : *Sine pace et castimonia nemo videbit Deum.* Sunt calidæ ad repellendum frigus infidelitatis, et ad accendendum ardorem charitatis. Sicut sine oleo lucerna, ita fides sine charitatis lampada. Sunt puræ, cum quis assidua flendi consuetudine peccati sui gratiam speraverit veniæ; et jam non timore ignis gehennæ, sed pro exspectatione æternæ beatitudinis incipit flere, cantans quotidie cum Psalmista in oratione: *Super flumina Babylonis, illic sedimus et flevimus, dum recordaremur tui, Sion.* Hi tales divinæ gaudia consolationis mereantur, ut subinfertur:—*quoniam ipsi consolabuntur,* illa videlicet consolatione quæ post hanc vitam sanctis dabitur in æterna requie.

Beati qui esuriunt et sitiunt justitiam. Justitiam esurire et sitire, est præcepta Dominica animo libenti audire, et sub omni festinantia operibus adimplere. In hoc enim loco justitia duobus modis est intelligenda. Justitia Dominum Christum significat, de quo apostolus Paulus dicit : *Qui factus est nobis justificatio et sanctificatio.* Et item justa Dei mandata possumus justitiam intelligere, quæ suos observatores creduntur justificare. Qui talem esuriem sustinebunt justitiæ, merito beatæ satietatis verba mereantur audire : — *quoniam ipsi saturabuntur,* non illa saturitate quam sequitur famis inopia, sed quam suspirabat Psalmista cum adhuc requievisset in terra : *Ego autem in justitia apparebo conspectui tuo : satiabor, dum manifestabitur gloria tua.*

Beati misericordes. Misericors dicitur qui aliorum necessitatibus compatitur. Quicunque enim veræ bonum misericordiæ desiderat adipisci, necesse est ut misereatur ; primo sibimetipsi, ne quid, operibus consentiendo malis, admittat quod in futuro sinum cruciatus aperiat ; et tunc misericordiam aliis juxta vires impendat, quam prius in semetipso bonorum operum exsecutione didicerat.—*Quoniam ipsi misericordiam consequentur :* non illam quæ augeri vel minui valet pro diversitate temporum ; sed quæ in divina contemplatione detrimenta non sustinebit in æternum.

Beati mundo corde. Illud etenim est cor mundum quod ab omni spurcitia vitiorum erit expurgatum, et quod non turpis conscientia, nec malarum cogitationum coinquinat frequentia. De qua cordis munditia exorabat Dominum Psalmista dicens : *Cor mundum crea in me, Deus.* — *Quoniam ipsi Deum videbunt.* Deus enim spiritus est. Nemo enim Deum potest intueri nisi per spiritales oculos cordis mundi. Hic videbitur per gratiam specialem ; in futuro autem facie ad faciem, ut Joannes ait : *Cum enim apparuerit, similes ei erimus, et videbimus eum sicuti est.*

Beati pacifici. Pacifici enim sunt qui pacem facere satagunt ; primum in semetipsis, juxta Apostoli vocem dicentis : *Ne ergo regnet peccatum in vestro mortali corpore, ut obediatis concupiscentiis ejus.* Deinde vero dissidentium corda ad concordiam provocare cum mansuetudinis gratia. Unde Psalmista : *Cum his,* inquit, *qui oderunt pacem eram pacificus.* — *Quoniam filii Dei vocabuntur.* Merito ergo filii Dei vocabuntur pacifici, qui Dominum pacis student imitari. Quia Filius Dei ad hoc venerat in mundum ut Deo Patri suo pacificaret genus humanum, et per suæ gratiam passionis aperiret januam regni coelestis. Nascente Salvatore, huic mundo angelorum pacem decantabat multitudo dicens : *Gloria in excelsis Deo, et in terra pax hominibus.* Et ipse Salvator, discessurus de mundo, eamdem discipulis commendabat dicendo : *Pacem relinquo vobis, pacem meam do vobis.* Nihil aliud, fratres, in pacis nomine, nisi se ipsum curavit relinquere, ut Paulus ait : *Ipse est enim pax nostra, qui fecit utraque unum.* Idcirco sub omni debemus devotione pacem diligere, si Deum pacis volumus habere placatum.

Beati qui persecutionem patiuntur propter justitiam. Sustinent enim persecutiones multi, ut homicidæ, fures et adulteri, nec tamen beatitudine consolabuntur coelesti. Unde apostolus Petrus ait : *Nemo vestrum patiatur quasi homicida, aut fur, aut adulter, aut rapax.* Sed qui persecutionem patiuntur propter Christum,— *ipsorum est regnum cœlorum.* Unde Dominus alibi ait : *Si me persecuti sunt, et vos persequentur.* Hæc est gratuita miseratio Salvatoris, ut suos sectatores hæredes faciat regni cœlestis, et qui propter ipsum contempserunt bona temporalia, sine fine possideant gaudia sempiterna.

Hæ octo beatitudines, a Domino prolatæ, ad sanctorum electionem pertinent generali vocatione : quæ suos observatores justificant, et ad æternæ felicitatis gaudia perducunt.

Hæc nona vero, quæ sequitur, specialiter sanctis apostolis et martyribus ascribitur, ut subinfertur : *Beati estis cum maledixerint vobis et persecuti vos fuerint.* Beati ergo apostoli et martyres non solum a præsentibus carceres et vincula, sed de absentibus maledictionis et detractionis sustinuerunt opprobrie : — *et dixerint omne malum adversum vos mentientes.* Ideo contra prædicatores persecutorum versutia finxit mendacia, quia nullum in eis vestigium habuit malitia. Qua præsumptionis causa hujuscemodi fecissent mala, ipse Dominus subjunxit, scilicet *propter me;* quasi diceret : Hæc omnia non odio vestri, sed causa ingerunt nominis mei.—*Gaudete et exsultate*, quandoquidem remunerationis gratiam perpetuæ pro vestri certaminis percipietis labore. — *Quoniam merces vestra multa est in cœlis.* Merces sanctorum merito *multa* dicitur, cum a Domino pro meritorum qualitate in cœlo centuplum remunerabitur, et vitæ perennis gaudia possidebunt in contemplatione divina.

Harum octo beatudinum, nec non et nonæ, quæ solis, ut diximus, martyribus convenit, gustamina gloriosissimus martyr Christi Emmerammus mente

(272) Id est Y,

flagranti sitiebat ab infantia sub solerti degens cura magistrorum, quousque litteræ Pythagoricæ (272) conscenderat bivium, quæ, per ramusculos a dextris turgentes et a sinistris, viam vitæ discernit et mortis. Ascenso quoque hujus litteræ bivio, spiritali a dextris et a sinistris prospiciens oculo, sinistram viam, quæ voce Dominica *lata et spatiosa* nominatur, sub omni festinantia deseruit ; et dexteram, quæ *arcta et angusta* dicitur, sicuti est, idoneæ gratia intentionis arripuit, ut postea vitæ suæ conversatio comprobavit. Suscepta vero bene conversandi deliberatione, de virtute in virtutem proficiens die noctuque, acclamatione concordi universorum elevatus est in episcopalis dignitatis primatum, juxta ecclesiasticæ decreta legis prius ordinis clericatus gradibus ascensis.

Cumque summis polleret virtutibus, in apice summo illud evangelicum dictum volvere cœperat animo : *Cui plus committitur, plus ab eo exigitur;* timens ne talentum sibi creditum sine lucro reportaret ad Christum, cum decoro comitatu clericorum futurum se prædicatorem destinaverat ad gentem Hunnorum ; quæ tunc temporis, lumine veritatis obcæcata, diversis idolorum cultibus se submittebat devota. Cumque ab hac nutu divino prohibitus, per triennium fidei semina in Norico spargeret, et multos ad lucem, quæ Christus est, in ea converteret, cum palma martyrii, permirabiliter consummati, migravit ad Dominum : cui laus est et gloria per infinita sæcula sæculorum. Amen.

Arnolt Abba logon tractat, quem dixerat oon.
Mercedem gratis monadem dans octo beatis.

APPENDIX AD ARNOLDUM.

I.

DESCRIPTIO CENSUUM, PROVENTUUM AC FRUCTUUM
EX PRÆDIIS MONASTERII S. EMMERAMMI,

Tempore abbatis Burchardi (1031) *et Arnoao præpositi munus agente.*

(Apud R. P. Pez. *Thesauri Anecdot.* I, iii, col. 67.)

Anno ab Incarnatione Domini nostri Jesu Christi millesimo tricesimo primo, indictione xiv, rerum cœnobii S. Emmerammi sub abbate Burchardo, ipso jubente, et nihilominus Arnoldo præposito eas disquirente, fratrum cœtu familiaque probante, præsens descriptio facta est. Hunc abbatem misit nobis Augia, quem conservans gratia superna adaugeat omnia sibi commissa.

De civitate ista terræ salicæ iii hobæ et dimidia. Servitores habent iii hobas; villicus habet xii jugera; servi salici jugera xv; mansi ix : singuli solvunt xxx denarios et ligna ix, curtilia cxxxii; in hac civitate dantur.

De Hartinga terræ salicæ hobæ iii et xxii jugera; Sicco senior habet ii hobas; junior Sicco i hobam. Eques habet i hobam. Servi salici habent xxvi jugera; mansi vi : solvunt cervisiæ situlas xxv, et alii tres debent dare iv porcellos. Singuli dant ovem tremissam valentem, et duos pullos, et duodecim ova, vi denarios pro vermiculo. Tres faciunt bis in anno pannum de lino in longitudine cubit. xii, in latitud. iv. Censuales vir unus, feminæ v.

De Skira terræ salicæ v hobas et dimidiam, et decimatio de ipsa villa. Mansi x. Singuli solvunt per annum ovem tremissam valentem, et vi denarios pro vermiculo. Ex his v debent per singulos cervisiæ xxv situlas; alii quinque iv porcellos, i mala cum duabus rotis, et nemus quercetum. Et villicus habet i hobam, forestarii ii habent i hobam et xxiii jugera. Pannos debent de lana vii, in longit. cubitos ix, in latitudine iv. De lino v, longit. cubitos xii, latitudine iv. Censuales duo viri et vii mulieres.

De Alpure terræ salicæ minus sex jugeribus, vii hobis. Villicus habet i hobam. Mansi iv tantumdem census quantum apud Eiterhof solvitur. Molendinus i cum una rota; panni de lana ii.

De Eiterhova terræ salicæ viii hob. Villicus habet iv hobas. Equites habent hobas xxv. Parcalci i hob. Mansi xvii hob. et dimidia; insimul omnes sexaginta et dimid. Ipsi persolvunt ovem et porcum, tremissam valentem, et iv porcellos, et duos pullos, et xii ova, et duos modios umuli, pulmarum xii manus. Duo mansi faciunt unum pannum de lana in longitudine cubitorum vii, in latitudine iv. Equites persolvunt x et vii porcos, tremissas valentes, unum integrum solidum, alterum dimidium tremissæ. Duo faciunt unum camisiale in longitudine x, in latitudine iv; quidam ex illis dant v carradata cervisiæ; septem vero equitant, et prædictum censum dant Parscalchi solvunt oves una minus de viginti; et l modios avenæ. Sex molæ. De molendinis et nemore nongenti. Censuales viri iv, feminæ xxiv. Servitores habent hob. xii sine censu.

De Matinga terræ salicæ iv hob., mansi iv pannos de lana ii, tantumdem census quantum apud Eiterhof solvitur.

Ad Ascahe vineæ viii. Vinitores habent x et viii jugera. Ad Rota vinea dimidium hob.

Ad Heridios uramara decimatio omnium quæ ibi solvuntur. Ex parte australi Danubii, in nemore quod pertinet ad Ostoronhof, decimatio omnium quæ ab eo solvuntur.

Ad Vuimdibere decimatio omnium quæ solvuntur de silva, et cæteris ad usum ejusdem montis pertinentibus. Ad Reinanbach hobæ duæ. Ab his solvuntur modii vi sigalis, ix modii avenæ. Phrisginga v denarios valens et nummi xx. Ad Inlaraspach hobæ ii. Ad Vodalprethisperga quinque hobæ. Ad Rudilinga in hobæ, et dimidiam. Villicus habet unam hobam. A dimidio hobæ solvuntur xv modii sigalis. Ad Hetinpach i hoba solvit x modios avenæ et xx nummos, ovem v denariorum; alia hoba solvit lx denarios.

Ad Tanna i hoba solvit x modios avenæ, modium i sigalis. Mansi v; ipsi mansi solvunt per singulos ovem et porcum tremissam valentem, et cervisiæ situlas xxx, tritici tres modios minores, et pannum de lana in longitudine cubitorum ix, in latitudine iv, et decimatio de ipsa villa. Mola i cum duabus rotis.

De Perga terræ salicæ tres hobæ, mansus i, eodem censu quo apud Giginhova solvitur. Mola una cum duabus rotis, tertia pars decimationis. Clericus habet i hobam. Censuales x, et ix feminæ. Forstarii, vinitores et alii l jugera et i Ad Haganpuoch iii hobæ; ab his solvuntur centum nummi.

De Ufhusa terræ salicæ iii hobæ, et decimatio. Clericus habet i, villicus habet i hobam. Mansi x. Harum una solvit v situlas mellis, altera solvit iv modios. Solvunt porcum, dimidium solidum valentem, et ovem, tremissam valentem, et iv porcellos, et tres pullos, et xii ova, et liv denarios pro vermiculo. Et duo faciunt pannum de lana in longitud. cubitorum vii, in latitudine iv, et pannum de lino in long. cubit. x, in lat. iv. Salici servi habent xxx jugera. Censuales viri v et una minus xl mulieres.

De Hachalstat terræ salicæ hobæ vi, mansi vii. Villicus habet i hobam et xii jugera, et decimationem de ipsa villa. Singuli dant xxv situlas cervisiæ, ovem, tremissam valentem, et duos pullos, et xii ova; et duo faciunt pannum de lino in longit. cub. xii, in lat. iv; et tres faciunt bis in anno pannum de lana in long. cub. ix, in lat. iv, et xlii denarios pro vermiculo. Censuales iii feminæ. Forstarius et alii habent xxx et tria jugera.

De Tuncilinga terræ salicæ vi hob. et decimatio. Villicus habet iv hobas, Richere ii hobas, Reginpato i hob. Heizo i hobam. Mansi viii. Singuli solvunt cervisiæ situlas xxv. Hungelt i, ovem tremissam valentem, et duos pullos, xii ova, insimul faciunt pannos de lana iv, in long. cub. ix, in lat. iv, et duos in long. cub. vi, in lat. iv. Singuli solvunt v denarios pro vermiculo. Molæ iii, cum v rotis. Pellenarii x. Ipsi dant xxx porcellos, singulos denarios v valentes. Feminæ eorum solvunt in hieme vi denarios. Forstarii et alii habent lx jugera. Censuales vir unus, et ix mulieres.

De Erchanpiunt terræ salicæ iii hobæ. villicus et alii habent ii hobas. De Erilinga x hobæ. Singulæ solvunt cervisiæ situlas xxv, porcum xxx denarios valentem, ovem tremissam valentem, i modium tritici, xii denarios pro uxoris opere. Parscalchi habent ii hobas, a quibus solvunt ii oves, tremissas totidem valentes, modios x avenæ, et i parafridos.

De Pisinga terræ salicæ vi hobæ, et xxi jugera, decimatio de duabus ecclesiis, et ipsa villa, et de aliis IV locis. Clericus habet V jugera, et I hobam, Villicus habet II hobas et IX jugera. Mansi X : singuli solvunt xxv situlas cervisiæ, et tres modios avenæ, XII ova, II pullos; duo faciunt pannum de lino long. cub. XII, latit. IV; tres faciunt bis in anno pannum de lana in long. cub. IX, latit. IV; sex denarios pro vermiculo. Molæ duæ cum tribus rotis. Servi salici habent XX et VII jugera. Censuales mulieres II.

De Sahsinperc terræ salicæ II hobæ et XXVII jugera. Cellenarii tres solvunt solidos III. Ad Ruit terræ salicæ I hoba et III jugera.

De Tanna terræ salicæ hobæ VII, decimatio de XII ecclesiis. Villicus habet V hob. et dimidiam. Clericus habet II hobas. Servitores habent III hob. Mansi X. Singuli solvunt cervisiæ situlas XXII, duos pullos, XII ova, Hungelt I ovem, tremissam valentem, pannos VI de lana et dimidiam in long. cub. IX, latit. IV, et pannos V de lino in long. cub. XII, in lat. IV, et XL denarios pro vermiculo. Molæ III, cum V rotis. Duæ hobæ censuales dant XII modios bracæ, modios cumuli. Decem cellenarii. Ex his IV dant cervisiæ situlas XX. Duo dant XXX denarios, et alii duo XXX denarios. Duo sine censu. Forstarii et alii hobas III habent. Censuales vir unus, et XI mulieres.

De Sippinhowa terræ salicæ II hobæ, Mansi II. Hi dant cervisiæ situlas XXV, duos pullos, XII ova, et operentur sicut et Tanna.

De Niwnhusa terræ salicæ VII hobæ, mansi X : solvunt porcum, solidum valentem, III modios tritici, XXX situlas cervisiæ, III pullos, XII ova; tres faciunt pannum de lana longitudine cub. II, latit. IV; duo faciunt pannum de lino long. cub. XV, lat. IV. Ad Vualda II hobæ solvunt X modios avenæ, V modios sigalis, I modium tritici. Item I hoba solvit porcum tremissam valentem, XX situlas cervisiæ, modios tritici, et de alia V modios avenæ, III modios tritici.

Ad Habachstal solvunt VII modios avenæ, porcum tremissam valentem, I modium cumuli. Ad Wiuari II hobæ solvunt IV solidos et XX denarios. Ad Orto I hoba solvit III situlas mellis. Item ab uno rure I situlam mellis. Clericus habet I hobam. De octo villis decimatio, et de ipsa villa. Mola I. Villicus habet II hobas. Servitores habent I hobam et dimidiam. Servi salici habent I hobam. Censuales duæ feminæ.

e Engildiesdorf terræ salicæ V et XXIV jugera, decimatio de ipsa villa. Villicus I hobam habet. Mansi IV : singuli solvunt XXX situlas cervisiæ, IV porcellos nutriunt, ovem tremissam valentem, I modios tritici farinæ, IV pullos. Tres faciunt pannum de lana longit. cub. IX, lat. IV. Duo faciunt pannum de lino longitud. cub. XII, latit. IV. Censuales III feminæ, et unus vir. Ad N. dimidia hoba. Ab hac solvuntur tres situlæ mellis, et ab altera parte hobæ dantur V modii avenæ, et I mod. sigalis. Ad Husterin dimidia hoba. Ab ea datur ejusdem census. Ad Starcholvesdorf II hobæ solvunt XL situlas cer-

visiæ; et IV porcellos, uno anno faciunt pannum de lana long. IX, latit. IX, altero anno pannum faciunt de lino long. cubit. XII, latit. IV.

De Inninga terræ salicæ VI hobæ, mansi VIII e dimidia : singuli solvunt II porcos, tremissas I valentes, porcellos IV, nutriunt II pullos, XII ova, dat pannum de lino long. cub. XII, lat. IV, cujus dimidium operatur ex proprio. Tres faciunt pannum de lana longit. cub. IX, latit. IV. Molæ II, cum rotis. Villicus habet III hobas, servi salici habent XV jugera. Servitores habent II hobas. Ad Keltingon terræ salicæ IV hobæ et dimidia. Ad Emheringun II hobas. Ab his dant duos porcos, duas tremissas valentes, XX modios avenæ, II modios sigalis.

Ad Plioningun II hobæ. Ab his dantur duæ oves V tremissas valentes, II carrad. cervisiæ, II modios tritici farinæ.

Ad Gisalpachc I hoba solvit X mod. avenæ, I mod. sigalis, porcum tremissam valentem. Ad Stenihart I hoba solvit X modios avenæ, I mod. sigalis, ovem V denarios valentem, censuales XII feminæ, tres viri.

De Ruiti terræ salicæ IV hobæ. De Chefinpurun terræ salicæ V hobæ, decimationes de ipsa villa, et de XX hobis. Parschalci habent hobas LXX et VI, et dimidiam. Skafuuar habet I hobam. Præco habet I hobam. Forstarii duo habent I hobam. Piscatores habent III hob. Equites XI : singuli dant integrum souma vini, et VI modios avenæ, et I modium sigalis, et I modium cumuli, XVI de parschalcis solvunt singuli I souma vini, et VI modios avenæ, et I mod. sigalis, I modium minorem tritici, et dimidium lini, tantum mellis quantum potest capi manu, et ovem tremissam valentem, et vasculum plenum fabarum, et aliud lini, et parafredos dant. Item quinquaginta singuli solvunt I souma vini, VI modios avenæ, ovem tremissam valentem. De Vuollincheim dimidia hoba solvit I carrad. salis, III medios avenæ, ovem V denarios valentem. Ad Sechtaha I hoba solvit minorem modium sigalis, et minorem modium tritici. Ad Puoch I hoba solvit I modium sigalis. Ad Chesinpurun servi salici habent dimidiam hobam, mansi XXVIII et dimidiam. Singuli solvunt avenæ VI modios, et I souma vini, et duos pullos, et XII ova, et duos modios cumuli, et ovem tremissam valentem. Duo faciunt pannum I de lana longit. cub. VII, lat. III, et pannum de lino cub. XII, latit. IV. Molæ VI, cum XII rotis. Vadum integrum, et alio in loco dimid. Villicus habet I hob. et dimid. Molæ II, cum V rotis. Clericus habet I hobam, Adalhart habet II hobas, Razi habet dimidiam hob. Solvit ovem IV scotis valentem, et IV modios avenæ. Servi salici habent I hob. et duo jugera. Modiorum autem avenæ numerus est hic de XXXIV. Ex omnibus quæ ab Ruit dantur, colliguntur souma vini nonaginta quatuor. Ad Hal IV sartagines, ad Chizeinisloch hob. II. De Lutranpach terræ salicæ X hob. decimatio de V ecclesiis. Clericus habet i hobam, villicus duas hobas, mansi x et vIII. Singuli solvunt porcos duos, tremissas valentes, et v pullos, et xII ova. Singuli ex proprio faciunt pannum de lino in longit. cub vi, latit. IV, et tres bis in anno pannum faciunt de lana in long. cub. IX, lat. IV. Hungeli IV. Censuales III hobas, ex quibus solvuntur situlæ xIV mellis. Servitores habent IV hobas. Duæ cellæ cum tribus hobis salicæ terræ. VI cellenarii. Singuli dant tres modios sigalis, et xv situlas cervisiæ; quatuor dant xL situlas cervisiæ, vIII modios sigalis. Servi salici habent IV hobas et octo jugera. De exteriore rure dimid. hoba, ex qua solvuntur xxx denarii, et ab alio rure solvuntur x denarii.

Ad Racholveshouun III hobæ, ex quibus solvuntur xxx situlæ cervisiæ, x modii sigalis, v modii tritici, et Lx denarii. Ad Sigonhouun v modios avenæ, III modios sigalis. Molæ vi cum x rotis. Censuales viri vi : solvunt singuli xxx denarios, quinque solvunt L denar.; et triginta sex mulieres : singulæ dant x denarios. Salicæ feminæ xII : dant Lx denarios. Remanent xxx et II porci, et oves xvi.

De Pheringa terræ salicæ tres hobæ, decimatio de ipsa villa et tribus villis. Clericus habet duas hobas et III jugera. Mansi vIII. Singuli nutriunt IV porcellos, et dant II pullos, xII ova, et ovem tremissam valentem, et x et vIII denarios pro vermiculo, Hungelt solvunt I, et pannos faciunt de lino IV, in longit. cub. x, in latit. III; de lana in longit. cubit. vi, in lat. IV. Ex tribus unus solvitur in longit. vi, in latit. IV. Villicus habet dimidiam hobam. Servi salici habent xxx et III jugera. Censuales x mulieres C denarios.

De Hartheim terræ salicæ IV hobæ, mansi v, Singuli solvunt ovem tremissam valentem, et porcos totidem valentes, et nutriunt IV porcellos, et vi denarios pro vermiculo, et duos pullos, et xII ova; et tres faciunt pannum de lana in long. cub. IX, in latit. IV; et tres faciunt pannum de lino in long. cub. x, in lat. IV. Servi salici habent xxx jugera. Censuales II viri, et xI mulieres x denar. et IV solidos.

De Perchusa terræ salicæ hobas VI, decimatio de ipsa villa, et de xx ecclesiis. Clericus habet I hobam, villicus habet vII hob. Mansi x. Singuli solvunt situlas cervisiæ xx ovem tremissam valentem I modium tritici, III porcellos, II pullos, et xII ova. Et duo faciunt duos pannos de lana in longit. cub. vII, in lat. IV. Et duo faciunt pannum de lino in long. cub. x, in lat. cub. IV.

Ad Scafasholi IV hobæ. Singuli solvunt cervisiæ situlas xxv, ovem tremissam valentem. Molæ v, cum rotis v. Hungelt I. Ad Fihobus IV hobæ. Singuli solvunt cervisiæ situlas xv. Ad Suinesdorf I hoba, et solvit cervisiæ situlas xx. Ad Gundolvingun a quatuor hobis solvuntur xxx modios avenæ, et v majores modios tritici; et Lxxx denarios. Richperat habet III, Sindolt I hob. Suithart I hob., servi salici III hobas. Censuales viri xxvII, et Lxvii mulieres.

De Husa terræ salicæ IV hobas, Mansi IV. Singuli dant porcum duas tremissas valentem, et ovem tremissam valentem, et IV pullos, et duodecim ova, et vasculum vermiculi. Et duo faciunt pannum de lino in longit. cub. x, in lat. IV. Villicus habet i hobam; Forstarii et alii servi salici habent I hobam; Taberna I, Mola I.

De Truthmuotehem terræ salicæ vII hob., decimatio de ipsa villa. Clericus habet I hobam. Villicus habet II hob. et duo jugera. Mansi x : singuli solvunt porcum solidum valentem, et xxx situlas cervisiæ, et I modium tritici, et II pullos. Et tres faciunt pannum de lana in longit. cub IX, in lat. IV. Et duo faciunt de lino in long. cub xII, in latit. IV. Taberna I, mola I. Servitores et cæteri servi salici habent IV et dimid. Censuales viri et feminæ xL. Ad Gundolvesheim v jugera dant tremissas.

De Lucilinaha terræ salicæ vIII hobæ, decimatio de ipsa villa. Clericus I hobam, villicus v hobas. Mansi xII. Singuli solvunt cervisiæ situlas xxx, porcum tremissam valentem , I modium sigalis, II pullos. Et tres faciunt pannum de lana in long. cub. IX, in lat. IV. Ad Iterpurgarivit v hob. solvunt cervisiæ situl. xx, porcum tremissam valentem.

Ad Tanloch I hoba solvit cervisiæ situlas xx, porcum tremissam valenccm, I mod. sigalis. Quinque ex Lucilinaha solvunt porcum v denar. valentem, et x situlas cervisiæ. Ad Vuilda IV hob. solvunt porcum v denar. valentem, et x situlas cerv. et I hoba solvit xx situlas cervis. et ovem tremissam valentem. Molæ IV. Servi salici habent II hobas. Adalpero habet I hob. Ad Vuilda ab uno Ruitæ solvuntur situlæ mellis. Ad Tiorohartasperga dimid. hob.

De Emihova terræ salicæ III hob. villicus xII jugera. Mansi IV. Ex duabus hobis solvuntur II porci dimidium solidum valentes, et xL situlæ cervis., et ab aliis duabus hobis solvuntur II oves tremissam valentes, et xL situlæ cervisiæ; et hoba I solvit xx situlas cerv. Et duo faciunt pannum de lana in long. cubit. IX, in lat. IV. Molæ II, cum IV rotis. Servi salici habent xx jugera et I hobam

De Isiniga terræ salicæ IV hob. et IX jugera. Decimatio de ipsa villa. Villicus habet II hob. et v jug. Junior Perman xIII jug. et frater ejus Liuzi x jug. Vinitores xLvIII jugera. Servi salici habent xv jugera. Mansi vII. Singuli solvunt cervisiæ sit. xxx, ovem tremissam valentem, II pullos, xII ova; tres faciunt bis in anno pannum de lana in long. cub. IX, lat. IV; et duo faciunt pannum de lino long. cub. xII, lat. IV. Censuales viri v, feminæ xI. Ad Skiosdorf hob. solvunt IV solidos.

De Stabilwis terræ salicæ hob. v et IX jug., decimatio de ipsa villa et alia. Villicus habet II jug., IV servi salici xL jug. Mansi IX. Tres faciunt bis in anno pannum de lana long. cub. ix, lat. iv. Duo faciunt pannum de lino long. cub. xii, lat. IV.

De Urilinhem sunt xiv hobæ. Singulæ solvunt xv situlas cervisiæ, et porcum xv den. valentem, i modium tritici, et i modium avenæ; insimul dant pro opere xv solidos. Villicus habet xi jugera et i hob. Forstarius habet vi jug. Ad Alaraspach mola i, cum iii rotis. Molinarius habet xv jugera. Ad Hegilinhoven sunt v hobæ, et vii jugera. Ab his dantur xl denarii et xvi modii avenæ. Ad Horsconoshovan sunt xv hobæ. Ab his solvuntur xv solidi in ferro. Ad Etmatesdorf sunt vii rura. A singulis ruribus v et xl denarii dantur. Ad Suainicandorf sunt ii hobæ. Solvunt lxx denarios. Ad Priempere sunt xiii hobæ. Singulæ solvunt situlas xxx, denarios xxx. Ad Mantal ha viii hobæ. Ab his solvuntur. Ad Duomantala a sex ruribus dantur ix solidi. Ad Fiscpac sunt ii hobæ. Ab his dantur xl denarii. Ad Sunit dantur tres situlæ mellis. Ad Puolonsuant sunt novem rura. A septem solvitur talentum, et cidalarius unum habet. Ad Erilinpach sunt iv. Ab his dantur iv solidi. Ad Furdona sunt x rura. Ab his solvuntur x solidi. Ad Prounalasdorf sunt tria rura. Quatuor solidi ab his dantur. Ad Urpach sunt tria rura. Ab his dantur iii solidi. Ad Hwiliuan sunt duo rura. Ab his dantur xl denarii. De Maganaspach solidi xii. De Abbatiswinidun solidi iv, denarii x. De Harda talentum unum, denarii x.

Ad portam monasterii terræ salicæ hoba i, quam minister habet in beneficium; decimatio i de curte principali et de aliis xvi. Curtilia iv, duo in beneficium concessa, et duo censualia, ex quibus redduntur lviii denarii; familia censualis de capite, id est, xii viri et xv mulieres, ad prædictam portam pertinentes, ex quibus urbanis vel suburbanis, nec non et de curtilibus, vel extra sitis ruribus annualiter persolvendæ sunt libræ iii et vi solidi denarii. Hi sequentes loci cum omni puritate servicii ministrant: de Curte ad Egilispruuna ecclesia cum decimatione ipsius loci, et aliorum xiii locorum. Terræ salicæ hobas iv et dimid. Servi salici habent xii jugera. Mansores viii, qui singuli reddunt cervisiæ situlas xvii, ovem unam, tremissam valentem, modium unum et dimidium farinæ; vicissim per annos hungelt red. Arant iii dies in hebdomada, operantur iii dies hebd., ratem unam, feminæ eorum trinæ lod. i, duæ autem camisil. i. Molæ ii. Domus i. De Cheringozashova lxxx denarii. De Talahova lxx denarii, cervisiæ situlas xvii, ovem unam tremiss. valentem, modios vii avenæ, carradas iv, ligni ad focum, pullum i, ova v, pascit porcum i. Operantur in ..... in autumno similiter, arat in hebdom. iii dies, herbicat, secat, inducit carradium i, fenum secat, et inducit. De Scerhanhova cervisiæ situlas xl; arat per annum xviii jugera. De Frianvelt cervis. xxx modios, ii sigali. Annualiter arant vi jug. De Marchunashusa xii massæ fieri reddunt. De Entihova xi denarios. Presbyter hob. i. Villicus habet hobam i et viii jug. Equitarius unus habet hob. i et decimam i. Equitat ubicunque præcipitur. De Dechtapeta, ecclesia cum decimatione tantum unius loci. Terræ salicæ hobas v. Servi salici habent xxvii jug., vinea una cum vinitore. Ad Roccashova hobæ duæ, ex quibus redduntur cervis. situl. xx et den. xxx. Modius unus triticeus, molæ ii. Ad Gebrihinga ecclesia cum decimatione ipsius loci, et aliorum iv locorum. Terræ salicæ hobas iii et xx, ii jug. Servi salici habent xii. Jurnales mansores vi, qui singuli debent cervis. sidulas xvii, ovem unam, tremiss. valentem, modium et dimidium farinæ; vicissim per annos hungelt reddit ratem i. Arant in hebdom. ii jug., operantur iv dies in hebd., feminæ eorum trinæ, i. ludilonem, duæ autem camisilæ, i., reddunt vermiculi coppos ii. Ad Tegandorf censuales hobæ ix, qui simu reddunt cervis, carradas v, farinæ modios xxii et dimid., denarios solidos vi. Ad Essislidorf hoba dimid.; inde persolvunt den. xl, mod. ii. De Sinzinga persolv. den. lx. De Altasvelt den. l. Ad Matinga ecclesia cum decimatione ipsius loci, censuales hobæ iv, qui simul reddunt cervis. carrad. iii, et denar. xl. Molæ ii.

Hæc sunt beneficia Poponis in Geltolvinge, quibus a sancto Emmeramo est beneficiatus, et Ulricus filius ejus. In Geltolvinge iv curiæ; in Maurlinge i curia; in Lintach silva et curia. In Harthusen duæ curiæ; in Wolferchoven ii curiæ; Rudelinge altera dimidia curia. Hæc vero sunt quæ alii ab eo beneficiati tenent: in Hakhelstat i huba, in Aitterhoven ii hubæ et tertiam partem decimæ; in Rudelinge dimid. huba, in Chessawe ii hubæ; in Much prope Ronige una huba; in Niderspach ii hubæ; in Swinsbach ii curiæ, in Gailspach una curia, et hubam unam.

Burchardi ab. S. Emmerammi compiacitatio cum Ruitensibus.

In nomine Domini. Notum sit fidelibus, non infidelibus, qualiter bonæ memoriæ abbas Purchardus, inter cætera quæ in rebus B. Emmerammi sibique famulantium ad commodum duxit vel vertit, assentiente tota fratrum caterva cum manu advocati sui Kadalhohi, comitis excellentissimi, hanc compendiosam cum Ruitensibus fecit complacitationem: ut de familia quæ ad Rult pertinet, mansi scilicet, seu hiltiscalchi expediti a sale fiscali censu ex parte adaucto, quem antea solverant per singulos annos, de singulis bobis vini sauma non aliunde quam de suo proprio persolvant. Hoc autem vinum sive illud hic prædicti servi emant, sive ad Pauzona emptum pergant, tale debet esse ut ad libitum Scafwardi sub juramento constricti totum probetur, et sic in cellario collocetur. Hanc vero census auctionem sub eo tenore professi sunt ut pro colonis seu agricolis ad alia loca minime ultra transferantur, sed eis et suis posteris habitare, consistere ac servire, liceat in his locis et terris quæ ad prædictam curtem nomine Ruite pertinere dignoscuntur. Servi quoque salici ad sal vasa, et cætera necessaria faciant, vestitu et annona de prænominata curte sibi concessa. Hujus pactionis testes, quamplures, more Bajoarico attracti per aures, quorum nomina hic habentur subscripta : Williham, Aceli. Adalbreht, Pabo. Arnolt, Haitfolc, Ledunc, Engilhere, Heizo, item Heizo, Rutpreth, Engellere.

Otto Episcopus Ratisbonensis monasterio S. Emmerammi remittit decem talenta, quæ Gebehardus illius antecessor quot annis in festivitate S. Emmerammi exigere ab abbate consueverat.

In nomine Domini nostri Jesu Christi. Otto Dei gratia Ratisponensis episcopus. Agnitum esse volumus omnibus veritatis cultoribus, præsentibus et futuris, maxime tamen successoribus nostris, qualiter nos, pro amore Dei ac nostra salute et pro remedio animæ antecessoris nostri piæ memoriæ Gebehardi, relevare cupientes servitium quod idem antecessor noster quotannis in festivitate S. Emmerammi ab abbate illius loci non cauta discretione sibi fecit xx talentis persolvi, et hanc quantitatem nostris temporibus derivatam ex consuetudinaria lege quasi debitam reliquit, dimidiam ejus partem, id est, x talenta precibus Eberhardi abbatis donavimus, sc. statuentes ut quisque successor noster, aut natali die memorandi martyris Christi apud monasterium ipsius publicam missam celebrans, solito more ibi prandeat, aut si natalitio interesse non possit, x talenta argenti pro commemoratione legitimæ stationis accipiat, sciens procul dubio quia si quid huic summæ salubri consilio a nobis diffinitæ adaugere tentaverit; maximam sibi iram in die iræ thesaurizabit. Hujus rei testes sunt religiosi clerici nomine : Peruuart, Sigbreht, Cumpo, Hartuic, Sigihart, Sigepolt, Cumpo, Odalrih. Testes sunt et hi populares laici : Heinricus Comes, Pabo frater ejus, Udalrih de Præginza, Roh, Aribo, Adalhoh, Mahtin, Prun, Cotescalk.

Heinricus dux Austriæ donat monasterio S. Emmerammi quamdam justitiam, quam olim Wernherus de Winchelsæzze jure beneficiali obtinuit.

Hainricus Dei gratia dux Austriæ omnibus Christi fidelibus tam præsentis ætatis quam successuræ posteritatis in Christo salutem.

Quia petitioni servorum Christi propter Deum et in Deo est annuendum, notificamus omnium bonorum discretioni, quod, propter petitionem dilecti abbatis nostri Adelberti, justitiam nostram, quam jure beneficiali Wernherus de Winchelsæzze a nobis visus est habuisse, ecclesiæ S. Emmerammi indulsimus et tradidimus, eo videlicet tenore, quod præfatus abbas et omnes successores a nobis, et a filio nostro Liuppoldo, et ab omnibus successoribus nostris cum quiete et sine læsione ad usum fratrum ibidem Deo servientium habeant et possideant. Ut autem actio nostra tenacius memoriæ omnium tam futurorum quam præsentium inprimatur, præsentem chartam inde conscribi fecimus, et testes, qui aderant, annotari præcipimus : Comes Liutolfus, comes Sifridus, dapifer VVerinhardus, Udalricus, Albero de Burkartesdorf, Heinricus de Mistelbach, Albero de Kunringen. Eorum summa hæc colligitur : de Ufhusen solidus 1, de Skure solidi 11, de Egilsbrunne solid. 11, de Lanne solid. 11, de Bisingen solid. 1, de Bentelingen solid. 1, de Gebrichingen sol. 1, de Ysiningen solid. 1, qui sunt annuatim solidi duodecim.

II.

ANNALES SANCTI EMMERAMMI RATISPONENSIS.

(Apud Pertz, *Monumenta Germaniæ hist.*, Script. I, 91.)

MONITUM.

Annales Ratisponenses majores ex codice sancti Emmerammi primum Mabillonius (*Analect.* t. IV) typis dederat, jam vero multo melius summaque diligentia confectum ejusdem authentici exemplum studiis V. Cl. Bernhardi Docenii, bibliothecæ regiæ Monacensis custodis sodalisque de re nostra meritissimi, debemus. Cujus litteris mense Novembri anni 1825 ad Societatis directores datis annexa est codicis descriptio, ex qua quæ ad rem nostram faciunt afferimus. Codex est inter S. Emmerammianos E. 79, initio sæculi IX, et, ut verius dicam, *anni domni hludowici quarti indic.* 10. *die 16. kal. mai.* scriptus, ut vir doctissimus ex ultimis deletæ in prima pagina sententiæ verbis haud incongrue conjicit; continet opus de computo, calendarium astronomicum, cyclos decennovennales annorum 779, 873 et ultimis sex foliis inde a fol. 80 annales istos, una eademque manu exaratos. Eadem manus numeros 824, 849 addidit, altera seriem ab a. 850 ad a. 944 perduxit, notis nullis additis, ita ut totum annalium opus anno 825 scriptum esse videatur. Quæ cum ita sint, addito quod anno 805 voces sensu carentes non auctorem sed scribam imperitum prodant, clarissimi Docenii sententiam amplector, qui ista ex paulo antiquiori codice — quem cyclos decennovennales abbatiæ sancti Emmerammi fuisse colligendum — descripta esse censet. Idem innuit operis instituti ratio, anni multi nota carentes, et opus simile in codem codice præcedens. Adnotationes nonnullæ cum annalibus Juvavensibus conveniunt.

Annales sancti Emmerammi minores Andreas Felix Œfelius t. I Scriptorum rerum Boicarum, pag. 16, ex codice membranaceo ab Hartmanno Schedel bibliothecæ Monacensi illato edidit. Una cum Bedæ libro, De ratione temporum cyclos decennovennales inde a Christo nato usque ad annum 1065 continet; adnotationes, OEfelio teste, duobus scriptoribus debentur, quorum manus littera recta et obliqua distinxit. Et nos quidem non duos, sed complures viros per sæculorum decursum notas licet brevissimas adjecisse, et nonnulla minus recte ab OEfelio exscripta esse opinati, litteras ea de re ad Docenium nostrum dedimus, cujus tamen curas codicem hucusque effugisse dolemus. Eo fortasse usus est Andreas Ratisponensis in chronico episcoporum Ratisponensium, nam quamvis annorum apud eum computatio in universum minime cum annalibus nostris conveniat, anno tamen 962 initium episcopatus S. Wolfgangi attribui posse his verbis : *vel sicut in quadam chronica satis authentica legitur* dicit; necnon primum Ratisbonæ episcopum Gaubaldum nominat, quum tamen rectius Gausbaldus vel Gauzbaldus audiat, quippe qui et in annalibus Mettensibus ad a. 743 Gauzebaldus vocetur.

ANNALES SANCTI EMMERAMMI RATISPONENSIS MAJORES.

ANNI A NATIVITATE DOMINI.

748. Pippinus Grifonem de Baiowaria expulit, et Tasiloni ducatum dedit.
749.
750. Pippinus rex factus est.
751. 752.
753. Stephanus papa in Frantiam venit.
754. Bonifacius martyrizatur.
755. 756. 757. 758. 759. 760. 761. 762.
763. Hiemps magnus erat.
764. 765. 766. 767.
768. Pippinus rex obiit, et Carolus et Carolomannus reges facti sunt.
769. 770. 771.
772. Carolus in Saxonia conquesivit Eresburc et Irminsul, et Tassilo Carentanus. Adrianus papa factus est.
773.
774. Carolus Papiam cepit. Sanctus Hrodpertus translatus est.
775. 776. 777. 778. 779. 780. 781. 782.
783. Huni ad Enisam venerunt, sed ibi nocuerunt nihil.
784. Hiltigart regina et Arpeo (273) episcopus obierunt, et Atto (274) episcopus factus est.
785. Pugna Baiowariorum cum Hrodperto ad Pauzana (275). Virgilius episcopus (276) et Oportunus abbas (277) obierunt.
786. Hartrat malum consilium fecit; et signum in vestimentis hominum. Arn episcopus (278) ordinatus est.
787. Domnus Carolus rex Romæ fuit, et inde ad Leh; obsidem Tassilonis filium Theodonem tulit.
788. Tassilo captus est, et Huni ad Furgali (279) et in Baiowaria; et Carolus primo in Baiowaria.
789. 790.

A 791. Carolus primo in Huniam.
792. Synodus contra Felice in Regamesburc; et malum consilium (280) contra Carolum.
793. Carolus per fossatum Alhmonem.
794. Synodus ad Franchonovadam.
795.
796. Adrianus papa obiit. Huni se reddiderunt. Leo papa factus est.
797.
798. Arn archiepiscopus factus est.
799. Leo papa martyrizatur.
800. Liutgardis regina obiit.
801. Carolus imperator factus est.
802. Cadaloc et Goterhammus seu ceteri multi interfecti fuerunt ad castellum Guntionis (281).
B 803. Carolus ad Salzburc monasterium fuit.
804. Saxones ab ultra Albium (282) expulsi. Athwinus obiit.
805. Leo papa ad Carisiato noster domnus habuit. Cabuanus (283) venit ad domno Carolo; et Abraham cagonus (284) baptizatus super Fiskaha (285).
806. Carolus regnum divisit inter filios suos in Theodonis villa.
807. 808. 809.
810. Pippinus obiit 8. Id. Iul. Magna mortalitas animalium fuit.
811. Carolus junior obiit, 2. Non. Decembr.
812. Bernhardus a domno Carolo rex factus est.
C 813. Domnus Carolus imperator Hludowico filio suo coronam imperii imposuit.
814. Domnus Carolus imperator obiit 5 Kal Febr. etatis suæ anno 71°, et domnus Hludowicus imperare cœpit.
815.
816. Leo papa obiit. Stephanus papa factus est et in mense Octobr. in Remis civitate domnum Hludowicum ad imperatorem benedixit.

NOTÆ.

(273) Frisingensis; alias Arbo, Aribo; cf. Meichelbek Hist. Frising. I. 82.
(274) Frisingensis.
(275) Botzen.
(276) Salzburgensis.
(277) Lunælacensis.
(278) Salzburgensis.
(279) l. e. in Friuli, Forojulio.

(280) Pippini.
(281) Num Günzburg in Alamannia?
(282) Num natale Domini?
(283) l. e. cabcanus, caganus, Theodorus nomine cf. ann. Einhardi ad h. a.
(284) Caganus, Theodori successor, supra in ann. Juvavensibus *paganus*.
(285) Fluvius in confinio Austriæ et Ungariæ.

817. Pascualis papa factus est, et Baturicus episcopus (286).
818. Pernhardus rex carmalum (287) levavit.
819. Pernhardus interiit. Hiltipaldus episcopus (288) obiit et Odolfus (289) comis. Liudwit carmulam levavit.

A 820. Hostis magna contra Hliudwitum.
821. Alia hoste.
822. Domnus Hludowicus ad Franconovadam, et Hludharius in Langobardiam.
823. Hiemps magnus, similiter siccitas grandis et tamis vañda (290).

ANNALES SANCTI EMMERAMMI RATISPONENSIS MINORES

ANNO INCARNATIONIS DOMINI.

732. Gaubaldus [27] ordinatur episcopus 291.
743. Karolus imperator natus est.
756. Sintpertus ordinatur episcopus.
792. Adalwinus ordinatur episcopus.
814. Karulus imperator obiit [28].
817. Baturicus episcopus ordinatur.
844. Salzpurc cremata est.
845. Pattavia crematur.
848. Erchanfridus ordinatur episcopus.
858. Ambricho ordinatur episcopus.
862. Erchanfrid obiit.
865. Terræ motus fuit.
890. Sic cremata est Radisbona. Ambricho episcopus, Ethico abbas obierunt. Aspertus (292) ordinatur episcopus.
893. Asperht episcopus obiit.
894. Tuto ordinatur episcopus.
895. Zuendipalc dux obiit.
896. Terræ motus secundus fuit.
906. Radasbona igne cremata.
907. Exercitus Baiowariorum occisus fuit (293).
933. Isangrim ordinatur episcopus.
942. Guntharius ordinatur episcopus, post 50 hebdomadas obiit.
944. Michael accepit ferulam.
945. Occisio paganorum (294) ad Weles.
947. Berachtoldus dux (295) obiit.
948. Heinricus dux (295) effectus est. Et Otto rex

B Radasponam venit (296). Et ingens thonitruum factum est. Occisio paganorum ad Norrun (297).
951. Perahtold filius Arnulphi expulsus est de Norica.
972. Sanctus Wolfkangus ordinatur episcopus.
975. Ramuoldus a sancto Wolfkango ordinatur abbas (298).
995. Gebehardus primus ordinatur episcopus.
1000. Wolframmus ordinatur abbas.
1006. Wolframmus injuste deponitur, et Richoldus substituitur.
1023. Gebehardus secundus ordinatur episcopus.
1024. Heinricus imperator obiit, Chuonradus successit.
C 1028. Richoldus cæcitate percussus sancto Hartwico abbatiam reliquit. Is anno secundo sponte regimen monasterii deseruit, cui Burchard successit.
1036. Gebehardus tertius ordinatur episcopus.
1037. Burchard abbas apud Romam in pascali die defunctus est; cui successit Oudalricus.
1044. Beringerus ordinatur abbas.
1048. Reginwardus ordinatur abbas.
1052. Translatio sancti Wolfkangi episcopi, et dedicatio criptæ ejus.
1060. Otto ordinatur episcopus.
1062. Conbustio cœnobii sancti Emmerammi idibus Aprilis.

VARIÆ LECTIONES.

([27]) legendum videtur gausbaldus vel gauzbaldus, quamvis et Andreas Ratisponensis gaubaldus scribat.
([28]) hic et in sequentibus nonnunquam OEfele Fin. et Finit scripsit; codicem habere existimo, quod obiit legendum esse constat.

NOTÆ.

(286) Ratisbonensis.
(287) l. c. tumultum, vox Slavica.
(288) Coloniensis et abbas Manseensis. Tradit Manseenses apud Ekhart Franc. Orient. II. 155.
(289) Bajoariæ post Geroldum rector. Meichelbek Hist. Frising. dipl. nro. 575.
(290) Numeri annorum 824-845 a prima manu eodemque atramento prænotati sunt; numeri sequentes usque ad 944mum non longe post ab alia manu additi sunt, nulla præterea apposita rerum gestarum memoria. Docen.

(291) Ratisponensis, uti et qui sequuntur episcopi.
(292) Notissimus Arnulfi cancellarius.
(293) Cf. ann. Alamannicos supra pag. 54.
(294) Ungarorum; cf. Reginonis continuatorem a. 944.
(295) Bajoariæ, cf. Reginonis cont. a. 945.
(296) Anno 954.
(297) Anno 955 ad Lechum.
(298) S. Emmerammi, ut etiam abbates se uentes; eo usque episcopi Ratisponenses simul abbatiæ S. Emmerammi præfuerant.

ANNO DOMINI MXXXI.

ARIBO
MOGUNTINUS ARCHIEPISCOPUS.

NOTITIA HISTORICA.

(FABRIC., *Bibliotheca mediæ et infimæ Latinitatis*, I, 134.)

Aribo, ex gente comitum Summuntarianorum (*de Hohenwart*) archiepiscopus Moguntinus ab anno 1021 ad 1031, præfuit concilio Moguntino anno 1023 et Selgenstadendibus anno 1024 et 1026; atque præter epistolas ad Bernonem abbatem, laudatas Trithemio cap. 309, Scripsit Commentarium in psalmos graduum, quem memorat Sigebertus cap. 140. Plura de hoc Aribone Georgius Christianus Joannis ad librum Nicolai Serarii, tom. I Rerum Moguntiacarum, pag. 463 seq.

CONCILIUM SALEGUNSTADIENSE.

In causa disciplinæ ecclesiasticæ celebratum anno Redemptoris nostri 1022, tempore Benedicti papæ et Henrici imperatoris, præsidente ARIBONE.

(*Canones hujus concilii et appendix De initianda synodo exstant Patrologiæ tom. CXL, col. 000.*)

ANNO DOMINI MXXXII.

EBALUS
REMENSIS ARCHIEPISCOPUS.

NOTITIA HISTORICA.

(*Gallia Christiana nova*, tom. IX, pag. 64.)

Ebalus, comes Rociacensis, primum laicus, nupserat Beatrici de Hannonia, filiæ Rainerii comitis et Harwidis Roberti Francorum regis sororis. Electionem ejus sic narrat Chronicon Cameracense lib. III, cap. 25 : « Defuncto Arnulfo Remensium archiepiscopo, Azelinus (hic est Adalbero episcopus) Laudunensis quemdam laicum Ebulonem nomine, antea suum secretarium et suæ calliditatis conscium, acclamavit; et ut rex concederet suis adulationibus impetravit; virum sane nullius disciplinæ, nihil etiam litterarum præter pauca syllogismorum argumenta scientem, quibus idiotas ac simplices quoque ludificari solebat. Sub specie vero litterarum ad tanti honoris fastigium multo ante tenderat, spemque suam multa pecunia cumulabat, quam usuris turpiter coacervaverat. Hoc quoque Azelinus multo ante quæsivit, et nunc maxime insudabat quatenus per eum suas calliditates liberius exerceret. » Habet vero contra illud testimonium manifeste pugnantem Fulbertum Carnotensem, qui in epistola 38 Guidoni coepiscopo suo ab ordinatione Ebali Remensis nihil esse metuendum ostendit, « Si est, ut dicitur, ab infantia Christianus, sano sensu, sacris litteris eruditus, sobrius, castus, amator pacis et dilectionis, nullo crimine, nulla infamiæ nota turbatus, tandemque a clero et populo suæ civitatis electus; magni etenim viri, inquit, Ambrosius Mediolanensis et Germanus Antissiodorensis aliique nonnulli, quia tales in laico habitu exstiterunt, subito nobis sancti præsules exierunt. » Quin et idem Fulbertus, cum propter damna quædam Ecclesiæ Remensi ab Odone Campaniæ comite illata Ebalus animo remissior loco cedere meditaretur, cum ne curam gregis Domini relinquere vellet, cohortatus est : « Audivi, inquit, sic te mœrore afflictum ut curam gregis Dominici relinquere velis; quod ego acriter et amice redarguo, testans te, si hoc egeris, non fuisse pastorem. » Alias denique luculentioris adhuc testimonii litteras legeris apud eumdem, quæ sic incipiunt : *Gloria et honore digno Patri et archiepiscopo Ebalo;* ita vero desinunt, *Vale in infinitum.*

Angele consilii magni te consule Christi.

Sedebat Ebalus anno 1022 ex Chronico Centulensi; sed ostendimus in Arnulfo decessore suo initia pontificatus ejus ad annum 1021 revocanda esse. Anno 1026 restituit monasterio Mosomagensi ecclesiam Duziaci quam antiquitus possederat. Anno 1027 Henricum I regem, vivente adhuc Roberto patre, coronavit die Pentecostes. Anno 1032 procuravit instaurationem monasterii Sparnacensis. Obiit v Idus Maii ex Necrologio Remensi, anno 1033 ex Chronico Mosomagensi corpus ejus sepultum jacet juxta gradus chori versus Odeum sub lapide cui inscriptum est solitarium ejus nomen *Ebalus archiepiscopus.* Dedisse dicitur canonicis suis ecclesiam de Bethana curte pro anniversario suo.

EBALI ARCHIEPISCOPI REMENSIS
CHARTA PRO CŒNOBIO MOSOMENSIS.

(Anno 1024.)

(*Actes de la province ecclésiastique de Reims* tom. II, pag. 7.)

In nomine summæ et individuæ Trinitatis. Ego EBALUS, superna largiente gratia, licet indignus, sanctæ Remensis Ecclesiæ archipræsul.

Notum volumus esse universis viris religiosis, clericis, necnon et fidelibus laicis, quod venerabilis abbas Sanctæ Mariæ Mosomensis ecclesiæ, Boso vocitatus nomine, adiit nostræ parvitatis præsentiam, humili devotione rogans ut ecclesiam in villa quæ dicitur Duziaco sitam, ecclesiæ sibi Dei nutu commissæ antiquitate subjectam, sed negligentia et incuria suorum antecessorum aliquandiu substractam, amore Dei, et causa parvitatis loci, seu remedio animæ meæ, antecessorumque meorum ad supplementum victus fratrum inibi sub regula sancti Benedicti militantium restituerem. Cujus humili petitioni, penuriæ loci compassus, assensum præbui, eamque prædicto loco, nonnullis fidelium coram astantibus, prout jam ex voto destinaveram, reddidi; auctoritate Dei omnipotentis, sanctæque Mariæ ejus genitricis, omniumque sanctorum, necnon pontificali decreto nostræ auctoritatis interdicens ne ullus nostrorum successorum jam dicto loco aliquo modo eamdem subtrahat ecclesiam, vel præjudicium faciat. Et ut hæc nostra donatio per succedentium temporum curricula firma et inconvulsa, et absque ulla contradictione iniquorum virorum quieta permaneat, manu nostra firmavimus, nostrorumque fidelium manibus roborandam tradidimus.

Signum Ebali Remorum archipræsulis. Signum Adalberonis episcopi. Signum Hugonis archidiaconi. Signum Harduini archidiaconi. Signum Alulfi archidiaconi.

CLERI NOVIOMENSIS ET TORNACENSIS
EPISTOLA

Ad episcopos provinciæ Remensis, de episcopo eligendo.

(Anno 1030.)

(*Actes de la province ecclésiastique de Reims*, II, 48.)

Domino EBALO, gloriosissimo Remorum archiepiscopo, et cæteris diœcesis metropolis episcopis, ADALBERONI scilicet Laudunensi episcopo, ROTGERO Catalaunensi, GERARDO Cameracensi, VARINO Belvacensi, VUIDONI Silvanectensi, FULCONI Ambianensi, DROGONI Tarvanensi, clerus et populus Noviomensis ac Tornacensis Ecclesiæ, huic sanctæ sedi specialiter obsequentes.

Quoniam, secundum canonicam institutionem, nullam Ecclesiam, pastorali regimine destitutam, præter metropoliticam ac diœcesanorum episcoporum auctoritatem, ad antistitem subrogandum fas est aspirare, vestræ sanctitatis excellentiam, patres beatissimi, necessitate coacti adimus, et sicut ad montes Dei oculos dirigimus, per quos nobis auxilium venire, Deo propitiante, confidimus. Sublimes enim montes merito vocati, cedrorum Libani celsitudinem verticis dignitate præcellitis, in quibus divinitus constituta esse dignoscitur habitatio Dei viventis; cœlo si quidem proximiores effecti, a vero sole, qui Pater luminum vocatur et est, a quo totius luminis origo procedit, vi cujus irradiati, inferiores quoque illati luminis participatione illustratis, ac cœlesti rore a superioribus defluente humiliores secundos efficitis; sub umbram igitur vestri culminis fiducialius confugientes, vestra protectione tueri deposcimus quatenus, diuturni luctus elogio paterno more compatiendo, nobis suffragium consolationis præbeatis, et spem incœpti gaudii ad effectum perducere non differatis. Dolemus quidem et ejulando lacrymis deficimus, utpote piissimi patris nostri Harduini, videlicet episcopi, morte admodum æsolati, quem, proh dolor? communis humanæ conditionis casus nobis repente subripuit; miseratione autem serenissimi regis Rotberti in nostra tribulatione consolari cœpimus, cujus immensa pietate ad petitionem totius Ecclesiæ rectorem petivimus dominum, videlicet Hugonem, Ecclesiæ nostræ Tornacensis præpositum, Cameracensis autem archidiaconum, quem communi voto pastorem eligimus, rectorem deposcimus, pontificio proclamamus. Eligimus ergo eum talem qualem jubet apostolica et canonica auctoritas, fide catholicum, natura prudentem, docibilem, patientem, moribus temperatum, vita castum, sobrium, humilem, affabilem, misericordem, litteratum, in lege Dei instructum, in Scripturarum sensibus cautum, in dogmatibus ecclesiasticis exercitatum, et secundum Scripturarum tramitem traditionemque orthodoxam, et canonum ac decretorum sedis apostolicæ, præsulum constitutiones, sano sensu ecclesiasticas regulas intelligentem, sanoque sermone docentem atque servantem, amplectentem eum qui secundum doctrinam est fidelem sermonem et cum modestia corripientem eos qui resistunt, et si qui sanæ doctrinæ adversantur eis resistere et redarguere sana doctrina prævalentem; hospitalem modestum, suæ domui bene præpositum, non neophytum, habentem testimonium bonum; in gradibus singulis, secundum traditionem ecclesiasticam, ministrantem ad omne opus bonum, et ad satisfactionem omni poscenti rationem. His ergo et aliis virtutibus plenissime pollentem, omnimodis petimus ut quantocius vestra benedictione nobis illum consecretis antistitem; quatenus, auctore Deo, plebs quæ diu episcopali regimine caruit, sub tanto pontifice, ad pastorem et episcopum animarum nostrarum conversa, suo Domino militare valeat, quia, testante Scriptura, integritas præsidentium salus est subditorum, et ubi incolumitas est obedientiæ, ibi sana est forma doctrinæ; quia autem omnes nec evectione equorum, nec officio pedum adesse valemus, unanimes huic scripturæ assensum præbemus.

ANNO DOMINI MXXXIII.

JOANNES XIX PAPA

NOTITIA HISTORICA.

(CIACONIUS, *Vitæ Romanorum pontificum*, pag. 288.)

Joannes XIX, Romanus, ex comitibus Tusculanis, qui et Signiæ, et de comitibus dicti sunt, Gregorii filius, Benedicti VIII, prædecessoris sui, frater Germanus, quæ res rarissimo exemplo accidit, semel in Stephano II et Paulo ejus successore, qui fratres fuerunt, sicut et nunc in Joanne et Benedicto VIII secundo accidit, et nusquam alias contigisse invenitur.

Episcopus fuit Joannes, Portuensis, Henrico et Chunrado junioribus imperatoribus Augustis, sedit annos VIII, menses IX, dies IX; ex monacho S. Benedicti in monasterio S. Anastasii Romæ, Guidone et Theoderico vetustis auctoribus tradentibus; creatus pridie Kal. Martii, a Tusculanorum comitum factione suffectus. Joannem hunc Platina XXI nominat, quia in numerum pontificum perperam refert Joannem feminam fabulosam, et Joannem XVIII qui sedem pontificiam usurpavit contra Gregorium quintum legitimum pontificem. Ipse tamen in diplomatibus suis, quorum hodie multa exemplaria exstant, se XIX appellat.

Henricus imp., morbo, quo decubuerat, ingravescente, quoniam filios non habebat, Chunradum Franconiæ ducem sibi successorem eligere consuluit; Chunigundem uxorem virginem declaravit, virgo ipse defunctus, maxima ejus puritatis apud homines opinione relicta, III Idus Julias anni 1024 exspiravit, cujus memoria inter beatos recolitur pridie Idus Julii.

Chunradus II imperator Romæ in basilica Vaticana, die Paschæ, VII Kal. Aprilis, a Joanne decimo nono papa, coronatus est, anno 1027, qui Romanos minis terruit Joannem pontificem infestantes, exitium quoque interminatus, nisi a vexando pontifice quiescerent.

Basilius junior Augustus circa Kal. Octobris mortuus est Constantinopoli.

Imperator Constantinus X Aug. solus imperavit annos II, mens. XI.

Anno 1028 Vido Aretinus, vir artis musicæ eruditissimus, novam vocum flectendorum disciplinam, quæ in hunc usque diem observatur, per litteras syllabasque flexuris digitorum lævæ manus adjungendas edidisse fertur, aliaque composuit opera, quorum Trithemius meminit.

Imper. Constantinus X Aug. obiit circa Kalend. Septembris, anno 1029.

Imp. Romanus IV Argyrus Aug. imperavit annos V, menses VI.

Sub Joanne decimo nono, anno Domini 1030, congregatio tertia Sancti Benedicti, quæ Vallis-Umbrosæ dicitur, originem habuit. Eo enim anno prima ejusdem comitia habentur, quibus ipsius auctor et fundator B. Joannes Gualbertus, Florentinus, vir sanctissimus, abbas generalis creatus est. Is adhuc juvenis cum fraternam cædem magna armatorum manu ulcisci procuraret, casu hostem obvium in oppido Miniatis habuit. Qui terrore perterritus, illico Joanni supplex factus, ad ipsius genua procidens veniam Christi gratia petebat; qui cum illæsum abire permittens, statim proximum templum ingressus est, Crucifixum continuo; cujus simulacrum orabat, referre ei capite inclinato ob ejus facti gratias, ut ipse et omnes qui aderant clare conspexere. Quo prodigio attonitus, relictis omnibus, monasticam vitam elegit, et in loco qui Vallis-Umbrosa dicitur, juxta Appenninum secessit: inibique disciplinam sub S. Benedicto regulam amictu coloris Veneti instituit. Quam Alexander II et Gregorius VII confirmarunt. Obiit anno Domini 1074, in cœnobio Possiniano, IV Idus Julii, miraculis clarus, ibidem sepultus. Quem cum inter sanctos a Gregorio septimo declaratum vera fama referat, Cœlestinus III idem certus approbavit. Cujus successores viri optimi Patres institutum promovere, et hoc ex chronicis Bernardi monachi, et S. Antonini traditur.

Anno 1031 in Campania B. Dominicus, mirabilium patrator operum, multorumque fundator cœnobiorum apud Soram jam ferme octuagenarius obiit, atque in monasterio quod postea ab eo nomen accepit sepultus est. Hunc Loricatum Petrus Damiani vocat, quod ad macerandum interioris amictus asperitate carnem lorica uteretur.

Concilia tria sub ejus pontificatu habita, Gerbicense, et Franckofordiense, anno 1024, et Auburiense anno 1030.

Joannes autem, cujus vita mirifice laudatur, anno pontificatus sui VIII, mense IX, die X, moritur VI Idus Novembris, anno 1032, sepultus ad S. Petrum. Vacavit sedes dies duos. Auctores Glaber Rodulphus, et Leo Marsicanus in Historia Casinensi.

NOTITIA DIPLOMATICA.

(JAFFÉ, *Regesta pontificum Romanorum*, pag. 357.)

Joannis XIX bullæ sunt scriptæ per manum,
« « *Sergii notarii regionarii et scriniarii S. R. E.* (1, 10, 18)
« « *Rogerii* « « « « (2)
« « *Georgii* « « « « (4, 5, 9, 19)
« « *Joannis cardinalis et cancellarii vice Petri diaconi* (7); cf. bullam apud Ughelli Ital. Sacr. V, 1140. Datæ p. m.
« « *Benedicti Portuensis episcopi et bibliothecarii S. apost. Sedis* (8)
« « *Benedicti Portuensis episcopi, vice Peregrini, Coloniensis archiepiscopi, bibliothecarii S. Sedis apost.* (4)
« « *Bosonis episcopi S. Tiburtinæ Ecclesiæ et bibliothecarii S. apost. Sed.* (4, 5, 7)
« « *Petri episcopi Prænestinæ Ecclesiæ et bibliothecarii S. apost. Sed.* (6)

JOANNIS XIX PAPÆ
EPISTOLÆ ET DIPLOMATA.

I.

Joannis XIX papæ privilegium pro Ecclesia Portuensi.

(Anno 1025.)

[MARINI *Papiri diplomatichi*, I, 70.]

JOANNES episcopus, servus servorum Dei, charissimo in Domino Jesu Christo filio BENEDICTO, sanctæ Portuensis Ecclesiæ episcopo successoribusque suis in perpetuum.

Quoniam semper sunt concedenda quæ rationabiliter a fidelibus fiunt postulata, oportet nos in concedendis privilegiis nostram benevolentiam largiri et munificentiam. Et quia a perfectionis culmine, sæcularibus præpediti negotiis, valde distamus, ex eo nos potissimum ao omnipotenti Deo veniam promereri et gratiam adipisci confidimus, si rectitudinis normam tenentibus et evangelica conversatione pollentibus defensionis et nostro munimine subrogamus. Unde, quia tua dilectio a nostra sublimitate humiliter expetiit, quatenus concederemus et confirmaremus vobis vestrisque successoribus in perpetuum episcopatum supradictum cum pertinentiis suis ; inclinati precibus vestris, per hujus præcepti seriem concedimus et confirmamus vobis vestrisque successoribus in perpetuum prædictum episcopium, scilicet Portuensis Ecclesiæ, quod positum esse videtur foris prædictam civitatem Portuensem, cui vocabulum est sancti Hyppoliti, cum vineis et hortis qui sunt in circuitu ejusdem ecclesiæ, pariter et clausuram (*clusuram de vinea una*), et vineam unam in integrum, sitam in Cardeto, et in Finilia clausuras duas cum vineis, et terris infra se.

Omnia hæc posita in insula majore, imo et ecclesiam S. Mariæ (*parvamque*) pariterque ecclesiam S. Laurentii cum episcopio, et cum cellis, et hortis atque vineis, clausuras quinque ; in una quidem est ecclesia S. Petri, et S. Georgii, et S. Theodori ; in alia vero est ecclesia S. Viti sicuti a muro, et a (*flumine Tiberino*) *fluvio Tiberis*, atque limitibus circumdatur, tertia super ripam fluminis, quarta juxta S. Laurentium, et usque in prædium Trajanum. Necnon clausuram de vinea in loco qui vocatur Scarajo, et aliam petiam quæ appellatur Clusura, et vineæ petiam unam in Turre Cucuzuta (*Cucuzina*), et aliam in Monton. Verum etiam et fundum unum in integrum qui dicitur Bacatu (*Bacani*) cum appendice sua, quæ vocatur Scriptula (*Griptulis*), in qua sunt cisternæ antiquæ positæ juxta eamdem civitatem Portuensem, sicuti incipit a primo latere ab arbore quæ dicitur Tramarice (*Tumarice*), dirigitur in Colunnella, quæ in campo stare videtur milliario secundo distante ab eadem civitate, et deinde pergente recto itinere per Salariam, et usque ad attegiam piscatoriam, et ex inde remeante ad mare per Buccinam, et circumeunte littus maris usque ad Sanctam Nympham, et usque ad FocemMiccinam, cum locis qui dicuntur Juncera (*Jonceta*) usque ad balnearia, et usque ad locum qui Portus Trajani vocatur, et usque ad palatium qui vocatur Progesta, et usque ad civitatem ipsam vetustissimam cum lacu Trajani. Nec non et castellum aliud minus in integrum cum omnibus ad illud pertinentibus; et in civitate Constantiniana omnia quæ ibidem prædictum episcopium habere dignoscitur, una cum Ecclesia beatorum apostolorum Petri et Pauli destructa, cum cryptis, ubi animalia ipsius Ecclesiæ manere videntur, (*deinde et vadit* ad) extendentibus se usque S. Mariam, quæ ponitur in arcu cum (*crypta et domo*) cisterna, et usque ad domum quæ vocatur Balneum Veneris, et usque ad viam publicam infra ipsum castellum, atque cannetum de ipsa civitate, scilicet monasterium S. (*Agunlii*) Agnetis cum salariis et vineis quæ (in terra, in Cere) infra se habere videtur. Porro et fundum in integrum qui vocatur Palmis, cum casis, vineis, terris et pascuis, extendentem se usque ad Furnum antiquum, qui est juris supradicti episcopii; et in eodem fundo monumentum antiquum, esse videtur, positum via Portuensi milliario ab urbe Roma plus vel minus decimo. Itemque insulam minorem in integrum, cum vineis et casis, seu terris, cum loco qui vocatur Scarajo, qui olim fuit portus Trajani, cohærente eidem fundo Baccani, et cum omnibus ad eum pertinentibus; pariterque et fundum in integrum qui vocatur Judæorum, et fundum qui vocatur Gualdus (*Galdus*) cum omnibus eorum pertinentibus positum juxta prædictam civitatem antiquam, etiam et filum salinæ in integrum, situm in VII fila. Item et in Baccani et in Generula (*Genestula*) fila novem, omnia fila salinarum quæ ad vestrum episcopium pertinere noscuntur; seu et fundum in integrum, qui vocatur Gualdus Major, cum ecclesia S. Aureæ et monumento suo, et terra sementaritia quæ appellatur Planura, in qua cisternæ videntur esse (*constitutum inter flumen Tiberis*) positum infra fluvium, et formam quæ vocatur Arcioni. Nec non et confirmamus vobis curtem in integrum, quæ dicitur Galeria, in qua est ecclesia S. Mariæ cum caminatis seu orticliniis (*tricliniis*), atque diversis cubiculis, et omnibus suis ædificiis quæ infra se et circa se habere dignoscitur, cum omnibus finibus, terminis, limitibusque suis, terris casalibus, silvis, atque pantacicis (*Pantonis*) cum ponte, et ipsum rivum qui vocatur Galeria, usque ad flumen, una cum campis, pratis, pascuis, salictis, arboribus fructiferis et infructiferis diversi generis, puteis, fontibus, rivis, aquis perennibus cum locis ad aquimola facienda, vel cum omnibus ad prædictam curtem, quæ vocatur Galeria, pertinentibus, Simulque pratum in integrum cultum et assolatum, situm in campo qui vocatur Merul, et vadit per montem quem olim detinuit Joannes de Miccina, et hæredes (quondam) Stephani Numemculatoris, et exinde ducitur (ultra viam) per casale quem olim detinuit Joannes de Sergio, et transit (per) aliam viam Carrariam, et venit in casale quem detinent hæredes Transtiberini, sicut per affines marmoreos designatur; et exinde vadit in casale monasterii sanctorum Cosmæ et Damiani, et pergit per fossatum antiquum, quod verni tempore ducit aquam in rivum Galeriæ, (et pergit per medium rivum de Galeria usque) pergentem ad molam de Silva, et revolventem (revolvit se) per viam carrariam usque ad vallem mediam de monte qui vocatur Zunul, et pergentem (pergit) usque ad Staffilem, qui stat in Lintiscino, et usque in caput de valle (valle Stabla et per fossatum ipsius vallis pergit a pede filorum salinarum) concludentem totum campum usque in pedicam quæ vocatur (Ticoli) Ticli, et piscinam Galiardam concludentem ipsam pedicam, ubi sunt fila xxx pergentem juxta fila quæ sunt monasterii (de Mirandi) di Miranda usque in Stagnum Majus, et (tertiam partem prædicti Stagni Majoris et per ripam ipsius) per ripam Stagni usque in Bordunariam, et a (pede antiquorum) pede filorum usque in Baccani, et usque in terra de prædicti episcopii, et usque in formam quæ vocatur Arcion., et per ipsam formam usque in rivum qui vocatur Galeria, et ultra Galeriam per formam usque in prædictum primum affinem de Prata Caraci.

Infra hos vero fines loca et vocabula sunt hæc sequentes: Cæsarius, Palmis, Sorbilianus, Pantanum majus, Clusa vetere (vetus curia de Galeria Panianum majus), Meodian (*Rugnosum Mons de Canaparia celsa Longerie*), Ruginosus mons Cannoparius, Celza, Limes major (major campus publicum), Stagnellum maledictum, Ticeli, Piscina Galiarda, Olibastrum, Stagnellum peregrinum cum omnibus eorum pertinentiis. Nec non et confirmamus vobis vestrisque successoribus Perpetualiter quatuor in integrum principales untias, quod est tertia pars de toto stagno majore Portuensi. Itemque concedimus et confirmamus vobis vestrisque successoribus turrem in integrum quæ vocatur de Albo, cum casis, vineis, hortis, terris, campis, pratis, pascuis, silvis, pantanis et rivis, cultis et incultis, vacuis et plenis, et cum omnibus ad prædictam (turrem et Gualdum Longeriæ) turrem generaliter et in integrum pertinentibus, sicuti affines ejus designant, a primo latere rivus qui vocatur Galeria, et a secundo latere fluvius qui vocatur Tiberis, et a tertio latere Pulverinula, et a quarto latere forma quæ vocatur Arction. Concedimus etiam ipsis hominibus qui pro tempore habitaturi sunt in prædicta Turre, ita ut nullius potestati, nullius ditioni sint subditi, aut alicui homini serviant, aut hostem faciant nisi episcopo, qui jam in dicto episcopio fuerit. Nec non et confirmamus vobis vestrisque successoribus in perpetuum omnes res et facultates, mobiles et immobiles de illis hominibus qui sine hærede et intestati ac subito præoccupati judicio (*judicio Dei*) mortui fuerint, et minime per se ordinare ex eorum facultatibus possunt in tota Portuensem civitatem, seu in (*regione Transtiberim*) Transtiberim, vel in insula Licaonia, sive ubicunque vestri episcopii jura esse videntur. Ipsam sanctam matrem Ecclesiam Portuensem constituimus (*atque*), itaque confirmamus (hæredem ita ut episcopus qui per ipsam in jam) habere hæreditatem, qui per tempora in jam dicto episcopio ordinati fuerint, quomodo eis placuerit ordinandi et disponendi habeat licentiam ut non in æternum pereant, sed in quantum poterint eorum semper orationibus (opportunitatibus) adjuventur.

Insuper concedimus vobis, vestrisque successoribus in perpetuum ex jure sacri nostri palatii Lateranensis quod ad publicum nostrum pertinet totum (Castaldanum) Castaldaticum in integrum Portuensem, vel quidquid usque hactenus nostri casteldiones de tota Portuensi civitate, sive de portis vel de navibus, nec non de tota Burdunaria, vel quidquid extra vel infra ubicunque illis pertinuit; de jam dicto ministerio vobis vestrisque successoribus perpetuis temporibus tribuimus (possessionem) possidendam, ita ut qualemcunque hominem ibidem constituere volueritis castaldum aut mandatarium, vestræ potestati consistat, et quidquid ex ipso ministerio acquisierit vel habere poterit, vobis vestrisque successoribus deferatur, quidquid vobis placuerit exinde faciendi, tamen si nostro comiti, vel nostrorum successoribus placuerit de illo, quod ad nostrum palatium pertinet, fidelitatem juret. Ipsi namque comites, qui per tempora (ipsam) ibidem fuerint (a nobis vel a nostris successoribus) nullo modo alium castaldum aut mandatarium audear ordinare vel constituere, præter illos quos vos vel vestri successores ordinatis vel constitutis. Quod si fecerint, vel de jam dicto castaldatico aliquid violenter abstulerint, vel quæ a nobis vobis vestrisque successoribus tradita sunt frangere aut contraire voluerint, unusquisque iv lib. auri persolvat; medietatem vero episcopatui, et medietatem in nostro palatio, et quod ab eis in (*castaldatu*) nostrum castaldionem, vel in (mandatariis) mandatarium ordinatum fuerit evacuetur. Si vero contumax exstiterit, usque ad veram (vestram) satisfactionem excommunicatus existat.

Itemque concedimus et confirmamus vobis vestrisque successoribus in perpetuum de civitate Portuense duos piscatores et duos curiales, quales vos vel vestri successores eligere volueritis de ipsis hominibus qui ibidem fuerint, aut inveniri potuerint. Vestræ itaque religiositati hæc omnia in perpetuum concedimus et confirmamus. Item statuimus quod ipsi duo (ipsi namque duo piscatores et duo curiales) ulterius nullam dotationem aut servitium faciant, nec ad placitum distringantur ab aliquo, qui pro tempore in ipsa civitate Portuensi dominatum tenuerit, sed tuæ tuorumque successorum illos submittimus potestati. Item confirmamus vobis vestrisque successoribus casale unum in integrum, quod vocatur Genisianum (in loco qui Maliana dicitur) et Malian. Cum insula modica ultra rivum in ipso loco positum, cum omnibus sibi pertinentibus, positum via Portuensi (in prædicto loco qui vocatur Malliana) juxta Malian. juris monasterii S. Pancracii. Etiam et confirmamus vobis vestrisque successoribus in perpetuum totam insulam quæ vocatur Licaonia, in qua est ecclesia Beati Joannis Baptistæ (cum turre et oratorio infra eamdem curtem cum) ecclesia Sancti Adelberti cum casis et oratoriis infra eamdem curtem, cum hortis et aquimolis pertinentiis suis infra hanc urbem Romam sitam sicuti (a Plantone pontis extenditur usque) extenditur ab uno capite usque in aliud caput ipsius insulæ, ubi flumen dividitur. Et sic inferius usque ad terminum vestri episcopii ei sub prælibato ponte ad triginta pedes inferius per aquam et siccum. Simulque concedimus et confirmamus vobis Manum S. Mariæ, Sanctique Baptistæ Joannis, cum horto vineato, sicuti in chartulas acquisitionis vel offertionis in Leone piæ memoriæ presbytero fascicula contineri videtur, scilicet domibus, tricliniis et parietinis, una cum porta et puteo aquæ vivæ, seu attegiis, nec non et hortis cum universis arboribus pomarum atque olivarum, posita Romæ regione septima, in loco qui vocatur Proba juxta monasterium S. Agathæ super Sobora, affines vero ab utroque latere viæ publicæ.

Præterea confirmamus vobis vestrisque successoribus in eadem ecclesia horta, cæparia, seu olearia, una cum terra seminaritia quæ ponitur in monte Albino, et aliam terram sementaritiam in integrum cum parietinis, et omnibus suis pertinentiis, positam foris portam Salariam ad clivum cucumeris. Pari modo concedimus et confirmamus vobis vestrisque successoribus in perpetuum omnem ordinationem episcopalem, tam de presbyteris quam diaconibus vel diaconissis seu subdiaconibus, ecclesiis, vel altaribus quæ in tota Transtiberi necessaria fuerit faciendum, nisi forte cardinalis presbyter, vel cardinalis diaconus, vel subdiaconus, vel acolytus sacri palatii Lateranensis efficiatur, (alia vero vobis vestrisque) sed omnia tibi tuisque successoribus, vel episcopis qui a vobis invitati fuerint ordinandi, benedicendi, consecrandive concedimus potestatem, et ne parochia vestra aliquo pervadatur episcopo, fines ejus per hoc nostrum apostolicum privilegium intimare, tuæque ecclesiæ confirmare curamus incipiente (igitur) quoque primo termino a fracto ponte, ubi unda dividitur (Antonina dicitur, unda ducitur), per murum videlicet Transtiberinæ urbis per Septimianam portam et per portam S. Pancratii, per silicem vero ipsius portæ usque ad pontem marmoreum, qui est super Arronem, et ducente per ipsam silicem usque ad Paritorum, indeque revolvente per paludes usque in mare, indeque veniente per mare usque ad duo milliaria ultra Farum, et usque in (focem) fontem majorem; indeque remeante per medium flumen majus venit usque ad (Romam in medio) Ramum fracti pontis, qui est juxta Marmoratam, indeque ad medium pontem S. Mariæ, et ad medium pontem, ubi Judæi habitare videntur (solebant), et redit per medium pontem prædictum fractum, ubi jam (undam Antoninam) de unda diximus, qui est primus affinis absque Transtiberinis catholicis ecclesiis S. Mariæ videlicet in Transtiberi, S. Chrysogoni, et sanctæ Cæciliæ, vel monasterio S. Pancracii, et sanctorum Cosmæ et Damiani, tamen in prædictis ecclesiis et monasteriis quidquid ibidem ab episcopis necesse fuerit faciendi Portuensibus episcopis, vel ab ipsis invitatis tribuimus potestatem. Itemque concedimus et confirmamus in jam dicto episcopio plebem S. Mariæ, et S. Apollinaris in mola rupta, et plebem S. Stephani in Pauzi, et plebem S. Mariæ in Apruniana (*Aproniana*), vel omnes ecclesias exiguas vel magnas cujuslibet nominis, quæ infra jam dictos affines sunt vel esse possunt, absque illis quas jam diximus Transtiberi sitis.

Interea sancientes jubemus, sicuti a nostris prædecessoribus jussum est, ut in flumine toto, qui juxta urbem Portuensem decurrit, nullus audeat molendina aut pontem, præter jussionem tuam vel successorum tuorum episcoporum, juxta priscam consuetudinem, quoquo modo constituere (construere), et cum vel a vobis, vel ab aliis quibus tamen vos faciendum injunxeritis consitutum (restitutum), aut factum fuerit, ipsa molendina vel pons vestro (pontoneis in vestro) arbitrio dispensentur. Per pontem vero civitatis ipsius (de pontone vero per pontem civitatis ipsius) si factus fuerit cum plaustro onusto vino vel victu nemo audeat nec hinc illuc, nec inde huc penitus transmeare. Iterum (item) sancientes jubemus ut nullus presb... vel cujuslibet ordinis clericum aliquis audeat de toto præfato episcopatu ad placitum constringere, aut ad contentionem finiendam (faciendam) compellere. aut aliquod servitium ab eis requirere, præter episcopos Portuenses, in cujus parochia sunt. Quicunque vero præsumptor sive dux, sive comes, vel vicecomes, aut cubicularius, vel a nostra apostolica sede missus, aut qualiscunque interveniens potestas, quæ de ipsa civitate Portuensi dominatum tenuerint, de quocunque fuerint ordine, prædicta omnia immobilia loca, aut prænominatum castoldatium, vel duos piscatores, et duos curiales, vel omnes prædictos clericos a jure et potestate atque ditione præfati episcopii auferre, vel minuere voluerit, vel parochiam infringere tentaverit, aut homines in prædicta turre habitantes, vel ubicunque proprietas hujus episcopii mentionata fuerit, ad publicum servitium revocaverit, sciat se compositurum episcopo ipso (*sic*) qui per tempora fuerit auri purissimi libr. xx et insuper anathemati subjaceat.

Statuentes quippe apostolica censura auctoritate beati Petri apostolorum principis sub divini judicii obtestatione, et anathematis interdictionibus, ut nullus unquam nostrorum successorum pontificum, vel alia quælibet magna parvaque persona ea quæ a nobis ad laudem Dei pro stabilitate vel augmento prædicti episcopii statuta sunt, refragari, aut in quoquam transgredi, aut aliquid exinde minuere audeat, sed sicut superius a nobis statutum vel concessum est, ita perennibus ac perpetuis temporibus sine aliqua minuatione permittat fine tenus permanere. Si quis autem, quod non optamus, temerario ausu contra hoc nostrum privilegium venire, aut in quoquam ire præsumpserit, et sicut superius a nobis statutum est, ita firmiter permanere non dimiserit, et in omnibus non observaverit, sciat se, nisi resipuerit, auctoritate Dei omnipotentis, et beati Petri apostolorum principis, atque nostra, qui ejus fungimur vicariatione, anathematis vinculo esse innodatum, et a regno Dei alienum, atque cum Juda traditore Domini nostri Jesu Christi, et omnibus pompis ejus omnino incendio concremandum. Qui vero pio intuitu custos et observator hujus nostri apostolici privilegii in omnibus exstiterit, benedictionis gratiam, vitamque æternam a justo Judice Domino Deo nostro, et ab omnibus sanctis ejus consequi mereatur in sæcula sæculorum. Amen.

Scriptum per manum Sergii sanctæ Romanæ Ecclesiæ scriniarii, mense Maio, indictione VIII.

II.

Joannes XIX Bisantio archiepiscopo Canusino [i. e. Barensi] pallium concedit juraque ejus confirmat.

(Anno 1025.)

[UGHELLI, *Italia sacra* VII, 601.]

JOANNES episcopus, servus servorum Dei, reverendissimo confratri ac nostro spirituali filio BISANTIO, sanctæ Canusinæ Ecclesiæ a nobis consecrato archiepiscopo omnibus diebus vitæ tuæ.

Convenit apostolico moderamini pia religione pollentibus benevola compassione succurrere, et poscentium animis alacri devotione impartire assensum. Ex hoc enim lucri potissimum primum a Conditore omnium Deo in sidereis arcibus præscribitur remuneratio, quando egregia ac venerabilia loca ad meliorem fuerint sine dubio statum perducta. Igitur, quia postulasti a nobis quatenus ob tuam reverentiam, atque amabilem fraternitatem, concederemus et confirmaremus cunctis diebus vitæ tuæ præfatum archiepiscopatum sanctæ Canusinæ Ecclesiæ cum omnibus sibi adjacentiis vel pertinentiis, videlicet duodecim episcopatus quemadmodum abolita tempora, scilicet nostris antecessoribus sanctæ memoriæ, decreverant ut archiepiscopus duodecim sub se ordinaret episcopos. Unde nunc juste precantium votis favemus ut et vobis prænominato Bisantio Angelico archiepiscopo consecrarem in præfatæ ecclesiæ sanctæ Canusinæ cum universis civitatibus, et castellis, hoc scilicet Canusinæ, Bari, Meduneo, Juvenacio, Melficta, Rubo, Trane, Canni, Minerbino, Aquatecta, Monte Melioris, Labellotatum, Cisternæ, Bitalbæ, Salpi, Cupersano, Puliniano simul et Catera, et aliarum civitatum atque castrorum sibi adjacentium, vel longe lateque ibi positæ, donec impleatur duodecimus episcopus. Itaque confirmamus vobis omnes fundos et casales una cum casis et vineis, servos et ancillas, una cum massis et massariciis atque molendinis, littora cum portu, montibus et collibus, atque planitiis et pratis, simulque plebibus, sive ecclesiis cum omnibus titulis, sive capellis suis. Verum etiam monasteria virorum seu puellarum, tam Græca quam Latina, cum universis ordinibus ecclesiasticis, diaconis, subdiaconis, lectoribus, presbyteris, et omnia, et universa prædia, et possessiones, cultum, vel incultum, atque cum omnibus quæ dici et nominari rura solent generaliter, et integro pertinentibus, constitutis a termino Apuliæ. Præterea concedimus cum auctoritate beatorum apostolorum principis Petri et Pauli, et cæteris simul, qui eorum fungimur vicariatum, quatenus licentiam habeas cunctis diebus vitæ tuæ utere pallium, et episcopos consecrare cum omni humilitate atque reverentia, quia tale hoc tantum pastoralis officium arripere, si sine interiori vigilantia perpendatur, plus est oneris quam honoris; quippe cum propria non sufficit curare, nisi et salubriter gesserit alienum. His ita breviter prælibatis, nunc benigne et in Christo amantissime, esto forma omni bonitate, esto forma cunctis videntibus seu audientibus, imitare suorum vestigia in terris, ut eorum consortes esse mereatis in cœlis. Quem vero superscriptum archiepiscopatum Canusinum cum omnibus suis pertinentiis, et episcopos ipsos per manus vestras consecrandi, atque usu pallii per auctoritatem apostolicam utendi a præsenti octava indictione omnibus diebus vitæ tuæ concedimus, atque confirmamus tenendum atque dominandum, et omni cum Dei timore regendum et gubernandum, ita ut nullus patritius, seu catapanus, atque excubitus, vel qualiscunque honoris seu dignitatis imperialis sit, audeat vel præsumat dijudicare, vel molestare, aut inquietare de ulla re, etiam nullus clericus, nullusque laicus, vel quælibet persona hujusmodi audeat vel præsumat ibidem aliqua molesta vel contraria facere. Statuentes quippe apostolica censura, sub divini judicii obtestatione et anathematis interdictionibus, ut nullus unquam nostrorum successorum pontificum, sive regum, vel imperatorum, aut cujuslibet magnæ, parvæque potestatis audeat interdicere, vel confringere hoc quod a nobis constitutum et ordinatum est. Si quis autem, quod non credimus, temerario ausu contra hoc nostrum instrumentum, apostolicum privilegium exstiterit, sciat se, nisi resipuerit, auctoritate Dei omnipotentis, et Beati Petri apostolorum principis, et cæteris, anathematis vinculo esse innodatum et a regno Dei alienum, atque cum Juda traditore Domini nostri Jesu Christi, et omnibus impiis socius sit in infernum. Qui vero pro intuitu custos et observator hujus nostri apostolici privilegii exstiterit, benedictionis gratiam, vitamque æternam a Domino percipere mereatur in sæcula sæculorum. Amen.

Scriptum per manus Rogerii notarii regionarii, atque scriniarii sanctæ Romanæ Ecclesiæ mense Junio indict. octava. Valete.

III.

Bulla Joannis XIX papæ ad omnes reges, episcopos, duces, comites, etc.

(Circa annum 1025.)

[*Mémoires et Documents historiques de la Suisse*, tom. III, p. 429. Lausanne 1838. 8°]

JOANNES episcopus, servus servorum Dei, omnibus regibus, episcopis, ducibus, comitibus atque omnibus principibus, in quorum potestate Romanense cœnobium videtur habere aliquas ecclesias, aut aliquas terras, salutem a Deo et apostolicam benedictionem.

Precor omnem in commune vestram fraternitatem ut pro Dei et sancti Petri nostroque amore, prædictum Romanense cœnobium, et omnia ad ipsum pertinentes (sic) protegere studeatis, et in omnibus tueamini et defendatis. Si vero aliquis in vestris potestatibus aut terris exstiterit, qui supra dicto loco vel terris ad eum pertinentibus aliquam injuriam aut molestiam inferre tentaverit, rogo vestram in commune fraternitatem ut supradicto loco justitiam et rectum judicium facere studeatis. Si vero contempserint et in sua malitia perseverare voluerint, sciant se a nobis apostolica auctoritate excommunicandos atque maledicendos, nec non et a liminibus sanctæ Ecclesiæ arcendos et societate omnium christianorum segregandos, et cum Datan et Abiron, quos vivos terra deglutivit, in inferno demergendos, nisi cito ad emendationem venerint S. Petri Romani monasterii, suique excommunicati atque anathematizati ex parte S. Petri apostoli, qui potestatem a Domino accepit ligandi atque solvendi, qui terras ejusdem S. Petri injuste tenent et nolunt reddere : et illi similiter excommunicati, qui eas celant et nolunt indicare vel manifestare ministris SS. Petri, terras ejusdem. Eruntque miseri in inferno damnati cum Juda, qui Dominum nostrum impiis Judæis tradidit, et cum Pilato, qui ipsum Dominum jussit crucifigi, et cum Herode, qui se ipsum interfecit, cum his sint omnes illi homines damnati, qui terras S. Petri Romani monasterii injuste tenent vel celant ; tradat eos Dominus corruentes ante hostes suos, per unam viam egrediantur contra eos et per septem fugiant ab eis et dispergantur per omnia regna terræ, sitque cadaver eorum in escam cunctis volatilibus cœli et bestiis terræ, et non sit qui abigat. Percutiat eos Dominus amentia, et cæcitate ac furore mentis ; et palpent in meridie, sicut palpare solet cæcus in tenebris, et non dirigant vias suas, omnique tempore calumniam sustineant, et opprimantur violentia nec habeant qui liberet eos ; uxores accipiant et alius dormiat cum eis videntibus illis. Domos ædificent et non habitent in eis. Plantent vineas et non vindemient eas. Et veniant omnes maledictiones istæ et multæ aliæ super omnes homines qui terras S. Petri Romani monasterii injuste tenent, vel qui eas celant, nisi cito ad emendationem venerint.

IV.

Joannes XIX Ecclesiæ Silvæ Candidæ possessiones, petente Petro episcopo, confirmat.

(Anno 1026.)

[Ughelli, *Italia Sacra*, I. 93]

Joannes episcopus, servus servorum Dei, dilecto filio Petro, Domini gratia, episcopo Silvæ Candidæ Ecclesiæ, et per te eidem venerabili episcopio successoribusque tuis episcopis in perpetuum.

Convenit apostolico moderamini pia religione pollentibus benevola compassione succurrere, et poscentium animis alacri devotione impertiri assensum. Ex hoc enim lucri potissimum præmium apud Conditorem omnium Deum promerebimus, quando venerabilia loca opportune ordinata ad meliorem fuerint sine dubio statum perducta. Igitur quia dilectio tuæ filiationis postulavit, quatenus concederemus et confirmaremus tibi tuoque venerabili episcopio ea quæ a prædecessoribus nostris pontificibus, ob restaurationem et restitutionem sacri loci ipsius, et remedium animarum suarum et suorum successorum, in præfatum usum tui episcopii concesserunt atque confirmaverunt, nos, simili clementia præmoniti, et inclinati precibus vestris, per hujus nostri apostolici privilegii seriem concedimus et confirmamus tibi, supradicto filio dilecto Petro episcopo, supradictum tuum episcopatum in integrum cum omni integritate sua, cum universis plebibus, titulis, clericis, capellis, massis, curtibus, fundis et casalibus, villis, vineis, terris, vel omnia quæ sub jure et dominio ejusdem episcopatus adjacere vel pertinere dignoscuntur, in primis videlicet massam in integrum, quæ appellatur Cæsarea, cum fundis et colonis suis, qui dicuntur Furculæ, Tondiliani, Martiniani. Item coloniam de Salaro, et de Cortina et de Gradulsi ; coloniam de Valle, et de Fontana et de Sancto, et coloniam de Coriliano et de Lauro, simulque coloniam de Casa Nova, colonia de Tribuno et de Masopane, et coloniam de Castanea cupa et de Cobellis, coloniam de Cæsario, sive quibus aliis vocabulis nuncupantur, cum omnibus suis vineis, casalibus et appendiciis ; et cum omnibus finibus et terminis, limitibus, scilicet terris, campis, pratis, pascuis, silvis, salictis, arboribus pomiferis, fructiferis et infructiferis, diversi generis, puteis, fontibus, rivis, aquis perennibus, ædificiis, parietinis, arenariis, adjunctis, adjacentibusque suis, et ecclesiam S. Andreæ apostoli, infra ipsam massam ædificatam, una cum colonis atque massaritiis, tributariis et angarialibus, masculis et feminis, filiis et filiabus ac nepotibus ibidem residentibus aut exinde provenientibus, ubicunque inventi fuerint, et cum omni censu et dationibus atque functionibus, nec non et angariis pertinentibus positis in territorio Nepesino, milliarium ab urbe Romæ viginti, ex corpore patrimonii Thusciæ juris S. nostræ Romanæ (cui Deo auctore præsidemus) Ecclesiæ, et inter affines, ab uno latere, terra monasterii S. Stephani Minoris a S. Petro, et, secundo latere, silva et terra quæ sunt de Joanne grammatico, et a tertio latere, pastoritia Donica, et a quarto latere, massa Claudiana. Itemque concedimus et confirmamus vobis fundum in integrum, qui vocatur Buxus, in quo basilica SS. Rufinæ et Secundæ constructa esse videtur, et fundum in integrum, qui vocatur Artronum, et montem Jordani, cum casis, vineis et terris, silvis, cultum et incultum, una cum servis et ancillis, atque colonis ibidem residentibus utriusque sexus et ætatis, vel cum omnibus eorum pertinentibus, situ, territorio Silvæ Candidæ, et inter affines, a primo latere, terra supradicta S. episcopii, a secundo latere, rivus, qui vocatur Galeria, a tertio latere, Bibaro, a quarto latere, Criptulæ ; nec non fundum in integrum, qui dicitur Mons Aureus, cum omnibus suis pertinentiis, ab uno latere mons qui vocatur Jordanus, a secundo latere, Criptulæ, a tertio latere casale quod vocatur

Panura, a quarto latere, fundus, qui dicitur Lauret, et a quinto latere, terra et monasterium S. Martini, seu fundum qui appellatur Mons Grundul cum omnibus ad eum pertinentibus; inter affines, ab uno latere, fundus Aquilin, a secundo latere, fundus Palmi, a tertio latere, fundus Montis Aurei, et a quarto latere, fundus Criptulæ, et Bibariolæ atque fundum qui dicitur Oripo, cum omnibus ad eum pertinentibus, inter affines, ab uno latere, bona monasterii S. Martini, a secundo latere, fundus qui vocatur Insula Sancta, et a tertio latere, curtis S. Petri, et fundus Montis Grunduli, et a quarto latere, insula de curte S. Petri.

Verum etiam fundus qui vocatur Criptulus, et Palmis, cum omnibus eorum pertinentiis, ab uno latere, fundus Fulisanus, et a secundo latere, fundus Lauret, et a tertio latere, terra S. Martini, et a quarto latere, fundus Seriani; in imo, fundus Isidori cum omnibus pertinentibus suis, ab uno latere, terra monasterii S, Martini, a secundo latere Castagnetol, et a tertio latere, Insula Sancta, denique et ipsum fundum Insulam Sanctam, cum omnibus ad eum pertinentibus, ab uno latere, casale quod vocatur Bruce, a secundo latere Donicus, et a tertio latere Musanus, et a quarto latere Sanctus Laurentius de Panti; pari modo fundum S. Basilii cum omnibus ad eum pertinentibus, ab uno latere, casale S. Petri, qui appellatur Pauli, a secundo latere, vallis quæ vocatur Intensonosa, et a tertio latere, Barbarol, a quarto latere, monasterium S. Stephani. Porro fundum Panori, cum omnibus suis pertinentibus, ab uno latere, fundus Aprunianus, a secundo latere Silva Candida, et a tertio latere, Musanellus, et a quarto latere Camiliar, et a quinto latere turris Aureliana, et silex S. Stephani, cum salinaria, atque fundum Laureti, ab uno latere, terra S. Petri, a secundo latere, terra S. Martini, a tertio latere, mons Iliodori, a quarto latere, fundus Oripi, seu casale quod vocatur, Pauli, et fundum Serianum cum omnibus eorum pertinentiis, ab uno latere, terra S. Martini, a secundo latere, Silva Candida, a tertio latere Insula Sancta, et a quarto latere silva S. Petri, nec non casale quod dicitur Castagnolum, ab uno latere sancti quatuor Fratres, a secundo fundus Orbanula, a tertio Mussan, a quarto Massanell., atque silva quæ vocatur Magia, cum omnibus pertinentibus suis, ab uno latere rivus de Galesia, a secundo latere, monasterium Veneris, quod vocatur Huppla Ancilla Dei. Omnes vero illos fundos, et casaliacum terris, campis, pratis, pascuis, silvis, cultis et incultis, positis in territorio Silvæ Candidæ, milliarium ab urbe Romæ plus minus duodecim. Verum etiam aquimolum molentem in integrum in vico qui vocatur Galeria, cum omnibus sibi pertinentibus, et terra Simitarilia, quæ vocatur Pastina, longe ab uno latere, Gualdus Donicus, a secundo terra S. Petri quæ appellatur campus Massanus, a tertio latere, mons Actionus, a quarto, mons Paulinus constitutus juxta supradictum episcopium, sive alium aquimolum in ipso rivo cum omnibus sibi pertinentibus, juris ipsius episcopii. Itemque concedimus et confirmamus vobis omnes plebes et ecclesias, parochiasque cum omnibus eorum pertinentibus vel adjacentiis, scilicet plebem S. Mariæ in Silva Candida cum titulis suis, titulum SS. Joannis et Pauli in Lutino, et titulum S. Angeli in Musano, titulum S. Donati in Majorata, atque plebem S. Gregorii in ipso loco, titulum S. Anastasii in Musano et plebem S. Angeli in Ruscindo cum terris suis, simulque plebem S. Joannis in nono cum terris et titulis suis, titulum S. Martiani in ipso burgo cum terris suis, titulum S. Andreæ cum titulis suis, nec non titulum S. Mariæ cum terris suis, titulum S. Nicolai, qui est in castello de monte Depini, titulum S. Mariæ qui appellatur Insirigus, cum terris suis, titulum S. Pancratii cum terris et titulis suis, S. Mariæ in Insula cum terris suis, plebem S. Mariæ Lutiæ cum terris suis, insulam S. Joannis cum titulo et terra sua, titulum S. Gregorii in ipso loco; similiter plebem S. Pauli in Formello, cum terris, vineis, hortis, et olivetis atque titulis suis, titulum S. Sylvestri in columna cum terris et vineis suis, titulum S. Angeli in Mubiano cum terris et hortis suis, titulum S. Martini cum terris suis, titulum S. Genesii in Dalmatia cum terris suis, titulum S. Laurentii in Formello cum terris et hortis suis, titulum S Joannis in ipso loco cum terra sua, titulum S. Petri cum terra sua, titulum S. Angeli in Laureto, titulum S. Valentini in Criptullo; item plebem S. Cornelii in Craprario.

Et per hujus privilegii nostri et decreti paginam, in perpetuum confirmamus S. prædicto vestro episcopio Silvæ Candidæ, cum terris, vineis, et olivetis et titulis suis. titulum S. Pancratii cum terris suis, titulum S. Mariæ cum terris et prato suo, titulum S. Valentini cum terris et oliveto suo atque prato, titulum S. Donati cum terris suis, titulum S. Mariæ cum terris suis, titulum S. Laurentii cum terris suis, titulum S. Anastasii in Cannetalo, cum terris et vineis suis, titulum S. Viti cum terris suis, plebem S. Pauli cum terris, vineis et juribus suis, titulum S. Sylvestri, et S. Angeli cum terris et vineis, et olivetis et juribus suis, titulum S. Mariæ cum terris et vineis, titulum S. Christianæ cum terris, vineis et silvis suis, titulum S. Georgii, titulum S. Martini cum terris et vineis suis, titulum S. Casiani cum terris et vineis, et familiis tribus, titulum S. Anastasii, cum terris et vineis, titulum S. Justinæ cum terris et vineis, titulum S. Angeli cum terris suis, titulum S. Gregorii cum terris suis et vineis; similiter plebem S. Marcelli in Quarto decimo cum terris et vineis, et oliveto majore atque titulis suis, titulum S. Mariæ in Scrofano cum terris et vineis, titulum S. Stephani in Matera, titulum S. Mariæ in Matera, titulum S. Blasii in Scrofano, titulum S. Joannis in ipso Scrofano, et S. Eugeniæ cum terris et vineis, simulque plebem S. Mariæ in Molmula cum terris et vineis et titulo suo, et S. Angeli cum terris et vineis. Confirmamus etiam vobis casalia et colonias, atque castellum in integrum, qui appellatur Dalmachia, Balneo, Stabla, Massaviliana, vel si qui aliis vocabulis nuncupatur, una cum familiis, masculis et feminis, seu colonis per singula loca pertinentibus, cum casis, vineis, terris, silvis et pratis, aquis perennibus, vel cum omnibus ad supradicta casalia, et colonias atque castellum pertinentibus, positum in territorio Nepesino milliarium ab urbe Roma plus minus viginti; inter affines ab uno latere via, quæ est inter militiam de turre de Crapacorio et terram de Pastoritia S. Petri, ab alio latere terra de monte Arsitio, et Focapran, qui vocatur Columella, et terra de turre de Crapacorio, quæ appellatur Matera, et a quarto latere terra S. Laurentii, quæ appellatur Salicara, et rivus qui pergit per Bussetum et Malcan. Itemque concedimus, et confirmamus vobis in perpetuum ecclesiam SS. Rufinæ et Secundæ, sitam Romæ juxta palatium nostrum, cum omnibus ad eam pertinentibus. Etiam concedimus et confirmamus vobis in perpetuum ecclesiam S. Mariæ, cum omnibus suis pertinentibus infra hanc civitatem Romanam, non longe a monte qui Augustus dicitur. Pariter concedimus et confirmamus vobis vestrisque successoribus in perpetuum, sicuti a memorato sanctissimo papa, sive a certis prædecessoribus nostris pontificibus concessa et confirmata fuerunt, videlicet, monasteria quinque S. Stephani Majoris, et Minoris, Sanctorumque Joannis et Pauli, et B. Martini, atque Theclæ, constituta juxta magnam ecclesiam S. Petri, cum omnibus eorum pertinentiis, omnesque consecrationes quæ ibidem sunt, aut in prædicta alma ecclesia S. Petri, aut in cæteris ecclesiis, quæ sunt constitutæ in tota civitate Leonina, et si necessarium fuerit eas consecrare, nullus alius episcopus ad tale ministerium, vel consecrationem accedere præsumat, nisi vos vestrique successores episcopi S. Silvæ Candidæ ecclesiæ in perpetuum.

Concedimus autem et confirmamus vobis vestrisque successoribus in perpetuum S. diem Sabbati ad baptismi sacramentum celebrandum, et totum officium faciendum, in ecclesia B. Petri apostoli, et supra magnum altare, in quo toto ven. altari, seu in confessione, quidquid auri, vel argenti, pallii, vel ceræ, sive aliarum rerum positum, vel oblatum, vel jactatum fuerit, vel vobis oblatum, ab hora videlicet diei tertia, qua ingredi ecclesiam ad ordinandum et peragendum divinum officium vos volumus, et usquequo expletam S. Dominicæ diei missam habueritis per vestros curatores in vestram vestrorumque successorum, remota omni contradictione, deveniat potestatem. Et quia usque ad nostrum tempus in præfata ecclesia S. Petri, a qua pene omnes ecclesiæ doctrinam acceperunt, sicut a magistra et Domina, dies Dominica Palmarum, et dies Coenæ Domini et Parasceve tam irreverenter colebantur, ut nec processio cum palmis in ipsa die Dominica ibi fieret, neque in die Coenæ Domini

Gloria in excelsis Deo diceretur, et in Parasceve non tam reverenter uti decebat officium ibi fiebat. Condoluimus, et meliorare hoc cupientes per vos vestrosque successores, statuimus ut omni annua die Dominica Palmarum cum processione ab ecclesia S. Mariæ in Turri exeatis, et venientes ad magnum altare S. Petri missam celebretis. Similiter, anno in die Coenæ Domini vos vestrosque successores missam super eodem Altare S. Petri celebrare, *Gloria in excelsis Deo* dicere, S. chrisma conficere, et quod ad episcopum pertinet, agere volumus, et omni anno die Parasceve supra ipsum altare majus S. Petri totum officium reverenter, ut decet vos vestrosque successores facere volumus, in quibus tribus missis, scilicet in missa Palmarum, seu in missa Coenæ Domini, et in officio Parasceve, quidquid auri vel argenti, pallii, seu ceræ, vel aliarum rerum supra jam dicto sacro altari S. Petri, sive in confessione positum, aut jactatum fuerit vel vobis oblatum, ab hora qua ipsa missa, et officium inchoata fuerint, et expleta per nostros custodes in vestram, vestrorumque successorum similiter, remota omni contradictione, deveniat potestatem, in quibus quinque diebus si vobis vestrisque successoribus utile visum fuerit aliquem diaconorum nostrorum ministrare ob honorem S. Petri vestram reverentiam volumus petere; potestatem autem ejusdem ecclesiæ S. Petri et supradictorum suorum monasteriorum, et cuncta ecclesiastica judicia ipsorum, seu totius civitatis Leoninæ vobis vestrisque successoribus concedimus et confirmamus, similique modo ad inungendum et consecrandum imperatorem primum vestram et vestrorum successorum episcoporum fraternitatem convocamus, ut quibus regimen totius Ecclesiæ S. Petri et civitatis Leoninæ commissum est ab his primum sit benedictum. Nec non cuncta sacra officia, seu mysteria, quæ nos et successores nostri facere debemus, si ægritudine, vel aliqua cura impediti facere non possumus, tam in supradicta Ecclesia S. Petri, et monasteriis suis quam per totam civitatem Leoninam, per vos vestrosque successores fieri apostolica auctoritate decernimus.

Consecrationem vero altarium ecclesiæ S. Petri et aliorum monasteriorum, nec non consecrationem ecclesiarum, altarium, sacerdotum, diaconorum, seu diaconistarum totius civitatis Leoninæ vobis, vestrisque successoribus in perpetuum, sicut prælibatum est, concedimus et confirmamus. Superque etiam ecclesiæ SS. Rufinæ et Secundæ, cui Deo auctore præsidetis, vobis vestrisque successoribus in perpetuum concedimus et confirmamus etiam ecclesiam S. Adalberti et Paulini cum ecclesia S. Benedicti, et omni sua integritate et pertinentiis, et sicut ad manus vestras hodie tenetis posita infra hanc civitatem Romanam in insula Lycaonia, ut sit vobis vestrisque successoribus cum volueritis episcopale domicilium, et congruum receptaculum opportunumque habitaculum, quemadmodum interesse videtur Portuensem ecclesiam, S. Joannem inter duos pontes, presbyteros vero et clericos, qui pro tempore in eadem ecclesia S. Adalberti, Paulini, et Benedicti fuerint, ita subjectos vobis esse volumus ut proprios filios ecclesiæ vestræ, et ab omni jure illos subtrahimus, tuæ paternitati tamen eos committentes, ut solummodo vestrum judicium exspectent, vestro dominio famulentur, et per omnia vestris rationalibus obsecundent mandatis, ut, quomodo vobis placet, eos ordinare, secundum decet, regere, informare et emendare nostra apostolica auctoritate in perpetuum liceat, prædictis vero omnibus locis, et familiis cum omnibus eorum pertinentibus, sicut superius missa sunt, a præsenti decima indictione, tibi, tuisque successoribus in eodem venerabili episcopio in perpetuum donamus, largimur, concedimus et confirmamus, atque stabilimus perenniter in usum et utilitatem ipsius venerabilis episcopii, et episcoporum qui per tempora tenuerint ipsam ecclesiam. Statuentes quippe apostolica censura, sub divini judicii obtestatione et anathematis interdicto, ut nulli unquam nostrorum successorum pontificum, vel qui publicas functi fuerint actiones, vel alia quælibet magna, parvaque persona audeat vel præsumat aliquid de omnibus quæ supra continentur, contra hoc nostrum pontificale privilegium agere, vel alienare aut auferre, scilicet potius firma atque stabilia perpetuis temporibus, sicuti a nobis statuta et confirmata sunt, decernimus permanenda. Si quis autem, quod non optamus, temerario ausu contra hoc nostrum apostolicum privilegium in quoquam transgressor esse præsumpserit vel frangere ausus fuerit, et in omnibus obediens et observator esse noluerit, sciat se auctoritate Dei omnipotentis et domini nostri apostolorum principis Petri, cujus, licet immeriti, Dei tamen dignatione gerimus vices, anathematis vinculo innodatum, et a regno Dei alienum, atque cum Juda traditore Domini nostri Jesu Christi et omnibus impiis socius sit in inferno. Qui vero pro intuitu custos et observator hujus nostri apostolici privilegii exstiterit, meritis atque precibus B. Petri apostolorum principis, et SS. martyrum Rufinæ et Secundæ in æthereis arcibus præmia, et benedictionis gratiam atque misericordiam, a justo judice Domino Deo nostro, vitam æternam percipere, et invenire mereatur in sæcula sæculorum. Amen.

Scriptum per manum Georgii notarii regionarii atque scriptoris S. R. Ecclesiæ in mense Decembris, et indictione supra scripta x.

Thebaldus Bell. tren. Ecclesiæ episcopus.
Theobaldus episcopus sanctæ Alban. Ecclesiæ.
Dominicus S. Lavican. Eccl. episc.
Petrus Prænest. Eccl. episc.
Petrus episc. S. Ostiens. Ecclesiæ.
Stephanus presbyter tituli sanctæ Cæciliæ.
Benedictus archidiaconus.
Ugo diaconus.
Petrus card. tit. S. Damasi.
Crescentius diaconus.
Joannes subdiaconus
Joannes card. tit. S. Marci.
Joannes Domini gratia diaconus.
Joannes subdiaconus de Mira.
Joannes presbyter tit. S. Callixti in Transtiberim.
Crescentius diaconus.
Rodulphus indignus presbyter, et abbas ex monasterio S. Laurentii, qui ponitur in Clausura.
Joannes presbyter card. tit. S. Grisogoni.
Franco diaconus.
Raynerius diaconus.

Datum xvi Kal. Januarii, per manus Benedicti episcopi Portuensis, et vice Peregrini Coloniens. archiepiscopi bibliothecarii S. apostolicæ sedis, anno pontificatus domini nostri Joannis summi pontificis, et universalis XIX papæ in sacratissima sede B. Petri apostoli, tertio mense Decemb., indictione x.

Decernimus ergo ut nulli omnino hominum liceat prædictam Ecclesiam temere perturbare, aut ejus possessiones auferre, vel ablatas retinere, minuere, vel injustis vexationibus fatigare, scilicet omnia integra conserventur eorum pro quorum gubernatione ac sustentatione concessa sunt, usibus omnimodis profutura, salva sedis apostolicæ auctoritate. Si quæ igitur in futurum ecclesiastica, sæcularis, vel alia persona, hanc nostræ constitutionis paginam, sciens contra eam temere venire tentaverit, secundo tertiove commonita, nisi reatum suum congrua satisfactione correxerit, potestatis honorisque sui careat dignitate, reamque se divino judice existere de perpetrata iniquitate cognoscat, et a sacratissimo corpore ac sanguine Dei et Domini Redemptoris nostri Jesu Christi aliena fiat, atque in extremo examine districte subjaceat ultioni. Cunctis autem eidem loco sua jura servantibus, sit pax Domini nostri Jesu Christi, quatenus, et hic fructum bonæ actionis percipiant, et apud districtum Judicem præmia æternæ pacis inveniant. Amen.

V.

Joannes XIX in concilio Petrum, episcopum Silvæ Candidæ, accepta virga, de universa terra omnium ecclesiarum Galeriæ, investit.

(Anno 1026.)
[UGHELLI, *ibid.*, pag. 98.

In nomine sanctæ et individuæ Trinitatis, Patris, et Filii, et Spiritus sancti. Amen.

Ego JOANNES divina providentia XIX papa Romanus, sciens pene cuncta oblivioni dari ob nimiam fragilitatem humanam, quæ ad honorem et utilitatem SS. Rufinæ et Secundæ martyrum temporibus gesta sunt, litteris pandenda mandavimus, ut posteri devotionem erga nostra loca cognoscant, et si qui rebelles fuerint, contabescant et erubescant. Defuncto igitur Gregorio episcopo supradictarum martyrum Rufinæ et Secundæ, Petrum consecravimus episcopum, post cujus consecrationem, nondum transactis tribus annis presbyteri S.

Nicolai de Galeria cœperunt gerere eumdem episcopum de presbyteris S. Andreæ, presbyteri vero S. Andreæ rogaverunt episcopum ut illuc iret, et in prædicta ecclesia S. Andreæ altaria ædificaret. Quibus episcopus respondit non debere ibi altaria consecrare, quia de ipsa ecclesia litigatur presbyter S. Nicolai, prius igitur veniant utræque partes ante nos, et legibus finiatur, et tunc si canonice potero, ad servitium S. Ecclesiæ faciendum libenter ibo. His auditis reversi sunt, et archipresbytero et cæteris presbyteris nuntiaverunt, qui iterum atque iterum canonice vocati, tandem utræque partes venerunt ante suum episcopum, quorum causam volens prælibatus Petrus episcopus ita finire ut nunquam magis lis inde oriretur, ante nostram præsentiam illos conduxit, nos vero residentes in ecclesia S. Sylvestri, quæ est infra palatium Lateranense, una cum Theobaldo Belliternens., Petro Prænestino, Benedicto Portuensi, Theobaldo Albanensi, Petro Ostiensi, Dominico Lavican. Benedicto archidiacono, Crescentio, atque Raynerio, Gregorio diaconibus, Petro card. S. Damasi, Francone card. S. Sixti, Tuidisco card. S. Marcelli, aliisque quamplurimis sacerdotibus, et clericis adstantibus autem Benedicto Primicerio, et alio Benedicto Secundicerio, Crescentio nomenclatore, Petro primo defensore, Stephano Protoscriniario, Joanne Deubaldo Dativo judice, seu fratre nostro Domino Alberico comite palatii, et Joanne Tocco comite Galeriæ, dictos presbyteros utrarumque ecclesiarum introire fecimus cum paucis laicis Galeranis, videlicet Joanne filio Rodulphi, Baldo; tunc episcopus veniens ad pedes nostros cœpit exponere quomodo, et qualiter, et qua pro causa vocasset eos, et cœpimus causam quærere, quæ illos movebat, tranquilla mente dirimere et tractare. Quæ cum protelaretur, ut reor, suggestione Spiritus sancti, venit mihi in mentem quod multum lucri episcopus S. Rufinæ haberet de tot sacerdotibus et tam magno populo Galerano, hoc cogitans infra me ipsum, et volens addiscere quantitatem redditus prædictæ Galeriæ, taliter episcopum interrogavi. Credo quidem multum redditus habere episcopum S. Rufinæ de tot sacerdotibus, et tam amplo populo Galerano. Episcopus respondit : A sacerdotibus S. Nicolai xiv solidos per annum, et a presbyteris S. Andreæ xxx denarios consequitur episcopus, nihil amplius. Quod nos audientes maxima tristitia affecti sumus, et relinquentes causam quam tractabamus, omnes uno spiritu, una mente, cogente tanta impietate, ad hoc tractandum conversi sumus. Tunc archipresbyterum vocavimus S. Nicolai cum suis, et syndicum S. Andreæ cum suis, quia archipresbyter absens erat infirmitatis causa, nos taliter aggressi sumus : « Dicite nobis quare tam parum episcopo redditis, et quare vel tertiam non redditis sibi, sicut et alia loca faciunt ? » Qui responderunt : « Consuetudo nostra fuit. » Et nos contra : « Habetis ab aliquo episcopo inde aliquid scriptum ? » Qui responderunt per omnia : « Domine, nullum. » Tunc nos interrogavimus, residentes episcopos, sacerdotes, diaconos, judices, quid deberet de hoc fieri, et prælibatus episcopus procedens ad pedes nostros, talia cœpit : « Domine, si vestri gratia est, ad eam causam redite, pro qua huc venimus, istam opportuno tempore reservate. » Tunc nos commoti et valde irati contra eum, quia nolebat nos proponere quod ipse quærere debebat, diximus : « Miror, cum sis prudens ac potens, quare ecclesiam tuam non sublevas, sed magis opprimis ? quare non dixisti hoc per tot dies, et quare illam consuetudinem, quam omnes Ecclesiæ habent, non exigis ab ipsis ? Mihi adeo non imputabitur quod in ea est Ecclesia : ego eam vobis dedi, si tu non vis tertiam ab eis exigere, ego illam exigam, ut Ecclesia tibi commissa meo et tuo tempore non decrescat. » His verbis Petrus episcopus correptus respondit : « Domine, quid vos et sanctum hoc concilium judicat, recipere paratus sim. » Tunc ab omni concilio definitum et judicatum est ut, cunctis postpositis, prius ecclesia S. Rufinæ, et episcopus suus honoretur, et per me de tertia cunctæ Galeriæ episcopus ministretur, refutantibus ea presbyteris, et dare integram promittentibus sibi, suisque successoribus in perpetuum, et sic ad inchoatam causam presbyterum redire, quod et factum est. Nam accepta ego virga, investivi episcopum Petrum, et per se suosque successores de universa tertia omnium ecclesiarum Galeriæ, assuetaque datione, consentientibus presbyteris utriusque Ecclesiæ, et refutantibus, atque dare eam promittentibus, ac dicentibus quod se illam prius sponte darent. Iterumque judicatum est ut sub interdictione anathematis hoc poneretur, et confirmaretur, et factum est, nam nostra jussione, et omnium prædictorum sacerdotum, episcoporum, diaconorum accepta stola Benedictus Portuensis episcopus dixit : Auctoritate Patris, Filii, et Spiritus sancti, et auctoritate B. Petri apostoli, et D. N. Joannis papæ hoc S. concilio præsidentis, et auctoritate hujus S. concilii maledicimus, et excommunicamus, et perpetuo anathematis vinculo obligamus, quicunque sacerdotum, sive clericorum, sive laicorum, seu qualiscunque persona mortalium tertiam universarum ecclesiarum Galeriæ Petro episcopo, suisque successoribus aliquo modo contendere præsumpserit, vel aliquo modo fraudare disposuerit, et hoc quod de Galeria judicavimus ab omnibus locis prædicti episcopatus S. Rufinæ, et ab omnibus sacerdotibus, et clericis, vel laicis, et ab omni persona observari sub simili anathemate apostolica auctoritate sancimus, et statuimus in perpetuum, postquam ter a Petro episcopo vel suis successoribus supradicta tertia requisita fuerit, et ab omnibus clamatum est, Fiat, fiat, amen, amen. Et ut diligentius observetur, et clarius cognoscatur, totum per ordinem Gregorio scrivanio S. R. E. scribere præcepimus, et ab omnibus qui interfuerunt propriis manibus roborare voluimus.

Benedictus archidiaconus interfui, et in perpetuum valere judico. Petrus Praenestinus episcopus interfui, et in perpetuum valere judico. Ego Benedictus episcopus Portuensis interfui, et in perpetuum valere judico.

Datum xix Kalend. Januarii per manus Bosonis episcopi S. Tiburtinae Ecclesiae et bibliothecarii S. A. S. interfui, et in perpetuum valere judico, Raynerius diaconus de diaconia S. Georgii, et Leon episcopus Ostiensis Ecclesiae interfui et in perpetuum valere judico. Gregorius S. Luciae interfui, et in perpetuum valere judico. Benedictus episcopus S. Anagninae ecclesiae interfui. Joann. episcopus S. Bledanae Ecclesiae interfui, et in perpetuum valere judico. Benedictus episcopus Ceren. hoc decretum firmum, et in perpetuum valere judico. Petrus cardinalis tituli S. Marci interfui, et in perpetuum valere judico. Raynerius episcopus Nepesinae ecclesiae hoc decretum firmum, et in perpetuum manere judico. Amasus episcopus atque capellanus domini papae. Franco cardinalis S. Sixti. Benedictus Domini gratia secundicerius S. A. S. Joannes cardinalis tit. S. Marcelli. Crescentius Domini gratia nomenclator S. A. S. Ego Stephanus Dei gratia scrivanius S. sedis apostolicae scripsi, etc.

VI.

Privilegium Joannis papae XIX pro monasterio Cluniacensi. — Declarat se confirmare omnia monasteria et loca ad Cluniacense monasterium pertinentia, et ei ab aliquibus fidelibus Christianis, regibus, episcopis, ducibus, seu principibus antea concessa. Prohibet quoque ne quis episcopus, vel sacerdos, pro aliqua ordinatione seu consecratione ecclesiae, presbyterorum, aut diaconorum, missarumque celebratione, nisi ab abbate Cluniacensi invitatus, veniat Cluniacum; sed liceat monachis Cluniacensibus cujuscunque voluerint ordinationis gradum suscipere ubicunque suo placuerit abbati. Similiter vetat ne quis episcopus vel sacerdos possit excommunicare fratres Cluniacenses ubicunque positos. Decernit praeterea Cluniacense monasterium omnibus ad se ob salutem confugientibus fore misericordiae sinum; et statuit quod si aliquis cujuscunque obligatus anathemate idem monasterium expetierit, sive pro corporis sepultura, seu alterius suae utilitatis, et salutis gratia, benigniter excipiatur oleo medicamenti salutaris fovendus. Denique definit electionem abbatis Cluniacensis pertinere ad congregationem ipsius loci.

(Anno 1027.)

[*Bullarium Cluniacense*, pag. 8.]

JOANNES episcopus, servus servorum Dei, dilectissimo filio ODILONI abbati monasterii quod dicitur Cluniacum, in honore beatorum apostolorum Petri et Pauli consecratum, in comitatu Matisconensi situm, et per te cunctis successoribus tuis abbatibus in perpetuum.

Cum omnium fidelium petitionibus et necessitatibus subvenire debeat apostolica charitatis gratia, multo magis his est impertienda ejus beneficii clementia, quos singulariter proprios et specialiter filios se gaudet habere sancta Romana mater Ecclesia, et suae utilitatis gratia, et praecedentium Patrum auctoritate egregia, quorum etiam desideriis et votis eo plenius parere debet auctoritatis apostolicae sublimitas, quo certius constat eos nonnisi illa desiderare et expetere quae sunt ad honestatem sanctae pietatis, et utilitatem verae religionis. Et quoties in suae necessitatis commodis nostrum assensum et solitae apostolicae auctoritatis audiverint humiliter requirere praesidium, ultro benignitatis intuitu nos convenit subvenire, et rite pro integra securitate solidare; ut ex hoc nobis quoque potissimum praemium a conditore omnium Deo sidereis arcibus contribuatur. Et ideo quia postulastis a nobis ut praefatum monasterium apostolicae auctoritatis serie muniremus, et omnia ejus pertinentia perenni jure ibidem inviolabiliter permanenda confirmaremus, et absque omni jugo seu ditione cujuscunque personae constabilire nostri privilegii pagina studeremus: propterea tuis flexus precibus, ob interventum domni invictissimi et pii Henrici imperatoris augusti, ejusque remedium animae, per hujus nostrae auctoritatis privilegium statuentes decernimus, ut cuncta loca et monasteria ad praedictum Cluniacense coenobium pertinentia, quae ab aliquibus fidelissimis Christianis, regibus, episcopis, ducibus, seu principibus eidem loco sunt concessa, et ab antecessoribus tuis abbatibus acquisita, Bernone videlicet, Odone, Aymardo, et beatae recordationis sancto Mayolo praedecessore tuo, vel quaecunque ad eumdem locum pertinere videntur, absque ullius contradictione, cum magna securitate debeas possidere, et per te universi successores tui in perpetuum. Necnon sub divini judicii promulgatione et confirmatione, et anathematis interdictione corroborantes decernimus, ut nullus episcopus, seu quilibet sacerdotum in eodem venerabili coenobio pro aliqua ordinatione, sive consecratione ecclesiae, presbyterorum, aut diaconorum, missarumque celebratione, nisi ab abbate ejusdem loci invitatus fuerit, venire ad agendum praesumat; sed liceat monachis ipsius loci cujuscunque voluerint ordinationis gradum suscipere, ubicunque tibi, tuisque successoribus placuerit. Interdicimus autem sub simili anathematis promulgatione, ut isdem locus sub nullius cujuscunque episcopi vel sacerdotis deprimatur interdictionis titulo, seu excommunicationis vel anathematis vinculo. Non enim patitur sanctae sedis apostolicae auctoritas, ut ullius cujuscunque personae obligatione proscindatur a se cuilibet concessa liberalis libertas: neque ipsius loci fratres ubicunque positi, cujuscunque episcopi maledictionis vel excommunicationis vinculo teneantur astricti. Inhonestum enim nobis videtur ut sine nostro judicio, a quoquam anathematizetur sanctae sedis apostolicae filius veluti cujuscunque subjectae Ecclesiae discipulus. Si qua vero competens ratio adversus eos quemquam moverit, et hoc aliter determinari vel definiri nequiverit, judicium apostolicum, quod nulli praejudicium praetendere patitur, super hoc patienter praestoletur et humiliter requiratur. Decernimus etiam, et illius cujus vice quamvis indigne fungimur, auctoritate sancimus, ut isdem locus omnibus ad se ob salutem confugientibus, sit misericordiæ sinus, sit totius pietatis et salutis portus. Obtineat in eo locum justus, nec repellatur pœnitere volens iniquus. Præbeatur innocentibus charitas mutuæ fraternitatis, nec negetur offensis spes salutis et indulgentia pietatis. Et si aliquis cujuscunque obligatus anathemate eumdem locum expetierit, sive pro corporis sepultura, seu alterius suæ utilitatis et salutis gratia, minime a venia et optata misericordia excludatur, sed oleo medicamenti salutaris fovendus benigniter colligatur. Quia et justum sic est, ut in domo pietatis et justo præbeatur dilectio sanctæ fraternitatis, et ad veniam confugienti peccatori non negetur medicamentum indulgentiæ et salutis. Sit autem omnibus ibi advenientibus causa salutis, hic et in perpetuum divinæ miserationis et pietatis refugium, et apostolicæ benedictionis præsidium. Decernimus præterea et omnino constituimus ut, prædicti loci obeunte abbate, non ibi alius cujuscunque personæ violentia constituatur ordinandus, sed ab ipsa congregatione loci secundum timorem Dei, et institutionem legislatoris Benedicti, pater qui sibi præesse debeat eligatur, atque ad eum ordinandum qualiscunque illi placuerit, advocetur episcopus. Quascunque vero terras nunc tenes, et quas tu tuique successores acquirere potueritis, in perpetuum possidendas concedimus vobis. Si quis autem temerario ausu, quod fieri non credimus, contra hujus nostræ apostolicæ confirmationis seriem venire aut agere tentaverit, sciat se Domini nostri et apostolorum principis Petri anathematis vinculo innodandum, et cum diabolo ejusque atrocissimis pompis, atque cum Juda traditore Domini et Salvatoris nostri Jesu Christi, in æternum ignem concremandum, simulque in voraginem tartareumque chaos demersum cum impiis deficiendum. Qui vero custos et observator hujus nostri privilegii exstiterit, benedictionis gratiam et vitam æternam a Domino consequatur, etc. Amen.

VII.
Joannis XIX epistola ad Popponem patriarcham Aquileiensem.
(Anno 1027.)
[UGHELLI, *Italia sacra*, V, 49.]

JOANNES episcopus, servus servorum Dei, dilecto in Christo fratri POPPONI sanctæ Aquileiensis Ecclesiæ patriarchæ perpetuam salutem.

Cum magna nobis sollicitudine insistit cura pro universis Ecclesiis Dei ac piis locis vigilandi, ne aliquam necessitatis jacturam sustineant, sed magis propriæ utilitatis stipendia consequantur, ideo convenit nos tota mentis aviditate eorumdem veterum locorum stabilitatem ac integritatem maxime procurare, et sedulo eorum utilitatem ac subsidia illic contrahere, ut Deo nostro omnipotenti id quod pro ejus sancti nominis honore et laude, atque gloria ejus divinæ majestatis, nostrarum rerum confirmare veteribus locis sit acceptabile, nobisque ab ejus locupletissima misericordia digna hujusmodi pii in sidereis conseri amoris arcibus remuneratione. Igitur quia postulatis a nobis quatenus patriarchatum sanctæ Aquileiensis Ecclesiæ cum omni suo honore, atque suis pertinentiis totum in unum vobis conferamus, sicuti olim a beato Petro principe apostolorum, nec non Eugenio, atque Gregorio, cæterisque prædecessoribus nostris hujus apostolicæ sedis episcopis decretum est, inclinati namque precibus vestris apostolica auctoritate concedimus, et per hujus nostri privilegii paginam confirmamus vobis vestrisque successoribus patriarchatum sanctæ Aquileiensis Ecclesiæ fore caput et metropolim super omnes Italiæ Ecclesias, quoniam ante omnes constitutam et in fide Christi fundatam fuisse cognoscimus; atque volumus S. Aquileiensem in cunctis fidei rebus peculiarem, et vicariam, et secundam esse post hanc almam Romanam sedem, sicuti olim a beato Petro apostolo concessum fuisse videtur. Insuper vobis vestrisque successoribus, apostolica auctoritate pallium concedimus, quo vos ad missarum solemnia celebranda uti volumus in Natali Domini, ac solemnitate Epiphaniæ, et in quatuor S. Mariæ festivitatibus, et in ejusdem Dedicatione ecclesiæ, et in die Natalitii sui, et in Cœna Domini, et in die S. Paschæ, et in Ascensione Domini, et in die S. Pentecostes, et in Nativitate S. Joannis Baptistæ, atque in festivitatibus omnium apostolorum, et in festivitate Omnium Sanctorum, et in cæteris omnibus præcipuis festivitatibus, nec non in consecratione episcoporum. De rationali autem idipsum præcipimus ut in cæteris festivitatibus utamini, quemadmodum et de pallio. Insuper autem vobis vestrisque successoribus apostolica auctoritate universos episcopos S. Aquileiensis Ecclesiæ pertinentes, nec non monasteria ... atque etiam parochias cunctas eidem patriarchatui pertinentes cum omnibus plebibus, titulis, ecclesiis, seu capellis, castellis, villis, terris cultis et incultis, seu decimationibus eorum cum exitibus, vel redditibus eorum, seu cum omnibus utensilibus eorum, et appendiciis, quæsitis, vel inquirendis, quæ dici vel nominari possunt, nec non confirmamus vobis vestrisque successoribus insulam, quæ Gradus vocatur, cum omnibus suis pertinentiis, quæ barbarico impetu ab eadem Aquileiensi Ecclesia subtracta fuerant, et falso patriarchali nomine utebatur, de qua multi antecessores vestri, temporibus meorum antecessorum, et multorum imperatorum per multas synodos proclamaverunt, ad quas æmulus tuus multoties synodali sententiæ, et imperiali præcepto vocatus venire renuit, unde interventu etiam et petitione dilecti filii nostri Conradi imperatoris Augusti synodum congregavimus, in qua multi nostrates et Longobardi et Teutonici episcopi, et abbates interfuerunt, ad quam ipse canonice vocatus venire distulit. Unde judicio omnium episcoporum qui aderant, restituta est ibi eadem insula cum omnibus suis pertinentiis, ut secundum Deum et votum vestrum eam ordinare vobis liceat, vel omnia quæ sub jure ac dominio patriarchatui præfati adjacere, vel pertinere noscuntur, quemadmodum beatissimus Petrus apostolus olim suo discipulo Marco evangelistæ, ejusque sequaci eleganti viro Hermagoræ contradidit. Statuentes igitur apostolica censura sub divini judicii obtestatione et anathematis interdictu interdicimus ut nullus unquam nostrorum successorum pontifex, nullusque episcopus, nullaque magna parvaque persona in totis finibus vestri patriarchatus, vel episcoporum vestrorum dominio pertinentium, ordinationem quamlibet facere, præsumant, nisi vestro vestrorumque successorum fuerit consensu, quatenus Ecclesiarum ordines cum Dei adjutorio sedule accrescant. Si quis autem, quod non optamus, temerario ausu hujus nostri apostolici privilegii transgressor exstiterit, sciat se auctoritate Dei omnipotentis, et apostolorum principis Petri, et Pauli, et nostra, qui eorum fungimur vice, anathematis vinculo esse innodatum, et a regno Dei esse alienum; qui vero hujus nostræ Epistolæ institutionis in omnibus observator exstiterit, benedictionis gratiam, vitamque æternam, et absolutionem omnium peccatorum suorum consequi mereatur a Deo, qui vivit et regnat in sæcula sæculorum. Amen.

Scriptum per manus Joannis cardinalis, et cancellarii, vice Petri diaconi, mense Septembris, indictione decima (1).

Datum per manus Bossonis episcopi et bibliothecarii S. R. E. in mense, et indictione suprascripta, in sacratissima sede beati Petri apostoli, anno IV, Deo propitio, pontificatus D. Joannis summi pontificis et universalis XIX papæ.

VIII.

Joannes XIX Ecclesiæ Tiburtinæ bona juraque, petente Benedicto episcopo, confirmat.

(Fragm. — Anno 1029.)

[UGHELLI, *Italia sacra*, I, 1307.]

Dilecto in Christo ac nostro spirituali filio BENEDICTO S. Tiburtinæ Ecclesiæ a nobis consecrato episcopo..... Imo etiam ecclesias, quas Boso episcopus tuus antecessor isto præsente anno consecravit, videlicet S. Joannis et B. Juvenalis.

In nomine .... Pontificatus D. Joannis XIX in sacratissima sede, etc., anno VII, indictione XIV, mense Januarii die VIII, Joannes episcopus S. Tiburtinæ Ecclesiæ, consentiente cuncta congregatione episcopii S. Laurentii martyris Christi, donat cuncto clero venerab. presbyter. omnem medietatem demortuorum civitatis Tiburtinæ ad se pertinentem, in juga presbyterorum jurat, ut sup. pœna auri obritiæ unciæ tres. Tedemandus vir et tabellio civitatis scripsit.

---

(1) Hic loco indictionis decimæ reponenda est indictio XI. Ughellus enim tom. I, recitat aliud privilegium Silvæ Candidæ episcopo datum, *scriptum per manum Georgii notarii regionarii atque scriptoris S. R. E. in mense Decembri, ind. x*, post suscriptionem vero præsulum xx in eo nominatorum: *Datum XII Kal. Januarii per manus Benedicti episcopi Portuensis, et vice Peregrini*, etc., *anno pontificatus D. N. Joannis summi pontif. et universalis XIX papæ*

† Joannes episcopus, servus servorum Dei, S. Tiburtinæ Ecclesiæ.

IX.

Joannes XIX in synodo patriarchatum Gradensem, sub potestatem Popponis patriarchæ Aquileiensis contra jus fasque redactum, Ursoni patriarchæ Gradensi restituit.

(Anno 1029.)

[MANSI, *Concil.* XIX, 491.]

JOANNES episcopus, servus servorum Dei.

Si mortalibus inevitabiliter non immineret accidens ex protoplasti parentis vitio deficere, nulla penitus ratio cogeret acta eorumdem servanda futuris sæculis bona ad exemplum, vel improba ad cautelam stylo inextricabili commendare, illa minus idoneum foret auctores præsentes inspicere, et Acta exsequi exarata. Sed quia, ut præmissum est, primi parentis piaculo instantia cæterorum deficere cœpit, provide eorum invenit humanitas, ne secum deperirent Gesta propria ad informationem sequentium sæculorum, vel ad evitationem, si obscura fuerint, debere adnotari, ut ipsa adnotatio immemores ætates superans significaret quid utile, quidve gestum fuisset inutile, et lucida indagatione verum a falso in tempore opportuno secerneret. Quod si est in sæcularibus negotiis id servari sancitum, cautius, et diligentius in ecclesiasticis est observandum, qui tanto tempestatem sæculi horrent quanto quiete perpetua ardent, tanto inquietudinem refugiunt mortalium quanto soli viventi Deo in sæcula sæculorum placere desiderant. Cujus rei gratia omnibus S. Dei Ecclesiæ filiis notum esse volumus quod inter Ursonem patriarcham Gradensem, et Popponem Forojuliensem patriarcham, proh dolor! nostris temporibus zabulo ventilante commotum est, et ad quod usque perductum. Conspirante namque Veneticorum populo contra dominum suum ducem, et prælibatum patriarcham fratrem suum, uterque posthabitis dignitatibus et curis, quæ ad se pertinebant, alias se receptarunt, donec sopitis sæcularibus insolentiis ad sua repedare quivissent, sicuti postea rei probavit eventus. Interea vero antiquo zelo accensus hostis Forojuliensis patriarcha Poppo Gradensem civitatem adit, petens se recipi a civibus adjutorem confratris sui patriarchæ Gradensis, et amici sui ducis. Cui cum nollent acquiescere per Deum et octo suorum sacramenta firmavit, sicut referente Ursone patriarcha, et quamplurimis Veneticorum nobilibus, ac tum provincialium episcopis didicimus, quod ad salvam faciendam duci et fratri suo patriarchæ ci-

---

in sacratissima sede B. Petri apostoli tertio, mense Decembri, ind. x, anno scilicet Christi 1026. Cum itaque, eo Christi anno die 17 mens. Decemb. tertium sedis annum attigisset, in præcedenti subscriptione loco indict. x, reponenda indictio xi, alioquin an. 1026, mense Septemb. annum iv pontificatus, et mense Decemb. ejusdem anni an. III, numeraret. Pagius in Annal. Baron. tom. IV, p. 123.

vitatem intraret. Ubi postquam intratum est, oblitus sacramentorum, gentilium more, ut de saecularibus audivimus, quidquid in ecclesia inventum est, unca manu depraedatum est, duorum monasteriorum sanctimoniales stupratae ac violatae a suis sunt, neque monachis pepercit. Quin etiam defunctorum corpora quietem desiderantia e propriis tumulis auferens ad civitatem suam inhonorata transtulit, reliquias minus tamen quam desiderabat similiter secum devexit, altaria confregit, thesauros abstulit, civitatem aliquibus patronis Gradensem licet destitutam munitam suis reliquit. Cui non sufficiens hoc apposuit iniquitates super iniquitates (*Psal.* LXVIII, 28), nos suis legatis petiit poscens confirmationem omnium locorum suorum a nobis, et nominatim Gradensis insulae: quibus cum responderem non sibi juste, et canonice, ac per antiqua privilegia pertinere, dixerunt : Non aliter ea petit dominus noster sibi confirmari, nisi quemadmodum per privilegia vestrorum antecessorum suis antecessoribus et Ecclesiae suae confirmata est, et sibi juste et canonice pertinere videtur, ac ipse probare potest, et promittit. His auditis, nec arbitrantes eum audere illudere apostolicae sedi, et magis quia novimus pro hac ratione Ursonem patriarcham a bonae memoriae domno Benedicto papa Romam vocatum fassum se venire non posse sub excusatione imperialis timoris, licet legatos suos mitteret petitionibus suis condescendentes privilegium sibi dare filio nostro Petro diacono et cancellario praecepimus. Sed et de insula Gradensi inseri jussimus, sicut audietis. Praeterea confirmamus vobis insulam Gradensem cum pertinentiis, sicut juste et canonice per antiqua privilegia vobis et Ecclesiae vestrae pertinere dignoscitur : et sicut tu ipse juste probare omni tempore potes, et promittis, ita ut secundum Deum tibi eam ordinare liceat. Quod totum in contrarium accidit, quia nec juste sibi pertinere convinctum est : qui vocatus ad satisfaciendum de hoc Gradensi patriarchae sicut promisit, venire distulit, nec secundum Deum dictam ordinavit insulam, neque antiqua per privilegia eam sibi pertinere, ut promiserat, ostendit. Privilegium, quod scriptum est sub praefata conditione manu nostra corroboratum, per suos remissum est nuntios. Post eorum reversionem nondum expleto triduo nuntius patriarchae Gradensis supervenit, flebilem nobis repraesentans epistolam, quam cum legissemus magno moerore affecti sumus; sed recuperata spe ex eo, quod probare omni tempore justitiam se habere promisit, nuntium nostrum Gregorium fide probatum, et omni eloquentia insignem ad utrumque misimus cum epistolis paterne vocantibus eos ad nostram synodum. Sed Poppo visis litteris commotus....: sicut Gregorius retulit, quod nec etiam caput inclinaret, sed potius tenorem privilegii denegaret. Et, quia perditam Gradensem insulam haberet, querebatur, nec posse se venire ad nostram synodum nulla ratione interveniente profitebatur; sed de tenore privilegii in codem loco vinctus est mendacem esse; quia exemplar demonstratum est a Gregorio : cui revertenti junxit se Urso patriarcha nos vocatus adiens. Quod cum cognovisset Poppo Forojuliensis patriarcha, monachum quemdam legatum ad nos misit, nulla probabili ratione, nec justa defensione, ut promiserat, munitum. Quem cum retinere audito adventu Ursonis patriarchae voluissem, fugam arripuit. Veniens autem ante nos patriarcha Gradensis triduo flebiliter questus est. Postea vero congregata synodo in ecclesia B. Sylvestri infra nostrum palatium residentibus nobiscum venerabilibus episcopis Petro Pipernensi, Benedicto Portuensi, Dominico Lavicanensi, Bosone Tiburtinensi, Reginerio Nephiensi, Benedicto Cerensi, Dodone Nucerensi, Petro Praenestinensi, Joanne Bledensi, Joanne Ortensi, Azo, Amato seu Benedicto episcopis ac diaconibus, Benedicto archidiacono, Crescentio diacono, Petro diacono archicancellario, Crescentio et Rainerio diaconibus et cardinalibus, Stephano, Petro, Joanne et alio Joanne, seu caeteris tam episcopis quam presbyteris, nec non diaconibus, quorum subtus manus ascriptae esse subcernuntur; omnes res per ordinem relatae sunt atque privilegia antecessorum nost., scil. sanctissimi Pelagii, Gregorii et Honorii, Stephani et Gregorii, Leonis, Sergii et Leonis, Benedicti, Adriani, Bonifacii, Romani, Theodori, Anastasii, Joannis, Sylvestri et Sergii ostensa, quorum imitantes quamplurima de eadem Gradensi sede instituta, talem definitionem promeruit, ut privilegium confirmationis judicio nostrorum episcoporum sibi, suisque successoribus de ejusdem sedis stabilitate perpetualiter faceremus. Quod et fecimus, statuentes apostolica censura sub divini judicii obtestatione, ut nulli unquam in tempore praedictum Ursonem patriarcham, ac successores ejus de praedicto patriarchatu Gradensi, sive de rebus, ac possessionibus ejus inquietare, aut molestare praesumant; sed potius saepius nominatum patriarcham Gradensem cum sua integritate quietum remota omni contradictione ipse, suique successores perpetuis possideant temporibus, ita etiam ut absque suo suorumque successorum voluntario consensu nulli electionem suorum suffraganeorum facere liceat. Et quidquid ab eis juxta normam canonicam pro commissae sibi Ecclesiae cura prolatum fuerit, tam a suffraganeis sibi episcopis, quam a clero et populo custodiri praecipimus. Qui vero haec, quae a nobis pio intuitu promulgata sunt, infringere aut in aliquo transgredi praesumpserit, omnipotentis Dei iram incurrat, et nostro anathemate confossus pereat, sed et cum diabolo perpetuo damnatus gemat. Qui autem custos et observator hujus nostri apostolici privilegii exstiterit, gratiam mereatur SS. Trinitatis, et nostra benedictione fruatur, ac in saecula saeculorum laetetur.

Scriptum per manus Georgii scriniarii S. R. E. in mense Decembri indictione VIII. †. Bene valete.

Ego Benedictus episcopus Portuensis interfui et subscr.

Ego Bosus episcopus S. Tiburtinae Ecclesiae subscripsi.

Ego Petrus episcopus Hostiensis subscr.
Ego Dominicus episcopus Lavicanensis Ecclesiæ subscripsi.
Ego Benedictus S. Cerensis Ecclesiæ episcopus subscr.
Ego Joannes episcopus S. Ortanæ Ecclesiæ subscripsi.
Ego Raynerius S. Nepesinæ Ecclesiæ episcopus subscr.
Ego Petrus episcopus S. Pipernensis Ecclesiæ subscripsi.
Ego Benedictus episcopus de Portalatina subscr.
Ego Dodo episcopus Nucerensis subscr
Ego Azo episcopus Camerinensis subscr.
Ego Joannes episcopus S. Bledanæ Ecclesiæ subscripsi.
Ego Almatius .... subscr.
Ego Leo S. Ficoclensis Ecclesiæ episc. subscr.
Ego Monaldus episcopus Ariminensis ex jussione D. Jo. papæ subscr.
Ego Berardus S. Fulgiliensis Ecclesiæ episc. ex jussione D. Jo. papæ subscr.
Ego Benedictus archidiaconus, et vicedominus subscr.
Ego Petrus diaconus S. R. E. et cancellarius sacri palatii subscr.
Ego Crescentius diaconus subscr.
Ego Riginerius diaconus subscr.
Ego Stephanus cardinalis interfui.
Ego Joannes cardinalis tit. S. Marcelli interfui.
Ego Joannes cardinalis S. Marci interfui.

X.

Joannis XIX papæ epistola ad Petrum episcopum Gerundensem de privilegio pallii.

(Anno 1030.)

[FLOREZ, *Espana Sagrada*, XLIII, 450.]

JOANNES episcopus, servus servorum Dei, PETRO venerabili episcopo Gerundensi sanctæ Ecclesiæ et dilecto in Christo filio, perpetuam in Domino salutem et apostolicam benedictionem.

Cum tui amoris causa aliquid agimus, tanto nos placere Deo devotius confidimus quanto tuam conversationem tam evangelicis quam et apostolicis glorificatam testimoniis scimus. Ad ejus namque laudem refertur illud quod dicitur : « Qui manet in charitate, in Deo manet, et Deus in eo. » Si ergo per charitatem in Deo manemus et Deus in nobis, et sine illa Deo placere non possumus, in omnibus nostris operibus sine intermissione illam præferre debemus. Et quia urgente pastorali sollicitudine qua divinitus videmur præditi, si aliquos captivos ab Hispanis redimere possemus, te veniente ad limina apostolorum, interrogavimus; respondisti triginta captivos te velle et posse pro remedio animæ nostræ redimere et libertati dare, si vel duodecim in anno vicibus tibi pallii usum concederemus. Zelo itaque Dei, qui eos proprio sanguine redemit, ac-

censi, petitioni tuæ condescendimus, palliumque gestandum duodecim in anno vicibus tibi solummodo concessimus, in Natale videlicet Domini, in Epiphania, in Cœna Domini, in Resurrectione Domini, in die luna Resurrectionis, in Ascensione Domini, in Pentecosten, in festivitate Omnium Sanctorum, in Assumptione sanctæ Mariæ, et in festo sancti Saturnini, in uno concilio diœcesis vestræ. Cujus quoniam indumenti honor modesta actuum vivacitate servandus est, hortamur ut ei morum tuorum ornamenta conveniant, quatinus auctore Deo recte utrobique possis esse conspicuus. Itaque vita tua filiis tuis sit regula. In ipsa, si qua tortitudo in illis injecta est, dirigantur ; in ea quæ imitentur, aspiciant; in ipsa semper considerando proficiant, ut tuum post Deum videatur esse bene quod vixerint. Cor ergo neque prospera quæ temporaliter blandiuntur extollant, neque adversa dejiciant ; sed quidquid illud fuerit virtute patientiæ devincatur. Nullum apud te locum odia, nullum favor indiscretus inveniant; districtum mali cognoscant, insontem apud te culpabilem suggestio mala non faciat, nocentem gratia non excuset. Remissum te delinquentibus non ostendas, ne quod ultus non fueris perpetrari permittas. Sit in te et boni pastoris dulcedo, sit et judicis severa districtio, unum scilicet quod innocenter viventes foveat, aliud quod inquietos feriendos a pravitate compescat. Sed quoniam nonnunquam præpositorum zelus, dum districtus malorum vindex existere vult, transit in crudelitatem correctio, iram judicio refrena, et censuram disciplinæ sic discute ut et culpas ferias, et a dilectione personarum quas corrigis non recedas. Misericordem te, prout virtus patitur, pauperibus exhibe. Oppressis defensio tua subveniat, opprimentibus modesta correctio contradicat. Nullius faciem contra justitiam accipias, nullum quærentem justitiam despicias. Custodia in te æquitatis excellat, ut nec divitem potentia tua aliquid apud vos extra viam rationis suadeat audire, nec pauperem de re sua faciat humilitas desperare, quatenus Deo miserante talis possis existere qualem sacra lectio præcipit, dicens : « Oportet episcopum irreprehensibilem esse. » Sed his omnibus uti salubriter poteris, si magistram charitatem habueris ; quam qui secutus fuerit a recto aliquando tramite non recedit. Ecce, frater charissime, inter multa alia, ista sunt sacerdotii, ista sunt pallii, quæ si studiose servaveris, quod foris accepisse ostenderis intus habebis. Sancta Trinitas fraternitatem vestram gratia suæ protectionis circumdet, atque ita in timoris sui via nos dirigat ut post vitæ hujus amaritudines ad æternam simul pervenire dulcedinem mereamur.

Scriptum per manum Sergi scriniarii sanctæ Romanæ Ecclesiæ, mense Aprili, indictione tertia decima

XI.

Epistola Joannis papæ XIX ad Robertum regem Francorum de immunitate Cluniacensis monasterii.

(Anno 1024-1031.)

[*Bullarium Cluniacense*, pag. 7.]

Joannes episcopus, servus servorum Dei, Roberto regi Francorum, salutem charissimam cum benedictione apostolica.

Quoniam, o religiosissime rex, multorum jam charitate frigescente, superabundante autem iniquitate, plurimis in locis non solum ab extraneis, verum etiam ab iis qui filii nomine tenus dicuntur, status Ecclesiæ confunditur, sacræ religionis ordo contemnitur, pietas et forma justitiæ dehonestatur, et privilegia apostolica seu etiam regalia præcepta, quantum ad substantiam, illorum temeritate irreverenter cassantur; oportet vestram sublimitatem vigilare, ut in regno vobis Deo auctore commisso catholicæ fidei norma vigorem obtineat, sanctitas et religio contra inimicos veritatis trophæum victoriæ insigniter teneat, et sacer ritus præcedentium Patrum inviolabiliter permaneat, quatenus per hæc et vestra fides plenitudinem bonorum percipiat, et devotio subditorum exinde ad incrementa virtutum magis ac magis proficiat. His enim rei sacramentum non solum a nobis exigitur, quibus pastoralis commissa est cura, verum etiam et a vobis, cui credita est, cum usuris exigenda maxima pompa et regiæ sublimitatis potentia. Quod enim sine gravi dicere non valemus dolore, quibusdam vestrorum exsecrabili negotio ad sacerdotium introductis, non sufficit injuste acquisita, posthabito religionis ordine, per perimendos terrenæ affectationis luxus distrahere, nisi etiam et ea loca quæ a fidelibus, qui illa ex propriis possessionibus et sumptibus construxere, potestati solius Romanæ Ecclesiæ tradita sunt testamenti auctoritate, ad damnationis suæ cumulum sibi conentur defendere, et suis usibus male applicare; qui profecto ipsum caput discerpere gestiunt, dum membra ab ipso separare volunt, et eos quos ut vernaculos habet injuriis et contumeliis lacessere non desinunt, ignorantes utique miseri quod hujus sanctæ sedis decreta ita pia fide a filiis matris Ecclesiæ accipienda sunt, et veneranda, ut tanquam regulæ canonum ab eisdem absque ullo scrupulo admittantur, utpote quæ de omni Ecclesiæ fas habeat judicandi, neque cuiquam liceat de ejus garrire decreto, nec judicare judicio. Cujus judicii sententiam eo magis oportet a nemine dissolvi, quo certius apostoli constat illam Petri firmitate et auctoritate solidari. Ait enim quodam in loco Leo papa venerabilis et sanctæ institutionis doctor admirabilis : « Non parvæ insaniæ est contra eum aliquem mutire, qui clavigerum regni cœlestis habet tutorem et patronum; quin eo magis si hic multa verba tumentis spiritus relaxentur, ne forte Petri vindicta in posterum reservetur. » Horum itaque rabiem et tumoris insolentiam a nostris locis, et maxime a Cluniensi cœnobio specialiter et singulariter nobis proprio procul amovere cupientes,

A hoc privilegium apostolica auctoritate filio nostro charissimo Odiloni et sibi succedentibus in perpetuum facere voluimus; quod vestræ nobilitati idcirco cum his litteris mittimus, ut vestris vestrorumque sacerdotum vel optimatum in auribus recitetur, præceptoque regali et auctoritate firmetur, corroboretur, et auctorizetur; ut nullius cujuscunque sacerdotis vel principis persona contra hoc apostolicæ auctoritatis decretum in perpetuum garrire vel mutire audeat, ne apostolico percussus anathemate districtæ ultionis pœnas luat, et regalis transgressor præcepti cum suppliciis infernorum exsors etiam fiat temporalium bonorum.

XII.

Epistola Joannis XIX papæ ad Gauslenum episcopum Matisconensem pro tuenda libertate et immunitate monasterii Cluniacensis ab omni jurisdictione episcopali.

(Anno 1024-1031.)

[*Bullarium Cluniacense*, pag. 8.]

Joannes episcopus, servus servorum Dei, Gausleno episcopo Matisconensi, salutem charissimam cum benedictione apostolica.

Cui, Deo auctore, præsidemus reliquarum Ecclesiarum caput et cardo sancta Romana Ecclesia tanto intolerabilius patitur quodcunque sibi ingeritur dedecus quanto unitati suæ is, a quo ingestum est, videtur propinquior. Ex quo ad episcopalem gloriam deductus es, Romanæ Ecclesiæ filius et discipulus visus es, et tam a nobis quam ab antecessoribus nostris amodo sic computatus es; nunc vero nescimus qua nova temeritate illectus, inexstinguibili cupiditate accensus, matri tuæ repugnas, et contra nos, meritis apostoli Petri magistrum tuum, levas calcaneum, cum cœnobium Cluniacense, cunctis pene nationibus sanctitate præfulgens, nec non apostolicis privilegiis fultum et ab omnium ditione subtractum, solius principis apostolorum et vicariorum suorum judicio reservatum, commoves, venerandum etiam infidelibus Patrem domnum Odilonem, abbatem irreverenter appetis, fratres ibidem degentes pro adipiscenda perpetua transitoriam quietem optantes sollicitas, apostolica privilegia cassare contendis. Quod ita accipimus quemadmodum si ipsa membra nostra avide discerpere quæreres; et quod sine ruina tua esse nequit. Cave caute vel jam monitus animæ, et nostrum monasterium singulare nobis relinque ne, dum particeps ejus contra nos esse cupis, ordinis nostri exsors apostolica auctoritate efficiaris. Si vero aliqua competens ratio adversus eum te commovet, nostrum judicium sub quo solo manet confidenter quære; nos nempe qui eum tam a te quam et ab omnibus tuemur, nulli præjudicium prætendere patimur.

XIII.

Epistola Joannis XIX papæ ad Bochardum archiepiscopum Lugdunensem pro immunitate Cluniacensis monasterii.

(Anno 1024-1031.)

[*Bullarium Cluniacense*, pag. 9.]

Joannes episcopus, servus servorum Dei, Borchardo archiepiscopo Lugdunensi, salutem charissimam cum benedictione apostolica.

Gauslenum Matisconensem suffraganeum vestrum, Cluniacensis monasterii nostri ordinationem et consecrationem avide contra privilegia apostolica usurpare quaerentem, valde dolemus, ex eo magis quod tantorum apostolicorum excommunicationum reus sola cupiditate factus est. Et quia pro amore sancti Petri, cujus singulare monasterium est, suae parti favisse et favere vos intelleximus, gratias vobis apostolicis benedictionibus referimus cumulatas, et ut incessanter faciatis, petimus. Sub qua etiam rogamus ut eidem episcopo interdicatis, sicut nos litteris nostris fecimus consecrationem, ordinationem, vel aliquod jus in nostro monasterio quaerere; ne dum hoc injuste appetit, quod juste sibi licet pro sua inobedientia, iterata tantorum Patrum querela, apostolica auctoritate careat.

XIV.

Joannes XIX monasterii Fuldensis privilegia, petente Richardo abbate, confirmat.

(Anno 1031.)

[Dronke, *Cod. diplom. Fuld.*, 351.]

Joannes episcopus, servus servorum Dei, dilecto in Christo filio Richardo, abbati venerabilis monasterii Salvatoris nostri Jesu Christi et sancti Bonifacii martyris, siti in loco qui vocatur Boconia juxta ripam fluminis Fuldae, et per te omnibus tuis successoribus.

Congruit apostolico moderamini pia religione pollentibus benevola compassione succurrere et poscentium animis alacri devotione assensum praebere. Igitur, quia postulasti a me, fili charissime, quatenus praedictum Fuldense monasterium privilegii sedis apostolicae infulis decoretur, ut sub jurisdictione sanctae Romanae Ecclesiae specialiter constitutum nullius alterius Ecclesiae jurisdictionibus submittatur: idcirco piis desideriis faventes hac nostra auctoritate id quod exposcimur effectui mancipamus. Commendamus itaque tuae fidei et discretioni praefatum monasterium cum omnibus rebus mobilibus et immobilibus sibi pertinentibus quas nunc habet, vel in futurum Deo auxiliante habebit. Concedimus etiam atque donamus vobis monasterium Sancti Andreae, quod vocatur Exailum, situm juxta basilicam sanctae Mariae ad Praesepe, cum omnibus mansionibus suis. Monasterium ergo Fuldense, quod sanctus martyr Christi Bonifacius primitus construxit, et pluribus ornatibus ac praediis ditavit regumque ac principum defensionibus munivit, cum omnibus cellis, ecclesiis et curtibus cunctisque ad se pertinentibus nostri privilegii praeceptione confirmamus, hocque jubemus et statuimus ut nullus inde futurus abbas consecrationem usquam praesumat accipere nisi ab hac sede apostolica. Quem etiam idcirco specialiter ordinamus et consecramus atque privilegiis Romanae et apostolicae sedis insigniri volumus, ut noverint caeterae Ecclesiae Fuldensem Ecclesiam specialem sanctae Romanae Ecclesiae esse filiam. Tibi ergo, fili charissime, inter omnes abbates Galliae et Germaniae primatum sedendi et judicandi et concilium cum caeteris abbatibus habendi concedimus. Nulli episcoporum, archiepiscoporum, patriarcharum temere, nisi a vobis accepta licentia, super altare vestri patrocinii missarum solemnia celebrare liceat. Nullius persona principis neque totum neque partem de rebus ejusdem monasterii alicui mortalium subdere vel in beneficium praestare audeat, excepto solo abbate, qui legitima beneficia viris ac ministerialibus suis praestare habet; sed soli Romanae Ecclesiae specialis filia Fuldensis Ecclesia libere atque secure deserviat. Si, quod absit! aliquis abbas de vestro monasterio aliquo crimine infamis fuerit, praecipimus ut pulsationis judicium non sentiat, donec a nostra apostolica sede audiatur. Liceat etiam tibi, charissime fili, tuisque successoribus abbatibus ejusdem monasterii, episcoporum more, apostolicam sedem ad defensionem tui tuaeque Ecclesiae appellare, et contra omnes aemulos vestros Romanae majestatis scuto vos defendere. Praeterea ob amorem et reverentiam venerabilis Fuldensis Ecclesiae tibi, frater charissime, tuisque successoribus abbatibus usum dalmaticae et sandaliorum in celebratione missae concedimus, ut et in hoc prae caeteris nostri amoris privilegio specialiter insignitus appareas. Decrevimus quoque deliberantes ut congruis temporibus nostrae pro vobis sollicitudini intimetur qualiter religio monastica regulari habitu dirigatur et concordia fratrum studio ecclesiasticae professionis custodiatur, ne forte, quod absit! sub hujus privilegii obtentu animus gressusque vestrae rectitudinis a norma justitiae aliquomodo retorqueatur. Interdicimus etiam, secundum petitionem sancti Bonifacii et decretum Zachariae antecessoris nostri, ne ulla femina idem venerabile monasterium ingrediatur. Sed et hoc summopere praecipimus et commonemus, ut nullus hominum de redditibus et fundis vel decimis caeterisque fidelium oblationibus seu familiis ad hospitale pauperum vel ad portam hospitum pertinentibus aliquid auferat, vel in beneficium suscipere praesumat; sed, sicut beatissimus Christi martyr Bonifacius instituit, omnia sint rata et ordinata, tam ea quae ad usus fratrum quam ea quae ad diversos officiorum cultus pertinere videntur. Super haec omnia constituimus per hujus decreti nostri paginam, ut quicunque cujuslibet Ecclesiae praesul vel quacunque dignitate praedita persona hanc nostri privilegii chartam, quam auctoritate principis apostolorum firmamus temerare tentaverit, anathema sit, et iram Dei incurrens a coetu omnium sanctorum extorris existat, et nihilominus praefati monasterii dignitas a nobis indulta perpetualiter inviolata permaneat apostolica auctoritate subnixa.

Scriptum per manum Sergii scriniarii sanctae Romanae sedis, mense Martio, indictione xiv.

XV.
Epistola Joannis XIX ad Jordanum Lemovicensem episcopum, cæterosque Galliarum episcopos, de S. Martialis apostolatu.

(Anno 1031.)
[Mansi, Concil. XIX, 417.]

Joannes episcopus, servus servorum Dei, Jordano episcopo, et ejus clero cunctisque episcopis Galliarum, salutem charissimam cum benedictione apostolica.

Ad pastoralem quidem sollicitudinem pertinet, cum aliquid controversiæ in Ecclesia oritur, antequam vires recipiat, falcastro severæ linguæ exstirpare radicitus, et ea superserere tam divinis quam sanctissimis exemplis quæ messem Dei faciant et lætificent. Cur enim talia suscepimus propalabunt subjecta. Beatissimus quidem Martialis, sicut in gestis ejus reperimus, docente Christo in mundo et præcipiente, a Petro apostolorum principe baptizatus est, et tanto sancti Spiritus igne inflammatus ut ex eo derelictis parentibus soli ipsi Filio Dei servire eligeret, et hunc Magistrum et Dominum, Petro apostolo confirmante, cujus sanguine cretus erat, desideraret : quod et factum est. Nam in resuscitatione Lazari præsens aderat, in cœna interfuit, in lavatione pedum ministravit. Post passionem vero, quando putabant se spiritum videre, palpare manus et latus Thomam vidit. Quando apostolis dictum est : *Euntes docete omnes gentes, baptizantes eos in nomine Patris, et Filii, et Spiritus sancti* (Matth. xxviii), etc. *Accipite Spiritum sanctum; quorum remiseritis peccata, remittuntur eis, et quorum retinueritis, retenta sunt* (Joan. xx), audivit. Ascendentem in cœlum vidit, Spiritum sanctum in igneis linguis descendentem et vidit et accepit, omnibusque linguis est usus. Deinde principi apostolorum adhæsit, utpote carne propinquus et baptismate filius, a quo, præcipiente Christo ad prædicandum provinciis Galliarum est destinatus, ubi infinitum populum a cultu idolorum removens, Christo sua doctrina dedicavit; quam piam sanctamque, tam gravitate et pietate morum, quam resuscitatione mortuorum, recuratione claudorum, cæcorum illuminatione, et omnium mirabilium perpetratione confirmabat.

Huic modo quidam vestrorum, ut audivimus, detrahere præsumunt, quasi nihil sit ei commune cum apostolis, sed confessoribus. Hi vero non loqui, sed insanire videntur, quia gravati fascibus peccatorum, in cœlis judicare contendunt. Petrum denique nostrum, cui claves cœlorum commissæ sunt, confessorem dicimus quia Christum confessus est, dicens : *Tu es Christus Filius Dei vivi* (Matth. xvi), et apostolum dicimus, quia ab ipso Domino ad prædicationem est missus; martyrem nominamus, quia prædicando Christum, martyrio vitam finivit ; principem apostolorum credimus quia apostolos constituit, sicut est Marcus baptismate filius, et Mathias sorte electus, Lucas discipulus apostoli Pauli, et Barnabas, et quamplures. An forte nolunt hos recipi inter apostolos, eo quod ab apostolis sint electi et missi, qui Martialem, eo quod non sit de duodeno numero, apostolica dignitate nolunt clarum videri?

Non putant alios apostolos, nisi illos duodecim ; et ubi est quod dicit apostolus Paulus Philippensibus? *Necessarium autem existimavi Epaphroditum fratrem, cooperatorem, et commilitonem meum, vestrum autem apostolum, et ministrum necessitatis meæ, mittere ad vos* (Philipp. ii). Silam quoque et Judam ab apostolis apostolos nominatos invenimus. Anglorum enim Ecclesia usque hactenus beatissimum Gregorium, quem nos confessorem dicimus, proprium suum apostolum nominat. Romani pontifices, quia vice apostoli funguntur, apostolici nominantur. Cum igitur apostoli nomen non sit numeri, sed suffragii, quicunque revelante Deo ad prædicandum mittitur, et sua pia exhortatione et exemplo commissum sibi divinitus populum a potestate diaboli liberat, non incongrue apostolus dici potest, quia apostolus *missus* dicitur.

Nos vero, in firma petra ædificati, hunc de quo loquimur Martialem, utrum inter confessores, an inter apostolos, Jesus Christus Dei Filius, cui corporaliter adhæsit, et cujus gloriam vidit et benedictione est usus, annumeret; apostolum nominari posse definimus, et æque apostolica officia in divinis mysteriis exhiberi sibi censemus : nec de illius beatitudine dubitare quemquam posse confidimus, qui sibi respondente nomine sacris operibus apostolicam dignitatem subtrahere invidiose conatur. Ut autem reverentia et celebritas tanti apostoli in toto terrarum orbe excelsius recolatur, ædificatum et dedicatum est a nobis in ejus honorem pulcherrimum altare in basilica Sancti Petri apostoli Romæ ad meridianam templi partem iii Idus Maii, ubi quotidie ipsius sancti memoria devotissime veneratur, et præcipue in die natalitii ejus, quod est pridie Kalendas Julias, quotannis dulcius recolitur.

XVI.
Joannis XIX epistola ad S. Odilonem Cluniacensem abbatem. — Redarguit quod Lugdunensem archiepiscopatum recusaverit.

(Anno 1031.)
[Mansi, Concil. XIX, 418.]

Joannes episcopus, servus servorum Dei, Odiloni abbati, salutem charissimam cum benedictione apostolica.

Docente beatissimo Gregorio, multa videntur bona, et non sunt. Verumtamen cum dicatur, si rogas, audies ; quia omnia tua quæ videbantur bona, bona non esse sentimus. Quid enim in monacho obedientia sanctius ? Quid in Christiano acceptabilius ? Nonne *melior est obedientia, sacrificio*, secundum propheticum judicium ? et voce Dominica dicitur : *Obedientiam volo, et non sacrificium*. Quantum vero beatus Benedictus eam suis præconiis extollat, non est dignum hic inserere, cum te non lateat. Percipimus igitur injuriam sanctæ Ecclesiæ Lugdunensis A petentis te in conjugium, quia competebat : cui etiam salivam in facie jecisti. Omittimus injuriam sanctæ plebis, cujus regimen, parcendo soli vitæ tuæ, refugisti, et refugis. Tacemus quod auctoritatem tantorum præsulum monentium, et rogantium ad episcopalem dignitatem accedere, posthabuisti, quod sanctæ Romanæ Ecclesiæ et nobis inobedientem te reddidisti, et inultum relinquere nec debemus, nec possumus, nisi forte obedientia diluat quæ inobedientia maculavit, satisfactione purgetur quod transgressione inquinatum est, id est, nisi expetitum regimen jam dictæ Ecclesiæ, quod inobediendo usque hactenus sprevisti obedienter susceperis; quid amaritudinis, vel severitatis erga meritos sciat Romana Ecclesia injicere, senties. Nam hoc sacrum regimen sicut a nullo est temere usurpandum, ita petente Ecclesia a nullo tuo simili est vitandum. Quoniam tantorum perditionis reus eris, quantorum saluti exemplo et doctrina prodesse potuisses. Nota loquimur, et quæ te scire pleniter confidimus. Ideoque taceat jam charta, et lingua loquatur, verum episcopi Gaudfridi, cui luce clarius voluntatem meam reserandam tam tibi, quam confratribus tuis, et omni Ecclesiæ commisimus. Vale (2).

XVII.

Litteræ absolutionis Hugoni Antissiodorensi episcopo, a Joanne XIX concessæ.

(Anno 1032.)

[Mansi, *Concil.* XIX, 419.]

Joannes gratia Dei Romanæ sedis episcopus, universis in orbe terrarum Ecclesiæ filiis.

Nullum in Ecclesia catholica majus potest esse nefas quam existimare alicujus nævum criminis, præcipue pœnitentis, quod non queat dissolvere concessa Petro a Domino clavis. Debemus enim ante oculos mentis revocare lapsum ipsius primi pastoris qui, dum Magistrum negavit, protinus ut pœnituit, non solum gradum, vel dignitatem apostolici culminis non amisit, sed potius sui ovilis custodiam Christus illi postmodum evidentius assignavit. Quod nihil aliud, ut credimus, quam lapsorum medicina fuit. Proinde fratri nostro Hugoni Antissiodorensi præsuli, Deo et nobis sua peccata confitenti, seseque culpabilem reddenti, plenariam a Deo pollicente promittimus consequi indulgentiæ veniam, secundum sponsionem ejusdem, qua dixit : *Non veni vocare justos, sed peccatores ad pœnitentiam* (*Matth.* ix). Ideoque nobis debet effici charissimus, quia Dei timore correptus, apparet humillimus, et quia in talibus requiescit Deus (3).

XVIII.

Joannis XIX papæ ad Bardonem archiepiscopum Moguntinum epistola.

(Anno 1032.)

[Gudeni, *Cod. diplom.* I, 15.

Joannes episcopus, servus servorum Dei, confratri et coepiscopo Bardoni, sanctæ Moguntinæ Ecclesiæ venerabili archiepiscopo, perpetuam in Domino salutem

Licet omnibus Christianis sit conveniens charitatem Christi sequi, a quo nomen ducunt, qui in tantum nos dilexit ut proprio sanguine a potestate diaboli liberaret, nos præcipue, qui sacerdotali dignitate fungimur, ita per omnia sequi charitatem debemus ut secundum divinum eloquium proximum sicut nos ipsos diligere demonstremus.

Quod sequentes sanctissimi antecessores nostri, decus sacratissimum, singulariter in sede beati Petri apostoli præsulantibus divina providentia adinventum, pallium scilicet, gestandum inter missarum solemnia dignitatis et sanctitatis insigne et ad universorum honestorum morum cultum aliis coepiscopis, quos benigna opera cæteris clariores reddiderunt, indulgere honestum visum est certis festivitatibus. Hoc vero quia petiit fraternitas vestra, et antecessorum vestrorum ducit exemplo gestandum, vobis certis festivitatibus, et subjectis concedimus, videlicet in die Natalis Domini, in Epiphania, in die Cœnæ Domini, in die sancto Paschæ, et in Ascensione Domini, in die sancto Pentecostes, in festivitatibus sanctæ Mariæ, in Natalitiis apostolorum, in festivitate sancti Martini et sanctorum Lamberti, Albani, Sergii, Bachi, Aurei et Justinæ, in Ordinatione suffraganeorum tuorum episcoporum et clericorum, in die Natalis vestri et in Dedicatione ecclesiæ vestræ.

Crucem ante vos portandam fraternitati vestræ concedimus, et in stationibus festivis super equum equitandi licentiam damus. Et si quid in Ecclesia vestra, vel suffraganeorum vestrorum acciderit, quod judicium apostolicum vel apostolici legati præsentiam competenter expetat, et tanta necessitas vos urgeat ut exspectare nulla ratione valeatis, nostra vice terminare, vos apostolica auctoritate judicamus, servata tamen in hoc, et in supra scriptis ea mensura qua antecessores vestros usos esse per privilegia sanctissimorum antecessorum nostrorum cognoveritis. Quarum dignitatum honor cum modesta actuum vivacitate servandus est. Hortamur tamen ut ei cuncta morum vestrorum ornamenta

---

(2) Quod ait Hugo Flaviniacensis, Odilonem a Gregorio VI nominatum esse Lugdunensem archiepiscopum, satis hac Joannis epistola refellitur. Deinde certum est honorem hunc oblatum Odiloni post Burchardum archiepiscopum, qui anno 1033 obiit. Quo tempore adhuc sedebat Joannes. Rem narrant Glaber libro v, cap. 4, et Hugo in Chronico. Uterque missum Odiloni a pontifice maximo pallium et annulum testatur, virumque sanctum

honorem renuisse; pallium autem et annulum accepisse, ut futuro archiepiscopo reservaret. Addit Hugo ea Cluniaci ad ætatem suam servata esse.
(3) Quantum ex gestis pontificum Antissiodorensium intelligere possumus, idcirco absolvi se Hugo hic noster a pont. max. voluit, quia cum et episcopus Antissiodorensis esset, et comes Cabilonensis, bella susceperat confeceratque, ex quo episcopus ordinatus fuerat.

conveniant, quatenus auctore Deo recto utrobique possis esse conspicuus.

Itaque vita tua filiis tuis sit regula; in ipsa, si qua fortitudo illis injecta est, dirigant, in ea quid imitentur aspiciant, in ipsa se semper considerando proficiant, ut tuum post Deum, videatur esse bonum quoad vixerint. Cor ergo neque prospera quæ temporaliter blandiuntur, extollant, neque adversa dejiciant, sed quidquid illud fuerit, virtute patientiæ vincatur.

Iram judicio refrena, et mensura disciplinæ sic utere ut et culpas ferias, et a dilectione personarum quas corrigis non recedas. Misericordem te, prout virtus patitur, pauperibus exhibe, oppressis defensio tua subveniat, opprimentibus modesta correctio contradicat. Nullius faciem contra justitiam accipies, nullum quærentem justa despicias. Custodia in te æquitatis excellat, ut nec divitem potentia sua aliquid apud vos extra viam suadeat rationis audire; nec pauperem de se sua faciat humilitas desperare, quatenus Deo miscrante talis possis existere qualem sacra lectio præcipit, dicens : *Oportet episcopum irreprehensibilem esse.* Sed in his omnibus uti salubriter poteris, si magistram charitatem habueris; quam qui secutus fuerit, a recto aliquando tramite non recedit.

Ecce, frater charissime, inter multa alia ista sunt sacerdotii, ista sunt pallii, et prædictarum virtutum : quæ si studiose servaveris, quod foris accepisse ostenderis, intus habebis. Sancta Trinitas fraternitatem tuam gratiæ suæ protectione circumdet; atque in timoris sui viam nos dirigat, ut post vitæ hujus amaritudinem, ad æternam simul pervenire dulcedinem mereamur.

Scriptum per manus Sergii notarii regionarii et scriniarii sanctæ Romanæ Ecclesiæ, mense Januario, indictione quinta decima.

XIX.
Joannes XIX sedem episcopalem Ciza Numburgum translatam rogatu Hildiwardi episcopi confirmat.
Anno 1032.
[MANSI, *Concil.*, tom. XIX, col. 481.]

JOANNES episcopus, servus servorum Dei, dilecto in Christo filio HILDIWARDO sanctæ Nuembergensis Ecclesiæ episcopo, et omnibus successoribus tuis perpetuam in Domino salutem.

Convenit apostolico moderamini pia religione petentibus benevola cooperatione succurrere, ac poscentium animis alacri devotione impertiri assensum. Ex hoc enim lucri potissimum præmium a conditore omnium Deo procul dubio promeremur, si venerabilia loca opportune ordinata et ad meliorem per vos fuerint statum perducta. Sicut ergo, charissime fili, tibi absenti rogatu filii nostri Christianissimi imperatoris Conradi, et confratris nostri Hunfredi Magdeburgensis archiepiscopi, nec non illorum qui hæreditatem suam ecclesiæ contulerunt, videlicet Hermanni marchionis, et germani sui Ekkihardi, et maxime pro magna utilitate et securitate Ecclesiæ tuæ consilio episcoporum et clericorum nostrorum, sedem episcopalem de Ziza in Nuemburg transferre concessimus. Ita nunc quoque tibi præsenti cum clero tuo et dignioribus de populo et nuntiis prædicti imperatoris, et archiepiscopi consilio eorumdem archiepiscoporum et clericorum nostrorum factum probamus, et tam tibi quam omnibus successoribus tuis perpetua stabilitate confirmamus. Quod enim secundum canones pro necessitate sæpe factum fuisse legimus, nostris quoque temporibus fieri non prohibemus. Quoniam igitur canonice, et communi consensu omnium ad quos attinebat, sedis tuæ translatio facta est, absque omni contradictione universi successores tui a Nuemburgensi clero, et populo eligantur, atque ad eumdem titulum regulariter consecrentur, et Magdeburgensibus archiepiscopis, quorum diœcesim translatio non excedit, utpote metropolitanis suis omni pietatis devotione sint subjecti. Hoc quoque communicato concilio placet addere, quod Ecclesia Citicensis in honorem beatorum apostolorum Petri et Pauli consecrata non omnimodis negligatur, sed in loco clericorum in Nuemburg transeuntium monachi vel canonici substituantur, qui integrius stipendiis ejusdem ecclesiæ inibi Deo serviant, et sicut pacis filii matri suæ Nuemburgensi Ecclesiæ in Domino semper devote obediant. Si quis autem, quod minime credimus, temeraria præsumptione contra hoc nostrum apostolicum privilegium venire, aut in aliquo contraire præsumpserit, seu violator exstiterit, sciat se, auctoritate Dei omnipotentis et beati apostolorum principis Petri, ac nostra, anathematis vinculo esse innodatum, et a regno Dei alienum, atque cum Juda traditore Domini nostri Jesu Christi socium futurum inferno, excommunicationique subjaceat, donec resipiscens ad satisfactionem et congruam emendationem revertatur. Qui vero suo intuitu curator et observator hujus nostri apostolici privilegii exstiterit, benedictionis gratiam, vitamque æternam, et æterni regni gaudia a Domino percipere mereatur in sæcula sæculorum. Amen.

XX.
Epistola Joannis XIX pro monasterio S. Joannis Angeriaco
(Anno 1024-1033.)
[*Gallia Chritisana*, tom. II, p. 466.]

JOANNES episcopus, servus servorum Dei, urbis Romæ vicarius beatorum Petri et Pauli apostolorum, omnibus archiepiscopis et episcopis Galliarum degentibus, cum WILLELMO religioso duce Aquitanorum, et GOFFREDO comite Engolismæ civitatis commoranti; nec non ELIA comite Petragoricæ urbis degenti, simulque filiis Hugonis castro Leziniaco habitantibus; itemque WILLELMO de Paterniaco, et alio WILLELMO de Talamonte, pariter cum WILLELMO vicecomite filio Kalonis de Castello-Oniaco, AIMERICO de Taleburgo, WILLELMO de Surgeriis, et ALBUINO, omnibusque senioribus, minoribusve Aquitaniæ partibus commorantibus, salutem beatissimam cum benedictione apostolica.

Rogamus vos omnes, suprascripti seniores, et qui hic nomine tenus non sunt positi, vos vestrique successores, usque in perpetuum custodire hujus nostræ textus, videlicet ut monasterium sanctissimi ac beatissimi præcursoris et martyris Christi Joannis, et confessoris domini Reverentii, positorum in loco qui dicitur Angeriaco, ab hac præsenti die Kal. Maiarum, defendere, ac benigne tractetis cum religioso domno Aymerico ejusdem Patre loci, cum cuncta caterva monachorum a Deo sibi credita, ita venerari, sicut decet in omnibus, maxime tamen pro eo quod regulam sanctissimi Patris Benedicti inviolabiliter audivimus custodiri. Quapropter obnixe precamur et præcipiendo præcipimus ut nullus sit ab hac hora inantea usque in sæcula sæculorum res prædicti monasterii temerare [ausus], et quod absit! aliquid exinde auferre præsumat, nisi tantummodo ex consensu ejusdem loci Patris et omnium fratrum. Si quis autem hanc nostram assertionem custodire voluerit, habeat benedictionem a Filio S. Mariæ et a præcursore ejusdem Domini nostri Jesu Christi, et absolutus sit a B. Petro apostolo, et a me ejusdem pastoris vicario, ab omnibus peccatorum vinculis, etc. Vos autem valete et pro me orate.

XXI.
Epistola Joannis XIX papæ ad Guillelmum comitem.
(Circa an. 1050.)
[*Histoire générale du Languedoc* tom. II, *Preuves*, pag. 185, ex Chronico ms. Amymerici de Peyrat. Bibliotb. Colbert.]

JOANNES episcopus, servus servorum Dei, domino GUILLELMO glorioso comiti, charissimam salutem et apostolicam benedictionem.

Mittimus ad tuam benignitatem veluti ad charissimum filium, ut audias nostram exhortationem, et benefacias monasterio sancti Petri de Moyssiaco, ut ipse beatus Petrus, qui est pastor et nutritor omnium fidelium, benefaciat de te cum a præsenti vita subtraxeris. Arnaldus Oddo vice comes Gasconiæ, miles tuus, possidet injuste duas ecclesias quæ pertinent jam dicto monasterio Sancti Petri; una est ædificata ad honorem sancti Martini, in loco qui dicitur Orriolo; alia sancti Saturnini, in Flamalingis. Manda Arnaldo ut reddat sancto Petro duas ecclesias cum omnibus pertinentiis illarum, ut fratres commorantes in prædicto monasterio habeant de eisdem ecclesiis quod rectum est, et propter tuam animam quotidie supplicent Domini clementiam, ut, cum per divinam vocationem de hac luce deportaberis ab angelis sanctis, æternam habeas requiem. Quod si non peregeris secundum quod tibi per præsentem epistolam transmisimus, ex auctoritate Petri apostoli scias te esse excommunicatum, ita ut in ecclesiam non ingrediaris, neque communionem accipias. Vale

XXII.
Joannis XIX epistola qua omnes (bonum facientes) excitat ut in restituendam ecclesiam Magalonennensem incumbant.
(Anno 1024-1033.)
[MANSI, *Concil.* tom XIX, col. 570.]

JOANNES episcopus, servus servorum Dei, omnibus bonum facientibus in Ecclesia Magalonensi, ad honorem apostolorum Petri et doctoris gentium Pauli dedicata et dedicanda, salutem charissimam, cum benedictione apostolica et absolutione.

Supradictam Magalonensem ecclesiam, peccatis exigentibus, ad nihilum redactam audivimus, unde valde dolemus, quia Ecclesiarum desolatio Christianorum detrimentum esse dignoscitur. Ob hoc quidem tam Ecclesiæ supradictæ quam et omnibus circumcirca degentibus suggerere volumus Christianis ut in restauratione hujus ecclesiæ laborent : peccatorum namque suorum veniam et indulgentiam promereri a justo judice apostolica auctoritate spondemus, quicunque de propria hæreditate vel de propriis bonis offerendo, aut de beneficiis reddendo, ecclesiam supradictam relevare nisus fuerit. Nam unam et similem mercedem accipiet qui propria offeret, et qui beneficia ecclesiastica reddet in commune, et benedictione pariter et absolutione apostolica fruetur. Quod si aliquis episcopus, vel cujusque dignitatis honore, quod ibidem ablatum fuerit, pravo ingenio alienare, usurpare vel vendere voluerit, maledictione anathemate percellatur, habeaturque extraneus a Christianorum consortio et regno Dei. Hoc vero decretum firmari ab omnibus volumus episcopis, quos Arnaldus invitaverit, sicut nos fecisse inferius cognoscent ✠. Bene valete. Aldericus Dei gratia Vercellencis episcopus. Reynaldus Dei gratia Papiensis episcopus. Petrus, quem dicunt episcopum sanctæ Ruffinæ, subscribens firmavit. Ismundus archiepiscopus Ebredunensis firmavit. Oldericus episcopus Aurelianensis Ecclesiæ ✠. Raymundus episcopus de Rende. Deodatus episcopus Lunensis firmavit. Alcuius Astensis firmavit. Vaudinus Taurinensis firmavit. Bernardus Aggenensis firmavit. Deodatus episcopus Tholonensis firmavit. Petrus episcopus Massiliensis firmavit.

EPISTOLÆ DIVERSORUM AD JOANNEM.

I.
Epistola S. Guillelmi, abbatis S. Benigni Divionensis, ad Joannem XIX. — Monet eum ne Ecclesiam Constantinopolitanam Universalis nomen sibi attribuere patiatur.
(MABILL., *Acta SS. Bened.* VIII, 335.)

Gratia Dei et reverentia beati Petri sedi in orbe terrarum excellentissimæ indepto papæ JOANNI, WILLELMUS, crucis Christi servus, sedem judicii cum apostolis et coronam regni.

Magistri gentium dictis instruimur seniorem non incrępandum. Idem tamen alias dicit : « Factus sum insipiens, vos me coegistis. » Idcirco igitur q.

liationis diligentia hortamur communem vestram paternitatem ut in uno imitemini cogitationes hominum pervidentem Dominum Salvatorem, ut dicatis ad aliquem vobis unanimem, quemadmodum et ipse Petro : « Quid dicunt homines de me? » Si vero responsum ejus ex fide fuerit, animadvertite qualiter sonuerit; si clare, custodite ne obfuscetur; si vero obscure, lux mundi oranda est, qualiter ita fulgeatis, ut universis in gremio Ecclesiæ constitutis ad viam mandatorum Dei gradiendam lumen præbeatis. Sed est fama rei, quæ nuper apud vos accidit, de qua quis audiens, si non scandalizatur, noverit se longe ab amore superno disparari. Quoniam licet potestas Romani imperii, quæ olim in orbe terrarum monarches viguit, nunc per diversa terrarum loca innumeris regatur sceptris, ligandi solvendique in cœlo et in terra potestas incumbit magisterio Petri. Atque idcirco ista diximus, ut animadvertatis non aliter Græcos quam cenodoxia, hoc quod audivimus apud vos requirere, impetravisse. De cætero quoque optamus, uti universalem decet antistitem, vos acrius in correptione et disciplina sanctæ et apostolicæ Ecclesiæ vigere, æterneque et feliciter in Christo valere.

II.

Ejusdem ad eumdem. — Invehitur in Simoniacos.

[MABILL., *ibid.* pag. 350.]

Parcite, quæso, parcite, qui dicimini sal terræ et lux mundi. Sufficiat hominibus jam semel Christum fuisse venditum pro communi salute universorum. Jam enim refugæ veri luminis, solo nomine pastores, ovile Christi, imo membra illius, videte post vos quo eunt. Si juxta fontem tepet rivus, in longinquum fetere nulli dubium est. Idcirco cura quibusdam venditur ad suum interitum. Volo vos pastores ac pontifices omnes in commune judicis securim gestantis, ante januam assistentis memores.

III.

Halinardi abbatis sancti Benigni epistola ad Joannem papam XIX.

[MABILL., *Annal. Bened. IV*, Append. 728.]

Domno sancto totius orbis magistro, JOANNI videlicet, universali papæ, et humilis abbas potestatis Sancti Benigni, cum tota congregatione sanctorum fidelia orationum servitia.

Totum non latet mundum Romanæ Ecclesiæ pastorem apostolica vice ita fungi, ut quod ipse in ecclesiastico ordine constituerit, ratum, stabile et inviolabile permaneret in ævum. Dignum ergo est ut resolutori civium philosogiam virtutum, scilicet discretionem semper habeat secum, ne videlicet ille, cui potestas ecclesiarum data, hoc ignoranter propter susurrones constituat, quod cum veram antiquitatem noverit destruere non dubitet. Hoc autem patet, ideo vestram præoccupando faciem dicimus, quia notitioni nostræ enucleatum est, vicinos nostros canonicos monasticum honorem inhiantes surripere auctoritati vestræ, celsitudinem petere velle; quatenus accepta a vobis licentia cœmeterium nostrum ad se transferant in castellum. Scitis autem quod si qui antiquam Patrum constitutionem mutare volunt, non quæ Dei, sed quæ sua sunt, quærunt; rogamus ergo propter Deum ne concedatis, et nos opportune memoriam servitii habebimus.

IV.

Epistola Jordani episcopi Lemovicensis ad Benedictum papam VIII, de non ponendo S. Martiali in numero apostolorum (4).

[*Gall. Christ. II*, append., pag. 161.]

Domno ac venerabili, Deo et hominibus dilecto, papæ nostro BENEDICTO, ROBERTUS Dei gratia rex Francorum, GUILLELMUS dux Aquitanorum, archiepiscopus Bituricensis, archiepiscopus Burdegalensis, archiepiscopus Turonensis, omnesque eorum suffraganei, nec non ISEMBERTUS Pictavensis, ARNALDUS Petroguoricensis; JESOLO, ROO, cæterique eorum confratres, JORDANUS episcopus Lemovicensis, qui hanc chartam scribere jussit, hi omnes domno apostolico salutem et dilectionem.

Dominum nostrum Jesum Christum scimus et credimus duodecim sibi elegisse apostolos, quibus dedit potestatem ligandi atque solvendi; ex quibus cecidit unus nomine Judas, in cujus locum cæteri apostoli elegerunt alium nomine Mathiam, ut duodenum restaurarent numerum; in quorum consortium Dominus noster alios septuaginta duos sibi elegit, quos et discipulos vocavit, ex quibus beatus Petrus princeps apostolorum unum sibi elegit nomine Martialem, qui una cum illo aderat ante præsentiam Domini nostri Jesu Christi; et ad cœnam et ubicunque Dominus noster aliquod suis apostolis ostendebat miraculum, beatus Martialis cum S. Petro interfuit. Sed post sanctam Domini resurrectionem ac ascensionem beatus Martialis, qui fuit ex septuaginta duobus discipulis unus, beato Petro adhærebat; quem Martialem beatus Petrus cum duobus presbyteris Alpiniano et Austricliniano Gallicam gentem prædicare transmisit. Illi vero iter carpentes, venerunt Elsam; ibi mortuus est Austriclinianus unus ex presbyteris. Inde statim beatus Martialis rediens Romam, sancto apostolo unum ex comitibus suis mortuum nuntiavit; cui apostolus ait: « Sume tibi baculum istum, et cum pervenias ad corpus, tange istud isto meo baculo, et dic : *In nomine Domini nostri Jesu Christi surge, Austricliniane*, Deus erit comes itineris tui. » Beatus Martialis jussa S. apostoli implevit, tetigit corpus Austricliniani, et statim sanus effectus est; inde proficiscentes, venerunt Lemovicam civitatem. Ibi invenerunt Stephanum ducem cum tota familia sua idola adorantem, quem statim evangelicis prædicavit verbis, ad Christianitatem convertit, et cum tota familia sua baptizavit. In eo autem templo ubi ipse dux ante

---

(4) Interea Benedicto papa defuncto, epistolæ Jordani respondit Joannes XIX.

adorabat idola vana et surda, beatus Martialis cum duobus suis presbyteris Alpiniano et Austricliniano, adjuvante duce Stephano, basilicam construxit, et in honore B. Stephani primi martyris dedicavit; ibi divina celebravit mysteria, admonuit, docuit usque dum totam Aquitanicam gentem a via erroris ad veram vitam, quæ Christus est, perduxit; tandiu ibi missarum solemnia celebravit usque dum ante ipsum altare protomartyris Stephani finivit, et cum magna angelorum reverentia animam Deo reddidit. Dux vero Stephanus cum magno honore corpus illius foras civitatem sepelivit, in eo loco ubi ipse sanctus Martialis ecclesiam in honore S. Petri sui magistri ædificavit. S. Aurelianus successor illius, quem ipse S. Martialis de inferno traxit, Ebulus, Alicus, Ermogevianus aliique ejus successores usque triginta sex. Ego vero septimus qui vocor Jordanus, omnium infimus. Hi omnes pro sanctissimo confessore eum habuerunt. Similiter omnes abbates in ejus monasterio habitantes usque in hodiernum diem. Iste abbas, qui nunc est, novitate deceptus, superbia elatus, venit ad me, qui sum vilior meis antecessoribus, deprecans ut in consilio meo, et in synodo sanctissimum confessorem in numero ponerem apostolorum, quod facere nolui. Ille perseverans dictis, fidem quam habuit, cum duodecim monachis illius monasterii, mihi promisit ut cum auctoritate in omni consilio me defenderet. Hoc facere non potuit in consilio Guillelmi Aquitanorum ducis, audiente archiepiscopo Bituricensi, Isemberto Pictaviensi, cæterisque eorum suffraganeis. Omnes episcopi Francorum, Alvernorum, Vasconum, Aquitanorum, cum quibus ego fui locutus, comprobant et confirmant sanctissimum confessorem Martialem non debere tollere de illo loco ubi sancti Patres et nostri antecessores eum posuerunt, et non esse apostolatum nisi auctoritate comprobatum. Talem dicunt rationem : « Si ego S. Martialem, qui fuit ex septuaginta duobus, in numero ponam apostolorum, illi omnes septuaginta duos in numero ponunt apostolorum; et ubi eorum corpora condiuntur, ipsum locum pro apostolatu tenere. » Tibi vero, ego Jordanus, has litteras mitto de parte istorum prædictorum, regis scilicet Roberti, Guillelmi ducis Aquitanorum, archiepiscoporum omnium, videlicet catholicorum, qui mihi contradicunt ne sanctum Martialem in numero ponam apostolorum. Tu autem si ausus es facere quod non fecerunt sancti tui antecessores Gregorius, Clemens, Bonifacius, et multi alii, ut ponerent confessores inter apostolos, si peccatum est, tuum sit; ego ero liber a culpa, neque iniquitas, neque peccatum meum ; voluntatem omnium Aquitanorum tibi monstrabo, quia ille abbas seductor nulla alia causa hoc facit, nisi quia vult destruere sedem episcopalem primi martyris, et apostolatum S. Petri advilare. Per istius chartæ portitorem litteras mihi mitte, et per omnia tuam voluntatem mihi manda. Ego ad præsens tecum loqui non potero, sed quanto citius mihi erit posse, limina sancti Petri adibo.

Vale viriliter, age jussa Patrum, noli prævaricare.

ANNO DOMINI MXXXVIII.

SANCTUS GODEHARDUS

EPISCOPUS HILDESHEIMENSIS

VITA SANCTI GODEHARDI

Auctore Wolfero, *ejus æquali et discipulo, ejusdem ecclesiæ canonico.*

(Mabill. *Act. Bened.*, VIII, 395 ex cod. ms. Compendiensi.)

OBSERVATIONES PRÆVIÆ.

1. Præter sanctum Bernwardum, cujus Vitam supra annum 1025 dedimus, habemus hoc sæculo alterum Ecclesiæ Germanicæ lumen, quod nobis suppeditat Hildesheimensis Ecclesia. Is est Godehardus, cujus acta ab auctore gravi et æquali scripta, Surius, Brouverus, ac tandem Bollandiani typis edidere. De hujus Vitæ auctoritate nemo ambigit, quamvis de illius auctoris nomine non sit una omnium sententia. Brouverus quippe et Surius eam Arnoldo cuidam attribuunt, ex fide codicum aliquot mss. ex quibus se eam descripsisse testantur. At Bollandiani, cæterique recentiores Wolferum ejus Vitæ fuisse primum auctorem contendunt, ex antiquiore codice Græciensis abbatiæ. Præterea tomo VII Maii in Appendice alium item codicem laudant: Bambergensem scilicet, ubi idem Vitæ auctor *Wolferius* diserte dicitur. Cui posteriori sententiæ facile assentimur, si concedatur hanc Vitam, quæ a Wolfero primitus conscripta fuerat, postea ab Arnoldo relectam fuisse, a quo nonnulla miracula, quæ in priori Vita desiderabantur, adjecta

fuerunt. Illud opus Wolferus magistro suo Albuino nuncupavit, quod Arnoldus pariter Menghardo inscripsit. Unde factum est ut in nonnullis exemplaribus Wolferi ad Albuinum, in aliis vero, et quidem plurimis, licet recentioribus, Arnoldi ad Mengbardum nuncupata inveniatur.

2. Verum hæc difficultas nullum facessere debet negotium, siquidem omnes fatentur primum hujus operis auctorem sancto Godehardo æqualem fuisse, ac sæpius cum eo, et quidem familiarius fuisse conversatum, quod ex toto operis contextu manifestum est, ex quo etiam apparet ejusdem auctoris et inscribendo sinceritas, et in factis discernendis solertia. Canonicum fuisse exinde colligitur, quod referat se audiisse Guntherum abbatem fratribus suis in capitulo concionantem, cum tamen ipse cum aliis extra capitulum esset, quod nemini in habitu canonico capitulum ingredi lex monastica permitteret. Alias tamen innuere videtur se vitam monasticam amplexum fuisse, cum se in monasterio Altahensi educatum profiteatur, et abbatem suum Athelbertum appellet. Cæterum hanc Vitam a posteriori auctore nonnihil amplificatam fuisse conjicimus, quod in nonnullis codicibus paulo prolixior quam in cæteris habeatur. Integram vero hic eam exhibemus, sed ita ut ea quæ non omnes codices habent includantur ansulis, ut quivis facile discernere possit quid in omnibus, quidve in aliquot solummodo codicibus habeatur.

3. Vitæ subjicimus Historiam translationis ejusdem sancti viri, quam auctor etiam oculatus conscripsit : nec enim licuit omittere tanti pretii monumentum, ex quo nempe multa erui possunt ad historiam ecclesiasticam illustrandam. Ex his discimus canonizationem sancti Godehardi in concilio Remensi sub Innocentio II summo pontifice, ubi ipse præerat, factam fuisse, cujus etiam decretum refertur. Quæ quidem in omnibus conciliorum editionibus desiderabantur. Hinc etiam patet synodum, quæ apud Leodium sub eodem pontifice habita est, Remensem præcessisse, quamvis Remensi primus locus datus sit a conciliorum editoribus, qui in hoc sancti Bernardi Vitæ auctorem incaute secuti sunt, ut animadvertit Brouverus. Cæterum Bernardus episcopus, cujus præcipue opera sanctus Godehardus in sanctorum catalogum ascriptus fuit, insigne monasterium in ejusdem sanctissimi antistitis honorem condidit. Cui ædificando primum imposuit lapidem anno 1133, advocatis ex monasterio Fuldensi Benedictinis monachis, qui ibi sub Friderico abbate instituti, hodieque, Deo favente, perseverant. Sancti Godehardi obitum omnes fere ad 4 Maii diem referunt, nonnulli ad sequentem : priorem sententiam, quæ posteriore certior videtur, prætulimus; sed de anno major est difficultas. Brouverus ejus oppidum ad annum 1057 revocavit ; nos cum Henschenio sequenti consignamus, quod ex actis hic relatis probari potest. Idem disertis verbis habetur in Chronico Saxonico ms. tum in Chronico Hildesheimensi, quod Franciscus Quercetanus tomo III scriptorum Historiæ Francorum edidit. Celebris est sancti Godehardi memoria apud omnes ferme Germaniæ scriptores, cujus nomen repræsentant passim sacri Ecclesiarum fasti, etsi in Martyrologio Romano desideratur. Colitur die 4 Maii in Benedictino. Sacrum ejus corpus in crypta subterranea sub choro ecclesiæ cathedralis asservatur, quod non impedit quominus aliæ, et quidem multæ ecclesiæ, se aliquot ejusdem sancti reliquiarum partes possidere glorientur.

EPISTOLA WOLFREDI AD ALBUINUM.

1. Summæ reverentiæ decore venerando domino meo et magistro Albuino (1), toto semper devotionis studio colendo, Wolferus spiritu et corpore modicus, quidquid pro plurali subjectionis debito jure proprius. Historiam de vita et institutione beatæ memoriæ Patris ac pastoris nostri Godehardi episcopi scripturus, inter spem et metum anxius din multumque deliberando dubitavi; quia me ad tam arduum ac præclarum opus imparem, minusque idoneum non ignoravi. Nam quantum spe et delectatione virtutum, quas per illum Dominus ostendit, delectatus advocabar, tantum multiplici propriæ negligentiæ conscientia et metu territus, retrahebar; donec tandem præceptorum ac fratrum, maximeque beati viri et veri Dei cultoris Athelberti abbatis nostri jussis, partim sponte, partim invitus obediens, tale fastigium attingere tentavi, tuæque clementiæ, o præceptor nobilis, secretius offerendum æstimavi; apud quem et pro erratis facilis locus esset veniæ, et pro demendis vel addendis promptior et non suspecta benignitas cautelæ, vel saltem indiflamata celeritas taciturnitatis æternæ. Nec etiam, Pater venerabilis, aut dedignando mireris aut admirando dedigneris, quod tu solus ex generali pontificum, abbatum ac doctorum collegio, quasi ad meæ nugacitatis inspectionem specialiter eligaris ; cum et hoc prudens prædicti monitoris et impulsoris mei industria providerit, maxime quia tibi præ fidei et dilectionis tuæ merito, ejusdem Patris nostri Vita et ante et post pontificalem promotionem præ cæteris semper claruit; et quia ipse tibi secretius ac familiarius, exemplo Christi ac discipuli quem diligebat, cordis sui arcana præ cunctis aperuit. Ideoque et me, ut prædixi, imparem minusque idoneum ad idem opus præsertim impulit, quod per adolescentiæ meæ tempora inter Herveldense et Altahense cœnobium, quasi Orosii (2) more, discursitaverim, et primæva ejus gesta a Christi fidelibus et frequenter audierim, et etiam pro parva adhuc ingenioli capacitate libenter retinuerim. Daum ergo, qui secreta cordium intuendo rimatur, testor, me nihil in ejus memoriæ laude descripturum, nisi quod aut ipse vidi et audivi, aut a vere veridicis et etiam probatis agnovi. Maxime tamen cum Altaha studii causa exsularem, cujusdam veterani presbyteri, Reginoldi (3) nomine, quem et tu melius noveras, familiariter

(1) Brouverus et alii *Menghardo*, et infra *Arnoldus*, ut dictum est in observationibus præviis. Nonnulli codices exhibent solummodo primam litteram utriusque nominis M. A.

(2) Orosius presbyter varia suscepit itinera causa discendi. Sic missus est ab Augustino ad Hieronymum.

(3) Mss. 2, apud Boll. *Ratmundi*; alii duo, *Rumoldi*.

laritate et colloquio sæpius utebar, et, si Deus quandoque dignaretur, ejus veriloqua relatione ad hoc ipsum instituebar; qui certe ei ab ipsa infantia fideli ministerio semper adhærebat, eumque sacræ cruditionis litteras primus instruebat, et omnia ejus dicta et facta usque ad monachicam professionem et etiam ad pontificalem promotionem ipse melius noverat.

2. Sed et ego solito priscæ obedientiæ more, si quid forte vel aptum vel ineptum compilare quiverim, primo sagacitati tuæ merito offerendum decrevi, ut certe per te errata corrigantur, hiantia suppleantur, superflua diradantur, necessaria supponantur, et ubi deviaverim, quod fateor facile fit, stoliditas mea veniam consequatur, quin et contra insultantium irrisionem auctoritatis tantæ defensione muniatur. Cum tamen, Deo teste, pro hoc minime movear, si quis me talium elatus irriserit vel inurbanum quidquam conflasse verbosius objecerit, ut tantum studiosis et Deum timentibus simplicem veritatis sententiam construxerim, et his qui forte, Spiritus Domini inspiratione annuente, post hoc dum livor invidiæ nubila prætendens occiderit, prædicti antistitis Actus et Vitam condigna reverentia condecorare noverint et voluerint, rerum et temporum certum ordinem depinxerim. More siquidem sagacioris canis, qui annuente venatore, vel nutu, vel signo emissus, tota die indesinenter et quasi infatigabiliter laborat, non ut sibi solummodo, quod nec præsumit, prædam arripiat, sed ut jubentis domini ludicram voluntatem perficiat, rarum scilicet et insolitum quiddam capiendo, unde non solum dominus cum suis domesticis festivius lætetur, sed et superventuris forte amicis lautioris cœnæ jucunditas reservetur; hujus, inquam, more me libenter laborare profiteor, non ut mihi laudem, quam in hoc non mereor nec dignor, acquiram; sed ut vel modernis vel posteris, sicut prædixi, æternam justi memoriam quamvis indocili taxatione proponam. Quare ergo erubescam me canibus, qui certe majorem et excellentiorem inter bruta animalia, dono puto Creatoris, intellectum habent, assimilari; cum nec evangelica illa Chananæa eruouerit, imo et gavisa sit se a Domino canibus comparari, nec etiam Lazarus spretus a divite horruerit his lingentibus consolari! Nam quantum brutis excellentiores, tantum rationabilibus sunt propinquiores. Nec saltem super hoc fidelium quisque moneatur, quod a prædictis illusoribus fatuitati meæ objicitur, non decere tam præclari ac insignis viri quasi infimam genealogiam (4) diffamare, sed magis, ut ipsi putant, in laudem ejus silendo celare ; cum quilibet sanum sapientes non adeo attendant vanam generositatis jactantiam, quam utiliorem divinæ inspirationis prærogativam, quibus certe nemo nobilis videtur nisi quem virtus nobilitare probatur, cum scriptum sit : *Ubi Spiritus Domini, ibi libertas* (II *Cor.* III). Et propheta dicit : *Dominus pauperem facit et ditat, suscitat de pulvere egenum, et de stercore erigit pauperem, ut sedeat cum principibus, et solium gloriæ teneat* (I *Reg.* II). Quod in illo veraciter impletum esse, tota sancta Ecclesia teste, describimus, quia eum per vias a Domino deductum rectas, et in conspectu regum magnificatum, cum principibus gloriose conscedisse, et inter principes sapientiam locutum esse, et solium gloriæ feliciter tenuisse vidimus. Unde et a nullo fidelium dubitatur quod modo in sanctorum ordine sacerdotum coram Christo procul dubio lætatur. Si ergo jam frivola loquacitatis meæ sententia ultra licitum vel placitum sermocinando processit, quod certe timiditas omnia etiam tuta timens effecit, tu Pater et doctor egregie, qui hoc non solum prædicti præsulis memoriæ, sed et nostræ imperitiæ et debere crederis et velle ; tu, inquam, in quo est et approbandi peritia et improbandi potentia, quorumlibet oblocutione contempta, sapienter provideas ut et inepta et inutilia æterna taciturnitate sepeliantur, et profutura, Domino donante, sine adulationis fuco proferantur. Quia si quid a vero dissidet, non meæ imperitiæ sed tuæ imputatur incuriæ. Sed, si forte quid aptius erit, non mea, sed tua pars erit, ut quidam se humilians ait :

Si quid ab ore placet, laus monitoris erit.

PROLOGUS.

3. Quia evangelica voce Veritatis præcipitur, ut lucerna accensa non sub modio, sed super candelabrum (*Matth.* v) ad illuminationem fidelium constituatur ; et quia secreta regum celari jubentur, opera vero Dei revelanda (*Tob.* XII) et magnificanda jure panduntur, ideo dignum et etiam gloriosum putavimus Vitam beati et venerandi Patris nostri Godehardi episcopi, quantum divina clementia donaverit, in exemplum modernis et posteris proponere, et gestorum ejus probabile magisterium Deum timentibus exponere. Vere etiam metuimus nos culpa negligentiæ non carere, si patiamur ea quæ ab eo laudabilia et vidimus et audivimus sub silentio latere. Quem enim Bajoaria olim ab initio verbi Dei vomere exculta, et sacræ fidei semine sufficienter fecundata, verum religionis eruditorem, nobis quibus opus erat medico, concedente Christo, transmisit : nos Saxones vel certe Saxigenæ, et ut vera nobis, proh

---

(4) Sic Bollandus, et quidem rectius ad auctoris sensum, qui hic de S. Godehardi familiæ obscuritate loquitur; Brouverus autem et codex noster habent *intimam.* Cæterum ex hoc loco rejicitur Crantzii et aliorum quorumdam sententia, qui Godehardum ex Bavariæ principum familia oriundum putarunt.

dolor! insultationis irrisione objicitur, verbo Dei diu A domestica desidia obdurante, silendo negligimus, indomabiles, periculo non caremus, si ejus gloriam,

INCIPIT VITA.

4. Igitur septingentesimo quadragesimo primo Incarnationis Domini anno, quo Carolus primus (5) filius Pippini primi, filii Anchisi, filii Arnulfi, ex hac vita demigrans, filiis suis Carolomanno et Pippino regnum reliquit, quo etiam sequenti anno iste Pippinus Carolum Magnum genuit, initium Altahensis (6) monasterii a Christi cultoribus sapienter incœptum, et in religione monachicæ institutionis feliciter est perfectum (7), ante distributionem episcopiorum, quæ decimo post anno in Bajoaria a sancto Bonifacio archiepiscopo est facta, ex decreto Zachariæ papæ et consensu Pippini regis, cui ante tunc temporis triennium frater Carolomannus Romæ tonsoratus et monachizatus hæreditariam partem regni et proprietatis dimisit, quando Willebaldo Eistad, Joanni Salzeburk, Eremberto Frisingge, Gaibaldo [Garibaldo] Radisbona commendatur, et Christiana religio ibidem digne Deo corroboratur. In prædicto certe cœnobio servimen Christi ab initio feliciter succrevit, et per centenos fere annos in monachico proposito laudabiliter profecit usque in detestabilem illam dissensionem quæ cœpit inter Ludovicum imperatorem filium Caroli Magni et filios ejus Ludovicum, Lotharium et Carolum; ac deinde imperatore defuncto inter ipsos fratres, per multos annos, ut chronica testantur, permansit. In ea ergo tempestate ecclesiæ plures despoliabantur, cœnobia disturbabantur: inter quæ et ejusdem Altahensis Ecclesiæ proprietas ibidem a fidelibus collata, et eotenus inconvulsa, diripiebatur, et huic sceleri militantibus, juxta debacchantium voluntatem, beneficii imo maleficii causa dividebatur. Hac enim necessitate monachica ibidem norma defecit : sub regula tamen canonicorum idem locus usque in tempora piæ memoriæ Henrici (8) ducis, quem postea imperatorem vidimus, item per centum annos perstitit. Quod et Otto pius rex, filius regis Henrici Saxonii, sæpius decrevit in aliquibus locis redintegrare, sed plurali infortunio obstante, maxime tamen fratris sui Henrici ducis Bajoarici machinatione præpediente, non potuit perficere. Qui certe sibi in prima regali ordinatione in præsentia patris ac principum quasi jocularia indignatione se

A nobiliorem jactitans restitit, et in eadem vana voluntate semper contra fratrem regem privatim et subdole, contra filium regis Ludovicum [alii Ludolfum], ut Bajoaria adhuc testa ur, publice perstitit.

5. Præclaræ igitur indolis puer, Godehardus nomine, juxta Altahense monasterium ex ejusdem Ecclesiæ familia, in villa Rithenbach diœcesis Patviensis, a vere Christianis piis et honestis parentibus feliciter natus est et enutritus ; studiis litterarum adhuc infantulus contra intentionem quodammodo parentum suorum se tradidit. [Erant B scholæ quas visitavit, prope monasterium Altach, trans flumen Danubium (9). Cum autem mane surgens sanctus puer gratia visitandi scholas veniret prope Danubium, quod pons ibi non erat, ut posset fluvium pertransire, Deo dante, vadens ad scholas aut inde rediens, quemdam reperit qui sibi per flumen continuum et sanum præbuit conductum]. In eodem monasterio puer prædictus fideliter a parentibus oblatus, a fratribus devote susceptus, litteralis scientiæ haustum Domino tribuente laudabiliter imbibit, et divinæ legis notitiam pro parvulo adhuc ætatis ingeniolo libenter accepit, juxta quod dicitur : Facillime discitur, ubi Spiritus Dei doctor adest. [Cœpit namque sanctus puer in primævo ætatis, seu juventutis suæ flore, vanitates declinare atque levitates evitare, magis eligens jugum Dei subire et virtutum tramites adire quam vanitatibus hujus C mundi, ut illa semper assolet ætas; cœpitque de bono in melius, de meliori in optimum non segniter se transferre. Ob hoc semper tetebat ecclesiæ limina ut ibidem hauriret sacræ legis flumina, ut exinde mentem suam inebriaret sitibundam. Aderat ei Dei timor, ipsum ab omni retrahens lascivia puerili. Sic igitur se omnibus exhibuit, ut organum quoddam Spiritus sancti esse verissime appareret. Unde et factum est ut in habitu sæculari, quo inter religiosos manebat, multos de religiosis in vitæ sanctitate pelliceret evidenter.

6. Cum autem bonam moribusque honestis hujusmodi vitam laudabilem in dicto monasterio Altach

---

(5) Hic auctor Carolum Martellum appellat Carolum I, licet enim regis nomine usus non fuerit, omnia tamen ita penes ipsum erant, ut regnum filiis suis reliquerit eodem modo administrandum, donec tandem exauctorato Childerico, Pippinus nomen regis, quod re jam habebat, assumpsit.
(6) Monasterium Altahæ inferioris in Bavaria in episcopatu Pataviensi, quod perstat etiamnunc sub regula S. P. N. Benedicti.
(7) Editi habent, *feliciter est perfectum quindecim fere annis, ante distribu'ionem episcopio um, quæ post annum in Bajoaria a sancto Bonifacio archiepiscopo*

D *facta est.* Ms. autem Græciense in notis Bollandi sic habet : *A S. Pirminio et domino Odilone duce Bavarico, aliisque Christi cultoribus sapienter incœptum, et in religiosa monastica institutione feliciter est perfectum, ante distributionem episcopiorum, quæ decimo post anno in Bavaria a sancto Bonifacio,* etc.
(8) Is est Henricus e Bavariæ duce imperator, sanctitate celebris.
(9) Hoc miraculum deest in nostro ms. codice, sicut et alia multa, quæ suis locis includuntur. ansulis.

per aliquot annos peregisset, et adolescentiae annos attigisset, et vitae sanctae fama per totam Bavariam se dilatasset], eo tempore beatus vir Christianus (10) Pataviae episcopus idem monasterium beneficii causa gubernavit tempore Henrici ducis prioris. Et fratres ibi in divino servimine coadunati, postquam ejusdem pueri laudabilem in timore Dei indolem cognoverunt, eum [Pataviensi episcopo, qui tunc idem monasterium beneficii causa gubernavit, eum commendando notificaverunt (11).] Quo ille audito, ut certe erat prudentissimus, Deo gratias retulit, illumque inde eductum in suam familiaritatem assumpsit. Quem ubi de virtute in virtutem, gratia Christi provehente, scandere cognovit, amplius cum pro collata divinitus industria gratulans amavit, [ac cancellariae ei officium commisit, in quo officio talem se exhibuit ut divinae organum sapientiae se omnibus exhiberet,] ac per triennium secum per diversa expeditionum, caeterorumque commeatuum difficiliora itinera, quasi praetentandi gratia circumvexit, et sacrae fidei ac religionis catechismo devotius instruxit. [Timuit autem sanctus juvenis Godehardus ne quid in tantis, quibus praepeditus erat negotiis, vanum illaberetur animo : ideo a dicto Paraviensi recedendi petita licentia, et vix obtenta, is] eum ejusdem coenobii fratribus in supplementum divinae servitutis obnixe repetentibus, subdiaconii gradu decoratum remisit. Qui ibidem in sanctae conversationis studio de die in diem per adolescentiae tempus sagacius invigilans, communi etiam fratrum commodo et utilitati devotius intendens, majores scilicet juxta Apostolum, honore praeveniendo (Rom. xii, 10), coaevos justis exemplis adhortando, subjectos sacris saepius monitis ad meliora sollicitando; et ita divina clementia comitante, in brevi verae religionis disciplinam ad integrum consecutus, diaconii quoque honore sublimatus, eidem monasterio, ut vere post patuit, Deo praedestinante, praepositus est constitutus.

7. Anno deinde post partum Virginis nongentesimo octogesimo octavo (12), Ottone imperatore secundo, post periculosissimum et etiam infelicissimum Calabriae bellum adhuc per orbem terrae clade et infamia notissimum, ex hac vita sublato, et Romae cum summo totius Christianismi moerore, satis tamen honorifice sepulto ; post inconsideratam Mersburgensis (13) episcopatus destructionem, et post innocentem, juxta vocem populi, Geronis comitis necem, praedictus Henricus dux Bajoariae, pater Henrici imperatoris, ab imperatore patruele certe suo, ante septennium ob infidelitatem et tyrannidem quam contra eum paterno more exercuit, ab honore submotus. Tunc occasione vindicandi [Boll. justitiae] in spem regnandi, arrogantiae furore incassum elatus, herilem filium dignum Dei ordinatione regni haeredem opprimere, semetque in monarchiam regni, suadente seductore, conatur erigere. Cujus tamen nugalis machinatio a primoribus regni Deum sane timentibus, et maxime a Willegiso metropolitano Maguntiaco et Bernardo duce Saxonico pacifice sedatur, eique post multa apta et inepta quae modo melius silentur quia in Chronicis plenius continentur, priscus ducatus redonatur. In proximo autem Natalis Domini die, Otto puer coronam regni a praenominato metropolitano honorifice percepit, et in omni ecclesiastica perfectione feliciter more avito crescere coepit. Cujus quidem laudabilis industriae initiale fuit indicium, quod septimo suae ordinationis anno, saepe dictum Altahense monasterium episcoporum consilio, auxiliante demum duce praefato, in pristinum monachicae religionis reformari fecit statum.

8. Quidam igitur venerabilis vir, Erchembertus nomine, illic abbas praeponitur, per quem, auxiliante Domino, divinum ibi ministerium juxta regulam Sancti Benedicti religiose disponitur. Ad cujus statim saluberrimam admonitionem promptae obedientiae juvenis Godehardus, corde et animo a saeculi vanitate conversus, cum aliquantis ejusdem loci fratribus monachus esse factus, anno, ut ipse saepius nobis intimavit, aetatis suae tricesimo primo, pluribus tamen ex eodem coenobio, ut non ignotum postmodum memoriae, fratribus digredientibus, inter quos erat quidam T. (14), quem postea Mindensis Eccle-

---

(10) Bollandus habet, *Fridericus Juvavensis*, id est Salisburgensis archiepiscopus, et quidem rectius, ut ipsi videtur, quod Hundius tom. II metrop. Salisburgensis ubi de monasterio Altahae inferioris, referat Godchardum a Friderico Salisburgensi archiepiscopo, qui tunc Altach in beneficio habebat, acolythum ac deinde subdiaconum ordinatum fuisse, atque etiam canonicorum praepositum. Quae omnia hic de Christiano dicta non satis cohaerere existimat, cum ipse anno 991 Pataviensis episcopus electus sit, quo tempore jam Erchambertus monasterium Altahense administrabat, qui hujus loci regimen anno 990 iniisse dicitur apud eumdem Hundium loco laudato.

(11) Sic cod. Bodec. in Appendice Bolland. caeteri, *eum notitiae pontificis intimaverunt*.

(12) Legendum est *octogesimo tertio* quo defunctus est Otto II.

(13) Hanc ecclesiae Mersburgensis destructionem fusius exponit Dithmarus libro III. Cujus bona ** diversos distracta sunt, ipsaque privata sede episcopali Halberstadensi ecclesiae subjecta fuit, abbatia in locum cathedralis ecclesiae erecta; quod ad annum 1005 perseveravit. Tunc enim, ut idem habet Dithmarus libro vi, Henricus rex antecessorum suorum naevum cupiens emendare, episcopatum Mersburgensem instauravit et Wigberto suo capellano dedit, quem postmodum multis bonis locupletavit.

(14) Sic codex Compend. Brouverus tamen et Henschenius die 4 Maii Bollandiani habent *Thietmarus*. Henschenius aliquid in textu deesse suspicatus puncta interposuit, cum his voculis *sed non*, quae nec apud Brouverum, nec in nostro exemplari habentur *ecclesiae... sed non episcopum*. Idem laudat codicem Graeciensem qui hunc locum sic exibet : *quidam Dietricus quem*, etc ; sed hanc lectionem rejicit, quod nemo occurrat, ut ipse visum est, tunc temporis episcopus Mindensis hoc nomine donatus. Hanc tamen sinceram esse lectionem verisimilius existimo, nam in Chronico Saxonico quod penes nos habemus ms. ad annum 1022 habetur *Theodericus Mindensis praesul xi Kal. Martii decessit*,

siæ episcopum vidimus. Sed novellus novæ religionis tiro adoptatus melioris vitæ tirocinio, ut in priori proposito solebat, toto cordis ac mentis affectu ad cœlestem aulam anhelabat, adeo ut novus præceptor novo auditori, quod certe in talibus insolitum est, considerata ejus probabilitate [*Bol.*, probitate] omnem divini ovilis curam post se penitus commendaret, eumque sibi in spiritalis exercitii filiationem singulariter præoptaret. [Erat enim charitate fervidus, in labore strenuus, in oratione devotus, meditatione profundus, contemplatione suspensus, corpore honestus, corde mundus, sibi rigidus, defectibus aliorum compatiens, humilitate præcipuus, in paupertate lætus, et in vera nitidus castitate.] Qui tamen prædictus abbas post triennium vel causa infirmitatis, vel tædio curæ sæcularis, idem regimen reliquit, et ad secretioris vitæ solitudinem in conspectu interni Arbitri vacare decrevit.

9. His etiam diebus præmemoratus Bajoariæ dux obiit, cujus loco pius Henricus filius ejus surrexit, non patris insolentiam sed initium sapientiæ timorem Domini pleniter secutus, quia erat omni litterarum studio principaliter imbutus, et totus sane fide et actu catholicus. Qui statim in divini famulaminis cultu succensus, prænominatum cœnobium iterum spirituali privari pastore indoluit, et eumdem Godehardum tunc presbyterum abbatem ibi præponere voluit: cui ille per biennium justa satis excusatione restitit, quia sedem et locum pastoris sui ipso superstite usurpare non debuit. Sed postquam abbas a fratribus et etiam ab episcopis vocatus revenire recusavit, eisque licentiam quem in locum ejus vellent substituere mandavit; tandem episcopali auctoritate et fratrum unanimitate victus idem regimen juxta ducis decretum suscepit. Qui statim in exordio suæ promotionis totum se Christo vigilanter mancipavit, et districtiorem regularis vitæ tramitem cum consociatis sibi fratribus ingredi anxie curavit, et in tali studio se ibidem per octo annos indesinenter exercuit, et præter hoc tamen manuali labore multiplicem fructum ad necessariam utilitatem acquisivit. Qui et ibi in monte quodam, qui Helinhigeresberg (15) dicitur, castellum firmum et in eo ecclesiam pulcherrimam in honorem sanctæ matris Christi Mariæ, in cujus speciale servimen futurus erat, cum condecenti ædificio construxit, et circumquaque, maxime in saltu Boemico, qui eidem provinciæ proxime astat, ad triginta et eo amplius mansos labore tantum manuum cum fratribus apostolico exemplo silvis et vepribus erutis, ad usum utilitatis inibi Deo servientium reformavit. Interim, 1002 Incarnationis Domini anno, nobilis imperator Otto tertius ex vita hac immatura morte discessit, in cujus regnum prædictus Henricus dux omni pietate perspicuus successit.

10. Erat in illo tempore in Herveldensi (16) monasterio sancti Wichberti B. abbas (17) venerabilis genere et dignitate memorabilis. Qui tamen, ut salva [*al.*, in] pace dicatur, ultra sui propositi ordinem humano more popularis famæ laudi intentus, ejusdem cœnobii fratres forte aliquando debita conversatione fovit indulgentius, ita ut more canonicorum proprietates sibi tam in privatis ædificiis quam et in equis, et cultioribus quoque plurimis vestimentis, ac cæteris mundanæ gloriæ pompis vindicarent, et licentiam quoque dandi et accipiendi cum illicitis ac superfluis conviviis cæterisque talibus usurparent. Quo scilicet abbate biennio ante finem sui ægrotante, et ultra Fuldam flumen in monte quo ipse monasterium in honorem sancti Petri apostoli construxit, cum militibus ac cæteris sibi familiaribus refrigerii lenitate commorante, fratres indignatione permoti et quasi a patre contempti, ad regem tam per semetipsos quam per litteras ac legatos sæpius diversas querimonias dirigunt, sibi victus et vestitus denegari necessaria, et illis cum cæteris Christi pauperibus esurientibus, res ecclesiasticas per vana et inutilia prorsus dissipari. Quam eorum querimoniam rex sapiens altius quam ipsi opinarentur intelligens, sed et vitam illorum non nesciens, diutius dissimulando distulit; sed ad postremum importunitate eorum devictus modificato sermone respondit, libenter se patrem eorum, si Dei dono convaluerit, de talibus admoniturum; sin vero obierit, eis imo et sibi in præponendo pastore in divinis et humanis sapientium consilio juxta timorem Domini provisurum.

11. At memorato abbate paulo post defuncto, prædictum Godehardum eis patrem gubernatoremque episcoporum consilio præposuit, quem etiam ut in omnibus eis juxta timorem Domini et monachicam religionem provideret solerter præmonuit. Qui illuc per Willegisum archiepiscopum perductus, et per eum etiam, sicut Deo gratias optime noverat, ad benefaciendum sapienter instructus, in primo adventu gratias divinæ pietati referens, ejusque directionem in præteritis, præsentibus et futuris sollicite quærens, primitus eis juxta regulare præceptum duriora et asperiora mandata proposuit, et licentiam eis a preces metropolitani, aut secum hæc celebrandi aut

---

qui procul dubio hic memoratur: nemo enim nescit *Dietricum et Theodericum* idem esse nomen.

(15) Jacobus Gretserus ad calcem Vitæ S. Henrici, in libro de divis Bambergensibus, varia edidit diplomata in gratiam monasterii Altahensis, cui tunc S. Godehardus præerat. Quintum est de villa *Helingersberge* datum anno 1009 apud Merseburg.

(16) Hersfeldiæ monasterium celeberrimum, ordinis nostri in Hassia, ubi corpus sancti Wigberti depositum fuit.

(17) Sic hujus abbatis nomen in cod. nostro exprimitur, Brouverus et Bolland. *Bertholdum* appellant; codex Græciensis, ut notat Henschenius, *Bernhardum*, quæ videtur germana lectio. Etenim Chronicon Saxonicum ms. hanc Godehardi in Herveldensis monasterii regimen institutionem ipsismet hujus Vitæ verbis referens, *Bernharium abbatem* appellat; codex Bodec. in Append. Boll., habet *Berinherius*.

quo vellent discedendi contribuit. Qui statim unanimiter conspirati simul omnes, paucis tamen senioribus vel puerulis remanentibus, egressi, per diversa loca varie sunt dispersi; quos tamen postea saniori consilio, et eorumdem qui remanserant certe industriam ejus ac mansuetudinem intelligentium auxilio, quosdam citius, quosdam vero serius, pene omnes ad ovile revocavit, eosque sub levi jugo Christi facile, Domino gubernante, coadunavit. Civitatem vero ipsam et claustrales cohabitationes a superfluis et ineptis pluribus ædificiis illico purgavit, et in condignam monachicæ necessitatis habitudinem honeste reformavit, et cum inibi inventis et aliunde acquisitis fratribus in eodem cœnobio per septem annos Deo digne et hominibus laudabiliter ministravit. Commendata sunt ei et alia duo monasteria, Degarense et Cremense (18) quæ pari quoque diligentia in Christi servimine gubernavit.

12. Iisdem temporibus fuit in Thuringiæ partibus quidam vir nobilis, dignitate et meritis illustris, nomine Guntherus (19), qui pro delictis juventutis ingemiscens, et considerata diligentius actuum suorum qualitate faciem Domini in confessione præveniens, sed propriæ diffidens imbecillitati corporis et animi [Herveldiam ad novum abbatem digne, ut postea patuit, pœnitendo accessit eique omne secretum cordis ac voluntatis suæ funditus aperuit. Quem abbas juste in Deo timoratus, blanda consolatione et condigna etiam provisione pœnitentem suscepit, et ad monachicam usque professionem saluberrima sui commonitione, Domino cooperante, convertit. Qui statim] ad penitus abdicanda quæcunque sunt sæculi, multiplicem suæ hæreditatis proprietatem quam acceperat a progenitoribus sancto Vuichberto cum consensu hæredum suorum firma traditione delegavit, primitus tamen sub testibus testamento pactus ut monachus factus monasterium, quod Gelinge (20) dicitur, victus et vestitus gratia ipse possideret, ac fratribus illic Christo servientibus secum inde necessaria provideret. Sed abbas prudenti pertractans consilio homini noviter converso talem pactionem in via mandatorum Dei maximo futuram esse periculo, et plus inde per dies animæ nasci dispendium quam corporis ut putabat subsidium, interim illum provida mente ab incœpto suspendit et laico habitu adhuc usum ad Altahense monasterium secum perduxit. Ibidem vir prædictus corde tenus compunctus

(18) Boll. *Tegerense et Chremsense.* Utrumque etiam nunc superest ordini Benedictino addictum. Primum *Tegerense,* vulgo a lacu vicino dictum, in Bavaria superiori, cujus abbas inter principes imperii locum habuit, ut patet ex privilegio Ludovici ɪᴠ anno 1321 dato; alterum vero in Austria superiori *Cremminster* dictum, ob ædificiorum magnificentiam, etc., celeberrimum. *Monasterio sancti Quirini quod situm est in loco qui nominatur Tegrinse,* duos mansos dedit S. Henricus imp. ad petionem *Chunigundæ* suæ conjugis et Gotehardi abbatis, cujus diploma anno 1019 datum, edidit Gretserus ad calcem Vitæ S. Henrici.

(19) De Gunthero agendum infra ad annum 1045

petiit ab abbate ut ante professionem liceret sibi Romam petere, et apostolorum Christi aliorumq̃ ɪᴇ sanctorum intercessionem pro transactæ vitæ deviis et pro novæ vitæ ingressu quærere. Quo permittente, it et redit tandemque ante altare sancti Mauricii (21) cingulum deponens, caput et barbam totondit, et facta de more petitione susceptus ac aliquandiu regulariter probatus, ab eodem pastore monasticæ vitæ habitum est adeptus.

13. Verum post votum professionis non immemor suæ quam præscripsimus pactionis, adiens abbatem licentiam petit patriam repetendi, et locum quem pepigerat juxta condictum incolendi. Quod pius Pater interim consensit, nolens eum obstinata contradictione ab affectu quamvis iniquo prohibere, donec ratione dictante illicita cupientem animum paulatim posset mitigare. Venienti igitur ad locum Gelinge dictum, et disponenti necessitates ibidem commanentium, ex occultis tentatoris insidiis, Deo, ut certe credimus, ad exemplum beati Job permittente, multa et varia ei occurrerunt incommoda, pro quibus dum ipse scilicet antea paupertatis ac laboris insolens ad abbatem sæpius queritando confugeret, ejusque pro talibus consilium et auxilium anxie perquireret, sollicitus Pater fluctuationem mentis ejus profunde prospiciens, et subsecuturam forte cordis mutabilitatem vehementer pertimescens, blanda interdum consolatione et suaviloqua commonitione mœstitiam ejus mitigans; interdum vero, juxta Apostolum, arguendo, obsecrando, increpando, opportune, importune nutantem ejus animum castigans (*II Tim.* ɪᴠ, 2) ad viam salutis eum reducere studuit, quod tamen adhuc modicum profecit. Sed cum in hac altercatione sæpius luctarentur, et in hujusmodi molestia ambo crebrius fatigarentur, illi iterum quadam die suæ sollicitudinis querelam suggerenti, vir Dei debito justitiæ zelo permotus, turgente, ut aiunt, pulmone respondit: aut in promissa obedientiæ stabilitate Deo devotius serviret, aut certe ad solitam sæculi vanitatem laqueis iterum Satanæ irretitus, abjecto habitu, rediret. Ad quam vocem stupefactus auditor intremuit, et erroris sui nimietatem sero tandem perhorrescens ingemuit (22), omni prædicta pactione corde tenus oblita, et tota cujuscunque incommodi querimonia abolita, ad Altahense monasterium, ubi tunc sub ejusdem Patris cura, ut in gratia omnium loquar, singulare

ubi Vitam ejus exhibebimus.

(20) Gellinge monasterium, quod olim erat in Turingia. Ibi Arnoldus, S. Godehardi in Hersfeldensi regimine successor, obiit anno 1034 ex Lamberto Scafnaburgensi.

(21) Sic Bolland. cui consentit Vita sancti Guntheri. Codex autem noster cum Brouvero et aliis mss. *S. Mariæ.*

(22) Codex Bodec. apud Boll. in Append. Maii addit: *Sed et hanc causam pio imperatori Henrico per ordinem abbas totum secretius intimavit,* etc., quæ habentur in ipsa Guntheri Vita, ab eodem Wolfero hujusce Godehardi Vitæ scriptore edita, quam infra habes ad an. 1045.

divini cultus studium fervebat, se contulit; et illic fratribus humillime subjectus, et in sacræ religionis districtione pleniter in brevi tempore divini roris infusione instructus, ultra regulare præceptum semet etiam prælatis admirantibus afflixit.

14. Tertio namque suæ conversionis anno, in prædicto Boemico saltu eremum petiit, in qua ad triginta septem (23) annos in studio sanctæ religionis et in summa veraciter districtione spontaneæ paupertatis, cum sibi commanentibus vixit. Annona denique eorum erat simplex et modica, agili studio (24) a rege Ungarico et de Bohemia et Polonia nec non et cæteris diversis provinciis simul cum vestitu conquisita : de potu, ut omnibus notum est, nihil prorsus ibi nisi sola aqua habebatur, et ipsa etiam hospitibus ad sufficientiam, fratribus vero ad mensuram dabatur. Nam litteras omnino frater ille vix tantum Psalmos, non didicit, et tamen omnem rationem et intellectum Evangelii, Legis et Prophetarum et historiarum quoque ex crebra fratrum relatione et etiam avidiore verbi Dei exauditione mirabiliter percepit ; adeo ut sæpissime obscuriora (25) mysticæ intelligentiæ interdum jocando, interdum vero admonendo stupentibus auditoribus proferret. Quod nos quidem qui eum familiarius novimus, frequenter audivimus, præcipue tamen cum in summa sua festivitate, in nativitate scilicet sancti Joannis Baptistæ specialis sui patroni, sermoni ejus adfuimus, quo in capitulari collatione eodem die fratres suos admonebat : dum eos de ejusdem Patris vita et moribus, victu et etiam vestitu, et operibus ad paupertatis suæ Domino Deo placitam tolerantiam instruebat. Verum enim dico, et coram Deo non mentior, quia omnes pene qui aderant eidem sermoni, ad uberrimam lacrymarum effusionem dono Dei sunt compuncti. Assedit ibi venerabilis abbas Altahensis Ratmundus cum pluribus sui cœnobii fratribus et aliis insuper multis hospitibus, præter nos quos in canonico habitu illuc ingredi religio vetuit, quos tamen fratrum familiaritas et maxime abbatis licentia circumquaque ad fenestras, concionatore ignorante, clanculo collocavit. Erat enim, ut de sancto Benedicto dicitur, quem post Deum vita et moribus sequebatur, et scienter nescius et sapienter indoctus (S. GREG. l. II Dialogor., cap. 1).

15. Beatus igitur Godehardus senio et labore jam fessus et etiam tædio sæcularis curæ repletus, annuente rege Herveldense, regimen illustri viro Arnoldo suo prius eo loci præposito, et Bertholdo (26) æque venerabili suo primicerio Dagarense commendavit, sicque ad Altaha remeavit, ubi, si Deo tantum placuerit, in finem vitæ suæ in debito cœptæ religionis studio perseverare decrevit. Idem enim monasterium omni devotione, ut vel hodie ibi liquet, adornare studebat, libris scilicet et pretiosissimis missalibus, indumentis, cæterisque variis et utilibus ecclesiasticis ornamentis; maxime tamen, quod et ubique notissimum est, plurimos in eodem cœnobio fratres scientia et moribus illustres enutrivit, quos postea inter diversa monasteria Patres et doctores, regis ac episcoporum petitione dispertivit. Sed cum jam in laboriosa, sibi tamen placita, illa sua quiete per decem annos in hujusmodi studio pausaret, totaque cordis intentione in regione vivorum Domino placere diurnis nocturnisque suspiriis præoptaret, mirabile tandem somnium vidit, ut ipse nobis sæpius intimavit, post quam certe visionem se de hoc mundo quo Deus jusserit, obiturum non dubitavit (27).

16. Quadam igitur nocte, ut semper per triginta jam annos consuevit, post primam tantum noctis quietem ecclesiam ingrediens, psalmodiæ cæterisque talibus officiis intentus, pernoctabat; sed et post matutinas in incœpto decreto perstabat : jamque aurora irradiante, modice dormitans cubiculum intravit, seque super scamnum tantum inclinans hujusmodi somnium vidit. Nam oliva pulchræ magnitudinis, ibi in claustrali atrio stabat, et putabat se sub eadem arbore lectionis studio sedere, et ad se quasdam graviores et ignotas personas accedere, quæ se a rege illo missas assererent, ut eamdem olivam suffossam sibi in regale servimen deferrent. Nec mora, ut sibi videbatur, secures et fossoria arripiunt eaxque summa festinatione exstirpare contendunt. Sed quanto altius infodiunt, tanto densiorem radicum tenacitatem inveniunt. Quod ipsi videntes, festinationis causa admotis securibus radices secando præcidunt, sicque evulsam arborem secum auferentes discedunt, et statim, ut æstimabat, ex relicta radicum densitate innumera et speciosa virgulta succreverunt, quæ etiam totum atrium sua multiplicatione repleverunt, ita ut et vulgus diversi sexus et ætatis accesserit et de iisdem fructetis plantaria plura evellens per rura et compita disseminaverit. At ille evigilans ecclesiam statim intravit, totumque sese, cogitatum suum in Domino jactans, divinæ clementiæ attentius commendavit, quia se post idem somnium discessurum certius (28) æstimabat. Quod tamen sapiens quisque alia evidenter portendere patenter intelligit, qui multiplicem doctrinæ illius numerositatem sollicite perpenderit, et illic in prioris religionis exercitio relictam, et postea ubique per diversa divini roris dogmata salubriter dispersam.

---

(23) Idem codex et Bamberg., ferme triginta sex annis.
(24) Sic iidem mss. alii, erat varia vario certe studio. Brouver, et cod. Compend. infra, Ungarico de Bochin et Poliam et cæteris.
(25) Cod. Bamberg., ut nonnunquam obscuriora quæque.

(26) Codex Græciensis habet : Purchardo. In nostro autem exemplari prima solum hujus nominis littera B. habebatur, sicut et supra pro Arnoldo, A.
(27) Bamberg., propter quod se de hoc mund transiturum certissima visione putavit.
(28) Bamb., quia secundum illud somnium se inde discessurum citius existimavit.

17. Quandoquidem beati viri (29) Vitam non propria scientia, quæ certe nulla est, sed divina clementia favente, ab exordio hactenus per multa laudabilia descripserim, gratias pro scire condignas eidem clementiæ refero, tuumque, venerande Pater, auxilium, quem a fine usque in finem in omnibus et in hoc præcipue negotio eruditorem, defensorem correctoremque præelegi, tuum, inquam, tuique similium auxilium et interventum ad Deum imploro, ut deinceps majora et laudabiliora illius directione sine mendacii fuco veraciter et congrue describam. Anno igitur post incarnati Verbi Dei mysterium 1022, regni vero domini Henrici vigesimo primo, imperii autem nono, felicis memoriæ (50) Bernwardus venerabilis nostræ Ecclesiæ antistes ex hac vita ad perpetuam migravit, cujus certe obitus totam regionem maxime contristavit. Erat enim, ut festinando omnem vitæ ejus historiam transcurram, in cuncto divinæ servitutis sanctæ studio juste fervidus et in tota mundanæ utilitatis sagacitate sapienter providus, contra rebelles et induratos jure severus, erga obedientes et modestos rite mansuetus, in eleemosynis et miseratione compatiens et largus, vigiliis, jejuniis et orationibus convenienter intentus. Monasterium (31) nostrum itaque libris, serico, auro, argento, gemmis, picturis aliisque ecclesiasticis ornamentis pluribus decenter redimivit, clericos auxiliante Deo multos et etiam in divino servitio utiles enutrivit. Venerabile templum sancti Michaelis proprio labore constructum suaque hæreditate et acquisitione sufficienter dotatum in monachicam religionem Deo consecravit. Turres vero munitissimas et etiam honorificas cum adhærente muro in orientali et occidentali parte nostræ civitatis, in tuitionem civium construxit. Ecclesias multas cum variis et utilibus ædificiis per diversas episcopii curtes ædificavit, et omni prorsus pontificalis provisionis honestate in divinis et humanis solerter invigilavit.

18. Eodem tempore imperator Gruona sedebat, et præmemoratum abbatem solito semper pietatis more secum habebat. Adveniente igitur legato cum hac lugubri legatione, imperator fidelem Christi suique amicum, condigno mœrore deflevit, et piam ejus animam Deo et sanctis Dei angelis debita commemoratione commendavit. Deinde abbatem secreto soliloquio convenit, eique suæ voluntatis arcanum de episcopatu ejusdem sedis aperuit. Cui statim ille in faciem restitit, et se indignum tanto ac tali officio et honore respondit. Quem item itemque ex abundantia cordis devotius admonuit. Ille vero in cœpta excusatione firmiter perstitit, dicens, certe se majora onera divitiarum ob hoc rejecisse, ut soli Deo liberius vacaret et fragilis vitæ finem in solita dilectaque sibi paupertate securius exspectaret. Imperator vero per episcopos cordis ejus duritiam emollire tentavit, eosque de talibus illum convenire rogavit; in quorum ille colloquio solita fiducia restitit, et se tandem si hoc tamen nomine dignus eis videretur, donec Radisbona aut Patavia vacaret, ubi non sibi sed suis tantum prodesse possit, libentius exspectare retulit. Sicque ibidem per totam hebdomadam de hoc inter eos causa tractabatur, sed ille semper in eadem suæ sententiæ tenacitate renitebatur.

19. Tandem in Vigiliis sancti Andreæ apostoli, quæ tunc in quinta feria ante Adventum Domini evenerant, item somnium vidit quod tunc soli imperatori, postea vero et nobis gratulando et etiam lacrymando sæpius intimavit. Aspexit enim in visione post solitas nocturnas vigilias ac preces matutinas, ut sibi videbatur, in atrio ejusdem ecclesiæ, in qua post triduum Deo consecrandus erat, nimiam certe multitudinem inter se tumultuantem et de episcopio Hildenesheimensi serio concertantem. Tunc accessit ad eum in media multitudine cum pulchra puellarum caterva, quædam matrona venerabilis, vultu et habitu mirabilis, et apprehensa manu ejus de frequentia turbarum eum in eamdem ecclesiam introduxit, et extenta dextra nutu tantum eum ad agendam ante crucifixum veniam admonuit (32); statimque ipso se ad preces inclinante, ipsa cum circumstantibus clara voce Deo ita psallere cœpit: Infunde uactionem tuam clemens nostris sensibus. Ad quam vocem ipse a somno evigilans et ejusdem visionis mysterio cumpunctus ecclesiam intravit, et coram altare Domini prostratus divinæ pietati se suamque visionem commendavit. Facto autem die imperatorem secretius convenit, et mentis suæ pertinacia remissa, visionis ei seriem aperuit, et tandem se divinæ prædestinationi et ejus etiam consilio ac voluntati obsecuturum devovit. Nec mora, eodem die diluculo clerus noster cum militia advenit: quibus dum imperator suum secretum, imo divinum decretum intimavit, tota eorum unanimitas granter Deum laudando suscepit, quamvis primo quod nec mirum erat, aliqui vel ob ignotam ejus vitam, vel etiam ob auditam olim juventutis ejus nimietatem ad tempus expavescerent sibique tale aliquid pertimescerent. Sequenti vero die in natali Apostoli cum summo cleri plebisque tripudio eidem pastoralis cura commendatur, qui proxima Dominica Adventus Domini ab Aribone metropolitano Magontiaco digne Deo consecratur.

20. Sed tamen in ipso eiusdem honoris, sive, ut

---

(29) Hic incipit secunda pars Vitæ sancti Godehardi, scilicet de ejus episcopatu, in nonnullis cod. et apud Brouverum, ubi hujus numeri initium ad hæc verba, *Anno*, etc., veluti præfatio quædam *ad Defensorem* inscribitur. Is autem alius non est ab eo cui primam partem nuncupavit ut ex ejus lectione patet.

(50) Sancti Bernwardi Vitam superius exhibuimus ad annum 1023, quo anno eum obiisse eique Godehardum successisse nobis visum est vero similius.
(31) Monasterium vocat ecclesiam cathedralem.
(32) Id est, ut inclinato corpore reverentiam ei exhiberet.

ipse putavit, oneris initio, justi;: a Deo, ut vere creditur, prædestinata non defuit tentatio. Nam isdem ejus consecrator Aribo eodem die ante missarum solemnia secretius eum cum episcopis conveni:, eique in Gandersheimensi (33) loco et circumjacenti territorio omnem pontificalis officii provisionem banni sui interpositione prohibuit. Quem quidem bannum ipse suæ simplicitatis more nec approbavit nec retinuit, sed statim ad imperatorem, ab eo solummodo patrocinium in talibus quærens, confugit. Qui confestim archiepiscopo cum fratribus familiariter accercito, et dissimulata cordis sui molestia, hunc novum conflictum banno soluto sapienter pacificeque diremit. Et sic prædicta consecratione festive celebrata, eamdem diem in timore Dei exsultantes læti peregerunt, et ita in pace suum conventum solverunt.

21. Non ergo vobis, o lectores, incommodum vel fastidiosum videatur si hujusmet conflictus initium, vobis certe in posteris necessarium, altius necessitatis causa repetatur. Quidam dux Saxonicus Luitolfus nomine cum sua conjuge Oda [al., Yda], cum consilio et licentia sancti Altefridi (34) quarti nostræ Ecclesiæ episcopi Romam petiit, et a beato Sergio papa reliquias sanctorum præsulum Anastasii et Innocentii impetratas domum detulit. In quorum honore monasterium et cœnobium virginum primo in Brunesteshusen, deinde quarto post anno in Gandersheim construxit: et easdem villas cum adjacente territorio, et omni sua hæreditate illuc in utilitatem Christo militantium contulit, et filiam suam Hathamudam [al., Hademutam] abbatissam ibi primam eodem episcopo ordinante constituit. Sicque totum idem territorium ab initio semper ad Hildenesheimenses episcopos per ducentos quadraginta (35) annos pertinuit, et nullus Magontinus præsul quidquam inde vel sibi vel suæ Ecclesiæ vindicavit, donec a Rabano duodecimus Willegisus metropolitanus Magontiacam cathedram insedit; vir certe in omni catholica pietate præclarus, sed in hoc solo tantum periculose temerarius, qui suadente, ut impune veritatem loquar, domina Sophia sorore imperatoris Ottonis tertii, quæ juvenili jactantia et generis dignitate elata a Palligero (36) tantum velari gestivit, eumdem locum sibi usurpare tentavit. Quæ tamen machinatio in conspectu regis et p.incipium, Osdago octavo post Altfridum nostræ Ecclesiæ episcopo, veritatis ei et justitiæ voce resistente disperiit, quando vix obtentu regis ejusque matris licentiam ab eodem episcopo obtinuit, ut ibi in natali sancti Lucæ evangelistæ missam celebraret archiepiscopus, et prædictæ Sophiæ velationem simul cum eo ageret; de cæteris vero velandis virginibus, noster præsul suo jure provideret. Post pauca prædicto Osdago (37) episcopo defuncto, et Gerdago etiam nobis electo, et post biennium finito, dominus Bernwardus regius capellanus eamdem sedem obtinuit, quem idem archiepiscopus consecravit, sed super eadem repetitione prorsus obticuit, donec domina Gerberga (38) abbatissa venerabilis novum monasterium, quod ipsa post incendium construxit, voluit consecrari; sed quia ipsa detenta infirmitate ea providere non valuit, prædictæ Sophiæ spirituali certe filiæ ac etiam nepti hanc procurationem commendavit. Quæ statim solito more proprium episcopum contempsit, archiepiscopum ad talia honorifice vocavit, qui iterum pro hujusmodi suasione juris oblitus, eumdem locum invadere festinavit, sed præsulis nostri litteris commonitus distulit. Item invitatur, itemque auctoritatis jure repellitur. Ad tertiam vero invitationem archiepiscopus illuc advenit, ecclesiam ut putabat dedicaturus; quod certe ei Eggiardus Sleswicensis episcopus vere fidelis nostræ Ecclesiæ filius, illo cum clero a nostro domino missus, Scripturarum auctoritate intercepit. Post multas autem et varias hujusmodi disceptationes, eadem causa tandem ab episcopis comprovincialibus usque in præsentiam Romani pontificis (39) comperendinatur.

22. Sed eo tempore pius Otto tertius imperator ad Christum migravit, cujus loco, ut prænotatum est, Henricus in regnum intravit, qui statim natale sancti Laurentii Patherbrunne celebravit, ubi domina Cunigund regalem coronam percepit. Prædicta etiam Gerberga Gandersheimensis abbatissa sæculo exempta, Sophia ei succedens solito iterum more ibidem obtentu principum, licentiam domini Bernwardi a Palligero benedicendi impetravit. Deinde novus rex primum sui honoris annum in natale domini Palidi inchoavit, ubi coram eo per principes sæpius dicta episcoporum lite recitata corde tenus induluit, et ad illam sedandam sæpe interceptam Willegisi ætatem intercessere.

---

(33) Quanti jam fuerint excitati tumultus pro jurisdictione in Gandersheimensi monasterio, quam archiepiscopus Moguntinus sibi contra jus Hildesheimensis episcopi arrogabat, patet ex Vita sancti Bernward, ubi etiam episcopi Hildeshemensis jus recte stabilitur, et tota hæc controversia fusius exponitur.

(34) Altfridus successit Ebboni Remorum archiepiscopo in episcopatu Hildesheimensi. Qui Ebbo e sede Remensi ejectus ob conjurationem in Ludovicum Pium aliquandiu hanc ecclesiam rexit. Obiit Altfridus anno 975, ad quem annum ejus Elogium sæculi IV parte secunda edidimus.

• (35) Legendum procul dubio *centum quadraginta*, non enim plures anni ab anno 856 quo monasterium Gandersheimense ab Altfrido constructum fuit, ad Willegisi ætatem intercessere.

(36) Id est archiepiscopo. Bamberg tamen habet, *ab Adalgero tantum episcopo*.

(37) Anno 989, ut habetur in Chronico Hildesheimensi apud Franciscum Quercétanum tom. III, de scriptoribus Historiæ Francorum. Bruschius ejus obitum ad annum sequentem refert, eo quod fortassis Gerdagus hoc ipso anno fuerit ordinatus; sed Osdagus circa finem anni 989 obiit, et Gerdagus mense Januario anni 990 ordinatus fuit.

(38) Gerberga, in cod. Bamberg., *Gerbirga*; Bamb., *Gerburc*, erat soror Ottonis secundi, Sophia autem ejus filia et soror Ottonis III.

(39) Editi post vocem *pontificis* addunt *imperatorique*; et id verum est ex Vita S. Bernwardi.

dedicationem ecclesiæ Gandersheimensis, collectis nonnullis episcopis, in vigilia Epiphaniæ Domini celebrare destinavit. Illuc ergo statuto die advenientes, et dedicationis officium inchoantes, intus sacro mysterio peracto, rex cum episcopis et primatibus ante fores ad populum processit, ubi [cum Moguntinus metropolitanus una cum aliis episcopis advenisset, et dedicationis officium consummasset, domnus] Willegisus (40) archiepiscopus publico sermone æstimatione sua culpam professus, juri et repetitioni ejusdem loci [præsente rege et multis primatibus suis] abrenuntiavit, et in testimonium hujus abrenuntiationis ferulam episcopalem domino Bernwardo, ut postea in Frankenevordensi concilio claruit, coram clero et populo condonavit. Archiepiscopus vero, hac lite sedata, præsulem nostrum omni honore et charitate ultra, quoad vixit, dilexit, et in nostro cœnobio fraternitate honorifice acquisita, summam dilectionem et loco et fratribus providit. Qui quinto postea anno plenus dierum et bonorum etiam operum ad Christum migravit, cujus successorem Erkambaldum Fuldensis cœnobii prius abbatem dominus Bernwardus, Kal. Aprilis, Magontiæ consecravit. Qui ibidem novem annos præsidens, ordinatorem suum, consanguinitate etiam sibi propinquum, debita devotione percoluit, et de supradicta controversia omnino conticuit. Huic autem Aribo regius capellanus successit, quem imperialis annuli dono, regio more, præsignatum Bernwardus episcopus ad principale altare prænotatæ Gandersheimensis ecclesiæ præsbyterum ordinavit, eique Verbi Dei, et banni sancti Petri auctoritate, ejusdem altaris et etiam loci vel circumjacentis territorii usurpationem, invasionem, vel repetitionem astante imperatore cum episcopis, publice interdixit. In hujus banni vindictam ille nostro Patri intulit tentationem prædictam. Erat tamen, ut veritatem non occultemus, idem archiepiscopus genere et dignitate, et probabili etiam morum gravitate, vere, sed in hac tantum temeritate erga nos pro parte culpabilis. Hæc ergo hujus conflictus abbreviatio ideo hic adnotatur, ut subsequentis disceptationis de eodem Gandersheimensi territorio veritas et ratio clarius cognoscatur.

23. Beatus igitur Godehardus pontificatus infulis decoratus nonas Decembris Hildenesheim advenit, omnesque in suo adventu gratulantes invenit. Qui mox ut cœnobii nostri religionem eatenus rationabiliter, Deo gratias, conservatam agnovit, condignas illico divinæ miserationi laudes persolvens, omni eam devotionis studio ampliare, et in divini cultus exercitio condecorare sategit. Forinsecus vero, de generali cleri et populi gubernatione episcopali speculatione solerter invigilavit, pro qua etiam die ac nocte, omni vitæ suæ tempore, indefectivo gemitu,

Deo indesinenter supplicavit. Semetipsum autem in sanctimonia solita et in primitus cœpta bonorum operum assiduitate non solum caute custodivit, sed etiam religiose dietim augmentavit, in vigiliis et orationibus, ac continua et certe vix credibili jejuniorum frequentatione, et largissima eleemosynarum profusione, et in summa totius divini timoris gravitate, usque in finem, Spiritu sancto corroborante, perseveravit. Fuit ergo, ut nulla prorsus virtutis ejus panegyrica prætermittam, regibus et primoribus et formidini et honori; cæteris vero, unicuique secundum se, timori pariter et amori, pro cunctis scilicet rite sollicitus, et in Christo omnibus omnia factus, soli tantum sibi gravis et austerus perstitit et parcus. Cœnobium suum pastorali cura sapienter gubernavit, et fratrum commoda in victu et vestitu, cæterisque indigentiæ humanæ necessariis, sæpius adauxit; quos etiam ad sacræ religionis observantiam apostolicæ arguendo et obsecrando, multipliciterque informando, conduxit. Juvenes quoque et pueros, quos inibi bonæ indolis et sapidos invenit, per diversa scholarum studia circumquaque dispertivit, quorum certe postea servimine variam ac multiplicem suæ ecclesiæ utilitatem in lectione, scriptura, et pictura, ac plurali honestioris clericalis officii disciplina, conquisivit. Thesaurum nihilominus ecclesiasticum, quem inibi numerosum invenit, tam decenter quam et utiliter ampliavit, et quidquid in ædificiis ecclesiasticis non solum principalis suæ civitatis, sed et in aliis suæ provisionis locis dirutum vel veteranum reperit, totum summa celeritate distrahere, renovare et meliorare festinavit. Inter quæ tamen omnia baptismalem ecclesiam, quam felicis memoriæ Otuinus, decimus noster antistes, in honore sanctæ Mariæ sanctique Epiphanii episcopi, quem de Papia civitate, Dei dono, patronum nobis adduxit (41), in australi parte nostræ ecclesiæ construxit, senio certe et negligentia delapsam diruit, et in eodem loco monasterium honestum in prætitulato honore, primo suæ ordinationis anno, fundavit, quarto consummavit, et ibidem congregationem canonicam pluris sane honoris et utilitatis in Dei timore coadunavit, quam cœncambii sui acquisitione sufficienter vestivit et pavit, abundantemque illic in futurum et talia sufficientiani condonavit.

24. Miraculum igitur primum, quod per eum gratia Christi ipso suo primo anno ordinationis suæ fecerat, in spem et gaudium lectorum hic merito interponendum opinor, quod, ipsa veritate, quæ Deus est, teste non mentior, ab ipso quidem usque in finem penitus celatum, sed a clero et populo qui intererant divulgatum. Eodem anno Aribo archiepiscopus imperatorem in Pentecostes Magontiam invi-

---

(40) Quæ ansulis clauduntur ex solo cod. Bamberg. habentur.
(41) Ob translationem scilicet ejus corporis ex Papiensi urbe in Hildesheimensem, ipso Otwino curante, factam anno 965, cujus translationis Histo-

riam edidit Brouverus. Vide et Bolland., die 21 Januarii. Hodieque hujus sancti viri reliquiæ Hildesheimii habentur, sed in ecclesia cathedrali. Monasterium vero quod hic memoratur, occupant Patres Societatis Jesu, ut Brouverus et Henschenius monent.

tavit, ubi concilium generale coadunavit, in quo episcoporum consilio plura quæ deviaverant correxit, præcipue tamen Ottonem comitem de Hamerstein et Irmengardam illicite commanentes separare disposuit. Quod tamen penitus perficere non potuit quia ille se partim regali timore, partim episcopali commonitione utcunque correxit; illa vero publice bannos prævaricans, ibidem jus legemque, ut vel hodie claret, funditus perdidit. Ad idem concilium præsul noster et imperiali et pontificali vocatione allegatus, pulchra cleri et militiæ frequentia, etsi non sponte, comitatus illo properabat, et quadam die in pago qui Longingaha dicitur, juxta prædictum castellum Gruona, ubi Dei gratia et electus et consecratus est, iter carpebat. Et contigit ibi in villa quamdam mulierem a spiritu immundo vexari, et a parentibus vel propinquis per ecclesias ad sanctorum patrocinia circumduci. Qui dum novum episcopum adventare illuc cognoverant, in occursum ei sancta ejus opinione fiduciati, simul cum infirma concite properabant. Immundus vero spiritus, ipsa eorum festinatione pavefactus, per os infirmæ anxio clamore quo duceretur inquisivit. Cui cum dicerent quod in occursum Godehardi episcopi traheretur, horrifico statim mugitu et ululatu cœpit miserabiliter refragari, et, ne ad episcopum veniret, ipsis qui eam ducebant mirantibus pariter et pavescentibus, reluctari, ejulans et vociferans Godehardum se nec audire nec posse videre. In eo certamine, dum infirma a fidelibus fide et spe, ut vere patuit, ferventibus trahebatur, spiritus autem nequam tota violentia reluctabatur: tandem, Deo gratias, fugato dæmone mulier liberatur, et ad virum Dei, ubi sub quadam arbore refrigerii gratia consedit, sana corde et corpore perducitur. Qui cognitis rebus, timore pariter et gaudio compunctus, lacrymans gratias divinæ pietati in faciem prostratus jure persolvit, eidemque manus imponens eam benedictione pariter et prece in fide confortavit, et valentem imo et gaudentem cum gaudentibus civibus et amicis remisit; sicque iter quod cœperat [peregit. Unde eum omnes qui cum eo comitabantur amplius et amabant et timebant, cujus coram Deo tale meritum cognoscebant, quibus tamen [et tam parentibus puellæ quam et his qui secum erant] super hoc facto seria auctoritate silentium indixit; sed nec ægra quæ sensit, nec turba quæ salutare miraculum vidit, reticuit.

25. Erat etiam in orientali parte civitatis nostræ palus horrifica, et circummanentibus omnino plurali formidine invisa, eo quod ibi, ut opinabantur, tam meridiano quam nocturno tempore illusiones quasdam horribiles vel audirent vel viderent, quæ a fonte salsuginis, qui ibidem in medio bulliebat,

Sulza dicitur. Qua ille spectata, et illusione etiam phantastica qua bruta plebs terrebatur audita, eamdem paludem secundo sui adventus anno cum cruce et reliquiis sanctorum invasit, et habitationem suam ibidem aptavit, et in medio periculo oratorium in honore sancti apostoli Bartholomæi fundavit (42). Quo consequenti anno consummato et dicato, omne dæmonum phantasma exinde funditus exstirpavit, et eumdem locum omnibus commorantibus, vel advenientibus gratum, et sine qualibet tentatione habitabilem reddidit. Ubi xenodochium Christi in receptionem pauperum ædificavit, quod omni humanæ indigentiæ commoditate abundans, fideli cuidam suo presbytero Bernwardo, cujus hic nomen pro fidei merito jure interponitur, commendavit; per Christi nomen eum frequentius terribiliter obtestans, ut (43) non solum illic commorantibus, sed et cunctis forte adventantibus, victus et vestitus necessaria ita convenienter provideret, sicuti pro hac ipsa sua dispensatione Deo rationem reddere deberet.

26. Quoddam tamen talium genus, illos scilicet qui vel monachico, vel canonico, vel etiam Græco habitu per regiones et regna discurrunt, quos et Platonis more Peripateticos irridendo cognominavit, illos, inquam, prorsus exprobrando quasi exsecrabatur: quos tamen propter nomen Christi quod profitebantur necessaria sustentatione biduo vel maxime triduo consolabatur, sicque præbitis calceamentis vel vestibus, eos ne cursus sui solitum obliviscerentur discedere hortabatur. Aliquibus vero cum eo diutius permanere cupientibus, illam Gregorii in Dialogo (lib. II, c. 13) sententiam ironice objecit, quomodo stultum viatorem ad sacra loca properantem inimicus per conviatorem suum, et per fontis vel prati amœnitatem, vel etiam ciborum dulcedinem, decepit. Interdum autem a suis familiaribus, quod nec ei displicebat, admonitus, quod inter tales sæpius veri Dei amici invenirentur, illud statim Hieronymi ridiculum apposuit, quia mendaces faciunt ut veridicis vix credatur. Si quos tamen talium in Dei cultu vel timore stabiles agnovit, hos (44) nimirum privatim potius quam publice, quod et ipsi malebant, in iis quæ ad Deum pertinent adamavit. Sed et super delinquentes et noxios mira erat miseratione mitis et placabilis: ita ut, si quilibet talium confessionis et pœnitentiæ gratia ad eum confugerint, et delicta eis prompta clementia statim indulserit, et vigilanti cura eis, ne ulterius in talia necessitatis causa inciderent [prudenti consilio correxerit, et] omnem sufficientiam in posterum protulerit, more quidem et exemplo sancti sui patroni Nicolai episcopi, qui eleemosynarum auro, et virginum incestus, et patris earum inopiam, et to-

---

(42) Hic locus postea sæculi XII initio Præmonstratensibus cessit, beneficio Bruningi episcopi, ex Brouvero.

(43) Bamberg, sic habet: *Ut ita diligenter in pauperum cura desudaret, sicut pro hac ipsa dispensatione Deo rationem reddere deberet; in quo loco cunctis quærentibus prodesse voluit, maxime tamen his quos non discursores et illusores esse cognovit.*

(44) Idem, *hos omni affectu fovens, publice ac privatim secum habuit.*

tius familiæ detestabilem ademit infamiam, et quorumlibet pauperum ad se quoquo modo pertinentium pia clementia sedavit indigentiam. Hujus, inquam, exemplo præsul noster satagebat inopes ubique semper consolari, cui et cordi erat cum talibus colloqui, cum eis ludificando et etiam convivando jucundari.

27. Eo etiam anno, certe a Nativitate Domini 1024, piæ memoriæ Henricus imperator, ordinationis suæ anno 23, ad Christum migravit; cujus quippe obitus totam Christianismi lætitiam, quæ sub eo floruit, flebiliter conturbavit. Cui succedens vir nobilis et strenuus Conradus, primum suæ felicitatis annum in Natale Domini Mindæ initiavit; inde post Epiphaniam Hildeneshein venit : ibi etiam prædictus Aribo archiepiscopus, qui vivente imperatore jam per biennium obmutuit, iterum inventa occasione beatum Godehardum super Gandersheim inquietare cœpit, quam tamen ejus machinationem novus rex primatum consilio diremit. Sicque rex peragrata compendioso itinere Saxonia, quadragesimali tempore per Thuringiam, Franciamque [*Bod.*, Frankoniam] in Bajoariam progressus , Reginesburg (Remersburg) sanctum Pascha honorifice feriavit; et ea æstate partes Bajoariæ, Sueviæ, et Karentinorum cum circumjacentium provinciarum terminis pertransiens, Natalem Domini Leodii celebravit, ad Purificationem vero sanctæ Mariæ Augustæ mansit; inde iter suum ad partes Italiæ direxit; et proximum Pascha Vercellis prospere celebravit, et ita contiguas circumquaque regiones in novo regio decore visitando peragravit. Tertio quoque suo anno (45) præsul noster Montem speciosum in occidentali parte civitatis incolere cœpit, quem quinto post anno titulo ac nomini sancti Mauricii summi sui patroni dicavit. Ecclesiam etiam pulchram in Holthusen (46) in honore sancti Benedicti abbatis, monachicæ conversationi aptam dedicavit, et circumquaque per episcopii sui terminum basilicas multas vel ipse studiose ædificavit, vel ab aliis fidelibus Christi constructas gratanter Deo consecravit.

28. Eo tempore prædictus Aribo archiepiscopus in natale sancti apostoli Matthæi Selimggenstad (47) concilium generale episcoporum duodecim concivit, in quo præsulem nostrum super prædicto Gandersheimensi territorio publice convenit, quam tamen synodum unanimitas fratrum in futurum annum comperendinavit. Rex autem natale Domini festum Iporeæ (48) initiavit; inde ad limina apostolorum tendens, feria tertia ante Cœnam Domini Romam felici prosperitate gaudens intravit, et in sancta Resurrectionis Domini die coronam imperialis honoris a beato Joanne apostolorum vicario gloriose percepit. Inde in proxima Dominica regressus, ac pervasa circumquaque potestative ea regione, in pace repatriavit, et nativitatem sancti Joannis Baptistæ Imbripoli (49) novus imperator celebravit, ubi et defuncto in bona senectute Henrico duce Bajoariæ, filio suo domino Henrico eumdem ducatum, principum delectu, commendavit.

29. Eo item anno Aribo Magontinus Franconovordi concilium synodi coadunavit, præsidente imperatore cum episcopis viginti tribus, in quo iterum beatum virum Godehardum de sæpius præventilata causa more suo inquietavit; ibi præsul noster tandem, summa veritate, quæ Deus est, miserante pariter et adjuvante, episcopatus sui proprietatem super totum Gandersheimense territorium , testimonio septem episcoporum, qui prædictam pactionem in Gandersheim et audierant et viderant, canonice detinuit, scilicet Brunone Augustensi concionante, Wernhero Argentinense decernente, ipso vero Metropolitano, vere invito, verbi Dei banno affirmante. Hi enim erant episcopi qui seniori nostro suum testimonium, sicuti audierant et viderant, præbuerunt, id est Bruno Augustensis episcopus, Everhardus [Ebehardus] Bavenbergensis episcopus , Meinhardus Werciburhgensis [Wirzburgensis] episcopus, Meinwercus Bartherbrunnensis [Paderbornensis] episcopus, Sigebertus Mindensis episcopus, Hildewardus (50) Cizensis [Citizensis] episcopus, Bruno Mersburgensis.

30. Pulchra enim erat ibi et rationabiliter ordinata tam regalis quam et episcopalis consessio. Nam in orientali parte ante altare, archiepiscopus Aribo cum suis suffraganeis Wernhero Argentinense, Brunone Augustense, Meinwercho Patherbrunense, Everhardo Bavenberbense, Meginhardo Werciburhgense, Godehardo Hildenesheimense, Branthop Halverstadense, Wiggero Nerdense, Hazecone Wormaciense consedit. In occidentali vero parte imperator consedit, et a dextris ejus Bilegrimus [Piligrinus] Coloniæ archiepiscopus, cum sibi subditis Sigeberto Mindense, Sigifrido Mimigardense [Monasteriensi], Bennone Trajectense; a sinistris Hunfridus Parthenopolitanus [Magdeburgensis] archiepiscopus, cum suis Hildewardo Citizense, Brunone Mersburgense, Luizone Havelbergense, Theoderico

---

(45) Bamb., *regni sui anno*.

(46) Diruto licet monasterio, nomen locus retinuit ad Visurgim fluvium, undecim circiter milliaribus Germanicis distans a civitate Hildesheimensi versus occidentali.

(47) Celebre est monasterium ad Mœnum inter Hanoviam et Aschaffemburgum.

(48) Iporea, seu Eporedia, nunc autem Ivrea, urbs est episcopalis in finibus Salassorum sub metropoli Taurinensi ad Duriam fluvium.

(49) Mirum est quantum hic locus scriptorum ingenia torserit. Surius in veteri editione reposuerat Herbipoli. Mss. autem varie habent, *Imbrolis, Imbripolis* et *in Bripoli*. Haud dubium quin legendum sit *Imbripoli* unico verbo, quam urbem Brouverus putat esse Verlam Saxoniæ oppidum; Bollandus autem asserit esse Ratisponam celeberrimam urbem, atque apud antiquos Teutones voce *Regen* imbrem indicari. Verum licet hanc etymologiam improbet noster Adolphus Overham in notis ad Vitam S. Meinverci, invictissime tamen probat Ratisponam sæpius Imbripolem dictam fuisse.

(50) Sub eo episcopatus Citizensis sedes Neoburgum translata est.

Misnensc. In australi autem plaga episcopi Rambrectus Werdunensis [Virdunensis], Rodulfus Fleuvizensis [Slaswicensis] (51), Hildolfus Mantuanus, teinoldus [Reginoldus] Aldebergensis assiderunt. In aquilonali etiam abbates Richardus Fuldensis, Reimboldus [Regimboldus] Loresheimensis, Arnolfus Herveldensis, Gerbertus Moguntinus cum aliis etiam ejus ordinis (52) septem affuerunt, subsequens etiam Natalis Domini festum imperator Leodii celebravit; Pascha vero Aquisgrani festive feriavit, ubi et filius ejus Henricus regalis nominis coronam a Bilegrimo archiepiscopo, cleri plebisque electione honorifice percepit. Eo anno iterum Aribo synodum suam Geizlice concivit, ad quam item seniorem nostrum Godehardum inquietandum legatis et scriptis vocavit. Quo ille ire dissimulans, venerabilem virum Tadilonem decanum nostri coenobii cum fratribus obviam ei misit, qui eum honorifice ex parte senioris salutando, de praeteritae synodi diffinitione commonuit, et plurali altrinsecus auctoritatum collatione profusa, episcoporum auxilio, cum ab ipsa repetitione tunc tantummodo compescuit.

51. Sequenti quoque nihilominus anno, imperatore Pallidi consedente, praedictus archiepiscopus ibidem synodo habita, querelam contra beatum virum praesente imperatore incoepit; sed post multa et varia disceptationum colloquia, vix tandem ab episcopis commonitus destitit. Hoc etiam anno Bruno Augustae civitatis episcopus obiit, cui Eppo successit. Wernherus etiam Strazburgensis praesul sustollitur, post quem Willehelmus subrogatur. Proximo quoque anno imperator Mersburg Pentecosten celebravit, ubi praedictus Aribo archiepiscopus, et senior noster Godehardus inter se invicem super diuturna eorum disceptatione reconciliati sunt. Nam ipse metropolitanus (53) Patrem Godehardum secreto coram episcopis convenit, seque super hac parochia errasse confitendo nuntiavit, et omnem fraternam satisfactionem, sed et de praeterita lite perpetuam taciturnitatem, sub vero Christi et Ecclesiae testimonio, promisit, sibique priora errata propter Deum remitti suppliciter petiit. Istud ergo hic veraciter inscribitur, quia ipso domino Godehardo idem saepius in suo sermone publice protestante, verum esse comprobatur. Eo anno Unwanus archiepiscopus Hammaburgensis obiit, Liebizo successit. Deinde imperator Natalem Christi Patherbrunne egit, Aribo metropolitanus, in sancto die inter missarum solemnia publico sermone habito, licentiam ab imperatore et confratribus Romam pergendi rogavit; simulque a clero et populo indulgentiam sibi a Deo impetrari postulavit. Sicque post Purificationem sanctae Mariae iter assumens, Romam adiit. Inde vero digrediens, octavo Idus Aprilis ah! ah! obiit anno ordinationis suae 11, cunctis certe Catholicis merito flebilis, quia in omni ecclesiastica religione erat vere laudabilis. Cui vir simplex et rectus Bardo (54) Herveldiae abbas successit, qui, Deo manifeste provehente, brevi ad culmen summae perfectionis feliciter processit. Cujus pietatis vita et actus hic plenius ideo non inscribuntur, quia, Deo gratias, Maguntiae pro sanctitatis suae meritis inter apostolicos sacerdotes honorifice celebratur. Unum tamen perfectionis ejus privilegium dicam, quod ei in nostris confiniis a sanum sapientibus clericis honoris causa oblatum est, scilicet, ut, aequivocato cum beato Joanne episcopo cognomine, propter dulcisonam praedicandi melodiam Bardo-Chrysostomus diceretur.

52. Quodam etiam tempore, cum more episcopali beatus praesul noster Godehardus, visitandae commissae plebis gratia, parochiae suae terminos circuiret, Hirgenhusim [Huginhuscn seu Engelhusen] curtem suam adiit, ut [ibi pernoctaret; et] cum sibi eleemosynarum largitate, qua prae cunctis studebat, pauperes reficeret, quaedam vidua pauper ex eadem familia, filium suum conspectui ejus obtulit puerulum pauperculum, miserrimo infirmitatis genere debilitatum. Nam partim paralysi, partim lepra vexabatur, distortisque nervis membrorum a tota corporeae formationis utilitate dissolvebatur. Manus enim cum brachiis, et genua cum pedibus et tibiis putrido tumore et profluenti sanie manabant, adeo ut nec gressum quoquomodo movere, vel saltem reptando posset usquam prodire. Quem ille (55) et vultu et corde hilari, quasi vere donum Dei gratanter suscepit, et suis cubiculariis diligentius commendatum secum deduci praecepit. Potens est, inquit, Deus, qui ab initio non dedignabatur miseris et peccatoribus diverso pietatis suae remedio subvenire, nos etiam super hoc pauperculo, solito pietatis suae more laetificare. Qui puer ad principalem nostram ecclesiam cum episcopo perductus, et non sine magno puerorum, qui eum servabant, labore per aliquot hebdomadas sustentatus, tandem post quatuor vel quinque menses coepit paulatim, plane ex beati viri meritis et precibus, convalescere, et sedato partim tumoris ac saniei profluvio, interdum assurgendo, interdum vero proreptando, quasi ad gressum membrorum nervos exercere. Quod praesul pius agnoscens, prae gaudio saepius lacrymans, divinae

---

(51) Hic solus ex Italis adfuit huic concilio, sicut et Francofordiensi anno 1007, ubi erectio Bambergensis episcopatus a Germaniae episcopis confirmata fuit. Apud Ughellum, tomo I Italiae sacrae, Isolphus dicitur, qui natione Germanus Ecclesiam Mantuanam ab anno 1007 ad 1044 administravit, monachos Benedictinos in ecclesiam sancti Andreae induxit, ac monasterium multis bonis locupletavit.
(52) Omnes editi habent *sex*.
(53) Bamb. habet, *Cujus dilationis termino tandem adveniente, Erbo* (sic Aribonem semper appellat) *archiepiscopus, Dei, ut vere credimus, praemonitus nutu, seniorem nostrum beatum Gotehardum secreto convenit, seque supra praedicta errasse confitendo nuntiavit, et ita coram episcopis omnem fraternitatem,* etc.
(54) De eo agemus ad ann. 1051.
(55) Bamberg. addit, *Hunc, inquam, puerum, Werinum nuncupatum sanctus episcopus*.

miserationi grates debitas retulit, cui et intentus supplicare, ut postea vere, donante Deo, patebat, non destitit. Nam infra anni spatium, ut certe apud nos omnibus notum est, puer, fugata morborum multitudine, laxataque nervorum contractione, in melius convaluit, et de die in diem ad quodlibet servitutis officium valenter profecit. Idem namque homo, Werinus nomine, jam per viginti et eo amplius annos in capella episcopali incolumis deservit, nisi quod quasi in testimonium virtutis Dei in semet ipso, certe in cruribus et in manibus ipsas membrorum torturas et, ut ita dicam, gibbos quosdam, cunctis se videntibus ostendit.

53. Aliis quoque permultis varia humanæ fragilitatis conditione laborantibus, quibusdam scilicet, quod et gravissimum est, peccatorum pondere pressis, quibusdam vero diversa infirmitatum molestia detentis ad se confugientibus, opem suæ intercessionis impertivit; eosque, infatigabili sanctarum precum instantia, et ab imminente periculo liberavit, et in futurum, Deo auxiliante, a talibus custodivit. De quibus quam multa, multis plane causis, veraciter enarrare potuerim, ni ea ab illis tunc, ipso cogente dissimulata, ea maxime causa silendo modo præterierim, ne aut lectoribus altius fastidium ingeratur, aut ad talia pigris incredulitatis peccatum augeatur. Unum tamen dicam, quod quasi joculare ridiculo, Goslariæ (56) effecit, quando ibi in curte regali in postremo ætatis suæ tempore, jussu et petitione Gislæ imperatricis ecclesiam construxit. Erat ibi matrona quædam in laicali conversatione posita, sed in timore Dei devota, Hatteha (Hathzeca) nomine, cujus filium ipse episcopus pro fidei religione quam in ea sentiebat, de sacro fonte suscepit; quam quodam tempore contigit gravissimo oculorum dolore vexari, et per aliquot dies, adeo ut nec cibum nec potum accipere, nec aliquam corpoream quietem habere posset, cruciari. Quæ tandem, gravissima cogente doloris anxietudine, filiolum suum ad episcopum cum eulogiis transmisit, eique suæ infirmitatis nimietatem intimans, aliquod medelæ subsidium ab ejus pietate quæsivit. Quibus præsul auditis, læta hilaritate subrisit, et quosdam flores rubicundos de arbore, quæ lingua Theutonica Spinnelbum (57) dicitur, ei forte in ipso momento a paupere quodam illatos, signo crucis munivit, et eidem puerulo dedit, dicens : « Affer , inquit, hos flosculos amicæ meæ matri tuæ, ut illos in mei memoriam secum habeat, et a Deo salutis remedia poscat. » Nec mora, ut nobis sæpius jurando retulit, ut ipsos flores ægris oculis admovit, omnem illico totius infirmitatis dolorem a suo capite mirabili celeritate diffugere cognovit: et statim apertis vel ostiis, vel fenestris cubiculi, quæ jam per aliquot dies diligentius ejus ægritudinis causa claudebantur, cœpit clarius videre, et nihil prorsus hujusmodi molestiæ amplius sentire. Quæ postera die ad episcopum pervenit, et gaudens simul et lacrymans gratias condignas divinæ miserationi, ejusque visitationi humiliter retulit. Quam ille benigne consolando suscipiens, et in Domino corde firmo sperare, et indesinenter bene facere præcipiens oculos ejus a presbytero sacro oleo, quod infirmorum dicitur, ungi mandavit; quæ certæ unctio, et ejus pia deprecatio, eam ab eodem dolore usque in finem integre sanavit.

54. Illud quoque, quod in antepenultimo præsentis vitæ anno ei accidit, propono in exemplum, et cautelam fidelibus, et timorem ac formidinem negligentibus. Erat sane in nostra congregatione quidam presbyter, ex familia Ecclesiæ ortus, litteralis scientiæ, ut in pace veritas procedat, pene ignarus, sed mundanæ sagacitatis subtiliter et supra modum gnarus, qui ex infima paupertate ad summas divitias cunctis mirantibus succrevit. Qui primo a dominæ Bernwardo episcopo feliciter exaltatus, sed ab imperatore Henrico pro quibusdam causis, quæ modo melius silentur, humiliatus, iterum ab hoc viro beato, quia utilis ei ad res Ecclesiæ videbatur, pia miseratione sublevatus, varie tamen inter adversa et prospera sæpius habitus. Postremo autem in tantum sibi tanti pontificis animum sua calliditate conciliavit, ut perplures ante fideliter ministrantes episcopo abalienaret, eosque tam herili gratia, quod ei cunte molestum erat, quam et dignitate ac proprietatis utilitate privaret. Sed ne hoc aliquibus mirum videatur, quia, beato Gregorio teste, sæpius fit ut occupato in pluribus et maxime in divinis animo facile ab adulantibus subripiatur. Tandem ille ab omnibus publice maledicitur, et etiam interdum episcopo a sanum sapientibus hujusmodi insolentia objicitur, qui et ab iis tandem qui insontes abalienati sunt, in gratiam reducitur.

55. Præsul pius tamen post aliquot annos de talibus clarius certificatus, et super eos qui injuste lædebantur aliquando ad veniam humiliatus, die quadam convenire de nostra congregatione præpositum, et decanum cum aliquot fratribus, cæterisque suis primoribus Holthusem, ubi tunc forte manebat, mandavit, assedente etiam viro venerabili, suo ex sorore nepote, Rathmundo Altahensis monasterii abbate, præsente eodem presbytero, omnibus qui se ab eo læsos quærebantur, coram licentiam fandi donavit. Statimque sine mora plura querelæ genera, tam ab ipso abbate suisque qui hospites interrant, quam et a nostris proferuntur, quæ contra eum publice a cunctis quasi uno ore dicuntur. Quærebantur enim omnes simul, primo generale Ecclesiæ et episcopalis ho-

---

(56) Goslaria urbs libera inferioris Saxoniæ. Ecclesia quam ibi sanctus Godehardus construxit a beato Leone IX summo pontifice dedicata est circa annum 1049.

(57) Cod. Bodec., *de arbore quæ fusarius lingua Belgica*; et quidem hanc arborem fusis fabricandis aptam esse aiunt.

noris scandalum ; deinde cives et hospites quisque speciale injuriarum sui detrimentum. Quibus ille auditis, quasi insultando, ut erat callidissimus, subrisit, et velut admirans, quæ hæc essent inquisivit : ac deinde commentis mundanæ suæ sapientiæ, qua plane plenus erat, quæ vere ante Deum stultitia computatur, ut in ipso manifeste patuit, objecta quæque eloquenter repulit, omnesque sibi adversantes mirabiliter quasi mutos et elingues reddidit.

36. Pius præsul tandem Spiritu sancto vere compunctus, et insuper etiam mirabili studio permotus, considerans pariter et manifestam rerum veritatem et fiducialem cordis ejus temeritatem, illico omnium voces compescuit, et modificato sermone cunctis admirantibus ita incœpit : « Hildewin, inquit, sic enim vocabatur, ecce enim omnes circumstantes, ut tibi videtur, vicisti ; ecce omnes subtilitate tua, Deo veritatem inspiciente, quasi mendaces ostendisti ; jam modo ad me convertere, et soli mihi per Christum adjuratus veritatem responde. Evangelica, inquit, te sententia aggredior, et quia sensum evangelicum non plene sapis, te Theutonico sermone alloquor. Hildewin, inquit, diligis me ?. At ille statim fiducialiter : « Vere, ait, diligo te. » Item episcopus : « Hildewin, inquit, diligis me ? » At ille : « Certe, ait, diligo te. » Item episcopus tertio : « Hildewin, inquit, diligis me ? » Tandem ille miser evangelico illo exemplo stupefactus, sed non rite, proh dolor! Compunctus, irato pariter et flebili sermone respondit : « Deus, inquit, qui omnia scit, ipse scit quia vere diligo te. » Tunc præsul : « Ecce, inquit, siquidem verum dicis, mihi satisfecisti ; sin autem desipis, temetipsum miserabiliter obligasti. Sed si me, ut dicis, fideliter diligis, pasce oves meas, id est, dilige fratres et amicos meos, etiam hospites et pauperes meos ; dilige conservos et domesticos tuos. Unde et per Deum te commoneo, ut si vere jurasti, te in veritate custodias; si quominus, digne pœniteas, et sub hoc pacto jam domum regredere, et dignitate pariter et beneficio ac proprietate tua in gratia mea, siquidem Deus annuerit, utere. » Sicque conventum illum cunctis admirantibus pariter ac paventibus dimisit.

37. Illos tamen pariter ibi charitatis exhibitionem suscipere, et sic in pace discedere præcepit. Inter quos Hildewinus lætus et hilaris, et quasi de victoria sua exsultans, ad prandium consedit, et inde incolumis rediit. Ad vesperum vero cum suis domi consedit jucundus et epulans, et in eos sane a quibus se læsum dolebat, convicia et minas intentans, sic lectum petiit, et sospes, ut sibi videbatur, quievit. Mane diluculo ad providendum suum ministerium iturus

(58) Editi, menses. Paulo aliter codex Bamberg. : *Pontifex, sicut ex Spiritu sancto cognoverat, diem exitus sui sæpe prædixerat, scilicet quod ipse ante* valenter surrexit, calceamenta citius induit, sed ad induendas tunicas assurgens concitus corruit, et mirabili celeritate præoccupatus miserabiliter exspiravit. Plures tamen et amplissimas [opes in sua proprietate, in innumeris et pretiosis vestibus, et alia pecunia et etiam peculio dimisit ; quas tamen beatus præsul, de ejus morte ultra quam credi potest condolens, totas pro animæ illius remedio pauperibus erogari præcepit, remissionemque ei peccatorum ex corde, etsi sero indulsit, et pro illius animæ ereptione, jejuniis et obsecrationibus sæpius insudare non destitit. Quia ergo nos eum modo ultra debitum plus necessariæ veritatis quam invidiæ vel odii causa reprehendimus, et ejus negligentiam nostra fortasse minorem de pluribus patefecimus, obsecramus, o lectores, vestram dilectionem, ut cum hæc legeretis, indulgentiam ei et remissionem peccatorum pro vestra [*edit.*, nostra] certe felicitate a Domino imploretis et sic forte hæc reprehensio fiet illi ante misericordiam judicis venialis remissio.

38. Erat quoque in nostra congregatione vir vitæ venerabilis, ac in omni canonicæ regulæ observatione jure laudabilis, nomine Tadilo, de quo etiam supra pauca retuli, primo sub domino Bernwardo pro fidei et industriæ prærogativa vicedominus, sed ab hoc beato pontifice pro utilitate Ecclesiæ decaniæ ac scholari magisterio præstitutus ; et quia ei pro religionis et charitatis [*Bol.*, pietatis et castitatis] merito corde tenus complacuit, eam sibi in conscretalem et symmystam in Dei servimine adoptavit. Erat enim, tota Ecclesia quæ eum noverat, teste, grandævus et emeritus, humilitate et dilectione præclarus, in regendis vero ac commonendis fratribus media charitate severus, et in toto virtutum exercitio coram Deo sollicitus. Nam in admonitione sua illo ridiculoso proverbio sæpius utebatur : « Diligant, inquit, homines, oderint vitia. » Huic beatus pontifex ante aliquot annos (58) sæpius, ut nobis videbatur, jocando prædixit quod aut secum aut paulo ante se ex hac vita esset emigraturus. Novissime vero ei in postremis decumbenti, per prædictum abbatem nepotem suum, quem ad eum visitationis gratia, sua vice direxit, serio mandavit quod sacram olei unctionem vere pœnitendo, et commissa sua confitendo, plena fide susciperet, et corporis sanguinisque Christi sacramento munitus intrepidus præmigraret, promittens ei veraciter se superstitem pro ejus animæ remedio Dei gratiam indesinenter obsecraturum, et eum in proximo anno in pace Christi subsecuturum. Qui abbas eumdem dilectum et jure semper memorandum magistrum nostrum cum astantibus fratribus sacro oleo perunxit, eique ex potestate et jussione episcopi plenam remissionem indulsit, qui post biduum vere felix ad Christum migravit ; cujus tamen obitus nos acriter

annum et sex menses transitum beati Patris nostri Godehardi esset præcessurus.

contristavit, quia congregationem nostram [imo totam nostram Ecclesiam] tanti viri patrocinio et concilio magisterioque privavit. Verum certe, et clero et populo teste, dicimus quia nunquam ejus ordinis virum in omni ecclesiastica probabilitate honestiorem vel vidimus, vel videbimus. Cujus certe memoriam jure nos corde tenus retinere debemus, quem vere ante conspectum sanctorum nostri recordari non dubitamus. Sic ergo prophetiam beati præsulis liquido Deus implevit, qui eum post (59) annum et tres tantum menses ex hac vita feliciter exemit.

39. Jam autem beati Patris Godehardi appropinquante manifestius fine, semper operum bonorum augmentis de virtute in virtutem anhelabat, ut videre mereretur Deum deorum in Sion, et jam cessante practicæ plurali officio, in solo se indesinenter theoricæ afflixit exercitio, tria tantum de generali specialiter eximens, psalterium, eleemosynam, et præ omnibus jugiter sibi sociam et amicam abstinentiam, adeo ut si rare festiviori tempore cogentibus per obedientiam fratribus, aliquid lautioris cibi vel fortioris potus contra morem stomachi percepit, molestiæ magis corpori quam refectioni fuerit. Et tunc supremum præsentis vitæ Natalem Christi, anno scilicet (60) 1036, imperatore Goslare sedente, ipse Holthusen votive celebravit, solvens certe, secundum Evangelium, quæ sunt Cæsaris Cæsari, et quæ Dei Deo; semet quippe prædicto more Christo spirituale sacrificium immolans, sed et suis nihilominus clero sane et populo in divinis et humanis pro ritu et etiam debito juxta vires congratulans, sacratissimos autem dies Quadragesimæ, et ut ipse sæpius jucundando proclamabat saluberrimos, summo cordis ac mentis affectu hilaris exspectabat, quos corporaliter quasi extra corpus mirabiliter transiens, vix cohærentibus nervis, ad sacrosanctum Pascha pervenerat. Attamen Dominicam Palmarum (61), Cœnamque Domini, et festum Resurrectionis Christi debito episcopali officio, ultra vires collecto robore, peregit; sicque Paschæ ferias per circumpositas stationes juxta solitam religionem admonendo fideles visitavit, in quibus etiam diebus sæpius publice denuntiavit se modo cum illis ultima corporalis consortii lætitia jucundari, et in Ascensionem Domini (62), quo Deus jusserit, invitari. Nos vero hæc audientes quasi derisimus, quia cum jam quantocius [edit., quantoties] de regressione antiquæ suæ patriæ, videlicet Bajoariæ, nobis minitantem audivimus.

40. Post Albas (63) itaque a nobis digressus, cum suo prædicto nepote Radmundo abbate, Adenstad [al., Eistat], quo inceptam jam noviter ecclesiam consummare studebat, devenit, nec infirmitati diutius reluctari valens, deficiente carne decubuit. Quo flebili rumore comperto, prædictus Rathmundus (64) abbas, vir certe corde et animo divinæ servituti mancipatus, et præpositus noster ac decanus cum prioribus ad eum visitationis gratia convenerunt, quem tamen dissimulato languore solito more ecclesiastico labori assidentem, circumstantiumque manibus sustentatum invenerunt. Quos advenientes sola charitatis hilaritate lætus suscepit, et quasi oblita molestia, adventus eorum causam admirando perquirens, reportari se ad cubiculum præcepit. Ibi adunato [admisso] specialiter clero, primo singulos quosque de suæ obedientiæ procuratione solerter admonebat, ac deinceps omnes generaliter de sacræ fidei et religionis observatione tam salubriter quam et terribiliter obsecrando simul et arguendo informabat. Deinde se orationibus eorum contra callidi tentatoris insidias et fraudes commisit, eisque obitus sui diem et tempus, funerisque exsequiarum, et etiam sepulturæ ordinem, ut postea evenit, quasi alludens liquido prædixit. « Ite, inquit, ad superventuram Dominicæ Ascensionis lætitiam vos quisque, pro suæ obedientiæ qualitate, et etiam pro spiritualis prærogativæ quantitate præparate, et meum adventum læti, et quasi vere mecum hic et in futuro congratulaturi exspectate. Nam in vigilia Ascensionis in montem ad sanctum meum patronum Mauricium adveniam, et ibi noctem diemque sanctam agam : abbatem tamen vobis, qui vice mea processionis et missarum solemnia peragat mittam ; » et sic elevatis oculis altiusque suspirans, quasi tamen arridens : « N..te, inquit, illa ut Christus voluerit peracta, in feria sexta diluculo ad sanctum Michaelem veniam, cum abbate et fratribus pernoctaturus, inde Sabbato ad sanctum Andream oraturus, et inde vos adeam, vobiscum penitus permansurus. Diem vero Dominicam convocatis fratribus et amicis solemniter celebremus, et ita totius festi nostri jucunditate penitus terminemus. » Et hæc dicens, benedictionem dedit; sicque nos mirantes pariter et stupentes dimisit.

41. Habebat quoque beatus Pater in privato suo ministerio juvenem quemdam illustrem, filium viduæ, pictoriæ artis opificem, qui vilia ejus vestimenta calceamentaque servabat, nomine Bunonem (65), cui, ab initio ejusdem anni, quod secum patriam

(59) Bamberg., *qui eum ante se anno et sex mensibus.*

(60) Henschenius reposuit ann. 1038. Conradus tamen imperator eo anno erat in Italia ac Parmæ Natalem Domini celebravit: Unde conjicit vir eruditus auctorem nostrum ea quæ anno 1039 contigerunt cum iis quæ præcedenti anno gesta fuerant confudisse. Codex Græciensis habet *anno* 1039.

(61) Bamb., *Præcipue tamen supremo præsentis vitæ anno per totum Quadragesimam se castigans, vix collecto robore peregit debito episcopali officio*

Dominicam Palmarum, etc.

(62) Bamberg., *quoniam oporteret eum ad alium locum in Ascensione Domini proficisci.*

(63) Sic vocant plerumque Dominicam in Albis, quod ea die recens baptizati vestes albas deponerent.

(64) Bodec., *Adelbertus abbas*, Boll., *prædictus abbas.*

(65) Ubique scribitur *Bunonem*. Surii tamen prima editio habet *Brunonem*.

suam, id est Bajoariam, perrecturus esset sæpe præcepit. Nam, ut prædiximus, longe ante sæpius se patriam suam revisiturum serio promisit, et pluribus cujusque ordinis se ultroneis offerentibus, ac pariter cum eo proficisci cupientibus, grates devotioni eorum retulit, et solum tantum Bunonem secum iturum præelegit. Eodem quippe die ante adventum cleri, ut prædixerat (66), dum more suo in abditis vestimenta sua mutaret, eidem juveni præcepit ut eadem vestimenta quæ deposuit indueret, et ad eum concitus veniret. Quæ verba ille quasi deliramenta vel irrisione plena contempsit. Præsul vero ac si dedignando cubiculariis dixit : « Ite et vestimenta quæ deposui induite ei, et ad me deducite. » Qui statim eum post velum cubiculi trahentes induerunt, et in conspectum velut irridentes deduxerunt. Quem ille diu intuens, ait : « Vere scias quia in eadem veste rumorem (67) invenies. » His dictis puer exivit, et in ipso momento intolerabile eum frigus invasit, et hora eadem ægrotans lecto procubuit. Quem cum post discessum fratrum episcopus requireret, dixit et quod ægrotaret. Qui statim accersito procuratore, præcepit ei dicens : « Puerum illum caute et sine molestia fac ad matrem suam deduci, ut in occursum meum paratus mecum possit proficisci. » Qui statim deducitur, et decrescentibus dietim viribus ad extrema præparatur (68).

42. Deinde præsul noster ingravescente febre Holthusen, ubi confluente ecclesiastico more ad visitationem tanti viri multitudini sufficiens ædificiorum erat copia, provehitur. Ibi inter multam cleri populique frequentiam, quadam die venerabilis domina Sophia de Gandersheim advenit, quæ tandem, ut in pace loquar, deposita priori pertinacia, plena se fide et devotione, ad beati viri familiaritatem convertit, quæ (69) tunc, occasione inventa, et populari turba remota, astante clero, de frivola quadam pertinacia, quæ de suæ ecclesiæ clericis contra beatum virum increvit, exordium fecit et debitam satisfactionem promittere cœpit. Ad cujus verba ille, partim morbo cogente, partim vero, ut nobis videbatur, indignatione permovente, iracunde respondit, et in futurum talia suspendi rogavit. Illa vero commotionem ejus dissimulans, et obitum ejus celeriorem formidans, item itemque in sua satisfactione etiam lacrymando perstitit, eamque ut reciperet dignaretur obsecrando postulavit. At ille : « Domina, inquit, per Deum paulisper reticete, et hæc donec in festivitate sanctæ Mariæ conveniamus, suspendite. » Ipsa autem, ut videbatur omnibus, finem ejus citius adventurum intelligens, et tamen verba ejus vehementer expavescens : « Utinam, inquit, o Pater dilecte, tandiu vita vestra nobis supersit, donec hoc tempus venerit. » Ille vero fortiter collectis viribus, apertisque oculis, et omnibus diu circumspectis, ait : « In potestate quidem Dei vita nostra exitusque vere consistit; in veritate tamen, quæ Deus est, dico vobis quia in festivitate sanctæ Mariæ, ubi Deus voluerit, certe simul erimus, ibidemque coram veraci testimonio et de his, et de aliis etiam quæ inter nos dissident, tractabimus. » Et hæc dicens, compressis oculis reticuit. At ipsa nimio stupore pavefacta, silenter circumstantibus ait : « Heu me miseram! nunquidnam sum moritura, eumque in proximo subsecutura? » Nec tamen amplius eum inquietare præsumpsit, sed humiliter sibi ab eo indulgentiam simul et licentiam petiit. Item ille apertis oculis eam breviter, imo et salubriter de sacræ religionis observatione commonuit, ac de plurali suæ obedientiæ provisione coarguit, et sic elevata dextra eam benedictione munivit, eique pro tempore remissionem indulgens non sine magno, ut ipsa fatebatur, timore dimisit.

43. Transacta autem hebdomada, beatus Pater, jam deficiente funditus corpore, ab abbate cæterisque fratribus sacri olei liquore ecclesiastico more perungitur, et, ita ut prædixit, in vigilia Ascensionis Domini in montem sancti Mauricii (70) transvehitur. Ibi statim ad eum flendo fratres [cum innumerabili alia multitudine fidelium] convenerunt, nec amplius amaritudinem doloris, quo corde tenus vexabantur, abscondere valuerunt. Cætera vero innumerabilis confluxit fidelium multitudo, quam non minor pro obitu charissimi pastoris afflixit amaritudo. Quos tamen ille, licet deficiente jam pene lingua, benigne consolando dimisit, et diluculo iterum advenire mandavit. Quibus discedentibus, et sacram noctem illam in magno dolore ducentibus, beatus Pater consueto more, sibi psalmos semper quasi pro dulci refectione ruminabat, et in tali meditatione cursum suum consummans, animam suam attentius Deo commendavit (71). Summo vero diluculo iterum clerus peractis matutinis advenit, quem ipse affatu tunc supremo, breviter, attamen salubriter, de sacræ religionis et obedientiæ observantia commonuit, sicque confessionis versu cum eis communiter prolato, ad celebranda cum abbate missarum solemnia valedictione ultima dimisit. Præsul autem clemens, non immemor suæ promissionis, de prædicto suo cubiculario Bunone requisivit sollicite; quem ubi desperari corporaliter cognovit, ei per nuntium mandavit, dicens : « Consolare, puer meus, in Domino et confortare, quia jam tempus instat, quo mecum ad patriam æternæ bea-

---

(66) Sic Bamberg.; alii vero *prædiximus.*
(67) Bollandus ea voce rheuma designari putat : legendum forte *humorem.*
(68) Bamberg., *proficisci. Ex ea die præsul noster, decrescentibus dietim viribus, ad extrema præparatur, et a præfata villa ad Holthusen,* etc.
(69) Idem : *pro quibusdam causis ecclesiæ suæ eum*

interpellavit, omnemque de reliquo subjectionem, et de præterito errore satisfactionem promittere, etc.
(70) De hoc monte Chronicum Saxonicum ms. ad an. 1025 : *Montem speciosum in occidentali parte suæ civitatis incolere cœpit, quem postea titulo ac nomini sancti Mauricii sui summi patroni dedicavit.*
71) Sic Bamb.; alii *consummans pernoctabat.*

titudinis debes vere pervenire. » Quæ verba puer lætus audivit, et nil jam de vita præsenti meditans, in ipsa sacra Ascensionis Domini die viaticum salutare petivit, quo percepto, gaudens promissionem beati præsulis exspectavit.

44. Missarum igitur apud nos celebritate peracta, refectioneque festine [festive] percepta, fratres iterum jam hora diei decima ad dilectum pontificem revenerunt, et officio pene linguæ cessante, corde vero, juxta Apostolum (*I Cor.* xiv), spiritu et mente psallente, psalmos in solo pectore difficulter ruminantem invenerunt. Tunc inito consilio, pueros quatuor scholares ex utraque lectuli parte statuerunt, quos psalterium a principio aperte et distincte recitare fecerunt. Quibus Pater beatus auditis, quasi hac melodia delectatus, aliquantulum quievit, interdum et simul cum illis psallere gestivit. Versus tamen illos præcipuos, qui specialiter Domino ad supplicandum pertinebant, apertis elevatisque oculis, altius ructitabat. Media autem nocte, jam finito psalterio, jam imminente manifestius fine, matutinale officium incœperunt; et dum ad psalmum *Benedictus Dominus Deus Israel* pervenerunt, vir beatus in ultimo tunc agone desudans, vix dum apertis oculis, clero cantante, *Illuminare his qui in tenebris et in umbra mortis sedent*, ille, *Ad dirigendos*, inquit, *pedes nostros in viam pacis* (*Luc.* 1). Et in hoc verbo, dum a clero *Gloria Patri* cum antiphona *Ascendo ad Patrem meum et Patrem vestrum* canebatur, ipse ab astantibus de lecto levabatur, sicque felix vere illa anima, quasi obdormiente corpore, carnali ergastulo solvebatur. Consonantibus statim ibidem campanis, fratres qui in monasteriis felicem ejus obitum solerti vigilantia exspectabant, pro tam dilectæ animæ remedio preces exsequiales frequentabant devote.

45. Non ergo nunc aliquo silentio prætereundum primum meriti ejus indicium, in ipso beato obitu Deo teste declaratum. Nam sæpe dictus puer Buno in domo matris suæ juxta ecclesiam Sancti Michaelis, eodem momento membris præmortuis, extremo tantum spiritu in pectore palpitante, desperatus jacebat: qui resonantibus illico campanis, quasi a somno evigilans, quid hoc esset stupens exquisivit. Cui cum mater dissimulans matutinale officium signari diceret, ipse ac si indignans matris astantiumque fallaciam : « Cur me, inquit, fallitis ? Cur veritatem celatis ? Vere cum hoc signo dilectus Dominus meus cœlum scandit, et promissionum suarum, ah! ah! immemor miserum me reliquit. Surgite, ait, et elevatis manibus cordibusque, ejus dilectam animam divinæ clementiæ commendate, et ut mei modo meminerit obsecrate. » Et elevatis nisu quo potuit ad cœlum oculis : « O præsul, inquit, sancte, o Pater clementissime, per ipsum te adjuro ad quem vadis, ut nunc memineris mei, et ne me in carne jam post te relinquas, quem tecum ad patriam iturum sæpius promiseras. » Illi stupentes pariter ac mœrentes, dum jussioni ejus obtemperant, vix eum reflexis oculis statim exanimem aspexerunt, quem illico stratu deponebant, et omisso fletu, eum quod optaverat obtinuisse, gaudebant.

46. Fratres vero in monasteriis exsequiarum debito matutinalique officio peracto, missarum celebratione, psalmorumque frequentatione pastorem suum divinæ miserationi tanto devotius commendabant, quanto se ab ipso commendandos fiducialius sperabant. Adveniente autem felicis memoriæ Brunone, Mindonensis Ecclesiæ episcopo, quem ipse Pater venerabilis sibi in spiritualem filium adoptaverat, qui etiam, cognitis ejus infirmitate, juxta nostra confinia habitabat, hora ejusdem diei tertia totus clerus cum populo militiæ certe et familiæ, et plurali civium comprovincialiumque, et maxime pauperum frequentia, ad montem ubi specialis noster thesaurus servabatur processit, eumque ad monasterium Sancti Michaelis, ut ipse vivens prædestinavit, deduxit. Quo dum appropiatur, ante portas atrii funus defuncti juvenis, cum non modica parentum civiumque turba profertur, quod et ante pedes episcopi per dispositas ecclesias a ministris circumfertur. Quantus vero planctus et lamentatio, vel cleri, vel populi, vel etiam pauperum ibidem exstiterit, ingenii nostri facundia certe ad enarrandum non sufficit, quia in una cujuslibet mente vel voce luctus et lætitia pariter sonuit : dum pectora fidelium de præsenti mœror, de futuro pertulit gaudium; quia, sicuti sancto Martino canitur, pium erat flere, et pium gaudere. Merito ergo flevimus, quia talem pastorem amisimus; sed et jure gaudebamus, quod talem intercessorem præmisimus.

47. Vigiliis igitur ibi pro nostro modulo condigne peractis, beatum corpus mane ad Sanctum Andream honorifice est delatum, ibique oblatis sacrificiis, inde in principali nostra ecclesia cum debita veneratione collocatum. In crastinum vero, illucescente Dominica, ex diversis per Saxoniam cœnobiis fratres et sorores in obsequium tanti patroni convenerant, qui destitutionem cleri et desolationem populi, ac generale Christianismi totius damnum, debita lamentatione defleverant : sicque ab episcopo missali officio devotissime peracto, sacrum beati viri corpus in medio nostro choro, ecclesiastico more, terræ est collatum, quod ibidem usque in hodiernum diem a fidelibus Christi, juxta humanæ fragilitatis possibilitatem, condigna est reverentia frequentatum. Prædicti autem pueri corpusculum ante occidentalem templi introitum, ab eodem episcopo prius est humatum. Domina vero Sophia, de qua etiam supra retulimus, jam de sua præmonitione magis magisque sollicita, sorores suas ac presbyteros illo cum oblationibus transmisit, seseque beati viri meritis et precibus suppliciter commisit : sicque superventuram beatæ Matris Christi Assumptionem simul et Nativitatem pavens exspectavit. Quæ tamen, incipiente sequenti anno, triduo ante Purificationem sanctæ Mariæ, ex hac vita emigravit: sic et in hoc Deus beati Patris prophetiam liquido declaravit. Nos

quoque quantum, Deo annuente, possumus, merito ejusdem abbatissæ animam divinæ miserationi sæpius commendare debemus, quæ congregationem nostram, dum vixit, omni semper dilectione percoluit ejusdemque dilectionis certum testimonium posteris reliquit.

48. De miraculis igitur, quæ per beati Patris merita, post dissolutionem corporis ejus, in salutem credentium divina pietas clementer ostendit, melius pauca quam plura scribenda putavimus, ne aut studiosis aut desidiosis fastidium, vel etiam infidelibus incredulitatis periculum narrationis prolixitate contrahamus. Præcipue tamen propter quasdam vanæ mentis personas, quæ in nostra patria usitato more per sacra loca discurrentes, se aut cæcos, aut debiles, aut elingues, vel certe obsessos temere simulant, et ante altaria vel sepulcra sanctorum, se coram populo volutantes, pugnisque tundentes, sanatos illico se proclamant : ea scilicet sola vesana voluptate, ut sic tantum majorem stipem, vel quæstum a plebe percipiant. Sicque fit, ut et beatum virum sæpius de talibus dixisse præmisimus, quia mendaces, inquit, faciunt ut veridicis vix credatur. Et cum in hujusmodi fallacia tales liquido deprehenduntur, etiam veræ sanctorum virtutes in periculosam desperationem hac dubietate retrahuntur; vel certe et hi qui vere sanantur, etiam non solum a perfidis, sed et interdum a fidelibus fallere creduntur, sicut utique nobis de quadam muliercula palam venit.

49. Primo namque prædicti nostri antistitis Helizonis [al., Hetelonis] (72) anno, in speciali nostra festivitate, id est in Assumptione sanctæ Mariæ, anus quædam nobis ignota, velato capite, nubilata facie, ante sepulcrum beati viri se projecit, ibique prædicto amentium more, diutius volutata tandem prosiliens se per multos annos cæcam ibidem tunc illuminatam proclamavit. Quo statim rumore diffamato, clerus populusque concurrit, ipse etiam episcopus advenit. Cumque jam ad agendas publice Deo gratias properarent, cives illius, qui eam prius noverant, eamque in hujusmodi falsitate sæpius notaverant, venerunt, qui illam et modo et sæpe etiam antea talia mentitam veraciter dixerunt. In quam cum jam populus merito, ut male tractaretur, insurgeret, a clero tamen pro beati pontificis veneratione defensa, confusa discessit, et nusquam nobis postea comparuit. Talibus ergo fallaciis, cauta consideratione post hæc devitatis, pluribus ignotorum dictis, quæ certe vera esse poterant, dubitando dissimulatis, ad ea tantummodo sola quæ præsentes, veritate Dei teste, vidimus, vel quæ certe ab his audivimus, quos veraces in timore Domini cognovimus, narrationis nostræ seriem intendimus.

50. Primum namque fuit, quod et erat, et est omnibus notissimum. Quidam de operariis nostræ ecclesiæ, nomine Luidgerus, cum in ecclesiæ atric ligna collocarent, graviori quadam trabe decidente, femore cum tibia et pede miserabiliter contrito, penitus debilitatus est. Quem beatus Pater, quia prius eum fidelem et utilem cognovit, ante mensam suam quotidie cum pauperibus ad eleemosynam sedere præcepit. Qui miser super debilitatis suæ dolorem, graviori semet mœrore sæpius afflixit, quia ad opus cui mancipatus erat utilis esse non potuit. Quidquid tamen vel sedendo vel proreptando agere potuit, in hoc se voluntaria utilitate studiosus exercuit, nec prorsus aliquod tempus, nisi cum somnum vel cibum caperet, transire sibi patiebatur, quin semper in aliquo utilis esse videretur. Consuetudo namque dilecto nostro pontifici fuit ut puerulos, vel etiam pauperes validiores, sæpius per plateas vel defossas petrarum foveas ageret, qui sibi lapillos minutos quosdam nivei coloris, vel nigri, vel rubri, interdum vel varii deferrent, quos ipse elimatos et politos, variaque collisione, vel confricatione in similitudinem pretiosorum lapidum redactos, aut in altaribus, aut libris, aut capsis, honeste collocavit. In quo nimirum opere prædictus ille pauper se privatim exercuit, et cæterorum industriam utiliter prævenit, et pro curiositate tali, episcopo penitus complacuit. Interdum autem et pictoribus et eis qui vitro fenestras componebant, se admiscuit, inter quos etiam utiliter operosus exstitit.

51. Beato vero pontifice ex hac luce sublato, ipse detonsus et laneis indutus, carne et reliqua lautiore refectione abstinens, ad sepulcrum ejus contulit se, ibique tam custodibus quam, et cæteris fidelibus, quanta potuit fidelitate, servivit, et postremo, consentientibus magistris, totam sepulcri custodiam penitus usurpavit. Vix tamen debili crure ligno sustentato, reliquo vero corpore baculo sublevato tale obsequium exercuit. Attamen vires quas invaliditudo denegavit, obediendi devotio ministravit. Psalmos quippe non noverat, verba tamen quæ fidelium narratione vel admonitione perceperat, devotius invigilando, sæpiusque in modum veniæ, fidelium more decumbendo, sollicitus frequentabat. Quo ibidem in hac sedulitate firmius perdurante, et altiora quantum ad se proficere satagente, quadam die Sabbati ad vesperam, dum in choro vespertina laus canitur, ipse juxta sepulcrum pontificale prosternitur, et illi diutius aut somno, aut exstasi quasi immobilis detinetur, et, ut ipse postea fatebatur, intolerabili quadam membrorum ac nervorum distensione, vel contractione invisibiliter cruciatur. Sed finita laude quasi soporatus surrexit, et velut plus solito ægrotans, vix habitaculum repetiit. Statimque lectulo

---

(72) Is e præposito Goslariensi in episcopum Hildesheimensem assumptus est post mortem Azelini anno 1054; quam sedem annis viginti quinque obtinuit, ac sepultus est in ecclesia sancti Mauricii in monte, quam primo pro monialibus ac deinde pro canonicis fundarat. Porro monet Henschenius nonnulla hic in codice Græciensi de tribus S. Godehardi proximis successoribus, Thietmaro scilicet, Akelino, et Helizone seu Ethelone, haberi,

collocabat se, et per totam noctem in illa membrorum distractione durius laborabat : sed paulo ante matutinum tandem sopitus dormivit, et somnium in quo surgere et ad ecclesiam ad agendas Deo gratias properare jussus est vidit. Somno tamen cito excitus surrexit, moxque remoto femorali sustentaculo, rejectoque baculo, matutinali hora et ecclesiam intravit, et coram omnibus Deum evidenti professione laudavit, et postmodum in finem vitæ incolumis, quanto diutius, tanto devotius ministravit.

52. Mulier etiam quædam, nomine Mersvid, omnibus nobiscum commanentibus notissima, quæ per multos annos errabat cæca, ad idem beati præsulis sepulcrum, in crastinum post Assumptionem sanctæ Mariæ, coram clero et populo est illuminata.

53. Quidam quoque rusticus de pago ecclesiæ qui Holthlaon dicitur, nomine Emko [Deniko], diutina infirmitate miserabiliter fatigatus, contractione lumborum per multos annos est crurum officio spoliatus : qui tandem ad viri sancti memoriam baculorum sustentatione vix dum proreptando pervenit, ibique in anniversario ejus die integram sanitatem coram clero et populo, omnibus nobis intuentibus recepit.

54. Nobilis vero quædam femina non ignota, de episcopatu Mindonensi, Siuve nomine, puellam fratris sui filiam nutrivit, quam in locum filiæ adoptatam intime dilexit : quæ gravissima infirmitate præventa, periclitari coepit, et quasi præmortua biduo exanimis jacebat. Propinquis vero cum familia et civibus assidentibus, et tantam puellæ elegantiam pro multiplici miseratione amare deflentibus, anus quædam, quæ ad ecclesiam serviebat, de memoria nostri præsulis sermonem habuit, et qualiter ad ejus tumulum infirmi per divinam miserationem sanarentur exposuit. Cujus admonitione domina ipsa compuncta, matutinali tempore ecclesiam intravit, et coram altari prostrata, profusis lacrymis, Deo, sanctæque Mariæ, et beati etiam præsulis animæ, pro eadem sua nepte oblationes intima devotione devovit; et continuo, ut ipsa nobis flendo juravit, regrediens puellam jam videntem, jam loquentem reperit, quæ refectionem petiit, et accepit, et, Christo pro beati viri meritis annuente, sanitatem integram recepit. Quam amita ipsius, quinto post die ad sanctæ Mariæ altare et ad tumulum præsulis cum promissis oblationibus deduxit, et qualiter sanata sit, cum sufficienti civium ac provincialium suorum testimonio, coram multitudine comprobavit.

55. Frater quoque noster non ignotæ memoriæ, Volcwardus [al., Folchardus] presbyter, eo tempore vicedominus, postea noster præpositus, postremo felix Brandeburgensis Ecclesiæ episcopus, qui eidem Patri nostro, ut omnibus notum est, et fideliter servivit et intime complacuit, cum post obitum ejus episcopales curtes more solito circuiret, in villam quæ Eckershuson [al., Aschgeresusen] dicitur devenit, et in domum quamdam ad prandendum divertens, puerulum misera languoris infirmitate detentum invenit, qui tunc per aliquot hebdomadas, omni membrorum officio destitutus jacebat, et ad exitum dietim, ut omnibus videbatur, appropinquabat. Quem idem presbyter, sicut semper erat super talibus miserans, lacrymando diutius intuebatur, languorisque tempus et eventum ex familia sciscitabatur. Quod ubi agnovit, flenti matri, ut ad tumulum sancti pontificis candelas juxta pueri mensuras promitteret persuasit : quod et ipsa statim libentissime fecit. Sed cum pauper illa ceram ad talia non haberet, ipse ex lino [lychnum] lumen parari præcepit, et puerum per singula membra metiri fecit ut certe mensuram secum deferret, et per se præstita cera candelas pro ægrotante ad beati viri memoriam offerret. Quo facto, ad prandium consederunt, et quasi oblito puero, alia quædam inter se fabulari coeperunt. Interim vero puer mira celeritate quasi ex morte revixit, et in lecto cunctis admirantibus resedit, et vocata matre de stratu prorepsit, et refectionem petiit, et eodem momento percepit, et postea pro beati viri meritis incolumis permansit.

56. Erat etiam in nostra congregatione juvenis quidam ex laico conversus, Desiderius nomine, et eodem beato viro jubente in clero tonsoratus, et usque ad diaconatus ordinem promotus : et quia plenum officium cantando et legendo cum fratribus frequentare non potuit, eum, ne penitus vacaret, cum custodibus ecclesiæ ministrare præcepit. Tempore autem Azelini nostri præsulis (73), post miserabile incendium nostri monasterii, dum idem frater noster infra festivos dies Nativitatis Domini, quadam vespera in scholis cum pueris sermocinando consedit, subita cæcitate miserabiliter perculsus cecidit, et alia etiam infirmitate concrescente, longo tempore decubuit. Quadragesimali vero tempore, cæcitate durante, ex infirmitate convaluit, et ecclesiam debito more frequentans ad pontificale sepulcrum spe sanandi sæpius prostratus procubuit, et contigit quadam feria ante Pascha, certe in Kalendis Aprilis, quando celebramus adventum reliquiarum sanctorum Cantianorum (74) martyrum, dum in matutinis ibidem procumberet, illico quasi pruriente dextro oculo et durius manu confricato, sanguis non modicus prorupit, et statim in eodem oculo visum recepit, pro qua clementia divina pietas ab omnibus in commune laudabatur, et pro reliquo solita miserationis Domini potentia exspectabatur. Post Pascha vero in anniversario die sancti Patris nostri, cum in ejus memoria missa pro defunctis ab episcopo celebrata est, tempore oblationum coram clero et

(73) Bamberg., *reverendi pontificis nostri Wecelini.*
(74) Sic dicti sunt SS. Cantius, Cantianus et Cantianilius, qui cum Proto pædagogo suo passi dicuntur Aquilegiæ pridie Kalend. Junii. Eorum passionis Historia tribuitur sancto Ambrosio apud Monbritium. Alia ex antiquo codice ms. C. V. Ulrici Obrechti edita est in Appendice liturgiæ Gallicanæ.

populo quasi infirmatus corruit, et prærumpente illico sanguine ex oculis et naribus, et etiam auribus, aperto oculo visum liquido percepit. Missali denique officio peracto, episcopus habito sermone clerum et populum ad laudes debitas Deo persolvendas admonuit, et profusis unanimiter lacrymis, Deum pariter et ipse laudavit. Qui frater eodem momento [*al.*, die], Deo gratias, penitus convaluit, et post hæc in promissa professione usque in finem fideliter permansit.

57. Plurima igitur beati pastoris nostri præconia, ea solummodo quam præmisimus ratione, præterimus, quæ per divinam clementiam ab initio usque adhuc gloriose fieri sæpius sentimus. Nec tamen illud reticebimus quod, tota sancta Dei Ecclesia teste, verum esse novimus, quia plures plerumque ad sepulcrum ejus cum oblationibus gaudentes adveniunt, qui sese suosque a variis tribulationibus vel infirmitatibus celeri subventione, per virtutum ejus merita liberatos publice referunt. Namque ut alicui aliquid incommoditatis, vel molestiæ occurrerit, statim cum ad sancti hujus Patris memoriam, vel absens oblationis suæ votum ubicunque promiserit, procul dubio eodem momento quamcunque consolationem in vera fide sperans obsecrat, celerius eam meritis ejus suffragantibus impetrat, [per eum, qui omnia operatur in omnibus, Dominum nostrum Jesum Christum, qui cum Patre et Spiritu sancto vivit et regnat in sæcula sæculorum. Amen.]

MIRACULA DECEM A S. GODEHARDO FACTA, DUM ADHUC ESSET ABBAS.

I. *De quodam febricitante, quem sanavit in Bavaria.*

58. Joannes quidam civis Pataviensis febris incommodo vexabatur per longa tempora. Contigit autem ut sanctus Pater Godehardus adhuc abbas in suo monasterio Altach, pro negotio dicti sui monasterii Pataviam adveniret, et infirmus ille, ipsius cognita præsentia, fratrem suum misit ad eum, rogans, ut ipsum causa Dei visitare dignaretur : quod et fecit. Visis autem ipsius in quibus decubuit febribus, ingemuit, et ait : « O pater Adam, quis te tam celeriter excæcavit, ut mandatis Dei creatoris tui contraires, et tot malis nos omnes peccato tuo subjiceres ! Ecce post hæc, quæ temporaliter hic patimur, nisi mandata ejus servaverimus, æternaliter pati formidamus; et erit hoc malum temporale initium nobis malorum æternorum. » Hoc autem cum dixisset, accipiens scyphum quemdam, et vinum in eum fundens, signo crucis signatum benedixit, et tradidit viro decumbenti, dicens : « Bibe, frater, in nomine Domini nostri Jesu Christi, et in eo confortare. » Qui bibit confidens in Dei clementia et sancti viri meritis; illico surrexit ab omni febris incommodo penitus liberatus, et ivit ad ecclesiam Sancti Stephani laudans Deum.

II. *De quodam monacho, quem precibus suis a febre acutissima liberavit.*

59. Vir sanctus Godehardus monachum quemdam de monasterio suo Altach ad monasterium Hervelldense secum duxit; qui post ibidem febrium molestia decumbebat. Hunc sanctus Pater consolationis gratia frequenter visitavit. Quodam autem tempore dixit infirmo : « Frater mi, quomodo habes ? » Et infirmus ait : « Ecce, Pater, febrium molestia nimium me vexat, ita ut vita quasi nulla amodo sit in me. » Et ait ei vir sanctus : « Dominus noster Jesus Christus majora pro nobis passus est, quam hæc febrium tuarum possunt esse incommoda. » Cui decumbens ait : « Scio, Pater mi, scio quod multo graviora pro nobis passus est ad mortis amaritudinem tormenta. » Et ait sanctus Godehardus : « In nomine Jesu Christi, qui graviora pro nobis sustinuit, surge ; et in fratrum tuorum collegio psallens benedic eum, qui te suo sanguine abluit, et redemit. » Et infirmus ait : « Surgam in nomine Jesu Christi, et ibo ad patrem meum, qui et Pater Domini mei Jesu Christi, et dicam ei : Jam non sum dignus vocari filius tuus (*Matth.* xv, 19), sed fac mecum misericordiam tuam, quasi cum servo tuo (*Psal.* cxviii, 124), sed a via tua devianti, et ad te clementer suscipe revertentem. » Et inter hæc verba surrexit, et ad chorum ivit, et omnibus admirantibus, cum astantibus laudans Deum et cantans, benedixit.

III. *De quadam juvencula a molestia febrium liberata.*

60. Juvencula quædam in oppido Teckendorff, in territorio Bavariensi, cum febrium molestia nimium gravaretur, astabant ei quædam honestæ feminæ, referentes ei qualiter prædictus in Patavia meritis beati Godehardi post haustum vini per eum benedicti, a febrium rigore fuerat liberatus. Quibus auditis, dixit infirma patri suo : « O mi dilecte pater, rogo te per Jesum Christum ut mittas ad sanctum virum Godehardum, petendo eum ut benedicat parum vini in cupha, vel scypho suo, et mittat ad me ut bibam ex eo, ut allevier a fervore febrium quibus incessanter affligor atque uror. » Pater autem his auditis, misit ut voluit, et vinum benedictum accepit a sancto Godehardo, quod juvencula bibit infirma in nomine Jesu Christi, et subito sanata est, et surrexit laudans Deum, qui meritis sancti Godehardi eam clementer a vi febrium liberavit.

IV. *De quodam scholare sanato a simili febrium molestia.*

61. Servus Dei Godehardus, quia erat ex corde misericors, et super afflictos pia gestabat viscera, infirmorum sive decumbentium, vel per se, aut per alios semper visitavit domicilia. Contigit autem quodam tempore, cum adhuc in abbatia Altahensi præsideret, quemdam scholarem cujusdam viduæ

pauperis febrium molestia graviter infirmari, quem pietate solita sæpius visitavit, cui et quodam tempore dixit : « Fili, viriliter age, sustinens flagella Domini, ac confortetur in eo cor tuum. Ipse enim est qui percutit et medetur, atque sanat, suos castigans electos, ne morti tradantur sempiternæ. » Et juvenis ait : « Quæ est fortitudo mea, ut hæc gravia sustineam et patienter agam ? » Et Pater sanctus ait : « Confide, fili, sciens quod non sunt condignæ passiones hujus temporis ad futuram gloriam quæ revelabitur in nobis (*Rom.* VIII, 18); et libenter gloriari velis cum Apostolo in infirmitatibus tuis, ut in te sicut in eo habitet virtus Christi, nam virtus in infirmitate perficitur (*II Cor.* XII, 9). » Cui infirmus ait : « Peto, sancte Pater, ut Deum pro me misero suppliciter exores. » At Pater sanctus, pomum in manu habens, quod forsan secum tulerat, aut juxta lectum infirmi invenerat, benedixit, et dedit infirmo, dicens : « Accipe, fili, et manduca pomum, in nomine Jesu Christi : et, si est voluntas ejus, de lecto surge sanus; sin autem, maneat hæc infirmitas tibi, et patienter age ut a Deo præmium vitæ æternæ, in quo æterna est sanitas, valeas promereri. » Comedit ille, et surrexit sanus laudans Deum.

V. *De juvene submerso, meritis sancti Godehardi resuscitato.*

62. Juvenis quidam de castro Stauwenborch in Bavaria, prope Danubium fluvium pertransire volens, procellis navem subvertentibus, mergitur in flumen; ubi plusquam tribus horis remansit incognitus. Tandem corpus exanime ad littus ejicitur, et mortuus ad domum parentum deportatur. Lacrymantur proximi, et gemunt affines ob mortem tam subitam juvenis tam famosi. Sanctus autem abbas Godehardus casu transiens locum illum, et audiens voces ululantium, ait : « O mors, quam amara est memoria tua homini ! (*Eccli.* XLI, 1.) Quam subito et inopinate exstinguis ! quæ et peccatoribus es pessima, justis autem nimis desiderabilis atque pretiosa. » Cum autem hæc et his similia diceret, venit mater misera juvenis, et ad pedes procidit viri sancti, dicens : « Domine, si quid potes apud Deum, miserere mei, et resuscita filium meum. » Cui sanctus Pater : « Crede mihi, mulier, ut verum est et experientia docet quotidiana, omnes subjacemus mortis imperio, ideoque beati mortui qui in Domino moriuntur (*Apoc.* XIV, 13). Mors enim omnes qui in mundo vivunt, non uno, sed quasi mille modis sternit. Beatus qui vigilat (*Apoc.* XVI, 15), et in adventu præmunitur. » Et iterum mulier ait voce lacrymosa : « En filius meus unicus et dilectus in flumine suffocatus interiit subito; huic timeo damnationem, quia mundanus erat nimis. Rogo igitur, pie Pater, si quid potes apud Deum, resuscita filium meum, ut tantum sua confiteatur delicta, et sanctis Ecclesiæ sacramentis muniatur, et post, si Deo placet, in pace feliciter requiescat. » Cui vir sanctus, Salvatoris utens verbis, ait : « O mulier, magna est fides tua (*Matth.* XV, 28), fiat tibi sicut petiisti. » Et transiens cum ea ad cadaver in libitina jacens, et tenens manum ejus, dixit : « Adolescens, tibi dico, surge. » Et juvenis surrexit incolumis atque sanus; et sanctum virum petiit ut causa Dei confessionem ejus audiret, et pro peccatis suis sibi injungeret pœnitentiam salutarem; et annuit sanctus Pater petitioni ejus, et audita confessione ejus, sacris Ecclesiæ sacramentis eum præmunivit. Quo facto, juvenis ait : « Jube me, sancte Pater, nunc iterum in pace quiescere, quod mundum nimis horreo, qui suos amatores mittit in gehennam, cujus pœnam gravissimam ex parte sum expertus. » Et vir Dei ait : « Dormi, fili mi, et quiesce feliciter in pace Jesu Christi. » Et ille respondit : « Amen. » Et inclinato capite, in gratia Dei feliciter obdormivit. Felix autem mater ejus, his auditis et cognitis, semota prorsus omni tristitia, cum gaudio corpus filii ecclesiastico more tradidit sepulturæ, ac Deo, devotione quanta potuit, animam ipsius lætissime commendavit.

VI. *De muliere in partu laborante, et orationibus sancti a dolore partus liberata.*

63. Sanctus Pater Godehardus, dum in cella sua post vigilias matutinas orationis causa resideret, contigit ut quædam mulier habitans in confinibus monasterii, partu laborando cruciaretur : cui compatiens vir sanctus, terræ procumbens orationi se dedit, dicens : « O Domine Deus omnipotens, adjuva plasma tuum, miserere filiæ Evæ in matris suæ maledicto laborante. » Et illico, modo quodam inopinato, mulier conticuit, quia peperit filium. Quæ postea obdormiens, ei revelatum est quod precibus sancti Godehardi a dolore partus sit liberata. Quæ gratias egit Deo, qui eam sancti viri meritis tam clementer visitavit; filium autem suum Godehardum vocari fecit, et in puerili ætate eum tradidit sancto viro regularibus disciplinis imbuendum. Hac igitur de causa mulieres regionis illius, in dolore partus sancti Godehardi patrocinium consueverunt invocare, et multæ petitionis suæ sentiebant effectum adoptatum.

VII. *De quodam quem in via socium habebat, qui cadens crus fregit, sed sanctus vir subito eum sanavit.*

64. Cum sanctus Godehardus pro negotio forsitan sui monasterii ad Romanam iret curiam, habens aliquos de suis monachis secum in suo comitatu, inter quos quidam cæteris senior, Erkenfridus nomine, incaute procedens, dum montem, qui Godehardi dicitur, ascenderet, equus cum eo cecidit, et crus ejus dextrum ex toto confregit. Qui gemens cum lacrymis ait, contra sanctum Dei murmurando : « Utquid, Pater, me duxisti ad montis istius præcipitium ut me interficeres? » Cui sanctus Pater ait : « Scio, fili mi dilecte, quod invite mecum iter hoc cœpisti, et intra te ipsum murmurando mihi detraxisti. Ideo tunc reddita est tibi merces tua. Pœnitere igitur, et ora Deum ut dimittat tibi offensam hanc, ut saneris. »

Qui ait : « Adjuva, Pater, infirmitatem meam, et remitte mihi quod deliqui contra te ; et cruciet me flagellum Dei, quantum libet. » Vir autem Dei, audita ejus devotione, tetigit confractum os cruris ejus, et ait : « Sanat te, frater, Dominus Jesus Christus ; et tu in nomine ejus surge, ut ambulemus. » Qui surrexit ex toto sanus, et ultra profectus cum eo. Idem postmodum secutus est eum Hildenesheim, et mansit apud eum usque ad diem mortis suæ.

VIII. *De muliere cæca, quam ipse illuminavit cum Deo.*

65. Contigit quadam vice, ut sanctus Godehardus pertransiret oppidum Strawigen [Stravubingen] diœcesis Ratisbonensis, et obviavit ei quædam cæca mulier mendica ostiatim quærens panem, quæ forsan equorum nitebatur declinare strepitum, et in lapide lædens pedem, cecidit graviter nimis. Sanctus autem Godehardus, hoc viso, subito descendit de equo, et accurrens amplexando eam relevavit, et, quantum potuit, luti sorditiem de mantello mulierculæ tersit diligenter, et ait : « Quare cecidisti, mater ? » Et illa dixit : « Cæca sum, amice, et ideo offendicula viarum cavere non valeo, nec possum devitare. » Sanctus autem Pater sibi ex corde compatiens, ait : « O mi Deus meus, quot sunt in terra convicia et gravamina tui plasmatis! Bene ergo dicitur : « Væ, væ, væ habitantibus in terra *(Apoc.* VIII, 13). » Et cum dixisset, lutum cum sputo miscuit, more nostri Salvatoris *(Joan.* IX, 6), et linivit oculos ejus, dicens : « O Domine Jesu Christe, qui in conspectu discipulorum tuorum lutum ex sputo fecisti, linivistique oculos cæci cujusdam, et vidit ; illumina etiam oculos hujus pauperculæ tuæ, ut confiteatur nomini tuo, et glorietur in prædigna laude tua *(Psal.* CV, 47). » His sic actis et dictis, mulier cœpit sanctum virum intueri, ceciditque ad pedes ejus, dicens : « Viderunt oculi mei salutare Dei : » et prona osculabatur pedes ejus ; et ivit ad propria, laudans Deum pro virtutibus et meritis sancti viri.

IX. *De obsessa sanata meritis sancti Godehardi.*

66. In civitate Ratisbona, quodam tempore, sanctus Godehardus morabatur pro negotio forsan sui monasterii : ubi quædam obsessa a dæmonio ad eum ducebatur, ut sanaretur ab eo. Quam vir Dei inspiciens, ait : « Responde mihi, immunde spiritus, ad ea quæ a te quæro. Quid hic agis in creatura Dei ? » At dæmon ait : « Pleno jure est anima ipsius mea, quod incantatrix est, et per eam multas animas lucratus sum. » Et ait vir sanctus : « Quare propter incantationem tua est ? » Et dæmon ait : « Nonne legisti quia Dominus pythones, divinos et incantatores jussit exterminari ? Quid enim tales faciunt, nisi quod mihi meisque principibus deserviunt, idololatræ enim sunt ; vix etiam aliquos tanto jure possidere possumus, quanto hujusmodi vitiis irretitos. Nunquid ignoras, quod inter mille incantatrices aut divinos, vix una invenitur, quæ vel qui velit hoc vitium confiteri? sic enim ora ipsorum claudimus, ut de talibus loqui nihil valeant quovis modo. » Et ait vir sanctus : « Scio, quia magna est malitia tua et tuorum similium ; nec tamen dubito, quod major bonitas Dei est et clementia. Ergo, immunde spiritus, da honorem Deo, et recede ab hac creatura ejus, ut redeat ad gratiam, quam tu ab ea abstulisti. » Et dæmon ait : « Cur me in tantam agis violentiam ? Quid feci tibi, aut quid habes contra me ? » Et ille ait : « Audi, proterve et immunde spiritus ; In illa æterna patria, de qua tu superbiens cecidisti, tanta mihi erit lætitia de bono communi, ut de meo proprio, imo et multo major : et ideo hic dolere convenit de malo alieno multo fortius quam de malo proprio. Per hoc enim vitam æternam promerebor. Habeo ergo contra te justam causam quod minus juste possides, et punis sororem meam, plasma Dei creatoris tui. Non enim, ut asseris, ago tibi violentiam ; sed pro gloria Dei et amore plasmatis ejus, pro quo Unigenitus ejus sanguinem suum fundens, amarissimam mortem sustinuit, contra te non pugil, sed victor gloriosus [decerto]. Ergo, tibi præcipio, superbe et immunde spiritus, in nomine Jesu Christi recede ab ea, et non præsumas amodo creaturam Dei molestare. » Et sic spiritus ille malignus abscessit, et mulier ut mortua cecidit. Sed vir sanctus subito eam erexit : erecta vero publice vitium incantationis, quod dudum multoties perfecerat, cum lacrymis est confessa ; quam et vir sanctus absolvit virtute passionis Jesu Christi.

X. *De puero multum hebete, quem oratione sua docilem fecit.*

67. In civitate Patavia erat quidam civis dives valde, qui habuit filium quem tenerrime dilexit : qui puer adeo hebes erat, ut in tribus annis non potuit efficere ut disceret minus alphabetum. Unde pater ejus sanctum Godehardum adiit, retulitque ei duritiam cordis filii sui, petens obnixius ut pro eo suppliciter orare dignetur, quatenus Deus omnipotens eum illuminare dignaretur. Sanctus vero Godehardus, vocato ad se puero, super eum legit quæ sequuntur : « Omnis sapientia a Domino Deo est *(Eccli.* 1, 1) ; » cum collecta : « Deus qui per cœternam tibi Sapientiam, hominem cum non esset conditisti, » etc. Et addidit : « Vade, fili ; et ille magistrorum optimus, qui subito docuit apostolos, te instruat, et in via recta ad agnitionem perducat clariorem. » Qui puer ita mutatus est, ut in brevi tempore omnes suos consanguineos, et omnes sibi coætaneos, imo seniores atque doctiores se sapientiæ plenitudine anteiret. Qui postea, propter intellectus et sapientiæ profunditatem, in episcopum Pataviensem est electus atque ordinatus ; unde sibi et subditis pro animarum salute instantissime laboravit.

Sequens miraculum factum est, cum esset episcopus.

De mortuis, qui ad præceptum sancti præsulis surrexerunt de sepulcris, exeuntes de ecclesia, quia excommunicati, quod vivi facere noluerunt.

68. Accidit ut sanctus præsul Godehardus quosdam de suis subditis, ob eorum rebellionem, post monitiones consuetas excommunicaret ; quorum aliqui,

malitiæ suæ veneno excitati, ipso celebrante, ecclesiam intraverunt arroganter et proterve. Quo cognito, se divertit ab altari, dicens : « Præcipio vobis omnibus, qui estis excommunicati, in virtute Spiritus sancti et sanctæ obedientiæ ut exeatis de ecclesia. » Rebelles autem et excommunicati hoc præceptum non curantes perstiterunt, remanentes in ecclesia. Sed quidam de mortuis, qui multis annis quieverant in monumentis, qui et forsan, ignorantibus eis qui eos sepelierunt, in excommunicatione (75) sepulti fuerant, surrexerunt et de ecclesia exierunt. Quod videntes illi rebelles erubuerunt, et post mortuos exierunt. Sanctus autem præsul, finita missa, ad eos exiens, dixit : « Audite, rebelles et increduli, et videte justum Dei judicium contra vos. Ecce mortui A Deo in suo vicario obediunt, vos autem superbo referti spiritu obedire contempsistis. Surgent igitur mortui isti contra vos in judicio, et sententiam damnationis allegabunt contra vos, nisi plenam et condignam pœnitentiam egeritis. » Et, his dictis, convertit se ad mortuos, dicens : « Ego vos, fratres, auctoritate Domini nostri Jesu Christi absolvo a sententia excommunicationis, qua huc usque fueratis innodati, in nomine Patris et Filii et Spiritus sancti. Amen. Ite, revertimini ad loca, et in pace requiescite, adventum Judicis præstolantes. » Mortui autem, inclinatis capitibus et junctis manibus, quasi gratias agentes ad loca sua remeaverunt et quieverunt.

CANONIZATIO ET TRANSLATIO S. GODEHARDI.

Quomodo beatus Godehardus in sanctorum numerum sit relatus, et de miraculis subsequentibus.

1. Gloria summo Creatori, et humani generis reparatori, qui non nostris meritis, sed sua immensa bonitate dignatus est confessorem suum beatum Godehardum pontificem ad salutem omnium credentium hominibus nostri temporis revelare, et eum qui pro longinquitate temporis, jam quadam nube oblivionis obfuscatus fuerat, ut tandem ab incolis nostræ Ecclesiæ veneraretur, voluit nationibus diversarum terrarum manifestare, ut gloria ipsius non tantum ad domesticos fidei attingeret, sed etiam in exteras nationes se dilataret. Qualiter autem et quo ordine translatio prædicti confessoris nostri facta fuerit, non turgido eloquio vel nitens grandi cothurno, sed simplici stylo aggredior describere : non confisus ingenii mei igniculo, sed illo evangelico dicto : « Aperi os tuum, et ego adimplebo illud (*Psal.* LXXX); » et iterum : « Non vos estis, qui loquimini; sed Spiritus Patris mei, qui loquitur in vobis (*Matth.* X). » Per scripturas enim res præteritæ, et brevi tempore in oblivionem tradendæ ad memoriam revocantur; et per res virtuose in Ecclesia gestas, cum leguntur, fideles accenduntur, et torpores mentium discutiuntur.

2. Anno Dominicæ Incarnationis 1128 (76), obitus vero beati Godehardi nonagesimo, Bertholdus (77) vir venerandus, et in omni ecclesiastica religione perspicuus, utpote scientia litterali admodum eruditus, et morum honestate valde decoratus, cathedræ B nostræ ecclesiæ præsidebat, quam discrete gubernando, et religiosos viros undique ex diversis ecclesiis ad se colligendo, adeo sublimavit ut diversas cellas suis temporibus ædificaret, et in spirituali conversatione dulci adhortatione conflrmaret. Quo residente in communi conventu cleri sibi commissi, et de populi Ecclesiæ nostræ utilitate, uti mos ejus erat, semper pertractante, Deo faciente, uti post effectus indicavit, ex improviso sermo de patrono nostro beato scilicet Godehardo exoritur; item atque item a pluribus replicatur, conquerentibus et condolentibus se tam misericordem habere patronum, et condignum sibi in Ecclesia Dei non exhiberi honorem. Nam quantam misericordiam et quam manifestam gratiam prædictus confessor fratribus nostris suis meritis apud Deum obtinuerit, ab ipsis viris auctorabilibus, in prædicto conventu existentibus omnibus manifestatur : per quod, mentes assidentium omnium non solum exhilarantur, sed qualiter laudes ipsius in Ecclesia Dei multiplicentur, unanimiter omnes accenduntur.

3. Prædictus enim antistes noster Bertholdus privatam gratiam, sibi a patrono nostro concessam, omnibus assidentibus indicavit, et qualiter eum pium intercessorem apud Deum esse cognoverit non sine contritione cordis fratribus nostris enumeravit. Nam, tempore juventutis suæ, cum ipse inter cæteros adolescentes ludicris rebus esset intentus, con-

---

(75) Similem historiam refert S. Gregorius, lib. II. *Dialogorum*, cap. 23, ubi sanctimoniales a B. P. Benedicto excommunicatæ, ab ecclesia in qua sepultæ fuerant, videbantur exire, quoties diaconus in missa clamabat : *Si quis non communicat, det locum.* Sed tandem oblatione S. Patris absolutæ fuerunt.

(76) Ex hoc loco etiam probatur beatum Godehardum anno 1038 obiisse. Si enim annos 90 aliis 1038

D addideris, annum 1128, quem hic auctor assignat, reperies.

(77) Bertholdus hanc sedem quindecim annis obtinuit, obiitque anno 1150. Erexit monasterium Bertholdirodense pro canonicis regularibus non longe ab urbe Hildeshemio, quod postea Cisterciensibus cessit.

tigit ut ipse in suburbio nostræ civitatis quemdam laicum non voluntarie lancea perforaret, et eum quasi mortuum ad terram prosterneret: qui quasi semivivus domum deducitur, lecto affigitur et usque ad mortem periclitatur. Sed præfatus antistes noster dolens et mœrens in diversa rapitur, se sacris ordinibus quasi homicidam esse repellendum angustatur, et ita in diversas cogitationes animus ipsius invitatur. Tandem nutans quasi navis deprehensa in fluctibus maris, ad patronum nostrum beatum Godehardum ut ad portum tutum se dirigit, spem suam in eum quasi anchoram in firmum littus infigit, ut ab imminente anxietate eum eriperet, corde contrito et humiliato spiritu postulavit. Sed vir vulneratus, dum jam esset in agone positus, ipse fide firmus, ad sepulcrum sancti patroni nostri se prostravit, totamque noctem in oratione pernoctavit, et magis rugitu cordis quam propalatione vocis misericordiam imploravit. Sed tandem prope termino noctis vigiliis defatigatus, et dolore conturbatus, quietem intrare compellitur. In qua ei et statura et forma patroni nostri in visione (78) quantum tamen quam in hac vita viderat, certissime manifestatur. Nam, dum adhuc esset inter vigilias et adultam quietem, persona patroni nostri ei in visione apparuit, ut missarum solemnia celebrari faceret ei diligentissime indixit, et ut officium: « Ne timeas, Zacharia, exaudita est oratio tua (Luc. I, 13), » decantari faceret, continuo adjunxit. His visis excitatus, orationes suas magis ac magis continuare instituit; sed in via nuntium suscepit, qui certissime ægrum evasisse mortem nuntiavit. His auditis, corde et animo exhilaratus, Deum cœli benedixit, qui nobis talem patronum in ecclesia nostra reservavit.

4. Fuit vero tunc temporis in conventu nostro sacerdos quidam religiosus, Adelbertus nomine, qui regulari vita in cella beati Bartholomæi, quæ sita est in orientali plaga nostræ civitatis, vivebat. Qui cum audisset quæ præsul noster narravit, videns tempus idoneum, et ipse sibi gratiam a Domino collatam patrono nostro, omnibus intimavit. Dum enim ipse quadam nocte patrocinia sanctorum implorando, altaria nostræ circuiret ecclesiæ, tandem juxta sepulcrum beati confessoris se prostravit; sed surgendo manu indiscrete tenendo sarcophagum ejus se sublevavit; illico pollex ejus de propria junctura emarcuit. Videns autem jam sese manu debilitatum, supplex et gemebundus se ad terram prostravit; veniam et misericordiam a beato Godehardo postulavit. Et statim in proprium locum sine mora et læsione pollex resiluit.

5. Audiens hæc magister quidam de monte Sancti Mauricii, Reinardus nomine, vir provectæ ætatis, et ipse manifestam gratiam patroni nostri expertus, cum opportunum videret, non eam subticuit, sed omnibus in conventu nostro existentibus evidenter patefecit, dicens: « Fuit enim puer quidam custodiæ ipsius addictus, in clericali arte erudiendus, qui epileptico morbo, quem vulgari nomine caducum appellant, adeo vexabatur ut quotidie sexies ad minus ad terram prosterneretur, et usque ad mortem nimia fatigatione periclitaretur. Hic quadam die ad patrocinium beati confessoris nostri deducitur, sed in via bis ad terram prosternitur. Orationes ad tumbam ipsius pro eo funduntur; eleemosynæ pauperibus largiuntur, et perfecte sanatus in domum ipsius regreditur. »

6. His tribus signis in communi conventu ab auctorabilibus viris recitatis, omnes hilari mente percipiunt, ipsum antistitem nostrum, quod voluntarie per se faceret: instigant, ut omnibus modis elaboraret, qualiter beatum pontificem nostrum Godehardum inter cæteros sanctos Dei canonizaret. Sed dum in rebus minimis, nedum in maximis, in quibus lætum expectamus finem, divinum invocandum sit auxilium, placuit omnibus ut speciales orationes in Ecclesia nostra funderentur ad Deum pro hac causa preces, ne quid incassum vel inconsultum contra nutum Domini inciperemus, quod ad bonum effectum perducere non valeremus. Igitur statutum est ut omnes tam majores quam minores, finita matutinali hora, ad tumbam ipsius beati patroni nostri Godehardi convenirent, et sese humiliter ad terram prosternerent, et psalmum: Benedixisti, Domine, terram tuam (Psal. LXXXIV, 2), corde contrito et humiliato Domino decantarent. Statutumque est ut in singulis cœnobiis, in territorio nostræ Ecclesiæ constitutis, speciales pro eo fierent orationes et eleemosynarum largitiones; quia impossibile est multarum non exaudiri voces orationum.

7. His ergo aliquanto tempore peractis, Ecclesia nostra nova tribulatione concutitur. Nam prædictus Pater noster, proh dolor! nobis ex hac vita subtrahitur, et omnis Ecclesia nostra tanto pastore desolata conturbatur. Sed qui consolatur miseros in tribulatione sua, Deus, non permisit Ecclesiam suam in fluctibus hujus sæculi sine gubernatore diu fluctuare, sciens quia, ubi non est gubernator, corruet populus. Nam omnis Ecclesia nostra simul coadunata, Bernardum (79) summum præpositum, virum omni clericali scientia eruditum, et moribus optimis decoratum, communi consensu cleri et alacritate populi, reclamantem et omnibus modis renitentem, seque indignum vociferantem, in spiritualem pastorem elegit, et usque ad cathedram summi sacerdotii perduxit. His ita gestis, causa patroni nostri, quæ

---

(78) Boll. habet: *quam tamen nunquam viderat;* quod an rectius, incertum. Si enim Bertholdus octogenarius aut nonagenarius obierit, sanctum Godehardum adhuc viventem videre potuisset.

(79) Bernardus ab anno 1150 ad 1157 Ecclesiæ Hildesheimensi præfuit, cum tamen 9 annis ante mortem cæcus factus fuisset, Brunonem Ecclesiæ suæ decanum coadjutorem habuit, qui postea ipsi in episcopatu successit. Quantum Ecclesiæ Hildesheimensi et ordini nostro profuerit, ex translatione sancti Godehardi, et monasterii Sancti Godehardi erectione facile est judicare.

propter tribulationes nostras jam aliquantulum deciderat, redintegratur, et quo ordine ad effectum perduceretur ab omnibus elaboratur.

8. Sed cum canonica censura, propter illusiones dæmonum, quæ frequenter in Ecclesia Dei in talibus contigerunt, statutum sit ne quis sine apostolica auctoritate, et vita ipsius per viros auctorabiles approbata, canonizaretur, quod tamen in præcedentibus tum propter difficultatem, tum propter longinquitatem itineris, causam nostram valde retardaverat, factum est, Deo annuente, ut quod ante sine magna impensa ac summo labore non poterat ad effectum perduci, id nobis quasi ante ostium inopinate deferretur. Nam in Leodicensem civitatem curia indicta est, ubi Innocentius papa cum Romana Ecclesia, et magna parte Galliæ, cum Lothario rege et fere universis episcopis Teutonicæ regionis convenerunt, ut de violentia Romanæ Ecclesiæ per Petrum Leonis perpetrata, qui tum temporis papatum sibi violenter usurpavit, pertractarent, et qualiter illud idolum in templo Domini positum destruerent, elaborarent. Factum igitur est ut ad Dominicam *Lætare Jerusalem* ad prædictam civitatem multi catholici viri, tam cum apostolico quam cum rege convenirent, et de communi statu Ecclesiæ pertractarent. Inter quos præses noster Bernardus cum majoribus nostræ Ecclesiæ assistens, videns opportunitatem ultro sibi collatam, ipsum apostolicum cum omni curia Romana aggreditur, vitæque pastoris nostri coram ipsis recitatur, et ut per eum in Ecclesia Dei canonizetur, devotissime preces funduntur.

9. Sed cum consuetudo sit Romanæ Ecclesiæ in generali concilio sanctos Dei canonizare, quod tunc temporis in Remensem civitatem in festo sancti Lucæ indictum fuerat, accepto consilio, petitionem Ecclesiæ nostræ usque in prædictum locum distulit, ibique diffiniturum certissime promisit. His ita gestis, antistes noster apostolica promissione animatus, lætus regreditur, et ab omnibus devote suscipitur, et quæ sibi responsa sint, enarrantur. Tunc omnes audientes quæ per apostolicum promissa sunt, unanimiter lætantur, precesque apud pontificem nostrum devotissime funduntur, ne se tantæ promissioni subtrahat, sed licet laboriosum sit, ipse se tamen una cum majoribus Ecclesiæ nostræ ad indictam synodum repræsentet. Jam dies advenerat in qua synodus universæ Ecclesiæ citramontanæ indicta fuerat. Tum vero præfatus antistes noster Bernardus, una cum metropolitano Magdeburgense Norberto (80), qui tunc temporis in Ecclesia Dei magni nominis fuerat, et majoribus Ecclesiæ nostræ, ad præfatam synodum iter instituit, et, Deo annuente, cum magna prosperitate et opportunitate ad Remensem locum pervenit. Ubi honorifice suscepti, dum jam synodus aliquot dies esset celebrata, antistes noster Bernardus apostolicum Innocentium cum suis cardinalibus convenit, et de causa patroni nostri beati Godehardi, usque eo induciata devotissime submonuit. Sed, Deo annuente et id faciente, omnes unanimes et concordes in sua petitione invenit, ut post ipsa res indicavit.

10. Nam postera die cum in synodo generali apostolicus resideret, nullo admonente, sed Deo faciente, apostolicus ad omnes luculentam orationem habuit, in qua disertissime petitionem nostræ Ecclesiæ de patrono nostro exposuit, et, ut assensum præberent, devotissime postulavit. His ita gestis, episcopus Tarraconensis (81) vir religiosus, et litterali scientia eruditus, quo ordine translatio fieri deberet, exposuit: scilicet si ea quæ dicebantur de patrono nostro, Ecclesia nostra per legitimos testes ac juramento comprobaret. His vero verbis apostolicus se interposuit, et se a principibus terræ nostræ adeo in Leodicensi Ecclesia certificatum fuisse asseruit, ut non opus esset id secundo testificari, quod lucidius sole posset comprobari. Auditis autem quæ ab apostolico dicebantur, omnes unanimiter ut canonizetur assensum præbent, et ut laudes Domino persolvantur, admonent qui dignatur servos suos ab infirmitate hujus carnis eripere, et inter sanctos et electos suos collocare. Continuo *Te Deum laudamus* canitur; laus omnipotenti Deo persolvitur, et sic demum coadunata synodus terminatur. Tum vero antistes noster, munitus apostolicis litteris, ad nos usque regreditur, et a clero et populo benigne suscipitur, litteræque apostolicæ reserantur. Quibus recitatis, Deo laudes persolvuntur. Tenor vero apostolicæ concessionis sequitur in hæc verba:

11. INNOCENTIUS episcopus, servus servorum Dei, dilectis filiis, clero et populo Hildeneshemensi salutem et apostolicam benedictionem

Veniens ad nos venerabilis frater noster Bernardus episcopus vester, in plenaria synodo, quæ Remis per Dei gratiam fuerat congregata, attestatione fratrum nostrorum episcoporum, et abbatum, et aliorum qui secum venerant, sanctæ memoriæ Godehardum episcopum vestrum laudabiliter vixisse in mundo, et tam in vita quam post mortem multis miraculis coruscasse asseruit. Unde nos cum fratribus nostris omnipotenti Deo gratias referentes, habito eorum consilio et collaudatione, quia eumdem in cœlis cum sanctis credimus coronari, ipsum inter sanctos honorari præcipimus: mandantes vobis ut et eidem beato viro solemnitatem in vestra Ecclesia statuatis, et ad eam annualiter convenire curetis.

Data Remis IV Kalendas Novembris.

12. Sed quia tunc hibernum tempus imminebat, nec ad tantum negotium se expedire valebat, visum est congruum, quæ per apostolicum concessa sunt catholicis et religiosis viris nuntiari, et ipsam trans-

---

(80) Hic est celebris Norbertus Præmonstratensis ordinis institutor.

(81) Michaelem appellat Henschenius in notis ad hunc locum.

lationem usque in quartum Nonas Maii differri. Et jam tempus advenerat, cum tam celebris rumor, scilicet de translatione tanti patroni, in nostram civitatem plures tam religiosos quam promiscui sexus homines coadunabat. His visis, consilium in communi conventu capitur, qualiter caute, sine turbatione transferatur, ne aliquod scandalum ecclesiæ nostræ inde oriatur. Nam fuere quidam religiosi viri admodum timentes, propter longinquitatem temporis, vel corpus non inveniri, vel nullum indicium sanctitatis reperiri. Sed tandem post multas disceptationes in hoc omnes conveniunt ut, remota multitudine, ante matutinales horas omnes conveniant, et sic tumbam, in qua positus fuerat, cum omni devotione aperiant. Mediæ ergo noctis tempore antistes noster, una cum religiosis viris tam monachis quam regularibus sibi coadunatis, cum magno timore ac tremore cryptam nostræ ecclesiæ subiit, et sarcophagum, in quo positus fuerat noster patronus, aperiri præcepit, ipseque cum cæteris fidelibus orationibus interea devotissime institit; sed ubi summus labor in frangendo sarcophago antea visus fuerat, jam, Deo faciente, illico se aperiebat, et aditum facillimum ad corpus præbebat. Tum vero aperto sarcophago, quantas lacrymas astantium aspiceres, quos singultus audires, quam spiritualem dispositionem corporis ipsius prospiceres, quis vel sermone, vel stylo exprimere valeat? Quid plura? divinus quidam et incognitus odor fragrabat, qui quosdam astantes, quasi quadam spirituali dulcedine refocillabat, et in perfecta fide sanctitatis ipsius eos corroborabat. Tum vero videres omnes sese humiliter excusare, seque esse indignos tanti patroni corpus attingere, cum noverint vitam suam longe ab ejus sanctitate discordare. Tandem, omnibus cunctantibus et longam moram facientibus, per fratrem nostrum præpositum Bertholdum corpus sublevatur, et propter multitudinem populi, quæ ad tantam rem videndam convenerat, in secretum sacrarii nostri deportatur.

13. Sed hæc hactenus dicta sufficiant qualiter sit beatus Godehardus translatus. Nunc superest charitati vestræ intimare qualiter per eum mundus sit illuminatus, et usque ad remotissimas gentes et paganissimas exaltatus. Nam ex longinquitate temporis merita vitæ ipsius fuerunt pene abolita et paucis tantummodo cognita, quæ per translationem corporis ipsius evidentissime omnibus sunt manifestata. Tot enim Dominus per eum fecit miracula, ut nec lingua valeant exprimi vel scriptura. Ea autem quæ sunt notiora et manifestiora aggredior describere, ut in eis posteritas de patrocinio tanti Patris possit confidere. Nam ipsa die translationis, cum corpus ipsius usque ad montem Sancti Mauricii cum magna reverentia cleri et populi defertur, contigit quemdam in flumen (82), quod præterfluit civitatem nostram, incidisse, et longo tempore sub undis morantem omnino exspirasse. Hic dum corpus patroni nostri ad eum appropiat, vitæ priori restituitur, et, Domino opitulante, sanus et incolumis a terra sublevatur. Qui postea per multa tempora in famulatu patroni nostri apparuit, et pro vita restituta non ingratus Deo exstitit.

14. His vero auditis, ecclesia nostra non statim et indiscrete acquievit, sed aliud certius et manifestius miraculum humiliter exspectavit. Postera vero die, cum dies anniversarius patroni nostri illuxisset, finita missa et horis constitutis, mulier quædam muta, habens filium privatum lumine, subito quasi in exstasim rapitur, ac per horam parvam in terra volutatur. Transacto vero aliquanto tempore, matri lingua reseratur, lumen puero restituitur: et manifestum esse miraculum omnibus comprobatur. Nam fuere in civitate nostra tunc temporis quidam viri auctorabiles de Corbeia (83), ipsius mulieris comprovinciales, qui eam cognoverunt et verissime eam mutam filiumque ejus lumine privatum longo tempore fuisse nuntiaverunt. His auditis, [in] ecclesia nostra tam clerus quam populus in unum coadunantur, laudes Creatori persolvuntur, qui novit electos suos ab omni ambiguitate absolvere, et in perfecta fide solidare. Signa enim debentur infidelibus non fidelibus, ut per miracula et inusitata confirmentur in his quæ a sensibus nostris et memoria sunt remota.

15. Vix laudes de miraculo prædicto Deo persolvuntur, cum claudus quidam, qui longo tempore contractus fuerat, se subito erigebat, et pedem firmo gressu terræ affigebat. Sicque factum est ut ipsa die anniversarii patroni nostri infra basilicam nostram quinque miracula contingerent, quæ omnibus manifesta fuisse apparerent. Cæcus enim videt, mater ipsius loquitur, claudi tres potestatem ambulandi receperunt. His ita gestis, rumor et fama patroni nostri propter frequentiam multitudinis, quæ ad translationem tanti viri convenerat, magis et magis innotuit, et sese in omnes comprovinciales terras dilatavit. Unde factum est ut tanta multitudo hominum patrocinia pastoris nostri implorantium in civitatem nostram conflueret, quantam nullus hominum nec antea in ecclesia nostra vidit, nec, ut arbitror, deinceps videbit. Nam omnes habentes infirmos, languidos, claudos, surdos et mutos, nec non et dæmoniacos, vel quovis morbo detentos usque ad patrocinium pastoris nostri pro recuperanda sanitate deferunt.

16. Contigit vero circa idem tempus, quod quidam viri auctorabiles de Thuringia (84) adveniunt,

---

(82) Ingra ab incolis dicitur, qui tribus circiter leucis infra Hildeshemium Leinæ miscetur.
(83) Insigne monasterium Saxoniæ, quod sancto Adhelardo suam originem debet, ut in ejusdem sancti Vita, Sæculo IX.

(84) Thuringia amplissima olim regio, quæ etiam Regni titulum habuit sub prima regum nostrorum stirpe: nunc valde imminuta, provincia est Germaniæ in Saxonia superiori, quæ diversis subest principibus.

qui suum pastorem una manu debilem secum adduxerunt. Hi ut patrocinium beati Godehardi imploraverunt, illico sanitatem recepit, et manum debilem erexit. Quo facto, omnes unanimiter laudes Deo referebant, et in signum veritatis manum manui comparabant. Nam manum qua pastoralem virgam ante tenebat, rugosam et induratam invenerunt; alteram vero cum qua non laboraverat, candidam et mollem repererunt.

17. His ita gestis, matronæ quædam ab eadem terra jusque ad nos pervenerunt, ducentes secum mutum longo tempore loqui non valentem. Quæ dum orationibus insisterent, ac pro ipso patrocinium beati Godehardi implorarent, subito vinculum linguæ est ruptum, et officium ipsius per misericordiam Dei est restitutum.

18. Fuit vero tunc temporis Erpisfordiæ (85) vicedominus, habens pro misericordia Dei claudum, et pene omnibus membris debilitatum, eleemosynis suis addictum; quem, auditis miraculis, quæ per patronum nostrum fiebant, usque ad patrocinium ipsius, in ecclesiam nostram direxit. Et sicut credidit, sic per misericordiam Dei recepit. Nam quem debilem et omnino incedere non valentem usque ad nos transmisit, Deo adjuvante, sanum et incolumem suscepit.

19. Fuit vero circa idem tempus in cella beatæ Paulinæ (86), multo tempore quidam claudus omnibus notus et manifestus. Hunc potens quidam de Thuringia per licentiam abbatis ad se recepit et quæ corpori necessaria fuerant pro misericordia Domini ipsi erogavit. Hic ad patrocinium beati Godehardi pervenit, et integritatem corporis percepit.

20. Fuit etiam tunc temporis in Thuringia puella quædam gibbosa, in dorso valde curvata. Hæc veniens ad patrocinium beati Godehardi, per misericordiam Dei est erecta, et quod raro fieri solet, gibbo est omnino privata. Vir quidam ab eadem terra natus, per misericordiam Domini et beati Godehardi, ab eodem morbo est liberatus.

21. Iisdem vero temporibus fuit matrona quædam ab Hassia (87), omnibus comprovincialibus nota, et maximis infirmitatibus per multa tempora detenta. Hæc cum nihil jam præter mortem speraret, tandem patrocinium beati Godehardi humiliter imploravit, seseque ad terram prostravit, et miro modo sanitatem recepit. Nam et in inguine ubi antea caro sana fuerat, subito se aperuit, et duos lapides tantæ magnitudinis, quantæ in humano corpore nemo prius viderat, subito emisit. Quo facto, unum secum in signum miraculi, usque ad patrocinium beati Godehardi in ecclesiam nostram detulit; alterum vero in signum virtutis Dei domi reservavit.

22. Circa idem tempus contigit in Thuringia insigne miraculum, et dignum memoriæ tradendum. Nam duo viri, proh dolor! mala societate conjuncti, furtum quoddam peregerunt, et pelles cuidam subripuerunt. Factum est ergo ut uterque caperetur et ad judicium traheretur. Sed cum jam uterque convicti suspendio traderentur, alter ipsorum toto corde ingemuit, et, quod solum poterat, corde contrito et humiliato patrocinium beati Godehardi imploravit; alter vero quasi desperans nulli petitioni institit, vel vocem compunctionis emisit. Factum est igitur ut uno fune colligarentur, et uno ramo suspenderentur. Quo facto, alter spiritum illico emisit; alter vero, qui patrocinium beati Godehardi imploraverat, sine læsione et molestia pependit. Sed jam longo spatio horarum transacto, ille cujus pelles fuerant propius accedens et videns alterum exspirasse, huic quem adhuc vivere putavit in hæc verba prorupit, quærebat enim si viveret, aut si vitam retinere potuisset. Ille vero sperans sibi adjutorium advenisse, confessus est et se vivere, et nullum dolorem sentire. Hoc audiens qui eum suspendi fecerat, magnam inhumanitatem ei intulit. Nam fune quo suspensus fuerat tornato, firmo nisu ad terram corpus depressit, et sic spondilia colli se fracturum speravit. Quo facto, statim discessit, et omnem voluntatem suam se jam adimplesse non dubitavit. Factum est autem post discessum eorum longo tempore, ut prædictus vir manus post tergum ligatas dissolveret, et pannum præ oculis ligatum disrumperet, et sic tandem funem quo suspensus fuerat confringeret. Ad terram vero prostratus videns se nullam læsionem habere in fugam se convertit, et silvam quæ vicina erat cum festinatione introivit. Hoc videntes quidam qui non remote discesserant eum admirantes prosequuntur, et rogantes eum silvam exire, et nihil nisi bene de eis sperare. Qui tandem adhortatione ipsorum confortatus, silvam exivit, et cum eis magnificans et glorificans Dominum usque ad ecclesiam pervenit. Hic postea ad patrocinium beati Godehardi venit; et quæ sibi per misericordiam Dei et beati Godehardi contigerant, contestantibus civibus suis, qui plures una secum advenerant, nobis omnibus enarravit. Quot vero suspensos et jam in articulo mortis Deus per merita beati Godehardi liberaverit longum esset per singula describere: maxime cum funes quibus suspensi fuerant, omnibus in ecclesiam nostram adventantibus possint demonstrari.

23. Tunc temporis duæ mulieres de longinquo ad patrocinium beati Godehardi venerunt, quæ gratiam sibi ab eo collatam devotissime nobis omnibus narraverunt. Nam altera post immensam infirmitatem, omnem appetitum cibi et potus amisit, adeo ut nec cibum nec potum intra duos menses sumpserit. Videns autem se vitam sic longo tempore non posse

---

(85) Urbs Thuringiæ præcipua, celebrem habet academiam.
(86) Monasterium Thuringiæ a Paulina comitissa erectum sub Henrici IV imperatoris principatu, advocatis e monasterio Hirsaugiensi monachis: de hoc consule Trithemium in Chronico Hirsaugiensi ad annum 1107, ubi primus abbas dicitur fuisse Gerungus monachus Hirsaugiensis.
(87) Hassia Germaniæ provincia ex circulo Rheni, cujus principes Lantgravii dicuntur.

retinere, misericordiam beati Godehardi imploravit, et pristinum statum recepit. Altera vero, cum longo tempore lumine esset privata, in via, in qua ad patrocinium beati Godehardi pergebat, est illumi-.ata.

24. Fuit vero iisdem temporibus in Mindensi[1] (88) episcopatu vir quidam dæmoniacus adeo obsessus ut vix plures eum retinerent, quin se ipsum interimeret et alios neci traderet. Hic tandem manibus post tergum ligatis et pedibus concatenatis, per parentes suos ad patrocinium beati Godehardi deducitur, ejusque auxilium ab omnibus humillime imploratur. Dominus vero suus, Hezelinus nomine, videns summam ejus vexationem ac maximam tribulationem, misertus ejus ipsum manumisit, ac servum beato Godehardo tradidit. Quo facto, statim sanitatem recepit, et cum parentibus suis, solutis vinculis, integer et incolumis domum remeavit

25. Sub eodem tempore venit in ecclesiam nostram vir quidam magnæ pœnitentiæ et austeritatis qui per multa tempora carnem suam vigiliis et jejuniis domaverat, adeo ut et loricam indutus ad carnem portaret. Hic cum devote coram patrono nostro orationibus insisteret, multis videntibus, per gratiam Dei, lorica quasi tela araneæ dirupta est, et usque ad terram dilapsa. O virum omni laude dignissimum, cujus meritis et vincula peccatorum disrumpuntur, et ligaturæ ferreæ dissolvuntur!

26. Habebat tunc temporis abbatissa de Wunstorff (89) claudum quemdam valde debilem, qui omnino os in genu amiserat, et crus in quamcunque partem volebat, quasi sine junctura vertebat. Tunc abbatissa, cum tanta miracula per patronum nostrum fieri perciperet, secum prædictum claudum usque ad limina patroni nostri perduxit, et, Deo faciente, sanum et incolumem reduxit. Sed cum ad ecclesiam sibi commissam remearet, cum hymnis et laudibus, eum reduxit referens gratias Deo pro omni dono sibi collato. Hæc videns mulier quædam minus religiosa, nec Dominum timens, in hæc verba prorupit : Se nunquam velle patrocinia beati Godehardi implorare, nisi puerum quemdam omnibus membris debilitatum, quem tunc temporis in platea reptantem vidit, recto gressu videret incedere. Factum est igitur ut parentes ipsius pueri, post paucos dies ad patrocinium beati Godehardi eum deferrent, et factis orationibus pro ipso, sanum et incedere valentem reciperent. Quod postquam vidit præfata mulier, ex verbis temerarie prolatis, corde contrito et humiliato pœnituit, et se visitaturam patronum nostrum Domino vovit. Hoc facto, ex imo cordis suspiria duxit, considerans sibi necessaria viæ deesse, vel unde pueris ex se genitis domi possit providere. Quæ dum sic anxiaretur, factum est ut parvulus ipsius inscius domum egrederetur, portans panniculum, quem in platea invenerat, in quo mater novem nummos, quasi nesciente puero quid ageret, reperiebat. His ita gestis, laudes Deo et beato Godehardo persolvit, qui et ipsam ab anxietate eripuit, et omnem dubietatem a corde ipsius exstirpavit.

27. Circa idem tempus fuit puer in episcopatu Mindensi in villa, quæ Lanesberge appellatur, claudus et miro modo contractus. Hunc parentes ipsius, licet pauperes, ad patrocinium beati Godehardi adduxerunt, et pro ejus sanitate recuperanda devotissime misericordiam ipsius implorabant. Sed dum aliquantulum moram facerent, nec ullum profectum in puero viderent, ad proprias mansiones redire parabant, quia se exaudiri deinceps dubitabant. Sed dum prope ad villam, quæ Runeberge appellatur, venissent, et in quodam prato se quieturos disposuissent, in lacrymosa verba proruperunt, conquerentes se in multa tribulatione ad patrocinium beati Godehardi venisse, sed nullam gratiam in puero suo percepisse. Qui dum sic colloquerentur, subito puer membra, quæ antea fuerant incurvata, extendit et de curru in quo vehebatur lætus et ovans prosiluit. Quod postquam gens vicina viderat, illico unanimiter Dominum collaudabant, et ad proximam ecclesiam puerum sanatum devotissime deducebant. Sed ne tantum miraculum in oblivionem traderetur, in prædicto loco casam quamdam comprovinciales erigebant, ubi fideles prætereuntes in reverentia istius miraculi post multo tempore oblationes deferebant.

28. Fuit item claudus quidam illis temporibus in Goslaria (90) omnibus notus, qui et ipse pro recuperanda sanitate ad beatum Godehardum se contulerat et, Domino adjuvante, sanitatem recipiebat, adeo ut scabella quibus antea reptabat, quasi in signum memoriæ, in ecclesia nostra derelinqueret et ipse erectus incederet. Hoc plures religiosi illius civitatis viri omnibus fiducialiter affirmabant, qui per multa tempora eum claudum agnoscebant.

29. Fuit vero tunc temporis in loco, territorio ecclesiæ nostræ addicto, qui Aulica appellatur, vir tantæ ægritudinis in morbo, qui fistula appellatur, ut jam omnino vitam desperaret; quia nodum femoris in junctura ante positum amiserat, et cæteram partem jam se amissurum timebat. Hic ad patrocinium beati Godehardi sese deferri præcepit, et sanitatem corporis, Deo faciente, recipit. Post hæc nodum, quem antea manu ferebat, in signum miraculi et doni sibi a Domino collati, in ecclesiam suspendi jussit, ac deinde lætus et alacer domum remeavit.

50. Circa idem tempus fuit matrona quædam de

---

(88) Minda urbs Westphaliæ Anzeatica, olim sub dominio proprii episcopi, pace Monasteriensi, electori Brandeburgico data est.

(89) Monasterium in diœcesi Mindensi a Theoderico ejus urbis episcopo conditum.

(90) Goslaria urbs est inferioris Saxoniæ sui juris, ad fontes Okræ fluvii, in ducatu Brunswicensi, haud procul ab Hildeshemio dissita.

Hervordensi (91) loco genita, quæ omnino fuit paralytica et omnibus membris dissoluta : nullum enim membrum ipsius proprium officium exercuit, sed nec per multos dies adimplere valuit. Hæc maximam partem substantiæ suæ in medicos expenderat, sed per eos sanitatem corporis recuperare non poterat. Audiens vero tantam gratiam per merita beati Godehardi hominibus a Domino concessam, spretis exterioribus medicis, totam se misericordiæ Domini commendavit, et ad patrocinium beati Godehardi deferri præcepit. Quæ dum aliquanto tempore moram faceret in nostra ecclesia, tum per orationes fidelium, tum per beati Godehardi patrocinium sanitati est reddita, et omnia membra ejus pristino vigori restituta. Hæc postea frequenter ad limina beati Godehardi pervenit, et pro dono sibi collato gratias non immodicas Domino persolvit.

31. Non multo post tempore venit vir quidam in nostram ecclesiam, habens filiam valde dilectam, quæ gravi morbo laborabat et jam morti propiabat. Nam gutturi ipsius os immensæ magnitudinis, et ex utraque parte magni acuminis per sex dies adhæserat, quod nullus extorquere quavis arte valebat. Qui primum medicos in civitate nostra tunc temporis commorantes circuibat, et ab eis consilium quid de filia esset acturus requirebat ; sed nullum salubre consilium adinveniebat. Destitutus autem omni exteriori consilio, ad patrocinium beati Godehardi se una cum filia contulit, ipsumque pro ea humjllima devotione imploravit. Factum est ergo ut ipsa die puella os sine læsione ejiceret, et integram sospitatem recuperaret. Non multo post eodem morbo quidam per septem dies laborabat, et jam certissime ei mors imminebat : hic veniens ad patrocinium beati Godehardi, statim liberatus est, et in pristinum statum restitutus.

32. Contigit vero circa idem tempus quod Eckehardus quidam de Wigeleve cognatum quemdam suum vi et injuriose captivavit, et contra jus et fas incarceravit. Qui dum aliquanto tempore in captivitate detineretur, contigit in ipsa nocte Pentecostes, dum matutinales horæ celebrarentur, ut ad terram se prosterneret ad patrocinium beati Godehardi pro sua liberatione imploraret. Tandem ab oratione se elevans, foramen adeo arctum accessit, ut puer trium annorum pertransire [non] potuisset ; sed dum caput applicaret, ut sibi visum est, foramen se dilatavit, et ipse sanus et incolumis pertransivit. His ita gestis, sine mora omnibus innotuit captivum de carcere erupisse, et omnia evasisse. Statim omnes unanimiter eum prosequuntur, vias quibus evadere possit custodiis muniunt, et qualiter eum apprehendant omnibus modis elaborant ; sed, Domino adjuvante et beato Godehardo, factum est ut omnium insidias pertransiret, et ipsos cognoscens a nemine cognitus est. Hic sine mora ad patrocinium beati Godehardi se contulit, et pro sua solutione gratias Domino in ecclesia nostra persolvit.

33. Fuit vero tunc temporis in Marchia Ungariæ vir quidam in captivitate positus, et fortissimis compedibus compeditus, qui nihil aliud sperabat quam vel omnia sua amittere vel mortem subire. Ad aures ipsius fama beati Godehardi intonuit, et quanta Dominus pro ejus amore operaretur ipsi innotuit. Mox ad terram se prostravit, et ejus patrocinium devotissime imploravit. Factum est igitur ut ipsa nocte catena qua ligatus erat se dissolveret, et ipse de captivitate, Deo adjuvante, evaderet. Hunc omnes in ecclesia nostra viderunt, et sic evenisse circa eum veraciter perceperunt.

34. Iisdem vero temporibus fuit quidam paganus de ulterioribus partibus Sclaviæ captus, et in Halverbergensi (92) urbe incarceratus. Hic, fama revelante, de patrono nostro audierat, et quanta Dominus pro ejus amore operaretur quocunque modo, utpote paganus, perceperat. Hic, quadam nocte mortis timore coactus, inter spem timoremque pendulus, orationem ex imo cordis ad beatum Godehardum direxit, et ut sui misereretur devotissime exoravit. Quo facto, sine mora ex trunco magnæ molis et fortitudinis, quo conclusus fuerat, integro remanente, quasi ex liquida re sine læsione pedes eduxit ; et qualiter id sibi accidisset ignoravit, nec fugam ullatenus iniit. Die vero illucescente custodes advenerunt, et non sine admiratione magna eum repererunt. Sciscitantes vero qualiter id sibi ad invocationem nominis beati Godehardi accidisset admirati sunt, dominoque suo retulerunt, et quid deinceps essent acturi quæsierunt. Dominus vero compunctus tanto miraculo gratiam impendit, ipsumque captivum sine læsione abscedere jussit. Quantos vero, et quot incarceratos, et maximis compeditos compedibus, Dominus per patrocinium beati Godehardi a summa tribulatione absolverit, longum est per scripta enumerare, cum quibus ipsa tormenta in ecclesia nostra pendentia possit cognoscere. Quapropter non supervacaneum duximus plurima ex his, quæ longa forent scribere, prætcrire, et ad alia innotescenda transire.

35. Non multo post ea quæ diximus, fuit vir quidam habens filium unigenitum valde sibi dilectum, qui puerili more per campos cursitando ludebat, sed fortuito ad fossatum quoddam veniens, maxima multitudo terræ ex improviso super eum corruebat. Sed pater hæc ignorans, nec ipsum puerum domi reperiens, usquequaque quærebat, nec ullatenus eum invenire poterat. Unde factum est ut quidam diceret se circa fossatum puerum ludentem vidisse, nec postea comparuisse. Quo audito, pater cum festinatione ubi ultimus puerum viderat prædictus vir

---

(91) Hervordia urbs imperialis et Anzeatica Westphaliæ, sub electore Brandeburgico non longe a Monasteriensi civitate distat.

(92) Havelberga urbs episcopalis sub metropoli Magdeburgensi ad Havelam fluvium, a quo nomen sumpsit, ditioni electoris Brandeburgici subjacet.

transcurrit, et magnam multitudinem terræ noviter corruisse conspexit. Quo viso, adjunctis sibi plurimis, terram cum magna festinatione retexit, et puerum nullum indicium vitæ habentem invenit. His ita gestis, quia magnæ misericordiæ patronum nostrum beatum Godehardum fuisse audierat, illico preces devotissimas ad ipsum dirigit, adjiciens, si Dominus per merita ipsius vitam pristinam restitueret, ipsum ei in perpetuum servum offerret. Quo facto, puer vitæ pristinæ restituitur, ac domum simul cum patre regreditur. Hunc postea cum patre in ecclesia nostra vidimus, et ab ipso patre sic de puero evenisse certissime cognovimus.

36. Fuit vero tunc temporis vir quidam in loco, qui Mindin appellatur, adeo in hydropisi detentus ut circiter annum in eo laboraret, et jam nihil nisi mortem speraret. Hic, audito nomine beati Godehardi, in adjutorium suæ infirmitatis eum suppliciter invocabat, et ut sibi in necessitate posito subveniret humiliter exorabat. Factum est ergo non multo post ut quidam quem nec antea viderat, nec postea vidit, ad eum intraret; et, facta incisione, tantam abundantiam aquæ ex eo manare faceret quantam vix tina quis ferre potuisset. Quo facto, adhibita cura abscessit, nec deinceps comparuit. Hunc postea perfecte sanum vidimus, et, eo referente, sic circa eum evenisse veraciter cognovimus.

37. Circa idem tempus, per beatum Godehardum insigne contigit miraculum et dignum memoria retinendum. Nam quidam peregrinantes de Ruzia (93) ad patrocinium beati Godehardi adventaturi, et in die Palmarum quoddam desertum intrabant. Sed, Christiano more, cum divinum officium niterentur peragere, contigit ut subito multitudo paganorum in eos irrueret, et quotquot poterant neci traderent. Factum est ergo ut sacerdos, qui una cum ipsis fuerat, occumberet, et per passionem ad Dominum migraret; alii vero videntes se una interimi, licet inermes resistere eis parabant; sed propius protectionem beati Godehardi devotissime implorabant. Quo facto, licet plures et armati contra inermes congregarentur, tamen, Domino faciente, pagani se in fugam verterunt, et arma passim a se rejecerunt. Ipsi vero hoc videntes baculis quibus utuntur peregrini, illos feriebant, et circiter sex morti tradiderunt, victoresque effecti, arma quæ a se latrones rejecerant acceperunt, et tam scutum quam gladium in signum victoriæ in ecclesiam nostram detulerunt.

38. Non multo post hæc, contigit piscatorem quemdam cum puero suo Weseram (94) velle transire, et solito more utilitati suæ insistere. Sed cum jam fere medium aquæ obtinuisset, tanta tempestas incubuit ut vita [salva] se evadere dubitaret. Videns autem ventum magis ac magis insurgere, magister

signum adjutorii populo intonuit; puer vero orationem ad beatum Godehardum direxit. Factum est ergo ut magister, qui natare noverat, confidens in populi adjutorio submergeretur, puer vero natare nesciens, per suffragium beati Godehardi liberaretur.

39. Tunc temporis venit quoque quædam paupercula in civitatem nostram, de Spirensi (95) loco genita, ducens secum puellulam omnibus membris debilitatam, nec prorsus incedere valentem. Quæ dum circiter mensem in civitate nostra moram faceret, nec ullam gratiam in filia perciperet, tristis in terram suam redire instituit, quia jam se indignam audiri autumavit. Sed cum super ripam Weseræ, in loco qui Munden appellatur, pervenisset, et asinum pastum misisset, filiamque de curru deposuisset, matre semota, puella quæ antea fuerat debilis, subito se erexit, et in hæc verba prorupit. Clamabat enim se gratiam beati Godehardi realiter percipere, et illum secum ibi manere. Quo dicto, omnia membra illius, quæ antea fuerant debilia, in naturalem statum sunt restituta, et ipsa integraliter est sanata. Hanc omnes in ecclesia nostra sanatam vidimus, Dominoque de dono sibi collato laudes persolvimus.

40. Fuit circa principium translationis beati Godehardi quidam Sclavus, lumine longo tempore privatus, intra paganos moram faciens. Hic, audiens virtutes quas Deus in honore beati Godehardi operabatur, usque ad limina ejus pervenit, ac patrocinium ejus humiliter imploravit. Sed dum communes pro eo in ecclesia nostra fierent orationes, quia noviter relicto errore gentilitatis venerat ad sacramentum baptismatis, factum est, peccatis nostris exigentibus, ut sanitatem non reciperet, sed omni spe destitutus post aliquod tempus domum remearet. Contigit autem ut sui contribules, adhuc in sua gentilitate permanentes, qui eum visum non recuperasse viderunt, continuo in opprobrium et derisionem eum deduxerunt, scilicet quod Deum suum dereliquisset, et in alio nullam salutem invenisset. Hæc et his similia illis exprobrantibus, factum est ut prædictus vir pudore confunderetur, et mortem sibi inferre niteretur. Sed, o virum omni laude dignissimum, qui et vitam temporalem ei conservavit, et a morte æterna eum liberavit! Nam, dum adhuc in hac intentione permaneret, ut mortem sibi inferret, per merita beati Godehardi est illuminatus; iis a quibus prius contumeliosa susceperat, de os suos surdos et mutos exprobrabat, et se nunquam ab eis bene quid accepturos verissime confirmabat. Hunc postea in ecclesia nostra plures viderunt, et eum fuisse illuminatum verissime cognoverunt.

41. Contigit vero non multo post quemdam de Polonia ad patrocinium beati Godehardi adventare. Sed dum jam ostium nostræ ecclesiæ niteretur introire, subito a maligno spiritu est raptus, et ad terminus.

---

(93) Bollandiani putant esse legendum *Prussiam*, quod inter Saxoniam et Russiam tota Polonia interjicitur.

(94) Wisurgis fluvius apud Germanos notissi-

(95) Spira urbs olim Nemetes dicta, episcopalis sub metropoli Moguntina in palatinatu inferiori sub proprii episcopi dominio.

ram horribili modo dejectus : qui dum in ecclesiam vi duceretur, et ad tumbam beati Godehardi applicaretur, tanto furore coepit debacchari, ut quivis posset admirari. Tandem corpus beati Godehardi ad eum defertur, et signo sanctae crucis benedicitur et sine mora statim cum indicio magni fetoris liberatur.

42. Fuit vero tunc temporis in Trajectensi episcopatu vir quidam arti mercatoriae deditus, qui frequenter mare transivit, et quae sibi necessaria erant conquisivit. Hic quodam tempore maxima tempestate in medio mari deprehenditur, ab omnibus conclamatur, et nil jam nisi ultimus vitae terminus timetur. Tandem, finito aliquanto tempore, resumptis viribus animae, auxilium beati Godehardi implorabant, et argenteam navim delaturos, si evaderent, devoverunt. Hos in ecclesia nostra navim argenteam deferentes postea vidimus, et sic eis evenisse verissime cognovimus.

43. Contigit etiam tunc temporis in Hollandia, quod quodam tempore mare per inundationem influxit, et infinitam multitudinem populorum submersit. Hoc quidam percipientes, in basilicam quamdam in honorem sanctae Mariae dedicatam sese receperunt, in qua mortem se evasuros speraverunt. Sed cum jam mare magis ac magis efflueret, et jam ipsum murum basilicae impingeret, videntes se non posse evadere, auxilium beati Godehardi imploraverunt : quod statim evidenter perceperunt. Nam continuo mare ad solitum locum relabitur, et ne deinceps locum habeat evagandi divinitus inhibetur. Factum est igitur ut Dominus noster patrocinium beati Godehardi nobis non tantum in terris ostenderet, sed etiam in mari certissime manifestaret. Nam quot naves in magna tempestate deprehensas Dominus per eum liberavit, testantur adhuc cereae naves in ecclesia nostra pendentes.

44. Circa idem tempus Lotharius imperator Romanorum legatos suos, scilicet Eilbertum praepositum Goslariensem fratrem nostrum, ad imperatorem Constantinopolitanum dirigebat, et antiquum foedus imperatorum, quod jam pene neglectum fuerat, inter ipsos reparabat. Hic dum mare transiret, et jam prospero cursu pergeret, contigit ut quidam famulus ipsius resupinus de puppi caderet, et longo tempore sub undis maris existens nulli appareret. Factum est ergo, dum ab undis maris esset absorptus, et omnis vox esset interrupta, sola intentione qua poterat patrocinium beati Godehardi implorabat, et ut eum a mortis periculo liberaret devotissime rogitabat. Eo sic cogitante, apparuit ei quidam canuta facie, educensque in superficiem maris, quod ante non noverat, docuit natare. Videntes autem qui in navi fuerant, velum relaxabant, et minori navi quae eos comitabatur, usque ad eum pervenerunt. Sic praedictus famulus a morte jam pene absorptus eripitur, et miro modo vitae restituitur. Hunc omnes postea in ecclesia nostra vidimus, et

A circa eum sic evenisse veris assertionibus cognovimus.

45. Non multo post tempore contigit in Hungaricis regionibus celebrari miraculum et dignum memoria retinendum. Nam comes quidam illius regionis filium habuerat, in quo omnem spem temporalem et fiduciam posuerat. Contigit vero eum aegrotare, et jam usque ad mortem periclitari. Factum est igitur, dum omnes sollicite nocte dieque circa eum vigilarent, et inter spem timoremque haesitarent, ut puer morti appropriaret, et quadam die circa horam primam exspiraret. His ita gestis, dum omnes luctum, lamentaque geminarent, et quae exsequiis erant necessaria praepararent, forte quidam vir de Bavarica regione advenerat, qui et ipsum puerum de sacro fonte levaverat. Hic igitur videns incomparabilem dolorem patris et matris, misertus eorum, coepit eis nomen beati Godehardi intimare, et quantam gratiam fidelibus in eum sperantibus Dominus administret, devotissime annuntiare. His auditis, sine cunctatione pater et mater firma fide ad terram se prosternunt, misericordiam beati Godehardi devotissime implorant, seseque devovebant cum suis oblationibus ad limina ipsius iter instaurare, si ad pristinam vitam per ejus patrocinium filium suum possint recuperare. His finitis, jam vespertinum tempus advenerat, cum insperato modo puer ad vitam redit, et, quod mirabile dictu est, sine indicio laesionis de lecto surrexit aegritudinis. Votum vero, quod praedictus pater et mater fecerant, sine mora adimpleverunt, et oblationibus non modicis limina beati patroni nostri Godehardi visitaverunt. Nos in ecclesia nostra honorifice suscepimus, et sic eis contigisse veraci relatione cognovimus.

46. Circa idem tempus, dum tanta miracula per beatum Godehardum florerent, contigit duos viros nimia potatione ingurgitatos civitatem nostram exire, et ad proximam villam velle transire : qui dum medio campo consisterent, alter ipsorum fortuito os invenit, quod sublevans manu per horam secum portavit. Sed videns ipsum os esse magnae pulchritudinis et candoris, dicebat se terram velle pertransire, et omnibus notificare se reliquias nostri patroni deferre, et sic temporale lucrum, ut caeteri, acquirere. Quo dicto, sine mora in vesaniam raptatur, et loquens aliena domum deducitur, et mala morte proxima nocte traditur. His auditis, maximus terror hominibus incutitur, et, si qua dubietas cordibus ipsorum de nostro patrono irrepserat, omnimodo ab eis eliminatur.

47. Fuit temporibus illis pistor fratrum, Adelwardus nomine, ad cujus hospitium peregrini quidam declinaverunt, et hospitali more, secum nocte permanserunt. Qui dum equos suos adaquandum deducerent, filium ejus adhuc parvae aetatis existentem caballo imposuerunt, et patre ignorante abduxerunt : qui, dum equos adaquarent, fortuito infans exterritus de caballo praecipitatur, et sine mora un-

dis subducitur, et ubi quæri possit ab omnibus ignoratur. Sed peregrini non valentes puerum reperire, tristes domum redeunt, patrique quæ circa filium evenerant nuntiaverunt. Quibus auditis, pater concito surgit, tristis ad aquam pergit, navimque longe subductam requirit; et ut filium saltem mortuum, cum non posset vivum, adinvenire elaboravit. Qui, dum diu puerum in loco ubi deciderat quæreret, nec inveniret, ad terram rediit, uncum quæsivit : quo reperto, post longum spatium puerum invenit. His ita gestis, in domum proximam declinavit, ibique puerum mortuum, et nullum vitæ signum habentem deposuit, tantumque quæ exsequiis necessaria erant sollicite quæsivit. Dum hæc sic geruntur, mater pueri cum cæteris mulieribus, quarum magna multitudo domum introierat, misericordiam Domini et beati Godehardi implorat; et, ut solitam benignitatem, quam omnibus impenderat, non sibi subtrahat, devotissime exorat. Quid plura? post parvum tempus, puer singultus emittit; aqua, quam hauserat, cum magno impetu effluxit, et tandem vitam pristinam resumpsit.

48. Fuit vero circa idem tempus vir mercatoriæ arti deditus, qui negotiando diversas terras pertransibat, et sibi suisque victum difficulter quærebat. Contigit vero ut hic quodam tempore causa mercaturæ cum pluribus aliis inter paganos tenderet, et possessionem non modicam secum deferret. Qui dum prosperato itinere pergerent, contigit eos vastam solitudinem introire, ubi non modicam multitudinem paganorum obviam habuere. Quod videntes ad arma cucurrerunt, defensacula undique sibi præparaverunt; sed multitudini illorum resistere non valuerunt. Tunc vero quosdam ex ipsis morti dederunt, quosdam corpore truncaverunt, quosdam captivaverunt, bonaque ipsorum diripuerunt. Inter quos captivos prædictus vir, cum quodam puero filio fratris sui captivatur, et in remotissimas partes paganorum deducitur; ibique in quadam insula Oceani (96) detinetur, ubi cum diu servili opere desudaret, et unde eriperetur non haberet, utpote ubi mare undique circumflueret, nec ullum locum evadendi inveniret, tandem se ad patrocinium beati Godehardi patroni nostri iturum devovit, si per quam partem manus illorum effugere posset, illi demonstraret. His ita gestis, quadam die dum circa littus maris angustiando, et orationibus insistendo deambularet, cymbam parvam in obscuro loco littoris invenit, in qua se mare transire, Dei adjutorio, speravit; sed quia mare magnum et spatiosum fuerat, tantum periculum attentare trepidabat, seseque orationibus beati Godehardi commendabat, petens ut animo illius inspiraret, et competentia adminicula ei præpararet, quibus tantam tribulationem evadere potuisset. His finitis, jam nox advenerat cum jam fixo animo se ad fugam præparabat. Acceptis igitur duabus lanceolis et panno deculcitra abstracto, ad puerum filium fratris sui, qui in alia villa morabatur, pergit, cumque secum abduxit. Sed cum ad naviculam venisset, lanceolis et panno quem secum portavit, velum adaptavit, et sic se misericordiæ Domini et beati Godehardi commendavit. Quod videntes qui in insula commorabantur, eum subito prosecuti sunt; sed, Deo adjuvante, eum comprehendere nequibant, domumque infecto negotio remigabant. Prædictus vero vir, non immemor quod Deo voverat, sine mora ad patrocinium beati Godehardi veniebat, et lanceas et pannum unde velum fecerat, in memoriam tanti miraculi in ecclesia nostra suspendi rogabat.

APPENDIX.

49. Interea dum hæc aguntur, et memoria beati Godehardi valde celebris habetur, contigit ut archiepiscopus Coloniensis, Henricus (97) nomine, civitatem nostram cum non modica manu cleri et populi pertransiret, et prædicta miracula, quæ per eum fiebant, cognosceret. In conventum ergo fratrum nostrorum venit, et fraternitatem nostram devote postulavit. Ad cujus fraternitatis confirmationem dari sibi de reliquiis beati patroni nostri humiliter petiit, promittens se facturum ut in omni diœcesi sua celebris haberetur, et congruus honor tanto viro exhiberetur; sed quia petitionem ejus propter absentiam pastoris nostri distulimus, et tunc nos satisfacturos voluntati ipsius polliciti sumus, ubi is adesset. Non multo post tempore, dominus noster cum in conventu nostro hæc supradicta cognovisset, petitioni archiepiscopi acquievit, et quæ ab eo postulabantur sibi donari præcepit. Mox abbas beati Godehardi ad eum cum portione reliquiarum transmittitur et ab eo devotissime suscipitur. Hanc vero portionem archiepiscopus in terram nativitatis suæ, id est in Sueviam, transmisit, ibique quamdam ecclesiam in honorem ipsius instituit : ad quam cum multi confluerent, et certissimam salutem animæ et corporis recuperarent; contigit ut quadam die cuidam viro manus abscinderetur, adeo ut nec minima particula corpori jungeretur. Videns ergo mancum se esse, manum arripuit, et fide firmata eam ad

---

(96) Insulam maris Baltici mallet legere Henschenius, verosimiliter Rugiam, terrarum a Slavis detentarum ultimam.

(97) Henricus I comes de Molenarck sancto Engelberto successit anno 1225 ad annos 12, qui potius hic designari videtur quam Henricus II de Wirnemberg anno 1306 ordinatus. Quod miraculum infra num. 51 relatum, Cæsarii Heisterbachensis ætate patratum sit.

truncum apposuit, et ad eamdem ecclesiam ad patrocinium beati Godehardi migravit : ubi cum devotissime misericordiam ipsius imploraret, contigit celeberrimum miraculum, ut trunco manus conglutinaretur, et in pristinum statum restitueretur.

50. Vir quidam honestus, cujus nomen Theodoricus, civis Hildeneshemensis. Hic devotione singulari motus, fraternitatem instituit sancti Godehardi, et in eam utriusque sexus homines induxit, tribuens de propriis eleemosynam pauperibus satis largam in festo dicti pontificis Godehardi. Hic in infirmitate quadam decumbens, quæ phthisis dicitur, a medicis derelinquitur, qui de vita ipsius desperabant. Quadam vero nocte, quam pene duxit insomnem, apparuit ei sanctus Godehardus in habitu pontificali, dicens ei : « Quid agis, frater ? cur sic jaces prostratus in lecto ? » Cui Theodoricus respondit : « Infirmitate gravatus valida, aliud non possum quam prostratus jacere; sed rogo te, sancte Godeharde, ora pro me. » Cui vir sanctus ait : « Surge in nomine Domini nostri Jesu Christi, et vade ad ecclesiam, et ostende te confratribus tuis, et dic eis : Quia Dominus Jesus meritis meis te sanavit, eo quod honorem meum in hac infirmitate procurasti. Insuper dic eis ut in inceptis perseverent, et ego, frater eorum ero, et defensor ab hoste maligno, et ab omnibus quæ honorem, vitam, sive famam eorum lædere possunt, et apud Deum intercessor ero semper. » Dictus autem infirmus surrexit, et quod ei dictum fuerat fecit. Et omnes qui audierant verbum Deum benedicebant, qui talem eis patronum dedit et intercessorem. Dictus autem Theodoricus sanus et hilaris, postea vixit annis multis, devote Deo et sancto Godehardo se commendans.

51. Magister Joannes (98) decanus Aquensis, cum scholaris esset, tam graviter quodam tempore infirmatus est, ut confessus et inunctus nihil ei nisi mors videretur. Qui cum materia rapta esset in cerebrum, solus jacens in excessum venit, viditque homines sibi ignotos intrare, qui lances quas manibus portabant cum lignis brevibus et quadratis ante ipsum ponebant. Stantibus ipsis ex una parte lectuli, contemplatus est introire tres inclytos confessores, sanctum videlicet Martinum Turonensem, et sanctum Godehardum episcopum Hildeneshemensem, beatumque Bernwardum, qui cum parte ex altera circumstetere. In quorum conspectu puer Joannes uni imponitur lanci, et ligna ponderis alteri. Cumque elevata statera, juvenis æger minus habens inventus est, prædicti confessores puerulum parvum et mendicum sinui ejus imposuerunt, qui simul lancem adversam mox suspendentes, lignis graviores apparuerunt, statimque Joannes, qui mihi hanc visionem retulit, in sudorem erumpens crisin fecit, et de cadem infirmitate citius convaluit.

Postremum miraculum editionis Lipsianæ, vitæ brevioris.

52. Anno Domini 1338 civitas Pataviensis per episcopum Pataviensem (99), cum multa armatorum militia, circumvallata sic arctabatur, quod populus in ea desperatus de salute, hostibus suis se tradere volebat. Contigit autem ut unus inter eos in sancto Godehardo specialem gerens fiduciam, et inter majores civitatis residens, diceret : « Audivimus multa pietatis insignia et salutaris auxilii augmenta non modica, quomodo sanctus Godehardus de hac nostra ortus terra, imo de hac nostra diœcesi, multis astitit tribulatis, et consolationem ab eo receperunt, ut multis est notissimum. Expedit ergo ut et nos ipsius adjutorium imploremus, petentes devotione supplici ut clementer nobis assistat, et iram Dei, per quam meruimus hanc calamitatem, a nobis avertat. » Placuit omnibus verbum senis, ejusque omnes favent hortamento, et votum fecerunt unanimiter se missuros aliquot de civibus cum oblationibus, petentes ut eis in necessitatibus suis citius subveniret. Quo voto emisso, mira celeritate se invenerunt consolatos. Nam generosus princeps dux Bavariæ (100) veniens, negotium intercepit, et inter episcopum Pataviensem et cives dictæ civitatis ab eo obsessæ treugas constituit amicabiles. Sicque præsul abscessit, et civitas pace gaudebat insperata. Sed et medio tempore dictus dux Bavariæ pacem inter episcopum et civitatem incœptam confirmavit, et consolationem hominibus utriusque sexus condonavit. Cives autem dictæ civitatis suos, ut voverant, ad sepulcrum miserunt sancti Godehardi cum votivis oblationibus, omnibus ibidem narrantes qualiter suffragiis sancti Godehardi de tribulatione maxima subito fuerint liberati.

APPENDIX ALTERA.

Miracula in exteris provinciis facta, in quas delatæ sunt S. Godehardi reliquiæ.

Scire volentibus quæ et quanta Dominus operari sit dignatus per merita beati Godehardi, cum essemus in provincia Trajectensi, et in aliis locis, habentes nobiscum venerabiles reliquias ejusdem, breviter quædam adnotare curavimus. Honorabilem virum abbatem in Dokkinge curatum evidenter cognovimus a fluxu sanguinis, quo vehementer et diu laboraverat. Per ejus suffragium matronam etiam

----

(98) Idem miraculum refertur a Cæsario libro VIII. Miraculorum, cap. 77.

(99) Albertus Saxoniæ dux occupatam Patavii sedem militari more magis, quam ut ecclesiasticum deceret, administravit.

(100) Ludovicus, uti Henschenio videtur, Ludovici Bavari filius, qui, patre imperium ambiente, Bavariæ ducis titulum promereri potuit; etiam marchio Brandeburgicus appellatus est.

quamdam, quæ bona spe easdem reliquias ad se deferri petiit, Deus a duplici morbo, hydropico et podagrico, quo diu laboraverat, ejusdem meritis potenter atque evidenter liberavit. Præterea zonis multorum applicatis ad easdem reliquias, et appositis ad membra infirmorum, tam sæcularium quam claustralium, in continenti sanitatem recepisse noscuntur ; videlicet infirmi laborantes quotidiana, tertiana, dolore capitis, oculorum, dentium et cæterorum membrorum.

54. Cum femina quædam inter concives suos, dantibus nobis confraternitatem more solito, ab ipsa se absentaret, monita per visum a beato Godehardo cur se tanto beneficio privari vellet, et respondens quod nihil offerendum haberet, audivit, ut mane surgens, quidquid apud se inveniret offerret : sicque in bursa duos gravioris monetæ nummos inveniens obtulit, et idem factum coram populo professa est.

55. Vir etiam quidam magnus, nobis valde contrarius existens, cum populum a nobis avertere, et negotium nostrum omnimodis impedire studeret, ita per inflationem gutturis et totius capitis periclitari cœpit, ut jam pene deficere videretur, donec in se rediens et corde pœnitens, per suffragia beati Godehardi ab ipsius mortis faucibus liberatus, errorem suum devotione et humilitate correxit.

56. Quædam mulier cum geminos generaret, uno soluta ante nostrum adventum, tribus diebus cum altero periclitari cœpit ; sed nobis advenientibus, attactu zonæ sanctis reliquiis appositæ, in continenti enixa dignoscitur.

57. Præterea cum major ecclesia Trajectensis suspensione divinorum longo tempore nimis turbaretur, propter adventum reliquiarum beati Godehardi, divina resumpsit (101), et toti populo ingens gaudium tribuit in dedicatione, videlicet ipsius ecclesiæ.

SANCTI GODEHARDI EPISTOLÆ.

(MABILL., *Analect.* nov. edit., pag. 435.)

EPISTOLA PRIMA.

GODEHARDI ABBATIS TEGERNCENSIS AD NIDERALTAHENSES.

Nuntiat quomodo a Tegernseensibus exceptus sit, optatque ut mutua precum communio inter utrosque sit.

GODEHARDUS abbas, quamvis indignus, W. cæterisque fratribus, quidquid dilectis filiis in Christo.

Quanquam nostræ fragilitatis legem interius exteriusque laborando, natura cogente, merito patiamur ; tamen in hoc itinere, quod jussu domini nostri ducis aggrediebamur, adhuc nos prosperari vestri orationibus gratulamur. Nam honorifice simulque charitative a cunctis fratribus suscepti sumus, et devote faciunt quæcunque eis regulariter præcipimus. Insuper etiam precamur ut fraternitati vestræque orationi deinceps consociemur, et una mecum commendant vobis fratres nostros, quos huic misimus, ut eis omnem charitatem humanitatemque exhibeatis, ut præcipit beatus Pater noster Benedictus. Mittite nobis librum Horatii et epistolas Tullii.

EPISTOLA II.

EJUSDEM GODEHARDI AD THEODULUM (102) EPISCOPUM.

Non cupiditate, nec ambitione, sed obedientia principi præstanda se ad monasterii Tegernseensis regimen accessisse.

Domno THEODULO, pontificalium sacerdotum speculo liquidissimo, GOTAHARDUS Deo sibique monachum mentiens, proh pudor! Dominicum.

Scintillantis calami, æstuantis animi, vituperabilis invectionis in nos excogitatæ ulterior modus cernitur esse quam admirandus. Si in unius tam nefariæ criminationis causa me unquam reprehenderet propria conscientia, quam verecundo vultu quamque pœnitenti animo mea sponte voluissem me sequestrare a totius Christianitatis communione ! Absit a me deceptrix cupiditas, ut alienis tam impie vellem inhiare, quanquam sine vestris nullo modo vivere possem. Veneria, quinimo cupidinaria fascinatrix, ita penitus fiat in me sopita, ut alterius copulæ junctam vel concupiscibili oculo invidiose inspicere præsumam. Nostræ possessiunculæ absque fuco simulationis renuntiavimus euge : sed non tantum postea profecimus ut debuimus, quia (ut verius scitur) neque omnes Christiani Christiani sunt, neque omnes viri viri sunt, nec omnes monachi monachi sunt ; Christiani tamen isti sunt et monachi : sed hæc conversim volumus, sed non possumus ; nitimur, sed infirmamur. Qui aliqua Christianitatis tinctione vel aspersione est insignitus, si catholice excusatur tantæ perniciositatis flagitia non committere, quando qualiterve laudatur, qui tot vitiis obnoxius esse criminatur ? quod me furtive in ovile Domini

---

(101) Hoc miraculum ad sæculi xv initium revocandum esse videtur, quo abbas Insulæ beatæ Mariæ, teste Heda, Trajectenses Romani pontificis auctoritate excommunicavit, qui Suederum episcopum rejecerant. Id ad annum 1457 perduravit. Quo anno, agente Nicolao cardinali Cusano, Walrarius Rudolfo post Suederum electo cessit.

(102) Is est Goteschalcus episcopus Frisingensis, et in Catalogo episcoporum Frisingensium occurrit. *Gotscalch* est idiomate Theodisco *servus Dei*, Græce Θεώδυλος.

dicitis irrupisse, testis est fidelis curia populique Christiani innumera agmina, quia nihil de vestræ potestatis vel alicujus alterius subjectione mihi vindicare præsumpsi, nisi quod de potestativa manu summi Principis hodie (non fateor utrum vellem aut nollem) suscepi. Hujusmodi prohibitionem obedisionis in regula conscriptam vitæ Benedictinæ non inveni, quamvis sæpe sæpius hinc inde detrita sit præ manibus nostris. Quod in his deliquisse me sentio ex æstu talis periculositatis, certum teneo, teste multorum conscientia, absque ullo labore me emergere posse. Valete.

EPISTOLA III.
EJUSDEM AD AZELINUM ABBATEM LUNÆLACENSEM.
Ut quamprimum se episcopo Pataviensi sistat.

Abbas G. vester in omnibus confrater devotissimus, A. Lunilacumensium abbati, multiplicissimas in Domino salutes.

In omnibus vos prosperari nostri scitote esse gaudimonii; et si aliter, in his libenter compatimur similiter. Proximo apostolorum natalitio interfuimus solemni missarum officio pontificis Christiani (Pataviensis), quamvis nobis summo studio renitentibus, episcopaliter tamen vocavit vos, et hoc firmiter definivit, nisi *intra quatuordecim noctes* ad se veniatis, vos excommunicandum. Quapropter consiliamur vobis ut cum licentia episcopi vestri G. ad illum veniatis, et vos ipse præsentialiter audiatis qualiter eventus hujus rei habeatur. Si aliquid nostri indigebitis ad id causam negotii, parati sumus qualitercunque vultis vobis suffragari. Valete.

EPISTOLA IV.
EJUSDEM AD QUAMDAM ABBATISSAM.

Abbas G. omnium qui præsunt ultimus, domnæ abbatissæ T. vel A. seduli precaminis servitiique devotionem in Christo.

Recordamini, petimus, quod semper vos in Domino diligebamus, dilectamque Christi agnellam fieri optavimus, ac nobis in speciale nomen dilectissimæ sororis eligebamus. Ista soror nostra venit ad nos ante Natale Domini, multiplicis necessitatis suæ miseriam nobis conquesta; quam libentissime nobiscum commorari permitteremus, et in quantum sufficeremus, ministrare illi necessaria juberemus, si qualitas sexus aliquot permitteret monasterio fratrum feminas cohabitare: quia ut a sanctis viris comprobatur, stipulæ, paleæ, ignisque nunquam sibi pacificantur, nisi alter alterius damno citius consummentur. Quocirca petimus ne ad dedecus nostræ professionis, vel habitus monasterialis, quo ista soror vestitur, ulterius illam vagari per diversa loca patiamini: sed pro amore Dei nostræque futuræ excusationis ante Deum, vel ancillarum vestrarum operibus eam consociari dignemini, atque necessaria, quantum eleemosynæ est vestri, ei largiri. Valete.

EPISTOLA V.
TEGERNSEENSIUM AD GODEHARDUM EPISCOPUM HILDESHEIMENSEM.
Indicant se, post Albinum, Ellingerum in abbatem iterum elegisse.

Domino G. pontificatus infula decorato, meritisque officio congruentibus, supra cunctos ejusdem nominis hoc tempore divinitus sublimato, fratres Tegrenses sub patrocinatu S. Quirini deservientes, quidquid filii charo patri dominoque famuli.

Ut sanctitas vestra, Pater reverende, felici et prospero eventu in cunctis diu longa per tempora vigeat et valeat, paternitati vestræ indubitanter notum sit, intenta devotione nos Deo die et nocte jugiter supplicare, precesque ipsas sancto patrono nostro Quirino pro vobis ad Deum perferendas humili supplicatione commendare, quousque locus noster manere poterit, beneficiorum a vestra benignitate nobis impensorum nunquam oblivio erit. Nam filii qui nascentur, et exsurgent, eadem posteris annuntiantes dicent: Quomodo miseretur pater filiorum, sic ille suorum misertus est semper gratis famulorum. Quæ remuneratio etiamsi humana lingua tacuerit, apud Deum et S. Quirinum vobis certa erit.

Proinde, Pater amande, nunquam magis ab usque principio vestri auxilii et consolationis eguimus, quam nunc, instante necessitate, egemus. Nam tribulatio et angustia propria sibi in nobis jam dudum, ut ita dicamus, posuere cubilia. Quæ mala ad depellenda vestræ sanctitatis ad Deum interpellantur auxilia. Tibi itaque post Deum lacrymosis vocibus dicimus: Memor esto congregationis tuæ, quam sponte possedisti ab initio, adjutor in tribulationibus, quæ invenerunt nos nimis. Senior noster A. [Albinus] ægritudinis vi occupatus, prioratum suum deposuit, et nos orbatos reliquit. Igitur convenientes, Ellingerum nobis patrem, si Deo placet, recipere elegimus. Quam electionem inimicorum machinationibus pendet si obtinere possimus. Nam paternitati vestræ conquerimur, quia conatu præfati A. pene in alienæ et ignotæ potestatis dominium ignorantes traditi fuimus. Quod nisi Deus oculis suæ miserationis nos respexerit, adhuc contingere formidamus. Igitur benignitatem vestram obnixis precibus obsecramus, ut consuetudinaliter pro nobis dignemini studere, ut de paternitatis vestræ incolumitate, licet absentes, debeamus gaudere, ut et nostra concedatur nobis electio, et rerum nostrarum, quod quasi ante oculos omni die formidamus, ab imperatore non fiat abstractio. Nam apud cœlestem imperatorem multum vos valere nemo est qui audeat dubitare, pro quibus meritis etiam apud terrestrem quælibet potestis impetrare.

APPENDIX AD SANCTUM GODEHARDUM.

CHRONICON HILDESHEIMENSE.

(Apud PERTZ, *Monumenta Germaniæ historica*, Script. tom. VII, pag. 845.)

MONITUM.

Ecclesia Hildesheimensis Annalibus ad annum 1040 usque deductis, tum Thancmari libro et utroque Wolfheri opere gaudebat, cum vergente sæculo undecimo Chronicon conscribi cœptum est, quod ab initio episcopatus usque ad obitum Ettilonis episcopi anno 1079 defuncti productum, paucas paginas explevit. Auctoris nomen latet; si tamen inter scolasticos Ecclesiæ Hildesheimensis quærendus est, Godefridum fortasse vocaveris, quem sub Udone obiisse legimus. Quisquis sit, in rebus quæ tempus suum præcesserunt adnotandis Annales Hildenesheimenses, Vitam Bernwardi et Vitam Godehardi exscripsit, et libris chartisque in thesauro ecclesiæ asservatis uti potuit; genuina tamen libelli pars Vitam Ettilonis complectitur, statimque eo mortuo absoluta esse videtur. Jam prima hæc libri editio, quam annalista Saxo sæculo duodecimo exeunte exscripsit (102*) pars fuisse videtur libri pontificalis ab Udone episcopo Ecclesiæ suæ in usum conditi, in quo Kalendarium, Martyrologium, ordo canonicus, aliaque ad res Ecclesiæ facientia legebantur, et cujus hodie nonnisi apographum sæculo XII confectum exstat. Codex membranaceus formæ quam dicunt in 4° majori, hodie bibliothecæ serenissimi ducis Brunsvicensis et Luneburgensis Welferbytanæ, olim Hildesheimensis, sæculo XII exeunte conscriptus, post octo folia priora, sæculo XIV scriptura antiquiori erasa jam ordinem « *Did is de wyse des reventere* » exhibentia, fol. 9 servitia coquinæ per annum de præpositura majori enumerat, foll. 10-15 Kalendarium Ecclesiæ Hildesheimensis, foll. 16-24 sententias Patrum quibus clericalis ordo ad bene vivendum instituitur, foll. 34, 35 nomina fratrum nostrorum archiepiscoporum et episcoporum, tum foliis 35, 55, 56 crasis, foll. 56-128 Martyrologium et Necrologium sistit. Foll. 129, 130 nomina Ecclesiarum quæ nobis fratres et sorores in Christo, nostras orationes in quotidianis sacrificiis a nobis exspectant et suas debent nobis, etc., nomina episcoporum Hildenesheimensis Ecclesiæ tum presbyterorum, diaconorum, subdiaconorum, acolythorum et scholarium inde ab a. 1078 sub Udone episcopo defunctorum; foll. 131 nomina regum et imperatorum inde a Pippino Anschisi filio usque ad obitum Heinrici IV a. 1106, fol. 131-162 Chronicon Hildeneshemense, fol. 164-173 manu sæculi XIV scriptura fundationes et chartas, fol. 179-188 fundationes et obedientias sæculis XII et XIII scriptas exhibet, quas fol. 162, 189-204 notitiæ chartæque sæc. XIII, XIV, XV libro illatæ subsequuntur; quare librum non modo ecclesiæ in usum conscriptum, sed per tria sæcula constanter adhibitum auctumque patet. Ita et Udonis librum, nostri fontem, et Udone superstite et eo defuncto auctum fuisse statuere licet, quemadmodum in Ecclesia Romana codices diversos libri censualis qui sub Censii camerarii nomine laudatur, adhibitos, auctosque comprobavimus (103).

Chronicon in ipso Udonis codice Vitis episcoporum Ettiloni inde ab anno 1079 succedentium, Udonis Bruningi et Bertholdi, fortasse et Bernhardi et Brunonis annis 1153 et 1162 defunctorum a diversis scribis auctum, sæculo XII exeunte codici nostro illatum, eademque manu addita Hermanni Vita usque ad initium Adelogi a. 1171 productum est. Scriptor quisquis sit, Bernhardi, Brunonis, Hermanni et Adelogi nomina episcoporum catalogo rubra littera inseruit, ideoque sub eis floruisse censendus est, fortasse non alius a Bernone scholastico ejus temporis celebri, quem post Adelogum cathedram Hildesheimensem occupasse novimus. Vita Adelogi manu sæculi XIII ineuntis scripta, una cum Vitis Bernonis, Conradi, Herberti et Sifridi usque ad a. 1227 successorum, sæculo XIV erasa eodemque loco iterum scripta est, ita ut hodie nonnisi principium ejus manu auctoris exaratum exstet, reliqua manum sæculi XIV præ se ferant. Quod quare factum sit ignoratur. Contra successoris Sifridi, Conradi episcopi a. 1249 defuncti, Vita intacta mansit et litteram sæculi XIII medii ostendit. Vita Heinrici a. 1257 mortui, alia ejusdem temporis manu exarata fol. 146, et manu sæculi XIV scripta fol. 147, 147 et 148 altera vice habetur. Joannis et Ottonis, a. 1261 et 1279 defunctorum, Vitas ipsa sæculi XIV manus scripsit, quæ fortasse et Vitas Sifridi et Heinrici a. 1310 et 1318 mortuorum postea subjecit; ultimæ Heinrici lineæ alii sæculi XIV scriptori debentur. Reliquum operis, Vitæ Ottonis, Henrici, Joannis, Gherardi, Joannis et Magni, plus centum annis complexum uni sæculi XV scriptori debetur, qui anno 1433 libro finem imposuit. Opus igitur ab exeunte sæculo undecimo usque ad sæculum XV a canonicis Hildesheimensibus per tempora sibi succedentibus compositum et quasi Ecclesiæ nomine scriptum (104), in rebus Ecclesiæ fidem non exiguam sibi conciliat, et historiæ Saxoniæ illustrandæ conducit. Vulgavit librum Leibnitius in SS. Brunsw. t. I, 742-772 sub titulis: *Chronicon episcoporum Hildeshemensium; Excerpta ex Necrologio Hildeshemensis Ecclesiæ veteri; Indiculi confraternitatum et episcoporum Hildesheimensis Ecclesiæ; Nomina archiepiscoporum et episcoporum qui primum in Hildeshemensi Ecclesia canonici fuerunt; Excerpta paucula ex libro donationum Ecclesiæ Hildesheimensi factarum, et Fragmentum de reliquiis quibusdam Ecclesiæ cathedralis Hildesheimensis,* — ordine præpostero, eodem tamen usus codice Welferbytano, quem et ego numero:

NOTÆ.

(102*) Usque ad a. 1079, vide notas in margine editionis nostræ t. SS. VI.

(103) Archiv. t. V.

(104) Vitas in anniversariis defunctorum legi solitas, initia earum p. 859, 860, 863 ostendunt.

1. Signatum editionis nostræ fundamentum posui. Librum ad litteram expressi, sæculo tamen duodecimo usque ad Bernonem episcopum primarium scribendi modum quantum ad diphthongum æ et litteram t iis locis quibus antiquior textus a scriba posterioris ævi repetitur, restituendum duxi. Necrologium prolixius aliaque a ratione hujus tomi magis aliena alii loco reservavi. Eamdem in rem evolvendi erant præterea codices duo in bibliotheca Welferbytana asservati, scilicet inter Extravagantes :
2. Cod. Nro. 115 in folio et
3. Cod. Nro. 227 in 4°, uterque chartaceus, quorum hic quidem ex illo transcriptus nullius momenti est, ille autem post Engelhusii Chronicon excerpta nonnulla historica, ex Jordane de rebus Geticis, aliaque, et ultimo loco foll. 188-196 *Chronicam episcoporum diæcesis Hildensemensis nec non abbatum monasterii Sancti Michaelis* exhibet, quæ æque ac codex 1 vel ex ipso Udonis libro vel ex apographo ejus altero fluxit, eamque ob causam meliorem nonnullis locis lectionem exhibet, quam in textu recipiendam haud dubitavi. Cumque et nonnulla de tumulis episcoporum aliaque scriptori sæculo xv medio viventi comperta exhiberet, ea, Wattenbachio

A nostro operam præstante, adnotanda atque nonnulla de episcopis sæculi illius subjicienda curavi; at abbatum S. Michaelis Chronicon inter scriptores posteriores referendum erit. Major libri pars medio sæculo xv scripta est, reliqua circa annum 1458, aliisque plane manibus annis 1471, 1472 et sequentibus addita sunt. Libro nostro Leibnitius in edenda Chronica episcoporum Hildensheimensium nec non abbatum monasterii S. Michaelis t. II, p. 784 sqq. usus est.

Antiquior Chronici pars annalistæ Saxoni, totum opus Conrado Bothoni et Heinrico Bodoni innotuit, qui complura inde in Chronicon picturatum (105) et syntagma Gandersheimense receperunt.

In adnotationibus multa debemus eximio rerum Hildesheimensium doctori V. Cl. Hermanno Adolfo Luntzel, a cujus humanitate, ut rerum patriarum tempus locumve ex locuplete doctrinæ penu illustraret, facile obtinui.

Catalogum episcoporum Hildenesheimsium quem Leibnitius (106) ex Chronicis Eggehardi Uragiensis abbatis ad Egbertum Corbeiensem abbatem desumptum dicit et tomo II, p. 772 collectionis suæ inseruit, ut nullius pretii excerptum omitti placuit.

NOMINA FRATRUM NOSTRORUM ARCHIEPISCOPORUM.

Frithericus archiepiscopus. (Moguntinus obiit a. 954. 9 Kal. Nov.)

Reinwardus archiepiscopus. (Bremensis obiit a. 916.)

Volcmarus archiepiscopus. (Coloniensis obiit a. 967.)

Bruno archiepiscopus. (Coloniensis obiit a. 965.)

Willehemmus archiepiscopus. (Moguntinus obiit a. 968.)

Rothbertus archiepiscopus. (Moguntinus obiit a. 975. Id. Januar.)

Ghero archiepiscopus. (Coloniensis obiit a. 976.)

Etheldagus archiepiscopus. (Bremensis obiit a. 988.)

Luidolfus [1] archiepiscopus. (Trevirensis obiit a. 1008.)

Willeghisus archiepiscopus. (Moguntinus obiit a. 1011. 7 Kal. Mart.

Unewanus archiepiscopus. (Bremensis obiit a. 1029. 6 Kal. Febr.)

Anno Coloniensis archiepiscopus. (Obiit a. 1075 Non. Dec.)

Anno incarnationis Domini 1107 Heinricus frater noster a puero in nostra æclesia nutritus Magedeburgiensis archiepiscopus sub papa Paschali II catholice ordinatus. (Obiit a. 1107. 17. Kal. Mai.)

Conradus Salzburgensis archiepiscopus. (Obiit a. 1147.)

Reinaldus Coloniensis archiepiscopus. (Obiit a. 1167. 19. Kal. Sept.)

NOMINA FRATRUM NOSTRORUM EPISCOPORUM.

Dudo episcopus. (Osnabrugensis obiit circa a. 949.)

Londwardus episcopus. (Mindensis obiit a. 969.)

Bernhardus episcopus. (Halberstadensis obiit a. 968.

Eevurisus episcopus. (Mindensis obiit a. 950.)

Thieodericus episcopus. (Mettensis obiit a. 984.)

Esicus episcopus. (Fortasse Augustensis obiit a. 988.)

Dodo episcopus. (Monasteriensis obiit a. 993.)

Erpo episcopus. (Verdensis obiit a. 994.)

Bernharius episcopus. (Verdensis obiit a. 1013.)

Bernhardus episcopus. (Aldenburgensis obiit a. 1023.)

Ekkehardus episcopus. (Sliaswicensis obiit a. 1026. 4. Non. Aug.)

a. 1026 4 Non. Aug.)

Bruno episcopus. (Augustensis obiit a. 1029.)

Sigifridus episcopus. (Monasteriensis obiit a. 1032 5. Kal. Dec.)

Bruno episcopus. (Merseburgensis obiit a. 1036 Aug. 13.)

Ezelinus episcopus. (Merseburgensis obiit c. a. 1056.)

Volewardus præpositus noster, episcopus. (Brandenburgensis? obiit ante a. 1068. 14. Kal. Jun.)

Bernhardus episcopus. (Osnabrugensis? obiit a. 1068.)

Bruno magister scolarum Hildeneshem, postea Veronensis episcopus, a capellano suo occiditur. (Obiit a. 1083 vel 1084, 15 Kal. Mart.)

VARIÆ LECTIONES.

[1] Lvidolfus, *codex*.

NOTÆ.

(105) Leibn., SS. Brunsv. III, p. 277.

(106) Ib., II, p. 352.

Poppo Patherburnensis episcopus. (Obiit a. 1084 4. Kal. Dec.)

Cono Brissinensis episcopus. (Brixiensis obiit c a. 1087.)

Benno Osenburgensis [2] episcopus et praepositus noster. (Obiit a. 1088 6. Kal. Aug.)

Volcmarus Mindensis episcopus in scismate. (Obiit a. 1097.)

Erpo Monasteriensis episcopus in scismate. (Obiit. a. 1097. Id. Nov.)

Conradus Trajectensis episcopus occisus. (Obiit a. 1099 Id. April.)

Eppo praepositus sancti Petri Goslariae, frater

A noster, Wormaciensi episcopo Adalberto [3] superponitur in scismate, quod fuit inter Romanam aecclesiam et Heinricum quartum regem hujus nominis. (Obiit c. a. 1101.)

Albwinus primum magister scolarum Hildeneshem, postea Merseburgensis [4] episcopus. (Obiit 11. . . 10. Kal. Nov.)

Siwardus Mindensis episcopus. (Obiit a. 1140 4. Kal. Mai.)

Udo [5] Osenbrucgensis episcopus, primum [6] praepositus sancti Mauritii. (Obiit a. 1141. 4. Kal. Jul.)

Bernhardus Palburnensis episcopus [7]. (Obiit a. 1160.)

(Fol. 129) Nomina aecclesiarum qui nobis fratres et sorores in Christo nostras orationes in cotidianis sacrificiis a nobis expectant, et suas debent nobis vivis et defunctis, sicut a majoribus nostris accepimus.

Remensis aecclesia, quae mater fuit Hildeneshemensis aecclesiae in canonica institutione. Parisiensis in Francia. Sancti Gereonis in Colonia. Babenbergensis. Monasteriensis. Paterbrunnensis. Halverstadensis. Vuldensis. Heresfeldensis. Corbeiensis. Helemwardeshusensis. Heresa. Ganderhemmensis. Goslariensis. Ringelhem. Bruneswic. Pragensis. Montecassino. Turonis. Quidilingburgensis. Magetheburgensis. Osenbrucgiensis. Altahensis. Tegrinsenses, qui missale cum evangeliario et lectionario in signum fraternitatis huc dederunt. Hi omnes B nomina et obitus defunctorum suorum per litteras et per nuncios nobis annunciare debent, et nos illis nostrorum fratrum, ut fiant communes orationes per 30 dies; et in anniversariis, in missis et in ceteris commemorationibus mortuorum et in autumno per tres dies recordationis fratrum, nomina praedictarum aecclesiarum in conventu publico recitari debent, et in publicis missis, tam pro vivis quam pro defunctis, memoria fratrum nostrorum et sororum per hos tres dies cum oblationibus celebrari debet et elemosinis.

Haec sunt nomina episcoporum Hildeneshemensis aecclesiae a tempore Karoli Magni, qui fundavit hanc aecclesiam.

Guntharius primus episcopus.
Reinbertus secundus episcopus.
Ebo tertius, qui prius Remensis archiepiscopus.
Alfridus quartus episcopus.
Marcwardus quintus episcopus.
Wigbertus sextus episcopus.
Walbertus septimus episcopus.
Sehardus octavus episcopus.
Thiethardus nonus episcopus.
Otwinus decimus episcopus.
Osdagus undecimus episcopus.
Gerdagus duodecimus episcopus.
Bernwardus tercius decimus episcopus.
Godehardus quartus decimus episcopus.
Thietmarus quintus decimus episcopus.
Ezelinus 16. episcopus.
Ettilo 17. episcopus.
Udo 18. episcopus.
Berteldus 19. episcopus.
Bernhardus 20. episcopus.
Bruno 21. episcopus.
Hermannus 22. episcopus.
Adelogus 23. episcopus.

Nomina presbyterorum Hildeneshemensis aecclesiae canonicorum, qui ab anno incarnationis Dominicae 1078 post obitum Ettylonis 17i episcopi obierunt in Christo sub Udone 18° episcopo, de majori monasterio Sanctae Mariae.

Reteldus presbyter.
Sigemannus presbyter.
Hartnidus presbyter.
Ezelinus presbyter.
Heinricus presbyter.
Edwardus presbyter.
Sibertus presbyter.
Gozbertus praepositus et presbyter.
Bodo praepositus et presbyter.
Scazo presbyter.

Dudo presbyter.
Bernhardus presbyter.
Aldomnus presbyter.
Gumbertus presbyter.
Ludolfus presbyter.
Gerdagus presbyter.
Sibertus presbyter.
Ezelo presbyter.
Adeloldus presbyter.
Abico presbyter.
Hezelo [9] presbyter.

Tiethmarus presbyter Hildeneshemensis canonicus, postea monachus in monte Cassino.
Everhardus presbyter.
Wideroldus presbyter.
Odelricus presbyter decanus nostrae aecclesiae thesaurarius.
Betto presbyter.
Heico presbyter.
Ghiselbertus presbyter.
Albuinus nostrae aecclesiae decanus

VARIAE LECTIONES.

[2] Osenbrucgensis c. [3] abalberto c. [4] Merseburgis c. [5] do c. [6] primus c. [7] in pagina eadem et proxime sequentibus multa erasa sunt. [8] Reliqua quatuor nomina minio scripta indicare videntur episcopos istos scriptoris tempore praefuisse ecclesiae. [9] Hzelo codex.

APPENDIX AD S. GODEHARDUM

et presbyter.
Holco presbyter.
Walthardus presbyter.
Franco presbyter.
Conradus presbyter.
Hartbertus presbyter.
Bruninghus presbyter.
Bevo presbyter.
Volchardus presbyter.
Azzo presbyter.
Bertholdus presbyter.

Bruningus presbyter.
Rodolfus presbyter.
Benico decanus presbyter.
Johannes presbyter.
Alfwinus magister scolarum presbiter.
Burchardus presbyter.
Hermannus presbyter.
Johannes presbyter.
Sifridus presbyter.

Bernhardus presbyter.
Ekkehardus præpositus presbyter.
Richertus decanus et presbyter.
Lambertus presbyter.
Werno presbyter.
Conradus presbyter.
Lambertus presbyter.
Bertoldus presbyter.
Heribordus presbyter.
Wigandus presbyter.

Nomina diaconorum Hildeneshemensis æcclesiæ canonicorum, qui ab anno incarnationis Dominicæ 1079 post obitum Ettilonis 17i episcopi obierunt in Christo sub Udone octavo decimo episcopo de majori monasterio sanctæ Mariæ matris Domini.

Amelungus diaconus.
Dudo diaconus.
Benno diaconus.
Hilderadus diaconus.
Thiodericus diaconus.
Reinoldus diaconus.
Heinricus diaconus.
Hyrimfridus diaconus.
Tiodericus diaconus.
Albero diaconus.
Thiodericus diaconus et præpositus.
Volcoldus diaconus.
Liudegherus diaconus.

Bertholdus præpositus et diaconus.
Odelricus diaconus.
Eilbertus diaconus.
Bruno diaconus.
Bruno diaconus.
Esicus diaconus.
Ekehardus diaconus.
Thodelo diaconus.
Cherlagus diaconus.
Hermannus diaconus.
Theodericus diaconus.
Eilhardus diaconus.
Bertoldus diaconus,

Otto diaconus.
Gozmarus diaconus.
Bruningus diaconus.
Harderardus diaconus.
Burchardus diaconus.
Bruno diaconus.
Otto præpositus et diaconus.
Haoldus diaconus.
Beringerus diaconus.
Thietmarus diaconus.
Widekindus diaconus.
Heinricus diaconus.

Nomina subdiaconorum et accolitorum et scolarium Hildeneshemensis æcclesiæ canonicorum, qui ab anno incarnationis Dominicæ 1079 post obitum Ettilonis 17i episcopi obierunt in Christo sub Udone octavo decimo episcopo de majori monasterio sanctæ Mariæ matris Domini.

Hezzelo subdiaconus.
Rodolfus subdiaconus et præpositus.
Thietbertus subdiaconus.
Wernherus subdiaconus.
Huboldus subdiaconus.
Volcherus accolitus.
Alfardus accolitus.
Godefridus scolaris.
Thiethardus scolaris.

Sigewinus subdiaconus.
Thiodericus subdiaconus.
Meinhardus subdiaconus.
Bodo subdiaconus.
Thiodericus subdiaconus.
Beneko subdiaconus.
Heinricus accolitus.
Hermannus accolitus.
Johannes scolaris.
Odelricus scolaris.

Widego subdiaconus.
Everhardus subdiaconus.
Hugo subdiaconus.
Popo subdiaconus.
Werno subdiaconus.
Sigebodo accolitus.
Heinricus accolitus.
Burchardus scolaris.

Pyppinus filius Angysi annis 25 regnavit.
Karolus filius ejus annis 25 regnavit.
Pyppinus annis 27 regnavit.
Karolus Magnus annis 47 regnavit. Cui Leo tercius, qui dicitur Exceatus, imposuit coronam imperii Romæ et laudes « Christus vincit » pro papa et regibus et principibus dicendas instituit in die ordinationis suæ.
Lodewicus filius ejus annis 26 regnavit.
Lodewicus annis 35 regnavit.
Lodewicus annis 35 regnavit.
Lodewicus annis 6 regnavit.
Karolus annis 13 regnavit.
Arnulfus annis 12 regnavit.

A Lodewicus annis 7 regnavit.
Conradus annis 20 regnavit.
Heynricus annis 36 regnavit.
Otto annis 11 regnavit. Qui Magdeburgensem episcopatum cum suis suffraganeis quinque instituit.
Otto annis 18 regnavit.
Otto annis 23 regnavit.
Heynricus annis 14 regnavit. Qui Bavenbergensem episcopatum instituit.
Conradus annis 17 et menses 6
Heynricus [10] annis 17 et menses 4. Qui Goslariensem congregationem de suo construxit.
Heynricus, Heynrici filius, quartus rex hujus nominis dictus, excommunicatus a quatuor Romanis

VARIÆ LECTIONES.

[10] Heynricus a. 17 et m. 4. *desunt in codice, sed supplenda esse videbantur.*

pontificibus Gregorio VII, et Victore III, Urbano II et Paschali II, anno incarnationis Dominicæ 1107, ordinationis suæ anno 53 [11] obiit [12]. Regnavit autem post obitum patris beatæ memoriæ Heynrici imperatoris 51. In vigilia epyphaniæ Domini in Inghelhem regali curia in præsentia filii sui regis Heynrici hujus nominis quinti, in audientia multorum principum regni, qui ab eo discesserant propter excommunicationem, et filium suum regem elegerunt, absolutionem quesivit a Romanis legatis Richardo Albanensi et Ghebehardo Constantiensi, et non accepit, et ibi coronam et cetera regalia principibus reddidit. Eodem anno 7. Idus Augusti obiit Leodii non absolutus [13].

1. Karolus imperator magnus, qui supremo vitæ suæ tempore Saxones diversis variisque conflictibus duodecimo demum bello ad fidem Christi compulit, et Dei auxilio episcoporumque consilio Christianam religionem super eos corroboravit, æcclesias scilicet per loca Patherburne, Corbeiæ, Mynden, Hyldeneshem, Herstelle, et ceteras ædificari fecit, et episcopatus ibidem futuros præordinavit, anno incarnationis Domini 814. ad Christum migravit, anno ætatis suæ 72, regni autem ejus 43, imperii vero 14; cui filius ejus Lothewicus successit. Qui et eosdem episcopatus juxta decretum patris instituit, et ipse GUNTHARIUM primum episcopum in Hildeneshem ordinari fecit. Qui episcopus primo suæ ordinationis tempore in cymiterio capellam ædificavit, in qua [14] postmodum sepultus cum suis successoribus quievit († *an.* 834? *Jul.* 5).

2. Huic successit REINBERTUS secundus episcopus, quo defuncto anno dehinc prædictæ incarnationis Domini 835° (*Febr.* 12).

3. EBO archiepiscopus Remis deponitur, et in Hildeneshem imperatoris clementia relegatur. Qui 12 annis æcclesiæ præfuit, et episcopalem ordinem, ut sibi videbatur exercuit (*an.* † 851, *Mart.* 20).

4. Anno deinde 847 [15] incarnationis Domini ALTFRIDUS quartus episcopus ordinatur (*ante Aug.* 15). Qui æcclesiam regulariter regendo, quicquid antecessor suus de sacris ordinibus temere usurpavit, decreto canonum rationabiliter annullavit. Idem præsul monasterium nostrum in timore Domini inchoavit, et sub ipso inchoationis exordio criptam orientalem in honore sanctæ Mariæ virginis consecravit. Qui et duas curtes suæ proprietatis Saleghenstad [16] (107) et Asnede (108) nostræ æcclesiæ condonavit. In quibus abbatias, Salegenstad monachorum, et Asnede virginum coadunavit. (Cf. *Vitam Godehardi*.) Ipse episcopus 852. prædictæ incarnationis Domini anno cum Liudulpho Gandeshemense cenobium A primo in Brunesteshusen, et quarto post hæc anno in Gandesheim [17], ut prænotatum est, inchoavit. Qui et æcclesiam ibidem ædificare cœpit, et Hathamodam ejus ducis filiam primam abbatissam ibidem ordinavit, decimas etiam ex proprietate suæ æcclesiæ ibidem pro exhibendo sibi servimine et censu in beneficium præstitit, et cetera ibi Christo famulantibus profutura ex suo paterna pietate providit. Qui 18. post anno Hathamoda defuncta Gerbergam sororem ejus abbatissam ordinavit. (Cf. *Ann. Hildes.*) Ipse etiam anno incarnationis Domini 872, suæ vero ordinationis 26, inchoatum Hildeneshem monasterium Deo gratias consummavit, et divinæ majestati in honore sanctæ Mariæ sub tytulo sanctorum Cosmæ et Damiani, Tyburtii et Valeriani, et sanctæ virginis Ceciliæ devotissime dedicavit Kal. Novembris. Qui et tertio post anno, suæ ordinationis 29, plenus dierum et vere plenus bonorum operum 18 Kalendas [18] Septembris (874), scilicet in assumptione sanctæ Mariæ, in consortium sanctorum veraciter assumptus migravit, et Asnede in sua æcclesia, quam ipse inchoavit, consummavit, dedicavit, sepultus quievit, ibi usque hodie in miraculorum virtutibus per plurima sanitatum insignia, ut eo loci commanentes veraciter affirmant, omnibus innotescit. Eodem etiam anno, id est incarnationis Domini 875, Lodewicus imperator obiit, filius Lodewici.

(*Ann. Hild.*) Post Altfridum Liudolfus quidam monachus Corbeius designatur, sed subita morte præventus aufertur.

5 (*Ann. Hild.*) MARCQUARDUS dehinc quintus episcopus successit, qui etiam in Gandesheim trabes æcclesiæ posuit, qui 4. ordinationis suæ anno occisus est a Sclavis [19] († *Ann.* 880, *Febr.* 2). Ipse juxta relationem veterum prædictas abbatias Salegenstat et Asnide negligenter amisit.

6 (*Ann. Hild.*) Anno deinde incarnationis Domini 880, WICBERTUS episcopus electus est, qui in suo tempore medicinæ artis peritissimus fuit [20], et bibliothecam (109), quæ adhuc in monasterio servatur, propria manu elaboravit, et pluralem utilitatem suæ æcclesiæ prævidit. Ipse etiam utilitati fratrum consulens, omnem substantiam æcclesiasticæ proprietatis subtili sagacitate distribuens per villas, curtes, familias et decimas, terciam partem ad præbendam fratrum instituere decrevit, sed obitu præventus eandem inscriptionem successori suo complendam reliquit. (*Vita Godeh.*) Hic etiam anno 883. incarnationis Domini et suæ ordinationis anno 4, consummatam æcclesiam in Gandesheim dedicavit, et Gherberga abbatissa defuncta sororem ejus Christinam [21] instituit ibidem (*an.* † 903, *Nov.* 1).

VARIÆ LECTIONES.

[11] *ita emendo;* III. *codex.* [12] *vox deest in c.* [13] *hic incipit* 2. [14] q. *ipse p.* 2. [15] DCCCXLVIII. 2. [16] halegenstad et asvede 2. [17] gandeschem 2. [18] *deest* 1. [19] et in Ebbekerstorp sepultus 2. [20] *deest* 2. [21] Christianam *c.*

NOTÆ.

(107) Osterwiek?
(108) Essen.
(109) I. e. biblia.

7. Huic WALBERTUS septimus episcopus successit, qui præposituram et præbendam fratrum, ut antecessor suus prætitulavit, fideliter instituit, et ambobus æternæ retributionis præmium coram Deo acquisivit. (*Vita Godeh.*) Ipse etiam Christina [22] defuncta Roswidam abbatissam ordinavit († *an.* 919, *Nov.* 3).

8. (*Ann. Hild.*) Post Walbertum SEHARDUS octavus episcopus præponitur, qui anno 926. [23] incarnationis Domini turrim occidentalem in Gandesheim dedicavit, et Roswida defuncta Wendelghardam abbatissam ordinavit. Ipse etiam in nostro monasterio altare sanctæ Crucis et parietes et pulpitæ evangelium argento honeste redimivit (*an.* † 928, *Oct.* 10).

9. (*Ann. Hild.*) Anno dehinc 928, Sehardo defuncto, THIETHARDUS abbas Herveldiæ nonus [24] episcopus nobis ordinatur, qui inter plurima suæ pietatis indicia tabulam principalis altaris auro purissimo, gemmis et lapidibus preciosis, ut hodie apparet, decenter adornavit, qui et in Gandesheim novam æcclesiam ad monachas anno 939. [25] incarnationis Domini in honore sanctæ Mariæ consecravit.

10. (*An.* † 954, *Sept.* 13.) Quo ordinationis suæ anno 27. defuncto (cf. *Ann. Hild.*), OTHWINUS Parthenopolitanæ sedis-abbas decimus episcopus ordinatur [26]. Qui pluralem utilitatem suæ æcclesiæ per 30 annos prævidit, specialiter tamen curtem Gysenheim (110) in utilitatem fratrum [27] acquisivit, vinum etiam in summis festivitatibus per 16 dies fratribus instituit. Ipse etiam preciosa aurum et gemmas et lapides et margaritas in constructionem calicis et patinæ collegit; sed infirmitate præventus, sub sigillo et fide Christi successori suo reservavit. Qui 30 ordinationis suæ anno ad Christum feliciter migravit. (*Vita Godeh.*) Ipse etiam Wendelgharda defuncta, Gerbergam [28] abbatissam in Gandesheim ordinavit (*an.* 984, *Dec.* 1).

11. Otwino pontifici 29 [29] OSDAGHUS undecimus episcopus successit (*an.* 985): qui ex sua hæreditate et acquisitione curtem majoris Aleghrimesheim (111) cum 30 mansis in utilitatem fratrum instituit (*an.* 989, *Nov.* 8).

2. Quo quarto ordinationis suæ anno defuncto (*an.* 990) GERDAGUS duodecimus episcopus successit; qui etiam ex sua proprietate et acquisitione curtem minoris Alegrimesheim et Sighebrectheshusen [30] (112) fratribus ad 40 mansos donavit. (*Ann. Hild.*) Qui tertio suæ ordinationis anno Romam adiit, et inde rediens 7. Idus Decembris ad Christum migravit (*an.* 992, *Dec.* 7).

13. (Thanchari *Vita Bernw.*) Deinde incarnationis Domini 995° (*Jan.* 15) BERNWARDUS regius capellanus decimus tertius episcopus æcclesiæ nostræ constituitur. Qui ab exordio promotionis suæ quicquid acquirere potuit utilitati suæ æcclesiæ [31] fidelis dispensator prudenter impertivit; aurum namque et lapides, quos beatæ memoriæ Othwinus, ut prædictum est, reservavit, iste in calicem et patinam magnæ pulchritudinis et [32] pulchræ magnitudinis, ut modo videtur, fabricavit, et plurima utensilia, ut inter vitæ suæ opera inscribitur, suæ æcclesiæ contulit. Monasterium [33] quoque sancti Michahelis construxit et ex parte dedicavit, in quo et abbatiam et congregationem monachorum instituit. Quorum utilitati prædia et curtes et familias ad trecentos mansos condonavit, fratrum etiam utilitatem in præbenda et vestitura clementer ampliavit, quibus curtem [34] Hemethesdoron [35] (113) cum sua possessione in familiis et decimis [36] ad hæc implenda delegavit. (*an.* 1022, *Oct.* 30.) Ipse etiam in Gandesheim, ut prænotatum est, a Willighiso archiepiscopo et etiam ab Aribone varia vexatione fatigatus, tandem justicia dominante victoriam obtinuit, et novum monasterium ibidem in conspectu regis Heinrici et Willighisi archiepiscopi incarnationis Domini 1007, et suæ ordinationis 15. digne consecravit (*an.* † 1022, *Nov.* 20.)

14. (Wolfheri *Vita Godeh.*) Anno incarnationis Domini 1022 (*Dec.* 2), suæ vero ordinationis 30, beatus Bernwardus episcopus ad Christum migravit, cui venerabilis GODEHARDUS Altahensis abbas successit. Qui omnibus exemplar justiciæ et humilitatis in finem perseveravit in omni religione sanctitatis. Qui sub initio promotionis suæ ab Aribone Mogontiæ archiepiscopo super Gandeshemensi æcclesia impetitur, et per aliquot annos varia vexatione irritatur; donec [37] tandem anno Dominicæ incarnationis 1027, regni [38] vero Cunradi [39] regis quarto, imperii autem primo, synodo generali Francanovordi coadunata, ipso imperatore cum episcopis 22 præsidente, diocesim et potestatem super Gandesmense territorium synodali decreto testimonio septem episcoporum canonice retinuit. Ipse etiam fratrum utilitatem in præbenda et vestitura clementer ampliavit. Ipse etiam in curte sua Hildenesheim, veteri æcclesia quam Otwinus episcopus ibidem ædificavit dilapsa, pulchrum monasterium in honore ascensionis Christi construxit. In quo clericus plures in diverso studio scripturæ et picturæ rationabiliter utiles congregavit. Quibus de acquisitione sua victus et vestitus necessaria [40] providit sufficienter. Set pro

VARIÆ LECTIONES.

[22] christiana *c.* [23] DCCCCXXIII. 2. [24] novus 1. 2. [25] DCCCCXXXVIII. 2. [26] o. prius ante abbaciatem diguitatem Augensis monachus 2. *manu* 2. [27] *deest* 1. [28] gergham 1. [29] p. mortuo O. 2. [30] sighebretthehusen 1. [31] e. ut f. 2. [32] ut 2. [33] monasterium — condonavit *desunt et infra multo ampliora leguntur* 2. [34] c. majoris hemedesdorn 2. [35] Hemelesderen *glossa* 1. [36] decima 2. [37] done *excisa* 1. [38] reguo 1. [39] nra *excisa* 1. [40] necessaria *c.*

NOTÆ.

(110) Geisenhem, vini ferax.
(111) Algermissen.
(112) Sievershausen? Sibbesse?
(113) Himmelsthür.

peccatorum culpa idem monasterium igne consumitur, congregatio dilabitur, utilitas ibidem collata in diversa distrahitur.
15. (Cf. Vitam Godehardi c. 35, et Ann. Hild. a. 1038.) Quo 16. ordinationis suæ anno defuncto [44] (an. 1038, Mai 5), THIETMARUS [45] regius capellanus successit (an. 1038, Aug. 20), qui utilitatem æcclesiæ suæ fratrum benigna dilectione in pluribus ampliare decrevit, set peccatis nostris impedientibus non implevit. Cotidianam tamen præbendam fratrum ampliavit, et prædium in villa quæ appellatur Wengarde (114), a Walberto presbytero acquisitum, f atribus condonavit. (Ann Hild. a. 1039.) Idem episcopus primo suæ ordinationis anno Sophia Gandeshemensi abbatissa defuncta, et Adelhaida sorore sua ei subrogata, quando eam jussu regis in eandem æcclesiam introduxit ante altare, et obedientiam et subjectionem sibi promittenti in æternam curam commendavit, et decimas quas antecessores [46] sui ibidem beneficii gratia præstiterant, banni sui auctoritate [44] repetivit, et easdem Christiano comite ejusdem æcclesiæ advocato reddente recepit et sibi suæque æcclesiæ in proprietate, banni sui auctoritate communivit, astante Hermanno Coloniensi archiepiscopo cum innumera multitudine cleri et populi; easdem tamen decimas ibidem ad preces archiepiscopi cum consilio sui cleri et populi eidem altari et abbatissæ repræstitit, pro eodem scilicet [45] servimine et censu, sicut beatus Bernwardus episcopus, antecessor suus, ibidem instituit [46].
16. (Cf. Vitam Godehardi c. 35; Ann. Hild. a. 1044.) Quo subita morte prævento (an. 1044, Nov. 14), AZELINUS regius capellanus ei successit; qui pluralem utilitatem suæ æcclesiæ diversa acquisitione contulit, veruntamen, ut veremur, ante Deum reus exstitit, quod monasterium nostrum [47] igne consumptum inconsulte dejecit. Ipse etiam fratrum commoda sepius ampliare decrevit, set varia occupatione præpeditus, tandem subitaneo obitu occupatus non implevit. Dedit tamen anulum pontificalem

A et dorsale bonum suo nomine inscriptum, cum campana Cantabona vocata. Dedit etiam coronam (115) auro et argento radiantem et coram principali altari pendentem [48].
17. Defuncto eo (an. 1054, Mart. 8) ETHYLO (116) Goslariensis præpositus nostræ æcclesiæ delegatur, qui vir tam litterali scientia quam matre virtutum discretione conspicuus, opus quod antecessor suus in occidentali parte nostræ civitatis inchoaverat, quippe cujus magnitudo tenuitatem rerum nostrarum excessit, antiquo capiti æcclesiæ, quam domnus Altfridus in eodem loco divina revelatione fundaverat, novum corpus moderatæ compositionis mira arte conjunxit; quod postea procedente tempore prædiis de sua acquisitione ditatum, B palliis, calicibus, corona ymaginem cœlestis Jerusalem præsentante ceterisque æcclesiasticis ornatibus, insuper auro et gemmis preciosiore librorum thesauro decoravit. Ipse etiam præbendas fratrum, determinato non comprehensas numero, sapienti consilio ad certum numerum, 50 scilicet, redegit, et ut secundum regularem institutionem æqua omnibus portio daretur, quod usque ad id temporis consuetudo nostra non habuit, banni sui auctoritate firmavit. Fuit quoque studiosus in honorando nomine clericali, diligentissimus in promovendis ad spiritalia arma clericalis militiæ pueris et juvenibus, quibus, quod verbo docuit, se ipsum qualiter fieri oporteret, exemplum proposuit. Quam largus autem C fuerit in elemosinis, ipsi adhuc pauperes testantur, quorum tamen hac discretione supplebat inopiam, ut prorsus ab hiis qui utcumque parum operari poterant, viciorum matrem extirparet desidiam. Habet tamen in eo divina sententia, ut veremur, quid feriat, quia institutionem nostri ordinis in abbrevatione divini officii, in superfluitate vestium, in relaxando regularis vitæ districtionem, non dico mutavit, set mutantibus non contradixit. Pari enim reatu teneris, et errori consentire, et, ubi possis, illicita non prohibere. Deinde crescentibus rebus æc-

VARIÆ LECTIONES.

[41] 2. scribit: sepultus in cripta majoris nostræ ecclesiæ. [42] thiemarus 1. [43] ssore excisa 1. [44] te excisa 1. [45] videlicet 2. [46] hæc habet : Iste Thietmarus rexit 6 annis aut circa, et molestus fuit monasterio sancti Michaelis, aliqua bona scilicet decimas in Lafferde, Eggensem, Nettolinge, Sawynge et Beddungen (a) ac bona in Wenthusen aufferendo ex inductione quorumdam perversorum simili modo sicut Hildewinus, qui beatum Godehardum ad similia induxit, set non prevaluit. Vir enim sanctus considerans suam maliciam (c. m. ejus m. 2) et certorum aliorum invidiam eis non consensit. Post obitum tamen sancti Godehardi non cesarunt, set calliditate vulpina devotum virum Deithmarum episcopum tandem induxerunt, ut eadem bona que sanctus Bernwardus de thesauro Ottonis tercii emit et monasterio præfato contulit, ipse aufferret monasterio, set tamen post miserabilem obitum quorumdam invidorum penitencia ductus totum monasterio restituit. Et tamen postea nescio per quos eadem bona cum quibusdam aliis scilicet decima in Berberch (b) monasterio ablata (ita corr. m. 2. accepta m. 1.) sunt et aliis ecclesiis collata, non verentes maledictionem sancti presulis Bernwardi prout in ejus legenda clarius continetur. Quo subita morte prevento (et sepulto apud murum versus sacrarium addit m. 2.) anno M°XLIV° Azelinus 2. [47] m. majoris ecclesiæ 2. manu secunda. [48] hæc habet : Anno Domini 1054. Azelinus migravit ad Christum, sepultus in principali ecclesia juxta columpnam omnium sanctorum in parte australi et loco ejus constituitur Ethilo, etc.

NOTÆ.

(114) Wennerde, olim apud Sarsteds sita.
(115) Lättike crone glossa s. XV.

(116) Hezilonem vocat Heinricus IV rex in dipl. a. 1057.

(a) Lafferde, Hoheneggelsen, Nettlingen, Savingen, Beddingen.

(b) Bierbergen.

clesiæ numerum Deo servientium studens augere, in honore sancti Mauritii, in monasterio quod beatæ memoriæ Godehardus [49] episcopus ædificaverat, sanctimoniales instituit; scilicet considerato hoc sexu tum oportunitate loci tum natura ad peccandum proniore, ipsis ejectis 20 canonicos novo in monasterio reposuit, quibus victus et vestitus necessaria procurans, Cononem consanguinitate sibi proximum, post Brissinensem episcopum, ipsis præposuit. Jam autem instante ætatis suæ vespere vespertinum oblaturus sacrificium, in orientali nostræ civitatis parte prius domum belli in domum pacis, adjuncto etiam novo opere, commutavit, et 15 canonicis institutis abundeque illis necessariis provisis, Adeloldo præposito, viro sanctæ memoriæ, regendos commisit. Sed quia idem monasterium infirmitate præventus consecrare non potuit, Burchardo Halverstadensi episcopo, fortissimo in bello æcclesiæ militi, sub titulo sanctæ Crucis et beatorum apostolorum Petri et Pauli consecrandum commisit. Quo ad purum infirmitatis igne excocto, prædicti præsulis ammonitu, fratribus nostris ex corde pœnitens quicquid abstulerat, decimas scilicet et curias Wangarde, Eymbrike (117), Poppenburg (118) reddidit, et quæ longo tempore congregaverat, ipse ut prudens animal per manus pauperum Domine offerenda præmisit. Considerans enim impossibile esse multorum non exaudiri orationes, nullam in tota Saxonia congregationem prætermisit, quam non quantolocumque karitatis munere honoraverit. Ipse quoque de iminutatione nostri ordinis facta confessione pœnitentiam accepit, et fratres nostros astantes sub attestatione divini timoris ut in pristinum restitueretur, consulendo præcipiendo ammonuit. Ad cujus virtutis cumulum hoc quoque laudibus ejus placuit inserendum, quia pene omnibus Ytalicis et Teutonicis episcopis inaudilam et in omni canonum serie non lectam domni Gregorii papæ hujus nominis septimi dampnationem subscribentibus, ipse quoque timore mortis subscripsit, set quod scripserat, ut homo sagacissimi ingenii, obelo suposito dampnavit. Cujus quia subscriptionis pœnam et excommunicationem, scilicet hac pro inobedientia subsecutam, maxime nostro in tempore luimus (119), visum est socordiæ, tantam tanti viri sagacitatem, qua se ab hac coram Deo absolvit, silentio præterire. Hic cum Heinricus rex hujus nominis quartus totam pene Saxoniam rapina vastaret et incendio, data infinita pecunia, ut ne una domus in omni nostro episcopatu combureretur effecit. Si quis autem objiciat pro eo non orandum quem excommunicationis pœna diximus innoqatum, certissime sciat Adalberonem Werzeburgensem episcopum cum Eilberto Mindensi episcopo auctoritate apostolica Corbeiæ absolvisse, nec postea cum corpore, nunquam autem animo excommunicatis communicasse. Obiit autem beatæ memoriæ domnus Hezzylo episcopus anno Dominicæ incarnationis 1079 (Aug. 5), ordinationis vero suæ 26 [50], et in monasterio sancti Mauritii, in loco quem ipse sibi præfoderat, requiescit. Cujus quia adhuc in nostra congregatione plurima vivunt beneficia, ejus quoque apud nos nova semper et celebris vivit memoria.

18. Huic octavus decimus episcopus UDO successit, qui æcclesiæ nostræ 33 annis præfuit. Hic, ut omnium pace dicatur, cum oblectamentis temporalis vitæ nimis indulgeret, justo Dei judicio condignas levitatis suæ pœnas exolvit. Ecberto namque marchione episcopatum nostrum incendiis ac rapinis atrociter invadente, et muros urbis gravissima obsidione coartante, idem episcopus ob [51] tutelam sui et defensionem æcclesiæ decimas, quæ omnes fere illi vacabant, aliasque æcclesiæ possessiones coactus est militibus impertiri, et quod magis perniciosum est multas, pœnas videlicet pecuniarias pro criminalibus culpis institutas, hominibus suæ ditionis relaxare. Extremo tamen vitæ suæ tempore moribus sincere correctis, prædia quædam suæ proprietatis cum ministris ad jus episcopale contulit; quæ vero in Bocholte (120) tytulo hereditariæ successionis possederat, et quod in Witisleve (121) a quodam Godeschalco emptionis nomine acquisiverat, ad opus fratrum delegavit. Insuper quod [52] filiæ fratris sui Ethka et Athelheidis [53] venerabiles [54] abbatissæ, prædium suum in Hevenhusen (122) [55] cum omnibus suis attinentiis æcclesiæ nostræ largirentur, effecit (an. 1114, Oct. 19).

Post hunc BRUNICGUS Goslariensis decanus, ætate maturus et industria conspicuus, æcclesiæ nostræ delegatur (an. 1115). Qui episcopatum quidem nostrum quatuor annis gubernavit, set cum a Moguntino Adelberto consecrationem nollet suscipere, episcopatum resignavit; et ad æcclesiam sancti Bartholomei, cui quædam de bonis episcopalibus, quædam de rebus proprietatis contulerat, sese transtulit, ibique diem exitus sui Deo devotus expectavit [56] (an. 1120, Mart. 3).

19. Dehinc BERTOLDUS, venerabilis noster præpositus, cleri plebisque consensu æcclesiæ nostræ præficitur (an. 1119, inter Jun. 5 et Oct. 31). Qui et officio æcclesiastico excellenter eruditus, et religiosæ conversationis studio præclarus, religiosas quasque

VARIÆ LECTIONES.

[49] G. 1. [50] XVII, XXVI. 2. [51] ad 2. [52] ita 2. vox deest 1. [53] eilika et atheydis 2. athelhedis 1. [54] venerabilis 1. [55] heneshusen 2. [56] ubi et sepultus est 2.

NOTÆ.

(117) Emmerke.
(118) Poppenburg ad Leinam.
(119) E. g. anno 1080. Saxonia vastata.
(120) Buchholz a septentrione Hannoveræ aut Bokholt præfecturæ Bodenteich.
(121) Wetzleben apud Wolfenbüttel.
(122) Hevensen prope Hardegsen.

personas omnibus modis suæ aggregare nitebatur æcclesiæ. Ipse sacras virgines in episcopatu nostro primus inclusit [57], et clericos quos regulares vocant introduxit, ejusdemque ordinis præposituram in Banchenrothe (123), et de suis et episcopalibus bonis instituit. In capite etiam sanctuarii principalis æcclesiæ opus elegantis structuræ ædificavit (an. 1150, Mart. 14).

20. Huic BERNHARDUS episcopus successit (an. 1130, inter Mar. 28 et Jun. 12). Qui primum magister scolarum, deinde majoris æcclesiæ præpositus, pari desiderio cleri et populi supra modum renitens in episcopum eligitur. Electus autem sicut vir litteratura ac discretione omnique virtutum decore conspicuus, dispersa congregare, et congregata conservare, et habita modis competentibus augmentare curavit. Abbatiam siquidem Ringelemensem (124) prius regalem, nunc vero episcopalem, Conrado rege consensu principum donante, in perpetuum sibi et successoribus suis obtinuit (an. 1131, Jul., 30), ac præposituram in Alsburg (125), cum ante non totam possideret, Heinrico duce partem suam conferente, integraliter bonis proprietariis æcclesiæ nostræ coadunavit. In honore quoque beati Godehardi episcopi nostri et confessoris, vere sanctorum catalogo fieri inconvenienter asscripti, cujus ipse translationem auctoritate Innocentii papæ et coniventia Remensis concilii sollempniter celebrarat (an. 1132), monasterium in australi parte nostræ civitatis construens dedicavit et dotavit, ac fratres monasticæ professionis inibi Deo servituros constituit, et eis Fridericum primum abbatem præfecit (an. 1146). Ipse fratrum utilitati pie prospiciens, partem prædii quod in Waleshusen (126) habebat, in augmentum præbendarum contulit. Prædia vero quæ venerabiles abbatissæ Adelheidis et Elika æcclesiæ contulerant, hac moderatione fratribus impertivit, ut curtes et litones usui fratrum cederent, ministeriales vero curiæ episcopali curialium more deservirent, sic tamen ut ministerialium absque herede decedentium bona seu beneficia fratrum bonis semper accedant. Nec hoc silentio prætereundum est, quod curtem nostram in Embreke, qua longo caruimus tempore, sagaciter requisivit et fratribus reddidit, et inde quatuor servitia fratrum consilio dari ordinavit, duo fratribus sancti Mauritii et sanctæ Crucis, in Ascensione et in Pentecosten nobiscum in refectorio, unum in apostolorum Petri et Pauli festo, quartum in ipsius boni comitis Thietmari, qui eadem bona nobis contulit, anniversario. Et ut fratribus affectum fraternæ dilectionis in omnibus declararet, medietatem oblationum altaris beatæ Mariæ, et terciam partem eorum quæ ad beatum Godehardum offeruntur, itemque oblationes sepulchri cum omni integritate, domno Hermanno Thuringo venerabili presbytero interveniente, fratribus erogavit (an. 1146), et ne rerum necessariarum defectum sentire cogerentur, instituit ut per licentiam absentibus per 15 dies plenaria præbendarum portio præter vinum ministretur; quando autem vinum deest, 10 nummos pro vino dari, cum ante septem darentur, ordinavit. Castrum etiam Winzenburg funditus dirutum, ut sibi ad tutamen æcclesiæ reædificare liceret, ab imperatore Lotario impetravit, quod et reædificavit, et ut æcclesiæ et sibi et successoribus suis, et absque alicujus invasione, liberum permaneret, duorum Romanorum pontificum Innocentii et Eugenii, magnorum in Christo virorum, banno firmari rogavit (an. 1135, Nov. 25). Ipse etiam ligneam turrim vetustate dirutam amovit, et novam non modico sumptu reposuit, deditque vas crismatum argenteum et dorsale valde bonum, quando Imbrike fratribus resignavit, in testimonium (an. 1149, Mai. 27). Indumenta quoque episcopalia aurifrigiis decenter ornata de suo æcclesiæ comparavit, anulosque duos pontificales suo nomine inscriptos, unum topazio, aliisque gemmis cum margaritis circumpositum, alterum quadrangulum jacincto optimo radiantem beatæ Mariæ obtulit. Qualiter etiam monasterium nostrum campanis et picturis adornaverit, coram omnibus elucescit. Prærogativam denique episcopalis officii, quam in Gandeshemensi æcclesia sui antecessores, episcopi videlicet Hildeneshemenses, habuerunt, toto vitæ suæ tempore quiete possedit. Nam domnam Liutghardam, domnæ Berthæ abbatissæ subrogatam, Goslariæ, in curia imperatoris Lotharii in æcclesia beatorum apostolorum Symonis et Judæ, promissa sibi debita obedientia, manu propria consecravit. Qua defuncta, domnam Adelheidam illi rite substitutam, oculorum cecitate præpeditus, per manum domni Bernhardi Palburnensis episcopi, in Gandeshemensi monasterio præsentialiter sibi obedientiam promittente, fecit consecrari. Obiit autem anno Dominicæ incarnationis 1153 (Jul. 20), suæ vero ordinationis anno 23, et in monasterio beati Godehardi requiescit.

21. Post obitum domni Bernhardi BRUNO decanus, vir bonus et providus, æcclesiæ nostræ præficitur. Qui rebus æcclesiæ conservandis ac meliorandis annis 10 totum se impendit, quibus ipse præfuit. Tectum et pavimentum principalis æcclesiæ erogatis fere 50 marcis meliorari fecit. Officinas domus et curiæ episcopalis dilapsas reparavit. Castrum quoque Winzenburg non modico sumptu turre firmis

VARIÆ LECTIONES.

[57] sequentium loco hæc habet 2 : Monasterium eciam dictum Vessingerade quod hodie Marienrade vocatur innovavit, et ibidem fratres ordinis Cisterciensis collocavit et moniales ibi quondam habitantes locavit in Iserenhagen.

NOTÆ.

(123) Hodie Marienrode.
(124) Ringelheim ad Indristam.

(125) Oelsburg.
(126) Wallshausen.

sima communivit. Contulit autem ad ipsum armarium totum testamentum novum et vetus utrumque glosatum, expositores et hystoriographos ac divinorum librorum tractatores, nec non libros phisicæ, aliosque quam plures suo nomine insignitos. Ornatum vero adauxit æcclesiæ, casulam de examito ornatam aurifrigio, dorsale de pallio, infulam, cyrothecas, sandalia nova, et alia usitata, capsam cum reliquiis et pedem crucis conferendo. Obtulit præterea ad præbendam fratrum tres mansos et dimidium et duas areas in Eilstringhe (127). Tres mansos et tres areas in Solesze (128) cum octo mancipiis, ac cyphum argenteum septem marcis comparatum [58].

22. [59] Episcopo Brunone defuncto [60] (an. 1162, Oct. 18), HERMANNUS præpositus Sanctæ Crucis communiter ab omnibus electus, a fidelibus æcclesiæ, consulto tamen prius imperatore, qui eo tempore in Ytalia morabatur, sacramentum fidelitatis suscepit, cunctisque negociis suis et comodis circa redditus episcopales libera potestate dispositis, cum milicia domnum imperatorem in Ytaliam secutus, regalium investituram apud Papyam adeptus est (129). In episcopatu denique constitutus, sociam semper habens humilitatem cum timore Dei et omni mansuetudine, subditos sibi gubernabat, erga fratres tanta usus benivolentia, ut terciam partem sacrificii in choro sancti Godehardi circa initium suæ promotionis ipsis largiretur. In memoriam quoque omnium fidelium animarum, quam ipse primus in æcclesia nostra celebrem fecit, tres mansos in Sutherem (130) et molendinum de patrimonio suo fratribus assignavit; Ganderhemensem æcclesiam incendio depravatam, sed studio Atheleidis abbatissæ reparatam, Hartwico venerabili Bremensis æcclesiæ archiepiscopo multisque aliis episcopis cooperantibus, sollempniter dedicavit. Nec unquam in æcclesia Goslariensi aliquam contradictionis molestiam sustinuit, adeo ut in quadam sollempni curia Goslariæ celebrata, cum ipse adhuc diaconus esset, et plerique episcoporum, utpote Moguntinus Conradus et Reinaldus Coloniensis, similiter in diaconatu constituti et simplici electionis honore pollentes, suscipiendi domnum imperatorem in processione et sermonem faciendi ad populum ex officio suæ dignitatis, Hildeneshemensis electus, onus et laborem ibidem subire cogeretur. Post aliquot annos suæ promotionis quidam sui fideles, quia eorum usque quaque voluntatibus nolebat esse obnoxius, tantis rapinis et incendiis demoliti sunt episcopatum, ut ab hac cala-

mitate tercia pars episcopatus vix immunis remaneret. Consilio tamen domni imperatoris et principum ejus hac utcumque sedata commotione, domnus Hermannus episcopus per consensum fratrum ad sepulchrum Domini profectus est; in qua profectione præter alios labores naufragium passus, ad tantam devenit inopiam, ut tantus princeps, genere et dignitate præclarus, publicæ mendicitati subjiceretur. A patriarcha tamen Jherosolimitano et ab aliis terræ illius religiosis pie susceptus, benigne habitus et honorifice dimissus, reditum in patriam suam acceleravit; veniensque bene sospes in Ytaliam, ibi egrotare cepit, et apud Secusium (131), fide plenus, defunctus est et ibidem sepultus [61] (an. 1170, Jul. 10).

23. [62] ADELOGUS [63] præpositus Goslariensis post decessum Hermanni episcopi ab omnibus electus est (an. 1171). Qui pluribus, ut in privilegiis suis continetur, fratrum commodis pie prospiciens, in præstatione castri Honburg (132), quod [64] ipse alienatum ab ecclesia per Heinricum ducem, domino Friderico imperatore cooperante, datis pecuniis requisivit (an. 1181), duos mansos in Waltrinkehusen (133) et Westenhem, 10 solidos solventes, a duobus fratribus Ludolpho videlicet et Adolpho, qui partem ejusdem castri in beneficio susceperunt, et ab aliis duobus fratribus Bodone et Bertoldo, qui suam nichilominus partem ab episcopo feodaliter perceperunt, 10 marcas ad emendum prædium in opus fratrum dari ordinavit (an. 1185). Prædium quoque comitis Ottonis de Asle (134), a vidua ipsius comitis domina Salome quod ad ipsam legitima successione devolutum erat, sua filia consenciente aliisque suis heredibus legitime consencientibus, multis laboribus et magnis impensis comparatum cum omnibus suis attinenciis, mediante domino Friderico imperatore et factum episcopi modis omnibus corroborante, ecclesiæ nostræ acquisivit (an. 1186). Mansos autem 7 et 8 jugera in Stenem ad idem prædium pertinentes et tunc temporis sibi vacantes ad usum fratrum sub ea determinatione deputavit, ut redemptis bonis ac pignoribus ecclesiæ, in emptionem eorumdem prædiorum obligatis, tunc demum liberam utendi eis habeant facultatem. Præstitit insuper mutuo duobus fratribus Ludolfo et Wilbrando sexaginta marcas argenti, quando Jherosolimam proficiscebantur cum domino imperatore, castro ecclesiæ Halremunt (135), quod ipsi de manu episcopi beneficiario munere [65] tenuerunt, loco pignoris recepto, et aliquot ministerialibus suis, ac interposita pac-

VARIÆ LECTIONES.

[58] *hucusque primum scriptor exaravit.* [59] *numerus deest.* [60] *Brunonis obitus in codice 2. circa annos Domini MCLXIII vel MCLXIIII aut circa contigisse scribitur.* [61] *Hucusque prima manus; incipit altera sæculi XIII.* [62] *numerus deest.* [63] *delogus c.* [64] *quo c.* [65] *in pheodum tenuerunt 2.*

NOTÆ.

(127) Eilstringe desolatum prope Rosenthal.
(128) Solschen.
(129) Cl. Lüntzel Hermannum post d. 21 55 Dec. 1164 consecratum scribit.
(130) Sottrum.
(131) Susa.

(132) Homburg.
(133) Waltringhausen, principatus Schaumburg.
(134) Asle, Asselburg prope Burgdorf, haud procul ab Indistra situm fuit.
(135) Prope Springe.

cione, ut eædem prædictæ marcæ redemptis pignoribus ab heredibus prædictorum [66] fratrum in usum ecclesiæ debeant provenire. Consuetudines præterea quasdam, et quædam jura ecclesiæ, quæ ante tempora sua, scripta specialiter comprehensa non habuimus, ne in posterum aliqua possent malignantium iniquitate convelli, scripto comprehendit, et alia quædam ante non habita clementi bonitate superaddidit (an. 1179), quod videlicet ne ipse, ne aliquis successorum suorum episcoporum sine consilio discretorum fratrum, vel magna negocia diffinire, vel beneficia majora locare, sive redditus mensæ suæ, si forte necessarium fuerit, pignori obligare vel ullo modo alienare præsumat. Item ut ex depravatione monetæ congregationes in præbendis suis detrimenta nulla sustineant, statuit; et banno firmavit, ut 24 solidi marcæ examinati argenti semper æqualiter respondeant. Firmavit eciam archidyaconis synodalia [67] de ecclesiis sive capellis suis quæ in eorum potestate consistunt, post obitum sacerdotum qui de manu episcopi ecclesias easdem sive capellas tenuerunt. Testamenta quoque fratrum quæ ipsi fecerint, vel quæ ex aliorum testamentis legata fuerint, imperpetuum donavit et banni sui auctoritate munivit. Instituit quoque, quod nec ipse nec aliquis successorum suorum episcoporum bannum vel ecclesiam aliquam alicui ecclesiæ in episcopatu nostro constitutæ sine consensu et consilio fratrum perpetuo possidendam debeat conferre vel donare: et cum fratres ab antecessoribus suis episcopis nostris id gratiæ percepissent, ut ad bona obedientiarum suarum tuenda advocatum, qui sibi videretur ydoneus, eligerent, qui tamen ad prædicta bona pro litibus decidendis non nisi vocatus debeat accedere, prædictus pater et episcopus noster amplioris benivolenciæ nobis munus impertiens, super memorata fratrum bona domino Fritherico imperatore consenciente ab advocatis penitus absolvit, et omne jus decidendarum causarum, sive per se sive per amicos suos, in obedientiarium [68] transtulit; et villicationes præposituræ nostræ, Hisnem (156) videlicet Hasen et Lusbike, ab intollerabili jugo advocatorum imperpetuum absolvens, præposito regendas commendavit. Contulit eciam ecclesiæ campanam (157) valde bonam et duo candelabra longa, et ad sartatecta principalis ecclesiæ fere 20 marcas impendit.

In Gandershemensi ecclesia toto vitæ suæ tempore officium episcopale libere in omnibus exercuit. Nam domina Luidgarda defuncta, dominam Adelheydam illi canonice substitutam in eodem monasterio consecravit, synodum et crismatis consecrationem ibidem quocienscumque voluit celebravit [69]. Obiit autem anno Dominicæ incarnationis 1109 (Sept. 20), et sepultus est in medio criptæ principalis ecclesiæ.

BERNO.

24. Huic successit Berno episcopus, qui primo magister scolarum, exinde ecclesie nostre decanus, unanimi cleri electione et tocius populi consensu ecclesie nostre prefectus est. Electus autem sicut vir prudens et providus et litterali scientia preditus, ita episcopatum temporibus suis amministrare curavit, ut et honeste rerum acquisitioni et earundem conservationi decenti omnimodis intenderet. Ipse enim preter multas servicii [70] imperialis expensas, parvo tempore, quo ecclesie nostre prefuit, in reddituum mense episcopalis absolutione, et in bonorum que ab episcopato nomine feodi tenebantur, et patene majoris calicis redempcione 600 et eo amplius marcas impendit [71]; fratrum eciam utilitatibus non minus studens et comodis 4 mansos in Olem (158) a manu layca non modicis suis expensis expeditos, prebendis fratrum consensu episcopi assignavit, et de hiis tribus septimanis panem in refectorio, sicut consuetum est, dari instituit. Dedit eciam in redemptione decime in Hoctenem (159) terciam partem pecunie; de ea annuatim tria talenta dari disponens, de quibus in aniversarii sui die cuilibet prebende 9 denarios assignavit et eodem die ad sepulchrum suum honestum cereum et 20 solidos ad elemosinam majorem ordinavit. Castrum insuper Halremunt sibi vacans, dum propter plurima, que ipse sicut vir prudens advertit, infeodandum decerneret, multa consilii sui maturitate promovit, ut et episcopatui plurima que non habebat accederent, et prebendis [72] fratrum 50 solidorum redditus accresceretur. Contulit eciam ecclesie veteris ac novi Testamenti libros glosatos et magno scolastice diligencie studio elaboratos. Hoc eciam laudibus ejus placuit adjacere, quod omnes [73] prepositure montis sancti Petri in Goslaria, diu a laycis ex negligencia prepositorum miserabiliter [74] occupatos, multis laboribus et innumeris expensis, sicut vir prudens et stren-

VARIÆ LECTIONES.

[66] *alia manus sæculi XIV. incipit.* [67] s. quæ de c. [68] *ita corrigo;* obedientiarum c. [69] Hic turrim construxit monasterii sancti Godehardi 2. [70] *deest* 1. [71] Sub isto sanctus Bernwardus canonisatus fuit a tercio papa Celestino, elaborante hoc prefato Bernone presule et Theoderico abbate nostri monasterii (*corr. a. m. S. Michahelis*) qui fuit vir per omnia providus et laudabiliter rexit. Spiritualia tamen partim ceperunt tepescere propter nimias divicias. Ipse multa clenodia in casulis et cappis monasterio nostro (*corr. suo*) contulit pro ampliacione divini cultus et obtinuit infulam, sandalia cum ceteris libertatibus anno Domini 1195. Post hec episcopus in Domino defunctus, quiescit in medio ecclesie majoris circa ascensum baptismi. *inserit* 2. [72] prebendi 1. [73] *omissum est reditus aut simile quid LEIBN.* [74] mirabiliter c.

NOTÆ.

(156) Itzum, Hasede, Losebeck, nunc civitas nova Ildes.
(157) Zadtt klokke *in marg. manu sæc. XVII.*
(158) Ohlum.

(159) Hottelem. a. 1196, d. Mart. 6. Conradus Hildensemensis electus imperialis aulæ cancellarius occurrit in charta Heinrici VI Ecclesiæ Ultrajectinæ data.

nuus, integraliter absolvit, et ne deinceps obligetur, auctoritate apostolica communiri fecit. Quam beneficus autem in fratres ejusdem loci fuerit, laudabilia ejus facta testantur, apud quos celebri et digne laudanda vivit memoria († an. 1194, Oct. 28).

CONRADUS.

25. Conradus cancellarius frater noster (an. 1194-1198 † a. 1202), qui primum nostre ecclesie episcopus, deinde ad Erbipolensem episcopatum translatus, in ipsa civitate propter justiciam occisus est. Ipse ecclesie nostre ornatum decenter ampliavit; dedit enim tres casulas, unam de examinato rubeo, aliam de candido, terciam de purpura violatia, omnes ornatas aurifrigio; duas dalmaticas, unam [75] examito rubeo, alteram de candido, albam bonam examito candido, tres pallas altaris, duas de purpura rubea, unam de auro circulatam, aliam stellatam, terciam quotidianam in altari; cortinam bonam, que suspendi solet in aquilonari parte sanctuarii, purpuram unam villosam; sex cappas, tres de examito rubeo, tres de albo; duo scrinia pulchra ex auro et gemmis, duas porciones reliquiarum sancti Stephani et sancti Laurencii, modicum balsami; preterea advocaciam civitatis nostre pecunia non parva expedivit; partem advocacie super villicacionem...... (140) fratribus contulit (an. 1198).

HARBERTUS 26us.

Anno [76] incarnationis Dominice 1216 [77] (Mart. 21) obiit Harbertus bone memoriæ nostre ecclesie 26us episcopus, qui primum cantor, deinde major ecclesie nostre prepositus, prebendas fratrum toto sue administracionis tempore utiliter et fideliter dispensans, magnum et sincerum, quem semper erga ecclesiam nostram gesserat, affectum ipsa operum exhibitione comprobavit. Domino igitur Conrado imperialis aule cancellario, nostre autem ecclesie 25° episcopo, in illa gravissima imperii dissencione temporibus dive memorie Philippi et Ottonis ad Herbipolensem episcopatum transeunte (an. 1198), et ut ecclesia derelicta in legitimo sibi pastore prospiceret domno Innocencio papa hujus nominis tercio districte et sepius injungente, communi et canonico tocius capituli et cleri consensu, omnibus laicis [78] omnino contradicentibus, in episcopum electus est, propter quod ecclesia nostra multos [79] et graves labores, expensas, pericula, tam communium quam privatarum rerum dispendia et episcopalium possessionum alienationes perpessa est. Tandem misericordia Dei evigilante pro nobis, eo jam in episcopum consecrato et ad episcopium [80] nostrum, unde per annum et amplius ejectus fuerat, reveriente, rebus pro tempore satis bene compositis, dispersa recolligere, incensa et destructa reedificare, alienata [81] revocare, et ecclesiam diutina tribulationum tempestate quassatam tam in interioribus quam exterioribus omni diligentia studuit reformare, Sex quippe villicationes Orsleve, Wackensleve (141), Stockem (142), Otfredesem (143), Upum, Rengelem, pro quingentis marcis et amplius comitis Sifridi de Blankenburch a predicto domno cancellario obligatas, datis nichilominus eidem comiti ducentis marcis argenti et quibusdam aliis reditibus sibi vacantibus beneficiis assignatis, ab omni ejus inpetitione penitus expedivit. Eorumdem etiam bonorum partem a quibusdam militibus et servientibus datis 30 marcis, et villicationem in Mallerten (144) datis 16 marcis, et item villicationem Stockem, quam postmodum fratres de Wulflebuthe violenter detinebant, solutis nonaginta marcis liberavit; allodium episcopale in Aldendorp (145) et molendinum in civitate pro octoginta marcis cuidam Gerhardo, et villicationem Vorstede (146) Theodorico de Alten pro sexaginta marcis tempore cancellarii obligata, 140 marcarum solutione recepit; ecclesie Gandersehem 500 marcas, et in causa abbatie de Ringelem 60 marcas expendit; in recompensatione eciam dampni quod in molendino, et aliorum bonorum ecclesie, quod per Lippoldum de Escherde accidit, expensis nonaginta marcis de suo, fratribus dedit villicationem et advocaciam de Monestede (147); de manu Heinrici et filiorum ejus, qui eam detinebant, 16 marcis redemit. Reditus 16 solidorum in eadem villa a quodam Ezzo de Eilstringe acquirens pro 4 marcis, eos ad panem scolarium in refectorio annuatim ordinavit. Advocaciam insuper obediencie in Wittenburch, et aliam advocaciam super 12 areis argento fratrum redemptas; similiter et advocaciam [82] bonorum prepositure majoris in Hagesem (148), et decimam ejusdem ville ad agendam ipsius memoriam fratrum deputavit utilitati, et ne quis successorum suorum ea alienaret, banni sui firmavit auctoritate; curam [83] insuper Vorstede a Brunone de custode 107 marcis comparatam ecclesie nostre condonavit, predio eciam in Repenarde (149),

VARIÆ LECTIONES.

[75] excidit de. [76] Dehinc Harbertus 26us unanimi cleri dilectione floruit episcopus. Is quiescit ante altare sancte Katherine ad aquilonem. Viguit anno domini MCIII. 2. [77] MCC. 1. *manu sæculi XVII ad marginem hæc scripta sunt*: Hic injuria scribentis erratum est in numero. Vixit enim adhuc Harbertus anno 1206, ubi tria altaria in cripta consecravit, ut in hoc ipso libro sequitur. 1. *Annum 1216 indicavi iis ductus quæ D. Zeppenfeldt in Beitrage zur Hildesheimschen Geschichte T. I. p. 73. notavit*. [78] o.l. omnibus o. c. c. [79] multas c. [80] epm c. [81] alienanata c. [82] adnociam c. [83] an curiam?

NOTÆ.

(140) Lede, villa desolata prope Gronau.
(141) Oschersleben, Wackersleben in principatu Halberstad.
(142) Stöckheim.
(143) Otfresen, Uppen, Ringelheim.
(144) Malerten.
(145) Das alte Dorf prope Hildesheim.
(146) Förste.
(147) Münstedt.
(148) Itzum?
(149) Reppener.

quod fratres ab ecclesia beati Martini in Minda sibi comparavit [84], de rebus suis 500 marce impense sunt : decimas eciam duas in Dunhusen (150) ecclesie condonavit. Quantis eciam tectis ecclesie principalis, et officinis curie episcopalis, expensas impenderit, quas dirutas tam [85] a vetustate quam ex negligencia [86] invenit, coram omnibus elucescit [87].

SIFRIDUS 27us [88].

Anniversarius Sifridi 27i episcopi ecclesie nostre et viri mansuetissimi, qui advocaciam [89] in Hemedesdore super omnia bona ejusdem villicationis, ubicunque sita sunt, 100 marcis a fratribus Hugone et Justacio comparatam ecclesie contulit, ita videlicet ut, si quid bonum pro tempore fuerit et commodum [90], capitulo sit inde liberum ordinare, advocaciam in Wittenburch super allodium et 12 areas ab Arnoldo laico emptam, suo tempore et decimam unius mansi et 12 arearum in eadem villa racionabiliter comparatam ecclesie nostre dedit; preterea quandam aream suam juxta valvam sancti Petri, que prius tenebatur jure feodali, claustralem fecit et curie cantoris adjecit. Duas eciam areas in nova civitate prepositi majori prepositura vacante ad usum quorundam luminarium assignavit, et locum piscine qui minus utilis fuit, prope nostrum dormitorium nobis dedit. Parvam etiam aream et advocaciam ejus a Henrico camerario et filiis suis emptam contulit ad stabiles vicarias; volens eciam ecclesie pia benivolentia providere, consensu et consilio capituli statuit ut advocacias preposilure majoris, quas prepositus nunc tenet, et que postmodum poterunt a laicis expediri, nullus successorum suorum vel alter aliquis alienet. Obiit autem post cessionem suam anno incarnationis dominice 1227. pridie Ydus Novembris. Cujus anima per misericordiam Dei requiescat in pace. Amen [91].

CONRADUS [92] 28us [93].

Anniversarius venerabilis domini Conradi 28i ecclesie nostre episcopi, qui postquam Parisius in divina pagina laudabiliter rexerat, et crucem contra Avienses (151) predicarat, assumptus fuit ad regimen ecclesie nostre; ubi cum vir venerabilis spiritu Dei regeretur, circa spiritualia magnam curam habuit, et tamen idcirco dispositionem temporalium non neglexit. Tempore enim suo recepti sunt fratres Predicatores et Minores, et sorores sancte Marie Magdalene penitentes, quibus in ecclesiis suis et officinis edificandis liberaliter subvenit, et fundos eorum fere sumptibus propriis comparavit. Claustra etiam Vulvinghusen (152) et Fraukenberg (153) suo tempore sunt constructa, et Winhusen (154), cui conventui ecclesiam ejusdem ville parrochialem atttribuit, et religiosis quibuslibet aliis multa commoda prebuit et inpendit, providens nichilominus ne n conventualibus et parrochialibus ecclesiis aliquod vicium emergeret, ex quo minueretur decor ecclesiastice dignitatis. Ecclesiam quoque nostram et episcopatum sicut pastor providus et provisor diligens in emptione bonorum et redemptione advocatiarum ditavit. Advocacias enim villicationum Barem (155), Beddigen, Eckelsem, Bultem, Addenem, a capitulo magna summa pecunie redemptas fratribus ad prebendam contulit liberaliter et absolute. Similiter advocaciam a domno Bertoldo de Veteri Foro redemptam ab ecclesia montis sancti Mauritii, eidem ecclesie contulit propter Deum. Insuper advocaciam in urbe et in areis quibusdam retro urbem sitis et quedam officia praxatorum a camerario, et advocaciam in Malerten a comite Bernardo de Spegelberg data pecunia liberavit. Advocaciam eciam in Honhamelen a domno Theodorico libero centum septuaginta marcis examinati argenti redemit, a quo etiam sexaginta marcis ponderatorum denariorum proprietatem castri Depenowe (156) comparavit. Advocatiam etiam villicationis in Hardeshem (157) auxilio litorum a domno Conrado de Piscina quingentis et quinquaginta libris denariorum Hildensemensium acquisivit. Preterea medietatem advocaciæ in Aulica (158) a domno Lippoldo de Escherte emit sexaginta quinque libris, de quibus dedit quadraginta libras, et pro 55 libris obligavit ei unum vorwercum in Rodem (159) et vorwercum in Anderten, et cedens obligatos reliquit. Dapiferatum quoque ab Ernesto dapifero centum septuaginta marcis emit, presertim cum multa incommoda in victualibus ab ipso sustineret; et molendinum pincerne preposito et capitulo nostro et abbate sancti Godehardi cooperantibus emit centum octoginta libris, et censum molendino suo de tali emptione accrescentem, videlicet unam plaustratam tritici, et unam plaustratam siliginis, et unam plaustratam ordei, ad consolationem pauperum scolarium choro beate Marie virginis deservientium assignavit perpetuo et donavit. Conversionem etiam beati Pauli agi solempniter instituit, et eodem die karitatem cum

VARIÆ LECTIONES.

[84] leg. comparaverunt. [85] tamen c. [86] negliencia c. [87] elucessit c. [88] quiescit ante altare sancti Petri 2. [89] advociam c. [90] comodum c. [91] Post hæc sequitur fol. 145 manus sæculi XIII. [92] vox deest c. [93] XXVIIIus episcopus 1 fuit excellens doctor in theologia 2.

NOTÆ.

(150) Dunsen præfect. Lavenstein?
(151) i. e. Albigenses.
(152) Wülfinghausen a meridie Hannoveræ.
(153) Goslariæ.
(154) prope Cellam.
(155) Barum, Beddingen, Eggelsen, Bültum, Addelum.
(156) Depenau parrochiæ Stenwede.
(157) Harsum.
(158) Elze.
(159) Kirchrode prope Anderten.

terina de decima in Giftene (160) dari fratribus ordinavit. In temporalibus ita prudenter agebat, quod nociva removit, alienata recollegit, utilia construxit. Turrim quoque in superiori castro Wincenburg a domno Theoderico de Stockem recuperavit, et eandem ad unam domum exaltavit, et mansionem episcopi emendavit, pulcris edificiis sicut liquet. Montem etiam Bawarorum in eodem castro, et advocatiam Hildensem, et villicationem in Clowen (161) illis de Escherte injuste ocupantibus expedivit. Castrum et civitatem Rosendal (162) construxit et munivit, ad cujus emptionem edificationem, et obsidionis liberationem nec non ad Peyne (163) civitatis obsidionem expendit monete Hildensemensis octo milia talentorum. Turrim quandam Scherstede (164) in area sua injuste constructam diruit penitus et destruxit. Emnam (165) civitatem obsidens cepit et captam destruxit. Similiter Insulam (166) castrum apud nostram civitatem situm, in quo violatores pacis se receperant, expugnavit et destruxit. Videns etiam angarias et oppressiones liberorum minoris comicie juxta Nortwolt, emit eandem a comite Conrado de Lewenrod (167) trescentis octoginta libris monete Hildensemensis. Tandem ultimis diebus suis considerans periculum et gravamen transeuntium Popenburg, emit partem ejusdem castri ducentis viginti libris, et minorem turrim decem libris, et edificavit ibi mansionem cum officinis suis constantem fere centum libras, nec sinebat nova telonia institui, unde viatores solent indebite molestari. Ceterum medietatem advocatie in Scherstede (168) emit sexcentis quinquaginta libris, et edificavit ibi castrum onerosis sumptibus et expensis, pro quibus quedam bona ad episcopalem mensam pertinencia obligavit, et obligata reliquit [94]. In causa quoque Goslariensis ecclesie expendit examinati argenti ducentas marcas, et in figura judicii per legitimas probationes obtinuit quod eadem ecclesia subjecta erit in spiritualibus episcopo Hildensemensi. Preter hec omnia diocesim nostram a jurisdictione ducatus, quam jurisdictionem domnus Otto dux Brunesvicensis sibi usurpare coram domno imperatore et principibus in curia solempni apud Magunciam, intendebat (an. 1235?), prudenter liberavit, ibidem voce publica protestans coram omnibus, Hildensemensem episcopatum nullius dominio, nullius ducatui, preterquam solius episcopi subjacere; et hoc fuit ab universis principibus approbatum. Quatuor etiam vicibus existens episcopus in negotio crucis et ecclesie Romane et proprie Alpes transivit magnis laboribus et expensis. Ex promotione etiam sua monasterium nostrum est novis trabibus et tignis et tegulis instauratum, et cooperantibus fidelium elemosinis cupro tectum. Domum etiam episcopalem Hildensemensem, que per stillicidium depravata fuerat, bonis asseribus tegi fecit. Hiis omnibus feliciter peractis, cum se insufficientem ad regimen ecclesie reputaret, tum propter senium, tum propter scisma quod fuit inter sedem apostolicam et imperium, ab electo Ferrariense tunc [95] apostolice sedis legato cessionem petivit et obtinuit, cedens loco non dignitati. Moratusque apud fratres Predicatores aliquamdiu, propter discordiam tempore electionis in ecclesia nostra motam civitatem nostram relinquens, profectus est Schonowiam, ubi ad Dominum migrans feliciter requiescit. Rexit autem ecclesiam nostram 27 annis, et post cessionem suam in tercio anno 15. Kalendas Januarii, obiit anno Domini 1249 [96].

HEINRICUS [97] 29us.

Post cessionem venerabilis patris ac domini episcopi Conradi, domnus Heinricus Hyllegunstadensis ecclesie prepositus in episcopum nostrum eligitur, sed postulatio facta de domno Hermanno sancti Cyriaci in Brunswihe preposito electionem ipsius multipliciter perturbavit, adeo ut a rege investitus, ab archiepiscopo confirmatus, possessionem quietam nostræ civitatis habere non posset, et omnibus castris ecclesie et oppidis ab adversario suo occupatis, excepto Vincenburg, ad reprimendas suas ac suorum injurias ad domnum papam Innocentium quartum, qui tunc Lugduni morabatur, accessit; pro cujus mature persone reverentia nec non Sifridi Maguntini archiepiscopi precum instantia licet in principio sui introitus domnus papa et tota curia circa eum benigne moverentur, tamen variis sugestionibus multorum nobilium amicorum dicti postulati, negotium jam dicti episcopi mansit per annum et amplius in suspenso. Tandem venerabili patre ac domino Argentenensis ecclesie episcopo exsecutore obtento, cum multis gratiis a sede apostolica sibi collatis, a domno papa honorifice est dimissus. Domnus vero Argentenensis, quemadmodum in mandatis receperat, prenominato episcopo cum juris justicia universa ac singula redintegrari precepit, suarum sententiarum banno contradictores ac rebelles compescendo. A cujus sententiis adversarii appellantes, procuraverunt partes ad presentiam domni pape scitari; ubi postulato personaliter comparente, procuratoribus sepe dicti episcopi etiam astantibus, prefatus postulatus de ore domni pape, cum silentio sibi inposito, super ecclesia Hyldense-

VARIÆ LECTIONES.

[94] *Hæc jam supra leguntur.* [95] *ita legitur; minime nunc ut Leibnitius scribit.* [96] MCCXLVIII. 2. Sequitur iterum alia manus, sæculi XIII medii. [97] Henricus *inscriptio sæculi XIV.*

NOTÆ.

(160) Giften.
(161) Clauen.
(162) Rosenthal.
(163) Peina.
(164) Sarstedt.
(165) Hodie Gronau; v. infra in episcopo Sifrido.
(166) Werder, ubi 1660 claustrum Carthus.
(167) Lauenrode castrum, Hannoveræ objectum.
(168) Sarstedt.

mense sentenciam contrariam reportavit. Licet dictus episcopus multis discordiis suo tempore fuerit occupatus, pro quibus multa bona ad mensam episcopalem pertinentia obligata reliquisset, tamen utilitatibus ecclesie in quibus potuit providere curavit: advocatiam enim villicationis in Hardessehem, quam domnus Conradus ecclesie nostre episcopus a Conrado de Piscina ministeriali ecclesie absolverat, ipse postmodum a comite Meinhardo de Sladen, a quo jam dictus de Piscina eam in feodo tenuit, diu impeditam expedivit. Medietatem etiam castri in Honburg, quam nobiles fratres Ludolfus et Adolfus de [98] Dasle in feodo ab ecclesia tenuerunt, pro trecentis libris ab eisdem absolvit, et ecclesie nostre condonavit. Idem etiam medietatem proprietatis in Empna a domno Conrado quondam preposito Montis, vero herede, obtinuit ministerialibus ecclesie infeodari; qui postmodum de consensu dicti prepositi idem feodum pro mille libris nostre ecclesie obligarunt; residuam vero medietatem sepe dictus episcopus a comite Hermanno de Waldenberge (169) pro sexaginta quinque marcis et 5 solidis nomine ecclesie inpignoratam recepit, et ecclesie pro pignore pecunie reliquid. Idem etiam comeciam sitam juxta Lænam (170) ab illis de Lutberge (171), per mortem Bertoldi advocati ipsis vacantem, ecclesie comparavit, et a relicta ejusdem advocati et filia sua obtinuit sibi et suis successoribus 5 librarum redditus in Dammone ab annuo censu arearum, pro eo videlicet ut eam a suis molestatoribus defensaret. Idem etiam ad prebendam fratrum contulit decimam novalis in Vorholt (172), advocatiam etiam in Dammone (173), quam comites de Waldenberge in feodo tenuerunt, ab omnibus absolvit, et ecclesie per omnia expeditam reliquid. Obiit autem anno Domini 1257, 8 Kalendas Junii, ordinationis sue anno 11 [99].

JOHANNES 30[us] episcopus.

Post decessum venerabilis patris nostri ac domini Heinrici, pari voto et unanimi consensu Johannes, prepositus Sancti Mauritii, in ecclesie nostre episcopum eligitur; qui, quantum ad exteriorem hominem, se gerebat, ut tam majorum quam minorum in se provocaret affectum; qui etiam paci et utilitati ecclesie intendens, lapsa et alienata pro viribus suis, quantum potuit, revocare studebat. Primum videlicet a Lippoldo et Basilio fratribus de Escherde, advocatiam villicationis in Cherstede [100] pro centum libris Hildensemensium denariorum ecclesie nostre comparavit. Item a Lippoldo de Antiquo Foro advocaciam ejusdem loci pro 34 talentis. Item a Lippoldo de Escherde partem castri Depenowe pro 70 Bremensis argenti. Item ab Ecberto castrum Luttere (174) pro quingentis marcis examinati argenti, 20 marcis minus, et 25 mansos. Item in eadem villa a Johanne camerario 2 mansos pro 15 talentis. Item in eadem villa a comite Henrico de Waldenberge 17 mansos expeditos et 7 mansos infeodatos pro 7 marcis examinati argenti. Item a comite [101] Burchardo et comite Heinrico fratribus de Waldenberge emit villam et ministeriales, et quedam bona attinentia pro quadringentis marcis examinati argenti. Item acquisitione castri quod Peyna vocatur, et solutione debitorum Gunzilini filii Burchardi de Wulflebuthe, expendit mille et 10 talenta Hildensemensium denariorum. Item bona episcopalia ab antecessore suo obligata, pro nongentis et quadraginta talentis Hildensemensium denariorum redemit; pro istis reliquit quedam bona episcopalia obligata. Item emit quatuor mansos ab illis de Ringelem, de quibus instituit dari in anniversarii sui die ad quamlibet prebendam 8 denarios; camerariis et campanariis [102] unum solidum, scolaribus 5 solidos, ad altare domine nostre candelam de una libra cere. Item contulit capitulo nostro 7 mansos in Ochtersem sibi vacantes de morte Heinrici filii Lippoldi Craz, ad agendum festum Johannis ante portam Latinam sollempniter; et de eisdem bonis ordinavit dari cuilibet dominorum unum solidum, ministris altaris et illis qui preerunt choro duplicem portionem, duobus pueris qui cantabunt alleluia unum solidum, pauperibus scolaribus decem solidos, camerariis et campanariis [103] unum solidum, ad accendendas candelas circa chorum duas libras cere, et eodem die dabitur caritas de duobus ferculis pullorum cum pane et vino. Hic prefuit ecclesie nostre annis tribus et dimidio; obiit autem anno dominice incarnationis 1261 [103], 18 Kalendas Octobris, ordinationis sue anno 4.

OTTO 31[us].

Anniversarius domni Ottonis ecclesie nostre episcopi 31. Hic illo quondam nobili Ottone duce de Brunswich patre (175) natus, Alberto et Johanne fratribus suis in paterna hereditate succedentibus, primum in canonicum ecclesie nostre eligitur, deinde, vacante ecclesia nostra per mortem venerabilis patris episcopi Johannis pie recordacionis, eo agente quartum decimum annum, in ecclesie nostre episcopum postulatur; postulatione vero de se facta usque in quintum annum pendente, a papa Urbano quarto confirmatur, et sic per eum in ordine subdya-

VARIÆ LECTIONES.

de Dasle *alia manu addita.* [99] *rursus incipit manus sæculi XIV.* [100] Scherstede. [101] Itemite *e*, [102] campenariis *c. bis.* [103] sepultus in ascensu baptisterii ad austrum 2.

NOTÆ.

(169) i. e. Woldenberg.
(170) Leina fluvius.
(171) Comitibus de Lutterberg?
(172) Das Vorholz prope Heersum.
(173) Die Dammstadt inter Hildesh. et villam montis.
(174) Lutter am Barenberge.
(175) Ottone a. 1252 defuncto, Albertus primo solus regnavit, tum a. 1267 terras Brunsvicenses accepit, Joanni Luneburgenses relinquens.

conatus ecclesia nostra per plures annos tam in spiritualibus quam in temporalibus gubernatur. Indicto vero concilio apud Lugdunum a papa Gregorio X, tunc primum eo in dyaconatus et presbiteratus ordines promoto, cum aliis coepiscopis ad concilium proficiscitur (an. 1274), ibique propter noticiam sui generis a papa benigne suscipitur, et de mandato pape a reverendo patre Wernero archiepiscopo Moguntino ibidem in episcopum consecratur; quo reverso prospere, pontificale officium est prout melius potuit pre diversis occupationibus executus. Hic nimirum ab eo tempore quo nostram ecclesiam suscepit regendam usque in finem vite sue zelum Dei ad ecclesiam optinens, eam pro viribus extollere studuit, bona quedam episcopalia a suis predecessoribus obligata deobligavit, et quedam bona sibi suisque successoribus comparavit; ista videlicet: ante castrum Poppenborch 10 mansos pro centum quinquaginta talentis, tres partes advocacie in Chyerstede ab illis de Escherde, duas partes pro octoginta talentis, quandam comiciam juxta Cherstede de hiis villis: Hottenem, Luppenstede (176), parvo Lobeke (177) et de aliis quibusdam villis circumjacentibus, a Brunone de Gustede pro quinquaginta talentis; advocaciam in Clowen [104] a Sifrido de Rutenberge pro quinquaginta talentis; advocaciam in Borchdorpe versus Miricam (178) a Lippoldo de Escherde pro 40 talentis; piscaturam in Layna juxta ruthe a domno Johanne de Adenoys pro 14 talentis; castrum Hudhe cum quinque mansis, prato, cum molendino et duabus piscaturis a Hillemaro de Oberge pro ducentis marcis, et quasi funditus de novo magnis sumptibus construxit. Comeciam Nowen [105] (179) a comite Henrico de Woldenberge pro 120 marcis; advocacias in Ringelem, in Uppem, in Solide (180) et comecias ad Soltga et ad Ris (181), nec non ad proprietatem castri Werdere (182) et molendini et [106] piscature, et 9 mansorum adjacencium a comite Ludolfo de Woldenberge pro quadringentis quinquaginta marcis, et idem castrum pro libero ![107] castro ecclesie obtinuit, ita quod dictus comes et sui heredes ipsum castrum eo jure obtinebunt, quo de Halremunt, de Sladem comites, et dominus de Honburg, sua castra tenere ab ecclesia dinoscuntur, eo adjecto, quod castrum jam dictum sub quocumque eciam pallio (183) per dictum comitem sive per suos heredes alienari non debet, sed pro loco et tempore castrum cum molendino, piscatura, et 9 mansis predictis, pro certo et constituto precio, videlicet pro trecentis quinquaginta marcis, manebit ecclesie; de quibus quinquaginta marce jam per episcopum sunt solute. Item allodium Veteris ville ante Hildensem alienatum pro octoginta talentis recuperavit. Castrum Woldenberge cum indagine castri tantum a [108] comitibus de Woldenberghe pro mille quingentis marcis, quod in parte australi magnis eciam sumptibus pro parte muravit. Allodium ad Rod juxta Woldenberge et pratum castro adjacens pro 70 marcis; villicationem Holle, quam obligatam invenit, pro centum quinquaginta marcis absolvit. Advocaciam in Holle et comiciam ibidem, nec non gograviam de 15 villis a comite Ludolfo de Woldenberge pro 144 marcis, et advocaciam in Badekenstede (184) ab eodem pro 26 talentis, item majorem comiciam, que incipit a Scirbeke juxta Harlessem et protenditur per Hever usque ad fontem Sebbettessen ab illa parte Gandersem, et usque ad pontem Olkessen (185), et quartam partem comicie super Amberga (186), a comite Hermanno de Woldenberge pro quadringentis marcis; advocaciam in Sibbethtessen de bonis custodie a Hugone de Holthusen pro 20 marcis; stagnum juxta Eddessen et molendinum Berge cum piscatura; silvam quandam in Harto (187) que dicitur Wrochterewolt, a multis echtwardis pro magna summa pecunie expedivit, et ecclesie obtinuit. In Tyderingerod quinquaginta echtwardos a Lyppoldo de Vreden pro 24 marcis, decimam in Hemmendorpe vacantem sibi suisque successoribus retinuit; domum episcopalem in Hildensem, quasi dirutam, muro, trabibus, tecto lapideo refecit, et aliis edificiis instauravit. Cenaculum in Poppenburch et turrem parvam adjacentem lapidibus texit. Castrum Wincenburg a Beyerberg usque ad valvam muravit; valvam lapideam ante castrum Peyne construxit et lapidibus texit; testudinem in castro similiter lapidibus texit, et alia edificia in eodem castro fere omnia innovavit; feodum eciam castri civitatis et comicie Peyne a comite Widekindo de Poppenborch expedivit, qui illud in manus suas libere resignavit; advocaciam in Lapidibus a Johanne et Conrado Acken expedivit. Item a domno Heinrico de Honborch in placitis obtinuit quod liberum erit ecclesie redimere castrum Honburg quocumque anno semper infra festum pasche et Walburgis pro trecentis libris Hildensemensium denariorum. Item camerarius marscalcus, pincerna, offi-

VARIÆ LECTIONES.

[104] dowen 1. [105] Rowen ed. [106] i. c. [107] libro c. [108] tm̄ c.

NOTÆ.

(176) Locus desertus.
(177) Kleinen Lopke.
(178) Mirica, merica, erica, idem quod *Heide*, in Marchia nostra silvam significans.
(179) Cf. H. A. Lüntzel die ältere Diöcese Hildesheim p. 165.
(180) Söhlde.
(181) Bereler Ris.
(182) Werder an der Nette.
(183) i. e. prætextu.
(184) Baddekenstedt.
(185) Schirbeck et Harlessem, villa desol., prope Hildesh., der Hever prope Bilderlah; Sebexen; Gandersheim; Olxheim. Cf. Luntzel 155.
(186) In quo e. g. Bokenem.
(187) Harz.

ciatu episcopi, de suppellectili quorundam predecessorum suorum episcoporum de facto se ingesserant, quod episcopus penitus abolevit. Quid plura? Ecclesia siquidem per ipsum incrementum longe amplius recepisset, si et domestica et fratrum persecucio non fuisset; unde iniquo consilio actum est quod dux Johannes armata manu contra episcopum et ecclesiam processit, et non tantum laycorum quantum ecclesiarum possessionibus dampna gravia irrogavit. Pace tandem inter episcopum et ipsum ducem intercedente, eisque in amicicia firmatis ad invicem, ecce dux Albertus senior, sed aliis inmanior, stimulo invidie contra fratrem suum episcopum agitatus, ipsum et ecclesiam humiliare disposuit, quod opere imposuit; quia non contentus quod ecclesiam circumvenit in multis, sicut etiam in illis quinque villis ad comeciam Soltga antiquo jure spectantibus, quas marchio Otto de Brandeborch eidem duci contra justitiam adjudicavit, episcopo tamen contradicente et reclamante, eciam suscitavit ecclesie adversarios, quibus ad ledendum eam rapinis et incendiis per terram ducis liber patebat transitus et securus ad municiones suas recursus. Igitur ab episcopo gracia consilii ad ducem Johannem recurritur, qui cum diversis placitis hinc inde servatis, frater fratri apud fratrem optinere non posset, misertus fratris promittit auxilium, et nichilominus eo procurante cum archiepiscopo Bremensi et dominis inferioribus nec non cum Ottone et Alberto marchionibus de Brandeborch in favorem episcopi contra ducem valide inspiratur. Sed ecce iniqua sorte dux Johannes præmoritur (*an.* 1277; *Dec.* 13), et dux Albertus tutor admittitur; unde et ex morte hujus et metu alterius pene moritur auxilium ecclesie repromissum. Verumptamen episcopus et Magdeburgensis ecclesie et marchionum confisus auxilio, se contra fratrem pro ecclesia invitum opposuit, eoque in principio viriliter contra fratrem agente, predictis vero in ferendo auxilio torpentibus, Cherstede et Empne municiones ecclesie per ignis jacula capiuntur, et pociores ministeriales ecclesie inibi captivantur (*an.* 1279). Ex hac magna ruina ecclesie fit ingens dolor ab omnibus; sed episcopus, quem plus dolor angebat, plus doluit, et in tantum in eo dolor invaluit, quod sibi, ut creditur, prestitit causam mortis. Ipse enim tactus vehementi dolore intrinsecus, tamquam sue mortis prescius sexta feria ante, sicut [109] anno Domini 1279 in die beati Olrici, qui feria tercia tunc occurrit, carnis persolvit debitum [110], fratribus in capitulo convocatis, de novali in Emberke, quod ex concessione omnium quorum intererat exstirpari fecerat, suum coram fratribus testamentum condidit, et illud cum proprietate et decima nec non cum omni jure, sicut ipse tenuit, super reliquias beate Virginis obtulit, liberum relinquens capitulo quatinus de eisdem bonis post mortem suam ordinarent prout secundum Deum anime sue saluti expedire viderent: unde ex ordinatione capituli de eodem novali in anniversario ipsius dabitur communis karitas, de pullis pane et vino, fratribus et vicariis universis: cuilibet fratrum 20 denarii, cuilibet vicariorum 10, tribus campanariis solidus, tribus cameraris solidus, qui coadjuvabunt campanarios ad pulsandum, pauperibus scolaribus 12 solidi. Episcopus eciam quasdam proprietates bonorum pauperum scolarium contulit, pro quibus in nocte anniversarii ejus de illis 12 solidis procurabuntur; duo cerei de tribus libris cere ponentur, unus ad altare beate Virginis in choro, alter ad sepulchrum episcopi, qui ardebunt de una vespera ad aliam. Memoratus eciam episcopus et personarum et ecclesie utilitati prospiciens, ipsa hora [111] qua testamentum suum condidit, ad devotam supplicationem capituli, annum gracie de beneficiis que de manu episcopi tenentur, capitulo indulsit; et prepositus Johannes de suis beneficiis, et capitulum de obedientiis similiter indulserunt; hoc modo videlicet quod quicumque fratrum ante diem beati Jacobi moritur, nova sequentis anni percipiet, prout in ipsius episcopi et capituli litteris plenarie continetur. Episcopo in die beati Olrici, qui tunc feria tercia occurrit, ut dictum est, premortuo ecce dictu mirabile sed Deo non impossibile subsequitur: infra 6 ebdomades, eodem die quo episcopus dux Albertus post moritur (*an.* 1279, *Aug.* 15), tamquam Dei judicio evocatus. Rexit autem episcopus Otto nostram ecclesiam, tempore postulationis sue connumerato, 19 [111] annis et perfecte mensibus 7.

SIFRIDUS 32us [113].

Defuncto venerabili patre domino nostro Ottone episcopo, Siffridus Magdeburgensis ecclesie decanus, de domo nobilium de Querenvorde trahens originem, vir per omnia magnanimus litterarum scientia, morum honestate, multisque pollens virtutibus, in nostrum episcopum, consulentibus et amminiculum ad hoc prestantibus venerabili Bernardo sancte Magdeburgensis ecclesie electo, et illustri Alberto de Brandeborch marchione, qui eodem tempore ecclesiam nostram viduatam contra Albertum ducem de Bruneswich ipsam impugnantem viriliter defendentes, in civitate Hildeneshem cum copioso exercitu moram trahebant, canonice est electus. Qui cum confirmationis et consecrationis munus ab archiepiscopo Moguntino et regalium investituram a serenissimo Romanorum rege Rodolfo esset adeptus, ecclesiam nostram, quam ex eo quod municiones Tzerstede et Empna per ducem predictum penitus destructe et non pauci ibidem ministerialium et vasallorum ecclesie erant capti, graviter perturbatam invenit, pro viribus suis studuit reformare. Ipso namque duce post paucos dies defuncto, captivos data non modica pecunia liberavit, et procedente

VARIÆ LECTIONES.

[109] *ita c.; lege* quam. [110] sepultus ante altare sancte Crucis 2. [111] *ita correxi*; bona *c.* [112] *ita c., at* XVIII *tantum sedisse videtur.* [113] *inscriptio deest.*

tempore munitiones destructas Empnam [114] videlicet et Tzerstede restauravit. Empnam tamen in loco tutiori locatam, mutato nomine Gronowe appellavit. Set ecce Alberto duce, ut praemittitur, sublato de medio, filii ejus Henricus (188) Albertus (189) et Wilhelmus (190) duces, paternis vestigiis inherentes, contra episcopum et ecclesiam ferociter eriguntur. Quibus cum episcopus fortiter repugnaret, factum est sinistro eventu, ut de precipuis ministerialibus et vasallis ecclesie in castro Campe (191), ad quod gratia presidii se receperant, ipso castro per duces aliquamdiu arta obsidione vallato ac demum expugnato, septuaginta vel circiter caperentur. Ex quo tantum periclitata et dejecta fuit ecclesia, quod vix recuperandi aut resurgendi spes aliqua habebatur. Episcopus tamen in Domino confidens, et murum defensionis pro ecclesia se opponens, minime desperavit. Orta namque inter fratres seu duces ipsos discordia, ipse duobus eorum Wilhelmo videlicet et Alberto confederatur, a quibus et castrum Stouphemborch (192) sibi optinuit pro certa pecunie quantitate stipendiorum nomine obligari, contra tertium se et ecclesiam defensurus. Factis itaque diversis insultibus et conflictibus hinc et inde episcopus nonnullos de parte adversa milites ac famulos captivavit, per quos plures suorum a captivitate absolvit, et rursus ad defensionem ecclesie se munivit. Hiis ita gestis Albertus et Wilhelmus duces opidum fratris eorum ducis Henrici Helmenstat nomine, cooperante sibi episcopo obsederunt ; civesque obsidione artati, datis treugis hinc et inde, potiores milites non paucos tam de parte episcopi quam ducum ad se in opidum mitti petierunt, tamquam de pace et concordia tractaturi. Quibus introgressis et ad hospitia jam receptis nichilque mali suspicantibus, infideles cives verba pacis in ore gerentes et in pectore non habentes, portas opidi concluserunt, et eos intra crudeliter occiderunt [115]. Quod factum lugubre toti patrie causam prestitit lamentandi. Deinde ex mandato Romanorum regis predicti pace jurata inter principes et nobiles Saxonie, dux Henricus de castro Harlingeberch (193) omnibus circumvicinis dampna varia irrogavit ; unde dicti principes, in quorum etiam numero episcopus existebat, ac nobiles Saxonie contra ipsum ducem, tamquam generalis pacis violatorem, dictante ipsius regis sententia insurrexerunt et castrum Harlingeberh obsederunt. Cumque idem dux ad liberationem ipsius castri festinaret, inito maximo cum principibus et nobilibus conflictu subcubuit, castrumque Harlingeberch captum fuit. Per cujus captionem ipse episcopus judicium ad Bocla (194), quod dux Albertus et filius ejus Henricus dudum contra justitiam detinuerant, occupatum recuperavit (an. 1291), et ipsum castrum coram se tamquam loci illius judice seculari proscribi et data sententia fecit funditus demoliri. Et procedente tempore in loco haut longe posito castrum Levenborch (195) magnis sumptibus construxit, per quod plura bona ac jura ecclesie abstracta et distracta ad ecclesiam revocavit. Henricus vero et Albertus duces tam de castri constructione, quam etiam jurium ac bonorum ecclesie revocatione dolentes, ipsum castrum Levenborch, cum adhuc esset novella plantatio, grandi exercitu obsederunt ; set cum episcopus ad repellendum eos se fortiter prepararet, magnanimitatem ejus videntes et constantiam in sancto [116] proposito, recesserunt, machinis in campo et aliis instrumentis bellicis, que ad expugnandum castrum apportaverant, derelictis. Eodem tamen anno hiidem duces magno congregato exercitu, super Fusennam fluvium (196) prope Olesborch castrum multum prejudiciale ecclesie erexerunt, et nomen inponentes Lowendal occuparunt. Episcopus vero ne liber ac frequens ipsis de castro predicto ad invadendam ecclesiam pateret introitus, aliud castrum, cui nomen impositum est Papenborch, in loco non multo plus quam ad jactum sagitte remoto erexit, et multis munivit armatis ; per quod castrum Lowendal manutenentes fuerunt artati ac religati in tantum ut, qui antea obsederant, obsiderentur, factique ex obsessoribus sint obsessi. Demum vero ipsis in castro Lowendal destitientibus, et in castro Papenborch profitientibus, castrum Lowendal capitur, et tam hoc quam illud penitus demolitur. Quid plura ? illustris Otto, dux Luneborch, castrum Calenborch (197) super Laynam fluvium construxit ; quod quia vergebat in maximum ecclesie detrimentum, episcopus sustinere non valens nec volens, contra ipsum ducem insurrexit, et modis quibus potuit impugnavit. Ipse vero Otto dux cum Henrico et Alberto ducibus de Brunswich conspiratione facta contra ecclesiam, assistentibus eis Ottone et Hermanno de Brandeborch marchionibus et nonnullis aliis principibus ac nobilibus, magno collecto exercitu terras ecclesie invaserunt, duasque turres lapideas Stederdorp videlicet et Oberge, quorumdam militum fidelium ecclesie mansiones ceperunt, easque incastellantes firmiter munierunt, de illis et aliis suis munitionibus terram et ecclesiam gravissime impugnantes. Episcopus vero

VARIÆ LECTIONES.

[114] emnam c. [115] ubi tres nobiles milites diocesis nostre videlicet Stenberch et Saldar et cet. dolo interfecti fuerant refert 2. [116] fco c.

NOTÆ.

(188) Dux in Grubenhagen.
(189) Dux in Gottinga.
(190) Dux Welferbytanus.
(191) Haud procul a Brunswich.
(192) Staufenburg prope Osterode.

(193) Herlingsberg prope Goslariam stetit.
(194) Buchloden.
(195) Liebenburg.
(196) Fuse.
(197) Calenberg.

magnanimus in adversis desperare aut deprimi non consuetus, set in domino Deo suo confisus, conducetis armigeris et stipendiariis innumeris vim vi tum cum moderamine tum sine moderamine repellebat. Nam eadem durante guerra, quasdam munitiones ducum, videlicet Uslere, Everborch, Geveldehusen et Echte (198) cepit et destruxit, ac in pluribus conflictibus, concedente domino Deo, a quo est omnis victoria, triumphavit, sibique in hac eadem guerra tantum supercrevit, quod plura debita persolvit, in quibus antea tenebatur. Demum vero inter episcopum ex una, Ottonem de Luneborch et Albertum de Brunswich duces parte ex altera, Henrico duce excluso, castris etiam Oberge et Stedemdorp primitus dirutis, compositio ordinatur. Et cum dux Otto castrum Calemberch sonæ (199) includeret, pontem ante castrum super Laynam a sona eadem episcopus excludebat. Dux autem Henricus ecclesiam adhuc impugnans, castrum quoddam Mosborch nuncupatum in terminis cometiæ Bocla construxit, quod statim episcopus et alii, quibus constructio hujusmodi videbatur incongrua, circumdantes, penitus everterunt. Ipso nichilominus duce in persecutione ecclesie perdurante, ac nobilibus viris de Werdere, et de Sladen comitibus sibi assistentibus, per ipsum episcopum castrum Werdere (200) aliquanto tempore obsessum capitur et destruitur. Castrum Walmoden ad reprimendos ducis Henrici predicti insultus, qui de castro Luttere irrogabantur, nongentis et quinquaginta puri argenti marcis ecclesie conparatur. Castrum vero Sladem graviter obsidetur. Tandem compositione inter ducem et episcopum ordinata, episcopus graves inpugnationes et guerras postea non sustinuit; set pace aliquali ante finem vite sue, modico tamen tempore, fruebatur. Inter hec autem que superius dicta sunt, castrum Rutam (201) in loco ubi Layna et Industria confluunt sumptuose construxit, propter quod ab Ottone duce Lunenburgensi graves impugnationes et guerras longo tempore est perpessus. Pace tamen inter eos facta (*an.* 1283, *Dec.* 16), episcopus in placitis obtinuit donari sibi et ecclesie a duce prædicto proprietatem castri Lowenrode et opidi Honovere; quod tamen idem dux ab episcopo recepit in feudum, datis tantummodo centum marcis. Hoc autem factum est episcopo et ecclesie in recompensam castri Huden, quod dux destruxerat antedictus. Quandam etiam partem castri Popenborch ab impetitione Gherardi comitis de Scowenborch data pecunia expedivit. Castrum Herste (202) prope Gotinge comparavit, quod postea per traditionem captum destruitur. Castrum quoque Wester-hove (203) ecclesie nostre perutile cum suo comitatu mille et viginti marcis puri argenti sibi et suis successoribus comparavit. Advocaciam in urbe a Ludolfo camerario absolvit. Advocatiam in Hasikenhusen (204) a Lippoldo de Dalem milite acquisivit. Palatium episcopale in multis edifitiis emendavit, cappellamque ibidem de novo construxit, ubi et quatuor canonicos instituit, quibus ad victum quadraginta libras Hildensemensium denariorum de oblationibus et obventionibus ecclesie sancti Andree nec non preposito ejusdem ecclesie sive archidiacono civitatis 12 libras dari annis singulis ordinavit. Tres etiam mansos in Reden sibi vacantes adjecit canonicis antedictis. Novissimis autem diebus suis cum aliquali pace, ut dictum est superius, frueretur, castrum Hundestruge et opidum Dasle (205) cum adjacente comitatu mille et nongentis marcis emptionis titulo conparavit, relinquens ea pro majori parte suis successoribus exsolvenda (*an.* 1310). Licet itaque dictus episcopus cunctis pene temporibus quibus nostram rexit ecclesiam potentum principum et aliorum duris persecutionibus circumclusus, graviumque guerrarum tumultibus fuerit occupatus, et a tribulatione malorum et dolore vexatus : utilitatem tamen ecclesie nostre tam in spiritualibus quam in temporalibus prospicere non neglexit, immo eam utrobique, ut ita dicamus, et inter pressuras exaltavit et inter angustias dilatavit. Et ut de temporalibus superius dicta sufficiant, in spiritualibus, sicut infra scribitur se habebat. Quamvis enim temporalibus intentus, adversariorum ac principum non timuerit principatum ; totis tamen visceribus diligebat Christum regem. Nam divinum offitium libenter audiebat, fatiens omni die missam coram se pernotam decantari, nisi magna eum in hoc necessitas impediret. Et quandocumque novem lectionum festum aliquod agebatur, non solum missam set et matutinum ac vespertinum officium, tonatim cum pausa et intentione multa cum suis clericis decantavit. In majoribus etiam festivitatibus et ordinationibus clericorum ac velatione sacrarum virginum aliisque pontificalibus officiis cum per se sacra missarum solempnia celebraret, tanta sibi virtus et devotio a Domino est concessa, ut in lacrimas prorumperet, et imbre lacrimarum suam faciem irrigaret, devotionique adeo deditus existeret, ut ea quæ cantanda aut dicenda erant, vix posset dicere aut proferre, set verba singultibus interrumpere [117] oportebat. Sacre etiam visitationis officium multis annis a suis predecessoribus intermissum cum magna sedulitate exercuit, evellendo et dissipando noxia, edifi-

VARIÆ LECTIONES.

[117] prorumpere *corr.* interrumpere *c.*

NOTÆ.

(198) Uslar, Gieboldehausen, Echte ; Everburg ignoratur.
(199) i. e. reconciliationi.
(200) In pago Ambergau.
(201) Ruthe.
(202) Harste.
(203) Westerhof.
(204) Cf. Lüntzel l. c. p. 240.
(205) Hunnesrück et Dassel in Sollinga silva.

cando et plantando proficua, corrigendo ac reformando tam in capite quam in menbris, que correctionis ac reformationis novit studio indigere, non querendo que sua essent, set que domini Jesu Christi, et in persona sui ante omnia ostendendo, vita et conversatione, verbo pariter [118] et exemplo, qualiter subditos in domo Domini oporteret laudabiliter conversari. Multa quidem et alia que contemplationis et actualitatis existunt, gessit hic pontifex gloriosus, que non sunt scripta in libro hoc, ne legentibus vel audientibus tedium generarent; hec autem scripta sunt, ut sciatur per omnia valuisse et multis virtutibus claruisse. Rexit autem ecclesiam nostram annis 30 et [119] mensibus 10. Anno enim dominice incarnationis 1310, pontificatus sui 31, quinto Kal. Maii debitum carnis exsolvens, migravit ad Dominum [120], relinquens ecclesiam honore et potentia emendatam, set multis, ut verum fateamur, debitorum honeribus agravatam.

HENRICUS 33us [121].

Huic successit vir utique venerabilis Henricus, ecclesie nostre decanus, de illustri comitum de Woldenberge prosapia oriundus [122]. Qui castrum Hundesruge ac opidum Dasle cum comitatu adjacente a serenissimo Henrico de Lutcelenborch tunc Romanorum rege, postea autem imperatore, ecclesie nostre perpetuo uniri, seque et successores suos de eisdem inter cetera regalia, que nostra ab imperio tenet ecclesia, obtinuit infeudari (an. 1310, Sept. 6). Et procedente tempore, castrum opidum ac comitatum hujusmodi persolvit, quia a predecessore suo, qui ea conparaverat, nondum fuerant persoluta. In principio promotionis sue burgenses ac cives civitatis nostre in magna ac tanta rebellione et pertinatia positos, quod fidelitatis sibi prestare homagium noluerunt, bona sibi in civitate Hildensemensi per resignationem vasallorum suorum vacantia occupaverunt, et in multis aliis se opposuerant que nostre respiciebant ecclesie libertatem, conpetenti moderatione compescuit. Collecto namque magno exercitu, civitatem obsidens, castrum Sturewold (206) construxit [123], eosque subtractis molendinorum et pascuorum solatiis in tantum artavit quod infra paucos dies cum ipso conposuerunt, deditionem sibi et fidelitatis homagium facientes, ac salvas relinquentes ab ipsis invasas ecclesie libertates. Inter articulos conpositionis hujusmodi specialiter est expressum quod porta retro urbem, per quam itur ad Sanctum Paulum, multis annis continue clausa, manebit ammodo reserata. Et ut omnis inter clerum ex una, et burgenses parte ex altera, dissensionis amputetur materia in futurum, et litigiorum dispendiis via, quantum est possibile, precludatur, statuto et privilegio perpetuo est firmatum, quod, si inter clerum et burgenses super libertatibus aut emunitatibus ecclesie aut re aliqua questio orietur, quidquid canonici nostre ecclesie justum esse suis affirmare voluerint juramentis, absque ullius contradictione salvum eis in perpetuum permanebit. Omni etiam anno, quando novi consules sunt statuti, iiidem consules ab episcopo aut capitulo requisiti, venient ad presentiam eorundem, et tactis sanctorum reliquiis jurabunt quod omnes portas civitatis fideliter tenebunt et custodient, et quod specialiter Sancti Pantaleonis et retro urbem portas episcopo aut capitulo sive die sive nocte in omnibus eorum necessitatibus reserabunt. Item omni anno feria secunda in capite adventus [124], in generali capitulo jurabunt dicti consules, se omnes libertates et emunitates ecclesie, in quantum possunt, fideliter defensuros. His vero ita conpositis, castrum Hoinboke (207) una cum domino de Homborch, auxiliantibus ad hoc utcumque quibusdam aliis principibus, potenter obsedit, obsessum cepit, captumque fecit funditus demoliri. Opidum Bokenem mille et centum marcis ecclesie conparavit. (An. 1314, Mart. 8.) Cum illustri Ottone duce de Luneborch, qui opidum Honovere et castrum Lowenrode cum quibusdam comitatibus et bonis aliis ab ecclesia in feudum tenuerat et ab ipso recipere curavit, graves guerras habuit, plures conflictus iniit, in aliquibus succumbens et in pluribus triumphans. Tandem conpositione facta, idem dux jam dicta bona ab episcopo recepit in feudum, et se vasallum ecclesie recognovit. Idem episcopus, usurarum voraginem, que animas devorat et facultates exhaurit, que apud cives Hildensemenses multum inoleverat, valde restrinxit. Castam vitam duxit, et pontificale officium devote et cum magna sedulitate exercuit, sicut vir bonus, simplex et rectus, et recedens a malo, Dei et proximi habens zelum [125]. Novissime vero diebus suis mandatum apostolicum, sibi grave, subditis intollerabile, non ex amore justitie, set odii fomite et livore vindicte, ab emulis sibi dirigi procuratur. Unde ipse, presentiens tantum malum, surrexit sicut pastor bonus, qui posuit animam suam pro ovibus suis, sedemque apostolicam adiit, pro fraude et dolo hujusmodi summo pontifici exponendis. Ubi in prosecutione juris sui febre tactus, pro grege suo mortuus est, et in monasterio sancte Clare Avinione honorifice [126] tumulatus anno Domini 1318, 3. Idus Julii, pontificatus sui anno 9. In ejus anniversario dabuntur de decima in Solede cuilibet dominorum presenti 7 denarii et di-

VARIÆ LECTIONES.

[118] additum. [119] additum. [120] sepultus in media ecclesie sub corona 2. [121] inscriptio deest, ut et in omnibus qui sequuntur. [122] Iste quia vir mansuetus fuit, a quibusdam vocabatur Aleke 2. [123] quod et Alekenburc vocavit 2. [124] jejunii manu vosteriori. [125] addita vox manu recentiori. [126] Hic manus alia sæculi XIV incipit.

NOTÆ.

(206) Steverwald. (207) Hohenbüchen.

midia stopa vini, vicario 4 denarii et quarta vini, magistro majori, subcustodi et succentori similiter, candela de libra cere, scolaribus 5 solidi, camerariis et campanariis 3 solidi [127].

OTTO 34us.

Venerabili patre domno Henrico de Woldenberghe episcopo nostro Avinione feliciter defuncto, de quo sufficiens scriptura superius reperitur, successit ei patruus ejus dominus Otto de Woldenberghe, prepositus Montis sancti Mauritii, in episcopum nostrum concorditer electus. Hic in principio ingressus sui habuit conflictum cum quibusdam oppressoribus terre nostre, videlicet de Engelinghborstel et de Monikhusen (208) prope villam Osleveshen (209), et Deo victoriam nostris concedente, hostes aut capti aut interfecti aut fugati succubuerunt ; de quorum captivitate dominus noster episcopus magnam extorsit pecunie quantitatem, unde ipse et sui locupletati fuerunt. Ipse vero tamquam fidelis et bonus dispensator, pecunias sibi taliter provenientes in utilitatem ecclesie nostre convertens, castra et bona episcopalia per predecessores suos inpignorata seu alienata recuperavit et redemit. Castrum vero Luttere et officium in Barke et advocaciam in Calevelde (210) a ducibus Brunswicensibus pro tribus millibus et 60 marcis emit, et pecunias pro quibus predecessor suus dominus Syffrydus episcopus castrum Lindowe (211) a nobilibus de Plesse comparavit, nondum solutas persolvit, et in eodem castro palacium inexpugnabile cum alto muro construxit. Castrum Sturwolde quasi ex toto solempnibus et inexpugnabilibus edificiis, prout liquet, præter palacium antiquum, quod patruus suus immediatus predecessor domnus Hinricus episcopus edificavit, magnis sumptibus construxit. Et quamplura edificia in aliis nostre ecclesie castris diruta , que omnia describere difficile esset, ipse reedificari procuravit. Ipse etiam adhuc prepositus Montis existens, ad laudem et honorem omnipotentis Dei et gloriose matris ejusdem virginis Marie quandam missam, vulgariter auream dictam, singulis annis sabbatho proximo post communes (212) ab omni clero tam religioso quam seculari solempniter in ecclesia nostra instituit decantari (an.1315, Febr. 5), deputans ad hoc de decima in Zolde largam et bonam consolationem in eadem missa presentibus ministrandam. Item

A ordinavit duas faculas annis singulis per totum adventum ob reverentiam ympni (213) *Veni Redemptor* in choro nostro ante pulpitum ad completorium incendendas et ardendas, et cuilibet scolari in eodem completorio presenti eciam undecumque venienti unam similam per prepositum nostrum tribuendam. Insuper festum beate Elizabeth cum cantu et consolacione solempnibus in ecclesia nostra pro duplici festo peragendum instituit atque redditibus dotavit. Anniversarios domnorum Siffrydi et Henrici episcoporum nostrorum, predecessorum suorum, et suum proprium in ecclesia nostra solempniter singulis annis peragendos cum bona administratione ordinavit. Rexit autem ecclesiam nostram in summa et tranquilla pace sic quod cum suis omnibus subditis multum fuerat locupletatus, et taliter quod villane in pluribus villis sue terre cum bonis vestibus et mantellis de vario foderatis incedere videbantur, disponente Domino et cooperantibus sibi favore et amicicia nobilium principum Ottonis de Luneborch et Ottonis de Brunswich ducum, pacis et justicie filiorum. Omnibus itaque per dictum domnum Ottonem episcopum pro utilitate et commodo ecclesie nostre tanquam per bonum et fidelem pastorem laudabiliter et feliciter consumatis, anno ordinationis sue 16° debitum humane condicionis exsolvit (214) [an.1331, Aug. 22], et in ecclesia nostra ante altare omnium sanctorum requiescit [128]. Cujus memoria et [129] benedictione sit eterna. Amen.

HENRICUS 35us.

Huic successit (215) [Aug. 28] venerabilis pater domnus Henricus, illustris [130] ducis (216) de Brunswich filius, in cujus electione detestabile scisma surrexit. Nam quidam de dominis nostris adherebant electioni sue, alii vero domno Erico de Schowinborch per apostolicam sedem proviso, cui eciam cives Hildensemenses adheserunt, tum propter ipsius domni Henrici potenciam, tum propter depravacionem monete nostre per illos forte factam ; quidam vero de consulibus Hildensemensibus dicto domno Henrico faventes fuerant de civitate expulsi. Remanentes autem et dicto domno Erico auxilium prestantes , ferociter cum magnis gwerris diocesin nostram invaserunt. Nam opidum Dam domno Henrico adherens ceperunt et funditus destruxerunt, ut apparet cooperantibus eis ad hoc quibusdam ecclesie

VARIÆ LECTIONES.

[127] *Iterum alia manus sæculi XV incipit.* [128] obiit a. D. MCCCXXXI. ordinacionis sue XV. 2. *numeris correctis.* [129] *ita c.* [130] i. ac elegans 2.

NOTÆ.

(208) Engelnstedt et Münchhausen.
(209) Oesselse, districtus Ruthe.
(210) Berka et Calefeld princip. Göttingens. et Grubenhag. diœceseos Moguntinæ.
(211) Lindau.
(212) Communes « die heilige gemeinwoche » erant dies victoriæ Saxonum de Thuringis, in hebdomada post diem S. Michaelis celebrati; v. Haltaus *Jahrzeitbuch der Deutschen des Mittelalters* 1797, p. 142, 143.
(213) i. e. hymni.
(214) De anno obitus cf. Beiträge t. I, p. 90-94 et chartas ap. Lüntzel diœc. Hild., p. 423, 424.
(215) Excerptum juramenti episcopi legitur in Deductione jurisdictionis meyerdingicæ ecclesiæ cathedralis Hildesheim. præposito et capitulo competentis. Hildesh. 1758, fol. pag. 70.
(216) Alberti Gottingensis.

nostre vasallis [131]. Volens autem dictus domnus Henricus abducere aque fluxum Industrie a molendino episcopali, conflictum habuit cum incolis civitatis prope civitatem, qui prevaluerunt; quidam vero de suis in fugam conversi occubuerunt, quorum aliqui interempti, nonnulli captivati fuerunt. Dictus vero domnus Ericus volens cum viris armatis civitatem ingredi, multis de civitate sibi obviantibus prope villam Haze (217) et eum introducere volentibus, dictus domnus Henricus cum suis illos invasit et debellavit triumpho potitus. Post hec facte sunt treuge ad decem annos (1333); quibus finitis, major est exorta guerra quam fuit antea, que quasi ad tres annos duravit, in quibus plura ecclesie nostre castra et bona episcopalia ac quorumdam monasteriorum et collegiorum inpignorata fuerunt et eorum aliqua penitus alienata. Domno vero Henrico in hujusmodi gwerra deficiente et quasi desperante, Deus omnipotens meritis gloriose virginis Marie sue matris, in quam plenam et firmam habuit confidenciam, victoriam sibi contulit de inimicis suis in prato infra Sturwoldis et civitatem, quorum multi fuerunt submersi et quam plures abducti captivi. De qua victoria in tantum fuit ditatus et adversarii sui taliter suppeditati, eciam dicto domno Erico tunc interim defuncto, quod ex tunc in singulis factis suis prosperabatur; civitatenses eciam videntes se deficere, gratie dicti domni Henrici se submiserunt, sic quod invicem amicabiliter pacificati et concordati fuerunt (an. 1346). Sed in emenda hujusmodi controversie dicti civitatenses singulis septimanis apposuerunt 12 talenta Hildensemensium denariorum ad satisfaciendum lapicidis, carpentariis et aliis laborantibus in edificacione castri Marienborch, quod ipse domnus Henricus tunc edificavit et construxit, quoadusque dictum castrum perficeretur [132]. Deinde domino Deo prestante, dictus domnus Henricus ad gremium matris ecclesie regressus, a sentenciis excommunicationis, quibus per domnos apostolicos Clementem et Innocencium, eo quod provisioni dicto domno Erico per sedem apostolicam facte se opposuit, innodatus extiterat, per eundem Innocencium absolutus [133] sibique de ecclesia nostra de novo provisum fuerat (an. 1353). Igitur sic reconsiliatus et premissis gwerris et tribulacionibus cessantibus ac tranquilla pace succedente, castra ecclesie inpignorata et bona mensalia pro toto suo posse recuperavit. Castra vero Woldenstein, Sladum et Wydenla (218) pro magna pecunie summa ecclesie nostre conparavit; castrum Marienborch de novo construxit, Woldensteyn a nobili Siffrydo de Homborch, Sladum a Meynekone ibidem comite (an. 1342), Wydenla ab illis de Gowisch emit, et eadem castra ubicumque diruta fuerant reparari ordinavit (an. 1341). Festum gloriosi corporis Christi in ecclesia nostra et aliis ecclesiis collegiatis solempniter instituit cum anniversario suo singulis annis peragendum. Reliquit eciam suis successoribus decem castra non inpignorata, set libera et soluta, videlicet Sturwolde, Marienborch, Rute, Peyne, Levenborch, Sladum, Wydenla, Lutere, Woldensteyn et Wynzenborch [134], cum pluribus bonis mense episcopalis. Destruxit eciam castra Grensleve et Hilwerdeshusen in comitatu Dasle. Rexit [135] autem ecclesiam nostram 32 annis cum dimidio. Sepultus est ante altare beate Katherine virginis an. 1362, Febr. 6). Cujus anima in pace perpetua requiescat. Amen.

JOHANNES SCHADELANT 36us.

Post obitum domni Henrici de Brunsvich domnus papa providit de episcopatu Hildensemensi cuidam venerabili et bono viro, de ordine Predicatorum, sacræ theoloye doctori, quem vulgariter vocabant episcopum Johannem Schadelant. Qui in principio introitus sui requisivit de libris divinis et legalibus predecessorum suorum. Tunc officiati curie ostendebant ei loricas, clipeos et galeas, dicentes quod tales fuissent libri predecessorum suorum. Et quia mores patrie non congruebant sibi, idcirco ipsum episcopatum ad manus domni papæ, a quo ipsum tenuit, resignavit (an. 1364), et forte per duos annos in episcopatu permansit [136].

CHERARDUS 37us.

Post hunc per domnum Urbanum papam quintum ad ecclesiam Hildensemensem translatus est venerabilis pater domnus Gherardus de genere baronum de Monte prope Mindam, tunc episcopus Verdensis, et quondam cantor et postmodum decanus ecclesie nostre; vir facundus, providus et magnanimus. Hic primo anno sui ingressus quosdam raptores videlicet 60 armatos de Westfalia opidum Eltze invadentes cepit, set attendens quod salvo honore eos forte retinere non posset, liberos et quitos dimisit eosdem. Deinde anno suo tercio [137] circa festum nativitatis Marie (an. 1367) invadentibus hostiliter episcopatum nostrum duce Magno de Brunswigk et episcopo Halberstadensi cum adjutorio episcopi Magdeburgensis bischop Kogelwyt dicti nec non de Anehalt, de Hademersleve cum pluribus aliis bravo-

---

VARIÆ LECTIONES.

[131] anno Domini MCCCXXXII. in nocte natalis Domini 2. — [132] Et de singulis domibus adhuc hodie datur vronetynf ad idem castrum spectans demptis aliquibus bonis feudalibus que habent domini episcopi et monasterium sancti Michaelis et pauci vasalli. Occasio autem compulsionis ad edificandum castrum supradictum fuit ista, quia episcopus vicit eos prope molendinum. « de Lamolen » in prato civitatis, ubi multi captivati et submersi fuerunt addit. 2. — [133] a D. 1347. addit. 2. — [134] wytzenborch c. — [135] Obiit autem a. D. 1362. 2 — [136] Sepultus in Maguncia apud Predicatores. 2. — [137] scilicet 1367. addit 2.

NOTÆ.

(217) Hasede (218) Wiedelah.

nibus (219) et maxima armigerorum multitudine, occurrit eis propter villam Vormersen (220) domnus Gherardus episcopus, et prelio diutissimo commisso, auxiliante Deo et sua genitrice, victoriam gloriosam nostri reportaverunt, interfectis quamplurimis [138] adversariorum, et captis duce predicto nec non episcopo Halberstadensi Alberto cum magna suorum multitudine, a quibus maximam pecunie summam ipse dominus noster episcopus extorquere potuisset, sed veritus tirannidem archiepiscopi Magdeburgensis, qui tunc apud Karolum quartum imperatorem magne auctoritatis habebatur, et etiam potentiam ducis Magni junioris, qui tunc ad ducatus Brunswicensem et Luneburgensem fuerat exaltatus, a predictis captivis summam tridecim millium marcarum argenti in amicitia dumtaxat recepit [139]. Post hoc orta est discordia inter dominum nostrum episcopum et ex alia parte duces Ottonem (221) et Albertum (222) de Brunswigk; quidam de vasallis et ministerialibus ecclesie Hildensemensis episcopo nostro rebellantes, ad dictos duces se contulerunt; quos ipse domnus episcopus in castro Walmoden potenter obsedit (an. 1368), et miro modo per industriam ipsum castrum cum aque fluxu comportato aggere submergi fecit et ex toto destrui, prout intuitus hodiernus manifestat. Sinistro tamen eventu factum est quod, durantibus hujusmodi controversiis, predicti duces opidum ecclesie nostre Alvelde ceperunt, spoliaverunt, et castrum novum ibidem erexerunt (an. 1370). Sed dominus Deus et pia mater ejus non obliti misericordie sue nec ecclesiam nostram omnino derelinquentes, ex post aliqualem consolationem refuderunt, disponendo quod officiati domini nostri episcopi prope castrum Woldensteyn habito insultu cum adversariis, 24 armatos pociores de dictorum ducum clientela ceperunt, ipsomet duce Ottone per fugam vix evadente. Ex tunc intervenientibus placitis treuge facte sunt, et tandem opidum Alvelde cum castro novo restitutum est nobis, et captivi ducum sunt liberi dimissi. Idem dominus noster episcopus toto suo tempore multas et diversas adversitates in spoliis, incendiis et rebellionibus suorum, ab omnibus circumjacentibus ducibus, nobilibus, et oppressoribus suis impugnatoribus gravissime perpessus est, sed tamen Dei et genitricis sue Marie adjutorio, in qua plene confidebat, in singulis laudabiliter prevaluit. Castrum Calenberch obsedit, et fluvium Leynam abduxit, magnis tamen laboribus et expensis, prout liquet. Castrum Coldingen (223) ecclesie nostre acquisivit, per multa dispendia gwerrarum et laborum retinuit. Castrum Vynenborch a comite Conrado de Werningerode pro magna summa pecunie emit. Castrum Blanckenborch cepit adjuvante comite Tyderico de Werningerode, quod tamen in placitis recepta aliquanta pecunie summa comite [140] Borchardo de Regensteyn restituit. Castrum Steynbrugge construere incepit. In salina Gyter (224) quosdam redditus dictos bokpennige ab illis de Knystede emit. Villam Muddesdeborch (225) et silvam attinentem ab illis de Roden pro certa pecunie summa videlicet 700 [141] markis comparavit. Domum lapideam seu palacium in Poppenborch edificari procuravit. Organa nostra nova ad ornatum ecclesie nostre sumptibus 100 marcarum et ultra donavit. Villam Peyne prope Kerkverde pro 100 marcis comparavit. Insuper calicem de auro puro gemmis preciosis adornatum ecclesie nostre dedit. Anniversarium suum instituit solempniter in ecclesia nostra peragendum. Aulam episcopalem quasi dirutam et vetustate consumptam reedificari procuravit. Claustrum Carthusiensium fundavit adjutorio bonorum virorum et redditibus dotavit. Ipse rexit ecclesiam nostram annis triginta tribus, et erat suis subditis presertim clericis multum affabilis et benignus; fuit sufficienter litteratus, et ideo clericorum fauctor. Etiam multas orationes et dictaturas tam prosaycas quam metricas per se ipsum edidit et dictavit. Ipso autem in etate decrepita constituto, subditi sui et maxime ecclesie vasalli tumultus et gwerras inter se graves concitaverunt. In quibus ecclesia nostra maxime periclitata, graves oppressiones et injurias sustinebat. Episcopo vero propter senium deficiente et rebellionem ipsorum compescere non valente, talis modus intervenit, quod domnus Johannes filius comitis de Hoya, tunc episcopus seu electus Padeburnensis, in coadjutorem domni episcopi Hildensemensis assumptus est, qui insolentias ante habitas refrenavit, prout aliqualiter fecit; quo translato ad episcopatum Hildensemensem, domnus Gherardus modico tempore supervixit [142], et defunctus (an. 1398, Nov. 15) apud Carthusienses Hildensemenses sepultus, feliciter in Christo requiescat. Amen, etc.

JOHANNES 38us.

Ante dictus autem Johannes ad episcopatum Hildensemensem promotus, in suo introitu aliqua satis strennue gessit. Nam ducem Fredericum de Brunswigk terram Hildensemensem opprimentem ipse compescuit et repressit. Etiam castrum Vreden (226) ecclesie Hildensemensi multum prejudiciale expu-

---

VARIÆ LECTIONES.

[138] et addit c. [139] de qua pecunia construxit et dotavit ac fundavit Carthusiam prope Hilden. [140] ita c. [141] VII c. [142] obiit ergo a. D. 1398. 2.

NOTÆ.

(219) I. e. baronibus.
(220) Farmsen ab oriente civitatis; Chronicon sancti Ægidii et Botho Gheimessem et Dinklar scribunt.
(221) Salzderheldensem.

(222) Gottingensem.
(223) a Magno duce oppigneratum.
(224) Salzgitter.
(225) Misburg prope Hannover
(226) ad Leinam, haud procul a Gandersheim.

gnavit, cooperante duce Henrico, et funditus evertit, et sic in statu competenti et satis pacifico ecclesiam Hildensemensem circiter 20 annos juxta modum suum rexit. Interea tamen factum est quod venerabilis domnus Eghardus de Hanenzee prepositus ecclesie Hildensemensis, vir magne litterature et industrie, sinistro eventu ab emunitate urbis Hildensemensis violenter extractus et abductus, quasi fuisset violator pacis terre, que tunc vulgariter lantfrede dicebatur, in turri Sturwalde incarceratus et per duos fere annos inibi detentus diem suum ibidem clausit extremum; de quo dum rumor exiret quasi fuerit in eadem turri occisus, prefatus domnus episcopus coram multitudine congregationis cleri et populi civitatis Hildensemensis et suorum vasallorum protestationem publicam fecit (an. 1405), quod de interfectione seu morte ipsius domni prepositi ipse foret innocens et immunis, et ad expurgandum se ad hoc coram omnibus paratum se offerebat; set habito colloquio inter illos qui tunc presentes aderant, juramentum ipsi domno episcopo erat remissum. Ut tamen omni pace dicatur, idem domnus episcopus in prodigalitate et seminarum contubernio ultra mensuram et plus quam decuit, laxabat habenas; quapropter factum est ut omnia castra et possessiones ecclesie, nec non bona ad mensam episcopalem spectantia, vel inpignorata vel alienata ab ipso sunt relicta, et quia, ut apparuit, nimium laycaliter se gessit, plurime exhorbitancie et inconveniencia sunt secuta, propter que et etiam plura alia, prout versimiliter formidandus est omnipotens Deus, multiplicibus flagellis [143] nos et totam terram nostram et gentem gravissime attrivit, et presertim ex eo quod, extremo tempore vite sue, videlicet ad quinque annos ante obitum ipsius domni episcopi, intollerabilis tempestas gwerrarum et bellorum contra nos insurrexit. Nam confederati archiepiscopus Coloniensis, archiepiscopus Magdeburgensis, episcopus Halberstadensis, omnes duces Brunswicenses et Luneburgenses et Sleswicenses [144], et multarum terrarum quam plures comites et barones cum omnibus ipsorum civitatibus et vasallis contra solum Hildensemensem episcopatum ferociter quasi eundem totaliter devastaturi convenerunt, ac ipsum circumquaque rapinis, incendiis, interfectionibus, captivationibus, depactationibus et ecclesiarum cremationibus hostilissime pervagarunt; que quidem gwerre et inimicicie citra tres annos continuos protracte sunt; in quibus nostrates eciam in duobus conflictibus dampnosissime succubuerunt, quorum unus fuit prope Osterwik et alter prope Grone (227), in quo domnus filius ducis Saxonie, noster concanonicus et ecclesie Montis sancti Mauritii prepositus, heu! fuerat interfectus (an. 1424). Qualia et quanta dampna ecclesia et tota terra nostra ex hoc pertulerit, non facile est describere, set hodierna debitorum onera et alia certa indicia manifeste declarant; unde factum est quod predictus domnus episcopus, tam senio quam penuria [145] oppressus, in coadjutorem suum recepit domnum Magnum illustris ducis [146] Saxonie filium, tunc episcopum Caminensem, et ipsum accedente consensu et concordi electione capituli Hildensemensis nec non conniventia cleri atque vasallorum et quorum interfuit, in episcopum Hildensemensem sibi substitui a domno papa Martino quinto impetravit. Domno autem Magno in episcopum nostrum promoto, factum est tripudium totius cleri et populi, et post brevi intervallo temporis domnus episcopus Johannes mortuus est et in medio ecclesie nostre sepulitus [147]. Ipse rexit ecclesiam nostram 25 annis citra vel ultra, et maximis debitorum oneribus gravatam et omnium rerum distraxionibus reliquit eandem, successori quoque suo nullum penitus locum liberum nullosve redditus aut paucissimos post se dereliquit, super quibus omnibus parcat sibi omnipotens Deus.

MAGNUS 39us

Idem autem domnus Magnus episcopatum Hildensemensem tam extreme depauperatum inveniens, quantum de suis pecuniis potuit, apportavit, mediantibus quibus huc usque vivit et perseverat. Idem domnus Magnus castrum Grene (228) cum suis attinenciis a domna ducissa de Brunswigk in possessionem recepit. Ipse etiam fortalicium Dachtmissen (229) a Ludolfo de Esscharte comparavit, quod statim ex post duci Ottoni de Luneborch sub certis pactis restituit pro acquisicione et empcione plurium castrorum in dominio Homburgensi, pro quibus eciam grandem pecunie summam eidem duci Ottoni persolvit, videlicet ultra 10 milia florenorum auri de Reno in prompta pecunia.

SUPPLEMENTUM IN CODICE 2.

Domnus Magnus satis laudabiliter rexit in temporalibus, multa castra emit sub contractu redempcionis. Obiit a. D. 1452 (Sept. 21), sepultus in medio ecclesie.

Factum [148] est preterea quod domnus Magnus senio gravatus in filium eligeret illustrem principem domnum BERNARDUM ducem de Brunswik, qui tanquam provisor rexit ad 7 annos.

Ex [149] post ERNESTUS comes de Scomborch (230) electus fuit a. 1458, qui confirmatus rexit 13 annis.

VARIÆ LECTIONES.

[143] flegellis *c.* [144] sweswiceñ *c.* [145] penuria plus quam senio 2. [146] vox omissa in *c.* [147] anno Domini 1424. 2. [148] alia manus incipit. [149] alia manus.

NOTÆ.

(227) 1421, Chron. S. Ægidii; 1422, Botho.
(228) Haud procul a Gandersheim.
(229) Prope Burgdorf.
(230) Schaumburg.

vir benignus et affabilis, set heu! ad spiritualia non deditus. Periculose eciam satis obiit sine sacramentis ut dicebatur [150]. Aliunde bene rexit. Obiit a. D. 1471 (Jul. 22). Sepultus prope armarium ecclesie nostre. Anno [151] Domini 1468 fuit bellum inter ducem Wilhelmum ac filios Fredericum et Wilhelmum ex una, ac civitates vulgariter dicti de Hensestede ex altera partibus, et plura dampna ambe partes intulerunt sibi invicem. Set a D. 1471 fuit forte bellum inter prefatos duces Brunswicenses et Ernestum episcopum Hildensemensem, et famabatur quod idem episcopus ex nimia tristicia obiit eodem tempore. Anno vero sequenti, scilicet 72, orta est gravis discordia inter civitatem Hildensemensem et episcopum Henningum ex una, et vasallos dyocesis et quosdam canonicos ac opida terre partibus ex altera, qui eundem domnum Henningum episcopum recipere recusarunt. Quis velit esse finis, Deus novit, set jam plures ville desolate sunt heu! [152] Eodem anno cometa visus est. Et Erfordia pro maxima parte ab ignibus consumpta est, pons scilicet mercatorum et omnes domus fere presbiterorum cum ecclesiis principalibus, beate scilicet Marie Virginis et sancti Severi cum 12 aliis ecclesiis.

VARIÆ LECTIONES.

[150] et verum est *in marg. atramento alio*. [151] *alia manus*. [152] *aliud atramentum*.

ANNO DOMINI MXXXVIII.

CATWALLONUS

ROTHONENSIS ABBAS.

NOTITIA HISTORICA IN CATWALLONUM.

(MABILL., *Annal. Bened.*, t. IV, lib. LV, pag. 321.)

Sub idem tempus (1026) nobilis Armoricus Simon, filius Bernardi, a quo Roca-Bernardi, cujus loci dominus erat, cognomentum accepit, monasterium Sancti Gildasii de Nemore in Namnetensis pagi loco qui *Lampidric* tunc vocabatur, ædificavit, ubi Helgotum, *virum sanctum*, Rothonensem monachum, abbatem constituit. Tunc Sancti Salvatoris monasterio Rothonensi præerat Catwallonus abbas, laudatus in litteris prædicti Simonis pro constructione monasterii, in quibus notæ chronicæ non sibi constant, cum monasterium hoc anno conditum dicitur, Heinrico Franciæ regnum regente. Ast aliunde certum est Catwallonum abbatem Rothonensi monasterio hoc ipso tempore præfuisse. Hic successerat Mainardo eximiæ sanctitatis viro, qui Bellam-Insulam, vulgo *Guedel*, a Gaufrido Britanniæ duce obtinuit. Ejus jussu Catwallonus, ipsius Gaufridi, ut ferunt, germanus frater, et ipse multa religione præditus, monachorum cœtum in Bellam-Insulam induxit. Inde post Mainardi obitum ad regimen Rothonensis monasterii revocatus, illud ruinæ proximum instaurare aggressus est. Ejus rei testem habemus ipsius Catwalloni epistolam ex codice monasterii Sancti Sergii apud Andecavos, scriptam ad Hildegardem Andecavorum ducem, Fulconis-Nerræ conjugem, eo tempore quo bellum cum Alano Britanniæ duce gerebat. Hanc epistolam infra exhibemus. Scripsit et aliam idem Catwallonus epistolam ad quamdam abbatissam, cujus nomen a littera L. incipiebat, quam puto esse Letgardem, abbatissam Beatæ Mariæ de Caritate apud Andecavos. Idem abbas probum quemdam virum, sed agrestem, Gurkium nomine, genere Nortmannum, in Sancti Gudwali insula demorantem, convenisse traditur, eumque ad largiendam Sancto Salvatori prædictam insulam est cohortatus. At ille, ut ferus erat, albis vestibus laneis indui solitus, petentem durius objurgavit, repulitque: sed tandem mansuefactus, se suaque omnia Salvatori tradidit.

CATWALLONI

EPISTOLA

AD HILDEGARDEM ANDECAVORUM DUCEM, FULCONIS NERRÆ CONJUGEM.

(MABILL., *Annal. Bened.*, IV, 321.)

Abbas CATWALLONUS Rothonensis cœnobii cum sibi commisso grege, HILD. Andecavorum reginæ, salutarium munus orationum.

Gratias referimus, quod per nuntios et litteras frequentes humilitatem nostram visitare non es dedignata, obsecrans in orationibus nostris tui meminisse. Unde si tibi Deum aliqua per nos fiducia confidis propitiari, scito quia, licet sumus peccatores, pro nobis ipsis non sufficientes, tui quotidie memoriam agimus ad Dominum. Jam dudum enim nobis non incognitum est, quam sincerissime Deo religionis exhibeas cultum, et Dei servis obsequium : quæ si fama silentio tegeret, ipsorum claritas operum non taceret. Hoc unum omnimodis monemus, ut in bono ardentius proficere studeas. Quoniam igitur monasterium nostrum, quod vetustate sui pene vicinum est ruinæ, proximo Martio restaurare, si annuerit Divinitas, disponimus; transmittimus ad te hunc fratrem gratia mercandi vinum in concessis Dei munificentia vindemiis. De quo non ignavi sollicitudine formidamus, ne ob discordiam, quæ inter dominum tuum et principem Britanniæ agitatur, ab aliquo patiens impediatur. Tuo itaque eum committimus tutamini, postulantes, ut pro Salvatoris, cui famulamur, honore, in quocunque negotio eguerit subsidio, ei non negligas adsistere. Sed et de teloneis in omni loco et portu, qui vestræ ditioni subjacet, oramus ut liberum abire sinas, sicut in te confidimus. Vale.

CATWALLONI

EPISTOLA

AD LETGARDEM ABBATISSAM S. MARIÆ DE CARITATE.

Gratias agit ob litteras sibi missas ab eadem abbatissa, quæ ab eo precum subsidia petierat.

(MABILL., *Annal. Bened.*, IV, Append., p. 732 ex cod, ms. S. Sergii Andegav.)

Omni reverentia dignissimæ matri L....., CATWALLONUS abbatum novissimus, æte nitatis bravium.

Devotionis tuæ litteras admisi gratissime, et multas ago gratias oblato pro munere. At mirari non desino tuo sedisse animo aquam potare luteam, fonte relicto lucido, hoc est neglectis Patribus, me duplo melioribus, a me tui piaculum deposcere fidelius. Unde, pavens angustior angustiansque paveo, ne quod tibi remedium, mihi fiat naufragium, cum criminum me maculis a puero subdiderim, ut maris vincam guttulas et sabuli minutias, claraque cœli sidera mea miser nequitia, ob idque ideo non idoneus prodesse tuis precibus. Sed quia in pulvereum Deum rogas homunculum, hoc enim ipsa instigat quæ Deus est charitas, et quia apostolico admonemur oraculo communiter alterutram fratrum subire sarcinam, exoro individuam Trinitatis essentiam ut criminum tumultibus sedatis in te cœlitus, quod percepit percipias Maria evangelica, quod audivit et audias voce Dei blandissima. O, inquit, muliercula dilectione fervida, hoc habeto pro præmio quod in me fidis medico, facinorum remissio adsit tibi continuo! Quod ut nostra facilius oratio obtineat, solemne sacrificium ter immolari faciam in utrisque conventibus fratrum, qui vel in Insula degunt, vel in cœnobio Rotonum vocabulo. Hoc hortor ame omnia, ut certes esse formula digne subjectis æmula; quod si fuisti hactenus, amodo sis attentius, item dico ferventius. Vale mei non immemor in tuis precatibus.

ANTE ANNUM MXI.

FROUMUNDUS

CŒNOBITA TEGERNSEENSIS.

FROUMUNDI EPISTOLÆ.

(Edidit R. P. Bernardus PEZIUS *Thesaur. Anecd. nov.* V, I, 158, ex autographo Tegernseensi.)

I.

Ad Gozpertum abbatem Tegernseensem scribit se suum a monasterio S. Magni discessum non prævidisse, et membranas ad scribendum petit.

G. dignitate meritorum cœlico nutu pleniter repleto, F., debitæ subjectionis devotissimum pignus.

Recessionis meæ de monasterio S. Magni, et repentinæ disjunctionis a vestra fraternitate meæ præscientiæ non esse, coram Deo testificor, qui nunquam tam inhumane vellem facere, ut vobis nesciente discederem, a quo quamvis interdum absens locali spatio, corporalique colloquio segregatus, nusquam mentis amore fueram disjunctus, postquam primum coagulatione charitatis adhærere ardenter incipiebam. Precor humiliter pietatem vestram ut memoriam mei habeat in oratione vestra in loco sancto pro abolitione commissorum meorum. Quando enim nos vestri obliviscimur, nec nostri recordamur, quod utrumque absit. Sed quia spirituali consolatione vestra parte, si dignamini, nolumus privari, ad utilitatem spiritualis et temporalis exercitii aliquas membranas nobis donari precamur. Nam, ut scitis, libenter interdum scriptitationis immoror studio. Sed nunc facultatem scribendi pergamenis deficientibus non habeo, nisi vestræ manus largitione tribuatur. Valete.

II.
Ad eumdem. Jurat se quemdam librum non abstulisse.

Seniori suo G. omni veneratione perdigno, F. solo nomine Cucullio.

Usque modo, mi senior, nimium sui cordetenus animatus de securitate vestræ gratiæ. Sed econtra omnia nunc aliter propter peccata mea. Tristis sum nimis de furto libri vestri supra me dicti. Sed expurgare me cupio tali facinore, qualitercunque placet paternitati [tuæ]. Quid plura? Proprio ore dico, meaque manu securus subscribo sic dicens : Si ego F. illum vestrum librum M. quem dicitis, vel furto tuli, aut ab aliquo furto sublatum suscepi, vel qualicunque modo cum habeo aut habentem scio, corpus et sanguis Domini nostri Jesu Christi, quod sæpius accipio, quamvis indignus, fiat mihi ad condemnationem, non ad redemptionem.

III.
Ad Ruotkerum abbatem Herbipolensem. Tuetur se adversus acerbiores ejus litteras.

Abbati R. doctorum peritissimo, humilis F. nullius meriti dote ditatus

Epistola vestri nominis inscriptione prætitulata multum contristaverat præcordia nostra, quæ primo visa finxerat se, quasi facecitate vestræ dictationis esset composita. Quam cum recuperatæ mentis intentione perlegeram, memini nunquam vos tam inculto stylo ulla verba composuisse. Infremuit enim indecens scriptura in talia convicia, ut nec me solum dilacerare sufficeret, verum in seniorem nostrum ira exarseret. Si honorandam Ruotkeri personam non vererer, forsitan tam fœdis tamque pudendis uterer verbis, ut non pejora superessent convicia. De neglectu mihi ignotæ cautionis increpavistis, quam nec manu propria commisi, nec aliis deferentibus unquam accepi. Quemdam Hezilinum adduxerunt, qui penitus sic ignotus, sicut nunquam est a me visus, nescio quid promiscui pecoris petentem. Quod postquam monomachiæ studio deterseram, nullo modo possederam. Inæquali etiam positione numerorum affirmat me detestari studium, optimam partem hominis, cum major pars hominis

anima esse a cunctis sapientibus non ignoratur, et ratio tantum in studio versari videatur. Glossema novissime adjuncta profitebatur decoloratione solis gratiam me adepturum, cum veridicax orthodoxorum sententia decolorationem solis testatur fervorem designare persecutionis. Sed si tam magnum furorem provocavi, ut more irritatorum hominum locutio dictatioque vestra eclipsin pateretur, tali delicto indulge veniam, abba venerande. Si alterius alicujus vestrorum puerilis animus sic efferbuerit [*cod.*, efferbuerat], vestro reservamus judicio.

IV.
Reginbaldi monachi, forte Sancti Emmerammensis, epistola ad Froumundum, cui remittit Persium, et pro variis beneficis gratias agit.

Eximiæ dilectionis suo consanguineo F. REGINBALDUS in utriusque perfidelis obsequio.

Quod vestrum vobis nuperrime non remisimus libellum, ne alicuum ob hoc habeatis animum, quæsumus. Nam cum non ingrata vestra accepimus nuntia, per nostri litterarum compositiunculas quæque secreta nobisque necessaria vobis remandaturi sine nostro conscire vester abscessit nuntius. Quod nimis moleste patientes per istum nobis et vobis fideliorem nuntium vobis transmisimus codicem prædictum, dignas grates referendo quod tandiu illum nobis præstare dignati estis. Sed per eumdem hujus scedulæ portitorem nostri libellum, qui inscribitur Persius, nobis remissum iri poscimus. Præterea erga vestri pergameni donationem, quia tunc gratiarum actionibus locum non habuimus, maximas referimus gratias. De promissione et consolatione nostri itineris vestræ nobis facta, nostræ non est facultatis vos gratia remunerandi ut promeriti estis et Deo concedente promerebimini : æterna vobis mercede præoptamus digna resolutum iri præmia. Valete.

V.
Idem eidem. Rogat ut sibi significet quid de quodam itinere velit. Membranas petit, etc.

F. sui amicorum amicissimo, REGINBALDUS, sputis omnium obnoxius, quidquid adoptari potest festivius.

Tui, o mi chare, quamvis absentia nimis perturbatus suspirem sæpe sæpius, si res tamen se prospere erga te habent, mihi præcordia mœroris nebula detersa rident. Sed harum rerum de quibus noster ultimus, cum a me discessisti, fuit sermunculus, memoriam cordi mentaliter infigens, si id itineris mecum aggressuro iri velis; aut si id fieri non possit, quid aut quantum mihi progressuro facere præpossis, adminiculo tui litterarum compositiunculis, ut es locutus, intimato. Præterea quantumlibet membranæ causa perscribendi libellos, quos nosti, mihi accommodatos, illas tamen septem pelles ibidem inventas, si non plus opus habeas, mihi transmittes. Tuum seniorem penes te commorantem vice mea salutato per omnia, et ambo, prout maxime valeatis, studiosi sitis in commissa vobis opella seniori nostro satisfactum, quia vobis fidei habet quam plurimum. Valete.

VI.

Idem ad eumdem et alios. Cur ad eos non inviserit? De libellis quibusdam, etc.

Domnis et fratribus in Christo suis W. P. M. F. [*f.*, Wigoni, Paboni, Meginhelmo, Froumundo], Regindaldus litteratoriæ professionis neglectissimus, quidquid adoptari potest festivius.

Exterior meus homo, quamvis longi temporis interstitio conspectu careat vestro, interior tamen intimæ dilectionis contemplatione vestri neutiquam recordatur. Quod vos, ut promisi, in transactis dierum curriculis non visitavi, id aversum fuisse senioris mei præsentia scitote. Insuper non adeo aptum mihi videbatur in hujus temporis observatione id itineris meatim arripi, cum pabulum esset ubique charum, et incerta temperies aeris haberetur, vobis quoque locus et otium minime daretur audiendi, et lene consilium pro his mihi dandi, quæ vestri aurium cubiculis instillarem. Transacta Paschalis festivitatis exspectatione mox, cum terræ solutæ gramina emittunt, vos adusque vita superstite me promitto venturum. Tibi, frater amantissime Froumunde, libelli residuum, quod rogasti, per hunc pelliferum transmisi, jubens te quam citissime id perscribere causa confestim remittendi, quia domino ejusdem libri, nescio tuimet postulatis, sat egi. Vobis autem, domine et magister Meginhelme, nunc temporis nequivi satisfacere. Quem enim librum voluistis, in nostra reconditur bibliotheca, sed utrum correctus sit, necne, dubito. Si persensero illum vobis utilem, una mecum asportare procurabo. Valete vestrisque orationibus me miserum, inquam miserum, impertite.

VII.

Froumundi ad Pabonem monachum pro vestimentis quibus se a frigore defendat.

Domno Paboni frater Froumundus, quidquid est charitatis in Domino.

Instantis hiemis pressura cogit me dicere quæ sunt nobis necessaria. Nimium confisus solita charitate vestra circa me, rogo vos ut mittatis mihi duos vuantos hispidos sulinos, aut fiberinos, vel vulpinos, quibus indutus vitare valeam periculum frigoris in manibus. Dilecti fratres Liutoldus et Vuirunt bene valeant, quibus etiam salutatis ex nomine meo, rogate eos ut aliquantum cera largiantur. Valete.

VIII

Ad R. [f. Regindaldum] monachum. Hortatur ad perseverantiam in statu monastico, seque Cluniacensium precibus juvari postulat.

R. Fratri dilectissimo F. tota mente tibi fidissimus.

Bene fecisti quod nobis per notum nuntium innotuisti, ubi curas ærumnosi sæculi calce trivisti. Per cunctas namque regiones vagula mente te quæsivimus mœrentes. Sed nimium gaudemus quod te quiescere audimus in monasteriali quiete, sopita atque delusa cuncta sæculari tribulatione. Gaude, frater dilectissime, quod invenisti quod semper suspirioso animo quæsivisti. Rogo te, ne ulla deceptrix, nulla seductrix avellat te de tramite veritatis. Noli respicere nodum solvere, quo te trusisti, perpetuæ charitati deinceps vacare. Fugiens e sæculo, si post tergum respicis animo, multum miraris quod multimoda infestaque mundi pericula tam salvus evaseras. Quid multa? Ex quo homo indignus presbyter sum ordinatus, tui non sum oblitus; deinceps vero nunquam, nusquam, quando mei meorumve recordor, tui non obliviscor. Speramus namque, spirituque optamus, quandoque te venire ad loca nobis viciniora, prædigni abbatis tui benedicibili licentia. Confido in Domino Jesu Christo ut voluntati meæ satisfaciens deducat me ad locum ubi inventa sunt sancta signa nostræ redemptionis. Et si ita erit, cupio vos videre meque commendare sanctæ orationi seniorum, si dignantur, Cluniacensis monasterii. Valete.

IX.

Ad eumdem Froumundus. Rogat ut sibi exemplum Horatii poetæ transmittat.

Dilectissimo confratri R. vester fidelis F., quamvis vilis, sedulam orationem ex corde.

Si adhuc ad manus habetis librum Horatii, rogo vos ut mihi eum mittatis ad describendam particulam quæ adhuc nobis deest ejusdem libri; et si illum non habetis, alium quem, quem nobis utilem scitis, mitti precamur. Liber etiam noster, quem vos habetis, valde necessarius est nobis. Quocirca petimus ut per præsentem nuntium dirigatis. Quando enim vultis, statim vobis remitto, si ita necesse est. Quando librum Horatii vestro juvamine conscribo, confestim ad vos venire non tardabo.

X.

Ad eumdem. Cæcum nepotem ad recipiendum visum rogat ante altare sancti antistitis præsentari. Conquetitur de suo libro sordide habito, etc.

R. dimidio vitæ meæ solatio, F. quidquid gaudii in Christo.

Istum puerum neptis meæ, bonæ mulieris filium, lumine oculorum pene privatum, rogo vos ut ante altare sancti antistitis [f. S. Emmerammi] ducatis, et pro sanitate ejus in conspectu Dei deprecemini. Et si aliquod medicamentum pro hujusmodi infirmitate scitis, aut sciscitari potestis, pro amore Christi sibi rogamus impertiri. Si aliquid habuissem mihi vobis charius, præsentem pagellam invectivis verbis fortassis onerarem, quia librum nostrum totum rugosum, cœnosum parteque disruptum recepi. Sed hoc absit ut vos vel uno verbo contristem. In capite ejusdem libri inserta erant duo folia. In uno erat circulus, continens scripturam quatuor plagarum mundi; in alio epistola quam *formatam* nuncupant, quæ, rogo, genua vestra amplectens, ut mihi remittatis.

XI.

Ad eumdem. Petit sibi poemata Statii transmitti.

Domno R. imbriflua sapientia fluido, F. suus, tot gratulationes quot vagulus lupus novit semitarum diversitates.

Nullo modo dubitare volo me vobis cordetenus annexum vinculo totius charitatis. Idcirco rogo ut me librum Statii videre faciatis. Nunc enim potest mihi vehi, vobisque statim reduci sine ulla ruga et laesione per nuntios qui hinc et inde pergunt vacuis sarcinis. Quod si charitas inter nos penitus perfrixit, quod tamen absit! nostrum librum mittite nobis. Valete.

XII.

Ad Gozpertum abb. Tegernsens. Quo in statu praedia monasterii perlustrata invenerit?

G. seniori suo, F. ultimus vestri servorum, non alius, aut aliud, quam id quod dudum.

Loca obedientiae nobis commissae, quae adhuc potui, contemplando circavi, et invenio minimam partem nobis esse derelictam. Aliquid tam magnum perficiendum, ut de hujusmodi dispensatione debemus pauperibus, domesticis atque peregrinis hospitibus. In Danubii regione repetii granum, quod priori anno abstulerunt, et illi majori, qui illic erat anteriori anno, ablatum est officium, et nullus penitus de hoc dedit mihi responsum. Tota namque decimatio hinc inde est dispertita inter nostros et alienos. Si hoc non interdicitis, quod alieni habent, penitus abstrahetur a domo Dei. Rogo paternitatem vestram ut decimatio nobis praesenti anno tota concedatur ad calcem cremandum. Est namque ecclesia in nostra obedientia, quae dicitur Holzchiricha, undique furcis fulcita, muris destructa, cui nisi citius subvenitur, penitus cadet.

XIII.

Ad Meginhelmium magistrum. Eum ad expromendas ingenii vires hortatur.

Domino meo magistroque M. miris moribus, maculosoque nasu mirifice munerato, F. fidelis famulus famulamina frequenter facturus fidelia.

Miri medicaminis more magistrali me mementote servare sequentibus sanguinis strenuum salutaremque strictorem. Sacro subscribite stylo, sicut stolidus stimulat servus sermonibus stultis; sed vos scribite sapienter sacras sequens Scripturas. Sudario spernite servare, si quid scitis salutiferum. Spargite semina, sicco sapientiam servo.

XIV.

Ad Peringerum abbatem suum. Veniam et commeatum petit, quo sibi fas sit persolvere vota sua in civitate Augustana.

Semper sibi venerando Seniori P. F., quamvis nulla veneratione dignus, tota tamen mente vestri devotus.

Rogo paternitatem vestram ut auribus solitae pietatis meum nuntium suscipiatis, tanquam verbis vobiscum sermocinantem pro rebus necessariis. Neque enim ipse loquitur, sed ab animali hoc inanimale pro animali mittitur ad animale. Idcirco non jocvlariter, sed loquimur vobis quasi praesentialiter. Novit denique benigna compatientia vestra qualiter ego quondam infirmatus apud Augustam civitatem in desperatione vitae aegrotabam, cum consilio eorum qui mei curam gerebant, obligavi me voto, si convaluissem de hac infirmitate, ut singulis annis venirem ad lecta et patrocinia illorum sanctorum qui ibi requiescunt. Quod penitus ego peccator dimisi, sed singulis annis dixi: Cras, cras peto licentiam, ut statim pergam. Quapropter, mi Pater, nihil magnum, nihil molestum rogo, sed unum tantum cavallum mihi ad equitandum, et unum virum mecum equitantem: ad viaticum autem nihil aliud peto nisi portionem alimoniae quae mihi daretur cum hic domi essem, et insuper quidquid vestra dignatur gratia, non abnuo, non renuo. Quis non timeat se mentitum esse tali patronae, quae nobis hodie lecta est? Quocirca si vitae meae ullam curam vultis habere, vestro juvamine liceat mihi manere in civitate Augusta in Nativitate sanctae Mariae. Valete.

XV.

Ad eumdem. De administratione ecclesiae sibi commissae.

Patri P. perenniter in Christo amando F.

Versiculo verbo precor omnia prospera caro.

Quia mihi commendastis res hujus sanctae Ecclesiae custodiendas, propterea in his omnibus usque nunc laborando ministravi ut pro meis viribus potui. Sed nunc videtur mihi propter vilitatem naucitatis meae quasdam res, quas antecessores mei ibi ad manus. . . *Caetera a codice absunt.*

XVI.

Ad eumdem forte, de quibusdam libris ab se redditis.

P. multiplicis bonitatis amatori, F. humillimus adelphus salutem.

Grates rependo solotenus poplite flexo, quo saepius vos officio circa me pio amore laborare conspicio. Librum Boëtii vestro brevi a me vobis petivistis praestari, cujus libros propria manu duos conscripsi, pleniterque, ut puto, glossica conscriptione depinxi; quorum alterum mecum retinui, alterum Augusta Vindelicae reliqui, simulque librum Juvenalis et Persii pro commutatione Arithmeticae Boëtii, in qua ipse ob gratiam vestri non modicum conscripsistis, pro libroque Invectivarum Tullii Ciceronis in Salustium. Quos libros mihi praestitos cum remitto, nostrosque recipio, jussu vestro voluntarie satisfacio. Valete.

FROUMUNDI POEMATICA.

(R. P. PEZIUS, *ubi supra*.)

I.
In imaginem Crucifixi.

Germinis æterni ramos hos vitis adornat,
De qua fonte novo redduntur pocula mundo,
Dextera quæ victrix invictaque brachia Christi
Amplexu rapuere pio de faucibus hostis.
Lividulus serpens peritura et tartara cernit,
Et caput ignavum lutulenta et terrea lambit.
. . . .
Lux mihi semper adest, nec possum cernere lumen
Libri, lectoris nec sensus sufficit ullus.

II.
Ad Pabonem.

Salve, confrater, mihi dulcis semper amore.
Dulcior es mihi tu, quam mellis gustus in ore.
Nescit amare liquor, sed amor dulcescit, et ad cor
Intrat, et alterius conjungit fœdere pectus.
Omnibus exceptis mihi tu sis charior istis.
Econtra abjectis sic tu sis promptior illis.
Te sequor, ut mundus circumfert carmine cursus.
Nusquam divellor, nunquam a te pectore pellor.
Hæc præclara dies merito vocitatur, et omnes
Festos præcellit, quæ te me cernere fecit.
Alter in alterutro gratuletur sospite viso.
Tu melior, generose puer, quia sanguine major :
Quapropter tibi sum servus super omnia promptus.

III.
Pro caligis hirsutis, quantumvis vilibus, ad abbatem.

Excelsi montes jam condunt ninguine cautes :
Flamine perduro spirant et frigora campo.
Undique disturbant famulum me turbine vestrum.
Pelliciis sed et incursus depellitur omnis.
Parte tegor, de parte alia me concutit algor,
Maxime per suras inserpunt frigora venas.
Cruscula concrescunt, lapidosa ut stiria durant.
Hoc poteris sarcire, Pater. Quod si hispida pellis
Redditur aut vetulum, noviter vel sutile tectum;
Quidquid id est quod largiris, venerabile donum
[est.

IV.
Pro Pachone infirmo.

Versibus an verbis moneam pro parte Pachonis,
Fratribus infirmis quam vultis reddere nostris?
Tempora nunc poscunt ut agrestia gramina inun-
[gant.
Mente revolve, Pater : pariter sunt ecce duorum
Invalidæ vires, communia pocula, mensa.
Omne quod est illis, communi sorte fruuntur.

Unus quod patitur, fiat de ambobus ipsum.
Altera pars alio reddatur perna peracta.
Unus dum gaudet, neuter nec murmura fundat.
Ipsi peccamus, si non sumus omnibus unus.
Maximaque est merces infirmis addere curam.

V.
In eos qui Froumundum ad suscipiendum presbyterii ordinem urgebant (1).

Sunt mihi qui dicunt : Cur tu nunc ultime Froumunt,
Ultimus exclusus cum non sis patre rejectus,
Presbyter ut fias, tempus jam poscit et ætas
Pergere cum reliquis cur cessas ? Percipe claras
Candidulus vestes, celebrant quæ mystica sancta
Pontificis manibus. Si spargit chrismata Christus,
Funditur et super hos, quos tangit pollice, christos.
Gratia per populos sic fluxit sæpe beatos,
Cum benedixisset benedictis dextera Summi,
Presbyteros faceretque suos sacro ordine servos.
Cogere me certant, fatear, quod sim sapiens vir.
Hoc faciunt stulti ventoso flamine pasti,
Non quia virtutes cupiant, sed fallere plaudant.
Nos humiles, nos indocti maneamus ad omnes.
Talibus eloquiis nunquam cor pascitur illis,
Sed magis, atque magis, Domine, quo sistere justis
Spem tractandarum sibi jussit reddere rerum,
Illuc protendam studium mentis, manuum cum
Omnibus et factis, seu nisibus, arte resumptis
Quidquid erat, quod sequitur, totum sibi fiat
Verborum vel factorum, quod pertinet illum.
Laudibus ipsius reddemus corporis ausus.
Ast illis respondemus, qui talia tractant :
Stultorum lingua est facilis et prompta loquelis.
Quisquis enim primus loquitur, manifestius illum
Cognoscunt alii : quia mente superbia regnat,
Et vacuus manet interius præcordia sensus.
Hæ curæ non nos mordent. Deus hæc quoque tra-
[ctet.
Ordine tam celso persons ego fungere summo
Non possum pressus peccati pondere totus.
Est mihi quod dicam, totumque ex ordine pandam.
Inprimis studio placet esse sub artibus uno.
Omnia dico, ut sunt, nec ludicra prosequar ulla.
Discere decrevi libros, aliosque docere.
Quod præstet Deus omnipotens, hoc tempore Christo
Crescere sub vestro, quod fluxit tempore prisco,
Subdere me duro divellar ne ipse labore :
Ut possim quamvis pauperculus esse synergus
Omnibus est merces ; quia pensas ipse labores
Servorum, qui vos famulamine dulciter ardent.

(1) Vide Mabil., tom. IV Analectorum, pag. 557.

VI.

In Gerhardum, saxo atrociter puerum ferientem.

Gerdrudam testem facimus, quod nempe Gerhardus
Fratribus est merito exosus, quia fecerat ausus
Omnibus invisos, vobis non digne ferendos.
Nam puero nostro maledicto forte cruento
Tunc lapidem magnum comprendens, ac petit illum.
Nutanti cursu, qui vix se substrahit ictu,
Missile sed saxum manibus non caute relictum
Stridendi sonitu male raucum fertur in æthrem.
Vulnera non retinens, mittentes verbera spernens
Æther, et immittit retinentem vulnera petram.
Collisi lapides multusque excutitur ignis.
Concutitur murus lapidoso ex aggere structus.
Miramur solem fuscum de pulvere factum.
Turbatur cœlum, quatiuntur tartara deorsum.
Sic lupus infaustam discindens calcibus herbam
Concitat in ventum nubem cum aspergine densum
Obscurans oculum pastoris pulvera fartum,
Ne custos pecudis mala sentiat acta furentis.
Haud secus insontem puerum causamur inermem
Quam si dispersis ovibus rapiatur et agnus,
Ignavus cum pastoris discesserit ausus.
Sic nos pastores falsi retinemus alumnos.
Tunc ego sub falsi pastoris nomine nauci
Linquens agnellum tenerum, mox hoste tenendum.
Tale aliquid quisnam posset cogitate, quod esset
In claustro, lapide obstruso mala bestia lustro,
Dum monachile pecus patiatur tempore tellus?
Hic lupus exosus venit de cardine lapsus,
Quo fures penetrant, mactent, et ut omnia perdant.
Sic nos in tuta positi convalle salicti
Feturam pecudis securi pellimus arcus.
Sic lupus extensus meditatur tollere vellus,
Ora cruenta premit, stipulas ne turbet anhelus
Horrescunt lanæ, si fetor perflat ad illas.
Omnes prendamus lapides, lapidetur et hostis,
Finibus expulsus canibus mordentibus acris
Longius expulsus patiatur vulnera fessus.
Huic sic damnato repetamus gressibus urbem.
Claudamus portas, firmemus vectibus aulas,
Ne deinceps ullus confringat de ossibus ursus
Discedat procul omne genus, pecus atque lupinum.
In nobis regnet Christus Deus ipse benignus,
Filius et Patris, pepulit qui vulnera mortis.
Spiritus amborum conservet tecta domorum.

VII.

Ad Liutoldum episcopum Augustanum.

Frater Froumundus Liutoldo mille salutes
Et quot nunc terris emergunt floscula cunctis.

VIII.

Epitaphium Ilisæ seu Elisæ matris.

Hoc silicum tumulo jacet Ilisa, corpore functa.
   Invida mors rapuit, quod sibi vita fuit.
Littera si abfuerit, quam simmam [sigma] Græca
                              [dicit,
   Ilia nomen erit, ut genus edocuit.
Funeris obsequium post multos huic facit annos
   Filius ecce suus Froumundus monachus.
Dulichium genuit patres, et Troja priores,
   Qui locus hoc corpus hic tegit exiguus.
Non unis hanc formam fecit gens esse secundam,
   Sic posuit terris, quas superet, reliquis.
Littera, quam cernis, petit ut precibus memor eris
   Corporis atque animæ, quo maneat, requiem.
Mente revolve simul quod tu peregrinus et exsul
   His jaceas terris expulsus propriis.
Quapropter pariter rogo, poscas cum prece, frater
   Ut sibi perpetuam nunc tribuat patriam.
Et nos cum venia simili perducat ad astra
   Qui mortem superat, et bona cuncta parat,
Tertia namque dies Octobris adusque Kalendas
   Abstulit e sæclis, reddidit et Superis.

IX.

In adventum Heinrici ducis Bojariæ.

Dulce genus, proles priscorum sceptrigerorum,
Salve, perpetuo patriæ pax inclyte princeps.
   Dulce.
De summis Deus, ipse tuis jam respice cœlis,
   Dulce.
Et dux esse ducis digneris, cinge triumphis.
Spermate percelebri veniet tibi sancte Quirine,
Nobilium genitus de stemmate patritiorum
   Dulce.
Henricus dux ecce pius, princepsque serenus,
Præcipuus populi defensor gentis et auctor.
   Dulce.
Suscipe clementer, qui te, venerande verentur,
Exquirit, veniamque sibi te reddere credit.
   Dulce genus.
O juvenes vos infantes cunctique veloces,
Currite certatim, vos hic præcurrere cursim.
   Dulce.
Dulcia laudantes resonemus carmina, fratres :
Dux benedictus eris per sæcula, macte triumphis.
   Dulce.
Huc trepidi currant inclinati silicerni,
Si non confestim, tamen ad spectacula sensim.
   Dulce.
Cursitet omne genus, cui linguæ sufficit usus,
Mirando laudet, quem nunquam viderat istic.
   Dulce.
Sepibus infantes appendant corpora parva
Culmina seu scandant tectorum, ut talia cernant.
   Dulce.
Furcosi veniant his montibus undique cervi
Rupibus et silicum spectet genus omne ferarum.
   Dulce.
Truncigeni cives, muscosas solvite vestes.
Purpura portanda est his silvis prole togata.
   Dulce.
Silvicolæ, vos ignotos huic spargite tyrsos,
Quas in honore suo poterit, quis proferat odas.
   Dulce.
Dicite : Salveris dux et fortissime gentis,
Tempora multa salus maneat tibi reddita vitæ.
Inter vos volitans mihi pennula stridet anhelans,

Dans et amore meos perparvula musca susurros.

X.
Ad eumdem. Precatur faustum iter et reditum.

Gens habitans Alpes tibi mandat, domne, salutes,
 Maxime Froumundus, qui cupit esse tuus.
Quam lacrymosa tuis insistunt tempora servis !
 Decedis patria, quid sunt regna tua ?
Cum pater hinc transis, orphellus fit puer omnis
 Sis, precor, in regno, dux generose, tuo.
Nil mea vita valet, si non te semper adoptet :
 Cum caput abfueris, tunc ego truncus ero.
Si poteris, possum : si non, penitus quoque nil sum.
 Ne mala contingant, te mea vita petit.
Sed potius precor, ut pergas, jam despice curas.
 Prospera cuncta tuis advenient populis.
Egredere ad gentes vir virtutum sapienter :
 Laetus enim transis laetior inde venis.
Et nomen tibi praeclarum Deus, auctor honorum,
 Inde reportandum det super imperium.
Et narrent famam totam per posteritatem,
 Qui non sunt nati, sint memores meriti.
Dicite concordi comitantes voce popelli :
 Deduc incolumem, tu Deus alme, ducem.
Angelici cives Heinricum ducite sancti
 Per cunctam gradiens, quam subit ipse viam.
Salveris, juvenisque tui, cunctaeque phalanges,
 Quae tecum pariter dulce legunt et iter.
Perge, salus nostrae gentisque, revertere salvus
 Regnorum rector sis destructorque malorum.
Sis timor insidiis, pax mansura tuis.
Aurea namque tuam deducat semita vitam,
 Pax saliat membris, gaudia sint animis.
Sit procul occursus, conventusque malus.

XI.
Ad eumdem, ejusdem fere argumenti.

Semper te canerem, si perbene psallere possem,
 Nec tam grata meis mella forent labiis.
Gaudia longa traham, quia dulcia carmina psallam,
 Corpore dum maneo, semper amore cano.
Osculor incumbens vestigia, quo gradieris,
 Si pedes exires : nam foret hoc requies.
Montes conscendam, simul avia cuncta peragram,
 Undique prospectans, cum patriam redeas.
Nunc iterum atque iterum valeas, patrone benigne,
 Nos petimus pro te Dominum sancta ecclesia
  [omnis.
Pulcher enim vultu, sic moribus, insuper actu,
 Es quoque vita tui, dux bone, mancipii.

XII.
Ad S. Heinricum et fratrem ejus Brunonem. Reditum in patriam gratulatur, illumque rogat ut Tegernsenses in gratiam recipiat.

Gens Augustorum, salve, princeps populorum,
 Filius Ecclesiae, pulcher et ipse pater.
Dux, decus et patriae, pax, pater Ecclesiae.
Salvus semper eris, salvusque exercitus omnis.
 Salve cum populo te comitante tuo.
Et cum fratre tuo salveris principe Bruno
 Pulchro et in facie, nobilis ut genere.

Salve, dux Heinrice, tuis dilecte popellis,
 Tu regum proles, tu quoque sceptra tenes.
Nullus te regum transcendet terreus unquam,
 Viribus et socius, nobilis atque pius.
Moribus et mitis toto polles quoque facto,
 Hoc faciet Dominus, possis ut esse suus.
Regnanti Domino sit laus pro principe nostro :
 Ad propriam sedem duxerat incolumem.
Carmine quisque suo certet concurrere pulc
 Cordibus omnis amor, voce feretur honor.
Longior ipse dies transcendat lumine noctes,
 Tempus ut omne modis hunc canat hymnisonis.
Ducas [et] laudes, noctesque diesque canentes :
 Verba sonent homines, organa pulsa sonos.
Contremit a sonitu telluris maxima moles,
 Quem faciunt populi, lepidulique chori.
Cum ducibus fit concursus populi undique magnus,
 Qui gaudent patriam te remeare tuam.
Francigeni cives spectant te pectore mites,
 Viribus audaces : nam tua progenies,
Perfidus en nostris abscedit finibus hostis :
 It lupus in sylvas, deserit insidias.
Barbaricas gentes tibi subdis, haud timet ullus,
 Agricolae psallunt, quod placet, hoc faciunt.
Arma jacent, et scuta silent, te principe pax est,
 Nullus ab adversis nos petit insidiis.
Dulcigenam de te cupimus quoque cernere prolem,
 Spem nostris, validam barbara gente fugam.
Sit tua progenies noster te principe princeps,
 Possessor solii, rector et imperii.
Usque huc gaudendo vos dux, mi domne, canebam :
 Lusimus omnigenis cantibus et studiis.
Ecce repente ruit tonitrus velut aethere missus,
 Nuntius impatiens, nuntia dira ferens.
In nos iratum vos dixit fortiter esse,
 Ut probat eventus. Hei mihi quid faciam ?
Nam tremebunda manus percussa est fulminis ira :
 Terruit infantes, perculit ipse senes.
Igne tui nimium torremur nempe furoris,
 Quis poterit verbis haec numerare suis ?
Decoxit miseros proprio pro crimine tactos,
 Perscrutans vitium corporis, atque animum.
Tangimur invalidi permagni criminis aura,
 Non flat ventorum, sed mala vis hominum.
Sed quae tanta fuit servorum culpa tuorum,
 Ut nullo licuit cernere, quem voluit ?
Excusare nefas, potuisset forte vel unus.
 Cur cadit in facinus grex simul innumerus ?
Sed tandem miserere tuis, jam parce misellis,
 Indignis famulis sed miserere tuis.

XIII.
De eodem carmen votivum.

Salve, nobilium Caesar, spes inclyta patrum,
 Qui laetum veniens advehis ore diem.
Quem Pater immense, quem Fili, suscipe, celse,
 Et sanctum Flamen, trinus et unus, amen.
Suscipe laetantem, mater castissima, servum
 Ecclesia, et natum suscipe laeta tuum.
Caesar famosae redit en de culmine Romae

Ad te, sancte Petre, gaudia magna ferens.
Hic in utroque loco te vult pollere patronum,
Tu sis auxilio huic in utroque loco.
Gaudeat, hæredes studuit quod habere perennes,
Prædia quodque sacræ contulit Ecclesiæ.
Cujus ad obsequium laus non sileat pia fratrum,
Ornetur templum cujus ad obsequium.
Grate comes Christi ne desis, sancte Geori,
Si cœlis nostram adde precando precem.
Fer, Kiliane, precem, si digne poscimus, aurem
Ad Christi nostram fer, Kiliane, precem.
Sis Cæsar dignus sanctis et amabile pignus
Cœlorum regi, Cæsar amande, veni.
Cæsar amandus adest, hostilis fraus cadat omnis.
Nunc timor omnis abest, Cæsar amandus adest.
Portent gaudentes cunctæ sua munera gentes
Congrua dona sibi, Cæsar amande, tibi.
Nos tibi pro modulo portamus munera Christo
Pectore ab exiguo nos tibi pro modulo.
Solamen flentis, lumen sis lucis egentis,
Et stipes claudis, una salus inopi.
Te vocat auxilio mulier privata marito,
Orphanus atque suo te vocat auxilio.
O nimium fortis, quem nullus territat hostis,
Cujus et imperium non retinet spatium.
Ecclesiæ stabilem fer per tua tempora pacem,
Atque Dei laudem Ecclesiæ stabilem.
Copia ne rebus desit pax atque diebus
Tempora longa tuo det Christi dextera regno,
Differat et voto tempora longa tuo.
Prosperitas detur populis, tibi multiplicetur,
Ad mandata Dei pectore sis celeri.
Munere multiplici tecum sit gratia Christi,
Te repleatque sui munere multiplici.
Brachia Sampsonis tibi donet et os Salomonis,
Absalon faciem, Job, Danielque fidem.
Gloria lausque Deo nati comitante tropæo.

XIV.
In duodecim apostolos Domini.

Ecclesiæ Petrus fert fundamenta beatus.
Paulus ad ignotas studuit devexit semina terras.
Andreas crucis invexit vexillula Patras.
Palpando plagas detersit vulnera Thomas.
Hiero per Jacobum salvatur gens Solymorum.
Gratia grata Dei super omnes ecce Joannis.
Ut tenebris lichnus fulgescit et ore Philippus.
Bartholomæi meritis tenebrescens India cernis.
Summa Mathæe petis, cum terrea lucra relinquis.
Arfaxan, Zaroënque Simon tu Perside sternis.
Corda maligna dolis, eademque Tadhæe restringis.
Ecclesia sancta numeraris sorte Mathia.
Prudentum chorus ingreditur, manet insipientum.
Dulciculas Christi cape vitæ janua sponsas.
Supplicibus miserere tuis, rex Christe, popellis.

XV.
In Natali Domini, et baptisma.

O socii, io, io! cives, concurrite cuncti
Parvulus et populus, magnus adeste chorus.
Nec mora sit senibus celeres huc tendere gressus,
Unanimes pariter quo properemus iter.
Ad fratrem, qui forte jacens per somnia stertet,
Carmine dulcisono nunc properate domo.
Evigilat nunc omne quod est, quia natus adest
[Deus.
Tu, frater, solus cur recubas domibus?
Turmula cœlestis jam venit et obvia testis,
Hunc genus omne hominis nunc canit in populis.
Surge citus frater, frater mors est quoque somni.
Perge comes sociis, et properemus aquis.
Curre, puer, nunc, curre, puer, nunc tingere lymphis ;
Te Tegrin somno suscitat ipse Seo.
Merge dolos somni gelidi sub gurgite ponti,
Abluiturque nefas, quod trahit ad tenebras.
Letheus infernum cupiunt baptismata Christum,
Qui hunc patitur morbum, non sequitur Do-
[minum.

XVI.
Ad S. Godehardum abbatem Tegernsensem, cui cum cæteris fratribus bene precatur.

Nobile gauderem, si scirem, dicere carmen,
Fratribus omnimodis salutamina mittere vellem
Qualia psallentes mirarenturque legentes.
Abbas ecce meus, nec non vester Gotahardus,
Omne bonum, quod dilectis sibi, mandat amoris.
Mitibus ut pater est, et blandiloquus uti frater,
Consociosque meos, qui turgent, acriter urget.
Frater Froumund, quamvis non digne vocatus
Centenas decies, milies quoque mille salutes
Dilectis Domino, pariter sanctoque Quirino.
Gaudia præsentis vitæ sator atque futuræ
Augeat in vobis pacem, tribuatque quietem,
Numine cuncta suo depellat tristia sancto,
Quamvis multorum quatiamur mole malorum.
De his superum Dominum rogitemus cum prece
[Christum,
Ut Deus omnipotens mala pellat, prospera reddat.
Te veneranda manus, senioque detrita senectus,
Omnes presbyteros versuque saluto sub uno.
Wigo, Perngerus, Gundroh, seu charus Otherus.
Fortites et valeant, et vitam tempore longam.
Et Gotafrid in his simul est mihi scribere calvus,
Candidior cignis, nutriat vos temporis ætas
Sæcula perducens, tandem superisque recensens;
Et juvenum mihi consimilis tu turmula possis
Æque, vosque meos, quos raros esse dolemus.
Ah! ah! mors rapuit quosdam, quoque vita beavit.
Hos peto, ut hic valeant : ast illi in pace quiescant.
Salvete, pueri, sancti famulique Quirini ;
Nunc super et subtus vos osculor, inclyte cœtus.
Omnibus ut vobis sim filius, aut mage servus.
Hoc precor inclinans vultum, non mente superba
Me precibus vestris commendo, concio sancta.

XVII.
In filium viduæ Naimiticæ, a Christo ad vitam resuscitatum.

Plurima cum Dominus fecisset signa per orbem,
Hanc urbem properare volens, quam nomine Naim

Hic vocitat populus, qui sit regionibus illis.
Contigit, ut veniens hunc obvia vidua haberet,
Hoc sacra scripta ferunt : hæc vidua turbaque
  [multa
Portabant feretro, fuerat qui filius illi,
Unicus, exstinctum : mater merebunda secuta est.
Nescivit Dominum astantem sibi more benigno.
Qui miserans dixit : « Mulier, puerum sine flere, »
Accedensque pius tetigit manibus pietatis,
Clarius exclamans : « Tibi dico, o mortue, surge. »
Qui surgens sedet, et loquitur. Tibi gloria, Christe !
Tunc recipit genitrix genitum, natumque secundo.
Accipit astantes magnus timor, undique plebes
Magnificantque Deum dicentes : « Iste propheta
Maximus in nobis surrexit, miraque fecit,
Per quem nos populosque suos Deus ipse revisit. »
Summe Deus, me Froumundum sub morte sepul-
  [tum
Suscita præclara pietate, resuscita, Christe.
Non pereat quod plantavit tua dextera, Christe.

XVIII.
In hydropicum a Christo die Sabbati sanatum.

Cum Pharisæorum Dominum cum principe Chri-
  stum
Agnovit Pharisæa manus discumbere cœna,
Adfuit insidians, si solvat Sabbata, curans?
Vult super hunc reputare malum, qui crimina
  [nescit,
Vult capere insidiis, qui solvit crimina mortis.
Hydropicus fuit ante illum, quemque ille prehen-
  [sum
Salvavit penitus toto tergore repulso.
Mussavit Pharisæa manus furibunda, per ulcus
Invidiæ stomachata, suis percussaque telis,
Sabbata quod solvat curando corpora digna,
Cum illi asinum atque bovem solvant propter sua
  [lucra.
« Quis vestrum pecus insipidum, rogo, ducit aquan-
  [dum,
Si cadit in fontem, citiusne revellere currit? »
Dixerat, et victi tacuerunt verbere verbi.

XIX.
In Christum, paralyticum sanantem.

Trans freta jam venit Dominus, propriam quoque
  [in urbem :
Ecce ferunt homines hominem in lecto recuban-
  [tem.
Ut vidit Dominus properantum credula corda,
Dixit ad infirmum : « Spera peccata remissa, »
Dixerunt Scribæ miseri invidiæ face tosti :
« Hic vir blasphemat, quia nec peccata relaxat. »
Respondens Dominus Jesus sic dixit ad illos :
« Quid facile est huic laxari vel crimina, gressus ? »
Hæc hominis Nato quod sit data quippe potestas
Crimina laxandi, simul et gressus tribuendi,
Vos et qui populi simul adsunt, cernite cuncti.
Dixit ad ægrotum : « Nunc surge et suscipe le-
  [ctum,
Corpore, corde sano » Sic condecet optime Christo.

Officium tibi quod fecit nunc ille, rependo.
Porta portantem, bene fac; qui nec male sentit
Cum graditur : tunc plebs omnis Christo dedit
  [odas.

XX.
Ad Peringerum Abbatem Tegernsensem

Versiculis sum dicturus vale omnibus unus.
  Alloquor imprimis, qui pater est reliquis.
Patrem Peringerum, pastoris nomine dignum
  Salve, digne parens, nomen honoris habens
Qui arguis infantes, juvenes, et nos seniores,
  Maxime me solum cum reliquis pueris.
Quod nunquam tibi versiculum dedimus bene fa-
  [ctum,
  Quo circa faciam carmina versiculis.
Nunc facito versus, omnis qui scribere nosti,
  Ut modo pellatur mentibus ira suis.
Accedam prior et dicam sibi mille salutes,
  Si hoc placitum fuerit, plus resonare volo.
Ludos et laudes dicemus carmine, fratres,
  Ut pueri digno complaceant modulo.
Centies et super hæc millenas dico salutes
  Patribus et cunctis fratribus in Domino.
Ammoneo ignavos pueros sermonibus istos
  Et tremula revoco voce meo gremio.
Quos quondam docui, super hos decuit gratulari,
  Et volui refici germine de studii.
In quantum potui, feci quoque signa gerendi,
  Nunc vacuos lacrimo sæpius atque gemo.
Quos genui, nunc aversor, quia et actibus angor,
  Sensibus eversi, moribus improprii.
Nec me cognoscunt, nec seipsos mente revisunt,
  Ut dicant pariter : Est meus iste Pater.
Eloquor et proprium, non sentitis genitorem?
  State, renoscite me; sum Pater in facie.
Sæpius edocui, scriptis verbisque nutrivi,
  Sum mordax verbo, pectore vos sed amo.
Est meus iste labor cassatus, perditus omnis,
  Et torvis oculis me simul inspicitis.
Si facerem mihi pendentes per cingula caudas
  Gesticulans manibus, lubrice stans pedibus :
Si lupus aut ursus (sed vellem fingere vulpem);
  Si larvas facerem furciferis manibus :
Dulcifer aut fabulas possem componere mendas,
  Orpheus ut cantans Euridicen revocat :
Si canerem multos dulci modulamine leudos
  Undique currentes cum trepidis pedibus :
Gauderet mihi, qui proprior visurus adesset,
  Ridiculus cunctos concuteret pueros.
Fistula si dulcis mihi trivisset mea labra,
  Risibus et ludis oscula conciperem.
Veridicax minor est vobis, quam lingula mendax,
  Diligitis jocos en mage quam metricos.
Ludere carminibus melius namque esse decrevi,
  Quæ faciunt animum crescere et ingenium.
Vos iterum revoco vocitamine valde preclaro,
  Confluite huc, pueri, discite quæ volui.
Non omnes odiunt, quia verbula dura loquuntur,
  Diligit haud omnis, lepide qui loquitur.

Dulciferis vos carminibus nunc congrego cunctos,
Fortiter et clamo, cum modulamen ago.
Caris filiolis Froumundus quicquid amoris,
Qui instatis nostro tempore sub studio.
Te primum pono, mi frater amande Georgi,
Venisti propter qui studium patria.
Dulces filioli, studium jam discite læti.
Diligo vos animo, corde simul doceo.
Si dictis delectantes vos gnoscere possem,
Hæc loca gauderem proficere ad requiem.
Eia, confratres, certemus carmine metri :
Hoc vincens aliquis sit melior reliquis.
Corde, dolore gemo, propter vos denique dicto.
Psallite nunc cuncti vos, rogo, filioli.
Apparens Dominus cuncto venerandus in orbe,
Jam clemens regno vos societ supero.
Patres et fratres cunctos simul et seniores
Conservet Christus, sit pius et famulis.
Perngero Patri dicamus corde benigno :
Abbas sis sospes, tempora longa manens.
Et cuncti secum gratulemur semper in ævum,
Quod præstet Dominus, qui regit omne quod est.
Cum relegis, Pater, hæc iterum vos alloquor ipsum,
Doctior in verbis, altior in meritis.

XXI.

Probe factis præmia, male patratis pœnam exspectandam esse.

Si nos tardamus, non tardant tempora nostra.
Deficit omne quod est sub curvi culmine cœli.
Ast hominis flatus perdurat semper in ævum.
Seu male seu bene nunc operantur corpora nostra,
Hoc quod quisque facit, recipit sine temporis ævo.
Ut bona captemus, faciamus, præmia, justa,

XXII.

Ad Meginhelmum adversus superbos.

Turritum caput extollis super æthera cuncta,
Altius abjetibus, calcibus astra teris.
Montibus excelsis excelsior ipse videris,
Pectore tu cæco stultior es cuculo.
Ipse volat pennis, sed tu quoque serpere nescis.
Tempus et ipse tenet, tempora nulla tenes.
Quid tibi consimile est rerum subtus, rogo, cœlum?
Stultior es cunctis folliculis vacuis.
Hic retrahit flatum, quotiens efflaverit illum :
Tu ventus penitus flaminibus vacuus.
Tu tibi magnus eris, parvus mihi namque putaris,
Et mihi qui quondam, semper eris Meginhalm.
Incipe nunc humilem terris jam sistere callem,
Non poteris modulum vincere corporeum.
Si poteris, celsum nunquid vis scandere cœlum?
Non, rogo, sta terris, ne capiare malis.

XXIII.

Ad Christum Servatorem mundi de cæde SS. Innocentum.

Insontes Domini, nobis succurrite, sanct   I
Nos gravibus vitiis per Christi solvite nome   N
Suscipe tu dominans sanctorum, suscipe voce   S
Omnibus et miserere tuis, quos sanguine fus   O
Nempe redemisti splendens in carcere lume   N
Traxisti de morte tuos, mors mortua dormi   T
Ex quo morte tua reserasti gaudia vit   E
Sanguinis effusor, sævusque inimicus Herode   S
Destruitur per te victus, fortissime Davi   D
Otyor hostis erat volitans omni quoque vent   O
Mordax, ut frendens cupiens leo perdere Christu M
Innocuos pueros sternebat corpore nec   I
Non tamen extinctos inclusit tartara dæmo   N
In gremium cœli vexit sed gracia summ   I
Nomina habent in fronte sua, Patris quoque nome N
Omnes, et clamant modulando carmine pulchr   O
Bombo, qui luctus lacrimantur conjuge Jaco   B
In superis plorat pueri ceu mater ablat   I
Sed nimio non vult luctu cessare deplangen   S
Sunt quia, sed non est illis regressio tristi   S
Ut veniant iterum mundum, qui planctus in us   U
Cosmica cuncta manent, detersa tristia, done   C
Cunctipotens veniens nos omnes colligit illu   C
Uvida vos sancti clamat mea palpebra flet   U
Rectorem mundi, precibus rogo, flectite sempe   R
Rex fortis Jesu dominans, miserere, precamu   R
Impie quod gessit Fromundus corpore fact   I
Tollite peccatum, quos Christus sanguine tinxi   T
Eudochias osoplon stephanosas Kyrie Christ   E
Sanctos innocuos, qui cantant carmina laudi   S
Ante thronum Domini cantant sibi carmina pulchr A
Nostrum vindica ema (2) splendens de lumine lume N
Confratrum numerus dictum est, requiescite, done C
Tempus adhuc modicum, cum Rex fortissimus asta   T
Insontes Domini, nobis succurrite, Sanct   I

XXIV.

Epitaphium Rihkeri.

Hoc requies tumulo membrorum facto Rihkero,
Conditur in tumulo, qui placuit populo.
Carmina concinimus, sed fletibus ora rigamus,
Solvimus officium funeris atque precum.
Plangimus incassum, repetunt dum membra sepul-
[crum.
Ut quid id esse gemis, corpus et unde geris
Mors manet in vita, geritur quia corpore cincta.
Pulvera portamus, vermis et esca sumus,
Carnibus in vermes resolutis pulvera ventis.
Nunquam vita manet, mors nisi cum veniet.
Hic cogita plus gaudendum de morte beata :
Hospes adisse tuis cur gemis hospitiis?
Corpora dum pereunt, animas tunc morte beabunt,
Tunc animæ crescunt, ossula dum pereunt.
Quinta Idus Junii perfecit tempora sæcli.
Fratrum turma petat, spiritus ut valeat.

XXV.

Versus in librum (3) *Dictaminum ad se collectum.*

Quæ mihi dictanti concessit gratia Christi
Versibus aut chartis, in corpus vertere scriptum
Decrevi, quoties hoc possum ferre peraptum,
Mortuus ut tandem Domini vel laudibus addam,

---

(2) Αἷμα, *sanguinem.*
(3) Continetur eo codice, quem sub nomine Froumundi hactenus citavi.

Cum non lingua sonat, quæ restat littera pangat,
Infirmasi fuerint, non sunt spernanda legenti,
[Cum nullus sermo Christo se subtrahat almo,
Omnibus, ut vult ipse, dabit, nec corpora cernit,
Parva replens magnis, et fortia spernit in altis.
Hoc placuit propter nullis me parcere verbis,
Quin scribatur enim, quicquid non mittitur igni
Aut cursu celeri transportet nuntius orbi.

XXVI.
Versus Udalperti in codicem Psalmorum (4).

Hunc ego Psalmorum studui conscribere librum
Udalpertus, ut hic pascas animam quoque Heilwih.
Ornavit, ut potui : decuit sic nobilitari
Psalterii dominam, colui simul et generosam.
His leviora facis curarum pondera scriptis
Et meditare piis, quæ restant gaudia cœlis.
His magis insistas cupias, quam femina jocis.
Hæc iterum atque iterum semper mediteris in ævum,
Gaudia certa manent, quæcunque hæc pectora vol-
[vent.
Illis inimica potes superare sequentia vires.

XXVII.
Apologia (5) *pro schola Wirtzburgensi ejusque ma-*
gistro adversus quemdam calumniatorem.

Nomen ut herbarum tenet hæc urbs proficuarum,
Qualibus imbuti reparant sua membra saluti,
Sic perfectorum genitrix est discipulorum.
Profert doctrinam quia stultorum medicinam.
Per proprium nomen monstrat divinitus omen,
Posse suum fructum vitii depellere luctum,
Germine radicum quod fert vicus inimicum,
Vim pellens morbi, dum cuncto proficit orbi.
Sordibus inflati cum stultitia cruciati,
Instar leprosi, seu qui degunt vitiosi,
Huc adducantur, quoniam melius renovantur
Doctiloquis verbis, quam membra salubribus herbis.
Summis archivis epulas acquirere silvis,
Nec non perfectæ scrutari dindina [dindyma] sectæ.
Wangia cur langues stolidas servando phalanges?
Nostros conventus odeat tua stulta juventus.
Quam sint limantes aurum velut igne probantes
Nostri rectoris normæ non vilis honoris,
Ecclesiæ summam quem cernimus esse columnam.
Ad quem procedit, quicunque docendo placebit.
Princeps primatum, qui pandit abdita vatum,
Mundi cunctorum transcendit culmen honorum.
Nam meritis nullum similem fert mundus homul-
[lum.
Ipse poetarum fulget decus omnigenarum.
Imperio Christi moderando sceptra magistri.
Præter Scripturæ studium nihil est sibi curæ,
Cultor virtutis manet, æternæque salutis.
Vim talem mentis dono tenet Omnipotentis,
Doctrinæ rivus fluit ejus pectore vivus.
Æternum numen sermonum dat sibi flumen
Est ornamentum nobis hujus documentum,

A Ut verni flores cui crescunt semper honores.
Indoctis lumen cum fert, seu mentis acumen,
Grammaticas partes, ac cunctas instruit artes.
Tempore nocturno, neque vult cessare diurno,
Dicta peritorum depromens orthographorum.
Tanto pastori nunquam sunt scripta labori,
Ceu solis lumen sibi sed patet omne volumen,
Ingenio mundum faciens vernare rotundum.
Strenuus et justus, gemm is virtutis onustus,
Dat pernox Argus documenti fercula largus.
Cura subtili proprio vigilabit ovili.
Præter mercedem licet ejus visere sedem.
Propter sollertes non unquam spernit inertes.
Firmat prudentes, dum corripit insipientes,
Omnes communi voto sibi jungimur uni,
B Æquat Sampsonis vires, studiis Salomonis,
Expers fallendi procedit lege docendi.
Sed noster cœtus tali de principe lætus,
Sollers, insomnis, catus hunc venerabitur omnis.
Nunquam torpescit, cujus qui jure quiescit.
Talis mandritæ verbum fert gaudia vitæ,
Propter quem gentes huc diversæ venientes,
Non plus vicini, quam quærunt hunc peregrini,
Curritur a turbis istius mœnibus urbis.
Hunc sibi ductorem, vel gliscunt ammonitorem.
Nobilium proles cujus cum captet amores,
Lectio pupilli non fiet dedecus illi.
Quilibet assistat, sibi proficiendo patrissat,
Nullus mortalis pollet sic artificialis.
C Desit perdocto cui nil virtutibus octo.
His ornamentis humilis stat gloria mentis.
Vivat hic indemnis, cum commoditate perennis
Virtutum plenus sit, prosperitate serenus,
Nil eventorum cui quod maneat nociturum.
Tristibus exutus, lætetur et undique tutus.
Gaudia veracis sibi sint celeberrima pacis,
Per summas metas vitæ sua prodeat ætas,
Atque senectutis sint tempore dona salutis.
Virtutis miræ cœlestia dignus inire
Visitet æternam lucem requiemque supernam,
Mundi Salvator sui cœli' cum dominator
Omnibus in portis rumpet retinacula mortis,
Ac per divinam vocem spoliat Libitinam :
Ante suam sedem mandans procedere plebem,
D Pro meritis vitæ tunc doctrinis decoratæ
Hic ceu lucet, seu secum gaudia ducet
Discipulos cunctos, ejus moderamine functos,
Pontificis summi, quem tunc sectantur alumni,
Pro quis lucescit stellis par ac requiescit.
Talibus augmentis gaudens de quinque talentis
Nunc commendatis sibi tunc Dominoque relatis,
O puer, insignis nos accendens velut ignis,
Qui primum fictis hunc rosisti maledictis
Te se doctorem blaterando tenere priorem
Hoc cum dixisti, permultum desipuisti,
Doctum Platonem ponendo post Labeonem.

---

(4) Exstant in eod. cod.
(5) Ex cod. Froumundi, etsi ob manus, quæ ta- men perantiqua est, diversitatem, non omnino certum sit, cui hoc poema tribuendum.

Tunc utinam mutus fueras, hanc quando locutus.
Cunctis ostendis, sed talem cum reprehendis,
Temet mendosum læsisse canem furiosum,
Mente quod insana ferat iracunda Diana,
Sordibus imbutæ seu te mentis male tutæ
Collum maternum, vel confregisse paternum.
Tu cultor furni teneas sortem taciturni,
Moribus immundus, sordens vitiis, furibundus,
Turpis, blasphemus, vitiorum stercore plenus,
Sensibus et vanus, quod turberis male sanus.
In numero cleri sis indignusque teneri,
Aut fore te furem, quod non ego dicere curem
Hoc sed dicebant hi, quia tua scripta videbant,
Talia te fatum propter propriumque reatum,
Quatinus in pœna sis propter tale poema.
Hunc culpans nævum, qui conterit omne per ævum.
Sunt assertores huic omnes inferiores.
Hunc sator irarum, destructor amicitiarum
Demonstrato, togas cur nos deponere cogas,
Nobis inmitis, transmittens nuntia litis.
An nos mellitam nescis hic ducere vitam,
Undique pacatos, et de nullis superatos?
Te nullum verbum nostri turbaret acerbum,
Si tu cessasses, quod talia non rogitasses.
Funditus invitos scio nos pugnare petitos.
Ex hoc non latres rixis, sed reddito grates,
Quod non rixando loquor hæc, sed consiliando.
Est tibi discrimen nostrum contingere limen,
Gymnasiique locum nugace notamine vocum.
Id quare gliscas, quod adhuc lacrimando gemiscas,
Semper deflebis, si nos pugnando movebis.
Vis per conflictum belli tergum dare victum,
Aut post procinctum manicis te reddere vinctum
Congressum belli deponas pullus aselli,
Qui vice prædonis catulis sis præda leonis.
Si prece persistas, partes jucamur in istas,
Ut videas bellum te despoliare misellum,
In morem vermis pedibus sternaris inermis.
Pace coronaris, quam tu sermone sequaris,
Mecum sensisti qui nobile dogma magistri,
Qui nos informat, ratione facetus adornat.
Hunc quia laudasti, me perquam lætificasti.
Inter ita iræ fugiat discordia diræ.
Expertes belli nos simus, amore gemelli :
Fœdus Davidis mecum, Jonathæque subibis.
Nil nosmet sævum conturbet nunc et in ævum.
Multum mirantur, nam talia qui speculantur.
Sunt, qui cum rixis nobis in pignore fixis
Omnes devinces tibi conspectum fore lincis,
Judex subtilis licet assis flos juvenilis
Spernendo falsos, suprave modum male falsos,
Id retinens certum, cunctos superare disertum,
Nobis tutelæ qui dat decus atque loquelæ.
Dic, cur baccharis nobis, qui bella minaris?
Pacem spernendo, cum Martis amore furendo
Compositor metri propter mendacia tetri?
Musæ sylvestri discors ratione pedestri
Turbabis Musam fallendo, fugans Arethusam,
Syllaba quod muta monstrat ratione locuta

A Ponere legitimum. Nescis, quia carmine rhythmum,
Grammaticam metam te linquere cerno poetam?
Pauperies ranæ quondam jus cœpit inane
Dicens, divinam se ferre feris medicinam.
Increpat his culpis hanc sed versutia vulpis:
Me non frustraris, quia te medicum meditaris.
Te fore mendosam scio per pellem maculosam,
Maxima te pestis quod vexet, sum tibi testis.
Primum solamen tibi profer vel medicamen,
Artis opem nobis posthac adhibeto Peonis.
Sic emendator, sic es vitii comitator.
Vocibus inmanis, doctrinæ prorsus inanis,
Crimen culpabis, sed mox exemplificabis,
Quod cor non celat, quoniam Scriptura revelat.
Versibus oblatis mendacibus, inmodulatis.
B Non ostendisses te stultum, si tacuisses,
Sermonisque nota monstraris nunc idiota.
Nos non contristas, pugnæ dum tela ministras,
Prælia ceu magnus nobis minitando tyrannus,
Et quod non audes dictatu, volvere gaudes.
Nobis divinam poscamus opem fore primam.
Christe, tui cleri turmam dignare tueri.
Sanctificans signum crucis hinc fuget omne malig-
[num,
Rex Constantinus quam sensit in agmine primus.
Nec non de cœlis suffragia sint Michaelis.
Nostris tutelis sit præsidium Gabrielis.
Nos corruptelis manus eripiat Raphaelis.
Angelici cives omnes nobis date vires.
C Auxiliis dandis veneremur sacra Joannis.
In pugna metri petimus munimina Petri.
Cui consors aulæ cœli nos protege, Paule.
Gratia levitæ Stephani det gaudia vitæ,
Auxiliique manus tendat S. Kilianus.
Cum pacis palma proprium defendat agalma.
Testis divinus fiat tutela Quirinus.
Assis Ambrosi fautor belli generosi.
Sancte regens hastas Hieronyme poscimus astes.
Nos Augustinus defendat rhetor opimus.
Doctor Gregori, da ne sint bella dolori.
Protegat invictus nos in pugna Benedictus.
Tumbam Burchardi quæramus non prece tardi.
Doctoresque sales ope sint hic prodigiales.
Sancti seu cuncti nobis succurrite juncti
D Præstando castris nostris tutamen ab astris.
Hæc nos cantemus, Martem nihilumque timemus.
Sic nos parmati stamus pugnare parati.
Nobis admittas quamvis tu mille sagittas :
Nos impugnando venias licet utpote grando.
Sed tamen attritos bellando tuos parasitos,
Viribus extensis penetrat Saxonicus ensis,
Noricus et Suevus cupiunt conjungere fœdus.
Te non sectantur, sed nobis auxiliantur,
Qui non formident, quin te vincendo trucident.
Quod nunquam credis, nisi cum certando videbis.
In regno primos nescis hic esse Latinos,
Nosve coequales miraberis esse sodales.
Istic discendo, seu contra te veniendo.
Ac nobis dones in circuitu regiones,

Quarum formosi sunt hic juvenes generosi.
Tu petis econtra sed spiritualia monstra.
Expers stas artis credens his jurgia Martis.
His quia confidis, de pugna victus abibis.
Jam tu cognoscis, quod nos non vincere possis.
Præsidium gentes cum dent simulacra colentes,
Instar jumenti fugientes jus documenti.
Cum reputes vivos de congressu fugitivos,
Inferni divos cur optabis redivivos,
Quos lex Plutonis damnavit fauce draconis.
Non resonante lyra cujus mulcebitur ira,
Quicquid hic acceptat, nullius jam prece reddat?
Surgens de tumba te non tegit Herculis umbra.
Hunc tibi semideum scio non præstare tropæum
Rursus iniquorum crescit cultura deorum.
Id si tu credis, prorsus ratione carebis,
Jungere gentiles Christi velit ut sibi miles.
Nunquam certabit socio conamine David.
Herculeas pugnas nullis precibus sibi jungas.
Christicolas servi fugiant in agone protervi,
Cultus atrorum sortiti dæmoniorum.
Qui dum vivebant, non umquam lite carebant,
Nec possunt jungi socio, non agmine fungi.
Has belli sortes scio non sociare cohortes.
Quas si conducis, tenebris das munia lucis.
Talibus offensi, vel cœlicolæ reprehensi
Te non sectantur, sed nobiscum comitantur.
Tutores nostri, quos tu non quærere nosti.
Sed seductores sequeris, quod postmodo plores,
Vivis defuncti si sint certamine juncti.
Hanc armaturam scio non nobis nocituram.
Jam denatura, nisi discedant sua jura.
Sed cur vis hostes, proprios dimittere postes?
Hic tu pervilis nostris superabere pilis
Istuc ceriti, nugacis nilque periti
Si tua procedant, et nos convicia lædant,
Fortes athletas, poterisque videre poetas
Numquam cedentes, cum tu fugiendo clientes
Alvo divisa pereas nostrata sarissa [*cod.* satisa].

A Velox ut ventus fuget omnis nempe juventus,
Quando truncatur, quisquis tibi collateratur.
Perfossus costis moribundus vinceris hostis
Terra procumbis referendo [f. reserando] viscera
[lumbis
Postremo fessus, telorum turbine pressus
Noster captivus, ne sis post hæc fugitivus,
Nobis infestus, nulla ratione molestus,
Ducaris frenis constrictus sive catenis,
Carcere conclusus plangens, aut compede trusus.
Jam nos irrita, quo sic pereat tua vita.
Desine nunc iræ vel nostræ damna subire.
Utile cognoscis, si pacis munera poscis.
Ne venias duplex, sed trade manus cito supplex.
Suscipiens regis nostri moderamina legis,
B Cum penitus vires desint in corde viriles
Temet tutandi vel nos umquam superandi,
Stultitia captum sic, ad nihilumque redactum,
Istic ægrotum volumus te sumere potum
Funditus insontis nostri de flumine fontis
Expers est fellis nimia dulcedine mellis.
Istinc si discis statim sensu resipiscis.
Recte vivendi potaris et dogma loquendi.
Hæc si contemnis, seu nostrates reprehendis,
Herculea fibra crescens siccabitur hydra,
De nobisque mori tibi tunc continget honori.
Nos non devinces, licet inferni tibi princeps
Infernum linquat, sic auxiliando propinquat.
Perdere compellis nos te, pugnando repellis.
C Ex hoc desistas, ulla ratione resistas.
Istic præscriptum metrico modulamine dictum.
Cum precor ejus opem, nec non venerabile nomen.
De cujus donis modulo fungor rationis,
Credens dicentis sic scripturæ documentis.
Nomine signetis Domini vos, quicquid agetis.
Nobis ductores verbi dum posco satoris
Agrum divinum plantantes semine primum.

(*Cætera deesse videntur.*)

ANTE MEDIUM SÆCULUM.

EBERHARDUS

ABBAS TEGERNSENSIS.

EBERHARDI EPISTOLÆ.

(Edidit R. P. Pezius, *Thesaurus Anecdot. nov.*, V, 1, 135.)

I

Ad fratrem suum, quem adhuc vivere gaudet, et ad se invitat.

EBERHARDUS, Christi famulorum servus, dilectissimo fratri.

D Sicut Jacob revixit cum Joseph vivere audivit, ita nostra vita post mentita funera vestra grandi gaudio hilarescit. Ut quondam spopondimus, in vestra dilectione constanter adhuc indubitanter permanemus, nimiumque desideramus vos videre in loco quo nunc degimus. Quocirca petimus, si absque consensu fratrum vestrorum ad nos venire non vultis, a cunctis fratribus licentiam petatis de nostro nomine, ut nobiscum aliquantulum temporis manere possitis, ut de vestro vivere tantum gaudeamus, quantum moesti fuimus, cum vos in Italia defunctum esse audivimus.

II.

Ad Udalricum comitem. Rogat ne graviter ferat quod eo non interrogato Sigihardum monasterii sui advocatum delegerit, etc.

EBERHARDUS, famulorum Dei vilissimus servus, domno comiti O. [ODALRICO, seu UDALRICO] devotum servitium, jugemque instantiam precaminum in Christo.

Quia aliunde non habemus tam firmum suffugium sicut in vobis, jugiter insistimus succlamando vos modo opportune interdum importune. Jussu domni nostri ducis, consilio monachicæ congregationis, petitioneque totius familiæ nobis subjectæ Sigihardum constituimus nobis advocatum. Et quia vos non fuistis cum duce, aut in tali vicinitate, ut vestri licentiam petere possemus, precamur ne nobis irascamini super hoc negotio, sed cum vestra sit gratia. Petimus etiam per clementiam vestram, jubete vestro militi Pennoni, ut famulos et ancillas Sancti Quirini, quæ ad nos pertinent, nobis reddat. Si ille dicit nos habere aliquos de suo beneficio, reddimus sibi libenter. Vestro militi Wolfoldo præcepistis ut nobis redderet decimationem ad Ismanninga, quod adhuc noluit facere. Idcirco iterum iterumque precamur ut nuntium vestrum cum isto præsenti nuntio nostro mittatis, qui hoc ei a vobis firmiter præcipiat ut nobis decimationem reddat. Valete.

III.

Ad Godehardum, ut videtur, abbatem Nideraltah., cui fratrem Eginonem commendat.

Abbati G., monachicæ vitæ provisori doctissimo, E. vestri servitor devotus, fratresque sibi subjecti, quidquid filii dilectissimo Patri.

Confratrem nostrum Eginonem, quem gremiolo vilitatis nostræ, prout potuimus, modicum temporis vice vestra nutriebamus, modo ab eo rogati remittimus illum vestræ paternitati. Omnes a minimo usque ad maximum pedibus vestris provoluti petimus, supplicamus, ut eum, hoc est medietatem cordis nostri, charitative suscipiatis in locum veræ filiationis, ne aliter circa eum exterius agatis, quem quotidie interius Christo Deo parere non cessatis. Si aliquid delicti in vos commisit verbo vel facto, ut nos fragiles quotidie solemus, totum Deo nobisque dimitti precamur: et, si minime digni sumus pro eo impetrare quod petimus, iterum cum vestra licentia in fraternitatem libenter suscipimus.

IV.

Ad Heinricum Boiariæ ducem. Se infirmitate corporis impediri quo minus ad eum proficiscatur, rogareque ut Udalricum comitem sui monasterii advocatum constituat, etc.

Seniori nostro, domno duci H., abbas E. a se cunctaque congregatione, quæcunque possumus oratione et famulamine.

Libenter ad vos veniremus, priusquam de hac regione ad aliam pergeretis, et ut dilectissimum dominum merito debemus, videremus, atque colloqueremur: Sed adhuc nihil habemus præ manibus, quod vobis sit honorificum, offerendum, aut nobis fructiferum. Impedit etiam me frequens corporis ægritudo, et improvisa præparatio equitum vel equorum ad eam repentinam equitationem.

Ut nobis comitem Udalricum vestra potestativa manu advocatum monasterii detis, in præsenti rogamus. Quantam penuriam fratres patiuntur, ad illos palam dicere erubesco. Vobis namque totum ut est timeo profiteri. Sed de his nobis subveniendum solius Dei singulare vestrique paternum præstolamur solatium

V.

Ad Theomonem seu Themonem comitem, ut monasterii prædia ad Hullam sita protegere ac ab iniquis invasoribus defendere dignetur.

THEOMONI venerando comiti, E., abbas indignus, salutem in Domino.

Rogamus, mi domine, ut pietatis vestræ solatium habere possimus in omnibus negotiis nostris. Quo solatio maxime indigemus in his locis quibus vos potestatem habetis. Quidquid enim ad Halla habemus in familia, aut in aliis rebus, cito disterminabitur, et abstrahetur ab inimicis, nisi vos propter Deum et sanctum Quirinum hoc defendatis et contradicatis, quod petimus ut faciatis ubicunque possitis. Valete.

VI.

Ad eumdem, ut præsentium latorem aut aliquo honesto officio munerari, aut eidem veniam alium Dominum demerendi dare ne gravetur.

E., solo nomine monachus vocitatus, comiti D., dilectissimo consanguineo, salutem in Christo.

Iste noster amicus vestrique servitor devotus venit ad nos, conquerens nihil se unquam digne laborasse in vestro servitio aut vestri antecessorum, atque idcirco dicit se adhuc carere beneficio. Fatetur namque libentius se vobis velle ministrare quam alicui homini alio, si ei vel aliquam modicam faciatis misericordiam. Cui petimus ut aliquid auxilii faciatis, vel in beneficio aut in aliquo negotio sibi necessario. Quod si non vultis, monemus atque rogamus ut illum cum gratiosa licentia vestra alium sibi dominum conquirere permittatis.

VII.

Ad H. Remittit ei quemdam fratrem, et ut hujus diligentem curam habeat, adhortatur.

H., fama totius bonitatis ubique diffamatæ, E. fratresque sibi subjecti, salutem in Christo.

Fratrem quem nobis commisistis, misimus vobis, non quod nos tædeat pro illo labore, vel quæ sibi sunt necessaria, in quantum sufficimus, ministrare. Jam enim habemus probatum quod studiosus est et capax ad discendum. Idcirco suademus ut circa eum ita fideliter peragatis, sicut illum in fidem vestram suscepistis, ne vester labor, imo et noster, consumatur inutiliter, aut spes eorum qui illum miserunt, cassetur. Si vestræ voluntatis aliquid in eo possumus implere, adhuc pro eo infatigabiliter libenterque, ut cœpimus, laboramus. Alia servitia præ manibus non habemus; quamvis indigni, tamen memoriam vestri facimus jugiter in nostris orationibus. Valete in Christo.

VIII.

Ad Engelbertum (1) *ep. Frisingensem, de obitu Otperti monachi, quem precibus juvari rogat.*

Seniori nostro antistiti E., quidquid dilecto domino subditus.

Frater noster O., presbyter et monachus obiit VIII Id. Aprilis : pro cujus requie preces per sancta loca episcopii vestri præcipite facere, ut confidimus vestræ pietati.

IX.

Ad Juditham, illustrem feminam, quam rogat ut afflictæ valetudini suæ medicinam consulere ne gravetur.

Domnæ dignæ totiusque reverentiæ cum sanctitate amplectendæ JUDITHÆ, EBERHARDUS fidelissima cum orationis devotione servitutis notamina.

Vestræ pietatis gratiam sano et integro me habere profectu, dulcius melle, satiusque lacte os meum jucundatur gustu. Spei mei anchoram specifico quasi munimine in vos cum extendam, quasi essem in illo firmissimo et inexstinguibili Babyloniæ turri, a cujusque impugnantis incursu me credo tuendum. Infirmitatibus periculosis, quia semper conturbor corporis, aliquam ad remedium potionis confectionem, adjunctoque coriofole nutrimento cum aliis pigmentis, necesse ad hoc habendis, precor, mittendam. Qualiter autem ipsa potio qualive cautione sit accipienda, et vel sursum, vel deorsum sit eructanda, litteris assignate; et si sanitati restituor, veluti proprius in postmodum vester, scitote, quia existam. De renibus etiam cervæ aut tale quid, in quo pinguedo continetur, mittere dignemini, quia maceræ carnis duritia in dentium meorum morsu, etiam tritorum, nihil aliud est nisi molestia. Quomodo, si fieri possit, ut potus confectio ante Quadragesimam veniat, deprecor. Valete.

X.

Ad Wigonem decanum Phyuhtwangensem, a quo suffragio orationum, aliisque charitatis officiis, quo abeunti sibi addixerat, juvari postulat.

Domno et venerabili WIGONI decano, omni bonitate conspicuo, atque cunctis dilectissimis confratribus E. proh pudor! in cunctis exorbitans, insolubilem nodum intemeratæ dilectionis.

Quia unumquodque igitur negotium in seipso imbecille, indiget alterius sustentamine, idcirco vestræ solitæ pietatis haud ignarus precor subnixe ut solaminis recordemini, mihi, priusquam a vobis recessissem, promisi, quod modo, ut implere dignemini, submisse postulo. Admodum namque expavesco dum mecum revolvo quid debeam pro voto quod in cunctis me servare jam dudum spopondi, quamvis coacte, ne mollis et dissolutus in tanto opere habitus, divinam aliquomodo incurram offensam. Propter hoc enim nunc sudandum foret ad placandam divinam clementiam : quia, quæ inhianter et indefesse rogare debui, ut nostis, cum maxima, cheu! recrastinatione ac recalcitratione refutavi. Quapropter vestri fulciminis atque oraminis, nec non aliorum, æque Deum timentium satis indigeo, ne mihi non eveniat quod sacra Scriptura clamitat : Quia nec calidus nec frigidus haberis, sed tepidus solummodo dijudicaris, idcirco de ore meo evomeris. Valete

XI.

Ad Heinricum regem. Implorat ejus auxilium contra quosdam qui certum ad lacum Tegernsensem locum sibi auferre moliuntur.

H. regali solio dignissimo, E., Tegernsensis monasterii abbas, vestra gratia subrogatus, quidquid servus in regales amministrationes.

Cum undique inimicorum stringimur persecutionibus, nullum in his omnibus, post Deum, nisi ad vos suffugium speramus. Idcirco laboramus, et in omnibus deficimus, quia non habemus a quibus fideliter res Ecclesiæ defensas videamus. O quam magna regalis potentia! Dicit tantum : Fiat, et perpetuum est. Hæc vestra vis imperialis auctoritatis ad nos, precamur, usque pertingat. Est locus super littus Tegernsensis stagni situs, quem Poppo et Piligrimus frater ejus, simulque mater illorum abstrahere injuste a domo Dei in suos usus hæreditarios nituntur. Sed precamur ut vestro imperiali jussu hoc interdicatis, ne falsis aut corruptis pecunia judicibus a domo Dei abstrahatur priusquam in præsentia vestri dijudicetur.

---

(1) Ita quidem conjicio, tametsi Catall. epp. Fris. et abb. Tegerns. apud Hund. non satis annuant.

ANTE MEDIUM SÆCULUM.

PERINGERUS
ABBAS TEGERNSENSIS.

PERINGERI EPISTOLÆ.

(Edidit R. P. Bernardus Pezius, *Thesaurus Anecdot. nov.*, V, 1, 141 ; ex codice Tegernsensi.)

I.

Ad Diemonem comitem : se paratum esse ad recipiendum Wezilinum, modo quædam, sibi recens ablata, restituat.

Domno D. comiti venerando, P. Sancti Quirini servus, cæterique fratres devotum servitium, sedulamque orationem in Christo.

Ut nobis promisistis de amico nostro Wezilino, parati sumus suscipere ad Egilinga statuto die, id est sexta feria, quæ nunc est proxima. Quod ille dicit duos equos sibi redditos esse pro suo uno, et hoc nos confitemur, sed uterque tam pretiosus erat ut suus. Sed de illis tacemus, aliisque rebus supra modum et irrationabiliter hinc inde distractis in denariis, in vestibus, in bubus et ovibus, multoque grano cum multigenis victimis. Nihil horum repetimus, sed damnum sustinemus, et rogamus vos pro amore Dei et sancti Quirini ut hæc omnia tractetis secundum vestram nobilitatem, nostramque necessitatem, et jubeatis nobis reddi alios equos, quos supra illos duos hinc habet ablatos. Insuper etiam, postquam ille hinc discessit, sunt nostris famulis tres equi furto sublati, quam suspicionem habent in illum et Pezilinum suum consocium quidam ex nostris, et etiam provinciales clerici. Quos equos etiam petimus ut nobis præcipiatis reddere, aut digno judicio negare se non habere vel tollere.

II.

Ad V. abbatissam, apud quam se excusat, quod petitos equos non miserit, et alia quædam munuscula mittit.

Venerabilibus in Christo dominabus V. abbatissæ, ac B. Christi agnellæ, P., quidquid tantillus tam dignis personis.

Non modicum dolemus quod nihil habemus ut petitionis, imo vestri præcepti voluntatem facere possimus ; quia nullus equus in nostra inventus est potestate, quando nobis commissus est iste locus, nisi admodum pauci, et ipsi nutabundi et segnipedes. Indicia tamen facimus his parvis munusculis, quanto citissime possumus, quod vestram voluntatem implemus. Sedulitas orationis nostræ comitatur iter vestrum, quantum nos Deus exaudire dignatur, A usque dum audimus quod cum pace revertimini ad propria.

III.

Ad A. archipresbyterum. Rogat ut Tagininum ad restituendas decimas ad Ezinhusum adigat.

P., abbatis nomine indignus, domno A. archipresbytero, quidquid est charitatis in Christo.

Sæpe dictum est vobis de decimatione nostri monasterii ad Ezinhusum, quam Tagininus tulit nobis per duos annos. Isto anno abnegavit se coram nobis nostroque advocato, ut deinceps eam sibi non usurparet. Sed fefellit nos, et habet jam nunc tertium annum ablatam. Quocirca rogamus pietatem vestram ut hoc corrigatis, sicut scitis illi contra Deum esse necessarium, nobisque utile ad ministerium pauperum. Valete.

IV.

Ad R. abbatissam. Cur petitum vitrum nondum miserit ?

P., sui vocabuli minime dignus, abbatissæ R. dominæ perdignæ, sedulitatem orationis devotissimæ.

Quod vobis adhuc non dedimus vitrum, ut rogastis, non fuit culpa nostræ tenacitatis, sed nondum aliquod præparatum habuimus. Nunc enim quotidie insistimus eidem operi, et cum hoc perficimus, statim post festum S. Andreæ mittimus vobis per nuntios nostros. Si aliquod adjutorium nobis facere vultis ad nostrum victum frumenti vel alterius grani, valde sumus necessarii. Valete.

V.

Ad Henricum regem. Ut se ab injuriis et persecutione Diemonis comitis eliberet.

Seniori suo H., exercitus Christiani ductori nobilissimo, P., abbatis vocabulo minime dignus, cum congregatione sibi commissa, sedularum precum devotissima munia.

Sub manu vestræ defensionis ob elemosynam vestri hactenus valde pacifice viximus ; sed qui nunc nos contra vos Deumque insectantur, diutius celare non possumus. Domnus Diemo comes inimicabiliter persequitur nos. Habet nobis denique nostram navim ablatam, qua debuimus fratribus nostris vecticare vinum, et legumina, aliaque necessaria. Plura etiam retia habet nobis tulta, victimasque et granum, quod nostri debuerunt seminare in agrum. Insuper infringens domunculas servorum vi diripit ab eis omnia quæ habent. Nihil eis est peculii quod ille non jubeat perscrutari et tolli. Quid multa? Nisi manus vestra extendatur protectrix super nos et res nostras, ipseque a vobis exterritus prohibeatur tali flagitio, ille solus sanctum locum corporis S. Quirini dat exterminio. Precamur ut illi statuatis diem quo nobis et navim et retia reddat.

VI.

Ad eumdem de persecutione ac insectatione P. comitis aliorumque adversariorum graviter queritur.

Seniori suo H., regi victorioso, P., vestri servorum ultimus fratresque sibi subjecti.

Devotissimis orationibus pro vobis jugiter insistimus. Dum vos denique laboratis in lato, sicut condecet, regno, nos servuli vestri minime requiescimus in vestro gremio, sub angusto monasterii claustro. Cuncta namque ædificia videmus miserabiliter collapsa vetustateque consumpta, quia P. comes tollit opera singulis annis de Wormgouve, quæ sola opera beatus pater vester concessit ad locum singulis annis renovandum; quod etiam permansit usque ad abbatem E. [Eberhardum] domno nostro duci conquesti sumus de eisdem operibus, et ille præcepit P. ne sibi ea deinceps usurparet, quod nequaquam profuit.

Ad hæc etiam nimiam persecutionem patimur nostrorum concivium, priorum scilicet advocatorum, qui, maxima ira et odio contra nos permoti quod penitus sunt privati rebus monasterii, nihil aliud student cum omnibus, quibus possunt, nisi nos pessimo vitio criminari, et hoc apud episcopos et principes, ut hæc eadem infamia ad vos usque perveniat. Quod precamur propter Dei misericordiam, vestrique elemosynam, ne illorum voluntati satisfaciatis, nobis inferendo ullam repentinam calumniam, sed reservetis vestro judicio, aut vestri fidelium episcoporum, vel abbatum rei veritatem in nobis examinandam. Valete.

VII.

Ad H. ducem Beiariæ. Rogat ut quædam hoba ad locum Sciphusam vertinens suo monasterio reddatur.

Domno H. Christiani agminis ductori nobilissimo, P., vester famulus cum fratribus.

Die noctuque Deum pro salute vestra jugiter exoramus. Augustissimum regem seniorem nostrum H. rogavimus nobis a se concedi quemdam locum, Sciphusa nominatum, de abbatia nostri monasterii. Quam petitionem ipse benigne suscepit, et jussit ut diligenter cum nuntiis inveniremus, quid et quantum fuisset, quod rogavimus. Quod cum fecissemus, retulimus regi veritatem, paucumque sibi videbatur, nobis vero multum. Insuper adjunximus: « Quidam famulus matris vestræ habet unam hobam de eodem loco in beneficium, quid jubetis super eam — Post vitam, inquit, matris meæ, stet, et famuletur domui famulisque S. Quirini. » Et quia illa beata jam obiit, et modo regem non possumus adire, sufficiat nobis, precamur, quod vice regis in hac patria regno fungimini, firmeturque a vobis regale promissum, et jubete nobis reddi prædictam hobam, sicut rex statuerat.

VIII.

Ad Gotscalchum episcopum Frisingensem. Se petita vitra post Pascha missurum.

G. pontifici dignissimo, P., vestri devotus, ut merito proprius.

Mi domine venerande, quod de vitro petistis, vel magis, ut decet, jubetis, nunc temporis paratum non habemus. Sed quamvis victus nobis incumbat necessitas, statim post Pascha nostros vitrearios jubemus eidem insistere operi, et quidquid exinde fiet, quanto citissime possumus, per nostrum nuntium vobis denuntiare non tardamus. Valete.

IX.

Ad comitem F. Ut conventum ad Pipurch non nihil differat.

Domno F. comiti venerabillimo, P. cunctaque congregatio S. Quirini, sedulam orationem devotamque servitutem.

Omnes pariter pedibus vestris provoluti precamur piam paternitatem vestram ut concilium quod vultis ad Pipurch habere pro communi terra, in triduum differatis, et dimittatis usque dum nos vobiscum loquamur. Valete in Christo.

X.

Ad Egilbertum episcopum Frisingensem. De fratribus quibusdam sacris ordinibus initiandis.

Seniori suo E. infula pontificale cœlitus indusiato, P., abbatis nomine minime dignus, quidquid domino servus.

Si dignamini, mi domine, necesse habemus ordinare quosdam fratrum nostrorum in ministerium Domini ad altare S. Patris nostri Quirini, eos videlicet de quorum vita securi sumus, ut humanus probare potest oculus. Nam priores fratres nimio confecti senio jam lassescunt invalidi. Si jubetis, ubi vel quando, loqui vobiscum desidero pro variis necessitatibus intus et foris nobis imminentibus.

XI.

Ad Udalricum comitem. Pro restitutione rerum, quibus famulos suos Penno spoliavit.

Domno V. comiti nobilissimo, P., omnesque fratres, devotas orationes.

Quod præcepistis super servos nostros, quos Penno propriis rebus spoliavit, nihil penitus nobis profuit, sed objicit nobis nunc hoc, nunc illud per varias circumlocutiones. Multum namque pudet nos et tædet quod sæpe sæpius propter hoc vos acclamamus: quia Deum non timet in nobis, nec hominem veretur in nobis, ut faciat quod illi præcepistis. Iterum atque iterum precamur, dilecte senior, jubete illi super hoc, quia vos multum inhonoramus, et spernimus si domno duci de vestris hominibus querimoniam facimus. Valete.

XII.

Ad R. abbatem, quem rogat ut longius apud se ejus servum retinere liceat.

Domno abbati R. P. abbas indignus, quidquid vester devotus

Nunt:us a vobis missus venit ad quemdam servi-torem nostrum, per quem nobis jusserat hyperbolice, ut R. servus vester citissime ad vos veniret. Sed deprecamur ne in maxima necessitate eum a nobis tollatis, quia si nunc deserit opus quod coepit, omnia opera praesentis anni penitus habemus perdita. Valete.

ANTE MEDIUM SÆCULUM.

ELLINGERUS
ABBAS TEGERNSENSIS.

ELLINGERI EPISTOLÆ.

(Edidit R. P. Pezius *Thesaurus Anecdot. nov.* V, 1, 151, ex cod. Tegerns.)

I.

Ad Froumundum monachum Tegernsensem. De optimo suo erga eumdem animo, et ordine presbyterii, quem Froumundo gratulatur.

Comarco Froumundo, more rosulenti splendoris in cunctis emerito, Ellingerus, omnium hominum extimus, quidquid in Christo adoptari potest festivius.

Cum igitur, o dilecte magister, intimo affectu cordis meditarer ut aliqua irreprehensibilia dicta vestræ benevolentiæ composuissem, et inscitia semel et sæpe impediret quod voluntatem delectaret, tunc demum confisus, baculoque vestri secreti consolatus, speravi, quanquam sunt vituperanda, tamen non esse a vobis propalanda, quia non præsumptionis, sed dilectionis sunt indicia. Sed ut ex hoc nulla ambiguitas subeat, quin vestri amor mei intima cubiculi semper exurat, et de vestra prosperitate summe gaudeat, omnimodis deposco. Nuper vero comperi, quod me affectu animavit inedicibili videlicet vos fore promotum ad ordinem presbyterii. Qua de re flexo poplite flagito quatenus mei infimi memoria apud vos maneat, ut vestri apud me firmius inhæreat. Hæc enim valde lætificant, quæ verba prophetica resonant : Cor contritum et humiliatum Deus non spernit. Valete.

II.

Ad Egilbertum, ut videtur, episcopum Frisingensem. Rogat ut quemdam pastorem adversus ovium suarum injurias et insidias tueatur.

Quia notitiæ innotescit nostræ excellentiam vestræ sanctitatis omnem viam odio habere iniquitatis, ob id conducibile duximus errores vobis palificare, quos constat vestri censuram moderaminis respectare. Iste vero pastor, præsentium vector litterarum, in præsentia nostri effudit suarum querimoniam miserarum, quasdam dolens oves sibi a vestra dominatione commissi gregis, funditus calce abjicere, per devia vitiorum errando, divinæ pascua custodiasque legis. Insuper quidem cum easdem gliscat poenitentiæ medicamentis ceu humeris ad ovile matris Ecclesiæ reportare, ferina ita exardent rabie, dentibus invidiæ hunc dilacerare, ut ærumnas desperet mortis se posse talibus devitare insidiis, nisi ei quantocius inesse vestris dignemini præsidiis. Nos denique intercapedine tot locorum elongantes, quoniam nullum ei adminiculum præbere valeamus, in manus vestræ potentiæ eum et hoc commendamus, quatenus misericorditer ipsius querelas suscipiatis, atque episcopali eumdem auctoritate pro nomine. Christi defendatis, nec consentiendo, iniquorum peccati offendiculum vestræ aliquod sanctimoniæ ingeratis periculum.

III.

Ad D. episcopum. Queritur ob prædium ab ejus subditis vastatum et injuste abalienatum.

Domno D. pontificalem decoranti thronum virtutum, E. una cum subjectis, perennem cum Domini principatum electis.

Ut rescivimus vos, præsulum reverentissime, ordinatum fore istius provinciæ rectorem, sperabamus, velut et adhuc spes nostra est fixa, divinitus provisum esse vos orphanis haud minus patrem et adjutorem, quam monachis pro ipsa excellentia vestræ pietatis asylum ac defensorem. Verum prædium, quod largitus est Cæsar Heinricus regiæ donationis charta stabiliendo nostro monasterio, ut a quibusdam didicimus vix credendo, a vestro devastatum nobis abalienatur imperio. Arbitri vero testes adhibentur in hoc fundo nihil a nobis esse usurpatum, nisi quod Cæsaris præcepto ab ipsis nostro coenobio cum termino est præmonstratum, atque in præsentia vestri vestrique advocati legitime firmatum. Qua de re quidem summopere efflagitamus pro nomine Domini atque amore S. Quirini, nec non ob vestræ reme-

dium animæ, seu vestrorum parentum, quatenus quam si propriæ præbuissemus vitæ alimenti ministerium. Sed dicat aliquis a nostra poscendo familia, in illo nos loco petitam vobis servitutem posse obtinere. Idcirco conducibile est ad id veritatem respondere quod in proximo Paschali tempore per nostram magnopere flagitando legationem a nostris nequivimus ministris ullum supplementum nostri cœnobii ad restaurationem. De cætero nostrum misimus illuc nuntium, quatenus nostro præcipiat præposito parare hospitium, nec non omne quod possit impendat vobis servitium. Valete.
nostro nequaquam monasterio præcipiatis ullum fieri detrimentum.

IV.

Ad N., ut videtur, archiepiscopum, cujus aversum præter spem animum recuperare satagit.

✠ Excellenti pontificum dignitatem venerandam sanctimoniæ per sublimitatem ✠ postremus in ordine abbatum cœlestis aulæ senatum.

Præceptis, patriarcharum reverentissime, semper parere cum studuissem vestræ in omnibus almitatis, veluti dudum divæ quidem memoriæ vestræ matris obedivi imperatis apud curtem regis, quando a vestra paternitate flagitavi missionem ac benedictionem ; miror cur per tantam a vobis dimissus sim indignationem. Idipsum igitur mihi improperando objecerunt mei familiares, non solum viri sæculares, sed etiam cœnobiales, ut qui hactenus vestræ expertus sum pietatis adminiculum ac respectum, qualiter in tantum vestrum promeruissem despectum. Non ignoro quippe in sanctuario vestri pectoris reconditam esse omnis scientiæ affluentiam, hujusque scripti : *Quanto magnus es, humilia te in omnibus,* inibi defore negligentiam. Ex hoc diffido vestræ ob magnitudinem majestatis vilitatem meæ annullari paupertatis. De cætero ante vestræ dominationis conspectum, si famulamen meum fuerit acceptum, dignemini detegere meæ ruborem tantæ confusionis, scilicet intimando fontem causamve præfatæ despectionis. Ex hoc vero evidens indicium datur me hæc ita autumare absque falsitatis, quia cum meas prosternerem preces vestræ in præsentia sanctitatis, propter flebilem hujus combusti monasterii necessitatem, nullius auxilii consecutus sum propitiationem vel charitatem.

V.

Ad N. episcopum, forte Nitherum Frisingensem, apud quem se de non concesso frumento excusat.

Amplectendo meritorum sanctuario, condigne subrogato Christi vicario, ✠ Christi gratia curæ custodis deputatus, cœlestis gaudia incolatus.

Omnem quæ poterit devotionem impendi affectioni ullius amici, confitemur, quoad vixerimus, totis annisibus nostris par esse vobis addici, quia munificentiæ vestræ excellentia perdigna est interioris seu exterioris cuncta famulicii frequentia. Verum ingerit nobis ruborem confusionis has præsentari litteras vestræ conspectui dilectionis. Nos quidem vestri magnitudinem beneficii haud posse æquiperari ulla nostri assiduitate servitii [fatemur]. Qua de re scilicet ejus testimonium invocatur, qui cunctorum secreta cordium rimatur, quoniam in loco a vobis prætitulato exhibendi nulla facultas obsequii accommodatur. Vestram namque intimationem super hoc negotio si rescissemus, priusquam inde omne frumentum auferri jussimus, non aliter vestræ studuissemus postulationis perficere desiderium,

VI.

Ad eumdem, forte Nitkerum episcopum Frisingensem, cui quemdam commendat oui beneficium amittere debeat.

✠ Domno N. desiderabili meritorum sanctuario, digno apostolorum vicario, E., post hujus exsilii incolatum cœlestis patriæ senatum.

Præsentium allator litterarum vestræ in conspectu dominationis aliquid valere sperans meæ conamen postulationis, obnixe haud cessavit deprecari mea vestræ paternitati legatione se commendari. Qua de re magnopere efflagito propter Christi amorem, meique famulaminis ob devotionem, quatenus ipsius dignemini querimoniam auscultare, et ad sui senioris dominium illius subrogare miseriæ vestrum præpotens patrocinium. Paterno quidem jure beneficium, si dici fas est, sibi in hæreditatem collatum, assiduisve cum muneribus ab episcopis prioribus comparatum, vestrum nisi adminiculum eidem auxilietur, a se funditus alienari veretur. Sagacitas vero vobis cœlitus infusa, poterit celeriter examinare, hunc nihil in hac re contra justitiæ normam postulare.

VII.

Ad V. abbatem a quo fratres revocat ob adventum episcopi Frisingensis iniquis erga se delationibus exasperati.

V. abbatum decoranti sublimitatem per omnem virtutum capacitatem, E., ultimus Christicolarum, gaudia cœlicolarum.

Cum nostrum esset velle vestro satisfacere desiderio, repentinus nostri antistitis adventus nostro publicatus monasterio, nostros fratres, vestro addictos servitio, cogit nos poscere nostræ remissum in congregationis paupertati, priusquam vestræ promissum esset charitati. Delatæ quidem, ut rescivimus, de hoc cœnobio falsæ lingua adulantium criminationes, ejusdem adversum nos præsulis nonnullas dolose conflando machinatæ sunt indignationes. Qua de re magnopere efflagitamus, quia in vestram peculiariter benignitatem speramus, vestris quatenus commendatitiis apud ipsum litteris, aut legationibus id efficiatur, quando hoc domicilium suo primitus ingressu in præsentiarum illustratur, sui turbine terroris, ne diffametur vel quatiatur. Insuper vestram cupimus affinitatem hoc sibi consiliari, pastorem, qui posuit animam pro suo grege, ut dignetur imitari, atque sui patrocinio asyli coadunatum tueatur ovile, ne aliquod discidium sive scandatum patiatur hostile, sicque liquido appareat vestri consanguinitas erga se quanti valeat. Namque collatam sibi divinitus pontificii excellentiam par est coronari per compassionis clementiam.

EPITAPHIUM ELLINGERI ABBATIS

(MABILL., *Analect. nov. edit.*, pag. 437.)

Hic Ellingeri noscuntur membra teneri,
  Qui cum justitia respuerat vitia.
Moribus abbatum sanctis decorans dominatum,
  Cum pietate patris præfuerat monachis.
Pervigili cura tulit assectis nocitura :
  Lætificando probos corripuit reprobos.
Instruit exemplis cunctos plusquam documentis :
  Pravis difficilis, mitibus et facilis.
Mundum despexit, dum carnis pondera vexit,
  Calcans carne solum, mente petendo polum.
Jugi multarum se fonte luens lacrymarum,
  Mox lætis oculis affluerat populis.
Sprevit divitias . . . . utpote delutas
  Lætos cujus opes præstiterant inopes.
Hujus contritam dederant jejunia vitam,
  Largam muneribus oppido pauperibus.

Numquam pro Christo tali caruere ministro,
  Quod populum latuit, sed Domino patuit.
Ut dilexissent illum plusquam timuissent,
  Blandus discipulis sic fuit ac famulus.
Nullum damnavit, quem judicio superavit :
  Solers consiliis, commodus auxiliis.
Mundo, dum vixit, se pro Domino crucifixit,
  Gestans arma crucis talis amore ducis.
Doctrinæ rivum prudens pectore vivum,
  Hoc sibi contiguos fecerat irriguos.
Fornicibus pictam qui jusserat hic fore cryptam,
  Ac sibi vicinam construit ecclesiam.
Hic memor in primis percuncta negotia finis,
  Crimina sic domuit corpore dum viguit.
Pace coronatum cœli requiescere flatum,
  Lectores precibus poscite supplicibus.

ANTE MEDIUM SÆCULUM.

UDALRICUS

ABBAS TEGERNSENSIS.

UDALRICI EPISTOLÆ.

(Edidit R. P. Bernardus PEZIUS *Thesauri Anecdot. nov.* V, 1, 228.)

I.

Ad P. [f. leg. N. Nikerum ep. Frising.] episcopum, ad quem Raherium clericum, multorum criminum reum defert, eique G. canonicum suffici in parochiali munere rogat.

P. cunctos coronanti pontifices nostræ ætatis maturitate sapientissimæ pietatis, V. infimus abbatum, cœlestis curiæ senatum.

Nostræ ditioni clericum Raherium assignatum, multis comperimus criminibus commaculatum, et non minus facinore fascinationis fore exsecrabilem, quam infamia adulterii vituperabilem. Ex hoc quidem haud ignoramus sibi commisso gregi exemplorum ædificatione nihil hunc prodesse, verum suorum anfractu errorum multum obesse, universæque lege Christianismi atque gratia baptismi, nec non etiam pro suis culpis carere plebem missarum celebritate. Nam hoc refertur, quod est miserabile ac lacrymabile, quam plures ejusdem populi ex hoc sæculo migrasse sine peccatorum confessione et absque viatici communione, nec non etiam in sepeliendo sine animarum commendatione. Quia vero non solum rei sunt qui faciunt, sed qui consentiunt facientibus, atque ad magistrum respicit quidquid a discipulis delinquitur, pro talibus dolemus negligentiis peccatorum nobis accumulari augmentum, vestramque veremur sanctitatem aliquod ob id pati animæ detrimentum. Quocirca vos, dilectissime Pater, supplices efflagitamus, quatenus vestro canonico G. hanc ecclesiasticam cum nostra familia curam interim commendetis, quoad vestræ vivæ vocis collocutione nostram præsentiam lætificetis, aut donec in vestro synodali decreto dijudicetis quid de hoc negotio certitudinis statuatis. Namque institutis vestræ nimium venerandæ paternitatis in omnibus his nos, ut par est, obtemperantes, juxta normam justitiæ pernoscatis.

II.

Ad G. archipresbyterum, ut videtur, Frisingensem, ut eumdem Raherium loco moveat et deponat.

† Christi solummodo gratia ad hoc collatus Dominico, quod præest, ovili custos deputatus, G dignitatem archipresbyterii per summam decoranti sapientiam, totius devotionis excellentiam.

Nostrorum relatione fidelium cognovi nostrum clericum Raher vestræ subditum [*cod.*, noster clericus subditus] gubernationi, commissum gregem, quem par fuit paterno amore pascere et potare, lupina, quod non timet, rapacitate dispergere ac lacerare. Qua de re vestram efflagito dilectionem per amorem divinum, atque propter sanctum Quirinum, nec non ob nostrum servitium, quatenus vestrum sine dilatione statuatis placitum, in quo ejus crimina examinando juxta legem Christianitatis, ac eumdem de commissæ plebis regimine deponatis. Sed ne Christianismi mos inibi aliquod interim capiat detrimentum, posco ut nostro clerico, vobis contiguo, ecclesiam cum omnibus rebus ad eam pertinentibus committatis, quoad viva voce nosmet compellando legitimum huic negotio finem imponatis. Non enim solum rei sunt qui faciunt, sed qui facienti consentiunt. Ob hoc criminosum, propter ejusdem offendiculum, animæ veremur subire periculum. Quamvis vero munera obcæcant oculos sapientium, tamen ab hoc nullum tam acceptabile impenditur nobis famulitium, pro quo velimus infernale solvere supplicium.

III.

Ad eumdem de eodem.

Quantum nobis facietenus ingerit confusionis uborem, tantum cordis arcana patiuntur mœrorem quod pro tali re litteris nostræ legationis tam frequenter tranquillitatem inquietare vestræ cogor dominationis. Nam nostræ clericus ditionis, qui sæpenumero nobis ingessit scrupulum nonnullius offensionis, verum semper munitus vestræ asilo defensionis, nihil unquam passus est animadversionis, nunc supremi ante tribunal imperatoris munia gerit adversum nos delatoris atque accusatoris. Commissæ autem sibi plebis quam damnosam teneat negligentiam, par est per vestram indagari capientiam, ne aliquam anima, ut dicitur, vestra ex hoc subeat in futuro periculi magnificentiam (*sic*), quia non solum rei sunt qui faciunt, sed qui facientibus consentiunt. Quod vero uxore sua adhuc vivente aliam duxit, quantum in hoc populum sibi creditum destruxit, nostra licet super hoc intimatio taceret, vestræ tamen prudentiæ id perscrutanti haud lateret. Quamvis nostrum ex eodem cœnobium permulta sustineat temporalia detrimenta, tamen hæc omnia postponentes æternalis plus tememus calamitatis augmenta. Qua de re magnopere flagitamus, vestra uti almitas nostro desiderio opituletur, et ecclesiæ quatenus a se repudiatæ dignus successor subrogetur.

IV.

Ad eumdem de eodem clerico, quem queritur nullo modo se quivisse ad meliorem frugem reducere.

A vestra accipiendo dominatione licentiam, cum nostrum vellem clericum Raher, juxta canonicam discutere congruentiam, se præbuit rebellem atque arrogantem, quamvis me paterno sentiret amore sibi auxiliantem. Nam jurejurando ei omnium quæ contra me ullo modo gessit, promisi impunitatem, duntaxat Christianam contra religionem susceptam desereret iniquitatem. Verum super his quanta ejus exstitisset pertinacia, præsentium vector litterarum, si jubetis, utpote qui nostro interfuit colloquio, pandet veritatem absque fallacia, quia vestram vereor grandævitatem inquietare, si ejus controversiæ studeo ambages scribendo vestræ paternitati enucleare. In præfato quidem negotio, quoniam vestrum abnuo clericum præterire, partim vos id non nescire, ut si exorbitans noluit redire ad viam justitiæ cum lenitate, saltem cogatur asperitate. Ad hæc scitote me humiliter efflagitare quatenus ecclesiam a se desertam clerico quem vobis dirigo dignemini tradendo commendare.

ANNO DOMINI MXXXIX.

GODESCHALKI SEQUENTIÆ.

(Daniel, *Thesaur. hymnol.* II, 3/

1.

In Conversione sancti Pauli apostoli.

1. Dixit Dominus : Ex Basan convertam convertam in profundum maris.

2. Quod dixit et fecit, Saulum ut stravit, Paulum et statuit

3. Per Verbum suum incarnatum, per quod fecit et sæcula.

1. 1. Ille primus versus ad verbum habetur ps. LXVII, 23, quod vaticinium in conversione S. Pauli impletum dicitur. Ad. : *Deus Pater prædixit per prophetam David : Ego convertam Paulum ex Basan, i. e. de*

4. Quod dum impugnat, audivit : Saule, Saule, quod me persequeris?

5. Ego sum Christus : durum est tibi ut recalcitres stimulo.

6. A facie Domini mota est terra, contremuitque mox et quievit,

7. Dum cognito credidit Domino, Paulus persequi cessat Christianos.

8. Hic lingua tuorum est canum, ex inimicis ad te rediens, Deus,

9. Dum Paulus in ore omnium sacerdotum jura dat præceptorum,

10. Docens crucifixum non esse alium præter Christum Deum,

11. Cum Patre qui regnat et sancto Spiritu cujus testis Paulus.

12. Hinc lingua sacerdotum, more canis dum perlinxit, Legis et Evangelii duos molares in his contrivit.

13. Corrosit universas species medicinarum, quibus curantur saucii, reficiuntur contriendi.

14. Per quem conversus ad nos tu vivifices, Christe, peccatores :

15. Qui convertendis conversum converteras Paulum, vas electum.

16. Quo docente Deum mare vidit et fugit, Jordanis conversus est retrorsum.

17. Quia turba gentium, rediens vitiorum profundo, Og rege Basan confuso,

18. Te solum adorat Christum creatorem quem et cognoscit in carne venisse redemptorem.

II.

De B. Maria Magdalena.

1. Laus tibi, Christe, qui es creator (et redemptor, idem et salvator)

2. Cœli, terræ, maris, angelorum et hominum

3. Quem solum Deum confitemur et hominem.

4. Qui peccatores venisti ut salvos faceres,

5. (Sine peccato peccati assumens formulam,)

6. Quorum de grege, ut Chananæam, Mariam visitasti Magdalenam.

7. Eadem mensa verbi divini illam micis, hanc refovens poculis.

8. In domo Simonis leprosi conviviis accubans typicis.

9. Murmurat Pharisæus, ubi plorat femina criminis conscia.

10. Peccator contemnit compeccantem : peccati nescius pœnitentem exaudis, emundas fœdam, amas ut pulchram facias.

11. Pedes amplectitur Dominicos, lacrymis lavat, tergit crinibus, lavando, tergendo, unguento unxit, osculis circuit.

---

fide sua mala (nam B. erat regio gentilium et interpretatur siccitas, sterilitas), convertam, inquam, eum ed profundum maris, i. e. ad cognitionem veræ fidei. — *Aliter etiam sic intelligitur : Convertam Paulum in profunditatem secretorum Dei, quoniam ipse raptus est in tertium cœlum, etc. De quibus lege tractatum Marsilii Ficini epistolis suis insertum. De ipso enim canit Ecclesia.*

Qui in terra positus
Secreta cœlorum petisti ;
Quæ non licent homini
Loqui, perspexisti.

Utcunque sit, sane allexit Godeschalkum vox convertendi, quam velut primariam carminis materiam et, ut ita dicam, totius texturæ subtegmen persæpe sequentibus inseruit. — 2. August. : *Voce Christi de cœlo prostratus — cecidit in faciem suam, prius prosternendus, postea erigendus.* Dicitur mutatum fuisse nomen Pauli anniversario conversionis suæ ; celebratur igitur die xxv Jan., una cum conversione festum ejus onomasticum. Sed turpiter homines medii ævi in nomine Apostoli, secundo lapsi sunt. Minime enim cogitabant de verbo אשי sed sudarunt in voce שעלים (*Sicut vulpes decipit alia animalia, sic sanctus sumpsit litteras a regibus, ut posset persequi Christianos.*) — 3. M. 11. *Hoc Verbum.* — 4. M. 10. P. *impugnans.* 5. — *Nobiscum faciunt codd.* M. 10, 11. In Missalibus ubique : *Ego sum Jesus*, ut Act. ix, 5. E. s. I. *Durum est tibi contra stimulum calcitrare.* — 6. Ps. xvii, 8. 9. *Commota est et contremuit terra,* — *ascendit ignis a facie ejus.* Opinatus est Godeschalkus terræ motum factum esse dum lux illa cœlestis Apostolum circumfulserit. — 7. Pr. Ad. Torr. *Saulus* Pr. Nb. Md. Torr. Lud. *conchristianos.* — 8. Al. *hinc.* Ps. lxvii, 24 : *lingua canum tuorum ex inimicis ab ipso.* Canes alias significant homines spurcos atque insolentes, sed canes Dei sunt hoc loco sacerdotes (cf. Str. 12) quorum est latrare prædicando adversus infideles et ardere, lupos ab ovibus Christi. Ex his canibus Paulus est longe disertissimus. — 9. Lud. *cum*, Cf. Act. ix, 22. — 11. M. 11. *testis est.* — 12.-14. M. 11: Nb. *hic.* M. 11. Pr. *canum.* M. 11. *in his contritos.* Pr. Nb. Lud. *corrasit.* Sensum stropharum fingas tibi hunc : Habebat ille canis divinus dentes molares duos, Legem et Evangelium : utrumque enim in prædicationibus et epistolis suis docet atque inculcat. Hic dentibus contrivit species medicinarum ; neque alienus erat a more canum, quos lingendo vulnera sanare vel refovere nemo non ignorat. — 16,-17. In singulis libris stropharum ordo turbatus est ; apud Ludecum omittuntur. Pr. Md. Torr. Ad. *conversum ad nos.* Nb. *conv. conversos.* Vas electum, Act. ix, 15, H. XC, 11. 18. Ps. cxiv, 3. *Mare vidit et fugit, Jordanes conversus est retrorsum.* Lud. : *Per mare ethnici, per Jordanem autem Judæi* ἀλληγορικῶς *intelliguntur, quorum multi per Paulum conversi sunt.* — 17. Ita in codicibus, in Missalibus : *relicto v. p.* Og hoc loco accipiatur pro diabolo, qui gentes ex vitiorum profundo redemptas opprimere et morari conatur, sicuti Og Israelitas in deserto ; similiter August. de Trin. iv, 15 : *Sicut Amalek restitit filiis Israel, ne intrarent in terram promissionis ; sic nobis diabolus ; sed vincitur quando manus in crucis modum extendit Moses, i. e. Christus in cruce.*

II. Godeschalkus quemadmodum antecedenti sequentia magnum Apostolum e Saulo in Paulum conversum celebravit, jam hoc carmine insigni et simplicitate ac sublimitate aliud confessionis præclarum cantat exemplum, dulcissimam ipsius angelicæ exsultationis materiam. Sane vero historia Magdalenæ, quam Franciscus Salesius reginam confitentium peccatorum prædicat, tanta suavitate animos et tenet et movet, ut non miremur quod ab omnium fere temporum poetis sacris carminibus persæpe laudata sit et celebrata. Nec non nomen ejus in festivitatum indice bis vel ter legitur inscriptum. Nam præter festum primarium ejus (xxii Jul.), quod in quibusdam Kalendariis octava ornatum exstat, quodque solum reperitur in Breviario Romano, in vetustioribus li-

12. Hæc sunt convivia quæ tibi placent, o Patris Sapientia.

13. Natus de Virgine qui non dedignaris tangi de peccatrice,

14. A Pharisæo es invitatus : Mariæ ferculis saturatus.

15. Multum dimittis multum amanti, nec crimen postea repetenti.

16. Dæmoniis eam septem mundas, septiformis Spiritus.

17. Ex mortuis te surgentem das cunctis videre priorem.

18. Hac, Christe, proselytam signas Ecclesiam : quam ad filiorum mensam vocas alienigenam.

19. Quam inter convivia legis et gratiæ spernit Pharisæi fastus, lepra vexat hæretica.

20. Qualis sit tu scis : tangit te quia peccatrix, quia veniæ optatrix.

21. Quidnam haberet ægra, si non accepisset, si non medicus adesset.

22. Rex regum dives in omnes : nos salva, peccatorum tergens cuncta crimina, sanctorum spes et gloria.

III.

In Decollatione S. Joannis Baptistæ.

1. Psallite regi nostro, psallite prudenter,
2. Nam psalterium est jucundum cum cithara,
3. Nato virginis, quo psallens natus sterilis
4. Citharam carnis percussit in domo Domini.
5. Dum quod sonabat clamando, docuit vivendo.
6. Mortificando quæ super terram sunt membra et hoc alios docendo :

7. Præparans Christo plebem perfectam Joannes, vox clamantis in deserto.

8. Sed vox hæc impium Herodem, quem corripit, minime corrigit.

9. Haud tamen tacuit, sed ad usque sanguinem sceleri restitit.

10. Non licet, inquit, te fratris tui habere conjugem, raptam sibi : peccasti, quiesce, pœnitentibus sic præcepit Dominus.

11. Vocem incantantis sapienter Herodes ut aspis surda spernit ut justum, ut sanctum Joannem timet quem vinxit in carcere.

12. Sedet in tenebris lucerna, lucis amicus omnipotentis,

13. Studet deliciis mundi principis filius perditionis,

14. Meretrix suadet, puella saltat, rex jubet, sanctus decollatur.

15. Dat rex saltanti caput Joannis, qui sanctus antequam sit natus.

16. En quomodo perit justus quasi non sit Deo dilectus,

17. Cum sit ejus pretiosa mors hæc in conspectu Domini.

18. Nos corde percepimus qualis ac quantus est, quia vicinus dignitate Christo fit et morte.

19. Nam morte turpissima damnatur sponsus Sponsi et amicum damnant morte recte turpissima.

20. Carcere carnis eductum quem ferunt psallendo cœlis angeli angelum.

21. Et nos in terris tibi psallere fac, Christe, in memoriam Baptistæ.

bris sat frequens est festivitas Conversionis B. M. (1 vel x vel xi die Martii, vel feria v post *Judica* ob Evangelium diei), interdum etiam festum Translationis occurrit (iv Nov.). In Ecclesia Lutherana festivitas Mariæ Magdalenæ in nonnullis regionibus pangebatur. Apud Ludecum Officium legimus missæ atque horarum, in quo Collecta tantummodo idque non incommode commutata est. Post hæc ejus memoria, quæ ex Christi mandato servanda est ubicunque prædicatur Evangelium, magis magisque obsolevit. 1-3. Prædicat poeta majestatem ac divinitatem Jesu Christi, qui tamen non despexit sub peccati formula in mundum venire ut peccatores salvos faceret; I Tim. I, xv, 1. M. 6. *creator redemptor.* — 3. Br. Cl. *et dominum.* — 6. Chananæa erat peccatrix, quia gentilis. — 7. Matth. xv, 27 : *At illa* : Utique *Domine, nam et catelli edunt de micis quæ cadunt de mensa domini.* Ad.: *Cibavit eam Dominus micis suæ mensæ sicut postulavit, sed* M. *cibavit poculis et fletibus intimi cordis* (dedit ipsi donum pœnitentiæ et lacrymarum). Sed minus artificiose stropha intelligitur sic : Chananæa micas accepit, i. e. donum terrestre, filiæ medelam, M. donum supernaturale, remissionem peccatorum. — 8. Quæ significabant beatitudinem æternam. — 11. M. 6. *tergenda.* M. 11. Mg. *lavanda tergenda.* Gregorius : *Osculamini Christum ut Magd., non ut Judas.* Osculis *circuit,* fortasse ex Epistola : *Surgam et circuibo civitatem.* — 13. M. 5. *ex virgin*, ut in Symb. apost. Pr. Ad. Torr. Lud. Rbch. *a pecc.* Cibus enim Christi est peccatores convertere, justos confirmare et decimam drachmam deperditam reparare. — 16. Ita M. 5. 11 ; reliqui *mundans.* M. 11. Br. Cl. Torr. Nb. Md. *septiformis Spiritus.* — 17. Pr. Ad. Torr. *resurgentem d. c. te.* Nb.

Md. *mortuis surgentem.* Christum Magdalenæ post resurrectionem primo apparuisse in omnibus quæ in ejus laudem composita sunt, commemoratur. — 18. Nb. Md. Torr. *hanc* Mg. *signans.* Ecclesia proselyta, ex gentibus collecta. Torr.: *Per hanc Mariam significatur Ecclesia de gentibus ad fidem conversa, quam vexant hæretici et cæteri mali sicut Mariam Pharisæus* (et lepra vitiorum quæ semper hæretica est). — 19. Br. Cl. Nb. Md. *Pharisæus.* Lud. *factus.* Id. in marg. *lepra quem.* Ad.: *ad convivium legis Christi ab Simone invitatus fuit, convivium gratiæ ipsi parabat contritio et pœnitentia Magdalenæ.* Spernit Pharisæus fastus, ut est apud nostrum : *Bei der Liebe, die den Fussen Deines gottverklärten Sohnes Thränen liess zum Balsam fliessen Trotz des Pharisäer-Hohnes.* — 21. Rbch. *adesses.* Nescio ubi V. D. hanc scripturam invenerit. — 22. Terge peccatorum sordem, ut Magdalena pedes tuos crinibus tersit.

III. Poeta in hac quoque sequentia, ut solet, prorsus biblica utitur oratione, ac plurima cujusvis generis subtiliter ac facete ab eo significata legimus, ita ut nonnullis locis quid velit non facile sit ad perspiciendum. Recitatum est carmen d. xxix Augusti, raro in ipsa S. Joannis festivitate principali. Cum argumento carminis alii hymni qui permulti sunt, aliæque sequentiæ. S. Joannis conferendæ sunt. Magna est enim hoc loco inter veteris ac recentioris Ecclesiæ ritum discrepantia. Cum in illa Joannes principis fere Christianæ antiquitatis honore frueretur, atque ejus essent festivitates complures (præter Nativitatem et Decollationem etiam deprehenditur Conceptio Joann. xxiv Sept., e. g. in calend. Brandenburgensi), multique sermones de

22. Herodis spreta quo mensa altaris tui mensa ipsum te dum sumimus, super tibi psallamus.

IV.

In Divisione apostolorum.

1. Cœli enarrant gloriam Dei Filii Verbi incarnati, facti de terra cœli.
2. Hæc enim gloria soli Domino est congrua.
3. Nomen est cujus magni consilii angelus.
4. Istud consilium lapso homini auxilium est antiquum et profundum et verum factum solis tantum sanctis cognitum.
5. Cum angelus iste, homo factus ex muliere, immortalem de mortali, de terra fecit cœlum, ex homine angelum.
6. Hic est Dominus exercituum Deus, cujus sunt angeli in terram missi apostoli :
7. Quibus se ipsum vivum præbuit resurgens in multis argumentis pacem mortis victor nuntians.
8. Pax vobis, ego sum, inquit, nolite jam timere : prædicate verbum Dei creaturæ omni coram regibus et principibus.
9. Sicut misit me Pater et ego mitto vos in mundum : estote ergo prudentes sicut serpentes, estote ut columbæ simplices.
10. Hinc Petrus Romam apostolorum princeps adiit, Paulus Græciam ubique docens gratiam, ter quatuor hi proceres in plagis terræ quatuor evangelizantes trinum et unum.
11. Andreas, Jacobus uterque, Philippus, Bartholomæus, Simon, Thaddæus, Joannes, Thomas et Matthæus duodecim judices, non ab uno sed in unum divisi, per orbem divisos in unum colligunt :
12. In omnem terram exivit sonus eorum,
13. Et in fines orbis terræ verba eorum.
14. Quam speciosi pedes evangelizantium bona, prædicantium pacem,
15. Sanguine Christi redemptis ita dicentium : Sion, regnabit Deus tuus,
16. Qui verbo sæcula fecit, quod pro nobis Verbum caro factum est in fine sæculorum.
17. Hoc verbum quod prædicamus, Christum crucifixum qui vivit et regnat Deus in cœlis.
18. Hi sunt cœli quibus, Christe, inhabitas, in quorum verbis tonas, fulguras signis, roras gratia :
19. His dixisti : Rorate, cœli, desuper, et nubes pluant justum, aperiatur terra germinans,
20. Germen justum suscita, terram nostram qui apostolicis verbis serens germinare facias :
21. Quorum verbis verbum Patris tenentes in patientia fructum ferre fac nos tibi, Domine.
22. Hi cœli, quos magni consilii angelus inhabitas, quos non servos sed amicos appellabas, quibus omnia quæ audisti a Patre notificas.

Præcursore Domini haberentur : hodie in Romana Ecclesia festum Joannis primarium ritu quidem duplicis I. Cl. cum Octava ac Decollatio ejusdem officio duplici majori servatur, sed in multis diœcesibus non amplius est festum fori vel populi. Atque Protestantes ipsius Lutheri verba neglexerunt : « *St. Joannis Fest des Täufers soll man bleiben lassen, an dem sich das Neve Testament angefangen hat.* » (Walch. XXII, 1510.) Ideoque in plurimis Ecclesiis pia Joannis memoria jacet sepulta. — 1. Ps. XLVI, 6. 7. *Psallite Deo nostro, psallite; psallite regi nostro, psallite. Quoniam rex omnis terræ Deus, psallite sapienter.* Ad.: *Hortatur poeta populum ad psallendum, primo semel in laudem et gloriam divinæ deitatis quantum ad essentiam, deinde ter quantum ad personas.* Quod subtilius prolatum est, quam ut possit probari. Propter numerum syllabarum vox *Psallite* bis tantum in hoc commate debet legi. — 2. Fr. *in cithara.* M. 10. et c. 4. Hoc psalterio vel cithara carminis, i. e. lingua sua, cecinit in Ecclesia proles matris sterilis Nato Virginis, Domino suo. — 6. Omisit Torr. Coll. III, 5 : *Mortificate ergo membra vestra quæ super terram sunt.* — 9. Fr. Ad. *resistit.* — 10, *Quiesce — cessa de peccato.* — 11. Ps. LVII, 5. *Furor illis secundum similitudinem serpentis sicut aspidis surdæ et obturantis aures suas quæ non exaudiet vocem incantantium.* Egregie Torr. *Aspis est species serpentis quæ cum audit incantatorem, aurem obstruit, unam terræ applicans, in alteram vero caudam torquens.* — Fr. Pr. *carcerem.* Notat poeta vel simulationem reguli vel ignaviam. — 12. *Lucis* vel ad lucernam vel ad *omnipotentis* referri potest. Lud. in m. : *lucerna lucens* ut Joan. v, 35. H. CLXXIX, 3, 4, *lucerna Christi et perpetis evangelista luminis.* 15. L., erat amicus Christi, Herodes diaboli cujus deliciis studebat. Cf. Io. XVII, 12. — 14. Pr. *nata precatur.* Torr. : *In hoc versu est color rhetoricus, qui dicitur dissolutio. Et est alius color, brevitas, nam tota decollationis Joannis historia quam brevissime narratur.* — 15. Fr. *ante fit quam.* Lud. *sit.* Vocabula *saltationis* et *sanctitatis* ex poetæ sententia prorsus sibi sunt contraria. Nam, ut vult Chrysostomus, ubi est saltatio ibi est diabolus : neque ab hac saltantium censura discrepat Augustinus, qui omnem motum seu saltum petulantiæ saltum esse in profundum inferni judicat. Nec insulse Guillelmus Lugdunensis hanc saltationis notionem tenet, ut sit chorea circulus, cujus centrum diabolus. — 16. 17. Torr. esset. Ies. LVII, I : *Justus perii et nemo est qui recogitet in corde suo.* Fr. *dum sit.* Ps. CXV, 5. *Pretiosa in conspectu Domini mors sanctorum ejus.* Multi sunt poetæ ac concionatores in conquerendo sancti Joannis supplicio, cujus auctor fuerat meretrix dolosa. Pro more suo acerrime invehitur Lutherus : *So hat es ein Ende, so gehet es aus mit dem grossen trefflichen Mann, der so herrlich gerühmet wird von Menschen und Engeln, ja von seinem Herrn selbst; der soll so einen schändlichen Tod leiden um einer bösen, verszweifelten Hure willen und sein Kopf auf einer Schussel der Hure in die Kammer gebracht werden, dass sie ihre Lust daran siehet. Wunder wäre es nicht, dass das höllische Feuer drein geschlagen hätte.* — 18. M. 10. Fr. *talis et tantus est.* Md. t. *ac tantis.* Ad. Br. *et quantus.* Lud. i. m. *vic nativitate.* Claudius : *Joannes der Taufer steht in der sichtbaren Welt zunächst und unmittelbar vor ihm und zieht also zunächst den Blick auf sich.* — 19. M. 10. *morti morte* Nb. Lud. *damnat.* Matth. x, 24 : *Non est discipulus super magistrum,* etc. Sponsum appellat Christum ipse Joannes III, 29. — 20. M. 10. *eductum,* quod congruit rhytmo. Alii *ductum* — ps. *sancti angeli.* Pr. *cœlum angeli.* Nb. *cœli angeli.* Godeschalkus in hac clausula valde alienus est a scholasticorum dogmatibus : ex illis enim Joannes in limbum descendens Patribus Christum annuntiavit ac postea ab ipso Redemptore cum reliquis est liberatus.

IV. Ludecus : *Etsi dies divisionis apostolorum sacer non celebratur, neque de ea populus publice pro concione docetur : tamen cum sit festum Ecclesiæ et tiones aliquid antiquum et sincerioris antiquitatis redoleant, non potui facere quin eas subjungerem. Pro-*

25. In quorum divisione collectum gregem custodias indivisum et in vinculo pacis, ut in te unum simus sicut in Patre tu es unus :

24. Miserere nobis, tu qui habitas in cœlis.

V.

De una virgine.

1. Exultent filiæ Sion in rege suo
2. Nescientes torum delicti crimine sordidatum :
3. Quarum, Christe, sponsus virginum, Virginis es filius :

4. Cujus gratia mira opera in sanctis tuis sunt edita,
5. Ut das cernere hac in virgine cujus hæc festa sunt hodie :
6. Quæ fragili sexu femineo viriliter carnis domito.
7. Angelicam hic vitam duxerat in carne, du præter carnem vixerat.
8. Hoc miratur serpens antiquus, calcaneum ejus observabat callidus :

cui dubio his laudibus carmen supra scriptum intellectum voluit: neque ego iniquius judicem, quanquam sit justo prolixius atque verbosum. Festivitas illa Divisionis, vel, ut rarius appellatur, Dimissionis et Dispersionis apostolorum (apud nostros, *Apostel-theilung, Apostelscheidung, Aller Aposteln Tag, der zwölf Boten Tag als sie versandt wurden*), vel Christum ipsum celebrat, apostolos suos munere initiantem eosque in mundum ire universum jubentem. Matth. x, xxviii; vel instituta est in honorem traditionis, satis incertæ. Narrant enim apostolos, priusquam in mundum universum dispergerentur, normam prædicationis et summam doctrinæ Christianæ in commune constituisse et sorte certas provincias designasse in quibus præcipue docerent. Est autem solemnitas libris Romanis, Italis ac Mozarabum prorsus incognita, accepta Germanis, Gallis, Hungaris aliisque gentibus. Sedes festi propria fere ubique dies xv m. Julii, ita in Kalendario Brandenburgensi, Havelberg. Magdeburg. Halberstad. Misn. Mind. Numb. e. a., nec non in Lincensi, etc. Apud alios tamen, ut Moguntinos et Salisburgenses, est dies xvii, in Paderbornensi ut nunc est dies xvi —
1. Sicut cœli et firmamentum enarrant gloriam Dei, ita apostoli cœlesti doctrina illuminati nihil aliud prædicant nisi gloriam Christi, unde recte *cœli* vocantur (str. 1, 20, 21, 24), qui antea de terra erant, i. e. terrenis desideriis flagrabant. Imago desumpta est ex ps. xix, quem in omnibus apostolorum festis recitabant. — 2. Apostoli, quorum præconio Verbum incarnatum mundo innotescit, superiores sunt prophetis et reliquis legis doctoribus. — 3. Is. ix, 6. —
4. Add. Torr. *illud.* Ad. : *Erat enim angelis ignotum, qui in ascensione ejus admirantes dixerunt: Quis est iste qui venit de Edom? Etiam erat occultum diabolo.* — 5. 6. Ita Chrysostomus Paulum vocat *angelum terrestrem.* — 5. Ita M. 11. Md. cf. Gal. iv, 4. M. 10. Pr. Nb. Md. Br. Cl. Lud. Ad. *natus.* Torr. *homo ex mul.* — 7. Act. 1, 3, 8, 9. Contexuit poeta locos Scripturæ Joan. xx, 19-21. Mc. xvi, 15. Matth. x, 16, 18. 10. M. 10. 11. *alii proceres.* 11. Ad. Torr. *Matthias* et *Matthæus* in codd. et libris reliquis nomen Matthiæ omissum. Eodem modo in prosa : *Clare sanctorum, apostoli nomen omissum* est. Nec possumus quin fateamur Patres Ecclesiæ veteris numero apostolorum duodenario nonnihil vexatos esse. Neque id mirum. Nam Paulo, quem officium Ecclesiæ tanquam throno duodecimo dignissimum prædicat, insignem injuriam inferre videbantur, si qui illum virum apostolica dignitate abjudicare vellent. Contra historiæ testimonium locupletissimum contemnere videbantur, si qui electionem apostoli Matthiæ, cui in Actis app. laus non minima tribuitur, tanquam illegitimam repudiare vellent. Quem nodum ut solveret vetus Ecclesia præfulgente Pauli nomine ducta, ne dicam capta, Matthiam apostolum non quidem repudiavisse, sed quodammodo neglexisse videtur. Certe hoc constat, Matthiam multo seriore tempore quam cæteros apostolos suum diem festum nactum esse. Non equidem ignoro illum diem jam in Sacramentario Gregorii commemorari, sed ne huic rei multum tribuam, vetant libri manuscripti, quorum optimi de illo die nihil habent. Huc accedit quod in Canone missæ Matthias non inter apostolorum sed martyrum numerum relatus deprehenditur. Denique ex sermone sacro, qui apud Pelbartum legitur, satis apparet concionatores, ne Matthiæ apostoli nomen apud plebem Christianam sordesceret, de industria eum laudibus celebravisse. *Miles quidam cum ex devotione vellet aliquem apostolorum eligere sibi in patronum, ut moris est, semel bis et tertio occurrit sibi inter nomina apostolorum conscripta nomen Matthiæ. Qui indignatus projecit illud dicens :* « *Quid mihi de hoc, si nullum apostolorum majorem habere potui pro patrono?* » *Post aliquod tempus, cum miles visitare vellet loca sancta passionis Christi, navis in maris maximis tempestatibus impellitur, adeo ut desperati homines de vita cogerentur sorte deprehensum ex eis in mare exponere. Sorsque cecidit super militem. Qui cum super nudam tabulam expositus fluctibus jam esset morti proximus, ecce vidit splendidum virum pretiosa veste indutum dicentem :* « *Vellesne, ait, tu obsequium impendere illi qui de istis periculis te liberaret?* » *Miles ait :* « *Quandiu vixero promitto illi deservire.* » *At ille :* « *Ego sum Matthias apostolus quem patronum habere contempsisti.* » *Et manu extensa ipsum liberavit.* Hodiernus Ecclesiæ Romanæ ritus Matthiam apostolum quasi ab injuria priorum sæculorum vindicat, nam cum reliquis apostolis eodem loco ac numero habetur, suum ille diem festum, suos honores habet, neque quod sciam quidquam differt nisi quod ei in annuo quoque intercalari postero die honores debiti perhibentur. Duodecim judices Matth. xix, 28. H. CCXXXII, 5, *vos sæcli justi judices.* M. 11. in *una.* Sunt missi app. non ut separentur a fide quæ una est, a Deo qui unus est, sed ut unum idemque enitantur omnes, ut colligant omnes homines in unum. — 14. Ps. xix, 4, 5. — 16. M. 11. Br. Lud. *ev. pacem pr. bona.* Nb, Md. Br. bonorum. Rom. x, 15. Is. lii, 7. — 18. Br. *Christus* M. 11. *gratia.* 19. Is. xlv, 8. — 20. Jerem. xxiii, 5. *Ecce dies veniunt et suscitabo David germen justum.* Pr. Nb. *suscitat.* — Alii voces *germen justum* jungunt strophæ antecedenti. — 21. Luc. viii, 15, *fructum afferunt in patientia.* — 22. Ad. Cl. Torr. *Hi sunt cœli.* Joan. xv, 15. — 23. In festivitate Divisionis quæ hodie celebratur. Md. Br. *pacis unum.* Joan. xvii, 23. — 24. Nb. Md. Br. Lud. *habitas rex.*

V. *Est sequentia in festivitatibus virginum decantanda, cujus materia respicit castitatem virginalem. Et procedit auctor in ea tali modo ac si tantum de una virgine loqueretur, quamvis poterit pluribus applicari. Et dividitur ista sequentia in tres partes. In prima hortatur quamlibet animam fidelem ad gaudendum de constantia virginali. In secunda commendat quamlibet virginem ratione resistentiæ tentationum carnalium. In tertia describit gloriam et remunerationem ejus in cœlo.* Hæc Adelphus. Verumtamen vides apte quadrare carmen in legendam S. Margaritæ V. M., quam diabolum, sub specie belluæ monstrosissimæ in carcere apparentem, pedis impositione domuisse domitumque fugasse narrant antiqui. Unde, si non singulari laude hanc virginem prosecutus sit poeta, hoc ipsum ejus martyrium ei ante oculos versatum facile credideris. — Ps. cxlix, 2,

9. Quod nocere dum machinatur, sub pedibus feminæ caput ejus teritur.
10. Insidias hostis hanc, Christe, docuisti vincere in prima congressione,
11. Dum non consentiret, sed illi resisteret, vincere qui solet tentatus si non repugnet
12. Quem hæc virgo resistens a se fecit fugere, quo fugato appropinquabat tibi, Domine.
13. Nam inter virgines adducta post eam quæ mater est intacta, virginum virginis Mariæ digna est pedissequa ;
14. Te agnum sine macula jam sequitur stola candida Filium virginis, quocunque virginum flos ierit.
15. Hujus intercessione nos tuere.

Exsultent filiæ Sion in rege suo. Miramur torum quemvis conjugii delicti crimine sordidari : facit cum Augustiniano illo de concupiscentia decreto. — 4. Ad. : *sunt merita.*—5. Ad. : *Tangit verba Geneseos ubi Deus maledixit serpenti : Tu insidiaberis calcaneo ejus, et ipsa conteret caput tuum. Hæc verba fuerunt præsagium omnium virginum in castitate militantium et principaliter virginis gloriosæ Mariæ.* Md. Ad. *qui noc.*—10. Md. om. *in.*—11. Ad. *tentatos — repugnent.* — 12. Md. Ad. *appropinquavit.* Md. *Domino,* — 13. Pt. *nunc inter.* Md. Nb. *abducta*; sed vestigia premit Psalmistæ ps. XLIV., *Adducentur regi virgines post eam.* — 14. M. 10. *sequetur.* Hieronymus : *Nuptiæ replent terram, virginitas paradisum.* Locum Apocalypseos pressiore expinxit colore poeta Teutonicus (Wack. p. 620) : *Do fürt Jhesus den tantze mit aller megde schaar.* — 15. Ad. Md. Nb. *cujus.* Pt. *tu nos.*

ANNO DOMINI MLX.

LEDUINUS

ABBAS S. VEDASTI ATREBATENSIS.

NOTITIA HISTORICA.

(*Ex Gallia Christiana* novæ editionis, tom. III, pag. 379.)

Leduinus, seu *Lieduinus*, *ex laico piæ religionis monachus* a Balderico vocatus, Vedastino monasterio præficitur a B. Richardo, non quidem an. 1018; ut scribit Locrius, nisi fortasse tanquam præpositus, at certe præerat jam an. 1023, prima die mensis Maii, qua præsens in comitiis generalibus, jussu Roberti regis apud Compendium congregatis, inter Ecclesiam Bellovacensem et suam fraternam societatem iniit, ut patet ex chartá ea de re descripta apud Chesnium (*Preuves de l'Histoire de Montmorency*, pag. 12) et apud Miræum (*Notit. eccl.*, pag. 148). Nullus autem pene est in hac abbatum serie, cujus memoria in benedictione magis sit ; etenim plurimus exstitit in restituenda et asserenda, cum domi tum foris, morum disciplina, plurimum quoque laboravit in re familiari conservanda et augenda. A fundamento monasterium restauravit, et lib. III Chronici Camerac., cap. 59, quod quidem Gerardus episcopus, inquit Gazæus, anno 1031, consecravit. Bercloënsem præposituram in proprio, sub S. Vedasti auspiciis, excitavit allodio, Hasprensem permutatione a Genneticensibus accepit an. 1044, ac deinde Angilcuriam pro Hasprensi commutatam pretio redemit. Exstat ad eumdem Leduinum Gerardi antistis epistola qua ei gratias agit quod compassus sit Atrebatensi matris Ecclesiæ quæ III Kal. Augusti igne e cœlo delapso combusta fuerat. Item auctoribus Leduino et Rotrico (Sithiensi) abbatibus, Gerardus episcopus demum acquievit consilio quorumdam Belgii episcoporum, qui Burgundiæ præsulum sententiam secuti, ut tam sese quam omnes homines sub sacramento constringerent, pacem videlicet ac justitiam servaturos (treugam, ceu treviam Dei, appellabant Franci). Sub annum 1028, ejectis ad Marcinianensi Parthenone sanctimonialibus Balduini comitis jussu, et in earum locum substitutis monachis, Leduinus abbas eo novam induxit coloniam, cui novem annis præfuisse traditur; interimque Harmaticum cœnobio Marchianensi subjecit, cujus hactenus cella est. Nominatur 1036 in charta pro juribus Atrebatensis telonei a Theodorico rege olim concessi ecclesiæ suæ ; et in advocatia Marchianensis abbatiæ 1038, ac insuper 1041 in donatione Ermentrudis pro sepultura mariti sui Gatteri castellani Cameracensis apud Elnonem. Proindeque non est mortuus anno 1040, ut asserit Locrius.

LEDUINI

ABBATIS SANCTI VEDASTI ATREBATENSIS

CONSTITUTIO DE PLACITO GENERALI.

(Marten. *Ampl. Collect.* I, 381.)

I. Homo de generali placito tria placita debet in anno. Unum vi feria post Epiphaniam, aliud vi feria post octavas Paschæ, tertium vi feria post festum S. Joannis Baptistæ. In quibus placitis nulla extranea potestas debet venire, neque præsidere ad judicandum, neque comes, neque advocatus ullus, nisi tantum abbas aut præpositus.

II. Quod si quis eminentioris potentiæ, vel qui non sit de lege hujus generalis placiti, habuerit causam, volueritque clamare in placito, licet ei venire et clamare, et secundum legem placiti causa illius judicabitur recte; sicque egredietur, remanente placito in sua libertate.

III. In hoc itaque generali placito, præsidente abbate seu præposito, circumsedentibus etiam scabionibus, si quis adversus alterum habet querelam, stabit et faciet clamorem suum legitime super illum, audieturque clamor ejus, et diligenter discutietur, et secundum legem placiti res inter utrumque dijudicabitur.

IV. Qui sacramentum acceperit, xx noctes de interstitio habebit.

V. Qui vadem dederit v solidos de lege, dabit xxx den. de fredo, et hujus fredi duæ partes erunt præpositi, tertiam vero partem habebit major placiti. Si autem lex abbatis vel præpositi fuerit, totum fredum major placiti habebit. At vero si quis causam clamoris habens, in præsenti clamare distulerit, usque ad diem alterius placiti omnino clamare non poterit. Abbas autem vel præpositus, si est unde velit clamare, potest omni tempore hominem de placito in camera sua mundare, et de catelo suo super eum clamare et legem facere, ipsaque lex quæ in camera abbatis fiet, consuetudinem placiti debet tenere. Ad clamorem vero alterius, ut dictum est, nisi in placito nullum debet judicare.

VI. Homo de generali placito non dat censum de capite suo, nullam dat neque debet advocaturam, quia liber est ab hac exactione sine inquietudine. Si uxorem ex lege sua acceperit, quinque solidos de comedo, id est licentia vir et femina dabit. Si extra legem suam uxorem acceperit, illicitam rem operatus est, tantum dabit quantum deprecari poterit. Si liberam feminam uxorem duxerit, nihil dabit, quia libertatem uxoris suæ ad legem suam convertit.

VII. Homo si mortuus fuerit, quinque solidos de mortua-manu dabit; femina cum mortua fuerit, nihil dabit, quia prolem suam in hæreditatem dimittit. De his quoque v solidos tam de comedo quam de mortua-manu, decimum denarium major placiti habebit.

VIII. Non licet homini de placito generali vendere aut in vadimonium mittere alodium placiti, aut alteri ecclesiæ dare, nisi per licentiam abbatis vel præpositi; verum si qua necessitate compulsus, vendere vel in vadimonium mittere illud voluerit, veniet et offeret abbati, si placuerit illi, ut redimat, levius habere debet quam quilibet alius; si noluerit vel non potuerit redimere, dabit ei licentiam vendendi, non alicui extraneo, sed proximo generis sui, aut alicui ejusdem legis, ne alodium placiti videatur exhæredari. Quod si nesciente abbate vel præposito hoc fecerit, et abbas cognoscens hoc insequi voluerit, nec illi remanebit qui emit, nec ad illum revertetur qui vendidit, sed ecclesia alodium suum jure sibi vindicabit.

IX. Hanc ego (1) Leduinus, abbas ecclesiæ Beati Vedasti, rationem sive constitutionem placiti generalis, ut in libertate sua ratum et inconvulsum omni tempore permaneret, tam posteris quam præsentibus Ecclesiæ filiis et fidelibus, scripto commendans notificare volui, consensu et dispositione tunc temporis advocatorum et aliorum Ecclesiæ fidelium, quorum hæc sunt nomina : Robertus, Pasciculus, et Helgotus advocati assenserunt. Stephanus Bechez, qui major erat hujus placiti, et fratres ejus Rainboldus, et Gontrannus, Varnerus Malnis. Wlago de Walenscurt, et Johannes frater ejus, Albricus castellanus, Gerricus de Herchingeben.

Actum est autem tempore comitis Balduini Pulchræ-Barbæ (2).

---

(1) Iste Leduinus etiam abbas Marcianensis post restaurationem monasterii exstitit.
(2) Balduinus *Pulchra-Barba* seu *Barbatus* dictus obiit anno 1036, postquam regnasset in Flandria, annis octo et quadraginta.

ANNO DOMINI MXL.

OTHELBOLDUS

MONASTERII S. BAVONIS GANDENSIS ABBAS TRICESIMUS SEXTUS.

NOTITIA HISTORICA

(*Gallia Christiana nova*, tom. V, pag. 179.)

Othelbodus rexit ab anno 1019 usque ad 1034. Meminit Mabillonius Sæculo II Benedict. in Observationibus ad Vitam S. Bavonis, pag. 596, epistolæ quam hic abbas scripsit ad Otgivam, Flandriæ comitissam, in qua enumerat corpora sanctorum, in ecclesia Sancti Bavonis asservata. Hanc habes epistolam apud Miræum novæ editionis p. 548.

OTHELBOLDI ABBATIS

EPISTOLA

AD OTGIVAM FLANDRIÆ COMITISSAM

(Circa an. 1030.)

Recenset sanctos ac possessiones monasterii S. Bavonis.

(Edidit MIRÆUS, *Donat. Belg.*, p. 548.)

Dominæ nostræ serenissimæ OTGIVÆ comitissæ, OTHELBOLDUS, gratia Dei abbas, cæterique Gandensis cœnobii fratres, debita servitutis et orationis obsequia.

Præcepit nobis excellentissima pietas vestra ut nomina sanctorum quorum corpora, annuente Deo, apud nos coluntur, scriberemus. Obtemperantes jussionibus, paucis adnotavimus et deduximus vobis ea, ut memoria eorum jugiter vobiscum esset in præsenti, et ut partem cum eis mereamini habere in futuro. Nomina autem eorum hæc sunt:

Primus et præcipuus patriæ nostræ patronus S. Alewinus, cognomento Bavo (1), nobilissimus atque ditissimus Hasbaniensis pagi comes, beatissimæ Gertrudis virginis consobrinus, prædicatione beati Amandi pontificis, imo Dei omnipotentis inspiratione, toto mentis devotione conversus, relinquens cognationem et patriam, Christum ipsumque consulem Gandavum secutus, dum studuit relinquere terrena, meruit obtinere cœlestia. Sed hæc plenius liber Vitæ ejus refert.

Secundus S. Landoaldus (1), Romæ præsul ordinatus, et a prædicto pontifice Amando accitus, ut gregem Domini fidelium sancta secum prædicatione in Gallia amplificaret, postquam multam ad Dominum plebem convertisset, Trajectensem per novem annos rexit pontificatum, S. Lambertum ab annis puerilibus studiis cœlestibus informans, post multa bonorum operum insignia, in eodem est episcopio tumulatus.

Tertius beatus Amantius, ipsius præsulis S. Landoaldi archidiaconus; cum ipso in eadem theca repositus.

Quartus Adrianus martyr, ipsius ad regem Hildericum internuntius, et in ipsa legatione a latrone interemptus, simul cum eo est tumulatus.

Quinta S. Vinciana virgo, soror ejusdem S. Landoaldi.

Sexta beata Landrada, Belisæ abbatissa, quæ beatam docuit Amalbergam.

Hi cum beato Landoaldo de Roma pariter venientes, et ipsius ubique laboris et prædicationis con-

---

(1) De SS. Bavone et Landoaldo et aliis, quorum corpora olim in Bavonensi monasterio quieverunt, vide Fastos nostros Belgicos.

sortes, cum ipso sunt simul tumulati, et Deo propitio ad nos usque perlati. Sed hæc omnia liber De gestis eorum conscriptus manifestius testatur.

Septima Pharaildis, virgo apud nos antiquitus reposita.

Octavus S. Livinus episcopus, de Scotia causa orationis veniens, et apud villam quamdam S. Bavonis hæreditariam a viris malignis interfectus, palmam est martyris a Christo adeptus.

Nonus beatæ memoriæ Macarius, Antiochenæ sedis, ut ipse testabatur, archiepiscopus, ut ipsi vidimus (2), sapientia et morum honestate præclarus, quem Dominus post multa peregrinationis incommoda, nobis est transmittere dignatus, atque præsentis vitæ molestia exutum, et æterna gloria sublimatum crebris miraculorum signis mirifice decoravit.

Deinde quanta apud nos plurimorum sanctorum pignora habeantur, scilicet apostolorum, martyrum, confessorum, virginum, antiquitus ab ipso Christianitatis exordio recondita, nisi quis oculis inspexerit, neque narranti, neque scribenti facile credet. Et quod ex his maximum et pretiosissimum, est pars quædam magna ligni salutaris, cum ipso Redemptoris nostri cruore manifestissime perfusa, et fabricata auro, gemmisque pretiosis decentissime inserta.

Nunc igitur, domina nostra dulcissima, quoniam satis vobis factum est de corporibus et reliquiis sanctorum, animadvertat, si placet, vestra pietas, qualis quantusque hic locus olim fuerit, et ad qualem nunc delapsus inopiam; et tamen caput regionis, primatum tenens cæterarum civitatum, et ab antiquis Gaudavum vocitatus castrum, ubi sanctus pontifex Amandus, post gentilium conversionem, templum Domino, in honore beati apostolorum principis Petri reliquiis maximis construxit insertis, atque monachorum ibi catervam instituens, privilegiis apostolicis et regum præceptis decentissime corroboravit: ubi etiam insignis Pater Bavo, omnium virtutum perfectione probatissime consummatus, a Deo omnipotente sublimiter est exaltatus.

Cumque meritis ipsius et virtutum signis idem locus quotidie oblationibus fidelium augeretur et cresceret, post plurima annorum curricula, peccatis Christianorum exigentibus, Northmanni ipsum locum adeunt, vastant, incendunt et omnia diripiunt; solummodo sanctorum corporibus, maxime fidelium laboribus, ad Montem regium Laudunensem fuga dilapsis.

Cumque inibi, propter metum ipsorum Danorum, quoniam omnia occupaverant, diutius morarentur, hæreditas eorum versa est ad alienos et domestici atque extranei diripuerunt ea. Sed et proavus senioris nostri magnus Arnulfus, maximas inde abstrahens partes, satellitibus suis, secundum quod unicuique eorum erat contiguum, distribuit.

Hoc est in pago Curtracensi villa Elisachia cum ecclesia et mansis, triginta octo; item villa Sidenghem, et in villa Holthem, manses quatuordecim, et in pago Metelentinse, in villa Siclinis, mansos quatuor cum molendinis duobus et cambis duabus; et in pago Tornacensi villam Fontaneiam nomine cum omnibus appendiciis; et in pago Trecensi villam Columnam dictam, item aliam villam nomine Niolam; et in pago Brachantensi villam Meren cum ecclesia et mansis septuaginta septem; item Crainham villam cum ecclesia et mansis triginta; item Bellavium cum ecclesia et omnibus appendiciis; item Brugecine villam cum omnibus reditibus; item villam Miliniam, cum ecclesia et omnibus adjacentiis; item villam Mershem, cum ecclesia, pratis, pascuis, silvis et omnibus adjacentiis; item villam Singem cum ecclesia et cæteris ad ipsam pertinentibus; item villam Badengem cum ecclesia et redditibus cæteris; item villam Mortesela cum ecclesia suisque appendiciis; item in Masmine mansos quinque cum ecclesia;

Et in pago Flandrensi Bettingem cum ecclesia et omnibus ad ipsam pertinentibus; item Holtasma cum ecclesia; item Ottold ecclesiam; item ecclesiam Adingem. Item in pago Mempisco villam Guntrengem cum ecclesia; et in pago Gandensi, villas has, Hemthorp, Hufoine, Bergine, Was monasterium cum omnibus appendiciis eorum, et ecclesia in Merendra sita.

Sed et comites provinciarum et episcopi singuli eorum obtinuerunt partes suas, unusquisque in locis suis, usque ad tempora piæ memoriæ prædecessoris nostri, domini videlicet abbatis Odwini, qui adiens piissimum imperatorem Ottonem quasdam imperio suo contiguas villas impetravit, quibusdam ut erant ibi injuste direptæ, morte ipsius interveniente, remanentibus; ex quibus duas fiscales detinuit episcopus Leodiensis, Calmund, et Meldrada (3), cum eorum appendiciis, ut Renoldus comes Suessionis villam Vasleiam nuncupatam; sed et Widmarus villam Lethecam, cum ecclesia et omnibus appendiciis, et Uda comitissa villam Warminiam, cum mansionibus quindecim et suis appendiciis, et comes Renerus (4) villam Letha cum ecclesia et suis redditibus, et Sconarda similiter et Robertus villam Grenberga, et plurimi plures, quas enarrare longum est.

Interim quondam hucusque de injusto vel violenter loco sancto ablatis summatim perstrinximus, nunc redeamus ad ea, si pietati vestræ audire placet, quæ sanctis remanserunt, vel quæ post reversionem eorum de prædicto monte, laborioso sudadiam. Celebris hic est cultus S. Ermelindis virginis, de qua vide Molanum in Natalibus SS. Belgii, et Fastos nostros ad diem 29 Octobris.

(2) *Ut ipsi vidimus.* Nota ætatem scriptoris Athelbaldi abbatis. Obiit autem Macarius anno 1012.

(3) *Meldrada*, vulgo *Meldert*, vicus diœcesis Mechliniensis sub decanatu Thenensi prope Hougar-

(4) Renerus, seu Raginerius, Hannoniæ comes.

mine nostrorum parentum, postmodum sunt re-acquisita (5).

In pago Flandrensi, id est in Rodenborch duæ ecclesiæ, additis etiam ibi aliquantis terrarum partibus, fidelium postmodum devotione collatis. Similiter et Baltreshanda, et in Lappescura et in villa Velhem mensuræ vel mansi quinque, et in Mempisco, in villa Cunengem, ecclesia una.

Et in pago Gandensi in villa Merendre M. quinque, et in Wilda M. quinque, et in Winderholt ecclesia una; et inter Marcam, et EKKergem M. xvi cum ecclesia, et inter Siedrengem et Singengem, et Achtine M. decem; item in alia villa Singengem, super Scaldim fluvium, M. v cum ecclesia; item in Guddengem M. quinque, et in Sualmis (6) villa cum ecclesiis et M. xx; et in Papengem (7) villa cum ecclesia et M. xxx; et in Kothem, et in Gisensela (8) M. vi cum ecclesia et dimidia. Hæc de plurimis prioribus pauca juris sanctorum cessere.

Et hæc sunt quæ clementia pii imperatoris Ottonis prædictus dominus abbas Odwinus postmodum impetravit. In pago Tornacensi, villam Waterlos (9), cum ecclesia et omnibus adjacentiis, et in comitatu Antuerpiensi villam Buchost (10) cum ecclesia et redditibus, sed et præcincturas et telonea in omni regno suo nobis clementer indulsit.

Huic nostræ miseriæ et inopiæ accessit pietas benignissimi nostri hujus senioris Balduini; et de suo proprio in pago Flandrensi, in loco nuncupato Ruga, contulit ducentas mensuras terræ, pascuis ovium congruas; et in pago Gandensi, in villa Stota mensuras septem, et in pago Bragebatensi villam Selleca (11) cum ecclesia et mensuris decem, et in villa nostra Waterlos mensuras septem.

Hæc ergo omnia cum exactoribus nostris diligentissime perscrutantes, vix M. cc ad fratrum usus servientes quivimus computare.

Ecce, domina nostra clementissima, patefecimus vobis omnia quæ prius apud nos fuerunt, et quæ postmodum, et quæ nunc. Amodo locum nostrum respicite, et nostri misercamini; ut dominum nostrum Balduinum, et liberos vestros, et regnum vestrum omnipotens Dominus noster, interventu omnium sanctorum suorum precibusque nostris exiguis respiciat et gubernet. Detque vobis quietam et tranquillam vitam in præsenti, et regnum et requiem sempiternam in futuro. Amen.

(5) *Rodenborch*, hodie *Ardenbourg*, munitum Flandriæ oppidum, quod nunc est in potestate acatholica Hollandorum. Fuit illic olim capitulum canonicorum B. Mariæ et S. Bavoni sacrum. Litteras habes fundationis in supplemento Diplomatum Miræi.
(6) *Sualmis*, hodie *Municx-Swolmen*, pagus in comitatu Alostano ac dicecesi Mechliniensi, sub decanatu Rothnacensi. Ejus patronatus hodieque spectat ad episcopum Gandavensem, velut successorem abbatis Bavoniani. Decima vero pertinet ad capitulum cathedrale Gandavense, quod facta sæcularisatione ex abbatia S. Bavonis anno 1536 exortum est.
(7) *Papenghem*, hodie *Papinghem*. Vicus sub parochia de Ulierzcele, in comitatu Alostano, diœcesi Mechliniensi, et decanatu Oirdegemiensi, ubi patronatum itidem gerit episcopus Gandensis.

(8) *Gisensela*, hodie *Gysecele*. Parochia sub eodem decanatu Oirdegemiensi, et eodem patronatu.
(9) *Waterlos*. Patrimonium S. Bavonis, parochia Gallo-Flandriæ in episcopatu Tornacensi ac decanatu Helciniensi. Ejus patronatus hodieque spectat ad episcopum Gandavensem.
(10) *Buchoult*, hodie *Bouchout*. Parochia diœcesis Antuerpiensis, haud procul Antuerpia, olim dicta *Bucwalde*, (cujus mentio facta est in testamento S. Willebrodi cod. donat. Piar., cap. 8), hinc sub patronatu abbatis S. Bavonis Gandav., hodie vero episcopi Gandavensis.
(11) *Selleca*, hodie *Zellich*, parochia diœcesis Mechliniensis, Bruxellas inter et Alostum: ejusdem patronatus ut supra.

ANNO DOMINI MXXXIII-MXLVIII.

BENEDICTUS IX PAPA.

NOTITIA HISTORICA.

(CIACONIUS, *De Vitis Romanorum pontificum*, p. 289.)

Benedictus VIII, dictus IX, Tusculanus, ex comitibus Tusculanis, Theophylactus antea nominatus, Alberici filius Benedicti VIII et Joannis XIX fratris filius, diaconus cardinalis, imperatoribus Chunrado Salico, et Henrico tertio Augustis, sedit annos duodecim, menses quatuor, dies viginti; creatus III Idus Novembris, pontificatu exactus XI Kal. Februarii, anno 1045, sacerdotii sui anno XII, mense I, die XII.

Silvester tertius, Romanus, Joannis Laurentii filius, episcopus Sabinus, in schismate contra Benedictum IX creatus, sedit mensem I, dies XXIX;

cratus xi Kal. Februar., pontificatu a Benedicto IX exactus est v Idus Martii, anno 1045.

Benedictus octavus, dictus nonus, Romanus, pulso Sylvestro tertio, iterum sedit mensem i, dies xxi, ex ante diem vi Idus Martii usque ad Kal. Maii ejus anni, quo die sponte abdicavit.

Benedictus nonus, Tusculanis comitibus annitentibus, suffectus est Joanni patruo defuncto; qui cum in dies, modo hunc, modo illum, Romanos vexaret, tandem facta multorum conspiratione, post longam duodecim annorum tolerantiam, sede sua pulsus est, anno Domini 1045, atque in ejus locum, Joannem Sabinensem episcopum xi Kal. Februarias subdiderunt, eumque Silvestrum tertium appellarunt. Hanc contumeliam Tusculani proceres ferre non potuerunt. Itaque facto impetu cum militibus et collecta hominum agrestium multitudine adjuti, Silvestrum v Idus Martii et patriarchio Lateranensi deturbarunt, ac Benedictum restituerunt. Interea tertius quidam Joannes, archipresbyter Romanus, eamdem sedem invadens, majorem deformitatem Ecclesiæ attulit, atque ita tres pontifices Romanam sedem pariter vexabant. Benedictus autem, cum se omnium odio ac contemptu haberi videret, nec satis robur ad tantam procellam sustinendam haberet, honore se ultro abdicavit. Erat Joannes Gratianus, Petri Leonis filius, eximiæ nobilitatis in Urbe vir, cui consecrato Gregorius VI nomen est inditum.

Silvester autem tertius, patria Romanus, Joannes antea vocatus, ex episcopo Sabinensi, in schismate, pulso Benedicto, quorumdam Romanorum studio creatus, sedit mensem i, dies xxix, sine impedimento; hic patriarchium Lateranense tenens a Benedicto pulsus, basilicam et palatium S. Petri occupavit, atque armis aliquo tempore tenuit, pontificatus nihilominus jura exercens.

Fuisse autem Benedictum IX nepotem Benedicti VIII, Petrus Damianus cardinalis testatur, quem idcirco Benedictum Juniorem vocat. Eumdem Theophylactum antea dictum, Hermannus Contractus, insignis historiæ scriptor, refert; Glaber, Cluniacensis monachus, tradit eum nondum puberem pontificatum assecutum; itaque si quid criminis in corrumpendis comitiis fuit, id non ei, sed amicis et consanguineis tribuendum censetur.

Benedicti IX pontificatu, Anglorum rex, voti et religionis gratia, Romam venit. Qui voti compos factus, in patriam rediit. Sunt qui scribunt hoc tempore Gerardum Venetum, Ungarorum episcopum, virum optimum et doctissimum, ab hostibus Christianæ fidei martyrium æquissimo animo passum; ad currum enim ligatus, ex altissimo monte præceps dimittitur ac laceratur.

Bruno Herbipolensis theologus, et Hermannus Contractus, historicus et mathematicus, clarent anno 1040.

Romanus IV imp. in Oriente, occisus est circa Kal. Martii, anno 1035.

Imp. Michael IV Paphlago, Aug., imperavit cum uxore Zoe Augusta annos vi, mens. vi.

Chunradus imp. obiit pridie Nonas Junii, anno 1040.

Imp. Henricus III Niger, Augustus VI, ex Germania, occidentis imper., præfuit imperio annos xvii, menses iv, dies xxii.

Michael IV Orient. imp., abdicavit mense Augusto, anno 1040.

Imp. Michael V Calaphates, Augustus, cum uxore Zoe Augusta imperavit menses iv, dies v.

Imp. Flavius Constantinus XI Monomachus, Aug., imperavit cum uxore Zoe et Theodora Augustis, annis xiii ab anno 1042.

NOTITIA DIPLOMATICA.

(Jaffé, Regesta Romanorum pont., 359.)

Scriptæ sunt Benedicti IX bullæ per manum :
» » Sergii scriniarii [al. archiscrivii] et notarii sacri nostri Lateranensis palatii (1, 3, 4, 7, 8).
Datæ per quorum manus sint non est notatum.

BENEDICTI IX PAPÆ
EPISTOLÆ ET DIPLOMATA.

I.

Privilegium Benedicti IX Gumbaldo Burdigalensi S. Crucis abbati concessum in gratiam cellæ B. Mariæ de Solaco.

(Anno 1036.)
[Marten. Thesaur. Anecd. I, 156.]

Benedictus episcopus, servus servorum Dei, dilectis filiis Gumbaldo abbati, et monachis Sanctæ Crucis Burdigalensis, et suis monachis in suo monasterio Sanctæ Mariæ Dei genitricis, quod nuncupatur de Solaco, habitantibus, salutem et apostolicam benedictionem.

Convenit apostolico moderamini, pia religione pollentibus, benevola compassione succurrere, et poscentium animis alacri devotione impertire. Ex A a nobis nostrisque posteris pontificibus consecretur, hoc enim lucri potissimum præmium a conditore omnium Deo procul dubio promeremur, dum venerabilia loca oportune ordinata ad meliorem fuerint sine dubio statum perducta. Igitur quia postulasti a nobis ut præfatum monasterium Sanctæ Mariæ apostolicæ sedis auctoritate muniremur, et omnia ejus pertinentia perenni jure inviolabiter permanenda confirmaremus, et absque omni jugo sub ditione cujuscunque personæ, excepto abbate Sanctæ Crucis, et suis monachis, constabilire nostri privilegii pagina corroboraremus; propterea tuis flexi precibus, per hujus nostræ auctoritatis privilegium decernimus, ut omnes terras cultas et incultas, servos quoque et ancillas, et omne quod dici aut nominari potest, eidem monasterio pertinentia, sive quidquid in futuro a regibus, aut a ducibus, aut a qualibet persona fidelium ibidem donatum aut oblatum fuerit, nostra auctoritate liberum ab omni extranea permaneat persona. Unde volumus ut nullus vicecomes, nullus comes, nullus archiepiscopus, nullus episcopus, neque magna parvave persona in eis quæ res dictæ sunt, potestatem exerceant, aut vim facere præsumant, vel contra hoc privilegium aliquid adversitatis agere audeant. Et omnes archiepiscopos et episcopos, cæterosque clericorum in præfato monasterio et in omnibus suis pertinentiis ditionem quamlibet habere auctoritate apostolica prohibemus. Absolvimus ut si aliquis excommunicatus, ad matrem Christi, de quacunque regione, a solis ortu usque ad occasum, advenerit, ex parte C Dei et nostra absoluti sint, quandiu in potestate sanctæ Dei Genitricis fuerint, ab omni excommunicatione, sive ab archiepiscopo, sive episcopo, excepto abbate Sanctæ Crucis et suis monachis in supradicto loco habitantibus. Quibus damus potestatem ligandi atque solvendi contra omnes malos Christianos, qui aliquid mali in præfatum monasterium et ad habitatores loci illius facere voluerint. Ecclesiam vero Sanctæ Crucis, consilio et præceptione Romanæ Ecclesiæ fundatam, cum suis monachis et cum omnibus suis pertinentiis, liberam ab omni excommunicatione vel vexatione cujuscunque personæ esse præcipimus. Similiter volumus ut nullus episcopus, in cujus parochia situm est idem monasterium, nec domnum vestrumque abbatem, nec aliquem vestrorum clericorum servientium in monasterio Sanctæ Mariæ audeat excommunicare, vel ad synodum provocare, statuens apostolica auctoritate, sub nostri et divini judicii observatione anathematis interdictum. Statuimus autem ut cum abbas monasterii Sanctæ Crucis obierit, neque a comitibus, neque ab archiepiscopis, neque ab episcopis, neque a nullis principibus, neque a qualibet persona omnino, aliqua cupiditatis causa, in monasterio sanctæ Crucis eligatur neque consecretur abbas: sed qualis cuncta congregatio ibidem et in aliis ecclesiis sibi subditis degentium, cum fidelibus et senioribus ejus loci eligatur, et communi consilio si archiepiscopus in cujus episcopio est, noluerit consecrare. Damus quoque licentiam vobis et vestris fratribus in monasterio Sanctæ Mariæ de Solaco habitantibus, a qualicunque volueritis episcopo omnia vasa sanctuarii ordinare, et consecrare vestros clericos, et chrisma accipiendi. Quod si qualiscunque homo, cujuslibet potestatis existens, aliquam præsumptionem contra hoc apostolicæ confirmationis privilegium agere, aut præfatum monasterium, cum omnibus suis pertinentiis, causare putaverit, vel præceptis nostris in omnibus quæ hic scripta sunt inobediens fuerit, auctoritate Dei et nostra non solum anathema maranatha, id est, perditus in sæcula sæculorum vinculis innodatus, sed B insuper a regno Dei alienus existat. Qui vero pia benignitate auctor observaverit, benedictionem et gratiam a Domino consequi mereatur.

Scriptum per manus Sergii archiscrivii sacri nostri palatii, mense Octobris, indictione quinta.

II.
Benedicti IX epistola ad Rolandum præpositum aliosque canonicos S. Florentinæ Ecclesiæ.
(Anno 1056.)
[UGHELLI, *Italia sacra*, III, 56.]

BENEDICTUS episcopus, servus servorum Dei, dilecto in Christo ROLANDO, S. Florentinæ Ecclesiæ præposito, aliisque canonicis et confratribus tuis et successoribus in perpetuum.

Si justis servorum Dei petitionibus satisfecerimus, procul dubio apostolica præcepta servamus. Quapropter inclinati precibus tuis, fili charissime, confirmamus atque corroboramus tibi tuisque successoribus canonicis quidquid in pagina concessimus, et confirmationis, quam videtur vobis fecisse episcopus, nobis præsentibus, scriptum esse constat, donec tam in ipsa vestra canonica ita in modo servatur regula quam scilicet canonicam tuendam et defendendam per eamdem paginam ipse videtur episcopus, nostræ, nostrorumque successorum apostolicæ auctoritati tuendam et defendendam commisit atque supposuit, utque ea et securi ab omni læsione permanere valeatis desiderio; hac itaque petitione tua inclinati diximus te præpositum, tuos-D que successores canonicam vitam ducturos, sub nostræ apostolicæ defensionis munimine suscipimus, cum et bona omnia, curtes et terras, quæ vestra et habet et habitura est canonica, videlicet et juxta Florentinam urbem pratum Regis, cum mansis et territoriis omnibus, quæ modo in Florentina curte habet et retinet prædicta vestra canonica, curtem S. Andreæ cum omnibus sibi pertinentibus, curtem de Quinto, curtem de Cintoria totam, sicut ipsi tenere et habere videmini, et illam partem quam Petrus primicerius contra canonica instituta usurpare visus est, plebem de Exinea cum curte et mansis, et omnibus territoriis et decimationibus quæcunque ad eamdem plebem, vel curtem pertinere videntur. Insuper totam quod Theuzo filius Lepisti pro salute animae suae in ecclesia S. Joannis contulit, vel in eadem canonica. Terram S. Proculi in praedicta plebe, curtem quae est infra plebem S. Petri sita Valeam, cum omnibus adjacentiis et pertinentiis suis, necnon et ubicunque in eodem episcopatu aliquid tunc, vel retinere videtur ipsa canonica, et quidquid Gerardus archipresbyter pro beneficio ab ipsa Florentina Ecclesia tenuit, tam in decimationibus quam in mansis, et in praediis, necnon et quaecunque Stephanus abbas ex beneficio tenuit. Similiter et quaecunque primicerii beneficia fuerunt, atque plebem S. Hippolyti sitam Elsae, itemque campum, et hortum, qui est juxta ecclesiam S. Reparatae. Quae omnia, sicut jam a Gerardo vestro episcopo vobis concessa sunt et confirmata, ita nos tibi tuisque successoribus confirmamus, et stabilimus in perpetuum, cum omnibus vestris mobilibus rebus seseque moventibus, quas modo habetis, vel vobis ubique pertinent, et inantea, Domino juste et legaliter acquirere potueritis, sive ab ejusdem civitatis episcopo, sive ab aliis hominibus publicis et privatis. Praecipientes igitur jubemus et apostolica auctoritate confirmamus, ut neque episcopus ejusdem civitatis, neque ulla parva, vel magna persona habeat de vestris rebus juste vel legaliter vobis pertinentibus, ut dum canonice vixeritis, disvestire, molestare, inquietare, vel aliquam minorationem vobis inferre. Quod si quis temerarius ausus fuerit, nisi infra quadraginta dierum spatium emendaverit, anathematis vinculo obligetur, et a regno Dei alienatus, usque ad dignam satisfactionem. Qui vero custos nostrae sanctionis exstiterit, benedictionem et gratiam omnipotentis Dei et beati Petri apostolorum principis, et nostram habeat.

† Bene valete, etc.

III.
Benedictus IX Ecclesiae Silvae Candidae bona episcoporumque jura confirmat.
(Anno 1057.)
[UGHELLI, *Italia sacra*, I, 100.]

BENEDICTUS episcopus, servus servorum Dei, PETRO venerabili episcopo S. Silvae Candidae Ecclesiae, tuisque successoribus in perpetuum.

Convenit apostolico moderamini pia religione pollentibus benevola compassione succurrere, et poscentium animis alacri devotione impertiri assensum, ex hoc enim lucri potissimum praemium apud conditorem omnium Deum promerebimus; quoniam venerabilia loca opportune ordinata ad meliorem fuerint sine dubio statum perducta. Igitur quia postulavit a nobis prudentia tua quatenus concederemus et confirmaremus tibi episcopatum supradictum cum omnibus suis pertinentiis, quae per diversa loca rejacere videntur, vel quae ab aliquibus injuste retenta, vel invasa esse noscuntur, inclinati piis precibus tuis, in primis quae charius vobis videtur episcopalem dignitatem tibi concedimus, adjutore Spiritu sancto, et modis quibus possimus apostolica auctoritate confirmamus, et honore Jesu Christi Domini nostri confirmamus tibi tuisque successoribus fundum in integrum, qui vocatur Buxus, in quo basilica SS. Rufinae et Secundae constructa esse videtur ad episcopalem sedem, quam etiam tuo studio, muro et fossato vallasti et circumdedisti, atque populo atque sacerdotibus bene sufficienter replevisti. Nos etiam omnes vestrae potestati et successorum tuorum submittimus ut nunquam successorum nostrorum pontificum, vel alias personae pro glandatico, herbatico, nec alio fodro districto, vel placito pro aliqua datione, vel aliquo ingenio illos constringere, vel aliquo modo dare audeat, scilicet, ut diximus, in potestate tua et successorum tuorum, remota omnium hominum contradictione, in perpetuum maneat, et qualiter vobis placuerit eamdem ecclesiam per vos vestrosque successores, et aedificare, seu fabricare, quam tu fecisti. Itemque concedimus et confirmamus fundamentum in integrum qui vocatur Avion, et montem Jordani cum casis, vineis et terris, silvis, et incultis, una cum servis et ancillis atque colonis ibidem residentibus utriusque sexus, aetatis, vel cum omnibus eorum pertinentiis, posita territorio Silvae Candidae, inter affines, a primo latere terra supradicti episcopii, a secundo latere rivus, qui vocatur Galeria, a tertio latere Ulbasol, a quarto latere Criptule, nec non fundum qui vocatur Mons Aureus cum omnibus suis pertinentiis, ab uno latere mons qui vocatur Jordani, ab alio latere Criptule, a tertio latere fundus qui vocatur Palmi, et a quarto latere fundus Lauretae, et a quinto latere terra monasterii S. Martini, seu fundus qui vocatur mons Grunduli cum omnibus ad eum pertinentibus, et inter affines, ab uno latere fundus Montis Aurei, et ab alio latere fundus Criptule, et Ulbarolo, a tertio latere fundus Palmi, atque fundus qui dicitur Oripo, cum omnibus suis pertinentiis, inter affines, ab uno latere terra monasterii S. Martini, ab alio latere fundus insula sancta, a tertio latere curtis S. Petri, et fundus montis Grunduli, et a quarto latere terra de curte S. Petri. Item fundus, qui vocatur Scriptule, et palmi cum omnibus eorum pertinentiis, a primo latere fundus Fulisan, a secundo latere fundus Laurete, a tertio latere terra S. Martini, et a quarto latere fundus Sevonum omnino, fundus Isidori cum omnibus pertinentiis suis, ab uno latere terra S. Martini, ab alio latere Castrangotol, a tertio latere Mensa sancta, denique et ipsum fundum Mensam sanctam cum omnibus ad eam pertinentibus, ab uno latere casale, quod vocatur bucce, a secundo latere mons, qui vocatur Dompnico, a tertio latere Musana, et a quarto latere S. Laurentius de Panti, pari modo fundum S. Basilidis cum omnibus ad eum pertinentibus, ab uno latere casale SS. Petri et Pauli, ab alio latere vallis quae appellatur Intentionara, a tertio latere vivarolus, et a quarto latere monasterium S. Stephani; porro fundum Panzii, cum omnibus suis pertinentiis, ab uno latere fundus Apronianum, ab alio latere Silva Candida, a tertio latere Musanell., et a quarto latere Canullan., et a quinto latere terra Aureliana, et silva S. Stephani cum via Salinaria, simulque fundum Lauretum cum omnibus pertinentibus suis, ab uno latere terra S. Petri, ab alio latere terra S. Martini, a tertio latere mons Iliodori, a quarto latere fundus Oripo, seu casale Pauli, et fundus Serianus cum omnibus eorum pertinentiis, ab uno latere terra S. Martini, a secundo latere Silva Candida, a tertio Mensa sancta, et a quarto latere silva S. Petri, nec non casale quod dicitur Castagnetolo, ab uno latere SS. Quatuor fratres, a secundo fundus Orbanula, a tertio Musana, et a quarto latere Massanellus, atque silvam quæ appellatur Mag. cum omnibus sibi pertinentibus, ab uno latere rivus de Galera, ab alio latere mons qui appellatur stupha ancilla Dei. Omnes namque fundos nominatos, et casalia cum terris, campis, pratis, pascuis, silvis cultis et incultis, positis territorio Silvæ Candidæ milliari ab urbe Roma plus minus duodecim, etiam aquimolum molentem in rivo, qui vocatur Galeria cum omnibus sibi pertinentibus, et terra Semitarisia, quæ appellatur Pastinum longum, ab uno latere Gualdsi dinco, ab alio latere terra S. Petri, quæ appellatur Campo Mastali, a tertio latere fundus montis Arcionis, et a quarto latere mons Paurum constitutus juxta idem episcopium, sive alium aquimolum in ipso rivo cum omnibus sibi pertinentibus juris ejusdem episcopii.

Super his autem, secuti antecessores nostros, concedimus et confirmamus vobis massam iterum quæ appellatur Cesana, cum fundis, et colonis suis, qui dicuntur Furculo, Tandilian., Martinian. Item colonias de solario, et de cortina, et de gradolfo, coloniam de valle, et de fontana, et de sancto, coloniam de castagna cupa, et de Calbello, coloniam de Besano, sive quibus aliis vocabulis nuncupatur, cum omnibus casis, vineis, casalibus, seu appendiciis suis, etiam hæc omnia simul cum finibus, terminis limitibusque suis, terris, campis, pratis, pascuis, silvis, arboribus pomiferis fructiferis et infructiferis diversi generis, puteis, fontibus, rivis, aquis perennibus, ædificiis parietinis cryptis arenariis cum adjacentibus suis, cum ecclesia S. Andreæ apostoli intra ipsam massam ædificatam, una cum colonis, massaritiis et angarialibus masculis et feminis, filiis et filiabus, ac nepotibus eorum ibidem residentibus, aut exinde pertinentibus, ubicunque inventi fuerint cum omni censu atque functionibus, et dationibus, angariis, vel quidquid de eadem massa, quæ appellatur Cesana in integrum nostræ S. Romanæ Ecclesiæ, secundum solitam consuetudinem persolvi debet, et cum omnibus ad prædictam massam Cesanam generaliter, et in integrum pertinent, positam in territorio Nepesino milliari ab urbe Roma 20 ex corpore patrimonii Thusciæ, juris sanctæ nostræ Romanæ Ecclesiæ, cui Deo auctore deservimus, et inter affines ab uno latere terra monasterii S. Stephani minoris ad S. Petrum, ab alio latere, silva et terra, quæ fuit de Joanne Grammatico, a tertio latere pastoritia dumpmea, et a quarto latere Massa Claudiana. Confirmamus etiam vobis casalia, et colonias atque castellum in integrum, qui appellatur Dalmachia, cum fundis et casalibus, videlicet Attici, Dalmachia balneo, stabbla, Massa Juliana, vel quibuscunque aliis vocabulis nuncupantur, una cum familiis masculis, et feminis, seu colonis per singula loca pertinentibus cum casis, vineis, terris, silvis, pratis aquarumque decursibus, vel cum omnibus ad prædicta casalia, et colonia atque castellum pertinentibus, posita in territorio Nepesino, milliario ab urbe Romæ plus minus 20; inter affines ab uno latere viam quæ ducit inter militiam de Curte de Capracorio, et terram de pastoritio S. Petri, ab alio latere terram de monte Arsitia et Focazan, qui appellatur Columnella, a tertio latere terra de Curte Capracorio, qui appellatur Matera, et a quarto latere terra S. Laurentii, quæ appellatur Silicara, et rivum qui ducit per buxitum, et Madulanum; præterea concedimus et confirmamus vobis, et per vos in eodem vestro episcopio in perpetuum, videlicet terras et vineas in integrum, quarum vocabula sunt, Campomastali, sive silva de Campo monti, et Lacusello, et cum omnibus finibus, terminis limitibusque suis, vineis, campis, pratis, silvis, pascuis, ædificiis, parietinis, attigiis adjunctis adjacentibusque suis, vel cum omnibus ad eos pertinentibus generaliter, et in integrum, posita omnia territorio Silvæ Candidæ, inter affines, ab uno latere, terra prædicti episcopii, ab alio latere terra Gratiani, quæ appellatur mons Arioni, seu Majoratu, usque in rivum de Campo Monti, a tertio latere incipit ab ipso rivo, usque in vallem de Arenula, et Buxetum atque inde per Novelletum; usque in viam antiquam, in qua jacet pilum marmoreum, et usque in Cesa de Calariculo, et a quarto latere Cava de Castagneto, usque in rivum qui vocatur Galera, et usque in silvam tui episcopii. Concedimus etiam et confirmamus tibi tuisque successoribus omnem illam terram, et silvam, quam olim Calolidu invaserat, et antecessori tuo Guidoni episcopo per scriptum refutaverat, quarum vocabula sunt hæc: vallis de Joanne Ecco, et Mons Vespuleti, vallis de Giusule, et mons qui vocatur Puzali, affines ejus ab uno latere Galeria, a secundo latere vadus, qui vocatur de perenna, et inde per viam, et per limitem, usque in tres puteos, qui sunt in cilio montis, qui vocatur Puzal, et per ipsum cilium montis, et per limitem usque in viam publicam Silicinam antique, et amarum, qui est juxta eumdem silicem, et inde per limitem et per viam, et lucernaria, quæ sunt in eodem limite, et per ipsum limitem usque in finibus ubi finitur silva prælibati episcopii, et silva monasterii S. Martini usque ad S. Petrum, et casale quod vocatur de Rusina, et in eodem loco Columnella fixa stare videtur, et a tertio latere limes major, et via publica quæ ducit usque in fundum qui vocatur Mensa sanctarum, quæ est juris dicti episcopii, et a quarto latere mons, et silva, quæ vocatur Ballaria, quam tenet ipse tuus episcopatus, posita juxta buccege, et juxta casale quod vocatur de Rusina.

Item concedimus et confirmamus vobis fundum in integrum, qui vocatur Maurorum, cum omnibus finibus limitibusque suis positis in territorio Silvæ Candidæ, via Cornelia, milliario ab urbe plus minus 12, et inter affines ab uno latere via quæ ducit ad Mensam sanctam, ab alio latere mons qui vocatur de Ovea, et Caput poncinum, a tertio latere via quæ pergit ad salinum, et a quarto latere juxta ipsam viam Castagnetulum, et mons armatus, atque Ficarola omnia de supradicto episcopio. Item fundus qui vocatur campus Trojani, et fundus qui vocatur bursicella, et fundus gradilia, et fundus qui vocatur mons de sorbo, omnia integre cum suis finibus et pertinentibus positis via Aurelia, milliario ab urbe Roma plus minus duodecimo. Item sex in integrum uncias fundi, qui vocatur Atticiano, et montem, qui vocatur de Dominico, cum omnibus eorum pertinentiis, posito via Aurelia milliario ab urbe Roma plus minus tertiodecimo; inter affines ab uno latere, Massa Margarita, et Casandria juris SS. Basilidis, Tripodis et Magdalenæ, quæ est prædicti vestri episcopii, a secundo fundus, et fundus Agellus, qui sunt de eodem vestro episcopatu, a tertio latere fundus verecundi, qui est juris monasterii sancti Martini ad sanctum Petrum, et a quarto latere alias sex uncias de prædicto fundo Atticiano. Itemque fundos octo, Lapmian. Pathin. Margarit. sui eorum Græcorum, Casanell. Casapupulis, Saviauli, qui et Sambuculus vocatur, sibi invicem cohærentes, posita eadem via Aurelia milliario ab urbe Roma plus minus 12; territorio S. Basilidis, inter affines ab uno latere fundus Attichian., ab alio latere fundus Casandri, a tertio latere fundus, qui appellatur Patriciorum, vel si qui alii affines sunt nec non fundus in integrum qui vocatur Judæorum, cum finibus et limitibus suis, vel cum omnibus sibi pertinentibus, positis prædicto territorio Silvæ Candidæ. Præterea concedimus, et confirmamus vobis casale unum in integrum, quod vocatur Urbanum, sive quibus aliis vocabulis nuncupent, in quo sunt terræ, campi, prata, pascua, vel cum omnibus sibi pertinentibus, positum territorio Subtrinensi, affines ejus, sicuti sunt vel fuerunt ab origine. Itemque confirmamus vobis et Ecclesiæ cui præsidetis in ipsam viam Appiam, territorio Velletrano constitutam Massam, videlicet Urbanam cum Capuano et Cesariano cum fundis ad eamdem Massam pertinentibus, cum omni jure instructo instrumentaque finibus terminisque suis, in qua est ecclesia S. Felicis, sicut in scriptis vestris habetur, et sicut etiam in tabulis lapideis, quæ ante fores basilicæ SS. martyrum Rufinæ et Secundæ in muro positæ videntur, legitur integriter; præterea concedimus et confirmamus vobis infra hanc civitatem Romæ terram, ubi olim fuit domus major cum omnibus sibi pertinentibus, posita in loco qui vocatur Diburo. Inter affines ab uno latere terra, in qua fuit domus de Marcezia conjuge Stephani Senescalci, ab alio latere terra in qua fuit domus de Butio, de Simeone a tertio latere via publica, et a quarto latere avus major, et via qua ducit ad monasterium S. Cyriaci.

Super his autem non novum facientes, scilicet quod antecessores nostros sacrosanctis Albanensi, Ostiensi et Portuensi, et aliis ecclesiis fecisse cognoscimus, a præsenti 6 indictione, per hujus nostræ apostolicæ præceptionis paginam statuimus et statuendo per auctoritatem apostolorum principis confirmamus, ut presbyteri, diaconi, monachi, mansionarii, clerici cujuscunque ordinis sint, vel dignitatis, sanctimoniales, seu diaconissæ omnes, immunes sint a laicali servitio, judicio et publica datione in Galeria intra castellum, vel de foris habitantes, ita ut si imperator, aut marchio, sive missi eorum, aut successores nostri illuc venerint, nullo modo in jam dictis personis per publicos ministeriales expensa colligatur, neque aliquo modo eis injuria irrogetur. Sed pro amore altissimi Dei, a cujus sorte clerici nuncupantur, competenter honorent, liceat illis tantum modo vobis, vestrisque successoribus episcopis et vicedominis, seu ministralibus nostris, in cunctis reddere rationem, et vestrum exspectare judicium, ut Deus honoretur, et vos successoresque vestri, vestrorum sacrorum ordinum servitio, et obedientia non defraudemini, maneantque sub judicio, et districtu vestro secundum tenorem hujus nostri apostolici præcepti, omnium hominum contradictione remota, ita ut nullus comes, vicecomes, castaldus, cubicularius, nullaque persona audeat eos ad servitium, vel ad angariam ducere, vel ad districtum, sive ad placitum protrahere, sive mansiones eorum hospitari, vel invadere, vel defraudare præsumat, sed tantummodo ex jussione vestra, et prompta voluntate illorum negotia, ut dignum est, moderentur, disponantur, judicentur, et finiantur; nec non si quis Christianorum ibidem obierit absque hærede et testamento, legibus succedere sibi ecclesia, cui, Deo auctore, præsidetis, et vos, et vestros successores apostolica auctoritate jubemus. Tertia autem reddi vobis vestrisque successoribus a cunctis ecclesiis, vel sacerdotibus et clericis Galeriæ absque omni diminutione censemus. Simili modo concedimus et confirmamus vobis terrena, domus ubi officiales commanebant, cum omnibus suis pertinentiis, posita in Galeria secus ecclesiam B. Nicolai confessoris Christi, quem tu ipse consecrasti ante hortum castelli, quod denique domus plus conveniens esse videtur prædictæ ecclesiæ S. Nicolai, vobis et clericis vestris, quanquam in ea laicæ et sæculares personæ maneant ad patrandam libidinem et sæcularia facinora, quoniam justum non est ut domus lupanaris et turpis lucri ecclesiæ adhæreat; de qua etiam domo per Benedictum oblationarium vos investire fecimus. Itemque concedimus et confirmamus vobis vestrisque successoribus in perpetuum ecclesiam SS. martyrum Rufinæ et Secundæ positam juxta palatium nostrum, et locum qui vocatur Cellarium sive Lardirium in integrum cum diversis cryptis, parietibus vel ædificiis eorum, nec non vineis, hortis, cum arboribus olivarum et cæteras arbores pomorum, sive diversis ceptris et parietinas ac terras, quemadmodum determinari videntur, incipientes juxta nostrum palatium, quod Scuta dicitur, et inde post vestarium recte ad supradictam vestram basilicam Ulpiam, et inde juxta parietem scriniarii nostri per terram, ubi columnæ jacere videntur recte in via, et per ipsam viam descendentem ad limitem qui est in terram vestram, et terram presbyterorum monasterii S. Pancratii, et ipso limite revolvente per ellium supradictum, et parietis juxta terram prædictorum presbyterorum, ubi olivæ stare videntur recte in parva turricella muri hujus almæ Romæ, una cum ipsa turricella muro, seu turræ Sarracenæ cum cryptis, et parietinis sub se, et juxta se, vel alias turres, quæ extensa sunt ab una parte juxta terram vestram, et pantanum cum eodem ipso integro pantano, saliente ad viam publicam, quæ ducit ad ecclesiam S. Joannis Baptistæ, sive ad palatium nostrum, et inde revertente juxta terram quæ fuit Elperini et Azonis germanorum fratrum et vineam ecclesiæ S. Nicolai, sive terram hæredum de Maio Capuano, sive horticellum, qui fuit quondam Angeli, sive domum terrineam, quæ est juxta aliam viam publicam, ducens ad nostrum memoratum Lateranense palatium. Itemque confirmamus vobis ecclesiam S. Martinæ cum omni sua integritate et pertinentia, positam Romæ prope montem qui dicitur Augustus; nec non ecclesiam SS. Adalberti et Paulini cum ecclesia S. Benedicti et omni sua integritate et pertinentia, et sicut ad manus vestras hodie tenetis positam infra hanc civitatem Romam in insula Lycaonia, ut sit vobis vestrisque successoribus cum volueritis episcopale domicilium, et congruum receptaculum opportunumque habitaculum quemadmodum habere videtur Portuensis ecclesia S. Joannis inter duos pontes; presbyteros atque clericos, qui pro tempore in eadem ecclesia SS. Adalberti, et Paulini, et Benedicti fuerint; ita subjectas vobis esse volumus ut proprias filias ecclesiæ vestræ, et ab omni jure illo subtrahimus tuæ paternitati, tantum eas committentes ut solummodo vestrum judicium exspectent, vestro dominio famulentur, et per omnia vestris rationabilibus obsecundent mandatis, ut quoquo modo vobis placet ordinare; secundum Deum regere, et informare, et emendare nostra apostolica auctoritate in perpetuum liceat; simulque concedimus et confirmamus vobis omnes plebes, et ecclesias parochias, cum eorum pertinentiis, vel adjacentiis, scilicet plebem S. Mariæ in Silva Candida cum titulis suis, titulum SS. Joannis et Pauli in Lucano, et titulum S. Angeli in Musano, titulum S. Donati in Majorata, atque plebem S. Gregorii in Galeria cum titulis suis, titulum S. Gregorii in ipso loco, titulum S. Anastasii in Musano, et plebem S. Angeli in Duscitulo cum terris suis, simulque plebem S. Joannis in Nono cum terris et titulis suis; titulum S. Marciani in ipso burgo cum terris suis, titulum S. Andreæ cum titulis suis, nec non titulum S. Mariæ, titulum S. Nicolai, qui est in castello de monte Destini; titulum S. Mariæ cum terris suis; præterea plebem S. Pancratii, cum terris et titulis suis; titulum S. Mariæ in insula cum terris suis; plebem S. Luciæ in insula cum terris suis, similiter plebem S. Joannis in insula cum titulo et territorio suo; titulum S. Gregorii in ipso loco, simulque plebem S. Pauli in Formello cum terris, vineis, hortis, olivetis atque titulis suis; titulum S. Sylvestri in columna cum terris et vineis suis; titulum S. Angeli in Olibano cum terris et hortis suis; titulum S. Marciani cum terris suis; titulum S. Genesii in Dalmachia cum terris suis; titulum S. Laurentii in Formello cum terris et hortis suis; titulum S. Mariæ cum territorio suo; titulum Salvatoris cum terris suis; titulum S. Joannis in ipso loco cum territorio suo, titulum S. Petri cum terra sua; titulum S. Angeli in Laureto; titulum S. Valentini in Cryptule; item plebem S. Cornelii in Capricornio. Per hujus privilegii vestri et decreti paginam, in perpetuum confirmamus prædicto vestro episcopio cum terris, vineis, et olivetis, et titulis; titulum S. Pancratii cum terris suis; titulum S. Mariæ cum terris et prato suo; titulum S. Valentini cum terris, et oliveto suo atque prato; tit. S. Donati cum terris suis, titulum S. Mariæ cum terris suis, titulum S. Laurentii cum terris suis, titulum S. Anastasii cum terris et vineis suis; plebem S. Titi non longe a Civitella, cum vineis, terris, et titulis suis; plebem S. Pauli in Formella cum vineis, terris et titulis suis; titulum S. Sylvestri, et S. Angeli cum terris et vineis, et plebem S. Donati in Collina cum terris, vineis, et olivetis, et titulis suis; titulum S. Mariæ cum terris et vineis; titulum S. Christinæ, cum terris, vineis et silvis suis; titulum S. Gregorii cum terris et vineis; titulum S. Martini cum terris et vineis; titulum S. Cassiani cum terris, et vineis, et familiis tribus; titulum S. Anastasii cum terris et vineis, et titulum S. Justinæ cum terris et vineis; titulum S. Angeli cum terris suis; titulum S. Gregorii cum terris suis et vineis, simulque plebem S. Marcelli in quarto decimo cum terris, et vineis, et oliveto atque titulis, vel cum omnibus suis pertinentiis; titulum S. Angeli cum terris et vineis; denique plebem S. Petri in Beczano cum terris, et vineis, et oliveto suo majore atque silvis; et titulum S. Joannis, et S. Stephani atque S. Mariæ in Pentpertusa; titulum S. Mariæ in Sepefane cum terris, vineis; titulum S. Stephani in Matera; titulum S. Mariæ in Matera; titulum S. Blasii in Scrofano; titulum S. Joannis in ipso Scrofano, et S. Eugeniæ in Matera; titulum S. Laurentii in Scrofano cum omnibus terris, et vineis, titulum S. Eugeniæ cum terris, et vineis, simulque plebem S. Mariæ in Olibula cum terris, et vineis, et titulo suo, et S. Angeli cum terris, et vineis; pariterque concedimus et confirmamus vobis vestrisque successoribus in perpetuo, sicuti a sanctissimo Sergio papa, sive a cæteris prædecessoribus nostris pontificibus concessa et confirmata fuerunt; videlicet monasteria quinque, S. Stephani majoris, et minoris, Sanctorumque Joannis et Pauli, et B. Martini, atque Theclæ constitutæ juxta magnam ecclesiam S. Petri, aut in cæteris ecclesiis, quæ sunt constitutæ in tota civitate Leonina, etsi necessarium fuerit consecrare, nullus alius episcopus ad tale ministerium vel consecrationem accedere præsumat, nisi vos vestrique successores episcopi S. Sylvæ Candidæ ecclesiæ, in perpetuum.

Concedimus autem et confirmamus vobis vestrisque successoribus in perpetuum S. diem Sabbati ad baptismi sacramentum celebrandum, et totum officium faciendum in ecclesia B. Petri apostoli, et supra magnum altare, in quo toto venerabili altari, seu in confessione, quidquid auri vel argenti, pallii, vel ceræ, sive aliarum rerum, positum vel oblatum vel jactatum fuerit, vel vobis oblatum, ab hora videlicet diei tertia, qua ingredi ecclesiam ad ordinandum et peragendum dictum officium vos volumus, et usquequo sanctæ Dominicæ diei missam expleveritis, per vestros custodes in vestram vestrorumque successorum, remota omni contradictione, veniat potestatem. Et quia ad tempus prædecessoris nostri Domini Joannis in præfata ecclesia S. Petri, a qua pene omnes Ecclesiæ doctrinam acceperunt, sicut a magistra et domina, dies dominica Palmarum, et dies Cœnæ Domini, et parasceve irreverenter celebrantur, ut nec processio cum palmis in ipsa die Dominica ibi fieret, nec in die Cœnæ Domini *Gloria in excelsis Deo* diceretur, et in Parasceve non tam reverenter, ut decebat, officium ibi fiebat; condoluimus, et meliorare hoc cupientes per vos vestrosque successores statuimus, sicut statutum et concessum et confirmatum vobis est, ab eodem prædecessore nostro, ut omni anno die Dominica Palmarum cum processione ab ecclesia S. Mariæ in Thermis excatis, et venientes ad magnum altare S. Petri missam celebretis. Similiter et omni anno die Cœnæ Domini per vos vestrosque successores missam supra altare S. Petri celebrare, *Gloria in excelsis Deo* dicere, S. chrisma conficere, et quæ ad episcopum pertinent agere volumus. Seu omni anno die Parasceve supra ipsum altare majus S. Petri totum officium reverenter, ut vos decet vestrosque successores, faciatis, in quibus tribus missis, prima in missa Palmarum, seu in missa Cœnæ Domini, et in officio Parasceve, quidquid auri vel agenti, pallii, seu ceræ, vel aliarum rerum supra jam dicto altari S. Petri, sive in confessione positum aut jactatum fuerit, vel vobis oblatum ab hora qua ipsæ missæ et officia inchoata fuerint et expleta, per vestros custodes in vestram vestrorumque successorum, similiter remota omni contradictione, deveniat potestatem. In quibus quinque diebus, si vobis vestrisque successoribus utile visum fuerit aliquem diaconorum nostrorum ministrare ob honorem S. Petri et vestram reverentiam, volumus petere. Potestatem autem ejusdem ecclesiæ S. Petri et supradictorum suorum monasteriorum et mansionariorum omnium mansionum S. Petri, seu totius civitatis Leoninæ vobis vestrisque successoribus concedimus et confirmamus, inthronizare et incathedrare pontificem Romanum in apostolica sede, vobis, qui quotidiani estis in servitio S. Petri, committimus, nec non ad benedicendum cum aliis vos specialiter convocamus; similique modo ad ungendum et consecrandum imperatorem, primum vestram vestrorumque successorum episcoporum fraternitatem convocamus, ut quibus regimen totius ecclesiæ S. Petri et civitatis Leoninæ commissum est, ab his primum sit benedictus, nec non cuncta sacra officia, seu ministeria quæ nos et successores nostri facere debemus, ægritudine vel aliqua cura impediti facere non possumus, tam in supradicta venerabili ecclesia S. Petri, et monasteriis suis, quam per totam civitatem Leoninam, per vos vestrosque successores fieri apostolica auctoritate decrevimus. Consecrationem vero altarium S. Petri et suorum monasteriorum, nec non consecrationem ecclesiarum, altarium, sacerdotum, clericorum, seu diaconistarum totius civitatis Leoninæ, vobis vestrisque successoribus in perpetuum, sicut prælibatum est, concedimus et confirmamus. Quæque autem usnaliter vobis a ministerialibus altaris majoris competunt, hoc scripto vobis vestrisque successoribus confirmamus. Idem in Sabbato sancto pro cœna solidos duodecim denarios quales per tempora cucurrerint percipiendos, et quinque in unoquoque Sabbato Quatuor Temporum, et duos cum candela olei, et cereis per unam quamque festivitatem, in quibus ibidem pernoctare debetis. Idem in festivitate S. Petri, et in octavis in Dominica gaudete, in festis S. Andreæ, in Epiphania, in Ascensione, in Pentecoste, in festis S. Rufinæ triginta libras ceræ; et duo congiaria de oleo, et duas libras de olibano; candelas vero pendentes cum clamastariis, et cicindellas ad sufficientiam, sicuti semper fuit. In secunda feria Paschæ quoniam secundum antiquum morem ad Staffilem, ubi de equo descendimus, nos nostrosque successores recipitis, chirothecas, quibus etiam ad missam uti soliti simus ad memoriam servitii nostri, qui semper pure S. R. Ecclesiæ fecistis nobisque et antecessoribus nostris non solum te, sed omnes tuos successores episcopos, bibliothecarios sedis nostræ esse perpetuo apostolica auctoritate censemus, et merito, qui in apostolica Ecclesia desudatis, in apostolicis scriptis fideles testes semper existatis. Prædicta vero omnia sicut superius dicta sunt a prædicta vi indictione, una cum sex partibus filorum salinarum positis in pedica nova invicem sibi cohærentibus, juxta filos hæredum Joannis We, seu Petri card.

vobis vestrisque successoribus episcopis, vestræque etiam ecclesiæ SS. Rufinæ et Secundæ in perpetuum donamus, largimur, concedimus et confirmamus, atque stabilimus in usu et utili ipsius venerabilis episcopii, et omnium episcoporum suorum, qui per tempora tenuerint prædictam Ecclesiam, statuentes quippe apostolica censura, sub divini judicii obtestatione et anathematis interdicto, ut nulli unquam nostrorum successorum pontificum, vel qui publica functi fuerint actione, vel alia qualibet magna parvaque persona de omnibus quæ superius continentur contra hoc nostrum pontificale privilegium agere, vel alienare, aut auferre, vel diminuere audeat vel præsumat, sed potius firma et stabilia perpetuis temporibus, sicuti a nobis constituta et confirmata sunt decernimus permanenda; si quis autem, quod non optamus, temerario ausu contra hoc nostrum apostolicum privilegium in aliquo contraire, et transgressor esse præsumpserit, vel frangere ausus fuerit, et in omnibus obediens, et observator esse noluerit, sciat se auctoritate Dei omnipotentis Domini nostri, et apostolorum principis Petri, cui licet immerite, Dei tamen dignatione, gerimus vicem, anathematis vinculo innodatum, et a regno Dei alienum, atque cum Juda traditore Domini nostri Jesu Christi, et omnibus impiis socius sit in inferno. Qui vero pio intuitu custos et observator hujus nostri apostolici privilegii exstiterit, meritis atque precibus B. Petri apostolorum principis, et SS. martyrum Rufinæ et Secundæ in æthereis arcibus præmia et benedictionis gratiam atque misericordiam a justo judice Domino Deo nostro, vitamque æternam percipere et invenire mereatur in sæcula sæculorum. Amen.

Scriptum per manus Sergii scriniarii et notarii sacri nostri palatii, mense Novembris, indictione suprascripta VI. Bene valete.

Benedictus S. Fallaritanæ et Castellanæ episcopus. Ego Gregorius S. R. Ecclesiæ designatus in regimine S. Tudertinæ ecclesiæ. Ego Leo diaconus S. R. ecclesiæ. Benedictus oblationarius. Benedictus cardinalis tituli Equitii. Bonizo presbyter, et vicedominus S. Rufinæ, et designatus gratia Dei episcopus Tuscanen. Ego Crescentius subdiaconus de Joanne de Romano. Decernimus ergo, etc. Si quæ igitur, etc. Cunctis autem, etc. Amen.

IV.

Benedictus IX bona juraque monasterii Casinensis confirmat, « cujus abbatis consecrationem, inquit, nuper ex dono piissimorum Henrici et Conradi imperatorum Romanorum suscepimus. » (Clausulam editis bullæ hujus exemplis appositam a verbo « scriptum » usque ad. « vicesima nona » ad Benedicti VIII tabulam [supra Benedicto VIII, num. 29] pertinere ex Petri Regest. n. 18, monet Gattula Hist. Casin. 119, quo teste ista Benedicti IX charta his terminatur verbis : « Scriptum per manum Sergii scriniarii et notarii sacri nostri palatii, Kal. Julii, indict. IV. Bene valete.) »

(Anno 1038.)

[MARGARINI, *Bullar. Casin.*, II, 79.]

BENEDICTUS episcopus, servus servorum Dei, cha- rissimo nobis in Domino Jesu Christo filio RICHERIO venerabili et religioso abbati, a nobis consecrato et ordinato sacratissimi monasterii beati Benedicti confessoris Christi, siti in monte qui vocatur castrum Casini, suæque almæ congregationi perpetuam in Domino salutem.

Si petita apostolica suffragia universis ecclesiis, cogente ministerio quo videmur præditi, impertiri debemus, quæ specialiter ad nostrum solummodo apostolatum respiciunt, tanto citius pleniusque, quanto opportune his indigere cognoscimus, adipisci debent, ut nulla indemnitas venerabilibus locis provenire possit, sub tuitione apostolicæ receptis, quæ nostro brachio repugnante, non submoveatur. Harum denique nostrarum sollicitudinum recompensatorem Deum credere, quem in eisdem locis quiete laudari optamus. Nam tanto inibi degentium laudes et preces erunt acceptabiles, quanto mentes eorum ab omni perturbatione, nobis suffragantibus, fuerint alienæ. Igitur quia postulastis a nobis quatenus monasterium Sancti Benedicti in monte Casino situm, cujus abbatis consecrationem nuper ex dono piissimorum Henrici et Conradi, imperatorum Romanorum, suscepimus, et per nos et successores nostros in perpetuum, more antecessorum nostrorum, privilegio muniremus, et sub interdictione anathematis loca sua defenderemus et confirmaremus; inclinati precibus tuis prædictum monasterium tibi a nobis consecrato, successoribusque tuis, a nobis et a nostris successoribus in perpetuum nulla pravitate Simoniaca interveniente consecrandis, concedimus et confirmamus, cum omnibus ecclesiis, cellis, castellis, etc. Post vero obitum tuum nemo inibi constituat abbatem, nisi quem conventus et voluntas communis fratrum ex ipsa congregatione elegerit; et electus ad nos vel successores nostros consecrandus gratis, et sine pretio veniat; quod si aliunde venerit, vel ab alio aliquo archiepiscopo vel episcopo consecrandus maluerit, tunc consecrator et consecratus anathema sint. *Et infra.* Insuper apostolica censura, seu divini judicii obtestatione præcipimus ut nullus episcopus præsumat in jam dicto monasterio, vel in ecclesiis sibi subjectis sacerdotem excommunicare, vel ad synodum provocare, etc. Si quis autem, quod non optamus, nefario ausu præsumpserit hæc quæ a nobis ad laudem Dei, pro stabilitate jam dicti monasterii statuta sunt, refragari, aut in quocunque transgredi, sciat se, nisi resipuerit, anathematis vinculis innodatum et a regno Dei alienum; et cum diabolo et ejus atrocissimis pompis, atque Juda traditore Domini nostri Jesu Christi in æternis incendiis et suppliciis concremandus sit deputatus. At vero qui pio intuitu conservator et in omnibus custodiens exstiterit, hujus apostolici instituti, et ad cultum Dei respicientibus, benedictionis gratiam a misericordissimo Domino Deo nostro, per intercessionem beati Petri apostolorum principis, et B. confessoris Benedicti multipliciter consequatur, et vitæ æternæ particeps esse mereatur. Scriptum per manum Stephani protoscriniarii sanctæ sedis apostolicæ, mense Junio, indictione vi.

Bene valete..

Datum Kalend. Julii per manus Bosonis episcopi sanctæ Tiburtinæ Ecclesiæ, et bibliothecarii sanctæ sedis apostolicæ, anno ab incarnatione Domini 1038, pontificatus vero domni Benedicti octavi papæ sedentis anno vi, imperii vero domni Conradi imperatoris Romanorum xii, indictione vi, mense Junii die xxix.

V.

Benedictus IX Popponi, archiepiscopo Trevirensi, adjutorem mittit; Simeonem in sanctos relatum nuntiat.

(Anno 1041.)

[Hontheim, *Hist. Trevir. diplom.*, tom. I, pag. 376.]

BENEDICTUS episcopus, servus servorum Dei, Popponi non tam suis meritis, quam divino charismate Trevirorum archiepiscopo, salutem et apostolicam benedictionem.

Sumptis reverentiæ vestræ litteris, et lectis atque relectis, in imo corde earum vim reposuimus, ut vobis petentibus desiderata concederemus, nam illius regulam magistri nos oportet, in quantum possumus, imitari, qui se bene petentibus non est obstinatus; se in veritate quærentibus non est prolongatus; nec ad fores suas perseveranter pulsantibus ad aperiendum retardatur. At nos, licet tardius quam cupivimus, ad sonum tamen paginæ vestræ, pro affectu respondemus, neque enim facimus quod volumus cum volumus, sed cum divinitus, ut faciamus, accipimus, quæque suis temporibus superna dispositio coaptavit. Quod igitur meministis sedem apostolicam, cui ex divina dignatione præsidemus, totius ecclesiasticæ pastoralitatis esse refugium, ut votis vestris ad eam confugientibus annueremus meritis amplexibus, hæc ipsa verba donavimus, quippe cum sit origo et fundamentum ecclesiarum, Domino confessionem Petri taliter compensante: *Tu es Petrus et super hanc petram ædificabo Ecclesiam meam*. Dignum plane videtur ut omnis Christiana fidelitas ad eam concursum habeat, et ipse omnibus manum solatii porrigat. Vobis vero in congressu positis ad iniquitates pravorum hominum debellandas, ac speciali gladio puniendas, quem in rebus divinitus vobis commissæ vicis coadjutorem præsulem a nobis poposcitis, eum dirigimus.

(1) *Quem quidem et honestas morum, sicut nomen indicat*, etc. Quod fuerit viri hujus, ad suffragandum Trevirensi archiepiscopo a summo pontifice missi, nomen, quæve conditio, nusquam expressum legitur; prudens tamen est et variis suffulta adminiculis conjectura Papebrochii in Actis SS. mensis Junii tom. I, p. 97, lit. A, eum fuisse Gratianum archipresbyterum, laudatissimum virum, qui deinde Benedictum et Silvestrum de pontificatu contendentes, ab ejusdem usurpatione prudenter deduxit; et pontifex electus, ipsemet dictus est Gregorius VI; licet postea pontificatui cesserit, quia voluit.

(2) *Tam scilicet in opere consecrationis, quam etiam in unctione confirmationis.* Sub medium demum sæculi xiii archiepiscopi et episcopi Germaniæ suffra-

(1) Quem quidem et honestas morum, sicut nomine indicat, et sagax animi pulchritudo decorat, quem huic negotio aptissimum censuimus, quem Dei fidelem et prudentem servum cognovimus, cui et astutia serpentis et columbæ simplicitas; de cujus quodammodo labiis fluunt mella, pro captu audientium cœlestis ambrosiæ plena; quem a corpore nostro velut dexterum separavimus brachium, imprecantes ei salutem et gaudium. Dirigimus ergo illum ut solatietur vobis in necessitatibus vestris, (2) tam scilicet in opere consecrationis, quam etiam in unctione confirmationis, et si quid in necessitatibus aliis, Deo favente, valebit, pro libitu vestræ sanctæ fraternitatis; ut illum tractare, uti decet, non detrectetis vel dissimuletis, nulla, credimus, admonitione indigetis, cum vestra benignitas inde sit profusior, unde etiam sanctior. De cætero ad virum illum Simeonem veniendum, quem innumerosis coruscantem miraculis, divinis perfulgentem virtutibus ostenditis; ex quo liquet eum in fragili corpore thesaurum bajulasse spiritualis gratiæ, ut non solum sibi providerit ad salutem, sed aliis quoque atque aliis ad multiplicem sanitatem. Quia igitur ad æternam illam summæ felicitatis perpetuitatem ac cœleste consortium pervenisse creditur, sicut opere signorum frequentius panditur, nostræ apostolicæ auctoritatis sententia, judicium divini arbitri secuta, et complurium fratrum nostrorum assensu suffulta, decernit eumdem virum Dei Simeonem post hanc semper et usque sanctum debere nominari, ejusque natalem, sicut et aliorum sanctorum reverentissime singulis annis celebrari. Non enim, qui se ipsum commendat, ille probatus est, sed quem Dominus commendat, dicit Apostolus. Glorietur, laudetur, vigeat, placeat, celebretur, ametur et colatur, nomenque illius Martyrologio inseratur; ipse intercedat pro peccatis et negligentiis nostris et commissorum nobis apud clementissimam divini numinis majestatem, ut mirabilia, quæ visibiliter exhibet circa infirmorum corpora, in animabus nostris occulta virtute dignanter exhibeat. Valete.

VI.

Bulla canonizationis S. Simeonis reclusi Trevirensis.

(Anno 1041.)

[HONTHEIM *ubi supra*, p. 277.]

BENEDICTUS episcopus, servus servorum Dei, omnibus archiepiscopis, episcopis, sacerdotibus et

ganeos titulares, eosque ordinarios paulatim assumpserunt; concilio Lateranensi, gravibus de causis, nuper indulgente, ut ubi publica negotia, valetudo, incursiones hostiles, litterarum ac doctrinæ inopia obstarent, episcopis adjutorem in partem curarum, asciscere fas esset. Unde Theodericus II, archiep. Trev. omnium primus, quantum quidem constat, circa annum 1241, Henricum Osiliensem episcopum adhibuit suffraganeum. Itaque pro te non vulgaris exempli habendum est, quod jam sæculo xi Romanus pontifex Trevirensi archipræsuli submiserit episcopum titularem, qui eum *in opere consecrationis, et unctione confirmationis, aliisque necessitatibus adjuvet*.

universo clero cunctisque populis tam regni Teutonici, quam etiam quarumcunque nationum vel linguarum, salutem charissimam cum benedictione apostolica.

Divinæ majestatis inenarrabilis auctoritas semper inenarrabilia faciens, sicut in sanctis suis mirabilis prædicatur, ita et operibus declaratur, dans eis virtutem et fortitudinem curare omnem languorem et omnem infirmitatem. Quod donativum ipse Deus, spiritualium donorum distributor et auctor militibus suis, quorum non est numerus, in hoc etiam mortali corpore, dum in sæculo degerent, propterea concessit, ut et iidem ipsi super spe futuræ retributionis habentes sancti Spiritus fidele pignus, fiducialius et fortius inniterentur, et gentes, divina mysteria intuentes, omni superstitione postposita, ad viam Christianæ veritatis ex intimo cordis converterentur; alios vero, quorum similiter incomprehensibilis est multitudo, post vincula tantum carnis, his operibus virtutum donavit atque magnificavit, ut, corporeis exuviis in sepulcro positis, et membris in cineres ac favillas resolutis, sentientibus atque videntibus mirabilia fides inculcaretur et cumularetur, eos illic feliciter vivere, ubi vera est et æterna vita, ad quam nemini accedere licet, nisi vitæ temporalis oblectamenta exosus, ad illam tota semper mentis intentione suspiret, si quando mereatur de peregrinatione ad patriam, de exsilio ad postliminium revocari. Igitur quoniam crebris nuntiorum indiciis, crebrisque litterarum characteribus, clamor magnus strepensque rumor ex Trevirorum partibus usque Romam ad nos, jamque etiam ulterius pervolavit, esse inibi viri cujusdam Simeonis admirabile corpus, signis et prodigiis, virtutibus et miraculis radians, ut sol meridie sereno aere; terram strictius osculati, Dominum benediximus toto corde, tota mente, tota virtute, tota vi nostris temporibus dignatur, intra sanctam suam corpus Ecclesiam, hoc præcipuum membrum divino lumine accendit, ut sit lucerna ardens, posita super candelabrum, quæ luceat omnibus qui sunt in domo Domini. (3) Itaque conventi atque pulsati a charissimo fratre nostro D. Poppone ejusdem Treviris archiepiscopo, ut, quod nobis visum fuisset de celebratione ejusdem sanctissimi viri, salubri definitione nostræ apostolicæ auctoritatis statueremus atque decerneremus; omnibus, quos in salutatione prænotavimus,

(3) *Itaque conventi atque pulsati a charissimo fratre nostro D. Poppone.* Multis sæculis sola auctoritate episcopali canonizatio, sive relatio in sanctorum catalogum fiebat. S. Udalrici Augustani episcopi canonizatio (cujus diploma exstat in Bullar. Mag. Rom. tom. I, p. 22, edit. Luxemb.) omnium prima fuisse creditur inter eas quæ a sede Romana postulata et a Joanne XV PP. anno 993 solemniter decreta fuit. Vid. Mabillon. tom. IV Annal. Benedict. lib. I, n. 77, p. 82. Hanc vero secunda excepit, præsens nostra S. Simeonis, Papebrochius Act. SS. mensis Junii, tom. I, p. 96, lit. B.

(4) *Collecta Romani nostri Cleri splendida fraternitate.* Cum primitus a Romanis pontificibus canoni-

notum his litteris facimus quid ex ea re censuerimus. Nam (4) collecta Romani nostri cleri splendida fraternitate, cum partus sacratissimæ Virginis annuo recursu per hunc orbem radiaret, concordi deliberatione determinavimus, et alta sententiæ radice fundavimus, eumdem virum Dei Simeonem, quem Dominus commendat atque probat, significatione tantarum virtutum sanctitatis et gratiæ plenum, ab omnibus populis, tribubus et linguis sanctum procul dubio esse nominandum, ejusque natalem singulis annis recurrentem passim solemniter observandum et ferialiter celebrandum ac venerandum, ad instar diei festi: nomen quoque ipsius Martyrologio cum (5) sociorum nominibus suo loco inserendum. Cui sententiæ hoc etiam subdidimus, ut quisquis hujus nostræ constitutionis temerarius contemptor et cervicosus refragator exstiterit, primo se noverit Dominum graviter offendere, deinde sancti illius patrocinia, imo omnium sanctorum, quorum contubernio gratulatur, nostramque de cætero apostolicam nullatenus debere benedictionem sperare; conservatoribus ea multipliciter donatis, in omnia sæcula sæculorum. Amen, amen, amen.

VII.

Benedictus IX in synodo patriarchatus Gradensis integritatem libertatemque confirmat, Ursone patriarcha et Dominico Contareno populoque Veneto per legatos petentibus.

(Anno 1044.)

[Mansi, Concil. XIX, 605.]

Benedictus episcopus, servus servorum Dei, Ursoni Gradensi patriarchæ perpetuam in Domino Jesu Christo salutem.

Sicut plurimum gaudemus in Domino, et in dono gratiæ ipsius gloriamur, si sancta Ecclesia per bona opera crescit magnifice et dilatatur amplissime, ita nimium affligimur et tribulamur de ejus oppressione, super quam crebrior lamentationum sermo perlatus est. Non oportuerat quidem ab illis quibus sustentari atque honorari debuerat, tantis eam oppressionibus concuti; ideoque necessarium est ut, remotis talium tergiversationibus, quibus venenosa malitia revelari et obscurari bonitas et veritas solet, adminiculum non modicum lamentantibus juste impendatur, atque ab apostolica sede suffragetur, quos per divinam gratiam Christi auxilio dignum est adjuvari, neve totius Ecclesiæ perturbatione imprudens præ-

zationes fierent, eas non nisi comprobante generali synodo decerni consuevisse, tradit Christianus Lupus Scholiorum tom. III, p. 569, usque dum Eugenius III primus sine concilio in solo suo consistorio canonizavit S. Henricum imp. de plenitudine potestatis, hac usus ratione quod Romanæ Ecclesiæ auctoritas sit omnium conciliorum fundamentum. Vid. bullam canonizationis in Bull. M. Rom. loc. cit. p. 51. Ex quo tempore pontifices sibi hanc auctoritatem privative reservarunt; tandemque generaliter, et ab omnibus Ecclesiis recepta fuit hæc pontificia reservatio, potissimum auctoritate cujusdam decretalis Gregorii IX, in cap. 1, x, *De reliq. et venerat. sanctorum*.

(5) Sic in autographo.

redat intentio, et ea quæ a sanctis prædecessoribus nostris et reliquis sanctis dudum fuerant prohibita, denuo reviviscant. Sedis namque nostræ consideratione compellimur, ea quæ ad notionem nostram emendanda pervenerunt, propter Deum non relinquere, sed digna emendatione corrigere. Et si sæcularibus officiis ordo suus, et tradita a majoribus disciplina servanda est, quis ferat ecclesiasticos ordines temerari ac præsumptione confundi? aut ita negligere et emendanda non opem ferendo postponere? Quapropter omnibus S. Dei Ecclesiæ filiis notum esse volumus quod detestabile nefas tempore nostri decessoris Joannis papæ a Poppone Forojuliensi præsule, diabolo suadente, actum est adversus Ursonem Gradensis novæ Ecclesiæ Aquileiæ patriarcham; prædictus quidem Poppo Gradensem civitatem adiens fraudulenter eam invasit, invasamque gentilium more depopulavit, ecclesias violavit, altaria fregit, thesauros abstulit, monasteria destruxit, et de tantis non erubescens flagitiis insuper hanc apostolicam sedem suis petiit simulationibus, poscens ab ea per suos nuntios sibi privilegium fieri nominatim de Gradensi insula, quam promiserat juste et canonice ac per antiqua privilegia ostendere ad se pertinere, unde privilegium sub tali conditione secutus est tenore, ut, si quando de ea aliqua oriretur quæstio, sic juste absque ulla occasione ad se pertinere comprobaret quemadmodum promiserat. Quod tantum in contrarium accidit, quia cum Urso Gradensis Ecclesiæ patriarcha primum per suos nuntios, deinde per semetipsum hanc apostolicam peteret sedem ad conquerendum de suæ sedis invasione, idem Poppo vocatus ad satisfaciendum sicut promisit, non solum venire distulit, verum etiam prædictam insulam per antiqua privilegia juste ac secundum Deum sibi pertinere, ut promiserat, ostendere minime potuit, quin etiam tenorem privilegii negavit. Et quoniam ex his quæ promisit, nihil ostendere valuit, privilegium quod subpræfata conditione consecutus est, suo tenore juste evacuatum ac regulariter ad nihilum est redactum. Pro hac siquidem re idem noster decessor Joannes papa congregavit sanctam synodum in ecclesia B. Silvestri, ante cujus præsentiam veniens Urso Gradensis Ecclesiæ patriarcha de statu suæ metropolitanæ ecclesiæ ejusque pertinentiis quamplurima ostendit privilegia a nostris antecessoribus suæ sedi concessa, scilicet a sanctissimo Pelagio, Gregorio, Honorio, Stephano, item Gregorio, Leone, Sergio, item Leone, Benedicto, Adriano, Bonifacie, Romano, Theodoro, Anastasio, Joanne, Sylvestro et Sergio. Quæ omnia noster antecessor studiose considerans firmando vetera per synodalem censuram sub divini judicii obtestatione tale novum construit privilegium, ut nullus unquam in tempore prædictum Ursonem patriarcham ac successores suos de prædicto patriarchatu Gradensi, sicut de rebus ac possessionibus ejus inquietare aut molestare præsumat, sed potius cum sua integritate quietus, remota omnium contradictione ipse suique successores eamdem patriarchalem sedem cum omnibus suis pertinentiis perpetuis possideant temporibus. Popponi vero epistolam direxit, ut cuncta ablata sub trium personarum sacramento Gradensi patriarchæ restitueret. Quod non solum non adimplevit, sed etiam contra divinum jus et SS. Patrum sancita, quibusdam inhoneste sibi suffragantibus privilegium fraudulenter impetravit de stabilitate suæ Ecclesiæ, et Gradensis patriarchatus subjectione. Qui ad cumulum suæ damnationis addens quoque iniquitatem super iniquitatem, nostro etiam tempore iterum Gradensem civitatem furtim ingrediens cunctis abominabile in ea commisit flagitium, totam videlicet civitatem cum ecclesiis incendit, altaria confregit, thesauros abstulit, et quidquid ab igne remansit, paganorum ritu secum detulit. Pro tanto denique repetito sacrilegio Gradensis patriarcha apud apostolicam sedem eodem mittente invasore, per suas litteras lamentatus est. Sed antequam a nobis de tanto coerceretur ausu, divino judicio sine confessione et viatico ab hac luce subtractus est. Tandem Urso Gradensis patriarcha una cum Dominico Contareno dilecto filio nostro, duce Veneticorum sive Dalmaticorum, et populo Venetiæ, nobis per suos supplicavit legatos, videlicet Benedictum vener. abb. SS. Trinitatis et S. Michaelis Archangeli de Brundulo, Joannem Stornatum, Gregorium clericum, quatenus omnia sibi suæque sedi subjecta nostra restituerentur auctoritate, et privilegium quod Poppo de Gradensis ecclesiæ subjectione contra divinam auctoritatem acquisivit evacuaremus; quin etiam privilegia nostrorum decessorum palam ostensa de statu suæ ecclesiæ renovaremus atque confirmaremus, sive de rebus atque possessionibus sui patriarchatus, quatenus quæ infra Venetiæ vel Italici regni ditionem, seu in comitatu Istriensi consistere noscuntur, videlicet ut omnia quæ in Rivoalto, in Methamauco, in Equilio, in Pineto, in Civitate nova, in confinio suæ jam dictæ civitatis Gradensis, seu Ursiano, vel Gajazzo, in Zemulis, partim in territorio Aquileiæ, et in marino termino, in Istria, in Tergeste, Justinopoli, Pirano, item in Civitate nova, Parentio...... : Pola, atque in Castello S. Georgii, et in reliquis locis tam infra quam extra seu in Bononia, vel Romania, Ravenna, Arimino, Pensauro, sive in quibuscunque locis Italici regni, seu Venetiæ habere ac possidere sui antecessores visi sunt, ipse suique successores absque cujusquam contrarietate, seu refragatione retinere et possidere quivissent. Quorum petitionibus zelo domus Dei calefacti libenter annuentes, et justum esse decernentes, in Romana ecclesia S. synodum congregavimus, residentibus nobiscum venerabilibus episcopis, presbyteris, diaconibus, cardinalibus, subdiaconibus nostris, abbatibus, et quorum aliquorum nomina hæc sunt.

Joannes Lavicanensis nepos noster episcopus.
Tedaldus Albanensis episcopus.
Joannes Portuensis episcopus.
Joannes Prænestinensis episcopus.

Benedictus Ostiensis episcopus.
Amatus Vellitrensis episcopus.
Bonizo Tuschanensis episcopus.
Honestus Foropopiliensis episcopus.
Adam Forosempronensis episcopus.
Crescentius S. Ruffinæ Eccles. episc.
Vido Humanensis episc.
Andreas Perusinus episc.
Ubertus Sasenates Eccles. episc.
Arduinus Feretranus episc.
Teudaldus S. Mariani episc.
Joannes S. Sabinensis Eccl. episc.
Theudericus Urbinensis.
Theudaldus,
Ubertus.
Benedictus archidiaconus S. R. E. et vicedominus.
Ugo
Petrus cancellarius noster.
Leo, Romanus, Crescentius, Petrus, qui et Mancio dicitur, diacones nostri.
Joannes archicanonicus et archipresb. canonicæ S. Joan. ante Portam Latinam.
Joannes cardinalis presb. tituli S. Cæciliæ.
Joannes card. tit. S. Martini.
Joahnes card. tit. S. Damasi.
Ubertus card. tit. S. Anastasiæ.
Martinus card. tit. S. Savinæ.
Teudaldus Primicerius.
Benedictus oblationarius S. R. E.
Benedictus presb. et card. tit. S. Sylvestri.
Petrus card. tit. S. Grisogoni.
Subdiacones autem, Joannes,
Adelmarius;
Etrozo,
Sico.
Benedictus abbas monasterii S. Gregorii, quod dicitur Clivus Scauri.
Bartholomæus vener. abbas S. Mariæ Grotta Ferrata.
Benedictus abbas monasterii S. Mariæ, quæ vocatur S. Petri ad Vincula.
Leo abbas S. Pauli Apostoli.
Georgius abbas S. Laurentii foris murum.
Joannes abbas S. Sabæ.
Petrus abbas S. Mariæ in Aventino.
Joannes abbas S. Rofilli Foropupilensis.
Bonizzo abbas monasterii S. Petri Perusii.
Felix abbas S. Blasii.
Simeon abbas S. Mariæ in Pallara.
Et cæteri nobiscum residentes in gremio S. R. E. quorum deliberatione hoc apostolatus nostri privilegium fieri decrevimus tibi fratri nostro venerabili Urso S. Gradensis Ecclesiæ patriarchæ, ad quem nunc nostrum convertimus sermonem præcipue ob justitiam quam te tuamque Ecclesiam petere evidenter novimus, per quod apostolorum principis Petri, et nostra, cujus vicem gerimus, auctoritate antecessorum nostrorum privilegia imitando prædi-

ctam Gradensem Ecclesiam perpetua stabilitate patriarchatum esse sancimus, tibique illic præsidenti, tuisque successoribus totum metropolitæ atque patriarchæ officium libere peragendum concedimus, et de omnibus vestris possessionibus præcipiendo interdicimus ut nullus patriarcha, archiepiscopus, præpositus, decanus, vicedominus, dux, marchio, comes, vicecomes, aut exactor alicujus rei, nec ullus judex publicus, vel quilibet ex judiciali potestate vim aliquam vel invasionem inferre præsumat, aut aliquo modo molestiam ingerere tibi Ursoni patriarchæ, tuisque successoribus, sive in ecclesiis, et plebibus, seu monasteriis tuæ ecclesiæ pertinentibus, seu in familiis, in colonis, servis, vel mancipiis, ac reliquis quæ super ejusdem ecclesiæ terris manent. Sed omni jure et tenore S. Gradensis Ecclesiæ a patriarchis nunc et semper ibidem præsidentibus libere, quæ prælibavimus, absque ullius infestatione retineantur ac perpetuo jure possideantur. Privilegium vero quod Poppo Forojuliensis præsul de subjectione Gradensis patriarchatus fraudulenter ab hac sede consecutus est, quia nulla illud canonica munitum auctoritate decernimus, residentium nobiscum venerabilium fratrum auctorali censura corrumpendo penitus omnino corrumpimus et evacuamus. Si quis ergo nostrorum successorum, vel aliorum aliquorum hominum contra hujus nostræ concessionis ac confirmationis privilegium agere præsumpserit, aut præsumentibus consenserit, vel fautor exstiterit, et non potius observare in integre studuerit, sciat se auctoritate beati Petri apostolorum principis, et cœlorum regni clavigeri, nostroque anathematis vinculo esse innodatum, et a regno Dei alienatum, atque cum diabolo veluti transgressor sanctorum Patrum sine fine damnatum. Qui vero custos et observator hujus nostri privilegii exstiterit, benedictionem et gratiam a justo judice Domino nostro Jesu Christo hic et in æternum consequi mereatur.

Scriptum per manus Sergii scriniarii et notarii sacri nostri Lateranensis palatii, mense April. Indict. XII.

Bene valete.

Ego Joannes S. Lavicanensis Eccl. episc. interfui et subsc.

Ego Tedaldus Albanensis Eccl. episc. interfui et subscripsi.

Ego Joannes S. Portuensis Eccl. episc. interf. et subser.

Ego Joannes Prænestinensis Eccl. ep. interf. et subser.

Ego Benedictus Ostiensis episc. interf. et subscr.

Ego Amatus Vellitrensis episc. interf. et subscr.

Ego Bonnizo Tuscanensis episc. interf. et subscr.

Ego Honestus Foropopiliensis episc. interf. et subscr.

Ego Adam Forosempronensis episc. interf. et subscr.

Ego Crescentius S. Ruffinæ Eccl. episc. interf. et subscr.

Ego Vido Humanensis episc. interf. et subscr.

Ego Andreas Perusinus episc. interf. et subscr.

Ego Ubertus Sasenates Eccl. episc. interf. et ss.

Ego Arduinus Feretranus episc. interfui et subscripsi.

Ego Theudaldus S. Mariani episc. interfui et subscr.

Ego Joannes S. Sabinen. Ecclesiæ episc. interfui et subscr.

Ego Theudericus Urbinensis episc. interfui et subscr.

Ego Benedictus archidiaconus S. R. E. et vicedominus interfui et subscr.

Ego Joannes archicanonicus et archipresb. interfui et subscr.

VIII.

Benedicti papæ VI epistola ad Obertum abbatem S. Miniatis.

(Anno 1044.)

[UGHELLI, *Italia sacra*, III, 62.]

BENEDICTUS episcopus, servus servorum Dei, dilecto filio OBERTO venerabili abbati monasterii S. Miniatis Florentini, suisque successoribus perpetuam in Domino salutem.

Valde bonum videtur, si postulantibus a nostra apostolica sede tuitionem piorum locorum, libenter concedamus. Tu autem, fili charissime, quia postulasti a nobis quatenus munimen ac defensionem apostolicam monasterio S. Miniatis, cui præesse meruisti, dignatione solita pro nostro præcepto daremus; nos autem idcirco sanctum piumque judicamus, non negare debemus, sed voluntate promptissima largiri. Ideo inclinati precibus tuis concedimus tam tibi quam etiam tuis successoribus tuitionem apostolicam; adjudicamus omnes homines ibidem monasterio adversantes, aut læsione violentiam facientes in rebus ipsius monasterii (f. deest aliquid), facultates vel facturorum præcedentia tempora, ut nullus rex, nullus imperator, nullus præsul, nullus dux, nullus marchio, nullus comes, nullus vicecomes, et parva nulla persona aliquid tale audeat præsumere, scilicet in rebus quas episcopi Florentini, videlicet Ildebrandus, Lambertus, et Atho ipsi monasterio concesserint, aut alii homines pro sua anima tribuerint, vel quæ tu ipse ibidem acquisivisti, et amodo acquirere poteris, statuentes apostolica censura ut, si quis publica, vel privata persona, magna vel parva in illis omnibus rebus tam mobilibus quam immobilibus, tuisque successoribus molestare, inquietare, aut de vestris manibus rapere tentaverit, sit anathematis vinculo innodatus, et nostra apostolica maledictione damnatus, donec satisfactionem talium faciat commissorum. Qui vero custos roborationis hujus nostræ tuitionis, defensionis confirmationisque exstiterit, benedictionem et gratiam a justo judice Domino Deo nostro consequi mereatur. Scripta per manum Sergii notarii sacri nostri palatii, mense Aprili indictione XII. Valete.

IX.

Benedicti IX epistola ad Adelbertum archiepiscopum Hamburgensem.

(Anno 1012-1024.)

[LAPPENBERG, *Hamb. Urkund.* I, 71.]

BENEDICTUS, episcopus et servus servorum Dei, reverentissimo et sanctissimo ADELBERTO, sanctæ Hammaburgensis Ecclesiæ episcopo, apostolicam benedictionem.

Si pastores ovium solem geluque pro gregis sui custodia die ac nocte ferre contenti sunt, et ut ne qua ex eis aut errando pereat, aut ferinis laniata morsibus rapiatur, oculis semper vigilantibus circumspectant: quanto sudore, quantaque cura debemus esse pervigiles, nos qui pastores animarum dicimur? Attendamus et susceptum officium exhibere erga custodiam Dominicarum ovium non cessemus, ne' in die divini examinis pro nostra desidia ante summum pastorem negligentiæ reatus exerucict. Unde modo honoris reverentia sublimioris inter cæteros judicamur. Legationem igitur et archiepiscopalem potestatem in omnia regna septentrionalia, regna Danorum scilicet, Suenorum, Norvenorum, Hislandicorum et omnium insularum his regnis adjacentium, tibi et omnibus successoribus tuis perpetuo tenendam concedimus, Pallium quoque sanctitati tuæ ad missarum solemnia celebranda ex more transmittimus, quod tibi non... aliud quod inquietos feriendos a pravitate compescat. Viduis ac pupillis injuste oppressis defensio tua subveniat, Ecce, frater charissime, inter multa alia ista sunt sacerdotii, ista sunt pallii, quæ si studiose servaveris, quod foris accepisse ostenderis, intus habebis. Sancta Trinitas fraternitatem tuam diu conservare dignetur incolumem, atque post hujus sæculi amaritudinem ad perpetuam ducat beatitudinem.

Data per manus Leonis, cancellarii sanctæ Romanæ Ecclesiæ, in mense Martio, indictione tertia.

X.

Epistola Popponis archiepiscopi Trevirensis ad Benedictum IX summum pontificem pro obtinenda canonizatione beati Simeonis reclusi apud Treviros.

REVERENDISSIMO Patri patrum gratia et nomine BENEDICTO, POPPO, licet indignus, divina tamen largiente clementia sanctæ Trevirensis ecclesiæ minister, cum totius affectus dilectione, debitam subjectionem.

Superiori tempore, cum, annuente venerandæ memoriæ domino Joanne, in hac sancta sede apostolica prædecessore vestro, amore visionis sepulcri Dei hominis Jesu Christi, Jerusalem profectus peregre fuissem, in regione nostra pravorum hominum supercrevit iniquitas, ita ut nec adhuc manus possint ab incœpta retrahere nequitia, omnia per circuitum diripientes et devastantes. Super quo sæpissime deprecatus sum, faciem domini mei regis, quatenus manum mihi porrigeret suæ animadversionis, nihil profeci; saepe etiam supra nominato praedecessori vestro, pro eodem supplicavi, nec quidquam usque adhuc consolationis impetravi. Quam ob rem desidero ut vel nunc solatietur mihi Deo amabilis paternitas vestra, mittatque virum de honoratioribus ac prudentioribus vestris, qui mihi in necessitatibus meis consilio simul et auxilio suffragetur: auxilietur, dico, de adversis; consilietur vero de his quae latere non credo aures vestrae sanctitatis. At vero si hactenus vos latuerunt, jam nunc obsecro uti benignum litteris meis accommodare velitis auditum. Vir quidam vitae sanctitate laudabilis apud nos diebus istis ex hac luce migravit; quem, si signis et virtutibus quae per eum Dominus operatur, credere debeamus, procul dubio eum cum sanctis aeternae beatitudinis habere consortium non dubitamus. Sed non tam signa quae fidelibus et infidelibus communia sunt, quam fidei virtus qua fideles ab infidelibus sequestrati sunt, qua ipse dum adhuc in corpore maneret, plurimum viguit, de ejus sanctitate nos certos reddit. Proinde accersivit nos tam clerus quam populus Ecclesiae nostrae, obsecrantes uti litteris nostris ad hanc apostolicam sedem, cui vos, auctore Deo, praesidetis, cum illius viri sancti vita et miraculis missis peteremus, quod petitione dignum credimus; quatenus, si ita vobis cautum videatur, dato nobis vestri apostolatus decreto, nomen ejus liceat cum sanctorum nominibus conscribi, caeteraque honoris sanctis debiti ipsi impendi. Itaque quid solatii, quid consilii super alleyatione angustiarum nostrarum hinc et inde obortarum, prudentia vestra mihi incundum decreverit, sine longa temporis dilatione dignemini insinuare. Honor vester et meritum apud Deum et homines augeatur.

ANNO DOMINI MXLII.

HERIBERTUS

EICHSTETTENSIS EPISCOPUS.

HERIBERTI HYMNI,

EDENTE HENRICO DENZINGER IN UNIVERSITATE HERBIPOLENSI THEOLOGIAE PROFESSORE.

Heribertus, episcopus Eichstettensis XV, annis viginti uno rexit Ecclesiam, electus anno 1021, anno vero 1042, IX Kal. Augusti defunctus. Hunc traditio Eichstettensis ex comitibus de Rotbenburg Franconicis natum refert. De eo anonymus Hasenriedianus qui anno 1075 ad canonicum Herbipolensem epistolam de episcopis Eichstettensibus direxit (1): « Heribertus, nobilis genere, nobilior moribus, vir eleganter « litteratus, sancti illius Heriberti Coloniensis archiepiscopi cognatus et aequivocus, divina favente gratia, « factus est episcopus. Hic Herbipoli nutritus, edoctus, egregia dictandi dulcedine in tantum enituit, ut « tunc temporis hac in arte nulli secundus fuerit. Hic Spiritu sancto afflatus, sex hymnos pulcherrimos composuit: unum de sancta cruce, *Salve, crux sancta;* alterum de S. Willibaldo, *mare, fons, ostium;* tertium « de S. Walpurga, *Ave, flos virginum;* quartum de S. Stephani inventione, *Deus deorum, Domine;* quintum « de S. Laurentio: *Conscendat usque sidera;* sextum de omnibus sanctis: *Omnes superni ordines.* De « sancta Maria vero fecit quinque intimas orationes, quarum omnium commune initium est: *Ave, Maria « gratia plena.* Fecit etiam duas has initiatas modulationes: *Advertite, omnes populi,* et: *Peccatores, peccatrices quondam.* »
Hymnos ex Breviario Eichstettensi, quod primum typis excusum est, subjicimus, excepto hymno de S. Stephano, quem apud Daniel in Thesauro hymnologico, Halis 1841, p. 289, invenimus. Plura de Vita Heriberti videtis apud Gretser. l. c. et Andr. Straus in opere De viris scriptis, eruditione ac pietate insignibus quos Eichstadium vel genuit vel aluit. Eichst. 1709, p. 172.

HERIBERTI HYMNI.

I. *De sancta cruce.*
Salve, crux sancta,
Salve, mundi gloria,
Vera spes nostra,
Vera ferens gaudia,
Signum salutis,

Salus in periculis,
Vitale lignum,
Vitam portans omnium.
Te adorandam,
Te crucem vivificam,
In te redempti,

Dulce decus saeculi,
Semper laudamus,
Semper tibi canimus,
Per lignum servi,
Per te lignum liberi
Originale crimen

(1) Ap. Gretserum in historico Catalogo omnium episcoporum Eischtettensium. Tom. VIII Operum.

HERIBERTI EICHSTETTENSIS EPISCOPI HYMNI.

Necans in cruce,
Nos a privatis,
Christe, munda maculis;
Humanitatem
Miseratus fragilem
Per crucem sanctam
Lapsis dona veniam.
    Protege, salva,
Benedic, sanctifica
Populum cunctum
Crucis per signaculum;
Morbos averte
Corporis et animæ;
Hoc contra signum
Nullum stet periculum.
    Laus Deo Patri
Sit in cruce Filii;
Laus coæqualis
Sit sancto Spiritui;
Civibus summis
Gaudium sit angelis,
Honor in mundo
Sit crucis inventio [exaltatio].
    Amen.
    II. *De S. Wilibaldo.*

Mare, fons, ostium
Atque terrarum,
Deus, tu omnium
Caput bonorum,
A te bona fluunt,
Ad te recurrunt.
    Longe ab insulis
Pars bona maris
Ad fontem rediit
Teque requirit,
Jesu, viventium
Fontem aquarum.
    Maris fons est Deus,
Pars Willibaldus,
Quem procul patriis
Sitit ab oris:
Cervi more suum
Tendit ad haustum.
    Angelorum insulæ
Felix alumne,
Nos prece sedula
Dignos fac aqua,
Quam quisquis biberit
Sitim post nescit.
    Mundos baptismate
Fraudes iniquæ
Semper inficiunt,
Maleque mergunt
Per stagnum criminis
In pœnam mortis.
    Sed tuis precibus
Omnes rogamus,
De sæva eripi
Noxa Charybdis,
Tangentes lacrymis
Portum salutis.
    Laus tibi, Trinitas,
Laus et potestas;
Te laudant flumina,
Cœli ac terra;
A mari ad mare
Laus sit hac die. Amen.
    III. *De sancta Walburga.*

Ave, flos virginum,
Soror magnorum
Fratrum Willibaldi
Et Wunebaldi,
Ave, virginei
Sponsa decoris.
    Inter innumeros
Quos misit sanctos,
Te læta genuit
Lætaque misit,
Florem angelicum,
Anglia mater.
    Te mater Domini,
Mater et virgo,
Choreis virginum
Virginem junxit,
Filioque suo,
Sponsa, dicavit.
    Ingressa thalamum
Regis cœlorum
Audis angelicum
Carmen jocundum:
Intra, virgo, tui
Gaudium Sponsi.
    Laus tibi, Trinitas,
Laus et potestas;
Te laudant virgines
Quinque prudentes;
Te oret pro nobis
Virgo Walpurgis. Amen.

    IV. *De S. Laurentio.*

Conscendat usque sidera
Cœlique pulset intima
Vox atque cantus omnium
Te Deum collaudantium.
    Adest namque festivitas
Et dies venerabilis,
In quo cœlum pro meritis
Laurentius ingressus est.
    Qui, superatis ignibus
Et impiis tortoribus,
Devictis sævis hostibus,
Nunc gaudet in cœlestibus.
    Ipse dignetur Dominum
Rogare clementissimum,
Ut ab æternis ignibus
Nos salvet et dæmonibus.
    Deo Patri sit gloria
Ejusque soli Filio
Cum Spiritu Paraclito
Et nunc et in perpetuum. Amen.
    V. *De omnibus sanctis.*

Omnes superni ordines,
Quibus dicatur hic dies,
Mille milleni millies,
Vestros audite supplices.
    Primum virtutes igneæ,
Mox repletæ scientiæ,
Exin juvate nos prece,
Sessiones dominicæ.
    Hinc dicati virtutibus,
Vosque tremendi mutibus (nutibus?)
Et fulgurosi vultibus,
Christi favete plebibus.
    Tu, pater, adsis Abraham,
Claram gerens prosapiam,
Cum ipsis necessariam
Nobis precando veniam.
    Sacer adesto claviger,
Et novæ pacis legifer,
Omnisque Christi crucifer
Actus mundate pariter.
    Deo Patri sit gloria
Ejusque soli Filio
Cum Spiritu Paraclito
Et nunc et in perpetuum. Amen.
    VI. *De inventione S. Stephani.*

Deus deorum, Domine,
Rex sempiternæ gloriæ,
Rex invictorum militum,
Carmen exaudi supplicum.
    Terra tegens absconditum

Dulcis thesauri pretium,
Invento protomartyre,
Mundo reddit spem gratiæ.
Omnes devoti martyres,
Laudate protomartyrem ;
Vestris dignus est laudibus,
Vestri dux belli prævius.
Donatur primus laurea
In acie Dominica,
Quem prostratum lapidibus
Dei assumpsit Filius.
Jam protomartyr Stephane,
Preces devotas accipe,
Quibus per te nos quæsumus

A Deo placari cœlitus.
Quem pro persecutoribus
Exaudiebat Dominus,
Et pro tuis supplicibus
Exaudiet propitius.
Vosque juncto Nicodemo
Gamaliel et Abibon
Pro populi excessibus
Finem non date precibus.
Summo Parenti gloria
Natoque laus quam maxima
Cum sancto sit Spiramine
Nunc et per omne sæculum. Amen.

ANNO DOMINI MXLV.

EMMÆ REGINÆ ANGLORUM,
RICHARDI I DUCIS NORTHMANNORUM FILIÆ,
ENCOMIUM,
INCERTO AUCTORE, SED COÆTANEO;

(Edidit DUCHESNE, *Historiæ Northmannorum Scriptores antiqui*, pag. 163.)

ADMONITIO PRÆVIA.

(*Histoire littéraire de la France*, tom. VII, pag. 574.)

Un écrivain, qui ne nous est connu que par sa qualité de moine de Saint-Bertin, nous a laissé un ouvrage intitulé *Eloge d'Emma, reine d'Angleterre, fille de Richard Ier, duc de Normandie*; titre aussi pompeux qu'insuffisant pour exprimer la nature de l'ouvrage et en donner une juste idée. C'est effectivement moins l'éloge de cette princesse que l'histoire de Canut le Grand, roi de Danemark et d'Angleterre, qu'elle épousa en secondes noces, et d'Harald, fils et successeur de ce roi. Il est divisé en deux livres, dont le premier, qui est fort court, contient l'histoire abrégée de Suein, roi de Danemark, père de Canut, et les commencements de celle de ce dernier. L'autre livre, qui est plus prolixe, est employé à décrire le règne de Canut et les révolutions dont il fut suivi en Angleterre sous Harald et après sa mort, lorsqu'Edouard, fils du roi Ethelrède et de la reine Emma, parvint à la couronne. Cet événement arriva en 1042, et notre auteur n'a pas poussé son Histoire plus loin. Il décrit en finissant la bonne intelligence et l'union qui régnaient entre ce prince et Canut II, son frère utérin, roi de Danemark : ce qui montre que l'historien n'entreprit d'écrire que quelque temps après l'époque qu'on vient de marquer. Mais il est certain qu'il l'exécuta avant l'année 1052, qui est la date de la mort d'Emma, à qui l'écrit est dédié par une Epître détachée du corps de l'ouvrage, et suivie d'un Avertissement ou Sommaire de toute l'Histoire.

Cet ouvrage, que Duchesne a donné au public sur un manuscrit de la bibliothèque Cottonienne, paraît peu connu, puisqu'il n'y a encore que cette édition. Il aurait assurément mérité de trouver place dans les recueils des historiens d'Angleterre et de Danemark qu'on a imprimés depuis un siècle ou environ. Outre quantité de traits propres à illustrer l'histoire de ces deux royaumes, qui s'y lisent, ce qu'il contient doit passer pour très-avéré. C'est la production d'un auteur non-seulement contemporain, mais qui avait encore en singulière recommandation la vérité de l'histoire, comme il s'en explique lui-même. D'ailleurs le style en est fort bon pour le siècle où l'ouvrage a été fait. Il est même fleuri en plusieurs endroits, et animé jusqu'au point qu'il retient quelque chose du style poétique.

PROLOGUS.

Salus tibi sit a Domino Jesu Christo, o regina, B elegantia. Ego servus tuus nobilitati tuæ digna faquæ omnibus in hoc sexu positis præstas morum ctis meis exhibere nequeo, quoque pacto verbis saltem illi placere nescio. Quod enim cujuslibet periti eloquentis de te virtus tua praeeminet, omnibus a quibus cognosceris ipso solis jubare clarius lucet. Te igitur erga me adeo bene meritam magni facio, ut morti intrepidus occumberem, si in rem tibi provenire crederem. Qua ex re mihi etiam, ut praecipis, memoriam rerum gestarum, rerum, inquam, tuo tuorumque honori attinentium litteris posteritati mandare gestio; sed ad hoc faciendum me mihi sufficere posse dubito. Hoc enim in Historia proprium exigitur ut nullo erroris diverticulo a recto veritatis tramite declinetur; quoniam cum quis alicujus gesta scribens, veritati falsa quaedam seu errando, sive (ut saepe fit) ornatus gratia interserit, profecto unius tantum comperta admistione mendacii auditor facta velut infecta ducit. Unde historicis magnopere cavendum esse censeo ne, veritati quibusdam falso interpositis contraeundo, nomen etiam perdat quod videtur habere ex officio. Res enim veritati, veritas quoque fidem facit rei. Hac mecum aliaque hujusmodi reputante, rubor animum vehementer excruciat; cum pariter considero quam pessime in talibus sese humana consuetudo habeat. Videns enim aliquis quempiam pro exprimenda rei veritate verbis indulgentem, vanae loquacitatis eum mordaciter redarguit; alium vero quem dixi blasphemiam fugientem et aequo modestiorem in narratione, cum operta denudare debeat, aperta occuluisse dicit. Tali itaque angustia circumseptus, ab invidentibus loquax dici timeo, si, neglecta venustate dictaminis, Historiam scripturus multiplici narratione usus fuero. Quoniam vero, quin scripturus sim evadere me non posse video, unum horum quae proponam eligendum esse autumno, scilicet aut variis judiciis hominum subjacere, aut de his quae mihi a te, domina regina, praecepta sunt, praeripientem negligendo conticescere. Malo itaque a quibusdam de loquacitate redargui, quam veritatem maxime memorabilis rei per me omnibus occultari. Quocirca jubentem dominam magni pendens, hanc mihi elegi viam, excusabiles deinceps occasiones posthabens, hinc narrationis contextionem faciam.

ARGUMENTUM.

Fortasse, o lector, ambiges, meque scriptorem erroris aut inscitiae redargues, cur in hujus libelli capite actus laudesque Sueini serenissimi regis promulgaverim, cum in suprascripta epistola ipsum codicellum laudi hujus dominae me spoponderim facturum. Quod ita esse ipse fatebere, meque ab ejus laudibus nusquam accipies deviare, si prima mediis, atque si extima sagaci more conferas primis. Atque ut ad hoc intuendum nulla erroris impediaris nebula, a similibus atque a penitus veris hoc tibi habeas theorema. Æneida, conscriptam a Virgilio quis poterit inficiari ubique laudibus respondere Octaviani, cum pene nihil aut plane parum ejus mentio videatur nominatim interseri? Animadverte igitur laudem suo generi ascriptam ipsius decori claritudinis, claritatisque in omnibus nobilitare gloriam. Quis autem hic neget laudibus reginae hunc per omnia respondere codicem, cum non modo ad ejus gloriam scribatur, verum etiam ejus maximam videatur obtinere partem? Id tibi si probabile non videtur, evidenti alterius rei indicio approbetur. Nosti quoniam, ubicunque gyraveris circulum, primo omnium procul dubio principium facies esse punctum, sicque rotato continuatim orbe reducetur circulus, quo reductu ad suum principium ejus figurae continuatur ambitus. Simili igitur continuatione laus reginae claret in primis, in mediis viget, in ultimis invenitur, omnemque prorsus codicis summam complectitur. Quod esse mecum sentiens sic collige. Sueinus rex Danorum, virtute armisque pollens et consilio, Anglicum regnum vi suo subjugavit imperio, moriensque ejusdem regni Cnutonem filium successorem esse constituit. Hic postmodum eisdem Anglis contra se sentientibus, atque acriter vim instrumenti vi quoque repugnantibus, multa confecit bella; et fortasse vix aut nunquam bellandi adesset finis, nisi tandem hujus nobilissimae reginae jugali copula potiretur, favente gratia Salvatoris. Vivens adhuc de hac eadem regina suscepto filio, Hardecnut scilicet, quidquid suae parebat ditioni tradidit. Qui, defuncto patre, Anglicis absens erat. Regnum siquidem Danorum procuraturus ierat. Quae absentia imperii sui fines invadendi injusto pervasori locum dedit. Qui accepto regno, fratrem regis nefandissima proditione interemit. Sed divina ultio subsecuta, impiumque percutiens, regnum cui debebatur restituit. Hardecnut itaque, recepto regno, maternis per omnia parens consiliis, divitias ampliando regnum imperialiter obtinuit. Usus quin etiam egregia liberalitate fratri, utpote decebat, secum regni decus atque divitias impertivit. His enim animadversis, o lector, vigilique, imo etiam perspicaci oculo mentis perscrutato textu, intellige hujus libelli seriem per omnia reginae Emmae laudibus respondere.

LIBER PRIMUS.

Regem Danorum Sueinum, inquam, veridica comperi relatione omnium sui temporis regum ferme fortunatissimum exstitisse, adeo ut (quod raro contingere solet) principiis felicibus, secundum Deum et sæculum, multo felicior responderet exitus. Hic denique a nobilissimis, quod primum est inter homines, duxit originem, magnumque sibi decus secundum sæculum peperit imperii quod administrabat regimen. Tantam deinde illi gratiam divina concessit virtus, ut etiam puerulus intimo affectu diligeretur ab omnibus, tantum patri proprio invisus, nulla hoc promerente puerili culpa, sed sola turbante invidia. Qui factus juvenis, in amore quotidie crescebat populi, unde magis magisque invidia augebatur patri; adeo ut eum a patria non jam clanculum, sed palam vellet expellere; jurejurandoque asserens eum post se regnaturum non esse. Unde dolens exercitus, relicto patre, hærebat filio et eum defensabat sedulo. Hujus rei gratia congrediuntur in prælio, in quo vulneratus fugatusque pater ad Sclavos fugit, et non multo post ibi obiit, et Suein ejus solium quiete tenuit. Quam strenue vero prudenterque interim sæcularia disposuerit negotia, paucis libet ad memoriam reducere, quatenus his interpositis facilius sit gradatim per hæc ad subsequentia descendere. Denique cum nullo hostium incursu trepidus pacem in securitate ageret, periculi semper velut instantis metuens, in castris vivebat, quod hostibus, si adessent, nullatenus fortasse resisteret, nihilque suis quæ bello necessaria forent præparando patiebatur remitti, scilicet ne per otium, ut assolet, viriles emollirentur animi. Nullum tamen adeo difficile invenire poterat negotium ad quod invitos impulisset milites, quos multa liberali munificentia sibi fecerat obnoxios et fideles. Atque, ut scias quantus suorum fuerit in præcordiis affectus, pro certo affirmare valeam quod nullus formidine mortis periculo refugeret, ejusque pro fidelitate hostibus innumeris solus, armatis etiam, manibus nudis imperterritus occurreret, si euntibus tantum regale præmonstraretur signum. At ne me credat aliquis hæc falsa fingendo alicujus amoris gratia compilare, recte animadvertenti in subsequentibus patebit utrum vera dixerim an minime. Omnibus enim liquet procul dubio quoniam humanitatis ita sese habeat consuetudo, ut plerumque ex rebus prospere redeuntibus mentes quorumdam plus æquo exagitet cogitationum æstus, atque ex nimia in otio licentia aggrediuntur aliqui quod vix cogitare, nedum facere, audent in adversitate positi. Ita etiam prælibati regis militibus, cum incompositæ pacis diuturnitate cuncta cessissent prospere, firma sui pro benefactis domini fretis stabilitate, eadem ipsi agitanti placuit studere terram Anglicam invadendo sorte bellica imperii sui finibus adjicere. « Turchil, inquiunt, princeps militiæ tuæ, domine rex, licentia a te accepta, abiit ut fratrem suum inibi interfectum ulcisceretur, et, magnam partem exercitus tui abducens, vicisse se gaudet; et nunc meridianam partem provinciæ victor obtinet, ac mavult ibi exsul degens, amicusque factus Anglorum, quos tua manu vicit gloriari, quam exercitum reducens tibi subdi, tibique victoriam aseribi. Et nunc fraudamur sociis

et quadraginta puppibus quas secum duxit onustas de Danorum bellatoribus primis. Non tam grave dominus noster patiatur dispendium, sed abiens cupientem ducat exercitum, et illi Turchil contumacem acquiremus cum suis satellitibus, eis quoque fœderatos Anglos cum omnibus eorum possessionibus. Scimus enim diu eos non posse resistere, quia nostrates viri ad nos transibunt facile. Quod si eos velle contigerit, rex duci suo Danisque parcens, eos honoribus ampliabit. Si autem noluerit, quem despexere sentient. Hac illaque patria privati inter primos hostes regis pœnas luent. »

Hujus rei adhortationem rex ubi audiit, primum secum mirari non mediocriter cœpit, quia quod ipso diu dissimulanti celantique in mentem venerat, itidem militibus cogitationem ejus ignorantibus animo sederat. Accersito itaque Cnutone filio suo majore, quid sibi super hoc negotii videretur, orsus est inquirere. Inquisitus autem ille a patre, metuens ne redargueretur si placito contrairet techna socordiæ, non tantum terram adeundam esse approbat, verum etiam instigat hortaturque ne mora ulla incœptum detineat. Ergo rex consultu optimatum firmatus, militumque benevolentia fisus, classem numerosam jussit parari et universam militiam Danorum undique moneri, ut statuto die armata adesset et regis sententiam audiens, quæque imperarentur devotissime expleret. Cursores mox provinciæ ex jussu domini sui cunctam pergyrant regionem, quietam quoque commonefaciunt gentem, ne quis ex tanto exercitu deesset, quin omnis bellator terræ aut iram regis incurreret, aut jussioni ejus advolaret. Quid ergo? Absque contradictione adunantur, instructique armis bellicis gregatim regi suo præsentantur, ostentantes se paratos ad periculum et ad mortem, si tantum domini sui queant perficere voluntatem. Rex autem videns populum innumerabilem, voce præconaria jussit suam patefieri voluntatem, se velle scilicet classem adversum Anglos armare, ditionique suæ omnem hanc patriam ferro dolisve subjicere. Quod ubi omnibus visum esset laudabile, elegit primum qui regnum suum deberent custodire, ne, dum alienum incaute appeteret, illud quod securus tenebat amitteret et intentus in utroque neutri imperaret. Habebat enim filios duos bonæ indolis, ex quibus primogenitum suo junxit comitatui; natu vero minorem præfecit universi regni dominatui, adjuncta ei copia militari, paucisque primatum qui puerulum sagaciter instituerent et qui huic consiliis armisque pro muro essent.

Omnibus ergo rite dispositis, recensuit comites expeditionis, relictoque minore filio suo in sede, adiit navigium vallatus armato milite. Nec mora, concurritur undique ad littora, circumfertur passim armorum seges multigena. Aggregati tandem turritas ascendunt puppes, æratis rostris duces singulos videntibus discriminantes. Hinc enim erat cernere leones auro fusiles in puppibus, hinc autem volucres in summis malis venientes austros suis signantes versibus, aut dracones varios minantes incendia de naribus. Illinc homines de solido auro argentove rutilos, vivis quodammodo non impares, atque illinc tauros erectis sursum collis, protensisque cruribus, mugitus cursusque viventium simulantes, Videres, quoque delphinos electro fusos, veteremque rememorantes fabulam de eodem metallo centauros. Ejusdem praeterea caelaturae multa tibi dicerem insignia, si non monstrorum, quae sculpta inerant, me laterent nomina. Sed quid nunc tibi latera carinarum memorem, non modo ornatitiis depicta coloribus, verum etiam aureis argenteisque aspera signis? Regia quoque puppis tanto pulchritudine sui caeteris praestabat, quanto rex suae dignitatis honore milites antecedebat. De qua melius est ut sileam, quam pro magnitudine sui pauca dicam. Tali itaque freti classe, dato signo repente gaudentes abeunt, atque, ut jussi erant, pars ante, pars retro, aequatis tamen rostris, regiae puppi se circumferunt. Hic videres crebris tonsis verberata late spumare caerula, metallique repercussum fulgore solem duplices radios extendere in aera. Quid plura? Tandem quo intendebant animi appropiabant finibus, cum finitimos mari patrienses ejus rei sinister commovit nuntius. Nec mora, quo regia classis anchoras fixit, incolae ejus loci concurrunt ad portam, potentiori se frustra parati defendere intrandi aditum. Denique relictis navibus regii milites ad terram exeunt, et pedestri pugnae intrepidi sese accingunt. Hostes primo duriter contra resistentes dimicant, postea vero periculi formidine versi in fugam, sauciandi occidendique copiam persequentibus praestant. Ita rex ex affectu primo praelio usus, adjacentem regionem invadit, fusis fugatisque hostibus. Tunc tali successu factus audentior, ad naves redit et reliquos portus, qui plures eam terram cingunt, eadem ratione invadit. Postremo universam patriam tanto labore perdomuit, ut, si quis omnem historiam ejus ad plenum percurrere velit, non modicum auditores fatigabit et sibimet injurius erit, dum, ut voluit, omnia perstringere minime valebit. At ego, haec alteri narranda relinquens, tangendo transire percupio et ad alia festinando, stylum applicabo ad Sueini obitum, ut festivi regis Cnutonis regni elucidare queam exordium. Namque ubi jam saepedictus rex tota Anglorum patria est inthronisatus, et ubi jam pene illi nemo restitit, pauco supervixit tempore, sed tamen illud tantillum gloriose. Praesciens igitur dissolutionem sui corporis imminere, filium suum Cnutonem, quem secum habuit, advocat, sese viam universae carnis ingrediendum indicat. Cui dum multa de regni gubernaculo, multaque hortaretur de Christianitatis studio, Deo gratias, illi virorum dignissimo sceptrum commisit regale. Hujus rei facto maxime Dani, quibus legitime praeesse debuit, favent, eumque patre adhuc vivente regem super se constitui gaudent. Hoc ita facto, pater orat filium ut, si quando nativitatis suae rediret ad terram, corpus paternum reportaret secum, neve pateretur se alienigenam in externis tumulari terris. Noverat enim quia pro invasione regni illis exosus erat populus. Nec multo post postrema naturae persolvit debita, animam remittendo coelestibus, terrae autem reddendo membra.

LIBER SECUNDUS.

Mortuo patre, Cnuto regni parat retinere sceptrum, sed ad hoc minime sufficere potuit, deficiente copia fidelium. Angli siquidem, memores quod pater ejus injuste suos invasisset fines, ad expellendum eum, ut pote qui juvenis erat, omni regni pariter collegerunt vires. Quo comperto rex, clam per fideles amicos reperto honoris sui consilio, classim sibi praeparari jubet; non quod asperos eventus belli metuendo fugeret, sed ut fratrem suum Haraldum, regem scilicet Danorum, super tali negotio consuleret. Paterna itaque classe repetita, instauratoque remige, ventis marique regalia commisit carbasa, sed tamen non omnem militiam secum reduxit, quae cum patre suo secumque patriam introivit. Nam Thurchil, quem principem militiae praediximus, terra quod esset optima inspecto, maluit conversari vitam fertili patria, cum patriensibus pace confecta, quam velut expulsus demum redire ad propria. Et, ut aiunt quidam, hoc non facit despiciendo dominum, sed uti, cum resumptis viribus fratrisque auxilio repedaret ad debellandum regnum, aut optimates regni consilio suo ad deditionem flecteret, aut, si id parum processisset, dimicantes contra dominum suum hostes incautos a tergo caederet. Cujus rei patet veritas ex eo quod secum maximam partem militum retinuit, quodque rex non amplius quam sexaginta naves secum abire permisit.

Prospero itaque cursu rex natales ad fines [pervenit. Ed. P.] cum mirarentur omnes solitarium reditum ejus, quantum ad regem, patri antea fideles. Haraldi regis subito complevit volitans fama palatia, fratrem ejus majorem, Cnutonem scilicet, sua advenisse littora. Miratur rex omnisque pariter exercitus, atque adhuc nescii duros ipsius praesagiebant casus. Igitur a latere regis milites diriguntur delecti, paratique in occursum transmittuntur equi. Fraternus siquidem amor fratris eum movebat inservire decori. Cumque tandem honorifice, utpote regem decet, fraterna subintraret limina, frater ipse in primo aditu occurrit, mutuoque brachiorum connexione pressis corporibus, sibi invicem pia quam saepe defigunt oscula. Collum utriusque partim pro amore, partim que pro patris morte fusae madefecere lacrymae; quibus vix exstinctis multo refocillantur affamine. Ubi dum quisque fortunam fratris inquireret, propriam quoque patefaceret; Cnuto, qui natu major fuerat, sic Haraldum fratrem alloquitur : « Adveni, frater, partim causa tui amoris, partim vero ut declinarem improvisam temeritatem barbarici furoris; non tamen metuens bellorum, quæ meæ repetam gloriæ, sed ut tuo consultu edoctus, præsidioque suffultus, redeam certus victoriæ. Est autem primum, quod mihi facies, si non gloriæ meæ invides, ut dividas mecum regnum Danorum, meam scilicet hæreditatem, quam solus tenes, deinde regnum Anglorum, si communi opera poterimus nostræ hæreditati adjicere. Unum horum quodcunque elegeris feliciter teneto, et ego aliud similiter tenebo. Hujus rei gratia tecum hiemabo, ut tempus tuo sufficiat consilio et, ut expedit, reparentur naves et exercitus, ne deficiant necessaria, dum pugnæ ingruerit tempus. Thurchil noster, nos relinquendo, ut patrem, in terra resedit et magnam partem navium nostrarum retinuit et, ut reor, nobis adversariis erit, sed tamen non prævalebit. »

Haraldus rex, audito quod noluit, his fratrem verbis excepit : « Gaudeo, frater, de tuo adventu, habeoque gratias tibi quod me visitasti; sed est grave auditu quod loqueris de divisione regni. Hæreditatem quam mihi pater, te laudante, tradidit, guberno; tu vero hanc majorem si amisisti doleo, teque juvare paratus regnum meum partiri non sustinebo. » Hoc Cnuto audiens, fratremque recte locutum tacite perpendens : « Hoc tempore de hoc sileamus, inquit. Deus enim rectius fortasse hoc solus ordinavit. » Talibus aliisque diversis sermonibus colloquentes, conviviisque regalibus convivantes, aliquanto tempore simul manserunt, et naves meliorantes exercitum restauraverunt. Pariter vero Sclavoniam adierunt, et matrem suam, quæ illic morabatur, reduxerunt.

Interea quædam matronarum Anglicarum navim sibi fecit parari, et assumpto corpore Sueini regis sua in patria sepulti, illoque aromatibus condito, palliisque velato, mare adiit, et prospero cursu appulsa ad portus Danorum pervenit. Mittens ergo utrisque fratribus nuntium, mandat corpus adesse paternum, et hoc maturent suscipere, tumuloque quod sibi præparaverat locare. Illi hilares adsunt, honorifice corpus suscipiunt, honorificentiusque illud in monasterio in honore sanctæ Trinitatis ab eodem rege constructo, in sepulcro quod sibi paraverat recondunt. Quo perfecto, jamque appropiante sole æstivo accelerat Cnuto, redintegrato exercitu, redire, suasque injurias vindicare. At illi circa littora deambulanti subito apparescunt carbasa non multa in medio mari. Nam Turchil memor quod Sueino fecerat, et quod tunc in terra Anglica absque licentia domini sui Cnutonis inconsulte remanserat, cum novem navibus earumque exercitu dominum suum requisivit, ut ei patefaceret quia non contra ejus salutem se recedere remanserit. Qui veniens non præsumpsit littora injussus subire, sed ejectis anchoris, præmissisque nuntiis, poscit se portus sub-

intrare licere. Quod ubi concessum est, ascendit, misericordiamque domini sui quæsivit, et illi multo labore conciliatus, dat fidei sacramentum se illi deinceps fideliter serviturum. Cum quo mense plus integro moratur, et ut ad Anglos redeat hortatur, dicens eum leviter illos posse superare, quorum fines longe lateque notificarentur utrisque. Præsertim aiebat se triginta naves in Anglorum patria cum exercitu fidissimo reliquisse, qui venientes susciperent honorifice, lucerentque per fines totius patriæ. Tunc rex valedicens matri et fratri, curvi littoris repetiit confinia, qua jam adunaverat ducentarum navium speciosa spectacula. Nam hic erat tanta armorum copia, ut una earum navium, si omnibus reliquis defecissent, sufficeret abundantissime tela. Erant autem ibi scutorum tanta genera, ut crederes adesse omnium populorum agmina. Tantus quoque decor inerat puppibus, ut intuentium hebetatis luminibus, flammeæ magis quam igneæ viderentur a longe aspicientibus. Si quando enim sol illis jubar immiscuit radiorum, hinc resplenduit fulgor armorum, illinc vero flamma dependentium clypeorum. Ardebat aurum in rostris, fulgebat quoque argentum in variis navium figuris. Tantus siquidem classis erat apparatus, ut, si quam gentem ejus vellet expugnare Dominus, naves tantum adversarios terrerent, priusquam earum bellatores pugnam ullam capesserent. Nam quis contrariorum leones auri fulgore terribiles, quis metallinos [metallicos?] homines aureo fronte minaces, quis dracones obryzo ardentes, quis tauros radiantibus auro cornibus necem intentantes in puppibus aspiceret, et nullo metu regem tantæ copiæ formidaret? Præterea, in tanta expeditione nullus inveniebatur servus, nullus ex servo libertus, nullus ignobilis, nullus senili ætate debilis. Omnes enim erant nobiles, omnes plenæ ætatis robore valentes, omnes cuivis pugnæ satis habiles, omnes tantæ velocitatis, ut despectui eis essent equitantium pernicitates.

Talis itaque milities fastuosis scansis ratibus intrat pelagus, solutis a littore anchoris et funibus. Jalique verrit impetu fluctus, ut alatis puppibus hanc supervolare undas putares, vix tanto mari rudentibus. Regalis autem navis reliquis erat honor et intentio, quia nulla aliis inerat optio, nisi tantum ut regis sui fasces ampliarent toto studio. Exspectabili itaque ordine, flatu secundo, Sandhuich, qui est omnium Anglorum portuum famosissimus, sunt appulsi, ejectisque anchoris, baculis exploratores se dedunt littori, et citissime finitima tellure explorata, ad nota recurrunt navigia, regique edicunt adesse resistentium parata millia. Patrienses enim regi Danisque ferventissime rebellare ardentes, quas sibi ad luctam sufficere credebant, adunaverant phalanges, conglobatique in unum conspirati advolitabant, dextris nobilium morituri. Tunc Turchil tempus intuens instare, quo fidelitatem suam domino suo valebat patefacere : « Ego, inquit, hoc certamen domino meo accurabo cum meis evincere, nec regem meum ad bellandum, utpote juvenem ferventissimum, huic misceri patiar pugnæ. Nam si victor fuero, regi ipsi triumphabo; si autem cecidero, sive tergum dedero, non Anglis gloriæ erit adeo; quia rex supererit, qui et prælium restaurabit et fortasse victor meas injurias vindicabit. » Hoc dictum cum sanæ mentis esse videretur omnibus, annuente rege ascendit cum suis e navibus, dirigens aciem contra Anglorum impetum, qui tunc in loco Scorastan dicto fuerat congregatus. Quadraginta denique navium et eo amplius, Danorum exercitus ascenderat, sed adhuc hic numerus medietati hostium minime par fuerat. At dux eorum magis fisus virtute quam multitudine, omnes rumpens morulas, classica insonuit, gradiens in prima fronte, et, mente semper Dei auxilium exorans, quæque obvia metebat mucronis acie. Angli vero in primis fortiores dira cæde Danos obtruncarunt, in tantum ut pene victoriam adepti adversarios fugere cogerent, si non ducis alloquio retenti memoresque virtutis fugam erubescerent. Namque memorabat ille abesse diffugium, in terra scilicet hostes, et a littore longe remotas puppes; ideoque, si non vincerent, quod pariter occumbere deberent. Unde illi animosiores effecti, in prælio illico manifestant quam periculosa sit desperatio. Enimvero de refugio fugæ desperati tanta in hostes debacchati sunt insania, ut non tantum mortuorum aspiceres corpora cadentia, verum etiam vivorum ictus declinantia. Tandem ergo potiti optata victoria, suorum quæ reperire poterant, tumulabant membra. Ab adversariis quoque diripientes spolia, revertuntur, et ad jacentem regionem invadendam accinguntur. Hoc primum decus Thurchil armis Cnutonis auxit, et magnam partem patriæ pro hoc postmodum promeruit.

At tunc ad dominum regressus, ei et sociis suos indicat eventus, facitque eos spoliis quæ attulit ardentiores ad pugnam; manubiis lætus et palmæ successibus. Quo exemplo Eric quidam dux et princeps provinciæ quæ Northwega dicitur, incitatus (nam et is Cnutonis regis intererat officialibus, jamdiu illi subditus, vir armis strenuus, omni honorificentia dignus), accepta licentia, cum suis est egressus; et partem terræ aggressus spolia diripuit, vicos invadendo destruxit, occurrentes sibi hostes domuit, et multos ex eis captivavit, tandemque victoriosus ad socios cum spoliis redit. Quo reverso, rex parcens patriæ, prohibuit ultra eam prædari, sed jussit civitatem Londoniam metropolim terræ obsidione teneri, quia in ea confugerant optimates et pars exercitus et maximum (ut est populosissima) vulgus. Et quia hoc pedites equitesque nequibant explere (undique enim mari quodammodo non pari vallantur flumine), turritis puppibus eam coangustare fecit, et firmissima vallatione tenuit. Deus itaque, qui omnes homines vult magis salvare quam perdere, intuens has gentes tanto periculo laborare, cum principem qui interius civitate præsidebat, educens e corpore, junxit quieti sempiternæ, ut, eo defuncto, liber Cnutoni ingressus pateret et utrique populo confecta pace paulisper respirare copia esset. Quod et factum est. Nam cives, suo honorifice sepulto principe, initoque salubri consilio, elegerunt internuntios mittere, et regi placita mandare, videlicet ut dexteram illis daret et civitatem pacifice susciperet. Hoc ubi Cnutoni satis videretur probabile facto, fœdus firmatum est, ingressui ejus die constituto. At pars interioris exercitus sprevere statutum civium, latenterque, nocte illa cujus sequenti die ingressus est rex, cum filio defuncti principis egressi sunt civitatem, ut experirentur rursus collecta innumerabili manu si forte a finibus suis valerent arcere ingressum regem. Nec quieverunt, quousque omnes pene Anglos sibi magis adhuc acclives quam Cnutoni conglobarent. Cnuto autem civitatem intravit et in solio regni resedit, sed tamen Londonienses non sibi adhuc esse fideles credidit. Unde et navium stipendia illa æstate restaurare fecit, ne, si forte exercitus adversariorum civitatem oppugnaret, ipse ab interioribus hostibus exterioribus traditus interiret. Quod cavens, rursus ad tempus ut prudens cessit et, ascensis ratibus ac civitate relicta, insulam Scepei dictam cum suis petiit, ibique hiemans pacifice eventum rei exspectavit.

Edmundus itaque (sic enim juvenis qui exercitum collegerat dictus est), recedente Cnutone, cum populo non mediocri, sed innumerabili veniens, civitatem pompaticæ ingreditur, et mox eum universi sequuntur, obtemperant, et favent, et virum fortem fieri suadent, dicentes quod eum magis quam Danorum principem eligerent. Erat quoque ejus partis comes primus Edricus, consiliis pollens, sed tamen dolositate versipellis, quem sibi ad aurem posuerat Edmundus in omnibus negotiis. Fertur autem ipse juvenis illo tempore domino Cnutoni recedenti singularem pugnam obtulisse, sed rex sapiens dicitur sic respondisse : « Ego tempus luctæ præstolabor congrue, dum non casum suspectus, certus fuero victoriæ. Tu vero, qui aves duellum in hieme, cave ne deficias etiam aptiori tempore. » Sic rex, ut dictum est, in Scepei quod est dictum Latine Insula ovium, ut poterat, hiemavit. Edmundus autem in Londonia, dimisso exercitu, ultimam hiemem duxit.

Recedenti vero brumali tempore, tota Quadragesima rursus militiam adunavit, et mox post Paschales dies regem et Danos a finibus Anglorum deturbare paravit, et veniens cum innumerabili multitudine, eos subito cogitavit invadere. At sermo non latuit Danos, qui puppibus posthabitis petunt arida, aptantes se excipere quæque obvia. Erat namque eis vexillum miri portenti, quod, licet credam posse esse incredibile lectori, tamen, quia verum est, veræ inseram lectioni. Enimvero, dum esset simplicissimo candidissimoque intextum serico, nullius figuræ in eo inserta esset imago, tempore belli semper in eo videbatur corvus, ac si intextus, in victoria suorum quasi hians ore, excutiensque alas, instabilisque pedibus et suis devictis quietissimus, totoque corpore demissus. Quod requirens Turchil auctor primi prælii : «Pugnemus, inquit, viriliter socii, nihil enim nobis erit periculi. Hoc denique testatur instabilis corvus præsagientis vexilli. » Quo audito, equi audentiores effecti, ferratisque induviis indurati, occurrunt Anglis in Æsceneduno loco, quod nos Latini montem fraxinorum possimus interpretari. Ibique nondum congressione facta, Edric, quem primum comitum Edmundi diximus, hæc suis intulit affamina : «Fugiamus, o socii, vitamque subtrahamus morti imminenti, alioquin occumbemus illico. Danorum enim duritiam nosco. » Et velato vexillo quod dextra gestabat, dans tergum hostibus, magnam partem militum bello fraudabat. Et, ut quidam aiunt, hoc non causa egit timoris, sed dolositatis, ut postea claruit, quia hoc cum clam Danis promisisse, nescio quo pro beneficio, assertio multorum dicit. Tunc Edmundus hoc intuitus et undique angustiatus : « O Angli, inquit, aut hodie bellabitis, aut omnes una in deditionem ibitis. Pugnate igitur pro libertate et patria, viri cordati. Hi quippe qui fugiunt, utpote formidolosi, si non abirent, essent impedimento exercitui. » Et hæc dicens, in medios ingreditur hostes, circumquaque cædens Danos, nobiles hoc exemplo suos reddens ad bellandum proniores. Commissum est ergo prælium pedestre gravissimum, dum Dani licet pauciores nescii cedere, magis eligerent internecionem quam fugæ periculum. Resistunt itaque viriliter et prælium hora diei nona cœptum ducunt in vesperam, se gladiis haud sponte opponentes, sed gladiorum aculeis valuntarius [valentius] alios urgentes Cadunt utriusque partis armati, plus tamen ejus quæ erat numero eminentiori. At ubi jam advesperante noctis adessent tempora, vincit amor victoriæ tenebrarum incommoda, quia neque horrebant tenebras, instante cura majore, neque etiam nocti dignabantur cedere, in hostem tantum dum ardebant prævalere. Et nisi luna clarescens ipsum monstraret hostem, cæderet quisque suum commilitonem, ut inimicum resistentem, nullusque utriusque partis superviveret, nisi quem fuga salvasset. Interea cœperunt Angli fatigari, paulatimque fugam meditari, dum intuentur Danos in hoc conspiratos quatenus aut vincerent aut usque ad unum omnes una perirent. Videbantur enim iis tunc numerosiores et in tam diutina conflictatione fortiores. Fortiores namque eos æstimabant vera suspicione, quia jam stimulis ferri commoniti, casuque suorum turbati, magis videbantur sævire quam bellare. Unde Angli, terga vertentes, hac et illac fugitant absque mora, semper ante adversarium cadentes, adduntque decus Cnutonis et victoriæ, decorato Edmundo fugiente principe. Qui licet devictus valentioribus cedens recederet, tamen adhuc non penitus desperans, tutis se commisit locis, ut demum, fortiori multitudine collecta, iterum experiretur si quid forte sibi boni succedere posset.

At Dani fugientes non longe sunt persecuti, quia incogniti [f., incognitis. ED. P.] locorum noctis obscuritate sunt retenti. Angli vero loci non inscii, cito a manibus hostium sunt elapsi, eos relinquentes ad spolia, seseque dantes ad inhonesta refugia.

Tunc victores sua læti victoria, transacta jam nocte plus media, pernoctant quod supererat inter mortuorum cadavera. Non autem in nocte spolia dirimunt, sed interim suos requirunt, seseque adunantes ut securiores esse possent, simul omnes uno in loco perstiterunt. Illucescente vero jam mane, suorum agnoscunt multos in prælio cecidisse, quorum cadavera ut poterant tumulavere. Ab adversariorum quoque membris abradunt spolia, bestiis et avibus eorum relinquentes morticina, et ad naves redeuntes, Londoniamque repetentes, saniora sibi quærunt consilia. Similiter et Angli suo cum principe sibi consulunt et super hoc negotii Dei auxilium quærunt, ut qui totiens armis sunt devicti, saltem aliquo consilio valerent remanere suffulti. Jam etiam Edricus, qui antea a bello recessit profugus, ad dominum suum et ad socios rediit et susceptus est, quia vir boni consilii fuit. Is surgens in medio agmine, omnes tali allocutus est sermone : « Licet omnibus pene vobis sim invisus, quia bello cessi, tamen si vestris sederet animis dictis parere mei consilii, victoriosiores effici meo consultu possetis, quam si totius terræ his viris resisteretis armis. Satis enim Danorum victorias expertus, frustra nos reniti omnino scio, et ob hoc me subtraxi a prælio, ut vobis postmodum prodessem consilio, non ut vos æstimatis, perculsus timore aliquo. Dum enim scirem necesse esse me fugere, quid satius fuit, aut vulneratum, aut sanum recedere ? Est procul dubio certa victoria interdum ab fortiori hoste elabi fuga, cui nequit resisti per arma. Omnes enim qui adsumus, proh dolor! fugimus. Sed ne hic casus vobis eveniat ulterius, dextras Danis demus, ut, ipsos fœderatos habentes, fugam periculumque bellorum sic saltem declinemus. Attamen hoc aliter nequit fieri, nisi divisione regni nostri. Et melius esse judico, ut medietatem regni rex noster cum pace habeat, quam totum pariter invitus amittat. » Placuit sermo optimatibus, et, licet invitus, hoc tamen annuit Edmundus; electisque internuntiis, præmittit ad naves Cnutonis, qui dextras Danis dent et accipiant ab eis. Quos ubi primum Dani venientes intuentur, exploratores eos esse suspicantur, sed postquam propius eos vident accedere, accersitis eis quidnam quæsierunt orsi sunt rogitare. Discentes vero ab eis pro conficienda pace eos venire, lætantes eos sistunt conspectibus regis. Erant enim obnixe optantes prospera pacis, jam lassi bellorum et continuatione navigationis. Tunc missi, rege pacifice salutato : « Miserunt nos, inquiunt, ad te, o rex, princeps noster et procerum nostrorum multitudo, ut consertias eis de pace, et datis nobis dextris et obsidibus, a nobis itidem recipias cum regni medietate. Dominare in boreali parte cum quiete ; e regione autem sit noster Edmundus in finibus meridianæ plagæ. Hujus rei gratia ad te sumus legati, tu vero bene faciens placito consenti. Alioquin, licet simus semel et iterum a vobis bello deturbati, adhuc tamen majori violentia roborabimur vobiscum bellaturi. » Quibus rex non temere respondit; sed, ipsis amotis, consilium a suis quæsivit, et sic eis postmodum pacifice consensit. Audierat enim a suis quod multi suorum defecissent, nec erat qui locum morientium suppleret, cum longe remoti a propria patria essent; Anglorum quoque quanquam perplurimi interficerentur, numerus eorum non adeo minuebatur, quia in propriis positis semper qui morientis locum restauraret inveniebatur. Revocatis itaque internuntiis : « Vestris, inquit rex, o juvenes, legationibus consentio, et, uti dixistis, media mihi libere erit regio. Sed tamen vectigal etiam suæ partis vester rex, quicumque ille fuerit, exercitui dabit meo. Hoc enim illi debeo, ideoque aliter pactum non laudo. »

Fœdere itaque firmato, obsides dantur ab utraque parte, et sic exercitus solutus bellorum importunitate, optata lætus potitur pace. Verumtamen Deus memor suæ antiquæ doctrinæ, scilicet omne regnum in seipsum divisum diu permanere non posse, non longo post tempore Edmundum eduxit e corpore, Anglorum misertus imperii, ne forte uterque superviveret, neuter regnaret secure et regnum diatim adnihilaretur renovata contentione. Defunctus autem regius juvenis regio tumulatur sepulcro, defletus diu multumque a patriensi populo, cui Deus omne gaudium tribuat in cœlesti solio. Cujus rei gratia eum Deus jusserit obire, mox deinde patuit, quia universa regio illico Cnutonem sibi regem elegit, et cui ante omni conamine restitit, tum sponte sua se illi et omnia sua subdidit.

Ergo miseratione divina monarchiam regni Cnuto vir strenuus suscepit, et nobiliter duces et comites suos disposuit, et sine tenus deinceps regnum Anglorum pacifice tenuit. Erat autem adhuc primæva ætate florens, sed tamen indicibili prudentia pollens. Unde contigit ut eos quos antea Edmundo sine dolo fideliter militare audierat, diligeret, et eos quos subdolos scierat atque tempore belli in utraque parte fraudulenta tergiversatione pendentes odio haberet; adeo ut multos principum quadam die occidere pro hujusmodi dolo juberet. Inter quos Edricus qui a bello fugerat, cum præmia pro hoc ipso a rege postularet, ac si hoc pro ejus victoria fecisset; rex subtristis : « Qui dominum, inquit, tuum decepisti fraude, mihi ne poteris fidelis esse? Rependam tibi condigna præmia, sed ea ne deinceps tibi placeat fallacia. » Et Erico duce suo vocato. « Huic, ait, quod debemus persolvito, videlicet, ne nos decipiat, occidito. » Ille vero nil moratus, bipennem extulit, eique ictu valido caput amputavit, ut hoc exemplo discant milites regibus suis esse fideles, non infideles.

Omnibus itaque rite dispositis, nil regi defuit absque nobilissima conjuge, quam ubique sibi jussit inquirere, ut inventam hanc legaliter acquireret et adeptam imperii sui consortem faceret. Igitur per regna et per urbes discurritur et regalis sponsa perquiritur, sed longe lateque quæsita, vix tandem digna reperitur. Inventa est vero hæc imperialis sponsa in confinitate Galliæ et præcipue in Northmannensi regione, stirpe et opibus ditissima, sed tamen pulcritudinis et prudentiæ delectamine omnium ejus temporum mulierum præstantissima, utpote regina famosa. Propter hujuscemodi insignia multum appetebatur a rege et pro hoc præcipue quod. erat oriunda ex victrici gente, quæ sibi partem Galliæ vindicaverat, invitis Francigenis et eorum principe. Quid multis immoror? mittuntur proci ad dominam, mittuntur dona regalia, mittuntur etiam verba precatoria. Sed abnegat illa se unquam Cnutonis sponsam fieri, nisi illi jurejurando affirmaret quod nunquam alterius conjugis filium post se regnare faceret, nisi ejus, si forte illi Deus ex eo filium dedisset. Dicebatur enim ab alia quadam rex filios habuisse. Unde illa suis prudenter providens, scivit ipsi, sagaci animo profutura præordinare. Placuit ergo regi verbum virginis, et jurejurando facto, virgini placuit voluntas regis. Et sic, Deo gratias, domina Emma mulierum nobilissima fit conjux regis fortissimi Cnutonis. Lætatur Gallia, lætatur etiam Anglorum patria, dum tantum decus transvehitur per æquora. Lætatur, inquam, Gallia, tantam tanto regi dignam se enixam. Anglorum vero lætatur patria, talem se recepisse in oppida. O res millenis millies parata votis, vixque tandem effecta, auspicante gratia Salvatoris ! Hoc erat quod utrobique vehementer jamdudum desideraverat exercitus, scilicet ut tanta tanto digna etiam digno maritali convinculata jugo, bellicos sedaret motus. Quid enim majus ac desiderabilius esse posset in votis, quam damnosos ingratosque labores belli placida finiri tranquillitate pacis, cum pares paribus vi corporis virtuteque animi concurrerent? cumque nunc hi, nunc vero illi, alternante casu belli, non sine magno detrimento sui, vincerent?

Verum, ubi divina dispensatione, multisque alterutrum diu habitis internuntiis, maritali se tandem copula placuit confederari, difficile creditu est quanta repente in utrisque alteri de altero exorta sit magnitudo gaudii. Gaudebat enim rex nobilissimis insperato se usum thalamis; hæc autem hinc præstantissima virtute conjugis, hinc etiam spe gratulabunda accendebatur futuræ prolis. Inæstimabiliter quoque uterque gaudebat exercitus, opes suas communibus sperans augendas viribus, ut rei postmodum probavit exitus. Quamplures enim populi domiti bello, gentesque complures longe distantes vita, moribus, etiam et lingua, æternaliter regi regiæque posteritati annua compulsi sunt solvere vectigalia. Sed quid mirum, si tantus talisque rex repugnantes sibi dimicando devinceret? cum quamplurimos partim liberali largitione, partim patrocinandi gratia imperio suo ultroneos submitteret? profecto non mirum. Quoniam illic divina aspirat gratia, ubi justitiæ probitatisque æqua libratur trutina.

Sed quid multis immoror? gaudium magnum in conjugatione tantorum dixi fuisse, multo autem amplius dico, suscepta masculæ prolis opportunitate. Non multo post siquidem, Salvatoris annuente gratia, filium peperit nobilissima regina. Cujus cum uterque parens intima, atque ut ita dicam, singulari gauderet dilectione, alios vero liberales filios educandos direxerunt Northmanniæ, istum hic retinentes, sibi utpote futurum hæredem regni. Itaque dilectissimum pignus, uti mos est catholicis, sacro abluunt fonte baptismatis, imponuntque ei vocabulum quodammodo obtinens indicium futuræ virtutis. Vocatur siquidem Hardecnuto, nomen patris referens cum additamento. Cujus si etymologia teutonice perquiratur, profecto quis quantusve fuerit dignoscitur. Harde quidem, *velox* vel *fortis*, quod utrumque, multoque majus his, in eo uno cognosci potuit, quippe qui omnes sui temporis viros omnium virtutum præstantia anteivit. Omnes igitur ejus virtutes enumerare nequeo. Quapropter, ne longius a proposito exorbitem, supra repetam, historiæque sequar ordinem.

Adulto denique puero, de quo sermo agitur, pater adhuc in omni felicitate degens, omne regnum suæ ditioni subjectum sacramento devinxit, eumque postmodum ad obtinendam monarchiam regni Danorum cum delectis militibus misit. Cum autem rex Cnuto solum imprimis Danorum obtineret regimen quinque regnorum, scilicet Danomarchiæ, Angliæ, Britanniæ, Scotiæ, Northwegæ, vindicato dominio, imperator exstitit. Amicus vero et familiaris factus est viris ecclesiasticis, adeo ut episcopis videretur coepiscopus pro exhibitione totius religionis, monachis quoque non sæcularis, sed cœnobialis pro continentia humillimæ devotionis. Defensabat sedulo pupillos et viduas, sustentabat orphanos et advenas, leges oppressit iniquas, earumque sequaces; justitiam et æquitatem extulit et coluit, ecclesias exstruxit et honoravit, sacerdotes et clerum dignitatibus ampliavit, parem et unanimitatem omnibus suis indixit; ut de eo illud Maronicum dici posset, nisi extra catholicam fidem hoc fuisset.

Nocte pluit tota, redeunt spectacula mane :
Divisum imperium cum Jove Cæsar habet.

Deo omnibus modis placita studuit, ideoque quidquid boni agendum esse didicerat non negligentiæ sed operationi committebat. Quæ enim ecclesia adhuc ejus non lætatur bonis? Sed ut sileam quæ in suo regno positis egerit, hujus animam quotidie benedicit Italia, bonis perfrui deposcit Gallia, et magis omnibus hanc in cœlo cum Christo gaudere orat Flandria. Has enim provincias transiens Romam petiit, et, ut multis liquet, tanta hoc in itinere misericordiarum opera exhibuit, ut si quis hæc describere omnia voluerit, licet innumerabilia ex his fecerit volumina, tandem deficiens fatebitur se vix etiam cucurrisse per minima. Nam quid singulis in locis fecerit sileo. Verumtamen ut credibiliora fiant quæ assero, quid in una urbe sancti Audomari fecerit dicam pro exemplo, quod etiam oculis meis me vidisse recordor.

Ingressus monasteria et susceptus cum magna honorificentia, humiliter incedebat et mira cum reverentia in terram defixus lumina et ubertim fundens lacrymarum, ut ita dicam, flumina, tota intentione sanctorum expetiit suffragia. At ubi ad hoc perventum est ut oblationibus regiis sacra vellet cumulare altaria; ohe! quoties primum pavimento lacrymosa infixit oscula! quoties illud pectus venerabile propria puniebant verbera! qualia dabat suspiria! quoties precabatur ut sibi non indignaretur superna clementia! Tandem a suis ei imminenti [immerenti] sua porrigebatur oblatio non mediocris, nec quæ aliquo clauderetur in marsupio, sed ingens allata est palleali extento in gremio, quam ipse rex suis manibus altari imposuit, largitor hilaris monitu apostolico. Altari autem cur dico? cum vidisse me meminerim eum omnes angulos monasteriorum circuisse, nullumque altare, licet exiguum, præteriisse, cui non munera daret et dulcia oscula infigeret. Deinde adsunt pauperes, munerantur etiam ipsi protinus singulatim omnes. Hæc et alia his mirificentiora a domino Cnutone gesta vidi ego vester vernula, sancte Audomare, sancte Bertine, cum fierent vestris in cœnobiis. Pro quibus bonis tantum regem impetrate vivere in cœlestibus habitaculis, ut vestri famuli canonici et monachi sint orantes orationibus quotidianis.

Discant igitur reges et principes hujus domini imitari actiones, qui, ut valeret scandere sublimia, sese humiliavit in infima, et ut posset adipisci cœlestia, hilariter largitus est terrestria. Non enim fuerat oblitus propriæ conditionis, quod moriturus erat in mundo et relicturus quæque possunt concupisci in sæculo. Et ob has divitias quas secum nequivit moriens auferre, vivens Deo et sanctis ejus locis partitus est honorifice; ne forte ut avaritiæ studeret, omnibus invisus viveret, nullusque esset qui ejus animæ aliquid boni oraret, et alius ei succederet, qui in ejus regno largius viveret et de ejus parcitate indignaretur. Verum hoc ne fieret satis cavit, et suis posteris bonum exemplum largitatis totiusque bonitatis reliquit, quod et ipsi adhuc, Deo gratias, servant optime, pollentes in regni moderamine et in virtutum decore.

Tantus itaque rex postquam Roma est reversus et in proprio aliquantisper demoratus, omnibus bene dispositis transiit ad Dominum, coronandus in parte dextera ab ipso Domino auctore omnium. Turbabantur itaque ejus obitu omnes qui audierant, maximeque ejus solio deservierant, quorum maxima pars cuperet ei commori, si hoc [non. Ed. P.] displiceret divinæ dispositioni. Lugebat domina Emma ejus regina cum parentibus, ululabant pauperes cum potentibus; flebant episcopi et clerici cum monachis et sanctimonialibus. Sed quantum lugebatur in mundo, tantum lætetur in cœli palatio. Isti flebant hoc quod perdiderant, illi gratulentur de ejus anima quam suscipiant. Isti sepelierunt corpus exanime, illi spiritum deducant in sublime lætandum in æterna requie. Pro ejus transitu soli flebant terreni, sed pro ejus spiritu interveniant cum terrenis etiam cives cœlici. Ut ejus gloria crescat quotidie, oremus Deum intente. Et quia hoc promeruit sua bonitate, quotidie clamemus : Anima Cnutonis requiescat in pace, amen.

Mortuo Cnutone rege, honorificeque sepulto in monasterio in honore sancti Petri constructo, domina regina Emma sola remansit in regno, dolens de domini sui morte amara, et sollicita pro filiorum absentia. Namque unus eorum, Hardecnuto scilicet, quem pater regem Danorum constituit, suo morabatur in regno, duo vero alii in Northmanniæ finibus ad nutriendum traditi, cum propinquo suo degebant Roberto. Unde factum est ut quidam Anglorum, pietatem regis sui jam defuncti obliti, mallent regnum suum dedecorare quam ornare, relinquentes nobiles filios insignis reginæ Emmæ, et eligentes sibi in regem quemdam Haraldum, qui esse filium falsa æstimatione asseritur cujusdam ejusdem regis Cnutonis concubinæ. Plurimorum vero assertio eumdem Haraldum perhibet furtim fuisse subreptum parturienti ancillæ, impositum autem cameræ languentis concubinæ. Quod veracius credi potest. Qui electus, metuensque futuri, advocat mox archiepiscopum Ælnotum, virum omni virtute et sapientia præditum, imperatque et orat se benedici in regem, sibique tradi cum corona regale suæ custodiæ commissum sceptrum et se duci ab eodem, quia ab alio non fas fuerat, in sublime regni solium. Abnegat archiepiscopus, sub jurejurando asserens se neminem alium in regem (filiis Emmæ reginæ viventibus) laudare vel benedicere. « Hos meæ fidei Cnuto commisit; his fidem debeo, et his fidelitatem servabo. Sceptrum et coronam sacro altari impono, et, hoc tibi nec denego, nec trado; sed episcopis omnibus, ne quis eorum ea tollat tibive tradat, teve benedicat, apostolica auctoritate interdico. Tu vero, si præsumis, quod Deo mensæque ejus commisi invadito. » Quid miser ageret, quo se verteret, ignorabat. Intendebat minas, et nihil profecit. Expendebat munera, et nil lucratus doluit ; quoniam vir apostolicus nec valebat minis dejici, nec muneribus flecti. Tandem desperatus abscessit, et episcopalem benedictionem adeo sprevit, ut non solum ipsam odiret benedictionem, verum etiam universam fugeret Christianitatis religionem. Namque dum alii ecclesiam christiano more missam audire subintrarent, ipse aut saltus canibus ad venandum cinxit, aut quibuslibet aliis vilissimis rebus sese occupavit, ut tantum declinare posset quod odivit. Quod Angli videntes dolebant, sed quia hunc sibi regem elegerant, hunc erubuerunt dejicere, ideoque disposuerunt hunc sibi regem fine tenus esse. Domina autem regina Emma exitum rei exspectabat, et aliquantisper sollicita auxilium Dei quotidie exorabat. At ille clam, quia nondum palam audebat, reginæ insidias moliebatur, sed ut illi noceret a nemine permittebatur. Unde ille cum suis iniquo excogitato consilio, natos dominæ suæ volebat interficere, ut sic securus deinceps in peccatis vivens posset regnare. Verumtamen nullum in hoc omnimodis effectum acciperet, nisi, fraudulentorum dolo adjutus, hoc quod narrabimus adinveniret. Namque dolo reperto, fecit epistolam in persona reginæ ad filios ejusdem, qui in Northmannia morabantur, componere, cujus etiam exemplar non piget nobis subnectere.

Emma tantum nomine regina filiis Edwardo et Alfrido materna impertit salutamina. Dum domini nostri regis obitum separatim plangimus, filii charissimi, dumque diatim magis magisque regno hæreditatis vestræ privamini, miror quid captetis consilii, dum scitis intermissionis vestræ dilatione, invasoris vestri imperii fieri cotidie soliditatem. Is enim incessanter vicos et urbes circuit, et sibi amicos principes muneribus, minis et precibus facit. Sed unum e vobis super se mallent regnare quam istius qui non eis imperat, teneri ditione. Unde, rogo, unus vestrum ad me velociter et private veniat, ut salubre a me consilium accipiat, et sciat quo pacto hoc negotium quod volo fieri debeat. Per præsentem quoque internuntium quid super his facturi estis remandate. Valete, cordis mei viscera.

Hac fraude jussu Haraldi tyranni composita, regiis adolescentulis est directa per pellaces cursores, eisque ex parte matris ignaræ oblata et honorifice ab eis, ut munus genitricis suscepta. Legunt dolos ejus nescii, et, proh dolor ! nimis falsitati creduli, inconsulte remandant genitrici unum eorum ad eam esse venturum, constituuntque ei diem et tempus et locum. Regressi itaque legatarii intimant Dei inimicis quæ sibi responsa reddita sint a juvenibus nobilissimis. Hinc illi præstolabantur ejus adventum, et quid de eo facerent ad suum invenerunt detrimentum. Statuto igitur die, Alfridus minor natu, laudante fratre, elegit sibi commilitones, et, arripiens iter, Flandriæ venit in fines. Quo paululum cum marchione Balduino moratus, et ab eo rogatus ut aliquam partem suæ militiæ secum duceret propter insidias hostium. Sed tantum Bononiensium paucos assumpsit, et ascensis puppibus more transfretavit. At ubi littori venit contiguus, mox ab adversariis est agnitus. Qui occurrentes volebant eum aggredi, sed statim ille agnoscens jussit naves a littore illo repelli. Alia autem ascendens in statione, matrem parabat adire, æstimans se omnem insidiarum pestem evasisse. Verum ubi jam erat proximus, illi comes Godvinus est obvius factus, et eum in sua suscepit fide, ejusque fit mox miles cum sacramenti affirmatione. Et devians eum a Londonia, induxit eum in villa Sildefordia nuncupata, inibique milites ejus vicenos et duodenos, decenosque singula duxit per hospitia, paucis relictis cum juvene, qui ejus servitio deberent insistere. Et largitus est eis abundantia cibaria et pocula et ipse ad sua recessit hospitia, mane rediturus, ut domino suo serviret cum debita honorificentia. Sed postquam manducaverant et biberant, et lectos, utpote fessi, libenter ascenderant ; ecce complices Haraldi infandissimi tyranni adsunt et singula hospitia invadunt, arma innocentum virorum furtivi tollunt, et eos manicis ferreis et compedibus arctant, et ut crucientur in crastinum servant. Mane autem facto adducuntur insontes in medio et non auditi damnantur scelerose. Nam, omnium exarmatis vinctisque post tergum manibus, atrocissimis traditi sunt carnificibus, quibus etiam jussum est ut nemini parcerent, nisi quem sors decima offerret. Tunc tortores vinctos ordinatim sedere fecerunt et satis supraque eis insultantes, illius interfectoris Thebææ legionis exemplo usi sunt, qui decimavit primum innocentes multo his mitius. Ille enim rex paganissimus, Christianorum novem pepercit, occiso decimo. Ille licet paganus Christianos trucidaret, patulo tamen in campo eos nexibus non irretitos decollari jussit, ut gloriosos milites. At isti licet nomine Christiani, actu tamen paganissimi, lanceolarum suarum ictus non merentes heroas catenatos mactabant ut sues. Unde hujuscemodi tortores canibus deteriores digne omnia dicunt sæcula, qui non militiæ violentia, sed fraudium suarum insidiis tot militum honesta damnaverunt corpora. Quosdam, ut dictum est, perimebant, quosdam vero suæ servituti mancipabant. Alios cæca cupidine capti vendebant, nonnullos autem arctatos vinculis majori irrisioni reservabant. Sed divina miseratio non defuit innocentibus in tanto discrimine consistentibus, quia multos ipsi vidimus, quos ex illa derisione eripuit cœlitus, sine adminiculo hominis ruptis manicarum compedumque obicibus.

Ergo quia militum agones succinctim transcurrimus, superest ut et eorum principis, gloriosi scilicet Alfridi martyrium narrando seriem locutionis abbreviemus ; ne forte, si singulatim omnia quæ ei acta sunt perstringere voluerimus, multis ubique præcipue dominæ reginæ dolorem multiplicemus. Qua in re, rogo te, domina, ne requiras amplius quam hoc quod tibi parcendo breviter dicturi sumus. Possent enim multa dici, si non tuo parceremus dolori. Est quippe nullus dolor major matri quam videre vel audire mortem dilectissimi filii. Captus est igitur regius juvenis clam suo in hospitio eductusque in insula Heli dicta ; a milite primum irrisus est iniquissimo ; deinde contemptibiliores eliguntur, ut horum ab insania flendus juvenis dijudicetur. Qui judices constituti, decreverunt illi debere oculi utrique [oculos utrosque] ad contemptum primum erui. Quod postquam parant perficere, duo illi super brachia ponuntur, qui interim tenerent illa et unus super pectus, unusque super crura, ut sic facilius illi inferretur pœna. Quid hoc in dolore detineor ?

Mihi ipsi scribenti tremit calamus, dum horreo quæ juvenis passus est beatissimus. Evadam ergo brevius tantæ calamitatis miseriam, finemque hujus martyrii fine tenus perstringam. Namque est ab impiis tentus, effossis etiam luminibus impiissime est occisus. Qua nece perfecta, relinquunt corpus examine quod fideles Christi monachi scilicet ejusdem insulæ Heli rapientes, sepelierunt honorifice. In loco autem sepulcri ejus multa fiunt miracula, ut quidam aiunt, qui etiam se hæc vidisse sæpissime dicunt. Et merito: innocenter enim fuit martyrisatus, ideoque dignum est ut per eum innocentium exerceatur virtus. Gaudeat igitur Emma regina de tanto intercessore, quia quem in terris habuit filium, nunc habet in cœlis patronum.

At regina, tanti sceleris novitate perculsa, quid facto opus sit mente considerat tacita. Animus igitur ejus diversus huc illucque rapitur et se amplius tantæ perfidiæ credere cunctatur ; quippe quæ perempti filii inconsolabiliter confundebatur mœrore, verum multo amplius ex ejusdem consolabatur certa requie. Hinc duplici, ut diximus, angebatur causa, necis videlicet filii miserabili mœstitia, tum vero reliquæ suæ vitæ dignitatisque diffidentia. Sed fortassis hic mihi quilibet clamabit, quem livor hujusce dominæ lividum onerosumque reddit : Cur eadem nece mori refutabat, quæ sub hac proditione necatum filium æterna requie frui nullatenus dubitabat ? Ad quod destruendum, tali responsione censeo utendum : Quoniam si persecutor Christianæ religionis fideique adesset, non vitæ discrimen subire fugeret. Cæterum, nefarium et exsecrabile cunctis orthodoxis videretur si, ambitione terreni imperii, talis famæ matrona vita privaretur ; neque profecto emori, fortunis tantæ dominæ honestus exitus haberetur (1). Hæc et his similia ante oculos ponens, et illud authenticum Dominicæ exhortationis præceptum suis fortunis conducibile censens, quo videlicet electis insinuat, *Quoniam si persecuti vos fuerint in una civitate, fugite in aliam ;* pro suo casu spes satis honestas reliquæ dignitatis conservandæ exsequitur, et tandem gratia superni respectus consilio solerti utitur. Exteras nationes petere sibi utile credit, quod sagaci ratione fine tenus perducit. Tamen quas petit non externas sibi experta est fore, quis [quibus] immorans haud secus ac suis colitur decentissime. Igitur pro re atque tempore, quam plurimos potest sibi fidos optimates congregat, his præsentibus secreta cordis sui enucleat. E quibus etiam inito dominæ probato consilio, commeatus classium eorum apparatur exsilio. Itaque prosperis usi flatibus transfretant, et cuidam stationi haud longe a castello Brugensi distanti sese applicant. Hoc castellum Flandrensibus colonis incolitur, quod tum frequentia negotiatorum, tum affluentia omnium quæ prima mortales ducunt, famosissimum habetur. Hic equidem a marchione ejusdem provinciæ Balduino magni et invictissimi principis filio, ejusque

---

(1) Hic imitatur auctor verba Adherbalis, apud Sallustium, in *Jugurth.*

conjuge Athala, quæ interpretatur *nobilissima*, Francorum regis Roberti et reginæ Constantiæ filia honorifice, uti se dignum erat, recipitur. A quibus etiam in prædicto oppido domus regali sumptui apta eid cum reginæ tribuitur, cæterum obsonium benigne offertur. Quæ partim illa cum gratiarum actione suscipit, partimque sese non indigere quodammodo ostendit.

In tanta igitur posita securitate, legatos suo filio mittit Edwardo postulatum ne versus se pigritaretur venire. Quibus ille obaudiens equum conscendit, et ad matrem usque pervenit. Sed ubi eis copia data est mutuo loquendi, filius se matris fortunas edocet miserari, sed nullomodo posse auxiliari, cum Anglici optimates nullum ei fecerint jusjurandum; quæ res indicabat a fratre auxilium expetendum. His ita gestis, Edwardus Northmanniam revehitur, et mens reginæ quid sibi foret agendum, etiam nunc cunctatur. Post cujus reditum, nuntios Hardecnutoni filio suo legat, qui tunc temporis regimen Danorum obtinebat, per quos sui doloris novitatem aperit et ut ad se venire quantocius maturet petit. Cujus aures ut tanti sceleris horror incussit, primo omnium mens ejus intolerabili obtusa dolore in consulendo fatiscit. Ardebat enim animo, fratris injurias ultum ire, imo etiam matris legationi parere. Hinc utrique rei prævidens, quam maximas potest navium militumque [copias, Ed. P.] parat, quorum ampliorem numerum quodam maris in anfractu collocat, qui si inter eundum sibi copia pugnandi, seu etiam necessitas repugnandi accideret, præsidio adventaret. Cæterum, non amplius decem navibus se comitantibus ad matrem proficiscitur, quæ non minima doloris anxietate fatigabatur. Dum igitur prospero cursui intenti non modo certatim spumas salis ære ruebant (2), verum etiam suppara velorum secundis flatibus attollebant, ut maris facies non unquam certa, sed semper mobilitate flatuum dubitanda habetur et infida, repente fœda tempestas ventorum nubiumque a tergo glomeratur, et ponti superficies jam supervenientibus austris turbatur. Itaque quod in tam atroci negotio solet fieri, anchoræ de proris jactæ arenis affiguntur fundi. Quæ res tametsi tum illis fuerit importuna, tamen non absque Dei nutu cuncta disponentis esse creditur acta, ut postmodum rei probavit eventus, membris omnium placidæ quieti somni cedentibus. Nam postera nocte, eodem Hardocnutone in stratu quiescente, divinitus quædam ostenditur visio, quæ eum confortans et consolans, forti jubet esse animo. Hortatur præterea ne ab incœpto desisteret, quia paucorum dierum intervallo injustus regni invasor, Haraldus scilicet occideret, et regnum patriis viribus domitum sibi justo hæredi justissima successione incolume rediret. Evigilans igitur somniator talibus indiciis certior fit et Deo omnipotenti tantæ consolationis causa gratias reddidit, simulque futura nullatenus dubitat, quæ sibi memorata visio prædixerat. De-

(2) VIRG. Æneid. 1, 39.

A neque maris ira pacata, omnique tempestate sedata, prosperis flatibus sinus pandit velorum; sicque secundo usus cursu, ad Brugensem sese applicuit portum. Hic anchoris rudibusque navibus affixis, et nautis qui eas servarent expeditis, recta se via cum delectis ad hospitium dirigit matris. Qualis ergo mœror, qualisque lætitia in ejus adventu fuerit exorta, nulla tibi unquam explicabit pagina. Dolor haud modicus habebatur, dum in vultu ejus faciem perempti fratris mater quadam imaginatione contemplaretur. Item gaudio magno gaudebat, dum superstitem salvum adesse sibi videbat. Unde viscera divinæ misericordiæ se sciebat respicere, cum nondum tali frustraretur solamine. Nec longo post filio cum matre morante et memoratæ visionis promissa

B exspectante, nuntii læta ferentes nuntia adventant, qui videlicet Haraldum mortuum nuntiant; qui etiam referunt Anglicos ei principes nolle adversari, sed multimodis jubilationibus sibi conlætari. Unde regnum hæreditario jure sibi debitum non dedignetur repetere et suæ dignitati, eorumque saluti juxta in medium consulere.

His Hardecnuto materque animati repetere statuunt oras aviti regni. Cujus rei fama ut populares impulit aures, mox cuncta dolore et luctu compleri cerneres. Dolebant enim divites ejus recessione, cujus semper amabili fruebantur collocutione. Dolebant pauperes ejus recessione, cujus diutinis largitionibus ab egestatis defensabantur onere. Dolebant viduæ cum orphanis quos illa extractos sacro fonte

C baptismatis non modicis ditaverat. Quibus igitur hanc laudibus efferam nescio, quæ ibidem nunquam abfuit renascentibus in Christo. Hic ejus fides patet laudanda, hic bonitas omnimodis celebranda. Quod si pro singulis ejus benefactis parem disserere, prius me tempus quam rem credo deserere. Unde ad seriem nostræ locutionis propero redire.

Dum reginæ filiique ejus reditus apparatur, omne littus planctu gemituque confunditur, omnes dextræ cœlo attollebantur infensæ. Flebant igitur a se discedere illam, quam toto exsilii tempore ut civem videre suam. Nulli divitum gravis hospita, nulli pauperum in quolibet onerosa. Omnes igitur natale solum mutare putares, cunctas secum exteras petere velle diceres regiones. Sic toto plangebatur

D littore, sic ab omni plorabatur populo astante. Licet ei quodammodo congauderent pristinum gradum repetere dignitatis, non tamen eam matronæ siccis dimittere poterant oculis. Tandem vincit amor patriæ, et, omnibus viritim osculatis et flebili eis dicto vale, cum filio suisque altum petit mare, non absque magna lacrymarum utrimque fusa ubertate. Igitur principes Anglici parum prævenisse fidentes legatione, antequam ab illis transfretaretur obvii sunt facti, optimum factu rati ut et regi reginæque satisfacerent, et se devotos eorum dominationi subderent. His Hardecnuto cum matre certus factus et transmarini littoris tandem portum nactus, a cunctis incolis ejusdem terræ gloriosissime recipitur, sicque divini muneris gratia regnum sibi debitum redditur. His ita peractis et omnibus suis in pacis tranquillitate compositis, fraterno correptus amore nuntios mittit ad Edwardum, rogans ut, veniens, secum obtineret regnum. Qui fratris jussioni obediens Anglicas partes advehitur, et A mater amboque filii regni paratis commodis nulla lite intercedente utuntur. Hic fides habetur regni sociis, hic inviolabile viget fœdus materni fraternique amoris. Hæc illis omnia præstitit, qui unanimes in domo habitare facit Jesus Christus, Dominus omnium; cui in Trinitate manenti immarcescibile floret imperium, Amen.

EX CHRONICIS TH. RUDBURNI, DE EMMA REGINA.
Duxit Etelredus hanc et postea Cnutus.
Edwardum sanctum parit hæc et Hardecnutum.
Quattuor hos reges hæc vidit sceptra gerentes.
Anglorum regum fuit hæc sic mater et uxor.

EMMÆ REGINÆ
EPISTOLA AD FILIOS SUOS EDWARDUM ET ALFRIDUM.
(*Vide supra col.* 1392.)

ANNO DOMINI MXLV.

POPPO
TREVIRENSIS ARCHIEPISCOPUS.

NOTITIA HISTORICA.
(*Gallia Christiana*, nov. edit., XIII, 406.)

Leopoldi marchionis Austriæ ex Richarda nobilissima muliere filius, Poppo, et Ernesti II Sueviæ ducis cujus tutelam gessit patruus, litterarum virtutumque studiis apprime excultus Bambergensi Ecclesiæ præpositus in locum Megingaudi ab Henrico II imperatore sufficitur, vesaniam compressurus Adalberonis, qui tamen Popponi cessit. Hic autem sub finem anni 1016 ab imperatore Trevirim adductus, communibus votis atque suffragiis cleri et populi in antistitem postulatus, ab Erchenbardo Moguntiacensi archiepiscopo, quem imperator ea causa Trevirim advocarat, ingenti cum totius populi lætitia consecratus est, anno 1017 Kalendis Januarii. Inter episcopos qui Popponis sacræ unctioni interfuere numeratur Theodoricus Metensis, qui metropolitani consecrationem sibi competere incassum iteravit. Vix renuntiatus fuerat pontifex Poppo cum immunitates et privilegia Ecclesiæ suæ imperiali munimine foveri curavit. Nec multo post consecrationem, Romam adiens, usum pallii a Benedicto VIII consecutus est bulla 8 Aprilis ejusdem anni. Suam in diœcesim reversus, variis eam prædonum populationibus laceratam afflictamque comperit. Quibus Ecclesiæ suæ vulneribus, ut ait Browerus lib. XI Annal., ut tempestive mederetur, undique omnia instituit B remedia conquirere, et viros bellicæ gloriæ laudibus imprimis florentes beneficiis sibi feudisque jungere, quibus pacandæ provinciæ tutandæque munus traderet. Horum igitur sedulitate atque impigris usus armis, prædones ubique castellis, quæ securitatis ipsi causa insederant, ejicere, et cæteros novarum rerum cupidos in fide atque officio continere. Porro cum unus Adelbertus imperata facere solus detrectat, atque, ex castello S. Cruci olim dicato, quod in vicino urbis colle ad meridiem situm, episcopi curiam, servitia atque commeatum omnem crebris excursionibus habet infesta, ad extremum Sikonis, hominis manu consilioque præstantis, solertia, contumacis inimici spiritus repressit, atque hac ferme arte debellavit. Siko, qui ad id operam consiliumque Popponi detulerat, idoneo tempore ad castri fores solus ex urbe profectus, ab Adelberto tyranno sitis ergo explendæ, pro amicitiæ veteris usu, potum sibi postulat, quem cum ille non gravate per ministrum offert, ubi quantum satis hausit, nuntiari domino jubet gratias ei permagnas haberi, futurumque prope diem, hoc, ut restinctæ sitis beneficium memori voluntate atque adeo pari gratiarum merito, cernat repensum.

Quibus dictis, Siko abiit, atque jam destinatos

jampridem animo dolos, ad fraudem Adelberti explicare cœpit. Dolia vini tricena, impositis totidem armatis instruit; atque hæc ipsa, præmunita vectibus ansisque, singula binis fortissimis viris, iisque ad hostem decipiendum plebeia veste tectis, gestanda committit, eorum item armis ibidem reconditis; denique vasa, ad occultandam fraudem, stragula veste pannoque plurimo insternit. Quibus ita comparatis, Siko quærit ad peragendum incœptum temporis opportuna; quæ ubi nactus, plenus spei bonæ, clam omnibus, urbe cum bajulis egreditur. Ipse, raro satellite fores castelli pulsans et aperiri jubens, audit solitum illud : Qui vir, unde et quid petitum veniret? Ad quæ nihil aliud ille quam renuntiaret adesse cum honorario vino Sikonem, quo promissam jampridem beneficii gratiam exsolvat. Hoc nuntio Adelbertus accepto, doli ignarus, ostia patefecit. Tunc Siko vela pannosque amovere jussit, ubi brevi oratione munus præsente Adelberto commendavit, signum adoriundi suis dat. Qui ad primum signum tumultum (sic) e vasis prosilientes, impetu in obvios quosque facto, cuncta cædibus atque strage fœdant, ipsique ante omnes Adelberto manus inferunt. Cæsis igitur et oppressis ad hunc modum et exstinctis prædonibus, munitio solo æquata et ad vastitatem redacta est. Siko autem, præter restituti decus otii atque urbis ab Adelberto grassatore liberatæ, illustria a Poppone feuda beneficiaque tulit: eodemque pene tempore Skiva apud Saram fluvium, quod postea Montis Clari nomen obtinuit, Adelberti castrum, jussu Popponis eversum atque deletum funditus est. Ubi Popponis res majorem in modum potentia ac felicitate stabiliri vidit Adalbero, multo quam ante humilior, non modo palatium ei atque occupatas Ecclesiæ arces, sed castella etiam Sericum, Rutichium, Sarburgum atque Bern castellum, uno eorum sibi titulo reservato, tradidit, atque monasterio inde D. Paulini, cui præpositum fuisse jam adnotavimus, repetito, omni abjecta cogitatione honorum, ad salutare otium concessit. Poppo vero, cum omnes munitiones Adalberonis deditione in fidem accepisset, Bern castellum, acriter aliquandiu a prædonibus defensum restitit; sed ad extremum captum, dissipatis ac dirutis propugnaculis, funditus excidit.

Cæterum, toto eo tempore quo Megingaudus tenuit episcopatum, ecclesia Trevirensis factione Adalberonis insignem rerum omnium jacturam damnumque fecit. Enim vero tam tetram in solitudinem redactam fuisse ædem cathedralem perhibent, ut, nemine sarta tecta exigente, clerus sit coactus metu ruinæ templum deserere, et cultui divino supersedere. Monasteria eodem modo quoque tempore ad rerum necessariarum penuriam prolapsa sunt. Quibus malis Poppo remedium ut afferret, instaurandis atque ornandis ecclesiis se tradidit impensius, atque monasteria, quæ intestina seditio exhauserat, prædiis et possessionibus locupletavit. Monachos in æde virginis Deiparæ ad Martyres restituit, pulsis canonicis qui, Benedictinis per vim exclusis, locum occupaverant. Imperatorem etiam Henricum II deprecatus est, pontificatus sui anno primo, XVI Kal. Novemb. indictione XV, ut fundationi collegiatæ ecclesiæ Pruniensis assensum præberet. Regiæ liberalitatis eximium munus, nempe Confluentiam, et abbatiam in pago Trichire cum omnibus appendiciis et juribus ecclesiæ suæ ascribi fecit, anno 1018. Eodem circiter tempore curtem Puzenvelt a comite Kaledone ejusque uxore Irmingarde titulo precariæ adeptus est. Versabatur in Italia Henricus II imperator, anno 1022, Græcos Saracenosque, Apuliam et Campaniam infestantes, debellaturus, cui Poppo undecim armatorum millia per Marsorum regionem ex gente sua deduxit. Aquisgranensi concilio astitit, anno 1023.

Porro dum curas omnes ad diœcesis suæ contuendam dignitatem converteret, mores sanctimonialium Palatioli cœnobii, lascivia luxuque remollitos, hac occasione sanare aggressus est. Forte uni ex illis commissuram pallii, ut inde caligas episcopales contexeret, de more, dederat. Illa, ut antistitis amorem raperet, vestem philtro imbutam reddit. Poppo ut caligas induit, tantam illico philtri vim præter morem expertus est, ut in nefariæ mulieris amorem tota mente et cogitatione exardesceret. Demiratus lascivioris carnis insolitam tyrannidem, facto in aliis quoque simili periculo, turpissimi flagitii auctorem feminam esse non dubitavit. Ventum inde ad facti cognitionem, eoque probato, una omnium sententia fuit expellendam ex illo cœtu nequissimam incantatricem, cæteras ad strictiores monachorum leges redigendas esse. Quod cum major pars, vitæ laxioris tenax, omnino respueret, visum est archiepiscopo collegium illud penitus dissolvere, facta reliquis ad alia transeundi monasteria facultate.

Attamen Poppo, piæ peregrinationis causa Theodorico Metensi demandata Ecclesiæ suæ cura, cum primariis e clero Hierosolymam perrexit, Simeone monacho Sinaita comite, qui ex Oriente in Gallias ab abbate suo directus fuerat ut a Richardo, Normanniæ duce, non exiguas acciperet eleemosynas. Quibus per sodales ad monasterium delatis, ille aliquandiu Rothomagi stetit, ac proinde consilium cepit Treviros adeundi, unde Popponem ad terram sanctam proficiscentem est comitatus. Eo in itinere toto triennio Poppo permansit; ast in urbem ubi reversus est, anno 1028, mense Novembri, comperitque Simeonem vitæ tranquillioris studio secessum captare, ideoque includi velle, optionem ei tulit sedem in ditione Trevirorum figendi. Is locum in antiqua mole, quam Nigram Portam vocitabant, assignari sibi postulavit, atque die festo sancti Andreæ, circumfusa ad spectaculum magna cum populi tum cleri multitudine, ab archiepiscopo in angustum quemdam ejus molis angulum inclusus est, ibique in assidua oratione magnaque vitæ asperitate septem degit annos.

Eodem circiter tempore, Christiana, soror Popponis, ad simeonis exemplum, intra parietes alicubi sacros inclusa, sibi Christoque sola vixit. Anno autem 1031, xiv Kal. Novembris, Poppo aedem Epternacensem instauratam invitatus ab Humberto abbate consecravit, levataque S. Villibrodi ossa in honoratiorem tumulum transtulit. Cum vicinis conventionem iniit ratione terminorum nemoris Kilvald, variaque praedia abalienata ecclesiae suae vindicavit, circa annum 1033. Duabus in permutationibus inter diversa monasteria initis occurrit circa annum 1035. Duodecim mansos, totidemque mancipia a Thiefrido advocato Treviensi, qui Luitardim consanguineam suam uxorem duxerat, accepit, atque duobus conjugibus cohabitare licentiam fecit anno 1036. Eodem anno et insequenti varia dona ab Adalberone S. Paulini praeposito collata coenobio S. Mathiae laudavit; synodum habuit vi Idus Junii 1037, ad quam accedentes Adelbertus, marchio Lotharingiae, ejusque uxor Juditha coram ipso villam Momendorffeidem monasterio indulserunt. In Palatiolensem parthenonem canonicos sanctimonalium loco ad hunc annum immisisse dicitur. Comitatum de Marvelis, quem Conradus imperator Trevirensi Ecclesiae praestiterat, ab Henrico III perpetuo possidendum impetravit, an. 1039, Idibus Septembris. Ad Benedictum IX epistolam direxit, qua eum precatur ut sibi mittat virum prudentem qui ei in necessitatibus suis consilio simul et auxilio suffragetur; itemque papam de morte Simeonis eremitae certiorem facit, urgetque ut ille in sanctorum numerum referatur. Popponis precibus annuens Benedictus praesulem coadjutorem ei misit. Quem Papebrochius conjicit fuisse Gratianum archipresbyterum, virum prudentem; decernit etiam virum Dei Simeonem sanctum debere nominari, diemque ejus natalem, sicut et aliorum sanctorum reverentissime singulis annis celebrari, uti patet ex pontificis litteris et ex bulla canonizationis datis anno 1042. Ecclesiam eodem anno in honorem ipsius S. Simeonis aedificavit Poppo in porta quae Marti apud Gentiles olim consecrata fuerat, in veteribus scilicet ruinis antiquae molis quam S. Simeo, dum in vivis esset, incoluerat; immisitque in eam fratres sive canonicos, qui Deo ibidem servirent, atque praedia annuosque reditus ipsis largitus est. Insigne privilegium pro confirmatione bonorum aedis majoris ab Henrico III imperatore impetravit an. 1045. Exstinctus vero 16 Junii 1047, in ecclesia quam sancto Simeoni aedificaverat humatus est, posita supra ejus pectus plumbea tabella cum hac inscriptione : « Poppo Trevirorum archiepiscopus obiit decimo sexto Kal. Julii. » Aeri insculptum erat id epitaphium : « Anno Dominicae Incarnationis 1057, Henrici secundi regis xvii, imperatoris autem primo, xvi Kal. Julii, obiit hujus Trevericae sedis Deo dilectus archiepiscopus Poppo. »

Operae pretium est hic adnotare nihil ipsi fuisse commune cum illo Poppone qui Danos ad Christianam fidem convertit. Quamvis enim ejus sepulcrum quondam ab istis populis frequentatum fuerit, prorsus tamen ab illo est diversus.

POPPONIS EPISTOLA AD BENEDICTUM IX PAPAM.

(*Vide supra, inter epistolas Benedicti IX.*)

ANNO DOMINI MXLV.

V. ANGELRANNUS
ABBAS MONASTERII S. RICHARII CENTULENSIS.

NOTITIA HISTORICA.

(*Ex Gallia Christiana*, nov. edit. tom. X, pag. 1249.)

Angelrannus, Sapiens cognominatus, Centulae honestis parentibus natus est. Adolescens S. Richarii claustra subiit, cujus ab abbate Ingelardo longe posita scrutaturus scholarum magisteria missus, Fulbertum Carnotensem episcopum praeceptorem adeptus est et didascalum. Interim Robertum regem Romam euntem comitatus sacerdotio initiatus Centulam rediit, ubi Ingelardo defuncto a fratribus una voce electus est. Sed quae erat viri modestia! Furtim se proripit e monasterio, et in silvae Olnodioli latibula se abdit. Mox regis jussu perquisitus ac demum inventus onus impositum invitus subire cogitur. Rex itaque gaudens ecclesiæ basilicam intrat, omnique spectante nobilium et ignobilium caterva, per funes ad signa pendentes ipsi totius loci dominationem delegat, jubetque ut quantocius ejus benedictio acceleretur. Statim operi manum admovet Angelrannus, mœnia struit, aras auro et argento vestit, vasa sancta ampliat, conventionem prius cum Notkero Leodicensi episcopo factam renovat cum Durando anno 1022, Scabellivillam a Richardo Normannorum duce acquirit, Comitis-Villam a comite Pontivi Angelranno, Noguerias recuperavit anno 1035, et molendinum de Montiniaco anno 1044. Hortante Fulberto Carnotensi episcopo Vitam sancti Richarii versu heroico composuit, ejusdem miracula et relationem in monasterium Centulense, sicut et Passionem sancti Vincentii martyris et Vitam S. Austrebertæ virginis ; honori quoque sanctorum Wlframni archiepiscopi et Walarici abbatis proprios aptavit cantus. Tanta ejus nominis fama ubique pervulgata est; ut multi nobiles ei se litteris erudiendos tradiderint. Duo præcipui fuere, Guido Ambianensis et Drogo Tarvanensis postea episcopi. Sub finem vitæ paralysi sic affectus est, ut Fulco, ejus loci monachus, interventu patris sui Angelranni comitis, ab Henrico rege, qui tum forte in Pontivum venerat, abbatiam obtinuerit. Quod cum rescisset Angelrannus, quosdam militares a Fulcone ad festivum hac de re epulum convocatos diris addixit, Fulconemque, se vivente, ne quidem alterius loci fore abbatem contestatus est; et ut ejus ambitionem facilius retunderet Angelrannus, regem curru convenit, graviter increpavit, et ad facti pœnitentiam adduxit. Alio paulo post a rege dato successori redditur cura pastoralis. Non diu superstes fuit Angelrannus, qui, diutina paralysi probatus, demum ad extrema pervenit, et ad cœlestem patriam migravit v Idus Decemb. 1045. Corpus ejus in basilica S. Richarii ad aram sancti Laurentii sepultum est, ad cujus tumulum mulier paralytica sanata dicitur. Nullo tamen publico cultu hactenus honoratus, nec Sanctorum albo ascriptus est.

VITA V. ANGELRANNI

ABBATIS CENTULENSIS.

(Edidit Dom Mabillon, Acta SS. ord. S. Bened. Sæc. VI, parte I, pag. 494, ex Hariulfo, Chronici Centulensis scriptore subæquali, apud Acherium Spicil. tom. IV, et cum ms. cod. autographo contulit.

OBSERVATIONES PRÆVIÆ.

1. Monasterium Centulense, quod a sancto Richario exstructum fuisse circa annum 625 diximus, labente sæculo nono a barbaris dirutum fuit, remansitque pene incultum usque ad sæculi undecimi initia. Hujus loci restaurator fuit Ingelardus, ex monacho Corbeiensi abbas Centulensis factus; cui Angelrannus noster, seu ut alii pingunt, Ingelrannus, successit, vir non solum doctrina pro suo tempore præditus, sed etiam præclare gestis et pietate insignis, unde ei *Sapientis* cognomen inditum est. Ejus Vitam ex libro quarto Chronici Centulensis exscripsimus, omissis nihilominus iis quæ ad rem nostram non faciebant. Hujus Chronici auctor est Hariulfus, qui paulo post Angelrannum in monasterio Centulensi vixit, quod ipsemet non semel, potissimum in fine libri quarti attestatur, ubi se a Gervino secundo, Angelranno, medio Gervino primo, successore, *monachizatum* fuisse refert. Ex ejus vero epitaphio, quod tom. I, Analect. editum est, discimus eum ex monacho Centulensi tertium Aldeburgensem abbatem factum fuisse.

2. Angelranno inter scriptores ecclesiasticos locus debetur ob quædam opuscula ab eo edita. Ex his supersunt in ms. codice Centulensi quatuor libri De vita, miraculis et relatione sancti Richarii, quos, Fulberto, quondam suo magistro, adhortante composuit, ut ipsemet in epistola ad ipsum Fulbertum nuncupatoria testatur. Alia item opuscula metrice composuit Angelrannus, de quibus agit Chronici auctor infra num. 15. Cæterum Scholastici nomen quod ipse sibi tribuit Angelrannus, tum etiam libri quos bibliothecæ Centulensi comparavit, magnam ejus in litteras arguunt propensionem; idem probant discipuli, quos in monasterio Centulensi frequentes habuit, quæ omnia in ejus Vita fusius exponuntur. Denique beatus Geraldus, postea Silvæ-Majoris abbas, in libro Miraculorum sancti Adhelardi, quem cum adhuc Corbeiæ moraretur edidit, testatur Ingelrannum miraculo cuidam sancti Adhelardi interfuisse, qua occasione ejus eruditionem his verbis extollit. *Intererat matutinis abbas Ingelrannus, qui eo tempore cæteris philosophabatur altius, quemque hujus signi testem non fors miserat, sed cujus gregis pastor erat, sanctus Richarius.*

3. De anno aut die qui Angelranno supremi fuerunt, nulla difficultas : annum quippe ejus obitus 1045 diserte exprimit Hariulfus. Dies autem in monasterii Necrologio assignatur, nonus mensis Decembris, his verbis : v *Idus Decembris obiit Angelrannus abbas.*

4. Sub Angelranno abbate prior erat monasterii Centulensis Odelgerus, cujus nomen cum *sancti* titulo exprimitur in catalogo fratrum conscriptorum Centulensium, ad diem quintam Februarii, his verbis : *Nonis Februarii obiit ille sanctus Odelgerus, monachus et prior.* Ipse tamen, sicut nec Angelrannus, nullo cultu publico celebratur, imo et quo in loco eorum corpora jaceant, prorsus ignotum est; unde satis fuit utrumque *Venerabilis* titulo donare. Conjicimus nihilominus Angelranni festivitatem olim apud nostros Centulenses fuisse celebratam, ex veteri catalogo, qui Hariulfi Chronico, alia quidem sed antiqua manu,

additus est, ubi hæc leguntur : *Hæ sunt sollemnitates ad Centulam proprie pertinentes. Kalend. Jan. Dedicatio Ecclesiæ. v. Non. Mart. Gervini abbatis. v. Idus Decembris, Depositio sancti Angelranni abbatis nostri.* Quæ indicasse sufficiat; jam ejus gesta exponenda sunt, inter quæ Odelgeri encomium occurret.

INCIPIT VITA.

1. Cum igitur omnis mundus Unigeniti Dei descensione per carnis assumptionem se gratuletur redemptum, sitque universalis exsultatio, liberatio communis, proprium tamen quorumdam locorum dignoscitur esse gaudium viros habuisse tales qui sanctitatis ac doctrinæ prærogativa Patres non immerito vocentur et pastores. Hoc privilegio potita, situ et nomine dulcis Pontiva provincia, præcelsorum sæpius lætata est virorum genitura. Ipsa denique illud fulgentissimum sidus, beatum scilicet Richarium, olim protulit, cujus patrocinio et corporali præsentia se beatam exsultat Centula. Ipsa etiam post illos quos supra meruisse legitur, gloriosæ recordationis virum protulisse scitur Angelrannum, qui quoniam omnem sui temporis laudem excedit, sui nominis memoriam usquaqueque protendit.

2. Natus est Angelrannus deifer parentibus juxta sæculi pompam non adeo generosis, quamvis omnino ingenuis, sed plane Dei timore elegantissimis; qui quantæ opinionis quamque boni odoris foret futurus, ante suam nativitatem divinitus præmonstratum est. Vidit namque ejus genitrix, quadam dormiens nocte, quasi ex se leniter sertum procedere, quod, totius Centulæ muros præcingens, omnium ora in sui laudem et admirationem solvebat; quod postquam religioso marito insinuavit, ille, gratia doni cœlestis afflatus, dixit pro certo hoc fore præsagium optimæ prolis quam Domini dono proxime essent accepturi, quæ bonorum odore operum universos afflaret. Hic ergo, bonæ indolis esse incipiens profundique sensus acumine vigens, infra ævum puerile repertus est in litteris discendis ferventissime ardens. Jam enim, Deo se inspirante, idem puer quinam futurus foret præsagio quodam ostentabat; et cum scriptum sit : *Anima justi, sedes sapientiæ,* Sapientia vero Dei Christus est, summæ Sapientiæ præsignabat se templum fieri, dum litterarum non poterat scientia satiari. Et quia non lasciviam mundi amplecti, sed Dei servitio perpetim maluit mancipari, monachili auctus est toga intra Sancti Richarii monasterii claustra : dein divinis donis cum ætate crescentibus, habitum quem humanis præferebat obtutibus, multimodæ sanctitatis exornabat speciebus. Inerat ei mater et nutrix virtutum humilitas, præpollebat in eo obedientiæ indicibilis qualitas, conservabatur ab eo illa quæ odisse quemquam nescit charitas.

3. Enimvero quia, ut supradictum est, in discendo multum gliscebat, recepta a Patre loci, nomine Ingelardo, non minima reverentia digno, licentia, longe seposita scrutatus est scholarum magisteria, more scilicet prudentissimæ apis, quæ circuit diversorum florum arbusta, ut mellis dulcore sua repleat receptacula. Denique multorum experientia probatum, et liberalibus studiis ornatissimum civitatis Carnotenæ venerabilem episcopum, ac cum multo honore vocitandum Fulbertum, præceptorem adeptus est atque didascalum; hic ei monitor, hic tam morum quam litterarum fuit institutor. Gaudebat venerabilis præsul de tanti discipuli solatio, relevabatur tam idonei auditoris industria atque ingenio. Tandem igitur grammatica, musica atque dialectica optime instructum, Centulam remittit tironem amicissimum, jam tunc sacerdotio ornatum, quem, velut grandem thesaurum, recipit pia congregatio Centulensium. Hinc jam, quod ingenti studio fuerat quæsitum, profertur magnæ scientiæ præcipuum margaritum, reparantur libri, conscribuntur necdum conscripti, educantur pueri, dispertiuntur quam plurimis sapientiæ thesauri, illustratur patria, et ab omnibus circumquaque felix vocatur Centula, quæ tanto præsagiebatur Patre beanda. Verum populi id fieri gestientis voluntati et desiderio felix accessit effectus.

4. Eo tempore rex Robertus, prudentiæ lumine clarus, regni Francorum post patrem Hugonem illustrabatur fascibus; cui nutu divino, ut credimus, sæpedictus vir tali modo refertur notificatus. Cum enim adhuc in Franciæ partibus detineretur disciplinis scholaribus, supradictus rex ire Romam bonæ voluntatis devotione est coactus; dumque jussu ejus diversis in locis quærerentur divini servitii plene imbuti officiis, ab omnibus prædicatus est efficax hac in re Angelrannus venerabilis. Itaque profectione parata rex callem arripit, cui Angelrannus honestissima vita comes accedit. Interim dum gradiuntur, divitiæ hactenus occultatæ latius aperiuntur, prædicationum verba procedunt, commeantium corda infundunt; miratur rex ejus affamina, delectatur continentis vitæ munditia, obstupescunt omnes linguæ nitorem, reverentur animi puritatem. Verum quod in ipso itinere relatum est gestum fuisse, dignum videtur inseri historiæ; si quidem multimoda assertione insinuatus est ita per omnem viam Deo regique in divino servitio militasse, ut librorum nunquam indiguerit juvari solamine; quod an fieri potuerit, non inertes judicent, sed studiosi examinent. Igitur Romam perventum, atque inde feliciter est remeatum (1).

---

(1) Romanum Roberti iter commemorat vetus Chronicum a Beslio laudatum, quod anno 1026

5. Hujus ergo eventu itineris, vir Dei Angelrannus ad Regis notitiam venit; quapropter ipse rex non eum inter infimos relinquere corde tenus ambivit. Interim vero, dum rex perquirit quo eum honore fulciat, semper venerandus Angelrannus sua inhabitatione Centulam exaltat; et provenit Deo ordinante, ut abbatia Centulensis paterna privaretur sollicitudine. Fratrum ergo sanioris consilii concordi electione id officii suscipere cogitur Angelrannus, qui Domini præscientia ante omnia sæcula ad hoc fuerat præparatus. Tunc rex ovans quod, sicut cupierat, locum honorandi reperisset, sæpe dictam Centulam hac de causa concitato gradu devenit. Enim vero famæ velocitas, Angelranni aures percellens, dicto citius timore salubri ejus præcordia replet. Quid ageret non inveniebat; fratrum unanimis electio, exstante admodum parva quorumdam sua nobilitate inflatorum contradictione, pastoralitatem suscipere cogebat, regia etiam auctoritas ad hoc impulsura propinquabat. Sed ille, qui subesse quam præesse malebat, omnino se indignum hujusce rei perceptione præjudicabat. Sumpto igitur ausu silvarum lustra expetit, ibique se ne inveniretur abditis quibusdam recondit. Rex adveniens virum interrogat; furtim eum abscessisse monachorum turba proclamat. Rex miratur intentionem, prædicat humilitatem, jubetque ut citius pergatur, ac electus Domini ad se reducatur. Exeunt ergo militares præclarum Dei militem perquirentes, sciscitantur a quibuscunque obviantibus sicubi visus fuisset vir cluentissimus; tandem igitur, peracta multa scrutatione, in silva Olnodioli dignoscitur latere. Itur ocius, perquiritur, inventus adducitur, regisque Roberti præsentiæ sistitur. Rex itaque gaudens ecclesiæ basilicam intrat, omnique spectante nobilium vel ignobilium caterva, per funes ad signa pendentes ipsi totius loci dominationem delegat. Dein jubetur ab ipso rege ut quantocius acceleraretur benedictionis consecratio digna. Vere ergo iste superni membrum capitis fuit, qui memor suum Dominum, dum eum vellent populi facere regem, fugisse in montem, ne supercilio prælationis extolleretur, maluit subire cavernam.

6. Jam vero, sumpto abbatis officio, quis ejus bona digne potens sit explicare? Erat enim ei studium juge propriæ vitæ nævis carere, coram Deo et hominibus bona semper providere, commissorum inepta resecare, tam exemplo quam verbo bona eorum augere, quidquid bonum semper ambire, quidquid pravum semper cavere. Nec ejus benevolentiæ nonnulli consignant. At ex Historia translationis SS. Saviniani, etc., quam supra edidimus, patet Robertum multo antea iter illud suscepisse. Etenim ibi, cap. 26. Constantia regina *cum parvulo filio Hugone Tillo* remansisse, et, anxia ne Berta eam supplantaret, a S. Saviniano confortata dicitur. Cum vero illa ignoraret quis esset Savinianus, a Theoderico, qui *postea factus est episcopus Aurelianensis*, id accepit. Obiit autem Theodericus, ut ad ejus Vitam diximus, anno 1022, mense Ja-

sat est animarum salutem obtinere, sed curat etiam terrenis ædificiis locum commissum honorare. Denique mœnia struxit, sacras aras auro et argento vestivit, Christique vasa sacrosancta pro posse ampliavit. Delectabatur plane sanctum ingenium bono opere, pascebatur pia mens sancta exercitatione. Interea Notkerus Leodicensis episcopus, cui a domno Ingelardo abbate quædam Sancti Richarii prædia fuerant oppignerata, obierat, et post alios duos Durandus ipsius sedis susceperat præsulatum. Hunc itaque abbas Angelrannus adiit, et, ut conditionem quam illius et suus fecerat antecessor renovaret, ne infirmaretur, exoravit. Qui episcopus venerandi viri precibus acquiescens, nam et a domno Ebalo (2) Remorum antistite idipsum facere fuerat exoratus, tale denuo rescriptum promulgavit: In nomine sanctæ, etc. Acta sunt hæc Leodio publice, sub die xiv Kal. Octobris, anno Dominicæ Incarnationis 1022, imperii vero Henrici xix, etc. Hac igitur pactione utiliter reparata, monasterium reversus est.

7. Aliquando etiam Neustriam ivit, et colloquio marchionis Richardi usus, postulavit eumdem ducem, ut pro salute suæ animæ Sancto Richario aliquid largiretur. Qui, sciens virum esse prudentem et monastici tramitis amatorem, benigne ei paruit, conferens per ejus manum Sancto Richario casulam pretiosæ purpuræ, et ecclesiam Scabellivillæ, de cujus donatione talem condidit descriptionem.

« In nomine sanctæ et individuæ Trinitatis, ego Richardus (3) divina concedente gratia Normannorum dux. Compertum esse volumus omnium sanctæ Dei Ecclesiæ fidelium industriæ quod Angelrannus abbas Centulensis cœnobii, ubi venerabilis confessor sanctus Richarius quiescit, clementiam nostram expetierit quatenus ipsi sancto largitione nostræ eleemosynæ conferremus aliquid. Consilio ergo et suggestu nostrorum fidelium, decrevimus tradere perpetuo prædicto sancto et servis ejus ecclesiam quæ sita est in Scabelli villa. Præfatus vero abbas et fratres, sub testificatione præsentis chirographi, spoponderunt quod amore genitoris nostri, nostro, et matris, conjugis et prolis, persona unius monachi ipsius congregationis augeretur numerus, ea conditione ut, illo decedente a sæculo, alterius per sæcula subsequatur successio; illud etiam ut, ab hodierna die et deinceps, nos, nostrique filii supradictæ congregationis appellati socii, omnium quæ ibi gesta fuerint bonorum habeamur participes. Ut igitur hæc futuris temporibus donatio stabilis permaneat, sub gravi anathemate facto ab archiepiscopo, me prænuario.

(2) Ebalus Remensem Ecclesiam ab anno 1024 tenuit usque ad annum 1033 quo e vivis excessit; sepultus est in sua ecclesia prope gradus chori. Exstant ad ipsum epistolæ nonnullæ Fulberti Carnotensis.

(3) Richardus II, filius Richardi I et Gunnoridis, fratrem habuit Robertum Rothomagensem archiepiscopum, de quo paulo inferius.

sente, vel a quibusdam episcopis cum suis sacerdotibus, qui forte tunc nostræ aderant curiæ, jussimus roborari, et hanc insuper chartulam fieri, quam signo manus propriæ voluimus consignari. »

« Signum Richardi marchionis. S. Roberti archiepiscopi. S. Gonnoridis matris eorum. S. Judith. S. Richardi pueri. S. Roberti pueri. S. Willelmi pueri. S. Malgeri. »

« Actum Rothomago II Idus Martii. »

Robertus (4) quoque ipse Rothomagensis archiepiscopus, virum bonum esse cognoscens demuum Angelrannum, donavit ei unum bonum dorsale, quo hodieque nostra ecclesia ornatur.

8. At quia nunc Nortmanniam intravimus, libet parumper subsistere, ut quoddam necessarium explicemus. Retulimus, sub domno Ingelardo, beati Vigoris episcopi corpus honorabile a Neustria Centulam translatum; quod quia meruimus, Deo omnipotenti ex corde intimo gratias rependamus. Securi igitur de Dei munere in sancti corporis collata nobis benedictione, jam modo contra illos agamus qui tantum bonum nostrum obscurare nituntur. Est enim quiddam sensibus nostris illatum, quod, Deo auxiliante, abundanti ratione purgabitur, si tamen faciente invidia obliquus non adsit auditor. Verum nos singulariter neminem appetimus, omnibus semel respondentes; dum enim quemquam nostratum cum Neustrianis vel Silvanectensibus de sancti corpore colloqui contingit, dicentibus istis quia noster episcopus fuit, nobis quiescit; illis æque referentibus se hunc habere, noster a Deo nobis datus thesaurus apud incertos quasi fuscari videtur. Unde satis necessarie hanc modo rationem persolvimus, qua scilicet apud nos illum esse veraciter comprobemus. Quod si quisquam clarescentibus miraculis hunc se habere defendat, et nos multo magnificentius eadem experti sumus. Vere enim Christiana fides fatetur omnes Deo conjunctos, non eo tantum loco quo corpore habentur, sed ubicunque fideliter rogantur, divina posse monstrare. Sed jam pergat sermo in nomine Domini quo destinatum est, huncque sanctum nos confirmemus habere, tametsi alias magna operari videatur. Christus veritas nobis astipulatur, ipsa sancti viri anima cœlesti semper hæreditate beata testimonium reddet, imo de verbis ejus verbi nostri testimónium fiet. Neustriani tamen, qui et Nortmanni, sui episcopi non bene custoditi arguendi videbantur; sed mentem remordet quia: « Nisi Dominus custodierit civitatem, frustra vigilat qui custoditeam (*Psal.* CXXVI, 1). » Ob hoc autem illos sinentes alia expediamus, dum et thesauri quondam habiti et modo perditi amissione constet eos satis fuisse punitos. Silvanectis autem civibus de sancti corpore inaniter superbis jam modo ora claudamus. Quo primo igitur tempore sancti corporis illatione beata est Centula, absque ullis gestorum ejus adminiculis aliquandiu permansit. Delator nempe, nomine et gradu atque civitate episcopi ejus relatis, de cæteris conticuerat. Cum autem Ingelardi abbatis de medio facti hic venerabilis Angelrannus, cognomento Sapiens, vicem suscepisset, fuit ei necessitas illa, quæ supra exposita est, ire Nortmanniam. His pro quibus ierat peroratis vel definitis, a clericis ipsius provinciæ et a monachis sancti Audoeni (5) cœpit inquirere an nossent aliquem sanctorum qui diceretur Vigor. Illi autem optime hunc scientes, hoc solum mirati sunt quod ipse abbas tantum confessorem nesciret, referentes ortum, vitam, ejusque dignitatem. Tum abbas rogat sibi monstrari Vitæ scripturam, et describendi largiri copiam. At illi eum annuissent, tali ab eo auditu percelluntur : Cœnobio, inquit, Centulæ in monasterio domini mei sancti Richarii hujus sancti corpus habetur. Tum monachi beati Audoeni dixerunt ei : In hoc, honorande Pater, te scito hunc revera habere, si, ossa ipsa inspectans, mentum non inveneris apud te : quod idcirco illuc tu non invenies, quia Deo gratias illud nos habemus. At ubi patriam nostram cum libello Vitæ ejus repedavit, curavit insinuata citius probare. Revolvit sancta membra, et inventa tota ossium congerie, mentum deesse invenit. Quia vero ipsius Vitæ lectio docebat qua die sanctus e mundo migrasset, hæsitabat parum quid faceret; quia eam diem Omnium Sanctorum festivitas ex moderna Patrum (6) institutione vindicabat. Statuit autem ut sequenti die festivitas sua sancto reexhiberetur. Factumque est ita, sed non sic ut tantum decuisset confessorem. His proficue, ut speramus, insertis, ad domni Angelranni Vitam transeamus, alibi (7) de sancto Vigore certiora, et quibus obviari non possit, probamenta dicturi.

9. Multo sudore et ingenio hic venerandus homo semper studuit ad usum monasterii illa revocare quæ, vel desolationis tempore vel sub sui tempore antecessoris, aliqua fuerant fraude subducta. Constantia quippe internæ fortitudinis, quæ menti ejus inerat, multam potentium superbiam edomabat; quia fiducia sanctitatis se vallante, nullius potentiam verebatur. Angelrannus denique comes Pontivorum, Hugonis advocati filius, cum ob expertam in illo sanctitatem compater ejus factus fuisset, magno etiam timore erga illum agebatur, quippe apud quem

---

(4) Annis quadraginta et octo Ecclesiam Rothomagensem rexit, ab anno scilicet 989 ad 1037, quo obiit. De eo agit Ordericus Vitalis, eique Fulbertus Carnotensis aliquot litteras scripsit.

(5) Sancti Audoeni celebre monasterium Rotomagi hodieque a monachis Benedictinis congregat. S. Mauri incolitur.

(6) Et tamen jam sæculo nono recepta erat Omnium Sanctorum festivitas, quam Ludovicus Pius,
adhortante Gregorio IV summo pontifice, in Gallia et Germania celebrari mandavit. Vide Thomassinum in tractatu De festis, lib. II, cap. 21. Hodieque S. Vigoris corpus apud se servari asserunt nostri Centulenses.

(7) In capite scilicet 20 hujus quarti libri Chronici Centulensis, in Gestis beati Gervini, quæ dabimus in altero hujus sæculi tomo.

humani ingenii pravitati nihil successum sciebat. Antiquitus servata est consuetudo, ut in festo sancti Richarii tota Pontivorum militia Centulam veniret, et veluti patriæ domino; ac suæ salutis tutori et advocato solemnem curiam faciebant. Cum itaque jam dictus comes inevitabiliter ad sancti Patris festum, aut alia qualibet die monasterium intrasset, statim ab abbate venerabili, si quid loco abstulerat, tanta invectionis auctoritate arguebatur, ut miro modo non comitem a monacho, sed servum a domino increpari qualitate rerum putares. Si aliquando corripienti non obediisset, abbas loci amator, qui dicere poterat : *Zelus domus* Dei *comedit me*, continuo sese in verbis exaggerans, illumque infidelem, illum raptorem clamitans, nisi emendare sponderet, continuo excommunicabat. Hæc ejus animi fortitudo plurimum contulit, et ut suo tempore nihil loco raperetur obtinuit. Quod nos ideo sic didicimus, quia, cum nostro ævo desint largitores, bene nobis res agere videretur, si non pateremur infestissimos prædatores. Venerabilis tamen Angelrannus non hoc solum obtinuit ut sibi nihil tolleretur, sed et ut multa per Dei gratiam sibi darentur et redderentur. Angelrannus igitur comes, monitis ejus animatus, villam quamdam sancto Richario delegavit; de cujus deditione testamentum conficiens, regia auctoritate confirmari voluit, ita se habens :

« In nomine sanctæ et individuæ Trinitatis. Ego Angelrannus compertum fore cupio cunctorum sanctæ Dei Ecclesiæ fidelium industriæ, quod, remorante præcellentissimo rege Roberto Compendii palatio, corroborandam in præsentia ejus obtuli quam feceram sancto Richario quondam donationis chartulam. Tradideram siquidem ipsi sancto in pago Pontivo villam quæ Comitis Villa vocatur, eo conditionis pacto ut ego ipse, dum vixero, et post me unus hæres, quem vivens designavero, teneam, atque in festivitate sancti Richarii, quæ vii Idus Octobris (8) celebratur, xii denarios in censu persolvam. Quod si hæres a me designatus reddere neglexerit, aut legaliter emendet aut perdat, quam concessionem in præsentia regis regnique nobilium obtuli et regia auctoritate confirmandam censui.

« Signum Roberti regis. Sig. Constantiæ reginæ. Sig. Henrici ducis. Sig. Roberti. Sig. Odonis. Sig. Angelranni comitis.

« Actum Compendii palatio Nonas Aprilis. »

10. Hucbertus quidam miles, qui beneficiarie cum jurejurando nostrati abbati famulari habebat, huic venerabili Angelranno aliquoties causa probationis exstitit. Siquidem aliqui ex suis parentibus sub præstatione certi temporis tenuerant villam sancti Richarii, vocabulo Noguerias, et tali occasione tanquam hæreditatem sibi vindicabat. Contradicente abbate, et illo insaniente, multa dura contigit venerabilem Angelrannum ejus immissione pati : nempe quam forti amoris vinculo erga suos stringeretur,

A hinc patuit, dum contra hunc Hucbertum, contraque omnes qui fratrum possessiones rapere conabantur, tam divinarum quam humanarum legum auctoritate certare non destitit. Nam Dei et Domini nostri informatus exemplo, et accensus amore, *qui pro suis ovibus animam posuit;* ipse quoque pro Ecclesiæ Centulensis villis vel prædiis multa pericula, multasque iniquorum insidias perpeti non formidavit : pro illis certe qui sibi erant commissi animam posuisset, si id necesse fuisset, qui pro eorumdem re temporali, cum necesse fuit, multis injuriis affligi non recusavit. Ut enim subjectorum animas salvaret, ipse temporali suæ saluti nunquam agnitus est pepercisse. Nam non in tantum creverat tyrannorum atrocitas, ut corpora perimendo animas effugarent ; sed ad hoc processerat eorum cupiditas, ut eos, rebus spoliantes, miseros efficerent : et quia isdem magnificus vir eorum sævitiæ perpes contradictor exstitit, ab eis multa perpessus, etiam gladii percussionem Dei amator toleravit. Sed quia vere fateri possumus justum confidere quasi leonem, iste pro commissis, bona conscientia fretus, nullam timuit passionem. Charitas enim in eo locum sibi vindicabat priorem, quæ foras utique propellebat timorem. Tandiu itaque contra Hucbertum institit, usquequo procerum judicio in regis præsentia, eam quam diximus villam derationaret.

11. Sed quæ non mortalium corda rapacitas urget, si adsit locus ? Rex enim Henricus illectus cupiditate, postquam fuerat definitum ut Hucbertus non haberet in proprium jus, villam tulit, et quinquennio illius reditibus usus est. Sed cum ab abbate frequenter argueretur, tandem metu judiciorum Dei coactus, et venerabilis Angelranni assidua interminatione fractus, nobis eam cessit, et super ejus redditione testamentum confecit, quod nos quoque utiliter hic consignamus :

« In nomine sanctæ et individuæ Trinitatis. Henricus Dei gratia Francorum rex, omnibus catholicæ Ecclesiæ filiis, quibus est cura animæ et corporis.

« Notum esse volumus cunctis futuris et præsentibus qualem reditum sancto Richario pro animabus nostris et successorum permiserimus. Miles quidam, Hucbertus nomine, Noguenariam cum suis appendiciis, quamdam sancti Richarii villam, tenebat suæ invasionis tortitudine. Quotquot vero antecessores ejus tenuerant, sancto Richario per præstationis occasionem tollebant; iste vero quasi proprium volens invadere, repulsus est aliquantum abbatis et fratrum reclamatione ; et illo funditus repulso, censura judicii nostri decidit in nostram jussionem ; quinquennio tenui solidam et quietam habui. Posthæc memor animæ meæ, et, licet modicum cogitans de ejus redemptione, inclinatus etiam ab abbate et monachorum collegio, tradidi eam sancto Richario. Addidit etiam comes Angelrannus ejusdem loci advocatus suam petitionem, cui ego eo tenore annui,

(8) Prima scilicet ejus translatio ex veteri proprio Centulæ; ejusdem Natale celebratur die 26 Aprilis; relatio autem die 2 Junii.

ut nunquam inde acciperet aliquam consuetudinem. Quod ne quis etiam successorum meorum audeat infringere, Hezelini Parisiacensis episcopi perculsi [percussi] anathemate, et omnium qui mecum erant Francigenæ, nec ipsum excepi abbatem, ut alicui per aliquam tradat occasionem, ne aliqua iterum eiratio nostræ animæ fiat periculo. Prohibemus ergo iterum atque iterum nostro imperio, et omnium episcoporum nostrorum interminatione, ne aliquis malefactorum aliquo modo audeat usurpare, ut non fiat mihi in illa reprobatio necessitate, ubi merita mea non potuerunt me juvare. Prorsus ne aliquis dubitet imperium, videat scripto imperantis edictum.

« Actum est anno Dominicæ Incarnationis 1035, regnante Henrico rege, anno regni illius III. Abbas Angelrannus subscripsit; Rollandus monachus subscripsit, Gualterus subscripsit; Algisus subscripsit, etc. Hi etiam sunt testes omnium episcoporum excommunicationis, præcipue Hezelini Parisiacensis. Qui deinceps infregerit ista, cum Dathan et Abiron fiat ei anathema maranatha. Amen. *Hic omittimus restitutionem molendini, eidem monasterio a Raginero milite factam.* »

12. Cum in omnibus erga hunc sanctum locum Angelranni abbatis cura provida semper haberetur, non tamen ejus benevolentia sublevandæ pauperum necessitati deerat. Fuit igitur ei pietas comes inseparabilis, per quam, Dei gratia se auxiliante, miserorum consolator splenduit singularis. Multoties enim e claustro processit, ut miserendi locum quoquomodo posset nancisci; et cum pro alicujus utilitatis ordinatione putaretur egredi, ille, justitiæ famelicus, misericordiæ actibus cupiebat saginari. Enimvero gestabat nonnunquam pius latro sacculum misericordiæ gazis refertum, et dum hinc ac inde cerneret pauperem quemlibet proximare, antequam contra illum pervenisset, sumptos denarios in terram solebat jactare, illumque volentem transire, ad se Pater misericors evocabat, et, quasi nescius, quid illud esse posset quod solo tenus jacebat sciscitabatur. Ille qui ignorabat actum: Domine, aiebat, video nummos super terram jacere. Tum ille bene fraudulentus, et pie deceptor, ire jubebat et sibi tollere, dicens a Domino illi esse præparatos. O virum vere Deo dignum! o animum omni laude jugiter attollendum! ne enim vitæ expers maneret, piis actibus continue instabat; et ne eum laus transitoria percelleret, ipsos pios actus occultabat. Libet parumper nostram pravitatem, nostræque intueri mentis tortitudinem. Nam et cum bona non facimus, cupimus laudari; et si parum quid contigerit nos boni facere, ab omnibus cupimus prædicari. Nos nec actu nec virtute qualibet resplendemus, et velut sanctiores pro solo habitu honorem extorquemus. Damnanda prorsus miseria, non esse sanctum, et

(9) Vide observationes prævias, num. 2.
(10) Hic in codice titulus capitis 9, sic habetur : *De miraculis sancti Richarii, quæ ejus tempore ac-*

sanctitatis requirere debitum! Verus itaque Dei cultor Angelrannus bonorum operum exercitiis illustratus, hospitalitatis amator devotus, humilitatis servator assiduus, charitatis etiam obses mansit æternus.

13. Verum ingenii ipsius sagacis non facere mentionem, impiissimum duco errorem. Nam, præcipiente sibi venerabili suo quondam magistro, domno scilicet Fulberto Carnotensi episcopo, almifiui confessoris Christi Richarii Vitam ab antiquis compendiose descriptam, versu heroico jucundiorem fecit; nihil pene extrinsecus addens, sed eumdem sensum per omnia repræsentans. Sane miracula, quæ Dominus ac Salvator noster per ejusdem sancti merita suo tempore exhibuit, in uno libello compingens (9), antiquis ejus miraculis compaginavit; in quorum capite postea quæ supra texuerat sic exorsus est fari :

Nunc ea complectar proprius quæ vidit ocellus.

Subsequenterque intexit illam sancti Richarii relationem, quæ in præcedenti libello a nobis plenius exposita est (10).

14. Hujus autem Deo tam chari vita excellens multorum studia ad supernorum amorem accenderat : unde nunc æquissimum judicamus in ejus discipulorum actibus quanta Dei gratia viguerit ostendere; ut quem jam monstravimus vere sanctum, ac per hoc Deo proximum, inde magis ejus bonitas resplendeat, quo non suis solis, sed et commissorum provectibus magnificus comprobatur. Erat ergo in hoc sancto cœnobio venerabilis vitæ vir, nomine Odelgerus, qui abstinentiæ miræ, obedientiæ summæ, suique custos oris, magnum religionis per Dei gratiam præbebat lumen : qui a puero quidem sacris fuerat sub domno Ingelardo abbate disciplinis informatus, sed sub reverendissimo Angelranno, decani vel prioris potiebatur ministerio. Hic ergo assidue lectioni et orationi insistens, animi quoque simplicitati et puritati studens, magnæ vitæ studiis pollebat. In exterioribus etiam ministrandis satis probus ac valde aptus exstitit. Consuetudo autem ei fuerat perpetua ut, quando fratres, ex indulgentia remissioris vitæ, aliquid sæculare aut etiam irreligiosum in communi sermocinarentur, secederet in ecclesiam, ibique, psalmodiæ et compunctioni intentus, sedule Domino jungebatur. Qui etiam ne aliquo impulsu, aut alicujus occursu præpediretur, superiora templi conscendere procurabat, ibique liber et remotus, quasi de proximo ac de vicino, divinis obtutibus laudum et precum holocausta offerebat. Hic itaque post longam in sancto proposito exactam vitam, ad extrema pervenit. Qui cum morti proximus existeret, et a fratribus vel a famulis ecclesiæ circumdaretur, repente exclamavit et dixit : Ecce chorus adest angelorum. Ut enim omnipotens et pius Deus ostenderet quam devote ei servierat, voluit suæ divinitatis ei morituro ministros transmit-*ciderunt.* At caput ipsum desideratur, quod forte nihil aliud esset a libello de relatione ejusdem S. Richarii.

tere, ut in eorum conspectu atque præsentia, sine gravi metu et dolore de corpore exiret. Hac autem vice, omnibus qui aderant stupefactis, repente iterum subjunxit, et ait : Ecce chorus prophetarum. Silentioque parumper habito, sic intulit : Ecce chorus apostolorum ; ac deinde : Ecce, ait, chorus martyrum. Cumque paululum conticuisset : Ecce, inquit, chorus confessorum; novissime vero cum denuntiasset, dicens : Ecce chorus virginum, eodem momento spiritum emisit. Et quia veraciter cœlestis patriæ cives ad se suscipiendum venisse vidisset, sequendo testatus est. Reverendissimus vero abbas Angelrannus eum, ut decebat, vere sanctum, in ecclesiola Sancti Vincentii martyris, quæ erat claustro contigua, venerabiliter sepelivit, et super ejus bustum tale epitaphium composuit :

Justitiæ cultor fuit, et bonitatis amator
Odelgerus, in hoc qui recubat tumulo.
Subtraxit vitæ quem lux Februaria nona,
Ut spes est, regno misit et æthereo.

15. Angelrannus venerabilis inter suæ magnæ sapientiæ monimenta, in sancti Richarii honore, quamvis antiqui abundarent, quosdam cantus dulciori composuit melodia ; nec non sanctorum Walarici abbatis, et Wlfranni archiepiscopi honori proprios cantus coaptavit : beati quoque Vincentii martyris Passionem metrice composuit, sanctæque virginis Austrebertæ Vitam metro subegit. Et quia tantus scientiæ fulgor non facile poterat abscondi, multi nobiles ejus se subdidere magistratui : e quibus fuerunt duo honorifici viri, Guido (11) præsul Ambianensis, et Drogo (12) episcopus Tarvennensis. Hi ejus se discipulos ; hi, quoad vixerunt, semper gratulati sunt se ejus prudentia illustratos. In tantum enim disciplinæ ejus bonitas [sc, ED. P.] sparserat, ut ubique ab omnibus Angelrannus Sapiens specialiter non immerito vocaretur.

16. Cum igitur tantis et talibus bonæ famæ opinionibus miro modo polleret, impleretur que in eo ille apostolicus sermo : *Christi bonus odor sumus Deo in omni loco* (*II Cor.* II, 15) ; inspector ille cordium, videns eumdem suum famulum infatigabili desiderio sibi velle sociari, ut puriorem quandoque susciperet, imo ut meritorum copiam ei accumularet, statuit eum adhuc tentationis lima polire, ac super incudem corporeæ infirmitatis, malleo propriæ percussionis interrogare. Denique tanta eum paralysis acerbitate perculit, ut non manum ad os ducere, non in lectulo se deinceps quiverit movere. Religantur manus innocentes supernæ districtionis vinculo, et, quæ in bonis se semper exercuerant, ac mala studiosius caverant, hæc vel illa, bona dico vel mala, ne contingant, arctantur. Semper igitur gratias retulit Conditori, et cui antea in omni bona operatione se devotum exhibuerat, nunc valetudine pressus, corde et lingua laudis sacrificium victimabat ; et cum hoc morbo sic vinculatus esset ut omnino sui impotens maneret, tamen ejus ubique auctoritas metuebatur, ejus ubique nomen reverebatur. Sæpe autem accidit ut quolibet residens uberrime fleret, et cum ab assistentibus interrogaretur quænam esset causa ploratus, se peccatorum pœnas formidando cogitare respondebat, quas intra tartari claustra, diabolo ministrante, patiebantur, et ob hoc modo non posse omitti quin fleret. Ita etiam cum alternantibus vicibus se lætissimum præmonstraret, interrogarentque famulantes quidnam rei esset quod tam alacer videretur, aiebat de cœlestium gaudiis angelorum, deque sanctorum felicitate perpetua hanc sibi emanasse exsultationem.

17. Senescente autem illo, cum multis utile videretur ut eidem rector substitueretur, quidam secundum carnem nobilis, filius nempe Angelranni Pontivorum comitis, nomine Fulco, ejusdem loci alumnus, parentum auxilio, sæpe dicti loci Centulensis regimen sibimet usurpare tentabat. Sed enim cum rex Francorum Henricus, quo nescio casu accidente, Pontivum devenisset, idem Fulco, intercedente jam dicto comite patre suo, cupiebat obtinere ab eodem rege totius loci dominationem : quod et factum est, ignorante penitus domno Angelranno abbate. Jam dictus vero Fulco, cum ob donum regium se abbatem fore auspicaretur, sumpta audacia impudenti, quibusdam militaribus in fratrum refectorio, more scilicet incompetenti, convivium opulens exhibuit, quo sibi faceret fideliores, et ad acquirendum sibi honorem promptiores. At ubi nuntiatum est istud patri Angelranno, ministros vocat, protinusque se illuc deportari mandat. Manibus ergo famulorum ad ostium usque refectorii devehitur ; ibique figens gradum, ex auctoritate omnipotentis Dei eos qui convenerant anathematizat. Hinc vero omnis illa eorum factio inchoat dissipari. Cerneres enim meliores quosque, in quibus parum quid timoris resederat, quasi reos ante judicem, sic ante justi faciem pavitare, et incendio excommunicationis ab eo illatæ miro modo terreri. Vir Dei itaque secedens inde Fulconem evocat, et an abbas effici velit, minaci verbo sciscitatur. Cui præ pudore nihil respondenti sententiam intulit, dicens non posse eum fieri abbatem (13), quandiu scilicet ipse in corpore moraretur. Et quamvis isdem Fulco etiam alterius abbatiæ donum a patre suo habuerit, nunquam tamen, quandiu vir beatus supervixit, effici abbas ullatenus potuit, quia videlicet viri Dei sermo obtinuit. Qua in re animadvertitur sanctus

---

(11) Guido post Fulconem ipsius fratrem, qui in synodo Remensi sub Leone IX papa exauctoratus fuit, Ambianensem thronum ascendit. Obiit anno 1074 ex Chronico Centulensi. Infra, num. 22, archidiaconus dicitur.

(12) Hanc sedem obtinuit Drogo ab anno 1031 ad

1078. Interfuit concilio Remensi sub Leone IX elevationi corporis sancti Bertini. De eo jam non est semel actum est.

(13) Non solum abbas Centulensis non potuit esse Fulco, vivente Angelranno, sed et nec ullius omnino loci, ut ex sequentibus patet.

vir prophetico spiritu actus fuisse, qui non absque nutu divino praedixerat eumdem non posse fieri abbatem, quandiu scilicet ipse in corpore moraretur. Si quidem postquam venerabilis Pater Angelrannus coelicas recessit ad aedes, idem Fulco abbatis officio donatus est primo post ejus sepulturam die, praelatusque monasterio Forestensi, quod ex antiquo, ut in hoc opere lucide patet, fratrum sancti Richarii cella fuerat ; sed paulo ante a comitibus Pontivorum subtractum, abbatiolae nomen sibi vindicat.

18. Et quia ad id loci pervenimus, libet memorare, ob rerum notitiam posteris intimandam, qualiter idem locus nobis ablatus est. Ab ea die qua beatus et sanctus Pater Richarius ibi finem vitae mortalis accepit, et deinceps usque ad tempora Ingelardi abbatis, in nostratum deguit ditione. Hugo vero primo dux, postea rex, eo tempore quo propter barbarorum cavendos incursus, Abbatis-villam nobis auferens castrum effecit, eique Hugonem praeposuit militem, Forestis cellam nostrae ditioni subripuit, et eidem Hugoni perpetuo habendam contradidit, quia videlicet ipsius ducis filiam, nomine Gelam, uxorem duxerat. Antea igitur in eadem cella clerici militaverant ; sed, Hugone postulante, aliqui ex nostris illic monachis statuti sunt, qui et abbatem meruerunt simili modo monachum nostratem, nomine Guidonem, domni Angelranni fratrem ; quique cum aliquantis ibidem annis in animarum regimine ministrasset, officii successorem habuit, Huebertum nomine, nostratem monachum. Quandoquidem nobis ille locus tollebatur, tamen ob amorem et honorem almi Richarii statutum est, ut de nostris semper ibidem fierent abbates monachis. Hueberto quoque mortuo, eius loci regimen suscepit hic Fulco, quem nostri monasterii dominium sibi usurpare voluisse notavimus. Libet vero dicere de domno Guidone abbate, quod cum egregiis moribus et Deo placitis fulgeret, oculorum lumine, sicut et sanctus Tobias, privatus est, omnino tamen perseverante in mente ejus divinae contemplationis claritate. Mox vero ut hoc flagellum cum gratiarum actione a pio patre Deo excepit, succedi sibi poposcit ; et rediens Centulam, quod superfuit totius vitae in sancto ibidem explevit servitio. Qui etiam vιιι Kal. Maii (14) dormitionem accepit, et a venerabili fratre suo Angelranno juxta sancti illius monachi Odelgeri corpus humatus est, talique dictitio praenotatus :

Mausoleum hic patrem recolendum rite Guidonem,
Sculpius litterulis monstrat habere lapis;
Extulit egregiae quem mundo gratia vitae :
Sublimem mundus hunc faciat precibus.

Verum et illud placet referre, quod is de quo supra diximus Hugo, non comes, sed advocatus dictus fuerit, quod nomen illi erat insigne, ob hoc quod ecclesiae Sancti Richarii defensor fuerit a rege Hugone institutus. Quo etiam nomine filius ejus Angelrannus, hujus Fulconis pater, fuit contentus, donec permissu Dei Boloniensem comitem bello peremit, ejusque relictam nobilissimam, nomine Adeluiam, in matrimonium accepit. Et quia comitissam duxit uxorem, idcirco deinceps comitis nomen accepit, quod a successoribus ejus jam ex consuetudine tritum perseveranter tenetur.

19. Sed ad nostrum Angelrannum redeamus, et qualiter bonus bonum habuerit successorem jam dicere inchoemus. Cum, ut supra dictum est, comperisset Fulconem parentum intercessu, et pretii datione, praeripere voluisse regiminis ministrationem, voluit adire regiam majestatem, ne animarum cura venderetur oraturus. Quod quia aliter ob infirmitatem non potuit, curru vectus implevit, et regis auribus satis dura inferens, tormenta inferni illum subire ob distractionem gratiae minatus est. Et rex, qui bonae mentis habebatur, pœnituit, reatusque indulgentia rogata se spopondit emendaturum. Non multi post haec fluxerant dies, cum ecce ex divina, ut tenemus, voluntate, regali audientiae interfuit Virdunensis abbas Richardus, reverendissimus monachum, et merito bonitatis unice dilectum, Gervinum secum habens capellanum. Et quia iste est Gervinus, de cujus post Angelrannum successione Centula gavisa est, decentissimum intuemur a principio sursum quis fuerit referre, ut homo diligendus, quo melius noscitur, melius et ametur (15), etc.

20. Rerum itaque conditor Deus, qui sui servi desiderium jamjamque disposuerat coelesti regni amoenitate mulcere, quique eum sibi habilem fecerat longissimi purgatione languoris, interno sapientiae suae consilio, quo omnem filium receptibilem flagellat, ejusdem famuli sui valetudinem solito acerbiorem effecit, et cui mox incomparabiliter dulcia erat daturus, doloris diu tolerati fervorem multiplicat. Sed, ut ostenderet quod non ex ira, sed ex summa misericordia haec ejus processisset correptio, evidentissimae benignitatis super eum signa praetendit. Nam, cum isdem vir beatissimus sacrae Scripturae studiis attentissime semper fuerit implicitus, nec modo quidem cum gravissimo morbo urgeretur, a divinis operibus affectus ejus et voluntas unquam potuit inhiberi ; modo psalmodiae indefessus insistebat ; modo sacris divinorum praeceptorum meditationibus haerebat ; modo missarum solemnia in lectulo recubans, ac si ad altare staret, ore proprio decantabat. Unde et contingebat quosdam mirari ut vir, qui tantae sapientiae sciebatur, quasi dementitium opus faceret, cum ille omnes quos inde mirari audiebat, ineptos et totius boni nescios dijudicaret. Accidit ergo ut quadam vice cum missam in lecto recumbens protensis manibus decantasset, et

---

(14) Hunc ipsum diem assignat Necrologium Centulense his verbis : vιιι Kal. Maii obiit Guido abbus, qui fuit frater Angelranni abbatis.

(15) Multa hic habet de Gervino, quae suo loco ad annum 1074 proferemus.

omnipotens Deus quid erga illum ageretur revelare luscifs voluisset, post missam finitam sitim se pati insinuaret. Præcepit itaque ministro ut sibi vini poculum ministraret. Ille concitus vinum detulit, sed ex hoc se nolle bibere sanctus indicavit. Minister regrediens aliud detulit, sed ad primum gustum, et hoc beatus homo repudiavit. Cumque famulus eum vidisset et semel et bis vinum repulisse, aliudque se velle senior indicaret, minister alia vina se non habere causatur. Tunc sanctus vir, ipsa verba dicenda sunt : De illo, inquit, affer mihi de quo nunc ad missam habui. Quo audito circumstantes timore obrigescunt, et dulcissimo Patri cum lacrymis responderunt : De illo, Pater, ulterius non habebis, nisi tibi dederit qui et prius dedit. Si quidem cum missam faciens extra se crederetur, dumque ad ipsum locum veniretur, quando Dominici corporis sacrosancta libatio agi solet, cœlestibus escis superno dono transmissis refovebatur. Igitur animadvertens quod ipsi sui familiares rem secretam agnovissent, volensque omni modo celare bonitatem Dei in se peractam, quasi permotus jubet eos citius recedere. Habent enim sancti viri hoc proprium, ut cum bona faciunt, occultari velint ; ne scilicet, laudis transitoriæ plausum recipientes, ante Dei oculos operationis suæ mercedem imminuant.

21. Dum vero ista agerentur, et beatus homo jamjam præ multa infirmitatis acerbitate corpore putaretur absolvi, et ob hoc ab his quos nutrierat sollicite observaretur, accidit necessitudo, pro qua ad regalem curiam mittere necessarium fuit. Præcepit itaque domnus Gervinus, qui jam loci dominatum retinebat, uni e fratribus, ut id negotii expleret. Ille vero qui desiderabat optimi Patris præsentialiter illustrari transitu, et implicari exsequiis, omnimoda excusatione se non id facturum respondit. Tunc venerabilis Gervinus, tali responso coactus, sanctum Dei virum Angelrannum quo jacebat adiit, eique monachi inobedientiam intimavit. Ipse autem eumdem monachum ad se vocari faciens, inquisivit cur non præceptum implesset, dein jubet etiam ut impleat. Cumque adhuc ille nollet, sanctus abbas prophetici spiritus gratia luminatus promisit, dicens: Vade et fac quod tibi præcipitur, et scias hoc corpus terram non intrare donec revertaris. Tali sponsione exhilaratus frater viam arripuit, et ea propter quæ mittebatur apud regias aures optime allegavit. Superveniente autem vocatione superna, qua cœlestia petens Angelrannus terrena desereret, sancta illa anima, angelorum ministerio Dei obtutibus præsentanda, v Idus Decembris carnis exiit claustra. Jam vero ille qui multiformi argumento politus fuerat lapis cœlesti ædificio locatur ; jam qui in valle humilitatis superno rore humecta creverat, lilii flos cœleste sertum exornat ; jam quæ inter diversas gemma claruerat tonsiones, diadema supplet divi-

(16) *Feuquières*.
(17) Hunc episcopum poeticæ artis amantissimum fuisse asserunt Guillelmus Gemmeticensis lib. vii

num. Monachus autem, his pro quibus missus fuerat, expletis, revertebatur, cum subito in civitate Ambianensi, quo causa hospitandi diverterat, de obitu Patris dira eum nuntia percellunt. Tunc relicto hospitio, et ciborum apparatu, nam vespertina hora erat, et cœnulæ studebatur, certatimque conscensis equis Centulam repedavit, invenitque sanctum corpus jam exanime in monasterio positum, fratrum excubiis venerabiliter circumdari, proxima hora sepulturæ tradendum. Adfuit ergo, obsecutus est, et impleto ejus desiderio, etiam Patris prophetia impleta est, qui promiserat corpus suum terram non intrare, donec idem monachus de regis curia reverteretur. Sepultum vero est sancti viri corpus infra militis Christi sanctissimi Richarii venerabile templum, eo loci in quo beati Laurentii veneratur martyrium. Cujus tumulationi venerabilis ejus successor abbas Gervinus tantum contulit decoris, ut cujuslibet antiquorum Patrum sanctitati honor tantæ sepulturæ sufficere posse crederetur ; æquissimum contemplatus, ut honore decenti servaretur ejus corporis gleba, qui perenni lauro redimitus cum cœlicolis laudes Christo hymnizat in æternum. Amen.

Acta sunt hæc anno incarnati Filii Dei 1045, ind. xii.

22. At Christus Dominus, cui hic beatus homo fideliter servierat, quanti apud se ejus servitium penderetur, quantaque hunc remuneratio cœlitus exaltaret, claris indiciis mortalium notitiæ pandere dignatus est. Nempe in pago Vimmaco fuit mulier habens filiam paralysi percussam, quæ ad omne opus inhabilis grabato moribunda tenebatur. Hæc comperta beati abbatis Angelranni sanctitate, et fidei fervore succensa, salutisque filiæ cupida, ad tumbam ejus cum candela illam deduxit. Cumque ipsa ægrota sepulcro hominis Dei candelam devote obtulisset, sedit juxta sepulcrum, et somno paululum indulsit. Deinde evigilans sanissima redditur, et videntibus fratribus monasterii, Deumque laudantibus, ad villam unde venerat, vocabulo Filcharias(16), propriis sedibus alacriter cum gaudio rediit, omnibus annuntians quanta sibi Deus per beatum Angelrannum abbatem fecisset. Guido igitur tunc Ambianensis Ecclesiæ archidiaconus, postea ejusdem sedis episcopus, qui illius fuerat in studio litterarum discipulus (17), tali ejus tumbam epitaphio decoravit :

Quem tegit hic tumulus, lectissimus Angelirannus,
Hujus cœnobii pastor et abba fuit :
Dux gregis Ecclesiæ, monachum spes inclyta vitæ,
Vixit, ut in mundo, mundus, et in Domino.

23. Qui igitur nosse vult quantæ penes hunc sanctum locum fuerit utilitatis, versiculos intueatur, qui de eodem, ut posteri scirent et imitarentur, descripti sunt tali tenore :

Abba Angelrannus loculo quæ paucula nostro

Historiæ, cap. 44, et Ordericus Vitalis libro iii, ubi aiunt ipsum edidisse librum heroico carmine De expeditione Guillelmi Conquæstoris in Angliam.

Contulit, hic retinet scriptus, qui cernitur albus..
Sancti Vincenti, nec non sancti Benedicti
Ecclesiam struxit, cellam infirmisque paravit
A fundamentis instauravit paradisum :
Altaris Petri tabulam componere fecit,
Thuribula ex argento etiam conflare gemella,
Librum Evangelii, sancti Vitamque Richari,
Ipsius studium mero argento decoravit.
Est et Episto-liber-larum, atque Evangeliorum
Ipsius argento quem industria nempe paravit.
Ipsius atque calix studio præclarus haberi
Cernitur, adjuncta sibimet cum lance decenti
Præter et hunc alius, quem in missis semper habebat:
Unum dorsale, et tria pallia quam pretiosa.
Terras servavit pervasas, atque redemit :
Sicut Noguerias, Gaspannas, et Drusiacum,
Guibrenti ecclesiam, Frocort, Montisque Rochonis,
Ecclesiam Sacri-campi, discrimine diro,
Dum plures trahitant, ut pars contraria vincat,
A Detractus multis multa et perpessus iniquis.
Quæ supra retuli, nec non quam plura peregit,
Actum sic ut sit Domini scientia novit :
Excedunt libri numerum quos ipse novavit,
Insuper excedunt numerum quos ipse refecit.
Talibus atque aliis cœlestis præmia regni,
Ut spes est, meruit, lector, quod posse monemus,
Ultimus ipsius fuit hic finis studiorum.
Ecclesiam sanctæ reficit moriendo Mariæ,
Cujus apud Dominum nobis suffragia prosint.
Ergo horum revocatori sint præmia vitæ :
Damnetur, cujus studio hæc neglecta peribunt

24. Is ipse honorabilis vir posteritati consulens descripsit catalogum rhythmicum de Patribus sancti hujus loci, non quidem omnes designans, sed tantummodo illos memorans quorum nomina vel chartæ, vel quælibet pittaciola insinuare videbantur, vel etiam Vita sancti Richarii specialiter notificabat. Hæc quidem honorabilis Angelrannus.

VITA SANCTI RICHARII

ABBATIS CENTULENSIS PRIMI

Metrice descripta ab INGELRAMNO scholastico ipsius sancti monacho.

(Edidit Dom MABILL. Act. SS. Bened., II, 261.)

MONITUM.

Post Alcuinum. (*De Vita S. Richarii. — Vide inter Opera Alcuini, Patrolog.* t. CI, col. 681) adducimus Ingelramnum seu Angelramnum nusquam editum, primum monachum, deinde abbatem Centulensem ineunte sæculo XI, qui *præcipiente sibi venerabili suo quondam magistro, domno scilicet Fulberto Carnotensi episcopo* (inquit Hariulfus in Chron. lib. IV, cap. 8) *almifui confessoris Christi Richarii Vitam, ab antiquis compendiose descriptam, versu heroico jocundiorem fecit, nihil pene extrinsecus addens, sed eumdem sensum per omnia repræsentans.* Ingelramnus carmen suum divisit in libros quatuor. In primo purum putum Alcuinum (si metri formam excipias) exhibuit, ut capita capitibus conferenti perspectum erit. Cur vero Ratbertum, si forte de Richario scripserat, prætermisisset? In secundo ac tertio libris Miracula S. Richarii ab vetusto auctore exarata, in quarto Relationem S. Richarii versibus reddidit.

S. Richarium VI Kalend. Maii memorat præter Wandalbertum Usuardus his verbis : *In pago Pontivo S. Richarii presbyteri et confessoris.* Pontivensium regio, vulgo *le Ponthieu,* tractus est Picardiæ intra fines Ambianensium, Morinorum, et Neustrianorum, cujus tractus caput Abbavilla, *Abbeville,* a qua duabus leucis orientem versus distat Centula seu Centulum oppidulum, ubi Centulense monasterium, utrumque nunc S. Richarii (*Saint-Riquier*) nomine insignitum, ad Scarduoneim rivulum, quem loci incolæ vulgari nomine *la rivière aux Cardons* appellant. Magna fuit quondam istius cœnobii dignitas, præcipue a tempore S. Angilberti abbatis, qui in suo cœnobio *monachos trecentos, centumque pueros inibi erudiendos,* ac Laudem perennem instituit (HARIULFUS in Chron., lib. II, c. 11). Illic floruere abbates dignitate ac religione præstantissimi, S. Angilbertus Caroli Magni gener, qui tres ecclesias Laudi perpetuæ (*Ibid.,* c. 8), primam in honorem S. Salvatoris ac S. Richarii, alteram S. Mariæ, tertiam in honorem S. Benedicti consecravit ; Nithardus, Angilberti filius ac successor, aut certe Ludovici, si Petavio in Syntagmate Nithardi credimus ; Helizachar, post Helricum *abbas sanctissimus;* post Ribbodonem Ludovicus *ex regali prosapia oriundus ;* Hruodolfus *gloriosissimi regis Caroli,* Calvi scilicet, *avunculus* ; atque (ut taceamus Heligaudum ex comite monachum et abbatem, ac Guelfonem *abbatem sanctissimum*) Karlomannus ipsius gloriosissimi regis Caroli filius. Paulo post regimen Karlomanni dirutum est a barbaris cœnobium ; cui restaurato post Ingelardum Corbeiæ monachum præfuit Ingelramnus rebus pie ac præclare gestis, imo et prophetiæ dono clarus ; ac Gervinum virum sanctitate eximium habuit successorem (*ibid.,* lib. III, c. 22). Cæteros mittimus ac monachos pietate insignes, in his Ansegisum ad Nicolaum papam a Carolo Calvo legatum (*ibid.,* c. 14 et 20), Hjeremiam, qui postea Senonensium antistes fuit, et Odelgerum monachum, quem Hariulfus in lib. IV, cap. 10, magnopere commendat. Cæterum hodie quoque non ignobile est S. Richarii monasterium Centulense a nostris inhabitatum et excultum, cujus primordia a B. Richario circa annum 625 jacta esse credimus. S. Benedicti regulam illic a primordiis aut certe non multo post viguisse ex eo constat quod Centulensi monasterio præfuerit tertio loco Coschinus, abbas Gemmeticensis cœnobii, quod instituto Benedictino ab origine addictum fuisse ex SS. Filiberti et Aicadri abbatum Actis perspicuum est.

INCIPIT VITA.

Vita Patris sancti versu descripta Richari,
Ipsius famulus quam sibi composuit
Abba Ingelramnus, necnon miracula plura
Vita acta gessit quæ per eum Dominus.
Solers, o lector, quamvis sint schemate vili,
Ne pigeat nostros versiculos legere.
Plurima perpendes fuerint quæ digna flagellis :
Attamen utile in his invenies aliquid.
Cum vitium agnosces, ipse emendare memento,
Utile pertracta quo utilis ipse fias.
Ingenito Patri, genitæ sit gloria Proli,
Sit sancto amborum gloria Spiritui.

INGELRAMNUS SCHOLASTICUS FULBERTO EPISCOPO

Dono totius prudentiæ, divinæ scilicet atque humanæ, debriato sufficienter et sobrie, Fulberto præceptori et domino Ingelramnus, monachus ipsius scholasticorum vilissimus, ad quam vocamur Divinitatis cognitionem.

Super nostro profectu quem amplius te gaudere oporteat, qui nobis ut aggrediamur grandia, paterno affectu sollicitudinem impendere non cessas? Nos tamen dediti pigritiæ, quod utile sapiamus aliquid, vixdum valemus promere. Unde fit ut quia ut lucretur talentum expendere nolumus, nedum mereamur audire *Euge* delectabile, cum inutili servo subimus damna defossæ pecuniæ. Nostris denique culpis promerentibus agitur, quod præpeditus pluribus negotiis minus te præbes nostris aspectibus. Qua in re licet tuæ sanctitatis non minuatur constantia, nostra tamen juste punitur negligentia : ut qui proferenda occultamus, his quæ opus sunt scire careamus. Quod vitium taciturnitatis formidans incurrere, non parvæ materiæ mihi pondus imposui, videlicet Vitam S. Richarii describere metrice : in qua quomodo fuerat edita rhetorico stylo diligenter et lucide, nihil addere vel minuere decrevi, metro duntaxat scriptoris dicta rependens. Quod ut facerem, non me fingendi nova construxit impossibilitas, verum persuasit imitatio carminis quorumdam venerabilium ex Divinitate canentium : qui refugientes ad inventiones novas, sacræ Scripturæ simpliciter repræsentavere sententias. Quorum labor meo judicio nequaquam deputandus est super alienum fundamentum ædificatio, sed magis divinorum miraculorum officiosissima recitatio. Singulis igitur principiis quatuor librorum quos edidi, singulos prologos inserui, ob hoc solum ut in his postularem veniam mihi poetæ novo, cum invenirentur multa quæ possent adnotari vitio. Quod opusculum quia tuo labore faciente confinxi, tuæ correctioni devovi ; neque id passus sum proferre palam, donec tui favoris dignaretur clementia. Ergo munus oblatum suscipere ne renue ; aures pias inutili carmini commodare ne refuge, ut in hoc etiam laudis tuæ cumulus accrescat, dum futura noverit ætas habuisse te discipulos alicujus utilitatis idoneos. Quod si impetrare mereor, id negotii nostris conscholasticis manda : sunt etenim digni illorum quidam, quorum auctoritati præbeatur credulitas.

PROLOGUS PROPOSITIONIS.

Expendit quoties devotio Christicolarum
In sanctis laudes : quis laudatur nisi Christus?
Nempe quid ipsius dono fecere refertur.
Ecclesiastica laus quapropter continuari
Debet, et assiduus fieri concentus in hymnis,
Non tantum vocis, verum modulamine cordis.
Hæc equidem Domino sanctisque placere probatur.
Utile præterea sanctorum scribere gesta.
Namque beatorum dum transit vita per aures
Corporeas, animus divino ardescit amore,
Ac se deposito consortem tegmine carnis
Exoptat, quorum miratur lucida facta.
Vitam Richarii quapropter scribere sancti
Aggredior metro, quo illi qui carmine gaudent
Hanc habeant : prosam quos plus delectat habere,
Illam quam nostri quondam fecere priores.
Nec solum scribam vivens quæ mira peregit.
Quin etiam postquam projecit pondera carnis,
Longo sed spatio sancti caruit quia claustrum
Scriptorum studio ; quamvis perplura patrasset,
Ac si non fuerint, omnino facta silentur.
At postquam ingenii nostri scintilla reluxit,
Gratia quam Domini succenderat omnipotentis,
Pastor præfatus fecit miracula si qua,
Juxta quod potui, curavi tradere chartis.
Pondera et ut nostri fierent majora libelli,
Hæc illis junxi quæ industria prisca notavit.
Nec cupidus laudis (mens est mihi conscia testis)
Hoc opus incœpi : cupiens sed scire futuros
Pastorem nostrum tales habuisse clientes,
Qui, etsi imperfecte, sapuerunt ludere versu.
Sed tres antiquo quia sunt in codice libri (18),
Hunc numerum metrum contendit reddere nostrum :
Quas etiam metas illi noscuntur habere,
Me dare constitui quos sum scripturus et ipsis.
Insuper ex multis memorans miracula pauca.

---

(18) Nimirum liber Vitæ ab Alcuino, et duo libri Miraculorum, ab anonymo editi.

Quæ sancti meritis nostris sunt gesta diebus,
Aggredior librum reliquis superaddere quartum.
Non bene compositos notet et ne forte quis illos,

A In studio memet fateor cum fingere cœpi,
Ternos annorum nondum implevisse dierum (19).

PROLOGUS INVOCATIONIS.

Auctor perpetuæ lucis largitor et index,
Æternum tibi qui Natum ingenitus genuisti,
Per quem fecisti quidquid subsistit in orbe,
Perlustras totum sancto qui Flamine mundum,
Quem credunt cuncti retinet quos ordo fidelis;
Sic personarum distinctum nomine terno,
Simplex ut Deitas maneat tibi semper et una;
Monstras antiquis typica qui lege beatis
Quæ reserat sumens Jesus de Virgine carnem;
Menti infunde meæ donum cœleste benignus,
Osque reple laude, ut possim cantare decenter
Quæ per Richarium gessisti mira beatum.
Sicut enim errorem sequitur cui tu via non es;
Sic quisquam sine te poterit nil dicere de te.
Voce quidem novi te commonuisse prophetæ
Dilatetur ut os, quia sis implere paratus.
Ad succlamandum quapropter præparo linguam :
Da gustare mibi quam sis bonus atque suavis,
Ut valeam pastus tanta dulcedine verbum
Eructare bonum, canere et magnalia regis
Cuncta gubernantis, qui nos de fauce leonis
Eripuit tetri, cujus pietate soluti
A vinclis mortis, cœli super astra levamur.
Nutu namque tuo cœlum volvuntur et astra,
Tendit ad alta ignis, terrarum pondus ad ima,
In mare cunctarum cursus festinat aquarum :
Omnia claudit hiems, solvuntur et omnia vere,
Æstatis fervor terrarum semina siccat,
Decutit arboribus fructus autumnus honorem :
Noscitur atque nihil naturæ in rebus haberi,
Quod præceptorum contemnat jussa tuorum.
Errores cunctos da me vitare nocivos,
Ut pateat, duce te, semper mibi semita vitæ.

I. *Quod sanctum patres genuerunt religiosi.*
Si quis Francorum studiose gesta priorum
Scrutatus fuerit, discet bellando frequenter
Primos barbaricas reges superasse catervas;
Sicque Dagobertus regnum tenuisse quiete,
Dici ut pacificus posset Salomonque secundus.
Ipse manu larga populis popularia dona
Præbuit, et dignum Christi servis famulatum.
Pluribus inque locis terræ cœpere coloni
Tunc ædes fundare sacras, et relligiosus
Accrevit Domino populus. Quo tempore fulgens
Lucifer astriferas sicut resplendet in auras,
Claruit in villa claris e patribus ortus,
Laribus a centum fuerat quæ Centula dicta,
Charum Richarius cunctis et amabile pignus :
In quo nobilitas generis nec sola refulsit,

Moribus in sanctis permansit denique constans,
Ut laicus vitæ gereret præsagia sanctæ.

II. *Arripuit callem quibus erudientibus arctum.*
Tunc et Pontivus meruit splendescere pagus
Forte sacerdotum radians fulgore duorum :
Nomen majoris quorum fuerat Caidocus,
Egregios meritis quos misit Hibernia nobis.
B Ex ipsis populus temnens audire salutem,
Non recipit digne, digno nec tractat honore,
Sed magis a propriis cœpit depellere metis.
Quorum crudelis sanctum violentia movit
Richarium, et justos rapiens a plebe feroci
Hospitium tribuit, tenuit, fovitque benigne,
Disponente Deo, quo salvarentur utrique.
Succensusque diu divino lumine lychnus
Nec claudi valuit, radios sed in ampla tetendit.
Namque peregrinos postquam suscepit in ædem,
Ipsis corporeos sumptus largitur ab ipsis
Sollicitus vitæ capiens compendia sanctæ.
Nec tellus sterilis percepit semina verbi :
Sed menti inseruit, carnis quod sumpsit ab aure,
Quamplura et Christi portavit ad horrea grana.

C III. *Qualiter exactæ deflevit crimina vitæ.*
Sic quoque magniloquum sancta ratione virorum
Cœlestique simul tactus spiramine sanctus,
Mente pia propriæ pandit peccamina vitæ;
Atque juventuti si quid vitiosa voluptas
Contulerit culpæ, lacrymarum flumine tersit,
Hospitiumque Deo quia sub specie famulorum
Præstitit, ipsius fuit a pietate receptus.
Extunc sumpsit enim primordia relligionis,
More et apostolico postponens posteriora
Prudenter sese rapiebat in anteriora :
Versiculique memor Psalmistæ vaticinantis,
Qui transire refert a virtute ad virtutem
Electos, Dominum ut quivisset adire deorum.

D IV. *Quod pollens multa est factus virtute sacerdos.*
Post se carnali tantum frenavit ab esca,
Ut corpus potius nutriret quam satiaret
Lassatum longis jejuniis robore panis
Conjuncti cineri, lacrymis aucto quoque potu.
Hocque cibo tentus, carnem servire coegit
Spiritui, pugnans aeris nec perculit auras,
Sed corpus fregit, sub servitiumque redegit :
Doctrinæ Christi lator ne forte futurus,
A quoquam ex aliquo posset reprobarier actu.
His igitur multisque aliis profectibus auctus,
Sancta sacerdotis sic ad fastigia venit :
Christum ut qui promptus fuerat per plura referre,

---

(19) Hoc est nondum implevisse tres annorum hebdomadas, seu annos unum et viginti, si recte divinamus.

Congruus hoc tanto quo non caruisset honore,
Hunc famulus Christi fructu pietatis adornat,
Hunc præceptorum geminum donavit honore,
Hunc quæ sunt Domini demonstrans amplificavit :
Cultor et ut sapiens divino vomere sulcans,
Sentes peccati de Christi vulsit agello,
Atque salutiferum roravit mentibus imbrem.
V. *Quod prior implevit quæ alios facienda docebat.*
Quo fuso, pietas Domini nec defuit alma :
Quippe fidem nostræ fecit succrescere gentis
Unde Dei servus charus cunctis et amandus
Exstitit et merito. Quoniam non dignus honore
Esset, mellifluo qui quod sermone docebat,
Prævius hoc sacro monstrabat signifer actu?
Si quid et a populo doctrinæ in stipe recepit,
Illud egenorum delegit sumptus ut esset.
 Quin etiam vitæ venturæ ductus amore
Decrevit lucem non sollicitare sequentem.
Creditor o felix, o vir recolende per ævum,
Dum præstas parvum, cœli qui regna lucraris !
Denique solamen miseris, tectum peregrinis
Exhibuit, viduis tutor fuit atque pupillis ;
Ut Job pes claudis, oculus quoque lumine demptis.
VI. *Quod miseros fovit, rigidos dureque domavit.*
Nec despexit opem laceris conferre leprosis :
Sed promptus lavacris ipsorum membra refovit,
Intrat in hæc etiam post illos ipse lavandus.
Quidque Propheta pio quondam præceperat ore,
Frangere qui panem jubet esurientibus, atque
In tectum Christi conducere mandat egenos,
Ille Deo plenus surda non sumpsit ab aure.
Nec sibi conjunctis tantum solatia carnis,
Sed recreans animos, impendit verba salutis :
Et solabatur sicut pietate misellos,
Dura sic demuit sub conditione superbos.
Nec foris humanus valuit devincere terror,
Interius Christi quem perlustraverat ardor.
Non fuit a vento quæ turbaretur arundo,
Posset ut ullius lingua fallente reflecti :
Semper sed solide sistens bonitatis in arce,
Humano sese tempsit reprehendier ore.
Sic Domino plebem, et Domini sibi junxit amorem.
VII. *Quod tribuit, sibi nil retinens, oblata misellis.*
 Hujus et a populo sancti devotio sancta
Postquam conspicitur, colitur, veneratur, amatur,
Donatur donis. In eum [*lege* in eo] dilectio duplex
Sed quoniam fuerat, partim dispersit egenis
Hæc eadem, partim captos ex hisque redemit.
 Namque diabolicis alios erroribus actos
In culpam, solvit vitæ documenta ministrans.
Mundanis dominis retributo et munere digno
Plures servili positos sub lege redemit,
Ut possent animæ primi gaudere salute,
Ferre jugum Domini fieret leve atque secundis
VIII. *More prophetarum implevit quod Spiritus illum.*
Nec solum divina docens in partibus istis,
Innotuit magnus, clari sed solis ad instar
Oceani glaucis qui mox ut surgit ab undis
Depellit radiis terræ vestigia noctis,

Promptus ad indoctos satagit transire Britannos,
Illustrans patriam variis erroribus atram.
In qua per spatium dum longi temporis ipse
Stat non segnis in his quæ sunt divina docendis ;
Illius in mentem fertur venisse repente,
Servos in patria quosdam quia liquerat ista
Nondum libertos ex consuetudine factos.
Ad socios, inquit, se hoc percutiente dolore :
Heu ! nos solliciti dum festinamus ad istos,
Servili proprios sub conditione legatos
Liquimus in patria, novi cito quos morituros.
Littus quapropter quam festinanter adite,
Undas atque maris certatim carpite remis,
Mittentesque manum famulos absolvite nostros.
 Haud secus ac jussit patrantes rite ministri
In patriam veniunt sancti sanosque clientes
Inveniunt, donant ac libertatis honore.
Qui facti ingenui, revoluto tempore parvo.
Dixerat ut sanctus, ponunt habitacula carnis.
Ingens o Domini quanta est clementia Christi ! !
Qui famuli in mentem sævit pietatis amorem,
Finem servorum monstravit quique propinquam.
Huic ne de propriis periisset opus miserantis,
Nec gravitatis onus morientibus imposuisset.
Extuhc qui nullum sub se retinere volebat,
Sed sibi subjectos studuit dissolvere cunctos,
In propriis durus ne censeretur haberi,
Externis mitem qui se præbere parabat :
Quodque salute lucrum collegerat ex aliorum,
Per pietatis opus posset cumulare suorum.
IX. *Quam fuerit constans rediens a parte Britannum.*
Doctrinæ agresti qui postquam pabula plebi
Contulit, ad patriam properat remeare relictam :
Messoris cupidi morem ne forte sequendo,
Quærere in alterius gaudet dum præmia messe,
Perderet ipse manu propria quam severat ipsam.
 Christi et in obsequiis tanto flagravit anhelus,
Quanto diem prope cognovit sibi muneris esse.
Denique jejunans vires carnis macerabat,
Afflixit semet vigilans, munivit et orans,
Consolidavit spe, fidei præcinxit et armis,
Nullius atque malis motus maledicta rependit.
Non sprevit quemquam, nullum decepit adulans.
Scilicet ut vitæ callem prior ingrederetur
Actu, quem plures sancto sermone docebat.
Sic galea tectus, cinctus gladioque salutis,
Undique justitiæ circumdatus atque lorica,
Sanctæ etiam fidei tutus munimine scuti,
Ad bellum vivax antiquum vadit in hostem,
Illius ac pellens ardentia tela frequenter
Vicit, et Ecclesiæ Christi spolia ampla reduxit
Ipsi tanto magis hosti metuendus iniquo,
Utilis humanis quantum meruit fore [esse] causis,
Nam sibi non solum, sed multis subveniebat.
Denique multorum juste celebratur ab ore,
Multos per Christum qui defendebat ab hoste :
Cujus virtutum non tanti est dicere gesta,
Quanti quæ fuerit virtus cognoscere tanta,
Multam qua plebem Domino dum vivit adunat.

Indoctos etenim coelesti pascere pane
Ne quisquam dubitet, signo quod praevalet omni.
Quamvis dum tempus, dum convenientia rerum
Poscunt effectus non deesset mira operandi,
Vir sanctus Domino quae concedente peregit.

X. *Orans tentantem se quod prostraverit hostem.*
Denique sustinuit tentatus ab hoste ruborem,
Quem Domini pietas in laudis vertit honorem.
Visens subsidio quamdam suffultus equino
Matronam, sancta sub religione pudicam,
In cujus vitae qui postquam pectora sanctae
Dogmata transfudit, disponit forte reverti.
At mulier nati deportans membra pusilli
Insequitur sanctum, quatenus benediceret illum,
De fontis sacra quem jam susceperat unda.
A sanctoque Dei jam vix infante recepto,
Antiquo insidias hoste exercente vetustas,
Dentibus infremuit sonipes, pedibusque relaxis
Vertitur in rabiem, curritque, salitque, meatque.
Quod cernens, stupidos genitrix avertit ocellos,
Interitum pueri videat ne forte ruentis.
Ast utriusque timens damnum vulgus famulorum,
Non fletus, planctus, luctus emittere cessat.
Petrum cunctantem sed quae suscepit in undis,
Dum cecidit puerum conservat dextera Christi.
Munera namque precum postquam porrexit in altum
Vir Domini, illaesus puer incolumisque repente
Ad terram venit, vector datur atque quieti,
Et mater laetis prolem amplexatur in ulnis :
Ad decus et famuli Dominus sic transtulit hostis
Fraudes, ac humili doctrix fuit ala superba.
Denique nullius voluit conscendere posthaec
Dorsa ferocis equi, potius sed mitis aselli :
Nempe tenens, mortem properat dum sumere Vita,
Isto quod vili fuerit gestamine vecta.
Causa doctrinae sic dum loca plura peragrat,
Sedulus huic sancto lator suffecit asellus.
Et quocunque sui gressus vestigia flexit,
Aut resonat Christo sancto modulamine psalmos,
Illius aut verbum doctrinae auditur ab ore.
Nec mirum lingua Christum si praedicat ipse,
A cujus sobria modicum nec mente recessit :
Per quem consuluit miseris, durusque superbis
Exstitit, angorem solans clementer eorum;
Inque crepans rigide mores compresserat horum.

XI. *Quod fama motus hunc visit rex Dagobertus.*
Tempore nam quodam sancti rumore coactus
Militis atque sui cujusdam Giselemari
Suggestu, partes praefatus venit in illas
Rex Dagobertus, famulum Dominique revisit,
Se cupiens hominis precibus committere tanti.
Quem sacer egregius gemino dignatur honore :
Roborat hunc sanctae sancto signamine dextrae
Corrigit audacter passus nescire verenter,
Suadens mundanam penitus contemnere pompam,
Credulus ac linguis discat non esse dolosis :
Nonque caducorum gradibus gauderet honorum,
Sed magis Aeterni formidet posse potentis,
Illius atque suo maneat laus semper in ore :

Sedulus ac teneat, quia nulla potentia mundi est,
Quae dum magna viget, tenuis vacuatur ut umbra :
Instar et exiguae gignunt quam flumina spumae
Labitur, ad modicum si flat tentatio venti :
Immo pati tractet magnos tormenta potenter,
Cuique datur multum, multum quaeretur ab illo :
Qui vix atque Deo rationem reddere pro se
Sufficit, ex multis quo pacto ferre valebit ?
Ut praesit potius quam subdi quisque vereri
Idcirco debet. Nam qui subjectus habetur
Pro se portabit solo pondus rationis :
At contra regni qui sublimatur honore,
Ante Deum proprio, multorum et fasce premetur.
Haec sobriam regis penetrat correctio mentem,
Utque suus fiat poscit conviva sacerdos.
Norma qui Christi fretus convivia mundi
Non aspernantis, doctrinae occasio nasci
Ex hoc ut posset, regalem venit ad aulam,
Occupat atque diem totam cum nocte sequente,
Vitae coelestis praebens epulantibus escas.
Cujus et in tantum mulsit constantia regem,
Quaedam de proprio censu ut concederet illi,
Unde Dei templo posset lucere lucerna :
Omnino justum reputans, ut sicut ab illo
Illustratus erat divino lumine, templum
Munere visibili Domini illustraret et ipse.

XII. *Quod vitare volens homines deserta petivit.*
Pluribus a populis quia vir Domini veneratur,
Aspectus hominum vitare exinde volebat :
Ut dum terrenos cautus devitat honores,
Contemplaretur secum coelestia tantum.
Mundum deseruit mundus, eremumque cupivit,
Ad cultum Domini quo posset liber haberi,
Contemplativos et quo decerpere fructus,
Dum tenet activos ad quos non segnis anhelat,
Pertractans Dominum partem laudasse Mariae,
Optima quod fuerit, quod non raperetur ab illa.
Hoc memorans, vitam contendit adire remotam,
Quo rimaretur coelestia sola frequenter.
Tradidit Ecclesiam nec non quam fecerat ipse
Sub cura alterius procuratoris habendam.
Cui Giselmarus divinae legis amator
Editus et clara Mauronto stirpe parentum,
Terras et silvas regis collata potestas
Cui tunc servandi fuerat, tribuere manendi
In silva loculum devoti Chrisciacense.
Qui post Maurontus divino ductus amore,
Armis depositis habitum sumpsit monachilem.

XIII. *Quod templum in loculo sibi concesso aedificavit.*
Quo vero in loculo sancto magale pararunt
Praefati heroes, jecit fundamina templi
Sanctus, et nunc, uno tantum comitante ministro,
Ingreditur cellam vili nimium strue factam,
Congrue quo vitae fieret habitatio sanctae :
Qui temnit mundum decernens, esse superbum
Delicias mundi si conspiciatur habere.
Duriter ac sese tam mortificavit ibidem
Orans et vigilans, jejunia crebraque solvens (perso!
(vens,)

Ut vix juncturis hærerent ossa relaxis,
Difficile et trepidos baculo custode movebat
Gressus : ac scandens animi conamine mundum,
Semper mente pia tractat cœlestia sola.
Huic alienus erat seclo, Christoque propinquus.
Illum pugnabat contra, expugnabat et illum,
Qui lætabatur quondam quod vicerit Adam,
Aspipedem super incedens simul et basiliscum,
Antiqui caput assidue contriverit hostis.
Despiciens terram cœli suspirat ad aulam,
Per scalamque Jacob jugiter scandebat ad illam :
Atque per angustum qui ducit ad æthera callem,
Continuis precibus munivit iter venerandum.
Nec stricturæ eremi lucis clausere columnam :
Amplo quin etiam radians fulgore refulsit.
Quare multigenis plures angoribus acti
Ad sanctum colvere virum, quos ipse benigne
Suscipiens, sanare precum studuit medicinis :
Et quo quisque fuit morbo vexatus, ad ipsum
Accedens, sanus propriam remeavit ad ædem.

XIV. *Cum famulo sanctus loquitur de morte futura.*

Ast ego virtutes hujus non promere cunctas
Proposui, vitæ sed tantum insignia sanctæ :
Ne nimium tardæ dum judicor esse loquelæ,
Quæ egit multorum signorum fama tepescat.
Spiritus hoc præsens seclum quo fine reliquit
Dicere jam satis est, doctis hæc ipsa relinquens.
  Namque diem noscens carnis qua ponere tegmen
Deberet, longi munus capere atque laboris ;
Accersit famulum sibi qui fuerat Sigobardum,
Quem sic demulcens affatur voce paterna :
O fili, propriam carnem cito cerno ruendam,
Quemque diu cupii conspectum regis adibo.
Vas quo condatur corpus sed perge parare,
Non nimio cultu, sed carnis ut exigit usus,
Tempus adusque illud quo conservetur ibidem,
Quo incorruptelam sumet corruptio cuncta.
Teque para semper toto conamine, frater,
Quæ mihi nunc instat tibi quo cum venerit hora,
Hoc fragile absque metu possis deponere corpus.
Ipse viam gradior tellus quam tota tenebit :
Subveniat mihi nunc Christi clementia tantum,
Eruat atque modo tetri de fauce leonis,
Olim morte sua qui me subtraxit ab illa.
Et qui præsentis tribuit solamina vitæ,
Largiter ipse mihi concedat dona futuræ.
  Hæc Pater : at fletus famulum solvebat amarus
Sponte tip tamen ipsius præcepta secutus,
Invento ligno, finditque, cavatque, paratque,
Utque valet, satagit membris aptare paternis :
Quodque opus effecit, mœstus plorando rigavit
Pene prius lacrymis implens quam corpore Patris.
  Interea a famulo sancti dum jussa fiebant,
Languoris gravior sanctum decoxerat angor,
Et vix in gelido permansit corpore fletus.
Os tamen a precibus Christi nec laude repressit.
Dumque salutiferam divini corporis escam
Sumeret, assiduis fundens rogitamina verbis,
Sexto dum Maias mundum celebrare Kalendas

A Cernebat Phœbus, transivit ad æthera sanctus :
Quem servus posuit vivens ubi jusserat ipse.
Sed mirum dictu ! peragit dum funera Patris
Discipulus, subito se subripiente sopore
Obdormivit, claram quasi traheretur in aulam,
Vidit et in visu, pulchram nimioque decore,
Quæque etiam rutili vincebat lumina solis ;
In qua Richarium cernens habitare beatum,
Audivit vocem ipsius sibi talia fantem :
En, frater, qualem Christus mihi contulit ædem,
Pro vili charam, fulgentem pro tenebrosa,
Pro fumi plena tanto fulgore coruscam.
Qui postquam somno fuit experrectus ab illo,
Lætior obsequium compleverit exsequiarum,
Disponente Deo, talis tam grandis ut angor
B Soletur famuli, et monstretur gloria sancti.
A famulo sanctus sicut retuli sepelitur,
Qua Christi regis servibat maxime votis.
  Nec diuturna quidem post intervalla fuere,
Abbas cum monachis quos Centula fundus habebat
Ocioaldus, vir non parvæ relligionis
Quod venit, sancti corpus tulit atque Richari
Idibus Octobris, posuitque ubi nunc requiescit.
In quo sæpe loco miranda Deo tribuente
Fiunt, sancta fides orantum quo patéflat,
Ac meritis cujus fuerit sacer ille sciatur,
Psalmista utque canit, Christus laudetur in illo.

XV. *Quidam contractus fit sanus sancti apud antrum.*

Contractus membris fidei sed robore fortis,
C Quidam sæpe rogans sancti veniebat ad antrum.
Hic subito loculo discedens sanus ab illo
Glorificat Dominum, quod sic suffultus abibat.
Nec tamen hic solus meruit sentire juvamen,
Quin etiam multi similis quos gratia visit.

XVI. *Quod sancti meritis solvuntur vincla reorum.*

Quidam constricti vinclis vinctique catenis
Per callem templo vicinum forte Richari
Deducebantur : quod mox a longe videre
Ut possunt, clamant : Christi nos solve sacerdos.
Ferrea tunc meritis rumpuntur vincula sancti.

XVII. *Frater salvatur; plures cum peste peribant.*

Sed quid perpessus fuerit de fratribus unus
Sancti Richarii, nunc exigit ordo referre.
Crudelis quondam clades multos perimebat
D Indigenas terræ, dira qua denique clade
Sancti percutitur Richari e fratribus unus :
Qui licet exitium mortis pro clade timeret,
Vitam sub tanto didicit sperare patrono.
Ergo ad mausoleum fratrum comitante caterva
Sancti confugit velut ad solatia certa.
Dumque preces illi cunctorum funduntur ab ore,
Qui fuerat passus, gaudet discedere sanus.

XVIII. *Vox exhortantis nexa est in fine livelli.*

Colligat auditor quid nostra fides mereatur,
Intercessorem si nobis, quærimus illum,
Tam cito corporeos qui assuevit pellere morbos,
Nam meritum sancti monstrant miracula gesta,
Cernitur atque sequens vitam signare priorem :
Quodque fuit sanctus, narrat post funera virtus.

En pauper Christi, fratrum perpende caterva,
Ipsius consors est factus divitiarum :
Qui ante oculos hominum despectus et esse cu-
[pivit,
Anglorum [Angelorum] socias nunc gaudet habere
[cohortes :
Quique in praesenti mundo vitavit honores,
Laetatur, coelum meruit qui jure perenni.
 Cunctorum dignus quapropter honore videtur,
Cunctorum Domino mitis qui semper adhaesit.
Expedit et nobis prae cunctis hunc venerari,
Illius membris qui cernimur esse propinqui :
Ut quos nutrivit divini semine Verbi,
Noverit haeredes sibimet succedere dignos.
Illi nec tantum sancto laudatio nostra,
Illius quantum confert imitatio nobis.
Denique plus gaudet si quis bonus illum imitatur,
Quam si clamoso vacuus quis praedicat ore.

Unde Patres sancti fratresque cohorsque fidelis,
Festum devoti qui tanti Patris adistis,
Ut sitis digni studium exercere laboris,
Ipsius precibus vestri quo vota rogatus
Conscendant summi solii fastigia regis;
Spirituali vos ipsos ornate decore,
In vobis duplex vigeat dilectio semper,
Assidue ac maneat spei fideique lucerna
Quamque Patres sancti normam docuere secuti,
Ipsis in coelo ut possitis consociari.
Utque jubet Paulus mundi nocitura negantes,
Contenti justo, saeclo vivatis in isto,
Adventum Domini spectantes spemque beatam,
Qui nos a vinclis mortis moriendo redemit,
Exutos culpa populum ut faceret sibi gratum,
Gloria cui par est cum Patre et Flamine sancto.
 Sit satis haec sancti de vita pauca tulisse,
Jam labor exposcit primum finire libellum.

LIBRI II CAPITULA.

PROLOGUS.

In eo nihil singulare continetur : de scriptore miraculorum haec habentur.

Quae quia rhethoricus scriptor numerosa videbat,
Cura fuit geminos illi facere inde libellos.

CAP. I. Villae Sidrudis quaedam narratio mira.
II. De quadam tilia in villa quid contigit ipsa.
III. Erupit sancti meritis quod fons in eadem.
IV. Sanatur sancti mulier Burgundio vino.
V. Contrahitur quaedam meretrix, sanatur et ipsa.
VI. Pessima cujusdam miseri piscatio furis.
VII. Femina contractis manibus sanatur utrisque.
VIII. Qui fur non fuerat quidam pro fure tenetur.

(Hic apud Anonymum inseritur contractae eminae curatio.)

IX. Ex utero matris sanatur caeca puella.
X. Fratres Danorum tollunt formidine sanctum.
XI. Dum referunt sanctum, sanatur languidus unus.
XII. Nec non hydropicus reditu salvatur et ejus.
XIII. Unius pueri refovetur debile corpus.
XIV. De quodam caeco contracto et corpore toto.
XV. Donatur visu quaedam muliercula caeca.
XVI. Cujusdam vincti rumpuntur vincula ferri.
XVII. Luditur illusor quidam dum pervenit ad nos.
XVIII. Erigitur sancti in festo contracta puella.
XIX. Altera peste pari quaedam fit sana puella.

CAPITULA LIBRI III.

PROLOGUS.

(Nihil habet notatu dignum.)

CAP. I. In visu vidit mulier paupercula sanctum.
II. Sanctus furantem quemdam increpat atque fla-
[gellat.
III. In sancti festo moritur muliercula texens.
IV. Erigitur quaedam misere contracta puella.
V. Ad sanctum ductus donatur lumine caecus.
VI. Quidam contractus toto fit corpore sanus.
VII. Salvatur quidam a misero cruciatu oculorum.

VIII. Solvitur unius hominis contractio dira.
IX. Quidam sanatur cunctos per corporis artus.
X. Fit sanus cui damnarat contractio laevam.
XI. Cujusdam erigitur contracta sinistra puellae.
XII. Laetatur quaedam salva muliercula dextra.
XIII. Contracti pueri sanatur debile corpus.
XIV. Eloquium recipit primaevo a tempore mutus.
XV. Contractus puer in cunis salvatur et unus.
XVI. Danus corrigitur divino jure superbus.

Miracula superioribus indicata capitulis, ab Ingelramno descripta, hic praetermittimus, cum praeter metri formam nihil habeant diversum ab iis quae narrat auctor primarius (apud MABILL. saec. II Bened., pag. 222). Addidit Ingelramnus librum quartum de relatione corporis S. Richarii et miraculis exinde consecutis, quem librum ex saeculo V Benedictino statim exhibemus.

LIBER QUARTUS

SIVE

Relatio S. Richarii abbatis ex Sithiensi monasterio in Centulense.

(Ex ms. codice Centulensi et Aprili Bollandiano.)

I. *Metrice Richarii descripta relatio sancti.*
Hactenus antiqui retinet quae pagina libri
Carmine prout valui cecini miracula sancti.

Hinc ea complectar proprius quae vidit ocellus.
Ingenio validus, magnis opibus quoque fultus
Arnulfus patriam possedit marchio nostram.

Hanc etiam fraude ut per plura solebat adeptus,
Transtulit hinc (20) sanctum, cupiens tam nobile
[lucrum
Cum quisdam sanctis propriæ regionis habere.
Hic jam longævus deponens tegmina carnis,
Filius ut nati jussit fieri suus hæres,
Præsentabat avum proprio qui nomine tantum.
Post regem primus regni tunc jura tenebat.
Vir humilis cunctis, cunctis pius atque benignus,
Filius Hugonis Magni, dux inclytus Hugo :
Postea regali qui sublimatus honore
Rexit Francorum miro moderamine regnum.
Hic graviter tolerans fraudem supra memoratam,
Restituit patriæ quæcunque erepta fuere.
Utque magis celebris fieret regressio (21) sancti,
Præcipit immensam populi glomerare catervam.
Nec solum nostræ convenit concio terræ :
Quin etiam ex multis facta est collectio Francis :
Relliquias sancti posthæc mandat sibi reddi.
Accipiens cujus præcepta puer (22) memoratus
Efficitur mœstus tanto pretio cariturus.
Sed reputans si despiciat non esse salubre
Reddidit invitus, veritus ne forte coactus.
Jam tandem præclara dies illuxerat orbi,
Qua debet fieri tam grata receptio sancti.
Procedunt partes, gaudentes et lacrymantes.
Namque illi tradunt quod semper habere vole-
[bant,
Isti suscipiunt sine quo nec vivere curant.
Postea primores populi jurare rogantur,
Quidquam ut non desit penitus de corpore sancti.
Quo facto, nostri festinavere reverti.
O memoranda dies, o lux votive colenda,
Fines dignatur (23) patrios qua visere sanctus !
Hujus lætitiam vix enarrare diei
Sufficiet quisquam, quisquam vix gaudia tanta,
Adventus sancti quæ concutiebat ubique.
Ad quascunque etenim venit processio villas,
Obvia cunctorum procedit turba colonum,
Ac præ lætitia gemitus ad sidera jactant.
Ante sed ad templum, quantum est spatium prope
[leugæ,
Quam pervenissent, dux jam præfatus equino
Descendens dorso, nudis incedere plantis
Incipit, et propriis scapulis portare feretrum,
Et secum plebis qui visi nobiliores.
Illud tamque diu portat lacrymis madefactus,
Altari donec gaudens proprio imposuisset.

Sed jam divina quid sit virtute peractum
Perpendat lector. Sancti meritis sociatis
Hæc quam prædixi facta est regressio sancti
Tempore quo plenis campus flavescit aristis.
Sed tot militibus quæ sufficerent quia tecta
Non fuerant, cultos sese sparsere per agros.
Dicere quis poterit fuerit quam diruta messis
Pene omnis, pedibus dum conculcatur equorum
Pars quædam, quædam dum pars depascitur ore ?
Usta est pars etiam stabilita ardente culina
Partibus in multis, cocta radicitus herba.
Tandem discedunt, nuda tellure relicta.
Mira loquar : paucis transactis fere diebus,
Ecce incredibilis cœpit succrescere messis
Fructifera, ac demum cum tempus et hora me-
[tendi
Instaret, totos videas flavescere campos,
Ac si nil damni regio perpessa fuisset.
Hæc cernens meritis patrata fuisse Richari,
Ad laudes Domini populus se contulit omnis.
II. *Quod lapsi in puteum vixerunt vir mulierque.*
In sancti mirum fuit et virtutibus illud,
Ipsius festum quia plebs dum multa adiisset,
Forte secus templi introitum puteus fuit, ex quo
Jamdudum laticis penitus defecerat unda,
Os cujus veteri fuerat de vimine clausum.
Ignari super hunc dum vadunt vir mulierque,
Ipsius in magnum lapsi cecidere profundum.
Quis dubitaret eos mortis discrimen obisse ?
Cernuntur tamen a putei convalle reducti,
Non solum vivi, toto sed corpore sani.
III. *Quod vescens quidam piscis glutivit aristam.*
Exercebat ovans ex consuetudine (24) Palmas
Plebs Domini, quidam sumens cum clericus escam
Cum monachis, ortus non vili stirpe parentum,
Unius incautus piscis glutivit aristam.
Angorem cujus sentiscens vespere facto
Tentat rejicere hanc valeat si forte vomendo.
Sed quia non potuit, gravior fit luce sequenti.
Tertia namque dies prætendit deteriora,
Ac demum in quarta tractat de morte futura,
Disponens etiam fuerant quæ congrua visa.
Abbas et fratres veniant se visere mandat :
Quis ad se ingressis tantum de morte locutus,
Poscit cum monachis sepeliri quo mereatur.
Pro Domini Cœna, quinta sed luce verenda
Hunc sancti ad templum deducit turba paren-
[tum

---

(20) Ad oram Chronici Centulensis ms. legitur : *Anno Domini 952 ablatum corpus, et* IV *Kal. Septemb. beati Bertini cœnobio illatum,* nempe Centulensi abbate Fulcherico, et clericis ibidem existentibus, ut apud Hariulfum in lib. III, cap. 12.

(21) Hanc restitutionem instaurato Centulensi monasterio restitutisque monachis factam fuisse, sub Ingelardo abbate Fulcherici post Hugonem ducem successore, tradit ibidem Hariulfus. Eodem abbate contigit translatio sancti Vigoris episcopi, et Madelgisili confessoris, testante eodem auctore.

(22) Arnulfus junior.

(23) In Chronico Centulensi ms. exstat diploma Lotharii regis, rogante Hugone duce abbate concessum, quo villæ monachis ab eodem *in pago Targonensi* assignatæ confirmantur, nempe Botritium et Rolleni-curtis. *Actum Compendio palatio, anno Lotharii* XXI. *Adalbero regis notarius ad vicem Adalberonis Remorum archiepiscopi et summi cancellarii recognovit.*

(24) Hariulfus : *Dominica Palmarum, quam vulgus Puscha floridum vocitat, ex ecclesiastica traditione colebatur, cum ipsa die quidam clericus, etc.*

Tempore quo fratres celebrant solemnia missæ :
Suffultusque viris dextra lævaque duobus,
Jam ferme exspirans sanctam conscendit ad aram.
Cui postquam imposuit quosdam pro munere li-
[bros,
Nititur ut valuit retro deflectere gressum.
Sed vix conversus nutu tangente superno
Sensit aqua tepida perfundi corpore toto
Semet, et exclamat quia nil angoris habebat.
Ex hoc nos etiam tanquam de morte reducto
Lætamur, Domino porrectis laudibus alto.

IV. *De fabro templi tecto qui corruit alto.*
Ingelvinus erat lignorum cæsor apud nos,
Qui templi solitus sarcire ruentia tecta,
Ardua præsumens etiam conscendere plura.
Hic Paschæ in feriis templi campanar adivit
Signi disruptum funem religare rogatus
Injuncto officio sibimet sed rite peracto
Conatur tecti quoddam obturare foramen.
Sed deceptus spe qua se bene posse tenere
Credidit, a celso dilapsus culmine templi
Concidit, ac penitus horrendam mortem obiisset,
Parietis in partem nisi vis divina tulisset :
Cujus porrecti lapides sic forte fuere,
Ut per circuitum posses incedere templi
Tutius utque per hos valuisset figere gressus,
Desuper adjunctum munimen erat podiorum, etc.

V. *Quod vixit templum scandens insana puella.*
Unius in rabiem fuerat mens versa puellæ,
Quæ sensu pravo stimulante errabat ubique.
Hæc villæ triviis peragratis tempore noctis,
Dum matutinos vigiles essemus ad hymnos,
Ut mos est, portas templi aspiciens patefactas,
Intrat vociferans ac frendens horrida verba.
Ad vocisque sonum torquens vestigia nostræ,
Offendit scalam quæ transmittebat ad alta.
Ejus per gradus conscendere nescia cœpit :
Sed postquam ipsius cœpit contingere summum
Per porrectarum sic discurrendo petrarum
Fracturas, sicut mos est, incessit amentum.

(25) Hæc quatuor miracula, quæ nihil singulare
continent, videre licet in Aprili Bollandiano.

Cui dubium est illam mortis subiisse ruinam
Quod tamen et fecit, mortis nec damna subivit.
Quin etiam vadens ac discurrendo pererrans,
Venit ad introitum cochleæ qua culmina templi,
Alta petebantur, quam longa est scandit et ipsam.
Post hæc quid fecit, cujusquam dicere lingua
Vix dum sufficiet. Non cessat denique voces
Edere terrificas, per gyrum et currere templi.
Nullus et a quanto fuerit servata periclo.
Cognoscet penitus, nisi qui loca viderit ipsa.
Nos vero stupidi et formidine sollicitati
Ipsius casu ne templum pollueretur.
Sed nondum fuerat quia tempus et hora loquendi
Astanti turbæ certatim significare
Cœpimus, ascendant, rapiant, secumque reducant.
Nemo sed insanam præsumpsit tangere sanus.
Sponte sua tandem gressus rediit per eosdem.

VI. *De sancti famulis a vinclis sponte solutis* (25).
VII. *A sancto frater sanatur fratre rogante.*
VIII. *Quod sancti in festo pluviæ cessaverit unda.*
IX. *Prædones sancti nequeunt accendere lignum.*

Est quodam in pago Ambianense vocatus
Mons Desiderii (26), vicus cui subjacet unus,
Ecclesia est cujus sancti sub honore dicata.
Contra hoc castellum bellum cœpere Royenses :
Pluribus et villis populatis, vicus aditur,
Qui, sicut dixi, templum sancti retinebat.
Hunc furia accensi prædones aggrediuntur,
Non dubitaturi templum violare profani.
Forte secus templi sed stabat cereus aram :
Hunc præsumentes rapere, asportant abeuntes.
Sed postquam ad proprias sedes potuere reverti,
Quam secum tulerant tentant accendere ceram :
Appositum sibi sed prorsus sic reppulit ignem,
Ac si in materiam lapidum conversa fuisset.
Quod rursum tentant, rursumque frustra laborant.
Pœnitet hoc pacto sancti violasse secreta,
Illos, ac celeres templo sublata remittunt.
Hæc a nonnullis sic gesta fuisse feruntur,
Externus quamvis nobis locus ille fuisset.

(26) *Mondidier.*

CIRCA MEDIUM SÆCULUM.

PAPIAS GRAMMATICUS.

NOTITIA.

(OUDIN, *Comment. de scriptoribus et script. eccles.* II 621.)

Papias grammaticus circa annum 1050 floruit, ut est in Chronico Alberici ms., non autem anno 1200, ut male Thrithemius in libro De scriptoribus ecclesiasticis scribit. Alberici verba sunt : *Anno* 1053, anno decimo tertio imperatoris Henrici filii Conradi, Papias librum suum, videlicet Elementarium doctrinæ Erudimentum, edidit : quod probatur per numerum annorum, ubi agit de ætatibus sæculi in prima littera, et enumerando pertingit ad hunc annum. In eo porro condendo decennium insumpsisse testantur versus adscripti Papiæ in Aquicinetensi illo exemplari, et a viro doctissimo mihique amicissimo Joanne Mabillonio exscripti, quos hic apponam, ubi nescio quis Rainaldus nominatur, a quo hic codex anno Christi 1173 descriptus fuit.

Si durante die nunquam tenebresceret orbis,
   Visibus humanis nulla lucerna foret,
Sic in Scriptura qui prospicit omnia clare,
   Non eget istius commoditate libri.
Sed quoniam quivis qui neverit omnia non est,
   Est amplectendus omnibus iste liber.
Instar apis mella collecta labore decenni,
   Cunctis Papias ista legenda dedit.
At cibus ut noster de divite ditior esset,
   Apposuit nobis has Rainaldus opes.
Ne tuli nostra dulcedine mensa careret,
   Extitit ejus in hoc officiosa manus.
Istud habe gratum munus Salvator, et illi
   Perpetuam requiem comparet iste labor.
Hunc amet, hunc relegat, hoc delectetur, et omnis
   Hunc studio servet, grex, Aquicinte, tuus.
Scripti tempus habet, qui Jhesu copulat annis
   Undecies centum septuaginta tribus.
Noveris ista legens, quod pro mercede laboris
   Non aurum scriptor postulat, imo precem.
Ergo precem redde, quoniam pretiosius auro,
   Est prece devota propitiare Deum.

Exstat autem istud Elementarium Papiæ fol. in membrana in bibliotheca nostra Lugduno-Batava, inter mss. Codices Latinos num. 14, ut habet Catalogus librorum hujus bibliothecæ editus in-4° Lugduni-Batavorum 1674, a Frederico Spanhemio, pag. 400, quem vide. Scripsisse etiam Papiam Epistolarum librum ad diversos, auctor est Joannes Trithemius loco citato. Præterea Elias Putschius edidit, inter grammaticos veteres, Explicationes notarum veterum ex Papiæ Glossario, quas in mss. codicibus quos videre contigit non animadvertit Carolus du Cange. Prostat vero ejus Glossarium typis editum cura Bonini Mombritii, cujus sunt duo volumina De vitis sanctorum, nempe Venetiis anno 1490, mense Aprili, die xix. Sane non tam de novo condidisse quam antea utcunque digestum Glossarium ac elaboratum auxisse, ipse innuere videtur in præfatione his verbis : Jam vero de hujus artis nomine non prætermittendum videtur, quod quidem etsi olim, quia verbi et simpliciter unius alterius dictionis retinebat interpretationem, Glossarium vocaretur : jam vero definitionibus, et secundum regulas notationibus, sententiis quoque, et multis id genus superadditis, altius atque aptius Elementarium Doctrinæ erudimentum nominari poterit. Ita Carolus du Fresne dominus du Cange in præfatione ad Glossarium mediæ et infimæ Latinitatis, § seu num. 44, pag. 36, qui § seu num. 46, p. 37, hæc addit.

« Papiam excipit Ugutio Pisanus, qui longe fusius ac multa vocabulorum et ἐτύμων accessione sive Glossarium sive Dictionarium auctius edidit, quod mss. in bibliothecis passim reperitur. Nam typis excusum non puto, quod cum ars typographica inventa est, illud in scholis tunc haberetur, quod a Joanne de Janua ex Papia et Ugutione confectum est. Quis iste Ugutio fuerit, vel quo vixerit sæculo, ex præfatione operis illius non percipimus ; sed id docemur ex Chronico ms. Nonantulano, cujus verba hic describemus : Per hæc tempora (circa a. 1192) Agno Ugutio, natione Pisanus, episcopus Ferrariensis, qui datus a sede apostolica coadjutor abbati monasterii Nonantulani prodigo homini, ex libro Papiæ, qui illic est, librum Derivationum composuit. In præfatione vero consilium operis et nomen suum ita aperit. Opus igitur divina favente gratia componere statuimus, in quo præ aliis, vocabulorum significationes, significationum distinctiones, derivationum origines, etymologiarum assignationes, et interpretationum reperientur expositiones : quorum ignorantia Latinitas naturaliter indiga quadam doctorum pigritia non modicum coarctatur. Nec hoc tantum ut vitream cenodoxiæ fragilitatem lucrifaciamus, adimplere conabimur, quantum ut omnium scientiæ litterarum invigilantium communis inde utilitas efflorescat. Nec minus descendat in mentem, nos in hoc opere perfectionem insinuatim adhibere, cum in humanis nihil ad unguem inveniatur expolitum, licet aliis de hac eadem re tractantibus quadam singulari perfectione, haud injuria videri possumus excellere. Nam hic parvulus delectabitur suavius, hic adultus uberius cibabitur, hic perfectus affluentius delectabitur : hic gymnosophistæ triviales, hic Didascali quadriviales, hic legum professores, hic Theologiæ perscrutatores, hic Ecclesiarum proficient gubernatores. Hic supplebitur quicquid hactenus scientiæ defectu prætermissum est, hic elimabitur quicquid a longo tempore mala usurpatum est. Si quis quærat operis hujus quis actor fuerit, dicendum est, Deus. Si quærat quod operis hujus fuerit instrumentum, respondendum est quod patria Pisanus, nomine Hugutio, quasi Eugetio, id est, bona terra, non tantum præsentibus, sed etiam futuris : vel Hugutio, quasi Vigitio, id est virens terra, non solum sibi, sed etiam aliis. Ejus obitum circa annum 1212 conjicit Ughellus in episcopis Ferrariensibus, cui hæc de Ugutione haud nota fuerunt. » Hæc verbotenus Carolus du Fresne, dominus du Cange, locis citatis. Meminit quoque Papias grammatici Cornelius a Beughem in opusculo De incunabulis typographiæ verbo Papias, pag. 103, cujus Vocabularium inquit impressum olim Mediolani 1476 in-fol., Venetiis 1487, 1491 et 1496 in fol. Illum natione Lombardum, arte grammaticum, male cum Trithemio ad annum Christi 1200 claruisse scribit.

ANNO DOMINI MXLV.

ROTBERTUS

LONDINENSIS EPISCOPUS.

NOTITIA HISTORICA.

(MABILL. *Annal. Bened.*, tom. IV, pag. 461.)

Alwoldo episcopo, quem Willelmus Elfevordum vocat, in sede Londinensi anno 1044 subrogatus est Rotbertus, Gemmeticensis abbas, agente Edwardo rege, a quo in Angliam accersitus fuerat, postmodum factus primas Cantuariensis. Cum Londoniæ pontificatum regeret, monasterii sui memor, multa eidem ornamenta contulit cum libro Sacramentorum, ad cujus calcem ascripsit chartam, quam infra exhibemus.

ROBERTI CHARTA.

Notum sit omnibus, tam præsentibus quam futuris per succedentia tempora fidelibus, quod ego Rotbertus, abbas Gemmeticensium prius; postmodum vero sanctæ Landoniorum sedis præsul factus, dederim librum hunc sanctæ Mariæ in hoc mihi commisso monachorum Sancti Petri cœnobio, ad honorem sanctorum quorum hic mentio agitur, et ob memoriale mei, ut hic in perpetuum habeatur. Quem si quis vi, vel dolo, seu quoquo modo isti loco subtraxerit, animæ suæ, propter quod fecerit, detrimentum patiatur, atque de libro viventium deleatur, et cum justis non scribatur; et severissima excommunicatione damnetur, qui vel unum de palliis quæ dedi isti loco, subtraxerit, sive alia ornamenta, candelabra argentea, seu aurum de tabula. Amen.

ANNO DOMINI MXLV.

GARCIAS

MONACHUS S. MICHAELIS CUXASENSIS.

IN OPUSCULUM SUBSEQUENS ADMONITIO.

(*Hist. litt. de la France*, VII, 345.)

Baluze, dans son appendice au *Marca hispanica* (p. 1072-1082), nous a donné un monument qui mérite d'être connu, quoique écrit en un style diffus, obscur et plein de fautes contre la grammaire. C'est l'ouvrage de Garcias, moine de Saint-Michel de Coxane, ou Cusan, au diocèse d'Elne, aujourd'hui de Perpignan en Roussillon, lequel avait eu pour maître un certain Arnol, apparemment moine du même endroit, et qui écrivait en 1040. Cet écrit, assez prolixe, est adressé à Oliva, évêque de Vic, et en même temps abbé de Cusan. Garcias a entrepris de décrire l'origine de son monastère, et de faire connaître à la postérité la cérémonie de la dédicace de son église et le grand nombre de reliques qu'on y conservait alors. L'énumération qu'il en a faite est accompagnée d'une notice assez juste des saints de qui l'on croyait qu'elles étaient. Il y a joint une belle description du maître-autel qu'Oliva fit construire. Après quoi vient une exhortation que l'auteur avait faite à ses frères à la fête de la dédicace. De sorte que son écrit est composé de deux parties, l'une historique et l'autre morale.

GARCIÆ·MONACHI CUXASENSIS EPISTOLA

AD OLIVAM EPISCOPUM AUSONENSEM

De initiis monasterii Cuxasensis, et de sacris reliquiis in eo custoditis.

(Circa annum 1040.)

(Edidit Baluz. in Append. ad Marcam Hispanicam, p. 1072, ex chartulario monasterii Cuxasensis.)

(1) Gloriosissimo atque inter pios præsules clementissimo Patri Olivæ bonorum monachorum ultimus, sanctitatis autem vestræ servus, gratiæ vel potestatis, quoad vivam, famulus Garcias, debitæ servitutis obsequium, et æternæ quietis incomparabile præmium.

Omnipotens Deus, cum visibilium atque invisibilium substantiarum creaturas conderet, et causas vel actus rerum adverteret, suæ virtutis æmulatorem scilicet cupidum cœlestium gratiarum, ad laudem et gloriam suam, ante mundi constitutionem delegit hominem, qui mundani operis et animantium universorum necessario uteret potestatem; cujus gratiæ vel similitudinis totius humanæ universitatis vos conferendum dedit cum corporeæ fragilitatis consortium et omnium specierum, secundum amplitudinem vestri cordis, inexplebilem atque insatiabilem tribuit intellectum. Primum videlicet vernantis ætatis disciplinis præ exercitaminibus et multa sollicitudine in processu temporis laborare compulit, et sic ad omnem causam ex parentali successione pro justitiæ meritis regendarum rerum pie præfecit, ut jugis exhibitio probabilium actuum conjungeret perceptio sublimium cogitatuum. Merito autem dispensatio voluntatis paternæ, spretis honoribus mundi, vos Ecclesiæ suæ iterum donavit rectorem, ut imprudens et nimis imperitus sub manu et beatitudine vestra ubicumque secreti consilii haberet securitatem et lucri majoris summam defensionem. Quod experimento copiosis et securis ipse cognovi, dum dilecti præceptoris vel in toto vestri familiaris Arnalli refugium et memorabile duce furtum, scilicet de instructione atque exaltatione Christique ac sanctorum ejus pignorum conclusione, vel altaris nostri dedicatione, necne ignis exustione, vestri vero laboriosi operis restauratione, et iterum gloriosæ vallis benedictione, a destruentibus etiam irruptione, in quibus jussus feci sinceri amoris vestri officium, et Domini mei Michaelis sensi adjutorium propitiatorii quoque coloribus et Evangelistarum figuris si assignavi, non vero concedente Christo in vestra salute fieri spero in melius majora ex omnibus. Interim (1) precor ut hoc quod inculto sermone protuli non vituperes, ut æmulus, sed vestrum lucentem ingenium vindicet ut benevolus.

Nonnulla ergo quæ sunt inter chartulas descripta inveni, et ex ipsis quidquid luculentius invenire potui aut multorum utilitate prona condere studui voluntate ita: Quarto Kalendas Octobris celebritas dedicationis sancti archangeli Michaelis cœnobii Cuxasensis, quam etiam admodum in rerum rebus prudens, et ad docendam ex tempore plebem sufficiens, in ornatisque studiis per facile lucens, Vuarinus, ejusdem fundi religiosus abbas, divina reducente manu, una cum ejusdem diœcesis præsule signo et scientia Suniero, adjunctis diversarum sedium episcopis, septem viri numero, et nobilitate ac prudentia præstantissimi, cum infinita multitudine nobilium potestate pollentium ac utriusque sexus diversi ordinis clericorum atque plebium variæ dignitatis eminentissimo cœtu, in gaudiis magnis actionibus gratiarum dedicaverunt illamque donis duplicibus in commune locupletaverunt, et regiæ dignitati cum muneribus et coronis copiam reddiderunt et eam in irrefragabili juris perpetuitate esse inconvulsam aut cujuscunque servitii qualibet exsecutione liberam, ac in protelatione finium cum suis opibus stare semper dominam, quodque sanctiores eum ornasse templum ex magna parte venerabilium sanctorum et majores quicunque populorumque potentes, munerum largitate apprime ditatum, omnibusque bonis pene sublimatum, utrique parti sacrosanctum Domino templum sacraverunt. Unde etiam ex eadem ecclesia vel dedicatione suo tempore optabilis est recordatio paulatim et memoria amantibus cognosci tota veritate. Et primo quam gloriose Deus locum et templum esse sibi effecerit, quamque Redemptoris nostri facilis miserendi clementia votis adsit supplicantium, quoque modo locus ille inter primos totius orbis plenitudine et veneratione fulgeat, paucis verbis circumtollat. Enimvero antiquiora posteri memoriæ tradere laude et testimonio dignum est.

Igitur post tela apostolicæ ultionis sacratissimi

---

(1) Textus corruptione insanabili non uno in loco laborat.

cœnobii Sancti Andreæ, apostoli et restaurationem quæ coram positis videtur, et legitur sanctissimi Germani præsulis divinæ providentiæ quidem factum : clarissimus Pontius, vir eximiæ nobilitatis probabilisque vitæ, conventum dominantis illius cœnobii procurabat, hisque sub felicis memoriæ. Seniofredi comitis, qui jam spem suam in fructibus collocaverat bonis, et viribus atque auctoritate potentior inerat, provide armis patientiæ fulciretur, ac præ cæteris gratiæ suæ in multis haberetur singularis, die quadam piis verbis extulit eum dicens : Loco quo præsidemus et paternæ vigilantiæ officio dispensationis curam exhibemus, Creatorem omnium magnifice lædimus, quoniam rerum sæcularium magis volumus ambitione distendi quam ad reparandam geminæ hostilitatis bellum et sævæ seditionis tumultus in prospectione temporalium [spiritualium] quod Deo placeat decertari. Et quidem nos post discrimina totius, ut ita dixerim, loci, post virgam furoris Dei, improvisis causis plus virtute quam religione ad usus omnium ex ineptis officiis decurrimus beatiores, et sine proprio sudore nostræ manus ab omnibus laudantur potestate sublimiores. Ipse denique, sicut nostis, per aquas cædes magnas intulit, et ob meritum culpæ miserabiliter superatus periit; sic quoque a venerabilibus viris ex benignitate juratus et reformatus, regalibusque præceptis vel privilegiis roboratus, per jussionem serenitatis nostræ ad opus intermissum præstare duco supplementum quo diluvii impetus, vel fulminum ictus possit ferre et inundationes pluviarum in spem gaudii valeat dare.

Ad quem ille : « Unde mihi nomen et laudis hostiam vel animæ meæ lætitiam? » Est perparvula, inquit, non dicam ecclesia, sed oratorium ante templum domni Germani, Michaelis archangeli titulo insignitum, qui aliquoties a frequentia omnium manet exclusum. Ipsi ergo totum corpus ecclesiæ cum habitatoribus suis, juxta sensum atque sapientiam vestram, in vindictam patriæ, in commodum perpetuæ militiæ, adversus infructuosam malignitatem decenti honore funditus erigamus aulam. Tunc princeps quasi conceptam misericordiam festinus concessit, et ait : Licitum erit gloriosis precibus omnibus prosequendum, ita ut sub nullius redigatur potestatem, et domus Domini in religionem et laudem vel virtute Christi summique Michaelis honore construatur infelicesque inimici per eumdem archangelum effugentur et persequantur potius quam participentur; et, ut merito loquar, sanctorum omnium primatem superbique Draconis victorem decet ut ejus ecclesiam sacram obtineat, potentiam et habeat sortem coronæ, et ipse belliger celsus præsentis sæculi sit salus et omni posteritati gentis nostræ, dux, et defensor novique prælii triumphator, et sibi parentium defensor benignus inveniatur.

Ita ergo in unum humanitatis sermonem diligentissime ponentes, vir dignus, angelico solatio forte munitus, jecit fundamentum ex vulgaribus saxis popularibusque quadris luculentissime; quam cum altius materiam ejus in longitudine usque in triginta tres cubitos, et in latitudine pene in quadraginta palmas elevasset, tandem in excellentia arcus elegantissime demisit, causa in prosperis invidente ; quoniam, ut ait quidam, felicitas subjecta est semper adversis, pertransientque eam plurimi, et multiplex erit scientia.

Ejus in loco nempe rapitur, ut decuit, angelus vel cœlestis homo Vuarinus identidem exstruens basilicam, parietes succincto opere in magnificentia fabricæ cum admiratione mirabili in sublime erexit, fastigia vero culminis proceritate simul trabium et ornamentorum claritudine illa venustissime operuit. Prima quoque ædes sancti sanctorum, quæ et presbyterium dicitur, et ipsa planities grato opere facta ; supra quam magni principis Michaelis altare in quatuor pulcherrimis columnis, ex agonoscemate factis, honore condigno statuit. Totæ quippe illarum frontes artificis exterius peritia politæ, interius vero excavatæ; in quibus aram mensuram vastioris grossitudinis, et, ut ita dicam, tredecim semipedis longa et novem ampla, omnibusque columnis ad eam introitus. Ipsa autem intus ac foris nihil quod animus aut oculi mirentur minus præ albedine nimia. In medium siquidem altaris vivificæ crucis modum intercludit terrigenum, et profundiori loco in invisibiliorem quem ipse Hierosolymis et Romæ vel in aliquibus locis munus datis, aliquando magnis pretiis acquisierat, visus est ordiri. In altiori nempe gradu plurima quibus idem locus excellebat, sanctorum pignora, et quæ a religiosis viris datæ sunt reliquiæ, tota mentis intuitu totaque cordis devotione, benedicentes Dei nostri clementiam, sepelierunt. Denique is de quo supra retulimus chorus reverendorum præsulum innumerosa congeries advocatorum constructum altare mysticis spiritualium sanctificationum charismatibus, et sacri charismatis unctionibus delibutum ad immolandam Redemptoris nostri hostiam cum ipsius invocatione muneris magnisque totius ordinis laudibus erexerunt. In altaribus interim ecclesiæ nomini suo cuique reliquias miserunt; et unde semper laudandi essent perpetualiter usu ecclesiastico tradiderunt succedentibus quoque tam pro stabilitate regni terreni quam pro facilitate regni cœlestis.

Ex majori altari reliquiis ita memoriæ mandaverunt : sunt in hoc venerabili altari imprimis reliquiæ illius salutiferæ crucis in qua Rex cœlorum, Dominus noster Dei Filius, totius mundi passionis sacramentum complevit et munus remissionis pro mortalium vita pertulit. Insunt reliquiæ de velamine pannis quibus susceptæ Incarnationis decorem puerili in corpore obsitus mansit homo et Deus. Sunt reliquiæ de sudario capitis Domini, in quo laborem passionis ejus ab celsitudine divinitatis disjungitur, et infirmitas nostræ cognitionis ab ejus potentia tormentorum labore figuratur. Insunt reliquiæ de linteo, unde Deus et Homo sua membra circumdedit et discipulorum suorum pedes humiliter abluens tersit. Sunt reliquiæ de sepulcro, ubi Dominica caro, juxta naturam, quievit et vivificans mortem nostram ex ipso a mortuis resurrexit. Insunt reliquiæ de præsepi, in quo infantilia membra Dei Domini pia Mater, secundum servi formam, reclinavit. Sunt reliquiæ ex fragmentis illius panis unde quinque millia hominum ex quinque panibus et duobus piscibus in deserto satiaverat Christus. Insunt reliquiæ de vestimento beatissimæ virginis Mariæ, quæ sacramentum divinæ incarnationis specietenus clausit, et vivificans Dei Verbum in utero concepit et genuit. Sunt reliquiæ ipsius gloriosi archangeli Michaelis, ex pallio scilicet ejus sanctæ memoriæ. Insunt reliquiæ ex capillis beati præcursoris et Baptistæ Joannis, qui ab Herode propter fraternum quod prohibuit violare connubium carcere et vinculis mancipatur, et ad petitionem mulierum pro Redemptoris nostri testimonio capite plectitur. Sunt reliquiæ de barba et corporale simul, et cruce S. Petri apostoli, qui in confessione unigeniti Filii Dei accepit primatum in fundamento domus Domini, et primus sacerdotalem cathedram urbis Romæ, sub Nerone Cæsare, cruci affixus capite, ut ipse voluit, ad terram verso martyrio coronatur, et ibi digno honore sepelitur. Insunt reliquiæ apostoli Pauli, qui inter apostolos dignitatem meruit apostolatus, et in vera religione gentium magister appositus, pro veritate Christi a Nerone capite truncatur, et in urbe Roma, pari memoria, ut sanctus Petrus, veneratur. Sunt reliquiæ sanctæ Andreæ apostoli, qui Scythiam et Achaiam prædicationis gratia tenuit, et in civitate Patras sub Ægea proconsule cruci, ligatis manibus et pedibus funibusque toto corpore tensus, biduo inibi supervivens, fine beato occubuit. Insunt reliquiæ beati Jacobi apostoli, qui decollatus est ab Herode Hierosolymis, cujus ossa ad Hispanias translata, in ultimis earum finibus, videlicet contra mare Britannicum, celeberrima veneratione excolitur.

Sunt reliquiæ beati Bartholomæi apostoli, qui, apud Indiam Evangelium Christi prædicans, usque ad titulum passionis suæ populis scientiæ lumen monstravit et pro fidei integritate gladio cæsus occubuit; indeque Beneventum translatus, pia fidelium veneratione celebratur. Insunt reliquiæ sancti Marci evangelistæ, qui primus Alexandriæ cathedram tenuit, et Ecclesiam Ægypti fide et industria sua fundavit ; et ad ultimum tentus a paganis, misso fune in collo ejus, martyr ad coelestia regna est vocatus, et a viris religiosis apud insulam Venetiæ deputatus. Sunt reliquiæ protomartyris Stephani, qui ab apostolis est diaconus ordinatus, et a Judæis et principibus sacerdotum in Jerusalem lapidatus, martyr obdormivit in Domino. Insunt reliquiæ sancti Ignatii Antiochenæ Ecclesiæ episcopi, qui post Petrum apostolum ejusdem Ecclesiæ tertius, commovente Trajano imperatore, damnatus est ad bestias, et sub eodem principe per multa tormentorum genera passus, jacet in eadem civitate. Sunt reliquiæ beati Clementis qui quartus post Petrum Romanam rexit Ecclesiam, et sub persecutione Trajani trans Pontum mare in eremo, quod adjacet civitati Chersonæ, relegatur exsilio ; ligataque ad collum ejus anchora, et præcipitatus in maris medio, ejus memoria usque hodie inibi custoditur. Sunt reliquiæ sancti Apollinaris episcopi et martyris, qui ab Antiochia secutus apostolum Petrum, ab urbe Roma ab eodem apostolo missus Ravennam, sub Vespasiano Cæsare, martyrium consummavit. Insunt reliquiæ beati Sebastiani, qui sub persecutione Diocletiani et Maximiani imperatorum, post principatum primæ cohortis et fugitivi sæculi blandimenta, sagittis perforatus a militibus, et fustigatus, Romæ martyr pervenit ad Christum. Sunt reliquiæ sancti Vincentii martyris et levitæ, qui cum sancto Valerio episcopo suo, in Cæsaraaugusta civitate Valentiæ, plurima per vincula carceris maceratus, sub Daciano infatigabilem spiritum martyr Christi reddidit. Insunt reliquiæ sancti Mauritii, qui fuit primicerius legionis illius quæ sub Maximiano in civitate Seduno, loco Agauno, pro Christo gloriosissime coronati sunt. Sunt reliquiæ beati Victoris, qui, apud Massiliam crudelissime cæsus ac suspensus, et tauris cruciatus, et in molam pistoriam missus, martyrium consummavit.

Insunt reliquiæ sancti Saturnini, qui, apud Tolosam, temporibus Decii, in Capitolio ejusdem urbis a paganis tentus tauroque ad victimam præparato funibus religatus, et a summo Capitolio per omnes gradus præcipitatus, dignam Christo animam exhalavit, inibique requiescit. Sunt reliquiæ sancti Marcelli, qui, equuleo suspensus ac fustibus maceratus, apud Spoletum est martyrium passus. Insunt reliquiæ beati Juliani, qui, ab insequentibus persecutoribus tentus, desecto gutture, morte horribili necatus est apud Brivatense territorium. Sunt reliquiæ S. Laurentii archidiaconi, qui, post multas sectiones verberum, ferreo cratere distentus, post longa et multiplici pœna cruciatus ; insuper exposita melos carbonum sub Decio Valeriano, illustris Roma pium retinet secum. Sunt reliquiæ sancti Stephani papæ et martyris, qui Romæ, sub Valeriano et Gallieno imperatoribus, in sua decollatus est sede. Insunt reliquiæ sancti Hyppoliti, qui, exemplo martyris Laurentii extentus, fustibus et cardis diu cæsus, ligatis pedibus ad colla indomitorum equorum per carductum et tribulos tractus, Romæ emisit beatum spiritum. Sunt reliquiæ sancti Apulei, qui, relicto Simone Mago, doctrinæ apostoli Petri se tradidit, et Aureliano consulari viro martyrii coronam Romæ complevit. Insunt reliquiæ sancti Vitalis, qui apud Ravennam post nimia tormenta capitalem accepit palmam. Sunt reliquiæ B. Agapiti, qui, apud Prænestinam civitatem gladio cæsus est. Insunt reliquiæ sancti Mercurii, qui in castris sæcularibus militans, verus et spiritualis miles, in morte Juliani, impiissimi Augusti, præclarissimus exstitit propugnator, ut legitur in Gestis Basilii episcopi. Sunt reliquiæ beati Lanteberti, qui Tungrensi villa publica ab iniquissimis viris improvise intra domum ecclesiæ martyrio coronatur. Insunt reliquiæ sancti Fabii martyris, qui, cum ferre vexilla præsidialia recusaret, Cæsareæ a furibundo judice capitali sententia condemnatur. Sunt reliquiæ beati Projecti martyris et episcopi Arvernensis. Insunt reliquiæ sancti Fortunati martyris apud Aquileiam passi. Sunt reliquiæ beati Nazarii, quem Anolinus sub rabie persecutionis diu maceratum et afflictum gladio feriri jussit apud Mediolanum. Sunt reliquiæ beati Longini, militis et martyris, qui lancea latus Domini pendentis in cruce aperuit. Insunt reliquiæ sancti Protasii, qui apud Mediolanum capitis abscisione martyrium consummavit. Insunt reliquiæ sancti Prisci martyris apud Capuam quiescentis. Sunt reliquiæ beati Antonini, qui honore dignitatis Domini illustri martyrium apud Apamiam sustinuit. Insunt reliquiæ sancti Cypriani episcopi et martyris, qui, sub Galerio proconsule, apud Africam, Carthagine, amore Christi animatus, gladioque percussus, martyr migravit ad Dominum. Sunt reliquiæ sancti Lucii, qui apud Africam, sub Decio et Valeriano, exsurgente persecutionis rabie, cum multis confessionis agonem consummavit. Insunt reliquiæ beati Dionysii, qui, apud Parisium sanctum opus fideliter exsecutus, a præfecto Fescennio Sisinnio comprehensus martyrium portavit. Sunt reliquiæ sancti Alexandri, qui, apud Lugdunum crucis affixus patibulo, spiritum exanimatus emisit. Insunt reliquiæ beati Oroncii martyris, qui, apud Ebredunensem civitatem corporalem mortem contemnens, coronam vitæ adeptus est. Sunt reliquiæ sancti Tiberii, qui tempore Diocletiani variis tormentis cruciatus, in territorio Agathensi martyrium complevit. Insunt reliquiæ beati Salvatoris in memoriis piorum fulgentis in regno Christi.

Sunt reliquiæ beati Genesii martyris, qui apud Arelatem deprehensus ab apparitoribus atque in ripa fluminis Rhodani decollatus est. Sunt reliquiæ sancti Felicis, qui, apud Gerundam catenis gravioribus vinctus, per totas plateas ab indomitis mulis tractus, manibus post tergum ligatis in maris profundo mersus, illustre martyrium peregit. Sunt reliquiæ beati Cucuphatis martyris, qui, graviasime tortus et catenis astrictus, in craticula superextensus, sub Galerio et Maximiano ac Rufino, Barchinonæ est passus. Sunt reliquiæ sanctorum martyrum Massæ Candidæ, qui, tempore Valeriani et Gallieni Christum Dei Filium fatentes ejecti sunt in ignem apud Carthaginem. Insunt reliquiæ beatorum Cosmæ et Damiani, qui, post toleratos fustes, equuleum, ignes, sagittarum ictus, sub præside Lysia apud Ægeam gladio animadversi sunt. Sunt reliquiæ sanctorum Justi et Pastoris, qui, cum adhuc pueri litteris imbuerentur, projectis in schola tabulis, sponte ad martyrium cucurrerunt, unde et in campo laudabili a carnificibus extra civitatem Compluto jugulati sunt. Insunt reliquiæ sancti Martini, summi et incompre-

hensibilis viri Turonicæ civitatis episcopi. Sunt reliquiæ beati Brictii civitate Turonis admirandæ sanctitatis viri. Insunt reliquiæ sancti Ambrosii Mediolanensis episcopi, cujus flores eloquii redolent per totam Ecclesiam mundi. Sunt reliquiæ beati Gregorii dialogi, qui pontifex Romæ ordinatus cœlibem vitam duxit. Insunt reliquiæ sancti Syri episcopi, qui apud Papiam fide credentium populorum fundatam Ecclesiam glorioso fine requiescit. Sunt reliquiæ beati Gunterandi regis Francorum, qui spiritualibus actionibus exstitit conspicuus, et apud urbem Cabillonensem miraculis manet clarus. Insunt reliquiæ sancti Pauli episcopi, qui, apud urbem Narbonam prædicationis officium non segniter implevit, et ibi clarus miraculis quiescit. Sunt reliquiæ beati Trophimi, qui apud Arelatem urbem Galliæ innumeras virtutes fecit, et illic in pace obdormivit. Insunt reliquiæ beati Severi presbyteri, qui ingentem paganorum multitudinem ad fidem Christi convertit, apud urbem Viennam. Sunt reliquiæ sancti Hilarii Pictavis episcopi, genere et miraculis clari. Sunt reliquiæ sancti Felicis, Nolanæ urbis presbyteri, in Pincis digne sepulti. Insunt reliquiæ sancti Medardi, civitatis Suessionis episcopi, et confessoris. Sunt reliquiæ beati Martialis apud urbem Lemovicensem admirandæ sanctitatis et religionis viri. Insunt reliquiæ sancti Maximini episcopi civitate Treviris gloriosi. Sunt reliquiæ de capillis beati Salvii, qui virtutibus et miraculis Albiensis quiescit. Insunt reliquiæ ex capillis sancti Cæsarii diaconi juxta urbem Terracinam sepulti. Sunt reliquiæ beati Paulini episcopi eruditione et copiosa vitæ sanctitate apud Nolam Campaniæ. Insunt reliquiæ sancti Germani apud Parisium virtutibus et miraculis gloriosi. Sunt reliquiæ sancti Hilarii Carcacensis episcopi magnæ virtutis viri.

Insunt reliquiæ beati Lupi, qui orando Trecas munivit. Sunt reliquiæ sancti Eusebii civitate Vercellis episcopi. Insunt reliquiæ beati Philberti abbatis in territorio Rodomensi, in omni puritate et animi virtutibus clari. Sunt reliquiæ sancti Egidii abbatis in territorio Nemausensi signis illustrissimi et sanctitate. Insunt reliquiæ sancti Ugberti regis, apud Italiam magnis virtutibus et optimis studiis præditi viri. Sunt reliquiæ beati Leudegarii Augustodunensis episcopi. Insunt reliquiæ sancti Germani Capuani episcopi, verbis et virtutibus ornati. Sunt reliquiæ beati Geraldi, in habitu Christianæ religionis multiplicia operati. Sunt reliquiæ sancti Firmini apud Uzetiam sanctitate et patientia ac fide laudabilis. Sunt reliquiæ sanctæ Agnetis, quæ ignibus injecta et Romæ sub Symphronio gladio est percussa. Insunt reliquiæ sanctæ Agathæ virginis, quæ post alapas et carcerem, post equuleum et tortiones, post mamillarum abscissionem, post volutationem in testulis et carbonibus, in carcere consummata est. Sunt reliquiæ sanctæ Segolinæ, optimæ feminæ et miro opere gloriosæ. Insunt reliquiæ sanctæ Eulaliæ, quæ, jussu Daciani præsidis plurima tormenta perpessa, novissime in equuleo suspensa et exungulata, faculis ardentibus ex utroque latere appositis hausto igne spiritum reddit, apud Emeritam Hispaniæ. Sunt reliquiæ sanctæ Leocadiæ virginis, quæ apud Toletum, dira carceris custodia, genibus in oratione positis, impollutum Christo spiritum tradidit. Insunt reliquiæ sanctæ Eulaliæ martyris, quæ passa est sub Daciano in civitate Barchinona.

Hanc ergo Ecclesiam, post evolutionem octuagesimi septimi anni, ædificationis suæ et Domini Jesu Christi a Nativitate millesimi quadragesimi regebat, nostri sæculi laudum titulo præclarus, vitæ ac morum probitate cunctis charus, eruditione filiorum et gratia maximus Oliva, soliditatem sanctæ fidei veraciter tenens et in sincera cordis devotione amplectens. Voluit pignus humanitatis Domini nostri et tantorum fidelium ejus oculis carneis ponderari; sed construxit propitiatorium, ut beatus Moyses super altare, artifici magisterio, ac felicitatis compos; ad contuendum universitatis Deum, ut condignum fuit, tanti decoris illud disposuit ut oculi intuentium in ejus specie vix satiarentur. Bases, inquam, juxta unius hominis incessum quatuor a calce procul altaris posuit, totidemque columnas e marmore rubicundi coloris e singularibus saxis in pedibus septem voluntaria fortitudine erexit, explicite in oraculo Cherubim gloriæ obrumbrantia sacræ venerationis figurans, et in columnis martyrum gloriam præmonstrans. Qui corporis passione rubicundi, spiritus puritate candidi per undam baptismatis vel cruoris sui venerunt ad incrementa frugum justitiæ Dei, doctorumque caterva, qui constantia fortitudinis vel zelo rectitudinis in basibus sustentant plebem junctam summo capiti in unitate fidei. Super capita etiam columnarum, ut candorem ecclesiasticæ castitatis imprimeret, ac spiritualium gratiarum flores proficientibus meritis vanos timores tolleret, ex albo marmore capitella statuit, foliato corpore et floribus diversarum modum. Desuper autem, ut ordo habebat, de lignis sectis in utraque parte propitiatorii contra se invicem positas columnas habentes tres semicubitos ambientes arcus infra juncturas vel secto et serrato ligno virtutes sanctorum innexuit, quæ mutuo sibi quasi ad fenestras versa vice, alter in altero proficuos fructus in arboream sustollerent firmitatem. Inter juncturas autem arcus in arcemque ascensus fenestras in omni genere specierum sive operum multitudine diligentissima, pictura variatas substravit. Sculpsit quoque in gyro per quadrum, ita ut facie ad faciem se viderent, dolatili ligno imagines quatuor evangelistarum, subiitque eos infra status formæ superioris et reclinationem arcus inferioris, sic ut aspectus eorum in quatuor mundi partes Evangelii gratia concordaret, altiori vero gradu Agnum eorum aspicerent. Interiori namque ambitu, non ad pompam et claritudinem vulgi, opulentissimus præsul, sed in laude duodecim apostolorum bonique illorum Magistri virtutem pretiosi ligni ordines XIII affixit, ut apostoli inter semitas justorum ab intus Filium hominis in spiritu gloriæ suæ illustrarent, ac sancta animalia exterius Agnum Dei, per cuncta tempora, in una dominatione stantem proferrent, et intus vel foris æterni Regis tribunal et solium mysterii revelationibus familiariter adornarent, atque pia munera offerentes in Christo unum corpus efficerent.

Omnem enim materiam intrinsecus et extrinsecus in proceram celsitudinem fecit surgere, et manibus artificum faciem angulosque sic exornavit, ut nusquam junctura paginis appareret. Ipse quoque jam pridem spatium quod fuerat post altare venerandi Michaelis argumento et munificentia singulari amplexus est, et disposite in sanctum Domini opus a foris super reverenda martyrum Valentini, Flamidiani, atque confessoris Nazarii corpora ad locum nunc condigne venerantur, pulchro et ornato opere beatæ genitricis Mariæ et archangelorum Dei in crypta, quæ ad Præsepium dicitur, exstruxit ecclesiam, ita ut ex utroque Virginis latere summi Dei angeli, tantæ Dei Matris gloriam laudibus sive meritis, in obsequium novæ salutationis, a dextris ejus, Gabriel conceptum partus nuntiet, ac a sinistris virginalis gloriæ plenitudinem splendidus Raphael affirmet. Ad pedes etiam, seu in situ, causa famulatus circumsepsit, et hinc inde martyres sepelivit, qui de se vel languentium salute dicerent : « Ecce, iste Deus, fortitudo nostra. » A facie autem Reginæ, ut est terribilis ac divinus Michael, tanquam ad tuitionem sui Filium ante tempora natum fidelibus et omnibus ad se venientibus assignavit dicens : *Invenietis infantem pannis involutum et positum in præsepio* (*Luc.* II, 12) : Ergo ut Altitonanti decentia in veræ fidei confessione domus possideret maternum partus, in suo ordine, quasi ad officium Virginis, sanctorum decus loco inferiori prætulit, et ad instar regalis throni, non usque ad summum templi pinnaculum, sed juxta mensuram spatii fecit cœnaculum maximi et mirandi operis, qui divideret oraculum a priori parte templi, et ibi beatæ et individuæ Trinitatis clarum altare coram multis testibus piis manibus dedicavit, ut vice Mater et Filius omnibus diebus prædicarentur ac continua laudatione mortalium adorarentur. Cui utrique operi ut confitentibus pœnitentiæ sanctificationem daret, bono ordine ad sanctorum pignora ab intus tuta præmisit ostiola, ut omnibus essent in unum, qui soli Deo in præclaris præmiis est manifestatum. Ad videndum igitur Sanctæ Trinitatis altare intra Sancta sanctorum gradus apte locavit, ut facile dilaberentur qui ascendere vel descendere tentavissent.

Itaque juvit eum in omnibus quidam bonæ famæ monachus, iter sequens magistri, ut ille Oliba, qui que erat summæ patientiæ ac mansuetudinis vir, et sub eo vigilantissime in varias actiones tandem domum custodiebat. Hæc, charissimi, nos in præsentis festi nostri gaudium de factura templi pauca ex pluribus dicere libuit, quatenus et miranda domus

Domini fabrica delectaret auditum, et dilecta Deo civitas aptaret ingentia tecta infra fidei ædificium ex sacrata autem visibili ara ad interiorem altare viæ ordine transeuntes succendamus odoramento benevolentiæ, misericordiæ, justitiæ, benignitate, mansuetudine, sobrietate, in agnitione vero mysterii Dei Patris exaltetur unctus lapis ornamento puræ confessionis. Sit uniuscujusque nostrum cor altare, sint puritas vel castitas vivi lapides, sit timor Domini pervigil custos, et fides sacerdos, ut intra Domini tabernaculum nihil inveniatur fœdum, nil intromittatur indignum. Abscedat cum passionibus et adversitatibus suis diabolus, et introeat cum benedictionibus et divitiis plenitudinis Christus. Intus siquidem subtile Domini judicium aspiciamus, et in hac nostra, imo Dei civitate, quam in percussione ignis judicio justitiæ Deus humilem ostendit, ex tempore cum virtutibus rememoreramus. Hic ergo locus figuram et speciem congruentem adhuc non acceperat, cum a præfatis viris propriis sumptibus ac muneribus maxime est decoratus infra fines Galliæ et Hispaniæ, inter sinum, et, ut patenter dicam, conspectum celeberrimi et nominatissimi montis Canegonis, Litterani suavissimi fluvioli vallis videlicet longanimiter porrectæ, verbo autem Dei ex protectione mirabiliter visitata, et magnanimiter varietatis vel ædificationis membra distincta. Quod a Deo probatur, quoniam insignia pulchritudinis arboribus et paradisis undique ornata nemoribus cernitur, ut angeli cives in ea degentes, beatorum spiritus periculum antecedentis mali tollentes credantur. Vallis etiam in qua nec frigus hiemalis, nec sol æstatis nimis nocere consuevit, quia obumbrat ei gratia spiritualis et copioso munere liberalitatis vel redundantia pacis, et, ut clementi sermone restringam, tempus habitatoribus plenæ ætatis, ut veniant ad maturitatem perfectionis. Ipsi etenim delectantur lenitate, prudentiæ, splendore fidei, confessionis decore, justitiæ pulchritudine, ubertate misericordiæ, ut singuli animarum munilia in Deum spectent.

Omnes, inquam, pio amore se invicem diligunt, invicem fovent, et quasi unum corpus diversa membra sustentant debitæ fraternitatis. In adversis siquidem rebus aut contrariorum accensus tandiu divinum exposcunt præsidium, quousque summa vi atque inclinatione inimicos in Deum et homines confundunt, magna sui supplicatione ac archangeli benignitate protecti. Etenim laude habendi sunt quos religiosiores reddit præsentia archangelorum et reos testimonia comprovincialium sinistræ persuasionis inclamantium. Omnes se ipsos decipiunt cum Domus Domini ab illis inhoneste læditur vel deturpatur, et mellifluam vel uberrimam mundi gloriam percipiunt, et paternæ virtutis vel pietatis nihil simile agunt, sed bona et optima in deliciis decerpunt ac deglutiunt, omnes vani ac tumidi et furibundi, in nequitia dediti. Super his autem non est qui Deum auscultet vel intelligat, nec non est qui studium boni adhibeat, vel qui alium in timore Domini flectat et introducat. Omnes quæ terrena sunt sapiunt, indisciplinate appetentes redundantia superfluentium. Patres qui ibi conversati sunt certaverunt in tota justitia et in omni timore Domini. Unde ab omnibus felices audiebant : « Vos estis benedictus grex Christi, vos estis electorum filii, vos estis dilectio Dei et proximi, vos estis columnæ sub cœlo, qui temporaliter statis velut angeli super terram. Corpus quippe gestatis humanum, opus autem perficitis angelorum. » Væ in reversa quisquis et fide secundum casum alteritatem dicens, et non attendens quia Deus omnium virtutum semper fines priorum connectit principiis secundorum : verbi enim gratia, ut neutros prædicabili claritate monstraret, vigilia apparitionis Christi calamitas ignis extra ecclesiæ aulam locum omnem liquefecit, sicut circum se ignem videntibus adjuvare idem vel exstinguere nemo conatus est, aut quod reliquum esset salvum habere, vel in salvationem viventium ad opinabile bonum erigere. Dei quippe sententia et beati Michaelis clementia qui ignis jam dudum damnaverat maxime admirabile tam exstructionis genere quam magnitudinis itemque munificentiæ in singulis rebus et gloriæ intus vel foris, nunc est ædificatum persplendide. Revera enim appetibilis privilegio insulæ, quæ est portio terræ ornamentum, et totius patriæ in multis supplementum, regionis vero propriæ salutare dat auxilium prudentibus et indoctis, parvis et magnis; sive rusticis, promeritorum qualitate obtinet honestatis culmen summum. Insula puris honestisque præceptis ac dulcedine benedictionis inclyta, dignitatis vel rectitudinis ad reverentia civium sincera, insula in munimen omnium constipata cavernis et fistulis, fontibus, et aurifluis rivis, segetibus et vineis eminenter gloriosa; quæ nisi et astantium meritis fuerit violata, nobilitatis suæ viribus in Deum servatur pacis oleo linita. Quamvis autem decertantibus sit in lato angustior, in præmium vincentibus ejus sinus in immensa longitudine manet amplior.

Age ergo festivum diem, turba fidelis lætabundis animis induere fortitudinem, et jubila exsultatione, quoniam tui mœrores in gaudium sunt mutati, et triste habitum in amictum lætitiæ versum est. Parietem enim discordiæ quem ædificaverat diabolus, parietem effodit, et petram non commovit, fundamenta Ecclesiæ excussit, et turrem immobilem non elisit; lapides dejecit, et radices non evellit; unctionem vidit, et templi fortitudinem mox deseruit. Lugeat ac erubescat veternosus prædo prædam amisisse, quia impletum videmus quod propheta vaticinante audivimus. Equidem inquit, captivitas a forte tolletur, et quod ablatum fuerat, a robusto salvabitur. Dicamus sane omnes : *Gloria in excelsis Deo, et in terra pax hominibus bonæ voluntatis* (Luc. II, 14). Evigilemus prorsus et nos, qui habitu vel aspectu hanc conversationem angelicam promeruimus, et nullo modo a speranda clementia, quoniam primicerium angelorum et Christi mirabilium primatem de die in diem quisquis nostrum contemplari valet; a quo totius fidei nostræ unius beneficii præmia conquirat, et omnis conquisitionis profligatio in omnium rerum viventium ac non viventium, immobilium quoque et moveri valentium, corpore vel specie, forma vel genere famulantes, concordi definitione optemus ut proprium vigorem, sed proprie vel ordinem magnum, s're honestatis consuetudinem relevet, et angelicæ dignitati vel humanæ devotioni ubique pax et veritas custodiat. Nostrum etiam posse et necesse in ejus laude et admiratione totum sublevemus, corporisque visus et mentis recessus huc illucque non divertamus, ut diversitas sæcularium ab electione unitatis nostræ omnium voluntates atque consensus perdurare cognoscat; hodie quoque celsius quando Rex regum ad Filii sui nuptias invitavit nos. Nuptiæ paratæ sunt, inquit, et altilia nostra immolata, Sponsus cum claritate et magnificentia in thalame residet, et cum gaudio intrantes recipit. Priusquam januæ claudantur, velocitate pedum apud principem nostrum concurramus, ne nobis foris remanere contingat. Libenter enim splendorem gloriæ figuramque substantiæ in sanctis suis glorificemus, et ob reparationem panem et vinum aqua mistum assumendum in formam pristinam in divino amore participemus, ac totis desideriis illum in quo sunt omnia amemus, cujus passionis imitatione immolati et coronati sunt illi quorum quotidie præsentiam veneramur, Celebrem in anniversaria templi portemus festivitatem, et distincte choros reboantibus hymnis lampadibusque accensis in laude sanctorum pulchram vocem levemus et mentem ad eum qui cum Patre et Spiritu sancto, trinus et unus Deus, vivit et regnat in ævum et in omnia sæcula sæculorum. Amen.

CIRCA MEDIUM SÆCULUM.

DOMINICUS

GRADENSIS ET AQUILEIENSIS IN DITIONE VENETA PATRIARCHA.

DOMINICI EPISTOLA
AD PETRUM PATRIARCHAM ANTIOCHENUM.
(Edidit COTELERIUS, *Ecclesiæ Græcæ Monum.*, II, 108.)

Excellentissimæ sanctæ sedis Ecclesiæ Antiochensium præsidi eminenti patriarchæ, magno et apostolico viro, DOMINICUS Dei gratia Gradensis et Aquileiensis Ecclesiæ patriarcha.

1. Admonemus, omnis desiderii ac reverentiæ voto, cum proposito fidelissimi obsequii, nostræ reverentia et amicitia honorari et coli Ecclesiam tuam, quæ nostræ matris Romanæ Ecclesiæ soror esse cognoscitur, atque fundatoris sui meritis, Petri videlicet apostolorum principis, post secundam prædicatur. Ilis igitur omissis, fama pietatis tuæ, fide ac opere plene ipsam se ubique proclamans, cogit nos humilem tibi reverentiam reddere; nec non te per viam Domini incedente, vestigia tua sequi.

2. Nos ergo in septentrionali zona longissimis terræ marisque intervallis divisi, animi tamen amore conjuncti, vestræ sanctitatis notitiæ agglutinari cupimus, mutui amoris nobis participationem rependenti. Quapropter indicamus nostram Ecclesiam a beati Marci evangelistæ præconio sumpsisse originem; item beato Petro constituente, honorem patriarchici nominis intra Italiam duntaxat habuisse; et in Romano conventu, consessionem œcumenici papæ dextram obtinuisse. Cujus quidem rei ordinem vobis plenius futuro tempore ostendemus, postquam ex mutuo rescripti usu, de iis quæ ad fidem pertinent ad invicem declaraverimus. Modo tantum vestræ probitatis amore capti, ad solam notitiam vestram pervenire festinamus; charitatem perfectam inter nos fundaturi, supra quam in posterum quæ Dei sunt excelsius ædificabimus.

3. Attamen hoc paternitati vestræ tacere non possumus, quod a clero Constantinopolitano sanctam Romanam Ecclesiam vituperari audivimus. Reprehendunt igitur sacratissima azyma, quæ in corpore Christi sanctificamus et sumimus; atque in hoc nos expertes illius corporis astruunt, et ab unitate Ecclesiæ judicant separatos; quod nimirum absque mistione fermenti Eucharistiam sacrificemus, ubi nos unitatem catholicæ Ecclesiæ servare sine quolibet schismate cupientes; maxime azymorum consuetudinem, non solum apostolica sed etiam ipsamet Domini retinemus traditione. Tamen quia fermentati panis sacra commistio a sanctissimis orthodoxisque Patribus Orientalium Ecclesiarum accepta creditur, ac legitime tanta utramque consuetudinem fideliter intelligamus, intellectuque spiritali salubriter confirmemus. Nam fermenti et farinæ commistio, qua Orientis utuntur Ecclesiæ, incarnati Verbi declarat substantiam; simplex vero massa azymorum quam Romana tenet Ecclesia, puritatem humanæ carnis, quam placuit divinitati sibi unire, citra controversiam repræsentat.

4. Itaque redargui debent a vestra paternitate qui adeo impudenter sacris apostolicisque sanctionibus contradicunt; et in quo ædificare arbitratur

non solum ædificata destruunt, sed et fundamentum ipsum effodiunt. Frustra quippe beatissimi Petrus et Paulus in Italia prædicarunt, si Occidentalis Ecclesia beatitudine sempiternæ vitæ privatur; ad quam nemo perveniet, nisi particeps fuerit corporis et sanguinis Christi, sicut ipse contestatus est: *Nisi comederitis carnem Filii hominis, et sanguinem ejus biberitis, non habebitis vitam in vobis (Joan.* vi, 53). Si ergo infermentati panis oblatio corpus Christi non est, omnes nos alicui sumus a vita. Proinde his a sanctitate tua breviter intellectis, juxta nostri amoris signa, postulamus vestri quoque animi documenta nobis rescribi.

ORDO RERUM

QUÆ IN HOC TOMO CONTINENTUR.

ADEMARUS. COENOBII S. CIBARDI ENGOLISMENSIS MONACHUS.
Notitia historica et bibliographica. 9
ADEMARI CHRONICON. 9
COMMEMORATIO ABBATUM LEMOVICENSIUM BASILICÆ S. MARTIALIS. 80
EPISTOLA DE APOSTOLATUS. MARTIALIS. 88
FRAGMENTUM SERMONIS. 112
CARMEN ACROSTICHON. 114
DUBIA.
Sermones tres Ademari, ut videtur, in concilio Lemovicensi celebrato anno 994. 116

BERNARDUS SCHOLASTICUS ANDEGAVENSIS.
Notitia historica et litteraria. 123
DE MIRACULIS S. FIDIS. 127
EPISTOLA AD FULBERTUM. 130
Cap. I. — De Witberto, cujus oculos radicitus evulsos sancta Fides redintegravit. 131
Cap. II. — De mulo resuscitato. 137
Cap. III. — Item simile miraculum. 157
Cap. IV. — De annulo negato et postea sanctæ Fidi reddito. 138
Cap. V. — De manicis aureis. 139
Cap. VI. — De muliere quæ usurpavit annulum quem altera moriens sanctæ Fidi reliquerat. 140
Cap. VII. — De improbo mercatore. 140
Cap. VIII. — De puero in quo quadruplum gestum est miraculum. 141
Cap. IX. — Item de cæco et clando. 142
Cap. X. — De eo qui a suspendio furcarum sanctæ Fidis auxilio liberatus est. 142
Cap. XI. — De eo cui ad conterendum ferreos compedes sancta Fides martellum attulit. 144
Cap. XII. — De eo qui, præmonitus a sancta Fide, per fenestram turris salvus evasit. Et de mirabili asino. 145
Cap. XIII. — De quodam Raimundo; qualiter naufragus fuerit et sanctæ Fidis auxilio liberatus sit. 148
Cap. XIV. — De peregrino capto et singulari, subitoque sanctæ Fidis auxilio liberato. 151
Cap. XV. — De adolescentulo resuscitato. 152
Cap. XVI. — De eo qui filios suos, virtute sanctæ Fidis fretus, per igneum transire faciebat. 153
Cap. XVII. — De oculo equi per virtutem sanctæ Fidis restituto. 154
Cap. XVIII. — De mortuo resuscitato. 155
Cap. XIX. — De Raimundo, qui a compedibus et catena solutus est. 157
Cap. XX. — De mulo resuscitato. 160
Cap. XXI. — De milite qui ab intestinorum inordinatis motibus fatigabatur. 161
Cap. XXII. — De quadam matrona quæ contra sanctam Fidem impie agens, mirabiliter interiit. 162

FULBERTUS CARNOTENSIS EPISCOPUS.
Notitia historica et litteraria. 165
Notitia altera. 167
FULBERTI EPISTOLÆ. 189
TRACTATUS IN CAP. XII ACT. APOST. 277
TRACTATUS CONTRA JUDÆOS. 303

SERMONES AD POPULUM. 317
HYMNI ET CARMINA ECCLESIASTICA. 339
I. — Hymnus seu prosa, de sancto Pantaleone. 339
II. — De sancto Flato hymnus. 340
III. — Prosa de Nativitate Domini. 341
IV. — Hymnus de Trinitate. 342
V. — In festo sancti Ægidii abbatis, ad matutinum invitatorium. 343
VI. — De matutinis Laudibus responsoria. 343
VII. — Prosa et alia responsoria. 343
VIII. — Prosa de divo Martino. 344
IX. — De sancto Lamberto. 344
X. — Pro rege. 344
XI. — De Beata Virgine. 345
XII. — De sancta Cruce. 345
XIII. — De timore, spe et amore. 345
XIV. — De eadem re brevius. 346
XV. — Fulberius de seipso. 346
XVI. — Idem de seipso. 347
XVII. — De signis et mensibus, et diebus et horis compendium computi. 347
XVIII. — De Philomela. 348
XIX. — De sancto Caranno. 349
XX. — Hymnus. 349
XXI. — Castitatis gradus. 349
XXII. — Precatio ad Deum. 350
XXIII. — Præces aliæ. 350
XXIV. — Hymnus. 350
XXV. — Legenda. 350
XXVI. — Hymnus. 351
XXVII. — Hymnus paschalis. 352
DE UNCIA ET PARTIBUS EJUS ET DE SCRUPULO. 353
PROCLAMATIO antequam diceret *Pax Domini*, composita a domino Fulberto pro adversariis Ecclesiæ. 355
S. FULBERTI DIPLOMATA. 355
VITA S. AUTBERTI. 355
APPENDIX AD OPERA S. FULBERTI. 369
Diplomata nonnulla ex chartulario abbatiæ S. Petri Carnotensis excerpta. 369
I. — De Vivano Willelmi pro cujusdam servi sui infectione servituti addicto. 369
II. — De alodo Calidi Montis. 369
III. — De ecclesia de Rescolio data S. octo Petro a comite Richardo. 370
IV. — De ecclesia Wadonis curtis data Sancto Petro a Rogenario. 371
V. — De alodo Selucellarum data a Gausfrido et Joscelino filio. 571
VI. — De Guerpo Ursivillaris ecclesiæ. 372
VII. — Laus vitæ monasticæ. 373

GUIDO ARETINUS ABBAS S. CRUCIS AVELLANÆ.
Notitia historica. 576
Notitia litteraria. 577
MICROLOGUS GUIDONIS DE DISCIPLINA ARTIS MUSICÆ. 579
Epistola Guidonis monachi ac musici ad Teutaldum episcopum suum, de disciplina artis musicæ. 579

ORDO RERUM

Incipit prologus ejusdem in musicam. 381
Incipiunt capitula. 381
CAPUT I. — Quid faciat qui se ad disciplinam musicæ artis parat? 382
CAP. II. — Quæ vel quales sint notæ, vel quot? 382
CAP. III. — De dispositione earum in monochordo. 382
CAP. IV. — Quibus sex modis sibi invicem voces jungantur. 384
CAP. V. — De diapason et cur tantum septem sint notæ. 384
CAP. VI. — De divisionibus vocum, et interpretationibus earum. 385
CAP. VII. — De modis quatuor et affinitatibus vocum. 386
CAP. VIII. — De aliis affinitatibus vocum, et b et ♮ 387
CAP. IX. — De similitudine vocum in cantu, quarum diapason sola perfecta est. 387
CAP. X. — De modis et falsi meli agnitione et correctione. 389
CAP. XI. — Quæ vox, et quare in cantu obtineat principatum. 390
CAP. XII. — De divisione quatuor modorum in oc o. 391
CAP. XIII. — De octo modorum agnitione, a cumine et gravitate. 392
CAP. XIV. — De tropis et virtute musicæ. 393
CAP. XV. — De commoda componenda modulatione. 394
CAP. XVI. — De multiplici varietate sonorum et neumarum. 396
CAP. XVII. — Quod ad cantum redigetur omne quod scribitur. 399
CAP. XVIII. — De diaphonia, id est, organi præcepto. 399
CAP. XIX. — Dictæ diaphoniæ per exempla probatio. 403
CAP. XX. — Quomodo musica ex malleorum sonitu sit inventa. 404
GUIDONIS VERSUS de musicæ explanatione suique Dominis ordine. 405
MUSICÆ GUIDONIS REGULÆ RHYTHMICÆ. 405
De divisionibus. 407
Quæ voces e evari vel gravari possint. 408
De vocum discriminibus. 408
De quatuor modis vocum. 408
De vicinitate vocum per quatuor motos. 408
De similitudine vocis primæ et quintæ. 408
Item de quatuor tropis in octo dispertitis. 408
Item de authentis et plagis. 408
De finalibus. 409
ALIÆ REGULÆ DE IGNOTO CANTU. 413
Epilogus. — De modorum formulis et cantuum qualitatibus. 416
Capitula. — 1. De motione et vocis a cumine, seu gravitate. 417
2. De integritate et diminutione. 417
3. De consonantia, seu minus convenientia vocum earumdem. 417
4. De affinitatibus diversarum vocum. De proprio vel adjectivo accidenti unicuique. 418
5. De modorum quatuor g neribus eorumque partitione cum differentibus distinctionibus. 418
6. De formulis differentiarum, et earum proprietatibus. 418
EPISTOLA GUIDONIS. Michaeli monacho de ignoto cantu. 423
TRACTATUS GUIDONIS correctorum multorum errorum, qui fiunt in cantu Gregoriano in multis locis. 431
Quomodo de arithmetica procedit musica. 435
De Vocibus VII. 437
De Tropis sive tonis. 437
Qualiter diapason species construuntur. 439
De agnitione quatuor modorum. 440
De inventione Synemenon. 441
De speciebus diatessaron. 441
De speciebus diapente. 441
De proprietatibus troporum. 441
Ubi tetrachordum et diezeuxis. 441
De VI symphoniis. 441
De cognatione proti et tetrardi. 443

ANNALES HILDESHEIMENSES, QUEDLIN-
BURGENSES WEISSEMBURGENSES ET
LAMBERTI.
Pars prior. 445
Pars altera. 484

DUDO DECANUS S. QUINTINI VIROMAN-
DENSIS.
Notitia historica. 605
DE MORIBUS ET ACTIS PRIMORUM NORMANNIÆ DUCUM LIBRI TRES. 607
LIBER PRIMUS. — HASTINGUS 619
LIBER SECUNDUS. — ROLLO. 637
LIBER TERTIUS. — GUILLELMUS. 655

GAUSLINUS BITURICENSIS ARCHIEPI-
SCOPUS.
Notitia historica et litteraria. 751
EPISTOLÆ. 753
EPISTOLA I. — Ad Robertum regem. — De causis pluviæ sanguinis. 753
EPIST. II. — Ad Olibam Ausonensem episcopum. — De morte Bernardi, comitis, Bisuldunensis, Olibæ fratris. 753
SERMO DE S. MARTIALI. 767

ADALBERO LAUDUNENSIS EPISCOPUS.
Notitia historica. 767
Notitia litteraria. 769
CARMEN AD ROTBERTUM REGEM FRANCORUM. 771
Adriani Valesii notæ. 787

GUILLELMUS V DUX AQUITANIÆ.
Notitia historica. 825
EPISTOLÆ. 827
EPISTOLA I. — Guillelmi ad Maginfredum marchionem et ejus uxorem. 827
EPIST. II. — Guillelmi ad Leonem Vercellensem episcopum. 828
EPIST. III. — Leonis Vercellensis episcopi ad Guillelmum ducem. 829
EPIST. IV. — Guillelmi ad Leonem episcopum Vercellensem. 829
EPIST. V. — Guillelmi ad Fulbertum Carnotensem episcopum. 830
EPIST. VI. — Guillelmi ad Aribertum abbatem. 831
EPIST. VII. — Guillelmi ad Hildegarium. 832
GUILLELMI DIPLOMA. 831

GUILLELMUS I ABBAS S. GERMANI A
PRATIS.
Notitia historica. 833
EPISTOLA AD FRATRES. 833

GUILLELMUS ABBAS S. BENIGNI DIVIO-
NENSIS.
Notitia historica. 835
Vita sancti Guillelmi. 851
Vita altera. 851
Guillelmi epistolæ duæ ad Joannem XIX papam. 869
Guillelmi epistola ad Odilonem Cluniacensem abbatem.
— De obitu Willelmi Burgundiæ comitis, de morte Richardi Normannorum comitis, et de rebus maxime ad Vizeliacense cœnobium pertinentibus. 869
Privilegium pro monasterio Fructuariensi. 871
APPENDIX AD SANCTUM GUILLELMUM. 873
Annales S. Benigni Divionens s. 873

ROBERTUS, REX FRANCORUM.
Notitia historica. 897
Notitia litteraria. 901
Vita Roberti regis. 903
ROBERTI REGIS EPISTOLÆ. 935
EPISTOLA I. — Roberti ad Leothericum Senonensem archiepiscopum. 935
EPIST. II. — Ad Gauzlinum Bituricensem archiepiscopum. 935
EPIST. III. — Gauzlini Bituricensis archiepiscopi ad Robertum regem. 936
EPIST. IV. — Fulconis Andegavorum comitis ad Robertum regem. 938
EPIST. V. — Odonis comitis ad Robertum regem. 938
HYMNI ET RESPONSORIA. 939
I. — Hymnus de Spiritu sancto. 939
II. — Hymnus in tempore paschali. 940
III. — Item hymnus in tempore paschali. 941
IV. — Prosa in Ascensione Domini. 941
V. — Prosa in die Pentecostes. 942
VI. — Responsorium. 943
VII. — In eodem festo aliud responsorium. 943
VIII. — In Septuagesima. 943
IX. — In Quadragesima. 943
Dominica in Passione. 943
X. — Tempore paschali. 943
XI. — In die Ascensionis Domini. 943
XII. — In die Pentecostes. 944

XIII. — In die festo sacramento Eucharistiæ. 944
In eodem festo, aliud responsorium. 944
In eodem festo, aliud responsorium. 944
XIV. — In Dedicatione templi, 944
In eodem festo, aliud responsorium. 944
XV. — De pluribus martyribus. 944
XVI. — Responsorium in Adventu Domini. 944
XVII. — Responsorium in vigilia Nativitatis Domini. 945
XVIII. — Responsorium in Nativitate Domini. — De beata Virgine, 945
In Purificatione beatæ Mariæ. 945
XIX. — In commemoratione beatæ Virginis. 945
In Nativitate B. Virginis. 946
ROBERTI REGIS DIPLOMATA. 945
I. — Hugonis atque Roberti regum diploma de electione abbatum et ecclesia Sancti Leodegarii de Campellis. 945
II. — Roberti regis præceptum pro confirmatione rerum quas Burchardus comes et Rainardus episcopus Fossatensi monasterio tradiderunt. 947
III. — Roberti regis præceptum, quo superiorum regum aliorumque concessiones cœnobio Sancti Germani Antissiodorensi factas confirmat. 948
IV. Diploma Roberti regis Francorum pro monasterio Sancti Maglorii Parisiensis. 950
V. — Roberti regis privilegium pro monasterio Fiscamnensi. — Restitutionem monachorum Fiscamni a Richardo comite factam et donationes eidem loco ab eo factas confirmat. 952
VI. — Roberti regis diploma, quo confirmatur fundatio Bellimontis parthenonis prope Turonos. 953
VII. — Diploma Roberti regis Francorum pro Corbeiensi monasterio. — Reprimit iniquas Elfredi de Enera, advocati Corbeiensis, consuetudines et oppressiones. 955
VIII. — Præceptum Roberti regis, pro capellam Sancti Joannis evangelistæ, in Ædna civitate sitam, Flaviniacensibus monachis confert ad preces Amadei abbatis. 956
VIII (bis). — Præceptum Roberti regis Francorum de constructis castellis Monte-Basone atque Mirebello, et ne inde aliquod inferatur incommodum monachis Cormeriacensibus. 957
IX. — Privilegium Roberti regis pro monasterio Cormeriacensi. 959
X. — Roberti Francorum regis diploma pro restitutione monasterii Latiniacensis. 960
XI. — Roberti regis privilegium pro Miciasensi monasterio. 961
XII. — Roberti regis privilegium pro ecclesia S. Martini, petente S. Guillelmo, abbate S. Benigni Divionensis. 963
XIII. — Roberti regis præceptum pro monasterio Bellimontis pro Turonos. 965
XIV. — Roberti regis et Constantiæ reginæ charta de donatione prædii prope Vermeriam, facta abbatiæ Compendiensi. 968

MEGINFREDUS MAGDEBURGENSIS MAGISTER ET PRÆPOSITUS.
Notitia in Meginfredum. 969
DE VITA B. EMMERAMMI LIBER UNUS. 969

ARNOLDUS EX COMITE VOHBURGENSI EMMERAMMENSIS MONACHUS ET DECANUS.
Notitia in Arnoldum. — Ætas, patria, natales, res gestæ, scripta. 985
ARNOLDI DE MIRACULIS ET MEMORIA B. EMMERAMMI LIBRI DUO. 989
LIBER PRIMUS. 993
Cap. I. — De episcopis vel ducibus Paguariæ, et de hereticis per sanctum Bonifacium ab ea expulsis, nec non miraculis ad sepulcrum beati Emmerammi frequentatis, atque de secunda illius translatione. 993
Cap. II. — De muliere adultera quæ martyris ecclesiam nullatenus ingredi potuit, antequam per confessionem et pœnitentiam se purgavit. 998
Cap. III. — De homine a latronibus capto, et bis venundato, qui post exilium triennæ patriam revisens, cum grandi miraculo se præsentavit beato Emmerammo. 999
Cap. IV. — De puella quæ integrum annum permansit jejuna et ad memoriam martyris est communi vitæ restituta. 1001
Cap. V. — De beneficiis principum seu comitum judiciaque donariis sancto Emmerammo collatis, et de triumpho mirabili, quem Arnolfus imperator evidentissimo ejusdem testis adjutorio obtinuit. 1002
Cap. VI. — De Tutone episcopo spiritu prophetiæ dituto, et de rege Cuonrado apud sanctum Emmerammum pro incauta jussione morbo gravato. 1005
Cap. VII. — De homine qui in convivio principis renuens charitatem martyris, colapho percussus est terrifico. 1006
Cap. VIII. — De monacho sancti Emmerammi qui in periculis maris eum sibi adesse sensit per beneficia liberatoris. 1007
Cap. IX. — De apostata monacho bis a demone correpto, qui toties precibus et meritis beati Emmerammi liberato. 1007
Cap. X. — De quodam dæmoniaco a legione miserabiliter possesso, qui gratia Salvatoris mirabiliter salutem reddidit ad memoriam martyris Christi. 1008
Cap. XI. — De quodam stirpigena Lantperti tyranni, qui una hora bini cæcitate prohibitus est ingredi ecclesiam martyris Christi. 1009
Cap. XII. — De miseriis quibus usque in præsens affliguntur homines tyranniæ posteritatis, et de quorumdam ejusdem stirpis conversione humilique oblatione, ac Adalrammi duritia, virtute martyris mirum in modum mollificata. 1009
Cap. XIII. — De duodecim viris, qui juraverant contra jus in altare martyris multiplici pœna consumptis. 1010
Cap. XIV. — De hoc quod contigit in quadam muliercula, pro furto calicis paralysi multata et apud sanctum Emmerammum mirifice sanata. 1011
Cap. XV. — De eo quod et Judæi minime diffitentur, miracula in ecclesia sancti Emmerammi sæpissime facta. 1013
Cap. XVI. — De paralytico apud sanctum Emmerammum curato. 1014
Cap. XVII. — De obitu Michaelis episcopi, et de signo campani. 1015
LIBER SECUNDUS. 1021
HOMILIA DE OCTO BEATITUDINIBUS. 1089
APPENDIX AD ARNOLDUM. 1095
I. — Descriptio censuum, proventuum ac fructuum ex prædiis monasterii S. Emmerammi. 1095
II. — Annales sancti Emmerammi Ratisponensis. 1105

ARIBO MOGUNTINUS ARCHIEPISCOPUS.
Notitia historica. 1109
Concilium Salegunstadiense in causa disciplinæ ecclesiasticæ celebratum anno Redemptoris nostri 1022, tempore Benedicti papæ et Henrici imperatoris, præsidente Aribone. 1109

EBALUS REMENSIS ARCHIEPISCOPUS.
Notitia historica. 1109
CHARTA PRO CŒNOBIO MOSOMENSI. 1111
Cleri Noviomensis et Tornacensis epistola ad episcopos provinciæ Remensis, de episcopo eligendo. 1111

JOANNES XIX PAPA.
Notitia historica. 1113
Notitia diplomatica. 1115
EPISTOLÆ ET DIPLOMATA. 1115
I. — Joannis XIX papæ privilegium pro Ecclesia Portuensi. 1115
II. — Joannes XIX Bisantio archiepiscopo Canusino [i. e. Barensi] pallium concedit juraque ejus confirmat. 1123
III. — Bulla Joannis XIX papæ ad omnes reges, episcopos, duces, comites, etc. 1124
IV. — Joannes XIX Ecclesiæ Silvæ Candidæ possessiones, patente. Petro episcopo, confirmat. 1125
V. — Joannes XIX in concilio Petrum, episcopum silvæ candidæ, acceptâ virga, de universa terra omnium Ecclesiarum Galeriæ investit. 1132
VI. — Privilegium Joannis papæ XIX pro monasterio Cluniacensi — Declarat se confirmare omnia monasteria et loca ad Cluniacense monasterium pertinentia, et ei ab aliquibus fidelibus Christianis, regibus, episcopis, ducibus, seu principibus antea concessa. Prohibet quoque ne quis episcopus, vel sacerdos, pro aliqua ordinatione seu consecratione ecclesiæ, presbyterorum aut diaconorum, missarumque celebratione, nisi ab abbate Cluniacensi invitatus, veniat Cluniacum; sed liceat monachis Cluniacensibus cujuscunque voluerint ordinationis gradum suscipere ubicunque suo placuerit abbati. Similiter vetat ne quis episcopus vel sacerdos possit excommunicare fratres Cluniacenses ubicunque positos. Decernit præterea Cluniacense monasterium omnibus ad se ob salutem confugientibus fore misericordiæ sinum; et statuit quod si aliquis cujuscunque obligatus anathemate idem monasterium expetierit, sive pro corporis sepultura, seu alterius suæ utilitatis, et salutis gratia, benigniter excipiatur oleo medicamenti salutaris fovendus. Denique definit electionem abbatis Cluniacensis pertinere ad congregationem ipsius loci. 1135
VII. — Joannis XIX epistola ad Popponem patriarcham Aquilejensem. 1137

VIII. — Joannes XIX Ecclesiæ Tiburtinæ bona juraque, petente Benedicto episcopo, confirmat. 1139
IX. — Joannes XIX in synodo patriarchatum Gradensem, sub potestatem Popponis patriarchæ Aquileiensis contra jus fasque redactum, Ursoni patriarchæ Gradensi restituit. 1140
X. — Joannis XIX papæ epistola ad Petrum episcopum Gerundensem de privilegio pallii. 1143
XI. — Epistola Joannis papæ XIX ad Robertum regem Francorum de immunitate Cluniacensis monasterii. 1145
XII. — Epistola Joannis XIX papæ ad Gauslenum episcopum Matisconensem pro tuenda libertate et immunitate monasterii Cluniacensis ab omni jurisdictione episcopali. 1146
XIII. — Epistola Joannis XIX papæ ad Bocharduin archiepiscopum Lugdunensem pro immunitate Cluniacensis monasterii. 1146
XIV. — Joannes XIX monasterii Fuldensis privilegia, petente Richardo abbate, confirmat. 1147
XV. — Epistola Joannis XIX ad Jordanum Lemovicensem episcopum, cæterosque Galliarum episcopos, de S. Martialis apostolatu. 1149
XVI. — Joannis XIX epistola ad S. Odilonem Cluniacensem abbatem. Redarguit quod Lugdunensem archiepiscopatum recusaverit. 1150
XVII. — Litteræ absolutionis Hugoni Antissiodorensi episcopo, a Joanne XIX concessæ. 1151
XVIII. — Joannis XIX papæ ad Bardonem archiepiscopum Moguntinum epistola. 1152
XIX. — Joannes XIX sedem episcopalem Ciza Numburgum translatam rogatu Hildevardi episcopi confirmat. 1153
XX. — Epistola Joann's XIX pro monasterio S. Joannis Angeriaco. 1154
XXI. — Epistola Joannis XIX papæ ad Guillelmum comitem. 1155
XXII. Joannis XIX epistola qua omnes « bonum facientes » excitat ut in restituendam ecclesiam Magalonensem incumbiant. 1156
EPISTOLÆ DIVERSORUM AD JOANNEM. 1155
I. — Epistola S. Guillelmi, abbatis S. Benigni Divionensis, ad Joannem XIX. — Monet eum ne Ecclesiam Constantinopolitanam Universalis nomen sibi attribuere patiatur. 1155
II. — Ejusdem ad eumdem. — Invehitur in Simoniacos. 1157
III. — Halinardi abbatis sancti Benigni epistola ad Joannem papam XIX. 1157
IV. — Epistola Jordani episcopi Lemovicensis ad Benedictum papam VIII, de non ponendo S. Martiali in numero apostolorum. 1158
S. GODEHARDUS EPISCOPUS HILDESHEIMENSIS.
Vita Sancti Godehardi auctore Wolfero, ejus æquali et discipulo, ejusdem Ecclesiæ canonico. 1165
Miracula decem a S. Godehardo facta, dum adhuc esset abbas. 1201
I. — De quodam febricitante, quem sanavit in Bavaria. 1201
II. — De quadam monacho, quem precibus suis a febre acutissima liberavit. 1201
III. — De quadam juvencula a molestia febrium liberata. 1202
IV. — De quodam scholare sanato a simili febrium molestia. 1202
V. — De juvene submerso, meritis sancti Godehardi resuscitato. 1203
VI. — De muliere in partu laborante et orationibus sancti a dolore partus liberata. 1204
VII. — De quodam quem in via socium habebat, qui eadem crus fregit, sed sanctus vir subito eum sanavit. 1204
VIII. — De muliere cæca, quam ipse illuminavit cum Deo. 1205
IX. — De obsessa sanata meritis sancti Godehardi. 1205
X. — De puero multum hebete, quem oratione sua docilem fecit. 1206
XI. — De mortuis qui ad præceptum sancti præsulis surrexerunt de sepulcris, exeuntes de ecclesia, quia excommunicati, quod vivi facere noluerunt. 1206
Canonizatio et translatio S. Godehardi. 1207
Quomodo beatus Godehardus in sanctorum numerum relatus, et de miraculis subsequentibus. 1207
Appendix. 1225
Postremum miraculum editionis Lipsianæ, Vitæ brevioris. 1227
Appendix altera. 1227
Miracula in exteris provinciis facta, in quas delatæ sunt S. Godehardi reliquiæ. 1227

SANCTI GODEHARDI EPISTOLÆ. 1229
Epistola I. Ad Nideraltahenses. — Nuntiat quomodo a Tegernseensibus exceptus sit, optatque ut mutua precum communio inter utrosque sit. 1229
EPIST. II. Ad Theodulum episcopum. — Non cupiditate nec ambitione, sed obedientia principi præstanda se ad monasterii Tegernseensis regimen accessisse. 1229
EPIST. III. Ad Azelinum abbatem Luneetacensem. — Ut quam primum se episcopo Pataviensi sistat. 1231
EPIST. IV. Ad quamdam abbatissam. 1231
EPIST. V. Tegernseensium ad Godehardum episcopum Hildesheimensem. — Judicant se, post Albinum, Ellingerum in abbatem iterum elegisse. 1252
APPENDIX AD SANCTUM GODEHARDUM. 1233
Chronicon Hildesheimense. 1233
CATWALLONUS ROTHONENSIS ABBAS.
Notitia historica. 1281
CATWALLONI EPISTOLÆ.
Epistola I. Ad Hildegardem, Andegavorum ducem Fulconis Nerræ conjugem. 1281
Epistola II. Ad Letgardem abbatissam S. Mariæ de Charitate. — Gratias agit ob litteras sibi missas ab eamdem abbatissa, quæ ab eo precum subsidia petierat. 1283
FROUMUNDUS CŒNOBITA TEGERNSENSIS.
FROUMUNDI EPISTOLÆ.
I. Ad Gozpertum abbatem Tegernseensem. — Scribit se suum a monasterio S. Magni discessum non prævidisse, et membranas ad scribendum petit. 1285
II. Ad eumdem. — Jurat se quemdam librum non abstulisse. 1285
III. Ad Ruotkerum abbatem Herbipolensem. — Tuetur se adversus acerbiores ejus litteras. 1285
IV. Regimbaldi monachi, forte Sancti Emmerammensis, epistola ad Froumundum. — Illi remittit Persium et pro variis beneficiis gratias agit. 1286
V. Idem eidem. — Rogat ut sibi significet quid de quodam itinere velit. Membranas petit, etc. 1286
VI. Idem ad eumdem et alios. — Cur ad eos non inviserit? De libellis quibusdam, etc. 1287
VII. Froumundi ad Pabonem monachum. — Pro vestimentis quibus se a frigore defendat. 1287
VIII. Ad R. (f. Regimbaldum) monachum. — Hortatur ad perseverantiam in statu monastico, seque Cluniacensium precibus juvari postulat. 1287
IX. Ad eumdem Froumundus. — Rogat ut sibi exemplum Horatii poetæ transmittat. 1288
X. Ad eumdem. — Cæcum nepotem ad recipiendum visum rogat ante altare sancti antistitis præsentari. Conjicuntur de suo libro sordide habito, etc. 1288
XI. Ad eumdem. — Petit sibi poëmata Statii transmitti. 1289
XII. Ad Gauzpertum abbatem Tegernseensem. — Quo in statu prædia monasterii perlustrata invenerit. 1289
XIII. Ad Meginhesmum magistrum. — Eum ad ex promendas ingenii vires hortatur. 1289
XIV. Ad Peringerum abbatem suum. — Veniam et commeatum petit, quo sibi fas sit persolvere vota sua in civitate Augustana. 1289
XV. Ad eumdem. — De administratione Ecclesiæ sibi commissæ. 1289
XVI. Ad eumdem forte. — De quibusdam libris a se redditis. 1290
FROUMUNDI POEMATICA. 1291
I. — In imaginem Crucifixi. 1291
II. — Ad Pabonem. 1291
III. — Pro caligis hirsutis, quantumvis vilibus, ad abbatem. 1291
IV. — Pro Pachone infirmo. 1291
V. — In eos qui Froumundum ad suscipiendum presbyteri ordinem urgebant. 1292
VI. — In Gebardum Saxo atrociter puerum ferientem. 1293
VII. — Ad Lintoldum episcopum Augustanum. 1293
VIII. — Epitaphium Ilisæ seu Elisæ matris. 1293
IX. — In adventum Henrici ducis Bojariæ. 1294
X. — Ad eumdem. Precatur faustum iter et reditum. 1295
XI. — Ad eumdem. Ejusdem fere argumenti. 1295
XII. — Ad S. Henricum et fratrem ejus Brunonem. Reditum in patriam gratulatur, illumque rogat ut Tegernseenses in gratiam recipiat. 1295
XIII. — De eodem carmen votivum. 1296
XIV. — In duodecim apostolos Domini. 1297
XV. — In natali Domini et baptismo. 1297
XVI. — Ad S. Godehardum abbatem Tegernseensem, cui cum cæteris fratribus bene precatur. 1298
XVII. — In filium viduæ Naimiticæ a Christo ad vitam resuscitatam. 1298

XVIII. — In hydropicum a Christo in die Sabbati sanatum. 1299
XIX. — In Christum, paralyticum sanantem. 1299
XX. — Ad Peringerum abbatem Tegernseensem. 1300
XXI. — Probe factis præmia, male patratis pœnam expectandam esse. 1301
XXII. — Ad Meginhelmum adversus superbos. 1301
XXIII. — Ad Christum Salvatorem mundi, de cæde SS. Innocentum. 1301
XXIV. — Epitaphium Ritkeri. 1302
XXV. — Versus in librum Dictaminum ad se collectum. 1302
XXVI. — Versus Wdalperti in codicem Psalmorum. 1303
XXVII. — Apologia pro schola Wirtzburgensi ejusque magistro adversus quemdam calumniatorem. 1303

EBERHARDUS ABBAS TEGERNSEENSIS.
EBERHARDI EPISTOLÆ. 1307
I. — Ad fratrem suum, quem adhuc vivere gaudet, et ad se invitat. 1307
II. — Ad Udalricum comitem. Rogat ne graviter ferat quod eo non interrogato Sigihardum monasterii sui advocatum delegerit, etc. 1309
III. — Ad Godehardum, ut videtur, abbatem Nideraltah, cui fratrem Eginonem commendat. 1309
IV. — Ad Henricum Bojariæ ducem. Se infirmitate corporis impediri quominus ad eum proficiscatur, rogatque ut Udalricum comitem sui monasterii advocatum constituat, etc. 1309
V. — Ad Theomonem seu Diemonem comitem, ut monasterii prædia ad Hallam sita protegere, ac ab iniquis invasoribus defensare dignetur. 1310
VI. — Ad eumdem ut præsentium latorem aut aliquo honesto officio munerari, aut eidem veniam alium Dominum demerendi dare ne gravetur. 1310
VII. — Ad H. Remittit ei quemdam fratrem, et ut hujus diligentem curam habeat adhortatur. 1310
VIII. — Ad Engelbertum ep. Frisingensem de obitu Otperti monachi, quem precibus juvari rogat. 1311
IX. — Ad Juditham illustrem feminam, quam rogat ut afflictæ valetudini suæ medicinam consulere ne gravetur. 1311
X. — Ad Wigonem decanum Phyuhwangensem, a quo s.ⁱ agio orationum, aliisque charitatis officiis, quæ abeunti sibi adduxerat, juvari postulat. 1311
XI. — Ad Henricum regem. Implorat ejus auxilium contra quosdam qui certum ad lacum Tegernseensem locum sibi auferre moliuntur. 1312

PERINGERUS ABBAS TEGERNSEENSIS.
PERINGERI EPISTOLÆ. 1313
I. — A D emonem comitem : se paratum esse ad reddendum Wezilinum, modo quædam, sibi recens ablata, restituat. 1313
II. — Ad V. abbatissam, apud quam se excusat quod politos equos non miserit, et alia quædam minuscula mittit. 1313
III. — Ad A. archipresbyterum. Rogat ut Tagininum ad restituendas decimas ad Ezinhusum adigat. 1314
IV. — Ad R. abbatissam. Cur petitum vitrum nondum m serit. 1314
V. — Ad Henricum regem. Ut se ab injuriis et persecutione Diemonis comitis liberet. 1314
VI. — Ad eumdem de persecutione ac insectatione P. Comitis aliorumque adversariorum graviter queritur. 1315
VII. — Ad H. ducem Bojariæ. Rogat ut quædam habeat ad locum Sriphusam pertinens suo monasterio reddatur. 1315
VIII. — Ad Gotscalchum episcopum Frisengensem. Se petita vitra post Pascha missurum. 1316
IX. — Ad comitem F. ut conventum ad Pipurch. non nihil differat. 1316
X. — Ad Egilbertum episcopum Frisengensem. De fratribus quibusdam sacris ordinibus initiandis. 1316
XI. — Ad Udalricum comitem. — Pro restitutione rerum quibus famulos suos Petrio spoliavit. 1316
XII. — Ad R. abbatem, quem rogat ut longius apud se ejus servum retinere liceat. 1317

ELLINGERUS ABBAS TEGERNSEENSIS.
ELLINGERI EPISTOLÆ. 1317
I. — Ad Froumundum monachum Tegernseensem. De optimo suo erga eumdem animo, et ordine presbyterii quem Froumundum gratulatur. 1317
II. — Ad Egilbertum, ut videtur, episcopum Frisengensem. Rogat ut quemdam pastorem adversus ovium suarum injurias et insidias tueatur. 1317
III. — Ad D. episcopum. Queritur ob prædium ab ejus

subditis vastatum et injuste abalienatum. 1318
IV. — Ad N., ut videtur, archiepiscopum cujus aversum præter spem animum recuperare satagit. 1319
V. — Ad N. episcopum, forte Nikerum Frisengensem, apud quem se de non concesso frumento excusat. 1319
VI. — Ad eumdem forte Nikerum episcopum Frisengensem cui quemdam commendat qui beneficium ab altere debeat. 1320
VII. — Ad V. abbatem a quo fratres revocat ob adventum episcopi Frisengensem iniquis erga se delationibus exasperati. 1320
Epitaphium Ellingeri abbatis. 1321

UDALRICUS ABBAS TEGERNSEENSIS.
UDALRICI EPISTOLÆ. 1321
I. — Ad P. (f. leg. N. Nitkerum ep. Frising.) episcopum, ad quem Raherium clericum, multorum criminum reum defert, eique G. canonicum sufficit in parochiali munere rogat. 1321
II. — Ad G. archipresbyterum, ut videtur. Frisingensem, ut eumdem Raherium loco moveat et deponat. 1323
III. — Ad eumdem de eadem. 1323
IV. — Ad eumdem de eodem clerico, quem queritur nullo modo se quivisse ad meliorem frugem reducere. 1324

GODESCHALKI SEQUENTIÆ.
I. — In conversione sancti Pauli apostoli. 1325
II. — De B. Maria Magdalena. 1326
III. — In decollatione S. Joannis Baptistæ. 1327
IV. — In divisione apostolorum. 1329
V. — De una virgine. 1331

LEDUINUS ABBAS S. VEDASTI ATREBATENSIS.
Notitia historica. 1333
CONSTITUTIO DE PLACITO GENERALI. 1333

OTHELBOLDUS MONASTERII S. BAVONIS GANDENSIS ABBAS.
Notitia historica. 1337
EPISTOLA AD OTGIVAM FLANDRIÆ COMITISSAM. 1337

BENEDICTUS IX PAPA.
Notitia historica. 1341
Notitia diplomatica. 1343
EPISTOLÆ ET DIPLOMATA. 1345
I. — Privilegium Benedicti IX Gunebaldo Burdigalensi S. Crucis abbati concessum in gratiam cellæ B. Mariæ de Solaco. 1345
II. — Benedicti IX epistola ad Rolandum præpositum aliisque canonicos S. Florentinæ Ecclesiæ. 1346
III. — Benedictus IX Ecclesiæ Silvæ Candidæ bona episcoporum sua jura confirmat. 1347
IV. — Benedictus IX bona juraque monasterii Casinensis confirmat, « cujus abbatis consecrationem, inquit, nuper ex sono piissimorum Henrici et Conradi imperatorum Romanorum suscepimus. » (Clausulam editis bullæ hujus exemplis appositam a nobis « scriptum » usque ad « vicesima nona » ad Benedicti VIII tabulam [supra Benedicto VIII, num. 29] pertinere ex Petri Regest. n. 18, monet Gattula 1354, Cas. in 119, quo teste ista Benedicti IX charactere terminatur verbis : « Scriptum per manum Sergii scriniarii et notarii sacri nostri palatii, Kal. Julii, indict. iv. Bene valete. » 1357
V. — Benedictus IX. Popponi, archiepiscopo Trevirensi, adjutorem mittit; Simeonem in sanctos relatum nuntiat. 1359
VI. — Bulla canonizationis S. Simeonis reclusi Trevirensis. 1360
VII. — Benedictus IX in synodo patriarchatus Gradensis integritatem libertatemque confirmat. Ursone patriarcha et Dominico Contareno Patavino Veneto per legatos petentibus. 1362
VIII. — Benedicti papæ VI epistola ad Obertum abbatem S. Miniatis. 1367
IX. — Benedicti IX epistola ad Adelbertum archiepiscopum Hamburgensem. 1368
X. — Epistola Popponis archiepiscopi Trevirensis ad Benedictum IX, summum pontificem pro obtinenda canonizatione beati Simeonis reclusi apud Treviros. 1368

HERIBERTUS EICHSTETTENSIS EPISCOPUS.
HERIBERTI HYMNI. 1369
I. — De Sancta cruce. 1369
II. — De S. Wilibaldo. 1371
III. — De S. Walburgo. 1373
IV. — De S. Laurentio. 1373
V. — De omnibus Sanctis. 1374
VI. — De inventione S. Stephani. 1374

EMMA REGINA ANGLORUM.

Encomium Emmæ. 1573
Emmæ reginæ epistola ad filios suos Edwardum et Alfridum. 1597

POPPO TREVIRENSIS ARCHIEPISCOPUS.

Notitia historica. 1307
POPPONIS EPISTOLA AD BENEDICTUM IX PAPAM. 1401

ANGELRANNUS ABBAS S. RICHARII CENTULENSIS.

Notitia historica. 1401
Vita Angelranni. 1403
VITA S. RICHARII AUCTORE ANGELRANNO. 1421

PAPIAS GRAMMATICUS.

Notitia et prologus. 1437

ROTBERTUS LONDINENSIS EPISCOPUS.

Notitia historica. 1441
ROTBERTI CHARTA. 1441

GARCIAS MONACHUS S. MICHAELIS CUXASENSIS.

EPISTOLA AD OLIVAM EPISCOPUM AUSONENSEM. — De initiis monasterii Cuxasensis, et de sacris reliquiis in eo custoditis 1443

DOMINICUS GRADENSIS PATRIARCHA.

EPISTOLA AD PETRUM ANTIOCHENUM. 1458

FINIS TOMI CENTESIMI QUADRAGESIMI PRIMI.

Petit-Montrouge. — Imprimerie de M. L. MIGNE.